逐条

実務刑事訴訟法

【編集代表】

伊丹 俊彦　　合田 悦三

【編集委員】

上冨 敏伸　　加藤 俊治

河本 雅也　　吉村 典晃

立花書房

本書は時々・情勢の必要に応じ，内容を変更・追加等する場合があります。

はしがき

　本書は，刑事訴訟の実務を踏まえつつ，各条文・規則・犯罪捜査規範，近時の犯罪情勢や捜査・公判をめぐる状況の変化，裁判員制度を始めとする近時の新たな制度の運用状況等を研究し，刑事訴訟法の適正な運用及び実務上生起する諸問題の適切な処理に資することを目的として，企画されたものである。

　折しも本書の企画当時，法制審議会の下に設置された「新時代の刑事司法制度特別部会」において，時代に即した新たな刑事司法制度を構築するための具体的な法整備の在り方について検討が行われ，約3年間にわたる調査審議を経て，全会一致で答申案が取りまとめられた時期であった。そのため，それを踏まえた刑事訴訟法等の一部を改正する法律案も視野に入れながら執筆を行う方針とした。

　本書が上記目的で企画されたものであるため，執筆者は，現役の裁判官及び検察官とし，実務家が常に肌身離さず持ち運ぶことができる分量(全1巻)とした。また，刑事訴訟法の各条について，逐条的かつ端的に標準的な解釈を示し，刑事訴訟規則及び犯罪捜査規範の必要条文にも言及して，実務家のための解釈書を目指すとともに，実務家が必要な時に，現時点での判例・実務の到達点を即座に知り，実務上の判断の基準とすることができる実務の指針書をも目指した。

　そのため，引用判例は，最高裁判所判例を優先的に採用するとともに，できる限り新しい判例に言及し，学説上の諸理論を踏まえながらも実務上の処理を重視し，判例・実務における解釈・通説・運用に重きを置いて，執筆を進めることとした。

本書の企画後，約 4 年を経過したが，その間，刑事訴訟法等の一部を改正する法律（平成28年法律第54号）が成立し，その一部が施行されたことから，改正刑事訴訟法及び刑事訴訟規則のうち，施行された条文・規則について解説を加えたほか，未施行の被疑者取調べ等の録音・録画等についても可能な限り解説を付して今後の執務に供することとした。

　本書は，編集代表及び編集委員において，表現振りを統一するなど調整したものもあるが，各条文の解説内容は，各執筆者の責任においてなされたものである。各執筆者は，本書の目的を十分理解し，多忙な日常の執務にあって，休日を返上するなどして執筆に傾注していただいたため，現時点における条文解釈及び実務の到着点を示すことができたものと自負している。執筆者各位に感謝したい。

　なお，本書の事項索引の作成に当たり，伊東千加代氏や清水拓二判事補，高田洸輔検事や長谷川英判事補にもお世話になった。方々にも感謝したい。

　本書は，立花書房創立70周年記念出版として企画された。本書が，裁判官，検察官，弁護士や警察官等の刑事訴訟法の実務に携わる実務家を始め，研究者，刑事訴訟法を学ぶ院生・学生らの方々に，広くご利用いただければ幸いである。

　最後に，本記念出版に係り，辛抱強くお待ち頂き，かつ，ご協力・ご援助を頂いた株式会社立花書房の橘茂雄社長，本書の企画・編集や校正・校閲，判例索引等の作成等に当たり，同社出版部の馬場野武部長をはじめとして，同部本山進也氏，秋山寛和氏，濱崎寛美氏，中埜誠也氏，山本昌利氏らには，多大なるご尽力をいただいた。心から感謝申し上げる。

　　　平成30年 8 月

　　　　　　　　　　　　　　　　　編集代表　伊丹　俊彦

　　　　　　　　　　　　　　　　　　　　　　合田　悦三

編集代表・編集委員・執筆者紹介

（令和2年5月現在　50音順）

【編集代表】

伊丹 俊彦	弁護士・元大阪高等検察庁検事長
合田 悦三	千葉地方裁判所長（判事）

【編集委員】

上冨 敏伸	法務省法務総合研究所長（検事）
加藤 俊治	宮崎地方検察庁検事正
河本 雅也	東京地方裁判所部総括判事
吉村 典晃	津地方・家庭裁判所長（判事）

【執筆者】

新井 紅亜礼	さいたま地方裁判所判事
井下田 英樹	東京地方裁判所判事
石井 伸興	東京地方裁判所判事
石川 貴司	東京高等裁判所判事
伊丹 俊彦	弁護士・元大阪高等検察庁検事長
伊藤 ゆう子	東京地方裁判所判事
上冨 敏伸	法務省法務総合研究所長（検事）
大久保 仁視	東京地方検察庁公安部副部長
大西 直樹	大津地方裁判所部総括判事
岡田 志乃布	法務省刑事局刑事法制企画官（検事）

加藤 俊治	宮崎地方検察庁検事正
辛島 明	大阪地方裁判所判事
河本 雅也	東京地方裁判所部総括判事
吉川 崇	法務省大臣官房秘書課長（検事）
欅 清隆	内閣法制局参事官（検事）
合田 悦三	千葉地方裁判所長（判事）
坂口 裕俊	大阪地方裁判所判事
佐藤 剛	法務省刑事局総務課長（検事）
白井 智之	横浜地方検察庁特別刑事部長
杉山 徳明	東京高等検察庁検事
関口 新太郎	東京地方検察庁検事
髙橋 康明	東京高等裁判所判事
田野尻 猛	富山地方検察庁検事正
玉本 将之	法務省刑事局参事官（検事）
戸苅 左近	東京地方裁判所判事
中村 功一	東京地方検察庁刑事部副部長
濱 克彦	法務省大臣官房人事課長（検事）
東山 太郎	出入国在留管理庁総務課長（検事）
福家 康史	東京地方裁判所判事
藤本 治彦	東京高等検察庁検事
松下 裕子	山形地方検察庁検事正
丸山 哲巳	甲府地方裁判所部総括判事
三村 三緒	大阪地方裁判所堺支部判事
森 喜史	福岡地方裁判所小倉支部部総括判事
安永 健次	東京高等裁判所判事

矢野　直邦	東京地方裁判所立川支部判事
吉田　智宏	東京地方裁判所判事
吉田　雅之	法務省刑事局刑事法制管理官（検事）
吉村　典晃	津地方・家庭裁判所長（判事）
渡邉　史朗	福井地方裁判所部総括判事

凡　例

1　各条の見出しは，執筆者において付したものである。

2　目次及び各条の解説の末尾に執筆者名を表示した。

　　なお，編者において本書の目的を考慮した記述となるように努め，また，複数の条に関係する事項をどの条において記述するかなどについては執筆者間で調整を行うなどしたが，執筆内容に関する最終的な判断は，執筆者の責任において行ったものである。

3　引用した関係法令名は，六法全書に準じた略語を用い，本文中の条文は，刑事訴訟法については，単に条文番号のみとし，刑事訴訟規則については，「規○条」と，犯罪捜査規範については，「範○条」と記載する。

4　主要文献の選択は編集代表及び編集委員による。文献は，著者名と書名を「・」でつなぎ，引用頻度の高い文献は，別記略語による。

5　事項索引・判例索引は，巻末に収録する。

6　本文括弧内では，次のような略語を用い，同一法令の条文は「・」（中点）で，異なる法令の場合は「，」（カンマ）でつなぐこととする。

　　刑事訴訟法198条1項但書　　　　　　　198Ⅰ但
　　刑事訴訟法220条1項本文前段　　　　　220Ⅰ本前
　　刑事訴訟法220条1項2号　　　　　　　220Ⅰ②

7　判例の表記には，次の略号を用いる。
　　・大審院判決昭和7年3月1日大審院刑事判例集11巻232頁
　　　＝大判昭7・3・1刑集11・232
　　・最高裁判所判決昭和50年7月1日最高裁判所刑事判例集29巻7号355頁
　　　＝最判昭50・7・1刑集29・7・355
　　・最高裁判所決定昭和53年2月13日最高裁判所刑事判例集32巻2号295頁
　　　＝最決昭53・2・13刑集32・2・295
　　なお，公刊物未登載のものは〈未〉と表示する。

【判例集等略語】

刑録	大審院刑事判決録
刑集	大審院刑事判例集
刑集	最高裁判所刑事判例集
民集	最高裁判所民事判例集
裁集刑	最高裁判所裁判集刑事
裁集民	最高裁判所裁判集民事
高刑集	高等裁判所刑事判例集
東時	東京高等裁判所刑事判決時報
高検速報	高等裁判所刑事裁判速報（集）
特報	高等裁判所刑事判決特報
裁判特報	高等裁判所刑事裁判特報
下刑集	下級裁判所刑事裁判例集
下民集	下級裁判所民事裁判例集
一審刑集	第一審刑事裁判例集
刑裁月報	刑事裁判月報
家裁月報	家庭裁判月報
新聞	法律新聞
刑資	刑事裁判資料

【主要文献略語】

〈個人・共編著〉

青柳・通論	青柳文雄著　五訂刑事訴訟法通論（上，下）　昭和51年・1976年　立花書房
渥美・刑訴	渥美東洋著　全訂刑事訴訟法［第2版］　平成21年・2009年　有斐閣
荒木・権利	荒木伸怡著　迅速な裁判を受ける権利　平成5年・1993年　成文堂
荒木・読本	荒木伸怡著　刑事訴訟法読本　平成8年・1996年　弘文堂
池田・解説	池田修著　解説裁判員法［第2版］　平成21年・2009年　弘文堂
池田＝前田・刑訴	池田修＝前田雅英著　刑事訴訟法講義［第5版］　平成26年・2014年　東京大学出版会
石井・控訴審	石井一正著　刑事控訴審の理論と実務　平成22年・2010年　判例タイムズ社
石井・事実認定	石井一正著　刑事事実認定入門［第3版］　平成27年・2015年　判

例タイムズ社

石井・実務証拠法　　　石井一正著　刑事実務証拠法［第 5 版］　平成23年・2011年　判例
　　　　タイムズ社

石川・講義　　　　　　石川才顕著　刑事訴訟法講義　昭和49年・1974年　日本評論社

石丸・刑訴　　　　　　石丸俊彦著　刑事訴訟法　平成 4 年・1992年　成文堂

井田等・量刑評議　　　井田良＝大島隆明＝園原敏彦＝辛島明著　裁判員裁判における量刑
　　　　評議の在り方について（司法研究報告書第63輯第 3 号）　平成24年・
　　　　2012年　法曹会

伊藤・実際問題　　　　伊藤栄樹著　三訂刑事訴訟法の実際問題　昭和59年・1984年　立花
　　　　書房

井戸田・要説　　　　　井戸田侃著　刑事訴訟法要説　平成 5 年・1993年　有斐閣

井上・強制捜査　　　　井上正仁著　強制捜査と任意捜査　平成18年・2006年　有斐閣

井上・原論　　　　　　井上正治著　全訂刑事訴訟法原論　昭和27年・1952年　朝倉書店

井上・証拠排除　　　　井上正仁著　刑事訴訟における証拠排除　昭和60年・1985年　弘文
　　　　堂

井上・通信傍受　　　　井上正仁著　捜査手段としての通信・会話の傍受　平成 9 年・1997
　　　　年　有斐閣

植村・情況証拠　　　　植村立郎著　実践的刑事事実認定と情況証拠［第 3 版］　平成28年
　　　　・2016年　立花書房

臼井・刑訴　　　　　　臼井滋夫著　刑事訴訟法　平成 4 年・1992年　信山社出版

大野・捜査　　　　　　大野正博著　現代型捜査とその規制　平成13年・2001年　成文堂

岡田等・科学的証拠　　　岡田雄一＝遠藤邦彦＝前田巌著　科学的証拠とこれを用いた裁判
　　　　の在り方（司法研究報告書第64輯第 2 号）　平成25年・2013年　法曹
　　　　会

小田中・刑訴法論　　　小田中聰樹著　現代刑事訴訟法論　昭和52年・1977年　勁草書房

小野・概論　　　　　　小野清一郎著　新刑事訴訟法概論［改訂版］　昭和26年・1951年
　　　　法文社

小野・講義　　　　　　小野清一郎著　刑事訴訟法講義［全訂第 3 版］　昭和 8 年・1933年
　　　　有斐閣

柏木・刑訴　　　　　　柏木千秋著　刑事訴訟法　昭和45年・1970年　有斐閣

加藤等・刑訴　　　　　加藤克佳＝川崎英明＝後藤昭＝白取祐司＝高田昭正＝村井敏邦編著
　　　　刑事訴訟法［第 2 版］　平成19年・2007年　日本評論社

鴨・証拠法　　　　　　鴨良弼著　刑事証拠法　昭和37年・1962年　日本評論新社

鴨・再審　　　　　　　鴨良弼著　刑事再審の研究　昭和55年・1980年　成文堂

上口・刑訴　　　　　　上口裕著　刑事訴訟法［第 4 版］　平成27年・2015年　成文堂

上口・取材報道　　　　上口裕著　刑事司法における取材・報道の自由　平成元年・1989年

xii

	成文堂
川出・別件逮捕	川出敏裕著　別件逮捕・勾留の研究　平成10年・1998年　東京大学出版会
川崎・刑事再審	川崎英明著　刑事再審と証拠構造論の展開　平成15年・2003年　日本評論社
岸・要義	岸盛一著　刑事訴訟法要義［新版］　昭和37年・1962年　広文堂書店
江家・基礎理論	江家義男著　刑事証拠法の基礎理論［訂正版］　昭和30年・1955年　有斐閣
後藤・捜査法	後藤昭著　捜査法の論理　平成13年・2001年　岩波書店
小早川・自白	小早川義則著　共犯者の自白（証拠法研究1）　平成2年・1990年　成文堂
小林・刑訴	小林充原著・植村立郎監修・前田巌改訂　刑事訴訟法［第5版］　平成27年・2015年　立花書房
斉藤・刑訴法学	斉藤金作著　刑事訴訟法学［増補版］　昭和30年・1955年　有斐閣
酒巻・刑事証拠開示	酒巻匡編著　刑事証拠開示の理論と実務　平成21年・2009年　判例タイムズ社
酒巻・刑訴	酒巻匡　刑事訴訟法　平成27年・2015年　有斐閣
酒巻・証拠開示	酒巻匡著　刑事証拠開示の研究　昭和63年・1988年　弘文堂
椎橋・刑事弁護	椎橋隆幸著　刑事弁護・捜査の理論　平成5年・1993年　信山社出版
実務刑訴	法務省刑事局刑事訴訟法研究会編著　実務刑事訴訟法　平成6年・1994年　立花書房
白取・刑訴	白取祐司著　刑事訴訟法［第9版］　平成29年・2017年　日本評論社
鈴木・基本構造	鈴木茂嗣著　続刑事訴訟の基本構造（上，下）　平成8年・1996年，平成9年・1997年　成文堂
鈴木・基本問題	鈴木茂嗣著　刑事訴訟法の基本問題　昭和63年・1988年　成文堂
鈴木・刑訴	鈴木茂嗣著　刑事訴訟法［改訂版］（現代法律学講座28）　平成2年・1990年　青林書院
総研・講義案	裁判所職員総合研修所監修　刑事訴訟法講義案［4訂補訂版］　平成28年・2016年　司法協会
高田・刑訴	高田卓爾著　刑事訴訟法［2訂版］（現代法律学全集28）　昭和59年・1984年　青林書院新社
高田・構造	高田昭正著　刑事訴訟の構造と救済　平成6年・1994年　成文堂
滝川等・コメ	滝川幸辰＝平場安治＝中武靖夫著　刑事訴訟法（法律学体系第1部

凡　例　xiii

コンメンタール篇10）　昭和25年・1950年　日本評論社

田口・刑訴	田口守一著　刑事訴訟法［第7版］　平成29年・2017年　弘文堂
田口等・判例演習	田口守一＝寺崎嘉博編　判例演習刑事訴訟法　平成16年・2004年　成文堂
伊達・講話	伊達秋雄著　刑事訴訟法講話　昭和34年・1959年　日本評論新社
田中・証拠法	田中和夫著　新版証拠法［増補第3版］　昭和46年・1971年　有斐閣
田中等・刑訴	田中開＝寺崎嘉博＝長沼範良著　刑事訴訟法［第5版］　平成29年・2017年　有斐閣
田淵・証拠調べ	田淵浩二著　証拠調べ請求権　平成16年・2004年　成文堂
田宮・刑事法	田宮裕著　刑事法の理論と現実　平成12年・2000年　岩波書店
田宮・刑訴	田宮裕著　刑事訴訟法［新版］　平成8年・1996年　有斐閣
田宮・刑訴1	田宮裕編著　刑事訴訟法（1）（大学双書）　昭和50年・1975年　有斐閣
田宮・捜査	田宮裕著　捜査の構造　昭和46年・1971年　有斐閣
団藤・綱要	団藤重光著　新刑事訴訟法綱要［7訂版］　昭和42年・1967年　創文社
団藤・条解	団藤重光著　条解刑事訴訟法（上）　昭和25年・1950年　弘文堂
辻・概説	辻裕教著　裁判員法／刑事訴訟法（司法制度改革概説6）　平成17年・2005年　商事法務
土本・要義	土本武司著　刑事訴訟法要義　平成3年・1991年　有斐閣
寺崎・刑訴	寺崎嘉博著　刑事訴訟法［第3版］　平成25年・2013年　成文堂
寺崎・再構成	寺崎嘉博著　訴訟条件論の再構成　平成6年・1994年　成文堂
長島・司法	長島敦著　刑事司法をめぐる学理と実務　平成2年・1990年　成文堂
長沼等・演習	長沼範良＝酒巻匡＝田中開＝大澤裕＝佐藤隆之著　演習刑事訴訟法　平成17年・2005年　有斐閣
庭山等・刑訴	庭山英雄＝岡部泰昌編　刑事訴訟法［第3版］　平成18年・2006年　青林書院
野木等・概説	野木新一＝宮下明義＝横井大三著　新刑事訴訟法概説［3版］　昭和24年・1949年　立花書房
野間・刑訴	野間禮二著　刑事訴訟における現代的課題　平成6年・1994年　判例タイムズ社
林・要義	林頼三郎著　刑事訴訟法要義総則［3版］（上，下）　大正13年・1924年　中央大学
平野・概説	平野龍一著　刑事訴訟法概説　昭和43年・1968年　東京大学出版会

平野・基礎理論	平野龍一著　刑事訴訟法の基礎理論　昭和39年・1964年　日本評論社
平野・刑訴	平野龍一著　刑事訴訟法（法律学全集43）　昭和33年・1958年　有斐閣
平野等・教材	平野龍一＝鬼塚賢太郎＝森岡茂＝松尾浩也著　刑事訴訟法教材　昭和52年・1977年　東京大学出版会
平場・講義	平場安治著　改訂刑事訴訟法講義　昭和29年・1954年　有斐閣
福井・刑訴	福井厚著　刑事訴訟法講義［第4版］　平成21年・2009年　法律文化社
松尾・刑訴	松尾浩也著　刑事訴訟法（上［新版］，下［新版補正第2版］）　平成11年・1999年　弘文堂
松尾・刑訴2	松尾浩也編　刑事訴訟法（2）（大学双書）　平成4年・1992年　有斐閣
松尾・原理	松尾浩也著　刑事訴訟の原理　昭和49年・1974年　東京大学出版会
松尾・条解	松尾浩也監修　条解刑事訴訟法［第4版増補版］　平成28年・2016年　弘文堂
松岡・刑訴	松岡正章著　刑事訴訟法講義（Ⅰ）　昭和56年・1981年　成文堂
三井・刑訴	三井誠編　判例教材刑事訴訟法［第5版］　平成27年・2015年　東京大学出版会
三井・手続	三井誠著　刑事手続法（1［新版］，2，3）　平成9年・1997年，平成15年・2003年，平成16年・2004年　有斐閣
光藤・刑訴	光藤景皎著　刑事訴訟法（1，2）　平成19年・2007年，平成25年・2013年　成文堂
光藤・口述	光藤景皎著　口述刑事訴訟法（下）　平成17年・2005年　成文堂
光藤・事実誤認	光藤景皎編　事実誤認と救済　平成9年・1997年　成文堂
光藤・新展開	光藤景皎著　刑事証拠法の新展開　平成13年・2001年　成文堂
宮下・逐条解説2	宮下明義著　新刑事訴訟法逐条解説（2）　昭和24年・1949年　司法警察研究会公安発行所
村井・刑訴	村井敏邦著　刑事訴訟法　平成8年・1996年　日本評論社
村井・現代刑訴	村井敏邦編著　現代刑事訴訟法［第2版］　平成10年・1998年　三省堂
村井等・付審判	村井敏邦＝高山俊吉＝二瓶和敏編　検証付審判事件　平成6年・1994年　日本評論社
安冨・刑訴	安冨潔著　刑事訴訟法［第2版］　平成25年・2013年　三省堂
柳沼等・接見交通権	柳沼八郎＝若松芳也編著　新接見交通権の現代的課題　平成13年・2001年　日本評論社

山田・証拠　　　　　　山田道郎著　証拠の森　平成16年・2004年　成文堂

山中・刑訴　　　　　　山中俊夫著　概説刑事訴訟法　平成元年・1989年　ミネルヴァ書房

横井・逐条解説 3　　　横井大三著　新刑事訴訟法逐条解説（ 3 ）　昭和24年・1949年　司
法警察研究会公安発行所

横井・ノート　　　　　横井大三著　刑訴裁判例ノート（ 1 ～ 6 ）　昭和46～48年・1971～
1973年　有斐閣

横川・刑訴　　　　　　横川敏雄著　刑事訴訟　昭和59年・1984年　成文堂

横田＝高橋・諸問題　　横田安弘＝高橋省吾著　刑事抗告審の運用上の諸問題［増補］
平成 3 年・1991年　法曹会

渡辺・刑訴　　　　　　渡辺直行著　論点中心刑事訴訟法講義［第 2 版］　平成17年・2005
年　成文堂

渡辺・刑事手続　　　　渡辺修編著　刑事手続の最前線　平成 8 年・1996年　三省堂

渡辺・被疑者取調べ　　渡辺修著　被疑者取調べの法的規制　平成 4 年・1992年　三省堂

渡辺（咲）・刑訴　　　渡辺咲子著　刑事訴訟法講義［第 7 版］平成26年・2014年　不磨書
房

〈注釈書〉

刑訴規則逐条説明　　　法曹会編　刑事訴訟規則逐条説明（第 2 編第 3 章公判，第 2 編第 1
章捜査・第 2 章公訴）　平成元年・1989年，平成 5 年・1993年　法曹
会

執筆者名・基本法コメ刑訴　　高田卓爾編　基本法コンメンタール刑事訴訟法［第 3 版］
（別冊法学セミナー）　平成 5 年・1993年　日本評論社

執筆者名・刑弁コメ刑訴　　小田中聰樹＝大出良知＝川崎英明編著　刑事訴訟法（刑事弁
護コンメンタール 1 ）　平成10年・1998年　現代人文社

執筆者名・新基本法コメ刑訴　　三井誠＝河原俊也＝上野友慈＝岡慎一編　新基本法コン
メンタール刑事訴訟法［第 2 版追補版］（別冊法学セミナー）　平成29
年・2017年　日本評論社

執筆者名・大コメ刑訴　　河上和雄＝中山善房＝古田佑紀＝原田國男＝河村博＝渡辺咲子
編　大コンメンタール刑事訴訟法［第 2 版］（ 1 ～10）　平成22～25年
・2010～2014年　青林書院

執筆者名・注解刑訴　　平場安治＝高田卓爾＝中武靖夫＝鈴木茂嗣著　注解刑事訴訟法
［全訂新版］（上，中，下）　昭和57年・1982年，昭和58年・1983年，昭
和62年・1987年　青林書院新社，青林書院

執筆者名・註釈刑訴　　青柳文雄＝伊藤栄樹＝柏木千秋＝佐々木史朗＝西原春夫ほか著
註釈刑事訴訟法（ 1 ［増補版］， 2 ～ 4 ）　昭和51～56年・1976～1981
年　立花書房

執筆者名・注釈刑訴　　伊藤栄樹＝亀山継夫＝小林充＝香城敏麿＝佐々木史朗＝増井清彦ほか著　注釈刑事訴訟法［新版］（1～7）　平成8～10年・1996～1998年，平成12年・2000年　立花書房

執筆者名・注釈刑訴［第3版］　　河上和雄＝小林充＝植村立郎＝河村博編　注釈刑事訴訟法［第3版］（1，4，6，7）　平成23年・2011年，平成24年・2012年，平成27年・2015年　立花書房

ポケット刑訴　　小野清一郎監修　刑事訴訟法［新版］（ポケット註釈全書）（上，下）　昭和61年・1986年　有斐閣

例題解説　　例題解説刑事訴訟法（1～2［3訂版］，3［改訂補訂版］，4［3訂版］，5［改訂版］，6）　平成6年・1994年，平成7年・1995年，平成9～11年・1997～1999年　法曹会

〈講座・判例集〉

執筆者名・演習　　日本刑法学会編　刑事訴訟法演習　昭和37年・1962年　有斐閣

執筆者名・演習講座　　鴨良弼編　刑事訴訟法（法学演習講座11）　昭和46年・1971年　法学書院

執筆者名・演習大系刑訴　　高田卓爾＝田宮裕編　演習法律学大系15　昭和47年・1972年　青林書院新社

執筆者名・警察・捜索・差押え　　河上和雄＝渥美東洋＝中山善房＝古川定昭編　警察実務判例解説（捜索・差押え篇）（別冊判例タイムズ10号）　昭和63年・1988年　判例タイムズ社

執筆者名・警察・取調べ・証拠　　河上和雄＝渥美東洋＝中山善房＝泉幸伸編　警察実務判例解説（取調べ・証拠篇）（別冊判例タイムズ12号）　平成4年・1992年　判例タイムズ社

執筆者名・警察・任意同行・逮捕　　河上和雄＝渥美東洋＝中山善房＝垣見隆編　警察実務判例解説（任意同行・逮捕篇）（別冊判例タイムズ11号）　平成2年・1990年　判例タイムズ社

執筆者名・刑事公判　　大阪刑事実務研究会編著　刑事公判の諸問題　平成元年・1989年　判例タイムズ社

執筆者名・刑事事実認定　　小林充＝香城敏麿編　刑事事実認定——裁判例の総合的研究（上，下）　平成4年・1992年　判例タイムズ社

執筆者名・刑事事実認定50選　　小林充＝植村立郎編　刑事事実認定重要判決50選［第2版］（上，下）　平成25年・2013年　立花書房

執筆者名・刑事実務　　大阪刑事実務研究会編著　刑事実務上の諸問題　平成5年・1993年　判例タイムズ社

執筆者名・刑事証拠　　大阪刑事実務研究会編著　刑事証拠法の諸問題（上，下）　平成

凡 例 xvii

13年・2001年　判例タイムズ社

執筆者名・刑事手続　　三井誠＝中山善房＝河上和雄＝田邨正義編　刑事手続（上，下）
　　　　昭和63年・1988年　筑摩書房

執筆者名・刑事法講座　　日本刑法学会編　刑事法講座（5，6）　昭和28年・1953年
　　　　有斐閣

執筆者名・刑訴法講座　　日本刑法学会編　刑事訴訟法講座（1～3）　昭和38年・1963
　　　　年，昭和39年・1964年　有斐閣

執筆者名・刑訴の争点［初版］　　松尾浩也編　刑事訴訟法の争点（ジュリスト増刊）　昭
　　　　和54年・1979年　有斐閣

執筆者名・刑訴の争点［新版］　　松尾浩也＝井上正仁編　刑事訴訟法の争点［新版］（ジ
　　　　ュリスト増刊）　平成3年・1991年　有斐閣

執筆者名・刑訴の争点　　松尾浩也＝井上正仁編　刑事訴訟法の争点［第3版］（ジュリ
　　　　スト増刊）　平成14年・2002年　有斐閣

執筆者名・井上＝酒巻・刑訴の争点　　井上正仁＝酒巻匡編　刑事訴訟法の争点（ジュリス
　　　　ト増刊）　平成25年・2013年　有斐閣

執筆者名・刑罰法大系　　石原一彦ほか編　現代刑罰法大系（1～7）　昭和57～59年・
　　　　1982～1984年　日本評論社

執筆者名・公判法大系　　熊谷弘＝佐々木史朗＝松尾浩也＝田宮裕編　公判法大系（1～
　　　　4）　昭和49年・1974年，昭和50年・1975年　日本評論社

執筆者名・裁判例コメ刑訴　　井上正仁監修　裁判例コンメンタール刑事訴訟法（1～2）
　　　　平成27年・2015年，平成29年・2017年　立花書房

執筆者名・実務講座　　団藤重光編　法律実務講座刑事編（1～12）　昭和28～32年・1953
　　　　～1957年　有斐閣

執筆者名・実務大系　　佐藤文哉編ほか　刑事裁判実務大系（3，4－1，4－2，5，
　　　　7～11）　平成2年・1990年～平成10年・1998年　青林書院

執筆者名・実務ノート　　河村澄夫ほか編　刑事実務ノート（1～3）　昭和43～46年・
　　　　1968～1971年　判例タイムズ社

執筆者名・実例刑訴　　平野龍一＝松尾浩也編　実例法学全集刑事訴訟法［新版］　昭和
　　　　52年・1977年　青林書院新社

執筆者名・新実例刑訴　　平野龍一＝松尾浩也編　新実例刑事訴訟法（Ⅰ～Ⅲ）　平成10
　　　　年・1998年　青林書院

執筆者名・松尾＝岩瀬・実例刑訴　　松尾浩也＝岩瀬徹編　実例刑事訴訟法（1～3）
　　　　平成24年・2012年　青林書院

執筆者名・集中審理　　刑事裁判実務研究会編　集中審理　昭和39年・1964年　判例タイ
　　　　ムズ社

執筆者名・証拠法大系　　熊谷弘＝浦部衛＝佐々木史朗＝松尾浩也編　証拠法大系（1～

4）　昭和45年・1970年　日本評論社

執筆者名・新刑事手続　　三井誠＝馬場義宣＝佐藤博史＝植村立郎編　新刑事手続（Ⅰ〜Ⅲ）　平成14年・2002年　悠々社

執筆者名・新判例解説　　東條伸一郎ほか編　刑事新判例解説（1〜5）　平成4年・1992年，平成10年・1998年　信山社出版

執筆者名・新判例コメ　　高田卓爾＝鈴木茂嗣編　新判例コンメンタール刑事訴訟法（1〜5）　平成7年・1995年　三省堂

執筆者名・捜査法大系　　熊谷弘＝松尾浩也＝田宮裕編　捜査法大系（1〜3）　昭和47年・1972年　日本評論社

執筆者名・総判研刑訴　　小野清一郎ほか編　総合判例研究叢書・刑事訴訟法（1〜17）　昭和32年・1957年，昭和33年・1958年，昭和36〜40年・1961〜1965年　有斐閣

執筆者名・続実例刑訴　　平野龍一＝松尾浩也編　実例法学全集続刑事訴訟法　昭和55年・1980年　青林書院新社

執筆者名・訴訟実務　　石丸俊彦＝仙波厚＝川上拓一＝服部悟＝井口修著　刑事訴訟の実務［3訂版］（上，下）　平成23年・2011年　新日本法規出版

執筆者名・判例解説（刑）　　最高裁判所調査官室編　最高裁判所判例解説刑事篇（昭和29年度〜）　昭和30年・1955年〜　法曹会

執筆者名・判例解説（民）　　最高裁判所調査官室編　最高裁判所判例解説民事篇（昭和29年度〜）　昭和30年・1955年〜　法曹会

執筆者名・判例研究　　臼井滋夫＝鈴木義男＝藤永幸治＝河上和雄著　刑事訴訟法判例研究　昭和58年・1983年　東京法令出版

執筆者名・判例コンメンタール　　高田卓爾編　判例コンメンタール刑事訴訟法（Ⅰ，Ⅱ）　昭和51年・1976年　三省堂

執筆者名・判例百選1　　平野龍一編　刑事訴訟法判例百選（別冊ジュリスト1号）　昭和40年・1965年　有斐閣

執筆者名・判例百選2　　平野龍一編　刑事訴訟法判例百選［新版］（別冊ジュリスト32号）　昭和46年・1971年　有斐閣

執筆者名・判例百選3　　平野龍一＝松尾浩也＝田宮裕編　刑事訴訟法判例百選［第3版］（別冊ジュリスト51号）　昭和51年・1976年　有斐閣

執筆者名・判例百選4　　平野龍一＝松尾浩也＝田宮裕編　刑事訴訟法判例百選［第4版］（別冊ジュリスト74号）　昭和56年・1981年　有斐閣

執筆者名・判例百選5　　平野龍一＝松尾浩也＝田宮裕＝井上正仁編　刑事訴訟法判例百選［第5版］（別冊ジュリスト89号）　昭和61年・1986年　有斐閣

執筆者名・判例百選6　　松尾浩也＝井上正仁編　刑事訴訟法判例百選［第6版］（別冊ジュリスト119号）　平成4年・1992年　有斐閣

凡 例 xix

執筆者名・判例百選7　　松尾浩也＝井上正仁編　刑事訴訟法判例百選［第7版］（別冊
　　　　ジュリスト148号）　平成10年・1998年　有斐閣

執筆者名・判例百選8　　井上正仁編　刑事訴訟法判例百選［第8版］（別冊ジュリスト
　　　　174号）　平成17年・2005年　有斐閣

執筆者名・判例百選9　　井上正仁＝大澤裕＝川出敏裕編　刑事訴訟法判例百選［第9
　　　　版］（別冊ジュリスト203号）　平成23年・2011年　有斐閣

執筆者名・判例百選10　　井上正仁＝大澤裕＝川出敏裕編　刑事訴訟法判例百選［第10
　　　　版］（別冊ジュリスト232号）　平成29年・2017年　有斐閣

執筆者名・令状基本　　新関雅夫＝佐々木史朗ほか著　増補令状基本問題（上，下）　平
　　　　成8年・1996年，平成9年・1997年　一粒社

〈記念論文集〉

執筆者名・渥美古稀　　渥美東洋先生古稀記念──犯罪の多角的検討　平成18年・2006年
　　　　有斐閣

執筆者名・阿部古稀　　阿部純二先生古稀祝賀論文集──刑事法学の現代的課題　平成16
　　　　年・2004年　第一法規

執筆者名・井戸田古稀　　井戸田侃先生古稀祝賀論文集──転換期の刑事法学　平成11年
　　　　・1999年　現代人文社

執筆者名・井上還暦　　井上正治博士還暦祝賀──刑事法学の諸相（上，下）　昭和56年
　　　　・1981年，昭和58年・1983年　有斐閣

執筆者名・岩田傘寿　　岩田誠先生傘寿祝賀──刑事裁判の諸問題　昭和57年・1982年
　　　　判例タイムズ社

執筆者名・植松還暦（法律）　　植松博士還暦祝賀──刑法と科学・法律編　昭和46年・
　　　　1971年　有斐閣

執筆者名・植村退官　　植村立郎判事退官記念論文集──現代刑事法の諸問題（1〜3）
　　　　平成23年・2011年　立花書房

執筆者名・内田古稀　　内田文昭先生古稀祝賀論文集　平成14年・2002年　青林書院

執筆者名・小野（慶）退官　　小野慶二判事退官記念論文集──刑事裁判の現代的展開
　　　　昭和63年・1988年　勁草書房

執筆者名・香川古稀　　香川達夫博士古稀祝賀──刑事法学の課題と展望　平成8年・
　　　　1996年　成文堂

執筆者名・梶田＝守屋退官　　梶田英雄判事・守屋克彦判事退官記念論文集──刑事・少
　　　　年司法の再生　平成12年・2000年　現代人文社

執筆者名・柏木喜寿　　柏木千秋先生喜寿記念論文集──近代刑事法の理念と現実　平成
　　　　3年・1991年　立花書房

執筆者名・鴨古稀　　鴨良弼先生古稀祝賀論集──刑事裁判の理論　昭和54年・1979年

日本評論社

執筆者名・河上古稀　　河上和雄先生古稀祝賀論文集　平成15年・2003年　青林書院

執筆者名・吉川古稀　　吉川経夫先生古稀祝賀論文集──刑事法学の歴史と課題　平成6年・1994年　法律文化社

執筆者名・木村還暦　　木村博士還暦祝賀──刑事法学の基本問題（上，下）　昭和33年・1958年　有斐閣

執筆者名・小林＝佐藤古稀　　小林充先生・佐藤文哉先生古稀祝賀刑事裁判論集(上，下)　平成18年・2006年　判例タイムズ社

執筆者名・斉藤（豊）古稀　　斉藤豊治先生古稀祝賀論文集──刑事法理論の探求と発見　平成25年・2013年　成文堂

執筆者名・齋藤（誠）古稀　　齋藤誠二先生古稀記念──刑事法学の現実と展開　平成15年・2003年　信山社出版

執筆者名・佐伯還暦　　佐伯千仞博士還暦祝賀──犯罪と刑罰(上，下)　昭和43年・1968年　有斐閣

執筆者名・司研10年論文集下　　司法研修所創立10周年記念論文集(下)　昭和32年・1957年　司法研修所

執筆者名・司研15年論文集下　　司法研修所創立15周年記念論文集(下)　昭和38年・1963年　司法研修所

執筆者名・司研20年論文集3　　司法研修所創立20周年記念論文集（3）　昭和42年・1967年　司法研修所

執筆者名・下村古稀　　下村康正先生古稀祝賀──刑事法学の新動向（上，下）　平成7年・1995年　成文堂

執筆者名・荘子古稀　　荘子邦雄先生古稀祝賀──刑事法の思想と理論　平成3年・1991年　第一法規

執筆者名・鈴木古稀　　鈴木茂嗣先生古稀祝賀論文集（上，下）　平成19年・2007年　成文堂

執筆者名・曽根＝田口古稀　　曽根威彦先生・田口守一先生古稀祝賀論文集（上，下）　平成26年・2014年　成文堂

執筆者名・滝川還暦　　滝川先生還暦記念──現代刑法学の課題（上，下）　昭和30年・1955年　有斐閣

執筆者名・竹澤古稀　　竹澤哲夫先生古稀祝賀記念論文集──誤判の防止と救済　平成10年・1998年　現代人文社

執筆者名・田宮追悼　　田宮裕博士追悼論集（上，下）　平成13年・2001年，平成15年・2003年　信山社出版

執筆者名・団藤古稀　　団藤重光博士古稀祝賀論文集（1～5）　昭和58～60年・1983～1985年　有斐閣

執筆者名・内藤古稀　内藤謙先生古稀祝賀——刑事法学の現代的状況　平成 6 年・1994
　　　　　　年　有斐閣

執筆者名・中野還暦　中野次雄判事還暦祝賀——刑事裁判の課題　昭和47年・1972年
　　　　　　有斐閣

執筆者名・中山古稀　中山研一先生古稀祝賀論文集（1～5）　平成 9 年・1997年　成
　　　　　　文堂

執筆者名・中山（善）退官　中山善房判事退官記念——刑事裁判の理論と実務　平成10
　　　　　　年・1998年　成文堂

執筆者名・西原古稀　西原春夫先生古稀祝賀論文集（1～5）　平成10年・1998年　成
　　　　　　文堂

執筆者名・能勢追悼　能勢弘之先生追悼論集——激動期の刑事法学　平成15年・2003年
　　　　　　信山社出版

執筆者名・原田退官　原田國男判事退官記念論文集——新しい時代の刑事裁判　平成22
　　　　　　年・2010年　判例タイムズ社

執筆者名・平野古稀　平野龍一先生古稀祝賀論文集（上，下）　平成 2 年・1990年，平
　　　　　　成 3 年・1991年　有斐閣

執筆者名・平場還暦　平場安治博士還暦祝賀——現代の刑事法学（上，下）　昭和52年
　　　　　　・1977年　有斐閣

執筆者名・福井古稀　福井厚先生古稀祝賀論文集——改革期の刑事法理論　平成25年・
　　　　　　2013年　法律文化社

執筆者名・福田＝大塚古稀　福田平・大塚仁博士古稀祝賀——刑事法学の総合的検討
　　　　　　（上，下）　平成 5 年・1993年　有斐閣

執筆者名・町野古稀　町野朔先生古稀記念——刑事法・医事法の新たな展開（上，下）
　　　　　　平成26年・2014年　信山社

執筆者名・松尾古稀　松尾浩也先生古稀祝賀論文集（上，下）　平成10年・1998年　有
　　　　　　斐閣

執筆者名・三井古稀　三井誠先生古稀祝賀論文集——現代刑事法学の到達点　平成24年
　　　　　　・2012年　有斐閣

執筆者名・光藤古稀　光藤景皎先生古稀祝賀論文集（上，下）　平成13年・2001年　成
　　　　　　文堂

執筆者名・村井古稀　村井敏邦先生古稀記念論文集——人権の刑事法学　平成23年・
　　　　　　2011年　日本評論社

執筆者名・八木古稀　八木國之先生古稀祝賀論文集——刑事法学の現代的展開（上，下）
　　　　　　平成 4 年・1992年　法学書院

執筆者名・渡部古稀　渡部保夫先生古稀記念論文集——誤判救済と刑事司法の課題　平
　　　　　　成12年・2000年　日本評論社

【雑誌類等略称】

警学	警察学論集
警研	警察研究
刑ジ	刑事法ジャーナル
刑判評釈	刑事判例評釈集
現刑	現代刑事法
裁時	裁判所時報
司研集	司法研修所論集
司研所報	司法研修所報
司研報告	司法研究報告書
ジュリ	ジュリスト
曹時	法曹時報
判時	判例時報
判タ	判例タイムズ
判評	判例評論
ひろば	法律のひろば
法教	法学教室
法時	法律時報
法セ	法学セミナー

目　次

はしがき
編集代表・編集委員・執筆者紹介
凡　例

第1編　総　則

第1条〔本法の目的〕………………………………………………… 合田悦三　　1

第1章　裁判所の管轄

第2条〔土地管轄〕………………………………………………… 坂口裕俊　　7
第3条〔関連事件の併合管轄〕…………………………………… 坂口裕俊　　8
第4条〔審判の分離〕……………………………………………… 坂口裕俊　　9
第5条〔審判の併合〕……………………………………………… 坂口裕俊　10
第6条〔関連事件の併合管轄〕…………………………………… 坂口裕俊　11
第7条〔審判の分離〕……………………………………………… 坂口裕俊　12
第8条〔審判の併合〕……………………………………………… 坂口裕俊　12
第9条〔関連事件〕………………………………………………… 坂口裕俊　14
第10条〔同一事件と数個の訴訟係属(1)〕……………………… 坂口裕俊　14
第11条〔同一事件と数個の訴訟係属(2)〕……………………… 新井紅亜礼　15
第12条〔管轄区域外の職務執行〕……………………………… 新井紅亜礼　16
第13条〔管轄違いと訴訟手続の効力〕………………………… 新井紅亜礼　17
第14条〔管轄違いと要急処分〕………………………………… 新井紅亜礼　17
第15条〔管轄指定の請求(1)〕…………………………………… 新井紅亜礼　18
第16条〔管轄指定の請求(2)〕…………………………………… 新井紅亜礼　19
第17条〔管轄移転の請求(1)〕…………………………………… 新井紅亜礼　20
第18条〔管轄移転の請求(2)〕…………………………………… 新井紅亜礼　21
第19条〔管轄事件の移送〕……………………………………… 新井紅亜礼　22

第2章　裁判所職員の除斥及び忌避

第20条〔除斥の原因〕 ················· 石川貴司　24

第21条〔忌避の原因，忌避申立権者〕 ············· 石川貴司　28

第22条〔忌避申立ての時期〕 ················· 石川貴司　33

第23条〔忌避申立てに対する決定〕 ············· 石川貴司　34

第24条〔簡易却下手続〕 ················· 石川貴司　36

第25条〔即時抗告〕 ··················· 石川貴司　39

第26条〔裁判所書記官の除斥・忌避〕 ············ 石川貴司　40

第3章　訴訟能力

第27条〔法人と訴訟行為の代表〕 ··········· 伊藤ゆう子　42

第28条〔意思無能力者と訴訟行為の代理〕 ········· 伊藤ゆう子　43

第29条〔特別代理人〕 ················· 伊藤ゆう子　44

第4章　弁護及び補佐

第30条〔弁護人選任の時期，選任権者〕 ·········· 石川貴司　45

第31条〔資格，特別弁護人〕 ················ 石川貴司　48

第31条の2〔弁護人選任の申出〕 ·············· 石川貴司　50

第32条〔選任の効力〕 ··················· 石川貴司　51

第33条〔主任弁護人〕 ··················· 石川貴司　52

第34条〔主任弁護人の権限〕 ················ 石川貴司　54

第35条〔弁護人の数の制限〕 ················ 石川貴司　55

第36条〔被告人の国選弁護人(1)〕 ············· 石川貴司　57

第36条の2〔資力申告書の提出〕 ·············· 石川貴司　59

第36条の3〔私選弁護人選任申出の前置〕 ·········· 石川貴司　60

第37条〔被告人の国選弁護人(2)〕 ············· 石川貴司　61

第37条の2〔被疑者の国選弁護〕 ·············· 戸苅左近　62

第37条の3〔選任請求の手続〕 ··············· 戸苅左近　66

第37条の4〔職権による選任〕 ··············· 戸苅左近　67

第37条の5〔複数の弁護人の選任〕 ············· 戸苅左近　68

第38条〔選任資格，旅費等の請求〕 ············· 戸苅左近　69

第38条の2〔選任の効力の終期〕 ·············· 戸苅左近　71

第38条の3〔弁護人の解任〕 ················ 戸苅左近　73

目 次 xxv

第38条の4〔虚偽の資力申告書の提出に対する制裁〕……………… 戸苅左近 75
第39条〔被疑者・被告人との接見交通〕……………………………… 加藤俊治 75
第40条〔書類・証拠物の閲覧・謄写〕………………………………… 戸苅左近 82
第41条〔独立行為権〕…………………………………………………… 戸苅左近 83
第42条〔補佐人〕………………………………………………………… 戸苅左近 85

第5章 裁 判

第43条〔判決，決定・命令〕…………………………………………… 矢野直邦 86
第44条〔裁判の理由〕…………………………………………………… 矢野直邦 90
第45条〔判事補の権限〕………………………………………………… 矢野直邦 93
第46条〔謄本の請求〕…………………………………………………… 矢野直邦 94

第6章 書類及び送達

第47条〔訴訟書類非公開の原則〕……………………………………… 新井紅亜礼 95
第48条〔公判調書の作成と調整〕……………………………………… 新井紅亜礼 97
第49条〔公判調書閲覧権〕……………………………………………… 新井紅亜礼 111
第50条〔公判調書の未整理〕…………………………………………… 新井紅亜礼 112
第51条〔公判調書の記載に対する異議〕……………………………… 新井紅亜礼 113
第52条〔公判調書の証明力〕…………………………………………… 新井紅亜礼 115
第53条〔訴訟記録の閲覧〕……………………………………………… 三村三緒 117
第53条の2〔行政機関情報公開法等の適用除外〕…………………… 三村三緒 118
第54条〔書類の送達〕…………………………………………………… 新井紅亜礼 119

第7章 期 間

第55条〔期間の計算〕…………………………………………………… 吉田雅之 124
第56条〔法定期間の延長〕……………………………………………… 吉田雅之 125

第8章 被告人の召喚，勾引及び勾留

第57条〔召 喚〕………………………………………………………… 坂口裕俊 127
第58条〔勾 引〕………………………………………………………… 坂口裕俊 127
第59条〔勾引の効力〕…………………………………………………… 坂口裕俊 128
第60条〔勾留の理由，期間・期間の更新〕…………………………… 渡邉史朗 129

第61条〔勾留と被告事件の告知〕……………………………坂口裕俊　138

第62条〔令　状〕…………………………………………………坂口裕俊　139

第63条〔召喚状の方式〕…………………………………………坂口裕俊　140

第64条〔勾引状・勾留状の方式〕………………………………坂口裕俊　140

第65条〔召喚の手続〕……………………………………………坂口裕俊　143

第66条〔勾引の嘱託〕……………………………………………坂口裕俊　144

第67条〔嘱託による勾引の手続〕………………………………坂口裕俊　145

第68条〔出頭命令・同行命令・勾引〕…………………………坂口裕俊　146

第69条〔裁判長の権限〕…………………………………………坂口裕俊　146

第70条〔勾引状・勾留状の執行〕………………………………坂口裕俊　147

第71条〔勾引状・勾留状の管轄区域外における執行・執行の嘱託〕…………坂口裕俊　148

第72条〔被告人の捜査・勾引状・勾留状の執行の嘱託〕……坂口裕俊　149

第73条〔勾引状・勾留状執行の手続〕…………………………坂口裕俊　149

第74条〔護送中の仮留置〕………………………………………坂口裕俊　151

第75条〔勾引された被告人の留置〕……………………………坂口裕俊　151

第76条〔勾引された被告人と公訴事実・弁護人選任権の告知〕…………坂口裕俊　152

第77条〔勾留と弁護人選任権等の告知〕………………………坂口裕俊　153

第78条〔弁護人選任の申出〕……………………………………坂口裕俊　154

第79条〔勾留と弁護人等への通知〕……………………………坂口裕俊　155

第80条〔勾留と接見交通〕………………………………………渡邉史朗　156

第81条〔接見交通の制限〕………………………………………渡邉史朗　157

第82条〔勾留理由開示の請求〕…………………………………渡邉史朗　159

第83条〔勾留の理由の開示(1)〕…………………………………渡邉史朗　161

第84条〔勾留の理由の開示(2)〕…………………………………渡邉史朗　163

第85条〔勾留の理由の開示(3)〕…………………………………渡邉史朗　165

第86条〔勾留の理由の開示(4)〕…………………………………渡邉史朗　165

第87条〔勾留の取消し〕…………………………………………渡邉史朗　166

第88条〔保釈の請求〕……………………………………………渡邉史朗　168

第89条〔必要的保釈〕……………………………………………渡邉史朗　169

第90条〔職権保釈〕………………………………………………渡邉史朗　173

第91条〔不当に長い拘禁と勾留の取消し・保釈〕……………丸山哲巳　174

第92条〔保釈，勾留取消しと検察官の意見〕…………………丸山哲巳　176

第93条〔保証金額，保釈の条件〕………………………………丸山哲巳　177

第94条〔保釈の手続〕……………………………………………丸山哲巳　178

第95条〔勾留の執行停止〕………………………………………丸山哲巳　180

第96条〔保釈等の取消し，保証金の没取〕……………………丸山哲巳　181

目　次　xxvii

第97条〔上訴と勾留に関する決定〕………………………………………… 丸山哲巳　185
第98条〔保釈の取消等と収容の手続〕……………………………………… 丸山哲巳　186

第9章　押収及び捜索

第99条〔差押え，提出命令〕………………………………………………… 吉田雅之　188
第99条の2〔記録命令付差押え〕…………………………………………… 吉田雅之　191
第100条〔郵便物等の押収〕………………………………………………… 吉田雅之　191
第101条〔領　置〕…………………………………………………………… 吉田雅之　193
第102条〔捜　索〕…………………………………………………………… 吉田雅之　194
第103条〔公務上秘密と押収(1)〕…………………………………………… 吉田雅之　195
第104条〔公務上秘密と押収(2)〕…………………………………………… 吉田雅之　196
第105条〔業務上秘密と押収〕……………………………………………… 吉田雅之　197
第106条〔令　状〕…………………………………………………………… 佐藤　剛　198
第107条〔差押状・捜索状の方式〕………………………………………… 佐藤　剛　199
第108条〔差押状・捜索状の執行〕………………………………………… 佐藤　剛　201
第109条〔執行の補助〕……………………………………………………… 佐藤　剛　203
第110条〔執行の方式〕……………………………………………………… 佐藤　剛　203
第110条の2〔電磁的記録に係る記録媒体の差押えの執行方法〕……… 佐藤　剛　205
第111条〔押収捜索と必要な処分〕………………………………………… 佐藤　剛　206
第111条の2〔捜索・差押えの際の協力要請〕…………………………… 佐藤　剛　207
第112条〔執行中の出入禁止〕……………………………………………… 佐藤　剛　208
第113条〔当事者の立会い〕………………………………………………… 佐藤　剛　209
第114条〔責任者の立会い〕………………………………………………… 佐藤　剛　210
第115条〔女子の身体の捜索と立会い〕…………………………………… 佐藤　剛　212
第116条〔時刻の制限〕……………………………………………………… 佐藤　剛　213
第117条〔時刻の制限の例外〕……………………………………………… 佐藤　剛　214
第118条〔執行の中止と必要な処分〕……………………………………… 佐藤　剛　215
第119条〔捜索証明書の交付〕……………………………………………… 佐藤　剛　216
第120条〔押収目録の交付〕………………………………………………… 佐藤　剛　217
第121条〔押収物の保管・廃棄〕…………………………………………… 濱　克彦　218
第122条〔押収物の代価保管〕……………………………………………… 濱　克彦　220
第123条〔還付，仮還付等〕………………………………………………… 濱　克彦　221
第124条〔押収贓物の被害者還付〕………………………………………… 濱　克彦　225
第125条〔受命裁判官，受託裁判官〕……………………………………… 濱　克彦　227
第126条〔勾引状等の執行と被告人の捜索(1)〕………………………… 濱　克彦　229

第127条〔勾引状等の執行と被告人の捜索(2)〕…………………………… 濱克彦　229

第10章　検　証

第128条〔検　証〕………………………………………………………… 松下裕子　231

第129条〔検証と必要な処分〕…………………………………………… 松下裕子　232

第130条〔時刻の制限〕…………………………………………………… 松下裕子　234

第131条〔身体検査に関する注意, 女子の身体検査と立会い〕………… 松下裕子　235

第132条〔身体検査のための召喚〕……………………………………… 松下裕子　236

第133条〔出頭拒否と過料〕……………………………………………… 松下裕子　237

第134条〔出頭拒否と刑罰〕……………………………………………… 松下裕子　238

第135条〔出頭拒否と勾引〕……………………………………………… 松下裕子　239

第136条〔召喚・勾引に関する準用規定〕……………………………… 松下裕子　239

第137条〔身体検査の拒否と過料等〕…………………………………… 松下裕子　240

第138条〔身体検査の拒否と刑罰〕……………………………………… 松下裕子　241

第139条〔身体検査の直接強制〕………………………………………… 松下裕子　242

第140条〔身体検査の強制に関する訓示規定〕………………………… 松下裕子　243

第141条〔検証の補助〕…………………………………………………… 松下裕子　243

第142条〔準用規定〕……………………………………………………… 松下裕子　244

第11章　証人尋問

第143条〔証人の適格〕…………………………………………………… 三村三緒　246

第143条の2〔証人の召喚〕……………………………………………… 三村三緒　247

第144条〔公務上秘密と証人資格(1)〕…………………………………… 福家康史　248

第145条〔公務上秘密と証人資格(2)〕…………………………………… 福家康史　249

第146条〔自己の刑事責任と証言拒絶権〕……………………………… 福家康史　249

第147条〔近親者の刑事責任と証言拒絶権〕…………………………… 福家康史　251

第148条〔近親者の刑事責任と証言拒絶権の例外〕…………………… 福家康史　252

第149条〔業務上秘密と証言拒絶権〕…………………………………… 福家康史　252

第150条〔出頭義務違反と過料等〕……………………………………… 福家康史　253

第151条〔出頭義務違反と刑罰〕………………………………………… 福家康史　254

第152条〔再度の召喚・勾引〕…………………………………………… 福家康史　255

第153条〔準用規定〕……………………………………………………… 福家康史　255

第153条の2〔証人の留置〕……………………………………………… 福家康史　256

第154条〔宣　誓〕………………………………………………………… 福家康史　257

目 次 xxix

第155条〔宣誓無能力〕……………………………………………… 福家康史 259

第156条〔推測事項の供述〕………………………………………… 三村三緒 259

第157条〔当事者の立会権・尋問権〕……………………………… 三村三緒 260

第157条の2〔証人尋問開始前の免責請求〕……………………… 上冨敏伸 262

第157条の3〔証人尋問開始後の免責請求〕……………………… 上冨敏伸 266

第157条の4〔証人への付添い〕…………………………………… 森喜史 267

第157条の5〔証人尋問の際の証人の遮へい〕…………………… 森喜史 269

第157条の6〔ビデオリンク方式による証人尋問〕……………… 辛島明 270

第158条〔裁判所外における証人尋問〕…………………………… 三村三緒 273

第159条〔尋問に立ち会わなかった当事者の権利〕……………… 三村三緒 275

第160条〔宣誓証言の拒絶と過料等〕……………………………… 福家康史 277

第161条〔宣誓証言の拒絶と刑罰〕………………………………… 福家康史 278

第162条〔同行命令・勾引〕………………………………………… 福家康史 279

第163条〔受命裁判官,受託裁判官〕……………………………… 福家康史 280

第164条〔証人の旅費・日当・宿泊料〕…………………………… 福家康史 282

第12章 鑑 定

第165条〔鑑　定〕…………………………………………………… 伊藤ゆう子 283

第166条〔宣　誓〕…………………………………………………… 伊藤ゆう子 287

第167条〔鑑定留置,留置状〕……………………………………… 伊藤ゆう子 288

第167条の2〔鑑定留置と勾留の執行停止〕……………………… 伊藤ゆう子 291

第168条〔鑑定と必要な処分,許可状〕…………………………… 伊藤ゆう子 291

第169条〔受命裁判官〕……………………………………………… 伊藤ゆう子 293

第170条〔当事者の立会い〕………………………………………… 伊藤ゆう子 294

第171条〔準用規定〕………………………………………………… 伊藤ゆう子 295

第172条〔裁判官に対する身体検査の請求〕……………………… 伊藤ゆう子 296

第173条〔鑑定料・鑑定必要費用等〕……………………………… 伊藤ゆう子 297

第174条〔鑑定証人〕………………………………………………… 伊藤ゆう子 298

第13章 通訳及び翻訳

第175条〔通訳(1)〕…………………………………………………… 丸山哲巳 299

第176条〔通訳(2)〕…………………………………………………… 丸山哲巳 300

第177条〔翻　訳〕…………………………………………………… 丸山哲巳 301

第178条〔準用規定〕………………………………………………… 丸山哲巳 302

xxx

第14章　証拠保全

第179条〔証拠保全の請求，手続〕……………………… 伊藤ゆう子　303

第180条〔当事者の書類・証拠物の閲覧・謄写権〕……… 伊藤ゆう子　305

第15章　訴訟費用

第181条〔被告人等の費用負担〕………………………… 福家康史　306

第182条〔共犯の費用〕…………………………………… 福家康史　308

第183条〔告訴人等の費用負担〕………………………… 福家康史　309

第184条〔上訴等の取下げと費用負担〕………………… 福家康史　310

第185条〔被告人負担の裁判〕…………………………… 福家康史　311

第186条〔第三者負担の裁判〕…………………………… 福家康史　312

第187条〔本案の裁判がないとき〕……………………… 福家康史　313

第187条の2〔公訴の提起がないとき〕………………… 福家康史　313

第188条〔負担額の算定〕………………………………… 福家康史　315

第16章　費用の補償

第188条の2〔無罪判決と費用の補償〕………………… 新井紅亜礼　316

第188条の3〔補償の手続〕……………………………… 新井紅亜礼　317

第188条の4〔上訴費用の補償〕………………………… 新井紅亜礼　318

第188条の5〔補償の手続〕……………………………… 新井紅亜礼　319

第188条の6〔費用補償の範囲〕………………………… 新井紅亜礼　320

第188条の7〔刑事補償の例〕…………………………… 新井紅亜礼　321

第2編　第一審

第1章　捜　査

第189条〔一般司法警察職員〕…………………………… 加藤俊治　323

第190条〔特別司法警察職員〕…………………………… 加藤俊治　329

第191条〔検察官・検察事務官〕………………………… 加藤俊治　333

第192条〔捜査に関する協力義務〕……………………… 加藤俊治　335

目 次 xxxi

第193条〔検察官の司法警察職員に対する指示・指揮〕………… 加藤俊治 337

第194条〔司法警察員に対する懲戒・罷免〕………………………… 加藤俊治 341

第195条〔検察官等の管轄区域外における職務執行〕…………… 加藤俊治 343

第196条〔捜査関係者に対する訓示規定〕………………………… 加藤俊治 344

第197条〔捜査に必要な取調べ〕…………………………………… 加藤俊治 346

第198条〔被疑者の出頭・取調べ〕………………………………… 加藤俊治 357

第199条〔逮捕状による逮捕の要件等〕…………………………… 櫞清隆 369

第200条〔逮捕状の方式〕…………………………………………… 櫞清隆 382

第201条〔逮捕状による逮捕の手続〕……………………………… 櫞清隆 384

第202条〔検察官・司法警察員への引致〕………………………… 櫞清隆 387

第203条〔司法警察員の手続・検察官送致の時間の制限〕……… 櫞清隆 388

第204条〔検察官の手続・勾留請求の時間の制限〕……………… 櫞清隆 392

第205条〔司法警察員から送致を受けた検察官の手続・勾留請求の時間制限〕

…………………………………………………………………… 櫞清隆 396

第206条〔制限時間の不遵守と免責〕……………………………… 櫞清隆 398

第207条〔被疑者の勾留〕…………………………………………… 櫞清隆 399

第208条〔起訴前の勾留期間・期間の延長〕……………………… 櫞清隆 413

第208条の2〔勾留期間の再延長〕………………………………… 櫞清隆 417

第209条〔逮捕状による逮捕に関する準用規定〕………………… 櫞清隆 417

第210条〔緊急逮捕〕………………………………………………… 東山太郎 418

第211条〔通常逮捕に関する規定の準用〕………………………… 東山太郎 423

第212条〔現行犯人〕………………………………………………… 東山太郎 423

第213条〔現行犯逮捕〕……………………………………………… 東山太郎 431

第214条〔私人による現行犯逮捕〕………………………………… 東山太郎 436

第215条〔司法巡査の手続〕………………………………………… 東山太郎 437

第216条〔通常逮捕に関する規定の準用〕………………………… 東山太郎 438

第217条〔軽微事件と現行犯逮捕〕………………………………… 東山太郎 439

第218条〔令状による差押え・記録命令付差押え・捜索・検証〕…… 吉川崇 440

第219条〔差押え等の令状の方式〕………………………………… 吉川崇 451

第220条〔令状によらない差押え・捜索・検証〕………………… 吉川崇 454

第221条〔領 置〕…………………………………………………… 吉川崇 457

第222条〔押収・捜索・検証に関する準用規定，夜間の検証，被疑者の立会い，

身体検査を拒否した者に対する制裁〕………………………… 吉川崇 459

第222条の2〔電気通信の傍受〕…………………………………… 吉川崇 465

第223条〔第三者の任意出頭・取調べ，鑑定・通訳の嘱託〕…… 吉川崇 469

第224条〔鑑定の嘱託と鑑定留置の請求〕………………………… 吉川崇 474

第225条〔鑑定受託者と必要な処分，許可状〕……………………… 吉川崇　476

第226条〔第1回公判期日前の証人尋問請求(1)〕………………… 吉川崇　478

第227条〔第1回公判期日前の証人尋問請求(2)〕………………… 吉川崇　480

第228条〔第1回公判期日前の証人尋問における裁判官の権限〕………… 吉川崇　481

第229条〔検　視〕………………………………………………… 吉川崇　483

第230条〔被害者の告訴権〕……………………………………… 加藤俊治　487

第231条〔法定代理人及び被害者死亡時の告訴権〕…………… 加藤俊治　492

第232条〔親族の告訴権〕………………………………………… 加藤俊治　493

第233条〔死者の名誉を毀損した罪等に関する告訴権〕……… 加藤俊治　494

第234条〔検察官による告訴権者の指定〕……………………… 加藤俊治　495

第235条〔告訴期間〕……………………………………………… 加藤俊治　496

第236条〔告訴期間の独立〕……………………………………… 加藤俊治　498

第237条〔告訴の取消し〕………………………………………… 加藤俊治　499

第238条〔告訴の不可分〕………………………………………… 加藤俊治　502

第239条〔告　発〕………………………………………………… 加藤俊治　505

第240条〔代理人による告訴〕…………………………………… 加藤俊治　508

第241条〔告訴・告発の方式〕…………………………………… 加藤俊治　509

第242条〔告訴・告発事件の送付〕……………………………… 加藤俊治　512

第243条〔準　用〕………………………………………………… 加藤俊治　514

第244条〔外国代表者等による告訴に関する特則〕…………… 加藤俊治　515

第245条〔自　首〕………………………………………………… 加藤俊治　516

第246条〔司法警察員の事件送致〕……………………………… 東山太郎　517

第2章　公　訴

第247条〔国家訴追主義〕………………………………………… 白井智之　524

第248条〔起訴便宜主義〕………………………………………… 白井智之　528

第249条〔公訴の効力の人的範囲〕……………………………… 白井智之　531

第250条〔公訴時効期間〕………………………………………… 白井智之　533

第251条〔時効期間の標準となる刑(1)〕………………………… 白井智之　536

第252条〔時効期間の標準となる刑(2)〕………………………… 白井智之　537

第253条〔時効の起算点〕………………………………………… 白井智之　537

第254条〔公訴の提起と時効の停止〕…………………………… 白井智之　539

第255条〔その他の理由による時効の停止〕…………………… 白井智之　541

第256条〔起訴状，訴因，罰条〕………………………………… 中村功一　543

第257条〔公訴の取消し〕………………………………………… 中村功一　559

目　次　xxxiii

第258条〔他管送致〕………………………………………………… 中村功一　561

第259条〔被疑者に対する不起訴処分の告知〕……………………… 中村功一　562

第260条〔告訴人等に対する起訴・不起訴等の通知〕……………… 中村功一　562

第261条〔告訴人等に対する不起訴理由の告知〕…………………… 中村功一　563

第262条〔付審判請求手続・準起訴手続〕…………………………… 丸山哲巳　564

第263条〔請求の取下げ〕……………………………………………… 丸山哲巳　567

第264条〔公訴提起の義務〕…………………………………………… 丸山哲巳　567

第265条〔付審判請求手続の審判〕…………………………………… 丸山哲巳　568

第266条〔請求棄却の決定・付審判の決定〕………………………… 丸山哲巳　570

第267条〔公訴提起の擬制〕…………………………………………… 丸山哲巳　572

第267条の2〔付審判決定の通知〕…………………………………… 丸山哲巳　573

第268条〔公訴の維持と指定弁護士〕………………………………… 丸山哲巳　573

第269条〔請求者に対する費用賠償の決定〕………………………… 丸山哲巳　574

第270条〔検察官の書類・証拠物の閲覧・謄写権〕………………… 三村三緒　575

第3章　公　判

第1節　公判準備及び公判手続

第271条〔起訴状謄本の送達〕………………………………………… 安永健次　576

第272条〔弁護人選任権等の告知〕…………………………………… 安永健次　579

第273条〔公判期日の指定〕…………………………………………… 安永健次　581

第274条〔召喚状送達の擬制〕………………………………………… 安永健次　588

第275条〔期日の猶予期間〕…………………………………………… 安永健次　589

第276条〔公判期日の変更〕…………………………………………… 安永健次　589

第277条〔不当な期日変更に対する救済〕…………………………… 安永健次　593

第278条〔不出頭と診断書の提出〕…………………………………… 安永健次　594

第278条の2〔検察官・弁護人に対する出頭命令〕………………… 安永健次　595

第279条〔公務所等に対する照会〕…………………………………… 安永健次　598

第280条〔勾留に関する処分〕………………………………………… 渡邉史朗　599

第281条〔期日外の証人尋問〕………………………………………… 三村三緒　601

第281条の2〔被告人の退席〕………………………………………… 三村三緒　602

第281条の3〔開示証拠の適正管理等〕……………………………… 辛島明　603

第281条の4〔開示証拠の目的外使用禁止等〕……………………… 辛島明　604

第281条の5〔目的外使用の罰則〕…………………………………… 辛島明　606

第281条の6〔連日的開廷〕…………………………………………… 辛島明　606

第282条〔公判廷〕･･････････････････････････････････････ 安永健次 607

第283条〔被告人たる法人と代理人の出頭〕･･････････････ 安永健次 608

第284条〔軽微事件における出頭義務の免除・代理人の出頭〕･･ 安永健次 609

第285条〔出頭義務とその免除〕･････････････････････････ 安永健次 610

第286条〔被告人の出頭の権利義務〕･･･････････････････ 安永健次 611

第286条の2〔出頭拒否と公判手続〕･････････････････････ 安永健次 612

第287条〔身体の不拘束〕･･････････････････････････････ 安永健次 613

第288条〔被告人の在廷義務，法廷警察権〕･･･････････ 安永健次 614

第289条〔必要的弁護〕････････････････････････････････ 安永健次 617

第290条〔任意的国選弁護〕････････････････････････････ 安永健次 622

第290条の2〔公開の法廷における被害者特定事項の秘匿〕････････ 辛島明 622

第290条の3〔公開の法廷における証人等特定事項の秘匿〕･･････････ 辛島明 625

第291条〔冒頭手続〕･･･････････････････････････････････ 辛島明 626

第291条の2〔簡易公判手続の決定〕････････････････････ 森喜史 632

第291条の3〔簡易公判手続決定の取消し〕････････････････ 森喜史 634

第292条〔証拠調べ〕･･･････････････････････････････ 大西直樹 635

第292条の2〔被害者等による心情等の意見陳述〕･･････････ 辛島明 637

第293条〔弁　論〕･･････････････････････････････････ 辛島明 640

第294条〔訴訟指揮権〕････････････････････････････ 辛島明 644

第295条〔尋問・陳述の制限〕･･････････････････････ 辛島明 646

第296条〔検察官の冒頭陳述〕････････････････････ 井下田英樹 650

第297条〔証拠調の範囲・順序・方法〕･･･････････ 三村三緒 657

第298条〔証拠調の請求，職権証拠調べ〕････････ 三村三緒 658

第299条〔当事者の知る権利等〕･････････････････ 三村三緒 665

第299条の2〔証拠開示等の際の証人等に対する加害等防止のための配慮要請〕

･････････････････････････････････ 森喜史 667

第299条の3〔証拠開示等の際の被害者特定事項の秘匿の要請〕･･････ 森喜史 668

第299条の4〔検察官による証人等の氏名及び住居の開示に係る措置〕･･････ 伊丹俊彦 669

第299条の5〔証人等の氏名及び住居の開示に関する裁定〕･････････ 合田悦三 674

第299条の6〔訴訟記録の閲覧等における証人等の氏名及び住居の開示に係る措置〕

･････････････････････････････････ 合田悦三 677

第299条の7〔弁護士会等に対する処置請求〕････････ 伊丹俊彦 684

第300条〔証拠調べの請求の義務〕･･････････････ 坂口裕俊 685

第301条〔自白と証拠調べの請求の制限〕････････ 坂口裕俊 686

第301条の2〔取調べ等の録音・録画と記録媒体の証拠調べの請求〕

･･････････････････････ 上冨敏伸＝吉田雅之 688

目　次　xxxv

第302条〔捜査記録の一部についての証拠調べの請求〕…………………………… 坂口裕俊　698

第303条〔公判準備の結果と証拠調べの必要〕…………………………………………… 坂口裕俊　699

第304条〔人的証拠に対する証拠調べの方式〕…………………………………………… 戸苅左近　700

第304条の2〔被告人の退廷〕………………………………………………………………… 戸苅左近　707

第305条〔証拠書類等に対する証拠調べの方式〕……………………………………… 戸苅左近　708

第306条〔証拠物に対する証拠調べの方式〕…………………………………………… 戸苅左近　711

第307条〔証拠物たる書面に対する証拠調べの方式〕………………………………… 戸苅左近　712

第307条の2〔簡易公判手続〕……………………………………………………………… 戸苅左近　712

第308条〔証明力を争う権利〕……………………………………………………………… 安永健次　713

第309条〔異議申立て〕……………………………………………………………………… 安永健次　715

第310条〔証拠調を終わった証拠の提出〕……………………………………………… 安永健次　724

第311条〔被告人の黙秘権・供述拒否権，任意の供述〕…………………………… 髙橋康明　726

第312条〔起訴状の変更〕…………………………………………………………………… 中村功一　728

第313条〔弁論の分離・併合・再開〕…………………………………………………… 大西直樹　746

第313条の2〔併合事件における弁護人選任の効力〕……………………………… 大西直樹　750

第314条〔公判手続の停止〕………………………………………………………………… 伊藤ゆう子　751

第315条〔公判手続の更新〕………………………………………………………………… 大西直樹　753

第315条の2〔簡易公判手続の決定の取消しと手続の更新〕……………………… 大西直樹　758

第316条〔合議制事件と1人の裁判官の手続の効力〕……………………………… 大西直樹　758

第2節　争点及び証拠の整理手続

第1款　公判前整理手続

第1目　通　則

第316条の2〔公判前整理手続の決定と方法〕……………………………………… 井下田英樹　760

第316条の3〔公判前整理手続の目的〕………………………………………………… 井下田英樹　762

第316条の4〔必要的弁護〕………………………………………………………………… 井下田英樹　763

第316条の5〔公判前整理手続の内容〕………………………………………………… 井下田英樹　764

第316条の6〔公判前整理手続期日の決定と変更〕………………………………… 井下田英樹　768

第316条の7〔公判前整理手続の出席者〕……………………………………………… 井下田英樹　770

第316条の8〔弁護人の選任〕……………………………………………………………… 井下田英樹　770

第316条の9〔被告人の出席〕……………………………………………………………… 井下田英樹　771

第316条の10〔被告人の意思確認〕……………………………………………………… 井下田英樹　771

第316条の11〔受命裁判官〕………………………………………………………………… 井下田英樹　772

第316条の12〔調書の作成〕………………………………………………………………… 井下田英樹　773

第2目　争点及び証拠の整理

第316条の13〔証明予定事実の明示・検察官請求証拠の取調べ請求〕……… 辛島明　775

第316条の14〔検察官請求証拠の開示〕……………………………………… 辛島明　781

第316条の15〔類型証拠の開示〕……………………………………………… 辛島明　783

第316条の16〔検察官請求証拠に対する意見〕……………………………… 辛島明　790

第316条の17〔予定主張の明示・被告人側請求証拠の取調べ請求〕……… 辛島明　791

第316条の18〔被告人側請求証拠の開示〕…………………………………… 辛島明　794

第316条の19〔被告人側請求証拠に対する意見〕…………………………… 辛島明　795

第316条の20〔主張関連証拠の開示〕………………………………………… 辛島明　795

第316条の21〔証明予定事実の追加・変更等〕……………………………… 辛島明　799

第316条の22〔予定主張の追加・変更等〕…………………………………… 辛島明　799

第316条の23〔証人等保護に関する規定の準用〕…………………………… 辛島明　800

第316条の24〔争点の証拠整理結果の確認〕………………………………… 辛島明　801

第3目　証拠開示に関する裁定

第316条の25〔証拠開示の時期・方法の指定〕……………………………… 辛島明　804

第316条の26〔証拠開示命令〕………………………………………………… 辛島明　806

第316条の27〔証拠と証拠標目一覧表の提示命令〕………………………… 辛島明　808

第2款　期日間整理手続

第316条の28〔期日間整理手続〕……………………………………………… 辛島明　810

第3款　公判手続の特例

第316条の29〔必要的弁護〕…………………………………………………… 辛島明　812

第316条の30〔被告人側の冒頭陳述〕………………………………………… 辛島明　812

第316条の31〔公判前整理手続の結果顕出〕………………………………… 辛島明　813

第316条の32〔新たな証拠調べ請求の制限〕………………………………… 辛島明　814

第3節　被害者参加

第316条の33〔被告事件の手続への被害者参加〕…………………………… 岡田志乃布　819

第316条の34〔被害者参加人等の公判期日等への出席〕…………………… 岡田志乃布　823

第316条の35〔被害者参加人等による検察官に対する意見の申述等〕…… 岡田志乃布　825

第316条の36〔被害者参加人等による証人尋問〕…………………………… 岡田志乃布　826

第316条の37〔被害者参加人等による被告人質問〕………………………… 岡田志乃布　827

第316条の38〔被害者参加人等による弁論としての意見陳述〕…………… 岡田志乃布　830

目　次　xxxvii

第316条の39〔被害者参加人への付添い，遮へいの措置〕……………… 岡田志乃布　832

第4節　証　拠

第317条〔証拠裁判主義〕………………………………………………… 辛島明　835
第318条〔自由心証主義〕………………………………………………… 河本雅也　855
第319条〔自白の証拠能力・証明力〕…………………………………… 吉村典晃　860
第320条〔伝聞証拠と証拠能力の制限〕………………………………… 髙橋康明　873
第321条〔被告人以外の者の供述書・供述録取書の証拠能力〕……… 髙橋康明　876
第321条の2〔ビデオリンク方式による証人尋問調書の証拠能力〕……… 森喜史　889
第322条〔被告人の供述書・供述録取書の証拠能力〕………………… 井下田英樹　890
第323条〔高度の信用性ある書面〕……………………………………… 辛島明　900
第324条〔伝聞証言の証拠能力〕………………………………………… 辛島明　904
第325条〔供述の任意性の調査〕………………………………………… 辛島明　907
第326条〔当事者の同意と書面又は供述の証拠能力〕………………… 井下田英樹　909
第327条〔合意による書面の証拠能力〕………………………………… 井下田英樹　917
第328条〔証明力を争うための証拠〕…………………………………… 髙橋康明　918

第5節　公判の裁判

第329条〔管轄違いの判決〕……………………………………………… 辛島明　921
第330条〔管轄違いの言渡しの制限(1)〕………………………………… 辛島明　923
第331条〔管轄違いの言渡しの制限(2)〕………………………………… 辛島明　923
第332条〔地方裁判所への移送の決定〕………………………………… 辛島明　924
第333条〔刑の言渡しの判決〕…………………………………………… 辛島明　926
第334条〔刑の免除の判決〕……………………………………………… 辛島明　933
第335条〔有罪判決に示すべき理由〕…………………………………… 戸苅左近　933
第336条〔無罪の判決〕…………………………………………………… 辛島明　945
第337条〔免訴の判決〕…………………………………………………… 辛島明　947
第338条〔公訴棄却の判決〕……………………………………………… 大西直樹　952
第339条〔公訴棄却の決定〕……………………………………………… 大西直樹　965
第340条〔公訴取消しによる公訴棄却後の再起訴の要件〕…………… 森喜史　967
第341条〔被告人の陳述を聴かない判決〕……………………………… 森喜史　967
第342条〔判決の宣告〕…………………………………………………… 森喜史　969
第343条〔禁錮以上の刑の宣告と保釈等の失効〕……………………… 森喜史　971
第344条〔禁錮以上の刑の宣告と必要的保釈等の不適用〕…………… 森喜史　972
第345条〔無罪等の宣告と勾留状の失効〕……………………………… 森喜史　973
第346条〔没収の言渡しがない押収物の処理〕………………………… 森喜史　974

第347条〔被害者還付の言渡し〕………………………………… 森喜史　975

第348条〔罰金等の仮納付の言渡し〕………………………………… 森喜史　976

第349条〔刑の執行猶予取消の手続(1)〕……………………………… 石川貴司　977

第349条の2〔刑の執行猶予取消の手続(2)〕………………………… 石川貴司　979

第350条〔併合罪中大赦を受けない罪の刑を定める手続〕………… 石川貴司　981

第4章　証拠収集等への協力及び訴追に関する合意

第1節　合意及び協議の手続

第350条の2〔合意の手続と対象犯罪〕……………………………… 伊丹俊彦　983

第350条の3〔弁護人の同意と合意の成立〕………………………… 伊丹俊彦　990

第350条の4〔協議の手続〕…………………………………………… 伊丹俊彦　990

第350条の5〔供述の聴取と証拠能力の制限〕……………………… 伊丹俊彦　991

第350条の6〔司法警察員との関係〕………………………………… 伊丹俊彦　992

第2節　公判手続の特例

第350条の7〔合意した被告人の事件における合意内容書面等の証拠調べの請求〕
……………………………………………………………………… 上冨敏伸　994

第350条の8〔解明対象となる他人の事件における合意内容書面等の証拠調べの請求(1)〕
……………………………………………………………………… 上冨敏伸　996

第350条の9〔解明対象となる他人の事件における合意内容書面等の証拠調べの請求(2)〕
……………………………………………………………………… 上冨敏伸　997

第3節　合意の終了

第350条の10〔合意からの離脱〕…………………………………… 上冨敏伸　999

第350条の11〔合意の失効〕………………………………………… 上冨敏伸　1002

第350条の12〔合意の失効の場合の証拠としての使用の禁止〕…… 上冨敏伸　1003

第4節　合意の履行の確保

第350条の13〔合意違反の場合の公訴棄却等〕…………………… 上冨敏伸　1005

第350条の14〔合意違反の場合の証拠としての使用の禁止〕……… 上冨敏伸　1006

第350条の15〔虚偽供述等の処罰〕………………………………… 上冨敏伸　1007

目　次　xxxix

第 5 章　即決裁判手続

第 1 節　即決裁判手続の申立て

第350条の16〔申立ての要件と手続〕……………………………… 戸苅左近　1009

第350条の17〔同意確認のための公的弁護人の選任〕…………… 戸苅左近　1012

第 2 節　公判準備及び公判手続の特例

第350条の18〔職権による公的弁護人の選任〕…………………… 戸苅左近　1014

第350条の19〔検察官請求証拠の開示〕…………………………… 戸苅左近　1014

第350条の20〔弁護人に対する同意の確認〕……………………… 戸苅左近　1014

第350条の21〔公判期日の指定〕…………………………………… 戸苅左近　1015

第350条の22〔即決裁判手続による審判の決定〕………………… 戸苅左近　1016

第350条の23〔必要的弁護〕………………………………………… 戸苅左近　1018

第350条の24〔公判審理の方式〕…………………………………… 戸苅左近　1019

第350条の25〔即決裁判手続による審判の決定の取消し〕……… 戸苅左近　1021

第350条の26〔公訴取消後の再起訴制限の緩和〕………………… 戸苅左近　1022

第 3 節　証拠の特例

第350条の27〔伝聞証拠排斥の適用除外〕………………………… 戸苅左近　1024

第 4 節　公判の裁判の特例

第350条の28〔即日判決の要請〕…………………………………… 戸苅左近　1025

第350条の29〔懲役又は禁錮の言渡し〕…………………………… 戸苅左近　1025

第 3 編　上　訴

第 1 章　通　則

第351条〔上訴権者(1)〕……………………………………………… 玉本将之　1027

第352条〔上訴権者(2)〕……………………………………………… 玉本将之　1029

第353条〔上訴権者(3)〕……………………………………………… 玉本将之　1030

第354条〔上訴権者(4)〕……………………………………………… 玉本将之　1031

第355条〔上訴権者(5)〕……………………………………………… 玉本将之　1032

xl

第356条〔上訴と被告人の意思〕……………………………… 玉本将之 1034

第357条〔一部上訴〕……………………………………………… 玉本将之 1034

第358条〔上訴提起期間の起算日〕……………………………… 玉本将之 1035

第359条〔上訴の放棄・取下げ(1)〕…………………………… 橋清隆 1036

第360条〔上訴の放棄・取下げ(2)〕…………………………… 橋清隆 1038

第360条の2〔上訴放棄の制限〕………………………………… 橋清隆 1039

第360条の3〔上訴放棄の手続〕………………………………… 橋清隆 1039

第361条〔上訴の放棄・取下げと再上訴〕……………………… 橋清隆 1039

第362条〔上訴権回復(1)〕……………………………………… 橋清隆 1040

第363条〔上訴権回復(2)〕……………………………………… 橋清隆 1042

第364条〔上訴権回復(3)〕……………………………………… 橋清隆 1043

第365条〔上訴権回復(4)〕……………………………………… 橋清隆 1044

第366条〔刑事施設にいる被告人に関する特則(1)〕………… 橋清隆 1044

第367条〔刑事施設にいる被告人に関する特則(2)〕………… 橋清隆 1046

第368～371条〔削　除〕………………………………………………… 1047

第2章　控　訴

第372条〔控訴のできる判決〕…………………………………… 辛島明 1048

第373条〔控訴提起期間〕………………………………………… 辛島明 1048

第374条〔控訴提起の方式〕……………………………………… 辛島明 1049

第375条〔第一審裁判所による控訴棄却の決定〕……………… 辛島明 1050

第376条〔控訴趣意書〕…………………………………………… 辛島明 1051

第377条〔控訴申立ての理由——絶対的控訴理由(1)〕……… 辛島明 1056

第378条〔控訴申立ての理由——絶対的控訴理由(2)〕……… 辛島明 1058

第379条〔控訴申立ての理由——訴訟手続の法令違反〕……… 吉田智宏 1064

第380条〔控訴申立ての理由——法令の適用の誤り〕………… 石井伸興 1074

第381条〔控訴申立ての理由——刑の量定不当〕……………… 髙橋康明 1083

第382条〔控訴申立ての理由——事実の誤認〕………………… 石井伸興 1088

第382条の2〔控訴申立ての理由——弁論終結後の事情〕…… 石井伸興 1097

第383条〔控訴申立ての理由——再審事由その他〕…………… 石井伸興 1099

第384条〔控訴申立て理由の制限〕……………………………… 石井伸興 1100

第385条〔控訴棄却の決定(1)〕………………………………… 石井伸興 1100

第386条〔控訴棄却の決定(2)〕………………………………… 石井伸興 1102

第387条〔弁護人の資格〕………………………………………… 吉田智宏 1105

第388条〔弁論能力〕……………………………………………… 吉田智宏 1105

目 次 xli

第389条〔弁　論〕……………………………………… 吉田智宏 1106

第390条〔被告人の出頭〕……………………………… 吉田智宏 1108

第391条〔弁護人の不出頭等〕………………………… 吉田智宏 1111

第392条〔控訴審の調査事項〕………………………… 石井伸興 1112

第393条〔事実の取調べ〕……………………………… 石井伸興 1114

第394条〔証拠能力〕…………………………………… 吉田智宏 1117

第395条〔控訴棄却の判決(1)〕………………………… 吉田智宏 1118

第396条〔控訴棄却の判決(2)〕………………………… 吉田智宏 1119

第397条〔破棄の判決〕………………………………… 吉田智宏 1122

第398条〔破棄差戻し〕………………………………… 吉田智宏 1125

第399条〔破棄移送〕…………………………………… 吉田智宏 1126

第400条〔破棄差戻し，移送，自判〕………………… 吉田智宏 1126

第401条〔共同被告人のための破棄〕………………… 吉田智宏 1136

第402条〔不利益変更の禁止〕………………………… 森喜史 1137

第403条〔公訴棄却の決定〕…………………………… 森喜史 1140

第403条の2〔即決裁判手続による判決に対する控訴の制限等〕…… 森喜史 1141

第404条〔準用規定〕…………………………………… 辛島明 1142

第3章　上　告

第405条〔上告を許す判決・上告申立ての理由〕…… 矢野直邦 1144

第406条〔上告を許す判決・上告申立ての理由の特則〕…… 矢野直邦 1148

第407条〔上告趣意書〕………………………………… 矢野直邦 1152

第408条〔弁論を経ない上告棄却の判決〕…………… 矢野直邦 1154

第409条〔被告人召喚の不要〕………………………… 矢野直邦 1154

第410条〔破棄の判決(1)〕……………………………… 矢野直邦 1155

第411条〔破棄の判決(2)〕……………………………… 矢野直邦 1156

第412条〔破棄移送〕…………………………………… 矢野直邦 1164

第413条〔破棄差戻し・移送・自判〕………………… 矢野直邦 1165

第413条の2〔上告審における破棄事由の制限〕…… 矢野直邦 1166

第414条〔準用規定〕…………………………………… 矢野直邦 1166

第415条〔訂正の判決(1)〕……………………………… 矢野直邦 1168

第416条〔訂正の判決(2)〕……………………………… 矢野直邦 1169

第417条〔訂正の判決(3)〕……………………………… 矢野直邦 1170

第418条〔上告判決の確定〕…………………………… 矢野直邦 1170

第4章 抗 告

第419条〔抗告の対象となる裁判〕…………………………………… 福家康史 1172

第420条〔判決前の決定に対する抗告〕………………………………… 福家康史 1174

第421条〔通常抗告の期間〕……………………………………………… 福家康史 1176

第422条〔即時抗告の期間〕……………………………………………… 福家康史 1177

第423条〔抗告の手続〕…………………………………………………… 福家康史 1178

第424条〔通常抗告と執行停止〕………………………………………… 福家康史 1180

第425条〔即時抗告の執行停止の効力〕………………………………… 福家康史 1181

第426条〔抗告に対する決定〕…………………………………………… 福家康史 1181

第427条〔再抗告の禁止〕………………………………………………… 福家康史 1185

第428条〔高等裁判所の決定に対する抗告に代わる異議申立て〕…… 福家康史 1185

第429条〔準抗告(1)〕……………………………………………………… 渡邉史朗 1186

第430条〔準抗告(2)〕……………………………………………………… 渡邉史朗 1191

第431条〔準抗告の手続(1)〕……………………………………………… 渡邉史朗 1195

第432条〔準抗告の手続(2)〕……………………………………………… 渡邉史朗 1196

第433条〔特別抗告〕……………………………………………………… 福家康史 1198

第434条〔準用規定〕……………………………………………………… 福家康史 1201

第4編 再 審

第435条〔再審を許す判決・再審の理由(1)〕…………………………… 渡邉史朗 1203

第436条〔再審を許す判決・再審の理由(2)〕…………………………… 渡邉史朗 1208

第437条〔確定判決に代わる証明〕……………………………………… 渡邉史朗 1209

第438条〔管 轄〕………………………………………………………… 渡邉史朗 1210

第439条〔再審請求権者〕………………………………………………… 渡邉史朗 1210

第440条〔弁護人選任〕…………………………………………………… 渡邉史朗 1212

第441条〔再審請求の時期〕……………………………………………… 渡邉史朗 1213

第442条〔執行停止の効力〕……………………………………………… 渡邉史朗 1213

第443条〔再審請求の取下げ〕…………………………………………… 渡邉史朗 1214

第444条〔刑事施設にいる被告人に関する特則〕……………………… 渡邉史朗 1214

第445条〔事実の取調べ〕………………………………………………… 渡邉史朗 1215

第446条〔請求棄却の決定(1)〕…………………………………………… 渡邉史朗 1216

第447条〔請求棄却の決定(2)〕…………………………………………… 渡邉史朗 1218

目 次 xliii

第448条〔再審開始の決定〕··· 渡邉史朗 1219

第449条〔請求の競合と請求棄却の決定〕············· 渡邉史朗 1220

第450条〔即時抗告〕··· 渡邉史朗 1221

第451条〔再審の審判〕··· 渡邉史朗 1221

第452条〔不利益変更の禁止〕··· 渡邉史朗 1223

第453条〔無罪判決の公示〕··· 渡邉史朗 1224

第5編　非常上告

第454条〔非常上告〕··· 杉山徳明 1225

第455条〔非常上告申立書の差出〕····································· 杉山徳明 1227

第456条〔検察官の陳述〕··· 杉山徳明 1227

第457条〔非常上告棄却の判決〕··· 杉山徳明 1228

第458条〔破棄の判決〕··· 杉山徳明 1228

第459条〔非常上告判決の効力〕··· 杉山徳明 1232

第460条〔非常上告事件の調査事項〕··································· 杉山徳明 1232

第6編　略式手続

第461条〔略式命令〕··· 大久保仁視 1235

第461条の2〔略式手続についての説明と被疑者の異議〕························· 大久保仁視 1237

第462条〔略式命令の請求〕··· 大久保仁視 1238

第462条の2〔合意した被告人の事件における合意内容書面等の差出し〕···· 上冨敏伸 1240

第463条〔通常の審判〕··· 大久保仁視 1241

第463条の2〔公訴提起の失効〕··· 大久保仁視 1243

第464条〔略式命令の方式〕··· 大久保仁視 1245

第465条〔正式裁判の請求〕··· 大久保仁視 1246

第466条〔正式裁判の請求の取下げ〕··································· 大久保仁視 1248

第467条〔上訴規定の準用〕··· 大久保仁視 1249

第468条〔正式裁判請求の棄却，通常の裁判〕······················· 大久保仁視 1250

第469条〔略式命令の失効〕··· 大久保仁視 1251

第470条〔略式命令の効力〕··· 大久保仁視 1252

第7編　裁判の執行

第471条〔裁判の確定と執行〕……………………………… 田野尻猛　1253

第472条〔執行指揮〕………………………………………… 田野尻猛　1254

第473条〔執行指揮の方式〕………………………………… 田野尻猛　1256

第474条〔刑の執行の順序〕………………………………… 田野尻猛　1257

第475条〔死刑の執行(1)〕…………………………………… 田野尻猛　1259

第476条〔死刑の執行(2)〕…………………………………… 田野尻猛　1260

第477条〔死刑の執行(3)〕…………………………………… 田野尻猛　1261

第478条〔死刑の執行(4)〕…………………………………… 田野尻猛　1262

第479条〔死刑執行の停止〕………………………………… 田野尻猛　1262

第480条〔自由刑の執行停止(1)〕…………………………… 田野尻猛　1264

第481条〔自由刑の執行停止(2)〕…………………………… 田野尻猛　1265

第482条〔自由刑の執行停止(3)〕…………………………… 田野尻猛　1265

第483条〔訴訟費用の執行停止〕…………………………… 田野尻猛　1268

第484条〔執行のための呼出し〕…………………………… 関口新太郎　1268

第485条〔収容状の発付〕…………………………………… 関口新太郎　1269

第486条〔検事長に対する収容の請求〕…………………… 関口新太郎　1270

第487条〔収容状〕…………………………………………… 関口新太郎　1270

第488条〔収容状の効力〕…………………………………… 関口新太郎　1271

第489条〔収容状の執行〕…………………………………… 関口新太郎　1271

第490条〔財産刑等の執行〕………………………………… 関口新太郎　1273

第491条〔相続財産に対する執行〕………………………… 関口新太郎　1275

第492条〔合併後の法人に対する執行〕…………………… 関口新太郎　1276

第493条〔仮納付の執行の調整〕…………………………… 関口新太郎　1277

第494条〔仮納付の執行と本刑の執行〕…………………… 関口新太郎　1278

第495条〔勾留日数の法定通算〕…………………………… 関口新太郎　1278

第496条〔没収物の処分〕…………………………………… 藤本治彦　1281

第497条〔没収物の交付〕…………………………………… 藤本治彦　1282

第498条〔偽造変造の表示〕………………………………… 藤本治彦　1283

第498条の2〔不正に作られた電磁的記録の消去等〕…… 藤本治彦　1284

第499条〔還付不能と公告〕………………………………… 藤本治彦　1285

第499条の2〔電磁的記録に係る記録媒体の還付不能〕… 藤本治彦　1287

第500条〔訴訟費用執行免除の申立て〕…………………… 藤本治彦　1288

第500条の2〔訴訟費用の予納〕…………………………… 藤本治彦　1290

第500条の3〔訴訟費用の裁判の執行〕…………………… 藤本治彦　1290

目　次　xlv

第500条の4 〔予納金の返還〕………………………………… 藤本治彦 1291

第501条〔解釈の申立て〕……………………………………… 藤本治彦 1292

第502条〔異議の申立て〕……………………………………… 藤本治彦 1293

第503条〔申立ての取下げ〕…………………………………… 藤本治彦 1295

第504条〔即時抗告〕…………………………………………… 藤本治彦 1295

第505条〔労役場留置の執行〕………………………………… 藤本治彦 1296

第506条〔執行費用の負担〕…………………………………… 藤本治彦 1297

第507条〔公務所等への照会〕………………………………… 藤本治彦 1297

事項索引………………………………………………………………………… 1299

判例索引………………………………………………………………………… 1319

第1編　総　則

第1条 [1][2][3][4] **〔本法の目的〕**　この法律は，刑事事件つき，公共の福祉の維持
と個人の基本的人権の保障とを全うしつつ，事案の真相を明らかにし，刑罰法令を
適正且つ迅速に適用実現することを目的とする[5]。

> [規]　第1条（この規則の解釈，運用）　この規則は，憲法の所期する裁判の迅速と公正とを
> 図るようにこれを解釈し，運用しなければならない[6]。
>
> 2　訴訟上の権利は，誠実にこれを行使し，濫用してはならない[7]。

[1]制定の経過　　[2]実質的意義の刑事訴訟法　　[3]本法制定後の変遷　　[4]
本条の趣旨　　[5]本法の目的　　[6]規則の解釈，運用　　[7]訴訟上の権利の
行使

[1]　制定の経過

　他の多くの法分野と同様に，我が国の刑事手続は，明治時代に，西欧型の近代法制を
継受したものに改められた。いくつかの個別的改革を経て，最初の包括的に体系化され
た法典として治罪法（明治13年太政官布告第37号）が定められ，明治22年に大日本帝国憲
法が制定されたことに伴い，刑事訴訟法（明治23年法律第96号。明治刑訴法）に替わった。
治罪法も明治刑訴法もフランス法の影響を受けているとされている。その後，明治刑訴
法は，ドイツ法の影響を受けているとされる刑事訴訟法（大正11年法律第75号。大正刑訴
法）に替わり，日本国憲法の施行に伴って，日本国憲法の施行に伴う刑事訴訟法の応急
的措置に関する法律（昭和22年法律第76号）による手当の時代を経て，大正刑訴法の全面
改正の形で定められた本法（昭和23年法律第131号。現行刑訴法）が，昭和24年1月1日に
施行され，累次の修正が加えられて，今日に至っている。本法は，大正刑訴法までの大
陸法系の制度に英米法系（主としてアメリカ法）の制度を融合させた世界的にユニークな
ものであると言われるが，実際に大正刑訴法と制定当時の本法を対比すると，大正刑訴
法を引き継いだ条項（本法ではなく，刑訴規則に移行したものもある。）とそうでないものの
双方があるのが分かる。

[2] 実質的意義の刑事訴訟法

　刑事手続について定めている法令は，本法だけではない。刑事訴訟規則はもちろん，裁判員の参加する刑事裁判に関する法律，犯罪捜査のための通信傍受に関する法律，犯罪被害者等の権利利益の保護を図るための刑事手続に付随する措置に関する法律，少年法，裁判所法，検察庁法，検察審査会法，警察法，総合法律支援法等にも，刑事手続に関する規定がある。現実の刑事手続は，本法だけではなく，これらの法令も含めた「実質的意義の刑事訴訟法」によって規律されることになる。また，日本国憲法31条以下には刑事手続に関する規定が置かれているが，これらは「実質的意義の刑事訴訟法」である各法令の上位規範として作用することになる。

[3] 本法制定後の変遷

　前項の「実質的意義の刑事訴訟法」における刑事手続の制度的変遷の中で，実務への影響が大きかったものに触れておく。

(1)　**訴訟準備と交互尋問方式に関する刑訴規則への具体的規定の追加**　　　前者（規178の3の全面改正及び同178の4ないし11の新設）は昭和36年に，後者（同199の2ないし13の新設）は同32年に，それぞれ整備された。本法が当事者追行主義を採用しつつも，当事者の具体的な訴訟準備に関する規定を置かず，証人等に対して当事者より裁判官が先に尋問するのを原則としている（304）といった部分を補充したものである。

(2)　**犯罪被害者保護法制の整備**　　　犯罪被害者については，制定当時の本法では，告訴に関する規定に登場する程度であり，実際の公判においても，その供述が証人や供述調書といった証拠方法として現れることはあっても，基本的に特別な扱いを受けることはなかった。このような状況に対する批判的意見の高まりを受けて，まず，平成12年に，本法の改正として，証人尋問に関し，付添い（157の2），被告人・傍聴人との間の認識防止措置（157の3。いわゆる遮へい），ビデオリンク（157の4）の規定が整備されるとともに，心情・意見の陳述制度（292の2）が設けられた。また，併せて，「犯罪被害者等の保護を図るための刑事手続に付随する措置に関する法律」が制定され，その中に，優先傍聴への配慮，記録の閲覧謄写，「民事上の争いについての刑事訴訟手続における和解」に関する規定が整備された。また，平成19年には，本法の改正として，被害者参加制度（316の33ないし39），被害者特定事項秘匿制度（290の2等）が設けられ，「犯罪被害者等の保護を図るための刑事手続に付随する措置に関する法律」の方についても，表題に「権利利益の」という言葉を挿入するとともに，「刑事訴訟手続に伴う犯罪被害者等の損害賠償請求に係る裁判手続の特例制度」を新設する等の改正が行われた。

(3)　**司法制度改革審議会答申を受けた制度改正**　　　平成11年7月からの2年間にわたって内閣に設置された司法制度改革審議会の意見書は，刑事手続の分野においても様々な提言を行った。これを受けて，平成16年に，本法について，被疑者国選弁護制度の導入（37の2ないし5等），連日開廷・継続審理に関する規定の整備（281の6），公判前整理手続及び期日間整理手続の創設と証拠開示制度の明文化（316の2ないし32），即決裁判手続

制度の創設（350の2ないし14）等の改正が行われた。また，同年には，裁判員の参加する刑事裁判に関する法律の制定（なお，同法については，施行前の平成19年に区分審理・部分判決制度を導入する改正が行われた。），一定の要件を備える起訴相当の議決に強制力を持たせる検察審査会法の改正も行われた。これらは，本法制定後，最大の刑事手続の変革である。とりわけ，平成21年5月施行の裁判員裁判制度は，明治以降，初めて広範な国民が刑事裁判の判断者に加わることになった点で画期的な制度であるが（本法制定前の一時期行われた陪審制度は，参加する国民の範囲が極めて限定されていた。），その実施に伴い，訴訟準備，公判，評議（合議），判決のすべてにわたって，それまでの裁判官だけによる裁判事件における法曹三者の実務運用を見直す必要性が浮上し，その方面からも，実務に極めて大きな変革をもたらした。そして，この見直しを契機とした「刑事裁判の在り方の検討」の潮流は，現在では，非裁判員裁判事件にも及んでおり，法曹三者の間で様々な意見交換や工夫が試みられるようになっている。

(4) **新時代の刑事司法制度構築関係の制度改正**　　平成28年6月3日，刑事手続における証拠の収集方法の適正化及び多様化並びに公判審理の充実化を図るための様々な制度の創設あるいは範囲の拡大等を内容とする刑訴法等一部改正法（同年法律第54号）が公布されて，現在順次施行されつつあり，平成31年6月までには全ての制度が施行されることになっている。その内容は，取調べの録音録画制度の導入（301の2），証拠収集等への協力及び訴追に関する合意制度の導入（350の2等），刑事免責制度の導入（157の2等），裁量保釈の判断に当たっての考慮事情の明確化（90），被疑者国選弁護制度の対象事件の拡大（37の2等），弁護人選任に係る教示事項の拡充（76等），証拠の一覧表の交付制度の導入（316の14），公判前整理手続の請求権の付与（316の2等），類型証拠開示の対象の拡大（316の15），ビデオリンク方式による証人尋問の拡充（157の6），証人の氏名・住居の開示に係る措置の導入（299の4等），公開の法廷における証人の氏名等の秘匿措置の導入（290の3等），証拠隠滅等の罪などの法定刑の引上げ（刑103等），勾引要件の緩和等（143の2等），即決裁判手続の申立てが却下された場合の再起訴制限の緩和（350の12）のほか，通信傍受に関して，対象犯罪の拡大（通信傍受3等）と暗号技術を活用する新たな傍受の実施方法の導入（通信傍受2等）と多岐にわたっている。これらの改正が実務に及ぼす影響は，改正の内容からして大きなものがあると思われるが，詳細は現時点では未だ明らかではない。制度の運用に携わる者には，それぞれの立法趣旨に即した適切な運用を重ねていくことが期待される。

［4］**本条の趣旨**

　本条は，現行刑訴法の目的規定である。治罪法から大正刑訴法までは，目的規定が置かれていなかった。大陸法では置かないのが通例であるが，アメリカ法では置くのが珍しくないことを反映したものであるとの理解が一般的である。

［5］**本法の目的**

　本法には，「捜査」，「裁判（即決裁判手続，再審，非常上告，略式手続を含む。）」，「裁判の

執行」に関する規定が設けられている。刑事司法の目的は，刑罰権の適切な発動により，社会の秩序を維持し，国民の安全な生活を実現するところにあるが，近代刑事法制においては，裁判手続で，最初に刑罰権の存否（有罪・無罪），刑罰権が存する場合には，次にその事件において発動される刑罰権の具体的内容（宣告刑）が決せられることになっており，日本国憲法も，32条や37条1項において，刑事事件の被告人に「裁判を受ける権利」を保障している。「裁判」との関係で見れば，「捜査」は公訴を提起・維持するための犯人検挙・証拠収集活動であるから（その結果，不起訴になるケースがあるのは次元の違う話である。），「捜査」「裁判」を通じて「事案の真相を明らかにし，刑罰法令を適正且つ迅速に適用実現すること」が目的となる。この場面における「適正」が，「裁判」段階では，「無罪推定原則の下での刑罰権の存否の判断」及び「刑罰権が存する場合の量刑判断」の双方における「適正」を意味することはいうまでもなく，「捜査」段階でも，そのような「裁判」の実現を念頭に置いた活動が求められていることになる。また，「裁判の執行」は「裁判」の結果の実現であるから，この段階では，「刑罰法令を適正且つ迅速に適用実現すること」が目的と位置付けられていることになる。

　しかしながら，本法は，その目的達成のためならどのような手段や過程をも許容しているわけではなく，「公共の福祉の維持と個人の基本的人権の保障とを全う」するという要請を満たしながらその目的を達成することを求めている。「公共の福祉」と「基本的人権」の関係については，日本国憲法12条，13条に規定があり，純然たる内心の自由を除いては絶対的な権利はなく，公共の福祉との調和を考慮して適切に画される範囲内で人権が保障されるという理解が一般的である。もっとも，本条における「公共の福祉」とは，先に刑事司法の目的として触れたところにあるから，具体的には「事案の真相を明らかにし，刑罰法令を適正且つ迅速に適用実現すること」と同義であり，この部分の文言は，「個人の基本的人権の保障」の部分に意義がある。すなわち，いかに「事案の真相を明らかにし，刑罰法令を適正且つ迅速に適用実現する」ためであっても，基本的人権を不当に侵害することは許されず，そのような事態に陥らないプロセスの下での真相解明や刑罰権の適用・実現しか本法は認めていないということである。日本国憲法31条に由来する「適正手続の保障」と相通じる考え方といえよう。

　本条が「事案の真相を明らかにすること」を目的の中に置き，職権証拠調べを可能とする規定が残存している（298Ⅱ）ことなどから（判例にも，証拠提出を促す義務に関する最判昭33・2・13刑集12・2・218や訴因変更を促しまたは命ずる義務に関する最決昭43・11・26刑集22・12・1352のように職権審理義務を認めたものがある。），本法は「実体的真実主義」の考え方を採用していると言われることがある。この「実体的真実」の意味の説明には必ずしも統一されていないところがあるように思われるが，いずれにせよ，本法の採用する当事者追行主義（職権証拠調べの規定は例外的・補充的に位置付けられているし，前記各判例も職権審理義務が認められるのは例外的であるとしている。）及び証拠法則（証拠能力に関する伝聞法則等と，証明力に関する補強法則がある。）の下では，犯罪事実の認定は，基本的に当事者が提出し

た証拠のうち，厳格な証明の資料となる法律上の資格（証拠能力）を有し，相応の証明力（信用性）があるもの（それが自白の場合には，更に補強証拠も必要。）によって行われるのであるから，そのようなプロセスの結果，裁判所が認定したものを意味すると解すべきことに疑いはなく，歴史的な意味で実際に生起した「客観的真実」とは概念が異なるし，同一事件でも，各共犯者につき異なる証拠が提出されれば，認定事実は異なり得るから，その意味で「絶対的（共通的）真実」でもないことになる。ちなみに，無罪推定原則の下では，犯罪事実の証明が不十分であれば無罪となるが，その場合に裁判所が達した結論は「犯罪事実が認定できない」ということであり，「無実（被告人がその犯罪を犯していない）」と認定するわけではないので，「実体的真実」は明らかにならなかったことになる。また，裁判員裁判の運営を契機として，裁判実務においては，「精密司法」から「核心司法」への移行が目指されているところ，これまでの考え方の中には，実体的真実主義が「精密司法」を志向するものと理解しているのではないかと思われるものもあったが，両者に関連はない。「核心司法」も，当然「事案の真相を明らかに」することを志向しているからである。

　なお，講学上は，およそ犯罪がある以上は必ず犯人が処罰されるべきであるという積極的実体的真実主義と無辜の者を処罰しないようにすべきであるとの消極的実体的真実主義の二つの考え方があるとされているが，無罪推定原則を採用している我が国の現行刑事手続法制が前者の必罰主義的な考え方を採用していないことは明らかである。「基本的人権の保障」の全うを掲げる本条の文言にもかなうところである。

　本法においては，刑罰法令の適用が「適正」に行われなかった場合には，確定前は上訴審において，確定後は非常救済手続において，それぞれ是正されることが予定されているが，「迅速」に行われなかった場合については，公訴時効の制度はあるものの，起訴後に裁判が遅延した事態に関する明文の規定はない。しかし，審理の著しい遅延の結果，憲法37条1項に定める迅速な裁判を受ける被告人の権利が害されたと認められる異常な事態が生じた場合に手続の打切り（免訴）を認めた最高裁の判例がある（高田事件に関する最大判昭47・12・20刑集26・10・631）。

［6］規則の解釈，運用

　規1条1項は，目的規定ではなく，刑訴規則の解釈・運用の指針を定めている。本法との関係ではなく「憲法の所期する裁判の迅速と公正とを図るよう」としているところに特色が感じられる。単に法律による委任事項を定めただけではなく，日本国憲法下にふさわしい刑事手続制度全体の構築作業の中で，現行刑訴法とセットを成すものとして刑訴規則にどのような条文を置くべきかが検討され制定されたという状況を反映したものであろうか。

［7］訴訟上の権利の行使

　権利の濫用の禁止については，日本国憲法12条にも規定がある。規1条2項は，刑訴規則上だけではなく，広く刑事手続上の訴訟に関する権利について，濫用を禁止するも

のである。権利の濫用とされた事例として，被告人の再度の国選弁護人選任要求についての最判昭54・7・24刑集33・5・416等がある。 〔合田悦三〕

第1章　裁判所の管轄

第2条〔土地管轄〕 裁判所[1]の土地管轄[2]は，犯罪地[3]又は被告人の住所，居
所若しくは現在地[4]による。

② 国外に在る日本船舶内で犯した罪については，前項に規定する地の外，その船舶
の船籍の所在地又は犯罪後その船舶の寄泊した地による[5]。

③ 国外に在る日本航空機内で犯した罪については，第1項に規定する地の外，犯罪
後その航空機の着陸（着水を含む。）した地による[6]。

[1] 裁判所

　一般に「裁判所」の意義については，「国法上の裁判所」（司法行政上の官庁ないし官署
としての裁判所）と，「訴訟法上の裁判所」（具体的な事件を審理裁判する裁判機関）の二つに
大別される。本条の裁判所は，裁判機関も念頭においてはいるが，特定の土地管轄に対
応する裁判所を指す以上，「国法上の裁判所」を意味するものと考えられる。

[2] 土地管轄

　管轄とは，裁判権の各裁判所に対する分配の定めをいい，土地管轄とは，事件の土地
的関係による第1審の管轄をいう。各裁判所の管轄区域は，「下級裁判所の設立及び管
轄区域に関する法律」により定められており（裁2Ⅱ），その管轄区域内に犯罪地，被告
人の住所，居所，現在地等がある事件について，その裁判所が土地管轄を持つ。なお，
地方裁判所支部は，地方裁判所の一部であって（裁31Ⅰ），本庁と別個独立して管轄権を
有するものではない。

　犯罪地や被告人の住所等が異なる結果，土地管轄を有する複数の裁判所が競合するこ
とがあるが，各裁判所間に順位上の優劣はなく，検察官は，任意にその一つを選択して
公訴を提起できる（小林=前田・注釈刑訴[第3版]1・97，永井・大コメ刑訴1・83）。なお，土地
管轄のない裁判所に公訴が提起された場合の帰趨につき，331条1項参照。

[3] 犯罪地

　「犯罪地」とは，犯罪構成要件に該当する事実が発生した場所をいう。実行行為地の
ほか，構成要件的結果の発生地，実行行為と結果との間の中間的事態が生じた土地も含
まれる。実行の着手以前の行為が行われた土地は含まれないのが原則であるが，予備・
陰謀等が可罰的なときは，その後実行行為が行われ，処罰上前者が後者に吸収される場
合でも，予備・陰謀等の行われた土地は犯罪地となる（福岡高宮崎支決昭45・8・10高刑集23
・3・516）。共謀共同正犯の場合，共謀がなされた土地も犯罪地となる（大判昭11・12・9刑
集15・1593）。判例（大判大4・10・29刑録21・1751）は，正犯の犯罪地を教唆犯の犯罪地とす

8　　　　　　　　　　　　　　　　　　2条，3条

るが，教唆犯や幇助犯の場合，正犯の実行行為地のほか，「教唆・幇助の地」も犯罪地
に含まれる（小林＝前田・前掲99）。不作為犯の場合，作為義務を履行すべき土地及び作為
義務を怠った土地が犯罪地である（例えば，届出義務違反が犯罪となる場合，届出をすべき場
所のほか，届出の期限に犯人が現在した場所が含まれる。小林＝前田・前掲99）。間接正犯の場合，
被利用者の行為地のほか，間接正犯者がこの者に働きかけた場所も犯罪地である（小林
＝前田・前掲99）。

［4］被告人の住所，居所，現在地

　住所及び居所については，民法の定めるところによる（民22・23）。現在地とは，被告
人が公訴提起当時，任意に所在する地域又は適法な強制処分によって所在する地域をい
う（最決昭32・4・30刑集11・4・1502）。住所，居所，現在地の基準時は公訴提起時であり，
その後住所等に変動があっても管轄権の有無には影響しない。もっとも，公訴提起時に
土地管轄がなかったが，その後変更された住所等を基準とすれば当該裁判所に土地管轄
があるような場合には，土地管轄上の瑕疵が治癒されるとの見解が有力である（龍岡・判
例解説〔刑〕昭58・336）。

［5］船舶内犯罪の特則

　「国外」とは，日本の12海里領海外（領海1参照）を意味する。「日本船舶」には，船
舶法1条所定の船舶及び海上自衛隊の使用する船舶が含まれる。「船籍の所在地」とは，
船舶法4条所定の船籍港をいう。ボート，ヨットなど船籍のない船（船舶20）について
は寄泊地によるしかない。

［6］航空機内犯罪の特則

　「日本航空機」には，航空法により日本の国籍を取得した航空機及び自衛隊の使用す
る航空機が含まれる。航空機には船籍にあたるものがないため，着陸水地のみが特則と
して掲げられている。　　　　　　　　　　　　　　　　　　　　　　　　〔坂口裕俊〕

第3条〔関連事件の併合管轄〕 事物管轄[1]を異にする数個の事件が関連するとき
　は，上級の裁判所は，併せてこれを管轄することができる[2]。
　2　高等裁判所の特別権限に属する事件と他の事件とが関連するときは，高等裁判所
　は，併せてこれを管轄することができる[3]。

［1］事物管轄

　事物管轄とは，事件の軽重，性質による第1審裁判所の管轄の分配をいう。裁判所法
等によれば，事物管轄は，次の表のとおりであり，原則として，簡易裁判所と地方裁判
所に分配されている。

3条，4条

事　件	簡　裁	地　裁	高　裁
①　罰金以下に当たる罪	○		
②　選択刑として罰金が定められている罪（ただし，公害犯罪法の罪及び独禁法89条ないし91条の罪については地裁のみ）	○	○	
③　横領罪，盗品等に関する罪，常習賭博罪，賭博場開張等図利罪	○	○	
④　内乱罪，内乱予備・陰謀罪，内乱幇助罪			○
⑤　①ないし④を除く罪		○	

　いわゆる両罰規定に関し，行為者の罪の刑に懲役刑も定められている場合の事業主に対する罪（法定刑は罰金のみ）の管轄について，最決昭43・12・17刑集22・13・1476は，「行為者が共に起訴されて，刑訴法9条1項2号，3条1項により関連事件の管轄を生ずる場合を別として，裁判所法33条1項2号により，簡易裁判所の専属管轄に属する」と判示している。

　なお，簡易裁判所は，原則として，禁錮以上の刑を科することはできないが，裁判所法33条2項但書に定める事件においては，3年以下の懲役を科することができる。そのような事件について，簡易裁判所が，3年以下の懲役を超える刑を科するのを相当と認めるときは，事件を地方裁判所に移送しなければならない（裁33Ⅲ）。

[2] 関連事件の併合管轄

　事件の個数は，犯罪事実及び被告人の数によって定まる。関連するとは，数個の事件が9条所定の関係にあることである。上級の裁判所とは，簡易裁判所に対する地方裁判所をいう。本条により，例えば，被告人が殺人罪（地方裁判所の事物管轄）と単純賭博罪（簡易裁判所の事物管轄）を犯した場合，両事件を上級の裁判所である地方裁判所で併せて管轄することができる。窃盗罪のように地方裁判所と簡易裁判所の双方に事物管轄が認められる事件が関連する場合は，本条の適用はない。

[3] 高等裁判所の併合管轄

　本条2項は，高等裁判所が第1審の事物管轄を有する事件について，1項と同じことを定めているにすぎない。関連事件について審級の利益を失うことになるため，明文をもって，解釈上の疑義を除いたものである。　　　　　　　　　　〔坂口裕俊〕

第4条 [1]〔審判の分離〕　事物管轄を異にする数個の関連事件が上級の裁判所に係属する場合において，併せて審判することを必要 [2] としないものがあるときは，上級の裁判所は，決定で管轄権を有する下級の裁判所にこれを移送することができる [3]。

10   4条，5条

[1] 審判の分離

　本条は，3条の併合管轄及び5条の審判の併合により事物管轄を異にする複数の関連事件が上級の裁判所に係属している場合に，併合審判を必要としないものがあるときは，下級の裁判所の固有管轄事件を下級の裁判所に移送できる旨を定めた規定である。

[2] 審判分離の必要性

　審判分離の必要性については上級の裁判所の裁量に委ねられている。客観的併合の場合には，審判分離の必要が生ずることは少ないであろうが，主観的併合の場合には，被告人間における防御方針の相違などから訴訟進行が異なってくるようなときは，審判分離の必要が生ずることもあるであろう。

[3] 移送決定

　本条の決定は移送の決定で足り，弁論分離の決定（313 I）は不要である。移送の決定に対して抗告をすることはできない（420 I）。

　移送の決定により，移送された事件は，上級の裁判所に係属していた当時の状態で，下級の裁判所に係属することになり，移送前に公判手続が開始していた場合は，315条に準じて，公判手続の更新をすることになる（永井・大コメ刑訴 1・110，小林＝前田・注釈刑訴［第3版］1・109）。

　　　　　　　　　　　　　　　　　　　　　　　　　　　　　　　　　〔坂口裕俊〕

> **第5条〔審判の併合〕**　数個の関連事件が各別に上級の裁判所及び下級の裁判所に係属するときは，事物管轄にかかわらず，上級の裁判所は，決定で下級の裁判所の管轄に属する事件を併せて審判することができる[1][2][3]。
>
> 2　高等裁判所の特別権限に属する事件が高等裁判所に係属し，これと関連する事件が下級の裁判所に係属するときは，高等裁判所は，決定で下級の裁判所の管轄に属する事件を併せて審判することができる[4]。

[1] 審判の併合

　本条は，上級の裁判所と下級の裁判所に係属した事件が関連事件であるときは，（固有の）事物管轄にかかわらず，上級の裁判所が，下級の裁判所に係属する事件を引き取り，自己の事件と併合して審判することができることを規定したものである。

　本条は，複数の事件がいずれも第1審に係属している場合の規定であり，上級の裁判所に控訴事件が係属し，下級の裁判所に第1審事件が係属している場合には適用がない（最判昭27・3・4刑集6・3・339）。

[2] 審判併合決定

　審判併合決定は，上級の裁判所が職権で行う。この決定に対して抗告することはできない（420 I）。併合するか否かは，上級の裁判所の合理的裁量に委ねられている。

　上級の裁判所は，下級の裁判所に係属中の事件が判決前であれば，いかなる審理の段

階であっても，本条による審判併合決定を行うことができる（松尾・条解11）。

審判併合決定があると，下級の裁判所は，これに拘束され，移送決定をするまでもなく，一件記録を上級の裁判所に送付しなければならない（東京高判昭32・8・8高刑集10・5・484）。併合される事件の上級の裁判所への係属時期については，審判併合決定時説と記録送付時説があるが，いずれにしても，記録の送付前に勾留更新決定等を必要とするときは，規92条2項に準じて下級の裁判所がその措置をとれるものと解すべきである（松尾・条解12）。本条の審判併合決定は，同一の訴訟法上の裁判所が一括して事件を審理する目的で行われるものであるから，改めて弁論併合決定をする必要はないであろう（小林＝前田・注釈刑訴［第3版］1・112）。

［3］併合と弁護人選任の効力

甲地方裁判所の甲事件にX弁護人が，乙簡易裁判所の乙事件にY弁護人が，それぞれ選任されており，本条により甲事件と乙事件が併合された場合，国選弁護人であれば，XYの選任の効力は，原則としてそれぞれ他の事件にも及び（313の2），私選弁護人の場合は，選任者の意思及び規18条の2によるから，特段の意思表示のない限り及ぶと解されよう（遠藤・裁判例コメ刑訴1・29）。

［4］高等裁判所の審判併合

本条2項は，1項と同内容の規定であるが，高等裁判所が審判併合した場合には，下級の裁判所に係属していた事件について審級の利益を失うことになるため，明文により解釈上の疑義を除いたものである。　　　　　　　　　　　　　　〔坂口裕俊〕

第6条〔関連事件の併合管轄〕　土地管轄を異にする数個の事件が関連するときは，1個の事件につき管轄権を有する裁判所は，併せて他の事件を管轄することができる[1][2][3]。但し，他の法律の規定により特定の裁判所の管轄に属する事件は，これを管轄することができない[4]。

［1］関連事件の併合管轄

本条は，事物管轄は同じくするが，土地管轄のみを異にする数個の関連事件についての併合管轄を定めたものである（事物管轄が異なる場合の併合管轄は3が規定する。）。

「関連する」とは9条所定の要件を充たす場合をいう。

地方裁判所と簡易裁判所の間に競合的な事物管轄が認められている事件についても，本条の適用がある（松尾・条解13）。控訴審に係属中の事件についても本条が準用されると解されている（ポケット刑訴上20）。

［2］併合審判の要否

本条所定の関連事件の管轄が成立するためには，固有の土地管轄事件とその関連事件が共に同一の（国法上の）裁判所に係属することを要するが，必ずしもこれらの事件が

（同一の訴訟法上の裁判所において）併合して審判されることを要しない（最判昭59・11・30判タ553・152参照）。

[3] 少年事件への準用等

少年審判についても本条が準用ないし類推適用される（東京高決平16・9・8家裁月報57・4・90）。

[4] 特定裁判所の例外

本条本文の要件を充たしても，他の法律の規定により特定の裁判所の管轄に属する事件については，併合管轄は生じない。　　　　　　　　　　　　　　　　　〔坂口裕俊〕

第7条〔審判の分離〕　土地管轄を異にする数個の関連事件が同一裁判所に係属する場合において，併せて審判することを必要としないものがあるときは，その裁判所は，決定で管轄権を有する他の裁判所にこれを移送することができる[1][2]。

[1] 審判の分離

本条は，6条の併合管轄及び8条の審判の併合により土地管轄を異にする複数の関連事件が同一の裁判所に係属している場合に，併合審判を必要としないものがあるときは，その併合管轄事件を，土地管轄のある他の裁判所に移送できる旨を定めた規定である。4条と類似の規定であるが，4条が事物管轄に関する移送規定であるのに対し，本条は土地管轄に関する移送規定である点が異なっている。なお，自らの固有管轄事件を本条によって他の裁判所に移送することはできないと解されている（小林=前田・注釈刑訴〔第3版〕1・117）。

[2] 移送決定

移送決定の手続や効果については4条の解説[3]参照。　　　　　　　　〔坂口裕俊〕

第8条〔審判の併合〕　数個の関連事件が各別に事物管轄を同じくする数個の裁判所[1]に係属するときは，各裁判所は，検察官又は被告人の請求により，決定でこれを一の裁判所に併合することができる[2]。

2　前項の場合において各裁判所の決定が一致しないとき[3]は，各裁判所に共通する直近上級の裁判所は，検察官又は被告人の請求により，決定で事件を一の裁判所に併合することができる[4]。

[1] 事物管轄を同じくする数個の裁判所

本条は，数個の関連事件が，事物管轄は同じであるが土地管轄を異にする裁判所に別々に係属するときに，それらを一つの裁判所に併合することができる旨を定めたものであ

る。「事物管轄を同じくする数個の裁判所」とは，ある地方裁判所と別の地方裁判所のような同等の裁判所であり，かつ，国法上の裁判所を異にする場合をいう。国法上の裁判所としては同一であるが，訴訟法上の裁判所を異にする場合は含まれない。地方裁判所と簡易裁判所が競合して事物管轄を有する場合は，土地管轄が異なる場合を含め5条1項によるべきである。

[2] 併合の手続，決定

本項の併合は，当事者の請求によらなければならず，職権では行えない。19条の場合と異なり，請求時期に限定はない。請求があれば，いずれの裁判所も決定（却下を含む）をしなければならない。関係各裁判所の決定が一致した場合に初めて併合の効果が生じる。

実務では事前に関係各裁判所で打合せをした上で決定するのが通常である。

請求を受けた裁判所は，事件の性質や他事件との関連性の程度，訴訟の進行状況，検察官立証の必要性，被告人や弁護人の防御活動上の利益，適切な量刑判断上の必要性等を勘案して，併合の要否及び併合する場合の併合先の裁判所を決することとなる（遠藤・裁判例コメ刑訴1・33）。

本条の決定は，通常，弁論併合決定（313 I）を含むものであり，改めて弁論併合決定をする必要はないとするのが実務の大勢である（小林＝前田・注釈刑訴［第3版］1・121）。

なお，本条1項の審判併合決定が効力を生じた後，審理すべき裁判所に訴訟記録が到達するまでの間に，当該事件につき勾留期間の更新決定等をする必要が生じた場合，被併合事件の係属していた裁判所は，97条2項，規92条2項を準用して，勾留期間の更新決定等をすることができるものと解される。

[3] 決定の不一致

決定が一致しない例としては，①併合の許否の判断が分かれた場合と②併合するとして併合された事件を担当する裁判所に関する判断が異なった場合がある。

[4] 直近の上級の裁判所の決定

「共通する直近上級の裁判所」とは，関係各裁判所の管轄区域をその管轄区域に包含する上級の裁判所の中で，最も関係裁判所に近い裁判所をいう。東京地裁と横浜地裁であれば東京高裁であり，東京地裁と大阪地裁であれば最高裁である。

本項による請求の認容事例として，最決昭55・7・17刑集34・4・229，最決平18・10・26刑集60・8・537参照。他方，直近上級裁判所がそれぞれ現に係属する裁判所で各別に審判するのが相当と認める場合（最決昭32・7・4刑集11・7・1807）や，8条2項の請求後に各裁判所の決定が一致するに至った場合（最決昭31・7・3刑集10・7・1013）には，本項の請求を却下すべきである。

本項の決定に対して抗告することはできない（420 I）。　　　　　〔坂口裕俊〕

第9条 [1] 〔関連事件〕　数個の事件は，左の場合に関連するものとする。

一　1人が数罪を犯したとき[2]。

二　数人が共に同一又は別個の罪を犯したとき[3]。

三　数人が通謀して各別に罪を犯したとき[4]。

2　犯人蔵匿の罪，証憑湮滅の罪，偽証の罪，虚偽の鑑定通訳の罪及び贓物に関する罪とその本犯の罪とは，共に犯したものとみなす[5]。

[範]　第194条（関連事件の送致及び送付）　第11章（少年事件に関する特則）に規定する場合を除き，関連する事件は，原則として，一括して送致又は送付するものとする。

[1] 趣　旨

本条は，3条から8条に規定する併合管轄や審判の併合・分離の基礎となる関連事件について定めたものである。本条は，専ら上記各規定との関係で意味を持つにすぎず，実体法的な意味はもとより，訴訟法上も上記以外の関係では何らの意味も持たない。

[2] 1人が数罪を犯したとき（Ⅰ①）

同一の被告人が複数の犯罪を犯したとされる場合をいう。併合罪の関係がある場合のほか，禁錮以上の刑に処する確定判決がその間に存在する場合を含む。科刑上一罪は，事件としては1個であるから，ここにいう「数罪」には当たらない。

[3] 数人が共に同一又は別個の罪を犯したとき（Ⅰ②）

共同正犯，教唆犯，従犯のほか，必要的共犯（内乱罪，騒乱罪のような並列的なものや，収賄罪と贈賄罪のような対向的なもの），過失の共犯，両罰規定がある場合の行為者と事業主，刑法207条の同時犯も含まれる。刑法207条に該当しない単なる同時犯についても，本号に該当すると解される（永井・大コメ刑訴1・148）。

[4] 数人が通謀して各別に罪を犯したとき（Ⅰ③）

共犯における共謀については2号に該当するため，本号にいう「通謀」とは，そのような共謀に至らない程度の意思連絡があった場合をいう。資金調達程度の意思連絡で，甲が東京で強盗を，乙が大阪で窃盗を行ったような場合が挙げられる（永井・前掲148）。

[5] 共に犯したときの拡張（Ⅱ）

犯人蔵匿の罪，証憑湮滅の罪，偽証の罪，虚偽の鑑定通訳の罪及び贓物に関する罪とその本犯の罪とは，「共に犯した」場合に該当するとみなされている。贓物に関する罪の場合，刑法256条の盗品等に関する罪に限られず，関税逋脱罪と関税贓物罪も関連事件とされる（名古屋地判昭32・5・27判時119・27）。　　　　　　　　　　　〔坂口裕俊〕

第10条 [1] 〔同一事件と数個の訴訟係属(1)〕　同一事件[2]が事物管轄を異にする数個の裁判所に係属するときは，上級の裁判所が，これを審判する[3]。

2 上級の裁判所は，検察官又は被告人の請求により，決定で管轄権を有する下級の裁判所にその事件を審判させることができる[4]。

[1] 趣 旨

管轄は複数の基準により認められるため，一つの事件について管轄権を有する裁判所が一つに限られるわけではない。このため，過誤により，同一の事件が数個の裁判所に係属することがあり得る。本条は，そのような場合のうち，地方裁判所と簡易裁判所のように事物管轄を異にする数個の裁判所に同一事件が係属した場合において，訴訟係属を一つにするための方法について定めたものである。地方裁判所と簡易裁判所が競合的に事物管轄を有する事件の場合や，下級の裁判所の固有管轄事件が3条1項により上級の裁判所の関連事件として管轄事件となった場合などに，本条の対象となる事態が生じ得る。

[2] 同一事件

「同一事件」とは，被告人及び公訴事実が同一である事件をいう。公訴事実が共通であっても，被告人が異なれば，同一の事件とはいえない（最判昭29・4・27刑集8・4・572）。

[3] 原則（上級の裁判所による審判）

原則として，起訴の先後を問わず，上級の裁判所が当然に審判を担当することになる。上級の裁判所は特に決定をする必要もない。下級の裁判所は，本条2項の場合を除き，公訴棄却の決定をすることになる（339 I ⑤）。

なお，同一事件が数個の簡易裁判所に係属する場合には11条が適用されるが，その後，関連事件が地方裁判所に係属し，5条1項によりこの同一事件中の一つの簡易裁判所の事件と審判併合決定がされた場合は，併合された同一事件が後に起訴されたものであっても，本条の適用があると解される（最決昭29・6・29刑集8・6・985）。

本条は，同一事件がいずれも第1審に係属している場合の規定であるが，一方が上訴審に係属する場合にも本条が準用され，上訴審が審判すべきものと解されている。

[4] 例外（下級の裁判所の審判）

上級の裁判所は，当事者の請求により，決定で下級の裁判所にその事件の審判をさせることができる。この決定に対して抗告することはできない（420 I）。　　　〔坂口裕俊〕

第11条 [1] 〔同一事件と数個の訴訟継続(2)〕　同一事件 [2] が事物管轄を同じくする数個の裁判所に係属するときは，最初に公訴を受けた裁判所が，これを審判する[3]。

2 各裁判所に共通する直近上級の裁判所 [4] は，検察官又は被告人の請求により，決定で後に公訴を受けた裁判所にその事件を審判させることができる[5]。

[1] 本条の趣旨

本条の趣旨は前条と同じである。本条は，同一事件が事物管轄を同じくする数個の裁判所に係属する場合に関するものである。

[2] 同一事件

前条の場合と同様である。

[3] 最初に公訴を受けた裁判所による審判

原則として，最初に公訴を受けた裁判所が審判をし，後に公訴を受けた裁判所は，各裁判所に共通する直近上級の裁判所が本条2項の決定をした場合を除き，公訴棄却の決定をする（339Ⅰ⑤）。

[4] 直近上級の裁判所

8条2項の場合と同様である。

[5] 後に公訴を受けた裁判所による審判

例外として，当事者からの請求があった場合に，各裁判所に共通する直近上級の裁判所は，決定で，後に公訴を受けた裁判所で審判をさせることができる。本条2項の決定に対しては，抗告することができない（420Ⅰ）。本条2項の決定がなされた場合，最初に公訴を受けた裁判所は，公訴棄却の決定（339Ⅰ⑤）をすることになる。後に公訴を受けた裁判所が既に公訴棄却の決定（339Ⅰ⑤）をしている場合には，本条2項の決定をすることはできない。

〔新井紅亜礼〕

第12条[1]〔管轄区域外の職務執行〕　裁判所は，事実発見のため必要があるとき[2]は，管轄区域外で職務[3]を行うことができる。
　2　前項の規定は，受命裁判官にこれを準用する。

[1] 本条の趣旨

下級裁判所の管轄区域は，下級裁判所の設立及び管轄区域に関する法律（昭和22年法律63号）に定められている。原則として，下級裁判所は，管轄区域内でその職務を執行すべきことになる。

しかし，事件処理にあたって，管轄区域外においても職務を行うべき場合があるので，事実発見に必要な場合には，管轄区域外においても職務を行うことを認めるための規定である。

[2] 事実発見のために必要があるとき

この「事実」とは，訴因に記載された事実に限られず，情状事実も含み，訴訟上認定を要する全ての事実を指すと解されている。

[3] 職務

本条の職務とは，事実発見のため必要な職務であり，検証，証人尋問，鑑定人尋問等

のほか，鑑定命令，被告人の鑑定留置を命じ，それに伴い被告人の看守を命ずることも
これに含まれると解されている。管轄区域外にいる訴訟関係人を召喚することや，管轄
区域外にある公務所等に照会をかけることなどは，本条を待つまでもなく，行い得ると
解されている（小林=前田・注釈刑訴[第3版]1・132，永井・大コメ刑訴1・158）。事実発見のた
め必要な職務行為以外は，共助の手続（裁79）による。　　　　　　　　　〔新井紅亜礼〕

第13条 [1] 〔管轄違いと訴訟手続の効力〕　訴訟手続 [2] は，管轄違 [3] の理由によ
つては，その効力を失わない [4]。

[1] 本条の趣旨
　管轄権がない場合，訴訟条件を欠くため，裁判所は，管轄違いの言渡し（329），また
は移送の決定（330）をしなければならず，実体的審理を進めることはできない。しか
し，この原則を貫いて，手続を全面的にやり直すことは，必ずしも合理的とはいえない。
本条は，管轄違いの理由によって訴訟手続の効力が失われないことを定めた規定である。

[2] 訴訟手続
　訴訟手続を構成する個々の訴訟行為を指し，裁判所の訴訟行為のほか，検察官，被告
人，弁護人等訴訟関係人の訴訟行為も含まれる。

[3] 管轄違い
　事物管轄，土地管轄，双方に関するものが含まれる。なお，土地管轄につき331条。

[4] 効力を失わない訴訟手続
　効力を失わない訴訟手続の範囲を，狭く解する見解と広く解する見解があるが，後者
が有力である（小林=前田・注釈刑訴[第3版]1・135，永井・大コメ刑訴1・160）。同見解によれ
ば，管轄違いの判決確定後に管轄権のある裁判所に再起訴された場合，管轄違いの裁判
所で行われた証人尋問，被告人質問，検証などの訴訟行為は本条により効力を維持され，
公判調書，証人尋問調書，検証調書等は，321条2項，322条2項により証拠能力を獲得
する。この場合に本条により効力を失わないのは，実体形成行為のみであり，手続形成
行為は含まれない。399条，412条，330条による管轄違いに基づく移送，自判の場合，及
び331条により管轄違いの判決ができない場合にも，本条の適用があると解する見解が
有力である（永井・大コメ刑訴1・161〜163）。　　　　　　　　　　　　　〔新井紅亜礼〕

第14条 [1] 〔管轄違いと要急処分〕　裁判所は，管轄権を有しないとき [2] でも，急
速を要する場合 [3] には，事実発見のため必要な処分 [4] をすることができる。
2　前項の規定は，受命裁判官にこれを準用する。

18   14条，15条

[1] 本条の趣旨

　前条の解説［1］参照。急を要する場合にまで原則を貫くと，真実発見に支障を来すこともあり得るので，そのような場合に，職権で事実発見のために必要な処分をすることができることを定めた規定である。

[2] 管轄権を有しないとき

　事物管轄，土地管轄双方に関するものを含む。

[3] 急速を要する場合

　原則どおり管轄違いの決定や移送をしていたのでは，事案の解明に支障を来す場合をいう。重要証人が瀕死の状態である，数日後に海外へ渡航する予定である等が想定される。

[4] 事実発見のために必要な処分

　証人尋問，検証等及び，これらの前提となる召喚，勾引，捜索，押収等が考えられる。

　裁判所が本条による処分をできるのは，管轄違いの判決言渡しまたは移送決定前である。第1回公判期日前には，起訴状一本主義（256Ⅵ）との関係が問題となり，当事者の請求による179条，226条，227条の方法もある。しかし，これらの規程では対応できない場合もあり，管轄権を有しない裁判所は，実体判決をしないのであるから，予断排除との関係では問題がなく，第1回公判期日前にも本条による処分を行い得ると解する（小林＝前田・注釈刑訴［第3版］1・139，永井・大コメ刑訴1・168，反対・松尾・条解20）。　〔新井紅亜礼〕

第15条[1]〔管轄指定の請求(1)〕　検察官[2]は，左の場合には，関係のある第一審裁判所に共通する直近上級の裁判所[3]に管轄指定の請求をしなければならない。

　一　裁判所の管轄区域が明らかでない[4]ため管轄裁判所が定まらないとき。

　二　管轄違を言い渡した裁判が確定した事件について他に管轄裁判所がないとき[5]。

　［規］　**第2条**（管轄の指定，移転の請求の方式・法第15条等）　管轄の指定又は移転の請求をするには，理由を附した請求書を管轄裁判所に差し出さなければならない。

　　　　第3条（管轄の指定，移転の請求の通知・法第15条等）　検察官は，裁判所に係属する事件について管轄の指定又は移転の請求をしたときは，速やかにその旨を裁判所に通知しなければならない。

　　　　第6条（訴訟手続の停止・法第15条等）　裁判所に係属する事件について管轄の指定又は移転の請求があつたときは，決定があるまで訴訟手続を停止しなければならない。但し，急速を要する場合は，この限りでない。

[1] 本条の趣旨

　本条と16条は，法律の規定によっても管轄裁判所が明らかではない，あるいは存在し

ない場合に，検察官に管轄指定の請求をさせ，裁判所が裁判で管轄裁判所を決める管轄指定の制度を規定する。その事件限りの管轄が裁判によって創設される。

［2］検察官

直近の上級裁判所に対応する検察庁の検察官である（検5）。

［3］直近上級の裁判所

8条2項の場合と同様である。

［4］管轄区域が明らかでない

管轄区域を定める行政区画が明らかでない場合をいう。犯罪地等の土地管轄の基礎となる場所そのものが不明な場合は，当たらない。請求の時期は，公訴提起後でも差し支えない。管轄違いの裁判確定後，新たに管轄裁判所が生じたときは，本条は適用されない。

［5］他に管轄裁判所がないとき

管轄違いの裁判が正当であった場合，誤りであった場合の双方を含む。管轄違いの裁判が正当であった場合，16条の「法律による管轄裁判所がないとき」に該当するかのようにも見えるが，本条2号によるべきである。管轄違いの裁判が誤りであった場合，管轄指定の請求を受けた直近上級の裁判所は，管轄違いの裁判をした裁判所に管轄を指定することもできる。

〔新井紅亜礼〕

第16条 [1] 〔管轄指定の請求(2)〕　法律による管轄裁判所がないとき [2]，又はこれを知ることができないとき [3] は，検事総長は，最高裁判所に管轄指定の請求をしなければならない。

［規］第2条　法第15条参照。

［1］本条の趣旨

前条の解説［1］参照。前条の場合と異なり，関係する裁判所がないから，検事総長が最高裁判所に対して管轄指定の請求をする。

［2］法律による管轄裁判所がないとき

2条によっては土地管轄が決まらない場合をいう。具体的には，①住所も居所も現在地も国内に存在しない日本国民に係る刑法2・3・4条所定の国外犯の場合，②住所も居所も現在地も国内に存在しない外国人に係る刑法4条の2所定の条約国外犯の場合，③住所も居所も現在地も国内に存在しない外国人に係る刑法2条・3条の2所定の国外犯の場合などが考えられる（永井・大コメ刑訴1・173）。同一趣旨の旧刑訴法15条に基づき管轄指定をした例として，朝鮮総督府大邱覆審法院が昭和17年に日本人に対して言い渡した放火被告事件の有罪確定判決に対する再審請求の管轄裁判所を，大阪高等裁判所と指定した最決昭42・2・28刑集21・1・356がある。

20   **16条, 17条**

[3] 管轄裁判所を知ることができないとき

　通常，国外犯の犯人の住所，居所，現在地が不明で，土地管轄についての管轄裁判所が不明の場合をいう。犯罪事実が不明のため事物管轄がわからないとき，犯罪地が不明のため土地管轄がわからないときなどは，未だ捜査が公訴を提起するに足りる段階に達しない場合であり，本条の問題ではない。もっとも，例えば，一定の期間内に特定の禁止薬物を使用した事実は認められるものの，その期間内に犯人が国内を転々としていたため使用場所が確定できない場合（最決昭56・4・25刑集35・3・116），密出国の事実は明らかであるが出国場所を確定できない場合（最大判昭37・11・28刑集16・11・1633）などは，捜査は遂げているが，犯罪地の関係では管轄裁判所を知ることができない場合に該当する。被告人の住居等により，管轄裁判所が決定されれば，本条の問題にならない。　〔新井紅亜礼〕

第17条 [1] 〔**管轄移転の請求(1)**〕　検察官 [2] は，左の場合には，直近上級の裁判所 [3] に管轄移転の請求をしなければならない [7]。
　一　管轄裁判所が法律上の理由 [4] 又は特別の事情 [5] により裁判権を行うことができないとき。
　二　地方の民心，訴訟の状況その他の事情により裁判の公平を維持することができない虞があるとき [6]。
2　前項各号の場合には，被告人も管轄移転の請求をすることができる [7]。

　　[規]　第2条　法第15条参照。
　　　　　第3条　法第15条参照。
　　　　　第4条（請求書の謄本の交付，意見書の差出・法第17条）　検察官は，裁判所に係属する
　　　　　　事件について刑事訴訟法（昭和23年法律第131号。以下法という。）第17条第1項各号
　　　　　　に規定する事由のため管轄移転の請求をした場合には，速やかに請求書の謄本を被告
　　　　　　人に交付しなければならない。
　　　　　2　被告人は，謄本の交付を受けた日から3日以内に管轄裁判所に意見書を差し出すこ
　　　　　　とができる。
　　　　　第5条（被告人の管轄移転の請求・法第17条）　被告人が管轄移転の請求書を差し出すに
　　　　　　は，事件の係属する裁判所を経由しなければならない。
　　　　　2　前項の裁判所が，請求書を受け取つたときは，速やかにこれをその裁判所に対応す
　　　　　　る検察庁の検察官に通知しなければならない。
　　　　　第6条　法第15条参照。

[1] 本条の趣旨

　次条とともに，管轄の移転に関する規定であり，本条は，裁判が不可能な場合，裁判

の公平を維持できないおそれがある場合に，検察官が管轄移転の請求をすることができると規定している。性質上，土地管轄についてのみの問題で，控訴審にも適用がある。

［2］ 検察官

直近の上級裁判所に対応する検察庁の検察官である（検5）。

［3］ 直近上級の裁判所

8条2項の場合と同様である。

［4］ 法律上の理由

管轄裁判所の裁判官が，除斥，忌避，回避等の理由により法律上裁判に関与することができず，他に裁判所を構成するに足りるだけの裁判官がいない場合などをいう。

［5］ 特別の事情

天災，地震，兵乱，流行病等ある程度長期にわたり，執務に支障を来たす事情をいう。なお，裁判官の職務代行（裁28），裁判所の事務の移転（裁38）等の他の方法で裁判を行うことができる場合は，本条各号は適用されない。

［6］ 裁判の公平を維持することができない虞があるとき

その地方の民衆の感情，訴訟の状況，その他裁判所を取り巻く状況からみて，その裁判所全体について，公平な裁判を期待できない事情がある場合をいう。個々の裁判官に除斥事由，忌避事由が存在しないのにもかかわらず，裁判の公平を維持することができないおそれがあるときをいうものであり，極めて例外的場合であろうと考えられる。憲法37条1項の公平な裁判所の裁判を受ける権利を保障する意味を持ち，いわば当該裁判所全体に対する包括的忌避を認めたものといえる（小林＝前田・注釈刑訴［第3版］1・146）。本条1項2号に関する先例は，永井・大コメ刑訴1・179以下参照。

［7］ 手 続

本条1項各号の事由があるときは，検察官は，管轄移転の請求をする義務がある。この請求は起訴の前後を問わずすることができる。被告人は，起訴後に限り，管轄移転の請求をする権利がある。管轄移転の請求を受けた裁判所は，請求に理由があると認めた場合，事物管轄を同じくする他の裁判所を特定して管轄移転の決定をする。本条の請求に対する決定に対しては，抗告することができない。 〔新井紅亜礼〕

第18条 [1] 〔管轄移転の請求(2)〕 犯罪の性質，地方の民心その他の事情により管轄裁判所が審判をするときは公安を害する虞 [2] があると認める場合には，検事総長は，最高裁判所に管轄移転の請求をしなければならない [3]。

［規］ 第2条 法第15条参照。
第3条 法第15条参照。
第6条 法第15条参照。

[1] 本条の趣旨

公安を害するおそれがあると認められるときに関する管轄の移転に関する規定である。土地管轄のみに問題となり，控訴審にも適用があることは前条と同じ。

[2] 公安を害する虞

公共の安全が損なわれる危険性があると認められる場合である。

[3] 手　続

公平な裁判の維持ではなく，公安を害するという外在的理由に基づく管轄移転の請求であり，極めて例外的な場合である。請求権者は検事総長であり，請求の相手方は最高裁判所である。被告人に請求権は認められない。　　　　　　　　　　〔新井紅亜礼〕

第19条 [1] 〔管轄事件の移送〕　裁判所は，適当と認めるとき [2] は，検察官若しくは被告人の請求により又は職権で，決定を以て，その管轄に属する事件 [3] を事物管轄を同じくする他の管轄裁判所 [4] に移送することができる。

2　移送の決定は，被告事件につき証拠調を開始した後は，これをすることができない [5]。

3　移送の決定又は移送の請求を却下する決定に対しては，その決定により著しく利益を害される場合に限り，その事由を疎明して，即時抗告をすることができる [6]。

[規]　第7条（移送の請求の方式・法第19条）　法第19条の規定による移送の請求をするには，理由を附した請求書を裁判所に差し出さなければならない。

第8条（意見の聴取・法第19条）　法第19条の規定による移送の請求があつたときは，相手方又はその弁護人の意見を聴いて決定をしなければならない。

2　職権で法第19条の規定による移送の決定をするには，検察官及び被告人又は弁護人の意見を聴かなければならない。

[1] 本条の趣旨

現行刑事訴訟法で新設された規定で，起訴前の身柄拘束期間が限定されたため，被告人の現在地の管轄裁判所に起訴されることが多く予想されるが（2 I），そのような場合に，必要に応じて，犯罪地または被告人の住所，居所等の管轄裁判所において審判を行うことを可能とする規定である。たとえば，犯罪地も被告人の住居地もA県内で，たまたまB県内で逮捕，勾留され，被告人の現在地であるB県の裁判所に起訴されたが，制限住居をA県内の住居地として保釈が許可されたという場合に，証拠調べ及び被告人の出頭の便宜から，A県内の裁判所に事件を移送することができる。

[2] 適当と認めるとき

移送の要件は，「適当と認めるとき」と規定されるのみで，特に限定はない。訴訟関

係人にとっての証拠調べ上の便宜及び被告人にとっての出頭上の便宜などが総合考慮される。

[3] 管轄に属する事件

現に係属中の事件で，土地管轄を有する事件に限る。

[4] 事物管轄を同じくする他の管轄裁判所

移送先の裁判所は，土地管轄を有する同種同等の裁判所である。地方裁判所と簡易裁判所が競合的に事物管轄を有する事件であっても，地方裁判所と簡易裁判所間での移送は，本条によっては許されない。地裁の本庁と支部間，支部相互間の事件の回付は，事務分配上の事件の配転替えにすぎず，本条による移送ではない（最決昭44・3・25刑集23・3・212）。

移送先の裁判所が有すべき土地管轄権は，固有の土地管轄権だけでなく，いわゆる関連事件管轄（6・9）でも足りるとする高裁レベルの先例がある（東京高決昭53・8・15刑裁月報10・6＝8・1096（昭和53年（く）第200号，同210号及び同305号））。もっとも，併合管轄事件の場合，8条による審判の併合が可能であり，移送元の裁判所の判断のみで併合管轄事件を移送できるとすることは，8条による場合には，関連裁判所の意見の一致が必要であるとされていることとの整合性が問題となるとの指摘がある。

移送先の裁判所の土地管轄の有無の判断時について，起訴後に住所の変更があった場合，新住所地の裁判所に事件を移送することができるかという問題があり，原則として起訴時を標準とするべきであるが，新住所地の裁判所に事件を移送することも許されるとする見解（昭49・6・25最高裁刑事局長回答＝刑裁月報資料編5・6・486，小林＝前田・注釈刑訴［第3版］1・152）と，本条により，新住所地の裁判所に事件を移送することは許されないと解する見解（中武・注解刑訴（上）52）とがある。なお，移送を受けた時点で，移送先の裁判所が土地管轄を有するかどうか明らかではなかった場合でも，その後に土地管轄を具備するに至ったときは，瑕疵の治癒が認められるとする判例（最判昭58・10・13刑集37・8・1139）がある。

[5] 移送決定の時期

証拠調べを開始したとは，検察官の冒頭陳述（296）が行われた段階を指す（東京高決昭26・9・6東時1・3・28）。

[6] 不服申立（即時抗告）

本条による決定により著しく利益を害される場合に限り，即時抗告をすることができる。移送決定に対する即時抗告が棄却された事例は広島高決昭41・5・10高刑集19・3・367，東京高決昭53・8・15刑裁月報10・6＝8・1094。移送請求却下決定に対する即時抗告が棄却された事例は福岡高宮崎支昭45・8・10高刑集23・3・516。移送決定に対する即時抗告が認容された事例は東京高決昭35・12・7下刑集2・11＝12・1419，広島高決昭30・2・19裁判特報2・5・112，名古屋高決昭57・7・7判時1067・157，東京高決平14・3・27高検速報平14・52。　　　　　〔新井紅亜礼〕

第2章　裁判所職員の除斥及び忌避

第20条 [1]〔除斥の原因〕　裁判官は，次に掲げる場合には，職務の執行 [2] から除斥 [3][4] される [5]。

一　裁判官が被害者であるとき。

二　裁判官が被告人又は被害者の親族であるとき，又はあつたとき。

三　裁判官が被告人又は被害者の法定代理人，後見監督人，保佐人，保佐監督人，補助人又は補助監督人であるとき。

四　裁判官が事件について証人又は鑑定人となつたとき。

五　裁判官が事件について被告人の代理人，弁護人又は補佐人となつたとき。

六　裁判官が事件について検察官又は司法警察員の職務を行つたとき。

七　裁判官が事件について第266条第2号の決定，略式命令，前審の裁判，第398条乃至第400条，第412条若しくは第413条の規定により差し戻し，若しくは移送された場合における原判決又はこれらの裁判の基礎となつた取調べに関与したとき。ただし，受託裁判官として関与した場合は，この限りでない。

[規]　**第12条（除斥の裁判・法第23条）**　忌避の申立について決定をすべき裁判所は，法第20条各号の一に該当する者があると認めるときは，職権で除斥の決定をしなければならない。

2　前項の決定をするには，当該裁判官の意見を聴かなければならない。

3　当該裁判官は，第1項の決定に関与することができない。

4　裁判所が当該裁判官の退去により決定をすることができないときは，直近上級の裁判所が，決定をしなければならない。

第13条（回避）　裁判官は，忌避されるべき原因があると思料するときは，回避しなければならない。

2　回避の申立は，裁判官所属の裁判所に書面でこれをしなければならない。

3　忌避の申立について決定をすべき裁判所は，回避の申立について決定をしなければならない。

4　回避については，前条第3項及び第4項の規定を準用する。

第14条（除斥，回避の裁判の送達）　前2条の決定は，これを送達しない。

[1]本条の趣旨　　[2]職務の執行　　[3]裁判の要否　　[4]除斥の事由　[5]本条違反の効果

20条

[1] 本条の趣旨

本条は，憲法37条1項の「公平な裁判所」を具現化するために，裁判官が職務の執行に関与することにより公平な裁判所の理想を害するおそれのある客観的事情を類型的に整理した規定である（永井・大コメ刑訴1・211）。

[2] 職務の執行

本条の職務の執行とは，原則として当該事件に係るすべての訴訟行為をいうが，実質審理に立ち入らず，公平な裁判所の理想を害するおそれがないと認められる形式的な訴訟行為は，これに該当しないとされている（永井・大コメ刑訴1・218）。したがって，判決宣告のみに関与する場合（最決昭28・11・27刑集7・11・2294，最判昭32・4・16刑集11・4・1372），公判期日の延期のみに関与する場合（最判昭27・1・29判夕18・53），略式命令をした簡易裁判所の裁判官が，正式裁判申立て後，別の被告事件との併合決定及び地方裁判所への移送決定をする場合（最判昭36・2・23刑集15・2・396），勾留理由開示に関与する場合（福岡高決昭34・9・3判時202・43）は，いずれも「職務の執行」には該当しない。そのほか，上訴権回復請求（362），訴訟費用執行免除の申立て（500），裁判の解釈の申立て（501），執行の異議の申立て（502），再審（435・436）及び非常上告（454）の各手続についても，除斥の適用はないと解されている（小坂・注釈刑訴［第3版］1・164）。

[3] 裁判の要否

最決昭27・9・8裁集刑68・1は，「裁判官に除斥の事由があれば，その裁判官は当該事件につき当然その職務の執行から排除されるのであつて，これについて敢て裁判を要するものではない（刑訴規則12条の裁判は，主として当裁判官が除斥の事由あることを認めない場合に関する規定と解すべきである）。したがつて除斥事由又はその手続が一件記録に表示してなかったところで何らの違法はない」と判示している。

[4] 除斥の事由

除斥事由には，①事件及びその関係者との特別な関係を問題とするもの（本条①ないし⑥）と，②審級制度の趣旨を生かすために前審への関与を問題とするもの（本条⑦）という二類型がある。

(1) **被害者であるとき（1号）**　裁判官が，当該事件の審理対象である犯罪により被害を受けた場合をいうが，公務執行妨害罪における公務員や放火罪における居住者など，当該犯罪の法益主体でなくとも，攻撃の客体となった場合も含む（永井・大コメ刑訴1・222）。

なお，同じ犯人の犯罪により法益を侵害されていても，その犯罪を審理対象とする事件を担当する場合でなければ，職務の執行からは排除されないが，窃盗の被害を受けた裁判官が，常習累犯窃盗被告事件の審理後，実は当該事件の被告人の一罪関係にある窃盗によって被害に遭ったことが判明した場合，公訴事実の同一性がある以上，本号にいう「被害者」に該当すると解される（小坂・注釈刑訴［第3版］1・165）。

(2) **被告人又は被害者の親族であるとき又はあったとき（2号）**　親族につき，民法上の

概念に従う。いったん親族関係にあった以上，その後その関係が解消されても，なお除斥の対象となる。

(3) **被告人又は被害者の法定代理人，後見監督人，保佐人，保佐監督人，補助人又は補助監督人であるとき（3号）**　いずれも民法上の概念に従う。なお，法定代理人の主要な例は，親権者，後見人及び成年後見人である。

(4) **証人又は鑑定人となったとき（4号）**　裁判官自ら証人や鑑定人といった証拠方法になり，一方当事者に有利又は不利な証拠資料を提供する立場となる場合，自由心証により証拠能力や証拠価値を判断する裁判官と，その判断対象である証拠資料になる立場とは相容れず，また，裁判所の公平性も害されるので，除斥の対象とされる（小坂・注釈刑訴［第3版］1・165）。

　裁判官が証人又は鑑定人となる場合としては，公訴提起前の手続（226以下），証拠保全の手続（179），公判期日における証人尋問（143以下），期日外の手続（281），裁判所外の証人尋問（158）などが考えられ，捜査段階の参考人となった者や鑑定嘱託（223）を受けた者は除斥の対象とはならないが，いったん証人として採用され，又は鑑定人として選任された以上，証言又は鑑定を行わなくとも，除斥の対象となる（小坂・注釈刑訴［第3版］1・166）。

(5) **被告人の代理人，弁護人又は補佐人となったとき（5号）**　被告人側の立場に立って訴訟活動を行う者は，中立的立場の判断者たる裁判官と相容れないので，除斥事由とされている（小坂・注釈刑訴［第3版］1・166）。

　「弁護人」については30条以下，「補佐人」については42条以下の解説を参照。

　「代理人」とは，弁護人又は補佐人以外の者であって，一般的代理人（27 I・28・284等）及び個々の訴訟行為の代理人（上訴申立て（最大判昭24・1・12刑集3・1・20，最大決昭63・2・17刑集42・2・299），付審判請求（最決昭24・4・6刑集3・4・469）及び略式命令に対する正式裁判の請求（最大決昭24・9・19刑集3・10・1598））の双方を指すと解されている（永井・大コメ刑訴1・224）。

(6) **検察官又は司法警察員の職務を行ったとき（6号）**　当該事件について，起訴の前後を問わず，訴追側の職務を行った者は職務の執行から排除され，検察官事務取扱検察事務官（検36）も「検察官」に該当する（小坂・注釈刑訴［第3版］1・167）。

　検察官の「職務を行ったとき」とは，当該被疑事件又は被告事件について検察官として具体的な職務行為をした場合をいい（最大決昭47・7・1刑集26・6・355），当該事件について上訴申立書の名義人となることは当たるが，担当検察官による公判経過報告書を上司として決裁したという程度では当たらないと解されている（永井・大コメ刑訴1・226）。

(7) **前審等関与（7号）**　ア　付審判の決定に関与したとき　付審判の決定（266②）があると，その事件について公訴の提起があったものとみなされ（267），この決定に関与した者は，検察官の職務を行った者と同様の立場に立つから，除斥の対象となる。なお，少年法20条の検察官送致決定は，付審判決定と似た性質を有するが，「前審の裁判」には該当しないと解されている（最決昭29・2・26刑集8・2・198）。

イ　略式命令に関与したとき　　略式命令を発した裁判官は，正式裁判の請求があった場合，その後の通常審判は上訴と類似した制度であるから，職務の執行から排除されるが，略式不相当として通常審判を行う場合，略式命令を発していないので排除されない（最判昭28・2・19刑集7・2・293）。

ウ　前審の裁判に関与したとき　　審級制度が採用されているから，同一の裁判官が異なる審級で同じ事件を扱うことはその制度趣旨に反するので，除斥事由とされている。ここでいう「前審」には，控訴審からみた第1審，上告審からみた控訴審又は第1審，抗告審からみた原審，特別抗告審からみた原審又は原々審，準抗告審からみた原裁判官，異議審（428Ⅱ）からみた原裁判所，上告審が控訴審を破棄して控訴審に差戻し又は移送した場合の控訴審からみた第1審（松尾・条解30）などが当たる。再審請求事件からみた確定判決（最決昭34・2・19刑集13・2・179），非常上告事件からみた確定判決，差戻し後の控訴審からみた差戻し前の控訴審（最決昭28・5・7刑集7・5・946），破棄差戻し又は破棄移送を受けた下級審からみた差戻し又は移送判決をした裁判所（青柳・通論上119，永井・大コメ刑訴1・236）は，いずれも「前審」には当たらない。

エ　破棄差戻し又は破棄移送の場合における原判決に関与したとき　　398条ないし400条，412条及び413条により破棄差戻し又は破棄移送された場合の原判決に関与した場合である。破棄判決の忠実なやり直し審を保障しようとする趣旨であり，控訴審が破棄した場合の第1審，上告審が破棄した場合の控訴審，上告審が控訴審及び第1審を破棄した場合の両者がこれに当たる（永井・大コメ刑訴1・237）。

オ　前審等関与の問題が生じない場合　　本号は，基本的に，終局裁判の内容に関与した場合であるので，起訴前の強制処分及び起訴後第1回公判期日までの間の保釈に係る決定に関与した裁判官は，第1審の審判から除斥されない（最大判昭25・4・12刑集4・4・535）。次に，第1審において，保釈決定に関与した裁判官（最判昭25・5・12刑集4・5・793），勾留質問をして勾留状を発付した裁判官について少なくともその勾留質問調書が第1審判決の証拠とされていない場合（最判昭25・11・30刑集4・11・2434），裁判官忌避の申立てに係る決定に関与した裁判官（大判昭10・9・28刑集14・997）及び判決宣告のみに関与した裁判官（大判大15・3・27刑集5・125）は，それぞれ控訴審の審判から除斥されない。

また，被告人が起訴時に未成年であったことが後に判明して公訴棄却の判決がされた事案につき，最決平17・8・30刑集59・6・726は，「裁判官が事件について公訴棄却の判決をし，又はその判決に至る手続に関与したことは，その手続において再起訴後の第1審で採用された証拠又はそれと実質的に同一の証拠が取り調べられていたとしても，事件について前審の裁判又はその基礎となった取調べに関与したものとはいえない」と判示している。なお，少年保護事件について観護措置決定をした裁判官は，当該事件の刑事被告事件の審理からは除斥されない（東京高決平元・7・4東時40・5＝8・20）。

カ　裁判の基礎となった取調べに関与したとき　　裁判官が，前審の本案の終局的判断には加わっていなくても，その基礎となった取調べに関与したときは，除斥の対象と

される。「裁判の基礎となった取調べ」とは，裁判の内容の形成に役立った取調べに関与することをいい（松尾・条解30），取り調べた証拠が罪となるべき事実の認定の用に供された場合であり（最判昭41・7・20刑集20・6・677），無罪判決の場合，実質的に事実認定に用いられていると判断される証拠の取調べに関与した裁判官が除斥の対象となり（大決大15・6・30刑集5・343），逆に，前審の裁判又はその裁判の基礎となった取調べに関与していなければ除斥されない（大判昭7・3・3刑集11・215）。

また，必要的共犯事件に関し別件の共犯事件にも関与した場合において，別件の共犯事件の審理で当該共犯者の取調べを行ったが，その結果が当該被告人の事件の事実認定の用に供されていない場合（大判昭12・6・4刑集16・868）及び証人として当該被告人を尋問して事件の内容に関する知識を得ていた場合（最判昭30・10・14刑集9・11・2213）は，いずれも除斥事由に該当しない。さらに，分離された相被告人の審理を担当し，事件の内容に関する知識を得ても，除斥事由に該当しない（最判昭28・10・6刑7・10・1888）。

なお，控訴審の事実調べは，心証を形成するために行われるものではないから，第1次控訴審の事実調べの結果が，差戻し後の第2次第1審で援用されたとしても，第1次控訴審の裁判官が第2次控訴審で除斥されることはない（最判昭29・6・23刑集8・6・943）。

キ　その他　　受託裁判官及び証拠保全（179）又は第1回公判期日前の証人尋問（226・227）に関与した裁判官は，自ら心証形成を行わないから，除斥事由に該当することはない（永井・大コメ刑訴1・242，最判昭30・3・25刑集9・3・519）。

[5] 本条違反の効果

第1審で，除斥されるべき裁判官が，判決に関与した場合は絶対的控訴理由となり（377②），審理のみに関与した場合は相対的控訴理由（379）となる（最判昭26・5・25刑集5・6・1198）。控訴審では，判決に関与した場合は憲法37条違反として上告理由となり（405①，団藤・条解50），審理のみに関与した場合は判決に影響を及ぼす法令違反（411①）として職権破棄事由となる（中武・注解刑訴上56，団藤・条解50）とされているが，上記の憲法違反となるかは，憲法の趣旨に照らして実質的に検討する必要がある（永井・大コメ刑訴1・243）。

〔石川貴司〕

第21条 [1] **〔忌避の原因，忌避申立権者〕**　裁判官が職務の執行 [2] から除斥されるべきとき，又は不公平な裁判をする虞 [3] があるときは，検察官又は被告人 [4] は，これを忌避することができる。

2　弁護人は，被告人のため忌避の申立をすることができる [5]。但し，被告人の明示した意思に反することはできない。

[規]　第9条 [6] **（忌避の申立て・法第21条）**　合議体の構成員である裁判官に対する忌避の申立ては，その裁判官所属の裁判所に，受命裁判官，地方裁判所の1人の裁判官又は家

庭裁判所若しくは簡易裁判所の裁判官に対する忌避の申立ては，忌避すべき裁判官に
これをしなければならない。

2　忌避の申立てをするには，その原因を示さなければならない。

3　忌避の原因及び忌避の申立てをした者が事件について請求若しくは陳述をした際に
忌避の原因があることを知らなかつたこと又は忌避の原因が事件について請求若しく
は陳述をした後に生じたことは，申立てをした日から3日以内に書面でこれを疎明し
なければならない。

第11条 [6] **（訴訟手続の停止）**　忌避の申立があつたときは，前条第2号及び第3号の場
合を除いては，訴訟手続を停止しなければならない。但し，急速を要する場合は，こ
の限りでない。

第13条 [7]　法第20条参照。

第14条　法第20条参照。

[1] 本条の趣旨　　[2] 職務の執行　　[3] 不公平な裁判をする虞　　[4] 被疑者
の申立権　　[5] 弁護人の申立権　　[6] 忌避の手続　　[7] 回避

[1] 本条の趣旨

　忌避は，裁判官に除斥事由があるとき，又は不公平な裁判をするおそれがあるときに，
検察官，被告人又は弁護人の申立てにより，裁判でその職務の執行から排除する制度で
ある。憲法上の「公平な裁判所」を具現化した規定である除斥については，20条に7つ
の事由が列記されているが，裁判官が不公平な裁判をするおそれがあるのは，それらの
場合に限定されるものではないので，一般的条項の制度である忌避は，固定的及び定型
的な除斥制度の機能的な限界を補うものといわれている（永井・大コメ刑訴1・246，小坂・
注釈刑訴［第3版］1・174）。

[2] 職務の執行

　20条の解説［2］を参照。忌避によって排除される職務の範囲は，除斥における場合
と異なるところはない。

[3] 不公平な裁判をする虞

⑴　除斥事由　　除斥事由については，20条に規定されているとおりであり，その詳細
については，20条の解説［4］を参照。

⑵　不公平な裁判をするおそれ　　不公平な裁判をするおそれとは，「裁判官の事件の当
事者と特別な関係にあるとか，手続外においてすでに事件につき一定の判断を形成して
いるとかの，当該事件の審理過程に属さない要因により，当該裁判官によつては，その
事件についての公平で客観性のある審理および裁判が期待しがたいと認められる場合」
をいう（最決昭47・11・16刑集26・9・515）。

　ア　訴訟指揮権及び法廷警察権の行使への不満　　忌避の申立ては，裁判官の訴訟指

揮権や法廷警察権の行使に対する不満からなされることが多いが，このような不満については，異議（309），抗告（419），上訴（351）といった不服申立ての手段が，刑訴法上別に規定されているのであるから，これらによってその救済が果たされるべきであり，訴訟指揮権及び法廷警察権の行使に対する不満を理由とする忌避申立てが認容されることは，通常想定し得ない。この点について，最決昭48・10・8刑集27・9・1415は，「その手続内における審理の方法，態度などは，それだけでは直ちに忌避の理由となしえないものであり，これらに対しては異議，上訴などの不服申立方法によつて救済を求めるべきであるといわなければならない。したがつて，訴訟手続内における審理の方法，態度に対する不服を理由とする忌避申立は，しょせん受け容れられる可能性は全くないものであつて，それによつてもたらされる結果は，訴訟の遅延と裁判の権威の失墜以外にはありえず，これらのことは法曹一般に周知のことがらである。」と判示している。

　イ　共犯者の審理　　同一の裁判官が共犯者の公判審理を担当することにより被告人の事件の内容に関する知識を得たことは，忌避の理由にならないとしたものとして，最判昭28・10・6刑集7・10・1888があり，「第一審の裁判官が前記共犯者等の公判審理により被告人に対する本件事件の内容に関し知識を得たからとて，そのこと自体は裁判官を被告人に対する本件事件審判の職務の執行から除斥するものでないこと刑訴20条各号の規定により明らかであると共に，第一審の裁判官が事前に事件の知識を有した一事をもつて不公平な裁判をする虞があつたものと速断することはできず従つてその一事をもつて忌避の理由があつたものとすることもできない」と説示している（最決昭31・9・18刑集10・9・1347も同様の考えを踏襲している。）。また，同一の裁判官が，弁論分離前の相被告人について，審理を担当するのみならず有罪判決を言い渡したとしても，忌避の理由にならないとされている（東京高決平15・3・31東時54・1＝12・20）。

　ウ　令状審査時等の資料の閲読　　共犯者の被疑事実に関する差押許可状の発付（東京高決昭53・12・22東時29・12・212），勾留に関する裁判（東京高決昭50・8・30東時26・8・141），準抗告の裁判（広島高決昭52・12・28判時885・177），少年保護事件についての観護措置決定（東京高決平元・7・4東時40・5＝8・20）などの令状審査時等に一件記録を閲読して事件情報を知っても，忌避の理由にはならないとされている。

　エ　司法行政事務への関与　　最大決平23・5・31刑集65・4・373は，裁判員制度の実施に当たっての司法行政事務に関与した最高裁判所長官が，同制度の憲法適合性を争点とする事件の審理を担当することについて，「最高裁判所長官は，最高裁判所において事件を審理裁判する職責に加えて，上記のような司法行政事務の職責をも併せ有しているのであって（裁判所法12条1項参照），こうした司法行政事務に関与することも，法律上当然に予定されているところであるから，そのゆえに事件を審理裁判する職責に差し支えが生ずるものと解すべき根拠はない。もとより，上記のような司法行政事務への関与は，具体的事件との関係で裁判員制度の憲法上の適否について法的見解を示したものではないことも明らかである。」と判示し，不公平な裁判をするおそれがあるとはい

えないとした。

　また，忌避の申立てに関する裁判例ではないが，最決昭49・7・18裁集刑193・145は，裁判官が裁定合議委員会への関与を通じて事件に関する情報を得ていた場合について，「裁定合議委員会は，古く昭和27年以来，東京地方裁判所裁判官会議の決議によって，裁定合議事件の公正な事務分配を期するために設置されて現在に至っているものであるところ，裁判所における事務分配は，当該裁判所の固有行政事務に属するもの」とした上で，「司法行政事務がほかならぬ裁判官会議の議によって行われることとされている法制のもとでは，裁判官において事務分配その他の司法行政の運営上必要な関係資料を入手すべきことは当然予想されているのであるから，それによって，係属中の事件につきその審判にあたる裁判官がたまたまなんらかの知識を得ることとなっても，なんら事件に関していわゆる予断を抱いたこととなるものではなく，この理は本件の場合にも同様」であると判示した。

　オ　その他　①単なる公判調書の作成の遅延又は公判調書未作成のまま審理を進行させたこと（最大決昭25・4・7刑集4・4・512），②公訴事実と社会的事実関係を同じくする民事訴訟事件の審判に関与した場合（最決昭31・9・25刑集10・9・1382），③最高裁判所の裁判官が，任官前に高等検察庁検事長として提出した上告趣意書において，当該事件と同種の論点に関する法律上の見解を明らかにしていた場合，及び，任官前に次長検事の職にあり，その在職期間中に当該事件の論点と密接に関連する判旨の上告審判決がなされたが，当該事件につき検察官として具体的な職務行為をした事実はない場合（最決昭47・7・1刑集26・6・355），④最高裁判所の裁判官が，当該事件で合憲性が争点となっている条例について，任官前に，法務府法制意見第一局長として，その立案過程で合憲性に関する意見回答をしていた場合（最決昭48・9・20刑集27・8・1395）について，いずれも忌避の理由にならないとされている。また，最高裁判所長官が全国の裁判官に対して述べた「年頭の辞」の文章及び最高裁判所長官の新聞における対談記事について，日本国憲法の理念又は日本の一部に見受けられる社会現象につきその所感を述べたに止まるものと認定され，忌避の理由はないとされている（最決昭34・7・1刑集13・7・1001）。

［4］被疑者の申立権

　除斥の原因を規定する20条2号，3号，5号が，いずれも「被告人」の場合を対象としているなど，被疑者は，一見すると，文理上忌避の申立権者とはされていないように解されるが，最決昭44・9・11刑集23・9・1100は，付審判請求事件における被疑者の忌避申立権を認めた。

　この決定の射程範囲については，①本決定は例外的解釈であり，被疑事件全体に当然に除斥の適用があるとは考えられないとする見解（柴田・注釈刑訴1・146），②忌避申立てをする時間的余裕のある強制処分に対する準抗告の申立て（429以下）などについては忌避申立権を認めるとする見解（船田・判例解説（刑）昭44・314），③被疑者の関与を全く予定していない逮捕状の発付などの手続については忌避の問題は生じないが，被疑者を関与

させる勾留などは忌避の問題が生じる可能性があるとする見解（松尾浩也「いわゆる付審判請求事件における被疑者の忌避申立権」警研42・3・159），④忌避については，逮捕，捜索，押収等の強制処分，勾留理由開示（207・84）には適用はなく，勾留（207），勾留期間延長（208），証拠保全（179），起訴前の証人尋問（228），準抗告（429）には適用があると考えるのが相当とする見解（小坂・注釈刑訴［第3版］1・160）など，見解の対立がある。

[5] 弁護人の申立権

　本条2項は，弁護人は被告人のために忌避の申立てをすることができると規定するが，弁護人は被告人の忌避申立権を代理行使するのであり，被告人の忌避申立権が消滅すれば，弁護人も忌避申立てをすることができないものと解されている（永井・大コメ刑訴1・258，小坂・注釈刑訴［第3版］1・179）。この点について，大阪高決昭28・11・16高刑集6・12・1705は，「弁護人の行う忌避申立権は被告人の明示した意思に反しない限度においては独立して行使することができる代理権の一種である（刑事訴訟法第21条，第41条参照）と解すべきであるから，被告人の事件についての陳述によりその忌避申立権が消滅すると同時に，弁護人の忌避申立権も又当然に消滅し，又弁護人（主任弁護人たると否とを問わない）の事件についての陳述によりその忌避申立権が消滅すると同時に，本人たる被告人の忌避申立権も又消滅するものと解するのを相当とする。」と判示している。

[6] 忌避の手続

⑴ 忌避の申立先等　　規9条1項は，忌避の申立先について，①合議体の構成員の場合は，その裁判官所属の裁判所，②受命裁判官，地方裁判所の一人の裁判官，家庭裁判所又は簡易裁判所の裁判官の場合は，忌避すべき裁判官と規定している。①の「その裁判官所属の裁判所」との意義に関連し，最決昭33・12・15刑集12・16・3545は，23条の「その裁判官所属の裁判所」の意義について，「忌避された裁判官所属の国法上の意味における裁判所の裁判官をもつて構成される，訴訟法上の意味の裁判所」であると解している。なお，忌避の申立ては，決定があるまでの間，取り下げることができる（松尾・条解32）。

　また，忌避の申立てをするには，その原因を示さなければならず，忌避の原因等は申立てをした日から3日以内に書面で疎明しなければならない（規9ⅡⅢ）が，口頭での申述によって明示，疎明が十分ならば，書面によることを要しない（大阪地決昭44・8・1刑裁月報1・8・850，東京高決昭45・10・27刑裁月報2・10・1090）。

⑵ 訴訟手続の停止　　規11条は，忌避の申立てがあったときは，①訴訟遅延目的のみでされたことが明らかであるとして却下する場合，②22条又は規9条2項，3項の規定に反するものとして却下する場合，③急速を要する場合を除き，訴訟手続を停止しなければならないと規定している。

　忌避の申立てがあったのに訴訟手続を停止せずに進めて判決に至った場合について，民事事件に関する最判昭29・10・26民集8・10・1979は，判決後忌避の申立てを理由なしとする決定が確定したのであるから，これにより原判決は有効となった旨判示し，刑

事事件に関しても，福岡高那覇支判昭49・4・22刑裁月報6・4・344は，忌避申立てを受けた裁判官が審理に関与した後に忌避申立てに理由がないとする裁判が確定したときは，同裁判官が関与した訴訟手続は有効になる旨判示している。

　なお，24条により，訴訟遅延目的のみでされたことが明らかであるとして忌避申立てを却下した決定に対し，即時抗告がなされた場合，425条の執行停止に関する規定は適用されないものと解されている（最判昭31・3・30刑集10・3・422）。

［7］　回　避

　裁判官は，忌避されるべき原因があると思料するときは，所属の裁判所に書面で回避の申立てをしなければならず，この申立てを受けた裁判所は，これについての決定をしなければならない（規13）。なお，「忌避されるべき原因があると思料する」とは，単に忌避の申立て受けるおそれがあると考えるにとどまらず，その申立てが認められると考えることを意味する（永井・大コメ刑訴1・259，小坂・注釈刑訴［第3版］1・180）。

〔石川貴司〕

第22条 [1] **〔忌避申立ての時期〕**　事件について請求又は陳述 [2] をした後には，不公平な裁判をする虞があることを理由として裁判官を忌避することはできない [3]。但し，忌避の原因があることを知らなかつたとき，又は忌避の原因がその後に生じたときは，この限りでない [4]。

　　[規]　第9条　法第21条参照。

［1］　本条の趣旨

　不公平な裁判をするおそれを理由とする忌避の申立ては，要件がやや漠然としており，濫用が懸念されるので，手続の冒頭の段階で処理することが望ましく，手続を重ねた後に申し立てられて審理のやり直しをしなければならない事態を避けるために，申立て時期を制限する規定が設けられた（本条本）が，上記のような忌避の原因に関し，その存在を知らなかったときや事件についての「請求又は陳述」後に生じたときは，忌避の申立て時期を手続の冒頭段階に限る理由はないので，上記「請求又は陳述」後であっても忌避の申立てをすることができる（本条但）ものとされた（小坂・注釈刑訴［第3版］1・180，青柳・通論上121）。

［2］　請求又は陳述

　「請求又は陳述」は，被告事件の実体に関する，当該裁判官の裁判を受けるという意思が表明されたと評価できるような訴訟行為をいう（小坂・注釈刑訴［第3版］1・180，中武・注解刑訴上70，青柳・通論121）。

　「請求又は陳述」に該当するものとしては，起訴状朗読（291 I），起訴状への求釈明申

立て，公訴棄却・免訴の申立て，公訴権濫用を理由に公訴棄却を求める主張，事件に関する陳述（291Ⅱ），証拠調べへの請求（298Ⅰ），受訴裁判所への保釈請求があり，該当しないものとしては，管轄移転の請求（17），移送の請求（19。ただし，平野・刑訴51は「請求」に当たるとする。），管轄違いの申立て（331），公判期日の変更請求（276），弁論の分離・併合の請求（313），人定質問に対する応答がある（小坂・注釈刑訴［第3版］1・181）。

大阪高決昭28・11・16高刑集6・12・1705は，「被告事件の実体に関する証拠調の請求，訴因訂正の申立，右請求又は申立に対する同意不同意，或いは異議なき旨の意見の陳述はもちろんのこと，その採用された証人に対する尋問，反対尋問等の如きも全て右にいう『請求又は陳述』に当るものと解しなければならない。」と判示している。

なお，被告人が黙秘権を行使したものの証拠調べまで手続が進み，当該被告人の応訴意思が黙示的に示された場合は，「請求又は陳述」をしたものと認められるとの指摘もある（永井・大コメ刑訴1・261）。

［3］忌避申立権の喪失

本条本文により忌避申立権を失うのは，「請求又は陳述」をした当事者に限られるが，忌避申立権を喪失した当事者の弁護人は，当該当事者と同様に忌避申立権を喪失すると解されている（前掲大阪高決昭28・11・16，永井・大コメ刑訴1・261）。なお，同大阪高決は，「弁護人（主任弁護人たると否とを問わない）の事件についての陳述によりその忌避申立権が消滅すると同時に，本人たる被告人の忌避申立権も又消滅するものと解するのを相当とする。」と判示しているが，この点については，疑問を呈する見解もある（中武・注解刑訴上710）。

［4］本条但書の場合

忌避の原因について，「請求又は陳述」の後に生じたとき又は初めて知ったときは，申立ての日から3日以内に書面でそのことを疎明すれば，忌避申立てをすることができる（本条但，規9Ⅲ）が，忌避の原因が生じ又はこれを知った後に当事者が「請求又は陳述」をすると，その時から忌避申立権を失う。

〔石川貴司〕

第23条[1]〔**忌避申立てに対する決定**〕　合議体の構成員である裁判官が忌避されたときは，その裁判官所属の裁判所が，決定をしなければならない。この場合において，その裁判所が地方裁判所であるときは，合議体で決定をしなければならない[2][3]。

2　地方裁判所の1人の裁判官又は家庭裁判所の裁判官が忌避されたときはその裁判官所属の裁判所が，簡易裁判所の裁判官が忌避されたときは管轄地方裁判所が，合議体で決定をしなければならない[3]。ただし，忌避された裁判官[4][5]が忌避の申立てを理由があるものとするときは，その決定があつたものとみなす。

3　忌避された裁判官[4][5]は，前2項の決定に関与することができない。

23条

4　裁判所が忌避された裁判官[4][5]の退去により決定をすることができないときは，直近上級の裁判所が，決定をしなければならない。

　[規]　第10条（申立てに対する意見書・法第23条）　忌避された裁判官[4][5]は，次に掲げる場合を除いては，忌避の申立てに対し意見書を差し出さなければならない。
　　　一　地方裁判所の１人の裁判官又は家庭裁判所若しくは簡易裁判所の裁判官が忌避の申立てを理由があるものとするとき。
　　　二　忌避の申立てが訴訟を遅延させる目的のみでされたことが明らかであるとしてこれを却下するとき。
　　　三　忌避の申立てが法第22条の規定に違反し，又は前条第２項若しくは第３項に定める手続に違反してされたものとしてこれを却下するとき。
　　第13条　法第20条参照。

[1] 本条の趣旨

　忌避の申立ては，忌避すべき裁判官が所属する裁判所又は忌避すべき裁判官に対してすることとされている（規９Ⅰ）が，本条は，忌避の申立てがされた場合の処理手続に関して規定している。

[2] 忌避申立事件の担当裁判所

　地方裁判所，高等裁判所及び最高裁判所の合議体の構成員である裁判官について忌避が申し立てられたときは，当該裁判官所属の裁判所が忌避申立事件を担当しなければならない（本条Ⅰ前）。そして，忌避申立事件を担当する裁判所が地方裁判所の場合は本条１項後段により，高等裁判所の場合は裁判所法18条により，最高裁判所の場合は裁判所法９条により，それぞれ合議体で決定しなければならない。

　なお，最決昭33・12・15刑集12・16・3545は，「刑訴23条にいう『その裁判官所属の裁判所が，決定を』するというのは，忌避された裁判官所属の国法上の意味における裁判所の裁判官をもつて構成される，訴訟法上の意味の裁判所が決定をする趣旨」であると判示している（なお，２条[1]参照）。

[3] 決　定

　忌避申立てをするには，その原因を示さなければならず（規９Ⅱ），「不公平な裁判をする虞」に係る除斥事由についても，忌避申立てに対する決定をするに当たって考慮するのは，一般的に不公平な裁判をするおそれがあるか否かではなく，当事者が主張した特定の事由に限られる（小坂・注釈刑訴［第３版］１・183）

　忌避申立てを認容する決定に対しては，不服申立てをすることはできず，この認容決定は確定し，忌避申立てを受けた裁判官は，当該被告事件の職務の執行から排除される。上記認容決定の効力発生時期は，除斥事由があることを理由とする場合は当該除斥事由が生じた時に遡ってその排除の効果が生じ，不公平な裁判をするおそれがあることを理

由とする場合はその決定の時から排除の効果が生じると考えられている（小坂・注釈刑訴[第3版]1・183，永井・大コメ刑訴1・264）。

忌避申立てが不適法又は理由がない場合は，却下決定がなされるが，これに対しては即時抗告をすることができる(25)。申立てに理由がないとする確定した却下決定と実質上同一の理由による再申立ては不適法として却下される（小坂・注釈刑訴[第3版]1・184）。

［4］忌避申立てを受けた裁判官

忌避申立てを受けた裁判官は，忌避申立てに対する決定に関与することはできない(本条Ⅲ)が，一定の場合を除き，意見書を差し出さなければならない（規10）。忌避された裁判官の退去により決定裁判所が構成できないときは，直近上級裁判所が決定をする(本条Ⅳ)。なお，前掲最決昭33・12・15は，忌避申立事件の担当裁判官が忌避申立却下決定を成立させた後，その送達が完了する前に，当該決定をした裁判官を忌避する旨の申立てがされた事例において，当該「決定が忌避された裁判官以外の裁判官によつて適法に構成された裁判所の裁判であることの性質を失うものではない。」と判示している。

忌避申立てを受けた裁判官が自ら申立てに理由があると認めるときは，何らの手続を要せず，当該裁判官は職務から排除される（松尾・条解35）。

［5］忌避された裁判官の転任

忌避申立てを受けた裁判官が転任により当該事件の担当から離れたときは，当該忌避申立てはその目的を失ったものというべきであるから，却下される（小坂・注釈刑訴[第3版]1・184，大阪地決昭43・6・28判時527・91）。　　　　　　　　　　　　　　〔石川貴司〕

第24条 [1] 〔簡易却下手続〕　訴訟を遅延させる目的のみでされたことの明らかな忌避の申立は，決定でこれを却下しなければならない。この場合には，前条第3項の規定を適用しない。第22条の規定に違反し，又は裁判所の規則で定める手続に違反してされた忌避の申立を却下する場合も，同様である [2]。

2　前項の場合には，忌避された受命裁判官，地方裁判所の1人の裁判官又は家庭裁判所若しくは簡易裁判所の裁判官は，忌避の申立てを却下する裁判をすることができる [3]。

[1] 本条の趣旨　　　[2] 簡易却下の要件　　　[3] 簡易却下の手続

［1］本条の趣旨

忌避の申立て制度は，憲法37条1項の「公平な裁判所」の理念を実現するために設けられたものであるが，現に行われる忌避申立ての中には，この本来の制度趣旨からかけ離れ，訴訟を遅延させることのみを目的としている申立てが多かったとの指摘がなされ

ている（永井・大コメ刑訴1・266，小坂・注釈刑訴[第3版]1・185，近藤・判例解説（刑）昭48・253）。

　忌避の申立て制度に関しては，憲法上の理念である「公平な裁判所」を実現するという重要な目的があるので，慎重な手続が設けられているが，専ら訴訟遅延目的の忌避申立ては，権利の濫用というほかなく，そのような申立てについてまで慎重に処理する必要性や合理性は見出せないので，執行停止の効力のない（規11本）簡易な手続が定められたものである。

　本条の簡易却下については，忌避申立ての対象となっている裁判官が，自ら合議体に加わり，単独体で審理している場合には自ら1人で，忌避申立てに係る裁判をすることが認められている（松尾・条解36，37）。これは，控訴の申立てが明らかに控訴権の消滅後にされたときに，第1審裁判所が自ら決定で棄却できるとする375条と同様の考え方に基づき，忌避申立権のないことが明らかな場合であるために，当該申立ての対象となった裁判官が自ら決定で却下できるとされたものである（永井・大コメ刑訴1・267）。

[2] 簡易却下の要件

(1) **要　件**　　簡易却下決定をするためには，当該忌避の申立てが，①訴訟を遅延させる目的のみでされたことの明らかな場合，②22条（忌避申立ての時期）の規定に違反している場合又は③裁判所の規則に定める手続に違反している場合といういずれかの要件を満たす必要がある。

(2) **「訴訟を遅延させる目的のみでされたことの明らかな」の意義**　　どのような忌避申立てが「訴訟を遅延させる目的のみでされたことの明らかな」ものと認められるかについては，当該忌避申立てが権利の濫用といえるかどうかの判断であるから，基本的に慎重に判断すべき事柄である。最決昭48・10・8刑集27・9・1415は，「本件忌避申立の理由は，本件被告事件についての，公判期日前の打合せから第1回公判期日終了までの本件裁判長による訴訟指揮権，法廷警察権の行使の不当，なかんづく，第1回公判期日において，被告人及び弁護人が，裁判長の在廷命令をあえて無視して退廷したのち，入廷しようとしたのを許可しなかつたことおよび必要的弁護事件である本件被告事件について弁護人が在廷しないまま審理を進めたことをとらえて，同裁判長は，予断と偏見にみち不公平な裁判をするおそれがあるとするものであるところ，これらはまさに，同裁判長の訴訟指揮権，法廷警察権の行使に対する不服を理由とするものにほかならず，かかる理由による忌避申立の許されないことは前記のとおりであり，それによつてもたらされるものが訴訟の遅延と裁判の権威の失墜以外にはない本件においては，右のごとき忌避申立は，訴訟遅延のみを目的とするものとして，同法24条により却下すべきものである。」と判示している。なお，上記判例は弁護人から忌避申立てがされた事案であるが，被告人本人から審理手続に対する不服を理由として忌避が申し立てられた事案においても，最決昭48・12・14裁集刑190・877は，「申立人本人から右事件の担当裁判所である第三小法廷の裁判官全員を忌避する旨の申立があつたが，右申立は，当裁判所の審理手続に対する不服のみを理由とするものであつて，訴訟を遅延させる目的のみでされたこ

とが明らかである。」と判示し，前掲最決昭48・10・8の趣旨に沿って簡易却下決定をしている。

そして，上記のほか，忌避申立てが「訴訟を遅延させる目的のみでされたことの明らかな」ものと認められた事例としては，次のようなものがある。

①自分の上告理由が認められると独断し，上告裁判所が408条により弁論を経ないで判決言渡期日を指定したというだけの理由でされた忌避申立て（最決昭26・5・11刑集5・6・1107）

②外国人と思われる者を被告人とする事件において，裁判権の有無を判断しないで証拠調べ手続に入ったという理由でされた忌避申立て（札幌高決昭29・9・30特報32・45）

③弁護人が請求した証人尋問及び被告人の鑑定を却下したという理由でされた忌避申立て（札幌高決昭31・11・15高刑集9・10・1140）

④裁判長が傍聴人に対して法廷警察権に基づく訴訟指揮を行い，それに対する異議の申立てを裁判所が却下したという理由でされた忌避申立て（高松高決昭43・3・8判時514・86）

⑤裁判長が弁護人からの法廷警備に関する質疑を打ち切る訴訟指揮を行い，それに対する異議の申立てを棄却したという理由でされた忌避申立て（東京高決昭45・12・10判時615・94）

⑥裁判所が弁護人の弁論併合請求を却下したという理由でされた忌避申立て（東京高決昭46・2・25判タ263・344）

⑦公判手続の更新を3期日かけて行った後，弁護人が，独自の見解から，裁判長が更新終了を宣言したという理由でされた忌避申立て（東京高決昭47・8・21東高23・8・160）

⑧第1審裁判所が100回の公判期日を連続で指定したという理由でされた忌避申立て（東京地決昭48・1・22判時690・95，その抗告審である東京高決昭48・1・31判時690・98）

他方，次の事例においては，忌避の申立てが「訴訟を遅延させる目的のみでされたことの明らかな」ものと認められなかったが，前掲最決昭48・10・8の判旨からすれば疑問とする見解もある（永井・大コメ刑訴1・272，小坂・注釈刑訴［第3版］1・187）。

⑨鑑定申立てが却下されたという理由でされた忌避申立て（大阪高決昭35・9・6判時245・19）

⑩弁護人に冒頭陳述を許可しなかったという理由でされた忌避申立て（東京地決昭39・12・25判時405・21）

⑪証拠決定の取消しに対する不満から，弁護人側が裁判官に対し不信感を持ったことを背景にされた忌避の申立て（東京高決昭41・8・15判時459・76）

⑫226条の証人尋問に立ち会った弁護人が，裁判官により基本的な権利行使を妨げられたという理由でされた忌避申立て（富山地決昭47・10・30判時690・104）

⑬裁判官が共犯者の事件の審理に関与したという理由でされた忌避申立て（大阪高決昭48・10・1判時717・99）

⑶ **手続違反等**　以上のほか，時機に後れた忌避申立て（22，その詳細は22の注釈を参照。）や規9条に定める手続に違反した忌避申立てについても，簡易却下をすることができる。

［3］簡易却下の手続

　忌避申立てがなされた場合，訴訟手続は原則として停止されるが，簡易却下すべき場合は停止されない（規11）。

　合議体の行う簡易却下の性質は決定であると解されており，これに対する不服申立ては，即時抗告（25）によることになり，高等裁判所が行う簡易却下に不服がある場合は異議申立てをすることになる（小坂・注釈刑訴［第3版］1・189）。他方，1人の裁判官が行う簡易却下の性質及び不服申立手続については争いがあるが，最決昭29・5・4刑集8・5・631は，命令であることを前提とした準抗告説を採用している。　　　　　〔石川貴司〕

第25条 [1]〔**即時抗告**〕　忌避の申立を却下する決定に対しては，即時抗告をすることができる [2][3][4][5]。

［1］本条の趣旨

　忌避申立事件は，特に公正な判断を要請されるから，その要請が手続に反映されて慎重な配慮が施され，忌避申立てを却下する決定に対しては，即時抗告ができるものとされた（永井・大コメ刑訴1・274）。なお，即時抗告期間は3日間と規定されている（422）。

［2］地方裁判所の単独体の裁判官が行った簡易却下の裁判に対する不服申立方法

　地方裁判所の単独体の裁判官が行った簡易却下の裁判に対する不服申立方法は，準抗告の方法による（最決昭29・5・4刑集8・5・631）。

［3］合議体が行った簡易却下決定に対する即時抗告と執行停止

　忌避を申し立てると，例外的な場合を除き，訴訟手続は停止され（規11本），却下決定がされても，即時抗告の申立てをすれば，これに対する裁判がされるまで上記決定の執行は停止されるから（425），結局訴訟手続は停止されたままとなる。

　しかし，訴訟を遅延させる目的のみでされたことの明らかな忌避申立てを簡易却下した場合，訴訟手続は停止されず（規11本），425条の適用もない（最判昭31・3・30刑集10・3・422）ので，結局訴訟手続は停止されない。

［4］即時抗告の利益

　忌避の申立てを受けた裁判官が，その申立てを簡易却下し，そのまま判決の宣告を終えたときは，当該簡易却下に対する不服申立ての利益が失われる（最決昭36・10・31裁集刑139・817）。このことは，簡易却下の後，引き続き審理を行った上で判決宣告をした場合も同様である（最決昭39・9・29裁集刑152・987）。また，刑の執行猶予の言渡取消請求事件について，弁護人から口頭弁論期日において忌避の申立てを受けた裁判官が，その申立

40　　　　　　　　　　**25条，26条**

てを簡易却下し，引き続き審理の上，刑の執行猶予取消決定を宣告したときは，当該簡易却下を取り消す実益は失われる（最決昭59・3・29刑集38・5・2095）。

[5] 最高裁判所が行った裁判官の忌避申立却下決定に対する不服申立ての可否

　最高裁判所が行った裁判官の忌避申立却下決定に対しては，大法廷によるものか小法廷によるものかを問わず，即時抗告，特別抗告及び異議申立ては許されない（特別抗告につき最大決昭30・12・23刑集9・14・2991，異議申立てにつき最大決昭30・12・23刑集9・14・2995。更に岩田・判例解説(刑)昭30・453）。　　　　　　　　　　　　　　　　　〔石川貴司〕

> **第26条** [1]〔**裁判所書記官の除斥・忌避**〕　この章の規定は，第20条第7号の規定を除いて，裁判所書記にこれを準用する [2][3][4][5]。
>
> 2　決定は，裁判所書記所属の裁判所がこれをしなければならない。但し，第24条第1項の場合には，裁判所書記の附属する受命裁判官が，忌避の申立を却下する裁判をすることができる [6]。

　　[規]　第15条（準用規定）　裁判所書記官については，この章の規定を準用する。
　　　　　2　受命裁判官に附属する裁判所書記官に対する忌避の申立は，その附属する裁判官にこれをしなければならない。

[1] 本条の趣旨

　裁判所書記官（裁判所法等の一部を改正する法律（昭24法177）1・附則Ⅳにより「裁判所書記」を読み替え）は，その職務内容及び職務の一定の独立性（裁60ⅡⅢⅤ）に照らし，裁判官に係る除斥及び忌避に係る規定を原則として準用するものとされた。

　なお，回避に関する規定も準用される（規15）。他方，書記官が裁判の内容に関与することはないので，20条7号は当然準用されない。

[2] 準用の範囲

　23条2項但書については，準用を認める見解（中武・注解刑訴上78）と認めない見解（柴田・注釈刑訴1・172）がある。

　同条3項については，当該忌避申立事件に関与できないという意味で準用される（松尾・条解39）。

　24条1項については，準用を認める見解（松尾・条解38）と認めない見解（柴田・注釈刑訴1・172）があるが，東京高決昭48・11・5高刑集26・5・531は，準用を認める。本条2項但書は，受命裁判官として簡易却下の裁判をすることができるという意味であり（松尾・条解39），原則は書記官所属の合議体又は単独体の裁判官によって簡易却下がなされ，その簡易却下の手続に当該書記官は関与できる（ポケット刑訴上56）。

　なお，25条及び規11条（書記官が交替すれば手続の進行は可能）は準用される。

26条 41

[3] 申立ての利益

書記官に対する忌避申立て却下の裁判は，当該書記官が関与する被告事件の審理が終了し，判決宣告が終わった後は，取り消す実益が失われると解されている（最決昭62・3・10判時1233・154）。

[4] 職務の執行から排除されるべき書記官が関与した手続の瑕疵

憲法37条違反になることはないが，当該書記官の関与した調書が無効とされる結果，判決に影響を及ぼす訴訟手続の法令違反（379・411①）が生じる場合がある（柴田・注釈刑訴1・172）。

[5] その他の裁判所職員への準用

裁判所速記官や法廷警備員に対して忌避申立てはできない（石丸俊彦ほか・訴訟実務上103，法廷警備員につき福岡地決昭46・3・29判タ263・279）。なお，速記官につき民事事件に関して異論がある（釧路地網走支決昭37・2・15下民集13・2・216参照）。

[6] 決定機関等

忌避申立ての決定機関は，書記官所属の裁判所であり（本条Ⅱ本），この規定に対応する23条1項及び2項本文の準用は排除され，裁判所法26条，31条の4，35条により，単独体で決定でき，簡易裁判所書記官については簡易裁判所が決定できる上，この決定機関に応じ，規15条2項の場合を除き，忌避申立ての受理機関も所属裁判所と解されている（永井・大コメ刑訴1・282）。　　　　　　　　　　　　　　　〔石川貴司〕

42   27条

第3章　訴訟能力

第27条〔法人と訴訟行為の代表〕 被告人又は被疑者が法人[1] であるときは，その代表者[2] が，訴訟行為についてこれを代表する[3]。
2　数人が共同して法人を代表する場合にも，訴訟行為については，各自が，これを代表する[4]。

[1] 法 人

清算中の会社も含まれる（大判昭15・6・10新聞4575・6）。法人格のない社団，財団についても，特別法に本条に準じた規定が設けられていることがあるが（法税163Ⅲ，所税243Ⅲ等），そのような明文の規定がない場合にも本条の準用があると解される（通説）。

[2] 代表者

代表者は，各関係法規によって定まる（一般法人77，会社349・599等）。清算法人は清算人が代表する（東京高判昭28・2・23東時3・2・78）。

[3] 訴訟行為の代表

代表者は，すべての訴訟行為（送達の受領等の受動的行為も含む。）について法人を代表する。311条を準用して代表者に供述を求めることができるとするのが通説である（この場合，代表者は黙秘権を有し，供述の任意性，補強証拠などについては，自白に準じた取扱いがなされるべきであると解されている。）。

代表者を逮捕・勾留することはできない。被告人が出頭しなければ開廷できない場合（286）に法人の代表者が公判期日に出頭せず，代理人（283）も出頭させない場合，①代表者の勾引が許されるとする見解，③特別代理人（29）を選任して開廷し得るとする見解，③不出頭のまま開廷し得るとする見解がある（永井・大コメ刑訴1・293等参照）。

訴訟の途中で代表者の交替があったのに，裁判所がこれを看過して訴訟手続を進行させた場合，その手続の効力が問題となる。新代表者の出廷なしに公判期日を開いたことを違法とした判例として，名古屋高判昭28・6・30高刑集6・8・980（結果的に判決に影響しないとした。），大阪高判昭41・6・21判時465・85，大阪高判昭43・3・30判タ225・219がある。実務上，裁判所は，当事者から商業登記簿謄・抄本の提出を求めるなどして代表者の確認を行っているが，裁判所が代表者の交替をもれなく把握することの困難さも指摘されている（永井・大コメ刑訴1・299等）。起訴後の代表者変更を看過し旧代表者を法人の代表者としたまま判決宣告した原審について，旧代表者は新代表者から起訴に対する被告会社としての応訴手続も含め黙示的かつ包括的に委任を受けており，被告会社の代理人の地位にあったと認められるとして，原審訴訟手続に法令違反はないとし

た仙台高判平22・6・29高検速報平22・268がある。

[4] 数人の代表者がいる場合

　各自が法人を代表する。ある代表者がした訴訟行為の効果は直ちに被告会社に帰属し，他の代表者がこれと矛盾する訴訟行為をすることはできない。定款等で代表権が制限されていても，訴訟行為については全面的に法人を代表すると解されている。〔伊藤ゆう子〕

第28条〔意思無能力者と訴訟行為の代理〕 刑法（明治40年法律第45号）第39条又は第41条の規定を適用しない罪に当たる事件[1]について，被告人又は被疑者が意思能力[2]を有しないときは，その法定代理人[3]（2人以上あるときは，各自。以下同じ。）が，訴訟行為についてこれを代理する[4]。

[1] 本条の対象となる事件

　刑法39条（心神喪失及び心神耗弱）または41条（責任年齢）の規定を適用しない罪，すなわち，責任無能力または限定責任能力の場合も完全な責任能力の場合と同様に処罰し得る罪に当たる事件である。このような責任能力に関する規定の適用を排除することを定めた法規は，かつては各種専売法等の行政取締法規に見られたが，現行法としては存在しない。ただし，両罰規定において自然人である事業者が処罰の対象となる場合に，事業者に刑事責任能力があることを要しないとする見解を採った場合には，このような自然人の事業者の処罰は，本条が対象とする罪に当たると考えられる（永井・大コメ刑訴1・304）。

[2] 意思能力

　「意思能力」とは，刑事訴訟において自ら有効に訴訟行為を行い得る能力，すなわち，「訴訟能力」と同義であると解されている。訴訟能力を欠く被告人または被疑者の訴訟行為は無効であり，被告人が訴訟能力を欠く場合は，原則として公判手続は停止される（314 I）。本条の対象となる「刑法第39条又は第41条の規定を適用しない罪」に当たる事件については，類型的に被告人・被疑者が意思能力（訴訟能力）を有しない事態が想定されるところ，原則どおり公判手続が停止されるとすれば，特別の考慮からこれらの罪を設けたことが無意味となる。そこで，本条は，これらの罪に当たる事件については，被告人・被疑者が意思能力（訴訟能力）を有しないときは，例外的に法定代理人による訴訟行為の代理を認め，訴訟手続の進行を可能としたものである。

[3] 法定代理人

　民法上の概念に従い，未成年者の場合は親権者または後見人，成年被後見人の場合は成年後見人をいう（民818・838等）。法定代理人が2人以上あるときは，各自が訴訟行為について本人を代理する（法定代理人の1人がした訴訟行為の効果等は前条 II の場合と同じ。）。最決昭34・2・6刑集13・1・49は，被害者の親権者が2人いる場合の告訴につき，本

44   28条，29条

条の考え方を適用して，各自が告訴できるものとした。

[4] 代　理

　本条の「代理」と27条の「代表」の訴訟法的意味は同じである。代理の内容については前条の解説［3］を参照。　　　　　　　　　　　　　　　　　　　〔伊藤ゆう子〕

第29条[1]**〔特別代理人〕**　前2条の規定により被告人を代表し，又は代理する者がないときは，検察官の請求により又は職権で，特別代理人を選任しなければならない。

2　前2条の規定により被疑者を代表し，又は代理する者がない場合において，検察官，司法警察員又は利害関係人の請求があつたときも，前項と同様である。

3　特別代理人は，被告人又は被疑者を代表し又は代理して訴訟行為をする者ができるまで，その任務を行う[2]。

　[規]　**第16条（被疑者の特別代理人選任の請求・法第29条）**　被疑者の特別代理人の選任の請求は，当該被疑事件を取り扱う検察官又は司法警察員の所属の官公署の所在地を管轄する地方裁判所又は簡易裁判所にこれをしなければならない。

[1] 特別代理人の選任

　本条は，前2条による代表者または法定代理人がいない場合の特別代理人の選任について定める。被告人の場合は，検察官の請求または職権により，受訴裁判所が選任する（本条Ⅰ）。被疑者の場合は，検察官，司法警察員または利害関係人の請求により，規16条の規定により請求を受けた裁判所が選任する（本条Ⅱ）。選任は決定の性質を有する。

　特別代理人となるべき者に特別の資格要件はない。裁判所は，特別代理人となるべき者について当事者の申出に拘束されず，選任後に特別代理人が適任でないと判断した場合には，解任し得るものと解されている。法人の代表者が公判期日に出頭せず，代理人も出頭させない場合，本条を準用して特別代理人を選任できるとする見解があることについて，27条の解説［3］参照。

[2] 特別代理人の任務

　特別代理人の任務は，前2条の代表者または法定代理人の任務と同一である。選任後，代表者または法定代理人が存在するに至ったときは，任務を終了する。この場合，手続を明確にするため，解任の決定をするのが相当であると解されている。　　〔伊藤ゆう子〕

第4章　弁護及び補佐

第30条 [1]〔**弁護人選任の時期，選任権者**〕　被告人又は被疑者は，何時でも弁護人 [2] を選任 [3][4][5][6] することができる [7]。

2　被告人又は被疑者の法定代理人，保佐人，配偶者，直系の親族及び兄弟姉妹は，独立して弁護人を選任 [3][4][5][6] することができる [7]。

[規]　**第17条** [6]（**被疑者の弁護人の選任・法第30条**）　公訴の提起前にした弁護人の選任は，弁護人と連署した書面を当該被疑事件を取り扱う検察官又は司法警察員に差し出した場合に限り，第一審においてもその効力を有する。

第18条 [6]（**被告人の弁護人の選任の方式・法第30条**）　公訴の提起後における弁護人の選任は，弁護人と連署した書面を差し出してこれをしなければならない。

第18条の2 [4]（**追起訴された事件の弁護人の選任・法第30条**）　法第30条に定める者が一の事件についてした弁護人の選任は，その事件の公訴の提起後同一裁判所に公訴が提起され且つこれと併合された他の事件についてもその効力を有する。但し，被告人又は弁護人がこれと異る申述をしたときは，この限りでない。

第60条の2（**署名押印に代わる記名押印**）　裁判官その他の裁判所職員が署名押印すべき場合には，署名押印に代えて記名押印することができる。ただし，判決書に署名押印すべき場合については，この限りでない。

2　次に掲げる者が，裁判所若しくは裁判官に対する申立て，意見の陳述，通知，届出その他これらに類する訴訟行為に関する書類に署名押印すべき場合又は書類の謄本若しくは抄本に署名押印すべき場合も，前項と同様とする。

一　検察官，検察事務官，司法警察員その他の公務員（前項に規定する者を除く。）

二　弁護人又は弁護人を選任することができる者の依頼により弁護人となろうとする者

三　法第316条の33第1項に規定する弁護士又は被害者参加人の委託を受けて法第316条の34若しくは第316条の36から第316条の38までに規定する行為を行う弁護士

[範]　**第133条**（**弁護人の選任**）　弁護人の選任については，弁護人と連署した選任届を当該被疑者または刑訴法第30条第2項の規定により独立して弁護人を選任することができる者から差し出させるものとする [6]。

2　被疑者の弁護人の選任届は，各被疑者について通じて3人をこえてこれを受理してはならない。ただし，3人をこえて弁護人を選任することについて管轄地方裁判所または簡易裁判所の許可がある場合は，この限りでない。

3 弁護人の選任に当つては，警察官から特定の弁護人を示唆し，または推薦してはならない。

[1] 本条の趣旨　　[2] 弁護人の地位等　　[3] 弁護人の選任権者　　[4] 選任の効力の範囲　　[5] 選任の時期　　[6] 選任の方式　　[7] 私選弁護人の辞任又は解任等

[1] 本条の趣旨

本条は，弁護人について，選任権者及び選任可能時期を定めたものである。刑訴法上，被告人と被疑者とでその選任権に差はなく，本条に基づいて選任された弁護人を一般に私選弁護人という。

[2] 弁護人の地位等

(1) **弁護人の地位**　　被疑者又は被告人は，手続の様々な段階で，法律の専門家である裁判所・裁判官，検察官その他の捜査官と関係を持つこととされており，そのために，自分の権利を擁護するための様々な権限が与えられているが，法律的知識に乏しかったり，身柄を拘束されて行動の自由を制約されたりするので，他の者による援助の必要性が高い。弁護人は，このような被疑者又は被告人の側から，その権利及び正当な利益を適法な手段及び方法によって擁護する代理人であると同時に保護者である（植村・注釈刑訴[第3版] 1・211，松尾・条解43）。

(2) **弁護人の義務**　　**ア　誠実義務等**　　弁護人は，その活動全般にわたって善良な管理者として事務を処理すべき義務を負っている（植村・注釈刑訴[第3版] 1・213）。また，弁護人の訴訟法上の権利ないし権限を被告人のために誠実に行使する義務を負っているが，被告人の意思に従ってさえいればよいというものではない（松尾・条解43）。

　　イ　説明義務　　日本弁護士連合会が制定した「弁護士職務基本規程」には，弁護人は，被疑者及び被告人に対し，「黙秘権その他の防御権について適切な説明及び助言」を行うように努める（同48）との規定がある。

　　ウ　真実義務　　上記規程には，「弁護士は，被疑者及び被告人の防御権が保障されていることにかんがみ，その権利及び利益を擁護するため，最善の弁護活動に努める。」（同46）との規定があり，これによれば，弁護人は，被告人が自らの有罪を告白しつつも無罪の意見を求めるときは，無罪の主張を裏付ける活動を行うべきであると解されており，また，被告人の意思に反してその有罪の告白を法廷に顕出することは，弁護人の守秘義務や誠実義務に反して許されないものと解される（松尾・条解44）。他方，積極的に真実をゆがめたりその発見を困難にさせるために訴訟を遅延させたりすることは当然許されない（同74ないし76）。

[3] 弁護人の選任権者

(1) **被告人又は被疑者**　　被告人とは，公訴提起を受けた後宣告された判決が確定する

までの者をいい，被疑者とは，具体的事件に係る嫌疑によって捜査機関の捜査対象とされてから公訴提起を受けるまでの者をいう（永井・大コメ刑訴1・314）。

(2) **その他の弁護人選任権者**　「法定代理人」とは，親権者並びに後見人及び成年後見人を指すが，この者に加え，「保佐人」，「直系の親族」及び「兄弟姉妹」については，いずれも民法上の概念に従う。

また，「配偶者」とは，民法上婚姻関係のある者に限り，内縁関係にある者は含まれないと解される（東京高決昭35・6・29下刑集2・5＝6・705）。

なお，「法定代理人，保佐人，配偶者，直系の親族及び兄弟姉妹」は，「独立して」弁護人を選任することができるものとされているが，これは，被疑者又は被告人の明示又は黙示の意思とかかわりなく選任できるという意味である（植村・注釈刑訴[第3版] 1・230）。

[4] 選任の効力の範囲

(1) **事件単位の選任**　弁護人の選任は，特定の事件において，特定の被疑者又は被告人が行うものである。規18条の2に「一の事件についてした弁護人の選任」と規定されているところをみても，弁護人については，事件単位で選任されることが前提になっていると解され，その選任の効力は，単位となっている当該事件全体に及ぶことはもちろん，選任対象となった事件が選任後に変化しても，公訴事実の同一性のある範囲内の当該事件に及ぶと解される（植村・注釈刑訴[第3版] 1・235）。

(2) **追起訴事件に対する選任の効力**　特定の事件においてされた弁護人の選任の効力が，追起訴事件にも及ぶことについては，規18条の2に規定されている。弁護人が選任されていない事件に弁護人が選任されている事件が追起訴されて併合された場合も，起訴の順序が逆になっただけといえる場合が通常であるから，規18条の2を類推適用できると解される（植村・注釈刑訴[第3版] 1・239）。

この規則の規定が国選弁護人に適用されないことは，条文の文言上明らかであり，従前は国選弁護人にも類推適用されるものと解されていた（最判昭27・11・14刑集6・10・1199）が，近時の法改正で313条の2が新設され，立法的解決が図られた。

なお，規18条の2の「同一裁判所」とは，当該事件の審判を担当している公判裁判所ではなく，訴訟法上の抽象的な裁判機関としての裁判所を指すと解されており，また，追起訴されて併合された事件が後に分離されても，既に及んでいた選任の効力は失われないと解される（植村・注釈刑訴[第3版] 1・239）。

[5] 選任の時期

弁護人の選任の時期については，被疑者又は被告人のみならず，本条2項に規定された選任権者であっても特に制限はなく，「何時でも」選任することができる。

[6] 選任の方式

(1) **被疑者段階の選任の方式**　被疑者段階の弁護人の選任は，弁護人と連署した書面という規17条に規定された様式によって行われるのが通例である（永井・大コメ刑訴1・

320)。規17条は，起訴前の選任が第一審において有効であるための方式を規定するもの
で，連署方式違反の選任の起訴前における効力を否定したものではないと解され（松尾
・条解45)，解釈上は口頭での選任も可能であるが，弁護人選任のような重要な手続は，関
係者の特定や選任意思の明示などの観点からも，書面によって行われるのが望ましいと
考えられる（永井・大コメ刑訴1・319)。法は，弁護人と連署した書面によって選任を行う
のを当然の前提としているとする見解もあり（植村・注釈刑訴[第3版]1・246)，範133条1
項には，弁護人の選任については弁護人と連署した選任届を被疑者や他の選任権者から
差し出させる旨規定されている。

(2) **公訴提起後の選任の方式**　弁護人と連署した書面を差し出して行わなければなら
ない（規18)。被告人が氏名を黙秘して署名しない場合，そのような選任届は無効であ
る（最決昭40・7・20刑集19・5・591，最決昭44・6・11刑集23・7・941)。

(3) **連　署**　連署とは，1通の書面に被告人又は被疑者と弁護人となろうとする者が
それぞれ自己の氏名を自署し押印することである（前掲最決昭40・7・20)。弁護人又は弁
護人となろうとする者が，裁判所又は裁判官に選任届を提出する場合，記名押印で足り
る（規60の2Ⅱ)。なお，署名できない場合の代書（規61)や押印できない場合の指印（規
61Ⅰ後）は可能であり，また，弁護人選任届に弁護人の署名があれば，押印が欠けてい
ても，それだけでは無効にならない（大判昭7・12・14刑集11・1853)。

[7] 私選弁護人の辞任又は解任等

被疑者又は被告人は，弁護人を選任できる以上，解任もできると解され，本条2項の
選任権者が選任した弁護人も解任できると解されるが，本条2項の選任権者は，自らの
選任により被疑者又は被告人の弁護人となった者を解任することはできないと解されて
いる（松尾・条解42)。なお，選任された弁護人は，辞任することができる（植村・注釈刑訴
[第3版]1・251)。　　　　　　　　　　　　　　　　　　　　　　　　　　[石川貴司]

第31条 [1] **〔資格，特別弁護人〕**　弁護人は，弁護士の中からこれを選任しなければ
　　ならない [2]。
　2　簡易裁判所又は地方裁判所においては，裁判所の許可を得たときは，弁護士でな
　　い者を弁護人に選任することができる。ただし，地方裁判所においては，他に弁護
　　士の中から選任された弁護人がある場合に限る [3]。

[1] 本条の趣旨

本条は，弁護人の資格や種類について定めたものである。

[2] 弁護士たる弁護人

弁護士とは，弁護士になる資格を有し，弁護士名簿に登録されている者をいう（弁護
士4・5・6・8)。弁護人は原則として弁護士の中から選任されなければならないが，そ

の趣旨は，弁護人は，刑事訴訟手続において，被疑者又は被告人の権利を適切に擁護しなければならないので，裁判官及び検察官と同様に法律実務の専門家である弁護士がなる必要があるためと考えられる（永井・大コメ刑訴1・328）。

提出時に弁護士でない者を選任した弁護人選任届は無効であり，その者がその後に弁護士登録を受けても瑕疵は治癒されない（大判大12・5・26刑集2・452）。また，選任後に弁護人が弁護士としての資格を失ったり，弁護士登録を取り消されたりした場合，当然に弁護人としての資格を失う（大判昭6・4・9刑集10・121，大判昭9・3・20刑集13・297）。

なお，必要的弁護事件の公判期日に，所属弁護士会から退会命令を受けて弁護士資格を喪失した者が出頭して実施された訴訟手続について，判決に影響を及ぼすことが明らかな違法があるとされた事例として，東京高判平3・12・10高刑集44・3・217があるが，当該事案の特殊性に着目し，判決に影響を及ぼすことが明らかな違法とはいえないという見方もあり得るとの見解もある（植村・注釈刑訴[第3版]1・256）。

[3] 特別弁護人

(1) **特別弁護人を選任できる裁判所**　弁護士でない者を弁護人に選任する場合が特別弁護人であるが，特別弁護人を選任できるのは，簡易裁判所と地方裁判所に限定されており，高等裁判所と最高裁判所（387・414）や，被疑者段階（最決平5・10・19刑集47・8・67）も，特別弁護人は選任できない。

(2) **裁判所の許可**　特別弁護人を選任するためには，裁判所の許可を得なければならないが，許可制とされた趣旨は，不適当な者の排除による審理の混乱の回避及び弁護人選任権の実質的な保障と解されており（植村・注釈刑訴[第3版]1・261），別に弁護士たる弁護人が選任されていない場合は最小限の法律実務能力が必要であるが，通常は，事実関係等に関し特殊専門的知識を要し，弁護士たる弁護人がその点での補佐を欲する場合に選任される（松尾・条解46）。

許可に係る判断は，裁判所の裁量により（東京高判昭42・5・31判タ213・196，東京高判昭43・2・15高刑集21・1・73），決定をもって行われ，不許可決定に対する不服申立てはできない（最決平5・7・20裁集刑262・339）。許可の取消しは可能であり，地方裁判所で後発的に弁護士たる弁護人が欠けた場合，許可が当然失効するのではなく，取消しによって失効すると解され，その間特別弁護人の職務の執行は停止される（植村・注釈刑訴[第3版]1・263，265）。なお，地方裁判所で弁護士たる弁護人がないのにされた許可は無効であるが，その後の弁護士たる弁護人の選任によって瑕疵は治癒される（札幌高判昭27・2・6特報18・73）。

(3) **特別弁護人の権限**　弁護士たる弁護人と同一の権限を有するが，部分的な手続に限定して選任を許可することも可能である（植村・注釈刑訴[第3版]1・261）。

なお，必要的弁護事件において，弁護士たる弁護人が出頭せず，特別弁護人のみが出頭した場合，開廷できるかについては，見解が分かれている（永井・大コメ刑訴1・336）。

〔石川貴司〕

50 31条の2

第31条の2 [1] 〔**弁護人選任の申出**〕 弁護人を選任しようとする被告人又は被疑者は，弁護士会に対し，弁護人の選任の申出 [2] をすることができる。

2 弁護士会は，前項の申出を受けた場合は，速やかに，所属する弁護士の中から弁護人となろうとする者を紹介しなければならない [3]。

3 弁護士会は，前項の弁護人となろうとする者がないときは，当該申出をした者に対し，速やかに，その旨を通知しなければならない。同項の規定により紹介した弁護士が被告人又は被疑者がした弁護人の選任の申込みを拒んだときも，同様とする [3]。

> [規] 第18条の3（被告人，被疑者に対する通知・法第31条の2） 刑事収容施設（刑事施設，留置施設及び海上保安留置施設をいう。以下同じ。）に収容され，又は留置されている被告人又は被疑者に対する法第31条の2第3項の規定による通知は，刑事施設の長，留置業務管理者（刑事収容施設及び被収容者等の処遇に関する法律（平成17年法律第50号）第16条第1項に規定する留置業務管理者をいう。以下同じ。）又は海上保安留置業務管理者（同法第26条第1項に規定する海上保安留置業務管理者をいう。以下同じ。）にする [3]。
>
> 2 刑事施設の長，留置業務管理者又は海上保安留置業務管理者は，前項の通知を受けたときは，直ちに当該被告人又は被疑者にその旨を告げなければならない。

[1] 本条の趣旨

被疑者・被告人の弁護人選任の申出について，従前の規定（207 I 等が準用する78）は，身体拘束中に限られ，弁護士会の対応を定めていなかったので，私選弁護人選任権の実効的保障のため，本条が追加された（松尾・条解48）。

[2] 申出に係る手続

主体は被疑者・被告人に限られ，身体拘束の有無を問わない。実務上定型書面によって行われ，申出先となる弁護士会に限定はない。

[3] 弁護士会の対応

申出を受けた弁護士会には，①弁護人となろうとする者の紹介（II）と，②弁護人不在の通知（III前）又は③弁護人不受任の通知（III後）が義務付けられる。

本条による申出は国選弁護人選任請求の要件となる場合があるが，申出後の弁護士会の対応は何ら要件とされていない（36の3 I・37の3 II）。しかし，その対応結果は，上記選任請求の許否を決する際の考慮要素となるので，弁護士会は，本条の各通知を行った旨を裁判所に通知しなければならない（36の3 II・37の3 III）。弁護士会は，速やかな国選弁護人選任にも資するため，迅速に紹介や通知を行っており，48時間以内の紹介が原則とされている場合が多いとの指摘もある（松尾・条解48）。

なお，身体拘束中の被疑者・被告人への本条の各通知の宛先は，規18条の3第1項参

照。送達に係る54条が準用する民訴法102条3項と同趣旨の規定で，通知が刑事施設の長等の宛先に到達すれば，被疑者・被告人への通知の効果が生ずる。　　　　〔石川貴司〕

第32条 [1] 〔**選任の効力**〕　公訴の提起前にした弁護人の選任は，第1審においてもその効力を有する [2]。

　2　公訴の提起後における弁護人の選任は，審級ごとにこれをしなければならない [3]。

[1] 本条の趣旨

　本条は，弁護人選任の効力について定めたものである。

[2] 公訴の提起前にした弁護人選任の効力

　公訴の提起前にした弁護人の選任は，弁護人と連署した書面を当該被疑事件を取り扱う検察官又は司法警察員に差し出した場合に限り，第一審においてもその効力を有し（規17），上記書面を裁判所又は裁判官に提出しても第一審における効力は認められないとする見解が有力である（永井・大コメ刑訴1・348）。本項は，私選，国選を問わず適用される。公訴提起時の検察官の裁判所に対する弁護人選任届の提出又は国選弁護人選任に係る告知については，規165Ⅱ・Ⅲ参照。なお，公訴事実と被疑事実に同一性がない又はその有無に疑義がある場合，272条，規177条及び178条所定の手続を行う（松尾・条解49）。また，被疑者国選弁護人がいる事件について求令状起訴された場合につき，38条の2 [3] 参照。

[3] 公訴の提起後における弁護人の選任

⑴ **審級代理**　公訴の提起後の弁護人の選任は，審級ごとにしなければならず，本項も私選，国選を問わず適用される（植村・注釈刑訴［第3版］1・278）。なお，当該事件が同一審級間で移送されたり（札幌高判昭26・7・5高刑集4・7・764），別の裁判所の事件に併合されたりしても，弁護人選任の効力は影響を受けない（植村・注釈刑訴［第3版］1・279）が，差戻し前の第一審と差戻し後の第一審は，本項との関係では審級が異なるものと解される（最決昭27・12・26刑集6・12・1470）。

⑵ **弁護人選任の効力の終期**　弁護人選任の効力の終期については，①当該審級の終局裁判の言渡しまでとする見解，②上訴期間の満了（終局裁判の確定）又は上訴申立てによって移審の効果が生ずるまでとする見解，③基本的には②の見解によりつつ，上訴申立てがあった場合は訴訟記録を上訴裁判所に送付するまでとする見解，④移審の時期の問題と審級代理の原則とを切り離して考え，判決宣告後の原審弁護人の権限については審級代理の例外などと説明して，個別具体的に検討すべきであるとする見解（井上・判例解説（刑）平4・183）など，見解の対立がある。この点につき，最決平4・12・14刑集46・9・675は，判決宣告の翌日に控訴申立て前の被告人からされた公判調書の閲覧請求

に係る事案において,「弁護人選任の効力は判決宣告によって失われるものではない」
と判示し,①の見解には立たないことを明らかにしている。実務上は,上訴申立てに至
るまでの間に弁護人のいない空白期間を生じさせないために,②の見解に立って運用が
行われるようになってきているとの指摘もある（松尾・条解49）。なお,上訴申立て後,一
件記録が原審に止まり,上訴審の弁護人の選任もないときに,原審弁護人が被告人のた
めに保釈請求することを可能と解した東京高決平25・12・12高検速報平25・144も参照
されたい。

(3) **原判決後に選任された弁護人による上訴の可否**　最大決昭63・2・17刑集42・2・
299は,弁護人は,被告人のなし得る訴訟行為について,性質上許されないものを除き,
個別的な特別の授権がなくても被告人の意思に反しない限り代理して行うことができ,
このことは,選任者が被告人本人であるか刑訴法30条2項所定の被告人以外の選任権者
であるかを問わず,上訴の申立てを例外としなければならない理由も認められないので,
原判決後に選任された弁護人も被告人を代理して上訴申立てをすることができる旨判示
した。

〔石川貴司〕

第33条 [1]**〔主任弁護人〕**　被告人に数人の弁護人があるときは,裁判所の規則で,主
任弁護人を定めなければならない。

[規]　**第19条** [2]**（主任弁護人・法第33条）**　被告人に数人の弁護人があるときは,その1人を
　　　主任弁護人とする。但し,地方裁判所においては,弁護士でない者を主任弁護人とす
　　　ることはできない [1]。
　2　主任弁護人は,被告人が単独で,又は全弁護人の合意でこれを指定する。
　3　主任弁護人を指定することができる者は,その指定を変更することができる。
　4　全弁護人のする主任弁護人の指定又はその変更は,被告人の明示した意思に反して
　　　これをすることができない。
　　　第20条 [2]**（主任弁護人の指定,変更の方式・法第33条）**　被告人又は全弁護人のする主
　　　任弁護人の指定又はその変更は,書面を裁判所に差し出してしなければならない。但
　　　し,公判期日において主任弁護人の指定を変更するには,その旨を口頭で申述すれば
　　　足りる。
　　　第21条 [2]**（裁判長の指定する主任弁護人・法第33条）**　被告人に数人の弁護人がある場
　　　合に主任弁護人がないときは,裁判長は,主任弁護人を指定しなければならない。
　2　裁判長は,前項の指定を変更することができる。
　3　前2項の主任弁護人は,第19条の主任弁護人ができるまで,その職務を行う。
　　　第22条 [2]**（主任弁護人の指定,変更の通知・法第33条）**　主任弁護人の指定又はその変
　　　更については,被告人がこれをしたときは,直ちにその旨を検察官及び主任弁護人と

なつた者に，全弁護人又は裁判長がこれをしたときは，直ちにその旨を検察官及び被告人に通知しなければならない。

第23条 [3] **（副主任弁護人・法第33条）** 裁判長は，主任弁護人に事故がある場合には，他の弁護人のうち１人を副主任弁護人に指定することができる。

２　主任弁護人があらかじめ裁判所に副主任弁護人となるべき者を届け出た場合には，その者を副主任弁護人に指定しなければならない。

３　裁判長は，第１項の指定を取り消すことができる。

４　副主任弁護人の指定又はその取消については，前条後段の規定を準用する。

第24条 [4] **（主任弁護人，副主任弁護人の辞任，解任・法第33条）** 主任弁護人又は副主任弁護人の辞任又は解任については，第20条の規定を準用する。

２　主任弁護人又は副主任弁護人の辞任又は解任があつたときは，直ちにこれを訴訟関係人に通知しなければならない。但し，被告人が解任をしたときは，被告人に対しては，通知することを要しない。

［1］本条の趣旨

　主任弁護人制度は，複数の弁護人による独自の訴訟活動による手続の混乱を回避し，統一的な弁護活動を可能とするため，書類の送達等を代表者に行えば足りるとすることで手続の確実，迅速を確保するため，設けられた制度である（植村・注釈刑訴［第３版］1・287）。国選弁護人にも類推適用され（植村・注釈刑訴［第３版］1・337），被疑者の弁護人にも類推適用され得るとする見解もある（植村・注釈刑訴［第３版］1・288，松尾・条解51）。なお，地方裁判所では主任弁護人は弁護士たる弁護人に限られる（規19Ⅰ但）。

［2］主任弁護人の指定・変更

　主任弁護人の指定・変更権者は，まずは被告人（規19ⅡⅢ）であり，次に被告人の明示の意思に反しない限りで全弁護人（同Ⅳ）であり，被告人及び全弁護人が指定を行わない場合は裁判長（規21ⅠⅡ）である。

　被告人は，全弁護人が指定・変更した主任弁護人も単独で変更できる（植村・注釈刑訴［第３版］1・291）。全弁護人につき，疾病等で職務を執行できない弁護人を除く全弁護人による指定は有効であり，全弁護人による指定後に非主任弁護人が辞任しても，指定の効力に影響はない（植村・注釈刑訴［第３版］1・294）が，全弁護人による指定後に新たな弁護人が選任された場合には，その弁護人も含めた全弁護人による指定が必要になると解される（植村・注釈刑訴［第３版］1・295）。被告人又は全弁護人のする主任弁護人の指定・変更の手続は，規20条参照。

　裁判長が指定・変更した主任弁護人は，被告人又は全弁護人の指定した主任弁護人ができるまでしか職務を行うことはできない（規21Ⅲ）。また，裁判長は，自ら指定した主任弁護人は変更できる（規21Ⅱ）が，被告人又は全弁護人が指定した主任弁護人は変更できない。なお，裁判長による指定・変更の性質は命令である（植村・注釈刑訴［第３版］1・

54　　　　　　　　　　33条，34条

298)。

主任弁護人の指定・変更に係る通知については，規22条参照。

[3] 副主任弁護人

副主任弁護人は，主任弁護人に事故がある場合に，その代替者を置いて，訴訟を円滑に進行させるための制度であり，事故には正当事由があることを要しない（植村・注釈刑訴[第3版] 1・301)。

副主任弁護人の指定・取消権者は裁判長であり（規23 I Ⅲ)，この指定は裁判長の裁量行為である（植村・注釈刑訴[第3版] 1・301)が，主任弁護人があらかじめ届け出た場合にはその者を指定しなければならず（同Ⅱ)，主任弁護人の事故が止んだら取り消されることになる（永井・大コメ刑訴1・358)。この指定・取消しの通知については，規23条4項参照。なお，副主任弁護人の変更も可能と解される（植村・注釈刑訴[第3版] 1・306)。

弁護人が2人で主任弁護人不出頭の場合，出頭した弁護人を副主任弁護人に指定しなくとも公判審理を進められるとした裁判例（名古屋高判昭27・7・21高刑集5・9・1477)もあるが，指定を要するとの見解もある（植村・注釈刑訴[第3版] 1・305)。

[4] 主任・副主任弁護人の辞任・解任

主任・副主任弁護人の辞任・解任は，弁護人としての辞任・解任を意味し，書面を裁判所に提出して行い（規24 I)，訴訟関係人に対する通知を要する（同Ⅱ)が，主任弁護人の地位のみから降りるには指定の変更で足りる（永井・大コメ刑訴1・356)。　　〔石川貴司〕

第34条 [1]〔主任弁護人の権限〕　前条の規定による主任弁護人の権限[2]については，裁判所の規則の定めるところによる[3]。

[規]　第25条 [2]（主任弁護人，副主任弁護人の権限・法第34条）　主任弁護人又は副主任弁護人は，弁護人に対する通知又は書類の送達について他の弁護人を代表する。

2　主任弁護人及び副主任弁護人以外の弁護人は，裁判長又は裁判官の許可及び主任弁護人又は副主任弁護人の同意がなければ，申立，請求，質問，尋問又は陳述をすることができない。但し，証拠物の謄写の許可の請求，裁判書又は裁判を記載した調書の謄本又は抄本の交付の請求及び公判期日において証拠調が終つた後にする意見の陳述については，この限りでない。

第239条 [2]（主任弁護人以外の弁護人の控訴趣意書・法第34条）　控訴趣意書は，主任弁護人以外の弁護人もこれを差し出すことができる。

[1] 本条の趣旨

本条は，主任弁護人の権限の定めを全て規則に委ねているが，主任・副主任弁護人については，その実務的な意義及び有用性を考慮した上で，規則で権限を定めるのが相当

34条，35条

55

とされたものである（植村・注釈刑訴［第3版］1・309）。

［2］主任・副主任弁護人の権限

　主任・副主任弁護人の権限は，①通知又は書類の送達に係る代表権（規25 I）及び②申立て（309 I II等），請求（88・298 I等），質問（311 III），尋問（304 II）又は陳述（291 III）をするに当たっての同意権（規25 II本）である。①については弁護人への簡易迅速な連絡の便宜，②については弁護人間の訴訟活動の統一をそれぞれ趣旨とした権限である。なお，同意権の行使については，実務上は黙示になされるのが通常である（松尾・条解52）。

　主任弁護人の同意がないにもかかわらず，他の弁護人が行った訴訟行為の効力について，東京高判昭26・8・30高刑集4・13・1769は，主任弁護人が在廷していたのに何も措置を採らなかったことからその同意を得たと認めるのが相当とした上で，主任弁護人の同意の欠缺により他の弁護人による訴訟行為の無効を来すものではないと判示した。他方で，主任・副主任弁護人が不同意の意思を明示した他の弁護人による訴訟行為は，同意権の趣旨を没却させないために，無効と解される（植村・注釈刑訴［第3版］1・314）。また，他の弁護人による訴訟行為は，主任・副主任弁護人による訴訟行為と抵触する場合，主任・副主任弁護人による同意の有無を問わず，抵触する限度で無効となる（松尾・条解52）。

　主任・副主任弁護人の同意が不要な場合については，規25条2項但書，同239条及び266条を参照。訴訟活動の統一を図る必要のない場合又は各弁護人に意見を述べる機会を保障することが適当な場合に例外が認められている。

［3］主任・副主任弁護人に関する手続違反の訴訟行為の効力

　主任・副主任弁護人の指定自体を欠いて弁護人による訴訟行為がなされた場合（植村・注釈刑訴［第3版］1・318，東京高判昭29・3・31高刑集7・3・355，大阪高判昭33・1・16裁判特報5・1・14）及び主任・副主任弁護人の指定・変更の通知を欠いている場合（植村・注釈刑訴［第3版］1・316，広島高判昭25・7・19特報13・123，東京高判昭26・8・14高刑集4・10・1213）は，いずれも，その違法は判決に影響を及ぼさないと解される。　　　　　　　　　　〔石川貴司〕

第35条 [1]〔**弁護人の数の制限**〕　裁判所は，裁判所の規則の定めるところにより，被告人又は被疑者の弁護人の数を制限することができる [2][3]。但し，被告人の弁護人については，特別の事情のあるときに限る [2]。

　　［規］　**第26条** [2]（**被告人の弁護人の数の制限・法第35条**）　裁判所は，特別の事情があるときは，弁護人の数を各被告人について3人までに制限することができる。
　　　　2　前項の制限の決定は，被告人にこれを告知することによってその効力を生ずる。
　　　　3　被告人の弁護人の数を制限した場合において制限した数を超える弁護人があるときは，直ちにその旨を各弁護人及びこれらの弁護人を選任した者に通知しなければなら

ない。この場合には，制限の決定は，前項の規定にかかわらず，その告知のあつた日から7日の期間を経過することによつてその効力を生ずる。

4　前項の制限の決定が効力を生じた場合になお制限された数を超える弁護人があるときは，弁護人の選任は，その効力を失う。

第27条[3]（被疑者の弁護人の数の制限・法第35条）　被疑者の弁護人の数は，各被疑者について3人を超えることができない。但し，当該被疑事件を取り扱う検察官又は司法警察員の所属の官公署の所在地を管轄する地方裁判所又は簡易裁判所が特別の事情があるものと認めて許可をした場合は，この限りでない。

2　前項但書の許可は，弁護人を選任することができる者又はその依頼により弁護人となろうとする者の請求により，これをする。

3　第1項但書の許可は，許可すべき弁護人の数を指定してこれをしなければならない。

[1]　本条の趣旨

弁護人の数を制限する趣旨は，多数の弁護人が重複的な弁護活動をすることによって生ずる訴訟遅延の問題を回避するためである（永井・大コメ刑訴1・363）。なお，本条は私選弁護人について適用される（松尾・条解53）。

[2]　被告人の弁護人の数の制限

制限の主体は受訴裁判所であり（植村・注釈刑訴[第3版]1・325），「特別の事情」がある場合にのみ最低3人までできる（規26Ⅰ）が，実務的には余り制限された例はない（松尾・条解53。なお，制限例として名古屋高金沢支判昭28・7・18高刑集6・10・1297参照）。制限は職権で決定をもって行われ，決定に対する不服申立てはできない。

将来の選任に向けての制限は，その決定の被告人に対する告知により効力が生じる（規26Ⅱ）。新たな弁護人が選任されたときは，制限の数を超える選任から無効となる（新たな選任が複数の場合，その全体が無効となる。）が，既選任の弁護人の辞任・解任により数が制限内となれば，新たな選任は有効となる（植村・注釈刑訴[第3版]1・328）。

既に選任した人数を絞り込む制限は，各弁護人とその選任者に直ちに通知することを要する（規26Ⅲ前）が，その効果は，被告人に対する決定の告知のあった日から7日の期間を経過した時に生ずる（同後）。7日の期間を超えても弁護人数の調整ができない場合，全弁護人の選任が効力を失う（規26Ⅳ）。

なお，制限の解除も，制限の手続に準じて行うことができる（植村・注釈刑訴[第3版]1・329）。

[3]　被疑者の弁護人の数の制限

被疑者の弁護人の数は3人までに制限され，管轄裁判所が「特別の事情」（その内容を判示し，特別の事情の存在を認めた事例として，最決平24・5・10刑集66・7・663参照）を認めて許可した場合にのみ，4人以上の選任が認められる（規27Ⅰ）。裁判所は被疑者の弁護人の数を知り得ないので，制限解除の手続は，弁護人選任権者又は弁護人となろうとする者

の請求による（規27Ⅱ）。上記許可は，決定で行われ，判事補が1人で行うこともでき（45），許可すべき弁護人数を指定して行う（規27Ⅲ）が，請求よりも少ない人数の許可決定に対しては抗告できる（最決平24・4・20刑集66・6・645）。この制限違反につき，一括選任は全体として無効となり，順次の選任は違反になる選任のみが無効となる（植村・注釈刑訴［第3版］1・332）。

〔石川貴司〕

第36条 [1] 〔被告人の国選弁護人(1)〕　被告人 [2] が貧困その他の事由 [3] により弁護人を選任することができないときは，裁判所は，その請求により，被告人のため弁護人を附しなければならない [4][5][6]。但し，被告人以外の者が選任した弁護人がある場合は，この限りでない [3]。

　　［規］　**第28条（国選弁護人選任の請求・法第36条等）**　法第36条，第37条の2又は第350条の17第1項の請求をするには，その理由を示さなければならない。

［1］本条の趣旨

　本条は，憲法37条3項を受け，国選弁護人の選任について，被告人の請求によって選任すること及びその請求の要件等を定めたものである。

［2］請求権者（被告人による請求），請求権の告知及び弁護人選任に関する照会等

　本条の弁護人の選任の請求権者は，文理上は被告人であるところ，解釈上は，30条2項所定の者（被告人の法定代理人，保佐人，配偶者，直系の親族及び兄弟姉妹）も請求することはできるものと解される（植村・注釈刑訴［第3版］1・337）が，実務上は，被告人の請求によって選任が行われるのが通例である。

　このように，国選弁護人の選任が，被告人の請求に基づいて行われるものであるので，裁判所は，公訴の提起後遅滞なく，被告人に対し，弁護人選任権及び国選弁護人請求権の告知（272，規177）を，弁護人のない被告人に対し，弁護人の選任等に関する照会（規178）を行わなければならない。

　なお，国選弁護人の請求は，審級毎に行う必要がある（植村・注釈刑訴［第3版］1・339）。

［3］請求の要件

(1) **貧困その他の事由**　「貧困その他の事由」については，被告人に存在すれば足りる（永井・大コメ刑訴1・369）。

　「貧困」とは，被告人に私選弁護人を選任できない程度の経済力しかないことであり，「その他の事由」としては，①被告人が37条1号ないし4号に規定する者に該当する場合，②事件の内容から私選弁護人を選任することが困難な場合，又は③弁護士に選任申込みを断られ，他に適切な弁護士を知らない場合などが挙げられる（植村・注釈刑訴［第3版］1・343）。④任意的弁護事件において，私選弁護人選任の申出（31の2Ⅰ）をしたのに，

弁護士会から，弁護人となろうとする者がない旨又は紹介した弁護士が選任の申込みを拒んだ旨の通知がなされた場合も，「その他の事由」に該当すると解される（石井・大コメ刑訴1・391，松尾・条解59）。

(2) **被告人に弁護人がないこと**　国選弁護人制度は私選弁護人制度を補完するものであるから，「被告人以外の者が選任した弁護人がある場合」のみならず，被告人が選任した弁護人がある場合にも，国選弁護人の選任請求はできないものと解される（植村・注釈刑訴[第3版]1・339）。

　特別弁護人（31Ⅱ）について，地方裁判所では，辞任又は解任等により弁護士たる弁護人が不在となった場合は，特別弁護人もその選任の前提を欠くので，弁護人がない場合に該当するが，簡易裁判所では，特別弁護人のみでも手続の進行が可能であるから，弁護人がない場合には当たらないとする見解（植村・注釈刑訴[第3版]1・341）と，憲法37条3項の「資格を有する弁護人」（弁護士たる弁護人と解される）を求めて行われる国選弁護人の選任請求を，「資格を有する弁護人」には当たらない特別弁護人が存在することを理由として排斥することは憲法上問題があるので，36条但書の「弁護人」には特別弁護人は含まないとする見解（永井・大コメ刑訴1・371）がある。

　国選弁護人の選任後，私選弁護人が選任された場合，当該国選弁護人の選任の効力が当然に失われるわけではない（植村・注釈刑訴[第3版]1・341）が，実務上，速やかに国選弁護人の解任が行われている。なお，特別の事情がある場合には，国選弁護人と私選弁護人が併存することは認められ，現にそのような事例も存在する（永井・大コメ刑訴1・376）。

[4] 請求に対する裁判

　国選弁護人の選任請求を受けた裁判所は，速やかにこれに対する決定をしなければならない。請求があったのに決定をせずに公判審理をすることは違法であり，訴訟手続の法令違反として控訴理由（379）となる（東京高判昭35・6・29高刑集13・5・416）。なお，被告人がその帰責事由により控訴趣意書の提出期限に近接して選任請求した場合に，裁判所が上記期限後に選任した事例（最大判昭28・4・1刑集7・4・713）や，被告人が判決宣告期日直前にやむを得ない事情なく私選弁護人を解任して選任請求をした場合に，選任せずに判決宣告を行った事例（最判昭63・7・8刑集42・6・841）は，いずれも合憲とされている。

　国選弁護人の選任請求に理由がないときは，決定で却下し，この決定に対しては抗告できないが，特別抗告の申立ては可能と解される（植村・注釈刑訴[第3版]1・345）。なお，国選弁護人解任後の被告人らによる再度の国選弁護人選任請求が権利の濫用とみられる場合に，その却下決定が適法とされた事例（最判昭54・7・24刑集33・5・416）がある。

[5] 選任の手続

　国選弁護人の選任手続については，日本司法支援センター（法テラス）が関与して行われ，総合法律支援法38条に規定がある。実務上，裁判所からの国選弁護人候補者の指名通知依頼に対し，同センターは，当日又は遅くとも翌日の早い時間には指名通知を行

っており，速やかな選任が確保されている。

［6］　国選弁護人の数

国選弁護人の数については，原則は1人と解されるが，裁判員裁判対象事件では，ほぼ例外なく職権による2人目の国選弁護人の選任が認められている（被告人には1人を超える国選弁護人選任請求権はない扱いがされている。）。その他の事件についても，①複雑困難な事件内容や否認により，事実関係の把握及び分析，被告人との打合せ等の公判対策その他必要な弁護活動が特に過重になる，②被告人との意思疎通が困難であるなど，弁護活動に大きな支障がある，③事件が社会的に注目されていて，マスコミ対策など本来の弁護活動以外に特段の対応・配慮が必要になるなどの事情のある事案については，実務上，職権による国選弁護人の複数選任が認められているが，当該事件に即した具体的かつ説得的な理由が裁判所に示される必要があり，上記①の事情の存否が特に重視されるものと思われる。

なお，十分な弁護活動の確保の観点を考慮しても，2人を超える国選弁護人の選任の必要性が認められる事件は稀である。　　　　　　　　　　　　　　　〔石川貴司〕

第36条の2 [1]　**〔資力申告書の提出〕**　この法律により弁護人を要する場合を除いて [2]，被告人が前条の請求をするには，資力申告書 [3][4]（その者に属する現金，預金その他政令で定めるこれらに準ずる資産の合計額（以下「資力」という。）及びその内訳を申告する書面をいう。以下同じ。）を提出しなければならない。

［1］　本条の趣旨

国選弁護人制度は公費によって賄われるものであり，私選弁護人を依頼できる資力を有する者が貧困であると偽って国選弁護人の選任を受けることがあってはならないから，被告人の国選弁護人選任請求に際し，資力申告書の提出が義務付けられた。

［2］　必要的弁護事件の除外

必要的弁護事件（289Ⅰ・316の4Ⅰ・316の28・316の29・350の9）においては，被告人が私選弁護人を選任しない場合，被告人の資力にかかわらず国選弁護人を選任しなければならないので，資力申告書の提出を要しない。ただし，判決宣告のみを残す段階では，弁護人がなくても開廷できるから，国選弁護人選任請求に当たっては，資力申告書の提出が必要である。

［3］　資力申告書

「貧困」の要件（36）及び及び私選弁護人選任申出の前置（36の3）の要否の判断資料となり，作成に当たり改めての資力の調査は不要である。提出を義務付けても黙秘権侵害にはならず，国選弁護人選任請求の度に提出する必要がある（松尾・条解57）。虚偽記載に係る過料の制裁については38条の4の解説参照。

60 36条の2，36条の3

[4] 申告すべき資力の内容

被告人の資力に限られる。申告対象資産は，流動性のある資産である。流動性のない資産や負債は，換金可能性や返済時期などが問題となり，それらを考慮することが円滑な国選弁護人選任手続を阻害するので，含まれない。「その他政令で定めるこれらに準ずる資産」の内容については，刑事訴訟法第36条の2の資産及び同法第36条の3第1項の基準額を定める政令1条参照。　　　　　　　　　　　　　　　　　　　〔石川貴司〕

第36条の3 [1]〔**私選弁護人選任申出の前置**〕　この法律により弁護人を要する場合を除いて [1]，その資力が基準額 [2]（標準的な必要生計費を勘案して一般に弁護人の報酬及び費用を賄うに足りる額として政令で定める額をいう。以下同じ。）以上である被告人が第36条の請求をするには，あらかじめ [3]，その請求をする裁判所の所在地を管轄する地方裁判所の管轄区域内に在る弁護士会 [3] に第31条の2第1項の申出をしていなければならない。

2　前項の規定により第31条の2第1項の申出を受けた弁護士会は，同条第3項の規定による通知をしたときは，前項の地方裁判所又は当該被告事件が係属する裁判所に対し，その旨を通知しなければならない [4]。

[1] 本条の趣旨及び必要的弁護事件の除外

私選弁護の原則から，一定の資力を有する被告人は，まず所定の弁護士会に対して私選弁護人の選任の申出を行うことが義務付けられた。ただし，必要的弁護事件（前条の解説[2]参照）については，国選弁護人選任請求に当たり，上記申出は要しない。

[2] 基準額

50万円であり（刑事訴訟法第36条の2の資産及び同法第36条の3第1項の基準額を定める政令2），裁判所が資力申告書の記載によって判断すれば足りるが，他の資料を考慮することも当然可能である。

[3] 私選弁護人選任申出の時期及び対象弁護士会

「あらかじめ」には，公訴提起前の申出も含まれるが，別件で申出をしていた場合でも，改めて当該事件で申出をしなければならない。また，弁護人の選任は審級毎にしなければならない（32Ⅱ）ので，下級審で申出を行っていても，改めて上級審で申出をしなければならない。

国選弁護人選任の「請求をする裁判所」は，被告事件が係属する裁判所であるから，地方裁判所に限られないが，いずれの裁判所でも，その「所在地を管轄する地方裁判所の管轄区域内に在る弁護士会」に申出を行う。

[4] 本条2項の通知

私選弁護人選任申出に係る弁護士会の対応結果は，裁判所が国選弁護人選任請求の許

否を決する際の考慮要素となるので，上記申出を受けた弁護士会は，弁護人不在通知又は不受任通知（31条の2Ⅲ）を行った旨を，本条1項の（当該弁護士会の所在地の）地方裁判所又は「当該被告事件が係属する裁判所」に通知しなければならない。

〔石川貴司〕

第37条[1]**〔被告人の国選弁護人(2)〕**　左の場合に被告人に弁護人がないとき[2]は，裁判所は，職権で弁護人を附することができる。
一　被告人が未成年者であるとき[3]。
二　被告人が年齢70年以上の者であるとき。
三　被告人が耳の聞えない者又は口のきけない者であるとき。
四　被告人が心神喪失者又は心神耗弱者である疑があるとき。
五　その他必要と認めるとき[4]。

　[規]　第279条（国選弁護人・法第37条等）　少年の被告人に弁護人がないときは，裁判所は，なるべく，職権で弁護人を附さなければならない。

[1] **本条の趣旨**
　本条は，裁判所が，被告人の意思に係る請求とは関係なく，職権で国選弁護人を選任することが相当な場合に対処するための規定であり，直接憲法の要請によるものではないと解されるが，被告人の正当な防御権の行使のためには，被告人に国選弁護人の選任を請求する意思があるかを慎重に確認するとともに，本条に基づく職権による選任が適切になされることが重要である（永井・大コメ刑訴1・395）。
　本条による職権の選任は裁判所の健全な裁量に委ねられている（植村・注釈刑訴[第3版]1・363）。必要的弁護事件の場合，義務的に職権によって弁護人を選任しなければならないが，この場合については，必要的弁護事件における職権による国選弁護人の選任について定めた規定（289ⅠⅡ・316の4・316の7・316の8ⅠⅡ）が優先的に適用されるので，本条は任意的弁護事件に関する規定と解される（植村・注釈刑訴[第3版]1・364）。
[2] **被告人に弁護人がないこと**
　36条の解説[3](2)参照。なお，本条各号の場合は，弁護人が出頭しないときについても，職権で弁護人を選任できる（290）。
[3] **被告人が未成年者であるとき（1号）**
　被告人が20歳未満であれば，婚姻によって成人とみなされていても（民753）本号に該当すると解され，このような解釈は，規279条が，弁護人のいない少年の被告人について，なるべく職権で弁護人を付すように求めていることに沿うと考えられる（植村・注釈刑訴[第3版]1・365）。なお，2018年民法改正により，成年擬制する条文が削除された。

62　　　　　　　　　　　　**37条，37条の2**

　また，原審が未成年の被告人に弁護人を付さなかったことについて，裁判所の裁量との根拠で違法ではないとされた事例として，東京高判昭25・5・23特報9・11があり，未成年者が，国選弁護人の選任を必要としない旨の書面を，親権者の同意なく提出したことを受け，国選弁護人を選任しないまま開廷した原審の審理が違法ではないとされた事例として，札幌高判昭25・3・14特報6・183がある。

［4］その他必要と認めるとき（5号）

　裁判所が国選弁護人の選任を必要と認める場合であり，自白事件であっても，通常の被告人は個々の訴訟行為の意味について十分な知識を持っていないから，弁護人による弁護を受ける利益は大きく，本条1ないし4号所定の事情に準じる場合に限定されない（植村・注釈刑訴［第3版］1・367）。また，任意的弁護事件で被告人が国選弁護人の選任を求めていない場合でも，必要と認めるときは国選弁護人を選任できると解されている（東京高決昭37・12・28下刑集4・11=12・1030）。

　なお，否認事件に関し，本号により国選弁護人の選任を考慮すべきであったとされた具体的事例として，福岡高判平5・4・15判時1461・159があり，「被告人は，本件速度違反の事実につき，93キロメートルの速度違反をしたのは被告人車ではなく他車であるのに，取締りに当たった警察官が違反車両を混同誤認した旨述べて，検挙の当初から争っているのであるから，原裁判所としては事案の内容にかんがみ被告人に訴訟上の防禦を十分行わせるため，国選弁護人の選任を考慮するのが相当であったということができる。しかし，本件においては，後に私選弁護人が選任されて審理に関与しているのであるから，原裁判所が国選弁護人を選任しなかったからといって，これが直ちに判決に影響を及ぼすべき訴訟手続の法令違反に当たるということはできない。」と判示している。〔石川貴司〕

第37条の2 [1][2]〔**被疑者の国選弁護**〕　被疑者に対して勾留状が発せられている場合[3]において，被疑者が貧困その他の事由により弁護人を選任することができないとき[4]は，裁判官[5]は，その請求により，被疑者のため弁護人を付さなければならない[6]。ただし，被疑者以外の者が選任した弁護人がある場合[7]又は被疑者が釈放された場合[8]は，この限りでない。

2　前項の請求は，勾留を請求された被疑者も，これをすることができる[9]。

　　［規］　第28条の2（国選弁護人選任の請求先裁判官・法第37条の2）　法第37条の2の請求は，勾留の請求を受けた裁判官，その所属する裁判所の所在地を管轄する地方裁判所の裁判官又はその地方裁判所の所在地（その支部の所在地を含む。）に在る簡易裁判所の裁判官にこれをしなければならない。

　　　　　第28条の3（国選弁護人選任請求書等の提出・法第37条の2等）　刑事収容施設に収容され，又は留置されている被疑者が法第37条の2又は第350条の17第1項の請求をす

るには，裁判所書記官の面前で行う場合を除き，刑事施設の長，留置業務管理者若しくは海上保安留置業務管理者又はその代理者を経由して，請求書及び法第36条の2に規定する資力申告書を裁判官に提出しなければならない。

2　前項の場合において，刑事施設の長，留置業務管理者若しくは海上保安留置業務管理者又はその代理者は，被疑者から同様の書面を受け取つたときは，直ちにこれを裁判官に送付しなければならない [10]。ただし，法第350条の17第1項の請求をする場合を除き，勾留を請求されていない被疑者から前項の書面を受け取つた場合には，当該被疑者が勾留を請求された後直ちにこれを裁判官に送付しなければならない。

3　前項の場合において，刑事施設の長，留置業務管理者若しくは海上保安留置業務管理者又はその代理者は，第1項の書面をファクシミリを利用して送信することにより裁判官に送付することができる。

4　前項の規定による送付がされたときは，その時に，第1項の書面の提出があつたものとみなす。

5　裁判官は，前項に規定する場合において，必要があると認めるときは，刑事施設の長，留置業務管理者又は海上保安留置業務管理者に対し，送信に使用した書面を提出させることができる。

第280条の2（観護の措置が勾留とみなされる場合の国選弁護人選任の請求等・少年法第45条等）　少年法第45条第7号（同法第45条の2において準用する場合を含む。次条第1項において同じ。）の規定により被疑者に勾留状が発せられているものとみなされる場合における法第37条の2第1項の請求は，少年法第19条第2項（同法第23条第3項において準用する場合を含む。次項及び次条第1項において同じ。）若しくは第20条の決定をした家庭裁判所の裁判官，その所属する家庭裁判所の所在地を管轄する地方裁判所の裁判官又はその地方裁判所の所在地（その支部の所在地を含む。）に在る簡易裁判所の裁判官にこれをしなければならない。

2　前項に規定する場合における法第37条の4の規定による弁護人の選任に関する処分は，少年法第19条第2項若しくは第20条の決定をした家庭裁判所の裁判官，その所属する家庭裁判所の所在地を管轄する地方裁判所の裁判官又はその地方裁判所の所在地（その支部の所在地を含む。）に在る簡易裁判所の裁判官がこれをしなければならない。

3　第1項の被疑者が同項の地方裁判所の管轄区域外に在る刑事施設に収容されたときは，同項の規定にかかわらず，法第37条の2第1項の請求は，その刑事施設の所在地を管轄する地方裁判所の裁判官又はその地方裁判所の所在地（その支部の所在地を含む。）に在る簡易裁判所の裁判官にこれをしなければならない。

4　前項に規定する場合における法第37条の4の規定による弁護人の選任に関する処分は，第2項の規定にかかわらず，前項の刑事施設の所在地を管轄する地方裁判所の裁判官又はその地方裁判所の所在地（その支部の所在地を含む。）に在る簡易裁判所の裁判官がこれをしなければならない。法第37条の5及び第38条の3第4項の規定によ

る弁護人の選任に関する処分についても同様とする。

[1] 被疑者国選弁護制度

　本条は，被疑者の請求による国選弁護人の選任について規定したものである。

　平成16年の刑訴法改正前は，国選弁護制度の対象は被告人に限定され，被疑者段階の国選弁護制度はなかった。しかし，弁護人の援助を受ける権利の保障は，捜査段階においても防御権の担保のために重要である。身柄拘束された初期の段階から，弁護人から適切な援助（取調べに臨むに当たっての助言，証拠収集活動，身柄拘束からの解放のための活動，被害弁償・示談等）を受けることができるか否かは，その後の事件の帰趨に大きく影響することがあり得る。従前から，被疑者については弁護士会が当番弁護士制度を実施するなどして手当てをしていたが，平成16年の刑訴法改正により，被疑者国選弁護制度が導入されるに至ったものである。

　これにより，被疑者が弁護人の援助を受ける権利がより実質的に担保されたほか，弁護人が捜査段階から接見を重ねるなどして，早期に争点を把握し，公判前整理手続への対応を含めた公判に向けた準備を行うことができるようになり，刑事裁判の一層の充実・迅速化につながることが期待される。

　本条は，被疑者国選弁護制度のうち，被疑者の請求による場合の規定であり，裁判官が職権で付する場合については37条の4，37条の5に規定がある。

　なお，当該事案の性質等から2人以上の弁護人の選任が必要といえる場合には，本条により必要な人数の国選弁護人選任を請求する権利があるとする見解（同・新基本法コンメンタール刑事訴訟法［第3版］61）もあるが，実務上は，本条により被疑者の請求によって選任される国選弁護人は1人に限られ，被疑者について複数の国選弁護人を選任できるのは37条の5の場合に限定されるとの解釈により運用されている。これによれば，被疑者に対する国選弁護人の数は2人を超えることができないことになる（37の5の解説[5]参照）。

[2] 対象事件

　平成28年の刑訴法改正により，被疑者国選弁護制度の対象は被疑者が勾留された全事件に拡大されることとなった。

　被告人の場合は，国選弁護人の選任の効力が原則として弁論が併合（客観的併合）された事件にも及ぶ旨の規定（313の2）があるが，被疑者の場合にはそのような規定はなく，刑訴法の基本原則である事件単位の原則に戻る。すなわち，ある被疑事実について国選弁護人が付された被疑者が新たな別の被疑事実で勾留された場合，新たな被疑事実については選任の効力が及ばない。

[3] 勾留状の発付

　被疑者の請求により国選弁護人を選任するための要件として，対象事件につき勾留状が発付されていることを要する。被疑者が少年であるときに，勾留に代わる観護措置の

ための観護令状（少44Ⅱ）が発付されている場合も含まれる。在宅事件の被疑者は被疑者国選弁護制度の対象とされていない。

［4］ 貧困その他の事由により弁護人を選任することができないとき

被告人の請求による国選弁護人選任の要件（36）と同じ要件である（36の解説［3］参照）。

［5］ 裁判官

被疑者段階で受訴裁判所が存在しないので，選任を行うのは「裁判官」である。なお，国選弁護人選任請求先の裁判官は規28条の2で定められており，被疑者が少年で観護措置が勾留とみなされる場合については規280条の2第1項・3項がその特則を定めている。

［6］ 選任の手続

裁判官が被疑者に国選弁護人を付するときは，被告人の場合（36の解説［5］参照）と同じく，日本司法支援センターに国選弁護人候補者の指名通知を依頼し，同センターが国選弁護人等契約弁護士の中から候補者を指名して裁判官に通知する（法律支援38）。これを受けて，裁判官が国選弁護人の選任を行うという流れとなる（38の解説［6］参照）。

［7］ 被疑者以外の者が選任した弁護人がある場合の除外

被告人の請求による場合と同じであり，国選弁護人は被疑者が自ら弁護人を依頼することができないときに国が付するものであるという国選弁護制度の補完性から導かれる（36の解説［3］(2)参照）。

［8］ 被疑者が釈放された場合

在宅事件の被疑者となるので，被疑者国選弁護制度の対象ではなくなり，国選弁護人を選任することはできない。なお，一旦ある事件について国選弁護人が選任された後に当該事件について被疑者が釈放された場合は，求令状起訴の場合等で実務上注意を要することがあり，38条の2の解説［3］参照。

［9］ 請求の時期

被疑者国選弁護人の選任請求は，勾留請求された時点から可能である。これにより，勾留されるまでに国選弁護人選任請求がなされた場合には，裁判官において，勾留の審査と併せて国選弁護人選任請求の審査をし，円滑に手続を進めることが可能となる。

［10］ 刑事施設の長等の義務

刑事施設の長，留置業務管理者若しくは海上保安留置業務管理者又はその代理者は，被疑者から受け取った国選弁護人選任請求書を直ちに裁判官に送付する義務を負う。なお，対象事件の被疑者には，逮捕段階から被疑者国選弁護人選任請求権が告知される関係上，勾留請求前の段階で被疑者が国選弁護人選任請求書を作成することもあり得るため，勾留請求されていない被疑者から本条による国選弁護人選任請求書を受け取った場合は，勾留請求後直ちに裁判官に送付することとされた。　　　　　　　　　　　　〔戸苅左近〕

66   37条の3

第37条の3〔選任請求の手続〕 前条第1項の請求をするには，資力申告書を提出しなければならない[1]。

2 その資力が基準額以上である被疑者が前条第1項の請求をするには，あらかじめ，その勾留の請求を受けた裁判官の所属する裁判所の所在地を管轄する地方裁判所の管轄区域内に在る弁護士会に第31条の2第1項の申出をしていなければならない[2]。

3 前項の規定により第31条の2第1項の申出を受けた弁護士会は，同条第3項の規定による通知をしたときは，前項の地方裁判所に対し，その旨を通知しなければならない[3]。

[規] 第280条の3（観護の措置が勾留とみなされる場合の私選弁護人選任の申出・少年法第45条等） 少年法第45条第7号の規定により勾留状が発せられているものとみなされた被疑者でその資力が基準額以上であるものが法第37条の2第1項の請求をする場合においては，法第37条の3第2項の規定により法第31条の2第1項の申出をすべき弁護士会は少年法第19条第2項又は第20条の決定をした家庭裁判所の所在地を管轄する地方裁判所の管轄区域内に在る弁護士会とし，当該弁護士会が法第37条の3第3項の規定により通知をすべき地方裁判所は当該家庭裁判所の所在地を管轄する地方裁判所とする。

2 前項の被疑者が同項の地方裁判所の管轄区域外に在る刑事施設に収容された場合において，法第37条の2第1項の請求をするときは，前項の規定にかかわらず，法第37条の3第2項の規定により法第31条の2第1項の申出をすべき弁護士会は当該刑事施設の所在地を管轄する地方裁判所の管轄区域内に在る弁護士会とし，当該弁護士会が法第37条の3第3項の規定により通知をすべき地方裁判所は当該刑事施設の所在地を管轄する地方裁判所とする。

[1] 資力申告書の提出

被疑者国選弁護制度には，被告人における必要的弁護事件（289）はなく，被告人における任意的弁護事件の場合（36の2）と同じく，国選弁護人の請求をする全ての被疑者が資力申告書を提出しなければならず，原則として貧困の要件が課せられている。その趣旨等については，36条の2の解説[3]参照。

[2] 私選弁護人の選任申出前置

資力が基準額以上である被疑者が国選弁護人選任請求をするには，あらかじめ（身柄拘束前に申し出ていた場合でもよい。）所定の弁護士会に私選弁護人の選任の申出をしていなければならない。趣旨，基準額の意義等については36条の3の解説[3]参照。

[3] 弁護士会の通知

本条2項の規定により私選弁護人選任申出を受けた弁護士会が，いわゆる不在通知又

は不受任通知をしたときは，その旨を裁判所にも通知しなければならない。趣旨等は36条の3第2項と同じである（36の3の解説[4]参照）。　　　　　　　　　　〔戸苅左近〕

第37条の4 [1][2]〔**職権による選任**〕　裁判官は，被疑者に対して勾留状が発せられ[3]，かつ，これに弁護人がない場合において，精神上の障害その他の事由により弁護人を必要とするかどうかを判断することが困難である疑い[4]がある被疑者について必要があると認めるとき[5]は，職権で弁護人を付することができる[6]。ただし，被疑者が釈放された場合は，この限りでない。

[規]　第28条の4（弁護人の選任に関する処分をすべき裁判官）　法第37条の4の規定による弁護人の選任に関する処分は，勾留の請求を受けた裁判官，その所属する裁判所の所在地を管轄する地方裁判所の裁判官又はその地方裁判所の所在地（その支部の所在地を含む。）に在る簡易裁判所の裁判官がこれをしなければならない。

[1] 職権による被疑者国選弁護人の選任
　本条は，裁判官の職権による被疑者国選弁護人の選任についての規定である。被疑者については必要的弁護事件がなく，弁護人を必要とするかどうかの判断は原則として被疑者自身に委ねられているが，精神上の障害等の事由により弁護人を必要とするかどうかを判断することが困難である疑いがある被疑者については，国選弁護人選任請求権の適切な行使が期待できないから，裁判官の職権による選任の制度を設けたものである。
[2] 対象事件
　37条の2の解説[2]参照。効力が及ぶ範囲が事件単位であることも，請求による被疑者国選弁護人選任の場合と同様である。
[3] 勾留状の発付
　37条の2の解説[3]参照。
[4] 弁護人の要否を判断することが困難である疑い
　被疑者段階の弁護人の必要性は，被疑者自身が判断すべきものであるから，被告人段階において，未成年者であるとき，年齢70年以上の者であるとき，耳の聞こえない者又は口のきけない者であるときは，直ちに職権で国選弁護人を付することができる（37）のとは異なり，これらの者についても，弁護人の要否を判断することが困難である疑いがあることを要するとされた。
[5] 必要性
　以上に加え，裁判官が国選弁護人の選任が必要であると認めることが要件となる。対象事件で勾留されている被疑者について，弁護人の要否を判断することが困難である疑いがあり，かつ，弁護人がいないときは，必要性が認められることが多いと考えられる。

68 　　　　　　　　37条の4，37条の5

[6] 本条による選任の契機

　裁判官が本条による選任をする契機としては，勾留請求の際に検察官が提出する資料の検討，勾留質問における被疑者の言動のほか，被疑者の親族等からの職権発動の申出等が考えられる。　　　　　　　　　　　　　　　　　　　　　　　　　　〔戸苅左近〕

第37条の5 [1] **〔複数の弁護人の選任〕**　裁判官は，死刑又は無期の懲役若しくは禁錮に当たる事件[2] について第37条の2第1項又は前条の規定により弁護人を付する場合又は付した場合[3] において，特に必要があると認めるとき[4] は，職権で更に弁護人1人[5] を付することができる。ただし，被疑者が釈放された場合は，この限りでない。

　　[規]　第28条の5　法第37条の2第1項又は第37条の4の規定により弁護人が付されている場合における法第37条の5の規定による弁護人の選任に関する処分は，最初の弁護人を付した裁判官，その所属する裁判所の所在地を管轄する地方裁判所の裁判官又はその地方裁判所の所在地（その支部の所在地を含む。）に在る簡易裁判所の裁判官がこれをしなければならない。

[1] 被疑者国選弁護人の複数選任

　本条は，被疑者国選弁護人の複数選任制度を規定したものである。

　被告人段階では，国選弁護人は原則1人とされるが，裁判長の訴訟指揮権に基づき複数の弁護人を付すこともある。被疑者段階では，受訴裁判所が存在せず，裁判長の訴訟指揮権に基づく複数選任はあり得ないが，重大事件等では被疑者段階から複数の弁護人による手厚い弁護活動が求められる場合もあることから，本条が設けられたものである。

[2] 対象事件

　特に法定刑の重い事件に限定されている。傷害致死罪（刑205）等は，裁判員裁判対象事件ではあるが，本条の対象にはならない。

[3] 同時選任・追加選任

　複数選任は，被疑者の請求（37の2）又は職権（37の4）により国選弁護人を選任する場合に，同時に行うこともできるし，その後に追加して選任することもできる。本条による追加選任の契機としては，1人目の国選弁護人からの職権発動の申出が多い。

[4] 必要性

　法定刑による限定のほか，「特に必要があると認める」場合であることが要件となっている。弁護人が1人では負担が重すぎ，必要十分な弁護活動ができない場合を意味し，具体的な事案に応じて個別に判断されるが，本条の対象事件が，特に法定刑が重く，起訴されれば裁判員裁判となり，公判前整理手続及び連日的審理が行われることが予定さ

れることからすると，弁護人としても被疑者段階から接見を重ねて十分な準備をする必要があるといえるから，事件の複雑困難性，被疑者との信頼関係形成の困難性等の事情があれば，必要性が認められる場合もあると考えられる。

[5] 被疑者国選弁護人の数

本条により選任できる国選弁護人の数は，同時選任の場合も追加選任の場合も1人に限られる。したがって，被疑者国選弁護人の数は，合計2人を超えることができない(37の2の解説[1]参照)。　　　　　　　　　　　　　　　　　　　　　　　〔戸苅左近〕

第38条〔選任資格，旅費等の請求〕 この法律の規定に基づいて裁判所[1]若しくは裁判長[2]又は裁判官[3]が付すべき弁護人は，弁護士[4]の中からこれを選任しなければならない[5][6]。

2　前項の規定により選任された弁護人は，旅費，日当，宿泊料及び報酬を請求することができる[7]。

[規]　**第29条（国選弁護人の選任・法第38条）** 法の規定に基づいて裁判所又は裁判長が付すべき弁護人は，裁判所の所在地を管轄する地方裁判所の管轄区域内に在る弁護士会に所属する弁護士[8]の中から裁判長がこれを選任しなければならない。ただし，その管轄区域内に選任すべき事件について弁護人としての活動をすることのできる弁護士がないときその他やむを得ない事情があるとき[9]は，これに隣接する他の地方裁判所の管轄区域内に在る弁護士会に所属する弁護士その他適当な弁護士の中からこれを選任することができる。

2　前項の規定は，法の規定に基づいて裁判官が弁護人を付する場合について準用する。

3　第1項の規定にかかわらず，控訴裁判所が弁護人を付する場合であつて，控訴審の審理のため特に必要があると認めるときは，裁判長は，原審における弁護人(法の規定に基づいて裁判所若しくは裁判長又は裁判官が付したものに限る。)であつた弁護士を弁護人に選任することができる[10]。

4　前項の規定は，上告裁判所が弁護人を付する場合について準用する[11]。

5　被告人又は被疑者の利害が相反しないときは，同一の弁護人に数人の弁護をさせることができる。

第29条の3（国選弁護人の選任等の通知・法第38条等） 法の規定に基づいて裁判長又は裁判官が弁護人を選任したときは，直ちにその旨を検察官及び被告人又は被疑者に通知しなければならない。この場合には，日本司法支援センターにも直ちにその旨を通知しなければならない。

2　前項の規定は，法の規定に基づいて裁判所又は裁判官が弁護人を解任した場合について準用する。

[1] 裁判所が付する場合

36条，37条，289条3項，290条，316条の8第2項による場合がある。

[2] 裁判長が付する場合

289条2項，316条の4第2項，316条の8第1項，451条4項による場合がある。

[3] 裁判官が付する場合

37条の2，37条の4，37条の5，350条の3による場合がある。

[4] 弁護士

31条の解説[2]参照。

[5] 選任命令

国選弁護人を付する旨の裁判を受けて，特定の国選弁護人を選任する裁判長又は裁判官による選任命令がなされる（規29ⅠⅡ）。この選任命令の法的性質については，実務上，公法上の契約ではなく裁判であるとの見解（裁判説）により運用されていた（よって，告知されれば直ちに効力を発し，選任された弁護士の承諾なくして弁護人となる。）ところ，平成16年の刑訴法改正により新設された国選弁護人の解任に関する38条の3は，実務で通用していた裁判説を法律も採用したものと理解される（38の3の解説[1]参照）。

[6] 選任の手続

裁判所若しくは裁判長又は裁判官が国選弁護人を付するときは，日本司法支援センターに国選弁護人候補者を指名して通知するよう求め，これを受けた同センターが，同センターとの間で国選弁護人等契約弁護士となる契約をしている弁護士の中から候補者を指名して裁判所等に通知する（法律支援38）。これを受けて，裁判所等が国選弁護人の選任を行うという流れとなる。

このように，総合法律支援法により，国選弁護人の選任に際しては全て日本司法支援センターの候補者指名を受けなければならないこととされ，同センターが候補者指名権を有することとなった一方，刑訴法においては，国選弁護人の選任権が裁判所等に残されたが，裁判所等が日本司法支援センターの指名した者と異なる者を国選弁護人に選任する場合に関する規定が存在しないことからして，そのような事態を法は予定していないと考えられる。

[7] 国選弁護人の報酬等

本条2項は，国選弁護人の旅費，日当，宿泊料及び報酬の請求権を規定し，これを受けて，刑事訴訟費用等に関する法律8条に支給の要件や報酬額等についての定めがあるが，これらの規定は，国選弁護人等契約弁護士が国選弁護人に選任された場合には適用されない（法律支援39Ⅰ）。

国選弁護人等契約弁護士には，日本司法支援センターとの契約に基づき，同センターから報酬等が支払われる。

[8] 選任の対象となる弁護士

「裁判所の所在地を管轄する地方裁判所の管轄区域内に在る弁護士会に所属する弁護

士」とは，例えば地方裁判所支部の事件であれば，地方裁判所の当該支部所在地を事務所所在地とする弁護士だけでなく，当該地方裁判所の本庁所在地を事務所所在地とする弁護士も含まれる。

[9] その管轄区域内に選任すべき事件について弁護人としての活動をすることのできる弁護士がないときその他やむを得ない事情があるとき

弁護士が僅少の地域において被疑者・被告人多数の事件が発生した場合や，広域にわたる震災が発生した場合等が想定されている。

[10] 控訴審の場合の例外

事件が複雑困難であったり，新たに一から被告人と信頼関係を形成することが困難であるなどの事情がある場合において，原審の国選弁護人であった弁護士を控訴審の国選弁護人に選任することを可能としたものである。

[11] 上告審の場合の例外

控訴審の場合の例外と同趣旨の規定であり，[10] 参照。　　　　　　　　〔戸苅左近〕

第38条の2〔選任の効力の終期〕　裁判官による弁護人の選任は，被疑者がその選任に係る事件について釈放されたときは，その効力を失う[1][2][3]。ただし，その釈放が勾留の執行停止によるときは，この限りでない[4]。

[1] 釈放による弁護人選任の失効

被疑者国選弁護制度は，対象を勾留されている被疑者に限定していることから，国選弁護人が選任された後に被疑者が釈放されたときも，その時点で国選弁護人選任の効力が失われるとしたものである。解任等の裁判を要しないで，当然に国選弁護人の地位を失う。

[2] 起訴後の釈放

本条は，被疑者が釈放された場合の規定であり，起訴後に被告人が釈放された場合には適用されない。国選弁護人が選任されていた事件の被疑者が当該事件について起訴された場合は，32条1項により，被疑者国選弁護人選任の効力が起訴後にも及び，被疑者国選弁護人であった弁護士がそのまま被告人の国選弁護人となるが，その後被告人が保釈等によって釈放されたとしても，国選弁護人が本条によりその地位を失うことはない。

[3] 事件単位との関係で生じる実務上の問題（「念のため求令状起訴」の場合）

被疑者国選弁護人選任の効力は事件単位であり（37の2の解説[2]参照），本条の「釈放」についても，選任の効力が及ぶ対象事件を基準に判断される。ここでいう事件の同一性は，いわゆる公訴事実の同一性の基準によって判断されるのが原則である。したがって，勾留の基礎となった被疑事実と内容や罪名に異なる点があっても公訴事実の同一性の範囲内にある事実について起訴されて勾留が続いている場合は，起訴後も国選弁護

人選任の効力は続く（32 I）。他方，実務上見られるいわゆる求令状起訴，すなわち，勾留中の被疑者を起訴する場合において，公訴事実が勾留の基礎となった被疑事実と同一でないため，同被疑事実について被疑者を釈放し，かつ，新たな公訴事実について職権による勾留を求める場合は，被疑者国選弁護人選任の対象となっていた被疑事実について釈放された以上，国選弁護人選任の効力は失われる。

　実務上問題となるのは，勾留の基礎となった被疑事実と起訴に係る公訴事実の間で，厳密には公訴事実の同一性が認められるものの，内容や罪名が異なるなどの場合（例えば，傷害致死の被疑事実で勾留していた被告人を，捜査の結果殺意ありとして殺人で起訴する場合），将来疑義が生じないように，勾留の基礎となった被疑事実について一旦釈放した上で，新たな公訴事実について職権による勾留を求めるという，いわゆる「念のため求令状起訴」と呼ばれる場合である。この場合は，勾留の基礎となった被疑事実と同一性のある事実について起訴されて勾留が続いているのであるから，国選弁護人選任の効力は続いているとするのが理論的であり，地裁における実務上の処理としても，新たな選任手続なくして被疑者国選弁護人が起訴後も引き続き弁護人の地位にあるものとして扱われている。この点，「いわゆる勾留状の切り替えにより従前の勾留について釈放の手続をとり，改めて勾留状を発付した以上，両勾留事実の間に公訴事実の同一性があるかどうかにかかわらず，勾留に基礎を置く被疑者国選弁護人選任の効力もまた勾留の失効とともに消滅すると解すべきである。」とした裁判例（東京高判平22・6・14東時61・1＝12・122）があり，これと同趣旨の有力な見解（植村・注釈刑訴[第3版] 1・423）もあるが，明らかに公訴事実の同一性がある場合に，受訴裁判所が改めて弁護人選任手続を行うことは，被疑者国選弁護人選任の効力の継続性や訴訟費用の範囲について疑義を生じさせる要因ともなり得る上，実質的に考えても，明らかに公訴事実の同一性があるのに，検察官が「念のため求令状起訴」をしたがために，国選弁護人の地位が失われ，当該被告人は弁護人のない状態に置かれ，被告人側に不利益を生じさせるおそれもあるから，公訴事実の同一性がある「念のため求令状起訴」の場合に，新たな選任手続なくして被疑者国選弁護人を起訴後も引き続き弁護人として扱う現在の地裁における実務上の処理は相当と考える。ただし，勾留の基礎となった被疑事実と起訴に係る公訴事実の同一性の判断は，事件によっては必ずしも容易ではなく，事案の内容の詳細を知らなければ決し難い場合がある。

　そこで，実務上は，一次的には起訴検察官がこれを判断し，明らかに同一性があり，当該事件について被疑者国選弁護人がいる場合には，検察官が規165条3項の通知（ただし，この通知自体は，当該事件について起訴時点で被疑者国選弁護人がいる場合だけでなく，過去に被疑者国選弁護人がいたが起訴時点では被疑者国選弁護人がいない場合にも行われるものであるので，いずれの場合の通知なのかに注意する必要がある。）を裁判所に提出し，他方，明らかに同一性があるとまではいえない場合（同一性がないことが明らかな場合と微妙な場合が含まれる。）には，検察官としては，同一性があるとの判断をせず，当該事件について被

疑者国選弁護人がいても規165条3項の通知をしないという扱いがされている。裁判所としては，起訴直後の段階における同一性の有無の判断は，この起訴検察官の判断を尊重することが多いと考えられる。

　なお，裁判所が，公訴事実の同一性がない（あるとまではいえない）として新たな国選弁護人選任手続を進める場合であっても，事案によっては，被疑者国選弁護人であった弁護士を改めて国選弁護人に選任するのが相当なこともあるので，その場合は，日本司法支援センターへの候補者の指名通知依頼に際し，求令状起訴前の被疑者国選弁護人の氏名を情報提供することになる。

[4] 勾留の執行停止の場合

　勾留の執行停止の場合は，再度の身柄拘束が予定されていることから，国選弁護人選任の効力が失われないこととされた。　　　　　　　　　　　　　　　　〔戸苅左近〕

第38条の3 [1] 〔弁護人の解任〕　裁判所は，次の各号のいずれかに該当すると認めるときは，裁判所若しくは裁判長又は裁判官が付した弁護人を解任することができる。

　一　第30条の規定により弁護人が選任されたことその他の事由により弁護人を付する必要がなくなつたとき [2]。

　二　被告人と弁護人との利益が相反する状況にあり弁護人にその職務を継続させることが相当でないとき [3]。

　三　心身の故障その他の事由により，弁護人が職務を行うことができず，又は職務を行うことが困難となつたとき [4]。

　四　弁護人がその任務に著しく反したことによりその職務を継続させることが相当でないとき [5]。

　五　弁護人に対する暴行，脅迫その他の被告人の責めに帰すべき事由により弁護人にその職務を継続させることが相当でないとき [6]。

2　弁護人を解任するには，あらかじめ，その意見を聴かなければならない [7]。

3　弁護人を解任するに当たつては，被告人の権利を不当に制限することがないようにしなければならない [8]。

4　公訴の提起前は，裁判官が付した弁護人の解任は，裁判官がこれを行う。この場合においては，前3項の規定を準用する [9]。

　　[規]　第29条の2（弁護人の解任に関する処分をすべき裁判官・法第38条の3）　法第38条の3
　　　　　第4項の規定による弁護人の解任に関する処分は，当該弁護人を付した裁判官，その
　　　　　所属する裁判所の所在地を管轄する地方裁判所の裁判官又はその地方裁判所の所在地
　　　　　（その支部の所在地を含む。）に在る簡易裁判所の裁判官がこれをしなければならない。

74　　　　　　　　　　　　38条の3

[1]　国選弁護人の解任

　本条は，国選弁護人の解任に関する一般的規定であり，平成16年の刑訴法改正によっ
て整備された。本条の新設により，法律が，選任と同様に解任も裁判であるとの見解に
立つことが明確となった（38の解説[5]参照）。したがって，国選弁護人が辞任を申し出
たり，被疑者・被告人が国選弁護人の解任を申し出るなどしても，解任の裁判がなけれ
ば国選弁護人の地位は当然に失われることはない。

　本条による解任の裁判に対しては，被疑者・被告人も解任された弁護人も不服申立て
をすることができない。

[2]　国選弁護人を付する必要がなくなったとき

　私選弁護人が選任された場合（30）が例示されている。国選弁護人は被告人が自ら弁
護人を依頼することができないときに国が付するものであるという国選弁護制度の補完
性から導かれる（36の解説[3]参照）。

[3]　利益相反

　被告人の利益と国選弁護人の利益が相反する場合のほか，複数の被告人に同一の国選
弁護人が選任されていて，被告人間の利益が相反する状況が生じた場合も含まれる。

　なお，弁護人は，被告人の保護者的立場で，法律の専門家として訴訟活動を行うもの
であるから，単に被告人と弁護人の間で訴訟進行についての方針に不一致があるという
だけで当然に利益相反状況が生じたとはいえない。

[4]　職務不能・職務困難

　病気や怪我等の心身の故障のほか，弁護士会により除名や業務停止の処分を受けた場
合等が該当し得る。

　[3]で述べたところと同様の理由で，単に被告人と弁護人の間で訴訟進行について
の方針に不一致があるというだけでは，直ちに本号に該当するとはいえない。

[5]　著しい任務違反

　正当な理由なく期日に出頭しない場合，勾留中の被告人との接見を全くしない場合，
在廷命令に反して退廷した場合等が該当し得る。

　実務上，接見を求めても弁護人が十分に応じないなどとして被告人が不満を抱き，被
告人と弁護人の間で紛議が生じる例が見られるが，被告人の要求が不合理な内容の要求
であるなど被告人側に問題がある場合には，当然のことながら本号に該当しないし，2
号の利益相反状況が生じたともいえない。

[6]　被告人の帰責事由

　被告人が弁護人に対し暴行，脅迫に及ぶ場合（本条の新設前の事案であるが，最決平7・3・
27刑集49・3・525の事案が参考になる。）が例示されている。

[7]　弁護人の意見聴取

　弁護人に意見を述べる機会を与えればよく，機会を与えたのに対して弁護人が実際に
意見を述べることが必要とされているわけではない。裁判所は弁護人の述べた意見に拘

束されない。

なお，被告人の意見聴取は要求されていない。

[8] 被告人の権利への配慮

国選弁護人の選任は，国選弁護人を付する旨の裁判と，その裁判に基づき特定の弁護人を選任する裁判に区別できるが，解任の裁判が国選弁護人を付する旨の裁判をも取り消す趣旨を含まない場合（本条Ⅰ②ないし⑤の場合が考えられる。）には，国選弁護人を付する旨の裁判の効力は維持されているから，できる限り速やかに新たな国選弁護人を選任することが期待され，改めて，被告人が国選弁護人選任の請求をするなどの必要はない。

[9] 被疑者国選弁護人の解任

被疑者国選弁護人の解任は裁判官が行うとされた上で，本条1項ないし3項の規定を準用している。　　　　　　　　　　　　　　　　　　　　　　　　　　　〔戸苅左近〕

第38条の4[1]〔虚偽の資力申告書の提出に対する制裁〕　裁判所又は裁判官の判断を誤らせる目的で，その資力について虚偽の記載のある資力申告書[2]を提出した者は，10万円以下の過料に処する。

[1] 過料の制裁

本条は，資力申告書の真実性を担保するために，裁判所又は裁判官の判断を誤らせる目的で，資力について虚偽の記載のある資力申告書を提出する行為を過料の対象としたものである。本条の過料を科する手続は，非訟事件手続法による。

[2] 資力申告書の作成

資力申告書の作成に当たっては，被疑者・被告人は自己の記憶に基づいて記載すれば足りるが，本条による担保があることもあって，実務上，裁判所等が国選弁護人選任の要件の審査をするに際しては，特段の事情がない限りは，記載された資力申告書の内容を前提として資力状態を認定し，選任の判断をしている。　　　　　　　　〔戸苅左近〕

第39条[1]〔被疑者・被告人との接見交通〕　身体の拘束を受けている被告人又は被疑者は[2]，弁護人又は弁護人を選任することができる者の依頼により弁護人となろうとする者[3]（弁護士でない者にあつては，第31条第2項の許可があつた後に限る。）と立会人なくして接見し[4]，又は書類若しくは物の授受をする[5]ことができる。

2　前項の接見又は授受については，法令（裁判所の規則を含む。以下同じ。）で[6]，被告人又は被疑者の逃亡，罪証の隠滅又は戒護に支障のある物の授受を防ぐため必

76 **39条**

要な措置を規定することができる。

3 検察官,検察事務官又は司法警察職員(司法警察員及び司法巡査をいう。以下同じ。)は[7],捜査のため必要があるときは[8],公訴の提起前に限り[9],第1項の接見又は授受に関し,その日時,場所及び時間を指定することができる[10]。但し,その指定は,被疑者が防禦の準備をする権利を不当に制限するようなものであつてはならない。

[規] **第30条(裁判所における接見等・法第39条)** 裁判所は,身体の拘束を受けている被告人又は被疑者が裁判所の構内にいる場合においてこれらの者の逃亡,罪証の隠滅又は戒護に支障のある物の授受を防ぐため必要があるときは,これらの者と弁護人又は弁護人を選任することができる者の依頼により弁護人となろうとする者との接見については,その日時,場所及び時間を指定し,又,書類若しくは物の授受については,これを禁止することができる。

[1]本条の趣旨 [2]身体の拘束を受けている被告人又は被疑者 [3]弁護人又は弁護人を選任することができる者の依頼により弁護人となろうとする者 [4]立会人なしの接見 [5]書類又は物の授受 [6]法令による制限 [7]接見等に関する指定の主体 [8]捜査のため必要があるとき [9]公訴の提起前 [10]接見日時等の指定方法

[1] 本条の趣旨

本条は,身柄の拘束を受けている被疑者又は被告人と弁護人等との接見及び書類・物の授受について定めており,弁護人等以外の者との接見交通等について定めた80条及び81条の特則である(弁護人については,81のいわゆる接見等禁止決定を付し得ない点,立会人なくして接見することが権利として認められている点等の相違がある。)。判例は,本条の規定は憲法34条前段に規定する弁護人依頼権の保障の趣旨に由来するものであるとする一方,接見交通権が刑罰権ないし捜査権に絶対的に優先するようなものということはできず,接見交通権の行使と捜査権の行使との間に合理的な調整を図らなければならないとし,一定の要件の下で捜査機関に接見日時等の指定権を認める本条3項本文の規定を合憲としている(最大判平11・3・24民集53・3・514)。

本条の規定形式上,接見交通の権利は被告人又は被疑者の権利とされているが,弁護人等の側にも固有権として一定の権利性を認める理解が有力である(最判昭53・7・10民集32・5・820等参照)。しかし,もとより,被疑者・被告人が接見を拒否しても弁護人の一方的な判断で接見が可能となるというような性質のものではないのであり,また,接見交通権自体が被疑者・被告人の利益のための制度であることは疑いがないことから,最終的な処分権は被疑者・被告人に属すると考えるべきである。

なお，本条は身柄拘束中の被疑者・被告人に関する規定であり，いわゆる在宅の被疑者の取調べに関しては，いつでも弁護人と面会等ができるのが当然の理であるから，本条の適用はない（福岡高判平5・11・16判時1480・82参照）。

[2] 身体の拘束を受けている被告人又は被疑者

「身体の拘束」には，刑事手続による身柄拘束を広く含むものと解され，逮捕，勾引，勾留，鑑定留置はもとより，他事件による自由刑の執行，他事件により死刑の言渡しを受けた者に対する拘置（刑11Ⅱ），換刑処分による労役場留置（刑18）も含まれる。

「被告人又は被疑者」には，身柄拘束の根拠となっている事件の被疑者・被告人のみならず，別事件で起訴されている被告人や別事件で捜査対象となっている被疑者を含む。

受刑者であっても，再審開始決定後は被告人となるから，本条の「被告人」に含まれる。再審請求中の者は，440条1項によって弁護人を選任することができるが，「被告人」ではないので，本条の適用はない。この点に関し，死刑確定者又はその再審請求弁護人が再審請求に向けた打合せをするために秘密面会の申出をした場合に，これを許さない刑事施設の長の措置は，秘密面会により刑事施設の規律及び秩序を害する結果を生ずるおそれがあると認められるなどの特段の事情がない限り，裁量権の逸脱又は濫用に当たるとした判例（最判平25・12・10民集67・9・1761）があるが，刑事収容施設及び被収容者等の処遇に関する法律121条の解釈によって結論を導いているものであって，再審請求人に本条の適用又は準用があるとしたものではない。

[3] 弁護人又は弁護人を選任することができる者の依頼により弁護人となろうとする者

「弁護人」には，いわゆる特別弁護人（31Ⅱ）を含むが，捜査段階では特別弁護人の選任を認めないのが判例（最決平5・10・19刑集47・8・67）である。

「弁護人を選任することができる者」については，30条の規定による。国選弁護人を選任する権限を有する裁判長も含む。

「弁護人となろうとする者」とは，弁護人選任権者から弁護人となる依頼を受けたが，選任手続を完了していない者をいう。被疑者・被告人以外の弁護人選任権者から依頼を受けたが，被疑者・被告人本人の意向を確認してから受任するか否かを決定しようとしている場合などが典型と考えられる。被疑者が弁護士会を指定して弁護人の選任を申し出た場合（209・78Ⅰ参照）において，その申出に応じて受任をするか否かを決するために面会しようとする弁護士も，これに準ずることとなろう。弁護士が，事前の依頼を受けず，一方的に受任を意図して面会を申し出ても，「弁護人となろうとする者」には当たらないが，そのような面会の申出を被疑者・被告人に伝達した結果，積極的に面会を希望する場合には，「弁護人となろうとする者」に準じて取り扱うのが適切であろう。

なお，「弁護人となろうとする者」との接見交通は，弁護人を受任するか否かを決定することなどを目的として認められるものであり，弁護人としての活動までをも許す趣旨ではない（東京地決昭58・5・27刑裁月報15・4＝6・343）ので，弁護人を受任するかどうかを決定し得る段階に至れば，弁護人として接見すべきであって，「弁護人となろうとす

る者」として接見することはできない。特に、弁護人についての人数制限（35，規26Ⅰ・27Ⅰ）を潜脱するなどの目的で弁護人選任届を提出せず，「弁護人となろうとする者」として接見しようとすることなどが許されないことは，むろんである（東京地決昭45・10・8判時608・176も参照）。

[4] 立会人なしの接見

(1) **意　義**　　本条1項の文言上，「立会人なくして」は「接見し」のみにかかり，「書類若しくは物の授受をする」にはかからない。「立会人」は捜査機関及び身柄拘束機関の者に限らず，一切の第三者の立会いなくして接見を認める趣旨である。しかし，被疑者・被告人及び弁護人等の同意・承諾がある場合にまで立会いを許さない趣旨ではない（下記面会接見に関し，最判平17・4・19民集59・3・563及び名古屋高判平19・7・12訟務月報54・7・1531）。

　なお，本条による接見とは別に，いわゆる面会接見を認めるべき場合について判示する判例がある（前掲最判平17・4・19）。すなわち，被疑者が検察庁に押送されており，かつ，接見日時等を指定する要件を欠く場合であっても，庁舎内において，被疑者の逃亡・罪証隠滅を防止し，戒護上の支障が生じないような設備を備えた部屋等がない場合には，弁護人等からの接見の申出を拒否しても違法ではないが，弁護人がなお即時の接見を求め，その必要性が認められる場合には，検察官は，秘密交通権が保障されないような態様の短時間の「接見」（面会接見）であってもよいかどうかについて弁護人の意向を確かめ，弁護人がこれに応じる意向を示したときは，面会接見ができるように特別の配慮をすべきであるとされている。

(2) **接見内容の聴取**　　近時，取調べにおいて接見内容を聴取した取調官の行為について，国家賠償請求訴訟を通じて適法性が争われる事案が生じており，下級審裁判例が集積している（福岡高判平23・7・1判時2127・9，その原審である佐賀地判平22・12・17訟務月報57・11・2425，鹿児島地判平20・3・24判時2008・3，京都地判平22・3・24判時2078・77等）。いずれも無制約な接見内容の聴取が許されるものではないとする点では共通していると見てよいが，福岡高判が「原則として，弁護人等との接見における供述について聴取することは禁止されている」とする（鹿児島地判も，ほぼ同じ。）のに対し，京都地判は「被疑者が被疑者自身の接見交通の秘密を害されない権利を放棄して，接見内容を捜査機関に告げることは必ずしも否定され」ないとし，佐賀地判は捜査機関による接見内容の聴取が違法となるかどうかは，聴取の目的の正当性，聴取の必要性，聴取した接見内容の範囲，聴取態様等の諸般の事情を考慮して決すべきものであり，被疑者が自由な意思に基づいて接見内容を供述した場合には，その秘密性は低減するとしているなど，許容される具体的な範囲についての判示は区々となっていて，実務上の決着を見ていない状況にある。また，本条1項は，捜査段階と公判段階とに共通して適用される規定であるところ，当事者主義及び公判中心主義の要請が働く公判段階においては，捜査機関による接見内容の聴取は原則として禁じられるとも言えようが，これらの要請が及ばず，かえって捜査機関

による真相解明の要請が強く働く捜査段階では，異なる考慮が必要となると考えられる。

　本条1項が要請しているのは立会人のない「接見」であり，文言上，接見内容が捜査機関に聴取されないことまで保障しているわけではない。このことを確認した上，当面の捜査実務としては，事案の真相を解明するために被疑者に対して接見内容を聴取することが真に必要であるかを慎重に判断し，必要な場合には，その必要とされる範囲において接見内容の聴取を行うのが捜査機関の職責であるとするほかない。特に，前掲京都地判が明示しているように，被疑者が進んで接見内容を供述する場合には，これを聴取し，更に必要な発問をすることは差し支えないものと考えられるほか（この点についても，前掲福岡高判は反対であるが，現実的であるとは考え難い。），弁護人が証拠隠滅等の違法行為や不当な行為に及んでいる疑いが生じている場合，接見を契機として被疑者の供述が変遷し，その理由を確認する必要がある場合等には，接見内容を聴取することが必要であると考えられよう。

(3) **機器の持込み等**　　弁護人が接見の場に電子機器を持ち込むことの可否という問題も，顕在化している。特に，面会室内における写真撮影や動画の録画については，弁護人等による撮影を認めず，面会室へのカメラ等の持込みを禁じているのが矯正実務である（松田浩「接見時の機器等の持込みの運用」刑ジ46·53）とされ，このような措置に対して弁護人が国家賠償請求訴訟を提起している現状にあるが，現在までに知られる裁判例（東京高判平27·7·9判時2280·16，その原審である東京地判平26·11·7判時2258·46，福岡高判平29·7·20裁判所ウェブサイト，その原審である佐賀地判平28·5·13〈未〉，福岡高判平29·10·13〈未〉，その原審である福岡地小倉支判平27·2·26判時2276·15）においては，証拠保全の目的で行う撮影等は「接見」の内容に含まれないとされている。今後の判例の動向を注視する必要はあるが，本条1項の解釈に関する限り，「接見」とは，面接を通じて意思疎通を図ることをいうのであり，条文の文言上，写真撮影等がその範囲に含まれるとは解し難いところである。

[5]　**書類又は物の授受**

　「書類」と「物」とを峻別する実益はなく，本条2項で「物」と規定されている中には書類も含まれる。この授受の際には立会人を置くことができ，立会人のない接見の際に書類又は物の授受をすることは，許されない。

[6]　**法令による制限**

　本条2項の法令としては，刑事収容施設及び被収容者等の処遇に関する法律（刑事施設に関し同法44·46·50·117·118，同規則70，留置施設に関し同法191·193·197·219·220·222·224等）及び規30条を挙げ得るとされている。もっとも，弁護人との接見交通権が本条1項の規定によって認められるものであるから，他の法律及びその委任を受けた下位法令によって制限されることがあり得ること自体は当然であり，その意味では2項は注意的な規定にすぎない。むしろ，その他の法形式（本条に直接規定のある最高裁判所規則のほか，法律の直接の委任によらない政省令等）によっても制限を可能としたところに意味があろう。

これらの制限は、「被告人又は被疑者の逃亡、罪証の隠滅又は戒護に支障のある物の授受を防ぐため」のものであって、他の捜査上の必要から行われるべきものではない。

［7］接見等に関する指定の主体

本条1項の接見又は授受に関して、日時、場所及び時間を指定することができるのは、法文上、「検察官、検察事務官又は司法警察職員」であるが、検察官への事件送致前には司法警察員が指定を行い、送致後には検察官がこれを行うのが確立した実務上の取扱いである。警察署に勾留中の被疑者について、検察官による指定の有無を確認するため、既に開始した接見を中断させた措置が違法ではないとする判例がある（最判平12・3・17裁集民197・433、最判平16・9・7裁集民215・91）。

［8］捜査のため必要があるとき

被疑者は最も重要な捜査対象者であって、適時に取調べや実況見分への立会いなどを行う必要がある一方、公訴提起前の身柄拘束期間には厳格な規律があることなどから、必要な捜査を円滑に行うためには、弁護人等の接見との間で調整を図る必要が生じるため、本条3項が設けられている。

接見日時等を指定し得る要件である「捜査のため必要があるとき」の意義を巡っては、①限定説（捜査機関において被疑者を取調べ中であるとか、被疑者が実況見分等への立会い中であるなど、捜査のため身柄を現に必要としており、接見等が不可能な場合に限って指定ができるとする。）、②準限定説（①に加えて、取調べ等の予定がある場合にも指定ができるとする。）、③捜査全般説（①や②のような制限なく、罪証隠滅の防止等を含む捜査全般の必要性から指定ができるとする。）の対立が見られたとされ、本条3項本文の文言や同項ただし書が別途防御権を不当に制限するものであってはならないとする留保を付していることからすると、③説の理解が素直ではある。もっとも、この点については、判例を通じて解決が図られており、「刑訴法39条の立法趣旨、内容に照らすと、捜査機関は、弁護人等から被疑者との接見等の申出があったときは、原則としていつでも接見等の機会を与えなければならないのであり、……『捜査のため必要があるとき』とは、右接見等を認めると取調べの中断等により捜査に顕著な支障が生ずる場合に限られ（る）……ものと解すべきである。そして、弁護人等から接見の申出を受けた時に、捜査機関が現に被疑者を取調べ中である場合や、実況見分、検証等に立ち会わせている場合、また、間近い時に右取調べ等をする確実な予定があって、弁護人等の申出に沿った接見等を認めたのでは、右取調べ等が予定どおり開始できなくなるおそれがある場合などは、原則として右にいう取調べの中断等により捜査に顕著な支障が生ずる場合に当たると解すべきである。」とされた（最大判平11・3・24民集53・3・514）。すなわち、（Ⅰ）接見等を認めると取調べの中断等により捜査に顕著な支障が生ずる場合に接見等の指定ができること、（Ⅱ）その具体例として、捜査機関が現に被疑者を取調べ中である場合のほか、間近い時に取調べ等をする確実な予定があって、申出どおりの接見を認めると予定変更を余儀なくされるような場合には、原則として「捜査に顕著な支障」が認められることが示されたといえる。これによって、（Ⅰ）

にいう捜査の「顕著な支障」の具体的内容として，取調べ等の確実な予定がある場合が含まれることが明示され，前記限定説（①）が排斥されたことは明らかであるが，罪証隠滅のおそれ等のある場合を含むか否かについては，なお議論があるとされる（河上=河村・大コメ刑訴1・457，廣瀬・裁判例コメ刑訴1・168）。さらに，判例は，昼食時間を挟んで被疑者の取調べが予定されている場合に，昼食時間中又は昼食時間の終了直後に接見日時を指定することは取調べの中断等により捜査に顕著な支障を生じるとして，接見日時を翌日に指定しようとした検察官の措置を適法としている（最判平12・2・24裁集民196・841）。

また，逮捕直後の初回の接見については，捜査に顕著な支障を生じるのを避けることが可能である場合には，特段の事情がない限り，逮捕直後に行われるべき手続を終えた後，比較的短時間であっても，時間を指定した上で，即時あるいは接見の申出から近接した日時に接見を認める措置を採るべきであるとされる（最判平12・6・13民集54・5・1635）。

なお，取調べ中に弁護人から接見の申出があった場合の対応について，検察庁においては，平20・5・1次長検事依命通達「取調べの適正を確保するための逮捕・勾留中の被疑者と弁護人等との間の接見に対する一層の配慮について」が発せられ，検察官の取調べ中等に弁護人等から接見の申出があった場合，現に取調べ中であっても，遅くとも直近の食事又は休憩の際に接見の機会を与えるように配慮することなどを求めており，検察庁内部における指針とされているが，本条3項に基づく検察官の権限行使を法的に制約するものではない。警察庁においては，平20・5・8警察庁刑事局長通達として，同名の通達が発せられている。

［9］ 公訴の提起前

接見日時等の指定ができるのは公訴の提起前に限られ，余罪捜査の必要があっても，起訴後には指定をすることができない（最決昭41・7・26刑集20・6・728）。しかし，起訴前の余罪についての逮捕・勾留が競合している場合には，被告事件について防御権の不当な制約に当たらない限り，指定権を行使することができる（最決昭55・4・28刑集34・3・178）。このことは，被告事件についてのみ選任された弁護人との関係でも，同様である（最決平13・2・7裁集刑280・115）。

［10］ 接見日時等の指定方法

指定の方法は適宜のもので足り，指定書を発して書面による方法のほか，電話等を利用して口頭によること，ファクシミリによることなどが考えられる。現在の検察実務においては，勾留中の被疑者について指定権を行使することがあると認める場合には，あらかじめ，刑事施設等の長に対して，「接見等に関する通知書」を発し，接見等に関する指定を受けていない弁護人等が接見の申出をした際には，検察官が指定権を行使するかどうかの判断をする機会を確保するため，刑事施設等の長から検察官に連絡をし，その連絡を受けた検察官において，接見日時等の指定を行うか否かを判断することとされている。

82 　　39条，40条

　弁護人から接見の申出を受けた者が接見日時等の指定につき権限のある捜査官でない場合には，その権限を有する捜査官に連絡してその措置について指示を受けるなどの手続を要する間，弁護人が待機させられ，その間接見ができなかったとしても，合理的な範囲内にとどまる限り許され（最決平3・5・31裁集民163・47），具体的な事情の下で，留置係官から連絡を受けた検察官が接見指定をしない旨の回答をするまでに要した時間が40分から45分にわたっても，合理的な時間内になされたものと認められたものがある（前掲最決平16・9・7）。他方，警察官が，弁護人からの接見申出があることを聴いた後，接見日時等の指定を行うことなく約10分間取調べを続けた後に接見をさせた事案で，即時の接見をさせたとはいえず違法であると判断した裁判例（大阪地判平22・9・15判時2096・106）もあるところ，接見指定を行うか否かの判断及びこれを行わない場合における接見は，いずれも速やかに行われなければならない。　　　　　　　　　　　　　　〔加藤俊治〕

第40条 [1] 〔書類・証拠物の閲覧・謄写〕　弁護人は，公訴の提起後 [2] は，裁判所において [3]，訴訟に関する書類及び証拠物 [4] を閲覧し，且つ謄写することができる。但し，証拠物を謄写するについては，裁判長の許可を受けなければならない [5]。

2　前項の規定にかかわらず，第157条の6第4項に規定する記録媒体は，謄写することができない [6]。

　　[規]　第31条（弁護人の書類の閲覧等・法第40条）　弁護人は，裁判長の許可を受けて，自己の使用人その他の者 [7] に訴訟に関する書類及び証拠物を閲覧又は謄写させることができる。

　　　　第301条 [8] （書類，証拠物の閲覧等）　裁判長又は裁判官は，訴訟に関する書類及び証拠物の閲覧又は謄写について，日時，場所及び時間を指定することができる。

　　　2　裁判長又は裁判官は，訴訟に関する書類及び証拠物の閲覧又は謄写について，書類の破棄その他不法な行為を防ぐため必要があると認めるときは，裁判所書記官その他の裁判所職員をこれに立ち会わせ，又はその他の適当な措置を講じなければならない。

[1] 弁護人の書類・証拠物の閲覧・謄写権

　本条は，弁護人の書類・証拠物の閲覧・謄写権を定めたものである。

　弁護人の固有権の一つであり，本条に基づく閲覧・謄写権は被告人には認められない。弁護人のない場合の被告人の公判調書の閲覧権については49条参照。

[2] 閲覧・謄写の時期

　弁護人の閲覧・謄写権は起訴後に限られ，起訴前には勾留関係や証人尋問等に関する書類も閲覧・謄写することはできない。例外として，証拠保全の処分に関する書類及び

証拠物については，起訴前でも閲覧・謄写権が認められている (180)。

[3] 閲覧・謄写の場所

　閲覧・謄写の場所は裁判所に限られ，持出しができない。これに対し，検察官は，裁判所構外での閲覧・謄写が認められている (270の解説[3]参照)。これは，検察官の公益の代表者としての立場を考慮したものと考えられる。

[4] 閲覧・謄写の対象

　訴訟に関する書類及び証拠物であり，裁判所が保管しているものに限られる。公判調書その他の手続関係書類，証人尋問調書，証拠調べが終わって310条により裁判所に提出された証拠書類及び証拠物，身柄関係書類等が含まれる。取寄決定により取り寄せた記録や提出命令により押収した証拠物等は，証拠調べ前であっても，閲覧・謄写の対象となる。検察官，司法警察職員等の捜査機関の手持ち証拠は，本条の対象とはならず，証拠開示の問題となる。

[5] 証拠物の謄写

　証拠物の謄写については，裁判長の許可が必要である。検察官の場合は，裁判長の許可を必要としない (270Ⅰ)。証拠物の非代替性及び高い証拠価値に着目し，被告人の利益を代弁する立場にある弁護人による謄写については，裁判長の許可にかからしめることとしたものである。

[6] ビデオリンク方式により記録された記録媒体

　ビデオリンク方式により記録された記録媒体は，証人のプライバシー，名誉，心情が害される度合いが大きいことから，閲覧のみができ，謄写はできないこととされた。なお，検察官も謄写できない (270Ⅱ)。

[7] 弁護人の使用人その他の者

　弁護人は，裁判長の許可を受けて，自己の使用人 (例えば，法律事務所の事務職員等) その他の者 (例えば，謄写業者等) に閲覧・謄写を行わせることができ，実務上もその例が多い。弁護人の便宜を図った規定である (規31)。

[8] 閲覧・謄写の日時等の指定等

　規301条は検察官，弁護人及び被告人のいずれの閲覧・謄写についても適用され，2項は特に被告人の閲覧 (49) の場合を想定した規定と考えられる。　　　　　〔戸苅左近〕

第41条 [1] 〔独立行為権〕　弁護人は，この法律に特別の定 [2] のある場合に限り，独立して [3] 訴訟行為をすることができる。

[1] 弁護人の権限

　弁護人は，法律に特別の定めがなくても，被疑者・被告人のなし得る訴訟行為で性質上代理に親しむものについては，全て被疑者・被告人を代理して行う権限を有する。こ

れは包括的代理権と呼ばれ，当該訴訟行為についての個別の授権がなくても被疑者・被告人を代理してこれを行うことができるが，代理権である以上は，被疑者・被告人の明示又は黙示の意思に反してすることはできない。

他方，被疑者・被告人の保護者的立場で，法律の専門家として訴訟活動を行う弁護人としては，被疑者・被告人の意思に拘束されるとすることが被疑者・被告人の利益にならない場合がある。本条は，このような趣旨から，上記のとおり弁護人が包括的代理権を有することを前提とした上で，特別の定めがある場合には，弁護人が被疑者・被告人の意思から独立して訴訟行為をすることができるとしたものである。

［2］ 特別の定め

弁護人が被疑者・被告人の意思から独立して行うことが許される場合についての特別の定めとしては，その性質上，①代理権ではあるが，被疑者・被告人の意思にかかわりなく独立して行使できる権限（独立代理権）と，②弁護人自身の権限として法が定めているもの（固有権）に分けられる。

①は，(ア)被疑者・被告人の明示の意思に反しても行使できるものとして，勾留理由開示請求（82Ⅱ），勾留取消請求（87Ⅰ），保釈請求（88Ⅰ・91Ⅰ），証拠保全請求（179Ⅰ），公判期日変更請求（276Ⅰ），証拠調べ請求（298Ⅰ），異議申立て（309ⅠⅡ），控訴審における事実取調べ請求（393Ⅰ）等があり，(イ)被疑者・被告人の明示の意思に反しては行使できないが黙示の意思に反してもできるものとして，忌避申立て（21Ⅱ），上訴申立て（355・356）等がある。②は，(ア)弁護人が被疑者・被告人と重複して権限を有するものとして，差押え・捜索の立会い（113Ⅰ），検証の立会い（142・113Ⅰ），証人尋問の立会い（157Ⅰ）及び尋問（157Ⅲ・304Ⅱ），第1回公判期日前の証人尋問の立会い（228Ⅱ），冒頭陳述（規198Ⅰ），最終弁論（293Ⅱ，規211）等があり，(イ)弁護人のみが権限を有するものとして，接見交通権（39Ⅰ），書類・証拠物の閲覧・謄写権（40Ⅰ・180Ⅰ），鑑定の立会い（170），上訴審における弁論（388・414）等がある。

なお，弁護人からの証拠開示命令請求の棄却決定に対する即時抗告の提起期間は弁護人に同決定謄本が送達された日から進行するとした判例（最決平23・8・31刑集65・5・935）は，請求の主体が弁護人であり，請求が認められた場合に証拠開示を受ける相手として予定されているのも弁護人であるという当該証拠開示命令請求の形式に加え，公判前整理手続における証拠開示制度の趣旨，内容も踏まえ，弁護人において証拠開示命令請求棄却決定を受けたものと解したことによるものであるとされるが（野原俊郎・判例解説（刑）平23・119），検察官手持ち証拠の証拠開示請求権（316の15等）及びそれに関する裁定請求権（316の26Ⅰ）が②弁護人の固有権と解する見解と親しむ。

［3］ 「独立して」

被疑者・被告人の意思から独立して，かかわりなく，という意味である。被疑者・被告人の意思に拘束される包括代理権と異なる点である。ただし，独立代理権の中には，被疑者・被告人の明示の意思に反しては行使できないものもある（［2］参照）。〔戸苅左近〕

第42条 [1]〔補佐人〕 被告人[2]の法定代理人，保佐人，配偶者，直系の親族及び兄弟姉妹[3]は，何時でも補佐人となることができる。

2　補佐人となるには，審級ごとにその旨を届け出なければならない[4]。

3　補佐人は，被告人の明示した意思に反しない限り，被告人がすることのできる訴訟行為をすることができる[5]。但し，この法律に特別の定[6]のある場合は，この限りでない。

[規]　第32条（補佐人の届出の方式・法第42条）　補佐人となるための届出は，書面[7]でこれをしなければならない。

[1] 補佐人制度

補佐人制度は，被告人と一定の身分関係がある者を補佐人として，その特別な身分関係から情誼上被告人を保護するものである。これに対し，弁護人は，法律の専門家としての立場で被告人を保護するものである。なお，補佐人は，保佐人（民876以下）とは異なる。

[2] 対　象

被告人のみであり，被疑者は含まれない。

[3] 補佐人となり得る者

本人以外の弁護人選任権者（30Ⅱ）と同じである。

[4] 届　出

審級ごとに（その意味については32の解説[3]参照）書面で届け出る（規32）。自ら届け出ることにより補佐人となるのであり，被告人の選任によるものではない。

[5] 補佐人の権限

被告人の明示の意思に反しない限り，被告人のなし得る訴訟行為は補佐人も独立して行うことができる。被告人の黙示の意思には反してもよい。

[6] 特別の定め

360条がこれに当たり，353条，354条に規定する者以外の補佐人は，上訴の放棄・取下げをすることができないと解されている。

[7] 届け出る書面

補佐人となるのは被告人の選任によるものではないから，届け出る書面に被告人との連署は要しない。

〔戸苅左近〕

第5章 裁 判

第43条 [1]〔判決，決定・命令〕 判決 [2] は，この法律に特別の定 [3] のある場合を除いては，口頭弁論 [4] に基いてこれをしなければならない。

2　決定 [5] 又は命令 [6] は，口頭弁論に基いてこれをすることを要しない。

3　決定又は命令をするについて必要がある場合には，事実の取調 [7] をすることができる。

4　前項の取調は，合議体の構成員にこれをさせ，又は地方裁判所，家庭裁判所若しくは簡易裁判所の裁判官にこれを嘱託することができる。

[規]　第33条（決定，命令の手続・法第43条）　決定は，申立により公判廷でするとき，又は公判廷における申立によりするときは，訴訟関係人の陳述を聴かなければならない。その他の場合には，訴訟関係人の陳述を聴かないでこれをすることができる。但し，特別の定のある場合は，この限りでない。

2　命令は，訴訟関係人の陳述を聴かないでこれをすることができる。

3　決定又は命令をするについて事実の取調をする場合において必要があるときは，法及びこの規則の規定により，証人を尋問し，又は鑑定を命ずることができる。

4　前項の場合において必要と認めるときは，検察官，被告人，被疑者又は弁護人を取調又は処分に立ち会わせることができる。

第34条（裁判の告知）　裁判の告知は，公判廷においては，宣告によつてこれをし，その他の場合には，裁判書の謄本を送達してこれをしなければならない。但し，特別の定 [8] のある場合は，この限りでない。

第35条（裁判の宣告）　裁判の宣告は，裁判長がこれを行う。

2　判決の宣告をするには，主文及び理由を朗読し，又は主文の朗読と同時に理由の要旨を告げなければならない。

3　法第290条の2第1項又は第3項の決定があつたときは，前項の規定による判決の宣告は，被害者特定事項を明らかにしない方法でこれを行うものとする。

4　法第290条の3第1項の決定があつた場合における第2項の規定による判決の宣告についても，前項と同様とする。この場合において，同項中「被害者特定事項」とあるのは「証人等特定事項」とする。

第53条（裁判書の作成）　裁判をするときは，裁判書を作らなければならない。但し，決定又は命令を宣告する場合には，裁判書を作らないで，これを調書に記載させることができる。

43条　　　　　　　　　　　　　　　　　　　　　　　　　　　　　87

第54条（裁判書の作成者）　裁判書は，裁判官がこれを作らなければならない。

第55条（裁判書の署名押印）　裁判書には，裁判をした裁判官が，署名押印しなければ
　　ならない。裁判長が署名押印することができないときは，他の裁判官の１人が，その
　　事由を附記して署名押印し，他の裁判官が署名押印することができないときは，裁判
　　長が，その事由を附記して署名押印しなければならない。

第56条（裁判書の記載要件）　裁判書には，特別の定[9]のある場合を除いては，裁判
　　を受ける者の氏名，年齢，職業及び住居を記載しなければならない。裁判を受ける者
　　が法人（法人でない社団，財団又は団体を含む。以下同じ。）であるときは，その名
　　称及び事務所を記載しなければならない。

　2　判決書には，前項に規定する事項の外，公判期日に出席した検察官の官氏名を記載
　　しなければならない。

第57条（裁判書等の謄本，抄本）　裁判書又は裁判を記載した調書の謄本又は抄本は，原
　　本又は謄本によりこれを作らなければならない。

　2　判決書又は判決を記載した調書の抄本は，裁判の執行をすべき場合において急速を
　　要するときは，前項の規定にかかわらず，被告人の氏名，年齢，職業，住居及び本籍，
　　罪名，主文，適用した罰条，宣告をした年月日，裁判所並びに裁判官の氏名を記載し
　　てこれを作ることができる。

　3　前項の抄本は，判決をした裁判官がその記載が相違ないことを証明する旨を附記し
　　て認印したものに限り，その効力を有する。

　4　前項の場合には，第55条後段の規定を準用する。ただし，署名押印に代えて認印す
　　ることができる。

　5　判決書に起訴状その他の書面に記載された事実が引用された場合には，その判決書
　　の謄本又は抄本には，その起訴状その他の書面に記載された事実をも記載しなければ
　　ならない。但し，抄本について当該部分を記載することを要しない場合は，この限り
　　でない。

　6　判決書に公判調書に記載された証拠の標目が引用された場合において，訴訟関係人
　　の請求があるときは，その判決書の謄本又は抄本には，その公判調書に記載された証
　　拠の標目をも記載しなければならない。

[1]　本条の趣旨

　裁判とは，裁判所や裁判官が訴訟上行った判断や意思表示である。本条は，その形式
として①判決，②決定，③命令の３種があることを明らかにし，その手続等の基本的な
事項を定めている。

[2]　判　決

　判決は，裁判所が主体となって行う裁判形式の一つである。裁判は，その内容面から
は，当該訴訟を終結させるものかどうか（終局裁判／終局前の裁判），事件の内容まで判断

するものかどうか（実体裁判／形式裁判）などの観点で分類されるが，判決は，終局裁判の多くに採用され（例外として，裁判員裁判における部分判決〔裁判員78・79〕，上告審の訂正判決〔415〕），実体裁判，形式裁判の双方がある。

判決は，本条1項により口頭弁論に基づき行う必要があり，その告知方法も公判廷における宣告という方法に限られている（342・404・414，規34）。宣告は，裁判長が，主文及び理由を朗読するか，主文の朗読と同時に理由の要旨を告げる方法によらなければならず（規35ⅠⅡ），常に判決書の作成が必要である（規53本。例外として，規219の調書判決の場合）。判決書の作成方式及び記載要件については規54条，55条，56条に規定がある（署名押印が必須）。民訴法252条のように判決書原本に基づく言渡しは要求されておらず，宣告時に判決書原本まで作成されている必要はないと解され（最判昭25・11・17刑集4・11・2328参照），実務上も判決書の草稿に基づいて判決を宣告し，判決書原本は宣告後に作成する取扱いが多い。宣告内容の誤りを正すために判決の宣告をやり直すことが許されるのは，判決宣告のための公判期日終了時までであるとする判例（最判昭51・11・4刑集30・10・1887）がある。ここでいう「判決宣告のための公判期日終了時」がいつの時点を指すかは，事例ごとに判断することになるが，基本的には裁判官か訴訟関係人のいずれかが法廷から退廷した場合には公判期日終了とみることになろう（最判昭47・6・15刑集26・5・341，最決平19・6・19刑集61・4・369参照）。なお，刑事事件には民訴法257条のような更正決定を許す規定がないが，実務上，明白な誤記に関しては更正決定をすることが可能と解され，そのような取扱いもされている。

判決に対する不服申立ては，終局裁判に対する上訴（372・405）又は判決訂正（415）の方法によることとなる。

[3] 口頭弁論を要しない「特別の定」

いずれも上告審に関するものであるが，上告の申立ての理由がないことが明らかであると認める場合に弁論を経ないで上告棄却の判決を宣告できるとする408条や，上告審の判決を訂正する判決については弁論を経ずに行うことができるとする416条がこれに当たる。

[4] 口頭弁論

ここでいう「口頭弁論」とは，当事者が公判裁判所の面前で行う主張立証等の訴訟行為（狭義の口頭弁論）のみならず，それと結合して行われる公判裁判所の訴訟指揮や裁判などの行為を広く含む（広義の口頭弁論）と解される。口頭弁論に「基づく」とは，当該事件の口頭弁論の全てを踏まえて判決を言い渡さなければならないという趣旨であり，審理に関与しなかった裁判官が判決書に署名押印したことが本規定に反し違法であるとして破棄差戻しをした最判昭25・3・30刑集4・3・454，判決宣告期日として指定された公判期日に弁論を再開して証拠調べを行ったにもかかわらず，判決書がそれ以前の日付で作成されていた事件に関し，弁論再開後の口頭弁論に基づかないで判決をした違法があるとして破棄差戻しをした最判昭41・2・24刑集20・2・49がある。

43条　89

[5] 決 定

　決定は，裁判所が主体となって行う裁判で，判決以外のものをいう。①本案の終局裁判のうち，判決の形式が採用されていないごく一部のもの（公訴棄却の決定〔339・403〕，上訴審における控訴・上告棄却の決定〔385・386・414〕）のほか，②本案の終局前の裁判のうち，訴訟手続に関する裁判や，第1回公判後の勾留に関する裁判など，裁判所が主体となって行うもののほとんどが決定の形式によっている。また，本案終局（確定）後の裁判としても，刑の執行猶予取消し，再審関係，訴訟費用執行免除，費用補償などについて，決定の形式が採用されている。

　決定は，口頭弁論に基づくことは要しない。ただし，当事者の申立てが公判廷で行われるとき，あるいは，当事者の申立てに基づく裁判所の決定が公判廷で行われるときには，訴訟関係人の陳述を聴いた上で決定をしなければならない（規33Ⅰ本）。また，個々の具体的規定において，決定に先立ち，訴訟関係人の陳述ないし意見を聴取しなければならないと規定されている場合も少なからずあり（身柄に関する61・92，期日変更に関する276Ⅱなど），その場合は聴取が必要である。その余の場合は意見聴取は不要だが，実務上は急速を要する場合などを除き，当事者の意見を聴取することが多い。

　決定の告知は，①公判廷で宣告するか，②裁判書（決定書）の謄本を送達する方法で行われる（規34）。例外として，通知で足りるとされる場合（65Ⅲ，規191Ⅱ）には謄本送達は不要であり，実務上，電話や口頭告知などの方法が用いられている。決定に当たり令状を発付することを要する場合（勾留状に関する62，鑑定留置状に関する167Ⅱなど）は，執行の際の原本の提示が告知に当たる（73・167Ⅴなど）。決定書の作成方式及び記載要件については規54条・55条・56条に規定があり，記名押印方式が用いられる。公判廷で宣告する場合には決定書の作成は不要で，公判調書に記載すれば足りる（規53但）。

　不服申立ては，証拠調べに関するものについては309条1項による異議の申立てにより，その余の決定については，第1審裁判所の決定に対しては即時抗告又は通常抗告（419参照）の方法により，高等裁判所の決定に対しては並行異議の申立て（428参照）により，それぞれ行うこととなる。最高裁判所の決定に対する不服申立ては，上告棄却決定に対する異議申立て（414・386Ⅱ・385Ⅱ）が判例上認められている（最決昭36・7・5刑集15・7・1051）が，その余の最高裁の終局決定や上告審の手続の中でされた決定に対する不服申立ては原則として不適法な申立てと解され（最決昭23・1・28刑集2・1・14，特別抗告棄却決定に関する最決昭30・6・7裁集刑106・75，判決訂正申立て棄却決定に関する最大決昭36・10・3裁集刑139・513など），実務上も立件すらされない場合がほとんどである。

[6] 命 令

　命令は，裁判所以外のもの（裁判長又は裁判官）が主体となって行う裁判の総称である。裁判長が主体になる命令として，急速を要する場合の勾留等に関する処分（69），訴訟指揮権に基づく処分（294）や法廷の秩序維持のための処分（288）などが，裁判官が主体となる命令として，捜査段階の令状の発付（199など），起訴前の証人尋問（226・227），

90　　　　　　　　　　　　　　43条，44条

証拠保全（179Ⅰ），第1回公判期日前の勾留に関する処分（280Ⅰ），受命裁判官・受託裁判官が主体となる証人尋問などの処分（125・142・163・171）などがある。

　命令は，口頭弁論に基づくことを要さないし，具体的な規定がある場合（勾留質問に関する207，保釈の許否に関する92Ⅰ）を除き，訴訟関係人の陳述を聞く必要もない（規33Ⅱ）。告知方法や裁判書の作成方法は決定のそれと同様である。

　裁判長の命令のうち，訴訟指揮や法廷の秩序維持に関する処分に対しては309条2項の異議申立てができ，その処分が証拠調べに関するものである場合には309条1項の異議申立てができる。裁判官の命令に対する不服申立ては，429条の準抗告による。

［7］事実の取調べ

　事実の取調べとは，決定又は命令をするに当たって必要な事実関係を調査するための手続の総称である。規33条3項では，その方法として証人尋問及び鑑定の方法をとり得るとされ，同条4項でその際には訴訟関係人を立ち会わせることができるとされているが，方法に関するその余の規定はない。上記以外の方法もとり得るし，取り調べる資料に証拠能力も必ずしも必要とされないと解されており（松尾・条解97，朝山・注釈刑訴［第3版］1・518），実務上も，証拠書類の取調べ，関係機関に対する照会，被告人からの聴取など様々な方法が用いられている。強制処分の可否については，刑訴法第1編第8章が定める強制処分は裁判所の権限に属することを理由として，裁判所（又は受命，受託裁判官）が決定のために行う事実取調べとしての強制処分は，本条が定める証人尋問及び鑑定に限られず許されるが，裁判官が命令のために行う事実取調べとしての強制処分は，本条の規定する証人尋問及び鑑定のみに限られるとする見解が有力である（ポケット刑訴78，中山・大コメ刑訴1・508，朝山・前掲518）。実務上も，裁判官が命令のために事実取調べとして強制処分まで行わなければならない事例は見られない。

［8］裁判の告知に関する「特別の定」

　送達を全く要しない場合（規14・86の2・281・214など），被告人に対する送達を要しない場合（規219の2Ⅰ），令状の執行による場合（73以下）などが挙げられる。

［9］裁判書の作成に関する「特別の定」

　63条，64条，107条，200条等の規定がある。　　　　　　　　　　　〔矢野直邦〕

第44条 [1]〔**裁判の理由**〕　裁判には，理由を附しなければならない [2]。

　2　上訴を許さない決定又は命令 [3] には，理由を附することを要しない。但し，第428条第2項の規定により異議の申立をすることができる決定 [4] については，この限りでない。

　　［規]　**第36条（謄本，抄本の送付）**　検察官の執行指揮を要する裁判をしたときは，速やかに裁判書又は裁判を記載した調書の謄本又は抄本 [5] を検察官に送付しなければならな

い。但し，特別の定のある場合は，この限りでない。

2　前項の規定により送付した抄本が第57条第2項から第4項までの規定による判決書又は判決を記載した調書の抄本で懲役又は禁錮の刑の執行指揮に必要なものであるときは，すみやかに，その判決書又は判決を記載した調書の抄本で罪となるべき事実を記載したものを検察官に追送しなければならない。

［1］本条の趣旨

　裁判の当事者や社会に対して，当該裁判が合理的な根拠に基づくものであることを示すため，また，当該裁判に不服申立てがされた際には上訴審において原判断の当否を審査し得るようにするために，理由を付すことを要求したものである。

［2］付すべき理由の程度

　付すべき理由に関しては，有罪判決のように重要なもの（335）や略式命令のような特殊なもの（464）については記載事項を定めた規定があるが，それ以外の定めは特にない。作成者である裁判官（規54，裁判員裁判も同じ。）において，その裁判の形式（判決か，決定・命令か），種類（終局裁判か終局前の裁判か，実体裁判か形式裁判かなど）のほか，事件の内容，当事者や社会の関心の程度などに応じ，個々の裁判ごとに付すべき理由の具体性や詳細さを判断して記載することが想定されているといえ，基本的に裁判官の裁量に委ねられる。

　例えば，終局判決であれば，それは当該審級における裁判の到達点であり，そこに示される理由は，裁判の結論それ自体の正当性を訴訟当事者に示したり，上訴審における審判の対象となったりし得るだけでなく，事案によっては被害者やその遺族を含む事件関係者，更には広く一般国民の関心の対象になる場合もあるから，理由の詳細さとしても他の裁判に比べると詳しいものが一般的に要求されているといえる。この場合も，もとより理由が詳しければ詳しいほどよいわけではなく，裁判員裁判の導入に伴う刑訴法等の改正により，整理された争点に関して厳選した証拠が取り調べられ，公判廷で直接見聞きしたことに基づいて裁判所の心証が形成され（裁判員裁判であれば評議が行われ），それに基づき速やかに判決が言い渡されるという審理が実践される限り，判決で示される理由も自ずと重要な争点に絞って，結論及びそれを導いた理由を簡潔に記載するものになっていくと考えられる。なお，有罪判決に関しては，335条が，「罪となるべき事実」，「証拠の標目」，「法令の適用」，同条2項に規定する「主張に対する判断」を必要的記載事項と定めているが，実務上は，本条1項の趣旨を踏まえ，335条2項に規定する主張以外のものであっても，当事者が真摯に争っている重要な事実上ないし法律上の争点があれば，「事実認定の補足説明」や「当事者の主張に対する判断」などという項目立てをして裁判所の認定理由や判断理由を説明する取扱いがされている。また，量刑の理由は必要的記載事項に含まれていないことから，実務上，これを示さない判決書も見られるが，量刑は当事者が強い関心を寄せる事項であることから，法定刑の重い重大事件や，

社会の注目を浴びている事件，刑種の選択や執行猶予を付するかどうかが真摯に争われている事件などでは量刑理由も示される場合がほとんどである。裁判員裁判においても，量刑が裁判員の判断事項となっていることから，有罪判決では量刑理由まで例外なく示されており，その記載方法も，主文で言い渡した刑を導くに至った具体的な理由を簡潔に説明するものが多い。

　決定及び命令については，判決に比べれば，その重要性や当事者等の関心という観点からは詳しい理由を付す必要性は一定程度劣る上，迅速に結論を示す要請もあるから，一般的には判決に比べて簡潔な理由を付せば足りると解される。実務上も，各種令状においては定型的な文言が用いられているほか，勾留更新決定や保釈許可決定などは，定型的で簡潔な理由の記載のみで決定がされるものも少なくない。もっとも，決定であっても，それ自体に対して抗告等の不服申立てを許すもので，法解釈や手続上重要な論点を含むなどするものについては，抗告審における審査に備え，詳しい理由が付されるものも少なくない。また，抗告等が許されない訴訟手続に関する判決前の決定であっても，例えば違法収集証拠の主張がされている証拠に関する証拠決定など，当該基本事件の帰趨に関わる重要なもので，当事者がその結論について主張等を尽くしてきたものについては，判決と一体として上訴審における審査の対象となり得るだけでなく，説明責任の観点からも，決定の時点で詳しい理由を示す例が少なくない。

［3］上訴を許さない決定又は命令

　上訴審においてその当否が審査される余地のない決定・命令については，理由を付すまでの必要性に欠けるから，理由を付すことを不要としたものである。「上訴を許さない決定」としては，①上告審の決定，②即時抗告や通常抗告（419）も許されない決定（420 Ⅰの訴訟手続に関する判決前の決定など），③即時抗告審・通常抗告審の決定（426），④準抗告（429）を許さない命令，⑤準抗告審の決定（432・426）などが含まれる。433の特別抗告は，「上訴を許さない決定・命令」を対象とするものであるから，本条でいう「上訴」には含まれない。それゆえ，特別抗告の余地があるからといって，原決定に理由を付さないことが正当化されることにはならない。309条の異議申立てについても，その性質がもともと上訴と異なるから，ここでいう上訴には当たらないとされ（松尾・条解101），その原決定や処分につき必ずしも理由を付す必要はない。

　もとより，本条は理由を付することを要しないとしたものにすぎず，当事者や社会に対する説明責任の観点から理由を付すことは許容されている。実務上も，上告棄却決定（414・386）のような本案に関する最終的な判断や，抗告審や準抗告審の決定など当事者の関心の強い問題についての最終的な判断の場合は，理由を明示した決定がされている。なお，抗告審が原審の裁量保釈（90）の判断を覆す場合には，その判断が裁量を逸脱して不合理であることを具体的に示す必要があるとする判例（最決平26・11・18刑集68・9・1020）が示されていることとの関係で，抗告審等においてこのような判断をする場合には，原判断が裁量逸脱というほどに不合理であるとする理由について，具体的かつ説得

的に決定書に記載しておく必要がある。

[4] 428条2項の規定により異議の申立をすることができる決定

428条2項の異議の申立ては，最高裁判所の負担軽減を図る趣旨から抗告に代わるものとして設けられた上訴類似制度であるから，その原決定に対しても上訴を許す決定に準じて理由を付すべきことを要求したものである。385条2項，386条2項，403条2項にいう決定もその趣旨が及ぶと解される。

[5] 裁判書又は裁判を記載した調書の謄本又は抄本

裁判の執行は，原則として検察官の指揮により行われる (472) が，その執行指揮に当たっては，裁判書又は裁判を記載した調書の謄本又は抄本が必要となる (473)。実務上，判決の執行指揮は，判決が確定した後速やかに行われる場合が多いが，刑訴法は判決書原本に基づく言渡しを要求していないため，判決確定の時点で判決書原本が未だ作成されていない場合も想定し得る。規57条2項は，このような執行のために急速を要する場合に，「被告人の氏名，年齢，職業，住居及び本籍，罪名，主文，適用した罰条，宣告をした年月日，裁判所並びに裁判官の氏名」を書面に記載することで判決書等の抄本に代えることができるとしたもので，実務上「判決執行用抄本」と呼ばれるものである。

〔矢野直邦〕

第45条 [1] 〔判事補の権限〕 判決以外の裁判は，判事補が1人でこれをすることができる [2]。

[1] 本条の趣旨

「判事補は，他の法律に特別の定のある場合を除いて，1人で裁判をすることができない」と定める裁判所法27条1項の特則を規定した条文である。いわゆる特例判事補(在職期間5年以上になる判事補のうち最高裁判所が指名した者)は，判事補の職権の特例に関する法律により，本規定等による職権の制限を受けることはないから，結局，現状では，ここでいう「判事補」は，特例判事補としての指名がされていないいわゆる「未特例判事補」を指すこととなる。

[2] 判事補が1人でできる裁判

本条を形式的に読めば，本条により判事補が1人でできないのは「判決」であって，「決定」及び「命令」であればいずれも職権制限の対象にはならないようにも読み得る。しかし，判事補は1人で公判裁判所を構成できないこと (裁26・27Ⅰ) や，合議体の裁判長となることができないこと (裁27Ⅱ) との関係で，公判裁判所が判決前に行う決定や，再審請求に対する決定，訴訟費用執行免除の裁判などのほか，裁判長のすべき命令は，いずれも判事補が1人で行うことはできず，例えば，判事補が1人で第1回公判期日後に勾留更新の決定をした場合には，違法な更新決定として取り扱われることになる。それ

ゆえ，判事補が1人でできる裁判は，裁判官が行う命令か，あるいは，本来裁判所又は裁判長の権限とされている訴訟行為につき，受命裁判官又は受託裁判官として裁判を行う場合（163・297など）のみと解される。　　　　　　　　　　　　　　　　〔矢野直邦〕

第46条 [1] **〔謄本の請求〕** 被告人その他訴訟関係人 [2] は，自己の費用で，裁判書又は裁判を記載した調書の謄本又は抄本 [3] の交付を請求することができる [4]。

[1] 本条の趣旨

裁判の当事者やその関係人が，裁判の内容を知るため，自己の費用で裁判書の謄本や抄本を入手できるとしたものである。

なお，勾留状ないし勾引状の執行を受けた被告人及び被疑者が，勾留状等の謄本を交付請求できるとする規74条・154条の規定は，本条の特則であり，これらについては無償で謄本請求ができると解され，実務もそのように運用されている。

[2] 訴訟関係人

被告人，検察官，弁護人，法人の代表者（27），法定代理人（28），特別代理人（29），補佐人（42），代理人（283・284）のほか，被告人のために上訴できる者（353～355）も含まれ，また，被告人以外で裁判を受けた者（133・137・150・160・186・187等）も，裁判の当事者として当該裁判書の交付請求は可能であると解されている（松尾・条解77，中山・大コメ刑訴1・523など）。

[3] 裁判を記載した調書の謄本又は抄本

調書判決（規219），公判調書に記載された決定及び命令（規44Ⅰ㊺）を指す。

[4] 請求手続等

請求は，当該裁判をした裁判所に対して費用（現在のところ，請求する謄本又は抄本の用紙1枚につき60円。刑訴施10Ⅰ）を印紙で貼付して申請する。

なお，被告人が当該事件で有罪とされた被害者に対して更なる加害行為に及ぶ高度の蓋然性が認められる場合に，氏名その他の被害者特定事項についてマスキング等の措置が施されていない謄本の請求をすることが権利の濫用として制限される（当該事項を除いた抄本の限度で請求権が認められる。）こともあり得ると考えられる（299の6解説[6]参照）。

〔矢野直邦〕

第6章　書類及び送達

第47条 [1]〔訴訟書類非公開の原則〕　訴訟に関する書類 [2] は，公判の開廷前 [3] には，これを公にしてはならない [4]。但し，公益上の必要 [5] その他の事由 [6] があつて，相当と認められる場合 [7] は，この限りでない。

[規]　**第37条（訴訟書類の作成者）**　訴訟に関する書類は，特別の定のある場合を除いては，裁判所書記官がこれを作らなければならない。

第58条（公務員の書類）　官吏その他の公務員が作るべき書類には，特別の定のある場合を除いては，年月日を記載して署名押印し，その所属の官公署を表示しなければならない。

2　裁判官その他の裁判所職員が作成すべき裁判書，調書又はそれらの謄本若しくは抄本のうち，訴訟関係人その他の者に送達，送付又は交付（裁判所又は裁判官に対してする場合及び被告事件の終結その他これに類する事由による場合を除く。）をすべきものについては，毎葉に契印し，又は契印に代えて，これに準ずる措置をとらなければならない。

3　検察官，検察事務官，司法警察職員その他の公務員（裁判官その他の裁判所職員を除く。）が作成すべき書類（裁判所又は裁判官に対する申立て，意見の陳述，通知その他これらに類する訴訟行為に関する書類を除く。）には，毎葉に契印しなければならない。ただし，その謄本又は抄本を作成する場合には，契印に代えて，これに準ずる措置をとることができる。

第59条（公務員の書類の訂正）　官吏その他の公務員が書類を作成するには，文字を改変してはならない。文字を加え，削り，又は欄外に記入したときは，その範囲を明らかにして，訂正した部分に認印しなければならない。ただし，削つた部分は，これを読むことができるように字体を残さなければならない。

第60条（公務員以外の者の書類）　官吏その他の公務員以外の者が作るべき書類には，年月日を記載して署名押印しなければならない。

第60条の2　法第43条参照。

第61条（署名押印に代わる代書又は指印）　官吏その他の公務員以外の者が署名押印すべき場合に，署名することができないとき（前条第2項により記名押印することができるときを除く。）は他人に代書させ，押印することができないときは指印しなければならない。

2　他人に代書させた場合には，代書した者が，その事由を記載して署名押印しなけれ

ばならない。

[1] 本条の趣旨

訴訟に関する書類は，公判で公にされる以前は非公開を原則とすることを定めている。「訴訟に関する書類が公判開廷前に公開されることによつて，訴訟関係人の名誉を毀損し公序良俗を害しまたは裁判に対する不当な影響を引き起こすことを防止する趣旨」である（最判昭28・7・18刑集7・7・1547）。

[2] 訴訟に関する書類

被疑事件または被告事件に関して作成された書類をいい，書類の性質や内容を問わない。意思表示的文書（起訴状，裁判書，上訴申立書等），報告書的文書（検証調書，証人尋問調書，公判調書等），手続関係書類（弁護人選任届，移管通知書等），証拠書類のいずれも含まれる。裁判所，裁判官が保管している書類に限られず，検察官，弁護人，司法警察職員その他の第三者が保管しているものも含まれる。

[3] 公判の開廷前

第1回公判期日前のみに限られず，公判期日に公開されていない書類は公開が禁止される。不起訴処分となった被疑事件に関する書類は，その後起訴されるに至らない限り，非公開の状態が継続する。起訴前に勾留理由の開示が行われる際，捜査機関の持つ証拠書類を公開の法廷で読み上げることはできない。

[4] 公開禁止

不特定多数の人に対する開示は許されない。法令の範囲内（40・49・270）で開示を受けた訴訟関係人も，一般的公開の許されない書類については，これを公開することはできない。

[5] 公益上の必要

主要な事例としては，両議院の国政調査権（憲62，国会104）の行使として開示が求められる場合がある。開示の目的，必要性，開示による弊害の有無・程度等を総合的に考慮して裁判所の合理的裁量により判断する。

[6] その他の事由

公益上の必要に準じて考えられる事由をいう。実務上，交通事故等の民事訴訟が係属している裁判所からの記録の取り寄せ依頼に対し，実況見分調書，検証調書等の非代替書類に関しては，これに応じる扱いがなされている。また，犯罪被害者等の権利利益の保護を図るための刑事手続に付随する措置に関する法律により，犯罪被害者等による第1回公判期日後における記録の閲覧・謄写（犯罪被害保護3・4）や，損害賠償命令手続が民事訴訟手続へ移行する場合の刑事訴訟記録の送付（犯罪被害保護38Ⅳ・35）が規定されている。

[7] 相当と認められる場合

相当かどうかの判断は，当該書類の保管者の合理的な裁量により決定される。裁判所

においては，事件に関する記録その他書類の保管者は裁判所書記官であるが（裁60Ⅱ），この点の判断は裁判官が行う。　　　　　　　　　　　　　　　　　　〔新井紅亜礼〕

第48条 [1][5]〔**公判調書の作成と調整**〕　公判期日における訴訟手続については，公判調書[2]を作成しなければならない。

2　公判調書には，裁判所の規則の定めるところにより，公判期日における審判に関する重要な事項を記載しなければならない[3]。

3　公判調書は，各公判期日後速かに，遅くとも判決を宣告するまでにこれを整理しなければならない[4]。ただし，判決を宣告する公判期日の調書は当該公判期日後7日以内に，公判期日から判決を宣告する日までの期間が10日に満たない場合における当該公判期日の調書は当該公判期日後10日以内（判決を宣告する日までの期間が3日に満たないときは，当該判決を宣告する公判期日後7日以内）に，整理すれば足りる。

[規]　第38条（証人等の尋問調書）　証人，鑑定人，通訳人又は翻訳人の尋問については，調書を作らなければならない。

　2　調書には，次に掲げる事項を記載しなければならない。

　一　尋問に立ち会つた者の氏名

　二　証人が宣誓をしないときは，その事由

　三　証人，鑑定人，通訳人又は翻訳人の尋問及び供述並びにこれらの者を尋問する機会を尋問に立ち会つた者に与えたこと。

　四　法第157条の2第1項各号に掲げる条件により証人尋問を行つたこと。

　五　法第157条の4第1項に規定する措置を採つたこと並びに証人に付き添つた者の氏名及びその者と証人との関係

　六　法第157条の5に規定する措置を採つたこと。

　七　法第157条の6第1項又は第2項に規定する方法により証人尋問を行つたこと。

　八　法第157条の6第3項の規定により証人の同意を得てその尋問及び供述並びにその状況を記録媒体に記録したこと並びにその記録媒体の種類及び数量

　九　法第316条の39第1項に規定する措置を採つたこと並びに被害者参加人（法第316条の33第3項に規定する被害者参加人をいう。以下同じ。）に付き添つた者の氏名及びその者と被害者参加人との関係

　十　法第316条の30第4項に規定する措置を採つたこと。

　3　調書（法第157条の6第3項の規定により証人の尋問及び供述並びにその状況を記録した記録媒体を除く。次項及び第五項において同じ。）は，裁判所書記官をしてこれを供述者に読み聞かさせ，又は供述者に閲覧させて，その記載が相違ないかどうか

98　　　　　　　　　　　　　　48条

を問わなければならない。

4　供述者が増減変更を申し立てたときは，その供述を調書に記載しなければならない。

5　尋問に立ち会つた検察官，被告人，被疑者又は弁護人が調書の記載の正確性について異議を申し立てたときは，申立の要旨を調書に記載しなければならない。この場合には，裁判長又は尋問をした裁判官は，その申立についての意見を調書に記載させることができる。

6　調書には，供述者に署名押印させなければならない。

7　法第157条の6第4項の規定により記録媒体がその一部とされた調書については，その旨を調書上明らかにしておかなければならない。

第40条（速記，録音）　証人，鑑定人，通訳人又は翻訳人の尋問及び供述並びに訴訟関係人の申立又は陳述については，裁判所速記官その他の速記者にこれを速記させ，又は録音装置を使用してこれを録取させることができる。

第44条（公判調書の記載要件・法第48条）　公判調書には，次に掲げる事項を記載しなければならない。

一　被告事件名及び被告人の氏名

二　公判をした裁判所及び年月日

三　裁判所法（昭和22年法律第59号）第69条第2項の規定により他の場所で法廷を開いたときは，その場所

四　裁判官及び裁判所書記官の官氏名

五　検察官の官氏名

六　出頭した被告人，弁護人，代理人及び補佐人の氏名

七　裁判長が第187条の4の規定による告知をしたこと。

八　出席した被害者参加人及びその委託を受けた弁護士の氏名

九　法第316条の39第1項に規定する措置を採つたこと並びに被害者参加人に付き添つた者の氏名及びその者と被害者参加人との関係

十　法第316条の39第4項又は第5項に規定する措置を採つたこと。

十一　公開を禁じたこと及びその理由

十二　裁判長が被告人を退廷させる等法廷における秩序維持のための処分をしたこと。

十三　法第291条第4項の機会にした被告人及び弁護人の被告事件についての陳述

十四　証拠調べの請求その他の申立て

十五　証拠と証明すべき事実との関係（証拠の標目自体によつて明らかである場合を除く。）

十六　取調べを請求する証拠が法第328条の証拠であるときはその旨

十七　法第309条の異議の申立て及びその理由

十八　主任弁護人の指定を変更する旨の申述

十九　被告人に対する質問及びその供述

二十　出頭した証人，鑑定人，通訳人及び翻訳人の氏名

二十一　証人に宣誓をさせなかつたこと及びその事由

二十二　証人，鑑定人，通訳人又は翻訳人の尋問及び供述

二十三　証人その他の者が宣誓，証言等を拒んだこと及びその事由

二十四　法第157条の2第1項各号に掲げる条件により証人尋問を行つたこと。

二十五　法第157条の4第1項に規定する措置を採つたこと並びに証人に付き添つた者の氏名及びその者と証人との関係

二十六　法第157条の5に規定する措置を採つたこと。

二十七　法第157条の6第1項又は第2項に規定する方法により証人尋問を行つたこと。

二十八　法第157条の6第3項の規定により証人の同意を得てその尋問及び供述並びにその状況を記録媒体に記録したこと並びにその記録媒体の種類及び数量

二十九　裁判長が第202条の処置をしたこと。

三十　法第326条の同意

三十一　取り調べた証拠の標目及びその取調べの順序

三十二　公判廷においてした検証及び押収

三十三　法第316条の31の手続をしたこと。

三十四　法第335条第2項の主張

三十五　訴因又は罰条の追加，撤回又は変更に関する事項（起訴状の訂正に関する事項を含む。）

三十六　法第292条の2第1項の規定により意見を陳述した者の氏名

三十七　前号に規定する者が陳述した意見の要旨

三十八　法第292条の2第6項において準用する法第157条の4第1項に規定する措置を採つたこと並びに第35号に規定する者に付き添つた者の氏名及びその者と同号に規定する者との関係

三十九　法第292条の2第6項において準用する法第157条の5に規定する措置を採つたこと。

四十　法第292条の2第6項において準用する法第157条の6第1項又は第2項に規定する方法により法第292条の2第1項の規定による意見の陳述をさせたこと。

四十一　法第292条の2第8項の規定による手続をしたこと。

四十二　証拠調べが終わつた後に陳述した検察官，被告人及び弁護人の意見の要旨

四十三　法第316条の38第1項の規定により陳述した被害者参加人又はその委託を受けた弁護士の意見の要旨

四十四　被告人又は弁護人の最終陳述の要旨

四十五　判決の宣告をしたこと。

四十六　法第299条の5第1項の規定による裁定に関する事項

四十七　決定及び命令。ただし，次に掲げるものを除く。

　　イ　被告人又は弁護人の冒頭陳述の許可（第198条）

　　ロ　証拠調べの範囲，順序及び方法を定め，又は変更する決定（法第157条の2第1項又は第157条の3第1項の請求に対する決定を除く。）（法第297条）

　　ハ　被告人の退廷の許可（法第288条）

　　ニ　主任弁護人及び副主任弁護人以外の弁護人の申立て，請求，質問等の許可（第25条）

　　ホ　証拠決定についての提示命令（第192条）

　　ヘ　速記，録音，撮影等の許可（第47条及び第215条）

　　ト　証人の尋問及び供述並びにその状況を記録媒体に記録する旨の決定（法第157条の6第3項）

　　チ　証拠書類又は証拠物の謄本の提出の許可（法第310条）

四十八　公判手続の更新をしたときは，その旨及び次に掲げる事項

　　イ　被告事件について被告人及び弁護人が前と異なる陳述をしたときは，その陳述

　　ロ　取り調べない旨の決定をした書面及び物

四十九　法第350条の22第1号若しくは第2号に該当すること又は法第291条第4項の手続に際し，被告人が起訴状に記載された訴因について有罪である旨の陳述をしなかつたことを理由として即決裁判手続の申立てを却下したときは，その旨

五十　法第350条の25第1項第1号，第2号又は第4号に該当すること（同号については，被告人が起訴状に記載された訴因について有罪である旨の陳述と相反するか又は実質的に異なつた供述をしたことにより同号に該当する場合に限る。）となつたことを理由として法第350条の22の決定を取り消したときは，その旨

2　前項に掲げる事項以外の事項であつても，公判期日における訴訟手続中裁判長が訴訟関係人の請求により又は職権で記載を命じた事項は，これを公判調書に記載しなければならない。

第44条の2（公判調書の供述の記載の簡易化・法第48条）　訴訟関係人が同意し，且つ裁判長が相当と認めるときは，公判調書には，被告人に対する質問及びその供述並びに証人，鑑定人，通訳人又は翻訳人の尋問及び供述の記載に代えて，これらの者の供述の要旨のみを記載することができる。この場合には，その公判調書に訴訟関係人が同意した旨を記載しなければならない。

第45条（公判調書の作成の手続・法第48条）　公判調書については，第38条第3項，第4項及び第6項の規定による手続をすることを要しない。

2　供述者の請求があるときは，裁判所書記官にその供述に関する部分を読み聞かせなければならない。尋問された者が増減変更の申立をしたときは，その供述を記載させなければならない。

第46条（公判調書の署名押印，認印・法第48条） 公判調書には，裁判所書記官が署名押印し，裁判長が認印しなければならない。

2 裁判長に差し支えがあるときは，他の裁判官の1人が，その事由を付記して認印しなければならない。

3 地方裁判所の1人の裁判官又は簡易裁判所の裁判官に差し支えがあるときは，裁判所書記官が，その事由を付記して署名押印しなければならない。

4 裁判所書記官に差し支えがあるときは，裁判長が，その事由を付記して認印しなければならない。

第47条（公判廷の速記，録音） 公判廷における証人，鑑定人，通訳人又は翻訳人の尋問及び供述，被告人に対する質問及び供述並びに訴訟関係人の申立又は陳述については，第40条の規定を準用する。

2 検察官，被告人又は弁護人は，裁判長の許可を受けて，前項の規定による処置をとることができる。

第49条（調書への引用） 調書には，書面，写真その他裁判所又は裁判官が適当と認めるものを引用し，訴訟記録に添附して，これを調書の一部とすることができる。

第49条の2（調書の記載事項別編てつ） 調書は，記載事項により区分して訴訟記録に編てつすることができる。この場合には，調書が一体となるものであることを当該調書上明らかにしておかなければならない。

第52条（公判調書の整理・法第48条等） 法第48条第3項ただし書の規定により公判調書を整理した場合には，その公判調書の記載の正確性についての異議の申立期間との関係においては，その公判調書を整理すべき最終日にこれを整理したものとみなす。

第52条の2（公判準備における証人等の尋問調書） 公判準備において裁判所，受命裁判官又は受託裁判官が証人，鑑定人，通訳人又は翻訳人を尋問する場合の調書については，被告人又は弁護人が尋問に立ち会い，且つ立ち会つた訴訟関係人及び供述者が同意したときは，次の例によることができる。

一 証人その他の者の尋問及び供述の記載に代えて，これらの者の供述の要旨のみを記載すること。

二 第38条第3項から第6項までの規定による手続をしないこと。

2 前項各号の例によつた場合には，その調書に訴訟関係人及び供述者が同意した旨を記載しなければならない。

3 第1項第2号の例による調書が整理されていない場合において，検察官，被告人又は弁護人の請求があるときは，裁判所書記官は，裁判長，受命裁判官又は受託裁判官の面前で，証人その他の者の供述の要旨を告げなければならない。

4 前項の場合において，検察官，被告人又は弁護人が供述の要旨の正確性について異議を申し立てたときは，申立の年月日及びその要旨を調書に記載しなければならない。この場合には，裁判所書記官がその申立についての裁判長，受命裁判官又は受託裁判

官の意見を調書に記載して署名押印し，裁判長，受命裁判官又は受託裁判官が認印しなければならない。

5　第1項第2号の例による調書を公判期日において取り調べた場合において，検察官，被告人又は弁護人が調書の記載の正確性について異議を申し立てたときは，前項の規定を準用する。

第52条の3（速記録の作成）　裁判所速記官は，速記をしたときは，すみやかに速記原本を反訳して速記録を作らなければならない。ただし，第52条の4ただし書又は第52条の7ただし書の規定により速記録の引用が相当でないとされる場合及び第52条の8の規定により速記原本が公判調書の一部とされる場合は，この限りでない。

第52条の4（証人の尋問調書等における速記録の引用）　証人，鑑定人，通訳人又は翻訳人の尋問及び供述並びに訴訟関係人の申立又は陳述を裁判所速記官に速記させた場合には，速記録を調書に引用し，訴訟記録に添附して調書の一部とするものとする。ただし，裁判所又は裁判官が，尋問又は手続に立ち会つた検察官及び被告人，被疑者又は弁護人の意見を聴き，速記録の引用を相当でないと認めるときは，この限りでない。

第52条の5（速記録引用の場合の措置）　前条本文の規定により証人，鑑定人，通訳人又は翻訳人の尋問及び供述を速記した速記録を調書の一部とするについては，第38条第3項から第6項までの規定による手続をしない。

2　前項の場合には，次の例による。

　一　裁判所速記官に速記原本を訳読させ，供述者にその速記が相違ないかどうかを問うこと。

　二　供述者が増減変更を申し立てたときは，その供述を速記させること。

　三　尋問に立ち会つた検察官，被告人，被疑者又は弁護人が速記原本の正確性について異議を申し立てたときは，その申立を速記させること。この場合には，裁判長又は尋問をした裁判官は，その申立についての意見を速記させることができること。

　四　裁判所書記官に第1号に定める手続をした旨を調書に記載させ，かつ，供述者をしてその調書に署名押印させること。

3　供述者が速記原本の訳読を必要としない旨を述べ，かつ，尋問に立ち会つた検察官及び被告人，被疑者又は弁護人に異議がないときは，前項の手続をしない。この場合には，裁判所書記官にその旨を調書に記載させ，かつ，供述者をしてその調書に署名押印させなければならない。

4　公判準備における証人，鑑定人，通訳人又は翻訳人の尋問及び供述を速記した速記録を調書の一部とする場合には，前2項の規定を適用しない。ただし，供述者が速記原本の訳読を請求したときは，第2項第1号及び第2号に定める手続をしなければならない。

第52条の6　前条の例による調書が整理されていない場合において，その尋問に立ち会

い又は立ち会うことのできた検察官，被告人，被疑者又は弁護人の請求があるときは，裁判所書記官は，裁判所速記官に求めて速記原本の訳読をさせなければならない。

2　前項の場合において，その速記原本が公判準備における尋問及び供述を速記したものであるときは，検察官，被告人又は弁護人は，速記原本の正確性について異議を申し立てることができる。

3　前項の異議の申立があつたときは，裁判所書記官が申立の年月日及びその要旨を調書に記載し，かつ，その申立についての裁判長，受命裁判官又は受託裁判官の意見を調書に記載して署名押印し，裁判長，受命裁判官又は受託裁判官が認印しなければならない。

4　前条の例により公判準備における尋問及び供述を速記した速記録をその一部とした調書を公判期日において取り調べた場合において，検察官，被告人又は弁護人が調書の正確性について異議を申し立てたときは，前項の規定を準用する。

第52条の7（公判調書における速記録の引用）　公判廷における証人，鑑定人，通訳人又は翻訳人の尋問及び供述，被告人に対する質問及び供述並びに訴訟関係人の申立又は陳述を裁判所速記官に速記させた場合には，速記録を公判調書に引用し，訴訟記録に添附して公判調書の一部とするものとする。ただし，裁判所が，検察官及び被告人又は弁護人の意見を聴き，速記録の引用を相当でないと認めるときは，この限りでない。

第52条の8（公判調書における速記原本の引用）　前条の裁判所速記官による速記がされた場合において，裁判所が相当と認め，かつ，訴訟関係人が同意したときは，速記原本を公判調書に引用し，訴訟記録に添附して公判調書の一部とすることができる。この場合には，その公判調書に訴訟関係人が同意した旨を記載しなければならない。

第52条の9（速記原本の訳読等）　第52条の7本文又は前条の規定により速記録又は速記原本が公判調書の一部とされる場合において，供述者の請求があるときは，裁判所速記官にその供述に関する部分の速記原本を訳読させなければならない。尋問された者が増減変更の申立をしたときは，その供述を速記させなければならない。

第52条の10　第52条の7本文又は第52条の8の規定により速記録又は速記原本を公判調書の一部とする場合において，その公判調書が次回の公判期日までに整理されなかつたときは，裁判所書記官は，検察官，被告人又は弁護人の請求により，次回の公判期日において又はその期日までに，裁判所速記官に求めて前回の公判期日における証人の尋問及び供述を速記した速記原本の訳読をさせなければならない。この場合において，請求をした検察官，被告人又は弁護人が速記原本の正確性について異議を申し立てたときは，第48条の規定を準用する。

2　法第50条第2項の規定により裁判所書記官が前回の公判期日における審理に関する重要な事項を告げる場合において，その事項が裁判所速記官により速記されたものであるときは，裁判所書記官は，裁判所速記官に求めてその速記原本の訳読をさせるこ

とができる。

第52条の11 検察官又は弁護人の請求があるときは，裁判所書記官は，裁判所速記官に求めて第52条の8の規定により公判調書の一部とした速記原本の訳読をさせなければならない。弁護人のない被告人の請求があるときも，同様である。

2　前項の場合において，速記原本の正確性についての異議の申立があつたときは，第48条の規定を準用する。

第52条の12（速記原本の反訳等） 裁判所は，次の場合には，裁判所速記官に第52条の8の規定により公判調書の一部とされた速記原本をすみやかに反訳して速記録を作らせなければならない。

一　検察官，被告人又は弁護人の請求があるとき。

二　上訴の申立があつたとき。ただし，その申立が明らかに上訴権の消滅後にされたものであるときを除く。

三　その他必要があると認めるとき。

2　裁判所書記官は，前項の速記録を訴訟記録に添附し，その旨を記録上明らかにし，かつ，訴訟関係人に通知しなければならない。

3　前項の規定により訴訟記録に添附された速記録は，公判調書の一部とされた速記原本に代わるものとする。

第52条の14（録音反訳による証人の尋問調書等） 証人，鑑定人，通訳人又は翻訳人の尋問及び供述並びに訴訟関係人の申立て又は陳述を録音させた場合において，裁判所又は裁判官が相当と認めるときは，録音したもの（以下「録音体」という。）を反訳した調書を作成しなければならない。

第52条の15（録音反訳の場合の措置） 前条の規定により証人，鑑定人，通訳人又は翻訳人の尋問及び供述を録音した録音体を反訳した調書を作成する場合においては，第38条第3項から第6項までの規定による手続をしない。

2　前項に規定する場合には，次に掲げる手続による。

一　裁判所書記官に録音体を再生させ，供述者にその録音が相違ないかどうかを問うこと。

二　供述者が増減変更を申し立てたときは，その供述を録音させること。

三　尋問に立ち会つた検察官，被告人，被疑者又は弁護人が録音体の正確性について異議を申し立てたときは，その申立てを録音させること。この場合には，裁判長又は尋問をした裁判官は，その申立てについての意見を録音させることができること。

四　裁判所書記官に第1号の手続をした旨を調書に記載させ，かつ，供述者をしてその調書に署名押印させること。

3　供述者が録音体の再生を必要としない旨を述べ，かつ，尋問に立ち会つた検察官及び被告人，被疑者又は弁護人に異議がないときは，前項の手続をしない。この場合には，裁判所書記官にその旨を調書に記載させ，かつ，供述者をしてその調書に署名押

48条 105

印させなければならない。

4　公判準備における証人，鑑定人，通訳人又は翻訳人の尋問及び供述を録音した録音体を反訳した調書を作成する場合には，前2項の規定を適用しない。ただし，供述者が録音体の再生を請求したときは，第2項第1号及び第2号の手続をしなければならない。

第52条の16　前条第1項に規定する調書が整理されていない場合において，その尋問に立ち会い又は立ち会うことのできた検察官，被告人，被疑者又は弁護人の請求があるときは，裁判所書記官は，録音体を再生しなければならない。

2　前項に規定する場合において，その録音体が公判準備における尋問及び供述を録音したものであるときは，検察官，被告人又は弁護人は，録音体の正確性について異議を申し立てることができる。

3　前項に規定する異議の申立てがあつたときは，裁判所書記官が，申立ての年月日及びその要旨を調書に記載し，かつ，その申立てについての裁判長，受命裁判官又は受託裁判官の意見を調書に記載して署名押印し，裁判長，受命裁判官又は受託裁判官が認印しなければならない。

4　前条第4項に規定する調書を公判期日において取り調べた場合において，検察官，被告人又は弁護人が調書の正確性について異議を申し立てたときは，前項の規定を準用する。

第52条の17（録音反訳による公判調書）　公判廷における証人，鑑定人，通訳人又は翻訳人の尋問及び供述，被告人に対する質問及び供述並びに訴訟関係人の申立て又は陳述を録音させた場合において，裁判所が相当と認めるときは，録音体を反訳した公判調書を作成しなければならない。

第52条の18（公判調書における録音反訳の場合の措置）　前条の規定により公判調書を作成する場合において，供述者の請求があるときは，裁判所書記官にその供述に関する部分の録音体を再生させなければならない。この場合において，尋問された者が増減変更の申立てをしたときは，その供述を録音させなければならない。

第52条の19（公判調書未整理の場合の録音体の再生等）　公判調書が次回の公判期日までに整理されなかつたときは，裁判所は，検察官，被告人又は弁護人の請求により，次回の公判期日において又はその期日までに，前回の公判期日における証人，鑑定人，通訳人又は翻訳人の尋問及び供述，被告人に対する質問及び供述並びに訴訟関係人の申立て又は陳述を録音した録音体又は法第157条の6第3項の規定により証人の尋問及び供述並びにその状況を記録した記録媒体について，再生する機会を与えなければならない。

2　前項の規定により再生する機会を与えた場合には，これをもつて法第50条第1項の規定による要旨の告知に代えることができる。

3　法第50条第2項の規定により裁判所書記官が前回の公判期日における審理に関する

重要な事項を告げるときは，録音体を再生する方法によりこれを行うことができる。

第52条の20（公判調書における録音体の引用） 公判廷における証人，鑑定人，通訳人又は翻訳人の尋問及び供述，被告人に対する質問及び供述並びに訴訟関係人の申立て又は陳述を録音させた場合において，裁判所が相当と認め，かつ，検察官及び被告人又は弁護人が同意したときは，録音体を公判調書に引用し，訴訟記録に添付して公判調書の一部とすることができる。

第52条の21（録音体の内容を記載した書面の作成） 裁判所は，次の場合には，裁判所書記官に前条の規定により公判調書の一部とされた録音体の内容を記載した書面を速やかに作らせなければならない。

一　判決の確定前に，検察官，被告人又は弁護人の請求があるとき。

二　上訴の申立てがあつたとき。ただし，その申立てが明らかに上訴権の消滅後にされたものであるときを除く。

三　その他必要があると認めるとき。

［1］本条の趣旨　　［2］公判調書，作成者　　［3］公判調書の記載事項　　［4］公判調書の整理　　［5］公判調書の瑕疵とその効力

［1］本条の趣旨

公判調書の作成と整理についての規定である。公判調書作成の必要性は，公判期日における訴訟手続が適式に行われたことを公証することにより訴訟手続の公正を担保すること，公判途中で裁判官が交替し，公判手続の更新（315）を行う場合に，それまでの審理の経過と内容を明確にしておくことで，その後の審理が円滑にできるようにすること，上訴審が原判決の当否を審査するために原審における訴訟手続の経過を記述した公判調書が必要不可欠であることなどが挙げられる。

［2］公判調書，作成者

公判調書とは，公判期日における訴訟手続が法定の方式に従い適式に行われたことを公証するために，公判に立ち会った裁判所書記官が，訴訟手続の経過と結果を記述する報告文書である。作成者は公判に立ち会った裁判所書記官である（規37）。公判に立会う裁判所書記官は通常は1人であるが，事件により2人以上の裁判所書記官が同時に公判に立ち会う場合もある。この場合，公判調書は，共同して作成することも，そのうちの1人が作成することもできる（大判昭3・12・27刑集7・12・790）。同一期日に2人以上の裁判所書記官が順次交替して立ち会う場合は，交替の事実とその時期を公判調書に記載し，各自がその立ち会った訴訟手続を記載して担当部分を明らかにし，全員で1通の公判調書を作成すれば足り，各別に公判調書を作成する必要はない（大判昭11・1・24刑集15・1・1）。作成の方式については規44条の2・45条ないし47条・49条・49条の2・52条ないし52条の12・52条の14ないし52条の21参照。

48条　　　　107

[3] 公判調書の記載事項

　公判調書の記載事項は，規44条に規定されている。昭和26年最高裁規則15号刑事訴訟規則の一部を改正する規則により，公判調書の合理化の観点から，現在の規44条に掲げる事項を「審判に関する重要な事項」と規定し，これを「手続部分」と「供述部分」とに分けて作成する方針を採用した。その主眼は，「公判調書には，①公判期日に行われた手続のうち重要な事項だけを記載すること，②たとえ重要な事項でも一般的に当然行われる事項—例えば，審理を公開したこと，起訴状を朗読したこと，黙秘権を告げたこと，証人に宣誓をさせたこと等—は記載不要とし，例外的な事項—例えば，公開を禁じたこと，証人に宣誓をさせなかったこと等—だけを記載すること，③証拠関係を中心とする実質的なこと，特に証人等の供述に力を入れてこれを正確に記載すること」にあった（刑資63・15参照）。同趣旨の判例（最判昭28・12・15刑集7・12・2444，最判昭30・12・9刑集9・13・2682）がある。

(1)　**一般的な必要的記載事項**　　公判調書の必要的記載事項は，規44条1項に規定されている。

　ア　公判をした裁判所（規44Ⅰ②）とは，訴訟法上の意味における裁判所をいう。「東京地方裁判所刑事第1部」などと記載する。

　イ　裁判官，裁判所書記官の官氏名（規44Ⅰ④）は，「裁判官何某」と記載すればよく，「判事又は判事補何某などと記載する必要はない（最判昭23・12・24刑集2・14・1908）。列席裁判官全員の官氏名を記載する必要がある。裁判長は，官名ではないが，訴訟指揮権（294），法廷警察権（裁71，288）等の重要な権限を行使する関係で，どの裁判官が裁判長であるかを表示する必要がある。立ち会った参与判事補の氏名は，地方裁判所における審理に判事補の参与を認める規則（昭和47年最高裁規則8号）3条により，必要的記載事項である。立ち会った裁判所速記官の氏名は，必要的記載事項ではないが，裁判所速記官の速記録を公判調書に引用する場合には，官名を記載する取扱いになっている。

　ウ　検察官の官氏名（規44Ⅰ⑤）も，「検察官」と記載すればよく，検事，副検事とする必要はない（前掲最判昭28・12・15）。数名の検察官が列席した場合には，その全員の官氏名を記載する必要がある。

　エ　出頭した被告人，弁護人，代理人，補佐人の氏名は，いずれも必要的記載事項である（規44Ⅰ⑥）。数人の弁護人が出頭した場合には，その全員の氏名を記載する必要がある。主任弁護人，副主任弁護人が指定されている場合には，だれが主任，副主任の弁護人かも明記する。弁護人が公判途中で出頭あるいは退席した場合には，その事実と時期を明示する。

　オ　出席した被害者参加人及びその委託を受けた弁護士の氏名も必要的記載事項である（規44Ⅰ⑧）。出頭した証人，鑑定人，通訳人，翻訳人の氏名も必要的記載事項である（規44Ⅰ⑳）。

　カ　被告人に対する質問及び供述（規44Ⅰ⑲），証人，鑑定人，通訳人又は翻訳人の尋

問及び供述（規44 I ㉒）は必要的記載事項であり，公判調書の供述部分に記載する。その尋問（質問）及び供述は，一問一答方式でなされるのが原則（規199の13 I ）であるから，調書も問答体形式で記載されることが本来であるが，公判調書は，供述の要領を記載するものであるから，供述を一言一句，逐語的に記載する必要はない（要領調書）（最大決昭25・4・7刑集4・4・512）。訴訟関係人が同意し，かつ裁判長が相当と認めるときは，証人等の尋問及び供述の記載に代えて，その供述の要旨のみを記載することができる（規44の2）。一般に，争いのない事件の情状証人の尋問や，被告人質問については，要旨調書が作成されている。訴訟関係人が要旨調書に同意しない場合，常に逐語調書を作成する必要はなく，要領調書を作成することもある。証人や被告人の供述を録音した場合（規47）に，裁判所が相当と認め，訴訟関係人が同意した場合，録音体を訴訟記録に添付して公判調書の一部とすることができる（規52の20）。公訴事実に争いがなく，当該審級で確定する事案で相当と認められる場合に行われている。また，即決裁判手続（350の2以下）で審理し，即日判決の言渡しをする事件については，裁判長の許可があれば被告人質問，証人尋問の調書の記載は省略できる（規222の20）。いずれも，裁判事務の効率化を図るものである。

他方で，争いのある事件の証人尋問や被告人質問等は，逐語調書が作成されるのが一般である。逐語調書を作成するために速記を用いたときは，速記録を公判調書に引用することができる（規52の7）。また，規52条の14以下では（平成9年最高裁判所規則第5号により導入），証人や被告人の供述等を録音したもの（録音体）を反訳して逐語調書を作成するという調書作成方式を規定している。実務では，反訳作業を外注し，裁判所書記官がこれを校正して公判調書を作成するという運用が行われている。通常，否認事件では，速記録を引用する方式か，録音反訳方式で，逐語調書が作成されている。

キ 証人に宣誓をさせたことは，必要的記載事項ではなく，証人に宣誓をさせなかったこと及びその事由（規44 I ㉑），証人が宣誓を拒んだこと及びその事由（同㉓）が必要的記載事項である。証人に付添人を認める措置（157の4），遮蔽措置（157の5）をとったこと，ビデオリンク方式で証人尋問を行ったこと（157の6）は，必要的記載事項である（規44 I ㉕㉖㉗）。

ク 証拠調べに関しては，証拠調べの請求（規44 I ⑭），立証趣旨（同⑮），326条の同意（同㉚），証拠採否の決定（同㊼），取調べた証拠の標目及びその順序（同㉛）等は必要的記載事項であり，請求者別に，証拠番号，標目，立証趣旨，期日等を記載した証拠等関係カードに記載し，公判調書の手続部分でこれを引用している

ケ 検察官の論告（規44 I ㊷），被告人及び弁護人の弁論（同㊸）・最終陳述（同㊹）は，いずれもその要旨が必要的記載事項である。被害者参加人又はその委託を受けた弁護士の法316条の38第1項の規定により陳述した意見の要旨（規44 I ㊽）も必要的記載事項である。実務では，多くの場合，当事者があらかじめ用意した書面に基づいて陳述し，その書面を裁判所に提出し，公判調書に引用している。

48条　109

コ　犯罪被害者等が292条の2により意見陳述をしたことは必要的記載事項である（44 Ⅰ㊲）。被告人と犯罪被害者等の民事上の争いについて合意が整理した場合，その合意を公判調書に記載するように求めることができ，それが公判調書に記載されたときは，裁判上の和解と同一の効力を有することになる（犯罪被害保護19Ⅳ）。

(2) **裁判長の命による必要的記載事項**　一般的な必要的記載事項以外の事項であっても，裁判長が訴訟関係人の請求により又は職権で記載を命じた事項は，公判調書に記載しなければならない（規44Ⅱ）。訴訟関係人の請求があっても裁判長の命令がなければ，調書に記載する必要はない。記載の請求があったこと自体についても同様である。当事者は，その許否の裁判に対し異議の申立てをすることができる（309Ⅱ）。

(3) **書記官の判断による任意的記載事項**　裁判所書記官は，裁判官から独立して自己の責任で公判調書を作成する者であるから，裁判長の記載命令があった事項以外の事項も，必要かつ相当と認めるものは公判調書に記載することができる。裁判長の釈明権行使に関するやりとり（規208Ⅰ）などは，必要に応じ，記載されている。

(4) **公判調書への引用**　書面等を調書に引用添付して，調書の一部とすることができる（規49）。証人尋問等において，写真や図面等を示して尋問が行われたり，示した図面等に証人に書き込みをしてもらう場合などもある（規199の10ないし12）。そのような書面は，通常，本条により調書に添付し，公判調書と一体のものとして扱われる。

[4] 公判調書の整理

(1) **公判調書の整理**　裁判所書記官は，公判調書を作成して，署名（記名）押印をし（規46Ⅰ・60の2Ⅰ），その記載の正確性を認証するために裁判長が認印する（規46Ⅰ）。裁判長が認印を終えた状態が公判調書の整理ができた状態である。裁判所書記官に差支えがあるときは，裁判長が，その事由を付記して認印する（規46Ⅳ）。

(2) **整理期間**　公判調書は，各公判期日後速やかに，遅くとも判決を宣告するまでに整理しなければならない（本条Ⅲ本）。当事者が訴訟活動を行うためには，前回までの公判調書を検討して準備する必要があること，公判調書の正確性について異議申立て(51)を所定期間内に行い，上訴に際し，趣意書に訴訟記録にあらわれた事実を援用するためには公判調書を閲覧等する必要があること，裁判所の構成に変更があり，前回の公判調書を証拠として取り調べる必要がある場合があることなどから，迅速な公判調書の整理が要請される。

本条3項は，平成19年法律60号により改正された。改正前の本条3項但書は，判決宣告期日の公判調書だけを例外としていたが，連日的開廷が法定された（281の6）こと，裁判員制度の導入により，公判期日後すぐに判決が宣告される場合が予想されることなどから，公判調書の整理に要する実際上の期間を考慮し，判決宣告期日以外の公判期日の調書については，その期日から判決宣告期日まで10日未満であると同期日までに整理するのが困難であることから，当該公判期日後10日以内に整理すれば足りるとされた。裁判員裁判においては，連日的開廷や，公判期日後すぐに判決が宣告される場合が予想

され，公判調書の整理を次回期日までに行うことが実際上困難になることなどから，証人尋問等については，記録媒体に記録することができるとされ（裁判員65 I），記録媒体が訴訟記録に添付されて，調書の一部となるとされている（同Ⅲ）。公判調書が次回公判期日までに整理されなかったときは，裁判所は，検察官，被告人又は弁護人の請求により，この記録媒体について再生する機会を与えなければならない（規52の19）。

　整理期間内に整理されなかった公判調書は，その一事だけでは無効とならない（最決昭32・9・10刑集11・9・2213）。本条3項は訓示規定と解されている。公判調書を作成すべきものとする本条1項の絶対的要請と，その整理期間に関する本条3項の規定との関係からみると，公判調書作成の要請は，整理期間経過後の場合であっても，これを直ちに否定することはできないものと思われる（中山・大コメ刑訴1・570）。なお，記録が控訴審に送付されて到達した後に判決宣告調書の作成を失念していたことに気付き，同調書を作成して追送付しても，このような公判調書の作成は許されず，その効力を認めることはできない（福岡高宮崎支判平7・1・19高検速報平7・143）。

［5］ 公判調書の瑕疵とその効力

(1) 必要的記載事項（規44）の瑕疵
公判に列席した裁判官の記載を欠く公判調書は無効である（最判昭23・6・26刑集2・7・743。なお，東京高判平4・9・25高刑集45・3・58）。

　立会検察官の氏名の記載を欠く公判調書は無効ではない（高松高判昭27・2・22高刑集5・3・350）。検察官一体の原則に照らし，権限のある検察官が出席したことが明らかであれば，その公判調書を無効とする必要はない（中山・大コメ刑訴1・570）。

　公判調書の末尾に裁判所書記官の官名の記載と署名押印がある場合，その者が公判に立会したものと認められるので，立会いした裁判所書記官の氏名の記載が欠けていても，公判調書は無効ではない（最判昭27・2・14刑集6・2・237）。

　判決宣告期日の調書に出頭した弁護人の氏名の記載を欠いたとしても，その公判調書は無効ではない（最判昭25・6・23刑集4・6・1068）。

　公判調書に記載された裁判官の氏名と，その欄外裁判官認印欄の認印とが異なっている場合には，いずれの裁判官が公判の審理に立ち会ったか不明であるから，その公判調書は無効である（東京高判昭31・4・12高刑集9・3・267，東京高判平元・4・13東時40・1＝4・16）。

　公判開廷の年月日の記載を欠く場合にも，記録その他の資料から事実上公判の開廷された年月日が明瞭に認識し得る場合には，その公判調書は無効ではない（最判昭24・12・24刑集3・12・2120）。

(2) 規46条の作成方式の瑕疵
裁判所書記官の署名押印を欠く公判調書は，同調書が真正に作成されたことの保障を欠くことになるから無効である（東京高判昭28・8・7特報39・77，広島高判昭55・10・28高刑集33・4・298）。

　裁判所書記官の署名があり押印のみを欠く公判調書は，その書記官が作成したと認められる限り有効である（最決昭30・5・12刑集9・6・1019）。逆に，裁判所書記官の押印はあるが署名を欠く場合は，無効とする見解（東京高判昭26・3・12特報21・40）と，公判調書の

冒頭に列席者として記載された書記官が作成したと認められる限り有効と解する見解
（東京高判昭30・12・6裁判特報2・24・1260。中山・大コメ刑訴1・571，香城＝井上・注釈刑訴［第3版］
1・582）がある。

公判列席書記官として公判調書の冒頭に記載された者の官名と，その公判調書の末尾
に署名押印した書記官の官名が異なる場合には，その公判調書は無効である（広島高判
昭29・4・21高刑集7・3・448）。

裁判長の認印を欠く場合でも，裁判所書記官の署名押印がある以上，無効となるもの
ではない（最決昭44・2・24裁判刑170・347，最判昭32・8・23刑集11・8・2103）。裁判長による記
載内容の正確性の認証がない以上，公判調書の排他的証明力はないと解するのが相当で
ある（田原・判例解説(刑)昭32・422，中山・大コメ刑訴1・520，香城＝井上・注釈刑訴［第3版］1・
572）。　　　　　　　　　　　　　　　　　　　　　　　　　　　　　　　　　〔新井紅亜礼〕

第49条[1]**〔公判調書閲覧権〕**　被告人に弁護人がないときは[2]，公判調書は[3]，
裁判所の規則の定めるところにより，被告人も，これを閲覧することができる[4]。
被告人は，読むことができないとき，又は目の見えないときは，公判調書の朗読を
求めることができる。

[規]　第50条（被告人の公判調書の閲覧・法第49条）　弁護人のない被告人の公判調書の閲覧
　　は，裁判所においてこれをしなければならない。
　　2　前項の被告人が読むことができないとき又は目の見えないときにすべき公判調書の
　　朗読は，裁判長の命により，裁判所書記官がこれをしなければならない。
　　第301条　法第40条参照。

[1] 本条の趣旨

被告人に弁護人がいないときの公判調書閲覧権について定めた規定である。弁護人，
検察官の書類・証拠物の閲覧謄写権（40・270）と同趣旨の規定である。

[2] 閲覧権者

弁護人がいないときの被告人に限られる。弁護人には，特別弁護人も含まれる。弁護
人がある場合には，弁護人が書類・証拠物の閲覧謄写権を有し，被告人の閲覧権はない。
公判調書の毀損，改ざんの危険性をできる限り抑えるためである。国選弁護人を付され
て審理を受けた被告人が，判決宣告後に上訴申立てのため必要であるとして公判調書の
閲覧を請求した場合は，弁護人選任の効力は判決宣告によって失われるものではないか
ら，本条にいう「弁護人がないとき」に当たらない（最決平4・12・14刑集46・9・675）。

[3] 閲覧権の内容

被告人の閲覧権の対象となるのは，公判調書に限られ（規49・52の7・52の8等により，公

112　　　　　　　　　　　49条，50条

判調書の一部とされたものを含むと解されている。），証拠関係書類，令状関係書類，手続関係書類，証拠物一般はこれに含まれない。また，被告人は，閲覧することができるのみで，謄写をする権利は認められない。公判期日外の証人尋問調書の閲覧権については，規126条2項に規定がある。

[4] 閲覧の手続

　平成9年8月20日総第97号総務局長通達「事件記録等の閲覧等に関する事務の取扱いについて」に定めがある。　　　　　　　　　　　　　　　　　　　　　　　　　　〔新井紅亜礼〕

第50条 [1]〔公判調書の未整理〕　公判調書が次回の公判期日までに整理されなかつたときは [2]，裁判所書記は，検察官，被告人又は弁護人の請求により，次回の公判期日において又はその期日までに，前回の公判期日における証人の供述の要旨を告げなければならない。この場合において，請求をした検察官，被告人又は弁護人が証人の供述の要旨の正確性につき異議を申し立てたとき [3] は，その旨を調書に記載しなければならない。

2　被告人及び弁護人の出頭なくして開廷した公判期日 [4] の公判調書が，次回の公判期日までに整理されなかつたときは，裁判所書記は，次回の公判期日において又はその期日までに，出頭した被告人又は弁護人に前回の公判期日における審理に関する重要な事項を告げなければならない。

　　[規]　第51条（証人の供述の要旨等の告知・法第50条）　裁判所書記官が公判期日外において
　　　　前回の公判期日における証人の供述の要旨又は審理に関する重要な事項を告げるとき
　　　　は，裁判長の面前でこれをしなければならない。

[1] 本条の趣旨

　前回の公判調書が未整理の場合に，当事者の訴訟準備に支障が生ずることのないように，公判調書の最も重要な供述の要旨を告げさせるとともに，その正確性について異議を申し立てる機会を与えた。

　なお，実務上，公判調書が未整理であっても，証人等の供述の速記録が作成されているときは，事実上その速記録を閲覧謄写させる取扱いがなされており，本条に基づく請求が行われることはあまりない。

[2] 公判調書が次回の公判期日までに整理されなかったとき

　直前の公判期日の調書が未整理の場合に限られず，それ以前の公判調書が未整理の場合も本条により請求できる。

　公判調書が次回公判期日までに整理することができる見込みがあり，かつ現実に整理された場合には，本条の請求があっても，これに応ずる必要はない。

50条，51条　　　　　　　　　　　　113

　裁判員裁判では，連日的開廷が予定されており，公判調書を次回の公判期日までに整理することは実際上困難であるため，証人尋問等の証拠調べは，記録媒体に記録することとされている（裁判員65Ⅰ）。

［3］異議申立て

　異議は，裁判長または裁判官が退廷または退席するまでの間に申し立てる必要がある。異議申立てがあった時の手続は規48条参照。本条による異議を申し立てたかどうかにかかわらず，51条による異議の申立てをすることができる。

［4］被告人及び弁護人の出頭なくして開廷した公判期日

　283条ないし285条，286条の2，314条1項但書，341条により被告人が出頭せず，かつ，必要的弁護事件（289Ⅰ）以外の事件で弁護人が出頭しなかった場合である。

〔新井紅亜礼〕

第51条 [1] 〔**公判調書の記載に対する異議**〕　検察官，被告人又は弁護人は [2]，公判調書の記載の正確性につき異議を申し立てることができる [3]。異議の申立があつたときは，その旨を調書に記載しなければならない [4]。

2　前項の異議の申立ては，遅くとも当該審級における最終の公判期日後14日以内にこれをしなければならない [4]。ただし，第48条第3項ただし書の規定により判決を宣告する公判期日後に整理された調書については，整理ができた日から14日以内にこれをすることができる。

　　〔規〕　**第48条**（**異議の申立の記載・法第50条等**）　公判期日における証人の供述の要旨の正確性又は公判調書の記載の正確性についての異議の申立があつたときは，申立の年月日及びその要旨を調書に記載しなければならない。この場合には，裁判所書記官がその申立についての裁判長の意見を調書に記載して署名押印し，裁判長が認印しなければならない。

　　　第52条　法第48条参照。

　　　第52条の13（**速記録添附の場合の異議申立期間・法第51条**）　前条第2項の規定による通知が最終の公判期日後にされたときは，公判調書の記載の正確性についての異議の申立ては，速記録の部分に関する限り，その通知のあつた日から14日以内にすることができる。ただし，法第48条第3項ただし書の規定により判決を宣告する公判期日後に整理された公判調書について，これを整理すべき最終日前に前条第2項の規定による通知がされたときは，その最終日から14日以内にすることができる。

［1］本条の趣旨

　公判調書の記載は，公判期日における訴訟手続の記載に関して排他的証明力を有して

いる（52）から，本条及び前条により，当事者から正確性に関して異議の申立てをする機会を与えて，その正確性を確保することとした。本条は，公判調書が整理された後の，前条は，公判調書が未整理である場合の異議申立てを規定している。

［2］異議申立権者，異議申立ての対象

異議申立てをすることができる者は，検察官，被告人又は弁護人である。証人等の供述者は含まれない。証人等の供述者が増減変更の申立てをした場合については規45条2項・52条の9・52条の18。異議の対象となる調書は，公判調書に限られる。公判調書の一部となる速記録等も，公判調書が整理された後は本条の対象となる。

［3］異議申立ての方式，効果

異議申立ての方式については特別の規定はなく，書面でも口頭でもよい。公判期日においてすることも許されるが，裁判所は，公判期日外で行うよう訴訟指揮することができる。

裁判長が異議申立てを理由があると判断したときは，書記官に命じて調書の記載を訂正させるべきである（香城=井上・注釈刑訴［第3版］1・592，中山・大コメ刑訴1・586，反対・松尾・条解124）。その場合，公判調書は，訂正された記載内容により排他的証明力を有する。裁判長が異議申立てを理由がないと判断したときは，その旨の意見を書記官に記載させる。この場合，異議申立てのあった事項につき，公判調書の排他的証明力は失われる（最判昭47・3・14刑集26・2・195）。

［4］異議申立期間

異議の申立ては，遅くとも当該審級における最終の公判期日後14日以内にしなければならない。判決宣告期日の後に整理された調書は，整理ができた日から14日以内に異議の申立てをすることができる。公判調書が整理期間内に整理されなかった場合の異議申立期間については，明文の規定がなく，見解が分かれている。法定の異議申立期間内に閲覧請求がなかったときは，異議の申立権を放棄したものとして，改めて異議申立期間を与える必要はないと解すべきである。異議申立期間内に閲覧請求があり，調書未整理のために閲覧させることができなかったときは，請求者が整理のできたことを知りまたは知りうべき日から14日以内に異議申立てができると解すべきであり，裁判所は，その期間が経過するまでは記録を上訴審に送付すべきではない（香城=井上・注釈刑訴［第3版］1・591，中山・大コメ刑訴1・583）。

法定の期間内に異議申立てをしないと，異議申立権は喪失し，手続について公判調書の記載に絶対的証明力が認められる。異議申立てをしないでそれを控訴理由とすることはできない。

異議申立権の行使が妨げられたまま審理を遂行して判決が宣告された場合，訴訟手続上の違法があり，その違法は判決に影響を及ぼす可能性がある。異議申立権の行使が妨げられている場合における控訴審のとるべき措置について前掲最判昭47・3・14。

〔新井紅亜礼〕

第52条 [1]〔**公判調書の証明力**〕 公判期日における訴訟手続で公判調書に記載されたもの [2] は，公判調書のみによつてこれを証明することができる [3]。

[1] 本条の趣旨 [2] 証明力の及ぶ範囲 [3] 公判調書の滅失・不存在・無効の場合

[1] 本条の趣旨

上訴審で，原審の公判手続が問題となった場合に，無制限に証明方法を許すと手続が混乱し，収拾がつかなくなるおそれがあるから，公判調書に記載された事項は，事前にその正確性を担保した上で（50・51），公判調書に排他的証明力を付与し，上訴審の便宜を図ったもので，自由心証主義の例外を定めた規定である。

[2] 証明力の及ぶ範囲

(1) 「公判期日」における訴訟手続　「公判期日」における訴訟手続に限られ，公判期日外の手続，例えば公判準備における証人尋問調書，検証調書等には，本条の証明力はない（最判昭23・4・22刑集2・4・413）。弁護人の弁護士としての資格や受訴裁判所の裁判官の資格の有無は，「訴訟手続」ではないので，公判調書の証明力の対象外である（最判昭26・1・25刑集5・1・89，同昭28・12・15刑集7・12・2444）。

(2) 公判期日における「訴訟手続」　公判期日における「訴訟手続」に限られ，公判期日におけるものであっても，訴訟手続以外の部分である証人・被告人の供述内容については，本条の証明力はないと解するのが通説である（中山・大コメ刑訴1・591）。もっとも，公判調書の記載内容に対する異議申立て（51）がされていない以上，その記載は通常正確であろうとみられるから，供述内容についても本条の証明力が及ぶと解する余地もある（香城＝井上・注釈刑訴[第3版]1・596）。そのように解しても，証明力が及ぶのは調書記載のとおりの供述があったことのみであり，供述内容が真実かどうかは反証を挙げて争うことができる。

(3) 公判調書に記載されたもの　「公判調書に記載されたもの」に限られ，公判調書に記載されていない事項には本条の適用はない。「公判調書」の中には，公判調書の記載内容の正確性に対する異議の申立てにより新たに記載された部分（51 I），規49条により引用された書面などの公判調書の一部となるものも含まれる。

公判調書に記載がないというだけで手続がなされなかったとされるのではなく，他の証拠によって証明することができる（最判昭27・3・25刑集6・3・507，最判昭25・7・13刑集4・8・1343）。その証明は，訴訟手続に関するものであるから，自由な証明で足りる（東京高判昭26・11・1東時1・8・113）。通常当然に行われるために必要的記載事項から除外されているもの（起訴状朗読，黙秘権告知，検察官による冒頭陳述，証人に宣誓をさせ，偽証の罰を告知したことなど）は，記載がなくとも通常どおり行われたものと事実上推認される。公判調書の必要的記載事項についての記載がない場合は，行われなかったものと事実上推定

される（平野・刑訴268，香城＝井上・注釈刑訴［第3版］1・597，中山・大コメ刑訴1・593）。ただ，前後の訴訟手続の経過や結果から，その手続が行われたと認めてよい場合がある（最判昭26・10・5刑集5・11・2156）。

(4) **訴訟手続の適法性，存否**　訴訟手続の適法性だけでなく，存否についても証明力が及ぶと解する（香城＝井上・注釈刑訴［第3版］1・597，中山・大コメ刑訴1・593等）。旧刑訴法のもと，従来の多数説は，証明力が及ぶのは適法性についてであり，訴訟手続の存否には及ばないと解していた（小野・刑訴法判例研究106・272，団藤・刑法と刑事訴訟法との交錯211）が，現行法の下では，そのような解釈をとる必要はない。訴訟手続の存否は，適法性判断の前提であるから，訴訟手続の存否を区別するのは相当ではない。最判昭23・11・4刑集2・12・1459，同昭24・2・8刑集3・2・95参照。

(5) **公判調書に明白な誤記がある場合等**　公判調書に明白な誤記がある場合，正しい内容に従って証明力を有する（最決昭36・3・14刑集15・3・516，最判昭48・2・16刑集27・1・46，東京高判平4・9・25高刑集45・3・58等参照）。明白な誤記であることは，その記載が公判調書中の他の記載又は記録中の他の資料と矛盾している場合のほかは，明白な誤記と認めるに足りる資料に基づき主張する必要があり，単に事実と異なるという主張では足りない。その認定は，自由な証明でよく，事実の取調べ（393・414）をすることができる（香城＝井上・注釈刑訴［第3版］1・599）。

　公判調書に矛盾する記載や不明瞭な記載が存在する場合，他の資料によってその正誤を認定解釈することができると解するのが通説，判例である（最判昭24・3・5刑集3・3・253）。公判調書以外の資料によってもその正誤等を確認できず，あるいは相互に矛盾するいずれの記載内容も明らかな誤記と確認すべきものがないときは，その公判調書は無効となり，本条の証明力を認めることはできない（東京高判昭28・3・30特報38・74等）。

[3] **公判調書の滅失・不存在・無効の場合**

(1) **滅失の場合**　本条の証明力は，有効な公判調書の存在を前提として認められるもので，公判調書が滅失した場合，いったん取得した証明力を喪失した状態になる。旧刑訴法に関する判例であるが，最大判昭29・4・28刑集8・4・584は，「公判調書がすべて紛失して存在しない場合においては，公判期日における訴訟手続でもそれが適法に行われたか否かについては，公判調書以外の証明方法により証明することが許される」と解している。なお，公判調書が滅失し，他の資料によっても訴訟手続が適法に行われたかどうか不明である場合については，原判決は破棄を免れない（最判昭31・1・24刑集10・1・82）。

(2) **不存在の場合**　公判調書が当初から作成されなかった場合（例えば立ち会った裁判所書記官が急病等で差支えのため公判調書を作成できない場合など）には，公判調書が存在しない以上，本条の証明力の問題は生じない。公判調書が存在しない場合には，他の資料により訴訟手続の証明を許すべきではない旨を判示し，原判決を破棄した裁判例がある（福岡高判昭29・2・19高刑集7・1・82，東京高判昭40・6・17高刑集18・3・218，福岡高宮崎支判平7・1・

52条，53条

19高検速報平7・143）。しかし，実務上きわめてまれな公判調書の不存在という理由だけで訴訟手続をやり直す実益は少なく，訴訟経済の観点から，他の資料により訴訟手続を証明することができると解すべきであるという見解も有力である（中山・大コメ刑訴1・599，香城＝井上・注釈刑訴［第3版］1・602）。

(3) 無効の場合　公判調書が無効である場合も，その記載により訴訟手続の適法性を証明することができないから，原判決を破棄し差し戻すべきとする判例が多い（最判昭23・6・26刑集2・7・743，最判昭24・8・9刑集3・9・1449，福岡高判昭29・5・10高刑集7・4・619，東京高判昭31・4・12高刑集9・3・267）。中山・大コメ刑訴1巻599頁は，公判調書の無効の場合を滅失，不存在の場合と同列に論ずることについては，問題がある，公判調書の無効の場合には，訴訟経済の観点からだけみるのではなく，いったん作成された公判調書の記載内容については，その正確性を保障するという法の建前に照らして，その効力が否定された以上，他の資料により証明することが可能と解することには，かなり躊躇せざるを得ないとする。他方で，香城＝井上・注釈刑訴［第3版］1巻600頁は，本条は公判調書が有効な場合にその記載に対する反証を禁じているにとどまり，公判調書が無効なときに他の方法による証明を禁じてはいないと解されるから，現行法のもとでは，他の資料により認定することができると解してよいと考えられるとする。同旨の判例として東京高判昭27・2・9特報29・29，広島高判昭55・10・28高刑集33・4・298がある。

〔新井紅亜礼〕

第53条 [1]〔**訴訟記録の閲覧**〕　何人も，被告事件の終結後[2]，訴訟記録を閲覧することができる[5]。但し，訴訟記録の保存又は裁判所若しくは検察庁の事務に支障のあるときは[3]，この限りでない。

2　弁論の公開を禁止した事件の訴訟記録又は一般の閲覧に適しないものとしてその閲覧が禁止された訴訟記録は，前項の規定にかかわらず，訴訟関係人又は閲覧につき正当な理由があつて特に訴訟記録の保管者の許可を受けた者でなければ，これを閲覧することができない。

3　日本国憲法第82条第2項但書に掲げる事件については，閲覧を禁止することはできない。

4　訴訟記録の保管及びその閲覧の手数料については，別に法律でこれを定める[4]。

　[規]　**第304条（被告事件終結後の訴訟記録の送付）**　裁判所は，被告事件の終結後，速やかに訴訟記録を第一審裁判所に対応する検察庁の検察官に送付しなければならない。

　　2　前項の送付は，被告事件が上訴審において終結した場合には，当該被告事件の係属した下級の裁判所を経由してしなければならない。

［1］ 本条の趣旨

本条は，裁判公開の原則（憲82）を拡充し，裁判の公正を担保するとともに，裁判に対する国民一般の理解を深めるために規定されたものである。

［2］ 閲覧の時期・対象記録

閲覧が許される時期は，当該被告事件に対する終局裁判が確定した後である。

閲覧の対象となるのは，当該被告事件の訴訟記録であり，公訴提起後，被告事件が確定するまでの間に，裁判所が事件記録として編綴した訴訟に関する書類一切をいう。例えば，起訴状，公判調書，公判廷で提出されて証拠調べをした書類，判決書，身柄関係書類などが一般である。

［3］ 閲覧の制限

(1) **閲 覧** 閲覧には，謄写等は含まれない。

(2) **「検察庁の事務に支障のあるとき」** 「検察庁の事務に支障のあるとき」には，裁判の執行，証拠品の処分等の検察庁の事務を遂行する上で支障が生ずる場合のほか，訴訟記録を閲覧させることが関連事件の捜査や公判に不当な影響を及ぼす場合も含まれるかについては議論があるが，その場合も含まれるとするのが判例である（最決平27・10・27刑集69・7・787）。

［4］ 訴訟記録の保管・閲覧に関する特別法

訴訟記録の保管等については，刑事確定訴訟記録法で定められている。同法は，保管者について，当該事件について第一審の裁判をした裁判所に対応する検察庁の検察官であることを定める。また，同法は，確定記録の保管期間，閲覧が拒絶される事由，再審の手続のための特則，保管検察官のした処分に対する不服申立て等についても定めている。

［5］ 犯罪被害者等保護法との関係

犯罪被害者等については，その権利利益の保護を図るため，訴訟が終結する前においても，訴訟記録を一定の範囲内で閲覧・謄写することができる（被害者等による閲覧・謄写につき犯罪被害保護3，同種余罪の被害者等による閲覧・謄写につき同4，民事上の争いについて刑事訴訟手続における和解が成立した場合の閲覧・謄写につき同20）。　　　　　〔三村三緒〕

第53条の2[1]〔**行政機関情報公開法等の適用除外**〕　訴訟に関する書類[2]及び押収物については，行政機関の保有する情報の公開に関する法律（平成11年法律第42号）及び独立行政法人等の保有する情報の公開に関する法律（平成13年法律第140号）の規定は，適用しない。

2　訴訟に関する書類及び押収物に記録されている個人情報については，行政機関の保有する個人情報の保護に関する法律（平成15年法律第58号）第4章及び独立行政法人等の保有する個人情報の保護に関する法律（平成15年法律第59号）第4章の規

53条の2，54条　　119

定は，適用しない。

3　訴訟に関する書類については，公文書等の管理に関する法律（平成21年法律第66号）第2章の規定は，適用しない。この場合において，訴訟に関する書類についての同法第4章の規定の適用については，同法第14条第1項中「国の機関（行政機関を除く。以下この条において同じ。）」とあり，及び同法第16条第1項第3号中「国の機関（行政機関を除く。）」とあるのは，「国の機関」とする。

4　押収物については，公文書等の管理に関する法律の規定は，適用しない。

[1] 本条の趣旨

　本条1項は，行政機関情報公開法等の適用除外について定めたものである。行政機関情報公開法等は，国の行政機関等の保有する行政文書の開示請求権，請求手続，開示義務，審査請求等について規定する。その適用対象である「行政機関」（同2Ⅰ）に裁判所は当たらないが，検察庁等は該当するので，検察庁等の保管する行政文書は，開示請求の対象となる。しかし，刑事訴訟に関する書類及び押収物については，これらに含まれる情報は類型的に秘密性が高く，その大部分が個人に関する情報であるとともに，開示により，犯罪の捜査，公訴の維持その他の公共の安全と秩序の維持に支障を及ぼすおそれが大きいものであり，情報公開法の不開示情報に該当することが多いことや，これらの情報については，刑事訴訟法及び刑事確定訴訟記録法等により，その取扱い，開示・不開示の要件，手続等が自己完結的に定められていることなどから，情報公開法を適用しないこととされたものである。

　また，本条2項は，行政機関個人情報保護法等の適用除外について定めたもの，本条3項，4項は，公文書管理法の適用除外について定めたものである。

[2] 「訴訟に関する書類」

　刑事の被疑事件・被告事件に関して作成された文書を意味する。捜査中の事件記録，公判中の訴訟記録，公判不提出記録，不起訴記録，刑事確定訴訟記録等が含まれる。

〔三村三緒〕

第54条 [1]〔書類の送達〕　書類の送達については，裁判所の規則に特別の定のある場合を除いては，民事訴訟に関する法令の規定（公示送達に関する規定を除く。）を準用する [2]。

　［規］　第62条（送達のための届出・法第54条）　被告人，代理人，弁護人又は補佐人は，書類の送達を受けるため，書面でその住居又は事務所を裁判所に届け出なければならない。裁判所の所在地に住居又は事務所を有しないときは，その所在地に住居又は事務所を有する者を送達受取人に選任し，その者と連署した書面でこれを届け出なければなら

ない。

2　前項の規定による届出は，同一の地に在る各審級の裁判所に対してその効力を有する。

3　前2項の規定は，刑事施設に収容されている者には，これを適用しない。

4　送達については，送達受取人は，これを本人とみなし，その住居又は事務所は，これを本人の住居とみなす。

第63条（書留郵便等に付する送達・法第54条）　住居，事務所又は送達受取人を届け出なければならない者がその届出をしないときは，裁判所書記官は，書類を書留郵便又は一般信書便事業者若しくは特定信書便事業者の提供する信書便の役務のうち書留郵便に準ずるものとして別に最高裁判所規則で定めるもの（次項において「書留郵便等」という。）に付して，その送達をすることができる。ただし，起訴状及び略式命令の謄本の送達については，この限りでない。

2　前項の送達は，書類を書留郵便等に付した時に，これをしたものとみなす。

第63条の2（就業場所における送達の要件・法第54条）　書類の送達は，これを受けるべき者に異議がないときに限り，その者が雇用，委任その他の法律上の行為に基づき就業する他人の住居又は事務所においてこれをすることができる。

第64条（検察官に対する送達・法第54条）　検察官に対する送達は，書類を検察庁に送付してこれをしなければならない。

第65条（交付送達・法第54条）　裁判所書記官が本人に送達すべき書類を交付したときは，その送達があつたものとみなす。

第282条（準用規定）　被告人又は被疑者が少年鑑別所に収容又は拘禁されている場合には，この規則中刑事施設に関する規定を準用する。

第298条（書類の発送，受理等）　書類の発送及び受理は，裁判所書記官がこれを取り扱う。

2　訴訟関係人その他の者に対する通知は，裁判所書記官にこれをさせることができる。

3　訴訟関係人その他の者に対し通知をした場合には，これを記録上明らかにしておかなければならない。

第305条（代替収容の場合における規定の適用）　刑事収容施設及び被収容者等の処遇に関する法律第15条第1項の規定により留置施設に留置される者については，留置施設を刑事施設と，留置業務管理者を刑事施設の長と，留置担当官（同法第16条第2項に規定する留置担当官をいう。）を刑事施設職員とみなして，第62条第3項，第80条第1項及び第2項，第91条第1項第2号及び第3号，第92条の2，第153条第4項，第187条の2，第187条の3第2項，第216条第2項，第227条（第138条の8，第229条，第284条，第294条及び第295条第2項において準用する場合を含む。），第228条（第138条の8，第229条，第284条，第294条及び第295条第2項において準用する場合を含む。），第229条，第244条，第280条の2第3項及び第4項並びに第280条の3第2項の

規定を適用する。

[1] 本条の趣旨　　[2] 送達の実際

[1] 本条の趣旨

　送達とは，裁判書その他訴訟上の書類の内容を訴訟関係人に告知するために，一定の方式に従って，訴訟上の書類を交付し，または交付の機会を与える裁判所の行為である。刑事訴訟法は，送達について本条を置くのみで，規62から65条に特別の定を設けるほかは，民事訴訟法の送達に関する規定を準用している。

[2] 送達の実際

⑴ **送達を要する場合**　**ア　裁判書**　裁判は，公判廷で宣告する場合のほかは，裁判書の謄本を送達してこれを告知しなければならない（規34本）。ただし，特別の定があるときは，この限りではない（規34但）。判決は，常に公開の法廷で宣告して告知するので（342），裁判書の謄本を送達して告知するのは，決定，命令のうち公判廷で宣告して告知をするもの以外に限られる。この場合でも，送達を要しない旨の特別の定のあることが多い。

　イ　裁判書以外の書面　裁判書のように謄本の送達を原則とする規定はなく，送達を要するかどうかは，個別に規定されている。送達を要する旨規定されているのは，起訴状謄本（271Ⅰ），訴因変更請求書謄本（規209Ⅲ），控訴趣意書・上告趣意書の差出期間通知書（規236ⅠⅡ・266），控訴趣意書・上告趣意書各謄本（規242・266），控訴趣意書・上告趣意書に対する各答弁書謄本（規243Ⅴ・266），上告受理決定のあったときの申立理由書謄本（規263Ⅱ），刑法26条の2第2項による執行猶予取消請求書謄本（規222の6Ⅱ）である。

⑵ **送達事務**　**ア　送達実施機関**　送達は，裁判所が職権で行う（民訴98Ⅰ）。送達に関する事務は，原則として事件の属する裁判所の裁判所書記官が取り扱う（規298，民訴98Ⅱ）。送達を実施する機関は，送達者といい，執行官（民訴99Ⅰ，裁62），郵便業務従事者（民訴99Ⅱ），廷吏（裁63Ⅲ）である。郵便業務従事者を送達実施機関とする送達は，書留郵便によってなされる，訴訟法上は郵便による送達と呼ばれ（民訴99Ⅱ），郵便法上は特別送達と呼ばれる（郵便44Ⅰ・49・58Ⅱ）。付郵便送達（規63，民訴107）の送達者は，裁判所書記官である。

　イ　受送達者　送達を受ける権利を有し，かつ，名宛人として送達しなければならない者を，法文上「送達を受けるべき者」（民訴101，規63の2）といい，実務では，受送達者，送達名宛人という。受送達者は，それぞれの送達により異なるが，被告人，検察官又は弁護人であることが多い。

　被告人または被疑者が法人であるときの受送達者は，法人の代表者であり，数人が共同して法人を代表するときは，そのうちの1人であり，代表者がいないときは特別代理

人である（27・29，民訴102）。弁護人が複数いるときの受送達者は，主任弁護人又は副主任弁護人である（規25Ⅰ）。刑事施設被収容者についての受送達者は，刑事施設の長である（民訴102Ⅲ）。被告人が拘置所に収容されているときは拘置所長宛てに，警察署の留置施設に収容されているときは当該警察署長宛てに送達することを要する。民事訴訟の場合，訴訟代理人は，書類の送達についても本人を代理するものと解されているが，刑事訴訟の場合，判例は，起訴状謄本及び訴因追加請求書謄本を被告人に送達せずに弁護人に送達することは違法であるとしている（最判昭27・7・18刑集6・7・913）。この判例のように，被告人に送達すべき旨定められている場合でなくとも，被告人の送達と弁護人の送達を区別している刑訴法，同規則の建前及び送達場所と名宛人が異なるものとなることを考えると，弁護人に対する送達により当然に被告人に対し送達があったものとみることは相当ではないと解される（香城＝井上・注釈刑訴［第3版］1・642，中山・大コメ刑訴1・624参照）。

ウ　送達受取人　被告人，代理人，補佐人は，裁判所の所在地に住居または事務所を有しないときは，その所在地に住居または事務所を有する送達受取人を選任しなければならない（規62Ⅰ後）。

エ　送達場所等　書類の送達は，受送達者の住所，居所，営業所または事務所において行うのが原則である（民訴103Ⅰ本）。上記場所を，送達をなすべき場所または送達場所という。刑事事件では，受送達者に異議がないときに限り，就業場所を送達場所とすることができる（規63の2）。被告人，代理人，弁護人又は保佐人は，書類の送達を受けるため，書面でその住居又は事務所を，裁判所に届け出なければならない（規62Ⅰ前）。この規定は，刑事施設に収容されている者には適用されない（規62Ⅲ）。住居を制限されて保釈を許可されている被告人は，その制限住居が送達場所である。被告人が裁判所の許可を得ずに制限住居を離れて他所に居住していた場合の制限住居宛ての送達の効力を認めた判例がある（最決昭29・3・20刑集8・3・280）。

(3)　**送達の方式**　**ア　検察官に対する送達**　検察官に対する送達は，書類を検察庁に送付してこれをしなければならない（規64）。

イ　被告人その他訴訟関係人に対する送達　(ア)　**交付送達**　送達は原則として，受送達者に送達すべき書類を交付して行う（民訴101）。実施機関により，①裁判所書記官による交付送達（規65），②執行官送達（民訴99Ⅰ），③郵便による送達（民訴99ⅠⅡ準用。実務では，郵便法上の「特別送達」という用語を使う。）④廷吏送達（裁63Ⅲ）がある。なお，公示送達の方法は，被告人の権利保護の要請から，本条で明文上適用が除外されている。

(イ)　**出会送達**　受送達者が日本に住所，居所，営業所または事務所を有することが明らかでないときは，送達は，その者に出会った場所ですることができる。住所，居所，営業所または事務所を有する者が送達を受けることを拒まないときも同様である（民訴105）。

(ウ)　**補充送達**　送達をすべき場所で受送達者に出会うことができない場合，使用人

その他の従業者または同居者で書類の受領について相当のわきまえのある者に書類を交付することができる（民訴106Ⅰ）。就業場所が送達場所であるときは，その勤務先の使用人その他の従業者らが受領を拒まない限り，その者らに書類を交付することができる（民訴106Ⅱ）。受送達者に代わって送達書類を受領することができる者を代人又は受領資格者という。

　㈔　**差置送達**　　受送達者又は受領資格者が正当な事由なく書類の受領を拒んだときは，送達すべき場所に書類を差し置いて送達することができる（民訴106Ⅲ）。

　㈕　**付郵便送達**　　住居，事務所または送達受取人を届け出なければならない者（規62）がその届出をしないとき（規63Ⅰ）及び補充送達，差置送達をすることができないとき（民訴107Ⅰ）に限り，裁判所書記官は書類を書留郵便に付して送達することができる。ただし，起訴状謄本及び略式命令謄本の送達についてはこの限りでない（規63Ⅰ）。付郵便送達は，書類を書留郵便に付した時に送達があったものとみなされる（規63Ⅱ）。付郵便送達ができるとされた事例として最決平12・6・27刑集54・5・445，最決平19・4・9刑集61・3・321がある。

　㈖　**外国における送達**　　外国に居住する日本国民またはその国に居住する外国人に対して訴訟関係書類を送達する場合は，国際司法共助として取り扱われ，その国の裁判所に嘱託し，またはその国に駐在する我が国の大使・公使・領事等に嘱託して行う（民訴108）。

　ウ　**送達の報告**　　執行官，郵便事業者または廷吏が送達を実施したときは，送達報告書を作成し，送達を依頼した裁判所に提出しなければならない（民訴109）。裁判所書記官が規65条により書類を受送達者に交付したとき，規63条等により書類を書留郵便に付したとき，検察官に対し書類を送達したときは，送達報告書を作成する。

　エ　**送達の瑕疵**　　刑事施設の長あてに送達された起訴状謄本が誤って同姓同名の他の被収容者に交付され被告人がその交付を受けなかった場合，起訴状謄本の送達がなかったと同様に公訴の提起はさかのぼって効力を失う（最大決昭32・6・12刑集11・6・1649）。

〔新井紅亜礼〕

第7章 期 間

第55条〔期間の計算〕 期間[1]の計算については，時で計算するものは，即時からこれを起算し[2]，日，月又は年で計算するものは，初日を算入しない[3]。但し，時効期間の初日は，時間を論じないで1日としてこれを計算する[4]。

2 月及び年は，暦に従つてこれを計算する[5]。

3 期間の末日が日曜日，土曜日，国民の祝日に関する法律 （昭和23年法律第178号）に規定する休日，1月2日，1月3日又は12月29日から12月31日までの日に当たるときは，これを期間に算入しない[6]。ただし，時効期間については，この限りでない。

[1] 期 間

本条は，期間の計算方法について規定する。期間とは，始期と終期によって区切られる一定の幅のある時間をいう。期間については，民法第1編第6章に一般規定が設けられているところ（民138〜143），同法138条は，「期間の計算方法は，法令若しくは裁判上の命令に特別の定めがある場合又は法律行為に別段の定めがある場合を除き，この章の規定に従う。」と規定しており，同章の規定は，公法及び私法の通則的な規定として理解される（三浦・注釈刑訴［第3版］1・662）。したがって，同章の規定は，刑事手続にも適用され得るが，本条は，刑事手続の特性（例えば，被疑者・被告人の利益を保護する必要性など）をも踏まえ，その期間の計算方法等について規定している。

[2] 時を単位とする期間

期間のうち「時で計算するもの」とは，時を単位とする期間であり，これに当たるものとしては，例えば，逮捕後の送致や勾留請求に関する期間（203 I・204 I・205 I II）等がある。

時を単位とする期間は，即時から起算する。この場合，期間は，実時間により計算され，定められた時間が経過した時に満了する。

[3] 日・月・年を単位とする期間

期間のうち「日，月又は年で計算するもの」とは，日・月・年を単位とする期間であり，これに当たるものとしては，例えば，日を単位とする期間として被疑者の勾留期間（208），上訴提起期間（373・414）等が，月を単位とする期間として被告人の勾留期間（60 II），親告罪の告訴期間（235）等が，年を単位とする期間として公訴時効期間（250）等がある。

日・月・年を単位とする期間の計算については，初日を算入せず，その翌日から起算

することとされている。もっとも，これは，初日の途中から期間が進行するとした場合
には1日未満の端数が生じることになることを考慮したものであり，期間の初日が1日
の途中から始まる場合には，本条1項が規定するとおり，初日を算入しないが，初日が
午前零時から始まる場合には，初日を算入する（民140但）。日・月・年を単位とする期
間は，その末日の終了（午後12時の経過）により満了する。

［4］時効期間

「時効期間」とは，公訴時効期間であり（前掲三浦1・667），その初日は，時間を論じな
いで1日として計算し（本条I但），また，期間の末日が休日等に当たる場合であっても
これを期間に算入する（本条Ⅲ但）。これらは，被疑者・被告人の利益に配慮したもので
ある。

勾留期間の計算については規定されていないが，被疑者・被告人の利益保護の観点か
ら，初日を算入し（最決昭26・4・27刑集5・5・957），また，期間の末日が休日等に当たる
場合であってもこれを期間に算入すべきものと解されている。

令状の有効期間（規300）の計算については，一般原則による（「昭24・3・4最高裁刑2第
2457号刑事局長通達」刑資67・418）。

［5］暦に従った計算

月及び年は，暦に従って計算する。これは，太陽暦による月及び年の進行に従って計
算することを意味する（前掲三浦1・666）。月又は年の最初の日から起算するときは，最
後の月又は年の末日が期間の末日となる。月又は年の途中の日から起算するときは，
最後の月又は年のうち起算日に応答する日の前日が期間の末日となるが，最後の月に応当
日がないときは，その月の末日が期間の末日となる（民143Ⅱ）。

［6］期間の末日

期間の末日となるべき日が日曜日，土曜日，国民の祝日に関する法律に規定する休日，
1月2日，1月3日又は12月29日から12月31日までの日に当たるときは，これを期間に
算入せず，その翌日が期間の末日となる。　　　　　　　　　　　　　　　　　〔吉田雅之〕

第56条 [1] **〔法定期間の延長〕**　法定の期間は，裁判所の規則の定めるところにより，
　　訴訟行為をすべき者の住居又は事務所の所在地と裁判所又は検察庁の所在地との距
　　離及び交通通信の便否に従い，これを延長することができる [2]。

2　前項の規定は，宣告した裁判に対する上訴の提起期間には，これを適用しない。

　［規］　**第66条（裁判所に対する訴訟行為をする者のための法定期間の延長・法第56条）**　裁判
　　　　所は，裁判所に対する訴訟行為をすべき者の住居又は事務所の所在地と裁判所の所在
　　　　地との距離及び交通通信の便否を考慮し，法定の期間を延長するのを相当と認めると
　　　　きは，決定で，延長する期間を定めなければならない。

2 前項の規定は，宣告した裁判に対する上訴の提起期間には，これを適用しない。

第66条の2（検察官に対する訴訟行為をする者のための法定期間の延長・法第56条）

検察官は，検察官に対する訴訟行為をすべき者の住居又は事務所の所在地と検察庁の所在地との距離及び交通通信の便否を考慮し，法定の期間を延長するのを相当と思料するときは，裁判官にその期間の延長を請求しなければならない。

2 裁判官は，前項の請求を理由があると認めるときは，すみやかに延長する期間を定めなければならない。

3 前項の裁判は，検察官に告知することによってその効力を生ずる。

4 検察官は，前項の裁判の告知を受けたときは，直ちにこれを当該訴訟行為をすべき者に通知しなければならない。

［1］本条の趣旨

本条は，法定期間の延長について規定する。法定期間とは，上訴提起期間（373・414）のように，法令の規定により定められる期間をいう（これに対し，鑑定留置期間(167 I)のように，個々の裁判により定められる期間を「裁定期間」という。）。法定期間は，一律に適用されるものであり，訴訟行為をすべき者の住居又は事務所の所在地と裁判所又は検察庁の所在地との距離及び交通・通信の事情によっては，その遵守に困難や不公平を生じるおそれがあることから，これを延長することができることとされている（三浦・注釈刑訴〔第3版〕1・668）。

［2］適用範囲

本条1項は，法定期間に適用されるものであり，裁定期間には適用されない。また，期間には，行為期間（その期間内に一定の訴訟行為をすることを要するもの。例えば，上訴提起期間や略式命令に対する正式裁判の請求期間(465 I)など），不行為期間（その期間内は一定の訴訟行為をすることができないもの。例えば，召喚の猶予期間(57，規67)など），存続期間（その期間内は一定の法律関係が存続するもの。例えば，勾留期間(60 II)など）があるが，本条1項は，その趣旨から，裁判所及び検察官以外の者が裁判所又は検察官に対して一定の訴訟行為をする場合における行為期間に適用されるものであり，裁判所又は検察官が一定の訴訟行為をする場合における行為期間には適用されず，また，不行為期間・存続期間にも適用されない（前掲三浦1・669）。さらに，宣告した裁判に対する上訴の提起期間にも適用されない（本条 II）。本条1項の適用がある期間としては，例えば，裁判所に対する訴訟行為に関するものとして略式命令に対する正式裁判の請求期間等が，検察官に対する訴訟行為に関するものとして押収物の還付請求期間（499 III）等がある。　　　〔吉田雅之〕

第8章　被告人の召喚，勾引及び勾留

第57条〔召喚〕　裁判所は，裁判所の規則で定める相当の猶予期間を置いて，被告人を召喚することができる[1]。

> [規]　**第67条（召喚の猶予期間[2]・法第57条）**　被告人に対する召喚状の送達と出頭との間には，少くとも12時間の猶予を置かなければならない。但し，特別の定のある場合は，この限りでない。
>
> 2　被告人に異議がないときは，前項の猶予期間を置かないことができる。

[1] 召還の意義

召喚とは，一定の日時に裁判所その他指定の場所に出頭を命じる強制処分である。

本条は，受訴裁判所の被告人に対する召喚について規定する。急速を要する場合には，裁判長や受命裁判官も召喚をすることができる（69）。また，明文がなくても，裁判所又は裁判官が法律上認められた権限を行使するために必要であれば，被告人を召喚できると解される（決定又は命令をするに際して事実の取調べをする場合〔43Ⅲ〕等）。本条は，裁判所の権限の面から規定されているが，法律上召喚が義務づけられている場合もある（公判期日の召喚〔273Ⅱ〕，勾留理由開示期日の召喚〔規82Ⅱ〕等）。

[2] 猶予期間

被告人に対する召喚状の送達と出頭との間には，原則として12時間の猶予を置かなければならないが（規67Ⅰ本），第1回公判期日の場合は，少なくとも5日（簡易裁判所においては3日）の猶予期間を置かなければならない（275，規67Ⅰ但・179Ⅱ）。しかし，被告人に異議のない場合は，猶予期間を置かないことができる（規67Ⅱ・179Ⅲ）。「異議がない」とは，必ずしも積極的な意思表示があることを要せず，異議がないことが窺える事実があれば足りる（ポケット刑訴上152）。

〔坂口裕俊〕

第58条〔勾引〕　裁判所は，次の場合には，被告人を勾引することができる[1][2]。

一　被告人が定まつた住居を有しないとき。

二　被告人が，正当な理由がなく，召喚に応じないとき，又は応じないおそれがあるとき。

> [規]　**第68条（勾引，勾留についての身体，名誉の保全）**　被告人の勾引又は勾留については，

その身体及び名誉を保全することに注意しなければならない。

[1] 勾引の意義

勾引とは，特定の者を一定の場所に引致する強制処分（裁判とその執行）をいう。本条は，受訴裁判所による被告人に対する勾引についての規定である（急速を要する場合につき69条参照）。

[2] 勾引の要件

本条各号に規定する場合に被告人を勾引できる。犯罪の嫌疑の有無や犯罪の軽重は勾引の要件ではないから，無罪判決をする場合でも，被告人が召喚に応じなければ，勾引することができる。

もっとも，被告人に出頭義務がない場合（284・390・414）や，出頭義務が免除されている場合（285）には勾引できない。また，法人である被告人の代表者（27）や訴訟能力のない被告人の代理人（28）も勾引できない。国会議員の場合も特別規定がある（憲50，国会33～34の3）。これらの規定中の「逮捕」には勾引・勾留を含む。

本条1号の意義については，60条の解説［5］参照。

「正当な理由」の有無については，勾引状を発する際に裁判所に判明していた事情に基づいて判断される。召喚を受けながら無届けで出頭しなかった場合には，一応正当な理由なく召喚に応じなかったものと見て差し支えないであろう。

「召喚に応じないとき」といえるには，適法な召喚がなされていることが前提となる。「召喚に応じないおそれがあるとき」とは，召喚状の送達を受ければ逃亡するおそれがある場合や，召喚状の発付前にそれを発付しても応じないであろうと予見される場合を含む。

〔坂口裕俊〕

> **第59条** [1]〔勾引の効力〕　勾引した被告人は，裁判所に引致した時から24時間以内にこれを釈放しなければならない [2]。但し，その時間内に勾留状が発せられたときは，この限りでない [3]。

[1] 勾引の効力

本条は，勾引状によって被告人の身柄を拘束状態における時間について規定している。

「裁判所に引致した時」とは，被告人が裁判所の事実上の支配下に入ったときをいう。この裁判所とは，勾引の裁判をした裁判所であり，裁判長や受命裁判官が勾引の裁判をした場合（69）は，その所属する裁判機関としての裁判所である。どの時点で事実上の支配下に入ったといえるかについては，裁判所の構内に入ったときとする見解と，裁判所職員が検察事務官や司法警察職員から被告人の身柄の引渡しを受け得る状態になったときとする見解に分かれている。

59条，60条

［2］釈放手続

24時間の期間満了前に被告人を釈放する場合は，裁判所の釈放の裁判を要し，検察官の執行指揮（472）により釈放する必要がある。期間満了によるときは，勾引の効力が失効するため，裁判所の裁判は要しないが，検察官の執行指揮により釈放すべきとする見解と，事実上釈放すれば足りるとする見解とに分かれている。

［3］身柄拘束の継続

裁判所に引致したときから24時間以内に勾留状が発付されれば，その執行前でも，引き続き被告人の身柄を拘束できる。 〔坂口裕俊〕

第60条[1]〔**勾留の理由，期間・期間の更新**〕 裁判所[2]は，被告人が罪[3]を犯したことを疑うに足りる相当な理由[4]がある場合で，左の各号の一にあたるときは，これを勾留することができる。
一 被告人が定まつた住居を有しないとき[5]。
二 被告人が罪証を隠滅すると疑うに足りる相当な理由があるとき[6]。
三 被告人が逃亡し又は逃亡すると疑うに足りる相当な理由があるとき[7][8]。
2 勾留の期間は，公訴の提起があつた日から2箇月とする[9]。特に継続の必要がある場合においては，具体的にその理由を附した決定で，1箇月ごとにこれを更新することができる[10]。但し，第89条第1号，第3号，第4号又は第6号にあたる場合を除いては，更新は，1回に限るものとする[11]。
3 30万円（刑法，暴力行為等処罰に関する法律（大正15年法律第60号）及び経済関係罰則の整備に関する法律（昭和19年法律第4号）の罪以外の罪については，当分の間，2万円）以下の罰金，拘留又は科料に当たる事件については，被告人が定まつた住居を有しない場合に限り，第1項の規定を適用する[12]。

[1] 本条の趣旨 [2] 被告人の勾留の裁判の主体・職権判断 [3] 事件単位の原則 [4] 犯罪の嫌疑（実体的要件1） [5] 住居不定（実体的要件2－①） [6] 罪証隠滅のおそれ（実体的要件2－②） [7] 逃亡のおそれ（実体的要件2－③） [8] 勾留の必要性（実体的要件3） [9] 被告人の勾留の期間 [10] 勾留期間の更新 [11] 更新の回数 [12] 軽微な事件に関する勾留の理由の特例

［1］ 本条の趣旨

本条は，被告人の勾留，すなわち被告人を拘禁する強制処分（裁判及びその執行）のうち，裁判の実体的要件並びに勾留の期間及びその更新について規定したものである。被告人の身体拘束は，その日常生活に対する重大な制約となるから，有罪判決が確定し受刑するまではできる限り行わないことが望ましいが，刑事裁判を適正に運営し国家刑罰

権を行使するために被告人を拘束して罪証隠滅を防止し，出頭等を確保することが必要な場合があり，本条もそれらの観点から規定されている。なお，本条1項及び3項は，被疑者にも準用がある（207Ⅰ）。

[2] 被告人の勾留の裁判の主体・職権判断

本条の「裁判所」とは，受訴裁判所のことである。ただし，公訴提起後第1回公判期日までの勾留に関する処分は裁判官が行う（280Ⅰ，規187）。

被告人の勾留は裁判所の職権判断事項であるが，実務上は検察官からの申出がないのに裁判所が能動的に勾留の裁判をすることはほとんどない。公訴提起に伴って被告人の勾留の裁判が行われる比較的多い例としては，①ある事件で勾留され不起訴（の見込み）となった被疑者を，捜査の結果判明した別事件で公訴提起し引き続き勾留する場合，②ある事件で公訴提起され勾留中の被告人に対し，別事件を身柄不拘束のまま捜査し，その公訴提起に伴い同事件でも重ねて勾留する場合，③逮捕中の被疑者を時間制限内に公訴提起し勾留する場合（280Ⅱ）がある。運用上，①の場合には起訴状に「勾留中求令状」，②の場合には「別件勾留中求令状」と検察官が記載して，裁判官に勾留の職権判断を促している。③の場合の勾留の判断は必要的であるが，この場合も検察官は起訴状に「逮捕中求令状」と記載して職権判断を注意喚起している（その他，「在宅求令状」，「受刑中求令状」といった例もある。）。

なお，本条1項は，公訴提起以後に新たに被告人を勾留する場合の規定であるが，実務上は，既に捜査段階で勾留された被疑者が同一事実で公訴提起され，引き続き勾留されることが多い。この場合には被疑者勾留が当然に被告人勾留に切り替わり（208Ⅰ参照），新たな勾留の裁判は行われない。

[3] 事件単位の原則

(1) 意　義　　勾留の要件判断は，「罪」，すなわち勾留しようとする公訴事実（捜査段階では勾留請求に係る被疑事実）を基礎事実として行うのが実務であり，これを事件単位の原則という。したがって，勾留に係る犯罪事実とされていない余罪を基礎として勾留の要件を判断することはできない。

勾留は，実体法上の1罪を基礎として行えば足りるから，犯罪事実が複数ある場合には，勾留は複数併存し得る。A事件で起訴され勾留されている被告人につき，B事件でも勾留することは実務上しばしば行われる。この場合，B事件についての勾留の要件は，基本的にはA事件で勾留されていることを捨象して判断することとなる。1通の起訴状に併合罪の関係にある公訴事実が複数ある場合，複数の事実をまとめて1個の勾留の裁判をする（1通の勾留状を発付する）こともできるし，そのうち一部の事実に限って勾留することもできる。そうすると，起訴状が1通でも勾留が複数併存することがあるが，この場合にも勾留の要件判断は各勾留事実単位で行うことになる。

(2) 事実の追加・変更と勾留の効力　　勾留の効力は，基礎となった事実にその後追加・変更があっても，その同一性のある事実全体に及ぶ。公訴提起に際し，A事実で勾留中

の被疑者につき，A事実にB事実を併せて公訴提起した場合，両事実が併合罪関係にある場合には，勾留の効力はあくまでA事実に限られ，その後の勾留に関する処分は，A事実のみを基礎に判断することとなるが，一罪の関係にあれば，勾留の効力は両事実に及ぶ。さらに，A事実で勾留されていた被告人につき，これと一罪の関係にあるB事実が訴因に追加された場合にも，勾留の効力はB事実に及ぶ。このような効力が生じる時期は，訴因変更許可決定をしたときであると解される（保釈に関し，広島高決昭47・7・3判時676・99）。もっとも，当然に訴因変更を許可すべき場合であれば，検察官から訴因変更請求があった時点で新訴因を基準にして勾留に関する要件を判断すべきであるとする裁判例もある（岡山地決昭47・8・10刑裁月報4・8・1511）。

(3) **一罪一勾留の原則**　　1個の犯罪事実について勾留は一度しかできない。これを一罪一勾留の原則という。被告人の勾留につきこれが問題になることはほとんどないが，常習一罪で起訴後に保釈され，その保釈中に常習一罪の関係にある罪を更に犯した場合，両事実は実体法的には1個の犯罪であるが，捜査機関による同時処理が不可能であった以上，後者の被疑事件で逮捕・勾留することが例外的に許される（後者の被告人勾留の期間は，捜査が終了して訴因変更請求がなされたときから2か月と解される。）。この場合，訴因変更許可決定により両事実が1個の公訴事実になれば，前記(2)のとおりいずれの勾留の効力も公訴事実全体に及ぶこととなり，その結果勾留の競合が生じる。また，併合罪として個別に公訴提起された複数の事件が判決で一罪と判断された場合等にも，1個の事実に二重の勾留が生じることがある。こうした場合に勾留の競合が続くことを許す裁判例もある（福岡高決昭42・3・24高刑集20・2・114）が，一つの勾留のみを維持し，その余の勾留を必要がなくなったとして取り消すのが実務上の有力な処理方法である。

[4] **犯罪の嫌疑（実体的要件1）**

　被告人を勾留するには，記録から，「罪を犯したことを疑うに足りる相当な理由」，すなわち具体的根拠に基づく犯罪の嫌疑が一応認められることが必要である。判決における有罪認定の場合に求められる確信の程度に至ることを要しないのは当然であるが，逮捕時よりは高度の嫌疑を要する（大阪高判昭50・12・2判タ335・232）。第1回公判期日後，受訴裁判所が勾留の判断のために取調べ未了の記録を検察官から取り寄せて閲読してよいかという問題があるが，基本的には保釈の判断の場合と同様に考えてよい。

　犯罪の証明がないとして第1審裁判所が無罪を言い渡した場合，勾留状は失効する（345）。無罪の第1審判決に対して検察官が控訴し，第1審裁判所に被告人勾留の職権発動を求めても，よほどの特殊事情がない限り職権を発動しないのが実務である。しかし，この場合も，控訴審裁判所は，その審理の段階を問わず，職権により被告人を勾留することができ，かつ，判断に当たり必ずしも新たな事実取調べを要しない（最決平12・6・27刑集54・5・461）。もっとも，犯罪の嫌疑の有無は，無罪判決の存在を十分に踏まえて慎重に判断されなければならず，嫌疑の程度としては第1審段階におけるものよりも高いものが要求される（最決平19・12・13刑集61・9・843）。

［5］ 住居不定（実体的要件2－①）

日本国内における住所（生活の本拠）及び居所（住所ではないがこれに準じて相当期間継続して居住する場所）がいずれも不定の場合をいう。典型例としては，野宿のほか，宿泊施設，友人・知人宅，インターネットカフェ等を転々としている場合がこれに該当するが，これらの場所で寝泊まりしていても，相当期間継続して滞在するなど，そこに居住する意思が認められれば住居不定には当たらないであろう。家出中に身体拘束された場合，一般には住居不定と認めるべき場合が多いであろうが，家出を始めてから身体拘束されるまでの期間，その間の生活状況，元の住居へ帰る意思がどの程度あったかなどを総合して判断すべきである。住居不定の状況で逮捕された被疑者につき，勾留の段階で家族から身元引受書が提出されたとしても，形式的には住居不定でなくなったとはいえず，当該事情を勾留の必要性に関する一事情として考慮すべきであろう。

なお，被告人が住居を黙秘し，捜査をしても住居が判明しないなど，裁判所（裁判官）に住居が分からない場合も，召喚状が送達できないなどの点では住居不定と変わりがないから，本号に該当する。また，被疑者が住所を述べてもその裏付けが直ちに取れない場合もあるが，その供述内容が具体的であるかどうか等によって住居不定かどうかを認定することになろう。

［6］ 罪証隠滅のおそれ（実体的要件2－②）

(1) 意 義 「被告人が罪証を隠滅すると疑うに足りる相当な理由」とは，当該事案に係る刑罰権の発動を左右する事実を証明する重要な証拠に対し，不正な働きかけが行われるおそれをいう。権利保釈の除外事由としての罪証隠滅のおそれ（89④）と同義であること，他方，接見等禁止（81）や保釈取消（96Ⅰ③）の要件としての罪証隠滅のおそれとは別異に解すべきことにつき，各条文の解説を参照されたい。

罪証を隠滅すると「疑うに足りる相当な理由がある」とは，その具体的蓋然性があるということである。過去の事例の帰納的集積に基づく一般的な予測（経験則）を基礎としつつ，当該事案の個別的事情をも勘案して行う現実的・具体的・実質的判断でなければならない。

(2) 判断の基準 罪証隠滅のおそれの判断に当たっては，一般に，罪証隠滅の対象，罪証隠滅の態様，罪証隠滅の余地（客観的可能性及び実効性），罪証隠滅の主観的可能性を検討しなければならないといわれる。これを勾留の判断における実際の思考過程に即してみると，以下のようになる。なお，起訴後における罪証隠滅のおそれの判断については，89条の解説［6］も参照されたい。

ア 罪証隠滅の対象 まず，当該事案の一般的な性質や具体的な内容等から，同事案の中でいかなる事実が罪証隠滅の対象といえるかを検討すべきである。刑罰権は，犯罪事実，すなわち構成要件（行為，結果，因果関係及び故意等），違法，責任，処罰条件等に関する事実が正しく認定され，有罪の場合に妥当な量刑がされることによって適正に発動される。量刑は，当該犯罪行為の犯情，すなわち違法・有責の程度に応じた刑事責任を明ら

かにすることを本旨としつつ，予防の観点をも加味して行われる。当事者の立証事項は
これらの点に限られるのであるから，罪証隠滅のおそれの対象も，当該犯罪事実の構成
要件，違法，責任及び処罰条件並びに情状に関する事実のうち，犯罪事実の認定及び量
刑をある程度大きく左右する事実（重要な情状事実）ということになる（被疑者につき起訴
不起訴に関わる重要な事実を掲げる見解もあるが，基本的には上記事実に解消できるであろう。）。
そのほとんどは犯罪事実又は犯情事実であるが，多数の暴行のうちのごく一部等，犯罪
事実であっても重要といえないものもあり，核心司法の観点から検討することが重要で
ある。もっとも，捜査段階は証拠収集の過程であり，事実関係も流動的であって，当該
事案においてある事実が重要かどうかが明確でなく，罪証隠滅の対象をある程度広く考
えざるを得ないこともある。しかし，被疑者の供述内容等から争点がある程度特定でき
る場合には，その事実が前記のような重要な事実といえるかどうかを考えることができ
よう。間接事実に関しても，まずは強い推認力のある間接事実を念頭に置くべきである。

　事件単位の原則により，罪証隠滅のおそれは勾留の基礎となる犯罪事実について判断
することになる。ただし，その判断の一資料として余罪を考慮することは許される。ま
た，Ａ事実（例えば死体遺棄）で勾留されている被告人につき，勾留の対象でないＢ事実
（例えば殺人）をＡ事実の犯行に至る経緯と捉えて，その罪証隠滅を肯定することができ
る場合もある。

　イ　罪証隠滅の態様　　次に，アで焦点を当てた事実を証明するための重要な証拠は
何かを考え，その証拠に対するどのような不正な働きかけが一般的・客観的に想定でき
るかを検討すべきである。態様に特別の制限はなく，関係者への働きかけ，共犯者との
通謀，物的証拠の毀棄・隠匿，電子データの改ざん・消去のほか，存在しないはずの目
撃者や物証，アリバイ証人等の虚偽の証拠を作出することも考えられる。被害者に接触
して被害弁償や示談を申し入れる行為は，それが重要な事実に当たる場合であっても，
通常は被告人の正当な防御権の行使であり，特に不当な圧力をかけるといった事情が具
体的にうかがわれない限り，罪証隠滅行為とみるのは相当でない。

　ウ　罪証隠滅の客観的可能性・実効性　　さらに，イで検討した証拠隠滅の態様の多
さ，証拠収集や共犯者の検挙・取調べといった捜査の進ちょく状況，証拠の性質や証拠
と被告人との関係等に照らし，イで想定された不正な働きかけが実際に可能かどうかも
検討すべきである。

　証拠が多数あり，それらが供述証拠である場合には，一般には罪証隠滅は容易である。
他方，客観証拠（防犯ビデオの映像等）が既に収集され，客観的な事情から事実が強く推
認できる場合には，それを覆すということは通常不可能であり，当該事実に関する罪証隠
滅のおそれは低い。

　被害者や目撃者等に対する働きかけについては，被告人とそれらの者との関係，過去
における接触や面識の有無，両者の生活圏等を具体的に検討し，接触可能性が現実にど
の程度あるのかを検討する必要がある。最決平26・11・17判時2245・129は，いわゆる

痴漢（条例違反）事件につき，事案の性質に加え，都市部の中心を走る朝の通勤通学時間帯の地下鉄車両内で発生した事件で，被疑者が被害少女に接触する可能性が高いことを示すような具体的な事情がうかがわれないことから，被疑者と被害少女の供述が真っ向から対立していても，罪証隠滅の現実的可能性は低いとした勾留請求却下の裁判を是認している。

　また，供述者が警察官や真に敵対関係にある者である場合等には，その者に働きかけて供述が揺らぐ蓋然性は非常に低い。公務執行妨害事件において警察官が被害者・目撃者である場合がその典型であるし，万引き事案等においても，保安員・警備員が明確に犯行を現認していれば，一般にはそれらの者に対する働きかけの余地は乏しいといえよう。

　他方，刑事手続における身体拘束は流動的であるから，共犯者が既に身体拘束を受けているだけでは通謀等の客観的可能性はなくならない。また，証拠が供述である場合に，調書が作成されたということだけで当該供述人に対する働きかけが不可能になるとは必ずしもいえないが，それを難しくする一つの要素にはなるといえる。

　エ　罪証隠滅の主観的可能性　　その上で，ウで検討した証拠隠滅の余地の大小，予想される処分の軽重，被告人の供述内容・経過・態度，被害弁償や示談に向けた対応の有無，現に証拠隠滅行為をした事実があるか否か等から，被告人が現実に罪証隠滅行為に及ぶと予想されるかどうかを判断する。罪証隠滅の余地が大きく，予想される処分が重いことは，一般論としては罪証隠滅の意図を推認させる。被告人の供述内容等については，それのみで罪証隠滅の意図を推認できるものではないとはいえ，事実を否認したり供述を二転三転させたりしていることは，罪証隠滅の意図が強いことを推知させる一事情となり得る。また，黙秘している場合にも，自白している場合と比べて，相対的には罪証隠滅の意図をうかがわせる一事情として考慮せざるを得ない。もっとも，否認といってもその内容は様々であり，他の証拠に働きかけることが可能な内容の否認かどうかも考慮すべきである。なお，被疑者が「酒に酔って犯行時の記憶がない」と供述することが実務上しばしばある。この場合，被疑者がそのような供述をしたことを，罪証隠滅行為に及ぶ意図がある方向に直ちに結びつけて考えるのは相当でない。飲酒検知の結果等から被疑者が実際に相当酩酊していて，記憶がないというのもあながちうそではないことがうかがわれ，かつ，被疑者が「記憶はないが，被害者が被害に遭ったというのであれば間違いないと思う」旨の供述をしていれば，自白している被疑者に準じて罪証隠滅のおそれの有無を判断できることが多いと考えられる。示談の意思も示すなどしていればなおさらである。

　なお，1個の勾留の基礎となる犯罪事実が複数ある場合，罪証隠滅のおそれ自体は事実ごとに判断するとしても，予想される処分の軽重については複数の事実全体を踏まえて検討するのが合理的である。

[7] 逃亡のおそれ（実体的要件2−③）

⑴ **意　義**　　「被告人が逃亡し又は逃亡すると疑うに足りる相当な理由」とは，被告人

60条　135

が刑事処分（判決後であれば刑の執行）を免れるために裁判所（捜査段階は捜査機関）に対し所在不明となるおそれ，すなわち具体的蓋然性があることをいう。この判断も罪証隠滅のおそれと同様，社会通念や過去の事例の集積に基づく一般予測を基礎としつつ，個別事情も勘案して行う現実的・具体的判断である。

(2) **判断の基準**　逃亡のおそれの検討に当たっては，まず，生活が不安定であれば一般に逃亡のおそれが高いといえるから，被告人の家族関係，住居・居住関係，職業・職歴，年齢等といった身上経歴等に着目すべきである。被告人の住居地が裁判所等から遠方かどうかもこの点の考慮要素となる。生活保護受給者である場合，生活が不安定であると評価するか，住居地を離れ難い事情を有している（住居地を離れると生活保護を受けられなくなる。）と評価するかは事案によろう。高齢や年少であることは，一般には逃走のおそれを低くする方向に働くことが多いであろうが，少年については通学・就労等の生活状況も重要である。

次に，重い処分を免れるために人が逃亡するおそれも一般には高いといえるから，当該事案の軽重や被告人の前科関係等から，被告人に対してどの程度重い処分が見込まれるかも検討すべきである。実刑に処される見込みがあるかどうかは一つの重要なメルクマールといえよう。なお，保釈に関する89条1号は，逃亡（不出頭）のおそれが定型的に強い犯罪を示したものと解されている。

その上で，被告人の供述態度や応訴態度，現に逃亡した事実があるかどうか等を考慮し，裁判所等への出頭を回避しようとする傾向がうかがわれるかどうかなどを総合考慮して，逃亡するおそれがあると推認できるかどうかを判断することとなる。

実際上問題となる例として，いわゆるひき逃げ事故の事案が挙げられる。この場合，現に事故現場から逃走していることから，勾留段階では逃亡するおそれが低くなったといえるかどうかが問題となるが，検挙に至るまでの事情，検挙後の供述態度，生活状況等から，そのおそれが低いといえる場合もあろう。

また，万引き犯が保安員・警備員に暴行を加えて逃走を図ろうとした場合にも同様のことがいえる。

なお，1個の勾留の基礎となる犯罪事実が複数ある場合には，それらの事実全体を捉えて逃亡のおそれを判断するのが合理的である。勾留に係る事実と非勾留事実とがある場合には，逃亡のおそれはあくまで勾留に係る事実について判断すべきであるが，その逃亡のおそれの判断の一資料とする（例えば予想される処分の軽重を考えるなど）限りでは，非勾留事実の存在等を考慮することは許されると解すべきである。

[8] 勾留の必要性（実体的要件3）

(1) **意　義**　207条4項は「勾留の理由がないと認めるとき……は，勾留状を発しない」と規定しているものの，勾留の必要がない場合には勾留を取り消すものとされていること (87)，逮捕についても必要性が要件とされていること (199) 等から，被疑者・被告人を問わず，勾留の必要が当初からない場合に勾留することはできず，裁判所は勾留の

必要性についても判断すべきものと解されている。現在の実務では，勾留をしない場合，必要性がないことを理由としたものが圧倒的に多いと思われる。

(2) **判断の基準**　事案の軽重や勾留の理由の強弱と，被告人の年齢，健康状態，生活環境，家庭又は仕事上の事情，身柄引受人の有無・資質等とを比較衡量することとなる。一般論をいえば，①事案が重大であれば，一般的には罪証隠滅や逃亡のおそれが高いはずであり，これらを防止すべき要請が強いから，社会内での生活を必要とする事情があっても，適正な処分の実現のために勾留の必要性が認められる。②事案が重大とまではいえなくとも，罪証隠滅や逃亡のおそれが一定以上強ければ，①と同様に勾留の必要性が認められる。③他方，事案が重大でなく，罪証隠滅及び逃亡のおそれが低い一方で，社会内生活の必要性がありその許容性もある場合には，可能性の低い罪証隠滅や逃亡のリスクを回避するために勾留までして社会内生活を禁ずるのは相当でないから，勾留の必要性は否定すべきことになる。④さらに，事案がごく軽微であれば，罪証隠滅や逃亡のおそれが多少あってもそのリスク回避のために勾留すべきでなく，勾留の必要性はないということになる（本条Ⅲは，その最たる場合を明文化したものと考えることもできる。）。

この点で，住居侵入，公然わいせつ，暴行，脅迫，占有離脱物横領，器物損壊等では，法定刑がさほど重くないことに留意すべきである。今日多い事件としていわゆる盗撮（条例違反）事件があり，事案の性質上，自宅に過去の盗撮画像データ（常習性に関する重要な証拠となる。）が保管されている蓋然性が高く，捜索差押えが未了の場合にはそのデータを消去することが容易であって，罪証隠滅のおそれが一定程度想定される。しかし，一般には法定刑は重くないことからすれば，最終処分の見込みに加え，被疑者が常習性を含めて事実関係を自認し，データの消去をしない旨確約しているかどうかなどを勾留質問等を通じて勘案し，罪証隠滅のおそれが強いと認められるかどうかを十分検討すべきであろう。家庭内における暴行，傷害等の事件では，被害者と離れて生活できる環境が整っているかどうかが重要であろう。罪証隠滅や逃亡のおそれを低くするために，被疑者・被告人や近親者等に一定の誓約をさせるなどの工夫も実務上行われている。

なお，勾留の必要性の判断要素は，裁量保釈の許容性の判断要素とも重なるところがある。その意味で，今般成立した平成28年改正刑訴法で裁量保釈（90）の判断要素が明確化された点は，勾留の必要性の判断に当たっても参考となろう。

［9］被告人の勾留の期間

(1) **起算日**　被告人の勾留の期間は，公訴提起の日から2か月間である。これは公訴提起と同日に被告人が勾留された場合のことであり，公訴提起より後の日に勾留された場合には，当該勾留された日（指定の刑事施設又は留置施設に引致した日〔73Ⅱ〕と解するのが実務である。）が起算日となる。この2か月間は法定期間であり，これより短い期間を定めた勾留の裁判をすることはできない。

(2) **期間の計算方法**　2か月の期間は，暦に従い計算する。2月30日など存在しない日が満了日となる場合には，当該月の末日をもって満了日となる（55，民143参照）。保釈

60条 137

や勾留執行停止により現実に拘禁されない日が生じたり，鑑定留置が行われたりした場合には，それらの日数は算入されず，再度収容された日から残存期間を勾留する。保釈等により釈放された日や再収容された日，逃亡した日等，わずかな時間でも拘禁された日は，勾留された1日として計算する。保釈取消後の勾留の残存期間につき，最決昭26・4・27刑集5・5・957がその計算方法を明らかにしているので，判文を参照されたい。

[10] 勾留期間の更新

(1) **趣　旨**　被告人の勾留は，特に継続の必要がある場合にはその期間を更新することができる。勾留期間満期の時点で勾留の理由と必要性があり，訴訟係属があれば，通常は勾留の継続が必要といえよう。なお，実務上，複数事実につき複数の勾留状が発付されている場合で，全てを重複して勾留を継続しなくとも足りる場合に，一部の勾留につき期間の更新をしないことがある。

(2) **具体的理由の明示等**　勾留更新決定も上訴が許される裁判であり，当然理由を付すべきであるが (44)，特に慎重を期するために「具体的に」理由を付することとされている。実務では，定型の書式を用い，更新の理由として，「罪証を隠滅すると疑うに足りる相当な理由がある」といった法文に従った記載をしているが，それ以上の理由を付すこともももとより妨げられない。

　なお，ここでも事件単位の原則が働き，更新の理由は当該勾留の基礎となっている公訴事実について判断することとなる。

(3) **更新される期間**　勾留期間の更新は，1か月ごとにしなければならない。これは，1か月未満の更新を認めないと同時に，2回以上更新できる場合であっても，2回分以上をまとめて更新することはできず，勾留期間の各満了日が近づく度に判断するという趣旨である。実務では，勾留期間満了前の適当な時期に更新決定をしているが，なるべく満了に近接した日であることが望ましいことは明らかであり，満了より2週間以上前に更新の必要ありとして決定するのは通常は相当でなかろう。満了の3日ないし12日前にした更新を憲法31条に反しないと判示したものとして，最大判昭24・2・9刑集3・2・151がある。

　なお，勾留期間更新決定後，前の勾留期間が残存している間に保釈や勾留執行停止により被告人が釈放されても，更新の効力は失われないと解される。

(4) **更新決定の執行方法**　勾留更新決定の執行方法については明示の規定がなく，一般の決定と同様，謄本の送達をもって効力が生じると解する説もあるが，実務は，勾留状の執行に準じ，決定の原本を検察官の指揮により刑事施設職員をして被告人に示させて執行することとしている (最判昭24・4・26刑集3・5・653，最決昭35・10・4裁集刑135・517)。

[11] 更新の回数

　勾留を継続する必要があっても，89条1号，3号，4号又は6号の事由が認められる場合を除き，勾留期間の更新は1回に限られる。勾留の長期化を防止し，迅速な裁判を

保障しようとするものである。回数制限解除事由の内容については，89条の解説を参照のこと。保釈の裁判と整合性のとれた要件判断を行う必要がある。

なお，89条の解説［6］にあるとおり，罪証隠滅のおそれは，訴訟の進展に伴い次第に低下していく。事案に応じてではあるものの，弁論終結後にもなおそのおそれがあるということはまれであろう。

［12］ 軽微な事件に関する勾留の理由の特例

本条3項は，軽微事件に関し，勾留の理由の特例を定めている。同項の事件に当たるか否かは，当該勾留の基礎となる公訴事実（被疑事実）を基礎として判断する。1通の勾留状に本項に当たる事件と当たらない事件とがある場合には，結局本項の事件には当たらない。

なお，少年の勾留につき少年法48条，国会議員につき憲法50条，国会法33条以下にも特別規定がある。　　　　　　　　　　　　　　　　　　　　　　　　　　　〔渡邉史朗〕

第61条 [1] 〔勾留と被告事件の告知〕 被告人の勾留は，被告人に対し被告事件を告げこれに関する陳述を聴いた後でなければ，これをすることができない [2]。但し，被告人が逃亡した場合は，この限りでない [3]。

> ［規］　第39条（被告人，被疑者の陳述の調書）　被告人又は被疑者に対し，被告事件又は被疑事件を告げこれに関する陳述を聴く場合には，調書を作らなければならない。
>
> 　2　前項の調書については，前条第2項第3号前段，第3項，第4項及び第6項の規定を準用する。
>
> 　第42条（調書の記載要件）　第38条，第39条及び前条の調書には，裁判所書記官が取調又は処分をした年月日及び場所を記載して署名押印し，その取調又は処分をした者が認印しなければならない。但し，裁判所が取調又は処分をしたときは，認印は裁判長がしなければならない。
>
> 　2　前条の調書には，処分をした時をも記載しなければならない。
>
> 　第69条（裁判所書記官の立会・法第61条）　法第61条の規定により被告人に対し被告事件を告げこれに関する陳述を聴く場合には，裁判所書記官を立ち会わせなければならない。

［1］ 勾留質問の意義

本条は，勾留の裁判を慎重に行うため，被告人に対して被告事件を告げ，その陳述を聴く手続（勾留質問）を定めている。本条は，被疑者の場合にも準用される（207Ⅰ）。

［2］ 勾留質問の手続

在宅の被告人を冒頭手続（291）終了後に勾留する場合，既に被告事件に関する陳述

を聴いているから，勾留質問は不要である（最決昭41・10・19刑集20・8・864）。勾留質問の場所について，法の定めはないが，裁判所の庁舎内で行うのが原則である。もっとも，特段の必要があるときは，裁判所の庁舎外（警察署，拘置所等）で行うことも許される（最決昭44・7・25刑集23・8・1077）。弁護人の立会権は認められていない。特別の事情がある場合は，裁量で弁護人を立ち会わせることはできると解されるが，被疑者勾留の場合，捜査の秘密への配慮から，実務上はほとんど立会は認められていない。

被告事件を告知する際は，罪名のほか，少なくとも公訴事実の要旨を告げる必要がある。これに加えて60条1項各号の事由まで告知する必要はない。「被告事件の陳述を聴く」とは，陳述を聴く機会を与えることを意味し，必ず意見を聴かねばならないわけではない。黙秘権告知は本来必要とされないが，勾留質問調書が証拠とされ得ることから，実務上は告知する運用が確立している。

勾留状の発付は，必ずしも勾留質問の直後である必要はないが，時間的に接着していることを要する。

[3] 被告人が逃亡した場合等

被告人が逃亡した場合は，勾留質問を行うことなく，勾留状を発付することができる。この場合には，勾留直後に公訴事実の要旨を被告人に告げなければならない（77Ⅱ）。

被疑者の心身に勾留質問に耐えられない又は質問の趣旨を理解できない程度の障害が生じている場合，勾留請求から2日程度で回復可能なら，これを待って勾留質問を行うことも考えられよう。　　　　　　　　　　　　　　　　　　　　　　　　〔坂口裕俊〕

第62条 [1]〔令状〕　被告人の召喚，勾引又は勾留は，召喚状，勾引状又は勾留状 [2] を発してこれをしなければならない。

　　[規]　第73条（勾引状の数通交付）　勾引状は，数通を作り，これを検察事務官又は司法警察職員数人に交付することができる [3]。

[1] 本条の趣旨

本条は，召喚，勾引又は勾留という対人的強制処分を行うには，令状によらなければならない旨を定めている。勾引状・勾留状は憲法33条の要請に基づくものであるが，召喚状については，同条の「逮捕」に該当せず，法が本条に基づき独自に認めたものである。なお，召喚については，例外的に召喚状によらないことができる（65ⅡⅢ・274）。

[2] 令状の性質

召喚，勾引，勾留はいずれも裁判（命令又は決定）である。各令状は裁判書であって，一定の方式が定められ（63・64），令状を発付すること自体が裁判の方式である点，令状の執行が原本によって行われる点（65Ⅰ・70・73）などが，一般の裁判の場合（規36・53以下）

と異なる。令状の執行後に令状が滅失しても、その存在と内容が証明される限り、その執行の効力に影響を及ぼさない。

[3] 令状の数通交付

勾引状は、同時に数通作成することができ、そのいずれも原本である。被告人が逃亡して各地を転々としている場合などに数通発付する実益がある。令状の執行指揮は原則として検察官が行うため（70Ⅰ本）、数通発付された勾引状についても、検察官を通じて検察事務官や司法警察職員に交付される。　　　　　　　　　　　　　　　　〔坂口裕俊〕

第63条 [1]〔召喚状の方式〕　召喚状には、被告人の氏名及び住居、罪名、出頭すべき年月日時及び場所並びに正当な理由がなく出頭しないときは勾引状を発することがある旨その他裁判所の規則で定める事項を記載し、裁判長又は受命裁判官が、これに記名押印しなければならない [2]。

〔規〕　第102条（被告人の身体検査の召喚状等の記載要件・法第63条等）　被告人に対する身体の検査のための召喚状又は勾引状には、身体の検査のために召喚又は勾引する旨をも記載しなければならない。

[1] 本条の趣旨

本条は、召喚状の記載要件を定めたものである。

[2] 記載要件

「氏名及び住居」の記載は、召喚状の送達が可能な程度に特定されていることを要する。氏名はペンネームその他の通称でも差し支えない。氏名や住所が不明の場合は送達ができないため、勾引状・勾留状に定められているような特則（64ⅡⅢ）はない。

「罪名」は、刑法犯については「殺人罪」「窃盗罪」等の個別罪名を記載するが、特別法犯については「○○法違反」などと記載するのが通例である。

「出頭すべき場所」は、裁判所に限られない（68参照）。

「規則で定める事項」とは、規71条・102条・216条に定める事項を意味する。

裁判書には、裁判をした裁判官全員が署名押印又は記名押印するのが原則（規55・60の2Ⅰ）であるが、本条はその特則である。　　　　　　　　　　　　　　　　　　〔坂口裕俊〕

第64条 [1]〔勾引状・勾留状の方式〕　勾引状又は勾留状には、被告人の氏名及び住居 [2]、罪名、公訴事実の要旨 [3]、引致すべき場所又は勾留すべき刑事施設 [4]、有効期間 [5] 及びその期間経過後は執行に着手することができず令状はこれを返還しなければならない旨並びに発付の年月日その他裁判所の規則で定める事項 [6] を

記載し，裁判長又は受命裁判官が，これに記名押印しなければならない。

2　被告人の氏名が明らかでないときは，人相，体格その他被告人を特定するに足りる事項で被告人を指示することができる。

3　被告人の住居が明らかでないときは，これを記載することを要しない。

[規]　第70条（勾留状の記載要件・法第64条）　勾留状には，法第64条に規定する事項の外，法第60条第1項各号に定める事由を記載しなければならない。

第278条[7]（少年鑑別所への送致令状の記載要件・少年法第44条）　少年法第44条第2項の規定により発する令状には，少年の氏名，年齢及び住居，罪名，被疑事実の要旨，法第60条第1項各号に定める事由，収容すべき少年鑑別所，有効期間及びその期間経過後は執行に着手することができず令状はこれを返還しなければならない旨並びに請求及び発付の年月日を記載し，裁判官が，これに記名押印しなければならない。

2　前項の令状の執行は，法及びこの規則中勾留状の執行に関する規定に準じてこれをしなければならない。

[1]　本条の趣旨

本条は，勾引状と勾留状の記載要件について規定している。

[2]　氏名・住居

本条2項，3項は，勾引状及び勾留状の執行方法が，召喚状とは異なることから規定されたものである（65Ⅰ・73ⅠⅡ参照）。被告人の氏名が明らかでないときは，留置番号や写真で特定指示することが実務上多い。

被告人の住居が明らかでないときは，住居の記載を要しない。住居不定の場合も同様である。それぞれの場合，住居欄には，「不詳」「不定」と記載する。

[3]　公訴事実の要旨

公訴事実の要旨の記載が必要とされるのは，憲法33条が「理由となつてゐる犯罪を明示」することを要請しているためである。起訴された犯罪事実を特定できる程度に具体的に記載する必要がある。実務上，いわゆる求令起訴がされた場合には，起訴状の写しを添付することが多い。数個の事実が併合して審理されている場合，勾引状にはすべての公訴事実の要旨を記載しなければならず，勾留状にも，全ての公訴事実につき勾留するときはその全てを記載し，一部の公訴事実についてのみ勾留するときは，その一部についてのみ記載する。被疑者段階の勾留状の罪名・被疑事実と，起訴状の罪名・公訴事実とが異なっていても，両事実に同一性が認められる限り，勾留状は有効である（最判昭29・12・14刑集8・13・2142参照）。

[4]　引致すべき場所・勾留すべき刑事施設

「引致すべき場所」は勾引状の記載事項である。原則として勾引状を発付した裁判所であるが，それ以外の場所が指定されることもある（68参照）。

「勾留すべき刑事施設」とは，刑事施設（拘置所）又はそれに代えて留置することのできる（警察署の）留置施設を指す（刑事収容15 I）。少年については，少年鑑別所に拘禁することもできる（少48 II）。勾留状には，特定の拘置所，拘置支所，警察署の留置場又は少年鑑別所を記載しなければならない。実務上は，拘置所の収容能力や捜査の必要性等を勘案して，起訴前は警察署の留置施設に留置し，起訴後に拘置所に移送する例が多い。

　なお，被告人の勾留場所の変更（移送。旧監獄法における移監）については，検察官が，裁判長の同意を得て行うことができると規定されているが（規80），判例は，裁判官が職権で移送命令を発することもできるとする（最決平7・4・12刑集49・4・609）。職権を発動するケースとしては，移送を必要かつ相当とする事情があり，かつ，裁判官が検察官に移送を促しても応じないときなどが考えられる（金谷・令状基本上340）。被告人には勾留場所の変更請求権はなく，裁判官に対して移送命令の職権発動を促すことができるにすぎない。移送の同意・不同意に対しては，抗告（420 II）又は準抗告（429 I ②）ができる（最決昭46・11・12裁集刑182・27参照）。職権による移送命令に対しても同様に抗告又は準抗告できるが，職権による移送命令をしない場合は，職権不発動の措置は裁判ではないため，不服申立てをすることはできない。

［5］有効期間

　「有効期間」とは，その経過後は執行に着手することができない期間を意味する。被告人を拘禁すべき期間ではない。通常は7日であるが，相当と認めるときは7日を超える期間を定めることもできる（規300）。期間の計算については55条による（初日は不算入）。有効期間を記載しないものは不適法であるが，最決昭25・6・29刑集4・6・1133は7日として有効と解している。7日未満の期間を定めることも不適法であるが，その期間につき有効と解すべきである（松尾・条解158）。

［6］規則で定める事項

　勾引状につき規71条・102条，勾留状につき規70条・71条参照。このほか，勾引状については，法が特別に規定を置いている（66 V 後）。勾引状に引致すべき公判期日を記載することは，当該期日までに有効期間が経過する場合でない限り許される（松尾・条解158）。

　勾留状の記載事項である「法第60条第1項各号に定める事由」（規70）については，勾留状の事由欄に「第2，3号」などと号番号のみを記載するのが通例である。これらの事由を認めた根拠を記載する必要はない。

［7］少年鑑別所への送致令状

　少年の被疑事件について，身柄を拘束する必要がある場合，第一次的には勾留ではなく観護措置をとるべきであり（少43 I III・48 I），この場合，検察官の請求により，令状（観護令状）を発して行うべきとされている（少44 II）。規278条には，観護令状の記載要件と執行方法が定められている。

〔坂口裕俊〕

65条　　　　　　　　　　　　　　　　　　　　　　　143

第65条〔召喚の手続〕　召喚状は，これを送達する[1]。

2　被告人から期日に出頭する旨を記載した書面を差し出し，又は出頭した被告人に
対し口頭で次回の出頭を命じたときは，召喚状を送達した場合と同一の効力を有す
る[2]。口頭で出頭を命じた場合には，その旨を調書に記載しなければならな
い[3]。

3　裁判所に近接する刑事施設にいる被告人に対しては，刑事施設職員（刑事施設の
長又はその指名する刑事施設の職員をいう。以下同じ。）に通知してこれを召喚す
ることができる。この場合には，被告人が刑事施設職員から通知を受けた時に召喚
状の送達があつたものとみなす[4][5]。

　　［規］　第282条（準用規定）　被告人又は被疑者が少年鑑別所に収容又は拘禁されている場合に
　　は，この規則中刑事施設に関する規定を準用する。

[1] 召喚状の送達
　裁判書は謄本を送達するのが原則であるが（規34本），本項は，召喚状（裁判書）の原
本を送達することを定めており，規34条但書の「特別の定」に当たる。送達方法につい
ては54条参照。急速を要するときは，受訴裁判所の判断に基づかずに，裁判長又は受命
裁判官が召喚できる（69）。いったん召喚状を送達すれば，公判期日を変更しても，期
日変更決定を送達すれば足り，改めて召喚手続をとる必要はない。
[2] 期日請書の差出し（召喚手続の例外その1）
　被告人に期日を通知し，被告人から期日に出頭する旨を記載した書面（期日請書）が
提出された場合，召喚の効力が生じる。期日請書の方式についての定めはない。被告人
名義で出すのが原則であるが，弁護人名義の期日請書であっても，被告人に対する送達
の効力が生じると解される。
[3] 口頭での出頭命令（召喚手続の例外その2）
　公判期日等に出頭した被告人に対して口頭で次回（複数回の期日でもよい）の期日を告
知し，出頭を命じれば，召喚の効力が生じる。第2回公判期日以降の召喚はこの方法に
よることが多い。この場合は，公判調書等に出頭を命じたことを記載しなければならな
い。
[4] 刑事施設にいる被告人に対する召喚（召喚手続の例外その3）
　「近接する」とは，召喚状を送達するよりも迅速かつ確実に通知することができる程
度に接近していることをいう。
　刑事施設にいる被告人に対しては，刑事施設職員（刑事施設の長又はその指名する刑事施
設の職員）に通知して召喚することができる。留置施設にいる被告人の場合は，留置業
務に従事する警察官（留置担当官）への通知となる。通知の方法の定めはない。この通
知は記録上明らかにしておかなければならず（規298Ⅲ），実務では「被収容者召喚簿」

144   65条，66条

により拘置所等の職員に通知し，その召喚簿の記載と，事件記録中の期日指定書に召喚期日を付記し，裁判所書記官が押印して明確にしている例が多い。

［5］召喚状送達の擬制（召喚手続の例外その4）

裁判所構内にいる被告人に対して公判期日を通知すれば，召喚の効力が生じる(274)。

〔坂口裕俊〕

第66条 [1] 〔勾引の嘱託〕　裁判所は，被告人の現在地の地方裁判所，家庭裁判所又は簡易裁判所の裁判官に被告人の勾引を嘱託することができる。

2　受託裁判官は，受託の権限を有する他の地方裁判所，家庭裁判所又は簡易裁判所の裁判官に転嘱することができる。

3　受託裁判官は，受託事項について権限を有しないときは，受託の権限を有する他の地方裁判所，家庭裁判所又は簡易裁判所の裁判官に嘱託を移送することができる [2]。

4　嘱託又は移送を受けた裁判官は，勾引状を発しなければならない。

5　第64条の規定は，前項の勾引状についてこれを準用する。この場合においては，勾引状に嘱託によつてこれを発する旨を記載しなければならない [3]。

---

［1］勾引の嘱託

勾引の嘱託は，勾引状の執行の嘱託（72）と異なり，勾引状の発付とその執行を嘱託することである。勾留の嘱託は認められていない。急速を要する場合は，裁判長や受命裁判官が勾引の嘱託をすることができる（69）。

「被告人の現在地」とは，被告人が事実上現在する地をいう。土地管轄の基準の場合（2 I）とは異なり，違法な身柄拘束により現在する地を含む。事物管轄とは無関係に，地方裁判所，家庭裁判所，簡易裁判所のうちのどの裁判所の裁判官に嘱託してもよい。嘱託の方法は問わない。実務では，裁判長（裁判官）名で受託裁判官宛に被告人勾引嘱託書を送るのが通例である。

［2］転嘱・嘱託の移送

「受託の権限を有する」か否かは，嘱託によって勾引状を発付するときに，被告人がその裁判所の管轄区域内に現存するか否かによって決まる。「転嘱」と「嘱託の移送」は，裁判官が受託の権限を有するか否かの違いである。例えば，管轄区域内に被告人が現在するが，現在地により近い裁判所の裁判官に委託する場合が「転嘱」，受託後に被告人の現在地が管轄区域外に移動した場合に行うのが「嘱託の移送」である。

［3］勾引状の方式

本条4項の勾引状に記載すべき「引致すべき場所」は，勾引状を発付する裁判官所属の裁判所であって，嘱託裁判所ではない（73 I 後）。この勾引状には，嘱託によって発す

る旨の記載が必要だが，実務では，「この令状は，……裁判所の嘱託によりこれを発する。」などと記載して嘱託裁判所を明らかにしている。これが「指定された裁判所」（67Ⅱ Ⅲ・73Ⅰ）に当たる。　　　　　　　　　　　　　　　　　　　〔坂口裕俊〕

第67条 [1][2] 〔**嘱託による勾引の手続**〕　前条の場合には，嘱託によつて勾引状を発した裁判官は，被告人を引致した時から24時間以内にその人違でないかどうかを取り調べなければならない。
2　被告人が人違でないときは，速やかに且つ直接これを指定された裁判所に送致しなければならない。この場合には，嘱託によつて勾引状を発した裁判官は，被告人が指定された裁判所に到着すべき期間を定めなければならない。
3　前項の場合には，第59条の期間は，被告人が指定された裁判所に到着した時からこれを起算する。

> [規]　**第76条（嘱託による勾引状・法第67条）**　嘱託によつて勾引状を発した裁判官は，勾引状の執行に関する書類を受け取つたときは，裁判所書記官に被告人が引致された年月日時を勾引状に記載させなければならない。
> 2　嘱託によつて勾引状を発した裁判官は，被告人を指定された裁判所に送致する場合には，勾引状に被告人が指定された裁判所に到着すべき期間を記載して記名押印しなければならない。
> 3　勾引の嘱託をした裁判所又は裁判官は，勾引状の執行に関する書類を受け取つたときは，裁判所書記官に被告人が到着した年月日時を勾引状に記載させなければならない。

[1]　本条の趣旨
　本条は，前条の勾引状により被告人が引致された後の受託裁判官の行うべき手続と，59条の期間の起算点を規定したものである。

[2]　受託裁判官の行うべき手続
　受託裁判官は，まず被告人が人違いでないかを取り調べる。人違いであれば直ちに釈放しなければならない。人違いでなければ，公訴事実の要旨及び弁護人選任権等を告知する（76ⅠⅢ）。人定事項以外の取調べはできないと解されている。
　次に，受託裁判所は，速やかにかつ直接被告人を指定された裁判所に送致しなければならない。「指定された裁判所」とは，通常は嘱託した裁判所である。送致手続に関する規定はないが，勾引状の執行（70）に準じて，受託裁判官所属の裁判所に対応する検察庁の検察官の指揮により，検察事務官又は司法警察職員が行うべきである。送致手続は，被告人の引致時から24時間以内に完了すべきである。指定された裁判所に到着すべ

き期間を定めるのは，護送に要する時間が不当に長くなることを防止するためである。期間の定め方は，日数を指定しても，到着日時を指定してもよい。この期間を超過した場合の規定はない。原則として釈放すべきであるが，206条の趣旨に準じて，遅延がやむを得ない場合は釈放する必要はないと解する。　　　　　　　　　　　　　　　〔坂口裕俊〕

第68条〔出頭命令・同行命令・勾引〕　裁判所は，必要があるときは，指定の場所に被告人の出頭又は同行を命ずることができる[1]。被告人が正当な理由がなくこれに応じないときは，その場所に勾引することができる。この場合には，第59条の期間は，被告人をその場所に引致した時からこれを起算する[2]。

[1] 出頭命令，同行命令の意義・要件

　出頭命令は，被告人に対して一定の場所への出頭を命じるもの，同行命令は，出頭している被告人に対して一定の場所への同行を命令するものである。いずれも対人的強制処分であるが，令状を要せず，猶予期間が不要な点において，召喚と異なる。急速を要する場合には，裁判長や受命裁判官が発することもできる（69）。

　出頭命令，同行命令は，召喚よりも簡便な方法であるから，召喚によるべき場合に発することはできないが，出頭命令や同行命令を出し得る場合に召喚によることはできる。

　裁判の方式に関する特別の規定はなく，原則として，規53条・34条が適用される。

　出頭命令，同行命令の要件については，「必要があるとき」とするのみであり，被告人の準備を余り考える必要のない場合に許されると解される。差押状や捜索状の執行の立会い（113Ⅲ），検証の立会い（142）の場合が挙げられる。

[2] 勾引の要件・方法

　出頭命令，同行命令の場合には，召喚の場合と異なり，命令に応じないおそれがあるだけで勾引することはできない。通常の勾引の規定（59・62・64・66・67）が適用されるが，59条の期間の起算点は，被告人をその場所に引致したときとされている（68後）。

　　　　　　　　　　　　　　　　　　　　　　　　　　　　　　　　　　　〔坂口裕俊〕

第69条[1]〔裁判長の権限〕　裁判長は，急速を要する場合には，第57条乃至第62条，第65条，第66条及び前条に規定する処分をし，又は合議体の構成員にこれをさせることができる。

　[規]　第71条[2]（裁判長の令状の記載要件・法第69条）　裁判長は，法第69条の規定により召喚状，勾引状又は勾留状を発する場合には，その旨を令状に記載しなければならない。

69条，70条

[1] 裁判長の緊急処分権限

被告人に対する召喚，勾引，勾留はすべて受訴裁判所の権限（ただし，第1回公判期日前の勾留に関する処分については280参照）であるが，緊急の場合には，合議体を構成する裁判官に差し支えがあって評議（裁75以下）ができないことがあり得るため，裁判長に緊急の処分権限を認めたものである。

[2] 令状の記載要件

63条，64条は当然に適用される。このほか，通常の場合とは異なるが，裁判長は，本条により召喚状，勾引状又は勾留状が発せられた旨を令状に記載しなければならない（規71）。これは，裁判所が令状を発する場合でないことを明らかにする趣旨である。受命裁判官が発付する場合については，その旨を令状に記載することが必要とされていないが，令状の適宜の箇所にその旨記載するのが妥当とされている（松尾・条解163）。

〔坂口裕俊〕

第70条 [1]〔勾引状・勾留状の執行〕　勾引状又は勾留状は，検察官の指揮によつて，検察事務官又は司法警察職員がこれを執行する。但し，急速を要する場合には，裁判長，受命裁判官又は地方裁判所，家庭裁判所若しくは簡易裁判所の裁判官は，その執行を指揮することができる。

2　刑事施設にいる被告人に対して発せられた勾留状は，検察官の指揮によつて，刑事施設職員がこれを執行する[2]。

[規]　**第72条（勾引状，勾留状の原本の送付・法第70条）**　検察官の指揮により勾引状又は勾留状を執行する場合には，これを発した裁判所又は裁判官は，その原本を検察官に送付しなければならない。

第74条（勾引状，勾留状の謄本交付の請求）　勾引状又は勾留状の執行を受けた被告人は，その謄本の交付を請求することができる[3]。

[範]　**第257条（検察官の指揮による執行）**　検察官から，勾引状，勾留状，観護状，差押状，記録命令付差押状，捜索状，鑑定留置状，収容状又は再収容状その他の令状の執行の指揮を受けたときは，速やかに執行しなければならない。

2　やむを得ない理由によつて，前項に規定する執行が遅延するときは，速やかにその旨を指揮をした検察官に報告しなければならない。

第259条（有効期間内に執行不能の場合）　検察官から，勾引状，勾留状，差押状，記録命令付差押状，捜索状又は鑑定留置状の執行の指揮を受けた場合において，その有効期間内に執行することができなかつたときは，令状にその理由を記載し，これを指揮をした検察官に返還しなければならない。

第260条（勾引状等執行不適の場合）　検察官から，勾引状，勾留状又は鑑定留置状の執行の指揮を受けた場合において，執行を受けるべき者が，心神喪失の状態にあるとき，又はその執行により著しく健康を害するおそれがあるときその他特に執行を不適当と認める理由があるときは，速やかに，指揮をした検察官にその旨を報告して，指揮を受けなければならない。

第265条（裁判官から執行の指揮を受けた場合）　第257条（検察官の指揮による執行），第259条（有効期間内に執行不能の場合）及び第260条（勾引状等執行不適の場合）の規定は，刑訴法第70条第1項ただし書又は同法第108条第1項ただし書の規定により，裁判長又は裁判官から，勾引状，勾留状，差押状，記録命令付差押状，捜索状又は鑑定留置状の執行の指揮を受けた場合について準用する。

［1］勾引状，勾留状の執行者

勾引状や勾留状の執行指揮者は，令状を発付した裁判所に対応する検察庁の検察官である（472 I）。執行の指揮は，令状の原本に認印して行えば足りる（473但）。

例外的に，急速を要する場合には，裁判所や裁判長が令状を発したときは裁判長が，受命裁判官が発したときは受命裁判官が，嘱託によって発したときは嘱託を受けた地方裁判所，家庭裁判所，簡易裁判所の裁判官が，それぞれ直接検察事務官や司法警察職員による執行を指揮することができる（70 I但）。

執行を担当するのは，検察事務官や司法警察職員（特別司法警察職員［190］を含む。）である。

［2］刑事施設にいる被告人に対する勾留状の執行

検察官の指揮により刑事施設職員が執行する。勾留状の執行についての規定しかないため，勾引状の執行の可否については見解が分かれているが，本条1項により執行することができると解する（高田・注解刑訴上234，川上・大コメ刑訴2・80）。

［3］勾留状，勾引状の謄本交付請求

令状の謄本は裁判所書記官が作成するから（規37），謄本交付請求は，裁判所書記官に対して行わなければならない。勾引状，勾留状の効力が存続する限り，交付請求の時期に制限はない。費用を負担する必要はないと解される（46の例外）。　　　〔坂口裕俊〕

第71条〔勾引状・勾留状の管轄区域外における執行・執行の嘱託〕　検察事務官又は司法警察職員は，必要があるときは，管轄区域外で，勾引状若しくは勾留状を執行し，又はその地の検察事務官若しくは司法警察職員にその執行を求めることができる。

本条は，勾引状や勾留状の発付後，これを執行する際に被告人が執行機関の管轄区域

外に逃亡したような場合に，執行できない不都合を避けるため，設けられた規定である。

「管轄区域」とは，検察事務官又は司法警察職員の管轄区域を指す。検察事務官については所属検察庁の管轄区域を指し（検察5・27），司法警察職員については，その所属する公務員としての本来の職務の管轄区域を指す。

勾引状，勾留状の管轄区域外での執行の嘱託（71後）については，検察事務官が司法警察職員に求めることも，司法警察職員が検察事務官に求めることもできる。執行を求められた検察事務官や司法警察職員は，これに応じる義務を負う。　　　　　〔坂口裕俊〕

第72条〔被告人の捜査・勾引状・勾留状の執行の嘱託〕 被告人の現在地が判らないときは，裁判長は，検事長にその捜査及び勾引状又は勾留状の執行を嘱託することができる。

2　嘱託を受けた検事長は，その管内の検察官に捜査及び勾引状又は勾留状の執行の手続をさせなければならない。

本条は，被告人の所在が不明で勾引状や勾留状の執行ができない場合に，検事長に所在捜査と令状の執行の嘱託することを認めたものである。発付した勾引状，勾留状の「執行」だけを嘱託することを認めた点で，勾引の嘱託（66）と異なる。

通常の場合，被告人の所在捜査と併せて被告人の住居の記載のない勾引状又は勾留状を発付してその執行を嘱託する。実務上，この執行嘱託は原本を裁判所に保管しておき，謄本で嘱託することが多い（松尾・条解165）。被告人が嘱託した検事長の管轄区域外にいて執行不能に終わることを考慮して，所在捜査のみを嘱託することもできる。この場合，所在捜査によって被告人の現在地が判明したときは，通常の方法で勾引状又は勾留状を発付して執行すべきである（70・71）。

嘱託を受けた検事長は，その管内の検察官に捜査及び勾引状又は勾留状の執行の指揮をさせなければならない。執行にあたるのは検察事務官又は司法警察職員である（70）。

〔坂口裕俊〕

第73条 [1] **〔勾引状・勾留状執行の手続〕** 勾引状を執行するには，これを被告人に示した上，できる限り速やかに且つ直接，指定された裁判所その他の場所に引致しなければならない。第66条第4項の勾引状については，これを発した裁判官に引致しなければならない。

2　勾留状を執行するには，これを被告人に示した上，できる限り速やかに，かつ，直接，指定された刑事施設に引致しなければならない。

3　勾引状又は勾留状を所持しないためこれを示すことができない場合において，急

速を要するときは，前2項の規定にかかわらず，被告人に対し公訴事実の要旨及び令状が発せられている旨を告げて，その執行をすることができる[2]。但し，令状は，できる限り速やかにこれを示さなければならない。

[規] 第75条[3]（勾引状，勾留状執行後の処置） 勾引状又は勾留状を執行したときは，これに執行の場所及び年月日時を記載し，これを執行することができなかつたときは，その事由を記載して記名押印しなければならない。

2 勾引状又は勾留状の執行に関する書類は，執行を指揮した検察官又は裁判官を経由して，勾引状又は勾留状を発した裁判所又は裁判官にこれを差し出さなければならない。

3 勾引状の執行に関する書類を受け取つた裁判所又は裁判官は，裁判所書記官に被告人が引致された年月日時を勾引状に記載させなければならない。

[範] 第269条（令状執行に際しての注意） 勾引状その他の令状を執行するに当たつては，必要な限度を超えて実力を行使し，又は相手方の名誉を不当に傷つけることのないように注意しなければならない。

[1] 勾引状，勾留状の通常執行

勾引状，勾留状を執行するには，まず，令状の原本を被告人に示す必要がある。この根拠については，特殊な裁判告知の方法とする見解や，憲法34条前段の理由の告知であるとする見解もあるが，憲法33条の令状主義の要請によるものと解すべきである（川上・大コメ刑訴2・88参照）。

次に，できる限り速やかに，かつ，直接引致する必要がある。「直接」引致するとは，無用の回り道をしないという意味であり，いわゆるたらい回しを防止する趣旨である。また，「できる限り速やかに」という制限に違反しない限り，最寄りの刑事施設に一時留置することができる（74）。勾引の場合の「指定された裁判所その他の場所」とは，「引致すべき場所」（64 I）のことである。「指定された刑事施設」とは，「勾留すべき刑事施設」（64 I）のことであり，留置施設を含む。

[2] 緊急執行

「急速を要するとき」とは，令状を入手するまで待てば，被告人の所在が不明となり令状の執行が著しく困難となるおそれがある場合をいう。

緊急執行を行う場合は，単に罪名を告知するだけでは足りず，いかなる犯罪事実によるものかが分かる程度に公訴事実の要旨を告げるとともに，令状が発せられていることを告げなければならない。いずれも201条2項により本条3項を準用する逮捕状に関するものであるが，緊急執行手続を不適法としたものとして，「十分に被疑事実の要旨を告げる余裕が存在するにもかかわらず，単に脅迫罪による逮捕状が出ている事実を告げ

たにとどまり，被疑事実の要旨を告げなかった」事例（東京高判昭34・4・30高刑集12・5・486），「窃盗の嫌疑により逮捕状が発せられている旨告げたのみで，被疑事実の要旨を告げなかった」事例（福岡高判昭27・1・19高刑集5・1・12），適法としたものとして，「『宮城前の騒擾事件で君に逮捕状が出ているから逮捕する』と告げ」て逮捕した事例（東京高判昭28・12・14特報39・221），「罪名を告げたのみで被逮捕者が被疑事実の内容を了知し得る状況にある場合には，罪名と令状が発せられていることを告げたのみで逮捕しても違法でない」とする事例（大阪高判昭36・12・11下刑集3・11=12・1010）がある。

　実務上，検察官の認印した令状（473但）が執行機関に到達したことは執行開始の要件と解されておらず，電話等口頭の執行指揮によって，1個の令状により全国的な指名手配も可能である（松尾・条解166）。

［3］執行後の処置

　執行後の処置については規75条が規定する。「執行の場所及び年月日時」とは，執行機関が被告人に令状を示して執行に着手した場所と年月日時であり，緊急執行の場合は，被告人に現実に告知した場所と日時である。裁判所書記官に被告人が引致された年月日時を記載させる（規75Ⅲ）のは，59条及び68条後段の起算点を明らかにするためである。

〔坂口裕俊〕

第74条〔護送中の仮留置〕　勾引状又は勾留状の執行を受けた被告人を護送する場合において必要があるときは，仮に最寄りの刑事施設にこれを留置することができる。

　本条は，勾引状又は勾留状の執行を受けた被告人を，執行した場所から指定された場所，指定された刑事施設や留置施設まで引致（73ⅠⅡ）又は送致（67Ⅱ）するのに，距離が遠い等の理由により時間を要したり，交通機関の利用の関係で一時留め置く必要があるような場合に，最寄りの刑事施設（留置施設を含む）に仮に留置できることを認めたものである。本条は，緊急執行の場合（73Ⅲ）にも適用がある。

　被告人を引致・送致する途中の例外的措置として仮の留置を認めたものであるから，留置する時間は最小限度でなければならない。仮に留置した時間は，59条の時間には含まれない。

〔坂口裕俊〕

第75条〔勾引された被告人の留置〕　勾引状の執行を受けた被告人を引致した場合において必要があるときは，これを刑事施設に留置することができる。

　勾引された被告人は，24時間の留置が認められており（59），引致場所で留置するのが通常であるが，本条は，身柄確保の見地から，必要があるときは刑事施設に留置する

152　　　　　　　　　　　　　　　　**75条，76条**

ことができることを定めたものである。

　実際の手続としては，引致された被告人に対して公訴事実の要旨及び弁護人選任権等の告知（76）をした上で，勾引状に特定の刑事施設（留置施設を含む）に留置する旨を付記し，勾引状の執行の場合に準じて，原本を検察官に送付し，事実上検察官の執行指揮により留置する扱いをしている例が多い（松尾・条解168）。
　　　　　　　　　　　　　　　　　　　　　　　　　　　　　　　　　　　　〔坂口裕俊〕

　　第76条^[1]**〔勾引された被告人と公訴事実・弁護人選任権の告知〕**　被告人を勾引し
　　たときは，直ちに被告人に対し，公訴事実の要旨及び弁護人を選任することができ
　　る旨並びに貧困その他の事由により自ら弁護人を選任することができないときは弁
　　護人の選任を請求することができる旨を告げなければならない。ただし，被告人に
　　弁護人があるときは，公訴事実の要旨を告げれば足りる^{[2][3]}。
　　2　前項の規定により弁護人を選任することができる旨を告げるに当たつては，弁護
　　士，弁護士法人又は弁護士会を指定して弁護人の選任を申し出ることができる旨及
　　びその申出先を教示しなければならない。
　　3　第1項の告知及び前項の教示は，合議体の構成員又は裁判所書記官にこれをさせ
　　ることができる。
　　4　第66条第4項の規定により勾引状を発した場合には，第1項の告知及び第2項の
　　教示は，その勾引状を発した裁判官がこれをしなければならない。ただし，裁判所
　　書記官にその告知及び教示をさせることができる。

　　　〔規〕　**第77条（裁判所書記官の立会・法第76条等）**　裁判所又は裁判官が法第76条又は第77条
　　　　　の処分をするときは，裁判所書記官を立ち会わせなければならない。
　　　　　第78条（調書の作成・法第76条等）　法第76条又は第77条の処分については，調書を作
　　　　　らなければならない。

[1] 勾引された被告人に対する告知

　本条は，憲法34条前段（拘禁理由と弁護人選任権の告知）及び同37条3項（有資格弁護人選任権と国選弁護人選任請求権の保障）の各規定を受けて設けられたものであり，勾引された被告人の権利として，公訴事実の要旨と弁護人選任権等を告知することを定めている。

[2] 告知事項等

　公訴事実の要旨の告知は，被告人に弁解の機会を与えるためのものであるから，いかなる犯罪について公訴が提起されたかが分かればよく，通常は勾引状記載の公訴事実の要旨で足りる。

　弁護人選任権（私選弁護人）と国選弁護人選任請求権（36）の告知も必要である。既に被告人に弁護人があるときはこれらを告知する必要はない（76Ⅰ但）。

弁護人選任権の告知に当たっては，弁護士，弁護士法人又は弁護士会を指定して弁護人の選任を申し出ることができる旨及びその申出先を教示しなければならない（76Ⅱ）。

[3] 告知手続

勾引状を発付した裁判所（裁判官）が［2］記載の告知及び教示を行うのが原則であるが（76ⅠⅡ），受命裁判官又は裁判所書記官にさせることもできる（76Ⅲ）。受託裁判官又は移送を受けた裁判官が勾引状を発付したときは，これらの裁判官が告知する（76Ⅳ）。裁判所（裁判官）が告知する場合は，裁判所書記官が立ち会い，調書を作成する必要がある（規77・78）。裁判所書記官が告知する場合，他の裁判所書記官が立ち会うことは要しない。

被告人を勾引したときは，「直ちに」被告人に対して告知事項を告げなければならない（76Ⅰ）。これは憲法34条前段の要請であると解される。もっとも，この告知の時期については，事柄の性質上一切の時間的ゆとりが認められないものとは解されないから，勾引後できる限り遅滞なく勾留質問を行い，その冒頭で告知を行っている実務の運用も違憲，違法とはいえないであろう（松尾・条解168）。　　　　　　　　　　〔坂口裕俊〕

第77条 [1] 〔勾留と弁護人選任権等の告知〕　被告人を勾留するには，被告人に対し，弁護人を選任することができる旨及び貧困その他の事由により自ら弁護人を選任することができないときは弁護人の選任を請求することができる旨を告げなければならない。ただし，被告人に弁護人があるときは，この限りでない [2][3]。
2　前項の規定により弁護人を選任することができる旨を告げるに当たつては，勾留された被告人は弁護士，弁護士法人又は弁護士会を指定して弁護人の選任を申し出ることができる旨及びその申出先を教示しなければならない。
3　第61条ただし書の場合には，被告人を勾留した後直ちに，第1項に規定する事項及び公訴事実の要旨を告げるとともに，前項に規定する事項を教示しなければならない。ただし，被告人に弁護人があるときは，公訴事実の要旨を告げれば足りる。
4　前条第3項の規定は，第1項の告知，第2項の教示並びに前項の告知及び教示についてこれを準用する。

---

[1] 勾留される被告人に対する告知

本条も，76条同様，憲法34条前段及び同37条3項の各規定を受けて設けられたものである。

[2] 告知事項等

弁護人選任権（私選弁護人）と国選弁護人選任請求権を告知しなければならない（77Ⅰ本）。被告人に既に弁護人があるときは告知する必要はない（77Ⅰ但・Ⅲ但）。

公訴事実の要旨については，勾留質問の際に告知されているから，76条と異なり，告

知を要しない（77 I）。もっとも，被告人が逃亡した場合は，勾留質問を受けていないため，公訴事実の要旨も告知しなければならない（77Ⅲ）。

弁護人選任権を告げるに当たっては，勾留された被告人は弁護士，弁護士法人又は弁護士会を指定して弁護人の選任を申し出ることができる旨及びその申出先を教示しなければならない（77Ⅱ）。

[3] 告知手続

告知時期は，勾留状の執行の前であることを要する。告知（教示）の主体，書記官の立会い及び調書の作成については，76条と同様である。　　　　　　　〔坂口裕俊〕

第78条[1]〔**弁護人選任の申出**〕　勾引又は勾留された被告人は，裁判所又は刑事施設の長若しくはその代理者に弁護士，弁護士法人又は弁護士会を指定して弁護人の選任を申し出ることができる。ただし，被告人に弁護人があるときは，この限りでない[2]。

2[3]　前項の申出を受けた裁判所又は刑事施設の長若しくはその代理者は，直ちに被告人の指定した弁護士，弁護士法人又は弁護士会にその旨を通知しなければならない。被告人が2人以上の弁護士又は二以上の弁護士法人若しくは弁護士会を指定して前項の申出をしたときは，そのうちの1人の弁護士又は一の弁護士法人若しくは弁護士会にこれを通知すれば足りる。

〔範〕　**第132条（弁護人選任の申出の通知）**　逮捕された被疑者が弁護人選任の申出をした場合において，当該弁護士，弁護士法人若しくは弁護士会又は父兄その他の者にその旨を通知したときは，弁護人選任通知簿（別記様式第14号）に記載して，その手続を明らかにしておかなければならない。

[1] 本条の趣旨

本条も，前2条と同様，憲法34条前段及び同37条3項の各規定を受けたものである。

[2] 弁護人選任申出の方法

本条は，私選弁護人の選任に関するものである。指定対象に地域的な制限はなく，現に被告人が勾引，勾留されている地以外の地に事務所を置き，又はその地を設立区域とする弁護士，弁護士法人，弁護士会を指定することもできる。本条は，国選弁護人の選任請求とは無関係であり，国選弁護人選任請求にあたり，特定の弁護士，弁護士法人又は弁護士会を指定することはできない。勾引，勾留されている間であれば，いつでも選任申出を行うことができる。

[3] 裁判所，刑事施設の長等による通知

申出を受けた裁判所等は，直ちに本条2項の通知をしなければならない。既に被告人

に弁護人があるときは，この通知は不要である。通知費用は国庫が負担する。

　通知に特別の法的効果はなく，通知を受けた弁護士等に受任義務は生じないが，特定の弁護士，弁護士法人に対するものは，委任契約の申込みとみられ，それを承諾する弁護士，弁護士法人の社員は，39条1項の「弁護人となろうとする者」に該当する。裁判所，刑事施設の長等のいずれかが1回通知すれば，再度申出があっても，通知義務は生じない。　　　　　　　　　　　　　　　　　　　　　　　　　　　　　　　〔坂口裕俊〕

第79条 [1] **〔勾留と弁護人等への通知〕**　被告人を勾留したときは，直ちに弁護人にその旨を通知しなければならない。被告人に弁護人がないときは，被告人の法定代理人，保佐人，配偶者，直系の親族及び兄弟姉妹のうち被告人の指定する者1人にその旨を通知しなければならない。

　[規]　**第79条（勾留の通知・法第79条）**　被告人を勾留した場合において被告人に弁護人，法定代理人，保佐人，配偶者，直系の親族及び兄弟姉妹がないときは，被告人の申出により，その指定する者1人にその旨を通知しなければならない。

　　　第80条 [2] **（被告人の移送）**　検察官は，裁判長の同意を得て，勾留されている被告人を他の刑事施設に移すことができる。

　　2　検察官は，被告人を他の刑事施設に移したときは，直ちにその旨及びその刑事施設を裁判所及び弁護人に通知しなければならない。被告人に弁護人がないときは，被告人の法定代理人，保佐人，配偶者，直系の親族及び兄弟姉妹のうち被告人の指定する者1人にその旨及びその刑事施設を通知しなければならない。

　　3　前項の場合には，前条の規定を準用する。

[1] 勾留通知

　通知の主体は勾留した裁判所（起訴前及び起訴後第1回公判期日前の勾留の場合は裁判官（207Ⅰ・280））である。実際は裁判所書記官が行う（規298Ⅱ）。実務では，被告人の勾留の年月日，勾留場所，罪名，勾留した裁判所を通知している。

　弁護人があるときは，本条前段参照。複数の弁護人がある場合は，主任又は副主任弁護人に通知すれば足り（規25Ⅰ），主任弁護人の指定がないときは，被告人の指定する弁護人のうちの1人に，被告人が指定しないときは，裁判所が選んだ1人に，通知すればよい。特別弁護人（31Ⅱ）があるときは，同人に通知する。

　弁護人がないときは，本条後段参照。「配偶者」には内縁関係を含む。被告人が，自己の権利を知った上で，指定や通知を拒絶した場合は，通知を要しない。

　弁護人も，親族等もいないときは，規79条参照。このような場合に，被告人が暴力団関係者を指定したときは，罪証隠滅の関係もあるから，実務上は他の者を指定するよう

促すのが望ましい（松尾・条解172）。記録上親族等がいることが明らかであるのに，それ以外の者を被告人が指定する場合，通知する義務はないが，その親族等が遠方に居住しているため，その者よりも，被告人の指定する者に通知する方が被告人の利益になると認められるときは，後者に連絡するのが相当な場合もあろう。ただし，このようなケースでも，被告人の指定する者に通知すると罪証隠滅等の弊害が予想される場合は，親族等への通知を検討すべきであろう。

外国人である被告人が外国に居住する親族等への通知を求めても，実務上，国外への通知は行われていないようである（松尾・条解172）。外国人の身柄を拘束した場合，領事関係に関するウィーン条約又は二国間条約により，その者が属する国の領事館に通報しなければならないことがある。ただし，逮捕後，既にその旨の通報がなされている場合は，勾留時に再度通報する義務はない。

［2］被告人の移送

被告人の移送については，64条の解説［4］参照。　　　　　　　　　〔坂口裕俊〕

第80条 [1] 〔勾留と接見交通〕　勾留されている被告人 [2] は，第39条第1項に規定する者以外の者と，法令の範囲内 [3] で，接見し，又は書類若しくは物の授受をすることができる。勾引状により刑事施設に留置されている被告人も，同様である。

［1］本条の趣旨

本条は，勾留又は勾引されている被告人について，39条1項に規定する弁護人又は弁護人となろうとする者以外の者と接見し，書類又は物の授受をする権利を規定したものである。未決の者の接見等については，当該拘禁の目的（罪証隠滅及び逃亡の防止）を達成するために必要な制約を除き，原則として自由に行われなければならず，本条はその点を保障した規定といえる。本条は被疑者にも準用がある（207Ⅰ）。

［2］勾留されている被告人

本条の主体は，勾留・勾引により現に身体を拘束されている被告人である。逮捕留置中，あるいは勾留請求はあったが未だ勾留状の執行を受けていない被疑者については，本条の適用はなく，前記弁護人等以外の者との接見等の権利は認められないが，留置機関が法令の範囲内で接見等を許すことは可能であり，実務上も少年被疑者にその両親との接見を認めるといった配慮をするなどの例があるようである。また，人道的見地から，糧食の授受はおよそ禁止することができないと解される（81但）。

［3］法令による制限

本条による接見等に対する法令上の制限・制約としては，接見等禁止（81）のほか，刑事収容施設法（同115以下・134以下・191以下・216以下・221以下等）及び同規則等による制約がある。受刑者の地位を併せ有する被疑者・被告人については，受刑者であることによ

る制約の必要性から，調整規定が設けられている（同法119・137・138等）。　　　〔渡邉史朗〕

第81条[1]**〔接見交通の制限〕**　裁判所は，逃亡し又は罪証を隠滅すると疑うに足り
る相当な理由があるとき[2]は，検察官の請求により又は職権で，勾留されている
被告人と第39条第1項に規定する者以外の者との接見を禁じ，又はこれと授受すべ
き書類その他の物を検閲し，その授受を禁じ，若しくはこれを差し押えることがで
きる[3][4]。但し，糧食の授受を禁じ，又はこれを差し押えることはできない[5]。

[1] 本条の趣旨

　本条は，被告人と39条1項に規定する弁護人等以外の者との接見等の禁止等について
規定したものである。勾留は被疑者・被告人の罪証隠滅及び逃亡の防止を目的としてお
り，また，勾留中の被疑者・被告人の接見等には刑事収容施設法上の制約があるものの，
それでも罪証隠滅行為に及ぶことが現実にあるため，本条の意義がある。なお，人道的
見地から糧食の授受の禁止及び差押は許されない（本条但）。本条は被疑者にも準用があ
る（207Ⅰ）。

[2] 本条による接見等禁止の要件

　接見等禁止は，被告人が逃亡し又は罪証を隠滅すると疑うに足りる相当な理由がある
ときに行うことができるが，勾留だけではそれらを防止できないほどの具体的なおそれ
が予想されることを要する。なお，裁判員裁判対象事件には特例がある（裁判員64Ⅰ）。

　実務上は罪証隠滅のおそれを理由とするものがほとんどである。罪証隠滅のおそれが
高い例として組織的ないし共犯者多数の事件があり，特に捜査段階において共犯者が未
検挙の場合，被疑者の罪証隠滅の意図が一見高くないように見えても，共犯者と通謀す
るおそれは必ずしも低いとはいえない。他方，共犯者全員が身柄拘束されている場合に
は，罪証隠滅のおそれは相対的に低下するから，事実を否認するなど罪証隠滅の意図が
強い被疑者についてのみ接見等を禁止すれば足りる場合も多い。薬物の使用についても，
関係者が未解明な場合があるが，尿の鑑定結果が強い推認力を持つのであるから，被疑
者の罪証隠滅の意図が強いことに加え，隠滅の対象・客体が具体的に想定される場合に
接見等禁止を検討すべきである。

　ところで，罪証隠滅のおそれは，刑事手続の進展に伴い次第に低下する（60の解説[6]
・89の解説[6]参照）。後記のとおり実務が接見等禁止の効力に時期的制限を設けているの
もこの点に配慮したものである。公訴提起後は，他人の供述等を根底から覆すことは容
易でなくなることも少なくないであろう。公判前整理手続に付された事案では，争点と
証拠の整理によって罪証隠滅のおそれは更に低下するし，その他の事案でも，証拠の採
否，証人尋問の実施等を経ることで罪証隠滅のおそれは狭まっていく。検察官立証が終
了した段階でもなお被告人の接見等を禁止すべき事例は限られよう。接見等禁止の裁判

にあたっては，こうした点に具体的に留意する必要がある。

[3] 接見等禁止の裁判

(1) **接見等禁止の形式**　　接見等禁止は，裁判所の決定（第1回公判期日前は裁判官の命令）による。裁判所の職権によることも可能であるが，検察官の請求によるのが通常である。また，決定の時期は問わないが，勾留と同時にされることが多い。

(2) **接見等禁止の対象者**　　被告人との間で接見等を禁止されるのは，39条1項の弁護人等以外の者である。事情に応じて一部の者を対象者から除くことは当然可能であり，かつそうすべきであって，少年については親を除外するのが一般的であろう。なお，実務上，勾留場所の刑事施設視察委員会及びその委員（刑事収容7・8），留置施設視察委員会及びその委員（同20・21）並びに少年鑑別所視察委員会及びその委員（少鑑7・8）は，特段の事情がない限り接見等禁止の対象者から外しており，外国人事件については，領事官も外す扱いとしている（領事関係に関するウィーン条約36）。外国人事件において弁護人が接見に同同する通訳人は，接見等禁止決定があっても当然に立会いが許される。

(3) **禁止される行為**　　本条により禁止されるのは，接見及び書類その他の物の授受である。また，検閲と差押も可能であるが，実務上はあまりない。書類以外の物の授受によって罪証を隠滅することは通常考え難いことから，実務上は，検察官が物の授受の禁止を請求せず，裁判所もこれに従う例が多い。

(4) **接見等禁止の期限**　　法令上必要的ではないが，不必要な接見等禁止が続くのを防ぐため，被疑者の接見等禁止については「公訴提起に至るまで」（少年の場合には「家庭裁判所送致に至るまでの間」），被告人については「第○回公判期日終了まで」という期限を設け，期限後も接見等禁止の必要がある場合には，検察官の再度の請求を待つのが実務の扱いである。裁判員裁判対象事件については，公判前整理手続が必ず行われるなど，起訴から第1回公判期日まで必要的に一定期間を要することから，起訴後の接見等禁止決定において，第1回公判前整理手続期日終了まで，あるいは起訴から数か月後の特定の日までといった期限を設ける例もあるようである。

(5) **決定の効力等**　　接見等禁止決定は，公判廷で宣告するほかは，決定書謄本を送達することによって告知し（規34本），これによって効力が生ずる。被疑者に対する接見等禁止決定は規150条の書類に含まれないので，裁判所が保管し，起訴があれば勾留処分記録に編綴し，第1回公判期日後に公判記録に合綴する。

　なお，接見等禁止決定は，保釈や勾留執行停止があれば失効し，それらの取消しがあっても復効しない。鑑定留置及びその終了の場合も同様と解される。

[4] 接見等禁止の事後的解除

　裁判所は，決定後に接見等を禁止する必要がなくなったと判断した場合，その一部又は全部を解除する裁判をすることもできる。接見については，事情に応じ，特定の者との間の接見禁止を全部解除することのほか，日時を指定した1回に限り解除することもできる。信書や物の授受についても，これを全部解除することのほか，特定の信書や物

についてのみ授受を許可することもできる。明文規定がないため，当事者に解除の請求権はなく，裁判所の職権発動により行われるが，被告人・弁護人から職権発動を促す申出がされ，検察官の意見を聴いた上で判断するのが通常である。検察官が被疑者・被告人に特定の者との接見等を許そうとする場合にも，不当な利益誘導であるとの誤解を避けるため，上記一部解除の裁判を得た上でこれを行うのが通例である。

[5] 本条の決定に対する不服申立て

接見等禁止決定及び同禁止請求却下決定に対しては，不服申立て（準抗告，抗告）ができる（420の解説[5]，429の解説[6]参照）。検察官の請求よりも狭い範囲で接見等を禁止した場合にも，請求の一部却下の裁判を含むことから，検察官は不服申立てができると解される。接見等禁止を解除した場合には検察官は不服申立てが可能であるが，解除の職権発動をしない場合に被告人から不服を申し立てることはできない。　　〔渡邉史朗〕

第82条 [1] 〔**勾留理由開示の請求**〕　勾留されている被告人は，裁判所 [2] に勾留の理由の開示を請求することができる [3]。

2　勾留されている被告人の弁護人，法定代理人，保佐人，配偶者，直系の親族，兄弟姉妹その他利害関係人 [4] も，前項の請求をすることができる。

3　前2項の請求は，保釈，勾留の執行停止若しくは勾留の取消があつたとき，又は勾留状の効力が消滅したときは，その効力を失う [5]。

[規]　第81条（勾留の理由開示の請求の方式・法第82条）　勾留の理由の開示の請求は，請求をする者ごとに，各別の書面で，これをしなければならない [6]。

2　法第82条第2項に掲げる者が前項の請求をするには，被告人との関係を書面で具体的に明らかにしなければならない。

第81条の2（開示の請求の却下）　前条の規定に違反してされた勾留の理由の開示の請求は，決定で，これを却下しなければならない。

第86条の2（開示の請求の却下決定の送達）　勾留の理由の開示の請求を却下する決定は，これを送達することを要しない。

[1] 本条の趣旨

本条は，勾留理由開示の請求権者及び請求の失効について規定したものである。

勾留理由開示は，憲法34条に由来する手続である。その制度趣旨については諸説あり，実務上の多数説は，勾留の裁判の理由を具体的に明らかにすることを保障し，間接的に不当な勾留を防ぐことを主眼とした制度であると解しており，以下の解説もこれに従うこととするが，勾留取消と同様に現実の違法な勾留から被告人を救済する目的をも含んでいる，あるいは端的にそうした趣旨の制度であると解する有力な見解もある。

なお，本条は被疑者勾留にも準用がある（207Ⅰ）。鑑定留置についても理由開示の制度がある（167Ⅴ）。少年の勾留に代わる観護措置についても，本条の準用により理由の開示を請求できると解される。

［2］勾留理由開示を行う裁判所

勾留理由開示は，当該勾留が開始された裁判所（第1回公判期日前は裁判官）に対してのみ請求できる（最決昭29・8・5刑集8・8・1237，最決昭29・9・7刑集8・9・1459）。捜査段階で勾留状を発付した裁判官の属する簡易裁判所に勾留理由開示の請求があったが，開示手続前に地方裁判所に起訴された場合には，直ちに勾留理由開示請求事件を地方裁判所に移送した上で開示手続を行う（最決昭47・4・28刑集26・3・249。逆も同様と解する。）。開示請求後に事件が家庭裁判所に送致された場合には，請求は失効すると解される。簡易裁判所裁判官が勾留請求を却下したが，準抗告裁判所（地方裁判所。429Ⅰ）が原裁判を取り消して勾留状を発付した場合は，地方裁判所に開示請求をすべきである。

裁判官が勾留の裁判をした場合，同裁判官自ら勾留理由を開示することが多いであろうが，当該裁判所（国法上）の他の裁判官がすることも差し支えない。受訴裁判所がした勾留についても，受訴裁判所を構成できる裁判官である限り，勾留の裁判をした裁判官自身が開示することは必須でない。

［3］請求の時期・回数の制限

(1) **請求の時期**　勾留理由開示請求は，当該勾留が開始された審級に被告事件が係属している間に限り許される。第一審で被告人を勾留後，実刑判決を言い渡し，控訴により記録が控訴裁判所に到達すれば，第一審裁判所に対してであっても本条の請求をすることはできない（最決平26・1・21裁集刑313・1）。他方，捜査段階で開始された勾留につき，起訴後に勾留理由開示を請求することはできるとする裁判例がある（東京高決昭46・8・5刑裁月報3・8・1086）。起訴後第1回公判期日前に裁判官がした勾留に対し，同期日後に受訴裁判所に勾留理由開示を請求することも，請求時期にもよるが，およそ許されないものではないであろう。

(2) **請求の回数**　また，勾留理由開示請求は，同一の勾留につき1回に限り許され（前掲最決昭29・8・5），勾留理由開示手続終了後に再度勾留理由開示請求があった場合，裁判所は決定でこれを却下しなければならない（最決昭28・10・15刑集7・10・1938）。

［4］請求権者

勾留理由開示を請求できるのは，勾留されている被告人及び本条2項に規定された者に限られる。「勾留されている被告人」とは，現に勾留状の執行により身体を拘束されている被告人をいい，保釈や勾留執行停止中の者は含まない。「その他利害関係人」とは，勾留に直接かつ具体的な利害関係を持つ者，すなわち被告人の勾留によって事実上又は法律上何らかの直接の影響を受ける者と解され，例えば，被告人の勾留によって雇用契約上の権利が実現できなくなる雇主等はこれに当たると解される。利害関係人に当たらないとされた例として，被疑者の属する組合の役員であるが，組合の事務に著しい

影響があるとの疎明がない者（東京地決昭34・8・27下刑集1・8・1888，田川簡決昭36・9・27下刑集3・9＝10・970），被疑者の属する政治団体の役員にすぎない者（山口地岩国支決昭45・5・7刑裁月報2・5・622），被告人が自主的に主催した講座の受講生（岡山地決昭49・2・13刑裁月報6・2・178）等がある。弁護人その他本条2項に規定された者の請求権は独立代理権であり，被告人の明示の意思に反しても請求することができる。

[5] 勾留理由開示請求の失効

本条3項の場合，勾留理由開示請求は失効する。検察官が被疑者を釈放したときも同様である。請求が失効するに至ったときは，その旨を記録上明らかにしておくのが相当である。

[6] 請求の方式

勾留理由開示の請求は，各別の書面でしなければならず，口頭による請求は認められない。その他，規則の各条文を参照。　　　　　　　　　　　　　　　〔渡邉史朗〕

第83条 [1] 〔**勾留の理由の開示**(1)〕　勾留の理由の開示は，公開の法廷 [2] でこれをしなければならない。

2　法廷は，裁判官及び裁判所書記が列席してこれを開く [3]。

3　被告人及びその弁護人が出頭しないときは，開廷することはできない。但し，被告人の出頭については，被告人が病気その他やむを得ない事由によつて出頭することができず且つ被告人に異議がないとき，弁護人の出頭については，被告人に異議がないときは，この限りでない [4]。

[規]　**第82条（開示の手続・法第83条）**　勾留の理由の開示の請求があつたときは，裁判長は，開示期日を定めなければならない。

　2　開示期日には，被告人を召喚しなければならない。

　3　開示期日は，検察官，弁護人及び補佐人並びに請求者にこれを通知しなければならない [5]。

第83条（公判期日における開示・法第83条）　勾留の理由の開示は，公判期日においても，これをすることができる。

　2　公判期日において勾留の理由の開示をするには，あらかじめ，その旨及び開示をすべき公判期日を検察官，被告人，弁護人及び補佐人並びに請求者に通知しなければならない。

第84条（開示の請求と開示期日）　勾留の理由の開示をすべき期日とその請求があつた日との間には，5日以上を置くことはできない。但し，やむを得ない事情があるときは，この限りでない [6]。

第85条（開示期日の変更）　裁判所は，やむを得ない事情があるときは，開示期日を変

更することができる。

第85条の2（被告人，弁護人の退廷中の開示・法第83条）　開示期日において被告人又は弁護人が許可を受けないで退廷し，又は秩序維持のため裁判長から退廷を命ぜられたときは，その者の在廷しないままで勾留の理由の開示をすることができる。

[1] 本条の趣旨

本条は，勾留理由開示の手続を定めた規定である。

[2] 公開の法廷における勾留理由の開示

勾留理由開示は，そのための期日を定めて行う（規82Ⅰ）ことも，公判期日に行う（規83Ⅰ）こともできるが，公開を禁止することはできない。

[3] 裁判官及び書記官の列席

開示すべき裁判所については，82条の解説[2]を参照されたい。なお，勾留理由開示も裁判官の職務の執行であるから，除斥原因を理由とする忌避の申立ては可能であるが，裁判所は原裁判の理由を示す義務を負うにすぎないという実務の多数説からは，不公平な裁判をするおそれを理由とする忌避の申立てはできないと解される（福岡高決昭34・9・3下刑集1・9・1933）。書記官についても同様である（26）。

極めて稀であろうが，裁判員裁判対象事件につき，第1回公判期日後に勾留理由開示請求がされた場合には，裁判員法6条2項2号，3項に従い，構成裁判官のみにおいて開示手続を行うべきものと解する。

[4] 被告人及び弁護人の出頭

本条3項は，被告人及び弁護人の出頭を原則的開廷要件とする。弁護人がないときは被告人が出頭すれば足りる（最決平5・7・19刑集47・7・3参照）。開示期日において被告人又は弁護人が許可を受けないで退廷し，又は秩序維持のため退廷を命ぜられたときは，その者が在廷しないまま勾留理由を開示することができる（規85の2）。被告人が正当な理由なく出頭しない場合にも，開廷することができると解される（286の2参照）。弁護人が正当な理由なく出頭しない場合には，本条3項ただし書に照らし，被告人に異議がないときに限り開廷できると解する。

[5] その他関係人の出席

上記以外の関係人には出席義務はないが，出席して意見陳述をする権利を有する（84Ⅱ）ため，期日を通知しなければならない（規82Ⅲ・83Ⅱ）。請求者が複数ある場合（86），その請求により開示することとなった請求者1人に通知すれば足りる。

[6] 勾留理由開示手続の時期

規84条の「やむを得ない事情」とは，裁判官の差支え等，5日以内に開示期日を行うことが物理的に不能なことをいう。

〔渡邉史朗〕

84条

第84条 [1] 〔**勾留の理由の開示(2)**〕 法廷においては，裁判長は，勾留の理由 [2] を告げなければならない。

2 検察官又は被告人及び弁護人並びにこれらの者以外の請求者は，意見を述べることができる [3]。但し，裁判長は，相当と認めるときは，意見の陳述に代え意見を記載した書面を差し出すべきことを命ずることができる [4]。

[規] 　第85条の3（開示期日における意見陳述の時間の制限等・法第84条） 法第84条第2項本文に掲げる者が開示期日において意見を述べる時間は，各10分を超えることができない。

　　2　前項の者は，その意見の陳述に代え又はこれを補うため，書面を差し出すことができる。

第86条（開示期日の調書） 開示期日における手続については，調書を作り，裁判所書記官が署名押印し，裁判長が認印しなければならない [5]。

[1] 本条の趣旨

　本条は，勾留理由開示期日における手続，すなわち裁判長による理由の開示及び関係人による意見陳述について定めた規定である。

[2] 開示すべき理由

(1) **勾留の必要性についても開示すべきか**　本条によれば，裁判長は勾留の「理由」を告げなければならないが，勾留の正当性を示すという本手続の趣旨から，ここにいう「理由」には勾留の必要性も含むものと解される。

(2) **どの時点の勾留理由を開示すべきか**　勾留理由開示制度を，勾留の裁判の理由を具体的に明らかにする制度と解する実務上の多数説（82の解説[1]参照）からは，勾留の裁判時における理由を開示すれば足りることになる。同一の勾留に対する勾留理由開示請求は1回しか行うことができないとの最高裁決定からも，そのように考えるのが自然であるとされる。他方，勾留理由開示時点における違法・不当な身柄拘束からの救済も目的としているとの有力説からは，開示期日時点における勾留理由も開示しなければならないことになる。もっとも，多数説によっても，裁判所が開示の義務を負うのは原裁判時の勾留理由に限られるということであり，必要に応じて裁量により開示期日時点の勾留理由を説明することは許されると解されるし，実務上も同時点の勾留理由を説明する例は少なくないものと思われる。

　なお，勾留延長や勾留期間の更新の理由を開示することの要否についても議論があるが，この点も，実務上の多数説からすれば，勾留状発付当時の勾留理由を開示すべき義務を負うにすぎないということになる。

(3) **どの程度具体的な理由を開示すべきか**　勾留理由はどの程度具体的に開示する必要があるか。最も簡略な方法としては，犯罪の嫌疑があり，60条1項各号に該当する旨だ

けを告げるということも考えられるが，それであれば勾留状謄本を見れば自明のことであるから，一般にはより具体的な理由を開示すべきである。もっとも，特に捜査段階では，捜査の目的や密行性にも配慮せざるを得ない。また，終局判決前に受訴裁判所が犯罪の嫌疑について詳しく述べることはできない。これらの点に配慮しつつ，請求人の関心の対象がどこにあるかなども踏まえて，柔軟に開示するのが相当である。なお，こうした点に関する配慮は，抗告（準抗告）の決定における理由の説示に共通するものがあり，勾留理由開示に当たっては，それらの決定の記載の在り方も一つの参考になると思われる。

(4) **弁護人・被告人の釈明要求**　　実務上，特に弁護人から勾留理由についてより具体的な開示を求める趣旨の釈明要求がされることが多い。もとより，裁判所にこの釈明要求に答える義務はなく，答えるかどうかは専ら裁判所の裁量判断である。実務上，釈明要求がある場合には開示期日前に予め書面で提出させることとし，同書面を超える釈明要求が開示期日でされても原則として応じないといった扱いをすることも少なくない。

［3］意見陳述

　勾留理由開示手続においては，将来における勾留の継続又はその取消しに資するための関係人の活動として，意見を述べることができる。意見の内容についても，勾留理由開示制度の趣旨に関する前記有力説からすれば，勾留の裁判時だけでなく開示期日時点における勾留理由に関しても意見を述べることができるし，実務上の多数説によれば，勾留の裁判時における勾留の理由についてのみ意見を述べることになろうが，後者によっても，裁判所が裁量で開示期日時点における勾留理由を開示した場合に，これに関連した意見の陳述を許さないものではないであろう。

　意見陳述ができるのは，検察官，被告人及び弁護人並びにこれらの者以外の請求者である。被告人と弁護人とはそれぞれ意見を述べることができるが，各10分の持ち時間（規85の3）を融通し合うことはできない。弁護人が複数ある場合，主任弁護人に関する規25条2項本文の適用があると解する見解と，同項ただし書の意見陳述に準ずるべきであるとの見解とがある。「これらの者以外の請求者」とは，その請求によって開示することとなった請求者のことであり，1人に限られる。

［4］意見陳述に代わる書面の提出命令

　「相当と認めるとき」とは，意見の陳述といいながら，それが訴訟上の権利の濫用（規1Ⅱ）と認められるような場合であり，例えば，勾留の理由とは関係のない事項を述べ，又は時間制限を無視するなど開示手続の円滑な遂行が妨げられるおそれがある場合をいう。

［5］開示期日の調書

　開示期日を開いた場合，当該期日の調書を作成し，裁判所書記官が署名押印又は記名押印し，裁判長（裁判官）が認印しなければならない（規60の2Ⅰ・86）。ただし，公判期日において開示したときは，公判調書に記載すれば足りると解される。　　　　〔渡邉史朗〕

第85条 [1] 〔勾留の理由の開示(3)〕 勾留の理由の開示は，合議体の構成員にこれを
させることができる [2]。

[1] 本条の趣旨

本条は，受訴裁判所が勾留理由開示手続を行う場合で，受訴裁判所が合議体の場合に，
合議体の構成員（受命裁判官）に手続を行わせることができる旨を認めた規定である。

[2] 受命裁判官により勾留理由開示ができる場合

ところで，受命裁判官が勾留取消決定（87・91）を行うことはできない。そこで，勾留
理由開示手続を被告人の現実の身柄拘束を解消する制度の一つであり，勾留取消請求に
通ずる規定であると解する有力な立場（82の解説[1]，84の解説[2]参照）から，本条の受
命裁判官による開示手続は限定的に解すべきであり，勾留取消事由のないことがあらか
じめ確実に予想される場合に限られるとする見解がある（もっとも，この点の手続違背が
あっても，これに対する不服申立ての手段はないであろう。）。しかし，勾留理由開示を原裁判
時の理由の開示を保障することにより違法な勾留を防止する趣旨の制度であると解する
実務上の多数説からすれば，本条による勾留理由開示を行うことに特段の制約はないも
のと解される。 〔渡邉史朗〕

第86条 [1] 〔勾留の理由の開示(4)〕 同一の勾留 [2] について第82条の請求が二以上
ある場合には，勾留の理由の開示は，最初の請求 [3] についてこれを行う。その他
の請求は，勾留の理由の開示が終つた後，決定でこれを却下しなければならな
い [4]。

[1] 本条の趣旨

本条は，同一の勾留について，勾留理由開示期日までに複数の勾留理由開示請求があ
った場合の処理方法を規定したものである。1人の請求人から請求があった後，その開
示期日前に他の請求人からも請求があった場合に関する規定であり，勾留理由開示手続
終了後に（同一又は他の請求人から）勾留理由開示請求があった場合については，82条の
解説[3] を参照されたい。

[2] 「同一の勾留」の意義

本条の「同一の勾留」とは，1通の勾留状の効力が継続している勾留をいう。最初の
勾留理由開示請求から開示手続までの間に訴因変更があっても，公訴事実の同一性があ
る限り勾留の効力は続いており，勾留は同一である（60の解説[3]参照）。

[3] 「最初の請求」に対する開示

複数の請求者から勾留理由開示請求があった場合，開示手続前のすべての請求を併合
した上で開示するということも制度論としては考えられるが，同一の勾留について開示

すべき理由は1個である一方，多数の者の出頭等による訴訟上の不得策を回避するという観点から，最初の請求についてのみ開示することとされている。最初の請求かどうかは，裁判所の受理の順序によって決まる。最初の請求から開示手続までの間に保釈及びその取消し，あるいは勾留執行停止及びその終了があった場合には，最初の請求は保釈・勾留執行停止により効力を失うから（82Ⅲ），再収容後にされた最初の請求に基づき，（その翌日から5日以内に）開示手続を行うことになる。

［4］その他の請求の却下

2番目以降の請求は，開示手続後に却下しなければならない。当初の請求が取り下げられたり不適式であったりする場合があるからであり，そのような場合には，次順位の請求に基づいて勾留理由を開示すべきである。　　　　　　　　　　　〔渡邉史朗〕

第87条[1]〔勾留の取消し〕　勾留の理由又は勾留の必要がなくなつたとき[2]は，裁判所[3]は，検察官，勾留されている被告人若しくはその弁護人，法定代理人，保佐人，配偶者，直系の親族若しくは兄弟姉妹の請求[4]により，又は職権で，決定を以て勾留を取り消さなければならない。
2　第82条第3項の規定は，前項の請求についてこれを準用する[5]。

［1］本条の趣旨

本条は，勾留の取消しについて，その主な実体的要件，請求権者及び請求の失効等を定めた規定である。勾留の取消しは，勾留の裁判後の事情を考慮して，その効力を将来に向かって失わせる裁判であり，その基本的性質は撤回である。なお，被疑者の勾留にも準用される（207Ⅰ）。本条のほか，不当に長くなった勾留についても取消しが認められている（91）。

［2］勾留取消しの実体的要件

(1) **勾留の理由又は必要性の消滅**　勾留取消しは，勾留の理由又は必要がなくなったときに発動される。勾留の理由及び必要の意義については60条1項の解説を参照のこと。

罪証隠滅のおそれは，捜査の終了，公判期日における罪状認否，証拠の取調べ，審理の終結といった手続の段階に応じ，また，その間の被告人の応訴態度の変更等によって変動（多くは減少）する（60の解説［6］，89の解説［6］参照）。また，勾留後に身柄引受人が現れるなどして逃亡のおそれが低減することや，居住先が確保されて住居不定が解消されることもあり得る。同様に，勾留の必要性に関しても，社会内生活の必要性・許容性を高める事情が勾留後に生じることがある。さらに，新証拠の発見により嫌疑自体が消滅することもないではない（捜査段階で以上のような事態が生じた場合には，後記のとおり，検察官が独自の判断で被疑者を釈放することもあろう。）。なお，公訴提起に伴う罪名・罰条の変更や，訴因等の変更により軽い罪の訴因になったことで，勾留の理由や必要性が減滅

することも考えられる。裁判所は，こうした観点から，勾留取消しの裁判時点において
なお勾留の理由及び必要があるかどうかを改めて審査することとなる。もっとも，勾留
の裁判時に認められた60条1項各号の事由が消滅していても，他の事由に該当する事態
が新たに生じている場合には，勾留の理由はなくならない。

　同一事件に係る勾留の重複（競合）が生じた場合の勾留の取消しについては，60条の
解説［3］を参照されたい。

(2) **捜査の違法を理由とする勾留取消し**　　被疑者勾留中における捜査官の取調べの当否
（いわゆる別件勾留）が問題となった事案において，被疑者がその後別件で更に勾留され，
公訴提起により起訴後の勾留となっている場合，現在の勾留を維持するかどうかは裁判
所の審判の必要という観点から判断されるべきであり，起訴前における前記取調べの当
否は，現在における勾留の効力に何ら影響を及ぼさないとした最高裁決定がある（最決
昭42・8・31刑集21・7・890）。これによると，起訴前であれば，捜査の違法を理由に，勾留
の必要が消滅したとしてこれを取り消す余地が，場合によってはあり得ると解される。

(3) **勾留の原始的瑕疵を理由とする勾留取消し**　　本条が勾留の理由又は必要が「なくな
ったとき」と規定していること，勾留の原始的瑕疵に対しては抗告（準抗告）により救
済が可能であることから，本条は，本来的には後発的事由による勾留の撤回を規定した
ものである。しかし，裁判官（裁判所）が勾留の手続的・形式的な原始的瑕疵を後に発
見した場合にまで，不服申立てがない以上勾留を継続しなければならないというのは不
合理であり，このような原始的瑕疵がある場合には本条により勾留を取り消すことがで
きると解される。裁判官の押印・契印を欠く逮捕状による逮捕に引き続く勾留の取消し
を認容した準抗告決定（東京地決昭39・10・15下刑集6・9＝10・1185）がある。もっとも，勾
留の原始的違法を理由とする勾留の裁判に対する異議申立て（428Ⅱ）が既に棄却され，
特別抗告も棄却されて確定している場合，同一の理由に基づき勾留を取り消すことはで
きない（最決平12・9・27刑集54・7・710）。

[3] **勾留取消しの裁判を行う裁判所**

　勾留の裁判と同じである。なお，92条2項に裁判の手続が規定されている。

[4] **勾留取消しの請求権者**

　勾留取消しを請求できるのは，「検察官，勾留されている被告人若しくはその弁護人，
法定代理人，保佐人，配偶者，直系の親族若しくは兄弟姉妹」である。もっとも，捜査
段階においては，検察官は独らの判断で被疑者を釈放することができるので，検察官が
勾留取消しを請求することは通常考えられない。起訴後において検察官が勾留を終了さ
せるべきと判断した場合には，裁判所に勾留取消しを請求することとなる。

　「勾留されている被告人」の意義は，82条のそれと同じである。ただし，現に保釈又
は勾留執行停止中の被告人の勾留を裁判所が職権で取り消すことはできると解される。

　弁護人の請求権は独立代理権（41）に基づくものであり，法定代理人以下の請求者に
ついても同様に解されている。

168　　　　　　　　　　　　　87条，88条

[5] 勾留取消請求の失効

　保釈，勾留の執行停止若しくは勾留の取消し（当該請求人以外の者の請求又は職権による
もの）があったとき，又は勾留状の効力が消滅したとき（勾留期間の満了等）は，勾留取
消請求はその効力を失う。

〔渡邉史朗〕

> **第88条** [1] 〔保釈の請求〕　勾留されている被告人又はその弁護人，法定代理人，保
> 佐人，配偶者，直系の親族若しくは兄弟姉妹 [2] は，保釈の請求 [3] をすることが
> できる。
> **2**　第82条第3項の規定は，前項の請求についてこれを準用する [4]。

[1] 本条の趣旨

　本条は，保釈請求(89・91)の請求権者及び請求の失効に関する規定である。保釈とは，保
証金の納付等を条件として，勾留の執行を停止し，被告人を身体拘束から解く裁判及びそ
の執行をいう。保証金等の没取という心理的強制により，被告人の公判への出頭を確保す
るとともに罪証隠滅を防止し，無用な身体拘束を可能な限り避けようとする制度である。

[2] 保釈の請求権者

　保釈の請求権者は，勾留されている被告人その他本条所定の者である。「勾留されて
いる被告人」には，勾留状の執行を受けたが未だ刑事施設又は留置施設に留置されてい
ない者も含み，保釈中に禁錮以上の刑に処する判決の宣告を受けた被告人は，未だ収容
されていなくとも保釈請求ができる (343)。鑑定留置中の被告人は保釈請求をすること
はできない (167Ⅴ但)。勾留執行停止中の被告人は，停止期間の満了を条件に保釈の請
求ができると解される。被告人以外の者の請求権は，いずれもいわゆる独立代理権であ
り，被告人の明示の意思に反しても行使することができる。

[3] 保釈請求の方式・時期・再請求

　請求の方式は規296条によるが，実務上は保釈の除外事由がないことを具体的に記載
した請求書をもって請求するのが通例であり，その際，90条による裁量保釈事由がある
旨をも記載して職権による保釈を併せて申し出るのが通常である。請求に際し，各種資
料（誓約書，身元引受書等）を提出して事実の取調べを求めることもできる。公訴提起後
である限り，請求の時期について制限はない。また，回数にも格別の制限はなく，一度
保釈請求を却下されても，その後に事情の変更があれば，再度保釈の請求をすることが
できる。

[4] 保釈請求の失効・取下げ

　他の請求者の請求に基づく保釈や職権保釈の決定があったとき，勾留の執行停止や勾
留取消しがあったとき，又は勾留状の効力が消滅したときは，保釈請求は効力を失う (82
の解説[5]も参照のこと)。もっとも，保釈請求がされてから保釈の裁判が出るまでは通

常短期間であり，同一の勾留に対して複数の保釈請求がされることは稀であるし，仮に複数の保釈請求があった場合には，各請求を併合して保釈の裁判を行うのが適当である。勾留中の被告人が鑑定留置されたときは，留置前にされた保釈請求は失効するものと解する（167Ⅴ但）。請求が失効した場合，手続を明確にするという観点から，請求書の欄外にその旨を記載し，裁判官が認印するという方法がとられている。

　また，明文はないが，保釈請求はこれに対する裁判があるまでは取り下げることができる。準抗告審係属中の取下げを認めた例もある（福岡地決昭47・6・6判時675・113）。

〔渡邉史朗〕

第89条 [1] **〔必要的保釈〕**　保釈の請求があつたときは，次の場合を除いては，これを許さなければならない [2]。
　一　被告人が死刑又は無期若しくは短期1年以上の懲役若しくは禁錮に当たる罪を犯したものであるとき [3]。
　二　被告人が前に死刑又は無期若しくは長期10年を超える懲役若しくは禁錮に当たる罪につき有罪の宣告を受けたことがあるとき [4]。
　三　被告人が常習として長期3年以上の懲役又は禁錮に当たる罪を犯したものであるとき [5]。
　四　被告人が罪証を隠滅すると疑うに足りる相当な理由があるとき [6]。
　五　被告人が，被害者その他事件の審判に必要な知識を有すると認められる者若しくはその親族の身体若しくは財産に害を加え又はこれらの者を畏怖させる行為をすると疑うに足りる相当な理由があるとき [7]。
　六　被告人の氏名又は住居が分からないとき [8]。

[範]　**第253条（保釈者等の視察）**　警察署長は，検察官から，その管轄区域内に居住する者について，保釈し，又は勾留の執行を停止した者の通知を受けたときは，その者に係る事件の捜査に従事した警察官その他適当な警察官を指定して，その行動を視察させなければならない。
　　2　前項に規定する視察は，1月につき，少なくとも1回行うものとする。
　　第254条（事故通知）　前条に規定する視察に当たり，その者について次の各号の一に該当する理由があるときは，これを前条に規定する通知をした検察官に速やかに通知しなければならない。
　　一　逃亡し又は逃亡すると疑うに足りる相当な理由があるとき。
　　二　罪証を隠滅し又は罪証を隠滅すると疑うに足りる相当な理由があるとき。
　　三　被害者その他事件の審判に必要な知識を有すると認められる者若しくはその親族の身体若しくは財産に害を加え若しくは加えようとし，又はこれらの者を畏怖させ

る行為をしたとき。

　四　住居，旅行，治療等に関する制限その他保釈又は勾留の執行停止について裁判所又は裁判官の定めた条件に違反したとき。

　五　その他特に検察官に通知する必要があると認められる理由があるとき。

第255条（視察上の注意）　第253条（保釈者等の視察）に規定する視察は，穏当適切な方法により行うものとし，視察中の者又はその家族の名誉及び信用を不当に害することのないように注意しなければならない。

第256条（視察簿）　第253条（保釈者等の視察）に規定する視察を行つたときは，視察簿（別記様式第24号）により，これを明らかにしておかなければならない。

［1］本条の趣旨等　　［2］事件単位の原則と保釈　　［3］1号の除外事由　　［4］2号の除外事由　　［5］3号の除外事由　　［6］4号の除外事由　　［7］5号の除外事由　　［8］6号の除外事由

［1］本条の趣旨等

　本条は，いわゆる権利保釈（必要的保釈）を定めた規定である。適法な保釈の請求に対しては，各号所定の事由がある場合を除き，必ず保釈許可決定をしなければならない。第一審判決があるまで本条による保釈が認められ（344・345），その間であれば，保釈取消後の再度の保釈請求であっても本条の適用がある。単に逃亡のおそれがあることは，権利保釈の除外事由とはされていないが，これは保釈保証金の没取による威嚇によって担保されるべきものであるからである。

　なお，本条4号は後記のとおり勾留の理由と同じ要件であるし，1号，3号，4号及び6号は，勾留更新の回数制限解除事由にもなっている（60Ⅱ）から，勾留や勾留更新の裁判の理由と整合性のとれた要件判断を行う必要がある。

［2］事件単位の原則と保釈

　勾留に関する事件単位の原則（60の解説［3］参照）は，保釈にも及ぶ。訴因変更があれば，変更後の公訴事実全体に勾留の効力が及び，保釈の判断もこれを前提とすることとなる。複数の勾留状がある場合に一括して保釈請求をし，これに対して1通の保釈許可決定をすることは可能であるが，それは各々の勾留状に関する保釈の手続を併合して行ったにすぎず，保釈の要件は勾留ごとに判断され，保釈保証金も各別に定めることになる。第1回公判期日前の勾留と同期日後の勾留とがある場合には，前者につき裁判官，後者につき受訴裁判所にそれぞれ保釈の請求をしなければならない。この原則からすれば，ある勾留に関して保釈を許可しても，その直後にそれまで身体拘束を受けていなかった余罪で逮捕・勾留され，結局身体拘束が継続するということも起こり得る。実務上は，そのような事態を避けるため，①余罪が起訴された時点で，あらかじめ検察官の申出に基づき余罪についても勾留状を発付しておく，②当事者との信頼関係を前提に，保

釈請求の目的を達し得ないおそれがある旨を弁護人等に説明し，保釈請求の取下げを検討してもらう，③既に保釈保証金を納付している場合に，弁護人・被告人の申出があれば保釈を取り消すなどの方法がとられている。

[3] 1号の除外事由

本条1号の罪に当たるか否かは，保釈請求に係る勾留の基礎となっている公訴事実の法定刑で判断する。一の勾留に係る事実が複数ある場合には，そのうち一つの事実の法定刑が本号に当たれば足りる。短期1年以上の自由刑のほかに選択刑として罰金刑が法定されている罪も，本号所定の罪に当たる（最決昭59・12・10刑集38・12・3021）。幇助犯の場合にも正犯の法定刑を基準とする（大阪高決平2・7・30高刑集43・2・96）。本号の罪を「犯したものである」とは，当該公訴事実の嫌疑があることを意味するが，要は起訴されていることと同義である。

[4] 2号の除外事由

本条2号の罪に当たるか否かも，当該有罪判決の宣告時点を基準として，本条1号と同様に判断する。例えば，傷害罪の現在の法定刑は15年以下の懲役又は50万円以下の罰金であるが，平成16年法律第156号（平成17年1月1日施行）による改正前の法定刑は10年以下の懲役又は30万円以下の罰金若しくは科料であったから，同改正前に傷害罪で有罪の宣告を受けたことがあっても本号には該当しないことに留意が必要である。実際に宣告された刑の内容は問わず，全部執行猶予付きの自由刑や罰金刑（略式命令を含む）の判決でも，刑の免除の判決でも足りる。「前に」とは，保釈の裁判をする時点より前を指す。「有罪の宣告を受け」ていれば足り，その判決が確定していることを要しない。

また，本号に関しては，刑の消滅（刑34の2）に留意する必要がある。すなわち，前に本号に該当する有罪の宣告を受けたことがあっても，刑の執行を受け終わり又はその免除を得てから法定の期間を経過すれば，刑の言渡しの効力は失われ，当該有罪の宣告はないものとして扱われる（なお，一部執行猶予の場合につき刑27の7）から，本号の適用はない。刑の全部の執行を猶予された者が猶予期間を経過した場合（刑27）も，本号の適用はないと解される（広島高決昭47・1・7判時673・95）。

[5] 3号の除外事由

本条3号についても，保釈請求に係る勾留の基礎となっている犯罪事実（複数ある場合にはそのうちの一つでよい。）につき常習性があるか否かで判断する。常習性が構成要件とされている罪である必要はなく，当該犯行が常習として行われたことが資料から認められればよい。「常習として」の意義は，他の実体法で用いられているそれと基本的に同一であり，犯罪の反復に関する事情（典型的な証拠は前科であるが，必ずしも必要ではない。）と犯罪の態様に関する事情（手口や手段の同質性等），更には被告人の生活環境や生活態度等を総合して判断することとなる。構成要件が異なる犯罪であっても，これを考慮して常習性があると判断できる場合もある（福岡高決昭41・4・28下刑集8・4・610参照）。常習性を推知する限度において，勾留の基礎となっていない他の余罪の存在や内容等を考慮

することは，事件単位の原則に反するものでなく，許される。「当たる罪」及び「犯したもの」の意義については，本条1号のそれと同じである。暴行，脅迫，公然わいせつ，痴漢（条例違反）等では，法定刑の点で，常習性があっても本号に該当しないことに注意を要する。なお，有罪判決のように合理的な疑いをいれないことは必要でなく，常習であると疑うに足りる相当な理由があれば足りるものと解される。

[6] 4号の除外事由

　本条4号にいう罪証隠滅のおそれは，60条1項2号のそれと同義である。要件判断の方法については，60条の解説 [6] を参照されたい。

　公訴提起後の罪証隠滅のおそれの判断においては，手続の進展を考慮する必要がある。捜査段階は，証拠収集の過程であり，把握できる事実も流動的であって，罪証隠滅のおそれにつきある程度一般的・類型的に捉えざるを得ない場合も少なくない。しかし，まず，公訴の提起がされれば，検察官は主張立証する公訴事実及び重要な情状事実をひとまず確定したのであるから，罪証隠滅のおそれはその事実の限りで判断することになる。捜査段階では罪証隠滅のおそれがあると認められた事実につき，検察官が捜査したものの十分な証拠を得られず，公訴提起の段階で当該事実の主張立証を断念した場合には，その被告人の関係では，同事実はもはや罪証隠滅の対象ではなくなる。当初組織的犯行がうかがわれた事件を結局単独犯行として起訴するような場合等がその典型例である。また，公判審理に入り，当事者の主張が次第に明らかになり証拠調べも進めば，通常は罪証隠滅のおそれが低下していき，検察官請求証拠の取調べが終了すれば，そのおそれはないか極めて低くなる事案も多い。さらに，公判前整理手続に付された事件では，第1回公判期日前であっても，証明予定事実と予定主張とを突き合わせて，核心司法の観点から争点が絞り込まれていくに従い，当事者が立証しないこととした事実や争いのない事実は罪証隠滅の対象から外れていくし，被告人が予定主張の内容に沿わない罪証隠滅行為に及ぶ主観的可能性は想定されにくくなる。また，争点に関する請求証拠や証拠構造が明らかになれば，罪証隠滅の客体も狭まっていき，隠滅のおそれの有無についてより踏み込んだ判断が可能になる。公判前整理手続が終了すれば，証拠制限 (316の32) が生じるから，その後に新たな証拠を作出しても法廷に顕出することが非常に困難になる。以上のような争点及び証拠と訴訟の進展とを踏まえて，被告人を保釈した場合に罪証隠滅のおそれがあるかどうかを具体的に判断すべきである。

[7] 5号の除外事由

　本条5号は，罪証隠滅の典型例であるいわゆる「お礼参り」を定型化した規定である。ここでも，「事件」とは，保釈請求に係る勾留の基礎となっている公訴事実をいう。「審判に必要な知識を有すると認められる者」とは，証人となるべき者のほか，共同被告人，鑑定人，通訳人，翻訳人も含まれるが，もとより罪証隠滅の対象となる事実を踏まえて本号の該当性を判断すべきである。加害行為の対象となる「身体」には自由や貞操も含まれる。その上で，加害行為等がされる具体的蓋然性があることを要し，被告人が保釈

になるだけで被害者等が畏怖するということでは足りない。なお，裁判員裁判対象事件については，裁判員，補充裁判員又は選任予定裁判員に面会，文書の送付その他の方法により接触すると疑うに足りる相当な理由があるときも，本号に該当する（裁判員64Ⅰ）。

［8］6号の除外事由

裁判所にとって被告人の氏名又は住居が不明な場合をいい，いわゆる住居不定も，住居が分からないときに当たる。氏名と住居のいずれかが分からなければ足りるが，被告人が氏名や住居を黙秘していても，他の資料から明らかである場合には本号には当たらない。住居が分からない被告人につき，保釈請求に当たって親族等が身柄引受書を提出しても，住居はなお不明であり，本号に該当する（東京高決昭59・10・30刑裁月報16・9＝10・697，名古屋地決昭36・9・26下刑集3・9＝10・967）。　　　　　　　　　　　　〔渡邉史朗〕

第90条 [1] 〔職権保釈〕　裁判所は，保釈された場合に被告人が逃亡し又は罪証を隠滅するおそれの程度のほか，身体の拘束の継続により被告人が受ける健康上，経済上，社会生活上又は防御の準備上の不利益の程度その他の事情を考慮し，適当と認めるとき [2] は，職権で保釈を許すことができる。

[範]　第253条　法第89条参照。
　　　第254条　法第89条参照。
　　　第255条　法第89条参照。
　　　第256条　法第89条参照。

［1］本条の趣旨

本条は，権利保釈の除外事由がある場合であっても，裁量により，裁判所が職権で被告人を保釈することができるという，裁量保釈を認めた規定である。なお，平成28年法律第54号による改正により，従前の裁量保釈において考慮されていた事情が法文上明確化された。

本条により，裁判所が当事者の申出等を待たずに能動的に被告人を保釈することも可能であるが，実務上は，保釈請求を受けて審査した結果，権利保釈は認められないものの，裁量により保釈するのが適当であると認めてこれを許可することが圧倒的に多い。禁錮以上の実刑に処する判決があった後は，権利保釈は認められないが（344），本条による保釈は可能であり，被告人側は，判決後に本条の保釈を求める趣旨で保釈請求をするのが実務の運用である。

裁量保釈が相当かどうかも，当該勾留の基礎となっている公訴事実を基礎に判断すべきであるが，その審査のための資料として余罪を考慮することは差支えない（最決昭44・7・14刑集23・8・1057）。

[2] 裁量保釈の事由

89条各号に当たる場合は，原則として保釈が適当でないとされるのであるから，裁量保釈を認めるには，身体拘束の解消を相当とする格別の事情が必要であり，そのような観点から本条が規定されている。

まず，前段の逃亡又は罪証隠滅のおそれの程度については，そのおそれが強いほど被告人を保釈するのは適当でないこととなる。この点，89条各号の事由は，逃亡又は罪証隠滅のおそれが一般に強いと認められる事情を定型化したものであるから，裁量保釈に当たっては，それらの事由の具体的な強弱を，逃亡又は罪証隠滅のおそれの程度と絡めて検討する必要がある。例えば，同条1号に該当する事件は，原則は合議制裁判所が担当する事件であるが，一人制裁判所が担当する事件もあり（裁26Ⅱ②），一般に，前者に比べ後者は事案の重大性が低い。同条2号についても当該有罪判決宣告を受けたのが直近かどうか，3号についても常習性がどの程度強いかといった点を考慮することができよう。罪証隠滅のおそれの強弱は，89条の解説［6］にあるように，当該事案における争点と証拠の関係，訴訟の進行状況等をも踏まえて判断すべきである。最決平26・11・18刑集68・9・1020は，まさにこのような諸点を考慮して保釈を許可した第一審の決定を是認している。

その上で，後段の事情により被告人が受ける不利益の程度とを比較衡量し，保釈するのが適当かどうかを判断すべきである。例えば，「健康上の不利益」としては，身体拘束の継続により重篤化するおそれのある疾病の有無等が，「経済上の不利益」としては，身体拘束の継続により事業の資金繰りが極めて悪化するおそれ等が，「社会生活上の不利益」としては，重要な受験を控えていること等が，「防御の準備上の不利益」としては，連日的開廷で審理される事件や複雑困難事件における弁護人との綿密な打合せの必要性等がそれぞれ考慮されるべきである。また，「その他の事情」には，親族を介護・養育する必要性等が含まれよう。このような枠組みを踏まえ，裁量保釈についてもより実質的・積極的な判断を行っているのが現在の実務の運用であろうと思われる。

〔渡邉史朗〕

第91条 [1] 〔**不当に長い拘禁と勾留の取消し・保釈**〕 勾留による拘禁が不当に長くなつたとき [2] は，裁判所は，第88条に規定する者の請求により，又は職権で，決定を以て勾留を取り消し，又は保釈を許さなければならない [3]。

2 第82条第3項の規定は，前項の請求についてこれを準用する [4]。

[1] 本条の趣旨

憲法38条2項は，不当に長く抑留又は拘禁された後の自白の証拠能力を否定している。本条は，この憲法の規定の趣旨を受け，勾留による拘禁が不当に長くなったときは，裁

判所が義務的に勾留を取り消し又は保釈を許すことを命じたものである。

[2] 不当に長い拘禁

「勾留による拘禁が不当に長くなったとき」とは，単なる時間的観念ではなく，事案の性質，態様，審判の難易，被告人の健康状態その他諸般の状況から，総合的に判断されるべき相対的観念である（名古屋高決昭34・4・30高刑集12・4・456）。したがって，これに当たるかは，具体的な事件ごとの個別の事情を考慮して決められることになる。なお，裁判所の事件の輻輳といった事情も考慮の対象となる（ポケット刑訴上215）。また，被告人の責めに帰すべき事由により拘禁が長くなった場合は，不当とはいえない（河上・注釈刑訴2・115）。

不当に長い勾留に当たるとした判例としては，単純な1回の窃盗の事件において，逃亡のおそれもなく，弁解も終始一貫しているのに，身柄を逮捕後109日間拘禁し，108日目に被告人が初めて自白した場合に，その自白は不当に長く抑留又は拘禁された後の自白に当たるとしたもの（最大判昭23・7・19刑集2・8・944），単純な2個の窃盗の事件において，被告人が拘置所の病舎に収容されるほどの健康状態であったにもかかわらず，逮捕後6か月10日間拘禁され，その後初めて自白するに至った場合に，その自白は不当に長く抑留又は拘禁された後の自白に当たるとしたもの（最大判昭24・11・2刑集3・11・1732）などがある。

長期間の勾留でも不当とはいえないとした判例としては，ピース缶爆弾を機動隊正門等に設置した等の爆発物取締罰則違反等の事件において，被告人が全面的に事件を争い，共犯者の証人尋問が現に進行中である場合，勾留が2年半以上に及んでいても不当に長いとはいえないとしたもの（東京高決昭50・8・28東時26・8・137），治安を妨げ，米軍厚木基地の施設を爆破する目的でダイナマイトを使用しようとして発覚した爆発物取締罰則違反等の事件において，勾留が約4年4か月に及んでも，事案が重大である上，組織的犯行で，被告人及び共犯者の相被告人がいずれも犯罪の成否を争っており，他にも併合された事件があることからすると，審理のために相当程度長期間を必要とする事案であることなどの事情から，不当に長いとはいえないとしたもの（東京高決昭49・4・10判時740・108）などがある。

[3] 勾留の取消し又は保釈

請求又は職権によって行われる。

請求の方式は，通常の勾留取消請求や保釈請求と異なるところはない（規296）。

勾留を取り消すべき不当に長い勾留と保釈を許可すべき不当に長い勾留とで区別をすべきかについては，諸説ある。原則として保釈によるが，請求者の財産状態からみて保釈金を納付できない場合に勾留を取り消すという扱いが相当である。

勾留を取り消し又は保釈を許可しても，その後の事情で再度勾留をし，あるいは保釈を取り消すことは可能であるが，前後の拘禁が事実上継続するような場合は許されない（ポケット刑訴上215）。

本条の勾留取消し・保釈は，義務的であり，勾留が不当に長いこと以外の理由を必要としないから，その要件を満たす場合には，勾留の理由や必要性があり，権利保釈や裁量保釈が認められない場合でも，釈放しなければならない。なお，検察官への求意見(92 II)が必要であり，保釈を許可する場合は，保証金額を定めなければならない(93 I)。

[4] 請求の失効

保釈，勾留の執行停止，勾留の取消しがあったときは，本条の請求は効力を失う。

この場合，被告人はすでに釈放されているから，職権による勾留の取消しや保釈を考慮する余地もない。

〔丸山哲巳〕

第92条 [1] 〔保釈，勾留取消しと検察官の意見〕　裁判所は，保釈を許す決定又は保釈の請求を却下する決定 [2] をするには，検察官の意見 [3] を聴かなければならない。

2　検察官の請求による場合を除いて，勾留を取り消す決定をするときも，前項と同様である。但し，急速を要する場合は，この限りでない [4]。

[1] 本条の趣旨

本条は，保釈の許否を決定する場合と勾留を取り消す決定をする場合に，検察官の意見を聴かなければならないことを定めたものである。被告人の身柄の解放の許否について，公益の代表者である検察官の意見を反映させようとするものである。

[2] 保釈許否の決定

保釈の裁判は決定による（ただし，第1回公判期日前は裁判官の命令〔280 I〕）。実務では，1個の勾留状に複数の事実が記載されている場合，併合して保釈の許否を判断しており，2個以上の勾留状がある場合には，勾留状ごとに保釈の許否を判断している。

裁判所は，保釈の許否を決定するに当たり，事実の取調べをすることができる（43 III，規187 IV）。

決定の告知は，公判廷では宣告，その他の場合は決定書謄本の送達による（規34）。告知を要する者の範囲については争いがあるが，実務では，請求者，被告人，検察官，代納許可を受けた者（94 II），有価証券又は保証書の差出しを許された者（94 III）に告知している。

[3] 検察官の意見

意見は口頭でも書面でも述べることができる。

実務では，書面に，「しかるべく」，「不相当」などの意見が付され，その理由が記載される扱いが多い。裁判所は検察官の意見に拘束される必要はない。なお，検察官には意見を述べる機会を与えれば足りるので，相当な期間内に意見が出ないときは，そのまま決定をしてもよい。

〔4〕勾留取消しの決定

勾留取消しをするに当たっても検察官の意見を聴く必要があるが，急速を要する場合には，意見を聴くことを要しない。 〔丸山哲巳〕

第93条 [1] **〔保証金額，保釈の条件〕** 保釈を許す場合には，保証金額を定めなければならない [2]。
  2 保証金額は，犯罪の性質及び情状，証拠の証明力並びに被告人の性格及び資産を考慮して，被告人の出頭を保証するに足りる相当な金額でなければならない [3]。
  3 保釈を許す場合には，被告人の住居を制限しその他適当と認める条件を附することができる [4]。

〔1〕本条の趣旨

本条は，保釈を許可するに当たって，被告人の出頭を確保するための保証金額を必ず定めるべきことと，住居制限その他の条件を任意で定めることができることを規定するとともに，保証金額を算定するに当たっての基準を定めたものである。

〔2〕保釈保証金の目的

保釈保証金は，被告人の公判廷への出頭を確保することと，刑の執行のための出頭を確保することを目的とするものである。被告人が出頭しなかったり，保釈の条件に違反した場合には，保釈保証金が没取されることから，保釈は，その威嚇的効果により，出頭を確保する等の目的を達するものであり，その意味で，保釈保証金額の決定は，保釈を許可する場合，必要不可欠の条件ということができる。なお，保釈の前提となる勾留は，逃亡の防止とともに罪証隠滅の防止を目的としており，また，罪証隠滅のおそれがある場合は保釈の取消事由となる（96Ⅰ③）ことからすると，保釈保証金は，罪証隠滅の防止も目的としているものと解される。

〔3〕保釈保証金額の決定基準

(1) **一般的基準** 保釈保証金額は，勾留ごとに定める必要がある。

その具体的金額は，個別の事案ごとに，犯罪の客観的側面（犯罪の性質及び情状），立証上の側面（証拠の証明力），被告人の主観的側面（被告人の性格及び資産）を考慮して決定されることになる。なお，罪証隠滅のおそれの程度も考慮することができるとするのが法の趣旨に合致する。

(2) **犯罪の客観的側面（犯罪の性質及び情状）** 犯罪の構成要件，法定刑，犯行の動機，態様，計画性，組織性，被害結果，被害者の落ち度，共犯者間の役割といった犯罪自体の内容と，被害者の宥恕，示談成立の有無，被害弁償の有無，当該犯罪に対する社会的影響といった犯罪についての情状を考慮すべきである。

(3) **立証上の側面（証拠の証明力）** 有罪判決の蓋然性のことを意味すると解するのが

通説である。さらには，証拠自体の性質（証拠物か書証か人証か），被告人と証拠との関係，被告人の応訴態度，審理の進捗状況も考慮することができるであろう。

(4) **被告人の主観的側面（被告人の性格及び資産）**　　被告人の性格は，被告人の前科前歴，粗暴性，常習性，犯罪性の高い集団との関わりの有無，職業の有無・内容，家族関係，身元引受人の有無と信頼性などを考慮する。資産は，被告人個人の資産だけではなく，被告人の信用，家族の資産・信用など，被告人が現実に保釈のために確保し得る資産を意味する。

(5) **保証金額の変更**　　保釈許可決定がなされた場合，保釈保証金額は，その後に事情変更があったとしても，変更することはできない。保証金額に不服があれば，抗告，準抗告をすることができる。

[4] 保釈の条件

(1) **保釈の条件の趣旨**　　保釈を許可する場合には，任意的に条件を付すことができる。これは，多少保釈に馴染まない被告人であっても，条件を付すことで，条件違反による取消しの威嚇の下に保釈を認めようという趣旨である。

(2) **住居の制限**　　制限住居の指定は，実務では例外なく行われている。住居地は，番地まで正確に記載する必要がある。

(3) **その他適当と認める条件**　　実務では，召喚された場合の出頭，逃亡や罪証隠滅と疑われる行為の禁止，旅行制限の条件が付けられることが多い。さらに，海外渡航の禁止，共犯者や被害者等の事件関係者への接触禁止などの条件が付されることもある。

　なお，善行を保持することや再犯をしないことといった条件は付し得ない。

(4) **条件の変更**　　保証金額の変更と異なり，事情の変更があったときは，裁判所は，任意的条件の変更をすることができる。

〔丸山哲巳〕

> **第94条**[1]**〔保釈の手続〕**　保釈を許す決定は，保証金の納付があつた後でなければ，これを執行することができない[2]。
>
> **2**　裁判所は，保釈請求者でない者に保証金を納めることを許すことができる[3]。
>
> **3**　裁判所は，有価証券[4]又は裁判所の適当と認める被告人以外の者の差し出した保証書[5]を以て保証金に代えることを許すことができる。

> [規]　第87条（保釈の保証書の記載事項・法第94条）　保釈の保証書には，保証金額及び何時
> でもその保証金を納める旨を記載しなければならない。
>
> 　　第91条（保証金の還付，流用・法第94条，96条，第343条等）　次の場合には，没取され
> なかつた保証金は，これを還付しなければならない。
>
> 　一　勾留が取り消され，又は勾留状が効力を失つたとき。
>
> 　二　保釈が取り消され又は効力を失つたため被告人が刑事施設に収容されたとき。
>
> 　三　保釈が取り消され又は効力を失つた場合において，被告人が刑事施設に収容さ

れる前に，新たに，保釈の決定があつて保証金が納付されたとき又は勾留の執行
が停止されたとき。

2　前項第3号の保釈の決定があつたときは，前に納付された保証金は，あらたな保
証金の全部又は一部として納付されたものとみなす[6]。

[1] 本条の趣旨

保釈の許可決定をする場合には，保釈保証金額を定めなければならないが，常に請求
者が現金を納付しなければならないとした場合には，経済的に不当な負担を強いられる
こともある。そこで，本条は，請求者以外の者に保証金の納付を許すことや，有価証券
や保証書をもって保証金に代えることを許すことによって，被告人が保釈される余地を
増やすことを目的としたものである。

[2] 保釈の手続

保釈保証金は，裁判所に納付する。保証金の納付が執行の条件であるから，保釈許可
決定があっても，保証金を納付しない限り釈放されない。

保釈許可の決定の執行は，検察官が執行指揮をする (472·473)。保証金が裁判所に納
付されると，裁判所は，保釈許可決定書の謄本に保証金納付済の記載をして検察官に送
付し (規36)，検察官は，執行の指揮をする。謄本送付後に保証金が納付された場合は，
保証金納付済通知書を作成して検察官に送付することになる。

[3] 保証金の代納付

裁判所は，保釈請求者以外の者が保証金を納付することを許すことができる。被告人
の出頭等を確保するという保釈制度の趣旨からして，被告人にとって全く苦痛とならな
い者からの納付は許されないが，その者の納付した保証金を没取されることが被告人に
とって逃亡等を断念させるほど苦痛であると認められる場合には，代納付は許されるこ
とになる (河上·注釈刑訴2·125)。

代納付は，保証金の一部についても許可することができ，保釈許可決定と同時に許可
することも，その後に許可することもできる。

代納付の許可は，裁判所が職権で判断するものである。

[4] 有価証券による代用

有価証券は，国債，公社債，株券のように，それ自体に経済的価値があるとともに換
金性を有することが必要である。約束手形や小切手は，性質上代用し得ない。有価証券
の金額は時価を基準とすべきである (河上·前掲125)。

有価証券による代用の許可は，裁判所が職権で判断するものである。

[5] 保証書

保証書は，保証金額及び何時でもその保証金を納める旨が記載された書面である。作
成者は，国に対して何時でも保証金を納付すべき義務を負い，没取の裁判があれば，検
察官の命令が執行力ある債務名義と同一の効力を有することになる (490Ⅰ)。

保証書による納付は，保証金の全部でも一部でもよく，保釈許可決定と同時でも事後でもよい。保証書による代納付が許可されるか否かを判断するに当たっては，出頭確保や罪証隠滅の防止という担保機能が保たれるかを考慮する必要がある（東京高決平27・5・19東時66・1＝12・51）。

［6］ 保釈保証金の流用

保釈が失効しても，被告人が刑事施設に収容される前に再保釈が許可されたときは，前に納付された保証金は，再保釈の保証金の全部又は一部として納付されたものとみなされる（規91Ⅱ）。

保釈保証金の流用が許されるのは，前の保証金の納付者に異議がない場合に限られる。具体的には，前の保証金の納付者の請求により再保釈が許可されたとき，職権で再保釈を決定した場合で前の保証金納付者がその保証金を再保釈の保証金に充てることに異議がないとき，再保釈について前の保証金納付者が保証金を納めることが許可されたときがこれに当たる。

被告人が刑事施設に収容された後に再保釈が許可されたときは，規91条2項の適用はないが，前の納付者が同意したときは，流用許可決定をすれば前の保証金を流用することができると解されている。　　　　　　　　　　　　　　　　　　　　　〔丸山哲巳〕

第95条[1]〔**勾留の執行停止**〕　裁判所は，適当と認めるとき[2]は，決定で，勾留されている被告人を親族，保護団体その他の者に委託し[3]，又は被告人の住居を制限して[4]，勾留の執行を停止することができる[5]。

> ［規］　**第88条（執行停止についての意見の聴取・法第95条）**　勾留の執行を停止するには，検察官の意見を聴かなければならない。但し，急速を要する場合は，この限りでない。
>
> **第90条（委託による執行停止・法第95条）**　勾留されている被告人を親族，保護団体その他の者に委託して勾留の執行を停止するには，これらの者から何時でも召喚に応じ被告人を出頭させる旨の書面を差し出させなければならない。

［1］ 本条の趣旨

本条の勾留執行停止は，勾留の効力を消滅させずに，その執行を一時的に停止し，被告人の身柄を釈放するものである。勾留の効力を消滅させずに身柄を釈放する点で保釈と性質を同じくするが，保証金の納付を条件としておらず，当事者の申立権も認められていない。その意味で，保釈が原則的であり，本条の勾留執行停止は，例外的，非常救済的な制度と位置づけることが相当である。

［2］ 適当と認めるとき

実務では，被告人の病気治療のための入院，親族の冠婚葬，学校の試験といった場合

に, 例外的に認めている。否定された裁判例としては, 暴力団の解散式への出席を理由とするもの (名古屋地決昭40・9・28下刑集7・9・1847), 区議会の委員会への出席を理由とするもの (東京地決昭42・2・21判時475・62), 余命数か月の実父の見舞いを理由とするもの (東京高決昭50・6・25高検速報2110) がある。

［3］親族, 保護団体その他の者への委託

保護団体とは, 更生保護法人などをいう。

その他の者は裁判所が適当と認める者であれば, 個人, 団体を問わない。

委託を受けた者は, 何時でも召喚に応じて被告人を出頭させる旨の書面を裁判所に提出しなければならない (規90)。

［4］住居制限

委託と住居制限のいずれかが必要的であるが, 両方を条件とすることもできる。

［5］勾留の執行停止の決定

急速を要する場合以外は, 検察官の意見を聴かなければならない (規88)。

条文上明示されていないが, 執行停止の期間やその他の条件を付することができるとされている。実務では, ほぼ例外なく期間が付されている。期間の延長や短縮も認められる。この条件に違反した場合, 勾留執行停止を取り消すことができる (96 I ⑤)。

勾留の執行停止は, 当事者から申出があっても, 裁判所 (裁判官) の職権発動を促すものにすぎないから (最判昭24・2・17刑集3・2・184), 執行停止の裁判については不服申立てをすることができるが (420 II・429 I ②), 執行を停止しない場合には不服申立てをすることはできない。

〔丸山哲巳〕

第96条 [1]〔保釈等の取消し, 保証金の没取〕 裁判所は, 左の各号の一にあたる場合には [2], 検察官の請求により, 又は職権で, 決定を以て保釈又は勾留の執行停止を取り消すことができる [3]。

一 被告人が, 召喚を受け正当な理由がなく出頭しないとき [4]。

二 被告人が逃亡し又は逃亡すると疑うに足りる相当な理由があるとき [5]。

三 被告人が罪証を隠滅し又は罪証を隠滅すると疑うに足りる相当な理由があるとき [6]。

四 被告人が, 被害者その他事件の審判に必要な知識を有すると認められる者若しくはその親族の身体若しくは財産に害を加え若しくは加えようとし, 又はこれらの者を畏怖させる行為をしたとき [7]。

五 被告人が住居の制限その他裁判所の定めた条件に違反したとき [8]。

2 保釈を取り消す場合には, 裁判所は, 決定で保証金の全部又は一部を没取することができる [9]。

3 保釈された者が, 刑の言渡を受けその判決が確定した後, 執行のため呼出を受け

正当な理由がなく出頭しないとき，又は逃亡したときは，検察官の請求により，決定で保証金の全部又は一部を没取しなければならない[10]。

[規]　第91条[11]（保証金の還付・法第96条，第343条等）　次の場合には，没取されなかつた保証金は，これを還付しなければならない。
一　勾留が取り消され，又は勾留状が効力を失つたとき。
二　保釈が取り消され又は効力を失つたため被告人が刑事施設に収容されたとき。
三　保釈が取り消され又は効力を失つた場合において，被告人が刑事施設に収容される前に，新たに，保釈の決定があつて保証金が納付されたとき又は勾留の執行が停止されたとき。
2　前項第3号の保釈の決定があつたときは，前に納付された保証金は，あらたな保証金の全部又は一部として納付されたものとみなす。

[1] 本条の趣旨

本条は，保釈及び勾留の執行停止について，一定の事由が認められる場合には取り消すことができることと，保釈を取り消す場合には，保釈保証金の全部又は一部を没取できることを規定するものである。保釈は，保釈保証金を担保に，出頭確保と罪証隠滅防止を図るものであるが，この制度が実効的に運営されるためには，裏腹の関係として，一定の場合には，保証金を没取することが必要となる。

併せて，本条は，保釈された者が，実刑判決が確定したにもかかわらず，執行のために出頭しない場合に，保証金の全部又は一部を没取しなければならないことを定めて，刑事施設への収容を担保している。

[2] 取消事由

取消事由は，保釈中又は勾留の執行停止中に生じたものに限られる。保釈前にこれらの事由があるときは，保釈決定又は勾留執行停止決定に対して不服申立てをすべきである。

被告人が，別件で逮捕勾留されたことや示談を理由に，保証金の返還を求めて保釈取消しを求めても，本条1項各号に該当する事由には当たらないから取り消すことはできない。

[3] 取消手続

(1) **取消手続**　検察官の請求又は職権による。検察官の請求による場合も，職権の場合も，検察官又は被告人若しくは弁護人の意見を聴くことは要しない。

(2) **取消決定**　裁判所は，取消事由があっても，諸般の事情から裁量により取り消さないこともできる（大阪地決昭37・9・24判時322・41）。死亡した被告人に対する保釈取消決定は，前提となる勾留の効力が消滅していると解されるから，無効である（東京地決昭41・11・19判時469・65）。検察官の取消請求を却下した場合には，不服申立ての対象となる

（420Ⅱ・429Ⅰ②）。

　取消決定には理由を付さなければならない（44）が，本条1項各号に該当する事由があることを明らかにする程度で足りる。

　取消決定の効力発生時期は，外部的成立の時点であるが，取消決定の決定書謄本の送達は要せず，取消決定の決定書が作成された時点がこれに当たる。これは，刑事施設に収容する時に決定謄本を被告人に呈示することを定めた98条を，規34条但書の「特別の定」と解するものである。したがって，弁護人又は被告人には決定書の謄本を送達する必要はない。もっとも，取消決定は検察官の執行指揮を要する裁判であるから（98），検察官には決定書の謄本を送付しなければならない（規36Ⅰ）。

（3）**取消決定の効力**　　保釈又は勾留執行停止の取消決定が外部的に成立すれば，勾留状の効力が回復する。したがって，保釈又は勾留執行停止によって現実に身柄が解放された時の勾留の残存期間が，（刑事施設に収容された時ではなく）取消決定の時から進行する。なお，身柄解放前の勾留に接見等禁止が付されていても，これは回復しない。

［4］1号の事由

　「正当な理由がない」とは，自己の責めに帰すべき理由があることをいう。

　正当な理由がないとされた裁判例として，正式な診断書を提出した場合でも，公判審理を延ばすために故意に病気になった場合（東京高決昭44・2・13高刑集22・1・12），ヘルメット着用のまま裁判所庁舎内に入ろうとして庁外に退去させられた場合（広島地決昭45・5・4刑裁月報2・5・617），保釈中に他の事件で勾留され，公判期日を知りながら係官に出頭のための申出をしなかった場合（東京高決昭31・3・22高刑集9・2・182）などがある。正当な理由があるとされた裁判例としては，刑訴規則所定の手続はとらなかったが，被告人が真実疾病のために公判期日の召喚に応じられなかった場合（東京高決昭29・4・1特報40・60），保釈中に他の事件で勾留され，被告人の帰責事由なく召喚状が届かなかった場合（東京高決昭34・2・7東時10・2・97）などがある。

　出頭とは，単に法廷に入るだけではなく，裁判を受けるため被告人席につくことを意味する。被告人席についても，審理を拒否し，裁判制度，訴訟制度そのものを否定する場合には，出頭したとはいえない。もっとも，単に訴訟指揮権，法廷警察権に従わないというだけでは直ちに不出頭とはいえない（神垣・令状基本上63）。

［5］2号の事由

　逃亡のおそれがあることは，権利保釈の除外事由ではないが，保釈又は勾留執行停止の取消事由とされている。本号の逃亡のおそれは，保釈又は勾留執行停止後に生じたか，保証金をもってしても防止し得ないほどにそのおそれが強くなった場合をいう。

　逃亡のおそれは，抽象的なおそれでは足りず，逃亡の危険があると判断し得るほどの具体的な蓋然性が必要である。

［6］3号の事由

　罪証隠滅のおそれは，保釈又は勾留執行停止中に新たに生じたか，以前よりもその程

度が著しく強くなった場合をいう。

罪証隠滅のおそれは，抽象的なおそれでは足りず，罪証隠滅の具体的な蓋然性が認められることが必要である。被告人が罪状認否で否認したからといって，直ちに罪証隠滅のおそれがあることになるわけではない（仙台高決昭29・3・22高刑集7・3・317）。

罪証隠滅のおそれは，勾留状記載の事実について判断すべきであり，勾留の基礎となっていない犯罪事実について判断することはできない（福岡高決昭30・7・12高刑集8・6・769）。

［7］ 4号の事由

89条5号と異なり，現実に害を加え若しくは加えようとし，又は畏怖させる行為に及ぶことが必要である。

対象となる事実は，勾留状記載の事実に限られる（大阪高決昭37・11・14高刑集15・8・639）。

裁判員裁判の場合には，裁判員，補充裁判員又は選任予定裁判員に，面会，文書の送付その他の方法により接触したときも，本号に該当する（裁判員64Ⅰ）。

［8］ 5号の事由

条件違反は，被告人の責めに帰する場合に限り，本号に該当する（東京高決昭33・6・11東時9・6・154）。

別件で収容された後に内妻の住居変更を裁判所に連絡せずに放置した場合も本号に当たる（大阪地決昭34・12・26下刑集1・12・2725）。

いったん条件違反があった場合には，その後取消決定の時点で違反状態が解消していても，違反がなかったことにはならない（東京高決昭25・12・1特報14・11）。

［9］ 保釈保証金の没取

保証金没取の裁判は，保釈取消と同時にされなければならないものではなく，事後にすることもできる。取消決定を執行して被告人が刑事施設に収容された後に没取決定することも許される（東京高決昭62・1・5高刑集40・1・1）。もっとも，被告人が刑事施設に収容されると，保証金の還付請求権が発生する（規91Ⅰ②）ことに注意する必要がある。没取するか否か，全部没取とするか一部没取とするかは，裁判所の裁量であり，具体的な事情を勘案して決することになる（東京高決昭61・6・12判時1228・135）。

保釈取消決定と異なり，没取決定は，告知を要する（規34本）。この場合，逃亡中の被告人に対しては，保釈制限住居に宛てて決定謄本を郵便送達することも可能である（福岡高宮崎支決昭34・9・8高刑集12・7・714）。なお，取消決定を執行後に没取決定をした場合は，刑事施設に収容中の被告人に決定書を送達すれば足りる。

第三者が保証金若しくはこれに代わる有価証券を納付し，又は保証書を差し出した場合，その者も没取決定に対して不服申立てをすることができる（最大決昭43・6・12刑集22・6・462）。また，第三者が納付した保証金の没取決定に対して被告人も不服申立てをすることができる（札幌高決昭62・12・8高刑集40・3・748）。したがって，上記の第三者だけでなく，被告人にも決定書謄本を送達する必要がある。

96条，97条

[10] 刑の確定後の没取

刑の確定後に，執行のため呼出しを受けながら正当な理由なく出頭しないとき，又は逃亡したときは，保証金を没取することになる。検察官の請求が必要であり，没取は必要的である。検察官は，現に当該本案記録の存する検察庁に対応する裁判所に没取を請求する必要がある（最決昭32・10・23刑集11・10・2694）。

言い渡された刑が，禁錮以上の刑でなく，あるいは禁錮以上の刑であっても刑の執行猶予が付された場合には，勾留状が効力を失う（345）ので，保釈も消滅し，本項で没取することはできない。

保釈された者が実刑判決を受け，判決確定までの間に逃亡等を行ったとしても，確定前までにそれが解消されている場合には，本項で保証金を没取することはできない（最決平22・12・20刑集64・8・1356）。

本項所定の事由が認められる場合には，刑事施設に収容され刑の執行が開始された後であっても，保証金を没取することができる（最決平21・12・9刑集63・11・2907）。

[11] 保釈保証金の還付

勾留が取り消され，又は勾留状が効力を失ったときは，保証金は還付される。

勾留状の効力を失うとは，勾留期間の満了（60Ⅱ），無罪等の裁判（345）のほか，被告人の死亡も含まれる。

保釈が取り消され又は効力を失ったときも，保証金は還付される。

保釈が取り消され又は効力を失った場合に，収容前に新たに保釈が認められて保証金が納付され又は勾留執行停止があった場合も，同様である。　　　　　　　〔丸山哲巳〕

第97条 [1] 〔**上訴と勾留に関する決定**〕　上訴の提起期間内の事件でまだ上訴の提起がないものについて，勾留の期間を更新し，勾留を取り消し，又は保釈若しくは勾留の執行停止をし，若しくはこれを取り消すべき場合 [2] には，原裁判所が，その決定をしなければならない。

2　上訴中の事件で訴訟記録が上訴裁判所に到達していないものについて前項の決定をすべき裁判所は，裁判所の規則の定めるところによる。

3　前2項の規定は，勾留の理由の開示をすべき場合 [2] にこれを準用する。

> [規]　第92条（上訴中の事件等の勾留に関する処分・法第97条）　上訴の提起期間内の事件でまだ上訴の提起がないものについて勾留の期間を更新すべき場合には，原裁判所が，その決定をしなければならない。
>
> 　　2　上訴中の事件で訴訟記録が上訴裁判所に到達していないものについて，勾留の期間を更新し，勾留を取り消し，又は保釈若しくは勾留の執行停止をし，若しくはこれを取り消すべき場合にも，前項と同様である。

3 勾留の理由の開示をすべき場合には，前項の規定を準用する。

4 上訴裁判所は，被告人が勾留されている事件について訴訟記録を受け取つたときは，直ちにその旨を原裁判所に通知しなければならない[3]。

[1] 本条の趣旨

本条は，終局裁判後，上訴の提訴期間内で，上訴提起前及び上訴提起後訴訟記録が上訴裁判所に到達する前の各時点において，勾留に関する処分をする裁判所を定めた規定である。上訴提起前については本条1項により，上訴提起後については本条2項を受けた規92条2項及び3項により，いずれも原裁判所がこれを行うものとされている。

[2] 原裁判所のなし得る処分

本条は，原裁判所のなし得る処分として，勾留の期間の更新，勾留の取消し，保釈，勾留の執行停止，保釈の取消し，勾留執行停止の取消し，勾留理由開示を挙げている。しかし，上記以外の処分でも，保釈条件の変更，例えば，制限住居変更の許可，保証金の納付者の変更の許可（94Ⅱ），有価証券・保証書の代用の許可（94Ⅲ）もできるとするのが通説である。原裁判所が新たに被告人を勾留することは，上訴提起前であっても（大阪高決昭49・6・19判時749・114），上訴提起後訴訟記録が上訴裁判所に到達する前であっても（最決昭41・10・19刑集20・8・864），いずれも可能である（なお，原裁判が無罪であったときについて，60の解説[4]参照）。

[3] 上訴裁判所は，被告人が勾留されている事件の訴訟記録を受け取ったときは，直ちにその旨を原裁判所に通知しなければならない。原裁判所と上訴裁判所で，判断の重複矛盾を避けるためである。

なお，訴訟記録の送付後，上訴裁判所に到達前に，原裁判所に保釈請求などがされた場合には，原裁判所としては，手元に訴訟記録がない以上判断することは難しいであろうから，その保釈請求書などを速やかに上訴裁判所に追送し，その判断に委ねることになろう。

〔丸山哲巳〕

第98条 [1]〔**保釈の取消等と収容の手続**〕 保釈若しくは勾留の執行停止を取り消す決定があつたとき，又は勾留の執行停止の期間が満了したときは，検察事務官，司法警察職員又は刑事施設職員は，検察官の指揮により[2]，勾留状の謄本及び保釈若しくは勾留の執行停止を取り消す決定の謄本又は期間を指定した勾留の執行停止の決定の謄本を被告人に示してこれを刑事施設に収容しなければならない[3]。

2 前項の書面を所持しないためこれを示すことができない場合において，急速を要するときは，同項の規定にかかわらず，検察官の指揮により，被告人に対し保釈若しくは勾留の執行停止が取り消された旨又は勾留の執行停止の期間が満了した旨を告げて，これを刑事施設に収容することができる。ただし，その書面は，できる限

り速やかにこれを示さなければならない。

3 第71条の規定は，前2項の規定による収容についてこれを準用する。

[規] 　第92条の2（禁錮以上の刑に処せられた被告人の収容手続・法第98条）　法第343条において準用する法第98条の規定により被告人を刑事施設に収容するには，言い渡した刑並びに判決の宣告をした年月日及び裁判所を記載し，かつ，裁判長又は裁判官[4]が相違ないことを証明する旨付記して認印した勾留状の謄本を被告人に示せば足りる。

[範] 　第264条（保釈の取消し等の場合の準用）　第257条（検察官の指揮による執行），第259条（有効期間内に執行不能の場合）及び第260条（勾引状等執行不適の場合）の規定は，検察官から刑訴法第98条（同法第167条の2及び同法第343条において準用する場合を含む。）の規定による保釈若しくは勾留執行停止の取消しの決定，勾留執行停止の期間満了又は鑑定留置の処分の取消し若しくは期間満了の場合において収容の指揮を受けた場合について準用する。

[1] **本条の趣旨**

　保釈又は勾留執行停止の取消しや勾留執行停止の期間が満了した場合，停止されていた勾留の効力が再び発効するから，釈放されていた被告人を再び勾留による拘禁状態に戻さなければならない。その場合の執行手続を定めたのが本条である。

[2] **執行指揮者及び執行機関**

　検察官が執行指揮をし，検察事務官，司法警察職員又は刑事施設職員が執行することになる。勾留状，勾引状の執行とは違い，急速を要する場合でも，裁判長，裁判官の執行指揮は認められていない。

　急速を要する場合には，緊急執行することができ，必要があるときは，検察事務官と司法警察職員は，管轄区域外で執行することができる。

[3] **執行手続**

　勾留状の謄本と保釈取消決定等の謄本を被告人に示して刑事施設に収容する。最後に収容されていた刑事施設に収容することになり，それ以外の刑事施設に収容する場合は，裁判長又は裁判官の同意が必要である（規80Ⅰ）。

[4] **裁判長又は裁判官の証明印**

　証明印を押すことができるのは，判決の宣告をした裁判所を構成する裁判長又は裁判官に限られる。　　　　　　　　　　　　　　　　　　　　　　　　　　〔丸山哲巳〕

第9章　押収及び捜索

第99条 [1] 〔差押え，提出命令〕　裁判所は，必要があるときは [2]，証拠物又は没収すべき物と思料するもの [3] を差し押えることができる [4]。但し，特別の定 [5] のある場合は，この限りでない。

2　差し押さえるべき物が電子計算機 [6] であるときは，当該電子計算機に電気通信回線で接続している記録媒体であつて，当該電子計算機で作成若しくは変更をした電磁的記録又は当該電子計算機で変更若しくは消去をすることができることとされている電磁的記録を保管するために使用されていると認めるに足りる状況にあるものから，その電磁的記録を [7] 当該電子計算機又は他の記録媒体に複写した上，当該電子計算機又は当該他の記録媒体を差し押さえることができる [8]。

3　裁判所は，差し押えるべき物を指定し [9]，所有者，所持者又は保管者 [10] にその物の提出を命ずることができる [11]。

> [規]　第93条（押収，捜索についての秘密，名誉の保持）　押収及び捜索については，秘密を保ち，且つ処分を受ける者の名誉を害しないように注意しなければならない。

[1] 本条の趣旨　　[2] 差押えの必要性　　[3] 差押えの対象物　　[4] 不服申立ての可否　　[5] 特別の定め　　[6] 電子計算機　　[7] 複写の対象となる電磁的記録及び記録媒体　　[8] 処分の内容　　[9] 差し押さえるべき物の指定　　[10] 提出命令の相手方　　[11] 法的効果

[1] 本条の趣旨
　本条は，裁判所がする差押え及び提出命令について規定する。本条2項による処分は，差し押さえるべき物が電子計算機である場合に，一定の要件の下で，他の記録媒体から電磁的記録を複写して当該電子計算機等を差し押さえることを可能にするものである。

[2] 差押えの必要性
　差押えの必要性は，犯罪の性質・態様・軽重，差し押さえるべき物の証拠としての価値，他の手段による入手の可能性，差押えにより生じる不利益の内容・程度その他の事情を考慮して判断すべきものと考えられる（下記[9]の最大決昭44・11・26を参照）。

[3] 差押えの対象物
　「証拠物」とは，証拠となる物であって代替性のないものをいうと解される（松尾・条解204）。動産，不動産を問わないが，有体物であることを要する。情報そのものや電磁

的記録は含まれないが，これを記録した記録媒体（USBメモリ等）は含まれる。人の身体は，その性質上，「証拠物」に当たらない。身体から分離・脱落した毛髪・唾液・尿・血液等や死体は，「証拠物」に当たり得るが，体内にあるものに関しては，尿の採取（強制採尿）について，最決昭55・10・23刑集34・5・300が，医師をして医学的に相当と認められる方法で行わせなければならない旨の条件を付した捜索差押許可状により行うことを認めている一方で，血液の採取（強制採血）については，実務上，身体検査令状と鑑定処分許可状の併用説が有力である。

上記のとおり，「証拠物」とは，代替性のないものをいうと解されるところ，例えば，当該事件について作成された証拠書類は，供述者自身が供述することにより代替できるときは，「証拠物」に当たらない場合が多いと思われる。なお，他に同様の証拠価値を持ち得る同種の物が存在するからといって代替性が否定されるわけでないことは，当然である。

「没収すべき物」とは，当該事件の判決において没収の言渡しがなされる可能性のある物をいう。その没収が必要的没収（刑197の5等）であるか，任意的没収（刑19）であるかは問わない。

「証拠物」についても「没収すべき物」についても，そのように「思料するもの」が差押えの対象となる。「証拠物……と思料するもの」か「没収すべき物と思料するもの」のいずれかに該当すれば，差押えは可能である。

［4］不服申立ての可否

差押えは押収の一種であり，差押えの決定に対しては，「押収……に関する決定」（420Ⅱ）として抗告をすることができる（419）。

［5］特別の定め

例えば，押収拒絶権に関する103条から105条までの規定がこれに当たる。

［6］電子計算機

「電子計算機」とは，自動的に計算やデータ処理を行う電子装置のことをいう。パーソナルコンピュータ，サーバコンピュータ，スマートフォンのほか，このような機能を有するものであれば，携帯ゲーム機等もこれに当たり得る。

［7］複写の対象となる電磁的記録及び記録媒体

複写の対象となる電磁的記録は，差し押さえるべき「電子計算機で作成若しくは変更をした電磁的記録」又は「当該電子計算機で変更若しくは消去をすることができることとされている電磁的記録」である。「作成」とは記録媒体上に新たに電磁的記録を存在するに至らしめることを，「変更」とは記録媒体上に存在している電磁的記録に改変を加えることを，「消去」とは記録媒体上に存在している電磁的記録を消すことをいう。「変更若しくは消去をすることができることとされている」とは，このような意味での変更又は消去をする権限が認められていることを意味する。ここにいう権限には事実上のものも含まれるが，単に技術的に変更又は消去が可能であるにすぎない場合は含まれない。

複写の対象となる記録媒体は，差し押さえるべき「電子計算機に電気通信回線で接続している記録媒体」であって，上記の電磁的記録を「保管するために使用されていると認めるに足りる状況にあるもの」である。「電気通信回線」は，有線，無線を問わない。「接続している」には，差押えの際現にインターネット等に接続している場合のほか，例えば，接続の都度，コードをつないでインターネット等に接続する場合も含まれる。「保管するために使用されていると認めるに足りる状況にあるもの」とは，当該電子計算機の使用状況等に照らし，その記録媒体が上記の電磁的記録を保管するために使用されている蓋然性が認められることをいう。

[8] 処分の内容

本条2項によりすることができるのは，「その電磁的記録を当該電子計算機又は他の記録媒体に複写した上，当該電子計算機又は当該他の記録媒体を差し押さえること」である。110条の2とは異なり，電磁的記録の「移転」は認められていない。複写先は，差し押さえるべき電子計算機に限られず，他の記録媒体であってもよい。

[9] 差し押さえるべき物の指定

提出命令は，「証拠物又は没収すべき物と思料するもの」について，押収の必要性がある場合に差押えに代えてなされるものである。提出命令の対象となる物については，その命令を受けた者がその対象物を識別し得る程度に具体的に指定する必要がある。

押収の必要性に関し，最大決昭44・11・26刑集23・11・1490は，報道機関に対する取材フィルムに係る提出命令について，「審判の対象とされている犯罪の性質，態様，軽重及び取材したものの証拠としての価値，公正な刑事裁判を実現するにあたっての必要性の有無を考慮するとともに，これによって報道機関の取材の自由が妨げられる程度，これが報道の自由に及ぼす影響の度合いその他諸般の事情を比較衡量して決せられるべきである」旨判示している。

[10] 提出命令の相手方

提出命令の相手方となるのは，その対象となる物の「所有者，所持者又は保管者」である。「所有者」とは提出命令の対象となる物の所有権を有する者を，「所持者」とは提出命令の対象となる物を自己のために占有する者を，「保管者」とは提出命令の対象となる物を他人のために占有する者をそれぞれ意味する（前掲松尾206）。

[11] 法的効果

提出命令を受けた者は，その対象となる物を提出すべき法的義務を負うことになる。もっとも，提出命令を受けた者がこれに応じない場合には，その履行を強制する手段はなく，差押えをするほかない（前掲松尾206）。

提出命令に基づいて物が提出されたときは，押収の効力が生じると考えられる。提出命令の決定は，「押収……に関する決定」（420Ⅱ）として抗告をすることができる（419）。

〔吉田雅之〕

第99条の2 [1] 〔記録命令付差押え〕　裁判所は，必要があるときは，記録命令付差押え（電磁的記録を保管する者その他電磁的記録を利用する権限を有する者 [2] に命じて必要な電磁的記録 [3] を記録媒体に記録させ，又は印刷させた上 [4]，当該記録媒体を差し押さえることをいう。以下同じ。）をすることができる。

[1] 本条の趣旨

　本条は，裁判所がする記録命令付差押えについて規定する。記録命令付差押えの内容は，本条が規定するとおりであり，サーバ等の記録媒体に証拠として必要な電磁的記録が記録されている場合に，その記録媒体自体は差し押さえずに，その電磁的記録を他の記録媒体（USBメモリ，紙等）に記録又は印刷させて入手することを可能にするものである。記録命令付差押えは，それが記録されていた元の記録媒体を入手するものではないから，その記録状態やデータの削除痕跡等を含めて証拠化することが必要な場合には適していない。

　記録命令付差押えは，電磁的記録を記録又は印刷させた記録媒体を差し押さえるものであり，押収の一種である。

[2] 処分の相手方

　「電磁的記録を保管する者」とは，電磁的記録を自己の実力支配内に置いている者をいう。例えば，電磁的記録が記録されている記録媒体を所持している者がこれに当たる。「その他電磁的記録を利用する権限を有する者」とは，電磁的記録が記録されている記録媒体にアクセスして利用することを適法になし得る者をいう。電磁的記録についての排他的な管理権限は不要であり，例えば，会社の内規によりシステム端末からホストコンピュータにアクセスしてこれを利用することが認められている者もこれに当たる。

[3] 対象となる電磁的記録

　記録命令付差押えの対象となるのは，「必要な電磁的記録」であり，その必要性は，電磁的記録自体について判断される。

[4] 命じることのできる行為

　「記録」には，ある記録媒体に記録されている電磁的記録をそのまま他の記録媒体に複写することのほか，複数の記録媒体に分散して記録されている電磁的記録を基に必要な電磁的記録を作成し，これを他の記録媒体に記録することも含まれる。「印刷」とは，電磁的記録の内容を紙等に刷り出すことをいう。　　　　　　　　　　〔吉田雅之〕

第100条 〔郵便物等の押収〕　裁判所は，被告人から発し，又は被告人に対して発した [1] 郵便物，信書便物又は電信に関する書類 [2] で法令の規定に基づき通信事務を取り扱う者 [3] が保管し，又は所持するものを差し押さえ，又は提出させることができる [4]。

2 前項の規定に該当しない郵便物，信書便物又は電信に関する書類で法令の規定に基づき通信事務を取り扱う者が保管し，又は所持するものは，被告事件に関係があると認めるに足りる状況のあるもの[5]に限り，これを差し押え，又は提出させることができる。

3 前2項の規定による処分をしたときは，その旨を発信人又は受信人に通知しなければならない。但し，通知によつて審理が妨げられる虞がある場合は，この限りでない[6]。

[規] **第156条（資料の提供・法第218条等）** 前条第1項の請求をするには，被疑者又は被告人が罪を犯したと思料されるべき資料を提供しなければならない。

 2 郵便物，信書便物又は電信に関する書類で法令の規定に基づき通信事務を取り扱う者が保管し，又は所持するもの（被疑者若しくは被告人から発し，又は被疑者若しくは被告人に対して発したものを除く。）の差押えのための令状を請求するには，その物が被疑事件又は被告事件に関係があると認めるに足りる状況があることを認めるべき資料を提供しなければならない。

 3 被疑者又は被告人以外の者の身体，物又は住居その他の場所についての捜索のための令状を請求するには，差し押さえるべき物の存在を認めるに足りる状況があることを認めるべき資料を提供しなければならない。

［1］発信人・受信人

本条1項の対象となる郵便物等は，「被告人から発し，又は被告人に対して発した」ものに限られる。これに該当するか否かは，郵便物等の表示のほか，諸般の事情を考慮して，実質的に判断すれば足りると解される（松尾・条解208）。

［2］郵便物，信書便物又は電信に関する書類

「郵便物」には，郵便法14条に規定する全ての種類（第1種～第4種）の郵便物が含まれる。「信書便物」とは，民間事業者による信書の送達に関する法律2条3項に規定する「信書便物」をいい，「電信に関する書類」とは，電報発信紙など電信に関する一切の書類をいう。

［3］法令の規定に基づき通信事務を取り扱う者

これに該当する者としては，例えば，日本郵便株式会社（日本郵便株式会社4Ⅰ①），東日本電信電話株式会社・西日本電信電話株式会社（日本電信電話株式会社等に関する法律2Ⅲ等）がある。

［4］本条1項又は2項による差押えの前提としての捜索の可否

法令の規定に基づき通信事務を取り扱う者が保管し又は所持する郵便物等については，102条による捜索は，基本的に許されないと解される（前掲松尾209）。この場合，差し押さえるべき郵便物等の選別は，法令の規定に基づき通信事務を取り扱う者の協力に

より行うこととなる。もっとも，仮にその協力が得られない場合には，差押状の執行に必要な処分（111Ⅰ）として，差し押さえるべき郵便物等を発見するため最小限度の範囲内でこれを捜すことができると考えられる。

[5] 被告事件に関係があると認めるに足りる状況

本条1項に該当しない郵便物等（被告人以外の者から被告人以外の者に対して発した郵便物等）で，法令の規定に基づき通信事務を取り扱う者が保管し又は所持するものについては，「被告事件に関係があると認めるに足りる状況のあるもの」に限り，差押え等をすることができる。なお，「被告事件に関係があると認めるに足りる状況」があるときは，99条の「証拠物又は没収すべき物と思料するもの」に該当するといえる場合も多いと思われる。

[6] 発信人又は受信人に対する通知

本条3項による通知は，郵便物等の押収がなされたことをその通信当事者が知らないために不利益が生じるという事態を避けようとする趣旨のものと考えられる。もっとも，通知によって審理が妨げられるおそれがある場合には，通知を要しない。例えば，通知をすると罪証隠滅がなされるおそれがある場合等がこれに当たり得る。　　　　〔吉田雅之〕

第101条 [1] 〔領置〕　被告人その他の者が遺留した物 [2] 又は所有者，所持者若しくは保管者が任意に提出した物 [3] は，これを領置 [4] することができる。

> [規]　**第41条（検証，押収の調書）**　検証又は差押状若しくは記録命令付差押状を発しないでする押収については，調書を作らなければならない。
>
> 2　（略）
>
> 3　押収をしたときは，その品目を記載した目録を作り，これを調書に添附しなければならない。

[1] 本条の趣旨

本条は，裁判所がする領置について規定する。領置とは，物の占有を取得する処分である。その対象となるのが，遺留され又は任意に提出された物であることからも明らかなように，領置は，差押え（99）と異なり，占有取得の際に強制力を伴わない処分であるが，領置によって占有を取得した後は，その占有の継続に強制力を伴うこととなり，差押えと同様の効力を生じる。そのため，領置は，押収の一種として位置付けられている。

領置は，「被告人その他の者が遺留した物」又は「所有者，所持者若しくは保管者が任意に提出した物」であれば可能であり，差押えと異なり，「証拠物又は没収すべき物と思料するもの」に限られない。

194   101条，102条

[2] 遺留された物

「遺留」には，物がその占有者の意思に基づかずにその占有から離れた場合のほか，占有者が自らの意思により置き去った場合も含まれる（松尾・条解211）。遺留の主体は「被告人その他の者」とされており，特に限定はない。不要物としてごみ集積所に排出されたごみについては，遺留物として領置することができる（最決平20・4・15刑集62・5・1398）。

[3] 任意に提出された物

任意提出の主体は，物の「所有者，所持者若しくは保管者」とされている。その意義については，99条の解説 [10] を参照。

[4] 法的効果等

上記 [1] のとおり，領置は押収の一種であることから，裁判所がした領置の決定は，「押収……に関する決定」（420Ⅱ）に当たり，抗告（419）の対象となる。また，同様の理由から，裁判官がした領置の裁判は，「押収……に関する裁判」（429Ⅰ②）に当たり，準抗告の対象となる。

捜査機関の押収した物が，公判廷で証拠として取り調べられた後，検察官により裁判所に提出された場合，裁判所がその占有を取得するためには，領置の決定が必要であると解されている（最決昭26・1・19刑集5・1・58）この場合，押収関係は，裁判所と当初の押収（捜査機関による押収）に係る被押収者との間に生じ，当該被押収者は，直接裁判所に対して当該押収物の還付請求等をすることができると解される（最決昭30・11・18刑集9・12・2483）。

〔吉田雅之〕

第102条[1]〔**捜索**〕 裁判所は，必要があるときは[2]，被告人の身体，物又は住居その他の場所[3]に就き，捜索をすることができる。

2　被告人以外の者の身体，物又は住居その他の場所については，押収すべき物の存在を認めるに足りる状況のある場合に限り[4]，捜索をすることができる[5]。

[規]　第43条（差押状等の執行調書，捜索調書）　差押状，記録命令付差押状若しくは捜索状の執行又は勾引状若しくは勾留状を執行する場合における被告人若しくは被疑者の捜索については，執行又は捜索をする者が，自ら調書を作らなければならない。

[1] 本条の趣旨

本条は，裁判所が物の発見を目的としてする捜索について規定する。人の発見を目的とする捜索としては，勾引状等の執行に伴う被告人の捜索（126）及び逮捕に伴う被疑者の捜索（220）が規定されている。

[2] 捜索の必要性

捜索の必要性は，犯罪の性質・態様・軽重，発見すべき物の証拠としての価値，他の

手段による入手の可能性，捜索により生じる不利益の内容・程度その他の事情を考慮して判断すべきものと考えられる。

被告人の身体等の捜索（本条Ⅰ）については，被告人以外の者の場合（本条Ⅱ）と異なり，「押収すべき物の存在を認めるに足りる状況」があることは必要とされていない。これは，被告人の身体等については，押収すべき物の存在する蓋然性が高いことによるものと考えられるが，押収すべき物が明らかに存在しないと認められる場合には，捜索の必要性が否定されると考えられる。

［3］捜索の対象

本条1項による捜索の対象となるのは，「被告人の身体，物又は住居その他の場所」である。「被告人の」とは，被告人が現実に管理・支配していることを意味する（松尾・条解213）。そのため，被告人以外の者が所有する物であっても，被告人が所持しているものは，これに当たる一方，被告人が所有する物であっても，被告人以外の者が所持しているものは，これに当たらないと解される。

捜索の対象は，「身体」，「物」及び「住居その他の場所」とされている。「身体」には着衣も含まれる。また，肉体の外表だけでなく，その内部も含まれるとするのが通説であるが，捜索令状のみで行い得る行為の限界については，見解が分かれている（渡辺・大コメ刑訴2・312）。「物」については，それ自体が押収すべき物である場合には，これを押収した上で内容物を確認することができるが（111Ⅱによる必要な処分も可能である。），そうでない場合には，押収すべき物を発見するために，物を対象として捜索を行うこととなる。

［4］押収すべき物の存在を認めるに足りる状況

被告人以外の者の身体等の捜索については，「押収すべき物の存在を認めるに足りる状況」が必要とされている。その者と被告人との関係その他の事情に照らし，押収すべき物が存在する蓋然性が認められることをいうと解される。

［5］不服申立ての可否

捜索の決定に対しては，抗告をすることはできない（420ⅠⅡ）。　　　〔吉田雅之〕

第103条 [1] 〔公務上秘密と押収(1)〕　公務員又は公務員であつた者が保管し，又は所持する物について，本人又は当該公務所から職務上の秘密に関するものであることを申し立てたときは [2]，当該監督官庁の承諾がなければ，押収をすることはできない。但し，当該監督官庁は，国の重大な利益を害する場合を除いては，承諾を拒むことができない [3]。

［1］本条の趣旨

本条は，公務上の秘密に関する物についての押収拒絶権について規定する。証拠物等

は押収することが可能であり (99〜101)，押収された物は，公判廷で取り調べられるなどしてその内容が明らかにされ得るが，仮にそれが公務上の秘密に関わるものである場合には，公判廷で公開されることによって国の重大な利益が害されるおそれもある。そこで，そのような場合には，国の重大な利益の保護を刑事手続における事案の真相の解明に優先させる観点から，公判廷における公開につながる可能性のある押収の段階で，公務員又は公務所がこれを拒絶し得ることとされている (松尾・条解213)。

[2] 公務員等による申立て

「公務員」には，国家公務員だけでなく，地方公務員も含まれる。「公務所」とは，当該公務員が所属する公務所及びその上級の公務所をいう (前掲松尾214)。公務員又は公務員であった者の保管・所持する物が「職務上の秘密に関するもの」であるか否かは，当該公務員又は公務所が判断する。

[3] 監督官庁の承諾

公務員等から職務上の秘密に関するものであることの申立てがあったときは，「当該監督官庁の承諾」がない限り，押収はできないこととなる。監督官庁は，国家行政組織法，国家公務員法等の関係法令によって定まる。公務員であった者の監督官庁は，退職当時のそれである。監督官庁は，国の重大な利益を害する場合でなければ，承諾を拒むことができないが，その認定・判断権は，監督官庁にあると考えられる。　　〔吉田雅之〕

第104条 [1] 〔公務上秘密と押収(2)〕　左に掲げる者が前条の申立をしたときは，第1号に掲げる者についてはその院，第2号に掲げる者については内閣の承諾がなければ，押収をすることはできない。
一　衆議院若しくは参議院の議員又はその職に在つた者
二　内閣総理大臣その他の国務大臣又はその職に在つた者
2　前項の場合において，衆議院，参議院又は内閣は，国の重大な利益を害する場合を除いては，承諾を拒むことができない [2]。

[1] 本条の趣旨

本条は，前条と並んで，公務上の秘密に関する物についての押収拒絶権について規定する。同条との関係では，公務員につき監督官庁がない場合についての特則として位置付けられるものであり，本条1項各号に掲げる者については，監督官庁がないことから，公務上の秘密に関する物の押収についての承諾権者を特に規定している。

[2] 衆議院・参議院・内閣の承諾

衆・参両議院の議員又はその職にあった者がその保管・所持する物について職務上の秘密に関するものであることを申し立てたときは，その所属に係る院の承諾がなければ，押収をすることができず (本条I①)，また，内閣総理大臣その他の国務大臣又はその職

にあった者が同様の申立てをしたときは，内閣の承諾がなければ，押収をすることができない（同②）。

国の重大な利益を害する場合でなければ承諾を拒むことができないことやその認定・判断権が衆議院・参議院・内閣にあることは，前条の場合と同様である。　　〔吉田雅之〕

第105条 [1]〔**業務上秘密と押収**〕　医師，歯科医師，助産師，看護師，弁護士（外国法事務弁護士を含む。），弁理士，公証人，宗教の職に在る者又はこれらの職に在つた者 [2] は，業務上委託を受けたため，保管し，又は所持する物で他人の秘密に関するもの [3] については，押収を拒むことができる。但し，本人が承諾した場合，押収の拒絶が被告人のためのみにする権利の濫用と認められる場合（被告人が本人である場合を除く。）その他裁判所の規則で定める事由がある場合 [4] は，この限りでない。

［1］ 本条の趣旨

本条は，医師等による他人の秘密に関する物についての押収拒絶権について規定する。本条は，依頼者との個人的な信頼関係に基づいて個人の秘密を委託されるという社会生活上不可欠な職業に従事する者に，個人の秘密に関する物の押収を拒む権利を認めることにより，これらの職業に対する社会的な信頼の保護を図るものであり，証言拒絶権について規定する146条と同様の趣旨によるものである。

［2］ 押収拒絶権を有する者の範囲

本条において押収拒絶権を有するとされているのは，「医師，歯科医師，助産師，看護師，弁護士（外国法事務弁護士を含む。），弁理士，公証人，宗教の職に在る者又はこれらの職に在つた者」である。これらは限定列挙であり，例えば，弁護士でない特別弁護人等は含まれないと解される。

［3］ 押収拒絶権の対象物

押収拒絶の対象となるのは，「業務上委託を受けたため，保管し，又は所持する物で他人の秘密に関するもの」である。これには，業務上委託を受けたために，他人の秘密に関する事項が記載された物を保管・所持するに至った場合のほか，そのような委託を受けたために作成した物に，他人の秘密に関する事項が記載されている場合が含まれる（松尾・条解216）。

［4］ 押収拒絶権を行使できない場合

「本人」とは，秘密の主体を指す。必ずしもその秘密に係る業務の委託者であることを要しないと解される（前掲松尾216）。

本条による押収拒絶権を行使することができないのは，①本人が承諾した場合，②押収の拒絶が被告人のためにのみする権利の濫用と認められる場合（被告人が本人である場

合を除く。), ③その他裁判所の規則で定める事由がある場合である。①の場合に押収拒絶権を行使できないこととされているのは, 秘密の主体が承諾している以上, 秘密とする必要がなく, 押収を認めても本条に規定する職業に対する信頼を害するおそれがないためである。②は, 「本人」, すなわち秘密の主体にとって秘密とする必要がないのに, 専ら被告人を有罪としないためにのみ押収を拒絶するような場合をいう。ただし, 被告人が秘密の主体である場合には, その押収拒絶は, 必ずしも権利濫用とは言い切れないため, 除外されている。③に対応する裁判所規則は, 現時点において定められていない。

〔吉田雅之〕

第106条 [1]〔令状〕　公判廷外における差押え, 記録命令付差押え又は捜索は, 差押状, 記録命令付差押状又は捜索状 [2] を発してこれをしなければならない。

[1] 本条の趣旨

　本条は, 公判廷外における差押え等が裁判所の発する令状によって行われることを規定する。憲法35条2項は, 「捜索又は押収は, 権限を有する司法官憲が発する各別の令状により, これを行ふ。」と規定し, 「権限を有する司法官憲」たる裁判所が差押え等を行う場合には令状発付の必要はないとも考えられるが, 法は, 公判廷外における差押え等について, 裁判所自らではなく, 検察事務官又は司法警察職員により行うこととしており (108), 執行を受ける者に差押え等の内容を了知させる必要があることから, 令状を発することとしたものである。

　本条の反対解釈として, 裁判所が公判廷において差押え等を行う場合には, 令状なしに行うことができ, その場合は, 裁判所が差押え等の決定を行い, 自らその執行を行うこととなる (472 I 但)。

　なお, 裁判所が, 公判廷外で検証 (128) を行った際に, 当該検証の場所において差押え等を行う場合であっても, 令状が必要であるとするのが通説である (渡辺・大コメ刑訴2・338)。

[2] 令状の形式

　憲法35条2項が「各別の令状」により差押え等を行うと規定した趣旨は, 差し押さえる場所や差し押さえる物を特定しない, いわゆる一般令状を禁じた点にある (佐藤・注釈刑訴2・177)。

　他方, 特定の場所や物を対象とする内容であれば, 差押状と捜索状とが一体となった形式の令状であっても有効であり (最大判昭27・3・19刑集6・3・502), 実務上も, 捜索差押許可状という形で令状が発付されている。

〔佐藤剛〕

107条

第107条 [1]〔差押状・捜索状の方式〕　差押状，記録命令付差押状又は捜索状には，被告人の氏名 [2]，罪名 [3]，差し押さえるべき物 [4]，記録させ若しくは印刷させるべき電磁的記録及びこれを記録させ若しくは印刷させるべき者 [5] 又は捜索すべき場所 [6]，身体若しくは物，有効期間及びその期間経過後は執行に着手することができず令状はこれを返還しなければならない旨並びに発付の年月日その他裁判所の規則で定める事項 [7] を記載し，裁判長が，これに記名押印しなければならない。

2　第99条第2項の規定による処分をするときは，前項の差押状に，同項に規定する事項のほか，差し押さえるべき電子計算機に電気通信回線で接続している記録媒体であつて，その電磁的記録を複写すべきものの範囲 [8] を記載しなければならない。

3　第64条第2項の規定は，第1項の差押状，記録命令付差押状又は捜索状についてこれを準用する。

　　　[規]　第94条（差押状等の記載事項・法第107条）　差押状，記録命令付差押状又は捜索状には，必要があると認めるときは，差押え，記録命令付差押え又は捜索をすべき事由をも記載しなければならない。

[1] 本条の趣旨

本条は，憲法35条1項を踏まえ，裁判所が発付する差押状，記録命令付差押状及び捜索状（以下「差押状等」という。）に記載すべき事項を規定するものである。

なお，捜査段階において裁判官が発付する令状の記載事項については，刑訴法219条に規定されており，本条とほぼ同様の規定振りとなっている。

[2] 被告人の氏名

通常，公判段階に至っていれば，被告人の氏名は明らかとなっている場合がほとんどであるが，本条3項は，64条2項を準用し，被告人の氏名が明らかでないときは，人相，体格その他被告人を特定するに足りる事項を記載することとしている。

[3] 罪　名

特別法違反の場合に，罰条まで記載する必要があるか問題となるが，捜査段階における捜索差押許可状につき，被疑事件の罪名を，適用法条を示して記載することは憲法の要求するところではなく，刑訴法219条1項により罪名を記載するに当たっては，適用法条まで示す必要はないとするのが判例である（最大決昭33・7・29刑集12・12・2776）。

[4] 差し押さえるべき物

憲法35条1項は，「押収する物を明示する」令状がなければ，押収を受けることのない権利は侵されないとして，令状には押収する物をできる限り明示するよう求めており，これを受けて法も，差押状の記載事項として「差し押さえるべき物」を挙げ，差押えの対象物が何であるかを具体的に記載して明確にすることを求めている。したがって，差し押さえるべき物として，「犯罪事実を証明する物一切」「本件に関係のある物一切」な

どとしか記載がない場合は，対象物の特定を欠くものとして違法である。

　もっとも，捜査段階では被疑事実が確定していないことも多く，捜索・差押えが捜査の初期段階に行われることが多いことからしても，捜査機関が捜索・差押えの令状の発付を受ける段階で，差し押さえるべき物を完全に特定することは現実的には不可能である。記載の程度は事案により異なるが，実務上は，できるだけ具体的，個別的に対象物を記載し，これらを例示した上で，「その他本件に関係する物一切」などと概括的に記載している。最高裁も，「本件に関係ありと思料せられる一切の文書及び物件」との記載につき，「会議議事録，斗争日誌，指令，通達類，連絡文書，報告書，メモ」と記載された具体的な例示に附加され，令状に記載された地方公務員法違反被疑事件に関係があり，これら例示物件に準ずる文書，物件を指すことが明らかであるとして，物の明示に欠けることはないとしている（前掲最大決昭33・7・29）。

　なお，「差し押さえるべき物」は，差押状に固有の記載事項であり，記録命令付差押状に記載する必要はない（杉山徳明＝吉田雅之「『情報処理の高度化等に対処するための刑法等の一部を改正する法律』について(下)」曹時64・5・79，松尾・条解1269）。

[5] 記録させ若しくは印刷させるべき電磁的記録及びこれを記録させ若しくは印刷させるべき者

　記録命令付差押状（99の2）の固有の記載事項として規定されたものである。このうち，「これを記録させ若しくは印刷させるべき者」は，記録命令付差押えの名宛人となる者であり，電磁的記録を保管する者又は電磁的記録を利用する権限を有する者（99の2）の中から，個別の事案に応じて，ふさわしい者を特定して記載する必要がある。

[6] 捜索すべき場所

　憲法35条1項を受け，捜索状には，捜索すべき場所，身体又は物を記載することを規定している。記載の程度としては，社会通念に従い合理的に解釈して，その場所を客観的に特定し，他と区別し得る程度のものであることを要し，かつ，それで足りる（渡辺・大コメ刑訴2・348，佐藤・注釈刑訴2・189等）。最高裁も，「刑訴法所定の差押令状又は捜索令状における押収又は捜索すべき場所の表示は，合理的に解釈してその場所を特定し得る程度に記載することを必要とするとともに，その程度の記載があれば足りる」旨判示している（最決昭30・11・22刑集9・12・2484）。

　捜索する場所を特定するに当たっては，対象となる建物等の位置を明確にする必要があるが，その場合でも，管理権が単一であることが必要であり，管理権の及ぶ範囲を明確にしなくてはならない。マンションやアパートなどの集合住宅の一室を対象として捜索を実施する場合に，捜索すべき場所として当該マンション1棟のみを記載しただけでは足りず，また，ホテルの客室を対象として捜索を実施する場合にも，当該ホテル名のみを記載しただけでは足りない。

　また，甲方の居室の捜索を実施した際，同室で同居し，同室内にいた乙が携帯するバッグ内を捜索することは可能であり（最決平6・9・8刑集48・6・263），居室の捜索中に宅

配便の配達員によって被告人あてに配達され，被告人が受領した荷物を捜索することも可能である（最決平19・2・8刑集61・1・1）。

[7] その他の記載事項等

規94条は，「必要があると認めるときは，差押え，記録命令付差押え又は捜索をすべき事由をも記載しなければならない。」と規定しており，必要に応じ，執行する者に，捜索又は差押えの目的ないし趣旨を了知させるのに適当な事由を記載することとされている（松尾・条解221）。

[8] 差し押さえるべき電子計算機に電気通信回線で接続している記録媒体であつて，その電磁的記録を複写すべきものの範囲

本条2項は，99条2項の規定により電気通信回線で接続している記録媒体からの複写を行う場合における差押状の記載事項を規定している。

差押えの対象となる記録媒体としては，差押対象物である電子計算機で作成したメールを保管するために使用されているメールサーバ，同電子計算機で作成・変更した文書ファイルを保管するために使用されているリモートストレージサーバや社内LANでアクセス可能なファイルサーバなどが該当し得ることから，個別の事案に応じ，接続先のサーバに係るサービスの種類（メールサーバかファイルサーバか等），アクセスのためのID，記録媒体のうち記録領域の利用方法（フォルダによるファイルの分類）等を差押状に記載し，対象となる記録領域の範囲を特定する必要がある（松尾・条解1269，前掲杉山＝吉田・曹時64・5・108）。

なお，99条2項にいう「他の記録媒体」に複写するかどうかは，差押えの現場で判断すべき場合が多い上，同条項の処分が許可されている場合には，「他の記録媒体」に電磁的記録を複写してこれを差し押さえることが許されていることから，あらかじめ差押状に「差し押さえるべき物」として当該「他の記録媒体」を記載する必要はない（松尾・条解1270，前掲杉山＝吉田・曹時64・5・104）。　　　　　　　　　　〔佐藤剛〕

第108条 [1] 〔差押状・捜索状の執行〕　差押状，記録命令付差押状又は捜索状は，検察官の指揮によつて，検察事務官又は司法警察職員がこれを執行 [2] する。ただし，裁判所が被告人の保護のため必要があると認めるときは，裁判長は，裁判所書記官又は司法警察職員にその執行を命ずることができる [3]。

2　裁判所は，差押状，記録命令付差押状又は捜索状の執行に関し，その執行をする者に対し書面で適当と認める指示 [4] をすることができる。

3　前項の指示は，合議体の構成員にこれをさせることができる。

4　第71条の規定は，差押状，記録命令付差押状又は捜索状の執行についてこれを準用する [5]。

[規] **第95条（準用規定）** 差押状，記録命令付差押状又は捜索状については，第72条の規定を準用する。

第97条（差押状，捜索状執行後の処置） 差押状，記録命令付差押状又は捜索状の執行をした者は，速やかに執行に関する書類及び差し押さえた物を令状を発した裁判所に差し出さなければならない。検察官の指揮により執行をした場合には，検察官を経由しなければならない。

第99条（差押状，記録命令付差押状の執行調書の記載） 差押状の執行をした者は，第96条若しくは前条又は法第121条第1項若しくは第2項の処分をしたときは，その旨を調書に記載しなければならない。

2 記録命令付差押状の執行をした者が第96条又は前条の処分をしたときも，前項と同様とする。

第100条（押収，捜索の立会い） 差押状又は記録命令付差押状を発しないで押収をするときは，裁判所書記官を立ち会わせなければならない。

2 差押状，記録命令付差押状又は捜索状を執行するときは，それぞれ他の検察事務官，司法警察職員又は裁判所書記官を立ち会わせなければならない。

[範] **第257条** 法第70条参照。

第259条 法第70条参照。

第265条 法第70条参照。

第269条（令状執行に際しての注意） 勾引状その他の令状を執行するに当たつては，必要な限度を超えて実力を行使し，又は相手方の名誉を不当に傷つけることのないように注意しなければならない。

[1] 本条の趣旨

本条は，裁判所により発付された差押状等の執行は，検察官の指揮により，検察事務官又は司法警察員が行うことを規定する。

[2] 執行の方法

差押状等の執行の指揮に当たっては，472条及び473条により，当該裁判所に対応する検察庁の検察官が，差押状等の原本に認印を押す方法により行っている。

差押状等を執行した者は，速やかに執行に関する書類及び差し押さえた物について，令状を発した裁判所に差し出さなければならず，検察官の指揮による場合は，検察官を経由してこれらを行うこととなる（規97）。

[3] 裁判長による執行命令

被告人の請求により差押状等が発付されるなど，検察官に執行指揮を行わせるのが相当でない場合には，本条1項ただし書により，裁判所が，直接，裁判所書記官又は司法警察職員に執行を命ずることができる（松尾・条解223）。

[4] 裁判所の指示

執行に当たり，裁判所は，書面による指示を行うことができるが，その内容に特に限定はなく，執行に関するものであれば足りる。例えば，人の身体について捜索を行う場合に，実施場所や方法を定めることができる。

[5] 管轄区域外における執行

本条4項により準用される71条に基づき，必要があるときは，管轄区域外において差押状等を執行することができる。また，その地の検察事務官又は司法警察職員にその執行を求めることができるが，その地の裁判所書記官にも執行を求めることができるとするのが通説である（佐藤・注釈刑訴2・197）。　　　　　　　　　　　〔佐藤剛〕

第109条 [1]〔執行の補助〕　検察事務官又は裁判所書記官は，差押状，記録命令付差押状又は捜索状の執行について必要があるときは，司法警察職員に補助[2]を求めることができる。

[1] 本条の趣旨

本条は，差押状等の執行に際し，検察官の指揮によって検察事務官が行う場合（108Ⅰ本），あるいは，裁判長の命令によって裁判所書記官が行う場合（同但）において，必要があるときは，司法警察職員に補助を求めることができることを規定する。

いかなる場合に「必要があるとき」といえるかについては，執行そのものに必要な事務がある場合のほか，執行に当たり警備の必要がある場合もこれに含まれるとするのが通説である（佐藤・注釈刑訴2・198，松尾・条解223）。

[2] 補　助

司法警察職員は，本条により補助の義務を負うこととなり，検察事務官又は裁判所書記官の指示に従わなくてはならない。この場合，司法警察職員は，その本来の権限に基づいて補助行為を行うのであり，単なる機械的な補助者ではなく，その行為の妨害については，当該司法警察職員の公務の執行に対する妨害になると考えられる（佐藤・注釈刑訴2・198）。　　　　　　　　　　　　　　　　　　　　　〔佐藤剛〕

第110条 [1]〔執行の方式〕　差押状，記録命令付差押状又は捜索状は，処分を受ける者[2]にこれを示さなければならない[3][4][5]。

　　〔範〕　**第141条（令状の提示）**　令状により捜索，差押え，記録命令付差押え，検証又は身体検査を行うに当たつては，当該処分を受ける者に対して，令状を示さなければならない。

　　　　2　やむを得ない理由によつて，当該処分を受ける者に令状を示すことができないとき

は，立会人に対してこれを示すようにしなければならない。

[1] 本条の趣旨

本条は，差押状等の執行に際し，処分を受ける者に令状を呈示することを規定するが，その趣旨は，手続の公正を担保するとともに，被処分者の人権に配慮するという点にある（最決平14・10・4刑集56・8・507参照）。

本条は，222条1項により捜査段階における押収，捜索及び検証に準用されている。

[2] 処分を受ける者

差し押さえるべき物又は捜索すべき場所を現実に支配する者であり，一般的には，物又は場所を占有・管理する者がこれに当たる。法律上の権限に基づいて占有・管理する者に限られず，事実上その物又は場所を支配している者であってもよいとするのが通説である（渡辺・大コメ刑訴2・383，佐藤・注釈刑訴2・199）。なお，東京高判平16・9・29東時55・1＝12・86は，捜索場所に居合わせた第三者の身体を捜索する場合に，同人への令状呈示は不要であるとする。

[3] 呈示の必要性

処分を受ける者が不在のときは，令状を示さずに執行に着手しても違法とはならない。もちろん，法律上の義務ではないが，運用としては，処分を受ける者に代わり得る者がいれば，その者に対し呈示し，その者も不在であれば立会人に示すのが妥当である（範141Ⅱ参照）。執行に着手後，処分を受ける者が捜索場所に現れた場合には，速やかに令状を示すべきである（松尾・条解224）。

捜査段階においては，放置された物を差し押さえる場合などに，被疑者が不明であるため，被処分者がいないということがあり得るが，屋外であれば立会人も不要であるため（114），このような場合には令状の呈示は不要である。

[4] 呈示の時期

呈示は，原則として，執行の着手前に行わなければならない（文言上は限定はないが，前掲最決平14・10・4も，「法意に照らし，令状の執行に着手する前の呈示を原則とすべき」旨判示する。）。

令状の執行に当たり，当該現場に立ち入るなど執行に必要な準備を行うことや，現場保存的な措置を行うことは，必要な処分（111Ⅰ）として認められるが，これらを令状の呈示前に行うことも状況によっては認められる。前掲最決平14・10・4は，覚せい剤取締法違反被疑事件につき，被疑者が宿泊するホテル客室に対する捜索差押許可状を被疑者在室時に執行するに当たり，その動きを察知されれば，覚せい剤事犯の前科もある被疑者が直ちに覚せい剤を洗面所に流すなど短時間のうちに差押対象物件を破棄隠匿するおそれがあったため，ホテルの支配人からマスターキーを借り受けた上，来意を告げることなく，施錠された前記客室のドアをマスターキーで開けて室内に入り，その後直ちに被疑者に捜索差押許可状を呈示して捜索及び差押えを実施したという事案について，「前記事情の下においては，警察官らが令状の執行に着手して入室した上その直後に呈

示を行うことは，法意にもとるものではなく，捜索差押えの実効性を確保するためにやむを得ないところであって，適法というべきである」旨判示している。

[5] 呈示の方法

令状を呈示するに際し，その内容を被処分者に認識できるような方法で行えば足り，令状を手交する必要はなく，また，要点をメモしたいという申出や，令状の筆写・撮影の申出についても応じる必要はない（東京地決昭34・5・22下刑集1・5・1339）。他方，文字の読めない者や外国人が被処分者である場合には，読み聞けや通訳を介して行うなどして，内容を理解させるための担保措置が必要となることがある。　　　　　　　〔佐藤剛〕

第110条の2 [1] 〔電磁的記録に係る記録媒体の差押えの執行方法〕　差し押さえるべき物が電磁的記録に係る記録媒体 [2] であるときは，差押状の執行をする者は，その差押えに代えて次に掲げる処分 [3] をすることができる。公判廷で差押えをする場合も，同様である。
　一　差し押さえるべき記録媒体に記録された電磁的記録を他の記録媒体に複写し，印刷し，又は移転した上，当該他の記録媒体を差し押さえること。
　二　差押えを受ける者に差し押さえるべき記録媒体に記録された電磁的記録を他の記録媒体に複写させ，印刷させ，又は移転させた上，当該他の記録媒体を差し押さえること。

[1] 本条の趣旨

本条は，差し押さえるべき物が「電磁的記録に係る記録媒体」であるとき，裁判所がこれを差し押さえる場合の執行方法について規定するものである。

電磁的記録に係る記録媒体を差し押さえる場合に，電磁的記録がいかなる記録媒体に保存されているのか，無関係な第三者の電磁的記録が混在しているのか，被処分者がどの程度協力するのかといった事情は，執行前の段階では予め判明していないことも多く，本条の処分を選択するかどうかも含めて，差押えの現場での判断が必要である。

本条は，222条1項により捜査段階における押収又は捜索に準用されている。

[2] 差押えの目的物

本条の処分は，差し押さえるべき物が電磁的記録に係る記録媒体であるときである。令状に，差し押さえるべき物として「電子計算機」そのものが記載されている場合には，これを構成するメインメモリやハードディスク等の記録媒体も，本条にいう「電磁的記録に係る記録媒体」に含まれる（前掲107の解説[4]杉山＝吉田・曹時64・5・60）。

[3] 処分の内容

「複写」とは電磁的記録をDVDやBD等の他の記録媒体にコピーすることを，「印刷」とは電磁的記録の内容を紙媒体に出力することをいう。また，「移転」とは電磁的記録

を他の記録媒体に複写した上，元の記録媒体からは電磁的記録を消去することをいう。

没収の対象となる電磁的記録や危険物の製造方法を内容とする電磁的記録等については，複写ではなく，移転による差押えを検討する必要がある。　　　　　　　　〔佐藤剛〕

第111条[1]**〔押収捜索と必要な処分〕**　差押状，記録命令付差押状又は捜索状の執行[2]については，錠をはずし，封を開き，その他必要な処分[3]をすることができる。公判廷で差押え，記録命令付差押え又は捜索をする場合も，同様である。
2　前項の処分は，押収物[4]についても，これをすることができる。

[1] 本条の趣旨

本条は，令状の執行に当たっては，捜索や差押えといった令状によって許可される処分そのものに限らず，令状の執行に当たり，これに必然的に付随する行為や，その前提となる執行のため必要不可欠な行為についても行うことができる旨を規定している。

本条は，222条1項により捜査段階における押収又は捜索に準用されている。

[2] 執行との前後関係

差押状等の執行に先立って，解錠や開封その他必要な処分を行うことができるのは当然であり，最決平14・10・4刑集56・8・507は，覚せい剤取締法違反の被疑者が宿泊しているホテル客室に対する捜索差押許可状の執行に当たり，マスターキーにより客室ドアの解錠が本条により許可されるかにつき，令状執行の動きを察知されれば，被疑者において，短時間のうちに差押対象物件を破棄隠匿するおそれがあったことが認められるといった事実関係の下では，令状の呈示に先立って警察官らがホテル客室のドアをマスターキーで開けて入室した措置は，捜索差押えの実効性を確保するために必要であり，社会通念上相当な態様で行われていると認められるから，本条に基づく処分として許容される旨判示している。

[3] 必要な処分

執行の目的を達成するために必要であり，社会的に相当と認められる処分に限られる（松尾・条解225）。

本条で規定された解錠や開封のほか，必要な処分として認められるものとしては，捜索・差押えの現場における立会人や管理者に対する協力要請，相手方の施設の利用，自動車の停止などが挙げられる（渡辺・大コメ刑訴2・398）。

一方，身体を拘束されていない被疑者について，強制採尿をするために病院等に連行する行為は，本条の「必要な処分」として認められるのではなく，令状そのものの効力として強制的に連行できるとするのが判例である（最決平6・9・16刑集48・6・420）。

また，捜索・差押えの際に，その現場で写真撮影を行う場合があるが，これらは捜索・差押えに付随するものとして，令状の効力として行うことができる（松尾・条解226，渡

辺・大コメ刑訴 2・374，東京地決平元・3・1 判時1321・160）。これに関連して，捜索・差押え時の写真撮影について，差し押さえるべき物以外の物が写真撮影されたこと等を理由として不服申立てができるかが問題となるが，最決平 2・6・27刑集44・4・385は，「右の写真撮影は，それ自体としては検証としての性質を有すると解されるから，刑訴法430条 2 項の準抗告の対象となる『押収に関する処分』には当たらないというべきである。したがって，その撮影によって得られたネガ及び写真の廃棄又は申立人への引渡を求める準抗告を申し立てることは不適法である」と判示し，不服申立てができないことを明らかにしている。

[4] 押収物

差押えによって取得された物や，提出命令によって提出された物に限らず，任意提出を受けて領置した物や遺留物として領置したものも，本条 2 項の押収物に含まれるとするのが通説である（渡辺・大コメ刑訴 2・401，佐藤・注釈刑訴 2・203）。　　　　　　〔佐藤 剛〕

第111条の 2 [1]〔**捜索・差押えの際の協力要請**〕　差し押さえるべき物が電磁的記録に係る記録媒体であるときは，差押状又は捜索状の執行をする者は，処分を受ける者 [2] に対し，電子計算機の操作その他の必要な協力 [3] を求めることができる。公判廷で差押え又は捜索をする場合も，同様である。

[範]　**第147条の 2（協力要請）**　差し押さえるべき物が電磁的記録に係る記録媒体であつて，捜索を行うに当たつて必要があるときは，刑訴法第222条第 1 項において準用する同法第111条の 2 の規定に基づき，処分を受ける者に対し，電子計算機の操作その他の必要な協力を求めるものとする。

第152条（捜索に関する規定の準用）　第145条（第三者の立会）の規定は，差押えを行う場合について，第147条（執行中の退去および出入禁止），第147条の 2（協力要請）及び第148条（捜索中止の場合の処置）の規定は，差押え又は記録命令付差押えを行う場合について，それぞれ準用する。

[1] 本条の趣旨

本条は，電磁的記録に係る記録媒体についての差押状等の執行を受ける者等に対する協力要請について規定している。

電磁的記録に係る記録媒体の差押え等に当たっては，技術的・専門的な知識が必要となる場合が多く，自力執行を行うことが困難な場合があるほか，被処分者の業務や無関係な第三者の利益の保護という観点から，最も知識を有すると思われる被処分者の協力を得ることが望ましい場合がある。また，被処分者の中には，記録媒体中の電磁的記録について開示しない義務を負っている場合もある。

本条の趣旨は，前記のような被処分者に対し，差押え等に協力できるとする法的根拠を明確にし，電磁的記録に係る記録媒体の差押え等について協力要請を行うことが可能である旨を明らかにする点にある。

本条は，222条1項により捜査段階における押収，捜索及び検証に準用されている。

[2] 処分を受ける者

差押えの場合には，差し押さえるべき物を現実に支配している者であり，捜索の場合には，捜索すべき場所又は物を現実に支配している者（捜索の対象が身体であるときは，その者）である（前掲107の解説[4]杉山=吉田・曹時64・5・130）。

[3] 必要な協力

被処分者に対しては，電磁的記録に係る記録媒体の差押え等に当たって，その目的を達成するため，電子計算機の操作を始めとする必要な協力を求めることができる。具体的には，コンピュータシステムの構成やこれを構成する個々の電子計算機の役割や機能，操作方法について説明すること，差し押さえるべき記録媒体等の場所を指示すること，暗号化された電磁的記録を復号化すること等が考えられる（前掲107の解説[4]杉山=吉田・曹時64・5・130）。

〔佐藤剛〕

第112条 [1] 〔執行中の出入禁止〕　差押状，記録命令付差押状又は捜索状の執行中 [2] は，何人に対しても，許可を得ないでその場所に出入りすることを禁止 [3] することができる。

2　前項の禁止に従わない者は，これを退去させ [4]，又は執行が終わるまでこれに看守者 [5] を付することができる。

> [範]　第147条（執行中の退去および出入禁止）　捜索を行うに当つては，立会人または特に許可を受けた者以外の者は，その場所から退去させ，およびその場所に出入させないようにしなければならない。
>
> 　2　前項の許可を受けないでその場所にある者に対しては，退去を強制しまたは看守者を附して，捜索の実施を妨げさせないようにしなければならない。ただし，必要な限度をこえて実力を行使することのないようにしなければならない。
>
> 第152条　法第111条の2参照。

[1] 本条の趣旨

本条の趣旨は，捜索・差押えに対する妨害を排除し，差押対象物の隠匿・廃棄・搬出を防止することにある。

本条は，222条1項により捜査段階における押収，捜索及び検証に準用されている。

[2] 執行中

執行の開始後，終了までの間をいい，通常は，執行者が処分を受ける者又は立会人に令状を呈示して執行の開始を宣言したときから措置を講じることが可能となるが，捜索・差押えに先立って各種の予防措置等に着手する必要が認められる場合もあり，このような場合には，出入禁止の措置を講じた上で，捜索行為に着手することも認められる。

執行者が証拠物を支配内に移したときが執行の終了時であるが，差し押さえるべき物が発見できないことが確認され，被処分者に執行の終了を宣言したときにも終了する。もっとも，証拠物を搬出し終わるまでは，これに対する妨害行為を排除するために，出入禁止の措置をとることは可能である。

[3] 処分の方法

出入禁止の処分の方法に制限はなく，立て札によって行うことのほか，口頭によって行うことも可能である。

また，出入禁止とする場所は，令状に捜索すべき場所として記載された場所や差押物の現在する場所を中心として，これらの場所への出入禁止の目的のため必要最小限と考えられる近接した場所についても，その対象とすることが可能である（東京高判昭31・2・10刑資241・472，渡辺・大コメ刑訴2・407）。

[4] 対象者の退去の強制

本条1項の禁止に従わない者に対しては，その場所から退去させることができ，その際，社会通念上相当な範囲での実力行使が可能である（佐藤・注釈刑訴2・206，松尾・条解227）。

[5] 看守者

執行が終わるまで看守者を付すこともでき，この場合の看守者の資格に制限はなく，一般の私人でもよい（渡辺・大コメ刑訴2・408，佐藤・注釈刑訴2・205）。　〔佐藤剛〕

第113条 [1]〔**当事者の立会い**〕　検察官，被告人又は弁護人 [2] は，差押状，記録命令付差押状又は捜索状の執行に立ち会うことができる。ただし，身体の拘束を受けている被告人 [3] は，この限りでない。

　2　差押状，記録命令付差押状又は捜索状の執行をする者は，あらかじめ，執行の日時及び場所を前項の規定により立ち会うことができる者に通知 [4] しなければならない。ただし，これらの者があらかじめ裁判所に立ち会わない意思を明示した場合及び急速を要する場合は，この限りでない。

　3　裁判所は，差押状又は捜索状の執行について必要があるときは，被告人をこれに立ち会わせることができる [5]。

[1] 本条の趣旨

本条は，令状の執行に際し，訴訟の当事者である検察官，被告人又は弁護人を立ち会

わせることにより，執行手続の公正を担保しようとする規定である。

　なお，本条は，捜査段階の捜索・差押え等には準用されておらず，捜査機関が令状を得て行う捜索・差押えには，弁護人の立会権は認められていない。

[2] 弁護人の立会権

　本条における弁護人の立会権は，41条の固有権であるとするのが通説である（渡辺・大コメ刑訴2・413，松尾・条解228）。このため，本条2項の通知については，被告人と弁護人それぞれになされる必要がある。

[3] 身体の拘束を受けている被告人

　身体の拘束の理由に特段の制限はない（佐藤・注釈刑訴2・207）。このため，当該公判係属中の事件において勾留状が発付されている被告人に限らず，他事件で逮捕・勾留等により身柄拘束をされている者や刑事施設で刑の執行を受けている者，精神保健及び精神障害者福祉に関する法律29条の規定により措置入院中の者も含まれる。

[4] 立会権者への通知

　本条2項により，令状の執行をする者は，立会権者への通知を行う必要がある。この場合，通知をするのは「執行者」である検察事務官，司法警察職員，裁判所書記官である。

　他方，本条2項ただし書により，予め立ち会わない意思を明示した場合や急速を要する場合には，通知の必要はない。急速を要する場合とは，令状の執行に当たり，証拠物の毀損・滅失のおそれがあり，立会権者に通知する時間的余裕がない場合をいう（渡辺・大コメ刑訴2・414）。

[5] 被告人の立会いの強制

　裁判所は，令状の執行について必要があるときは，被告人に立会いを強制することができる。証拠物の所在場所を被告人に指示させる必要がある場合などが考えられるが，指示を強制させることはできない（佐藤・注釈刑訴2・208）。　　　　　　　　　〔佐藤剛〕

第114条 [1] 〔責任者の立会い〕　公務所 [2] 内で差押状，記録命令付差押状又は捜索状の執行をするときは，その長又はこれに代わるべき者 [3] に通知してその処分に立ち会わせなければならない [4]。

2　前項の規定による場合を除いて，人の住居又は人の看守する邸宅，建造物若しくは船舶 [5] 内で差押状，記録命令付差押状又は捜索状の執行をするときは，住居主若しくは看守者又はこれらの者に代わるべき者をこれに立ち会わせなければならない。これらの者を立ち会わせることができないときは，隣人又は地方公共団体の職員 [6] を立ち会わせなければならない。

　[範]　第143条（立会い）　公務所内で捜索，差押え，記録命令付差押え又は検証を行うに当たつ

ては，その長又はこれに代わるべき者に通知してこれに立ち会わせなければならない。

2　前項の規定による場合を除いて，人の住居又は人の看守する邸宅，建造物若しくは船舶内で捜索，差押え，記録命令付差押え又は検証を行うに当たつては，住居主若しくは看守者又はこれらの者に代わるべき者を立ち会わせなければならない。これらの者を立ち会わせることができないときは，隣人又は地方公共団体の職員を立ち会わせなければならない。ただし，刑訴法第220条の規定により被疑者を捜索する場合において急速を要するときは，この限りでない。

3，4　（略）

第144条（被疑者等の立会い）　捜索，差押え，記録命令付差押え又は検証を行うに当たつて捜査上特に必要があるときは，被疑者その他の関係者を立ち会わせるようにしなければならない。

2　前項の場合においては，常にこれらの者の言語および挙動に注意し，新たな捜査資料を入手することに努めなければならない。

第145条（第三者の立会）　捜索を行うに当つては，公務所内または人の居住し，もしくは人の看守する邸宅，建造物もしくは船舶内以外の場所でこれを行う場合にも，なるべく第三者の立会を得て行うようにしなければならない。

2　前項の場合において，第三者の立会が得られないときは，他の警察官の立会を得て捜索を行うものとする。

第152条　法第111条の2参照。

[1] 本条の趣旨

本条の趣旨は，公務上の秘密の保護のための押収拒絶権 (103) の行使の機会の確保のほか，公務の円滑な執行を保護する点にある。本条1項は，公務所内における令状執行の際に，その長又はこれに代わるべき者に通知して立ち会わせることを規定しているが，前記の趣旨に鑑み，立会いを求められた公務所の長らは，これに応ずる義務があるというべきである（渡辺・大コメ刑訴2・418）。

本条は，222条1項により捜査段階における押収，捜索及び検証に準用されている。

[2] 公務所

刑法7条2項の公務所，すなわち「官公庁その他公務員が職務を行う所」とは異なり，公務員が職務の執行をすべき施設そのものをいう。

合同庁舎のように，2つ以上の官署が入居している建物においては，それぞれが占有する区画ごとに考えるべきであるが，その共有部分などについては，国有財産法5条の2に基づき指定される者を立会人とすれば足りると考えられる。

公務所内にある労働組合の事務所などに対する令状執行の際，本条1項に基づき当該公務所の長を立ち会わせるべきか，本条2項に準じ当該区画の使用者を立ち会わせるべきかについては，当該区画に対する使用許可を得ているなど，正当な権限により使用し

212　　　　　　　　　114条，115条

ている場合を除いては，当該区画を含む建物全体を管理する公務所の長を立ち会わせれば足りる（渡辺・大コメ刑訴2・419，佐藤・注釈刑訴2・210）。

[3]　公務所の長又はこれに代わるべき者

　公務所の長とは，当該施設を直接管理する者の中の最上位者であり，地方支分部局であれば当該部局の長である。

　長に代わるべき者とは，長に準ずべき地位にある者で職務の代行を行う立場にある者であることが一般的であるが，押収拒絶権の行使や公務の円滑な執行といった本条の趣旨に鑑み，適切な範囲の者であれば足りる。

[4]　立会いの拒否

　公務所の長らが立会いを拒否した場合，これを強制することはできず，本条2項後段のような規定もないので，そのままでは令状を執行することができない。しかし，令状執行の際の立会いは公務所の長の義務であり，これらの者の意思によって令状が執行できなくなることは不当であって，法も想定していない。したがって，正当な理由なく立会いを拒否する場合は令状を執行することに問題はないと考えられ，その場合には，手続の公正を確保する観点から，本条2項に準じて隣人又は地方公共団体の職員を立ち会わせるのが相当である（令状基本（下）266，渡辺・大コメ刑訴2・423）。

[5]　人の住居又は人の看守する邸宅，建造物若しくは船舶

　刑法130条にいう住居，邸宅，建造物又は艦船と同様であるとされている（佐藤・注釈刑訴2・212，渡辺・大コメ刑訴2・423）。

[6]　隣人又は地方公共団体の職員

　「隣人」とあるが，必ずしも隣家・隣室の者に限らず，近隣に居住する者であれば足りる。地方公共団体の職員としては，通常，消防職員が立ち会う例が多い（消防職員が立ち会うことを適法とした例として東京地決昭45・3・9刑裁月報2・3・341）。　　　　〔佐藤剛〕

第115条 [1]〔女子の身体の捜索と立会い〕　女子の身体 [2] について捜索状の執行をする場合には，成年の女子 [3] をこれに立ち会わせなければならない。但し，急速を要する場合 [4] は，この限りでない。

　　[範]　第107条（女子の任意の身体検査の禁止）　女子の任意の身体検査は，行つてはならない。
　　　　　　ただし，裸にしないときはこの限りでない。
　　　　第143条（立会い）
　　　　1，2　（略）
　　　　3　女子の身体について捜索を行う場合には，成年の女子を立ち会わせなければならない。ただし，急速を要する場合は，この限りでない。
　　　　4　（略）

115条，116条

[1] 本条の趣旨

本条の趣旨は，女性の身体に関する羞恥心を保護する点にあり，222条1項により捜査段階における捜索に準用されている。

本人の承諾があった場合に，成年の女子を立ち会わせなかったとしても，直ちに違法とはならないと解されるが，運用上は避けるべきである（佐藤・注釈刑訴2・214）。

[2] 女子の身体

身体そのものの捜索のほか，女子の着衣について捜索する場合も含まれる。

着衣の外側からポケット等を触れる程度のものは含まれないが（佐藤・注釈刑訴2・213），本条の趣旨に照らし，女性の羞恥心を害するような態様で行うことは許されないと解される。

なお，国家賠償請求訴訟において，性同一性障害である被疑者に対し，男性警察官が身体検査を行ったことが違法であるとしたものがある（東京地判平18・3・29判時1935・84）。

[3] 成年の女子の立会い

民法に規定される成年の女子に限られ，婚姻による成年擬制（民753）の適用はない（なお，2018年改正民法により，成年擬制は廃止。）。執行者が女子である場合は，本条の趣旨に鑑み，別の女子を立ち会わせる必要はない（渡辺・大コメ刑訴2・428）。

[4] 急速を要する場合

早急に令状を執行しなければ，被対象者である女性等によって罪証隠滅行為が行われるような場合をいい，執行者が現場の具体的状況に照らして判断することとなる。

〔佐藤剛〕

第116条 [1]〔時刻の制限〕　日出前，日没後 [2] には，令状に夜間でも執行することができる旨の記載がなければ，差押状，記録命令付差押状又は捜索状の執行のため，人の住居又は人の看守する邸宅，建造物若しくは船舶 [3] 内に入ることはできない。
2　日没前に差押状，記録命令付差押状又は捜索状の執行に着手したとき [4] は，日没後でも，その処分を継続することができる。

[1] 本条の趣旨

本条の趣旨は，夜間における私生活の平穏の保護という点にあり，222条3項により捜査段階における差押え，記録命令付差押え又は捜索に準用されている。

被執行者が承諾していた場合に夜間の令状執行を行うことができるかについては，住居主等の承諾による夜間捜索を認めていた旧法の規定が削除されたことに照らせば，認められないものと解される（渡辺・大コメ刑訴2・432，松尾・条解232）。

[2] 日出前，日没後

手続の確実性という観点から，各地の暦によるとするのが通説である。

[3] 人の住居又は人の看守する邸宅，造造物若しくは船舶

114条2項と同じく，刑法130条にいう「住居，邸宅，建造物，船舶」であり，人が通常生活の本拠とすることができる場所をいう。なお，公務所たる建造物については，夜間の私生活の平穏の保護という趣旨に照らし，含まれないとするのが通説である（渡辺・大コメ刑訴2・432，佐藤・注釈刑訴2・215）。

[4] 日没前の執行の着手

令状の執行に当たり，現場の状況や被執行者の対応等によって当初の予測を超えて長時間を要することがある。本条2項は，そのような事態を想定し，日没前に令状の執行に着手していた場合に，日没後にも処分を継続することを認めたものである。

なお，118条により日没前に執行を中止した場合において，日没後に執行を再開するときに，本条1項の夜間執行を許す旨の記載が必要となるか否かについては，中止も執行という観念に含まれることに加え，既に執行を受けており，再開が予想される事態に至っていることに照らせば，夜間執行の許可は不要であるというべきである（松尾・条解232，佐藤・注釈刑訴2・216）。 〔佐藤剛〕

第117条 [1]〔**時刻の制限の例外**〕 次に掲げる場所で差押状，記録命令付差押状又は捜索状の執行をするについては，前条第1項に規定する制限によることを要しない。
　一　賭博，富くじ又は風俗を害する行為 [2] に常用されるものと認められる場所
　二　旅館，飲食店その他夜間でも公衆が出入りすることができる場所 [3]。ただし，公開した時間内 [4] に限る。

[1] 本条の趣旨

本条は，夜間における私生活の平穏を特に保護する必要がない場所について，前条の夜間執行の制限の必要がないことから規定されたものであり，222条3項により捜査段階における差押え，記録命令付差押え又は捜索に準用されている。

[2] 賭博，富くじ又は風俗を害する行為

本条1号に規定する行為が犯罪行為でなければならないかについては，文理上そのような制限がないことや，夜間における私生活の平穏の保護の必要性がない場所に対する夜間執行を認めたという本条の趣旨からすれば，犯罪行為には限られないと解される（佐藤・注釈刑訴2・217，松尾・条解232）。

[3] 夜間でも公衆が出入りすることができる場所

本条2号に規定する場所としては，旅館，飲食店のほか，風俗営業等の規制及び業務の適正化等に関する法律にいう「風俗営業」を行う店舗であるダンスホール，パチンコ店，麻雀店，ゲームセンター等，さらには，24時間営業のスーパーや漫画喫茶など多数の場所があり得る。

[4] 公開した時間内

公開した時間に令状執行に着手していたが，同時間内に執行が終了しない場合，公開した時間後も執行を継続できるかについては，116条2項の趣旨に鑑み，処分を継続できるとするのが通説である（佐藤・注釈刑訴2・217，松尾・条解232）。　　　　　〔佐藤剛〕

第118条 [1]〔**執行の中止と必要な処分**〕　差押状，記録命令付差押状又は捜索状の執行を中止 [2]する場合において必要があるときは，執行が終わるまでその場所を閉鎖 [3]し，又は看守者 [4]を置くことができる。

> [範]　第148条（捜索中止の場合の処置）　捜索に着手した後，一時これを中止する場合においては，その場所を閉鎖し，または看守者を附して事後の捜索の続行に支障がないようにしておかなければならない。
>
> 第152条　法第111条の2参照。

[1] 本条の趣旨

令状の執行が長時間にわたることは，実務上もあり得るところであるが，気象条件などの外的要因により，執行を継続することが適当でない場合がある。現行法上，令状の執行を中止することを認める明文の規定はないが，本条は，執行の中止を前提とする規定である。

本条は，222条1項により捜査段階における押収，捜索及び検証に準用されている。

[2] 執行の中止

執行が終了していない以上，再開後の処分については改めて令状の発付を受ける必要はない。観念的には執行が継続していることから，112条による出入禁止の処分を行うことも可能である（渡辺・大コメ刑訴2・438）。

もっとも，外形的には，執行の終了と中止とに差異がないため，執行を中止する場合は，執行者において，客観的に執行が中止していることを明らかにする必要がある（佐藤・注釈刑訴2・218）。

[3] 閉　鎖

明文上，その方法に制限はなく，執行の対象となる場所を施錠するなど，外部からの立入りができないようにすることが考えられる。

通常は，執行者において，その場所を閉鎖する旨の表示（封印）をすることで，閉鎖したことを客観的に明らかにする。

当該封印を破棄すれば，刑法96条の封印破棄罪が成立する。

住居の閉鎖は，住居主等への影響が大きいことから，必要最小限度とすべきである（佐藤・注釈刑訴2・218，渡辺・大コメ刑訴2・439）。

[4] 看守者

112条の「看守者」と同様に制限はなく，執行者やその補助者に限らず，私人であってもよい。　　　　　　　　　　　　　　　　　　　　　　　　　　〔佐藤剛〕

第119条 [1][2] **〔捜索証明書の交付〕**　捜索をした場合 [3] において証拠物又は没収すべきものがないとき [4] は，捜索を受けた者の請求 [5] により，その旨の証明書を交付しなければならない。

> [規]　第96条（捜索証明書，押収品目録の作成者・法第119条等）　法第119条又は第120条の証明書又は目録は，捜索，差押え又は記録命令付差押えが令状の執行によつて行われた場合には，その執行をした者がこれを作つて交付しなければならない。

> [範]　第150条（捜索証明書）　捜索をした結果，証拠物または没収すべき物がない場合において，当該処分を受けた者から請求があつたときは，すみやかに捜索証明書を作成して交付しなければならない。

[1] 本条の趣旨

捜索を受けた者にとっては，押収物の有無が明らかでないときには，捜索が終了したか否かが判然とせず，また，犯罪に関与したのではないかとの周囲からの疑念を持たれることから，本条では，捜索を受けた者に対し，捜索が終了したことを客観的に明らかにするとともに，疑念の解消に資するために，捜索証明書を交付することを規定している（渡辺・大コメ刑訴 2・440，増井・注釈 2・219）。

本条は，222条 1 項により捜査段階における押収又は捜索に準用されている。

[2] 作成・交付する者

本条の捜索証明書は，120条に規定される押収品目録と同様，令状の執行をした者，すなわち，執行した司法警察職員，検察事務官又は裁判所書記官が作成して交付する（規96）。

[3] 捜索をした場合

捜索状を執行した場合のほか，公判廷で裁判所が執行指揮をし，司法警察職員等が執行した場合も含む（渡辺・大コメ刑訴 2・441，増井・注釈刑訴 2・219）。

[4] 証拠物又は没収すべきものがないとき

捜索差押許可状において「差し押さえるべき物」として記載された物の発見には至らなかったが，別に対象者から任意提出を受けるなどして領置した物がある場合についても，その物は捜索の結果得られたとはいえないことから，本条の適用がある（渡辺・大コメ刑訴 2・441）。

［5］ 請求の時期

　捜索証明書は，捜索を受けた者の請求により交付する。その時期についての規定はなく，交付の実益がある以上は請求を認めることとなるが，その趣旨からすれば，捜索終了の直後に捜索場所においてなされるべきである（範150参照。渡辺・大コメ刑訴2・441，増井・注釈刑訴2・220）。　　　　　　　　　　　　　　　　　　　　　　　　　〔佐藤剛〕

第120条 [1][2] 〔押収目録の交付〕　押収をした場合 [3] には，その目録を作り，所有者，所持者若しくは保管者 [4]（第110条の2の規定による処分を受けた者を含む。）又はこれらの者に代わるべき者 [5] に，これを交付 [6] しなければならない。

> ［規］　第96条（捜索証明書，押収品目録の作成者・法第119条等）　法第119条又は第120条の証明書又は目録は，捜索，差押え又は記録命令付差押えが令状の執行によつて行われた場合には，その執行をした者がこれを作つて交付しなければならない。

［1］ 本条の趣旨

　本条の趣旨は，押収した証拠物の種類，数量や権利関係を明らかにすることで，被押収者の財産権に対する不当な侵害を防止するとともに，没収の裁判や還付等の処分の適正を図ることにある。また，押収品目録の交付により，捜索が終了したことを明らかにするという機能もある。

　119条と異なり，所有者等の請求を待たずに作成・交付する。

　本条は，222条1項により捜査段階における押収又は捜索に準用されている。

［2］ 作成・交付する者

　本条の押収品目録は，119条と同様，令状の執行をした者，すなわち，執行した司法警察職員，検察事務官又は裁判所書記官が作成して交付する（規96）。

［3］ 押収をした場合

　差押状等の執行による場合のほか，提出命令による場合も含まれる（渡辺・大コメ刑訴2・445）。遺留された証拠品を領置し，後日，その所有者が判明した場合にも，押収品目録を作成・交付する（増井・注釈刑訴2・223）。

［4］ 所有者・所持者・保管者

　99条3項におけるそれと同義であり，これらの者のうち，直接に押収の処分を受けた者をいう（渡辺・大コメ刑訴2・445，増井・注釈刑訴2・223）。現実に処分を受けた者がいれば，別途所有者等を探す必要はない。

［5］ 所有者等に代わるべき者

　所有者等が不在のまま捜索をした場合は，所有者等に代わるべき者に目録を交付する必要がある。資格に制限はなく，立会人でも構わない（秋田地決昭34・8・12下刑集1・8・1865）。

218   120条，121条

[6] 交付時期

　時期に関する定めはないが，趣旨に鑑み，押収を終了した段階で直ちに交付すべきで
ある。もっとも，押収品目録の作成・交付は，押収自体の要件ではなく，これを怠った
としても，押収そのものの効力には影響しない（領置につき，高松高判昭26・7・12特報17・30）。

〔佐藤剛〕

第121条 [1] 〔押収物の保管・廃棄〕　運搬又は保管に不便な押収物 [2] については，
看守者 [3] を置き，又は所有者その他の者に，その承諾を得て，これを保管させる
ことができる [4]。

2　危険を生ずる虞がある押収物は，これを廃棄 [5] することができる。

3　前2項の処分は，裁判所が特別の指示をした場合を除いては，差押状の執行をし
た者も，これをすることができる。

　[規]　第98条（押収物の処置）　押収物については，喪失又は破損を防ぐため，相当の処置を
　　　しなければならない。

　[範]　第112条（廃棄等の処分）　領置物について廃棄，換価，還付又は仮還付の処分をすると
　　　きは，警察本部長又は警察署長の指揮を受けて行わなければならない。ただし，急速
　　　に廃棄処分をする必要がある場合においては，処分後速やかに警察本部長又は警察署
　　　長にその旨を報告するものとする。

　　2　還付又は仮還付の処分をするに当たつては，相手方から（仮）還付請書を徴してお
　　　くとともに，先に仮還付した物について更に還付の処分をする必要があるときは，還
　　　付通知書（別記様式第9号）を交付して行うものとする。

　　3　運搬又は保管に不便な領置物について，看守者を置き，又は所有者その他の者に，
　　　その者の承諾を得て保管させる場合も第1項の場合と同様とする。この場合は，なる
　　　べくその者から保管請書を徴しておかなくてはならない。

　　4　廃棄（刑訴法第499条第4項の規定によるものに限る。），換価，還付及び仮還付の
　　　処分は，司法警察員たる警察官が行わなければならない。

　　　第113条（廃棄処分等と証拠との関係）　領置物について廃棄又は換価の処分を行うに当
　　　たつては，次に掲げる事項に注意しなければならない。

　　　一　処分に先立ち，その物の状況を写真，見取図，模写図又は記録等の方法により明
　　　　らかにすること。

　　　二　特に必要があると認められるときは，当該領置物の性状，価格等を鑑定に付して
　　　　おくこと。この場合においては，再鑑定のためその物の一部保存について配意する
　　　　こと。

三　危険を生じ，滅失又は破損するおそれがあり，保管に不便なものである等廃棄又は換価の処分を行うべき相当な理由があることを明確にしておくこと。

　2　廃棄又は換価の処分をしたときは，それぞれ廃棄処分書（別記様式第10号）又は換価処分書（別記様式第11号）を作成しておかなければならない。

［1］本条の趣旨

　押収物は，押収した場所から直ちに押収機関へ運搬してその庁舎内で保管するのが原則である。

　押収物については，滅失，毀損等により所有者等の私法上の権利を不当に侵害しないようにしなければならないし，押収物を，証拠品であれば，押収した当時のまま保管し，証拠価値を減殺させないこと，没収対象物であれば，これを没収の執行が可能な状態に保管することが肝要である。

　そのため，押収機関の庁舎内には，押収物の保管設備が設けられているが，押収機関の体制や押収物によっては，上記原則による取扱いが困難な場合があり得ることから，本条及び次条は，そのような場合の例外を規定するものである。

　本条は，裁判所による押収物についての規定であるが，222条1項により捜査機関による押収にも準用されている。

　押収物の保管義務の程度については，善良な管理者の注意をもって当該物件を保管することが求められており（善管注意義務。最判昭38・1・17裁集民64・1），保管者がそのような注意義務を尽くさないで押収物を違法に滅失等して所有者に損害を与えたときは，国及び地方公共団体は国家賠償法に基づき損害賠償責任を負う。

［2］運搬・保管に不便な押収物

　本条の「保管に不便な押収物」とは，次条と異なり，押収物自体の性質によるのではなく，保管施設の広狭，保管設備の性能などからみて保管に不便であるものをいう。船舶，自動車，大型工作機械，危険物などがこれに当たることが多い。

［3］看守者を置く措置

　112条2項にいう看守者と同義と解される。看守の方法に制限はない。

　看守者が私人である場合，看守に係る押収物は，刑法242条後段の「公務所の命令により他人が看守するもの」に当たる。

［4］保管委託

　保管に不便な物は，所有者その他の者に，その承諾を得て，これを保管させることができ，これは実務上「保管委託」と呼ばれ，押収機関が直接保管するよりも所有者等に保管させる方が，押収物の証拠価値及び財産的価値を保全するのに適当と認められる場合に行われることが多い。

　保管委託をしても，委託者の保管責任には変わりがなく，善管注意義務をもって押収物を保管する義務を負う。したがって，保管委託中，押収物が滅失等した場合には，国

又は地方公共団体が損害賠償責任を負うこともあり得る。

所有者が受託者の場合，その保管義務違反については，刑法252条2項・262条の適用があり得る。

[5] 廃棄

「危険を生ずる虞がある押収物」とは，爆発物のように，危険を生ずる高度の蓋然性のある物に限られる。早期の還付・仮還付や保管委託等の方法が可能なら，廃棄によらず，それらの方法によるべきである。

廃棄の方法に制限はない。一般的には，焼却，破砕などの方法がある。　〔濱克彦〕

> 第122条[1]〔押収物の代価保管〕　没収することができる押収物で滅失若しくは破損の虞があるもの又は保管に不便なもの[2]については，これを売却[3]してその代価[4]を保管することができる。

[1] 本条の趣旨

前条と同様，押収物の保管に関する原則の例外を定めたものであり，性質上保管に難点がある押収物の換価処分を認める規定である。

本条も，裁判所による押収物についての規定であるが，222条1項により捜査機関による押収にも準用されている。

[2] 換価処分の対象物

換価処分ができるのは，「没収することができる」押収物に限られる。必要的没収だけでなく任意的没収の対象となる押収物も含まれる。

証拠物であると同時に没収の対象となるものについて換価処分ができるかについては，消極説もある（高田・注解刑訴上387等）が，法文上証拠物の性格を兼有している押収物を除外するものと解すべき必然性はない上，没収の対象物はほとんどが証拠物であることなどから，積極に解するのが相当である（増井・注釈刑訴2・235，渡辺・大コメ刑訴2・458等）。

本条の「保管に不便」とは，前条と異なり，社会通念上押収物自体の性質から保管に不便であることをいい，単に，押収物が大量であるから押収機関の倉庫に保管するのが不便であるというだけでは足りない。もっとも，滅失・破損のおそれがあれば本条による換価処分は認められる。本条による換価処分がなされた例としては，米・小豆，生鮮食料品，密造酒，生きた動物，船舶，自動車などがある。

押収の名宛人につき没収ができる場合のみに限られず，共犯である共同被告人につき没収することができる場合にも，本条による換価処分は可能である（福岡高判昭29・6・30高民集7・6・513）。

[3] 換価手続・方法

裁判所の換価処分は決定による。捜査機関の押収については，捜査機関が裁判所の令

状（又は裁判所の許可）なくして換価処分を行うことが可能である。司法巡査はなし得ない（222 I 但）。

換価は，押収物を売却する。売却の方法，手続についての特別の規定はないが，公売等公正な方法によるべきである。

譲渡が禁じられているもの（保護鳥獣等）についての換価処分は法令行為として違法性が阻却され，買い受ける側も同様に違法性が阻却されるが，買い受けた者が更に転売すると，違法となるため，売却の相手には留意する必要がある。

[4] 換価代金の性質

換価代金は，没収に関しては，当該押収物と同一性を有し，刑法19条 1 項 4 号の「対価」ではなく，押収物が換価処分に付され，第三者に売却されたとしても，没収との関係においては，犯人の売却された押収物に対する占有が失われるものではない（最大判昭33・3・5 刑集12・3・384）。

したがって，押収物が換価されている場合，没収は換価代金について行われるべきであるが，被換物を没収する旨の言渡をしても必ずしも違法ではない（福岡高判昭27・12・18特報19・132）。

押収されていない換価代金であっても没収することは可能である。

換価代金については，換価代金預入証明書によって立証するのが通例である。

〔濱克彦〕

第123条 [1] **〔還付，仮還付等〕** 押収物で留置の必要がないものは，被告事件の終結を待たないで，決定でこれを還付しなければならない [2][3][6][7]。

2 押収物は，所有者，所持者，保管者又は差出人の請求により，決定で仮にこれを還付することができる [4][5][6][7]。

3 押収物が第110条の 2 の規定により電磁的記録を移転し，又は移転させた上差し押さえた記録媒体で留置の必要がないものである場合において，差押えを受けた者と当該記録媒体の所有者，所持者又は保管者とが異なるときは，被告事件の終結を待たないで，決定で，当該差押えを受けた者に対し，当該記録媒体を交付し，又は当該電磁的記録の複写を許さなければならない [8]。

4 前 3 項の決定をするについては，検察官及び被告人又は弁護人の意見を聴かなければならない。

[範] **第112条** 法第121条参照。

第115条（領置物の還付等の相手方の調査） 領置物の還付または仮還付の処分をするに当つては，還付または仮還付を受ける者が正当の権限を有する者であるかどうかについて調査を行い，事後に紛議の生ずることがないようにしなければならない。

第154条の2（交付又は複写の許可） 差押物について，刑訴法第222条第1項において準用する同法第123条第3項の規定による交付又は複写の許可をするときは，警察本部長又は警察署長の指揮を受けて行わなければならない。

2　前項の交付又は複写の許可は，司法警察員たる警察官が行わなければならない。

3　第1項の交付又は複写の許可をするに当たつては，相手方から交付請書又は複写電磁的記録請書を徴しておくものとする。

4　差押えを受けた者が第1項の交付又は複写の許可を受ける権利を放棄する旨の意思を表示した場合は，電磁的記録に係る権利放棄書の提出を求めなければならない。

5　第1項の交付又は複写の許可に関して刑訴法第499条の2第1項において準用する同法第499条第2項の規定による公告をするときは，警察本部長又は警察署長の指揮を受けて行わなければならない。

6　前項の公告は，司法警察員たる警察官が行わなければならない。

[1] 本条の趣旨

　押収は，被告事件の終結までその効力が持続するのが通常であるが，押収に伴う財産権の制約を必要最小限のものとするため，押収後，占有を継続する必要がなくなった物は，事件の終結前にこれを返還するのが適当であることから設けられた規定である。

　本条がその原則を定め，次条は贓物についての特則を定めている。

　本条も，裁判所のする還付・仮還付について規定しているが，222条1項により捜査機関による押収にも準用されており，後記[6]に詳述する。

[2] 還付の意義等

　還付とは，押収物について留置の必要がなくなった場合に，押収を解いて原状を回復することをいう（最決平2・4・20刑集44・3・283）。還付の決定により押収は効力を失う。

　「留置の必要がない」とは，押収物の占有を継続する必要がないことをいい，当該被告事件の審理及び没収の裁判の執行の保全の観点から判断すべきである。証拠としての価値に比べて押収の継続により被押収者の受ける不利益が著しい場合等も含まれる。

　「被告事件の終結」とは，終局裁判の確定をいう。したがって，当該裁判所において留置の必要がないと考えても，上訴審における必要性を考慮して還付しないことも可能であるし，原裁判所が宣告後上訴前又は確定前に還付することも可能である。しかし，上訴申立後記録未発送の間に，原裁判所が還付できるかについては，97条2項，規92条のような規定がない以上，消極に解すべきである。

　終局裁判が確定した後は，裁判所は当該被告事件の押収物について還付その他の決定をすることはできない（最決昭26・1・19刑集5・1・58）。

[3] 還付の手続等

(1) **受還付者**　還付とは，押収を解いて押収以前の状態に戻すことにほかならないから，被押収者に対してするのが原則である。ただし，被押収者が自ら還付請求権を放棄

123条

するなどして原状を回復する必要がない場合や，被押収者に還付することができない場合には，被押収者以外の者に還付することもできる（以上，前記最決平2・4・20）。

検察官が押収中の物を裁判所が領置した場合には，検察官の押収は失効し，新たに裁判所と被押収者との間に押収関係が生まれるため，還付は直接被押収者に対してすれば良い（最決昭30・11・18刑集9・12・2483参照）。

(2) **還付の手続**　還付の決定をするには，検察官及び被告人又は弁護人の意見を聴かなければならない。被告人又は弁護人については，いずれか一方で足りる。

留置の必要がない物については，還付の申立の有無にかかわらず，還付する義務がある。

所有者，差出人等に還付請求権があるかについては，仮還付（本条Ⅱ）と異なり，還付については規定がないものの，還付請求権を否定しているものとは解せられないことから，これら押収処分を受けた者は，押収物の還付を請求することができ，還付の請求があった場合には，その請求を認容するか否かの決定をすべきであり，この決定に対しては不服申立もできると解される（最決平15・6・30刑集57・6・893参照）。請求を却下する場合には，訴訟当事者の意見を聴く必要はない。

［4］仮還付の意義等

仮還付とは，押収物について留置の必要がなくなったわけではないが，当面留置を解いても支障がないと認められる場合に，将来留置の必要があるときには再提出を求めることを留保して，一時的に押収物を返還することをいう。法律上押収の効力は何らの影響を受けることはなく継続しており，仮還付を受けた者は要求があれば直ちに押収物を提出すべき義務を負う。押収物を仮還付した場合でも，没収することができる。

仮還付を受けた者が，当該物を勝手に処分した場合には，所有者であっても刑法252条，262条の適用があり得る。

［5］仮還付の手続等

(1) **仮還付の相手方**　仮還付を受ける者は，必ずしも被押収者に限られないとするのが通説（増井・注釈刑訴2・243等。なお，横浜地決昭45・7・7刑裁月報2・7・755）であり，これによれば，仮還付の請求権者は，被押収者に限らず，本条2項列挙の者がいずれも，請求権を有すると解することになるが，他方で，仮還付の相手方は還付を受けるべき者とする説（渡辺・大コメ刑訴2・471等）もあるところ，後者の説によれば，仮還付の請求権は，「所有者」「所持者」「保管者」「差出人」のいずれかである被押収者と解すべきことになる。

(2) **仮還付の手続**　仮還付は，還付と異なり，必ず所有者等の請求に基づいてされなければならない。仮還付の請求者と仮還付を受ける者が異なっても差し支えないとする見解もあるが（ポケット刑訴上278），請求者に仮還付すべきである（増井・注釈刑訴2・243，渡辺・大コメ刑訴2・471等）。

仮還付の決定をするには，還付と同様，訴訟当事者の意見を聴かなければならない。

仮還付をしない場合は，決定で請求を却下すべきである。その場合，訴訟当事者の意見を聴く必要はない。

［6］捜査への準用

(1) **還　付**　捜査機関による押収の効果は，公訴を提起した事件については終局判決が確定するまで，それ以外の事件については不起訴処分がされるまで継続するが，このようにして事件が終結する前であっても，留置の必要がない物については，還付しなければならない。

留置の必要については，捜査中の事件については証拠の収集等の見地から，公判係属中の事件については公訴遂行及び没収の裁判の執行確保の観点から判断すべきである。

捜査機関が行う押収物の還付は，司法警察員又は検察官が決定をし，これを還付を受ける者に通知したときにその効力が発生し，同時に押収の効力が消滅すると解される。

還付請求権の有無等については裁判所が行う還付の場合と変わらないが，捜査段階で押収物を還付する場合，密行主義を原則とする捜査の法的構造からは，被疑者又は弁護人の意見を聴く必要はない。起訴後，公判不提出の押収物を還付する場合も同様である。

被押収者が押収物に関する所有権及び還付請求権放棄の意思表示をした場合，錯誤に基づくなどの特段の事由がない限り意思表示の撤回が許されないから，還付を求めることはできない（最決昭43・2・29裁集刑166・305）。

私人が拾得して差し出し，警察署長において遺失物として保管中の物を，警察署長から任意提出を受け又は差し押さえて押収した物については，拾得者等の権利を害しないよう，警察署長に還付し，その後警察署長において遺失物法に定める手続をすべきである。

(2) **仮還付**　押収物の留置の必要がなくなったわけではないが，当面留置を解いても捜査又は公判遂行上支障がないと認められる押収物を，所有者等の請求に基づき仮に還付する処分であるところ，その要件，効果及び請求権者については，裁判所が行う仮還付の場合と同じであるが，捜査機関が行う押収物の還付と同様，仮還付に際し，被疑者又は弁護人の意見を聴く必要はない。

(3) **その他**　司法警察職員については，還付・仮還付の処分をなし得るのは，司法警察員に限られ，司法巡査はなし得ない。

［7］不服申立

裁判所の還付・仮還付の決定，その請求を却下する決定に対しては抗告の申立ができる（420 II）。

捜査機関がした，還付・仮還付に関する処分に対しては，準抗告の申立ができる（430 I II）。

［8］110条の2の場合の原状回復措置

(1) **趣　旨**　110条の2の処分において，捜査機関が用意した他の記録媒体に電磁的記録を複写等して差し押さえた場合には，捜査機関が当該他の記録媒体の所有者等となり，

捜査機関は，被差押者から当該他の記録媒体の占有の移転を受けたものではなく，当該他の記録媒体をその者に返還すべき理由もないことから，被差押者には当該他の記録媒体を還付しないこととなるが，この場合であっても，当該他の記録媒体に電磁的記録を移転して差し押さえた場合には，被差押者のもとから電磁的記録は消去されているため，原状回復の方法を認める必要がある。本条3項は，このような場合において，当該他の記録媒体の留置の必要がなくなったときには，被差押者に対して当該他の記録媒体を交付し，又は当該電磁的記録の複写を許さなければならないとしたものである。

(2) 手　続　捜査機関が当該他の記録媒体の受還付権又は所有権を放棄している場合には，被差押者にその記録媒体を交付することとなるが，当該記録媒体が高価などの理由で捜査機関が受還付権及び所有権を放棄していない場合には，被差押者に電磁的記録の複写を許すことになると考えられる。

裁判所は，本条3項の決定をする場合には，検察官等の意見を聞かなければならない。

〔濱克彦〕

第124条 [1]〔押収贓物の被害者還付〕　押収した贓物 [2]で留置の必要がないものは，被害者 [3]に還付すべき理由が明らかなとき [4]に限り，被告事件の終結を待たないで，検察官及び被告人又は弁護人の意見を聴き，決定でこれを被害者に還付しなければならない [5]。

2　前項の規定は，民事訴訟の手続に従い，利害関係人がその権利を主張することを妨げない。

[1] 本条の趣旨

贓物については，権利者である被害者からその所持者に対して民事上の請求をして回復するのが本筋であるが，実体法上被害者が贓物の占有を回復すべきことが明らかである場合にも差出人還付の原則を貫くと，著しく具体的妥当性を欠く結果が生じることから，本条は，差出人還付の原則の特則として，贓物の被害者への還付を規定する。

本条1項は，被告事件終結前の還付を規定し，終局裁判による場合については，347条が規定している。

本条2項は，同条1項が単に刑事手続としての還付に関する規定であって，何ら民事上の権利関係を確定するものではないとの趣旨を注意的に規定している。

本条も，裁判所が行う被害者還付について規定するが，222条1項により捜査機関による場合にも準用されている。

[2] 贓物

「贓物」とは，刑法の贓物罪にいう贓物と基本的には同一で，財産罪たる犯罪行為により不法に領得された財物で，被害者が法律上追求することのできるものをいう（大判

大12・4・14刑集2・336）が，刑法190条・191条における死体も，本条の趣旨からは贓物に含まれると解される。

被害者が法律上追求することができるかについて，特に留意しなければならない即時取得との関係は，以下のとおりである。

(1)　被押収者が，窃盗犯人等，悪意の場合は，被害者は所有権を失っていないので，贓物性は失われないから，被害者に還付すべきである。

(2)　被押収者が，善意の場合は，即時取得に関する民法192条及びその特則規定により以下のとおり受還付人を決定することとなる。

　ア　被押収者が，善意であっても，民法192条の平穏・公然・無過失の要件を満たさないときは，即時取得が認められないから，被害者に還付すべきである。

　イ　被押収者が，民法192条の各要件を満たしている場合であっても，盗難・遺失の時から2年以内であれば贓物性は失われないので，被害者に還付すべきである。2年経過後は，被押収者に還付すべきである（民193）。

　ウ　2年以内であっても，被押収者が盗品・遺失物を，競売・商店等において善意で買い受けた場合には，被害者は無償回復請求権を有しないから，被押収者に還付すべき（ただし，被害者が被押収者にその買受代金を支払った場合は被害者に還付すべき）である（民194）。

　エ　被押収者が古物商又は質屋であるときは，民法194条の適用が制限され，盗難・遺失の時から1年以内であれば，被害者は無償回復請求権を有するから，被害者に還付すべきである。1年経過後は，被害者が被押収者にその買受代金を支払った場合のみ，被害者に還付すべきである（古物20，質屋22）。

　オ　小切手・手形・株券については，更に特則がある（小21，手16II・77I，会社131II）。

［3］被害者

「被害者」とは，当該被疑・被告事件を構成する財産犯罪の保護法益の主体として，贓物につき正当な財産上の権利を有する者をいい，通常は，その贓物の所有者をいう。

所有者のほか占有者（例えば，ある他人の物を保管中に窃盗の被害を受けた者）がいる場合には，当該占有者も被害者に該当し，いずれに還付するかは還付機関の裁量によるが，還付が押収以前の状態に戻すことを基本にしていることからすれば，原則として被害当時の占有者に還付するのが適当と解される。

被害者が死亡した場合は，その相続人に還付すべきである（大判昭8・12・7刑集12・2237）。

被害者が所在不明・氏名不詳でも還付は可能である（最判昭30・1・14刑集9・1・52）。

［4］還付すべき理由が明らかなとき

「被害者に還付すべき理由が明らかなとき」とは，被害者が私法上無条件で押収された贓物の引渡しを請求する権利を有することが明白な場合をいう（広島高判昭56・6・9判時1011・140）。当事者が民事訴訟を起こして争ったとしても，当然被害者が勝訴するであ

ろうと認められる程度に明らかであることを要し，もしこの点につき若干でも疑義があるときは，被害者還付すべきでなく，原則に戻って被押収者に還付し，その後は民事上の手続による解決に委ねるべきである。

「被害者に還付すべき理由が明らかなとき」に該当するか否かの判断は，原則として当該事件の一件記録によって行えば足り，それ以上民事関係を究明するための調査等を本格的に行う必要はない。

詐欺又は脅迫による瑕疵ある意思表示は，取消権者の取消があるまでは，一応有効なものとして扱われ，その取消があって初めて過去に遡り無効とされるのであるから，犯人の恐喝又は詐欺の行為により被害者が財物を交付した場合，被害者が犯人に対し意思表示を取り消さない限り，当該財物は犯人の所有に帰属し，返還請求権がないことになるので，被害者に還付すべき理由が明らかであるとはいえない（大阪高判昭33・12・23高刑集11・10・696）。

[5] その他

「留置の必要がないもの」「被告事件の終結」の意義，不服申立については，前条と同様である。

捜査機関が押収物の還付処分をする場合に，受還付人の決定について，利害関係者の間で協議が成立しているときは，それに従って還付するのが実務上最も合理的な解決方法である。したがって，証拠品の還付をめぐり当事者間に争いがあるときは，協議の成立する見込みがあるかどうかを確かめる必要がある。その際，成立した協議については，特別の事情がない限り，その成立の経緯や内容等の当否を検討する必要はない（いわゆる協議返還）。　　　　　　　　　　　　　　　　　　　　　　　　　　　　　〔濱克彦〕

第125条 [1] 〔**受命裁判官，受託裁判官**〕　押収又は捜索 [2] は，合議体の構成員にこれをさせ [3]，又はこれをすべき地の地方裁判所，家庭裁判所若しくは簡易裁判所の裁判官にこれを嘱託することができる [4]。

2　受託裁判官は，受託の権限を有する他の地方裁判所，家庭裁判所又は簡易裁判所の裁判官に転嘱することができる [4]。

3　受託裁判官は，受託事項について権限を有しないときは，受託の権限を有する他の地方裁判所，家庭裁判所又は簡易裁判所の裁判官に嘱託を移送することができる。

4　受命裁判官又は受託裁判官がする押収又は捜索については，裁判所がする押収又は捜索に関する規定を準用する。但し，第100条第3項の通知は，裁判所がこれをしなければならない [5]。

[規]　第302条（裁判官の権限）　法において裁判所若しくは裁判長と同一の権限を有するものとされ，裁判所がする処分に関する規定の準用があるものとされ，又は裁判所若しく

は裁判長に属する処分をすることができるものとされている受命裁判官，受託裁判官その他の裁判官は，その処分に関しては，この規則においても，同様である。

　2　法第224条又は第225条の請求を受けた裁判官は，その処分に関し，裁判所又は裁判長と同一の権限を有する。

［1］本条の趣旨

　押収・捜索の裁判は，本来，裁判所が決定の形式で行うべきものであるが，本条は，受命裁判官又は受託裁判官にさせることを認める規定である。

［2］押収又は捜索

　「押収又は捜索」とは，押収・捜索の裁判をいい，現実の執行行為をいうのではない。

［3］受命裁判官

　押収・捜索の裁判は，合議体の構成員にさせることができる。

　公判廷においては受命裁判官に押収をさせる必要がないから，受命裁判官が押収をすることができるのは，公判廷外における場合に限るとする説（足立・実務講座2・330）もあるが，理論上，公判廷の内と外を区別して考える必要はないと解される。

［4］受託裁判官

　受訴裁判所は，押収・捜索を現実に執行すべき土地を管轄する裁判所の裁判官に，押収・捜索の嘱託をすることができる。

　「受託の権限を有する」とは，押収・捜索を現実に執行すべき土地を管轄することをいう。

　受託裁判官は，受託の権限を有する他の裁判所の裁判官に転嘱することができる。また，目的物が他の地に移動したような場合，受託の権限を有しないこととなり，嘱託を移送することとなる。

［5］準用規定

　裁判所が行う押収・捜索に関する規定のうち，差押状・捜索状の発付（106），執行指揮（108Ⅰ但），執行に関する指示（108Ⅱ），押収物の保管・廃棄（121ⅠⅡ）が受命裁判官・受託裁判官が行う押収・捜索に準用されることには争いがない。

　押収物の代価保管（122），還付・仮還付（123），押収贓物の被害者還付（124）が準用され，受命裁判官・受託裁判官がこれらの権限を有するかについては争いがあるが，本条が122条ないし124条の後に置かれているという規定の位置や，429条1項2号が裁判官のする押収物還付に関する裁判に対し準抗告し得ることを規定していることから，準用を認めて良いと解される（増井・注釈刑訴2・261，渡辺・大コメ刑訴2・488等）。

　郵便物の押収の処分をした場合の発信人・受信人に対する通知（100Ⅲ）は，受命裁判官・受託裁判官がすることは認められていない。通知により審理が妨げられるおそれがあるかどうかは，性質上，受訴裁判所でなければ判断できないからである。　　〔濱克彦〕

第126条 [1] 〔勾引状等の執行と被告人の捜索(1)〕 検察事務官又は司法警察職員 [2] は，勾引状又は勾留状を執行する場合において必要があるときは，人の住居又は人の看守する邸宅，建造物若しくは船舶内 [3] に入り，被告人の捜索をすることができる。この場合には，捜索状は，これを必要としない。

［規］ 第43条（差押状等の執行調書，捜索調書） 差押状，記録命令付差押状若しくは捜索状の執行又は勾引状若しくは勾留状を執行する場合における被告人若しくは被疑者の捜索については，執行又は捜索をする者が，自ら調書を作らなければならない。

2 調書には，次に掲げる事項を記載しなければならない。

一 執行又は捜索をした年月日時及び場所

二 執行をすることができなかつたときは，その事由

3 第1項の調書については，第41条第2項第1号及び第3項の規定を準用する。

[1] 本条の趣旨

憲法35条は，現行犯として令状なしに逮捕する場合及び正当な令状によって逮捕等をする場合を除き（憲33），住居への侵入，捜索及び押収については令状によらなければならないと規定している。本条は，この憲法の規定を受け，正当な令状である勾引状・勾留状を執行して被告人を拘束する場合，捜索状がなくても，他人の住居等に入り，被告人の捜索をすることを認めるものである。

保釈の取消，勾留執行停止の取消，勾留執行停止の期間満了により被告人を収容する場合も，勾留状に基づくものであるから，捜索状がなくとも，本条によって捜索をすることができるものと解される。

[2] 捜索の主体

本条の場合における被告人の捜索は，検察事務官・司法警察職員が，勾引・勾留の裁判の執行機関としての地位において行う。

この場合，検察事務官・司法警察職員は，必要があるときは同時に捜査機関として，令状なしに執行の現場で物の差押・捜索又は検証をすることができる（220Ⅳ前）。

[3] 捜索の範囲

「人の住居」等には，被告人の住居等のほか，第三者の住居等も含まれる。

「住居」「邸宅」「建造物」「船舶」については，114条と同じであるが，「建造物」には公務所も含まれる。列車，航空機，乗用車等も捜索し得ると解される。　　　〔濱克彦〕

第127条 [1] 〔勾引状等の執行と被告人の捜索(2)〕 第111条，第112条，第114条及び第118条の規定は，前条の規定により検察事務官又は司法警察職員がする捜索についてこれを準用する。但し，急速を要する場合は，第114条第2項の規定によるこ

とを要しない[2]。

[1] 本条の趣旨

本条は，物の捜索に関する規定のうち一定のものを，126条の人の捜索に準用することを規定する。

[2] 準用規定

準用されるのは，押収・捜索と必要な処分（111。ただし，同Ⅱは準用の余地はない。），執行中の出入禁止（112），責任者の立会（114），執行中止中の必要な処分（118）である。

109条が準用されないから，検察事務官は，司法警察職員に補助を求めることができないが，必要があれば，執行を指揮する検察官又は裁判長等を通じて，その執行指揮により必要な措置を司法警察職員に命じて貰うことができる。

時刻の制限に関する116条の準用はない。

102条2項を準用するとの明文はないが，その趣旨からは，第三者の住居等に入って捜索する場合は，被告人がそこにいることを認めるに足りる状況のあることを要するものと解される。

110条についても準用するとの明文はないが，その趣旨からは，捜索を受ける者に対し勾引状・勾留状を呈示することが必要と解される。

〔濱克彦〕

第10章 検 証[1]

[1] 本章の射程範囲
　本章は，受訴裁判所，受命裁判官又は受託裁判官（125 I）の行う検証に関する規定である。捜査機関が行う検証については218条に，証拠保全手続における裁判官が行う検証については179条に，それぞれ根拠規定が置かれている。　　　　　　　　　〔松下裕子〕

> **第128条〔検証〕**　裁判所は，事実発見のため必要があるときは，検証[1]することができる。

> **[規]　第105条（検証の立会）**　検証をするときは，裁判所書記官を立ち会わせなければならない。

[1] 検 証
　検証とは，場所，物，人について，五官（視覚，聴覚，触覚，嗅覚，味覚）の作用により，その存在及び形状を認識・保全する処分である。裁判所が行う検証は強制処分であるが，令状は必要とされていない。
　検証は証拠調べの一種であり，当事者（検察官，被告人又は弁護人）にも請求権があり，裁判所が職権で行うこともできる（298）。
　検証を実施する場所に特段の制限はなく，公判廷内外を問わない。公判廷内における証拠物の取調べは，その証拠物の存在及び形状を五官の作用により認識・保全するという意味において検証の性質を有するが，その取調べの方式については別途規定が設けられている（306・307）ので，単に検証というときは証拠物の取調べ以外の検証を意味する。公判廷内における検証の例としては，人の身体のはん痕の有無及び状態を感得することなどがある。なお，公判廷内において裁判所が五官の作用により感得した被告人や証人の体格や容姿などを事実認定の資料としようとする場合に，検証の手続をとる必要があるかどうかについて，「特段の方法を用いずに当然に認知でき当事者もこれを知り得るような場合においては，原則として証拠物の取調又は公判廷における検証として特段の証拠調手続を履践する必要がないものと解すべきものである」（最決昭28・7・8刑集7・7・1462）とする判例がある。したがって，必ずしも検証という形式をとる必要はないが，被告人や証人が在廷しない上訴審における審理に支障を生じるおそれもあるので，被告人質問や証人尋問の一部として公判調書に記載するなどの形で，記録上明記しておくべ

きである。

検証に際し，当事者や第三者を立ち会わせて必要な指示説明をさせ，その指示説明事項を検証調書に記載することが多いが，立会人の指示説明は検証の手段であるから，別に証人尋問の手続を取る必要はない。ただし，単なる指示説明を超えて供述内容を証拠として用いようとする場合には，検証と併せて所在地尋問などの方法をとるべきである。

検証には，裁判所書記官を立ち会わせなければならず（規105），裁判所書記官は，公判期日外で実施された検証の結果を記載した書面（検証調書）を作成する（規41・42）。検証調書に記載すべきものは，検証の実施主体である裁判官の認識した事実であり，その判断や評価を記載することは避けるべきである（広島高判昭27・6・20特報20・77）。

検証調書については，その後の公判期日において，裁判所は，証拠書類として取り調べなければならない（303）。

〔松下裕子〕

第129条〔検証と必要な処分〕 検証については，身体の検査 [1]，死体の解剖 [2]，墳墓の発掘 [3]，物の破壊 [4] その他必要な処分 [5] をすることができる [6]。

[規] 第101条（検証についての注意） 検証をするについて，死体を解剖し，又は墳墓を発掘する場合には，礼を失わないように注意し，配偶者，直系の親族又は兄弟姉妹があるときは，これに通知しなければならない。

[範] 第155条（検証） 犯罪の現場その他の場所，身体または物の検証については，事実発見のため身体の検査，死体の解剖，墳墓の発掘，物の破壊その他必要な処分をすることができる。

第156条（死体の検証等の注意） 死体の検証，墳墓の発掘等を行うに当つては，礼を失わないように注意し，配偶者，直系の親族または兄弟姉妹があるときは，これらの者に，その旨を通知し，なるべくその立会を得るようにしなければならない。

2 前項の場合において，死体の被服，附着物，墳墓内の埋葬物等で捜査上必要があると認められるものについては，遺族から任意提出を受け，または差押許可状により差押を行わなければならない。

第157条（実況見分に関する規定の準用） 第104条第3項から第106条まで（実況見分，実況見分調書記載上の注意，被疑者の供述に基づく実況見分）の規定は，検証を行う場合について準用する。この場合において，これらの規定中「実況見分調書」とあるのは「検証調書又は身体検査調書」と読み替えるものとする。

2 検証を行う場合において他の処分と同時に身体の検査をするときは，別に身体検査調書を作成することなく，検証調書に身体の検査に関する事項をもあわせて記載することができる。

129条　　　　　　　　　　　　　　233

[1]　身体の検査

　身体の検査は，人の身体を客体とし，人相や容貌，体格，はん痕など身体の特徴を認識観察する処分である。人権に影響する可能性が大きい処分であるため，131条でその方法について特に定め，身体検査を拒否する者に間接強制又は直接強制を認めつつ (133～139)，その実施に際して慎重な手続を取ることが求められている (140)。身体検査の客体たる人に制限はなく，被告人も被告人以外の者も対象となる (137等)。検証の一種である以上，当事者の立会権があるが (142・113)，被告人以外の者の身体検査についてはそのプライバシーや人権に十分に配慮する必要がある。

　身体検査は，検証以外に，鑑定のために必要がある場合にも認められている (168)。鑑定は，裁判所が裁判上必要な特別の知識経験の不足を補うために，そのような特別の知識経験を有する第三者に命じて新たに資料を調査させこれに基づいて認識し得た法則又は事実を提供させるものであり，これとの対比から，検証としての身体検査は，専門家以外でもわかる程度の，外部から見たり触れたりする程度に止めるべきとする見解もある。医師を補助者として用いる場合には鑑定に準ずる程度の処分が許されるとする見解もあるが，実務上は，そのような場合には鑑定処分として行うことが多いであろう。

[2]　死体の解剖

　死体の解剖は，刑法上の犯罪 (刑190) であるが，死体解剖保存法により，正当な理由に基づいて刑訴法上の手続として行われることは許容されている (死体解剖保存2Ⅰ④)。本条は，検証としての死体解剖を規定しているが，死体解剖は，通常は鑑定として行われる (168Ⅰ)。検証のための死体解剖は，鑑定の場合と異なり専門的な知識経験に基づく判断のためになされるものではないから，その方法及び程度もおのずから制限があり，一般人が通常行い得る簡単な死体の開披程度に止めるべきである。実務上ほとんど行われていないと思われる。なお，死体の解剖の際には，配偶者等一定の者に通知することを要する (規101)。規則では，配偶者，直系の親族又は兄弟姉妹が挙げられているが，その全てに通知する必要はなく，通常，記載順に連絡を取り1人に通知すれば足りる。

[3]　墳墓の発掘

　墳墓の発掘は，刑法上の犯罪 (刑189) であるが，検証のため必要がある場合には，本条に基づき適法に行うことができる。祭祀礼拝の対象とならない古墳の発掘は，墳墓の発掘に当たらない。墳墓の発掘の場合も，配偶者等一定の者に通知を要する (規101)。

[4]　物の破壊

　「物の破壊」も無主物でない限り刑法上の犯罪 (刑261) であるが，検証のため必要がある場合に，本条に基づき適法に行うことができる。ただし，無主物でない場合には何人かの所有権を侵害することになるので，破壊の要否の判断は慎重に行うとともに，その方法・程度についても検証の目的を達成するため必要最小限の範囲に止めるべきである。

[5] その他必要な処分

　検証を行うためには，例えば，交通の一時的な制限や工作物の除去など様々な処分が必要となるところ，本条は，身体検査や物の破壊などの例示された処分のほか，「その他必要な処分」ができることを明らかにしたものである。

　検証の際，証拠物として確保するべき物を発見した場合に，裁判所が証拠物等を差し押さえるには令状が必要かどうかにつき，公判廷外における差押えについては差押状を発してしなければならない (106) とされていることから検証の際の差押えについても必要と解する考え方もあるが，検証は，裁判所が自ら行う処分であり，当該物の差押えの可否及び要否の判断についても裁判所による司法審査を経ることになることに鑑みれば，あえて改めて令状を発する必要はない。ただし，差押えの対象物の存否も明らかではない段階で裁判所自らが捜索を行うことや，捜索した上で差し押さえることは106条以下に違反する疑いがあるので，捜索はなしえないと解するべきであろう。なお，検証の主体は，受訴裁判所，受託裁判官，受命裁判官があり得るが，受託又は受命裁判官は受訴裁判所から授権された事項についてのみ権限を行使し得るのであり (125 I)，検証の際にあらかじめ差押えについて授権されることは想定されないため，検証の際に差押えができるのは受訴裁判所に限られる (岩橋=辻・大コメ刑訴3·55)。

[6] 不服申立て及び損害の補償

　検証の決定に対して抗告はできない (420 I)。不服がある場合は，証拠調べに対する異議の申立てができるが，刑事訴訟当事者の権限であるから，第三者による不服申立ての方法はない (岩橋=辻・大コメ刑訴3·56)。

　検証において物の破壊その他の処分をすることにより財産的損害を生じることがあるが，これに対する補償の規定はないので，その損害が社会通念上受忍することが相当と認められる範囲内であれば補償は要しないと解されている (岩橋=辻・大コメ刑訴3·57)。もっとも，第三者に財産的損害を生じさせるような処分を行う場合には，あらかじめ，その必要性と手段の相当性について十分に検討し，慎重に行うべきであることはいうまでもない。

〔松下裕子〕

第130条〔時刻の制限〕 日出前，日没後 [1] には，住居主若しくは看守者又はこれらの者に代るべき者の承諾 [2] がなければ，検証のため，人の住居又は人の看守する邸宅，建造物若しくは船舶内に入ることはできない。但し，日出後では検証の目的を達することができない虞がある場合は，この限りでない [3]。

2　日没前検証に着手したときは，日没後でもその処分を継続することができる。

3　第117条に規定する場所 [4] については，第1項に規定する制限によることを要しない。

130条, 131条

[1] 日の出前, 日没後

夜間における生活の平穏を保護する趣旨であり,「日出前」及び「日没後」は暦によって決められる。

[2] 住居主等の承諾

夜間の検証は, 住居主その他当該場所の管理に当たる者の承諾がなければ実施できない。承諾しないことに正当な理由があるかどうかは問われない。なお, 住居主等は, 検証について立会権を有する (142・114Ⅱ)。

[3] 例 外

日出まで待っていては検証しようとする場所や物の状態が変化してしまうおそれがある場合, 又は夜間の状態を検証する必要があるなど, 日出後の検証では目的を達することができないときは, 住居主その他の管理者の承諾がなくても, 検証をすることができる。

[4] 117条に規定する場所

賭博, 富くじ又は風俗を害する行為に常用されるものと認められる場所及び旅館, 飲食店その他夜間でも公衆が出入りすることができる場所をいう。このような場所では夜間でも公開されて公衆が出入りでき, 人の生活の平穏を考慮する必要がないからであり, その意味で, 夜間であって公開されていない時間帯がある場合には, 原則に戻り, 検証を開始するに当たっては住居主等の承諾を要する。　　　　　　　〔松下裕子〕

第131条 [1] 〔**身体検査に関する注意, 女子の身体検査と立会い**〕　身体の検査については, これを受ける者の性別, 健康状態その他の事情を考慮した上, 特にその方法に注意し, その者の名誉を害しないように注意しなければならない [2]。

2　女子の身体を検査する場合には, 医師又は成年の女子をこれに立ち会わせなければならない [3]。

[範]　**第143条 (立会い)** （略）

　　　2　（略）

　　　3　（略）

　　　4　女子の身体を検査する場合には, 医師または成年の女子を立ち会わせなければならない。

　第159条 (身体検査についての注意)　身体検査を行うに当つては, 刑訴法第218条第6項の規定により裁判官の付した条件を厳格に遵守するほか, 性別, 年齢, 健康状態, 場所的関係その他諸般の状況を考慮してこれを受ける者の名誉を害しないように注意し, かつ, 穏当な方法で行わなければならない。

　第160条 (医師等の助力)　身体検査を行うに当つては, 必要があると認められるときは,

医師その他専門的知識を有する者の助力を得て行わなければならない。

第161条（負傷者の身体検査） 負傷者の負傷部位について身体検査を行うときは，その状況を撮影等により明確に記録する等の方法をとり，できる限り短時間のうちに終了するように努めなければならない。

[1] 本条の趣旨

本条は，身体検査が人の身体に直接的な有形力を加える強制処分であることから，特に慎重な配慮をすべきことを定めたものである。

[2] 一般的注意

1項は，身体検査に当たって，その方法面からの配慮と，対象者の名誉への配慮を要することを定めたものである。例えば，女性の対象者については，客観的にみてその者の名誉を害しないように留意した検査方法を採るとともに，羞恥心に対する十分な配慮も必要とされる。また，健康状態を考慮するとは，対象者の現実の健康状態を把握し，それを悪化させないことはもとより，病気の場合には，その治療に支障を来さない方法をとるべきことが要請される。また，「名誉を害しないように」とは，必要以上に名誉を害することがないようにという意味であって，対象者が主観的に名誉を害されると感じれば常に身体検査を拒否する正当な理由があることになるというわけではない。

[3] 女子の身体検査と立会い

女子の名誉と羞恥心を保護し，かつ，手続が公正に行われたことを客観的に担保するための規定であり，医師（男子であってもよい）又は満20歳以上の女子（民4）が立ち会うことを要する。同様の規定は捜索状の執行の場合（115）にも置かれているが，同条と異なり，急速を要する場合でも例外は認められていない。なお，単に外部に現れている人の身体を検証の対象とし，特に検証のために有形力を用いない場合には，本条に基づき特に配慮を要する「身体検査」ではなく，一般の検証規定に基づきなし得るので，医師等の立会いは不要である。　　　　　　　　　　　　　　　　　　　　　　　　〔松下裕子〕

第132条 [1] **〔身体検査のための召喚〕** 裁判所は，身体の検査のため，被告人以外の者を裁判所又は指定の場所に召喚することができる。

　[規]　**第103条（被告人以外の者の身体検査の召喚状等の記載要件・法第136条等）** 被告人以外の者に対する身体の検査のための召喚状には，その氏名及び住居，被告人の氏名，罪名，出頭すべき年月日時及び場所，身体の検査のために召喚する旨並びに正当な理由がなく出頭しないときは過料又は刑罰に処せられ且つ勾引状を発することがある旨を記載し，裁判長が，これに記名押印しなければならない。

　　2　被告人以外の者に対する身体の検査のための勾引状には，その氏名及び住居，被告

人の氏名，罪名，引致すべき場所，身体の検査のために勾引する旨，有効期間及びその期間経過後は執行に着手することができず令状はこれを返還しなければならない旨並びに発付の年月日を記載し，裁判長が，これに記名押印しなければならない。

[1] 本条の趣旨

本条は，身体検査を実施するため，被告人以外の者を出頭させる方法としての召喚に関する規定である。召喚に応じない場合には制裁を科し（133・134），更に召喚し，又は勾引することができる（135，規103Ⅱ）。なお，被告人の召喚は57条によるが，召喚に応じない場合の制裁はなく，勾引の方法による（58・68）。

召喚・勾引の手続については，136条により，被告人の召喚・勾引に関する規定の一部が準用されている（同条参照）。　　　　　　　　　　　　　　　　〔松下裕子〕

第133条 [1]〔出頭拒否と過料〕　前条の規定により召喚を受けた者が正当な理由 [2] がなく出頭しないときは，決定で，10万円以下の過料 [3] に処し，かつ，出頭しないために生じた費用の賠償 [4] を命ずることができる。
2　前項の決定に対しては，即時抗告 [5] をすることができる [6]。

[1] 本条の趣旨

本条は，被告人以外の者であって，身体検査のため召喚を受けながら正当な理由なく出頭しない者に対し，過料や費用賠償を命じることができるとすることによって，出頭を間接的に強制するものである。召喚に応じない者の出頭確保の手段としては，直接強制として勾引（135）もあるが，本条の間接強制によって出頭させることができる見込みがある場合には，まず本条によるべきである。

被告人については間接強制の規定はなく，召喚に応じない場合は勾引することになる。

[2] 正当な理由

本条により過料や費用賠償を科すことができる者は，正当な理由なく出頭しなかった者である。次条とは異なり，出頭しないことについて故意がある場合だけではなく，過失の場合も含まれる。したがって，単に期日を忘れたことなどは正当な理由には当たらない。正当な理由の例としては，自身又は近親者の冠婚葬祭や重篤な病気，交通機関の遮断などが考えられる。事前に出頭できないことがわかっていて日時に余裕があるときは，その理由を疎明して裁判所に期日変更を申し入れるべきであり，これを怠って出頭しなかった場合に生じた費用損害については，賠償を命じられてもやむを得ない（岩橋=辻・大コメ刑訴3・69）。

[3] 過　料

過料は，訴訟手続上の秩序を維持するために秩序違反行為に対して当該手続を主宰す

る裁判所又は裁判官により直接に科される秩序罰であり，過料に処すかどうかは，裁判所の裁量による。過料の制裁を予告し，現実に出頭しなかった者に対して過料を科すことによって，間接的に出頭を強制し，訴訟手続上の秩序を維持することが主たる目的であるが，出頭しない者に対する制裁としての機能も有する。

召喚に応じなかったがその後現実に出頭した者に対し，過去の不出頭を理由に過料の制裁を科せるかについては，出頭確保のための性格を重視して否定する見解もあるが，制裁としての性格もあること，条文上特に制約もないことに鑑みれば，積極に解される。

［4］費用の賠償

過料の制裁と費用の賠償命令は，常にこの両者を併科しなければならないという趣旨ではなく，裁判所の裁量により，いずれか一方又は両方を科すことができるという趣旨である。賠償を求め得る費用の範囲については，公平な負担や範囲の明確性の観点から，訴訟費用に属するもの（刑訴費2）に限って賠償を命ずるべきであるとする見解と，本条における賠償命令の制裁的な意味を重視し，必ずしも訴訟費用に属するものに限られないとする見解があるが，後者が妥当であろう。

［5］即時抗告

裁判所がした過料及び費用賠償の決定に対しては，即時抗告ができる。申立権者は，過料又は費用賠償の決定を受けた者である（352）。受命裁判官又は受託裁判官（142・125）がした決定に対しては，準抗告ができる（429 I ⑤）。

［6］執　行

過料及び費用賠償の裁判は，490条以下の規定に基づき，検察官の命令によって執行する。

〔松下裕子〕

第134条 [1] 〔出頭拒否と刑罰〕　第132条の規定により召喚を受け正当な理由 [2] がなく出頭しない者は，10万円以下の罰金又は拘留に処する [3]。

2　前項の罪を犯した者には，情状により，罰金及び拘留を併科することができる。

［1］本条の趣旨

本条は，被告人以外の者であって，身体検査のため召喚を受け出頭しない者に対する刑罰規定である。前条同様，被告人にはこれに相当する規定はなく，出頭を拒否する場合には直接強制手段たる勾引が認められているだけである。

召喚状には，召喚に応じない場合には過料又は刑罰の制裁がある旨の予告を記載しておかなければならない（規103 I）。

［2］正当な理由

正当な理由の例としては，133条と同様に，自身又は近親者の冠婚葬祭や病気，交通機関の遮断などが考えられる。

本条の犯罪は故意犯であるから，出頭すべき期日に出頭しないことの故意がない場合には，刑罰を科すことはできない。

[3] 手 続

本条による処罰は，検察官による公訴提起に基づく一般の刑事手続によって行われ，裁判所の職権による手続開始を認めるものではない。　　　　　　　〔松下裕子〕

第135条 [1] 〔出頭拒否と勾引〕　第132条の規定による召喚に応じない者は，更にこれを召喚 [2] し，又はこれを勾引することができる [3]。

[規]　第103条　法第132条参照。

[1] 本条の趣旨

本条は，被告人以外の者であって，身体検査のため召喚を受けた者が，正当な理由なく召喚に応じないときに，更に召喚するか，又は勾引によって強制的に出頭させることができることを定めた規定である。

[2] 再度の召喚

最初に召喚をしてこれに応じないときに，再度又は3回以上の召喚をするか，直ちに勾引するかは，裁判所の裁量による。

再度又は3回以上の召喚については，本条がなくても132条によって，当然になし得るので，勾引のほかに，再度召喚をすることができる旨を注意的に規定したものと解される。

[3] 勾 引

勾引できるのは，正当な理由なく召喚に応じない場合である。被告人の場合には，召喚に応じないおそれがある場合も勾引することができるが（58②参照），被告人以外の者については，応じないおそれがあるだけでは足りない。

勾引の手続は，被告人の勾引に関する規定が一部準用される（136）。　　　〔松下裕子〕

第136条 [1] 〔召喚・勾引に関する準用規定〕　第62条，第63条及び第65条の規定は，第132条及び前条の規定による召喚について [2]，第62条，第64条，第66条，第67条，第70条，第71条及び第73条第1項の規定は，前条の規定による勾引について [3] これを準用する。

[規]　第104条（準用規定）　身体の検査のためにする被告人以外の者に対する勾引については，第72条から第76条までの規定を準用する。

[1] 本条の趣旨

本条は，証人の召喚及び勾引に関する153条と同様，被告人の召喚及び勾引に関する規定の一部を準用するものである。本条に関しては，急速を要する場合の裁判長の権限(69)，検事長への嘱託(72)，護送中の仮留置(74)，勾引された被告人の留置(75)の各規定は準用されない。

また，本章には，勾引された証人の留置(153の2)のような規定も存在しないので，身体検査のために勾引した者が出頭場所に到着したときは，直ちに目的の身体検査を行う必要がある。

[2] 召喚に関する準用

召喚については，召喚状によるべきこと(62)，召喚状の方式(63)，召喚の手続(65)の規定が準用される。57条が準用されていないので，裁判所の規則で定める猶予期間(規67による12時間)を置くことは必要ではない。もっとも相当の猶予期間を置かなかったために不出頭につき正当な理由があるものと認められる場合も生じ得るところであり，対象者の立場や出頭場所との関係等を勘案して，社会通念上合理的な猶予期間を置くべきであろう。

[3] 勾引に関する準用

勾引については，勾引状によるべきこと(62)，勾引状の方式(64)，勾引の嘱託(66)，嘱託による勾引の手続(67)，勾引状の執行(70)，勾引状の管轄区域外における執行・執行の嘱託(71)，勾引状執行の手続(73 I)の規定が準用される。勾引状の効力に関する規定(59)は準用されていないので，引致後24時間以内に釈放しなければならないという制約はないが，上記[1]のとおり留置に関する規定が準用されていないことに鑑みても，引致後は直ちに目的の身体検査を実施し，終了後は速やかに釈放しなければならない。また，緊急執行(73Ⅲ)も準用されていないので，勾引に先立ち勾引状を示す必要がある。

〔松下裕子〕

第137条[1] 〔身体検査の拒否と過料等〕 被告人又は被告人以外の者が正当な理由[2] がなく身体の検査を拒んだとき[3] は，決定で，10万円以下の過料[4] に処し，かつ，その拒絶により生じた費用の賠償を命ずることができる[5]。

2 前項の決定に対しては，即時抗告をすることができる。

[範] 第162条（身体検査拒否の場合の処置）刑訴法第222条第7項の規定により，正当の理由がなく身体検査を拒んだ者に対する過料処分またはその者にその拒絶により生じた費用の賠償を命ずべき処分を裁判所に請求するには，過料処分等請求書を作成して行わなければならない。

137条，138条

[1] 本条の趣旨

本条は，前条までの出頭を拒否された場合の出頭確保手段に関する規定とは異なり，身体検査自体を拒まれた場合の間接強制及び制裁に関する規定であり，被告人にも適用される。過料や費用賠償を科すかどうかは裁判所の裁量による。本条の適用に当たっては，あらかじめ検察官の意見を聴き，かつ，身体検査を受ける者の異議の理由を知るため適当な努力をしなければならないとされている（140）。

[2] 正当な理由

本条にいう正当な理由は，現在の病気ないし健康状態が良くないこと，裸にされるには適当な場所でないことなど，直接に行われようとしている身体検査の日時・場所・方法等に相当性を欠くことをいう。身体検査自体の必要性・相当性がないことは，本条の正当な理由には当たらない。被告人は，証拠調べに関する異議申立て（309 I）により争うことができ，その方法によるべきである。また，被告人が身体検査の対象者である場合，身体検査により自己に不利益な証拠を提供することになるというだけでは，検査拒否の正当な理由には当たらない。

[3] 身体検査の拒否

本条は，現に行われようとしている身体検査の実行を拒む場合に適用されるから，実際に拒まない限り，あらかじめ拒否する意思を表明していても，本条に該当しない。

[4] 過料

出頭しないため過料等の制裁を加えられた者が，その後に出頭したものの，現実の身体検査を実力で拒んだような場合に，本条により再度制裁を科すということも法的には可能である。また，出頭には応じるが，その度に身体検査を拒否することが複数回生じた場合には，その拒否の度ごとに10万円を限度として過料を科し得るとするのが通説である。

[5] 費用賠償及びその他手続等

133条の解説を参照されたい。

〔松下裕子〕

第138条 [1]〔身体検査の拒否と刑罰〕　正当な理由 [2] がなく身体の検査を拒んだ者 [3] は，10万円以下の罰金又は拘留に処する。

2　前項の罪を犯した者には，情状により，罰金及び拘留を併科することができる [4]。

[1] 本条の趣旨

本条は，身体検査を拒んだことに対し，刑罰を科することを定めたものであり，134条と同じく刑事司法への協力義務違反の罪に対する刑罰である。

[2] 正当な理由

137条の「正当な理由」についての解説を参照されたい。

[3] 身体検査の拒否

現に行われようとしている身体検査の実行を拒んだ場合に適用されることは，137条と同じである。召喚や出頭命令等に応じないだけでは，「身体の検査を拒んだ」ことには当たらない。身体検査に着手したが，拒否されたために実行できずに終わり，又は引き続き直接強制 (139) により身体検査が実施されるに至った場合に，本罪は成立する。他方，身体検査に着手したところ，当初は拒んだが，説得に応じて直接強制にはよらずに身体検査を実施できた場合には，間接強制としての意味を有することに鑑み，本罪は成立しないと解される。

身体検査を拒否するに当たり，暴行・脅迫をした場合には，公務執行妨害罪 (刑95) が成立し，本罪はこれに吸収される。

[4] 処 罰

1回の身体検査を拒む度ごとに1個の罪が成立する。前条の過料を科し，併せて本条の刑罰を科すことも可能である。　　　　　　　　　　　　　　　　　　　〔松下裕子〕

第139条 [1] 〔**身体検査の直接強制**〕　裁判所は，身体の検査を拒む者を過料に処し，又はこれに刑を科しても，その効果がないと認めるとき [2] は，そのまま，身体の検査を行うことができる [3]。

[1] 本条の趣旨

本条は，身体検査について最後の手段として直接強制を認めた規定である。被告人にも，被告人以外の者にも適用される。

[2] 直接強制を可能とする要件

直接強制が可能となるのは，身体検査の対象者が過料や罰金などの制裁による間接強制 (137・138) によっても任意に応じないことが明らかになった場合である。実際に間接強制を行ったかどうかを問わないが，少なくとも，過料や罰金などの制裁を予告して，任意に応じるよう説得する措置は必要であろう。

直接強制は最終的な手段であり，人の身体に直接強制力を加えるものであるから，できる限り間接的な手段によるべきである。

[3] 身体検査の限度

「そのまま，身体の検査を行うことができる」とは，対象者が応じなくても，その意に反して，実力で強制して身体検査を行うことができるという意味である。もとより，強制の方法は，社会通念上相当と認められる方法により，その程度も必要最小限のものとなるよう留意する必要がある。また，直接強制を実施するに際しても，あらかじめ，検察官の意見を聴き，かつ，身体の検査を受ける者の異議の理由を知るため適当な努力をしなければならない (140)。　　　　　　　　　　　　　　　　　　　〔松下裕子〕

140条，141条

第140条 [1]〔身体検査の強制に関する訓示規定〕　裁判所は，第137条の規定により過料を科し，又は前条の規定により身体の検査をするにあたつては，あらかじめ，検察官の意見を聴き，且つ，身体の検査を受ける者の異議の理由 [2] を知るため適当な努力をしなければならない [3]。

[1] 本条の趣旨

本条は，間接強制としての過料の制裁及び直接強制に当たり，公益の代表者としての検察官の意見を聴き，かつ，対象者の言い分も十分考慮した上で，当該手段を慎重に行うべきことを要求している規定である。

[2] 異議の理由

「異議の理由」とは，身体検査を拒否する理由があるかどうか，あればその理由という意味である。間接強制の場合には，拒否の正当な理由の有無及びその内容，直接強制の場合は，主に直接強制の方法の妥当性がその対象となろう。対象者の言い分に理由があると認められる場合には，身体検査の方法等を適切なものに変更した上で，身体検査に応じるよう説得することになる。

[3] 本条の性格

本条を訓示規定だとする見解もあるが，不利益処分に際しての告知・聴聞の機会を与えたものと解する見解もある。後説によれば，本条の手続を行わない場合には，過料の裁判に対する抗告・準抗告において取消事由となり，直接強制も違法となる（岩橋=辻・大コメ刑訴3・90）。　　　　　　　　　　　　　　　　　　　　　〔松下裕子〕

第141条 [1]〔検証の補助〕　検証をするについて必要があるときは，司法警察職員 [2] に補助をさせることができる。

[1] 本条の趣旨

本条は，検証の便宜上，特に必要があるとき，裁判所が司法警察職員の補助を求め得ることを定めたものである。司法警察職員は捜査機関であるから，本来，裁判所が指揮・命令をする関係にはないが，特に，補助を求めることができるものとした。直接強制(139) の場合に補助させることなどがその例である。現場の警備のために警察官の派出要請をすることがあるが，これは裁判所法72条2項，71条の2に基づくものであり，本条の補助ではない。

[2] 司法警察職員

特に制限がなく，189条に規定された一般司法警察職員のほか，190条の特別司法警察職員も含まれるが，後者は一定の事項についてのみ司法警察職員としての職務を行うこととされているので，補助させる内容も，その職務に関連する事項ないし事件に限るの

が相当であろう。 〔松下裕子〕

第142条 [1] 〔準用規定〕 第111条の2から第114条まで，第118条及び第125条の規定 [2][3] は，検証についてこれを準用する。

［範］ **第158条（捜索に関する規定の準用等）** 第145条（第三者の立会），第147条（執行中の退去および出入禁止），第147条の2（協力要請），第148条（捜索中止の場合の処置）及び第149条（捜索調書）第1項の規定は検証を行う場合について，第149条（捜索調書）第2項の規定は検証調書の作成について，それぞれ準用する。この場合において，第149条第1項の規定中「捜索調書」とあるのは，「検証調書又は身体検査調書」と読み替えるものとする。

2 身体検査に際し，やむを得ない理由により立会人を得ることができなかつたときは，その事情を身体検査調書に明らかにしておかなければならない。

［1］ 本条の趣旨

本条は，検証について押収及び捜索に関する規定の一部を準用する旨定めるものである。

［2］ 検証実施の方法

検証を実施する際の手続について，第9章（押収及び捜索）の関連規定が準用されている。すなわち，検証の客体が電磁的記録に係る記録媒体であるときに，処分を受ける者に電子計算機の操作などの必要な協力を要請できること（112の2），検証中の場所への許可なき出入りを禁止できること（112），当事者の立会権とそれを担保するための事前通知義務（113ⅠⅡ），検証場所への責任者の立会い（114），検証を中止（中断）する場合に検証場所を閉鎖し又は看守者を置けること（118），検証実施主体として受訴裁判所だけでなく受命裁判官，受託裁判官を認めること（125）である。各規定の詳細は，第9章の該当条文の解説を参照されたい。

［3］ 検証の立会権

準用される条文のうち，当事者（検察官，被告人又は弁護人）の立会い（113）は，手続の公正を保障するとともに，検証の際に当事者が必要な説明を行い注意を促すことによって，裁判所等に正確な観察をさせる目的がある。身柄拘束されていない被告人及び弁護人は，それぞれ立会権を有するので，検証の日時場所の通知はそれぞれに対して行うべきである。身柄を拘束されている被告人には立会権はない（113Ⅰ）が，裁判所が必要があると認めるときは，身柄拘束中であると否とを問わず，被告人を立ち会わせることができる（113Ⅲ）。被告人が任意に立ち会わない場合には，出頭又は同行命令を発し，これに応じないときは勾引できる（68）。

立会権のある者に対しその日時場所を通知しないで行った検証は，立会権を侵害したものであって，検証調書は証拠能力を有しないと解されている。　　　　〔松下裕子〕

246　　　　　　　　　　　　　143条

第11章　証人尋問

第143条[1]〔証人の適格〕　裁判所は，この法律に特別の定のある場合[2]を除いては，何人でも[3]証人としてこれを尋問することができる。

> [規]　第114条（尋問の立会）　証人を尋問するときは，裁判所書記官を立ち会わせなければならない。
> 　　　第115条（人定尋問）　証人に対しては，まず，その人違でないかどうかを取り調べなければならない。
> 　　　第123条（個別尋問）　証人は，各別にこれを尋問しなければならない。
> 　　　2　後に尋問すべき証人が在廷するときは，退廷を命じなければならない。
> 　　　第124条（対質）　必要があるときは，証人と他の証人又は被告人と対質させることができる。
> 　　　第125条（書面による尋問）　証人が耳が聞えないときは，書面で問い，口がきけないときは，書面で答えさせることができる。

[1]　本条の趣旨

　本条は，裁判所が，原則として何人でも証人として出頭させ，何人をも証人として尋問する権限を有すること，すなわち，原則として何人でも証人として証言し，司法に協力する義務があることを明らかにした規定である。ここでいう「裁判所」とは，原則として受訴裁判所のことをいうが，起訴前あるいは第1回公判期日前に検察官の請求によってなされる証人尋問（226～228）及び証拠保全として被告人等の請求によってなされる証人尋問（179）については，裁判官を意味する。

[2]　「特別の定」

　144条及び145条の証人不適格の規定と，146条から149条までの証言拒絶権の規定がこれに当たる。

[3]　証人適格

⑴　訴訟関係人　　何人をも証人として尋問することができるのが原則であるが，上記[2]のとおり法律上証人適格がないとされる場合や証言拒絶権を有する場合のほか，次のように理論上証人適格がないとされる場合がある。

　ア　裁判官・書記官　　裁判官は当該事件の手続の進行を主宰し，判断を行う者であり，書記官はこれを認証する者であって，証人としての第三者性と相容れないから，現に担当している事件については証人となることができない。裁判官，書記官が当該事件

の担当を離れた後には証人となることができるとするのが通説であるが，公判期日における訴訟手続で公判調書に記載された事項は公判調書のみによって証明され，反証は許されない (52) ので，裁判官，書記官を証人とする実益は乏しい。裁判官，書記官が証言した後は，その事件の職務の執行から除斥される (20④・26Ⅰ)。

イ 立会い検察官 当該事件の公判立会い検察官は，訴訟当事者であるから，そのままでは証人となりえない（東京高判昭25・6・3特報11・8）が，立会いの職務を他の検察官と交替すれば証人となりうる（東京高判昭27・6・26特報34・81）。証言後再びその事件の立会いをすることは，検察官の当事者性や客観義務との関係でできる限り避けるべきであるとの見解もあるが，除斥の規定もなく，違法とはいえない。

ウ 弁護人・特別弁護人・補佐人 弁護人・特別弁護人・補佐人も，公判立会い検察官と同様，そのままでは証人となりえず，証人としての地位にある間は，その職務から離れるべきものと解される。

弁護人・特別弁護人が証人となる場合に，辞任 (私選)，解任 (国選)，許可の取消し (特別弁護人) 等の措置が必要かどうかについて，学説上争いがある。その実質上の相違点は，これらの措置を必要と解する場合には，私選弁護人が自ら辞任し，あるいは被告人から解任されない限り，当該弁護人を証人とすることができないのに対し，不要と解する場合には，当該弁護人及び被告人の意思に反してでも，証人とすることができるという点にある。

エ 被告人 被告人には証人適格がないとするのが通説である。共同被告人については，弁論を分離しない限り，証人となることはできないが，分離すれば証人適格を有し，当該証人に証言拒絶権 (146) がある以上，憲法38条1項の権利侵害となるものではないとするのが実務である。

(2) **証言能力** (1)のほか，証言能力を有しない者も，証人適格を有しない。証言能力については，現行法は何らの規定も置いておらず，証人ごとに，精神的能力の発達度，体験時・供述時の精神的状況，証言事項・内容等を考慮して，個別具体的に判断するほかない。実務上，証言能力が問題となるのは，年少者や精神的な障害のある者の場合であるが，これらの者についても，それだけで証言能力が否定されるわけではなく，具体的事情を踏まえて判断されている。　　　　　　　　　　　　　　　〔三村三緒〕

| **第143条の2** [1]〔証人の召喚〕 裁判所は，裁判所の規則で定める相当の猶予期間を置いて，証人を召喚することができる。

　　[規] **第111条** [2]（召喚の猶予期間） 証人に対する召喚状の送達と出頭との間には，少なくとも24時間の猶予を置かなければならない。ただし，急速を要する場合は，この限りでない。

[1] 本条の趣旨

本条は，平成28年法律第54号により新設された。改正前の刑訴法においては，裁判所が証人を召喚し得ることを前提とする規定（150〜153）が存在するのみで，明文の根拠規定はなく，裁判所は当然に証人を召喚することができると解されていたところ，法改正により証人の勾引要件（152）が改められたことに併せて，証人の召喚について明文の根拠規定が置かれたものである。

[2] 召喚についての手続

本条が新設されても，証人の召喚についての手続はこれまでと同じである（規111等）。

〔三村三緒〕

第144条 [1] 〔**公務上秘密と証人資格(1)**〕 公務員又は公務員であつた者 [2] が知り得た事実について，本人又は当該公務所から職務上の秘密 [3] に関するものであることを申し立てたときは，当該監督官庁 [4] の承諾がなければ証人としてこれを尋問することはできない。但し，当該監督官庁は，国の重大な利益を害する場合 [5] を除いては，承諾を拒むことができない。

[1] 本条の趣旨

本条は，実体的真実の発見という刑訴法上の利益と公務上の秘密保持という国家的利益との調整を図るため，公務員又は公務員であった者の証人適格に一定の制限を設けた規定であり，押収に関する103条と同趣旨のものである。

[2] 公務員又は公務員であった者

国家公務員のみならず，地方公務員も含まれるとの見解が多数である。その具体的な範囲については，当該公務員が国の重大な利益に関する公務上の秘密に関与する場合であれば，都道府県知事や警察官などの地方公務員も含まれると解される（松尾・条解259）。また，いわゆる「みなし公務員」についても同様に考えられる。

[3] 職務上の秘密

当該公務員が職務上所掌している秘密を意味し，職務に関連して知り得た全ての秘密を意味する国家公務員・地方公務員の守秘義務（国公100Ⅰ，地公34Ⅰ）よりは狭い。

[4] 当該監督官庁

当該職務上の秘密の保持について指揮監督し，当該秘密を処分する権限を有する官庁をいい，当該公務員が身分上所属する公務所の監督官庁と常に一致するものではない。なお，当該監督官庁の承諾は，当該証人尋問を決定した裁判所から当該監督官庁に対して直接求めるのが相当である。

[5] 国の重大な利益を害する場合

当該職務上の秘密が公開されることによって国の安全又は外交上の利益に重大な支障

が及ぶ可能性のある場合，公安の維持に重大な支障を生ずるおそれがある場合，その他各種行政の運営上著しい支障を生ずるおそれがある場合などである（松尾・条解214）。国の重大な利益を害するかどうかの判断は当該監督官庁に委ねられるとの見解が多数である。

〔福家康史〕

第145条 [1]〔**公務上秘密と証人資格(2)**〕　左に掲げる者が前条の申立をしたときは，第1号に掲げる者についてはその院 [2]，第2号に掲げる者については内閣の承諾がなければ，証人としてこれを尋問することはできない。
一　衆議院若しくは参議院の議員又はその職に在つた者
二　内閣総理大臣その他の国務大臣又はその職に在つた者
2　前項の場合において，衆議院，参議院又は内閣は，国の重大な利益を害する場合を除いては，承諾を拒むことができない。

[1] 本条の趣旨

本条は，前条に規定する承諾について，監督官庁がない場合の承諾権者を明らかにする規定であり，押収に関する104条と同趣旨のものである。

[2] 院の承諾

国会の閉会中は，臨時会（憲53）が召集されない限り，承諾を与えることができない。

〔福家康史〕

第146条 [1]〔**自己の刑事責任と証言拒絶権**〕　何人も [2]，自己が刑事訴追を受け [3]，又は有罪判決を受ける虞 [4]のある証言を拒むことができる [5]。

[規]　**第121条（証言拒絶権の告知等・法第146条等）**　証人に対しては，尋問前に，自己又は法第147条に規定する者が刑事訴追を受け，又は有罪判決を受ける虞のある証言を拒むことができる旨を告げなければならない。
2　裁判所は，法第157条の2第2項の決定をした場合には，前項の規定にかかわらず，証人に対し，尋問前に，当該決定の内容及び法第147条に規定する者が刑事訴追を受け，又は有罪判決を受けるおそれのある証言を拒むことができる旨を告げなければならない。
3　裁判所は，法第157条の3第2項の決定をした場合には，証人に対し，それ以後の尋問前に，当該決定の内容及び法第147条に規定する者が刑事訴追を受け，又は有罪判決を受けるおそれのある証言を拒むことができる旨を告げなければならない。
4　法第149条に規定する者に対しては，必要と認めるときは，同条の規定により証言

を拒むことができる旨を告げなければならない。

　第122条（証言の拒絶・法第146条等）　証言を拒む者は，これを拒む事由を示さなければならない。

　2　証言を拒む者がこれを拒む事由を示さないときは，過料その他の制裁を受けることがある旨を告げて，証言を命じなければならない。

［1］本条の趣旨

　本条は，憲法38条1項に基づき，証人に対し，いわゆる自己負罪拒否の特権を認めた規定である。

［2］何人も

　証言拒絶権は自然人についてのみ認められ，法人の代表者や代理人は，法人に対する刑事訴追等のおそれがあるという理由で証言を拒むことができない。

［3］刑事訴追を受ける虞

　他人の事件における証言内容が，当該証人が起訴されていない事件について，同人に対する起訴の資料となる可能性のあることをいう。証言をすれば偽証罪で訴追されるおそれがあるという理由では証言を拒むことができない（最決昭28・9・1刑集7・9・1796）。なお，刑事訴追には，付審判決定（266②）が含まれる。

　当該証言のみによって起訴の可能性が生じる場合に限らず，他の資料と相まって起訴の可能性が高まるような場合も含まれる。また，当該証言内容に証人の犯罪の構成要件事実の全部又は一部が含まれている場合のほか，犯罪事実の存否，自己と犯罪との結びつきなどの推認の基礎となる密接な関連事実が含まれている場合も本条に該当し，その判断に当たっては，尋問事項のほか，事件の性質及び内容，事件と証人との関係等が考慮される（大阪高判昭40・8・26下刑集7・8・1563）。

　刑事訴追を受けるおそれの程度については，客観性，合理性をもった可能性であることを要し，起訴される危険性が希薄な場合や証人個人の単なる危惧にすぎない場合などは，そのおそれがあるとはいえない（前掲大阪高判昭40・8・26）。また，有罪，無罪，免訴の確定判決があった場合など，訴追の可能性が全くなくなった場合には証言を拒むことができない。

［4］有罪判決を受ける虞

　他人の事件における証言内容が，当該証人が起訴されて判決前である事件について，有罪判決の資料となる可能性のあることをいう。どのような証言内容について証言を拒むことができるかなどについては，上記刑事訴追を受ける虞のある場合と同様である。

［5］証言を拒むことができる

　証言拒絶権は，144条のような証人適格に影響を与えるものではないから，尋問すること自体は許され，証言を拒むかどうかは証人の自由である。

　証人は，証言を拒む場合には，個々の尋問について証言拒絶権を行使すべきであり，

あらかじめ，これを予定して出頭，宣誓を拒むことはできない。また，証人が証言を拒む場合には，裁判所が証言拒絶権の存否を合理的に判断できる程度の内容をもって，証言拒絶の事由を示さなければならず，事由を示さない場合のほか，正当な事由を示したものとはいえない場合には，裁判所は，過料等の制裁を告げて証言を命じなければならない（規122Ⅱ）。

証人が，証言拒絶権を有する事項について一旦供述を始めた場合は，証言拒絶権を放棄したことになり，その事項について証言を拒むことができず，反対尋問において，その事項について更に詳細な供述を求められた場合にも，証言を拒むことができない。証言拒絶権は虚偽の供述を許すものではないから，証言を拒むことのできる事項であっても，拒まずに虚偽の供述をすれば偽証罪が成立する（最決昭28・10・19刑集7・10・1945）。

証人に対しては，尋問前に，本条及び次条の証言拒絶権のあることを告知しなければならず（規121Ⅰ），この告知を欠いても証言の効力には影響しないと解されるが（大判大14・3・3刑集4・115），その証言を当該証人自身の事件において証拠として用いることについては，本人の供述の取得過程における不適法の問題であり，慎重な検討を要する（松尾・条解262）。　　　　　　　　　　　　　　　　　　　　　　　〔福家康史〕

第147条 [1]〔近親者の刑事責任と証言拒絶権〕　何人も，左に掲げる者 [2] が刑事訴追を受け，又は有罪判決を受ける虞のある証言を拒むことができる。
　　一　自己の配偶者，3親等内の血族若しくは2親等内の姻族又は自己とこれらの親族関係があつた者
　　二　自己の後見人，後見監督人又は保佐人
　　三　自己を後見人，後見監督人又は保佐人とする者

　　[規]　第121条　法第146条参照。
　　　　　第122条　法第146条参照。

[1] 本条の趣旨

本条は，憲法38条1項の要請に基づく前条とは異なり，証人と一定の身分関係のある者との近親的な感情を考慮するという立法政策上の理由から，証言義務の例外を認めた規定である（最大判昭27・8・6刑集6・8・974）。

[2] 左に掲げる者

本条各号所定の身分関係は，民法の定めるところによる（親族の計算につき民726，血族につき民725・727，姻族につき民725，親族関係の終了につき民728・729，後見人につき民839以下，後見監督人につき民848以下，保佐人につき民876の2以下参照）。

なお，証人が外国人である場合には，親族関係等については，証人の本国法によるこ

ととなる。

　証言拒絶権は国民の重大な義務に対する例外であるから，本条各号の規定は限定的列挙と解すべきであり，例えば，本条 1 号の「配偶者」には，内縁関係にある者を含まないと解される（松尾・条解264）。　　　　　　　　　　　　　　　　　　　　〔福家康史〕

第148条 [1] 〔近親者の刑事責任と証言拒絶権の例外〕　共犯又は共同被告人の 1 人又は数人に対し前条の関係がある者でも，他の共犯又は共同被告人のみに関する事項については，証言を拒むことはできない。

[1] 本条の趣旨

　本条は，証人と共犯又は共同被告人の一部との間に前条所定の身分関係がある場合であっても，このような身分関係にない他の共犯や共同被告人のみに関する事項については，証言拒絶権がないことを注意的に明らかにした規定である。　　　　　　　〔福家康史〕

第149条 [1] 〔業務上秘密と証言拒絶権〕　医師，歯科医師，助産師，看護師，弁護士（外国法事務弁護士を含む。），弁理士，公証人，宗教の職に在る者 [2] 又はこれらの職に在つた者は，業務上委託を受けたため知り得た事実で他人の秘密 [3] に関するものについては，証言を拒むことができる [4]。但し，本人が承諾した場合 [5]，証言の拒絶が被告人のためのみにする権利の濫用 [6] と認められる場合（被告人が本人である場合を除く。）その他裁判所の規則で定める事由 [7] がある場合は，この限りでない。

　　[規]　第121条　法第146条参照。
　　　　　第122条　法第146条参照。

[1] 本条の趣旨

　本条は，実体的真実の発見という刑訴法上の利益と社会生活上特別の意義を有する一定の業務に対する信頼という公共的利益との調整を図るため，個人の秘密を扱うことの多い一定の職に就いている者又はこれらの職に就いていた者の証人適格に制限を設けた規定であり，押収に関する105条と同趣旨のものである。

[2] 医師等の職に在る者

　証言義務は国民の重大な義務であり，証言拒絶権が認められるのは例外的なものであるから，本条の業務者の規定は限定的列挙であって，類推適用は許されないと解される（新聞記者に関して最大判昭27・8・6 刑集 6 ・8 ・974）。

[3] 他人の秘密

客観的に秘密であるものに限らず，委託の趣旨において秘密を欲する旨が現れているものも含むというのが通説である。本条の秘密であるか否かは証人たる業務者の判断に委ねられているが，本条ただし書の権利濫用に該当するか否かの判断は裁判所が行うことからすると，明らかに秘密に該当しない場合には，証言を拒むことができないと解される（仲家・大コメ刑訴3・156）。

[4] 証言拒絶権の告知

証言拒絶権の告知は，146条・147条の場合と異なり，必要と認めるときに行えば足りる（規121Ⅱ）。

[5] 本人が承諾した場合

承諾を行う本人とは秘密の利益主体をいい，業務の委託者に限られないと解される。

[6] 被告人のためのみにする権利の濫用

本条の趣旨からすると，秘密の利益主体にとって利益がなく，業務に対する信頼には影響を与えない場合に，被告人を有罪としないという利益のみを図るために証言拒絶権を行使することは許されない。ただし，秘密の利益主体と被告人とが同一である場合には，秘密の主体としての秘密保持の利益と被告人としての有罪とされないという利益とを明確に区別することが困難であるため，被告人が本人である場合が除外されたものと解される（松尾・条解217）。

[7] 裁判所の規則で定める事由

立法時には，本人が承諾の趣旨を理解することができない場合などについて，除外規定を設けることが考えられていたが，現時点では，そのような規則は定められていない（松尾・条解217）。　　　　　　　　　　　　　　　　　　　　　　　　〔福家康史〕

第150条 [1]〔**出頭義務違反と過料等**〕　召喚を受けた証人が正当な理由[2]がなく出頭しないときは，決定で，10万円以下の過料[3]に処し，かつ，出頭しないために生じた費用の賠償[4]を命ずることができる[5]。

2　前項の決定に対しては，即時抗告をすることができる。

[1] 本条の趣旨

本条は，訴訟手続上の秩序を維持するため，正当な理由のない不出頭という証人の秩序違反行為に対して当該手続を主宰する裁判所又は裁判官が直接秩序罰を科すことを可能とするものであり，証人の出頭を間接的に強制しようとする規定である。身体検査に関する133条と同趣旨のものである。本条は召喚を受けた証人のみを対象とするので，同行命令（162）を受けた証人に対しては，勾引による直接強制のみが許される。

本条は行政罰の規定であるため，過失による場合にも適用される。

[2] 正当な理由

出頭できないほどの病気，事故等の交通機関の障害，家族等の結婚式・葬式，緊急やむを得ない業務などが考えられる。

[3] 過料

本条の過料は，1回の不出頭ごとに科することができる。また，本条の過料は，証人に対する秩序罰であり，刑罰としての罰金 (151) とは目的，要件，実現の手続を異にするので，両者が併科されても憲法31条・39条後段に反しない（160と161の関係に関する最判昭39・6・5刑集18・5・189参照）。

[4] 費用の賠償

賠償すべき費用の範囲については，証人の不出頭により無駄になった全ての費用（例えば，裁判所外における証人尋問の際の裁判所の出張費用等が含まれる。）が対象となるとする見解と，費用の公平な負担や範囲の明確性の観点から訴訟費用に該当するもの（例えば，証人不出頭により無駄になった期日の国選弁護人の報酬等）に限られるとする見解がある（仲家・大コメ刑訴3・160）。

明文上は，過料に処し，かつ，費用の賠償を命ずることができるとあるが，裁判所の裁量によって，そのいずれか一方又は両方を科すことができると解される。

[5] 制裁手続

本条の制裁は刑罰でなく，また，本条の過料及び費用賠償は決定により行われるため，公判廷外でなされるときは，制裁を受ける者の陳述を聞く必要はないことになる（規33Ⅰ）。ただし，憲法31条との関係では，本条の決定を行う場合には，必ず本人の陳述を聴かなければならないとする見解が多数である。　　　　　　　　　　　〔福家康史〕

第151条 [1]〔出頭義務違反と刑罰〕　証人として召喚を受け正当な理由がなく出頭しない者は，1年以下の懲役又は30万円以下の罰金に処する [2]。

[1] 本条の趣旨

本条は，召喚を受けながら正当な理由なく出頭しない証人に対する刑罰を定めたものであるが，刑罰の威嚇により，証人の出頭を間接的に強制しようとする趣旨を含む。身体検査に関する134条と同趣旨のものである。本条は召喚を受けた証人のみを対象とするので，同行命令を受けた証人に対しては本条の適用はない。証人の不出頭についてより厳正に対処することで，証人の出頭を確保し，公判審理の充実化を図るため，平成28年法律第54号により，懲役刑が設けられるなど罰則の法定刑が引き上げられた。

[2] 犯罪の成立

本条は故意犯としての規定であるため，過失犯を含まない。また，一旦本条の罪が成立した以上，その後に再度の召喚に応じて出頭し，あるいは勾引されたとしても，犯罪

の成立あるいは処罰を阻却するものではない。

正当な理由，過料との併科については前条の解説［2］，［3］参照。　　〔福家康史〕

第152条 [1]**〔再度の召喚・勾引〕**　裁判所は，証人が，正当な理由がなく，召喚に応じ
ないとき，又は応じないおそれがあるとき [2] は，その証人を勾引することができる。

［1］本条の趣旨

　本条は，召喚に応じない又はそのおそれがある証人に対し，勾引によって強制的に出
頭させることができることを定めたものである。平成28年法律第54号による改正以前は，
証人が現に召喚に応じなかった場合に限り，証人を勾引することができるとされており，
召喚に応じないおそれがあるときにも勾引が許される被告人 (58②) とは異なる規定と
なっていた。しかし，証人が召喚に応じないことがあらかじめ分かっていたとしても，
一旦召喚して不出頭を確認しなければ，勾引することができず，公判期日の空転を招く
などの不都合が生じていたことから，同改正により，正当な理由なく召喚に応じないお
それがあるときは，召喚の手続を経ることなく勾引することができることとされた。

［2］召喚に応じないとき，又は応じないおそれがあるとき

　召喚に応じないおそれがあるときとは，被告人を勾引する場合 (58②) と同様，召喚
状の発付前から召喚に応じないおそれがある場合が含まれ，証人の言動のほか，証人と
被告人との関係等を考慮して判断される。なお，召喚に応じない場合に再度の召喚が許
されないというものではない。

〔福家康史〕

第153条 [1]**〔準用規定〕**　第62条，第63条及び第65条の規定は，証人の召喚について，
第62条，第64条，第66条，第67条，第70条，第71条及び第73条第1項の規定は，証
人の勾引についてこれを準用する [2]。

　　［規］　第110条（召喚状，勾引状の記載要件・法第153条等）　証人に対する召喚状には，その
　　　　　氏名及び住居，被告人の氏名，罪名，出頭すべき年月日時及び場所並びに正当な理由
　　　　　がなく出頭しないときは過料又は刑罰に処せられ且つ勾引状を発することがある旨を
　　　　　記載し，裁判長が，これに記名押印しなければならない。
　　　　2　証人に対する勾引状には，その氏名及び住居，被告人の氏名，罪名，引致すべき年
　　　　　月日時及び場所，有効期間及びその期間経過後は執行に着手することができず令状は
　　　　　これを返還しなければならない旨並びに発付の年月日を記載し，裁判長が，これに記
　　　　　名押印しなければならない。
　　　　第111条（召喚の猶予期間・法第143条の2）　証人に対する召喚状の送達と出頭との間

には，少なくとも24時間の猶予を置かなければならない。ただし，急速を要する場合は，この限りでない。

第112条（準用規定） 証人の勾引については，第72条から第76条までの規定を準用する。

第113条（尋問上の注意，在廷証人） 召喚により出頭した証人は，速やかにこれを尋問しなければならない。

2 証人が裁判所の構内（第107条の3に規定する他の裁判所の構内を含む。）にいるときは，召喚をしない場合でも，これを尋問することができる。

[範] **第258条（証人に対する勾引状の執行）** 証人に対する勾引状の執行は，当該令状に指定された日時に引致するようにしなければならない。

2 勾引状の執行を受けた証人を護送する途中において必要があるときは，一時最寄りの警察署の保護室等に留置することができる。

3 前項の護送又は留置中においては，証人が逃亡を図り，若しくは暴行をし，又は自殺のおそれが極めて強い等真にやむを得ない場合を除き，手錠等は，使用しないものとする。

［1］ 本条の趣旨

本条は，証人の召喚及び勾引の手続について，被告人の召喚及び勾引の手続に関する規定を準用するものである。準用される規定は身体検査に関する136条と同一である。

［2］ 準用される規定

召喚に関しては，召喚状の発付（62），召喚状の方式（63），召喚の手続（65）の規定が，勾引に関しては，勾引状の発付（62），勾引状の方式（64），勾引の嘱託（66），嘱託による勾引の手続（67），勾引状の執行（70），管轄区域外における勾引状の執行（71），勾引状執行の手続（73 I）の規定が準用される。

召喚の基本的な規定である57条は準用されておらず，裁判所が証人を召喚できることは150条ないし本条において当然の前提とされていると解されていたが，平成28年法律第54号により，証人の召喚に関する根拠規定（143の2）が確認的に設けられた。なお，証人を召喚しない場合であっても，証人が裁判所の構内にいる場合（規113 II）や，証人の現在場所において（158 I），証人尋問をすることができる。

〔福家康史〕

第153条の2 [1]〔証人の留置〕 勾引状の執行を受けた証人を護送する場合又は引致した場合において必要があるときは [2]，一時最寄の警察署その他の適当な場所 [3] にこれを留置することができる [4]。

［1］ 本条の趣旨

本条は，遠隔地に所在する証人について勾引状を執行する場合における実際上の必要

から，勾引状の執行を受けた被告人の留置等に関する74条・75条の規定に相当するものとして，昭和28年法律第172号によって新設されたものである。

[2] 必要があるとき

例えば，遠隔地に所在する証人について，引致場所に護送するまで相当な時間を要する場合や護送途中に宿泊を伴う必要がある場合，引致後証人尋問まで相当な時間がある場合などある。なお，勾引状を執行した場合には，不必要な宿泊等を伴わないよう，可能な限り短時間で効率的な経路，交通手段を利用することが求められる（153・73Ⅰ）。

[3] 警察署その他の適当な場所

74条・75条が被告人の留置場所を刑事施設としているのに対し，本条が証人の留置場所を警察署その他の適当な場所としているのは，証人と被告人とはその地位・性質を異にするためであり，被告人とは異なる証人としてふさわしい取扱いをするのであれば，警察の留置施設を利用することも妨げられないと解される。実務上は，警察署の宿直室・保護室等が利用され，証人の年齢・健康状態・社会的地位等によっては，旅館等に身柄を置くことも差し支えないとされている（松尾・条解270）。

[4] 留置することができる

被告人の場合における59条のような規定が置かれていないことから，勾引の目的に照らして，尋問のために合理的に必要な時間内の留置は許されるが，できる限り速やかに証人尋問を実施すべきである（規113Ⅰ）。引致した当日中に証人尋問が終了せず，翌日朝など時間的間隔を置いて再開される場合，引き続き留置しておくことは許されないとする見解と，本条新設の趣旨から引き続き留置を認める見解があるが，いずれにしても，証人尋問が翌日以降にわたるような場合には，証人に対して自発的に出頭するかどうかの意思を確認し，任意の出頭が確実視されるようであれば，釈放すべきと解される（松尾・条解270）。

〔福家康史〕

第154条 [1]〔宣誓〕　証人には，この法律に特別の定のある場合 [2] を除いて，宣誓をさせなければならない [3]。

[規]　**第117条（宣誓の時期・法第154条）**　宣誓は，尋問前に，これをさせなければならない。
　　　第118条（宣誓の方式・法第154条）　宣誓は，宣誓書によりこれをしなければならない。
　　　2　宣誓書には，良心に従つて，真実を述べ何事も隠さず，又何事も附け加えないことを誓う旨を記載しなければならない。
　　　3　裁判長は，証人に宣誓書を朗読させ，且つこれに署名押印させなければならない。証人が宣誓書を朗読することができないときは，裁判長は，裁判所書記官にこれを朗読させなければならない。
　　　4　宣誓は，起立して厳粛にこれを行わなければならない。

第119条（個別宣誓・法第154条）　証人の宣誓は，各別にこれをさせなければならない。

第120条（偽証の警告・法第154条）　宣誓をさせた証人には，尋問前に，偽証の罰を告げなければならない。

［1］本条の趣旨

本条は，証言内容の真実性を担保するために，証人には原則として宣誓をさせなければならないことを定めたものであり，証人に対して宣誓させなければならないという裁判所の義務と，宣誓をしなければならないという証人の義務の両方を含む。

［2］この法律に特別の定のある場合

具体的には，155条の宣誓無能力者を指す。その他，外交官等，我が国の裁判権の及ばない者に対しては，宣誓をさせることはできない。

［3］宣誓の手続

宣誓の具体的な手続については，規117条ないし120条に定められている。

(1) **宣誓の時期**　宣誓は，証言の真実性を担保するものであるから，尋問後の宣誓は違法であり（規117），宣誓させるべき証人に宣誓させないでした尋問と同様に，その証言は証拠能力を有しないと解される。

同一の証人を数回の期日にわたって尋問する場合，それが1個の証人尋問の継続と認められる限り，当初の宣誓の効力が全ての尋問に及ぶことになるので，尋問期日ごとに宣誓させる必要はない（東京高判昭26・9・18東時1・5・56）。

実務上は，裁判長が，当初の宣誓の効力が維持されている旨を確認的に告げる取扱いが多い。

(2) **宣誓の方式**　宣誓は，良心に従って真実を述べ，何事も隠さず，何事も付け加えないことを誓う旨記載した宣誓書を裁判長が証人に朗読させ，これに署名押印させることによって行う（規118）。

宣誓は起立して厳粛に行わなければならず（規118Ⅳ），実務上は，証人のみが起立する取扱いが多い。

宣誓は各別にさせなければならないので（規119），複数の証人のうち1名に代表して宣誓書を朗読させ，他の者には黙読させることは不適法であるが，証拠能力までは否定されないと解される。実務上は，証人全員に声をそろえて一斉に宣誓書を朗読させるという取扱いがある。

(3) **偽証罪の告知**　宣誓をさせた証人には，尋問前に，虚偽の内容を供述するときは偽証罪により罰せられる旨を告げなければならないが，偽証罪の告知をしなかったとしても証言の効力に影響はなく，規120条は訓示規定である（最判昭26・3・15刑集5・4・535）。我が国の裁判権が及ばない者が任意に宣誓する場合や刑事未成年者に対しては偽証罪の告知をすることができないが，告知しても証言の効力に影響はない（前者の場合について最判昭24・7・9刑集3・8・1193）。

〔福家康史〕

第155条 [1]〔宣誓無能力〕 宣誓の趣旨 [2] を理解することができない者は，宣誓をさせないで，これを尋問しなければならない。

2　前項に掲げる者が宣誓をしたときでも，その供述は，証言としての効力を妨げられない [3]。

[規]　第116条（宣誓の趣旨の説明等・法第155条）　証人が宣誓の趣旨を理解することができる者であるかどうかについて疑があるときは，宣誓前に，この点について尋問し，且つ，必要と認めるときは，宣誓の趣旨を説明しなければならない。

[1] 本条の趣旨

本条1項は，宣誓の趣旨を理解できない者に対する尋問方法について定めたものであり，本法における前条の唯一の例外である。

[2] 宣誓の趣旨

宣誓の趣旨とは，良心に従って真実を述べなければならないことをいうと解され，宣誓能力は，責任能力や証言能力とは必ずしも一致しないものである。宣誓能力の有無については，宣誓書を読んで，その意味が理解できるかどうかが基本的な判断基準になると解される（松尾・条解273）。

[3] 宣誓無能力者の証言

宣誓の趣旨を理解できない証人に宣誓させた場合にも，その供述は証拠能力を有するが，虚偽の証言に対して偽証罪は成立しない。また，宣誓の趣旨を理解できない者が宣誓しないでした証言であっても，証拠能力は認められ，その証拠価値は裁判官の自由な判断に委ねられている（東京高判昭25・8・29特報16・129）。　　　　　　　　〔福家康史〕

第156条 [1]〔推測事項の供述〕 証人には，その実験した事実により推測した事項 [2] を供述させることができる。

2　前項の供述は，鑑定に属するものでも，証言としての効力を妨げられない。

[1] 本条の趣旨

本条1項は，証人が直接体験した事実から推測した事項を供述することを許容し，その証言に証拠能力を認めるという趣旨の規定である。本来，証人は，自己が直接経験した事実を述べるべき者であり，事実に対する評価や判断を述べることは許されない。しかし，実際には，体験した事実に関する供述の中に推測に属する部分が含まれており，分離することが困難だという場合がある。そうした意味から，本条において推測事項の供述を許すとしていることには合理性がある。実務上，本条の適用が問題となるのは，証人尋問の途中におけるものが多く，規199条の13第2項3号の意見を求める尋問に当

たるとして，反対当事者から異議の申立てがされる場合が少なくない。

　また，本条2項は，証人が体験した事実から直接推測したものではなく，当該証人が有している特別な知識経験によって初めて推測できる事項を供述する場合は，性質上は鑑定に属することになるが，そのような推測事項についても証言としての効力を認めた規定である。

［2］許容される推測と許容されない意見との区別

　本条によって許容される推測事項とは，一定の具体的事実に基づく合理性のあるものであり，単なる想像に基づく意見はこれに当たらない。その区別は，推測の根拠となった体験事実をどの程度具体的に述べることができるかによって判断されることになる。実際の場面における判断には微妙なものがあり，最終的には裁判官の合理的な裁量により判断するほかない。

〔三村三緒〕

　第157条 [1]〔当事者の立会権・尋問権〕　検察官，被告人又は弁護人は，証人の尋問に立ち会うことができる[2][3]。

　2　証人尋問の日時及び場所は，あらかじめ，前項の規定により尋問に立ち会うことができる者にこれを通知しなければならない。但し，これらの者があらかじめ裁判所に立ち会わない意思を明示したときは，この限りでない[4]。

　3　第1項に規定する者は，証人の尋問に立ち会つたときは，裁判長に告げて，その証人を尋問することができる[5]。

［1］本条の趣旨

　本条は，証人尋問における当事者の立会権及び尋問権を定めた規定である。証人尋問が公判期日に行われる場合と公判期日外に行われる場合のいずれについても適用がある。また，受命裁判官・受託裁判官による証人尋問（163）及び証拠保全としての証人尋問（179）の場合にも準用される。他方，捜査手続として，第1回公判期日前に検察官の請求によって行われる証人尋問（226・227）には本条の準用はなく，被疑者，被告人，弁護人は，裁判官が捜査に支障を生ずるおそれがないと認めた場合に限り，立会いが許される（228Ⅱ）。

［2］立会権

(1) **立会いの機会の付与**　本条の立会いは権利であるから，立会権を有する検察官，被告人，弁護人に証人尋問に立ち会う機会を与えれば足りる。

(2) **立会いの権利を有する者**　被告人と弁護人の立会権・尋問権は，それぞれ固有の権利として認められたものと解され，弁護人及び被告人の双方に対し立会いの機会を与えなければならない。ただし，弁護人の権利は本質的には被告人の代理的性質を有することから，判例は，裁判所外の証人尋問において，被告人が身柄拘束中である場合には，

特別の事由がない限り，弁護人に尋問の日時場所等を通知して立会いの機会を与え，被告人の証人尋問権を実質的に害しない措置を講じていれば，被告人自身を証人尋問に立ち会わせなくても憲法37条2項に違反しないとしている（最大判昭25・3・15刑集4・3・371）。もっとも，この判例の考え方に対しては，証人審問権の保障は，第一次的には被告人に与えられるべきであるから，特別の事情のない限り，弁護人に与えたことをもって代用することは憲法に違反する等の批判がある。また，上記判例のいう「特別の事由」については，被告人があらかじめ証人尋問の立会い希望を表明していた場合等とする見解がある。

(3) **被告人・弁護人の退廷と立会権**　　被告人又は弁護人が，法廷警察権により退廷又は退去を命ぜられ，あるいは法廷等の秩序維持に関する法律により拘束されたときは，当然に立会権を失うと解される（弁護人が終始証人尋問に立ち会っていた事案につき，最判昭29・2・25刑集8・2・189，任意的弁護事件で弁護人が選任されていなかった事案につき，最決昭31・8・22刑集10・8・1237）。

また，証人が被告人の面前では圧迫を受けて十分な供述ができないと認められるときは，証言の間，被告人を退廷させることができ（281の2・304の2），この場合には被告人の証人尋問立会権は一定の制約を受けることになるが，憲法37条2項前段に違反しないとするのが判例である（最判昭35・6・10刑集14・7・973）。

(4) **遮へい及びビデオリンクと立会権**　　証人と被告人との間を遮へいすること（157の5Ⅰ），証人を別の場所に在席させ，尋問を映像と音声の送受信により相手の状態を相互に認識しながら通話をすることができる方法（ビデオリンク方式）によって行うこと（157の6）及びこれらの措置の併用は，憲法37条2項前段に違反するものではないとするのが判例である（最判平17・4・14刑集59・3・259）。

［3］本条違反の効果

被告人及び弁護人双方に立会いの機会を与えなかった場合，被告人には立会いの機会を与えたが弁護人には与えなかった場合，弁護人に立会いの機会を与えたがあらかじめ立会いの希望を表明していた被告人に立会いの機会を与えなかった場合などは，本条に違反する重大な瑕疵があり，その後の手続で，責問権の放棄が明示されない限り，単に異議が述べられなかっただけでは，瑕疵は治癒されないものと解すべきである。したがって，そこで得られた証人の供述は，原則としてこれを証拠とすることができないこととなる（勾留中の被告人が公判期日外の証人尋問への立会いと尋問の権利を強く求めていたにもかかわらず，立ち会う機会を与えなかったことが本条に違反し，尋問調書の証拠能力が否定されたものとして，東京高判平6・2・10判タ854・299）。

［4］日時・場所の通知

年月日だけでなく，時間も定めて通知すべきであるが，その日に検察官及び弁護人立会いの上，異議なく証人尋問が行われていれば，この点の瑕疵は治癒される（東京高判昭25・1・14高刑集3・1・5）。

立会い不要の意思表示は，証人を特定してなされなければならず，有効な意思表示がない限り，通知は必要である。ただし，通知がなくとも，現実に立ち会うことができたときは，瑕疵は治癒される。

[5] 尋問権

当事者には証人尋問権があり，裁判長の許可を要するものではないが，その訴訟指揮には服さなければならない。「裁判長に告げて」とは，その趣旨である。当事者の尋問の順序は，公判期日においては304条による。公判期日外の証人尋問については，規定がなく，裁判長の訴訟指揮によることになるが，実務上は，期日外であっても交互尋問が一般的である。

弁護人が尋問した後であっても，被告人自身が尋問を希望するときは被告人にも尋問の機会を与えなければならない。もっとも，裁判長が被告人に尋問することができる旨を告げて，積極的に尋問を促すまでの義務はない。　　　　　　　　　　　　　　　〔三村三緒〕

第157条の2 [1][2] 〔証人尋問開始前の免責請求〕　検察官は [3]，証人が刑事訴追を受け，又は有罪判決を受けるおそれのある事項についての尋問を予定している場合であつて [4]，当該事項についての証言の重要性，関係する犯罪の軽重及び情状その他の事情を考慮し，必要と認めるときは [5]，あらかじめ [6]，裁判所に対し，当該証人尋問を次に掲げる条件により行うことを請求することができる。

　一　尋問に応じてした供述及びこれに基づいて得られた証拠 [7] は，証人が当該証人尋問においてした行為が第161条又は刑法第169条の罪に当たる場合に当該行為に係るこれらの罪に係る事件において用いるときを除き [8]，証人の刑事事件において [9]，これらを証人に不利益な証拠とすることができないこと [10][11]。

　二　第146条の規定にかかわらず，自己が刑事訴追を受け，又は有罪判決を受けるおそれのある証言を拒むことができないこと [12]。

　2　裁判所は，前項の請求を受けたときは [13]，その証人に尋問すべき事項に証人が刑事訴追を受け，又は有罪判決を受けるおそれのある事項が含まれないと明らかに認められる場合を除き [14]，当該証人尋問を同項各号に掲げる条件により行う旨の決定をするものとする [15][16]。

[1] 刑事免責制度の趣旨　　[2] 本条の趣旨　　[3] 検察官　　[4] 免責請求の要件　　[5] 免責請求の要件　　[6]「あらかじめ」　　[7]「尋問に応じてした供述及びこれに基づいて得られた証拠」　　[8] 免責対象から除外される範囲　　[9]「証人の刑事事件」　　[10]「証人に不利益な証拠とすることができない」　　[11] 証人の訴追との関係　　[12] 1項2号　　[13] 免責決定の要件　　[14] 免責決定の要件　　[15] 免責決定　　[16] 免責決定に係る手続

157条の2

[1] 刑事免責制度の趣旨

157条の2及び157条の3は，いわゆる刑事免責制度を規定する。両条の定める刑事免責制度とは，検察官の請求に基づく裁判により，証人に対し，尋問に応じてした供述及びこれに基づいて得られた証拠は当該証人の刑事事件において同人に不利益な証拠とすることができない旨の免責（派生使用免責）を付与し，その証言が自己負罪拒否特権（憲38Ⅰ）の対象とならないようにすることによって，証言を義務づけるものである。これは，自己負罪拒否特権に基づく証言拒絶権（146）の行使により犯罪事実の立証に必要な証言を得ることができない事態等に対処するため，平成28年法54により，新たに導入された制度である。

[2] 本条の趣旨

本条は，証人尋問開始前における免責請求及び免責決定について規定する。

[3] 検察官

本項の請求権者は，検察官である。被告人及び弁護人には請求権はない（裁判所の職権による決定が許されないことについては，[13]参照。）。

[4] 免責請求の要件（「証人が刑事訴追を受け，又は有罪判決を受けるおそれのある事項についての尋問を予定している場合」であること）

検察官において，当該証人に対し，同人が刑事訴追を受け，又は有罪判決を受けるおそれのある事項についての尋問を予定していることを要する。この要件を満たさない場合には，刑事免責の必要性が一般的に認められないことによる。したがって，例えば，当該事項に係る犯罪について証人に対する確定した有罪判決がなされている場合には，この要件を満たさず，免責請求をすることはできない。

[5] 免責請求の要件（「当該事項についての証言の重要性，関係する犯罪の軽重及び情状その他の事情を考慮し，必要と認めるとき」であること）

「当該事項についての証言の重要性」とは，免責決定（本条Ⅱ）がなされることにより当該証人から得ることが見込まれる証言の重要性をいう。具体的には，証言の内容，その信用性の程度，要証事実との関係での証明力の程度，当該要証事実がその証人尋問が行われている被告人の事件の立証上持つ意義等を考慮し，当該被告人の事件の証拠関係や免責決定がなされないとした場合に予想し得る立証の状況等も踏まえることになろう。

「関係する犯罪の軽重及び情状」のうち，「関係する犯罪」とは，証言に係る証人の犯罪及びその証人尋問が行われている被告人の事件に係る犯罪の双方をいい，その両者の「軽重及び情状」を考慮することを要する。

「その他の事情」としては，例えば，免責決定が証言に係る証人の犯罪の捜査及び訴追に与える影響の内容及び程度等が考えられよう（なお，この点に関し，[10]参照。）。

これらの各事情を考慮し，検察官において，免責決定を得ることを，「必要と認める」ことが，免責請求の要件である。「必要と認める」か否かは，当該決定がその証言に係

る証人の犯罪の捜査及び訴追に与える影響を考慮してもなおその証言を得ることが必要であるかという観点から判断することとなろう（証人の訴追との関係については，[11]参照。）。

[6]「あらかじめ」

証人尋問の開始前をいう。証人尋問の開始後の免責請求は，157条の3による。

[7]「尋問に応じてした供述及びこれに基づいて得られた証拠」

免責の対象となる証拠の範囲である。

「尋問に応じてした供述」であることを要するから，証人尋問においてした供述であっても，尋問とは無関係に供述した場合，その供述は免責の対象とはならない。

「これに基づいて得られた証拠」，すなわち，尋問に応じてした供述に基づいて得られた供述とは，いわゆる派生証拠をいう。証拠の種類は問わない。「基づいて得られた証拠」といえるためには，直接的な原因関係がある必要はなく，例えば，尋問に応じて得られた供述に基づいて他の証拠が収集され，更に，当該他の証拠に基づいて別の証拠が収集されたときは，これも，ここでいう「基づいて得られた証拠」に当たる。

[8] 免責対象から除外される範囲

免責決定（本条Ⅱ）があった場合であっても，証人が当該証人尋問においてした行為が本法の宣誓・証言拒絶の罪（161），又は刑法の偽証の罪（刑169）当たる場合に，当該行為（当該証人尋問においてした行為）に係るこれらのいずれかの罪に係る事件において用いることは禁じられない。自己負罪拒否特権は，証言しないこと（証言拒絶）又は証言すること（偽証）そのものが犯罪に当たる場合に，それによって刑事訴追又は有罪判決を受けることを禁止することまで含む趣旨のものではないから，確認的に規定されたものと解される。なお，161条の罪のうち，宣誓拒絶の罪については，その罪に係る事件において，「尋問に応じてした供述」又は「これに基づいて得られた証拠」を用いることは通常は考えにくいであろう。

[9]「証人の刑事事件」

免責の効果は，当該証人の刑事事件においてのみ認められる。それ以外の者の刑事事件及び当該証人に係るものを含め，刑事事件以外における免責は本条の規定するところではない。

[10]「証人に不利益な証拠とすることができない」

「証人に不利益な証拠とすること」とは，例えば，犯罪事実を認定するための直接証拠又は間接証拠として用いることや，違法性阻却事由又は責任阻却事由の不存在を認定するための直接証拠又は間接証拠として用いることなどがこれに当たる。証人に異議がない場合であっても，証人に不利益な証拠とすることはできない。

[11] 証人の訴追との関係

免責決定（本条Ⅱ）がなされても，当該証人を訴追することが禁じられるものではない。他方，当該決定がなされると，証人が尋問に応じてした供述及びこれに基づいて得

られた供述を証人の刑事事件において証人に不利な証拠として用いることはできないから，検察官は，それ以外の証拠，つまり，当該供述から独立して入手した証拠により立証しなければ，有罪判決を得ることはできないこととなる。しかしながら，検察官が，当該供述から独立して入手した証拠であること，いいかえれば，「基づいて得られた証拠」（派生証拠）に該当しないことを立証することは，実務上は困難である場合が多いと思われ，その結果，当該証人の訴追及び処罰は相当困難となる場合が想定されることになる。免責請求の必要性の判断に当たっては，この点に関する考慮が必要であるため，免責請求の要件とされている（[5]参照。）。

[12] 1項2号

免責決定（本条Ⅱ）がなされると，証人は，自己が刑事訴追を受け，又は有罪判決を受けるおそれのある証言を拒むことができない。免責決定がなされると，尋問に応じてした供述及びこれに基づいて得られた証拠は，証人の刑事事件において証人に不利益な証拠とすることはできないのであるから（本条Ⅰ①），免責決定後は，証人は，本来的に，自らの証言により，自己が刑事訴追を受け，又は有罪判決を受けるおそれは存在しないことになる。したがって，その点に着目すれば，本号は確認的な規定であると解される。

[13] 免責決定の要件（「前項の請求を受けたとき」であること）

免責決定は，検察官による本条1項の請求を受けた場合のみ，これをすることができる。裁判所が職権により免責決定をすることはできない。

[14] 免責決定の要件（「その証人に尋問すべき事項に証人が刑事訴追を受け，又は有罪判決を受けるおそれのある事項が含まれないと明らかに認められる場合」でないこと）

「証人が刑事訴追を受け，又は有罪判決を受けるおそれのある事項についての尋問を予定している場合」であることが免責請求の要件であること（その趣旨が免責決定の一般的な必要性を示すものであることについて[4]参照。）を受け，その要件が明らかに存在しない場合を除き，すなわち，免責決定をする必要性がおよそ存在しない場合に当たらないことが，同決定の要件とされている。

[15] 免責決定

免責決定の要件（[12][13]）が存在する場合には，裁判所は，免責決定をしなければならない。

免責決定により，「当該証人尋問」の全体を1項各号に掲げる条件により行うことになる。当該決定の効果の及ぶ範囲は，証人が刑事訴追を受け又は有罪判決を受けるおそれのある事項に係る尋問に限られるものではない。

[16] 免責決定に係る手続

免責決定をするには，規33条1項の定めるところにより訴訟関係人の陳述を聴かなければならない。証人の意見を聴くことは要しない。

免責決定に対しては，検察官，被告人又は弁護人は，異議を申し立てることができる

（309 I ）。免責決定は，訴訟手続に関し判決前にした決定に当たり，即時抗告をすることはできない（420 I ）。
〔上冨敏伸〕

第157条の3[1]**〔証人尋問開始後の免責請求〕** 検察官は[2]，証人が刑事訴追を受け，又は有罪判決を受けるおそれのある事項について証言を拒んだと認める場合であつて[3]，当該事項についての証言の重要性，関係する犯罪の軽重及び情状その他の事情を考慮し，必要と認めるときは[4]，裁判所に対し，それ以後の当該証人尋問を前条第1項各号に掲げる条件により行うこと[5]を請求することができる。

2 　裁判所は，前項の請求を受けたときは[6]，その証人が証言を拒んでいないと認められる場合[7]又はその証人に尋問すべき事項に証人が刑事訴追を受け，若しくは有罪判決を受けるおそれのある事項が含まれないと明らかに認められる場合を除き[8]，それ以後の当該証人尋問を前条第1項各号に掲げる条件により行う旨の決定をするものとする[9][10]。

　　　　[1]本条の趣旨　　　[2]「検察官」　　　[3]免責請求の要件　　　[4]免責請求の要件　　　[5]「前条第1項各号に掲げる条件により行うこと」　　　[6]免責決定の要件　　　[7]免責決定の要件　　　[8]免責決定の要件　　　[9]免責決定　　　[10]免責決定に係る手続

[1] 本条の趣旨
　本条は，証人尋問開始後における免責請求及び免責決定について規定する。

[2] 「検察官」
　本項の請求権者は，検察官である。被告人及び弁護人には請求権はない（裁判所の職権による決定が許されないことについては，[6]参照。）。

[3] 免責請求の要件（「証人が刑事訴追を受け，又は有罪判決を受けるおそれのある事項について証言を拒んだと認める場合」であること）
　証人が，刑事訴追を受け，又は有罪判決を受けるおそれのある事項について証言を拒んだことを要する。この要件を満たさない場合には，刑事免責の必要性が一般的に認められないことによる。したがって，例えば，当該事項に係る犯罪について証人に対する確定した有罪判決がなされている場合には，この要件を満たさず，免責請求することはできない。証人が証言を拒んだ理由は問わない。

[4] 免責請求の要件（「当該事項についての証言の重要性，関係する犯罪の軽重及び情状その他の事情を考慮し，必要と認めるとき」であること）
　「当該事項についての証言の重要性」，「関係する犯罪の軽重及び情状」及び「その他の事情」の意義，必要性の有無を判断する観点等については，157条の2解説[5]参

照。

[5]「前条第１項各号に掲げる条件により行うこと」

　免責の対象，効果等については，157条の２解説［7］～［12］参照。

[6] 免責決定の要件（前項の請求を受けたときであること）

　免責決定は，検察官による本条１項の請求を受けた場合のみ，これをすることができる。裁判所が職権により免責決定をすることはできない。

[7] 免責決定の要件（その証人が証言を拒んでいないと認められる場合でないこと）

　「証人が刑事訴追を受け，又は有罪判決を受けるおそれのある事項について証言を拒んだと認める場合」であることが免責請求の要件であることを受け，その要件が存在しない場合に当たらないことが，免責決定の要件とされている。

[8] 免責決定の要件（その証人に尋問すべき事項に証人が刑事訴追を受け，若しくは有罪判決を受けるおそれのある事項が含まれないと明らかに認められる場合でないこと）

　本条の免責請求においては，「証人が刑事訴追を受け，又は有罪判決を受けるおそれのある事項について証言を拒んだと認める場合」であることが要件とされているが，免責決定以後の尋問において，「その証人に尋問すべき事項に証人が刑事訴追を受け，若しくは有罪判決を受けるおそれのある事項が含まれない」場合には，免責決定をする必要性が存在しないことになるので，そのような場合であると明らかに認められる場合に当たらないことが，同決定の要件とされている（157の２解説[14]参照。）。

[9] 免責決定

　免責決定の要件（[6]～[8]）が存在する場合には，裁判所は，免責決定をしなければならない。

　免責決定により，「それ以後の当該証人尋問」の全体を157条の２第１項各号に掲げる条件により行うことになるから，当該決定の効果は，同決定がなされた以後の当該証人尋問の全体に及ぶこととなる。当該決定の効果の及ぶ範囲は，証人が刑事訴追を受け又は有罪判決を受けるおそれのある事項に係る尋問に限られるものではない。

[10] 免責決定に係る手続

　157条の２解説［16］参照。　　　　　　　　　　　　　　　　　　〔上冨敏伸〕

　第157条の4 [1] 〔証人への付添い〕　裁判所は，証人を尋問する場合において，証人の年齢，心身の状態その他の事情を考慮し，証人が著しく不安又は緊張を覚えるおそれがあると認めるとき [2] は，検察官及び被告人又は弁護人の意見を聴き [3]，その不安又は緊張を緩和するのに適当であり，かつ，裁判官若しくは訴訟関係人の尋問若しくは証人の供述を妨げ，又はその供述の内容に不当な影響を与えるおそれがないと認める者 [4] を，その証人の供述中，証人に付き添わせることができ

る[5]。

2 前項の規定により証人に付き添うこととされた者は，その証人の供述中，裁判官若しくは訴訟関係人の尋問若しくは証人の供述を妨げ，又はその供述の内容に不当な影響を与えるような言動をしてはならない[5]。

[規] 第107条の2（決定の告知・法第157条の2等） 法第157条の2第1項及び第157条の3第1項の請求に対する決定，法第157条の4第1項に規定する措置を採る旨の決定，法第157条の5に規定する措置を採る旨の決定，法第157条の6第1項及び第2項に規定する方法により証人尋問を行う旨の決定並びに同条第3項の規定により証人の尋問及び供述並びにその状況を記録媒体に記録する旨の決定は，公判期日前にする場合においても，これを送達することを要しない[6]。

　2 前項の場合には，速やかに，それぞれ決定の内容を訴訟関係人に通知しなければならない。

[1] 本条の趣旨

　本条は，証人への付添いの措置を定めたものであり，その趣旨は，付添いにより尋問時の証人の精神的不安等を軽減し，証人保護を図ることにある。本条の措置は，遮へい（157の5），ビデオリンク（157の6）の各措置と併用することができる。

[2] 付添いの要件

　付添いの措置をとるためには，「証人が著しく不安又は緊張を覚えるおそれがある」ことが必要である。裁判所は，その認定に当たり，証人の年齢，心身の状態その他の事情を考慮し，証人の精神状態に則して判断する。

[3] 手　続

　裁判所は，当事者の意見を聴いた上で，職権により付添いの措置をとる。実務上は，当該証人の心身の状態等を熟知している「証人尋問を請求した当事者」より職権発動の申出がされ，これに対する相手方当事者の意見を踏まえて，付添いの措置をとるか否か判断がされる。

[4] 付添人の要件

　付添人は，証人の「不安又は緊張を緩和するのに適当」であり，かつ，「尋問若しくは証人の供述を妨げ，又はその供述の内容に不当な影響を与えるおそれがない」と認められる者であることが必要であり，その典型例は，年少証人の親などである。

[5] 付添の態様及び禁止行為

　付添人は，証人の傍らに着席して付き添うが，「尋問若しくは証人の供述を妨げ，又はその供述の内容に不当な影響を与えるような言動」を取ることは禁止される。

[6] 決定の告知等

　簡易迅速な告知を行うため，付添いの措置をとる決定は，公判期日前の決定でも送達

は不要であり（規34但の「特別の定」に当たる。），通知で足りる。付添いの措置をとる決定に対しては，異議申立てができるが（309Ⅰ），職権不発動に対しては，不服申立ては認められない。　　　　　　　　　　　　　　　　　　　　　　　　　　　　　　　〔森喜史〕

第157条の5 [1]**〔証人尋問の際の証人の遮へい〕**　裁判所は，証人を尋問する場合において，犯罪の性質，証人の年齢，心身の状態，被告人との関係その他の事情により，証人が被告人の面前（次条第1項及び第2項に規定する方法による場合を含む。）において供述するときは圧迫を受け精神の平穏を著しく害されるおそれがあると認める場合であつて，相当と認めるとき [2]は，検察官及び被告人又は弁護人の意見を聴き [3]，被告人とその証人との間で，一方から又は相互に相手の状態を認識することができないようにするための措置 [4]を採ることができる。ただし，被告人から証人の状態を認識することができないようにするための措置については，弁護人が出頭している場合に限り，採ることができる。

2　裁判所は，証人を尋問する場合において，犯罪の性質，証人の年齢，心身の状態，名誉に対する影響その他の事情を考慮し，相当と認めるとき [2]は，検察官及び被告人又は弁護人の意見を聴き [3]，傍聴人とその証人との間で，相互に相手の状態を認識することができないようにするための措置 [4]を採ることができる。

[規]　第107条の2　法第157条の4参照 [5]。

[1] 本条の趣旨

　本条は，証人尋問時の遮へいの措置を定めたものであり，その趣旨は，証人と被告人間（Ⅰ）あるいは証人と傍聴人間（Ⅱ）で遮へいの措置をとることにより，尋問時に被告人等から見られることによる証人の精神的不安等を軽減し，証人保護を図ることにある。本条各項の遮へいの措置は併用が可能であるほか，付添い（157の4），ビデオリンク（157の6）の各措置と併用することもできる。なお，遮へい及びビデオリンクの各措置は，憲法82条1項，37条1項，2項前段に違反しない（最判平17・4・14刑集59・3・259）。

[2] 要　件

(1)　1項の被告人との間の遮へいの措置をとるためには，証人が被告人の面前では「圧迫を受け精神の平穏を著しく害されるおそれ」（恐怖，羞恥心，困惑等が著しく，相当程度の精神的負担を負うおそれがあることを意味する。）があり，かつ，同措置が「相当」であることが必要である。裁判所は，その認定に当たり，①犯罪の性質，②証人の年齢，③心身の状態，④被告人との関係その他の事情を考慮して判断をする。

(2)　2項の傍聴人との間の遮へいの措置をとるためには，同措置が「相当」であることが必要である。裁判所は，その認定に当たり，(1)の①ないし③のほか，⑤名誉に対する

影響その他の事情を考慮して判断をする。

1項と2項を比較すると，1項の方が被告人側の証人審問権の行使に及ぼす影響が大きいため，上記のとおり要件が加重されている。

[3] 手 続

前条の[3]と同様である。

[4] 遮へいの態様

実務上は，衝立を証人席付近に設置する方式によるのが一般的である（ビデオリンクと併用する場合には，設置モニターの画面を消去する方法による。）。

1項の遮へいの措置については，被告人の防御権に配慮し，認識し得ない状態にするのを一方か相互かの選択が可能であるが，被告人から証人の状態を認識することができない遮へいの措置をとる場合，被告人の防御権に支障をきたすことがないように弁護人が出頭していることが要件とされ，弁護人が証人の状態を認識できるようにする必要がある。

[5] 決定の告知等

前条の[6]と同様である。　　　　　　　　　　　　　　　　　　　〔森喜史〕

第157条の6 [1] 〔ビデオリンク方式による証人尋問〕　裁判所は，次に掲げる者を証人として尋問する場合において，相当と認めるとき [2] は，検察官及び被告人又は弁護人の意見を聴き，裁判官及び訴訟関係人が証人を尋問するために在席する場所以外の場所であつて，同一構内（これらの者が在席する場所と同一の構内をいう。次項において同じ。）にあるものにその証人を在席させ，映像と音声の送受信により相手の状態を相互に認識しながら通話をすることができる方法 [3] によつて，尋問することができる [4]。

一　刑法第176条から第178条の2まで若しくは第181条の罪，同法第225条若しくは第226条の2第3項の罪（わいせつ又は結婚の目的に係る部分に限る。以下この号において同じ。），同法第227条第1項（第225条又は第226条の2第3項の罪を犯した者を幇助する目的に係る部分に限る。）若しくは第3項（わいせつの目的に係る部分に限る。）若しくは第241条前段の罪又はこれらの罪の未遂罪の被害者

二　児童福祉法（昭和22年法律第164号）第60条第1項の罪若しくは同法第34条第1項第9号に係る同法第60条第2項の罪又は児童買春，児童ポルノに係る行為等の規制及び処罰並びに児童の保護等に関する法律（平成11年法律第52号）第4条から第8条までの罪の被害者

三　前2号に掲げる者のほか，犯罪の性質，証人の年齢，心身の状態，被告人との関係その他の事情により，裁判官及び訴訟関係人が証人を尋問するために在席する場所において供述するときは圧迫を受け精神の平穏を著しく害されるおそれが

あると認められる者

2 　裁判所は，証人を尋問する場合において，次に掲げる場合であつて，相当と認めるとき[2]は，検察官及び被告人又は弁護人の意見を聴き，同一構内以外にある場所であつて裁判所の規則で定めるものに証人を在席させ，映像と音声の送受信により相手の状態を相互に認識しながら通話をすることができる方法[3]によつて，尋問することができる[4]。

一 　犯罪の性質，証人の年齢，心身の状態，被告人との関係その他の事情により，証人が同一構内に出頭するときは精神の平穏を著しく害されるおそれがあると認めるとき。

二 　同一構内への出頭に伴う移動に際し，証人の身体若しくは財産に害を加え又は証人を畏怖させ若しくは困惑させる行為がなされるおそれがあると認めるとき。

三 　同一構内への出頭後の移動に際し尾行その他の方法で証人の住居，勤務先その他その通常所在する場所が特定されることにより，証人若しくはその親族の身体若しくは財産に害を加え又はこれらの者を畏怖させ若しくは困惑させる行為がなされるおそれがあると認めるとき。

四 　証人が遠隔地に居住し，その年齢，職業，健康状態その他の事情により，同一構内に出頭することが著しく困難であると認めるとき。

3 　前2項に規定する方法により証人尋問を行う場合（前項第4号の規定による場合を除く。）において，裁判所は，その証人が後の刑事手続において同一の事実につき再び証人として供述を求められることがあると思料する場合であつて，証人の同意があるときは，検察官及び被告人又は弁護人の意見を聴き，その証人の尋問及び供述並びにその状況を記録媒体（映像及び音声を同時に記録することができるものに限る。）に記録することができる[5]。

4 　前項の規定により証人の尋問及び供述並びにその状況を記録した記録媒体は，訴訟記録に添付して調書の一部とするものとする[5]。

[規] 　第107条の2 　法第157条の4参照。

第107条の3（映像等の送受信による通話の方法による尋問・法第157条の6） 　法第157条の6第2項の同一構内以外にある場所であつて裁判所の規則で定めるものは，同項に規定する方法による尋問に必要な装置の設置された他の裁判所の構内にある場所とする。

[1] 本条の趣旨等

　性犯罪等の被害者等は，訴訟関係人や傍聴人等のいる法廷で証言することにより強い精神的圧迫を受けることがあり，これを軽減するため，証人を法廷の外の別室に在室させ，ビデオリンク方式を用いて，法廷内に設置されたモニターを通じて証人尋問を行う

ことを可能にしたものである（本条は，憲82Ⅰ・37ⅠⅡ前に違反しない。最判平17・4・14刑集59・3・259）。本条1項1号及び2号に列挙された罪は，被害者（230の「犯罪により害を被つた者」と同じ）が一般に強い精神的圧迫を受けるおそれの大きい犯罪類型である。

被害者等の心情等の意見陳述についても本条が準用される（292の2Ⅵ）が，被害者参加人が公判期日に出席する場合（316の34）については，被害者参加人は自ら直接訴訟活動を行うために公判期日に出席するという事柄の性質上，別室に在席してビデオリンクの措置をとることは認められていない。

なお，平成28年改正により，証人を公判が行われる裁判所と同一の構内以外の場所に在席させ，その場所と裁判官等の在席する場所との間をビデオリンクでつなぐ方式もとることができるとされた（本条Ⅱ）。公判が行われる裁判所と同一の構内に出頭することにより，証人が精神の平穏を著しく害されるおそれがあることや，証人に対して加害行為等がなされるおそれがあることなどを考慮したものである。

[2] 相当と認めるとき

本条1項各号又は2項各号に掲げる者に該当すれば，基本的には相当と認められると考えられる。

本条2項各号の例として，1号については，性犯罪の被害者等が公判が行われる裁判所に出頭すること自体で著しい心理的負担がある場合，2号については，暴力団関係等の組織的な事件で，証人が公判が行われる裁判所に出頭すると待ち伏せをされて加害行為がなされるおそれがある場合，3号については，2号について述べたところと同様の事件で，証人が証言後帰宅までの間に尾行されるなどして住所を把握され，証人やその親族に加害行為がなされるおそれがある場合，4号については，高齢者や病気療養中の者が遠方の裁判所に出頭することにより健康を損なうおそれがある場合や，多忙かつ代替性のない業務に就いている者が遠方の裁判所に出頭することにより業務に大きな支障が生ずるような場合などがあげられる。

[3] 証人尋問の方法

ビデオリンク方式による証人尋問を実施する際は，証人は，裁判官（裁判員も含む。裁判員64Ⅰ）及び訴訟関係人が在席する場所（裁判所外の証人尋問を除いては法廷）と同一の構内の別室に在席するか（本条Ⅰの場合），構外ビデオリンク方式による尋問に必要な装置の設置された他の裁判所の構内にある場所に在席する（本条Ⅱの場合。規107の3）。

証人への付添いや遮へいを併用することもできる。証人への付添い（157の4）を併用する場合は，付添人も，証人が在席する別室に入り，証人のそばに着席することになる。証人の遮へい（157の5）を併用する場合は，被告人の着座位置や法廷側のモニターの位置ないし角度を工夫したり，一部のモニターの電源を切ることにより，映像が被告人や傍聴人から見えないようにする。

[4] ビデオリンク方式による尋問を実施する旨の決定，記録媒体に記録する旨の決定

157条の4と同じく裁判所が職権で判断するが，通常は，証人尋問を請求した当事者

から職権発動の申出がされる。

本条3項の記録媒体に記録する旨の決定も同様である。これらの決定が異議の対象となること，これらの決定の告知は通知で足りること（規107の2），職権発動をしなかったことに対する不服申立ては認められないことも，157条の4と同じである（以上については157の4の解説も参照）。

[5] 記録媒体への記録（本条Ⅲ・Ⅳ）

本条3項は，将来の再度の証人尋問が予想される場合（犯人として複数の被告人が起訴され，それらの公判が分離されている場合や，同一被告人の場合でも，第1回公判期日前の証人尋問や証拠保全手続における証人尋問でビデオリンク方式がとられた場合等）に，後の公判で被害状況を一から改めて証言する等を避けることで被害者の精神的負担を軽減することを目的として，ビデオリンク方式による尋問（本条Ⅱ④の場合を除く。）を記録媒体に録画しこれを後の公判で使用することを可能とした（再度の証人尋問が考えられない場合には，記録媒体への録画は許されない。）。

証人の同意を要件としたのは，証言する状況等を克明に録画されることが，かえって証人への新たな心理的精神的負担となることもあるからである。裁判員裁判では，訴訟関係人の尋問及び供述等を記録媒体に記録することができるが，ビデオリンク方式による証人尋問の状況を記録するには，やはり証人の同意が必要である（裁判員65Ⅱ）。

記録媒体が作成された場合，これを訴訟記録に添付し，調書の一部とする（本条Ⅳ）。その場合でも調書は文字情報として作成しなければならない（規38Ⅰ・44Ⅰ㉒等）。この調書の取調べ方法については，305条5項・6項を参照。また，この調書については，訴訟関係人にその供述者に対する証人尋問の機会を与えることによって当然に（326の同意や供述不能等の要件を必要とせずに）証拠能力が認められる（321の2Ⅰ）。　　　　〔辛島明〕

第158条 [1] 〔裁判所外における証人尋問〕　裁判所は，証人の重要性，年齢，職業，健康状態その他の事情と事案の軽重とを考慮した上 [2]，検察官及び被告人又は弁護人の意見を聴き [3]，必要と認めるときは，裁判所外 [4] にこれを召喚し，又はその現在場所でこれを尋問することができる。

2　前項の場合には，裁判所は，あらかじめ，検察官，被告人及び弁護人に，尋問事項を知る機会を与えなければならない [5]。

3　検察官，被告人又は弁護人は，前項の尋問事項に附加して，必要な事項の尋問を請求することができる [6]。

[規]　第108条（尋問事項の告知等・法第158条）　裁判所は，公判期日外において検察官，被告人又は弁護人の請求にかかる証人を尋問する場合には，第106条第1項の書面を参考として尋問すべき事項を定め，相手方及びその弁護人に知らせなければならない。

2　相手方又はその弁護人は，書面で，前項の尋問事項に附加して，必要な事項の尋問を請求することができる。

第109条（職権による公判期日外の尋問・法第158条）　裁判所は，職権で公判期日外において証人を尋問する場合には，あらかじめ，検察官，被告人及び弁護人に尋問事項を知らせなければならない。

2　検察官，被告人又は弁護人は，書面で，前項の尋問事項に附加して，必要な事項の尋問を請求することができる。

［1］本条の趣旨

　公開の原則，直接主義，公判中心主義等の要請からは，証人尋問は，公判期日に公判廷で行われるのが原則である。しかし，証人の裁判所への喚問が困難な場合や裁判所外での尋問によらなければ適切な供述が得られない場合等もあることから，本条は，一定の要件のもとに裁判所外での尋問（所在尋問）を認めたものである。なお，公判期日外の証人尋問については，281条にも規定が置かれているが，281条は受訴裁判所の構内で実施する場合を，本条は裁判所外で実施する場合をそれぞれ規定したものと解される。

　本条の証人尋問は，証拠調ではなく証拠の収集手続であるから，公判廷で取り調べられるのは証人尋問調書である（303）。

［2］所在尋問の要件

(1) **証人の重要性**　「重要性」とは，当該事件において証拠として持つ重みをいう。重要な証人であるほど，できる限り公判廷で尋問すべきであるといえるが，他面，本条による尋問の必要性も高くなることが考えられる。代替性があるなど証人としての重要性が低い場合には，特別の事情がない限り，本条のような例外的措置による必要性はないことになる。

(2) **年齢**　極めて高齢の場合には公判廷への出廷が困難であるし，幼児の場合には法廷の構造や雰囲気から適切な供述を得ることが困難であるなど，出頭困難な場合が考えられる。

(3) **職業**　職務上一定の場所を離れることができない場合が想定される。もっとも，交通の便の良くなった現代においては，その場所が遠隔地でなければ所在尋問の必要性があるとはいえないとする見解もある。

(4) **健康状態**　病気や怪我等のため出頭が困難な場合である。

(5) **その他の事情**　(1)～(4)に掲げられた事情は例示であり，それ以外の事情でもよい。例えば，裁判所への出頭が困難な場合と裁判所外での尋問の方がより適切な供述を得られる場合が考えられる。前者の例としては，証人が遠隔地に所在するため，裁判所に召喚することが過重な負担になる場合があり，後者の例としては，目撃証人等，検証現場の状況を指示させながら供述をさせる方がより適切な供述を得られる場合がある。また，性犯罪の被害者等，羞恥心や恐怖心のため，公開の法廷というあらたまった場所では供

述不能の状態になるような証人の場合も考えられるが，遮へい（157の5）やビデオリンク（157の6）の措置，さらには被告人の退廷（304の2）の措置を講ずることによってもなお，裁判所への出頭が困難な場合等でなければならないと解される。

(6) **事案の軽重**　法定刑の軽重ではなく，事実上の事案の重大性の程度による。

［3］意見の聴取

　検察官及び被告人又は弁護人に意見を聴かなければならない。裁判所外での証人尋問の可否について意見を求めれば足り，その具体的な場所についてまで意見を聴く必要はない。可否について，裁判所は，当事者の意見に拘束されない。

［4］尋問の場所

　「裁判所外」とは，受訴裁判所の属する官署としての裁判所の構外の特定の場所をさす。日本国内に限らず，公海，公空であってもよく，また，外国であっても，当該国の承諾があれば差し支えない。

［5］尋問事項の告知

　裁判所は，あらかじめ，検察官，被告人，弁護人に尋問事項を知る機会を与えなければならない（本条Ⅱ）。所在尋問の場合を含め，公判期日外で証人を尋問するときは，裁判所は，あらかじめ尋問事項を定めることを要する（規108Ⅰ）。その前提として，当事者も，公判期日外の証人尋問が自己の請求した証人にかかるときは，尋問事項等を記載した書面を提出しなければならない（規106Ⅰ本）。裁判所が職権で取調を決定した証人については，裁判所自らがあらかじめ尋問事項を定めなければならない（規109Ⅰ）。

［6］尋問事項の附加

　検察官，被告人又は弁護人は，裁判所から告知された尋問事項に附加して，必要な事項の尋問を請求することができる（本条Ⅲ）。尋問事項の附加請求は，書面でしなければならない（規108Ⅱ・109Ⅱ）。　　　　　　　　　　　　　　　　　　　　　　〔三村三緒〕

第159条 [1] 〔**尋問に立ち会わなかった当事者の権利**〕　裁判所は，検察官，被告人又は弁護人が前条の証人尋問に立ち会わなかつたときは，立ち会わなかつた者[2]に，証人の供述の内容を知る機会を与えなければならない[3]。

2　前項の証人の供述が被告人に予期しなかつた著しい不利益なものである場合[4]には，被告人又は弁護人は，更に必要な事項の尋問を請求することができる[5]。

3　裁判所は，前項の請求を理由がないものと認めるときは，これを却下することができる[6]。

　［規］　**第126条（公判期日外の尋問調書の閲覧等・法第159条）**　裁判所は，検察官，被告人又は弁護人が公判期日外における証人尋問に立ち会わなかつた場合において証人尋問調書が整理されたとき，又はその送付を受けたときは，速やかにその旨を立ち会わなか

つた者に通知しなければならない。

2 被告人は，前項の尋問調書を閲覧することができる。

3 被告人は，読むことができないとき，又は目の見えないときは，第1項の尋問調書の朗読を求めることができる。

4 前2項の場合には，第50条の規定を準用する。

[1] 本条の趣旨

本条は，前条の証人尋問に立ち会わなかった当事者に証言の内容を知る機会を与え，被告人側に対しては一定の場合に再尋問の請求を認めて，憲法37条2項の保障を実質的に深める規定である。

[2] 証言内容を知る機会を与えられる者

被告人と弁護人のいずれかが立ち会わなかった場合には，その立ち会わなかった者であり，双方が立ち会わなかった場合には，その双方である。弁護人が数人いて，その一部が立ち会わなかった場合において，立ち会わなかった弁護人に対して本条1項の機会を与える必要はないと解される。

[3] 知る機会を与える方法

裁判所は，証言内容を知る機会を与えるべき者に対し，証人尋問調書が整理され（受訴裁判所又は受命裁判官による尋問の場合），又はその送付を受けた（受託裁判官による尋問の場合）後，速やかにその旨を通知しなければならない（規126Ⅰ）。

証人尋問調書について，検察官は270条の規定により，弁護人は40条の規定により，それぞれ閲覧・謄写をすることができる。被告人の場合は，閲覧することができる（規126Ⅱ）。被告人は，裁判所において閲覧しなければならない。調書を読むことができず，又は目の見えない場合には，裁判所書記官による朗読を求めることができる（規126Ⅱ～Ⅳ，50）。

[4] 再尋問請求の要件

「被告人に予期しなかった著しい不利益なもの」とは，現実に予期していなかったというだけでなく，前条2項により知る機会を与えられた尋問事項からは通常予期できないような供述で，かつ，被告人にとって著しく不利益なものをいうと解される。被告人が証人尋問に立ち会っていたが，これに立ち会っていなかった弁護人にとって予期し得なかった場合も含むと解される。

[5] 再尋問の請求手続

請求権者は，立ち会わなかった被告人又は弁護人であるが，被告人が立ち会わなかった場合，弁護人が被告人のために請求できることは，弁護人の権能からして当然である。請求方法は，口頭でも許される（規296本）。

[6] 再尋問請求の却下

「理由がない」とは，証人の供述が予期しなかったとはいえない場合や著しく不利益

なものとはいえない場合のほか，再尋問請求にかかる尋問事項が事件の審判に必要がないと判断される場合も含まれる。請求に理由があるときは，請求された事項について尋問を行うこととなり，この場合にも157条・158条の適用がある。　　　　　　〔三村三緒〕

第160条 [1] **〔宣誓証言の拒絶と過料等〕**　証人が正当な理由がなく [2] 宣誓又は証言を拒んだときは，決定で，10万円以下の過料 [3] に処し，かつ，その拒絶により生じた費用の賠償 [4] を命ずることができる [5]。
2　前項の決定に対しては，即時抗告をすることができる。

〔規〕　第122条　法第146条参照。

[1] 本条の趣旨

本条は，訴訟手続上の秩序を維持するため，正当な理由がなく宣誓又は証言を拒むという証人の秩序違反行為に対し，当該手続を主宰する裁判所又は裁判官が直接秩序罰を科すことを可能とするものであり（最判昭39・6・5刑集18・5・189），証人の宣誓又は証言を間接的に強制しようとする規定である。身体検査に関する137条と同趣旨のものである。

本条は行政罰の規定であるため，過失による場合にも適用される。

[2] 正当な理由

正当な理由のない宣誓拒絶とは，154条の宣誓義務があるのに宣誓を拒んだ場合をいい，正当な理由のない証言拒絶とは，146条・147条・149条における証言拒絶権がないのに証言を拒んだ場合及び職務上の秘密について144条・145条の監督官庁等の承諾があるのに証言を拒んだ場合をいう。

実体法上の要件について定める161条の場合と異なり，過料の手続的性格からすると，証言拒絶権があっても，証人が証言を拒む理由を示さなかった場合のほか，それを示したとしても，それが虚偽のものであったり，正当な理由に当たらなかったりした場合には，正当な理由のない証言拒絶に該当すると解される（松尾・条解291）。

[3] 過　料

宣誓拒絶に対する過料は1回しか科すことができない。証言拒絶については，同一の証拠決定に基づく証人尋問で複数回にわたり証言を拒んだとしても，本条所定の最高額の限度で1回しか過料を科すことができないが，一旦過料を科した後に同一尋問手続内で再度証言を拒んだ場合には，別個に過料を科すことができるとの見解が多数である（仲家・大コメ刑訴3・237）。

本条の過料は，証人に対する秩序罰であり，刑罰としての罰金（161）とは目的，要件及び実現の手続を異にするので，両者が併科されても憲法31条・39条後段に反しない

（前掲最判昭39・6・5）。

[4] 費用の賠償

賠償すべき費用の範囲，過料と費用の賠償との関係については，150条の解説［4］参照。

[5] 制裁手続

本条の制裁は刑罰ではないが，その制裁を科すには，事前に告知，聴聞の機会を与える必要があり，間接強制の手段という趣旨からも，事前に制裁の告知と証言命令を行うことを要すると解される。ただし，制裁の告知等については明示的なものである必要はなく，説得の過程でその趣旨が明らかになっていれば足りる。

証言拒絶に対して制裁を科すか否かは，裁判所の合理的な裁量に委ねられており，正当な理由がないのに証言を拒んだ証人に過料の制裁を科さなかったことに対し，309条1項の異議の申立てをすることはできない（最決昭32・11・2刑集11・12・3056）。　〔福家康史〕

第161条 [1]〔宣誓証言の拒絶と刑罰〕　正当な理由がなく [2] 宣誓又は証言を拒んだ者 [3] は，1年以下の懲役又は30万円以下の罰金に処する [4]。

[1] 本条の趣旨

本条は，刑事司法に協力しない行為に対して通常の刑事訴訟手続において科される刑罰を定めたものであるが（最判昭39・6・5刑集18・5・189），刑罰の威嚇により，証人の宣誓及び証言を間接的に強制しようとする趣旨を含む。身体検査に関する138条と同趣旨のものである。証人の証言拒絶等についてより厳正に対処することで，証人の証言を確保し，公判審理の充実化を図るため，平成28年法律第54号により，懲役刑が設けられるなど罰則の法定刑が引き上げられた。

本条は故意犯としての規定であるため，過失犯を含まない。

[2] 正当な理由

本条の証言拒絶における正当な理由の範囲については，160条の場合と同様，146条・147条・149条において証言拒絶が認められている場合及び職務上の秘密について144条・145条の監督官庁等の承諾がないときに限定されるとの見解と，それに加えて，刑罰を科すべき実質的な違法性を欠くと認められる場合も含まれるとの見解がある（仲家・大コメ刑訴3・241）。この点，新聞記者の取材源の秘匿は本条の正当な理由に該当するとの上告趣意を排斥した判例がある（最大判昭27・8・6刑集6・8・974）。

本条の証言拒絶罪は，証言を拒んだことにより成立し，正当な理由については違法性阻却事由と解される（最決昭46・3・23刑集25・2・177）。

[3] 証言を拒んだ者

証言を拒んだといえるために必要な手続については，規122条は証人尋問の手続を円

滑・迅速に進行させるための手続的規定にすぎないから，同条1項に従い証人が証言を拒む事由を示さなかったからといって，直ちに正当な理由がないことにはならず，同条2項の証言命令も本条の成立要件ではないと解される（前掲最決昭46・3・23）。ただし，事由を示さない場合や，虚偽の事由又は正当とは認められない事由を示す場合は，正当な理由がないという事実上の推定が働くこととなる。また，証人尋問を円滑に進めるとともに，証言拒絶の事実を明確にするという意味でも，証人が証言を拒否する事由が正当な理由に当たらないと判断した場合には証言命令を発するのが相当である（仲家・大コメ刑訴3・242，243）。

証人が正当な理由なく宣誓又は証言を拒んだ後に宣誓又は証言をしたとしても犯罪の成立を阻却しない。ただし，一旦拒否の態度を示したとしても，同一の尋問手続の中で説得等に応じ，あるいは自ら翻意して宣誓又は証言をしたような場合には拒否はなかったとみるべきと解される。

［4］犯罪の成立

本罪の罪数については，同一の証拠決定に基づく証人尋問につき，公判期日を単位とし，数個の事項について数回にわたり証言を拒否しても包括一罪であるとするのが通説である（仲家・大コメ刑訴3・244）。

過料との併科については前条の解説［3］参照。　　　　　　　　　　　〔福家康史〕

第162条 [1] 〔同行命令・勾引〕　裁判所は，必要があるときは，決定で指定の場所に証人の同行を命ずる [2] ことができる。証人が正当な理由がなく同行に応じないときは，これを勾引することができる。

［1］本条の趣旨

本条は，裁判所外での証人尋問（158 I）を行うために，所定の場所に証人を同行させ，更には勾引することができることを定めたものである。被告人に関する68条と同趣旨であるが，出頭命令は規定されていない。

［2］同行を命ずる

同行命令は，証人に対し，裁判所とともに，裁判所外での証人尋問に行くことを命ずる裁判である。召喚の場合と異なり，令状による必要はなく，猶予期間の定めもない。同行命令に応じない証人には，間接強制について定める150条・151条の適用がなく，勾引のみが許されることなどからみて，同行命令は，証人が既に裁判所その他当初の指定場所に出頭している場合に限り発することができると解され，その他の場合には，召喚の手続によるべきである。　　　　　　　　　　　　　　　　　　　　〔福家康史〕

280 **163条**

第163条 [1] 〔**受命裁判官，受託裁判官**〕 裁判所外で証人を尋問すべきときは [2]，合議体の構成員にこれをさせ [3]，又は証人の現在地の地方裁判所，家庭裁判所若しくは簡易裁判所の裁判官にこれを嘱託する [4] ことができる [5]。

2　受託裁判官は，受託の権限を有する他の地方裁判所，家庭裁判所又は簡易裁判所の裁判官に転嘱 [6] することができる。

3　受託裁判官は，受託事項について権限を有しないときは，受託の権限を有する他の地方裁判所，家庭裁判所又は簡易裁判所の裁判官に嘱託を移送 [7] することができる。

4　受命裁判官又は受託裁判官は，証人の尋問に関し，裁判所又は裁判長に属する処分をすることができる。但し，第150条及び第160条の決定は，裁判所もこれをすることができる [8]。

5　第158条第2項及び第3項並びに第159条に規定する手続は，前項の規定にかかわらず，裁判所がこれをしなければならない。

> [規]　**第127条（受命，受託裁判官の尋問・法第163条）**　受命裁判官又は受託裁判官が証人を尋問する場合においても，第106条第1項から第3項まで及び第5項，第107条から第109条まで（第107条の3を除く。）並びに前条の手続は，裁判所がこれをしなければならない。
>
> **第302条（裁判官の権限）**　法において裁判所若しくは裁判長と同一の権限を有するものとされ，裁判所がする処分に関する規定の準用があるものとされ，又は裁判所若しくは裁判長に属する処分をすることができるものとされている受命裁判官，受託裁判官その他の裁判官は，その処分に関しては，この規則においても，同様である。
>
> 2　法第224条又は第225条の請求を受けた裁判官は，その処分に関し，裁判所又は裁判長と同一の権限を有する。

[1] 本条の趣旨

本条は，裁判所外において，受命裁判官・受託裁判官等により証人を尋問する場合における手続を定めたものであり，被告人の勾引に関する66条，押収・捜索に関する125条と同趣旨のものである。

[2] 裁判所外で証人を尋問すべきとき

受命裁判官・受託裁判官による証人尋問は，裁判所外のものに限られるため，公判期日外の尋問（281）であっても，受訴裁判所構内で受命裁判官に証人尋問を行わせるのは違法である。

ただし，あらかじめ検察官，弁護人等の同意があり，かつ，当該証人尋問に被告人，弁護人が立ち会っていて異議を述べていないなどの場合には，その瑕疵が治癒されると解される（最決昭29・9・24刑集8・9・1519）。

163条

[3] 受命裁判官

　受訴裁判所が合議体の場合には，その構成員である裁判官の一部の者に事実の取調べ又は証拠調べを命じることができ，これを命じられた者を受命裁判官という。

[4] 受託裁判官

　受訴裁判所は，国法上の他の地方裁判所，家庭裁判所又は簡易裁判所の裁判官に事実の取調べ又は証拠調べを嘱託することができ，嘱託を受けた裁判官を受託裁判官という。本条による嘱託を受ける主体は，証人の現在地を管轄区域内に持つ地方裁判所，家庭裁判所又は簡易裁判所のいずれかに属する裁判官である。

[5] 証人尋問の手続

　受訴裁判所は，証人及び尋問事項を特定して証拠決定をした上，受命裁判官に尋問の施行を命じ，又は証人所在地の受託裁判官に尋問の施行を嘱託しなければならない。受命裁判官による証人尋問の場合には，尋問場所も受訴裁判所が決定しなければならないが，天候，環境その他証拠調べの都合等を考慮して所定の現場付近の最寄りの場所で尋問を施行しても，決定の趣旨に反しない限り許される（最判昭25・4・14刑集4・4・578）。

　受命裁判官・受託裁判官が証人尋問を施行した場合，受訴裁判所にその尋問調書を送付することになり，受訴裁判所がその調書を公判期日において取り調べることにより（303），証拠決定の施行が完了する（大決昭2・2・10刑集6・1・31）。

[6] 転　嘱

　受託裁判官の属する裁判所の管轄区域内に証人が現在していて，自らも尋問の権限を有するが，証人との距離関係等の理由で，より適切と思われる他の地方裁判所等の裁判官に尋問を委託することをいう（仲家・大コメ刑訴3・249）。

[7] 移　送

　嘱託を受けた裁判官が属する裁判所の管轄区域内に証人が現在しないため，嘱託尋問の権限を有しない場合において，証人の現在地を管轄する地方裁判所等の裁判官に嘱託を送付することをいう。移送しない場合，受訴裁判所に尋問ができない旨通知すべきである。

[8] 受訴裁判所の権限

　本条4項ただし書において，過料等の制裁を科す裁判については受訴裁判所も決定し得るものとされているのは，当該訴訟の事案全体や進行状況等を考慮すべき場合があるためであり，二重に制裁を科すことは認められない。

　本条5項及び規127条において，尋問事項書の提出等（規106・107），尋問事項の決定，告知及び付加（158②③，規108・109），証言内容を知る機会の付与（159，規126）について受訴裁判所に権限が留保されているのは，事案に通じている受訴裁判所に委ねるのが合理的と考えられるためである。　　　　　　　　　　　　　　　　　〔福家康史〕

第164条 [1] 〔証人の旅費・日当・宿泊料〕 証人 [2] は，旅費，日当及び宿泊料を請求 [3] することができる。但し，正当な理由がなく宣誓又は証言を拒んだ者 [4] は，この限りでない。

2 証人は，あらかじめ旅費，日当又は宿泊料の支給を受けた場合において，正当な理由がなく，出頭せず又は宣誓若しくは証言を拒んだときは，その支給を受けた費用を返納しなければならない [5]。

[1] 本条の趣旨

本条は，証人の旅費，日当及び宿泊料の請求権について規定したものであるが，具体的な支給額や支給方法等については，刑訴法に規定がなく，刑事訴訟費用等に関する法律及び刑事の手続における証人等に対する給付に関する規則の定めるところによる。

[2] 証　人

証人を勾引した場合や，受刑者が証人である場合なども請求権を有する。その他，いわゆる在廷証人に対しても往復の旅費等を支給することができる。

[3] 旅費等の請求

請求の期限は，その審級における判決その他終局裁判の言渡しまでが原則である（刑訴費10）。実務上は，証人尋問で出頭した際，裁判所書記官が証人に対し，書面により，旅費等を請求するか放棄するかを確認している。なお，証人の旅費等は，訴訟費用となり，被告人にこれを負担させる裁判があれば被告人が負担しなければならないことから，実務上は，いわゆる情状証人などは旅費等の請求をしないことが多い。

[4] 証言を拒んだ者

尋問事項の一部について証言を拒んだ場合も含まれると解される。

[5] 費用の前払い及び支給を受けた費用の返納

証人の出頭確保のために，旅費等費用の前払いをすることができることを明らかにするとともに，会計法規上必ずしも明確でない返納義務について明文で定めたものである。

前払いを受けた費用を実際に使用した場合にも，全額返納する必要がある。なお，証人が正当な理由により出頭等しなかった場合には，会計法規に従って精算した上，不当利得になる分を返納すればよい（仲家・大コメ刑訴3・253）。　　　　　　　〔福家康史〕

第12章 鑑 定

第165条[1]〔**鑑定**〕 裁判所は，学識経験のある者[2]に鑑定を命ずることができる[3][4][5]。

> [規] **第129条（鑑定の報告）** 鑑定の経過及び結果は，鑑定人に鑑定書により又は口頭でこれを報告させなければならない。
> 2 鑑定人が数人あるときは，共同して報告をさせることができる。
> 3 鑑定の経過及び結果を鑑定書により報告させる場合には，鑑定人に対し，鑑定書に記載した事項に関し公判期日において尋問を受けることがある旨を告げなければならない。
> **第130条（裁判所外の鑑定）** 裁判所は，必要がある場合には，裁判所外で鑑定をさせることができる。
> 2 前項の場合には，鑑定に関する物を鑑定人に交付することができる。

[1] 鑑 定　　[2] 鑑定人　　[3] 鑑定命令　　[4] 鑑定の手続　　[5] 鑑定結果の採否　　[6] 鑑定手続実施決定

[1] 鑑 定

刑事訴訟法上，「鑑定」という場合，狭義では，「特別の知識経験に属する法則またはその法則を具体的事実に適用して得た判断の報告」を意味する。そのほか，鑑定に関する証拠調手続全体や，鑑定のための処分や調査などの事実行為をいう場合にも「鑑定」という言葉が用いられることがある。

狭義の鑑定は，証拠資料であり，証拠方法は鑑定人または鑑定書である。この意味での鑑定は，裁判所に対し，裁判上必要な実験則等に関する知識経験の不足を補給する機能を有する（最判昭28・2・19刑集7・2・305）。

手続としての鑑定は，証拠調べの一つであり，証拠調べに関する一般的規定（298等）の適用がある。

本章は，裁判所が命じる鑑定手続を定めるが，捜査機関の鑑定嘱託（223Ⅰ）による鑑定も，証拠資料としての実質的な性質は同じであり，本章の一部が準用されている（224・225）。

[2] 鑑定人

裁判所から鑑定を命じられた者のことを「鑑定人」という（捜査機関から鑑定を嘱託さ

れた者のことは「鑑定受託者」という。）。裁判所の知識経験の不足を補給するという意味で，裁判所の補助者的性格を有する。

鑑定人は，人証として証人に類似し（憲37Ⅱの「証人」には鑑定人も含まれる。），証人に関する規定が広く準用されるが（171），証人が，自己が経験した事実を報告する者であるのに対し，鑑定人は，法則やこれを事実に適用して得た判断を報告する者である点で異なる。鑑定人には代替性があるため，勾引に関する規定は準用されない。ただし，鑑定人が鑑定の過程で実験した事実について供述するときは，非代替的であり，証言としての性質を有する。鑑定人が提出した鑑定書に関して鑑定人を尋問する場合，鑑定人尋問の手続によるか証人尋問の手続によるかは両説あるが，実務上，証人尋問の手続による例も多い（解説[4](4)参照。なお，鑑定受託者は証人として喚問される。）。

鑑定人は，「学識経験のある者」，すなわち，鑑定事項に関し特別または専門的な知識経験を有する者でなくてはならない。職業上や日常生活上取得した知識経験でもよい。自然人に限られ，訴訟の第三者であることを要する。

複数の者に共同鑑定を命ずることもできる（規129Ⅱ）。なお，鑑定人が，鑑定のために補助者を用いることも許される。

[3] 鑑定命令

(1) **鑑定の要否**　鑑定を命じるか否かは，裁判所の裁量に委ねられるが（最判昭23・11・17刑集2・12・1588等），その判断は経験則や論理法則に反しない合理的なものでなければならない。他の証拠や間接事実から要証事実を認定できる場合は，必ずしも鑑定によらなくてよい（最判昭23・7・6刑集2・8・785，最判31・10・23裁集刑115・131等）。

(2) **鑑定の対象**　鑑定の対象としては，実体的判断に必要な事項（死因，薬物成分，血液型，DNA型，責任能力等）のほか，刑の量定（情状鑑定等）や訴訟手続（訴訟能力等）に関する事項も含まれる。法令の存否や解釈・適用についても，鑑定対象となり得る（通説）。

鑑定事項をどのようなものにするかは，裁判所の裁量に委ねられるが，適切で有効な鑑定結果を得るためには，事案の争点を踏まえ，当事者の意見を参考にしながら，鑑定事項を適切に決定する必要がある。なお，責任能力判断のための精神鑑定に関しては，心神喪失または心神耗弱に該当するかという判断は法律判断であって，もっぱら裁判所に委ねられるべき問題であるが（最決昭58・9・13判時1100・156），従前，心神喪失か心神耗弱かといった法律判断事項や，これに直結する弁識能力・制御能力の有無・程度という心理学的要素に関する規範的評価まで鑑定事項に含められ，鑑定意見に示されることも少なくなかった。これらはあくまでも参考意見として扱われてきたものであるが，裁判員制度の導入を契機に，現在の実務では，鑑定事項を「①犯行時の被告人の精神障害の有無及び内容，②その精神障害が犯行に与えた影響の有無及び影響の仕方（機序）」などとし，責任能力や心理学的要素に関する判断を鑑定事項に含めないのが通常である。

[4] 鑑定の手続

鑑定に関する一般的な手続は，実務上，次のように進行する（なお，裁判員50により鑑

165条

285

定手続実施決定がなされた場合の手続や実務の運用については，解説［6］参照）。

(1)　**鑑定決定**　　裁判所は，当事者の請求または職権により鑑定を決定する（298，規188
〜191等の証拠決定に関する規定が適用される。）。具体的な鑑定事項は別途定めることができ
る。鑑定決定の際に鑑定人が定まっていなくてもよい。

　鑑定人の選定は裁判所の裁量に委ねられるが，当事者の意見も参考としながら，鑑定
事項について十分な鑑定能力のある公正・中立な専門家を選定する必要がある。候補者
に事前に内諾を得てから選定するのが通常である。

(2)　**鑑定人尋問**　　鑑定人が選定されると，鑑定決定の施行として，鑑定人尋問が行わ
れる。鑑定人を召喚して行うが，勾引はできない（171・153・152等）。公判期日外に裁判所
外で行うこともできる（171・158）。

　鑑定人尋問では，人定質問の後，宣誓（166，規128）をさせる。鑑定人の経歴・鑑定
経験など鑑定能力に関する尋問の後，鑑定事項を告げて鑑定を命じ，鑑定の経過および
結果を鑑定書または口頭で報告するように求める（規129Ⅰ）。鑑定書により報告させる
場合，鑑定人に対し，鑑定書に記載した事項に関し公判期日に尋問を受けることがある
旨を告げる（規129Ⅲ）。なお，従前，鑑定書による報告を求める例が多かったが，裁判
員制度の施行後，分かりやすさの観点から口頭報告を求める例が増えている。

　その場で口頭報告が可能な場合を除き，通常は，鑑定を命じた段階で手続はいったん
打ち切り，裁判所外で一定時間をかけて鑑定作業が行われることになる（規130Ⅰ）。

(3)　**鑑定作業**　　裁判所は，自らが保有する鑑定のための資料（通常は取調べ済みの証拠
等）を鑑定人に交付することができる（規130Ⅱ）。鑑定人は，鑑定のために必要かつ相
当な範囲・方法で資料収集を行うことができ，鑑定の方法にも原則として制限はない
（168の解説［2］参照）。

(4)　**鑑定の経過および結果の報告**　　口頭により鑑定結果を報告する場合，鑑定人尋問
の続行として行われる（改めて人定質問や宣誓をする必要はない。）。

　鑑定書による報告の証拠調べの方法については，3通りの見解があり，実務も分かれ
ている。すなわち，鑑定人から裁判所に提出された鑑定書につき，①新たな取調べ請求
・証拠決定は要せず，当然に取調べなければならないとする見解（鑑定決定の施行の一態
様であり，公判準備における鑑定人尋問調書の取調べと実質的に同じであるから，303の類推適用
があると考える。），②新たな取調べ請求は要しないが（鑑定請求に鑑定書の取調べ請求も含ま
れていると考える。），相手方の証拠意見を聴いた上で証拠決定を要するとする見解，③新
たに取調べ請求および証拠決定（または職権による証拠決定）を要するとする見解がある。
いずれの見解によっても，鑑定書は伝聞証拠であるから，326条の同意または321条4項
により証拠能力を取得する必要がある。

　鑑定書に関し，鑑定人を，①321条4項の要件である作成の真正について尋問する場
合，②記載された内容について尋問をする場合，いずれも供述の性質は証言となり（②
については174参照），証人尋問として行われる例が多いが，鑑定書の補充という実質を有

するものであるから，鑑定手続の一環として鑑定人尋問の方式で行うことも可能または相当とする見解もある。

[5] 鑑定結果の採否

　裁判所は，鑑定結果に拘束されず，その自由な判断によって鑑定結果を取捨できるが（大判昭10・7・26新聞3888・7，自由心証主義），その判断は，経験則・論理則に反するものであってはならない。責任能力鑑定について，判例は，被告人の精神状態が心神喪失又は心神耗弱に該当するかどうかは法律判断であって専ら裁判所に委ねられるべき問題であり，その判断の前提となる生物学的，心理学的な要素についても，究極的には裁判所の評価に委ねられるべき問題であるとし（前掲最決昭58・9・13），生物学的要素である精神障害の有無および程度ならびにこれが心理学的要素に与えた影響の有無および程度について，専門家たる精神医学者の意見が鑑定等として証拠となっている場合には，鑑定人の公正さや能力に疑いが生じたり，鑑定の前提条件に問題があるなど，これを採用し得ない合理的な事情が認められるのでない限り，裁判所は，その意見を十分に尊重して認定すべきである（最判平20・4・25刑集62・5・1559）としている。

[6] 鑑定手続実施決定

(1)　**趣　旨**　　裁判員裁判では，鑑定のために審理が中断することを防ぐため，公判前整理手続において鑑定決定をした場合，公判前整理手続において，鑑定の手続のうち，鑑定の経過および結果の報告以外のものを行う旨の決定（鑑定手続実施決定）をすることができることとされた（裁判員50Ⅰ）。

(2)　**要　件**　　裁判員の参加する合議体で取り扱うべき事件につき，公判前整理手続において鑑定決定をした場合で，「鑑定の結果の報告がなされるまでに相当の期間を要すると認めるとき」である。実務で多い精神鑑定などは通常これに該当する。鑑定実施決定は当事者の請求または職権により行う。

(3)　**公判前に行うことができる手続**　　刑訴法が規定する鑑定の手続のうち，鑑定の経過および結果の報告以外のもの，すなわち，前記 [4] の(1)から(3)までの手続（(1)については鑑定決定自体を除く。）を行うことができる。なお，鑑定留置（167）は裁判官が行う（167の解説[3]参照）。

(4)　**実務の処理**　　裁判員裁判においては，鑑定結果の報告は，裁判員にとって理解しやすいものでなければならない。そのため，鑑定報告の方法や鑑定の在り方について，実務上，次のような運用・工夫がされている。

　ア　**鑑定報告の方法**　　裁判員の理解のしやすさのため，口頭による報告が多く行われている。まず，鑑定人が，パワーポイントなどを用いて鑑定の経過や結果について概要を説明し，その後に当事者や裁判所が疑問点等について尋問するという方式（「プレゼンテーション方式」などと呼ばれる。）で行われる例が多い。

　イ　**鑑定人を交えたカンファレンス**　　鑑定作業に入る前や鑑定作業終了後に，訴訟関係者（裁判所・検察官・弁護人）と鑑定人が一堂に会し，鑑定の在り方や鑑定報告の方法

等についてカンファレンスが行われることが多い（鑑定作業中にも行われる例もある。）。

　鑑定作業前のカンファレンスでは，①鑑定の留意事項（争点，鑑定事項に関する当事者の主張，前提となる事実関係に関する主張等），②鑑定資料の範囲，③鑑定報告の方法等について説明や打合せが行われる。この段階では，証拠調べには入っていないことから，鑑定の前提となる事実関係に争いがある場合，複数の仮定的な前提条件を付して鑑定を依頼することもある。また，相手方が信用性を争う書証等を鑑定資料とする場合（鑑定資料は当事者が保有する資料が主なものとなる。），当事者双方の主張書面や証拠意見を記載した書面を鑑定人に提供するなどの工夫もされている。なお，口頭報告を求める場合でも，当事者の検討や尋問準備のため，鑑定人に鑑定結果の概要を記載したメモ等の作成を求めている例が多い。

　鑑定作業終了後のカンファレンスでは，当事者に開示された鑑定結果を踏まえて，①鑑定内容を理解するための質疑応答，②尋問事項の整理，③報告の具体的方法等についての打ち合わせが行われる。

　打ち合わせ事項が，①のように鑑定の具体的内容にわたる場合には，当事者と鑑定人のみで打ち合わせが行われることが多いが，②や③など公判期日における尋問の在り方に関する事項については，裁判所もカンファレンスに参加している（公判前整理手続期日において裁判所が実施した鑑定人に対するカンファレンスは，公判期日における鑑定人尋問を円滑に進めることを目的として，尋問に関する問題点や尋問事項を整理する手続として行われており，裁判所の心証形成を目的とするものではなく，316の5及び裁判員50に違反する違法なものとはいえないとした裁判例として，東京高判平23・8・30東時62・1＝12・72）。

　　ウ　被告人質問等への鑑定人の立会い　　鑑定手続実施決定があった場合の鑑定においては，鑑定作業の段階では被告人や証人の公判供述は鑑定資料とならない。そこで，鑑定人が公判期日における被告人質問等に立ち会い，傍聴や質問をした上で（規134Ⅰ Ⅲ），これらも踏まえて鑑定意見を述べるということも行われている。　　　〔伊藤ゆう子〕

┃第166条 [1]**〔宣誓〕**　鑑定人には，宣誓をさせなければならない [2][3]。

　　［規］　**第128条（宣誓・法第166条）**　鑑定人の宣誓は，鑑定をする前に，これをさせなければ
　　　　ならない。
　　　　2　宣誓は，宣誓書によりこれをしなければならない。
　　　　3　宣誓書には，良心に従つて誠実に鑑定をすることを誓う旨を記載しなければならな
　　　　い。

［1］本条の趣旨

　鑑定の真実性や正確性を担保するために鑑定人に宣誓させることを定める。証人の宣

誓に関する154条と同趣旨である（宣誓の意義等については，154の解説[3]参照）。

[2] 宣誓の時期・方式

宣誓は鑑定をする前に行う（規128 I）。人定尋問に引き続き宣誓をさせるのが通常である（165の解説[4]参照）。宣誓の方式は，宣誓文言（規128Ⅲ）を除き，証人の場合と同様である（規135・118）。宣誓拒否に対しては，過料等の制裁があり，刑罰を科される場合もある（171・160・161）。

証人としての宣誓をもって鑑定人の宣誓に代えることは許されない（大判明39・3・22刑録12・6・333，大判昭2・1・28新聞2664・10）。なお，鑑定証人（174）には証人としての宣誓をさせるべきである（大判大11・11・17刑集1・666参照）。

[3] 宣誓の効果等

宣誓前の鑑定は無効である（大判大3・9・28刑録20・27・1650）。宣誓をさせずにした鑑定人尋問は手続的に違法であり，尋問結果は証拠能力を欠く。宣誓を欠いて行われた鑑定のための処分も違法である。しかし，宣誓を欠く鑑定人が作成した鑑定書であっても，326条1項の同意があれば証拠能力を取得するのはもちろん，鑑定人が作成の真正について供述した場合には，321条4項により証拠能力を認めてよいとする見解が多数である（捜査段階における鑑定受託者の作成した鑑定書につき同項の準用が肯定されること（最判昭28・10・15刑集7・10・1934）との対比を理由とする。）。

宣誓をした鑑定人が虚偽の鑑定をしたときは，虚偽鑑定の罪（刑171）が成立する。

〔伊藤ゆう子〕

第167条[1]〔鑑定留置，留置状〕　被告人の心神又は身体に関する鑑定をさせるについて必要があるとき[2]は，裁判所[3]は，期間[4]を定め，病院その他の相当な場所[5]に被告人を留置することができる。

2　前項の留置は，鑑定留置状[6]を発してこれをしなければならない。

3　第1項の留置につき必要があるときは，裁判所は，被告人を収容すべき病院その他の場所の管理者の申出により，又は職権で，司法警察職員に被告人の看守[7]を命ずることができる。

4　裁判所は，必要があるときは，留置の期間を延長し又は短縮することができる。

5　勾留に関する規定は，この法律に特別の定のある場合を除いては，第1項の留置についてこれを準用[8]する。但し，保釈に関する規定は，この限りでない。

6　第1項の留置は，未決勾留日数の算入については，これを勾留とみなす[9]。

[規]　第130条の2（鑑定留置状の記載要件・法第167条）　鑑定留置状には，被告人の氏名及び住居，罪名，公訴事実の要旨，留置すべき場所，留置の期間，鑑定の目的，有効期間及びその期間経過後は執行に着手することができず令状は返還しなければならない

旨並びに発付の年月日を記載し，裁判長が記名押印しなければならない。

第130条の3（看守の申出の方式・法第167条） 法第167条第3項の規定による申出は，被告人の看守を必要とする事由を記載した書面を差し出してしなければならない。

第130条の4（鑑定留置期間の延長，短縮・法第167条） 鑑定のためにする被告人の留置の期間の延長又は短縮は，決定でしなければならない。

第130条の5（収容費の支払・法第167条） 裁判所は，鑑定のため被告人を病院その他の場所に留置した場合には，その場所の管理者の請求により，入院料その他の収容に要した費用を支払うものとする。

2 前項の規定により支払うべき費用の額は，裁判所の相当と認めるところによる。

第131条（準用規定） 鑑定のためにする被告人の留置については，この規則に特別の定のあるもののほか，勾留に関する規定を準用する。但し，保釈に関する規定は，この限りでない。

[1] 本条の趣旨

被告人の心神や身体に関する鑑定をさせるについて，鑑定人による継続的な観察や処置等を必要とする場合がある。そのような場合に，被告人を一定期間，相当な場所に留置すること（鑑定留置）ができることとした。224条により被疑者に準用される。

[2] 鑑定留置の要件

鑑定留置の要件は，被告人の心神または身体に関する鑑定をさせるについて，その身柄を一定期間，一定の場所に留置する必要があることである。鑑定留置には，勾留に関する規定が準用されるが（本条V），60条1項各号の理由は不要であり，同条3項（軽微事件）の準用もないと解されている（本条IはVの「特別の定」にあたる。）。

犯罪の嫌疑（60I本）の要否については，①必要説，②不要説（責任能力のように鑑定事項が犯罪の成否に直接関係する場合があることを理由とする。），③修正説（必要な嫌疑の内容を修正する）に見解が分かれる（中井・大コメ刑訴3・302等参照）。ただし，不要説も鑑定事項となる点を除外しても犯罪の嫌疑が認められない場合にまで鑑定留置を認める趣旨ではないと解され，適用上の差異はさほどないものと考えられる。

[3] 鑑定留置を行う裁判所

鑑定留置にも一定の犯罪の嫌疑は要件と考えられ（解説[2]参照），また，61条の準用により鑑定留置の手続に被告事件の告知と陳述聴取を要することから，受訴裁判所が鑑定留置の処分をできるのは，第1回公判期日後に限られ，第1回公判期日前は，280条・規187条の準用により，裁判官がその処分を行うべきものと解する（通説）。したがって，裁判員裁判対象事件の公判前整理手続において，受訴裁判所により鑑定手続実施決定（裁判員50）がされた場合も，鑑定留置の処分は，裁判官が行うことになる。

[4] 鑑定留置の期間

鑑定留置の期間に法律上の制限はない（60IIは準用されない。）。満了時刻が午前零時と

ならないよう，終期は特定の時刻を定めるのが通常である。決定により期間を延長・短縮することができる（本条Ⅳ，規130の4）。

[5] 鑑定留置の場所

留置の場所は，病院その他相当な場所である。実務上，刑事施設に留置することも行われているが（刑事収容3⑤），留置施設に留置する例は少ない。留置場所の管理者は，収容費を裁判所に請求することができる（規130の5）。この費用は173条の「鑑定に必要な費用」に当たらず，刑事訴訟費用に含まれない（刑訴費2②）。

[6] 鑑定留置の手続

鑑定留置は，鑑定留置状を発して行わなければならない（憲33・34の令状主義の要請）。鑑定留置状の記載内容は規130条の2が定める。鑑定留置をするには，勾留質問に相当する鑑定留置質問を行う必要がある（本条Ⅴ・61・77ⅠⅡ）。勾留中の被告人に対する鑑定留置質問については必要説と不要説があるが，勾留質問で既に被告事件に対する告知と陳述の聴取，弁護人選任権の告知が行われていることを理由とする不要説が通説であり，実務もこれによっている。

[7] 看守命令

看守命令は，被告人の逃亡，罪証隠滅，自殺その他の事故の生ずるおそれが大きいときに，留置場所の管理者の申出または職権で発せられる。申出は，看守を必要とする事由を記載した書面を差し出してしなければならない（規130の3）。看守命令は，留置場所を管轄する警察に対し書面を発して行う。看守命令を受けた司法警察職員は，鑑定の目的を達するのに必要な限度で，看守のための事実的行為をすることができる。

[8] 勾留に関する規定の準用

鑑定留置には，特別の定めのある場合を除き，勾留に関する規定が準用される（規則も準用される。規131本）。保釈に関する規定は準用されない。

準用される主な規定は，召喚（57），勾引（58），被告事件の告知（61・77Ⅱ，規69），弁護人選任権の告知・選任の申出（77Ⅰ・78），弁護人等への通知（79，規79），勾留状の執行（70～72・73ⅡⅢ・74），接見交通（80・81。39は当然適用される。），勾留理由開示（82～86，規81～86の2），勾留の取消し（87・91）および勾留の執行停止（95・96Ⅰ・98，規88・90）である。なお，鑑定留置状の執行により勾留の執行が停止されるから（167の2Ⅰ），勾留に付されていた接見等禁止決定も当然に失効すると解される（通説・実務）。したがって，鑑定留置中も接見等禁止の必要があるときは，改めて接見等禁止決定をすることを要する。

[9] 鑑定留置と未決勾留日数の算入

鑑定留置は，未決勾留日数の算入については，勾留とみなされる。鑑定留置の初日および最終日は，時間の如何を問わず各1日として鑑定留置期間に通算される。ただし，これが勾留期間と重なる場合，二重に未決勾留日数に通算することはできない。

〔伊藤ゆう子〕

第167条の2〔鑑定留置と勾留の執行停止〕 勾留中の被告人に対し鑑定留置状が執行されたときは，被告人が留置されている間，勾留は，その執行を停止されたものとする[1]。

2 前項の場合において，前条第1項の処分が取り消され又は留置の期間が満了したときは，第98条の規定を準用する[2]。

[1] 鑑定留置による勾留の執行停止

勾留中の被告人が鑑定留置されている間，勾留の執行は停止され，その期間は勾留期間（60Ⅱ）に算入されない。被疑者の勾留についても準用される（224Ⅱ後）。勾留期間は，鑑定留置の開始によって進行を停止し，本条2項によって勾留場所に再収容された時から，残りの法定期間について再び進行を開始する。「留置されている間」とは，鑑定留置状の執行により現実に留置されている期間をいう。勾留場所と同一の刑事施設に引き続き鑑定留置される場合も本条が適用される。

[2] 収容手続

勾留中の被告人の鑑定留置の処分が取り消され，または，鑑定留置期間が満了した場合，勾留のための再収容の手続は，勾留の執行停止の取消決定・勾留の執行停止の期間満了の場合の再収容の手続について定めた98条が準用される。　　　　　　〔伊藤ゆう子〕

第168条[1]〔鑑定と必要な処分，許可状〕 鑑定人は，鑑定について必要がある場合[2]には，裁判所の許可を受けて[3]，人の住居若しくは人の看守する邸宅，建造物若しくは船舶内に入り，身体を検査[4]し，死体を解剖し，墳墓を発掘し，又は物を破壊することができる。

2 裁判所は，前項の許可をするには，被告人の氏名，罪名及び立ち入るべき場所，検査すべき身体，解剖すべき死体，発掘すべき墳墓又は破壊すべき物並びに鑑定人の氏名その他裁判所の規則で定める事項を記載した許可状を発して，これをしなければならない。

3 裁判所は，身体の検査に関し，適当と認める条件を附することができる。

4 鑑定人は，第1項の処分を受ける者に許可状を示さなければならない。

5 前3項の規定は，鑑定人が公判廷でする第1項の処分については，これを適用しない。

6 第131条，第137条，第138条及び第140条の規定は，鑑定人の第1項の規定によつてする身体の検査についてこれを準用する。

[規] 第132条（準用規定） 鑑定人が死体を解剖し，又は墳墓を発掘する場合には，第101条の規定を準用する。

第133条（鑑定許可状の記載要件・法第168条）　法第168条の許可状には，有効期間及び
　その期間経過後は許可された処分に着手することができず令状はこれを返還しなけれ
　ばならない旨並びに発付の年月日をも記載し，裁判長が，これに記名押印しなければ
　ならない。
2　鑑定人のすべき身体の検査に関し条件を附した場合には，これを前項の許可状に記
　載しなければならない。
第134条（鑑定のための閲覧等）　鑑定人は，鑑定について必要がある場合には，裁判長
　の許可を受けて，書類及び証拠物を閲覧し，若しくは謄写し，又は被告人に対し質問
　する場合若しくは証人を尋問する場合にこれに立ち会うことができる。
2　前項の規定にかかわらず，法第157条の6第4項に規定する記録媒体は，謄写する
　ことができない。
3　鑑定人は，被告人に対する質問若しくは証人の尋問を求め，又は裁判長の許可を受
　けてこれらの者に対し直接に問を発することができる。

[1] 本条の趣旨

　鑑定人が鑑定のために行う処分のうち，裁判所の許可を受けてすることができる強制
処分を定めたものである。人権への配慮その他の要請に基づくものであり，本条に定め
る以外の強制処分を鑑定人が自ら行うことはできない。

[2] 鑑定人の一般的権限

　鑑定人は，鑑定命令で特に制限されない限り，原則として，鑑定をするために必要か
つ相当な範囲で，あらゆる資料を使用することができる（大判大13・11・28刑集3・834，最判
昭35・6・9刑集14・7・957等）。資料収集の手段や鑑定方法も鑑定人の判断に委ねられてお
り，特に制約はないと解されている。裁判所が鑑定命令において鑑定の資料・方法につ
き，特に制限を付した場合には，これに従わなければならないが（大判大6・8・27刑録23
・18・993），鑑定命令に資料・方法が挙示されていても，制限的な趣旨と認められないと
きには，それ以外の資料・方法を用いることができる（大判大13・11・28刑集3・834等）。
　鑑定人の権限としては，本条が定める強制処分のほか，①物の受領（規130Ⅱ），②裁
判所が保管する書類・証拠物の閲覧・謄写（規134Ⅰ），③被告人質問・証人尋問への立
会い・発問（規134Ⅲ）等が規定されているが，これらの規定は制限的なものではなく，
鑑定人は，承諾権者の承諾がある限り，任意の方法で資料収集をすることができる。例
えば，検察官・弁護人が保管する資料等の閲覧・謄写，被告人や参考人からの陳述聴取，
公私の団体への照会，被告人の身体や脳波等の検査・心理テスト・飲酒検査等も，相手
の承諾があれば行うことができる。伝聞等のため一般に証拠能力のない資料も，鑑定の
資料として用いることができる（判例・通説。大判昭11・11・16刑集15・1446。ただし，強制によ
る自白等は証拠禁止の趣旨から資料として用いることは許されない。）。
　鑑定が鑑定命令の制限に反したり，鑑定方法等が必要性・相当性の範囲を逸脱した場

合，その限りにおいて違法となるが，鑑定自体が当然に無効となるものではなく，瑕疵の内容，性質，程度等を具体的に検討し，瑕疵の違法が重大で鑑定結果に影響を及ぼすおそれがあると認められる場合に限り，鑑定自体が無効となるものと解されている。本条の許可を得ずに強制処分を行った場合の鑑定の証拠能力を肯定した例として最判昭29・4・15刑集8・4・471がある。

[3] 裁判所の許可

鑑定人に請求権はなく，許可は裁判所の職権発動である（鑑定人から処分を必要とする理由を記載した書面の提出があるのが通常である。）。鑑定人は，裁判所の許可を受ければ，本条所定の各処分を行うことができる。身体検査を除き（168Ⅵ・172参照），直接強制の権限も与えられたことになるが，司法警察職員の補助を求めることができないため（検証における141の準用がない。），実際には，被処分者が拒絶する場合，裁判所に検証を求め，鑑定人がこれを補助する形で資料収集することになろう。

本条所定の各処分も，相手の承諾がある場合には，裁判所の許可を得ずに行い得る（なお，死体解剖保存法所定の手続によらずに死体解剖を行うには本条の許可が必要となる。同2Ⅰ④参照）。ただし，身体への相当な傷害を伴う身体検査等権利侵害の程度が大きい場合は，適正手続の観点から，承諾があっても本条の許可を得るのが相当である。

[4] 身体検査

外部的検査のほか，内部的検査（レントゲン検査，胃カメラ検査，脳波テスト，血液・精液の採取，採尿等）も行い得る。身体侵襲を伴うものも，身体検査に通常伴う範囲であれば許される。裁判所は，身体検査に関し，適当と認める条件を付すことができる（本条Ⅲ）。

本条6項により，検証としての身体検査に関する規定のうち，身体検査に関する注意（131）・身体検査を拒否した場合の制裁等（137・138・140）が準用される。制裁は，鑑定人の申出により裁判所が科すことになる。

直接強制の規定（139）は準用されないため，鑑定人自身が直接強制することはできず，裁判官に求める方法による（172）。

〔伊藤ゆう子〕

第169条 [1]〔受命裁判官〕 裁判所は，合議体の構成員に鑑定について必要な処分 [2] をさせることができる。但し，第167条第1項に規定する処分 [3] については，この限りでない。

[1] 本条の趣旨

本条は，鑑定の決定をした後の個々の処分について，受命裁判官にさせることができることを定める。

169条，170条

[2] 鑑定について必要な処分

受命裁判官に行わせることのできる処分は，鑑定人が行う鑑定処分の許可（168）等である。168条6項が準用する137条（過料の制裁）や140条（権利保護上の注意）の処分や処置も，受命裁判官が行い得る（通説。163Ⅳ参照）。鑑定に関する証拠決定（鑑定事項の決定も含む。）は含まれない。鑑定人の選任を受命裁判官に行わせることができるかについては見解が分かれる（171の解説[2]参照）。

鑑定人尋問の施行は，本条ではなく，171条が準用する163条によって，受命裁判官のみならず，受託裁判官にも行わせることができる。また，身体検査の直接強制（172）は本来的に裁判官の権限である。

[3] 鑑定留置

鑑定留置の裁判（167Ⅰ）は，受命裁判官に行わせることはできない。被告人の権利や自由に重大な影響を与えるからである。鑑定留置期間の延長や短縮，鑑定留置の取消しも同様にできないと解されている（通説）。これに対し，鑑定留置の付随処分，すなわち，167条5項によって準用される鑑定留置状の執行指揮（70Ⅰ但），被告事件の告知等（61・77・78），接見交通の制限（81），理由開示手続（82～86）等は，受命裁判官に行わせることができる。

〔伊藤ゆう子〕

第170条 [1]〔当事者の立会い〕　検察官及び弁護人[2]は，鑑定[3]に立ち会うことができる。この場合には，第157条第2項の規定を準用する[4]。

[1] 本条の趣旨

鑑定手続の公正を担保するために当事者に鑑定の立会権を認めたものであり，訴訟法上の権利である。憲法37条2項の要請による鑑定人尋問への立会権（171が準用する157による。）とは異なる。

[2] 立会権者

検察官および弁護人である。被告人は立会権者とはされていない（鑑定人尋問には被告人の立会権がある。）。尋問権はない。

[3] 鑑定

本条の「鑑定」とは，鑑定人が鑑定結果を得るために行う事実的行為（168が規定する処分等）をいう。鑑定書の作成作業や文献の調査などはその性質上本条の「鑑定」に含まれないと解される。

[4] 鑑定の日時および場所の通知

立会権者があらかじめ立ち会わない意思を明示した場合を除き，裁判所は，鑑定の日時場所を立会権者に通知しなければならない（170・157Ⅱ）。その前提として，鑑定人は，鑑定のための処分等を行うときは，裁判所にその日時場所を連絡することを要する。

170条，171条

　鑑定の日時場所の立会権者への通知が必要的か否かについては見解が分かれている。実務で多い精神鑑定の場合，一定の期間をかけて，被告人の身体検査や心理テスト，面接等の事実的行為が行われる。これらについてあらかじめ日時を定めて実施することが困難であることや，適切な資料を収集するのに立会人の立会いが必ずしも適当でない場合があることなどを理由に，個々の事実的行為ごとに本条の通知を行っている例はほとんどないと思われ，当事者が立会いを希望することもまれである（なお，鑑定を命じる手続の際などに，当事者に立会いの希望の有無を確認している例はあり，希望しない旨が確認された場合，157Ⅱ但によりそもそも通知を要しない。）。

　判例は，裁判所が自ら立会いの必要なしと認めて立会いすべき日時場所を定めなかった場合には，鑑定人がその都合上定めた鑑定の日時場所は，検察官・弁護人に通知する必要はないとし（大判昭10・7・25刑集14・838），また，通知を定めた規定は訓示規定であり，通知をしなかったとしても鑑定の効力に影響しないとしている（大判大15・12・24刑集5・593，広島高判昭51・11・15判時841・112）。

〔伊藤ゆう子〕

第171条[1]〔**準用規定**〕　前章の規定は，勾引に関する規定を除いて，鑑定についてこれを準用する[2]。

　　[規]　第135条（準用規定）　鑑定については，勾引に関する規定を除いて，前章の規定を準用する。

［1］本条の趣旨

　鑑定について，前章の証人尋問に関する規定を準用することを定めたものである。ただし，鑑定人は証人と異なり代替性があり，直接強制してまで出頭させるのは相当ではないことから，勾引に関する規定は準用されない。

［2］準用される規定

　準用される主な規定は，次のとおりである（規135により，刑訴規則の規定も準用される。）。

　①鑑定人適格について143条，②公務上の秘密と鑑定人資格について144条・145条，③鑑定拒絶権について146条〜149条（規121・122），④不出頭に対する制裁について150条・151条，⑤召喚について152条・153条（規110Ⅰ・111・113。勾引に関する部分の準用はない。），⑥宣誓につき，宣誓無能力について155条（規116），宣誓の方式等について規118条3項・4項・119条・120条，⑦当事者の立会権・尋問権について157条（憲37Ⅱの要請に基づき鑑定人尋問への立会いについて準用されるものであり，鑑定作業への立会権（170）とは異なる。公判期日における鑑定人尋問には304が直接適用される。），⑧尋問手続等について規106条・107条・114条・115条・123条〜125条，⑨裁判所外の尋問について158条・159条（規108・109

・126)，期日外尋問について281条（準用があるとするのが通説的見解），⑩宣誓・鑑定または供述の拒絶に対する制裁について160条・161条，⑪同行命令について162条前段，⑫受命裁判官・受託裁判官に関する163条（規127。鑑定事項の決定は受訴裁判所が行う。鑑定人は代替的であることから，鑑定人を選定し，鑑定を命じること自体は，受命裁判官・受託裁判官に委ねることができるとする見解もあるが，鑑定人選定の重要性から，これを否定する見解もある（中井・大コメ3・352参照）。実務上は受訴裁判所が鑑定人の選定まで行っているのが通常である。），⑬旅費，日当，宿泊料について164条。　　　　　　　　　　　　　　　　〔伊藤ゆう子〕

第172条 [1] 〔**裁判官に対する身体検査の請求**〕　身体の検査を受ける者が，鑑定人の第168条第1項の規定によつてする身体の検査を拒んだ場合には，鑑定人は，裁判官 [2] にその者の身体の検査を請求することができる。

2　前項の請求を受けた裁判官は，第10章の規定に準じ身体の検査 [3] をすることができる。

[1] 本条の趣旨

　鑑定人が，168条1項により裁判所の許可を受けて身体検査を行う場合，間接強制に関する規定の準用はあるが（168Ⅵ・137・138），直接強制（139）の準用はない。本条は，鑑定処分として，直接強制による身体検査を必要とするときは，鑑定人は裁判官に身体検査の直接強制を請求することができることを定める。

[2] 請求の相手方となる裁判官

　請求の相手方となる裁判官には，法律上の制限はない。実際には，鑑定を命じた受訴裁判所の構成裁判官に請求するのが通常と思われるが，鑑定人の所在地や身体検査を行うべき場所を管轄する地方裁判所・簡易裁判所の裁判官に請求することもできる（規137・299の趣旨）。

[3] 身体検査の実施

　裁判官が自ら直接身体検査を行うことまでは要求されておらず，裁判官の指揮監督の下で，鑑定人に身体検査を行わせることもできる（通説）。身体検査は，第10章（検証）の規定に準じて行う。形式的な意味での第10章の規定に限らず，裁判所が検証のための身体検査を行う場合に適用される規定が，本条の身体検査にも準用されるという趣旨である。

　本条による身体検査も間接強制が先に行われていることが前提となる（139の準用）。ただし，137条による過料等の制裁は，受訴裁判所が168条6項に基づき既に科している場合，改めて科す必要はない。不出頭罪（134）・身体検査拒否罪（138）の刑罰規定の準用の有無については見解が分かれる（中井・大コメ3・356参照）。

　身体検査のための召喚・勾引等につき，被告人以外の者については132条・135条（規

103)・136条が準用され，被告人については第8章の規定（57・58・68）が直接適用される。

身体検査に関する注意等（131），強制に関する注意（140），司法警察職員の補助（141）も準用される。

第9章の規定を準用する142条は，同条が準用する規定の性質上，本条2項により準用されないと解するのが通説である（当事者の立会いも，113の再準用ではなく，170によるべきであると解する。）。　　　　　　　　　　　　　　　　　　　　　　　　〔伊藤ゆう子〕

第173条[1]〔**鑑定料・鑑定必要費用等**〕　鑑定人は，旅費，日当及び宿泊料[2]の外，鑑定料[3]を請求し，及び鑑定に必要な費用[4]の支払又は償還を受けることができる。

2　鑑定人は，あらかじめ鑑定に必要な費用の支払を受けた場合において，正当な理由がなく，出頭せず又は宣誓若しくは鑑定を拒んだときは，その支払を受けた費用を返納[5]しなければならない。

[1] 本条の趣旨

本条は，鑑定人の鑑定料および鑑定費用の支払いを受ける権利等について規定したものである。

[2] 旅費・日当・宿泊料

「旅費，日当及び宿泊料」とは，鑑定人尋問のために出頭した場合のそれを指す。これらは本条ではなく，171条が準用する証人の旅費等の請求権について定めた164条1項によって支払われる（額については刑訴費3〜6・9参照）。

[3] 鑑定料

「鑑定料」とは，鑑定に対する報酬をいう。請求により支払われる。その額は，裁判所が相当と認めるところによる（刑訴費7）。費用のような前払いを認める規定（本条Ⅱ）はない。

[4] 鑑定に必要な費用

「鑑定に必要な費用」とは，各種検査代金，補助者に対する謝金・日当，鑑定書の印刷代金等である。鑑定留置した場合の収容費（規130の5。入院料等）は，留置場所の管理者に対して支払われるものであり，鑑定費用には含まれない。

「支払を受ける」とは当該費用の支出前に前払いを受けることをいい，「償還を受ける」とは，鑑定人が費用を立替払いした場合に事後的に立替金の弁償を受けることをいう。

[5] 支払いを受けた費用の返納

費用の前払いを受けたのに，正当な理由なく，鑑定人尋問に出頭せず，または，宣誓や鑑定を拒んだ場合は，費用の返納義務が生じる。なお，旅費・日当・宿泊料の返納義務については，171条により164条2項が準用される。　　　　　　　　　　　〔伊藤ゆう子〕

298   174条

第174条 [1] 〔鑑定証人〕　特別の知識によつて知り得た過去の事実 [2] に関する尋問
については，この章の規定によらないで，前章の規定を適用する。

[1] 本条の趣旨

　特別の知識経験により知り得た過去の事実を供述する者（鑑定証人）は，非代替的で
ある点において証人と異ならない。したがって，鑑定証人には本章の規定ではなく証人
尋問の規定が適用されることを注意的に規定したものである。

[2] 特別の知識によって知り得た過去の事実

　捜査機関からの鑑定受託者がその鑑定結果について供述する場合などがこれに当た
る。鑑定人も，鑑定手続終了後に改めて鑑定結果について供述する場合は，本条により
証人として尋問されることになる。なお，鑑定人が提出した鑑定書に関し，①作成の真
正（321Ⅳ）について尋問する場合，②鑑定書の内容について尋問する場合のいずれにつ
いても，証人尋問の手続によるのか，鑑定人尋問の手続によるのかは見解が分かれてお
り（165の解説[4]参照），実務ではいずれのやり方も行われている。

　過去の事実について証言をする際に，これを前提として更に特別の知識経験に基づき
推測・判断した事項を供述する場合は，性質上鑑定に属するので，156条2項の適用が
ある。

〔伊藤ゆう子〕

第13章　通訳及び翻訳

第175条 [1] 〔通訳(1)〕　国語に通じない者 [2] に陳述をさせる場合 [3] には，通訳人 [4] に通訳 [4] をさせなければならない。

[1] 本条の趣旨

我が国の裁判手続では，日本語を用いなければならない（裁74）ことから，日本語に通じない者が裁判手続を理解し，陳述して，意思疎通を十分に図るためには，通訳を介する必要がある。国語に通じていない者が被告人である場合には，十分な防御を尽くさせ，裁判の公正を確保するためにも，通訳を介する必要性は大きい（人権B規約14Ⅲ(a)・(f)参照）。

本条は，国語に通じない者に陳述をさせる場合に，裁判所が，通訳人に通訳をさせなければならない義務を定めた規定である。

[2] 国語に通じない者

国語とは，その国で公的なものとされている言語をいうが，ここでは，広く日本において一般に通用している言語を意味する。一般に理解できない特殊な方言は国語に入らない（佐藤・注釈刑訴2・432）。

国語に通じない者とは，広く我が国において一般に用いられている言語について，標準的な読解力及び表現力を欠いている者をいう（佐藤・前掲432）。日本語に通じている外国人は対象とならないし，日本人であっても日本語に通じていなければ対象となる。陳述者が日本語に通ずるか否かの判定は，裁判所の合理的な裁量に委ねられる（大阪高決昭27・1・22高刑集5・3・301）。もっとも，実務では，外国人の被告人が通訳を希望すれば，日本語にかなり通じている者であっても，通訳を付けている。

国語に通じない者は，被告人だけでなく，証人，鑑定人も含まれる。

[3] 陳述をさせる場合

その者の陳述内容だけでなく，陳述を求める発言についても通訳の必要がある。さらに，本条は，裁判等の趣旨を了解させるためにも通訳人を用いなければならない趣旨を含むものと解されるから，公判廷での取調べの際に通訳人を必要とした被告人には，判決の宣告の際にも通訳人を付さなければならない（最判昭30・2・15刑集9・2・282）。実務では，この趣旨を貫徹し，起訴状の朗読，冒頭陳述，書証の朗読（要旨の告知），論告，弁論も含めて，法廷での発言は通訳されている。

[4] 通訳人

通訳に関する必要な能力を有する者であればよく，特別な資格は必要とされていない。

300 175条，176条

通訳人は，陳述者の母国語を解する者であることが望ましいが，日本国内でほとんど使われることのない特殊な少数言語については，通訳人を確保することは極めて困難な場合がある。陳述者が母国語以外の言語も解するときは，その言語による通訳によって審理を進めることも，やむを得ない場合がある（東京高判昭35・12・26下刑集2・11=12・1396）。また，捜査段階の通訳人を法廷の通訳人に選任することは，望ましいことではないが，それ自体が直ちに不当又は違法に当たるものではない（大阪高判平3・11・19判時1436・143）。

[5] 通　訳

通訳とは，国語を解しない者若しくは国語による表現ができない者の陳述若しくは表現を国語の形式に移し変え，又は国語による陳述を理解できない者に対してその陳述をその者が理解できる言語若しくは表現に移し変えることによって，相互の意思の疎通が図れるようにすることをいう（佐藤・前掲429）。

通訳の法的性質は，言語に関する一種の鑑定であるとするのが通説である。

通訳を用いた場合，証拠となるのは，原供述，原文及びその通訳の結果が一体となったものである。

実務では，尋問の通訳は逐語的になされるが，手続の通訳は，理解させることに主眼を置く観点から，適宜要旨を告げる扱いがなされている。

通訳を付すことは裁判所の義務であるから，国語を解しない者について通訳に付さなかった場合，その訴訟手続は違法となる。もっとも，通訳を付さずに手続を進めた場合でも，後に通訳人を付して改めて手続をやり直した場合は，瑕疵は治癒されることになろう（東京高判昭25・12・1特報15・43）。　　　　　　　　　　　　　　　　　　〔丸山哲巳〕

第176条 [1] 〔通訳(2)〕 耳の聞えない者又は口のきけない者 [2] に陳述をさせる場合には，通訳人に通訳をさせることができる [3]。

　　[規]　第125条　法第143条参照。

[1] 本条の趣旨

耳の聞こえない者や口のきけない者は，必ずしも日本語に通じていないわけではないが，このような者と十分な意思疎通を図るためには，通訳人を選任して通訳させることが望ましい場合もあるので，それができることを定めたものである。

[2] 耳の聞こえない者又は口のきけないもの

耳の聞こえない又は口のきけない原因は問わない。永続的な障害者に限られず，病気その他の理由から一時的にそのような状態となっている者も含まれる。

このような状態にあるかどうかは，前条の場合と同様に，裁判所によって，病状，生活，行動能力，公判廷における態度等諸般の事情を考慮して判断される。

被告人のみならず証人等も含まれるのは，前条と同様である。

裁判員については，耳が聞こえないことや口がきけないことは欠格事由とはなっていない（裁判員14）ので，手話通訳等を利用することになろう。

[3] 任意的通訳

前条と違い，通訳人を付すかどうかは，任意的である（規125参照）。耳の聞こえない被告人が通常の読み書きができる場合，筆問・筆答及び書面での陳述等により公判手続の内容を了知させ訴訟行為を行わせることができるときは，この方法を著しく不相当とする事情がない限り，通訳人を付さなくても違法ではない（大阪高判昭50・11・28判時814・157）。　　　　　　　　　　　　　　　　　　　　　　　　　　　　　　　　〔丸山哲巳〕

第177条[1]　**〔翻訳〕**　国語でない文字又は符号[2]は，これを翻訳させることができる[3]。

[1] 本条の趣旨

裁判所法74条は，「裁判所では，日本語を用いる。」と規定しており，裁判手続で提出される書面は，日本語で作成するか日本語の訳文が添付されていなければならないことになっている。しかし，これは，日本語で作成されていない書面で訳文の付されていないものを一切禁止している趣旨ではないので，本条は，一定の範囲では，翻訳して有効な訴訟資料として扱うことができることを規定したものである。

本条の翻訳は，外国語等を日本語に転換する場合について認めれば足り，日本語を外国語等に転換する場合は認められていない。裁判手続において日本語で作成された文書の内容を外国語に転換する必要が生じたとしても，口頭主義をとる制度のもとでは，通訳制度の運用によって被告人に内容を了知させればその必要性を満たすからである。

[2] 国語でない文字又は符号

国語でない文字又は符号とは，我が国において一般に通用していない文字又は符号をいう。外国語のほか，難解な古文，一地方のみに通じる特殊な方言も含まれる。もっとも，外国語であっても，日本語化しているものや，一般に容易に理解できるものは含まない。「D・D・T油液」のような文字については，そのまま判決文に使用しても違法ではないとした判例がある（最判昭26・10・18刑集5・11・2268）。「ドル」は外来語であるが，メートル，グラム等と同様に日本語である（最決昭33・9・16裁集刑127・219）。

符号とは，一定の意味を表す形象をいい，速記号，暗号記号，電波記号等がこれに当たる。

[3] 翻　訳

翻訳とは，国語でない文字又は符号によって表現されている文書の内容を原文に即して国語に移し変えることをいう（佐藤・注釈刑訴2・429）。

外国語で作成された文書が提出された場合，これを翻訳させるか否かは裁判所の裁量
で決せられる。

外国語の文書を翻訳を付さずに提出した場合，裁判所は，翻訳文の提出を命じ，これ
に応じないときは，それを無効と扱うこともできる。しかし，外国語による訴訟行為の
場合は，その書面の内容が訴訟上重要な意味を持つものであり，身柄を拘束されている
などの事情があって日本語の訳文を添付することが困難な情況にある場合には，翻訳を
することが適当な場合が多いであろう。他方で，外国語による証拠資料については，刑
訴法が当事者主義を基調としていることに鑑みると，証拠請求する当事者が訳文を提出
する義務を負うというべきであり，裁判所が翻訳を行う必要はなく，訳文の提出がない
場合は，不適法な証拠調べ請求として却下することになろう。

翻訳が付された場合には，原文と訳文が一体となって証拠となる。証拠調べは訳文を
朗読（要旨の告知）することになる。

翻訳人の適格性については，通訳人と同様，特段の資格は必要とされていない。

翻訳の結果は，鑑定と同様，翻訳人に翻訳文を作成させて提出させてもよいし，口頭
で報告させてもよい（規136・129Ⅰ）。　　　　　　　　　　　　　　　　〔丸山哲巳〕

第178条〔準用規定〕 前章の規定は，通訳及び翻訳についてこれを準用する[1]。

　　[規]　第136条（準用規定）　通訳及び翻訳については，前章の規定を準用する[1]。

[1] 鑑定の規定の準用

通訳及び翻訳は，その性質は一種の鑑定と考えられるので，鑑定に関する刑訴法及び
刑訴規則の規定が準用される。そして，鑑定の章の171条，規135条により，勾引に関す
る規定を除いて証人尋問に関する規定も準用されることになる。

しかし，実際は，第11章（証人尋問）及び第12章（鑑定）の規定の中で通訳又は翻訳で
準用される実益があるのは，166条（宣誓），173条（鑑定料，鑑定必要費用等）の両条にほ
ぼ限られることになろう。

実務では，通訳に先立ち，通訳人尋問をした上で（規136・135・115），誠実に通訳する旨
の宣誓をさせている（178・166）。

また，通訳人には，旅費，日当，宿泊料のほか，通訳料も支給している（178・173）。

〔丸山哲巳〕

第14章　証拠保全

第179条 [1] 〔証拠保全の請求，手続〕　被告人，被疑者又は弁護人 [2] は，あらかじめ証拠を保全しておかなければその証拠を使用することが困難な事情 [3] があるときは，第1回の公判期日前に限り [4]，裁判官に押収，捜索，検証，証人の尋問又は鑑定の処分を請求することができる。

2　前項の請求を受けた裁判官は，その処分に関し，裁判所又は裁判長と同一の権限を有する [5][6]。

[規]　**第137条（処分をすべき裁判官・法第179条）**　証拠保全の請求は，次に掲げる地を管轄する地方裁判所又は簡易裁判所の裁判官にこれをしなければならない。

　一　押収（記録命令付差押えを除く。）については，押収すべき物の所在地

　二　記録命令付差押えについては，電磁的記録を記録させ又は印刷させるべき者の現在地

　三　捜索又は検証については，捜索又は検証すべき場所，身体又は物の所在地

　四　証人の尋問については，証人の現在地

　五　鑑定については，鑑定の対象の所在地又は現在地

2　鑑定の処分の請求をする場合において前項第5号の規定によることができないときは，その処分をするのに最も便宜であると思料する地方裁判所又は簡易裁判所の裁判官にその請求をすることができる。

第138条（請求の方式・法第179条）　証拠保全の請求は，書面でこれをしなければならない。

2　前項の書面には，次に掲げる事項を記載しなければならない。

　一　事件の概要

　二　証明すべき事実

　三　証拠及びその保全の方法

　四　証拠保全を必要とする事由

3　証拠保全を必要とする事由は，これを疎明しなければならない。

[1] 本条の趣旨

　証拠保全の制度は，証拠収集のための強制的な手段・権限を持たない被疑者・被告人の利益保護のために，将来の公判に備えて，一定の要件の下で，被疑者側から裁判官に対し，証拠の収集・保全を目的とした強制処分の請求ができることとしたものである。

捜査手続の当事者主義化の一環として設けられた制度であるが，被疑者国選弁護制度の創設・拡充後も，実務において本制度はあまり利用されていない。

［2］請求権者

証拠保全の請求ができるのは，被告人，被疑者または弁護人である。「被疑者」とは公訴提起前に捜査を受けている者をいう（198の解説［2］参照）。弁護人は独立して請求権を行使できるとするのが通説である。

［3］証拠を使用することが困難な事情

当該証拠の証拠調べが困難になる場合だけではなく，本来の証明力を維持できない場合も含まれる。物証・書証については，滅失，破棄，改ざん，隠匿，性状変更のおそれがある場合，証人については，死亡，海外渡航，証言不能，供述変更のおそれがある場合などが考えられる。

請求者は，保全を必要とする事由を疎明しなければならない（規138Ⅲ）。任意の手段による保全が可能な場合は，本条による保全の必要性を欠くものと解される。証拠保全の制度が，捜査機関の証拠収集を補完するものか，被疑者・被告人側の積極的な証拠収集手段と位置づけられるかについて見解が分かれているが，最決平17・11・25刑集59・9・1831は，捜査機関が収集・保管している証拠については，特段の事情が存しない限り，本条の証拠保全手続の対象にならないと判示し，前者の見解に立つものと解されている（大野・判例解説(刑)平17・629以下参照）。

［4］第1回公判期日前

証拠保全の請求は第1回公判期日前（起訴の前後は問わない。）に限られる。第1回公判期日後は受訴裁判所に対して証拠請求すべきことになる。「第1回の公判期日前」の意義については争いがあり，検察官の冒頭陳述終了時までとするのが多数説であるが（受訴裁判所に対する証拠調べ請求は検察官の冒頭陳述後に行われるべきであるとの見解を前提とする。），冒頭手続終了時までとする見解もある（松尾・条解333）。

証拠保全手続は，控訴審には適用がない（最決昭35・5・28刑集14・7・925）。破棄差戻し後の手続においては証拠保全の請求はできない（規217③）。

［5］裁判官の行う処分・権限

証拠保全の請求を受けた裁判官は，本条の処分に関し，裁判所または裁判長と同一の権限を有する。したがって，押収（差押えのほか，提出命令，領置を含む。），捜索，検証，証人尋問および鑑定に関する第9章から第12章までの規定は，すべて証拠保全手続に準用される（規則も準用される。規302Ⅰ）。当事者の権利に関する規定も準用されると解されており（通説），証人尋問では，226条・227条による場合（228Ⅱ）と異なり，反対当事者である検察官にも立会権があることになる（157）。

［6］裁判官の処分に対する不服申立て

証拠保全請求にかかる処分については，押収に関する裁判は，429条1項2号により準抗告の対象となるが（最決昭55・11・18刑集34・6・421），明文の規定のないそれ以外の請

求にかかる裁判については，不服申立てができないと解されている（通説）。

〔伊藤ゆう子〕

第180条〔当事者の書類・証拠物の閲覧・謄写権〕 検察官及び弁護人[1]は，裁判所[2]において，前条第1項の処分に関する書類及び証拠物を閲覧し，且つ謄写することができる。但し，弁護人が証拠物の謄写をするについては，裁判官の許可を受けなければならない。
2　前項の規定にかかわらず，第157条の6第4項に規定する記録媒体は，謄写することができない。
3　被告人又は被疑者[3]は，裁判官の許可を受け，裁判所において，第1項の書類及び証拠物を閲覧することができる。ただし，被告人又は被疑者に弁護人があるときは，この限りでない。

[1] 検察官・弁護人の閲覧・謄写権

検察官及び弁護人は，証拠保全にかかる書類・証拠物の閲覧・謄写をすることができる。「書類」とは，前条の処分に関して作成された一切の書類を意味する。押収された書類は「証拠物」である。弁護人が証拠物の謄写をするときは，裁判所の許可を必要とする。ビデオリンク方式により記録された記録媒体（157の6Ⅳ）については，証人のプライバシー等を考慮し，謄写は認められない（本条Ⅱ）。

[2] 裁判所

証拠保全によって収集・保全された証拠は，受訴裁判所ではなく，処分を行った裁判官が所属する官署としての裁判所が保管する（受訴裁判所がこれらの証拠を利用するには，取寄決定をして送付を受けた上，証拠調べの手続を行う必要がある。）。「裁判所において」とは，閲覧・謄写の場所的制限を意味すると解されており，閲覧・謄写は当該裁判所の中で行われなければならない。

[3] 被疑者・被告人の閲覧権

被疑者または被告人は，弁護人がないときに限り，裁判所の許可を受けて，書類・証拠物を閲覧することができる。謄写はできない。

「被告人」には共同被告人も含まれるとするのが通説であるが（本条Ⅰの「弁護人」には共同被告人の弁護人も含まれることになる。），被告人間に利益相反があり得ることから，共同被告人に閲覧を認めることには問題があるとする指摘もある。共同被疑者については，範囲が明確でないことなどから閲覧は認められない（通説）。　　　　　　〔伊藤ゆう子〕

第15章　訴訟費用

第181条 [1]〔被告人等の費用負担〕　刑の言渡をしたとき[2]は，被告人に訴訟費用[3]の全部又は一部[4]を負担させなければならない[5]。但し，被告人が貧困のため訴訟費用を納付することのできないこと[6]が明らかであるときは，この限りでない。

2　被告人の責に帰すべき事由[7]によつて生じた費用は，刑の言渡をしない場合[8]にも，被告人にこれを負担させることができる。

3　検察官のみが上訴を申し立てた場合[9]において，上訴が棄却されたとき，又は上訴の取下げがあつたときは，上訴に関する訴訟費用は，これを被告人に負担させることができない。ただし，被告人の責めに帰すべき事由によつて生じた費用については，この限りでない。

4　公訴が提起されなかつた場合[10]において，被疑者の責めに帰すべき事由により生じた費用があるときは，被疑者にこれを負担させることができる。

[1] 本条の趣旨

本条は，被告人及び被疑者に対する訴訟費用の負担に関する規定である。刑を言い渡した場合には，被告人が罪を犯したことにより訴訟費用が発生したのであるから，原則として被告人に訴訟費用を負担させることとし，その他の場合には被告人又は被疑者の帰責事由により生じた費用に限り負担させることができるとしている。

[2] 刑の言渡をしたとき

終局において刑の言渡しをした場合をいい，実刑のほか，執行猶予，刑の執行の免除（刑5）を含むが，刑の免除（334）は含まれない。また，上訴審で破棄自判して刑の言渡しをした場合，刑の言渡しをした原裁判に対する被告人の上訴を棄却した場合も含まれる。

[3] 訴訟費用

訴訟費用の範囲は，刑事訴訟費用等に関する法律2条及び総合法律支援法39条2項により定められており，具体的には，証人・鑑定人・通訳人・翻訳人・国選弁護人の旅費・日当・宿泊料，国選弁護人の報酬，鑑定料，通訳料，翻訳料等である。

[4] 訴訟費用の全部又は一部の負担

刑の言渡しをしたときは，訴訟費用を被告人に全額負担させるのが原則であるが，裁判所は合理的な裁量により一部負担にとどめることができる。包括一罪又は科刑上一罪として起訴された事実のうち一部が無罪とされた場合に，その根拠となる証言をした証

人の費用や，高額となることの多い鑑定費用などについて，負担部分から除くということがある（福崎・大コメ刑訴3・444）。

[5] 負担させなければならない

　被告人に負担させるべき訴訟費用は，刑の言渡しをした事件の審理上必要な処分に要した費用であり，かつ，審理の経過及び結果からみて被告人に負担させるのが相当と考えられるものである（東京高判昭27・2・7高刑集5・3・328，最判昭63・9・27判時1290・152の伊藤正己裁判官補足意見）。

　刑の言渡しをした事件の範囲は，いわゆる公訴事実の同一性により判断されている。すなわち，裁判所が訴因より軽い事実を認定する場合に，重い事実に関して要した訴訟費用（大判昭9・6・12刑集13・743，大判大12・6・4刑集2・473），訴因変更があった場合に，旧訴因について生じた訴訟費用（高松高判昭25・12・20特報15・209），包括一罪又は科刑上一罪の関係にあるものとして起訴された事実についてその一部が無罪とされた場合に，その部分のみに関して要した訴訟費用（包括一罪につき東京高判昭30・4・4裁判特報2・7・248）については，それぞれ被告人に負担させることができる。他方，併合罪の一部が無罪とされた場合には，その部分のみに関して要した訴訟費用は，本条2項の場合を除き負担させることができない（最判昭30・1・14刑集9・1・52，最判昭31・12・13刑集10・12・1633，最判昭37・9・4裁集刑144・113）。

　なお，証人尋問に要する費用を被告人に負担させることは憲法37条2項に違反せず（最大判昭23・12・27刑集2・14・1934），また，国選弁護人の費用を被告人に負担させることは憲法37条3項に反しない（最大判昭25・6・7刑集4・6・966）。通訳に関する費用については，国際人権B規約14条3(f)との関係でも問題となり得るが，実務上は，本条1項ただし書により被告人に負担させない取扱いが一般である（福崎・大コメ刑訴3・426）。

[6] 訴訟費用を納付することのできないこと

　本条1項ただし書は，訴訟費用を負担する能力がないことが明らかな被告人について，別途執行免除の申立て（500）をさせる手続を省き，その保護を図るため，昭和28年法律第172号によって追加された。

　訴訟費用を納付する能力の有無は，負担の対象となる訴訟費用の額と被告人の資力との相関関係により決せられる。その判断に当たっては，証拠調べの結果のみならず，保釈等に関し当事者から提出された資料等，公判審理の過程で得られた種々の資料が用いられ，定職の有無や収入等の生活状況，稼働能力，資産，居住関係，家族の状況，社会的信用，社会復帰後の生活関係等が考慮される。また，負担能力は，被告人個人について検討されるが，被告人の親や配偶者らが多額の資産を持ち，被告人がその者らと生計を共にしているような場合には，一定範囲でそのような事情も考慮される（福崎・大コメ刑訴3・445）。

　実務上は，実刑判決の場合には，特段の資産等がない限り，訴訟費用を負担させない例が多く，他方，執行猶予判決の場合であって，被告人に就労先が確保されていたり，

308　　　　　　　　　　181条，182条

就労可能性が十分認められるときは，負担させる例が多い。また，弁護人が私選の場合には，資力をうかがわせる要素と評価される上，通常，訴訟費用が証人の旅費日当等，比較的少額にとどまることから，負担させる例が多い。

[7] 被告人の責に帰すべき事由

　被告人の責に帰すべき事由とは，具体的には，被告人が正当な理由がないのに公判期日に出頭しなかったため，証人を再度召喚し，これに費用を要した場合，いわゆる身代わり犯人を被告人として訴訟手続がなされ，費用を要した場合などが考えられる。

　被告人本人のほか，被告法人の代表者(27)，意思無能力者の法定代理人(28)，特別代理人(29)，出頭代理人(283・284)の責めに帰すべき場合を含むが，弁護人，補佐人(42)，単なる代人(362)は含まないと解される(福崎・大コメ刑訴3・447)。

[8] 刑の言渡をしない場合

　刑の言渡しをしない場合とは，終局裁判であるが刑の言渡しをしない場合をいい，無罪，免訴，刑の免除，公訴棄却及び管轄違いの裁判を含むが，他の管轄裁判所への移送決定(19)，高等裁判所から管轄下級裁判所への移送決定(330)，上訴審における破棄差戻し等については，いずれも中間的な裁判であるから，これに当たらない。これに対し，少年法55条の家庭裁判所への移送決定は，中間的な裁判ではあるが，刑事訴訟手続を終了させるものであるから，これに当たる。

[9] 検察官のみが上訴を申し立てた場合

　本条3項は，検察官のみが上訴した場合において，上訴棄却となり，又は上訴を取り下げたときは，その上訴に関して要した費用は，国側の事情のみによって生じた費用であるから，負担させないこととしたものである。原審に満足する被告人を保護し，検察官の上訴を慎重にさせる趣旨も含まれる。なお，本条3項ただし書は，衡平の観点から，昭和51年法律第23号により追加されたものである。

[10] 公訴が提起されなかった場合

　公訴が提起されなかった場合とは，検察官が不起訴処分をした場合をいう。本条4項は，平成16年法律第62号によって被疑者に対する国選弁護人制度が導入され，その報酬等が訴訟費用とされたことに伴い新設されたものである。

〔福家康史〕

第182条 [1] 〔共犯の費用〕　共犯 [2] の訴訟費用 [3] は，共犯人に，連帯して，これを負担させる [4] ことができる。

[1] 本条の趣旨

　共犯にあたる者については，通常，共同被告人として同一の手続により審理し，合一的な事実確定がなされるところ，本条は，このような場合に訴訟費用を国庫に確実に納付させるため，共同被告人各自にその審理に要した費用の全額負担を命じ得るとしたも

のである。

[2] 共 犯

共犯には，刑法総則に規定する共犯に加え，教唆犯・幇助犯を独立の犯罪とした内乱幇助（刑79），逃走援助（刑100），傷害助勢（刑206），共犯の例によるとされている同時傷害（刑207）のほか，贈収賄等の必要的共犯を含む。両罰規定における業務主体と行為者についても，その人的結合関係の密接性から本条の適用を認めるべきであるが，単なる同時犯や，9条2項により共に犯したものとみなされる犯人蔵匿の罪等とその本犯の罪は共犯に当たらないと解される（福崎・大コメ刑訴3・453・454）。

[3] 共犯の訴訟費用

共犯の訴訟費用とは，共犯に当たる者が共同被告人として併合審理された際，共通の証人に対して支給した費用等，共通して生じた訴訟費用をいい，被告人のみに関係し，相被告人には関係しない公訴事実に関する証人に支給した費用などは当該被告人のみに負担させるべきであるから含まれない（最判昭46・4・27刑集25・3・534）。共同被告人の1人のためにのみ選任された国選弁護人の費用は，共犯の訴訟費用とはいえず，また，数名の共同被告人に同一の国選弁護人が選任された場合，その費用は，各被告人が分割して平等に負担すべきと解される（福崎・大コメ刑訴3・455）。その他，連帯負担を命じられた者が上訴して上訴審で共同審理され，一部の者の上訴が棄却され，一部の者について破棄自判により刑の言渡しがなされた場合には，下級審の訴訟費用に限り連帯負担をさせることができると解される（松尾・条解341）。

[4] 連帯して，これを負担させる

連帯負担を命じるかは裁量的であるが，連帯負担を命じられた者は，各自がその訴訟費用の全額を納付する義務を負い，一人が納付すればその限度で他の者は納付義務を免れる。負担者相互の求償関係については，民法の連帯債務の規定を準用すべきであり，原則として各自の内部的負担部分は平等と解される。　　　　　　　　　　〔福家康史〕

第183条 [1] 〔告訴人等の費用負担〕　告訴，告発又は請求により公訴の提起があつた事件 [2] について被告人が無罪又は免訴の裁判を受けた場合において，告訴人，告発人又は請求人に故意又は重大な過失があつたとき [3] は，その者に訴訟費用を負担させることができる。

2　告訴，告発又は請求があつた事件について公訴が提起されなかつた場合において，告訴人，告発人又は請求人に故意又は重大な過失があつたときも，前項と同様とする。

[1] 本条の趣旨

本条は，告訴等を濫用した結果生じた費用は国が全て負担すべきものではないし，告

訴等の濫用防止のためには当該告訴人等に負担させるのが妥当であることから，一定の場合に告訴人等に訴訟費用を負担させることを定めたものである。本条2項は，被疑者に対する国選弁護人制度が導入され，その報酬等が訴訟費用とされたことに伴い新設された。

[2] 告訴，告発又は請求により公訴の提起があった事件

告訴等の存在又は内容が検察官の起訴に対して重要な影響を与えたことが必要であるが，起訴前に告訴等を取り消した場合には，本項の適用を認めるべきではないと解される（松尾・条解342）。

告訴等が訴訟条件となっているか否かを問わず，単に捜査の端緒にすぎない場合も含まれる。

[3] 故意又は重大な過失があったとき

故意があったとは，告訴等をした事実につき被告人が無罪又は免訴になることを認識していたことをいい，未必的なもので足りる。重大な過失とは，無罪又は免訴になることを極めて容易に知り得るのに不注意で知らなかったことをいう（福崎・大コメ刑訴3・463）。
〔福家康史〕

第184条 [1]〔上訴等の取下げと費用負担〕 検察官以外の者 [2] が上訴又は再審若しくは正式裁判の請求を取り下げた場合には，その者に上訴，再審又は正式裁判に関する費用 [3] を負担させることができる。

[1] 本条の趣旨

本条は，検察官以外の者が上訴，再審又は正式裁判の請求をしながら，その後の訴訟の状況等を踏まえて，上訴を取り下げ，原判決を確定させたようなときに，上訴人等に訴訟費用を負担させることができることを定めたものである。この場合に，その訴訟費用を全て国の負担とすることは，被告人のみが上訴して棄却となった場合と均衡を失して相当ではない。また，濫上訴を防ぐ必要もある。そこで，このような定めが置かれている。検察官の上訴が併存する場合には本条の適用はないと解される。

[2] 検察官以外の者

検察官以外の者で，上訴を取り下げ得る者は被告人（359），その法定代理人等（360），再審の請求を取り下げ得る者は有罪の言渡しを受けた者等（439Ⅰ②〜④），正式裁判の請求を取り下げ得る者は，略式命令を受けた者等（467・359・360）である。なお，弁護人による取下げは，代理権の行使であるから，弁護人に訴訟費用を負担させることはできない。

[3] 上訴等に関する費用

上訴に関する費用とは，上訴審における費用だけでなく，原判決後上訴申立てまでに

要した費用を含み，同様に，再審に関する費用には，再審開始決定前の費用を，正式裁判に関する費用には，正式裁判申立て前の費用をそれぞれ含む。 〔福家康史〕

第185条 [1] 〔被告人負担の裁判〕 裁判によつて訴訟手続が終了する場合 [2] において，被告人に訴訟費用を負担させるときは，職権でその裁判をしなければならない [3]。この裁判に対しては，本案の裁判について上訴があつたときに限り，不服を申し立てることができる [4]。

[1] 本条の趣旨

本条は，181条に規定するとおり，終局裁判によって訴訟が終結する場合に，被告人にその費用を負担させるときの負担手続，不服申立てについて定めたものである。

[2] 裁判によって訴訟手続が終了する場合

刑の言渡しの判決のほか，無罪，免訴，刑の免除，公訴棄却，管轄違いの裁判，これらの裁判に対する上訴棄却の裁判，上訴審における破棄自判や差戻審で上記各裁判がなされる場合を含む。ただし，他の管轄裁判所への移送決定，高等裁判所から管轄下級裁判所への移送決定，上訴審による破棄差戻し等は，いずれも中間的な裁判であるから，これに当たらない。

[3] 職権でその裁判をしなければならない

訴訟費用の負担は職権判断事項であって，検察官の請求や，両当事者の弁論を要しない。

被告人に訴訟費用を負担させる裁判は，本案の裁判に付随するものとして行われ，実務上は，終局裁判の主文の中で合一的に行われている。具体的には，「訴訟費用は被告人の負担とする。」「訴訟費用のうち，証人Aに関する分は被告人Xの，証人Bに関する分は被告人Yの負担とし，国選弁護人に関する分はその2分の1ずつを各被告人の負担とする。」などといった負担の基準を明確に示す形式で行われている。負担させる訴訟費用の金額まで表示する必要はないが，記録と相まってその負担金額を確定し得るものでなければならない (188)。

訴訟費用を負担させないときは，主文にその旨を判示する必要はないとされているが (最決昭30・7・29裁集刑107・1207)，判断を遺脱したものとみられないため，実務上は，理由中の法令の適用の項において，181条1項ただし書を摘示して，これを明らかにしている (東京高判昭30・5・19裁判特報2・10・487)。

[4] 不服申立て

被告人に訴訟費用を負担させる裁判は，本案の裁判に付随するものであるから，独立の不服申立てはできない。そのため，本案の裁判が無罪等で，それ自体には上訴の利益が認められない場合，訴訟費用の負担を命じる部分のみに対する上訴は不適法となる。

312　　　　　　　　　　185条，186条

　上訴審において，その裁判を是正することができるのは，上訴が適法で理由があり，原裁判を取り消す場合に限られると解される（最判昭31・12・13刑集10・12・1633）。ただし，上告審で適法な上告理由（405）に当たらないとしながら，原判決が訴訟費用を被告人に負担させたのは違法であり，著しく正義に反するとして，職権で原判決を破棄自判（411①）したものがあり（最判昭30・1・14刑集9・1・52，最判昭37・9・4裁集刑144・113，最判昭46・4・27刑集25・3・534），これらについては，具体的妥当の要請から事案の解決を図ったものと解される。

　上訴審で原裁判を取り消す際には，訴訟費用の点について不服申立てがなかった場合でも職権で裁判することができ，裁判所が，訴訟費用の負担金額の認定を誤るなどした場合に，上訴審がこれを訂正するのに不利益変更禁止の原則（402・414）の適用はない。

〔福家康史〕

第186条[1]〔**第三者負担の裁判**〕　裁判によつて訴訟手続が終了する場合において，被告人以外の者に訴訟費用を負担させるときは，職権で別にその決定をしなければならない[2]。この決定に対しては，即時抗告をすることができる[3]。

[1] 本条の趣旨

　本条は，183条1項に規定するとおり，本案について無罪又は免訴の裁判があった場合に，故意又は重大な過失のあった告訴人，告発人又は請求人に訴訟費用を負担させるときの負担手続，不服申立てについて定めたものである。

[2] 職権で別にその決定をしなければならない

　本条の裁判は，対象者が被告人ではないから，前条の場合と異なり，本案の裁判と合一的に言い渡すことはできず，被告事件が係属した裁判所が別個に職権で言い渡すこととなる。この決定は，本案の裁判と同時的に行うことが予定されているといえるが，被告人に対する刑事手続とは別の手続によることになる上，告訴人等に訴訟費用を負担させるための故意又は重大な過失の検討は容易ではないことなどから，本案の判決言渡し後の相当の期間内に裁判があればよいと解される（福崎・大コメ刑訴3・481）。

　本条の裁判は，第三者に不利益を科すものであるから，その者に弁解の機会を与えなければ，憲法31条違反の問題が生じるおそれがある。現行法上そのための手続は設けられていないが，手続上の配慮として，対象となった告訴人等に対する事実の取調べ（43Ⅲ）により要件の調査を行い，これによって弁解の機会を与えるべきである（福崎・大コメ刑訴3・480）。

[3] 即時抗告

　即時抗告できるのは負担の決定を受けた者（352）及び公益の代表者としての検察官（351Ⅰ）である。なお，即時抗告の審理は本案の裁判と別個独立のものとして行われるため，

即時抗告棄却後，本案の裁判において上訴審で被告人に対する無罪又は免訴の判決が取り消され，刑の言渡しがあることがあり得，その場合には，第三者負担の裁判について直接救済する方法はないこととなる。これに対しては，検察官の執行処分に対する異議の申立て（502）を認めるほかないと解される。　　　　　　　　　　　〔福家康史〕

第187条 [1]**〔本案の裁判がないとき〕**　裁判によらないで訴訟手続が終了する場合 [2] において，訴訟費用を負担させるときは，最終に事件の係属した裁判所 [3] が，職権でその決定をしなければならない。この決定に対しては，即時抗告をすることができる [4]。

[1] 本条の趣旨

　本条は，184条に規定するとおり，検察官以外の者が上訴等を取り下げることにより，裁判によらないで訴訟手続が終了する場合に，訴訟費用を負担させるときの負担手続，不服申立てについて定めたものである。

[2] 裁判によらないで訴訟手続が終了する場合

　裁判にならないで訴訟手続が終了する場合とは，上訴の取下げ（359・360），再審請求の取下げ（443）又は正式裁判の請求の取下げ（466）により訴訟手続が終了する場合をいう。

[3] 最終に事件の係属した裁判所

　上訴取下げの場合，原則として上訴裁判所がこれに当たるが，上訴申立て後，訴訟記録が上訴審裁判所に送付されず，原裁判所にある間に上訴が取下げになった場合は，原裁判所が最終係属裁判所に当たると解される（規235・251）。

　なお，再審請求取下げの場合は，再審請求事件の係属した裁判所が訴訟費用負担の裁判をすることとなる。

[4] 即時抗告

　本案の裁判は既に確定しているから，この裁判は独立して上訴の対象となり，負担の決定を受けた者及び公益の代表者としての検察官は即時抗告ができる。　　　〔福家康史〕

第187条の2 [1]**〔公訴の提起がないとき〕**　公訴が提起されなかつた場合 [2] において，訴訟費用を負担させるときは，検察官の請求により，裁判所が決定をもつてこれを行う [3]。この決定に対しては，即時抗告をすることができる [4]。

　　[規]　第138条の2（請求先裁判所・法第187条の2）　法第187条の2の請求は，公訴を提起しない処分をした検察官が所属する検察庁の所在地を管轄する地方裁判所又は簡易裁判

所にこれをしなければならない。

第138条の3（請求の方式・法第187条の2） 法第187条の2の請求は，次に掲げる事項を記載した書面でこれをしなければならない。

一 訴訟費用を負担すべき者の氏名，年齢，職業及び住居

二 前号に規定する者が被疑者でないときは，被疑者の氏名及び年齢

三 罪名及び被疑事実の要旨

四 公訴を提起しない処分をしたこと。

五 訴訟費用を負担すべき理由

六 負担すべき訴訟費用

第138条の4（資料の提供・法第187条の2） 法第187条の2の請求をするには，次に掲げる資料を提供しなければならない。

一 訴訟費用を負担すべき理由が存在することを認めるべき資料

二 負担すべき訴訟費用の額の算定に必要な資料

第138条の5（請求書の謄本の差出し，送達・法第187条の2） 法第187条の2の請求をするときは，検察官は，請求と同時に訴訟費用の負担を求められた者の数に応ずる請求書の謄本を裁判所に差し出さなければならない。

2 裁判所は，前項の謄本を受け取つたときは，遅滞なく，これを訴訟費用の負担を求められた者に送達しなければならない。

第138条の6（意見の聴取・法第187条の2） 法第187条の2の請求について決定をする場合には，訴訟費用の負担を求められた者の意見を聴かなければならない。

第138条の7（請求の却下・法第187条の2） 法第187条の2の請求が法令上の方式に違反しているとき，又は訴訟費用を負担させないときは，決定で請求を却下しなければならない。

［1］ 本条の趣旨

本条は，平成16年法律第62号により，被疑者に対する国選弁護人制度が導入され，その報酬等が訴訟費用とされたところ，起訴されなかった場合には被告人の場合と異なり受訴裁判所がないことから，この訴訟費用を被疑者や被疑者以外の者に負担させるための手続を新設したものである。

［2］ 公訴が提起されなされなかった場合

公訴が提起されなかった場合とは，検察官が事件を不起訴処分にした場合をいう。少年の被疑者に対して，犯罪の嫌疑不十分であるとして，家庭裁判所に送致しなかった場合も含まれる。

［3］ 検察官の請求及び裁判所の決定

請求及び決定の具体的な手続については，規138条の2ないし138条の7により定められている。

[4] 即時抗告

負担を命じる決定に対しては即時抗告ができる。請求を却下する決定に対しては，即時抗告はできないと解されるが，反対の見解もある（福崎・大コメ刑訴3・488）。

〔福家康史〕

第188条 [1]〔**負担額の算定**〕　訴訟費用の負担を命ずる裁判にその額を表示しないとき[2]は，執行の指揮をすべき検察官が，これを算定する[3]。

[1] 本条の趣旨

本条は，訴訟費用を負担させる裁判において，常に負担金額まで確定しておかなければならないとすると時間がかかり，迅速な裁判が妨げられるし，その金額は，その後の執行の段階で記録により明確にできることから，具体的金額を明示しないことを許容し，訴訟費用額算定の事務処理を裁判確定後執行の段階において行わせることについて定めたものである。

[2] その額を表示しないとき

訴訟費用の負担を命じる裁判には，負担金額を表示しないのが実務上の通例であるが，記録と相まってその負担金額を確定させることができるよう金額算定の基準が明示されなければならない。例えば，「訴訟費用は，被告人の責に帰すべき部分を被告人の負担とする。」とする場合など，検察官が具体的な金額を算定できないような主文については，負担を命じる裁判自体無効というべきである（福崎・大コメ刑訴3・489）。

[3] 検察官による算定

具体的な金額を明示しない訴訟費用の裁判を執行するには，裁判の執行を指揮する検察官（472）が，金額を算定しなければならない。その算定方法については，訴訟費用のうち既に裁判所が証人らに支給済みのものは，事件の訴訟記録に記載されている。また，報酬等が事件ごとに定められる契約を締結している国選弁護人等契約弁護士に対する報酬等の額は，日本司法支援センターの協力を得て知ることができ（法律支援39Ⅳ），それ以外の国選弁護人等契約弁護士の報酬等については，検察官の申立てに基づいて裁判所が算定することとなる（同条Ⅲ）。

なお，検察官の算定に不服があれば，検察官の執行処分に対する異議の申立て（502）をすることができる。

〔福家康史〕

第16章　費用の補償

第188条の2 [1] 〔**無罪判決と費用の補償**〕　無罪の判決が確定[2]したときは，国は，当該事件の被告人であつた者に対し，その裁判に要した費用[3]の補償をする。ただし，被告人であつた者の責めに帰すべき事由[4]によつて生じた費用については，補償をしないことができる。

2　被告人であつた者が，捜査又は審判を誤らせる目的[5]で，虚偽の自白をし，又は他の有罪の証拠を作ることにより，公訴の提起を受けるに至つたものと認められるときは，前項の補償の全部又は一部をしないことができる。

3　第188条の5第1項の規定による補償の請求がされている場合には，第188条の4の規定により補償される費用については，第1項の補償をしない[6]。

[1]　本条の趣旨

　本条から188条の7までに規定する費用補償制度は，昭和51年5月21日法律第23号「刑事訴訟法の一部を改正する法律」により新設された。改正前は，検察官のみが上訴し，その目的が達成できなかった場合に被告人が要した上訴費用の補償をするのにとどまっていたが，その規定（368から371）が削除されて，本章に移された。

[2]　無罪の判決の確定

　無罪の判決の確定が費用補償の要件である。無罪になった理由は問わない。「疑わしきは被告人の利益に」の原則から無罪となるいわゆる灰色無罪の場合や，違法行為のあったことは認められるがその程度が可罰的なものに至っていないとされる場合，責任無能力を理由とする場合も含む。刑事補償法25条1項と異なり，免訴・公訴棄却の場合には補償されない（最決昭58・9・27刑集37・7・1092）。

　併合罪の一部が無罪となった場合，無罪となった事実の審理に要した費用が補償される（最決昭58・11・7刑集37・9・1353）。無罪部分が確定したときは，有罪部分が未確定であっても，確定した無罪判決につきその審理に要した費用の補償を請求することができる。無罪となった事実の審理のみに要した費用が他と区別できるときは，その費用を補償する。区別できないときは，相当な方法で案分して無罪になった事実の審理に要した費用を算定する。実務では，併合審理された期日全体の費用を合算し，無罪の部分の訴因の数や審理状況等を考慮して，一定の割合を補償する場合が多い（前掲最決昭58・11・7等）。科刑上一罪の関係に立つ複数の事実のうちの一部が無罪となった場合も，併合罪の一部が無罪となった場合と同様である（京都地決昭53・1・25判時898・129）。包括一罪として起訴された事実の一部が無罪とされた場合に補償を認めた例として名古屋高決昭59・7・9

高刑集37・2・348がある。本位的訴因が認められず予備的訴因で有罪になった場合，訴因の縮小認定がされた場合には，補償はされない。

［3］裁判に要した費用

補償されるのは，被告人であった者が裁判に要した費用である。被告人が自ら支払ったか，債務を負担したことが必要である。親族，知人などの第三者の負担において支出された費用は補償の対象とはならない。

捜査段階や再審請求手続において生じた費用は，補償の対象とならない（最決昭53・7・18刑集32・5・1055）。捜査段階の弁護人の報酬については，平成16年法律62号による刑事訴訟法改正により被疑者国選弁護制度が導入され，無罪の裁判が確定すれば，訴訟費用に含まれる。均衡上，私選弁護人の報酬も一定部分は国が負担するのが相当とする見解がある（福崎・大コメ刑訴3・501）。

［4］被告人であった者の責めに帰すべき事由

被告人であった者が正当な理由がなく公判期日に出頭せず，公判を開くことができなかった場合や，故意に訴訟を引き延ばして無駄な公判期日を重ねた場合などである。裁判所は，裁量により，個々の訴訟手続に生じた費用を補償しないことができる。

［5］捜査又は審判を誤らせる目的

単に誤った捜査又は審判がなされることを予見又は認識するだけでは足りず，積極的に意欲することが必要である。身代わり犯人となるような場合が典型である。裁判所は，裁量により，費用全体について，その全部又は一部を補償しないことができる。

［6］上訴費用の補償との関係

本条の補償と上訴費用の補償との重複を避けるための規定である。検察官のみがした上訴が棄却されまたは取り下げられて無罪の原裁判が確定した時は，上訴審において生じた費用は，無罪の判決に要した費用の一部として，本条1項のみにより補償される（188の4本）。これに対し，検察官のみがした上訴が棄却されまたは取り下げられて原裁判が確定したが，それにより無罪の判決が確定せず，のちに無罪の判決がなされた場合（第1審の有罪判決について控訴審で破棄差戻し判決があり，検察官のみが上告したが棄却されて破棄差戻し判決が確定し，差戻し後の第1審で無罪の判決がなされた場合など）は，無罪の判決確定前に188条の4によって上訴審において生じた費用の補償を請求することができる。その後無罪の判決が確定すると本条1項による補償の請求と重複することとなるので，本項はこのような場合に適用される。　　　　　　　　　　　　　　　〔新井紅亜礼〕

第188条の3 [1] 〔補償の手続〕　前条第1項の補償は，被告人であつた者の請求により，無罪の判決をした裁判所 [2] が，決定をもつてこれを行う。

2　前項の請求は，無罪の判決が確定した後六箇月以内にこれをしなければならない [3]。

3 補償に関する決定に対しては，即時抗告をすることができる[4]。

> ［規］ **第138条の9（裁判所書記官による計算・法第188条の3等）** 法第188条の2第1項又は
> 第188条の4の補償の決定をする場合には，裁判所は，裁判所書記官に補償すべき費
> 用の額の計算をさせることができる。

［1］本条の趣旨
本条は，補償の手続に関する規定である。本条の規定のほか，188条の7により，刑事補償法の規定が適用される。

［2］無罪の判決をした裁判所
管轄裁判所は，無罪の判決をした裁判所である。訴訟法上の裁判所ではなく，国法上の裁判所をいう。上訴棄却により原審の無罪判決が確定したときは，上訴審において生じた費用を含め，原裁判所に補償の請求をする。請求は，書面又は口頭でなしうる。

［3］請求期間
補償請求期間は，無罪の判決が確定した後6か月間である。併合罪として起訴された数個の訴因の一部について無罪の裁判が確定したときには，その余の訴因についての有罪判決が未確定であっても，無罪部分の審理に要した費用の補償を請求することができ（東京高決昭57・9・16高刑集35・2・182），請求期間は独立に進行する（最決昭58・11・7刑集37・9・1353）。なお，刑事補償の請求については，すべての事実について裁判が確定した日から起算する（最決昭59・11・30刑集38・11・3008）。

［4］即時抗告
本条の決定に対する不服申立ての方法は即時抗告である。被告人であった者は，刑事補償法19条とは異なり，請求棄却の決定のほか，請求却下決定に対しても即時抗告できる。検察官からも即時抗告できる（351）。高等裁判所の決定に対しては，異議申立てができる（428Ⅱ）。　　　　　　　　　　　　　　　　　　　　　　　　　　〔新井紅亜礼〕

第188条の4 [1]**〔上訴費用の補償〕**　検察官のみが上訴をした場合において，上訴が棄却され又は取り下げられて当該上訴に係る原裁判が確定したときは，これによって無罪の判決が確定した場合を除き，国は，当該事件の被告人又は被告人であつた者に対し，上訴によりその審級において生じた費用の補償をする[2]。ただし，被告人又は被告人であつた者の責めに帰すべき事由[3]によつて生じた費用については，補償をしないことができる。

> ［規］ **第138条の8（準用規定）** 書面による法第188条の4の補償の請求については，第227条
> 及び第228条の規定を準用する。

188条の4，188条の5

[1] 本条の趣旨

上訴費用の補償の要件及び除外事由の規定である。検察官による理由のない上訴によって生じた費用を被告人に負担させるのは衡平の見地から相当でないという考えに基づく。改正前の368条とほぼ同趣旨である。

[2] 補償の要件

補償されるのは，検察官のみが上訴し，これが棄却され又は取り下げられて，無罪判決以外の原裁判が確定したときである。双方上訴の場合は，検察官のした上訴が棄却され又は取り下げられても，補償されない。被告人のした上訴が取り下げられ，検察官のした上訴のみが残ったときは，被告人の上訴取り下げ以後の費用は補償される。検察官の上訴が棄却されて無罪判決が確定した場合は，188条の2により補償される。本条と188条の2との関係は同条の解説 [6] 参照。

補償される費用が，被告人又は被告人であった者の負担において支出された費用に限られることは188条の2と同様である。

[3] 責めに帰すべき事由

被告人又は被告人であった者の責めに帰すべき事由によって生じた費用について補償しないことができるのも，188条の2と同様である。同条の解説 [4] 参照。

〔新井紅亜礼〕

第188条の5 [1]〔補償の手続〕 前条の補償は，被告人又は被告人であつた者の請求により，当該上訴裁判所であつた最高裁判所又は高等裁判所が [2]，決定をもつてこれを行う。

2 前項の請求は，当該上訴に係る原裁判が確定した後2箇月以内にこれをしなければならない。

3 補償に関する決定で高等裁判所がしたものに対しては，第428条第2項の異議の申立てをすることができる。この場合には，即時抗告に関する規定をも準用する [3]。

[1] 本条の趣旨

本条は，上訴費用の補償の手続に関する規定であり，改正前の370条とほぼ同趣旨である。本条のほか，刑事補償法の規定が準用される（188の7）。

[2] 管轄裁判所等

管轄裁判所は，当該上訴審であった最高裁判所または高等裁判所である。補償の請求及び決定は，審級ごとに行われる。控訴審の費用については高等裁判所が，上告審の費用については最高裁判所が，それぞれ決定する。本条の裁判所とは，訴訟法上の裁判所ではなく，国法上の裁判所を指す。書面による上訴費用補償の請求については，規138

条の8により規227・228条が準用される。刑事施設に収容されている被告人又は被告人であった者が刑事施設の長等を経由して請求書を差し出した場合，刑事施設の長等は，当該裁判所に請求書を送付し，かつこれを受け取った年月日を通知しなければならず，請求期間内に刑事施設の長等に請求書を差し出せば，裁判所への到着が請求期間経過後でも，請求の期間内に請求したものとみなされる。

[3] 不服申立て

　高等裁判所がした本条の補償に関する決定に対しては，428条2項の異議の申立てをすることができる。刑事補償法19条のように不服申立の対象を補償決定及び補償請求棄却決定に限っていないから，補償請求が却下された場合にも異議の申立てができる。検察官からも異議の申立てができる（351）。即時抗告に関する規定が準用されるから異議申立期間は3日間である（422）。

〔新井紅亜礼〕

第188条の6 [1] **〔費用補償の範囲〕**　第188条の2第1項又は第188条の4の規定により補償される費用の範囲は，被告人若しくは被告人であつた者又はそれらの者の弁護人であつた者が公判準備及び公判期日 [2] に出頭するに要した旅費，日当及び宿泊料並びに弁護人であつた者に対する報酬に限るものとし [3]，その額に関しては，刑事訴訟費用に関する法律の規定中，被告人又は被告人であつた者については証人，弁護人であつた者については弁護人に関する規定を準用する。

2　裁判所は，公判準備又は公判期日に出頭した弁護人が2人以上あつたときは，事件の性質，審理の状況その他の事情を考慮して，前項の弁護人であつた者の旅費，日当及び宿泊料を主任弁護人その他一部の弁護人に係るものに限ることができる [4]。

[1] 本条の趣旨

　本条は，補償の対象となる費用の範囲を定める規定である。

[2] 公判準備及び公判期日

　公判準備とは，受訴裁判所，裁判長，受命裁判官，受託裁判官が公判期日外でする手続をいい，公判前整理手続期日及び期日間整理手続期日のほか，公判期日外でする証人尋問，検証などが該当する。訴訟進行等についての事実上の打ち合わせ（仙台高決昭55・3・24刑資245・278），第1回公判期日前に行われる打ち合わせ（規178の10）は，公判準備には含まれない。

[3] 旅費，日当，宿泊料，報酬

　補償の範囲は旅費，日当，宿泊料及び報酬に限られ，これ以外の費用は補償されない。被告人の旅費，日当，宿泊料の額については，「刑事訴訟費用等に関する法律」の証人に関する部分（同3~5）が，弁護人については，同法の国選弁護人に関する部分（同8）

が準用される。勾留中の被告人が公判準備，公判期日へ出頭した場合の日当は，証人の場合と異なり補償されない（最決昭58・11・7刑集37・9・1353）。反対説もある（詳細は福崎・大コメ刑訴3・517参照）。算定の基準時は，被告人が支出した費用を補償するという法の趣旨から考え，各出頭の時点と解すべきである（最決昭54・12・14刑集33・7・917，前掲最決昭58・11・7）。

　弁護人であった者に対する報酬の額は，同法8条2項の準用により，裁判所が「相当と認めるところ」に従って算定される。国の行う補償として客観的に適正な額という意味であり，現実に支払われた報酬の額や，日弁連の報酬基準規定が基準になるわけではない。国選弁護人に支給される報酬額に準じて算定されるべきである。記録謄写料，反証収集費用等は，必要かつ相当と認められる範囲で，報酬算定の際に考慮される（東京高決平13・2・13判時1763・216）。多数の弁護人が選任されていた場合の報酬額は，弁護活動全体を評価し，事案の性質，難易，軽重等に応じて相当と認められる報酬額を算定するべきである。また数名の共同被告人が共通の弁護人を選任している場合は，全体としての報酬額を算定した上，これを被告人の人数や事件の難易等に応じて各被告人に案分するなどの方法によって，当該請求人について補償すべき弁護人の報酬額を算定すべきである（京都地決昭53・1・25判時898・129）。報酬算定の基準時は，当該審級の判決言渡しの時点と解すべきである（前掲最決昭54・12・14）。

［4］複数弁護人の場合の費用の制限

　事件の性質，審理の状況その他の事情からして，多数の弁護人が同時に出頭する必要がなかったと認められるような場合には，補償の範囲を一部の弁護人に限ることができる。その判断は，各期日単位で具体的に定めるべきである。本項により制限できるのは，旅費，日当及び宿泊料である。報酬については，本条の解説［3］のとおり。

〔新井紅亜礼〕

第188条の7 [1] 〔刑事補償の例〕　補償の請求その他補償に関する手続 [2]，補償と他の法律による損害賠償との関係 [3]，補償を受ける権利の譲渡又は差押え [4] 及び被告人又は被告人であつた者の相続人に対する補償 [5] については，この法律に特別の定めがある場合のほか，刑事補償法（昭和25年法律第1号）第1条に規定する補償の例による。

［1］本条の趣旨

　補償の手続について，刑事補償法及びその付属法令を適用することを規定する。

［2］補償の請求その他補償に関する手続

　適用される刑事補償法の規定は，同法9条（代理人による補償の請求）・13条（補償請求の取消の効果）・14条（補償請求に対する裁判）・15条（補償請求却下の決定）・16条（補償又は

請求棄却の決定）・19条（即時抗告又は異議の申立）中の3項（同15を準用する部分を除く）・20条（補償払渡の請求）である。

［3］補償と他の法律による損害賠償との関係

補償と他の法律による損害賠償との関係については，刑事補償法5条（損害賠償との関係）が適用される。費用の補償を受けるべき者は，国家賠償法1条や民法709条等他の法律に基づき国や虚偽告訴等をした第三者に損害賠償の請求をすることもできるが，それらの者から損害の賠償を受けた場合，その限度で費用補償はなされないこととなるし，逆に費用補償を先に受けた場合には，その額は損害賠償額から差し引かれることになる。

［4］補償を受ける権利の譲渡又は差押え

補償を受ける権利の譲渡又は差押えについては，刑事補償法22条が適用される。補償の請求権，払渡の請求権を，譲渡，差押えすることはできない。一身専属的要素の権利だからである。

［5］被告人又は被告人であった者の相続人に対する補償

被告人等の相続人に対する補償については，刑事補償法2条（相続人による補償の請求）・8条（相続人の疎明）・10条（同順位相続人の補償の請求）・11条（同順位相続人に対する通知）・12条（同順位相続人の補償請求の取消）・17条（同順位相続人に対する決定の効果）・18条（補償請求手続の中断及び受継）・21条（補償払渡の効果）の各規定が適用される。　〔新井紅亜礼〕

第2編　第一審

第1章　捜　査

第189条 [1]〔一般司法警察職員〕　警察官 [2] は，それぞれ，他の法律 [3] 又は国家公安委員会若しくは都道府県公安委員会の定めるところ [4] により，司法警察職員 [5] として職務を行う [6]。

2　司法警察職員は，犯罪があると思料するときは [7]，犯人及び証拠を捜査する [8] ものとする [9]。

[範]　**第23条（報告）**　警察官は，犯罪に関係があると認められる事項その他捜査上参考となるべき事項を知つたときは，速やかに，上司に報告しなければならない。

2　警察署長は，その管轄区域において発生した事件その他捜査上参考となるべき事項のうち重要なものについては，速やかに，警察本部長に報告しなければならない。

第59条（端緒の把握の努力）　警察官は，新聞紙その他の出版物の記事，インターネットを利用して提供される情報，匿名の申告，風説その他広く社会の事象に注意するとともに，警ら，職務質問等の励行により，進んで捜査の端緒を得ることに努めなければならない。

第60条（手配の有無等の照会）　職務質問に当り，必要があると認められるときは，直ちに，指名手配その他の手配または通報の有無，被害届の有無，鑑識資料の有無等を，電話その他適当な方法により，警視庁もしくは道府県警察本部または警察署に照会しなければならない。

第61条（被害届の受理）　警察官は，犯罪による被害の届出をする者があつたときは，その届出に係る事件が管轄区域の事件であるかどうかを問わず，これを受理しなければならない。

2　前項の届出が口頭によるものであるときは，被害届（別記様式第6号）に記入を求め又は警察官が代書するものとする。この場合において，参考人供述調書を作成したときは，被害届の作成を省略することができる。

第62条（犯罪事件受理簿）　犯罪事件を受理したときは，警察庁長官（以下「長官」と

324   189条

いう。）が定める様式の犯罪事件受理簿に登載しなければならない。

第76条（着手報告） 警察官は，犯罪があると思料するときは，捜査の着手に先だち，順を経て，警察本部長または警察署長に報告し，その指揮を受けなければならない。ただし，急速を要する場合においては，必要な処置を行つた後，すみやかに報告するものとする。

第77条（着手に関する判断） 捜査の着手については，犯罪の軽重および情状，犯人の性格，事件の波及性および模倣性，捜査の緩急等諸般の事情を判断し，捜査の時期または方法を誤らないように注意しなければならない。

第81条（資料に基く捜査） 捜査を行うに当つては，犯罪に関する有形または無形の資料，内偵による資料その他諸般の情報等確実な資料を収集し，これに基いて捜査を進めなければならない。特に被疑者の逮捕その他の強制処分を行うに当つては，事前にできる限り多くの確実な資料を収集しておかなければならない。

第82条（鑑識資料の収集整備及び利用） 指掌紋，手口，写真その他の鑑識資料は，常に収集整備することに努め，捜査を行うに当つては，それらの多角的利用を図らなければならない。

第84条（現場臨検） 警察官は，現場臨検を必要とする犯罪の発生を知つたときは，捜査専従員たると否とを問わず，すみやかにその現場に臨み，必要な捜査を行わなければならない。

2 前項の場合において他に捜査主任官その他の者による現場臨検が行われるときは，確実に現場を保存するよう努めなければならない。

第90条（現場における捜査の要点） 現場において捜査を行うに当つては，現場鑑識その他の科学的合理的な方法により，次に掲げる事項を明らかにするよう努め，犯行の過程を全般的に把握するようにしなければならない。

　　一　時の関係

　　　　イ　犯行の日時及びこれを推定し得る状況

　　　　ロ　発覚の日時及び状況

　　　　ハ　犯行当時における気象の状況

　　　　ニ　その他時に関し参考となる事項

　　二　場所の関係

　　　　イ　現場に通ずる道路及びその状況

　　　　ロ　家屋その他現場附近にある物件及びその状況

　　　　ハ　現場の間取等の状況

　　　　ニ　現場における器具その他物品の状況

　　　　ホ　指掌紋，足跡その他のこん跡並びに遺留物件の位置及び状況

　　　　ヘ　その他場所に関し参考となる事項

　　三　被害者の関係

189条 325

　　イ　犯人に対する応接その他被害前の状況

　　ロ　被害時における抵抗，姿勢等の状況

　　ハ　傷害の部位及び程度，被害金品の種別及び数量等被害の程度

　　ニ　死体の位置及び創傷，流血その他の状況

　　ホ　その他被害者に関し参考となる事項

　四　被疑者の関係

　　イ　現場についての侵入及び逃走の経路

　　ロ　被疑者の数及び性別

　　ハ　犯罪の手段，方法その他犯罪実行の状況

　　ニ　被疑者の犯行の動機並びに被害者との面識及び現場についての知識の有無を推定し得る状況

　　ホ　被疑者の人相，風体，特徴，習癖その他特異な言動等

　　ヘ　凶器の種類，形状及び加害の方法その他加害の状況

　　ト　その他被疑者に関し参考となる事項

第92条（資料を発見した時の措置）　遺留品，現場指掌紋等の資料を発見したときは，年月日時及び場所を記載した紙片に被害者又は第三者の署名を求め，これを添付して撮影する等証拠力の保全に努めなければならない。

第225条（国際犯罪の捜査の着手等）　国際犯罪のうち重要なものについては，あらかじめ，警察本部長に報告し，この指揮を受けて捜査に着手しなければならない。ただし，急速を要する場合には，必要な処分を行つた後，速やかに警察本部長の指揮を受けなければならない。

2　警察本部長は，国際犯罪の捜査に関し，外国の捜査機関又は国際刑事警察機構に対する協力要請を行う必要があると認めるときは，警察庁を通じてこれを行うものとする。

第231条（外国船舶内の犯罪）　我が国の領海にある外国船舶内における犯罪であつて，次の各号のいずれかに該当する場合には，捜査を行うものとする。

　一　我が国の陸上又は港内の安全を害するとき。

　二　乗組員以外の者又は我が国の国民に関係があるとき。

　三　重大な犯罪が行われたとき。

[1] 本条の趣旨　　[2] 警察官　　[3] 他の法律　　[4] 国家公安委員会又は都道府県公安委員会の定め　　[5] 司法警察職員　　[6]「司法警察員として職務を行う」　[7]「犯罪があると思料するとき」　　[8]「犯人及び証拠を捜査する」　　[9] 司法警察職員の捜査責任

[1] 本条の趣旨

　本条及び次条は，司法警察職員として職務を行う者及びその捜査権について定める。

そのうち本条1項は，警察官である司法警察職員，すなわち一般司法警察職員について規定し，2項は司法警察職員の捜査権について定めている（同項は，次条の特別司法警察職員にも適用される規定である。）。

本条は，旧刑訴法との対比において，司法警察職員に独自の捜査権を認め，更に第一次的な捜査責任を課したところに意義がある。

旧刑訴法では，検察官を主な捜査機関とした上で（旧刑訴246），警察官を「検察官ノ輔佐トシテ其ノ指揮ヲ受ケ司法警察官トシテ犯罪ヲ捜査」するもの（旧刑訴248①），巡査を「検察官又ハ司法警察官ノ命令ヲ受ケ司法警察吏トシテ捜査ノ補助」をするもの（旧刑訴249①）と定めており，司法警察官及び司法警察吏は，検察官の補助機関とされていた。

現行法は，この関係を大きく変更して，司法警察職員を検察官と並列する独自の捜査機関として捜査権を付与し，かつ，第一次的捜査責任を有する捜査機関として位置付けた上，捜査機関としての検察官と司法警察職員との関係は，協力関係を基本とし（192），一定の限定的な場合に検察官の指示・指揮権が認められるもの（193）とした。

[2] 警察官

「警察官」とは，警察法上の警察官，すなわち，警察庁又は都道府県警察の職員であって，上官の指揮監督を受けて警察の事務を執行するものをいう（警63）。本条1項の規定により，警察官は，別段の行政的な措置を待たずに，刑訴法上の司法警察職員としての権限を行使できることとなる。

警察官である司法警察職員については，その司法警察職員として取り扱う事項に制限がないことから，次条の規定により特定の事項についてのみ司法警察員としての職務を行う特別司法警察職員に対し，一般司法警察職員と称される。実際においても，警察の組織は，他の捜査機関に比して圧倒的に多い約26万人の警察官が全国にわたってきめ細かく配置されたものであり，検察官が受理する事件の大部分は警察官である司法警察員から送致されたものであるなど，警察官である司法警察職員が捜査機関の中核を担っているものといえる。

[3] 他の法律

現時点において，この「他の法律」に当たる法律は，制定されていない。

[4] 国家公安委員会又は都道府県公安委員会の定め

警察庁の職員である警察官については国家公安委員会の定めるところにより，都道府県の職員である警察官については都道府県公安委員会の定めるところにより，司法警察職員としての職務を行うこととなる。

[5] 司法警察職員

「司法警察職員」とは，司法警察員と司法巡査との総称である（39Ⅲ）。

警察官のうちいずれの者を司法警察員とし，司法巡査とするかは，国家公安委員会又は都道府県公安委員会が定める。警察庁（管区警察局を含む。）の警察官については，国

家公安委員会が，同委員会規則により，巡査部長以上の階級にあるものを司法警察員とし，巡査の階級にあるものを司法巡査とするものとし（刑事訴訟法第百八十九条第一項および第百九十九条第二項の規定に基づく司法警察員等の指定に関する規則〔昭29国公委規5〕1Ⅰ），警察庁長官又は管区警察局長は，特に必要があると認めるときは，巡査の階級にある警察官を司法警察員に指定することができるものと定めている（同1Ⅱ）。都道府県警察の警察官については，各都道府県公安委員会規則が同様の定めをしており，おおむね巡査部長以上の階級にある警察官を司法警察員とし，巡査の階級にある警察官を司法巡査とする点では共通しているが，巡査のうちどのような範囲の者を司法警察員とするかについては，都道府県の実情に応じた措置が執られている。

　司法警察員と司法巡査との権限の相違については，おおむね捜査上の法的判断を伴う権限は司法警察員のみに属することとされているものが多い。例えば，差押え，記録命令付差押え，捜索及び検証の許可状の請求（218Ⅳ），鑑定処分許可状の請求（225Ⅱ），検視の代行（229Ⅱ），告訴又は自首を受けること及び告訴調書・自首調書の作成（241・245）は，司法警察員のみに属する権限である。また，逮捕中の被疑者に弁解の機会を与えるなどの措置を執り，釈放の可否を決し，これを検察官に送致する権限（203Ⅰ）及び事件を検察官に送致・送付する権限（242・246）も，司法警察員のみに属する。逮捕状による逮捕，緊急逮捕及び現行犯人逮捕は，司法巡査でも可能であるが，司法巡査が逮捕した場合には，被疑者を直ちに司法警察員に引致しなければならず（202・211・216。ただし，緊急逮捕後の逮捕状を求める手続は，司法巡査でも可能である。），司法巡査が私人の逮捕した現行犯人を受け取った場合にも，速やかに司法警察員に引致しなければならない（215Ⅰ）。刑訴法以外の法律においても，司法警察員と司法巡査の権限を区別しているものがあり，例えば，犯罪捜査のための通信傍受の実施（傍受3Ⅰ）がこれに当たる。なお，警察官である司法警察員については，その中でも特定の者だけが行使できることとされている権限があり，例えば，逮捕状（199Ⅱ），起訴前の没収保全命令（組織犯罪23Ⅰ）等の請求については都道府県公安委員会等が指定する警部以上の階級にある者のみが行うことができ，傍受令状の請求（傍受4Ⅰ）については同じく警視以上の階級にある者のみが行うことができるなどとされている。

[6]「司法警察職員として職務を行う」

(1) **意　義**　全ての警察官が司法警察職員として刑訴法上の権限を行使できるとする意味であり，警察官が捜査機関である司法警察職員として権限を行使し得る根拠となる規定である。警察法2条1項は，犯罪捜査を警察の責務として定めているが，これは組織としての抽象的な警察の責務を定めたものであって，個々の警察官の司法警察職員としての具体的な権限は，本条の規定により付与されたものと解される（ポケット刑訴(上)411，高田・注解刑訴(中)11，松尾・条解358）。

(2) **管　轄**　一般司法警察職員の捜査権限は，事項的な制限を受けない（いわゆる事物管轄による制約を受けない。）。

一方，都道府県警察は，当該都道府県の区域について警察法2条の責務に任じるので（警36Ⅱ），都道府県警察の警察官である司法警察職員の捜査に関する権限も，当該都道府県の区域内で行使することが原則となる（警64）。もっとも，これには多くの例外があり，まず，警察官は，現行犯人の逮捕に関しては，いかなる地域においても，警察官としての職権行使が可能である（警65）。また，複数の都道府県警察の管轄区域にわたる交通機関における移動警察等については，関係都道府県警察の協議により定めたところにより，当該関係都道府県警察の管轄区域内で職権行使が可能となる（警66）。さらに，都道府県警察は，居住者，滞在者その他のその管轄区域の関係者の生命，身体及び財産の保護並びにその管轄区域における犯罪の鎮圧及び捜査，被疑者の逮捕その他公安の維持に関連して必要がある限度においては，その管轄区域外にも権限を及ぼすことができるので（警61），例えば，ある都道府県の管轄区域内で生じた犯罪の被疑者を当該都道府県外で逮捕することなども可能である。このほか，警察法60条の2（管轄区域の境界周辺における事案に関する権限），60条の3（広域組織犯罪捜査等に関する権限）等による例外も，認められている。

［7］「犯罪があると思料するとき」

犯罪の嫌疑があると認められたときの意味である。犯罪捜査に当たっては，まず何らかの端緒が把握され，次いで，多くの場合，端緒の内容をなす事項の真偽の判定やいかなる犯罪が存在するかの認知のための作業（内偵）が行われる。具体的な犯罪の嫌疑は，そのような作業の過程で高まり，固まってくるものであるから，捜査を開始するための要件としての本条の嫌疑については，恣意的な認定が許されるものではないにせよ，認定の根拠となる資料のいかんを問わないし，一応の心証を形成するに足りる資料があればよい。

［8］「犯人及び証拠を捜査する」

捜査は，犯人を発見すること及び証拠を収集することをその内容とするので，「犯人及び証拠を捜査する」とは，単に「捜査する」というのと同義である。

［9］司法警察職員の捜査責任

「捜査するものとする」とは，捜査を行うことが司法警察職員の原則的な義務であることを意味する。「捜査しなければならない」としていないのは，犯罪の嫌疑を認めた以上，捜査をすることは司法警察職員の義務であるが，嫌疑の存否の認定自体に司法警察職員の合理的裁量の余地があるほか，嫌疑の濃淡，軽重等によって捜査に着手する時期，順序，捜査の内容等に差異が生じることは当然にあり得ることなどから，嫌疑を認めた場合に直ちに捜査に着手しなければ違法となるとまではいえないという趣旨であると理解できる。そうした意味で，司法警察職員には一定の裁量が認められるのであるが，「捜査することができる」（191Ⅰ参照）のではないから，捜査をするかどうかが司法警察職員の自由裁量に委ねられているわけではない。

なお，本条2項は，1項との関連において，一般司法警察職員についてのみその権限

と責任を定めたものと読まれる可能性もないではないが，規定の文言のとおり，一般司法警察職員と特別司法警察職員とを合わせた司法警察職員一般の権限及び責任を定めたものと理解すべきである。　　　　　　　　　　　　　　　　　　　〔加藤俊治〕

第190条 [1] 〔**特別司法警察職員**〕　森林，鉄道その他特別の事項について司法警察職員として職務を行うべき者及びその職務の範囲 [2] は，別に法律でこれを定める [3][4]。

[範]　**第50条（共助の原則）**　刑訴法第190条の規定により別に法律で定められた司法警察職員またはこれに準ずる者（以下「特別司法警察職員等」という。）との共助に関しては，共助協定その他の特別の定があるときはその規定するところによるほか，この節の規定によるものとする。

第51条（自ら捜査する場合）　警察官は，特別司法警察職員等の職務の範囲に属する犯罪を特別司法警察職員等に先んじて知つた場合において，その捜査を特別司法警察職員等にゆだねることなく，自ら捜査することを適当と認めるときは，警察本部長または警察署長に報告して，その指揮を受け，捜査するものとする。この場合においては，当該特別司法警察職員等と連絡を密にし，その専門的知識による助言等を受けたときは，充分これを尊重して捜査を行うようにしなければならない。

第52条（捜査をゆだねる場合）　警察官は，特別司法警察職員等の職務の範囲に属する犯罪を特別司法警察職員等に先んじて知つた場合において，その捜査を特別司法警察職員等にゆだねることを適当と認めるときは，自ら急速を要する処置を行つた後，警察本部長または警察署長に報告して，その指揮を受け，すみやかに必要な捜査資料を添えて，これを特別司法警察職員等に移すものとする。

2　前項の規定により，捜査をゆだねた後においても，当該特別司法警察職員等から捜査のために協力を求められた場合においては，できる限り，これに応じて協力するものとする。

第53条（引継を受けた場合）　警察官は，特別司法警察職員等が，その職務の範囲に属する犯罪を捜査する場合において，その事件が職務の範囲に属しない犯罪事件と関連するため，またはその他の理由により，警察官にその捜査を引き継ぐべき旨の申出を受けたときは，警察本部長または警察署長に報告して，その指揮を受け，自らもその捜査を行うものとする。この場合において，必要があるときは，当該特別司法警察職員等に対し，証拠物の引渡その他捜査のための協力を求めるとともに，事後の捜査の経過および結果を連絡するものとする。

第54条（捜査が競合する場合）　警察官は，特別司法警察職員等の職務の範囲に属する犯罪を捜査する場合において，その捜査が当該特別司法警察職員等の行う捜査と競合

するときは，警察本部長または警察署長に報告して，その指揮を受け，当該特別司法警察職員等とその捜査に関し，必要な事項を協議するものとする。

[1] 本条の趣旨　　[2] 管　轄　　[3] 特別司法警察職員の職務の範囲の法定
[4] 司法警察職員でない捜査機関

[1] 本条の趣旨

　本条は，特別司法警察職員について規定している。

　特別司法警察職員は，「森林，鉄道その他特別の事項について」司法警察職員としての職務を行うものであることから，捜査事項について制限のない一般司法警察職員（警察官）に対して，特別司法警察職員と称される。特別司法警察職員は，特殊の行政分野を担当する職員等一定の職務に従事する者について，職務遂行上犯罪発見の機会が多く，また，その職務上の特殊知識を利用するのが捜査上便宜であることを考慮して設けられているものである。

[2] 管　轄

　特別司法警察職員は，いずれも「特別の事項」について捜査活動を行うものとされており，法律により制限された範囲内においてのみ司法警察職員としての権限を行使できる。しかし，特別司法警察職員が権限のない事項について捜査を行ったとしても，そのことから公訴提起の手続が無効となるわけではない（東京高判昭39・6・19高刑集17・4・400）。

　特別司法警察職員は，その捜査し得る事項に制限があるが，その範囲内では，特に関係法律で制限を加えられている場合を除き，刑訴法上の権限において一般司法警察職員と異なるところはない。189条2項は，その置かれた位置にかかわらず，特別司法警察職員についても適用される。

　特別司法警察職員の捜査事項は，常に一般司法警察職員のそれと競合することとなるが，それぞれの捜査権限は，互いに排斥するものではない（範50〜54参照）。

　なお，条文上は，鉄道に関する犯罪を管轄する特別司法警察職員が存在するように読めるが，現在，そのような特別司法警察職員は存在しない。

[3] 特別司法警察職員の職務の範囲の法定

　特別司法警察職員としての職務を行う者及びその範囲は，法律で定めなければならない。現在，特別司法警察職員として，以下のものがある。

⑴ 個別の法律によるもの　　ア　皇宮護衛官　　皇宮護衛官は，警察官と同様，何ら行政的措置を待つことなく司法警察職員としての職務を行うこととされているが，その事項的範囲は，天皇及び皇后，皇太子その他の皇族の生命，身体若しくは財産に対する罪，皇室用財産に対する罪又は皇居，御所その他皇室用財産である施設若しくは天皇及び皇后，皇太子その他の皇族の宿泊の用に供されている施設における犯罪に限られる（警69

Ⅲ）。刑事訴訟法の規定による司法警察職員として職務を行う皇宮護衛官に関する規則（平13国公委規2）により，原則として，皇宮巡査部長以上の階級にある皇宮護衛官は司法警察員，皇宮巡査の階級にある皇宮護衛官は司法巡査とされている。

イ　刑事施設の長及び指定された職員　　刑事施設の長は，当然に司法警察員としての職務を行うこととされ（刑事収容290Ⅰ），その他の刑事施設の職員であって刑事施設の長が管轄地方検察庁の検事正と協議して指名したものは，司法警察職員としての職務を行うこととされる（同条Ⅱ）。後者について，司法警察員と司法巡査との区分は，法務大臣の定めるところによる。これらの者が司法警察職員としての職務を行う事項的範囲は，刑事施設における犯罪に限られる（罪種は問わない。）。

ウ　麻薬取締官及び麻薬取締員　　麻薬取締官及び麻薬取締員は，麻薬及び向精神薬取締法，大麻取締法，あへん法，覚せい剤取締法若しくは国際的な協力の下に規制薬物に係る不正行為を助長する行為等の防止を図るための麻薬及び向精神薬取締法等の特例等に関する法律（いわゆる麻薬特例法）に違反する罪，刑法2編14章に定める罪（あへん煙に関する罪）又は麻薬，あへん若しくは覚せい剤の中毒により犯された罪について，司法警察員の職務を行うこととされている（司法巡査の職務を行う者はない。）。麻薬取締官は，厚生労働省の地方支分部局である地方厚生局に属し，原則として，当該地方厚生局の管轄区域内でその職務を行う（麻取55）。

エ　労働基準監督官　　労働基準監督官は，労働基準法（同102）のほか，最低賃金法（同33），賃金の支払の確保等に関する法律（同11），労働安全衛生法（同92），じん肺法（同43），家内労働法（同31），炭鉱災害による一酸化炭素中毒症に関する特別措置法（同14）の各法に違反する罪について，別段の行政上の措置を待たずに，司法警察員の職務を行うこととされている（司法巡査の職務を行う者はない。）。

オ　船員労務官　　船員労務官は，船員法及び同法に基づいて発する命令並びに労働基準法に違反する罪（船員108）のほか，最低賃金法（同35・33），賃金の支払の確保等に関する法律（同16・11）及び船員災害防止活動の促進に関する法律（同62）の各法に違反する罪について，別段の行政上の措置を待たずに，司法警察員の職務を行うこととされている（司法巡査の職務を行う者はない。）。

カ　鉱務監督官　　鉱務監督官は，鉱山保安法違反の罪について，別段の行政上の措置を待たずに，司法警察員の職務を行うこととされている（同49，司法巡査の職務を行う者はない。）。

キ　指名された漁業監督官及び漁業監督吏員　　漁業監督官及び漁業監督吏員であって，その所属する官公署の長がその者の主たる勤務地の地方検察庁の検事正と協議をして指名したものは，漁業に関する罪に関し，特別司法警察員として職務を行うこととされている（漁業74Ⅴ，司法巡査の職務を行う者はない。）。

ク　海上保安官及び海上保安官補　　海上保安官及び海上保安官補は，海上における犯罪について，司法警察職員としての職務を行うこととされ，司法警察員と司法巡査と

の区分は，海上保安庁長官の定めるところによる（海保31）。海上保安官等は，「海上における犯罪」であれば，罪種に制限なく捜査でき，犯罪が海上で発生したものであれば，その捜査権を陸上に及ぼすことも可能である。ただし，海上において犯罪捜査の端緒を把握した場合であっても，その犯罪が陸上において行われたものであれば，海上保安官等の捜査権は及ばない（大阪高判昭60・7・18判タ569・90参照）。

　ケ　自衛隊の警務官及び警務官補　　警務官及び警務官補は，①自衛官等の犯した犯罪又は職務に従事中の自衛官等に対する犯罪その他自衛官等の職務に関し自衛官等以外の者の犯した犯罪，②自衛隊の使用する船舶，庁舎，営舎その他の施設内における犯罪，③自衛隊の所有し，又は使用する施設又は物に対する犯罪について，司法警察職員として職務を行う（自衛96Ⅰ）。この場合，警務官は司法警察員としての，警務官補は司法巡査としての職務を行うこととされる（自衛96Ⅱ参照）。なお，自衛隊法施行令により，警務官等は，日米相互防衛援助協定等に伴う秘密保護法に規定する犯罪については，被疑者が自衛隊員以外の者であるときは，原則として司法警察職員としての職務を行うことができないこととされ（同令110），また，犯罪によって，陸上自衛隊，海上自衛隊又は航空自衛隊のうちいずれの自衛官である警務官等が司法警察職員としての職務を行うかが定められている（同令111）。

　コ　鳥獣の保護若しくは管理又は狩猟の適正化に関する取締りの事務を担当する都道府県の職員で指名されたもの　　鳥獣の保護若しくは管理又は狩猟の適正化に関する取締りの事務を担当する都道府県の職員であってその所属する都道府県の知事が管轄地方検察庁の検事正と協議をして指名したものは，鳥獣の保護及び管理並びに狩猟の適正化に関する法律又は同法に基づく命令の規定に違反する罪について，司法警察員として職務を行うこととされている（同76。司法巡査の職務を行う者はない。）。

⑵　司法警察職員等指定応急措置法によるもの　　司法警察職員等指定応急措置法は，特別司法警察職員たるべき者及びその職務の範囲について，他の法律に特別の定めがない限り，勅令である「司法警察官吏及司法警察官吏ノ職務ヲ行フヘキ者ノ指定等ニ関スル件」（大12勅528）の定めによることとしたものであり，現在まで同法によって特別司法警察職員とされるものは，以下のとおりである（以下，本条の解説において，司法警察職員等指定応急措置法の引用は省略し，前記勅令は単に「勅令」と略称する。）。

　ア　指名された森林管理局署の職員　　森林管理局及び森林管理署に勤務する農林水産事務官及び農林水産技官のうちその所属長が管轄地方検察庁の検事正と協議して指名したものは，国有林野，部分林，公有林野官行造林，その林野の産物又はその林野若しくは国営猟区における狩猟に関する罪について，司法警察員として職務を行うものとされる（勅令3④・4④。司法巡査の職務を行う者はない。）。

　イ　公有林野の事務を担当する北海道庁の職員で指名されたもの　　公有林野の事務を担当する北海道庁の職員のうち北海道知事が管轄地方検察庁の検事正と協議して指名したものは，北海道における公有林野，その林野の産物又はその林野における狩猟に関す

る罪について，司法警察員として職務を行う（勅令3⑦・4⑦。司法巡査の職務を行う者はない。）。

　ウ　船長その他の船員　　遠洋区域，近海区域又は沿海区域を航行する総トン数20トン以上の船舶の船長は，その船舶内において司法警察員の職務を行うこととされている（勅令6Ⅰ）。また，これらの船舶の海員であって，甲板部，機関部及び事務部の各部において職掌の上位に在るものは，司法巡査の職務を行う（勅令6Ⅱ）。その職務執行の範囲について，罪種による制限はないが，場所的に当該船舶内に制限される。

［4］司法警察職員でない捜査機関

　国税庁監察官は，司法警察職員ではないが，①国税庁の所属職員がしたその職務に関する犯罪，②国税庁の所属職員がその職務を行う際にした犯罪，③これらの犯罪の共犯，④国税庁の所属職員に対する刑法198条の犯罪（贈賄）について，「犯罪があると思料するときは，犯人及び証拠を捜査するものとする」とされており（財務省設置27Ⅰ），犯罪の捜査権限を有する。これらの犯罪の捜査については，原則として刑訴法の規定が適用され，この場合には，「司法警察職員」又は「司法警察員」とあるのを「国税庁監察官」と読み替えることとなるが，逮捕（現行犯逮捕を除く。），差押え，記録命令付差押え，捜索検証及び検視をすることはできず，また，通信履歴の電磁的記録の保全要請並びに鑑定留置及び鑑定処分許可の請求をすることもできない（同27ⅡⅣ）。　　　　　　〔加藤俊治〕

第191条 [1]〔検察官・検察事務官〕　検察官 [2] は，必要と認めるときは [3]，自ら犯罪を捜査することができる [4][5]。
2　検察事務官 [6] は，検察官の指揮を受け，捜査をしなければならない [7]。

［1］検察官及び検察事務官の捜査

　本条は，検察官及び検察事務官の捜査に関する権限を定める総則的規定である。捜査に関し，検察官の権限は検察庁法4条及び6条1項に，検察事務官の権限は同法27条3項に抽象的な定めがあるが，本条は，それらの規定を前提にして，刑訴法上の捜査機関としての権限を明示したものであるといえる。

［2］検察官

　検察官は，検察事務を行う権限を有する国家機関である。「検察官」という名称は，検事総長，次長検事，検事長，検事及び副検事の5種の官名の総称であるが（検3），裁判例は，そのような総称も，また刑訴規則上の官名であるとしている（最決昭27・6・5裁集65・73，最判昭28・12・15刑集7・12・2444）。もっとも，刑訴法の各条において「検察官」の語が用いられる場合には，このような総称としての官名を表すというよりも，刑訴法上の役割・地位やそのような役割・地位を現に担う者を指して用いられている場合が多い（刑訴法上の「検察官」には，原則として検察官事務取扱検察事務官やいわゆる指定弁護士も含

まれる。）。検察官は，検察事務に関して，法務大臣や各検察庁の長を補助するものではなく，上司の指揮監督に服しつつも，主体的に，かつ，単独で国家意思を決定し，これを自己の名において外部に表示する権限を有する（個々の検察官が，行政法上の「官庁」としての権能を有している）。

検察庁は，検察官の行う事務を統括するところであり（検察1），官署であるが，官庁ではない。検察庁は，官署としての裁判所に対応し，最高裁判所に対応する最高検察庁，高等裁判所に対応する高等検察庁，地方裁判所及び家庭裁判所に対応する地方検察庁，簡易裁判所に対応する区検察庁がある（検察1Ⅱ・2）。

なお，法務大臣は，当分の間，検察官が足りないため必要と認めるときは，区検察庁の検察事務官にその庁の検察官の事務を取り扱わせることができるとされる（検附則36）。この規定に基づいて区検察庁の検察官の事務を取り扱うことを命じられた検察事務官を「検察官事務取扱検察事務官」と称している。検察官事務取扱検察事務官は，刑訴法上も区検察庁の検察官としての権限を行使できるから，区検察庁において取り扱う以上，いかなる事件についても捜査することができ，その作成した供述調書は，後に当該事件が地方検察庁に移送されて地方裁判所に公訴提起がなされたとしても，検察官面前調書（321Ⅰ②）としての証拠能力を有することとなる（最判昭28・2・26刑集7・2・339）。また，自ら簡易裁判所に公訴を提起し，その公判に出席することもできる（最決昭28・7・14刑集7・7・1529，最決昭28・12・19裁集刑90・19）。

［3］必要と認めるとき

検察官が自ら捜査をする必要があると認める全ての場合をいい，その必要性を認定するのは検察官である。合理的な犯罪の嫌疑を心証として得たことを要することはいうまでもないが，既に司法警察職員が捜査を開始している場合であると，そうでない場合とを問わない。実際に検察官が自ら捜査することを必要と認める場合を大別すると，一つは司法警察職員から送致又は送付を受けた事件について公訴提起の要否を決するなどの観点から補充的な捜査を行う場合，もう一つは検察官が犯罪の性質，司法警察員に捜査を委ねることの適否等を勘案して独自に捜査を開始することを適当と認めた場合が挙げられる。

［4］「捜査することができる」

189条2項の「捜査するものとする」という文言との対比上，司法警察職員は第一次的捜査責任を有し，検察官は補充的捜査責任を有するものと解される。刑訴法は，検察官に司法警察職員に認められない捜査上の権限を付与するなど検察官が相当積極的に自ら捜査に当たることを予定していると考えられるが，なお捜査を実行する第一次的責任は司法警察職員に配分し，検察官は，［3］に掲げたような場合に自ら捜査に当たることが想定されていると考えられる。

［5］管 轄

検察官は，その属する検察庁の対応する裁判所の管轄区域内において，かつ，裁判所

の管轄に属する事項について職務を行うものとされる (検5)。したがって，地方裁判所に公訴を提起することができるのは地方検察庁の検察官に限られ，簡易裁判所に対して公訴を提起することができるのは区検察庁の検察官に限られる (もっとも，検察庁法上の事務移転により，区検察庁の検察官が地方検察庁検察官の事務取扱を命じられ，あるいは地方検察庁の検察官が区検察庁検察官の事務取扱を命じられたときは，それぞれ地方検察庁，区検察庁への公訴提起が可能となる。)。しかし，検察官の捜査権限は，管轄区域 (土地管轄) の制限には従うものの (管轄区域外で職務を行うことができる場合については，195の注釈参照)，事物管轄については制限がない。検察庁法6条1項が「検察官は，いかなる犯罪についても捜査をすることができる。」と定めるのはこの趣旨である。

[6] 検察事務官

　検察事務官は，検察庁の職員であり (検27Ⅰ)，「上官の命を受けて検察庁の事務を掌り，又，検察官を補佐し，又はその指揮を受けて捜査を行う。」とされる (検27Ⅲ)。

[7] 検察事務官の捜査権限

　本条2項は，検察事務官の捜査権限について，検察官の指揮を受けて捜査をしなければならないものと定め，検察事務官を検察官の補助機関としている。すなわち，検察官の行う捜査を単に補佐する場合を別として，自ら捜査活動を行うには，検察官の指揮を受けて行わなくてはならず，また，検察官の指揮があったときは捜査を行わなければならない。もっとも，検察官の指揮は，個々の捜査活動ごとになされる必要はなく，例えば，ある事件について必要な捜査を行い，これを完結せよというような，ある程度包括的な指揮でも差し支えない。

　刑訴法上，検察事務官に認められている権限としては，被疑者の取調べ (198)，逮捕状による逮捕 (199)，緊急逮捕 (210)，差押え，記録命令付差押え，捜索，検証及び身体検査の実施並びにこれらに係る令状の請求 (218)，参考人の取調べ及び鑑定等の嘱託 (223)，鑑定留置の請求及び鑑定処分許可の請求 (224・225)，検察官の命による検視 (229Ⅱ) などがあり，司法巡査よりも広い権限が認められている。一方，司法警察職員に対する指示・指揮 (193)，逮捕状の請求 (199)，勾留の請求 (204等)，証人尋問の請求 (226・227)，告訴・告発の受理 (241) 等の権限は認められていない。　　　　　　〔加藤俊治〕

第192条 [1]〔**捜査に関する協力義務**〕　検察官と都道府県公安委員会及び司法警察職員 [2] とは，捜査に関し [3]，互に協力しなければならない。

> [範]　**第24条（他の機関との連絡等）**　警官は，検察官または他の捜査機関との捜査に関する連絡または協力については，あらかじめ順序を経て警察本部長または警察署長に報告して，その指揮を受けなければならない。
> 　　**第27条（一般的協力義務）**　警官は，別に定がある場合のほか，この節の規定すると

ころに従い，捜査に関し，相互に協力しなければならない。

第45条（捜査に関する協力）　警察官は，捜査に関し，検察官と互に協力しなければな
　　　らない。
　　2　警察本部長または警察署長は，その捜査する事件について，公訴を実行するため，
　　　あらかじめ連絡しておく必要があると認めるときは，すみやかに，犯罪事実の概要そ
　　　の他の参考となるべき事項を検察官に連絡しなければならない。

［1］本条の趣旨

　検察官と司法警察職員（一般司法警察職員及び特別司法警察職員の双方を含む。）とは，そ
れぞれ独立して捜査権を行使する機関であり，両者の基本的な関係が協力関係であるこ
とを確認するものである。検察庁法6条2項は，「検察官と他の法令により捜査の職権
を有する者との関係は，刑事訴訟法の定めるところによる。」と規定し，警察法76条1
項は，「都道府県公安委員会及び警察官と検察官との関係は，刑事訴訟法の定めるとこ
ろによる。」と規定しているところ，本条は，これらの規定に対応するものである。

［2］都道府県公安委員会及び司法警察職員

　司法警察職員のみならず，都道府県公安委員会との協力関係が定められているのは，
同委員会自体は捜査機関ではないものの捜査権を有する都道府県警察を管理するもので
あるからである（警38Ⅲ）。本条では，検察官と国家公安委員会との関係について触れる
ところがないが，国家公安委員会が国務大臣である委員長を長とする機関であること（警
6Ⅰ），その下に置かれる警察庁は自ら犯罪捜査に当たる機関ではないこと等から，個々
の検察官と国家公安委員会との直接の協力義務を定めることなく，代わって，「国家公
安委員会及び長官は，検事総長と常に緊密な連絡を保つものとする。」（警76Ⅱ）との規
定が置かれているものと考えられる。

　なお，同一検察庁の職員間において必要な相互協力を行うべきことは当然であるが，
検察庁法は，更に他の検察庁の職員との間の相互協力関係についても，「検察庁の職員
は，他の検察庁の職員と各自の取り扱うべき事務について互に必要な補助をする。」（検
31）と定めている。

　また，国家公安委員会は都道府県公安委員会と常に緊密な連絡を保たなければならず
（警5Ⅶ），都道府県公安委員会は国家公安委員会及び他の都道府県公安委員会と常に緊
密な連絡を保たなければならない（警38Ⅵ）とされるとともに，都道府県警察は相互に
協力する義務を負うものとされ（警59），都道府県公安委員会は警察庁又は他の都道府
県警察に対して援助の要求をすることができるものとされる（警60Ⅰ）。さらに，犯罪捜
査規範は，第1章第3節「手配および共助」において，警察官の相互協力義務を定め（範
27），被疑者の逮捕，呼出し若しくは取調べ，盗品等その他の証拠物の手配，押収，捜
索若しくは検証，参考人の呼出し若しくは取調べ，職員の派遣その他の措置についての
警察相互間の協力体制につき，詳細に規定している（なお，犯罪捜査共助規則（昭32国公委

規3）も参照）。

一般司法警察職員と特別司法警察職員の捜査権は，一般的に競合関係にあり，特別司法警察職員に第一次的捜査責任があると解されるが，相互間に共助協定その他の特別の定めがあるときは，その規定するところによることとなる（範50以下参照）。

[3]「捜査に関し」

本条の協力関係は，個別具体的な事件の捜査に関する協力のみに関するものにとどまらず，一般的捜査方針の策定はもとより，犯罪情勢の認識，犯罪防圧の方策等，広く捜査に関連する事項一般に及ぶものと解される。司法警察職員に対する検察官の指示・指揮（193）と公安委員会の管理とが矛盾抵触するような場合にも，この協力関係を通じた調整・解決が期待される。　　　　　　　　　　　　　　　　　　　　　　〔加藤俊治〕

第193条 [1]〔**検察官の司法警察職員に対する指示・指揮**〕　検察官 [2] は，その管轄区域により [3]，司法警察職員に対し [4]，その捜査に関し [5]，必要な [6] 一般的指示をすることができる [7]。この場合における指示は，捜査を適正にし，その他公訴の遂行を全うするために必要な事項に関する一般的な準則を定めることによつて行うものとする [8]。

2　検察官 [9] は，その管轄区域により，司法警察職員に対し [10]，捜査の協力を求めるため必要な一般的指揮をすることができる [11]。

3　検察官は，自ら犯罪を捜査する場合において [12] 必要があるときは，司法警察職員 [13] を指揮して捜査の補助をさせることができる [14]。

4　前3項の場合において，司法警察職員は，検察官の指示又は指揮に従わなければならない [15]。

[範]　**第46条（一般的指示）**　警察官は，司法警察職員捜査書類基本書式例その他の刑訴法第193条第1項の規定に基づき検察官から示された一般的指示があるときは，これに従つて捜査を行わなければならない。

　　　第47条（捜査調整の申出）　警察官は，他の司法警察職員との間において捜査の調整につき，刑訴法第193条第2項の規定による検察官の一般的指揮を必要とする特別の事情があるときは，すみやかに順を経て警察本部長に報告しなければならない。

　　　2　警察本部長は，前項に規定する報告を受けた場合において，必要があると認められるときは，すみやかに，その旨を検察官に申し出なければならない。

　　　第48条（一般的指揮）　刑訴法第193条第2項の規定に基き，検察官から一般的指揮が与えられたときは，警察官はこれに従つて捜査を行わなければならない。

　　　第49条（補助のための指揮）　刑訴法第193条第3項の規定により検察官が自ら捜査する犯罪について，その補助を求められたときは，警察官はすみやかに，これに従つて必

要な捜査を行い，かつ，その結果を報告しなければならない。

［1］本条の趣旨　　［2］一般的指示を発する検察官　　［3］「管轄区域により」
［4］一般的指示の対象となる司法警察職員　　［5］「その捜査に関し」　　［6］一般
的指示の必要性　　［7］一般的指示の内容　　［8］一般的指示の方法　　［9］一般
的指揮をする検察官　　［10］一般的指揮の対象となる司法警察職員　　［11］一般的指
揮の内容　　［12］検察官が犯罪を捜査する場合　　［13］具体的指揮の対象となる司法
警察職員　　［14］具体的指揮の内容　　［15］司法警察職員の服従義務

［1］本条の趣旨

　本条は，検察官の司法警察職員に対する指示・指揮の権限を認めた規定である。捜査
に関しては，検察官と司法警察職員とは，一般的に協力関係に立つものとされ (192)，
更に司法警察職員は，第一次的捜査責任を有するものとされる (189Ⅱ・191Ⅰ)。しかし，
もともと捜査は，国家刑罰権の実現を目指す手続の一部をなすものであり，より直接的
には公訴提起の要否を決するための資料収集を目的とするものであるところ，公訴権は
検察官に専属する (247) のであるし，検察官は，その任用資格等に照らして，刑事手
続上の法律的判断に必要な素養を備えているものといえることから，司法警察職員の行
う捜査についても，一定の限度で検察官の介入を認めることにより，一層適切な法の運
用を期待できることとなる。その観点から，刑訴法は，一方において，検察官だけに被
疑者の勾留を請求する権限を認め (205Ⅰ等)，司法警察職員が逮捕した被疑者の身柄を
48時間以内に検察官に送致すべきことを定める (203Ⅰ等) 等，司法警察職員の具体的捜
査活動に対する検察官の介入控制の機会を与えるとともに，本条により，検察官から司
法警察職員に対する一般的指示 (本条Ⅰ)，一般的指揮 (本条Ⅱ) 及び具体的指揮 (本条Ⅲ)
の権限並びに司法警察職員の服従義務 (本条Ⅳ) を定めて，公訴の実行及びその不可欠
の前提をなす捜査手続の適正を期するものとしている。
　なお，本条の規定は，「司法警察職員」とあるのを「国税庁監察官」と読み替えて，国
税庁監察官にも適用される (財務省設置27ⅡⅣ)。

［2］一般的指示を発する検察官

　本条1項の一般的指示の主体は「検察官」であればよく，制限はないが，事柄の性質
上，庁の長である検察官又はその命を受けた検察官が発するのが適切であると考えられ
る。

［3］「管轄区域により」

　当該検察官の属する検察庁が対応する裁判所の管轄区域内にある司法警察職員に対し
てのみ，一般的指示をすることができることを意味する。最高検察庁は，全国を管轄区域
とする最高裁判所に対応するから，最高検察庁に属する検事総長，次長検事等は，全国
の司法警察職員に対して一般的指示をすることができる。2項においても，同様である。

193条　　339

[4]　一般的指示の対象となる司法警察職員

　一般司法警察職員のほか，特別司法警察職員も含まれる。一般的指示は，常に全ての司法警察職員を対象とするものである必要はなく，特別の事項について，必要な範囲の司法警察職員に限って発せられてもよい。

[5]　「その捜査に関し」

　「司法警察職員が行う捜査に関し」の意味である。

[6]　一般的指示の必要性

　その必要性の判断は，検察官がする。2項，3項においても，同様である。

[7]　一般的指示の内容

　指示の対象となる事項には，本条1項後段に規定されているとおり，「捜査を適正にするために必要な事項」及び「その他公訴の遂行を全うするために必要な事項」が含まれるので，公訴の遂行のために直接必要な事項に限らず，捜査の適正を期するための事項を始めとして，捜査から公訴の提起・維持に至る事項全般にわたり必要な事項が含まれるものと解される（ポケット刑訴(上)422，馬場＝河村・大コメ刑訴4・115，松尾・条解364）。適正な公訴の実行のためには，適正な捜査が行われることが不可欠の前提であることからも，このように解するのが相当である。

　指示の対象となる事項には，①犯罪捜査を適正にさせるための遵守事項に関するもの，②公訴を実行するための書類に関するもの，③事件送致に関するもの，④証拠の収集保全に関するもの，⑤重要事項についての報告に関するものなどが考えられる。

[8]　一般的指示の方法

　一般的指示は，「一般的な準則」の形式で発せられる。もっとも，指示の対象となるべき事項を必要最小限度にとどめることが検察官と司法警察職員との一般的な協力関係からいって適当であり，その観点から，例えば特定種類の犯罪について指示をすることも，個々の具体的事件を対象としない限り許されるものと解すべきである。また，準則の形での一般的指示が具体的事件発生の都度適用され，その結果，個々的に検察官の具体的指示を受けなければならないことになったとしても，そのことが一般的指示の準則性を否定することにはならない。

[9]　一般的指揮をする検察官

　本条1項の「検察官」と同義であるが，本条2項の一般的指揮は，1項の一般的指示と異なり，個別の事件を前提として発せられるものであるから，その主体となる検察官は，当該事件を担当する検察官であることが通常となる。3項においても，同様である。

[10]　一般的指揮の対象となる司法警察職員

　基本的に[4]と同様であるが，一般的指示と異なって具体的事件が前提となるので，その事件を担当している，あるいは，担当すべき司法警察職員が対象となる。

[11]　一般的指揮の内容

　検察官が自ら具体的事件の捜査を行うことを前提とし，これについて司法警察職員に

対して捜査の協力を求める場合に行われるが，具体的事件は，必ずしも一個である必要はなく，関連する一連の同種事件というように複数であってもよい。

　検察官が，具体的事件につき，捜査の方針及び計画を立て，関係司法警察職員に対して，その方針及び計画に基づく捜査の協力を求める場合に一般的指揮が行われるほか，複数の司法警察職員が同時に同一犯罪の捜査に着手した場合のように，司法警察員相互間に捜査の調整を要すると思われる事態が生じた場合，既に検察官においても捜査に着手していれば，検察官が一般的指揮によって当該司法警察職員間の捜査の調整を図ることになるし，未だ検察官が捜査に着手していなければ，関係司法警察職員の一又は全部から検察官に申し出て，検察官自身による捜査の着手を求め，関係司法警察職員間の捜査の調整を図ることも可能である（範47参照）。

[12] 検察官が犯罪を捜査する場合

　具体的指揮権の発動については，検察官において現に捜査中の具体的事件の存在を前提とする。この事件は，現に検察官において捜査中の事件であれば，検察官が直接受理した事件であると，司法警察職員から送致を受けた事件であるとを問わない。現に検察官が捜査中の事件に関し，被疑者又は関係人の所在の捜査方につき司法警察職員に指揮をすることも，具体的指揮権の行使として認められる。

　なお，具体的指揮権に関しては，一般的指示権や一般的指揮権を行使する場合と異なり，「その管轄区域により」との文言がないが，検察官が自ら捜査を行う場合に発せられるという具体的指揮の性格からして，当該検察官の捜査に関する管轄の制限により規律されることとなる。この文言がないことの実質的意義は，検察官がその管轄区域外において職務を行う場合（195）に，その地の司法警察職員を直接指揮することができる点にある。一方，具体的指揮を受けた司法警察職員と管轄区域との関係について，検察官の補助機関として捜査に当たることとなる以上，司法警察職員固有の管轄区域の制限はなくなると解する説（青柳・通論(上)418）があるが，具体的指揮が司法警察職員の固有の管轄権を事物的にせよ地域的にせよ無制限に広げるほどの効果を有するものとは考え難いことから，具体的指揮を受ける司法警察職員は，その固有の管轄権の範囲においてのみ検察官の補助をなし得るものとする通説（松尾・条解366，高田・注解刑訴(中)29，馬場＝河村・大コメ刑訴4・121等）に合理性がある。

[13] 具体的指揮の対象となる司法警察職員

　具体的指揮は，その性質上，特定の司法警察職員に対してなされるが，例えば，司法警察員の送致に係る事件について送致司法警察員以外の司法警察職員に対してなされてもよいし，一般司法警察職員から送致された事件について特別司法警察職員に対して具体的指揮をすることも，可能である。例えば，一般司法警察職員から事件の送致を受けた検察官が，被疑者の自白に基づき，その裏付けのための補充捜査をするに当たり，取り調べるべき参考人が航行中の船舶内にあることを考慮し，敢えて海上保安官にその取調べを行わせることなども許される。

[14] 具体的指揮の内容

「捜査の補助」の内容に制限はなく，司法警察職員において行い得る捜査活動であれば，任意処分，強制処分を問わずに行わせることができる。

具体的指揮権が行使され，司法警察職員をして検察官の捜査の補助をさせることになれば，その範囲内において，当該司法警察職員は，独立の捜査機関たる地位を一時失うことになるが，この場合でも，本来当該司法警察職員の権限に属さないことまでできるようになるわけではない。

具体的指揮によって捜査を補助させる場合，すべて細部にわたって捜査を補助すべき事項を示す必要はなく，大綱を示して，これによる具体的補充捜査を司法警察職員の判断と責任において遂行させることも可能である。実務上は，例えば，司法警察員の送致事件について，勾留請求をした上，継続的捜査について個々的及び概括的指揮が行われるのが，むしろ一般的である。

なお，具体的指揮権の効果として，同一事件について検察官と司法警察職員とが同時並行的に捜査を行っていたような場合，検察官が必要と認めて，司法警察職員に対してその捜査中の事件の引継ぎを求め，以後検察官の指揮の下に捜査を行わせることもできるものと解される。

[15] 司法警察職員の服従義務

検察官が，適法に一般的指示，一般的指揮又は具体的指揮をした場合には，司法警察職員は，これに従う義務がある。検察官の指示・指揮と公安委員会の指示その他司法警察職員の組織法上の指揮・命令とが矛盾する場合には，前者が優先するものと解する（ポケット刑訴(上)425，松尾・条解366，馬場＝河村・大コメ刑訴4・123）。　　　　〔加藤俊治〕

第194条 [1] 〔**司法警察員に対する懲戒・罷免**〕　検事総長，検事長又は検事正は [2]，司法警察職員が正当な理由がなく検察官の指示又は指揮に従わない場合において必要と認めるときは [3]，警察官たる司法警察職員については，国家公安委員会又は都道府県公安委員会に，警察官たる者以外の司法警察職員については，その者を懲戒し又は罷免する権限を有する者に [4]，それぞれ懲戒又は罷免の訴追をすることができる。

2　国家公安委員会，都道府県公安委員会又は警察官たる者以外の司法警察職員を懲戒し若しくは罷免する権限を有する者は，前項の訴追が理由のあるものと認めるときは，別に法律の定めるところにより [5]，訴追を受けた者を懲戒し又は罷免しなければならない [6]。

[1] 本条の趣旨

本条は，193条に定める検察官の一般的指示権，一般的指揮権及び具体的指揮権の実

342   194条

効性を担保するため，司法警察職員が正当な理由がなく検察官の指示又は指揮に従わない場合の懲戒又は罷免の訴追について規定している。もっとも，本条制定以来，懲戒又は罷免の訴追が提起された実例はない。

なお，本条の規定は，「司法警察職員」とあるのを「国税庁監察官」と読み替えて，国税庁監察官にも適用される（財務省設置27ⅡⅣ）。

［2］訴追権者

懲戒・罷免の訴追を行う権限を有するのは，検事総長，検事長及び検事正である。これらの検察官は，その管轄区域内にある司法警察職員について訴追を行うことができるものと解される。検事総長と検事長・検事正との間，検事長と検事正との間では訴追権が重畳的なものとなる。

［3］訴追事由

懲戒・罷免の訴追を行うことができるのは，司法警察職員が，正当な理由なく，検察官の指示・指揮に従わない場合において，必要と認めるときである。違法な指示・指揮ないし司法警察職員としての権限を超えた行為を要求する指示・指揮がなされた場合に，これに従わないことは，「正当な理由」がある場合に当たる。これに対し，検察官の指示・指揮が当該司法警察職員の組織法上の上司の命令と矛盾する故をもって検察官の指示・指揮に従わないときは，「正当な理由」とはならない。

「検察官の指示又は指揮に従わない」とは，193条に定める一般的指示，一般的指揮又は具体的指揮に従わないことをいう。

必要性の認定は，検事総長，検事長又は検事正が行う。

［4］訴追先等

懲戒・罷免の訴追は，刑事訴訟法第百九十四条に基く懲戒処分に関する法律(以下，本条の解説において，「懲戒法」という。) 1条の規定により，警察官である司法警察職員（一般司法警察職員）のうち国家公務員である者（警察庁に属する警察官及び都道府県警察に属する警視正以上の警察官。警34Ⅰ・56Ⅰ）については国家公安委員会に，その他の者については都道府県公安委員会に，特別司法警察職員についてはその者を懲戒し又は罷免する権限を有する者に対し，書面で請求することによって行うこととされている。

なお，都道府県警察に属する警察官のうち国家公務員以外のものの任命権者は警視総監又は警察本部長である（警55Ⅲ）ので，これらの者については，懲戒・罷免の訴追先（都道府県公安委員会）と通常の懲戒権者が異なることとなるが，本条によって懲戒・罷免の請求を受けた者は，それが本来の懲戒権者でなくても，本条2項の規定により，懲戒権を行使できることとなる（松尾・条解367）。

［5］「別に法律の定めるところ」

懲戒法が，この「法律」に当たる。

［6］懲戒・罷免の義務

懲戒・罷免の訴追を受けた者は，その訴追が理由のあるものと認めるときは，訴追を

受けた者を懲戒し又は罷免しなければならない。ここで「理由」とは，検察官の指揮又は指示に従わなかったことをいい，懲戒の必要性を含まないので，指揮・指示違反の事実が認められる以上，懲戒・罷免の処分を行わなければならない。

懲戒法2条は，「前条の請求を受けた者が懲戒又は罷免に関する処分をする場合における処分の種類，手続（処分に対する審査に関するものを含む。）及び効果については，刑事訴訟法に定があるものの外，それぞれ，当該職員に対する通常の懲戒処分の例による」旨を定めている。すなわち，国家公務員又は地方公務員である司法警察職員の場合，免職，停職，減給又は戒告の処分（国公82Ⅰ，地公29Ⅰ）が行われることとなるが，このうち「免職」が刑訴法上の「罷免」に当たることとなる。また，これらの処分に当たっての保障に関する規定（国公89以下等）も，刑訴法の規定の趣旨に反しない限り適用されることとなる。

なお，本条の規定は，司法警察職員が検察官の指示・指揮に従わなかった場合，本来の懲戒権者が独自の判断で懲戒処分を行うことを妨げるものではない。　　　〔加藤俊治〕

第195条 [1]〔**検察官等の管轄区域外における職務執行**〕　検察官及び検察事務官は，捜査のため必要があるときは，管轄区域外で職務を行うことができる [2]。

[1] 本条の趣旨

検察官及び検察事務官は，必要があれば，その管轄区域外で捜査活動をすることができるとするものであり，検察庁法5条の特則に当たる。

[2] 検察官・検察事務官の管轄区域外における捜査の実行

検察庁法5条は，検察官は，「他の法令に特別の定のある場合を除いて」，その属する検察庁の対応する裁判所の管轄区域内において職務を行うものとしており，この管轄区域の制限は，検察官の行う捜査についても適用されるが，本条は，その「特別の定」に当たるので，検察官は，捜査のため必要があるときは，その管轄区域外で職務を行うことができることとなる。「必要がある」と認めるのは，当該検察官である。「職務を行う」とは，この場合，捜査活動を行うことを意味する。

検察事務官は，検察官を補佐するとともに，その指揮を受けて自ら捜査を行うものである（検27Ⅲ）ので，その職務執行の地域的範囲についても，その補佐する検察官ないし指揮を受けた検察官の管轄区域内に限られるのが原則であるが，本条により，必要があるときは，検察官の管轄区域外においても，捜査活動をすることができることとなる。この場合，必要性の判断は，検察官とともに，当該検察事務官自身においても行い得る（反対説もあるが，検察事務官が検察官から被疑者の逮捕を指揮され，所在捜査の結果管轄区域外に所在することが判明した場合などを想定すれば，このように解するべきである。）。なお，検察事務官の職務執行について管轄区域外における権限行使を認めた規定として，公判段階

344   **195条, 196条**

の令状執行に関し，71条（勾引状，勾留状の執行），108条（差押状，記録命令付差押状，捜索状の執行），136条（身体検査のための勾引状の執行），153条（証人に対する勾引状の執行）を，刑の執行に関し，489条（収容状の執行），505条（労役場留置の執行）を参照。　〔加藤俊治〕

第196条 [1]〔**捜査関係者に対する訓示規定**〕　検察官，検察事務官及び司法警察職員並びに弁護人その他職務上捜査に関係のある者[2]は，被疑者その他の者[3]の名誉を害しないように注意し[4]，且つ，捜査の妨げとならないように注意しなければならない[5]。

[範]　**第9条（秘密の保持等）**　捜査を行うに当たつては，秘密を厳守し，捜査の遂行に支障を及ぼさないように注意するとともに，被疑者，被害者（犯罪により害を被つた者をいう。以下同じ。）その他事件の関係者の名誉を害することのないように注意しなければならない。

　2　捜査を行うに当たつては，前項の規定により秘密を厳守するほか，告訴，告発，犯罪に関する申告その他犯罪捜査の端緒又は犯罪捜査の資料を提供した者（第11条（被害者等の保護等）第2項において「資料提供者」という。）の名誉又は信用を害することのないように注意しなければならない。

第10条（関係者に対する配慮）　捜査を行うに当つては，常に言動を慎み，関係者の利便を考慮し，必要な限度をこえて迷惑を及ぼさないように注意しなければならない。

第10条の2（被害者等に対する配慮）　捜査を行うに当たつては，被害者又はその親族（以下この節において「被害者等」という。）の心情を理解し，その人格を尊重しなければならない。

　2　捜査を行うに当たつては，被害者等の取調べにふさわしい場所の利用その他の被害者等にできる限り不安又は迷惑を覚えさせないようにするための措置を講じなければならない。

第10条の3（被害者等に対する通知）　捜査を行うに当たつては，被害者等に対し，刑事手続の概要を説明するとともに，当該事件の捜査の経過その他被害者等の救済又は不安の解消に資すると認められる事項を通知しなければならない。ただし，捜査その他の警察の事務若しくは公判に支障を及ぼし，又は関係者の名誉その他の権利を不当に侵害するおそれのある場合は，この限りでない。

第11条（被害者等の保護等）　警察官は，犯罪の手口，動機及び組織的背景，被疑者と被害者等との関係，被疑者の言動その他の状況から被害者等に後難が及ぶおそれがあると認められるときは，被疑者その他の関係者に，当該被害者等の氏名又はこれらを推知させるような事項を告げないようにするほか，必要に応じ，当該被害者等の保護のための措置を講じなければならない。

2 前項の規定は，資料提供者に後難が及ぶおそれがあると認められる場合について準用する。

[1] 本条の趣旨

本条は，捜査機関，弁護人その他職務上捜査に関係ある者に対し，被疑者その他の者の名誉侵害及び捜査妨害に関して注意を与える訓示規定である。旧刑訴法253条においては，「捜査ニ付テハ秘密ヲ保チ被疑者其ノ他ノ者ノ名誉ヲ毀損セサルコトニ注意スベシ」とされ，いわゆる捜査密行原則が正面から規定されていたところ，本条においては，その主体に「弁護人その他職務上捜査に関係のある者」が加えられたことに伴い，同原則のうち名誉侵害に関する部分を残し，捜査妨害に関する部分が加えられているが，捜査の密行は捜査機関にとっては捜査の本質に内在する原則であること（範9），捜査機関以外の者が捜査の密行を害することはそれ自体が捜査妨害に当たることから，旧法の規定の趣旨は本条にも引き継がれていると考えられる。

[2] 本条の名宛人

本条の名宛人に捜査機関及び弁護人が含まれることは，文言上，明らかである。「その他職務上捜査に関係のある者」には，裁判官，裁判所書記官等の裁判所職員のほか，鑑定受託者，通訳人等が考えられる。

[3] 名誉保護の対象者

被疑者のほか，被害者，目撃者を含む参考人，捜索，差押え等の処分を受ける者，捜査協力者等が広く含まれる。

[4] 名誉侵害に関する注意

捜査活動は，犯罪に関する真相を解明していくという性質上，被疑者，被害者，参考人その他の関係者が秘密としておきたいと考える事項を対象とせざるを得ず，その意味で，それら関係者の権利利益の制約を伴わざるを得ないものであるから，徒にそのプロセスが公開されることとなれば，それら関係者の名誉やプライバシーが害されかねないこととなる。そこで，本条は，捜査機関，弁護人等の言動によってそれら関係者の名誉等を不必要に害することがないように，注意を与えるものである。このような配慮は，捜査段階のみでなく，公訴提起後においても引き続き必要なものであるから，本条による注意義務は，起訴後及び事件終結後にも継続する。

もっとも，本条は，名誉等の保護を絶対視するものとまでは考えられず，捜査の必要に応じて被疑者の氏名を明らかにして捜査協力を広く呼びかけること，警察機関において事件広報として被疑者名や捜査経過を公表することなどについては，事案の性質，捜査の必要性，公表の時期・方法等を考慮し，適切な限度で行われる限り，本条に反するものではない。

[5] 捜査妨害に関する注意

捜査機関が捜査妨害を行ってはならないことは，その職務上，当然であるので，本条

のうち捜査妨害に関する注意は，専ら捜査機関以外の者，なかんずく弁護人に向けられたものと解される。すなわち，弁護人においては，一般的に被疑者の権利利益の擁護に当たるほか，身体拘束中の被疑者との間でいわゆる秘密交通権が認められるなど，捜査段階においても一定の権限を認められており，仮に弁護人が被疑者の利益を図ろうとする余りに捜査妨害行為に出るならば適正な国家刑罰権の実現が妨げられかねないことから，特にこの規定が設けられたものと考えられる。　　　　　　　　　　　〔加藤俊治〕

第197条 [1]〔**捜査に必要な取調べ**〕　捜査については [2]，その目的を達するため必要な取調 [3] をすることができる [4]。但し，強制の処分は，この法律に特別の定のある場合でなければ，これをすることができない [5]。

2 [6]　捜査については，公務所又は公私の団体 [7] に照会して必要な事項の報告を求めることができる [8]。

3 [9]　検察官，検察事務官又は司法警察員は，差押え又は記録命令付差押えをするため必要があるときは，電気通信を行うための設備を他人の通信の用に供する事業を営む者又は自己の業務のために不特定若しくは多数の者の通信を媒介することのできる電気通信を行うための設備を設置している者 [10] に対し，その業務上記録している電気通信の送信元，送信先，通信日時その他の通信履歴の電磁的記録 [11] のうち必要なものを特定し [12]，30日を超えない期間を定めて，これを消去しないよう，書面で求めることができる [13]。この場合において，当該電磁的記録について差押え又は記録命令付差押えをする必要がないと認めるに至つたときは，当該求めを取り消さなければならない [14]。

4　前項の規定により消去しないよう求める期間については，特に必要があるときは，30日を超えない範囲内で延長することができる。ただし，消去しないよう求める期間は，通じて60日を超えることができない [15]。

5　第2項又は第3項の規定による求めを行う場合において，必要があるときは，みだりにこれらに関する事項を漏らさないよう求めることができる [16]。

［範］　**第99条（任意捜査の原則）**　捜査は，なるべく任意捜査の方法によつて行わなければならない。

　　　　第100条（承諾を求める際の注意）　任意捜査を行うに当り相手方の承諾を求めるについては，次に掲げる事項に注意しなければならない。

　　　一　承諾を強制し，またはその疑を受けるおそれのある態度もしくは方法をとらないこと。

　　　二　任意性を疑われることのないように，必要な配意をすること。

　　　　第101条（聞込その他の内偵）　捜査を行うに当つては，聞込，尾行，密行，張込等によ

り，できる限り多くの捜査資料を入手するように努めなければならない。

第101条の2（保全要請） 刑訴法第197条第3項の規定による通信履歴の電磁的記録を消去しないことの求め及び当該求めの取消し並びに同条第4項の規定による期間の延長をするときは，警察本部長又は警察署長の指揮を受けて行わなければならない。

2　通信履歴の電磁的記録を消去しないことの求め及び当該求めの取消し並びに期間の延長は，司法警察員たる警察官が行わなければならない。

第104条（実況見分） 犯罪の現場その他の場所，身体又は物について事実発見のため必要があるときは，実況見分を行わなければならない。

2　実況見分は，居住者，管理者その他関係者の立会を得て行い，その結果を実況見分調書に正確に記載しておかなければならない。

3　実況見分調書には，できる限り，図面及び写真を添付しなければならない。

4　前3項の規定により，実況見分調書を作成するに当たつては，写真をはり付けた部分にその説明を付記するなど，分かりやすい実況見分調書となるよう工夫しなければならない。

---

[1] 本条の趣旨　　[2] 捜　査　　[3] 捜査に必要な「取調」　　[4] 任意捜査　　[5] 強制処分法定主義　　[6] 捜査関係事項照会　　[7] 照会の相手方　　[8] 照会の方法・効果　　[9] 通信履歴の電磁的記録の保全要請　　[10] 保全要請の相手方　　[11] 保全要請の対象となる電磁的記録　　[12] 電磁的記録の特定　　[13] 保全要請の方法・効果　　[14] 保全要請の取消し　　[15] 保全期間　　[16] 秘密保持の要請

[1] 本条の趣旨

本条から228条までは，捜査の方法に関する規定であり，本条1項は，その総則的な規定となっている。本条2項はいわゆる捜査関係事項照会について，3項及び4項は通信履歴の電磁的記録の保全要請について，5項は捜査関係事項照会又は保全要請を行う場合における秘密保持の要請について規定している。

[2] 捜　査

捜査とは，犯罪があると思料するときに，公訴の提起の要否を決し，公訴を提起した場合にはこれを維持・遂行することを目的として行われる，犯人及び証拠を発見し，収集し，及び保全する捜査機関の活動をいう。

捜査の目的は，①公訴提起の要否を決定すること及び②公訴を提起することとした場合にはこれを適正に維持・遂行することである。このうち①の目的は全ての捜査に共有されるものであり，被疑者の有罪を基礎づける方向の証拠（いわゆる積極証拠）を収集することのほか，犯罪が成立しないことや被疑者が犯人でないことを基礎づける証拠（いわゆる消極証拠）をも発見・収集すること，検察官の訴追裁量（248）を適切に行使するために情状に関する証拠を幅広く収集することも含まれている。この目的との関係では，

捜査は，必ずしも公判に提出することを予定する証拠を収集するものではなく，捜査機関において起訴の要否を決するに足りる証拠を収集できればよいのであるから，そのような証拠には証拠能力は要求されないし，その収集・保全の方式も終局的に起訴・不起訴の判断をする権限を有する検察官（いわゆる主任検察官）が認識できるものであれば足りる。一方，②の目的は，被疑者に対する公訴を提起することとした場合に顕在化するものであり，検察官が刑事訴訟における原告側当事者として裁判所に対して有罪判決及び適正な科刑を求めるための的確な証拠を発見・収集して保全する活動に対応するものといえる。この目的との関係では，捜査は，公判のための準備活動であるといえるので，証拠の収集・保全に当たっても，将来の公判における利用が可能となるよう，証拠能力や所要の形式を備えたものとしておかなければならないこととなる。

また，捜査を通じて収集すべき「証拠」とは，捜査機関による犯罪事実及びこれに関連する事実の存否の認定に資する一切の資料をいい，証拠方法及び証拠資料の双方を含むものであって，証拠能力を有するものであるか否かを問わないので，317条にいう「証拠」よりも広い範囲のものとなる。

［3］捜査に必要な「取調」

本条1項の「取調」は，次条1項等に規定されている供述を求めるための捜査手段としての取調べや，282条等に規定されている裁判官による証拠調べとは異なり，［2］で述べた捜査の目的を達するために必要となる捜査機関の活動（犯人及び証拠の発見，収集及び保全）の全てをいう。

［4］任意捜査

⑴ **捜査活動**　　捜査は，事案の真相解明と刑罰法規の具体的実現を目的とする刑事手続の一部を占めるものではあるが，もとより訴訟手続そのものではない。刑事訴訟の特徴は，訴追する者（検察官）と訴追される者（被告人）が，それぞれ収集した証拠に基づいて主張・立証を尽くし，公平な第三者（裁判所）が公権的な判断を下すという形式にあり，その手続は厳格に法定されているのに対して，捜査は，犯罪によって侵害された法益や公共の秩序をいち早く回復・維持するため，犯罪の真相を解明することを当面の目的とする活動であり，迅速，柔軟，効率的，臨機応変かつ合目的的に遂行されなければならない。すなわち，捜査は，捜査機関がその裁量と工夫とを十分に発揮して遂行すべきものであって，本来的に，その手続・方法を逐一法定することにはなじまない。本条1項本文が，捜査の手段，方法に特段の制限を定めず，包括的に捜査目的の達成に必要な「取調」をする権限を付与したのは，その現れである。

もっとも，強制処分を用いる捜査(強制捜査)については，捜査の対象となる被疑者・関係者の権利利益を制約することとなるため，例外的に，「この法律に特別の定のある場合」（同項但）に限って，これを行い得るものとされた（強制処分法定主義）。そこで，どのような捜査手段が，刑訴法の特段の定めによらなければなしえない「強制の処分」に当たるのか，その外延を画定することが重要となる（［5］⑵参照）。

強制処分を用いることなく行われる捜査を，一般に任意捜査と称する。この場合における「任意」とは，「相手方の意思に任せて行う」という意味ではなく，「強制に当たらない」という意味である。

(2) **任意捜査の原則**　本条1項には，強制捜査によらずに任意捜査によって同一の目的を達することができるのであれば任意捜査によるべきであるとする考え方（任意捜査の原則）が示されていると解される。強制捜査は，任意捜査に比して，対象者の権利を侵害・制約する程度が一般的に高いので，その必要がある場合に限って用いるべきであるとされるのである（範99参照）。

(3) **典型的な任意捜査手段**　刑訴法は，典型的な任意捜査の手段については明文の規定を設けており，被疑者及び参考人に対する出頭の要求及び取調べ（198・223），領置（221），鑑定，通訳又は翻訳の嘱託（223Ⅰ）がこれに当たる。また，捜査関係事項照会（本条Ⅱ）や保全要請（本条Ⅲ）は，照会・要請を受けた相手方に一定の義務を課すものではあるが，これを強制する手段を欠いており，捜査の性質としては任意捜査に属する。

さらに，明文の規定がないものの，頻繁に実施されている任意捜査の手段として，実況見分を挙げることができる（範104以下）。実況見分は，強制処分として行われる検証とその目的・方法を同じくし，捜査官の五官の作用により，物，場所，人等の存在，形状，作用等を認識する捜査手段であり，検証との相違は，強制処分として行われるものであるか否かという点だけである。そのため，実況見分の結果作成される実況見分調書には，検証調書と同一の要件（321Ⅲ）で証拠能力が認められる（最判昭35・9・8刑集14・11・1437）。

なお，犯罪捜査規範は，警察における規律として，女子を裸にして行う身体検査は，任意の捜査として行ってはならないとしている（範107）。また，捜索についても，理論的には相手方の同意があれば任意捜査として行い得るが，同規範は，人の住居等については承諾による捜索を行ってはならず，住居主等の任意の承諾が得られる場合でも捜索許可状の発付を受けて捜索を行うように求めている（範108）。

(4) **任意捜査としての許否**　任意捜査の手段・方法には，他の法令で禁止されている行為に当たるなどの事情がない限り，犯罪の嫌疑が認められ，その捜査のための必要性が認められるものであれば，基本的に制約がないと考えるべきである。もっとも，判例は，任意捜査であっても，「何らかの法益を侵害し又は侵害するおそれがあるのであるから，状況のいかんを問わず常に許容されるものと解するのは相当でなく，必要性，緊急性なども考慮したうえ，具体的状況のもとで相当と認められる限度において許容される」（最決昭51・3・16刑集30・2・187）との一般論を提示し，任意捜査にも「具体的状況のもとで相当と認められる」という限界があるとしているのであるが，この判例は，任意捜査としての有形力の行使が許される限界が問題となった事案に関するものであって，直接的に相手方の権利利益の制約を伴うという意味で，いわば強制処分との境界事例についてのものであるから，その相当性が具体的に問われたものと考えられるところ，通

常は，必要性が認められる捜査は相当性もあると考えられる。

ここでは，任意捜査に属すると考えられる個別の捜査手法をめぐりその限界が論じられているものについて，判例を中心に概観しておく。

　ア　おとり捜査　　おとり捜査は，捜査官又はその依頼を受けた協力者が，その身分や意図を秘して相手方に犯罪の実行を働きかける捜査手法であり，通常は，相手方が犯罪行為に出たところで検挙することとなる。薬物・銃器犯罪のような，直接の被害者がなく，密行性の高い犯罪に用いられることが多い。

おとり捜査について，判例は，任意捜査の範ちゅうに属するものとしながらも，「少なくとも，直接の被害者がいない薬物犯罪等の捜査において，通常の捜査方法のみでは当該犯罪の摘発が困難である場合に，機会があれば犯罪を行う意思があると疑われる者を対象におとり捜査を行うことは，刑訴法197条1項に基づく任意捜査として許容されるものと解すべきである。」（最決平16・7・12刑集58・5・333）として，一定の制約があることを示唆している。この判例は，おとり捜査が任意捜査として許容されるか否かを判断する要素として，①罪種・罪質（特に，直接の被害者がいない犯罪であるかどうか），②おとり捜査を行う必要性，③働きかけを行う相手方の主観的態様（機会があれば犯罪を行う意思があると疑われる者であるかどうか）を掲げており，実務的に有用性が高い基準が示されたものと指摘されている（田野尻・松尾=岩瀬・実例刑訴1・62）が，「少なくとも」という判示がなされていることから，おとり捜査を適法に行い得る場合が，ここに掲げられた場合に限られるわけではないことも含意している。

学説においては，従来から，機会提供型のおとり捜査は許容されるが，犯意誘発型のものは許容されないとする二分説が有力であったとされ，上記判例においても，そのような要素が加味されているものと考えられる。同判例の理解としても，対象者に「機会があれば犯罪を行う意思があると疑われる」事情がなければ，捜査の前提たる嫌疑を欠くことになると説かれている（酒巻・刑訴174）ところである。もっとも，近時は，機会提供型か犯意誘発型かという観点のみから結論を導くことは相当ではなく，おとり捜査を実施する必要性と相当性の観点から，個別に，その適法性を検討すべきであるとの考え方が有力であり（池田・令状基本(上)39，上口・刑訴88，佐藤・判例百選7・26，伊藤・判例百選10・23等），上記判例も，そのような考え方を採るものとして理解できよう。

　イ　会話の秘密録音　　会話の一方当事者（特に，捜査機関）が，相手方に秘匿した状態で会話内容の録音を行うことができるかという問題がある。秘密録音の証拠能力に関する最高裁判例は，いずれも私人である会話当事者による録音についてのものであり，その意味で捜査手法としての秘密録音の適法性を直接問題とするものではないが，具体的な事例の下で，相手方の承諾を得ずに録音を行う行為自体については適法であるとの判断がなされている（最決昭56・11・20刑集35・8・797＝判補による偽電話事件，最決平12・7・12刑集54・6・513＝詐欺の被害を受けたと考えた者が，相手方の説明内容に不審を抱き，後日の証拠とするため，会話を録音したもの）。私人間の会話につき，当事者の一方の承諾を得て録音す

ることや，電話等の通信につき，通信当事者のいずれかの承諾を得て聴取・録音することは，いずれも任意捜査として許容され得よう。

捜査官が相手方の同意を得ないでその対話内容を録音する捜査手法については，強制処分であるとの説も存するが（浅田・科学捜査と刑事鑑定151参照），①東京地判平2・7・26判時1358・151が任意処分であることを明言し，②松江地判昭57・2・2判タ466・189及び③千葉地判平3・3・29判時1384・141も任意処分であることを前提とした判断をしているなど，処分の性質は任意処分であるととらえた上で，その限界をどのように画するかを検討するのが一般的である（井上・強制捜査223，田口等・判例演習111，長岡・新実例刑訴Ⅲ87，岩尾・判例百選9・24等）。これらの裁判例は，いずれも結論としては秘密録音を適法としているところ，このうち①は，「対話者の一方が相手方の同意を得ないでした会話の録音は，それにより録音に同意しなかった対話者の人格権がある程度侵害されるおそれを生じることは否定できないが，いわゆる盗聴の場合とは異なり，対話者は相手方に対する関係では自己の会話を聞かれることを認めており，会話の秘密性を放棄しその会話内容を相手方の支配下に委ねたものと見得るのであるから，右会話録音の適法性については，録音の目的，対象，手段方法，対象となる会話の内容，会話時の状況等の諸事情を総合し，その手続に著しく不当な点があるか否かを考慮してこれを決めるのが相当である。」と判示して，会話の秘密録音の手続に「著しく不当な点がある」例外的な場合に違法となるとの考え方を採ったのに対し，③は，「捜査機関が対話の相手方の知らないうちにその会話を録音することは，原則として違法であり，ただ録音の経緯，内容，目的，必要性，侵害される個人の法益と保護されるべき公共の利益との権衡等を考慮し，具体的状況の下で相当と認められる限度においてのみ，許容されるべきものと解すべきである。」と判示して，捜査機関による会話の秘密録音を「原則として違法」であるとしており，判文上は，両裁判例の基本的な立場には隔たりがあるように見えるが，いずれも諸事情を総合評価して適法性の存否を決するという手法が採られている点では，大差はないものとも考えられる。

秘密録音が許容される範囲については，諸説が存するところであるが（その整理については，稗田・判例解説(刑)平12・153，前記長岡76等），いずれにしても，私人間であれば許容される（＝違法とは評価されない）ような態様による秘密録音が，捜査官によって行われることによって違法となるという理由はないと考えられる。

ウ　容ぼう等の撮影　　被疑者の容ぼう，姿態等の写真撮影，あるいはビデオ撮影は，それが強制処分である検証に当たるのか，任意処分であるのかが，撮影の方法，態様等により異なり得ると考えられるところ，判例は，公道上におけるなど，他人から見られていないとの合理的期待が認められない領域内における撮影は，任意処分であると解しているものと考えられる（酒巻・判例百選9・20，酒巻・刑訴156～157参照）。

この問題に関し，最大判昭44・12・24刑集23・12・1625（＝いわゆる京都府学連事件）は，「少なくとも，警察官が，正当な理由もないのに，個人の容ぼう等を撮影することは，憲

法13条の趣旨に反し，許されない」とした上，「警察官による個人の容ぼうなどの写真撮影は，現に犯罪が行われ，若しくは行われた後間がないと認められる場合であって，証拠保全の必要性及び緊急性があり，その撮影が一般的に許容される限度を超えない相当な方法をもって行われるときは，撮影される本人の同意がなく，また裁判官の令状がなくても適法で」ある旨の判断を示した。その後，自動速度監視装置による速度違反車両の運転手の容ぼうに係る写真撮影についても，同様の判断方法が採られている（最判昭61・2・14刑集40・1・48）。さらに，最決平20・4・15刑集62・5・1398は，警察官が公道上を歩いている被疑者の容ぼう等を撮影するなどした事案に関し，上記昭和44年判例について，「警察官による人の容ぼう等の撮影が，現に犯罪が行われ又は行われた後間がないと認められる場合のほかは許されないという趣旨まで判示したものではない」とした上，具体的事案について，「捜査機関において被告人が犯人である疑いを持つ合理的な理由が存在していたものと認められ，かつ，前記各ビデオ撮影は，強盗殺人等事件の捜査に関し，防犯ビデオに写っていた人物の容ぼう，体型等と被告人の容ぼう，体型等との同一性の有無という犯人の特定のための重要な判断に必要な証拠資料を入手するため，これに必要な限度において，公道上を歩いている被告人の容ぼう等を撮影し，あるいは不特定多数の客が集まるパチンコ店内において被告人の容ぼう等を撮影したものであり，いずれも，通常，人が他人から容ぼう等を観察されること自体は受忍せざるを得ない場所におけるものである。以上からすれば，これらのビデオ撮影は，捜査目的を達成するため，必要な範囲において，かつ，相当な方法によって行われたものといえ，捜査活動として適法なものというべきである。」との判断を示している。

　これらの判例によれば，具体的な捜査目的を達するため必要な範囲で行われる被疑者の容ぼうの撮影は，被疑者が他人から容ぼう等を観察されること自体は受忍せざるを得ない状況にあり，その撮影方法が相当なものであると認められる限り（不相当な方法による撮影としては，立ち入りを禁じられている場所に入り込んで撮影場所を確保するような違法行為を伴う場合が考えられよう。），許されるものと解される。

　なお，当該現場において犯罪が発生する相当高度の蓋然性が認められ，あらかじめ証拠保全の手段，方法を講じておく必要性，緊急性があり，かつ，社会通念上相当な方法で行われる場合には，現に犯罪が行われる以前から犯罪の発生が予測される場所を継続的・自動的に撮影等することも許されるとされている（東京高判昭63・4・1判時1278・152）。

エ　GPS（全地球測位システム）を用いた捜査

　GPSを用いた捜査手法として典型的なものは，車両を使用して移動する被疑者の尾行をするに当たり，当該被疑者の使用車両にGPS発信装置を取り付け，捜査機関において当該車両の位置情報を得つつ追尾を継続するといったものであった。このような捜査手法については，任意捜査として許容されるとする裁判例（広島高判平28・7・21高検速報平28・241等）と許容されないとする裁判例（名古屋高判平28・6・29判時2307・129等）とが対立していたが，最大判平29・3・15刑集71・3・13は，①GPS捜査は，その性質上，公道

上のもののみならず，個人のプライバシーが強く保護されるべき場所や空間に関わるものも含めて，対象車両及びその使用者の所在と移動状況を逐一把握することを可能とする，②このような捜査手法は，個人の行動を継続的，網羅的に把握することを必然的に伴うから，個人のプライバシーを侵害し得るものであり，また，そのような侵害を可能とする機器を個人の所持品に秘かに装着することによって行う点において，公道上の所在を肉眼で把握したりカメラで撮影したりするような手法とは異なり，公権力による私的領域への侵入を伴うものというべきであるとの理由を挙げ，「GPS捜査は，個人の意思を制圧して憲法の保障する重要な法的利益を侵害するものとして，刑訴法上，特別の根拠規定がなければ許容されない強制の処分に当たる。」と判示した上，GPS捜査についての新たな立法の必要性を示唆した。すなわち，上記のような意味でのGPS捜査が強制処分であることは，判例上，確定したものと言わざるを得ない。

　もっとも，最高裁調査官による解説では，この判決の射程について，携帯電話等の位置情報を取得するための捜査を行う場合，誘拐犯人に交付する身代金にGPS端末を取り付ける場合等「犯人の所持品」にGPS端末を取り付けるのではない場合，コントロールド・デリバリーを用いた捜査において荷物にGPS端末を取り付ける場合等について判示したものではないことが明言されており（伊藤＝石田「最高裁大法廷時の判例」ジュリ1507・111），どのような範囲の捜査手法が強制処分とされることとなるのか，判例の射程を含めて今後の検討が待たれる。

(5) **職務質問及び所持品検査**　　警職法2条1項は，「警察官は，異常な挙動その他周囲の事情から合理的に判断して何らかの犯罪を犯し，若しくは犯そうとしていると疑うに足りる相当な理由のある者又は既に行われた犯罪について，若しくは犯罪が行われようとしていることについて知っていると認められる者を停止させて質問することができる。」と規定しており，この規定に基づいて警察官が行う質問を「職務質問」と称する。すなわち，職務質問は，犯罪の予防，鎮圧といった行政警察上の目的を達するため，挙動等から犯罪に関係あると認められる者に対して警察官が行う質問であって，刑訴法に基づく捜査活動とは異なるものであるが，職務質問によって具体的な犯罪の嫌疑が生じて刑訴法上の捜査に移行することも多く，職務質問と捜査とが同時並行的に行われる場合もあることから，刑事手続においても職務質問の適法性が問われる場合がある。もっとも，その場合に問われるべきは，飽くまでも行政警察活動としての職務質問の適法性なのであり，刑訴法の規定に根拠がない行為であるからといって，職務質問としても直ちに違法になってしまうわけではない点に，留意すべきである。

　職務質問は任意の措置であって，その相手方は答弁を強要されるものではない（警職2Ⅲ）。もっとも，ここでいう「任意」は，相手方が警察官の問いかけに応じなければあきらめるといった意味ではなく（田宮・刑訴57参照），強制にわたってはならないという趣旨であると解すべきものであって，警察目的を達するために必要かつ相当な範囲で一定の有形力行使を許すものであることは，判例上も承認されている（最決昭29・7・15刑集

8・7・1137＝職務質問中に駐在所から逃げ出した者を追跡し，背後から腕をかけた事例，最決昭53・9・22刑集32・6・1774＝警察官が自動車の窓から手を差し入れてエンジンを切った事例等）。

　また，職務質問に付随して，所持品検査が許される場合がある。所持品検査とは，職務質問に伴って，①相手方の所持品を外部から観察し，②所持品の内容について質問し，③衣服，携行品等の外側に軽く手を触れて，所持品について質問し，④所持品の開示を求め，⑤開示された所持品について検査するという段階的行為の総称である。警職法は，職務質問に伴う所持品検査を許容する旨を明示してはいないが，所持品検査は，口頭による質問と密接に関連し，職務質問の効果をあげる上で必要性，有効性の認められる行為であるから，職務質問に付随する行為として許容され得るものと解されている（最決昭53・6・20刑集32・4・670＝いわゆる米子銀行強盗事件，最判昭53・9・7刑集32・6・1672）。さらに，判例は，「流動する各般の警察事象に対応して迅速適正にこれを処理すべき行政警察の責務にかんがみるときは，所持人の承諾のない限り所持品検査は一切許容されないと解するのは相当でなく，捜索に至らない程度の行為は，強制にわたらない限り，所持品検査においても許容される場合がある」とした上，所持品検査の必要性，緊急性，これによって侵害される個人の法益と保護されるべき公共の利益との権衡などを考慮して，具体的状況の下で相当と認められる限度で，所持人の承諾なくして所持品検査が許されるとしている（具体的には，前掲最決昭53・6・20において，猟銃及び登山用ナイフを使用しての銀行強盗が発生していた状況の下で，深夜に検問の現場を通りかかった被告人らが犯人であるとの濃厚な嫌疑が存し，兇器を所持している疑いもあったのに，職務質問に対し黙秘したうえ再三にわたる所持品の開披要求を拒否するなどの不審な挙動をとり続けたという事案で，被疑者らの携行品であるボーリングバッグの施錠されていないチャックを開披し内部を一べつした行為について，適法とされている。）。

[5] 強制処分法定主義

(1) **趣　旨**　　本条1項ただし書は，強制処分は，刑訴法に根拠規定がある場合に限って，法定の要件・手続の下においてのみ実施し得ることを定めている。具体的には，①被疑者の逮捕（199I・210I・213），②被疑者の勾留（204I本・211・216），③差押え，記録命令付差押え，捜索，検証，身体検査（218I），④身体検査の間接強制（222Ⅶ），⑤通信傍受（222の2），⑥鑑定留置（224I），⑦証人尋問の請求（226・227I）が強制処分として定められている。

(2) **強制処分の意義**　　任意処分と区別される強制処分の意義について，かつては物理的な有形力，強制力の行使の有無を基準として考える説が有力であったが，判例は，「捜査において強制手段を用いることは，法律の根拠規定がある場合に限り許容されるものである。しかしながら，ここにいう強制手段とは，有形力を伴う手段を意味するものではなく，個人の意思を制圧し，身体，住居，財産等に制約を加えて強制的に捜査目的を実現する行為など，特別の根拠規定がなければ許容することが相当でない手段を意味する」（最決昭51・3・16刑集30・2・187）としており，同判例の具体的事案においても，警察

署内において呼気検査に応じるように説得中の被疑者が急に退去しようとした際，警察官が被疑者の前に近寄り，更なる説得を試みつつ，両手で被疑者の左手を摑んだという事実関係を認定した上，呼気検査に応じるように説得するために行われた行為であり，その程度もさほど強いものではないとして，逮捕その他の強制手段には当たらないとしている。すなわち，ここでは，有形力を行使すれば強制処分となるとの考え方は採られていない。

一方，例えば，電気通信の当事者双方の承諾を得ずに通信を傍受する捜査手段（通信傍受）は，必ずしも物理的有形力の行使を伴うものではないが，通信の秘密及び個人のプライバシーを制約するものであって，強制処分であるとされているし（最決平11・12・16刑集53・9・1327），宅配便業者の運送過程にある荷物について，捜査目的を達するため，荷送人及び荷受人の承諾なくエックス線を照射して内容物の検査を行う捜査手法も，荷送人や荷受人のプライバシー等を大きく制約するものであるとして，強制処分であるとされている（最決平21・9・28刑集63・7・868）。

学説上も，上記昭和51年最決の理解として，強制処分であるか否かの判断基準としては，相手方の意思に反して，その重要な権利利益を制約する処分が強制処分であるとの理解が有力であると考えられる。

［6］捜査関係事項照会

本条2項は，捜査機関が公務所又は公私の団体に照会して必要な事項の報告を求める権限（いわゆる捜査関係事項照会）を定めたものである。文言上は主体が明示されていないが，検察事務官及び司法巡査を含む全ての捜査機関が含まれる。

［7］照会の相手方

「公務所」とは，国又は地方公共団体の機関をいう。「公私の団体」には，広く団体が含まれ，法人格の有無も問わない。

［8］照会の方法・効果

照会の方法については，本条3項の保全要請と異なり，特に定めがないので，口頭によることも可能ではあるが，「捜査関係事項照会書」と題する書面を発して行うことが多い。

照会の相手方は，照会事項に対して回答する法的義務を負う。しかし，これを強制する実際上の手段を欠いており，仮にその相手方が照会に応じない場合には，差押え等他の手段により対応することとなる。

照会の相手方が回答に応じた場合には，法的義務に基づく行為となるので，国家公務員法，地方公務員法等の法令に規定される守秘義務違反とはならないと解される。

［9］通信履歴の電磁的記録の保全要請

本条3項及び4項は，いわゆる保全要請に関する規定であり，平成23年の改正により追加されたものである。

これらの規定が設けられたのは，コンピュータ・ネットワーク等の電気通信を利用し

た犯罪の捜査においては，その匿名性ゆえに，犯人の特定等のため通信履歴を確保することが極めて重要であるが，通信履歴は一般に短期間で消去される場合が多いことから，捜査に必要な通信履歴については，プロバイダ等の保管者に対し，これを消去しないよう求めて，迅速に保全する必要性が大きく，捜査実務においては，差押許可状の発付を受ける前の段階で，このような通信履歴の任意の保全を求めている場合があったところ，通信履歴は通信の当事者の利益にも関わり得るものであり，その保全を求める法律上の根拠を明確にしておくことが望ましいと考えられたことによる。

[10] 保全要請の相手方

保全要請の相手方となり得るのは，①「電気通信を行うための設備を他人の通信の用に供する事業を営む者」又は②「自己の業務のために不特定若しくは多数の者の通信を媒介することのできる電気通信を行うための設備を設置している者」である。①には，例えば，電話会社やプロバイダ等が，②には，例えば，LANを設置している会社や官公庁，大学等が当たり得る。

[11] 保全要請の対象となる電磁的記録

保全要請の対象となり得るのは，相手方が「その業務上記録している」ものに限られるから，保全要請の時点でいまだ記録されていないものは対象とならない。

「通信履歴」とは，通信に関わる事項のうち，通信内容を除くものをいう。条文の文言上，「電気通信の送信元，送信先，通信日時」が例示されているほか，「その他の通信履歴」に当たるものとして，例えば，電気通信を行うプロトコルの種類や電子メールのファイルサイズ等が挙げられる。

[12] 電磁的記録の特定

「特定」の方法や程度等については，事案の内容，捜査の進捗状況，必要とする通信履歴の種類等によって異なることになると考えられるが，要請を受けた相手方が保全の対象となる電磁的記録を識別・特定できる程度に特定する必要があり，一般的な例としては，「メールアドレス△△△△△△によって送受信された○年○月○日から同月○日までの電子メールの通信履歴」といったものなどが考えられる。

[13] 保全要請の方法・効果

保全要請は，書面で行うこととされている。なお，保全要請の期間延長や取消しについては，書面で行うことを要しない。

保全要請は，相手方に対して通信履歴の電磁的記録の保全を法的に義務付けるものではあるが，これを強制する手段を欠いており，仮にその相手方が保全要請に応じない場合には，差押え又は記録命令付差押えを迅速に行うことなどにより対応することとなる。

[14] 保全要請の取消し

保全要請は，相手方に対して通信履歴の電磁的記録の保全を法的に義務付けるものであることから，その必要性がないと認めるに至ったときは，その点を明確にする意味で，これを取り消さなければならないこととされている。

197条，198条

[15] 保全期間

保全要請に当たっては，「30日を超えない期間」を定めることとされているが（本条Ⅲ前），「特に必要があるとき」（本条Ⅳ本）は，保全期間の延長が可能である。延長回数に制限はないが，1回当たりの延長期間は「30日を超えない範囲内」で定めなければならず（本条Ⅳ本），かつ，保全期間は通じて60日を超えることができない（本条Ⅳ但）。保全期間の起算点は相手方が保全要請を受けた日であり，初日は算入しない（55Ⅰ）。

「特に必要があるとき」とは，その延長をするときまでに定められている保全期間では，その保全要請の対象となる通信履歴の電磁的記録の差押え又は記録命令付差押えをすることが困難であって，その差押え又は記録命令付差押えをするためには保全期間を延長する必要性が特に高い場合をいう。

保全要請によって通信履歴の電磁的記録を60日保全させた後，同一の通信履歴の電磁的記録について更に保全要請を行うことは，原則として，保全期間を法律で規定した趣旨を没却するものであって許されないと考えられる。

[16] 秘密保持の要請

本条5項の規定も，平成23年の改正によって設けられたものである。

捜査関係事項照会及び保全要請は，それらの性質上，捜査の初期段階に行うことが多く，密行性が強く求められる場合が多いと考えられる上，捜査関係事項照会については，実際にこれに関する事項が漏洩されて捜査に支障を生じている事例も生じており，これらについて，相手方に対し，法律上の秘密保持義務を負わせる必要がある。それと同時に，このような義務を明記することにより，プロバイダ等がその顧客等から保全要請又は捜査関係事項照会に関する事項について問われても，これに答える必要がないことを法律上明らかにすることができる。そのため，本条5項の規定が設けられたものである。

「みだりに」とは，正当な理由なくという意味である。例えば，保全要請があったことを，業務上，内部的に報告しなければならない場合など，正当な理由によって保全要請等に関する事項を他の者に伝達する場合には，秘密保持義務に違反したことにはならない。

秘密保持の要請は，相手方に対し，みだりに保全要請等に関する事項を漏らしてはならない法的義務を負わせるものであるが，捜査機関から保全要請等に関する事項を漏らさないよう求められた期間を経過したとき，又はその事項が秘密ではなくなり，秘密保持の必要がなくなったときには，秘密保持の義務を負わないこととなる。　　〔加藤俊治〕

第198条 [1]〔被疑者の出頭・取調べ〕　検察官，検察事務官又は司法警察職員は，犯罪の捜査をするについて必要があるときは，被疑者 [2] の出頭を求め [3]，これを取り調べることができる [4]。但し，被疑者は，逮捕又は勾留されている場合を除いては，出頭を拒み，又は出頭後，何時でも退去することができる [5]。

2　前項の取調に際しては，被疑者に対し，あらかじめ，自己の意思に反して供述を
する必要がない旨を告げなければならない[6]。

3　被疑者の供述は，これを調書に録取することができる[7]。

4　前項の調書は，これを被疑者に閲覧させ，又は読み聞かせて，誤がないかどうか
を問い[8]，被疑者が増減変更の申立をしたときは，その供述を調書に記載しなけ
ればならない[9]。

5　被疑者が，調書に誤のないことを申し立てたときは，これに署名押印することを
求めることができる[10]。但し，これを拒絶した場合は，この限りでない[11]。

[範]　第102条（任意出頭）　捜査のため，被疑者その他の関係者に対して任意出頭を求めるに
　　　は，電話，呼出状（別記様式第7号）の送付その他適当な方法により，出頭すべき日
　　　時，場所，用件その他必要な事項を呼出人に確実に伝達しなければならない。この場
　　　合において，被疑者又は重要な参考人の任意出頭については，警察本部長又は警察署
　　　長に報告して，その指揮を受けなければならない。

　　2　被疑者その他の関係者に対して任意出頭を求める場合には，呼出簿（別記様式第8
　　　号）に所要事項を記載して，その処理の経過を明らかにしておかなければならない。

　　第166条（取調べの心構え）　取調べに当たつては，予断を排し，被疑者その他関係者の
　　　供述，弁解等の内容のみにとらわれることなく，あくまで真実の発見を目標として行
　　　わなければならない。

　　第167条（取調べにおける留意事項）　取調べを行うに当たつては，被疑者の動静に注意
　　　を払い，被疑者の逃亡及び自殺その他の事故を防止するように注意しなければならな
　　　い。

　　2　取調べを行うに当たつては，事前に相手方の年令，性別，境遇，性格等を把握する
　　　ように努めなければならない。

　　3　取調べに当たつては，冷静を保ち，感情にはしることなく，被疑者の利益となるべ
　　　き事情をも明らかにするように努めなければならない。

　　4　取調べに当たつては，言動に注意し，相手方の年令，性別，境遇，性格等に応じ，
　　　その者にふさわしい取扱いをする等その心情を理解して行わなければならない。

　　5　警察官は，常に相手方の特性に応じた取調べ方法の習得に努め，取調べに当たつて
　　　は，その者の特性に応じた方法を用いるようにしなければならない。

　　第168条（任意性の確保）　取調べを行うに当たつては，強制，拷問，脅迫その他供述の
　　　任意性について疑念をいだかれるような方法を用いてはならない。

　　2　取調べを行うに当たつては，自己が期待し，又は希望する供述を相手方に示唆する
　　　等の方法により，みだりに供述を誘導し，供述の代償として利益を供与すべきことを
　　　約束し，その他供述の真実性を失わせるおそれのある方法を用いてはならない。

　　3　取調べは，やむを得ない理由がある場合のほか，深夜に又は長時間にわたり行うこ

198条 359

とを避けなければならない。

第169条（自己の意思に反して供述をする必要がない旨の告知） 被疑者の取調べを行う
に当たつては，あらかじめ，自己の意思に反して供述する必要がない旨を告げなけれ
ばならない。

2　前項の告知は，取調べが相当期間中断した後再びこれを開始する場合又は取調べ警
察官が交代した場合には，改めて行わなければならない。

第170条（共犯者の取調べ） 共犯者の取調べは，なるべく各別に行つて，通謀を防ぎ，
かつ，みだりに供述の符合を図ることのないように注意しなければならない。

2　取調べを行うに当たり，対質尋問を行う場合には，特に慎重を期し，一方が他方の
威圧を受ける等のことがないようその時期及び方法を誤らないように注意しなければ
ならない。

第171条（証拠物の呈示） 捜査上特に必要がある場合において，証拠物を被疑者に示す
ときは，その時期及び方法に適切を期するとともに，その際における被疑者の供述を
調書に記載しておかなければならない。

第172条（臨床の取調べ） 相手方の現在する場所で臨床の取調べを行うに当たつては，
相手方の健康状態に十分の考慮を払うことはもちろん，捜査に重大な支障のない限り，
家族，医師その他適当な者を立ち会わせるようにしなければならない。

第173条（裏付け捜査及び供述の吟味の必要） 取調べにより被疑者の供述があつたとき
は，その供述が被疑者に不利な供述であると有利な供述であるとを問わず，直ちにそ
の供述の真実性を明らかにするための捜査を行い，物的証拠，情況証拠その他必要な
証拠資料を収集するようにしなければならない。

2　被疑者の供述については，事前に収集した証拠及び前項の規定により収集した証拠
を踏まえ，客観的事実と符合するかどうか，合理的であるかどうか等について十分に
検討し，その真実性について判断しなければならない。

第177条（供述調書） 取調べを行つたときは，特に必要がないと認められる場合を除き，
被疑者供述調書又は参考人供述調書を作成しなければならない。

2　被疑者その他の関係者が，手記，上申書，始末書等の書面を提出した場合において
も，必要があると認めるときは，被疑者供述調書又は参考人供述調書を作成しなけれ
ばならない。

第178条（供述調書の記載事項） 被疑者供述調書には，おおむね次の事項を明らかにし
ておかなければならない。

一　本籍，住居，職業，氏名，生年月日，年齢及び出生地（被疑者が法人であるとき
は名称又は商号，主たる事務所又は本店の所在地並びに代表者の氏名及び住居，被
疑者が法人でない団体であるときは名称，主たる事務所の所在地並びに代表者，管
理人又は主幹者の氏名及び住居）

二　旧氏名，変名，偽名，通称及びあだ名

三 位記，勲章，褒賞，記章，恩給又は年金の有無（もしあるときは，その種類及び等級）

四 前科の有無（もしあるときは，その罪名，刑名，刑期，罰金又は科料の金額，刑の執行猶予の言渡し及び保護観察に付されたことの有無，犯罪事実の概要並びに裁判をした裁判所の名称及びその年月日）

五 刑の執行停止，仮釈放，仮出所，恩赦による刑の減免又は刑の消滅の有無

六 起訴猶予又は微罪処分の有無（もしあるときは，犯罪事実の概要，処分をした庁名及び処分年月日）

七 保護処分を受けたことの有無（もしあるときは，その処分の内容，処分をした庁名及び処分年月日）

八 現に他の警察署その他の捜査機関において捜査中の事件の有無（もしあるときは，その罪名，犯罪事実の概要及び当該捜査機関の名称）

九 現に裁判所に係属中の事件の有無（もしあるときは，その罪名，犯罪事実の概要，起訴の年月日及び当該裁判所の名称）

十 学歴，経歴，資産，家族，生活状態及び交友関係

十一 被害者との親族又は同居関係の有無（もし親族関係のあるときは，その続柄）

十二 犯罪の年月日時，場所，方法，動機又は原因並びに犯行の状況，被害の状況及び犯罪後の行動

十三 盗品等に関する罪の被疑者については，本犯と親族又は同居の関係の有無（もし親族関係があるときは，その続柄）

十四 犯行後，国外にいた場合には，その始期及び終期

十五 未成年者，成年被後見人又は被保佐人であるときは，その法定代理人又は保佐人の氏名及び住居（法定代理人又は保佐人が法人であるときは名称又は商号，主たる事務所又は本店の所在地並びに代表者の氏名及び住居）

2 （略）

3 刑訴法第60条の勾留の原因たるべき事項又は同法第89条に規定する保釈に関し除外理由たるべき事項があるときは，被疑者供述調書又は参考人供述調書に，その状況を明らかにしておかなければならない。

第179条（供述調書作成についての注意） 供述調書を作成するに当たつては，次に掲げる事項に注意しなければならない。

一 形式に流れることなく，推測又は誇張を排除し，不必要な重複又は冗長な記載は避け，分かりやすい表現を用いること。

二 犯意，着手の方法，実行行為の態様，未遂既遂の別，共謀の事実等犯罪構成に関する事項については，特に明確に記載するとともに，事件の性質に応じて必要と認められる場合には，主題ごと又は場面ごとの供述調書を作成するなどの工夫を行うこと。

三　必要があるときは，問答の形式をとり，又は供述者の供述する際の態度を記入し，供述の内容のみならず供述したときの状況をも明らかにすること。

四　供述者が略語，方言，隠語等を用いた場合において，供述の真実性を確保するために必要があるときは，これをそのまま記載し，適当な注を付しておく等の方法を講ずること。

2　供述を録取したときは，これを供述者に閲覧させ，又は供述者が明らかにこれを聞き取り得るように読み聞かせるとともに，供述者に対して増減変更を申し立てる機会を十分に与えなければならない。

3　被疑者の供述について前項の規定による措置を講ずる場合において，被疑者が調書（司法警察職員捜査書類基本書式例による調書に限る。以下この項において同じ。）の毎葉の記載内容を確認したときは，それを証するため調書毎葉の欄外に署名又は押印を求めるものとする。

第180条（補助者及び立会人の署名押印）　供述調書の作成に当たつては，警察官その他適当な者に記録その他の補助をさせることができる。この場合においては，その供述調書に補助をした者の署名押印を求めなければならない。

2　取調べを行うに当たつて弁護人その他適当と認められる者を立ち会わせたときは，その供述調書に立会人の署名押印を求めなければならない。

第181条（署名押印不能の場合の処置）　供述者が，供述調書に署名することができないときは警察官が代筆し，押印することができないときは指印させなければならない。

2　前項の規定により，警察官が代筆したときは，その警察官が代筆した理由を記載して署名押印しなければならない。

3　供述者が供述調書に署名又は押印を拒否したときは，警察官がその旨を記載して署名押印しておかなければならない。

第182条（通訳及び翻訳の場合の処置）　捜査上の必要により，学識経験者その他の通訳人を介して取調べを行つたときは，供述調書に，その旨及び通訳人を介して当該供述調書を読み聞かせた旨を記載するとともに，通訳人の署名押印を求めなければならない。

2　捜査上の必要により，学識経験者その他の翻訳人に被疑者その他の関係者が提出した書面その他の捜査資料たる書面を翻訳させたときは，その翻訳文を記載した書面に翻訳人の署名押印を求めなければならない。

第182条の2（取調べ状況報告書等）　被疑者又は被告人を取調べ室又はこれに準ずる場所において取り調べたとき（当該取調べに係る事件が，第198条の規定により送致しない事件と認められる場合を除く。）は，当該取調べを行つた日（当該日の翌日の午前零時以降まで継続して取調べを行つたときは，当該翌日の午前零時から当該取調べが終了するまでの時間を含む。次項において同じ。）ごとに，速やかに取調べ状況報告書（別記様式第16号）を作成しなければならない。

2 前項の場合において，逮捕又は勾留（少年法（昭和23年法律第168号）第43条第1項の規定による請求に基づく同法第17条第1項の措置を含む。）により身柄を拘束されている被疑者又は被告人について，当該逮捕又は勾留の理由となつている犯罪事実以外の犯罪に係る被疑者供述調書を作成したときは，取調べ状況報告書に加え，当該取調べを行つた日ごとに，速やかに余罪関係報告書（別記様式第17号）を作成しなければならない。

3 取調べ状況報告書及び余罪関係報告書を作成した場合において，被疑者又は被告人がその記載内容を確認したときは，それを証するため当該取調べ状況報告書及び余罪関係報告書の確認欄に署名押印を求めるものとする。

4 第181条の規定は，前項の署名押印について準用する。この場合において，同条第3項中「その旨」とあるのは，「その旨及びその理由」と読み替えるものとする。

第234条（供述調書の記載事項） 国際犯罪の被疑者供述調書には，第178条（供述調書の記載事項）に掲げる事項のほか，おおむね次に掲げる事項を明らかにしておかなければならない。

一 国籍及び本国における住居

二 旅券又は在留カード，特別永住者証明書その他身分の証明に関する書類の有無（在留カード又は特別永住者証明書を有するときは，その番号，交付年月日，有効期間の満了の日等）

三 外国における前科の有無

四 我が国に入国した時期，在留期間，在留資格及び目的

五 本国を去つた時期

六 家族の有無及びその住居

第235条（調書等の作成） 外国人であつて日本語に通じないものに対し取調べを行い，又は第130条（司法警察員の処置）第1項に掲げる処置をとつたときは，日本語の供述調書又は弁解録取書を作成するものとし，特に必要がある場合には，外国語の供述書を提出させるものとする。

2 外国人が口頭をもつて告訴，告発又は自首をしようとする場合において，日本語に通じないときは，告訴，告発又は自首の調書は，前項の規定に準じて作成するものとする。

第251条（供述調書の記載事項） 暴力団犯罪の被疑者供述調書には，第178条（供述調書の記載事項）第1項に掲げる事項のほか，おおむね次に掲げる事項を明らかにしておかなければならない。

一 被疑者に係る暴力団の名称，組織及び活動の実態

二 被疑者が当該暴力団の構成員であるときは当該暴力団における地位その他被疑者と当該暴力団との関係及び当該暴力団に係る被疑者の活動の実態

三 当該犯罪の当該暴力団に係る組織的背景

198条

2 （略）

［1］本条の趣旨　　［2］被疑者　　［3］被疑者に対する出頭要求　　［4］被疑者の
取調べ　　［5］出頭拒否・退去の自由（1項ただし書）　　［6］供述拒否権の告知（2
項）　　［7］供述調書の作成（3項）　　［8］記載内容の確認（4項）　　［9］増減変
更の申立て（4項）　　［10］被疑者の署名・押印（5項本文）　　［11］署名・押印の拒
否（5項ただし書）

［1］本条の趣旨

　本条は，1項において，被疑者に対する捜査機関の出頭要求及び取調べについて定め，
2項において，その取調べの際に供述拒否権を告げるべきことを定め，3項から5項ま
でにおいて，供述調書の作成手続について定めている。前条1項の「取調」には被疑者
の取調べも含まれるから，任意捜査としての被疑者の出頭要求及び取調べが許されるこ
とは本条の規定を待つまでもなく当然であると解されるが，被疑者の取調べが参考人の
取調べ（223参照）とともに主要かつ重要な捜査手法であることに鑑み，本条は，いわゆ
る在宅の被疑者の取調べが任意処分として許されることを確認するとともに，身柄拘束
中の被疑者については取調べに係る出頭・滞留義務があることを明記し，併せて，被疑
者の重要な権利である供述拒否権の告知を取調べに当たる捜査機関に義務付け，更に，
供述の証拠化のために最も頻繁に用いられる供述調書の作成についてその手続を定める
ものである。

［2］被疑者

　被疑者とは，罪を犯したとの嫌疑を受けて捜査の対象とされている者であり，逮捕又
は勾留されている者であると，いわゆる在宅の者であるとを問わない。別事件で起訴さ
れ被告人となっている者であっても，取調べの対象となる事件が起訴前であれば，「被
疑者」に当たる。

　本条1項が被疑者の取調べについて規定しているため，起訴後の被告人を当該事件に
ついて取り調べることができるかという問題を生じるが，判例は，被告人の当事者たる
地位に鑑み，捜査官が被告人を取り調べることはなるべく避けるべきであるとしつつ，
刑訴197条が任意捜査について何ら制限していないことから，本条の「被疑者」という
文言にかかわらず，捜査官は起訴後においても公訴を維持するため必要な被疑者の取調
べをすることができるとしている（最決昭36・11・21刑集15・10・1764）。被告人の取調べを行
い得るのは第1回公判期日以前に限るとの説も見られるが，そのように解すべきではな
い（大阪高判昭36・11・27高刑集14・8・584，大阪高判昭50・9・11判時803・24，最決昭57・3・2裁集
刑225・689，東京高判平8・5・29高刑集49・2・272参照）。すなわち，被告人の取調べも公訴の
維持のため必要な場合には行うことができるが（河村・大コメ刑訴4・176，東條・注釈刑訴3・
86，水野谷＝城・Q&A実例取調べの実際37），その必要性の有無については，慎重に判断すべ

きこととなる。特に，起訴後の取調べについては，被告人として勾留されている場合であっても，「被疑者」としての出頭・滞留義務は及ばないと解されることから，一般的には，取調べを受ける被告人にもその旨を告げることが適切であろう。また，「公訴を維持するため必要」であるか否かは公訴維持に当たっている検察官において判断すべき事柄であるので，司法警察職員による被告人の取調べは，検察官の指揮（193Ⅲ）によることを原則とすることとなろう。

［3］被疑者に対する出頭要求

被疑者に対する出頭要求は，本条による取調べを目的とするほか，検証・実況見分への立会い，身体検査（218）等を目的とするものでもよい。出頭を求める場所は，捜査機関の所属官署である場合が多いであろうが，他の適当な場所でもよい。また，出頭を求めずに，被疑者の所在地において本条の取調べを行うことも，無論許される。

出頭要求の方法に制限はなく，口頭，電話，書面の送付等適宜な方法で足りるが，確実に伝達ができる方法によるべきである（範102Ⅰ）。

この出頭要求は，本条1項ただし書の場合（逮捕又は勾留されている場合）を除いては，被疑者に出頭を義務付ける効果を有するものではない。

［4］被疑者の取調べ

(1) **意 義**　取調べとは，捜査機関がその相手方（本条の場合には，被疑者）に対し捜査上必要な事項について供述を求め，その供述を聴取，保存する捜査手段である。単に発問をしてその答を得るというにとどまらず，供述を拒む者に対して供述するように説得するほか，供述者の記憶を喚起し，証拠物等の資料を示して説明を求め，被疑事実について弁解があればその詳細を聴取し，その供述に矛盾や他の証拠との不整合が認められればこれを質し，虚偽と認められる供述をする者に対しては真実を述べるように説得・追及し，供述の信用性の判断に必要な事項についての供述も得た上，必要な範囲で供述内容を記録化するために供述調書を作成することなどが，全て取調べに含まれる。特に被疑者の取調べは，その被疑者が犯人であれば犯行に至る経緯や犯行状況を最もよく説明できるのであるし，その被疑者が犯人でないとしてもその事情を説明することが可能であることが多いのであるから，刑事手続の目的である事案の真相解明にとって極めて重要な捜査手段である。

多くの事件については起訴前に被疑者の取調べが行われており，それが適切でもあるが，起訴前の取調べを行わなくても違法ではない（福岡高判昭59・10・29高検速報昭59・529）。

(2) **取調べの方法**　被疑者の取調べの方法について本条は特に規定するところがなく，その目的を達するため最も適切であると考えられる方法によるべきであるが，強制，拷問，脅迫等にわたってはならないのは，無論である（これらの方法を用いて得られた自白については，いわゆる任意性が否定され得る。319Ⅰ，憲38Ⅱ，範168Ⅰ参照）。また，取調べの目的が真実の供述を得るところにあることからして，不相当な誘導，利益供与の約束等，殊更供述の信用性を損なうおそれのある態様による取調べも，一般的には避けなければ

ならない（範168Ⅱ）。もっとも，供述の任意性・信用性は，既に得られている供述に対する事後的評価によって判断される事柄であるので，取調べそのものが適正であったかという問題と，その結果得られた供述に任意性・信用性が認められるかという問題は，観点を異にする別の問題であることに留意すべきである。

なお，警察においては，平成20年に「警察捜査における取調べ適正化指針」を策定した上，各種準則を通じて，取調べの適正確保を図っている。例えば，同年の犯罪捜査規範の改正により，やむを得ない理由がある場合のほか，深夜に又は長時間にわたり取調べを行うことを避けなければならないとされた（範168Ⅲ。なお，被疑者取調べ適正化のための監督に関する規則3Ⅱにより，午後10時から午前5時までの間の取調べ及び1日当たり8時間を超える取調べは，警察署長等の事前承認を要することとされている。）ほか，警察内部における取調べ状況の監督も行われている（同6以下）。加えて，同年の警察庁刑事局長通達「取調べの適正を確保するための逮捕・勾留中の被疑者と弁護人等との間の接見に対する一層の配慮について」において，取調中の被疑者について弁護人から接見の申出があった場合，できる限り早期に接見の機会を与えるよう配慮をすることなどについて定めているところである。

被疑者が取調べに弁護人の立会いを求める権利及び弁護人が被疑者の取調べに立ち会う権利は，いずれも認められていないが，捜査機関の判断によってこれを認めることが禁じられるわけではない。弁護人以外の者の立会いについても，同様である（範180Ⅱ参照）。

日本語に通じない外国人の取調べは，原則として通訳人を介して行うこととなる（範233参照）。少数言語を用いる被疑者の場合には通訳人の確保が容易ではないが，通訳及び意思疎通の正確性が保たれる限り，母国語以外の言語による通訳を用いることも許される（東京高判平4・4・8判時1434・140，東京高判平4・7・20判時1434・143）。

⑶ **逮捕されていない被疑者の取調べの限界**　　いわゆる任意同行を求めて警察官署等に出頭させ，あるいは，警察官署等における職務質問（警職2Ⅰ）に引き続いて，逮捕されていない被疑者を取り調べる場合があるが，そのような場合，被疑者の意思を制圧して退去の自由を侵害し，実質的な身柄拘束下に置いたと認められるような方法で取調べを継続することが許されないことに留意すべきである。一方，実質的な身柄拘束に至らない取調べであっても，判例は，「事案の性質，被疑者に対する容疑の程度，被疑者の態度等諸般の事情を勘案して，社会通念上相当と認められる方法ないし態様及び限度において，許容されるものと解すべきである。」（最決昭59・2・29刑集38・3・479＝高輪グリーンマンション殺人事件）とし，一般論としてではあるが，被疑者取調べの方法及び態様に，相当性の観点からの限界があるとしている。もっとも，具体的な事案における判断としては，事案の性質等を総合考慮して，4夜にわたり捜査機関の手配した施設に宿泊させ，5日間にわたって被疑者としての取調べを続行した態様による取調べが任意捜査の限界を超えるものではないとされており，その後，最決平元・7・4刑集43・7・581は，強

盗致死事件に関し，午後11時半ころから徹夜で取調べを行い，約10時間後に一応の自白に至った後も，上申書の作成等のために取調べを継続し，取調べ開始の翌日午後９時25分に通常逮捕に至るまで，約22時間の取調べを行ったという事例について，具体的な事情を総合考慮して，社会通念上任意捜査として許容される限度を逸脱するものではないとの判断を示している。これらの裁判例における具体的事例に関する判断に照らすと，被疑者が任意に取調べを受けており，かつ，事案の重大性や捜査の進捗状況に応じて取調べの必要性が認められる限り，宿泊を伴うとか長時間にわたるなどという外形的な事情のみをもって，被疑者の取調べが相当性を欠くこととなるような事態は，容易に想定し難いと考えられる。

(4) **取調べの録音・録画**　平成28年６月，刑事訴訟法等の一部を改正する法律（平28法54）が成立し，平成31年６月までに，取調べの録音・録画制度が導入されることとされている（詳しくは，301の２の解説を参照）。また，警察を始めとする捜査機関においては，同制度の施行に先立ち，運用による取調べの録音・録画も行われている。

　被疑者取調べの最大の目的は，事案の真相を最もよく知る犯人から供述を得ることにより真実の発見に資する点にあるが，被疑者には供述拒否権が認められる上，往々にして，犯人は，処罰を受けることを避けようとするなどの目的から，真実の供述を避け，虚偽の弁解をするのであり，ここに被疑者取調べの困難さがあるところ，取調べの録音・録画は，そのような取調べの困難さを何ら解決するものではない反面，取調べの機能を損なうものになるのではないかとの懸念も指摘されている。捜査機関としては，刑訴法の規定に従って取調べの録音・録画を行わなければならないほか，非対象事件についても，運用上，どのような範囲で録音・録画を行うべきかの選択を求められることとなるが，このような観点を考慮し，適切な対応が求められよう。

　また，本条３項以下（解説[7]以下）において規定される供述調書は，被疑者の供述内容を記録化，証拠化するための手段であるが，取調べが録音・録画されている範囲においては，被疑者の供述内容も全て記録化されているので，供述調書の作成は必要ないのではないかとの問題を生じる。公判における立証に用いる観点から，録音・録画記録媒体とは別に供述調書を作成する意義があるとの指摘もあり得るが，既に記録媒体による証拠化ができているにもかかわらず，公判廷における証拠調べの便宜のためにのみ捜査機関の資源を消費することが適切であるかは疑問である上，録音・録画記録媒体に記録されている内容の一部を要約するのみであれば，捜査報告書によっても同じ目的を達し得る（その捜査報告書の正確性は，原本である記録媒体と対照することにより弁護人にも確認可能である。）ので，特に身柄事件において捜査に利用できる時間が限られている中で供述調書を作成する意義は見出しにくいともいえる。録音・録画下で行われた取調べに係る供述調書作成の要否・程度については，検討を要する問題であろう。

[5] **出頭拒否・退去の自由（１項ただし書）**

　本条１項ただし書は，被疑者が出頭要求を受けた場合にその出頭を拒み，あるいは，

いったん出頭した後，いつでも退去することができる旨を規定している。それ自体は一見当然のことのようにも思われるが，このただし書の意義は，被疑者が「逮捕又は勾留されている場合」には，出頭拒否が許されず，退去の自由もないことを規定する点，すなわち，逮捕・勾留中の被疑者について出頭・滞留の義務を明文で認める点にある。被疑者にこのような出頭・滞留義務を認めることが，直ちにその意思に反する供述を拒む自由を奪うことを意味するものではない（最大判平11・3・24民集53・3・514）。

「逮捕又は勾留されている場合」とは，取調べの対象となる当該事件について逮捕・勾留されている場合に限るとする説もあるが，（高田・注解刑訴中52），他事件で逮捕・勾留されている場合を含むとする説が多数であると考えられる（河村・大コメ刑訴4・170，東條・注釈刑訴3・86，ポケット刑訴（上）439，松尾・条解378）。起訴後，被告人として勾留されている者には，出頭・滞留義務は及ばない（東條・注釈刑訴3・86）。

[6] 供述拒否権の告知（2項）

被疑者の取調べに当たって，捜査機関に対し，あらかじめ供述拒否権を告知することを義務付けている。この制度は，「何人も，自己に不利益な供述を強要されない。」とする憲法38条1項の直接の要請ではないが（最決昭24・9・7刑集3・10・1563，最判昭25・11・21刑集4・11・2359等），同項の精神を実質的に実現するための制度であるとされ，被疑者の心理的圧迫感を取り除くと共に，取り調べる者に戒心の機会を与える効果を有するとされる（河村・大コメ刑訴4・178，高田・注解刑訴（中）53，ポケット刑訴（上）440）。

その趣旨からすると，取調べごとに供述拒否権を告げるのが適切であると考えられる。もっとも，判例上は，第1回の取調べにおいて供述拒否権の告知がなされ，8日後の第2回取調べにおいて告知がなされていなくても違法ではないとされており（最判昭28・4・14刑集7・4・841），実質的に被疑者において供述を拒み得ることについて理解できていたと認められれば足りるとも考えられるが，少なくとも，取調べが相当期間中断した後や取調官が交代した場合には，改めて告知をするべきである（範169）。

一方，供述拒否権が事件ごとに存するわけではないから，被疑事実や罪名ごとに告知を要するものではない（東京高判昭57・12・9高検速報昭57・486）。

供述拒否権が及ぶ範囲については学説上の争いがあり，①憲法38条1項におけるのと同様に，自己負罪供述及び自己の刑事事件に関する不利益な供述に限定されるとする説（河村・大コメ刑訴4・179，ポケット刑訴（上）441，松尾・条解379）と②自己負罪供述等には限定されないとする説（高田・注解刑訴（中）54，酒巻・刑訴83。東條・注釈刑訴87も同趣旨か。）とが対立し，この点について判断した適切な判例も見当たらないが，捜査実務上の取扱いに直接の影響を有する論点ではないと思われる。

供述拒否権の告知を怠れば無論違法ではあるが，その取調べにおける供述の任意性が直ちに失われるものではない（前掲最判昭25・11・21，東京高判昭26・6・18特報21・114）。

また，供述拒否権を告げずに参考人として取り調べた者が，その後の捜査によって被疑者であると認められるに至ったとしても，先の取調べにおける供述拒否権の不告知が

違法となるものではない。もっとも，実務上は，取調べの相手方を被疑者として取り扱って供述拒否権を告げるべきであるのか，その必要はないのかの判断を迫られることがあり，裁判例としては，「単に捜査官が主観的に嫌疑を抱いて取調べをしたというだけでは足らず，捜査官が，犯人としてその者の刑事責任の存否を決めるための手続を開始したと客観的に認められる時から」被疑者として取り扱うべきであるとするものがある（東京高判昭49・10・2東時25・10・83）一方，捜査機関が被告人の立件を視野に入れて取調べを行いながら，供述拒否権を告げず，参考人として取調べを行い，不利益事実を録取した供述調書を作成したという事例において，これを違法としたものがある（東京高判平22・11・1東時61・1＝12・274。なお，大阪高判平21・10・8季刊刑事弁護61・182にも同旨の判示がある。）。基本的には，相応の嫌疑を有している段階で，取調べを受ける者の不利益となり得る事項について取調べを行う以上，供述拒否権を告げるのが適切であると考えられる。

[7] 供述調書の作成（3項）

　被疑者の供述を「録取することができる」という規定から明らかであるとおり，供述調書を作成するか否かは，その後の捜査及び公判において当該供述を利用する必要があるか否かなどを勘案して，捜査機関において判断することとなる（範177Ｉ，東京地判平元・5・29判タ704・200参照）。供述の全部を供述調書化するか，一部にとどめるかについても，同様である。

[8] 記載内容の確認（4項）

　供述調書の録取内容の正確性を確認するため，その内容を被疑者に閲覧させ（単に見せるという意味ではなく，文字を読ませて内容を了知させる必要があり，その意味では「閲読」という方が適切である。），又は読み聞かせることとされている。いずれの方法によるかは，被疑者の理解力等を考慮して取調官が適切に決すればよく，重ねて両方の方法を採ることも，無論差支えない。その上で，録取内容に誤りがないかどうかを被疑者に問うこととされている。

　検察官のいわゆる口授の際に被疑者が供述調書の記載内容を了解していれば，読み聞かせの手続を省略しても，直ちに証拠能力は否定されないとする裁判例（東京高判昭29・5・6特報40・86。同判決が引用する最判昭28・1・27刑集7・1・64も参照）もあり，証拠能力の判断としては妥当であるが，このような方法では録取内容の正確性に疑義を生じかねないので，供述調書の作成方法として一般的に適切とはいえない。

[9] 増減変更の申立て（4項）

　被疑者から録取内容に関する増減変更の申立てがあった場合には，その供述を追加的に供述調書に録取することとされている。その追加部分も供述調書の一部となるので，更に閲覧をさせ又は読み聞かせることとなる。もっとも，捜査機関は，供述調書の録取事項と関係のない事項に関する増減変更の申立てに応じる義務はない。

　また，適法に作成を完了した供述調書の内容について訂正の申立てをしても，本項の申立てには当たらない（最決昭26・9・6刑集5・10・1878）。

198条，199条　　　　369

[10] 被疑者の署名・押印（5項本文）

「署名押印」は，「署名及び押印」の意味である（もっとも，供述調書の証拠能力との関係では，署名又は押印があれば足りる。）。押印は，印鑑によらずとも，指印で差支えない。供述録取書に被疑者が自署できない場合には規61条の適用があるとするのが判例（最決平18・12・8刑集60・10・837）なので，代書してその事由を記載した上，署名・押印することとなる。警察官である司法警察職員による取調べの場合には，この代書は警察官が行うこととされている（範181ⅠⅡ）。

被疑者の署名・押印がなされた供述調書は，「供述を録取した書面」で「署名若しくは押印のあるもの」（321Ⅰ・322Ⅰ）として取り扱われることとなる。

また，通訳人を介して取調べを行い，供述調書を作成した場合には，通訳人にも署名押印を求めるのが通例である。

なお，供述調書には，供述を録取した取調官も作成者として署名押印するが（規58Ⅰ参照），検察官が署名押印を失念した供述調書について，検察官面前調書であるとは認められないとした裁判例がある（東京高判平9・6・26東時48・1＝12・47。ただし，東京地決昭40・2・2判タ173・220）。

[11] 署名・押印の拒否（5項ただし書）

被疑者は，理由のいかんを問わず，供述調書への署名・押印を拒否することができる。この場合，取調官は，その旨を供述調書に記載しておくのが実務の取扱いである（範181Ⅲ）。署名・押印を拒否する理由が不明又は不合理である場合に，証拠保全上の必要性から，なお署名・押印をするように説得することは，差支えない。

署名・押印のない供述調書であっても，同意（326）があれば，証拠能力を有し得る。

また，供述調書に被疑者の署名・押印が得られない場合，322条1項の要件を充たす限り，取調官が聴取した供述内容を公判で証言することにより証拠とすることも可能であるが，実務的には，このような方法による捜査段階における被疑者供述の公判廷への顕出はほとんど行われてこなかった。これは，従前は，供述はしながら供述調書への署名押印は拒むといった被疑者がほとんどなかったことによるのではないかと察せられる。

〔加藤俊治〕

第199条[1]**〔逮捕状による逮捕の要件等〕**　検察官，検察事務官又は司法警察職員[2]は，被疑者が罪を犯したことを疑うに足りる相当な理由があるときは，裁判官[3]のあらかじめ発する逮捕状[4]により，これを逮捕[5]することができる[6][7]。ただし，30万円（刑法，暴力行為等処罰に関する法律及び経済関係罰則の整備に関する法律の罪以外の罪については，当分の間，2万円）以下の罰金，拘留又は科料に当たる罪については，被疑者が定まつた住居を有しない場合又は正当な理由がなく前条の規定による出頭の求めに応じない場合に限る[8]。

370   199条

2 裁判官は，被疑者が罪を犯したことを疑うに足りる相当な理由があると認めるときは，検察官又は司法警察員（警察官たる司法警察員については，国家公安委員会又は都道府県公安委員会が指定する警部以上の者に限る。以下本条において同じ。）の請求 [9] により，前項の逮捕状を発する。但し，明らかに逮捕の必要がないと認めるときは，この限りでない [10]。

3 検察官又は司法警察員は，第1項の逮捕状を請求する場合において，同一の犯罪事実についてその被疑者に対し前に逮捕状の請求又はその発付があつたときは，その旨を裁判所に通知しなければならない [11][12]。

[規] 第139条（令状請求の方式）　令状の請求は，書面でこれをしなければならない。

　　2　逮捕状の請求書には，謄本一通を添附しなければならない。

　　第140条（令状請求の却下）　裁判官が令状の請求を却下するには，請求書にその旨を記載し，記名押印してこれを請求者に交付すれば足りる。

　　第141条（令状請求書の返還）　裁判官は，令状を発し，又は令状の請求を却下したときは，前条の場合を除いて，速やかに令状の請求書を請求者に返還しなければならない。

　　第141条の2（逮捕状請求権者の指定，変更の通知）　国家公安委員会又は都道府県公安委員会は，法第199条第2項の規定により逮捕状を請求することができる司法警察員を指定したときは，国家公安委員会においては最高裁判所に，都道府県公安委員会においてはその所在地を管轄する地方裁判所にその旨を通知しなければならない。その通知の内容に変更を生じたときも，同様である。

　　第142条（逮捕状請求書の記載要件）　逮捕状の請求書には，次に掲げる事項その他逮捕状に記載することを要する事項及び逮捕状発付の要件たる事項を記載しなければならない。

　　一　被疑者の氏名，年齢，職業及び住居

　　二　罪名及び被疑事実の要旨

　　三　被疑者の逮捕を必要とする事由

　　四　請求者の官公職氏名

　　五　請求者が警察官たる司法警察員であるときは，法第199条第2項の規定による指定を受けた者である旨

　　六　7日を超える有効期間を必要とするときは，その旨及び事由

　　七　逮捕状を数通必要とするときは，その旨及び事由

　　八　同一の犯罪事実又は現に捜査中である他の犯罪事実についてその被疑者に対し前に逮捕状の請求又はその発付があつたときは，その旨及びその犯罪事実

　　2　被疑者の氏名が明らかでないときは，人相，体格その他被疑者を特定するに足りる事項でこれを指定しなければならない。

　　3　被疑者の年齢，職業又は住居が明らかでないときは，その旨を記載すれば足りる。

199条　　371

第143条（資料の提供）　逮捕状を請求するには，逮捕の理由（逮捕の必要を除く逮捕状発付の要件をいう。以下同じ。）及び逮捕の必要があることを認めるべき資料を提供しなければならない。

第143条の2（逮捕状請求者の陳述聴取等）　逮捕状の請求を受けた裁判官は，必要と認めるときは，逮捕状の請求をした者の出頭を求めてその陳述を聴き，又はその者に対し書類その他の物の提示を求めることができる。

第143条の3（明らかに逮捕の必要がない場合）　逮捕状の請求を受けた裁判官は，逮捕の理由があると認める場合においても，被疑者の年齢及び境遇並びに犯罪の軽重及び態様その他諸般の事情に照らし，被疑者が逃亡する虞がなく，かつ，罪証を隠滅する虞がない等明らかに逮捕の必要がないと認めるときは，逮捕状の請求を却下しなければならない。

第299条（裁判官に対する取調等の請求）　検察官，検察事務官又は司法警察職員の裁判官に対する取調，処分又は令状の請求は，当該事件の管轄にかかわらず，これらの者の所属の官公署の所在地を管轄する地方裁判所又は簡易裁判所の裁判官にこれをしなければならない。但し，やむを得ない事情があるときは，最寄の下級裁判所の裁判官にこれをすることができる。

2　前項の請求は，少年事件については，同項本文の規定にかかわらず，同項に規定する者の所属の官公署の所在地を管轄する家庭裁判所の裁判官にもこれをすることができる。

[範]　第31条（指名手配）　逮捕状の発せられている被疑者の逮捕を依頼し，逮捕後身柄の引渡しを要求する手配を，指名手配とする。

2　指名手配は，指名手配書（別記様式第2号）により行わなければならない。

3　急速を要し逮捕状の発付を受けるいとまのないときは，指名手配書による手配を行つた後，速やかに逮捕状の発付を得て，その有効期間を通報しなければならない。

4　第29条（緊急事件手配）の規定による緊急事件手配により，氏名等の明らかな被疑者の逮捕を依頼した場合には，当該緊急事件手配を指名手配とみなす。この場合においては，逮捕状の発付を得た後，改めて第1項の規定による手続をとるものとする。

第32条（指名手配の種別）　指名手配を行うに当つては，被疑者を逮捕した場合における身柄の処置につき，次のいずれであるかを明らかにしなければならない。

一　第1種手配（身柄の護送を求める場合の手配をいう。）

二　第2種手配（身柄を引取りに行く場合の手配をいう。）

2　指名手配は，原則として第1種手配によるものとする。

第33条（指名手配の継続）　指名手配をした場合においては，常に逮捕状の有効期間に注意し，有効期間経過後もなお手配継続の必要があるものについては，逮捕状の再発付を受け，その有効期間を通報しなければならない。

第34条（指名通報） 被疑者が発見された場合に身柄の引渡を求めず，かつ，その事件の処理を当該警察にゆだねる旨の手配を，指名通報とする。

2　指名通報は，被疑者の氏名等が明らかであり，かつ，犯罪事実が確実なものについて，指名通報書（別記様式第2号）により行わなければならない。

3　指名通報のあつた事件については，あらかじめ，通報を発した警察に，逮捕状の有無，容疑事実の内容，関係書類その他の捜査資料の有無等を照会して処理するものとする。

4　指名通報を行つた被疑者については，事件処理に必要な証拠資料，関係書類等を完全に整備しておき，被疑者を発見した警察から要求があつたときは，すみやかに，第78条（事件の移送および引継）第2項の規定による事件引継書とともに証拠資料，関係書類等を，その警察に送付しなければならない。

第41条（身柄引渡しの原則） 指名手配のあつた被疑者を逮捕した警察（以下「逮捕警察」という。）は，次の各号のいずれかに該当する場合を除き，被疑者の身柄をその指名手配をした警察（以下「手配警察」という。）に引渡さなければならない。

一　逮捕警察が，手配を受けた犯罪より法定刑が重い別の犯罪をその管轄区域において犯した被疑者を逮捕したとき。

二　逮捕警察が，手配を受けた犯罪と法定刑が同等以上の別の犯罪で手配をしていた被疑者を逮捕したとき。

三　逮捕警察が，手配被疑者に関連する犯罪で，既にその正犯又は共同正犯である被疑者の一部を逮捕しているとき。

2　同一被疑者について，2以上の手配警察がある場合には，次の各号に定める手配警察にその身柄を引き渡さなければならない。

一　手配を受けた犯罪について，その法定刑に軽重があるとき（次号に規定する場合に該当する場合を除く。）は，重い犯罪を手配した警察

二　手配を受けた犯罪で，既にその正犯又は共同正犯である被疑者の一部を逮捕している警察があるときはその警察

三　前2号に規定する場合のほかは，先に手配をした警察

3　前2項に規定する身柄引渡しの原則により難い事情があるときは，警察本部長の決するところによる。

第42条（被疑者引渡書） 指名手配により逮捕した被疑者の身柄を引き渡すに当たつては，被疑者引渡書（別記様式第5号）を作成しなければならない。

第118条（逮捕権運用の慎重適正） 逮捕権は，犯罪構成要件の充足その他の逮捕の理由，逮捕の必要性，これらに関する疎明資料の有無，収集した証拠の証明力等を充分に検討して，慎重適正に運用しなければならない。

第119条（通常逮捕状の請求） 刑訴法第199条の規定による逮捕状（以下「通常逮捕状」という。）の請求は，同条第2項の規定に基き，公安委員会が指定する警部以上の階

級にある司法警察員（以下「指定司法警察員」という。）が，責任をもつてこれに当らなければならない。

2　指定司法警察員が通常逮捕状を請求するに当つては，順を経て警察本部長または警察署長に報告し，その指揮を受けなければならない。ただし，急速を要し，指揮を受けるいとまのない場合には，請求後，すみやかにその旨を報告するものとする。

第121条（親告罪事件の逮捕状請求）　逮捕状を請求するに当つて，当該事件が親告罪に係るものであつて，未だ告訴がないときは，告訴権者に対して告訴するかどうかを確かめなければならない。

第122条（逮捕状請求の疎明資料）　通常逮捕状を請求するときは，被疑者が罪を犯したことを疑うに足りる相当な理由があること及び逮捕の必要があることを疎明する被害届，参考人供述調書，捜査報告書等の資料を添えて行わなければならない。ただし，刑訴法第199条第1項ただし書に規定する罰金，拘留又は科料に当たる罪について通常逮捕状を請求するときは，更に，被疑者が定まつた住居を有しないこと又は正当な理由がなく任意出頭の求めに応じないことを疎明する資料を添えて行わなければならない。

2　緊急逮捕状を請求するときは，被疑者が罪を犯したことを疑うに足りる十分な理由があつたこと，逮捕の必要があつたこと及び急速を要し逮捕状を求めることができない理由があつたことを疎明する逮捕手続書，被害届その他の資料を添えて行わなければならない。

第123条（請求のための出頭）　逮捕状を請求するに当つては，なるべくその事件の捜査に当つた警察官が裁判官のもとに出頭しなければならない。

2　裁判官から特に当該逮捕状を請求した者の出頭を求められたときは，当該請求者が自ら出頭して，陳述し，または書類その他の物の提示に当らなければならない。

第124条（逮捕状の記載の変更）　逮捕状の発付を受けた後，逮捕前において，引致場所その他の記載の変更を必要とする理由が生じたときは，当該逮捕状を請求した警察官またはこれに代るべき警察官が，当該逮捕状を発付した裁判官またはその者の所属する裁判所の他の裁判官に対し，書面（引致場所の変更を必要とするときは，引致場所変更請求書）により逮捕状の記載の変更を請求するものとする。ただし，やむをえない事情があるときは，他の裁判所の裁判官に対して請求することができる。

第125条（令状請求簿）　逮捕状を請求したときは，令状請求簿（別記様式第13号）により請求の手続，発付後の状況等を明らかにしておかなければならない。

第126条（逮捕の際の注意）　逮捕を行うに当つては，感情にとらわれることなく，沈着冷静を保持するとともに，必要な限度をこえて実力を行使することがないように注意しなければならない。

2　逮捕を行うに当つては，あらかじめ，その時期，方法等を考慮しなければならない。

3　警察本部長又は警察署長は，逮捕を行うため必要な態勢を確立しなければならない。

4 被疑者を逮捕したときは，直ちにその身体について凶器を所持しているかどうかを調べなければならない。

5 多数の被疑者を同時に逮捕するに当つては，個々の被疑者について，人相，体格その他の特徴，その犯罪事実および逮捕時の状況ならびに当該被疑者と証拠との関連を明確にし，逮捕，押収その他の処分に関する書類の作成，取調および立証に支障を生じないようにしなければならない。

第127条（手錠の使用） 逮捕した被疑者が逃亡し，自殺し，又は暴行する等のおそれがある場合において必要があるときは，確実に手錠を使用しなければならない。

2 前項の規定により，手錠を使用する場合においても，苛酷にわたらないように注意するとともに，衆目に触れないように努めなければならない。

第128条（連行及び護送） 逮捕した被疑者を連行し，又は護送するに当つては，被疑者が逃亡し，罪証を隠滅し，自殺し，又はこれを奪取されることのないように注意しなければならない。

2 前項の場合において，必要があるときは，他の警察に対し，被疑者の仮の留置を依頼することができる。

第131条（指掌紋の採取，照会等） 逮捕した被疑者については，引致後速やかに，指掌紋を採取し，写真その他鑑識資料を確実に作成するとともに，指掌紋照会並びに余罪及び指名手配の有無を照会しなければならない。

2 取調べの過程において，新たな事実を発見した場合においても，余罪及び指名手配の有無を照会しなければならない。

第136条（逮捕手続書） 被疑者を逮捕したときは，逮捕の年月日時，場所，逮捕時の状況，証拠資料の有無，引致の年月日時等逮捕に関する詳細を記載した逮捕手続書を作成しなければならない。

2 （略）

第136条の3（捜査と留置の分離） 捜査員は，自らが犯罪の捜査に従事している場合における当該犯罪について留置されている被留置者に係る留置業務に従事してはならない。

第208条（身柄拘束に関する注意） 少年の被疑者については，なるべく身柄の拘束を避け，やむを得ず，逮捕，連行又は護送する場合には，その時期及び方法について特に慎重な注意をしなければならない。

第232条（外国人の取調べ及び身柄の拘束についての注意） 外国人の取調べを行い，又は外国人の身柄を拘束するに当つては，言語，風俗，習慣等の相違を考慮し，当該外国人に係る刑事手続に関し我が国の刑事手続に関する基本的事項についての当該外国人の理解に資するよう適切を期すること等により無用の誤解を生じないように注意しなければならない。

2 外国人の身柄を拘束したときは，遅滞なく，その者に対し，次の事項を告知するも

のとする。

一 当該領事機関に対しその者の身柄が拘束されている旨を通報することを要請することができること。

二 当該領事機関に対し我が国の法令に反しない限度において信書を発することができること。

3 前項第1号の規定による要請があつたとき又は条約その他の国際約束により要請の有無にかかわらず通報を行うこととされているときは，遅滞なく，当該領事機関に対し同項に規定する者の身柄が拘束されている旨を通報するものとする。

4 前項の通報を行つたときは，その日時及び当該通報の相手方を書面に記録しておかなければならない。

[1] 本条の趣旨　　[2] 逮捕権者　　[3] 逮捕状を発付することができる裁判官
[4] 逮捕状の性質　　[5] 逮捕の意義　　[6] 逮捕の要件　　[7] 逮捕に際しての実力行使　　[8] 軽微事件の逮捕　　[9] 逮捕状の請求　　[10] 裁判官による審査
[11] 再逮捕　　[12]「同一の犯罪事実についてその被疑者に対し前に逮捕状の請求又はその発付があつたとき」の逮捕状請求手続

[1] 本条の趣旨

本条は，逮捕状による逮捕すなわち通常逮捕に関して，その要件を規定するものである。第1項は逮捕の要件について，第2項は逮捕状発付の要件についてそれぞれ規定し，第3項は逮捕状の請求に際し，既に同一の犯罪事実について当該被疑者に対し逮捕状の請求又は発付があった場合の措置について規定している。

[2] 逮捕権者

逮捕状により被疑者を逮捕することができるのは，検察官，検察事務官，司法警察職員である。

逮捕状の請求権者とは異なり，検察事務官，司法巡査も逮捕状により被疑者を逮捕することができる。

[3] 逮捕状を発付することができる裁判官

裁判官であれば法律上その所属に制約はなく，規299条の制限に反して行われた逮捕状請求に基づき，発付された逮捕状も有効である（ポケット刑訴(上)448）。

[4] 逮捕状の性質

逮捕状は，検察官等に被疑者を逮捕することを許可する許可状であるから（最高裁判所事務総局刑事局編・刑事手続法規に関する通達・質疑回答集(追補Ⅱ)202），逮捕状が発付されていたとしても，検察官等において被疑者を逮捕する際に，逮捕の理由及び逮捕の必要性を具備していることを判断する必要がある（ポケット刑訴(上)447）。

また，逮捕状は，許可状であるから逮捕状が発付されたとしても検察官等において，

逮捕状を執行する，すなわち被疑者を逮捕する義務を負うものではない。

[5] 逮捕の意義

「逮捕」とは，被疑者の身体を拘束し，これを指定の場所に引致することをいい，その後一定期間被疑者を留置することができるのは，法により特別に認められた付随効果である（渡辺・大コメ刑訴4・188）。したがって，逮捕状により被疑者の身体を拘束した後，引致が完了する前に被疑者が逃亡した場合，逮捕は完了していないから元の逮捕状によりさらに逮捕行為を継続することができるが，引致後，留置中の被疑者が逃亡した場合は，逮捕は完了しているから元の逮捕状により逃亡した被疑者を逮捕することはできない（最高裁判所事務総局刑事局編・刑事手続法規に関する通達・質疑回答集（追補Ⅱ）202，木谷・令状基本(上)190）。

[6] 逮捕の要件

逮捕権者が，逮捕をする場合
①被疑者が罪を犯したことを疑うに足りる相当な理由があること（逮捕の理由）
②被疑者を逮捕する必要性が明らかにない場合ではないこと（逮捕の必要性）
③有効な逮捕状が発付されていること
という要件を具備している必要がある（団藤・綱要337，ポケット刑訴(上)447，渡辺・大コメ刑訴4・196）。

告訴・告発が，訴訟条件となっている罪に係る事件について，告訴・告発がなされていない状態で被疑者を逮捕すること自体違法ではない（最決昭35・12・23刑集14・14・2213）。しかし，親告罪に当たる罪について逮捕するに際しては，告訴権者に告訴意思があるか否かを確認することが相当である（範121）。

(1) **逮捕の理由**　逮捕を行うためには，被疑者が罪を犯したことを疑うに足る相当な理由が必要であるところ，この犯罪の嫌疑については，被疑者が特定の犯罪を犯したことについての嫌疑が必要であり，何らかの犯罪を犯した嫌疑では足りない（ポケット刑訴(上)447，石松・捜査法大系Ⅰ77）。

この犯罪の嫌疑については，捜査機関の単なる主観的嫌疑では足りず，証拠資料に裏付けられた客観的・合理的な嫌疑であることを要するが，有罪判決の事実認定に要求される合理的疑いを超える高度の証明や公訴の提起をするに足りる程度の嫌疑は必要なく，勾留の理由として要求される相当の嫌疑（60Ⅰ）よりも低い程度のもので足りる（大阪高判昭50・12・2判タ335・232）。

(2) **逮捕の必要性**　逮捕の必要性については，逮捕状発付の要件として規定されており（199Ⅱ），逮捕の要件としては条文上規定されていないが（199Ⅰ），逮捕の必要性は，逮捕の要件でもある（団藤・綱要337，ポケット刑訴(上)447）。

そして，逮捕の必要性とは，被疑者につき逃亡するおそれ又は罪証を隠滅するおそれのいずれかの事由があり，かつ，逮捕を不要とする特段の事情が存在しないことをいう（刑訴規則逐条説明捜査・公訴23）。

したがって，単に被疑者が正当な理由なく，出頭しないという事実のみをもって逮捕の必要性があるとは認められないが，正当な理由のない不出頭は，逃亡又は罪証隠滅のおそれの有力な要素となると考えられるから，正当な理由のない不出頭が1，2回程度に止まらず数回に及ぶならば，一般的には，逃亡又は罪証隠滅のおそれがないとはいえないとして，逮捕の必要性が認められることになる（小林・令状基本(上)108）。

「逮捕を不要とする特段の事情」とは，逃亡又は罪証隠滅のおそれがないとはいえないけれども，犯罪が軽微である等諸般の状況から身柄を拘束することが社会の健全な常識に照らし明らかに不穏当と認められる場合をいう（佐々木・令状基本(上)102）。

逮捕の必要性に関する考慮要素は，規143条の3に規定されているように「被疑者の年齢及び境遇並びに犯罪の軽重及び態様その他諸般の事情」である。

余罪の存在が逮捕の必要性の考慮要素となるかという問題があるが，逮捕についても事件単位の原則が適用されるから，逮捕の対象となる被疑事実について，逮捕の要件が必要であるため，逮捕の必要性についても当該被疑事実について必要である。

もっとも，例えば窃盗被疑事件において，逮捕の対象となる被疑事実だけでは起訴価値が認められないが，同種余罪が存在すれば起訴価値がないとはいえないとか，逃亡のおそれが生じ得るというような場合には，余罪の存在を考慮することができる。

他方，例えば起訴価値がない軽微な窃盗被疑事件について，それとは関連性のない強盗殺人事件の余罪があるという事情は，窃盗被疑事件の起訴価値には影響せず，窃盗被疑事件の逮捕の必要性の考慮要素とすることはできない（佐々木・令状基本(上)103）。

(3) **別件逮捕**　逮捕の要件が備わっていないA事件（本件）の取調べのためにB事件（別件）で逮捕することが許容されるかといういわゆる別件逮捕の問題について，B事件（別件）について，逮捕の理由及び必要性がないのに，専らA事件（本件）の取調べをするためにB事件（別件）で被疑者を逮捕することは許されない。

他方，B事件（別件）について，逮捕の理由及び必要性が認められる場合，A事件（本件）について取調べをする意図があり，かつ，それが逮捕の主要な目的であったとしても，逮捕の要件を具備しているのであるから，被疑者をB事件（別件）で逮捕することは許される（佐々木・令状基本(上)211）。

もっとも，被疑者をB事件（別件）で逮捕した際に，A事件（本件）について，どの程度取調べをすることができるのかという点に関しては，取調受忍義務との関係で別途問題がある。

［7］逮捕に際しての実力行使

逮捕は実力による身体の拘束であるから，逮捕に際して，実力を行使することは許されるが，その実力行使は必要最小限のものでなければならない（ポケット刑訴(上)448）。

また，警察官は逮捕に対する抵抗の抑止のため必要であると認める相当の理由のある場合においては，その事態に応じ合理的に必要と判断される限度において，武器を使用することができる（警職7）。

199条

[8] 軽微事件の逮捕

(1) 「30万円（刑法，暴力行為等処罰に関する法律及び経済関係罰則の整備に関する法律の罪以外の罪については，当分の間，2万円）以下の罰金，拘留又は科料に当たる罪」の該当性　「30万円以下の罰金，拘留又は科料に当たる罪」に該当するか否かは，法定刑を基準に判断される（金谷・令状基本(上)106）。したがって，例えば賭博幇助のように従犯減軽をした結果，処断刑が「30万円以下の罰金，拘留又は科料に当たる罪」に該当する罪についても，正犯の法定刑が，「30万円以下の罰金，拘留又は科料に当たる罪」に該当しないならば，199条1項但書の適用はない。

(2) 軽微事件についての逮捕の要件　軽微事件の逮捕についても，逮捕の必要性，すなわち被疑者につき逃亡するおそれ又は罪証を隠滅するおそれのいずれかの事由があり，かつ，逮捕を不要とする特段の事情が存在しないことが必要であり，「定まつた住居を有しない」（住居不定）又は「正当な理由がなく……出頭の求めに応じない」（正当な理由がない不出頭）という事由があるというだけで逮捕の要件を具備するものではない（小林・令状基本(上)108）。

　もっとも，逃亡又は罪証隠滅のおそれと住居不定又は正当な理由がない不出頭という要件は相互に独立した要件ではなく，住居不定又は正当な理由がない不出頭は，逃亡又は罪証隠滅のおそれを推定させる事由である。

[9] 逮捕状の請求

(1) 逮捕状の請求権者　逮捕状を請求することができるのは，検察官又は司法警察員であり，検察事務官及び司法巡査には請求権はない。そして，警察官である司法警察員については，国家公安委員会又は都道府県公安委員会が指定する警部以上の者に限定されている。この指定に関しては，「警察庁の生活安全局，刑事局，交通局及び警備局に勤務する警部以上の階級にある警察官」などのような形で包括的に行われている（刑事訴訟法第189条第1項及び第199条第2項の規定に基づく司法警察員等の指定に関する規則2等）。逮捕状請求権者の指定，変更が行われたときは，国家公安委員会は最高裁判所に，都道府県公安委員会はその所在地を管轄する地方裁判所に通知をしなければならない（規141の2）。

　さらに，犯罪捜査規範において，通常逮捕状の請求については，急速を要し，指揮を受けるいとまがない場合を除き，順を経て都道府県警察本部長又は警察署長の指揮を受けなければならないとし，より慎重を期することとされている（範119Ⅱ本）。なお，急速を要し，指揮を受けるいとまがなかった場合は，請求後，速やかに報告するものとされている（同項但）。

(2) 逮捕状の請求先　逮捕状の請求については，請求者が所属する官公署の所在地を管轄する地方裁判所又は簡易裁判所の裁判官に行うことが原則とされ，やむを得ないときは最寄りの下級裁判所の裁判官に請求することができるとされている（規299Ⅰ）。また，少年事件については，請求者が所属する官公署の所在地を管轄する家庭裁判所の裁

判官に請求することもできる（同条Ⅱ）。

⑶ **請求の方法**　逮捕状の請求は，要式行為であり，書面で行わなければならず（規139Ⅰ），更に謄本を1通添附することが求められている（同条Ⅱ）。

⑷ **逮捕状請求書の記載事項**　逮捕状請求書の記載事項については，規142条に規定されており，それによれば，逮捕状請求書の記載事項は，

①被疑者の氏名，年齢，職業及び住居

②罪名及び被疑事実の要旨

③被疑者の逮捕を必要とする事由

④請求者の官公職氏名

⑤請求者が警察官たる司法警察員であるときは，199条2項の指定を受けた者である旨

⑥7日を超える有効期間を必要とするときは，その旨及び事由

⑦逮捕状を数通必要とするときは，その旨及び事由

⑧同一の犯罪事実又は現に捜査中である他の犯罪事実についてその被疑者に対し前に逮捕状の請求又はその発付があったときは，その旨及びその犯罪事実

⑨被疑者を引致すべき官公署その他の場所（規142が規定する逮捕状発付の要件たる事項である）

である。

①は，被疑者を特定するための事項であり，被疑者の年齢，職業又は住居が明らかでないときは，その旨を記載すれば足りるが，氏名が明らかでないときは，人相・体格など被疑者を特定するに足りる事項でこれを特定しなければならない（規142ⅡⅢ）。そして，人相・体格等による特定については，氏名等で特定したと同程度に被疑者を特定したといえることが必要である（東京地命昭48・3・2刑裁月報5・3・362）。被疑者の特定が欠けるとされた例として，「氏名不詳，身長1.68メートルくらい，髪短く，白色トックリセーターを着た年齢28才くらい，一見チンピラ風の男」との記載で被疑者を特定したという例がある（東京地命昭48・5・11判時719・104）。

なお，氏名については，戸籍上の氏名であることが最も望ましいが十分特定性のある限りは戸籍上の氏名と一致しない通称のような氏名でも構わない（札幌高判昭27・3・12高刑集5・3・413）。

②に関して，被疑事実は，他の犯罪事実と識別が可能な程度に具体的かつ明確に記載する必要がある（刑訴規則逐条説明捜査・公訴8）が，被疑事実の詳細まで確定しなければならないものではない（渡辺・大コメ刑訴4・227）。なお，罰条を記載することは要求されていない。

③は，逮捕の必要性，すなわち被疑者につき逃亡するおそれ又は罪証を隠滅するおそれのいずれかの事由があり，かつ，逮捕を不要とする特段の事情が存在しないことについての記載を求めるものである。この逮捕の必要性については，少なくとも規143条に

よって提供される疎明資料と相まって，裁判官が容易に逮捕の必要性を認識できる程度に記載する必要がある。もっとも，逃亡又は罪証隠滅のおそれについては，具体的に記載する必要があるが，逮捕を不相当とする特段の事情の不存在については，そのような事情のあることが懸念される事案でなければ積極的に記載する必要はないと考えられる。そして，具体的にどの程度具体的に記載する必要があるかについては，事案によるということになるが，被疑者が現に逃亡中の事案のように逮捕の必要性が明白な事案であれば「逃走中につき逮捕の必要性がある。」程度の記載で十分であると考えられる（刑訴規則逐条説明捜査・公訴8）。

　⑥は，規300条が令状の有効期間を原則として7日とし，裁判所又は裁判官が相当と認めるときは7日を超える令状を発付することができるとされているのを受けて，その判断を求めるためのものである。

　⑦は，規146条が逮捕状は請求による数通の逮捕状を発付することができるとしていることを受けてのものである。

　⑧は，199条3項が，「同一の犯罪事実についてその被疑者に対し前に逮捕状の請求又はその発付があつたときは，その旨を裁判所に通知しなければならない」としているのを受けて，更に範囲を拡大し，「同一の犯罪事実」に加えて「現に捜査中である他の犯罪事実」について，前に逮捕状の請求又はその発付があったときについてもその旨を記載することを求めている。この点，逮捕・勾留したものの被疑者を釈放し，検察庁における処分が未了の事件は「現に捜査中」であるが，既に公訴の提起がされた事件又は不起訴処分がされた事件は「現に捜査中」には該当しない。

　また，この点については，他管内の犯罪事実であっても請求者が知り得る限り記載すべきである（小林・令状基本(上)93）。

(5) **逮捕状請求書の記載事項の欠落の効果**　　逮捕状請求書の記載事項について，欠落があったとしても，それにより直ちに逮捕状の請求が却下されるというものではなく，その欠落が重大で裁判官の逮捕の許否の判断を誤らせるような場合に限り却下される。例えば，被疑者の年齢，職業又は住居が不詳であることについての記載が欠落したとしても逮捕状請求が直ちに却下されるものではない（小林・令状基本(上)94）。

　規142条が求める逮捕状請求書の記載事項のうち，「同一の犯罪事実又は現に捜査中である他の犯罪事実についてその被疑者に対し前に逮捕状の請求又はその発付があつたときは，その旨及びその犯罪事実」について，欠落していた場合，原則として逮捕状請求は却下される（刑訴規則逐条説明捜査・公訴15）。しかし，疎明資料（規143）を検討することにより裁判官が同一の犯罪事実又は現に捜査中である他の犯罪事実についてその被疑者に対し前に逮捕状の請求又はその発付があったことを認識し，そのことを前提として，審査することができた場合には，記載事項の欠落をもって直ちに逮捕状請求を却下する必要はない（最決昭42・12・20裁集刑165・487）。

(6) **資料の提供**　　逮捕状の請求に際しては，逮捕の理由及び逮捕の必要性があること

199条

を認めるべき資料を提供しなければならない（規143）。

また，いわゆる軽微事件（199 I 但）については，住居不定又は正当な理由がない不出頭に関する資料も提供しなければならない（範122 I）。

この資料の提供については，捜査報告書や供述調書などの証拠書類や証拠物等の資料を提出することにより行われるのが通常であるが，場合によっては請求者が裁判官の下に赴き口頭で行ってもかまわない（刑訴規則逐条説明捜査・公訴24）。

[10] 裁判官による審査

逮捕状請求を受けた裁判官は，逮捕の理由及び必要性の存否について，審査し，逮捕の理由及び必要性がない場合には逮捕状請求は却下される。なお，逮捕の必要性については，「明らかに逮捕の必要がない」か否かという観点から審査される（199 II 但）。

また，逮捕状請求が請求権のない者による請求であった場合など，形式的要件を欠く場合も逮捕状請求は却下される。

裁判官による審査は，逮捕状請求者によって提出された資料（規143）並びに逮捕状請求者の陳述聴取及び逮捕状請求者に書類その他の物の提示を求めること（規143の2）により行われ，証人尋問や鑑定を行うことは行われていない（刑訴規則逐条説明捜査・公訴25）。

なお，陳述聴取について，裁判官が逮捕状請求者を通じて，実際に当該事件の捜査に従事し十分に説明をできる者の出頭を求めることや，逮捕状請求者が代理としてそのような者を出頭させることもできる（刑訴規則逐条説明捜査・公訴25）。

逮捕状の発付・却下に対して，準抗告はできない（最決昭57・8・27刑集36・6・726）

[11] 再逮捕

同一の犯罪事実についての再逮捕は原則として認められない（東條・注釈刑訴3・96）。しかし，同一の犯罪事実についての再逮捕が常に許されないものではなく，新たに重要な証拠が発見されたとか，あるいは新たに逃亡又は罪証隠滅のおそれが生じた等，再逮捕の必要性を肯定するに足りる合理的な理由があり，前回の逮捕・勾留の状況，その後の捜査の状況，事案の軽重等を考慮し不当な逮捕の蒸し返しと認められないときは，再逮捕も許される（東條・注釈刑訴3・96）。199条3項は同一の被疑事実について，逮捕状が再度発付されることを前提とした規定であるといえる。

同一の犯罪事実による再逮捕であるか否かは，実体法上の一罪であるか否かにより判断される。したがって，前に逮捕された事実と新たに逮捕しようとする事実が観念的競合（刑54 I 前），牽連犯（刑54 I 後），包括一罪，常習一罪の関係にある場合も再逮捕に該当する（小田・令状基本（上）205，横井ノート(1)・106）。

なお，前に発付された逮捕状により被疑者を逮捕するに至らなかった場合に，再度逮捕状の発付を得ることができるのは当然である。

前の逮捕手続に違法があった場合の再逮捕が認められるか否かについては，違法の程度と再逮捕の必要性いかんによる（小林・令状基本（上）209）。

382   199条，200条

[12]「同一の犯罪事実についてその被疑者に対し前に逮捕状の請求又はその発付があつ
　　たとき」の逮捕状請求手続
　このような場合に，逮捕状請求を行う際には，同一の犯罪事実についてその被疑者に
対し前に逮捕状の請求又はその発付があったことを裁判官に通知しなければならない
（199Ⅲ）。「同一の犯罪事実」に該当するか否かは，実体法上一罪であるか否かにより決
せられるので，逮捕状請求をしようとする事実と観念的競合，牽連犯，包括一罪，常習
一罪の関係にある犯罪事実について逮捕状の請求又は発付があった場合も通知しなけれ
ばならない。
　なお，前記のとおり，規142条は，同一の犯罪事実についてその被疑者に対し前に逮
捕上の請求又はその発付があった場合に加えて，現に捜査中の他の犯罪事実について逮
捕状の請求又はその発付があった場合についても，逮捕状請求書に記載することを求め
ている。
　　　　　　　　　　　　　　　　　　　　　　　　　　　　　　　　　　　〔欄清隆〕

第200条 [1]〔逮捕状の方式〕　逮捕状には，被疑者の氏名及び住居 [2]，罪名，被疑
　　事実の要旨 [3]，引致すべき官公署その他の場所 [4]，有効期間及びその期間経過
　　後は逮捕をすることができず令状はこれを返還しなければならない [5] 旨並びに発
　　付の年月日その他裁判所の規則で定める事項 [6] を記載し，裁判官が，これに記名
　　押印しなければならない [7][8]。
2　第64条第2項及び第3項の規定は，逮捕状についてこれを準用する。

　　[規]　第144条（逮捕状の記載要件）　逮捕状には，請求者の官公職氏名をも記載しなければな
　　　　　らない。
　　　　　第145条（逮捕状の作成）　逮捕状は，逮捕状請求書及びその記載を利用してこれを作る
　　　　　ことができる。
　　　　　第146条（数通の逮捕状）　逮捕状は，請求により，数通を発することができる。
　　　　　第157条の2（逮捕状等の返還に関する記載）　逮捕状又は法第218条第1項の令状には，
　　　　　有効期間内であつても，その必要がなくなつたときは，直ちにこれを返還しなければ
　　　　　ならない旨をも記載しなければならない。
　　　　　第300条（令状の有効期間）　令状の有効期間は，令状発付の日から7日とする。但し，
　　　　　裁判所又は裁判官は，相当と認めるときは，7日を超える期間を定めることができる。

[1] 本条の趣旨
　本条は，逮捕状に記載すべき事項等，逮捕状の方式を定めるものである。
[2] 被疑者を特定すべき事項の記載
　200条1項は，逮捕状に被疑者の氏名及び住居を記載すべきことを規定しており，こ

れは被疑者を特定すべき事項である。そして，200条2項が64条2項を準用しているから，被疑者の氏名が明らかでないときは，人相，体格その他被疑者を特定するに足りる事項で被疑者を指示することになり，200条2項が60条3項を準用しているから，被疑者の住居が明らかでないときは住居を記載することを要しない。

被疑者の氏名については，戸籍上の氏名であることが最も望ましいが十分特定性のある限りは戸籍上の氏名と一致しない通称のような氏名でも構わない（札幌高判昭27・3・12高刑集5・3・413）。また，被疑者を人相・体格等で被疑者を指示する場合には，氏名等で特定したのと同程度に特定することを要し，被疑者を他の多数の者の中から特定し得ていない場合，逮捕状は無効である（東京地命昭48・3・2刑裁月報5・3・362）。

［3］罪名，被疑事実の要旨の記載

憲法33条の「理由となつてゐる犯罪を明示する」の要請に基づくものである。

被疑事実の要旨については，具体的に特定されることが必要であるが，ある程度の不明確さは許容され，被疑事実の同一性を判断し得る程度に特定されていれば足りる（渡辺・大コメ刑訴4・257）。

罰条について，記載することは求められていない。

［4］引致場所の記載

引致場所については，逮捕状を発付する裁判官所属の裁判所の管轄区域内であることを要しないし，請求者の所属官署又は行政組織上同一系統の官署であることも要しない（ポケット刑訴(上)452）。また，引致場所については，「○○警察署又は逮捕地を管轄する警察署」のように特定性を害しない程度のものであれば，択一的に記載することも許される（渡辺・大コメ刑訴4・258）。

引致場所については，逮捕状発付後にこれを変更することができるが，その請求については，令状請求に準じて請求書の謄本を添付することを要し，裁判官が変更を認める場合には，引致場所を変更する旨の記載をし，年月日，所属裁判所を記載して記名押印することが必要である（昭24・6・13最高裁判所刑二第8378号刑事局長通達）。

引致した被疑者を引致場所とは異なる場所に留置することは可能であり，その際に裁判官の許可ないし同意は不要である（最決昭39・4・9刑集18・4・127）。

［5］有効期間等の記載

有効期間とは，その期間経過後はその逮捕状は執行し，これによっては逮捕することができないという意味である（東京高判昭30・6・30裁判特報2・13・679）。したがって，現実に被疑者を逮捕したのが有効期間内であれば，令状を呈示したのが有効期間経過後であってもかまわない（小田・令状基本(上)120）。

有効期間は，原則として7日であり，裁判官は相当と認めるときは7日を超える有効期間を定めることができる（規300）。しかし，7日以内に公訴時効が完成するというような特殊事情がない限り，7日よりも短期間の有効期間を定めることはできない（小田・令状基本(上)122）。有効期間の7日は，逮捕状発付の翌日から起算される（55Ⅰ）。

［6］ その他裁判所の規則で定める事項

請求者の官公職氏名（規144）及び有効期間内であっても必要がなくなったときには，直ちに返還しなければならない旨（規157の2）である。

［7］ 方式違背のある逮捕状の効力

逮捕状に軽微な誤記があったとしても，そのことで直ちに逮捕状が無効となるものではない（東京地判昭42・1・28訟務月報13・3・301は犯罪事実中，共犯者の氏名に誤記のある逮捕状につき，有効としている。）。

しかし，裁判官の記名押印を欠くような違背が軽微とはいえないような場合，逮捕状は無効である（東京地決昭39・10・15下刑集6・9＝10・1185）。

［8］ 逮捕状の作成

逮捕状は，逮捕状請求書及びその記載を利用してこれを作ることができる（規145）。このようにして逮捕状が作成された場合，逮捕状請求書は逮捕状の一部を構成するものとなるから契印が必要である（規58Ⅱ）。

このような方法で逮捕状が作成された場合，逮捕状請求書は逮捕状と一体となり被疑者に示されるので，例えば逮捕の理由及び逮捕の必要性に関する記載から，被疑者が捜査に協力している者を覚知し罪証隠滅や威迫等の要因となることもあり得るので，逮捕状の作成方法や逮捕状請求書の記載内容につき工夫する必要がある（昭27・12・18最高裁判所刑二第20994号刑事局長通知）。

また，逮捕状は，請求に基づき数通発付することもできる（規146）。この場合，いずれの逮捕状も正本であって，独立して逮捕状としての効力を有する（ポケット刑訴(上)453）。複数発付される逮捕状の記載内容は同一でなければならず，裁判官の記名押印もそれぞれの逮捕状につき要する（刑訴規則逐条説明捜査・公訴32）。

逮捕状が複数発付され，その内の1通の逮捕状により被疑者を逮捕した場合，他の逮捕状は失効する（東條・注釈刑訴3・101）。したがって，当該他の逮捕状は有効期間内であっても直ちに返還しなければならず，仮に逮捕後，留置中の被疑者が逃亡したとしても，当該他の逮捕状により被疑者を逮捕することはできない（刑訴規則逐条説明捜査・公訴32）。

〔檞清隆〕

第201条 [1]〔**逮捕状による逮捕の手続**〕 逮捕状により被疑者を逮捕 [2] するには，逮捕状を被疑者に示さなければならない [3]。

2 第73条第3項の規定は，逮捕状により被疑者を逮捕する場合にこれを準用する [4][5]。

［1］ 本条の趣旨

本条は，逮捕状に基づく逮捕に際しての手続を規定するものであり，1項は逮捕状に

基づく逮捕を行うに際しては，逮捕状を被疑者に呈示しなければならないことを，2項は勾引状又は勾留状の緊急執行の規定が逮捕状にも準用される旨を規定している。

［2］逮捕状による被疑者の逮捕の性質

逮捕状は，いわゆる許可状であって，逮捕状による逮捕は裁判の執行ではないから，逮捕状による逮捕に際しては，検察官による執行指揮(473)を要しない(渡辺・大コメ刑訴4・270)。

［3］逮捕状の呈示

(1) 呈示の方法　　逮捕状の呈示は，被疑者がその内容を知り得る程度に示すことを要する(ポケット刑訴(上)454)。そして，逮捕状の呈示は，逮捕状を被疑者に示して行うのが原則であるが，被疑者が失明等の理由により閲覧によっては内容を了知できない場合には読み聞かせるなどの方法をとることが必要である(東條・注釈刑訴3・102)。

逮捕状の呈示については，被疑者に逮捕状を閲覧する機会を与えることは必要であるが，令状を示すことにより被疑者が令状を破棄するおそれがある場合には，読み聞かせることで足りる(ポケット刑訴(上)454，東條・注釈刑訴3・102)。また，逮捕状を被疑者に呈示したが，被疑者がこれを閲読しようとしない場合や閲読しないで破棄した場合でも，呈示の手続はなされたことになる(高田・注解刑訴中76)。

(2) 呈示の時期　　逮捕状の呈示は，逮捕に着手する前に行うのが本来201条が予定しているところである(東條・注釈刑訴3・102)。しかし，被疑者が逃走を企てた場合や抵抗しようとする者を逮捕する場合など逮捕に着手する前に逮捕状を呈示する余裕がない状況においては，逃走・抵抗を企てる被疑者を追跡し，抵抗を排除し被疑者の身体を拘束するという一連の流れの中で逮捕状を呈示すれば足りる(渡辺・大コメ刑訴4・271，東京高判昭60・3・19刑裁月報17・3＝4・57)。

［4］逮捕状の緊急執行

(1) 201条2項の趣旨　　201条2項は，勾引状又は勾留状の緊急執行を規定した73条3項を準用しており，逮捕状を所持していないため逮捕状を被疑者に示すことができない場合であっても，急速を要するときは，被疑者に対して，被疑事実の要旨及び逮捕状が発付されている旨を告げて，被疑者を逮捕することができる。

全国的な指名手配は本条を根拠に行われる(渡辺・大コメ刑訴4・279)

(2) 緊急執行の要件　　ア　「急速を要するとき」の意義　　「急速を要するとき」とは，逮捕状所持者から逮捕状を入手し，あるいはその到着を待ってから執行に着手したのでは，逃走されるなどしてその執行が著しく困難になることをいう(東條・注釈刑訴3・103)。

「急速を要するとき」として認められた事例として，複数の警察官が，ある工場内外付近において，逮捕状が発付されている被疑者が工場から出てくるのを待っていたところ，被疑者が自転車に乗って工場から出てきたのを逮捕状を所持しない警察官が発見し，逮捕状を持っている者と連絡してこれを被疑者に呈示する余裕がなかったので，被疑者を逮捕した場合がある(最決昭31・3・9刑集10・3・303)。

これに対し，「急速を要するとき」に当たらないとされた事例として，警察官が警察署において宿直中，逮捕状の発付を得ていた被疑者について，同人がA喫茶店に所在している旨同喫茶店から連絡があったので，同喫茶店に逮捕状を携行せずに赴き，同喫茶店において被疑者を逮捕した場合がある（東京高判昭34・4・21高刑集12・5・473）。

イ　被疑事実の要旨及び逮捕状が発付されている旨の告知　逮捕状の緊急執行を行う場合には，被疑事実の要旨及び逮捕状が発付されている旨を告げなければならず，単に逮捕状が発付されている旨及び罪名を告げただけでは原則として足りない（東京高判昭34・4・30高刑集12・5・486，東條・注釈刑訴3・103）。もっとも，被疑事実の要旨は，被疑者に特定の嫌疑で逮捕されるものであることを分からせる程度に告知すれば足り，逮捕状に記載されている被疑事実の要旨と同一のものを告知するまでの必要はない（東條・注釈刑訴3・103）。したがって，被疑者が被疑事実の内容を了知し得るような状況にあるといった特別の事情がある場合には，罪名と逮捕状発付の事実を告知するだけで足りる場合もある（大阪高判昭36・12・11下刑集3・11=12・1010）。

ウ　逮捕状の事後呈示　逮捕状の緊急執行により被疑者を逮捕した場合，「できる限り速やかに」被疑者に逮捕状を呈示しなければならない。

「できる限り速やかに」とは，「直ちに」とか「速やかに」よりは許容範囲の広い概念であり，可能な限り速やかに呈示することを求めるものである。したがって，逮捕状の事後呈示が，弁解録取手続より後になることも場合によっては許される（東條・注釈刑訴3・104）。

もっとも，被疑者の勾留は適法な逮捕手続を前提とするものであるから，おそくとも勾留請求よりは前に逮捕状の事後呈示を完了することを要する（佐々木・令状基本(上)164）。

(3)　**逮捕状の緊急執行後「できる限り速やかに」逮捕状を呈示することができないことが予想される場合の措置**　逮捕状の緊急執行により被疑者を逮捕した後，「できる限り速やかに」，すなわち勾留請求までに逮捕状を被疑者に呈示することができない場合，被疑者を緊急逮捕することができる要件を具備している場合，被疑者を緊急逮捕することも許される（佐々木・令状基本(上)163）。

［5］本条違反の効果

本条に違背し，被疑者に逮捕状を呈示せずに被疑者を逮捕し（201 I），あるいは逮捕状が発付されている旨及び被疑事実の要旨を告知せずに逮捕状を緊急執行して被疑者を逮捕し（201 II）た場合，当該逮捕手続は違法である。

そして，そのような違法な逮捕手続は適法な公務の執行として刑法上保護されないから，そのような違法な逮捕をしようとした警察官等に暴行・脅迫を加えても公務執行妨害罪（刑95）は成立せず（前掲東京高判昭34・4・21），裁判例の中には，そのような違法な逮捕に対して行った抵抗は違法な逮捕行為を排斥し，身体の自由を守るためやむを得ずした行為であるとして正当防衛（刑36）の成立を認め傷害罪の成立をも否定したものも

ある（大阪地判昭45・10・30刑裁月報2・10・1127）。　　　　　　　　　〔楯清隆〕

第202条 [1]〔**検察官・司法警察員への引致**〕　検察事務官又は司法巡査が逮捕状により被疑者を逮捕したときは，直ちに，検察事務官はこれを検察官に，司法巡査はこれを司法警察員に引致しなければならない [2]。

[1] 本条の趣旨

　本条は，逮捕後の被疑者の身柄の処置を決める権限がない検察事務官又は司法巡査が被疑者を逮捕した場合においては，その権限を有する検察官又は司法警察員（203・205）に直ちに引致すべきことを規定したものである。

[2] 引致の時期等

(1) **「直ちに」の意義**　「直ちに」とは，引致場所に身柄を連行するのに必要な最小限度の合理的時間内にという趣旨である（東條・注釈刑訴3・105）。もっとも，逮捕の現場で行う捜索等（220）を引致前に行うことは許される（渡辺・大コメ刑訴4・288）。

　「引致」が直ちに行われなかった場合，逮捕手続は違法となる。

　この引致について，法は司法巡査が逮捕した場合に引致すべき相手として，司法警察員としか規定していないから，例えば，A県警察本部B警察署所属の司法警察員が請求した逮捕状（引致場所は「B警察署又は逮捕地を管轄する警察署」）に基づき甲県警察本部乙警察署所属の司法巡査が夜間被疑者を逮捕した場合において，B警察署の司法警察員には「直ちに」引致できないが，乙警察署の司法警察員に対してであれば「直ちに」引致することができる場合，乙警察署の司法警察員に引致すべきである（大阪地決昭58・6・28判タ512・199参照）。

(2) **引致の相手方**　検察事務官が引致すべき相手方は検察官であり，司法巡査が引致すべき相手は司法警察員である。司法巡査が引致すべき司法警察員については，組織法上の系統を異にするものであっても刑訴法上問題はなく，また一般の司法巡査が逮捕した場合に特別司法警察員に引致しても刑訴法上問題はない（ポケット刑訴(上)455）。

　また，逮捕状に記載された引致場所所属の司法警察員でなくてもよい（渡辺・大コメ刑訴4・288）。

　なお，検察官が自ら請求した逮捕状を司法巡査に交付し，具体的指揮権（193Ⅲ）に基づき被疑者を逮捕させた場合，逮捕状に記載された引致場所が検察庁であるときは，被疑者を直接検察官に引致すべきである（中島・司研報告8・9・94）。

(3) **検察事務官又は司法巡査が引致前に被疑者を釈放することができる場合**　検察事務官又は司法巡査は，自らの判断で逮捕した被疑者を釈放することは原則としてできない。しかし，逮捕後に逮捕した者が逮捕状記載の被疑者と逮捕状記載の被疑者が全く異なることが判明した場合には，引致せず検察事務官又は司法巡査において釈放することがで

388 　　　　　　　　　　　　　202条，203条

きる（ポケット刑訴(上)456)。　　　　　　　　　　　　　　　　　　　　　　〔櫛清隆〕

第203条 [1]〔司法警察員の手続・検察官送致の時間の制限〕　司法警察員は，逮捕
状により被疑者を逮捕したとき，又は逮捕状により逮捕された被疑者を受け取つた
ときは，直ちに犯罪事実の要旨 [2] 及び弁護人を選任することができる旨 [3] を告
げた上，弁解の機会を与え [4]，留置の必要がないと思料するときは直ちにこれを
釈放し，留置の必要があると思料するときは被疑者が身体を拘束された時から48時
間以内に書類及び証拠物とともにこれを検察官に送致する手続をしなければならな
い [5]。

2　　前項の場合において，被疑者に弁護人の有無を尋ね，弁護人があるときは，弁護
人を選任することができる旨は，これを告げることを要しない。

3　　司法警察員は，第1項の規定により弁護人を選任することができる旨を告げるに
当たつては，被疑者に対し，弁護士，弁護士法人又は弁護士会を指定して弁護人の
選任を申し出ることができる旨及びその申出先を教示しなければならない。

4　　司法警察員は，第1項の規定により弁護人を選任することができる旨を告げるに
当たつては，被疑者に対し，引き続き勾留を請求された場合において貧困その他の
事由により自ら弁護人を選任することができないときは裁判官に対して弁護人の選
任を請求することができる旨並びに裁判官に対して弁護人の選任を請求するには資
力申告書を提出しなければならない旨及びその資力が基準額以上であるときは，あ
らかじめ，弁護士会（第37条の3第2項の規定により第31条の2第1項の申出をす
べき弁護士会をいう。）に弁護人の選任の申出をしていなければならない旨を教示
しなければならない。

5　　第1項の時間の制限内に送致の手続をしないときは，直ちに被疑者を釈放しなけ
ればならない。

　［範］　**第130条（司法警察員の処置）**　司法警察員は，被疑者を逮捕し，又は逮捕された被疑者
　　　を受け取つたときは，直ちにその者について次に掲げる処置をとつた後，被疑者の留
　　　置の要否又は釈放について，警察本部長又は警察署長の指揮を受けなければならない。

　　　一　犯罪事実の要旨を告げること。

　　　二　弁護人を選任できる旨を告げること。

　　　三　前号に掲げる処置をとるに当たつて，弁護士，弁護士法人又は弁護士会を指定し
　　　　て弁護人の選任を申し出ることができる旨及びその申出先を教示すること。

　　　四　弁解の機会を与え，その結果を弁解録取書に記載すること。

　　　2　司法警察員は，前項第2号に掲げる処置をとるに当たつては，被疑者に対し，次に
　　　掲げる事項を教示しなければならない。

203条   389

　　一　引き続き勾留を請求された場合において，貧困その他の事由により自ら弁護人を
　　　選任することができないときは，裁判官に対して弁護人の選任を請求することがで
　　　きること。

　　二　裁判官に対して弁護人の選任を請求する場合は，刑訴法第36条の２に規定する資
　　　力申告書を提出しなければならないこと。

　　三　被疑者の資力が50万円以上であるときは，あらかじめ，第１号の勾留の請求を受
　　　けた裁判官の所属する裁判所の所在地を管轄する地方裁判所の管轄区域内に在る弁
　　　護士会に弁護人の選任の申出をしていなければならないこと。

　3　被疑者が留置されている場合において，留置の必要がなくなつたと認められるとき
　　は，司法警察員は，警察本部長又は警察署長の指揮を受け，直ちに被疑者の釈放に係
　　る措置をとらなければならない。

　4　被疑者の留置の要否を判断するに当たつては，その事案の軽重及び態様並びに逃亡，
　　罪証隠滅，通謀等捜査上の支障の有無並びに被疑者の年齢，境遇，健康その他諸般の
　　状況を考慮しなければならない。

　第134条（弁解録取上の注意）　被疑者の弁解を録取するに当つて，その供述が犯罪事実
　　の核心に触れる等弁解の範囲外にわたると認められるときは，弁解録取書に記載する
　　ことなく，被疑者供述調書を作成しなければならない。

　　［1］本条の趣旨　　　［2］犯罪事実の要旨の告知　　　［3］弁護人選任権の告知
　　［4］弁解録取　　　［5］身柄の措置

［1］本条の趣旨

　司法警察員が自ら被疑者を逮捕した場合又は逮捕状により逮捕された被疑者を受け取
った際に，犯罪事実の要旨及び弁護人選任権等を被疑者に告知すべきこと，被疑者の弁
解を録取すべきことを定めるとともに逮捕された被疑者の身柄の処置について規定する
ものである。

　司法警察員が被疑者を逮捕した場合に他の司法警察員に被疑者を引致することも許さ
れ，この場合は，引致を受けた司法警察員が本条所定の手続を行う（東條・注釈刑訴3・106）

［2］犯罪事実の要旨の告知

　犯罪事実については，逮捕状の緊急執行（201Ⅱ・73Ⅲ）の場合とは異なり，必ず事実
の要旨を告知すべきである（東條・注釈刑訴3・107）。

［3］弁護人選任権の告知

⑴　告知を要しない場合　　弁護人選任権の告知に関して，被疑者に弁護人の有無を尋
ね，弁護人がある場合には，弁護人選任権を告知することを要しない（203Ⅱ）。

　この「弁護人があるとき」には，被疑者以外の者が選任した弁護人を含む（渡辺・大コ
メ刑訴4・293）。

390   203条

(2) **告知すべき内容**　　ア　概　要　　弁護人を依頼する権利があること及び203条3項に規定された事項並びに被疑者国選弁護制度の対象事件である場合には，被疑者国選弁護制度に関する事項（203Ⅳ）である。

　なお，弁護士会が行っている当番弁護士制度について告知することは本条上の義務ではない。

　イ　203条3項に規定された事項　　203条3項に規定された事項とは，「弁護士，弁護士法人又は弁護士会を指定して弁護人の選任を申し出ることができる旨」及び「その申出先」である。

　申出先は，「司法警察員」及び「刑事施設又は留置施設に留置された場合には，その施設の責任者又はその代理人」である（209・78Ⅰ）。

　なお，海上保安留置施設に留置された場合には，その施設の責任者又はその代理者も「申出先」である。

　ウ　被疑者国選弁護制度に関する事項　　**（ア）対象者**　　罪名による限定はなく本条1項により弁護人選任権の告知をすべき全ての被疑者，すなわち弁護人のある被疑者を除く全ての被疑者である。

　（イ）告知すべき事項　　告知すべき事項は，

　①引き続き勾留を請求された場合において貧困その他の事由により自ら弁護人を選任することができないときは裁判官に対して弁護人の選任を請求することができる旨

　②裁判官に対して弁護人の選任を請求するには資力申告書を提出しなければならない旨

　③その資力が基準額以上であるときは，あらかじめ，弁護士会に弁護人の選任の申出をしなければならない旨

である。

　③の基準額については，刑事訴訟法第36条の2の資産及び同法第36条の3第1項の基準額を定める政令2条において50万円と定められている。

[4] 弁解録取

　この「弁解」には，被疑事実についての弁解に加えて，逮捕についての弁解を含む（ポケット刑訴(上)458）。

　弁解録取については，「弁解の機会」を与えれば足り，その機会に弁解するか否かは被疑者の自由である。

　203条1項が規定する弁解録取は，被疑者の取調べ（198）とは異なるから弁解録取手続に際して，供述拒否権を告知する必要はない（最判昭27・3・27刑集6・3・520）。もっとも，弁解録取に引き続いて198条の被疑者取調べを行うことは差し支えなく，その場合には供述拒否権の告知を要する（ポケット刑訴(上)458）。弁解録取と被疑者取調べの区別は常に明瞭にできるわけではないが，犯罪事実の要旨を告知した後，これに対して弁解することはあるかとのみ発問し，これに対する答えを聞くのは弁解録取であるといえる

が，司法警察員の側で更に発問して事実関係を問いただし，あるいは答えの内容について反問するのは被疑者取調べということになると考えられる（東條・注釈刑訴 3 ・108）。

なお，被疑者の弁解を録取した書面も，「被告人の供述を録取した書面」（322 I）に該当する（前記最判昭27・3・27）。

[5] 身柄の措置

(1) 留置の必要性の判断

弁解録取を行った後に，留置の必要性を判断し，留置の必要性がないと判断した場合には，直ちに身柄を釈放しなければならない。また，弁解録取を行った後には留置の必要性があると判断された場合でも，その後の捜査により留置の必要性がなくなった場合も，直ちに身柄を釈放すべきである（東條・注釈刑訴 3 ・109）。

「留置の必要性」は，犯罪の嫌疑のほか，「逃亡のおそれ」又は「罪証隠滅のおそれ」等からなるものである（最判平 8・3・8 民集50・3・408）。

なお，「留置の必要性」の判断について，留置時において，捜査により収集した証拠資料を総合勘案して留置の必要性を判断する上において，合理的根拠が客観的に欠如していることが明らかであるにもかかわらず，あえて留置したと認められ得るような事情がある場合に限り国家賠償法上違法との評価を受ける（前記最判平 8・3・8）。

(2) 検察官への送致 ア 趣旨

留置の必要があると判断したときは，被疑者の身体が拘束されたときから48時間以内に検察官送致手続を行わなければならない旨を規定したものである。

これは，司法警察員から検察官への事件送致について，「犯罪の捜査をしたときは……書類及び証拠物とともに事件を検察官に送致」することを求める246条の例外である。

イ 「被疑者の身体が拘束されたときから」の意義 現実に逮捕したとき，すなわち一応被疑者の身体を拘束し終えたときからであって，逮捕に着手したときからではない（ポケット刑訴(上)458）。また，逮捕に先立ち，任意同行が行われ，それにより事実上の身体の拘束が行われたときは，その事実上の身体の拘束が行われたときから起算する（東條・注釈刑訴 3 ・109）。もっとも，逮捕に先立ち，任意同行として，被疑者の身体が拘束された場合，身体拘束の時から48時間以内に検察官送致手続が行われれば常に勾留請求等のその後の手続を進め得るというものではなく，逮捕前の身体拘束の違法性の程度によっては，たとえ身体の拘束から48時間以内に検察官送致手続が行われたとしてもその後の勾留等が許されなくなる場合がある（東條・注釈刑訴 3 ・109，富山地決昭54・7・26判時946・137）。

ウ 「48時間以内に……検察官に送致する手続」の意義 48時間以内に行わなければならないのは，検察官に送致する手続，すなわち書類及び証拠物とともに被疑者を検察官に送り出す手続であり，48時間以内に検察官に下に被疑者の身柄が到着することは必要ではない（渡辺・大コメ刑訴 4 ・300）。

検察官送致手続については，電話により，あるいは書類及び証拠物を検察官に送るというのでは足りず，現実に身柄を検察官の下に送ることが必要である（渡辺・大コメ刑訴

4・300）が，例えば，司法警察員が逮捕した被疑者を拘置所に留置し，検察官送致に伴って，検察官が拘置所に赴いて弁解録取手続を行うというように，検察官が被疑者の身柄が存在する施設に赴いて被疑者の身柄を受領することを妨げるものではない。

206条に規定する「やむを得ない事情」があった場合を除き，48時間以内に検察官送致の手続をとらない場合は，被疑者を直ちに釈放しなければならない（203Ⅴ）。

なお，少年に係る「罰金以下の刑にあたる犯罪」については，制限時間内に，検察官ではなく家庭裁判所に送致しなければならない（少41）。

エ　**逮捕留置中の被疑者取調べ等**　　被疑者を逮捕した後，検察官送致手続又は釈放を行うまでの間に被疑者の取調べを行うことができ，この間，被疑者は取調べ受忍義務（198Ⅰ）を負う（渡辺・大コメ刑訴4・299）。

逮捕留置中の被疑者については，80条が準用されていないから弁護人又は弁護人となろうとする者以外の者との接見交通は，許されない。ただし，糧食の差し入れを禁止することはできない（中島・司研報告8・9・221）。　　　　　　　　　　　　　　　〔櫛清隆〕

第204条[1]〔**検察官の手続・勾留請求の時間の制限**〕　検察官は，逮捕状により被疑者を逮捕したとき，又は逮捕状により逮捕された被疑者（前条の規定により送致された被疑者を除く。）を受け取つたとき[2]は，直ちに犯罪事実の要旨及び弁護人を選任することができる旨を告げた上[3]，弁解の機会を与え[4]，留置の必要がないと思料するときは直ちにこれを釈放し，留置の必要があると思料するときは被疑者が身体を拘束された時から48時間以内に裁判官に被疑者の勾留を請求しなければならない。但し，その時間の制限内に公訴を提起したときは，勾留の請求をすることを要しない[5]。

2　検察官は，前項の規定により弁護人を選任することができる旨を告げるに当つては，被疑者に対し，弁護士，弁護士法人又は弁護士会を指定して弁護人の選任を申し出ることができる旨及びその申出先を教示しなければならない。

3　検察官は，第1項の規定により弁護人を選任することができる旨を告げるに当つては，被疑者に対し，引き続き勾留を請求された場合において貧困その他の事由により自ら弁護人を選任することができないときは裁判官に対して弁護人の選任を請求することができる旨並びに裁判官に対して弁護人の選任を請求するには資力申告書を提出しなければならない旨及びその資力が基準額以上であるときは，あらかじめ，弁護士会（第37条の3第2項の規定により第31条の2第1項の申出をすべき弁護士会をいう。）に弁護人の選任の申出をしていなければならない旨を教示しなければならない。

4　第1項の時間の制限内に勾留の請求又は公訴の提起をしないときは，直ちに被疑者を釈放しなければならない。

5 前条第2項の規定は，第1項の場合にこれを準用する。

[規]　**第147条（勾留請求書の記載要件・法第204条等）**　被疑者の勾留の請求書には，次に掲げる事項を記載しなければならない。

一　被疑者の氏名，年齢，職業及び住居

二　罪名，被疑事実の要旨及び被疑者が現行犯人として逮捕された者であるときは，罪を犯したことを疑うに足りる相当な理由

三　法第60条第1項各号に定める事由

四　検察官又は司法警察員がやむを得ない事情によつて法に定める時間の制限に従うことができなかつたときは，その事由

五　被疑者に弁護人があるときは，その氏名

2　被疑者の年齢，職業若しくは住居，罪名又は被疑事実の要旨の記載については，これらの事項が逮捕状請求書の記載と同一であるときは，前項の規定にかかわらず，その旨を請求書に記載すれば足りる。

3　第1項の場合には，第142条第2項及び第3項の規定を準用する。

第148条（資料の提供・法第204条等）　被疑者の勾留を請求するには，次に掲げる資料を提供しなければならない。

一　その逮捕が逮捕状によるときは，逮捕状請求書並びに逮捕の年月日時及び場所，引致の年月日時，送致する手続をした年月日時及び送致を受けた年月日時が記載されそれぞれその記載についての記名押印のある逮捕状

二　その逮捕が現行犯逮捕であるときは，前号に規定する事項を記載した調書その他の書類

三　法に定める勾留の理由が存在することを認めるべき資料

2　検察官又は司法警察員がやむを得ない事情によつて法に定める時間の制限に従うことができなかつたときは，これを認めるべき資料をも提供しなければならない。

第281条（勾留に代わる措置の請求・少年法第43条）　少年事件において，検察官が裁判官に対し勾留の請求に代え少年法第17条第1項の措置を請求する場合には，第147条から第150条までの規定を準用する。

　　[1] 本条の趣旨　　[2] 本条の対象となる被疑者　　[3] 検察官が被疑者に告知すべき事項　　[4] 弁解録取　　[5] 身柄の措置

[1] 本条の趣旨

　本条は，検察官が自ら被疑者を逮捕状により逮捕した場合及び逮捕状により逮捕された被疑者を受け取った場合にとるべき措置，すなわち犯罪事実の要旨等の告知，弁解録取手続，勾留請求の判断等について規定するものである。

［2］ 本条の対象となる被疑者

本条の対象となる被疑者は，検察官が自ら逮捕状により逮捕した被疑者及び検察官が受け取った逮捕状により逮捕された被疑者で司法警察員が203条により送致した被疑者以外の者である。

この「逮捕状により逮捕された被疑者（前条の規定により送致された被疑者を除く。）」には，検察事務官が逮捕し検察官に引致した被疑者に加えて，具体的指揮権（193Ⅲ）に基づき検察官の指揮により司法警察職員が逮捕し直接検察官に引致した被疑者が含まれる（ポケット刑訴（上）462）。

［3］ 検察官が被疑者に告知すべき事項

検察官が被疑者に告知すべき事項は，①被疑事実の要旨，②弁護人選任権，③「弁護士，弁護士法人又は弁護士会を指定して弁護人の選任を申し出ることができる旨」及び「申出先」，④被疑者国選弁護制度に係る事項である。

①，②及び④に関する具体的事項は，203条により司法警察員が告知すべき場合と同じである。

③について，申出先は，検察官及び刑事施設又は留置施設に留置された場合には，その施設の責任者又は代理者である。

④について，被疑者国選弁護制度を告知すべき被疑者は，司法警察員が告知すべき場合と同じく，弁護人のある被疑者を除く全ての被疑者である。

［4］ 弁解録取

弁解録取に係る具体的事項は，203条の場合と同じである。

［5］ 身柄の措置

⑴ **留置の必要性の判断**　　留置の必要性の判断に係る具体的事項は，203条の場合と同じである。

⑵ **勾留請求　ア　趣　旨**　　検察官は，自ら被疑者を逮捕した場合等においては，本条の対象となる被疑者について，留置の必要があると認めるときは，48時間以内に公訴の提起をした場合を除き，勾留請求しなければならない旨規定するとともに，制限時間内に勾留請求しない場合には，直ちに被疑者を釈放すべき旨規定する。

48時間以内に勾留請求せず，公訴の提起があった場合，裁判官が280条により，勾留をするか否かを判断することになる。実務上，48時間以内に勾留請求せずに公訴の提起をし，裁判官に280条による勾留の職権発動を求める場合，「逮捕中求令状」と起訴状に表示する。

48時間以内に勾留請求された場合，その後も勾留状の発付又は勾留請求却下の裁判があるまでは，被疑者を留置することができる（渡辺・大コメ刑訴4・309）。

48時間以内の公訴提起（いわゆる「逮捕中求令状」起訴）された場合，勾留状発付又は釈放命令（280Ⅱ）があるまでの間は，被告人の留置を継続することができる（ポケット刑訴（下）680）。

204条 395

イ　勾留請求の方式　　勾留請求は，書面で行わなければならない要式行為であり（規139 I ），勾留請求書に記載すべき事項は規147条に規定されている。

勾留請求先は，勾留請求する検察官の所属する官公署の所在地を管轄する地方裁判所又は簡易裁判所の裁判官である（規299 I ）。

ウ　勾留請求書の記載事項　　規147条に規定されている勾留請求書の記載事項は，

①被疑者の氏名，年齢，職業及び住居

②罪名，被疑事実の要旨及び被疑者が現行犯人として逮捕された者であるときは，罪を犯したことを疑うに足りる相当な理由

③60条1項各号に定める事由

④検察官又は司法警察員がやむを得ない事情により203条ないし205条の定める時間制限に従うことができなかったときは，その事由

⑤被疑者に弁護人があるときは，その氏名

である。

①は，被疑者を特定するための事項である。被疑者の氏名が明らかでないときは，人相・体格その他被疑者を特定するに足りる事項でこれを特定しなければならず（規147Ⅲ・142Ⅱ），必要な特定の程度等については，逮捕状請求の場合のそれと同じである。もっとも，勾留請求の場合には，既に被疑者の身柄が拘束されているから，被疑者の氏名が不明な場合，写真及び留置番号を記載するのが通例である（刑訴規則逐条説明捜査・公訴35）。また，被疑者の年齢，職業又は住居が明らかでない場合はその旨を記載すれば足りる（規147Ⅲ・142Ⅲ）。

②のうち，罪名及び被疑事実の要旨は，事件を特定するための事項である。なお，罰条の記載は必要とされていない。現行犯人逮捕の場合は，罪を犯したことを疑うに足りる相当な理由の記載が求められているが，通常逮捕及び緊急逮捕の場合は，この記載は求められていない。これは，通常逮捕及び緊急逮捕の場合は，勾留請求に際して，資料として逮捕状請求書の提供が求められており（規148），逮捕状請求書に罪を犯したことを疑うに足りる相当（充分）な理由が記載されているからである（刑訴規則逐条説明捜査・公訴36）。

③の60条1項各号に定める事由については，実務上，60条1項の何号に該当するかのみの記載にとどめることも少なくない（刑訴規則逐条説明捜査・公訴41）。

④は，206条が，検察官又は司法警察員がやむを得ない事情によって203条ないし205条の時間制限に従うことができなかったときは，その事由を疎明して勾留請求することができるとしているのに対応して，その時間制限に従うことができなかったやむを得ない事情を記載することを求めるものである。

⑤は，被疑者を勾留した場合において，その旨を弁護人に通知しなければならないこと（207 I ・79）を受けてのものである。

規147条2項は，被疑者の年齢，職業若しくは住居，罪名又は被疑事実の要旨の記載

については，これらの事項が逮捕状請求書の記載と同一であるときは，その旨を勾留請求書に記載すれば足りる旨規定している。

エ　資料の提供　規148条は，勾留請求に際して，資料として，

①逮捕が逮捕状によるとき，すなわち通常逮捕及び緊急逮捕であるときは，逮捕状請求書並びに逮捕の年月日時及び場所，引致の年月日時，送致する手続をした年月日時及び送致を受けた年月日時が記載されそれぞれその記載についての記名押印のある逮捕状

②逮捕が現行犯逮捕であるときは，①の事項を規定した調書その他の書類

③刑事訴訟法が規定する勾留の理由が存在することを認めるべき資料

④検察官又は司法警察員がやむを得ない事情によって，203条ないし205条の時間制限に従うことができなかったときは，やむを得ない事情を認めるべき資料

を規定している。

②の資料としては，範136条により作成される現行犯人逮捕手続書などが該当する（刑訴規則逐条説明捜査・公訴45）。

③の資料は，60条1項，3項に規定する事由，すなわち住居不定（60Ⅰ①），罪証隠滅のおそれ（60Ⅰ②）又は逃亡のおそれ（60Ⅰ③）の少なくとも一つが存在すること，30万円以下の罰金，拘留又は科料に当たる事件については住居不定であること（60Ⅲ）に加えて勾留の必要性に関する資料である（刑訴規則逐条説明捜査・公訴45）。

逮捕状請求書又は逮捕状を提供しないまま勾留請求がなされた場合，逮捕状等の不提供がやむを得ない事由によるものと認められないときは勾留請求を却下すべきであるが，例えば逮捕後被疑者に逮捕状の事後呈示をしたところ被疑者が逮捕状の原形をとどめないまでに破棄し，これに代わるものとして逮捕手続書等の逮捕状の記載事項が判明するものが提供されている場合など，不提供がやむを得ない事由によるものであり，かつ，資料としてその内容において逮捕状等に代替し得る書類が提出された場合には，規148条違反を理由に勾留請求を却下することは相当ではない（刑訴規則逐条説明捜査・公訴45）。　　　　　　　　　　　　　　　　　　　　　　　　　　　〔欄清隆〕

第205条 [1]〔司法警察員から送致を受けた検察官の手続・勾留請求の時間制限〕

検察官は，第203条の規定により送致された被疑者を受け取つたときは，弁解の機会を与え [2]，留置の必要がないと思料するときは直ちにこれを釈放し，留置の必要があると思料するときは被疑者を受け取つた時から24時間以内に裁判官に被疑者の勾留を請求しなければならない [3]。

2　前項の時間の制限は，被疑者が身体を拘束された時から72時間を超えることができない。

3　前2項の時間の制限内に公訴を提起したときは，勾留の請求をすることを要しな

4 　第1項及び第2項の時間の制限内に勾留の請求又は公訴の提起をしないときは，直ちに被疑者を釈放しなければならない。

> [規]　**第299条（裁判官に対する取調等の請求）**　検察官，検察事務官又は司法警察職員の裁判官に対する取調，処分又は令状の請求は，当該事件の管轄にかかわらず，これらの者の所属の官公署の所在地を管轄する地方裁判所又は簡易裁判所の裁判官にこれをしなければならない。但し，やむを得ない事情があるときは，最寄の下級裁判所の裁判官にこれをすることができる。
> 　2　前項の請求は，少年事件については，同項本文の規定にかかわらず，同項に規定する者の所属の官公署の所在地を管轄する家庭裁判所の裁判官にもこれをすることができる。

[1] 本条の趣旨

　本条は，検察官が203条1項の規定により司法警察員が送致した被疑者を受け取った場合にとるべき措置について規定したものである。

[2] 弁解録取

　検察官は，被疑者を受け取ったときは，弁解の機会を与えなければならない。

　205条1項の規定による弁解録取は，203条1項，204条1項の規定による弁解録取とは異なり，「直ちに」行うことを要求されていない。

　犯罪事実の要旨及び弁護人選任権を告知することは205条の要件ではない。もっとも，実務上，検察官においても弁解録取の際に，犯罪事実の要旨及び弁護人選任権を告知している。

　なお，司法警察員が203条1項の弁護人選任権の告知を失念した場合，送致を受けた検察官が弁護人選任権を告知すれば，司法警察員による弁護人選任権告知の失念をもって，被疑者を釈放するまでの必要はない（ポケット刑訴(上)465）。

[3] 検察官のとるべき措置

　司法警察員から送致を受けた身柄を検察官が受け取り，弁解録取を行った検察官は，留置の必要がないと判断した場合は，直ちに被疑者を釈放しなければならない。「留置の必要」については，203条の場合と同じである。司法警察員による送致が，203条の制限すなわち身柄が拘束されたときから48時間以内になされず，かつ，206条に規定するやむを得ない事情がない場合には，被疑者の身柄を直ちに釈放しなければならない（東條・注釈刑訴3・115）。

　留置の必要があると判断した場合には，検察官が被疑者の身柄を受け取ったときから，24時間以内に公訴の提起をした場合を除き，勾留請求をしなければならない。検察官が勾留請求等をするまでの制限時間については，前記24時間の制限に加えて，被疑者の身

柄が拘束されたときから72時間以内という制限がある（205Ⅱ）。なお，司法警察員による203条の送致手続が48時間以内に行われたとしても，その余剰時間を205条が規定する検察官の持ち時間に流用することはできない（渡辺・大コメ刑訴4・313）。

勾留請求に関する詳細は，204条の場合と同じである。

24時間以内に検察官が勾留請求も公訴の提起もしない場合には，被疑者の身柄を釈放しなければならない（205Ⅳ）。

24時間以内に勾留請求せず，公訴の提起をした場合の勾留に関する手続は280条が規定するところによることとなり，205条の場合も裁判官に職権による勾留を求める際には，実務上，起訴状に「逮捕中求令状」と記載する。

また，24時間以内に勾留請求した場合，その後も，勾留状の発付又は勾留請求却下の裁判があるまで，被疑者を留置することができる点も204条の場合と同じである。

〔櫛清隆〕

第206条 [1]〔**制限時間の不遵守と免責**〕　検察官又は司法警察員がやむを得ない事情 [2] によつて前3条の時間の制限に従うことができなかつたとき [3] は，検察官は，裁判官にその事由を疎明して，被疑者の勾留を請求することができる [4]。

2　前項の請求を受けた裁判官は，その遅延がやむを得ない事由に基く正当なものであると認める場合でなければ，勾留状を発することができない。

[範]　**第135条（遅延事由報告書）**　被疑者の身柄とともに事件を送致する場合において，遠隔の地で被疑者を逮捕したため，または逮捕した被疑者が病気，でい酔等により保護を必要とするためその他やむを得ない事情により，刑訴法第203条第1項に規定する時間の制限に従うことができなかつたときは，遅延事由報告書を作成して，これを送致書に添付しなければならない。

[1] 本条の趣旨

203条ないし205条が規定する制限時間に司法警察員又は検察官が従うことができなかった場合の救済措置を定めるものである。

[2] やむを得ない事情

本条の「やむを得ない事情」は，勾留延長の場合における「やむを得ない事由」（208Ⅱ）よりも狭く解されている（ポケット刑訴（上）466）。そして，この「やむを得ない事情」は，天変地異といった自然現象，あるいは交通機関の事故・特別の渋滞といった社会現象であって検察官，司法警察員においていかんともし難い不可抗力的なもの及び被疑者が逮捕時に負傷しておりその治療のため時間を要した場合等被疑者の特殊事情で検察官，司法警察員の責めに帰することのできない事情に限られる（東條・注釈刑訴3・118）。

206条，207条　　　　　　　　　399

したがって，多数の事件を抱えている，主任捜査官の病気・出張等の捜査官側の事情は「やむを得ない事情」に該当しない。また，事件が複雑であることや共犯者が多数であることも「やむを得ない事情」に該当しない。

なお，遠距離の場所で逮捕した場合につき，逮捕後直ちに護送手続を開始しても制限時間を遵守することができなかった場合については，「やむを得ない事情」に該当するが，第二種指名手配（範32Ⅰ②）の事案につき逮捕者が護送すれば制限時間を遵守することができたのに手配庁が身柄の引取りに来るのを待って護送したために制限時間を遵守することができなかった場合は，「やむを得ない事情」には該当しないと考えられる（渡辺・大コメ刑訴4・316）。

［3］制限時間不遵守の意義

203条ないし205条は，制限時間につき，検察官，司法警察員につきそれぞれ定めているから，203条ないし205条が規定する制限時間につき，いずれか一つでも遵守されていなければ，制限時間不遵守ということになり，その不遵守につき，やむを得ない事情がなければ勾留請求は認められない（ポケット刑訴(上)467）。したがって，例えば司法警察員が検察官に送致する手続を行うまでの時間が48時間を超過していた場合，仮に検察官が身柄を受け取ったときから24時間以内に勾留請求を行い，かつ，その勾留請求が身柄拘束時から72時間以内であったとしても，48時間の不遵守につきやむを得ない事情がなければ勾留は認められない。

［4］やむを得ない事情が認められた場合の措置

203条ないし205条の制限時間の不遵守につき，やむを得ない事情が認められた場合，検察官は勾留請求をすることができ，裁判官は被疑者勾留をすることができる。

しかし，280条の規定による被告人勾留は「第204条又は第205条の時間の制限内に公訴の提起があつた場合」に行うことができるものであるから，制限時間の不遵守につきやむを得ない事情が認められたとしてもこれを行うことはできず，勾留状発付又は釈放命令までの間被告人の留置を継続することもできない（東條・注釈刑訴3・118）。〔櫛清隆〕

第207条 [1][2]〔被疑者の勾留〕　前3条の規定による勾留の請求を受けた裁判官は，その処分に関し裁判所又は裁判長と同一の権限を有する[3]。但し，保釈については，この限りでない[4]。

2　前項の裁判官は，勾留を請求された被疑者に被疑事件を告げる際に，被疑者に対し，弁護人を選任することができる旨及び貧困その他の事由により自ら弁護人を選任することができないときは弁護人の選任を請求することができる旨を告げなければならない。ただし，被疑者に弁護人があるときは，この限りでない。

3　前項の規定により弁護人を選任することができる旨を告げるに当たつては，勾留された被疑者は弁護士，弁護士法人又は弁護士会を指定して弁護人の選任を申し出

ることができる旨及びその申出先を教示しなければならない。

4　第2項の規定により弁護人の選任を請求することができる旨を告げるに当たつては，弁護人の選任を請求するには資力申告書を提出しなければならない旨及びその資力が基準額以上であるときは，あらかじめ，弁護士会（第37条の3第2項の規定により第31条の2第1項の申出をすべき弁護士会をいう。）に弁護人の選任の申出をしていなければならない旨を教示しなければならない。

5　裁判官は，第1項の勾留の請求を受けたときは，速やかに勾留状を発しなければならない。ただし，勾留の理由がないと認めるとき，及び前条第2項の規定により勾留状を発することができないときは，勾留状を発しないで，直ちに被疑者の釈放を命じなければならない。

　　[規]　第149条（勾留状の記載要件・法第207条等）　被疑者に対して発する勾留状には，勾留の請求の年月日をも記載しなければならない。

　　　　第150条（書類の送付）　裁判官は，被疑者を勾留したときは，速やかにこれに関する書類を検察官に送付しなければならない。

　　　　第302条（裁判官の権限）　法において裁判所若しくは裁判長と同一の権限を有するものとされ，裁判所がする処分に関する規定の準用があるものとされ，又は裁判所若しくは裁判長に属する処分をすることができるものとされている受命裁判官，受託裁判官その他の裁判官は，その処分に関しては，この規則においても，同様である。

　　　　2　法第224条又は第225条の請求を受けた裁判官は，その処分に関し，裁判所又は裁判長と同一の権限を有する。

　　[1] 本条の趣旨　　[2] 逮捕前置主義　　[3] 被告人勾留に関する規定の準用
　　[4] 被疑者勾留と保釈

[1] 本条の趣旨

　本条は被疑者の勾留について規定するものである。

[2] 逮捕前置主義

　207条1項は，「前3条の規定による勾留の請求」とし，207条5項において「第1項の勾留の請求を受けたときは」としているから，被疑者の勾留については，204条ないし206条の規定に従って勾留請求を受けた場合にしか認められないことになる。そして，204条ないし206条の規定による勾留請求は，全て勾留請求に先立ち逮捕がなされている場合であるから，結局，被疑者勾留については，逮捕が先行されている場合でなければこれを行うことはできない。

　逮捕が先行されているというためには，勾留事実と逮捕事実の間に事実の同一性が認められることが必要である。もっとも勾留事実と逮捕事実が完全に一致している必要は

なく，被疑者を殺人未遂で逮捕したが，逮捕後に被害者が死亡した場合に殺人で勾留することは許される。また，同一性の判断については，単に事実同士の日時や場所といった形式的な点を重視して被疑事実が両立するか否かを判断するのではなく，逮捕手続から司法審査をやり直す必要があるのか，同一手続内で処理することが可能かといった観点から法的に同一性があるのかを判断することになる（名古屋地決平20・6・26裁判所ウェブサイト，この決定は覚醒剤の共同所持事案について，逮捕事実が「Aと共謀の上での，平成20年6月16日午前6時34分ころ，名古屋市a区内のA方における覚醒剤0.16グラムの所持」，勾留事実が「Aと共謀の上での，平成20年6月14日午後10時10分ころ，名古屋市b区内の路上に停車した自動車内における覚醒剤0.3グラムの所持」という事案について勾留を認めたものである。）。

　さらに，逮捕事実に別の事実を付加して勾留することも認められるが，付加する事実について勾留の理由及び必要性が認められたとしても，逮捕事実につき勾留の理由及び必要性が認められなければ勾留は認められない（渡辺・大コメ刑訴4・356）。

　加えて，先行する逮捕があったとしても，その逮捕に重大な違法があった場合，勾留は認められない（東條・注釈刑訴3・124）。

　裁判例によれば，先行する逮捕手続の違法により勾留が認められないのは，次のような場合である。

①逮捕状請求書に規142条1項8号の記載（同一の犯罪事実又は現に捜査中である他の犯罪事実についてその被疑者に対し前に逮捕状の請求又は発付があった場合における，その旨及び犯罪事実）を欠き，そのことが裁判官の判断に影響を与える可能性があった場合（東京地決昭37・10・16下刑集4・9＝10・968，なお最決昭42・12・20裁集刑165・487参照）

②逮捕状請求に用いられた疎明資料の内容に虚偽の疑いがあり，それが逮捕の必要性に関する裁判官の判断を誤らせるに足りる重大なものであった場合（大阪地決昭47・8・1判時693・111）

③逮捕状の被疑者が特定されていなかった場合（東京地命昭48・3・2刑裁月報5・3・362）

④逮捕状に裁判官の記名押印が欠けている場合（東京地決昭39・10・15下刑集6・9＝10・1185）

⑤建物ドアの違法な解錠を契機として現行犯人逮捕された場合（東京地決平22・2・25判タ1320・282）

⑥違法な所持品検査により覚醒剤を発見し，覚せい剤取締法違反で現行犯人逮捕した場合（東京地決平12・4・28判タ1047・293）

⑦少年に対して逮捕状の発付を見越して，警察官が就寝中の少年を起こした上で，強く同行を求め警察署に連行した上逮捕状を執行した場合（浦和地決平元・11・13判タ712・286）

⑧事実上監視がつき，深夜から払暁に及ぶ長時間の取調べが行われ逮捕前から実質的に逮捕されていたと判断されたが，実質的逮捕から勾留請求までの事件制限は遵守されていた場合（福岡地久留米支決昭62・2・5判時1223・144）

⑨緊急逮捕に際し，被疑者に被疑事実の要旨及び急速を要し逮捕状を求めることができない旨を告知せず，かつ，直ちに逮捕状請求をしなかった場合（大阪地決昭35・12・5判時248・35）

⑩緊急逮捕が，罪を犯したことを疑うに足りる充分な理由がなく，かつ，急速を要し裁判官の逮捕状を求めることのできない理由の告知なくして行われたものである場合（神戸地決昭46・9・25刑裁月報3・9・1288）

⑪緊急逮捕をした後，直ちに逮捕状の請求をしなかった場合（大阪高判昭50・11・19判時813・102）

⑫現行犯人逮捕ないし準現行犯人逮捕の要件を具備しないのに現行犯人逮捕ないし準現行犯人逮捕をしたが，緊急逮捕の要件を具備していた場合（東京地決昭42・11・9判タ213・204）

他方，先行する逮捕手続に違法はあるものの勾留が認められた裁判例としては，次のようなものがある。

①任意同行が実質的に逮捕に当たるものの，その時点において緊急逮捕の要件を具備しており，実質的逮捕の約3時間後には通常逮捕請求を行っており，かつ，実質的逮捕の時点から勾留請求までの間の時間制限を遵守していた場合（東京高判昭54・8・14刑裁月報11・7＝8・787）

②深夜，ビルに侵入していた被疑者を窃盗未遂の現行犯人として逮捕したが，現行犯人逮捕の要件は具備していなかったものの，当該窃盗未遂と牽連犯の関係にある住居侵入については現行犯人逮捕の要件を具備していた場合（東京地決昭48・2・15刑裁月報5・2・182）

③逮捕状が発付されていた者を逮捕に先立ち任意同行したが，当該任意同行が実質的逮捕と認められるものの，任意同行の時点では逮捕状を緊急執行することができた場合（京都地決昭47・4・11刑裁月報4・4・910）

④緊急逮捕後，「直ちに」逮捕状を請求しなかったものの，その理由が警察官が，夜間，裁判所書記官に逮捕状請求する旨を伝えたところ，裁判所書記官から連絡を受けた裁判官が翌朝にしてもらえばよい旨指示し，当該指示に従って翌朝に緊急逮捕状を請求したためであった場合（京都地決昭45・10・2判タ255・225）

［3］被告人勾留に関する規定の準用

(1) **概　要**　207条1項は，「その処分に関し裁判所又は裁判長と同一の権限を有する」と規定し，被疑者勾留に関しても，明文上除かれているか性質上除かれていない限り，総則の受訴裁判所の勾留に関する規定が，全て準用される（ポケット刑訴(上)469）。

この規定により準用されるのは，

①60条1項，3項（勾留の理由）

②61条（勾留と被疑事件の告知）

③62条，63条（勾留状の発付，勾留状の方式）

④70条，73条，74条（勾留状の執行，勾留状の執行手続，護送中の仮留置）

⑤77条3項，4項（勾留に際しての弁護人選任権等の告知方法等）

⑥78条（弁護人選任の申出先）

⑦79条（勾留した場合の弁護人等への通知）

⑧80条，81条（弁護人等以外との接見交通，接見交通の制限）

⑨82条～86条（勾留理由開示）

⑩87条（勾留取消し）

⑪95条（勾留の執行停止）

⑫規72条（勾留状原本の交付）

⑬規74条（勾留状謄本の交付請求）

⑭規75条（勾留状執行後の処置）

⑮規80条（移送）

である。

(2) **勾留の要件(60Ⅰ Ⅲ)　　ア　概　要**　　60条1項，3項が規定する勾留の要件は，「罪を犯したことを疑うに足りる相当な理由」があり，かつ，

　①住居不定（60Ⅰ①）

　②罪証隠滅のおそれ（同項②）

　③逃亡のおそれ（同項③）

の少なくとも一つがあること（30万円〔刑法，暴力行為等処罰に関する法律及び経済関係罰則の整備に関する法律の罪以外の罪については，2万円〕以下の罰金，拘留又は科料に当たる事件については住居不定の場合に限る）であるが，勾留の必要性も勾留の要件である（渡辺・大コメ刑訴4・348）。

　イ　**「罪を犯したことを疑うに足りる相当な理由」(60Ⅰ)**　　通常人の合理的判断において嫌疑を肯定することができる理由をいう（団藤・条解(上)138，馬場・注釈刑訴2・20）。

　ウ　**「定まつた住居を有しないとき」(60Ⅰ①)**　　住居や居所を有しないという意味で，いわゆる住居不定のことをいい，これに該当するか否かは，住居の種類，居住期間，住民登録の有無等住居としての安定性，被疑者の地位・職業・家族関係等生活の安定性などを総合考慮して判断する（馬場・注釈刑訴2・20）。

　また，これには住居不詳も含まれる（木谷・令状基本(上)236）。

　エ　**「罪証を隠滅すると疑うに足りる相当な理由」(60Ⅰ②)**　　**(ア) 「罪証を隠滅すると疑うに足りる相当な理由」の判断要素**　　「罪証を隠滅すると疑うに足りる相当な理由」（罪証隠滅のおそれ）が存在するか否かについては，

　①罪証隠滅の対象が存在するか

　②罪証隠滅の余地があるか

　③被疑者が主観的に罪証隠滅を行う意思を有しているか

という観点から判断される（松本・捜査法大系2・20以下参照）。

（イ）　罪証隠滅の対象　　60条1項2号の罪証隠滅のおそれについて，ここで罪証隠滅の対象として考慮されるのは，犯罪の成否に直接関係する事実及び当該犯罪に対する社会的評価に重大な差異をもたらし，量刑に差異を生じるような事実であると考えられる（札幌地室蘭支決昭40・12・4下刑集7・12・2294，新関＝小林・令状基本（上）249）。

なお，罪証隠滅の態様については，証拠に不当な影響を及ぼすようなものである限り特段制限はなく，物証の毀棄・隠匿，共犯者との通謀，参考人との通謀，参考人に対する圧迫などが一般的にはこれに該当する（松本・捜査法大系2・27）。

この罪証隠滅の対象が存在することについては，具体的な資料により存在する高度の可能性があると推認できる場合でなければならない（例題解説（四）178）

（ウ）　罪証隠滅の余地　　罪証隠滅の客観的可能性及び罪証隠滅行為が行われた場合に実効性が存在することが必要である（松本・捜査法大系2・29）。

罪証隠滅の客観的可能性については，警察官が被害者・目撃者である場合には否定されることが多い（渡辺・大コメ刑訴4・337）。

共犯者との通謀の可能性については，仮に共犯者が既に身柄を拘束されていたとしても，その者が身柄拘束状態から解放された状態を前提として考えることになる（松本・捜査法大系2・30）。

罪証隠滅行為の実効性については，当該罪証隠滅行為が行われれば捜査や公判審理に紛糾や混乱の生じるおそれがあれば認められ，仮に罪証隠滅の対象となる者の供述が検察官面前調書に録取されていたとしても，そのことにより罪証隠滅行為の実効性が否定されるものではない（松本・捜査法大系2・32）。

そして，罪証隠滅行為の実効性があるか否かは，通常，

①事案の性質ないし態様

②捜査（証拠収集）の進展状況

③被疑者の供述態度

により判断される（例題解説（四）180）。

①事案の性質ないし態様については，事案が複雑で，多数の証拠を収集する必要がある事件では，実効性が認められる場合が多くなり，重要な証拠が被疑者と共通の利害関係を有する関係者の供述に限られる贈収賄，選挙違反，被疑者が重要参考人に対して強い影響力を有する事件，暴力団のような犯罪組織を背景とする事件では実効性が認められることが通例であると考えられる（例題解説（四）180）。

②の捜査の進展状況については，捜査の進展と共に実効性は低くなると考えられる（例題解説（四）180）。

③の被疑者の供述態度については，被疑者が黙秘している事実のみをもって罪証隠滅のおそれありと判断することはできないが，被疑者が自白していることは罪証隠滅のおそれを減少させる事実であるし，被疑者の自白により事案が複雑にならず，捜査も容易となるから，罪証隠滅行為の実効性に影響するものである（松本・捜査法大系2・33，例題

解説(四)182)。

　（エ）　被疑者が主観的に罪証隠滅を行う意思を有しているか　　罪証隠滅を行う主観的意図については，通常，客観的に罪証隠滅の余地が大きく，罪証隠滅行為を容易に行い得る状況にあるときは，否定されることは少ない（松本・捜査法大系2・34）。被疑者がこのような意思を有しているか否かについては，被疑者が逮捕前から罪証隠滅工作を行っていたという事実から認められる場合もあるが，多くは被疑者の供述態度に基づいて判断され，被疑者が一貫して自白しているような場合は主観的可能性が否定されやすいのに対し，明らかに虚偽と考えられる客観的事実関係に反する弁解を行ったり，供述を度々変遷させたりしているような場合には主観的可能性が肯定されやすくなる。

　（オ）　罪証隠滅のおそれの程度　　罪証隠滅の抽象的可能性があるだけでは「罪証を隠滅すると疑うに足りる相当な理由」があるとはいえず，罪証を隠滅することが，何らかの具体的事実によって蓋然的に推測される場合でなければならない（大阪地決昭38・4・27下刑集5・3＝4・444）。

　オ　「逃亡し又は逃亡すると疑うに足りる相当な理由」（60Ⅰ③）　　（ア）　「逃亡し又は逃亡すると疑うに足りる相当な理由」の意義　　「逃亡し又は逃亡すると疑うに足りる相当な理由」（逃亡のおそれ）があるというためには，所在不明となり，又は所在不明となる可能性のあることが必要であるが，所在不明となる理由については刑事訴追を免れる意思である必要はない（渡辺・大コメ刑訴4・343）。

　単なる不出頭ないし不出頭のおそれでは足りない（馬場・注釈刑訴2・22）。

　（イ）　逃亡のおそれの判断要素　　逃亡のおそれがあると判断されるのは，大別すると，

　①生活が不安定であるため
　②処罰を免れるため
　③その他の理由のため

所在不明となる可能性が強い場合である（篠田・捜査法大系2・43）。

　①生活が不安定であるため所在不明となる可能性が強いか否かは，

　　○　家族関係，すなわち家族との結合度の強弱
　　○　住居の安定性
　　○　身分・職業，すなわち定職についているか否か，職を転々としているか否か，職場・社会における信用・地位・人間関係
　　○　年齢（若年は不安定であると評価される要素である）
　　○　身柄引受の確実性

等の諸事情を総合して考慮される（例題解説(四)192）。

　②処罰を免れるため所在不明となる可能性が強いか否かは，

　　○　重い刑罰が科される可能性があるか，すなわち事案の軽重，前科・前歴の有無，執行猶予中又は保釈中であるか否か，同種余罪の有無

○　被疑者が逃亡しようとする態度をとっていたか否か，すなわち犯行後所在不明
　　となっていたか否か，犯行後逃亡していたか否か，逮捕時の態度，出頭状況
等の諸事情を総合して考慮される（篠田・捜査法大系2・47）。

　生活が安定している者であったとしても，罪責が重く，重い刑罰を科されることが予
想される場合は，所在不明となる蓋然性が高い（例題解説(四)196）。

　③その他の理由により所在不明となるおそれがあるといえるのは，身上関係が不明で
　　ある場合などである（例題解説(四)197）。

　(ウ)　逃亡のおそれの程度　　逃亡のおそれについても，罪証隠滅のおそれと同じく，
抽象的可能性があるだけでは足りず，何らかの具体的事実によって蓋然的に推測される
場合でなければならない。

　カ　勾留の必要性　　「罪を犯したことを疑うに足りる相当な理由」及び60条1項各
号に掲げる事由があったとしても勾留の必要性がなければ，被疑者を勾留することはで
きない（渡辺・大コメ刑訴4・348）。もっとも，裁判官は捜査の全体的内容を知ることは困
難であるから，勾留の必要性が明らかにない場合に勾留請求を却下するということにな
る（団藤・綱要344）。

　勾留の必要性については，事案の軽重を考慮した上，60条1項各号の事由の強さの程
度（罪証隠滅のおそれ，逃亡のおそれの程度），逮捕中の処理の可能性，捜査上の著しい怠
慢や落度の有無，被疑者の年齢，健康状態，結婚・就職・試験等の予定，被疑者を拘束
することが家族に与える不利益等を総合して判断することになる（規則逐条説明捜査・公
訴41）。

　これらを考慮して，勾留しなければならない積極的必要性と勾留することによる不利
益・弊害を比較考量し，前者が極めて小さい場合や後者が著しく大きい場合に勾留の必
要性が否定される（馬場・注釈刑訴2・23）。

　なお，被疑者の勾留は，被疑者の逃亡，証拠の隠滅を防止して捜査の目的を達成し，
さらに起訴後の審判の円滑な遂行と刑の執行を確保するためのものであるから（神垣・令
状基本(上)258），懲罰目的等で被疑者を勾留することは許されない（篠田・捜査法大系2・
54）。

　近時最高裁判所の裁判例において，勾留の必要性が否定された事例として，以下のよ
うなものがある。

　①前科前歴のない会社員による朝の通勤通学時間帯における地下鉄車両内での女子中
　　学生に対する痴漢否認事件（迷惑防止条例違反事件）（最決平26・11・17裁集刑315・183）
　②成年後見人であった被疑者が，平成20年11月に郵便貯金口座から成年被後見人の通
　　常貯金300万円を引き出し横領したという業務上横領事件について，平成23年6月
　　に家庭裁判所が警察に告発したが，捜査が遅延し，公訴時効の完成が迫っていたと
　　いう事案において，被疑者が公訴時効の完成が迫っても警察からの任意の呼出しに
　　応じ，出頭していた場合（最決平27・10・22裁集刑318・11）

207条　　　　407

(3) 被疑者勾留の手続　　ア　勾留の裁判　　204条ないし206条の規定により検察官から勾留請求があった場合，裁判官が勾留に関する裁判を行う。

裁判官が，被疑者を勾留するためには被疑者に被疑事件を告げ，被疑者の陳述を聞かなければならない (61)。この手続を勾留質問という。ただし，勾留請求後に被疑者が逃亡した場合は，勾留質問をすることなく，勾留状を発することができる (新関=岩瀬・令状基本(上)303)。

勾留質問の際，裁判官は被疑者に，

①弁護人選任権

②「弁護士，弁護士法人又は弁護士会を指定して弁護人の選任を請求できる旨」及び「申出先」

③国選弁護事件の対象事件の被疑者に対しては，国選弁護制度に係る事項

を教示しなければならない (207ⅡⅢⅣ)。

②の申出先は，裁判官及び勾留場所の責任者又はその代理者である (78Ⅰ)。

③について，被疑者国選弁護制度の適用対象事件は，勾留状が発せられている全ての事件であり，勾留請求に係る全ての被疑者に対して国選弁護制度に係る事項を教示しなければならない。

また，教示しなければならない被疑者国選弁護制度に係る事項は，

○　貧困その他の事由により自ら弁護人を選任することができないときは弁護人の選任を請求することができる旨

○　(裁判官に) 弁護人の選任を請求するには資力申告書を提出しなければならない旨

○　その資力が基準額 (50万円) 以上であるときは，あらかじめ，弁護士会に弁護人の選任の申出をしなければならない旨

である。

裁判官は，被疑者に対して勾留の理由を告げる必要はないが，勾留の理由に関して被疑者に質問をすることはできる (中島・司研報告8・9・178)。

また，被疑者から聴取するに際し，被疑者に黙秘権を告知しなくても違法ではない(中島・司研報告8・9・178)。

勾留は命令であるので，勾留に関する裁判を行うに際しては事実の取調べを行うことができる (43Ⅲ)。しかし，勾留手続の迅速性 (207Ⅴ) からすれば，事実の取調べの方法は，鑑定命令や証人尋問は基本的に相当ではなく，電話による関係者への問合せ，在庁している被疑者の家族等からの聴取，警察その他関係機関に調査を依頼して報告を受けること，証拠物を取り寄せて調べることなどの方法に限ることが相当である (松尾・捜査法大系2・76)。

勾留質問を行う際には，裁判所書記官を立ち会わせなければならず (規69)，この場合裁判所書記官は調書を作らなければならない (規39)。この調書は，勾留質問調書と

呼ばれている。

勾留質問には，検察官，弁護人の立会権はない（渡辺・大コメ刑訴4・376）。

なお，勾留質問を裁判所庁舎外で行うことは憲法32条に反するものではない（最決昭44・7・25刑集23・8・1077）が，避けることが望ましい（最高裁判所事務総局刑事局編・刑事手続法規に関する通達・質疑回答集（追補Ⅱ）63）。また，勾留質問を実施するに際して，勾引状を発する必要はない（中島・司研報告8・9・177）。

イ　勾留状の発付　（ア）概要　裁判官は，勾留の請求を受けた場合，勾留の理由若しくは勾留の必要性がない場合又は勾留請求に至る手続に違法があり勾留することができない場合を除き，速やかに勾留状を発しなければならない（207Ⅴ）。

（イ）勾留状の記載要件　a　概要　勾留状には，

①被疑者の氏名及び住居

②被疑事実の要旨

③勾留すべき刑事施設

④有効期間

⑤有効期間経過後は執行に着手することができず令状はこれを返還しなければならない旨

⑥発付の年月日

⑦60条1項各号に定める事由

⑧被疑者の年齢，職業

⑨勾留請求の年月日

を記載し，裁判官が記名押印しなければならない（64，規56Ⅰ・70・149）。

b　被疑者を特定すべき事項　①について，被疑者の氏名が明らかでないときは，人相・体格その他被疑者を特定するに足りる事項で被疑者を指示することができる（64Ⅱ）が，特定不十分な場合に勾留状が無効であるのは逮捕状の場合と同じである。

また，住居が明らかでないときは，これを記載する必要がない（64Ⅲ）。

c　被疑事実の要旨　②被疑事実の要旨については，具体的に特定されることが必要である。

d　勾留場所　③勾留については刑事施設に代えて，留置施設に収容することができる（刑事収容15Ⅰ）。刑事施設に代えて留置施設に勾留するか否かは，裁判官が種々の事情を総合考慮して決定すべきものであり，留置施設に勾留することにつき，特段の事情ないしやむを得ない事情は必要ない（金谷・令状基本（上）329）。

e　有効期間　④勾留状の有効期間は，特に定めがない限り，令状発付の日の翌日から起算して7日である（規300）。この有効期間は，勾留状の執行に着手し得る期間であり，勾留期間ではない。

f　60条1項各号に定める事由　⑦60条1項各号に定める事由については，単に60条1項各号の条項を記載するだけでは足りず，「被疑者は罪証を隠滅すると疑うに足りる

相当な理由がある」などと具体的に記載されるが，これ以上にその理由が存在する根拠まで記載する必要はない（渡辺・大コメ刑訴4・383）。

　　g　勾留請求の日　　⑨勾留請求の年月日は，勾留期間が勾留請求の日から起算されることから，勾留状に記載することが要求されている。

　　（ウ）　勾留状発付に際し検察官に交付すべきもの　　勾留状を発付した場合，その勾留状は検察官の指揮により執行されるから，勾留状原本が検察官に送付され（規72），また勾留質問調書等の勾留に関する書類も検察官に送付される（規150）。

　　（エ）　勾留通知　　被疑者を勾留する裁判をした場合，裁判官は，直ちに弁護人にその旨を通知し，弁護人がないときは，被疑者の法定代理人，保佐人，配偶者，直系の親族及び兄弟姉妹（以下この項において「親族等」という。）のうち被疑者が指定する者1人に，親族等もない場合は，被疑者の申出によりその指定する者1名に被疑者を勾留した旨を通知しなければならない（79，規79）。

　　被疑者が通知先の指定を拒んだ場合，裁判官は通知すべき法律上の義務を負わない（神垣・令状基本（上）322）。もっとも，弁護人がある場合は，被疑者の希望の有無によらず通知しなければならない。

　　また，親族等がいるにもかかわらず，被疑者が自己の所属する暴力団の構成員等の親族等以外への通知を希望したとしても，裁判官は，そのような者に通知する義務を負わない（神垣・令状基本（上）322）。

　　ウ　勾留状の執行　　勾留状は，検察官の指揮によって，検察事務官又は司法警察職員が執行する（70 I）。刑事施設にいる被疑者に勾留状が発せられた場合は，検察官の指揮によって，刑事施設職員がこれを執行する（70 II）。

　　勾留状を執行する際には，勾留状の原本を被疑者に示した上，できる限り速やかに指定された刑事施設に引致しなければならない（73 II）。勾留状の執行について，勾留状を所持しないためこれを示すことができない場合において，急速を要するときは，被疑者に対し被疑事実の要旨及び勾留状が発せられている旨を告げて勾留状を執行することができる（緊急執行・73 III）が，被疑者に対する勾留状の緊急執行をする場面はあまりないと考えられる。なお，勾留状の緊急執行に際しても，検察官の指揮は必要である。

　　勾留状の執行については，直接，すなわち回り道をせずに指定された刑事施設に引致することを要するが，その途上で，最寄りの刑事施設（代替収容施設である留置施設を含む。）に仮留置することはできる（73 II・74）。

　　勾留状を執行したときは，勾留状に勾留状を執行した場所及び年月日を記載して記名押印しなければならない（規75 I）。なお，勾留状を執行した場所とは，勾留すべき刑事施設ではなく，被疑者に勾留状を示した場所である（最大判昭23・7・29刑集2・9・1076）。

　　エ　勾留請求の却下　　勾留請求を却下する際には，その請求書に却下する旨を記載し，記名押印すれば足りると考えられている（神垣・令状基本（上）318）。しかし，勾留請求却下の裁判は，上訴をすることができる裁判であるから，却下の理由を附さなければ

ならない (44)。

その理由については，「嫌疑なし」「法60条1項各号に該当せず」「勾留の必要なし」等の簡潔なもので通常は足りる (神垣・令状基本(上)319)。

勾留請求が却下された場合，当該裁判は，被疑者の釈放命令を含むから，検察官は，当該釈放命令を執行しなければならない (香城・捜査法大系2・152)。もっとも，検察官は直ちに釈放命令を執行しなければならないのではなく，準抗告の要否を判断し，準抗告をなし得る時間が経過するまでに釈放指揮すればよい (香城・捜査法大系2・161)。

　オ　勾留の裁判に対する上訴　被疑者の勾留に関する裁判に対しては準抗告をすることができる (429Ⅰ②) から，勾留する裁判，勾留請求を却下する裁判のいずれに対しも準抗告をすることができる。もっとも，被疑者勾留に対する準抗告申立ての利益は，起訴後は失われる (最決昭59・11・20刑集38・11・2984)。

しかし，勾留する裁判に対して，犯罪の嫌疑がないことを理由として準抗告することはできない (420Ⅲ)。

勾留請求却下の裁判は，被疑者の釈放命令を含むから，準抗告に際して，勾留請求却下の裁判の執行停止をすることができる (432・424)。

執行停止の裁判については，準抗告裁判所のみならず，勾留請求却下の裁判をした裁判官もこれをすることができる (最高裁判所事務総局刑事局編・刑事手続法規に関する通達・質疑回答集(追補Ⅱ)334)。

検察官が，勾留請求却下の裁判に対して準抗告をした場合，検察官が被疑者釈放指揮をしなければならないのは，原裁判所又は準抗告裁判所が執行停止の要否について，判断するのに必要な時間を経過した後である (香城・捜査法大系2・161)。

⑷　**勾留状謄本の交付請求（規74）**　勾留された被疑者は，勾留状の謄本の交付を請求することができる。

⑸　**弁護人又は弁護人になろうとする者以外との接見交通（80・81）**　**ア　接見交通**
勾留されている被疑者は，弁護人又は弁護人となろうとする者以外の者と法令の範囲内で接見交通することができる (80)。

この法令の範囲内に関する制限として，刑事収容施設及び被収容者等の処遇に関する法律，同規則がある。

刑事収容施設及び被収容者等の処遇に関する法律，同規則で定められている制限として，「日曜日その他政令で定める日以外の日の刑事施設の執務時間内」以外は面会ができないこと (刑事収容118Ⅰ)，面会相手は3人以内に限ること (同118Ⅱ)，閉居罰を科されている場合は面会できないこと (同115・152Ⅰ⑤)，通訳の費用を負担すべきであるのにこれを負担しない場合は面会が許されないこと (同115・148Ⅲ)，面会の場所は，刑事施設の長が指定する場所によること (刑事収容規則70Ⅰ) などがある。

　イ　接見等禁止　接見交通については，逃亡又は罪証を隠滅すると疑うに足りる相当な理由があるときは，検察官の請求又は職権で，弁護人又は弁護人となろうとする

207条　　　　411

者以外の者との接見禁止，検閲，授受禁止，差押えの裁判をすることができるとの接見
等禁止に関する規定がある (81)。

接見等禁止の要件である「逃亡し又は罪証を隠滅すると疑うに足りる相当な理由」に
ついては，勾留によってはまかないきれない程度にこの危険が予想されることが必要で
ある (河上・注釈刑訴 2・79)。

接見等禁止については，「公訴提起あるまで」などとの時間的条件や，「○○以外の者
との接見」などとの人的条件，「書き込みのない日刊紙を除く」などとの物的条件を付
すことができる (河上・注釈刑訴 2・81)。

接見等禁止の裁判は，勾留に関する裁判であるから，接見等禁止決定，接見等禁止請
求を却下する裁判に対しては，準抗告をすることができる (429 I ②)。

接見等禁止の裁判がなされた後，この解除や一部解除については，これを求める請求
権はないが，裁判官が職権でこれを解除し，又はその一部を解除することができる (川
上・大コメ刑訴 2・125)。

接見等禁止の解除ないし一部解除の職権発動の申出に対して，裁判官が職権を発動し
ない場合，職権不発動は，勾留に関する裁判ではないから準抗告を申し立てることはで
きない。他方，職権を発動し，接見等の解除ないし一部解除決定がなされた場合には，
これに対して準抗告をすることができる (徳島地決昭43・1・20下刑集10・1・106)。

接見等禁止の解除ないし一部解除については，検察官についても，裁判官の許可なし
にこれをすることはできないとするのが現在の実務の運用である (川上・大コメ刑訴 2・
127)。

(6) **勾留理由開示 (82ないし86)**　　**ア　意　義**　　勾留理由開示とは，勾留されている
被疑者に対して，裁判官が公開の法廷において，勾留の理由を開示する制度である。

イ　申立権者　　勾留理由開示の申立てをすることができるのは，勾留されている被
疑者，その弁護人，法定代理人，保佐人，配偶者，直系親族，兄弟姉妹その他利害関係
人である (82 I・II)。

なお，氏名を黙秘している被疑者には申立権はない (川上・大コメ刑訴 2・131)。

ウ　申出先　　勾留理由開示の申出先は，公訴提起前は，勾留状を発付した裁判官の
所属する裁判所の裁判官，公訴提起後第1回公判期日までは公訴提起がされた裁判所の
裁判官，第1回公判期日後は，公訴提起がされた裁判所である (最決昭47・4・28刑集26・3
・249)。なお，勾留請求却下の裁判に対する準抗告により勾留状が発付された場合の公
訴提起前の申出先は，準抗告裁判所である (川上・大コメ刑訴 2・136)。

エ　請求の方法　　請求は請求者ごとに書面でしなければならない (規81 I)。

オ　告知すべき理由　　裁判官が告知しなければならないのは，勾留の原因となった
犯罪事実と60条1項各号に定める事由であり，勾留の必要性まで開示する必要はない(川
上・大コメ刑訴 2・139)。

カ　勾留理由開示の手続　　やむを得ない事由がある場合を除き，請求があった日か

ら5日以内に勾留理由開示を行わなければならない（規84）。

勾留理由開示は，裁判官，裁判所書記官が列席して行われ，原則として，被疑者・弁護人が出頭しないときはこれを行うことができない（83）。

もっとも，被疑者が病気その他やむを得ない事情で出頭できず，かつ，被疑者に異議がないときは被疑者の出頭なく勾留理由開示をすることができ，被疑者に異議がないときは弁護人の出頭がなくても勾留理由開示をすることができる（83）。なお，弁護人が選任されていないときは，弁護人を選任して出頭させることまでは要しない（川上・大コメ刑訴2・143）。

検察官の出席は，勾留理由開示の要件ではないが，検察官は勾留理由開示に出席することができる。

勾留理由開示の期日においては，検察官，被疑者，弁護人，勾留理由開示の請求者は，10分以内で意見を述べることができる（84，規85の3Ⅰ）。

キ　勾留理由開示の回数　　既に勾留理由開示がなされたときは，同一の勾留係属中は更に勾留理由開示を請求することはできない（最決昭28・10・15刑集7・10・1938）。

(7) **勾留取消し（87）**　　勾留の理由又は必要がなくなったときは，裁判官は，検察官，被疑者，その弁護人等の請求又は職権により，勾留を取り消さなければならない。起訴前勾留については，検察官は，その権限により自ら被疑者を釈放することができるから，起訴前勾留について，裁判官が勾留取消しをするのは，実質的に，被疑者側からの請求に基づく場合に限られる。

勾留の要件が最初から欠けていた場合や勾留が手続の瑕疵により違法となった場合も勾留取消しをすることができる（河上・注釈刑訴2・104，金谷・令状基本（上）403）。

急速を要する場合又は検察官の請求による場合を除き，勾留取消しをするには，検察官の意見を聞かなければならない（92Ⅱ）。

勾留取消決定，勾留取消請求却下はともに「勾留に関する裁判」であるから，準抗告をすることができる（429Ⅰ②）。

勾留取消決定があった場合，検察官が準抗告をするか否かを検討するのに必要な合理的時間内及び準抗告がなされた場合における執行停止の許否を判断し得る状態に達するのに必要と思われる合理的時間内は，被疑者の身柄拘束を継続できる（川上・大コメ刑訴2・160）。

そのような時間が経過した後は，被疑者の身柄を釈放しなければならない。

(8) **勾留執行停止（95）**　　勾留執行停止とは，勾留の裁判そのものの効力を消滅させないで，その執行力のみを一時的に停止させて，被疑者を釈放する制度である（川上・大コメ刑訴2・206）。

勾留執行停止の要件は，「適当と認めるとき」であるが，現実に用いられるのは，被疑者の病気，負傷，出産，近親者の危篤，死亡等の場合が多い（木谷・令状基本（上）467）。

勾留執行停止は，職権によって行われるものであり，検察官，被疑者，弁護人等に請

求権はない（川上・大コメ刑訴2・206）。

したがって，勾留執行停止の職権発動の申立てに対して，職権を発動しない場合，準抗告の申立てはできない（東京高決昭46・9・6高刑集24・3・530）。しかし，勾留執行停止決定に対しては，準抗告をすることができる。

裁判官が，勾留執行停止決定をするには，急速を要する場合を除き，検察官の意見を聞かなければならない（規88）。

勾留執行停止決定をする場合，親族，保護団体その他の者に委託するか，被疑者の住居を制限しなければならない（95）。委託先について，法律上の制限はない。なお，委託する場合には，何時でも召喚に応じ，出頭させる旨の書面を差し出させなければならない（規90）。

勾留執行停止に際しては，さらに執行停止期間その他の条件を付することができる（木谷・令状基本(上)468）。

勾留執行停止に関しては，逃亡し又は逃亡すると疑うに足りる相当な理由があるときなどに，検察官の請求又は職権により取り消すことができる（96）。

(9) **移　送**　検察官は，裁判官の同意を得て，勾留されている被疑者を他の刑事施設に移送することができる（規80Ⅰ）。

また，裁判官は職権で移送を命じることもできるが，当事者には裁判官に移送命令を申し立てる権利はなく，移送命令についての職権発動の申出に対し，職権を発動しなかった措置に対して準抗告をすることはできない（最決平7・4・12刑集49・4・609）。これに対して，職権による移送命令は，「勾留に関する裁判」であるから，移送命令に対しては準抗告をすることができる（429Ⅰ②）。

なお，裁判官が職権で移送命令を発するに際しては，急速を要する場合を除き，検察官の意見を聞かなければならない（金谷・令状基本(上)343）。

[4] 被疑者勾留と保釈

被疑者勾留については，明文で保釈に関する規定が適用されない旨規定されている（207Ⅰ但）から，保釈制度は適用されない。　　　　　　　　　　　　　〔櫛清隆〕

第208条 [1] 〔起訴前の勾留期間・期間の延長〕　前条の規定により被疑者を勾留した事件につき，勾留の請求をした日から10日以内に公訴を提起しないときは，検察官は，直ちに被疑者を釈放しなければならない [2]。

2　裁判官は，やむを得ない事由があると認めるときは，検察官の請求により，前項の期間を延長することができる。この期間の延長は，通じて10日を超えることができない [3]。

[規]　第151条（期間の延長の請求・法第208条等）　法第208条第2項又は第208条の2の規定

による期間の延長の請求は，書面でこれをしなければならない。

2　前項の書面には，やむを得ない事由及び延長を求める期間を記載しなければならない。

第152条（資料の提供等・法第208条等）　前条第1項の請求をするには，勾留状を差し出し，且つやむを得ない事由があることを認めるべき資料を提供しなければならない。

第153条（期間の延長の裁判・法第208条等）　裁判官は，第151条第1項の請求を理由があるものと認めるときは，勾留状に延長する期間及び理由を記載して記名押印し，且つ裁判所書記官をしてこれを検察官に交付させなければならない。

2　前項の延長の裁判は，同項の交付をすることによつてその効力を生ずる。

3　裁判所書記官は，勾留状を検察官に交付する場合には，勾留状に交付の年月日を記載して記名押印しなければならない。

4　検察官は，勾留状の交付を受けたときは，直ちに刑事施設職員をしてこれを被疑者に示させなければならない。

5　第151条第1項の請求については，第140条，第141条及び第150条の規定を準用する。

第154条（謄本交付の請求・法第208条等）　前条第1項の裁判があつたときは，被疑者は，その裁判の記載のある勾留状の謄本の交付を請求することができる。

［1］本条の趣旨　　［2］勾留期間　　［3］勾留延長

［1］本条の趣旨

本条は，被疑者の勾留期間について規定するものである。被疑者の勾留期間について，1項は，10日以内に公訴提起しないときは被疑者を釈放しなければならない旨規定し，2項は，検察官の請求により1項の期間を最大10日間延長することができる旨規定している。

［2］勾留期間

勾留期間については，勾留状を執行した日ではなく，勾留請求の日から起算される。勾留期間の末日については，時効期間と同様に日曜日，土曜日，国民の祝日に関する法律に規定する休日，1月2日，1月3日及び12月29日から31日までの日も参入される（大正12・12・27刑事第10341号司法省刑事局長通牒参照）。

勾留期間には，勾留執行停止期間，鑑定留置期間及び被疑者逃亡の期間は含まれないが，被疑者を釈放した日（逃亡した日）及び収容した日については，それぞれ1日として計算される（東京高判昭28・10・30裁判特報39・162）。

勾留期間の10日間については，裁判官がこれを短縮し，10日間より短い勾留期間を定めた勾留状を発することはできない（大阪地決昭40・8・16下刑集7・8・1762）。

検察官は，10日以内に公訴を提起しないときは被疑者を釈放しなければならない。また，検察官は，10日経過前であつても，勾留の理由及び必要性がなくなつたときは，そ

の判断により被疑者を釈放することができる（藤永・注釈刑訴3・142）。

　また，10日間は，勾留期間であるから，勾留期間経過により被疑者を釈放した後，在宅で捜査を進め，その後，公訴提起することは許される（藤永・注釈刑訴2・140）。

[3] 勾留延長

(1) **概　要**　　被疑者の勾留について，208条2項は，「やむを得ない事由」がある場合には，通じて10日以内でこれを延長することができる旨規定している。「通じて」というのは，例えば，はじめに5日間延長し，さらにその後5日間延長するというような場合のことである。

(2) **「やむを得ない事由」の意義**　　「やむを得ない事由があると認めるとき」とは，事件の複雑困難（被疑者若しくは被疑事実が多数であるほか，計算複雑，被疑者関係人らの供述その他の証拠の食い違いが少なからず，あるいは取調べを必要と見込まれる関係人，証拠物等が多数ある場合等），あるいは証拠収集の遅延若しくは困難（重要と思料される参考人の病気，旅行，所在不明若しくは鑑定等に多くの日時を要すること）等により，勾留期間を延長して更に取調べをしなければ起訴，不起訴の決定をすることが困難な場合をいう（最判昭37・7・3民集16・7・1408）。

　具体的には，

① 当初の勾留期間内に検察官として，公訴を提起するか，公訴を提起する場合に略式手続を請求するか，又は不起訴とするかを決する程度に捜査を遂げることができなかったこと

② これが「やむを得ない」こと

③ 勾留期間を延長することによって，起訴・不起訴を決するまでの捜査を遂げることができる見込みがあること

という要件が必要となる（渡辺・大コメ刑訴4・436）。

　捜査官側の事情，すなわち，捜査官の病気，出張等により捜査未了であったことは，原則として「やむを得ない」とは認められないが，事件が輻輳し，人手不足でいかに能率をあげても処理し得ないような例外的な場合は，「やむを得ない」と認められる（最高裁判所事務総局・刑事手続法規に関する通達・質疑回答集175，最高裁判所事務総局刑事局・刑事手続法規に関する通達・質疑回答集（追補II）214）。

　また，当初の勾留期間の間に，捜査官が実施すべき捜査を実施していない場合には，捜査未了事項があり，かつ，当該事項について捜査を遂げなければ起訴・不起訴を決し得ないとしても「やむを得ない事由」があるとは認められない。裁判例においては，被疑者が認めている詐欺事件について，検察官が共犯者・被害者の検察官による取調べ未了を理由として勾留延長を請求したのに対し，10日間の間に行われた捜査に関する資料が被疑者の検察官調書1通しかない場合（東京簡命昭48・2・28判時698・113），痴漢否認事件において，検察官が検察官による被害者取調べ未了を理由に勾留延長を請求したのに対し，10日間の間に検察官による被害者取調べが一度もなされていない場合（東京地決平

19・5・21D1-Law.com判例体系）に「やむを得ない事由」が否定されている。

　情状に関する事情の捜査未了も，それが起訴・不起訴の判断に影響するようなものであれば勾留延長の事情となり得るし，いわゆる「示談待ち」についても，被疑者・弁護人から示談解決に向けて努力中である旨の申出があり，かつ，示談が起訴・不起訴の判断に影響するような場合は勾留延長の理由となり得る（藤永・注釈刑訴3・146）。

　余罪取調べ未了については，余罪の取調べをしなければ勾留事実についての起訴・不起訴を決し得ないような場合は，勾留延長の理由となり得る（最高裁判所局・令状関係法規の解釈運用について(上)219）。

(3) **勾留延長の手続**　**ア　勾留延長請求**　　勾留延長請求は，書面で行わなければならず，当該書面には，やむを得ない事由及び延長を求める期間について，記載しなければならない（規151）。また，勾留延長請求に際しては，勾留状を差し出し，かつ，やむを得ない事由があると認めるべき資料を差し出さなければならない（規152）。

　イ　勾留延長の裁判等　　勾留延長に関する裁判は，勾留状を発した裁判官とは別の裁判官が行うこともできる（ポケット刑訴(上)476）。

　勾留延長を認めるときは，勾留状に勾留を延長する期間及び理由を記載して記名押印し，裁判所書記官をして検察官に勾留状を交付させる（規153Ⅰ）。

　勾留延長の裁判の効力は，勾留延長期間等が記載された勾留状が検察官に交付されたときに生じる（規153Ⅱ）から，裁判官が勾留期間内に勾留延長の判断をしたとしても，勾留状の交付が勾留期間満了後となった場合，勾留延長の効果は生じない（刑訴規則逐条説明捜査・公訴54）。

　他方，勾留延長がされたときは，検察官は，刑事施設の職員をして，勾留状を被疑者に示させなければならないが（規153Ⅳ），勾留状を被疑者に示すことについては，延長される前の勾留期間満了後であってもよい（刑訴規則逐条説明捜査・公訴54）。

　勾留延長の裁判があった場合，被疑者は勾留延長の期間，理由が記載された勾留状の謄本の交付を請求することができる（規154）。

　ウ　勾留延長の裁判に対する上訴　　勾留延長の裁判及び勾留延長請求却下の裁判は，いずれも「勾留に関する裁判」であるから，準抗告の対象である（429Ⅰ②）。しかし，検察官が請求した延長期間より短い勾留延長しか認められなかった場合には，準抗告はできない（前橋地決昭59・12・15刑裁月報16・11=12・756）。

　なお，勾留延長の裁判に対する準抗告において，勾留の理由の有無について争うことはできない（東京地決昭47・7・8刑裁月報4・7・1417）。

　エ　勾留延長の裁判に対する準抗告が認容され勾留延長が取り消された場合の措置
勾留延長の裁判に対する準抗告が認容され，勾留延長が取り消された場合，取り消された時点において，勾留期間が満了していた場合，検察官は直ちに被疑者を釈放しなければならず，公訴提起の要否等を判断する時間，被疑者の身柄を拘束することはできない（最決昭53・10・31刑集32・7・1847）。

〔櫛清隆〕

208条の2，209条　　　　　　　　　417

第208条の2 [1]〔勾留期間の再延長〕　裁判官は，刑法第2編第2章乃至第4章又は第8章の罪にあたる事件 [2] については，検察官の請求により，前条第2項の規定により延長された期間を更に延長することができる [3]。この期間の延長は，通じて5日を超えることができない [4]。

> [規]　第150条の2（被疑者の勾留期間の再延長・法第208条の2）　法第208条の2の規定による期間の延長は，やむを得ない事由があるときに限り，することができる。

[1]　本条の趣旨
　本条は，被疑者勾留の期間につき，208条が原則10日，さらに「やむを得ない事由」があるときは，通じて10日間延長できるのを，特定の罪を被疑事実とする場合，さらに5日間延長することができる旨規定するものである。

[2]　再延長の対象となる事件
　対象となる事件は刑法第2編第2章ないし第4章又は第8章の罪，すなわち，内乱(刑77)，内乱予備・陰謀 (刑78)，内乱等幇助 (刑79)，外患誘致，同未遂，同予備・陰謀 (刑81・87・88)，外患援助，同未遂，予備，陰謀 (刑82・87・88)，外国国章損壊等 (刑92)，私戦予備・陰謀 (刑93)，中立命令違反 (刑94)，騒乱 (刑106)，多衆不解散 (刑107) である。
　対象罪名の罪に当たる事件か否かは，第一義的には勾留の基礎となっている被疑事実がこれらの罪である場合をいうが，その他にも他の被疑事実の同一性が認められる罪で勾留していたが，捜査の結果，再延長の際に，内乱罪等の対象罪名に当たる事件であると認められる場合も含む (藤永・注釈刑訴2・152)。

[3]　再延長の要件・手続
　208条の2により勾留期間の再延長を行う場合の手続は，208条2項の規定による勾留期間の延長の場合と同じである。
　208条の2による勾留期間の再延長には，「やむを得ない事由」が必要であり (規150の2)，この場合の「やむを得ない事由」の意義は208条2項のそれと同じである (刑訴規則逐条説明捜査・公訴50)。

[4]　再延長の期間
　再延長の期間は，通じて5日以内である。再延長の期間については，例えば，当初勾留期間が9日間延長された場合に，6日間再延長するというように，208条2項の延長期間が10日に達していない場合，208条2項の延長期間と併せてこれを決することができる (ポケット刑訴(上)478)。　　　　　　　　　　　　　　〔欄清隆〕

第209条 [1]〔逮捕状による逮捕に関する準用規定〕　第74条 [2]，第75条 [3] 及び第78条 [4] の規定は，逮捕状による逮捕についてこれを準用する。

[1] 本条の趣旨

本条は，通常逮捕に関して，勾引に関する護送中の仮留置 (74)，勾引された被告人の留置 (75)，弁護人選任の申出 (78) の規定を準用する旨定めたものである。

[2] 護送中の仮留置

逮捕した者を護送中に，護送者の判断により，最寄りの刑事施設に留置することができる。

この刑事施設については，代替収容施設である留置場も含まれる。

仮留置中の時間も203条ないし205条の制限時間に含まれる (ポケット刑訴(上)479)。

[3] 被疑者の留置

逮捕した被疑者について，必要があるときは，刑事施設に留置することができる。

「必要があるとき」とは，捜査上必要があるときという意味である (最高裁判所事務総局・刑事手続法規に関する通達・質疑回答集(追補I)8)。

留置については，204条又は205条の勾留請求後，勾留前であってもこれをすることができる (ポケット刑訴(上)479)。

留置については，代替収容施設である留置場にすることもできる。

留置場所については，逮捕状に記載された引致場所と異なっていてもよく，留置場所を変更するに際して裁判官の許可は不要である (最決昭39・4・9刑集18・4・127)。

[4] 弁護人選任の申出

78条は，勾引又は勾留された被告人の弁護人選任の申出先について，「裁判所又は刑事施設の長若しくはその代理者」と規定しているが，逮捕された被疑者の弁護人選任の申出先は，「事件を取り扱う検察官若しくは司法警察員又は刑事施設の長若しくはその代理者」である (団藤・条解(上)397)。　　　　　　　　　　　　　　　　　〔欄清隆〕

第210条 [1][2] 〔緊急逮捕〕　検察官，検察事務官又は司法警察職員は，死刑又は無期若しくは長期3年以上の懲役若しくは禁錮にあたる罪 [3] を犯したことを疑うに足りる充分な理由がある場合 [4] で，急速を要し，裁判官の逮捕状を求めることができないとき [5] は，その理由を告げて [6] 被疑者を逮捕することができる [7][8]。この場合には，直ちに裁判官の逮捕状を求める手続をしなければならない [9]。逮捕状が発せられないときは，直ちに被疑者を釈放しなければならない。

2　第200条の規定は，前項の逮捕状についてこれを準用する。

　[規]　第299条　法第199条参照。

　[範]　第120条 (緊急逮捕状の請求)　刑訴法第210条の規定による逮捕状 (以下「緊急逮捕状」という。) は，指定司法警察員または当該逮捕に当つた警官がこれを請求するもの

とする。ただし，指定司法警察員がいないときは，他の司法警察員たる警察官が請求
してもさしつかえない。

2　緊急逮捕した被疑者の身柄の処置については，順を経て警察本部長または警察署長
に報告し，その指揮を受けなければならない。

3　被疑者を緊急逮捕した場合は，逮捕の理由となつた犯罪事実がないこともしくはそ
の事実が罪とならないことが明らかになり，または身柄を留置して取り調べる必要が
ないと認め，被疑者を釈放したときにおいても，緊急逮捕状の請求をしなければなら
ない。

［1］本条の趣旨　　［2］合憲性　　［3］重罪性　　［4］充分な嫌疑があること
［5］緊急性　　［6］理由の告知　　［7］逮捕の必要性　　［8］通常逮捕状が発付さ
れている場合の緊急逮捕の可否　　［9］逮捕状請求手続

［1］本条の趣旨

　本条は，一定の重罪を犯したことを疑うに足りる充分な嫌疑があり，緊急性が認めら
れる場合には，事後直ちに逮捕状請求手続をすることを要件として緊急逮捕することを
認める規定である。

［2］合憲性

　緊急逮捕の合憲性について，最大判昭30・12・14刑集 9 ・13・2760は，「刑訴210条は，
死刑又は無期若しくは長期 3 年以上の懲役若しくは禁錮にあたる罪を犯したことを疑う
に足る充分な理由がある場合で，且つ急速を要し，裁判官の逮捕状を求めることができ
ないときは，その理由を告げて被疑者を逮捕することができるとし，そしてこの場合捜
査官憲は直ちに裁判官の逮捕状を求める手続を為し，若し逮捕状が発せられないときは
直ちに被疑者を釈放すべきことを定めている。かような厳格な制約の下に罪状の重い一
定の犯罪のみについて，緊急已むを得ない場合に限り，逮捕後直ちに裁判官の審査を受
けて逮捕状の発行を求めることを条件とし，被疑者の逮捕を認めることは，憲法33条規
定の趣旨に反するものではない」と判示しており，実務上は緊急逮捕が合憲であること
を当然の前提として運用されているといってよい。

［3］重罪性

　法定刑として「死刑又は無期若しくは長期 3 年以上の懲役若しくは禁錮」が定められ
ている罪であることが必要である。したがって，暴行罪や脅迫罪等，これに満たない法
定刑しか定められていない罪に関しては，本条の緊急逮捕をすることはできない。

［4］充分な嫌疑があること

　本条にいう「充分な理由」は，通常逮捕の要件である「相当な理由」（199 I ）よりも
高度の嫌疑があることが必要である（藤永・注釈刑訴 3 ・161）。

　「充分な理由」につき判断した最高裁判例として，集団暴行犯人の住所，氏名を知る

ことができず，各人ごとに人相，体格等の特徴を具体的に表示できなくても，犯人を確認，追尾した司法警察職員が群衆中に混在する犯人を容貌等により識別できる以上，緊急逮捕するに妨げない旨判示した最判昭32・5・28刑集11・5・1548がある。

　また，下級審裁判例として，被疑者・被害者間に民事的紛争が介在し，私法上の権利関係を究明しなければ窃盗罪の成否を認定できなかったにもかかわらず，かかる究明を行わないまま，被害者の盗難被害届等のみで緊急逮捕したことは，充分な理由を欠き違法である旨判示した名古屋高金沢支判昭31・4・27下民集7・4・1071，被疑者方電話機の前から発見したアラビア数字等の記載されたメモ用紙の存在及び記載内容からは，直ちに，被疑者が胴元として張り客から呑み行為の申込みを受けたものとは断定し難く，充分な嫌疑はなかった旨判示した神戸地決昭46・9・25刑裁月報3・9・1288がある。

［5］緊急性

　「急速を要し，裁判官の逮捕状を求めることができないとき」とは，裁判官に逮捕状を請求していたのでは，仮に逮捕状が発付されるとしても，逮捕することが被疑者の逃走その他で不可能若しくは著しく困難になる場合をいうと解されている（高田・注解刑訴中113）。

　緊急性を認めた最高裁判例としては，集団暴行犯人が逮捕に備えて防御を整えている情況の下で緊急逮捕の決定までに2時間余を要しても，逮捕状を求める余裕があったとはいえない旨判示した最判昭32・5・28刑集11・5・1548があり，下級審裁判例としては，逮捕場所と裁判所とは直線距離にして約200メートルで容易に逮捕状を求めることができたとの弁護人の主張に対し，被逮捕者が住居不定で，既に関係者が逮捕されたことを知っていたことなどから，緊急性が認められるとした高松高判昭25・4・22特報9・203（なお，同判決は，逮捕に際して被疑者が抵抗したことは緊急逮捕の要件ではないとしている。），逃走した無銭飲食犯人を発車間際の列車内に発見し，任意同行を求めたが，これを拒否したため，緊急逮捕した事案において，急速を要し裁判官の逮捕状を求めることもできない場合であるといえるとした札幌高判昭25・6・7特報10・145，4日前には被疑者の行方不明を知っていたのに逮捕状の請求をせず，被害者らが被疑者を警察に同行して来た際，任意での取調べをした上で緊急逮捕したとしても緊急性の要件を欠くとはいえないとした大阪地決昭39・2・25下刑集6・1＝2・150がある。

［6］理由の告知

　緊急逮捕の際には，被疑者に対し，「その理由を告げ」る必要があり，具体的には，①本条所定の罪を犯した嫌疑が充分であること及び②急を要する事情のあることの両者を告げる必要がある（高田・注解刑訴中114，藤永・注釈刑訴3・162）。

　これらを告知しなかったとして，緊急逮捕を違法とした裁判例として，神戸地決昭46・9・25刑裁月報3・9・1288，大阪地判平3・3・7判タ771・278がある。

［7］逮捕の必要性

　本条では，逮捕の必要性が明文化されていないが（199Ⅱ但参照），緊急逮捕の場合に

210条

も，逮捕の必要性は必要である。

この点，規143条の3の適用はあるが (高田・注解刑訴中115)，逮捕の必要性は，通常逮捕の場合よりも高度である必要はない (藤永・注釈刑訴3・163)。

[8] 通常逮捕状が発付されている場合の緊急逮捕の可否

通常逮捕状が発付されているにもかかわらず，これを執行しないで被疑者を緊急逮捕できるかという問題がある。

この問題は，いわゆる指名手配がなされている場合に起こり得るものの，そのような場合には，およそ通常逮捕状の緊急執行 (201Ⅱ・73Ⅲ) による身柄の拘束が可能であることが多いであろう。もっとも，緊急執行においては，令状を「できる限り速やかに」示す必要があり，これができないときは通常逮捕手続が違法となることから，通常逮捕状を「できる限り速やかに」呈示できない事態が見込まれる場合などにおいては，緊急逮捕をなし得ると解するのが通説である (佐々木・令状基本上166，藤永・注釈刑訴3・168，渡辺・大コメ刑訴3・459)。

[9] 逮捕状請求手続

(1) **逮捕状請求権者**　緊急逮捕状の場合は，通常逮捕の場合のような逮捕状請求権者の資格制限規定 (199Ⅱ) がないため，検察事務官及び司法巡査も請求ができる。

(2) **「直ちに」**　緊急逮捕後は，「直ちに」逮捕状を請求する手続をする必要がある。この「直ちに」の意義については，令状主義の例外として，極めて厳格に，即ち「即刻」というくらいの猶予しか許さない趣旨であると解するのが通説的立場である (秋山・令状基本上171)。とはいえ，何らかの時間的な幅は認めざるを得ないし，この幅も逮捕時から逮捕状の請求が裁判所で受理されるときまでの所要時間の単なる長短のみで判断されるものでなく，事件の複雑性，被疑者の数，逮捕場所と警察署の距離，警察署と裁判所の距離，交通機関の事情等を考慮して，逮捕状請求手続が「できる限り速やかに」行われたと合理的に認められる限り，「直ちに」なされたものと認められると解される (藤永・注釈刑訴3・163)。

この点，逮捕状請求手続が「直ちに」なされたものであり適法とした裁判例として，裁判官が判断するのに最小限必要な疎明資料及び逮捕状請求書を整えるために要する合理的な時間を超えて遅延しない限り，法の定めた時間的制約は遵守されたものと解すべきであるとして，緊急逮捕の6時間半後の逮捕状請求を適法とした京都地決昭52・5・24判時868・112，逮捕後令状請求まで約6時間経過しても，その経過が必要かつやむを得ないものであるときは令状請求は適法であるとした広島高判昭58・2・1判時1093・151がある。

また，違法とした裁判例として，深夜のために担当裁判官が翌朝にするようにと指示した場合であっても，緊急逮捕後約12時間30分経過した後に行った逮捕状請求手続は「直ちに」なしたものとはいえないとした京都地決昭45・10・2判時634・103，午後1時20分頃に非現住建造物放火の被疑事実で緊急逮捕した後，火災現場における実況見分等を

経て，午後 8 時頃に逮捕状請求手続を行ったのは，「直ちに」の要件を欠き違法であるとした大阪高判昭50・11・19判時813・102がある。なお，最決昭50・6・12判時779・124の団藤裁判官補足意見は，「原判決の認定によれば，被告人が『実質上逮捕されたと認める余地のある』のは当日の『正午頃か遅くとも同日午後 1 時30分頃』であつたのにかかわらず，午後10時ころになつてはじめて逮捕状の請求があり，同日中に逮捕状の発付をえたというのであつて，当日が休日であつたこと，最寄りの簡易裁判所までが片道 2 時間を要する距離であつたことを考慮に入れても，とうてい本件緊急逮捕の適法性をみとめることはできない」としている。

なお，緊急逮捕に基づく逮捕状の請求が「直ちに」の要件を欠くものとして却下された後の通常逮捕状の発付の可否につき，「却下されたもののなお逮捕の理由と必要性の存する場合には『直ちに』といえると考えられる合理的な時間を超過した時間が比較的僅少であり，しかも右の時間超過に相当の合理的理由が存し，しかも事案が重大であつて治安上社会に及ぼす影響が大きいと考えられる限り，右逮捕状請求が，却下された後，特別の事情変更が存しなくとも，なお前記した再逮捕を許すべき合理的な理由が，存するというべく，通常逮捕状に基づく再逮捕が許されるものといわなければならない。」とした浦和地決昭48・4・21刑裁月報 5・4・874がある。

(3) **逮捕状の請求許否の判断と逮捕後の資料**　緊急逮捕の要件は，逮捕時において存在することが必要であり，しかもその判断資料は逮捕者が認識し得た具体的状況に基づくことを要する。したがって，緊急逮捕状の請求許否の判断において，逮捕後に生じた状況を資料とすることはできず，例えば，緊急逮捕時においては犯罪を犯したと疑うに足りる十分な理由がなかったが，逮捕後に被疑者を取り調べた結果，被疑者が自白したことにより，かかる理由が認められるに至った場合には，緊急逮捕の要件を欠くこととなる。もっとも，逮捕時において既に存在し，逮捕者がその当時認識し得た事情である限り，これを記載した書面自体は逮捕後に作成されたものであっても，緊急逮捕状の許否の判断の資料として差し支えない（藤永・注釈刑訴 3・165，小田・令状基本上178）。

この点，緊急逮捕状請求書に被疑者が罪を犯したことを疑うに足りる十分な理由として逮捕後の被疑者の自供が挙げてあっても，これを除いても要件が認定できるときは違法ではないとした最判昭25・6・20刑集 4・6・1025がある。

(4) **緊急逮捕後に被疑罪名が変わった場合における逮捕状請求書及び逮捕状の記載**　例えば，傷害罪で緊急逮捕したところ，逮捕状請求時までに被害者が死亡した場合など，緊急逮捕後に被疑罪名が変わった場合においても，逮捕状請求書及び逮捕状には，逮捕時において認められる罪名及び被疑事実を記載すべきであり，上記の例では，傷害致死罪ではなく，傷害罪で逮捕状を請求し，発付することになる（藤永・注釈刑訴 3・167，小田・令状基本上182）。緊急逮捕は，無令状の逮捕行為を追認し，全体として令状による逮捕行為とする制度であり，緊急逮捕の要件の存否が逮捕時を基準として判断される以上，逮捕状請求書及び逮捕状の記載についても，逮捕時を基準とすべきだからである。

（5）**その他**　逮捕状の請求は，逮捕後，被疑事実が罪とならず，又は被疑者が人違い等で犯罪の嫌疑がなく，若しくは留置の必要性がなくなったため，捜査官の判断で被疑者を釈放した場合でも行わなければならず（藤永・注釈刑訴3・164，高田・注解刑訴中115。なお，範183），また，被疑者が逮捕状請求前に逃走した場合や緊急逮捕行為に着手したが逮捕に成功しなかった場合でも行わなければならない（新関・令状基本上183）。〔東山太郎〕

第211条[1]**〔通常逮捕に関する規定の準用〕**　前条の規定により被疑者が逮捕された場合には，第199条の規定により被疑者が逮捕された場合に関する規定[2]を準用する。

[1] 本条の趣旨

本条は，被疑者が緊急逮捕された場合には，199条による通常逮捕の場合の諸規定を準用することを定めるものである。

[2] 準用される規定

本条によって準用される規定は，逮捕後の手続に関するものであり，具体的には，202条から209条までである。

したがって，通常逮捕することを定めた199条は準用されないが，同条3項の準用の可否については，学説上争いがある（団藤・条解401）。もっとも，逮捕状請求書の記載については，規142条1項8号の適用があるから，この争いは実務上は影響がない。

司法巡査が緊急逮捕したときは，直ちに司法警察員に引致しなければならない（202）が，緊急逮捕の要件を欠くことが明らかになったときは，被疑者を司法警察員に引致する前においても，逮捕した司法巡査はこれを釈放すべきであるとされる（司研報告8・9・95）。

203条1項の48時間，204条1項の48時間，205条2項の72時間の起算点は，被疑者が身体を拘束された時点であり，緊急逮捕状が発付された時点ではない。

緊急逮捕状請求が却下された場合には，直ちに被疑者を釈放しなければならないが，この場合であっても，246条により，検察官に事件送致しなければならない。〔東山太郎〕

第212条[1]**〔現行犯人〕**　現に罪を行い[2]，又は現に罪を行い終つた者[3]を現行犯人とする。

2　左の各号の一にあたる者が，罪を行い終つてから間がない[4]と明らかに認められるときは，これを現行犯人とみなす。

一　犯人として追呼されているとき[5]。

二　贓物又は明らかに犯罪の用に供したと思われる兇器その他の物を所持している

とき [6]。

三 身体又は被服に犯罪の顕著な証跡があるとき [7]。

四 誰何されて逃走しようとするとき [8][9]。

　　[1] 本条の趣旨　　[2] 現に罪を行う者　　[3] 現に罪を行い終わった者
　　[4]「罪を行い終つてから間がない」　　[5] 1　号　　[6] 2　号　　[7] 3　号
　　[8] 4　号　　[9] 準現行犯逮捕すべきものを現行犯逮捕した場合

[1] 本条の趣旨

　本条は，憲法33条の令状主義の例外である現行犯逮捕について，現行犯人の意義と要件を定める規定であり，1項が本来的意味での現行犯人，2項が準現行犯人について定めている。

　無令状で現行犯人を逮捕することを憲法が許容しているのは，現行犯の場合，犯罪と被逮捕者との結びつきが明白で誤認逮捕のおそれがないこと，その場で逮捕する必要性が高く，かつ，その機会を逃すと今後いつ被疑者を保全できるか分からないからである。

[2] 現に罪を行う者

(1) **意　義**　「現に罪を行」う者とは，犯罪の実行行為を行いつつある犯人であって，それが逮捕者の目前で行われている場合をいう。

　犯罪が特定されたものであることを要するが，その種類，軽重を問わない（ただし，217参照）。

　未遂を処罰する罪においては，実行の着手があればよい。

(2) **実行従属性・共犯従属性との関係**　犯人が行いつつあるのが，予備，陰謀，煽動，共謀，教唆，幇助であったとしても，それらの行為自体が独立して可罰的である場合（例えば，殺人予備罪〔刑201〕，内乱予備・陰謀罪〔刑78〕）には，もとより，これらの行為を行いつつある者は現行犯人である。もっとも，通常の犯罪の場合には，共犯従属性の観点から，正犯の実行の着手がなければ犯罪が成立しないことから，共犯者の行為と正犯の実行行為の双方につき，本条の要件を満たす必要がある（松尾・条解406）。

　この点，東京高判昭27・12・26高刑集5・13・2645は，窃盗の実行の着手に達しない段階で私人が現行犯逮捕した事案につき，「窃盗の予備は，犯罪とはされていないのであるから，……本件逮捕行為は，現行犯の逮捕と解することはできない。」と判示している。

　なお，東京高判平元・7・6東時40・5＝8・21は，凶器準備集合の事案において，「実行行為者及び被逮捕者たる共謀共同正犯者の挙動や犯罪現場の状況などから，現に行われ又は終了した犯罪が，共謀による共同犯行であることが明白であるときには，被逮捕者が共謀共同正犯者であるときにも，これを現行犯として逮捕することができるものと解される。」としているが，これは事案の内容として，共犯者の行為と正犯の実行

212条

行為の双方について本条の要件を満たしていた事案であると考えられる。

[3] 現に罪を行い終わった者

(1) **意　義**　「現に罪を行い終わつた」者とは，特定の犯罪の実行行為を終了した直後の犯人であって，そのことが逮捕者に明白である場合をいう。

　結果発生の有無と関係がなく，また実行行為の全部を完了したことも要せず，着手未遂の場合も含まれる（団藤・条解402）。

(2) **時間的接着性**　犯罪の実行行為を終了した直後というためには，行為を行い終わった瞬間又はこれに極めて接着した時間的段階であることが必要である（本位田・実務講座3・524）。

　行為を行い終わった後，具体的にどの程度の時間をいうかを数字で限界づけることは困難であるが（松尾・条解406），この点に関する判例としては，犯行現場である特殊飲食店の主人の届出に応じ，付近の派出所勤務の巡査が同店に急行したところ，暴行の被害者である同店従業婦から被害状況を訴えられ，更に犯人が同店から約20メートル隔てた別の店にいると告げられたため，同所に赴き，手をけがして大声で叫びながら洗足している犯人を，犯行後30〜40分経過してから現行犯逮捕した事案を適法とした最決昭31・10・25刑集10・10・1439がある（もっとも，この最決の事例は，準現行犯と見るべきであるとの見解もある〔団藤・綱要342，ポケット刑訴上487〕。）。

　一方で，下級審裁判例ではあるが，映画館内における公然わいせつの犯行から約1時間5分経過した後に，犯人が映画館を出てきたところを現行犯逮捕したのを違法としたもの（大阪高判昭40・11・8下刑集7・11・1947）や，自動車の当て逃げの犯行から約1時間経過した後に現行犯逮捕したのを違法としたもの（仙台高判昭42・8・22下刑集9・8・1054）がある。

　以上から，実行行為終了から現行犯逮捕までの時間として許容される最大限の目安は，原則として30〜40分程度といわれている（藤永・注釈刑訴3・173，高田・注解刑訴中120）。

　しかしながら，個別具体的な状況の下では，これを超える時間が経過した後にも現行犯逮捕が適法とされることもあり得る。例えば，脅迫の被害者からの110番通報を受けた警察官が被害者と同道して犯行現場に臨場したが，犯行から逮捕まで1時間20分が経過していたという事案において，逮捕に赴いた際に被害者が相当程度なお畏怖状態にあったと外観上うかがわれたこと，臨場した時点においても被疑者が依然犯行現場に現在し，かつ，逮捕の際においても，被疑者が被害者に対し，「お前のような奴はいつかは必ず殺してやるぞ」などと怒号していたことを考慮して，現行犯逮捕を適法とした大津地決昭48・4・4刑裁月報5・4・845，強制わいせつ等の被害者からの届けを受けた警察官が犯行現場である閉店後の飲食店に臨場したが，犯行から逮捕まで約50分が経過していたという事案において，警察官が臨場した際に被疑者が同店の奥で横になっており，他に男性の出入りがない状況で被疑者を犯人として指示したことを考慮して，現行犯逮捕を適法とした東京地決昭42・11・22判タ215・214等がある。これらは，いずれも，

個別具体的な状況の下で，犯罪と被逮捕者との結びつきが明白で誤認逮捕のおそれがないことから，現行犯逮捕を適法としたものと解される。

(3) **場所的接着性**　「現に罪を行い終わつた」との文言は，直接的には時間的概念を指してはいるが，犯行後の時間的経過により，犯人が犯行現場から移動していくのが通常であり，犯人が犯行現場から遠く離れるほど犯行と逮捕の時間的接着性が希薄になるとともに犯人がそれ以外の者と混同され犯人の明白性が失われるから，この要件の中には場所的要素も当然に含まれることとなる（藤永・注釈刑訴 3・174）。

　この点に関する積極判例としては，住居侵入の現場から約30メートル離れた地点での逮捕を適法とした最決昭33・6・4刑集12・9・1971，窃盗犯人を継続追跡して約45メートル離れた地点での逮捕を適法とした東京高判昭27・2・19特報29・46，暴行の現場から約100メートル離れた地点での逮捕を適法とした福岡高判昭28・6・5特報26・23，自動車の定域測定式速度違反取締りにおいて測定終了地点から約300メートル離れた地点での逮捕を適法とした東京高判昭41・1・27判時439・16がある。

　一方，脅迫の被害者からの電話を受けて現場に臨場した警察官は，現場の状況等から被疑者を脅迫の現行犯人と認めたものの，被害者が被疑者の面前では怖くて事情聴取に応じられない旨申し立てたため，被疑者を最寄りの派出所に隔離する措置をとった上で，脅迫文言を明らかにすべく被害者に対する事情聴取を続行した後，被疑者を現行犯逮捕したという事案において，当該現行犯逮捕手続が，犯行場所から約250～300メートル離れた派出所内において，しかも，犯行が終了した時点から約40分の時間的間隔を置いて行われたものであることを指摘し，違法と判示した大阪高判昭62・9・18判タ660・251がある。

　「現に罪を行い終わつた」といい得るのは，具体的にどの程度の距離までなのかを数字的に限定することは困難であるが，上記判例の動向を踏まえ，200～300メートル程度が限界であるとされている（藤永・注釈刑訴 3・174）。

　なお，窃盗の目撃者が犯人を尾行したところ，被疑者が約400～500メートル離れた家屋に入るのを現認したため，家人に犯人を出すように要求したものの果たせず，警察官に事情を話し，二十数分後に警察官が到着して現行犯逮捕した事案を適法とした札幌高函館支判昭37・9・11高刑集15・6・503があるが，この事案を「現に罪を行い終わつた者」とするには，監視の中断状況，現場からの距離に照らせばやや問題があるとの指摘があり（渡辺・大コメ刑訴 3・483），準現行犯逮捕とみるべきだと思われる（藤永・注釈刑訴 3・175）。

　また，近時の裁判例として，被疑者が電車内で女子高生に痴漢行為をした後，駅改札口を出てからも執拗に同女に追随してつきまとっていたところ，同女から携帯電話で連絡を受けた父親に現行犯逮捕された事案について，逮捕が犯行から約18分間後，距離的にも相当程度離れた場所で行われたものだとしても，被疑者が同女につきまとい終始身近にいる状態が続いていたこと，父親は同女と連絡を取り合い犯人を逮捕するに足りる

程度の認識を持っており，実質的な逮捕者は，同女と父親であると認められることから，「現に罪を行い終わつた」との要件を満たし，現行犯逮捕は適法であるとした東京高判平17・11・16東時56・1＝12・85がある。

[4]「罪を行い終つてから間がない」

(1) 準現行犯　　本条2項は，「準現行犯」に関する規定である。

判例は，憲法33条の現行犯には沿革的に本条2項に規定する程度の準現行犯を含むとしてこの規定を合憲としている（最大判昭23・12・1刑集2・13・1679）。

(2) 時間的・場所的接着性　　「罪を行い終つてから間がない」とは，犯罪の実行行為終了後，時間的に相当接着していることをいう（藤永・注釈刑訴3・176）。

時間的限界を数字的に特定することは困難であるが，通説は，せいぜい数時間と解しており（団藤・条解403，ポケット刑訴上486，伊藤・実際問題71），一般的には，3〜4時間と解すべきとされている（藤永・注釈刑訴3・176）。

「間がない」とは，時間的概念ではあるが，現行犯の場合ほどでないとしても場所的にも犯行現場との近接性が要求される（藤永・注釈刑訴3・176）。

時間的場所的限界は，本条2項各号の別によって異なり，犯人の明白性による相対的なものであり，例えば，1号の追呼では，追呼追跡が継続している限り，場所的にも時間的にも相当の隔たりがあっても，犯人の明白性が失われないから，「間がない」といえる（藤永・注釈刑訴3・177）。一方，2号，3号では，1号より場所的時間的接着性が必要であり，4号では更に厳格に解さなければならないとされる（渡辺・大コメ刑訴4・496，松尾・条解407）。

この点，最高裁判例としては，品川区での窃盗の2時間30分後，台東区で贓物所持を発見されて追跡され，犯行の4時間後の逮捕（②）を適法としたもの（最判昭30・12・16刑集9・14・2791），放火等の行為の後逃走し，40〜50分経過した時点で，犯行現場から約1100メートルの場所で逮捕した（④）のを適法としたもの（最決昭42・9・13判時498・75），いわゆる内ゲバ事件が発生したという無線情報を次々と傍受して警戒に当たっていた警察官が，犯行の約1時間後に現場から約4キロメートル離れた地点で被疑者の1人を，犯行の約1時間40分後に現場から約4キロメートル離れた地点で別の被疑者1人をそれぞれ逮捕した（②③④）のを適法としたもの（最決平8・1・29刑集50・1・1）がある。また，下級審裁判例としては，荷車を窃取して2時間10分経過した後に贓物を所持しているところを逮捕（②）したのを適法としたもの（広島高松江支判昭27・6・30特報20・185），窃盗未遂後1時間半して犯行現場から二百数十メートルの地点で誰何され逮捕（④）したのを適法としたもの（福岡高判昭29・5・29高刑集7・6・866），窃盗の犯行から約2時間経過した時点での逮捕（③④）を適法としたもの（東京地判昭42・7・14下刑集9・7・872）などがある。

[5] 1 号

(1)「犯人として追呼されているとき」の意義　　その者が犯人であることを明確に認識している者により，逮捕を前提として追跡又は呼号（例えば「泥棒，泥棒」と叫ぶこと）を

受けていることを意味する（大阪高判平8・9・26判時1597・81，藤永・注釈刑訴3・178）。

追呼の主体は，被害者自身である必要はなく，犯行の目撃者のような第三者であってもよい。2人以上の者が順次追呼しても差し支えない（横浜地判昭54・7・10刑裁月報11・7＝8・801参照）。

追呼の方法は，必ずしも声を出す場合に限られず，無言による追跡，身振り手振りでの追跡，さらには，追跡しないで声だけで呼号する場合も含めてよい（高田・注解刑訴中122，藤永・注釈刑訴3・179）。自動車による追跡も追呼である（東京高判昭46・10・27東時22・10・285）。

実務においては，被害者・目撃者が犯行を現認したものの，自ら逮捕しないで警察官に通報し，現場に臨場した警察官が犯人を逮捕する場合が多いが，このような場合も追呼に当たり得る。

この点に関する最高裁判例としては，クラブ内での器物損壊の犯行を目撃した同店経営者が警察に通報し，警察官が臨場したところ，同店従業員が同店内に現在する被疑者を指示するなどしたという事案について，本号による準現行犯に該当するとした最判昭39・10・27裁集刑152・1131がある。

また，下級審判例として，警察官が駆けつけた時点において，犯人が被害者から贓物を目前に置いて詰問せられ，犯人も窃盗事実を自認している事案につき本号による準現行犯に該当するとした福岡高宮崎支判昭32・9・10裁判特報4・18・471（もっとも，この事案においては，被害者は犯行の約1時間後に犯人を発見していることから，追呼と解するには疑問があるとの指摘がある〔渡辺・大コメ刑訴4・499〕。），臨場した警察官の目前で，被害者が，寸借詐欺をしようとしたのではないかと被疑者を詰問し，被疑者がそれを自認した事案につき本号による準現行犯に該当するとした東京地決昭43・3・5下刑集10・3・320などがある。

一方で，本号による準現行犯逮捕を違法とした裁判例として，警察官が現場に駆けつけたときには犯人は既に逃走しており，犯行現場に残っていた被害者から事情を聴取し，被害者と共に付近を捜索したところ，被害者が，犯行現場から十数メートル離れた飲食店から出てきた被疑者らを指示したことから，警察官において被疑者らを逮捕した事案について，追呼に当たらないとした釧路地決昭42・9・8下刑集9・9・1234，被害者が警察官に被害を申告し，警察官と共に現場に戻ってくる間に，犯人は約25メートル離れた喫茶店に入っていたが，付近にいた者がその事実を告げたため，同喫茶店内に入って犯行の約30分後に被疑者を逮捕した事案について，「被疑者が喫茶店に入つた段階で犯人との接続が断たれた」とした東京地決昭43・9・7下刑集10・9・961，暴行の犯行を現認していない警察官が，暴行の痕跡を認めなかったにもかかわらず，目撃者の供述及び被疑者が暴行の事実を否定しなかったことから，犯行の約30分後，犯行現場から約20〜30メートル離れた地点で被疑者を準現行犯逮捕した事案について，被疑者は犯人として追呼されていたと認めることができないとして逮捕を違法とした大阪高判平8・

9・26判タ942・129などがある。

(2) **追呼の継続**　追呼は，犯罪終了後から継続してなされていることが必要であるが，追呼がいったん中断されたとしても，それが一時的ないし短時間の中断であり，全体が1個の追呼と認められれば，本号の要件を満たし得る。

この点で参考となる裁判例としては，仙台高判昭44・4・1刑裁月報1・4・353が挙げられる。同判決は，公務執行妨害等の被害者が妨害されて追呼を断念したが，その上司を経て連絡を受けた鉄道公安職員が犯行から約25分を経過してから被疑者を逮捕したという事案について，一般論として，「追呼が，逮捕者による逮捕の瞬間まで継続されていることは必ずしも必要でないものと解されるので，追呼者が，犯人を追呼中，自己の非力ないし他人の妨害等の事情により，やむなくその追呼を中止したような場合においても，追呼に関する右のような一連の状況が逮捕者にとつて外見上明瞭であつた限りにおいては，その逮捕は，なお『犯人として追呼されているとき』の要件を具備するものと解することができる。」としつつ，当該事案においては，逮捕者において追呼に関する一連の状況が外見上なお明瞭であったとはいえないし，鉄道公安室長が被害者をして被疑者の所在を確認させたこと及び逮捕者が逮捕に際し被害者から被疑者が犯人であるとの確認を得たこと等の事情があっても，それらが被害者による追呼に当たるとはいえないなどとして，本号による準現行犯逮捕を違法とした。

[6] 2 号

(1) **「贓物又は明らかに犯罪の用に供したと思われる兇器その他の物」の意義**　「贓物」とは，財産罪によって不法に領得された財物で被害者が法律上追求することができるものをいう（刑256参照）。

「兇器」とは，人を殺傷しうる器物で一般人をして危機感を抱かしめるものであり，用法上の兇器も含まれる（刑208の2参照）。「その他の物」には，犯罪を組成した物，犯罪から生じた物，犯罪から得た物なども含まれる（松尾・条解406，渡辺・大コメ刑訴4・500）。兇器その他の物は，これを使用して犯罪を行ったことが客観的に明らかでなければならない（藤永・注釈刑訴3・180）。

(2) **「所持」の意義**　「所持」とは，現に身に付けたり，携帯している場合やこれに準ずる事実上の支配下にある場合を指し，自宅に置いているなどその支配力を及ぼし得る場所に置いているに過ぎない場合は含まれない（藤永・注釈刑訴3・180，渡辺・大コメ刑訴4・500）。

所持は，準現行犯と認定したときにあればよく，必ずしも逮捕の瞬間に所持していることは要件ではない（最判昭30・12・16刑集9・14・2791。同裁判は，風呂敷包を重そうに両手で抱えていた被疑者を追跡したところ，電機店で風呂敷包をほどいて贓品であるモーター1台を取り出した後に，現金を受け取り風呂敷を丸めて早足で立ち去ったのを職務質問し，派出所に任意同行して逮捕した事案について，本号による準現行犯逮捕を適法とした。）。

なお，福岡地小倉支決昭44・6・18刑裁月報1・6・720は，現場に駆けつけた鉄道

公安職員に対し，被害者が被疑者を指示して「盗んだのはこの男です。」と言ったことから，被疑者を現場から約15メートル離れた派出所に任意同行して取り調べた結果，被疑者が腹巻の中から盗品を取り出したために，犯行の約12〜13分後に被疑者を窃盗の準現行犯人として逮捕したという事案について，「贓物を所持しているとき」というのは，外見上被疑者が贓物を所持していることが明白な場合を意味し，外見上被疑者が贓物を所持しているか否かは不明で，例えば被疑者がポケットの中から贓物を取りだしたことによってはじめて贓物を所持していることが判明したような場合は，本号に該当しないと判示し，準現行犯逮捕を違法とした。もっとも，この裁判例には，外観上の明白性を厳格に解しすぎており，簡単な職務質問により盗品を取り出したような場合，これを当初から手にしていた場合と犯人の明白性において異なるところはないのではないかとの批判が強い（藤永・注釈刑訴3・180，渡辺・大コメ刑訴4・501）。

[7] 3 号

「身体又は被服に犯罪の顕著な証跡があるとき」とは，身体又は被服にその犯罪を行ったことが外部的・客観的に明らかな痕跡が認められることをいう（藤永・注釈刑訴3・180）。例えば，殺人事件の発生直後に，返り血と認められる血痕の付着した衣服を着用している被疑者を発見したような場合である。

被服には，被服に準ずる帽子，靴，下駄等も含まれる（高田・注解刑訴中123）が，被疑者がこれらを現実に身に付けていることを要するのであり，例えば，血の付いた衣服を自宅に隠しているような場合は含まれない（渡辺・大コメ刑訴4・501）。

本号に関する裁判例としては，工事現場から電線を切断の上窃取する際に犯人が腕にけがを負った旨を目撃者から人づてに聞いていた作業員（私人）が，犯行の約2時間後に，腕にけがのある被疑者を認めて交番への同行を求めたところ逃げ出したので逮捕したのを適法とした東京地判昭42・7・14下刑集9・7・872，凶器準備集合事件において，行動を共にしている共犯者（被疑者らも共犯者らも過激派の構成員又は同調者）の被服に血痕が認められるような場合も本号に当たるとした東京高判昭62・4・16判時1244・140，無免許・酒気帯び運転の際に引き起こした交通事故のために自らも負傷し，病院に運ばれた被告人について，病院に駆けつけた警察官が酒臭を認めたのを本号に当たるとした名古屋高判平元・1・18判タ696・229がある。

[8] 4 号

「誰何」とは，本来声をかけて何者か問いただすことを意味するが，声に出して「誰か」と問う必要は必ずしもなく，例えば，制服警官の姿を見て逃げ出した場合も含むと解される（松尾・条解407，藤永・注釈刑訴3・181，渡辺・大コメ刑訴4・502，ポケット刑訴上487）。この点，犯行現場に臨場した警察官が，周辺を捜索していたところ，犯行の40〜50分後，犯行現場から約1100メートル離れた場所で犯人と思料される者を発見したので，懐中電灯で照らし，同人に向かって警笛を鳴らしたのに対し，同人がこれによって警察官と知って逃走しようとしたときは，本号に当たるとした最決昭42・9・13刑集21・7・904

がある。

　誰何の主体には私人も含まれる。

　本号に関する裁判例としては，夜中の２時半頃自転車に乗り牛を引っ張っていく途中警察官に呼びとめられ，引いていた牛の手綱を放して逃げ出した場合は，誰何せられて逃走する場合に該当するとした東京高判昭26・5・26高刑集4・6・601，司法巡査が届出により窃盗未遂の犯罪の発生を知り，犯人は裸足で懐中電灯を携えていることを唯一の手がかりとして犯人捜査中，犯行後１時間半くらいを経過した頃，犯行の現場から二百数十メートル離れた地点で，午前２時半頃の深夜，褌一つの裸体で首に空風呂敷をかけ，しかも手がかりどおり裸足で懐中電灯を携え異様な風体をして歩いている者の姿を目撃し，誰何したところ，同人が突如逃走しようとしたときは本号に該当するとした福岡高判昭29・5・29高刑集7・6・866，大学構内で内ゲバが発生し怪我人が多数出た旨の無線指令を受けた交番勤務の警察官が，無線受理から約15〜20分経過した後に路上を走っていた被疑者を認め，「ちょっと待ってくれ」と声をかけたところ，被疑者が同巡査を振り切って小走りで進んだのを本号に該当するとした横浜地判昭54・7・10刑裁月報11・7＝8・801がある。

[9] 準現行犯逮捕すべきものを現行犯逮捕した場合

　本条２項の準現行犯として逮捕すべきものを１項の現行犯として逮捕した場合であっても，本条は213条によって何人でも逮捕状なくして逮捕できる犯人についてその範囲を定めたもので，現行犯人と準現行犯人との差に意味があるわけではないから，その逮捕は適法である（松尾・条解407）。

　したがって，現行犯逮捕した場合において，本条の解説 [3] の(2)及び(3)で述べたような現行犯逮捕に求められる時間的場所的接着性の要件を欠いていたとしても，準現行犯逮捕の要件を満たしているのであれば，逮捕自体は適法である。　　　　〔東山太郎〕

第213条 [1] 〔現行犯逮捕〕　現行犯人 [2] は，何人でも [3]，逮捕状なくしてこれを逮捕することができる [4][5][6][7]。

　　[範]　第136条（逮捕手続書）　被疑者を逮捕したときは，逮捕の年月日時，場所，逮捕時の状況，証拠資料の有無，引致の年月日時等逮捕に関する詳細を記載した逮捕手続書を作成しなければならない。

　　　　2　前項の場合において，被疑者が現行犯人であるときは，現に罪を行い，もしくは現に罪を行い終つたと認められた状況，または刑訴法第212条第２項各号の一に当る者が罪を行い終つてから間がないと明らかに認められた状況を逮捕手続書に具体的に記載しなければならない。

　　　第270条（他の都道府県警察の管轄区域における現行犯人逮捕）　警察官は，他の都道府

県警察の管轄区域において現行犯人を逮捕したときは，原則として，逮捕地を管轄する都道府県警察に引き渡さなければならない。

[1] 本条の趣旨　　[2] 現行犯人性の認定，資料　　[3] 逮捕権者　　[4] 逮捕の必要性　　[5] 逮捕の方法　　[6] 現行犯逮捕における有形力の行使　　[7] 緊急逮捕すべきものを現行犯逮捕した場合

[1] 本条の趣旨

　本条は，現行犯人であれば，捜査機関に限らず，私人でも，逮捕状なしで逮捕することができることを定めた規定である。本条の「現行犯人」には，準現行犯人も含まれる。

　現行犯人の逮捕が令状主義の例外として認められているのは，犯罪の実行が明白で，司法判断を経なくても誤認逮捕のおそれがなく，また，犯人逮捕の必要性・緊急性が高いからである。

　ただし，軽微な犯罪には一定の制限がある (217)。

[2] 現行犯人性の認定，資料

　現行犯人又は準現行犯人の要件を満たしているかどうかは，逮捕時における具体的状況に基づいて客観的に判断されるべきであり，事後的な純客観的な判断によるべきものでもなく (最決昭41・4・14判時449・64，藤永・注釈刑訴3・175，ポケット刑訴上486)，単に，逮捕者の主観において犯行及び犯人が明白であったことをもって足りるわけでもない (東京高判平3・5・9判時1394・70)。

　仮に事後的な判断において，現行犯人の要件を欠いていたとして嫌疑不十分とされたような場合でも，遡って逮捕が違法となるわけではない (松尾・条解409)。

　現行犯逮捕は，逮捕時の即時的判断によってなされる以上，違法性阻却事由，責任阻却事由の存否に疑いがあったとしても，それが積極的な疑いでない限り，可能であると解されている (団藤・条解403，藤永・注釈刑訴3・172，渡辺・大コメ刑訴4・503，高田・注解刑訴中119)。

　親告罪につき告訴のない場合に強制捜査ができるかという問題はあるが，現行犯逮捕は即時的判断によってなされる以上，告訴がなくても可能であると解されている (藤永・注釈刑訴3・172，高田・注解刑訴中119)。

　現行犯逮捕においては，犯罪の行われたことが客観的に明白である必要はあるが，それは何人にも明白である必要があるわけではなく，たとえ一般人には判別できなくとも事前の内偵，張込み等によって得られた資料等に基づく知識から判断すれば犯罪行為と認められる場合にも現行犯逮捕は可能である (東京高判昭41・6・28東時17・6・106，藤永・注釈刑訴3・175，渡辺・大コメ刑訴4・505，松尾・条解409)。

　現行犯人性の認定は，基本的には，逮捕者自身が直接見聞した被逮捕者の挙動・状態・証跡その他の客観的状況によって行われることとなるが，これらに限られるわけでは

なく，被害者・目撃者の供述，被逮捕者の自供等も，逮捕者が現行犯人性を認定するための補充資料，根拠となり得る（藤永・注釈刑訴3・176，渡辺・大コメ刑訴4・507，松尾・条解409）。例えば，被害者の110番通報により警察官が現場に臨場したところ，被害者も犯人も現場に存在し，被害者の供述により犯人を特定できたような場合には，当該警察官自身は直接犯行を現認していなくとも，被害者の供述等を資料として現行犯人性を認定できる場合には，現行犯逮捕してよい（藤永・注釈刑訴3・176）。

[3] 逮捕権者

「何人でも」とは，一般私人でも逮捕できることを意味する。

私人の逮捕者が行った実力行為は，その状況からみて社会通念上逮捕に必要かつ相当と認められる限度内であれば，刑法35条により罰せられない（最判昭50・4・3刑集29・4・132）。

私人による現行犯逮捕は，捜査の補助行為であっても捜査そのものではない（藤永・注釈刑訴3・186）。

捜査機関であっても，例えば特別司法警察職員が与えられた犯罪捜査権の及ばない犯罪など，その権限外の犯罪については，私人としての現行犯逮捕をすることになる。また，税関職員，国税査察官等，犯則調査権を与えられた公務員についても，捜査機関ではないから，私人としての現行犯逮捕をすることになる（藤永・注釈刑訴3・186。なお，大阪高判昭34・5・4高刑集12・3・252参照）。

私人逮捕の場合においては，当該私人は，220条に規定する令状によらない捜索・差押え・検証をすることができない（渡辺・大コメ刑訴3・516）。

もっとも，警察官は，いかなる地域においても，現行犯人の逮捕に関しては警察官としての職権を行うことができる（警65）ことから，公務としての現行犯逮捕に暴行，脅迫によって抵抗すれば公務執行妨害となる上，220条に規定する令状によらない捜索・差押え・検証をなし得るし，武器の使用もできる（藤永・注釈刑訴3・186，松尾・条解408）。なお，216条の解説[3]参照。

[4] 逮捕の必要性

現行犯逮捕において，逮捕の必要性は明文上規定されていない（199Ⅱ但，規143の3参照）ことから，逮捕の必要性は現行犯逮捕の要件ではないとする消極説もあるが，およそ逮捕の必要性がないにもかかわらず現行犯逮捕を可能とすることは，任意捜査を原則とする刑事訴訟手続の趣旨からして妥当ではないので，逮捕の必要性は現行犯逮捕の要件となっていると解すべきであろう。もっとも，現行犯人は，犯罪と犯人の明白性から直ちに逮捕しなければ逃亡又は罪証隠滅のおそれが一般的にあるといえることから，現行犯逮捕の場合には逮捕の必要性が一般的に推定されているといえよう（藤永・注釈刑訴3・189，渡辺・大コメ刑訴4・513，松尾・条解409）。

この点，かつて裁判例は消極説に立っていると評価されていたが（東京高判昭41・1・27下刑集8・1・11等。藤永・注釈刑訴3・189参照），近時の裁判例は，逮捕の必要性は現行犯逮

捕の要件であるとしている（高裁の裁判例として，大阪高判昭60・12・18判時1201・93，福岡高判昭63・4・12判時1288・89，広島高判平2・10・25判タ752・74，東京高判平20・5・15判時2050・103等。地裁の裁判例として，前橋地判昭60・3・14判時1161・171，東京地八王子支判昭63・8・31判時1298・130，京都地判平3・6・4判時1409・102，横浜地判平4・3・3判タ796・120等）。

　逮捕の必要性の有無が争点となるのは，多くの場合，交通犯罪である。この点，逮捕の必要性がないとして現行犯逮捕を違法とした前掲大阪高判昭60・12・18は，「比較的閑散な道路における取締りにおいて，違反者が逃亡や罪証を隠滅するなどの行為を何らなしておらず，単に警察官の指摘した違反事実を否認し，免許証の提示を拒否したことのみをもって，住所，氏名を質すこともなく，他に人定事項の確認手段をとらないまま，直ちに現行犯として逮捕することは，逮捕の必要性の要件を充たしていないといわざるを得ない。」と判示している。一方，逮捕の必要性があると判断したものとして，被疑者が，速度超過の被疑事実を否認し，運転免許証の提示を拒否していた上，速度計測装置の記録紙の確認も拒否し，エンジンをかけたままの自車のハンドルに手をかけ，発進させるかのような仕草をするなどしていた事案で現行犯逮捕を適法とした前掲福岡高判昭63・4・12，被疑者が，信号無視の被疑事実を否認し，運転免許証の提示を拒否していた上，運転免許証に代わるものとして，真偽不明の財団法人理事長作成名義の資格証を提示したほか，運転免許証の提示を警察官から求められている間中，誰かと携帯電話で話し続けるなどした事案で現行犯逮捕を適法とした前掲東京高判平20・5・15等がある。

［5］逮捕の方法

　現行犯逮捕は，現行犯人としての要件を満たす者の身体を拘束した状態に置けば足り，必ずしも手錠等によることを必要とせず，また，逮捕する旨の告知，被疑事実の告知を要するものではない（福井地判昭49・9・30判時763・115，東京高判昭57・4・15判時1067・152，名古屋高判平元・1・18判タ696・229）。

［6］現行犯逮捕における有形力の行使

　現行犯逮捕をする場合において，現行犯人から抵抗を受けたときは，逮捕者は，警察官であると私人であるとを問わず，その際の状況からみて，社会通念上逮捕のため必要かつ相当と認められる限度内での実力行使が許され，その実力行使が刑事法令に触れることがあっても刑法35条により違法性が阻却される（最判昭50・4・3刑集29・4・132）。

　必要かつ相当と認められる限度内といえるかどうかの判断に当たっては，犯罪の軽重，態様，犯人の凶器等の所持の有無，犯人と逮捕者の体格，犯人と逮捕者の人数，逮捕者の身分（警察官か私人か），逮捕者が警察官である場合の任意捜査の可能性等が考慮されることになる（渡辺・大コメ刑訴4・517）。

　警察官による現行犯逮捕時の有形力の行使を適法とした裁判例としては，牛の窃盗事案において，警察官が，夜中の2時半頃，自転車に乗って牛を引いていた被疑者を呼びとめたところ，被疑者は牛の手綱を放し，自転車のペダルを強く踏んで逃げだそうとし

ため，自転車の荷掛を後方から捕えて止めようとしたが，止まらないので，右側の高さ約1.5メートルの土手に横になる程度に倒したのを適法とした東京高判昭26・5・26高刑集4・6・601，警察官が，盗難車両を運転していた被疑者を認め，同車の窓をノックして窓を開けるよう求めたところ，被疑者が突如同車を後退させて，捜査車両に衝突させるなどして逃走を図ったが停止を余儀なくされ，その後車内に引きこもって抵抗する構えを示したため，被疑者が乗車する車両の窓ガラスを特殊警棒で破壊するなどしたのを適法とした金沢地決昭52・4・13判時874・111，警察官が，指定方向外進行禁止に違反した車両を現認し停止を求めるなどしたところ，被疑者はその要求を無視して約8キロメートル走行してようやく停止したものの，降車しようとせず，運転免許証の提示を拒んだ上，自車を発進させる気勢を示し，同乗者らも警察官の取調べを妨害し続けていたため，同車の右後部座席の窓から右手を差し入れて被疑者の右手首を摑んで降車を促し，さらに，降車した被疑者を逮捕しようとした際，同乗者が警察官を後方から羽交い締めにして引っ張り，逮捕を妨害しようとしたため，警察官が同乗者に大外刈りをかけたのを適法とした横浜地判平4・3・3判タ796・120などがある。一方，警察官による有形力の行使を違法とした裁判例としては，警察官が，食糧管理法違反の事実で，凶器を所持していない被疑者を現行犯逮捕しようとした際，被疑者が警察官の手を振り切ったり，拳でその左胸部を突いたりして抵抗したのに対し，所携の棒切れで被疑者の顔面左瞼部等を突いたり殴ったりしたのを違法とした東京高判昭29・3・16下民集5・3・344がある。

　もっとも，私人による現行犯逮捕においては，逮捕について専門的な教育，訓練を受け，警察比例の原則に従う義務を負っている警察官に要求されるほどの節度は要求されず，必要な限度を多少超えた有形力の行使があったとしても，直ちに違法とはならない（藤永・注釈刑訴3・187，渡辺・大コメ刑訴4・518。なお，東京高判昭37・2・20下刑集4・1＝2・31）。この点，被疑者に自車を損壊された私人が，原付車に乗った被疑者を追い詰めて捕まえようとしたところ，顔面を殴打されたり，ヘルメットをぶつけられたりしたため，被疑者の顔面・頭部を手拳及び太さ約4センチメートル，長さ約53センチメートルの木の棒で殴打するなどした行為が，社会通念上逮捕をするために必要かつ相当な限度内にとどまるとした東京高判平10・3・11判時1660・155がある。

[7] 緊急逮捕すべきものを現行犯逮捕した場合

　緊急逮捕すべきものを現行犯逮捕した場合には，本来執るべきであった逮捕状請求手続が執られておらず，司法審査を経ていないことから，その逮捕手続は違法となるが，改めて緊急逮捕し得る場合がある（渡辺・大コメ刑訴4・527）。この点，緊急逮捕相当事案を現行犯逮捕したため，逮捕手続が違法であるとして勾留請求が却下されたものの，その後改めて緊急逮捕した上勾留請求したところ，それが認められた事例につき，京都地決昭44・11・5判時629・103参照。

　なお，現行犯逮捕できる場合であるにもかかわらず緊急逮捕した場合には，警察官が

逮捕手続の選択を誤ったに過ぎないから，たとえその緊急逮捕手続に違法があったとしても，当該逮捕自体は適法である（東京高判平18・9・12高検速報平18・155）。　　　〔東山太郎〕

第214条 [1] 〔**私人による現行犯逮捕**〕　検察官，検察事務官及び司法警察職員以外の者 [2] は，現行犯人を逮捕したときは，直ちに [3] これを地方検察庁若しくは区検察庁の検察官又は司法警察職員 [4] に引き渡さなければならない [5]。

> [範]　第129条（現行犯人を受け取つた場合の手続）　警察官は，刑訴法第214条の規定により現行犯人を引き渡す者があるときは，直ちにこれを受け取り，逮捕者の氏名，住所および逮捕の事由を聞き取らなければならない。
>
> 　2　前項の犯人を受け取つた警察官が司法巡査であるときは，すみやかにこれを司法警察員に引致しなければならない。

[1] 本条の趣旨

　本条は，私人が現行犯人を逮捕したときは，直ちに捜査機関にその犯人を引き渡さなければならないことを定める規定である。私人による不当な監禁を防止し，捜査機関によりその後の手続が適正・迅速にとられることを保障する趣旨である。

[2] 検察官，検察事務官及び司法警察職員以外の者

　「検察官，検察事務官及び司法警察職員以外の者」とは，いわゆる捜査機関ではない一般私人を指すが，捜査機関でもその権限外の犯罪について現行犯逮捕した場合には，本条によることとなる。

[3] 「直ちに」

　もとより，私人が司法警察職員等に引き渡すにつき必要な時間の経過があることは当然ではある（棚町・逮捕［改訂］147）が，「できる限り速やかに」というより更に時間的近接性が要求される（藤永・注釈刑訴3・190）。

　私人は，現行犯逮捕後，自ら現行犯人を取り調べたり，留置することはできない。この点，東京高判昭55・10・7刑裁月報12・10・1101は，午後11時50分頃に部屋に不法に侵入した犯人（被害者）を現行犯逮捕したが，過去にも窃盗の被害を受けたことがあったことから，同人に過去の窃盗を認めさせてその被害を弁償させようなどと考え，同人をひもで縛るなどして拘束し，その身柄を警察官等に引き渡すことなく，翌朝まで室内に閉じ込めた事案で監禁罪の成立を認めている。

[4] 引渡しの相手方

　私人が現行犯人を引き渡す相手方は，地方検察庁若しくは区検察庁の検察官又は司法警察職員である。検察事務官は，検察官の補佐機関であることから除かれている。

　地方検察庁若しくは区検察庁の検察官又は司法警察職員は，職務執行中である限り，

現行犯人の引渡しの受領を拒否することはできない。もっとも，特別司法警察職員は，その職務に属さない犯罪の現行犯人については，その引渡しの受領を拒否できる（ポケット刑訴上490，高田・注解刑訴中127）。

〔5〕 私人による釈放の可否

私人は，自己が逮捕した現行犯人を，捜査機関に引き渡す前に釈放することができるかについては，積極に解する説（金谷・令状基本上162）もあるが，「引き渡さなければならない」との本条の規定振りや，これを許せば私人による逮捕権濫用を招くことなどを理由に消極に解する説（高田・注解刑訴中127，藤永・注釈刑訴3・191）が通説である。

もっとも，私人が現行犯人を釈放するのは，当該現行犯人の謝罪等のために宥恕した結果によることが大半であり，そのような場合には，通常は当該私人が捜査機関に被害を届け出て，捜査機関による捜査が開始されることはまれであろうし，釈放しても，そのことよって当該身柄拘束行為が違法となるわけではないから，実務上問題となることは想定し難いといってよいであろう（渡辺・大コメ刑訴4・530）。　　　　　〔東山太郎〕

第215条 [1] **〔司法巡査の手続〕** 司法巡査は，現行犯人を受け取つたとき [2] は，速やかに [3] これを司法警察員に引致しなければならない。

2　司法巡査は，犯人を受け取つた場合には，逮捕者の氏名，住居及び逮捕の事由を聴き取らなければならない [4]。必要があるときは，逮捕者に対しともに官公署に行くことを求めることができる [5]。

〔1〕 本条の趣旨

本条は，私人が213条に基づき現行犯人を逮捕し，214条に基づき当該犯人を司法巡査に引き渡した場合の手続を定める規定である。

〔2〕 「現行犯人を受け取つたとき」

「現行犯人を受け取つたとき」とは，214条に基づいて，私人から現行犯人の引渡しを受けた場合をいう。

なお，現行犯人を受け取った司法巡査が他の司法巡査に引致を依頼することは差支えない（ポケット刑訴上491）。

〔3〕 「速やかに」

202条とは異なり，本条では「速やかに……引致しなければならない」とされているが，「速やかに」は「直ちに」よりは緩やかな要件である（藤永・注釈刑訴3・192，渡辺・大コメ刑訴4・531）。これは，司法巡査が本条2項に基づく手続を執る時間を考慮したためである。

〔4〕 逮捕者の確認

本条2項は，司法巡査が現行犯人の引渡しを受けた場合につき定めているが，司法警

察員，検察官が引渡しを受けた場合も同様に逮捕者の確認を要する（松尾・条解411）。

実務上は，現行犯人逮捕手続書（乙）を作成し，同書に逮捕者の署名・押印を求めている（範136参照）。

[5] 官公署への同行

「官公署」とは，現行犯人を受け取った司法巡査の勤務する官署又は公署である。

「必要があるとき」とは，逮捕者から，逮捕事由その他逮捕当時の状況等について詳細に事情を聴取する必要がある場合をいう（藤永・注釈刑訴3・193）。もとより，同行を強制することはできない（団藤・条解406，ポケット刑訴上491）。〔東山太郎〕

第216条 [1] 〔通常逮捕に関する規定の準用〕　現行犯人が逮捕された場合には，第199条の規定により被疑者が逮捕された場合に関する規定 [2] を準用する [3]。

[1] 本条の趣旨

本条は，現行犯人が逮捕された場合には，199条による通常逮捕の場合の諸規定を準用することを定めるものである。

[2] 準用される規定

本条によって準用される規定は，逮捕後の手続に関するものであり，具体的には，202条から209条までである。

202条の準用により，検察事務官が現行犯人を逮捕した場合には検察官に，司法巡査が現行犯人を逮捕した場合はこれを司法警察員に引致しなければならないこととなる。

203条の準用により，「留置の必要がないと思料するときは直ちにこれを釈放し」なければならないこととなるが，現行犯逮捕後の留置ないしその継続の必要性については，比較的軽微な罪質の事案において，争われることが少なくない。この点につき，最判平8・3・8民集50・3・408は，いわゆる屋外広告物条例による現行犯逮捕の事案に関し，「司法警察員による被疑者の留置については，司法警察員が，留置時において，捜査により収集した証拠資料を総合勘案して刑訴法203条1項所定の留置の必要性を判断する上において，合理的根拠が客観的に欠如していることが明らかであるにもかかわらず，あえて留置したと認め得るような事情がある場合に限り，右の留置について国家賠償法1条1項の適用上違法の評価を受けるものと解するのが相当である。」と判示した。

また，現行犯逮捕後の留置ないしその継続の必要性につき，これを適法とした下級審裁判例として，福岡地小倉支判昭59・3・19判時1114・81（逮捕および留置手続に伴う事務処理上必要とされる時間内ならびに各種資料の収集に必要な捜査時間内は，被逮捕者が逮捕後に留置の継続を受けてもやむをえないとされた事例），広島高判平2・10・25判タ752・74（制限速度違反により現行犯逮捕された被疑者を検察官に送致するまで約20時間留置したことが適法であるとされた事例），東京地判平14・11・11判タ1134・119（器物損壊の被疑事実により準現行犯

逮捕後，検察官送致前の取調べで被疑者の住所，氏名等は明らかになったものの，被疑者が依然犯行を否認しており，犯行に至る経緯，飲酒量，情状等についての会社の同僚，親族との通謀による罪証隠滅のおそれ，逃亡のおそれが消滅したということはできないとされた事例）がある。一方，これを違法とした下級審裁判例として，福岡地久留米支判昭61・5・28判時1209・99（逮捕事実である制限速度違反については，警察官が現認し，レーダーによる速度測定結果も記録化されている上，引致後の弁解録取の時点では，被疑者の氏名・住居が明らかになっていたことなどから，同弁解録取終了時点では，逃亡，罪証隠滅のおそれも認められなくなったとされた事例），東京地八王子支判昭63・8・31判時1298・130（いわゆるけんか闘争の事案において，相被疑者及び被疑者の妻ら参考人の供述内容及び供述態度等に照らせば，参考人の取調べの終了した時点で，罪証隠滅のおそれがなかったとされた事例），浦和地判平2・1・24判時1346・124（極めて軽微な交通法令違反〔通行帯違反〕事件であって，かつ行為者の身元が判明しており，逃走のおそれがないと認められる場合には，特段の事情が認められない以上，現行犯人を留置する必要はないというべきであるとされた事例），東京地判平9・11・21判時1647・128（有料駐車場における無断駐車をめぐるトラブルの事案で，私人による現行犯逮捕を前提として警察官が行った身柄の拘束が，適法な弁解録取手続を経ていないことを理由に違法とされた事例）がある。

なお，203条1項の48時間，204条1項の48時間，205条2項の72時間の起算点は，「被疑者が身体を拘束された時」であり，私人による現行犯逮捕の場合も私人が逮捕した時点である。

[3] 管轄区域外における警察官の現行犯逮捕と引致場所

警察官は，いかなる地域においても，現行犯人の逮捕に関しては，警察官としての職権を行うことができる (警65)とされるが，これは現行犯人の逮捕に関する権限のみに関する規定であって，その後の捜査を継続することまで定めたものではなく，逮捕した被疑者については，管轄の警察に引き渡されることが原則である (警察庁長官官房編・警察法解説［新版］336。なお，範270)。　　　　　　　　　　　　　　　　　　〔東山太郎〕

第217条 [1] 〔軽微事件と現行犯逮捕〕 30万円（刑法，暴力行為等処罰に関する法律及び経済関係罰則の整備に関する法律の罪以外の罪については，当分の間，2万円）以下の罰金，拘留又は科料に当たる罪 [2] の現行犯については，犯人の住居若しくは氏名が明らかでない場合 [3] 又は犯人が逃亡するおそれがある場合 [4] に限り，第213条から前条までの規定を適用する。

[1] 本条の趣旨

本条は，軽微な犯罪については，「犯人の住居若しくは氏名が明らかでない場合又は犯人が逃亡するおそれがある場合」を除いては，現行犯逮捕できない旨を定めた規定である。軽微な犯罪についても，軽微でない犯罪と同様に現行犯逮捕を許すことは，人権

保障の観点から相当でないとの趣旨による。

[2] 軽微事件

「30万円（刑法，暴力行為等処罰に関する法律及び経済関係罰則の整備に関する法律の罪以外の罪については，当分の間，2万円）以下の罰金，拘留又は科料に当たる罪」とは，法定刑の最高がこれらの刑である罪をいう。

これらの刑に当たる罪であるかどうかの判断は，逮捕時の罪名の法定刑を基準とし，幇助犯等の場合には，正犯の法定刑を基準とする。

[3] 「犯人の住居若しくは氏名が明らかでない場合」

犯人の住居又は氏名のいずれか一方が明らかでない場合をいい，もとより，その双方が明らかでない場合も含まれ，また，住居不定の場合も含まれる。

「氏名」に関しては，戸籍上の氏名が明らかでなくても，本人を特定するに足りる通称等が明らかであれば，これに当たらない（団藤・条解407，高田・注解刑訴中130）。

[4] 「犯人が逃亡するおそれがある場合」

本条にいう「犯人が逃亡するおそれがある場合」は，勾留の要件としての「逃亡すると疑うに足りる相当な理由」（60Ⅰ③）より緩やかでよい。本条の場合は，勾留の場合とは異なり，現行犯人を逮捕するか否かの判断におけるものであるから，例えば，犯人が合理的な理由なく現場から立ち去ろうとしているといった程度のものでよい（渡辺・大コメ刑訴4・539）。　　　　　　　　　　　　　　　　　　　　　　　　　　　　　〔東山太郎〕

第218条 [1][2] 〔令状による差押え・記録命令付差押え・捜索・検証〕　検察官，検察事務官又は司法警察職員は，犯罪の捜査をするについて必要があるときは [3][4][5][6]，裁判官の発する令状 [7] により，差押え，記録命令付差押え，捜索又は検証をする [8][9][10][11] ことができる。この場合において，身体の検査は，身体検査令状 [12] によらなければならない。

2　差し押さえるべき物が電子計算機であるときは，当該電子計算機に電気通信回線で接続している記録媒体であつて，当該電子計算機で作成若しくは変更をした電磁的記録又は当該電子計算機で変更若しくは消去をすることができることとされている電磁的記録を保管するために使用されていると認めるに足りる状況にあるものから，その電磁的記録を当該電子計算機又は他の記録媒体に複写した上，当該電子計算機又は当該他の記録媒体を差し押さえることができる [13]。

3　身体の拘束を受けている被疑者の指紋若しくは足型を採取し，身長若しくは体重を測定し，又は写真を撮影するには，被疑者を裸にしない限り，第1項の令状によることを要しない [14]。

4　第1項の令状は，検察官，検察事務官又は司法警察員の請求により，これを発する [15]。

218条　　　441

5　検察官，検察事務官又は司法警察員は，身体検査令状の請求をするには，身体の検査を必要とする理由及び身体の検査を受ける者の性別，健康状態その他裁判所の規則で定める事項を示さなければならない [16]。

6　裁判官は，身体の検査に関し，適当と認める条件を附することができる [17]。

[規]　**第155条（差押え等の令状請求書の記載要件・法第218条）**　差押え，記録命令付差押え，捜索又は検証のための令状の請求書には，次に掲げる事項を記載しなければならない。

　　　一　差し押さえるべき物，記録させ若しくは印刷させるべき電磁的記録及びこれを記録させ若しくは印刷させるべき者又は捜索し若しくは検証すべき場所，身体若しくは物

　　　二　請求者の官公職氏名

　　　三　被疑者又は被告人の氏名（被疑者又は被告人が法人であるときは，その名称）

　　　四　罪名及び犯罪事実の要旨

　　　五　7日を超える有効期間を必要とするときは，その旨及び事由

　　　六　法第218条第2項の場合には，差し押さえるべき電子計算機に電気通信回線で接続している記録媒体であつて，その電磁的記録を複写すべきものの範囲

　　　七　日出前又は日没後に差押え，記録命令付差押え，捜索又は検証をする必要があるときは，その旨及び事由

　　2　身体検査令状の請求書には，前項に規定する事項のほか，法第218条第5項に規定する事項を記載しなければならない。

　　3　被疑者又は被告人の氏名又は名称が明らかでないときは，その旨を記載すれば足りる。

　　第156条（資料の提供・法第218条等）　前条第1項の請求をするには，被疑者又は被告人が罪を犯したと思料されるべき資料を提供しなければならない。

　　2　郵便物，信書便物又は電信に関する書類で法令の規定に基づき通信事務を取り扱う者が保管し，又は所持するもの（被疑者若しくは被告人から発し，又は被疑者若しくは被告人に対して発したものを除く。）の差押えのための令状を請求するには，その物が被疑事件又は被告事件に関係があると認めるに足りる状況があることを認めるべき資料を提供しなければならない。

　　3　被疑者又は被告人以外の者の身体，物又は住居その他の場所についての捜索のための令状を請求するには，差し押さえるべき物の存在を認めるに足りる状況があることを認めるべき資料を提供しなければならない。

　　第299条　法第199条参照。

[範]　**第108条（人の住居等の任意の捜索の禁止）**　人の住居又は人の看守する邸宅，建造物若しくは船舶につき捜索をする必要があるときは，住居主又は看守者の任意の承諾が得

られると認められる場合においても，捜索許可状の発付を受けて捜索をしなければならない。

第131条（指掌紋の採取，照会等） 逮捕した被疑者については，引致後速やかに，指掌紋を採取し，写真その他鑑識資料を確実に作成するとともに，指掌紋照会並びに余罪及び指名手配の有無を照会しなければならない。

2 取調べの過程において，新たな事実を発見した場合においても，余罪及び指名手配の有無を照会しなければならない。

第137条（令状の請求） 刑訴法第218条第1項の規定による捜索，差押え，記録命令付差押え，検証又は身体検査の令状は，指定司法警察員がこれを請求するものとする。ただし，やむを得ないときは，他の司法警察員が請求しても差し支えない。

2 前項の令状を請求するに当たつては，順を経て警察本部長又は警察署長に報告し，その指揮を受けなければならない。ただし，急速を要し，指揮を受けるいとまのない場合には，請求後速やかに，その旨を報告するものとする。

3 第1項の令状を請求したときは，令状請求簿により，請求の手続，発付後の状況等を明らかにしておかなければならない。

第138条（令状請求の際の注意） 捜索，差押え，記録命令付差押え，検証又は身体検査の令状を請求するに当たつては，捜査に必要かつ十分な範囲を定め，捜索すべき場所，身体若しくは物，差し押さえるべき物，記録させ若しくは印刷させるべき電磁的記録及びこれを記録させ若しくは印刷させるべき者，検証すべき場所，身体若しくは物又は検査すべき身体の部位等を明確にして行わなければならない。

2 刑訴法第218条第2項の規定による差押えの令状を請求するに当たつては，前項に規定する事項のほか，差し押さえるべき電子計算機に電気通信回線で接続している記録媒体であつて，その電磁的記録を複写すべきものの範囲を明確にして行わなければならない。

第139条（疎明資料） 捜索，差押え，記録命令付差押え，検証又は身体検査の令状を請求するに当たつては，被疑者供述調書，参考人供述調書，捜査報告書その他犯罪の捜査のため当該処分を行う必要があることを疎明する資料を添えて行わなければならない。

2 被疑者以外の者の身体，物又は住居その他の場所について，捜索許可状を裁判官に請求するに当たつては，差し押さえるべき物の存在を認めるに足りる状況があることを疎明する資料を添えて行わなければならない。

3 郵便物，信書便物又は電信に関する書類で法令の規定に基づき通信事務を取り扱う者が保管し，又は所持するもの（被疑者から発し，又は被疑者に対して発したものを除く。）について差押許可状を裁判官に請求するに当たつては，その物が当該事件に関係があると認めるに足りる状況があることを疎明する資料を添えて行わなければならない。

218条 443

第140条（実施上の一般的注意）　捜索，差押え，記録命令付差押え又は検証を行うに当
たつては，必要以上に関係者の迷惑になることのないように特に注意しなければなら
ない。

2　捜索，差押え，記録命令付差押え又は検証を行うに当たつては，やむを得ない理由
がある場合を除くほか，建造物，器具等を損壊し，又は書類その他の物を乱すことが
ないように注意するとともに，これを終えたときは，できる限り原状に復しておくよ
うにしなければならない。

第146条（捜索の分担）　捜索を行うに当つては，捜査主任官またはこれに代るべき者
は，捜索すべき場所その他について各人の分担を定め，綿密周到に行うようにしなけ
ればならない。

第149条（捜索調書）　捜索を行つた場合は，捜索の状況を明らかにした捜索調書（被疑
者捜索調書を含む。）を作成しなければならない。

2　捜索に際し，処分を受ける者に捜索許可状を示すことができなかつたとき，立会人
を得ることができなかつたとき，または女子の身体について捜索を行う場合に急速を
要し，成年の女子の立会が得られなかつたときは，捜索調書にその旨を記載し，その
理由を明らかにしておかなければならない。

第151条（領置に関する規定の準用等）　第109条（任意提出物の領置）第1項後段，第
2項及び第3項並びに第110条第2項から第117条まで（遺留物の領置，原状のままの
領置，廃棄等の処分，還付の公告，廃棄処分等と証拠との関係，収税官吏等への連絡，
領置物の還付等の相手方の調査，領置調書への記載，証拠物件保存簿）の規定は，差
押え及び記録命令付差押えを行う場合について準用する。この場合において，第110
条第2項及び第116条中「領置調書」とあるのは，「差押調書又は記録命令付差押調書」
と読み替えるものとする。

2　次に掲げる処分を行つた場合は，これらの処分を受けた者に対しても押収品目録交
付書を交付しなければならない。

一　刑訴法第222条第1項において準用する同法第110条の2の規定による処分を行つ
た場合

二　記録命令付差押え又は刑訴法第218条第2項の規定による処分を行うに当たり記
録媒体を警察官が用意した場合

第153条（捜索調書に関する規定の準用）　第149条（捜索調書）第2項の規定は，差押
調書又は記録命令付差押調書の作成について準用する。

第154条（差押え又は記録命令付差押えに緊急を要する場合）　犯罪に関係があると認め
られる物を発見した場合において，その物の所有者又は保管者から任意の提出を受け
る見込みがないと認めたときは，直ちにその物に対する差押許可状の発付を請求する
とともに，その隠匿，散逸等を防止するため適切な処置をとらなければならない。

2　犯罪に関係があると認められる電磁的記録を発見した場合において，その電磁的記

録に係る記録媒体の所有者若しくは保管者又はその電磁的記録を保管する者その他その電磁的記録を利用する権限を有する者からその電磁的記録に係る記録媒体又はその電磁的記録を記録若しくは印刷させた記録媒体について任意の提出を受ける見込みがないと認めたときは，直ちにその電磁的記録に係る記録媒体に対する差押許可状又はその電磁的記録に対する記録命令付差押許可状の発付を請求するとともに，その隠匿，散逸等を防止するため適切な処置をとらなければならない。

第157条（実況見分に関する規定の準用） 第104条第3項から第106条まで（実況見分，実況見分調書記載上の注意，被疑者の供述に基づく実況見分）の規定は，検証を行う場合について準用する。この場合において，これらの規定中「実況見分調書」とあるのは「検証調書又は身体検査調書」と読み替えるものとする。

2 検証を行う場合において他の処分と同時に身体の検査をするときは，別に身体検査調書を作成することなく，検証調書に身体の検査に関する事項をもあわせて記載することができる。

第159条（身体検査についての注意） 身体検査を行うに当たつては，刑訴法第218条第6項の規定により裁判官の付した条件を厳格に遵守するほか，性別，年齢，健康状態，場所的関係その他諸般の状況を考慮してこれを受ける者の名誉を害しないように注意し，かつ，穏当な方法で行わなければならない。

第160条（医師等の助力） 身体検査を行うに当つては，必要があると認められるときは，医師その他専門的知識を有する者の助力を得て行わなければならない。

第161条（負傷者の身体検査） 負傷者の負傷部位について身体検査を行うときは，その状況を撮影等により明確に記録する等の方法をとり，できる限り短時間のうちに終了するように努めなければならない。

［1］本条の趣旨（令状主義）　［2］令状主義の例外　［3］犯罪の捜査　［4］令状発付の実体的要件①——犯罪の嫌疑　［5］令状発付の実体的要件②——222Ⅰにより準用される99Ⅰ・100・102　［6］令状発付の実体的要件③——必要性　［7］令状の性質及び不服申立て　［8］体液等の強制的な採取に必要な令状　［9］捜索差押えの現場における写真撮影　［10］電磁的記録媒体の差押え　［11］記録命令付差押え　［12］身体検査令状　［13］電気通信回線で接続している記録媒体からの複写　［14］身柄の拘束を受けた被疑者からの指紋の採取等　［15］請求権者　［16］身体検査令状の請求において示すべき事項　［17］身体検査の条件

［1］本条の趣旨（令状主義）

本条は，憲法35条1項の「何人も，その住居，書類及び所持品について，侵入，捜索及び押収を受けることのない権利は，第33条の場合を除いては，正当な理由に基いて発せられ，且つ捜索する場所及び押収する物を明示する令状がなければ，侵されない。」

218条 445

との規定を受けて，捜査機関による強制処分としての差押え，記録命令付差押え，捜索又は検証について，裁判官の発する令状によるべきものとする令状主義の原則を定めるものである。

裁判所による差押え，記録命令付差押え，捜索又は検証については，99条から142条までに規定され，これらの条文の多くは，本条が規定する捜査機関による差押え，記録命令付差押え，捜索及び検証にも準用されている（222）。それぞれの用語の意味は，裁判所によるものと相違なく，「差押え」とは，証拠物又は没収すべき物について他人の占有を排除して継続的な占有を取得する処分を（99），「記録命令付差押え」とは，電磁的記録の保管者等に命じて必要な電磁的記録を記録媒体に記録させ，又は印刷させた上，当該記録媒体を差し押さえる処分を（99の2），「捜索」とは，人の身体又は一定の物若しくは場所について，物又は人の発見を目的として行われる処分を（102参照），「検証」とは，人の身体又は一定の物若しくは場所について，その存在や形状等を五官の作用で認識する処分をいう（128）。なお，人の身体の検証は，特に身体検査と呼ばれる（131）。

［2］令状主義の例外

(1)　憲法35条1項は，「第33条の場合を除いて」と規定しており，逮捕の際における差押え，捜索又は検証については，令状を要しないとされている（220）。

(2)　他の強制処分に付随するものとして行われる処分には令状は必要とされず，その典型例は，身柄の拘束を受けている被疑者からの指紋の採取等（218Ⅲ，後記[14]参照）である。

(3)　憲法35条1項が保障する権利は，身柄の拘束の場合と異なり，任意に放棄できるものと解され，権利者の承諾を得て行う差押え，捜索又は検証については，基本的に令状を必要としない。ただし，女子の身体検査や人の住居等の捜索については，法益の重大性等に照らして捜査に慎重を期すという趣旨から，範107条及び108条は，それらを任意捜査として行うことを禁じている。なお，任意に提出された物の占有を取得する行為は，差押えと区別して「領置」と呼ばれ（221），任意に行われる検証は，実務上，「実況見分」と呼ばれる。

［3］犯罪の捜査

本条が規定する処分は，「捜査をするについて」行われるものであり，公訴提起前の捜査の過程で行われるのが一般的であるが，公訴提起後のいわゆる補充捜査でも行い得る。この点については，令状の記載事項等を定める219条のほか，令状請求書の記載要件等を定める規155条及び同156条も「被疑者又は被告人」などと規定している。ただし，第1回公判期日後は，当事者主義への配慮の要請がより強く働き，かつ，受訴裁判所による証拠調べの一環としての差押え，記録命令付差押え，捜索又は検証（99・99の2・102・128）が可能となるため，原則として，受訴裁判所の手続によるべきと解されている。もっとも，受訴裁判所に対して手続を請求すると被告人による証拠隠滅のおそれがあると検察官が判断するような場合（最決平14・12・17裁集刑282・1041）など，受訴裁判所の手続に

よることが捜査の目的を達するために適当でないと認められる場合には，第1回公判期日後においても，本条による処分は許される。

［4］令状発付の実体的要件①──犯罪の嫌疑

本条が規定する処分は，「犯罪の捜査をするについて」，つまり，犯罪の捜査を目的として行われるものであるため，捜査対象となる犯罪の嫌疑が存在することが必要とされ，令状審査の対象となる。ただし，本条が規定する処分は，逮捕等の対人的処分よりも法益侵害の程度が重くなく，また，逮捕に先立って行われることも多いものであるため，求められる嫌疑の程度は，逮捕状請求において求められる「罪を犯したことを疑うに足りる相当な理由」(199) までは必要なく，「罪を犯したことを疑うに足りる理由」があればよいと解される（京都地決昭47・12・27刑裁月報4・12・2040）。規156条1項が令状請求に当たり要求しているのも，あくまで「罪を犯したと思料されるべき資料」の提供である。

［5］令状発付の実体的要件②──222Ⅰにより準用される99Ⅰ・100・102

222条1項により，99条1項，100条及び102条が準用されており，令状発付のためには，それらに規定される要件の存在も必要とされる。

具体的には，99条1項の準用により，差押え又は記録命令付差押えについて，差押えの目的物が「証拠物又は没収すべきもの」であること，すなわち，その目的物が特定の被疑事実に関連するものであることが必要とされ（99の解説［3］参照），100条の準用により，郵便物等の差押えについては，別途の要件が必要とされる（100の解説参照）。

また，102条の準用により，被疑者以外の者の身体，物又は住居その他の場所の捜索については，「押収すべき物の存在を認めるに足りる状況のある場合に限り」認められること，すなわち，捜索の対象に押収すべき物が存在する蓋然性があることが必要とされ，令状請求に当たっては，「差し押さえるべき物の存在を認めるに足りる状況があることを認めるべき資料」の提供が要求される（規156Ⅲ）。他方，被疑者の身体，物又は住居その他の場所の捜索については，条文上，「押収すべき物の存在を認めるに足りる状況」が必要とされていないが，これは，被疑者の場合には，通常そのような状況が認められるという推定に基づくものであるから，押収すべき物が存在しないことが明らかである場合には，推定がやぶれて令状を発付することはできない（102の解説［2］参照）。なお，捜索の対象に差押目的物が存在する蓋然性は，必ずしも令状発付の時点において必要とされるものではない。令状発付時点では捜索の対象に差押目的物が存在しないと認められるものの，将来の処分実行時には存在する蓋然性が認められるのであれば（例えば，将来の処分実行時までに捜索する場所に証拠物が郵送される蓋然性が認められる場合），令状を発付することができる。

［6］令状発付の実体的要件③──必要性

(1) 本条1項が規定する「犯罪の捜査をするについて必要があるとき」とは，捜査のために必要であるということのみならず，強制処分によるべき必要性があることも意味すると解されており（伊藤＝河上・注釈刑訴3・200），範139条1項も，令状請求に当たり，「犯

罪の捜査のため当該処分を行う必要があることを疎明する資料を添えて行わなければならない」としている。判例も，捜査機関による差押え処分に対する準抗告裁判所の審査についてではあるが，「差押物が証拠物または没収すべき物と思料されるものであっても，犯罪の態様，軽重，差押物の証拠としての価値，重要性，差押物が隠滅毀損されるおそれの有無，差押によって受ける被差押者の不利益の程度その他諸般の事情に照らし，明らかに差押の必要がないと認められるときまで，差押を是認しなければならない理由はない」旨判示して処分の必要性についての裁判官の審査権を認めている（最決昭44・3・18刑集23・3・153）。ただし，裁判官は，捜査の内容を熟知する立場になく，処分の必要性については捜査機関である請求者の見解をもとに判断するほかないので，必要性がないことが明らかな場合に限って令状を発付しないことができるものと解される（松尾・条解414）。

(2) 処分の必要性の有無は，上記判示のとおり，諸般の事情に照らして判断されるものであり，被処分者が処分に伴って受ける不利益の程度などといったいわば相当性も考慮要素となる。例えば，最決平元・1・30刑集43・1・19は，テレビ会社が放映したテレビ番組のビデオテープ（未放映部分を含むマザーテープ）を差し押さえた処分について，「差押の可否を決するに当たっては，捜査の対象である犯罪の性質，内容，軽重等及び差し押えるべき取材結果の証拠としての価値，ひいては適正迅速な捜査を遂げるための必要性と，取材結果を証拠として押収されることによって報道機関の報道の自由が妨げられる程度及び将来の取材の自由が受ける影響その他諸般の事情を比較衡量すべきである」と判示している。

(3) 処分の必要性は，令状審査の段階のみならず，捜査機関による処分実施の時点でも必要である。したがって，令状が発付された後で，処分の必要性がなくなったことが明らかとなった場合，捜査機関は当該令状に基づく処分を行うことはできない。

[7] 令状の性質及び不服申立て

(1) 本条が規定する令状は，許可状の性質を有するものと解されており，令状の発付を受けた捜査機関がその執行の義務を負うものではない。有効期間内に処分を行わなかった場合は裁判官に令状を返還しなければならない（219 I 参照）。また，令状に基づく検証が行われた後に当該令状を紛失するなどしても，令状に基づいて検証が行われたことが検証調書によって確認できるのであれば，当該検証が違法となるものではないとした裁判例がある（東京高判昭26・4・21特報21・80）。

(2) 本条が規定する令状の裁判に対しては，実務上，不服申立ては認められないと解されている。この点について，最決昭55・11・18刑集34・6・421は，179条1項の規定に基づく証拠保全の請求のうち押収の請求を却下する裁判に対して429条1項の準抗告ができると判示していることから，本条が規定する令状の判断に対しても準抗告できるとする見解もある。しかし，令状が発付されてから処分前に被処分者側から準抗告を行うことは事実上不可能であるし，却下の裁判に対しては，実務上，事情の変更や疎明資料

の追加等により再度の請求が許されているから，不服申立てを認める実益は乏しい（松尾・条解415）。

[8] 体液等の強制的な採取に必要な令状

(1) **強制採尿**　最決昭55・10・23刑集34・5・300は，「体内に存在する尿を犯罪の証拠物として強制的に採取する行為は捜索・差押の性質を有するものとみるべきであるから，捜査機関がこれを実施するには捜索差押令状を必要とする」とした上で，強制採尿は，「一般の捜索差押と異なり，検証の方法としての身体検査と共通の性質を有しているので，身体検査令状に関する218条5項（筆者注：現6項）が準用されるべきである」旨判示して，強制採尿を行うために必要とされる令状は捜索差押令状であり，かつ，医師をして医学的に相当と認められる方法により行わせなければならない旨の条件を付けることが不可欠であるとしており，現在の実務は，これに沿って行われている。

　また，上記最決は，強制採尿が許容される場合として，「被疑事件の重大性，嫌疑の存在，当該証拠の重要性とその取得の必要性，適当な代替手段の不存在等の事情に照らし，犯罪の捜査上真にやむをえないと認められる場合」と判示している。この点に関しては，被疑者が錯乱状態に陥り任意の尿の提出が期待できない場合に行われた強制採尿を適法とした判例がある（最決平3・7・16刑集45・6・201）。

　最決平6・9・16刑集48・6・420は，身柄を拘束されていない被疑者を採尿場所へ任意に同行することが事実上不可能であると認められる場合には，令状の効力として，採尿に適する最寄りの場所まで被疑者を連行することができるとし，その際，必要最小限の有形力を行使することができると判示するとともに，令状の記載事項として，被疑者を採尿場所まで連行することができる旨を記載できると判示した。実務では，この判例に基づき，強制採尿を認める捜索差押令状には，医師による相当な方法という上記条件のほかに，「強制採尿のために必要があるときは，被疑者を○○又は採尿に適する最寄りの場所まで連行することができる」旨の記載がなされている。

(2) **血液，口腔粘膜等の強制的な採取**　体内に存する血液は，いずれ体外に排出される尿とは異なり，生命維持のための人体の一部を構成しており，その採取は軽度ではあるものの身体の損傷を伴う方法によらざる得ないため，強制採血は，鑑定処分許可状によるべきものと解されている。しかし，捜査機関から嘱託を受けた鑑定には直接強制の規定が準用されていない（225Ⅳが準用する168Ⅵには172，139が準用されていない）ことから，鑑定処分許可状に加え，身体検査令状（下記[12]のとおり直接強制が許されると解されている。）との併用によるべきと解され，それが実務の運用である（令状基本下307，松尾・条解416）。同様に，口腔粘膜，唾液，毛髪などを強制的に採取する場合も，鑑定処分許可状と身体検査令状との併用によるべきと解されている。

(3) **嚥下されたり体躯に挿入されたりした証拠物の強制的な差押え**　違法薬物等を袋に入れるなどして嚥下したり，あるいは，肛門や陰部などの体躯に挿入して密輸入が図られることがある。嚥下した物の存在を確認するためにレントゲン等を使用して身体内部

を検査し，その存在が確認された場合にその排泄のために下剤や吐剤を服用させて差し押さえるためには，捜索差押許可状に加え，専門家による慎重な手続を行うべきとの観点から，鑑定処分許可状との併用によるべきと解されており（令状基本下309），他方，体躯に挿入されたものを発見して差し押さえるためには，捜索差押許可状に加え，その方法が身体検査と異ならないという観点から，身体検査令状との併用によるべきと解されている（令状基本下308）。

[9] 捜索差押えの現場における写真撮影

捜索差押えの現場において捜査機関が行う写真撮影は検証の性質を有するが，差押対象物の証拠価値を保存するために証拠物の発見時の状況や位置関係等を写真撮影し，あるいは捜索差押手続の適法性を証明するために捜索の実施状況等を写真撮影することは，捜索差押えに付随するものとして捜索差押許可状により許容されており，別途検証令状は必要とされない（最決平2・6・27刑集44・4・385補足意見）。ただし，捜索差押えに付随するものとして合理的に必要な範囲を超えて，捜索現場や差押対象物以外の物を写真撮影することは許されない。

[10] 電磁的記録媒体の差押え

捜索時に発見された電磁的記録媒体について，その内容を確認することなく差し押さえることが許されるかについて，最決平10・5・1刑集52・4・275は，「フロッピーディスク等の中に被疑事実に関する情報が記録されている蓋然性が認められる場合において，そのような情報が実際に記録されているかを捜索差押えの現場で確認していたのでは記録された情報を損壊される危険があるときは，内容を確認せずにフロッピーディスク等を差し押さえることが許される」旨判示している。平成24年の法改正により記録命令付差押えが可能となったが，依然として上記判例の趣旨は通用していると解される。

[11] 記録命令付差押え

捜査機関による記録命令付差押えにおいて，命令をするのは捜査機関である。捜査機関は，裁判所の発する令状により，その名宛人に対して必要な電磁的記録を記録媒体に記録又は印刷するよう命じた上，その記録媒体を差し押さえることができる。記録命令付差押えの内容については，99条の2の解説参照。

[12] 身体検査令状

(1) 本条が規定する身体検査は，鑑定としての身体検査（168）とは性質を異にし，検証の一種である。

もっとも，身体検査は，身体の自由に対する侵害であるとともに個人の尊厳を害する処分であることから，検証許可状ではなく，身体検査令状という特別の令状によることとし（129の解説[1]参照），より厳重な要件が規定されている（本条V，規155Ⅱ）。

(2) 強制採尿に際して被採尿者の意思に反した連行を認めた前掲最決平6・9・16の論理（上記[8](1)）からすれば，身体検査令状の効力として，被検査者をその意思に反して身体検査場所まで連行することができるものと解される。

450　　　　　　　　218条

[13]　電気通信回線で接続している記録媒体からの複写

　99条2項に規定する裁判所による差押えの場合と同様に，捜査機関の差押えにおいても，電気通信回線で接続している記録媒体から電磁的記録を複写した上で差し押さえることができるとされている。本条2項が規定する電気通信回線で接続している記録媒体の複写の意義・内容については，99条の解説[6]〜[8]参照。

[14]　身柄の拘束を受けた被疑者からの指紋の採取等

⑴　本条3項の規定による指紋の採取等は，それ自体を強制処分として行おうとするのであれば身体検査令状によるべきものであるが，身柄を拘束するに当たり被疑者の同一性を確定するため必要であり，また，法益侵害の程度も小さいことから，身柄拘束に付随する程度の処分として，別個の令状を必要とせずに行い得るものとされている。

　なお，本条3項の規定による指紋の採取等に当たっては，必要最小限の有形力の行使が許されるものと解される（東京地決昭59・6・22刑裁月報16・5＝6・504）。

⑵　「身柄の拘束を受けた被疑者」とは，被疑者として適法に身柄拘束を受けた者全てを含むと解されており，逮捕（現行犯逮捕を含む。），勾留のほか，鑑定留置，付審判手続に係る勾引により身柄拘束された者も含まれる。他方，勾留された「被告人」はこれに含まれない。

⑶　本条3項に列挙する指紋又は足型の採取，身長又は体重の測定，写真撮影は，あくまで身体拘束に当然付随する程度の検証（身体検査）の例示であり，掌紋や唾液の採取，胸囲の測定，アザやほくろ等の見分をすることも許されると解される。少量の血液の採取や口腔粘膜の採取についても，本条3項に基づいて行い得ると解する余地もあるが，血液の採取は少量であっても身体の損傷を伴い，口腔粘膜の採取は生体から細胞を採取するものであるから，いずれも本条3項に基づいて行うことは相当ではなく，実務上も，被処分者の同意を得るか，別途令状の発付を受けて行われている。

⑷　本条3項の処分については，「裸にしない限り」との限定が付されている。「裸」とは必ずしも全裸を指すものではなく，処分を行う場所において対象者である被疑者が通常露出しないと思われるような身体の一部を露出させることをいう。

[15]　請求権者

　捜索，差押え，記録命令付差押え又は検証の実施権者は，検察官，検察事務官又は司法警察職員とされているが（本条Ⅰ），令状の請求権者は，検察官，検察事務官又は司法警察員とされ，司法巡査は含まれない。これは令状の請求手続につき慎重を期すためであり，範137条は，請求権者を更に限定し，原則として公安委員会が指定した警部以上の司法警察員としている。

[16]　身体検査令状の請求において示すべき事項

　一般の検証の令状請求において示すべき事項に加えて，身体検査令状の請求において示すべき事項が定められている。「身体検査を必要とする理由」としては，「覚せい剤の注射痕が上腕に存在するかどうかを確認する必要がある」というように具体的に記載し

なければならない（刑訴規則逐条説明61）。なお、「その他裁判所の規則で定める事項」と規定されているが、規則には特に定めはない。

[17] 身体検査の条件

裁判所は、身体検査の必要性や被検査者の性別、健康状態等を考慮して、身体検査の場所、時期、方法などを条件として付すことができる。　　　　〔吉川崇〕

第219条 [1][2]〔差押え等の令状の方式〕　前条の令状には、被疑者若しくは被告人の氏名[3]、罪名[4]、差し押さえるべき物[5]、記録させ若しくは印刷させるべき電磁的記録及びこれを記録させ若しくは印刷させるべき者[6]、捜索すべき場所[7][8]、身体若しくは物、検証すべき場所若しくは物又は検査すべき身体及び身体の検査に関する条件[9]、有効期間及びその期間経過後は差押え、記録命令付差押え、捜索又は検証に着手することができず令状はこれを返還しなければならない旨並びに発付の年月日その他裁判所の規則で定める事項を記載し、裁判官が、これに記名押印しなければならない。

2　前条第2項の場合には、同条の令状に、前項に規定する事項のほか、差し押さえるべき電子計算機に電気通信回線で接続している記録媒体であつて、その電磁的記録を複写すべきものの範囲を記載しなければならない[10]。

3　第64条第2項の規定は、前条の令状についてこれを準用する。

> [規]　**第157条（身体検査令状の記載要件・法第219条）**　身体検査令状には、正当な理由がなく身体の検査を拒んだときは過料又は刑罰に処せられることがある旨をも記載しなければならない。

[1] 本条の趣旨　　[2] 各別の令状　　[3] 被疑者又は被告人の氏名　　[4] 罪　名　　[5] 差し押さえるべき物　　[6] 記録命令付差押令状の記載　　[7] 捜索令状における場所の表示　　[8] 捜索場所に居合わせた人の携帯品や身体に対する捜索　　[9] 身体検査令状の記載事項　　[10] 電磁的記録を複写すべき記録媒体の範囲

[1] 本条の趣旨

本条は、前条に規定する差押え、記録命令付差押え、捜索又は検証について、その令状の記載事項及び方式を規定するものである。なお、差押え、記録命令付差押え又は捜索については、裁判上の差押え、記録命令付差押え又は捜索に関する令状の記載事項及び方式（107）とほぼ同内容であるので、同条の解説も参照されたい。

[2] 各別の令状

憲法35条2項は、「各別の令状により、これを行ふ」と規定しているが、同項の趣旨

452　　　　　　　　　　　219条

は，令状に各別の許可が記載されることにあると解されるので，捜索と差押えの許可を
1通の捜索差押令状によることは，憲法35条2項に反しない（最大判昭27・3・19刑集6・3
・502）。他方，2か所以上を捜索場所とする捜索差押令状が直ちに憲法35条2項に違反
する無効なものとはいえないという裁判例（東京高判昭47・10・13刑裁月報4・10・1651）はあ
るものの，捜索場所と差押目的物との関係を明示するとの観点からすれば，2か所以上
を捜索場所とする場合，令状請求は別々の請求書によって行うのが適切である。

[3] 被疑者又は被告人の氏名

　被疑者又は被告人の氏名は，218条に規定する令状に共通する記載事項である。被疑
者又は被告人の氏名が不明のときは，人相，体格その他これを特定するに足りる事項を
記載することができる（本条Ⅲが準用する64Ⅱ）。捜査段階においては，被疑者の氏名だ
けでなく，被疑者そのものが不明である場合があり，その場合には被疑者氏名欄に「不
詳」と記載して令状を発することが実務上認められている。被疑者が死亡している場合
であっても，同様である。

[4] 罪　名

　罪名は，218条に規定する令状に共通する記載事項である。令状請求書には罪名及び
犯罪事実の要旨の記載が求められているが（規155Ⅰ④），令状には，犯罪事実の要旨の
記載は必要とされない。また，罪名については，適用法条を示して記載する必要はなく
（最大決昭33・7・29刑集12・12・2776），特別法違反の罪についても，「……法違反」とのみ表
示すれば足りる。ただし，差押令状については，実務上，差し押さえるべき物の特定に
当たって必要な場合には，犯罪事実の要旨が差押令状に記載される（下記[5]参照）。

[5] 差し押さえるべき物

(1)　差押令状には，「差し押さえるべき物」を特定して記載することが必要とされ，「本
件犯行に関係を有する文書，図画，メモ類等一切」とのみ記載することは許されない（前
掲東京高判昭47・10・13）。しかし，捜査の初期の段階においては，疎明資料も十分ではな
く捜査機関は特定の場所にある証拠物件を個別具体的に把握していないことが多いの
で，差し押さえるべき物を必ずしも全て個々に特定して表示する必要はなく，特定の物
件あるいは種類を具体的に例示した上で概括的な記載をする方法も許される。前掲最大
決昭33・7・29は，「会議議事録，闘争日誌，指令，通達類，連絡文書，報告書，メモ
その他本件に関係ありと思料される一切の文書及び物件」との記載は，当該許可状に記
載された地方公務員法違反被疑事件に関係があり，かつ例示の物件に準じる文書，物件
を指すことが明らかであるから，差し押さえるべき物の明示に欠けるところはないと判
示している。なお，実務では，具体的例示とともに「その他本件に関係ありと思料され
る一切の物件」と記載する場合などには，一般的に，差し押さえるべき物の特定をより
明確にするため，被疑事実の要旨が記載された令状請求書を差押令状に添付する取扱い
が行われている。

(2)　捜査機関は，専ら別罪の証拠に利用する目的で差押令状に明示された物を差し押さ

えることは許されないが，別罪の証拠になるとともに本件被疑事実の証拠にもなると認められる物について，その差押えが許されることは当然である（最判昭51・11・18判時837・104）

[6] 記録命令付差押令状の記載

記録命令付差押許可状には，「差し押さえるべき物」を記載する必要はなく，「記録させ若しくは印刷させるべき電磁的記録及びこれを記録させ若しくは印刷させるべき者」を記載する必要がある。その内容は107条1項と同様であるので，107条の解説[5]を参照されたい。なお，捜査段階では，「記録させ若しくは印刷させるべき電磁的記録」について，ある程度の幅をもった記載とせざるを得ない場合もあり得るが，そのような場合でも，被処分者に記録・印刷を命じるという処分の性質上，被処分者において，何を記録・印刷すればよいのかが判断できる程度に特定される必要がある。通信履歴については，電話番号やメールアドレスにより特定される場合が多いと思われるが，これらに限らず，他の手がかりにより，被処分者において判別・特定できれば足りる。また，通信履歴以外でも，例えば，犯行現場のビルへの出入りの際，通常ICカードが使用されている場合には，「○○の時間帯に当該ビルにICカードを利用して出入りした者の出入時刻及びICカード番号に係る電磁的記録」などとして特定することが可能である（法時64・5・91）。

[7] 捜索令状における場所の表示

捜索すべき場所の表示は，管理支配が異なる他の場所と区別できる程度に特定して明示する必要がある。捜索すべき場所は，通常，管理支配が異なるごとに，住所や部屋番号等によって地理的位置を特定して明示する。例えば，分譲マンションのように，1つの建物の中に管理支配が異なる複数の居室が入っている場合には，その建物全体を捜索場所とする令状は発付できず，個々の居室ごとに捜索場所を特定して令状を発付する必要がある。他方で，実務上，特定の建物の記載に付加して，「及び附属建物」との記載がなされることがあるが，当該建物と附属建物の管理権者が同一である限り，そのような記載も許される（最決昭30・11・22刑集9・12・2484）。

捜索の対象が自動車や人の身体のように移動する場合には，地理的位置によって場所を特定できないので，車両番号や氏名など，他の適当な方法によって特定して表示することになる。

[8] 捜索場所に居合わせた人の携帯品や身体に対する捜索

(1) 捜索差押令状に「捜索すべき場所」として示された場所に存在する物は，通常，その場所の管理権に属し，捜索についての裁判官の令状審査を受けていると考えられるから，基本的には，その場所に存在する全ての物を捜索することが許される。判例も，被疑者の住居を捜索場所とする捜索差押令状により，被疑者の同居人であって捜索の際にその場にいた者が携帯するボストンバッグについても捜索できるとしている（最決平6・9・8刑集48・6・263）。ただし，たまたま当該場所にいた人の携帯品であることが明らか

454　　　　　　　　　219条，220条

な物については，その中に差押対象物が隠されている合理的な疑いがない限り捜索は許されないと解される。なお，被疑者立会いの下に被疑者の居宅を捜索中，宅配便の配達員によって被疑者あてに配達された荷物を被疑者が受領した場合，当該令状に基づいてその荷物を捜索することができる（最決平19・2・8刑集61・1・1）。

(2)　場所に対する捜索差押令状により，当該場所に存在する人の身体を捜索することは，原則としてできない。人は，個々に独立してプライバシーの主体であり，場所に対する令状審査において，その場にいる人に対する令状審査も行われているとはいえないからである。もっとも，当該捜索すべき場所に現存する者が，差押対象物をその着衣・身体に隠匿所持していると疑うに足りる相当な理由がある場合には，令状の効果はその着衣・身体にも及び，その着衣・身体を捜索することも許されると解される（東京高判平16・9・29東時55・1 =12・86）。

(3)　捜索現場に居合わせた人の携帯品やその身体に対する捜索が許されない場合であっても，職務質問の一環としての所持品検査を行うことができるのは当然である。

［9］身体検査令状の記載事項

　身体検査令状には，検査すべき身体を特定して記載するほか，条件を付した場合（218 VI）にはその条件をも記載する。また，身体検査には，その拒否に対する過料等の制裁に関する137条及び138条が準用されるので（222 I），規157条は，その旨を身体検査令状に記載すべきものとしている。

［10］電磁的記録を複写すべき記録媒体の範囲

　本条2項は，前条2項の処分（電気通信回線で接続している記録媒体からの複写）を行う場合における差押令状の記載事項について規定するものであり，その内容は107条2項と同様であるので，107条の解説［8］を参照されたい。

　なお，捜査機関が前条2項の処分を行うためには，本条2項に規定する事項を記載した差押令状の発付を受けることが必要であるから，そのような記載のない令状に基づき，あるいは，220条により逮捕の現場で電子計算機を差し押さえる場合に無令状で，前条2項の処分を行うことはできない。　　　　　　　　　　　　　　　　　　〔吉川崇〕

第220条 [1] 〔**令状によらない差押え・捜索・検証**〕　検察官，検察事務官又は司法警察職員は，第199条の規定により被疑者を逮捕する場合又は現行犯人を逮捕する場合 [2] において必要があるときは [3]，左の処分をすることができる。第210条の規定により被疑者を逮捕する場合において必要があるときも，同様である。

　一 [4]　人の住居又は人の看守する邸宅，建造物若しくは船舶内に入り被疑者の捜索をすること。

　二 [5]　逮捕の現場で差押，捜索又は検証をすること。

　2　前項後段の場合において逮捕状が得られなかつたときは，差押物は，直ちにこれ

を還付しなければならない[6]。第123条第3項の規定は，この場合についてこれを準用する。

3　第1項の処分をするには，令状は，これを必要としない。

4　第1項第2号及び前項の規定は，検察事務官又は司法警察職員が勾引状又は勾留状を執行する場合にこれを準用する。被疑者に対して発せられた勾引状又は勾留状を執行する場合には，第1項第1号の規定をも準用する[7]。

[範]　第142条（逮捕の際の捜索等）　被疑者を逮捕する場合において必要があるときは，逮捕の現場において刑訴法第220条の規定による捜索，差押または検証を行い，捜査資料を発見入手するように努めなければならない。

[1]本条の趣旨　　[2]逮捕する場合　　[3]必要があるとき　　[4]被疑者の捜索——1項1号　　[5]逮捕現場における捜索・差押え・検証——1項2号　　[6]差押物の還付　　[7]勾引状・勾留状を執行する場合への準用

[1] 本条の趣旨

　本条は，憲法35条1項が「第33条の場合を除いて」捜索及び差押えについては令状によらなければならないとしているのを受けて，通常逮捕，緊急逮捕及び現行犯逮捕の場合に，令状によらない差押え，捜索又は検証を行い得ることを規定したものである。なお，本条1項が，前段において通常逮捕及び現行犯逮捕の場合を規定し，緊急逮捕の場合については別途後段に規定しているのは，本条2項を設けるに当たっての立法技術にすぎない。

　本条1項各号の処分は，検察官，検察事務官又は司法警察職員のみが行い得る。私人も現行犯人を逮捕することが認められているが（213），私人は，逮捕するために他人の住居等に侵入するなどの本条1項各号の処分をすることは認められていない（名古屋高判昭26・3・3高刑集4・2・148）。

[2] 逮捕する場合

　「逮捕する場合」の解釈として，本条1項1号については，被疑者を捜索するための人の住居等への立入りであるから，その性質上，逮捕行為に着手する前から許容され，実際に逮捕に着手できなくとも違法となるものでない。

　本条1項2号について，最大判昭36・6・7刑集15・6・915は，「逮捕との時間的接着を必要とするけれども，逮捕着手時の前後関係は，これを問わない」とし，「被疑者がたまたま他出不在であっても，帰宅次第緊急逮捕する態勢の下に捜索，差押がなされ，且つ，これと時間的に接着して逮捕がなされる限り，その捜索，差押は」適法であるとする。もっとも，この判例に対しては，事後的な逮捕の成否により捜索，差押えの適法性が左右されるとする理論構成に批判がある上，逮捕に成功しなければいかなる場合も

捜索・差押えが違法となるとする趣旨であれば結論においても妥当性を欠く。現実に逮捕できる状況があれば，逮捕行為に着手する前でも許容され，結果的に逮捕に着手できたか否かによって適法性は左右されないと解すべきである（横井・ノート(1)258等）。

[3] 必要があるとき

被疑者を逮捕する場合に，本条1項1号に基づき，人の住居等に入り被疑者を捜索する必要性の判断は，捜査機関の主観的判断のみでは足りず，客観的にもその必要性がある場合であることを要する（札幌高函館支判昭37・9・11高刑集15・6・503）。

[4] 被疑者の捜索——1項1号

本条1項1号による捜索は，人の捜索であって物の捜索ではないが，物の捜索に関する規定が準用される（222）。また，同号は，勾引状又は勾留状を執行する場合における被告人の捜索を規定した126条と同趣旨の規定であるので，同条の解説も参照されたい。

なお，既に被疑者を発見して追跡を継続している際，人の住居等に立ち入る行為は逮捕行為そのもの（付随する行為）であって，本条1項1号による捜索ではない。他方，追跡者がいったん被疑者を見失った後に人の住居等に立ち入って捜索する場合には，同号の規定に基づかなければならない（伊藤=河上・注釈刑訴3・215）。

[5] 逮捕現場における捜索・差押え・検証——1項2号

(1) 本条1項2号による差押え，捜索又は検証は，当該逮捕の基礎となった事実に関するものに限って行い得る。したがって，別罪の証拠物等について捜索・差押えをすることはできない（東京高判昭46・3・8高刑集24・1・183）。逮捕者に危険を及ぼすべき凶器や逃走用具等については，同号に基づくのではなく，逮捕行為を完遂するための付随処分として捜索・差押えをすることができると解される（警職2Ⅳ）。

(2) 「逮捕の現場」とは，逮捕に着手した場所，追跡中の場所，逮捕を完了した場所の全てを含む。

最決平8・1・29刑集50・1・1は，逮捕現場付近の状況に照らし，被疑者の名誉等を害し，被疑者の抵抗による混乱を生じ，又は現場付近の交通を妨げるおそれがあるといった事情のため，その場で直ちに被疑者の身体又は所持品の捜索，差押えを実施するのが適当でないときには，速やかに捜索，差押えの実施に適する最寄りの場所まで連行した上でこれらの処分をすることも「逮捕の現場」における捜索，差押えと同視することができるとして，逮捕現場から約500メートルあるいは3キロメートル離れた警察署に連行後に行われた所持品に対する差押えを適法としている。

ホテル内で被疑者を逮捕した後，被疑者が自己の居室であるとして案内した室内を捜索して差押えを行ったことを適法とした裁判例もあるが（東京高判昭44・6・20高刑集22・3・352），あくまで事例判断であり，これを一般化して理解することは妥当ではない。また，他の場所で職務質問を開始し，これを継続する必要から，居住者の承諾を得て他人の住居内に移動したにすぎない場合は，その場で被疑者を逮捕しても，当該住居内を捜索することは許されないとする裁判例がある（福岡高判平5・3・8判タ834・275）。

[6] 差押物の還付

　緊急逮捕した後に逮捕状が発せられなかったときは，逮捕行為が不適法となり，その逮捕の際の差押えも違法な処分であったことになるので，その差押物は，捜査機関において保持する理由がなくなり，原状回復措置として，直ちに還付されなければならない。他方，捜索及び検証については，差押えと異なり継続性のない処分であるため，同様の規定は設けられていない。逮捕状が発せられなかった場合に，捜索又は検証の結果を記載した捜索調書や検証調書について，直ちに証拠能力が否定されると解するのは違法収集証拠の排除法則との関係で整合的でなく，同法則に照らして個別に判断されるものと解される（317の解説[6]参照）。捜査機関が用意した他の記録媒体に電磁的記録を複写してこれを差し押さえていた場合の原状回復措置については，123条3項が準用される（123の解説[8]参照）。

[7] 勾引状・勾留状を執行する場合への準用

　検察事務官又は司法警察職員が勾引状又は勾留状を執行する場合においては，本条1項2号が準用され，その現場で捜索，差押え又は検証をすることができる。ここにいう勾引状には，被疑者又は被告人に対する勾引状（70等）のみならず，証人に対する勾引状（152・153）及び身体検査のための勾引状（135・136）も含まれる。また，被疑者に対する勾引状又は勾留状を執行する場合においては，本条1項1号も準用される（被告人については126）。なお，被疑者に勾引状が発せられるのは，準起訴手続の場合（265）に限られる。また，身柄の拘束を受けていない被疑者につき勾引状が発せられるのは，準起訴手続における場合のほか，勾留請求後，勾留状発付前に被疑者が逃亡したとき及び勾留請求却下の裁判に対する準抗告の結果，原裁判が取り消されて勾留状が発付されたときが考えられる。

〔吉川崇〕

第221条 [1]〔領置〕　検察官，検察事務官又は司法警察職員は，被疑者その他の者が遺留した物 [2] 又は所有者，所持者若しくは保管者が任意に提出した物 [3] は，これを領置 [4] することができる。

　[範]　**第109条（任意提出物の領置）**　所有者，所持者又は保管者の任意の提出に係る物を領置するに当たつては，なるべく提出者から任意提出書を提出させた上，領置調書を作成しなければならない。この場合においては，刑訴法第120条の規定による押収品目録交付書を交付するものとする。

　　2　任意の提出に係る物を領置した場合（次項に規定する場合に該当する場合を除く。）において，その所有者がその物の所有権を放棄する旨の意思を表示したときは，任意提出書にその旨を記載させ，又は所有権放棄書の提出を求めなければならない。

　　3　任意の提出に係る物を領置した場合において，その物が電磁的記録に係る記録媒体

であり，当該記録媒体の所有者でない提出者が当該電磁的記録について所有に属する
ものとみなされる権利（刑事事件における第三者所有物の没収手続に関する応急措置
法（昭和38年法律第138号）第1条の2の規定により所有に属するものとみなされる
場合における権利をいう。）を放棄する旨の意思を表示したときは，任意提出書にそ
の旨を記載させ，又は電磁的記録に係る権利放棄書の提出を求めなければならない。

第110条（遺留物の領置） 被疑者その他の者の遺留物を領置するに当つては，居住者，
管理者その他関係者の立会を得て行うようにしなければならない。

2 前項の領置については，実況見分調書その他によりその物の発見された状況等を明
確にした上，領置調書を作成しておかなければならない。

第111条（原状のままの領置） 領置をするに当たつては，指掌紋その他の附着物を破壊
しないように注意するとともに，その物をできる限り原状のまま保存するため適当な
方法を講じ，滅失，毀損，変質，変形，混合又は散逸することのないように注意しな
ければならない。

［1］本条の趣旨

　物に対する占有を取得する処分のうち，強制処分として行われるものは「差押え」又
は「記録命令付差押え」と，任意処分として行われるものは「領置」と呼び，これらを
総称して「押収」と呼ぶ。本条は，捜査機関の行う領置に関する規定であり，その意義
は，裁判所による領置に関する101条と同様であるので，同条の解説も参照されたい。捜
査機関による領置は，任意捜査として行われる場合に限らず，未だ捜査着手に至らない
いわゆる内偵段階で行われる場合があるが，いずれも本条の規定により行われる。

［2］領置の対象物①——被疑者その他の者が遺留した物

　遺留物（101の解説［2］参照）か否かの判断は，領置をする捜査機関が行う。ごみ集積
所にごみ袋に入れて排出されたごみは，占有を放棄したものであって他人にその内容が
見られることはないという期待があるとしても，捜査の必要がある場合には遺留物とし
て領置することができる（最決平20・4・15刑集62・5・1398）

［3］領置の対象物②——所有者，所持者若しくは保管者が任意に提出した物

　所持者ないし保管者は，必ずしも権限に基づいて所持ないし保管するものである必要
はない。例えば，被疑者の雇主が被疑者の不在中にその居室に立ち入って発見した違法
薬物について，捜査機関が当該雇主から任意提出を受けて領置することは適法である（東
京高判昭28・11・25特報39・202）。

［4］領　置

　領置の手続については，裁判所が行う押収の規定が準用される（具体的規定については
222の解説参照）。捜査機関は，領置したときには領置調書を作成する（事件事務規程13，範
109・110）。　　　　　　　　　　　　　　　　　　　　　　　　　　　　　　〔吉川崇〕

222条 459

第222条 [1] 〔押収・捜索・検証に関する準用規定，夜間の検証，被疑者の立会い，身体検査を拒否した者に対する制裁〕 第99条第1項 [2]，第100条 [3]，第102条から第105条 [4][5] まで，第110条から第112条 [6][7][8][9][10] まで，第114条 [11]，第115条 [12] 及び第118条から第124条 [13][14][15][16] までの規定は，検察官，検察事務官又は司法警察職員が第218条，第220条及び前条の規定によつてする押収又は捜索について，第110条，第111条の2，第112条，第114条，第118条，第129条 [17]，第131条及び第137条から第140条 [18] までの規定は，検察官，検察事務官又は司法警察職員が第218条又は第220条の規定によつてする検証についてこれを準用する。ただし，司法巡査は，第122条から第124条までに規定する処分をすることができない。

2　第220条の規定により被疑者を捜索する場合において急速を要するときは，第114条第2項の規定によることを要しない [17]。

3　第116条及び第117条の規定は，検察官，検察事務官又は司法警察職員が第218条の規定によつてする差押え，記録命令付差押え又は捜索について，これを準用する [19]。

4　日出前，日没後には，令状に夜間でも検証をすることができる旨の記載がなければ，検察官，検察事務官又は司法警察職員は，第218条の規定によつてする検証のため，人の住居又は人の看守する邸宅，建造物若しくは船舶内に入ることができない。但し，第117条に規定する場所については，この限りでない [20]。

5　日没前検証に着手したときは，日没後でもその処分を継続することができる [20]。

6　検察官，検察事務官又は司法警察職員は，第218条の規定により差押，捜索又は検証をするについて必要があるときは，被疑者をこれに立ち会わせることができる [21]。

7　第1項の規定により，身体の検査を拒んだ者を過料に処し，又はこれに賠償を命ずべきときは，裁判所にその処分を請求しなければならない [22]。

> [規]　**第158条（処罰等の請求・法第222条）** 法第222条第7項の規定により身体の検査を拒んだ者を過料に処し又はこれに賠償を命ずべき旨の請求は，請求者の所属の官公署の所在地を管轄する地方裁判所又は簡易裁判所にこれをしなければならない。
>
> **第178条の16（還付等に関する規定の活用）** 検察官は，公訴の提起後は，その事件に関し押収している物について，被告人及び弁護人が訴訟の準備をするに当たりなるべくその物を利用することができるようにするため，法第222条第1項の規定により準用される法第123条（押収物の還付等）の規定の活用を考慮しなければならない。

> 「範」　**第162条（身体検査拒否の場合の処置）** 刑訴法第222条第7項の規定により，正当の理由がなく身体検査を拒んだ者に対する過料処分またはその者にその拒絶により生じた費用の賠償を命ずべき処分を裁判所に請求するには，過料処分等請求書を作成して行

わなければならない。

[1] 本条の趣旨　　[2] 99条1項（差押え）　　[3] 100条（郵便物等の押収）　　[4] 102条（捜索）　　[5] 103条及び104条（公務上の秘密と押収），105条（業務上の秘密と押収）　　[6] 110条（執行の方式）　　[7] 110条の2（電磁的記録に係る記録媒体の差押えの執行方法）　　[8] 111条（押収捜索と必要な処分）　　[9] 111条の2（捜索・差押えの際の協力要請），　　[10] 112条（執行中の出入禁止）　　[11] 114条（責任者の立会い）　　[12] 115条（女子の身体の捜索と立会い）　　[13] 118条（執行の中止と必要な処分）　　[14] 119条（証明書の交付）　　[15] 120条（押収目録の交付）　　[16] 121条1項，2項（押収物の保管，廃棄），122条（押収物の代価保管），123条1項，2項（還付，仮還付），124条（押収贓物の被害者還付）　　[17] 129条（検証と必要な処分）　　[18] 131条（身体検査に関する注意，女子の身体検査と立会い），137条（身体検査の拒否と過料等），138条（身体検査の拒否と刑罰），139条（身体検査の直接強制），140条（身体検査の強制に関する訓示規定）　　[19] 本条3項　　[20] 本条4項及び5項　　[21] 本条6項　　[22] 本条7項

[1] 本条の趣旨

(1) 本条は，捜査機関が行う押収（差押え，記録命令付差押え及び領置），捜索及び検証（身体検査を含む）について，総則の諸規定（99〜142）のうち必要な準用等を定めるものである。

　刑訴法は，総則中に，公判段階において裁判所が行う押収，捜索及び検証について規定し，捜査機関が行うこれら処分については，その根拠を規定した上で（218・220・221），その手続等はできる限り総則の規定を準用する形式で規定している。しかし，公判段階において裁判所が行う処分と捜査機関が行う処分とは，その手続等において異なる考慮が必要であるし，捜査機関が行う処分においても，令状による処分（218）と令状によらない処分（220・221）とでは，その性質上，準用すべき規定が異なってくる。そのため，本条によりいかなる規定がいかなる処分に準用されるかについては，その規定の趣旨や内容に照らして解釈することが必要となる。

(2) 準用による読替えは，基本的には，「裁判所は」とあるのは「検察官，検察事務官又は司法警察職員は」と，「被告人」とあるのは「被疑者又は被告人」と，「被告事件」とあるのは「被疑事件又は被告事件」となる。

[2] 99条1項（差押え）

　差押えの対象及び要件に関する規定であり，捜査機関が行う差押え及び記録命令付差押えに準用される（218の解説[5]参照）。2項が準用されていないのは，同一の内容が218条2項に規定されているからである。また，提出命令に関する3項は準用されておらず，捜査に関する第2編第1章中にも提出命令に関する規定が置かれていないことから，刑

訴法は，捜査機関による提出命令の制度を予定していないと解される（伊藤＝河上・注釈刑訴3・222）。

[3] 100条（郵便物等の押収）

　郵便物の差押えにおいて特に求められる要件に関する規定であり，捜査機関が行う差押えに準用される。ただし，1，2項中の提出命令に関する部分は準用されない。3項に規定する発信人又は受信人に対する通知は，捜査機関が行うべきものと解され，同項但書は，「通知によって捜査が妨げられる虞がある場合はこの限りでない」と読み替えられる。

[4] 102条（捜索）

　捜索の対象及び要件に関する規定であり，捜査機関が行う捜索（令状によらない被疑者の捜索（220 I ①）を除く）に準用される（218の解説[5]参照）。

[5] 103条及び104条（公務上の秘密と押収），105条（業務上の秘密と押収）

　押収拒絶権に関する規定であり，捜査機関が行う差押え及び記録命令付差押えに準用される。押収拒絶は，通常，裁判官が令状を発付する際ではなく，捜査機関が現実に差押えをするときに，捜査機関に対して申し立てられるので，監督官庁等の承諾権者に承諾を求めるのも捜査機関であり，その承諾も捜査機関に対してなされるものと解される（伊藤＝河上・注釈刑訴3・222）。もっとも，裁判所が令状を発する際，既に公務上又は業務上の秘密に関するものである旨の申立てや押収拒絶がなされている場合は，裁判官において承諾を求めても差し支えない。もとより，承諾を求めないまま令状を発付しても違法ではない（松尾・条解426）。

[6] 110条（執行の方式）

　令状の呈示に関する規定であり，捜査機関が令状に基づいて行う差押え，記録命令付差押え，捜索及び検証（身体検査を含む）に準用される。

[7] 110条の2（電磁的記録に係る記録媒体の差押えの執行方法）

　差し押さえるべき物が電磁的記録に係る記録媒体である場合の差押えの執行方法に関する規定であり，捜査機関が行う差押えに準用される。

[8] 111条（押収捜索と必要な処分）

　差押え又は捜索の際に行うことのできる処分に関する規定であり，捜査機関が行う差押え，記録命令付差押え及び捜索に準用される。111条2項の「押収物」には，任意提出を受けて領置した物や遺留物として領置したものも含まれると解され，同項は捜査機関が行う領置にも準用される。なお，捜査機関が行う検証については129条が準用されるため，111条は準用されない。

[9] 111条の2（捜索・差押えの際の協力要請），

　差し押さえるべき物が電磁的記録に係る記録媒体である場合における処分を受ける者に対する協力要請に関する規定であり，捜査機関が行う差押え，捜索（令状によらない被疑者の捜索〔220 I ①〕を除く。）及び検証（身体検査を除く。）に準用される。

462　　　　　　　　　　222条

[10]　112条（執行中の出入禁止）

　差押え等を行っている場所への出入禁止に関する規定であり，捜査機関が行う差押え，記録命令付差押え，捜索及び検証（身体検査を除く。）に準用される。

[11]　114条（責任者の立会い）

　差押え等を行う際の責任者の立会いに関する規定であり，捜査機関が行う差押え，記録命令付差押え，捜索及び検証（身体検査を除く。）に準用される。ただし，令状によらない被疑者の捜索（220Ⅰ①）をする場合において急速を要するときは，114条2項の規定による住居主等の立会いを要しない（本条Ⅱ）。

[12]　115条（女子の身体の捜索と立会い）

　女子の身体を捜索する際の立会いに関する規定であり，捜査機関が行う捜索（令状によらない被疑者の捜索〔220Ⅰ①〕を除く。）に準用される。なお，捜査機関が行う身体検査については131条が準用される。

[13]　118条（執行の中止と必要な処分）

　差押え等を中止する際に行うことのできる処分に関する規定であり，捜査機関が行う差押え，記録命令付差押え，捜索及び検証（身体検査を除く。）に準用される。

[14]　119条（証明書の交付）

　捜索を受けた者に対する証明書の交付に関する規定であり，捜査機関が行う捜索（令状によらない被疑者の捜索〔220Ⅰ①〕を除く。）に準用される。

[15]　120条（押収目録の交付）

　押収をした場合の目録の作成及び交付に関する規定であり，捜査機関が行う差押え，記録命令付差押え及び領置に準用される。

[16]　121条1項，2項（押収物の保管，廃棄），122条（押収物の代価保管），123条1項，2項（還付，仮還付），124条（押収贓物の被害者還付）

　押収物の保管及び還付等に関する規定であり，捜査機関が行う差押え，記録命令付差押え及び領置に準用される。ただし，還付等において当事者の意見を聞くものとした123条3項は準用されず，124条の同様の部分も準用されない。検察官は，公訴提起後は，被告人及び弁護人の訴訟準備のため，123条の規定の活用を考慮しなければならない（規178の16）。なお，122条，123条及び124条の処分は，これを司法巡査が行うことはできない。

[17]　129条（検証と必要な処分）

　検証の際に行うことのできる処分に関する規定であり，捜査機関が行う検証（身体検査を含む。）に準用される。

[18]　131条（身体検査に関する注意，女子の身体検査と立会い），137条（身体検査の拒否と過料等），138条（身体検査の拒否と刑罰），139条（身体検査の直接強制），140条（身体検査の強制に関する訓示規定）

　身体検査の手続等に関する規定であり，捜査機関が行う身体検査に準用される。

[19] **本条3項**

　時刻の制限及びその例外を規定した116条及び117条は，捜査機関が令状により行う差押え，記録命令付差押え及び捜索に準用される。

[20] **本条4項及び5項**

　捜査機関が令状により行う検証（身体検査を除く。）の時刻の制限及びその例外を規定しており，その内容は，116条及び117条と同様である。

[21] **本条6項**

　捜査機関が令状により行う差押え又は検証（身体検査を含む。）において，必要があるときは，身柄を拘束されている被疑者については，その意思にかかわらず被疑者を立ち会わせることができる。他方で，身柄を拘束されていない被疑者については，立会いを強制する方法はない。被告人及び弁護人についての規定はないが，捜査機関が必要と認め，これらの者が任意に応じた場合に，立ち会わせることを禁ずる趣旨ではない（伊藤=河上・注釈刑訴3・222）。当事者の立会権等について規定する113条は準用されておらず，被疑者，被告人及び弁護人に立会権はない。

[22] **本条7項**

　身体検査の拒否等について過料等の制裁を定めた137条は，捜査機関が行う身体検査の拒否等に準用されているところ，捜査機関は，身体検査を拒んだ者を過料等の処分にするべきと思料した際には，当該検察官等が所属する官公署の所在地を管轄する地方裁判所又は簡易裁判所に請求しなければならない（規158）。

○ **「本条による準用・適用関係」**

(1) **押収に関して準用又は適用される規定**　ア　令状による差押え──218条　　99条1項（差押え），100条（郵便物等の押収），103条及び104条（公務上の秘密と押収），105条（業務上の秘密と押収），110条（執行の手続），110条の2（電磁的記録に係る記録媒体の差押えの執行方法），111条（押収捜索と必要な処分），111条の2（捜索・差押えの際の協力要請），112条（執行中の出入禁止），114条（責任者の立会い），118条（執行の中止と必要な処分），120条（押収目録の交付），121条1項，2項（押収物の保管，廃棄），122条（押収物の代価保管），123条1項，2項（還付，仮還付），124条（押収贓物の被害者還付），本条3項（116及び117〔時刻の制限及びその例外〕），本条6項（被疑者の立会い）

　　イ　令状によらない差押え──220条1項2号　　99条1項（差押え），100条（郵便物等の押収），103条及び104条（公務上の秘密と押収），105条（業務上の秘密と押収），110条の2（電磁的記録に係る記録媒体の差押えの執行方法），111条（押収捜索と必要な処分），111条の2（捜索・差押えの際の協力要請），112条（執行中の出入禁止），114条（責任者の立会い），118条（執行の中止と必要な処分），120条（押収目録の交付），121条1項，2項（押収物の保管，廃棄），122条（押収物の代価保管），123条1項，2項（還付，仮還付），124条（押収贓物の被害者還付）

464 222条

　ウ　記録命令付差押え──218条　　99条1項（差押え），103条及び104条（公務上の秘密と押収），105条（業務上の秘密と押収），110条（執行の手続），111条（押収捜索と必要な処分），112条（執行中の出入禁止），114条（責任者の立会い），118条（執行の中止と必要な処分），120条（押収目録の交付），121条1項，2項（押収物の保管，廃棄），122条（押収物の代価保管），123条1項，2項（還付，仮還付），124条（押収贓物の被害者還付），本条3項（116及び117〔時刻の制限及びその例外〕）

　エ　領　置──221条　　111条2項（押収捜索と必要な処分），120条（押収目録の交付），121条1項，2項（押収物の保管，廃棄），122条（押収物の代価保管），123条1項，2項（還付，仮還付），124条（押収贓物の被害者還付）

⑵　捜索に関して準用又は適用される規定　　ア　令状による捜索──218条　　102条（捜索），110条（執行の方法），111条（押収捜索と必要な処分），111条の2（捜索・差押えの際の協力要請），112条（執行中の出入禁止），114条（責任者の立会い），115条（女子の身体の捜索と立会い），118条（執行の中止と必要な処分），119条（証明書の交付），本条3項（116及び117〔時刻の制限及びその例外〕），本条6項（被疑者の立会い）

　イ　令状によらない被疑者の捜索──220条1項1号　　111条（押収捜索と必要な処分），112条（執行中の出入禁止），114条（責任者の立会い），本条2項（114Ⅱの例外），118条（執行の中止と必要な処分）

　ウ　令状によらない捜索──220条1項2号　　102条（捜索），111条（押収捜索と必要な処分），111条の2（捜索・差押えの際の協力要請），112条（執行中の出入禁止），114条（責任者の立会い），115条（女子の身体の捜索と立会い），118条（執行の中止と必要な処分），119条（証明書の交付）

⑶　検証に関して準用又は適用される規定　　ア　令状による検証──218条　　110条（執行の方式），111条の2（捜索・差押えの際の協力要請），112条（執行中の出入禁止），114条（責任者の立会い），118条（執行の中止と必要な処分），129条（検証と必要な処分），本条4項及び5項（時刻の制限），本条6項（被疑者の立会い）

　イ　令状によらない検証──220条1項2号　　111条の2（捜索・差押えの際の協力要請），112条（執行中の出入禁止），114条（責任者の立会い），118条（執行の中止と必要な処分），129条（検証と必要な処分）

　ウ　令状による身体検査──218条　　110条（執行の方式），129条（検証と必要な処分），131条（身体検査に関する注意，女子の身体検査と立会い），137条（身体検査の拒否と過料等），本条7項（過料処分等の請求），138条（身体検査の拒否と刑罰），139条（身体検査の直接強制），140条（身体検査の強制に関する訓示規定），本条6項（被疑者の立会い）

　エ　令状によらない身体検査──220条1項2号　　129条（検証と必要な処分），131条（身体検査に関する注意，女子の身体検査と立会い），137条（身体検査の拒否と過料等），本条7項（過料処分等の請求），138条（身体検査の拒否と刑罰），139条（身体検査の直接強制），140条（身体検査の強制に関する訓示規定）　　　　　　　　　　　〔吉川崇〕

222条の2

第222条の2 [1]〔電気通信の傍受〕 通信[2]の当事者のいずれの同意も得ないで[3]電気通信の傍受[4]を行う強制の処分については，別に法律[5]で定めるところによる。

> [1] 本条の趣旨 [2] 通 信 [3] 通信の当事者の同意がないこと [4] 傍受 [5] 通信傍受法の概要

[1] 本条の趣旨

本条は，犯罪捜査のための通信傍受に関する法律（「通信傍受法」という）の制定と同時に，平成11年の刑訴法の改正により新設された規定である。通信当事者のいずれの同意も得ないで，捜査のために通信傍受を行うことは，判例上，検証許可状（218 I）によって行うことが認められていたが（最決平11・12・16刑集53・9・1327等），通信傍受は，継続的，密行的に通信の秘密を制約する点で一般の強制処分とは異なるため，通信傍受法を制定して厳格かつ具体的な要件や手続等を定め，それとともに，強制処分である通信傍受を行うことができるとする刑訴法上の根拠として（197 I但参照），本条が規定されたものである。

本条及び通信傍受法が設けられたことにより，通信の当事者のいずれの同意も得ないで行う電気通信の傍受については，検証令状によって行うことはできないこととなった（三浦ほか・組織的犯罪対策関連三法の解説430以下参照）。なお，警察官である司法警察職員が通信傍受を行うに当たって守るべき方法，手続等に関し，通信傍受規則（国公委規平12・13）が定められている。

[2] 通 信

一般的に電気通信とは，有線，無線その他の電磁的方式により，符号，音響又は影像を送り，伝え，又は受けることをいうが（電通事2①），本条及び通信傍受法の対象となる「通信」とは，電話その他の電気通信であって，その伝送路の全部若しくは一部が有線（有線以外の方式で電波その他の電磁波を送り，又は受けるための電気的設備に附属する有線を除く。）であるもの又はその伝送路に交換設備があるものとされている（通信傍受2 I）。これに対し，伝送路の全部が無線である通信は，特定の相手方に対してなされているものであっても，その内容がのせられている電波は広く空間に開放されており，第三者に探知されることは不可避であるため，捜査機関がその探知を行うとしても，それは任意処分と解される。

[3] 通信の当事者の同意がないこと

他人間の通信であっても，その当事者のいずれかの同意を得て通信を受けることは，本条及び通信傍受法の対象ではない。通信を行う当事者は，通信の内容を互いに相手方の支配に委ねるものといえるので，通信の相手方の知らない間に行われたものであっても，通信の当事者自身がその内容を録音等により記録し，捜査機関がその開示を受けた

り，通信の当事者の同意を得て，捜査機関がその内容を聴取したり録音等により記録することは，任意捜査として許容されるものと解される。

[4] 傍受

本条及び通信傍受法にいう「傍受」は，現に行われている他人間の通信について，その内容を知るため，当該通信の当事者のいずれの同意も得ないで，これを受けることをいう（同2Ⅱ）。「現に行われて」いない，すなわち，既に行われた通信を受けることは，「傍受」には含まれない。例えば，電子メールのように，いったんプロバイダのサーバに蓄積される通信の場合に，処分開始時に既に特定の受信者のメールボックスに蓄積されている電子メールを対象として，その内容を知ることは，当該メールが既読か未読かを問わず，「傍受」には当たらない。これを強制処分として行う場合には，捜索差押許可状，記録命令付差押許可状又は検証許可状により行うことになる。

また，通信の「内容」に立ち入ることなく，電話番号，電子メールアドレス，IDなど，発信元あるいは発信先を識別するための番号や符号を知ることを目的として他人間の通信を受けること，すなわち，いわゆる逆探知（発信元の電話番号等の探知）や順探知（発信先の電話番号等の探知）は「傍受」には含まれない。これらを強制処分として行う場合には，検証許可状によることになる。

[5] 通信傍受法の概要

通信傍受法は，平成28年に刑事訴訟法等の一部を改正する法律（平成28年法律第54号，以下，本条の解説において「改正法」という）により改正され，対象犯罪の拡大（平成28年12月1日施行）とともに，手続の合理化・効率化として，一時的保存命令方式及び特定電子計算機方式の導入（平成31年6月2日までの政令で定める日に施行）が行われた。なお，以下に引用する条文等は，改正法が全て施行された後のものである。

(1) **対象犯罪**　通信傍受の対象犯罪は，別表第1に規定する薬物関係の罪，銃器関係の罪，集団密航の罪及び組織的殺人，別表第2に規定する殺傷関係の罪（現住建造物等放火，殺人，傷害，傷害致死，爆発物の使用），逮捕・監禁，略取・誘拐関係の罪，窃盗・強盗，詐欺・恐喝関係の罪及び児童ポルノ関係の罪である。対象犯罪は，元々は別表第1記載の4類型の犯罪のみであったが，改正法により，別表第2記載の犯罪が追加された。別表第1と第2に区別されているのは，下記(2)イのとおり，令状発付の要件に異なる点があるからである。

(2) **令状発付の要件**　通信傍受は，裁判官の発する令状（「傍受令状」という）に基づいて行われる。令状裁判官が事前審査すべき要件は，次のアからエまでである（同3Ⅰ）。

ア　①別表第1又は第2に掲げる犯罪が犯されたと疑うに足りる十分な理由があること，②別表第1又は第2に掲げる犯罪が犯され，かつⅰ）引き続きこれと同様の態様で犯される同一又は同種の別表第1又は第2に掲げる犯罪又はⅱ）当該犯罪を含む一連の犯行の計画に基づいて犯される別表第1又は第2に掲げる犯罪が犯されると疑うに足りる十分な理由があること，又は③死刑又は無期若しくは長期2年以上の懲役若しくは禁

鎖に当たる罪が別表第1又は第2に掲げる犯罪と一体のものとしてその実行に必要な準備のために犯され，かつ，引き続き当該別表第1又は第2に掲げる犯罪が犯されると疑うに足りる十分な理由があること（つまり，これら①②③のいずれかを充たすこと）

イ　これら別表第1又は第2に掲げる犯罪が数人の共謀によるものであると疑うに足りる状況があること（例外として同3Ⅱ），さらに，別表第2に掲げる犯罪については，これに加えて，当該犯罪に当たる行為が，あらかじめ定められた役割の分担に従って行動する人の結合体により行われるものであると疑うに足りる状況があること

ウ　これらの犯罪（上記①②についてはその一連の犯罪）について，その実行，準備又は証拠隠滅等の事後措置に関する謀議，指示その他の相互連絡その他当該犯罪の実行に関連する事項を内容とする通信（「犯罪関連通信」という。）が行われると疑うに足りる状況があること

エ　他の方法によっては，犯人を特定し，又は犯行の状況若しくは内容を明らかにすることが著しく困難であること

(3)　**請求権者等**　傍受令状の請求権者は，一般の令状と異なり，検察官については検事総長の指定する検事，司法警察員については公安委員会の指定する警視以上の警察官等に限られる。また，令状発付権限を有する裁判官は地方裁判所の裁判官に限られる（同法4Ⅰ）。

(4)　**令状の記載事項**　傍受令状には，被疑者の氏名（明らかでない場合はその旨を記載すれば足りる。），被疑事実の要旨，罪名，罰条，傍受すべき通信，傍受の実施の対象とすべき通信手段，傍受の実施の方法及び場所，傍受ができる期間等が記載される（同6Ⅰ）。傍受することができる通信は「犯罪関連通信」であって（同3Ⅰ），それが令状において「傍受すべき通信」として特定される。

通常の捜索・差押えや検証の令状とは異なり，被疑事実の要旨と罰条が必要的記載事項とされているのは，犯罪関連通信をできる限り特定するためである。傍受の対象となる通信手段は，電話番号その他発信元又は発信先を識別するための番号等によって特定された通信手段であって，被疑者が通信事業者等との間の契約に基づいて使用するもの（犯人による犯罪関連通信に用いられる疑いのないものを除く。），又は犯人による犯罪関連通信に用いられると疑うに足りるものである。通信傍受ができる期間は，令状発付時に10日以内の期間が定められる（同5Ⅰ）。この期間は，10日以内の期間を定めて延長することができ，通じて30日を超えることができない（同7Ⅰ）。裁判官は，傍受の実施に関し，適当と認める条件を付すことができる（同5Ⅱ・6Ⅰ）。

(5)　**傍受の実施**　「傍受の実施」とは，通信の傍受をすること及び通信手段について直ちに傍受をすることができる状態で通信の状況を監視することである（同5Ⅱ）。傍受の実施に当たっては，捜査機関において，通信管理者等（通信手段の傍受を実施する部分を管理する者等）への令状の提示義務があるとともに（同10），電気通信設備に傍受のための機器を接続する等の必要な処分ができるとされ（同11・12），さらに，通信管理者等

を常時立ち会わせなければならないこととされている（同13 I）。

(6)　**傍受することのできる通信**　傍受令状に記載された傍受すべき通信に該当するかどうかが明らかでないものについては，その該当性判断に必要な最小限度の範囲に限り，傍受が可能とされている（同14 I）。例えば，電話による通信の場合，断片的な傍受を繰り返す，いわゆるスポット傍受によって行われる。これは，通信が開始された時点で，傍受すべき通信に該当するかどうかを判断するために傍受を開始し，傍受すべき通信に該当すると判断されたときは，引き続き傍受する。他方，傍受すべき通信に該当しないと認められたときは，直ちに傍受を中止し，一定の時間が経過しても傍受すべき通信に該当するかどうか明らかではない場合も，傍受を一時中止する。ただし，その後も当該通信が一定の時間継続している場合には，話題あるいは通話の当事者が変わるなどして傍受すべき通信に該当するに至っている可能性があるため，傍受を再開し，傍受すべき通信に該当するかどうかを判断するために一定の時間傍受をするということを繰り返す。

　外国語や暗号を用いた通信であって，傍受のときにその内容を知ることが困難なため傍受すべき通信であるかどうかの判断ができないものについては，通信全体をいったん傍受することができるが，その場合も，速やかに翻訳，解読等して該当性の判断を行わなければならない（同条Ⅱ）。

　また，傍受を実施している間に，たまたま別表犯罪又は死刑若しくは無期若しくは短期1年以上の懲役若しくは禁錮に当たるものを実行したこと，実行していること又は実行することを内容とするものと明らかに認められる通信が行われたときは，傍受令状に記載された犯罪以外のものであっても傍受できる（同15）。この場合には，捜査機関は，傍受の実施の終了後に裁判官に対して提出する「傍受の実施の状況を記載した書面」において，当該通信に係る犯罪の罪名及び罰条並びに当該通信が同法15条に規定する通信であると認めた理由を記載しなければならない。裁判官は，これを事後審査し，同条所定の通信に該当しないと認めるときは，当該通信の傍受の処分を取り消すものとされている（同27・28）。

(7)　**一時的保存命令方式及び特定電子計算機方式**　改正以前の傍受は，上記のとおり，通信が行われたときにリアルタイムでその内容の聴取等をすることを前提とし，かつ，通信管理者等の常時立会いを必要とする方式（「リアルタイム方式」という。）のみが認められていたが，改正法により，以下のとおり，暗号技術や情報処理技術を活用することによって，リアルタイムではなく事後的に聴取等をする方式のほか，通信管理者等の立会いを不要として捜査機関の施設等で聴取等する方式も可能となった。

　ア　**一時的保存命令方式**　通信管理者等に命じて，通信を暗号化させた暗号化信号を一時的に保存させておき，その後，通信管理者等に命じてこれを復号させ，その立会いの下で再生し，その内容の聴取等をするという手続である（同20・21）。ここにいう「再生」とは，一時的保存をされた暗号化信号の復号により復元された通信について，電子

計算機を用いて，音の再生，文字の表示その他の方法により，人の聴覚又は視覚により認識することができる状態にするための処理をすることをいう（同2Ⅵ）。

　イ　特定電子計算機方式　　通信管理者等に命じて，通信を暗号化させた暗号化信号を捜査機関の施設等に設置された特定電子計算機（傍受した通信や傍受の経過を自動的に記録し，これを即時に暗号化する等の所定の機能を有する装置）に伝送させ，①これを受信すると同時に復号して傍受し（「特定電子計算機リアルタイム方式」という。），又は②これを受信すると同時に一時的に保存し，その後，特定電子計算機を用いて復号して再生し，その内容の聴取等をする（「特定電子計算機一時保存方式」という。）という手続である（同23）。この特定電子計算機方式の場合，通信事業者等による立会い及び後記の記録媒体の封印は不要とされる。

　上記ア又はイの方式による傍受等の手続を行うためには，令状審査における裁判官の許可が必要とされ，許可するときは，令状にその旨記載される（同6Ⅱ）。これらの手続において暗号化及び複号のために必要とされる電磁的な「鍵」は，裁判官の命を受けて，裁判所書記官その他の裁判所の職員が作成し，その手続に応じ，通信管理者等あるいは捜査機関に提供される。

　なお，一時的保存命令方式及び特定電子計算機一時保存方式においては，一時保存それ自体が「傍受」（同2Ⅱ）に当たるので，その方式を採った期間内における全ての通信を「傍受」することになるが，一時保存の段階では，通信は全て暗号化されているので，捜査機関がその内容を知ることはできない。捜査機関は，再生の際に通信の内容を聴取等するが，聴取等できる範囲は，リアルタイム方式における傍受の範囲と同じである。暗号化されて一時保存された通信のうち，再生された際に聴取等されなかったもの及び再生されなかったものは，全て消去される（同22ⅠⅡ・23ⅡⅥ）。

(8)　**傍受実施後の措置**　　適正手続の要請から，傍受実施後の措置に関する多数の規定が設けられている。傍受した通信は，全て記録媒体に記録され（「原記録」という），立会人が封印した上（特定電子計算機方式の場合は封印は不要），傍受令状を発付した裁判官の所属する裁判所の裁判官に提出されて保管される（同24〜26）。傍受した通信の内容を刑事手続で使用するため，原記録の複製から犯罪と無関係な通信の記録を消去した記録（「傍受記録」という）が作成される（同29）。傍受記録に記録されている通信の当事者に対しては，原則として通信を傍受したこと等が通知される（同30）。このほか，傍受記録又は原記録の聴取，閲覧等に関する規定（同32），裁判官がした通信の傍受に関する裁判，検察官等がした通信の傍受に関する処分に対する不服申立てに関する規定（同33）などが定められている。　　　　　　　　　　　　　　　　　　　　　　　　　〔吉川崇〕

第223条 [1] 〔**第三者の任意出頭・取調べ，鑑定・通訳の嘱託**〕　検察官，検察事務官又は司法警察職員は，犯罪の捜査をするについて必要があるときは [2]，被疑者

470　　　　　　　　　　223条

以外の者 [3] の出頭を求め，これを取り調べ [4]，又はこれに鑑定，通訳若しくは翻訳を嘱託する [5] ことができる。

2　第198条第1項但書及び第3項乃至第5項の規定は，前項の場合にこれを準用する。

[範]　**第174条（伝聞供述の排除）**　事実を明らかにするため被疑者以外の関係者を取り調べる必要があるときは，なるべく，その事実を直接に経験した者から供述を求めるようにしなければならない。

2　重要な事項に係るもので伝聞にわたる供述があつたときは，その事実を直接に経験した者について，更に取調べを行うように努めなければならない。

第175条（供述者の死亡等に備える処置）　被疑者以外の者を取り調べる場合においては，その者が死亡，精神又は身体の故障その他の理由により公判準備又は公判期日において供述することができないおそれがあり，かつ，その供述が犯罪事実の存否の証明に欠くことができないものであるときは，捜査に支障のない限り被疑者，弁護人その他適当な者を取調べに立ち会わせ，又は検察官による取調べが行われるように連絡する等の配意をしなければならない。

第177条　法第198条参照。

第178条（供述調書の記載事項）

1　（略）

2　参考人供述調書については，捜査上必要な事項を明らかにするとともに，被疑者との関係をも記載しておかなければならない。

3　刑訴法第60条の勾留の原因たるべき事項又は同法第89条に規定する保釈に関し除外理由たるべき事項があるときは，被疑者供述調書又は参考人供述調書に，その状況を明らかにしておかなければならない。

第179条　法第198条参照。

第180条　法第198条参照。

第181条　法第198条参照。

第182条　法第198条参照。

第187条（鑑定の嘱託）　捜査のため，死体の解剖，指掌紋又は筆跡の鑑別，電子情報処理組織及び電磁的記録の解析等専門的知識を要する鑑定を科学警察研究所その他の犯罪鑑識機関又は適当な学識経験者に嘱託するに当たつては，警察本部長又は警察署長の指揮を受けなければならない。

第188条（鑑定嘱託書）　鑑定を嘱託するに当たつては，鑑定嘱託書により，次に掲げる事項を具して，行わなければならない。

一　事件名

二　鑑定資料の名称及び個数

三　鑑定事項

四　当該鑑定に参考となるべき次に掲げる事項

イ　犯罪の年月日時

ロ　犯罪の場所

ハ　被害者の住居，氏名，年齢及び性別

ニ　被疑者の住居，氏名，年齢及び性別

ホ　鑑定資料の採取年月日及び採取時の状態

ヘ　事件内容の概要その他参考事項

2　鑑定嘱託書に前項第4号に掲げる事項を記載するに当たつては，鑑定人に予断又は偏見を生ぜしめないため当該鑑定に必要な範囲にとどめることに注意するとともに，その他鑑定嘱託書中に鑑定人に予断又は偏見を生ぜしめるような事項を記載してはならない。当該事件について口頭で必要な説明を加える場合もまた同様とする。

第191条（鑑定人に対する便宜供与）　鑑定のため必要があるときは，鑑定人に書類及び証拠物を閲覧若しくは謄写させ，被疑者その他関係者の取調べに立ち会わせ，又はこれらの者に対し質問をさせることができる。

第192条（鑑定書）　鑑定を嘱託する場合には，鑑定人から，鑑定の日時，場所，経過及び結果を関係者に容易に理解できるよう簡潔平明に記載した鑑定書の提出を求めるようにしなければならない。ただし，鑑定の経過及び結果が簡単であるときは，鑑定人から口頭の報告を求めることができるものとし，この場合には，その供述調書を作成しておかなければならない。

2　鑑定人が数人あるときは，共同の鑑定書の提出を求めることができる。

3　鑑定書の記載に不明又は不備の点があるときは，これを補充する書面の提出を求めて鑑定書に添付しなければならない。

第233条（通訳の嘱託）　外国人であつて日本語に通じないものに対し，当該外国人の理解する言語に通じた警察官以外の警察官が取調べその他捜査のため必要な措置を行う場合においては，通訳人を介してこれを行うものとする。ただし，現行犯逮捕，緊急逮捕その他の直ちに通訳人を付することが困難であるときは，この限りでない。

2　前項本文の規定により通訳人を介して取調べを行おうとする場合においては，次に掲げる事項に注意しなければならない。

一　通訳人が被疑者，被害者その他事件の関係者と親族その他特別の関係にないかどうかを申し立てさせることにより取調べの適正を期すること。

二　取調べの際の発問の方法及び内容の工夫等により通訳の円滑及び適正を図ること。

三　通訳人に秘密を厳守させ，及び捜査の遂行に支障を及ぼし又は被疑者，被害者その他事件の関係者の名誉を害することのないように配意させること。

第238条（通訳人の把握等）　警察本部長は，平素から，捜査上の必要に応じて通訳人を

迅速かつ確実に付することができるよう，通訳人としての必要な知識及び技能を有する者の把握に努めるとともに，これらの者に対し刑事手続について理解させるための機会を設けるよう努めなければならない。

第251条（供述調書の記載事項）

1　（略）

2　暴力団犯罪の参考人供述調書には，第178条第2項に定める事項のほか，当該暴力団の活動の実態，当該犯罪の当該暴力団に係る組織的背景等をできる限り明らかにするように努めなければならない。

［1］本条の趣旨

本条は，捜査機関の行う任意捜査（197）の一方法としての被疑者以外の者（いわゆる参考人）に対する出頭要求，取調べ及び鑑定嘱託等について規定するものである。被疑者に対する出頭要求及び取調べについては198条に規定されている。

［2］犯罪捜査をするについて必要があるとき

本条による取調べ等は，公訴提起の前後を問わず，また，第1回公判期日の前後を問わず，およそ捜査が許される全ての段階において行うことができると解するのが通説である（伊藤＝河上・注釈刑訴3・232）。東京高判昭36・11・14高刑集14・8・577も，検察官が被告人の罪状認否後に関係人を取り調べて作成した供述調書であっても，直ちにこれを違法なものとすることはできないと判示する。

［3］被疑者以外の者

「被疑者」は，特定の犯罪の犯人として捜査の対象となっている者である（198の解説［2］参照）。取調べ等において「被疑者以外の者」と「被疑者」で取扱いが異なるのは，「被疑者以外の者」であれば，身柄を拘束して取調べをすることができないこと（198Ⅰ但），供述拒否権の告知が必要ないこと（最判昭25・6・13刑集4・6・995），第1回公判期日前の証人尋問の対象となり得ること（226・227）である。

共犯関係にある被疑者や被告人についても，本人との関係では「被疑者以外の者」と解される（最判昭36・2・23刑集15・2・396）。ただし，「被疑者以外の者」であっても，その取調べの結果が将来その者自身の犯罪事実を立証するために利用されることとなる可能性がある場合は，198条の取調べとして供述拒否権を告げて取調べを行うのが望ましいとされ（東京高判昭26・4・6特報21・60，東京高判昭26・6・20特報21・119），実務上，そのような運用がなされるのが一般的である。

［4］出頭要求及び取調べ

(1)　出頭を求める方法について特に規定はなく，書面，電話，面接など，適当と認める方法によれば足りる。出頭の場所は，捜査機関の属する官公署であっても，それ以外の場所であっても差し支えなく，取調べ対象者の所在地に赴いて取り調べることも当然に許される。

223条

(2) 本条 2 項で198条 1 項但書が準用されており，被疑者以外の者についても，逮捕又は勾留されている場合を除いて，出頭を拒み，又は出頭後いつでも退去することができる。

なお，同項但書の「逮捕又は勾留されている場合」の意義については，被疑者が当該犯罪事実で逮捕又は勾留されている場合はもとより，別事実で逮捕又は勾留されている場合もこれに当たり，その場合にも被疑者には出頭及び滞留義務があると解するのが有力であり（198の解説[5]参照），そうすると，被疑者以外の者が別事実で逮捕又は勾留されている場合にも，その者には出頭及び滞留義務があるものと解するのが整合的である（伊藤＝河上・注釈刑訴 3・235，河村・大コメ 4・609）。

また，本条 2 項で198条 3 項ないし 5 項が準用されており，捜査機関は，被疑者以外の者の供述を調書にした上で，その者に閲覧等させ，誤りがないことを申し立てたときは，その調書に署名押印を求めることができる。

[5] 鑑定等の嘱託

鑑定は，特別の知識経験である法則又はその法則に基づく意見判断の報告である。人の死因，傷害の部位程度，薬物の成分，防犯カメラに撮影された犯人等の顔貌，被疑者の心神等の状態など，鑑定の対象となる事項は多岐にわたる。指紋，DNAなどの検出や個人識別は，警察において行われる場合には鑑識とも呼ばれるが，これも鑑定である。また，通訳，翻訳も鑑定の一種である。本条が規定する鑑定，通訳及び翻訳の意義及び内容は，裁判所が命じるもの（165〜178）と相違はなく，これらの規定の解説も参照されたい。

本条による嘱託に強制力はなく，裁判所が命じる鑑定において行われる鑑定人尋問の手続もない。当該者が受託に応じない場合でも，他の者で代替できるため，第 1 回公判期日前の証人尋問（226〜228）に類する規定も置かれていない。

嘱託の方法に特に制限はなく，書面，口頭等の適宜の方法によることができる。もっとも，鑑定の嘱託に当たっては，その内容を明確に伝えるため，基本的には書面（鑑定嘱託書）によるべきである（範188）。

鑑定及び翻訳の結果は，通常は書面で報告されるが，口頭によることも可能であり，その場合は，捜査機関において鑑定受託者の供述調書を作成する（範192 I 但）。通訳は，その性質上口頭でなされ，その結果は被疑者又は参考人の取調べの結果ともなるので，被疑者等の供述調書に，通訳人を用いたことやその氏名等を明示し，その署名押印を求める（範182 I）。

捜査機関の嘱託による鑑定の経過及び結果を記載した書面は，一般に鑑定書と呼ばれるが，その名称のいかんを問わず，裁判所の命じた鑑定のそれと同様に，321条 4 項により証拠能力を有する（321の解説[5]参照）。　　　　　　　　　　〔吉川崇〕

474 224条

第224条 [1]〔鑑定の嘱託と鑑定留置の請求〕 前条第1項の規定により鑑定を嘱託
する場合において第167条第1項に規定する処分 [2] を必要とするときは [3],検察
官,検察事務官又は司法警察員は,裁判官にその処分を請求しなければならない。
2 裁判官は,前項の請求を相当と認めるときは [4],第167条の場合に準じ
て [5][6][7] その処分をしなければならない。この場合には,第167条の2の規定を
準用する。

[規] **第158条の2**(鑑定留置請求書の記載要件・法第224条) 鑑定のためにする被疑者の留
置の請求書には,次に掲げる事項を記載しなければならない。

一 被疑者の氏名,年齢,職業及び住居

二 罪名及び被疑事実の要旨

三 請求者の官公職氏名

四 留置の場所

五 留置を必要とする期間

六 鑑定の目的

七 鑑定人の氏名及び職業

八 被疑者に弁護人があるときは,その氏名

2 前項の場合には,第142条第2項及び第3項の規定を準用する。

第299条 法第199条参照。

第302条(裁判官の権限) 法において裁判所若しくは裁判長と同一の権限を有するもの
とされ,裁判所がする処分に関する規定の準用があるものとされ,又は裁判所若しく
は裁判長に属する処分をすることができるものとされている受命裁判官,受託裁判官
その他の裁判官は,その処分に関しては,この規則においても,同様である。

2 法第224条又は第225条の請求を受けた裁判官は,その処分に関し,裁判所又は裁判
長と同一の権限を有する。

[範] **第189条**(鑑定処分許可状及び鑑定留置)

1 (略)

2 被疑者の心神又は身体に関する鑑定を嘱託する場合において,鑑定留置の処分を必
要とするときは,裁判官にその処分を請求して鑑定留置状の発付を受け,これに基づい
て病院その他鑑定留置状所定の場所に被疑者を留置して鑑定を行わせるものとする。

3 鑑定留置状に記載された定められた期間を延長し,又は短縮して鑑定留置の処分を
行うことを必要とするときは,裁判官に期間の延長又は短縮を請求しなければならな
い。

4 第137条(令状の請求)の規定は,鑑定処分許可状,鑑定留置及び鑑定留置期間の
延長又は短縮の請求について準用する。

第190条（鑑定留置の際の注意）　鑑定留置状により被疑者を病院その他の場所に留置した場合には，当該病院その他の場所の管理者と緊密な連絡を取り，必要があるときは，看守者を付するための措置を講ずる等被疑者の自殺，逃亡その他の事故を防止するように努めなければならない。

［1］本条の趣旨

　本条は，捜査機関が被疑者の心神又は身体に関する鑑定を嘱託する場合に，捜査機関の請求により，裁判官が発する令状に基づき，167条に規定する鑑定留置をなし得ることを規定したものである。本条による鑑定留置の要件や手続等については，167条及び167条の2が準用されているので，これらの規定の解説も参照されたい。

［2］本条による鑑定留置の客体

　本条は，捜査として鑑定嘱託する場合の規定であるから，被疑者が鑑定留置の客体となることは明らかである。被告人については，第1回公判期日前であれば，本条による鑑定留置の処分を行うことができるが，第1回公判期日後は，鑑定留置の必要があれば受訴裁判所が167条により鑑定留置を行うことができるので，本条による鑑定留置はできないと解される（伊藤＝河上・注釈刑訴3・239）。他方，被疑者（被告人）以外の第三者を鑑定留置することはできない。

［3］請求の必要性の判断

　鑑定留置を請求する必要性については，請求権者である検察官，検察事務官又は司法警察員が判断するものと解されるが（河村・大コメ刑訴4・614），専門的な判断を要する事柄であるから，鑑定受託者の判断を求めてこれを尊重するのが通常である。

［4］裁判官の判断

　請求先は，原則として，請求者所属の官公署の所在地を管轄する地方裁判所又は簡易裁判所の裁判官である（規299 I）。請求を受けた裁判官は，鑑定留置の必要性，留置の期間や場所の相当性について判断し，請求を認めるときは鑑定留置状を発付し，認めないときは請求を却下することになる。留置の期間を短縮して鑑定留置状を発付することもできる。鑑定留置状の発付に対しては準抗告が可能であるが（429 I ③），請求を却下する裁判に対しては不服申立ての方法がない。

［5］鑑定留置の期間

　裁判官は，鑑定留置を認める場合は，その留置の期間を定めなければならない（167 I）。鑑定留置の期間に法律上の制限はないが，鑑定の必要その他諸般の事情を考慮して，最小限度の期間にとどめるべきである。裁判官は，いったん期間を定めても，必要があるときは，職権により，留置の期間を延長し又は短縮することができる（167Ⅳ）。捜査機関が裁判官の職権発動を促す趣旨で留置期間の延長又は短縮を求める際には，実務上，鑑定留置期間延長請求書又は同短縮請求書を裁判官に送付して行う（事件事務規程30Ⅱ，範189ⅢⅣ）

476   224条，225条

［6］ 鑑定留置の場所

　鑑定留置の場所は，「病院その他の相当な場所」である（167 I）。実務上は，看守・介護の観点から，拘置所等の刑事施設や保護設備の整った精神科病院が留置の場所となることが多い。警察の留置施設に勾留中の被疑者の場合，鑑定留置中の取調べを慎むようにするなどの観点から，そのまま留置施設を用いることなく，拘置所等を留置の場所とするのが一般的である。

［7］ 看守命令

　看守命令（167 III）の規定も準用される。捜査機関又は留置場所の管理者が看守の必要があると認めたときは，捜査機関は，留置の請求と同時に，又は個別に，裁判官に対して看守命令を請求することができる。裁判官が職権で看守命令を発することも可能である（伊藤＝河上・注釈刑訴3・242）。　　　　　　　　　　　　　　　　〔吉川崇〕

第225条 [1]〔鑑定受託者と必要な処分，許可状〕　第223条第1項の規定による鑑定の嘱託を受けた者は，裁判官の許可を受けて，第168条第1項に規定する処分 [2] をすることができる。

2　前項の許可の請求は，検察官，検察事務官又は司法警察員からこれをしなければならない [3]。

3　裁判官は，前項の請求を相当と認めるときは，許可状を発しなければならない [4]。

4　第168条第2項乃至第4項及び第6項の規定は，前項の許可状についてこれを準用する [5]。

　［規］　第159条（鑑定処分許可請求書の記載要件・法第225条）　法第225条第1項の許可の請求書には，次に掲げる事項を記載しなければならない。

　　　一　請求者の官公職氏名

　　　二　被疑者又は被告人の氏名（被疑者又は被告人が法人であるときは，その名称）

　　　三　罪名及び犯罪事実の要旨

　　　四　鑑定人の氏名及び職業

　　　五　鑑定人が立ち入るべき住居，邸宅，建造物若しくは船舶，検査すべき身体，解剖すべき死体，発掘すべき墳墓又は破壊すべき物

　　　六　許可状が7日を超える有効期間を必要とするときは，その旨及び事由

　　　2　前項の場合には，第155条第3項の規定を準用する。

　　第302条　法第224条参照。

　［範］　第189条（鑑定処分許可状及び鑑定留置）　鑑定のため，人の住居又は人の看守する邸宅，

建造物若しくは船舶内に入り，身体を検査し，死体を解剖し，墳墓を発掘し，又は物を破壊する必要があるときは，鑑定処分許可状の発付を受け，これを鑑定人に交付して鑑定を行わせるものとする。

2 （略）

3 （略）

4 第137条（令状の請求）の規定は，鑑定処分許可状，鑑定留置及び鑑定留置期間の延長又は短縮の請求について準用する。

[1] 本条の趣旨

捜査機関から223条1項の規定により鑑定の嘱託を受けた者（鑑定受託者）がその目的を達するためには，裁判所から鑑定を命じられた鑑定人と同様に，強制処分を必要とする場合がある。本条は，捜査機関から嘱託を受けた鑑定受託者も，裁判官の許可を受けて，168条1項が規定する処分ができることとしたものである。なお，鑑定人の一般的権限については，168条の解説[2]を参照されたい。

[2] 強制処分

認められる強制処分は，人の住居若しくは人の看守する邸宅，建造物若しくは船舶内に入ること，身体を検査すること，死体を解剖すること，墳墓を発掘すること，又は物を破壊することである。本条の許可があれば，人の住居等にそこに住む者らの意思に反しても立ち入ることが許される。身体検査は，外部的検査（身長，体重，血圧，脈拍などの測定，皮ふ表面の検査，呼気検査等）のほか，内部的検査（レントゲン検査，胃カメラ検査，血液や精液の採取等）も許されるが，後記[5]のとおり，その拒否に対して直接強制はできないと解されている。物の破壊は，それが鑑定の手段として必要かつ相当と認められる限り，修復不能でもかまわない。血液，尿，薬物等の資料を鑑定のために消費することも，物の破壊に準じて許される。

[3] 許可の請求

裁判官に対して許可の請求ができるのは，検察官，検察事務官及び司法警察員に限られる。鑑定受託者が本条による処分を必要と考えた場合は，検察官等にその旨申し出ることになる。この場合，許可を請求するかどうかの判断は，鑑定受託者の見解を尊重しつつも，請求権者たる検察官等が行うことになる。

[4] 裁判官の判断

請求先は前条と同じである（規299Ⅰ）。請求を受けた裁判官は，処分の必要性や被処分者の権利侵害の程度などを勘案し，相当と認めるときは鑑定処分許可状を発付し，認めないときは請求を却下することになる（本条Ⅲ）。内容を限定して鑑定処分許可状を発付することもできる。

許可状の発付に対しては準抗告が可能であるが（429Ⅰ③）却下に対しては不服申立てができないことも前条と同じである。

478　　225条，226条

〔5〕168条の準用

本条の処分については，鑑定処分許可状の記載事項（168条Ⅱ），身体検査に条件を付すことができること（同条Ⅲ），被処分者に対する許可状の呈示（同条Ⅳ），身体検査を拒否した者に対する過料等の制裁等（同条Ⅵ）が準用される。

本条が準用する168条6項は，身体検査を拒否した者に対する直接強制を定める139条を準用していないため，本条に基づく身体検査については，その拒否に対して直接強制できないと解されている。もっとも，捜査機関が行う検証としての身体検査（218Ⅰ）は直接強制が認められていることから（222Ⅰ・139），身体検査令状により身体検査を強行し，これに鑑定処分許可状を得た鑑定受託者が立ち会って補助するという，身体検査令状と鑑定処分許可状の二つの令状によって直接強制がなし得るとの解するのが実務である（強制採血等についての218の解説〔8〕(2)参照）。　　　　　　　　　　〔吉川崇〕

第226条 [1][2] 〔**第1回公判期日前の証人尋問請求(1)**〕　犯罪の捜査[3]に欠くことのできない知識を有する[4]と明らかに認められる者が，第223条第1項の規定による取調[5]に対して，出頭又は供述を拒んだ場合[6]には，第1回の公判期日前[7]に限り，検察官[8]は，裁判官[9]にその者の証人尋問を請求することができる。

〔規〕　**第160条（証人尋問請求書の記載要件・法第226条等）**　法第226条又は第227条の証人尋問の請求は，次に掲げる事項を記載した書面でこれをしなければならない。
　　　一　証人の氏名，年齢，職業及び住居
　　　二　被疑者又は被告人の氏名（被疑者又は被告人が法人であるときは，その名称）
　　　三　罪名及び犯罪事実の要旨
　　　四　証明すべき事実
　　　五　尋問事項又は証人が証言すべき事項
　　　六　法第226条又は第227条に規定する事由
　　　七　被疑者に弁護人があるときは，その氏名
　　　2　前項の場合には，第155条第3項の規定を準用する。
　　第161条（資料の提供・法第226条）　法第226条の証人尋問を請求するには，同条に規定する事由があることを認めるべき資料を提供しなければならない。
　　第299条　法第199条参照。

〔範〕　**第176条（証人尋問請求についての連絡）**　刑訴法第226条又は同法第227条の規定による証人尋問の必要があると認められるときは，証人尋問請求方連絡書に，同法第226条又は同法第227条に規定する理由があることを疎明すべき資料を添えて，検察官に連絡しなければならない。この場合において，証明すべき事実及び尋問すべき事項は，

特に具体的かつ明瞭に記載するものとする。

[1] 本条の趣旨

　本条は，次条とともに，検察官が捜査の必要性から，裁判官に対し，いわゆる第1回公判期日前の証人尋問を請求することができる場合を規定している。223条1項の取調べは任意処分であるので，犯罪の捜査に欠くことのできない知識を有する者が捜査機関による取調べに対して出頭又は供述を拒んだ場合でも，捜査機関としては，それを強制することはできない (223)。本条は，そのような場合に，捜査の目的を遂げるため，検察官から裁判官に対し，当該知識を有する者の証人尋問（強制処分）を請求することができることを規定するものである。

[2] 嘱託尋問

　本条による証人尋問の請求を受けた裁判官は，国内の他の裁判所の裁判官に嘱託する場合と同一の要件のもとに，外国の裁判所に対し，証人尋問の嘱託をする権限を有する（東京高判昭62・7・29高刑集40・2・77〔いわゆるロッキード事件丸紅ルート控訴審判決〕，ただし，当該外国〔米国〕で行われた証人尋問では，当時我が国の制度になかった刑事免責の付与が行われていたことから，上告審判決においては，当該証人尋問の尋問調書の証拠能力が否定された。なお，平成28年刑訴法改正により導入された「免責請求」については，157の2及び157の3の解説参照)。

[3] 被疑事実の存在

　本条による証人尋問は犯罪捜査のためであり，その請求に当たっては，被疑事実の存在が必要とされる。もっとも，捜査機関において犯罪ありと思料することが相当であると認められる程度の被疑事実の存在があれば足り，それが客観的に存在することを要するものではなく，被疑者が不明であっても差し支えない（最大判昭27・8・6刑集6・8・974)

[4] 犯罪の捜査に欠くことのできない知識を有する

　「犯罪の証明に欠くことができない」(227 I)，あるいは「犯罪事実の存否の証明に欠くことができない」(321条 I ③)よりも広い概念であり，犯罪の成否に関する事実を知っている者はもとより，情状に関する事実で起訴不起訴の決定や量刑に重大な影響を及ぼす事実を知っている者（東京高判昭48・11・7高刑集26・5・534)，被疑者の所在を知っている者，犯罪の証明に欠くことのできない知識を有している人の所在を知っている者もこれに当たる。他に同様の知識を有する者があっても差し支えない。

[5] 223条1項の取調べ

　本条による証人尋問の対象となり得るのは，223条1項の取調べの対象者である。被疑者あるいは被告人と呼ばれる立場にある者であっても，他の被疑者（共犯関係に立つ者を含む。）との関係において，223条1項の取調べの対象者であるときは，当該他の被疑者の被疑事件について，本条による証人尋問が許される（223の解説[3]参照)。

[6] 出頭又は供述を拒んだ場合

　供述の一部を拒んだ場合もこれに当たる。この場合，供述を拒んだ部分が犯罪の捜査

に欠くことのできない知識に関するものであることが必要である。公務上の秘密，自己や近親者が刑事訴追等を受けるおそれがある事項，医師等の業務上の秘密のように証言拒絶権を行使し得る事項（144～147・149）について供述を拒んだ場合もこれに当たる。供述はしたものの供述調書に署名押印を拒否した場合は，文理上から本条適用の余地がないとの見解もあるが，本条は次条とともに証拠保全の趣旨も含んでおり，適用があるものと解される（伊藤＝河上・注釈刑訴3・251）。

[7] 請求の時期

第1回公判期日前であれば，公訴提起の前後を問わない。第1回公判期日前とは，形式的な意味ではなく，検察官の冒頭陳述が行われるまでと解される（池上＝河村・大コメ刑訴4・633，179の解説[4]参照）。第1回公判期日後は，公判裁判所に対し，証拠調べとしての証人尋問を請求することになる。

[8] 請求権者

請求権者は検察官に限られる。本条の要件となる出頭又は供述の拒否は，検察官の取調べに対するものに限らず，司法警察職員の取調べに対するものも含むが，司法警察職員が本条による証人尋問の必要があると認めるときには，検察官に連絡をし（範176），検察官において請求の要否を判断することとなる。

[9] 請求先

請求先の裁判官は，原則として，請求をする検察官の所属する検察庁の所在地を管轄する地方裁判所又は簡易裁判所の裁判官である（規299Ⅰ）。　　　　　　　　　　〔吉川崇〕

第227条 [1]〔第1回公判期日前の証人尋問請求(2)〕　第223条第1項の規定による検察官，検察事務官又は司法警察職員の取調べ[2]に際して任意の供述をした者が，公判期日においては前にした供述と異なる供述をするおそれ[3]があり，かつ，その者の供述が犯罪の証明に欠くことができない[4]と認められる場合には，第1回の公判期日前に限り，検察官は，裁判官にその者の証人尋問を請求することができる[5]。

2　前項の請求をするには，検察官は，証人尋問を必要とする理由及びそれが犯罪の証明に欠くことができないものであることを疎明しなければならない。

[規]　第160条　法第226条参照。

[範]　第176条　法第226条参照。

[1] 本条の趣旨

本条は，前条とともに，いわゆる第1回公判期日前の証人尋問を請求することができ

る場合を規定している。捜査機関が223条1項の取調べによりその対象者から供述を得たとしても、その供述を録取した書面（供述調書）は、公判において証拠能力が制限され、同意（326）されない限り、321条1項2号又は3号に該当する場合を除いて証拠として認められない。他方で、裁判官に対する供述を録取した書面は、同項1号により証拠能力の制限が比較的少なく、公判において証拠として認められやすい。本条は、捜査機関が223条1項の取調べによって得た供述について、それを裁判官の面前における供述を録取した書面として保全するため、証人尋問を行うことができることとしたものと考えられる。

[2] 223条1項の取調べ

前条と同様であり、前条の解説［5］を参照されたい。最判昭36・2・23刑集15・2・396は、必要的共犯関係にある共同被疑者に対しても、他の共同被疑者の被疑事件について、本条による証人尋問が許されると判示している。

[3] 前にした供述と異なる供述をするおそれ

「異なる」とは、供述内容自体が異なる場合のほか、供述態度その他の裁判官の心証に与える力が異なる場合もこれに当たる。ただし、犯罪の証明に影響を与える程度の差異があることが必要であって、末梢的な差異はこれに含まれない。異なる供述の方向は、通常は、被疑者等に有利に変更される場合であるが、被疑者等に不利に変更される場合も含まれ得る。「おそれ」は、緩やかな蓋然性をいうが、それは抽象的なものでは足りず、具体的な状況から合理的に認められることが必要である（松尾・条解637）。

[4] 犯罪の証明に欠くことができない

「犯罪の証明」とは、構成要件事実の証明の全部又は一部のほか、違法性阻却事由又は責任阻却事由の不存在の証明をいう。処罰条件の存在、処罰阻却事由の不存在の証明は、厳格にいえば「犯罪の証明」ではないが、これに準じると解される。他方、構成要件となっていない刑の加重減免事由や情状に関する事実は、これに当たらない。

「欠くことができない」とは、それが唯一の証拠であることを必要とせず、直接証拠であると間接証拠であるとを問わない。その供述の変更又は欠如により、犯罪の証明が妨げられ得るものであれば足りる。

[5] 請求の時期、請求権者、請求先

前条と同様であり、前条の解説［7］〜［9］を参照されたい。　　　　〔吉川崇〕

第228条 [1] 〔第1回公判期日前の証人尋問における裁判官の権限〕　前2条の請求を受けた裁判官は、証人の尋問に関し、裁判所又は裁判長と同一の権限 [2] を有する。

2　裁判官は、捜査に支障を生ずる虞がないと認めるときは、被告人、被疑者又は弁護人を前項の尋問に立ち会わせることができる [3]。

482　　228条

[規]　第162条（証人尋問の立会・法第228条）　法第226条又は第227条の証人尋問の請求を受
けた裁判官は，捜査に支障を生ずる虞がないと認めるときは，被告人，被疑者又は弁
護人をその尋問に立ち会わせることができる。

第163条（書類の送付・法第226条等）　裁判官は，法第226条又は第227条の請求により
証人を尋問したときは，速やかにこれに関する書類[4]を検察官に送付しなければな
らない。

第299条　法第199条参照。

第302条　法第224条参照。

［1］本条の趣旨

　本条は，検察官による226条又は前条に基づくいわゆる第1回公判期日前の証人尋問
の請求を受けた裁判官の権限及び証人尋問の手続を規定したものである。

［2］裁判官の権限

(1)　226条又は前条に基づく証人尋問の請求を受けた裁判官は，その請求手続が適法で
あり各条に定める要件を具備していると認めるときは，証人尋問を行わなければならな
い。他方，その請求手続が不適法であったり要件を具備していないと認めるときは，請
求を却下することになる。却下に対する不服申立ての方法はないが，検察官は，却下さ
れた場合でも，その後に要件を具備したと認めれば，改めて証人尋問を請求できる。

(2)　請求を受けた裁判官は，証人尋問に関し，裁判所又は裁判長と同一の権限を有する。
「証人尋問に関し」とは，証人尋問そのものだけではなく，これに関連する事項，例え
ば，証人の召喚や勾引，証人尋問の実施を保障する諸罰則等も含む。また，証人につい
ても，証人としての義務だけでなく権利も有すると解される。そのため，第1編総則第
11章証人尋問における143条から164条までの規定及びこれに対応する規則等の規定は，
特別の規定があるとき及び捜査の一環として行われるという性質に反するときを除い
て，第1回公判期日前の証人尋問に全面的に準用される。もとより，いわゆる刑事免責
制度の規定（157の2・157の3）も準用される。

［3］被告人等の立会い

　公判での証人尋問においては，被告人又は弁護人に立会権が認められているが（157
Ⅰ），第1回公判期日前の証人尋問においては，本条2項により，被疑者（公訴提起後は
被告人）及び弁護人の立会権は否定されている。被疑者，弁護人のいずれか又は双方，あ
るいは弁護人中何名に立会いを許すかは裁判官の裁量に属する（最決昭28・4・25刑集7・4
・876）。

　証人尋問に立ち会うことが認められた被疑者，弁護人については，157条3項，158条
2項及び3項が準用され，尋問等を行うことができる。立会いの準備のために必要な時
間的余裕を与えて証人尋問の日時・場所を通知すべきとの観点から，157条2項も準用
されるべきとの見解もあるが，判例は，どの程度の準備の余裕を与えるかは裁判官の裁

量に属するとして，157条2項の準用を否定している（最決昭28・3・18刑集7・3・568）。また，159条も立会権があることを前提とする規定であるから，その準用はないものと解される（伊藤＝河上・注釈刑訴3・262）。

検察官については，本条2項のような規定はないので，一般原則である157条1項により，立会権があるものと解され（大阪高判昭32・12・18特報4・23・637），その立会権を前提として，157条3項の準用により，尋問権も有するものと解されている（最判昭36・2・24裁集刑137・243）。

[4] 証人尋問調書の証拠能力

本条に基づき作成された証人尋問調書は，321条1項1号の書面として証拠能力を有する。　　　　　　　　　　　　　　　　　　　　　　　　　　　　　　　〔吉川崇〕

第229条 [1] 〔**検視**〕　変死者又は変死の疑のある死体 [2][3] があるときは，その所在地を管轄する地方検察庁又は区検察庁の検察官は，検視 [4] をしなければならない。

2　検察官は，検察事務官又は司法警察員に前項の処分をさせることができる [5][6][7]。

〔検視規則〕　**第5条（検視の代行）**　刑事訴訟法第229条第2項の規定により変死体について検視する場合においては，医師の立会を求めてこれを行い，すみやかに検察官に，その結果を報告するとともに，検視調書を作成して，撮影した写真等とともに送付しなければならない。

第6条（検視の要領）　検視に当つては，次の各号に掲げる事項を綿密に調査しなければならない。

一　変死体の氏名，年齢，住居及び性別

二　変死体の位置，姿勢並びに創傷その他の変異及び特徴

三　着衣，携帯品及び遺留品

四　周囲の地形及び事物の状況

五　死亡の推定年月日時及び場所

六　死因（特に犯罪行為に基因するか否か。）

七　凶器その他犯罪行為に供した疑のある物件

八　自殺の疑がある死体については，自殺の原因及び方法，教唆者，ほう助者等の有無並びに遺書があるときはその真偽

九　中毒死の疑があるときは，症状，毒物の種類及び中毒するに至つた経緯

2　前項の調査に当つて必要がある場合には，立会医師の意見を徴し，家人，親族，隣人，発見者その他の関係者について必要な事項を聴取し，かつ，人相，

全身の形状，特徴のある身体の部位，着衣その他特徴のある所持品の撮影及び
記録並びに指紋の採取等を行わなければならない。

[1] 本条の趣旨 　[2] 変死者又は変死の疑いのある死体 　[3] 死　体
[4] 検視の手続 　[5] 代行検視 　[6] 警察等が取り扱う死体の死因又は身元の
調査と検視 　[7] 解　剖

[1] 本条の趣旨

　本条は，検視の手続について規定したものである。検視とは，人の死亡が犯罪に起因
するものであるかどうかを判断するために，五官の作用により死体の状況を外表から検
査する処分である。検視は，犯罪の嫌疑の存在を前提としないので，厳密には犯罪捜査
ではなく捜査の端緒にすぎないが，変死者又は変死の疑いのある死体が存在する場合に
は，その背後に犯罪が存在していることが多いと考えられるので，それらの犯罪の発見
及び捜査を的確に行うために特に規定されている。本条による検視は，「司法検視」と
も呼ばれる。

[2] 変死者又は変死の疑いのある死体

　「変死者」とは，自然死（老衰死や通常の病死）ではなく，いわゆる不自然死のうちで，
犯罪による死亡ではないかという疑いのある死体をいい，「変死の疑のある死体」とは，
自然死か不自然死か不明の死体で，不自然死の疑いがあり，かつ犯罪によるものかどう
か不明なものをいう。検視の対象となるのは，この「変死者」と「変死の疑のある死体」
であり，結局，犯罪によるものでないと断定することができない死体は全て検視の対象
となる。そのため，この両者を区別する実益はないと考えられる（松尾・条解441）。なお，
検視規則（昭和33年国家公安委員会規則3号）1条は，この両者をまとめて「変死体」と呼
んでいる。

　自然死であることが明確である死体，あるいは不自然死のうち犯罪によらないことが
明確な死体は，検視の対象とはならない。他方，犯罪によることが明確な死体について
は，直ちに捜査を開始することができるので，理論的には検視の対象とはならないと考
えられるが，実務上は，犯罪によることが一見して明確な死体についても，「変死者又
は変死の疑のある死体」として，検視が行われている。

[3] 死　体

　検視の対象となる死体は，完全な姿を保っていないものも含まれ，例えば，白骨死体
や死体の一部も検視の対象となり得る。

　死胎については，胎児が母体の中にあるうちに死亡したことが明らかであれば，人間
が死亡した「死体」ではないから検視の対象とならないが，母胎から一部でも露出した
後に死亡したことが明らかである場合や，母胎から一部が露出する前に死亡したか否か
が不明である場合には，検視の対象となり得る。

臓器の移植に関する法律は，脳幹を含む全脳の機能が不可逆的に停止するに至ったと判定されたものの身体を「脳死した身体」とし，これを死体に含めており（同6Ⅰ Ⅱ），同法に基づく臓器移植に際しては，「脳死した身体」も検視の対象となり得る。

［4］検視の手続

検察官は，原則として，その属する検察庁の対応する裁判所の管轄区域内において，その裁判所の管轄に属する事項についてその職務を行い，いかなる犯罪についても捜査をすることができるとされているところ（検察5・6Ⅰ），検視は，裁判所の管轄に属する事項とは言い難く，犯罪捜査でもないので，検視を行う検察官は，当該死体の「所在地を管轄する地方検察庁又は区検察庁の検察官」と規定されている。

検視は，変死者又は変死の疑いのある死体が存在するというういわば異常事態を前提とするものであるから，次のような処分については，それが強制的な性格を有する場合であっても，令状なしに行うことができる。すなわち，当該死体が発見された場所が住居内等であったとしても住居主等の承諾なしに立ち入ることができ，その立入りが施錠等によって物理的に阻害されている場合には，立入りに必要最小限度の範囲で，鍵を外し又は物を損壊する等の処分をすることも許されると解される（捜索差押えについて規定する111・222参照）。住居内等に立ち入った際，検視の目的を達するため，死体の周囲の凶器，毒物その他の遺留品の有無等を調査することは許されるが，死体の周囲以外の場所や遺留品に当たらない物の検証を行うことは許されず，捜索にわたる処分もできない。当該死体に対しては，その写真ないしビデオ撮影，指掌紋の採取，外表検査として認められる限度で眼瞼，口腔，肛門等の内部を検査すること，所持品の有無の調査などが許されると解される（伊藤＝河上・注釈刑訴3・266）。

検視を行ったときは，検視調書を作成しなければならない（検察官及び検察事務官については事件事務規程7Ⅱ，司法警察員については検視規則5）。検視は犯罪捜査ではないが，検視調書の公判における証拠能力については，その内容に即して，実況見分調書又は捜査報告書と同様に取り扱われる。

なお，医師が検視に立ち会って死体の検案をした場合には，当該医師が死体検案書を作成すべきものとされている（医師19Ⅱ・20）。死体検案書とは，死亡日時，場所，死亡の種別（病死，自然死，災害死，自殺，他殺など）及び死亡の原因等を記載した書類であり（医師20，同法施行規則20），多くの場合，鑑定書の性格を有する。

［5］代行検視

検察官は，変死体の存在を覚知したときは，検視をしなければならない。検視を行うことは，検察官の権利であると同時に義務でもある。もっとも検察官は，自ら検視を行う代わりに，本条2項により検察事務官又は司法警察員に命じて検視をさせることができる。これは実務上，「代行検視」と呼ばれている。代行検視を命ぜられた検察事務官又は司法警察員は，検察官の補助者としてではなく，自らの資格・責任において検視を行い，その結果を検察官に報告する。

［6］ 警察等が取り扱う死体の死因又は身元の調査と検視

　警察が取り扱う死体のうち，検視の対象とならない死体については，「警察等が取り扱う死体の死因又は身元の調査等に関する法律（平成24年法律第34号）」及び「死体取扱規則（平成25年国家公安委員会規則3号）」の規定に基づき，死因及び身元を明らかにするための警察による「調査」が行われることとなる。

　すなわち，警察官は，その職務に関して死体を発見し，又は発見した旨の通報を受けた場合には，速やかに当該死体を取り扱うことが適当と認められる警察署の警察署長に対し，その旨を報告しなければならない（警察等が取り扱う死体の死因又は身元の調査等に関する法律4Ⅰ）。警察署長は，警察官からの報告を受け，又は死体に関する法令に基づき医師等からの届出（医師21，保助看41，死体解剖保存法11等）を受けた場合，当該死体が検視の対象となるものと判断したときは，検視規則に基づき，当該死体の所在地を管轄する地方検察庁又は区検察庁の検察官に通知をし，検察官において司法検視の要否を判断する。他方，警察署長は，報告又は届出に係る死体が検視の対象とならないと判断したときは，自ら又は所属警察官に指示して，その死因及び身元を明らかにするため，外表の調査，死体の発見された場所の調査，関係者に対する質問等の必要な調査をしなければならない。この調査における外表の調査は，旧死体取扱規則4Ⅰに規定されていた死体見分（行政検視）と同じである。警察による「調査」の過程で変死者又は変死の疑いがある死体と認められるに至ったときは，検視の手続に切り替え，検察官に通知することとなる。なお，警察による「調査」や「代行検視」については，通常，警察本部に置かれた検視官あるいは刑事担当の警察官（交通事故の場合は交通事故捜査担当の警察官）が担当することとなる。

［7］ 解　剖

　検視の結果，犯罪の嫌疑が生じたときは，捜査が開始されることとなる。多くの場合，さらに詳細に死因，死亡推定時刻等を解明するため，鑑定処分許可状（225・168Ⅰ）の発付を受けて，医師による解剖が行われる。この犯罪捜査としての解剖は，一般に「司法解剖」と呼ばれ，その結果については，解剖担当医の鑑定書としてまとめられる。

　検視の対象とならなかった死体又は検視の結果として犯罪捜査の手続に移行しなかった死体であっても，警察署長において，死因を明らかにするため特に必要があると判断する場合には，警察等が取り扱う死体の死因又は身元の調査等に関する法律6条に基づき，医師による解剖を行うことができる。この解剖は，平成24年に同法が成立したことにより新たに導入されたものであることから，実務上，「新法解剖」と呼ばれている。

　その他の行政目的の解剖制度としては，公衆衛生の向上等を目的とするものとして，医師の判断により遺族の承諾を受けて行う承諾解剖及び監察医の判断において行われる監察医解剖（死体解剖保存7・8），食品等に起因する被害の拡大を防止するためのものとして，都道府県知事の判断に基づき解剖を実施する制度（食品衛生59ⅠⅡ），検疫感染症の病原体が国内に侵入することを防止するためのものとして，検疫所長の判断により解

剤を実施する制度（検疫13Ⅱ）がある。　　　　　　　　　　　　　　　　〔吉川崇〕

第230条 [1] **〔被害者の告訴権〕**　犯罪により害を被つた者 [2] は，告訴をすることができる [3]。

[範]　**第70条（親告罪の要急捜査）**　警察官は，親告罪に係る犯罪があることを知つた場合において，直ちにその捜査を行わなければ証拠の収集その他事後における捜査が著しく困難となるおそれがあると認めるときは，未だ告訴がない場合においても，捜査しなければならない。この場合においては，被害者またはその家族の名誉，信用等を傷つけることのないよう，特に注意しなければならない。

[1] 本条の趣旨　　[2] 告訴権者（犯罪により害を被った者）　　[3] 告　訴

[1] 本条の趣旨

　本条から244条までは，告訴及び告発に関する規定である。そのうち本条から234条までは告訴権者について定めている。

　刑法その他の実体法においては，一定の犯罪について，告訴がなければ公訴を提起することができないこととしているが（親告罪），それ以外の罪についても，被害者その他一定の範囲の者に告訴権を認めており，捜査の端緒の一つと位置付けられる。告訴の効果として，検察官が起訴・不起訴の処分をした場合等に，その旨を告訴人に通知しなければならないこと（260，処分結果通知），検察官が不起訴処分をした場合において，告訴人の請求があるときは，その理由を告げなければならないこと（261）とされるほか，告訴人は，不起訴処分がなされた場合における検察審査会への審査の申立てができ（検審2Ⅱ），一定の場合には付審判請求もできる（262以下）こととされる。

　もっとも，捜査機関は，告訴人に対して捜査や訴追をする義務を負うこととなるものではないので，告訴人は，捜査機関による捜査が適正を欠くことや検察官の不起訴処分の違法を理由として国家賠償請求をすることはできないし（最判平2・2・20判時1380・94），検察官が終局処分を行わないことに対して不作為の違法確認を求めることもできない（東京地判昭60・11・25判時1178・62）。

[2] 告訴権者（犯罪により害を被った者）

⑴ **意　義**　　被害者は，原則的な告訴権者である。各罰則における保護法益の主体となる者のほか，主として社会的法益又は国家的法益を保護法益とする犯罪であっても，その犯罪行為の直接の客体となる個人（例えば，公務執行妨害における暴行・脅迫の相手方となる公務員）も告訴の主体としての被害者たり得る。しかし，犯罪によって間接的な害を被ったというだけでは足りない（例えば，ある者に対する名誉毀損によってその家族も事実

上の影響を受けたとしても，当該家族は，告訴権者ではない。）。

　一個の犯罪について被害者が複数あるときは，いずれもが告訴権者であり，それぞれが独立して告訴権を行使し得る。例えば，共有物に対する器物損壊事案では，共有者それぞれが共有持分の多少にかかわらず告訴権を有するし（最決昭35・12・22刑集14・14・2204），一個の行為で複数人の名誉が毀損された場合にも，各被害者が個別に告訴権を有する。

(2) **告訴能力**　　告訴は，犯人の訴追・処罰という訴訟法上の効果を求めて行われる意思表示的な訴訟行為であるから，有効な告訴があったと認められるためには，告訴人に告訴能力が必要である。告訴能力とは，被害にあったことを理解し，被害感情を有した上で，告訴の意義・効果を理解する能力，すなわち犯人に対して刑罰を加えることを望むことができる程度の精神的な能力であるということができ，特に，親告罪において告訴権者が年少者である場合に，告訴能力の有無が争われることがある。告訴能力の有無は，実質的な判断であるため，一律に何歳以上であれば告訴能力があるとは断じ難いが，裁判例に現れたもの（平成29年の刑法改正以前に親告罪であった性犯罪の被害に関するものが多い。）を見ると，おおむね小学校高学年から中学生であれば告訴能力が認められているようである（最決昭32・9・26刑集11・9・2376＝中学校2年生，東京地判平15・6・20判時1843・159＝小学校6年生，名古屋高金沢支判平24・7・3高検速報平24・201＝小学校5年生）。また，告訴能力は，未成年者だけでなく，精神上の障害により事理弁識能力を欠く可能性がある場合などには問題となるところ，22歳の強制わいせつの被害者で，その精神年齢が8歳2か月であるとされたものについて，告訴能力を認めた例がある（広島高判平25・6・6高検速報平25・218）。特に親告罪において告訴能力が問題となり得る事案においては，公判廷における紛議を避けるため，なるべく他の告訴権者（例えば親権者，後見人）の告訴も併せて得ておくことが妥当であるといえる。

(3) **法人の告訴権**　　法人も，自然人と同様に，犯罪の被害者となり得るのであるから，告訴をなし得る。法人には，会社を含む私法人はもとより，国及び地方公共団体も含まれ，いわゆる権利能力なき社団・財団にも告訴権が認められている（著作権法違反の事案に関する大判明37・4・7刑録10・766）。

　法人が告訴をする場合には，当該法人を代表する資格を有する者が，法人を代表して告訴権を行使することとなる。株式会社の場合，原則的には取締役が代表者であるが（会社349 I），代表取締役を置く会社では代表取締役が（会社349 IV），指名委員会等設置会社では代表執行役が（会社420 III・349 IV），それぞれ代表者である。監査役その他の者には，固有の告訴権は認められない（大判昭11・7・2刑集15・12・857）。株式会社の代表取締役は，その任期終了後も，新たな代表者が就任するまでは，告訴権を行使することができるとする判例がある（最決昭31・7・3刑集10・7・999）。

　国又は地方公共団体の場合も，法令の規定により当該事項について当該団体を代表する資格を有する者が，告訴権を行使する。この代表する資格を有する者については，特

に器物損壊について問題となることが多く，関係法令・例規を精査して告訴権を有する者を特定する必要がある。例えば，地方公共団体の場合，一般的に代表権を有している県知事や市町村長（自治147等）が告訴権を行使することとなるが，国又は地方公共団体の内部における権限の分掌に基づいて，職務上，当該器物の管理を行う権限を有している者も，国又は地方公共団体を代表して告訴権を行使できる。例えば，国有財産のうち行政財産（庁舎等が該当する。国財2Ⅰ・3Ⅱ①）については，その管理権限は「各省各庁の長」に属するが，各省各庁の長は，その所管に属する国有財産に関する事務の一部を部局等の長に分掌させることができる（国財9Ⅰ）ので，実際には，これによって国有財産に関する事務の分掌を受けた部局等の長が管理権を有することとなる。一方，国が所有する動産は，多くの場合，物品管理法上の「物品」とされ（物品管理2Ⅰ），その管理は，各省各庁の長が行うこととされる（物品管理7）が，同法8条以下の規定により，その管理権限は，物品管理官等に順次委任される。各行政機関においては，国有財産管理ないし物品管理に関する分掌を訓令等の形式で定めているのが通常であるから，告訴を得るに当たっては，それらの規定を証拠化し，告訴権を行使した職員に管理権限が属することを明らかにしておく必要がある。

　また，一見して器物を管理している者が，独立した管理者なのか，補助者なのかも，問題となる。裁判例では，東京都知事が行う区画整理事業に関して設けられた立札，杭，鉄線等を損壊した事例で，区画事務所長の下部機関であった地区長の告訴を無効としたもの（東京地判昭33・9・29判時164・34），市役所の出張所及び農協事務所の窓ガラスを損壊した事例について，出張所長や農協総務課長に独立した管理権がないとしたもの（長野地松本支判昭39・11・2下刑集6・11＝12・1259）などがある。他方，裁判所支部の窓ガラスの損壊における地方裁判所長（最決昭33・7・10刑集12・11・2500）については，告訴権の行使が認められており，事案ごとに個別の判断を要する。

(4) **親告罪の告訴権者**　信書開封罪（刑133）において，学説上は，発信者と受信者とのいずれもが被害者であり告訴権者であるとするのが通説とされるが，判例は，信書が発信人に到達するまでは発信人が告訴権者であり，到達後は受信人も告訴権を有することとなるとしている（大判昭11・3・24刑集15・4・307）ので，到達前に開封した事案の場合には，発信者からも告訴を得ておく必要がある。

　未成年者略取・誘拐罪（刑224）において，被拐取者が告訴権者となるのは当然であるが，判例は，同罪の保護法益を「被拐取者の自由及び監護権者の監護権」であるとしているものと理解されている（大判明43・9・30刑録16・1569）ので，監護権者も告訴をなし得る。その上で，単なる雇主には告訴権は認められないが（大判大7・11・11刑集24・1326），未成年者を幼少から実子同様に養育していた非親族については，監護権者として告訴権を認めている（福岡高判昭31・4・14裁判特報3・8・409）。

　親族相盗において，刑法244条が適用されるためには，財物の所有者及び占有者のいずれとの間にも親族関係があることを要するところ（最決平6・7・19刑集48・5・190），同

条2項により相対的親告罪となる場合で，所有者と占有者とが別人である場合には，所有者と占有者とは独立して告訴権を有し，いずれかの告訴があれば公訴を提起することができるものと解される。

器物損壊罪（刑261）において，損壊又は傷害された「物」の所有者が告訴権を有することは明らかであるほか，刑法262条が適用になる場合には，差押債権者，物権取得者，賃借人等の権利者が被害者であり，告訴権を有することとなる。問題は，所有者以外の占有者，管理者等であっても告訴権を有するかという点にあり，判例は，家屋に付属するブロック塀が損壊されたという事案に関し，告訴権者を所有者に限っていた大審院判例を明示的に変更し，「告訴人は，本件ブロック塀，その築造されている土地及びその土地上の家屋の共有者の一人の妻で，同家屋に，米国に出かせぎに行っている夫の留守を守って子供らと居住し，右塀によって居住の平穏等を維持していた」旨の事実関係を前提に，妻の告訴権を認めている（最判昭45・12・22刑集24・13・1862）ほか，高等学校の校庭が損壊された事案について，同土地を賃借していた地方公共団体の告訴権を認めた事例（最決昭35・12・27刑集14・14・2229），飲食店の窓ガラスを損壊された事例について，その飲食店を営む建物賃借人に告訴権を認めた事例（仙台高判昭39・3・19高刑集17・2・206），賃借人が居住中の建物の窓ガラスを損壊された事案について，賃借人の告訴権を認めた事例（千葉地判昭57・5・27判時1062・161）等があり，少なくとも告訴権者が所有者に限られるとはされていない。適法に財物を占有している者及び財物に係る財産上の権利を害された者はいずれも告訴権者となり得ると考えることも可能であるが，上記の裁判例は，いずれも一般論としての告訴権者（被害者）の範囲について明示したものではないので，実務的には，原則として所有者から告訴を受けることとしておくべきであろう。

著作権侵害（著作権法違反）において，映画著作物の著作権者から著作権の一部譲渡を受けたのではなく，独占的にビデオグラムの形態により複製・頒布・上映することを許諾されたいわゆる独占的ビデオ化権者であっても，著作権者の許諾を得ていない者によって当該映画著作物がビデオ化され，著作権が侵害された場合には，告訴権を有するとする判例がある（最決平7・4・4刑集49・4・563）。

[3] 告 訴

(1) **意 義**　告訴とは，被害者その他法律に定められた一定の者（告訴権者）が，権限を有する捜査機関に対して，犯罪事実を申告し，犯人の処罰を求める意思表示である（最判昭22・11・24刑集1・1・21，最判昭26・7・12刑集5・8・1427等）。そのような意思表示がある以上，必ずしも「告訴」の文言を用いていなくても，また，「告訴」と表示すべきところを誤って「告発」と表示したとしても，告訴の効力に影響を及ぼすものではない（東京高判昭28・2・21高刑集6・4・367）が，単に被害事実を申告するにとどまる「被害届」を提出したにすぎない場合や，捜査機関の求めに応じて被害状況を供述したにすぎない場合には，犯人の処罰を求める意思表示がなされたとは言えないから，告訴があったものとは言えない。「厳重な御処分をして戴きたい」（大阪高判昭34・3・4下刑集1・3・507），「今

230条

度からこんないやらしいことをしないようにして下さい」(東京地判昭34・4・28判時187・8)などの告訴権者の供述では，告訴の意思を認めるに足りないとされる場合がある。

特に，親告罪の告訴においては，告訴人又はその代理人の犯人を処罰されたい旨の意思が明確になるよう記録化に努めるべきである。

(2) **犯罪事実の特定**　告訴は，具体的な犯罪事実を示して犯人の処罰を求める意思表示であり，捜査機関にとって捜査の端緒となるものであって，被告訴人に被疑者としての負担を負わせることとなり得る行為であることから，どのような被害について告訴をするのかを特定して行わなければならない。

しかし，犯罪の日時，場所，態様等の詳細を明らかにするまでの必要はなく（大判昭6・10・19刑集10・462)，他の事実と区別できる程度に特定されていれば，構成要件該当事実が厳密に記載されている必要もない。罪名を特定してなされた告訴について，捜査及び公判審理の結果，異なる認定がなされたとしても，告訴人が申告した犯罪事実と同一性があれば，告訴の効力は及ぶ。

(3) **犯人の特定**　告訴は，犯罪行為を特定してその犯人の処罰を求める意思表示であり，原則として特定の犯人に着目してなされるものではないから，犯人が特定できない段階であっても，告訴の対象となる犯罪行為が特定できていれば，告訴をすることができる。

したがって，被告訴人の氏名が不詳であっても告訴は可能であるし，仮に，被告訴人を誤って特定しても，真犯人に対する告訴として有効であり（大判昭12・6・5刑集16・12・906，前掲東京高判昭28・2・21)，むしろ，「犯人が誰々であれば告訴する（又はしない）」という条件付きの告訴は，原則として許されない。

(4) **告訴と付款**　訴訟行為については，一般に，法令により認められる場合を除き，付款を付することはできない。したがって，条件，期限等が付された告訴をすることはできない。もっとも，付款が付された告訴が常に無効となるわけではなく，その付款が告訴の本質に反するものでなければ，付款がない告訴として取り扱うこととなる。

例えば，「告訴日から1か月以内に起訴がされなかったら，告訴はなかったことにする。」，「仮に，犯人との間で示談が成立したら告訴はなかったことにする。」という期限や条件を付した告訴は，付款が付されていない告訴として取り扱うこととなろう。

(5) **告訴人の責任**　183条は，告訴があった事件について，被告人が無罪又は免訴の裁判を受けた場合や被疑者が不起訴になった場合において，告訴人に故意又は重過失があったときは，その者に訴訟費用を負担させ得るとしている。

また，人に刑事の処分を受けさせるなどの目的で虚偽の告訴をした者は，3月以上10年以下の懲役に処せられる（刑172，虚偽告訴罪)。さらに，不当な告訴をした場合，告訴人が民事上の不法行為責任を負うことがあり得る（仙台高判昭28・3・25下民集4・3・427，東京地判平2・12・25判時1379・102)。

〔加藤俊治〕

第231条 [1] 〔法定代理人及び被害者死亡時の告訴権〕　被害者の法定代理人 [2] は，独立して [3] 告訴をすることができる。

2　被害者が死亡したときは [4]，その配偶者，直系の親族又は兄弟姉妹 [5] は，告訴をすることができる。但し，被害者の明示した意思に反することはできない [6]。

[範]　第66条（被害者以外の者の告訴）（略）

2　被害者以外の告訴権者から告訴を受ける場合には，その資格を証する書面を差し出させなければならない。

3　（略）

4　前三項の規定は，告訴の取消を受ける場合について準用する。

[1] 本条の趣旨

本条は，被害者が未成年者若しくは成年被後見人である場合又は被害者が死亡した場合について，被害者以外の者に告訴権を認めるものである。

[2] 法定代理人

法定代理人は，親権者（民818）又は後見人（民839～843）である。これらの者は，被害者の保護を厚くする趣旨で，被害者と並んで告訴ができることとされる。親権者が2人あるときは，被告人等の法定代理人の代理権に関する刑訴法28条の規定に準じ，そのいずれもが単独で告訴をすることができる（最決昭34・2・6刑集13・1・49）。法定代理人であるか否かは，告訴時を基準として決せられる。被害者が告訴をしないまま死亡した場合には，法定代理人であった者が死亡した者の親族として告訴権を行使できる場合があることは別として（本条Ⅱ），法定代理人としての告訴権は消滅するものと解する。

[3] 法定代理人の告訴権

法定代理人の告訴権は，被害者本人とは「独立して」行使し得るとされており，その意義は，被害者本人の意思に反しても行使できるところにある。

法定代理人の告訴権の法的性質は，被害者本人を代理するものではなく，法定代理人自身の固有権であると解されている（最決昭28・5・29刑集7・5・1195）。したがって，被害者本人であっても法定代理人のした告訴を取り消すことはできないし，被害者本人の告訴権が消滅した場合（例えば，告訴期間を経過した場合や被害者が親告罪の告訴を取り消した場合）であっても，その事情は法定代理人の告訴権の消長に影響を与えない。法が法定代理人に独立の告訴権を与えた趣旨は，判断能力が十分でない未成年者等を保護しようとするものであるところ，本人の行為によって告訴ができなくなってしまうのではその保護を全うすることができなくなってしまうから，このように解するのが正当である。

一方，被害者本人も，告訴能力を有する限り法定代理人とは別個に告訴権を行使できるのであり，法定代理人の告訴権が消滅しても，被害者本人が告訴権を行使することに妨げはない（東京高判昭31・6・19東時7・6・241）。

なお，本条1項は，法定代理人が被害者本人を代理して告訴権を行使することを妨げるものではない。ただし，法定代理人であっても，被害者本人がした告訴を取り消すには，個別の授権を要する（高松高判昭27・8・30高刑集5・10・1604）。

また，法定代理人が2人ある場合，それぞれ独立して告訴権を行使できるから，一方の告訴権が消滅しても，他方の告訴権には影響を与えない。

[4] 被害者の死亡

被害者が告訴をしないで死亡した場合をいう。被害者が生前に告訴をしていた場合にまで親族に告訴権を認めるかどうかについては明文を欠くが，たまたま被害者が告訴をしないまま死亡したからといって告訴権者が欠けることとなるのは不合理であるという本条2項の趣旨から，被害者が生前に告訴をしていた場合には，重ねて親族の告訴権を認める必要はないものと解される。同様に，生前の被害者が告訴権を失っていた場合には，たまたま被害者が死亡しても，親族に告訴権は認められない。

なお，被害者が告訴をした後に死亡したとしても，被害者が生前にしていた告訴の効力には影響がない。かえって，その告訴を取り消す権限を有する者がいなくなり，告訴は取り消し得なくなる（大判昭12・12・23刑集16・24・1698）。一方で，告訴権は相続・譲渡を許さない一身専属的な権限であると解されており，相続人が被害者に代わって告訴権を行使することは許されていない。ただし，著作権侵害の罪について，権利移転前の侵害行為について承継人の告訴権を認める大審院判例（大判明37・4・7刑録10・766）があるので，同罪については，相続人にも，相続前の侵害についての告訴権が認められる余地がある。

[5] 配偶者，直系の親族又は兄弟姉妹

これらの親族関係は，被害時ではなく，被害者が死亡した時に存すれば足りる。また，これらの親族が複数ある場合には，それぞれが告訴権者となり，そのうち1人の告訴権の消滅が他の親族の告訴権の消長に影響を与えることはない。

[6] 被害者の明示した意思に反することはできない

被害者が「告訴はしない」旨の意思を明示して死亡した場合には，その死後における親族の告訴はできないという意味であり，本条1項の法定代理人の告訴権とは異なる。被害者の生前における意思表示の方法に制限はない。　　　　　　　　〔加藤俊治〕

第232条 [1] **〔親族の告訴権〕**　被害者の法定代理人 [2] が被疑者であるとき，被疑者の配偶者であるとき，又は被疑者の4親等内の血族若しくは3親等内の姻族であるときは，被害者の親族 [3] は，独立して告訴をすることができる [4]。

[1] 本条の趣旨

前条1項の規定により被害者の法定代理人が告訴権を行使できる場合であっても，法定代理人自身が被疑者である場合や，被疑者の配偶者・近親者である場合には，被害者

と法定代理人との利害が対立し，適正な告訴権の行使を期待し難い。そこで，本条は，このような場合について，未成年者又は成年被後見人である被害者の保護を図るため，被害者の親族にも告訴権を認めたものである。

　もっとも，本条の規定は法定代理人の告訴権を奪うものではないので，法定代理人の告訴権と本条による親族の告訴権とは，併存することとなる。

[2] 法定代理人

　法定代理人の範囲は，前条と同様である。複数の法定代理人がある場合には，そのうち1人に本条の事由があれば足りる。

[3] 親　族

　親族の範囲は，民法725条から729条までの規定によって定まるのであり，具体的には，①6親等内の血族，②配偶者，③3親等内の姻族が親族とされる。これらの親族関係は，被害時ではなく，告訴をする時を基準に存否を判断するものとするのが通説である。

[4] 独立して告訴をすることができる

　前条の解説 [2] と同様，被害者自身の意思に反しても告訴をすることができ，複数の告訴権者のうち一部の者の告訴権が消滅しても，他の告訴権者の告訴権には影響を与えない。

〔加藤俊治〕

第233条 [1] 〔死者の名誉を毀損した罪等に関する告訴権〕　死者の名誉を毀損した罪 [2] については，死者の親族又は子孫 [3] は，告訴をすることができる [4]。

2　名誉を毀損した罪について被害者が告訴をしないで死亡したときも [5]，前項と同様である。但し，被害者の明示した意思に反することはできない [6]。

[1] 本条の趣旨

　名誉毀損の罪は，被害者が死者であっても成立し得ることとされ（刑230Ⅱ），この罪は親告罪とされている（刑232Ⅰ）ところ，死者が告訴をすることは考えられないので，本条1項は，死者の名誉を毀損する罪について，告訴権者を定めている。また，これとの均衡上，生存中に名誉毀損の被害者となった者が，告訴をするか否か明らかにしないまま死亡した場合について，本条2項が告訴権者を定めている。

[2] 死者の名誉を毀損した罪

　刑法230条1項の罪は，同条2項の規定によって，犯行当時，名誉を毀損された者が既に死亡していた場合にも成立し得ることとされるところ，本条1項の「死者の名誉を毀損した罪」とは，そのような場合における刑法230条の罪をいう。なお，死者に対する名誉毀損の罪の保護法益については，死者自身の名誉であるか遺族の死者に対する敬愛の情であるかという争いがあり，この理解によって告訴権者の範囲も異にし得るが，本条1項は，その問題点とは無関係に，一定範囲の者に告訴権を認めたものである。

[3] 死者の親族又は子孫

死者の親族の範囲は，前条の解説[3]と同様に，民法の規定により定まる。もっとも，本条1項の場合，死者の死亡時には犯行が行われていないので，同項の親族関係は，犯行時において，死者が生存していたとすれば親族関係にあったかという仮定的な判断によらざるを得ない。

子孫とは，直系卑属のことである。死者の子孫は，通常は死者の親族（6親等以内の血族）であると考えられるが，本条においては，仮に7親等以下の子孫であっても，告訴権者たり得ることとなる。

[4] 死者の親族又は子孫の告訴権

「死者の親族又は子孫」に当たる者がそれぞれ固有の告訴権を有するので，複数の告訴権者のうち一部の者の告訴権が消滅しても，他の告訴権者の告訴権には影響を与えない。

[5] 被害者が告訴をしないで死亡したとき

被害者の生存中に名誉毀損の行為がなされた場合であって，被害者が告訴をしないまま死亡した場合をいう。こうした場合は，231条2項により，被害者の配偶者，直系の親族又は兄弟姉妹に告訴権が認められることとなるが，本条1項との均衡を図って，告訴権者の範囲を拡大したものと考えられる。

[6] 被害者の明示した意思に反することはできない

231条の解説[6]と同趣旨である。 〔加藤俊治〕

第234条 [1]**〔検察官による告訴権者の指定〕** 親告罪について告訴をすることができる者がない場合[2]には，検察官[3]は，利害関係人の申立[4]により告訴をすることができる者を指定することができる[5]。

[1] 本条の趣旨

親告罪について230条から前条までの規定により定まる告訴権者がない場合には，犯人を起訴し，処罰することができなくなり，正義に反することとなりかねないので，利害関係人の申立てにより公益の代表者である検察官が告訴権者を指定し，犯人を起訴・処罰し得る方途を設けたものである。

[2] 告訴権者がない場合

文言上は，230条から前条までの規定によって定まる告訴権者が一人もいない場合（典型的には，告訴権者全員が死亡している場合）をいうこととなるが，告訴権者全員の生死が不明である場合や，告訴権者があってもその全員が告訴能力を欠いている場合を含むものとされている。この場合の告訴能力の欠如には，一時的な心身の障害等であって回復可能性のある場合も含まれる（そのように解さないと，回復までの間に告訴期間が経過してし

まうといった事態が生じる。)。

　一方，告訴権者全員について告訴期間が徒過している場合や，告訴権者全員が告訴を取り消して再告訴できなくなっている場合には，告訴期間や再告訴の禁止を定める法の趣旨からして，本条の適用はないものと解される。また，既に検察官の指定を受けた告訴権者がある場合にも，重ねて指定をすることはできない。

［3］検察官

　指定の主体となる検察官に制限はないので，所属検察庁や検事，副検事の別などは問わないこととなる（管轄に関する検察庁法5条の適用もないと解されている。）が，通常は，事件について管轄権を有する裁判所に対応する検察庁の検察官が指定に当たることとなろう。

［4］利害関係人の申立て

　利害関係人の範囲は広く解され，告訴をすることについて事実上の利害関係を有する者をいうものとされる。友人，恋人，告訴権のない親族，内縁の配偶者，雇用主，債権者，破産管財人等が利害関係を有すると認められる限り，申立権を有すると解されている（佐藤・注釈刑訴3・285，高﨑・大コメ刑訴4・701）。この申立ては，告訴事実を特定してしなければならないものと解されるが，被指定者を特定する必要はない。

［5］検察官の権限

　申立てを受けた検察官は，公益上の見地から指定の要否及び被指定者を決すべきであり，指定が義務付けられるものではない。被指定者についても制限はなく，申立人である必要がないことはむろん，条文上は利害関係者である必要もない。この指定は，被指定者の同意等を要しない一方的行為である。

　一方，被指定者も告訴の義務を負うわけではなく，自らの判断で告訴の要否を決すれば足りる。

　条文上は明確でないが，検察官が指定する告訴権者は1人に限るとの見解（佐藤・注釈刑訴3・285，松尾・条解452，小川・告訴告発事案の捜査要領(第3版)270）が有力である。

〔加藤俊治〕

第235条 [1]〔**告訴期間**〕　親告罪の告訴は，犯人を知つた日 [2] から6箇月を経過したときは [3]，これをすることができない。ただし，刑法第232条第2項の規定により外国の代表者が行う告訴及び日本国に派遣された外国の使節に対する同法第230条又は第231条の罪につきその使節が行う告訴については，この限りでない [4]。

　　　［1］本条の趣旨　　　［2］告訴期間の起算点（犯人を知った日）　　　［3］期間計算
　　　［4］告訴期間が定められていない親告罪

235条

[1] 本条の趣旨

本条は，親告罪の告訴について，期間的な制限（告訴期間）を設けるものである。

その趣旨は，訴追の可能性の有無が私人である告訴権者の意思によって左右される不安定な状態が早期に解消することが望ましいという点に求められる。したがって，親告罪以外の罪の告訴には告訴期間の制約はなく，公訴時効が完成するまで告訴が可能である。また，告発や請求が訴訟条件となる罪についても，告訴期間のような期間制限は設けられていない。

[2] 告訴期間の起算点（犯人を知った日）

告訴期間の起算点は，告訴権者が「犯人を知った日」とされている。告訴権者が複数ある場合には，それぞれの告訴権者ごとに告訴期間が進行する。

判例は，「犯人を知つた日」とは犯罪行為終了後の日であるとしている（最決昭45・12・17刑集24・13・1765）ので，犯罪継続中は告訴期間は進行しない。しかし，犯罪継続中になされた告訴も，有効である（大判昭6・1・27刑集10・1・8参照）。

犯罪行為終了前に告訴人が犯人を知っている場合，結果犯については，結果が発生した時点から告訴期間が進行するとされる。牽連犯の告訴期間の起算点については，牽連犯を構成する個々の犯罪行為について，それぞれの終了時であるとする説（高田・注解刑訴(中)191，増井・新版告訴・告発再訂版64）と最終の犯罪事実の終了時であるとする説（佐藤・注釈刑訴3・288，松尾・条解410，高崎・大コメ刑訴3・709）に分かれているが，客観的不可分の原則が牽連犯にも及び，その範囲では合一的な処理がなされるべきであるとされていることからすると，後説によるべきである。

共同正犯については最後の実行行為の終了時から時効期間が進行し，従犯については正犯の行為の終了時から時効期間が進行するものと解される。また，共犯事件については，複数の犯人のうち1人について知れば，全ての犯人との関係で告訴期間が進行すると解されるが，親族相盗例が適用される相対的親告罪の場合には，その適用の対象となる犯人を知った時から時効期間が進行する。

「犯人を知った」というためには，犯罪があったことを知ることが前提となるので，告訴権者が犯罪があったことについて認識を得る前は，告訴期間は進行しない。例えば，コンピュータプログラムを複製したとする著作権法違反の事案において，被害会社の代表取締役が被告人の犯行ではないかと推測しただけでは「犯人を知った」とはいえず，鑑定等の証拠保全を経た後に告訴期間が進行するとした裁判例がある（広島高判平11・10・14判時1703・169）。さらに，相対的親告罪である詐欺罪について，告訴権者が，ひょっとしたら騙されたのではないかというような，被害にあったのかどうかが不確定な状態を経て，後日，確定的に騙されたことを知った場合には，被害にあったことを確定的に認識したときが，「犯人を知った」時であるとされている（広島高判平2・12・18判時1394・161）。

犯人の特定について，告訴権者がどの程度の認識を有していれば「犯人を知った」と言えるのかにつき，一般論としては，「犯人の住所氏名などの詳細を知る必要はないけ

れども，少くとも犯人の何人たるかを特定し得る程度に認識することを要する」とする
のが判例（最決昭39・11・10刑集18・9・547）であるが，具体的な当てはめにおいては微妙な
問題を生じる場合がある。この判例以前には，被害者が人相・着衣等により犯人を識別
できる程度に認識していれば「犯人を知った」としてよいとするもの（大阪高判昭26・8・
27高刑集4・8・998，東京高判昭38・2・19高刑集16・1・78。仙台高判昭30・7・14裁判特報2・13・713
も参照）と，「人相着衣を知るのみでどこの誰とも判らない状態」では，「犯人を知った」
とはいえないとするもの（大阪高判昭31・6・4裁判特報3・12・609。同旨仙台高判昭28・1・12特
報35・1，東京高判昭39・4・27高刑集17・3・295。なお，近時のものとして東京高判平9・7・16高刑
集50・2・121参照）とがあったとされ，上記最高裁判例は後説を指向しているとされる（井
口・判例解説（刑）昭39・179）。そして，この点については，上記東京高判昭39・4・27が「親
告罪の告訴は犯人との関係その他諸般の事情を考慮して決定されるものであり，特に犯
人が誰であるかは，告訴の意思決定に重要な意味をもつものであるから，被害者がかか
る考慮をなし得る程度に犯人を特定し得ない以上，未だ犯人を知ったとはいい得ないも
のと解すべきである。」と判示しているように，犯人が不明のままでも告訴自体は可能
であるにもかかわらず，告訴期間の始期を告訴人が犯人を知った時としている法の趣旨
は，犯人が誰であるか分からない状態では，被害者において，告訴をするか否かの判断
ができない場合があることを慮ってのことであると考えられることからすると，「犯人
を知った」というのは，告訴権者において，告訴をするか否かの判断ができる程度の認
識を得たときであると解するのが相当であると考えられ，一般的には，単に犯人を他者
から識別できる程度に認識していたというだけでは足りないと考えられる（松尾・条解
455，髙﨑・大コメ刑訴4・712，増井・前掲73）。

［3］ 期間計算

月単位の期間計算には初日を算入しないので（55Ⅰ本），「犯人を知った日」が4月1
日であれば，4月2日から起算して6か月後である10月1日の経過をもって告訴期間が
満了するのが原則となる。ただし，その末日が土曜日，日曜日，国民の祝日，年末年始
等に当たる場合には，特例がある（55Ⅲ本）。

［4］ 告訴期間が定められていない親告罪

外国の君主又は大統領に対する名誉毀損の罪等に関して外国の代表者が行う告訴（刑
232Ⅱ）及び我が国に派遣された外国の使節に対する同罪等に関してその使節が行う告
訴については，告訴期間の制限はなく，公訴時効が成立するまで告訴をすることが可能
である。
〔加藤俊治〕

第236条 [1] 〔告訴期間の独立〕 告訴をすることができる者が数人ある場合 [2] に
は，1人の期間の徒過は，他の者に対しその効力を及ぼさない [3]。

[1] 本条の趣旨

本条は, 同一の事実について独立の告訴権者が複数ある場合の告訴期間については, それぞれの告訴権者ごとに独立して進行することを定めるものである。

[2] 告訴権者が数人ある場合

例えば, 共有物が損壊された場合の共有者各自はそれぞれ告訴権を有するし, 損壊された財物の所有者と利用者がそれぞれ告訴権を有することも想定され, また, 被害者及びその法定代理人各自がそれぞれ独立の告訴権を有するといった場合も想定される。これらの場合, 告訴期間の起算点も, 各自について「犯人を知った日」を定めることになるので, 例えば, 被害者が犯人を知っていたとしても, 法定代理人が犯人を知らなければ, 法定代理人についての告訴期間は進行しない (広島高松江支判昭25・12・18高刑集3・4・646)。

[3] 効力を及ぼさない

複数の告訴権者のうち一部の者について告訴期間が経過し, したがって告訴をすることができなくなったとしても, 他の告訴権者の告訴権の消長には影響がないという意味である。　　　　　　　　　　　　　　　　　　　　　　　　　　　　　　　　　〔加藤俊治〕

第237条 [1]〔**告訴の取消し**〕　告訴は, 公訴の提起があるまで [2] これを取り消すことができる [3][4]。

2　告訴の取消をした者は, 更に告訴をすることができない [5]。

3　前2項の規定は, 請求を待って受理すべき事件 [6] についての請求についてこれを準用する [7]。

> [範]　第71条 (親告罪の告訴取消の場合の処置)　親告罪に係る犯罪につき捜査を行い, 事件を検察官に送付した後, 告訴人から告訴の取消を受けたときは, 直ちに, その旨を検察官に通知し, 必要な書類を追送しなければならない。

> [1] 本条の趣旨　　[2] 告訴取消しの時的限界　　[3] 取消権者　　[4] 告訴権の放棄　　[5] 告訴取消しの効果　　[6] 請求を待って受理すべき事件　　[7] 準　用

[1] 本条の趣旨

本条は, 告訴及び請求の取消しについて定めている。法文上は「取消し」の語が用いられているが, 瑕疵のある行為を行為時までさかのぼって無効とする講学上の「取消し」とは異なり, 告訴の効力を将来に向かって消滅させる行為であって, その性質は「撤回」である。

親告罪においては, 刑罰権の発動について特に被害者等の私人の意思表示が必要とさ

れるのであるが，告訴の取消しやその後の再告訴を何らの制約なしに認めることとすると，刑罰権の行使が過度に私人の意思に左右され，適正・公平を欠くことになりかねないし，手続の安定性を害し，被疑者の立場を不安定なものにすることなどから，本条は，親告罪の告訴の取消しに一定の制約を設けたものである。法文上は全ての告訴の取消しに本条１項及び２項の適用があるように読めるが，非親告罪の告訴にこのような制約を設ける理由はないことから，親告罪の告訴の取消しについてのみ適用があるとするのが通説である。

　なお，告訴の取消しを受理できるのは，告訴を受理したのと同一官署に属する検察官若しくは司法警察員又は現に事件を取り扱っている検察官若しくは司法警察員に限るとする裁判例（高松高判昭31・1・19裁判特報3・3・53）があり，実務的には，このような運用が適切であると考えられるが，法文上は，告訴の取消しを申し出るべき検察官又は司法警察員には制限がないことから，これら以外の検察官又は司法警察員に告訴の取消しが申し出られた場合でも無効として扱うことは適切でない。

　また，告訴不可分の原則（238 I）は親告罪の告訴の取消しについても妥当するので，相対的親告罪の場合を除き，共犯者の一人又は一部に対する告訴の取消しは，共犯者全員について効力が及ぶこととなる。

［２］告訴取消しの時的限界

　親告罪の告訴は，公訴の提起があるまでの間に限って取り消すことができ，公訴提起後には取り消すことができなくなる。

　いったん公訴が提起されても，管轄違い（329）又は公訴棄却（338・339）の裁判があった場合には，公訴提起前の状態に戻って，告訴の取消しも可能となるとするのが通説である。

　共犯者のうち一部の者が既に起訴されているが，その余の犯人については起訴前である間に，起訴されていない犯人に対する関係で告訴を取り消すことができるか，告訴の主観的不可分（238）との関係で問題となる。このような問題は，一部の犯人が起訴された後，被害者と共犯者全員との間で，又は起訴されていない共犯者との間で，示談が成立したというような場合に生じ得るところ，このような取消しは認められないとするのが通説であるとされ（佐藤・注釈刑訴3・292，今崎=河村・大コメ刑訴4・724，増井・新版告訴・告発再訂版114，小川・告訴告発事案の捜査要領（第3版）350），大審院時代の判例も，結論において同旨であると考えられる（大判昭3・10・5刑集7・10・649）。なお，相対的親告罪の場合には，告訴及びその取消しについて主観的不可分の原則が妥当しないから，非親族の共犯者が先に起訴されていたとしても，起訴されていない親族に対する告訴は取り消すことができるものと解される。

　非親告罪として起訴された後に告訴が取り消され，その後に親告罪への訴因変更があった場合についても，告訴の取消しは効力を生じないものとされている（松尾・条解458，増井・前掲92。東京高判昭33・11・12高刑集11・9・550参照）。

237条 501

[3] 取消権者

親告罪の告訴を取り消すことができるのは，その告訴をした者である。その者が死亡した後は，取消権者はいないことになり，告訴の取消しもできなくなる。名誉毀損罪については，被害者が告訴をしないで死亡したときには，その親族又は子孫が告訴権者となるが（233Ⅱ），これらの者であっても，死者がした告訴を取り消す権限はない（大判昭12・12・23刑集16・24・1698）。

代理人によってした告訴を本人が取り消すことができるのは，当然である。一方，告訴について代理権を有する者であっても，当然に告訴の取消しについて権限を有するとはいえず，取消しについては別に授権が必要である（もっとも，あらかじめ包括的に代理権を授与することまでは禁じられない。）。しかし，法定代理人は「独立して」告訴ができる（被害者の意思に反しても告訴ができる）とする231条1項の規定や，必ずしも判断能力が十分でないと考えられる未成年者や成年被後見人の保護を十全たらしめようとする法の趣旨からして，法定代理人がした告訴を被害者本人が取り消すことはできないと解される。反対に，被害者本人のした告訴を法定代理人が取り消すことも当然にはできず，個別の授権が必要である（高松高判昭27・8・30高刑集5・10・1604）。

[4] 告訴権の放棄

親告罪について，一旦行った告訴を取り消すことはできるが，告訴権をあらかじめ放棄することはできない（名古屋高判昭28・10・7高刑集6・11・1503，最決昭37・6・26裁集刑143・205参照）ので，告訴権者が告訴権を放棄する意思を捜査機関に申し出ていたとしても，その後の告訴は有効となる。

[5] 告訴取消しの効果

親告罪の告訴を取り消した者は，告訴権者としての地位を失い，再度の告訴はできなくなる。もっとも，複数の告訴権者がある場合には，そのうち一部の者が告訴取消しによって告訴権を失っても，他の告訴権者の告訴権には影響を与えない。

[6] 請求を待って受理すべき事件

請求を待って受理すべき事件とは，外国国章損壊罪（刑92，当該外国政府が請求権者）のほか，義務教育諸学校における教育の政治的中立の確保に関する臨時措置法4条の罪（同5により，附属の義務教育諸学校を設置している国立大学学長，義務教育諸学校を設置する地方公共団体の教育委員会及び私立の義務教育諸学校を所轄する都道府県知事が請求権者）及び労働関係調整法39条の罪（同42により，労働委員会が請求権者）に係る事件であり，当該請求が訴訟条件となる。

[7] 準用

本条1項及び2項は，請求を待って受理すべき事件に準用されるから，それらの事件においては，請求の取消しが許されるのは公訴の提起までであり，請求を取り消した者は再度の請求ができないこととなる。

〔加藤俊治〕

502   238条

第238条 [1]〔告訴の不可分〕　親告罪について共犯 [2] の1人又は数人に対してした
　　告訴又はその取消は [3]，他の共犯に対しても，その効力を生ずる [4][5]。
　2　前項の規定は，告発又は請求を待つて受理すべき事件 [6] についての告発若しく
　　は請求又はその取消についてこれを準用する [7]。

　　　　　[1] 本条の趣旨　　[2] 共　犯　　[3] 告訴又はその取消し　　[4] 告訴の主観的
　　　　　不可分　　[5] 告訴の客観的不可分　　[6] 告発又は請求を待つて受理すべき事件
　　　　　[7] 準　用

[1] 本条の趣旨
　本条は，共犯者の1人に対してした告訴，告発若しくは請求又はそれらの取消しの効
力が他の共犯者にも及ぶという原則（主観的不可分）を規定する。条文の文言どおり，親
告罪等のみに適用される規定であると解されているが（今崎＝河村・大コメ刑訴4・731），告
訴等が特定の犯人に対するものではなく，事件についてのものであるという性質上は，
親告罪等以外の罪にも準用を認めてよいと考えられる（松尾・条解460）。
　なお，本条は，告訴等の主観的不可分についてのみ規定しているが，告訴が一罪の一
部についてなされたとしても，その効力は一罪の全体に及ぶのが原則である（客観的不
可分）と考えられている（後記[5]）。
[2] 共　犯
　「共犯」には，共同正犯，教唆犯，幇助犯がいずれも含まれるほか，必要的共犯も含
むとされている。
　また，両罰規定が適用になる場合の行為者と事業者についても，主観的不可分の原則
の適用があるものと解する（反対，高田・注解刑訴(中)200）。この点については，明文が設
けられている例もある（著作124Ⅲ，放送189Ⅱ等）。
　「共犯」であるか否かについて，いつの時点を基準に決するべきかが論じられている。
例えば，X及びYが共犯であることを前提に両名に対する告訴がなされ，後にYに対す
る告訴のみが取り消されたが，捜査の結果，Xの単独犯行であることが判明した場合，
捜査の終結時点（処分時点）を基準にすればXとYとは共犯ではないと認められるので
あるから，Yに対する告訴の取消しがXには及ばず，Xを起訴できることになるのでは
ないかが問題となる。しかし，この場合も，告訴及びその取消しは，特定の犯人ではな
く，事件を対象としてなされるものであることに鑑みると，Yが共犯者であることを前
提として適式に告訴が取り消されたのであれば，Xに対しても取消しの効力が及ぶと解
さざるを得ない。このような事態は，共犯者の一部のみについて選択的に告訴の取消し
を行い得るという誤解に基づかなければ生じないはずのものである。
　次に，例えば，X及びYが共犯であることを前提に両名に対する告訴がなされ，後に
Yに対する告訴のみが取り消されたが，この取消しを看過し，X及びYが共犯であると

して，Xについて公訴が提起され，審理の結果，Xの単独犯であることが認定された場合，判決時を基準として，認定事実に従えば，XとYとは共犯ではないので，そのまま実体判決ができるのではないかという問題がある。大阪高判昭40・9・28下刑集7・9・1794は，このような場合には，「告訴欠缺という当初の訴訟条件の瑕疵はその後の訴訟の発展に伴い治癒されたと解するのが相当である」として実体判決ができるとしているのであるが，公訴事実自体から訴訟条件が欠けていることが明らかな場合であるから，公訴棄却とされてもやむを得ないと考えられる。

[3] 告訴又はその取消し

主観的不可分の原則は，告訴だけでなく，その取消しにも及ぶため，一部の共犯者との間で示談が成立するなどの事情で告訴を取り消すと，その他の共犯者との関係でも告訴取消しの効力が生じることとなり，親告罪にあっては再告訴が許されないこととなるので（237Ⅱ），注意が必要である。

[4] 告訴の主観的不可分

(1) 原　則　　告訴人が乙について告訴をすると，その効力は共犯者甲にも及ぶこととなり，甲のみを対象から除くことはできない。告訴人はXの単独犯であると考えて告訴をしたが，捜査の結果，XとYとの共犯であったという場合であっても，告訴の効力はYに及ぶこととなる。

(2) 相対的親告罪　　相対的親告罪である親族相盗に独特の問題として，共犯者中に被害者の親族がある場合，親族以外の者に対する告訴等の効力が親族にも及ぶかというものがある。

親族相盗が親告罪とされる趣旨が「法は家庭に入らず」という政策的な考慮であり，刑法244条3項が「前2項の規定は，親族でない共犯については，適用しない。」として親族である共犯者と非親族である共犯者とでは，その処分に差異が生じることをも予定していることからすると，この場合の告訴は，「親族である犯人についても処罰を求める」ないし「犯人が親族であっても処罰を求める」という意思を含むものでなければ，その効力が親族に及ばないものと考えられる。したがって，親族相盗例が適用になる場合には，非親族を指名してなされた告訴の効力は共犯者中の親族には及ばないし，当初犯人不詳のまま告訴がなされ，あるいは，非親族のみが犯人であるとして告訴がなされた後に，共犯者中に親族があることが判明した場合には，共犯者が親族であっても処罰を求める意思が明確にされていない限り，主観的不可分の原則によって告訴の効力が親族に及ぶとすることはできない。

一方，親族及び非親族が混在する共犯者全員についてした告訴のうち，非親族のみについて告訴を取り消した場合にも，親族である共犯者にはその取消しの効力は及ばないと解する。非親族に対する告訴は非親告罪の告訴であり，親族に対する告訴が親告罪の告訴であるのと法的効果が異なることから，親告罪についても告訴を取り消すことが明示されない限り，その取消しの効力を認めるべきではないからである。

[5] 告訴の客観的不可分

　親告罪の告訴の客観的不可分は，単純一罪については原則がそのまま妥当する。例えば，非同居の親族に対して窃盗の告訴がなされた場合，告訴状には被害品の一部しか明示されていなくても，告訴の効力は全ての被害品に及ぶし，共有物に対する犯罪，例えば，共有物が損壊された場合においては，共有者のうち一人がした告訴の効力は，告訴人が共有物について有する持分の多少にかかわらず，不可分的に被害共有物全部に及ぶ（最決昭35・12・22刑集14・14・2204）。

　また，科刑上一罪及び包括一罪についても，例外を考える必要はあるものの，原則としては客観的不可分が妥当するとするのが通説である（河村＝今崎・大コメ刑訴4・733，松尾・条解460）。裁判例も，トウモロコシのまかれていた畑地の土壌の窃取（窃盗＝非親告罪）とそのトウモロコシの損壊（器物損壊＝親告罪）とが観念的競合となる事案について，窃盗に係る告訴が器物損壊にも及ぶとし（東京高判昭33・5・31高刑集11・5・257），性犯罪が親告罪とされていた時期の裁判例ではあるが，住居侵入（非親告罪）と強制わいせつ（親告罪）とが牽連犯となる事案について，住居侵入に係る告訴が強制わいせつにも及ぶとし（浦和地判昭44・3・24刑裁月報1・3・290），わいせつ目的誘拐（親告罪）と強制わいせつ（親告罪）とが牽連犯となる事案について，誘拐に係る告訴が強制わいせつにも及ぶとしている（東京高判昭45・12・3判タ259・205）。

　客観的不可分の原則の例外となる場合の第1は，科刑上一罪の関係にある複数の罪がいずれも親告罪で，それぞれ被害者が異なる場合である。科刑上一罪は，もともと数個の犯罪であるから，その各罪ごとに訴訟条件の充足の有無を判断することが可能であるし，他の被害者がした告訴の効力が科刑上一罪の関係にある全ての罪に及ぶと解することは個々の被害者の意思を無視することとなり，親告罪が設けられた趣旨に反することとなるため，客観的不可分の例外とされる。例えば，複数の者（A1～A3）の名誉を毀損する内容のビラを多数頒布したという場合，被害者の数だけ名誉毀損罪が成立し，各罪は観念的競合となるものと考えられるが，A1及びA2だけが告訴し，A3が告訴しなかった場合には，A1及びA2の告訴の効力はA3を被害者とする名誉毀損には及ばないこととなる（名古屋高判昭30・6・21裁判特報2・13・657参照）。また，1個の恐喝行為で非同居の親族2人（B1及びB2）を恐喝した場合で，B1からは告訴があり，B2からは告訴がない場合，B1の告訴の効力は，B2を被害者とする恐喝には及ばないこととなる（東京高判昭30・4・23高刑集8・4・522）。

　科刑上一罪を構成する数罪の被害者が異なる場合に，その一部が親告罪であるという事例で，非親告罪の被害者のみから告訴があった場合も，同様である。例えば，犯人が，他人の家屋に侵入し（住居侵入＝非親告罪），その家屋に宿泊中であった非同居の親族の所持金品を窃取した（窃盗＝親族相盗例により親告罪）という場合，住居侵入のみの被害者から告訴があったとしても，窃盗についてまで告訴の効力が及ぶものではない。

　客観的不可分の原則の例外となる場合の第2は，親告罪と非親告罪とが科刑上一罪の

関係にあり，被害者が同一であっても，非親告罪に限ってされた告訴の場合である。これは，科刑上一罪が，もともとは数罪であって犯罪としては可分であるのに，告訴人が明示した意思に反して客観的不可分の原則を機械的に適用しなければならないこととすると，親告罪について犯人の処罰を告訴人の意思にゆだねた趣旨を失わせることになるからである。

［6］告発又は請求を待つて受理すべき事件

告発について次条の解説［1］を，請求について前条の解説［6］を参照。

［7］準　用

主観的不可分の原則，客観的不可分の原則ともに，告発又は請求を待って受理すべき事件に及ぶとされている。

判例は，酒税法違反の事案について，何らの留保なく告発の主観的不可分を認め（最判昭30・2・8刑集9・2・207），通告処分前置主義をとる関税法違反の事案についても，行為者に告発要件があれば，業務主については通告処分を経ることなく告発の効力が及んでも適法であるとして（最判昭34・5・8刑集13・5・657），告発の主観的不可分を認めており，さらに，議院における証人の宣誓及び証言等に関する法律違反の事例で，1個の宣誓に基づく一連の証言の一部について偽証罪による告発があった場合について，明示に告発がなされていない証言部分についても告発の効力が及んでいるとして，告発の客観的不可分を認めている（最判平4・9・18刑集46・6・355）。　　　　　　〔加藤俊治〕

第239条 [1]〔**告発**〕　何人でも[2]，犯罪があると思料するときは[3]，告発をすることができる[4]。

2　官吏又は公吏[5]は，その職務を行うことにより犯罪があると思料するときは[6]，告発をしなければならない[7]。

［範］　第73条（犯則事件の通知等）　国税通則法（昭和37年法律第66号），関税法（昭和29年法律第61号），地方税法（昭和25年法律第226号）その他の法律により通告処分の認められている犯則事件のあることを知つたときは，警察本部長又は警察署長に報告してその指揮を受け，速やかに，その旨を当該事件につき調査の権限を有する職員（以下「調査職員」という。）に通知するものとする。

　　2　調査職員から，調査のため臨検，捜索又は差押えを行うに当たり，援助の要求を受けたときは，必要な援助をしなければならない。

　　第74条（犯則事件の告発）　犯則事件について調査職員から告発を受けたときは，その捜査を行わなければならない。この場合においても，常に調査職員と緊密に連絡をとるものとする。

　　第75条（犯則事件の要急捜査）　犯則事件について，直ちにその捜査を行わなければ証

拠の収集その他事後における捜査が著しく困難となるおそれがあると認められるとき
は，未だ調査職員の告発がない場合においても，捜査し，その結果を調査職員に通知
しなければならない。

[1] 本条の趣旨　　[2] 告発権者　　[3] 犯罪があると思料するとき
[4] 告　発　　[5] 官吏又は公吏　　[6] 職務を行うことにより犯罪があると思料
するとき　　[7] 公務員の告発義務

[1] 本条の趣旨

本条は，告発権者及び公務員の告発義務について定める。

告発は，通常は捜査の端緒にすぎないが，告発が訴訟条件とされる罪もあり，法律の
明文でその旨が定められているものとして，①間接国税に関する犯則事件（国税通則159，
国税局又は税務署の職員等の告発が訴訟条件），②関税に関する犯則事件（関税148，税関職員
又は税関長の告発が訴訟条件），③公職選挙法238条の2第1項の罪（立候補に関する虚偽宣誓，
同条Ⅱ），同法253条1項の罪（選挙人等の偽証，同条Ⅱ）（選挙管理委員会の告発が訴訟条件），
④私的独占の禁止及び公正取引の確保に関する法律89条から91条までの罪（私的独占又
は不当な取引制限等，同法96。公正取引委員会の告発が訴訟条件）が挙げられる。また，判例
上，告発が訴訟条件とされている罪として，⑤議院における証人の宣誓及び証言等に関
する法律6条1項及び7条の罪（偽証等，最大判昭24・6・1刑集3・7・901。議院，委員会等の
告発が訴訟条件）がある。しかし，地方議会における議事進行に関する議員の刑事犯罪は，
告発を訴訟条件とする罪ではない（最大判昭42・5・24刑集21・4・505。国会議場内における国
会議員の行為につき，東京高判昭44・12・17高刑集22・6・924参照）。

[2] 告発権者

告発は，法文上は「何人でも」可能であるとされるが，犯人，告訴権者及び捜査機関
は除かれる。告発能力を要すること，自然人に限らず法人等でも告発をなし得ることに
ついて概ね告訴と同様であり，230条の解説[2]を参照。警察官の被疑者に対する特
別公務員暴行事件について，弁護士会の告発能力を認めた判例（最決昭36・12・26刑集15・12
・2058）がある。

[3] 犯罪があると思料するとき

告発は，捜査の端緒として，被告発者を被疑者の立場に立たせるものであるから，何
らの根拠なく主観的に嫌疑を有するとか，犯罪報道に接したというのみでは足りず，一
応の合理的な資料に基づく嫌疑が存することを要する。

[4] 告　発

告発とは，犯人又は告訴権者以外の者が，捜査機関に対して犯罪事実を申告し，犯人
の処罰を求める意思表示である（最決昭34・3・12刑集13・3・302，前掲最決昭36・12・26）。告訴
と告発とは，犯人以外の者が，特定の犯罪事実について，犯人の処罰を求める意思表示

である点で共通するが，両者はその主体が異なっており，犯罪とは関係のない第三者も告発の主体となり得る。しかし，告発人が誰であるのかは明らかにされている必要があり，匿名や偽名による告発は許されない。

告発の効果のうち，例えば，告発人は，検察官から処分結果の通知を受けることや不起訴理由の告知を受けることができる（260・261），検察審査会に不起訴処分の審査を求めることができる（検審2Ⅱ・30），被告人が無罪等の判決を受けた場合に，告訴人に故意・重過失があったときは訴訟費用等の負担を命じられることがある（183）などの重要なものが告訴の効果と共通するが，前記のとおり，告訴が訴訟条件となる罪（親告罪）と告発が訴訟条件となる罪とでは，その範囲が異なっているなどの相違もある。

告発における事実及び犯人の特定については，告訴と概ね同様であるので，230条の解説［3］参照。

［5］官吏又は公吏

国家公務員及び地方公務員をいう。裁判官も国家公務員であるから含まれるが，捜査機関は告発権者となり得ないので含まれない。公判審理中の証人の偽証について裁判官は告発義務を負わないという説があるが（今崎＝河村・大コメ刑訴4・771等），偽証を看破しながら放置することが裁判の公正に資するとは考えられないので，告発の時期を選ぶことは考えられるにしても，告発義務自体を負わないとすることはできない。

［6］職務を行うことにより犯罪があると思料するとき

公務員の告発義務が生じるのは，「職務を行うことにより」犯罪があると思料した場合のみであるから，職務と関係なくたまたま犯罪があることを知っても，告発の義務は生じない。しかし，刑事司法の適正な運営を図るために公務員に協力義務を課した趣旨からすれば，こと犯罪の告発に関して義務の生じる範囲をあまり狭く解するのは相当でないといえ，少なくとも，犯罪の発見が職務内容に関係する場合には，告発義務を負うものと解するべきである（高田・注解刑訴(中)207，増井・新版告訴・告発再訂版135）。

［7］公務員の告発義務

告発は，一般には義務とされることはないが，公務員については，一定の場合には告発が義務となるものである。この規定を訓示規定と解する説やその旨を傍論で判示した裁判例（東京高判昭27・1・31高刑集5・2・160等）もあるが，通説は強行規定であると解しており，その懈怠は公務員の懲戒事由となる。もっとも，その義務は，裁量の余地を認めないものではなく，特に，行政目的の適正・円滑な達成のために設けられている行政的な取締罰則に基づいて告発をしたためにかえって当該行政目的の達成が阻害されるような場合には，当該公務員が属する行政機関の判断として告発を控えることも許されよう。しかし，このことは，個々の公務員や行政機関が，恣意的に告発を怠ることを許すものではない。

また，103条等との均衡を考慮すると，告発により国の重大な利益を害する場合には，告発義務を免れるものと解される。

公務員が告発義務に従って告発をする行為は法令による行為であるから，国家公務員法100条等の守秘義務に違反することとはならない。

なお，国税通則法155条，156条，157条2項（国税局長，税務署長又は国税職員），関税法144条，145条，146条2項（税関長又は税関職員），議院における証人の宣誓及び証言等に関する法律8条（各議院若しくは委員会又は両議院の合同審査会），金融商品取引法226条（証券取引等監視委員会），金融機能の再生のための緊急措置に関する法律18条2項（金融整理管財人），50条2項（特別公的管理銀行の取締役等）等の規定により，公的な立場にある者に明文上の告発義務が定められているものがあるほか，債権回収会社（債権管理回収業に関する特別措置29）のように，一定の場合に「告発に向けて所要の措置をとらなければならない」とされる例もある。

〔加藤俊治〕

第240条[1]**〔代理人による告訴〕**　告訴[2]は，代理人[3]によりこれをすることができる[4]。告訴の取消[5]についても，同様である。

〔範〕　第66条　法第231条参照。

[1] 本条の趣旨

本条は，代理人により告訴をすること及び告訴の取消しをすることを認める規定である。

[2] 代理人による告発の可否

本条の文言上，代理人によることができるのは告訴及びその取消しのみであり，告発は含まれていないことから，代理人による告発及びその取消しの可否には争いがあるが，本条が特に「告訴」のみを規定していることから見れば，代理人による告発が無制約に認められると解することはできない。また，刑訴法が代理を認めるか否かについて告訴と告発とを区別している実質的理由が，告発という制度には被害者の利益の保護といった考慮は含まれておらず，専ら捜査機関に捜査の端緒を提供するという公益的な観点からなされるものである点にあると考えれば，告発が代理になじみ難いことも否定し難く，代理人による告発を認める理由は乏しい。実務的には，告発は，告発人本人（告発人が法人である場合には，代表者本人）から受けることとしておくべきである。

[3] 代理人

本条の代理人は，委任に基づく任意代理人を指し，法定代理人を含まないと解されている。被害者の法定代理人は，本条によるのではなく，231条1項によって自らの告訴権を行使すべきこととなる（被害者が，法定代理人に対する個別の授権によって告訴又はその取消しをさせることは，可能である。）。

代理人の資格には制限がなく，意思能力があれば足りる。代理人により告訴ができる

のは，被害者たる告訴権者であると，被害者以外の告訴権者であると，同様である。複数の告訴権者からの委任を受けて代理人となることも，告訴権者の一人が他の告訴権者の委任を受けて代理人となることも，可能である。

告訴のための代理権の授与の方式については，その存在が実質的に証明されればよいので，必ずしも書面によってなされる必要はないが，代理人自身が代理権の授与を受けたと称しているだけでは捜査機関としてもその真偽を確認し得ないので，書面による委任状の提出を受けることを原則とするべきである（範66Ⅰ・Ⅲ）。また，代理人が口頭による告訴をする場合には，告訴調書中に，告訴権者の代理人として告訴するものである旨を明示することが望ましい（大阪高判昭29・12・21裁判特報1・13・746参照）。

［4］意思代理の可否

告訴権者がした告訴の意思を代理人が表示するいわゆる表示代理のみが許されるのか，告訴をするか否かの意思決定までを代理人に委ねる意思代理までが許されるのかが争われているが，意思代理も許されるとするのが判例である（東京高判昭40・2・19高刑集18・2・75，判タ175・156）。もっとも，親告罪において，代理人による告訴がなされたが，告訴権者本人には犯人の処罰を求める意思がなかったといった場合には，親告罪制度の趣旨に反することとなりかねないことから，捜査機関としては，代理人による告訴があった事例についても，必要に応じて本人の告訴意思を確認しておくことが望ましい。

［5］告訴取消しの代理

告訴の取消しも代理人によって行うことができるが，告訴をすることについての委任は，告訴を取り消すことについての委任の趣旨を当然に含むものではない。この点に関し，「被害者の真意に反する取消が，被害者の不知の間になされている場合には，外部からはいかに代理関係があるかのように見えても，もはや実質的な代理権の存在は認められない」とする裁判例（札幌地判昭42・11・11判タ215・220）がある。被害者の法定代理人は，自らが告訴権者としてした告訴を取り消すことはできるが，被害者本人がした告訴を取り消すことは当然にはできず，個別の授権を要する（高松高判昭27・8・30高刑集5・10・1604）。　　　　　　　　　　　　　　　　　　　　　　　　　　　　　　〔加藤俊治〕

第241条 [1] 〔**告訴・告発の方式**〕　告訴又は告発は，書面又は口頭 [2] で検察官又は司法警察員 [3] にこれをしなければならない。

2　検察官又は司法警察員は，口頭による告訴又は告発を受けたときは調書 [4] を作らなければならない。

〔規〕　**第60条（公務員以外の者の書類）**　官吏その他の公務員以外の者が作るべき書類には，年月日を記載して署名押印しなければならない。

510 **241条**

[範] **第63条（告訴，告発および自首の受理）** 司法警察員たる警察官は，告訴，告発または自首をする者があつたときは，管轄区域内の事件であるかどうかを問わず，この節に定めるところにより，これを受理しなければならない。

2 司法巡査たる警察官は，告訴，告発または自首をする者があつたときは，直ちに，これを司法警察員たる警察官に移さなければならない。

第64条（自首調書，告訴調書および告発調書等） 自首を受けたときまたは口頭による告訴もしくは告発を受けたときは，自首調書または告訴調書もしくは告発調書を作成しなければならない。

2 告訴または告発の口頭による取消しを受けたときは，告訴取消調書または告発取消調書を作成しなければならない。

第65条（書面による告訴および告発） 書面による告訴または告発を受けた場合においても，その趣旨が不明であるときまたは本人の意思に適合しないと認められるときは，本人から補充の書面を差し出させ，またはその供述を求めて参考人供述調書（補充調書）を作成しなければならない。

[1] 本条の趣旨　　[2] 書面又は口頭　　[3] 受理機関　　[4] 告訴・告発調書

[1] 本条の趣旨

本条は，告訴・告発の方式について定めた上，口頭による告訴・告発があった場合における捜査機関の措置について定めている。本条に違反する方式によりなされた告訴・告発は，その効力を有しない。

[2] 書面又は口頭

告訴・告発は，「書面又は口頭」でしなければならないところ，書面，口頭のいずれによるかは，告訴人・告発人の選択による。

告訴・告発が書面でされる場合には，「告訴状」「告発状」という標題が付されるのが通常であり，適当でもあるが，文書の標題が付されていなくても，あるいは，「上申書」，「てん末書」などの標題が付されていても，実質的に告訴・告発の意思表示を内容とするものであれば告訴・告発の効力を有する。もっとも，告訴人・告発人が誰であるかを特定して記載する必要がある。

告訴状・告発状には，告訴・告発の対象となる犯罪事実を特定して記載する必要があるが，他の事実と区別できる程度に特定されていれば，構成要件該当事実が厳密に記載されているまでの必要はない。被告訴人・被告発人については，氏名不詳であっても，あるいは，犯人の特定を誤っていても，真犯人に対する関係で有効である。

告訴状・告発状は，それ自体としては捜査機関に対する申告を内容とする書面であるが，告訴・告発の存在等を立証するために裁判所に提出されることが予定されるものであるから，その作成については，刑訴規則の定めるところによるべきである。すなわち，

私人が作成する場合であっても，作成年月日を記載して，作成者が署名押印しなければならないのが原則であり（規60），記名によることは不適式である（告訴につき，最判昭59・2・24刑集38・4・1287）。

電話による告訴・告発が「口頭」による告訴として許されるか否かについては，明確に判断した裁判例が見当たらないところであるが，許されないと解するべきである。口頭による告訴・告発については，その申告者が誰であるのかが捜査機関に明らかである必要がある上，告訴調書・告発調書の作成が予定されていることから，捜査機関の面前における申告が予定されていると考えるべきである（東京高判昭35・2・11高刑集13・1・47参照。反対・ポケット刑訴（上）561）。

電報によるものは有効な告訴と認められないとするのが判例である（大決大12・3・13刑集2・186，大決昭7・1・27刑集11・10）。また，ファクシミリやEメールによる告訴・告発が書面による告訴・告発として有効であるかも問題となるが，これらの形式では規60条，61条の要件を満たす原本とはなり得ないばかりか，曲がりなりにも音声が伝達されている電話以上に発信者の特定が困難なものであるともいえ，表意者の真意を確認することも困難であって，直ちに書面による告訴・告発とは認めがたいと考える（増井・新版告訴・告発再訂版94はファクシミリによる告訴も有効とし，小川・告訴告発事案の捜査要領（第3版）274もこれを有効とする余地があるとする。）。

告訴状・告発状を告訴・告発が存することを立証するための証拠として用いることができるのは，当然である。一方，これらの書面を犯罪事実を立証するための証拠として用いることができるか否かについては，これを否定する見解がある（名古屋高判昭25・2・15特報7・116，福岡高判昭25・2・25特報6・53）が，告訴・告発は，一定の犯罪事実を申告し，犯人の処罰を求める意思表示であるから，必ず犯罪事実の申告を伴っており，少なくとも，この部分は，捜査機関に対して事実を報告する書面としての性質を有している上，告訴状・告発状には，犯罪事実の特定にとどまらず，犯罪の発生に至る経緯や関連事実について記載される場合もあり，これらが告訴人・告発人の供述としての性格を有することから，証拠能力に関する要件を満たす限り，告訴状・告発状も証拠として用いることができる（最判昭26・9・28刑集5・10・2131）。

[3] 受理機関

告訴・告発は，検察官又は司法警察員に対してすることとされているのみであり，告訴・告発をなすべき地域の制限はないので，いずれの検察官又は司法警察員に対してもすることができる。範63条1項は，このことを前提とした規定である。もっとも，特別司法警察職員には，その取り扱える事件の範囲に制限があるので，当該事件について捜査の権限を有しない場合には，告訴・告発を受理することができない。実際には，捜査について権限を有しない検察官又は司法警察員に対して告訴・告発がなされても，そのまま捜査を開始することはできず，かえって捜査が遅延するなど，告訴人・告発人にとっても利益にならないことから，可能な限り，管轄を有する捜査機関に告訴・告発す

るように説得することとなろう。

　検察事務官や司法巡査には告訴・告発を受理する権限はないが，これを検察官又は司法警察員に取り次ぐことは可能であり（範63Ⅱ参照），この場合には，検察官又は司法警察員が受理した時点で告訴・告発としての効力を生じる。

　告訴・告発は，捜査機関に受理されてその効力を生じる。捜査機関が告訴状・告発状を受け取った場合でも，告訴・告発の申出が要件を備えたものであるか否かを的確に審査するために合理的な期間は，告訴・告発の受理を留保することもできる。もっとも，そのことは，要件を具備する告訴の受理を拒絶する権限を捜査機関に認めることを意味せず，捜査機関が正当な理由なく告訴の受理を拒むことは許されない。しかし，例えば，告訴・告発と称しているものの刑訴法上の告訴・告発に該当しない申出（例えば，犯罪事実を明らかにしていないもの）や公訴提起ができないことが法律上明らかである犯罪事実に関する告訴・告発（例えば，公訴時効が完成しているもの，親告罪の告訴期間が徒過しているもの等）については，受理を拒絶できる。また，申立てに係る犯罪が成立しないことが明らかである場合（すなわち，捜査の端緒としての価値を全く有しない場合）にも，告訴・告発の受理を拒むことができる（大阪高決昭59・12・14判タ553・246）。

[4] 告訴・告発調書

　告訴・告発の受理機関が口頭による告訴を受けた場合には，調書を作成しなければならない。実際には，「告訴調書」又は「告発調書」という標題のある調書が作成されるのが一般的である（範64Ⅰ）。この調書は，告訴・告発の存在及びその内容を明確にする趣旨で作成が義務付けられているものであるから，少なくとも告訴・告発の要件となる事項に関して記載されていることが必要であり，例えば，被害者の告訴調書であれば，特定の犯罪事実，その犯罪により被害を受けたこと及び犯人の処罰を求めることが記載されていなければならない。しかし，告訴調書及び告発調書のこのような趣旨からすると，必ずしも「告訴調書」又は「告発調書」という形式で作成されなければならないわけではなく，実質的に，犯罪事実を特定し，告訴意思・告発意思を表明する内容が録取されていれば足りる（東京高判昭30・3・26裁判特報2・7・219）。

　告訴・告発の受理機関は検察官又は司法警察員であるから，告訴調書・告発調書も，検察官又は司法警察員が作成しなければならず，検察事務官又は司法巡査に命じて調書を作成させることはできない。

　口頭での告訴・告発を受けたものの，捜査機関の懈怠により調書が作成されなかったという場合であっても，それゆえに告訴・告発自体が無効となるものではない。

〔加藤俊治〕

第242条 [1]〔告訴・告発事件の送付〕　司法警察員は，告訴又は告発を受けたときは，速やかに [2] これに関する書類及び証拠物を検察官に送付しなければならな

い[3]。

[範] **第67条（告訴事件および告発事件の捜査）** 告訴または告発があつた事件については，特
にすみやかに捜査を行うように努めるとともに，次に掲げる事項に注意しなければな
らない。

一　ぶ告，中傷を目的とする虚偽または著しい誇張によるものでないかどうか。

二　当該事件の犯罪事実以外の犯罪がないかどうか。

第71条　法第237条参照。

第195条（送致書及び送付書） 事件を送致又は送付するに当たつては，犯罪の事実及び
情状等に関する意見を付した送致書又は送付書を作成し，関係書類及び証拠物を添付
するものとする。

[1] 本条の趣旨

　本条は，告訴・告発を受けた司法警察員に対して，速やかに関係書類及び証拠物を検
察官に送付する義務を課している。司法警察員から検察官への事件送致については246
条が原則的な規定であるが，告訴・告発を受けた事件については同条によらず本条が適
用される。

[2] 速やかに

　「速やかに」とは，「告訴・告発を受けた後，すぐに」といった意味ではなく，司法警
察員として必要な捜査を遂げた上で検察官に送るべきことは通常の事件と変わりがない
が，告訴・告発がなされた事件であることに鑑みて，特に迅速に捜査を遂げて検察官に
事件を送るべきであるとする，訓示的な意味を持つ文言であると考えられる。

　なお，246条は，「書類及び証拠物とともに事件を検察官に送致しなければならない」
としているのに対し，本条は「書類及び証拠物を検察官に送付しなければならない」と
するのみであるので，本条は，書類及び証拠物のみを，捜査の終結を待たずに「速やか
に」送付すべしとする規定であると解し，事件の送致については，本条による送付後，
246条によって行うべきであるとする説も存するが，確立した実務の取扱いとかけ離れ
た説であり，この種の事件に限って警察における捜査の終了も待たずに検察官が関与す
る理由は乏しいことから，適切ではない。実務的には，本条の「送付」も，246条の「送
致」も，同一の書式を用いて，書類及び証拠物とともに事件そのものが検察官に移され
る取扱いであり，「送致」と「送付」との間には，この説が指摘するような本質的な相
違はないというべきである。

[3] 送付義務

　送付とは，司法警察員から検察官に事件を送り，移すことである。「送付」が246条の
「送致」と本質的に同じ意味であるとする立場からは，本条の規定は，その文言にかか
わらず，事件そのものを検察官に送るべきことを求めていると解することとなる。ただ，

告訴人・告発人の利益保護を実効あらしめるため，告訴・告発事件については，①刑訴法246条ただし書のいわゆる微罪処分が認められないこととし，②司法警察員に対して，特に速やかな捜査・送付を促す観点から，特に「送付」という用語を用いたものと考えられる。

なお，告訴・告発を端緒とする事件であっても，身柄付き送致事件については，203条1項等の規定が適用される結果，242条の送付は行われず，逮捕から所定時間内に，書類及び証拠物とともに事件が検察官に送致されることとなる。

また，少年法41条は，司法警察員が罰金以下の刑に当たる少年の被疑事件について捜査を遂げた場合，事件を家庭裁判所に送致することとしているところ，罰金以下の刑のみ当たる少年事件について告訴・告発があった場合，同条に従って家庭裁判所に直送するべきか，本条に従って検察官に送付するべきかが問題となるが，実務的には，後者によるべきであるとされている（昭46・10・29最高裁判所事務総局家庭局長回答「告訴にかかる少年の事件で罰金以下の刑にあたる事件が司法警察員から直接家庭裁判所に送致された場合の処理について」家裁月報24・2・211，高松家丸亀支決昭46・12・21家裁月報24・8・90）。　　　〔加藤俊治〕

第243条 [1]**〔準用〕**　前2条の規定[2][3]は，告訴又は告発の取消についてこれを準用する。

[1] 本条の趣旨

241条及び前条の規定を，告訴・告発の取消しにも準用するものである。

告訴の取消しに関する237条は，親告罪の告訴のみに適用される（237の解説[1]）が，本条にはそのような制限はなく，非親告罪の告訴の取消しにも適用がある。

[2] 241条の準用

(1) **告訴・告発の取消しの方式**　241条1項が準用されることにより，告訴・告発の取消しは，書面又は口頭で，検察官又は司法警察員にしなければならず，この方式に反する告訴・告発の取消しは，その効力を有しないこととなる。「書面」及び「口頭」の意味は，241条におけるのと同様である。

「書面」又は「口頭」による意思表示が受理機関に達したときに効力を生じるのであって，検察事務官や司法巡査に対して告訴取消しの意思表示をしたとしても，検察官又は司法警察員に取り次がれなければ，取消しの効果は生じない。

なお，告訴・告発の取消しは，告訴を受理したのと同一官署に属する検察官若しくは司法警察員又は現に事件を取り扱っている検察官若しくは司法警察員にすることが望ましいが，解釈上は，それらの者以外の捜査機関が告訴取消しを受理できないとまでする根拠には乏しい。

(2) **口頭による取消しの場合の措置**　241条2項が準用されることにより，口頭による

告訴・告発の取消しを受理した検察官又は司法警察員は，その旨の調書（通常「告訴取消調書」等の標題が付されるが，標題が「供述調書」であっても効力が異なるわけではない。）を作成しなければならない（範64Ⅱ）。

[3] 242条の準用

242条が準用されることにより，告訴・告発の取消しを受理した司法警察員は，関係書類及び証拠物を検察官に送付しなければならないこととなる。

具体的には，告訴・告発事件の送付前であれば，当該事件を検察官に送付する際に，告訴・告発の取消しに関する書類等も併せて送付することとなる。この場合，告訴取消しとなった事件が親告罪であれば，通常は，検察官において「親告罪の告訴の欠如」を理由として不起訴とするので，基本的に告訴が取り消された以降の捜査を進める必要はなく，告訴の取消しに関する書類等を含めて，直ちに事件を送付すれば足りる。

告訴・告発事件を送付した後であれば，その事件が検察官において処分された前であるか後であるかを問わず，速やかに告訴・告発の取消しに関する書類等を追送すべきこととなる。告訴・告発が取り消されたという事実は，検察官の事件処分や公判対応に重要な影響を及ぼす可能性があるから，書類等の追送を待たず，直ちに連絡を取ることが望ましい。　　　　　　　　　　　　　　　　　　　　　　　　　　　　　〔加藤俊治〕

> **第244条** [1]〔**外国代表者等による告訴に関する特則**〕　刑法第232条第2項の規定により外国の代表者が行う告訴又はその取消は [2]，第241条及び前条の規定にかかわらず，外務大臣にこれをすることができる [3]。日本国に派遣された外国の使節に対する刑法第230条又は第231条の罪につきその使節が行う告訴又はその取消も，同様である。

[1] 本条の趣旨

本条は，外交関係の特殊性に鑑み，外国の代表者等がする名誉に関する罪の告訴及びその取消しについて，240条及び前条の特則を設け，外務大臣をも受理機関とするものである。しかし，外国政府の請求がなければ公訴を提起することができないとされている外国国章損壊等の罪（刑92）には，本条の適用はない（外国政府が検察官又は司法警察員に対して請求を行うこととなる。）。

[2] 外国の代表者が行う告訴等

刑法232条1項は，名誉毀損罪（刑230）及び侮辱罪（刑231）を親告罪とした上，同条2項は，告訴をすることができる者が「外国の君主又は大統領であるとき」には，その国の代表者がこれらの者に代わって告訴をすることとしているところ，本条1項の「刑法第232条第2項の規定により外国の代表者が行う告訴」とは，この場合に行われる代表者による告訴をいう。刑法232条2項には告訴の取消しに関する明文の規定はないが，

告訴と同様，国の代表者が行うこととなるものと解され，その場合にも，本条が適用となる。

[3] 外務大臣の告訴受理権限

本条に規定する告訴は，外務大臣においても受理することができることとなるが，検察官又は司法警察員に対する告訴等が禁じられるわけではない。また，本条は，告訴受理機関に関する特則であるが，告訴の方式に関しては通常の規定によるので，代理人による告訴等も可能であるし（240），方式は書面又は口頭によることとなる（241 I）。

書面による場合には，日本語によるべきであり，日本語によらない場合には訳文を添付しなければならない（裁74参照）。

口頭による告訴等の場合にも，外務大臣の補助機関である外務省職員等が告訴等を受けることはできないから，外務大臣自身が告訴をする者に面談して告訴を受理し，調書を作成することとなる（241 II）。

告訴等の受理後は，法務大臣を介して検察官に引き継ぐものと考えられている（今崎＝河村・大コメ刑訴4・814，松尾・条解477）。　　　　　　　　　　　　　〔加藤俊治〕

第245条 [1]〔自首〕　第241条及び第242条の規定は，自首についてこれを準用する[2]。

[範]　**第64条**　法第241条参照。
　　　第68条（自首事件の捜査）　自首のあつた事件について捜査を行うに当つては，次に掲げる事項に注意しなければならない。
　　　一　当該犯罪または犯人が既に発覚していたものでないかどうか。
　　　二　自首が当該事件について他に存する真犯人を隠すためのものでないかどうか。
　　　三　自首者が，自己が犯した他の犯罪を隠すために，ことさらに当該事件につき自首したものでないかどうか。

[1] 本条の趣旨

自首とは，一般的には，捜査機関に発覚する前に，犯人が自己の犯罪事実を捜査機関に申告し，刑事上の処分に服する意思表示をすることをいい，刑の裁量的減軽事由となる（刑42 I）。また，刑法上（刑80・93但・228の3但）又は特別法上（会社970 VI，特定秘密保護26，銃刀31の5・31の10・31の12・31の13，破防38 III，爆取11等），特別な要件で自首が認められる場合もある。自首は，告訴・告発と同様に，刑訴法上は捜査の端緒の一種と位置付けられるところ，本条は，自首について，告訴・告発の方式に関する241条及び告訴・告発事件の送付に関する242条の規定を準用するものである。

もっとも，自首に当たるかどうかは刑法その他の実体法の解釈・適用によって定まる

のであり，本条の規定を遵守しなければ自首として無効となるとはいえない。

なお，刑法上は，親告罪について告訴権者に対して自己の犯罪事実を告げその措置に委ねたときも，自首と同様に刑の裁量的減軽の対象となるが（首服，刑42Ⅱ），事柄の性質上，その場合には本条の適用はない。

［2］241条及び242条の準用

241条が準用されることにより，自首は，書面又は口頭で，検察官又は司法警察員にしなければならないこととなり，口頭による自首がなされた場合には，検察官又は司法警察員において，その旨の調書（通常「自首調書」の標題が付される。）を作成しなければならないこととなる。外国から，電話により本邦にいる警察官に犯罪事実を申告したとしても，自首には当たらないとした裁判例がある（東京地判平17・9・15判タ1199・292）。

また，242条が準用されることにより，司法警察員は，自首事件について，速やかに捜査を遂げた上で，検察官に送付しなければならないこととなる。

なお，240条が準用されていないことから代理による自首は認められないが（名古屋高判昭29・7・5裁判特報1・1・6），第三者を介しての自首も認められる場合がある（最判昭23・2・18刑集2・2・104）。　　　　　　　　　　　　　　　　　　　　　　　　〔加藤俊治〕

第246条 [1][2] 〔**司法警察員の事件送致**〕　司法警察員 [3] は，犯罪の捜査をしたとき [4] は，この法律に特別の定のある場合 [5] を除いては，速やかに書類及び証拠物とともに事件を検察官 [6] に送致しなければならない [7][8][9]。但し，検察官が指定した事件 [10] については，この限りでない。

[範]　**第193条（送致及び送付の指揮）**　捜査を行つた事件について送致又は送付の手続をとるに当たつては，警察本部長又は警察署長の指揮を受けて行わなければならない。

　　第194条（関連事件の送致及び送付）　第12章（少年事件に関する特則）に規定する場合を除き，関連する事件は，原則として，一括して送致又は送付するものとする。

　　第195条（送致書及び送付書）　事件を送致又は送付するに当たつては，犯罪の事実及び情状等に関する意見を付した送致書又は送付書を作成し，関係書類及び証拠物を添付するものとする。

　　第196条（送致又は送付後の捜査と追送）　警察官は，事件の送致又は送付後においても，常にその事件に注意し，新たな証拠の収集及び参考となるべき事項の発見に努めなければならない。

　　2　事件の送致又は送付後において，新たな証拠物その他の資料を入手したときは，速やかにこれを追送しなければならない。

　　第197条（余罪の追送致（付））　事件の送致又は送付後において，当該事件に係る被疑者につき，余罪のあることを発見したときは，検察官に連絡するとともに，速やかに

その捜査を行い、これを追送致（付）しなければならない。

第198条（微罪処分ができる場合） 捜査した事件について、犯罪事実が極めて軽微であり、かつ、検察官から送致の手続をとる必要がないとあらかじめ指定されたものについては、送致しないことができる。

第199条（微罪処分の報告） 前条の規定により送致しない事件については、その処理年月日、被疑者の氏名、職業及び住居、罪名並びに犯罪事実の要旨を1月ごとに一括して、微罪処分事件報告書（別記様式第19号）により検察官に報告しなければならない。

第200条（微罪処分の際の処置） 第198条（微罪処分ができる場合）の規定により事件を送致しない場合には、次の各号に掲げる処置をとるものとする。

一　被疑者に対し、厳重に訓戒を加えて、将来を戒めること。

二　親権者、雇主その他被疑者を監督する地位にある者又はこれらの者に代わるべき者を呼び出し、将来の監督につき必要な注意を与えて、その請書を徴すること。

三　被疑者に対し、被害者に対する被害の回復、謝罪その他適当な方法を講ずるよう諭すこと。

第201条（犯罪事件処理簿） 事件を送致し、又は送付したときは、長官が定める様式の犯罪事件処理簿により、その経過を明らかにしておかなければならない。

第210条（少年事件の送致及び送付先） 少年事件について捜査した結果、その犯罪が罰金以下の刑に当たるものであるときは、これを家庭裁判所に送致し、禁錮以上の刑に当たるものであるときは、これを検察官に送致又は送付しなければならない。

2　送致又は送付に当たり、その少年の被疑者について、罰金以下の刑に当たる犯罪と禁錮以上の刑に当たる犯罪とがあるときは、これらをともに一括して、検察官に送致又は送付するものとする。

第213条（送致書類及び送付書類） 少年事件を送致又は送付するに当たつては、少年事件送致書（家庭裁判所へ送致するものについては、別記様式第20号。ただし、当該都道府県警察の管轄区域を管轄する地方検察庁（以下「管轄地方検察庁」という。）の検事正が少年の交通法令違反事件の捜査書類の様式について特例を定めた場合において、当該都道府県警察の警察本部長がその管轄区域を管轄する家庭裁判所（以下「管轄家庭裁判所」という。）と協議してその特例に準じて別段の様式を定めたときは、その様式）又は少年事件送付書を作成し、これに身上調査表（別記様式第21号）その他の関係書類及び証拠物を添付するものとする。

[1] 本条の趣旨　　[2] 送致の意義　　[3] 送致権者　　[4] 送致の時期　　[5] 特別の定　　[6] 送致を受ける検察官　　[7] 送致の義務　　[8] 家庭裁判所の審判を受ける機会の喪失　　[9] 被害者の刑事手続に関与する機会の喪失　　[10] 指定事件

246条

[1] 本条の趣旨

　本条は，警察において捜査を行った事件は原則として速やかに書類及び証拠物と共に検察官に送致すべきとする，全件送致主義の原則を定めたものである。

　旧法においては，検事が犯罪捜査の主宰者であり，司法警察官は検事の指揮を受けて捜査を行う検事の補佐機関であったため，事件処理に関して法律上の規定を設ける必要がなかったのに対し，現行法においては，司法警察職員を独立の捜査機関とし，これと検察官とは協力関係にあるとしていることから，本条を設けて，事件処理に関して検察官と司法警察職員との関係を規定することとしたのである。

[2] 送致の意義

　送致とは，事件を検察官に引き継ぐことであり（ポケット刑訴上569，高田・注解刑訴中224，佐藤・注釈刑訴3・325），実務上は，犯罪の事実及び情状等に関する意見を付した送致（付）書を作成し，関係書類及び証拠物を添付することとされている（範195）。

　司法警察職員は，事件を検察官に送致した後においては，捜査の主宰者たる地位を失い，事後の捜査は193条3項の検察官の具体的指揮権に服することとなる（ポケット刑訴上569，佐藤・注釈刑訴3・325）が，送致により司法警察職員の捜査権限自体が失われるわけではなく（今崎＝河村・大コメ刑訴4・836），送致後も司法警察職員はいわゆる補充捜査をすることができる（範196）。

　なお，送致の際に司法警察員から現実に引継ぎされなかった証拠物の管理義務は，検察官ではなく，司法警察職員が負担するとした裁判例（東京高判昭49・6・11訟務月報20・10・23）がある。

[3] 送致権者

　送致権者は，司法警察員に限られており，司法巡査には送致権限がない。これは，警察における事件の最終処理を司法警察員をして行わせようとする趣旨によるものである（ポケット刑訴上568，佐藤・注釈刑訴3・323）。

　実務上，送致は，当該事件を捜査した警察署の警察署長名で行われている（松尾・条解480）。

　範193条により，送致手続を行う際には，警察本部長又は警察署長の指揮を受ける必要がある。

[4] 送致の時期

　本条の「犯罪の捜査をしたとき」の意義に関しては，原則として警察における捜査が完了し，公訴官たる検察官が事件の処理をなし得る程度に捜査が進行したときをいうとする第1説（佐藤・注釈刑訴3・324）と，警察として与えられた条件の下で相当の期間内になし得る捜査をしたときをいうとする第2説（ポケット刑訴上568，高田・注解刑訴中223，松尾・条解480）とに分かれているとされる（今崎＝河村・大コメ刑訴4・838）。もっとも，第1説においても，公訴時効が切迫しているとか関係者がぼう大でそのすべての取調べの完了を待っていては事件の送致が著しく遅延するおそれがある場合等においては，捜査が

完全に終了しない段階での送致を認めるものであるから，実務上の大きな差異はないといってよいであろう。

［5］「特別の定」

(1) **被疑者を逮捕した場合**　まず，被疑者を通常逮捕した場合 (203)，緊急逮捕した場合 (211)，現行犯逮捕した場合 (216) には，「留置の必要があると思料するときは被疑者が身体を拘束された時から48時間以内に書類及び証拠物とともにこれを検察官に送致する手続をしなければならない。」とされている (203 I・211・216) ことから，本条にいう「特別の定」に該当する。

　なお，本条は「事件を検察官に送致しなければならない」と規定しているのに対し，203条1項の送致の対象は「被疑者」であるため，理論上は，203条及び同条を準用している211条・216条による被疑者の身柄の送致をした場合も，別途，本条による「事件」の送致が必要となる (松尾・条解480)。もっとも，実務上は，被疑者の身柄の送致と事件の送致は同時に行われている。

　なお，出入国管理及び難民認定法65条は，同法違反の外国人被疑者について，203条 (211及び216により準用する場合も含む。) の特例を置いている。

(2) **「送付」の場合**　司法警察員は，告訴又は告発を受けたときは，速やかにこれに関する書類及び証拠物を検察官に送付しなければならず (242)，同条は，自首について準用される (245) が，これら事件送付の場合の規定が本条の「特別の定」に当たるかについては，送致と送付が同義であるかどうかという問題 (242の解説参照) と関連して争いがある。

　送致と送付とを同義と解する立場からは，送致 (付) の時期につき，本条は「犯罪の捜査をしたときは……速やかに」送致しなければならないと規定しているのに対し，242条及びこれを準用する245条は，「告訴又は告発を受けたときは，速やかに」送付しなければならないと規定していることから，時期の点における「特別の定」ということになる (佐藤・注釈刑訴3・325)。一方，送致と送付とは同義ではないという立場からは，242条及び245条は，事件送致とは別個の，書類及び証拠物の送付に関する規定に過ぎないから，本条の「特別の定」に当たらないとする見解 (ポケット刑訴上568) と，242条及び245条は書類及び証拠物の送付に関する規定に過ぎないとしても，送付の時期の規定振りが異なることから，少なくともその限りでは「特別の定め」になるとする見解 (高田・注解刑訴中223) とがある。

　実務上は，書類及び証拠物の送付により実質的に事件自体の送付がなされたものと解されており，この実務の取扱いによれば，送付についての規定は本条にいう「特別の定」に当たることとなろう (松尾・条解481)。

(3) **少年法41条**　少年法41条は，「司法警察員は，少年の被疑事件について捜査を遂げた結果，罰金以下の刑にあたる犯罪の嫌疑があるものと思料するときは，これを家庭裁判所に送致しなければならない。」と規定し，いわゆる「直送」について定めている (範

210 I 参照）。この規定は，法定刑が罰金以下という軽い事件についてまで検察官を経由させる必要性に乏しく，また，これらの事件が刑事処分に付される余地もない（少20）からである（今崎＝河村・大コメ刑訴4・840）。

本条は「この法律に」特別の定めのある場合と規定しているが，これは必ずしも他の法律によって特別の定めをすることを排斥する趣旨ではないと解されており（団藤・条解475，高田・注解刑訴中224），少年法41条の規定も本条の「特別の定」ということができる。

なお，司法警察員が，禁錮以上の刑に当たる罪の事件を誤って直接家庭裁判所に送致した場合における当該送致の適法性については，「被告人に対する本件が強盗事件であつて懲役にあたる罪のものであるにかかわらず，所論のごとく司法警察員が最初ただちにこれを家庭裁判所に送致したものであつたとしても，その送致措置を目して違法とすべき筋合ではない。」と判示した東京高判昭26・12・19特報25・104と，「このような送致手続は，刑事訴訟法246条，少年法41条の各規定に違反しており，その意味で違法であることはもちろんであるが，しかしこの違法は送致自体の効力を左右するものではなく，したがつて本件送致は有効なものと解するのが相当である。」と判示した東京家決昭55・7・7家裁月報33・1・114とがある。

［6］送致を受ける検察官

送致を受ける検察官は，当該司法警察員の所属する官公署の所在地を管轄する第一審裁判所に対応する検察庁の検察官を指す（ポケット刑訴上568，高田・注解刑訴中224，松尾・条解481，佐藤・注釈刑訴3・325，今崎＝河村・大コメ刑訴4・837）。

事件の事物管轄により，地方検察庁又は区検察庁の検察官に送致されるが，実務上は，地方検察庁の場合は検事正に，区検察庁の場合は上席検察官宛てに送致されることとされている（松尾・条解481，今崎＝河村・大コメ刑訴4・837）。この区別を誤って送致された場合，例えば，区検察庁上席検察官宛てに送致すべきにもかかわらず地方検察庁検事正宛てに送致した場合であっても，送致としての効力は失われず，かかる送致を受けた検察官は，258条により，管轄裁判所に対応する検察庁の検察官に送致（移送）することになる（ポケット刑訴上568，高田・注解刑訴中224，松尾・条解481，佐藤・注釈刑訴3・325，今崎＝河村・大コメ刑訴4・837）。

［7］送致の義務

司法警察員は，原則として事件を送致するかどうかの裁量権を与えられておらず，捜査をした以上は，本条但書に当たる場合を除いて，すべてこれを検察官に送致しなければならない（佐藤・注釈刑訴3・324）。犯罪の嫌疑がないと認められる場合でも，もとより，送致しなければならない（高田・注解刑訴中223，佐藤・注釈刑訴3・324）。これは，公訴官たる検察官をして，司法警察職員の行った捜査の事後審査をさせ，もって司法作用の適正を図るためである（団藤・条解474，高田・注解刑訴中223，佐藤・注釈刑訴3・324）。

［8］家庭裁判所の審判を受ける機会の喪失

少年の被疑事件につき，捜査等に日時を要したため，家庭裁判所の審判を受ける機会

が失われる結果となっても，必ずしも捜査手続が違法となるものではないとした最判昭44・12・5刑集23・12・1583がある（同旨，最判昭45・5・29刑集24・5・223。ポケット刑訴上569，今崎＝河村・大コメ刑訴4・839）。

前記最判昭44・12・5は，犯行時19歳3か月であった被告人の業務上過失傷害事件を，検察官が被告人が成人に達した後（事件から約10か月後）に略式請求した事案について，「捜査機構，捜査官の捜査能力，事件の輻輳の程度，被疑事件の難易等の事情に左右されるとはいえ，その捜査にそれ相応の日時を要することはいうまでもなく，捜査に長期の日時を要したため，家庭裁判所に送致して審判を受ける機会が失われたとしても，それのみをもつて少年法の趣旨に反し，捜査手続を違法であると速断することのできないことも，また，多言を要しない。」として，結論として捜査手続に違法はないとしたものの，一方で，「捜査官において，家庭裁判所の審判の機会を失わせる意図をもつてことさら捜査を遅らせ，あるいは，特段の事情もなくいたずらに事件の処理を放置しそのため手続を設けた制度の趣旨が失われる程度に著しく捜査の遅延をみる等，極めて重大な職務違反が認められる場合においては，捜査官の措置は，制度を設けた趣旨に反するものとして，違法となることがあると解すべきである。」と判示したことに注意を要する。

［9］被害者の刑事手続に関与する機会の喪失

司法警察員が公訴時効期間経過後に事件を検察官に送致した事案に関する国家賠償請求訴訟において，さいたま地判平18・6・9判タ1240・212は，「少なくとも，犯罪被害者が告訴をするなどして刑事手続への参加を積極的に希望し，その旨を捜査機関に表明しているような場合には，捜査機関においても，徒に時効期間を看過するなどして，犯罪被害者が刑事手続に関与する権限を事実上行使できる機会を失うことのないよう配慮すべき義務を負っているものと解すべきである。そして，この配慮義務に反した場合には，被害者ないし告訴人自らが，処罰を望んでいないことが明らかになったり，関心を全く寄せない等の格別な事情が認められない限り，国家賠償法1条1項の違法と評価されるべきものである。」と判示している。もっとも，同判決は，当該事案では「格別な事情」があると認めて，原告の国家賠償請求を棄却している。

［10］指定事件

本条但書にいう「検察官が指定した事件」には，微罪事件，反則金の納付のあった交通反則事件，簡易送致事件がある（佐藤・注釈刑訴3・325）。

ここでいう検察官とは，事件の送致を受ける検察官に限られず，その指定も，規定上は，一般的であると個別的であるとを問わないものと解されているが（団藤・条解475，高田・注解刑訴中224），実務上は，検事正がその地方検察庁の管轄区域内の司法警察員に対して指定する形式をとっている（佐藤・注釈刑訴3・325）。

なお，この指定権の法的性質に関しては，193条1項による一般的指示権とは別に，本条但書によって特に認められた権限とする見解（高田・注解刑訴中225，佐藤・注釈刑訴3・325），一般的指示権とその性質を同じくするという見解（ポケット刑訴上569）等がある。

246条

この点について，「送致手続の特例に関する件」（昭25・7・20最高検日記秘庶第1097号検事総長通達）では，「今般刑事訴訟法第246条但書の規定による送致手続の特例を別紙㈠の通り貴官の名に於て貴管内司法警察職員に対し，右同法193条第1項により指示することに決定した。」とされている。

(1) **微罪事件**　成人の刑事事件で，被害額僅少，犯情軽微等の窃盗，詐欺，横領事件，盗品等に関する事件等であり，この種の事件については，事件を検察官に送致せずに警察限りで訓戒して終結させる微罪処分で処理され，送致手続を要せず，処理年月日，被疑者の氏名，年齢，職業，住所，犯罪事実の要旨を毎月一括して検察官に報告すれば足りるとされている（範199）。

　ただし，被疑者を通常逮捕又は緊急逮捕した事件，告訴，告発若しくは自首のあった事件，法令が公訴を行わなければならないことを規定している事件及び検事正が特に送致すべきものと指示した事件は除かれる（前掲検事総長通達）。

(2) **反則金の納付のあった交通反則事件**　交通反則通告制度の対象となる道路交通法違反であって，当該行為につき反則金の納付のあった事件は，送致手続を要しない（昭43・6・24刑第800号次長検事通達）。

　ただし，被疑者を逮捕した事件については，被疑者の氏名，年齢，職業，違反行為の要旨，逮捕の態様及びその期間を毎月一括して検察官に通知する必要があるほか，告訴又は告発にかかる事件は，242条により送付する必要がある。

(3) **簡易送致事件**　少年の刑事事件で，被害額又は盗品等の価額の総額がおおむね1万円以下であるなど法益侵害の程度が極めて軽微であり，犯罪の原因及び動機，当該少年の性格，行状，家庭の状況及び環境等からみて再犯のおそれがなく，刑事処分又は保護処分を必要としないと明らかに認められるものについては，身上調査表，少年事件簡易送致書，捜査報告書，被害届，任意提出書，領置調書，被害品確認・還付請書，現場・被害額確認報告書，捜査報告書を添付した上，これらを毎月一括して検察官（罰金以下の刑に当たる事件については家庭裁判所）に送致すれば足りる。このような送致方法を実務上「簡易送致」と呼称している（今崎＝河村・大コメ刑訴4・843）が，簡易送致といえども，有効な事件送致であることに変わりはないことから，送致方式の例外ではあるものの，全件送致主義の例外ではない。　　　　　　　　　　　　　〔東山太郎〕

第2章 公　訴

第247条 [1] 〔国家訴追主義〕　公訴は，検察官 [2] がこれを行う [3][4][5]。

[1] 本条の趣旨　　[2] 検察官　　[3] 検察官の事件処理　　[4] 訴訟条件と嫌疑の存在，検察官の不起訴処分　　[5] 検察官の不起訴処分に不服がある者に対する救済的制度

[1] 本条の趣旨

　本条は，刑事における訴追，すなわち，特定の刑事事件について裁判所に審判を求めることができるのは，国家機関である検察官であることを定めたものである。

　本条にいう「公訴」と対になる概念は，「私訴」すなわち私人による訴追である。諸外国では刑事事件について私訴を認める例もあるが，我が国においては，これを認めず，国家機関が訴追を行うこととしている。これは国家訴追主義と呼ばれるものである。その上で，本条は，国家機関の中でも検察官のみが訴追を行うこととし，他の国家機関による訴追を認めていない。これは起訴独占主義と呼ばれるものである。これらの意味において，本条は，公訴に関する基本原則として，国家訴追主義及び起訴独占主義を採用したものとされる。

[2] 検察官

(1) **検察官と検察庁**　　191条の解説 [2] 参照。

(2) **検察権と検察官の独立性**　　検察官は，検察権として，①いかなる犯罪についても捜査することができるとともに（検察6），②公訴を行い，③裁判所に法の正当な適用を請求し，かつ，④裁判の執行を監督するが（検察4），②ないし④に関しては，原則として，その属する検察庁の対応する裁判所の管轄区域内において，その裁判所の管轄に属する事項について職務を行うこととされている（検察5）。こうした検察権は，本来的には行政権に属するものであるが，司法権と密接不可分な関係にあるため，準司法権としての性格を併せ持つ。

　検察官は，独任制の官庁として，このような準司法権としての性格をも有する検察権を公正に行使しなければならず，職務遂行に当たり外部からの独立性が要求されるため，裁判官の身分保障（憲78）に準じた強い身分保障が認められている。すなわち，検察官は，定年等の法律に定める要件に該当する場合及び懲戒処分による場合を除き，その意思に反して，その官を失い，職務を停止され，又は俸給を減額されることはない（検察23〜25）。

(3) **検察官同一体の原則，法務大臣の指揮権**　　前記のとおり，検察官は独任制の官庁であり，その独立性が認められているところ，検察権の公正な行使の観点からは，全体としての統一性も要請される。その要請に応えるものが検察官同一体の原則と法務大臣の指揮権である。

　すなわち，個々の検察官が独任制の官庁であることを前提としつつ，全体としての統一性を保つ観点からは，機能面において，検察官の全てがいつでも一体のものとして活動し得るような機構が形成されていることが必要となる。これが検察官同一体の原則と呼ばれるものである。検察庁法上認められている上司の指揮監督権（検察7～10），上司の事務引取権及び移転権（検察12），部下の上司代理権（検察11・13）は，その現れである。

　また，法務大臣は，検察権行使に関し，検察官を一般に指揮監督することができるが，個々の事件の取調べや処分については，検事総長のみを指揮することができる（検察14）。これが一般に法務大臣の指揮権と呼ばれるものである。検察権は，本来的には行政権に属するものであり，その行使について内閣が国会に対して責任を負うべき事項であることから，内閣の構成員である法務大臣が，所管事項として，検察官に対して一定の範囲で指揮監督権を有する必要がある。他方で，検察権の準司法権としての性格及びそこから要求される独立性にも十分に配慮する必要がある。法務大臣の指揮権は，これらのバランスの上に成り立ったものである。

［3］ 検察官の事件処理

　検察官が特定の事件について公訴の提起を行うか否かなどを決める処分を事件処理と呼ぶ。事件処理には，終局処分と中間処分がある。終局処分とは，当該事件について公訴を提起するか否かを最終的に決める処分であり，本条にいう公訴を提起する起訴処分と公訴を提起しないこととする不起訴処分に分けられる（なお，少年の場合には家庭裁判所送致がある〔少42〕。）。中間処分とは，将来の終局処分を前提として暫定的に行う処分であり，被疑者や重要参考人の所在が不明な場合等に当該事由が解消されるまで捜査を一時的に中止する中止処分と，当該事件を管轄のある他の検察庁の検察官に移送する移送処分がある。

　公訴を提起する場合，検察官は，即決裁判手続の申立てができるほか（350の2），簡易裁判所の管轄に属する事件については略式命令の請求ができ（462），また，交通に関する刑事事件については交通事件即決裁判手続法に基づく即決裁判の請求ができる。ただし，これらは，公訴の提起に附帯して行われる検察官の裁判所に対する審理方式についての請求にすぎない（略式命令について最大判昭24・7・13刑集3・8・1299）。

　不起訴処分がなされる場合としては，①公訴の提起に必要な訴訟条件を充足しない場合，②犯罪が成立しない又は刑の必要的な免除に当たる場合，③犯罪の嫌疑がない又は不十分である場合，④訴追を必要としない場合がある。これらのうち④については，いわゆる起訴便宜主義に関わる問題であり，248条の解説を参照されたい。その余については，次項を参照されたい。

［4］訴訟条件と嫌疑の存在，検察官の不起訴処分

⑴ **訴訟条件と嫌疑の存在**　　公訴の提起に当たっては，法律上要求される一定の要件を充足する必要がある。この要件を充足しない公訴の提起は，免訴や公訴棄却といった形式裁判により裁判手続が打ち切られる。この要件が訴訟条件と呼ばれるものである。したがって，訴訟条件とは，基本的に免訴が言い渡され，あるいは公訴が棄却される事由として337条から339条に列挙されているものの不存在ということができる。

　また，公訴の提起には，それに足りるだけの合理的な理由の存在も必要とされ，したがって，特定の犯罪の嫌疑が存在することが当然の前提となる。そうした嫌疑が存在しないにもかかわらず，検察官が公訴を提起することは許されない。そうした嫌疑としては，検察官の主観的にもまた客観的にも嫌疑が十分であって，有罪判決を期待し得る合理的根拠の存在が必要であるとされている（臼井・注釈刑訴 3・356）。なお，国家賠償請求に係るものであるが，判例は，起訴時あるいは公訴追行時における検察官の心証は，その性質上，判決時における裁判官の心証と異なり，その時点における各種の証拠資料を総合勘案して合理的な判断過程により有罪と認められる嫌疑があれば足りるとしている（最判昭53・10・20民集32・7・1367）。

　この点に関し，嫌疑の存在は訴訟条件かという議論がある。しかしながら，公訴の提起がなされたものの，証拠上嫌疑がないと認められる場合，本来は実体裁判により無罪を言い渡すべきであって，形式裁判によって裁判を打ち切るべきものではない。この意味において，嫌疑の存在は訴訟条件ではないというべきである。もっとも，公訴の提起後実質的な審理に入る前に，被告人について明らかに犯罪の嫌疑がないことが判明したような場合，公益の代表者（検察 4）である検察官としては，被告人を早期に手続から解放する観点から，速やかに公訴を取り消すことが求められ（257），実務上もそのような手続がとられることがある。この場合には公訴棄却決定がなされることになる（339③）。

⑵ **検察官の不起訴処分**　　前記のとおり，公訴の提起に当たっては，訴訟条件を充足する必要があるとともに，公訴の提起に足りる合理的な理由の存在，特に嫌疑の存在が必要である。これらのいずれかが欠ける場合，検察官は不起訴処分をする。

　前者の訴訟条件が欠ける場合の不起訴処分としては，①当事者が不存在の場合として，自然人についての「被疑者死亡」及び法人等についての「法人等消滅」，②我が国の裁判管轄に属しない場合等の「裁判権なし」及び「第一次裁判権なし」（なお，第一次裁判権を行使しないものとして「第一次裁判権不行使」がある。），③親告罪について告訴がない場合の「告訴の欠如」，告訴が無効の場合の「告訴の無効」及び告訴が取り消された場合（237）の「告訴の取消し」（なお，告発若しくは請求を待って論ずべき罪も同様である。），④道路交通法上の特別の手続規定により公訴を提起できない場合として「通告欠如」及び「反則金納付済み」，⑤同一の事件について既に処理済みである場合の「確定判決あり」，「保護処分済み」及び「起訴済み」，⑥犯罪後の法令により刑が廃止された場合の「刑の廃

止」，被疑事実が大赦に係る罪であるときの「大赦」及び公訴時効（250）が完成した場合の「時効完成」がある。

　後者の公訴の提起に足りる合理的な理由に欠ける場合の不起訴処分としては，⑦犯罪の嫌疑がない場合の「嫌疑なし」と⑧その嫌疑が不十分な場合の「嫌疑不十分」がある。犯罪の嫌疑がない場合とは，被疑者がその行為者でないこと（人違い）が明らかな場合，被疑者がその行為者である又は被疑者の行為が犯罪に該当すると認定すべき証拠がないことが明白な場合である。犯罪の嫌疑が不十分な場合とは，被疑者がその行為者である又は被疑者の行為が犯罪に該当すると認定すべき証拠が十分でない場合である。また，これら以外に，⑨行為が犯罪に当たらない場合の「罪とならず」や，⑩刑が必要的に免除される場合の「刑の免除」がある。さらに，行為が犯罪に当たらないもののうち，⑪刑事未成年（刑41）により犯罪とされない場合は「刑事未成年」，⑫心神喪失者（刑39Ⅰ）の場合は「心神喪失」として，それぞれ不起訴とされる。

［5］検察官の不起訴処分に不服がある者に対する救済的制度

　裁判所は，公訴の提起が行われない限り，審判をすることができない（378③）。これがいわゆる不告不理の原則である。他方で，検察官の不起訴処分に対する民事訴訟や行政訴訟の提起は許されない（最大判昭27・12・24民集 6・11・1214）。これらを前提とすれば，本条により公訴に関する権限を独占する検察官の不起訴処分に不服がある者に対する救済的制度が必要となる。そのような制度として，検察審査会に対する当該処分の当否に関する審査の申立てがある（検察審査会法）。また，上級検察庁の長に対して不服を申し立てて監督権の発動を促すことも実務上認められている（検察講義案［平成27年版］117）。

　これらはいずれも公訴は検察官が行うという本条の原則に則った上での救済的制度であるが，更に進んで本条の例外になるものとして，付審判（262以下）及び検察審査会による起訴議決に基づく公訴の提起（検審41の9以下）がある。

　付審判とは，公務員職権濫用罪（刑193）等の一定の事件について，告訴又は告発をした者が検察官の不起訴処分に不服がある場合，当該者の請求に基づき，その請求が理由のあるときは当該事件を裁判所の審判に付する制度である。その詳細については262条以下の解説を参照されたい。

　検察審査会による起訴議決に基づく公訴の提起とは，不起訴処分に不服がある者による申立てを受けた検察審査会が起訴相当の議決をしたものの，検察官が再び不起訴処分をした場合において，検察審査会が再度審査した結果，再び起訴相当の議決をしたときは，裁判所は当該議決に係る事件について公訴の提起及びその維持に当たる者を弁護士の中から選任し，その指定を受けた弁護士は速やかに当該議決について公訴を提起しなければならないとする制度である（検審41の9・41の10）。この制度は，国民の司法参加を柱の一つとする司法制度改革の中で，検察審査会の権限強化として平成16年法改正により導入されたものである。

　なお，刑事手続に関連して被害者に認められたものとして，被害者参加の制度（316

の33以下）や損害賠償命令の申立ての制度（犯罪被害保護23以下）があるところ，これらの制度は，公訴は検察官が行うものであることを前提としつつ，被害者への配慮の観点から導入されたものである。　　　　　　　　　　　　　　　　　　　　　〔白井智之〕

第248条 [1]〔**起訴便宜主義**〕　犯人の性格，年齢及び境遇，犯罪の軽重及び情状並びに犯罪後の情況により [2] 訴追を必要としないときは，公訴を提起しないことができる [3][4]。

　　　　　　[1] 本条の趣旨　　　[2] 起訴猶予の判断基準　　　[3] 公訴権濫用論　　　[4] 不起訴の宣明

[1] 本条の趣旨

　本条は，特定の刑事事件について，公訴の提起に十分な嫌疑の存在が認められ，訴訟条件を充足する場合であっても，諸般の事情を考慮して，公訴権者である検察官の裁量により公訴を提起しないことを認めるものである。これは，いわゆる起訴便宜主義を採用したものである。そして，その場合の公訴を提起しない処分が起訴猶予と呼ばれるものである。

　起訴便宜主義と対になる概念は，起訴法定主義である。起訴法定主義とは，公訴の提起に十分な嫌疑の存在が認められ，訴訟条件を充足する場合には，公訴の提起を義務付ける主義のことである。なお，論理必然ではないが，起訴便宜主義は公訴の提起後における公訴の取消しを認める起訴変更主義と結び付きやすいとされる。現行法も，公訴の提起後における公訴の取消しを認め，起訴変更主義を採用している (257)。

　なお，少年事件については，家庭裁判所の判断を尊重する観点から，起訴便宜主義の例外が少年法に定められている。すなわち，検察官は，少年法20条の規定により刑事処分が相当であるなどとして家庭裁判所から送致を受けた事件について，公訴を提起するに足りる犯罪の嫌疑があると思料するときは，公訴を提起しなければならない（少45⑤本）。送致を受けた事件の一部について公訴を提起するに足りる犯罪の嫌疑がない場合，犯罪の情状等に影響を及ぼすべき新たな事情を発見したため，訴追を相当でないと思料する場合，送致後の情況により訴追を相当でないと思料する場合には，公訴の提起の義務を負わないが，その場合には再び当該事件を家庭裁判所に送致しなければならない（少45⑤但・42）。

[2] 起訴猶予の判断基準

　本条は，訴追すなわち公訴の提起を必要としない判断基準として，「犯人の性格，年齢及び境遇，犯罪の軽重及び情状並びに犯罪後の情況」を挙げているところ，公訴の提起を必要とするか否かの判断はこれらの事情を総合考慮して判断することとなる。

⑴「犯人の性格，年齢及び境遇」　　これらは，犯人（行為者）自身に関わる属人的な事情である。「性格」とは，生来の素質を基礎としつつ，環境との接触による体験によって影響され，形成される人格のことであり（臼井・注釈刑訴3・369，吉田・大コメ刑訴5・62），具体的には，性質，素行，遺伝，習慣，学歴，知能程度，経歴，前科前歴の有無，常習性の有無等である（検察講義案［平成27年版］104）。「年齢」に関して特に考慮すべき事情としては，可塑性に富む若年，体力等から刑を科することが不適当な場合も多い老年が挙げられるほか，学生であることも考慮すべき事情の一つとされる（前掲検察講義案104）。「境遇」とは，本人の置かれた人間的・社会的環境のことであり（臼井・前掲注釈刑訴370），具体的には，家庭状況，居住地，職業，勤務先，生活環境，交友関係等，両親その他監督保護者の有無，住居や定職の有無である（前掲検察講義案104）。

⑵「犯罪の軽重及び情状」　　これらは，犯罪（行為）自体に関わる事情である。旧刑訴法では単に「犯罪の情状」とされていたところ，現行刑訴法において「犯罪の軽重」が付け加えられ，「犯罪の軽重及び情状」とされたものである。「犯罪の軽重」とは，犯罪行為自体を客観的に評価した場合における犯罪自体の価値の大小を意味するのに対し，「犯罪の情状」とは，犯罪行為を主観的に評価した場合の情状を意味するとされる（吉田・前掲大コメ刑訴62）。具体的には，法定刑の軽重，法律上の刑の加重減軽の事由の有無，被害の程度等は前者に当たり，犯罪の動機・原因・方法・手口，犯人の利得の有無，被害者との関係，犯罪に対する社会の関心，社会に与えた影響，模倣性等は後者に当たるとされる（前掲検察講義案104）。もっとも，「犯罪の軽重」と「犯罪の情状」の境界線は必ずしも明確ではない。また，本条が両者を併置して規定していることから，実務上両者の区別を論じる実益もほとんどないであろう。

⑶「犯罪後の情況」　　これは，当該刑事事件後に生じた事情のことである。具体的には，犯人や犯罪に関わるものとして，犯人の反省の有無，謝罪や被害回復の努力，又は逃亡や証拠隠滅等の行動，環境の変化，身柄引受人その他将来の監督者や保護者の有無等環境調整の可能性の有無が挙げられる。また，被害者に関わるものとして，被害弁償の有無，示談の成否，被害感情等も挙げられる。さらに，その他のものとして，社会事情の変化，犯行後の経過年数，刑の変更等も挙げられる（前掲検察講義案104）。

［3］公訴権濫用論

　公訴を提起しない不起訴処分に対する救済的制度については前条の解説［5］で述べたとおりであるが，逆に公訴の提起について裁量権の逸脱・濫用等があった場合の救済をどのように考えるか，より具体的に言えば，そのような場合には形式裁判により手続を打ち切るべきではないかとの議論がある。これがいわゆる公訴権濫用論である。公訴権濫用論として論じられてきた内容は様々であるところ，主なものとしては，前条の解説［4］⑴で述べた嫌疑のない場合のほかに，捜査手続に違法がある場合と訴追裁量の逸脱・濫用がある場合が挙げられる。

⑴捜査手続に違法がある場合　　これは，捜査手続に違法がある場合，被告人としての

立場からの早期解放を図る観点から，公訴の提起自体を無効として手続を打ち切ること
を認めるべきではないかとの議論である。しかしながら，判例は，この点について基本
的に消極的な立場に立っている。例えば，逮捕の際，犯人に対して警察官による暴行陵
虐の行為があったとしても，そのために公訴提起が憲法31条に違反し無効となるもので
はないし（最判昭41・7・21刑集20・6・696），捜査手続に違法があるとしても，それが必ず
しも公訴の提起の効力を当然に失わせるものでないことは，検察官の極めて広範な裁量
に係る公訴提起の性質に鑑み明らかであるとする（最判昭44・12・5刑集23・12・1583）。また，
公訴提起を含む検察段階の措置において被告人に対する不当な差別や裁量権の逸脱等が
ないときは，被告人と対向的な共犯関係に立つ疑いのある者の一部が，警察段階の捜査
において不当に有利な取扱いを受けたことがあったとしても，被告人に対する公訴提起
の効力は否定されないとした判例もある（いわゆる赤碕町長選挙事件。最判昭56・6・26刑集
35・4・426）。

　なお，これら以外の判例として，必ずしも捜査手続に違法があると認められたもので
はないが，おとり捜査について，他人の誘惑により犯意を生じ，又はこれを強化された
者が犯罪を実行した場合に，その誘惑者が一私人ではなく，捜査機関であるとの一事を
もってその犯罪実行者の犯罪構成要件該当性又は責任性若しくは違法性を阻却し，又は
公訴提起の手続規定に違反し若しくは公訴権を消滅させるものとすることはできないと
される（最決昭28・3・5刑集7・3・482）。また，少年法上，検察官は，少年の被疑事件に
ついて捜査を遂げた結果，犯罪の嫌疑があるものと思料するときは，原則としてこれを
家庭裁判所に送致しなければならないところ（少42），捜査に時間を要するなどし，少
年であった被疑者が成人に達した結果，家庭裁判所で審判を受ける機会が失われたとし
ても必ずしも違法ではないし（前掲最判昭44・12・5），一旦は嫌疑不十分で不起訴となっ
たものの，成人に達した後，検察官が改めて補充捜査等を行い，事件を再起して行った
公訴提起もそれ自体が無効であるとはいえないとされる（最決平25・6・18刑集67・5・653）。

(2) **訴追裁量の逸脱・濫用がある場合**　　検察官の訴追裁量は，憲法を頂点とする我が国
の法的枠組みの中において適正公平に行使されなければならないことは当然である。そ
のような意味において，完全な自由裁量ではない以上，裁量権の逸脱・濫用がある場合
には，公訴の提起を違法無効として手続を打ち切るべきであるとする議論がある。

　この点が問題となった著名事件として，いわゆるチッソ川本事件がある。同事件は，
水俣病認定患者であった被告人が，被害の補償交渉の際に，相手会社の従業員との間で
トラブルとなり，その際に従業員の腹部等を手拳で殴打する暴行を加えて傷害を負わせ
たものであるところ，同事件の控訴審は，本件公訴提起は，合理的裁量基準を著しく逸
脱したもので公訴権の濫用であり，刑訴法248条に照らして公訴の提起は無効であって，
同法338条4号により公訴棄却すべきであるとした。これに対して検察官が上告したと
ころ，最高裁は，本条，検察庁法4条，刑訴法1条，刑訴規則1条2項などを総合して
考えると，検察官の裁量権の逸脱が公訴の提起を無効ならしめる場合のあり得ることを

248条, 249条   531

否定することはできないが, それは例えば公訴の提起自体が職務犯罪を構成するような極限的な場合に限られるとし, 本件はそのような場合には該当しないとしつつ, 原判決を破棄しなければ著しく正義に反することにはならないとして, 検察官の上告を棄却した (最決昭55・12・17刑集34・7・672)。このように, 最高裁は, 訴追裁量の逸脱・濫用について, 理論的にはこれを理由とする公訴の提起の無効があり得るとしつつも, それが認められるのは極めて例外的な場合であるとしている。

[4] 不起訴の宣明

本条により検察官に公訴を提起しない裁量が認められることを前提として, 検察官が不起訴を約束して供述を得ることが可能かという議論がされてきた。この問題が実際に争われたのが, いわゆるロッキード事件である。同事件においては, 捜査段階において, 米国在住の米国人の供述を得ようとして, 米国の裁判所に証人尋問を嘱託した際, 同人が自己負罪拒否特権に基づいて証言を拒否したため, 我が国の検察官が不起訴の宣明を行うとともに, 最高裁がこれを担保する旨の宣明を行うことにより, その証言を行わせ, これにより作成した嘱託尋問調書の取扱いが問題となった。

この点について, 最高裁は, 我が国の憲法が刑事免責の制度の導入を否定しているものとまでは解されないとしつつも, 刑事免責の制度を採用するかどうかは, その必要性, 公正な刑事手続の観点, 国民の法感情などの事情を慎重に考慮して決定すべきであり, これを採用するのであれば, その対象範囲, 手続要件, 効果等を明文をもって規定すべきであるが, 刑訴法にはそのような規定がないから, こうした制度は採用していないものであり, 刑事免責を付与して得られた供述を事実認定の証拠とすることは許されないとした (最大判平7・2・22刑集49・2・1)。

その結果, この問題については, 立法的な解決に委ねられ, それまでの間は, 刑事免責を付与して供述を得ることは認められないこととなったところ, 平成28年に成立した刑事訴訟法等の一部を改正する法律 (平成28年法律第54号) による法改正において, 証拠収集等への協力及び訴追に関する合意制度及び刑事免責制度が導入されることとなった。なお, 刑事免責制度については157条の2以下。合意制度については350条の2以下の解説をそれぞれ参照されたい。   〔白井智之〕

第249条 [1] 〔公訴の効力の人的範囲〕   公訴は, 検察官の指定した被告人 [2][3] 以外の者にその効力を及ぼさない。

[1] 本条の趣旨

本条は, 公訴の効力が及ぶ人的範囲について, 検察官の指定した被告人にのみその効力が及ぶことを定めたものである。刑事事件について, 裁判所は, 公訴の提起が行われない限り, 審判をすることができないところ (不告不理の原則, 247の解説[5]参照), 公訴

の対象である事件は，被告人と犯罪事実によって特定されるため，犯罪事実としては同一であっても被告人と異なる者について審判を行うことができないことは当然である。本条はそのことを明文で規定したものである。

［2］「検察官の指定した被告人」の意義

「検察官の指定した被告人」とは，起訴状において指定された被告人のことである。起訴状における被告人の指定については，誰が被告人であるかが識別できる程度に特定されなければならないが，その特定に関する事項の一部について誤りや不明な点があったとしても，全体としてその識別ができる程度に特定されていればよい。なお，起訴状の記載事項等については256条の解説を参照されたい。

［3］被告人の特定に関して生じ得る問題

被告人については，①検察官が起訴しようとした者，②起訴状の記載から被告人として表示された者，③実際の手続において被告人として行動した者という三つの視点から捉えられる。

この三つは，本来一致すべきであるが，他人の氏名の詐称や身代わり等によって，これらの間に「ずれ」が生じることがあり，そのような場合，誰を被告人とすべきかが問題となる。こうした「ずれ」には様々な場合があるため，前記①ないし③のいずれかの視点から画一的に決めることはできず，起訴状の表示を中心としつつ，検察官の意思や被告人とされた者の行動，通常手続と略式手続のいずれであるか等，当該事案の諸事情を考慮し，実質的に見て誰を被告人とするのが合理的かという観点から判定するというのが一般的な見解である（臼井・注釈刑訴3・378，吉田・大コメ刑訴5・96等）。

通常手続について言えば，例えば，身柄を拘束されて公訴を提起され，公判期日においても被告人として行動したAがBの氏名等を詐称していたため，起訴状の氏名等だけを見るとBが被告人であるように見える場合（①と③は一致，②とは不一致），当該事件の被告人はAと解すべきである（最決昭60・11・29刑集39・7・532）。この場合，Bを被告人として行われた手続は有効であり，起訴状の氏名等の訂正によって対応することとなる。

また，身柄を拘束されずに公訴を提起されたCについて，公判期日に身代わりとしてDが出廷して被告人として行動した場合（①と②は一致，③とは不一致），当該事件の被告人はCと解すべきである。この場合のDが出廷して行われた手続の取扱いであるが，冒頭手続の段階で判明した場合，Cを被告人とする事件について，被告人が出廷しなかったものとして以後の手続を行うこととなる。証拠調べ開始後かつ判決前に判明した場合，Dとの関係では有効な公訴の提起がないまま，Dについての審理が現実に行われたものとして，338条4号を準用ないし類推適用し，公訴棄却の判決をなすべきである。判決言渡後かつその確定前に判明した場合，審判の請求を受けていない事件について判決をした違法があるとして，上訴により対応すべきである（控訴の場合は378②，上告の場合は411①）。有罪判決確定後に判明した場合，非常救済手続によることになり，異論もあろうが，非常上告（458①）によると解すべきである（吉田・前掲大コメ刑訴99）。

他方，略式手続については，身柄を拘束されて公訴を提起されたEがFの氏名等を詐
称していた場合，被告人はEと解すべきであり，その手続は有効であって，正式裁判請
求による氏名の訂正等で対応することになるが，身柄を拘束されることなく公訴を提起
されたGがHの氏名等を詐称していた場合，被告人が裁判所で行動をすることは予定さ
れておらず，起訴状の表示以外に検察官の意思が現れたものもない以上，被告人はHで
あり，Hに対する略式命令が発出されたものと解すべきであって（吉田・前掲大コメ刑訴
101），この場合は正式裁判請求及び公訴取消しによる公訴棄却決定あるいは再審で対応
することとなる。なお，略式手続については，身柄不拘束の被疑者(被告人となるべき者)
を検察庁に在庁させて略式命令を請求し，略式命令が発せられた段階で，裁判所におい
て略式命令の謄本を同人に交付して送達する方式（いわゆる在宅在庁略式方式）が実務上
行われることがある。このような手続で被疑者（被告人となるべき者）が氏名等を詐称し
ていた場合，氏名等を冒用した当該被疑者には略式命令の効力が生じないとするのが判
例である（最決昭50・5・30刑集29・5・360）。　　　　　　　　　　　　〔白井智之〕

第250条 [1] 〔公訴時効期間〕　時効は，人を死亡させた罪であつて禁錮以上の刑に当
たるもの（死刑に当たるものを除く。）[2] については，次に掲げる期間 [3] を経過
することによつて完成する [4]。
　一　無期の懲役又は禁錮に当たる罪については30年
　二　長期20年の懲役又は禁錮に当たる罪については20年
　三　前二号に掲げる罪以外の罪については10年
2　時効は，人を死亡させた罪であつて禁錮以上の刑に当たるもの以外の罪について
　は，次に掲げる期間 [3] を経過することによつて完成する [4]。
　一　死刑に当たる罪については25年
　二　無期の懲役又は禁錮に当たる罪については15年
　三　長期15年以上の懲役又は禁錮に当たる罪については10年
　四　長期15年未満の懲役又は禁錮に当たる罪については7年
　五　長期10年未満の懲役又は禁錮に当たる罪については5年
　六　長期5年未満の懲役若しくは禁錮又は罰金に当たる罪については3年
　七　拘留又は科料に当たる罪については1年

[1] 本条の趣旨

　本条は，公訴時効の制度及びその期間等を定めたものである。刑事における時効制度
としては，本条が定める公訴時効以外に，刑法第6章が定める刑の時効がある。両者は
いずれも国家の刑罰権が一定期間行使されないことにより消滅する制度であるが，刑の
時効が裁判確定後の刑罰権の消滅であるのに対し，公訴時効は，裁判確定前の公訴権の

消滅である。

　こうした公訴時効制度の趣旨については，一般に，刑罰を加える必要性についての時間の経過による減少・消滅という実体法的理由，証拠の散逸による適正な裁判の実現の困難化という訴訟法的理由，犯人の地位の安定という政策的理由などが挙げられるところ，そのいずれかのみで説明することは困難であり，これらの複合的なものというべきである。

　本条については，平成16年と平成22年の２回にわたり公訴時効期間の延長等を内容とする改正が行われた。現在の本条は，人を死亡させた罪であって禁錮以上の刑に当たるものであるか否かによって項を分けて公訴時効期間を定め，また，人を死亡させた罪であって死刑に当たるものについては公訴時効がないところ，これらはいずれも平成22年改正によるものである。

［２］基準となる刑

　本条の公訴時効期間は，訴因として掲げられた犯罪事実に適用すべき罰条の法定刑を基準として算定されるが，問題となる場合として，以下のようなものがある。

⑴ 科刑上一罪　　観点的競合や牽連犯といった科刑上一罪について，学説上は，本来的には数罪であることを理由として各罪で個別的に公訴時効の完成を判断するとの見解も有力であるが（鈴木・注解266等），判例は，基本的に最も重い罪の刑によって統一的に決すべきであるとする立場に立っている（最判昭41・4・21刑集20・4・275等）。この点に関しては，253条が規定する時効の起算点にも絡む問題であることから，同条の解説を参照されたい。

⑵ 両罰規定　　両罰規定については，事業主と行為者の密接性を理由として行為者に対する法定刑を基準として同一の公訴時効期間によるとの見解もあるが（平野・刑訴155，団藤・綱要377），判例は，それぞれの法定刑に従って個別的に決すべきであるとの立場に立っている（最大判昭35・12・21刑集14・14・2162）。なお，所得税法243条２項のように，各種法規の罰則において，両罰規定における事業主の公訴時効期間は行為者のそれによる旨の規定が置かれる例があり，その場合においては，事業主の公訴時効期間は，当然その法定刑ではなく，行為者に対する法定刑を基準としたものになる。

⑶ 法改正による刑の変更　　犯罪後の法改正により法定刑の変更があった場合，旧法と新法のいずれによるのかという問題について，判例は，法律の規定により当該犯罪事実に適用すべき罰条の法定刑によって定まるという立場に立っている（最決昭42・5・19刑集21・4・494）。

　なお，刑訴法の改正により公訴時効期間が変更された場合にも，行為時の公訴時効期間によるのか，裁判時の公訴時効期間によるのかという理論的問題がある。もっとも，平成16年改正と平成22年改正による公訴時効期間の変更に関しては，いずれもこの点に関する規定を附則に置いていることから，それらの規定に従って判断することとなる。すなわち，平成16年改正においては，行為時である旧法の公訴時効期間による旨の規定

が置かれたが，平成22年改正においては，同改正前に公訴時効が完成していないものについては，改正後の新法の公訴時効期間による旨の規定が置かれており，これらに従うこととなる。

(4) **訴因変更**　　変更後の訴因についての公訴時効を判断すべき基準時については，訴因変更時とする見解もあるが（井上・判例学説刑事訴訟法84），判例は，詐欺罪で起訴された後横領に訴因変更された事件について，公訴時効の完成の有無は，起訴の時を基準とすべきであって，訴因変更の時を基準とすべきではないとしている（最決昭29・7・14刑集8・7・1100）。

　起訴状の訴因によれば公訴時効は完成していないが，審理の結果認定すべき事実が起訴時点において既に公訴時効が完成している場合については，訴因変更又は縮小認定した上で免訴判決を言い渡すべきとする立場と無罪判決を言い渡すべきとする立場がある。

　この点に関する判例としては，犯行後1年1月余を経過した時に名誉毀損罪として公訴を提起したものの，裁判所は侮辱罪に当たると認めた事件について，公訴時効が完成したものとして免訴の言渡しをすべきであるとしたものがある（最判昭31・4・12刑集10・4・540）。

　公訴時効が完成している訴因で起訴した場合における公訴時効が完成していない訴因への変更の可否については，訴訟条件の機能を強調してこれを許容しない立場と免訴判決の一事不再理効を前提としてこれを許容する立場がある。

　この点に関する直接の判例はないが，訴訟条件を備えていない訴因から訴訟条件を備えている訴因への変更を認めたものとして，起訴状記載の訴因が親族相盗に当たるにもかかわらず告訴を欠く場合，被害者を改めて親族相盗に当たらない窃盗の訴因に変更を認めた例があり（最決昭29・9・8刑集8・9・1471），これと同様に解するのであれば，訴因変更が認められる余地があろう。

[3] **期間計算**

　公訴時効期間の計算に当たっては，初日不算入という一般原則と異なり，その初日も時間を論じないで1日として算入される（55Ⅰ但）。また，末日が日曜日，土曜日，国民の祝日に関する法律に規定する休日等に当たる場合も，一般原則と異なり，公訴時効期間に算入される（同条Ⅲ但）。

[4] **時効完成の効果**

　時効が完成した場合には，公訴を提起することができない。その場合，検察官は「時効完成」を理由とする不起訴処分を行う。

　仮に時効の完成した犯罪について公訴の提起がなされ，裁判所がその罪について判決をする場合には，免訴の言渡しをすることとなる（337④）。免訴判決に関しては，337条の解説を参照されたい。　　　　　　　　　　　　　　　　　　　　　　〔白井智之〕

第251条 [1] 〔時効期間の標準となる刑(1)〕　二以上の主刑を併科し，又は二以上の主刑中その一を科すべき罪については [2]，その重い刑に従つて [3]，前条の規定を適用する。[4]

[1] 本条の趣旨

　本条は，刑を基準として公訴時効期間を定める250条の適用に当たり，複数の主刑が定められている罪については，そのうちの最も重い刑を基準とすることを定めたものである。

[2] 本条の適用対象

　我が国刑法上，「主刑」は，死刑，懲役，禁錮，罰金，拘留及び科料である（刑9）。
　「二以上の主刑を併科すべき罪」とは，法律上これらの主刑のうち二つ以上を併せて科することとされている罪のことである。刑法上の罪で言えば，「10年以下の懲役及び50万円以下の罰金に処する」とされている盗品等有償譲受けの罪（刑256Ⅱ）がその例である。
　「二以上の主刑中その一を科すべき罪」とは，法律上これらの主刑のうち二つ以上の刑が定められており，その一つを選択して科することとされている罪のことである。刑法上の罪で言えば，「死刑又は無期若しくは5年以上の懲役に処する」とされている殺人の罪（刑199）や「15年以下の懲役又は50万円以下の罰金に処する」とされている傷害の罪（刑204）がその例である。
　なお，各種法規の罰則においては，例えば，「10年以下の懲役若しくは1000万円以上の罰金に処し，又はこれを併科する」とされている所得税法238条1項のように，法定刑として最高刑が同じ選択刑と併科刑の両者を規定していることが少なくない。また，情状により二つ以上の主刑を併科することができる旨を定める例として，「前3項の罪を犯した者には，情状により，懲役及び罰金を併科することができる」とされている会社法970条5項や「営利の目的で前項の罪を犯した者は，1年以上の有期懲役に処し，又は情状により1年以上の有期懲役及び500万円以下の罰金に処する」とされている覚せい剤取締法41条の2第2項のような例もある。こうした選択的な併科刑が定められている場合は，いずれを基準としても結論に差異はないから，そのいずれによってもよい。

[3] 「重い刑」の意味

　いずれの罪が「重い刑」であるか，すなわち，刑の軽重は，刑法10条に従って判断される。したがって，その軽重は，死刑，懲役，禁錮，罰金，拘留，科料の順序によるが，無期の禁錮と有期の懲役とでは禁錮の方が，有期の禁錮の長期が有期の懲役の長期の2倍を超えるときも禁錮の方が，いずれも重い刑となり（刑10Ⅰ），また，同種の刑が定められている場合には，長期の長いもの又は多額の多いものが重い刑となる（刑10Ⅱ）。

[4] 科刑上一罪の場合

　科刑上一罪の場合については，250条の解説を参照されたい。　　　　　　〔白井智之〕

252条，253条

第252条 [1]〔時効期間の標準となる刑(2)〕　刑法により刑を加重し，又は減軽すべき場合には [2][3]，加重し，又は減軽しない刑に従つて，第250条の規定を適用する。

[1] 本条の趣旨

本条は，刑を基準として公訴時効期間を定める250条の適用に当たり，刑法により加重又は減軽をすべき場合は，加重又は減軽をした後の処断刑ではなく，加重又は減軽をする前の法定刑を基準とすることを定めたものである。なお，刑の免除をすべき場合も考えられるが，その場合にも，その罪の法定刑が基準となる。

[2] 刑の加重・減軽

刑法により刑を加重すべき場合には，併合罪の加重（刑45以下）と再犯加重（刑56以下）がある。刑法により刑を減軽すべき場合には，法律上の減軽と酌量減軽がある（刑72参照）。法律上の減軽には，減軽が必要的な場合と裁量的な場合がある。前者の例としては心神耗弱（刑39Ⅱ），従犯（刑62・63）が，後者の例としては過剰防衛（刑36Ⅱ），過剰避難（刑37Ⅰ但），法律の不知（刑38Ⅲ但），自首・首服（刑42），未遂（刑43本）がそれぞれ挙げられる。また，個別の罰則において政策的な見地から特別な減軽の規定が置かれていることもある（刑228の2等）。さらに，これら法律上の減軽とは別に，酌量減軽も認められている（刑66・67）。

これらのいずれについても，本条により，加重又は減軽をする前の法定刑が公訴時効期間の基準となる。

[3] 加重的あるいは減軽的な特別の構成要件を内容とする罪

例えば，過失傷害・過失致死（刑209・210）と業務上過失致死傷等（刑211）や，横領（刑252）と業務上横領（刑253）のように，加重的あるいは減軽的な特別な構成要件を内容とする罪がある。このような場合については，当然のことではあるが，それぞれの罪の法定刑による。なお，共犯について，事実の錯誤により刑法38条2項が適用され，あるいは，身分の欠如により同法65条2項が適用される結果，各人に適用される法定刑が異なる場合がある。こうした場合については，異論もあろうが（臼井・注釈刑訴3・396），それぞれ成立する罪の法定刑を基準とするのが適当であろう。　　　　　　　　〔白井智之〕

第253条 [1]〔時効の起算点〕　時効は，犯罪行為が終つた時 [2] から進行する。

2 [3]　共犯の場合には，最終の行為が終つた時から，すべての共犯に対して時効の期間を起算する。

[1] 本条の趣旨

本条は，公訴時効における時効の起算点を定めたものである。

538　　　　　　　　　　　　　253条

　本条は，1項において「犯罪行為が終つた時」から時効が進行するとの原則を定めつつ，2項において共犯の場合には全ての共犯について「最終の行為が終つた時」から時効の期間を起算するとして共犯の場合の特則を置いている。2項に共犯の場合の特則が置かれたのは，公訴時効制度が時間の経過という客観的な状態の尊重に基礎を置くことに照らせば，共犯を一律に取り扱うことが相当であるとともに，処罰の公平性の確保にもつながることにあるとされる（臼井・注釈刑訴3・400）。

[2]「犯罪行為が終った時」の意義

(1) **挙動犯と結果犯**　　行為者の身体的動静のみを内容とし，結果の発生を必要としない挙動犯の場合，当該犯罪の実行行為が終了した時点が「犯罪行為が終つた時」である。

　結果の発生を必要とする結果犯の場合，「犯罪行為」との文言から当該犯罪の実行行為が終了した時点であるとの解釈も考えられるが，「犯罪行為」には構成要件的結果を含むとして，結果犯についてはその結果が発生した時から時効が進行するというのが通説であり，判例もこの立場に立っている（最決昭63・2・29刑集42・2・314）。

　こうした通説・判例の立場では，例えば被害者が傷害を負った後一定時間が経過してから死亡に至った傷害致死や業務上過失致死のように，段階的に構成要件的結果が発生した場合，時効の起算点は当初の結果（傷害）の発生時点か，それとも最終的な結果（死亡）の発生時点かという問題を生じるが，判例は，最終的な結果の発生時点から時効が進行するとしている（前掲最決昭63・2・29）。

(2) **本来的一罪**　　**ア**　**単純一罪**　　一定の法益侵害又は法益に対する危険の発生により犯罪が完成し，かつ終了する即成犯の場合，基本的には，当該法益侵害又は法益に対する危険の発生した時が時効の起算点である。一定の法益侵害の発生によって犯罪は終了し，その後法益侵害の状態が存続しても，その法益侵害の状態自体は犯罪事実とは見られない状態犯の場合も同様である。

　他方，法益侵害の継続する間は犯罪の継続が認められる継続犯の場合，法益侵害の状態が継続する限り犯罪行為は終了していないため，その間は時効が進行せず，法益侵害の状態が解消した時が時効の起算点となる（外国人登録令による登録不申請罪につき最判昭28・5・14刑集7・5・1026，最判昭28・7・31刑集7・7・1654）。

　もっとも，時効の進行の有無は，このような形式的な区分により画一的に決められるわけではなく，より実質的な観点から「犯罪が終つた」と言えるかどうかの検討が必要な場合がある。判例も，「公の競売又は入札の公正を害すべき行為」を実行行為とし，現実に公の競売等の公正が害されることは必要ではない強制執行妨害罪（平成23年改正前の刑96の3Ⅰ）について，現況調査に訪れた執行官に虚偽事実を陳述等する行為が同罪の「公の競売又は入札の公正を害すべき行為」に当たる場合，その時点をもって「犯罪行為が終つた時」と解すべきではなく，虚偽事実の陳述等に基づく競売手続が進行する限り，「犯罪行為が終つた時」には至らないとしている（最決平18・12・13刑集60・10・857）。

　イ　**包括一罪・営業犯**　　包括一罪については，最終の犯罪行為が終了した時から時

効が進行するというのが通説・判例である（最判昭31・8・3刑集10・8・1202）。営業犯については，同様である（最決昭31・10・25刑集10・10・1447）。

　ウ　処罰条件の成就を必要とする罪　処罰条件の成就を必要とする犯罪については，犯罪行為が終了した時と条件が成就した時のいずれが時効の起算点であるか問題となるところ，前者の立場をとる判例もあるが（大判明43・11・15刑録16・1929），条件が成就して初めて刑罰権の発動が可能になることからすれば，後者の立場が適当と考えられる（臼井・前掲注釈刑訴399）。

(3)　**科刑上一罪**　観点的競合や牽連犯といった科刑上一罪の公訴時効について，判例は，基本的に最も重い罪の刑によって統一的に決すべきであるとする立場に立っている（250の解説［2］参照）。

　すなわち，観念的競合について，判例は，全部を一体として観察すべきであり，最終の結果が生じた時から起算して公訴時効期間が経過していなければ，その全体について公訴時効は完成していないとする（最決昭63・2・29刑集42・2・314）。

　他方，牽連犯について，判例は，目的行為がその手段である行為についての公訴時効期間の完成前に行われた事案では，上記の立場に立ち，両者の公訴時効は不可分的に最も重い罪を標準に最終行為の時より起算すべきであるとする一方（最判昭47・5・30民集26・4・826），目的行為が手段についての公訴時効完成後に行われた場合については，各別に判断すべきであるとしている（大判昭7・11・28刑集11・1736）。

［3］共犯の場合の特則

　本条2項にいう「共犯」は，共同正犯（刑60），教唆犯（刑61），幇助犯（刑62）といった刑法総則上の共犯はもちろんのこと，いわゆる必要的共犯も含む（臼井・前掲注釈刑訴400，吉田・大コメ刑訴5・127等）。

　「最終の行為」とは，共犯者間に共通した最終行為をいう（大判昭13・6・16刑集17・455）。したがって，科刑上一罪等において一部の行為についてのみ加功した共犯者の時効の起算点は，当該者が加功した犯罪が終了した時である（臼井・前掲注釈刑訴401，吉田・前掲大コメ刑訴127等）。

　教唆犯及び幇助犯の時効は，正犯の犯罪行為の終了した時から進行する（大判明44・6・23刑録17・1252，大判明44・7・14刑録17・1440）。　　　　　　　　　〔白井智之〕

　第254条[1]〔**公訴の提起と時効の停止**〕　時効は，当該事件についてした公訴の提起[2]によってその進行を停止し[3][4]，管轄違又は公訴棄却の裁判が確定した時からその進行を始める[5]。

　2[3]　共犯の一人に対してした公訴の提起による時効の停止は，他の共犯に対してその効力を有する。この場合において，停止した時効は，当該事件についてした裁判が確定した時からその進行を始める[5]。

[1] 本条の趣旨

本条は，公訴の提起による時効の停止及びその効力が及ぶ範囲を定めたものである。

本条は，公訴の提起によっても，それまでに進行した時効の進行は効力を失わず，管轄違等の裁判の確定があった場合，その時点から残存の時効期間が進行するとして，いわゆる時効の停止制度を採用している。

なお，時効の停止制度に類するものとして，一定の事由が発生した場合に，それまでの時効の進行は効力を失い，当該事由の消滅後から新たに時効期間の進行が始まる時効の中断制度がある。しかし，刑事手続の一般法である刑訴法は，公訴時効について，時効の中断制度ではなく，時効の停止制度を採用している。

[2] 公訴の提起

本条1項は，管轄違等の裁判が確定した時から再び時効の進行が始まるとしていることから，時効の停止の効力を生じるためには，公訴自体が不存在であると見られるような場合はともかくとして，公訴の提起が適法，有効であることは必要ない（訴因が不特定な場合について時効の停止の効力を認めた判例として最判昭56・7・14刑集35・5・497）。起訴状謄本の送達がないため公訴の提起が無効となる場合も（271Ⅱ），反対説はあるが（鈴木・注解刑訴中276等），時効の停止を認めるのが通説とされており，判例もこの立場である（最決昭55・5・12刑集34・3・185）。

起訴状記載の訴因と併合罪関係にある事実について，追起訴の手続によるべきであるのに検察官が罪数判断を誤り，包括一罪の一部として追加する内容の訴因変更請求がされた場合にも，本条1項に準じて，その時点で当該事実について公訴時効の進行が停止する（最決平18・11・20刑集60・9・696）。

準起訴手続の場合（262以下），裁判所の審判に付する決定があった時に時効停止の効力が生じ，その効力は審判を請求した時には遡らない（最決昭33・5・27刑集12・8・1665）。

[3] 停止の効力の主観的範囲

時効の停止の効力が公訴の提起の対象となった被告人に及ぶことは当然であるが，本条2項により，共犯の一人に対してした公訴の提起による時効の停止の効力は，公訴提起の対象となっていない他の共犯にも及ぶ。

本条2項により時効の停止の効力が及ぶ「共犯」は，253条2項の「共犯」と同じであり，共同正犯（刑60），教唆犯（刑61），幇助犯（刑62）といった刑法総則上の共犯はもちろんのこと，いわゆる必要的共犯も含む。両罰規定における行為者と事業主についても，反対説もあるが（松尾・条解505），共犯に準じるものとして本条2項の適用があると解される。

共犯関係の存否は，現に公訴時効が問題となっている事件を審判する裁判所が判断すべきものであり，先に起訴された者に対する判決において，共犯関係が認定されたかどうかを問わないし，先に起訴された者について，検察官において共犯がいるかどうか分からず単独犯として公訴を提起した場合であっても，当該公訴の提起による時効の停止

の効力は，客観的に共犯関係にある者に及ぶ。

なお，犯人でない者に対する公訴の提起により真犯人に対する時効が停止するかについては，身代わり事件を念頭に置いて積極に解する見解も有力であるが（吉田・大コメ刑訴5・132等），「公訴は，検察官の指定した被告人以外の者にその効力を及ぼさない」とする249条の趣旨に照らせば，消極に解すべきであろう。

[4] 停止の効力の客観的範囲

公訴の提起による時効の停止の効力がどの範囲の事実に及ぶかという客観的範囲の問題については，様々な見解が対立する審判対象論にも関わるところ，公訴事実を同一にする範囲において時効の停止の効力が及ぶと解するのが通説である。

なお，公訴事実の同一性については，312条の解説を参照されたい。

[5] 期間計算

時効期間の計算に当たっては初日が参入されるが（55Ⅰ但），時効停止期間の計算については一般原則に従って初日は算入されない（同項本）。したがって，公訴の提起の日や管轄違等の裁判の確定の日はいずれも時効の進行した日に算入される。　〔白井智之〕

第255条 [1]〔その他の理由による時効の停止〕　犯人が国外にいる場合 [2] 又は犯人が逃げ隠れているため有効に起訴状の謄本の送達若しくは略式命令の告知ができなかつた場合 [3] には，時効は，その国外にいる期間又は逃げ隠れている期間その進行を停止する [4]。

2　犯人が国外にいること又は犯人が逃げ隠れているため有効に起訴状の謄本の送達若しくは略式命令の告知ができなかつたことの証明に必要な事項は，裁判所の規則でこれを定める。

[規]　第166条（証明資料の差出・法第255条）　公訴を提起するについて，犯人が国外にいたこと又は犯人が逃げ隠れていたため有効に起訴状若しくは略式命令の謄本の送達ができなかつたことを証明する必要があるときは，検察官は，公訴の提起後，速やかにこれを証明すべき資料を裁判所に差し出さなければならない。但し，裁判官に事件につき予断を生ぜしめる虞のある書類その他の物を差し出してはならない。

[1] 本条の趣旨

本条は，公訴の提起以外の理由による時効の停止について定めたものである。それは，犯人が国外にいる場合と犯人が逃げ隠れているため有効に起訴状の謄本の送達又は略式命令の告知ができなかった場合である。これらはいずれも一身専属的な理由によるものであるため，公訴の提起による時効の停止を定めた254条と異なり，共犯に対して時効の停止の効力は及ばない。

なお，本条2項は，犯人が国外にいること等の証明に必要な事項は，裁判所の規則でこれを定める旨規定しているところ，刑訴規則166条がその規則である。この点，犯人が国外にいること等の証明の挙証責任は検察官にあるが，訴訟法的な事実に関するものであるから自由な証明で足りると解するのが通説である。

[2] 犯人が国外にいる場合

「国外」とは，外国及び公海のことである。

犯人が国外にいる場合は，犯人が逃げ隠れている場合と異なり，有効に起訴状の謄本の送達又は略式命令の告知ができなかったことは要件ではない。犯人が国外にいるという事実のみで，その期間中時効が停止し，また，捜査機関において犯罪の発生あるいはその犯人を知っていたか否かも問わない（最判昭37・9・18刑集16・9・1386）。

海外旅行等の一時的な海外渡航の場合に本条の適用があるかについては，国内に住所があり，送達が可能であることを理由として，これを否定する見解もあるが（臼井・注釈刑訴3・409等），本条1項が単に「犯人が国外にいる場合」と規定していることからすれば，その適用を肯定すべきであり，判例もその立場である（最決平21・10・20刑集63・8・1052）。

[3] 犯人が逃げ隠れているため有効に起訴状の謄本の送達等ができなかった場合

「犯人が逃げ隠れている」とは，単に犯人の所在が分からないという意味ではなく，犯人において訴追や処罰を免れるためにその所在が分からないようにしていることをいう。

犯人が逃げ隠れている場合については，起訴状の謄本の送達又は略式命令の告知が不能であったことが要件となるが，「犯人が逃げ隠れているため」との文言から明らかなように，起訴状の謄本の送達又は略式命令の告知が不能であったことが犯人が逃げ隠れていることの結果であること，換言すれば両者の間に因果関係が存在することが必要である。

犯人が逃げ隠れている場合の時効の停止の期間については，現実に逃げ隠れている期間中は時効が停止し，公訴の提起の前後を問わないと解するのが通説である。

[4] 法律上の訴追不能による時効の停止

254条及び本条以外に時効が停止する場合として，法律上の訴追不能による時効の停止がある。その例としては，以下の三つが挙げられる。

一つ目は，憲法上，その在任中，内閣総理大臣の同意がなければ訴追されないが，訴追の権利はこれによって害されないとされている国務大臣である（憲75）。この場合，異論もあるが（高田・刑訴380等），その在任中又は内閣総理大臣の同意があるまで時効が停止すると解される。

二つ目は，法律上，その在任中は訴追されないとされている摂政（典21）及び国事行為の臨時代行者（国事代行6）である。

三つ目は，少年法47条の特則である。同条は，家庭裁判所の判断を経て初めて刑事手

続に移行する少年事件について，家庭裁判所に事件が係属している間は時効が停止する旨を定めている。 〔白井智之〕

第256条 [1] 〔**起訴状，訴因，罰条**〕 公訴の提起は，起訴状 [2] を提出してこれをしなければならない [3]。

2 起訴状には，左の事項を記載しなければならない。

一 被告人の氏名その他被告人を特定するに足りる事項 [4]

二 公訴事実 [5]

三 罪名 [6]

3 公訴事実は，訴因を明示してこれを記載しなければならない。訴因を明示するには，できる限り日時，場所及び方法を以て罪となるべき事実を特定してこれをしなければならない [7]。

4 罪名は，適用すべき罰条を示してこれを記載しなければならない。但し，罰条の記載の誤は，被告人の防禦に実質的な不利益を生ずる虞がない限り，公訴提起の効力に影響を及ぼさない [8]。

5 数個の訴因及び罰条は，予備的に又は択一的にこれを記載することができる [9]。

6 起訴状には，裁判官に事件につき予断を生ぜしめる虞のある書類その他の物を添附し，又はその内容を引用してはならない [10][11]。

〔規〕 **第164条（起訴状の記載要件・法第256条）** 起訴状には，法第256条に規定する事項の外，次に掲げる事項を記載しなければならない。

一 被告人の年齢，職業，住居及び本籍。但し，被告人が法人であるときは，事務所並びに代表者又は管理人の氏名及び住居

二 被告人が逮捕又は勾留されているときは，その旨

2 前項第1号に掲げる事項が明らかでないときは，その旨を記載すれば足りる。

第165条（起訴状の謄本等の差出し等・法第271条等） 検察官は，公訴の提起と同時に被告人の数に応ずる起訴状の謄本を裁判所に差し出さなければならない。但し，やむを得ない事情があるときは，公訴の提起後，速やかにこれを差し出さなければならない。

2 検察官は，公訴の提起と同時に，検察官又は司法警察員に差し出された弁護人選任書を裁判所に差し出さなければならない。同時に差し出すことができないときは，起訴状にその旨を記載し，且つ公訴の提起後，速やかにこれを差し出さなければならない。

3 検察官は，公訴の提起前に法の規定に基づいて裁判官が付した弁護人があるときは，公訴の提起と同時にその旨を裁判所に通知しなければならない。

4 第1項の規定は，略式命令の請求をする場合には，適用しない。

第167条（逮捕状，勾留状の差出・法第280条）　検察官は，逮捕又は勾留されている被告人について公訴を提起したときは，速やかにその裁判所の裁判官に逮捕状又は逮捕状及び勾留状を差し出さなければならない。逮捕又は勾留された後釈放された被告人について公訴を提起したときも，同様である。

2　裁判官は，第187条の規定により他の裁判所の裁判官が勾留に関する処分をすべき場合には，直ちに前項の逮捕状及び勾留状をその裁判官に送付しなければならない。

3　裁判官は，第1回の公判期日が開かれたときは，速やかに逮捕状，勾留状及び勾留に関する処分の書類を裁判所に送付しなければならない。

［1］本条の趣旨　　［2］書面主義・要式行為　　［3］起訴状の提出及びその効果
［4］被告人の特定　　［5］公訴事実　　［6］罪　名　　［7］訴因の明示・特定
［8］罰　条　　［9］訴因・罰条の予備的・択一的記載　　［10］起訴状一本主義
［11］その他の起訴状の記載事項，提出書類

［1］本条の趣旨

本条は，公訴の提起，つまり起訴の方式を定めるものである。

本条は，公訴を提起する場合一般について適用され，通常の規定に従って公判手続が進められる通常の公訴の提起のみならず，350条の2以下の規定に基づき即決裁判手続の申立てをするときや，461条以下の規定に基づき略式命令を請求するとき，更には現在は実務上利用されていない交通事件即決裁判手続法に基づく交通事件即決裁判の請求をするときにも適用される。また，検察審査会の起訴議決に基づき，裁判所の指定により検察官の職務を行う弁護士が公訴の提起をするとき（検審41の10）にも，本条は適用される。一方，付審判請求に基づき裁判所が付審判決定をし，公訴の提起があったものとみなされた場合（267）には，公訴提起の効果は生ずるが，公訴の提起という特別の行為が存在しないので，本条がそのまま適用されることにはならない。

なお，通常の公訴提起や，即決裁判手続の申立てを伴う公訴提起は，実務上，「公判請求」と呼ばれている。

［2］書面主義・要式行為

公訴の提起は，所定の事項が記載された「起訴状」という書面の提出によらなければならない。口頭による公訴提起は認められない。公訴の提起につき，要式行為とし，書面主義を採用したのは，公訴提起により裁判所の審判が開始されることになるので，審判を求める対象となる事実や被告人を明確にして，訴訟手続の明確化と被告人の権利の保障を図るためである（古田＝河村・大コメ刑訴5・146，伊藤＝河上・注釈刑訴3・417）。

「起訴状」は，公訴を提起する旨の意思表示が含まれるものでなければならない。実務上は，「起訴状」の表題とともに，通常の公訴提起であれば，「下記被告事件につき公訴を提起する。」と，即決裁判手続の申立てをするときや略式命令を請求するときは，そ

の旨の文言が付加され，「下記被告事件につき公訴を提起し，即決裁判手続の申立てをする。」，「下記被告事件につき公訴を提起し，略式命令を請求する。」と，それぞれ記載されている。

　起訴状は，公務員である検察官が作成する文書であるので，公務員の作成する書類一般について規定する規58条・59条・60条の2の求める要件を具備する必要がある。具体的には，年月日を記載すること，作成者が署名押印又は記名押印をすること，その所属の官公署を表示することなどである。もっとも，これらの方式に違反しても，軽微な違反であれば起訴状の効力に影響はない（古田＝河村・大コメ刑訴5・150，伊藤＝河上・注釈刑訴3・422）。

　起訴状の記載に瑕疵がある場合，法律上明文の規定はないが，一般に，その「補正」や「訂正」が認められている。「補正」と「訂正」の区別には必ずしも明確でないところがあるが，一般に，起訴状の記載に瑕疵があってそのままでは無効であるものを事後にその瑕疵を補って有効なものにすることを「補正」といい，起訴状の記載に瑕疵はあるが有効な起訴状につきその瑕疵を修正して完全なものにすることを「訂正」という（古田＝河上・大コメ刑訴5・152，臼井・注釈刑訴3・532）。

　補正や訂正は，これを認めずに公訴を棄却するなどして検察官に再起訴をさせることが著しく訴訟経済に反し，実体的真実の発見の要請にももとる結果になることを防止するために許されるものであり，このような点を考慮してもなお瑕疵の治癒を認めることが相当でないようなときは，補正や訂正は許されないと解される（古田＝河村・大コメ刑訴5・152，臼井・注釈刑訴3・532）。また，補正や訂正により，被告人や公訴事実が変動して実質的に別個の公訴提起となるような場合も，許されない。なお，実質的に訴因変更（312）や公訴の取消し（257）となるような場合には，補正や訂正ではなく，訴因変更や公訴の取消しの手続によるべきである。もっとも，訴因変更すべきところを補正や訂正で対応した場合でも，訴因変更としての効力を認める余地がある（名古屋高判昭50・7・1判時806・108）。

　起訴状の補正や訂正について，特に時期的な制限はないが，起訴状は，審理の基礎となるべきものであるから，検察官としては，瑕疵が判明したら可能な限り早期に行うべきものである。補正や訂正の方式は，書面又は口頭のいずれでも構わないし，裁判所の許可も理論的には不要である。

　起訴状の補正や訂正は，提起された公訴の内容をより明確に，正確にする措置であるから，その効力は，起訴時に遡って生ずると解される（高松高判昭29・2・12高刑集7・4・517）。

［3］ 起訴状の提出及びその効果

　起訴状は，公訴を提起する検察官の所属する検察庁に対応する裁判所に提出しなければならない（検察5）。検察官の所属する検察庁に対応する裁判所以外の裁判所に提出されたときは，外形的に有効な起訴状は存在するので，338条4号により公訴を棄却する

べきである（伊藤＝河上・注釈刑訴3・419）。起訴状には，実務上，提出する宛先となる裁判所名が記載されているが，法令上の要件ではないので，仮にこれを欠いていたり，誤っていたりしたとしても，公訴提起が無効となるものではない。

公訴提起の効果は，起訴状が裁判所に提出されたとき，言い換えれば起訴状が現実に裁判所に到達したときに生ずる。一般的には起訴状の受理手続がなされたときであり，その日時は，裁判所で押捺される受付印により明らかにされるが，受付印の日時の数字が明らかでない場合であっても，その他の資料から起訴状の受理手続がなされた事実やその日時を判断して差し支えない（最大判昭23・11・10刑集2・12・1512）。

公訴が提起された事件は，起訴状が提出された先の裁判所に係属する。もし，起訴状の提出先の裁判所の管轄に属しない場合には，管轄違いの裁判（329）がされることになる。

起訴状の提出によって公訴提起の効果が生ずるが，起訴状の存在は公訴の継続の要件ではないので，起訴状の提出後，天災等によって起訴状が滅失したとしても，起訴状の提出がされたことが証明されれば，公訴の提起があったものとして公訴を継続して差し支えない。もっとも，起訴状の滅失により，公訴事実に何が記載されていたかが証明されないときは，起訴状に公訴事実の記載がないのと同じことになるので，338条4号により公訴を棄却するべきである（伊藤＝河上・注釈刑訴3・418）。

[4] 被告人の特定

公訴は，検察官が指定した被告人にのみ効力を及ぼし，それ以外の者に効力を及ぼさない（249）。公訴の提起に当たっては，その対象となる被告人を特定しなければならず，起訴状においても，被告人の氏名その他被告人を特定するに足りる事項を記載しなければならない。なお，併合審理の必要がある場合に，複数の被告人について1通の起訴状で起訴することは差し支えない。

被告人の特定のため，法が規定する被告人の氏名のほか，規164条1項1号において，被告人の年齢，職業，住居及び本籍の記載が求められている。これらは，被告人を特定するに足りる事項を具体化したものに過ぎず，これらが明らかでないときは，その旨を記載すれば足りる（規164Ⅱ）。そして，その特定の程度については，他人と区別することができることが必要であり，かつ，それで足りると解されている。

氏名については，偽名や通称を用いていた場合には，実務上，氏名に加えて偽名や通称を「○○こと」と記載することが多い。真実の氏名が明らかでない場合であって，現に逮捕・勾留されている者に対して公訴の提起をするときは，実務においては，起訴状の氏名欄に「氏名不詳」と記載した上で，留置番号，性別，体格，人相等を記載し，顔写真を添付するなどして特定している。身柄拘束がされていない者については，このような特定方法がおよそ不可能というわけではないが，実際には，他人と容易に区別ができる程度にまで特定をすることにはかなりの困難があり，起訴状の送達も事実上できないので，現実的ではない（伊藤＝河上・注釈刑訴3・423，古田＝河村・大コメ刑訴5・159）。実務

上，年齢については，生年月日を記載し，職業については，勤務先や学校などの固有の名称や役職名などではなく，例えば，「大学生」，「会社員」とするなど，社会生活上の地位，身分を表すものを記載することが多い。覚醒剤の密売人や，売春婦，いわゆるパチプロなど，違法な行為や社会的に職業と認められていない行為によって生計を立てている者については，「無職」と表示している（古田＝河村・大コメ刑訴5・158）。住居は，住民票上の住所にとらわれる必要はなく，現に継続的に生活の本拠としている場所を記載する。外国人については，本籍に代えて国籍を記載するのが一般的である。

　法人については，自然人の氏名に相当するものとして法人の名称のほか，事務所及び代表者又は管理人の氏名・住居を記載する（規164Ⅰ）。代表者の記載が求められるのは，被告人を特定するためのほか，法人についてはその代表者が訴訟行為を代表するとされている（27）ためでもある。

　これらの被告人を特定するに足りる事項の記載については，公訴提起の対象となる被告人を特定するためのものでしかないので，被告人を特定するにつき支障が生じない限り，記載に欠けているところや誤りがあったとしても，起訴状としての有効性に何らの影響は及ぼさない。また，誤りが判明したときには訴訟手続のいかなる段階においても訂正をすることができるし，公判請求がされた場合においては，その旨を被告人が在廷する公判廷で明らかにすれば足りる（伊藤＝河上・注釈刑訴3・419）。

[5] 公訴事実

　「公訴事実」とは，公訴提起の対象となる具体的な事実である。複数の公訴事実について，1通の起訴状で起訴することもできる。本条3項において，公訴事実は，訴因を明示して記載しなければならない旨規定されており，後述する。

[6] 罪　名

　「罪名」とは，犯罪の名称である。起訴状に罪名を記載することが求められているのは，公訴事実の記載と相俟って訴因を明示・特定するためである。罪名の記載は，訴因と離れて独自の意味を持つわけではない。本条4項において，罪名は，適用すべき罰条を示して記載しなければならない旨規定されており，後述する。

　実務上，罪名の記載は，刑法犯については，刑法の各条に付された見出しにおける罪名を基本として法務大臣訓令である「刑事統計調査規程」に定められた罪名を参考にしてある程度細分化したものを用いている。特別法犯については，その多くは，罰則を規定する法令名に「違反」の文字を加えるなどという取扱いがされている。

[7] 訴因の明示・特定

(1) 公訴事実と訴因　　訴因とは，検察官が裁判所に対し被告人への刑罰権の発動を求めて被告人が犯したと主張する犯罪事実であり，刑罰法令により評価，構成された事実である（河村・大コメ刑訴5・172）。前法律的な歴史的・社会的事実を犯罪の構成要件に当てはめて法律的に構成した具体的事実であるともいわれる（松尾・条解513，臼井・注釈刑訴3・438）。

大陸法系の刑事訴訟手続においては，「公訴事実」という概念により，公訴提起の効力，審判の範囲，判決の効力の及ぶ範囲等が決せられ，公訴事実の範囲内にある限り，実際には具体的に審判の対象とはされなかった事実であっても，判決の効力が及び，改めて起訴することが許されない。一方，英米法系の刑事訴訟手続においては，より限定された「訴因」(count) という概念によってこれらが決せられる (河村・大コメ刑訴5・161)。我が国の刑事訴訟手続は，旧刑訴法においては，「公訴事実」の概念しか観念されていなかったが，現行刑訴法が英米法系の「訴因」の概念も取り入れ，「公訴事実」と併存させたことに伴い，その両者の関係や位置付け等をめぐって様々な見解が生じた。その代表的なものは，審判の対象を公訴事実とする見解 (「公訴事実対象説」) と，審判の対象を訴因とする見解 (「訴因対象説」) であるが，現在の通説は，訴因対象説であり，判例もその立場にあるといわれている。本条の解説においては，こうした学説上の論争には深入りせず，もっぱら実務的な観点から訴因制度について解説することとする。

(2) **訴因の特定の意義**　本条3項では，公訴事実においては訴因を明示すべきであるとした上で，訴因を明示するには，できる限り日時，場所及び方法をもって罪となるべき事実を特定しなければならない旨を規定している。訴因として明示すべきものは，罪となるべき事実であり，日時，場所及び方法は，これらが犯罪の構成要件要素とされている場合には罪となるべき事実の一部となることはもちろんであるが，そうでない場合には，罪となるべき事実を特定する手段と位置付けられる。

　検察官に対して訴因の明示，特定を求めるのは，裁判所に対して審判の対象を限定するとともに，被告人に対して防御の範囲を示すためである (最大判昭37・11・28刑集16・11・1633)。

　訴因として明示，特定されなければならない「罪となるべき事実」は，理論的には，裁判所が判決で有罪を言い渡すときに示さなければならない「罪となるべき事実」(335 I) と同義であり，犯罪の構成要件に該当する全ての事実を記載しなければならない。公訴事実として記載されている事実が真実であっても何らの罪となるべき事実を包含していないときは，公訴棄却の決定がされることになる (339 I ②)。

(3) **訴因の特定の程度**　検察官は訴因についてどの程度具体的に特定する必要があるかという問題は，検察官が収集した証拠によって明らかにし得る事実に限界があり，犯罪事実を概括的にしか示せない場合に，どの程度の表示であれば許容されるのかという場面と，検察官が証拠に基づいて犯罪事実を比較的詳細に示すことができる場合に，どの程度の事実を表示すれば足りるのかという場面とに分けて論じることができるが (平木・判例解説(刑)平14・147，川出・刑ジ6・121)，いずれの点についても，現在の実務においては，訴因として，他の犯罪事実と識別し得る程度に記載することが必要であり，かつ，これで足りると解されている (識別説)。

　本条3項は，罪となるべき事実を特定する要素として，日時，場所及び方法の3つを列挙しているが，罪となるべき事実の特定に役立つ要素はこの3つに限られるわけでは

なく，罪となるべき事実を構成する具体的要素のほとんど全てがその特定に役立つものであると考えられることからすると，この3つは制限的列挙ではなく，例示的列挙であると解される（平木・判例解説〔刑〕平14・147。最決平14・7・18刑集56・6・307）。

(4) **具体的記載事項　　ア　行為の主体**　　公訴提起の対象となる行為の主体は，被告人である。複数の被告人が1通の起訴状で複数の訴因により起訴されているときは，どの被告人がどの訴因について起訴されているのかを明示する必要がある。

　「公務員」（刑156・193・197等）や，「法律により宣誓した証人」（刑169），他人の物を占有する者（刑252 I）のような身分犯については，行為者が一定の属性にあることを犯罪の構成要件にしているので，その属性にあることを具体的に記載する必要がある。常習賭博（刑186 I）のような常習犯については，「常習として」とのみ記載するのが実務である。常習累犯窃盗（盗犯3）のように一定の前科が構成要件とされている罪については，これに該当する前科を具体的に記載する必要がある。

　イ　行為，方法　　人の行為（作為・不作為）は，犯罪の不可欠な構成要件要素であり，訴因として，構成要件に該当する具体的な行為を記載しなければならない。そして，具体的な行為を明らかにするに当たっては，一般的には，犯罪の方法を示すことになる。

　この点，例えば，横領罪については，領得の意思を外部に発現させる行為があったときに成立すると解せられるところ，着服，費消，拐帯等の横領の具体的な方法を記載しなければならず（大判昭22・3・12刑集26・21参照），窃盗罪については，未遂犯では，実行に着手したことを明らかにするために，物色等の具体的な犯罪の方法を記載する必要があるなどといわれる（最近の裁判例として仙台高判平27・2・26高検速報平27・316）。しかしながら，訴因として行為を特定するに当たって，常に犯罪の方法を記載しなければならないわけではない。例えば，窃盗の既遂犯では，単に「窃取した」と記載すれば行為を判別することができるので，更に具体的な方法を記載する必要はないと解される。また，殺人，放火等について，実務においては，ある程度具体的に犯罪の方法を記載するのが通例であるが，犯罪の方法を記載しなければ他の行為と判別ができないということにはならないので，理論的にはその記載が必要不可欠というわけではないと解される（河村・大コメ刑訴5・177，松尾・条解514）。証拠上，犯罪の方法が特定できないときは，「○○又は○○の方法で」のような択一的な記載も許されるし，更には「不詳の方法で」という記載も許される。最決平14・7・18刑集56・6・307は，傷害致死の訴因として，「〔被害者の〕頭部等に手段不明の暴行を加え」と記載されたものであっても，検察官において当時の証拠関係に基づきできる限り日時，場所，方法等をもって罪となるべき事実を特定して訴因を明示したものである以上，訴因の特定に欠けるところはないとしている。また，最決平13・4・11刑集55・3・127は，殺人の罪となるべき事実として，「扼殺，絞殺又はこれに類する方法で〔被害者を〕殺害した」とすることも許されるとしている。

　ウ　行為の客体　　殺人や傷害における被害者（「人」）や，財産犯における被害品（「他人の財物」），薬物事犯における違法薬物など，行為の客体が犯罪の構成要件要素となっ

ている場合には，これに該当する具体的事実を記載しなければならない。

「人」については，一般に，特定の人物についてそれ以外の人物と区別することができるように具体的に記載しなければならないと解されている。そのためには氏名を記載するのが最も端的であるが，氏名不詳の場合には，氏名以外の方法で人物を特定することになる。

被害者の氏名の記載をめぐっては，被害者の氏名が被告人に知られることによって，被害者やその親族に危害が加えられたり，その名誉や社会生活の平穏が著しく害されたりするおそれがあるなど，被害者保護の必要性が強く認められる性犯罪事犯やストーカー事犯等について，検察官が被害者の実名を証拠により把握している場合であっても，その実名を起訴状の公訴事実として記載せず，別の方法で被害者を特定して記載するという取扱いがなされることがある。被害者の実名に代わる被害者の特定方法については，事案に応じて，「○○〔親の実名〕の長女」というように親族名と続柄を記載する，姓又は名のみを記載する，被害者の氏名を片仮名で記載する，被害者の旧姓により記載する，異名・通称名・ソーシャルネットワークサービス等のアカウント名を記載する，旧住居，着衣等により特定するなどの方法があり，これに生年月日その他の被害者特定に資するものを加えて記載する例が多いようである（最近の実務について触れたものとして，千田・警学67・9・139）。この点については異論もあるところではあるが，従来行われてきた被害者の実名の記載は，他の犯罪事実と識別するための様々な表示方法の一つであり，他の表示方法により被害者の識別ができるのであれば，被害者の実名を必ず記載しなければならないとする理由はないように思われる。結局，被害者が誰であるかという点についてどのような表示方法をとるかは，罪となるべき事実の特定と防御対象の提示に欠けるところがない限り，訴因を明示する責務を負う検察官の合理的裁量にゆだねられているというべきであって，検察官が被害者に対する政策的配慮から，実名以外の表示方法を選択することに実質的正当化理由が認められる限り，特段の法的問題はないと考えられるし，正当化理由の有無・程度は，法的に公訴提起の効力に直結するわけでもないと考えられる（酒巻・町野古稀下453）。なお，裁判所の実務においては，被告人が将来その事件と同一の被害者の生命・身体に対する加害行為に及ぶ高度の蓋然性があり，実名以外に他の者と識別可能な特定方法がある場合には，その方法による特定が許容されるとされている（299の6解説[6]参照）。

財産犯における「他人の財物」については，財物の他人性は，当該財物が被告人以外の他人のものであることが分かる程度の記載で足り（最判昭24・12・22刑集3・12・2070），例えば「氏名不詳者所有の」という記載でも足りる（東京高判昭29・10・7東時5・10・402）。また，被害品について，これが複数ある場合は，例えば「○○等5点」のように，全体の数量とともにその一部の被害品の名称のみを明示すれば，訴因の特定としては十分である。

薬物事犯については，行為の客体となる薬物名，数量等を記載することになるが，例

えば，覚醒剤の使用に関し，使用した覚醒剤の量を「若干量」と記載することも，検察官において起訴当時の証拠に基づいてできる限り特定したものである以上，訴因として特定に欠けるところはない（最決昭56・4・25刑集35・3・116）。

エ　犯罪の結果，因果関係　　結果が犯罪の構成要件要素とされている場合には，これに該当する事実を具体的に記載しなければならない。

古い判例には，傷害の程度は情状に関係があるのみであるから犯罪事実として記載が不要であるとするものがある（大判明43・11・17刑録16・2016）が，現在の実務では，主な傷害の名称，部位，程度を明示するのが通例である。事案によっては，傷害の程度が証拠上確定できない場合もあり得るが，そのような場合に「要加療日数不詳」などと記載しても，訴因の特定を欠くことにはならない（河村・大コメ刑訴5・183）。

結果犯において刑事責任が追及されるのは，行為との間に因果関係がある結果についてのみであるから，行為と結果との間に因果関係があることも記載されなければならない。実務上は，行為について記載するところと結果について記載するところとの間に，「よって」という語を記載することにより，行為と結果との間に因果関係があることを示している。

オ　行為の主観面　　犯罪として処罰されるのは故意があるときが原則であるから(刑38Ⅰ)，故意については，一般的にはその記載は不要であると解されている。しかしながら，故意の有無，内容を記載しなければいかなる犯罪に該当するのか明らかでない場合にはその記載が必要である。例えば，殺人罪については，殺意の存在が示されなければ傷害致死と判別することができないことから，殺意があることの記載が必要である。また，未遂犯についても，結果発生に至っておらず，外形的行為の記載のみではいかなる犯罪に該当するのか明らかとならないため，故意について記載する必要がある。

いわゆる目的犯については，「目的」が犯罪の構成要件要素となっていることから，訴因として明示しなければならない。

カ　共　謀　　実行行為を分担する実行共同正犯のみならず，共謀しただけで実行行為は分担しない共謀共同正犯においても，共謀の事実は，罪となるべき事実と位置付けられる（最大判昭33・5・28刑集12・8・1718）。実務においては，共謀の事実について，実行共同正犯と共謀共同正犯とを区別することなく，「共謀の上」とだけ記載し，謀議の日時，場所，態様等については記載しないのが通例である。この点について，共謀の具体的事実を明示すべきであるとする見解もあるが，前掲最大判昭33・5・28は，「共謀の判示は，……謀議の行われた日時，場所またはその内容の詳細，すなわち実行の方法，各人の行為の分担役割等についていちいち具体的に判示することを要するものではない」と判示している。他の犯罪と区別するという観点からは，共謀の日時，場所等は，重要な意味を持つものではなく，裁判所の審判対象の特定としては十分であるといえよう。被告人の防御との関係でも，まずは犯罪の実行されたところが犯罪事実として特定されるべき最も重要な事項であり，共謀の日時，場所等に関する検察官の主張は起訴状朗読に

続く冒頭陳述等の証拠調べの過程で明らかにされ，そこで攻撃，防御が尽くされるはずであり，あえて訴因の段階で共謀のなされた日時，場所等が明らかにされなければならないということはないと考えられ（河村・大コメ刑訴 5 ·185），現在の実務は，そのような理解に基づくものであって，合理的なものであると思われる。

また，共同正犯における実行行為者について，それが誰であるかが訴因において明示されていなかったとしても，それだけで直ちに訴因の特定に欠けるものではない（前掲最決平13· 4 ·11）。

キ　日時，場所　犯罪の日時，場所は，それが犯罪の構成要件とされている場合を除き，罪となるべき事実そのものではないが，罪となるべき事実を特定するための重要な手段であり，できる限り正確にかつ具体的に記載すべきである。本条 3 項においてこれが明示的に規定されているのもその趣旨である。

しかしながら，訴因の特定が求められる趣旨は，あくまで裁判所に対して審判の対象を限定するとともに，被告人に対して防御の範囲を示すためであるから，日時，場所の記載は，これら以外に訴因として記載されたところと相俟って，訴因が他の訴因と区別することができる程度に至っていればそれで足りると解される。裁判例においては，犯罪の日時について，これが脱漏している場合（東京高判昭25· 5 ·10特報 9 · 5 ）や，「 2 月30日，31日」のように暦に存在しない月日が記載されている場合（東京高判昭25· 9 ·28特報12·56）であっても，公訴提起は無効とならないとしたものがあり，その場合，検察官による補正又は訂正も許されることとなる。犯罪の場所についても，裁判例の中には，その記載を欠いていても，他の記載から自ずから推定されるとして，訴因不特定ではないとした事例（東京高判昭27·12·24特報37·142）や，実在しない町名を誤記したものについて，諸般の事情に徴すれば誤記に過ぎないと認められ，公訴提起は有効であるとした事例（名古屋高金沢支判昭30· 9 ·17裁判特報 2 ·20·1005）が見受けられる。

もちろん，このような裁判例があるからといって，日時，場所の記載について正確性を期する必要がないというわけではなく，検察官としては，このような誤りが生じないように注意するとともに，誤りが生じてしまった場合には，速やかに補正又は訂正をすることが求められる。

事案によっては，被告人が黙秘し又は否認しているなどの理由により，検察官が犯行の日時，場所を具体的に確定することができず，犯行の具体的方法等についても不明といわざるを得ないけれども，犯罪行為をしたこと自体は明らかであるという場合があるが，このような場合には，本条 3 項に規定されているとおり，「できる限り」の範囲で特定するほかない。

例えば，密入国の事案では，被告人が外国人である場合において，被告人が一定の時点には本邦にいなかったが，その後の一定の時点には本邦におり，それにもかかわらず，出入国記録が入管当局に存在しないということが立証できれば，犯行の日時，場所等を具体的に確定できなくても，被告人が密入国をした事実は明らかである。このような場

合には，被告人の所在を証拠上確定することができる時期等をもとに，犯行の日時，場所について幅を持たせて概括的に記載するしかない。密出国の事案であるが，起訴状において，犯行の日時を「昭和27年4月頃より同33年6月下旬までの間」という6年余りの期間内とし，犯行の場所（密出国した場所）を単に「本邦」と記載し，犯罪（密出国）の方法についても「中国に出国した」とのみ記載した公訴事実について，「犯罪の日時，場所及び方法は，……犯罪の種類，性質等の如何により，これを詳らかにすることができない特殊事情がある場合には，〔裁判所に対し審判の対象を限定するとともに，被告人に対し防禦の範囲を示すという〕法の目的を害さないかぎりの幅のある表示をしても，その一事のみを以て，罪となるべき事実を特定しない違法があるということはできない。……検察官は，……冒頭陳述において，証拠により証明すべき事実として，……被告人が昭和27年4月頃までは本邦に在住していたが，その後所在不明となつてから，日時は詳らかでないが中国に向けて不法に出国し，引き続いて本邦外にあり，同33年7月8日白山丸に乗船して帰国したものであるとして，右不法出国の事実を起訴したものとみるべきである。そして，本件密出国のように，本邦をひそかに出国してわが国と未だ国交を回復せず，外交関係を維持していない国に赴いた場合は，その出国の具体的顛末についてこれを確認することが極めて困難であつて，まさに上述の特殊事情のある場合に当るものというべく，たとえその出国の日時，場所及び方法を詳しく具体的に表示しなくても，起訴状及び右第一審第一回公判の冒頭陳述によつて本件公訴が裁判所に対し審判を求めようとする対象は，おのずから明らかであり，被告人の防禦の範囲もおのずから限定されているというべきであるから，被告人の防禦に実質的障碍を与えるおそれはない。」とされている（前掲最大判昭37・11・28）。

　また，違法薬物の使用事犯では，例えば，被告人の尿から違法薬物が検出されたにもかかわらず，被告人が適法に薬物を体内に摂取できる状況が窺われないのであれば，被告人が違法薬物を使用するという犯罪行為をしたこと自体は明らかであるといえる。このような場合には，当該薬物が体内に残留する期間や，被告人の行動範囲等をもとに，当該薬物を使用した日時，場所，方法や量について，幅を持たせるなどして概括的な記載をすることが認められている。例えば，覚醒剤の使用事犯で，起訴状において，犯行の日時を「昭和54年9月26日ころから同年10月3日までの間」とし，その場所を「○○県○○郡○○町内及びその周辺」，覚醒剤の使用量を「若干量」，使用の方法を「自己の身体に注射又は服用して施用し」との程度に記載するものであっても，検察官において起訴当時の証拠に基づきできる限り特定したものである以上，訴因の特定に欠けるところはない（前掲最決昭56・4・25）。なお，このように記載した場合，同じ期間内に複数回薬物を使用している可能性があるときに，訴因としてどの使用行為を指しているのか，同じ期間内の別の使用行為と区別ができるかという問題があるが，実務では，違法薬物が検出された採尿時点からみて直近最終の使用行為を起訴する趣旨であるとして捜査・公判手続が行われており，審判対象の限定や被告人の防御に関して特に支障は生じてい

ない。

　ク　常習犯，営業犯等の集合犯や包括一罪の場合　　同種の多数の行為からなる常習
犯，営業犯等の集合犯や包括一罪については，個々の行為の全てを特定しなくても訴因
の特定に欠けるところはない。個々の行為は，そのそれぞれが別々の訴因となるもので
はなく，合わせて一つの訴因となるのであるから，これらが全体として他の事実と識別
し得る程度に特定すれば足りる。

　常習犯については，多数の賭博ゲーム機を設置した遊技場経営者が不特定多数の遊技
客との賭博を反復継続した常習賭博の事案において，罪となるべき事実として，被告人
が賭博ゲーム機を設置した遊技場の所在地，遊技場の営業継続期間，賭博ゲーム機の種
類・台数，賭博の態様を摘示した上，被告人が，「Aと共謀の上，当該期間中，常習と
して，Bほか不特定多数の賭客を相手とし，多数回にわたり，遊技機を使用して賭博を
した」旨示す程度の記載がされたことにつき，遊技場の営業継続期間の全般にわたって
行われた各賭博行為を包括した一個の常習賭博罪と認定する場合には，常習賭博罪の罪
となるべき事実の具体的摘示として欠けるところはないとされている（最決昭61・10・28刑
集40・6・509）。もっとも，常習犯とはいっても，営業的性質を有する常習賭博とは異な
り，そのような性質を有しない常習累犯窃盗や常習傷害においては，実務上，行為の客
体等につき，通常の窃盗や傷害と同程度に具体的に記載するのが一般的である（河村・大
コメ刑訴5・195）。

　営業犯については，例えば，現在の貸金業法に相当する貸金業等の取締に関する法律
違反（無届による貸金業）の事案で，一罪をなす数行為の行われた期間の始期・終期，そ
の回数・場所・相手方の一人の氏名及び合計人数・貸付合計金額・利息の大要等を記載
すれば，訴因は特定されているといえるとされている（東京高判昭27・5・27高刑集5・5・
870）。また，麻薬特例法5条違反（業として行う不法輸入等）の事案で，4回の覚醒剤譲
渡の年月日，場所，相手，量，代金を記載した別表を添付した上，「平成14年6月ころ
から平成16年3月4日までの間，営利の目的で，みだりに，別表記載のとおり，覚せい
剤を譲り渡すとともに，薬物犯罪を犯す意思をもって，多数回にわたり，○○市内にお
いて，Aほか氏名不詳の多数人に対し，覚せい剤様の結晶を覚せい剤として有償で譲り
渡した」旨を記載した公訴事実について，同罪は，一定の行為をすることを業とするこ
とを構成要件とし，一定期間内に業として行われた一連の行為を総体として重く処罰す
ることにより，薬物犯罪を広く禁圧することを目的としたものと解され，このような同
罪の罪質等に照らすと，訴因の特定として欠けるところはないとされている（最決平17・
10・12刑集59・8・1425）。

　包括一罪については，不特定多数の通行人から街頭募金を装って約2か月間にわたり
現金を騙し取った詐欺の事案で，これを全体で包括一罪とした上で，「平成16年10月21
日ころから同年12月22日ころまでの間，○○市，○○市，○○市，○○市，○○市の各
市内及びその周辺部各所の路上において，Aら多数の通行人等に，それぞれ現金1円か

ら1万円までの現金を寄付させて，よって，上記期間中上記各所において，不特定多数の通行人等から総額約2480万円の現金を騙し取った」旨を記載した罪となるべき事実に関して，募金に応じた多数人を被害者とした上，被告人の行った募金の方法，その方法により募金を行った期間，場所及びこれにより得た総金額を摘示することをもって，その特定に欠けるところはないとされた判例（最決平22・3・17刑集64・2・111）がある。

さらには，同一被害者に対し一定の期間内に反復累行された一連の暴行によって種々の傷害を負わせた事実が包括一罪とされた場合において，個別の機会の暴行の日時や，個別の機会の暴行と傷害の発生，拡大ないし悪化との対応関係等を個々には特定し難く，「被告人は，Aと共謀の上，○年○月頃から同年○月上旬頃までの間，○○〔場所〕等において，Bに対し，多数回にわたり，○○〔態様〕などの暴行を加え，よって，同人に○○の傷害を負わせた」のように一連の暴行と傷害を包括的に記載した訴因であっても，その特定に欠けるところはないとされた判例（最決平26・3・17刑集68・3・368）がある。

⑸ **訴因の特定が不十分な場合** 訴因の特定が不十分であるときは，裁判所は，検察官に対し，釈明を求め，訴因の補正を促すべきである（最決昭33・1・23刑集12・1・34）。検察官が自ら進んで訴因の補正をすることも認められる。検察官が訴因を補正したときには，起訴は遡って有効になると解される。もっとも，およそ訴因として特定されているとはいえないものについては，補正することはできず，有効な起訴とはならないとするのが通説である（河村・大コメ刑訴5・198）。

検察官が補正に応じず，又は応じてもなお，訴因が全く特定されておらず，裁判所にとって審判の対象が明らかでなく，被告人にとって防御の範囲が分からないような場合には，公訴提起の手続がその規定に違反したため無効であるときに該当するとして，判決により公訴が棄却される（338④）。

［8］罰 条

起訴状には，適用すべき罰条，すなわち犯罪の構成要件を定めた条項を記載しなければならない。罪名と罰条を記載することにより，公訴事実の記載と相俟って，訴因を明示・特定する趣旨である。

罪名や罰条の記載は，訴因と離れて独自の意味を持つものではない（古田＝河村・大コメ刑訴5・221）。本条4項ただし書に規定されているとおり，罰条の記載に遺脱や誤記があっても，公訴事実の記載等によって訴因が十分に特定されており，被告人の防御に実質的な不利益を生ずるおそれがない限り，公訴提起の効力に影響は及ぼさない（最決昭34・10・26刑集13・11・3046）。罪名の記載についても，同様に考えられる（古田＝河村・大コメ刑訴5・228）。現実には，罪名や罰条の記載の誤りによって，公訴事実の記載と相俟ってもいかなる事実についてどの犯罪に当たるとしているのかが明らかになっておらず，被告人の防御に実質的な不利益を生ずるという事態は想定し難く，罪名や罰条の誤りをもって公訴提起を無効とした事例は見当たらない（古田＝河村・大コメ刑訴5・229）。

罰条については，犯罪の構成要件を定めた条項において，他の処罰規定を引用しているときは，引用先の規定も記載する。行政罰則に多く見られるが，犯罪の構成要件を定める規定（「○○をしてはならない。」のような規定）とこの規定に違反した者を処罰する旨を定める処罰規定（「第○条に違反した者は，○○に処する。」のような規定）とが別々の条項に定められている場合には，両方の条項を記載する必要がある。また，犯罪の構成要件の内容が政令や省令のような下位法令や告示に規定されている場合には，これらについても記載する必要がある。

共同正犯（刑60），教唆犯（刑61），幇助犯（刑62）については，構成要件を修正するものであるから，これらを定める刑法の条項についても併せて記載する。未遂犯については，未遂犯を処罰する旨の規定が処罰の直接の根拠となる規定であるので，これを記載する必要がある。両罰規定についても，これが適用されるときは，処罰の直接の根拠となる規定ということになるから，記載する必要がある。

一方，例えば，単に刑の加重減軽を定めるに過ぎない刑法56条（再犯）のように，処罰の直接の根拠となるものとはいえない規定は，記載する必要はない。

[9] 訴因・罰条の予備的・択一的記載

訴訟においてある事実を立証することができるかどうかについては，審理経過にもよるところがあり，流動的な側面があるといわざるを得ない。そのため，検察官が公訴提起の際，予備的に又は択一的に複数の訴因や罰条を起訴状に記載することが認められている。訴因の予備的記載は，検察官として第一次的に処罰を求める訴因が公判において立証することができなかった場合に，第二次的に処罰を求める訴因を記載することである。実務上，第一次的に処罰を求める訴因を「本位的訴因」，第二次的に処罰を求める訴因を「予備的訴因」と呼んでいる。訴因の択一的記載は，予備的記載のような主従の差を設けずに，複数の訴因のいずれかについて処罰を求める記載をすることである。

予備的記載の場合には，裁判所は，まず，本位的訴因について審理を行い，これを認めることができないときに予備的訴因について審理を行うことになるが，択一的記載の場合には，裁判所は，どの訴因から審理をしてもかまわない。もっとも，実際には取り調べるべき証拠はほとんどが共通するであろうから，全ての訴因を念頭に置いて証拠調べが行われることになる（古田=河村・大コメ刑訴5・239，臼井・注釈刑訴3・509）。

判決においては，予備的記載の場合，本位的訴因について有罪と認めたときは，予備的訴因についての判断を示す必要はないが，本位的訴因を認めず予備的訴因について有罪と認めたときは，本位的訴因を認めなかった理由を示した上で予備的訴因を認めた理由を示すべきである（古田=河村・大コメ刑訴5・240，臼井・注釈刑訴3・511）。択一的記載の場合には，いずれかの訴因について有罪と認めるのであれば，他の訴因について判断を示す必要はない。予備的記載の場合であっても，択一的記載の場合であっても，いずれの訴因をも認めることができないときには，全ての訴因について，それぞれ認めることができない理由を示すべきである。

256条

現在の実務においては，必要十分な捜査を行った上で，検察官として十分に立証することができると確信した訴因・罰条により起訴することが慣行となっているため，公訴提起の段階で訴因や罰条について予備的記載や択一的記載をすることは，ほとんど行われていない。予備的記載や択一的記載は，公訴の提起後，立証することができなかった可能性があるなどの場合に，訴因・罰条の変更をするに当たって用いられることがある。

[10] 起訴状一本主義

(1) **趣旨等**　本条6項は，いわゆる起訴状一本主義を定めるものである。起訴状一本主義は，いわゆる予断排除の原則の中核をなすものであり，裁判官が，「一本」の起訴状のほか，あらかじめ事件について何らの先入観を抱くことなく，白紙の状態で第1回公判期日に臨み，その後の審理の進行に従い，証拠によって事案の真相を明らかにし，もって公正な判決に到達するという手続の段階を示したものであって，直接審理主義及び公判中心主義の精神を実現するとともに，裁判官の公正を訴訟手続上より一層確保し，よって公平な裁判所の性格を客観的にも保障しようとするものである（最大判昭27・3・5刑集6・3・351）。

なお，公判前整理手続（316の2～316の32）は，裁判所において検察官及び弁護人に出席させるなどして事件の争点及び証拠を整理するための手続であり，裁判所は，当事者双方の主張に触れたり，証拠調べの決定や証拠開示に関する裁定などをし，そのために証拠自体に触れたりすることはあるが，公判前整理手続は，事件の実体について心証を形成することを目的とするものではなく，実際に裁判所が心証を形成することもないので，予断排除の原則には反しない。

なお，略式手続には，予断排除の原則が働く余地がないので，本条6項の適用はない。

本条6項に違反した公訴の提起は，その方式に違反したものとして無効になる（前掲最大判昭27・3・5）。もっとも，いわゆる余事記載については，削除等による補正を認める考え方が有力である（古田=河村・大コメ刑訴5・245，臼井・注釈刑訴3・538）。

(2) **予断を生じさせるおそれ**　予断を生じさせるおそれとは，事件の実体審理に入る前に裁判官に公訴事実の存在について心証を形成させるおそれを意味するが（臼井・注釈刑訴3・514），訴因の明示の要請との調和が必要な場面があり，他方，公訴提起の効果に影響を及ぼすものであることを踏まえると，そのような具体的なおそれのある場合を意味し，単に一般的，抽象的にそのようなおそれがあるにとどまる場合は含まれないと解される（古田=河村・大コメ刑訴5・244）。

(3) **書類その他の物の添付の禁止**　添付が禁止されるものとして，典型的には，公訴事実の存否の判断に影響を及ぼす捜査書類や証拠物が考えられる。実務においては，後述するとおり，起訴後の事務処理のために，刑訴規則に規定されている技術的な書類のほかは，追起訴予定があるとか，併合審理を請求するなどといったことが記載された付箋の貼付など，公判期日や公判審理の進行を定めるのに必要な事務的な書類が添付ないし提出されているにとどまる。

(4) **内容の引用の禁止**　本条6項においては，公判審理前に裁判所が事件の実体について心証の形成をすることのないよう，予断を生じさせるおそれのあるものの内容を起訴状に引用することが禁止されている。

　公訴事実として証拠内容等が引用される場合があるが，訴因の明示，特定をするために，犯罪の構成要件に当たる事実又はこれと密接不可分の事実の記載として引用したのであれば，本条6項に違反しない（最判昭26・4・10刑集5・5・842）。

　訴因を明示，特定するために必要でない事項を公訴事実として記載した場合（いわゆる余事記載の場合）において，余事記載の内容が裁判所に予断を生じさせるおそれがあるときは，本条6項の問題となる。

　前科・前歴，悪素行・性格等については，例えば常習累犯窃盗における前科のように，これが犯罪の構成要件に該当する場合や，犯行の手段・方法として用いられたような場合（例えば，前科があることや暴力団構成員であることを利用して脅迫をした場合などが考えられる。）には，公訴事実として記載することに問題はない（最判昭26・12・18刑集5・13・2527）。他方，このような場合には当たらず，訴因の明示，特定のために必要がないのに前科・前歴を記載することは，これが累犯加重の要件となる前科であったとしても，本条6項違反となる（前掲最判昭27・3・5）。

　犯行の動機や経緯についても，犯罪事実と密接不可分な関係にあるものであれば，訴因の明示，特定に役立つものであって，本条6項に違反するものとはならない（最判昭31・3・13刑集10・3・345）。

[11] その他の起訴状の記載事項，提出書類

(1) **事件番号**　起訴状には，実務上，検察庁における事件番号（実務では「検番」と呼ばれている。）が記載されている。なお，裁判所において起訴状を受理するときには，これとは別に裁判所における事件番号が付され，事件記録の表紙等に記載されている。

(2) **身柄の表示**　身柄拘束がされている被告人については，公訴の提起後，裁判所がその身柄について責任を負うことになるので，身柄拘束の有無やその種別について裁判所に知らせておく必要がある（松尾・条解474）。実務においては，事件事務規程別表に掲げる区別に従って，「在宅」，「勾留中」，「別件勾留中」等と表示しており，さらに，接見等を禁止する決定がされているときは，付箋によりその旨を表示している（事件事務規程61Ⅱ）。

(3) **起訴状の謄本の提出**　検察官は，被告人への送達に用いるため，公訴提起と同時に，被告人の数に応じた通数の起訴状の謄本を裁判所に提出しなければならない（規165Ⅰ）。略式命令請求をしたときは，被告人への起訴状の謄本の送達はされず，略式命令が送達されるので，検察官による起訴状の謄本の提出は，不要である（規165Ⅳ）。なお，起訴状の謄本については，実務上，検察事務官が謄本であることの認証をしている。

(4) **弁護人選任書（弁護人選任届）の提出**　公訴の提起前にした弁護人の選任は，第一審においてもその効力を有することを踏まえ（32Ⅰ），検察官は，捜査機関に差し出さ

れた弁護人選任書（弁護人選任届）を公訴提起と同時に裁判所に提出しなければならない（規165Ⅱ）。なお，公訴提起前に付された国選弁護人があるときは，検察官は，その旨を公訴の提起と同時に裁判所に通知しなければならない（規165Ⅲ）。

(5) **国外にいたこと等を証明する書類の提出**　国外にいたことなどの事由がなければ公訴時効が完成している事実について公訴を提起する場合には，検察官は，公訴の提起後，速やかにこれを証明すべき資料を提出しなければならない。ただし，本条6項との関係で，裁判官に予断を生じさせるおそれのある書類等を提出してはならないものとされている（規166）。

(6) **逮捕状，勾留状の提出**　逮捕状や勾留状が発付された事実と，公訴提起がされた事実とに同一性がある場合，検察官は，公訴提起後速やかに，「裁判官」に逮捕状，勾留状を提出しなければならない（規167）。逮捕・勾留の期間中に取り調べた，別の事実により起訴するいわゆる「令状差替え」の場合にも，逮捕状，勾留状を提出すべきものと解されている。

　起訴された事件の審判に関与すべき裁判官は，第1回公判期日までの勾留に関する処分をすることができない（規187）ので，公訴の提起を受けた裁判所の「裁判官」に提出すべきものとされている。

〔中村功一〕

第257条 [1] 〔公訴の取消し〕　公訴は，第一審の判決があるまで [2] これを取り消すことができる [3] 。

　　[規]　第168条（公訴取消の方式・法第257条）　公訴の取消は，理由を記載した書面でこれをしなければならない。

[1] 本条の趣旨

　公訴の取消しは，公訴提起後に，実体裁判をする必要がないと判断される場合に，無用の公判審理を継続させないよう，これを打ち切るものである。

　公訴の取消しは，検察官の判断にゆだねられている。これは，公訴提起について起訴便宜主義を採用して検察官の裁量によるものとしている趣旨を，公訴提起後においても及ぼすものである（248の解説[1]参照）。

　実務においては，被告人が回復の見込みのない病気に罹患して長期間にわたり公判が開かれない状況にある場合，被告人が長期間にわたって所在不明となり，公判審理を継続することが事実上不可能となっている場合，公訴提起時に被告人の有罪を立証することができると判断した根拠となった証拠について重大な誤りが発見されるなどしたために，有罪を立証することが事実上不可能であることが明らかとなった場合などに，公訴が取り消されている。

公訴の取消しは，一個の公訴事実中の全部の訴因を撤回することと結果的には同じであるが，一個の公訴事実のうちの一部の訴因を残して他の訴因を撤回することは訴因の撤回（312Ⅰ）による一方，全部の訴因を撤回するには，公訴の取消しによらなければならない。

準起訴手続によって審判に付された事件（266②）については，検察官の起訴便宜主義が働いて審判に付されたわけではなく，裁判の効力として審判に付されたものであるから，検察官の職務を行う弁護士も，検察官も，公訴の取消しをすることはできない。

[2] 公訴の取消しの時期

公訴の取消しをすることができるのは，「第一審の判決があるまで」である。

このような制限が設けられた理由については，①既に形成された訴訟状態を尊重し，裁判所の活動を徒労に終わらせないこと，②司法の威信を保ち，裁判の実質的効力を尊重すること，③公訴の取消しが濫用されることによる弊害を防止することが挙げられる（河村・大コメ刑訴5・268）。

略式命令請求についても，公訴提起の一種であるから，公訴の取消しをすることができる。その時期について，略式命令が発付される前に公訴の取消しができることには問題がないが，略式命令発付後については，略式命令といえども，裁判所による一種の終局裁判であることに鑑みると，公訴の取消しはできないとするのが通説的な見解である（伊藤＝河上・注釈刑訴3・542，松尾・条解524）。もっとも，正式裁判の請求があり通常の手続による審判に移行した場合には，通常の手続によりなされる裁判は略式命令に拘束されるものではなく（468Ⅲ），略式命令はいわば暫定的な裁判に過ぎないといえるところであって，略式命令を経ていることをもって公訴の取消しを許さず，実体裁判をする必要性が乏しいのに審理を続けなければならない理由はないことからすると，少なくとも，正式裁判の請求後は，公訴の取消しが可能であると解される（河村・大コメ刑訴5・269）。

控訴審や上告審においては，第一審の判決を経ている以上，公訴の取消しができないことは明らかであるが，第一審判決が上訴審で破棄され，第一審に差し戻された場合に，差戻し後の第一審において公訴の取消しが許されるかという問題がある。かつては公訴の取消しは許されないとする見解が一般的であったが，上訴審において第一審判決が破棄され第一審に差し戻された後に，被告人が長期間にわたって所在不明となり，いわゆる不動事件となってもなお公訴の取消しをすることができないとするのは，訴訟経済の面から不当な結果をもたらすこと，尊重すべき第一審判決は上訴審において破棄されており，その意味で，第一審判決がされる前の状態に戻っているといえることなどに照らし，公訴の取消しをすることができると解するのが最近の実務である（名古屋地決昭63・11・7判タ684・253）。

[3] 取消しの方法，理由，効果

公訴の取消しは，規168条により理由を記載した書面ですることが求められている。実務上は，検察庁内部で極めて慎重な検討をした上で公訴の取消しがなされているが，法

令上，取消しの理由に制限はないので，公訴取消しの書面に記載される取消しの理由については，裁判所にとって法的に特別の意味はなく，理由の記載を欠いていたとしても，公訴の取消しとして有効である（河村・大コメ刑訴 5 ·272，伊藤 = 河上・注釈刑訴 3 ·544）。

　検察官により公訴の取消しがされた場合，裁判所は，決定で公訴を棄却する（339 I ③）。公訴の取消しがされた公訴事実については，取消し後新たに重要な証拠を発見した場合に限って，再度，公訴提起をすることができる（340）。　　　　　　　　　〔中村功一〕

第258条[1]**〔他管送致〕**　検察官は，事件がその所属検察庁の対応する裁判所の管轄に属しないものと思料するときは，書類及び証拠物とともにその事件を管轄裁判所に対応する検察庁の検察官に送致しなければならない。

[1] 本条の趣旨等

　最高検察庁は最高裁判所に，高等検察庁は高等裁判所に，地方検察庁は地方裁判所に，区検察庁は簡易裁判所にそれぞれ対応して置かれ，地方検察庁は家庭裁判所にも対応している（検察 2 ）。

　刑事事件についての裁判所の管轄については，裁判所法と刑訴法に規定されている。検察官の管轄については，検察庁法において，検察官は，いずれかの検察庁に属し，他の法令に特別の定めのある場合を除いて，その属する検察庁の対応する裁判所の管轄区域内において，その管轄に属する事項について職務を行うと規定されているほか（検察 5 ），検察官は，いかなる犯罪についても捜査をすることができると規定されている（検察 6 ）。また，刑訴法195条において，検察官は，捜査のため必要があるときは，管轄区域外で職務を行うことができる旨が規定されている。

　本条は，これらを踏まえ，検察官が公訴を提起するに当たって，事件がその所属する検察庁に対応する裁判所の管轄に属しないと思料するときは，その事件について管轄を有する裁判所に対応する検察庁の検察官に事件を送致しなければならないとしたものである（河村・大コメ刑訴 5 ·274，伊藤 = 河上・注釈刑訴 3 ·546）。事件を管轄する裁判所が複数存在するときは，そのいずれの裁判所に対応する検察庁に所属する検察官に送致しても差し支えない。

　なお，検察官の捜査及び不起訴処分については，実務上，一般に，検察官は，その所属する検察庁の対応する裁判所に管轄がない事件についても捜査を行うことができるほか，不起訴処分をすることもできると解されている。

　本条による他の検察庁の検察官への送致を含め，検察官が事件を他の検察庁の検察官に送致することは，実務では，一般に，「移送」と呼ばれており，本条に当たらない場合においても，関係者や捜査の便宜のために移送することは可能であると解されており，現に行われている（任意的移送）。　　　　　　　　　　　　　　　　〔中村功一〕

第259条 [1] 〔被疑者に対する不起訴処分の告知〕　検察官は，事件につき公訴を提起しない処分をした場合において，被疑者の請求があるときは，速やかにその旨をこれに告げなければならない。

[1] 本条の趣旨等

　検察官により公訴提起がされた場合には，被告人に対して起訴状が送達される（271 I）が，本条は，不起訴処分がされた場合にも，検察官は，被疑者の請求があるときは速やかにその旨を告げなければならないものとし，被疑者の精神的に不安定な状態を解消しようとするものである。

　検察官の処分には，他の検察庁の検察官への「移送」や，事件を長期間処理することができない場合に行う「中止」といった中間的な処分もある。これらについては，本条による告知の必要はないが，被疑者から請求があれば告知をすることが望ましいと考えられている（伊藤＝河上・注釈刑訴3・554）。

　被疑者の請求やその時期，検察官の告知の方法については，制限はなく，口頭でも差し支えない。実務上，不起訴処分の告知を書面でするときは，「不起訴処分告知書」という一定の様式の書面によっている。不起訴処分の告知は，被疑者の弁護人についても，被疑者のために請求し得ると解されている。

　本条は，事件単位で適用され，観念的競合，牽連犯，包括一罪のような科刑上一罪の関係にある事件の一部の罪についてのみ不起訴としたときは，本条による告知は要しない一方，併合罪関係にある複数の犯罪事実の一部を不起訴としたときは，本条による告知を必要とする。

　告知すべき内容は，不起訴処分をしたことであり，不起訴処分の理由については，告知する必要はない。もっとも，理由についても告知することが禁じられているわけではない。

　なお，不起訴処分には，確定判決のような一事不再理効はないので，本条による告知をしたからといって，不起訴処分にした事件を再起して起訴することは妨げられない。

〔中村功一〕

第260条 [1] 〔告訴人等に対する起訴・不起訴等の通知〕　検察官は，告訴，告発又は請求のあつた事件について，公訴を提起し，又はこれを提起しない処分をしたときは，速やかにその旨を告訴人，告発人又は請求人に通知しなければならない。公訴を取り消し，又は事件を他の検察庁の検察官に送致したときも，同様である。

　[範]　第69条（事件の移送）　警察本部長または警察署長は，告訴または告発のあつた事件が，管轄区域外の犯罪であるため当該警察においてこれを処理することができないとき，

260条, 261条

またはこれを処理することが適当でないと認められるときは，関係警察に対してすみやかに移送の手続をとらなければならない。

2　前項の規定による移送をしたときは，すみやかに，告訴人または告発人にその移送先を通知しなければならない。

[1] 本条の趣旨等

犯人の処罰を求める意思表示である告訴，告発又は請求をした告訴人，告発人又は請求人は，検察官による当該事件の処分について，それ以外の者とは全く異なる関心，利害関係等を有している。告訴人等は，その告訴等をした事件について検察官により公訴を提起しない処分（不起訴処分）がされた場合には，検察審査会に対して，その当否の審査の申立てをすることができるほか（検審2Ⅱ），公務員職権濫用の罪等の事件については地方裁判所に対して付審判請求をすることができる（262Ⅰ）。本条は，告訴等があった事件について，このような立場にある告訴人等に対して，検察官の処分結果を知らせ，これへの対応について検討する機会を与える趣旨である。そして，本条には，間接的には，検察官の恣意的な不起訴処分を抑制する効果もあると解されている（河村・大コメ刑訴5・287，伊藤＝河上・注釈刑訴3・556）。

本条の通知は，告訴人等からの請求がない場合であっても速やかにしなければならない。通知の方法は，法令上何らの制限がなく，口頭でも構わないが，実務においては，「処分通知書」という一定の様式の書面によりなされるのが通常である。

検察官による終局処分（起訴処分又は不起訴処分）に限らず，公訴の取消し（257），他の検察庁の検察官への移送についても，本条により通知しなければならない。通知の対象となる移送には，必要的に行わなければならない258条の他管送致のみならず，管轄を有する検察庁相互間でなされる任意的移送も含まれる。実務においては，少年を家庭裁判所に送致する場合にも通知をしている。

処分の理由については，本条の通知としては通知する必要はないが，不起訴処分をした場合におけるその理由については，次条により通知する必要がある。

なお，本条の通知のほか，検察実務においては，被害者等に対し，事件の処分結果，裁判結果，受刑者の刑事施設における処遇状況，出所時期等に関する情報を提供する被害者等通知制度が運用されている。　　　　　　　　　　　　　　　　〔中村功一〕

第261条 [1]〔**告訴人等に対する不起訴理由の告知**〕　検察官は，告訴，告発又は請求のあつた事件について公訴を提起しない処分をした場合において，告訴人，告発人又は請求人の請求があるときは，速やかに告訴人，告発人又は請求人にその理由を告げなければならない。

[1] 本条の趣旨等

　告訴人，告発人又は請求人は，告訴，告発又は請求をした事件について，260条により，検察官から起訴，不起訴等の通知を受けることになるが，不起訴処分の理由には様々なものがある。そこで，告訴人等が検察審査会への審査の申立てや地方裁判所への付審判請求をするかどうかなどについて検討することを容易にするため，本条において，検察官は，不起訴処分について，告訴人等の請求があるときは，告訴人等に対し，速やかにその理由を通知しなければならないものとされている。本条についても，260条と同様に，間接的に，検察官の恣意的な不起訴処分を抑制する効果があるといわれている（河村・大コメ刑訴5・290，伊藤=河上・注釈刑訴3・559）。

　告訴人等による請求の方法には制限はなく，口頭でも構わない。検察官による理由の告知の方法にも法令上の制限はない。実務上，書面で行う場合には「不起訴処分理由告知書」という一定の様式が用いられている。

　検察官が告知しなければならない理由としては，「起訴猶予」，「嫌疑不十分」等の不起訴処分の裁定主文を告知すれば足りると解されている。もっとも，検察官が，本条による理由の告知のほかに，個別具体的な事案に応じて，47条により不起訴記録が非公開とされている趣旨や，被疑者その他関係者の名誉・プライバシーの保護等に配慮した上で，不起訴処分の理由について，更に詳細な説明をすることは禁じられていない。

〔中村功一〕

第262条 [1]〔**付審判請求手続・準起訴手続**〕　刑法第193条から第196条まで又は破壊活動防止法（昭和27年法律第240号）第45条若しくは無差別大量殺人行為を行った団体の規制に関する法律（平成11年法律第147号）第42条若しくは第43条の罪 [2] について告訴又は告発をした者 [3] は，検察官の公訴を提起しない処分に不服があるときは，その検察官所属の検察庁の所在地を管轄する地方裁判所に事件を裁判所の審判に付することを請求することができる [4]。

2　前項の請求は，第260条の通知を受けた日から7日以内に，請求書を公訴を提起しない処分をした検察官に差し出してこれをしなければならない [5]。

　　[規]　第169条（審判請求書の記載要件・法第262条）　法第262条の請求書には，裁判所の審判
　　　　　に付せられるべき事件の犯罪事実及び証拠を記載しなければならない [5]。

[1] 本条の趣旨

(1) **付審判請求手続の意義**　本条から268条までは，検察官の起訴独占主義 (247) 及び起訴便宜主義 (248) の結果としての不当な公訴権不行使を是正するため，いわゆる職権濫用罪について，告訴人，告発人の請求により裁判所が事件を審判に付する制度を規

定している。

　なお，検察官の不当な公訴権不行使を是正するための制度として，検察審査会に対する審査請求の手続もある。これは，犯罪の種類を問わないもので，二度目の起訴議決には法的拘束力が認められるものである。

(2) 付審判請求手続の法的構造　　事件を裁判所の審判に付する請求 (262) があった場合，裁判所は，その理由の有無を審査し，理由がないときは請求を棄却する決定をし，理由があるときは裁判所の審判に付する決定をするのであるから (266)，付審判請求手続は，請求の理由の有無を審理する裁判所の裁判手続であり，かつ，決定手続である。

　そして，その基本的性格は，個人の権利義務関係の紛争を裁判所が法律的に解決する法律上の争訟ないしは訴訟 (裁3Ⅰ) ではなく，法律により特に裁判所の行う手続と定められたもの (同項)，つまりは非訟事件の手続であって，これを対立構造と定めるべき必然性はない (香城・注釈刑訴3・563)。判例も，「請求人はもとより，被疑者あるいは検察官も，当事者たる地位を有するものではない」「捜査に類似する性格をも有する公訴提起前における職権手続である」(最決昭47・11・16刑集26・9・515)，「捜査に類似する性格をも有する公訴提起前における職権手続であり，本質的には対立当事者の存在を前提とする対審構造を有しない」(最決昭49・3・13刑集28・2・1) としている。

(3) 審判の対象　　この手続における審判の対象は，付審判請求の理由の有無であり，具体的には，検察官の不起訴処分の当否である (前掲最決昭47・11・16)。

[2] 対象となる罪

　請求は，刑法193条ないし196条の罪，破壊活動防止法45条の罪，無差別大量殺人行為を行った団体の規制に関する法律42条，43条の罪に限られる。特別規定として，犯罪捜査のための通信傍受に関する法律30条3項 (改正後の37条3項) があり，電気通信事業法179条1項又は有線電気通信法14条1項の罪及びその未遂罪も対象となる。

　これらの罪と科刑上一罪の関係にある罪については，請求は認められない (東京地決昭42・11・30判タ215・215)。

　職権濫用罪と他罪とが科刑上一罪の関係に立つ場合に，他罪のみが起訴されたときには，職権濫用罪について付審判請求をすることはできない (香城・前掲565)。

[3] 請求権者

　本条に定められた事件につき告訴 (230～238・240～244) 又は告発 (239・241～243) をした者に限られる。事件を告発した弁護士会も請求することができる (最決昭36・12・26刑集15・12・2058)。告訴，告発を取り消した者 (237) は含まれない。告訴人，告発人の相続人は請求することができない (高松高決昭32・10・30裁判特報4・22・580)。

[4] 請求手続

　請求は，検察官が公訴を提起しない処分をした場合に限り認められる。公訴を提起しない処分とは不起訴処分をいい，公訴の取消し (257) は含まれない (香城・前掲565)。

　請求は，不起訴処分をした検察官所属の検察庁の所在地を管轄する地方裁判所に対し

てする必要がある。

　告訴，告発は，主観的に不可分な効力を有するから，告訴，告発をした事件につき不起訴処分がされている限り，全ての共犯者について付審判請求をすることができる。

　数個の事実を告訴，告発した場合であっても，そのうちの一部の事実のみを付審判請求することもできる。

[5] 請求の方式，期間

　請求は，書面でしなければならず，検察官に再考の機会を与えるため (264)，不起訴処分をした検察官に差し出してする必要がある。この検察官は，不起訴処分をした検察官が処分当時所属していた検察庁の検察官をいい，その処分をした当該検察官をいうのではない。

　請求は，事件について行われるが，事件は，被疑者及び被疑事実の双方により特定しなければならない。

　付審判請求書には，裁判所の審判に付せられるべき事件の犯罪事実及び証拠を記載しなければならない。不起訴処分後に発見された証拠や，不起訴処分後に生じた事実に関する証拠も記載することができる。全く証拠の記載がないときは，請求は無効である。いかなる犯罪事実を記載したのか不明である場合も，請求は法令上の方式に違反し，不適法として却下されることになる。

　請求書に被疑者の記載は要求されていないが，告訴，告発及び不起訴処分の内容から何人が被疑者か容易に判明することから要求されていないだけであり，この規定を根拠に被疑者の特定は不要であることにはならない。したがって，被疑者不詳のまま不起訴処分になったような場合には，請求書に被疑者が何人かを記載し，被疑者を特定しなければならない。

　被疑者の特定は，氏名をもってするのが原則であるが，被疑者の警察所属部隊名あるいは部隊における地位等によって特定することでもよい (福岡地決昭45・8・25刑裁月報2・8・881)。

　告訴・告発人が自ら請求することができるほか，弁護士を代理人として，代理人名義で請求することもできる (最決昭24・4・6刑集3・4・469)。

　請求は，不起訴処分の通知 (260) を受けてから7日以内にしなければならない。この期間の計算は，55条，56条，規66条の2による。なお，366条1項の準用ないし類推適用はなく (最決平16・10・1裁集刑286・349)，請求書が検察官に到達した時点が基準となる。

[6] 不起訴処分に対する不服申立て

　不起訴処分に対する民事訴訟又は行政訴訟は認められない (最大判昭27・12・24民集6・11・1214)。行政不服審査法による不服申立ても許されない (行審7Ⅰ⑥)。

　検察審査会による審査の請求をすることができる。また，検察庁法による上級検察庁の監督権の発動を請求することもできる。　　　　　　　　　　　　　〔丸山哲巳〕

263条，264条

第263条 [1] 〔請求の取下げ〕　前条第1項の請求は，第266条の決定があるまで[2]これを取り下げることができる。

2　前項の取下をした者は，その事件について更に前条第1項の請求をすることができない。

[規]　**第170条** [3]（請求の取下の方式・法第263条）　法第262条の請求の取下は，書面でこれをしなければならない。

第172条 [3]（請求等の通知）　前条の送付があつたときは，裁判所書記官は，速やかに法第262条の請求があつた旨を被疑者に通知しなければならない。

2　法第262条の請求の取下があつたときは，裁判所書記官は，速やかにこれを検察官及び被疑者に通知しなければならない。

[1] 本条の趣旨

本条は，付審判請求の取下げについて定めた規定である。

[2] 請求の取下げの時期

付審判請求は，請求棄却又は審判に付する決定があるまで，取り下げることができる。決定があるまでとは，決定が外部的に成立するまで，すなわち，決定書を送達すべき者の一人に送達される時までという意味である。

検察官が公訴を提起した場合には，取下げは許されない。

数個の事件について請求があった場合，一部のみを取り下げることも可能である。

[3] 請求の取下げの手続

請求の取下げは，書面でしなければならない。

請求の取下げがあった場合，裁判所書記官は，速やかにこれを検察官と被疑者に通知しなければならない。

取下書は，請求書が裁判所に送付された後は裁判所に，それ以前は検察官に提出することになるが，提出先が違っても，取下げの効果に影響を及ぼさない。請求書が裁判所に送付された後に，検察官に取下書が提出された場合は，検察官は直ちに裁判所に送付すべきである。請求書が裁判所に送付される前に，裁判所に取下書が提出された場合には，裁判所は直ちにこれを検察官に送付すべきである。いずれの場合も，取下げの効力は，取下書が裁判所又は検察官に提出されたときに発生する。　　　　　〔丸山哲巳〕

第264条 [1] 〔公訴提起の義務〕　検察官は，第262条第1項の請求を理由があるものと認めるときは，公訴を提起しなければならない[2]。

[規]　**第171条**（書類等の送付）　検察官は，法第262条の請求を理由がないものと認めるとき

は，請求書を受け取つた日から7日以内に意見書を添えて書類及び証拠物とともにこれを同条に規定する裁判所に送付しなければならない。意見書には，公訴を提起しない理由を記載しなければならない[3]。

[1] 本条の趣旨

検察官に再考する機会を与え，請求を理由があると認めるときは，公訴提起を義務づけたものである。起訴独占主義をできるだけ維持しようとした趣旨である。

[2] 請求を理由があるものと認めるとき

検察官は，付審判請求を理由があると認めるときは，公訴を提起しなければならない。請求の理由があるとは，請求書に記載された理由が相当という意味ではなく，起訴するのが相当という意味である。検察官は，独自の資料を加えて起訴相当と判断すれば，起訴しなければならない。

[3] 請求を理由がないものと認めるとき

検察官は，請求を理由がないものと認めるときは，請求書を受け取ってから7日以内に，意見書を添えて，書類及び証拠物とともに裁判所に送付しなければならない。この期間の定めは，訓示規定であるから，これに違反しても請求の効力に影響があるわけではない。もっとも，検察官は，公益の代表者として，この期間を遵守すべきなのはいうまでもない。

書類及び証拠物というのは，一件記録及び手持ちの証拠物全部という意味である。

検察官が作成する意見書は，裁判所の判断に資するという観点から，できるだけ詳細に記載することが望ましい。もっとも，意見書の理由が不十分であっても，請求の効力に影響を及ぼすものではない。

請求を理由がないものと認めて請求書等を裁判所に送付した後，検察官が公訴を提起できるかについては，説が分かれているが，積極に解してよいであろう。　　〔丸山哲巳〕

第265条 [1] 〔**付審判請求手続の審判**〕　第262条第1項の請求についての審理及び裁判は，合議体でこれをしなければならない[2]。

2　裁判所は，必要があるときは，合議体の構成員に事実の取調をさせ，又は地方裁判所若しくは簡易裁判所の裁判官にこれを嘱託することができる。この場合には，受命裁判官及び受託裁判官は，裁判所又は裁判長と同一の権限を有する。

[規]　第173条（被疑者の取調・法第265条）　法第262条の請求を受けた裁判所は，被疑者の取調をするときは，裁判所書記官を立ち会わせなければならない。

2　前項の場合には，調書を作り，裁判所書記官が署名押印し，裁判長が認印しなければならない。

3 前項の調書については，第38条第2項第3号前段，第3項，第4項及び第6項の規定を準用する。

[1] 本条の趣旨

本条は，付審判請求を審理，裁判する裁判体などを定めた規定である。

[2] 付審判請求の審理

(1) **審理の主体** 付審判請求は，地方裁判所が合議体で審理し，決定する。

この手続を担当する裁判官にも，除斥，忌避，回避の規定が適用される（最決昭44・9・11刑集23・9・1100）。

(2) **審理の基本原則** 付審判請求は，職権により審理される裁判手続である（262の解説[1](2)参照）。

この手続は，訴訟ではなく，当事者対立構造をとるものでもないから，それを前提とする規定，例えば，訴訟関係人の書類・証拠物の閲覧謄写権(40・49)，証拠申請権(298)，証人尋問における立会権及び尋問権（157）等の規定は，適用ないし準用されない（最決昭47・11・16刑集26・9・515）。審理の公開，被疑者の在廷なども必要的ではなく，口頭弁論を開く必要もない。むしろ，捜査に類似する性格をも有する公訴提起前における職権手続であることに鑑みると，事実調査の実効性の確保，被疑者その他の関係人の名誉の保護等のため，密行性をも重視する必要がある（前掲最決昭47・11・16）。もっとも，このような手続の基本的性格，構造に反しない限り，裁判所の適切な裁量により，必要とする審理方法を採ることができる（最決昭49・3・13刑集28・2・1）。

(3) **審理の方法** 審理は，職権で，密行性を原則として進められる。裁判所は，検察官から送付された書類及び証拠物を検討するほか，自ら事実の取調べをすることもできる。総則の規定により強制処分を行うこともできる。請求人や被疑者に審理期日や事実調べの結果を通知する必要はない。

前記のとおり，手続の基本的性格，構造に反しない限り，裁判所は，適切な裁量により，必要とする審理方法を採ることができるが，検察官から送付された捜査記録等の閲覧謄写を請求代理人に許可することは，密行性の解除によってもたらされる弊害に優越すべき特段の必要のない限り，裁判所に許される裁量の範囲を逸脱し，違法となる（前掲最決昭49・3・13）。

被疑者に対しては，召喚，勾引，勾留が可能である。勾留期間は60条2項によるべきである。被疑者の取調べも許されるが，黙秘権の告知をしなければならない。

(4) **審理方式に関する不服申立て** 付審判請求手続における審理方式に関する決定に対して不服申立てをすることはできない。異議の申立て（309）が許されるかについては争いがある。

付審判請求手続は，訴訟ではないが，裁判手続であるから，その手続中で，裁判を受ける者が，その裁判に対し，所定の規定に基づき，不服申立てをすることは許される。

570　　265条，266条

付審判請求事件の審理でなされた提出命令に対しては，419条の通常抗告をすることができる（最決昭44・9・18刑集23・9・1146）。　　　　　　　　　　〔丸山哲巳〕

第266条 [1]〔請求棄却の決定・付審判の決定〕　裁判所は，第262条第1項の請求を受けたときは，左の区別に従い，決定をしなければならない。
　　一　請求が法令上の方式に違反し，若しくは請求権の消滅後にされたものであるとき，又は請求が理由のないときは，請求を棄却する [2]。
　　二　請求が理由のあるときは，事件を管轄地方裁判所の審判に付する [3]。

　　[規]　第174条（審判に付する決定・法第266条）　法第266条第2号の決定をするには，裁判書に起訴状に記載すべき事項を記載しなければならない。
　　　　　2　前項の決定の謄本は，検察官及び被疑者にもこれを送達しなければならない。
　　　　第175条（審判に付する決定後の処分・法第267条）　裁判所は，法第266条第2号の決定をした場合には，速やかに次に掲げる処分をしなければならない [3]。
　　　　　一　事件をその裁判所の審判に付したときは，裁判書を除いて，書類及び証拠物を事件について公訴の維持にあたる弁護士に送付する。
　　　　　二　事件を他の裁判所の審判に付したときは，裁判書をその裁判所に，書類及び証拠物を事件について公訴の維持にあたる弁護士に送付する。

[1] 本条の趣旨
　本条は，付審判請求に対する裁判の要件と方式を定めたものである。
　請求に対する決定は，事件ごとにしなければならない。数個の事件を1通の決定書で決定することもできるが，一部の請求を認容し，その余の請求を棄却する場合には，付審判の決定書が起訴状と同様の機能を有する（規174）ことからすると，別々の決定書を作成するのが相当である。

[2] 請求棄却の決定
(1) **請求棄却の要件**　請求が「法令上の方式に違反し」とは，請求人が告訴・告発権者でない場合，262条1項に掲げる罪以外の罪について請求がされた場合，請求書の記載要件（規169）を欠く場合，請求書が直接裁判所に提出された場合などがこれに当たる。検察官が，意見書を添付しなかったり，請求書とともに書類や証拠物の送付を怠ったりした場合は，手続の瑕疵による不利益を請求人に負わせることは妥当ではないから，法令上の方式に違反したことにはならず，請求を棄却することはできない。
　請求が「請求権の消滅後にされたものである」とは，262条2項の期間経過後に請求された場合，請求の取下（263）後に請求された場合，検察官の公訴提起後に請求された場合などをいう。請求人が請求後に死亡した場合もこれに当たることになろう。

266条 571

　請求が「理由のない」とは，罪とならない場合，犯罪の嫌疑のない場合，訴訟条件を欠く場合，起訴猶予を相当とする場合などをいう。

　以上の各要件の存否は，決定をする時点で判断する。

(2) **決定書の送達**　　請求棄却決定の謄本は，請求人に送達することを要するが，検察官及び被疑者に送達することは要しない（規174Ⅱの反対解釈）。もっとも，実務的には，通知をするのが妥当であろう。

(3) **請求棄却決定の効力**　　請求棄却決定があった場合であっても，検察官が公訴提起をすることは可能である。なお，請求棄却決定を受けた請求人が，同一事件で再度告訴し，不起訴処分の後，再度付審判請求をすることは，同一被疑事実につき二重の判断を裁判所に求めるもので不適法である（東京地決昭55・9・5判時1020・140）。

(4) **不服申立て**　　請求棄却決定に対しては，419条による抗告を申し立てることができる（最大決昭28・12・22刑集7・13・2595）。この場合に，366条1項は準用されない（最決昭43・10・31刑集22・10・955）。

［3］審判に付する決定

(1) **審判に付する決定の要件**　　請求が「理由がある」とは，公訴の提起をすることが相当な場合をいう。検察官が起訴猶予の処分をしたときは，その処分が，著しく裁量の範囲を超えて違法である場合のほか，不当である場合もこれに当たる（香城・注釈刑訴3・580）。

　犯罪事実については，合理的な疑いを超える確信までの心証は必要ではなく，訴追するについて要求される相当な心証で足りる（髙橋・大コメ刑訴5・320）。

　要件の存否は，決定をする時点で判断する。したがって，検察官の不起訴処分後に生じ又は発見された資料も考慮することができる。

(2) **管轄地方裁判所**　　管轄地方裁判所が複数あるときは，いずれの裁判所の審判に付してもよい。審判に付する決定の効力が生じたときは，当該管轄地方裁判所に管轄が創設され，その裁判所は管轄違いの裁判をすることができない（329但）。もっとも，管轄裁判所相互間の移送に関する19条は適用される（香城・前掲583）。

(3) **決定書の記載内容**　　付審判の決定をするには，決定書に起訴状に記載すべき公訴事実・罪名等の事項（256）を記載する必要がある。事件の審判において，決定書が起訴状と同一の機能を果たすからである。したがって，決定書には，裁判官に事件につき予断を生じさせるおそれのある書類その他の物を添付し，又はその内容を引用してはならない（256Ⅵ参照）。同様の趣旨から，決定書には，理由を記載してはならない。

　決定書に記載する事実は，請求事実である。一事不再理効の関係を考えると，請求事実と科刑上一罪の関係にある他の事実を追加して付審判決定をすることもできると解される（髙橋・前掲322）。

　決定書に起訴状に記載すべき公訴事実等が記載されていない場合や，256条6項の趣旨に反する記載があった場合，事件に付された裁判所は，338条4号により公訴を棄却

することができるものと解される。この場合，公訴棄却の判決が確定すると，公訴提起が違法ということになり，公訴提起が効力を有しないことが確定する。そうすると，付審判の決定は効力を失い，付審判請求が残ることになるので，準起訴裁判所は，再度付審判請求に対する決定をしなければならない（香城・前掲588）。

(4) **決定書謄本の送達**　　付審判の決定は，請求者のほか，検察官と被疑者にも送達しなければならない（規174Ⅱ）。この中の一人に送達された時点で，決定が外部的に成立し，公訴提起の効力が生じることになる。

付審判の決定書謄本の送達についても271条2項の準用があるかについては，争いがあるが，消極に解する（香城・前掲581）。したがって，請求者，検察官，被疑者の中の一人に送達された時点で決定の効力が生じ，その後は，被疑者に送達されなくても，決定がさかのぼって効力を失うことはないと解される。

(5) **不服申立て**　　付審判の決定に対しては，訴訟手続に関し判決前にした決定に準ずるものとして，不服申立てをすることができない（420）。特別抗告（433）も認められない（最決昭52・8・25刑集31・4・803）。したがって，付審判決定の瑕疵については，審判に付された本案の訴訟手続で主張していくことになる。

(6) **決定後の手続**　　被疑者を勾留中に付審判の決定があった場合，その勾留は起訴後の勾留に切り替わる。

裁判所は，事件をその裁判所の審判に付したときは，裁判書を除いて，書類及び証拠物を事件について公訴の維持にあたる弁護士に送付する（規175①）。事件を他の裁判所の審判に付したときは，裁判書をその裁判所に，書類及び証拠物を事件について公訴の維持にあたる弁護士に送付する（規175②）。

なお，付審判決定をした裁判所の手元にある弁護人選任届及び請求者，被疑者に対する決定書の謄本の送達報告書は管轄裁判所に送付すべきであり，逮捕状，勾引状，勾留状その他被疑者の身柄関係書類は，管轄裁判所の裁判官に送付すべきである。〔丸山哲巳〕

第267条 [1] 〔**公訴提起の擬制**〕　前条第2号の決定があつたときは，その事件について公訴の提起があつたものとみなす [2]。

［1］本条の趣旨

本条は，審判に付する決定があった場合の効力について定めたものである。

［2］付審判決定の効力

裁判所の審判に付する決定により，当然に公訴提起の効力が生じる。

付審判決定の効力が発生する時期は，請求者に決定書謄本が送達された時点である。この時から，被疑者は被告人になる。決定が効力を生じた時点で，公訴時効は停止する（最決昭33・5・27刑集12・8・1665）。

付審判決定に記載された事件が公訴提起されたことになる。訴因・罰条の追加・変更・撤回及び縮小認定も許されることになる。付審判決定後の公判審理の結果，それ以外の罪の成立が認められるにすぎないことになったとしても，審判に付された事件と公訴事実の同一性が認められる限り，この罪で処罰することができる（最決昭49・4・1刑集28・3・17）。

〔丸山哲巳〕

第267条の2 [1] 〔**付審判決定の通知**〕　裁判所は，第266条第2号の決定をした場合において，同一の事件について，検察審査会法（昭和23年法律第147号）第2条第1項第1号に規定する審査を行う検察審査会又は同法第41条の6第1項の起訴議決をした検察審査会（同法第41条の9第1項の規定により公訴の提起及びその維持に当たる者が指定された後は，その者）があるときは，これに当該決定をした旨を通知しなければならない。

[1] 本条の趣旨

　本条は，同一の事件について，告訴人等が，付審判請求をするとともに，検察審査会に対して審査の申立てをすることがあり得ることから，裁判所の付審判決定と検察審査会の起訴議決に基づく公訴提起とが二重にされることのないよう，付審判決定をした裁判所は，同一の事件について不起訴処分の当否の審査をしている検察審査会等があるときは，これに当該決定をした旨を通知すべきことを定めた規定である。

　なお，検察審査会法41条の12に同趣旨の規定があり，検察審査会の指定弁護士が公訴を提起した場合は，同一の事件で付審判請求がされた地方裁判所に，公訴を提起した旨を通知しなければならないことになっている。

〔丸山哲巳〕

第268条 [1] 〔**公訴の維持と指定弁護士**〕　裁判所は，第266条第2号の規定により事件がその裁判所の審判に付されたときは，その事件について公訴の維持にあたる者を弁護士の中から指定しなければならない [2]。

2　前項の指定を受けた弁護士は，事件について公訴を維持するため，裁判の確定に至るまで検察官の職務を行う。但し，検察事務官及び司法警察職員に対する捜査の指揮は，検察官に嘱託してこれをしなければならない [3]。

3　前項の規定により検察官の職務を行う弁護士は，これを法令により公務に従事する職員とみなす。

4　裁判所は，第1項の指定を受けた弁護士がその職務を行うに適さないと認めるときその他特別の事情があるときは，何時でもその指定を取り消すことができる [2]。

5 第1項の指定を受けた弁護士には，政令で定める額の手当を給する。

[1] 本条の趣旨

　本条は，付審判の決定があった場合，指定弁護士に公訴の維持をさせることを定めた規定である。これは，付審判の決定があった場合，検察官に公訴の維持をさせることは，それが不起訴処分をした検察官でなかったとしても，検察官同一体の原則上適当ではないことによるものである。

[2] 指定弁護士の指定及び取消し

　指定弁護士は，受訴裁判所が指定する。指定は1名に限られない。誰を選任するかは裁判所の裁量であるが，受訴裁判所の所在地にある弁護士会所属の弁護士から選任するのが妥当であろう。

　弁護士は，正当な理由がなければ指定を拒否することができない（弁護24）。いったん指定があれば，審級別でなく，判決確定まで効果が続く。

　指定弁護士の取消しも裁判所の裁量である。

[3] 指定弁護士の職務権限

　指定弁護士は，刑訴法上の検察官の職務権限を行使することができる。もっとも，検察官の身分を取得するわけではないので，検察庁法の適用は受けない。捜査の指揮は，検察官に嘱託して行わなければならない。検察官に対して捜査の指揮をすることはできないが，検察官，検察事務官及び司法警察職員にあらゆる援助を求めることができる。

　指定弁護士は，公訴の維持に当たる権限を有するにとどまるから，公訴の取消しをすることはできない。付審判の決定の趣旨に反しない限り，訴因の変更はすることができる。

　公判には，指定弁護士が出席しなければならない。検察官が出席することは違法である。なお，付審判された事件と他の事件とを併合審理する場合には，指定弁護士と検察官が共に公判に出席することになる。　　　　　　　　　　　　　　　　〔丸山哲巳〕

第269条 [1] 〔請求者に対する費用賠償の決定〕　裁判所は，第262条第1項の請求を棄却する場合又はその請求の取下があつた場合には，決定で，請求者に，その請求に関する手続によつて生じた費用の全部又は一部の賠償を命ずることができる [2]。この決定に対しては，即時抗告をすることができる [3]。

[1] 本条の趣旨

　本条は，請求人に費用賠償を命ずることができることを定めた規定である。付審判請求の濫用を防止することを趣旨としたものであり，告訴人等の訴訟費用の負担に関する183条と同趣旨の規定である。

［2］費用賠償の決定

賠償を命ずるか否か，どの範囲で賠償を命ずるかは，裁判所の裁量に委ねられている。犯罪事実の存否，故意・過失の有無・程度，請求者の立場（被害者か否か。），資力等を考慮して合理的に決定すべきである（香城・注釈刑訴3・590）。

請求に関する手続によって生じた費用とは，訴訟費用より広く，裁判官の旅費等も含む。また，被疑者・弁護人等に生じた費用も含まれる（香城・前掲590）。

賠償の相手方は，国のほか，費用を生じた主体である。

［3］不服申立て

決定に対しては，賠償を命じられた者のほか，検察官（国）も，即時抗告を申し立てることができる（香城・前掲590）。　　　　　　　　　　　　　　　〔丸山哲巳〕

第270条 [1]〔**検察官の書類・証拠物の閲覧・謄写権**〕　検察官は，公訴の提起後は，訴訟に関する書類及び証拠物[2]を閲覧し，且つ謄写することができる[3]。

　2　前項の規定にかかわらず，第157条の6第4項に規定する記録媒体は，謄写することができない[4]。

　　［規］　第301条　法第40条参照。

［1］本条の趣旨

本条は，裁判所に存する書類・証拠物について，検察官の閲覧謄写権を定めたものである。弁護人については40条，規31条，弁護人のいない被告人については49条，規50条がある。

［2］閲覧・謄写の対象

裁判所の保管する当該訴訟の一切の書類及び証拠物を意味する。

［3］閲覧・謄写の方法

弁護人の閲覧・謄写の場所が裁判所に限られ，証拠物の謄写について裁判長の許可を要するのに対し，検察官の閲覧・謄写については，場所的制限がなく，裁判長の許可も不要であるため，書類・証拠物を裁判所から借り出して閲覧・謄写することができる。40条に関する規31条に相当する規定は本条に関しては存しないが，検察事務官などの補助者に閲覧・謄写させることも許されると解される。なお，検察官の閲覧・謄写について，裁判長又は裁判官は，その日時，場所及び時間を指定することができる（規301Ⅰ）。

［4］検察官の謄写権の制限

ビデオリンク方式により記録された記録媒体について，検察官にその謄写を認めないこととした規定である（本条Ⅱ）。その趣旨については，40条，321条の2の解説を参照。

　　　　　　　　　　　　　　　　　　　　　　　　　　　　　　　〔三村三緒〕

第3章 公 判

第1節 公判準備及び公判手続

第271条 [1]〔起訴状謄本の送達〕 裁判所 [2] は，公訴の提起があつたときは，遅滞なく [3] 起訴状の謄本 [4] を被告人に [5] 送達 [6] しなければならない [7][8]。

2 公訴の提起があつた日から [9] 2箇月以内に起訴状の謄本が送達されないとき [10] は，公訴の提起は，さかのぼつてその効力を失う [11][12]。

> [規] 第176条（起訴状の謄本の送達等・法第271条） 裁判所は，起訴状の謄本を受け取つたときは，直ちにこれを被告人に送達しなければならない。
>
> 2 裁判所は，起訴状の謄本の送達ができなかつたときは，直ちにその旨を検察官に通知しなければならない [13]。

> [1] 本条の趣旨 [2] 送達の主体 [3] 送達すべき時期 [4] 送達すべき書類 [5] 送達の相手方 [6] 送達の方法 [7] 送達手続の瑕疵 [8] 送達を要しない事件 [9] 不送達期間の起算日 [10] 不送達の理由 [11] 不送達の効果 [12] 適用範囲 [13] 検察官への通知

[1] 本条の趣旨

本条は，起訴状謄本の被告人への送達を規定する。第1回公判期日の開始前に被告人に起訴状記載の公訴事実，罰条（256Ⅱ②③）を知らせ，防御の準備をする機会を与えるためである。

[2] 送達の主体

裁判所とは，受訴裁判所（訴訟法上の裁判所）のことである。

[3] 送達すべき時期

本条1項の「遅滞なく」の意味について，規176条1項は，「起訴状の謄本を受け取つたときは，直ちに」と具体化している。「遅滞なく」というのは，裁判所側からいえば，送達準備のため合理的に必要と認められる期間を超えない範囲内であり，被告人側からいえば，公判開廷前に防御の準備をすることができる程度の時間的余裕を置いて送達を受けるということである。後者の観点についてはさらに，起訴状謄本の送達と第1回公判期日の時間的間隔について定めた275条及び規179条があり，起訴状謄本は第1回公判期日よりこの時間的間隔以前に送達されなければならない。

271条

[4] 送達すべき書類

　被告人に送達されるのは，検察官から，公訴の提起と同時に裁判所に提出された起訴状謄本（256，規165 I）である。送達された謄本に瑕疵があった場合の送達の効力については，被告人に公訴事実，罰条を知らせ，防御の準備をする機会を与えるという本条の趣旨に反しない限り，有効と解される（高橋・大コメ刑訴5・358）。

[5] 送達の相手方

(1)　送達は，必ず被告人にしなければならない。弁護人に送達しても本条の送達をしたことにはならない。

(2)　外国人被告人に起訴状謄本を送達する際に，その翻訳文を送付する法的義務はない（東京高判平2・11・29高刑集43・3・202，東京高判平3・9・18高刑集44・3・187）。もっとも，本条の趣旨を生かすため，実務では，裁判所において起訴状の概要を当該被告人に理解できる言語で翻訳した文書を被告人に送付する運用が一般に行われている。

(3)　被告人が訴訟能力を欠く場合には，起訴状謄本送達は無効であるとする見解（東京高決昭39・2・4高刑集17・1・138等）がある一方，有効であるとする見解（大阪高判平7・12・7高刑集48・3・199）もある。

(4)　会社が被告人の場合は，代表権のある者に送達すべきであり，代表権のない者に対する送達は無効である。

[6] 送達の方法

　起訴状謄本の送達については，原則として民訴法の送達に関する規定が準用される（54）。もっとも，起訴状謄本の送達については，公示送達（54）や書留郵便に付する送達は許されない（規63 I 但）。

　刑事施設に収容されている被告人に対する送達は刑事施設の長にする（54，民訴102 III）。警察署の留置施設についてはその警察署長である（最決昭27・5・31刑集6・5・788）。

[7] 送達手続の瑕疵

　本条の趣旨に照らして，送達手続に多少の瑕疵があっても，実質的に被告人に起訴状記載の公訴事実，罰条を知る機会が与えられたと認められるときには，送達が有効に行われたということができる。例えば，警察署の留置施設に収容されている被告人に対する起訴状の謄本がその警察署長ではなく警視総監宛に送達された場合であっても，事実上その謄本が被告人に交付されたと認められるときには，その瑕疵は治癒される（前掲最決昭27・5・31）。また，被告人に送達されておらず，被告人により選任された弁護人にのみ送達された場合であっても，第一回公判期日が起訴の日から2か月以内に開かれ，弁護人に送達されてから弁論準備のために十分の期間があったといえ，かつ上記公判期日に被告人側から何ら異議の申立てがないときは，この点の瑕疵が治癒され得る（最決昭27・7・18刑集6・7・913参照）。

　他方，送達に形式的な瑕疵がなくても，実質的に被告人にそのような機会が与えられたといえないときには，送達は無効である。例えば，刑事施設の長宛に送達された起訴

状謄本が，誤って同姓同名の他の被収容者に交付され，被告人がその交付を受けなかったような場合には，その送達は無効である（最大決昭32・6・12刑集11・6・1649）。なお，補充送達も認められているが，行方不明の被告人の留守宅等はそもそも送達場所（民訴103Ⅰ）に当たらない。補充送達は，受領能力を有する者に対して交付することを要する。

[8] 送達を要しない事件

本条の趣旨にかんがみて，以下のように裁判前に被告人に防御の準備をする機会を与える必要がない場合には，起訴状謄本送達の必要はない。

ア　形式裁判，とくに公訴棄却の決定（339Ⅰ②〜⑤）をする場合には，起訴状謄本の送達を不要とする説が通説である（松尾・条解546，高橋・大コメ刑訴5・358）。

イ　付審判の決定によって公訴の提起があったとみなされる場合（267）には，本条の適用はない。この場合には，付審判決定の謄本が被疑者に送達されることになっている（規174Ⅱ）からである。

ウ　略式命令の請求があった事件については，その審理は書面審理によるものであり，被告人に略式命令発付前に防御の準備をする機会を与える必要がないから，起訴状謄本送達の必要はない（松尾・条解546，高橋・大コメ刑訴5・357）。略式命令に対して正式裁判の請求があった場合にも，略式命令自体が起訴状に代わるものとして機能するから，改めて起訴状謄本を送達する必要はない（最決昭29・12・2刑集8・12・2061）。ただし，起訴状の訴因の記載と略式命令の罪となるべき事実の記載との間に軽微とはいえない差異がある場合には，公判における審理の対象を明確にする意味から起訴状謄本を送達することが望ましい（松尾・条解546，高橋・大コメ刑訴5・357）。

なお，略式命令の請求があった事件について，裁判所が463条1項又は2項により通常の規定に従って審判するときには，その旨を検察官に通知して（463Ⅲ），起訴状謄本の提出を受け（規292），これを被告人に送達しなければならない（463Ⅳ）。

[9] 不送達期間の起算日

不送達期間の起算日は，起訴状に記載された日ではなく裁判所が起訴状を受理した日である。2か月の期間の計算には，初日を算入しない（55Ⅰ本）。

[10] 不送達の理由

不送達の理由のいかんを問わない。被告人，裁判所，送達機関のいずれに過失がある場合も含まれる。

[11] 不送達の効果

起訴状の謄本が2か月以内に送達されなかった場合には，訴訟法上公訴提起がなかったと同じことになるということである。この場合には，決定で公訴を棄却しなければならない（339Ⅰ①）。

このときも254条1項の規定の適用があり，公訴提起により進行を停止していた時効が，公訴棄却決定の確定した日から再び進行すると解されている（最決昭55・5・12刑集34・3・185）。

また，公訴提起がなかったと同じことになる以上，同一事件につき改めて公訴の提起をしても二重起訴とはならない。さらに，起訴状謄本不送達による公訴棄却決定後その確定前に同一の事実についてさらに公訴の提起があっても，その後当該決定が確定したときは，二重起訴に当たらない（最判昭36・10・31刑集15・9・1653）。

本条2項の効力は絶対的なものであり，2か月経過後起訴状謄本の送達があり，訴訟関係人が異議なく審判に応じたとしても，その瑕疵は治癒されない（東京高決昭48・12・5刑裁月報5・12・1639）。

なお，公訴棄却決定が告知されたときは，勾留状はその効力を失う（345）。

[12] 適用範囲

本条は，付審判決定のあった事件（266・267）について準用があると解されている（高橋・大コメ刑訴5・365）。したがって，請求者に決定書謄本の送達があった日（付審判決定の効力が発生し，公訴の提起があったとみなされる日）から2か月以内に被疑者に決定書謄本の送達のないときは，付審判の決定はさかのぼってその効力を失う。

略式命令の請求を受けた裁判所が，通常の規定に従って審判する場合（463）も，本条2項の適用があり，その場合，起訴状謄本を送達すべき期間は，通常の規定に従い審判する旨を裁判所が検察官に通知した日から2か月以内である（463Ⅳ）。これに対して，略式命令に対し正式裁判の請求があって通常の手続により審判する場合には，略式命令の告知自体が起訴状謄本の送達と同視され得るから，本条2項の準用はないと解される（高橋・大コメ刑訴5・366）。

[13] 検察官への通知

起訴状の謄本が不送達となったことを検察官に通知するのは，公訴官として，公訴維持の責任のある検察官に，被告人の所在を改めて調査する機会を与えるためである。所在調査の結果，被告人の所在を確かめて裁判所に報告したり，被告人の現住所等が判明したとして起訴状記載の被告人の住居を補正した場合には，裁判所は，起訴後2か月の期間内である限り何回でも送達をすることになる。裁判所は，それでも不送達になれば，その都度送達不能の通知をしなければならない。

通知は裁判所が行うことになっているが，裁判所の指示により裁判所書記官にこれをさせることもできる（規298Ⅱ）。通知は相当な方法によればよいが，通知をしたことは，これを記録上明らかにしておかなければならない（規298Ⅲ）。　　　　〔安永健次〕

第272条 [1] 〔弁護人選任権等の告知〕　裁判所は，公訴の提起があつたときは，遅滞なく被告人に対し，弁護人を選任することができる旨及び貧困その他の事由により弁護人を選任することができないときは弁護人の選任を請求することができる旨を知らせなければならない [2]。但し，被告人に弁護人があるとき [3] は，この限りでない。

2 　裁判所は，この法律により弁護人を要する場合を除いて，前項の規定により弁護人の選任を請求することができる旨を知らせるに当たつては，弁護人の選任を請求するには資力申告書を提出しなければならない旨及びその資力が基準額以上であるときは，あらかじめ，弁護士会（第36条の３第１項の規定により第31条の２第１項の申出をすべき弁護士会をいう。）に弁護人の選任の申出をしていなければならない旨を教示しなければならない[4]。

[規] 　第177条（弁護人選任に関する通知・法第272条等）　裁判所は，公訴の提起があったときは，遅滞なく，被告人に対し，弁護人を選任することができる旨及び貧困その他の事由により弁護人を選任することができないときは弁護人の選任を請求することができる旨の外，死刑又は無期若しくは長期３年を超える懲役若しくは禁錮にあたる事件については，弁護人がなければ開廷することができない旨をも知らせなければならない。但し，被告人に弁護人があるとき[3]は，この限りでない。

第178条（弁護人のない事件の処置・法第289条等）　裁判所は，公訴の提起があつた場合において被告人に弁護人がないときは，遅滞なく，被告人に対し，死刑又は無期若しくは長期３年を超える懲役若しくは禁錮にあたる事件については，弁護人を選任するかどうかを，その他の事件については，法第36条の規定による弁護人の選任を請求するかどうかを確めなければならない[5]。

2 　裁判所は，前項の処置をするについては，被告人に対し，一定の期間を定めて回答を求めることができる。

3 　第１項前段の事件について，前項の期間内に回答がなく又は弁護人の選任がないときは，裁判長は，直ちに被告人のため弁護人を選任しなければならない[6]。

[1] 本条の趣旨

本条は，30条及び36条の趣旨を被告人に了解させるための規定である。76条，77条，203条，204条等の規定はあるが，公訴提起後は国選弁護人の選任を請求をすることができるほか，必要的弁護事件（289）の関係からも，弁護人選任の問題が特に重要な意味を持つので，重ねて告知をする必要があるとした。憲法37条３項の権利を実質化したものといえる。

[2] 選任権の告知

実務では，既に弁護人がいる場合を除き，起訴状謄本の送達と同時に，弁護人選任についての照会を兼ねた一定の文言を印刷し，かつ，その照会に対する回答書が添付された書面を送達し所定の期間内に回答を差し出させる取扱いをしている。この書面には，弁護士会に対する私選申出ができること（31の２）についても記載されているのが通例である。

本条は公判手続に関する規定であるから，略式命令の請求のあった事件については，通常手続に移行する場合に本条の告知をすれば足りる。

追起訴された事件にも本条の適用があるが，通常の場合，先にした弁護人選任の効力が及ぶと予期されることから，実務では，既に弁護人の選任があるときは，本条の告知をしていないのが一般である。

[3] 弁護人があるとき

弁護人があるときとしては，公訴提起前に弁護人が選任されている場合，公訴提起後直ちに弁護人が選任された場合，追起訴事件で併合決定により先の弁護人選任の効力が及ぶ場合などがある。

[4] 国選弁護人の選任請求に関する事項の教示

被告人に国選弁護人の選任請求に必要な準備を行う機会を与えるため，必要的弁護事件の場合を除いて，裁判所が，被告人に国選弁護人の選任請求権を知らせるに当たっては，選任請求をするには資力申告書を提出しなければならない旨と，資力が基準額以上であるときは，あらかじめ，当該裁判所の所在地を管轄する地方裁判所の管轄区域内にある弁護士会に私選弁護人の選任の申出をしていなければならない旨を教示しなければならない。実務上は，任意的弁護事件用の選任についての通知照会書（[2]記載の書面）には，これらの説明が記載され，資力申告書の用紙とともに被告人に送付される。

[5] 選任についての照会

[2]参照。なお，任意的弁護事件の場合，本条及び規178条の手続をすれば，弁護人が選任されなくとも，公判期日に更に弁護人選任の意思があるかを確かめる必要はない。

[6] 職権による国選弁護人の選任

規178条3項被告人の権利保護と訴訟促進の要請に基づく規定である。実務では，起訴状謄本と同時に送達した選任についての通知照会書（[2]参照）に対する回答が被告人から相当期間内に送られてこないときには，規178条2項に基づいて改めて回答期限を定め，回答を促進することが多い。その際，必要的弁護事件であるときは，期限内に回答がなければ，裁判長が国選弁護人を選任する旨併せて通知することも多く，そのような通知をしたときは，現実に期限内に回答がなければ期限経過後ただちに同条3項に基づいて国選弁護人を選任するのが一般である（松尾・条解550）。　　　　〔安永健次〕

第273条 [1] 〔公判期日の指定〕　裁判長は [2]，公判期日 [3] を定めなければならない [4][5]。

2　公判期日には，被告人を召喚しなければならない [6][7]。

3　公判期日は，これを検察官，弁護人及び補佐人に通知しなければならない [8][9][10]。

[規]　第178条の2 [11]（第1回公判期日前における訴訟関係人の準備）　訴訟関係人は，第1回の公判期日前に，できる限り証拠の収集及び整理 [12] をし，審理が迅速に行われる

582 273条

ように準備しなければならない。

第178条の3（検察官，弁護人の氏名の告知等） 裁判所は，検察官及び弁護人の訴訟の準備に関する相互の連絡が，公訴の提起後すみやかに行なわれるようにするため，必要があると認めるときは，裁判所書記官に命じて，検察官及び弁護人の氏名を相手方に知らせる等適当な措置をとらせなければならない。

第178条の4（第1回公判期日の指定） 第1回の公判期日を定めるについては，その期日前に訴訟関係人がなすべき訴訟の準備を考慮しなければならない。

第178条の5（審理に充てることのできる見込み時間の告知） 裁判所は，公判期日の審理が充実して行なわれるようにするため相当と認めるときは，あらかじめ，検察官又は弁護人に対し，その期日の審理に充てることのできる見込みの時間を知らせなければならない。

第178条の6（第1回公判期日前における検察官，弁護人の準備の内容） 検察官は，第1回の公判期日前に，次のことを行なわなければならない。

一　法第299条第1項本文の規定により，被告人又は弁護人に対し，閲覧する機会を与えるべき証拠書類又は証拠物があるときは，公訴の提起後なるべくすみやかに，その機会を与えること。

二　第2項第3号の規定により弁護人が閲覧する機会を与えた証拠書類又は証拠物について，なるべくすみやかに，法第326条の同意をするかどうか又はその取調の請求に関し異議がないかどうかの見込みを弁護人に通知すること。

2　弁護人は，第1回の公判期日前に，次のことを行なわなければならない。

一　被告人その他の関係者に面接する等適当な方法によつて，事実関係を確かめておくこと。

二　前項第1号の規定により検察官が閲覧する機会を与えた証拠書類又は証拠物について，なるべくすみやかに，法第326条の同意をするかどうか又はその取調の請求に関し異議がないかどうかの見込みを検察官に通知すること。

三　法第299条第1項本文の規定により，検察官に対し，閲覧する機会を与えるべき証拠書類又は証拠物があるときは，なるべくすみやかに，これを提示してその機会を与えること。

3　検察官及び弁護人は，第1回の公判期日前に，前2項に掲げることを行なうほか，相手方と連絡して，次のことを行なわなければならない。

一　起訴状に記載された訴因若しくは罰条を明確にし，又は事件の争点を明らかにするため，相互の間でできる限り打ち合わせておくこと [13]。

二　証拠調その他の審理に要する見込みの時間等裁判所が開廷回数の見通しをたてるについて必要な事項を裁判所に申し出ること。

第178条の7（証人等の氏名及び住居を知る機会を与える場合） 第1回の公判期日前に，法第299条第1項本文の規定により，訴訟関係人が，相手方に対し，証人，鑑定人，通

273条　　　　　　　　　　　　　　　　583

訳人又は翻訳人の氏名及び住居を知る機会を与える場合には，なるべく早い時期に，その機会を与えるようにしなければならない。法第299条の4第2項の規定により，被告人又は弁護人に対し，証人，鑑定人，通訳人又は翻訳人の氏名又は住居を知る機会を与えないで，氏名に代わる呼称又は住居に代わる連絡先を知る機会を与える場合も同様とする。

第178条の13（第1回公判期日における在廷証人）　検察官及び弁護人は，証人として尋問を請求しようとする者で第1回の公判期日において取り調べられる見込みのあるものについて，これを在廷させるように努めなければならない。

第178条の14 [14]（検察官，弁護人の準備の進行に関する問合せ等）　裁判所は，裁判所書記官に命じて，検察官又は弁護人に訴訟の準備の進行に関し問い合わせ又はその準備を促す措置をとらせることができる。

第178条の15 [15]（検察官，弁護人との事前の打合せ）　裁判所は，適当と認めるときは，第1回の公判期日前に，検察官及び弁護人を出頭させた上，公判期日の指定その他訴訟の進行に関し必要な事項について打合せを行なうことができる。ただし，事件につき予断を生じさせるおそれのある事項にわたることはできない。

2　前項の処置は，合議体の構成員 [16] にこれをさせることができる。

第179条の3（公判期日に出頭しない者に対する処置）　公判期日に召喚を受けた被告人その他の者が正当な理由がなく出頭しない場合には，法第58条（被告人の勾引），第96条（保釈の取消等）及び第150条から第153条まで（証人に対する制裁等）の規定等の活用を考慮しなければならない。

［1］本条の趣旨　　［2］指定の主体　　［3］公判期日　　［4］指定の方式
［5］指定に当たっての考慮事項　　［6］被告人の召喚　　［7］召喚手続の瑕疵
［8］通　知　　［9］通知を要しない場合　　［10］不通知の効果　　［11］事前準備の
趣旨　　［12］証拠の収集及び整理　　［13］訴因等及び争点の明確化　　［14］裁判所
の問合せ等　　［15］第1回公判期日前の打合せ　　［16］合議体の構成員

［1］本条の趣旨

　本条は，公訴が提起された事件についての裁判所の審判は公判廷において行われるから，裁判所は，事件について審判するための公判期日を指定しなければならないこととした規定である。

［2］指定の主体

　公判期日の指定は裁判長が行う。公判期日の取消し・変更は裁判所が行う（276）のと対照的である。

［3］公判期日

　公判期日とは，裁判所，当事者その他訴訟関係人が公判廷で訴訟行為をするように定

められた日時をいう。期日の指定は，日及び時刻をもってするのが実務の慣行であるが，日のみを指定し時刻を定めなかったとしても違法ではない（最判昭24・6・18刑集3・7・1099）。

その場合には，裁判所の執務時間の開始とともに公判期日が始まると解される（高橋・大コメ刑訴5・375）。

時刻をもって指定したときは，その時刻以前に期日を開始することができない（松尾・条解552）。したがって，判決言渡期日における指定時刻以前の言渡しは無効である（大決昭5・10・11刑集9・729）。他方，指定時刻以後の言渡しであれば，定時に言い渡されていなくても違法ではない（同大決）。

なお，期日の終期には制限がないから，手続が翌日にわたることになっても期日の同一性は失われない（松尾・条解552）。

[4] 指定の方式

期日指定は，裁判長の命令としての性質を持つ（したがって，309Ⅱの異議の対象となり得る。）。方式については特に定めがなく，必ずしも書面によることを要せず，適宜の方法をもって指定して差し支えない。実務上は，記録表紙裏面に期日指定欄を設け，これに指定した日及び期日を記載し，裁判長が認印する方法と，期日指定書を作成し，裁判長が記名押印する方法とが用いられている。公判期日において続行の公判期日が指定されたときは，公判調書に記載される（規44Ⅰ㊺）。

公判期日を指定するに当たって，訴訟関係人の意見を聴く必要はないが，実務上は，無用な公判期日の変更を避け，また，公判期日において充実した審理を行うため，当事者の準備の都合，差支えの有無などを照会した上で指定する取扱いが多い。この照会については，事案に応じ，書記官作成の報告書・電話聴取書などによりその経過を記録上明らかにしておくことが有益であろう。なお，公判前整理手続において期日指定することもできる（316の5⑫）。

[5] 指定に当たっての考慮事項

いつを期日にするかは裁判長の合理的な裁量による。

もっとも，第1回公判期日の指定に当たって，公訴提起とどれだけの期間を置くべきかについて直接の規定はないが，起訴状謄本の送達と第1回公判期日の時間的間隔について定めた275条及び規179条があり，起訴状謄本の送達と第1回公判期日の間には，少なくともこの時間的間隔を置かなければならない。

また，第1回公判期日を定めるについては，その期日前に訴訟関係人がなすべき訴訟の準備を考慮しなければならないし（規178の4），審理に2日以上を要する事件については，できる限り連日開廷し，継続して審理を行わなければならない（281の6Ⅰ）。

281条の6の規定に照らして，裁判所及び訴訟関係人は連日的開廷の実現に向けて努力しなければならない（高橋・大コメ刑訴5・377）。そのため，あらかじめ，一括して数回の公判期日を指定することは許されるし（大判昭15・11・9刑集19・780），公判期日をできる

限り近接した日時に計画的に定めることが望ましい（神垣・注釈刑訴4・25）。

弁論終結後判決宣告までの期間も，迅速裁判の要請から，できる限り短いことが望ましい（高橋・大コメ刑訴5・377）。この迅速な裁判の要請は，被告人の利益のためだけではなく，広く社会公共の利益のためのものである（神垣・注釈刑訴4・26）。この点，被告人の留学の便宜を考慮し，5年後に被告人が帰国した後に判決宣告しようとする意図によってなされた，判決宣告期日を追って指定する旨の裁判長の処分は，迅速裁判の要請に反し違法であるとした判例（最大決昭37・2・14刑集16・2・85）がある。

なお，公職選挙法253条の2第2項により，いわゆる百日裁判事件については，第1回公判期日前に，審理に必要と見込まれる公判期日を一括指定しなければならないとされるとともに，裁判長の第1回公判期日の指定に期限が設けられ，さらに第2回公判期日以降の公判期日についても，7日の期間ごとに1回以上となるように定めることとされている。

［6］被告人の召喚

原則として被告人が公判期日に出頭しないときは開廷することができないから(286)，公判期日には，被告人を召喚しなければならない。判決を宣告するためだけの期日であっても，被告人の召喚を要する（大決大14・6・10刑集4・396）。

被告人の召喚は，原則として召喚状を発してこれをしなければならない（57・62・63・65Ⅰ）。出頭した被告人に対し口頭で次回の出頭を命じたときなどには，召喚状の送達があった場合と同一の効力が生じ（65Ⅱ・274），裁判所に近接する刑事施設にいる被告人に対しては刑事施設職員（刑事施設の長又はその指名する刑事施設の職員をいう。）に通知してこれを召喚することができる（65Ⅲ）。

被告人が公判期日に出頭の義務を負わない場合（283〜285，控訴審についての390）には，召喚の必要はないが（最判昭27・12・25刑集6・12・1401），被告人には公判期日に出頭する権利があるから，出頭の機会を与えるため，公判期日を通知することが必要である（最大決昭44・10・1刑集23・10・1161）。上告審においては，召喚を要せず（409），通知も必要ないが（高橋・大コメ刑訴5・379），実務では通知をしている（松尾・条解553）。

被告人が，召喚を受けたのに，正当な理由がなく公判期日に出頭しないとき，又は応じないおそれがあるときは，裁判所は被告人を勾引したり（58②），保釈を取り消したり（96Ⅰ①）することができるのであり，裁判所はこれらの規定の活用を考慮すべき義務を負う（規179の3）。

［7］召喚手続の瑕疵

被告人の召喚手続に瑕疵があっても，被告人が公判期日に出頭して異議を述べないで審理に入れば，その瑕疵は治癒される（東京高判昭25・6・26特報14・1）。控訴審においては，被告人への通知に瑕疵があっても，弁護人が適式に出頭していれば，判決に影響する瑕疵とはいえない（最判昭38・12・24裁集刑149・381）。

なお，入管法63条の解釈の問題はあるものの，入国管理局では，保釈された外国人の

被告人が不法に在留している場合や既に在留期間を経過している場合，退去強制手続のため，直ちに被告人を収容令状に基づいて収容し（同39以下），召喚状が発付されていても，裁判所への護送手続をしないという運用をしている。そこで，実務では，勾引状を発付して裁判所に出頭させるのが一般である。

[8] 通 知

公判期日通知の方法については，特に定められておらず，文書，口頭，電話等の適当な方法によって差支えないが（最判昭25・12・26刑集4・12・2632），通知したことを記録上明らかにしておかなければならない（規298Ⅲ）。通知は裁判所書記官にさせることができる（規298Ⅱ）。検察官に対する通知は，通知書を検察庁に送付して行うのが一般であり（規64参照），弁護人の場合は書記官室への立寄りなどを求めて通知書を手渡し，弁護人から期日請書を取っているような例が多い（松尾・条解553）。

弁護人が数人ある場合には各別に通知することが必要であるが，主任弁護人又は副主任弁護人が指定されているときには，主任弁護人又は副主任弁護人に通知すれば足りる（規25Ⅰ）。

なお，被害者参加人がいる場合には，公判期日は，被害者参加人に通知しなければならない（316の34Ⅱ）。

[9] 通知を要しない場合

被告人に対する召喚手続のなされた後に選任された弁護人に対しては，通知の必要はない（最判昭24・11・15刑集3・11・1791）。公判期日において続行期日を指定告知した場合には，その公判期日に適法な通知を受けながら出頭しなかった弁護人に対しては，改めて続行期日を通知する必要はない（最判昭24・6・7刑集3・7・953）。判決宣告期日については，その期日の変更を通知することなく判決を言い渡しても，弁護権を不当に制限したものとはいえない（最判昭25・5・30刑集4・5・882）。

必要的弁護事件でない事件の判決宣告期日において，弁護人不出頭のまま弁論を再開して審理することが許されるかどうか，審理のための公判期日を改めて弁護人に通知することが必要かという観点から問題となるが，通知が必要と解される（松尾・条解554，高橋・大コメ刑訴5・381）。

[10] 不通知の効果

公判期日を弁護人に通知しなかった場合でも，弁護人が期日に出頭している限り，その手続上の瑕疵は判決に影響がないが（最決昭27・11・13裁集刑69・269），弁護人が期日に出頭しなかった場合には，その期日に審理を行うことは原則として弁護権を不当に制限したことになる（高橋・大コメ刑訴5・381）。この場合，被告人がその弁護人の弁論を放棄する旨の陳述をし，あるいは，他の弁護人が出頭し，出頭した弁護人及び被告人が異議を述べていないときであっても，独自の立場で被告人を擁護する固有の権利を有する弁護人の弁護権の行使を不法に制限するものであるから違法である。この点，いわゆる必要的弁護事件でない事件について，国選弁護人が付されている第一審で，判決宣告期日と

して指定告知された公判期日に，弁護人の出頭がないままで弁論を再開し，書証の取調べを行った後，即日弁論を終結して判決を宣告したのは，違法な措置であるとした判例（最決昭41・12・27刑集20・10・1242）がある。

控訴審については，一人の弁護人に期日が通知されていなくても，他の弁護人が出頭して不出頭の弁護人提出の控訴趣意書に基づいて弁論し，その後不出頭の弁護人から弁論再開の申立ても異議の申立てもない場合には，その違法は判決に影響を及ぼさない（最判昭32・4・16刑集11・4・1372）。

[11] 事前準備の趣旨

近代刑訴法の大原則である公判中心主義，それを支える公開主義・口頭主義・直接主義を事実審において十分に実現するためには，公開の法廷において的確な心証形成がなされる必要がある。また，現行刑訴法の基調である当事者主義の下充実した審理を実現するには，当事者において争点につき攻撃防御を尽くすべきである。

さらに，被告人の利益（公訴提起そのものによる不名誉等社会生活上の不利益や身柄拘束等に伴う不利益の回避），被害者や社会公共の利益（早期に法益侵害行為を認定して刑罰権を発動し犯罪抑止を図る）の両面から，公判審理は迅速に行われる必要があるから，訴訟の能率的な運営を図る必要もある。

そこで，刑事訴訟における検察官及び弁護人の公判前の準備の励行を促進して，第1回公判期日から充実した計画的な審理を容易にすることが必要である。事前準備に関する刑訴規則の諸規定は，そのための最小限度の，容易に実行が可能な範囲内の事項につき定めたものと説明されている。

このように，事前準備は公判前整理手続に付されない事件であっても当然に実現されるべき要請に基づくものであり，その意味では，公判前整理手続が制度化された現在においてこそ，事前準備の重要性が再認識されなければならない。

なお，第2回以降の公判期日のための準備（いわゆる期日間準備）においても，事前準備に関する規定の趣旨が生かされるべきである。

[12] 証拠の収集及び整理

第1回公判期日前の準備については，具体的には，規178条の6（同条Ⅲ①を除く。）から規178条の8，規178条の10から178条の13のとおりである。

このうち，特に，同意等の見込みの通知（規178の6Ⅰ②・Ⅱ②）の励行は，第1回公判期日から証人尋問等の実質的審理が行われるための前提であり，特に弁護人の検察官に対する通知により，検察官が立証計画を確定しその立証にどの程度の時間ないし開廷回数を要するかの見込みを立てることができるのであって，裁判所が審理計画を立てる上での極めて重要な要素となる（高橋・大コメ刑訴5・383）。

なお，実務では，公判前・期日間整理手続に付さない事件であっても，弁護人による検察官請求証拠の証明力判断に資するため，弁護人の求めに応じ，検察官が任意で請求証拠以外の証拠を開示する運用がみられる。

[13] 訴因等及び争点の明確化

訴因等の明確化に関して，弁護人からの起訴状に関する求釈明については，この規定に従い，できる限り公判廷外で解決し，解決できないものだけを公判廷で処理することが必要である。また，争点の明確化に関しては，公訴事実を認めるかどうか，認めない場合には，具体的にどの点を争うのかを明確にし，時には，証拠の内容にまで立ち入って真に実質的な争点がどこにあるかなどを検討し，審理の重点をその点に絞り込むことについて，できる限りの打合せを行うことが期待されている (高橋・大コメ刑訴5・385)。

[14] 裁判所の問合せ等

規178条の14は，事前準備における裁判所の役割について定めている (その他，規178の3〜178の5がある。)。事前準備は，本来，検察官，弁護人が自主的に行うべきものであるが，裁判所としても，訴訟の主宰者として，期日の指定等の関係で当事者の準備の進行状況を把握することが必要であるし，側面から当事者間の準備を促すことが適当なこともある (高橋・大コメ刑訴5・385)。実務では，裁判所書記官が，当事者間の事前準備の状況を問い合わせ，その結果等を準備経過表又は公判進行予定表といったメモにして裁判所に提出する例が多い。

[15] 第1回公判期日前の打合せ

公判前整理手続に付さず，規178条の10第1項本文の打合せが行われる場合においても，公判前整理手続と同様，当事者双方の関与の下に行われるのであるから，事件の実体についての裁判所の心証形成とみられるものでない限り，争点整理や証拠整理は広く認められてよいと思われる (高橋・大コメ刑訴5・389)。

[16] 合議体の構成員

通常の裁判では，合議体の構成員は裁判官に限られているものの，裁判員裁判では，裁判員も合議体の構成員となる。しかし，本条の関係では，「合議体の構成員である裁判官」として適用される (裁判員規43)。　　　　　　　　　　　　　　〔安永健次〕

第274条〔召喚状送達の擬制〕 　裁判所の構内[1]にいる被告人に対し公判期日を通知[2]したときは，召喚状の送達があつた場合と同一の効力を有する[3]。

[1] 構　内

裁判所の構内とは，裁判所の建物の中だけに限らず，その敷地内を含む。構内にいる理由は問わない。偶然構内にいる場合でも差支えない。

[2] 公判期日の通知

通知の方式について別段の定めはない。文書，口頭，電話等の適宜の方法によることができるが，記録上これを明らかにしておかなければならない (規298Ⅲ)。実務上は，第2回以降の公判期日への召喚については，口頭の告知 (65Ⅱ) が行われるのが通例であ

274条，275条，276条　　　　　　589

る。

[3] 効　力

　本条に基づく通知があった場合には，召喚と同様，正当な理由がなく出頭しなければ勾引（58②）や保釈の取消し（96Ⅰ①）をすることができる。　　　　　　　〔安永健次〕

第275条 [1]〔期日の猶予期間〕　第1回の公判期日と被告人に対する召喚状の送達との間には，裁判所の規則で定める猶予期間を置かなければならない[2]。

　　[規]　**第179条（第1回の公判期日・法第275条）**　被告人に対する第1回の公判期日の召喚状の送達は，起訴状の謄本を送達する前には，これをすることができない[3]。
　　　　2　第1回の公判期日と被告人に対する召喚状の送達との間には，少くとも5日の猶予期間を置かなければならない。但し，簡易裁判所においては，3日の猶予期間を置けば足りる。
　　　　3　被告人に異議がないときは，前項の猶予期間を置かないことができる。

[1] 本条の趣旨

　本条は，被告人の防御の準備をさせるため一定の猶予期間を与えるべきことを規定する。召喚状の送達によらない召喚の場合（65Ⅱ・274）にも適用される。

[2] 猶予期間と被告人の利益

　被告人に異議がないときは，猶予期間を置かないことができる（規179Ⅲ）。また，猶予期間を置かずに開廷した場合にも被告人が異議を述べないで審理に応じたときは，期間の利益を放棄したものと認められ，その瑕疵は治癒される（最決昭25・7・20刑集4・8・1500）。

[3] 召喚状の送達と起訴状謄本の送達

　起訴状謄本と召喚状の送達は，同時に行われても差支えない。なお，召喚状の送達が起訴状謄本の送達前になされた場合でも，被告人の防御上実質的な不利益が生じないときには，判決に影響を及ぼす違法があるとまではいえない（最決昭33・9・12刑集12・13・3007）。　　　　　　　〔安永健次〕

第276条 [1]〔公判期日の変更〕　裁判所は，検察官，被告人若しくは弁護人の請求[2]により又は職権[3]で，公判期日を変更することができる[4]。
　　2　公判期日を変更するには，裁判所の規則の定めるところにより，あらかじめ，検察官及び被告人又は弁護人の意見を聴かなければならない[5]。但し，急速を要する場合は，この限りでない[6]。

590 **276条**

3 前項但書の場合には，変更後の公判期日において，まず，検察官及び被告人又は弁護人に対し，異議を申し立てる機会を与えなければならない[7]。

[規] **第179条の4（公判期日の変更の請求・法第276条）** 訴訟関係人は，公判期日の変更を必要とする事由が生じたときは，直ちに，裁判所に対し，その事由及びそれが継続する見込の期間を具体的に明らかにし，且つ，診断書[8]その他の資料によりこれを疎明して，期日の変更を請求しなければならない[9]。

2 裁判所は，前項の事由をやむを得ないものと認める場合[10]の外，同項の請求を却下しなければならない。

第179条の5（私選弁護人差支の場合の処置・法第289条等） 法第30条に掲げる者が選任した弁護人は，公判期日の変更を必要とする事由が生じたときは，直ちに，前条第1項の手続をする外，その事由及びそれが継続する見込の期間を被告人及び被告人以外の選任者に知らせなければならない。

2 裁判所は，前項の事由をやむを得ないものと認める場合において，その事由が長期[11]にわたり審理の遅延を来たす虞があると思料するときは，同項に掲げる被告人及び被告人以外の選任者に対し，一定の期間を定めて，他の弁護人を選任するかどうかの回答を求めなければならない。

3 前項の期間内に回答がなく又は他の弁護人の選任がないときは，次の例による。但し，著しく被告人の利益を害する虞があるときは，この限りでない。

一 弁護人がなければ開廷することができない事件については，法第289条第2項の規定により，被告人のため他の弁護人を選任して開廷することができる。

二 弁護人がなくても開廷することができる事件については，弁護人の出頭をまたないで開廷することができる。

第179条の6（国選弁護人差支えの場合の処置・法第36条等） 法の規定により裁判所若しくは裁判長又は裁判官が付した弁護人は，期日の変更を必要とする事由が生じたときは，直ちに，第179条の4第1項の手続をするほか，その事由及びそれが継続する見込みの期間を被告人に知らせなければならない。

第180条（期日変更についての意見の聴取・法第276条） 公判期日を変更するについては，あらかじめ，職権でこれをする場合には，検察官及び被告人又は弁護人の意見を，請求によりこれをする場合には，相手方又はその弁護人の意見を聴かなければならない。但し，急速を要する場合は，この限りでない。

第181条（期日変更請求の却下決定の送達・法第276条） 公判期日の変更に関する請求を却下する決定は，これを送達することを要しない。

[1] 本条の趣旨

公判期日の指定は裁判長の権限であるが（273Ⅰ），公判期日の変更は裁判所が訴訟関

係人の意見を聴いた上で決定しなければならない。本条は，公判期日の変更に厳格な手続を要するとし，変更が容易に許されないこと（公判期日不変更の原則）を通じて，当事者の訴訟活動に支障がないように配慮するとともに，審理の促進及び継続を図ろうとした規定である（松尾・条解557）。

[2] 公判期日の変更請求

訴訟関係人は，公判期日の変更を必要とする事由が生じたときは，直ちに，裁判所に対し，その事由及びそれが継続する見込みの期間を具体的に明らかにし，かつ，診断書その他の資料によりこれを疎明して，期日の変更を請求しなければならない（規179の4Ⅰ）。

また，弁護人に差支えが生じた場合については，期日の変更を最小限にとどめ，審理の遅延を生じないよう代替措置を含め，詳細な規定が設けられている（規179の5・179の6。松尾・条解557）。

公判期日の変更の請求があった場合，裁判所は，変更請求の事由がやむを得ないものと認められないときは，請求を却下しなければならない（規179の4Ⅱ）。公判期日変更請求の却下決定は，送達する必要はないものとされている（規181）。

なお，変更請求を却下しても，被告人又は弁護人が出頭しないため開廷できない事態となることがあるが，この場合には，変更請求を却下した上，職権で期日を変更するほかはない。

[3] 職権による期日変更

職権による場合も，裁判所は，やむを得ないと認められる場合でなければ公判期日を変更できない（規182Ⅰ）。

[4] 変更決定

公判期日の変更とは，狭義では，既に指定された公判期日を取り消し，新たな期日を指定することをいうが，既に指定された期日を取り消すのみで，新期日を指定しない「公判期日の取消し」も本条の公判期日の変更に含まれる。

指定された公判期日をいったん開いた後その期日を閉じ，審理を続行するため新しい公判期日を指定する「公判期日の続行」とは異なる。期日の続行は，273条によるのであって，決定による必要はない。

実務上，指定された期日を開いた上，実質的な審理をしないで将来に延ばすことを「期日の延期」ということがあるが，この場合に新期日の指定を同時に行えば期日の変更（狭義）であり，新期日の指定が行われなければ単に期日の取消しに過ぎない。

本条の公判期日の変更は決定でしなければならない。公判期日の変更決定は，公判廷においてするときは宣告により，その他の場合は裁判書謄本を送達して告知する（規34）。

被告人又は弁護人が出頭しないため286条，289条により公判を開くことができない場合であっても，変更決定をするため開廷することは許される。この場合，決定の告知は

592　　　　　　　　　　276条

宣告で足りるが，出頭しなかった者に対しては，別に変更された期日を通知することが
妥当な取扱いである（高橋・大コメ刑訴5・402）。

[5] 意見聴取

　裁判所は，公判期日を変更するについて，あらかじめ，職権で変更する場合には検察
官及び被告人又は弁護人の，請求により変更する場合には相手方又はその弁護人の意見
を聴かなければならない（規180本）。その意見に裁判所が拘束されるわけではない。

　意見を聴かないで公判期日を変更しても，変更後の期日に当事者が出頭し異議を述べ
なければ，その瑕疵は治癒される。

[6] 急速を要する場合

　急速を要する場合とは，突発事故等で指定された公判期日を維持できない場合で，し
かも意見を聴く余裕のない場合をいう（高橋・大コメ刑訴5・401）。

[7] 異議申立ての機会

　急速を要するとして意見を聴かないで期日を変更したが，その新期日の前に異議の申
立てがあり，その申立てに基づき期日が変更されたときには，その変更後の公判期日に
おいて重ねて異議申立ての機会を与える必要はない。異議に理由のあるときは，さらに
相手方の意見を聴いて公判期日を変更しなければならない（高橋・大コメ刑訴5・402）。

[8] 診断書

　被告人が病気のため公判期日に出頭できない場合の疎明資料としての診断書について
は，規183条から185条が適用される。弁護人が病気のため公判期日に出頭できない場合
についても，これらの規定が準用される（規186）。

[9] 請求の時期，方法等

　規179条の4の規定に反する変更請求は不適法であり，裁判所は請求を却下すること
ができる。

　訴訟関係人が公判期日の変更を請求するに当たっては，当時判明している自己の支障
のある日時を裁判所に明らかにしなければならない。これを怠った結果，裁判所が指定
した新期日が既に他の裁判所により指定された公判期日と同一日時であったため弁護人
が当該新期日に出頭できなかったとしても，それは結局自らの懈怠に基づくものという
べきであって，弁護権を不当に制限したものということはできない（最判昭26・9・14刑集
5・10・1928）。

[10] 「やむを得ない」

　やむを得ないといえるかどうかは，期日変更による利益と不利益とを比較衡量して，
個々の具体的な事由ごとに判断するよりほかはない。被告人，弁護人の病気等は，原則
として，やむを得ない場合に当たるであろうし，被告人に対する余罪が近く追起訴され
るという場合も，併合審判の利益を考慮するとやむを得ない場合に当たることが多いで
あろう。被告人が国会議員であっても単に国会の会期中という事由だけでは公判期日変
更のやむを得ない事由に当たらないが，国会で被告人の欠席により重大な影響を受ける

議事が行われる際，これに出席するため期日に出頭できないことが具体的に疎明された
ときは，この事由に当たると解される（高橋・大コメ刑訴5・399）。

公判期日が同一弁護人の他の事件の公判期日と競合するような場合，弁護人は先に指
定された公判期日を遵守すべきである（最判昭26・9・14刑集5・10・1928）。

もっとも，裁判所は，公判期日の指定が同一弁護人の担当する別事件の公判期日と同
一日時に重複してなされた場合であっても，弁護権の行使に支障を来さないよう適当な
措置を講ずれば足り，必ずしも期日を変更しなければならないものではなく（最判昭23・
12・4刑集2・13・1690），公判期日の変更請求が弁護人の他の裁判所における事件立会い
ための差支えによるものであっても，それが度重なるときは，その請求を却下しても，
不法に弁護権の行使を制限したものとはいえない（最判昭25・3・14刑集4・3・330）。

[11] 長 期

長期かどうかは，当該事件の審理の遅滞が不公正といい得るほどのものかどうかとい
う観点から判断することになるが，各事案の性質によりある程度相対的に決めるほかは
ない。判例は，量刑不当の控訴趣意書を提出した私選弁護人が，病気を理由に公判期日
の変更請求をした場合，その病気がなお2か月の安静加療を要するときは，公判期日当
日に国選弁護人を選任して手続を進めても，特段の異議がない限り，弁護権の不当制限
とならないとしている（最決昭33・5・6刑集12・7・1327）。　　　　　　　〔安永健次〕

第277条 [1]〔**不当な期日変更に対する救済**〕　裁判所がその権限を濫用して公判期
　　日を変更したときは，訴訟関係人は，最高裁判所の規則又は訓令 [2] の定めるとこ
　　ろにより，司法行政監督上の措置を求めることができる [3]。

　　[規]　第182条（公判期日の不変更・法第277条）　裁判所は，やむを得ないと認める場合の外，
　　　　公判期日を変更することができない。
　　　　2　裁判所がその権限を濫用して公判期日を変更したときは，訴訟関係人は，書面で，
　　　　裁判所法第80条の規定により当該裁判官に対して監督権を行う裁判所に不服の申立
　　　　をすることができる。

[1] 本条の趣旨

規182条を無視して行った期日の変更は，権限を濫用した期日変更に当たる。もっと
も，権限を濫用してなされた期日変更も，その決定が取り消されない限り有効である。
また，抗告の対象にもならない。そこで，本条の司法行政上の監督権の発動を求める途
が設けられた。

[2] 規則・訓令

本条の規則としては，規182条2項がある（最高裁判所の訓令は存しない。）。

594　　　　　　　　　　277条，278条

[3] 不服申立ての例

　規182条2項による不服申立ての実例はほとんどない。本条の申立ては276条3項の異議申立てとはその性質を異にするから，必ずしもこの異議申立てを経ることなくなし得ると解する。　　　　　　　　　　　　　　　　　　　　　　　　　　　〔安永健次〕

第278条〔不出頭と診断書の提出〕　公判期日に召喚を受けた者[1]が病気その他の事由[2]によつて出頭することができないときは，裁判所の規則の定めるところにより，医師の診断書その他の資料[3]を提出しなければならない。

[規]　**第183条（不出頭の場合の資料・法第278条）**　被告人は，公判期日に召喚を受けた場合において精神又は身体の疾病その他の事由により出頭することができないと思料するときは，直ちにその事由を記載した書面及びその事由を明らかにすべき医師の診断書その他の資料を裁判所に差し出さなければならない。

　2　前項の規定により医師の診断書を差し出すべき場合において被告人が貧困のためこれを得ることができないときは，裁判所は，医師に被告人に対する診断書の作成を嘱託することができる。

　3　前2項の診断書には，病名及び病状の外，その精神又は身体の病状において，公判期日に出頭することができるかどうか，自ら又は弁護人と協力して適当に防禦権を行使することができるかどうか及び出頭し又は審理を受けることにより生命又は健康状態に著しい危険を招くかどうかの点に関する医師の具体的な意見が記載されていなければならない。

　第184条（診断書の不受理等・法第278条）　裁判所は，前条の規定による医師の診断書が同条に定める方式に違反しているときは，これを受理してはならない[4]。

　2　裁判所は，前条の診断書が同条に定める方式に違反していない場合においても，その内容が疑わしいと認めるときは，診断書を作成した医師を召喚して医師としての適格性及び診断書の内容に関しこれを証人として尋問し，又は他の適格性のある公平な医師に対し被告人の病状についての鑑定を命ずる等適当な措置を講じなければならない[5]。

　第185条（不当な診断書・法第278条）　裁判所は，医師が第183条の規定による診断書を作成するについて，故意に，虚偽の記載をし，同条に定める方式に違反し，又は内容を不明りようなものとしその他相当でない行為があつたものと認めるときは，厚生労働大臣若しくは医師をもつて組織する団体がその医師に対し適当と認める処置をとることができるようにするためにその旨をこれらの者に通知し，又は法令によつて認められている他の適当な処置をとることができる。

　第186条（準用規定）　公判期日に召喚を受けた被告人以外の者及び公判期日の通知を受

けた者については，前3条の規定を準用する。

［1］ 召喚を受けた者

公判期日に召喚を受けた者とは，召喚状の送達及びこれと同一の効力のある方法（65・153・171・178・274等）で召喚を受けた者をいう。したがって，被告人，証人，鑑定人，通訳人および翻訳人に限られ，通知を受けるに過ぎない検察官，弁護人及び補佐人は含まれない。しかし規則でこれらの者についても同様の扱いがされている（規186）。

［2］ 不出頭の事由

病気その他の事由とは，病気のほか，家庭内の事故，先に指定された事件の公判期日への出頭等召喚に応じて出頭することのできないことがやむを得ないと認められる事由をいう。

［3］ 資料の提出

提出すべき資料とは，医師の診断書のほか，近隣の居住者等の証明書，他の公判期日への召喚状など，病気その他の事由に対応する資料をいう。診断書の方式及びこの方式に反する診断書が提出された場合の処置等については，特に規183条から185条に詳細な規定がある。診断書の書式については，昭和24年5月18日最高裁刑事局長から日本医師会長宛の「裁判用診断書の形式等の周知徹底方」についての依頼及び同年5月21日同会長からさらに各都道府県医師会長宛の同様の依頼によって「具体的意見」が記載されることになっている（規183Ⅲ参照）。

［4］ 診断書の不受理

「受理してはならない」とは適式の診断書としての取扱いをしてはならないということである。適式な診断書等を提出しないで召喚に応じない者は，正当な理由がなく出頭しなかった者として，被告人については勾引等の理由となり，証人については勾引又は過料等の制裁を科し得ることとなる（規179の3）。なお，訴訟関係人によっては規303条の発動が考えられる場合がある。

［5］ 医師の召喚等

規184条2項の手続は，事実の取調（43Ⅲ）として行うものである。証人として尋問したり鑑定を命じたりしたときは，164条又は173条により旅費，日当，宿泊料，鑑定料等を支給することができる。 〔安永健次〕

第278条の2 [1]〔**検察官・弁護人に対する出頭命令**〕 裁判所は，必要と認めるときは，検察官又は弁護人 [2] に対し，公判準備又は公判期日 [3] に出頭し，かつ，これらの手続が行われている間在席し又は在廷すること [4] を命ずること [5] ができる。

2 裁判長は，急速を要する場合には，前項に規定する命令をし，又は合議体の構成

員 [6] にこれをさせることができる。

3 　前2項の規定による命令を受けた検察官又は弁護人が正当な理由 [7] がなくこれ
に従わないときは，決定で，10万円以下の過料に処し，かつ，その命令に従わない
ために生じた費用の賠償を命ずることができる [8]。

4 　前項の決定に対しては，即時抗告をすることができる。

5 　裁判所が，第3項の決定をしたときは，検察官については当該検察官を指揮監督
する権限を有する者 [9] に，弁護士である弁護人については当該弁護士の所属する
弁護士会又は日本弁護士連合会 [10] に通知し，適当な処置をとるべきことを請求し
なければならない [11]。

6 　前項の規定による請求を受けた者は，そのとつた処置を裁判所に通知しなければ
ならない [12]。

[規] 　第303条（検察官及び弁護人の訴訟遅延行為に対する処置）　裁判所は，検察官又は弁護
士である弁護人が訴訟手続に関する法律又は裁判所の規則に違反し，審判又は公判前
整理手続若しくは期日間整理手続の迅速な進行を妨げた場合には，その検察官又は弁
護人に対し理由の説明を求めることができる。

2 　前項の場合において，裁判所は，特に必要があると認めるときは，検察官について
は，当該検察官に対して指揮監督の権を有する者に，弁護人については，当該弁護士
の属する弁護士会又は日本弁護士連合会に通知し，適当の処置をとるべきことを請求
しなければならない。

3 　前項の規定による請求を受けた者は，そのとつた処置を裁判所に通知しなければな
らない。

[1] 本条の趣旨

当事者が，裁判所の期日指定に従わず期日に出頭しない事例や，裁判所の示した期日
指定方針に応じられないとして不出頭をほのめかしたため裁判所が当初の方針どおりの
期日指定を断念した事例があり，このような事態が審理遅延の原因の一つとなっている，
また，裁判員裁判制度の導入に伴い，裁判員の負担をできるだけ軽減するためにも，連
日的，計画的な審理の実現が必要である，として，刑事裁判の充実・迅速化を図るため，
期日指定等にかかる裁判所の訴訟指揮の実効性を確保すべく，本条が置かれた。

[2] 命令の対象

出頭命令等の対象者は，検察官又は弁護人である。被告人は，召喚 (57)，勾引 (58)，
在廷命令（288Ⅱ）等他の手段があるため，除かれている。

[3] 公判準備又は公判期日

公判準備には，公判前整理手続期日及び期日間整理手続期日のほか，公判期日外です
る証人尋問，検証などが当たる。

278条の2　　　　　597

　公判前整理手続や期日間整理手続の期日は，検察官及び弁護人が出頭しないと行うことができないとされており（316の7・316の28Ⅱ），それらの手続の目的を達するためには，検察官，弁護人の出頭を確保する必要性は高い。

［4］　出頭，在席，在廷

　命じられる行為は，公判期日に「出頭し，かつ，在廷すること」又は公判準備に「出頭し，かつ，在席すること」である。期日指定の実効性を担保するには，出頭の確保のみでは不十分なためである。

［5］　不服申立て

　出頭在廷命令等は裁判所の決定である。証拠調べに関するものではないから，これに対して309条による異議の申立てをすることはできない。また，420条1項の「訴訟手続に関し判決前にした決定」であるから，抗告をすることもできない。

［6］　合議体の構成員

　通常の裁判では，合議体の構成員は裁判官に限られているものの，裁判員裁判では，裁判員も合議体の構成員となる。しかし，本条の関係では，「合議体の構成員である裁判官」として適用される（裁判員64）。

［7］　正当な理由

　正当な理由の有無は，具体的事情により判断される。病気，事故による交通機関の利用不能などにより出頭ができなかったというような場合には「正当な理由」が認められる。ただし，期日の変更請求をする時間的余裕があったのに，これをせずに不出頭に至った場合には，正当な理由があるとはいえない。

［8］　制裁の手続及びその内容

　召喚を受けた証人が出頭しない場合の制裁（150）と同様である。

［9］　当該検察官を指揮監督する権限を有する者

　当該検察官を指揮監督する権限を有する者とは，当該検察官が所属する検察庁の長のほか，法務大臣又は当該検察庁の上級庁の長がこれに当たる（検察7～10・14）。これらのうち，命令違反の程度や今後の違反の抑止の必要性などに照らして，裁判所が最も適切と判断する者を請求先とする。

［10］　当該弁護士の所属する弁護士会又は日本弁護士連合会

　当該弁護士の所属する弁護士会又は日本弁護士連合会のうち，いずれを請求先とするかは［9］と同様である。なお，日本弁護士連合会の「裁判所の処置請求に関する取扱規程」6条は，連合会に処置請求があった場合，①当該弁護士が複数であり，かつ，弁護士会が複数にわたるとき，及び②その他連合会の処置請求に対処することを相当と認めたときには，連合会が処置請求に対処することができ，それ以外の場合には，各弁護士会に事案を送付するものと定めている。

［11］　処置請求

　処置請求は必要的である。請求を受けた者は「適当な処置」をとる義務を負う。

598　　　　　　　　　278条の2，279条

[12] 通　知

　処置請求を受けた者が判断を放置することを抑止し，できる限り早期にその判断をするため，そのとった処置を裁判所に通知する義務を定めた。日本弁護士連合会の「裁判所の処置請求に関する取扱規程」4条4項は，弁護士会は，処置請求があったとき，又は連合会から事案の送付を受けたときは，原則として3か月以内に，当該弁護士に対し助言又は勧告をするか懲戒の手続に付し，あるいは当該弁護士につき処置をしないことを相当と認めるときはその旨の決定をすることを定めている。　　　　　　　〔安永健次〕

第279条[1]〔公務所等に対する照会〕　裁判所は，検察官，被告人若しくは弁護人の請求により又は職権で，公務所又は公私の団体[2]に照会して必要な事項の報告[3]を求めることができる。

[1] 本条の趣旨

　本条による照会は，裁判所が公判準備として行うものであり，証拠調べの準備行為的な性格をもつ。当事者の請求は証拠調べの請求そのものではなく，また報告を求める旨の決定も証拠決定ではないが，実務上，証拠調べに関する請求及び決定として証拠等関係カードに記載される。また，報告を受け取った後，当事者がその内容を検討した上で改めて証拠調べの請求，証拠決定がなされる。

[2] 公務所又は公私の団体

　公務所は，国家機関であると地方公共団体の機関であるとを問わない。外国の団体に対して照会を求める場合には，外交ルートを経ることになる。司法行政の主体としては，裁判所もここにいう公務所に含まれる（裁判事務に関しては，裁79の規定する司法共助による。）。裁判所に対する場合には，特に「記録（書類）の取り寄せ」といわれることがある。団体は，法人であるかどうかを問わず，団体と認められる程度の組織をもつものであれば足りる。個人は除外される。社会的実体において個人と同視すべき私的団体にも，本条の適用がないと解する。

[3] 必要な事項の報告

　報告を求める時期については，事件の実体に関係のない事項，例えば被告人の身分関係事項を本籍地の市町村に対し問い合わせることは，第1回公判期日前でも許される。また，公判前整理手続に付した事件については，同手続において証拠調請求や証拠決定ができる以上，同手続において必要な照会を行い，その回答書等の提出を受けることも許されると解する。例えば，裁判員裁判対象事件につき裁判員法50条に基づき公判前整理手続において鑑定手続実施決定を行う場合に，病院等への照会を通じて資料等の提出を受け，これらを鑑定資料として鑑定人の利用に供することなどが考えられる。

　報告を求められた団体は，報告の義務を負うが，義務違反に対する制裁はない。報告

の方法は，書面でも口頭でもよいが，書面でされるのが一般である。報告書の証拠能力は，証拠についての一般原則により判断される。 〔安永健次〕

第280条 [1] 〔**勾留に関する処分**〕 公訴の提起があつた後第1回の公判期日まで [2] は，勾留に関する処分 [3] は，裁判官 [4] がこれを行う。

2 第199条若しくは第210条の規定により逮捕され，又は現行犯人として逮捕された被疑者でまだ勾留されていないものについて第204条又は第205条の時間の制限内に公訴の提起があつた場合には，裁判官は，速やかに，被告事件を告げ，これに関する陳述を聴き [5]，勾留状を発しないときは，直ちにその釈放を命じなければならない [6]。

3 前2項の裁判官は，その処分に関し，裁判所又は裁判長と同一の権限 [7] を有する。

[規] **第167条** 法第256条参照。

第187条（勾留に関する処分をすべき裁判官・法第280条） 公訴の提起があつた後第1回の公判期日までの勾留に関する処分は，公訴の提起を受けた裁判所の裁判官がこれをしなければならない。但し，事件の審判に関与すべき裁判官は，その処分をすることができない。

2 前項の規定によるときは同項の処分をすることができない場合には，同項の裁判官は，同一の地に在る地方裁判所又は簡易裁判所の裁判官にその処分を請求しなければならない。但し，急速を要する場合又は同一の地にその処分を請求すべき他の裁判所の裁判官がない場合には，同項但書の規定にかかわらず，自らその処分をすることを妨げない。

3 前項の請求を受けた裁判官は，第1項の処分をしなければならない。

4 裁判官は，第1項の処分をするについては，検察官，被告人又は弁護人の出頭を命じてその陳述を聴くことができる。必要があるときは，これらの者に対し，書類その他の物の提出を命ずることができる。但し，事件の審判に関与すべき裁判官は，事件につき予断を生ぜしめる虞のある書類その他の物の提出を命ずることができない。

5 地方裁判所の支部は，第1項及び第2項の規定の適用については，これを当該裁判所と別個の地方裁判所とみなす。

第302条 法第224条参照。

[1] 本条の趣旨

本条1項は，予断排除の原則から，起訴後第1回公判期日前の勾留に関する処分は，受訴裁判所でなく裁判官が行うことを，本条3項はその裁判官の権限を規定したもので

ある。

　また，本条2項は，逮捕された被疑者が制限時間内に同一の犯罪事実で起訴された場合の身体拘束の措置を規定している。勾留中の被疑者が同一事実で起訴された場合には，当然に被告人勾留が継続するが（208Ⅰ参照），逮捕中に起訴された場合には，改めて勾留の審査を行う必要があるため，本条2項が置かれている。

［2］裁判官が勾留に関する処分を行う期間

　裁判官が勾留に関する処分を行うのは，「第1回の公判期日まで」である。その意味について，予断排除という観点から，実務上は，形式的な意味での第1回公判期日を開いただけでは足りず，受訴裁判所が実体審理に入ることができるようになるまで，すなわち冒頭手続が終了するまでであると解している。

［3］裁判官が行う勾留に関する処分の種類

　本条1項の勾留に関する処分には，勾留，接見等禁止，保釈等，勾留に関連するすべての裁判が含まれる。鑑定留置に関する裁判も含む。裁判官による勾留に関する処分に対する不服申立ては，準抗告による。

［4］本条の処分を担当する裁判官

　本条により勾留に関する処分を担当する裁判官は，公訴の提起を受けた裁判所（国法上）の裁判官である（なお，規187Ⅴ参照）。ただし，事件の審判に関与すべき裁判官はその処分をすることができない（規187Ⅰ）。これによっては勾留に関する処分をする裁判官がいない場合（公訴の提起を受けた裁判所の裁判官が1人である場合）には，裁判官は，同一の地（同一の市町村及び東京都の特別区の意味である。）に所在する地方裁判所又は簡易裁判所の裁判官にその処分を請求しなければならない（規187Ⅱ本Ⅲ）。もっとも，勾留に関する処分に当たった裁判官が後に公判審理に関与することになっても，除斥・忌避事由には当たらない（憲法37Ⅰに反しないとしたものとして，最大判昭25・4・12刑集4・4・535等）。急速を要する場合又は同一の地にその処分を請求すべき他の裁判所の裁判官がない場合には，自らその処分をすることができる（規187Ⅱ但）。

［5］逮捕中求令状の手続

　実務上は，検察官が起訴状に「逮捕中求令状」と記載して裁判所に職権発動を注意喚起している。被告人は，起訴後勾留手続の終了まで当然に身体拘束を受ける。勾留質問の方法等は61条のそれと同じである。

［6］釈放命令

　本来，被告人を勾留しない場合には格別の裁判を要しない。しかし，本条に関しては，前記のとおり被告人の身体拘束が起訴後も継続するので，勾留しない場合には，その身体拘束を終了させるため，裁判書を作成して釈放命令を発することが必要である。この釈放命令に対しては準抗告を申し立てることができる。

［7］裁判官の権限

　本条3項により，刑訴法上の勾留に関する裁判所・裁判長の権限規定がすべて勾留担

当裁判官に適用される。規則についても同様である（規302）。裁判官は，検察官，被告人又は弁護人の出頭を命じてその陳述を聴くことができ，必要があるときは，これらの者に対し，書類その他の物の提出を命ずることができる（規187Ⅳ本）。もとより，一般規定（43Ⅲ）に基づいて事実取調べをすることもできる。　　　　　　〔渡邉史朗〕

第281条 [1]〔**期日外の証人尋問**〕　証人については，裁判所 [2] は，第158条に掲げる事項を考慮した上，検察官及び被告人又は弁護人の意見を聴き必要と認めるときに限り [3][4]，公判期日外においてこれを尋問することができる [5][6]。

> [規]　第108条　法第158条参照。
> 　　　第109条　法第158条参照。
> 　　　第126条　法第159条参照。

[1]　本条の趣旨

　本条は，一定の要件のもとに公判期日外の証人尋問を行うことを認めたものである。

　158条の場合と同様，本条による証人尋問の結果も，それ自体証拠となるのではなく，公判廷で取り調べられるのは証人尋問調書である（303）。

[2]　裁判所が行うこと

　本条における証人尋問は，158条の場合と異なり，163条のような規定が置かれていないから，受命裁判官や受託裁判官に行わせることはできず，必ず受訴裁判所が行わなければならない。

[3]　158条に掲げる事項を考慮すること

　証人の重要性，年齢，職業，健康状態その他の事情と事案の軽重を考慮した上，当事者の意見を聴き，必要と認められる場合にのみ許されるのであり，公判廷を開くことを回避する目的で本条の証人尋問をすることは，公開の原則，直接主義，公判中心主義等の関係で許されない。一般的には，公判期日外の証人尋問は可能であるが公判期日に尋問することが不可能又は著しく困難な場合がこれに当たり，例えば，証人が突然外国に赴くことになり指定の公判期日まで待つ余裕がなく，公判期日の変更も相当でないような場合が考えられる。公判期日の出頭自体は不可能ではないが，公判廷においては十分な供述をしないと思われるような事情がある場合，例えば，証人が年少の場合や恐喝・性犯罪の被害者等である場合については，公判期日外の証人尋問が例外的な措置であることに鑑み，要件判断は慎重になされるべきである。基本的には，事案に応じて，証人への付添い（157の4），証人の遮へい（157の5），ビデオリンク方式による尋問（157の6），被告人の退廷（304の2），傍聴人の退廷（規202）等の措置によってまかなうべきであると解される。

602　　　　　　　281条，281条の2

[4] 期日外尋問の利用例

　実務上，共同被告人の一部が公判期日に正当な理由がなく出頭しない場合，欠席した被告人の弁護人及び検察官の同意を得て弁論を分離し，出席被告人については公判期日，欠席被告人については公判準備期日として，同時に証人尋問を行うことがある（証人尋問調書は公判及び公判準備調書として1通作成される。）。

[5] 当事者の立会権

　本条の証人尋問にも157条が適用される。

[6] 尋問事項の告知

　本条の証人尋問にも，158条2項・3項・159条の準用があり，当事者に尋問事項を告知しなければならない（規108・109・126参照）。　　　　　　　　　　〔三村三緒〕

第281条の2 [1] 〔被告人の退席〕　裁判所は，公判期日外における証人尋問 [2] に被告人が立ち会つた場合において，証人が被告人の面前（第157条の5第1項に規定する措置を採る場合並びに第157条の6第1項及び第2項に規定する方法による場合を含む。）においては圧迫を受け [3] 充分な供述をすることができないと認めるときは，弁護人が立ち会つている場合に限り [4]，検察官及び弁護人の意見を聴き [5]，その証人の供述中被告人を退席 [6] させることができる。この場合には，供述終了後被告人に証言の要旨を告知し，その証人を尋問する機会を与えなければならない [7]。

[1] 本条の趣旨

　本条は，暴力事犯におけるいわゆるお礼参り等を防止する目的のために加えられた一連の規定（刑105の2，89⑤等）の一つである。公判期日におけるものについては304条の2が，公判期日外におけるものについては本条が規定する。なお，証人尋問に際して遮へいの措置（157の5Ⅰ）やビデオリンク方式（157の6ⅠⅡ）が採られる場合にも，本条の対象となる。

[2] 期日外証人尋問

　公判期日外における証人尋問とは，公判準備として行う公判期日外における証人尋問をいい，281条の場合と158条の場合の双方を含む。

[3] 圧迫を受ける情況の存在

　単に証人が被告人の面前では証言しにくいと述べただけでは足りず，圧迫を受けると合理的に認められるような情況が存在しなければならない。圧迫は，有形無形を問わず，また，被告人からの積極的な圧迫が加えられる場合に限られず，証人側の特殊事情によるものであっても差し支えない。

[4] 弁護人の立会い

　被告人の証人審問権を保障するため，弁護人の立会いが絶対条件とされている。した

がって，任意的弁護事件で弁護人が選任されていない場合には，本条の適用の余地はない。

[5] 検察官及び弁護人の意見を聴くこと

検察官及び弁護人の意見については，意見陳述の機会を与えれば足りると解される。

[6] 被告人の退席

被告人の退席とは，証人尋問の場所から，被告人の面前とはいえない程度の場所まで被告人を遠ざけることをいう。強制力を用いることができる。

[7] 証言終了後の措置

被告人を退席させた場合は，供述終了直後，被告人をその場に同席させ，裁判長その他の裁判官が証言の要旨を告知した上，被告人に証人尋問の機会を与えなければならない。

〔三村三緒〕

第281条の3 [1] 〔開示証拠の適正管理等〕 弁護人は [2]，検察官において被告事件の審理の準備のために閲覧又は謄写の機会を与えた証拠 [3] に係る複製等（複製その他証拠の全部又は一部をそのまま記録した物及び書面をいう。以下同じ。）[4] を適正に管理し，その保管をみだりに他人にゆだねてはならない [5]。

[1] 本条の趣旨

本条から281条の5までは，平成16年改正により，公判前整理手続の創設及び証拠開示の拡充がなされたのと同時に設けられた。

検察官が被告事件の審理の準備のために，被告人・弁護人に対して閲覧・謄写の機会を与えた証拠（開示証拠）に係る複製等が適正に管理されないということになれば，罪証隠滅，証人威迫，関係者の名誉・プライバシーの侵害等の弊害が拡大するおそれが大きいとして，十分に証拠開示がされないおそれがある。そこで，証拠開示がされやすい環境を整え，ひいては証拠開示制度の適正な運用を確保するため，本条は，弁護人による開示証拠に係る複製等の適正な管理等を規定する。

[2] 管理責任を負う主体

管理責任を負う主体は，弁護人であり，次条及び281条の5と異なり，被告人は主体ではない。弁護人は，法律上，被告人と異なり謄写の機会も権利として与えられていることなどから，開示証拠の管理責任を負うこととされている。

[3] 「閲覧又は謄写の機会を与えた証拠」

適正管理の対象は，検察官が，①299条に基づき，被告人又は弁護人に閲覧の機会を与えた証拠書類又は証拠物，②任意に，被告人又は弁護人に閲覧又は謄写の機会を与えた証拠書類又は証拠物，③公判前整理手続又は期日間整理手続で，316条の14，316条の15，316条の20の規定又はその準用（316の21Ⅳ・316の22Ⅴ）により，被告人に閲覧の機会

を与え，又は弁護人に閲覧及び謄写の機会を与えた証拠書類又は証拠物（裁判所の証拠開示命令に基づいて開示したものも含む。）などである。

検察官が証拠書類又は証拠物の閲覧の機会を与えたに過ぎない場合であっても，その機会に，当該証拠の内容をそのまま書き写すことにより，その「複製等」が作成されることがあり得るので，閲覧の機会のみを与えた証拠も対象とされている。

開示証拠が，その後に公判廷で取り調べられた場合も，引き続き本条の対象とされる。また，検察官が謄写の機会を与えたのに謄写せず，それが公判廷で取り調べられた後に弁護人が40条により裁判所で謄写したものについても，本条の文理及び趣旨により，適正な管理等の対象になると解される。

［4］「複製等（複製その他証拠の全部又は一部をそのまま記録した物及び書面）」

証拠書類又は証拠物を閲覧した際に書き写したものや，複製等を更に複写するなどして作成されたものも対象となる。

［5］管理の方法等

弁護人がみだりに開示証拠に係る複製等をゆだねてはならない「他人」には，被告人も含まれる。もっとも，弁護人が，被告事件の審理の準備をするために必要があるときは，開示証拠に係る複製等を，被告人や，弁護人が依頼した鑑定者等に一時交付することは許される（その場合でも，これらの者に対し，当該複製等を流出させることのないよう具体的に指示するなどの留意が必要である。）。

〔辛島明〕

第281条の4 [1]〔開示証拠の目的外使用禁止等〕　被告人若しくは弁護人（第440条に規定する弁護人を含む。）又はこれらであつた者は，検察官において被告事件の審理の準備のために閲覧又は謄写の機会を与えた証拠に係る複製等を，次に掲げる手続又はその準備に使用する目的以外の目的で，人に交付し，又は提示し，若しくは電気通信回線を通じて提供してはならない [2]。

一　当該被告事件の審理その他の当該被告事件に係る裁判のための審理

二　当該被告事件に関する次に掲げる手続

　イ　第1編第16章の規定による費用の補償の手続

　ロ　第349条第1項の請求があつた場合の手続

　ハ　第350条の請求があつた場合の手続

　ニ　上訴権回復の請求の手続

　ホ　再審の請求の手続

　ヘ　非常上告の手続

　ト　第500条第1項の申立ての手続

　チ　第502条の申立ての手続

　リ　刑事補償法の規定による補償の請求の手続

2 前項の規定に違反した場合の措置[3]については，被告人の防御権を踏まえ，複製等の内容，行為の目的及び態様，関係人の名誉，その私生活又は業務の平穏を害されているかどうか，当該複製等に係る証拠が公判期日において取り調べられたものであるかどうか，その取調べの方法その他の事情を考慮するものとする。

[1] 本条の趣旨

本条は，281条の3と同趣旨であり，被告人又は弁護人等による，開示証拠に係る複製等の目的外使用を禁止することを規定する。

[2] 目的外使用の内容等（本条Ｉ）

本条で禁止されるのは，前条に規定する開示証拠に係る複製等につき，本条1項各号に掲げられた手続又はその準備に使用する目的以外の目的で，使用することである。

本条1項の当該「被告事件の審理（中略）の準備に使用する目的」であったといえるかについては，本条が規定された趣旨（281の3の解説[1]を参照）にも鑑み，個別事案の内容等を踏まえ，開示証拠の第三者への提供等が被告人側の主張立証準備に繋がり得るものであったか，その点についての被告人側の認識・意図はどのようなものであったかなどを具体的に考慮して判断される。東京高判平26・12・12高刑集67・2・1は，この「目的」につき，「被告人及び弁護人が，当該被告事件において，検察官手持ち証拠の内容を把握し，その証拠能力，証明力等を検討して検察官の主張立証に対する反論反証の準備を行い，開示証拠を契機として被告人に有利な主張立証を準備する目的」をいうとした（この東京高判平26・12・12は，公務執行妨害等被告事件の被告人が，検察官において当該被告事件の審理準備のために謄写の機会を与えた証拠である実況見分調書貼付の被害状況再現写真を，その問題点を指摘して一般の支援を求めるなどの意図でインターネット上の動画投稿サイトに掲載した行為について，訴訟手続における防御活動とはいえず，目的外使用に当たるとした。）。

本条1項1号にいう「その他の当該被告事件に係る裁判」とは，勾留（60），接見等禁止（81），保釈（89・90），差押え（99），捜索（102）などの終局裁判以外の被告事件に係る裁判を指す。

弁護人が自己に開示された証拠に係る複製等を，①自己の担当する被告事件の審理の準備とは無関係に，他の共犯者の弁護人に示すこと，②民事訴訟で使用することも，目的外使用に当たる。

[3] 前項の規定に違反した場合の措置（本条Ⅱ）

本条1項の規定に違反した場合の措置とは，弁護士法上の懲戒処分や民法上の損害賠償請求などである。目的外使用行為に対する刑事罰は，次条で科されるので，本条2項の措置には含まれない（もっとも，公訴提起や量刑の判断の場面では，本条Ⅱに規定する事情の有無・程度等が考慮され得る。）。なお，本条2項は，あくまで違反した場合の措置について定めた規定であり，目的外使用に当たるか否か（本条Ｉ）の判断に影響するものではない。

〔辛島明〕

第281条の5 [1] 〔目的外使用の罰則〕 被告人又は被告人であつた者が，検察官において被告事件の審理の準備のために閲覧又は謄写の機会を与えた証拠に係る複製等を，前条第1項各号に掲げる手続又はその準備に使用する目的以外の目的で，人に交付し，又は提示し，若しくは電気通信回線を通じて提供したときは [2]，1年以下の懲役又は50万円以下の罰金に処する。

2 弁護人（第440条に規定する弁護人を含む。以下この項において同じ。）又は弁護人であつた者が，検察官において被告事件の審理の準備のために閲覧又は謄写の機会を与えた証拠に係る複製等を，対価として財産上の利益その他の利益を得る目的で，人に交付し，又は提示し，若しくは電気通信回線を通じて提供したときも，前項と同様とする。

[1] 本条の趣旨等

本条は，281条の3と同趣旨であり，被告人又は弁護人等が開示証拠に係る複製等を目的外使用した場合の罰則について規定する。

なお，弁護人又は弁護人であった者（本条Ⅱ）については，被告人又は被告人であった者（本条Ⅰ）と異なり，「対価として財産上の利益その他の利益を得る目的」であった場合に限り，罰則が適用される。

[2] 罰則の対象となる行為（「提示」，「電気通信回線を通じて提供」）

「提示」とは，他人が開示証拠に係る複製等の内容を認識できる状態に置くことをいい，例えば，①供述調書のコピーを示して閲覧できるようにすること，②証拠である録音テープをダビングしたものを，カセットデッキで再生して聴取できるようにすることなどである。

「電気通信回線を通じて提供」とは，電気通信回線を通じて，開示証拠に係る複製等が，送信先の記録媒体に作成されるようにすることをいい，例えば，開示証拠の内容をそのまま記録した電子データを，ウェブサーバのコンピュータのハードディスクに記憶・蔵置させ，これにより，当該ハードディスクにアクセスする者が，その画像データ等をダウンロードして，当該ハードディスクを媒体とする「複製等」と同一内容の「複製等」を自らのコンピュータに作出することができる状態にすることなどである。　　〔辛島明〕

第281条の6 [1] 〔連日的開廷〕 裁判所は，審理に2日以上を要する事件については [2]，できる限り，連日開廷し，継続して審理を行わなければならない [3]。

2 訴訟関係人は，期日を厳守し，審理に支障を来さないようにしなければならない。

[1] 本条の趣旨等

平成16年改正では，刑事裁判の充実・迅速化を図るため，公判前整理手続等が創設さ

れたが，とりわけ裁判員裁判では，これらの手続を前提とし，裁判員の負担を軽減するとともに，裁判員が，公判廷で証拠の内容を見聞きすることにより生き生きとした心証を形成し，その心証のままに判断することを可能にするため，できる限り連日的に開廷する必要がある。そこで，こうしたいわゆる連日的開廷の原則を法律上明らかにするため，平成16年改正で本条も設けられた。

[2] 対象となる事件

連日的開廷の対象は，「審理に2日以上を要する事件」であり，裁判員裁判の対象事件はもちろん，刑事事件一般が対象となる。公判前整理手続に付さない事件についても，裁判所は，事前準備に関する規178条の2ないし178条の7，178条の13ないし178条の15までを用いるなどして，審理に必要な時間を把握し，審理計画を立て，連日的開廷の原則に則った審理が行えるよう努めることになる。

[3] 連日的開廷

「できる限り」と規定されているとおり，その事件の個別の事情に応じ，文字通りの連日開廷までが義務付けられるものではなく，審理に日数を要する裁判員裁判対象事件では，例えば，1週間のうちの開廷日数を3日に限るなどすることが，むしろ裁判員には参加しやすいということもあろう。その前提として，訴訟関係人が，審理の内容や日数が全体として真に合理的なものになるよう努めるべきことは当然である。　〔辛島明〕

第282条 [1] 〔公判廷〕　公判期日における取調は，公判廷 [2] でこれを行う。
　2　公判廷は，裁判官 [3] 及び裁判所書記 [4] が列席し，且つ検察官 [5] が出席 [6] してこれを開く [7]。

[1] 本条の趣旨

本条は，憲法37条1項及び同法82条に基づいた規定である。公判期日に行うすべての審理手続（対審）は公判廷で行わなければならない。

ただし，判決の宣告は別に規定（342）があるから，「取調」には含まれない。公判期日における訴訟手続は，公判調書を作成して審判に関する重要な事項を記載しなければならない（48，規44）。

[2] 公判廷

公判廷とは，原則として公開されている状態にある法廷をいう。憲法上，判決の宣告は常に公開しなければならないが，対審については「政治犯罪，出版に関する犯罪又はこの憲法第3章で保障する国民の権利が問題となってゐる事件」の場合を除き，「裁判所が，裁判官の全員一致で，公の秩序又は善良の風俗を害する虞があると決した場合」には，公開しないで行うことができるとされている（憲82Ⅱ）。公開を禁じたこと及びその理由は公判調書の必要的記載事項である（規44Ⅰ⑪）。公開禁止の決定は，公開禁止の

608 282条，283条

必要がなくなった場合に，これを解除する旨の決定をしなければならない（最判昭24・12・20刑集3・12・2036）。また審理が公開禁止となっても，判決の宣告の際には再び公衆を入廷させなければならない（最大判昭23・6・14刑集2・7・680）。法廷の規模，秩序維持，審理の円滑な進行などを考慮して，傍聴人の数の制限，傍聴券の発行などの措置をとることは，公開の趣旨に反するものではない。なお，裁判長は，当該被告事件の被害者らから公判手続の傍聴の申出があるときは，傍聴席，傍聴の希望者の数その他の事情を考慮しつつ，申出した者が傍聴できるよう配慮しなければならない（犯罪被害保護2）。また，裁判所法69条参照。

［3］裁判官

裁判官とは，訴訟法上の公判裁判所を構成する裁判官のことである。裁判官の数は，裁判所の種類及び事件の種類により定められている（裁9・10・18・26・35）。定数の裁判官の出席が開廷の要件であるが，補充裁判官（裁78）の出席はその要件ではない。

［4］裁判所書記

裁判所書記とは，裁判所書記官のことである。

［5］検察官

検察官とは，公判裁判所に対応する検察庁に所属する検察官のことである。検察官の事務を取り扱う検察事務官を含む。

［6］出 席

検察官は当事者として出席するという意味である。なお，検察官の出席がないまま判決を宣告した後，退廷した被告人を呼び戻して検察官出席の上再度行った判決の宣告は法的な効果を有しない（最決平19・6・19刑集61・4・369）。

［7］開 廷

公判調書には，裁判官，裁判所書記官，検察官の官氏名を記載する（規44I④⑤）。裁判官の官名の表示としては，単に裁判官という記載で足り，判事，判事補，簡易裁判所判事などの別を表示する必要はない。また特例判事補についても同様である。

裁判官の官名の記載がない場合，裁判官の氏名の記載がない場合は，その公判調書は効力を有しない。裁判所書記官の官氏名の記載がない場合でも調書の末尾に同人が官氏名をもって署名押印しているときは，その書記官が列席したものと認めることができる。

検察官の官名の表示としては検事，副検事の別を表示せず，単に検察官と記載すれば足りる。

なお，裁判員が参加する場合について，裁判員法54及び63条参照。 〔安永健次〕

│第283条 [1]〔被告人たる法人と代理人の出頭〕 被告人が法人である場合には，代理人 [2] を出頭させることができる [3]。

[1] 本条の趣旨

公判廷は，被告人が出頭しないときには開廷することができないのが原則 (286) であるが，本条から285条においてその例外を規定する。

[2] 代理人

被告人が法人の場合には出頭すべき立場にあるのはその代表者であるが，常に代表者自ら出頭すべきものとするのは不便であり，またその必要もないので，代理人を出頭させることができるとした。代理人とは，法人の代表者以外の者で代理権を授与された者をいう。代理人は本人に属する訴訟法上の権利を包括的に行使することができる。代理人の選任は要式行為ではないが，適当な方法で代理権の存在を証明する必要がある。実務では，代表者の委任状を提出させる取扱いをしている。代理人の資格には特別な制限はなく，訴訟行為能力を有する者であれば誰でも代理人となることができる。しかし当該事件の弁護人は，同時に代理人を兼ねることができない (松尾・条解578)。

[3] 開廷と出頭

代理人が出頭すれば代表者は出頭する必要がなく，代表者が出頭すれば代理人を出頭させる必要はない。両者が同時に出頭する事態は予想されていない。両者とも出頭しないときでも，代表者又は代理人を勾引するなどという措置をとることはできないと解されている。

〔安永健次〕

第284条〔軽微事件における出頭義務の免除・代理人の出頭〕 50万円（刑法，暴力行為等処罰に関する法律及び経済関係罰則の整備に関する法律の罪以外の罪については，当分の間，5万円）以下の罰金又は科料に当たる事件 [1] については，被告人は，公判期日に出頭することを要しない [2]。ただし，被告人は，代理人を出頭させることができる [3]。

[規] **第216条（判決宣告期日の告知・法第284条等）** 法第284条又は第285条に掲げる事件について判決の宣告のみをすべき公判期日の召喚状には，その公判期日に判決を宣告する旨をも記載しなければならない。

2 前項の事件について，同項の公判期日を刑事施設職員に通知して召喚する場合には，その公判期日に判決の宣告をする旨をも通知しなければならない。この場合には，刑事施設職員は，被告人に対し，その旨をも通知しなければならない。

第222条（判決の通知・法第284条） 法第284条に掲げる事件について被告人の不出頭のまま判決の宣告をした場合には，直ちにその旨及び判決主文を被告人に通知しなければならない。但し，代理人又は弁護人が判決の宣告をした公判期日に出頭した場合は，この限りでない。

[1] 軽微事件

　法定刑のうちに罰金又は科料の定めがある場合でも，選択刑として他に懲役，禁錮，拘留のいずれかが規定されているときは，本条の適用はない。また，処断刑とは全く関係がない。

[2] 被告人の出頭義務免除

　被告人には出頭義務はないが，出頭する権利はあるから，公判期日を被告人に通知する必要がある。しかし，勾引することはできない。ただし，被告人質問を行うためなど裁判所が必要と認めるときは，出頭命令（68）を発することができる（松尾・条解579）。

[3] 代理人の出頭

　被告人，代理人いずれも不出頭のまま審理判決することができる。この場合も，上訴期間は判決宣告の翌日から進行する。
〔安永健次〕

第285条〔出頭義務とその免除〕　拘留にあたる事件[1]の被告人は，判決の宣告をする場合には，公判期日に出頭しなければならない。その他の場合には，裁判所は，被告人の出頭がその権利の保護のため重要でないと認めるとき[2]は，被告人に対し公判期日に出頭しないことを許すことができる[3]。

2　長期3年以下の懲役若しくは禁錮又は50万円（刑法，暴力行為等処罰に関する法律及び経済関係罰則の整備に関する法律の罪以外の罪については，当分の間，5万円）を超える罰金に当たる事件の被告人は，第291条の手続をする場合[4]及び判決の宣告をする場合には，公判期日に出頭しなければならない[5]。その他の場合には，前項後段の例による。

[1] 拘留に当たる事件

　拘留に当たる事件とは，最高の法定刑として拘留が定められている事件をいい，拘留のほかに科料が選択刑として定められている事件も含まれる。本条1項は，特に拘留という自由刑を科し得る場合についての規定であるから，284条所定の罰金が選択刑として定められている場合でも，刑の上下関係にかかわらず，本項前段が適用されると解されている（高橋・大コメ刑訴6・17）。

[2] 権利保護の判断

　被告人の出頭が権利保護のため重要であるかどうかは，当該事件の内容，被告人側の防御方法ないし態度，訴訟の進行状況等から具体的に判断する。

[3] 許否の決定

　被告人から公判期日前に不出頭許可の申請がなされ，これに対して許否の決定がなされるのが通常であるが，職権により被告人の不出頭を許可することもできる。許可がないと被告人は必ず出頭しなければならず，正当な理由なく不出頭のときは勾引すること

ができる（58②）。申請に対し不許可の決定をしたときは，その告知は規34条によって
なされるが，許可の決定の場合は，その趣旨に照らして，あらかじめ被告人に告知する
必要はなく，また黙示でもよいと解される（松尾・条解580）。したがって，裁判所が被告
人不出頭のまま審理をし，公判調書にもその旨記載されているときには，不出頭許可が
あったものとみることができる。いったんなした決定をその後の事情に応じて取り消す
こともできる。許否の決定に対しては不服申立てをすることはできない（420Ⅰ）。

［4］ 冒頭手続をする場合

291条の冒頭手続をする場合は，被告人保護及び訴訟進行における争点整理の重要性
から被告人の出頭が必要とされている。公判手続の更新が行われる公判期日については，
被告人に出頭義務はないとして不出頭を許可する例が多い。

［5］ 出頭義務

被告人が法人であるときも，本条の適用があり，法人の代表者（代理人）が出頭義務
を負う。　　　　　　　　　　　　　　　　　　　　　　　　　　　　　　　　〔安永健次〕

第286条 [1]〔被告人の出頭の権利義務〕　前3条に規定する場合の外[2]，被告人が
公判期日に出頭[3]しないときは，開廷[4]することはできない。

［1］ 本条の趣旨

公判期日は当事者の攻撃及び防御の場であって，当事者の被告人自身を出頭させるこ
とがその権利保護のために必要であると同時に裁判所の審理を適正にするためにも役立
つと考えられるから，原則として被告人の出頭を開廷の要件とした。

［2］ 本条の適用

本条の適用については，前3条によって出頭不要とされ，又は不出頭を許可された場
合が除かれている。したがって，死刑，無期又は長期3年を超える懲役・禁錮に当たる
事件はもちろん，285条の不出頭許可が与えられなかった場合は本条が適用される（被
告人が法人で，代理人を出頭させたときはこの限りではない。）。判決宣告の公判期日であって
も，被告人が出頭しなければ開廷できない。

［3］ 出　頭

出頭とは，法廷内に設けられた被告人席に着いたことをいう。

［4］ 開　廷

審理又は判決宣告をするための開廷をいう。期日の延期をするために開廷することは
差支えない。被告人不出頭のまま開廷しても，弁護人からの証人放棄の申出に基づき前
の証拠決定を取り消す決定をしたに過ぎないときは本条に違反しない（最判昭28・9・29刑
集7・9・1848）。　　　　　　　　　　　　　　　　　　　　　　　　　　　　〔安永健次〕

第286条の2 [1]〔**出頭拒否と公判手続**〕 被告人が出頭しなければ開廷することができない場合[2]において，勾留されている被告人が，公判期日に召喚を受け，正当な理由がなく出頭を拒否し，刑事施設職員による引致を著しく困難にしたとき[3]は，裁判所は，被告人が出頭しないでも，その期日の公判手続[4]を行うことができる[5]。

[規] 第187条の2（出頭拒否の通知・法第286条の2） 勾留されている被告人が召喚を受けた公判期日に出頭することを拒否し，刑事施設職員による引致を著しく困難にしたときは，刑事施設の長は，直ちにその旨を裁判所に通知しなければならない[6]。

第187条の3（出頭拒否についての取調べ・法第286条の2） 裁判所は，法第286条の2の規定により被告人の出頭をまたないで公判手続を行うには，あらかじめ，同条に定める事由が存在するかどうかを取り調べなければならない[7]。

2 裁判所は，前項の規定による取調べをするについて必要があると認めるときは，刑事施設職員その他の関係者の出頭を命じてその陳述を聴き，又はこれらの者に対し報告書の提出を命ずることができる。

3 第1項の規定による取調は，合議体の構成員[8]にさせることができる。

第187条の4（不出頭のままで公判手続を行う旨の告知・法第286条の2） 法第286条の2の規定により被告人の出頭をまたないで公判手続を行う場合には，裁判長は，公判廷でその旨を訴訟関係人に告げなければならない[9]。

[1] 本条の趣旨

本条は，勾留中の被告人が出頭を拒否し，通常の手段では出頭させることが困難であって，開廷することができない具体的事例が生じたことにかんがみ，このような場合に対処するため設けられた規定である。

[2] 必要的出頭

被告人の出頭が法律上必要である場合（286）をいう。

[3]「引致を著しく困難にしたとき」

引致を著しく困難にしたといえるかどうかは，裁判所が具体的な事情に基づき慎重に判断しなければならない。引致を困難にした方法のいかんを問わない。出頭拒否の意思表示をしただけでは足りない。外部的な挙動となって表れたものに重きを置いて判断すべきである。出頭拒否の目的で，全裸になる，房入口の扉にしがみついて離れない，大声でわめき暴れまわり手が付けられない，などの場合が本条に当たる。同様の目的で，断食して身体を衰弱させる場合も含むと解する。

[4] 公判手続

「その期日の公判手続」のみ適用があるから，ある期日に出頭しなかったからといって，その後の期日まで被告人の出頭なしに開廷することはできない。したがって，本条

所定の事由は各期日ごとに判断されなければならない。

　被告人の出頭なしに行い得る公判手続の範囲については特に制限はなく，冒頭手続，証拠調手続，判決宣告のいずれであってもよい。

　本条によって行い得る手続は，必ずしも当該公判期日に予定されていたものに限られないが，少なくともはっきりした予定がある場合には，その範囲内にとどめるのが運用上は妥当である（高橋・大コメ刑訴6・31）。実務では，出頭拒否の予想される被告人に対しては，当該期日における進行予定を予め知らせておき，当該期日に現実に被告人が出頭を拒否し本条により手続を進めるに至れば，その予定した段階まで終了させ，その次の段階に入るのは次回以降にするということが行われている（松尾・条解583）。

[5] 326条2項の適用の可否

　検察官から取調請求のあった書証につき326条2項が本条の場合を含むか否かについては争いがあるが，判例は適用の方向に向かっている（松尾・条解583）。

[6] 出頭拒否の通知

　刑事施設の長は，本条に規定する事由が生じたときは，被告人の出頭を要する事件であるかどうか，被告人の出頭拒否につき正当な理由があるかどうかにかかわらず，直ちに裁判所に通知しなければならない。通知方法のいかんを問わない。電話による通知でもよい。通知義務者は刑事施設の長であるが，留置施設の場合は警察署長等の留置業務管理者がこれに当たる。

[7] 出頭拒否についての取調

　裁判所は公判手続を行う前に，被告人が出頭を拒否している具体的状況について取調をすることが義務付けられている。その資料や取調の方法については特段の定めがない。刑事施設職員から電話で説明を聞くことでも足りる場合がある。取調の結果は，電話聴取書等の形で記録上明らかにしておく必要がある。

[8] 合議体の構成員

　通常の裁判では，合議体の構成員は裁判官に限られているものの，裁判員裁判では，裁判員も合議体の構成員となる。しかし，本条の関係では，「合議体の構成員である裁判官」として適用される（裁判員規43）。

[9] 裁判長による告知

　本条により公判手続を行うかどうかは裁判所の判断にかかるが，これに対しては訴訟関係人から異議の申立て（309Ⅱ）ができるとする見解が多い。規187条の4の告知をしたことは公判調書の必要的記載事項である（規44Ⅰ⑦）。　　　　　　　〔安永健次〕

第287条 [1]〔身体の不拘束〕　公判廷においては，被告人の身体を拘束してはならない。但し，被告人が暴力を振い又は逃亡を企てた場合は，この限りでない [2]。

2　被告人の身体を拘束しない場合にも，これに看守者を附することができる [3]。

614 287条，288条

[1] 本条の趣旨

　本条は，公判廷における被告人の自由な防御活動を保障し，かつ，手続の公正を確保しようとする規定である。本条は，被告人に代わる代表者代理人についても適用があると解される。

[2] 被告人の身体の拘束

　裁判長の制止に従わず大声を発しあるいは長広舌を振るう場合には，法廷の秩序維持のための退廷等の措置（288II，裁71II，法廷秩序3II）がとられることは別として，本条により身体を拘束することはできない。被告人が暴力を振るい，又は逃走を企てた場合にその身体を拘束する方法としては手錠をかけるのが通例である。被告人の身体を拘束したまま審理を続行することはできるが，手続の公正の面を十分配慮する必要がある。

[3] 看守者を附する

　本条2項は1項ただし書を補完する規定である。したがって，本条2項も，被告人が暴力を振るい又は逃亡を企てた場合に限り適用されると解する。

　なお，身柄拘束中の被告人については，刑事施設職員（看守）が付き添って在廷するのが通例である。これは本項の適用ではない。刑事施設職員は刑事収容施設法等の法規に基づき戒護権を行使するために在廷しているものである。

　この場合，公判開廷中は，刑事施設職員であっても，裁判所（裁判長）の訴訟指揮，法廷警察権の行使に服することになるが，裁判所（裁判長）においても被告人の身柄が適法に拘束されていることを否定するような措置をとることは許されない。その意味で，訴訟指揮にあたっても刑事施設職員の戒護権について十分な配慮をする必要がある（松尾・条解584）。

〔安永健次〕

第288条 [1]〔被告人の在廷義務，法廷警察権〕　被告人は，裁判長の許可がなければ，退廷することができない [2]。

2　裁判長は [3]，被告人を在廷させるため [4]，又は法廷の秩序を維持するため [5] 相当な処分をすることができる [6][7]。

> [規]　第215条（公判廷の写真撮影等の制限）　公判廷における写真の撮影，録音又は放送は，裁判所の許可を得なければ，これをすることができない [8]。但し，特別の定 [9] のある場合は，この限りでない。

> 　[1] 本条の趣旨　　[2] 被告人の在廷義務　　[3] 法廷警察権の主体等　　[4] 在廷命令等　　[5] 法廷の秩序を維持するための処分　　[6] 制　裁　　[7] 戒護権との関係　　[8] 写真撮影，録音等　　[9]「特別の定」

288条

[1] 本条の趣旨

本条1項は被告人の在廷義務を定めたものであり，2項は法廷の秩序維持（裁71）に関する規定である。法廷警察権については裁判所法（裁71・72）や法廷等の秩序維持に関する法律がこれを規定し，刑訴法上にも本条等がこれについての規定を置いているが，いうまでもなく両者は互いに相排斥するものではなく，部分的に重畳して適用されるものもある。287条と同じく本条も，被告人に代わる代表者代理人についても適用があると解される。

なお，法廷警察権とは，法廷の秩序を維持し，審判の妨害を制止・排除するために訴訟法上の裁判所が行使する権限であり，それは，裁判権に付随する司法行政権の作用である（高橋・大コメ刑訴6・39）。法廷警察権は，もっぱら訴訟手続の進行上の障害を排除することを目的とする作用であって，訴訟指揮権と異なり，事件の審理内容や訴訟の実質には関係がない。

[2] 被告人の在廷義務

被告人が裁判長の許可を受けないで退廷した場合には，被告人が在廷しないまま審理・判決をすることができる（341）。許可を得て退廷した場合には，被告人が出頭しなくても開廷することができる場合（283〜285）を除き，手続を進めることはできない（286）。被告人の出頭なしに開廷できる場合でも，いったん出頭した以上は，裁判長の許可を受けなければ退廷できないと解される。

[3] 法廷警察権の主体等

(1) **主 体**　法廷警察権は，裁判所の権能であるが，その行使は臨機応変，適宜適切に行われることが必要であり，合議体にあっては一々その決定によらしめることは適当でないから，裁判所を代表する裁判長に委ねられている。裁判長の法廷警察権行使のための補助機関としては，廷吏等（裁63，法廷の秩序維持等にあたる裁判所職員に関する規則1，裁71の2・72）がある。補助機関は，法廷等における秩序維持について裁判長又は裁判官（単独体の場合）の指揮に服する（裁71の2Ⅱ参照）。なお，裁判長の命を受けて陪席裁判官が，特定の処分につき事実上代行することは許されると解する（松尾・条解585）。また，必要に応じて裁判長が補助機関に対し，あらかじめ具体的かつ明瞭に容易に識別できるような事実を内容とする条件にかからせておき，そのような事態が発生した場合に，即刻行為者を退廷させることを命じておく，いわば停止条件付き退廷命令も許される（高橋・大コメ刑訴6・41）。この場合には，あらかじめ在廷者に対しても，当該事実にかかる行為（拍手・罵声・暴行等）をしないように指示することになろう。なお，裁判所傍聴規則によって禁止されている事柄で，一般的禁止に当たるものは，傍聴人がこれに従う義務のあることは当然であるから，裁判官の入廷前であっても，廷吏等の補助機関が，独自に，違反者に注意を与え，不当行為を抑制することができると解される（高橋・大コメ刑訴6・41）。

(2) **客 体**　法廷警察権に服する者は，在廷者の全部である。一般傍聴人はもちろん，被告人，弁護人，検察官も同様である。なお，次に述べるように，法廷外の者に対して

616　　　288条

も法廷警察権を行使できる場合がある。

(3) **時間的場所的限界**　　法廷警察権は，審理中又は審理に「接着する前後の時間」(最判昭31・7・17刑集10・7・1127) において行使することができる。同一公判期日であっても，一時審理を打ち切り法廷を閉ざした場合は，法廷警察権を行使する余地はないが，合議や短時間の休廷のため法廷をそのままにして一時退廷する場合は審理は継続中とみられるから，法廷警察権の行使は認められる。

　また，法廷警察権の行使は，法廷の秩序を維持するのに必要な限り，法廷の内外を問わず裁判官が妨害行為を直接目撃又は聞知し得る場所にまで及ぶ (前掲最判昭31・7・17)。この判例の事案では，「法廷の存する建物の外ですなわち右喧騒を聞知し得ない場所まで退去させることを得るものと解するのが相当である」と判示している。

　なお，一般に，開廷中の法廷内を除く裁判所構内では，庁舎管理権が作用する関係にもあるから，法廷外の場所で妨害行為に及ぶ者がいるときに，庁舎管理権者はその者に対して庁舎退去を命ずるなどの措置をとることができる。したがって，法廷警察権により退廷命令を受けた者が法廷外でも喧騒にわたるときは，庁舎管理権により庁舎退去を命ぜられることになる。

[4] **在廷命令等**

　被告人を在廷させるためには，まずは在廷命令を発してこれに従わせることが考えられる。在廷命令に従わないときにとるべき処置としては，それぞれ具体的な事情に応じて考えるほかはないが，被告人の身体を拘束することは，「暴力を振い又は逃亡を企てた場合」(287 I) 以外は許されないと解される。したがって，被告人が在廷したまま喧騒にわたる言動に出たようなときは，これによることはできない。法廷警察権に基づき他の処置をすることになる。なお，検察官・弁護人に対する在廷命令等については，278条の2がある。

[5] **法廷の秩序を維持するための処分**

　退廷命令，発言禁止命令などが主要なものである。退廷命令について付言すると，実務においては，裁判長があらかじめ廷吏等の補助者に対し退廷命令と同時に執行すべきことを指示しておき，改めて執行命令を発しない例が多い。

[6] **制　裁**

　法廷の秩序を乱した者に対しては，裁判所は，自ら制裁を科することができる。これは，本条の直接規定するところではないが，法廷等の秩序維持に関する法律にその規定があり，また法廷等の秩序維持に関する規則がこれを補充している。本条に基づく裁判長の処分に従わないなど制裁の対象となる行為をする者がいるときは，同法3条2項(法廷秩序規2) により，裁判所 (急速を要するときは裁判長) は裁判所職員又は警察官にその行為者の拘束を命ずることができる (拘束時間は24時間を限度とする。)。制裁権の発動を確保するための保全処分的処置たる性質を有するものである。したがって，爾後における制裁権の発動を意図しないで，もっぱら法廷等の秩序維持の手段としてのみ拘束を命

ずることは許されない。もっとも，制裁権を発動するか否かは一切裁判所の裁量に委ねられているため，当初制裁権の発動を意図し行為者を拘束した後，その後の情勢に応じて制裁権の発動を差し控えることは妨げられない（高橋・大コメ刑訴6・48）。この拘束は，一定の場所（拘束室）に行為者を留め置くことである（法廷秩序規2Ⅱ）。

[7] 戒護権との関係

開廷中の法廷内においては法廷警察権が戒護権に優先するが，戒護権がなくなるわけではない。したがって，被告人が暴力を振るったり，逃亡を企てる等の異常事態が発生し，裁判長が法廷警察権の行使として適切な措置を命ずる時間的余裕がないときには，実際上，刑事施設職員が戒護権に基づき緊急の措置として被告人を制止しその身柄を確保した上，裁判長の指示を待つということになる（高橋・大コメ刑訴6・48）。

[8] 写真撮影，録音等

写真撮影，録音等の行為について，何らの規制もなく放置されると往々にして法廷の秩序を乱し審理に悪影響を及ぼしあるいは被告人ら訴訟関係人の名誉等を侵害する事態を招くことになるため，裁判所の許可にかからしめている（高橋・大コメ刑訴6・46）。

[9] 「特別の定」

訴訟関係人が訴訟の準備のためにする録音や速記について定める規47条がこれに当たる。　　　　　　　　　　　　　　　　　　　　　　　　　　　　　　　〔安永健次〕

第289条 [1]〔**必要的弁護**〕　死刑又は無期若しくは長期3年を超える懲役若しくは禁錮にあたる [2] 事件 [3] を審理する場合 [4] には，弁護人 [5] がなければ開廷 [6] することはできない [7]。

2　弁護人がなければ開廷することができない場合 [8] において，弁護人が出頭しないとき [9] 若しくは在廷しなくなったとき [10]，又は弁護人がないとき [11] は，裁判長は [12]，職権で弁護人を付さなければならない [13]。

3　弁護人がなければ開廷することができない場合において，弁護人が出頭しないおそれがあるとき [14] は，裁判所は [15]，職権で弁護人を付することができる [16][17][18]。

[1] 本条の趣旨　　[2] 刑の基準　　[3] 事件の基準　　[4] 本条1項が適用される場合　　[5] 弁護人　　[6] 開　廷　　[7] 本条1項違反の効果　　[8] 本条2項及び3項が適用される場合　　[9] 弁護人の不出頭　　[10] 弁護人の不在廷　　[11] 弁護人の不存在　　[12] 本条2項の選任主体　　[13] 本条2項の選任　　[14] 弁護人の不出頭のおそれ　　[15] 本条3項の選任主体　　[16] 本条3項の選任　　[17] その他本条1項の適用除外　　[18] 上訴審における必要的弁護

[1] 本条の趣旨

本条は，弁護人の出頭が開廷及び審理続行のための要件である場合を定め，被告人の権利保護及び当事者主義の強化を図ると同時に公判審理の公正を確保しようとするものである（松尾・条解587，高橋・大コメ刑訴6・53）。憲法37条3項は弁護人の援助を受ける権利を被告人に保障しているが，本条の必要的弁護は被告人の意思にかかわらず弁護人を選任する制度であり，両者に直接の関連はない。

[2] 刑の基準

「死刑又は無期若しくは長期3年を超える懲役若しくは禁錮にあたる」か否かは起訴された罪の法定刑を基準として判断する。処断刑を基準とすべきではない。したがって，法定刑がこれに当たらない限り，併合罪加重により処断刑が長期3年を超える懲役，禁錮刑となっても必要的弁護事件ではない（最決昭40・7・10裁刑156・129）。再犯加重についても同様である。逆に法定刑がこれに当たる限り，従犯減軽により処断刑が3年以下の懲役，禁錮刑となっても必要的弁護事件である（香城・注釈刑訴4・133，高橋・大コメ刑訴6・54）。

また，当然のことながら，法定刑として本条所定の刑が定められている限り，選択刑として罰金刑が定められていても差支えない（松尾・条解587）。

両罰規定において，行為者の法定刑に長期3年を超える懲役，禁錮刑の定めがあるが，事業主については罰金刑が法定刑である場合，事業主についてはその固有の違反行為に対し責任を問うのであるから，必要的弁護事件ではないと解される（香城・注釈刑訴4・133，高橋・大コメ刑訴6・54）。

犯罪後の法律により刑の変更があり，必要的弁護事件となった場合又は必要的弁護事件でなくなった場合には，刑法6条により適用される軽い刑を基準として判断する（刑の引上げがあった場合につき最判昭28・1・16裁集刑72・97）。

[3] 事件の基準

必要的弁護事件かどうかは，訴因を基準として判断する（香城・注釈刑訴4・134，高橋・大コメ刑訴6・55）。起訴当時の訴因によれば弁護人が不要であっても，訴因変更の結果新訴因が本条所定の事件となれば，本条の適用がある（高橋・大コメ刑訴6・55）。訴因変更により必要的弁護事件になった場合，その時点からそのように取り扱えば足り，それ以前に行われた弁護人なしでの審理を無効にするものではないと解される（香城・注釈刑訴4・134，高橋・大コメ刑訴6・55）。

[4] 本条1項が適用される場合

本条は，公判期日の手続に関する規定であるから，裁判所外で証人を尋問する場合（最決昭34・6・9裁集刑130・153）や公判準備期日で証人を尋問する場合（最決昭36・8・1裁集刑139・7）には適用がない。

また，本条の趣旨に照らして，本条は，弁護人の立会いがなくても被告人の権利保護等に支障のない形式的手続については，弁護人の立会いを要請していないといえるから，

「審理する場合」とは，公判期日において実体的審理を行う場合を意味すると解される（香城・注釈刑訴4・148，松尾・条解588，高橋・大コメ刑訴6・61）。したがって，人定質問だけに終わった場合（最決昭30・3・17刑集9・3・500），弁論分離決定の言渡しだけの場合（大阪高判昭26・6・18特報23・75），弁論再開決定をする場合（大判昭8・8・10刑集12・1429），判決言渡期日を延期する場合（広島高判昭26・5・19特報20・20），判決の宣告だけをする場合（最判昭30・1・11刑集9・1・8）については，弁護人の立会いは必要ない。

［5］弁護人

弁護人とは，私選弁護人であると国選弁護人であるとを問わないが，弁護士の資格を有する弁護人をいい，特別弁護人を含まないとする見解が有力である（高橋・大コメ刑訴6・62）。

当該事件の被告人の弁護人をいうから，共同被告人の弁護人が立ち会い，被告人のために有利な弁論をしていた場合でも，本条に違反する（最判昭23・11・9刑集2・12・1508）。

複数の弁護人が選任されている場合でも，そのうちの1人の立会いがあれば本条に違反しない（最判昭23・4・22刑集2・4・418，最判昭25・2・17刑集4・2・205）。

［6］開　廷

開廷とは，法廷を開いて審理を進めることを意味する（香城・注釈刑訴4・150，高橋・大コメ刑訴6・63）。

なお，本条の趣旨からすると，たとえ被告人が弁護人の立会いを辞退した場合でも，弁護人なしに審理することは許されない（最判昭23・10・30刑集2・11・1435）。

［7］本条1項違反の効果

弁護人の立会いがないのに行った実体的審理は無効である（香城・注釈刑訴4・150，高橋・大コメ刑訴6・63）。したがって，本条1項に違反すれば，基本的に，判決に影響を及ぼすことが明らかな訴訟手続の法令違反（379）となる（最判昭27・3・28刑集6・3・559）。もっとも，終始弁護人の立会いのないままで審理し無罪の判決がなされた場合には，本条1項の違反は判決に影響を及ぼすことが明らかなものとはいえない（東京高判昭32・3・2高刑集10・2・123，香城・注釈刑訴4・150）。

なお，公判期日に弁護人が出頭しないため，被告人の同意を得て公判準備期日に切り替えて証人尋問を実施した場合に，その証人尋問調書の証拠調べに弁護人が同意したときは，本条1項違反の瑕疵は治癒される（最決昭36・8・1判時280・50）。

［8］本条2項及び3項が適用される場合

公判前整理手続又は期日間整理手続に付された事件を審理する場合には，本条1項に規定する事件に該当しないときであっても，弁護人がなければ開廷することはできない（316の29）。したがって，本条1項に定める場合のほか，316条の29に定める場合も，本条2項及び3項が適用される。

なお，本条と同様に弁護人が必要的とされている公判前整理手続及び期日間整理手続期日（316の4Ⅰ・316の7・316の28Ⅱ）自体についても，本条2項及び3項と同様の規定が

設けられている（316の8 I II）。

［9］弁護人の不出頭

弁護人の不出頭といえるためには，適法な公判期日の通知（273III）がされていることが前提である。

必要的弁護事件において正当な理由で私選弁護人又は国選弁護人が出頭しないときはこれに当たらないとの見解（松尾・条解589）が有力であるが，この場合でも被告人に異議がないときには国選弁護人を選任して審理を進めることができるとする見解（香城・注釈刑訴4・141）もある。

［10］弁護人の不在廷

弁護人が在廷しなくなったときとは，弁護人が公判期日にいったん出頭したものの，公判廷での審理に立ち会わなくなるに至ったことをいう。許可なく退廷した場合だけでなく，退廷命令により退廷させられた場合を含む。

そのような場合，当該期日に出頭しなかった場合と実質的には同様であることから，不出頭の場合と同様に，裁判長が職権で国選弁護人を選任しなければならないことが明確にされたものである（辻「刑事訴訟法等の一部を改正する法律（平成16年法律第62号）について(1)」曹時57・7・51）。

［11］弁護人の不存在

裁判所は，必要的弁護事件について公訴の提起があった場合において被告人に弁護人がないときは，遅滞なく，被告人に対し，弁護人を選任するかどうかを確かめなければならない（規178 I）。

そのため，一定の期間を定めて回答を求めることができ（同条II），この期間内に回答がなく又は弁護人の選任がないときは，裁判長は，直ちに被告人のため弁護人を選任しなければならない（同条III）。

［12］本条2項の選任主体

本条2項の場合は，裁判長が，弁護人を付する旨の裁判（性質は命令）をし，具体的な選任行為（性質は命令）を行う（規29）。

［13］本条2項の選任

本条2項により選任される弁護人は弁護士に限られる（38 I）。

本条2項及び3項は，公判期日の当日又は直前に国選弁護人を選任して審理を進めることも予定した規定である。もっとも，選任された弁護人が十分な弁護活動をできるよう，相当の余裕を置いて選任すべきと思われる（松尾・条解589，高橋・大コメ刑訴6・56）。

この点，必要的弁護事件において，国選弁護人の不出頭のため公判期日の当日に新たに選任された国選弁護人が記録を精読するに十分な時間を持たなかったとしても，被告人，弁護人に異議がなく，弁護人が審理に立ち会って弁論を終了したときは，弁護権を不法に制限したことにはならないとした判例（最判昭23・8・5刑集2・9・1139）や，公判期日の前日に弁護人を選任するのは当を得たものではないが，被告人，弁護人に異議がな

く裁判所がいたずらに結審を急いだというような形跡がないときは，不法に弁護権を制限したものとはいえないとした判例（最大判昭24・7・13刑集3・8・1304〔最判昭26・11・20刑集5・12・2408は同旨を判示する。〕）がある。

[14] 弁護人の不出頭のおそれ

「弁護人が出頭しないおそれがあるとき」に該当するか否かは，個別の事案におけるそれまでの訴訟の進行状況や被告人，弁護人の言動等の諸事情に照らして判断されるべき事柄であるが，例えば，裁判所の訴訟指揮を不満とする弁護人が指定された公判期日に出頭しない旨をあらかじめ明言していたような場合などは，これに当たり得る（辻・前掲52，松尾・条解590）。

[15] 本条3項の選任主体

本条2項の場合と異なり，36条，37条の場合と同様，裁判所が弁護人を付する旨の裁判（性質は決定）をし，これに基づき裁判長が具体的な選任行為（性質は命令）を行う（規29）。

この場合，理論上は，選任行為に先立って裁判所の弁護人を付す決定が行われていることになるが，実務上，裁判長の選任命令と別に裁判書を作成することなどはせず，裁判長の選任命令が告知されることにより，その前提としての裁判所の決定も行われていると理解されている（松尾・条解590）。

[16] 本条3項の選任

本条3項により選任される弁護人は弁護士に限られる（38Ⅰ）。その他，[13] を参照されたい。

[17] その他本条1項の適用除外

弁護人の立会いがない場合でも，弁護人なしで審理をすることが許されるかについては見解の対立があった（これに関して，昭和53年3月，「刑事事件の公判の開廷についての暫定的特例を定める法律案」が国会に提出されたが，同法案は昭和54年4月に廃案となった。）。

この点，最高裁は，「必要的弁護事件において，裁判所が公判期日への弁護人出頭確保のための方策を尽くしたにもかかわらず，被告人が，弁護人の公判期日への出頭を妨げるなど，弁護人が在廷しての公判審理ができない事態を生じさせ，かつ，その事態を解消することが極めて困難な場合には，当該公判期日については，刑訴法289条1項の適用がないものと解するのが相当である。けだし，このような場合，被告人は，もはや必要的弁護制度による保護を受け得ないものというべきであるばかりでなく，実効ある弁護活動も期待できず，このような事態は，被告人の防御の利益の擁護のみならず，適正かつ迅速に公判審理を実現することをも目的とする刑訴法の本来予想しないところだからである」と判示した（最決平7・3・27刑集49・3・525）。この最決後，本条2項及び3項が改正又は新設された現在，まずは，本条2項及び3項による対応を考えることになるが，それでも対応不能な特異な事態が生じた場合，この最決を踏まえた対処を検討することになる（松尾・条解589）。

[18] 上訴審における必要的弁護

本条, 規178条は, 404条, 規250条によってそれぞれ控訴審に準用され, また, 414条, 規266条によってそれぞれ上告審に準用される。控訴審については, 別に391条が, 弁護人が出頭しないとき又は弁護人の選任がないときは, 原則として検察官の陳述を聴いて判決をすることができるとしつつ, 例外的に, 必要的弁護事件の場合には, これができない旨を定めている。　　　　　　　　　　　　　　　　　　　　　　〔安永健次〕

第290条 [1] 〔任意的国選弁護〕　第37条各号の場合に弁護人 [2] が出頭しないとき [3] は, 裁判所 [4] は, 職権で弁護人を附することができる [5]。

[1] 本条の趣旨

本条は, 37条各号の事由がある場合にすでに選任されている弁護人が不出頭のときには, 裁判所が裁量で更に国選弁護人を選任することができるとした規定である。

[2] 弁護人

弁護人とは, すでに選任されている弁護人をいう。私選弁護人であると国選弁護人であるとを問わない。

[3] 不出頭

出頭しないときとは, 弁護人が適法な公判期日の通知を受けながら, 正当な理由なく出頭しない場合をいう。公判期日を弁護人に通知せずに, 弁護人の不出頭を理由に本条を適用することは, 弁護権を不法に制限するものである。

[4] 裁判所

裁判所が弁護人を付することを決め, これに基づき裁判長が具体的な選任行為を行うことになる (規29)。

[5] 裁　量

弁護人を付するかどうかは裁判所の裁量に委ねられているが, 37条により国選弁護人が付されていた場合のほか, 弁護人の立会いが被告人の防御に必要と認められる場合には, 本条により弁護人を選任すべきである。　　　　　　　　　　　　　　　　　　〔安永健次〕

第290条の2 [1] 〔公開の法廷における被害者特定事項の秘匿〕　裁判所は, 次に掲げる事件を取り扱う場合において, 当該事件の被害者等 (被害者又は被害者が死亡した場合若しくはその心身に重大な故障がある場合におけるその配偶者, 直系の親族若しくは兄弟姉妹をいう。以下同じ。) 若しくは当該被害者の法定代理人又はこれらの者から委託を受けた弁護士から申出があるときは [2], 被告人又は弁護人の意見を聴き, 相当と認めるときは, 被害者特定事項 [3] (氏名及び住所その他の

290条の2　　　623

当該事件の被害者を特定させることとなる事項をいう。以下同じ。）を公開の法廷
で明らかにしない旨の決定[4]をすることができる。

一　刑法第176条から第178条の2まで若しくは第181条の罪，同法第225条若しくは
　　第226条の2第3項の罪（わいせつ又は結婚の目的に係る部分に限る。以下この
　　号において同じ。），同法第227条第1項（第225条又は第226条の2第3項の罪を
　　犯した者を幇助する目的に係る部分に限る。）若しくは第3項（わいせつの目的
　　に係る部分に限る。）若しくは第241条の罪又はこれらの罪の未遂罪に係る事件

二　児童福祉法第60条第1項の罪若しくは同法第34条第1項第9号に係る同法第60
　　条第2項の罪又は児童買春，児童ポルノに係る行為等の規制及び処罰並びに児童
　　の保護等に関する法律第4条から第8条までの罪に係る事件

三　前2号に掲げる事件のほか，犯行の態様，被害の状況その他の事情により，被
　　害者特定事項が公開の法廷で明らかにされることにより被害者等の名誉又は社会
　　生活の平穏が著しく害されるおそれがあると認められる事件

2　前項の申出は，あらかじめ，検察官にしなければならない。この場合において，
　検察官は，意見を付して，これを裁判所に通知するものとする[2]。

3　裁判所は，第1項に定めるもののほか，犯行の態様，被害の状況その他の事情に
　より，被害者特定事項が公開の法廷で明らかにされることにより被害者若しくはそ
　の親族の身体若しくは財産に害を加え又はこれらの者を畏怖させ若しくは困惑させ
　る行為がなされるおそれがあると認められる事件を取り扱う場合において[2]，検
　察官及び被告人又は弁護人の意見を聴き，相当と認めるときは，被害者特定事項を
　公開の法廷で明らかにしない旨の決定をすることができる。

4　裁判所は，第1項又は前項の決定をした事件について，被害者特定事項を公開の
　法廷で明らかにしないことが相当でないと認めるに至つたとき，第312条の規定に
　より罰条が撤回若しくは変更されたため第1項第1号若しくは第2号に掲げる事件
　に該当しなくなつたとき又は同項第3号に掲げる事件若しくは前項に規定する事件
　に該当しないと認めるに至つたときは，決定で，第1項又は前項の決定を取り消さ
　なければならない。

[規]　第196条の2（法第290条の2第1項の申出がされた旨の通知の方式）　法第290条の2第
　　　2項後段の規定による通知は，書面でしなければならない。ただし，やむを得ない事
　　　情があるときは，この限りでない。
　　第196条の3（公開の法廷で明らかにされる可能性があると思料する事項の告知・法第
　　　290条の2）　検察官は，法第290条の2第1項又は第3項の決定があつた場合におい
　　　て，事件の性質，審理の状況その他の事情を考慮して，被害者特定事項のうち被害者
　　　の氏名及び住所以外に公開の法廷で明らかにされる可能性があると思料する事項があ
　　　るときは，裁判所及び被告人又は弁護人にこれを告げるものとする。

第196条の4 （呼称の定め・法第290条の2） 裁判所は，法第290条の2第1項又は第3項の決定をした場合において，必要があると認めるときは，被害者の氏名その他の被害者特定事項に係る名称に代わる呼称を定めることができる。

第196条の5 （決定の告知・法第290条の2） 裁判所は，法第290条の2第1項若しくは第3項の決定又は同条第4項の規定によりこれらの決定を取り消す決定をしたときは，公判期日においてこれをした場合を除き，速やかに，その旨を訴訟関係人に通知しなければならない。同条第1項の決定をしないこととしたときも，同様とする。

2 裁判所は，法第290条の2第1項の決定又は同条第4項の規定により当該決定を取り消す決定をしたときは，速やかに，その旨を同条第1項の申出をした者に通知しなければならない。同項の決定をしないこととしたときも，同様とする。

［1］ 本条の趣旨

刑事裁判では，公開の法廷で，被害者の氏名等が起訴状朗読，冒頭陳述，書証の取調べ，論告・弁論等で明らかにされることがあるが，そうした場合，性犯罪をはじめとして，被害者の名誉やプライバシーが著しく害されるなどのおそれがある場合がある。そこで，本条は，被害者（230の「犯罪により害を被つた者」と同じ）の特定事項を公判廷で明らかにしない手続について規定する（本条は，憲32・37Ⅰに違反しない。最決平20・3・5判タ1266・149）。

なお，本条が平成19年改正により新設される以前から，性犯罪等の事件では，実務上，訴訟関係人の了解のもと，訴訟指揮によって被害者の氏名等を公判廷で明らかにしない運用が行われてきており，現在もこうした運用を行うことは妨げられない。

［2］ 被害者等からの申出等

本条1項の決定は，被害者等からの申出を要する。申出は事件が起訴された後，当該被告事件が終結するまでの間は，いつでも行うことができるが，通常は，第1回公判期日前に行われる。この申出はあらかじめ検察官にしなければならず，申出がされたときは，検察官は，意見を付して裁判所に通知する（本条Ⅱ。この通知を第1回公判期日前にする場合，その内容が予断排除の原則に抵触しないよう留意する必要がある。）。

本条3項の決定は，裁判所は，被害者等による申出を待つことなく行うことができる。

［3］ 被害者特定事項

被害者の氏名及び住所のほか，被害者の電話番号，通勤先や通学先，配偶者や父母の氏名等の情報等が考えられ，場合によっては被告人の氏名や住居等も被害者特定事項に当たり得る（何が被害者特定事項に当たるかは，通常，個別の事件ごとに検察官から告知される。規196の3参照）。

［4］ 決定等

(1) **被害者特定事項を明らかにしない旨の決定** この決定に対しては不服申立てができない（420Ⅰ）。

裁判所は，この決定をしたときは，被害者の氏名等に代わる呼称（例えば，「A」）を定

めることができる（規196の4）。また，起訴状の朗読（291Ⅱ），公判前整理手続の結果顕出（規217の31Ⅲ），訴因等変更請求書の朗読（規209Ⅴ），証拠書類の朗読（305Ⅲ），判決の宣告（規35Ⅲ）は，被害者特定事項を明らかにしない方法で行われなければならず，訴訟関係人の尋問や陳述等が被疑者特定事項にわたるときは，裁判長はこれらを制限することができる（295Ⅲ）。裁判員等選任手続でも配慮が必要となる（裁判員33の2）。

(2) **秘匿の決定をすることが相当でないと認めたとき**　　裁判所は特段の決定をする必要はない。この場合，訴訟関係人及び申出をした被害者等への通知は必要である（規196の5ⅠⅡ）が，検察官や申出をした被害者等は不服申立てができない。　　　　　　　　〔辛島明〕

第290条の3 [1] 〔**公開の法廷における証人等特定事項の秘匿**〕　裁判所は，次に掲げる場合において，証人，鑑定人，通訳人，翻訳人又は供述録取書等（供述書，供述を録取した書面で供述者の署名若しくは押印のあるもの又は映像若しくは音声を記録することができる記録媒体であつて供述を記録したものをいう。以下同じ。）の供述者（以下この項において「証人等」という。）から申出があるときは[2]，検察官及び被告人又は弁護人の意見を聴き，相当と認めるときは，証人等特定事項（氏名及び住所その他の当該証人等を特定させることとなる事項をいう。以下同じ。）を公開の法廷で明らかにしない旨の決定をすることができる。

一　証人等特定事項が公開の法廷で明らかにされることにより証人等若しくはその親族の身体若しくは財産に害を加え又はこれらの者を畏怖させ若しくは困惑させる行為がなされるおそれがあると認めるとき。

二　前号に掲げる場合のほか，証人等特定事項が公開の法廷で明らかにされることにより証人等の名誉又は社会生活の平穏が著しく害されるおそれがあると認めるとき。

2　裁判所は，前項の決定をした事件について，証人等特定事項を公開の法廷で明らかにしないことが相当でないと認めるに至つたときは，決定で，同項の決定を取り消さなければならない。

[規]　第196条の6（公開の法廷で明らかにされる可能性があると思料する事項の告知・法第290条の3）　検察官及び被告人又は弁護人は，法第290条の3第1項の決定があつた場合において，事件の性質，審理の状況その他の事情を考慮して，証人等特定事項のうち証人等の氏名及び住所以外に公開の法廷で明らかにされる可能性があると思料する事項があるときは，裁判所及び相手方又はその弁護人にこれを告げるものとする。

第196条の7（呼称の定め・法第290条の3）　裁判所は，法第290条の3第1項の決定をした場合において，必要があると認めるときは，証人等の氏名その他の証人等特定事項に係る名称に代わる呼称を定めることができる。

第196条の8（決定の告知・法第290条の3） 裁判所は，法第290条の3第1項の決定又は同条第2項の規定により当該決定を取り消す決定をしたときは，公判期日においてこれをした場合を除き，速やかに，その旨を訴訟関係人に通知しなければならない。同条第1項の決定をしないこととしたときも，同様とする。

2 裁判所は，法第290条の3第1項の決定又は同条第2項の規定により当該決定を取り消す決定をしたときは，速やかに，その旨を同条第1項の申出をした者に通知しなければならない。同項の決定をしないこととしたときも，同様とする。

[1] 本条の趣旨

290条の2の趣旨（290の2の解説[1]を参照）は，被害者以外の証人等（証人，鑑定人，通訳人，翻訳人又は供述録取書等の供述者）についても当てはまることから，平成28年改正により，これらの者についてもその特定事項を公開の法廷で明らかにしないこととする措置を導入したものである。

本制度は，基本的には被害者特定事項の秘匿と同様の制度であり，条文の意味・内容等については290条の2の解説も参照されたい。

[2] 証人等からの申出（本条Ⅰ）

証人等からの申出は，被害者特定事項の秘匿の場合と異なり，あらかじめ検察官に対してなされる必要はなく，直接裁判所に対して行うこととされている。もっとも，実務上は，証人等の尋問請求を行う検察官や弁護人において，あらかじめ，証人等に対し，本制度の教示や意向確認をしておくことが適当な場合もあろう。　　　　　　〔辛島明〕

第291条 [1] **〔冒頭手続〕** 検察官は，まず，起訴状を朗読しなければならない [2][3][4]。

2 第290条の2第1項又は第3項の決定があつたときは，前項の起訴状の朗読は，被害者特定事項を明らかにしない方法でこれを行うものとする。この場合においては，検察官は，被告人に起訴状を示さなければならない [3]。

3 前条第1項の決定があつた場合における第1項の起訴状の朗読についても，前項と同様とする。この場合において，同項中「被害者特定事項」とあるのは，「証人等特定事項」とする [3]。

4 裁判長は，起訴状の朗読が終つた後，被告人に対し，終始沈黙し，又は個々の質問に対し陳述を拒むことができる旨その他裁判所の規則で定める被告人の権利を保護するため必要な事項を告げた上 [4]，被告人及び弁護人に対し，被告事件について陳述する機会を与えなければならない [5]。

[規] 第196条（人定質問） 裁判長は，検察官の起訴状の朗読に先だち，被告人に対し，その

291条

627

人違でないことを確めるに足りる事項を問わなければならない。

第197条（被告人の権利保護のための告知事項・法第291条）　裁判長は，起訴状の朗読が終つた後，被告人に対し，終始沈黙し又個々の質問に対し陳述を拒むことができる旨の外，陳述をすることもできる旨及び陳述をすれば自己に不利益な証拠ともなり又利益な証拠ともなるべき旨を告げなければならない。

2　裁判長は，必要と認めるときは，被告人に対し，前項に規定する事項の外，被告人が充分に理解していないと思料される被告人保護のための権利を説明しなければならない。

第208条（釈明等）　裁判長は，必要と認めるときは，訴訟関係人に対し，釈明を求め，又は立証を促すことができる。

2　陪席の裁判官は，裁判長に告げて，前項に規定する処置をすることができる。

3　訴訟関係人は，裁判長に対し，釈明のための発問を求めることができる。

［1］本条の趣旨　　［2］人定質問　　［3］起訴状の朗読等　　［4］黙秘権等の告知
［5］被告事件に対する陳述

［1］本条の趣旨

　第一審の公判は，冒頭手続，証拠調べ手続，弁論手続，判決宣告手続の順に進行する。本条は，冒頭手続について規定する。冒頭手続は，①人定質問，②起訴状の朗読，③黙秘権等の告知，④被告事件に対する陳述の順に行われる。

［2］人定質問

　起訴状の朗読に先立ち，被告人として出廷した者が起訴状に表示された者と同一人であるかを確かめるため，裁判長により行われる（規196）。

　人定質問では，通常，起訴状に記載されている被告人の氏名，年齢（生年月日），本籍（外国人の場合は国籍），住居（法人の場合は本店所在地），職業を尋ねる（256Ⅱ①，規164Ⅰ①）。法人の代表者等が出頭した場合（27〜29・283・284）は，その氏名等を尋ねる取扱いが多い。

　氏名等についての黙秘権は認められない（最大判昭32・2・20刑集11・2・802）が，現実に被告人が黙秘した場合には，実務上，被告人の顔写真を検察官に提出させて裁判所が照合確認するとか，起訴検察官を立ち会わせて確認させるなどの方法で同一性を確認している。

　捜査段階から被告人が氏名を黙秘し，起訴時に氏名が判明していない場合には，起訴状自体に被告人の顔写真を貼付し，氏名不詳として留置番号（例えば，○○警察署留置第○号）を記載して被告人を特定してあるのが通常であり，裁判所は，その写真と出頭している者の容貌を照合するとか，戒護職員に同一人であるか確かめるなどして人定質問を終える。開廷後人定質問前に被告人が退廷させられたときも，以上のような方法で適宜同一性を確認すれば足りる。

被告人が犯行時少年である場合（少61参照）や，被告人の人定事項が被害者特定事項
又は証人等特定事項（290の2・290の3）に当たる場合には，被告人に起訴状を示して人
定事項に間違いがないかどうかを確認するなどの仕方で，人定質問を終えることがある。

追起訴に係る事件を審理する場合は，改めて人定質問を行う必要はない。

［3］起訴状の朗読等

(1) **起訴状朗読の方式**　　起訴状の原本は裁判所に提出されているので，通常は，検察
官が（本条I）謄本又は写しを朗読する。全文を朗読しなければならず，要約して述べ
ることは許されない。ただし，朗読すべき事項は，実体に関する部分である公訴事実，
罪名，罰条で足りる。

被害者特定事項（290の2）又は証人等特定事項（290の3）を明らかにしない旨の決定
がなされた場合，起訴状の朗読は，被害者特定事項又は証人等特定事項を明らかにしな
い方法で行う（例えば，被害者の氏名に代えて「被害者」としたり，規196の4又は規196の7に
より定められた呼称を用いたりする）。この場合，検察官は，被告人に対し，被害者又は証
人等の氏名等が記載されている起訴状を示さなければならない（本条II・III）。

訴因の追加，撤回，変更を書面で行ったときは，公判期日でその書面を朗読しなけれ
ばならない（規209IV）。なお，起訴後第1回公判期日前に訴因変更請求書が提出され，起
訴状朗読前に既に訴因変更が許可されている場合で，かつ当事者に異議がないとき（黙
示で異議がない旨を述べたと認められる場合がほとんどであろう。）は，最初から変更後の訴因
を朗読することも許されると解され（大阪高判昭50・11・28判時814・157参照），実務上はその
ような運用がなされることが多い。

(2) **起訴状朗読前の申立て等**　　起訴状朗読前に被告人，弁護人等が発言することは原
則として許されない。特に実質審理の開始を前提とする事項についての主張等，例えば，
事件の実体に関する陳述，公訴権濫用を理由とする公訴棄却の主張等は，起訴状朗読後
に行われるべきであり，朗読前に述べることはできない。

なお，起訴状朗読前に，勾留理由開示の請求（82I II）や勾留取消しの請求（87I）が
なされたとしても，被告人の勾留に関する処分については，第1回公判期日（一般に，被
告人及び弁護人に対し，被告事件に対する陳述の機会を与えた期日と解されている。）までは，公
判裁判所（受訴裁判所）がこれを行うことはできない。

開廷ないし実質審理を進めるに当たっての前提要件に関する事項についての主張等，
例えば，①起訴状謄本の不送達（271II）に関する主張，②第1回公判期日前の猶予期間
に関する異議の申立て（規179III），③裁判公開の原則（282，憲82）に反する裁判長の処
分に対する異議申立て，④必要的弁護事件（289I）において，弁護人不在のまま開廷し
た裁判長の処分に対する異議申立て，⑤忌避の申立て（21・22）等は，起訴状朗読前に行
うことが許される。

(3) **起訴状に対する求釈明**　　**ア　求釈明事項等**　　朗読された起訴状の文言，内容に不
明確な点などがある場合には，裁判長（陪席裁判官は裁判長に告げて）は，検察官に釈明

を求めることができる（規208ⅠⅡ）。求釈明とは，主として事件の内容を明確にさせるために，訴訟関係人に対し，事実上及び法律上の事項に関して問いを発してその陳述ないし主張の補充や訂正の機会を与え，又は立証を促すことをいう。被告人・弁護人も，裁判長に対し，釈明のための発問を求めることができる（規208Ⅲ）が，求釈明を行う主体はあくまで裁判長であり，裁判長が必要と認めた事項に限り，求釈明することになる（公判前整理手続に付された事件では，これらは同手続の中で行われる。316の5①）。

　裁判所からみて釈明を求めることが必要的な範囲は，256条3項の規定に照らし，一般に，訴因の明示に必要な事項である。

　同条項が要求している訴因の明示の程度如何については，大まかに，①訴因の記載は他の犯罪事実からの識別，特定で足りるとする立場（特定説）と，②訴因の記載は単に犯罪事実の識別，特定ということだけでは足りず，被告人の防御権の十分な行使という視点を加味して考えるべきであるとする立場（防御権説）がある。訴因が他の犯罪事実からの識別が可能な程度に特定されていれば，冒頭手続の段階において被告人の最低限の防御権の行使は可能と考えられることなどから，基本的には特定説の立場に立って必要的求釈明の範囲を決することになろう（訴因特定の程度については，256の解説参照）。その上で裁判所から求釈明がされた場合，検察官にはこれに応じる義務がある。

　訴因の明示に必要な事項以外の事項については裁判所には求釈明の義務はない。もっとも，現実の運用としては，訴因の特定に欠けるところはなくとも，求釈明することに特段の支障がなく，かつ被告人の防御上重要と思われる事項については，裁判所からも検察官に対し任意の釈明を促す例（任意的求釈明）も少なからずある。例えば，共同正犯の訴因で，「共謀の上」とだけ記載され，①実行共同正犯か共謀共同正犯か，②実行共同正犯の場合の実行行為の分担，③事前共謀か現場共謀か（共謀の成立時期）などが明示されていないときに，これらの事項について弁護人が釈明のための発問を求めることがあり，これらは必要的な求釈明事項ではないが，実務上は，裁判所から求釈明される例が多い。

　なお，覚せい剤自己使用の事案で，被告人が覚せい剤使用の事実を否認しているため，公訴事実における覚せい剤使用の日時等の記載が概括的なものにとどまっている場合，必要に応じて，検察官から，「尿の採取時又は逮捕時から遡った合理的期間内における最終1回の使用事実を起訴したものである」旨の釈明を得て，その後の手続を進行させることがある。

　イ　求釈明の効果等　　必要的求釈明事項について裁判所が検察官に釈明を求め，検察官がもしこれを明確にしないときには，訴因が特定していないものとして公訴が棄却される（最判昭33・1・23刑集12・1・34）。任意的求釈明事項については，検察官が求釈明に応じない場合であっても，裁判所はその後の手続を進めることになる。

　検察官が釈明した場合，その釈明内容は，訴因の特定に必要な事項であるとき（通常はその内容への訴因変更がなされる。）は訴因の内容となり，裁判所が釈明内容と異なる事

実を認定する場合は，訴因変更の手続が必要となる。

　これに対し，釈明内容が訴因の特定に必要な事項ではなく訴因の具体化にすぎない事項であるときは，（本来，訴因の内容をなす事実は，起訴状に訴因として記載された事実と訴因変更手続によって変更された事実に限られる制度になっていること等に照らし，）訴因の内容とはならないと解される。この場合，裁判所が釈明内容と異なる事実を認定しても必ずしも訴因逸脱とはならないが，その釈明内容が被告人の防御上重要な点に関するものであるなどの場合は，不意打ち防止等の観点から，改めて訴因変更手続を経ておくか，少なくとも，再度求釈明を行ったり，争点顕在化の措置を講じたりするなどして認定しようとする事実につき被告人側に防御の機会を与えておく必要があろう（こうした措置を講じず被告人側に防御の機会を与えないことは，訴訟手続の法令違反(379)となり得る。最判昭58・12・13刑集37・10・1581，最決平13・4・11刑集55・3・127参照）。

[4] 黙秘権等の告知

(1) **告知すべき事項等**　　起訴状朗読の後，裁判長は黙秘権その他被告人の権利を保護するために必要な事項を告知しなければならない。告知すべき事項は，本条4項のほか規197条に規定されているが，通常は，①終始沈黙することができること，②個々の質問に対し陳述を拒むことができること，③陳述をすることもできること，④陳述をすれば自己に不利益な証拠ともなり，また利益な証拠ともなるべきことを告げている。

　刑訴規則197条2項にいう被告人保護のための権利については，弁護人選任権(30)，国選弁護人選任請求権(36)，証人喚問権(298)，弁論の分離・併合請求権(313)，反対尋問権(規203)，異議申立権(309，規205)等がこれに当たる。主として被告人に弁護人が付いていない場合に，必要に応じて説明することとなろう。

　黙秘権の告知を怠っても，その一事をもって憲法38条1項に違反するものではない（最判昭28・4・2刑集7・4・745）。

(2) **追起訴等における取扱い**　　黙秘権等の告知は，同一手続において当初に1回なされていれば足り，追起訴がされた事件について併合審理をする場合あるいは訴因の変更があった場合に，改めて黙秘権等を告知することは要しない（東京高判昭24・12・20特報5・107）。しかし，これらの場合にも，被告事件に対する認否に先立って，黙秘権等があることについて適宜の内容で注意喚起することが望ましく，実務上もそのように運用されている。

[5] 被告事件に対する陳述

(1) **被告事件に対する陳述の目的・機能等**　　黙秘権等の告知の後，被告人及び弁護人の双方から，事件についての陳述が行われる。これは，審理の冒頭に被告人側に防御権行使の機会を与えるとともに，事件についての被告人側の概括的な意見を聴くことによって事件の争点を整理し明確にして，以降の審理計画を立てる参考にするためのものである。実務上，弁護人の陳述は，「被告人の述べたとおりである」といった内容にとどまることも少なくないが，自白事件であっても，起訴状記載の犯罪の成立についても争わ

ない旨の法的な意見も明示すべきであろう。

被告事件に対する被告人の陳述は，事実認定の証拠の一つとなり得る（最判昭26・7・26刑集5・8・1652。なお，共同被告人の陳述も，相被告人に対する関係で321Ⅰ②後の公判期日における供述に当たり得る。最決昭35・7・26刑集14・10・1307）。もっとも，被告人が起訴事実について有罪であることを自認したとしても，英米法におけるアレインメント制度とは異なり，それだけで有罪とすることはできない（319Ⅱ）。

(2) **陳述の機会**　陳述の機会を与えなかったときは，判決に影響を及ぼす訴訟手続の法令違反となる（東京高判昭25・7・20特報12・34参照）が，陳述の機会を与えれば足りる。被告人側が現実にその機会を利用せず，陳述をしないときは，実際に具体的な陳述を聴く必要はなく，冒頭手続を終えて証拠調べ手続に進むことができる（その他，286の2や341の場合にも，被告人の陳述を聴かないで冒頭手続を終えることができる。最決昭50・9・11裁集刑197・317）。主任弁護人があるときは，被告人のほか，同弁護人にのみ陳述の機会を与えれば足りる。

陳述の機会は事件ごとに与えるべきであるから，追起訴事件についても必ず与えなければならない。また，陳述の機会を与えた後であっても，訴因の追加又は変更が行われたときは，新たな訴因の設定であるから，更に陳述の機会を与えなければならない。

なお，冒頭手続を終えたことで第1回公判期日が実質的に終了し，以後，被告人の勾留に関する処分は公判裁判所（受訴裁判所）が行うことになる（280Ⅰ）。被告人又は弁護人が陳述を留保した場合に，冒頭手続を終えるという取扱いとしたか否かについては，公判調書上明示しておくのが相当である。

(3) **陳述の対象**　通常は公訴事実の認否を中心に行われるが，正当防衛・緊急避難，心神喪失・心神耗弱等の法律上の犯罪成立阻却事由ないし刑の減免事由の主張もこの際に行われる。単なる情状事実についても全面的に否定されるものではない。もっとも，被告事件に対する陳述の目的・機能（前記(1)）に鑑み，実務上は，犯行の動機等重要な情状事実については格別，いわゆる一般情状事実について陳述されることは稀である。なお，裁判員裁判では，公判前整理手続で既に争点が明確にされていること等もあって，弁護人が，この段階で，執行猶予判決を求める旨の陳述をすることもあるが，そうした陳述を行うことについては，公判前整理手続で関係人間での共通認識を得ておくのが相当であろう。

移送の申立て（19Ⅱ），管轄違いの申立て（331Ⅱ）は，この段階までになされなければならない。

公訴棄却（338・339）や免訴（337）についての事由の存在が主張されることもあるが，これらの主張は，裁判所の職権発動による裁判を促すにとどまる。したがって，裁判所としては，この段階で何らかの判断をする義務はなく，終局裁判の中で判断を示せばよい（最決昭45・7・2刑集24・7・412）。

(4) **陳述の方法，程度**　被告事件に対する陳述の目的・機能（前記(1)）に照らし，被告

人の陳述は，基本的に，起訴状の記載に対応する程度の概括的なものでなければならない。事件と関連性のない事項についての陳述や不相当な内容の陳述は裁判長の訴訟指揮（295）によって制限される。また，関連性がないとはいえない事項であっても，陳述が長時間にわたるときは，裁判長は，簡潔に述べるよう促し，また，陳述時間の制限もできる（高松高判昭29・12・17裁判特報1・13・736，東京高判昭54・10・23判タ407・157）。

被告人の陳述の内容が不明確なときは，裁判長は，争点を明確にするため，適宜求釈明権を行使して（規208）被告人に質問することになる。もっとも，争点を明確にするという限度を超えて，犯行の動機，状況，背景事情等について詳細な供述を求めることは相当でなく，その内容・程度によっては違法となる場合もあろう（最大判昭25・12・20刑集4・13・2870参照）。

訴因がやや複雑な事案等では，被告人の陳述の内容を裁判所に正しく伝えるため，あらかじめ書面に簡潔に記載したものを被告人が読み上げるという方法も行われている。

〔辛島明〕

第291条の2 [1]〔**簡易公判手続の決定**〕 被告人が，前条第4項の手続に際し，起訴状に記載された訴因について有罪である旨を陳述したとき[2]は，裁判所は，検察官，被告人及び弁護人の意見を聴き[3]，有罪である旨の陳述のあつた訴因に限り，簡易公判手続によつて審判をする旨の決定をすることができる[6]。ただし，死刑又は無期若しくは短期1年以上の懲役若しくは禁錮に当たる事件[4]については，この限りでない。

[規] 第197条の2（簡易公判手続によるための処置・法第291条の2） 被告人が法第291条第4項の機会に公訴事実を認める旨の陳述をした場合には，裁判長は，被告人に対し簡易公判手続の趣旨を説明し，被告人の陳述がその自由な意思に基づくかどうか及び法第291条の2に定める有罪の陳述に当たるかどうかを確めなければならない[2]。ただし，裁判所が簡易公判手続によることができず又はこれによることが相当でない[5]と認める事件については，この限りでない。

[1] 本条の趣旨

本条は，簡易公判手続による審判を行う旨の決定手続を定めた規定である。簡易公判手続は，重罪ではない事件について，被告人に争いのない場合に簡易化した公判手続（307の2，320Ⅱ，規203の3参照）による審理を可能とするものであり，これにより刑事司法全体の合理的な運営を図ることを趣旨としている。

なお，簡易公判手続は，憲法37条2項，14条1項に違反しない（最判昭37・2・22刑集16・2・203）。

291条の2　　633

[2]　有罪の陳述

　簡易公判手続の決定をするためには，被告人が起訴状に記載された訴因について有罪
である旨を陳述することが必要である。陳述は文字どおり被告人（法人が被告人である場
合の代表者(27)を含む。）が行うことを要し，弁護人や補佐人（42）が代わって有罪の陳述
をしても本条の陳述には当たらない。有罪の陳述とは，当該訴因事実の全部を認め，か
つ，犯罪成立阻却事由の不存在を認めることをいう。したがって，正犯の訴因に対して
従犯を，既遂の訴因に対して未遂を，障害未遂の訴因に対して中止未遂を主張する場合
には，訴因事実の全部を認めたことにならず，また，訴因事実を全部認めても正当防衛，
緊急避難，心神喪失を主張する場合には犯罪成立阻却事由の不存在を認めたことになら
ず，それぞれ有罪の陳述には当たらない。なお，心神耗弱の主張は，犯罪の成立を認め
ることになるため，有罪の陳述には当たるが，後記［5］のとおり簡易公判手続の相当
性を欠くのが通例である。

　被告人は，通常，法的知識に通じていないことから，裁判長は，簡易公判手続による
ことが相当と認める事件の場合には，公訴事実を認めるとの陳述をした被告人に対し，
簡易公判手続の趣旨を説明するとともに，被告人の陳述が自由意思に基づくか，有罪の
陳述に該当するかを慎重に確かめることを要する（規197の2）。実務では，裁判長が，被
告人に対し，「有罪であることを認め，この事実で直ちに処罰されてもやむを得ないと
思うか。」などといった問い掛けをして，上記確認をすることが多い。

[3]　当事者の意見聴取

　簡易公判手続の決定をするに当たり，裁判所は，検察官，被告人及び弁護人の意見を
聴取することが必要である（なお，任意的弁護事件で弁護人がいない場合には，検察官と被告
人の意見を聴取すれば足りる。）。後記［5］のとおり，簡易公判手続の決定は義務的では
なく，裁判所の裁量に委ねられているところ，その判断の前提として，諸事情を把握し
ている当事者からそれぞれ意見聴取することが有益であるため，意見聴取は必要的とさ
れたものである。

[4]　法定刑による制限

　事件の法定刑が，死刑又は無期若しくは短期1年以上の懲役若しくは禁錮に当たる場
合，簡易公判手続の決定をすることはできない。従犯として必要的に減軽される結果，
処断刑の短期が1年を下回る場合であっても，正犯の法定刑を基準とするため，簡易公
判手続の決定をすることはできない。

[5]　相当性

　［2］～［4］の上記各要件を満たした場合でも，簡易公判手続による審判を行うか否
かは，その相当性（規197の2参照）を踏まえた裁判所の裁量的判断によることとなる。相
当性については，被告人の陳述の自由意思に疑問が存する場合，肯定することは困難で
ある。また，適正な裁判の実現という観点から，簡易公判手続による審判を行う事件は，
その簡易化した公判手続によっても判断に支障の生じない内容のものであることが必要

であり，複雑な事件や，心神耗弱・過剰防衛等の刑の減免事由の主張がされているといった場合には，相当性を欠くことが多い。なお，裁判所は，当事者の意見に法的に拘束されるものではないが，当事者が簡易公判手続に反対の意見を述べている場合には，相当性を欠くことが多い。

[6] 効 果

　[2]〜[5] の上記各要件を満たした場合，裁判所は，簡易公判手続の決定をすることができる（なお，簡易公判手続の決定に対し，独立して抗告をすることはできない。420 I）。併合罪関係にある複数の訴因が存在し，被告人が，その一部についてのみ有罪の陳述をした場合，当該訴因についてのみ簡易公判手続による審判を行うことができる。簡易公判手続の決定をなし得る時期については議論があるが，冒頭手続の機会に行われるのが通例である。

　なお，簡易公判手続の決定があった事件についても，訴因変更の規定（312）の適用は排除されず，訴因変更は可能である。変更後の訴因が上記 [4] の事件に該当せず，有罪の陳述があった時は，そのまま簡易公判手続による審理を続行することが可能である。もっとも，変更後の訴因が上記 [4] の事件に該当する場合，あるいは，同訴因について，被告人が有罪の陳述をしなかった場合，簡易公判手続の決定を取り消し（291の3），通常の公判手続による審判を行うことを要する（次条参照）。　　　　〔森喜史〕

第291条の3 [1]〔簡易公判手続決定の取消し〕　裁判所は，前条の決定があつた事件が簡易公判手続によることができないもの [2] であり，又はこれによることが相当でないもの [3] であると認めるときは，その決定を取り消さなければならない [4]。

[1] 本条の趣旨

　本条は，簡易公判手続による審判を行う旨の決定の取消しについて定めた規定である。前条に基づき，簡易公判手続の決定が行われた場合であっても，事後的に簡易公判手続によることができない事情等が判明することはあり得るところ，そのような場合，簡易公判手続を取り消して，通常の公判手続による審判をすることを定めている。

　なお，簡易公判手続によることができないのにこれによった事件で控訴があった場合，原判決は多くの場合本来証拠能力のない証拠によって判決をしたことになるであろうし，証拠調べの方法も適法でないことになるから，その違法は判決に影響を及ぼすことの明らかなものとして原判決破棄の理由となり得る（379）。

[2] 簡易公判手続によることができない事件と判明した場合

　簡易公判手続によることができない事件としては，当初から要件を欠いていたものと事後的に要件を欠くに至ったものがある。前者としては，①死刑又は無期若しくは短期

291条の3，292条

1年以上の懲役若しくは禁錮に当たる事件であることを看過して簡易公判手続の決定を
した場合，②有罪の陳述に該当しない陳述に基づき同決定をした場合がある（なお，当
事者の意見聴取をしていなかった場合には，改めて意見聴取をすれば瑕疵は治癒される。）。

他方，後者としては，③訴因変更による変更後の訴因が上記①の事件に該当する場合，
④変更された訴因について被告人が有罪の陳述をしない場合がある（なお，変更後の訴因
が上記①の事件に該当せず，有罪の陳述があった時は，そのまま簡易公判手続による審理を続行す
ることが可能であり，新たに簡易公判手続の決定をする必要はない。）。

被告人が有罪の陳述を撤回した場合，被告人の有罪の陳述は簡易公判手続の決定の要
件であるとともに同手続続行の要件と捉えて，簡易公判手続によることができないもの
として取り消さなければならないとする見解（東京高判昭54・4・5刑裁月報11・4・275）と，
必ず取り消さなければならないものではないとする見解（東京高判昭45・9・14高刑集23・4・
603）があるが，後者の見解も有罪の陳述の撤回により後記［3］には当たり得るとし
ており，結局のところ，簡易公判手続の決定の取消しという結論においては，実務上さ
ほど差異を生じないと考えられる。

［3］簡易公判手続によることが相当でない事件と判明した場合

被告人による有罪の陳述について，被告人の自由意思に基づくか疑問が生じた場合や，
その真実性に疑問が生じた場合（東京高判昭33・3・11裁判特報5・4・112），がこれに当たる。

なお，上記［2］のとおり変更後の訴因が上記①の事件に該当せず，有罪の陳述があ
った時は，そのまま簡易公判手続による審理を続行することが可能であり，新たに簡易
公判手続の決定をする必要はないが，当事者から簡易公判手続によることにつき反対の
意見が述べられたときは，「簡易公判手続によることが相当でないもの」に当たると見
るのが相当である。

［4］取消しの時期等

取消の決定は，弁論の終結まで行うことが可能である（なお，取消決定については，簡
易公判手続の決定同様，独立して抗告をすることはできない。420Ⅰ）。簡易公判手続を取り消
した場合，検察官及び被告人又は弁護人に異議がない場合を除いて，公判手続の更新が
必要である（315の2）。　　　　　　　　　　　　　　　　　　　　　　　　〔森喜史〕

第292条 [1]〔証拠調べ〕　証拠調べ [2] は，第291条の手続が終つた後，これを行
う [3]。ただし，次節第1款に定める公判前整理手続において争点及び証拠の整理
のために行う手続については，この限りでない [4]。

> **［規］　第277条（審理の方針）** 少年事件の審理については，懇切を旨とし，且つ事案の真相を
> 明らかにするため，家庭裁判所の取り調べた証拠は，つとめてこれを取り調べるよう
> にしなければならない。

292条

［1］本条の趣旨

第一審の公判手続は，冒頭手続（291，規196・197），証拠調べ（296～311），弁論（293，規211・212），判決宣告手続（342，規35）の4つの手続で構成される。本条は，証拠調べの行われる時期について，原則として，冒頭手続を終えた後でなければ行い得ない旨規定するとともに（本文），例外として，公判前整理手続に付された場合における争点及び証拠の整理のために行う手続は冒頭手続前に行うことができる旨規定している（ただし書）。

［2］証拠調べの意義

証拠調べとは，狭義では，裁判所が，被告事件に関し，その事実の認定及び刑の量定について心証を形成するために公判期日に各種の証拠方法を取り調べて証拠資料を獲得する行為をいう。本条にいう証拠調べは，広義のものであり，狭義の証拠調べのほか，これと密接不可分な訴訟行為，すなわち，冒頭陳述，証拠調べ請求，証拠決定等を含めて，証拠の取調べに関する手続全体を指す。

公開開廷の要件，訴訟条件等に関する事実の存否等の取調べについては，本条の対象外であり，必要があれば冒頭手続終了前でも行うことができる。

［3］「第291条の手続が終わつた後，これを行う」の意義

本条は，証拠調べは，冒頭手続が終了しなければ，公判期日における証拠調べのみならず，公判準備における証拠調べもできないとする趣旨である。

本条は，単に公判手続の順序を訓示的に規定するものではなく，本条に違反する訴訟行為は違法と解される。

したがって，冒頭手続において，裁判長が，被告人の陳述内容を明確にし，争点を整理するために必要な限度を超えて，被告人に事件の内容について詳細な供述を求めることは，本条に抵触し，違法であるというべきである（芦澤・注釈刑訴241，高橋・大コメ刑訴4・519，松尾・条解610等）。

また，追起訴事実に対して，追起訴前に取り調べた証人の証言を証拠調べすることなしに証拠とすることは違法であるとする判例（高松高判昭26・6・28特報17・25），併合前の別件について取り調べた証拠を証拠調べをすることなく併合後の事件の証拠とすることは違法であるとする判例（名古屋高判昭28・7・7高刑集6・9・1172）がある。

［4］公判前整理手続に付した事件の場合

公判前整理手続は，事件の争点及び証拠の整理等を目的とした手続であり，検察官による証明予定事実の明示，被告人側の主張の明示，証拠調べ請求や証拠調べの決定などが行われる。公判前整理手続において行われるこれらの手続は，いずれも広義の証拠調べに当たるが，上記のような公判前整理手続の性質・目的上，第1回公判期日に先立って行われるべきことが当然に予定されている。本条ただし書は，公判前整理手続に付した場合について，これら広義の証拠調べを行う時期についての例外を定めたものである（もっとも，この場合でも，狭義の証拠調べについては，冒頭手続後に行われる。）。　　　〔大西直樹〕

292条の2 637

第292条の2 [1] 〔被害者等による心情等の意見陳述〕　裁判所は，被害者等又は当該被害者の法定代理人から，被害に関する心情その他の被告事件に関する意見 [2] の陳述の申出 [3] があるときは，公判期日において，その意見を陳述させるものとする [4][5]。

2　前項の規定による意見の陳述の申出は，あらかじめ，検察官にしなければならない。この場合において，検察官は，意見を付して，これを裁判所に通知するものとする [3]。

3　裁判長又は陪席の裁判官は，被害者等又は当該被害者の法定代理人が意見を陳述した後，その趣旨を明確にするため，これらの者に質問することができる [5]。

4　訴訟関係人は，被害者等又は当該被害者の法定代理人が意見を陳述した後，その趣旨を明確にするため，裁判長に告げて，これらの者に質問することができる [5]。

5　裁判長は，被害者等若しくは当該被害者の法定代理人の意見の陳述又は訴訟関係人の被害者等若しくは当該被害者の法定代理人に対する質問が既にした陳述若しくは質問と重複するとき，又は事件に関係のない事項にわたるときその他相当でないときは，これを制限することができる [4]。

6　第157条の4，第157条の5並びに第157条の6第1項及び第2項の規定は，第1項の規定による意見の陳述について準用する [5]。

7　裁判所は，審理の状況その他の事情を考慮して，相当でないと認めるときは，意見の陳述に代え意見を記載した書面を提出させ，又は意見の陳述をさせないことができる [4]。

8　前項の規定により書面が提出された場合には，裁判長は，公判期日において，その旨を明らかにしなければならない。この場合において，裁判長は，相当と認めるときは，その書面を朗読し，又はその要旨を告げることができる [5]。

9　第1項の規定による陳述又は第7項の規定による書面は，犯罪事実の認定のための証拠とすることができない [6]。

[規]　**第210条の2**（意見陳述の申出がされた旨の通知の方式・法第292条の2）　法第292条の2第2項後段に規定する通知は，書面でしなければならない。ただし，やむを得ない事情があるときは，この限りでない。

第210条の3（意見陳述が行われる公判期日の通知）　裁判所は，法第292条の2第1項の規定により意見の陳述をさせる公判期日を，その陳述の申出をした者に通知しなければならない。

2　裁判所は，前項の通知をしたときは，当該公判期日において前項に規定する者に法第292条の2第1項の規定による意見の陳述をさせる旨を，訴訟関係人に通知しなければならない。

第210条の4（意見陳述の時間）　裁判長は，法第292条の2第1項の規定による意見の

638 292条の2

陳述に充てることのできる時間を定めることができる。

第210条の5（意見の陳述に代わる措置等の決定の告知） 法第292条の2第7項の決定は，公判期日前にする場合においても，送達することを要しない。この場合においては，速やかに，同項の決定の内容を，法第292条の2第1項の規定による意見の陳述の申出をした者及び訴訟関係人に通知しなければならない。

第210条の6（意見を記載した書面が提出されたことの通知） 裁判所は，法第292条の2第7項の規定により意見を記載した書面が提出されたときは，速やかに，その旨を検察官及び被告人又は弁護人に通知しなければならない。

第210条の7（準用規定） 法第292条の2の規定による意見の陳述については，第115条及び第125条の規定を準用する。

2 法第292条の2第6項において準用する法第157条の4に規定する措置を採る旨の決定については，第107条の2の規定を準用する。法第292条の2第6項において準用する法第157条の5に規定する措置を採る旨の決定並びに法第292条の2第6項において準用する法第157条の6第1項及び第2項に規定する方法により意見の陳述を行う旨の決定についても同様とする。

3 法第292条の2第6項において準用する法第157条の6第2項に規定する方法による意見の陳述については，第107条の3の規定を準用する。

[1] 本条の趣旨等

被害者（230の「犯罪により害を被つた者」と同じ。）等が，公判で主体的に，被害に関する心情等を述べることができるようにしたものである。

本条の意見陳述は，犯罪事実の認定のための証拠とすることはできない（本条Ⅸ）から，証拠裁判主義（317）に反しない。

なお，控訴審では，事後審性や控訴審には被告人の最終陳述（293Ⅱ）の規定が準用されないことなどに鑑み，本条の意見陳述も必ずしも一般に認められるわけではないが，例えば，量刑不当が控訴理由の事件で，控訴審で情状に関する事実の取調べがされたような場合は，それとの対比上，控訴裁判所が被害者等からの申出を受けて，意見陳述を許すことができると解される。

[2] 意見陳述の内容

「被害に関する心情」とは，被害を受けたことで抱くに至った気持ちをいい，「被告事件に関する意見」とは，「被害に関する心情」を含む被告事件に関連する考え，所見をいう。被害感情や処罰感情等のほか，量刑についての意見も含まれる（本条の解説[6]も参照）。被害事実（犯罪事実）については，これを中心として陳述することは許されないが，意見を述べる際に，必要な範囲でその概要に触れることはできる。

[3] 被害者等の申出

陳述の申出は，予め検察官にし，検察官は意見を付して裁判所に通知する（本条Ⅱ，規

210の 2)。申出は事件が起訴された後，第 1 回公判期日前にも行うことができるが，裁判所への通知に当たっては，その内容が予断排除の原則に抵触しないよう留意が必要である。

法人が被害者の場合には法人も申出を行うことができ，代表者が意見陳述を行うことができると解される。

[4] 申出に対する裁判所の措置

相当でない場合を除いて，必ず口頭での陳述をさせなければならない。意見陳述をさせる旨の決定は不要であり，訴訟関係人から意見を聴く必要もない (規33Ⅰ参照)。訴訟関係人は，意見陳述の実施に対して異議申立てをすることはできない。

申出者が病気等で法廷に出頭できない場合や，被害者等が多数にわたり全員に陳述をさせる余裕がない場合など，口頭での陳述が相当でないときは，裁判所は，口頭での陳述に代え，意見を記載した書面の提出を求めることができる (本条Ⅶ)。

被害者等が証人尋問の際に被害感情等もあわせて詳細に述べており，陳述の内容がそれと重複するような場合など，陳述が相当でないときには，裁判所 (長) は，陳述を制限することができる (本条Ⅴ) ほか，陳述自体をさせないこともできる (本条Ⅶ)。

口頭での陳述に代えて書面の提出を求める場合や，陳述自体をさせない場合には，決定を行う (規210の 5)。この決定は，「審理の状況その他の事情を考慮して」されるものであるところ (本条Ⅶ)，審理計画の策定に当たり，公判前整理手続等の中で行うことも特段許されないものではないと解する。なお，この決定に対する不服申立てはできない (被害者等の不服申立てを認める規定はなく，また，この決定は420Ⅰの「訴訟手続に関し判決前にした決定」に当たる。)。

[5] 意見陳述の実施

一般に，証拠調べ終了後に行われる。陳述は，付添い，遮へい，ビデオリンク方式によって行うことも可能である (本条Ⅵ)。

陳述の後，裁判官，裁判員及び訴訟関係人は，趣旨を明確にするため，陳述者に質問をすることができる (本条ⅢⅣ，裁判員58) が，反対尋問的な質問は許されない。

口頭での陳述に代えて書面を提出させた場合は，公判期日で書面が提出されたことを明らかにするほか，相当な場合 (被告人に書面の内容を読み聞かせることにより，被告人の改善更生に資すると考えられる場合等とされる。) には，裁判長は書面を朗読し，又は要旨を告げることができる (本条Ⅷ)。裁判長の裁量により，検察官や被害者参加弁護士に代読等させることも妨げられない。

[6] 意見陳述の効果

意見陳述は，犯罪事実 (公訴事実及び犯情事実) の認定のための証拠とすることはできない (本条Ⅸ) が，その反対解釈として，意見陳述で示された，例えば被害感情等や被害弁償の過程で生じた気持ちなどを量刑の一資料とすることは可能である。このうち，被害感情等としては，①犯行により被害者側に直接生じた精神的打撃(例えば，PTSD等)

やその他生活への支障の一環としての精神的被害，②上記①の表れとしての被告人に対する処罰感情，③科刑意見等が考えられるが，①については，その内容次第で，犯情事実の一つとして証拠調べの対象とすることが相当な場合もあろう。②は一般情状に属する量刑事情に当たり，③については，これが純粋な科刑意見として提示された場合は，検察官の求刑や被害者参加人等による法律の適用（量刑）についての意見（316の38Ⅰ）と同様，裁判所の量刑判断に当たっての一つの参考という位置付けが考えられよう。また，上記②，③に関しては，そうした処罰感情や科刑意見の背景となった犯行態様の悪質さや結果の重大性等をきちんと把握し量刑上評価することが重要である。

　なお，意見陳述の内容が一般情状の範囲内であっても，それまで取り調べた証拠に現れていない重要な事項にわたるときは，被告人側の防御権にも配慮して，適宜証人尋問に切り替えたり，別途証拠調べを行うことが相当である。　　　　　　　　　〔辛島明〕

第293条 [1]**〔弁論〕**　証拠調が終つた後 [2]，検察官は，事実及び法律の適用について意見を陳述しなければならない [3]。

2　被告人及び弁護人は，意見を陳述することができる [4]。

　　[規]　第211条（最終陳述・法第293条）　被告人又は弁護人には，最終に陳述する機会を与えなければならない。

　　　　　第211条の2（弁論の時期）　検察官，被告人又は弁護人は，証拠調べの後に意見を陳述するに当たつては，証拠調べ後できる限り速やかに，これを行わなければならない [2]。

　　　　　第211条の3（弁論の方法）　検察官，被告人又は弁護人は，証拠調べの後に意見を陳述するに当たり，争いのある事実については，その意見と証拠との関係を具体的に明示して行わなければならない。

　　　　　第212条（弁論時間の制限）　裁判長は，必要と認めるときは，検察官，被告人又は弁護人の本質的な権利を害しない限り，これらの者が証拠調の後にする意見を陳述する時間を制限することができる [5]。

　　　　　[1] 本条の趣旨等　　　[2] 意見陳述の時期　　　[3] 論告・求刑　　　[4] 弁護人の弁論　　　[5] 陳述の制限

[1] 本条の趣旨等

　本条は，審理の最終段階における訴訟当事者の意見陳述について規定する。この意見陳述は，証拠調べの結果を踏まえて，それぞれの立場から，当該事件についての包括的な意見を述べ，裁判所の判断形成に寄与させるという重要な意義をもつ訴訟行為である。

当事者追行主義のもとでは，裁判所は，挙証責任を負う検察官の主張，とりわけ立証活動の集大成である論告（本条Ⅰの検察官の意見を，一般に「論告」と呼ぶ。）で提示される主張を，弁論（本条Ⅱの弁護人の意見を，一般に「弁論」と呼ぶ。なお，被告人の意見陳述は，一般に「最終陳述」と呼ばれる。）で提示される弁護人の主張を踏まえつつ評価・検討するという仕方で，公訴事実が合理的な疑いを差し挟む余地のない程度まで立証されているかどうか等の判断をすることになる。したがって，論告・弁論は，それが評議で適切に取り上げられるものとなるよう，単に多数の事情を総花的に列挙するにとどまるのではなく，事実認定上ないし量刑上の判断の分かれ目となる事実関係が，取り調べた証拠からどのように認められ（あるいは認められず），どのような思考過程を経て事実認定ないし量刑についての最終の結論（意見）に結びつくのかを，論理的・具体的に明示すべきである。また，論告と弁論は，双方がかみ合った内容で述べられることが重要である。

[2] 意見陳述の時期

本条の意見陳述は，証拠調べが終わった後できる限り速やかになされる（規211の2）。論告後に改めて証拠調べを行った場合は，再度検察官に論告の機会を与えなければならない。また，審理終結後に弁論を再開して追加の証拠調べを行った場合は，改めて両当事者に意見陳述の機会を与える必要がある。なお，弁護人の弁論後に検察官が補充の論告を行った場合は，弁護人に改めて弁論の機会を与えるべきである（規211）。被告人の最終陳述は，弁護人の弁論後に行われるのが通例である。

この意見陳述は当事者の権利であるから，この機会を与えないときは違法である（最決昭41・12・27刑集20・10・1242）が，適切に機会を与えたにもかかわらず論告・弁論がされない場合は，意見を陳述する権利を放棄したものとして，当該訴訟関係人の意見陳述を聴かずに弁論（審理）を終結することができる（論告につき最決昭29・6・24刑集8・6・977。弁論につき東京高判昭54・5・30刑裁月報11・5・410。なお，弁護人が最終陳述権を放棄したとはいえないとした，東京高判昭51・1・27判時816・107も参照）。また，286条の2及び341条の場合は，被告人の陳述を聴かないで弁論（審理）を終結することができる。

[3] 論告・求刑

(1) **論 告　ア　論告の意義等**　検察官の事実及び法律の適用についての意見をいう。「事実」とは，訴因として表示された公訴事実のほか，量刑の基礎となる事実，訴訟法上の事実等，裁判所が法令を適用する上で前提となる一切の事実を指し，事実についての意見とは，これらの事実がいかなる証拠から認定されるかについての意見をいう。法律の適用についての意見とは，証拠から認定される事実についての実体法及び訴訟法の具体的な解釈・適用に関する意見をいう。

イ　論告の内容　争いのある事実について意見を述べる際には，その意見と証拠との関係を具体的に明示して行わなければならない（規211の3）。多くの事件では，証拠により直接認定される事実（間接事実）からの要証事実の推認が問題となるが，単に，「以上の事実を総合すれば要証事実が推認できる」と述べるのではなく，個々の間接事実の

意味合い（要証事実をどのような根拠でどのように推認させるのか）や重み（推認力）の観点から間接事実を取捨選択した上，その事案に適切な論理則や経験則等を用いながら，重要な間接事実から要証事実が推認される過程を論理的かつ明確に言語化して述べることが重要である（間接事実からの犯人性の推認に関する最判平22・4・27刑集64・3・233，覚せい剤の密輸入事犯における知情性等の推認に関する最決平25・10・21刑集67・7・755等を参照）。供述の信用性に関する意見を述べるに当たっては，まずは，客観的な証拠等から認められる重要な事実関係を掲げた上，そうした事実関係とどのように整合しているから当該供述部分の信用性に疑いがない（あるいは整合していないから信用性に疑いがある）のかを具体的・説得的に述べるべきである。

　量刑についての意見を示すに当たっては，実際の量刑判断の過程を意識しつつ，その事案における量刑判断の分かれ目となる事情を，それが重要と考える根拠とともに述べる必要がある。量刑に際しては，当該事案が属する犯罪の社会的類型における量刑の傾向を一つの出発点とし，行為責任の観点から，当該事案の社会的実体を踏まえた責任刑の枠を決定し，その枠の幅の中で一般情状事実を調整要素として考慮するという仕方で判断を行うから（最判平26・7・24刑集68・6・925を参照），例えば，上記の社会的類型の前提となっている法益侵害結果それ自体は，通常，量刑判断の分かれ目とはならない。また，実務上，犯行の計画性や被告人の重大前科の存在等が重要な量刑事情として指摘されることがあるが，そうした事情を単に指摘するにとどまるのではなく，事案によっては，これらがどのような意味で犯罪行為の客観的な重さや，当該行為に出ることの意思決定をしたことへの非難の程度に影響し，ひいては量刑判断の分かれ目になると考えるのかを説得的に述べることが重要であろう（最決平27・2・3刑集69・1・1，最決平27・2・3刑集69・1・99参照）。

　以上のような仕方で論理的，説得的な意見を述べるとなれば，その意見は自ずと真に重要なポイントに集中するはずであり，他の周辺的・些末的で，必ずしも裁判体の共感を得られにくい事項に言及することは，論告に対する全体的な信頼性を低下させることに繋がりかねないことに留意する必要がある。

　なお，論告では，有罪の主張を行うのが通常であるが，事案によっては，公益の代表者として，無罪，免訴，公訴棄却等の主張を行う場合もある。

(2) 求　刑　　被告人が有罪である場合に科せられるべき刑の種類及び量についての検察官の意見を「求刑」といい，これも法律の適用についての意見の一つである。求刑はあくまで検察官の参考意見であり，裁判所の判断を具体的に拘束するものではない（裁判所は，求刑を上回る刑を宣告することも可能である。）。もっとも，検察官は，国家及び社会の代表として社会秩序を維持するとともに，犯罪被害者に代わって被告人の処罰を求めるという意味で被害者側の利益をも代表する立場にあるから，多くの場合，求刑とは，検察官が，当該事件で考えられる刑の幅の中で上限に近いものを述べるものと理解してよいと考えられる。検察官が，行為責任の観点から「当該事件で適当と考える刑」を適

切に導き出している限り，求刑は，当該事件で実際上言い渡し得る刑の上限の目安と位置付けることができよう。

このような形で検察官の求刑が量刑判断に際して尊重されるものとなるためには，検察官としても，例えば裁判員裁判では，事案の属する社会的類型について量刑検索システムを用いて把握した量刑分布をもとに刑量の大枠を示し，次いで，証拠に顕れた事実関係から，事案の客観的な重さや意思決定に対する非難の程度を検討して，大枠の中での当該事案の相対的な位置付けを示し，最後に，一般情状事実によって調整した具体的な刑量を求刑として述べるという仕方で，認定されるべき事実関係と具体的な刑量との結び付きを，できる限り具体的に明らかにして求刑することが重要である（その際，先例との詳細な事例比較を行うことは，考慮すべき量刑事情やその重みが事案ごとに異なることからして相当でない。）。

［4］ 弁護人の弁論

(1) **弁論の意義等**　弁論については，法律に具体的に規定はないが，論告に対応して，事実及び法律の適用についてなされる。弁論は，弁護人の固有権であり（規25Ⅱ但も参照），必ずしも被告人の意見に拘束されるものではないが，あくまで被告人の利益を意図したものでなければならない（弁護人の訴訟活動に関する第1審裁判所の訴訟手続に，法令違反はないとしたものとして最決平17・11・29刑集59・9・1847，法令違反があるとしたものとして東京高判平23・4・12判タ1399・375参照）。

(2) **弁論の内容**　検察官の論告について述べたところ（本条の解説［3］(1)イ）が，弁護人の弁論にも概ね妥当する。弁論においても，争いのある事実については，その意見と証拠との関係を具体的に明示して述べなければならない（規211の3）。例えば，検察官が，要証事実を十分推認させる事実関係の立証に成功した場合，その推認を左右し得る特段の事情があるとの意見を述べるに当たっては，単に抽象的な可能性を述べるのでは足りず，個別の証拠を踏まえ，そうした事情が存在する具体的な可能性を一応の確からしさをもって主張するべきである。また，検察官が指摘する間接事実ごとにそうした仕方で反論する場合には，個々の反論が場当たり的で相矛盾したものとならないよう，論理的に一貫し，重要な証拠を矛盾なく説明し得る被告人側からの事件に対する見立て(ケース・セオリー)を提示し，そうした見立ての中に個々の反論を位置付けて主張することが重要である。

自白事件では，被告人の犯罪行為についての責任非難の程度が争われることが少なくないが，犯罪行為に出ることの意思決定に直接結び付かないような単なる経過事実や被告人の成育歴等を強調するのではなく，あくまで，犯行の意思決定時にどのような事情があってその意思決定に至り，意思決定の内容が具体的な犯行態様にどのように結び付いたのかなどに焦点を当てて具体的に述べることが重要である。また，一般情状事実として被害弁償や被告人の反省，被告人が若年であること，更生環境の存在等に言及する場合には，単にこれらを被告人に有利な事情として並列的に列挙するだけではなく，そ

れらの事情がどのような理由で刑量に影響すると考えるのかについても説得的に述べる必要がある。

(3) **弁護人の量刑意見**　裁判員裁判では，検察官の求刑に対して，弁護人が考える被告人にとって相当な刑量についての意見が述べられることもある。

　弁護人の量刑意見は，被告人の利益を最大限擁護する立場から述べられるものであって，通常は，当該事件で実際上言い渡し得る刑の下限の目安と位置付けられようが，これが量刑判断に際して尊重されるものとなるため，量刑検索システムを用いて具体的かつ論理的に導き出されていることが重要であることなどは，求刑について述べたところと同様である（本条の解説[3](2)）。

[5] 陳述の制限

　裁判長は，意見陳述が重複するとき又は事件に関係のない事項にわたるときその他相当でないときは，訴訟関係人の本質的な権利を制限しない限り，これを制限することができるし(295)，必要と認めるときは，検察官，被告人又は弁護人の本質的な権利を害しない限り，意見陳述の時間を制限することができる(規212)。実務上，弁論の時間が限られているときは，弁護人は，書面の内容の要旨を告げる仕方で弁論をすることがある。〔辛島明〕

第294条 [1]**〔訴訟指揮権〕**　公判期日における訴訟の指揮 [2][3] は，裁判長がこれを行う。

> **[規]　第208条（釈明等）**　裁判長は，必要と認めるときは，訴訟関係人に対し，釈明を求め，又は立証を促すことができる。
>
> 　2　陪席の裁判官は，裁判長に告げて，前項に規定する処置をすることができる。
>
> 　3　訴訟関係人は，裁判長に対し，釈明のための発問を求めることができる。
>
> **第212条**　法第293条参照。

[1] 本条の趣旨

　本条は，公判期日における訴訟指揮の主体についての一般的規定である。訴訟指揮権は，本来，具体的な事件について裁判権を行使する公判裁判所（受訴裁判所）の権限であるが，公判期日における訴訟指揮は，性質上，迅速な行使を要する場合が多く，いちいち合議体の決定によらせることは適当でないため，これを合議体の代表機関である裁判長に包括的に委ねることにしている。

　本条は，合議体の場合を念頭に置いているが，単独体の場合には，これを構成する裁判官が訴訟指揮権を行使することになる。

[2] 訴訟指揮権

　訴訟指揮とは，訴訟の進行を秩序づけ，判決に到達するまでの審理の円滑を図る裁判

所の合目的的活動をいう。訴訟指揮権は，判決の宣告を除く手続の全領域に及び，公判期日における訴訟行為だけでなく，公訴が提起された後，当事者に事前準備を促したり，公判前整理手続を行い，その中で事件の争点を整理するなどし，また，公判期日間で適宜準備を促すことなど，公判期日外におけるものも含む。

訴訟指揮は，（法規の明文ないし訴訟の基本構造に違背することはできないものの，）上記の意義・性質に照らし合目的的かつ合理的なものである限り，明文の規定の根拠がなくとも，裁量により行使することができる（証拠開示命令に関する最決昭44・4・25刑集23・4・248，訴因追加許可決定の取消決定に関する最判昭62・12・3刑集41・8・323参照）。

なお，法廷警察権は，法廷の秩序維持のために裁判所が行使する権限である（288，裁71以下）が，それは裁判権に付随する司法行政権の作用であって，事件の内容とは直接関わりがない。したがって，具体的な事件について直接的に審理の円滑な進行を図るものである訴訟指揮権とは区別される。

［3］ 裁判長の訴訟指揮権

(1) **行使の範囲**　公判期日における裁判長の訴訟指揮権の内容をなす比較的重要で主要なものは，刑訴法等に明文の規定がある。訴訟関係人の尋問等の制限（295），証拠調べの方式（304ⅠⅡ・305〜307，規201等），求釈明権の行使（規208。291条の解説［3］(3)を参照），最終弁論の時間制限（規212）等である。

公判期日外の裁判長の訴訟指揮権についても，公判期日の指定（273Ⅰ），必要的弁護事件における弁護人の選任（289Ⅱ），国選弁護人の選任（規29Ⅰ）等のほか，公判前整理手続における弁護人の選任（316の4Ⅱ・316の8Ⅰ），公判前整理手続期日の指定及び変更（316の6ⅠⅢ）等が規定されている。

なお，訴訟指揮権の行使がこれらの場合に限定されるものではないことは，本条の解説［2］のとおりである。

他方，公判期日における訴訟指揮に属するものであっても，重要なものは裁判所に留保されている。勾留されている被告人が出頭拒否した場合の措置（286の2），証拠調べの範囲・順序等の決定・変更（297），証拠調べの請求の許否及び職権による証拠調べ（規190，298Ⅱ），証人等の尋問の順序の変更（304Ⅲ），被告人の退廷措置（304の2），異議の申立てに対する決定（309Ⅲ），訴因・罰条の変更等の許可・命令（312），公判手続の停止（312Ⅳ・314），弁論の分離・併合（313）等である。裁判員裁判では，これらの事項は，構成裁判官のみの判断による（裁判員6Ⅱ②）。

(2) **行使の方法**　法及び規則に明文の規定があるものについては，それに従って行使されなければならない。また，その行使は合議体の意思に反しない範囲でなされなければならない。

(3) **撤回・変更**　訴訟指揮権は，訴訟の具体的な状況に応じて合目的的に行使されるべきものであるから，事情の変更によりそれが不必要又は不適当となった場合等には，いつでも前にした処分を撤回・変更することができる。

(4) **訴訟指揮に従う義務・異議の申立て**　　訴訟指揮が，訴訟の進行に一定の秩序を与え，判決に到達するための裁判所の合目的的活動とされていることからして，その訴訟の当事者等の訴訟関係人は，裁判長（裁判所）の訴訟指揮に従うべき義務がある。

もっとも，裁判長の訴訟指揮が法令に違反する場合，検察官，弁護人又は被告人は異議を申し立てることができる（309ⅠⅡ）。また，それが証拠調べに関するときには相当でないことを理由としても異議の申立てができる（規205Ⅰ本。ただし，証拠調べに関する決定につき，規205Ⅰ但）。

なお，訴訟指揮権の行使は，裁判所が合議の上，「決定」という裁判形式をとって行うこともできる（この場合，裁判長は，合議体の決定を施行する立場にすぎない。）が，このような仕方で訴訟指揮権が行使された場合は，証拠調べに関するもの（309Ⅰ）でない限り異議の申立てはできず，また，特別の規定（例えば25）や特別抗告の場合を除き不服申立てもできない（420・433）。

なお，訴訟指揮の不当を理由として裁判官の忌避申立てはできないことについて，24条の解説 [2] 参照。

〔辛島明〕

第295条 [1] 〔尋問・陳述の制限〕　裁判長は，訴訟関係人のする尋問又は陳述が既にした尋問若しくは陳述と重複するとき，又は事件に関係のない事項にわたるときその他相当でないときは，訴訟関係人の本質的な権利を害しない限り，これを制限することができる。訴訟関係人の被告人に対する供述を求める行為についても同様である [2]。

2　裁判長は，証人，鑑定人，通訳人又は翻訳人を尋問する場合において，証人，鑑定人，通訳人若しくは翻訳人若しくはこれらの親族の身体若しくは財産に害を加え又はこれらの者を畏怖させ若しくは困惑させる行為がなされるおそれがあり，これらの者の住居，勤務先その他その通常所在する場所が特定される事項が明らかにされたならば証人，鑑定人，通訳人又は翻訳人が十分な供述をすることができないと認めるときは，当該事項についての尋問を制限することができる。ただし，検察官のする尋問を制限することにより犯罪の証明に重大な支障を生ずるおそれがあるとき，又は被告人若しくは弁護人のする尋問を制限することにより被告人の防御に実質的な不利益を生ずるおそれがあるときは，この限りでない [3]。

3　裁判長は，第290条の2第1項又は第3項の決定があつた場合において，訴訟関係人のする尋問又は陳述が被害者特定事項にわたるときは，これを制限することにより，犯罪の証明に重大な支障を生ずるおそれがある場合又は被告人の防御に実質的な不利益を生ずるおそれがある場合を除き，当該尋問又は陳述を制限することができる。訴訟関係人の被告人に対する供述を求める行為についても，同様とする [4]。

295条　647

4　第290条の3第1項の決定があつた場合における訴訟関係人のする尋問若しくは陳述又は訴訟関係人の被告人に対する供述を求める行為についても，前項と同様とする。この場合において，同項中「被害者特定事項」とあるのは，「証人等特定事項」とする[4]。

5　裁判所は，前各項の規定による命令を受けた検察官又は弁護士である弁護人がこれに従わなかつた場合には，検察官については当該検察官を指揮監督する権限を有する者に，弁護士である弁護人については当該弁護士の所属する弁護士会又は日本弁護士連合会に通知し，適当な処置をとるべきことを請求することができる[5]。

6　前項の規定による請求を受けた者は，そのとつた処置を裁判所に通知しなければならない[5]。

[規]　第199条の14（関連性の明示・法第295条）　訴訟関係人は，立証すべき事項又は主尋問若しくは反対尋問に現れた事項に関連する事項について尋問する場合には，その関連性が明らかになるような尋問をすることその他の方法により，裁判所にその関連性を明らかにしなければならない。

　　2　証人の観察，記憶若しくは表現の正確性その他の証言の信用性に関連する事項又は証人の利害関係，偏見，予断その他の証人の信用性に関連する事項について尋問する場合も，前項と同様とする。

　　[1] 本条の趣旨　　[2] 重複等による制限（本条Ⅰ）　　[3] 加害行為等がされるおそれのある尋問の制限（本条Ⅱ）　　[4] 被害者特定事項・証人等特定事項秘匿のための制限（本条Ⅲ・Ⅳ）　　[5] 処置請求（本条Ⅴ・Ⅵ）

[1] 本条の趣旨

　現行の刑事訴訟法では，当事者主義・公判中心主義に基づき，当事者の活発な訴訟活動が期待され，当事者の尋問又は陳述の機会が多くなる反面として，これを指揮して訴訟の円滑な進行を図ることが極めて重要となる。そこで，本条は，このような場合における裁判長の訴訟指揮権を明文で規定するとともに，当事者が裁判長による尋問・陳述等の制限に従わなかった場合の裁判所の処置請求について定めている。

[2] 重複等による制限（本条Ⅰ）

(1) 訴訟関係人　　本条1項にいう訴訟関係人とは，公判手続において訴訟行為をなすべき者（裁判所は除く。）をいい，検察官，被告人，弁護人，特別弁護人（31Ⅱ），補佐人（42），被告人が法人である場合の代表者等当事者に準ずる者（27〜29・283・284）のほか，証人，鑑定人，通訳人，被害者参加人や被害者参加弁護士（316の33Ⅰ）も含まれる。陪席裁判官や裁判員は含まれないが，陪席裁判官等の尋問等が相当でない場合，裁判長が事実上注意を促すことは差し支えなく，当事者も異議を申し立てて是正を求めることが

できる（309 I，規205 I）。

(2) **尋問又は陳述**　「尋問」とは，証人，鑑定人，通訳人又は翻訳人に対する尋問をいう（304）。供述義務のない被告人の供述を求める行為は，尋問ではなく「質問」と呼ばれるが（311），尋問と同様に扱われる（本条 I 後）。

「陳述」は，供述以外に主張も含み，被告人，証人等の供述のほか，冒頭手続における被告事件に対する陳述（291 IV），冒頭陳述（296，規198），証拠調べ終了後の意見陳述（293，規211）等も含む（なお，規212は，証拠調べ終了後の訴訟関係人の意見陳述について時間を制限することができると規定する。）。訴訟法上の申立てないし請求における「申立て（請求）の趣旨」の部分を述べることは，当事者の本質的な権利に属し，本条 1 項で制限することはできない（例えば，訴訟遅延のみを目的とする忌避の申立ても本条によって制限することはできず，24条による簡易却下が必要である。）が，「申立て（請求）の理由」の部分を述べることは，「陳述」に当たる。裁判所の職権発動を促す申出も「陳述」に当たる。

(3) **重複する尋問・陳述**　1 人の者の尋問・陳述が前後して重複する場合のほか，他の訴訟関係人が前にした尋問・陳述と重なる場合も重複に当たる。「重複」とは「相当でないとき」の例示であるから，本条 1 項で制限されるのは，不相当・不必要な重複であり，例えば，徒に訴訟を遅延させるような無意味な重複である。不相当な重複であると認められる以上，意図的な重複であるか否かを問わず制限できる。形式的には別個の表現を用いても，実質的には同一の目的でなされる尋問や同一内容の陳述は，重複尋問・陳述に当たる。

もっとも，証人尋問の過程で，念を押したり確認したりすることが必要な場合や，主尋問で行われた尋問内容を反対尋問のために利用するような場合は，相当な重複として，本条 1 項による制限ができない場合が多いであろう（証人尋問については，規199の13 II ②が，正当な理由がある場合を除いて既にした尋問と重複する尋問をしてはならないと規定する。）。

冒頭手続における被告事件に対する陳述（291 IV）や証拠調べ終了後の意見陳述（293 II，規211）については，被告人と弁護人の陳述が同一の内容であることはむしろ当然であり，ただ，表現等も全く同一のものの繰り返しにすぎないというような場合には，不相当な重複陳述として制限されることがあり得る。これに対し，弁護人相互間の場合は，同一内容の繰り返しが不相当な重複尋問に当たるとして制限してもよい場合が少なくないと思われる（木口・注釈刑訴［第 3 版］4・277）。

(4) **事件に関係のない事項にわたる尋問・陳述**　事件に関係のない事項とは，当該事件の事実認定や量刑の問題，あるいは当該事件の訴訟法上の問題（管轄権の有無や訴訟条件の存否等）のいずれについても意味のある関連（自然的関連性・法律的関連性）を何ら有しない事項を指す。

関連性は間接的なものであってもよい。特に，反対尋問では，主尋問での供述の信用性を吟味するものであるから，一見関連性がないようにみえて，実は重要な意味をもつ尋問であるというようなこともあり，その関連性の判断は主尋問の場合より緩やかにな

295条 649

される。

関連性は訴訟関係人が明らかにしなければならない（規199の14）。証人尋問で的確に心証を取ってもらうためにも，尋問の際は，争点との関連を意識して尋問の意図が裁判体に伝わるような仕方で行うこと，すなわち，尋問自体によって関連性が明らかになるようにすることが重要である。もっとも，反対尋問等に際して，証人に尋問の意図を察知されたくないような場合には，質問者が法壇に近寄って，裁判体に尋問の意図を説明するなどの方法により関連性を明らかにすることも考えられる。

(5) **その他相当でない尋問・陳述**　「その他相当でないとき」とは，不適法よりも広い概念であり，不相当な尋問・陳述には，①当該行為が訴訟法上意味のないものである場合のほか，②それによって保護されなければならない他の利益が害される場合が含まれる。上記①の例は誘導尋問（規199の3Ⅴ）等であり，上記②の例は他人の名誉を毀損するような尋問（規199の6但参照）等である。なお，公判前整理手続や期日間整理手続後の新たな主張の制限につき，316条の32の解説［3］を参照。

(6) **本質的な権利**　本条1項による制限は，訴訟関係人の本質的な権利を害しない限度でしか認められない。本質的な権利とは，検察官側が公訴追行をするについての，被告人側が防御をするについての，それぞれ必要不可欠なものとして認められる権利をいい，被告人側については，憲法で保障された証人審問権（憲37Ⅱ）が特に重要である。本質的か否かについては，その訴訟活動が，刑罰権の存否及び範囲の確定に欠くことができないものであるかといった観点から，個別に判断される。なお，一応は権利といえるものであっても，それが本来の趣旨を逸脱して行使され，権利の濫用に当たるといい得る場合は，制限できることは当然である。

(7) **被告人質問**　訴訟関係人が被告人に対して供述を求める被告人質問（311）についても，証人等になし得る尋問・陳述と同様の制限を加えることができる。もっとも，当事者主義の訴訟構造上，被告人に対する質問や被告人の陳述を制限することはより慎重であるべきである。

(8) **制限措置に対する異議申立て等**　裁判長の制限措置に対し，証拠調べに関するものについては309条1項，その他のものについては309条2項により，当事者は異議の申立てをすることができる。

［3］加害行為等がされるおそれのある尋問の制限（本条Ⅱ）

(1) **その他その通常所在する場所**　通学先その他日常的に所在する場所をいう。

(2) **制限することができない場合**　日常的な所在場所を特定する事項が明らかにされることにより，証人等に危害が加えられたりするおそれがある場合であっても，検察官の尋問については犯罪の証明に重大な支障が生ずるおそれがあるとき，被告人側の尋問については被告人の防御に実質的な不利益を生ずるおそれがあるときには，それらの尋問に制限を加えることはできない。もっとも，このような重大な支障や実質的な不利益が生ずるおそれがあるといえるには，例えば，具体的な所番地まで特定しないと犯罪立証

に重大な支障が生じ，あるいは防御に実質的な不利益が生ずるおそれのあるような事情が必要であるが，ごく例外的な場合といえよう。

[4] 被害者特定事項・証人等特定事項秘匿のための制限（本条ⅢⅣ）

本条3項及び4項は，被害者特定事項秘匿の決定（290の2ⅠⅢ）又は証人等特定事項秘匿の決定（290の3Ⅰ）があった場合において，訴訟関係人のする尋問・陳述等が被害者特定事項又は証人等特定事項にわたるときは，当該尋問・陳述等を制限できることを定める。犯罪の証明に重大な支障が生ずるおそれがあるときや被告人の防御に実質的な不利益を生ずるおそれがあるときに，制限を加えることができないのは，本条2項の場合と同様である。

[5] 処置請求（本条ⅤⅥ）

本条5項・6項は，本条1項ないし4項による尋問等の制限の実効性を担保するために設けられた規定である。処置請求をする「裁判所」とは受訴裁判所を指し，請求は，合議体の場合は裁判官の合議により，裁判員裁判の場合は構成裁判官だけの合議によって（裁判員6Ⅱ③）なされる（木口・注釈刑訴［第3版］4・288）。

本条5項の処置請求は任意的とされており，過料の制裁等も設けられていない。このように，出頭在廷命令等に違反した場合（278の2Ⅴ）と異なるのは，法廷の秩序維持に支障を来すほどの悪質な違反については，別に法廷警察権に基づく制限と制裁（法廷秩序2）も可能であることなどが考慮されたことによる。何が適当な処置であるかは，処置請求を受けた者が判断する。本条6項で通知義務を認めたのは，処置請求を受けた者が判断を放置することを抑止し，できる限り早期にその判断をするようにすることを考慮したものである。

〔辛島明〕

第296条 [1]**〔検察官の冒頭陳述〕** 証拠調のはじめに [2]，検察官は，証拠により証明すべき事実 [3] を明らかにしなければならない [4][5]。但し，証拠とすることができず，又は証拠としてその取調を請求する意思のない資料 [6][7] に基いて，裁判所に事件について偏見又は予断を生ぜしめる虞のある事項 [8] を述べることはできない。

[規] **第198条** [9]**（弁護人等の陳述）** 裁判所は，検察官が証拠調のはじめに証拠により証明すべき事実を明らかにした後，被告人又は弁護人にも，証拠により証明すべき事実を明らかにすることを許すことができる。

2 前項の場合には，被告人又は弁護人は，証拠とすることができず，又は証拠としてその取調を請求する意思のない資料に基いて，裁判所に事件について偏見又は予断を生ぜしめる虞のある事項を述べることはできない。

　　　　　　　　　　　　　　296条　　　　　　　　　　651

　　[裁判員法]　第55条 [10]（冒頭陳述に当たっての義務）　検察官が刑事訴訟法第296条の規定に
　　　　より証明すべき事実を明らかにするに当たっては，公判前整理手続における争
　　　　点及び証拠の整理の結果に基づき，証拠との関係を具体的に明示しなければな
　　　　らない。被告人又は弁護人が同法第316条の30の規定により証拠により証明す
　　　　べき事実を明らかにする場合も，同様とする [11] [12]。

　　　　[1] 冒頭陳述の趣旨・機能　　　[2] 冒頭陳述の時期等　　　[3] 冒頭陳述の内容
　　　[4] 書面の提出，記録上の扱い　　　[5] 冒頭陳述の拘束力　　　[6] 冒頭陳述の資料
　　　[7] 冒頭陳述と立証　　　[8] 予断又は偏見を生ぜしめる虞のある事柄　　　[9] 被告
　　人側の冒頭陳述　　　[10] 裁判員裁判における冒頭陳述の機能　　　[11] 裁判員裁判にお
　　ける検察官の冒頭陳述の内容　　　[12] 裁判員裁判における被告人側の冒頭陳述

[1] 冒頭陳述の趣旨・機能

　証拠調べの段階の最初に，検察官は，証拠により証明すべき事実を明らかにしなけれ
ばならない。これを，検察官の冒頭陳述という。

　公判前整理手続に付されない事件の公判においては，起訴状一本主義により，裁判所
は事件の詳細を知ることなく白紙の状態で公判に臨むことになるが，起訴状に訴因とし
て記載された事実は簡単であるので，証拠調べ手続の冒頭で検察官が事件の概要及び立
証方針を詳細に明らかにすることにより，裁判所に対しては心証を取る対象を明らかに
し，被告人側に対しては防御の対象を具体的に明らかにして，裁判所がその後の証拠の
採否等の訴訟指揮を適切に行うことを可能ならしめるとともに，被告人側に検察官の立
証方針に応じた適切な防御態勢を整えさせる，というのが検察官の冒頭陳述の目的であ
る（佐々木・注釈刑訴4・107，高橋・大コメ刑訴6・183，松尾・条解628）。したがって，冒頭陳述
で明らかにすべき事実の内容やその方法・程度は，これまで，この目的に照らして検討
されている。

　しかし，裁判員裁判においては，後記のとおり，冒頭陳述の目的，機能そのものが変
容しており，明らかにすることが求められる事実の内容や方法・程度も大きく異なって
きている。そこで，以下では，裁判員裁判以外の裁判における冒頭陳述について説明し
た上で，近年の裁判員裁判における冒頭陳述についての議論も若干紹介する。

[2] 冒頭陳述の時期等

　検察官の冒頭陳述は，証拠調べのはじめに行わなければならない。具体的には，冒頭
手続（291）の後に行われる証拠調べ手続（292）の冒頭であり，検察官の証拠請求に先
立って行われる。

　本条は，事件が簡易公判手続（307の2）又は即決裁判手続（350の10Ⅰ）により審判さ
れる場合には適用されないが，それ以外の通常の公判審理においては，検察官の冒頭陳
述を省略することは許されない。

652 296条

[3] 冒頭陳述の内容

検察官の冒頭陳述によって明らかにされるのは，「証拠により証明すべき事実」であり，公訴事実たる訴因を構成する事実及び情状に関する事実である。

一般的には，起訴状に訴因の形で簡潔に示されている犯罪事実について，証拠との関連が明らかになる程度に具体化させて述べるほか，犯罪事実の立証に必要な限度で，犯行の動機，犯行までの経緯，犯行後の状況等について述べる。必要に応じ，立証すべき間接事実を主張したり，捜査手続の適法性が争点となる場合に，立証すべき捜査の経過を主張する場合もある。

それ以外に，被告人の身上経歴等に触れられる場合もある。また，その程度については，個々の立証趣旨の陳述をもって代えたり，単に，「証明すべき事実は公訴事実である」と述べる程度では足りず，その機能に適合する程度に，具体的，詳細に述べることが必要である。

もっとも，罪質や事案によって，公訴事実を更に詳細にする実益に乏しい場合はあるし，犯行前後の経緯等は，あえて主張立証する意味があるのかどうかを問い直すべき場合もある。適切な冒頭陳述の範囲・程度は，徒らに，広範で詳細であれば良いのではなく，検察官としては，冒頭陳述の目的を念頭に置き，事案に応じて適切な冒頭陳述を準備すべきである。

なお，「訴訟の状況に応じ適宜或いは既に朗読した公訴事実を引用し又はその冒頭陳述に代えて個々の立証趣旨を陳述するを以て足りる」とする判例があるが（最判昭25・5・11刑集4・5・781），即決裁判手続や簡易公判手続に付されていない通常の公判手続においては，冒頭陳述の省略を可能とする根拠はなく，最近の実務では，冒頭陳述を全く省略することは違法であるとする見解が有力である（大阪高判昭63・9・29判時1314・152。なお，違法であるとしても，責問権の放棄による治癒を認めたり，判決に不影響である〔379〕と解される。）。

[4] 書面の提出，記録上の扱い

実務上は，検察官が，公判において，口頭で冒頭陳述を述べるのと併せて，「冒頭陳述要旨」等と題する書面を提出し，同書面は公判調書に添付されて調書の一部となり（規49，東京高判昭29・7・7東時5・7・279），冒頭陳述の内容は公判調書に記録されるのが通例である。検察官の冒頭陳述は，裁判所にとっては訴訟指揮の指針となり，被告人側にとっては防御の手がかりとなる重要な訴訟行為であるので，一般的には，口頭の陳述に加えて書面を併用することが望ましい。

なお，冒頭陳述書面の提出は義務ではなく，冒頭陳述は，公判調書の必要的記載事項でもない（規44 I 参照）。冒頭陳述の行われたことが公判調書に記載されていなくても，冒頭陳述がなかったとはいえない（東京高判昭27・8・25特報34・153）。しかし，上記のとおり，実務上は，冒頭陳述要旨書面の提出を受けて，その内容を公判調書に記載する運用が定着しており，適切である。

[5] 冒頭陳述の拘束力

　冒頭陳述は，前記のとおり，被告人側に具体的な防御の対象を示して防御の機会を付与するという機能を有する面で，訴因と似た機能を有するが，訴因とは異なり，原則として，裁判所の事実認定を拘束する効力はない。裁判所は冒頭陳述に示された事実と同一でなければ有罪の認定が許されないものではなく，訴因と同一性を失わない限り，冒頭陳述と異なる事実であっても，罪となるべき事実として認定することは許される（大阪高判昭45・1・30判タ249・267）。

　もっとも，訴因の明示・特定として不十分である場合に，検察官が冒頭陳述において訴因を補正した場合，例えば，共謀共同正犯の共謀の日時・場所を訴因の明示・特定に必要であるとして，検察官が冒頭陳述で明らかにした場合，この事実がもともと訴因に記載されるべきであって，訴因の内容になると解するのであれば，裁判所が，これと異なる事実を認定することは原則として許されず，異なる事実を認定するには訴因変更の手続（312Ⅰ）を要する（石井・実務証拠法62）。

　また，検察官が冒頭陳述において明らかにした事実が訴因の内容にならなくても，この事実を巡って攻撃防御が展開され，裁判所がこれと異なる事実を認定することが当事者に対し不意打ちとなるような場合には，争点を顕在化させる措置をとり，当事者に防御の機会を与えておくべきである（最判昭58・12・13刑集37・10・1581，東京高判平6・6・6高刑集47・2・252）。

[6] 冒頭陳述の資料

　証拠とすることができず，又は証拠としてその取調べを請求する意思のない資料に基づいて陳述することは禁止される。もちろん，資料に基づかない陳述も禁止される。訴因は，証拠能力があり，かつ，公判で取り調べられた証拠によってのみその存否が認定されるべきであり，冒頭陳述の名目で証拠とならない資料に基づく主張をして，裁判所に不当な先入観を与えることを許さない，という予断排除の見地からの規定である。

　「証拠とすることができ……ない資料」の意義が問題であり，具体的には，同意（326）によりはじめて証拠能力が認められる証拠に基づいて陳述することが許されるかどうかが争われている。証拠とすることができない資料とは，証拠能力がなく，かつ証拠とする可能性のない資料のことをいうと解し，現に証拠能力がなくても相手側の同意があれば証拠能力が与えられる証拠はこれに当たらないから，陳述の基礎にすることができるとする説（名古屋高判昭24・7・14特報1・58）もある。しかし，最近では，冒頭陳述で述べた事実は原則として立証しなければならない以上，不同意の場合に立証の方法がない事実は述べるべきではなく，相手方が同意する見込みであることを明らかにしている場合，同意がなくても伝聞例外で証拠能力が認められ，あるいは，証言により立証できる場合には，書証等を陳述の基礎にできるが，その可能性のない書証は陳述の基礎にできないとする見解（高橋・大コメ刑訴6・190，佐々木・注釈刑訴4・213，松尾・条解629等）が一般的である。

　証拠とすることができない資料に基づく陳述に対しては，相手方は，異議の申立て（309

Ⅰ）ができ，その結果，違反する部分が削除されれば，その瑕疵は治癒される（東京高判昭35・4・21刑集13・4・271）。相手方において，異議申立てがされなければ，通常は，瑕疵が治癒されると解されるが，陳述された内容によっては，控訴理由（379）にもなり得る。

［7］ 冒頭陳述と立証

(1) 検察官において，冒頭陳述の基礎とした資料はその取調べを請求し，また，冒頭陳述で陳述した事実は立証するのが通常である。しかし，審理，証拠調べの過程で，立証を必要としなくなることはあり得ることであり，この場合には，証拠の取調べ請求をしない，あるいは撤回することがあり得るし，冒頭陳述で陳述した事実の一部が立証されないということもあり得る。「証拠としてその取調を請求する意思」の有無は，冒頭陳述の際の検察官の意思を基準として考えれば足り，事後の事情変更によりさかのぼって冒頭陳述が違法となることはない（高橋・大コメ刑訴6・192）。

(2) 冒頭陳述において陳述しなかった事実は，原則として立証することができない。もっとも，その後の訴訟の発展に伴い，新たにその事実の立証が必要となった場合には，それ以外の事実に関する立証が許され，この場合，被告人側の防御権に実質的不利益を及ぼさないための配慮が必要であり，場合によっては追加的な冒頭陳述を行うなどの措置がとられる。

［8］ 予断又は偏見を生ぜしめる虞のある事柄

前科，前歴関係を冒頭陳述に含めて良いかについて，判例，実務上は，これを肯定し，これらを陳述しても違法でないと解されている。前科は，重要な情状事実となり得るし，例えば常習累犯窃盗罪など訴因の構成事実に含まれる場合もあり，冒頭陳述で前科に触れるべき場合は多い。もっとも，被告人が犯罪事実を争う場合には，前科等の情状の点まで述べることは許されないとする見解がある（石井・実務証拠法65）。裁判所に事件について偏見又は予断を生じさせる虞のある事項を述べることはできないとされ（本条但），犯罪事実に関しないことが明らかな情状に関する証拠の取調べは，犯罪事実に関する証拠の取調べと区別して行うよう努めるべきとされている（規198の3）趣旨に照らすと，犯罪の成否が争われている事案においては，冒頭陳述で前科，前歴の内容を情状事実として具体的に指摘することは，相当でないと解され，被告人側から異議が申し立てられれば，削除を命じることが相当である（佐々木・注釈刑訴4・209，高橋・大コメ刑訴6・186）。

余罪を冒頭陳述に含めて良いかについても，同様の問題がある。同種余罪については，常習性といった公訴事実の犯情を根拠付けるという範囲であれば，冒頭陳述における主張やその立証は許される。しかし，余罪の内容について過度に具体的，詳細な主張，立証をすることは，余罪を処罰する趣旨であるとの疑いを招きかねない場合があり，冒頭陳述としては，相当でないと解され（最決昭58・11・29裁集刑232・995は，検察官の冒頭陳述のうち余罪に触れた部分が相当でない旨指摘したもの。），そもそも，証拠請求としても，関連性や必要性が問題となり得る。また，余罪を争いのある事実の間接事実として主張立証

しようとすることは，要証事実との関連性の立証が困難な場合があり，そのような立証
の当否は，慎重に検討されるべきである。

［9］被告人側の冒頭陳述

被告人又は弁護人は，検察官による冒頭陳述の後，裁判所の許可を得て，冒頭陳述を
することができるが（規198），その実施は任意的である。実務上，実施されることは多
くないが，事実関係に争いがある事件等であって，被告人側に積極的な主張立証事実が
ある場合に，被告人側から冒頭陳述をしたい旨の申立てがされることがあり，明らかに
不必要な場合を除いては，申立てのとおり許されているのが，一般的な運用である。被
告人側の冒頭陳述の時期は，検察官の冒頭陳述の直後に行われる場合があり得るし，検
察官の立証終了後，被告人側の立証の冒頭に行われる場合もあり得る。

公判前整理手続に付された事件においては，被告人側の冒頭陳述も必要的であり，検
察官による冒頭陳述に引き続いて行われる（316の30）。

［10］裁判員裁判における冒頭陳述の機能

裁判員裁判においては，第1回公判期日前に，公判前整理手続に付され（裁判員49），
公判前整理手続においては，検察官から証明予定事実の提示及び証拠請求がなされ，弁
護人から予定主張の明示及び証拠意見の表明がなされ，裁判所による証拠の採否を経て，
争点整理が遂げられていることが前提となっているから，前記の裁判所や被告人側に対
して検察官が立証方針等を明示する機能を重視する必要はない。

むしろ，事件に初めて接する裁判員に，事件の概要と争点を的確に把握してもらうこ
と，その後に取り調べられる証拠がどの争点に関するもので，争点に関する判断とどの
ように関連するのかを理解した上で証拠調べに臨んでもらうことが重要である。しかも，
このような機能の相違に加えて，集中審理・連日開廷が実現されている裁判員公判の特
質，主張と証拠の峻別といった訴訟手続のルールに不慣れである等の裁判員の特性にも
留意する必要がある。したがって，前記の裁判員裁判を前提としない場合の冒頭陳述の
内容に関する議論は基本的に妥当せず，裁判員裁判における冒頭陳述の機能や裁判員裁
判の特質から，改めて，合目的的に検討する必要がある。

裁判員裁判においては，被告人側の冒頭陳述も必要的であり，検察官の冒頭陳述に引
き続いて行われる（316の30）。検察官の冒頭陳述と被告人側の冒頭陳述とは，公判前整
理手続における争点整理の結果を踏まえ，かみ合わせることにより，裁判員に対し，証
拠調べの導入として判断対象を明示する機能が期待されていると考えられる。検察官の
冒頭陳述には，基本的な事実関係の明示が，弁護人の冒頭陳述には争点明示が，それぞれ
第一次的な機能として期待されている旨の指摘がある（橋本＝坂本「冒頭陳述と論告・弁論」
判タ1402・5）。

公判前整理手続においては，裁判所，検察官及び弁護人の間で，双方の冒頭陳述の構
成や内容も含めて協議されることがあり，裁判員の理解に資する審理をする観点から，
適切である。

[11] 裁判員裁判における検察官の冒頭陳述の内容

(1) 裁判員裁判における冒頭陳述の内容は，前記のような機能の相違や裁判員裁判の特質に照らして，改めて合目的的に検討する必要がある。以下では，最近における実務の議論を紹介するが，裁判員裁判における冒頭陳述が完成型に到達したわけではなく，なお，試行が重ねられている状況にあることに留意を要する。

(2) 裁判員裁判における冒頭陳述の具体的な在り方について，実務上，以下のような指摘がされている（橋本＝坂本前掲等）。

①争いのない事件では，事件の概要を簡潔に述べることで足りる。量刑上特に重視すべき事実がある場合には，それを端的に指摘し，これに関係する証拠に注目するよう促す。争いのある事件では，事件の概要と争点に加え，争点と証拠により証明しようとする個々の事実との関係及びその個々の事実と取り調べられる各証拠との関係を簡潔に指摘する。②冒頭陳述が過度に具体的，詳細であることは，裁判員の意識を散漫にさせ，的確な把握を妨げかねない問題があり，更には，主張と証拠を混同させる恐れがある。時間や距離などの具体的数値を示したり，図面等を利用することは，その適否について慎重な検討が必要である。③冒頭陳述は，論告と異なり，説得のための手段ではないから，事件及び法律の適用についての意見の陳述は行うべきでない。例えば，間接事実で犯人性を立証しようとする事件において，間接事実の指摘を超えて，その間接事実から要証事実を推認する過程を過度に詳細に述べるのは相当でない。また，量刑上重視すべき事実を指摘する場合に，評価にわたる事柄を陳述することも，論告の先取りである。

(3) 実務の実情としては，裁判員法の施行以来，検察官の冒頭陳述のスタイルは，事実関係を見やすく整理したレジメを配布した上で，口頭で説明する形が概ね定着している。

もっとも，そこで述べられる内容については，裁判員法の施行後，変遷を重ねており，施行当初には，立証しようとする事実関係を相当詳細に記載したり，図面やイラストを多用したもの等もあったようである。最近では，事実関係の要点に絞って，比較的少ない分量にまとめて説明するものや，立証事項とこれを立証する証拠の標目を指摘するに留め，具体的な証拠の内容までは述べないもの，などが実践されている。今後の動向をなお注視する必要がある。

[12] 裁判員裁判における被告人側の冒頭陳述

被告人側の冒頭陳述は，証拠により証明すべき事実その他の事実上及び法律上の主張があるときは，これを明らかにしなければならない（316の30）とされており，前記の機能から合目的的にその内容を検討する必要があり，例えば，以下のような指摘がされている（橋本＝坂本前掲，岡＝神山「最終弁論(2) 冒頭陳述」法教401・120）。①自白事件であれば，検察官が述べると考えられる点について繰り返す必要はなく，多くの場合，犯情について，「詳しくは証拠調べで明らかになる。」旨告げ，事実上の主張としては，一般情状事実について項目とこれを裏付ける証拠がある旨を指摘すれば足りるが，検察官が主張する事実経過が視点を変えれば被告人に有利に考えられるといった情状面でのケース・セ

オリーを明確に打ち出せるような事案においては，その概略を示すことが考えられる。

また，執行猶予付き判決を求める場合，酌量減軽を求める場合，死刑求刑が予想される事件で，無期懲役を相当とする場合は，その旨の主張は，法律上の主張として述べることができる。②否認事件であれば，検察官と同様に，事実主張と証拠の位置付けを明らかにすることが必要であるが，これは，被告人側が求める結論を導く理由とする論拠，すなわちケース・セオリーを構成する事実についての主張であり，また，これを含む一連の事実からなる出来事（ストーリー）であるといわれている（岡=神山前掲）。

〔井下田英樹〕

第297条[1]〔証拠調の範囲・順序・方法〕　裁判所は，検察官及び被告人又は弁護人の意見を聴き，証拠調の範囲，順序及び方法[2]を定めることができる[3]。

2　前項の手続は，合議体の構成員にこれをさせることができる[4]。

3　裁判所は，適当と認めるときは，何時でも，検察官及び被告人又は弁護人の意見を聴き，第1項の規定により定めた証拠調の範囲，順序又は方法を変更することができる[5]。

> ［規］　第199条（証拠調の順序）　証拠調については，まず，検察官が取調を請求した証拠で事件の審判に必要と認めるすべてのものを取り調べ，これが終つた後，被告人又は弁護人が取調を請求した証拠で事件の審判に必要と認めるものを取り調べるものとする。但し，相当と認めるときは，随時必要とする証拠を取り調べることができる。
>
> 2　前項の証拠調が終つた後においても，必要があるときは，更に証拠を取り調べることを妨げない。

［1］本条の趣旨

裁判所は，検察官の冒頭陳述によって証拠調の範囲等についておおよその見当をつけ，それに基づいて事後の証拠調を進めていくが，複雑な事件では冒頭陳述だけでは足りないこともあり得るので，本条は，そのような場合のために設けられたものである。

本条の決定は，証拠決定，証拠取消決定とは別個のものである。観念的には，まず本条の決定がなされ，それに基づきこれを具体化するものとして証拠決定等がなされる関係にある。しかし，裁判所としては，立証趣旨を明らかにしてなされる具体的な証拠調請求（規189Ⅰ）がされた後でなければ，証拠調の範囲・順序・方法を決定することが困難である。

そこで，実務上は，冒頭陳述の直後に本条の手続が行われることはほとんどなく，証拠決定と同時に，しかも形式的には本条に従った手続きによることなく，それらのことが行われているのが通常である。

658 　　　　　　　　297条，298条

[2] 証拠調の範囲・順序・方法

　証拠調の範囲を定めるとは，どのような事実についてどのような証拠を取り調べるかを定めることをいう。特に，同一の要証事実について多数の証拠が予定されている場合にどの範囲で証拠調を行うかが重要である。その決定に当たっては，当事者の意見を十分に尊重しつつ，事案の性質，争いの有無，争点の重要性，訴訟の迅速公平等を勘案して必要最小限度のものに限定する等の慎重な配慮が必要である。

　証拠調の順序を定めるとは，規199条に定める順序に従うか，争点ごとに双方の証拠を取り調べるか，あるいは書証，証人等の証拠のうちいずれを先に行うかなどを定めることをいう。例えば，争点が多数あり，あるいは同一の要証事実に多数の証拠が予定されている場合にどの争点から，あるいはどの証拠から取調を行うか，直接証拠と間接証拠があるときにどちらから取り調べるかということも含まれる。証拠調の順序は裁判所の裁量であるが，証拠調の範囲と同様，当事者の意見を十分に尊重して決定すべきである。

　証拠調の方法を定めるとは，例えば，検証によるか証人尋問によるか，証人尋問を公判期日に行うか所在尋問にするか等を定めることをいう。証人への付添い（157の4），証人の遮へい（157の5），ビデオリンク方式による証人尋問（157の6）などもこれに含まれる。

[3] 本条の手続の時期

　本条の手続を行うかどうかは裁判所の裁量による。時期的にも随時行うことができ，公判期日外でも（本条Ⅱ参照），公判前整理手続や期日間整理手続の一環としても（316の5・316の28参照）行うことができる。

　証拠調の範囲・順序・方法を定める手続は，必ずしもこれを一挙にすることは必要でなく，証拠調の進行に応じて適宜これを行うことも差し支えない。

[4] 受命裁判官

　本条の手続は，受命裁判官に行わせることもできる（本条Ⅱ）が，証拠決定（規190）をすることはできない。

[5] 決定の変更

　裁判所が本条の決定を行っても，それはあくまでその時点における予定であるから，審理の進行状況によって初めの予定を変更する必要が生じた場合にはいつでも変更することができる（本条Ⅲ）。この変更は公判期日外でもなしうるが，受命裁判官が行うことはできないと解される。

〔三村三緒〕

第298条 [1] 〔証拠調の請求，職権証拠調べ〕　検察官，被告人又は弁護人は，証拠調を請求することができる [2]。

　2　裁判所は，必要と認めるときは，職権で証拠調をすることができる。

298条　　　　　659

[規]　第188条 [2]（証拠調べの請求の時期・法第298条）　証拠調べの請求は，公判期日前に
も，これをすることができる。ただし，公判前整理手続において行う場合を除き，第
1回の公判期日前は，この限りでない。

第188条の2 [2]（証拠調を請求する場合の書面の提出・法第298条）　証人，鑑定人，通
訳人又は翻訳人の尋問を請求するときは，その氏名及び住居を記載した書面を差し出
さなければならない。

2　証拠書類その他の書面の取調を請求するときは，その標目を記載した書面を差し出
さなければならない。

第188条の3 [2]（証人尋問の時間の申出・法第298条）　証人の尋問を請求するときは，
証人の尋問に要する見込みの時間を申し出なければならない。

2　証人の尋問を請求した者の相手方は，証人を尋問する旨の決定があつたときは，そ
の尋問に要する見込みの時間を申し出なければならない。

3　職権により証人を尋問する旨の決定があつたときは，検察官及び被告人又は弁護人
は，その尋問に要する見込みの時間を申し出なければならない。

第189条 [2]（証拠調の請求の方式・法第298条）　証拠調の請求は，証拠と証明すべき
事実との関係を具体的に明示して，これをしなければならない。

2　証拠書類その他の書面の一部の取調を請求するには，特にその部分を明確にしなけ
ればならない。

3　裁判所は，必要と認めるときは，証拠調の請求をする者に対し，前2項に定める事
項を明らかにする書面の提出を命ずることができる。

4　前各項の規定に違反してされた証拠調の請求は，これを却下することができる。

第189条の2 [2]（証拠の厳選・法第298条）　証拠調べの請求は，証明すべき事実の立
証に必要な証拠を厳選して，これをしなければならない。

第190条 [3]（証拠決定・法第298条等）　証拠調又は証拠調の請求の却下は，決定でこ
れをしなければならない。

2　前項の決定をするについては，証拠調の請求に基く場合には，相手方又はその弁護
人の意見を，職権による場合には，検察官及び被告人又は弁護人の意見を聴かなけれ
ばならない。

3　被告人が出頭しないでも証拠調を行うことができる公判期日に被告人及び弁護人が
出頭していないときは，前項の規定にかかわらず，これらの者の意見を聴かないで，
第1項の決定をすることができる。

第191条 [3]（証拠決定の送達）　証人，鑑定人，通訳人又は翻訳人を尋問する旨の決定
は，公判期日前にこれをする場合においても，これを送達することを要しない。

2　前項の場合には，直ちにその氏名を訴訟関係人に通知しなければならない。

第191条の2（証人等の出頭）　証人，鑑定人，通訳人又は翻訳人を尋問する旨の決定が
あつたときは，その取調を請求した訴訟関係人は，これらの者を期日に出頭させるよ

うに努めなければならない。

第191条の3（証人尋問の準備）　証人の尋問を請求した検察官又は弁護人は，証人その他の関係者に事実を確かめる等の方法によつて，適切な尋問をすることができるように準備しなければならない。

第192条[3]（証拠決定についての提示命令）　証拠調の決定をするについて必要があると認めるときは，訴訟関係人に証拠書類又は証拠物の提示を命ずることができる。

第193条[2]（証拠調の請求の順序・法第298条）　検察官は，まず，事件の審判に必要と認めるすべての証拠の取調を請求しなければならない。

2　被告人又は弁護人は，前項の請求が終つた後，事件の審判に必要と認める証拠の取調を請求することができる。

第198条の2[4]（争いのない事実の証拠調べ）　訴訟関係人は，争いのない事実については，誘導尋問，法第326条第1項の書面又は供述及び法第327条の書面の活用を検討するなどして，当該事実及び証拠の内容及び性質に応じた適切な証拠調べが行われるよう努めなければならない。

第198条の3[4]（犯罪事実に関しないことが明らかな情状に関する証拠の取調べ）　犯罪事実に関しないことが明らかな情状に関する証拠の取調べは，できる限り，犯罪事実に関する証拠の取調べと区別して行うよう努めなければならない。

第198条の4[4]（取調べの状況に関する立証）　検察官は，被告人又は被告人以外の者の供述に関し，その取調べの状況を立証しようとするときは，できる限り，取調べの状況を記録した書面その他の取調べ状況に関する資料を用いるなどして，迅速かつ的確な立証に努めなければならない。

［1］本条の趣旨　　［2］証拠調べの請求　　［3］証拠決定　　［4］証拠調の方法等に関する刑訴規則の改正

［1］本条の趣旨

　本条は，当事者の請求による証拠調べを基本的なものとし，職権による証拠調べを補充的なものとすることを定めた規定である。

［2］証拠調べの請求

(1) **証拠調べの意義**　本条にいう証拠調べは，公判期日におけるもの，及び公判期日外におけるものを含むが，受訴裁判所ないしその機関が行うものに限られる。

(2) **請求権者**　検察官，被告人又は弁護人である。被告人，弁護人の双方に請求権が認められているのは，双方の意見が不一致の場合に被告人の証人審問権等の権利を確保するためである。なお，弁護人は，その独立の権限によって被告人のためにその意思に反しても証拠調べを請求することができる (41)。

(3) **請求の時期**　弁論終結までいつでもよい。公判期日にも公判期日前にも (規188)，

298条

公判前整理手続又は期日間整理手続においても（316の5④・316の28）することができる。ただし，公判前整理手続において行う場合を除き，第1回公判期日前にはできない（規188但）。

(4) **請求の順序**　検察官は，まず，事件の審判に必要と認めるすべての証拠の取調べを請求しなければならない（規193 I）。検察官は公訴事実について立証責任を負っているため，被告人側に先んじて証拠調の請求をなさしめるとともに，検察官の立証計画の全体像を明らかにし，被告人側の防御権の行使を容易にさせる趣旨である。もっとも，すべての証拠の一括請求が義務づけられるものではなく，証拠調べの進行の途中に順次追加請求をすることもできる。実務上，必要がないとして取調請求しなかった証拠でも，審理の経過に従って取調べが必要になったときは，新たに請求することも許される。

被告人又は弁護人は，規193条1項の検察官の証拠調請求が終わった後，事件の審判に必要と認める証拠の取調べを請求することができる（規193 II）。検察官のようにすべての証拠を一挙に請求することは必要ではない。また，検察官の請求の後であれば，いつ請求してもよい。

なお，公判前整理手続又は期日間整理手続に付された事件においては，検察官，被告人とも，やむを得ない事由によってこれらの手続において請求できなかったものを除き，当該公判前整理手続又は期日間整理手続が終わった後には証拠調請求をすることはできない（316の32）。

(5) **請求の方法**　請求自体は口頭によっても書面によっても行いうるが，通常は書面によって行われる（検察官は，いわゆる証拠等関係カードの用紙を使用して裁判所に提出するのが実務慣行である。弁護人もこの方式によることができる。）。しかし，証人，鑑定人，通訳人又は翻訳人の尋問を請求するときは，その氏名及び住居を記載した書面（規188の2 I），証拠書類その他の書面の取調べを請求するときは，その標目を記載した書面（同条 II）を提出しなければならない。

(6) **証人尋問の時間の申出**　当事者は，主尋問（規188の3 I）のみならず，反対尋問（同条 II）や職権による証人尋問（同条 III）の場合も，その尋問に要する見込み時間を申し出なければならない。規188条の3第2項，3項は，従前からの実務上の運用に基づき，平成17年の刑訴規則の改正により新設されたものである。これは，裁判員裁判の実施のため，また，裁判員裁判対象事件以外の事件についても，連日的開廷の原則が法定化され（281の6），計画審理，集中審理の要請が一層高まっていることにかんがみ，裁判所が審理予定を立てるための便宜を考慮したものである。

この申出は，書面でしても口頭でしてもよい。規188条の3に違反しても直ちに請求が却下されるものではない。

(7) **証拠調請求の方式**　規189条は，証拠調請求の方式を規定したものである。同条1項～3項に違反した請求は却下することができる（同条 IV）。

ア　**立証趣旨の明示**　証拠調べの請求は，証拠と証明すべき事実との関係（立証趣

旨）を具体的に明示してしなければならない（規189 I）。これは，裁判所が証拠の採否を決定するに当たって参考にするためと，相手方の防御の準備に資するためである。また，証人については，現実の取調べの際に尋問の範囲を画するためである。実務上，例えば，犯行目撃状況，被害状況といった程度の明示がされることが多いが，複雑な事件等では，より具体的に明示することが求められる。

立証趣旨には拘束力がないと解するのが一般的である。しかし，請求者が自ら証明すべき対象となる事実を限定し，かつ裁判所もこれに応じて証拠決定をした場合や，伝聞証拠について相手方が立証趣旨の範囲に限って同意をした場合等には，ある事実の証明のために提出された証拠を他の事実の認定に用いることはできない。

イ 証拠の厳選 証拠調べの請求は，証明すべき事実の立証に必要な証拠を厳選して，これをしなければならない（規189の2）。適正迅速な裁判を実現するためには，真に必要な証拠に厳選した立証が重要であることはいうまでもない。これまでの実務においては，往々にして，念には念を入れた幅広い証拠の取調請求が行われ，裁判所も必要性を厳格に吟味することなく，多数の証拠を取り調べる傾向があったことは否定しがたい。しかし，このような証拠調べのあり方は，裁判員裁判の下では到底維持することができない。そこで，本条は，訴訟関係人の義務として証拠の厳選を定めたものであるが，このような本条の趣旨に照らせば，裁判所も，証拠の採否に当たり，これまで以上に必要性を厳格に吟味していくことが求められる。

［3］証拠決定

(1) **採否の決定** 証拠調請求に対しては，証拠調べをする決定又はその請求を却下する決定をしなければならない。職権で証拠調をするときもその旨の決定をしなければならない（規190 I）。

証拠調請求に対して決定しないまま，あるいは採用の決定をしながら取り調べないまま結審した場合は違法であるが，結審に当たり当事者が機会を与えられながら別の意思表示をしなければ，請求は放棄したと解すべきである（最決昭28・4・30刑集7・4・904）。もっとも，運用上，放棄するか否かを確認すべきである。

(2) **証拠決定の方式** 証拠決定は，公判期日でも公判期日外ですることもできる（43 II）。公判前整理手続又は期日間整理手続ですることもできる（316の5⑦・316の28 II）。証拠決定を公判廷で行う場合は口頭ですることができ，この場合は公判調書に記載すれば足りる（規53但）。期日外にする場合には，手続を明確にするため，請求や意見聴取も書面によるのが運用として望ましい。期日外において決定するときは決定書を作成し，その謄本を訴訟関係人に送達する（規34）。しかし，証人，鑑定人，通訳人又は翻訳人を尋問する旨の決定は，その氏名を訴訟関係人に通知すれば足り，決定書の謄本を送達する必要はない（規191）。

(3) **訴訟関係人の意見聴取** 証拠決定をするについては，請求に基づく場合には相手方又はその弁護人の意見を，職権による場合には検察官及び被告人又は弁護人の意見を

聴かなければならない（規190 II）。これは，取調べについての賛否の意見を聴き，裁判所の決定の参考とするものである。証拠意見の内容となるのは，請求の適法性，証拠能力の有無，証明力に関する主張等である。326条の同意不同意の意思表示は証拠意見とは概念的には異なるものであるが，実際上，その意思表示もここでいう証拠意見の形で述べられるのが一般的である。

　規190条2項は，規33条1項ただし書の「特別の定」に当たる。意見を聴くとは，意見を述べる機会を与えるとの趣旨である。

(4) 証拠決定の基準　ア　手続違反の請求　　例えば，尋問事項書を提出しない場合（規106・107・135），第1回公判期日前に請求した場合（規188但），立証趣旨を明示しない場合及び書証の一部の取調につきその部分を明確にしない場合（規189）等は，却下できる。もっとも，実務上は，ただちに却下するのではなく，釈明権（規208）を行使して補正を促し，補正されないときに却下すべきである（なお，第1回公判期日前の請求については，まず撤回を促すのが相当である。）。

　イ　証拠能力のないもの　　証拠能力のない証拠については，証拠調の決定をすることができない。例えば，被告人の自白調書の任意性がないとき，被告人以外の供述録取書等に所定の要件が欠けているとき，いわゆる違法収集証拠として証拠能力が否定されるとき等には，請求を却下すべきである。証拠能力に疑いのあるときは，その存否を調査した上で採否を決する。

　ウ　証拠調が法律上禁止されている場合　　例えば，公務員の職務上の秘密につき監督官庁の承諾がないとき（144・145）等は，請求を却下すべきである。

　エ　関連性が認められない場合　　関連性が認められない証拠は，請求を却下すべきである。関連性とは，要証事実の存否を推認し得る力のことをいい，要証事実に対して必要最小限度の証明力があるかという自然的関連性と，証明力の評価を誤らせるおそれがないかという法律的関連性とに分けて説明する見解もある。法律的関連性が問題となるものとして，例えば，被告人の悪性格，前科，他の犯罪事実等がある。事件の審判に全く関連性を持たない証拠の取調請求は却下すべきである。

　オ　必要性がないと判断するとき　　必要性のない証拠を取り調べることは不当に訴訟を遅延させるだけであるから，取り調べるべきではない。必要性の判断は裁判所の裁量に属するが，その裁量権の行使は当事者主義に沿ったものであることが求められる。

(5) 証拠決定に対する不服申立て　　証拠決定に対しては，法令違反を理由として異議の申立てをすることができる（309 I，規205 I）。

(6) 提示命令　　証拠調べの決定をするについて必要があると認めるときは，訴訟関係人に証拠書類又は証拠物の提示を命ずることができる（規192）。例えば，供述調書における供述者の署名又は押印の有無が争いとなったような場合がこれに当たる。提示された場合，証拠能力の有無を判断するために必要があれば内容を調査することができるが，その際は，外形や形式等によって判断するにとどめるべきであり，心証を採ることはで

きない。

［4］証拠調べの方法等に関する刑訴規則の改正

刑事訴訟規則の一部を改正する規則（平成17年最高裁判所規則10号）により，以下のとおり，証拠調べの方法に関する新たな規定が設けられた。

(1) **争いのない事実の証拠調べ**　訴訟関係人は，争いのない事実については，誘導尋問，326条1項の書面（同意書証）又は供述及び327条の書面（合意書面）の活用を検討するなどして，当該事実及び証拠の内容及び性質に応じた適切な証拠調べが行われるよう努めなければならない（規198の2）。公判の審理を争点中心の充実したものにするためには，争いのない事実に関する証拠調べをできる限り効率化，合理化し，争点に関する証拠調べに集中することが必要である。特に，裁判員裁判については，分かりやすい審理の実現という観点からも，このようなめりはりのある証拠調べを実現することが不可欠であるため，当該規定が設けられたものである。上記の同意書証の活用とは例示であり，争点に関する適切な心証形成を行う前提として，争いのない事実であっても，当該事件の核心部分に関する事実について証人尋問を行うことも差し支えない。例えば，被害者の供述録取書が同意されている場合でも，被害者について証人尋問を行うことが心証形成上重要であるときには，証人尋問を行うことはあり得る。いずれにしても，裁判所及び当事者は，公判前整理手続等の場で，争いのない事実を含めた証拠調の具体的方法について，十分に協議しておくことが必要である。

(2) **犯罪事実に関しないことが明らかな情状に関する証拠の取調べ**　犯罪事実に属しないことが明らかな情状（いわゆる一般情状）に関する証拠の取調べは，できる限り，犯罪事実に関する証拠の取調べと区別して行うよう努めなければならない（規198の3）。従前からこのような証拠調の方法が運用として行われてきたところであるが，法律の専門家ではない裁判員の参加する裁判においては，適切な心証形成上特に重要であることから，これを裁判所及び訴訟関係人の努力義務としたものである。この点についても，公判前整理手続等の場で，裁判所及び当事者が協議しておくことが必要である。

(3) **取調べの状況に関する立証**　検察官は，被告人又は被告人以外の者の供述に関し，その取調べの状況を立証しようとするときは，できる限り，取調べの状況を記録した書面その他の取調べ状況に関する資料を用いるなどして，迅速かつ的確な立証に努めなければならない（規198の4）。供述調書の任意性や信用性が争われる事案においては，取調の状況が問題とされ，従来，その立証について，取調警察官の証人尋問による立証が中心であったことから，往々にして水掛け論になりがちであった。裁判員の参加する裁判においては，裁判員に多大な時間的負担をかけることなく，かつ，的確に任意性・信用性の判断ができるような証拠調べの在り方を工夫していく必要があるため，このような規定が設けられたものである。「取調べの状況を記録した書面」には，316条の15第1項8号に掲げられた書面，すなわち，取調べ状況の記録に関する準則（検察官につき，平成15年法務省刑刑訓第117号法務大臣訓令「取調べ状況の記録等に関する訓令」，警察官につき，平

成15年国家公安委員会規則第16号・同20年同規則第5号「犯罪捜査規範の一部を改正する規則」）に基づき，検察官，検察事務官又は司法警察職員が職務上作成することを義務付けられている取調べ状況を記録した書面のほか，身体の拘束を受けていない被疑者あるいは参考人の取調べに関して作成された取調状況報告書がこれに当たる。「その他の資料」としてこれまで裁判で取り調べられた実例としては，①留置人出入簿（取調べの日時等），②留置人動静簿，看守勤務日誌（被告人の留置中の言動，状態等），③留置人診療簿，医師作成の診断書，診療録（被告人の健康状態，受傷状況等），④留置人接見簿，留置人金品出納簿，検察官の接見指定書（接見，差し入れ状況等），⑤捜査官が作成したメモ，取調経過一覧表，⑥取調べの状況を録音した記録媒体等がある。　　　　　　　　〔三村三緒〕

第299条 [1] 〔当事者の知る権利等〕　検察官，被告人又は弁護人が証人，鑑定人，通訳人又は翻訳人の尋問を請求するについて [2] は，あらかじめ [3]，相手方 [4] に対し，その氏名及び住居を知る機会を与えなければならない [5]。証拠書類又は証拠物の取調を請求するについては，あらかじめ，相手方にこれを閲覧する [6] 機会を与えなければならない。但し，相手方に異議のないときは，この限りでない [7][8]。

2　裁判所が職権で証拠調の決定をするについては，検察官及び被告人又は弁護人の意見を聴かなければならない [9]。

[1] 本条の趣旨

本条1項は，取調べを請求しようとする証拠方法をあらかじめ相手方の知悉可能な状態に置くことによって，相手方に証拠能力や証明力について防御の準備を整える機会を与えるとともに，相手方の証拠請求に対し適切な意見を述べることを可能にさせるための規定である。

[2] 「請求するについて」

「請求するについて」とは，請求する意思のある場合をいうが，必ずしも確定的である必要はない。請求を予定している場合を含むかどうかについては争いがあるが，運用として相手方に知悉の機会を与えることが望ましい。

[3] 「あらかじめ」

「あらかじめ」とは，相手方に防御の準備をさせ，証拠請求に対し適切な意見を述べることができる程度の余裕をおいてという意味である。この点につき，刑訴規則は，第1回公判期日前における事前準備として，①証人等の氏名及び住居を知る機会はなるべく早い時期に与えるようにすること（規178条の7），②証拠書類又は証拠物については，検察官は公訴の提起後なるべくすみやかに被告人又は弁護人に，弁護人はなるべくすみやかに検察官に閲覧する機会を与えることとしている（規178条の6 I ① II ③）。

666　299条

［4］　相手方

検察官が請求する場合は被告人又は弁護人，被告人側が請求する場合は検察官をいう。

［5］　機会の付与

「機会を与え」るとは，相手方が証人等の氏名，住居を尋ね，または証拠書類等の閲覧を求めた際に，これを拒まずに何時でもこれに応じ得る態勢にあればよい。もっとも，運用上は，準備促進の観点から，積極的に相互に電話等で連絡することが望ましく，現にそのような運用が行われているところである。

［6］　「閲覧」

機会を与えなければならないのは閲覧だけであって，謄写を含まないが，特段の事情のない限り，謄写を許すことが望ましい。

［7］　「異議のないとき」

「異議のないとき」とは，文理上は，機会を与えるに先立って異議がないときという趣旨である。しかし，実際上は，あらかじめ機会を与えないで証拠調請求があった場合に相手方が異議を述べなかったときに瑕疵がないことになるという形で機能することが多い。

［8］　証拠開示

本条1項に基づく証拠知悉の機会付与は，取調請求をする意思のない証拠については必要ないが，従前，判例上，訴訟指揮権の内容として，次のような場合に証拠開示命令を発することができるとされてきた。すなわち，証拠調べの段階に入った後，弁護人から，具体的必要性を示して，一定の証拠を弁護人に閲覧させるよう検察官に命ぜられたい旨の申出がなされた場合，事案の性質，審理の状況，閲覧を求める証拠の種類および内容，閲覧の時期，程度および方法，その他諸般の事情を勘案し，その閲覧が被告人の防御のため特に重要であり，かつこれにより罪証隠滅，証人威迫等の弊害を招来するおそれがなく，相当と認めるときは，その訴訟指揮権に基づき，検察官に対し，その所持する証拠を弁護人に閲覧させるよう命ずることができるものと解すべきであるとした（最決昭44・4・25刑集23・4・248，最決昭44・4・25刑集23・4・275）。その後，平成16年の改正により，公判前整理手続及び期日間整理手続が設けられ，これらの手続に付された事件については，争点整理の一環として証拠開示の制度が整備されたことから，証拠開示を巡る深刻な争いが予測される事件については，公判前整理手続等に付して，法に従った証拠開示が行われているところである。これらの手続に付されなかった事件については上記判例に従った訴訟指揮権に基づく証拠開示が行われる余地があるが，その場合にも，整備された証拠開示制度の趣旨に則った運用が求められると解される。

［9］　職権証拠調の場合

2項は，1項と同様の趣旨で設けられたものである。条文上は，単に意見を聴くだけで足り，1項のような機会を与える必要はないが，当事者が適切な意見を述べることができるように，証拠と証明しようとする事実とを特定して明示した上でその意見を求め

なければならない。実務上，本条2項の求意見と規190条2項の求意見は兼ねて行われている。 〔三村三緒〕

第299条の2 [1]〔証拠開示等の際の証人等に対する加害等防止のための配慮要請〕

検察官又は弁護人は，前条第1項の規定により証人，鑑定人，通訳人若しくは翻訳人の氏名及び住居を知る機会を与え又は証拠書類若しくは証拠物を閲覧する機会を与えるに当たり，証人，鑑定人，通訳人若しくは翻訳人若しくは証拠書類若しくは証拠物にその氏名が記載され若しくは記録されている者若しくはこれらの親族の身体若しくは財産に害を加え又はこれらの者を畏怖させ若しくは困惑させる行為がなされるおそれがあると認めるとき [2] は，相手方に対し，その旨を告げ，これらの者の住居，勤務先その他その通常所在する場所が特定される事項が，犯罪の証明若しくは犯罪の捜査又は被告人の防御に関し必要がある場合を除き [4]，関係者（被告人を含む。）に知られないようにすることその他これらの者の安全が脅かされることがないように配慮することを求めることができる [3]。

[1] 本条の趣旨

本条は，証拠調請求に当たり，相手方に証人等の氏名・住居を知る機会又は証拠書類等の閲覧の機会を付与（299Ⅰ）する際に，一定の要件の下，相手方に対し，その住居等が関係者に知られないようにするなどの配慮を求めることができる旨定めた規定である（なお，公判前整理手続に付された事件については316の23参照）。その趣旨は，証拠開示後の証人等に対する加害行為等の防止及びそれにより証人等に安心感を与え，出頭及び供述を確保することにある。

[2] 要 件

配慮の対象となるのは，証人，鑑定人，通訳人，翻訳人，証拠書類・証拠物にその氏名が記載等されている者，これらの親族である。その「身体若しくは財産に害を加え又はこれらの者を畏怖させ若しくは困惑させる行為がなされるおそれがあると認める」ことが要件である。

[3] 効 果

相手方に対し，[2] 記載の者の通常所在する場所（住居，勤務先，通学先等）が特定される事項を被告人を含む関係者に知られないようにすることをはじめ，その安全が脅かされることがないように配慮（上記のほか，例えば，通勤経路など定期的に所在する場所を関係者に知られないようにすること）を求めることができる。その相手方は，加害行為が行われるおそれの有無・程度，上記事項を関係者に知らせることの捜査・公判上又は被告人の防御上の必要性の程度，知らせることが加害行為等につながるおそれの有無・程度などの諸事情を勘案して，必要な限度で法律上の義務を負うこととなる。これに違反し

た場合は，懲戒処分等が問題となり得る。

[4] 例　外

[2] の要件を満たす場合でも，[3] の事項が「犯罪の証明若しくは犯罪の捜査又は被告人の防御に関し必要がある場合」には配慮を求めることができない。もっとも，[3] の配慮の内容は種々あり得ることから，その想定する配慮を念頭に置いた上で，防御の必要性を勘案すべきである。　　　　　　　　　　　　　　　　　　　〔森喜史〕

> **第299条の3** [1]〔証拠開示等の際の被害者特定事項の秘匿の要請〕　検察官は，第299条第1項の規定により証人の氏名及び住居を知る機会を与え又は証拠書類若しくは証拠物を閲覧する機会を与えるに当たり，被害者特定事項が明らかにされることにより，被害者等の名誉若しくは社会生活の平穏が著しく害されるおそれがあると認めるとき [2]，又は被害者若しくはその親族の身体若しくは財産に害を加え若しくはこれらの者を畏怖させ若しくは困惑させる行為がなされるおそれがあると認めるとき [3]は，弁護人に対し，その旨を告げ，被害者特定事項が，被告人の防御に関し必要がある場合を除き [5]，被告人その他の者に知られないようにすることを求めることができる [4]。ただし，被告人に知られないようにすることを求めることについては，被害者特定事項のうち起訴状に記載された事項以外のものに限る。

[1] 本条の趣旨

本条は，検察官が，証拠開示（299I）をする際に，一定の要件の下，弁護人に対し，被害者特定事項（氏名及び住所その他の当該事件の被害者を特定させることとなる事項。290の2I）の秘匿を求めることができる旨定めた規定である（なお，公判前整理手続に付された事件については316の23参照）。その趣旨は，証拠開示後，被害者特定事項が明らかにされることによる被害者等（被害者又は被害者が死亡した場合若しくはその心身に重大な故障がある場合におけるその配偶者，直系の親族若しくは兄弟姉妹。290の2I）の名誉や社会生活の平穏に対する加害行為及び被害者や親族の身体・財産に対する加害行為等を防止し，それにより被害者等に安心感を与えて，被害申告や供述の確保を十全ならしめることにある。なお，本条では，前条と異なり，弁護人から検察官への要請については規定されていない。

[2] 被害者等の名誉・社会生活の平穏が著しく害されるおそれの具体例

例えば，性犯罪事件において，被害者特定事項が明らかにされ，被害者が特定されることにより，被害者等の名誉や社会生活の平穏が著しく害されるおそれがある場合が考えられる。

[3] 被害者の身体・財産に害を加える等のおそれの具体例

例えば，暴力団事件において，被害者特定事項が明らかにされ，被害者の住所が特定

されることにより，暴力団構成員からの被害者に対する報復等のおそれがある場合が考えられる。

[4] 効 果

弁護人に対し，被害者特定事項について，他人に知られないように秘匿を求めることができ，これにより，弁護人は，他人に知られないように配慮すべき法律上の義務を負うことになる。弁護人が，この義務に違反した場合，懲戒処分等が問題となり得る。なお，被害者特定事項のうち起訴状に記載された事項は，被告人に対する関係での秘匿要請の対象とはならない。被告人に起訴状謄本が送達される（271 I）以上，同事項を秘匿しても実効性がないためである。

[5] 例 外

被害者特定事項が，被告人の防御に関し必要がある場合，検察官は，弁護人に対して，被害者特定事項の秘匿を要請できない。なお，その該当性については，客観的・合理的に判断されることが必要である。　　　　　　　　　　　　　　　　　〔森喜史〕

第299条の4 [1]〔**検察官による証人等の氏名及び住居の開示に係る措置**〕 検察官は，第299条第1項の規定により証人，鑑定人，通訳人又は翻訳人の氏名及び住居を知る機会を与えるべき場合において，その者若しくはその親族の身体若しくは財産に害を加え又はこれらの者を畏怖させ若しくは困惑させる行為がなされるおそれがあると認めるとき [2]は，弁護人に対し，当該氏名及び住居を知る機会を与えた上で，当該氏名又は住居を被告人に知らせてはならない旨の条件を付し，又は被告人に知らせる時期若しくは方法を指定することができる [3]。ただし，その証人，鑑定人，通訳人又は翻訳人の供述の証明力の判断に資するような被告人その他の関係者との利害関係の有無を確かめることができなくなるときその他の被告人の防御に実質的な不利益を生ずるおそれがあるときは，この限りでない [2]。

2　検察官は，前項本文の場合において，同項本文の規定による措置によっては同項本文に規定する行為を防止できないおそれがあると認めるとき [4]（被告人に弁護人がないときを含む。）は，その証人，鑑定人，通訳人又は翻訳人の供述の証明力の判断に資するような被告人その他の関係者との利害関係の有無を確かめることができなくなる場合その他の被告人の防御に実質的な不利益を生ずるおそれがある場合 [2]を除き，被告人及び弁護人に対し，その証人，鑑定人，通訳人又は翻訳人の氏名又は住居を知る機会を与えないことができる。この場合において，被告人又は弁護人に対し，氏名にあつてはこれに代わる呼称を，住居にあつてはこれに代わる連絡先を知る機会を与えなければならない [5]。

3　検察官は，第299条第1項の規定により証拠書類又は証拠物を閲覧する機会を与えるべき場合において，証拠書類若しくは証拠物に氏名若しくは住居が記載され若

しくは記録されている者であつて検察官が証人，鑑定人，通訳人若しくは翻訳人として尋問を請求するもの若しくは供述録取書等の供述者（以下この項及び次項において「検察官請求証人等」という。）若しくは検察官請求証人等の親族の身体若しくは財産に害を加え又はこれらの者を畏怖させ若しくは困惑させる行為がなされるおそれがあると認めるとき[2]は，弁護人に対し，証拠書類又は証拠物を閲覧する機会を与えた上で，その検察官請求証人等の氏名又は住居を被告人に知らせてはならない旨の条件を付し，又は被告人に知らせる時期若しくは方法を指定することができる。ただし，その検察官請求証人等の供述の証明力の判断に資するような被告人その他の関係者との利害関係の有無を確かめることができなくなるときその他の被告人の防御に実質的な不利益を生ずるおそれがあるときは，この限りでない[2]。

4 検察官は，前項本文の場合において，同項本文の規定による措置によつては同項本文に規定する行為を防止できないおそれがあると認めるとき[4]（被告人に弁護人がないときを含む。）は，その検察官請求証人等の供述の証明力の判断に資するような被告人その他の関係者との利害関係の有無を確かめることができなくなる場合その他の被告人の防御に実質的な不利益を生ずるおそれがある場合を除き，被告人及び弁護人に対し，証拠書類又は証拠物のうちその検察官請求証人等の氏名又は住居が記載され又は記録されている部分について閲覧する機会を与えないことができる。この場合において，被告人又は弁護人に対し，氏名にあつてはこれに代わる呼称を，住居にあつてはこれに代わる連絡先を知る機会を与えなければならない[5]。

5 検察官は，前各項の規定による措置をとつたときは，速やかに，裁判所にその旨を通知しなければならない[6]。

［規］　**第178条の8**（証人等の氏名及び住居の開示に係る措置の通知・法第299条の4）　法第299条の4第5項の規定による通知は，書面でしなければならない。

　　2　前項の書面には，次に掲げる事項を記載しなければならない。

　　　一　検察官がとつた法第299条の4第1項から第4項までの規定による措置に係る者の氏名又は住居

　　　二　検察官がとつた措置が法第299条の4第1項又は第3項の規定によるものであるときは，弁護人に対し付した条件又は指定した時期若しくは方法

　　　三　検察官がとつた措置が法第299条の4第2項又は第4項の規定によるものであるときは，被告人又は弁護人に対し知る機会を与えた氏名に代わる呼称又は住居に代わる連絡先

　　　四　検察官が証拠書類又は証拠物について法第299条の4第3項又は第4項の規定による措置をとつたときは，当該証拠書類又は証拠物を識別するに足りる事項

299条の4　　　　　　671

[1] 本条の趣旨　　[2] 検察官による措置の要件　　[3] 条件付与等の措置
[4] 防止できない「おそれ」　　[5] 代替的呼称等の開示措置　　[6] 裁判所に対する通知

[1] 本条の趣旨

　本条から299条の7までの証人等の氏名及び住居の開示に係る措置に関する規定は，刑事訴訟法等の一部を改正する法律（平成28年法律第54号。平成28年12月1日施行）により新設された。

　改正前の刑事訴訟法の下では，検察官は，証人等の尋問請求あるいは証拠書類等の証拠調べ請求に当たり，証人等やその親族に対して加害行為等がなされるおそれがある場合であっても，弁護人に，証人等の氏名・住居を知る機会あるいは証拠書類等の閲覧の機会を付与しなければならず(299 I)，そのような機会を与えた上で，弁護人に対し，その住居等が被告人を含む関係者に知られないようにするなどの一定の配慮や秘匿を求めることができるにとどまっていた（299の2・299の3参照）。本条は，このような加害行為等を防止するとともに，証人など刑事手続に関与する者の不安や負担を軽減するため，より一層実効性のある方策として，弁護人に対し，証人等の氏名又は住居を被告人に知らせてはならない旨の条件を付したり，又は被告人に知らせる時期若しくは方法を指定したり，証人等の氏名又は住居を知る機会を弁護人にも与えず，氏名にあってはこれに代わる呼称を，住居にあってはこれに代わる連絡先を知る機会を与えるなど，証人等の氏名及び住居の開示に係る措置を可能とするものである。

　これらの規定は，公判前整理手続及び期日間整理手続に準用することとされている(316の23 II III，316の28 II)。ただし，類型証拠及び主張関連証拠の開示については，既に不開示，開示の時期若しくは方法の指定又は条件の付与が可能とされているため（316の15 I II，316の20 I），準用されない。なお，本条が憲法37条2項前段に違反しないことにつき最決平30・7・3裁時1703・1（刑集72・3掲載予定）。また，本条による条件付与の制度が，憲法31条，32条，37条2項，3項に反しないことにつき東京高決平30・6・22東京高裁判決時報（刑事）速報平成30年11番。

[2] 検察官による措置の要件

　検察官が本条1項・3項の措置をとることができるのは，証人，鑑定人，通訳人又は翻訳人（本条I）あるいは証拠書類若しくは証拠物に氏名若しくは住居が記載され若しくは記録されている者であって検察官が尋問請求するもの又は供述録取書等の供述者（本条III。以下，これらの者を本条において「措置対象者」という。）及びこれらの親族（本条I III）の身体若しくは財産に害を加え，又はこれらの者を畏怖させ若しくは困惑させる行為がなされるおそれがあると認められるときである。ただし，措置対象者の供述の証明力の判断に資するような被告人その他の関係者との利害関係の有無を確かめることができなくなるときその他の被告人の防御に実質的な不利益を生ずるおそれがあるときは，

この措置をとることができない（本条Ⅰ Ⅲ但書）。例えば，被告人との間に証言の信用性に影響を及ぼす利害関係が存在する可能性があるものの，措置対象者の氏名等が知らされないことにより利害関係を確かめられないというような場合がこれに当たると解される。

［3］条件付与等の措置

措置の内容としては，弁護人に対し，証人等の氏名及び住居を知る機会を与えあるいは証拠書類等を閲覧する機会を与えた上で，措置対象者の氏名又は住居について，①被告人に知らせてはならない旨の条件を付し，又は②被告人に知らせる時期若しくは方法を指定することができることとされている（条件付与等の措置。本条Ⅰ Ⅲ）。これらの措置は，氏名又は住居のいずれか一方のみについてとることも可能であるが，その双方についてとることも可能である。なお，前記［2］の措置の要件を満たすか否かの判断は，氏名及び住居のそれぞれについて判断することとなる。

条件付与等の措置及び後記［5］の代替的呼称等の開示措置の内容は，次表のとおりである。

〈検察官がとり得る措置の内容〉

	証人，鑑定人，通訳人又は翻訳人の氏名及び住居を知る機会を与えるべき場合	証拠書類等を閲覧する機会を与えるべき場合
条件付与等の措置	弁護人に対し，当該氏名及び住居を知る機会を与えた上で，当該氏名又は住居について， ○　被告人に知らせてはならない旨の条件を付し，又は ○　被告人に知らせる時期若しくは方法を指定する 　　　　　　　　（299の4 Ⅰ）	弁護人に対し，証拠書類等を閲覧する機会を与えた上で，検察官請求証人等の氏名又は住居について， ○　被告人に知らせてはならない旨の条件を付し，又は ○　被告人に知らせる時期若しくは方法を指定する 　　　　　　　　（299の4 Ⅲ）
代替的呼称等の開示措置	被告人及び弁護人に対し，当該氏名又は住居を知る機会を与えないこととした上で，氏名にあってはこれに代わる呼称を，住居にあってはこれに代わる連絡先をそれぞれ知る機会を与える 　　　　　　　　（299の4 Ⅱ）	被告人及び弁護人に対し，証拠書類等のうち検察官請求証人等の氏名又は住居が記載され又は記録されている部分について閲覧する機会を与えないこととした上で，氏名にあってはこれに代わる呼称を，住居にあってはこれに代わる連絡先をそれぞれ知る機会を与える 　　　　　　　　（299の4 Ⅳ）

［4］防止できない「おそれ」

前記［3］の条件付与等の措置をとってもなお加害行為等を防止できない「おそれ」の判断に当たっては，想定される加害行為等の態様やおそれの程度等を踏まえて判断することとなる。

例えば，

①被告人が，弁護人に対し，執拗に証人等の氏名及び住居を教示するよう求めている場合など，弁護人が被告人に対して証人等の氏名及び住居を秘匿することが困難と予想される場合

②証人等の氏名又は住所が知られた場合には，それらの者又はその親族に対して深刻な加害行為等がなされる可能性が高く，これを確実に防止するためには，弁護人の過誤によって被告人に知られてしまう可能性をも排除しておく必要があることから，弁護人に対しても知らせないこととせざるを得ないような場合

③弁護人が，被告人が所属する暴力団組織に同人の事件の証拠内容を漏らしているなどの事情がある場合において，弁護人と暴力団組織の癒着が疑われる場合

などがこれに当たると考えられる。

［5］代替的呼称等の開示措置

前記［3］の措置によってもなお加害行為等を防止できないおそれがあるとき（被告人に弁護人がないときを含む。）は，被告人の防御に実質的な不利益を生じるおそれがある場合を除き，被告人及び弁護人に措置対象者の氏名又は住所を知る機会を与えないことができる（本条ⅡⅣ）。しかし，この場合には，代替的措置として，氏名にあってはこれに代わる呼称を，住居にあってはこれに代わる連絡先を知る機会を与える必要がある（代替的呼称等の開示措置。本条ⅡⅣ）。

氏名に代わる呼称としては，当該刑事手続においてその者を識別し得るものであることを要するものの，それで足りる。例えば，「甲」や「A」といった呼称や事件当時社会生活上通用していた旧姓や通称名を用いることなどが考えられる。

また，住居に代わる連絡先については，必要な場合に連絡をとることができ，かつ，加害行為等を回避する上で適当なものであることが必要と考えられる。具体的な連絡先は，検察官が諸事情を考慮しながら個別に定めることとなるが，例えば，被害者から委託を受けている弁護士の事務所の名称及び所在地（電話番号）を連絡先とすることなどが考えられる。

［6］裁判所に対する通知

検察官は，条件付与等の措置又は代替的呼称等の開示措置をとった場合には，速やかに，その旨を裁判所に通知しなければならない（299の4Ⅴ）。検察官がこれらの措置をとった者については，裁判所が299条の6に基づく措置をとり得る場合があるので，裁判所がその措置をとるか否か等を適切に判断し得るよう前提となる情報を提供するためである。

規178条の8において，この通知を書面でしなければならないこと及びその書面には，措置対象者の氏名又は住居などを記載しなければならないことが定められている。

〔伊丹俊彦〕

674   299条の5

第299条の5 [1]〔証人等の氏名及び住居の開示に関する裁定〕　裁判所は，検察官
　が前条第1項から第4項までの規定による措置をとつた場合において，次の各号の
　いずれかに該当すると認めるときは，被告人又は弁護人の請求により，決定で，当
　該措置の全部又は一部を取り消さなければならない [2][3][4]。
　一　当該措置に係る者若しくはその親族の身体若しくは財産に害を加え又はこれら
　　　の者を畏怖させ若しくは困惑させる行為がなされるおそれがないとき。
　二　当該措置により，当該措置に係る者の供述の証明力の判断に資するような被告
　　　人その他の関係者との利害関係の有無を確かめることができなくなるときその他
　　　の被告人の防御に実質的な不利益を生ずるおそれがあるとき。
　三　検察官のとつた措置が前条第2項又は第4項の規定によるものである場合にお
　　　いて，同条第1項本文又は第3項本文の規定による措置によつて第1号に規定す
　　　る行為を防止できるとき。
2　　裁判所は，前項第2号又は第3号に該当すると認めて検察官がとつた措置の全部
　　又は一部を取り消す場合において，同項第1号に規定する行為がなされるおそれが
　　あると認めるときは，弁護人に対し，当該措置に係る者の氏名又は住居を被告人に
　　知らせてはならない旨の条件を付し，又は被告人に知らせる時期若しくは方法を指
　　定することができる。ただし，当該条件を付し，又は当該時期若しくは方法の指定
　　をすることにより，当該措置に係る者の供述の証明力の判断に資するような被告人
　　その他の関係者との利害関係の有無を確かめることができなくなるときその他の被
　　告人の防御に実質的な不利益を生ずるおそれがあるときは，この限りでない。[5]
3　　裁判所は，第1項の請求について決定をするときは，検察官の意見を聴かなけれ
　　ばならない [2]。
4　　第1項の請求についてした決定（第2項の規定により条件を付し，又は時期若し
　　くは方法を指定する裁判を含む。）に対しては，即時抗告をすることができる [6]。

　　[規]　**第178条の9** [2]（証人等の氏名及び住居の開示に関する裁定の請求の方式・法第299条
　　　　　の5）　法第299条の5第1項の規定による裁定の請求は，書面を差し出してこれをし
　　　　　なければならない。
　　　　　2　被告人又は弁護人は，前項の請求をしたときは，速やかに，同項の書面の謄本を検
　　　　　　察官に送付しなければならない。
　　　　　3　裁判所は，第1項の規定にかかわらず，公判期日においては，同項の請求を口頭で
　　　　　　することを許すことができる。

　　　[1] 本条の趣旨　　　[2] 裁定の手続　　　[3] 取消しの要件　　　[4] 裁定の内容
　　　[5] 取消しに際して裁判所がとり得る条件付与等の措置　　　[6] 不服申立て

299条の5　　675

[1] 本条の趣旨

　本条は，検察官が，前条（299の4）1項ないし4項の規定によって，証人，鑑定人，通訳人又は翻訳人（以下，本条及び次条の解説において「証人等」）の氏名及び住居の開示に関する措置をとった場合に，それに不服のある被告人又は弁護人がすることのできる裁判所に対する裁定請求について定めるものである。前条1項ないし4項の措置の要件の存否については，検察官と被告人側で争いが起き得るので，中立的な立場にある裁判所の判断により，当該措置が要件を具備しない場合の是正を図る趣旨で設けられたものである。なお，本条が憲法37条2項前段に違反しないことにつき最決平30・7・3裁時1703・1（刑集72・3掲載予定）。

[2] 裁定の手続

　この場合の裁定は，被告人又は弁護人の請求による（本条Ⅰ柱）。規178条の9により，この請求は，書面によらなければならない（かつ，請求した場合，被告人又は弁護人は，速やかに謄本を検察官に送付しなければならない。）が，公判期日で行われる場合には，裁判所は，口頭による請求を許すことができるとされている（282により，公判期日には検察官が出席しているから，通知は必要とされていない。）。

　裁定請求を受けた裁判所は，検察官の意見を聞く必要がある（本条Ⅲ）。この意見において，検察官は，そのとった措置が前条1項ないし4項の措置の要件を具備する理由を明らかにすることが想定されており，裁判所は，これと被告人側の措置取消しを求める理由とを踏まえて，当該検察官の措置について，前条1項ないし4項の要件の有無を判断することになる。なお，裁判所は，必要に応じて事実の取調べを行うことができる（43Ⅲ）。

[3] 取消しの要件

　前条解説［3］に図示されているとおり，前条1項及び2項は，299条1項により証人等の氏名及び住居を知る機会を与えるべき場合に，前条3項及び4項は，299条1項により証拠書類又は証拠物を閲覧する機会を与えるべき場合に，それぞれ検察官がとり得る措置を規定したものであり，前条1項及び3項は，「措置対象者（前条解説［2］と同意義。以下，本条及び次条の解説において同じ。）やその親族に対して加害・畏怖・困惑させる行為がなされるおそれ」（以下，本条解説において「要件A」）がある場合に，検察官が，条件付与や被告人に知らせる時期・方法の指定の措置ができるとし，前条2項及び4項は，要件Aに加えて，「それらの措置では，措置対象者やその親族に対して加害・畏怖・困惑させる行為を防止できないおそれがある」（以下，本条解説において「要件B」）ときに，検察官が，氏名又は住居ではない代替的呼称等の開示措置をとることができるとし，かつ，前条1項ないし4項のいずれの場合でも，「措置対象者の供述の証明力の判断に資するような被告人及びその他の関係者との利害関係の有無を確かめることができなくなるときその他の被告人の防御に実質的な不利益を生ずるおそれがあるときではないこと」（以下，本条解説において「要件C」）が必要とされている。すなわち，検察官が，前条1項又は3項の措置をとるためには要件A及びCを具備することが，前条2項又は4項

の措置をとるためには要件A，B及びCを具備することが，それぞれ必要である。

　そこで，本条の裁定における取消しの要件としては，前条1項ないし4項の措置に共通のものとして，要件Aが欠ける場合（本条Ⅰ①）及び要件Cが欠ける場合（本条Ⅰ②）が定められ，更に，前条2項及び4項の措置に関するものとして，要件Bが欠ける場合（本条Ⅰ③）が定められている。これらの要件を具備しているかどうかの判断の基準時は，検察官が措置をとった時点ではなく，その措置に対する裁定請求につき裁判所が判断する時点であり，取り消す場合には，将来に向かって検察官の措置を是正することになる。

　なお，被告人に弁護人がないときは，前条2項又は4項の措置のみが取り得るものとされており，前条の文言に照らして，本条の裁定の場面では，要件A及びCを具備するかどうかが審査の対象になるものと解される。

　要件Aについては，基本的には，これまで89条5号の権利保釈の除外事由の有無の判断の場面などで行われて来たところと同様に，当該事案の内容・性質，被告人と措置対象者（親族）との関係やそれらの者の間におけるそれまでのやり取りの状況・被告人の従前の言動等の経緯などを踏まえて判断することになろう。要件Bにつき，前条解説[4]参照。

[4] 裁定の内容

　本条1項1号ないし3号に該当する場合，裁判所は，決定で，検察官のとった措置の全部又は一部を取り消さなければならない（本条Ⅰ柱）。一部の取消しの例としては，氏名及び住居の双方を対象としている措置の一方（例えば，氏名）に関する部分のみを取り消す場合，氏名又は住居を被告人に知らせる時期及び方法の双方を指定する措置の一方（例えば，時期）の指定に関する部分のみを取り消す場合などが想定される。

[5] 取消しに際して裁判所がとり得る条件付与等の措置

　本条1項2号又は3号に該当するが，なお，要件Aは具備していると認められる場合には，単に検察官のとった措置を取り消すだけでは，措置対象者（親族）に対する加害行為等の防止の観点からは問題が残る。そこで，本条2項は，その場合に，裁判所が，弁護人に対して，措置対象者の氏名又は住居を被告人に知らせてはならない旨の条件を付し，又は被告人に知らせる時期若しくは方法を指定することができるとして，検察官が前条1項又は3項に基づいてとり得る措置と同様の措置をなし得るものとした。ただし，この条件付与等の措置は，それにより被告人の防御に実質的な不利益を生ずるおそれのあるときはなし得ない（本条Ⅱ但）。

　より具体的に述べれば，本条2項の適用が問題となるのは，検察官のとった措置が前条1項又は3項によるものである場合は，要件A及びCの具備が必要であるのに後者がない場合である（本条Ⅰ②）。例えば，検察官が，措置対象者の氏名を被告人に知らせてはならないとの条件を付した場合に，裁判所は，当該氏名を一切被告人に知らせてはならないとすると被告人の防御に実質的な不利益を生ずるおそれがあると認めたが，要件Aは具備しているので，被告人に当該氏名を知らせる時期を指定する必要があり，それ

によっては被告人の防御に実質的な不利益を生ずるおそれがないと判断すれば，検察官の措置の取消しと同時に，弁護人に対して上記時期の指定の措置をなし得る。また，検察官のとった措置が前条2項又は4項によるものである場合は，要件A，B及びCの具備が必要であるのに，要件Cがない場合（本条Ⅰ②）か，要件Bがない場合（本条Ⅰ③）である。例えば，検察官が，弁護人に対しても措置対象者の氏名を知らせず代替的呼称を開示したが，裁判所が，当該氏名を弁護人に開示しないこととするのは被告人の防御に実質的な不利益を生ずるおそれがあると認めた場合や，代替的呼称の開示の措置によらなくても，弁護人に対して，被告人に知らせてはならない旨の条件を付するなどの措置によって措置対象者（親族）への加害行為等を防止できると認めた場合に，要件Aを具備しており，条件付与等の措置によって被告人の防御に実質的な不利益を生ずるおそれがないと判断すれば，検察官の措置の取消しと同時に，弁護人に対して，措置対象者の氏名を被告人に知らせてはならない旨の条件を付するなどの措置をなし得る。

　具体的な措置の内容は，措置をとる時点における加害行為等のおそれの程度やその内容などを考慮して適切なものを選択することになる。

［6］不服申立て

　本条1項の裁定請求に対する決定（本条Ⅱによる条件付与等の措置をした裁判を含む。）については，即時抗告をすることができる。この決定は，420条1項の「訴訟手続に関し判決前にした決定」であるが，措置対象者の氏名又は住居が一度関係者に知られれば原状回復は不可能であるから，加害行為等のおそれがあるときには，取り返しのつかない事態を招く危険がある一方，前条1項ないし4項に基づいて検察官がとった措置が所定の要件を具備していない場合には，被告人側の十分な防御の機会を確保するため早期の是正が図られるべきであることを理由に，即時抗告の手続による独立した不服申立てを認め，この手続内における早期の決着を図ることとしたものである。即時抗告については，422条以下に関する解説を参照。

〔合田悦三〕

第299条の6 [1][6] **〔訴訟記録の閲覧等における証人等の氏名及び住居の開示に係る措置〕**　裁判所は，検察官がとつた第299条の4第1項若しくは第3項の規定による措置に係る者若しくは裁判所がとつた前条第2項の規定による措置に係る者若しくはこれらの親族の身体若しくは財産に害を加え又はこれらの者を畏怖させ若しくは困惑させる行為がなされるおそれがあると認める場合において，検察官及び弁護人の意見を聴き，相当と認めるときは，弁護人が第40条第1項の規定により訴訟に関する書類又は証拠物を閲覧し又は謄写するに当たり，これらに記載され又は記録されている当該措置に係る者の氏名又は住居を被告人に知らせてはならない旨の条件を付し，又は被告人に知らせる時期若しくは方法を指定することができる。ただし，当該措置に係る者の供述の証明力の判断に資するような被告人その他の関係

678　299条の6

者との利害関係の有無を確かめることができなくなるときその他の被告人の防御に実質的な不利益を生ずるおそれがあるときは，この限りでない[2]。

2　裁判所は，検察官がとつた第299条の4第2項若しくは第4項の規定による措置に係る者若しくはその親族の身体若しくは財産に害を加え又はこれらの者を畏怖させ若しくは困惑させる行為がなされるおそれがあると認める場合において，検察官及び弁護人の意見を聴き，相当と認めるときは，弁護人が第40条第1項の規定により訴訟に関する書類又は証拠物を閲覧し又は謄写するについて，これらのうち当該措置に係る者の氏名若しくは住居が記載され若しくは記録されている部分の閲覧若しくは謄写を禁じ，又は当該氏名若しくは住居を被告人に知らせてはならない旨の条件を付し，若しくは被告人に知らせる時期若しくは方法を指定することができる。ただし，当該措置に係る者の供述の証明力の判断に資するような被告人その他の関係者との利害関係の有無を確かめることができなくなるときその他の被告人の防御に実質的な不利益を生ずるおそれがあるときは，この限りでない[2]。

3　裁判所は，検察官がとつた第299条の4第1項から第4項までの規定による措置に係る者若しくは裁判所がとつた前条第2項の規定による措置に係る者若しくはこれらの親族の身体若しくは財産に害を加え又はこれらの者を畏怖させ若しくは困惑させる行為がなされるおそれがあると認める場合において，検察官及び被告人の意見を聴き，相当と認めるときは，被告人が第49条の規定により公判調書を閲覧し又はその朗読を求めるについて，このうち当該措置に係る者の氏名若しくは住居が記載され若しくは記録されている部分の閲覧を禁じ，又は当該部分の朗読の求めを拒むことができる。ただし，当該措置に係る者の供述の証明力の判断に資するような被告人その他の関係者との利害関係の有無を確かめることができなくなるときその他の被告人の防御に実質的な不利益を生ずるおそれがあるときは，この限りでない[3]。

[規]　**第178条の10（証人等の呼称又は連絡先の通知・法第299条の6）**　裁判所は，法第299条の6第2項の規定により，検察官がとつた法第299条の4第2項若しくは第4項の規定による措置に係る者の氏名若しくは住居が記載され若しくは記録されている部分の閲覧又は謄写を禁じた場合において，弁護人の請求があるときは，弁護人に対し，氏名にあつてはこれに代わる呼称を，住居にあつてはこれに代わる連絡先を知らせなければならない[2]。

2　裁判所は，法第299条の6第3項の規定により，検察官がとつた法第299条の4第1項から第4項までの規定による措置に係る者若しくは裁判所がとつた法第299条の5第2項の規定による措置に係る者の氏名若しくは住居が記載され若しくは記録されている部分の閲覧を禁じ，又は当該部分の朗読の求めを拒んだ場合において，被告人の請求があるときは，被告人に対し，氏名にあつてはこれに代わる呼称を，住居にあつてはこれに代わる連絡先を知らせなければならない[3]。

299条の6　679

第178条の11 [4]（公判期日外の尋問調書の閲覧等の制限）　裁判所は，検察官がとつた法第299条の4第1項から第4項までの規定による措置に係る者若しくは裁判所がとつた法第299条の5第2項の規定による措置に係る者若しくはこれらの親族の身体若しくは財産に害を加え又はこれらの者を畏怖させ若しくは困惑させる行為がなされるおそれがあると認める場合において，検察官及び被告人又は弁護人の意見を聴き，相当と認めるときは，被告人が第126条（第135条及び第136条において準用する場合を含む。以下この条において同じ。）第1項の尋問調書を第126条第2項の規定により閲覧し，又は同条第2項の規定により朗読を求めるについて，このうち当該措置に係る者の氏名若しくは住居が記載され若しくは記録されている部分の閲覧を禁じ，又は当該部分の朗読の求めを拒むことができる。ただし，当該措置に係る者の供述の証明力の判断に資するような被告人その他の関係者との利害関係の有無を確かめることができなくなるときその他の被告人の防御に実質的な不利益を生ずるおそれがあるときは，この限りでない。

2　裁判所は，前項の規定により，検察官がとつた法第299条の4第1項から第4項までの規定による措置に係る者若しくは裁判所がとつた法第299条の5第2項の規定による措置に係る者の氏名若しくは住居が記載され若しくは記録されている部分の閲覧を禁じ，又は当該部分の朗読の求めを拒んだ場合において，被告人又は弁護人の請求があるときは，被告人に対し，氏名にあつてはこれに代わる呼称を，住居にあつてはこれに代わる連絡先を知らせなければならない。

第178条の12 [5]（証拠決定された証人等の氏名等の通知）　裁判所は，法第299条の4第1項又は法第299条の5第2項の規定により氏名についての措置がとられた者について，証人，鑑定人，通訳人又は翻訳人として尋問する旨の決定を公判期日前にした場合には，第191条第2項の規定にかかわらず，その氏名を検察官及び弁護人に通知する。

2　裁判所は，法第299条の4第2項の規定により氏名についての措置がとられた者について，証人，鑑定人，通訳人又は翻訳人として尋問する旨の決定を公判期日前にした場合には，第191条第2項の規定にかかわらず，その氏名に代わる呼称を訴訟関係人に通知する。

［1］本条の趣旨　　［2］40条1項に基づく弁護人の閲覧・謄写についてとり得る措置　　［3］49条に基づく被告人の公判調書の閲覧等についてとり得る措置　　［4］公判期日外の尋問調書の閲覧等の制限　　［5］証拠決定された証人等の氏名等の通知　　［6］いわゆる「匿名起訴」との関係

［1］本条の趣旨

　299条の4条第1項ないし4項に基づく検察官の措置及び前条（299の5）2項に基づく裁判所の措置がとられた場合であっても，その後裁判所に提出される証拠書類等や裁

判所が作成する公判調書に措置対象者の氏名又は住居が記載されることはあり得るところ，弁護人には，公訴提起後，裁判所における訴訟記録等の閲覧・謄写が認められており（40Ⅰ），被告人にも，弁護人がないときとの限定はあるが，公判調書の閲覧（一定の場合には朗読の求め）が認められているので（49），それらの機会に措置対象者の氏名又は住居が弁護人又は被告人の知るところとなり得る。そこで，本条は，それに対する手当として，裁判所が，それらの機会に，299条の4第3項又は4項と同様の措置をとり得るものとしている。

　本条による措置は，299条の4第1項ないし4項に基づく検察官の措置及び前条2項に基づく裁判所の措置がとられた措置対象者及び措置事項についてのみ可能となるものである。措置対象者となっていない証人等の氏名及び住居，措置対象者ではあるが氏名のみについて措置がとられている者の住居などは，本条による措置の対象にならない。

　また，本条による措置の前提となる299条の4第1項ないし4項に基づく検察官の措置及び前条2項に基づく裁判所の措置について即時抗告が認められていることや（299の5Ⅳ），本条による措置の対象となる裁判所に提出された証拠書類や公判調書の記載事項は，既に取調べの終了した証拠書類や証人尋問等に関するものであるのが通常であることから，本条による措置についての不服申立て制度は定められておらず，不服申立てはできない。

［2］40条1項に基づく弁護人の閲覧・謄写についてとり得る措置

　条件付与等の措置（299の4ⅠⅢに基づく検察官の措置又は299の5Ⅱに基づく裁判所の措置）がとられている場合には，裁判所は，その措置の対象となっている事項（措置対象者の氏名又は住居）について，条件付与等（被告人に知らせてはならない旨の条件の付与又は被告人に知らせる時期・方法の指定）の措置をとることができる（本条Ⅰ）。

　また，代替的呼称等の開示措置（299の4ⅡⅣに基づく検察官の措置）がとられている場合には，裁判所は，その措置の対象となっている事項（措置対象者の氏名又は住居）について，それが記載・記録されている部分の閲覧若しくは謄写を禁じ，又は当該事項について，条件付与等（被告人に知らせてはならない旨の条件の付与若しくは被告人に知らせる時期・方法の指定）の措置をとることができる（本条Ⅱ）。

　本条1項又は2項のいずれの措置も，措置対象者（親族）に対する加害行為等がなされるおそれが存すること，被告人の防御に実質的な不利益を生ずるおそれがあるときでないこと，検察官及び弁護人の意見を聞き相当と認められることを必要とする。

　具体的な措置の内容は，措置をとる時点における加害行為等のおそれの程度やその内容などを考慮して適切なものを選択することになる（ちなみに，検察官の措置が，299の4Ⅰにより証人の氏名を被告人に知らせる時期を特定の日に指定するものであった場合，弁護人はその指定日以降は証人の氏名を被告人に知らせ得ることになるので，裁判所が，本条により，上記の検察官の指定日より遅い日を証人の氏名を被告人に知らせる時期として指定することは実効性がなく，相当性を認め難いと考えられている。）。

本条2項により閲覧若しくは謄写を禁じた場合に，弁護人の請求があれば，裁判所は，弁護人に対し，氏名については，これに代わる呼称を，住居については，これに代わる連絡先を知らせなければならない（規178の10Ⅰ）。

〔3〕 49条に基づく被告人の公判調書の閲覧等についてとり得る措置

299条の4第1項ないし4項に基づく検察官の措置又は前条2項に基づく裁判所の措置がとられている場合の被告人の49条に基づく公判調書の閲覧（一定の場合には朗読の求め）について，裁判所は，公判調書のうち，その措置の対象となっている事項（措置対象者の氏名又は住居）について，それが記載・記録されている部分の閲覧を禁じ，又は当該部分の朗読の求めを拒むことができる（本条Ⅲ）。

この場合においても，措置対象者（親族）に対する加害行為等がなされるおそれが存すること，被告人の防御に実質的な不利益を生ずるおそれがあるときでないことを要する。また，検察官及び被告人の意見を聞き相当と認められることが必要である。なお，49条による被告人の公判調書の閲覧等は，当該閲覧等のときに弁護人のない被告人にしか認められないことに留意する必要がある。

本条3項により，閲覧を禁じ又は朗読の求めを拒んだ場合に，被告人の請求があれば，裁判所は，被告人に対し，氏名については，これに代わる呼称を，住居については，これに代わる連絡先を知らせなければならない（規178の10Ⅱ）。

〔4〕 公判期日外の尋問調書の閲覧等の制限

以上のほか，299条の4第1項ないし4項による検察官の措置又は前条2項による裁判所の措置がとられた場合の付随的措置についての規定が刑訴規則に存する。一つは，規則178条の11であり，上記の措置がとられた事項（措置対象者の氏名又は住居）が記載・記録されている公判期日外の証人尋問調書（規126Ⅰ）に関し，これに立ち会わなかった被告人が，閲覧し（同条Ⅱ）又は朗読を求めるについて（同条Ⅲ），当該部分の閲覧を禁じ又は朗読の求めを拒むことができるとするものである。この措置をとるにも，措置対象者（親族）に対する加害行為等がなされるおそれが存すること，被告人の防御に実質的な不利益を生ずるおそれがあるときでないことを要する。また，この場合は，検察官及び被告人又は弁護人の意見を聞き相当と認められることが必要である。そして，閲覧を禁じ又は朗読の求めを拒んだ場合に，被告人又は弁護人の請求があれば，裁判所は，被告人に対し，氏名については，これに代わる呼称を，住居については，これに代わる連絡先を知らせなければならない。

なお，この規178条の11の規定は，被告人に対する措置のみを定めるものである。また，規135条及び同136条において規126条が準用される場合にも適用される。

〔5〕 証拠決定された証人等の氏名等の通知

規178条の12は，299条の4第1項又は2項による検察官の措置又は前条2項による裁判所の措置がとられた場合に関し，証拠決定された証人等の氏名等の通知に関する付随的措置を定める。この条文は，措置対象者の氏名について，上記の検察官又は裁判所に

よる措置がとられた場合に適用されるもので，住居に関しては適用されない。

規178条の12第1項は，氏名について条件付与等の措置がとられた者（299の4Ⅰ又は299の5Ⅱ）について，裁判所が，公判期日前に，その者を証人等として尋問する旨を決定したときは，規191条2項では，直ちに訴訟関係人に氏名を通知するとされているが，検察官及び弁護人にのみ氏名を通知すると定めている（通知対象者の変更）。

また，規178条の12第2項は，氏名について代替的呼称の開示措置がとられた者（299の4Ⅱ）について，裁判所が，公判期日前に，その者を証人等として尋問する旨を決定したときは，規191条2項では，直ちに訴訟関係人に氏名を通知するとされているが，氏名に代わる呼称を訴訟関係人に通知すると定めている（通知事項の変更）。

いずれも，299の4第1項又は2項による検察官の措置又は前条2項による裁判所の措置を実効あらしめるための規定である。

［6］いわゆる「匿名起訴」との関係

299条の4解説［1］にあるとおり，平成28年改正における299条の4ないし299条の7の規定の新設は，証人等の氏名及び住居の開示に係る措置に関するものであり，検察官による被害者特定事項の秘匿措置は，平成19年改正による299条の3によるところ，この条文においても「被害者特定事項のうち起訴状に記載された事項」は措置対象に含まれないこととされているから，被害者の実名（戸籍上の氏名）が分かっているのに，敢えてこれを起訴状の公訴事実に記載しないいわゆる「匿名起訴」の有効性は，直接的な許容規定のない刑訴法の解釈問題であると理解される。256条解説［7］(4)ウの中にこの点についての記載があるが，ここで，そこに紹介されている現在の裁判所実務（裁判所内部の意見の大勢という程の意味である。）について，考え方の筋道を若干敷衍しておきたい。

起訴状記載の公訴事実（訴因）は，裁判所の審判及び被告人の防御の範囲を画するとともに，判決の既判力や一事不再理効判断等の基礎をなすものであり，その重要性故に「できる限り特定して明示すること」が求められている（256Ⅲ）。他方で，歴史的，社会的かつ実務的に自然人を識別・特定するために最も優れた方法とされているのは実名である。そうである以上，とりわけ個人法益の犯罪について，これを識別・特定する方法として，法益の享有主体である被害者の実名が判明しているのに敢えて記載しないとすれば，その訴因は「できる限り」特定して訴因を明示したものとは言えず，起訴の有効性に影響してくるのではないか。したがって，実名が分かっているのに敢えて訴因に実名を記載しない起訴が有効となるのは，防御権の名の下に被害者の実名を知ろうとすることが権利の濫用となるような極く例外的な実名秘匿の必要性が高い場合で，かつ，実名と同視できる程度の他の識別・特定方法が存する場合に限られるのであり，具体的には，当該被告人によって，将来同一被害者の生命・身体に再度の危害が加えられる高度の蓋然性があり，その防止のために被害者の実名を秘匿する必要があって（既に被告人が被害者の実名を知っている場合には秘匿の必要性が認め難い。），メールアドレスや携帯電話番号といった貸与その他の事情により他の者に置き替っている可能性のあるものではな

い識別・特定方法（もとより「甲」などといった当該事件の手続の中だけにおける識別のための呼称では足りない。）がある場合には，実名を記載しない起訴も有効であろう。被害者保護の観点には十分な配慮が必要であるが，訴因制度の趣旨等を踏まえると，匿名起訴に関する格別の法文がない以上，現行法の解釈としては，このように考えるべきではないか。紙幅の関係上粗い記載ではあるが，概ねこういうところであると筆者は認識している。

　このような考え方に立つと，上記の意味での「匿名起訴」がなされた場合，裁判所としては，それを受理して立件した上，まず，その起訴状の謄本を被告人に送達し，その後，検察官に対して，起訴の有効性についての釈明を求め，上記の敢えて実名を記載しない起訴が有効である例外的な場合に該当するか否かを判断し，有効と認めた場合に手続を進めるのが，通常のケースの場合との対比においても自然であることになろう（匿名起訴が有効と認められないときは，実名を表示する訴因の補正を検察官に求めることになる。訴因が不特定である匿名起訴が行われた強制わいせつ致傷被告事件において，検察官に補正を求めることなく実体判決をした原審の審理に訴訟手続の法令違反があるとして破棄した事例として，福岡高宮崎支判平成28・6・30LLI／DB判例秘書L0712031 3）。

　なお，このような例外的に敢えて実名を記載しない起訴が許容されると判断される場合には，それでも被告人が被害者の実名を明らかにするよう求めるというのは防御権の濫用であり，裁判所は，訴訟指揮権に基づいて，弁護人に対して，被害者の実名を被告人に明らかにしないよう命じることができると解する。また，実名が記載されていない起訴が許容される場合であっても，判決書の作成に際しては，証拠に基づいて実名を記載するのが妥当であるが（既判力や一事不再理効などとの関係でも，できる限り判決の記載自体から識別・特定できるようにしておくべきと思われる。刑事確定訴訟記録法において，裁判書以外の記録の保管期間が裁判書の保管期間より短く定められていることとの関係でも，判決書を記録と照合しなければ識別・特定できないというのは問題が生じ得よう。），この場合に，被告人が46条に基づいて判決謄本を請求することは，やはり訴因への実名を記載しない起訴が許容される理由に照らして権利の濫用となり，被害者の実名を除いた判決抄本の限度でしか適法な交付請求は許容されないから，その判決抄本を交付することになる（46の解説【4】参照）。このような事案では，実務上，被害者特定事項秘匿決定（290の2）がなされ，299条の4ないし299条の6及び関係規則の適用においては代替的呼称開示措置及びこれを前提とする措置がとられることになるなど，捜査・公判を通じて，被害者の実名が被告人に伝わらないように手続が運用される。

　ちなみに，東京においては，平成25年頃，上記のような内部の意見の大勢の概要が裁判所から検察庁及び弁護士会に伝えられており，現状において，この「匿名起訴」の有効性を巡って実務上の紛議が生じている状況にはない。　　　　　　　〔合田悦三〕

第299条の7 [1]〔**弁護士会等に対する処置請求**〕　検察官は，第299条の4第1項若しくは第3項の規定により付した条件に弁護人が違反したとき，又はこれらの規定による時期若しくは方法の指定に弁護人が従わなかつたとき [2] は，弁護士である弁護人については当該弁護士の所属する弁護士会又は日本弁護士連合会に通知 [3] し，適当な処置 [4] をとるべきことを請求することができる。

2　裁判所は，第299条の5第2項若しくは前条第1項若しくは第2項の規定により付した条件に弁護人が違反したとき，又はこれらの規定による時期若しくは方法の指定に弁護人が従わなかつたとき [5] は，弁護士である弁護人については当該弁護士の所属する弁護士会又は日本弁護士連合会に通知し，適当な処置をとるべきことを請求することができる。

3　前2項の規定による請求を受けた者は，そのとつた処置をその請求をした検察官又は裁判所に通知 [6] しなければならない。

〔1〕本条の趣旨　　〔2〕検察官による処置請求の要件　　〔3〕当該弁護士の所属する弁護士会又は日本弁護士連合会　　〔4〕適切な処置　　〔5〕裁判所による処置請求の要件　　〔6〕検察官又は裁判所への通知

〔1〕本条の趣旨

　検察官は299条の4第1項・3項の規定により，裁判所は299条の5第2項，299条の6第1項・2項の規定により，弁護人に対し，証人等の氏名又は住居について，被告人に知らせてはならない旨の条件を付し，又は被告人に知らせる時期若しくは方法を指定することができるとされているが，本条は，これら各種措置の実効性を確保するために設けられた。これは出頭在廷命令に関する278条の2第5項・6項と同趣旨によるものである。

〔2〕検察官による処置請求の要件

　検察官が本項の処置を請求できるのは，299条の4第1項・3項の規定により，当該証人等の氏名又は住居を被告人に知らせてはならない旨の条件が付されたのに弁護士である弁護人がこれに違反し，又は被告人に知らせる時期若しくは方法を指定されたのに，弁護士である弁護人がこれに従わなかった場合である。

〔3〕当該弁護士の所属する弁護士会又は日本弁護士連合会

　これらのうちいずれを請求先とするかは，違反の程度や今後の違反の抑制の必要性などに照らして，検察官がより適切と判断するところを請求先とすることとなろう。なお，日本弁護士連合会「処置請求に対する取扱規程」6条2項では，日本弁護士連合会に処置請求があったときは，①当該弁護士が複数であり，かつ，弁護士会が複数にわたるとき，②その他日本弁護士連合会が処置請求に対処することを相当と認めたときには自ら処置請求に対処することができるとされているが，それ以外の場合は，速やかに当該弁護士が所属する弁護士会に事案を送付するものとされている（前記取扱規程6Ⅰ）。

299条の7，300条

[4] 適切な処置

本項の「適当な処置」は，積極的な措置（作為）のほか，積極的な措置をとらないこととすることも含むと解せられるが，本項を受けた前記取扱規程では，処置請求を受けた弁護士会は，当該弁護士につき処置をすることを相当と認めるときは，①当該弁護士に助言又は勧告をすること，②懲戒事由があると思料するときは，懲戒の手続に付して綱紀委員会に事案の調査をさせること（前記取扱規程4Ⅰ）のいずれか又は双方の処置をし，処置しないことを相当と認めるときはその旨の決定をすることとされている（前記取扱規程4Ⅲ。ここでは，「処置」の語が積極的な措置を意味するものとして用いられている。）。日本弁護士連合会において処置請求に対処する場合において，当該弁護士につき処置をすることを相当と認めるときは，①当該弁護士に助言又は勧告をすること，②懲戒事由があると思料するときは，その旨及び事案の内容を弁護士会に通知すること（前記取扱規程8Ⅰ）のいずれか又は双方の処置をし，処置しないことを相当と認めるときはその旨の決定をすることとなる（前記取扱規程8Ⅲ）。

[5] 裁判所による処置請求の要件

裁判所が本項の処置を請求できるのは，299条の5第2項若しくは299条の6第1項・2項の規定により，当該証人等の氏名又は住居を被告人に知らせてはならない旨の条件が付されたのに弁護士である弁護人がこれに違反し，又は被告人に知らせる時期若しくは方法を指定されたのに，弁護士である弁護人がこれに従わなかった場合である。

[6] 検察官又は裁判所への通知

本項は，処置請求を受けた弁護士会又は日本弁護士連合会が判断を放置することを抑止するとともにできる限り早期にその判断を下すことを促すため，そのとった処置を検察官又は裁判所に通知する義務を定めたものである。処置請求を受けた弁護士会又は日本弁護士連合会は，原則として3か月以内に処置あるいは処置をしない旨の決定をしなければならず（前記取扱規程4Ⅳ・8Ⅳ），かつ，速やかに処置請求をした検察官又は裁判所にその結果を通知することとされている（前記取扱規程5Ⅰ・9Ⅰ）。　〔伊丹俊彦〕

第300条 [1]〔証拠調べの請求の義務〕　第321条第1項第2号後段の規定により証拠とすることができる書面については，検察官は，必ずその取調を請求しなければならない [2][3]。

[1] 本条の趣旨

本条は，被疑者や弁護人が関与しない状況下で検察官に対してなされた被告人に有利な参考人の供述は証拠価値が高いことや，参考人が公判期日又は公判準備で前の供述を翻したときは少なくとも前の供述と対比する必要があることから，設けられたものである。本条の掲げる書面が被告人にとって有利な場合に特に意味があるといえるが，本条

の文言からすると，被告人にとって有利不利を問わず，本条の適用があると解される。

[2] 証拠調請求の義務及び請求の時期

321条1項2号後段に該当するか否かの判断権は第一次的には検察官にあり，本条に該当する書面を検察官が証拠調請求しなかったとしても，単に検察官の義務違反が生じるだけで，直ちに訴訟手続の法令違反には該当しない。しかし，最終的な判断権は裁判所にあると解すべきであり，裁判所は，本条に該当する書面の証拠調請求を検察官に促したり（規208），職権でその取調べをすることができ，被告人側も，その書面が特定できる限り，その取調べを請求できると解される（高橋・大コメ刑訴6・273）。当該書面が事前に弁護人に開示されていなければ，弁護人は，当該書面を特定することも，321条1項2号後段の要件を立証することも事実上困難であるが，公判前整理手続や期日間整理手続に付された場合には，類型証拠開示請求（316の15Ⅰ⑤⑥）や主張関連証拠開示請求（316の20）を通じて開示を求めることができるし，そのような場合でなくても，検察官に対して証拠の任意開示を求めることで，相当程度開示を受けることができるであろう。

証拠調請求の時期の定めはない。証人尋問終了後できるだけ早い時期にされることが望ましいが，尋問の行われた公判期日でなくてもよい。

[3] 証拠の採否

検察官が本条に基づき証拠調請求した場合でも，裁判所は，当該書面に証拠能力がないと判断するときはもちろん，取調べの必要がないと考えるときも，その請求を却下することができる。

特に裁判員裁判においては，裁判員にとって分かりやすい立証が要請され（裁判員51），人証による立証が重視されることからすると，必要性の判断をより厳格に行うことも考えられるであろう。 〔坂口裕俊〕

第301条 [1] 〔自白と証拠調べの請求の制限〕 第322条及び第324条第1項の規定により証拠とすることができる被告人の供述が自白 [2] である場合には，犯罪事実に関する他の証拠 [3] が取り調べられた後でなければ，その取調を請求することはできない [4]。

[1] 本条の趣旨

本条は，被告人の自白のみで有罪にすることができないという憲法38条3項の趣旨を手続的に保障し，最初に自白に接することによって不当な予断，偏見を裁判所に与えることを防止することを目的とする規定である。

なお，本条は，簡易公判手続や即決裁判手続により審理する旨の決定がなされた事件については適用がない（307の2・350の10）。また，差戻し後の審理においても適用はない（東京高判昭27・2・26高刑集5・3・357）。

[2] 自白の意義

本条は，証拠調請求ができる場合を前提としているから，本条にいう「自白」とは，証拠能力のあるもの，すなわち，319条1項に該当しない自白をいう（高橋・大コメ刑訴6・276）。本条の対象は，被告人の自白である。自白には該当しない「不利益な事実の承認」も自白に準じて扱うべきとする見解もある（高田・注解刑訴中546）。

公判廷における被告人の自白については本条の直接規定するところではないが，本条の趣旨に鑑み，他の証拠を取り調べる前に詳細な被告人質問をするような運用は行うべきではないと解される（木口・注釈刑訴［第3版］4・377）。

[3] 「犯罪事実に関する他の証拠」の意義

「犯罪事実に関する他の証拠」とは，犯罪事実に関する自白以外の証拠，すなわち補強証拠を意味する。

必ずしも補強証拠の全部が取り調べられた後である必要はなく，自白調書の証拠調請求をしても裁判官に不当な予断や偏見を与えるとはいえない程度に補強証拠が取り調べられた後であればよいと解される（高田・前掲547）。判例も，自白を補強し得る証拠が取り調べられた後であればよいとしている（最決昭26・6・1刑集5・7・1232等）。

補強証拠とならない実況見分調書と被害現場位置付近見取図を取り調べただけで直ちに被告人の自白調書を取り調べたのは違法とする裁判例（名古屋高判昭25・2・3特報13・56）や，補強証拠にならない緊急逮捕手続書を取り調べただけで被告人の自白調書を取り調べたのは違法とする裁判例（東京高判昭25・5・8特報16・77）がある。情状証拠が取り調べられただけでは足りないし，被告人が公判廷で自白しても，それだけでは「他の証拠」を取り調べたことにはならない（ポケット刑訴下748）。

共同被告人の供述調書は，当該被告人の関係では「犯罪事実に関する他の証拠」に当たり，これを最初に取り調べても違法ではない（最決昭29・3・23刑集8・3・293）。

[4] 規193条1項との関係

規193条1項は，「検察官は，まず，事件の審判に必要と認めるすべての証拠の取調を請求しなければならない。」と規定していることから，301条が自白調書の証拠調請求の順序を定めたのか，自白調書の取調べの順序を定めたのかについては，学説上争いがある。判例（前掲最決昭26・6・1）は，「刑訴301条は，被告人の自白を内容とした書面が証拠調の当初の段階において取り調べられると，裁判所をして事件に対し偏見予断を抱かしめる虞れがあるから，これを防止する趣旨の規定と解すべきである。されば単に右の書面が犯罪事実に関する他の証拠と同時に取調が請求されただけで，現実の証拠調の手続において，他の証拠を取り調べた後に右自白の書面が取調べられる以上は，毫も同条の趣意に反しないものといわなければならない。」とし，自白調書の取調べの順序を定めた規定であるとした。実務上も，争いのある事件を含め，検察官は，甲号証（犯罪事実の存否に関する証拠で被告人の供述書類以外のもの）と乙号証（被告人の供述調書類と身上関係書類や前科関係の書類）の取調べを同時に請求するのが通例である。特に公判前整理手続に付された

事件においては，その手続終了後に証拠調請求することが制限されるため（316の32Ⅰ），甲号証を取り調べた後に，自白を含む乙号証の証拠調請求を行うことは想定できない。

本条に反して他の証拠を取り調べる前に被告人の自白調書を取り調べた場合の効果についての裁判例としては，①本条は訓示規定にすぎないとするもの（福岡高判昭28・4・1高刑集6・4・447），②判決に影響を及ぼすことが明らかであるとするもの（東京高判昭26・10・25特報25・5），③異議がなければ瑕疵は治癒されるとするもの（東京高判昭24・10・28特報15・1），④被告人が公判廷で自白していれば判決に影響を及ぼさないとするもの（東京高判昭26・10・3特報24・104）がある。異議がない場合，瑕疵は治癒されると解され，また，異議がなされたとしても，被告人が公判廷で自白している場合には，判決に影響しないと解する余地があろう（木口・前掲378）。　　　　　　　　　　　　　〔坂口裕俊〕

第301条の2 [1] 〔取調べ等の録音・録画と記録媒体の証拠調べの請求〕　次に掲げる事件については [2]，検察官は，第322条第1項の規定により証拠とすることができる書面であつて，当該事件についての第198条第1項の規定による取調べ（逮捕又は勾留されている被疑者の取調べに限る。第3項において同じ。）又は第203条第1項，第204条第1項若しくは第205条第1項（第211条及び第216条においてこれらの規定を準用する場合を含む。第3項において同じ。）の弁解の機会に際して作成され，かつ，被告人に不利益な事実の承認を内容とするものの取調べを請求した場合において [3]，被告人又は弁護人が，その取調べの請求に関し，その承認が任意にされたものでない疑いがあることを理由として異議を述べたときは [4]，その承認が任意にされたものであることを証明するため [5]，当該書面が作成された取調べ又は弁解の機会の開始から終了に至るまでの間における被告人の供述及びその状況を第4項の規定により記録した記録媒体 [6] の取調べを請求しなければならない [7]。ただし，同項各号のいずれかに該当することにより同項の規定による記録が行われなかつたことその他やむを得ない事情によつて当該記録媒体が存在しないときは，この限りでない [8]。

一　死刑又は無期の懲役若しくは禁錮に当たる罪に係る事件

二　短期1年以上の有期の懲役又は禁錮に当たる罪であつて故意の犯罪行為により被害者を死亡させたものに係る事件

三　司法警察員が送致し又は送付した事件以外の事件（前2号に掲げるものを除く。）

2　検察官が前項の規定に違反して同項に規定する記録媒体の取調べを請求しないときは，裁判所は，決定で，同項に規定する書面の取調べの請求を却下しなければならない [9]。

3　前2項の規定は，第1項各号に掲げる事件について，第324条第1項において準

301条の2　　　　689

用する第322条第1項の規定により証拠とすることができる被告人以外の者の供述
であつて，当該事件についての第198条第1項の規定による取調べ又は第203条第1
項，第204条第1項若しくは第205条第1項の弁解の機会に際してされた被告人の供
述（被告人に不利益な事実の承認を内容とするものに限る。）をその内容とするも
のを証拠とすることに関し，被告人又は弁護人が，その承認が任意にされたもので
ない疑いがあることを理由として異議を述べた場合にこれを準用する[10]。

4 [11]　検察官又は検察事務官は[12]，第1項各号に掲げる事件（同項第3号に掲げる
事件のうち，関連する事件が送致され又は送付されているものであつて，司法警察
員が現に捜査していることその他の事情に照らして司法警察員が送致し又は送付す
ることが見込まれるものを除く。）[13] について，逮捕若しくは勾留されている被
疑者[14] を第198条第1項の規定により取り調べるとき又は被疑者に対し第204条第
1項若しくは第205条第1項（第211条及び第216条においてこれらの規定を準用す
る場合を含む。）の規定により弁解の機会を与えるときは[15]，次の各号のいずれ
かに該当する場合を除き，被疑者の供述及びその状況を録音及び録画を同時に行う
方法により記録媒体に記録しておかなければならない[16]。司法警察職員[17] が，第
1項第1号又は第2号に掲げる事件について[18]，逮捕若しくは勾留されている被
疑者を第198条第1項の規定により取り調べるとき又は被疑者に対し第203条第1項
（第211条及び第216条において準用する場合を含む。）の規定により弁解の機会を与
えるときも[19]，同様とする[20]。

一　記録に必要な機器の故障その他のやむを得ない事情により，記録をすることが
　　できないとき[21]。

二　被疑者が記録を拒んだことその他の被疑者の言動により，記録をしたならば被
　　疑者が十分な供述をすることができないと認めるとき[22]。

三　当該事件が暴力団員による不当な行為の防止等に関する法律（平成3年法律第
　　77号）第3条の規定により都道府県公安委員会の指定を受けた暴力団の構成員に
　　よる犯罪に係るものであると認めるとき[23]。

四　前2号に掲げるもののほか，犯罪の性質，関係者の言動，被疑者がその構成員
　　である団体の性格その他の事情に照らし，被疑者の供述及びその状況が明らかに
　　された場合には被疑者若しくはその親族の身体若しくは財産に害を加え又はこれ
　　らの者を畏怖させ若しくは困惑させる行為がなされるおそれがあることにより，
　　記録をしたならば被疑者が十分な供述をすることができないと認めるとき[24]。

　　[1]本条の趣旨　　[2]対象事件　　[3]証拠調べ請求義務の要件　　[4]証拠調
　　べ請求の要件　　[5]その承認が任意にされたものであることを証明するため
　　[6]証拠調べ請求すべき記録媒体　　[7]法的効果　　[8]証拠調べ請求義務の例
　　外（本条Ⅰただし書）　　[9]証拠調べ請求義務違反の効果（本条Ⅱ）　　[10]伝聞供

述への準用（本条Ⅲ）　　［11］取調べの録音・録画義務（本条Ⅳ・概説）　　［12］「検察官又は検察事務官」　　［13］対象事件　　［14］録音・録画義務の対象となる取調べ等　　［15］次の各号のいずれかに該当する場合を除き　　［16］取調べの録音・録画義務の内容等　　［17］「司法警察職員」　　［18］対象事件　　［19］録音・録画義務の対象となる取調べ等　　［20］取調べの録音・録画義務の内容等　　［21］録音・録画義務の例外（本条Ⅳ①）　　［22］録音・録画義務の例外（本条Ⅳ②）　　［23］録音・録画義務の例外（本条Ⅳ③）　　［24］録音・録画義務の例外（本条Ⅳ④）

［1］本条の趣旨

　本条は，取調べの録音・録画に係る記録媒体（その具体的な意義については［6］参照。）の証拠調べ請求義務及びその前提となる取調べの録音・録画義務を規定する。

［2］対象事件

　取調べの録音・録画に係る記録媒体の証拠調べ請求義務及び取調べの録音・録画義務の対象となる事件の範囲は，本項各号に列挙されている，「死刑又は無期の懲役若しくは禁錮に当たる罪に係る事件」，「短期1年以上の有期の懲役又は禁錮に当たる罪であつて故意の犯罪行為により被害者を死亡させたものに係る事件」及び「司法警察員が送致し又は送付した事件以外の事件（前2号に掲げるものを除く。）」である。

　このうち，「死刑又は無期の懲役若しくは禁錮に当たる罪に係る事件」（本条Ⅰ①）及び「短期1年以上の有期の懲役又は禁錮に当たる罪であつて故意の犯罪行為により被害者を死亡させたものに係る事件」（本条Ⅰ②）は，合わせて，裁判員裁判の対象事件（裁判員2Ⅰ）とほぼ同一であるが，本条の規定する義務の対象となる事件のうち，地方裁判所に事物管轄のない内乱首謀（刑77Ⅰ①）及び内乱謀議参与（刑77Ⅰ②）は，裁判員裁判の対象事件に当たらない。

　「司法警察員が送致し又は送付した事件以外の事件」（本条Ⅰ③）とは，司法警察員による送致（203Ⅰ・246等）又は送付（242）を経ずに，検察官が直接告訴・告発等を受け又は自ら認知して捜査を行う事件（いわゆる検察官独自捜査事件）をいう。「司法警察員が送致し又は送付した事件」に該当するか否かは，一次的には，検察官が証拠調べ請求義務を負うべき時点，すなわち，被告人又は弁護人から，供述録取書等について任意性を争う旨の意見が述べられた時点においてこれに当たるかどうかが問題となるが，最終的には，本条2項に基づいて，裁判所が証拠調べ請求を却下するか否かを判断する時点において判断されることになろう（なお，［13］参照）。ある被疑事実について行われた取調べに係る供述録取書の任意性が争われた際に，当該被疑事実に係る「司法警察員が送致し又は送付した事件」が存在する場合には，本項1号，2号に該当しない限り，本項の規定による証拠調べ請求義務は課せられないことになるが，その存否は，検察官の取調べの対象となった被疑事実と「司法警察員が送致し又は送付した事件」の被疑事実の間で，基本的な事実関係に同一性があるか否かで判断されることとなろう（なお，公訴事

の同一性については，312解説[3]参照）。検察官独自捜査事件であっても，本条1項1号及び2号に該当する事件については，それぞれ当該各号により対象事件となる（本条Ⅰ③括弧書き）。

対象事件に該当するか否かは，本項においては，訴因（公訴事実）に基づいて判断される。したがって，被告人が，その訴因が傷害である場合には，被告人が殺人未遂の被疑事実で警察に逮捕され，当該事実に係るその後の勾留中に当該被疑事実について受けた取調べにおいて作成された供述録取書が証拠調べ請求され，その任意性が争われたとしても，当該取調べの録音・録画に係る記録媒体の，本項に基づく証拠調べ請求義務は生じない。

[3] 証拠調べ請求義務の要件（一定の書面の「取調べを請求をした場合」であること）

証拠調べ請求義務は，以下のすべてを満たす書面の証拠調べを請求した場合に生じる。

(1) 322条1項の規定により証拠とすることができる書面であること　被告人が作成した供述書又は被告人の供述を録取した書面で被告人の署名又は押印のあるものであって，その供述が被告人に不利益な事実の承認を内容とするもの又は特に信用すべき情況の下にされたものに当たることを要する（322Ⅰ）。

本項は，検察官が当該書面の証拠調べ請求をした場合についての規定であるから，「322条1項の規定により証拠とすることができる」か否かは，検察官において，322条1項の規定により証拠とすることができる書面に該当すると判断した書面であることを前提とするが，客観的に同項の規定により書面とすることができる書面に該当しない場合に本項の適用がないことは当然である。

(2) 当該事件についての取調べ又は弁解の機会に際して作成された書面であること　198条1項の定める取調べ又はいわゆる弁解録取手続（203Ⅰ・204Ⅰ・205Ⅰ及びこれらの規定が211及び216において準用される場合）であって，当該事件についてのものにおいて作成されたものであることを要する。

198条1項の規定による取調べに限定されていることから，被疑者としての取調べに限られ，223条1項の規定による取調べについては，対象とならない。

取調べは，当該事件，すなわち本項各号に掲げる事件についての取調べであることを要する。したがって，例えば，傷害事件で公訴提起後に被害者が死亡して訴因及び罰条が変更された場合においては，当該事件が本項3号に該当する場合でない限り，公訴提起前の取調べにおいて作成された傷害事件についての供述調書は，当該事件についての取調べにおいて作成されたものには該当しない。

取調べについては，逮捕又は勾留されている被疑者の取調べに限る。弁解録取手続は，すべて被疑者が逮捕されている間に行われるものであるから，結局，いずれにおいても，被疑者が身柄拘束されている場合に限られることになる。逮捕又は勾留の理由とされていた被疑事実が対象事件であることは要しない。なお，ここでいう勾留は，被疑者としての勾留をいい，公訴提起後の被告人としての勾留は該当しない。

(3) 被告人に不利益な事実の承認を内容とする書面であること 「不利益な事実の承認」の意義は，322条１項のそれと同じである（322Ⅰ解説［9］参照。）。結局，(1)の要件である，322条１項の規定により証拠とすることができる書面のうち，記載されている供述内容が，被告人に不利益な事実の承認であるものであることを要することになる。

［4］ 証拠調べ請求の要件（不利益事実の「承認が任意にされたものでない疑いがあることを理由として異議を述べたとき」に当たること）

被告人又は弁護人が，当該書面の証拠調べ請求に関し，その内容である被告人にとって不利益な事実の承認が任意になされたものでない疑いがあることを理由として異議を述べたことを要する。

「任意にされたものでない疑いがある」の意義は，319条１項及び322条１項ただし書のそれと同じである（319Ⅰ及び322Ⅰ解説参照。）。「異議を述べた」とは，被告人又は弁護人が，被告人の当該供述調書等を証拠にすることについて，同意（326Ⅰ）をせず，いわゆる任意性を争う旨の主張をすることをいう。同意はせず，かつ，任意性は争わない旨述べた場合は，これに当たらない。

［5］ その承認が任意にされたものであることを証明するため

本項の義務の履行として取調べの録音・録画に係る記録媒体の証拠調べ請求をする際の立証趣旨は，証拠調べ請求した供述録取書等の内容である被告人の自己に不利益な事実を承認する内容の供述が任意になされたものであることである。

本条の規定は，取調べの録音・録画の記録やこれに係る記録媒体の作成目的やその使途を限定するものではないから，これ以外の立証趣旨で証拠調べ請求することは禁じられない。したがって，例えば，記録媒体に記録されている被疑者の供述内容であって，被疑事実を自認する内容のものを，当該被疑事実の存否の立証のために用いることも本条の禁じるところではない。もっとも，その場合の証拠調べ請求は，本項に規定する義務の履行としての証拠調べ請求ではないことになる。

［6］ 証拠調べ請求すべき記録媒体

本項により証拠調べ請求すべき記録媒体は，「当該書面が作成された取調べ又は弁解の機会の開始から終了に至るまでの間における被告人の供述及びその状況を第４項の規定により記録した記録媒体」である。

「当該書面が作成された取調べ又は弁解の機会」とは，任意性が争われた当該供述調書等を作成する場面を含む１回の取調べ又は弁解録取手続をいう。その取調べに先行して行われていた別の機会の取調べは，これに該当しない。当該供述調書等の任意性を立証するために，先行する別の機会の取調べの録音・録画に係る記録媒体の証拠調べ請求をすることは禁じられていないが，本項に規定する義務の履行としての証拠調べ請求ではない。

「開始から終了に至るまでの間」とは，実質的に見て取調べ又は弁解録取手続を開始した時点から終了した時点までの間をいう。必ずしも，被疑者が取調べが行われる部屋に入った場面から録音・録画されていなくとも，例えば，被疑者の入室後直ちに，録音

・録画を開始する旨を被疑者に告げて録音・録画を開始し，その後取調べを行ったような場合も，取調べの開始から録音・録画したといい得る。取調べ等の開始から終了に至るまでの間における「被告人の供述及びその状況を第4項の規定により記録した記録媒体」とは，取調べ又は弁解の機会の全過程を録音・録画した記録媒体をいう。

[7] 法的効果

検察官は，取調べの録音・録画に係る記録媒体の証拠調べ請求義務を負う。その義務に違反した場合の法的効果は，本条2項に規定されている（[9]参照。）。

裁判所は，検察官が本項に規定する義務の履行として記録媒体の証拠調べ請求をした場合であっても，その取調べの義務は負わない。したがって，検察官の証拠調べ請求を却下することもできる。

[8] 証拠調べ請求義務の例外（本条Iただし書）

以下のいずれかの場合には，検察官は，取調べの録音・録画に係る記録媒体の証拠調べ請求義務を負わない。

本項ただし書に該当することを立証する責任は，本項本文に基づく証拠調べ請求義務を負う検察官が負うことになる。したがって，例えば，検察官が，4項各号のいずれかに該当すると判断して同項の規定による記録を行わなかった場合に，記録を行わなかった当該取調べにおいて作成された，不利益事実の承認を内容とする供述調書を証拠調べ請求したところ，その任意性が争われたときは，検察官が，4項各号のいずれかに該当したことを立証できない限り，裁判所は，検察官が本項の義務に違反しているとして，当該供述調書の証拠調べ請求を却下しなければならないことになる（本条II）。

(1) **4項各号のいずれかに該当することにより同項の規定による記録が行われなかったことにより同項の規定により記録した記録媒体が存在しないとき**　取調べの時点から記録媒体が存在しない場合である。4項各号のいずれかに該当する場合であっても，任意に当該取調べの録音・録画を記録することは禁じられないが（[15]参照。），その場合に記録された記録媒体は，同項の規定により記録した記録媒体には当たらない。したがって，例えば，被疑者が指定暴力団の構成員である場合に，当該被疑者の取調べの録音・録画に係る記録媒体が存在したとしても，本項ただし書の規定により，検察官は，当該記録媒体の証拠調べ請求義務を負わない。もとより，検察官が任意に，当該記録媒体の証拠調べ請求を行うことが禁じられないのは当然である。

(2) **その他やむを得ない事情によって4項の規定により記録した記録媒体が存在しないとき**　4項の規定により記録した記録媒体が，作成後，やむを得ない事情によって滅失したため，証拠調べ請求すべき時点において存在しなくなっている場合をいう。やむを得ない事情としては，例えば，保管中に自然災害によって滅失したような場合がこれに当たる。4項による取調べの録音・録画義務が履行されていることを前提とするから，例えば，取調べ担当者の誤った機器の操作により，取調べの状況が記録媒体に当初から記録されなかったため，取調べの録音・録画に係る記録媒体が存在しない場合はこれには該

当しないこととなろう。

[9] 証拠調べ請求義務違反の効果（本条Ⅱ）

検察官が，１項の証拠調べ請求義務に違反した場合には，裁判所は，被告人の供述録取書等の証拠調べ請求を却下しなければならない。裁判所が，被告人の供述録取書等を職権で証拠として採用し，取り調べることは禁じられない。

[10] 伝聞供述への準用（本条Ⅲ）

被告人以外の者が公判期日又は公判準備において証言する場合，その証言中に被告人が１項に規定する取調べ等に際してした不利益事実の承認が含まれ，かつ，その不利益事実の承認の任意性が争われた場合には，１項及び２項の規定が準用される。したがって，検察官は当該取調べ等に係る録音・録画記録の証拠調べ請求義務を負い，検察官がこれに違反した場合には，裁判所は被告人の不利益事実の承認を内容とする証言部分を証拠とすることができないこととなる。裁判所が，職権で，当該証言部分を証拠とすることは禁じられない。

[11] 取調べの録音・録画義務（本条Ⅳ・概説）

検察官，検察事務官及び司法警察職員は，一定の事由（本条Ⅳ各号）に当たる場合を除き，身柄拘束中の被疑者に対して行う対象事件についての取調べ等を録音・録画し，これを記録媒体に記録する義務を負う。

[12] 「検察官又は検察事務官」

本項前段は，検察官又は検察事務官が行う取調べ等について規定する。

[13] 対象事件

「第１項各号に掲げる事件」とは，死刑又は無期の懲役若しくは禁錮に当たる罪に係る事件（本条Ⅰ①），短期１年以上の有期の懲役又は禁錮に当たる罪であつて故意の犯罪行為により被害者を死亡させたものに係る事件（本条Ⅰ②）及びこれらの事件以外の事件のうち，司法警察員が送致し又は送付した事件以外の事件（本条Ⅰ③）であり，基本的には，１項において，取調べに係る録音・録画の記録媒体の証拠調べ請求義務が課せられる事件と同じである。

ただし，司法警察員が送致し又は送付した事件以外の事件（本条Ⅰ③）であつても，本項の対象となる事件に該当するためには，「関連する事件が送致され又は送付されているものであつて，司法警察員が現に捜査をしていることその他の事情に照らして司法警察員が送致し又は送付することが見込まれるもの」に当たらないことを要する。検察官又は検察事務官において，取調べを行う時点において，その対象となる事件が将来司法警察員によって送致又は送付されると見込まれるか否かを，当該事件を「司法警察員が現に捜査していることその他の事情」を考慮して判断することとなる。「その他の事情」としては，司法警察員が捜査に着手することが予定されていること，事件の性質上司法警察員が第一次的に捜査を行うことが適当なものであることなどが考えられよう。この規定は，検察官又は検察事務官が取調べを行う時点では，未だ１項３号に該当するが，

その後に当該事件が司法警察員から送致又は送付されることにより，結果として1項3号に該当しなくなったため，取調べに係る録音・録画の記録媒体の証拠調べ請求義務が課されなくなる場合については，さかのぼって，取調べの録音・録画義務も課さないこととする趣旨の規定である。したがって，基本的には，証拠調べ請求義務が生じるべき時点までに送致又は送付されると見込まれるか否かを判断すべきものとなろう（[2]参照。）。また，これに加えて，検察官又は検察事務官が取調べを行う対象となる事件と「関連する事件が送致され又は送付されている」ことも，本項の対象事件に該当するための要件とされている。既に送致又は送付されている事件が取調べの対象となる事件と関連するか否かの判断基準については，9条1項1号において，「一人が数罪を犯したとき」には，それら数罪の事件は関連するものとされているところ，基本的には，これと同様に解することとなろう。結局，取調べの対象となる事件が将来司法警察員によって送致又は送付されると見込まれることに加え，検察官又は検察事務官による取調べの対象となる事件と関連する事件が，司法警察員から既に送致され又は送付されていることを要することになり，そのいずれかの要件が欠ける場合には，本項の対象事件となる。

[14] 録音・録画義務の対象となる取調べ等

本項の義務の対象となるのは，「逮捕若しくは勾留されている被疑者を第198条第1項の規定により取り調べるとき又は被疑者に対し第204条第1項若しくは第205条第1項（第211条及び第216条においてこれらの規定を準用する場合を含む。）の規定により弁解の機会を与えるとき」である。

「逮捕若しくは勾留されている被疑者」を対象としたものでなければならないから，逮捕も勾留もされていない状態の，いわゆる在宅の被疑者を取り調べる場合には，本項の義務の対象とはならない。被疑者として逮捕又は勾留されている場合に限り，起訴後の被告人としての勾留中に行われる取調べについては対象とならない。他方，被疑者として逮捕又は勾留されている間の取調べであれば，逮捕又は勾留の理由となった事実についての取調べに限らず，いわゆる余罪についての取調べであっても対象となる。

取調べについては，198条第1項の規定によるものに限定されていることから，被疑者としての取調べに限られ，223条1項の規定による取調べについては対象とならない。

[15] 次の各号のいずれかに該当する場合を除き

本項各号に該当する場合には，本項の規定による取調べの録音・録画義務は課せられない。各号の具体的な意義については，[21]～[24]参照。

取調べの録音・録画を禁ずる趣旨ではないから，本項各号に該当する場合において，敢えて録音・録画を行ったとしても，その録音・録画が違法となるものではない（なお，[21]参照）。

各号に該当するか否かの判断は，捜査機関において，録音・録画実施に係る取調べ等の時点において，収集されている証拠，それ以外に基づいて把握している事実関係，当該取調べにおける被疑者の供述態度を含む取調べ等の状況等に基づいて判断する。なお，

本条1項ただし書に該当するか否かを判断する際には，本項各号に該当していたか否かについても裁判所が判断をすることになる（[8]参照）。

[16] 取調べの録音・録画義務の内容等

本項本文の定める要件を満たす場合には，「被疑者の供述及びその状況を録音及び録画を同時に行う方法により記録媒体に記録しておかなければならない」。「被疑者の供述及びその状況」とは，取調べ等における被疑者の供述の内容及び状況をいう。取調官による質問や発問は，被疑者の供述の状況に当たる。また，被疑者が黙秘している場合も，被疑者の供述の状況に当たる。

被疑者を「取り調べるとき」又は「弁解の機会を与えるとき」には，記録しておかなければならないとされている意義は，実質的に見て取調べ又は弁解の機会を開始した時点から終了した時点までの間の全過程の録音・録画を行うことをいう。なお，必ずしも，被疑者が取調べが行われる部屋に入った場面から録音・録画されていなくとも，例えば，被疑者の入室後直ちに，録音・録画を開始する旨を被疑者に告げて録音・録画を開始し，その後取調べを行ったような場合も，取調べの開始から録音・録画したといい得る（[6]参照）。

[17] 「司法警察職員」

本項後段は，司法警察職員が行う取調べ等について規定する。

[18] 対象事件

1項1号又は2号に掲げる事件である。その意義については，[13] 参照。

[19] 録音・録画義務の対象となる取調べ等

本項前段の該当部分と同義である（[14]及び[15]参照）。

[20] 取調べの録音・録画義務の内容等

本項前段と同義である（[16]参照）。ただし，弁解の機会については，203条1項の規定によりこれを与える場合になる。

[21] 録音・録画義務の例外（本条IV①）

本号に該当する場合には，検察官等は，録音・録画義務を負わない（[15]参照）。

本号は，機器の故障等の外部的・物理的要因によって取調べ等の録音・録画を行うことができない場合を，本項の規定による録音・録画義務の例外として定める。本号において，「記録」とは，「被疑者の供述及びその状況を録音及び録画を同時に行う方法」による記録をいう。したがって，「記録に必要な機器」とは，このような意味における記録を適切に行うために必要な機能を備えたものであることを要する。

例えば，警察署の取調室で被疑者の取調べを行う場合において，その取調室に配備されている録音・録画機器が故障して当該機器による記録を行うことができず，かつ，その警察署には他に使用可能な録音・録画機器がない場合は，「記録に必要な機器の故障」により記録ができない場合に，停電により録音・録画機器が使用できない場合や警察署の取調室で被疑者の取調べを行う場合において，その警察署に配備されている録音・録

画機器が全て使用中である場合は,「その他のやむを得ない事情」により記録ができない場合に,それぞれ該当し得ることとなろう。

なお,本号に該当する場合であっても,当該取調べを録音・録画することは禁じられてはいないが([15]参照),本号は外部的・物理的要因によって取調べ等の録音・録画を行うことができない場合であるから,これに該当する以上,当該取調べを本項の規定する方法により録音・録画することは現実には考えられないであろう。

[22] 録音・録画義務の例外（本条Ⅳ②）

本号に該当する場合には,検察官等は,録音・録画義務を負わない（[15]参照）。

本号は,録音・録画を拒否するなどの被疑者の言動から,取調べ等の録音・録画を行うと被疑者が十分な供述をすることができないと認められる場合を,本項の規定による録音・録画義務の例外として定める。「記録したならば被疑者が十分な供述をすることができない」とは,「記録」（その意義については,[21]参照）を行うと,内容を問わず,録音・録画を行わなければできるであろう供述を十分に行うことができないことをいう。特定の内容の供述を前提として,そのような供述ができるか否かを問題とするものではない。「被疑者が記録を拒んだことその他の被疑者の言動により」,「記録したならば被疑者が十分な供述をすることができない」と認めることが必要であるから,外部的に現れた被疑者の言動に基づいて,その判断を行うことを要する。例えば,被疑者が,録音・録画が行われている取調べにおいて,その取調べの対象とされている犯罪事実について自己の関与を否認した上で,詳細について黙秘しているとしても,それだけで直ちに本号に該当するとはいえないであろうが,これに加えて,その黙秘の理由について,「自己の供述がすべて録音されると,それが後でどのように使われるか分からないため,供述できない」と述べている場合には,本号に該当し得るであろう。

[23] 録音・録画義務の例外（本条Ⅳ③）

本号に該当する場合には,検察官等は,録音・録画義務を負わない（[15]参照）。

本号は,指定暴力団（暴力団員による不当な行為の防止等に関する法律3条の規定による指定を受けた暴力団をいう。）の構成員による事件について,一律に,本項の規定による録音・録画義務の例外として定める。指定暴力団の「構成員による犯罪」とは,単独犯の場合にはその者が,共犯の場合にはそのうちの1名以上が指定暴力団の構成員である犯罪をいう。したがって,被疑者自身は指定暴力団の構成員ではなくとも,その犯罪の他の共犯者のうち1名以上が指定暴力団の構成員であれば,指定暴力団の「構成員による犯罪」に該当する。

[24] 録音・録画義務の例外（本条Ⅳ④）

本号に該当する場合には,検察官等は,録音・録画義務を負わない（[15]参照）。

被疑者等に対する加害行為が行われるおそれがあるために,記録の下では被疑者が十分な供述をすることができない場合を,本項の規定による録音・録画義務の例外として定める。「被疑者若しくはその親族の身体若しくは財産に害を加え又はこれらの者を畏

怖させ若しくは困惑させる行為がなされのおそれ」の有無は、「犯罪の性質、関係者の言動、被疑者がその構成員である団体の性格その他の事情に照らし」て判断される。例えば、「犯罪の性質」としては、組織的に行われた犯行であること、構成要件に被害者の身体・財産に対する加害行為等を含むものであることなどが、「関係者の言動」としては、被疑者に対して他の共犯者が威迫を伴う口止め行為をしていることなどが、「被疑者がその構成員である団体の性格」としては、被疑者が所属する犯罪集団が、捜査機関には一切協力しないという方針を採っており、これに反した者には苛烈な制裁を加えてきていることなどが、「その他の事情」としては、組織内における被疑者の立場、被疑者と他の共犯者との関係、被疑者の生活状況等が、それぞれ考えられよう。「記録したならば被疑者が十分な供述をすることができない」の意義については、[22] 参照。

〔上冨敏伸〕
〔吉田雅之〕

第302条 [1] 〔**捜査記録の一部についての証拠調べの請求**〕　第321条乃至第323条又は第326条の規定により証拠とすることができる書面が捜査記録 [2] の一部であるときは、検察官は、できる限り他の部分と分離して [3] その取調を請求しなければならない。

[1] 本条の趣旨

本条は、捜査記録について、請求する証拠の範囲を明確にするとともに、証拠能力のない書面（又はその一部）が証拠能力を与えられた部分と共に法廷に顕出されたり、要証事実と関係のない部分が顕出されたりすることによって、裁判所に事件について予断・偏見を生じさせることを防止するために設けられた規定である（高橋・大コメ刑訴6・280）。

[2] 捜査記録の意義

捜査記録とは、捜査機関が捜査の過程で作成し又は収集した文書類をいう。裁判官の作成・収集した資料（証人尋問〔226・227〕によって作成された証人尋問調書等）は、これに含まれないが、本条の趣旨は書面の証拠調請求一般について妥当すべきものであろう（高橋・前掲280）。

[3]「できる限り他の部分と分離して」の意義

供述調書が数通存在するときは、証拠とすることができる関係部分の調書のみを請求すべきであり、また、1通の供述調書の中に証拠能力のない部分や要証事実と関連性のない部分があればそれを除外した上で範囲を明確にして証拠調請求をすべきであることを意味する。1通の供述調書のうち一部同意、一部不同意により不同意部分の証拠調請求を撤回した場合などには、不同意部分を除外した抄本を作成させて提出させることが

多い。また，請求者に対して事前に相手方から一部不同意の連絡があったときは，証拠調請求が当初から抄本で行われることも多い。　　　　　　　　　　　〔坂口裕俊〕

第303条 [1]〔公判準備の結果と証拠調べの必要〕　公判準備 [2] においてした証人その他の者の尋問，検証，押収及び捜索の結果を記載した書面並びに押収した物 [3] については，裁判所は，公判期日において証拠書類又は証拠物としてこれを取り調べなければならない [4]。

[1] 本条の趣旨

　本条は，公判期日外で行われる証人尋問等（158・281等）の結果について，公判期日で適式に取り調べることを裁判所の義務として規定したものである。

[2] 公判準備の意義

　本条の公判準備とは，公判裁判所が証拠決定をし，公判期日における審理の準備のために，公判裁判所，裁判長，受命裁判官，受託裁判官が公判期日外で事件の実体に関して証拠収集する手続をいう。証拠保全手続（179）や捜査上の証人尋問（226・227）はこれに含まれない。手続上の決定のために行われる事実の取調べ（43Ⅲ）等も同様である（松尾・条解650）。

[3] 取調べの対象

　本条の対象は，公判準備においてした証人・鑑定人等の尋問の結果を記載した調書（規38），検証・押収・捜索の調書（規41・43）及び押収物である。これらの書面又は物については，証拠能力の制限がない。証人等の尋問調書については321条2項，322条2項，検証調書については321条2項が適用されるが，押収調書及び捜索調書についても321条2項の準用があると解される（高橋・大コメ刑訴6・284）。

[4] 取調べの義務

　裁判所は，本条に掲げる書面や物を，公判期日に適式な方法（305・306）で取り調べなければならない。取調べは職権で行う。証拠とすることの必要性の判断は既に証人尋問等の決定の際になされているから，本条の取調べに際して，改めて証拠決定は要しない。もっとも，証拠能力のない書面や物についてまで本条の取調義務は及ばない。証人尋問等の結果，公判期日において取り調べる必要性のないことが明らかになった場合も同様に解される。請求者が取調べを希望しない旨明示し，相手方に異議がなく，裁判所も取り調べないのを相当と考えるときは，取り調べないことができる。この場合には，取調義務を懈怠したものではないことを明らかにするため，当事者の意見を聴いた上で取り調べない旨の決定をしておくべきである（松尾・前掲650）。　　　　　〔坂口裕俊〕

第304条 [1]〔人的証拠に対する証拠調べの方式〕 証人，鑑定人，通訳人又は翻訳人は，裁判長又は陪席の裁判官が，まず，これを尋問する [2]。

2 検察官，被告人又は弁護人は，前項の尋問が終つた後，裁判長に告げて，その証人，鑑定人，通訳人又は翻訳人を尋問することができる。この場合において，その証人，鑑定人，通訳人又は翻訳人の取調が，検察官，被告人又は弁護人の請求にかかるものであるときは，請求をした者が，先に尋問する。

3 裁判所は，適当と認めるときは，検察官及び被告人又は弁護人の意見を聴き，前2項の尋問の順序を変更することができる [3]。

[規] 第106条（尋問事項書・法第304条等） 証人の尋問を請求した者は，裁判官の尋問の参考に供するため，速やかに尋問事項又は証人が証言すべき事項を記載した書面を差し出さなければならない。但し，公判期日において訴訟関係人にまず証人を尋問させる場合は，この限りでない。

2 前項但書の場合においても，裁判所は，必要と認めるときは，証人の尋問を請求した者に対し，前項本文の書面を差し出すべきことを命ずることができる。

3 前2項の書面に記載すべき事項は，証人の証言により立証しようとする事項のすべてにわたらなければならない。

4 公判期日外において証人の尋問をする場合を除いて，裁判長は，相当と認めるときは，第1項の規定にかかわらず，同項の書面を差し出さないことを許すことができる。

5 公判期日外において証人の尋問をする場合には，速やかに相手方及びその弁護人の数に応ずる第1項の書面の謄本を裁判所に差し出さなければならない。

第107条（請求の却下） 前条の規定に違反してされた証人尋問の請求は，これを却下することができる。

第199条の2 [4]（証人尋問の順序・法第304条） 訴訟関係人がまず証人を尋問するときは，次の順序による。

一 証人の尋問を請求した者の尋問（主尋問）

二 相手方の尋問（反対尋問）

三 証人の尋問を請求した者の再度の尋問（再主尋問）

2 訴訟関係人は，裁判長の許可を受けて，更に尋問することができる。

第199条の3（主尋問・法第304条等） 主尋問は，立証すべき事項 [5] 及びこれに関連する事項について行う。

2 主尋問においては，証人の供述の証明力を争うために必要な事項についても尋問することができる [6]。

3 主尋問においては，誘導尋問 [7] をしてはならない。ただし，次の場合には，誘導尋問をすることができる。

一 証人の身分，経歴，交友関係等で，実質的な尋問に入るに先だつて明らかにする

必要のある準備的な事項に関するとき。

二　訴訟関係人に争のないことが明らかな事項に関するとき。

三　証人の記憶が明らかでない事項についてその記憶を喚起するため必要があるとき。

四　証人が主尋問者に対して敵意又は反感を示すとき。

五　証人が証言を避けようとする事項に関するとき。

六　証人が前の供述と相反するか又は実質的に異なる供述をした場合において，その供述した事項に関するとき。

七　その他誘導尋問を必要とする特別の事情があるとき。

4　誘導尋問をするについては，書面の朗読その他証人の供述に不当な影響を及ぼすおそれのある方法を避けるように注意しなければならない[8]。

5　裁判長は，誘導尋問を相当でないと認めるときは，これを制限することができる。

第199条の4（反対尋問・法第304条等）　反対尋問は，主尋問に現われた事項及びこれに関連する事項並びに証人の供述の証明力を争うために必要な事項について行う。

2　反対尋問は，特段の事情のない限り，主尋問終了後直ちに行わなければならない[9]。

3　反対尋問においては，必要があるときは，誘導尋問をすることができる[10]。

4　裁判長は，誘導尋問を相当でないと認めるときは，これを制限することができる。

第199条の5（反対尋問の機会における新たな事項の尋問・法第304条）　証人の尋問を請求した者の相手方は，裁判長の許可を受けたときは，反対尋問の機会に，自己の主張を支持する新たな事項についても尋問することができる。

2　前項の規定による尋問は，同項の事項についての主尋問とみなす。

第199条の6（供述の証明力を争うために必要な事項の尋問・法第304条）　証人の供述の証明力を争うために必要な事項の尋問は，証人の観察，記憶又は表現の正確性等証言の信用性に関する事項及び証人の利害関係，偏見，予断等証人の信用性に関する事項について行う。ただし，みだりに証人の名誉を害する事項に及んではならない。

第199条の7（再主尋問・法第304条等）　再主尋問は，反対尋問に現われた事項及びこれに関連する事項について行う。

2　再主尋問については，主尋問の例による。

3　第199条の5の規定は，再主尋問の場合に準用する。

（補充尋問・法第304条）

第199条の8　裁判長又は陪席の裁判官がまず証人を尋問した後にする訴訟関係人の尋問については，証人の尋問を請求した者，相手方の区別に従い，前6条の規定を準用する。

第199条の9（職権による証人の補充尋問・法第304条）　裁判所が職権で証人を取り調べる場合において，裁判長又は陪席の裁判官が尋問した後，訴訟関係人が尋問すると

きは，反対尋問の例による。

第199条の10 [11]（**書面又は物の提示・法第304条等**）　訴訟関係人は，書面又は物に関しその成立，同一性その他これに準ずる事項について証人を尋問する場合において必要があるときは，その書面又は物を示すことができる。

2　前項の書面又は物が証拠調を終つたものでないときは，あらかじめ，相手方にこれを閲覧する機会を与えなければならない。ただし，相手方に異議がないときは，この限りでない。

第199条の11 [12]（**記憶喚起のための書面等の提示・法第304条等**）　訴訟関係人は，証人の記憶が明らかでない事項についてその記憶を喚起するため必要があるときは，裁判長の許可を受けて，書面（供述を録取した書面を除く。）又は物を示して尋問することができる。

2　前項の規定による尋問については，書面の内容が証人の供述に不当な影響を及ぼすことのないように注意しなければならない。

3　第1項の場合には，前条第2項の規定を準用する。

第199条の12 [13]（**図面等の利用・法第304条等**）　訴訟関係人は，証人の供述を明確にするため必要があるときは，裁判長の許可を受けて，図面，写真，模型，装置等を利用して尋問することができる。

2　前項の場合には，第199条の10第2項の規定を準用する。

第199条の13（**証人尋問の方法・法第304条等**）　訴訟関係人は，証人を尋問するに当つては，できる限り個別的かつ具体的で簡潔な尋問 [14] によらなければならない。

2　訴訟関係人は，次に掲げる尋問をしてはならない。ただし，第2号から第4号までの尋問については，正当な理由 [15] がある場合は，この限りでない。

一　威嚇的又は侮辱的な尋問

二　すでにした尋問と重複する尋問

三　意見を求め又は議論にわたる尋問

四　証人が直接経験しなかつた事実についての尋問

第200条 [16]（**陪席裁判官の尋問・法第304条**）　陪席の裁判官は，証人，鑑定人，通訳人又は翻訳人を尋問するには，あらかじめ，その旨を裁判長に告げなければならない。

第201条 [17]（**裁判長の尋問・法第304条**）　裁判長は，必要と認めるときは，何時でも訴訟関係人の証人，鑑定人，通訳人又は翻訳人に対する尋問を中止させ，自らその事項について尋問することができる。

2　前項の規定は，訴訟関係人が法第295条の制限の下において証人その他前項に規定する者を充分に尋問することができる権利を否定するものと解釈してはならない。

第203条（**訴訟関係人の尋問の機会・法第304条**）　裁判長は，証人，鑑定人，通訳人又は翻訳人の尋問をする場合には，訴訟関係人に対し，これらの者を尋問する機会を与えなければならない [18]。

304条 703

［1］ 証人等の尋問

本条は，証人，鑑定人，通訳人及び翻訳人の証拠調べの方式を定めたものである。

人証の証拠調べの方式は，尋問である。従前，自白事件を中心に，供述証拠について，326条の同意を得て供述代用書面（捜査段階の供述調書）を中心とした立証が行われてきたが，裁判員裁判の実施を機に，自白事件であっても，例えば殺人未遂事件の被害状況を語る被害者，犯行動機に関わる被告人及び被害者間のいきさつを知る者など，量刑に影響するような犯情に関して重要な供述が得られる者については，その者の捜査段階の供述調書に326条の同意が得られる場合であっても，証人尋問による立証が行われる例が多くなった。裁判員にとって分かりやすく，疑問点を証人に直接質すこともでき，心証形成に有益であるということだけでなく，認定すべき事実（立証事項）にとって最良・高品質の証拠・立証方法（ベスト・エヴィデンス）を選択するという「必要性・相当性」の観点（したがって，あらゆる立証事項について全て人証で立証するということではない。），及び，人の体験事実を認定するには，書面でなく直接口頭の報告に基づくのを原則とする直接主義の要請からも，上記のような人証を活用する運用は支持されるべきである（酒巻「裁判員制度と刑事司法の将来」法の支配177・47）。なお，人証を活用するといっても，捜査段階の供述調書を証人の口からそのまま再現させるだけでは意味がなく，証人に何を尋ねるか（尋問事項）の選択が重要である。何が争点となるか固まっていない捜査段階に多種多様な観点から取調べが行われた結果が録取された捜査段階の供述調書の内容をそのまま再現するような尋問ではなく，捜査段階の供述調書の構成や記載を離れて，尋問事項を立証上必要な事項に絞った上で，しかもその事項について争点を意識してメリハリをつけて尋問する必要がある。

［2］ 尋問の順序

本条1項，2項は，まず裁判所（裁判長又は陪席の裁判官）が尋問を行った後に訴訟関係人が尋問を行うことを原則としている。しかし，刑訴法が採用した当事者主義的訴訟構造の下では，証拠調べ前に証拠に接する機会のない裁判所から的確に尋問するのは困難であり，実務では，ほぼ全ての証人尋問において，本条3項により尋問の順序を変更し（［3］参照），訴訟関係人が交互尋問方式（［4］参照）で尋問を行った後で，必要に応じて裁判所が補充的に尋問を行っている。

［3］ 尋問の順序の変更

［2］のとおり，実務上は，ほぼ全ての証人尋問において，本条3項によって尋問の順序が変更され，まず訴訟関係人から交互尋問方式で尋問を行う運用がされていることもあって，本条3項による順序の変更も，特段明示的な決定の形式によらず，裁判長が当該証人尋問の請求者（検察官又は弁護人）に尋問を始めることを促すという形で行われている。

［4］ 交互尋問

規199の2が定める証人尋問の順序・方式が，いわゆる交互尋問方式である。すなわ

ち，まず証人尋問を請求した者が尋問し（主尋問），次に相手方が尋問し（反対尋問），その後に証人尋問を請求した者が再度尋問する（再主尋問）。ここまでが当事者の権利であり，それ以降（再反対尋問以降）の尋問は裁判長の許可が必要となる。

証人尋問が適切に行われるようにするため，当事者の行う尋問について，刑訴規則はルールを定めている（規199の2〜199の14）。その規定に違反する尋問については，相手方は証拠調べに関する異議を申し立てることができる（309Ⅰ）が，そのような許されない尋問が相手方の異議の申立てもなくそのまま放置されたような場合，当該証言の証拠能力を否定すべきかどうかは，当該規定の趣旨や具体的状況によって異なり，実際は，証拠法上の基本原則に反する場合のほかは，証拠能力なしとされる例は少ない（松尾・条解655）。そもそも証人尋問の規制は，常に，終局的には裁判長の柔軟な裁量に委ねられるべき性質のものであるから，証人尋問のルールに関する刑訴規則の定めは，本質上，295条に基づく裁判長の裁量のための原則的基準を設定したものとみるべきであって，これをゆとりのない硬いものと解してはならないとされる（松尾・条解657）。

[5] 立証すべき事項

証人尋問を請求した者が証明すべき事実（規189Ⅰ）として明示した事項をいう。

[6] 主尋問者による証言の弾劾のための尋問

証人が主尋問者の想定していた内容と反する証言をした場合等に，その証言の弾劾をするための尋問を認めるものである。321条1項2号後段該当書面の要件の立証のために必要となることが考えられる。

[7] 誘導尋問

尋問者の欲する答えを暗示又は明示する質問が誘導尋問であり，主尋問においては原則として禁止される。これは，証人尋問の請求者（主尋問者）と当該証人は近しい関係にあるのが通常であるから，誘導尋問により証人に働きかけて虚偽の証言をさせる危険が高いからであって，他方，誘導尋問を行わないと真実の証言を引き出すのが困難であるなど誘導尋問を行う必要性があって，上記のような弊害がないか少ない場合には，例外的に誘導尋問が許される場合がある（規199の3Ⅲ但）。

[8] 誘導尋問の方法の制限

証人の供述に不当な影響を及ぼすおそれのある方法の例示として，書面の朗読が挙げられているが，弊害が少なく，かつ，書面を朗読する必要性が大きい場合にまで絶対的に書面の朗読を禁止するものではなく，例えば，証人が従前の供述と相反する証言をする場合や従前の記憶を喚起することができない場合に，従前の供述が録取された供述調書の当該部分を読み聞かせて質問することは，証言の弾劾や321条1項2号後段該当書面の要件の立証に必要なことも多く，弊害も少ないことから，このような場合に書面を朗読することは許されると考えられる（三村＝江見・新基本法コンメンタール刑事訴訟法［第3版］417）。

[9] 反対尋問の時期

従前，複雑困難な否認事件の重要証人の尋問において，当事者から，主尋問に対する

証言を公判調書を謄写して検討した上で反対尋問を行いたい旨の要望が出されるなどして，主尋問と別期日に反対尋問を行う運用もあった。

しかし，連日的開廷（281の6）による集中審理が行われる裁判，殊に裁判員に証拠調べの新鮮な記憶があるうちに評議・判決に至ることが求められる裁判員裁判においては，主尋問終了後直ちに反対尋問を行う要請は極めて大きく，上記のような従前見られた運用は到底維持できない。

[10] 反対尋問における誘導尋問の許容

反対尋問では，主尋問と異なり尋問者と証人の間に近しい関係がないことが通常であり，誘導尋問による働きかけに証人が応じて虚偽の証言をする可能性が低いと考えられるから，必要があれば誘導尋問が許される。

[11] 書面又は物の成立，同一性等について尋問する場合の書面等の提示

書面又は物に関しその成立，同一性その他これに準ずる事項について証人を尋問する場合において必要があるときは，その書面等を示すことができる。

実務上よく見られるのは，証拠請求されている捜査段階の供述調書の末尾の署名押印部分を証人に示して，証人本人のものであるかを確かめたり，証拠請求されている凶器を証人に示して，事件との関連性について説明させたりする場合である。

このように，規199条の10の場合は，書面等の証拠能力や証明力が問題になるときに書面等を示すものであって，事実の認定に直接供されるのはあくまで書面等であることから，証言を引き出すために書面等を示し，証言が事実の認定に直接供される記憶喚起のための尋問（規199の11）や供述を明確にするための尋問（規199の12）と異なり，証言が不当な影響を受けるおそれがなく，書面等を示すには裁判長の許可を要しない。

[12] 記憶喚起のための書面等の提示

証人の記憶が明らかでない事項についてその記憶を喚起するため必要があるときは，裁判長の許可を受けて，書面又は物を示して尋問することができる。単なる誘導尋問よりも書面等を示して尋問する方が証人に与える影響が大きいと考えられることから，証人の記憶が明らかでないときには，まずは誘導尋問による記憶喚起が図られ，単なる誘導だけでは証人の記憶が喚起されないときに，裁判長の許可を受けて書面等を示して記憶喚起を図るという例が多い。

書面等を示してする尋問が証人に与える影響が大きいことに鑑み，裁判長は，許可を求められたとき，その書面が証拠調べを経ていない場合，特に，その書面につき相手方から不同意の意見が述べられているときは，その成立経過，性質，内容等を一応説明させ，それがどのようなものであるかを確かめ，場合によっては，更に提示を求めて検討したり相手方の意見を聞くなどする必要があろう（刑訴規則逐条説明（公判）108）。

なお，証人に示すことのできる書面の対象から供述録取書（捜査段階の供述調書がその典型である。）が除外されている。これは，一般に供述録取書の提示は証人に不当な影響を与えるおそれが特に大きいと考えられるからであるが，写真や一覧表等が捜査段階の

供述調書に添付されている場合に,その写真や一覧表等のみを必要に応じて示すことは,上記のようなおそれが小さく,差し支えないと考えられる。また,供述録取書の本文は絶対に提示することが許されないとする見解（ポケット刑訴下763）もあるが,特別の必要がある場合には,供述録取書の本文の一部を証人に示すことを許すこともできると実務上解されている（松尾・条解660）。その場合は,閲覧させて直ちに取り上げて尋問するなど,証人に不当な影響を与えないよう特に注意すべきであろう。

実務上,証人が記憶喚起のために自らのメモや手帳を見て証言したいと申し出る場合が少なくないが,その場合は,尋問者が,必要に応じてそのメモ等の内容を確認した上で,裁判長の許可を受けてメモ等を証人に示して尋問をすればよい。

[13] 供述を明確にするための図面等の利用

証人の供述を明確にするため必要があるときは,裁判長の許可を受けて,図面,写真等を利用して尋問することができる。実務上よく見られるのは,被害者,目撃者等の証人尋問において,現場の図面を示して関係者の位置関係を指示説明させながら被害状況,目撃状況等を証言させる場合であり,尋問に対する答えとして証人に関係者の位置関係を図面に記入させることも少なくない。示された図面等は公判調書に添付することができる（規49）。

尋問に利用した図面等は,当然に証拠になるわけではなく,この点はその図面等を公判調書に添付したとしても同様である（上記のように証人が尋問に対する答えとして記入した図面等は,証言の一部として証拠となる。）。この点についての判例としては,被害者の証人尋問において,検察官が,証人から被害状況等に関する具体的な供述が十分にされた後に,その供述を明確化するため,証拠として採用されていない捜査段階で撮影された被害者による被害再現写真を,規199条の12に基づき裁判長の許可を受けて示し,その写真が規49条に基づいて証人尋問調書に添付された場合において,証人に示された被害再現写真が独立した証拠として採用されていなかったとしても,証人がその写真の内容を実質的に引用しながら証言した場合には,引用された限度において写真の内容は証言の一部となり,そのような証言全体を事実認定の用に供することができるとした最決平23・9・14刑集65・6・949,被告人質問において被告人に示され,公判調書中の被告人供述調書に添付されたが,これとは別に証拠として取り調べられていない電子メールについて,その存在及び記載が記載内容の真実性と離れて証拠価値を有するものであること,被告人に対してこれを示して質問した手続に違法はないこと,被告人がこの電子メールの同一性や真正な成立を確認したことは認められるものの,これらのことから証拠として取り調べられていないこの電子メールが独立の証拠又は被告人の供述の一部となるものではなく,被告人の供述に引用された限度においてその内容が供述の一部となるにとどまるとした最決平25・2・26刑集67・2・143がある。

[14] 個別的かつ具体的で簡潔な尋問

個別的かつ具体的な尋問とは,要するに一問一答式の尋問である。簡潔な尋問が要求

されるのは，従前，平板かつ冗長な尋問が長時間にわたり行われる例が見られたところ，連日的開廷による集中審理の下で適正迅速裁判を実現するためには，争点を意識したメリハリのある証人尋問が行われる必要があることによる。殊に裁判員裁判においては，争点を中心とした簡潔な尋問が行われなければ，裁判員が的確に心証を形成することができない。もちろん，尋問事項や証人の個性によっては，包括的な尋問により証人に物語式に証言してもらう方が心証を得やすい場合もあり得る。

[15] 正当な理由

例えば，2号の重複尋問に関しては，証言の信用性を高めるために特に駄目押しの尋問をする必要がある場合等には，正当な理由があると解される。2号の重複尋問，3号の意見を求め又は議論にわたる尋問，4号の証人が直接経験しなかった事実についての尋問は，正当な理由がある場合は許されるが，1号の威嚇的又は侮辱的な尋問は例外なく禁止される。

[16] 陪席裁判官及び裁判員による尋問

規200条は，陪席裁判官が尋問するにはあらかじめその旨を裁判長に告げなければならないと規定しているが，裁判員裁判においては，裁判員も，裁判長に告げて，裁判員の関与する判断に必要な事項（典型的には，犯罪事実の認定及び量刑のために必要な事項である。）について尋問することができる（裁判員56）。陪席裁判官も裁判員も，尋問するのに裁判長の許可までは要しない。なお，法律の専門家ではない裁判員が適切に尋問を行えるようにするためには，裁判長及び陪席裁判官は，尋問の直前の休廷等の時間を利用してサポートするなどの配慮が必要な場合もあると思われる。

[17] 裁判長の介入尋問

審理の円滑な進行や実体的真実発見の見地から，裁判長の介入尋問が認められている。介入するに当たっては，裁判所の公平性について疑念を抱かれないよう注意しつつ介入しなければならない。

[18] 尋問の機会の付与

被告人に弁護人が選任されている場合は，実務上，弁護人のみが尋問を行うのが通常である。弁護人に尋問の機会を与えているのであれば，被告人のために尋問の機会を与えたことになるのであって，必ずしも弁護人と被告人とに重ねて尋問を促さなければならない理由はないとされる（大阪高判昭24・11・25特報3・101）。　　　　　〔戸苅左近〕

第304条の2 [1]〔**被告人の退廷**〕　裁判所は，証人を尋問する場合において，証人が被告人の面前（第157条の5第1項に規定する措置を採る場合並びに第157条の6第1項及び第2項に規定する方法による場合を含む。）[2]においては圧迫を受け充分な供述をすることができないと認めるときは，弁護人が出頭している場合に限り，検察官及び弁護人の意見を聴き，その証人の供述中被告人を退廷させることができ

る。この場合には，供述終了後被告人を入廷させ，これに証言の要旨を告知し，その証人を尋問する機会を与えなければならない。

[規]　第202条 [3]（傍聴人の退廷）　裁判長は，被告人，証人，鑑定人，通訳人又は翻訳人が特定の傍聴人の面前（証人については，法第157条の5第2項に規定する措置を採る場合並びに法第157条の6第1項及び第2項に規定する方法による場合を含む。）で充分な供述をすることができないと思料するときは，その供述をする間，その傍聴人を退廷させることができる。

[1] 被告人の退廷

　被告人をおそれるなどして証人が出廷を渋ったり，出廷しても被告人の面前では被告人に不利益な真実を証言することをためらったりすることがある。本条は，このような場合を想定して，弁護人が出頭していること，証言の終了後に被告人を入廷させて証言の要旨を告知し，その証人を尋問する機会を与えることを条件に，証言中被告人を退廷させることができることとしたものである。判例は，本条により被告人を退廷させて証人を尋問した場合について，憲法37条2項前段に違反しないとする（最判昭35・6・10刑集14・7・973）。

　本条は，公判期日外の証人尋問における被告人の退廷措置を定めた281条の2と同じ内容の規定であり，本条の解釈についても同条の解説を参照。

[2] 遮へいの措置・ビデオリンク方式との関係

　本条にいう「被告人の面前」には，遮へいの措置（157の5Ⅰ）やビデオリンク方式（157の6ⅠⅡ）による場合も含まれる。したがって，実務上，本条の適用が想定される場合としては，証人保護の観点から遮へいの措置やビデオリンク方式によって証人尋問が実施されたものの，それでもなお証人が圧迫を受け十分に証言することができない場合に，裁判所がその場で検察官及び弁護人の意見を聴いた上で，被告人を退廷させて尋問を続けるという場合が考えられる。

[3] 傍聴人の退廷

　本条と類似する規定であるが，傍聴人は被告人と異なり証人審問権（憲37Ⅱ前）を有しないので，弁護人の出頭や証言終了後の証言要旨の告知といった要件は課されていない。

〔戸苅左近〕

第305条〔証拠書類等に対する証拠調べの方式〕　検察官，被告人又は弁護人の請求により，証拠書類 [1] の取調べをするについては，裁判長は，その取調べを請求した者にこれを朗読 [2] させなければならない。ただし，裁判長は，自らこれを朗読し，又は陪席の裁判官若しくは裁判所書記官にこれを朗読させることができる。

305条

2 裁判所が職権で証拠書類の取調べをするについては，裁判長は，自らその書類を朗読し，又は陪席の裁判官若しくは裁判所書記官にこれを朗読させなければならない。

3 第290条の2第1項又は第3項の決定があつたときは，前2項の規定による証拠書類の朗読は，被害者特定事項を明らかにしない方法でこれを行うものとする。

4 第290条の3第1項の決定があつた場合における第1項又は第2項の規定による証拠書類の朗読についても，前項と同様とする。この場合において，同項中「被害者特定事項」とあるのは，「証人等特定事項」とする。

5 第157条の6第4項の規定により記録媒体がその一部とされた調書の取調べについては，第1項又は第2項の規定による朗読に代えて，当該記録媒体を再生[3]するものとする。ただし，裁判長は，検察官及び被告人又は弁護人の意見を聴き，相当と認めるときは，当該記録媒体の再生に代えて，当該調書の取調べを請求した者，陪席の裁判官若しくは裁判所書記官に当該調書に記録された供述の内容を告げさせ，又は自らこれを告げることができる。

6 裁判所は，前項の規定により第157条の6第4項に規定する記録媒体を再生する場合において，必要と認めるときは，検察官及び被告人又は弁護人の意見を聴き，第157条の5に規定する措置[4]を採ることができる。

[規] 第203条の2[5]（証拠書類等の取調の方法・法第305条等）　裁判長は，訴訟関係人の意見を聴き，相当と認めるときは，請求により証拠書類又は証拠物中書面の意義が証拠となるものの取調をするについての朗読に代えて，その取調を請求した者，陪席の裁判官若しくは裁判所書記官にその要旨を告げさせ，又は自らこれを告げることができる。

2　裁判長は，訴訟関係人の意見を聴き，相当と認めるときは，職権で証拠書類又は証拠物中書面の意義が証拠となるものの取調をするについての朗読に代えて，自らその要旨を告げ，又は陪席の裁判官若しくは裁判所書記官にこれを告げさせることができる。

[1] 証拠書類

本条は，証拠書類の証拠調べの方式について定めたものである。

証拠は，証拠調べの方式の差異によって，人証（口頭で証拠を提出する証拠方法），物証（証拠物。その物の存在及び状態が証拠となる証拠方法）及び書証（証拠書類。書面の記載内容が証拠となる証拠方法）に分類される（石井・実務証拠法69）。

証拠書類が，書面の記載内容が証拠となるのに対し，記載内容以外に存在及び状態も証拠となる書面が証拠物たる書面と呼ばれる（証拠物たる書面の証拠調べの方式については307に規定がある。）。証拠書類か証拠物たる書面かの違いは立証事項によるのであり，同

一の書面が立証事項如何によってどちらにもなり得る。

［2］朗 読

　証拠書類の証拠調べの方式は，朗読である。朗読は，証拠書類の取調べを請求した者にさせるのが原則であり，実務上もほぼそのように運用されている。

　外国語で記載された書面の取調べは，日本語の翻訳文を添付して提出させ，その翻訳文を朗読するのが通常である。

　実況見分調書など証拠書類に写真や図面が添付されている場合は，朗読とともに写真や図面の展示を併用することが多い。このように，法定の方式を絶対視して硬直的に考えるのではなく，証拠の種類・性質に応じて，内容を知り心証を形成するのにふさわしい方法で取り調べるべきである。

　なお，裁判員裁判では，証拠調べの終了後に法廷外で裁判員に取り調べた証拠書類を読んでもらうことなどは予定されておらず，法廷での証拠調べを見聞きすることによって，証拠の内容を知り心証を形成できるような証拠調べをすることが求められている。そこで，証拠書類の取調べにおいても，朗読とともに書画カメラを使用して添付写真を展示したり，添付図面をボードに掲げて展示するなど取調べ方法の工夫が見られる。そして，単に取調べ方法の工夫にとどまらず，請求する証拠の質を高めた上で厳選する工夫もされており，例えば，実況見分調書や客観的な捜査報告書等については，争点との関係から真に立証の必要がある情報を抜き出して分かりやすくまとめた統合捜査報告書を作成したり，争点との関係から立証が必要な部分のみを抄本化するなどの工夫が見られる。公判前整理手続においては，上記のような証拠調べの在り方に関しても法曹三者で議論されている（なお，［5］参照）。

［3］再 生

　ビデオリンク方式による証人尋問が行われた場合で，157条の6第3項，4項により記録媒体がその一部とされた調書の取調べについては，原則として当該記録媒体を再生するとされる。なお，記録媒体への記録の制度は，被害者が，他の刑事手続（例えば，共犯者の被告事件等）で同一の被害状況について一から再び証言させられるという弊害を避ける趣旨で設けられた（321条の2の解説参照）。

　相当と認めるときは，調書の内容を告げることで足りるとされており，これに当たる場合としては，当該被告事件の公判手続の更新における証人尋問調書の取調べの場合や，当該被告事件の公判期日外の証人尋問調書の取調べの場合等が想定される。

［4］遮へいの措置

　［3］の記録媒体を再生するに際し，遮へいの措置をとることができる。具体的な遮へいの方法としては，被告人用又は傍聴人用のモニターのみ映像が映らないよう切るなどの方法が考えられる。

［5］要旨の告知

　規203条の2は，訴訟関係人の意見を聴き，相当と認めるときは，朗読に代えて，要

旨の告知，すなわち証拠書類の内容を要約して告げる方法により取り調べることができるとしている。判例は，要旨の告知について，305条が定める証拠書類の証拠調べの方式を合目的的に簡易化したにとどまるとする（最決昭29・6・19裁集刑96・335）。事案の性質，証拠の内容・性質，その証拠の立証事項等に応じて，告知するにふさわしい要旨の内容や詳細さ等は変わり得るが，それを聞いて証拠の内容を知り心証を形成するために十分なものでなければならない。

　裁判員裁判においては，[2]で述べたとおり証拠調べの終了後に法廷外で裁判員に取り調べた証拠書類を読んでもらうことは予定されていないから，基本的には証拠書類の取調べは朗読によることになるが，仮に取り調べる証拠書類の性質によって要旨の告知による場合でも，法廷でその証拠書類の内容を知り心証を形成できるだけの内容を伴った実質的な要旨の告知が求められる。

　他方，従前の裁判官のみによる裁判においては，証拠書類の取調べにおいてこの要旨の告知が多用され，しかも，そこで要旨として告知される内容が，証拠調べ請求書に記載された立証趣旨と大差ない極めて簡潔なものであることもあって，裁判官が後に法廷外で読み直して証拠書類の内容を知り心証を形成することが少なくなかった。しかし，法廷で証拠の内容を知り心証を形成するという在り方は，本来，裁判員裁判だけでなく，裁判官のみの裁判も含めた刑事裁判全体に共通するものである。裁判官のみの裁判においても，法廷で的確に内容を知り心証が形成できるよう要旨の告知の在り方の工夫が求められているといえよう。

　なお，証拠書類の取調べを要旨の告知により行うためには，訴訟関係人の意見を聴くことが必要とされるが，意見を述べる機会を与えればよく，裁判所はその意見に拘束されない。実務上，明示的に意見聴取を行うことなく要旨の告知の方法による例が多いが，異議が出ない限り当事者は暗黙裡にこの方法によることに同意していると解してよい（刑訴規則逐条説明（公判）117）。　　　　　　　　　　　　　　　　　　〔戸苅左近〕

第306条〔証拠物に対する証拠調べの方式〕　検察官，被告人又は弁護人の請求により，証拠物 [1] の取調をするについては，裁判長は，請求をした者をしてこれを示させなければならない [2]。但し，裁判長は，自らこれを示し，又は陪席の裁判官若しくは裁判所書記にこれを示させることができる。

2　裁判所が職権で証拠物の取調をするについては，裁判長は，自らこれを訴訟関係人に示し，又は陪席の裁判官若しくは裁判所書記にこれを示させなければならない。

[1] 証拠物

　本条は，証拠物の証拠調べの方式について定めたものである。証拠物とは，その物の存在及び状態が証拠となるものをいう（305の解説[1]参照）。凶器，わいせつ写真，覚せ

い剤等の違法薬物等がその典型例である。

[2] 展　示

証拠物の証拠調べの方式は，展示である。展示は，証拠物の取調べを請求した者にさせるのが原則であり，実務上もほぼそのように運用されている。裁判所と訴訟関係人に示せば足り，傍聴人に示すことを要しない。

実務上は，証拠物の取調べの際は，その証拠物を被告人に示すとともに，被告人に対し「このナイフは，あなたが今回の犯行で被害者を刺したナイフですか。」，「この覚せい剤は，あなたが今回の犯行で所持していた覚せい剤ですか。」などと質問することが多い。これは，証拠物の取調べを展示の方式で行うとともに，その証拠物の関連性の立証のために被告人質問を行っているのである。

なお，証拠物の中には，適切な取調べ方法が規定されていないものもあり，その場合は，証拠の種類・性質に応じて，内容を知り心証を形成するのにふさわしい方法で取り調べるべきである（305の解説[2]参照）。例えば，DVD，CD-R，ビデオテープ等の記録媒体については，展示に加えて再生して取り調べることとなる。本人不知の間に録音された録音テープの証拠調べは，公判廷でこれを展示し，かつ，録音再生機により再生する方法で行うとする判例（最決昭35・3・24刑集14・4・462）がある。　　　　　　〔戸苅左近〕

第307条〔証拠物たる書面に対する証拠調べの方式〕　証拠物中書面の意義が証拠となるもの[1]の取調をするについては，前条の規定による外，第305条の規定による[2]。

---

[1] 証拠物たる書面

本条は，証拠物中書面の意義が証拠となるもの（証拠物たる書面）の証拠調べの方式についての規定である。

証拠物たる書面は，書面の記載内容以外にその存在及び状態も証拠となるものであり，記載内容のみが証拠となる証拠書類（305）か，証拠物たる書面かは，立証事項如何による（305の解説[1]参照）。証拠物たる書面として認められたものとしては，税法違反事件における総勘定元帳及び金銭出納簿（東京高判昭27・10・14特報37・40）等がある。

[2] 展示及び朗読

証拠物たる書面の証拠調べの方式は，展示及び朗読（又は要旨の告知）とされている。

〔戸苅左近〕

第307条の2 [1]**〔簡易公判手続〕**　第291条の2の決定があつた事件については，第296条，第297条，第300条乃至第302条及び第304条乃至前条の規定[2]は，これを

適用せず，証拠調は，公判期日において，適当と認める方法[3]でこれを行うことができる。

[規] 第203条の3（簡易公判手続による場合の特例・法第307条の2） 簡易公判手続によつて審判をする旨の決定があつた事件については，第198条，第199条及び前条の規定は，適用しない[4]。

[1] 簡易公判手続における証拠調べ手続の特則

本条は，簡易公判手続における証拠調べの特則を定めたものである。

証拠調べの簡易化を図ったものであり，伝聞証拠の証拠能力の制限を排除する特則（320Ⅱ）とともに，簡易公判手続独特の簡易な手続を形作っている。

[2] 適用が排除される規定

検察官の冒頭陳述（296），証拠調べの範囲・順序・方法の予定とその変更（297），検察官調書の証拠調べの請求の義務（300），自白と証拠調べの請求の制限（301），捜査記録の一部についての証拠調べの請求（302），証拠調べの方式（304・305～307），被告人の退廷（304の2）の規定は，簡易公判手続では適用されない。

[3] 適当と認める方法

「適当と認める方法」とは，証拠書類の場合は要旨の告知さえ必要なく（[4]参照），更に簡易な方法で証拠書類の内容を明らかにすることで足りる。ただし，極端に簡略化して，単に証拠書類を受理するにとどめるようなことは，およそ証拠調べが行われたとはいえないから，不適法というべきである（佐々木・実務ノート2・146）。

実務上は，検察官請求証拠については，検察官に，証拠との対応関係も示したごく簡潔な冒頭陳述をさせることによって，個々の証拠の取調べを兼ねる運用も行われている。

[4] 刑訴規則で適用が排除される規定

規203条の3は，弁護人等の冒頭陳述（規198），証拠調べの順序（規199），要旨の告知（規203の2）の規定は，簡易公判手続では適用しないと定める。本条と同趣旨の規定である。　　　　　　　　　　　　　　　　　　　　　　　　　　　　　　〔戸苅左近〕

第308条[1]〔**証明力を争う権利**〕 裁判所は，検察官及び被告人又は弁護人[2]に対し，証拠の証明力[3]を争う[4]ために必要とする適当な機会[5]を与えなければならない[6]。

[規] 第204条（証拠の証明力を争う機会・法第308条） 裁判長は，裁判所が適当と認める機会に検察官及び被告人又は弁護人に対し，反証[7]の取調の請求その他の方法により証拠の証明力を争うことができる旨を告げなければならない[8]。

308条

[1] 本条の趣旨

　本条は，当事者主義の下，裁判所の心証形成に当事者を積極的に関与させ，いずれの当事者にも証拠の証明力を争う機会を与えることによって，裁判所の証拠判断が適正に行われることを期する。

[2] 被告人又は弁護人

　被告人に証明力を争う機会を与えたときは，重ねて弁護人にその機会を与えることは必要でない。

[3] 証拠の証明力

　証拠の証明力とは，証拠が事実認定に役立ち得る実質的価値であって，その証拠の信用性と，その証拠がどこまで要証事実の存在を推認させるかという狭義の証明力の二つに分けて考えることができる。

　証拠能力の有無を争うことは，証明力以前の問題であって本条の適用はなく，309条所定の異議申立てによるべきである。

[4] 証拠の証明力を争う方法

　証拠の証明力を争う方法としては，証人に対する反対尋問，反証の取調請求等がある。自己提出の証拠を補強する趣旨の証拠は，証拠の証明力を争うものとはいえないが，自己に有利な証拠に対する反証の結果を減殺する趣旨の再立証は含まれるものと解する。

[5] 適当な機会

　機会をいつ与えるかについては，裁判所の判断に委ねられている。個々の証拠の取調が終わった都度でもよく，また当事者の一方の証拠調べが一応終わった段階で一括して与えてもよい。実務では，犯罪事実に関し被告人側の反証があるときは，検察官側の甲号証取調終了時点又は検察官立証の一応の終了時点で，反証の機会を与えるのが通例である（松尾・条解670）。

[6] 機会の付与

　証拠の証明力を争う機会を与えたからといって，必ず反証の取調請求を採用しなければならないものではない（仙台高判昭27・7・11特報22・149）。当事者双方が反証を出し合って審理が蒸し返されるような場合には，その必要性を十分吟味して証拠の採否を決すべきである（松尾・条解670）。

[7] 反　証

　反証とは，本来，本証によって立証しようとする事実の存在を否定し，ないしはこれに疑いを生じさせるための証拠をいうが，証拠の証明力を争うための反証としては，これよりも広く証明力を減殺するための証拠（いわゆる弾劾証拠）をも含むものと解してよい（松尾・条解670）。

[8] 証拠の証明力を争う機会の告知

　訴訟関係人が本条所定の証拠の証明力を争う機会を十分に活用できるように，裁判長にその点についての告知義務があることを定めた。

告知の時期，方法等は，裁判長の合理的な裁量に委ねられる。告知は必ずなされなければならないものではない。例えば，検察官から取調請求のあった供述調書の取調終了後，被告人側が進んで当該供述者を証人として取調請求したときは改めて告知しなくても違法でないし（福岡高判昭25・10・17高刑集3・3・491），証拠の証明力を争う意思がない旨をすでに表明している場合には，特に告知の必要はない（松尾・条解670）。また，証人尋問における反対尋問は，証人尋問本来の目的から当然に相手方にその機会を与えることを要するが，その趣旨で反対尋問の機会を与える措置がとられているときは，重ねて本条の告知の必要がないことはいうまでもない（松尾・条解670）。本条の告知は公判調書の記載事項ではなく，一般に行われるものであるから，公判調書にその記載がない場合であっても，反証のない限り適式に行われたものと解される。　　　　　　　　〔安永健次〕

第309条 [1]〔異議申立て〕　検察官，被告人又は弁護人は，証拠調 [2][3] に関し [4][5][6] 異議を申し立てることができる [7]。

2　検察官，被告人又は弁護人は，前項に規定する場合の外，裁判長の処分 [8][9][10] に対して異議を申し立てることができる。

3　裁判所は，前2項の申立について決定をしなければならない [11][12][13][14]。

> 〔規〕　**第205条** [15]（異議申立の事由・法第309条）　法第309条第1項の異議の申立は，法令の違反があること又は相当でないことを理由としてこれをすることができる。但し，証拠調に関する決定 [16] に対しては，相当でないことを理由としてこれをすることはできない。
>
> 　　2　法第309条第2項の異議の申立は，法令の違反があることを理由とする場合 [17] に限りこれをすることができる。
>
> **第205条の2**（異議申立の方式，時期・法第309条）　異議の申立は，個々の行為，処分又は決定ごとに，簡潔にその理由を示して [18]，直ちに [19] しなければならない。
>
> **第205条の3**（異議申立に対する決定の時期・法第309条）　異議の申立については，遅滞なく決定をしなければならない。
>
> **第205条の4**（異議申立が不適法な場合の決定・法第309条）　時機に遅れてされた異議の申立，訴訟を遅延させる目的のみでされたことの明らかな異議の申立，その他不適法な異議の申立 [20] は，決定で却下しなければならない。但し，時機に遅れてされた異議の申立については，その申し立てた事項が重要であつてこれに対する判断を示すことが相当であると認めるとき [21] は，時機に遅れたことを理由としてこれを却下してはならない。
>
> **第205条の5**（異議申立が理由のない場合の決定・法第309条）　異議の申立を理由がないと認めるときは，決定で棄却しなければならない。

第205条の6（異議申立が理由のある場合の決定・法第309条）　異議の申立を理由があると認めるときは，異議を申し立てられた行為の中止，撤回，取消又は変更を命ずる等その申立に対応する決定をしなければならない [22]。

2　取り調べた証拠が証拠とすることができないものであることを理由とする異議の申立を理由があると認めるときは，その証拠の全部又は一部を排除する決定をしなければならない [23]。

第206条（重ねて異議を申し立てることの禁止・法第309条）　異議の申立について決定があつたときは，その決定で判断された事項については，重ねて異議を申し立てることはできない [24]。

第207条（職権による排除決定）　裁判所は，取り調べた証拠が証拠とすることができないものであることが判明したときは，職権でその証拠の全部又は一部を排除する決定をすることができる [25] [26]。

[1] 本条の趣旨等　　[2] 証拠調　　[3] 被告人質問　　[4] 証拠調べに関する裁判長の処分　　[5] 証拠開示の裁判　　[6] 公判期日外の証人尋問等　　[7] 本条1項の適用除外　　[8] 裁判長の処分　　[9] 訴訟指揮権に基づく処分　　[10] 法廷警察権に基づく処分　　[11] 異議申立てへの対応　　[12] 異議申立てと公判調書　[13] 異議申立てに対する決定についての不服　　[14] 異議を申し立てないことによる瑕疵の治癒　　[15] 異議申立ての理由　　[16] 証拠調に関する決定　　[17] 法令の違反があることを理由とする場合　　[18] 異議申立ての方式　　[19] 異議申立ての時期　　[20] 不適法な異議申立て　　[21] 申し立てた事項の重要性等　　[22] 異議申立てに理由がある場合の具体的対応　　[23] 異議申立てに理由がある場合の証拠排除決定　　[24] 重ねて異議を申し立てることの禁止　　[25] 裁判所の職権による証拠排除決定　　[26] 証拠排除決定後の措置

[1] 本条の趣旨等

(1) **本条の趣旨**　　本条は，刑訴法が，当事者の訴訟追行を刑事訴訟の中心に据え裁判所の職権活動を補充的なものにとどめていること（当事者追行主義）や，公判手続の重点を，証拠調べを中核とする，公判期日における審理に置いていること（公判中心主義）に対応して，公判手続の進行に関して当事者に異議申立ての権利を認めた規定である。

　裁判員制度の導入に伴い，改めて，法廷においてその場で心証を形成することの重要性，法が求める公判中心主義，口頭主義・直接主義の徹底が意識されるようになった。

　いうまでもなく，裁判所は証拠調べ以前に証拠の内容を具体的に知ることは予定されていない。他方で，公判前整理手続及び期日間整理手続の創設に伴い類型証拠・主張関連証拠開示制度が設けられただけでなく，現在，公判前整理手続や期日間整理手続に付さない事件であっても，弁護人の請求に基づき，検察官が請求証拠以外の証拠について

も任意開示する実務運用がみられる。こうした状況のもとで，刑訴法の目的である事案の真相解明を実現するためには，当事者，なかでも弁護人が，被告人から十分に事情を聴取することはもとより，開示された証拠の内容等をも十分に検討した上で，法廷における証拠調べにおいて適時適切な異議の申立てを行うことが重要である。

(2) 「異議」について　「異議」という語は，他の規定にも多く用いられているが（50 I・51 I・83Ⅲ・140・276Ⅲ・299 I 但・315の 2 但・320Ⅱ但・385Ⅱ・428Ⅱ・Ⅲ・461の 2 ・502，規179Ⅲ等），それらは本条にいう異議とは性質を異にする。法と規則にあらわれる異議は，その性質の違いから，一般に，①裁判長を含む訴訟関係人の行為の是正を求める異議，②職権証拠調べを含む証拠の請求又は各種の決定を求める申立てに対する意見としての異議，③証拠の排除を求める申立てとしての異議，④終局裁判でない決定につき当該裁判所に対してする不服申立てとしての異議，⑤訴訟法上の権利を放棄しない旨の意思表示としての異議，⑥公判調書又は証人等の尋問調書の記載及びこれらが整理される前の証言等の要旨の告知の正確性に関する異議，⑦高等裁判所のした決定に対する抗告に代わる異議，⑧検察官の執行に関する処分に対する異議，の 8 つに分類される（佐藤・実務ノート 2 ・182）。本条は，①と③の異議と，④のうち証拠調べに関するものを含む（高橋・大コメ刑訴 6 ・343）。本条の異議に当たるかは，本条 3 項の決定を必要とするか否かにかかわることになるが，例えば，証人の公判廷における供述を証拠とすることに同意しない旨の陳述は本条 1 項， 2 項の異議の申立てに当たらない（東京高判昭28・1・31東時 3・2・49）。

(3) **本条の異議の機能**　本条 1 項においては証拠調べに関する「裁判所の決定」に対しても異議の申立てを許している。証拠調べに関する決定は，420条 1 項にいう「訴訟手続に関し判決前にした決定」にあたり，特別のものを除いてはこれに対し抗告をすることはできない。判決に対し上訴した場合には，上訴審の審査を受ける可能性があるとはいえ，結論に影響しないときは全く判断を示されることなく終わることもある。したがって，異議申立てが許されているということは，当事者にとっては瑕疵の是正を求める機会が，裁判所にとっては再度の考案の機会が与えられているということである（松尾・条解672）。また，378条，379条，381条及び382条に照らして，控訴趣意書で援用する事実を記録にとどめておくという，副次的な効果もある。なお，本条 2 項で裁判長の処分に対する異議申立てを許しているが，裁判長の処分とは，迅速かつ機動的な処理の必要な場において，本来は裁判所に属する権能をその代表者である裁判長にゆだねている（294）ことによりなされるものである。その意味で，これに対する異議申立ては，裁判長の処分に瑕疵があるときに，もともとはその処分を行う立場にある裁判所にその誤りを是正する機会を与えたものとみることができる（松尾・条解672）。

[2] 証拠調

本条にいう証拠調べとは，検察官の冒頭陳述をもって始まる証拠調べの段階において，裁判所，裁判長，裁判官，検察官，被告人又は弁護人が行うすべての訴訟行為をさす。したがって，冒頭陳述，証拠調べの請求，証拠調べの決定，証拠調べの範囲，順序等を

定める手続，証拠調べの方法，証人尋問における尋問，裁判長の尋問・陳述等の制限措置等についても異議の申立てをすることができる。なお，裁判員の参加する裁判では，例えば，裁判員による証人に対する補充尋問なども異議の対象となる（松尾・条解672）。公判前整理手続又は期日間整理手続で行われた証拠調べの決定等についても，異議の申立てをすることができる。

　異議の対象となる訴訟行為は，作為のみならず不作為の場合を含む。不作為の場合としては，裁判所の義務的証拠調べ（303）が行われないときや，証拠の証明力を争う機会の付与（308）がなされないときなどである。

［3］被告人質問

　証拠調べに入った後の被告人に対する質問及びその供述（311）については，被告人の供述を求める行為は狭い意味では証拠調べの観念には含まれない。しかしながら，被告人の供述が事実認定において証拠となることはいうまでもなく，手続的にも，実務においては，この段階における被告人質問は一般に弁護人が主質問を行い，検察官が反対質問を行うという証人尋問に準じた質問形式をとることが多い。公判調書上，被告人質問を行ったことは証拠等関係カードの職権分に記載される。したがって，これらの実質を考えれば，被告人質問に関する異議も本条1項の証拠調べに関する異議にあたると解する（松尾・条解673，高橋・大コメ刑訴6・345）。

［4］証拠調べに関する裁判長の処分

　証拠調べに関する裁判長の処分に対する異議は，本条1項の「証拠調」に関するものに含まれるか，それとも，2項の「裁判長の処分」に当たるか，条文上は必ずしも明らかでないが，前者と解されている（松尾・条解673，高橋・大コメ刑訴6・673）。したがって，裁判長の証人尋問の制限（295），介入権の行使（規201）などに対して，これを不当として異議の申立てができる。

［5］証拠開示の裁判

　裁判所は訴訟指揮権に基づいて証拠開示命令を発することができると解されている（最決昭44・4・25刑集23・4・248）が，開示命令は，裁判の性質としては決定であり，本条1項の証拠調べに関するものと考えられるから，当事者は同項により異議の申立てができると解されている（松尾・条解673，高橋・大コメ刑訴6・673）。なお，これに対して公判前整理手続等における証拠開示に関する裁定に対しては即時抗告ができる（316の26Ⅲ）。

　訴訟指揮権に基づく証拠開示命令を発しない措置（職権不発動）に対して弁護人が異議の申立てをすることができるかどうかについては，前記判例は弁護人に証拠開示命令を請求する権利を認めたわけではなく，弁護人の開示命令の申出は裁判所の職権発動を促すにとどまるから，開示命令を発しないことに対して異議の申立てはできないと解する（高橋・大コメ刑訴6・346）。

［6］公判期日外の証人尋問等

　本条1項の異議は，本条の規定の位置からして公判期日における訴訟行為のみを対象

としているようにもみえる。しかしながら，本条の趣旨に照らせば，異議の対象を公判期日の訴訟行為に限定する実質的理由に乏しく，裁判所の行う公判期日外の証人尋問，検証等における訴訟関係人の訴訟行為も異議の対象になると解される（高橋・大コメ刑訴6・346）。実務においては，交互尋問を前提とする公判期日外の証人尋問においても，本条の異議が一般に行われている（松尾・条解674）。受命裁判官又は受託裁判官の行う公判期日外の証拠調べ手続にも，その手続の性質に反しない限り，本条が準用されると解する（松尾・条解674，高橋・大コメ刑訴6・346）。

[7] 本条1項の適用除外

本条1項の「証拠調に関し」とは，証拠調べの実施に関する手続を含む広い意味であるが，ある意味では証拠調べに関する訴訟行為といい得る場合であっても，本条の異議の対象とならないものがある。この点，証人が正当な理由なしに証言を拒んだ時に過料の制裁を科さなかった措置に対して異議の申立てをすることはできないとした判例（最決昭32・11・2刑集11・12・3056）がある。すなわち，裁判所の不作為の場合，それが全く裁判所の裁量にゆだねられているとき，又は職権の不発動であるときは，異議の申立てを許すことは当事者にその事項に関して請求権を与えたのと同一の結果になるので，これを異議の対象にすることはできないと解される（松尾・条解674，高橋・大コメ刑訴6・347）。

したがって，上記判例で問題となった措置のほか，例えば，証人を勾引（152）しないこと，証人尋問の際の証人の遮へい等の措置（157の4・157の5・157の6）をとらないこと，公判期日外の証人尋問（158・281）を行わないこと，証人尋問に際して被告人の退席（281の2）又は退廷（304の2）を命じないこと，証拠調べの範囲・順序・方法を定めない又は変更しないこと（297）等は，異議の対象にならない。

[8] 裁判長の処分

「裁判長の処分」には，証拠調べに関する裁判長の処分は除外される（[4]）。したがって，本条2項の異議の対象は，裁判長の訴訟指揮権に基づく処分（294・295，規208・212等）と法廷警察権に基づく処分（288等）である。

なお，本条1項と2項の異議を区別し，2項の異議の対象は公判期日における裁判長の処分に限られ，公判期日外の証人尋問等を含まないとする見解もあるが，公判期日外の証人尋問において，裁判長が適宜訴訟指揮権を行使することはもとより，法廷警察権を行使する事態に至る場合も考えられ，これらが裁量権を逸脱し濫用と認められる場合には，異議の対象となる（松尾・条解674）。

[9] 訴訟指揮権に基づく処分

訴訟指揮権に基づく処分は，公判手続の全領域にわたる。作為だけでなく不作為も含まれるから，例えば，冒頭手続において291条3項に定められた権利告知等をしない場合には異議の申立てができる。また，起訴状朗読前の求釈明，冒頭手続における被告人の不適当な陳述は，295条により適切に制限すべきであり，適切な訴訟指揮権を行使せず，そのため著しい混乱を生じた場合には，その裁量権を逸脱した（「法令の違反がある」

不作為の処分として，異議の対象になり得る（松尾・条解675，高橋・大コメ刑訴6・349）。

[10] 法廷警察権に基づく処分

　裁判所は，具体的事件の審理を円滑に進行させ秩序化するにとどまらず，審判の場を設定しこれを運営管理する役割を，本質的に担っている。訴訟指揮権は，このように裁判所が本質的に有する訴訟の運営管理権能の一行使形態であり，法廷警察権も訴訟の運営管理権能の一つといえる（松尾・条解620）。したがって，法廷警察権に基づく処分（発言禁止，尋問陳述の制限，退廷命令等）も本条2項の「裁判長の処分」に含まれ異議の対象となる（東京高決昭28・12・4特報39・211）。

　もっとも，退廷命令が発せられた場合，現に法廷の秩序が乱されているのを回復するために退廷命令が発せられたのであるから，その秩序回復前に通常の手続を進めるのは矛盾である。したがって，混乱が続いている限り退廷を命じられた被告人の異議申立てはもとより弁護人の異議申立ても受理することなく，退廷命令を執行させるべきである（松尾・条解675）。当然のことながら，混乱が解消した後の異議申立ては許容される（高橋・大コメ刑訴6・349）。また，傍聴人は，法廷において本来的に一切の発言権がないから，自己に対して発せられた命令についても異議申立ての権利は一切ない。さらに，共同被告人が他の被告人に対する法廷警察権に基づく処分に対し異議を申し立てた場合，当該申立人に異議申立ての利益がない限り，不適法として却下することになる（松尾・条解675，高橋・大コメ刑訴6・349）。なお，法廷等の秩序維持に関する法律に基づく法廷警察上の処分（同2）は裁判所の決定であるから（同3Ⅰ），異議の申立ての対象とならない（石井・公判法大系3・48）。

[11] 異議申立てへの対応

　本条3項により，異議の申立てがあったときは，これを放置しておくことはできず，何らかの決定をしなければならない。この決定の時期・内容等に関しては，規205条の3から205条の6までの規定がある。実際の訴訟においては，当事者の発言が異議の申立てかどうか不明確な場合があり，このような場合には，直ちに発言の趣旨について釈明を求め（規208），異議申立ての趣旨であれば，ルールにのっとった手続をとらせるべきである。なお，単に相手方の注意を喚起するに過ぎない発言や裁判長の職権発動を促す程度の発言に過ぎないものは異議に当たらず，決定も不要である。

　異議の申立てについて決定するには，相手方の陳述を聞く必要があり（規33Ⅰ），異議の申立てを不適法として却下する場合（規205の4）も同様である。なお，併合審理されている複数の被告人に共通の証人尋問に際し，1人の被告人による尋問について検察官から異議申立てがあった場合，意見を聞く相手方は，決定を受ける当該被告人又はその弁護人のいずれかである。

　異議の申立てがあっても，申立てを受けた者が申立ての趣旨に従って自発的に改める態度に出たときは，異議は目的を達したものとして撤回されたと解してよく，決定をする必要はない。しかし，異議申立てを撤回しない旨示した場合には，異議申立てとし

て扱い，異議に理由がある限り，相手方の不適法な行為が是正された旨を公判調書上明らかにしておく必要がある。

なお，裁判員の参加する裁判では，「証拠調に関する決定」は裁判員法6条2項2号の「訴訟手続に関する判断」にあたり，裁判員にはその権限はなく，構成裁判官の合議によることとなる。したがって，本条3項の「裁判所」とは，裁判員を含まない，裁判官のみにより構成される。

[12] 異議申立てと公判調書

異議申立て及びその理由，異議申立てに対する決定は，公判調書の必要的記載事項である (規44 I ⑰·㊺)。主として異議申立てにより手続上の瑕疵が指摘されたことを公判調書上明確にしておき，上訴審で争う余地を残しておくためである。

[13] 異議申立てに対する決定についての不服

異議の申立てに対する決定は抗告を許さないものであるから，特に理由を付する必要はない (44 II)。実際の訴訟においては，異議を申し立てられた事項がその事件の審理において重要か否かによって理由を示すかどうかが決まってくる (高橋·大コメ刑訴6·352)。

[14] 異議を申し立てないことによる瑕疵の治癒

当事者が異議の申立てをしなかった場合に，異議の対象となるべきであった訴訟手続の瑕疵が治癒されたと認められることがある (例えば，最決昭29·9·24刑集8·9·1519，最判昭29·9·24刑集8·9·1534)。

[15] 異議申立ての理由

本条1項の証拠調べに関する異議のうち，決定に対するもの以外については，不適法を理由とするもののほか，不相当を理由とする異議申立ても許される (規205 I 本)。異議の申立ては訴訟手続の瑕疵の是正手続を当事者に求めたものであってその性質上法令違反を理由とするものが本則であるが，証拠調べは公判手続の中核であり，流動的な性格を有していることにもかんがみて，不相当を理由とするものにまで拡げて認めたものである。もっとも，本条1項の異議のうち，決定に対する異議については，法令の違反があることを理由とする場合に限り申し立てることができる (規205 I 但)。この決定は訴訟関係人の意見を聞いた上で (規190 II ·33 I)，裁判所として慎重に判断を示したものであることなどが考慮されたものである。

これに対して，本条2項の異議の申立ては，「法令の違反があることを理由とする場合に限り」することができる (規205 II)。合目的的考慮による裁判長の処分を必要とするものについて，不相当を理由とする異議を認めると，異議権の濫用により手続が不当に混乱，遅延するなどの弊害を生ずるおそれがあるためである。

[16] 証拠調に関する決定

証拠の採否に関する決定，証拠調べの範囲·順序·方法を定め又は変更する決定 (297) 等のほか，職権による証拠排除決定 (規207) も含まれる。

[17] 法令の違反があることを理由とする場合

裁量権の範囲を甚だしく逸脱していると認められる場合には，法令違反の問題が生じ得る（高橋・大コメ刑訴6・350）。

[18] 異議申立ての方式

異議の申立ては，手続上の瑕疵を即座に是正して手続を迅速に進行させるためのものであるから，冗長にわたるときはかえって手続の混乱，遅延を招くおそれがある。規205条の2はこのような理由で設けられた。

実務では，まず「異議」と述べて裁判長の注意を喚起した上，例えば，証人尋問の際にする異議では，「伝聞証拠にあたる」「誘導尋問」「関連性なし」などという形で理由が示される。

[19] 異議申立ての時期

証拠調べにおける事態の発展性や流動性，また次々と積み重ねられていく手続を後になってさかのぼって覆すことによる手続安定性への影響などに照らし，異議申立ては，個々の行為，処分又は決定ごとに直ちにしなければならない（松尾・条解676）。直ちに異議の申立てをしない場合には，時機に遅れたものとして不適法となる（規205の4）。

[20] 不適法な異議申立て

証拠調べに関する決定又は裁判長の処分について相当でないことを理由とする異議の申立て（規205），簡潔に理由を示さない異議の申立て（規205の2），重複する異議の申立て（規206）などである。

[21] 申し立てた事項の重要性等

規205条の4但書は，時機に遅れた異議申立てであっても，その申し立てた事項が重要であって，裁判所としてもその事項に対する実質的な判断を当事者に示すことが相当と認められるときは，その判断を示すようにという趣旨である。

何が重要な事項であるかは，個別的に判断するほかはないが，異議の対象となった訴訟行為やこれに存する瑕疵の種類や性質などにかかると解され，一般に，証拠能力のない証拠の取調べに対する異議，裁判官が替わったのに公判手続の更新をしなかったことに対する異議等があげられる。その瑕疵が存するため上訴審において訴訟手続に法令違反があると認められて破棄される可能性があるような場合には，規205条の4に基づき，時機に遅れたとして却下することはできず，異議の申立てに理由があるとしてこれを是正する措置をとらなければならない（松尾・条解677，高橋・大コメ刑訴6・361）。

どのような場合に判断を示すのが相当であるかについても，事件の性質，審理経過等に応じて具体的に判断すべきで一概にいうことはできないが，格別の事情がない限り，事項が重要ならば判断を示すのが相当であると考えてよい。

ただ，重要な事項であっても，著しく時機に遅れた場合や，時機に遅れたことにつき訴訟関係人に重大な過失が存するような場合は，不相当とされることもあると解される（高橋・大コメ刑訴6・361）。

309条　　　　　　　　　　　　　723

[22] 異議申立てに理由がある場合の具体的対応

「申立に対応する決定」として，次のような例があげられている（高橋・大コメ刑訴6・362～363）。

(1) **相手方の行為に対する異議について**　　作為であればその行為の中止，撤回，変更等の決定をし，不作為であれば当該作為を命ずる。

(2) **裁判長の処分に対する異議について**　　裁判（命令）の形式でなされる処分については，その処分の取消し，変更等の決定をする。なお，事実上の処分のときは，当該異議に理由があるという判断を示し，裁判長はその決定の趣旨に沿う事実上の処分をする。いずれの場合も，裁判所において，裁判長に対して，当該異議に対応する処分の取消し，変更等又は決定に沿う処分を命ずる必要はない。

(3) **裁判所の決定について**　　先にした決定を取り消すなど異議に対応した決定をする。

[23] 異議申立てに理由がある場合の証拠排除決定

この場合の排除決定は必要的である。「証拠とすることができない」とは，証拠能力がないことを意味する。「一部」を排除すべき場合としては，証人の供述中に伝聞事項が述べられたところ，証人尋問の終了前にこの伝聞証言の証拠排除を求める趣旨で異議の申立てがなされ，理由があると認めたときなどである。

[24] 重ねて異議を申し立てることの禁止

同じ事項を理由とする異議の申立てが繰り返されると，訴訟が遅延し手続の安定が害されるため，異議の蒸し返しを禁止することを定めた趣旨である。

禁止されているのは，異議の申立てについて既に決定がある場合に，その決定で判断された事項と同じ事項を理由とする異議の申立てである。したがって，同じ事項を理由とする申立てであれば異議の対象が異なっても禁止されるが，異なる事項を理由とするものであればその対象が同じであっても禁止されない。例えば，証人尋問に際して，相手方の尋問が「伝聞事項に関する」との理由で，相手方の尋問に対し異議が申し立てられその申立てが棄却された場合に，裁判長が相手方の伝聞事項に関する尋問を阻止しないとして，その不作為に対して異議の申立てをすることはできない。これに対して，相手方の尋問が「伝聞事項に関する」との異議の申立てが棄却された場合に，その尋問に対し，「誘導尋問である」との理由で異議を申し立てることは許される（高橋・大コメ刑訴6・364）。

なお，この制限は訴訟関係人のすべてに適用がある。したがって，相被告人の1人が申し立てた異議が棄却された場合，その決定で判断された事項について他の被告人が異議の申立てをすることは許されない（高橋・大コメ刑訴6・364）。

[25] 裁判所の職権による証拠排除決定

裁判所が職権で証拠排除決定ができるのは，証拠能力のない証拠を取り調べた場合に，それを放置しておくと，当事者がその証拠に対して反証を提出したり無益な弁論をすることになり，審理に無用な混乱が生じ訴訟経済に反するおそれがあるので，このような

弊害を避ける趣旨である。このような趣旨から，証拠排除決定をするかどうかは裁量的とされる（高橋・大コメ刑訴6・365）。

規207条により排除をするかどうかは裁判所の職権に属するから，当事者からその申出があっても職権発動を促すものに過ぎず，これに対する決定をする必要はない（東京高判昭28・10・22特報39・149）。また，排除する場合，訴訟関係人の意見を聴く必要はないが（規33Ⅰ本後），当事者の請求に基づいて取り調べた証拠のような場合には，当事者に意見を述べる機会を与えるのが適切である（松尾・条解678）。

[26] 証拠排除決定後の措置

排除決定のあった証拠の処置については別段の規定はない。実務上は，排除決定をした場合にも，排除された証拠を記録から取り除いたり，提出者に返還せず，決定書又は公判調書に排除した部分を明示し，記録中にそのまま留め置いて，排除した事情が記録によってわかるようにしている（石井・実務証拠法107）。なお，「証人Ⅹの証言のうち伝聞部分を排除する」との排除決定は，特定が不十分である（松尾・条解677，高橋・大コメ刑訴6・363）。　　　　　　　　　　　　　　　　　　　　　　　　　　　〔安永健次〕

第310条[1]〔証拠調を終わった証拠の提出〕　証拠調を終つた証拠書類又は証拠物は，遅滞なくこれを裁判所に提出しなければならない[2]。但し，裁判所の許可[3]を得たときは，原本に代え，その謄本[4]を提出することができる。

[1] 本条の趣旨

本条は，公判廷で取り調べた証拠書類又は証拠物を当事者の手中に残しておくときは散逸滅損のおそれがあるので，これを保全するため事件の終結するまで裁判所がこれを保管する原則を定める。もし提出がなければ，どのような証拠書類又は証拠物が公判廷に提出されたか又はそれがどのような内容をもつものであったかが，後に上訴審や公判手続の更新後に至って不明に帰するおそれがあるため，これを防止するために設けられた（高橋・大コメ刑訴6・368）。

[2] 証拠書類等の保管

(1) **編綴・押収**　証拠書類が提出された場合には，その性質上押収すべきではなく，単に訴訟記録に編綴すべきものであって，事件終結後も提出者に返還すべきではない。

証拠物については，既に押収されているか否かによって区別を設けず，いずれの場合も，必要があれば，法律関係を明確にする意味で裁判所が押収（領置）するのが実務である。検察官が押収している証拠物についてさらに裁判所が領置したときは，前者の押収は当然に失効する（高橋・大コメ刑訴6・370）。

提出された証拠物はすべて領置しなければならないわけではなく，裁判所が領置の必要がないと認める場合には，領置せず直ちに提出者に返還することができる。捜査機関

が既に押収している物で証拠としての重要性の大きくない証拠物等については，保管の便宜等をも考慮し，裁判所としては領置しない扱いとすることも多い。この場合，後に証拠物を再顕する必要があれば，当事者に再提出を求めればよいから，返還の際，検証の手続をとる必要はない。また，この場合の返還は，押収物の還付には当たらないから，訴訟関係人の意見を聴く（123Ⅳ）必要もない。裁判所がいったん領置の手続をした上で提出者に保管させ（121Ⅰ），換価（122），還付又は仮還付（123Ⅰ・Ⅱ）することも可能である（高橋・大コメ刑訴6・370）。

　証拠物たる書面（307）については，その性質上返還の必要がないものは押収手続によらないで証拠書類の取扱いに準じ適宜記録に編綴して保管することができる（高橋・大コメ刑訴6・369）。

⑵ **証拠書類等を提出しない場合の措置**　　証拠調べが終わった書証が裁判所に提出されないという事態は，ほとんど考えられない。当事者がどうしても手元に置きたい書証であれば，謄本提出という方法を活用すれば足りるからである。何らかの理由で当事者が書証を提出しない場合は，本条で課されている提出義務を前提として訴訟指揮権に基づき提出を命ずることができると解されている（高橋・大コメ刑訴6・370）。

⑶ **別件訴訟記録等の証拠調**　　別件の訴訟記録を取り寄せ，これに編綴された証拠書類のうち必要なものを証拠調べした場合には，その証拠書類を本件記録に編綴することができないので，通常謄本又は写しを作成して提出させることになる。同一裁判所の別事件の証拠書類を取り調べた場合に，その書類の出所が記録上明らかにされておれば，その原本又は謄本の提出がなくても違法でないが，この場合でも謄本を提出させる取扱いのほうが望ましい（高橋・大コメ刑訴6・372）。

　別件で他の裁判所で押収中の証拠物を取り寄せた場合，原則として，さらにもう一度押収（二重押収）するまでもなく，証拠調べ終了後その物件の所在を明確にして返還すれば足りるが，他の裁判所で間もなく判決があり押収を解く言渡しがあったものとみなされて（346）証拠物が散逸するおそれがあるようなときは，二重押収されることになろう（高橋・大コメ刑訴6・372）。なお，少年調査記録を家庭裁判所から取り寄せて証拠調べをした場合には，どの部分を取り調べたかを公判調書に記録しておくだけで直ちに家裁に返送する取扱いが多い（高橋・大コメ刑訴6・372）。

[3]　**裁判所の許可**

　裁判所の許可は，その性質上決定であるから，訴訟関係人の意見を聴かなければならないとする見解（松尾・条解679）もあるが，本条は当事者に申立権を認めているわけではないから，相手方の意見を聴く必要はないというべきである（東京高判昭26・11・28特報25・60）。許可があったことは，公判調書の必要的記載事項とされていないが（規44Ⅰ㊼チ），実務では証拠等関係カードの備考欄に「謄本提出許可」などと付記するのが通例である。なお，裁判員の参加する裁判では，許可の主体は，裁判員を含まない構成裁判官の合議体となる。

[4] 謄本の意味

「謄本」とは，本来は，原本の内容を同一の文字・符号によって完全に転写したものであって，その内容が原本と同一である旨の認証・証明を付した文書をいうが，本条の「謄本」は，いわゆる「写し」を意味するのであって，必ずしも認証ある謄本を要求するものではないと解されている（高橋・大コメ刑訴6・373）。したがって，作成権限者でない提出者が作成したものであっても，その内容が正確であればその形式を問わない。原本に代えてその写真でも差支えない（高橋・大コメ刑訴6・374）。証拠書類の一部だけについて証拠調べが行われたときは，その部分の謄本（その書類全体からいえば抄本）を提出すれば足りる（東京高判昭36・2・1高刑集14・2・51）。　　　　　　　　　　　〔安永健次〕

> **第311条** [1]〔被告人の黙秘権・供述拒否権，任意の供述〕　被告人は，終始沈黙し，又は個々の質問に対し，供述を拒むことができる[2]。
>
> **2**　被告人が任意に供述をする場合には，裁判長は，何時でも必要とする事項につき被告人の供述を求めることができる[3][4]。
>
> **3**　陪席の裁判官，検察官，弁護人，共同被告人又はその弁護人は，裁判長に告げて，前項の供述を求めることができる。

[1] 本条の趣旨

本条1項は，憲法38条1項の規定（不利益な供述の強要禁止）に対応して，被告人には事実関係について公判廷においても供述義務がないことを明らかにしたものである。

本条2項及び3項は，裁判所及び当事者が被告人に対し，任意の供述を求めることができることを規定したものである。

[2] 黙秘権

被告人は，公判の最初から最後まで黙っていてもよいし，個々の質問に対して供述を拒むこともできる。被告人に対するこれらの説明は，検察官の起訴状朗読後にすれば足り（291Ⅳ，規197Ⅰ），個々の質問に先立って被告人に供述の意思を確かめる必要はない。

被告人が供述を拒む場合は，単に黙っていればよく，拒む理由を説明する必要はない。

被告人の「氏名」については，事実認定の証拠資料となるものとして供述を求められた際には（例えば，氏名を述べることによって，犯人性の認定に繋がる場合），供述を拒否できるが，人定質問（規196）において，出廷した者が起訴状に記載された者と同一人であるかどうかを確認する趣旨で問われた際には，供述を拒否できないと解される。被告人が黙秘権を行使した場合，これを事実認定上，被告人に不利益に考慮することは許されない。量刑上も，被告人に不利益に考慮することは許されないとの考え方が一般的である。

[3] 被告人の供述

被告人が任意に行った供述は，冒頭手続の段階（291）であっても，証拠調べの段階

であっても，また，被告人にとって有利・不利を問わず，証拠として用いることができる。

証拠調べに入った後の段階で，裁判所や検察官・弁護人等の求めに応じて被告人が供述することを「被告人質問」と呼ぶ。裁判員裁判においては，裁判員は，裁判長に告げて，裁判員の関与する判断に必要な事項（事実認定や量刑判断）について被告人の供述を求めることができる（裁判員59）。補充裁判員には質問の権限はない。

被告人質問の時期について特に定めはないが，詳細な質問は，主要な証拠調べが一応終了した段階で行われるのが通例である。質問は，通常，弁護人，検察官，裁判所の順でなされる。弁護人や検察官の質問で，事実認定や量刑判断についての心証形成に十分な供述が得られたような場合には，裁判所からの質問がなされないこともある。

裁判長は，被告人質問において，重複質問，関連性のない質問，その他相当でない質問は，これを制限することができる（295Ⅰ）。

被告人質問は，狭義の証拠調べではないので，これを行うことについての取調べ請求も証拠決定も必要ない。ただし，審理計画を立てるために，あらかじめ，実施の有無，所要時間等を当事者から聴取しておく必要がある。特に，裁判員裁判の場合は，公判前整理手続において，実施時期等も含めて調整しておく必要がある。

[4] 実務上の処理

(1) **自白調書が存在する場合の被告人質問**　従前の刑事裁判では，自白事件で被告人の自白調書がある場合は，甲号証の証拠調べの後に，被告人の自白調書（乙号証）を調べ，その後に，必要な範囲で被告人質問を行うという運用が一般的であった。しかし，裁判員裁判においては，公判廷で見て聴いて心証の採れる裁判を実現するという観点から，被告人の自白調書の請求がある場合でも，これを採用することはせずに，まず被告人質問を行って，罪体部分も含めて被告人の供述を直接聴き，これによって事実認定や量刑判断に必要かつ十分な供述が得られれば，検察官が自白調書の請求を撤回するという運用が定着している。

近時は，このような運用が，裁判員裁判以外でも，事案の内容等から，裁判所の心証形成にとって資すると思われる事件については，検察官・弁護人の協力のもと，行われるようになってきている。

(2) **裁判員裁判における被告人質問**　裁判員裁判においては，弁護人・検察官の被告人質問が終わった後，多少長めの休廷時間を設けて，裁判官・裁判員の間で，裁判所としてどのような質問をすべきか検討するのが通常である。その結果，その後，裁判員が自ら被告人に対して質問をすることもあれば（裁判員59），裁判員の意向を受けて，裁判長又は陪席裁判官が質問をすることもある。補充裁判員は，質問の権限がないので直接質問をすることができないため，補充裁判員の疑問等を汲み取って，裁判長又は陪席裁判官が質問をすることがある。このような運用は，証人尋問における裁判所からの尋問についても同様である。　　　　　　　　　　　　　　　　　〔高橋康明〕

312条

第312条 [1] **〔起訴状の変更〕** 裁判所は，検察官の請求 [2] があるときは，公訴事実の同一性 [3] を害しない限度において，起訴状に記載された訴因又は罰条 [4] の追加，撤回又は変更 [5][6] を許さなければならない [7]。

2 裁判所は，審理の経過に鑑み適当と認めるときは，訴因又は罰条を追加又は変更すべきことを命ずることができる [8]。

3 裁判所は，訴因又は罰条の追加，撤回又は変更があつたときは，速やかに追加，撤回又は変更された部分を被告人に通知しなければならない [9]。

4 裁判所は，訴因又は罰条の追加又は変更により被告人の防禦に実質的な不利益を生ずる虞があると認めるときは，被告人又は弁護人の請求により，決定で，被告人に充分な防禦の準備をさせるため必要な期間公判手続を停止しなければならない [10]。

[規] **第209条（訴因，罰条の追加，撤回，変更・法第312条）** 訴因又は罰条の追加，撤回又は変更は，書面を差し出してこれをしなければならない。

2 前項の書面には，被告人の数に応ずる謄本を添附しなければならない。

3 裁判所は，前項の謄本を受け取つたときは，直ちにこれを被告人に送達しなければならない。

4 検察官は，前項の送達があつた後，遅滞なく公判期日において第1項の書面を朗読しなければならない。

5 法第290条の2第1項又は第3項の決定があつたときは，前項の規定による書面の朗読は，被害者特定事項を明らかにしない方法でこれを行うものとする。この場合においては，検察官は，被告人に第1項の書面を示さなければならない。

6 法第290条の3第1項の決定があつた場合における第4項の規定による書面の朗読についても，前項と同様とする。この場合において，同項中「被害者特定事項」とあるのは「証人等特定事項」とする。

7 裁判所は，第1項の規定にかかわらず，被告人が在廷する公判廷においては，口頭による訴因又は罰条の追加，撤回又は変更を許すことができる。

[1] 本条の趣旨 [2] 検察官の請求 [3] 公訴事実の同一性 [4] 起訴状に記載された訴因又は罰条 [5] 訴因・罰条の追加・撤回・変更 [6] 訴因変更の要否 [7] 裁判所の許可・不許可 [8] 訴因・罰条の変更等の命令 [9] 訴因・罰条の変更等の手続 [10] 訴因・罰条の変更等による公判手続の停止

[1] 本条の趣旨

本条は，訴因・罰条の追加，撤回及び変更について規定する。

訴因は，検察官が裁判所に対して，刑罰権の発動を求めて審判の対象として設定する，

312条

被告人が犯したとする犯罪事実であり，犯罪の構成要件に当てはめて法律的に構成した具体的事実であって，起訴状に記載する公訴事実は，訴因を明示して記載しなければならない（256Ⅲ）。また，罰条についても，公訴事実の記載と相俟って訴因を明示・特定する趣旨で，起訴状に記載することが求められている（256Ⅳ）。

　検察官は，公訴提起の時点において収集された証拠をもとに，公判において立証することができると考えられた訴因をもって公訴を提起するが，その後の訴訟の経過により，例えば，当初の訴因については証明されないが，これと類似し，あるいは実体法上一罪の関係にある別の訴因であれば証明されるという状態になる場合がある。また，その後の捜査の進展や事実関係の変化により，例えば，当初の訴因についても一応証明することができるけれども，新たに収集された証拠によって証明されるより実体的真実に即した訴因により犯罪事実を認定することが適正妥当であると判断される場合もある（例えば，傷害事件の被害者が死亡したため傷害致死を認定すべき場合や，常習累犯窃盗事件で，既に公訴が提起された個々の窃盗行為と常習一罪の関係にある別の窃盗行為についても認定することができる証拠が収集され，これについても審判の範囲に含めるべきであると判断される場合などである。）。

　このような場合において，仮に，裁判所が検察官により設定された訴因から外れて犯罪事実を認定し，判決をすることを認めたとすれば，それは，裁判所に対して審判の範囲を限定するとともに被告人に対して防御の範囲を明らかにするという訴因制度の趣旨に反することになる。他方，当初の訴因から一切の変更等を許さないとしたならば，検察官が設定する訴因と裁判所の心証が一致するまで訴訟を繰り返さなければならないとか，実体的真実から乖離した犯罪事実を認定し，これに基づく量刑をせざるを得ないというようなことになる。また，仮に，裁判所が，検察官の設定した訴因によっては有罪を認定することができないが公訴事実の同一性のある別の訴因であったならば有罪を認定することができるとの心証を抱いた場合，訴因の変更等が認められなければ，無罪の裁判をするしかないが，実体裁判は，確定すると，その効果として一事不再理の効力（憲39，337①）が公訴事実の同一性の範囲内にある事実に及ぶということを前提にすると，一事不再理の効力により，もはや，被告人に対しては，有罪を認定することができる別の訴因による裁判のやり直しをすることができないということになる（裁判をやり直しても免訴が言い渡されることになる。）。しかしながら，このような事態は，事案の真相を明らかにし，刑罰法令を適正かつ迅速に適用実現するという刑事訴訟法の目的に反することは明らかである。

　そこで，以上のような不都合を避けて，いったん開始された訴訟内でできる限り事件の最終的解決を図ることとするため，本条が設けられたのである（高橋・大コメ刑訴6・386）。

［2］検察官の請求

(1) **趣　旨**　　訴因は，検察官が裁判所に対して，刑罰権の発動を求めて審判の対象と

して設定する具体的な犯罪事実であり，罰条も訴因の明示・特定のために記載されるものであるから，それらの追加，撤回及び変更についても，検察官がするべきものということになる。もっとも，訴因の変更等については，公訴事実の同一性の範囲内に限って許され，その範囲内にあるかどうかについて裁判所の許可・不許可の判断を経るものとされている。

(2) **請求の時期等**　検察官が請求することができる時期については，規定上，何ら制限が設けられていないので，一般的には，起訴後，判決言渡しの直前まで，訴因の変更等を請求することができる。公判前整理手続においても，検察官は訴因の変更等を請求し，裁判所はこれを許すことができる（316の5②）。

しかしながら，検察官の請求が著しく時機に遅れ，被告人の防御に著しい不利益が生ずる場合が考えられる。このような場合については，請求の時期が規定の文言上制限されていないことや，被告人の防御の利益の保障に関しては，本条4項において公判手続の停止について規定が設けられていることを考慮してもなお手続的正義を欠くようなときは，訴因の変更等が公訴事実の同一性の範囲内にあったとしても，裁判所は，これを許さないことができると解されている（高橋・大コメ刑訴6・388）。

この点に関する裁判例としては，訴因の内容をなす被告人の犯罪行為を検察官の釈明によって特定し，これに基づいて審理が進められていたところ，結審間際に検察官がその内容を拡張する訴因変更請求をしたのに対してこれを不許可とした第一審の措置を適法とした例（福岡高那覇支判昭51・4・5判タ345・321）や，公判期日が重ねられいったん弁論が終結した後に検察官が訴因変更請求をしたことに対し，「請求が許されなくなるのは，検察官がその権利を濫用していると目されるような例外的な場合に限られると解される」との一般論を述べた上で，訴訟経過等を踏まえて訴因変更を認めた第一審の訴訟手続に法令違反はないとした例（東京高判平元・6・1判タ709・272）などがある。

なお，公判前整理手続を経た後の公判段階における訴因変更に関し，「公判前整理手続を経た後の公判においては，充実した争点整理や審理計画の策定がされた趣旨を没却するような訴因変更請求は許されない」と指摘しつつ，当該事案においては訴因変更請求を許可したとしても必要となる追加的証拠調べはかなり限定されており審理計画を大幅に変更しなければならなくなるものではないとして訴因変更を許した裁判例（東京高判平20・11・18高刑集61・4・6）がある。

控訴審においては，原判決を破棄するかどうかを判断するに当たっては，第一審当時の訴因・罰条からみて原判決に誤りがあるかどうかを判断しなければならないが，少なくとも，事実の取調べをして破棄自判するような場合については，訴因・罰条の変更等が認められている（最決昭29・9・30刑集8・9・1565，最判昭30・12・26刑集9・14・3011，最判昭42・5・25刑集21・4・705）。

訴訟条件との関係では，親告罪について告訴を欠いているなど，従前の訴因のままでは訴訟条件を欠く場合，例えば非親告罪の訴因に変更するというように，訴訟条件を具

備した訴因に変更することができると解されている（最決昭29・9・8刑集8・9・1471）。

公訴時効との関係では，公訴時効の完成は起訴時を基準として判断されるので，変更後の訴因について，起訴の時点で時効が未完成であったのであれば，訴因変更時に時効期間が経過していたとしても，当該訴因に変更することが許される（最決昭29・7・14刑集8・7・1100）。

[3] 公訴事実の同一性

(1) **総 説**　本条に規定されている「公訴事実の同一性」は，訴因の変更等が許される限界を画するものである。「公訴事実の同一性」は，二重起訴の禁止（338③）や一事不再理効が及ぶ範囲（憲39，337①）を判断する際の基準にもなる。

公訴事実の同一性は，公訴事実が単一であることを前提としており，本条に規定されている「公訴事実の同一性」は，公訴事実の「単一性」を含めた広義のものと理解されている。つまり，広義の公訴事実の「同一性」は，「単一性」と狭義の「同一性」とに分けて考えられる。

(2) **公訴事実の単一性**　公訴事実の単一性とは，公訴事実が訴訟法上不可分な一個の客体と観念されることをいい（高橋・大コメ刑訴6・392），被告人が一人であることと，公訴事実となる犯罪事実が一個であることが必要である。一個の犯罪事実かどうかについては，実体法上一罪かどうかによって判断される。実体法上の罪数理論によって数罪とされる場合には，公訴事実となる犯罪事実も数個となり，単一性を欠くということになる。観念的競合や牽連犯のような科刑上一罪については，実体法上の罪数理論によって一罪とされるべきものであるから，訴訟法上も不可分な一個の公訴事実となり，単一性があるということになる。

単一性については，従前の訴因と変更等をした後の訴因とを比較対照して一罪の関係に収まっているかどうかにより判断される。例えば，窃盗を幇助した者が，その正犯の窃取した財物をその情を知りながら正犯から買い受けた場合には，窃盗幇助罪と盗品等有償譲受け罪とが別個に成立し，両者は併合罪の関係にあると解されるので，窃盗幇助の事実と盗品等有償譲受けの事実とは，単一性を欠くことになる（最判昭33・2・21刑集12・2・288）。

(3) **狭義の公訴事実の同一性**　狭義の公訴事実の同一性があるとは，従前から設定されていた公訴事実（従前の訴因）と，訴訟手続が進んでいく中で証明される犯罪事実（変更等がされた後の訴因）とを比較して，実質的に同一のものと認められるということである。同一性があるかどうかという問題は，いわば，設定されている訴因と証明される事実（変更等がされた後の訴因）との間の「ずれ」をどこまで許容するかという問題であるといえる（高橋・大コメ刑訴6・393）。

同一性があるかどうかの判断基準については，犯罪を構成する事実関係のうち基本的な部分が社会通念上同一のものであるかどうかを基準とする基本的事実同一説のほか，罪質同一説，構成要件共通説，訴因共通説，社会的嫌疑同一説，刑罰関心同一説，総合

評価説など，学説が多岐に分かれている（各説の内容については，高橋・大コメ刑訴6・394参照）。判例は，概ね，基本的事実同一説を採っていると解されており，例えば，最判昭35・7・15刑集14・9・1152は，現住建造物放火幇助の事実と失火の事実との関係について，「同一被告人に対する同一日時場所における同一客体の焼燬に関するものであり，正に社会的，歴史的事実は同一であって，すなわち基本的事実関係を同じくするものであり，両者間には公訴事実の同一性があること疑を容れる余地がない」と判示している。

　基本的事実が同一か否かの判断に当たっては，構成要件や罪質の異同の程度を当然無視することはできないが，日時場所の近接性，行為の方法，態様，相手方，結果等の共通性等が重要な目安となる（高橋・大コメ刑訴6・397，松尾・条解685）。もっとも，どの程度共通していれば同一といえるのか，明確に線引きすることは困難であり，結局は，個別具体的な事案ごとに社会通念に従って判断していくしかない。

　基本的事実が同一といえるかどうかについては，観念的競合や牽連犯といった科刑上一罪の関係にある場合を除き，従前の訴因の具体的事実と変更後の訴因の具体的事実とを比較してこれらが事実関係として両立するか否かを基準として判断するという考え方（「択一関係説」）がある。つまり，日時場所，行為の方法，態様，相手方，結果等からみて，一方の訴因の具体的事実が認められれば他方の訴因の具体的事実の成立は認められないという択一関係にあるときは，基本的事実が同一であるとするものである。択一関係説は，比較的基準が明確であって，多くの場合これに従えば妥当な結論が出ることから，実務において広く用いられている（小林＝前田・注釈刑訴［第3版］4・485）。

　最高裁の判例には，背広1着の窃盗と，これと同一物件たる背広1着の牙保（盗品等有償処分あっせん）（最判昭29・5・14刑集8・5・676），馬の売却代金の着服による業務上横領と，馬そのものの窃盗（最判昭34・12・11刑集13・13・3195），被告人甲が公務員乙と共謀の上，乙の職務上の不正行為に対する謝礼の趣旨で，丙から賄賂を収受したという枉法収賄（加重収賄）と，被告人甲が丙と共謀の上，前記の趣旨で公務員乙に賄賂を供与したという贈賄（最決昭53・3・6刑集32・2・218）について，それぞれ両訴因の具体的事実を比較検討した上で，一方の犯罪が認められるときは他方の犯罪の成立を認め得ない非両立の関係にあるから，基本的事実関係が同一である旨判示して，公訴事実の同一性が認められるとしたものがある。

　しかしながら，択一関係説の適用には注意も必要である。例えば，窃盗の事実と盗品等有償譲受けの事実とは，日時場所が近接し，被害品が同一であれば，一般的には，両立しない事実関係にあるので，同一性があるといってよい。しかし，仮に，窃盗の事実と盗品等有償譲受けの事実との間に，当該被害品がいったん所有者の手に戻ったという事情が加わると，窃盗の事実と盗品等有償譲受けの事実は，両立し得ることになるので，同一性は否定される。また，自動車による過失運転致死として起訴された者が，後に身代わり犯人と判明した場合，この者は犯人隠避を犯したということになるが，過失運転

312条

致死と犯人隠避の事実は両立し得ない関係にあるとはいえ，社会通念上，この両者の基本的事実が同一であるとは言い難いので，公訴事実の同一性はないと考えるべきである（松尾・条解686）。

(4) **具体的裁判例**　公訴事実の同一性について判断がされた裁判例は，多数見受けられるが，ここでは，最高裁のものを中心に主なものを掲げておくこととする。いずれも，個別具体的な事案に即して判断されたものであることに注意が必要である。

　　ア　新旧訴因が同一の構成要件に属するもの　公訴事実の同一性があるとされた例としては，麻薬の所持における所持の場所の変更（最判昭30・7・19刑集9・9・1885），麻薬の譲渡における譲渡の場所及び相手方の変更（最決昭34・5・11刑集13・5・699），騒擾（騒乱）における日時・場所・方法の追加（最決昭25・6・17刑集4・6・1013），覚醒剤の使用における使用の時間・場所・方法の変更（最決昭63・10・25刑集42・8・1100）がある。

　　一方，両罰規定に基づいて会社が従業者らの違反行為について責任を負う場合において，責任を負うべき従業者らが異なるときは，会社についても公訴事実を異にするとされた例（最判昭28・1・27刑集7・1・64）や，日本刀の不法所持（当時の銃砲等所持禁止令違反）において，所持に係る日本刀が別のものであり，所持の態様を異にするとして，公訴事実の同一性が否定された例（最判昭28・11・27刑集7・11・2344）がある。

　　イ　新旧訴因が構成要件を異にするもの　公訴事実の同一性が認められたものとしては，例えば，窃盗本犯と盗品等に関する罪（最決昭27・10・30刑集6・9・1122，前掲最判昭29・5・14，最判昭29・9・7刑集8・9・1447），窃盗と詐欺・同未遂（最判昭29・8・24刑集8・8・1426），窃盗と横領（前掲最判昭34・12・11，最決昭37・3・15刑集16・3・274），詐欺と横領（最判昭28・5・29刑集7・5・1158，最決昭29・3・23刑集8・3・305，最決昭31・11・9刑集10・11・1531），詐欺（虚構の事実を申し向けることによる寄附金名目での金銭の詐取）と金沢市・小松市の条例違反（無許可・無届による寄附金募集）（最決昭47・7・25刑集26・6・366），収賄と贈賄（最決昭28・3・5刑集7・3・457，前掲最決昭53・3・6），業務上横領と商法違反（会社の計算による自己株式の不正取得）（最判昭33・5・20刑集12・7・1416），わいせつ物陳列と公然わいせつ教唆（最決昭30・7・1刑集9・9・1769），現住建造物放火幇助と失火（前掲最判昭35・7・15），恐喝と暴行（最判昭26・7・6民集5・8・474），業務上横領と背任（最判昭30・12・26刑集9・14・3011）がある。

　　公訴事実の同一性が否定されたものとしては，窃盗幇助と贓物故買（盗品等有償譲受け）（前掲最判昭33・2・21），無謀操縦による道路交通法違反と業務上過失致死（最決昭33・3・17刑集12・4・581），詐欺と業務上横領（最判昭41・4・12判時451・55）があるが，これらは，いずれも，別個独立して併合罪として成立するものであって，単一性を欠く事案であり，広義の同一性が否定されたものである。

[4] 起訴状に記載された訴因又は罰条

　　追加，撤回又は変更が認められる訴因又は罰条は，形式的に，「起訴状」と題する書面そのものに記載されたものに限られず，訴因の変更等に当たって検察官から裁判所に

提出された書面（規209Ⅰ）や訴因の変更等の経過を記載した公判調書（規209Ⅵ・44Ⅰ㉞）に記載されたものも含まれると解される。訴因の変更等は複数回することも可能であり，変更等がされた訴因から更に他の訴因へと変更等をすることができるし，元の訴因に戻すこともできる。

[5] 訴因・罰条の追加・撤回・変更

(1) 訴因の追加・撤回・変更　　訴因の「追加」とは，従前の訴因に新たな訴因を付け加えることである。公訴事実は一個の犯罪事実でなければならず，実体法上の罪数が一個でなければならないこと（公訴事実の単一性）に鑑みると，「追加」が可能であるのは，従前の訴因と新たに付け加える訴因とが科刑上一罪の関係にあるときと，従前の訴因に対して予備的又は択一的に新しい訴因を付け加えるときである（256Ⅴ参照）。従前の訴因が常習一罪や包括一罪と評価される事実を内容とする場合に，これと一罪の関係にある新たな事実を審判の対象とするときは，一個の訴因の内容を拡張しようとするものであって，別の訴因を付け加えようとするものではないから，本条の規定上は，訴因の「変更」に当たる。

　訴因の「撤回」とは，訴因の追加とは逆に，単一の公訴事実を構成する複数の訴因のうちのいくつかを撤去することである。訴因の撤回についても，現在の複数の訴因が科刑上一罪の関係にあるか，予備的又は択一的な関係にある場合に考えられる。併合審理されている併合罪の関係にある訴因のうちの一部の訴因を撤去することは，併合罪の関係にある訴因は複数の公訴事実であってこのうちの一部の公訴事実を撤去するものであるから，訴因の撤回ではなく，公訴の取消しによるべきである。

　訴因の「変更」とは，「追加」や「撤回」に当たらない，個々の訴因の内容に変更を加えることを意味する。

　なお，公訴事実の同一性があるため訴因の追加又は変更によるべきであるのに追起訴をした場合，形式的には公訴棄却の判決をすべきであるともいえるが（338③），追起訴を訴因の追加又は変更の趣旨に解して処理することも可能であり（最大判昭31・12・26刑集10・12・1746，前掲最判昭34・12・11），その方が合理的であると思われる。

(2) 罰条の追加・撤回・変更　　起訴状における罰条の記載は，訴因の記載と相俟って，訴因を明示・特定する趣旨でされるものであり，訴因の変更等により新たな訴因が別の罰条に該当するときには，罰条の記載についても変更等がされるべきものである。

　もっとも，罰条の記載は，裁判所による法令の適用をその範囲内に拘束するためのものではないから，裁判所は，被告人の防御に実質的な不利益が生じない限りは，罰条の変更等の手続を経ないで，起訴状に記載されていない罰条であってもこれを適用することができる（最決昭53・2・16刑集32・1・47）。

　罰条の「追加」，「撤回」及び「変更」の区別については，訴因について述べたところと基本的に同様に解される。

(3) 訴因の補正，訂正　　起訴状の「補正」及び「訂正」の意義については，256条の解

説〔2〕参照。「補正」及び「訂正」は，訴因の変更ではないので，本条が直接規定するものではない。

[6] 訴因変更の要否

(1) 事実記載説と法律構成説
訴因変更の要否の問題とは，検察官が訴因として設定した事実と，公判審理によって証明された事実との間にどの程度の「ずれ」が生じたときに，訴因の変更を要するかという問題である。換言すると，裁判所は，有罪判決を言い渡すに当たり，罪となるべき事実として，どの程度，訴因として設定された事実から「ずれ」の生じた事実を認定することができるかという問題である。

この問題については，大別して二つの考え方がある。一つは，訴因の機能は，具体的な事実によって審判の範囲を限定し，当事者の攻撃・防御の対象を明確にして被告人の防御を全うさせることにあるとして，訴因の事実面を重視し，法律構成の異同に関係なく，訴因の内容をなす重要な事実に変動があり，被告人の防御に実質的な不利益が生ずるおそれがあるときには，訴因変更を要するとする事実記載説であり，現在の支配的見解である。他の一つは，訴因は公訴事実の法律構成を示すものであるとして，法律構成が異なる場合には訴因変更を要するが，具体的な事実に変更があっても法律構成に変わりがなければ訴因変更は要しないとする法律構成説である。判例・実務は，概ね事実記載説に従っており，詳細については後述するが，法律構成に変動がなくても事実について「ずれ」が一定程度生じたものについては訴因変更を要する一方，法律構成を異にしても事実について「ずれ」がないか，小さいときは訴因変更を要しないとしている。

(2) 訴因変更の要否の基準（抽象的防御説と具体的防御説，平成13年最高裁決定）
事実記載説において，訴因変更の要否を判断するに当たって大きなメルクマールとされてきたのは，具体的事実の「ずれ」によって被告人の防御に実質的な不利益が生ずるおそれがあるかどうかという点である。この実質的な不利益の有無の判断をめぐって，従来，大きく分けて二つの考え方がある。

一つは，訴因とされた事実と証明された事実とを一般的，類型的に対比することにより判断すべきであるとする抽象的防御説であり，もう一つは，個別具体的な事案ごとに，被告人の防御活動など訴訟の具体的な経過，状況を勘案して，個別的に判断すべきであるとする具体的防御説である。具体的防御説に立った場合，訴因とされた事実と証明された事実とを比べて一般的，類型的には証明された事実の方が被告人に不利益なものであっても，被告人が自認していたとか，不利益となるところについても防御活動をしていたなどといった従前の審理状況がある場合には，これを考慮して，訴因変更は要しないという結論に至ることがある。一方，抽象的防御説に立った場合，被告人が具体的にどのような防御活動をしていたかなどは考慮せず，訴因とされた事実と証明された事実との一般的，類型的な対比のみによって判断するので，被告人が自認していたり，不利益となるところについて防御活動をしていたという事情があったとしても，訴因変更を要するということになる。

訴因変更の要否の基準に関して重要な判例が，最決平13・4・11刑集55・3・127である。この最高裁決定は，殺人の共同正犯の訴因において実行行為者につき被告人と明示されていたが，訴因変更手続を経ることなく，第一審判決が，実行行為者につき「共犯者又は被告人あるいはその両名」と択一的に認定した事案についてのものである。最高裁は，「訴因と認定事実を対比すると，……犯行の態様と結果に実質的な差異がない上，共謀をした共犯者の範囲にも変わりはなく，そのうちのだれが実行行為者であるかという点が異なるのみである。そもそも，殺人罪の共同正犯の訴因としては，その実行行為者がだれであるかが明示されていないからといって，それだけで直ちに訴因の記載として罪となるべき事実の特定に欠けるものとはいえないと考えられるから，訴因において実行行為者が明示された場合にそれと異なる認定をするとしても，審判対象の画定という見地からは，訴因変更が必要となるとはいえないものと解される。とはいえ，実行行為者がだれであるかは，一般的に，被告人の防御にとって重要な事項であるから，当該訴因の成否について争いがある場合等においては，争点の明確化などのため，検察官において実行行為者を明示するのが望ましいということができ，検察官が訴因においてその実行行為者の明示をした以上，判決においてそれと実質的に異なる認定をするには，原則として，訴因変更手続を要するものと解するのが相当である。しかしながら，実行行為者の明示は，前記のとおり訴因の記載として不可欠な事項ではないから，少なくとも，被告人の防御の具体的な状況等の審理の経過に照らし，被告人に不意打ちを与えるものではないと認められ，かつ，判決で認定される事実が訴因に記載された事実と比べて被告人にとってより不利益であるとはいえない場合には，例外的に，訴因変更手続を経ることなく訴因と異なる実行行為者を認定することも違法ではないものと解すべきである。」と判示した上で，第一審が当該具体的事案について訴因変更手続を経ることなく判決で前記のとおり認定したことに違法はないとした。

この最高裁決定で示されたところを踏まえると，①訴因制度の趣旨は，審判の範囲を限定することにあり，その観点から，審判対象の画定のために必要な事項，すなわち訴因を特定するために訴因として記載することが不可欠である事実について，これに変動が生じたときは，訴因変更を要する（訴因の明示，特定は，被告人に対して防御の範囲を示すためのものでもあるから，このような事実について「ずれ」が生ずるときは，一般的，類型的に被告人の防御に実質的な不利益を与えるおそれが生じているということもできよう。），②訴因の特定という観点からは必ずしも訴因に記載することが不可欠とはいえない事実であっても，被告人の防御にとって重要なものについては，訴因として明示された以上，判決でこれと実質的に異なる認定をするためには，原則として訴因変更の手続を経るべきである，③しかしながら，被告人の防御の具体的な状況等の審理経過に照らし，被告人に不意打ちを与えるものではなく，かつ，判決で認定される事実が訴因に記載された事実と比べて被告人にとって不利益であるとはいえない場合には，例外的に訴因変更の手続を経なくてもよい，と整理することができる（高橋・大コメ刑訴6・415，小林＝前田・注釈刑訴［第

3版] 4・499，池田・判例解説(刑)平13・69)。もっとも，③に関しては，前記最高裁決定が「少なくとも」という語を付した上で訴訟変更の手続を経なくてもよい例外的な場合について判示していることに鑑みると，当該最高裁決定に示された場合以外であっても，個別の事案によってはその具体的な訴訟経過を踏まえて，訴因変更を要しないとする判断がされる場合があると思われる。具体的な訴訟経過に照らして，被告人に不意打ちを与えるものでなければ，仮に，判決で認定される事実が訴因に記載された事実と比べて被告人にとって不利益なものであっても，訴訟変更の手続を経なくてよい場合もあり得ると考えられる。

　なお，訴因とされた事実と認定される事実との間の差異が小さいときは，審判対象の画定という観点からは実質的に変動したとまではいえず，また，被告人の防御に実質的な不利益も生じないといえるので，訴因変更は要しないと考えられる。

　訴因変更の手続を経なければならないかどうかという意味では，一般的には以上のとおり整理することができると思われるが，法律上，訴因変更の手続を経なければならないとまではいえないような場合においても，裁判所が訴因に記載された事実とは異なる事実を認定しようとするときには，当事者への不意打ちを防ぎ，主張立証を尽くさせるなどの観点から，訴因変更の手続を経ることや，裁判所から当事者に求釈明をすることなどは，もちろん妨げられないし，むしろ望ましいことが少なくないように思われる(争点として顕在化させずに事実を認定することが不意打ちとして違法となることがある〔最判昭58・12・13刑集37・10・1581参照〕)。

(3) **縮小認定の理論**　　いわゆる縮小認定がされる場合，つまり，認定される事実が訴因とされた事実に包含されており，訴因として画定された審判対象の範囲からはみ出るところがない場合には，いわば大が小を兼ねており，被告人の防御にも不利益は生じないので，訴因変更は要しない。例えば，強盗の訴因に対して恐喝を認定する場合 (最判昭26・6・15刑集5・7・1277)，横領の訴因に対して占有離脱物横領を認定する場合 (前掲最判昭28・5・29)，殺人の訴因に対して同意殺人を認定する場合 (最決昭28・9・30刑集7・9・1868)，殺人未遂の訴因に対して傷害を認定する場合 (最決昭28・11・20刑集7・11・2275，最判昭29・8・24刑集8・8・1392)，強盗致死の訴因に対して傷害致死を認定する場合 (最判昭29・12・17刑集8・13・2147) などである。

　なお，被告人の具体的な防御の状況等も考慮して訴因変更を要しないとした判例として，道路交通法違反の酒酔い運転の訴因に対して訴因変更手続を経ずに酒気帯び運転を認定することが許されるとした事例 (最決昭55・3・4刑集34・3・89) がある。酒気帯び運転の認定は，当初の酒酔い運転の訴因からはみ出るところがあるとはいえ，縮小認定に準ずるものであることから，訴因変更を要しないとしたものということができ，ごく常識的な結論ではあるが，厳密にはやはり縮小認定ではないことから，具体的な防御の状況等をも考慮してそのような結論に至ったのであろう (反町・判例解説(刑)昭55・64参照)。

(4) **具体的な裁判例**　　訴因変更の要否について判断した裁判例は多数見られるが，以

上に掲げたもののほか，最高裁のものを中心に，主なものを以下に掲げることとする。

　ア　訴因とされた事実と認定される事実とに，犯罪の構成要件を異にする「ずれ」がある場合　　訴因とされた事実の一部を認定するときは，前記のとおり，いわゆる縮小認定の理論により，訴因変更は不要である。

　一方，認定される事実が，訴因とされた事実には含まれず，これからはみ出て，別の罪の構成要件に該当する場合は，訴因変更が必要である。この場合は，訴因として記載することが不可欠な事実について「ずれ」が生じたものということができよう。例えば，強制わいせつの訴因に対して公然わいせつを認定する場合（最判昭29・8・20刑集8・8・1249），単純収賄の訴因に対して請託収賄（受託収賄）を認定する場合（最判昭30・7・5刑集9・9・1777），収賄の共同正犯の訴因に対して贈賄の共同正犯を認定する場合（最判昭36・6・13刑集15・6・961），特別背任の訴因に対して業務上横領を認定する場合（最判昭41・7・26刑集20・6・711），殺人の訴因に対して重過失致死を認定する場合（最決昭43・11・26刑集22・12・1352）である。

　もっとも，訴因とは法律構成を異にするものの，訴因とされた事実と認定する事実との間の「ずれ」が実質的にはないといえるようなほど小さい場合は，審判対象の画定という観点からも，被告人の防御への不利益という観点からも，実質的に影響を及ぼさないと考えられるので，訴因変更は要しない。裁判例としては，業務上過失致死の訴因に対して重過失致死を認定する場合（最決昭40・4・21刑集19・3・166），公職選挙法の供与罪の訴因に対して交付罪を認定する場合（最決昭29・5・20刑集8・5・711）が挙げられる。

　なお，訴因とはされていない事実を認定して，科刑上一罪の関係にある別罪をも併せて認定するときは，訴因の追加が必要である。例えば，窃盗の訴因に対し，これと牽連犯の関係にある住居侵入の事実をも認定する場合（最決昭25・6・8刑集4・6・972）である。

　イ　訴因とされた事実と認定される事実とに，基本的構成要件とその修正形式との間の「ずれ」又は修正形式相互間の「ずれ」がある場合　　訴因とされた事実の一部を認定するときは，前記のとおり，いわゆる縮小認定の理論により，訴因変更は不要である。例えば，既遂の訴因に対して未遂を認定する場合（東京高判昭24・11・12高刑集2・3・264），共同正犯の訴因に対して幇助犯を認定する場合（最判昭29・1・21刑集8・1・71，最判昭29・1・28刑集8・1・95，最判昭33・6・24刑集12・10・2269）である。

　一方，構成要件の修正形式に関し，訴因とされた事実に含まれない事実を，構成要件に該当する事実として認定するときは，訴因変更を要する。この場合は，訴因として記載することが不可欠な事実について「ずれ」が生じたものであり，縮小認定の理論によることができない場合であるということができる。例えば，未遂犯の訴因に対して既遂犯を認定する場合（名古屋高判昭25・3・27特報7・106），幇助犯の訴因に対して共同正犯を認定する場合（最大判昭40・4・28刑集19・3・270）である。過去の判例の中には，単独犯の訴因に対して共同正犯を認定する場合（最判昭34・7・24刑集13・8・1150）や，傷害の同時犯の訴因に対して共同正犯を認定した場合（最判昭33・7・18刑集12・12・2656）について，被告

人による具体的な防御活動の状況を踏まえて訴因変更を要しないとしたものがあるが，一般的には，いずれも，元の訴因に対して，共謀という修正された構成要件該当事実であって訴因として記載することが不可欠な事実が加わるものであり，縮小認定の理論によることも難しいところであるから，このような場合には訴因変更が必要であったといわざるを得ないように思われる（高橋・大コメ刑訴 6・420，小林＝前田・注釈刑訴［第 3 版］4・508）。

　　ウ　訴因とされた事実と認定される事実とに，同一の犯罪構成要件内の「ずれ」がある場合　　㋐　犯罪の日時・場所　　犯罪の日時・場所は，それが犯罪の構成要件となっていない限り，訴因を特定するための重要な手段ではあるけれども，罪となるべき事実そのものではないから，訴因として記載することが不可欠なものとまではいえない。また，公訴事実の同一性が失われない範囲内において，訴因として掲げられた日時・場所とは異なる日時・場所を認定したとしても，直ちに被告人の防御に不利益を生じさせることは，一般的には少ないと思われる。判例においても，詐欺の欺罔行為の日時につき約 1 か月の相違が生ずる場合（最決昭35・2・11刑集14・2・126）や麻薬の所持の場所に多少の変更がある場合（最判昭30・7・19刑集 9・9・1885）などについて，訴因変更を要しないとされている。もっとも，被告人が犯人性を争い，アリバイを主張しているなどの事情があり，犯罪の日時・場所如何が有罪無罪の判断に重大な関係があり，被告人の防御にとって重要となるような場合には，それが訴因として掲げられている以上，原則として訴因変更が必要となる（東京高判昭26・12・28特報25・141，福岡高判平16・10・8 高検速報平16・202，東京高判平22・11・30高検速報平22・103）。

　　㋑　犯罪行為の態様，方法等　　a　総　論　　犯罪行為の態様，方法について，訴因として掲げられたものと実質的に異なる事実を認定して有罪を言い渡す場合には，それが訴因の特定の観点から訴因として記載することが不可欠なものに当たるときは訴因変更が必要であり，また，訴因の特定という観点からは必ずしも訴因に記載することが不可欠ではなくても，被告人の防御にとって重要なものであるときは，原則として訴因変更が必要であると解される。

　　例えば，現住建造物等放火の事案で，ガスコンロの点火スイッチを作動させて点火し，台所に充満したガスに引火，爆発させたとの訴因に対し，何らかの方法により前記ガスに引火，爆発させたと認定したことは，引火，爆発の原因が前記スイッチの作動以外の行為であるとした場合の被告人の刑事責任について検察官の予備的主張がなく，そのような行為に関し求釈明や証拠調べにおける発問等もされていなかったなどの審理経過の下では，被告人に不意打ちを与えるものとして違法であるとした最近の判例がある（最決平24・2・29刑集66・4・589）。これは，訴因として掲げられた「ガスコンロの点火スイッチを作動させて点火した」という放火の方法は，訴因として記載することが不可欠なものには当たらないが，被告人の防御にとって重要な事項であって，原則として訴因変更を経ることを要するものであるところ，当該事案において，審理経過に照らしても訴因

変更を経なくてもよい例外的な場合には当たらないと判断したものといえる（岩﨑・曹時65・9・282参照）。

一方，訴因変更を不要とした最高裁の判例としては，免許を受けないで酒類を製造したという酒税法違反で，濁酒の製造とされた訴因に対して雑酒の製造と認定する場合（最決昭27・10・16刑集6・9・1114），経済関係罰則の整備に関する法律違反における職員の職務内容（最判昭30・7・5刑集9・9・1805），収賄における受供与の趣旨（最判昭32・1・24刑集11・1・252），詐欺における欺罔行為及び錯誤の内容（最決昭35・2・11刑集14・2・126），商法の特別背任における背任目的（最決昭35・8・12刑集14・10・1360），地方税の不納入を煽動したという地方税法違反における煽動文言（最判昭30・11・30刑集9・12・2529），賄賂を提供したという自動車競技法違反における賄賂提供の際の依頼事項（最判昭32・1・17刑集11・1・1）について，それぞれ訴因と異なる認定をする場合のものがある。

　ｂ　過失　　過失は，一般に，開かれた構成要件といわれているように，同一の罰条とはいっても，過失の内容たる注意義務違反が異なるときは，構成要件的に別個の法規範の違反があるということができるので，訴因とは異なる態様の過失を認定するときは，訴因変更を必要とすると解される（小林＝前田・注釈刑訴［第3版］4・506）。例えば，最判昭46・6・22刑集25・4・588は，一時停止の状態から発進するに当たりアクセルとクラッチペダルを踏んだ際足を滑らせてクラッチペダルから左足を踏み外した過失という訴因に対して，交差点前で一時停止中の他車の後に進行接近する際ブレーキをかけるのが遅れた過失と認定する場合には，訴因変更を要するとしている。

　過失犯の訴因としては，通常，過失行為につき，①注意義務の前提となる事実，②注意義務の内容，③当該注意義務に違反する具体的な行為の3つが記載されているところ，②・③について，訴因と認定を異にする場合には，過失の態様が異なることになるので訴因変更を必要とするが，①については，これが異なるとしても②・③に差異が生じなければ異なる態様の過失であるということにはならないので，①を異にすることをもって直ちに訴因変更を必要とするということにはならないと解される（小林＝前田・注釈刑訴［第3版］4・507）。最決昭63・10・24刑集42・8・1079は，自動車の運転者に速度調節義務を課す前提となる，路面の滑りやすい原因と程度に関する具体的事実として，降雨によって路面が湿潤したという事実が掲げられている訴因に対して，訴因変更を経ることなく，石灰の粉塵が路面に堆積凝固したところ折からの降雨で路面が湿潤したという事実を認定することが許されないわけではなく，具体的な裁判手続の経過に照らしても被告人の防御権が侵害されたとも認められない旨判示している。

　なお，訴因として掲げられた事実と認定される事実との間で実質的に差異があるとはいえないときは，訴因変更を要しない。例えば，「進路前方を注視せず，進路の安全を確認しなかった」という過失の訴因に対し，「進路前方を注視せず，ハンドルを右方向に転把して進行した」という過失を認定したことについて，過失の態様を補充訂正したにとどまるとして，訴因変更の手続を経ることを要しないとされている（最決平15・2・20

判時1820・149)。

　c　作為犯と（不真正）不作為犯　　一般に，作為犯の訴因に対して不作為犯を認定し，あるいは，不作為犯の訴因に対して作為犯を認定する場合は，訴因変更が必要であると考えられている。例えば，児童ポルノ画像の公然陳列の事案で，作為による共同正犯の訴因に対して不作為による幇助犯を認定したことが違法とされた裁判例（名古屋高判平18・6・26高刑集59・2・4）がある。

　d　共　謀　　共謀の事実は，罪となるべき事実である（最大判昭33・5・28刑集12・8・1718）が，実務においては，実行共同正犯と共謀共同正犯とを区別することなく，共謀の事実について，「共謀の上」とだけ記載し，謀議の日時・場所，その内容の詳細，すなわち実行の方法，各人の行為の分担役割等についていちいち具体的に掲げることは要しないと解されている（前掲最大判昭33・5・28）。そうすると，共謀の態様自体は，訴因を特定するために記載することが不可欠な事実ではないので，これに変動が生じても，そのことから直ちに訴因変更をする必要が生ずるものではない。もっとも，共謀の態様が訴因の一部をなしており，それが被告人の防御にとって重要なものであるときは，判決で訴因と実質的に異なる認定をするためには，原則として訴因変更の手続を経るべきである（前掲最決平13・4・11）。

　例えば，前掲最決平13・4・11のとおり，実行行為者が被告人であると明示されていた殺人の共同正犯の訴因に対し，実行行為者が「共犯者又は被告人あるいはその両名」であると択一的に認定するには，被告人の防御にとって重要な事項であるから，原則として訴因変更を要するが，具体的な審理の経過に照らし，被告人に不意打ちを与えるものとはいえず，訴因に記載された事実と比べて判決で認定された事実が被告人にとってより不利益なものともいえないことを理由に，訴因変更手続を経なかったことが違法とはいえないとされた例がある。一方，前掲最決平13・4・11で示された判断枠組に則りつつ，被告人が被害者の首を絞めた後，共犯者が更に被害者の首を絞めて殺害したとして，いわば最後にとどめを刺した者が明示されている殺人の共同正犯の訴因に対し，訴因変更手続を経ることなく，被告人のみが被害者の首を絞めたと認定することが，被告人に不意打ちを与えるものであり，かつ，認定事実が被告人にとって不利益であるとはいえない場合でもないから，許されないとした例がある（大阪高判平28・5・26判タ1438・130）。

　また，現場共謀による実行共同正犯の訴因に対して，被告人が実行行為に出たことは否定しつつ，現場共謀による共謀共同正犯を認定しても，審理の経過等に鑑み，被告人の防御権を無視して不意打ちを与えたものとはいえないとされた例（東京高判昭56・7・15判時1023・138）や，事前共謀の共同正犯の訴因に対し，現場共謀の共同正犯と認定しても，縮小認定であるから訴因変更は必要でないとした例（東京高判昭59・8・7高検速報昭59・255）がある。一方，犯行現場での共謀による共同正犯の訴因に対し，犯行現場での共謀を否定し，事前の共謀に基づく共謀共同正犯を認定するには，訴因変更を要すると

された例がある（最判昭58・9・6刑集37・7・930，大阪高判昭56・7・27高刑集34・3・355等）。

　また，共謀の相手が誰かということについては，審判対象の画定という観点からは訴因として記載することが不可欠であるとはいえないが，Aとの共謀という訴因に対して氏名不詳者との共謀と認定する場合，これが被告人の防御上重要な事実であるときは，原則として訴因変更を要する（東京高判平10・7・1高刑集51・2・129）。もっとも，被告人の防御の具体的な状況等の審理の経過に照らし，被告人に不意打ちを与えるものではなく，認定する事実が訴因とされた事実と比べて被告人にとって不利益であるとはいえないときは，訴因変更手続を経なくても違法ではない（東京高判平20・10・30東時59・1＝12・119）。

　㋡　犯罪の被害者，結果等　　被害者等について，形式的には訴因として掲げられた事実と認定される事実との間で差異があるように見えても，別の者を認定するというよりもむしろ正確に認定するものといえるような場合には，訴因変更は要しないと解すべきである（小林＝前田・注釈刑訴［第3版］4・512）。例えば，会社の業務に対する業務妨害という訴因について，同会社の工場長の業務に対するものと認定する場合（最決昭28・3・5刑集7・3・443），詐欺の被害者を父とする訴因に対して被害者を娘と認定する場合（最判昭30・10・4刑集9・11・2136）である。一方，偽造公文書行使の事案で，共犯者の一人として起訴された相被告人を行使の相手方と認定する場合には訴因変更を要するとされた例がある（東京高判昭28・2・23高刑集6・1・148）。

　財産犯における被害金品の数量・価額，傷害罪における傷病名・加療期間のような被害の種類，数量，程度等については，その縮小，縮減方向の変動は，いわゆる縮小認定の理論により訴因変更を要しない。拡大，増加方向の変動は，それが被告人の刑事責任を実質的に増大させるような場合には，被告人の防御に不利益を与えるおそれがあるので，原則として，訴因変更を要するが（最決昭40・12・24刑集19・9・827参照），被告人の量刑に実質的に影響を及ぼすとまではいえないような場合には訴因変更を要しないと考えられる。

　エ　罪数評価との関係　　訴因に関する現在の支配的見解であり実務が採用する事実記載説の立場からは，訴因として掲げられた範囲内の事実を認定するのであれば，罪数評価を異にするときであっても，訴因の内容をなす事実面に変動がないので，訴因の変更等は要しない（最決昭26・2・22刑集5・3・429，最判昭29・3・2刑集8・3・217等）。もっとも，一罪として起訴されたものを数罪と認定する場合（認定する数罪が併合罪の関係にあるときは，刑の加重がされることになる。）や，数個の訴因を総合して結合犯の一罪として認定する場合（例えば，強盗と強制性交等を強盗・強制性交等の一罪と認定するような場合）などは，被告人の防御上不利益となり得るので，検察官の釈明や，訴因の補正等によって防御の機会を与えるべきであろう。

［7］裁判所の許可・不許可

　裁判所は，検察官の請求に対して，公訴事実の同一性を害しないと判断したときは，これを許可する決定をしなければならない（公訴事実の同一性を害しなくても訴因の変更等

が許されない場合について，前記[2]参照。）。この決定は，黙示のものでも足りる（最判昭26
・10・5刑集5・11・2156）。

　訴因の変更等の効果は，裁判所の許可によって生ずると解される。訴因の変更等がさ
れた場合には，新たな訴因が審判の対象となり，旧訴因について審判することは許され
ないが，再度，旧訴因への変更等をすることは可能である。訴因の変更等がされても従
前の訴訟手続は影響を受けず，変更等の前に取り調べられた証拠は，新訴因を認定する
ための資料とすることができる。

[8] 訴因・罰条の変更等の命令

(1) **趣　旨**　　訴因及び罰条の変更等をする権限は検察官にある。裁判所と検察官とで
事実認定や法令の適用に関して見解を異にする場合，裁判所としては，法令の適用につ
いては起訴状に記載されている罰条に拘束されない（前記[5](2)参照）が，検察官が設定
した訴因には拘束されるので，検察官により訴因の変更又は追加がされたならば有罪の
裁判をすることができるにもかかわらず，検察官が従前の訴因を維持するがために，従
前の訴因に対して無罪を言い渡すというような，被告人を不当に利する裁判をせざるを
得ないという事態が生じ得る。そこで，適正な刑事司法の実現という観点から，裁判所
は検察官に対して訴因・罰条の変更等を命ずることができるとすることにより，当事者
主義の例外として，裁判所が後見的に訴因・罰条の設定について介入することが認めら
れている。

　なお，訴因・罰条の「撤回」は，命令の対象とされていないが，これは，前記のよう
な趣旨に照らすと，当該訴因に対して無罪等の裁判をすれば足り，一般的に，訴因の撤
回を命ずる必要がないからであると考えられる。

(2) **命令の要件**　　命令の要件は，「審理の経過に鑑み適当と認めるとき」であり，その
判断は裁判所の裁量にゆだねられているが，訴因・罰条の変更等の命令が規定された趣
旨が前記のとおり当事者主義の例外として裁判所が後見的に介入することを認めたもの
であることに鑑みると，まずは，検察官に釈明を求めたり勧告したりするなどして，検
察官に対して自発的な訴因の変更等を促すべきであり，このような方法を尽くしてもな
お検察官が応じない場合に初めて命令をするのが望ましい（高橋・大コメ刑訴6・440）。

(3) **命令の性質，効果**　　「命ずる」と規定されているが，これは裁判形式としての命令
(43Ⅱ) ではなく，裁判所の訴訟指揮に関する決定の性質を持つと解される（高橋・大コメ
刑訴6・440）。

　訴因・罰条の変更等の命令がされた場合，検察官にはこれに従って訴因・罰条の変更
等をする義務が生ずる。検察官がこれに従わないとき，学説の中には，命令に形成力を
認め，命令により訴因の変更等がされるとする見解もあるが，最高裁は，このような見
解を否定し，訴因の変更等の効果は生じない旨明確に判示しており（前掲最大判昭40・4・
28），実務的には完全に解決されている。

　訴因の変更等とは異なり，罰条の変更等については，罰条の適用は裁判所の専権に属

し当事者の意見に拘束されるものではないことを根拠に，命令に形成力を認めるのが通説とされている（高橋・大コメ刑訴6・445）。

(4) **命令の義務性**　訴因の変更等の命令をするかどうかは，裁判所の裁量にゆだねられているが，裁判所には，証拠の明白性，犯罪の重大性や，公判審理における検察官の主張状況やこれに対する被告人の防御状況など，諸々の事情に鑑み，訴因の変更等を促す，更には訴因の変更等を命ずるといった義務が生ずる場合がある。

　この点についてのリーディングケースとなった最決昭43・11・26刑集22・12・1352は，訴因が殺人の事案について，「裁判所は，原則として，自らすすんで検察官に対し，訴因変更手続を促しまたはこれを命ずべき義務はない」としつつ，「本件のように，起訴状に記載された殺人の訴因についてはその犯意に関する証明が充分でないため無罪とするほかなくても，審理の経過にかんがみ，これを重過失致死の訴因に変更すれば有罪であることが証拠上明らかであり，しかも，その罪が重過失によつて人命を奪うという相当重大なものであるような場合には，例外的に，検察官に対し，訴因変更手続を促しまたはこれを命ずべき義務があるものと解する……したがつて……裁判所が検察官の意向を単に打診したにとどまり，積極的に訴因変更手続を促しまたはこれを命ずることなく，殺人の訴因のみについて審理し，ただちに被告人を無罪とした第一審判決には審理不尽の違法があるとしてこれを破棄し，あらためて，原審で予備的に追加された重過失致死の訴因について自判し，被告人を有罪としたことは，違法とはいえない」と判示した。この最高裁決定は，訴因変更を促し，又は命令する義務が例外的に生ずる場合があるとし，このような義務が生ずるかどうかを判断する要素として，訴因を変更すれば有罪であることが証拠上明らかであるという証拠の明白性と，訴因変更後の訴因の罪が重大なものであるという犯罪の重大性とを掲げている。ここでいう重大性については，法定刑の重さのみでなく，罪質，態様，結果等を総合判断して，それを不問に付すことが社会正義に反するか否かという観点から検討されるべきである（松尾・条解693）。

　その後，前掲最判昭58・9・6は，その事案における証拠の明白性と犯罪の重大性を認めつつも，約8年半に及ぶ第一審の審理において検察官が一貫した主張をしており，裁判所の求釈明に対しても従前の主張を変更する意思はない旨明確かつ断定的な釈明をしていたこと，これに対する被告人の防御活動はそのような検察官の主張を前提としてなされていたことといった手続面のほか，従前の訴因と同様の法的構成のもとで不起訴とされている者との著しい処分上の不均衡などをも考慮要素として挙げた上で，「検察官に対し前記のような求釈明によって事実上訴因変更を促したことによりその訴訟法上の義務を尽くしたものというべきであり，さらに進んで，検察官に対し，訴因変更を命じ又はこれを積極的に促すなどの措置に出るまでの義務を有するものではない」と判示している（裁判員の参加する合議体で審理された保護責任者遺棄致死事件について，訴訟経緯をも考慮して同様の判示をしたものとして，最判平30・3・19刑集72・1・1）。

　訴因の変更等を命ずるかどうかを判断するに当たっては，このような手続面やその他

の事情をも考慮する必要があるということであろう。

[9] 訴因・罰条の変更等の手続

　訴因・罰条の変更等は，起訴状の内容を変更し，審判の対象を変動させるものであるから，その重要性に鑑み，検察官の請求は，書面で行うことが原則とされているが（規209 I），被告人が在廷する公判廷において口頭で請求し，裁判所が口頭で許可することも認められている（規209 VI）。

　検察官は，書面により，訴因・罰条の変更等の請求をするときは，被告人の数に応ずる謄本を添付し（規209 II），裁判所は，これを被告人に送達しなければならない（規209 III）。

　本条3項においては，訴因・罰条の変更等があったとき，つまり裁判所が訴因・罰条の変更等の請求を許可したときは，速やかに被告人に通知しなければならない旨規定されているが，実務上は，検察官から訴因・罰条の変更等の請求が書面でされた場合，裁判所は直ちには許否の決定をせず，その謄本の送達を行った後に許可決定をするという取扱いが多い。その場合も，謄本の送達をもって黙示の許可決定があったものと認められればもちろん（前掲最判昭26・10・5は黙示の許可決定を認めている。），そうでなくても通知を要するとする趣旨からみて，決定前の謄本の送達をもって通知に代えることができると解されている（松尾・条解694）。そして，被告人への謄本の送達があった後，検察官は，遅滞なく公判期日においてこの書面を朗読しなければならない（規209 IV）。

　公判廷における口頭による訴因・罰条の変更等については，本条3項の通知は必要でない（前掲最判昭26・10・5）。

　なお，明文の規定はないが，訴因の変更等がされたときは，291条3項に準じて，被告人及び弁護人に対して，変更等がされた訴因について陳述する機会を与えるのが，実務上確立された取扱いである（高橋・大コメ刑訴6・447，小林＝前田・注釈刑訴[第3版]4・525）。

[10] 訴因・罰条の変更等による公判手続の停止

　訴因・罰条の変更等がされた場合に，被告人の防御について，期間的にも保障する趣旨で規定されたものである。

　公判手続の停止は，被告人の防御に実質的な不利益を生ずるおそれがあることを要件とするが，これに当たるかどうかは，従前の訴因とどの程度の重要な差異があるかという訴因の内容のほか，従前の主張・立証の状況がいかなるものであったか，これを踏まえて新訴因に対する主張・立証のためにどの程度の準備を要するかなどの観点から，個別的に判断される（高橋・大コメ刑訴6・448，小林＝前田・注釈刑訴[第3版]4・534）。

　公判手続の停止は，被告人又は弁護人の請求による。事案によっては，裁判長が求釈明をして被告人又は弁護人に請求を促すことが妥当な場合がある。

　また，一応，停止の理由が認められても，次回の公判期日までの期間を相当空けることによって賄えるときは，公判手続の停止をしなくてもよいと解される（高橋・大コメ刑訴6・448，小林＝前田・注釈刑訴[第3版]4・534）。　　　　　　　　　　　　〔中村功一〕

746   313条

第313条 [1]〔弁論の分離・併合・再開〕　裁判所は，適当と認めるときは [4]，検察
　官，被告人若しくは弁護人の請求により又は職権で，決定を以て，弁論 [2] を分離
　し若しくは併合し [3][5]，又は終結した弁論を再開 [6] することができる。
　2　裁判所は，被告人の権利を保護するため必要があるときは，裁判所の規則の定め
　るところにより，決定を以て弁論を分離しなければならない [4]。

　　[規]　第210条（弁論の分離・法第313条）　裁判所は，被告人の防禦が互に相反する等の事由
　　　があつて被告人の権利を保護するため必要があると認めるときは，検察官，被告人若
　　　しくは弁護人の請求により又は職権で，決定を以て，弁論を分離しなければならな
　　　い [4]。
　　　第214条（弁論の再開請求の却下決定の送達）　終結した弁論の再開の請求を却下する決
　　　定は，これを送達することを要しない。

　　　[1] 本条の趣旨　　　[2] 弁論の意義と個数　　　[3] 弁論の分離・併合の意義
　　　[4] 分離・併合の基準　　　[5] 分離・併合の手続と効果　　　[6] 弁論の再開

[1] 本条の趣旨

　本条は，弁論の分離・併合及び再開について，原則として，裁判所が裁量により決定
する旨規定している。

[2] 弁論の意義と個数

　本条にいう弁論とは，訴訟関係人の意見陳述を指す狭義のそれではなく，公判審理・
公判手続全体を指す広義のそれを意味する。広義の弁論の個数は，事件の数によって定
まる。事件が単一（被告人1人，公訴事実1個の場合）であれば弁論は1個であるが，被告
人ないし公訴事実のいずれか一方又はその双方が複数である場合には，事件の個数はそ
の乗数となり，弁論もその数だけ存在することになる。

[3] 弁論の分離・併合の意義

　弁論の併合とは，数個の事件の弁論を併せて同時に審理することをいい，弁論の分離
とは，併合された数個の事件を分けて別個に審理することをいう。1人の被告人につい
て複数の公訴事実の弁論を併合することを客観的併合，複数の被告人の弁論を併合する
ことを主観的併合という。判決の宣告は弁論ではなく，判決の宣告について弁論の分離
・併合の問題は生じない。したがって，共同被告人の一部の者が判決宣告期日に欠席し
た場合も，弁論の分離をすることなく，出頭した者に対してのみ判決の宣告をし，欠席
した者については判決宣告期日を延期すれば足りる。

　なお，本条は，同一の国法上の裁判所に係属する事件の弁論の分離・併合について規
定したものであり，別個の国法上の裁判所に係属する事件の分離・併合については，4
条・5条・7条・8条による。

[4] 分離・併合の基準

(1) **原則（裁判所の裁量）と例外（必要的分離）**　弁論の分離・併合は，裁判所が「適当と認めるとき」に決定でこれを行うことができるとされ，原則として，裁判所の裁量判断に委ねられている（313 I）。一方，「被告人の権利を保護するため必要があるとき」は弁論を分離しなければならないとされており（同条 II），規210は，その例として「被告人の防禦が互に相反する」場合を挙げている。この点，単に共同被告人の主張が相反するというだけでは必ずしもその権利を保護するために分離することが必要であるとはいえないし（東京高判昭32・6・20裁判特報4・14＝15・323），一部の被告人が分離を求めたからといって必ずしもその意見を優先させる必要はない。上記例外に当たるか否かについては，裁判所が，当事者の意見を踏まえつつ，被告人間の主張・証拠意見の食い違いの程度・内容，各被告人との関係で必要とされる証拠調べの内容，併合した場合における審理時間への影響の有無・程度等を総合的に考慮して，実質的に判断すべきである。

　なお，弁論の分離・併合の決定を行う時期については定めがなく，公訴の提起後弁論終結に至るまで，いつでも行うことができる。公判審理の過程で，必要に応じ，弁論の分離・併合を繰り返すことも可能である。

(2) **実務上の処理**　上記のとおり，弁論の分離・併合については，基本的には，裁判所の裁量に委ねられているが，実務上は，概ね以下のような考え方を基に運用されている。

　ア　客観的併合について　実体法上の併合罪について加重単一刑主義をとる我が国の刑法の下では，被告人は併合審判を受けると量刑上有利になる場合が多く（いわゆる「併合の利益」），実務上，被告人の利益を考慮して併合する扱いが通例である。また，例えば複数の殺人事件や強盗殺人事件が起訴され，併合して審理・判決をすれば無期懲役刑や死刑の量刑が想定されるケースなど，併合審判をするか否かによって刑種の選択が異なり得る場合も考えられるが，このような場合には，適正な量刑という観点から併合することが適当である。実務においては，以上のような観点を踏まえ，1人の被告人について複数の公訴事実がある場合には，原則として併合して審理・判決を行う運用がされている。

　イ　主観的併合について　共犯事件等，被告人が複数いる場合には，弁論を併合すれば，証拠調べ等の重複が避けられ，証人の負担軽減や訴訟経済に資するほか，各被告人に共通する事実の合一的な確定が容易になり，共犯者間の量刑の均衡を保ちやすいなどのメリットもある。一方で，被告人の防御が互いに相反するなど，被告人の権利保護の観点から併合が相当でない場合があるほか（313 II，規210），審理の複雑化による遅延のおそれがある，被告人の数が一定数以上になると，法廷内での被告人及び弁護人の適切な配席が物理的に困難になったり，戒護上の支障を来したりするばかりか，裁判所による適切な訴訟指揮やこれによる法廷の秩序維持も困難になるなどのデメリットもある。実務においては，当事者の意見も踏まえつつ，裁判所が，個々の事件において，併合によるメリットとデメリットとを総合的に考慮した上で，併合するか否かの判断をし

ている。一般に，共犯事件等，事件の関連性が高い場合には，併合のメリットが大きいことから，被告人間で主張や証拠意見が大きく食い違う等の事情がない限り，併合して審理・判決を行う例が多い。

なお，例えば，共犯事件によって起訴された被告人の一部について単独犯による別事件が複数起訴されているような場合には，共犯事件の審理部分のみ主観的に併合して証拠調べ等の審理を行った上，弁論を分離し（ただし，複数事件で起訴された被告人については，客観的に併合した状態で），被告人ごとに審理・判決を行うことにより主観的併合によるメリットを活かしつつ，デメリットを回避する運用も行われている。

(3) **裁判員裁判における弁論の分離・併合**　ア　裁判員裁判の場合にも，弁論の分離・併合については，本条が適用される。もっとも，裁判員裁判の非対象事件について，対象事件と併合するのが適当と認められる場合には，裁判員の参加する合議体で取り扱うべき決定（裁判員4I）をした上で，本条により弁論の併合をしなければならない（同条II）。

　イ　区分審理・部分判決制度　裁判員裁判における弁論の分離・併合の判断においては，上記(2)ア，イの各要素に加え，一般の国民から無作為に選ばれる裁判員の負担への配慮という観点も考慮されなければならない。この点，裁判員法は，裁判員の負担の軽減を図る制度として，区分審理・部分判決制度を設けている（裁判員71以下）。

　これは，1人の被告人に対して対象事件を含む複数の事件が起訴され，その弁論が併合された場合に，裁判員の負担等を考慮し，裁判所において，併合した事件のうち一部の事件を区分する決定を行い（同71），区分された事件について，事実認定についての審理を行った上で(区分審理)，被告人の有罪・無罪につき部分判決を言い渡し(同78・79)，これを踏まえて，新たに選任された裁判員の加わった合議体が残りの事件を審理した上，併合事件の全体についての刑の言渡しを含む終局判決（併合事件審判。同86等）を行うという制度である。対象事件と非対象事件が併合されている場合には，すべての事件につき裁判員を含む合議体で審理・判決をする方式のほか，区分審理決定をした上，非対象事件たる区分事件の審判を構成裁判官のみで行う方式によることもできる（同74）。また，公訴事実及び被告人の双方が複数の場合（客観的併合と主観的併合が並存する場合）にも区分審理・部分判決制度を活用することは可能である。

　ウ　実務上の処理　区分審理決定をするか否かは，併合審理の相当性，併合審理を行った場合の裁判員の負担の程度，犯罪の証明に支障を生じるおそれの有無，被告人の防御に不利益を生じるおそれの有無，その他相当でないと認められる事情の有無の各考慮要素を検討の上，総合的に判断される。区分審理決定の活用が想定される典型的な場面としては，①複数の対象事件が相互に独立しており，それぞれの審理に相当期間を要すると予想される場合，②非対象事件の事実に争いがあり，多数の証拠調べが必要となる場合，③非対象事件について既に相当の審理が行われており，単に併合すると更新の負担が重い場合の3つがある（その他，区分審理決定の活用を検討し得る場合については，大

西「裁判員裁判における区分審理制度」慶應法学22・44以下参照)。

[5] 分離・併合の手続と効果

(1) **弁論の分離・併合の手続**　弁論の分離・併合は，検察官，被告人若しくは弁護人の請求により，又は職権で，決定により行われる（本条Ⅰ)。

　1通の起訴状に数個の事件（被告人ないし公訴事実の一方又は双方の複数）が記載されている場合であっても，理論的には，これらの事件を同時に審理するためには弁論の併合決定が必要であると解されるが，実務上は，明示的な併合決定をしないで同時審理を行っている例が多い。この場合は，黙示の併合決定がされているとみるべきである。また，ある被告人に対し，別の事件（公訴事実）が追起訴された場合，それらを同時に審理するためには弁論の併合決定が必要であり，実務上も併合決定がされているが，仮に，明示的な併合決定を欠いた場合であっても，先行事件と併合審理しても被告人の権利保護を害するおそれのない事件が追起訴され，公判廷において両事件が事実上併合して審理され，被告人，弁護人とも異議なく手続が進行した場合には黙示の併合決定があったものと解される（最判昭27・11・14刑集6・10・1199)。

(2) **弁論の分離・併合の効果**　弁論が併合された後になされた訴訟行為の効果は，原則として併合されている事件全体に及ぶ（もとより，特定の公訴事実又は特定の被告人との関係に限定して訴訟行為をすることは可能であり，実務上も，立証趣旨において公訴事実又は被告人を限定して証拠調べ請求がなされ，その公訴事実又は被告人のみの関係で取り調べるとの運用も行われている。)。

　このような併合の効果は，あくまでも併合の時点以降においてのみ生じる。したがって，併合前にある事件について取り調べられた証拠を併合された他の事件の関係でも証拠とするには，改めて他の事件の関係で証拠調べを行う必要がある。もっとも，1人の被告人との関係で先行事件について取り調べた証拠を，その後の追起訴事件との関係でも証拠とする場合には，実務においては，再度，同一の証拠につき証拠請求・取調べなどの手続を行うのではなく，立証趣旨の拡張（拡張請求，求意見，決定のみで再度の取調べは行わない。)の方式によるのが通例である。

[6] 弁論の再開

　弁論の再開とは，いったん終結した弁論を再び開くことをいう。裁判所は，適当と認めるときは，当事者の請求又は職権で，弁論を再開することができるとされ（本条Ⅰ)，その基準は，裁判所の裁量に委ねられているが，実務上は，主張・立証の不足を補うべく追加の主張・立証をするため，あるいは，結審後に示談成立や被害弁償など新たな事情が生じ，それについての主張・立証をするため，検察官又は弁護人が弁論の再開を請求し，これを受けて再開することが多い。

　弁論の再開によって弁論は終結前の状態に戻るから，再開後，証拠調べが行われた場合には，訴訟関係人の意見陳述（293）の機会を与えなければならない。もっとも，訴訟関係人は，先に陳述した意見を援用することができ，実務上も，陳述済みの意見に変

更がなければ，追加立証に基づく補充の主張を簡潔に述べた上，「その余は従前のとおり。」などと述べるにとどめる運用が一般的である。　　　　　　　　　〔大西直樹〕

第313条の2 [1]〔**併合事件における弁護人選任の効力**〕　この法律の規定に基づいて裁判所若しくは裁判長又は裁判官が付した弁護人の選任は，弁論が併合された事件についてもその効力を有する[2]。ただし，裁判所がこれと異なる決定をしたときは，この限りでない[3]。
2　前項ただし書の決定をするには，あらかじめ，検察官及び被告人又は弁護人の意見を聴かなければならない。

　　［規］　第18条の2（追起訴された事件の弁護人の選任・法第30条）　法第30条に定める者が一
　　　　　の事件についてした弁護人の選任は，その事件の公訴の提起後同一裁判所に公訴が提
　　　　　起され且つこれと併合された他の事件についてもその効力を有する。但し，被告人又
　　　　　は弁護人がこれと異る申述をしたときは，この限りでない。

［1］本条の趣旨

　本条は，国選弁護人の選任の効力が原則として弁論が併合された事件にも及ぶこと，例外的に選任の効力を併合事件に及ぼさないための手続等を規定したものである。

　本条は，1人の被告人について複数の事件（公訴事実）の弁論が併合された場合（客観的併合）の規定であり，複数の被告人の弁論が併合された場合（主観的併合）には適用されない。

［2］国選弁護人の選任の効力

　刑訴法の基本原則である事件単位の原則は，弁護人選任の場面にも妥当し，1つの事件についての弁護人の選任の効力は，別事件には当然には及ばないのが原則である。これを前提とした上で，規18の2は，私選弁護人選任の効力について，1つの事件についてした弁護人の選任は弁論が併合された事件にも原則として及ぶことを規定している。本条は，従前からこの規定を国選弁護人についても準用ないし類推適用してきた実務の取扱い（札幌高判昭32・10・31高刑集10・8・696等）を明文化したものである。

　なお，本条は，弁論が併合された事件，すなわち起訴済みの事件に関する国選弁護人についての規定であり，被疑者段階の国選弁護人については，事件単位の原則がそのまま妥当する。すなわち，ある被疑事実について国選弁護人が付された被疑者が新たな別の被疑事実で身柄拘束された場合は，新たな被疑事実については先行事件に係る選任の効力は及ばない。また，起訴済みの事件について選任済みの国選弁護人であっても，当該被告人が新たな被疑事実について身柄拘束された場合，その段階において，当然に同事実についても国選弁護人になるわけではない。これらの場合には，後行の事件につい

て国選弁護人になるには，別個の新たな選任が必要となる（実務上は，被疑者が後行事件について国選弁護人を希望する場合には，被疑者の意向を確認した上，法テラスに指名通知依頼をする際に，関連事件について選任された弁護人の氏名を伝えるなどして，先行事件に係る弁護人が後行事件においても指名通知を受けられるよう運用されている。）。

[3] 例外（裁判所による決定）

本条1項により，国選弁護人選任の効力は併合事件に及ぶのが原則であるが，裁判所は，訴訟関係人の意見を聴いた上で，国選弁護人選任の効力が併合事件に及ばない旨の決定をすることができる（本条Ⅰ但・Ⅱ）。

このような決定をするのは，例外的な場合に限られるであろうが，例えば，多数事件が起訴されている場合等に，事件ごとの分担により審理の充実・迅速化を場合などが想定されよう。　　　　　　　　　　　　　　　　　　　　　　　〔大西直樹〕

第314条 [1]〔公判手続の停止〕　被告人が心神喪失の状態 [2] に在るときは，検察官及び弁護人の意見を聴き，決定で，その状態の続いている間公判手続 [3] を停止 [4] しなければならない。但し，無罪，免訴，刑の免除又は公訴棄却の裁判をすべきことが明らかな場合 [5] には，被告人の出頭を待たないで，直ちにその裁判をすることができる。

2　被告人が病気のため出頭することができないとき [6] は，検察官及び弁護人の意見を聴き，決定で，出頭することができるまで公判手続を停止しなければならない。但し，第284条及び第285条の規定により代理人を出頭させた場合は，この限りでない。

3　犯罪事実の存否の証明に欠くことのできない証人が病気のため公判期日に出頭することができないとき [7] は，公判期日外においてその取調をするのを適当と認める場合の外，決定で，出頭することができるまで公判手続を停止しなければならない。

4　前3項の規定により公判手続を停止するには，医師の意見を聴かなければならない。

[1] 本条の趣旨

被告人の権利保護のための公判手続の停止について，その事由および方式を規定する（訴因変更に伴う公判手続の停止につき312Ⅳ）。

[2] 心神喪失

本条の「心神喪失」とは，被告人としての重要な利害を弁別し，それに従って相当な防御をなし得る能力，すなわち訴訟能力を欠くことをいう（最決平7・2・28刑集49・2・481）。訴訟能力は，訴訟法上の概念であり，刑法上の責任能力とは必ずしも一致しない。

被告人が単独で十分な防御をなし得ることまでは必要とされず，弁護人，手話通訳人等
の援助や裁判所による後見的な役割を加味して判断される（最判平10・3・12刑集52・2・17
等）。前記最判平10・3・12は，重度の聴覚障害および言語を習得しなかったことによ
る2次的精神遅滞により精神的能力および意思疎通能力に重い障害を負っている被告人
について，手話通訳を介することにより，刑事手続において自己の置かれている立場を
ある程度正確に理解して，自己の利益を防御するために相当に的確な状況判断をするこ
とができ，個々の起訴手続においても，手続の趣旨に従い，自ら決めた防御方針に沿っ
た供述ないし対応をすることができるなどの事実関係のもとでは，本条1項の心神喪失
の状態にはなかったと認められるとした。同判例は，訴訟能力の内容として，刑事手続
において自己の置かれている立場，各訴訟行為の内容，黙秘権等に関する一般的・抽象
的・言語的な理解能力ないし意思疎通能力までは必要とせず，具体的・実質的・概括的
な理解能力ないし意思疎通能力があれば足りることを示したものと解されている（中谷
・判例解説(刑)平10・12以下参照）。

　なお，本条1項の規定は上訴審に準用される（控訴審につき最判昭53・2・28刑集32・1・83,
上告審につき最決平5・5・31刑集47・6・1）。

［3］　停止される公判手続

　本条の「公判手続」とは，被告人の権利保護という本条の趣旨から，主として公判期
日の手続を指すと解される。勾留等身柄関係の決定は公判手続停止中にもなし得る。公
判準備については，期日外証人尋問など実体に関する手続は，被告人に有利な証拠の減
失を防止する場合以外はできないと解される（高橋・大コメ刑訴6・483等）。公判前整理手
続等（316条の2以下）は，被告人の意向と無関係に争点および証拠の整理を進めること
は困難であることから，本条1項の事由による公判手続の停止の準用があると解すべき
である（小林=前田・注釈刑訴[第3版]4・562）。

［4］　停止決定

　本条による公判手続の停止は，職権により決定で行う。当事者の意見聴取（本条Ⅰ及
びⅡの場合）のほか，医師の意見聴取が必要的である（本条Ⅳ）。医師の意見は適宜な方
法で徴すればよく，鑑定（165）を命じることもできる。

　停止決定に反して行われた公判手続は無効である。停止の事由が消滅したときは，決
定により停止決定を取り消すことを要する（通説）。裁判所は，訴訟の主宰者として，被
告人の訴訟能力の回復状況等につき，定期的に検察官に報告を求めるなどして把握して
おく必要がある。実務上，訴訟能力回復の可能性がないと認められる場合，検察官が公
訴を取り消し（257），裁判所が公訴棄却決定（339Ⅰ③）をするという措置が執られるが
（東京地八王子支決平10・12・24判タ994・290等），最判平28・12・19刑集70・8・865は，被告
人に訴訟能力がないために公判手続が停止された後，訴訟能力の回復の見込みがなく公
判手続の再開の可能性がないと判断される場合，裁判所は，338条4号に準じて，判決
で公訴を棄却することができる旨判示して，検察官が公訴を取り消すかどうかに関わり

なく，裁判所が自ら訴訟手続を打ち切ることができることを肯定した。

公判手続停止後，公判を再開した場合の公判手続の更新については規213条参照。

［5］ 無罪・免訴・刑の免除または公訴棄却の裁判の場合

被告人に有利な裁判であり，早期に訴訟手続から解放する方が被告人に利益であるとの理由から，被告人の出頭なく直ちに裁判することができるとしたものである。「裁判をすべきことが明らかな場合」とは，既に公判廷において適式に取り調べられた証拠によって無罪の判決等をするのに熟している場合をいう。判決は口頭弁論に基づく必要があるが（43Ⅰ），被告人の出頭は要しない。

［6］ 被告人の病気による出頭不能

公判期日の変更（規179の4）等では対応できないような病気のために長期間出頭することができない場合を指す。本条1項但し書のような規定はない。病気以外の不出頭（逃亡等）に準用することは許されない（通説）。

［7］ 証人の病気による出頭不能

公判期日外の証人尋問では対応できない場合に適用がある。情状証人や他と重複する証人は含まれず，代替性のある鑑定人も含まれない。前2項の場合と異なり当事者の意見聴取は必要的ではないが，運用上は聴取するのが相当であろう。　　　　〔伊藤ゆう子〕

第315条 [1] **〔公判手続の更新〕** 開廷後 [2] 裁判官がかわつたときは [3]，公判手続を更新しなければならない [4]。但し，判決の宣告をする場合は，この限りでない [5]。

［規］　第213条（公判手続の更新）　開廷後被告人の心神喪失により公判手続を停止した場合には，公判手続を更新しなければならない。

2　開廷後長期間にわたり開廷しなかつた場合において必要があると認めるときは，公判手続を更新することができる。

第213条の2（更新の手続）　公判手続を更新するには，次の例による。

一　裁判長は，まず，検察官に起訴状（起訴状訂正書又は訴因若しくは罰条を追加若しくは変更する書面を含む。）に基いて公訴事実の要旨を陳述させなければならない。但し，被告人及び弁護人に異議がないときは，その陳述の全部又は一部をさせないことができる。

二　裁判長は，前号の手続が終つた後，被告人及び弁護人に対し，被告事件について陳述する機会を与えなければならない。

三　更新前の公判期日における被告人若しくは被告人以外の者の供述を録取した書面又は更新前の公判期日における裁判所の検証の結果を記載した書面並びに更新前の公判期日において取り調べた書面又は物については，職権で証拠書類又は証拠物と

して取り調べなければならない。但し，裁判所は，証拠とすることができないと認める書面又は物及び証拠とするのを相当でないと認め且つ訴訟関係人が取り調べないことに異議のない書面又は物については，これを取り調べない旨の決定をしなければならない。

　　四　裁判長は，前号本文に掲げる書面又は物を取り調べる場合において訴訟関係人が同意したときは，その全部若しくは一部を朗読し又は示すことに代えて，相当と認める方法でこれを取り調べることができる。

　　五　裁判長は，取り調べた各個の証拠について訴訟関係人の意見及び弁解を聴かなければならない。

　[裁判員法]　第61条（公判手続の更新）　公判手続が開始された後新たに第2条第1項の合議体に加わった裁判員があるときは，公判手続を更新しなければならない[6]。

　　2　前項の更新の手続は，新たに加わった裁判員が，争点及び取り調べた証拠を理解することができ，かつ，その負担が過重にならないようなものとしなければならない。

　[1] 本条の趣旨　　[2]「開廷後」　　[3]「裁判官がかわつたとき」　　[4] 更新の手続　　[5] 更新を要しない場合（ただし書）　　[6] 裁判員裁判における更新手続

[1] 本条の趣旨

　本条は，開廷後裁判官が交替したときの公判手続の更新について規定したものである。公判手続の更新は，本条の場合のほか，開廷後被告人の心神喪失により公判手続を停止したとき（規213 I），開廷後長期間にわたり開廷しなかった場合で必要があると認められるとき（同 II），簡易公判手続によって審判する旨の決定が取り消されたとき（315の2），裁判員裁判において，公判手続が開始された後に新たに裁判体に加わった裁判員があるとき（裁判員61 I）などに要求される。

　本条による公判手続の更新は，裁判所が自ら訴訟関係人の口頭弁論を聴き，公判廷で直接取り調べた証拠に基づいて心証を形成し，裁判をすべきであるという口頭主義・直接主義の要請によるものであって，その解釈・運用においても，その趣旨を十分に踏まえなければならない。

　なお，本条は404条により控訴審にも準用される（最判昭30・12・26刑集9・14・3025）。

[2]「開廷後」

　本条の趣旨に照らし，単に開廷して人定質問をしたり（規196），公判期日の変更（276）をしたりしたに過ぎない場合は含まず，心証の形成に関係する実質審理を開始した後の意味に解すべきである（大判昭10・11・11刑集14・1165，大判昭12・5・6刑集16・652等）。公判前整理手続の途中あるいはその終了時点で裁判官が交替しても，「開廷後」ではないから，更新が必要ではないことはいうまでもないが，期日間整理手続に付した後に裁判官が交

替した場合には，同手続中には更新を要しないが，再び公判手続を開始する際には，本
条の更新が必要とされる。

[3]「裁判官がかわつたとき」

(1) **意　義**　事件の審理に当たっている裁判所の裁判官の交替を意味し，交替の理由
のいかんを問わない。合議体の1人の裁判官だけが代わった場合でも，補充裁判官（裁
78）がいる場合を除いて，これに当たる。単独裁判官の審理が合議体の審理に移行した
場合（316の解説[2]参照）や，事件が別の裁判所に移送された場合（19・332）を含む。後
者の場合でたとえ移送前後の裁判所の審理裁判官が同一人であったとしても，裁判官が
別の裁判所へ自らの心証を引き続き持っていくということは不自然であるから，やはり
更新が必要であろう（大阪高判昭43・2・26下刑集10・2・116）。逆に，合議体の審理が単独裁
判官の審理に移行した場合でその合議体の構成員が引き続き審理するときには更新を要
しない（最判昭26・3・29民集5・5・177参照）。審理の途中から補充裁判官が置かれても更新
を要しないが，同裁判官が構成員として加入する際には，補充裁判官となった時点以前
の審理について更新する必要がある。

(2) **裁判官の交替の効果**　裁判官が交替したときは，それ以前になされた訴訟行為の
うち手続形成行為は影響を受けないが，実体形成行為は口頭主義，直接主義に反する限
度で効力を失う。即ち，更新前になされた証拠調べ請求，証拠決定，309条の異議申立
て及びこれに対する決定，326条の同意等はその効力を失わないが，更新前に行われた
証人尋問，書証・物証の取調べ等の実体形成行為は，その効力を失い，改めてやり直さ
なければならない。

[4] 更新の手続

(1) **更新前にできること**　**ア　手続形成行為等**　裁判官が交替した場合であっても，
更新手続に関係のない期日の指定・変更，証拠調べに関する決定等の手続形成行為，勾
留などの身柄関係の処分などは，更新前にすることができる（証拠調べ取消決定につき，最
判昭28・9・29刑集7・9・1848）。また，既に証拠決定のあった期日外の証人尋問を実施する
こともできる（最判昭25・3・28刑集4・3・432）。

　イ　記録の検討　裁判官の交替による更新の場合，新たに審理に加わる裁判官は，
更新前に当該事件の訴訟記録を読み，規213条の2第3号ただし書により排除すべき証
拠の存否等について，十分検討をしておくことが必要であり，現に実務においては多く
そのように行われている（東京高決昭40・11・2判時440・20，東京高決昭47・8・21判タ288・385）。
その際に一応の心証を形成することも許されるとする見解が有力である。これに対し，
非常に厳格に口頭弁論主義を貫く立場から，心証はあくまでも公判廷で更新手続により
新たに形成すべきであり，それまでは白紙の状態であるべきであるとする考え方もある
が，合議体の構成員の一部に交替があった場合，交替しなかった裁判官が従前の心証を
白紙に戻すべきであるというのは不自然であり，訴訟経済にも反する。事前に訴訟記録
を読んだ場合に得られる心証と当該証拠を公判廷で取り調べることによって形成される

心証が異なることは実際上少なく，仮にこれが異なる場合があったとしても，それは更新手続の際に，取り調べた証拠についての訴訟関係人の意見及び弁解を聴くことなどによって是正することが可能であろう。

(2) **更新の手続**　公判手続の更新の具体的にいかになすべきかは，規213条の2の定めるところによる。同条は，公判手続の更新がその趣旨に沿って実質的に行われるように，①起訴状に基づく公訴事実の要旨の陳述，②被告人及び弁護人の被告事件に関する陳述，③更新前に取り調べた証拠の取調べ，④取り調べた証拠についての訴訟関係人の意見及び弁解の聴取という一連の必要な手続を明示している。もとより，運用上の一応の基準であり，事案の複雑さや自白・否認の別等，個々の事件の内容や状況に応じて，具体的な方法は異なる。実務上も，更新前に行った証拠調べに準じた詳細な証拠の取調べ（人証調べの結果についてはその供述調書の要旨を朗読）を行う場合がある一方，事実関係に争いがない事件等については，交替後の裁判官が事前に訴訟記録を読み込んでいることを前提に，検察官，弁護人からそれぞれの主張・証拠調べの結果が「従前のとおり」であることを確認した上で，被告人に意見陳述の機会を与えるという簡易な方法で更新する運用も広く用いられている。

　ア　公訴事実の要旨の陳述（規213条の2①）　被告人及び弁護人に異議がなければ省略することができる。

　イ　被告人及び弁護人の意見陳述（同②）　既に冒頭手続を経ている以上，黙秘権の告知などを改めてやり直す必要はないが，この機会に被告人及び弁護人から直接意見の陳述を聴くことは，上記のような心証形成のずれを是正することに役立ち，ひいてはその後の審理を進めるうえでも有意義であることから規定されたものである。したがって，この意見陳述は，冒頭手続段階のものよりも簡略なもので足りるし，場合によっては，既に記録を十分に検討してある裁判長の訴訟指揮によって，陳述時間を短く制限することも可能であろう。

　ウ　証拠の取調べ（同③）　従前取り調べた証拠は原則としてすべて取り調べなければならない。更新前の被告人や証人の供述については，もう一度供述を求めることまでは要求されておらず，公判調書中の供述部分を書証として取り調べることで足りるとされている。口頭主義・直接主義の要請を訴訟経済の観点等から修正するものである。なお，取調べに当たっては決定を要しない（ただし，証拠とすることができないと認める書面又は物及び証拠とするのを相当でないと認め且つ訴訟関係人が取り調べないことに異議のない書面又は物については，これを取り調べない旨の決定を要する（本号但）。）。

　書証の取調べの方法は，通常の取調べの場合と同様に，要旨の告知（規203の2）で足り，これには訴訟関係人の同意を要しない（東京高判昭42・6・20高刑集20・3・386）。訴訟関係人の同意があるときは，規213条の2第4号により，書面または物を「相当と認める方法」で取り調べることができる。具体的には，訴訟関係人に従前の証拠調べの結果を陳述させたり，裁判長が証拠の標目を告げたりする方法が挙げられる。

上記のとおり，実務上，検察官及び弁護人から「従前のとおり」と陳述するだけの簡略な更新の方法も多くみられるが，これは，「相当と認める方法」による取調べに同意するとともに，訴訟記録の記載を援用する形で従前の証拠調べの結果を陳述したものとみることができる。

エ　証拠についての意見聴取（同⑤）　　裁判長は，取り調べた各個の証拠について訴訟関係人の意見及び弁解を聴かなければならない。上記のとおり，訴訟記録を読んで得た心証のずれを是正するために意義を有する。必ずしも1つ1つの証拠を取り調べるごとにそれについての意見及び弁解を聴く必要はなく，証拠調べ終了後，訴訟関係人に，各個の証拠について一括して意見及び弁解を述べる機会を与えることも許されると解されており，実務上もそのような運用が一般的である。

[5] 更新を要しない場合（ただし書）

既に判決が成立し，判決宣告のみを残して裁判官が交替した場合には，もはや口頭主義・直接主義の要請は働かないから，更新を要しない旨規定するものである。

[6] 裁判員裁判における更新手続

裁判員裁判において，公判手続が開始された後に新たに裁判体に加わった裁判員があるときは，公判手続を更新しなければならないとされた（裁判員61Ⅰ）。裁判官の交替の場合と同様，口頭主義・直接主義の要請に基づく規定である。その趣旨からして，補充裁判員が裁判員として選任される場合（裁判員46Ⅰ），当該補充裁判員が立ち会っていた審理については更新を要しない。

裁判員は法律の専門家ではなく，裁判官とは異なり，事前に訴訟記録を十分に検討しておくことを期待できないから，更新の際に，裁判官のための更新の手続（規213の2）によったのでは，証拠の内容を十分に理解できない可能性があり，裁判員に過度な負担を負わせることにもなりかねない。そこで，裁判員が新たに裁判体に加わった場合の更新の手続は，新たに加わった裁判員が，争点及び証拠を理解することができ，かつ，その負担が過重にならないようなものとしなければならないとされた（裁判員61Ⅱ）。

なお，裁判員裁判対象事件と既に証拠調べまで終了している非対象事件を併合した場合，当事者において，裁判員に的確に心証をとってもらうといった観点から，従前証拠調べ済みの非対象事件につき，取調べ済みの証拠の更新における取調べ方法を工夫するほか，その証拠の中身や量によっては，取り調べた証拠を整理した統合捜査報告書等を新たに証拠調べ請求することも考えられる。

その結果，従前証拠調べ済みの証拠が新たに採用決定された証拠との関係で重複証拠と認められるならば，規213条の2第3号ただし書に基づき，証拠とするのが相当でないと認め，かつ，訴訟関係人が取り調べないことに異議のない書面として，取り調べない旨の決定を行うことも許されるものと解され，実務上，そのような運用をしている例も少なくない。

〔大西直樹〕

第315条の2 [1] 〔簡易公判手続の決定の取消しと手続の更新〕 　第291条の2の決定が取り消されたときは，公判手続を更新しなければならない [2]。但し，検察官及び被告人又は弁護人に異議がないときは，この限りでない。

[1] 本条の趣旨

　本条は，簡易公判手続が取り消された場合（291の3）の公判手続の更新について規定したものである。本条の更新は，315条の更新と異なり，口頭主義・直接主義とは関係なく，簡易公判手続により簡略して行った手続中に，その取消しにより後発的に違法・無効とされるものがあることを考慮し，通常の手続に従って審理のやり直しをすることを意味する。

[2] 更新の手続

　本条による更新の手続については，上記のような本条の趣旨を踏まえて検討する必要があり，規213条の2の規定のすべてをそのまま適用することはできない。

　公訴事実の要旨の陳述や，被告人及び弁護人の意見陳述等は，既に同一裁判官の下で行われているので原則として不要であろう。証拠調べについては，原則として通常の手続に従ってやり直す必要がある。したがって，伝聞証拠については326条の同意の有無を確認し，同意のないものについてはこれを取り調べない旨の決定をし（規213の2第3号但），同意のあったものについては通常の方式により取り調べる必要がある。

　検察官及び被告人又は弁護人に異議がないとき（検察官のほか，被告人及び弁護人の双方に異議がない場合をいう〔東京高判昭42・12・5下刑集9・12・1478〕。）は，本条の更新の手続は不要である（本条但）。ここに「異議がないとき」とは，公判手続を更新しないことにつき異議がない旨の積極的陳述があった場合を指す（福岡高判昭33・9・25高刑集11・7・429）。

〔大西直樹〕

第316条 [1] 〔合議制事件と1人の裁判官の手続の効力〕 　地方裁判所において1人の裁判官のした訴訟手続 [2] は，被告事件が合議体で審判すべきものであつた場合にも，その効力を失わない。

[1] 本条の趣旨

　本条は，地方裁判所において，審理の途中から合議体で審判することになった場合に，それまで1人制の裁判所がした訴訟手続を無駄にしないようにするため，その効力が失われないこととした規定である。

[2] 「1人の裁判官のした訴訟手続」とその効力

(1) 本条は，審理の途中で訴因変更により法定合議事件（裁26Ⅱ②）になったり，裁定合議決定（裁26Ⅱ①）がされたりするなど，従前の手続に違法の瑕疵がない場合だけで

なく，もともと合議体で審理すべきであったのにもかかわらず，誤って1人制の裁判所で審理されていた場合にも適用があると解されている。

　本条にいう「訴訟手続」には判決は含まれず，合議体で審判すべき事件を1人制の裁判所が判決までしてしまった場合には，377条1号の控訴理由があることになる。

⑵　本条により，1人制の裁判所のした訴訟手続は以後も有効なものとして取り扱われるが，合議制の裁判所で審理することになるため，315条による公判手続の更新が必要となる。

〔大西直樹〕

第2節　争点及び証拠の整理手続

第1款　公判前整理手続

第1目　通　　則

第316条の2 [1] 〔公判前整理手続の決定と方法〕[2]　裁判所[3]は，充実した公判の審理を継続的，計画的かつ迅速に行うため必要があると認めるときは，検察官，被告人若しくは弁護人の請求により又は職権で，第1回公判期日前に，決定で，事件の争点及び証拠を整理するための公判準備として，事件を公判前整理手続に付することができる。

2　前項の決定又は同項の請求を却下する決定をするには，裁判所の規則の定めるところにより，あらかじめ，検察官及び被告人又は弁護人の意見を聴かなければならない。

3 [4]　公判前整理手続は，この款に定めるところにより，訴訟関係人を出頭させて陳述させ，又は訴訟関係人に書面を提出させる方法により，行うものとする。

> [規]　**第217条の2**（審理予定の策定・法第316条の2等）　裁判所は，公判前整理手続においては，充実した公判の審理を継続的，計画的かつ迅速に行うことができるように公判の審理予定を定めなければならない。
>
> 2　訴訟関係人は，法及びこの規則に定める義務を履行することにより，前項の審理予定の策定に協力しなければならない。
>
> **第217条の3**（公判前整理手続に付する旨の決定等についての意見の聴取・法第316条の2）　法第316条の2第1項の決定又は同項の請求を却下する決定をするについては，あらかじめ，職権でこれをする場合には，検察官及び被告人又は弁護人の意見を，請求によりこれをする場合には，相手方又はその弁護人の意見を聴かなければならない。
>
> **第217条の4**（公判前整理手続に付する旨の決定等の送達・法第316条の2）　法第316条の2第1項の決定及び同項の請求を却下する決定は，これを送達することを要しない。
>
> **第217条の19**（公判前整理手続に付された場合の特例・法第316条の2）　法第316条の2第1項の決定があつた事件については，第178条の6第1項並びに第2項第2号及び第3号，第178条の7，第178条の13並びに第193条の規定は，適用しない。
>
> **第217条の30**（審理予定に従つた公判の審理の進行）　裁判所は，公判前整理手続又は期日間整理手続に付された事件については，公判の審理を当該公判前整理手続又は期日間整理手続において定められた予定に従つて進行させるように努めなければならない。

2 訴訟関係人は，公判の審理が公判前整理手続又は期日間整理手続において定められた予定に従つて進行するよう，裁判所に協力しなければならない。

［1］本条の趣旨　　［2］第1項の趣旨　　［3］受訴裁判所　　［4］第3項の趣旨

［1］本条の趣旨

本条は，事件を公判前整理手続に付する決定及び同手続の方法について規定する。

公判前整理手続は，争点中心の充実した審理を集中的・連日的に行うことにより刑事裁判の充実・迅速化を実現するために，あらかじめ，事件の争点を明らかにし，公判で取り調べるべき証拠を決定した上で，明確な審理計画を立てることができるよう設けられた制度である。

［2］第1項の趣旨

(1) 公判前整理手続に付する決定をすることができる場合　　事件を公判前整理手続に付する決定は，裁判所において，「充実した公判の審理を継続的，計画的かつ迅速に行うため必要があると認めるとき」にすることができる。「充実した」公判の審理とは，争点でない事項については効率的に審理を行って無駄な審理を避け，明確化された争点に集中して審理を行うことをいう。「継続的，計画的かつ迅速に行う」とは，事前の審理計画に従って，集中的・連日的に，短期間のうちに行うことをいう。具体的にいかなる場合に事件を公判前整理手続に付すべきかについては，個別の事案の諸事情を勘案し，検察官及び被告人又は弁護人の意見をも踏まえて判断されるべきことであるが，①事案の性質，例えば，争点が多岐にわたることが予想されるなど，複雑な事件か否か，②公判で取り調べることが見込まれる証拠の内容及び量，例えば，多数の証人尋問が予想されるのか，③証拠調べに要することが見込まれる時間や開廷数，例えば，証拠調べに多くの時間と開廷数を要することが予想されるのか，④被告人側からの証拠開示請求が見込まれるか否かなどの事情を考慮すべきとされている（辻裕教「刑事訴訟法等の一部を改正する法律（平成16年法律第62号）について(1)」曹時57・7・77）。もっとも，④は，最近は，検察官において，任意の証拠開示に柔軟に応じる運用が定着しており，この運用を前提とすれば，考慮要素としての比重は小さい。また，証拠開示に要する負担が公判前整理手続の長期化を招く旨指摘されることもあるが，逆に，柔軟な任意開示の運用によりこの問題が解消され，公判前整理手続を活用しやすいという面もある。

公判前整理手続に付する旨の決定は送達することを要しないが（規217の4），訴訟関係人に通知する必要はある（伊藤＝髙橋「刑事訴訟規則の一部を改正する規則の解説」曹時57・9・59）。

平成28年に成立した刑事訴訟法等の一部を改正する法律（平成28年法律第54号）により，検察官，被告人又は弁護人に，公判前整理手続又は期日間整理手続の請求権が付与されたが，これに対する不服申立は認められない（420Ⅰ）。

[3] 受訴裁判所

　ここでいう裁判所は，受訴裁判所であり，公判前整理手続は，受訴裁判所が主宰する。

　なお，受訴裁判所が，第1回公判期日前に，当事者双方の主張等を知ることになるが，これらは，公判審理が計画的かつ円滑に進行するよう準備するために行うものであり，当事者双方が等しく参加する場においてそれぞれの主張に触れるにすぎないこと，証拠能力の判断や証拠開示に関する裁定のために証拠自体に触れることがあるが，証拠能力の有無や証拠開示の要件の有無の判断のために証拠を確認するにすぎず，証拠の信用性を判断するのではないこと，要するに，事件の実体についての心証形成を目的とするものではなく，実際に心証を形成することもないことから，予断排除原則には抵触しない（辻前掲71）。

[4] 第3項の趣旨

　公判前整理手続は，訴訟関係人を出頭させて陳述させる方法，あるいは，訴訟関係人に書面を提出させる方法により行われ，これらの方法を適宜織り交ぜて行うこともできる。実務上，公判前整理手続において「打合せ」が行われることがあり，検察官，弁護人等が出頭して協議をするが，陳述等の訴訟行為をすることはできない。

　「訴訟関係人」とは，46条と同義であり，検察官，被告人，弁護人のほか，法人の代表者，法定代理人，特別代理人，補佐人，代理人が含まれる。　　　　　　〔井下田英樹〕

第316条の3 〔公判前整理手続の目的〕[1]　裁判所は，充実した公判の審理を継続的，計画的かつ迅速に行うことができるよう，公判前整理手続において，十分な準備が行われるようにするとともに，できる限り早期にこれを終結させるように努めなければならない。

2 [2]　訴訟関係人は，充実した公判の審理を継続的，計画的かつ迅速に行うことができるよう，公判前整理手続において，相互に協力するとともに，その実施に関し，裁判所に進んで協力しなければならない。

[1] 第1項の趣旨

　第1項は，裁判所の義務について規定する。

　316条の2に規定する公判前整理手続の目的を達するためには，争点整理，証拠整理や審理計画策定等の準備が十分に行われる必要があり，また，公判前整理手続が迅速に行われる必要があることから，これを主宰する裁判所において，十分な準備が行われるようにするとともに，できる限り早期に同手続を終結させるよう努めるべきことを明らかにする（辻前掲80）。

[2] 第2項の趣旨

　第2項は，訴訟関係人の義務について規定する。

316条の3，316条の4　　763

　争点整理，証拠整理は，当事者それぞれの訴訟準備を前提とするものであり，316条
の2に規定する公判前整理手続の目的を達し，争点整理，証拠整理等の準備が十分かつ
迅速に行われるには，検察官，被告人，弁護人等が，相互に協力するとともに，手続を
主宰する裁判所に進んで協力することが不可欠であるから，訴訟関係人にその旨の義務
があることを明らかにする。具体的には，①主張の明示，証拠調べ請求，必要な証拠の
開示，相手方の証拠調べ請求に対する意見の明示等，法令の規定により求められている
行為を適時，適切に行うこと，②証拠関係の検討，必要な補充捜査や調査，被告人と弁
護人との間の十分な打合せ，どのような主張や証拠調べ請求をするかの検討等の各自の
準備を十分に，かつ，できるだけ速やかに行うこと，③公判前整理手続期日の適切な指
定への協力など手続の進行への協力，などが考えられる（辻前掲81）。　　　〔井下田英樹〕

第316条の4 [1] **〔必要的弁護〕** [2]　公判前整理手続においては，被告人に弁護人が
　なければその手続を行うことができない。
　2 [3]　公判前整理手続において被告人に弁護人がないときは，裁判長は，職権で弁
　護人を付さなければならない。

　　[規]　第217条の5（弁護人を必要とする旨の通知・法第316条の4等）　裁判所は，事件を公
　　　　判前整理手続に付したときは，遅滞なく，被告人に対し，弁護人がなければ公判前整
　　　　理手続を行うことができない旨のほか，当該事件が第177条に規定する事件以外の事
　　　　件である場合には，弁護人がなければ開廷することができない旨をも知らせなければ
　　　　ならない。ただし，被告人に弁護人があるときは，この限りでない。

［1］本条の趣旨
　本条は，公判前整理手続において弁護人が必要的であることを規定する。公判前整理
手続に付される事件は複雑な事件であることが通常であろうし，主張，証拠を法的な観
点から検討し，法的に整理された訴訟活動が求められることから，弁護人が必要的とさ
れている（辻前掲82）。
［2］第1項の趣旨
　公判前整理手続においては，弁護人がなければ手続を行うことができない。「その手
続を行う」とは，公判前整理手続において行われるべき事項を行い手続を進行させるこ
とをいい，公判前整理手続に付する決定をすること自体は弁護人が選任されていなくて
も可能であるが，それ以上進行させることはできない。
［3］第2項の趣旨
　公判前整理手続において被告人に弁護人がないときは，裁判所は職権で弁護人を付さ
なければならない。被告人に弁護人がない場合に事件が公判前整理手続に付されたとき

や，公判前整理手続の途中で，弁護人の辞任等により被告人に弁護人がなくなったとき
が考えられる（辻前掲82）。 〔井下田英樹〕

第316条の5 [1] 〔公判前整理手続の内容〕 公判前整理手続においては，次に掲げ
る事項を行うことができる。

一 [2] 訴因又は罰条を明確にさせること。

二 [3] 訴因又は罰条の追加，撤回又は変更を許すこと。

三 [4] 公判期日においてすることを予定している主張を明らかにさせて事件の争
点を整理すること。

四 [5] 証拠調べの請求をさせること。

五 [6] 前号の請求に係る証拠について，その立証趣旨，尋問事項等を明らかにさ
せること。

六 [7] 証拠調べの請求に関する意見（証拠書類について第326条の同意をするか
どうかの意見を含む。）を確かめること。

七 [8] 証拠調べをする決定又は証拠調べの請求を却下する決定をすること。

八 [9] 証拠調べをする決定をした証拠について，その取調べの順序及び方法を定
めること。

九 [10] 証拠調べに関する異議の申立てに対して決定をすること。

十 [11] 第3目の定めるところにより証拠開示に関する裁定をすること。

十一 [12] 第316条の33第1項の規定による被告事件の手続への参加の申出に対する
決定又は当該決定を取り消す決定をすること。

十二 [13] 公判期日を定め，又は変更することその他公判手続の進行上必要な事項
を定めること。

[規] **第217条の13（公判前整理手続期日における決定等の告知）** 公判前整理手続期日におい
てした決定又は命令は，これに立ち会つた訴訟関係人には送達又は通知することを要
しない。

第217条の14（決定の告知・法第316条の5） 公判前整理手続において法第316条の5第
7号から第9号までの決定をした場合には，その旨を検察官及び被告人又は弁護人に
通知しなければならない。

[1] 本条の趣旨等 [2] 第1号 [3] 第2号 [4] 第3号 [5] 第4号
[6] 第5号 [7] 第6号 [8] 第7号 [9] 第8号 [10] 第9号
[11] 第10号 [12] 第11号 [13] 第12号

316条の5　　　　765

[1]　本条の趣旨等

　本条は，公判前整理手続において行うことができる事項について規定する。争点の整理等の準備をする上で同手続において行う必要があると思われる事項，行うことが適当と思われる事項が列挙されており，おおむね，主張・争点の整理に関するもの（①から③まで），証拠の整理に関するもの（④から⑨まで），証拠開示に関するもの（⑩），審理計画の策定に関するもの（⑫）に分類することができるが，これらに該当する個々の行為は，他の刑事訴訟法規に基づいて行われる。

　公判前整理手続において行うことができることは，本条に列挙されたものに限られない。まず，公判前整理手続期日の指定，通知及び変更（316の6），国選弁護人の選任（316の8），供述拒否権の告知（316の9Ⅲ）など「第1款　公判前整理手続」中に規定されている手続事項を行うことができる。また，本条に列挙された事項を行う前提あるいは手段として必要なこと，同条に列挙された事項に付随して行う必要があることは，刑事訴訟法規に基づいて公判前整理手続において行うことができ，例えば，争点整理のために裁判所が主張の不明確な点等について釈明を求めること（規208），証拠決定のために必要な事実の取調べを行い（43Ⅲ，規33Ⅲ），証拠書類又は証拠物の提示を命ずること（規192）ができる。

　公判前整理手続期日においてした決定又は命令は，これに立ち会った訴訟関係人には送達又は通知することを要しない（規217の13）。被告人が公判前整理手続期日に出頭しなかった場合，被告人に対して，同期日においてした裁判は，その性質に応じて送達又は通知を要するが，証拠調べに関する決定（規217の14）及び公判前整理手続における期限の定め（規217の22）は，通知を要しない（伊藤＝高橋前掲67）。

[2]　第1号

　「訴因又は罰条を明確にさせること」は，裁判所の求釈明，これを促す弁護人の発問，検察官の釈明等により，訴因等が明確化される。

[3]　第2号

　「訴因又は罰条の追加，撤回又は変更を許すこと」は，312条に基づいて行われる。

[4]　第3号

　「公判期日においてすることを予定している主張を明らかにさせて事件の争点を整理すること」は，検察官，被告人側のそれぞれに対して，公判期日において予定している事実上の主張，法律上の主張を明らかにさせ，相手方が実質的にどの部分をどのように争うのかを明らかにする。具体的には，316条の13第1項，316条の17第1項，316条の24などの規定に基づいて行われる。

[5]　第4号

　証拠調べの請求をさせることができるが，当事者においては，証拠調べの請求を撤回することもできる。証拠調べ請求の在り方は，316条の13第2項，316条の17第2項などに規定されているが，298条，規則188条の2以下等の規定に従って行われる。

[6] 第5号

「前号の請求に係る証拠について，その立証趣旨，尋問事項等を明らかにすること」
は，証拠請求に当たっての立証趣旨の明示（規189 I），尋問事項書の提出（規106 II），こ
れらの釈明（規208）などの規定に基づいて行われる。

[7] 第6号

証拠調べの請求に関する意見の確認とは，請求にかかる証拠の証拠能力，関連性，証
拠調べの必要性等の点で異議がないかどうかを明らかにする規則190条2項の意見に加
え，証拠書類について326条の同意をするかどうかの意見をもそれぞれ確認することを
いう。

[8] 第7号

「証拠調べをする決定又は証拠調べの請求を却下する決定をすること」ができ，規則
190条1項により行われる。裁判所は，証拠調べをするかあるいは証拠調べの請求を却
下するかを留保することもでき（辻前掲87），留保のまま公判前整理手続を終え，公判に
おいて証拠決定をすることもできる。上記のとおり，これらの証拠決定等をするために
必要があるときは，事実の取調べや提示命令により証拠書類ないし証拠物の提示を受け
ることができる。

公判前整理手続において証拠決定をするか，あるいは，採否留保として公判において
証拠決定をするかが問題になる場合を検討する。特に裁判員裁判において，裁判員の判
断を求めるべき事柄かどうか，公判の無用な紛糾や長期化を招くおそれがないかどうか
といった観点から，深刻な問題になる。

ア　検察官面前調書の証拠能力が問題となる場合のうち，321条1項2号後段の場合
は，公判において供述者の証人尋問を実施した上で要件を判断する必要があるから，公
判前整理手続において採用決定をすることはできない。321条1項2号前段の場合，例
えば，供述者の死亡の場合は，供述者死亡の事実は，通常，事件の実体とは関係が無く，
容易に確認することができるから，公判前整理手続において事実の取調べをした上，証
拠決定をすることが考えられる。

イ　検察官等の検証調書や鑑定書は，作成者が作成の真正を証言したときは321条3
項又は4項により証拠とすることができることから，公判前整理手続において，当該検
証調書等の作成の真正についての証人尋問を行い，証拠決定をすることができるとの見
解が有力であるが，作成の真正の証言は公判期日又は公判準備においてされる必要があ
ることなどを根拠とする反対説もある。実際には，鑑定書の内容が争われている場合な
ど，作成の真正についての証人尋問と記載内容の信用性についての証人尋問を併せて公
判で行うことが適当な場合は多く，この場合は採否留保として，公判で証拠決定をする。
更に進んで，特に裁判員裁判においては，記載内容についての証人尋問が行われること
によって，当該鑑定書等の証拠調べ請求は撤回され，作成の真正についての証人尋問は
行われない場合も多い。

ウ　被告人の自白調書について任意性が争われている場合，公判前整理手続において，任意性に関する事実の取調べを行ってその採否決定を行うことについては，理論上は可能であるものの，取調べ状況に関する証人尋問を行う必要がある場合には，任意性の判断と信用性の判断が密接に関連することから，証人の負担や訴訟経済の観点から公判前整理手続ではなく，公判でその証人尋問を行ってその採否を判断するのが適当であるという見解が一般的である。もっとも，取調官による暴行の有無といった取調べの違法が主張される場合には，公判前整理手続において，事実の取調べを行った上，証拠決定をするという運用も考えられる。実務の動向を引き続き注視すべき点である。

エ　違法収集証拠として証拠能力が争われる証拠について，証拠物の押収手続に関する事実関係は，犯罪事実そのものと重なる場合が多いと考えられる上，当該証拠の採否が公訴事実の立証の成否を大きく左右する場合が多いと考えられることなどから，公判前整理手続においては採否留保とし，公判において収集手続に関する証拠調べを行って，証拠決定をするのが相当であるという見解が有力であるが，立証の重複の程度や裁判員の負担の観点から反対説もある。特に，純粋に手続的な事項のみが問題になっているような場合には，公判前整理手続において，その点に関する事実の取調べを行い，証拠決定をすることもあり得る。実務の動向を引き続き注視すべき点である。

[9]　第8号

証拠の取調べの順序及び方法を定めることは，審理計画を策定する上で必要であり，297条に基づいて行われる。証人尋問に当たって，ビデオリンク方式で行うかどうかなどが定められる。

[10]　第9号

証拠調べに関する異議の申立てに対して決定をすることは，証拠の整理を行うために必要であり，検察官や被告人側が，公判前整理手続において，309条1項により相手方の証拠調べ請求に関する異議や裁判所の証拠決定に対する異議等を申し立てることができることを前提として，これらの異議申立てに対して決定をすることができる（辻前掲91）。

[11]　第10号

証拠開示に関する裁定をすることは，開示の要否等を巡る争いが円滑な公判審理を阻害しないよう公判前整理手続において解決する必要があるからであり，裁定の具体的な在り方は，「第3目　証拠開示に関する裁定」に定められている。

[12]　第11号

316条の33第1項の規定による被告事件の手続への参加の申出は，公訴の提起後であれば，第1回公判期日前であってもこれをすることができることから，この申出に対する決定等についても，公判前整理手続において行うことができる。

[13]　第12号

「公判期日を定め，又は変更することその他公判手続の進行上必要な事項を定めるこ

と」としては，公判において取り調べるべき証拠，取調べの順序，方法等を決定した上で，個々の証拠の取調べに要する時間を見積もり，できる限り必要な回数の公判期日をあらかじめ一括して指定するという取扱いを想定した規定である。その他，公判前整理手続の結果を公判で明らかにする具体的な方法，被害者等の意見陳述に関する事項，法廷警備に関する事項を定めること等が考えられる。　　　　　　　　　　　〔井下田英樹〕

第316条の6 [1] 〔公判前整理手続期日の決定と変更〕[2]　裁判長は，訴訟関係人を出頭させて公判前整理手続をするときは，公判前整理手続期日を定めなければならない。

2 [3]　公判前整理手続期日は，これを検察官，被告人及び弁護人に通知しなければならない。

3 [4]　裁判長は，検察官，被告人若しくは弁護人の請求により又は職権で，公判前整理手続期日を変更することができる。この場合においては，裁判所の規則の定めるところにより，あらかじめ，検察官及び被告人又は弁護人の意見を聴かなければならない。

〔規〕　第217条の6（公判前整理手続期日の指定・法第316条の6）　公判前整理手続期日を定めるについては，その期日前に訴訟関係人がすべき準備を考慮しなければならない。

第217条の7（公判前整理手続期日の変更の請求・法第316条の6）　訴訟関係人は，公判前整理手続期日の変更を必要とする事由が生じたときは，直ちに，裁判長に対し，その事由及びそれが継続する見込みの期間を具体的に明らかにして，期日の変更を請求しなければならない。

2　裁判長は，前項の事由をやむを得ないものと認める場合のほか，同項の請求を却下しなければならない。

第217条の8（公判前整理手続期日の変更についての意見の聴取・法第316条の6）　公判前整理手続期日を変更するについては，あらかじめ，職権でこれをする場合には，検察官及び被告人又は弁護人の意見を，請求によりこれをする場合には，相手方又はその弁護人の意見を聴かなければならない。

第217条の9（公判前整理手続期日の変更に関する命令の送達・法第316条の6）　公判前整理手続期日の変更に関する命令は，これを送達することを要しない。

第217条の10（公判前整理手続期日の不変更・法第316条の6）　裁判長は，やむを得ないと認める場合のほか，公判前整理手続期日を変更することができない。

[1] 本条の趣旨

本条は，訴訟関係人を出頭させて陳述させる方法によって公判前整理手続を行う場合

の公判前整理手続期日の指定，通知，変更について規定する。訴訟関係人等が出頭するものの，陳述させる方法はとらない，いわゆる打合せ期日が行われることも多いが，この打合せ期日は本条の規制に服しない。

[2] 第1項の趣旨

公判前整理手続期日は，裁判長が期日を指定する。公判前整理手続は，公判準備であるから（316の2 I），公開の法廷でその手続を行う必要はなく，非公開の法廷で手続を行うこともできるし，法廷以外の場所で行うこともできる（辻前掲93）。公判前整理手続は，憲法82条1項の「対審」には当たらず，公開を要しないものと解される。また，公判前整理手続において行われる事項は，公判の審理が計画的に円滑に進行するよう準備するために行われるものであって，刑罰権の存否並びに範囲を定める手続であり，裁判手続の核心的部分である公判手続とは性格を異にする。したがって，公判前整理手続を非公開とすることは，憲法上の裁判公開の原則に反しないと解される（辻前掲71）。

公判前整理手続期日を指定するに当たっては，期日において事件の争点及び証拠の整理が十分に行われるために，これに先立つ訴訟関係人の準備を考慮しなければならない（規217の5）。

[3] 第2項の趣旨

公判前整理手続期日には，検察官及び弁護人双方の出頭が必要であり（316の7），被告人は出頭することができる（316の9 I）から，これらの者に公判前整理手続期日を通知しなければならない。

[4] 第3項の趣旨

裁判長は，当事者の請求により又は職権で，期日を変更することができる。公判期日の変更と異なり，公判前整理手続期日は公判準備であることから，裁判長がその変更をすることができるとされている。

期日の変更を必要とする事由が生じたときは，訴訟関係人は，直ちに裁判長に対してその事由及びそれが係属する見込みの期間を具体的に明らかにして，期日の変更を請求しなければならない（規217の6 I）。ただし，公判期日の変更を請求する場合（規179の4 I）と異なり，資料により期日の変更を必要とする事由等を疎明することまでは求められない（伊藤＝高橋前掲61）。もっとも，公判前整理手続期日の変更が安易に行われることは許されず，裁判長は，やむを得ないと認める場合のほか，公判前整理手続期日を変更することはできず（規217の9），当事者の期日変更請求の事由をやむを得ないものと認める場合のほかは，これを却下しなければならない（規217の6 II）。「やむを得ない事由」に当たるかどうかは，個々の具体的な事由ごとに判断するほかないが，一般論としては，公判前整理手続期日の不変更の原則を破る例外としてよいかどうかという見地から決せられ，期日変更による利益と不利益とを衡量してやむを得ないと認められる場合に許される（伊藤＝高橋前掲62）。　　　　　　　　　　　　　　　　〔井下田英樹〕

第316条の7 [1]〔公判前整理手続の出席者〕 公判前整理手続期日に検察官又は弁護人が出頭しないときは，その期日の手続を行うことができない。

[1] 本条の趣旨

　公判前整理手続期日には検察官及び弁護人の出頭が必要とされている。訴訟関係人を出頭させて公判前整理手続を行うということは，当事者間で主張，証拠調べ請求，釈明などをやり取りしたり，裁判所と両当事者との間で打合せをしたりすることが多いと考えられるからである。

　なお，被告人の出頭は，権利としては保障されているが（316の9 I），手続の実施に当たっては，必要的でない。弁護人は，被告人との打合せを踏まえて公判前整理手続に対応できると考えられること，公判前整理手続期日における主張等は法的に整理された形で行われ，被告人の陳述等が必要的とは考えられないこと等を理由とする。

〔井下田英樹〕

第316条の8 [1]〔弁護人の選任〕 弁護人が公判前整理手続期日に出頭しないとき，又は在席しなくなつたときは，裁判長は，職権で弁護人を付さなければならない。
2 弁護人が公判前整理手続期日に出頭しないおそれがあるときは，裁判所は，職権で弁護人を付することができる。

[1] 本条の趣旨

　弁護人が公判前整理手続期日に出頭しない場合等における国選弁護人の選任について規定する。弁護人が出頭しなければ公判前整理手続期日の手続を行うことができないことから（316の7），弁護人が不出頭等の場合に手続が遅延することのないようにする趣旨である。

　第1項においては，裁判長は，職権で国選弁護人を選任しなければならないとされている。

　「在席しなくなったとき」とは，289条2項と同様であり，公判前整理手続期日において手続が行われている場に立ち会わなくなるに至ったことをいい，裁判所の許可なく退席した場合のほか，退去命令により退席させられた場合を含む。

　第2項においては，裁判所は，職権で国選弁護人を選任することができるとされている。

　「出頭しないおそれがあるとき」とは，289条3項と同様であり，例えば，裁判所の訴訟指揮に不満を持った弁護人が指定された公判前整理手続期日に出頭しない旨をあらかじめ明言しているような場合などが該当する。

〔井下田英樹〕

第316条の9 [1]〔被告人の出席〕 被告人は，公判前整理手続期日に出頭することができる。

2 裁判所は，必要と認めるときは，被告人に対し，公判前整理手続期日に出頭することを求めることができる。

3 裁判長は，被告人を出頭させて公判前整理手続をする場合には，被告人が出頭する最初の公判前整理手続期日において，まず，被告人に対し，終始沈黙し，又は個々の質問に対し陳述を拒むことができる旨を告知しなければならない。

[規] 第217条の11（被告人の公判前整理手続期日への出頭についての通知・法第316条の9）
　　　　　裁判所は，被告人に対し公判前整理手続期日に出頭することを求めたときは，速やかに，その旨を検察官及び弁護人に通知しなければならない。

[1] 本条の趣旨

　公判前整理手続期日への被告人の出頭について規定しており，被告人が同期日に出頭する権利を有すること，裁判所が被告人の同期日への出頭を求めることができること，被告人が出頭した場合の権利告知について定めている。

　裁判所は，被告人に出頭を求める場合には，被告人を召喚し（57），必要がある場合には，勾引（58）を検討するなどすることになる。もっとも，裁判所において，被告人の出頭を求める旨の決定をした上，事務連絡等の送付により任意の出頭を求める運用も可能である（伊藤＝高橋前掲65）。裁判所は，被告人に対し公判前整理手続期日に出頭することを求めたときは，速やかに，その旨を検察官及び弁護人に通知しなければならない（規217の10）。

　公判前整理手続では，被告人が事実関係を直接説明することは想定されていないが，316条の10によりその意思確認等が行われることがあることから，被告人に黙秘権を告知しなければならないこととされている。この趣旨から，告知する内容は，第1回公判期日におけるもの（規197）と同一である必要はない。　　　　　　　〔井下田英樹〕

第316条の10 [1]〔被告人の意思確認〕 裁判所は，弁護人の陳述又は弁護人が提出する書面について被告人の意思を確かめる必要があると認めるときは，公判前整理手続期日において被告人に対し質問を発し，及び弁護人に対し被告人と連署した書面の提出を求めることができる。

[1] 本条の趣旨

　弁護人の陳述等に関する被告人の意思確認について規定する。公判前整理手続における弁護人の主張や検察官請求証拠に対する証拠意見などは，被告人の意思に沿うもので

なければ，実効的な争点整理，証拠整理を行うことはできないばかりか，後に無用な紛議や混乱を生じることになるからである。

　求釈明の一種であり，注意的に規定されたものであるが，弁護人の陳述又は弁護人が提出する書面について，被告人の意思を確認するためのものであり，事実関係について供述を求める被告人質問（311）とは異なるので，争点整理に必要な限度を超えて，犯行の経過，態様について詳細な供述を求めることはできず，また，検察官，弁護人からの発問はできないと解されている。

　裁判所は，必要と認めるときは，被告人に対し，公判前整理手続期日への出頭を求めた上（316の9Ⅱ），本条により意思確認をすることが可能である。この点は，通常は，弁護人が被告人と十分に意思を疎通させ，訴訟活動することは当然の前提となっており，被告人の意思に反して弁護人が訴訟行為を行うことはないはずであること，公判前整理手続で行う事項は法的な主張，意見の陳述等であること等から，余り積極的な運用は想定されていないが（岩倉広修「公判前整理手続の実施（進行）に関する問題」判タ1295・5），弁護人の訴訟方針が被告人の意思と一致しているかについて具体的な疑義があるような場合には，このような措置が必要と考えられる。

　なお，本条は，弁護人の陳述又は弁護人が提出する書面についての意思確認を規定しており，被告人が自ら明らかにした主張等に関しては，規則208条の規定により求釈明をすることができる。（辻前掲97）　　　　　　　　　　　　　　　　　　〔井下田英樹〕

第316条の11 [1] **〔受命裁判官〕**　裁判所は，合議体の構成員に命じ，公判前整理手続（第316条の5第2号，第7号及び第9号から第11号までの決定を除く。）をさせることができる。この場合において，受命裁判官は，裁判所又は裁判長と同一の権限を有する。

［規］　第217条の12（公判前整理手続を受命裁判官にさせる旨の決定の送達・法第316条の11）
　　　　　合議体の構成員に命じて公判前整理手続をさせる旨の決定は，これを送達することを要しない。

［1］本条の趣旨

　公判前整理手続は，受命裁判官により実施することができる。もっとも，訴因変更の許否（316の5②），証拠決定（同条⑦），異議の申立てに対する決定（同条⑨），証拠開示に関する裁定（同条⑩）は，裁判所の決定によるべき事項であるから，受命裁判官が行うことはできない。

　316条の11の受命決定は，裁判書謄本の送達による告知は不要であるが，訴訟関係人に通知する必要はある（伊藤=髙橋前掲66）。　　　　　　　　　　　　　　〔井下田英樹〕

316条の12　　　　　　　　　　　　　　　　　773

第316条の12 [1]〔調書の作成〕　公判前整理手続期日には，裁判所書記官を立ち会わせなければならない。

2　公判前整理手続期日における手続については，裁判所の規則の定めるところにより，公判前整理手続調書を作成しなければならない。

[規]　**第217条の15**（公判前整理手続調書の記載要件・法第316条の12）　公判前整理手続調書には，次に掲げる事項を記載しなければならない。

一　被告事件名及び被告人の氏名

二　公判前整理手続をした裁判所又は受命裁判官，年月日及び場所

三　裁判官及び裁判所書記官の官氏名

四　出頭した検察官の官氏名

五　出頭した被告人，弁護人，代理人及び補佐人の氏名

六　出頭した通訳人の氏名

七　通訳人の尋問及び供述

八　証明予定事実その他の公判期日においてすることを予定している事実上及び法律上の主張

九　証拠調べの請求その他の申立て

十　証拠と証明すべき事実との関係（証拠の標目自体によつて明らかである場合を除く。）

十一　取調べを請求する証拠が法第328条の証拠であるときは，その旨

十二　法第309条の異議の申立て及びその理由

十三　法第326条の同意

十四　訴因又は罰条の追加，撤回又は変更に関する事項（起訴状の訂正に関する事項を含む。）

十五　証拠開示に関する裁定に関する事項

十六　法第316条の23第3項において準用する法第299条の5第1項の規定による裁定に関する事項

十七　決定及び命令。ただし，次に掲げるものを除く。

　イ　証拠調べの順序及び方法を定める決定（法第157条の2第1項の請求に対する決定を除く。）（法第316条の5第8号）

　ロ　主任弁護人及び副主任弁護人以外の弁護人の申立て，請求，質問等の許可（第25条）

　ハ　証拠決定についての提示命令（第192条）

十八　事件の争点及び証拠の整理の結果を確認した旨並びにその内容

2　前項に掲げる事項以外の事項であつても，公判前整理手続期日における手続中，裁判長又は受命裁判官が訴訟関係人の請求により又は職権で記載を命じた事項は，これ

を公判前整理手続調書に記載しなければならない。

第217条の16（公判前整理手続調書の署名押印，認印・法第316条の12） 公判前整理手続調書には，裁判所書記官が署名押印し，裁判長又は受命裁判官が認印しなければならない。

2 裁判長に差し支えがあるときは，他の裁判官の１人が，その事由を付記して認印しなければならない。

3 地方裁判所の１人の裁判官，簡易裁判所の裁判官又は受命裁判官に差し支えがあるときは，裁判所書記官が，その事由を付記して署名押印しなければならない。

4 裁判所書記官に差し支えがあるときは，裁判長又は受命裁判官が，その事由を付記して認印しなければならない。

第217条の17（公判前整理手続調書の整理・法第316条の12） 公判前整理手続調書は，各公判前整理手続期日後速やかに，遅くとも第１回公判期日までにこれを整理しなければならない。

第217条の18（公判前整理手続調書の記載に対する異議申立て等・法第316条の12） 公判前整理手続調書については，法第51条第１項及び第２項本文並びに第52条並びにこの規則第48条の規定を準用する。この場合において，法第52条中「公判期日における訴訟手続」とあるのは「公判前整理手続期日における手続」と，第48条中「裁判長」とあるのは「裁判長又は受命裁判官」と読み替えるものとする。

［１］本条の趣旨

公判前整理手続においては，当事者が種々の訴訟行為を行い，裁判所も証拠決定等を行うことになるから，当該手続においていかなることが行われたのかを明確にしておく必要がある。そこで，公判前整理手続期日には裁判所書記官が立ち会うとともに，調書を作成することとされている。

公判前整理手続期日において行われる手続のうち特に重要な事項は，公判前整理手続調書の必要的記載事項として定められている（規217の15Ⅰ）。それ以外の事項であっても，公判前整理手続期日における手続中，裁判長又は受命裁判官が訴訟関係人の請求により又は職権で記載を命じた事項は，公判前整理手続調書に記載することとされており（規217の15Ⅱ），具体的には審理予定に関する事項を記載することが有益である。なお，公判前整理手続期日において，決定又は命令をするについて必要な事実の取調べがされることがあり（43Ⅲ，規33Ⅲ），その内容・結果を記録にとどめることは法規上求められておらず，任意的な記載事項となるが，証人等を尋問する場合には，強制処分としての性質上，手続が適正に行われたことを公証する必要があり，規則38条，規則52条の２等に基づき証人尋問調書を作成しなければならない（伊藤・高橋前掲77）。

公判前整理手続に付された事件については，当事者の冒頭陳述が終わった後に，公判前整理手続調書の朗読又はその要旨を告知する方法により，公判前整理手続の結果を明

らかにしなければならないから，遅くとも第１回公判期日までに整理しなければならない（規217の17）。

公判前整理手続調書については，検察官，被告人又は弁護人は，第１審における最終の公判期日後14日以内であれば，公判前整理手続調書の記載の正確性について，異議を申し立てることができ，異議の申立があったときは，その旨を調書に記載しなければならない（規217の18，51）。公判前整理手続期日における手続で公判前整理手続調書に記載されたものは，公判前整理手続調書のみによってこれを証明することができる（規217の18，52）。　　　　　　　　　　　　　　　　　　　　　　　　　　　〔井下田英樹〕

第2目　争点及び証拠の整理

第316条の13 [1] 〔証明予定事実の明示・検察官請求証拠の取調べ請求〕　検察官は，事件が公判前整理手続に付されたときは，その証明予定事実（公判期日において証拠により証明しようとする事実をいう。以下同じ。）を記載した書面 [2] を，裁判所に提出し，及び被告人又は弁護人に送付しなければならない。この場合においては，当該書面には，証拠とすることができず，又は証拠としてその取調べを請求する意思のない資料に基づいて，裁判所に事件について偏見又は予断を生じさせるおそれのある事項を記載することができない。

2　検察官は，前項の証明予定事実を証明するために用いる証拠の取調べを請求しなければならない [3]。

3　前項の規定により証拠の取調べを請求するについては，第299条第１項の規定は適用しない。

4　裁判所は，検察官及び被告人又は弁護人の意見を聴いた上で，第１項の書面の提出及び送付並びに第２項の請求の期限を定めるものとする [4]。

[規]　**第217条の20（証明予定事実等の明示方法・法第316条の13等）**　検察官は，法第316条の13第１項又は第316条の21第１項に規定する書面に証明予定事実を記載するについては，事件の争点及び証拠の整理に必要な事項を具体的かつ簡潔に明示しなければならない。

　　2　被告人又は弁護人は，法第316条の17第１項又は第316条の22第１項の規定により証明予定事実その他の公判期日においてすることを予定している事実上及び法律上の主張を明らかにするについては，事件の争点及び証拠の整理に必要な事項を具体的かつ簡潔に明示しなければならない。

　　第217条の21（証明予定事実の明示における留意事項・法第316条の13等）　検察官及び被告人又は弁護人は，証明予定事実を明らかにするに当たつては，事実とこれを証

するために用いる主要な証拠との関係を具体的に明示することその他の適当な方法によつて，事件の争点及び証拠の整理が円滑に行われるように努めなければならない。

第217条の22（期限の告知・法第316条の13等） 公判前整理手続において，法第316条の13第4項，第316条の16第2項(法第316条の21第4項において準用する場合を含む。)，第316条の17第3項，第316条の19第2項（法第316条の22第4項において準用する場合を含む。），第316条の21第3項又は第316条の22第3項に規定する期限を定めた場合には，これを検察官及び被告人又は弁護人に通知しなければならない。

第217条の23（期限の厳守・法第316条の13等） 訴訟関係人は，前条に規定する期限が定められた場合には，これを厳守し，事件の争点及び証拠の整理に支障を来さないようにしなければならない。

［1］本条の趣旨 ［2］証明予定事実の明示 ［3］検察官による証拠の取調べ請求 ［4］期限の定め

［1］本条の趣旨

本条から316条の24までは，公判前整理手続における争点及び証拠の整理に関する手続を具体的に定めたものであり，本条は，同手続の出発点として，検察官が予定する主張立証の構造を明らかにすべく，検察官の証明予定事実の明示及びその証明に用いる証拠の取調べ請求について規定する。

［2］証明予定事実の明示

(1) **証明予定事実記載書面の提出（本条Ⅰ前）** 事件が公判前整理手続に付されたときは，検察官は，証明予定事実を記載した書面を，裁判所に提出し，被告人又は弁護人に送付しなければならない。

「証明予定事実」とは，「公判期日において証拠により証明しようとする事実」であり(本条Ⅰ前)，公訴事実だけでなく，それを推認させる間接事実や補助事実，量刑上重要な事実もこれに当たり得る。

検察官は，証明予定事実を記載するについては，事件の争点及び証拠の整理に必要な事項を具体的かつ簡潔に明示しなければならない(規217の20Ⅰ)。証明予定事実の内容に争点や証拠の整理をする上で不明確な点がある場合は，求釈明(規208)の対象となる。

(2) **証明予定事実記載書面の記載の在り方** 証明予定事実記載書面の形式としては，大別して，事実関係を時系列に従って物語風に記載するいわゆる物語式と，要証事実ごとにその立証に必要な間接事実を列挙するいわゆる証拠構造式とがあるが，いずれにしても重要なのは，その事件における真の「争点」を意識し，被告人の有罪・無罪や量刑の判断に関してポイントになると考えられる具体的な事実関係を端的に記載することである。

刑事裁判の役割は，被告人が有罪であるか否かを判断し，有罪と判断された場合には

316条の13 777

適正な刑を科すことにあり、裁判員制度の導入とともに、公判審理では、有罪・無罪の判断と量刑の判断に必要な限りで、その事件でポイント（核心）となる点に集中して証拠を取り調べ、それにより生き生きとした心証を形成し、その心証のままに判断するという「核心司法」を行うことがより一層意識されている。公判前整理手続は、このような公判審理の実現を目的とする手段であるから、整理すべき「争点」についても、被告人の有罪・無罪や量刑の判断を左右する、核心的な主張上の対立点をいうことになり、犯罪の成否にも量刑にも影響しないような派生的、周辺的な事実の存否に関して対立があっても、それらは真の「争点」ではない（最判平26・4・22刑集68・4・730の担当調査官解説である石田寿一・曹時68・4・336以下を参照）。

例えば、間接事実からの犯人性の推認が問題となる事案では、間接事実中に、被告人が犯人でなければ合理的に説明することができない事実関係が含まれているか（最判平22・4・27刑集64・3・233を参照）が真の「争点」になることが少なくないから、こうした事実関係を構成すると考えられる間接事実（ないし当該間接事実を更に推認させる再間接事実等）を意識して、主張構造を明示すべきである。共謀が争われ、直接証拠とされる共犯者供述が存在する事案では、当該供述全体の信用性がそのまま「争点」となるわけではなく、当該供述に現れる具体的事実関係のうち、共謀を推認させる重要な事実関係が認定できるかが真の「争点」になることが多いから、証明予定事実記載書面には、共犯者供述をそのまま引き写すのではなく、上記の重要な具体的事実関係を、それが現れる供述部分が補助事実によって的確に裏付けられているかなども意識しながら、整理して記載することが大事である。

また、「争点」は、その多くが実体法の解釈や法律概念についての理解等と密接に関連するものでもあり、証明予定事実では、そうした解釈・理解等も踏まえた記載がなされる必要がある。例えば、未必の殺意の有無が問題となる事案では、単に、実行行為時ないしその前後の経過事実を時系列に沿って記載するのではなく、被告人において、人が死ぬ危険性が高い行為をそのような行為であると分かって行ったことを基礎付けると考えられる間接事実等を、その推認力の強弱も意識して整理した内容を具体的に記載すべきである。

公訴事実自体には争いがなく、その意味で量刑のみが問題となる事案でも、行為責任の原則を踏まえ、違法性・有責性の観点から量刑を左右する犯情事実（行為態様や結果等、行われた犯罪の客観的な重さを基礎付ける事実や、動機・目的や計画性等、当該犯罪行為をするという意思決定に対する非難の程度を基礎付ける事実などのうち、その事件を特徴付けるもの。これらの具体的事実の有無や量刑上の考慮の仕方が、真の「争点」になることが多い。）に焦点を当てて、被告人の犯罪行為に対する非難の大きさを表す、刑事学的・社会的に意味のある事件の実体を明示することが重要である（例えば、最判平21・10・16刑集63・8・937の事案では、犯行場所が被告人方居室内であったか否かに争いがあったが、この点については、いずれであっても当該事案における量刑等の判断に特段影響しないから、真の「争点」には当たらないと考えられ

る。）。

　核心司法に基づく公判審理を実現するためには，証人や被告人が，公判廷で，事件当時の記憶に従い，事件のポイントに集中して的確な供述をすることができなければならないから，証人や被告人の記憶が薄れてしまうことのないよう，公判前整理手続は合理的な期間内で終結に至る必要がある。証明予定事実記載書面で，犯行に至る経緯や犯行後の事情も含めて詳細過ぎる記載がされた場合，弁護人の主張も細部にわたるものになりやすく，被告人の有罪・無罪や量刑の判断に影響しない点で対立が生じるなどして主張整理に時間を要するだけでなく，場合によっては，双方が取調べを求める証拠や開示請求がされる証拠の量も増加して，これらの整理の作業にも時間を要することにもなり，公判前整理手続が不当に長期化するおそれがある。

　したがって，最初の証明予定事実記載書面を提出する段階から，以上で述べたところを意識し（例えば，犯行に至る経緯については，それが被告人の意思決定，ひいては責任非難の程度にどのように影響するかという観点から主張するか否かを検討し，犯行後の事情についても，それが行為責任という量刑の本質に照らしてどのような意味を持つのかという観点から主張するのが相当かどうかを検討するなどして），網羅的な捜査の結果を引き継いでそこから不要と思われる部分を削るという発想ではなく，まずは公判で真に必要となる事実を見極めて積み上げていき，それらを法的に再構成して，必要最小限の事柄を主張するという発想に立ち，証明予定事実を明示することが重要である。裁判所としても，起訴後早期に設けられる打合せの場で，弁護人から概括的な応訴方針を聴取するなどして，検察官において，当初から，上記のような実質的内容を伴った証明予定事実記載書面を提出することが可能となるよう努める必要がある。

(3) **証拠との関連性の明示等**　　検察官の主張立証構造を被告人側や裁判所に対し的確に理解させて，適切な争点及び証拠の整理を可能にするためには，検察官が，どの事実を，どの証拠で立証しようとしているのかが，具体的かつ端的に示される必要がある。したがって，検察官は，証明予定事実を明示するに当たり，事実とこれを証明するために用いる主要な証拠との関係を具体的に明示することなどが求められる（規217の21）。

　他方で，証明予定事実記載書面には，証拠とすることができず，又は証拠としてその取調べを請求する意思のない資料に基づいて，裁判所に事件について偏見又は予断を生じさせるおそれのある事項を記載することはできない（本条Ⅰ後）が，そうでない限り，請求証拠によって証明しようとする事実が，検察官の主張構造の中でどのように位置付けられるのかなどといった評価的な事項を記載することも，特段妨げられるものではないと解される。

　例えば，被告人の犯人性の推認が問題となる事案では，検察官は，その事案に適切な論理則や経験則等の内容を提示しつつ推認過程を具体的に明らかにし，その中で，個々の間接事実がどのような意味合い（要証事実をどのような根拠でどのように推認させるのか）や重み（推認力）を持つと見ているのかなどといった点についても記載することが考え

られる。これにより，裁判所としても，検察官請求証拠の関連性や重要性等を適切に理解した上で証拠の整理等を行うことが可能になる。

[3] 検察官による証拠の取調べ請求

(1) 請求証拠の在り方等　　検察官は，証明予定事実を立証する証拠の取調べを請求しなければならない（本条Ⅱ）。

「核心司法」の下では，裁判体の構成員は，法廷外で大量の書類を読み込んで心証を形成するのではなく，公判廷における検察官及び弁護人側の攻防の下，取り調べた証拠により，公判前整理手続の中で浮かび上がってきた真の「争点」に集中して公判の場で心証を形成することになる。したがって，公判審理は，裁判体の構成員が的確に心証を形成することができるよう，個々の要証事項に即した最良の証拠が取り調べられ，供述が信用できるか否か等についての判断材料も全て提供されるという点も含め，裁判体の構成員の眼前で実質的な攻防が行われる「公判中心主義，直接主義」に基づいたものでなければならない。公判前整理手続では，こうした観点から，取り調べる証拠を厳選していくことになる。

例えば，事件関係者の供述に基づき，裁判体の構成員が「争点」に関して的確に心証を形成するためには，一般的に，事件の経過等につき，争点との関係では不必要な情報も含め網羅的に録取等されている供述調書やいわゆる取調状況DVDを証拠調べするよりも，真に判断すべき事件のポイントに集中して当該関係者（被害者，目撃者，共犯者など）に対する証人尋問や被告人質問を実施することが大事である。双方当事者からの多角的な視点に基づく質問等により，証人や被告人は記憶をよく喚起しながら供述をすることが可能となるし，判断者である裁判体の構成員自身が，必要に応じ，自ら問いを発して答えを得るなどの中で，その眼前での供述態度等も踏まえて供述の信用性や証明力を適切に判断できることになる（とりわけ裁判員裁判では，性犯罪等を除き，自白事件であっても重要な犯情事実に関する証人尋問が実施され，また，乙号証の採否を留保したまま被告人質問を行い，被告人から必要十分な供述を得た上で，乙号証の証拠調べ請求を検察官が撤回することが一般的である。なお，実質証拠として請求された被告人の取調状況DVDにつき，証拠調べの必要性等について詳細に判示した裁判例として，東京高判平28・8・10判タ1429・132がある。）。

証人は，自身が体験した事実を公判で提供するという立場にあり，捜査段階の供述調書の内容を再現するという立場にはないから，尋問に当たっては，検察官が供述調書の再現をさせるために主尋問をし，弁護人が開示を受けた供述調書との些細な食い違いを逐一問いただすというのではなく，事件のポイントに集中して，裁判体の構成員にも質問の意図が的確に理解できるよう端的な質問をし，証人からは，争点に即して供述内容を再構成させるという仕方で証言を得ることになり，それにより，証人尋問も合理的な時間内に収まることになる。証人尋問を請求するに当たっては，どの証人にいかなる事項について供述してもらうべきかを吟味した上，尋問時間を見積もることが必要である。

次に，捜査段階では，現場保存等の捜査資料として，詳細かつ多量な情報が盛り込まれた実況見分調書等が作成されるが，これらがそのまま取り調べられた場合，裁判体の構成員は重要な点を理解することができないから，こうした書証については，公判前整理手続が進展する中で，抄本化（原証拠の不要部分をマスキング等した抄本を作成すること。）や統合捜査報告書の作成が励行されている。なお，統合捜査報告書は，原証拠からすると二次的，三次的な証拠であり，要証事項によっては，統合捜査報告書を活用することで裁判体の構成員による適切な心証形成がむしろ妨げられるおそれもあるから，基本的には，図面や写真など，統合化しても証拠の価値が損なわれないような客観的な事項を立証するものについて活用すべきである。

また，従来の裁判官による裁判では，否認事件で解剖写真，自白事件でも遺体写真といった刺激の強い証拠が多数請求され，取り調べられてきたが，こうした証拠についても，被告人の有罪・無罪や量刑の判断に必要か否かという観点から，取調べ請求をするかどうかが考慮されるべきである。例えば，公訴事実に記載された内容の人の死亡という事実を立証するためには，遺体写真よりも，死亡の年月日時や死因等についても記載された死体検案書のような証拠のほうがより直接的である（なお，最判平26・7・24刑集68・6・925がいうように，個別事案での量刑判断は，当該事案の属する社会的類型におけるおおまかな量刑傾向を出発点として行うから，例えば，人が死亡したこと等，その社会的類型及び量刑傾向のそもそもの前提となっている法益侵害結果それ自体は，通常，当該事案における量刑判断の分かれ目・ポイントにはならないと考えられる。）。犯行態様の残虐さ等の判断に当たっては，行為の危険性の高さ等を中心とした，その行為に対する非難の度合いを見積もることになるが，そうした点の立証には，創傷の数や部位，方向，深さなどを示した図面等を用いることが端的で分かりやすいであろう（殺意の有無が問題となる事件で，その認定に際し，創傷の状況を立証する場合も同様である。大阪高判平26・10・22判例秘書L06920520は，殺人等被告事件で，原裁判所が，裁判員の精神的負担にも配慮し，犯行状況を撮影した動画ではなく，動画から抽出した静止画像をスライドにしたものや，動画に収録された音声を文字で説明した報告書を取り調べた措置につき，これらのスライドや報告書は暴行態様や殺意の有無を判断する証拠として十分であり，上記動画に係るDVD-Rの証拠調べ請求を却下した原審の訴訟手続に法令違反はないとした。）。以上のような必要性についての吟味を経た場合，通常は上記の写真等をあえて取り調べることはないと思われるが，それでもなお，刺激の強い証拠を採用しなければならない事案では，裁判員に過度の精神的負担を与えないようにするため，証拠調べの仕方等を工夫することになる。

(2) **証拠の取調べ請求の時期**　証拠の取調べ請求は，検察官の証明予定事実記載書面の提出と同時に行われることが通例である。

[４] 期限の定め

証明予定事実記載書面の提出・送付と，その証明のための証拠の取調べ請求については，裁判所が，検察官及び被告人又は弁護人の意見を聴いた上で，期限を定めることが

必要的である（本条Ⅳ）。期限の告知方法については，裁判書謄本の送達を要せず，通知で足りる（規217の22）。 〔辛島明〕

第316条の14 [1] 〔検察官請求証拠の開示〕　検察官は，前条第2項の規定により取調べを請求した証拠（以下「検察官請求証拠」という。）については，速やかに，被告人又は弁護人に対し，次の各号に掲げる証拠の区分に応じ，当該各号に定める方法による開示をしなければならない [2][3]。

一　証拠書類又は証拠物　当該証拠書類又は証拠物を閲覧する機会（弁護人に対しては，閲覧し，かつ，謄写する機会）を与えること。

二　証人，鑑定人，通訳人又は翻訳人　その氏名及び住居を知る機会を与え，かつ，その者の供述録取書等のうち，その者が公判期日において供述すると思料する内容が明らかになるもの（当該供述録取書等が存在しないとき，又はこれを閲覧させることが相当でないと認めるときにあつては，その者が公判期日において供述すると思料する内容の要旨を記載した書面）を閲覧する機会（弁護人に対しては，閲覧し，かつ，謄写する機会）を与えること。

2　検察官は，前項の規定による証拠の開示をした後，被告人又は弁護人から請求があつたときは，速やかに，被告人又は弁護人に対し，検察官が保管する証拠の一覧表の交付をしなければならない [4]。

3　前項の一覧表には，次の各号に掲げる証拠の区分に応じ，証拠ごとに，当該各号に定める事項を記載しなければならない [4]。

一　証拠物　品名及び数量

二　供述を録取した書面で供述者の署名又は押印のあるもの　当該書面の標目，作成の年月日及び供述者の氏名

三　証拠書類（前号に掲げるものを除く。）　当該書類の標目，作成の年月日及び作成者の氏名

4　前項の規定にかかわらず，検察官は，同項の規定により第2項の一覧表に記載すべき事項であつて，これを記載することにより次に掲げるおそれがあると認めるものは，同項の一覧表に記載しないことができる [5]。

一　人の身体若しくは財産に害を加え又は人を畏怖させ若しくは困惑させる行為がなされるおそれ

二　人の名誉又は社会生活の平穏が著しく害されるおそれ

三　犯罪の証明又は犯罪の捜査に支障を生ずるおそれ

5　検察官は，第2項の規定により一覧表の交付をした後，証拠を新たに保管するに至つたときは，速やかに，被告人又は弁護人に対し，当該新たに保管するに至つた証拠の一覧表の交付をしなければならない [6]。この場合においては，前2項の規

定を準用する。

［1］本条の趣旨等

本条1項は，前条の規定により検察官が取調べを請求した証拠の，被告人側への開示及びその方法について規定する。公判前整理手続に付された事件については，検察官の請求証拠の開示に関する299条1項の規定は適用されず（316の13Ⅲ），本条が適用されるが，本条では，証人等について公判での予定供述の内容を明らかにすることが求められるなど，299条1項に比して開示方法が拡充されている。

本条2項から5項までは，検察官による証拠の一覧表の交付手続について規定する。被告人側に円滑・迅速に類型証拠（316の15Ⅰ）又は主張関連証拠（316の20Ⅰ）の開示請求を行わせ，ひいては公判前整理手続の進行をより円滑・迅速なものとするため，被告人側の証拠開示請求に先立ち，その手掛かりとして，検察官の保管する証拠の一覧表の交付を受けることができるようにしたものである（平成28年改正により新設）。なお，一覧表の記載内容等に関して不服があっても，そのための手続は設けられておらず，被告人側から裁判所への不服申立ては認められない。

［2］証拠開示の方法

本条1項1号，2号に規定されているとおりである。2号の「その者が公判期日において供述すると思料する内容の要旨を記載した書面」（予定証言要旨記載書面）を開示しなければならない場合の一つである「閲覧させることが相当でないと認めるとき」とは，例えば，証人等の供述録取書に，当該事件の証言予定内容に係る事項と，他の事件の内容に係る事項や関係者の名誉・プライバシーを不必要に侵害する事項が，混然一体となって録取されている場合などが考えられる。

予定証言要旨記載書面は，供述録取書等に録取された場合と同程度に，証言予定の内容を具体的に明らかにするものでなければならない。予定証言要旨記載書面の記載内容が抽象的に過ぎ，「公判期日において供述すると思料する内容の要旨」として十分ではないと考えるときは，被告人側は，316条の26の規定により開示命令を請求することができる。

本条1項の開示は，原則として無条件で行われなければならないが，証人等の氏名及び住所の開示に係る措置に関する299条の4〜299条の7の規定が準用される（316の23Ⅱ・Ⅲ）。また，裁判所は，検察官から請求があるときは，316条の25第1項の規定により，本条1項により開示すべき証拠について，開示の時期・方法を指定し，又は条件を付することができる（316の25の解説も参照。）。

［3］開示の対象等

本条1項で開示が義務付けられるのは，検察官が316条の13第2項の規定により取調べを請求した証拠である。本条1項2号の「供述録取書等」とは，「供述書，供述を録取した書面で供述者の署名若しくは押印のあるもの又は映像若しくは音声を記録するこ

とができる記録媒体であって供述を録取したもの」をいう（290の3 I）。

実務では，この開示と並行して，正式の証拠開示請求を待たずに，「定型的な類型証拠」や「被告人側の概括的な予定主張に関連する定型的な証拠」を任意に開示することが励行されている。

また，事案によっては，証明予定事実記載書面の提出・送付に先立って，検察官から弁護人に対し，取調べ請求見込みの証拠や，その証拠に関する定型的な類型証拠等が開示され，弁護人が，捜査段階で被疑者から事実関係を十分に聴取することなどと相まって，被告人側が応訴方針を早期に確立して呈示し，争点及び証拠の整理を迅速に進める取組みもされている。

［4］証拠の一覧表の交付（本条ⅡⅢ）

検察官が証拠の一覧表の交付義務を負うのは，検察官請求証拠の開示をした後，被告人側から請求があったときであり，その場合には，速やかに証拠の一覧表を交付しなければならない。

証拠の一覧表に記載すべき証拠は，検察官が現に保管している被告事件の証拠である（いわゆる検察官の手持ち証拠であり，例えば，警察からいまだ送致を受けていない証拠は範囲外である。）。本条3項は，証拠の一覧表の作成・交付が円滑・迅速になされるよう，一覧表に記載すべき証拠の範囲を，検察官にとって一義的・形式的に明確で，検察官が責任を持って所定の事項を記載できるものにしている。

［5］本条4項の解釈

本条4項各号の「おそれ」の有無は，「書面の標目」，「作成の年月日」，「供述者の氏名」といった記載事項ごとに判断され，証拠の一覧表に記載しない措置も記載事項ごとにとることになる。なお，この措置の有無によって，証拠開示の要件や開示される証拠の範囲が変わるものではない。

本項1号・2号の「人」は，供述調書の供述者や親族等に限定されず，例えば，供述者の内縁の配偶者や同居人，交際相手等も含まれる。

［6］証拠の一覧表の追加交付（本条Ⅴ）

被告人側の請求は要件とされていない。検察官は，公判前整理手続の終結まで，この追加交付の義務を負うことになると解される。　　　　　　　　　　　〔辛島明〕

第316条の15[1]〔類型証拠の開示〕　検察官は，前条第1項の規定による開示をした証拠以外の証拠であつて，次の各号に掲げる証拠の類型のいずれかに該当し，かつ，特定の検察官請求証拠の証明力を判断するために重要であると認められるものについて，被告人又は弁護人から開示の請求があつた場合において，その重要性の程度その他の被告人の防御の準備のために当該開示をすることの必要性の程度並びに当該開示によつて生じるおそれのある弊害の内容及び程度を考慮し，相当と認めると

きは [2]，速やかに，同項第1号に定める方法による開示をしなければならない [3][4]。この場合において，検察官は，必要と認めるときは，開示の時期若しくは方法を指定し，又は条件を付することができる [5]。

一　証拠物

二　第321条第2項に規定する裁判所又は裁判官の検証の結果を記載した書面

三　第321条第3項に規定する書面又はこれに準ずる書面

四　第321条第4項に規定する書面又はこれに準ずる書面

五　次に掲げる者の供述録取書等

　イ　検察官が証人として尋問を請求した者

　ロ　検察官が取調べを請求した供述録取書等の供述者であつて，当該供述録取書等が第326条の同意がされない場合には，検察官が証人として尋問を請求することを予定しているもの

六　前号に掲げるもののほか，被告人以外の者の供述録取書等であつて，検察官が特定の検察官請求証拠により直接証明しようとする事実の有無に関する供述を内容とするもの

七　被告人の供述録取書等

八　取調べ状況の記録に関する準則に基づき，検察官，検察事務官又は司法警察職員が職務上作成することを義務付けられている書面であつて，身体の拘束を受けている者の取調べに関し，その年月日，時間，場所その他の取調べの状況を記録したもの（被告人又はその共犯として身体を拘束され若しくは公訴を提起された者であつて第5号イ若しくはロに掲げるものに係るものに限る。）

九　検察官請求証拠である証拠物の押収手続記録書面（押収手続の記録に関する準則に基づき，検察官，検察事務官又は司法警察職員が職務上作成することを義務付けられている書面であつて，証拠物の押収に関し，その押収者，押収の年月日，押収場所その他の押収の状況を記録したものをいう。次項及び第3項第2号イにおいて同じ。）

2　前項の規定による開示をすべき証拠物の押収手続記録書面（前条第1項又は前項の規定による開示をしたものを除く。）について，被告人又は弁護人から開示の請求があつた場合において，当該証拠物により特定の検察官請求証拠の証明力を判断するために当該開示をすることの必要性の程度 [6] 並びに当該開示によつて生じるおそれのある弊害の内容及び程度を考慮し，相当と認めるときも，同項と同様とする。

3　被告人又は弁護人は，前2項の開示の請求をするときは，次の各号に掲げる開示の請求の区分に応じ，当該各号に定める事項を明らかにしなければならない。

一　第1項の開示の請求　次に掲げる事項

　イ　第1項各号に掲げる証拠の類型及び開示の請求に係る証拠を識別するに足り

る事項

　ロ　事案の内容，特定の検察官請求証拠に対応する証明予定事実，開示の請求に係る証拠と当該検察官請求証拠との関係その他の事情に照らし，当該開示の請求に係る証拠が当該検察官請求証拠の証明力を判断するために重要であることその他の被告人の防御の準備のために当該開示が必要である理由

二　前項の開示の請求　次に掲げる事項

　イ　開示の請求に係る押収手続記録書面を識別するに足りる事項

　ロ　第１項の規定による開示をすべき証拠物と特定の検察官請求証拠との関係その他の事情に照らし，当該証拠物により当該検察官請求証拠の証明力を判断するために当該開示が必要である理由

　[規]　第217条の24（証拠不開示の理由の告知・法第316条の15等）　検察官は，法第316条の15第１項若しくは第２項（法第316条の21第４項において準用する場合を含む。）又は第316条の20第１項（法第316条の22第５項において準用する場合を含む。）の規定により被告人又は弁護人から開示の請求があつた証拠について，これを開示しない場合には，被告人又は弁護人に対し，開示しない理由を告げなければならない。

　　　[1] 本条の趣旨　　[2] 開示の要件　　[3] 開示の対象となる証拠の範囲　　[4] 検察官の応答義務　　[5] 開示の時期・方法の指定等　　[6] 開示の必要性についての判断の在り方（本条Ⅱ）

[1] 本条の趣旨

　本条は，被告人側が防御方針を決めることができるようにするため，検察官による証明予定事実の明示と証拠の取調べ請求（316の13），請求証拠の開示（316の14Ⅰ）によって検察官の主張立証構造が明らかになったところで，特定の検察官請求証拠の証明力の判断のために重要と考えられる一定類型に該当する証拠（類型証拠）について，被告人側から請求があった場合，一定の要件の下で，検察官が被告人側に開示すべきことを規定する。

[2] 開示の要件

　当該証拠について，①本条１項各号に掲げられた類型のいずれかに該当すること（類型該当性），②特定の検察官請求証拠の証明力を判断するために重要であると認められること（重要性），③開示の必要性と開示による弊害を考慮し，開示が相当であると認められること（相当性），④被告人又は弁護人からの開示の請求があることである。

(1) **類型該当性**　ア　１号　　本号の「証拠物」は，306条等の「証拠物」と同義であり，その存在又は状態が事実認定の資料となる証拠方法をいう。いわゆる証拠物たる書面（307）も含まれる。

イ 3 号 「第321条第3項に規定する書面」には，捜査機関による実況見分調書も含まれる。「これに準ずる書面」とは，収税職員が作成した臨検顛末書など，321条3項の準用が認められる書面である。

ウ 4 号 「これに準ずる書面」とは，捜査機関から鑑定の嘱託を受けた者の作成した鑑定書など，321条4項の準用が認められる書面である。

エ 5 号 本号は，検察官が証人尋問を請求した者又は証人尋問の請求を予定している者の供述録取書等を対象としている。「供述録取書等」の意義については，316条の14の解説［3］を参照（なお，不起訴裁定書が検察官の供述書に当たるとしたものとして，東京地決平26・1・29判タ1401・381）。

本号については，類型該当性が認められる場合であっても，後記(2)の「重要性」が認められるためには，供述録取書等の記載事項が公判廷で証言の予定される事項と関連性を有すること（同一の事項等に関して述べるものであること）が必要か否かが問題とされることが多い。裁判例では，一般に，関連性を有することが必要とされている（東京地決平19・5・22裁判所ウェブサイト（酒巻・刑事証拠開示430）は，収賄等被告事件について，弁護人が，本件は別件の法人税法違反被疑事件の捜査中に浮上したものであるなどと主張して，その別件における関係者の検察官調書の開示を求めたのに対し，当該関係者が本件の公判で供述すると予想される事項とはおよそ関連のないものであって，当該関係者の供述の証明力を判断するために重要とは認められない，とした。もっとも，厳密にはここでいう関連性がなくても「重要性」が認められる場合があり得ることについて，後記(2)の東京高決平20・7・11も参照。）。

オ 6 号 本号の対象は，検察官が，証人尋問の請求を予定しない参考人の「供述録取書等」であって，検察官が特定の検察官請求証拠により「直接」証明しようとする「事実の有無」に「関する」供述を内容とするものである。

本号については，「直接」及び「事実の有無」という要件から，特定の検察官請求証拠における供述内容と，同一の場面，同一の状況，同一の事項について供述している供述録取書等を対象とすると説明されることもあるが，事実の有無に「関する」という規定の仕方も踏まえると，上記のように限定して解する必然性はない。検察官請求証拠の証明力を適切に判断するという観点からは，当該検察官請求証拠により直接証明しようとする事実の有無だけでなく，これと密接に関連する事情について供述している供述録取書等も本号の対象となると解した上で，「重要性」の観点も踏まえて最終的に開示すべきかどうかを決するのが相当であろう。

また，参考人の供述が記載されている捜査官作成の捜査報告書（聞き取り捜査報告書）が本号の「被告人以外の者の供述録取書等」に該当するかどうかという問題もある。これを消極に解する見解は，聞き取り捜査報告書は，参考人の署名・押印を欠くことから当該参考人の「供述録取書等」には該当せず（供述録取書については，290の3Ⅰで，原供述者の署名又は押印が要件とされている。），かつ，本号の「事実の有無に関する供述」は供述者が直接体験したところについて述べる原供述を意味する（原供述を聞き取った旨の捜査

官の供述は含まれない）などとして，実質的には当該参考人の供述を録取した書面である聞き取り捜査報告書は本号の対象には当たらないとする。この点に関する裁判例も，本号の開示対象は原供述に限られ，伝聞供述は証拠開示の対象とならないとして，聞き取り捜査報告書の本号該当性を否定している（東京高決平18・10・16判タ1229・204，大阪高決平18・10・6判時1945・166等）。もっとも，捜査官作成の聞き取り捜査報告書も捜査官の供述書としては「供述録取書等」に当たる上（290の3Ⅰ），被告人の防御準備に資するための証拠開示の可否の判断と開示請求された証拠の証拠能力とは別問題であり（後記(2)），本号の文理上も，「事実の有無に関する供述」を原供述に限る必然性はないことなどを理由に，聞き取り捜査報告書も本号の類型に該当し得るとの見解も有力である（前田巌「類型証拠6号要件の該当性について」酒巻・刑事証拠開示200以下等。なお，平成28年改正に係る法案の審議過程では，聞き取り捜査報告書を類型証拠として法定するかについても議論されたが，結局見送られている。これにより，聞き取り捜査報告書については専ら主張関連証拠として扱うべきとの整理がされたとの見解もあり得るが，上記の積極説の根拠とするところも特段否定されるものではないと考えられる。）。いずれにしても，現在の実務では，こうした聞き取り捜査報告書も含めて検察官が幅広に任意開示に応じており，最近ではこの論点に関して判断を示した裁判例は見当たらない。

　　カ　7　号　　被告人が，被疑者又は被告人として供述した場合だけでなく，被疑者として扱われる以前に参考人として供述した場合も含む。

　被告人の供述を録取した書面であっても，被告人が署名・押印を拒否したものは，「供述録取書等」には該当しない（290の3Ⅰを参照）。

　　キ　8　号　　本号の対象は，警察については犯捜規182条の2により，検察については「取調べ状況の記録等に関する訓令」により作成された，取調状況記録書面である。いわゆる取調べメモは，本号に該当せず（山口・判例解説(刑)平19・515，さいたま地決平20・3・17裁判所ウェブサイト(酒巻・刑事証拠開示489)），捜査官に対する被告人の供述の任意性や共犯者の供述の特信性に関する主張関連証拠等として開示が請求されることが多いであろう。

　本号の「共犯」には，刑法総則上の共犯（共同正犯・教唆犯・従犯）のほか，いわゆる多衆犯（騒乱等）や対向犯（贈収賄等）といった必要的共犯も含まれる。「共犯として身体を拘束され」とは，逮捕・勾留等の身体拘束の理由となる被疑事実においてその者が被告人の共犯とされていることをいい，「共犯として公訴を提起された」とは，公訴事実においてその者が被告人の共犯とされていることをいう（これらに当たらない参考人に係る取調状況記録書面は，主張関連証拠として開示の対象となり得る。）。

　　ク　9　号　　本号の対象は，例えば，法務大臣訓令や国家公安委員会規則等に基づいて作成が義務付けられている領置調書や差押調書である。これら「押収手続の記録に関する準則」に基づくものでなければ，押収の状況を記録した捜査報告書等が作成された場合であっても，本号の対象にはならない。また，本号は，押収手続記録書面のうち

「検察官請求証拠である証拠物」に係るものを対象としており，類型証拠として開示されるべき証拠物に係るものは，本条2項の対象である。

(2) **重要性**　　重要性については，一般に，当該類型証拠が，特定の検察官請求証拠やこれによって検察官が証明しようとする事実と齟齬，矛盾し，あるいは両立しない内容を含む可能性があるかという観点から個別具体的に判断され，その判断に当たっては，当該類型証拠の外形や文面のほか，他の証拠とも相まって上記の可能性があるかなどが考慮される（松尾・条解748以下）。もっとも，これに限らず，特定の検察官請求証拠の証明力に影響を及ぼし得る補助事実に関する証拠（例えば，犯行目撃者の視力や事件についての記憶力等，目撃供述内容の正確性に関わる証拠，共犯者が事件について有する利害関係等に関わる証拠など）も，重要性が認められる場合がある（東京高決平20・7・11東時59・1＝12・65（酒巻・刑事証拠開示551）は，会社の実質的経営者である被告人が，従業員である共犯者に指示し同社の経理部長に対して及んだ傷害致死等の事案で，具体的事情を考慮し，共犯者の身上調書のうち，前科前歴，経歴，家族関係や交遊関係，財産関係を含む生活状態，不良集団等の関わり合いの有無等に関する部分につき，共犯者の供述の証明力の判断に当たって重要と認められるとした。）。

　開示請求された証拠の証拠能力や信用性・証明力は，「重要性」・「必要性」の判断に当たっての考慮要素とはならない（類型証拠の開示は，開示された証拠に照らして，被告人側が独自に検察官請求証拠の証明力を判断し，防御の準備を行うためのものであり，開示証拠を被告人側から証拠能力を認めて取調べ請求するかどうかの判断とは無関係であるし，また，公判準備にすぎない公判前整理手続の段階で，検察官や裁判官が開示請求に係る証拠の信用性や証明力に立ち入ることは想定されていない。）。

(3) **開示の相当性**　　開示がなされるのは，重要性の程度その他の被告人の防御の準備のために開示することの必要性の程度と，開示によって生じるおそれのある弊害の内容及び程度とを比較考量して，相当と認められる場合である。

　重要性の程度と必要性の程度は，基本的に相関関係にあり，「重要性」は「必要性」を裏付ける大きな要素となる。もっとも，例えば，当該類型証拠は，単体としては特定の検察官請求証拠の証明力の判断に重要であるとしても，他の類型証拠の開示により証明力の判断が十分になし得るという場合などは，当該類型証拠の開示の必要性は低くなるといえよう（裁判例として，岡山地決平20・7・15裁判所ウェブサイト（酒巻・刑事証拠開示582），大阪高決平20・12・3判タ1292・150（酒巻・刑事証拠開示625）等。）。

　「弊害の内容」としては，罪証隠滅，証人威迫，関係者への報復・嫌がらせ，関係者の名誉・プライバシーの侵害，国民一般の捜査への協力確保が困難になることなどが考えられる。「弊害の程度」には，生じるおそれのある弊害の内容的な著しさの程度と，弊害が生じる蓋然性の程度の二つが含まれる。弊害の内容・程度は，当該事案の性質，当該類型証拠の内容・性質，被告人や被告人側関係者の言動等，具体的な根拠に基づいて判断される。

　開示の「必要性」と「弊害の内容及び程度」の考慮に関して，例えば，開示の必要性

について具体的な主張がなされているのに，弊害に関する検察官の疎明が抽象的なものにとどまっている場合などは，開示相当との判断に傾きやすい（大阪高決平18・9・22判時1947・169）。開示の必要性が認められる一方，特段の弊害は認められないという場合には，相当性があるものとして検察官は開示しなければならない。

(4) **開示の請求**　　本条1項の類型証拠の開示請求に当たっては，同項各号に掲げる証拠の類型及び開示の請求に係る証拠を識別するに足りる事項を明らかにしなければならない（本条Ⅲ①）。どのような類型の証拠につき，どのような範囲で開示することを求めるのかが識別できるだけの特定が必要である。「公訴事実に係る捜査報告書や備忘録の全て」などといった程度では，特定として不十分であるが（東京地決平19・7・20裁判所ウェブサイト（酒巻・刑事証拠開示435）），他方で，個別の証拠の標目等によって特定することまでは要せず，「本件事故現場の実況見分調書」（本条Ⅰ③），「被害者の死因に関する他の鑑定書」（本条Ⅰ④），「犯行状況についての他の目撃者の供述調書」（本条Ⅰ⑥）などといった一定の範囲を明らかにした特定で足りる（なお，平成28年改正で新設された証拠の一覧表の交付手続は，上記の特定に資するものである。316の14の解説[1]も参照。）。

　実務では，検察官が，一定の類型証拠につき被告人側からの請求を待たずに任意に開示したり，厳格な請求書の記載を求めず，簡易な請求方式で開示に応じるなど，柔軟な運用が行われている（316の14の解説[3]も参照）。

[3] 開示の対象となる証拠の範囲

　検察官手持ちの証拠に限られない（316の26の解説[2](1)も参照）。

[4] 検察官の応答義務

　類型証拠の開示請求を受けた検察官は，これに応答する義務がある。開示することとしたときは，速やかに開示すべきであり，開示しないと判断したときは，その旨を請求者に対して告知し，不開示の理由を告げなければならない（規217の26）。

　検察官が，合理的な期間を超えて開示・不開示の応答をしない場合には，請求者は，不開示の判断があったものとして，316条の26により，裁判所に対して裁定請求をすることができる。

[5] 開示の時期・方法の指定等

　無条件の開示が原則である（なお，316の23Ⅰ）が，検察官は，必要と認めるときは，開示の時期若しくは方法を指定し，又は条件を付することができる（本条Ⅰ後・Ⅱ）。「必要と認めるとき」とは，無条件では弊害の程度が大きく，開示不相当とせざるを得ないが，一定の条件等を付すことで，開示が相当となるような例外的な場合をいう。より制限的でない条件等で目的を達せられる場合は，それによるべきである。

　開示の方法の指定の例としては，被害者のプライバシーにわたる内容が含まれる証拠について，弁護人による閲覧のみとすること（東京高決平21・1・20東時60・1＝12・1を参照），条件の例としては，個人情報等が記録されたDVDについて，複写を禁止したり，再生に際して外部接続したパソコンの使用を禁止することなどがある。

790　316条の15，316条の16

［6］開示の必要性についての判断の在り方（本条Ⅱ）

　本条2項の押収手続記録書面については，開示の必要性の判断に当たり，類型証拠とし
て開示すべき証拠物の存在を前提として，「当該証拠物により特定の検察官請求証拠の証
明力を判断するために」その押収手続記録書面の開示をすることがどの程度必要である
かを考慮する（これに対し，本条Ⅰ⑨の押収手続記録書面については，開示の必要性の判断に当たっ
て，それが「特定の検察官請求証拠の証明力を判断するために」どの程度重要であるか，その開示をす
ることが被告人側の防御の準備のためにどの程度必要であるかを考慮することになる。）。〔辛島明〕

第316条の16 [1] 〔**検察官請求証拠に対する意見**〕　被告人又は弁護人は，第316条の
13第1項の書面の送付を受け，かつ，第316条の14第1項並びに前条第1項及び第
2項の規定による開示をすべき証拠の開示を受けたときは，検察官請求証拠につい
て，第326条の同意をするかどうか又はその取調べの請求に関し異議がないかどう
かの意見を明らかにしなければならない。

2　裁判所は，検察官及び被告人又は弁護人の意見を聴いた上で，前項の意見を明ら
かにすべき期限を定めることができる [2]。

> ［規］　第217条の24（期限を守らない場合の措置・法第316条の16等）　裁判所は，公判前整理
> 手続において法第316条の16第2項（法第316条の21第4項において準用する場合を含
> む。），第316条の17第3項，第316条の19第2項（法第316条の22第4項において準用
> する場合を含む。），第316条の21第3項又は第316条の22第3項に規定する期限を定め
> た場合において，当該期限までに，意見若しくは主張が明らかにされず，又は証拠調
> べの請求がされない場合においても，公判の審理を開始するのを相当と認めるときは，
> 公判前整理手続を終了することができる。

［1］本条の趣旨

　類型証拠の開示によって，検察官請求証拠の証明力を判断するために重要な証拠の内
容が明らかにされ，被告人側が証拠意見を述べる素地は整ったといえるから，被告人側
に，検察官請求証拠に対する証拠意見の明示を義務付けたものである。

［2］期限の設定と遵守義務等

　裁判所が，被告人側が検察官請求証拠に対する意見を明示する期限を定めることは必
要的ではないが（本条Ⅱ），公判前整理手続を計画的かつ迅速に進行させるため，実務上
は，開示された類型証拠について検討する時間等，弁護人側の事情にも配慮した上，期
限の設定がなされることが多い。

　期限が設定された場合，当事者には期限を遵守する義務が課されており（規217の23），
期限が守られなかった場合，裁判所は，公判の審理を開始するのを相当と認めるときは，

公判前整理手続を終了することができる（規217の24）。公判前整理手続の終了によって，316条の32による証拠制限が適用されることになる。　　　　　　　　　〔辛島明〕

第316条の17 [1] **〔予定主張の明示・被告人側請求証拠の取調べ請求〕**　被告人又は弁護人は，第316条の13第1項の書面の送付を受け，かつ，第316条の14第1項並びに第316条の15第1項及び第2項の規定による開示をすべき証拠の開示を受けた場合において，その証明予定事実その他の公判期日においてすることを予定している事実上及び法律上の主張があるときは，裁判所及び検察官に対し，これを明らかにしなければならない [2]。この場合においては，第316条の13第1項後段の規定を準用する。

2　被告人又は弁護人は，前項の証明予定事実があるときは，これを証明するために用いる証拠の取調べを請求しなければならない。この場合においては，第316条の13第3項の規定を準用する [3]。

3　裁判所は，検察官及び被告人又は弁護人の意見を聴いた上で，第1項の主張を明らかにすべき期限及び前項の請求の期限を定めることができる [4]。

〔1〕本条の趣旨　　〔2〕予定主張の明示　　〔3〕証拠の取調べ請求　　〔4〕期限の設定と遵守義務

[1] 本条の趣旨

争点及び証拠を整理し，適切な審理計画を策定するには，検察官が主張立証構造を明らかにしたのに対し，被告人側からも主張が明確にされ，これを証明するために用いる証拠の取調べ請求及びその開示が行われる必要がある。本条は，被告人側の主張（予定主張）の明示及び証拠の取調べ請求について規定する。

被告人又は弁護人は，主張明示義務を負うから，公判期日ですることを予定している主張があるのに明示しないということは許されない（最決平27・5・25刑集69・4・636）が，本条は，被告人側にこうした予定主張がある場合に限り，その主張明示の時期を，公判の段階から公判前整理手続の段階へ前倒しすることを義務付けるものに過ぎず，被告人に不利益な供述を強要するものではないから，憲法38条1項に反しない（最決平25・3・18刑集67・3・325）。

[2] 予定主張の明示

(1) **明示すべき内容**　　「証明予定事実その他の公判期日においてすることを予定している事実上及び法律上の主張」である。

「証明予定事実」とは，「公判期日において証拠により証明しようとする事実」（316の13 I）と同義であり，被告人側が立証責任を負っている事実だけでなく，反証のために

その存在を証拠により裏付けようとする事実も含まれる。ここにいう証拠には，本条2項で請求する証拠に加え，被告人が公判でする予定の供述や，検察官請求証拠で被告人側が同意をしたものも含むと解される。

「その他の公判期日においてすることを予定している事実上の主張」は，証拠により積極的に証明しようとする事実ではないが，検察官の証明予定事実について「そのような事実はない」と否認するなどの主張である。これらの主張については，実務上，証明予定事実と混在して明示されることが多い。

本条の趣旨（本条の解説[1]）に照らし，明示すべき予定主張とは，適切な審理計画を策定し，その計画に則った公判審理を行うのに必要十分な主張をいい，当該主張がされることによって取り調べられる証拠の範囲が変わったり，証拠調べの順序や証人尋問の範囲等が変わったりする可能性のある主張がこれに当たる。例えば，①検察官の主張する事実のうちその主要な部分を否定する主張，②アリバイなど積極否認事実の主張，③正当防衛や責任能力など違法性阻却事由，責任阻却事由に関する主張などである。①については，検察官の証明予定事実のうち，その存在が争われることにより検察官が新たな証拠調べ請求をしたり，当初予定していた証人の尋問時間の延長等を検討したりすることになるものがこれに当たり，そうである限り，主要事実であると，間接事実，補助事実であるとを問わない。これらが適切になされる限り，検察官の証明予定事実に対して逐一認否することは求められない（今崎・井上＝酒巻・刑訴の争点136）。

また，「核心司法」の下では，被告人側においても，実体法についての理解・解釈等を踏まえ，その事件における事実認定上・量刑上の判断に関して真にポイントとなると考える事項に焦点を当てて，予定主張を構成することが求められる。

すなわち，抽象的には被告人の有罪・無罪等に関する複数の主張（例えば，殺人被告事件では，被告人の犯人性，殺意の有無，正当防衛の成否，責任能力の有無・程度等に関する主張）が可能であるとしても，これらをただ単に並列して主張することは，通常，事件の実体から離れ，説得力を欠くことになる。事件の真の争点に即して裁判体の的確な判断を得るためには，重要な証拠を踏まえ，被告人側からの事件に対する論理的に一貫した見立て（ケース・セオリー）を提示し，その見立てに沿った法的な主張を基調として全体の予定主張を構成することが肝要である。量刑に関する主張を行うに当たっても，違法性・有責性の観点から量刑を左右する犯情事実に着目して，被告人側として刑事学的・社会的に意味のある事件の実体を明示すべきであり，事件についての単なる経過事実を詳細に陳述したり，被告人の生い立ちから事件に至る経緯，事件後の反省状況や更生環境の整備等について総花的に主張することは有益ではない。

被告人側の予定主張は，できる限り具体的に明らかにされることが必要である。弁護人と被告人との意思疎通がうまくいかない場合など，主張を明示することが現実に困難であるなどの事情がないにもかかわらず具体的な主張をしないことは，本条1項の主張明示義務に違反する（例えば，被告人との意思疎通に特段問題がないのに，「被告人にはアリバ

イがある。具体的な内容は被告人質問で明らかにする。」との抽象的な主張にとどまる場合は，明らかに主張明示義務違反に当たる。主張明示の程度については，316の20の解説[２](1)，316の32の解説[３]も参照。)。

(2) **明示の方法**　検察官の証明予定事実の明示が書面によることとされている（316の13Ⅰ）のと異なり，予定主張の明示の方法は，書面に限定されず，口頭でもよい。ある程度複雑な主張をする場合等は，主張の内容を明確化するため書面で明示がされることが必要であろうが，そうでない場合は，口頭での主張でも十分なことが少なくない。公判前整理手続期日における口頭でのやり取りが活性化されれば，明示された主張の位置付け等に関して訴訟関係人間で共通認識がより醸成されやすくなり，主張の整理等が柔軟にかつ充実してなされることで，公判前整理手続の迅速化も一層図られることになる。

(3) **明示の時期**　被告人側が予定主張を明示しなければならないのは，316条の13第１項の証明予定事実記載書面の送付を受け，かつ，316条の14及び316条の15第１項による開示をすべき証拠の開示を受けたときである。もっとも，弁護人がこれらの手続の途中の時点で，可能な限りで予定主張を明示することも差し支えない。

　実務では，弁護人が，捜査段階から，被疑者との接見を重ねて言い分を聴取し，その言い分を法的に意味のあるものに組み立てようとしていることを受け，裁判員裁判を中心に，公訴提起から間がない時点で打合せの機会を設け，弁護人に概括的な応訴方針（公訴事実に対する大まかな認否レベルのもの）やその時点での問題意識を可能な範囲で口頭で述べてもらい，暫定的な争点を把握しようとする取組みがなされている。弁護人から概括的な応訴方針等が得られれば，検察官から提出される最初の証明予定事実記載書面も，その事件の予想される争点に即した，ポイントを絞ったものとなり，主張関連証拠に当たる証拠の任意開示もより早期かつ柔軟になされることになって，弁護人としても，その事件のポイントに集中して的確に反論することができるようになる。裁判所としても，公判審理が行われる時期についておおまかな目途を立て，早期に公判の予定期日を仮予約した上，ひとまずその予定期日に公判審理を行うことに向けて，争点・証拠の整理を密に行うことになる。こうした一連の手続を通じて，公判前整理手続が当初から充実したものとなり，遅滞なく争点及び証拠の整理等を遂げて，公判審理を開始することが可能となる（とりわけ裁判員裁判は集中審理で行われるから，第１回公判期日前に必要十分な準備の期間を取らなければならないが，本来必要な期間を超えて公判前整理手続が長期化することには，被告人の身柄拘束の長期化という問題だけでなく，証人尋問や被告人質問の時期が遅くなることで事件に関する記憶が薄れてしまい，公判段階で，証人の供述の信用性を的確に争うことや，被告人から具体的な供述を得ることが困難になり，被告人側の防御に不利益をもたらすという問題もある。こうした点からも，公判前整理手続を不必要に長期化させないことが重要である。)。

　もとより，弁護人に概括的な応訴方針等を述べてもらうに当たっては，開示証拠の十分な検討等が未了であることを十分尊重する必要があり，裁判所としても，その後に弁護人の応訴方針等が変更され得ることも想定し，それにより当初仮予約した予定期日に

794　　　　316条の17，316条の18

公判審理を行うことが困難となった場合は，予定を変更するなどの柔軟な対応を取ることになる。なお，公判前整理手続では，段階を踏んで証拠の開示と主張の明示を進めていくことにより主張の明確化や追加・修正等がされていくことが制度上当然に予定されているから（316の21・316の22を参照），公判前整理手続における応訴方針や主張等の撤回・変更は，公判段階での事実認定等の場面で，弁論の全趣旨の一内容等としてその当事者に不利益に用いられるものではない。

［3］証拠の取調べ請求

　被告人側請求証拠の在り方等については，基本的に検察官請求証拠について述べたところ（316の13の解説［3］(1)）が妥当する。

　本条2項の「証拠の取調べ」には被告人質問は含まれないが，審理計画を立てる上では被告人質問の実施の有無や予定時間等は重要であり，実務ではこれらについても明らかにされている。被告人質問でも，当該事件における判断のポイントに即して質問事項を再構成等することが重要であり，それが裁判体への分かりやすさにも繋がることになる。責任非難の程度を明らかにするため被告人質問を行う場合を例にすると，単に時系列に沿って事件の経過についての総花的な供述を得るのではなく，まずは，犯行の意思決定時にどのような事由（当時の状況及びそれについての被告人の認識内容，動機・目的の形成，犯行を行うことについての心理的葛藤等）があってその意思決定をし，意思決定の内容等が犯行態様にどのように結びついたのかについて端的に質問をして供述を得た上で，その後に，上記の事由と密接に関連する先立つ事情等があることを明らかにするのに必要な限度で，適宜遡って経緯に関する供述を求めるなどの工夫をすることが考えられる。

［4］期限の設定と遵守義務

　裁判所は，予定主張の明示，証拠の取調べ請求の各期限を定めることができる（本条Ⅲ）。検察官の証明予定事実記載書面の提出，証拠の取調べ請求については期限の設定が必要的であるのに対し，被告人側の場合は任意的とされているが，実務では，公判前整理手続を計画的に進行させるため，期限を定めることが多い。

　期限が設定された場合，被告人側はこれを厳守する義務がある（規217の23）。〔辛島明〕

第316条の18[1]〔被告人側請求証拠の開示〕　被告人又は弁護人は，前条第2項の規定により取調べを請求した証拠については，速やかに，検察官に対し，次の各号に掲げる証拠の区分に応じ，当該各号に定める方法による開示をしなければならない[2]。

　一　証拠書類又は証拠物　当該証拠書類又は証拠物を閲覧し，かつ，謄写する機会を与えること。

　二　証人，鑑定人，通訳人又は翻訳人　その氏名及び住居を知る機会を与え，かつ，その者の供述録取書等のうち，その者が公判期日において供述すると思料する内

容が明らかになるもの（当該供述録取書等が存在しないとき，又はこれを閲覧させることが相当でないと認めるときにあつては，その者が公判期日において供述すると思料する内容の要旨を記載した書面）を閲覧し，かつ，謄写する機会を与えること。

［1］本条の趣旨

本条は，検察官請求証拠の開示を定めた316条の14に対応して，被告人側も請求証拠を検察官に開示しなければならないこと，及びその方法について規定する。

［2］証拠開示の方法

316条の14における弁護人への開示方法と同様であり，同条の解説［2］を参照されたい。なお，被告人側が証人等の取調べを請求した場合には，仮にその証人等が被告人側にとっていわゆる敵性証人であるとしても，「公判期日において供述すると思料する内容」が明らかになる供述録取書等や，その予定証言要旨記載書面を開示する必要がある。

〔辛島明〕

第316条の19[1]〔**被告人側請求証拠に対する意見**〕　検察官は，前条の規定による開示をすべき証拠の開示を受けたときは，第316条の17第2項の規定により被告人又は弁護人が取調べを請求した証拠について，第326条の同意をするかどうか又はその取調べの請求に関し異議がないかどうかの意見を明らかにしなければならない。
2　裁判所は，検察官及び被告人又は弁護人の意見を聴いた上で，前項の意見を明らかにすべき期限を定めることができる。

［1］本条の趣旨等

本条は，検察官請求証拠に対する被告人側の意見の明示を規定する316条の16に対応して，検察官も被告人側請求証拠に対して意見を表明すべきことを規定する。本条の解釈等は，基本的に316条の16にならうことになるので，同条の解説を参照されたい。

〔辛島明〕

第316条の20[1]〔**主張関連証拠の開示**〕　検察官は，第316条の14第1項並びに第316条の15第1項及び第2項の規定による開示をした証拠以外の証拠であつて，第316条の17第1項の主張に関連すると認められるものについて，被告人又は弁護人から開示の請求があつた場合において，その関連性の程度その他の被告人の防御の準備のために当該開示をすることの必要性の程度並びに当該開示によつて生じるおそれ

のある弊害の内容及び程度を考慮し，相当と認めるときは[2]，速やかに，第316条の14第1項第1号に定める方法による開示をしなければならない[3]。この場合において，検察官は，必要と認めるときは，開示の時期若しくは方法を指定し，又は条件を付することができる[4]。

2　被告人又は弁護人は，前項の開示の請求をするときは，次に掲げる事項を明らかにしなければならない。

一　開示の請求に係る証拠を識別するに足りる事項

二　第316条の17第1項の主張と開示の請求に係る証拠との関連性その他の被告人の防御の準備のために当該開示が必要である理由

[1]本条の趣旨　　[2]開示の要件　　[3]開示の対象となる証拠の範囲
[4]証拠開示の方法

[1] 本条の趣旨

　本条は，検察官請求証拠の開示（316の14），類型証拠の開示（316の15）に続く，三段階目の証拠開示である主張関連証拠の開示について規定する。

　主張関連証拠の開示については，316条の17第1項の予定主張の明示を前提とし，その主張に関連する証拠のみが対象とされる。これにより，証拠あさりを防止し，被告人側からの予定主張の明示が促進されるとともに，これらが相まって，争点及び証拠の整理や審理計画の策定を一層進展させ，さらに，被告人側がその主張を吟味するために有用な証拠の開示を受けることを通じて，被告人側の防御も図られることになる。

[2] 開示の要件

　①被告人側がした予定主張に関連すると認められるものであること（予定主張との関連性），②予定主張と開示請求に係る証拠との関連性の程度その他の被告人の防御の準備のために開示をすることの必要性の程度並びに開示によって生じるおそれのある弊害の内容及び程度を考慮し，開示が相当と認められること（相当性），③被告人側からの開示の請求である（本条I前）。

⑴ **予定主張の明示が前提であること**　　本条の証拠開示は，被告人側の予定主張の明示を前提としている。被告人側の主張がごく抽象的で，争点及び証拠の整理に全く資さないようなものにとどまっている場合（例えば，「被告人は，犯行時刻には犯行場所にはいなかったので，犯人ではない。」というものに過ぎない場合など）には，通常，被告人側に316条の17第1項の主張明示義務の違反があることが明らかであり（316の17の解説[2]⑴も参照），もとより検察官は証拠開示の義務を負わない。

　明示すべき主張については，審理計画を策定し，その計画に則った公判審理を行うのに必要十分な程度の具体性が求められ，被告人側が主張する事情の性質，弁護人に対する被告人の供述状況，検察官における事情把握の容易さ，公判前整理手続の経過等に照

らし，現時点で被告人がどの程度まで具体的に主張できるのか，どの程度の主張であれば，検察官が追加の主張立証を行うべきかを判断できたり，裁判所が証拠の採否をすることができるのかなどを総合的に検討し，主張が明示されているといえるか否かを個別に判断することになる。

　例えば，いわゆるアリバイ主張，責任能力を争う主張，自白の任意性を争う主張などは，ある程度具体的なものでないと，検察官や裁判所が上記の検討・判断を行うことなどが困難となる一方，これらの主張を基礎付ける事実は，被告人が自ら経験したものであるか，あるいは，被告人側の関係者からも収集することが可能なはずである（責任能力に関しては，弁護人に，精神医学的知見からの専門的な内容の主張を求めることは困難であるが，既に開示された証拠の内容や，被告人及び関係者からの十分な聴取等に基づき，犯行当時，被告人の精神障害を疑わせるような症状が存在していたことをうかがわせる事情をある程度具体的に主張することは可能と考えられるし，また，動機の形成過程やその了解可能性の有無など，責任能力についての法的な主張の根拠となり得る事情等について具体的に主張することも可能である。）。したがって，これらの主張をするに際しては，被告人側において，その主張を基礎付ける事実を具体的に示す必要がある。

　予定主張の明示が不十分であるなどとした裁判例として，高松高決平18・11・29〈未〉（酒巻・証拠開示394，被告人のアリバイ主張に関するもの），東京高決平20・6・18東時59・1＝12・47（酒巻・刑事証拠開示562，限定責任能力の主張に関するもの），高松高決平20・3・17〈未〉（酒巻・証拠開示488，被害者の供述には信用性がない旨の主張に関するもの）等がある。

(2) 予定主張との関連性　　予定主張に「関連する」とは，予定主張に係る事実についての存否の証明や，主張内容の検討に資するものであることを意味し，どのような予定主張をしているところで，どのような証拠の開示を求めているのかという双方の事情を踏まえ，開示を求める証拠から導き出される可能性がある事実が予定主張と合理的な繋がりを有し得るかなどが考慮される（後藤眞理子「主張関連証拠開示における主張と証拠の関連性の有無及び程度」酒巻・刑事証拠開示251以下）。

　上記の繋がりについては，被告人側が独自に防御の観点から当該予定主張を設定するかどうかなどを検討・判断できる程度のものであればよく，高度のものは必要とされない。例えば，被告人の自白調書の任意性を争う予定主張や，証拠物の収集過程の適法性を争う予定主張が具体的にされている事案では，その自白調書に係る取調べや証拠収集に当たった警察官の作成したメモ等は，通常，それから導き出される可能性がある事実は当該予定主張と合理的な繋がりを有し得るものと考えられ，主張関連証拠開示の対象とされよう（最決平19・12・25刑集61・9・895，最決平20・6・25刑集62・6・1886）。最決平20・9・30刑集62・8・2753は，被告人の犯行への関与が争われ，弁護人が，被告人が犯行への関与を自認する言動をした旨の第三者の新規供述（検察官調書，予定証言）の信用性を争う旨の予定主張をしていた事案で，上記第三者が新規供述をする以前に同人を取り調べた際の警察官の取調べメモについて，弁護人の予定主張とこのメモの記載との間には

798　　　　　　　　　　316条の20

一定の関連性が認められるとしている。

(3) **開示の相当性**　　「関連性の程度その他の被告人の防御の準備のために当該開示をすることの必要性の程度」と「当該開示によつて生じるおそれのある弊害の内容及び程度」とが比較衡量される。

「関連性の程度」とは，被告人側の予定主張と当該証拠との距離，密接さの程度をいい，その証拠が被告人側の予定主張をどの程度裏付け得るものかなどが問題とされる(東京高決平22・1・5判タ1334・262は，弁護人が過剰防衛の予定主張をし，主張関連証拠として被害者の前科・前歴に関する証拠の開示請求がされた事案で，その証拠の内容等を踏まえ，被害者の前科・前歴に関する証拠は，事件当時の被害者の粗暴性を判断する際の資料としては価値が乏しく，上記予定主張との関連性は相当低いなどとした。)。

「関連性の程度」は，「被告人の防御の準備のために当該開示をすることの必要性」を基礎付ける中核的な要素である。

一般に，予定主張が具体的であればあるほど，予定主張と証拠との関連性はより明確になるし，また，その予定主張が，検察官の主張立証構造を踏まえて，被告人側の防御に資するものであれば，開示の必要性も高いと認められることになろう(酒巻・刑事証拠開示30。これらの判断に際して，予定主張自体の当否について詳細に立ち入ることは相当ではない。なお，広島地決平18・4・26判時1940・168は，幼児に対する強制わいせつ致死等の公訴事実につき，弁護人から，被告人は幼児性愛者ではないのでわいせつ目的はなかった旨の予定主張と，その主張に関連するものとして，被告人の女性関係等に関する被告人以外の者の供述録取書等の開示請求がされた事案で，被告人が幼児性愛者ではないことは，検察官の具体的な主張立証構造等との関係で，被告人側の防御に資する事情とはならないことを理由に，上記証拠については関連性の程度が極めて低いなどとした。)。

また，「被告人の防御の準備」のための必要性の判断に当たっては，被告人側の予定主張を裏付ける，より有用な証拠が開示されているか否かなどといった点も考慮される(東京高決平19・8・10裁判所ウェブサイト(酒巻・刑事証拠開示441)は，不起訴処分に関連する訴訟手続の適正が重要な争点となっている事案で，他の証拠が開示されていること等も踏まえ，これに加えて不起訴裁定書を開示する必要性は乏しいとした。)。

以上の判断に当たり開示請求された証拠の証拠能力ないし信用性・証明力が考慮要素とはならないこと(東京高決平20・8・19刑集62・8・2792)や，「開示によって生じるおそれのある弊害の内容及び程度」の意義と相当性判断の在り方については，315条の15の場合と同様である(同条の解説[2](2)，(3)を参照)。

(4) **開示の請求**　　開示請求に当たっては，①開示請求に係る証拠を識別するに足りる事項，②予定主張と開示請求に係る証拠との関連性その他の被告人の防御の準備のために開示が必要である理由，を明らかにしなければならない(本条Ⅱ)。

[3] 開示の対象となる証拠の範囲

検察官手持ちの証拠に限られない(316の26の解説[2](1)も参照)。

[4] 証拠開示の方法

無条件での開示が原則であるが，検察官は，必要と認めるときは，開示の時期，方法の指定や，条件を付することができる。316条の15の解説［5］も参照。　　〔辛島明〕

第316条の21 [1] **〔証明予定事実の追加・変更等〕**　検察官は，第316条の13から前条まで（第316条の14第5項を除く。）に規定する手続が終わつた後，その証明予定事実を追加し又は変更する必要があると認めるときは，速やかに，その追加し又は変更すべき証明予定事実を記載した書面を，裁判所に提出し，及び被告人又は弁護人に送付しなければならない。この場合においては，第316条の13第1項後段の規定を準用する。

2　検察官は，その証明予定事実を証明するために用いる証拠の取調べの請求を追加する必要があると認めるときは，速やかに，その追加すべき証拠の取調べを請求しなければならない。この場合においては，第316条の13第3項の規定を準用する。

3　裁判所は，検察官及び被告人又は弁護人の意見を聴いた上で，第1項の書面の提出及び送付並びに前項の請求の期限を定めることができる。

4　第316条の14第1項，第316条の15及び第316条の16の規定は，第2項の規定により検察官が取調べを請求した証拠についてこれを準用する。

[1] 本条の趣旨等

316条の13から316条の20までの手続がいったん終わった場合でも，検察官が，被告人側の予定主張や証拠調べ請求を受けて，更に主張の追加や変更をし，追加の証拠調べ請求をする必要が生じ得るから，本条は，そうした場合における証明予定事実の追加・変更や，追加の証拠調べ請求に関する手続について規定する（なお，これらの手続は，公判前整理手続が終結するまで継続し得る，追加の証拠一覧表の交付の終了を待たずに行われる必要があるから，316の14Ⅴの手続が終わることは前提から除かれている。）。

本条による証明予定事実記載書面の提出・送付及び追加の証拠調べ請求については，検察官が最初にするものとは異なり，期限の設定は任意であるが（本条Ⅲ・316の13Ⅳ），公判前整理手続を計画的に進行するため，検察官が，これらを予定している旨述べた場合には，期限を設定するのが通常である。　　〔辛島明〕

第316条の22 [1] **〔予定主張の追加・変更等〕**　被告人又は弁護人は，第316条の13から第316条の20まで（第316条の14第5項を除く。）に規定する手続が終わつた後，第316条の17第1項の主張を追加し又は変更する必要があると認めるときは，速やかに，裁判所及び検察官に対し，その追加し又は変更すべき主張を明らかにしなけれ

ばならない。この場合においては，第316条の13第1項後段の規定を準用する。

2　被告人又は弁護人は，その証明予定事実を証明するために用いる証拠の取調べの請求を追加する必要があると認めるときは，速やかに，その追加すべき証拠の取調べを請求しなければならない。この場合においては，第316条の13第3項の規定を準用する。

3　裁判所は，検察官及び被告人又は弁護人の意見を聴いた上で，第1項の主張を明らかにすべき期限及び前項の請求の期限を定めることができる。

4　第316条の18及び第316条の19の規定は，第2項の規定により被告人又は弁護人が取調べを請求した証拠についてこれを準用する。

5　第316条の20の規定は，第1項の追加し又は変更すべき主張に関連すると認められる証拠についてこれを準用する。

[1] 本条の趣旨等

316条の21と同様の趣旨により，本条は，被告人側における予定主張の追加・変更や，追加の証拠調べ請求に関する手続について規定する。

なお，以上の公判前整理手続における主張の変更等の事情が，変更等をした当事者に不利益に用いられないことは，316条の17の解説［2］(3)で述べたとおりである。

〔辛島明〕

第316条の23 [1]〔証人等保護に関する規定の準用〕　第299条の2及び第299条の3の規定は，検察官又は弁護人がこの目の規定による証拠の開示をする場合についてこれを準用する。

2　第299条の4の規定は，検察官が第316条の14第1項（第316条の21第4項において準用する場合を含む。）の規定による証拠の開示をすべき場合についてこれを準用する。

3　第299条の5から第299条の7までの規定は，検察官が前項において準用する第299条の4第1項から第4項までの規定による措置をとつた場合についてこれを準用する。

[規]　第217条の25（証人等の氏名及び住居の開示に関する措置に係る準用規定・法第316条の23）　第178条の8から第178条の11までの規定は，検察官が法第316条の23第2項において準用する法第299条の4第1項から第4項までの規定による措置をとつた場合について準用する。この場合において，第178条の9第3項中「公判期日」とあるのは「公判前整理手続期日」と読み替えるものとする。

[1] 本条の趣旨等

　公判前整理手続に付されていない事件では，証拠開示に当たり，証人等の安全配慮を求めたり（299の2），被害者特定事項の秘匿を求めたり（299の3）することができるとされており，本条1項は，これらの規定を公判前整理手続に付した事件における証拠開示についても準用するものである。

　また，平成28年改正により，299条の4から299条の7までとして，証人等の保護に関する規定が別途新設され，これらの条文も，本条2項・3項により，検察官請求証拠の開示について準用されている（これに対し，類型証拠及び主張関連証拠の開示については，開示によって弊害が生じるおそれがある場合には，これを不開示としたり，必要に応じて，開示の時期・方法の指定，条件の付与ができるから，299の4から299の7までの規定は準用されない。）。〔辛島明〕

第316条の24 [1]〔**争点と証拠整理結果の確認**〕　裁判所は，公判前整理手続を終了するに当たり，検察官及び被告人又は弁護人との間で，事件の争点及び証拠の整理の結果を確認しなければならない [2][3]。

　　[規]　**第217条の30（審理予定に従つた公判の審理の進行）**　裁判所は，公判前整理手続又は期日間整理手続に付された事件については，公判の審理を当該公判前整理手続又は期日間整理手続において定められた予定に従つて進行させるように努めなければならない。
　　　　　2　訴訟関係人は，公判の審理が公判前整理手続又は期日間整理手続において定められた予定に従つて進行するよう，裁判所に協力しなければならない。

[1] 本条の趣旨等

　本条は，公判前整理手続を終了するに当たり，裁判所が，検察官及び被告人又は弁護人との間で，事件の争点及び証拠の整理の結果を確認し，これにより，公判前整理手続で整理した事項に対する関係者間の認識を共通にして，策定した審理計画に則った公判審理の実現に資することを目的としている。

　争点及び証拠の整理の結果の確認が公判前整理手続期日で行われた場合，これらの結果は，公判前整理手続調書に記載される（規217の15Ⅰ⑱）。

　いったん公判前整理手続を終了した後も，事情の変更により改めて争点と証拠の整理を行う必要が生じたときは，事件を再度公判前整理手続に付することができる。

[2] 争点及び証拠整理の結果確認の在り方等

(1)「**争点及び証拠の整理の結果」の意義**　①各当事者が公判でする予定の主張内容，②当事者双方の予定する主張を照らし合わせた結果明らかになった争点，③公判で取り調べるべき証拠及びその取調べの順序，方法並びに採否が留保されている証拠の有無など

について整理した結果を指す。

「争点」とは，被告人の有罪・無罪や量刑の判断を左右する，核心的な主張上の対立点をいう。何が「争点」であるかは，こうした観点から実質的に判断されるものであり，主張上の対立点が全て「争点」となるものではない（316の13の解説[2](2)も参照）

(2) **結果確認の在り方　ア　結果の確認に際しての視点**　公判前整理手続で確認された争点及び証拠整理の結果は，その後の公判審理で，当事者双方の冒頭陳述の後に，裁判長によって顕出される。裁判官，検察官，弁護人は，公判前整理手続を通じて，その事件の争点や，当事者双方の主張が争点との関係でどのように位置付けられるか，これらの主張に関する事実関係を立証するために重要な証拠はどれであるかなどについて共通認識を形成しているが，裁判員裁判では，当事者双方の冒頭陳述と公判前整理手続の結果顕出とが相まって，裁判員にも，上記のような法曹三者に共通認識となっているところについて，必要十分な事柄を適切に理解させるという機能を果たすことになる（316の31の解説[2](3)も参照）。したがって，とりわけ裁判員裁判における争点及び証拠の整理に当たっては，その結果の顕出が，当事者双方の冒頭陳述と相まって上記の機能を果たすことができるようなものとなることを意識しつつ，整理の仕方を工夫する必要がある。

例えば，間接事実からの犯人性の推認が問題となる事案では，当事者との意見交換等を通じて具体化された各間接事実の意味合い（要証事実をどのような根拠でどのように推認させるか）や重み（推認力）を踏まえ，当事者の主張する推認過程やその対立軸を裁判員にも分かりやすいように整理して端的に示すべきである。また，直接証拠による認定が問題となる事案でも，裁判所は，当事者が補助事実として主張する周辺事実について，それ自体の推認力を取り上げたり，補助事実を立証する証拠の必要性を検討する中で（なお，当事者が証拠の必要性について一定の合理性をもって説明した場合は，基本的にそれが尊重されるが，必要性の判断に際しては，当該証拠を取り調べることによる弊害の点も考慮することにつき，317の解説[5](4)を参照），重要な補助事実やそれを立証する証拠を整理するなどしていることも踏まえ，直接証拠の内容として顕れることが予定される事実関係のうち何がどのような意味で重要とされ，その存否が問題となるのかについて，裁判員が的確に理解できるよう整理の仕方を工夫すべきである。

殺意，共謀，正当防衛，責任能力などの難解な法律概念が問題となる事案では，争点整理の結果の確認に当たり，必要に応じ，その法律概念の本質ないし本当に意味するところに立ち返って分かりやすく説明した中間的な概念も用いた上（この点については，佐伯仁志ほか『難解な法律概念と裁判員裁判』〔司法研究報告書第61輯第1号，平成21年，法曹会〕，最決平25・4・16刑集67・4・549の大谷裁判官補足意見を参照。），当事者の主張する個々の事情がどのようにして上記の中間的な概念に結びつくのかなどが浮き彫りになるような形で，双方の主張の対立軸を整理して示すことが重要である。

量刑が問題となる事案では，量刑の基本的な考え方や量刑評議と同様の思考過程（当

該事案が属する犯罪の社会的類型における量刑の傾向を一つの出発点ないし目安とし，行為責任の観点から，当該事案の社会的実体を踏まえた責任刑の枠を決定し，その枠の幅の中で一般情状事実を調整要素として考慮するというもの。最判平26・7・24刑集68・6・925，井田等・量刑評議を参照。）を踏まえながら，その事案における量刑判断のポイントはいかなる点にあり（例えば，当事者の対立が，その事案の属する社会的類型の違いにあるのか，同一の社会的類型の中で，更に具体的な犯情事実の存否に争いがあるのか，犯情事実の評価に争いがあるのかなど），当事者双方の主張する量刑事情がどのような意味で量刑に影響するというのかが，その理由とともに浮かび上がってくるような形で（例えば，犯行の意思決定時にどのような事情があり，それらの事情により被告人に犯行を思いとどまる余地がどの程度残されていて，どの程度責任非難を軽くするものであると見ているのかなど），争点整理の結果を示すことになる。また，その際には，個別事案が，その属する社会的類型の中でどの程度重いものとして位置付けられると見るべきかなどについて言及することも考えられる（なお，公判前整理手続の段階でこうした評価的な事項について整理することは特段妨げられないと解される。）。

　裁判官は，以上の観点を踏まえ，検察官・弁護人とも密に意見交換しながら，当該事案における事実認定ないし量刑における判断の分かれ目となるべき真の争点と争点に関する当事者の主張の対立軸，争点についての判断のために重要な証拠は何であるかを見極め，個別の事案ごとに，その事案にふさわしい争点等の整理の在り方を見いだしていくことになる（以上に関しては，316の13の解説［2］(2)，(3)，同［3］(1)，316の17の解説［3］も参照。最決平29・12・25裁時1691・15は，その事案の特質に鑑み，裁判員裁判における裁判体としては，個々の証拠の評価のみならず，推認過程の全体を把握できる判断構造について共通認識を得た上で，これをもとに，各証拠の持つ重みに応じて，推認過程等を適切に検討することが求められる，とした。）。

イ　争点等の整理に当たっての裁判所の役割　　争点の設定等は本質的に検察官・弁護人の権限と責任で行われるべきものであり，争点及び証拠の整理も，まずは，検察官・弁護人が密に連絡を取り合う中で進めていくべきである。公判前整理手続は公判審理の筋書きを作る場ではなく，裁判所が，必要以上に詳細に争点を設定・整理することや，当事者の事件に対する見立てとは異なった観点から，新たな争点の提示をすることなどは差し控えるのが相当である。

　もっとも，裁判所は，公判審理の場で的確な心証を形成できるよう，争点中心の充実した公判審理を実施するための明確な審理計画を策定する責任を負う立場にあり，とりわけ裁判員裁判では審理を分かりやすいものとすることに努める責務を負っているから(裁判員51)，争点及び証拠の整理に当たっても積極的な役割を果たすことが求められていると解される。また，前記アのような整理の仕方については，もとより公判前整理手続の中で心証を形成するおそれのあるものではなく，あくまで当事者双方の証明予定事実及び予定主張並びに証拠請求等を前提とし，その位置付け等をより明確にするための求釈明権（規208）の行使による一場面として，あるいは，証拠の必要性判断の一場面と

しても許容されよう（公判前整理手続における適切な求釈明権行使の重要性について，最決平27・5・25刑集69・4・636の小貫裁判官補足意見。また，公判前整理手続では，裁判所は，当事者の主張・立証予定をそのまま受け入れるだけではなく，判断の分かれ目を意識した争点整理を行うべきことについて，最決平26・3・10刑集68・3・87の横田裁判官補足意見。なお，強盗殺人等被告事件につき，強盗殺人の黙示的な意思連絡の点に関する原審の訴訟手続には，公判前整理手続における争点整理が不十分であったことなどに起因する審理不尽があるとして，原判決を破棄した仙台高判平23・7・19判タ1389・376がある。）。

［3］実務上の処理

　裁判員制度施行直後は，本条の手続を行う最終の公判前整理手続期日で，職務従事予定期間を確定し，裁判員等候補者を選定するという運用が多くなされていたが，呼出状発送と選任手続期日との間に6週間以上を置くこともあり（裁判員規19），そうした運用は，手続の長期化を招くおそれがある。現在は，公判前整理手続で，第1回公判期日と職務従事予定期間が定まった時点で，裁判員等候補者の選定を行い，その後も公判前整理手続を続行し，選任手続期日までの間に争点及び証拠の整理を終えるという運用が行われている。前記［2］(2)で述べたような争点等の整理のうち「詰め」に当たる作業は，専ら，裁判員等候補者の選定後，選任手続期日までの間になされることになろう。

〔辛島明〕

第3目　証拠開示に関する裁定

第316条の25 [1]〔証拠開示の時期・方法の指定〕　裁判所は，証拠の開示の必要性の程度並びに証拠の開示によつて生じるおそれのある弊害の内容及び程度その他の事情を考慮して，必要と認めるときは [2]，第316条の14第1項（第316条の21第4項において準用する場合を含む。）の規定による開示をすべき証拠については検察官の請求により，第316条の18（第316条の22第4項において準用する場合を含む。）の規定による開示をすべき証拠については被告人又は弁護人の請求により，決定で，当該証拠の開示の時期若しくは方法を指定し，又は条件を付することができる [3]。

2　裁判所は，前項の請求について決定をするときは，相手方の意見を聴かなければならない [4]。

3　第1項の請求についてした決定に対しては，即時抗告をすることができる [5]。

　［規］　**第217条の27**（証拠開示に関する裁定の請求の方式・法第316条の25等）　法第316条の25第1項又は第316条の26第1項の規定による証拠開示に関する裁定の請求は，書面を差し出してこれをしなければならない。

2　前項の請求をした者は，速やかに，同項の書面の謄本を相手方又はその弁護人に送
　　付しなければならない。
3　裁判所は，第1項の規定にかかわらず，公判前整理手続期日においては，同項の請
　　求を口頭ですることを許すことができる。

[1] 本条の趣旨

　当事者が取調べを請求した証拠については，無条件で速やかに開示を行うことが原則
である（316の14・316の18）が，原則通りの開示をすると弊害が生じるおそれがあるか，又
はその程度が高くなる場合がある。そこで，本条は，開示をめぐる争いが紛糾し，円滑
な争点及び証拠の整理が阻害されないよう，証拠の取調べを請求した当事者の請求に基
づき，裁判所が，当該証拠の開示時期・方法を指定し，又は条件を付することができる
旨を規定する。

[2] 必要と認めるとき

　「証拠の開示の必要性」とは，時期・方法の指定，条件の付与をしない開示をする必
要性をいい，「証拠の開示によつて生じるおそれのある弊害の内容及び程度」は，316条
の15におけるものと同趣旨である（同条の解説[2](3)を参照）。「その他の事情」について
は，例えば，証拠の性状により，謄写や撮影等をすると証拠が破損・変質するといった
事情が挙げられる（こうした場合，開示の方法として閲覧及び筆写のみを認めることなどが考え
られる。）。

[3] 時期・方法の指定，条件の付与

　本条の決定は当事者の請求により行われる（請求の方式については，規217の27が規定して
いる。）。請求の際には，当事者が，指定又は付与を求める開示の時期・方法や条件を明
示することが多いであろうが，裁判所は，これに拘束されず，①無条件の開示が原則で
あること，②法は開示証拠に係る複製等の適正な管理（281の3）並びにその目的外使用
の禁止（281の4）及びこれに対する刑事罰則の定め（281の5）を置いていること，③検
察官請求証拠については弁護士倫理の観点なども踏まえて，より制限的でない他の時期
・方法や条件がないかなどを検討した上で，決定することになる。
　裁判例としては，検察官が，検察官請求証拠である犯行現場における犯行映像を記録
したDVDを被告人側に開示するに当たり，弁護人の閲覧のみとすることを請求したの
に対し，謄写部数は1部とし，DVDの再生は弁護人の事務所においてのみ，スタンド
アロンパソコンを使用して行うことなど，より制限的でない条件を付与して弁護人に謄
写を許可した，横浜地決平20・9・12裁判所ウェブサイト（酒巻・刑事証拠開示609）など
がある。

[4] 当事者からの意見聴取等

　裁判所は，本条1項の請求について決定をするときは，相手方の意見を聴かなければ
ならない（本条Ⅱ）。決定をするに当たり必要があるときは，当該証拠の提示を命じるこ

とができ（316の27 I 本文），更に必要であれば，事実の取調べをすることができる。

[5] 即時抗告

即時抗告がされるのは，例えば，①裁判所の指定した方法・時期や付与した条件について，請求の相手側に不服がある場合，②請求を棄却する決定に対し，請求者に不服がある場合，③請求者の求める時期の指定等よりも制限的でない時期の指定等をする決定がされ，請求者に不服がある場合である。　　　　　　　　　　　　　　　〔辛島明〕

第316条の26 [1] 〔**証拠開示命令**〕　裁判所は，検察官が第316条の14第1項若しくは第316条の15第1項若しくは第2項（第316条の21第4項においてこれらの規定を準用する場合を含む。）若しくは第316条の20第1項（第316条の22第5項において準用する場合を含む。）の規定による開示をすべき証拠を開示していないと認めるとき，又は被告人若しくは弁護人が第316条の18（第316条の22第4項において準用する場合を含む。）の規定による開示をすべき証拠を開示していないと認めるときは [2]，相手方の請求により，決定で，当該証拠の開示を命じなければならない。この場合において，裁判所は，開示の時期若しくは方法を指定し，又は条件を付することができる [3]。

2　裁判所は，前項の請求について決定をするときは，相手方の意見を聴かなければならない。

3　第1項の請求についてした決定に対しては，即時抗告をすることができる [4]。

[1] 本条の趣旨

本条は，検察官又は被告人側が公判前整理手続における開示のルールに従って開示をすべき証拠を開示していないと認められる場合における，裁判所の証拠開示命令について規定する。

証拠開示をめぐる争いが紛糾して，公判前整理手続等の円滑な進行を阻害することのないよう，裁判所に証拠開示に関する裁定の権限を与えたものである。

[2] 開示命令の対象となる証拠・行為

(1) **開示命令の対象となる証拠**　　①検察官請求証拠，②類型証拠，③主張関連証拠，④被告人側請求証拠である。

開示命令の対象となる証拠は，必ずしも検察官が現に保管している証拠に限られず，事件の捜査の過程で作成され，又は入手した書面及び証拠物であって，公務員等が職務上現に保管し，かつ検察官において入手が容易なものが含まれる（最決平19・12・25刑集61・9・895。こうした書面等は，いわゆる検察官手持ち証拠に準じるものともいえる。）。

その上で，当該書面等の性質から開示の対象に当たらないのではないかが問題となるところ，捜査機関がその職務の過程で作成するメモを例にすると，純然たる個人的メモ

（専ら自己が使用するために作成したもので，他に見せたり提出することを全く想定していないもの）は別として，取調警察官が犯捜規13条に基づき作成した備忘録であって，取調べの経過その他参考となるべき事項が記録され，捜査機関において保管されている書面など，捜査関係の公文書といい得るものについては，その余の要件にもより，開示命令の対象となり得る（前掲最決平19・12・25）。また，最決平20・9・30刑集62・8・2753は，警察官が私費で購入したノートに記載し，一時期自宅に持ち帰っていた取調べメモを，それが公的な性質を有するものであるとして（犯捜規13に基づいて作成した備忘録に当たるかを問うことなく）開示命令の対象と認め，最決平20・6・25刑集62・6・1886は，被告人の採尿状況等が違法であるとの主張に関連する証拠として，当該手続に従事した警察官作成のメモ（取調べメモではない捜査メモ）を開示命令の対象と認めている。

　以上の判例の趣旨等からすれば，いわゆるワークプロダクト（事件に対する純粋な法的分析や意見そのものを記載した資料等）などのようなものはさておき，当該事件の捜査の過程で捜査機関側が作成等した書面等については，基本的に，捜査関係の公文書として開示命令の対象となり得ると考えられる（なお，検察官が犯捜規13条と同様の趣旨に基づき被告人の取調べについて作成した備忘録等につき，開示命令の対象となるとしたものとして，さいたま地決平20・6・13裁判所ウェブサイト（酒巻・刑事証拠開示571））。

　そして，問題の書面等が開示命令の対象となり得るものか否か（例えば，純然たる個人的文書ではなく，捜査関係の公文書といい得るものに当たるか否か）についての判断権は，検察官（又は警察）ではなく裁判所にあり，裁判所は，その判断をするために必要があると認めるときは，検察官に対し，その証拠や証拠の標目を記載した一覧表（316の27）の提示を命じることができる（前掲最決平20・6・25）。裁判所は，提示を受けた書面等の内容，形式，作成経過等を総合して，この書面等が証拠開示命令の対象となるかどうかを判断することになる。

　なお，本条1項の証拠開示命令で開示を命じる証拠は，316条の15第1項，316条の20第1項の規定による開示をすべき証拠であるから，開示命令の対象となる証拠と開示請求の対象となる証拠とは一致する。

(2) **開示命令の対象となる行為**　　検察官請求証拠・被告人側請求証拠については，①316条の14第1項1号又は316条の18第1号による閲覧及び謄写の機会（被告人に対しては閲覧の機会のみ）の付与がされていない場合，②316条の14第1項2号又は316条の18第2号により開示された供述録取書等が，証人等が「公判期日において供述すると思料する内容が明らかになるもの」又はその要旨として不十分である場合，である。

　類型証拠・主張関連証拠については，検察官が316条の15第1項又は316条の20第1項による開示をしていない場合である。例えば，①検察官が，開示すべき証拠を不開示とした場合，②検察官が，開示の請求を受けながら合理的な期間を超えて開示あるいは不開示の判断を示さない場合，③検察官が指定した開示の時期・方法や付与された条件に不服がある場合，などである。

［3］ 開示命令の手続等

検察官が，316条の15第1項又は316条の20第1項による証拠開示をしていないことを理由とする証拠開示命令を発するためには，弁護人又は被告人からの開示請求と検察官による不開示の事実がなければならない。したがって，これらの証拠については，（316の13又は316の17による証拠調べ請求に係る証拠と異なり，）開示請求を行わないままなされた開示命令の請求は不適法である（横浜地決平19・8・16裁判所ウェブサイト（酒巻・刑事証拠開示445））。

裁判所は，相手方から意見を聴いた上，請求に対する決定をする（本条Ⅱ）。

開示を命じるに当たって，裁判所は，開示の時期・方法を指定し，又は条件を付することができる（本条Ⅰ）。検察官が類型証拠や主張関連証拠について指定した開示の時期・方法や付与された条件に不服があるとして被告人側から本条の請求がされた場合，裁判所は，検察官が指定した時期・方法や付与した条件が不当であると判断すれば，開示時期の指定等のない開示を命じ，あるいは，新たな開示時期の指定等をした上で開示を命じることができる（より制限的でない時期・方法の指定や条件があればそれによることにつき，東京高決平23・11・22判タ1383・382。）。

なお，検察官が，請求に係る証拠は存在しないと主張する場合，裁判所は，必要に応じて事実の取調べを実施するなどし，検察官の主張に合理性があると認めるときは，本条の請求を棄却することになろう（東京高決平20・11・17裁判所ウェブサイト（酒巻・刑事証拠開示618），大阪高決平20・12・3判タ1292・150（酒巻・刑事証拠開示625）等）。

［4］ 即時抗告（本条Ⅲ）

即時抗告の対象は，①開示を命じる決定，②請求を棄却する決定，③開示決定に指定された時期・方法や，付与された条件に不服がある場合，である。

弁護人に対し証拠開示することを命じる旨求めた弁護人からの証拠開示命令請求を棄却する決定については，即時抗告の提起期間は，同決定の謄本が弁護人に送達された日から進行する（最決平23・8・31刑集65・5・935）。

即時抗告審は原則として事後審であり，原決定後の事情を考慮することはできない（東京高決平19・8・10東時58・1＝12・66は，前提となる十分な予定主張を行うことなく316の20に基づく主張関連証拠の開示を請求したとして開示請求を却下した原決定につき，即時抗告審の段階で予定主張を追加し，これに基づいて原決定の取消しを求めることはできない，とした。）。　　　〔辛島明〕

第316条の27[1]〔**証拠と証拠標目一覧表の提示命令**〕　裁判所は，第316条の25第1項又は前条第1項の請求について決定をするに当たり，必要があると認めるときは，検察官，被告人又は弁護人に対し，当該請求に係る証拠の提示を命ずることができる。この場合において，裁判所は，何人にも，当該証拠の閲覧又は謄写をさせることができない[2][4]。

316条の27　809

2　裁判所は，被告人又は弁護人がする前条第1項の請求について決定をするに当たり，必要があると認めるときは，検察官に対し，その保管する証拠であつて，裁判所の指定する範囲に属するものの標目を記載した一覧表の提示を命ずることができる。この場合においては，裁判所は，何人にも，当該一覧表の閲覧又は謄写をさせることができない[3][4]。

3　第1項の規定は第316条の25第3項又は前条第3項の即時抗告が係属する抗告裁判所について，前項の規定は同条第3項の即時抗告が係属する抗告裁判所について，それぞれ準用する[5]。

[規]　第217条の28（証拠標目一覧表の記載事項・法第316条の27）　法第316条の27第2項の一覧表には，証拠ごとに，その種類，供述者又は作成者及び作成年月日のほか，同条第1項の規定により証拠の提示を命ずるかどうかの判断のために必要と認める事項を記載しなければならない。

[1] 本条の趣旨

本条は，証拠開示の裁定に当たる裁判所が，裁定に係る証拠の内容を知り，あるいは裁定に関連する証拠にどのようなものがあるかを把握するための手段として，①当該証拠そのものの提示命令，②証拠の標目を記載した一覧表（証拠標目一覧表）の提示命令を発することができる旨を規定する。

[2] 証拠の提示命令（本条Ⅰ）

裁判所は，開示の必要性や開示に伴う弊害の有無・内容・程度を判断する場合のほか，開示請求に係る書面等が証拠開示命令の対象となるかどうかを判断するなどの場合にも，本条に基づき，証拠の提示命令を発することができる（前条の解説[2]⑴参照）。

[3] 証拠標目一覧表の提示命令（本条Ⅱ）

この提示命令については，証拠の提示命令と異なり，証拠開示命令を請求する場合に限られ，開示時期の指定等の請求については適用がなく，また，被告人側からの請求に係る場合に限られる。

被告人側は，316条の15又は316条の20による証拠開示請求をするに当たって，どのような類型の証拠を，どのような範囲で開示することを求めるのかが識別できる程度の特定をすれば足りるとされており（316の15の解説[2]⑷を参照。），場合によっては複数の証拠が該当することがあり得るから，裁判所は，開示を命じるか否かの判断に当たって，実際にどのような証拠があるかを把握するのに必要と認めるとき，証拠標目一覧表の提示命令を発することになる。証拠標目一覧表の記載事項については，規217条の28に規定されている。

証拠標目一覧表の提示を受けた場合であっても，更に必要がある場合は，裁判所は，本条1項の証拠の提示命令を発することができる。

810　　　　　　　　316条の27，316条の28

［4］閲覧・謄写の禁止

　裁判所は，提示を受けて保管している証拠（本条Ⅰ）や提示を受けた証拠標目一覧表（本条Ⅱ）については，弁護人・被告人を含め，何人にも閲覧又は謄写をさせることができない。

［5］即時抗告審への準用（本条Ⅲ）

　開示命令の請求についてした決定等に対して即時抗告がされた場合（316の25Ⅲ・316の26Ⅲ），この即時抗告が係属する抗告裁判所においても，証拠又は証拠標目一覧表の提示を求めることができる。　　　　　　　　　　　　　　　　　　　　　　　　　〔辛島明〕

第2款　期日間整理手続

第316条の28 [1] 〔**期日間整理手続**〕　裁判所は，審理の経過に鑑み必要と認めるときは，検察官，被告人若しくは弁護人の請求により又は職権で，第1回公判期日後に [2]，決定で，事件の争点及び証拠を整理するための公判準備として，事件を期日間整理手続に付することができる。

2　期日間整理手続については，前款（第316条の2第1項及び第316条の9第3項を除く。）の規定を準用する [3]。この場合において，検察官，被告人又は弁護人が前項の決定前に取調べを請求している証拠については，期日間整理手続において取調べを請求した証拠とみなし，第316条の6から第316条の10まで及び第316条の12中「公判前整理手続期日」とあるのは「期日間整理手続期日」と，同条第2項中「公判前整理手続調書」とあるのは「期日間整理手続調書」と読み替えるものとする。

　　［規］　第217条の29（準用規定）　期日間整理手続については，前款（第217条の19を除く。）の規定を準用する。この場合において，これらの規定（見出しを含む。）中「公判前整理手続期日」とあるのは「期日間整理手続期日」と，「公判前整理手続調書」とあるのは「期日間整理手続調書」と読み替えるほか，第217条の2から第217条の12までの見出し，第217条の14（見出しを含む。），第217条の15の見出し及び同条第1項第17号イ，第217条の16から第217条の18までの見出し，第217条の20（見出しを含む。），第217条の21の見出し，第217条の22（見出しを含む。），第217条の23の見出し，第217条の24及び第217条の26（これらの規定の見出しを含む。），第217条の27の見出し及び同条第1項並びに前条（見出しを含む。）中「法」とあるのは「法第316条の28第2項において準用する法」と，第217条の25中「法第316条の23第2項」とあるのは「法第316条の28第2項において準用する法第316条の23」と，第217条の15第1項第17号イ中「法第157条の2第1項」とあるのは「法第157条の2第1項又は第157条の3第1項」

と，第217条の17中「第1回公判期日」とあるのは「期日間整理手続終了後の最初の公判期日」と読み替えるものとする。

[1] 本条の趣旨等

第1回公判期日後にも，被告人側の主張の状況や証拠の取調べの進展等に伴って，改めて事件の争点及び証拠をある程度時間をかけて整理したり，証拠開示を巡る紛糾を裁判所が裁定したりする必要が生じる場合がある。そこで，本条は，第1回公判期日後に事件の争点及び証拠を整理するための公判準備として，期日間整理手続について規定する。

なお，平成28年改正により，検察官，被告人又は弁護人に，事件を期日間整理手続に付することの請求権が付与された（316の2の解説を参照。）。

[2] 第1回公判期日後（本条Ⅰ）

期日間整理手続では，既に第1回公判期日で被告人に対して権利の告知をしていることが前提とされており（後記[3](1)を参照。），ここでの「第1回公判期日」は，検察官の起訴状朗読・被告人に対する権利告知を経て，被告人及び弁護人に罪状認否を行う機会が与えられた，いわゆる実質的な第1回公判期日を指すと解される。

[3] 公判前整理手続との異同

(1) 公判前整理手続の規定の準用　　期日間整理手続で行われる手続は，基本的には公判前整理手続で行われる手続と同様である。したがって，公判前整理手続の規定が多く準用されているが，公判前整理手続の規定である316条の2から316条の27までの規定のうち，①公判前整理手続に付する旨の決定についての316条の2第1項，②出頭した被告人に対する権利告知についての316条の9第3項は，準用の対象から除外されている（本条Ⅱ前）。②については，冒頭手続で既に供述拒否権の告知がされているためである。

期日間整理手続に付する旨の決定をする前に当事者が取調べを請求している証拠については，期日間整理手続で請求されたものとみなされる（本条Ⅱ後）。したがって，これらの証拠についても，316条の14又は316条の18による開示の対象となり，また，請求証拠が検察官請求証拠である場合は，これらの証拠に関して，被告人側は，316条の15による類型証拠の開示請求をすることができる。

(2) 期日間整理手続終了後の公判手続　　基本的には，公判前整理手続終了後の公判手続と同様である（316の29・316の31・316の32）。

公判前整理手続に付された事件に関する冒頭陳述についての316条の30と同趣旨の規定は置かれていないが，期日間整理手続で実質的な争点及び証拠の整理が行われた場合は，期日間整理手続終了後の公判期日で，検察官と弁護人が，冒頭陳述に類するような事実上又は法律上の主張をし，争点に関する当事者の主張内容を明らかにすることが適当であろう。

〔辛島明〕

第3款　公判手続の特例

第316条の29 [1]〔**必要的弁護**〕　公判前整理手続又は期日間整理手続に付された事件を審理する場合には，第289条第1項に規定する事件に該当しないときであつても，弁護人がなければ開廷することはできない [2]。

[1] 本条の趣旨

　公判前整理手続及び期日間整理手続については，十分な争点及び証拠の整理ができるよう，必要的弁護事件（289Ⅰ）でなくても弁護人が必要的とされているところ（316の4・316の28Ⅱ），その後の公判審理を，公判前整理手続等で整理されたところを踏まえ，策定された審理計画のとおり行うためには，同様に弁護人の関与が不可欠である。そこで，本条は，公判前整理手続等に付された事件については，公判期日においても弁護人が必要的である旨規定する。

[2] 必要的弁護

　いわゆる必要的弁護事件（289Ⅰ）でなくても，弁護人がなければ開廷することができないということである。

　なお，「事件を審理する場合」とあるので，289条1項の場合と同様，公判期日における手続であっても，人定質問，弁論の分離決定，弁論再開決定，判決言渡期日の延期，判決の宣告等の形式的手続については，弁護人の立会いがなくとも行うことができると解される。

〔辛島明〕

第316条の30 [1]〔**被告人側の冒頭陳述**〕　公判前整理手続に付された事件については，被告人又は弁護人は，証拠により証明すべき事実その他の事実上及び法律上の主張があるときは，第296条の手続に引き続き，これを明らかにしなければならない。この場合においては，同条ただし書の規定を準用する [2]。

[1] 本条の趣旨

　公判前整理手続では，被告人側も，公判期日ですることを予定している事実上及び法律上の主張があるときは，これを明らかにしなければならない（317の17Ⅰ）。そして，公判前整理手続に付された事件では，被告人側にそのような主張があるときは，その内容を検察官の冒頭陳述に引き続いて明らかにするのが適当である。そこで，本条は，公判前整理手続に付された事件における被告人側の冒頭陳述について規定する。

[2] 被告人側の冒頭陳述の時期・内容等

　被告人側の冒頭陳述は，「第296条の手続に引き続き」，すなわち検察官の冒頭陳述の

直後に行われる。

　冒頭陳述に際しては，証拠とすることができず，又は証拠としてその取調べを請求する意思のない資料に基づいて，裁判所に事件について偏見又は予断を生じさせるおそれのある事項を述べることはできない（296但の準用）。裁判員裁判対象事件では，被告人側も，検察官と同様，冒頭陳述で証拠により証明すべき事実を明らかにするに当たっては，公判前整理手続における争点及び証拠の整理の結果に基づき，証拠との関係を具体的に明示しなければならない（裁判員55）。　　　　　　　　　　　　　　〔辛島明〕

第316条の31 [1] 〔公判前整理手続等の結果顕出〕　公判前整理手続に付された事件については，裁判所は，裁判所の規則の定めるところにより，前条の手続が終わつた後，公判期日において，当該公判前整理手続の結果を明らかにしなければならない [2]。

2　期日間整理手続に付された事件については，裁判所は，裁判所の規則の定めるところにより，その手続が終わつた後，公判期日において，当該期日間整理手続の結果を明らかにしなければならない。

　　[規]　第217条の30　法第316条の24参照。
　　　　第217条の31（公判前整理手続等の結果を明らかにする手続・法第316条の31）　公判前整理手続又は期日間整理手続に付された事件について，当該公判前整理手続又は期日間整理手続の結果を明らかにするには，公判前整理手続調書若しくは期日間整理手続調書を朗読し，又はその要旨を告げなければならない。法第316条の2第3項（法第316条の28第2項において準用する場合を含む。）に規定する書面についても，同様とする。
　　　　2　裁判所は，前項の規定により公判前整理手続又は期日間整理手続の結果を明らかにする場合には，裁判所書記官に命じて行わせることができる。
　　　　3　法第290条の2第1項又は第3項の決定があつたときは，前2項の規定による公判前整理手続調書又は期日間整理手続調書の朗読又は要旨の告知は，被害者特定事項を明らかにしない方法でこれを行うものとする。法第316条の2第3項（法第316条の28第2項において準用する場合を含む。）に規定する書面についても，同様とする。
　　　　4　法第290条の3第1項の決定があつた場合における第1項又は第2項の規定による公判前整理手続調書又は期日間整理手続調書の朗読又は要旨の告知は，証人等特定事項を明らかにしない方法でこれを行うものとする。法第316条の2第3項（法第316条の28第2項において準用する場合を含む。）に規定する書面についても，同様とする。

[1] 本条の趣旨
　公判前整理手続及び期日間整理手続では，争点及び証拠の整理が行われるが，これら

はあくまで公判の準備としてなされるものであるから，本条は，その結果を公判で明らかにしなければならないことを規定する。

[2] 結果顕出の時期・方法・内容

(1) **顕出の時期**　公判期日における当事者双方の冒頭陳述の直後である（本条Ⅰ）。

(2) **顕出の方法**　「公判前整理手続の結果」には，316条の24にいう「事件の争点及び証拠の整理の結果」とは異なり，①争点及び証拠の整理の結果だけでなく，②整理の過程も含まれるとされているが，ほとんどの場合は，①のみを顕出すれば足りるであろう。

　顕出の方法は，公判前整理手続調書若しくは当事者から提出された書面の朗読又はその要旨の告知によることになる（規217の31）。公判前整理手続に付された事件では，通常，検察官及び被告人側の冒頭陳述によって，争点やそれに関する当事者双方の主張・取調べ予定の証拠が明らかにされるから，通常，顕出の手続としては，「争点及び証拠の整理の結果は当事者双方の冒頭陳述のとおり」などと告げた上で，公判前整理手続調書中の「争点整理の結果」及び証拠調べの予定の概要を明らかにすることで足りると考えられる。

(3) **顕出の内容**　公判前整理手続の結果の顕出は，その直前に行われる当事者双方の冒頭陳述と相まって，その事件の真の争点と，争点に関する当事者の主張立証の対立軸を裁判員に的確に理解させるものでなければならないから，前記(2)のとおり明らかにされる「争点整理の結果」についても，こうした観点を踏まえながら構成されるべきことになる（316の24の解説[2](2)も参照）。公判前整理手続を終結するに際しては，裁判官，検察官及び弁護人は，争点整理の結果として整理された内容を踏まえて，当事者双方の冒頭陳述や公判前整理手続の結果の顕出でそれぞれどのような事項に言及するかなどといった点について共通認識を形成し，裁判員が公判審理に臨むに先立って，必要十分な視点を分かりやすく提示することができるよう努めることになる。　　　　　〔辛島明〕

第316条の32 [1] **〔新たな証拠調べ請求の制限〕**　公判前整理手続又は期日間整理手続に付された事件については，検察官及び被告人又は弁護人は，第298条第１項の規定にかかわらず，やむを得ない事由によつて公判前整理手続又は期日間整理手続において請求することができなかつたものを除き，当該公判前整理手続又は期日間整理手続が終わつた後には，証拠調べを請求することができない [2][3]。

2　前項の規定は，裁判所が，必要と認めるときに，職権で証拠調べをすることを妨げるものではない [4]。

　[規]　第217条の32（やむを得ない事由の疎明・法第316条の32）　公判前整理手続又は期日間整理手続に付された事件について，公判前整理手続又は期日間整理手続において請求しなかつた証拠の取調べを請求するには，やむを得ない事由によつてその証拠の取調

べを請求することができなかつたことを疎明しなければならない。

第217条の33（やむを得ない事由により請求することができなかつた証拠の取調べの請求・法第316条の32） 公判前整理手続又は期日間整理手続に付された事件について，やむを得ない事由により公判前整理手続又は期日間整理手続において請求することができなかつた証拠の取調べを請求するときは，その事由がやんだ後，できる限り速やかに，これを行わなければならない。

[1] 本条の趣旨　　[2] 新たな証拠調べ請求の制限（本条Ⅰ）　　[3] 新たな主張制限の可否　　[4] 裁判所の職権による証拠調べ（本条Ⅱ）

[1] 本条の趣旨

公判前整理手続等の終了後に新たな証拠調べ請求が無制限にできるとすれば，それに応じて改めて争点や証拠の整理を行う必要性が生じ，公判審理の段階で審理計画の立て直しを余儀なくされる可能性があり，充実した公判審理を迅速に行うという公判前整理手続等の趣旨が没却されるほか，とりわけ裁判員裁判では，裁判員に過重な負担を強いることになり，ときには新たな裁判員を選任する必要が生じ，審理の中断を余儀なくさせるなどのおそれもある。そこで，本条は，公判前整理手続等の終了後における証拠調べ請求の制限等について規定する。

[2] 新たな証拠調べ請求の制限（本条Ⅰ）

⑴ **「やむを得ない事由」** 公判前整理手続等に付された事件については，検察官及び被告人又は弁護人は，公判前整理手続等終了後には，「やむを得ない事由」によって公判前整理手続等で請求できなかったもの以外は証拠調べ請求をすることができない。証拠調べ請求をするに当たっては，「やむを得ない事由」の存在を疎明する必要がある（規217の32）。

「やむを得ない事由」としては，例えば，（ア）証拠は存在していたが，これを知らなかったことがやむを得ない場合，（イ）証人の所在不明等の理由により証拠調べ請求ができなかったときなど，物理的に証拠調べ請求ができなかった場合，（ウ）証拠の存在は知っており，証拠調べ請求も可能であったが，公判前整理手続等における相手方の主張や証拠関係などから，証拠調べ請求をする必要がないと考え，そのように判断することについて十分な理由があったと考える場合，などが考えられよう。

証人が，公判期日で，捜査段階の供述録取書の内容と異なる証言をした場合に，証人尋問終了後，供述に矛盾や変遷があるとして，上記の供述録取書を328条に基づいて請求することは，上記（イ）や（ウ）に当たり得る。もっとも，分かりやすい立証のためには，相手方当事者は，まずは公判での反対尋問による証人の供述の弾劾に努めるべきであるし，また，328条に基づく請求に当たってもその供述録取書の重要性・必要性等を十分に吟味すべきことは当然である（名古屋高金沢支判平20・6・5判タ1275・342を参照）。

上記（ウ）については，新たな証拠調べ請求をした当事者における，立証の見込み違いが生じたことについての帰責性の有無・程度等（当事者双方がしたそれまでの準備行為や訴訟追行に際しての真摯さ・誠実さの程度等が考慮される。）が重視され，これに，新たな証拠調べ請求が相手方当事者に及ぼす影響（不意打ちの有無・程度等）や審理予定に与える影響の大小，事案の重大性等も総合的に考慮して判断される（裁判例として，東京高判平24・1・30判タ1404・360）。証拠調べ請求の必要性についての単なる見込み違いといったものは，通常，上記（ウ）には当たらない。

(2) **新たな証拠調べ請求が制限される時期**　公判前整理手続が「終わった後」であり，例えば，公判前整理手続が終了した後は，第1回公判期日前であっても，新たな証拠調べの請求は，原則として許されない。

いったん公判前整理手続等を終了した後，事情変更により改めて公判前整理手続等に付された場合であっても，本条1項による立証制限効が働くが，「やむを得ない事由」の有無の判断に当たっては，上記事情変更の存在が考慮される。

(3) **公判前整理手続終了後における書証の同意の撤回の可否**　この撤回は，直接的には本条の証拠調べの請求には当たらないが，本条が設けられた趣旨からすれば，同意の撤回にも，本条の「やむを得ない事由」と同様の事由が要求されると解すべきである。

(4) **控訴審における新たな証拠調べ請求との関係**　本条の「やむを得ない事由」があったと認められないような証拠については，基本的に，控訴審でも，第1審の弁論終結前に取調べを請求することができなかった証拠を新たに取調べ請求するに当たっての「やむを得ない事由」（382の2）があるとは認められない（東京高判平21・10・20東時60・1＝12・165，広島高判平22・7・28高検速報平22・161）。

［3］ 新たな主張制限の可否

本条は，あくまで，公判前整理手続等終了後の新たな証拠の取調べ請求を制限するものであり，当事者による新たな主張や主張変更（これらに沿った被告人の供述）を制限するものではない。公判前整理手続等を経た事件であっても，公判廷における被告人質問の中で被告人が新たな主張等を始めたときに，直ちにこれを禁止することは適当ではないことなどが理由である。また，公判前整理手続後の新たな主張等が基本的に制限されるとなれば，訴訟当事者は，公判前整理手続の段階で，考えられる限りの主張を尽くすことを余儀なくされ，かえって充実した争点整理を害することにもなろう（もとより，新たな主張等が制限されないからといって，この主張に沿う新たな証拠調べ請求が常に許されるというものではない。）。

もっとも，公判前整理手続を経たことも加味し，例外的に，公判段階で新たな主張等をすることが相当性を欠くとして，295条1項により制限される場合はあり得る。最決平27・5・25刑集69・4・636は，公判期日で新たな主張に沿った被告人の供述がなされようとした場合，公判前整理手続等における被告人側の予定主張の明示状況，新たな主張がされるに至った経緯，新たな主張の内容等の事情を総合的に考慮し，①被告人側

が公判前整理手続等における主張明示義務に違反したものと認められ，かつ，②公判前整理手続等で明示されなかった主張に関して被告人の供述を求める行為（質問）やこれに応じた被告人の供述を許すことが，公判前整理手続等を行った意味を失わせるものと認められる場合には，③新たな主張に係る事項の重要性等も踏まえた上で，公判期日でその具体的内容に関する質問や被告人の供述が295条1項により制限されることがあり得るとした（この最決平27・5・25は，公判前整理手続で，「公訴事実記載の日時には犯行場所にはおらず，自宅ないしその付近にいた」旨のアリバイ主張がされていたところ，公判での被告人に対する質問等は，この主張に関して具体的な供述を求めるなどのものに過ぎないことや，裁判所も上記以上の具体的な主張をするよう釈明を求めなかったなどの公判前整理手続の経過等のほか，被告人が質問に対して供述しようとした内容に照らすと，当該事案では前記①，②の要件を欠くとした。）。

公判段階で新たな主張等がされた場合であっても，それが特段の証拠上の裏付けを伴わないものであれば，そうした主張等に理由があるとされることは基本的に想定し難く，多くの場合，公判前整理手続で策定された審理計画を大きく混乱させるまでの状況は生じないように思われる。また，例えば証拠に顕れた重要な事実関係を踏まえて，公判段階で新たな法的主張がされたような場合，通常は上記の事実関係の存否等に関しては十分な証拠調べが既にされていると考えられ，仮に追加の証拠調べをすることがあっても，そのために別個の期日を設けるまでの必要が生じることも少ないと考えられる。そうだとすれば，通常は，新たな主張等を実際に制限すべき事態にまで至ることは想定し難い。

いずれにしても重要なのは，公判審理の段階に至って以上のような問題が漫然と生じることのないよう，法曹三者が協働して，充実した争点及び証拠の整理に努めることである。

なお，新たな主張等が制限の対象になるか否かの場面で求められる主張の明示性の程度は，一般に，検察官に証拠開示という新たな対応を義務付ける主張関連証拠開示請求の場面で求められるもの（316の20の解説[2](1)参照）よりも低いと考えられる（三好・判評687・29）。

このほか，公判前整理手続の制度趣旨に照らし，同手続を経た後の公判では，充実した争点整理や審理計画の策定がされた趣旨を没却するような訴因変更請求は許されないものと解されるとした裁判例がある（東京高判平20・11・18判タ1301・307）。公判前整理手続を経た事件については，同事件が公判前整理手続に付されたことや同手続の経過等も踏まえて，その後の公判でなされた訴因変更請求が信義則違反や権利濫用等に当たるか否かを判断することになる。

[4] 裁判所の職権による証拠調べ（本条Ⅱ）

298条2項は「裁判所は，必要と認めるときは職権で証拠調をすることができる」と規定しており，本条2項は，公判前整理手続等の実効性担保の点から，同手続等の終了後には，当事者の証拠調べ請求が「やむを得ない事由」が認められる場合を除いて禁止

されているのに対して，裁判所の職権証拠調べはこの点からの制約を受けない旨を確認的に規定している。もっとも，職権証拠調べはあくまで補充的なものである上，公判前整理手続等の実効性担保の観点から当事者の証拠調べ請求が同手続等の終了後は制限されているという趣旨に照らすと，裁判所が職権証拠調べを行う場面は，より一層限定的と考えられる。

　「やむを得ない事由」によって新たな証拠調べ請求を制限すると，ときに真実の解明の要請と相反することがあり得，そうした場合に，職権証拠調べの対象として検討することが考えられる。東京高判平21・3・19東時60・1＝12・41は，殺意の有無が争われている事案で，公判前整理手続終了後に検察官から証拠調べ請求された司法解剖に係る鑑定書等について，検察官の対応は不適切で「やむを得ない事由」はないものの，証拠の重要性や，原審の具体的経緯・特殊事情に鑑み，原裁判所が殺意の有無を解明するために上記鑑定書等を取り調べたことは違法ではないとした。　　　　　　〔辛島明〕

第3節　被害者参加

第316条の33 [1]〔被告事件の手続への被害者参加〕　裁判所は，次に掲げる罪に係る被告事件 [2]の被害者等若しくは当該被害者の法定代理人又はこれらの者から委託を受けた弁護士 [3]から，被告事件の手続 [4]への参加の申出があるときは，被告人又は弁護人の意見を聴き，犯罪の性質，被告人との関係その他の事情を考慮し，相当と認めるときは，決定で，当該被害者等又は当該被害者の法定代理人の被告事件の手続への参加を許すものとする [5][6]。

一　故意の犯罪行為により人を死傷させた罪

二　刑法第176条から第178条まで，第211条，第220条又は第224条から第227条までの罪

三　前号に掲げる罪のほか，その犯罪行為にこれらの罪の犯罪行為を含む罪（第1号に掲げる罪を除く。）

四　自動車の運転により人を死傷させる行為等の処罰に関する法律（平成25年法律第86号）第4条，第5条又は第6条第3項若しくは第4項の罪

五　第1号から第3号までに掲げる罪の未遂罪

2　前項の申出は，あらかじめ，検察官にしなければならない。この場合において，検察官は，意見を付して，これを裁判所に通知するものとする。

3　裁判所は，第1項の規定により被告事件の手続への参加を許された者（以下「被害者参加人」という。）が当該被告事件の被害者等若しくは当該被害者の法定代理人に該当せず若しくは該当しなくなつたことが明らかになつたとき，又は第312条の規定により罰条が撤回若しくは変更されたため当該被告事件が同項各号に掲げる罪に係るものに該当しなくなつたときは，決定で，同項の決定を取り消さなければならない。犯罪の性質，被告人との関係その他の事情を考慮して被告事件の手続への参加を認めることが相当でないと認めるに至つたときも，同様とする。

> [規]　**第217条の34（被害者参加の申出がされた旨の通知の方式・法第316条の33）**　法第316条の33第2項後段の規定による通知は，書面でしなければならない。ただし，やむを得ない事情があるときは，この限りでない。
>
> **第217条の40（決定の告知・法第316条の33等）**　裁判所は，法第316条の33第1項の申出に対する決定又は同項の決定を取り消す決定をしたときは，速やかに，その旨を同項の申出をした者に通知しなければならない。
>
> 2　裁判所は，法第316条の34第4項（同条第5項において準用する場合を含む。第4項において同じ。）の規定により公判期日又は公判準備への出席を許さない旨の決定をしたときは，速やかに，その旨を出席を許さないこととされた者に通知しなければ

ならない。

3　裁判所は，法第316条の36第1項，第316条の37第1項又は第316条の38第1項の申出に対する決定をしたときは，速やかに，その旨を当該申出をした者に通知しなければならない。

4　裁判所は，法第316条の33第1項の申出に対する決定若しくは同項の決定を取り消す決定，法第316条の34第4項の規定による公判期日又は公判準備への出席を許さない旨の決定，法第316条の36第1項，第316条の37第1項若しくは第316条の38第1項の申出に対する決定，法第316条の39第1項に規定する措置を採る旨の決定若しくは同項の決定を取り消す決定又は同条第4項若しくは第5項に規定する措置を採る旨の決定をしたときは，公判期日においてこれをした場合を除き，速やかに，その旨を訴訟関係人に通知しなければならない。

〔1〕被害者参加制度の趣旨　　〔2〕対象事件　　〔3〕参加の申出を行うことのできる者の範囲　　〔4〕参加の対象となる被告事件の手続　　〔5〕参加の許否
〔6〕上訴審における被害者参加の可否等

〔1〕被害者参加制度の趣旨

　被害者参加制度は，「すべて犯罪被害者等は，個人の尊厳が重んぜられ，その尊厳にふさわしい処遇を保障される権利を有する。」との犯罪被害者等基本法（平成16年法律第161号）の基本理念（同法3条）に基づいて導入されたものであり，被害者等がその被害に係る刑事裁判の推移や結果を見守り，これに適切に関与したいとの心情を尊重する観点から，一定の犯罪の被害者等が裁判所の許可を受けて，被害者参加人として刑事裁判に参加し，一定の要件の下で，公判期日に出席するほか，証人尋問，被告人質問及び事実又は法律の適用についての意見の陳述を行うことができるとするものである。

〔2〕対象事件

　前記のような被害者参加制度の趣旨に鑑み，「個人の尊厳」の根幹をなす人の生命，身体又は自由に害を被った被害者等を対象とし，対象事件を定めている。公開の法廷での被害者特定事項の秘匿（290の2）や被害者等の意見の陳述（292の2）等の制度とは制度趣旨が異なることから，対象事件の範囲が異なる。

　1号の「故意の犯罪行為により人を死傷させた罪」とは，故意による犯罪行為及びそれによる死傷の結果が構成要件となっている罪であり，具体的には，殺人罪や傷害罪のように死傷の結果について故意のある罪のほか，傷害致死罪，強盗致死傷罪，危険運転致死傷罪のように，死傷の結果自体については故意がないものも含まれるが，過失致死傷罪のように，構成要件に故意の要素を含まないものはこれに当たらない。

　2号は，1号に該当する罪以外の，人の生命，身体又は自由に対する罪として，強制性交等罪等の性犯罪，業務上過失致死傷罪，逮捕監禁罪等の罪を列挙しているものであ

る。

3号の「その犯罪行為にこれらの罪の犯罪行為を含む罪」とは，2号に掲げられている強制性交等罪，業務上過失致死傷罪，逮捕監禁罪等の犯罪行為をその構成要件の一部とする罪をいう。具体的には，例えば，その犯罪行為に強制性交等罪（刑177）の犯罪行為を含む罪として強盗・強制性交等罪（同241Ⅰ）が，その犯罪行為に業務上過失致死傷罪（同211Ⅰ）の犯罪行為を含む罪として，業務上の過失による危険物の漏出等致死傷罪（消防39の3Ⅱ）が，その犯罪行為に逮捕監禁罪（刑220）の犯罪行為を含む罪として，特別公務員職権濫用罪（同194）が，その犯罪行為に身の代金目的略取罪（同225の2）の犯罪行為を含む罪として，組織的な身の代金目的略取罪（組織的な犯罪の処罰及び犯罪収益の規制等に関する法律3Ⅰ⑩）が挙げられる。

［3］参加の申出を行うことのできる者の範囲

参加の申出を行うことができるのは，本条第1項各号に掲げる罪の被告事件の被害者等（被害者又は被害者が死亡した場合若しくはその心身に重大な故障がある場合におけるその配偶者，直系の親族若しくは兄弟姉妹をいう。）若しくは当該被害者の法定代理人又はこれらの者から委託を受けた弁護士である。本制度は，個人の尊厳の中核をなす生命，身体又は自由に害を被った被害者を対象とするものであるから，「被害者」に法人は含まれない。配偶者や親族，法定代理人は民法の規定に基づくものをいい，いわゆる内縁関係や事実上の保護者などは含まれない。

「これらの者から委託を受けた弁護士」とは，被害者等又は当該被害者の法定代理人から被告事件への参加の申出を行うことの委託を受けた弁護士をいう。なお，一定の要件を満たす場合には，国の費用による被害者参加弁護士の選任が可能である（犯罪被害者等の権利利益の保護を図るための刑事手続に付随する措置に関する法律11条参照。）。

［4］参加の対象となる被告事件の手続

参加の対象となるのは，当該申出をしようとする者が被害者等又は当該被害者の法定代理人である個別の「被告事件の手続」であり，同一被告人に係る複数の被告事件が併合審理されている場合においても，参加の許可は被告事件ごとになされ，被害者参加人の活動も，当該被告事件についてのものに限られる。したがって，例えば，被害者A，B及びCを被害者とする事件が併合審理されている連続強制性交等事件のような場合，被害者Aが参加を許可されたとしても，被告人質問（316の37）において，もっぱら被害者Bや被害者Cに対する事件のみに関する事項について質問することや，事実又は法律の適用についての意見（316の38）において，併合罪としての被害者A，B及びCに対する事件全体についての科刑意見を述べることはできない。また，同一被害者に対する事件であっても，被害者参加対象事件でない事件については，参加許可の対象とはならない。例えば，殺人事件と死体遺棄事件が併合審理されている場合や，住居侵入罪と強制性交等罪が科刑上一罪として審理されている場合には，死体遺棄罪や住居侵入罪は被害者参加の対象とはならない。もっとも，死体遺棄や住居侵入の事実について，参加対象

事件である殺人や強制性交等に関する情状事実として，被告人に質問したり，意見を述べたりすることを否定するものではない。

[5] 参加の許否

　裁判所は，検察官から意見を付して参加の申出の通知を受けると被告人又は弁護人の意見を聴き，参加の許否を判断する。裁判所がこの判断に当たって考慮する要素は，「犯罪の性質，被告人との関係その他の事情」であり，具体的には，犯行の動機や態様，計画性，組織性，被害の結果等のほか，被告人と被害者との関係等が考慮され得る。例えば，暴力団組織同士の抗争事件などの場合には，被害者が参加することにより法廷秩序が著しく乱されるおそれがある場合があると考えられ，そのような場合には，参加を許可しないことが考えられる。また，「その他の事情」として，被害者が精神的に不安定となっており，被告人に対して感情的になって法廷の秩序が乱されるおそれがあるような場合にも，参加を許可しないことが考えられる。

　他方，被告人が無罪を主張している場合であっても，そのことだけをもって，参加を許さないとすることは適当でない。被害者等は，検察官や被害者参加弁護士から適切な説明を受け，公判に出席して被告人の主張を聞くことなどを通じて，刑事裁判とはどういうものであるのかを理解し，当該事件の審理がどのように進行し，被告人はどのような主張をしているのかを客観的に理解した上で刑事裁判手続に参加することができると考えられるからである。実際に，被告人が無罪を主張している事案においても，被害者参加が許可され，被害者参加人が適切な理解の下に訴訟活動を行っている事例は多数存し，そのような運用は本制度の趣旨に沿うものと考えられる。

[6] 上訴審における被害者参加の可否等

　刑訴法404条及び414条により，第一審の公判に関する規定である被害者参加に関する規定についても，原則として上訴審にも準用されることとなっている。

　したがって，上訴審においても被害者参加をすることは可能である。

　もっとも，控訴審については，検察官及び弁護人による弁論についての特別の定めがあり，第一審の論告，弁論等についての規定の準用はないと解されていることから，検察官による論告の後に行われるものとされている被害者参加人等による意見陳述の規定（316の38）は控訴審には準用されないものと解されている。したがって，被害者参加人等による被告人質問は，この意見陳述をするために必要がある場合としては許されないものと解される。また，被害者参加人等による証人尋問については，控訴審にも準用されるものの，控訴審が事後審であり当然に事実の取調べが行われるものでないことから，被害者参加人等による証人尋問が行われる場合は多くはない。

　なお，被害者参加人としての訴訟活動ではないが，いわゆる心情等の意見陳述（292の2）については，実務上，控訴審において事実や情状の取調べがなされる場合等には，控訴審裁判所の裁量によって被害者等に心情等の意見陳述が認められることがある。そして，心情等の意見陳述をするために必要がある場合には，被害者参加人による被告人

質問も許され得ると解される（316の37）。

　上告審においては，被告人には公判期日への出頭の権利は認められていないと解されている（409参照）ことから，被害者参加人等の公判期日への出席に関する規定も準用されないものと解されている。　　　　　　　　　　　　　　　　〔岡田志乃布〕

第316条の34〔被害者参加人等の公判期日等への出席〕　被害者参加人又はその委託を受けた弁護士は，公判期日に出席することができる[1]。

2　公判期日は，これを被害者参加人に通知しなければならない。

3　裁判所は，被害者参加人又はその委託を受けた弁護士が多数である場合において，必要があると認めるときは，これらの者の全員又はその一部に対し，その中から，公判期日に出席する代表者を選定するよう求めることができる[2]。

4　裁判所は，審理の状況，被害者参加人又はその委託を受けた弁護士の数その他の事情を考慮して，相当でないと認めるときは，公判期日の全部又は一部への出席を許さないことができる[3]。

5　前各項の規定は，公判準備において証人の尋問又は検証が行われる場合について準用する。

[規]　**第217条の35（委託の届出等・法第316条の34等）**　法第316条の34及び第316条の36から第316条の38までに規定する行為を弁護士に委託した被害者参加人は，当該行為を当該弁護士に行わせるに当たり，あらかじめ，委託した旨を当該弁護士と連署した書面で裁判所に届け出なければならない。

　　2　前項の規定による届出は，審級ごとにしなければならない。

　　3　第1項の書面に委託した行為を特定する記載がないときは，法第316条の34及び第316条の36から第316条の38までに規定するすべての行為を委託したものとみなす。

　　4　第1項の規定による届出は，弁論が併合された事件であつて，当該被害者参加人が手続への参加を許されたものについてもその効力を有する。ただし，当該被害者参加人が，手続への参加を許された事件のうち当該届出の効力を及ぼさない旨の申述をしたものについては，この限りでない。

　　5　第1項の規定による届出をした被害者参加人が委託の全部又は一部を取り消したときは，その旨を書面で裁判所に届け出なければならない。

　　第217条の36（代表者選定の求めの記録化・法第316条の34）　法第316条の34第3項（同条第5項において準用する場合を含む。次条において同じ。）の規定により公判期日又は公判準備に出席する代表者の選定を求めたときは，裁判所書記官は，これを記録上明らかにしなければならない。

　　第217条の37（選定された代表者の通知・法第316条の34）　法第316条の34第3項の規定

により公判期日又は公判準備に出席する代表者に選定された者は，速やかに，その旨を裁判所に通知しなければならない。

第217条の40　法第316条の33参照。

［1］ 公判期日への出席

本条は，被害者参加人又はその委託を受けた弁護士（以下，「被害者参加人等」という。）の公判期日への出席について定めるものである。

公判期日とは，裁判所，当事者その他訴訟関係人が公判廷で訴訟行為をするように定められた日時をいう。公判前整理手続期日や期日間整理手続期日はこれに該当しない。もっとも，被害者等が，事件の争点及び証拠を整理するための公判前整理手続等の経過や結果に関心を寄せるのは当然のことであり，特に被害者参加人については，公判前整理手続等における争点及び証拠の整理の結果が被害者参加人等の訴訟行為の内容にも影響し得るものである。したがって，検察官は，必要に応じて被害者参加人等と十分なコミュニケーションをとり，その要望をよく聞いた上で公判前整理手続等に臨み，また，公判前整理手続等の経過や結果についての説明を十分に尽くすことが求められる。なお，実務の運用として，公判審理予定等についての事実上の打合せの場に被害者参加弁護士の同席を認める例もある。

単なる傍聴は，「出席」には当たらず，被害者参加人等が公判期日に出席する場合，傍聴席でなく法廷内（いわゆる「バー」の中）に着席するのが通常である。もっとも，被害者参加人の人数が多いため物理的に全員が法廷内に着席することが困難な場合や，法廷内に着席することは心理的に負担が大きいとして傍聴席に着席することを被害者参加人が希望する場合などにおいて，裁判所の裁量により，物理的な場所としては傍聴席に着席させつつ，「出席」として扱うこともあり得ると考えられる。

［2］ 代表者の選定

被害者参加人等は原則として公判期日に出席することができるが，被害者参加人等が多数である場合においては，その全員の出席を認めることが適切でない場合もあり得る。そこで，裁判所が，被害者参加人等が多数である場合において，必要があると認めるときは，その全員又は一部に対し，その中から公判期日に出席する代表者を選定するよう求めることができるとされている。裁判所からの求めに応じて代表者が選定された場合には，これを選定した被害者参加人等の中では，代表者に選定された者のみが公判期日に出席することができ，選定されなかった者は公判期日に出席することはできない。もっとも，これらの者についても，被害者参加の許可の取消（316の33Ⅲ）がなされない限り，被害者参加人としての地位を失うものではない。

［3］ 公判期日への出席の制限

裁判所は，審理の状況，被害者参加人等の数その他の事情を考慮して，相当でないと認めるときは，公判期日の全部又は一部への出席を許さないことができる。

「審理の状況」の典型例は，被害者参加人が後に証人として出廷することが予定されている場合において，その証言の信用性を確保する観点から，証言する前の証拠調べ手続を行う公判期日に出席することは適当でないと判断される場合である。また，「その他の事情」として考えられるのは，被害者参加人等が不規則発言をして裁判長の訴訟指揮に従わない行動をとることが予想される場合などが考えられる。

「公判期日の一部」への出席を許さない場合とは，例えば，特定の証人の証言を聞くことにより後に証人として出廷する予定の被害者参加人の証言の信用性が損なわれるおそれがあるような場合に，その特定の証人の証人尋問が行われている間のみ出席を許さないとする場合などである。 〔岡田志乃布〕

第316条の35 [1]〔被害者参加人等による検察官に対する意見の申述等〕　被害者参加人又はその委託を受けた弁護士は，検察官に対し，当該被告事件についてのこの法律の規定による検察官の権限の行使に関し，意見を述べることができる[2]。この場合において，検察官は，当該権限を行使し又は行使しないこととしたときは，必要に応じ，当該意見を述べた者に対し，その理由を説明しなければならない[3]。

[1] 本条の趣旨

本条は，被害者参加人等の検察官に対する意見申述権及びこれに対する検察官の説明義務を定めたものである。

被害者参加制度が適正かつ円滑に運用されるためには，被害者参加人等と検察官との間の密接なコミュニケーションに基づき，検察官が，被害者参加人等の要望をも十分に踏まえつつ，公益の代表者としての適正な訴訟活動を行い，被害者参加人等が，このような検察官の訴訟活動の意味・内容をも十分に理解した上で，自らの訴訟活動を行うことが重要である。そこで，本条は，検察官が被害者参加人等の要望を十分に把握することができるよう，検察官の権限行使に対する被害者参加人等による意見申述権と，これに対する検察官の説明義務を定めたものである。

[2] 意見申述権

被害者参加人等は，当該被告事件についての刑訴法の規定による検察官の権限の行使に関し，意見を述べることができる。「この法律の規定による検察官の権限の行使」とは，被害者参加人が行うことのできる被告人質問や証人尋問に限らず，訴因変更請求権（312Ⅰ）や証拠調べ請求権（298Ⅰ），上訴権（351Ⅰ）を含め，当該被告事件に関する刑訴法の規定による検察官の権限全てがこれに該当する。「権限の行使に関し」とは，権限の行使のみならず，その不行使も含まれ，また，その時期や方法等に関する意見も含まれる。

[3] 検察官の説明義務

検察官は，被害者参加人等から意見を述べられた場合において，その対象となった権

限を行使し又は行使しないこととしたときは，必要に応じ，その理由を説明しなければ
ならない。

「必要に応じ」とされているので，説明の必要性が認められない場合については説明
をする必要はなく，被害者参加人等の意見どおりに権限を行使した，あるいは行使しな
かった場合で，特に説明を求められていない場合や，既に何度も説明しており繰り返し
て説明する必要がないと判断される場合などには，説明しなくてもよいと解される。

〔岡田志乃布〕

第316条の36 [1]〔被害者参加人等による証人尋問〕 裁判所は，証人を尋問する場
合において，被害者参加人又はその委託を受けた弁護士から，その者がその証人を
尋問することの申出があるときは，被告人又は弁護人の意見を聴き，審理の状況，
申出に係る尋問事項の内容，申出をした者の数その他の事情を考慮し，相当と認め
るときは，情状に関する事項（犯罪事実に関するものを除く。）についての証人の
供述の証明力を争うために必要な事項 [2] について，申出をした者がその証人を尋
問することを許すものとする。

2 前項の申出は，検察官の尋問が終わつた後（検察官の尋問がないときは，被告人
又は弁護人の尋問が終わつた後）直ちに，尋問事項を明らかにして，検察官にしな
ければならない [3]。この場合において，検察官は，当該事項について自ら尋問す
る場合を除き，意見を付して，これを裁判所に通知するものとする。

3 裁判長は，第295条第1項から第4項までに規定する場合のほか，被害者参加人
又はその委託を受けた弁護士のする尋問が第1項に規定する事項以外の事項にわた
るときは，これを制限することができる [4]。

[規] 第217条の40 法第316条の33参照。

[1] 本条の趣旨

本条は，被害者参加人等による証人尋問について定めたものである。事件の当事者で
ある被害者等が，情状に関する証人の証言内容が納得できない場合に，直接問いただし
たいとの心情を抱くことは当然のことであり，法律上も尊重すべきものである。また，
被害者等がそのような尋問をすることは，適正な科刑の実現に資するものともなり得る
し，被害者等の名誉の回復や被害からの立ち直りにも資するものと考えられ，犯罪被害
者等基本法の趣旨にも合致することから，被害者参加人等が自ら直接証人を尋問するこ
とが認められているものである。

[2] 証人尋問が認められる要件等

被害者参加人等に認められているのは，情状に関する事項（犯罪事実に関するものを除

く。）についての証人の供述の証明力を争うために必要な事項についての尋問である。被害者参加人等に犯罪事実に関する証人尋問を行うことまで認めると，検察官の主張・立証と矛盾する尋問等が行われ，真相解明を困難にするなどのおそれがあるため，情状に関する事項に限り，また，証人の負担が過度に重くならないよう，既にした証言を弾劾する事項について尋問を認めているものである。

　裁判所は，証人尋問の申出を受けた場合，被告人又は弁護人の意見を聴いた上で，審理の状況，申出に係る尋問事項の内容，申出をした者の数その他の事情を考慮して，相当と認められるか否かを判断し，尋問の許可又は不許可の決定をする。

　被害者参加人等がする証人尋問は，証拠調べの一環として行われるものであるから，証拠調べに関する各種の規定が適用される。被害者参加人等の尋問に答えて証人がした証言は，検察官，弁護人の尋問に答えてした証言と同様に証拠となる。

［3］証人尋問の申出の時期・方法等

　被害者参加人等は，証人尋問を希望するときは，あらかじめその申出をしなければならないとされているところ，この申出は，検察官の尋問が終わった後直ちに，尋問事項を明らかにして，検察官にしなければならないとされている。犯罪の立証責任を負う検察官の尋問が終わった後に補充的に行われるのが適当であると考えられたためである。検察官は，当該事項について自ら尋問する場合を除き，意見を付してこれを裁判所に通知する。

　実務においては，証人尋問の申出を受けた検察官は，当該尋問事項の内容や被害者参加人等による尋問が適切に行えるか否か（技術の程度）等を考慮し，例えば，当該事項が検察官として立証責任を果たすために必要な事項である場合や，被害者参加人等が尋問に慣れていないため検察官が尋問した方が円滑であると思われる場合などには，そのまま自ら尋問し，被害者参加人等が自ら尋問することが適切であると考えられる場合などには，意見を付して裁判所に通知している。

［4］尋問の制限

　裁判長は，295条1項から4項までに規定する場合，すなわち，検察官及び被告人又は弁護人が行う尋問を制限することができる場合と同様の場合に，被害者参加人等の尋問を制限できるほか，被害者参加人等の尋問が1項に規定する事項以外の事項にわたるときは，これを制限することができる。被害者参加人等による尋問は1項に規定する事項についてのみ認められており，それ以外の事項についての尋問は法令違反となることから，これを制限することができる旨定められているものである。　　　　　　　〔岡田志乃布〕

第316条の37[1]**〔被害者参加人等による被告人質問〕**　裁判所は，被害者参加人又はその委託を受けた弁護士から，その者が被告人に対して第311条第2項の供述を求めるための質問を発することの申出があるときは，被告人又は弁護人の意見を聴

き，被害者参加人又はその委託を受けた弁護士がこの法律の規定による意見の陳述をするために必要があると認める場合であつて，審理の状況，申出に係る質問をする事項の内容，申出をした者の数その他の事情を考慮し，相当と認めるときは，申出をした者が被告人に対してその質問を発することを許すものとする[2]。

2　前項の申出は，あらかじめ，質問をする事項を明らかにして，検察官にしなければならない。この場合において，検察官は，当該事項について自ら供述を求める場合を除き，意見を付して，これを裁判所に通知するものとする[3]。

3　裁判長は，第295条第1項，第3項及び第4項に規定する場合のほか，被害者参加人又はその委託を受けた弁護士のする質問が第1項に規定する意見の陳述をするために必要がある事項に関係のない事項にわたるときは，これを制限することができる[4]。

[規]　第217条の40　法第316条の33参照。

[1] 本条の趣旨

　本条は，被害者参加人等による被告人質問について定めたものである。被害者参加人等は292条の2及び次条の規定に基づき意見陳述を行うことが認められているところ，被告人に対し直接質問し，それに対する被告人の反応等をも踏まえることによって，これらの意見陳述をより実質的かつ効果的に行うことが可能となると考えられる。また，被告人に直接質問することが，被害者参加人の名誉の回復や立ち直りにも資するものと考えられる。そこで，被害者参加人等が被告人に対して直接質問することが認められている。

[2] 被告人質問が認められる要件等

　被害者参加人等による被告人質問が認められるのは，「この法律の規定による意見の陳述をするために必要があると認める場合」である。この法律の規定による意見の陳述とは，292条の2の規定による心情等の意見陳述及び次条の規定による被害者参加人等による弁論としての意見陳述である。

　「意見の陳述をするために必要がある」とは，被害者参加人等が，意見陳述をするか否かや意見陳述をするとしてどのような内容の意見を陳述するかを判断するに当たり，被告人が被害者参加人等の質問に対してどのような対応をするのかを見定めることが重要であると判断される場合をいう。

　裁判所は，被告人質問の申出を受けた場合，被告人又は弁護人の意見を聴いた上，審理の状況，申出に係る質問事項の内容，申出をした者の数その他の事情を考慮して相当と認められるか否かを判断し，許可又は不許可の決定をする。

　被害者参加人による被告人質問は，311条2項の供述を求める質問であり，検察官，弁護人等が被告人に対して任意の供述を求めるのと同じである。この質問に対しても，被

告人は供述を拒否することができる。被告人が被害者参加人等による質問に答えて任意にした供述は，検察官，弁護人等による質問に答えて任意にした供述と同様に証拠となる。

［3］被告人質問の申出の時期・方法等

被害者参加人等による被告人質問の申出は，あらかじめ，質問事項を明らかにして，検察官にしなければならないとされている。「あらかじめ」とは，被害者参加人等が質問を行うのに先立ってという意味であり，当該公判期日の開始前に行うことまでが求められているものではない。

実務においては，被害者参加人等による被告人質問の申出は，一般に，次のような流れで行われていることが多いと思われる。すなわち，一般的には，被告人質問が行われる公判期日以前に，あらかじめ，被害者参加人等において，質問したい事項を明らかにして検察官に申し出ることが多い。申出を受けた検察官は，質問事項の中に検察官が自ら質問しようと考える事項や不相当な質問と思われる事項がある場合は，その旨を被害者参加人等に伝えるなどし，それを踏まえて被害者参加人が被告人に質問する事項を決める。検察官は，これを，被告人質問が行われる公判期日の前，あるいは当該公判期日の被告人質問開始前に，意見を付して裁判所に通知する。

もっとも，事案の内容や被害者参加人の希望等によっては，この段階で質問事項を確定させることができず，実際の公判における被告人の供述を聞いた上で最終的に質問事項を決める必要があると考えられる場合もある。否認事件や捜査段階で被告人が黙秘していた事件などで，被告人が公判廷でどのような供述をするかが十分に予測できないような場合である。そのような場合は，検察官としては，あらかじめ，被害者参加人の要望を十分に把握した上で被告人質問に臨み，弁護人及び検察官による被告人質問が一通り終了した段階で，被害者参加人の最終的な質問事項を確認し，当該事項の中に検察官が自ら質問するべき事項があれば自ら質問し，そうでない場合は意見を付して裁判所に通知するということになる。また，事前に被告人質問の申出がなかった場合でも，公判期日において，被告人の供述を聞いた被害者参加人等から質問の申出がなされるということもあり得るところ，その場合には，検察官が，その場で，自ら質問するか否かを判断し，自ら質問しない場合には，意見を付して裁判所に通知する。検察官が自ら質問するか否かは，証人尋問の場合と同様，検察官としての立証責任との関係や被害者参加人等による尋問が適切に行えるか否か等を踏まえて判断する。

［4］尋問の制限

裁判長は，295条1項，3項及び4項に規定する場合，すなわち，検察官及び被告人又は弁護人が行う被告人質問を制限することができる場合と同様の場合に，被害者参加人等の尋問を制限できるほか，被害者参加人等による質問が，292条の2の規定による心情等の意見陳述又は次条の規定による被害者参加人等による弁論としての意見陳述をするために必要がある事項に関係のない事項にわたる場合には，これを制限することが

830   316条の37,・316条の38

できる。   〔岡田志乃布〕

第316条の38 [1] 〔被害者参加人等による弁論としての意見陳述〕　裁判所は，被害
　者参加人又はその委託を受けた弁護士から，事実又は法律の適用について意見を陳
　述することの申出がある場合において，審理の状況，申出をした者の数その他の事
　情を考慮し，相当と認めるときは，公判期日において，第293条第1項の規定によ
　る検察官の意見の陳述の後に，訴因として特定された事実の範囲内で，申出をした
　者がその意見を陳述することを許すものとする [2]。
2　前項の申出は，あらかじめ，陳述する意見の要旨を明らかにして，検察官にしな
　ければならない。この場合において，検察官は，意見を付して，これを裁判所に通
　知するものとする [3]。
3　裁判長は，第295条第1項，第3項及び第4項に規定する場合のほか，被害者参
　加人又はその委託を受けた弁護士の意見の陳述が第1項に規定する範囲を超えると
　きは，これを制限することができる [4]。
4　第1項の規定による陳述は，証拠とはならないものとする。

　　〔規〕　第217条の38（意見陳述の時期・法第316条の38）　法第316条の38第1項の規定による意
　　　　　　見の陳述は，法第293条第1項の規定による検察官の意見の陳述の後速やかに，これ
　　　　　　をしなければならない。
　　　　　第217条の39（意見陳述の時間・法第316条の38）　裁判長は，法第316条の38第1項の規
　　　　　　定による意見の陳述に充てることのできる時間を定めることができる。
　　　　　第217条の40　法第316条の33参照。

[1] 本条の趣旨

　本条は，被害者参加人等による弁論としての意見陳述について定めるものである。被
害者参加人等の中には，証拠上認められる事実や，法律を適用した結果としての犯罪の
成否等についての意見も述べたいと希望する者もいるところ，このような心情は法律上
も十分に尊重されるべきであり，また，これを認めることは，被害者等の名誉の回復や
立ち直りにも資するものと考えられる。そこで，被害者参加人等が事実又は法律の適用
についての意見の陳述を行うことを認めているものである。
　被害者等は，292条の2により，被害に関する心情その他の被告事件に関する意見の
陳述をすることが認められているところ，同条による意見陳述は，飽くまで，処罰感情
等の心情を中心とする意見陳述であり，事実や法律適用に関する意見の陳述は基本的に
認められないと解されている。本条は，被害者参加人等に対して，このような292条の
2では認められていない意見の陳述を認めるものである。

なお，292条の2による意見陳述において述べられた意見は，量刑の資料とすることが許されているが，本条による意見陳述において述べられた意見は，証拠とならないものとされている。

［2］意見陳述の要件等

本条による意見陳述の対象となるのは，「事実又は法律の適用について」の意見である。「事実」についての意見とは，訴因として表示された公訴事実や情状等の量刑判断の基礎となる事実について，どのような証拠によって認定されるのかについての意見であり，証拠能力及び証明力の観点から述べる意見である。「法律の適用」についての意見とは，証拠によって認定されるべき事実に関する実体法及び訴訟法の具体的な解釈・適用に関する意見である。被告人にいかなる刑を科すべきかに関する意見，すなわち量刑に関する意見も，これに含まれる。

意見の陳述は，裁判所が，審理の状況，申出をした者の数その他の事情を考慮し，相当と認めて許可した場合に，行うことができる。

なお，本条による意見陳述の許否を判断するに当たっては，被告人又は弁護人の意見を聴くことは要しない。これは，本条による意見陳述が証拠となるものではなく，弁論や最終意見陳述によって反論することが可能であることなどから，被告人や弁護人の意見を聴かなければならないとするまでの必要はないと考えられるためである。

本条により意見を陳述することができるのは，「訴因として特定された事実の範囲内」においてのみである。被害者参加人等には，訴因の設定権は認められておらず，本条の規定による意見陳述についても，それまで審判の対象とされてきた訴因の範囲内で，それを前提に行われるべきであるとの考え方によるものである。仮に，訴因として特定された事実の範囲外に及ぶ意見の陳述を認めるとすれば，検察官による主張と矛盾する意見が述べられ，二当事者対立構造という刑事訴訟法の基本構造に反する自体となるおそれや真相解明を妨げるおそれもあるためである。

［3］意見陳述の申出の時期・方法等

被害者参加人等による弁論としての意見陳述の申出は，あらかじめ，検察官に対してしなければならない。「あらかじめ」とは，検察官の意見の陳述（いわゆる論告）の後に行われるものとされている被害者参加人による弁論としての意見陳述に先立ってという意味であり，当該公判期日の開始前になされる必要まではない。もっとも，実務においては，通常，検察官において，論告が行われる公判期日以前に，被害者参加人等の意見陳述の希望の有無及びその趣旨や内容を十分に把握し，意思疎通を図った上で，公判期日に臨むのが一般的であると思われる。このようにあらかじめ十分なコミュニケーションを取ることにより，検察官は，被害者参加人等から意見陳述の申出を受け，意見を付して裁判所に通知する手続を円滑に進めることが可能となる。

［4］意見陳述の制限

裁判長は，295条1項から3項までに規定する場合，すなわち，検察官及び被告人又

は弁護人が行う被告人質問を制限することができる場合と同様の場合に，被害者参加人等の意見陳述を制限できるほか，被害者参加人等の意見陳述が，訴因として特定された事実の範囲を超えるときには，これを制限することができる。　　　　　　〔岡田志乃布〕

第316条の39[1]〔**被害者参加人への付添い，遮へいの措置**〕　裁判所は，被害者参加人が第316条の34第1項（同条第5項において準用する場合を含む。第4項において同じ。）の規定により公判期日又は公判準備に出席する場合において，被害者参加人の年齢，心身の状態その他の事情を考慮し，被害者参加人が著しく不安又は緊張を覚えるおそれがあると認めるときは，検察官及び被告人又は弁護人の意見を聴き，その不安又は緊張を緩和するのに適当であり，かつ，裁判官若しくは訴訟関係人の尋問若しくは被告人に対する供述を求める行為若しくは訴訟関係人がする陳述を妨げ，又はその陳述の内容に不当な影響を与えるおそれがないと認める者を，被害者参加人に付き添わせることができる[2]。

2　前項の規定により被害者参加人に付き添うこととされた者は，裁判官若しくは訴訟関係人の尋問若しくは被告人に対する供述を求める行為若しくは訴訟関係人がする陳述を妨げ，又はその陳述の内容に不当な影響を与えるような言動をしてはならない。

3　裁判所は，第1項の規定により被害者参加人に付き添うこととされた者が，裁判官若しくは訴訟関係人の尋問若しくは被告人に対する供述を求める行為若しくは訴訟関係人がする陳述を妨げ，又はその陳述の内容に不当な影響を与えるおそれがあると認めるに至つたときその他その者を被害者参加人に付き添わせることが相当でないと認めるに至つたときは，決定で，同項の決定を取り消すことができる。

4　裁判所は，被害者参加人が第316条の34第1項の規定により公判期日又は公判準備に出席する場合において，犯罪の性質，被害者参加人の年齢，心身の状態，被告人との関係その他の事情により，被害者参加人が被告人の面前において在席，尋問，質問又は陳述をするときは圧迫を受け精神の平穏を著しく害されるおそれがあると認める場合であつて，相当と認めるときは，検察官及び被告人又は弁護人の意見を聴き，弁護人が出頭している場合に限り，被告人とその被害者参加人との間で，被告人から被害者参加人の状態を認識することができないようにするための措置を採ることができる[3]。

5　裁判所は，被害者参加人が第316条の34第1項の規定により公判期日に出席する場合において，犯罪の性質，被害者参加人の年齢，心身の状態，名誉に対する影響その他の事情を考慮し，相当と認めるときは，検察官及び被告人又は弁護人の意見を聴き，傍聴人とその被害者参加人との間で，相互に相手の状態を認識することができないようにするための措置を採ることができる[4]。

[規]　第217条の40　法第316条の33参照。

[1] 本条の趣旨

　本条は，被害者参加人のための付添い又は遮へいの措置について規定するものである。

　被害者参加人は，一般に，刑事手続になじみがなく，公判期日に出席すること自体に著しく不安や緊張を感じたり，被告人と顔を合わせることや傍聴人から見られることなどによって精神的な圧迫を受け，十分な訴訟活動を行うことが困難となる場合が考えられる。

　被害者等に被告事件への参加を認めることとした趣旨に照らすと，このような被害者参加人について，付添いを認めることによってその不安や緊張を緩和したり，被告人や傍聴人との間に遮へいの措置を設けることによって精神的な圧迫を軽減したりすることにより，被害者参加人としての訴訟活動を十分に行い得るようにすることが適当であると考えられる。そこで，被害者参加人が公判期日に出席する場合等に，付添いや遮へいの措置を採ることができることとしているものである。なお，証人尋問の場合と異なり，ビデオリンクの措置を採ることまでは認められていない。

[2] 付添いの措置の要件等

　付添いの措置の対象となるのは，被害者参加人が316条の34第1項の規定により，公判期日又は公判準備に出席する場合である。公判期日に出席して，証人尋問や被告人質問，被害者参加人による弁論としての意見陳述を行う場合も含まれるのは当然である。

　付添いの措置が認められるのは，「被害者参加人の年齢，心身の状態その他の事情を考慮し，被害者参加人が著しく不安又は緊張を覚えるおそれがあると認めるとき」である。具体的には，裁判所が，被害者参加人が若年あるいは高齢であることや，被害による精神的なショックの程度などを考慮して，著しく不安又は緊張を覚えるおそれがあるか否かを判断する。

　付添人は，被害者参加人とともに，法廷内に着席することとなるところ，付添人が，裁判官や訴訟関係人の尋問や陳述等を妨げたり，不当な影響を与えるような場合には付添いを認めるべきではない。そこで，裁判所は，検察官及び被告人又は弁護人の意見を聴いて，被害者参加人に付き添う予定の者が，被害者参加人の不安又は緊張を緩和するのに適当であり，かつ，尋問や陳述等を妨げたり，訴訟関係人の陳述に不当な影響を与えたりするおそれがないときに，付添いを認めることとしている。

　なお，本条2項において，付添人が訴訟関係人の尋問や陳述等を妨げる等の不当な言動をすることを禁じ，3項において，付添人が訴訟関係人の尋問等を妨げるおそれがあると認めるに至った場合には，付添いの措置を採る旨の決定を取り消すことができることとしている。

　付添いの措置の決定は，裁判所が職権により行うものであるが，実務上は，被害者参加人と接することの多い検察官が，その要望を受けて，裁判所に対し職権発動を促すの

が通例である。

付添人は，被害者参加人のそばにいることで安心感を与えたり緊張を緩和する役割を果たしており，実務においては，被害者の親族や被害者支援に携わる者等が付添人となっていることが多いと思われる。

［3］被告人と被害者参加人との間の遮へいの措置

本条4項においては，被告人と被害者参加人との間の遮へいの措置について定めている。

遮へいの措置の対象となるのは，付添いの措置と同様，被害者参加人が316条の34第1項の規定により公判期日又は公判準備期日に出席する場合である。

被告人と被害者参加人との間の遮へいの措置が認められるのは，「犯罪の性質，被害者参加人の年齢，心身の状態，被告人との関係その他の事情により，被害者参加人が被告人の面前において在席，尋問，質問又は陳述をするときは圧迫を受け精神の平穏を著しく害されるおそれがあると認める場合であつて，相当と認めるとき」である。裁判所は，この措置を採るか否かを決定するに当たっては，犯罪の性質や被告人と被害者参加人との関係等の具体的事情により圧迫を受けるおそれの有無等を判断するため，検察官及び被告人又は弁護人の意見を聴くこととされている。

本項による遮へいの措置は，弁護人が出頭している場合に限り採ることができるものとされている。被害者参加人のする尋問，質問又は陳述が相当でない場合には，検察官及び被告人又は弁護人から異議の申立てができるところ，弁護人が出頭していない場合に，被告人と被害者参加人との間に遮へいの措置を採ると，被告人が適切な異議の申立てをすることができないことも考えられるためである。

本項及び5項による遮へいの措置の決定は，裁判所が職権により行うものであるが，実務上は，付添いの措置と同様，検察官が被害者参加人の要望を聞いた上で，裁判所に対し，職権発動を促すのが通例である。

［4］傍聴人と被害者参加人との間の遮へいの措置

本条5項においては，傍聴人と被害者参加人との間の遮へいの措置について定めている。

被告人と被害者参加人との間の遮へいの措置と異なるのは，遮へいの措置を認める際の考慮要素であり，「犯罪の性質，被害者参加人の年齢，心身の状態，名誉に対する影響その他の事情を考慮し，相当と認めるとき」に遮へいの措置を採ることができるものとされている。一般の傍聴人の目にさらされることとの関係が問題となることから，被告人との間の遮へいの措置の場合と異なり，名誉に対する影響等が考慮され得る。

また，本項による遮へいの措置は，弁護人が出頭していない場合にも採ることができる。

〔岡田志乃布〕

第4節 証 拠

| 第317条 [1][2]〔証拠裁判主義〕 事実の認定 [3] は，証拠 [4][5][6][7] による。

[範] 第7条（公訴，公判への配慮） 捜査は，それが刑事手続の一環であることにかんがみ，公訴の実行及び公判の審理を念頭に置いて，行わなければならない。特に，裁判員の参加する刑事裁判に関する法律（平成16年法律第63号）第2条第1項に規定する事件に該当する事件の捜査を行う場合は，国民の中から選任された裁判員に分かりやすい立証が可能となるよう，配慮しなければならない。

[1] 本条の趣旨　　[2] 証 明　　[3] 事実の認定　　[4] 証拠の種類
[5] 証拠能力・証明力　　[6] 違法収集証拠　　[7] 証拠の類型等

[1] 本条の趣旨

本条は，刑事訴訟法の基本原理の一つである「証拠裁判主義」を宣明している。証拠能力に関する厳格な規定と証拠調べ手続に関する規定を整備する現行の刑事訴訟法の下では，本条は，訴訟で問題となる一切の事実は何らかの合理的な証拠に基づいて認定されなければならない（例えば，後述する自由な証明の場面でも，裁判官が私的に入手した知識を証拠として用いることは許されない）という消極的な意味だけではなく，被告人の有罪・無罪の判断及び量刑の判断に当たって最も重要な事実である犯罪事実の認定については，証拠能力があり，かつ，適式な証拠調べ手続を経た証拠に拠らなければならないという積極的な意味も有すると解される。

[2] 証 明

(1) **証明の意義**　　証明とは，ある事実の存否について，裁判官（及び裁判員）に心証を得させることをいう。この心証形成に向けた当事者の訴訟行為一般を，立証という。

(2) **証明の種類——厳格な証明と自由な証明**　　刑事訴訟法の規定により証拠能力が認められ，かつ，適式な証拠調べ手続を経た証拠による証明を「厳格な証明」といい（最判昭38・10・17刑集17・10・1795），証拠能力については319条ないし328条が，証拠調べ手続については304条ないし307条が適用ないし準用される。

これに対し，厳格な証明の要件の一部又は全部を欠く証明を「自由な証明」という。例えば，簡易公判手続（307の2・320Ⅱ），即決裁判手続（350の16以下）では証拠能力の制限や証拠調べの方式が一定程度緩和され，略式手続（461以下）や交通事件即決裁判手続（交通事件即決裁判手続法11条等）では大幅に緩和されているが，これらは自由な証明の一種である。自由な証明であっても，（後述する証拠禁止の観点や，略式手続等でも319を排除する規定が置かれていないことなどに照らし）任意性のない供述を用いることは許されないと

解すべきであるから，証拠能力の点に関しては，主として伝聞法則の適用がないことに実質的な意味がある。証拠調べ手続の面では，例えば，自由な証明の対象とされる訴訟法上の事実については，公判期日外における当事者の意見も判断資料とされることがある（本条の解説[5](2)ウ）。

　厳格な証明と自由な証明の中間的な概念として，「適正な証明」（自由な証明によることについて異議があれば，証拠能力が要求され，証拠調べ手続についても公判廷で証拠を示して意見弁解を聴く必要があるとするもの）があるとする見解もあるが，実務では，自由な証明といっても，その内容は画一的ではなく，証明の対象となる事実やその重要性等によって，証拠の採否や取調べの仕方を具体的に決めているから（本条の解説[3](1)イ），あえて「適正な証明」という概念を設ける実益はない。

　なお，より緩やかな証拠調べの方法が許される「疎明」で足りる場合もある。

(3) **挙証責任　　ア　実質的挙証責任**　　証明の必要がある事実（要証事実）について，取り調べた証拠によっても事実の存否が真偽不明のときに不利益な判断を受ける当事者の地位（危険ないし負担）を，実質的挙証責任という。単に「挙証責任」という場合，実質的挙証責任を意味することが多い。

　刑事訴訟法では，明文にはないものの，「疑わしきは被告人の利益に従う」という原則が支配している（最判昭50・5・20刑集29・5・177等を参照）から，犯罪事実とこれに準じる事実については，例外的な場合を除き，検察官に挙証責任がある（違法性阻却事由・責任阻却事由・法律上の刑の減免事由となる事実が不存在であることについても，同様である。）。

　被告人が実質的挙証責任を負う場合としては，刑法230条の2第1項（名誉毀損罪において摘示された事実が真実であること），刑法207条（同時傷害において自分が傷害を負わせたものでないこと。なお，傷害致死の結果が生じた場合につき，最決平28・3・24刑集70・3・1参照），児童福祉法60条4項ただし書，労働基準法121条1項ただし書，爆発物取締罰則6条等に限られる。

　訴訟法上の事実（本条の解説[3](1)イ）については，その事実を主張して手続上の効果を求める当事者が挙証責任を負う（例えば，忌避については，その申立てをする側がその理由を証明しなければならず，証拠調べの請求に対して証拠能力が争われた場合は，その請求をした側が証拠能力を証明しなければならない。）。

　イ　形式的挙証責任　　訴訟手続が一定程度進行した段階で，当面の証拠調べの結果，ある事実の存在が一応証明された状態又はその存在に疑いのある状態が生じた場合に，次の段階として，その事実の存在又は不存在によって不利益を受ける側の当事者が立証の必要を負うことになるという事実上の負担ないし地位を指して，形式的挙証責任ともいう。一般に，実質的挙証責任を負担している当事者（多くは検察官）が第一次的な形式的挙証責任を負い，それを果たすと，相手方当事者に形式的挙証責任が移動することになる。

(4) **証明の方法　　ア　証明の方法一般**　　公訴事実についての立証責任は検察官が負っ

ているから，まずは，検察官の立証が，それ自体公訴事実の存在を十分に推認（認定）
させるものであるかどうかから検討すべきであり，その上で，この推認（認定）が被告
人側の主張立証を踏まえても揺らがない場合に初めて，公訴事実が合理的な疑いを差し
挟まない程度に証明できた（本条の解説[3](4)ア）と判断することになる。

　一般に，直接証拠（本条の解説[4](2)）がある場合は，その信用性が十分であると判断
できればこれにより直ちに要証事実が認定できるから，直接証拠の信用性が事実認定に
おいて決定的に重要であるとされ，他方，直接証拠が存在しない場合は，間接証拠（本
条の解説[4](2)）から認められる事実関係を総合して要証事実を推認することになる。も
っとも，例えば，直接証拠の一つといわれることが多い共犯者供述についてみると，そ
の供述内容が全面的に信用できるということは必ずしも多くなく，要証事実である共謀
の存在について述べる共犯者供述があっても，この供述を支える補助事実を共謀を推認
するための間接事実としても位置付け，その他の間接事実や，信用性に疑いがない共犯
者の供述部分等から認められる事実関係と合わせて共謀が推認できるか否かを考察すべ
きことが少なくない。従来，直接証拠型といわれた事案であっても，要証事実の立証に
当たっては，判断の分かれ目となる事実関係を意識し，個々の証拠の必要性や重要性（推
認力）を見極め，証拠構造を分析的に捉えた上，要証事実を推認する過程を論理的・具
体的に考察することが重要である（こうした検討の重要性については，最決平26・3・10刑集68
・3・87の横田裁判官補足意見も参照）。

　イ　疫学的証明等　　疫学とは，集団内で発生した疾病や中毒等につき，その発生す
る原因，条件等を主として統計的手法によって明らかにする学問であり，疫学的証明と
は，疫学を応用した訴訟上の証明方法をいい，主として原因と被害という二つの事象の
つながり（条件関係）を明らかにすることをいう（三井誠「疫学的証明」法教219・117参照）。
疫学的証明は，公害や薬害に関する民事の損害賠償裁判で活用されるようになったもの
であるが，刑事裁判においても，疫学的証明が経験則等に照らして合理的なものである
限り，それによって得られた事実を間接事実の一つとし，他の証拠と相まって，因果関
係の存在を推認することは許される（疫学的証明と病理学的証明などを用いた原審の事実認定
の仕方を是認した最決昭57・5・25判時1046・15参照）。

　なお，最決昭54・11・8刑集33・7・695は，租税逋脱事件において，逋脱所得の金
額の認定に当たっていわゆる推計の方法を用いることも，その方法が経験則に照らして
合理的である限り，当然に許容されるべきとしている。

[3] 事実の認定

(1) **証明の対象となる事実**　　**ア　厳格な証明の対象となる事実**　　刑罰権の存否及び範
囲を定める事実である。①その中核は，起訴状の公訴事実として記載された犯罪構成要
件に該当する具体的事実（犯罪事実。主要事実とも呼ばれる。）であり，犯罪構成要件の修
正形式（既遂・未遂の別，共犯の形式）や，違法性・有責性を基礎付ける事実（違法性阻却事
由・責任阻却事由の不存在），両罰規定の要件となる事実も含まれる。②量刑に関する事実

のうち，犯罪事実それ自体に関する情状（犯情）事実（動機，具体的な行為態様，結果の大小等）も含まれる。③処罰条件（刑197Ⅱの事前収賄罪における公務員となったこと等）の存在や，処罰阻却事由（刑244Ⅰ・257Ⅰの近親者の身分等）の不存在も，犯罪事実に準じる事実として，厳格な証明の対象になると解される。④犯罪事実そのものではないが，法律上の刑の加重事由（例えば，累犯前科。最大決昭33・2・26刑集12・2・316参照）の存在や減免事由（例えば，自首）の不存在についても，厳格な証明の対象になり，さらに，数個の犯罪事実が併合罪になることを妨げる確定裁判の存在（刑45後）も，相対的には刑を加重する理由となり得るので，厳格な証明の対象となる（最判昭36・11・28刑集15・10・1774参照）。⑤犯罪事実等を立証する過程で必要となる間接事実や補助事実についても，厳格な証明の対象となると解される（補助事実については反対説も有力であるが，実務では，一般に厳格な証明による取扱いがされている。）。

なお，アリバイの存在や犯罪成立阻却事由の存在等の被告人に有利な事実についても，厳格な証明の対象となると解される（最大判昭44・6・25刑集23・7・975は，刑230の2Ⅰにおける真実性の証明について伝聞法則の適用があることを前提としていると考えられる。）が，これらの事実についての証明の程度につき必ずしも一律に確信まで要求されるものではないことは，後記(4)アのとおりである。

イ　自由な証明の対象となる事実　①訴訟法上の事実（訴訟条件となる事実や，証拠能力を基礎付ける事実を含む，証拠の採否決定の基礎となる事実など。訴訟条件である告発の存在につき，最決平23・10・26刑集65・7・1107参照。自白等の任意性につき，最判昭28・10・9刑集7・10・1904，最決昭54・10・16刑集33・6・633参照。電報電話局長に対し逆探知資料の送付嘱託を行うことの当否等を判断するための当該資料の存否につき，最決昭58・12・19刑集37・10・1753参照），②犯情以外の情状（一般情状）事実（最判昭24・2・22刑集3・2・221参照），③決定・命令の判断の基礎となる事実，④被告人の人定事項に関する事実（例えば，判決宣告までの間に当事者から提出された戸籍謄本や商業登記簿謄本を公判廷で証拠調べすることなく記録に編綴し，これに基づいて認定することも可能である。）等が，自由な証明の対象となる。

ただ，自由な証明の対象となる事実には様々な性質のものが含まれており，証明の対象となる事実やその重要性，手続の種類，当事者の要請等に応じて，証拠の採否や取調べの仕方等を具体的に決めるべきである。例えば，㋐免訴判決の事由（337）や公訴棄却判決の事由（338）等，重要性の高い訴訟条件の有無に関する事実については，証拠能力の制限に従わなくてもよいとしても，相手方に反証の機会を与えるために，少なくとも公判廷における適当な証拠調べを経た証拠による証明を要するべきである。㋑捜査官作成の捜索差押調書や領置調書，鑑定嘱託書など，他の実質的な証拠（証拠物や鑑定書）が入手・作成されるに至った手続経過等を明らかにするものについては，これらを，単に実質的な証拠と事件との関連性を立証するためのものとして用いる場合であれば，証拠能力の制限に従うことなく証拠とすることができるが，当該実質的な証拠等（証拠物や鑑定に供された鑑定資料）の入手過程自体が争われている場合は，上記のような証拠採

用に拠るのではなく，証人尋問等を実施すべきである。⑰証拠能力を基礎付ける事実のうち，自白の任意性に関する事実については，被告人側が取調状況等を具体的に争った場合に取調官の供述を得るには，証人尋問の方法に拠るべきである（もっとも，必ずしも公判廷における証人尋問に拠る必要はなく，公判前整理手続に付された事件では，争点の内容等次第で，公判前整理手続における事実の取調べ（43Ⅲ）としても実施することは可能と解される。）。㊤一般情状事実についても，被告人の量刑に大きく影響する可能性がある（例えば，財産罪における被害弁償の有無，示談の成否等）ことから，その重要性に鑑み，実務では基本的に厳格な証明と同様の取扱いがされている。もっとも，例えば，家庭裁判所から取り寄せた少年調査記録（規277参照）など，情報の保護等にとりわけ留意すべき証拠を（当事者の同意により）取り調べる際は，検察官及び弁護人の了解を得た上で，必要な部分を公判廷に上呈する仕方で（朗読又は要旨の告知までは行うことなく）証拠調べを済ませることもある（ただし，裁判員裁判では，証拠調べの対象を厳選しつつ，基本的には朗読の方法によることになろう。）。㊦控訴審における，控訴理由（破棄理由）の有無等を調査するための事実の取調べ（393）についても，これ自体は公訴事実の認定に当たっての第一審における証拠調べとは異なるものの，実務では，基本的には厳格な証明によっている（404により，第一審における証拠能力及び証拠調べに関する諸規定が準用される）。

　ウ　疎明の対象となる事実　　訴訟法上の事実の一部については，明文で（19Ⅲ・206Ⅰ・227Ⅱ・376Ⅱ・382の2Ⅲ・383・393Ⅰ等），又は解釈により（278等），疎明で足りるとされている。

(2) 証明を要しない事実　ア　公知の事実　　通常の知識・経験をもつ者が疑いをもたない程度に知れ渡っている事実については，証明を要しない。公知であるといえるためには，事実認定の時点で，裁判所も含めた一定地域の住民に知れ渡っていることを要するが，必ずしも全ての人が知っている必要はない。公知の事実に当たるとされたものとして，①特定の市及びその付近における，被告人が当該市の選挙に当選したという事実（最判昭31・5・17刑集10・5・685），②東京都内では，公安委員会の設置する道路標識により，普通自動車の最高速度を原則として40キロメートル毎時とする規制がなされているという事実（最決昭41・6・10刑集20・5・365），③密造酒には，往々にしてメタノール等の有毒物を含有し有害危険なものがあるという事実（最判昭24・7・23刑集3・8・1377）等がある。

　イ　裁判所に顕著な事実（裁判所にとって職務上顕著な事実）　　刑事訴訟法においては，民事訴訟法179条のような規定はないが，裁判所に顕著な事実についても証明は要しないと解される。例えば，多くの事件処理を通じて，裁判所が間違いがないと確信を持つことができ，検察官や弁護人も同様であって，法律家の間では知れ渡っている（あるいは容易に知り得る）といえる事実については，公知の事実に準ずるものとして，証明は不要である（通称「ヘロイン」が「塩酸ヂアセチルモルヒネ」を指すものであることについては，必ずしも証拠による認定を要しないとした最判昭30・9・13刑集9・10・2059。犯人が手を触れたであろうところに指紋が印象されていないことも珍しくないとした最決平17・3・16裁集刑287・221

も参照）。

なお，当該事件の審理に当たり，裁判所が職務上知り得た事実で，検察官及び弁護人も知っている（あるいは容易に知り得る）もの（例えば，被告人の身柄に関する手続経過）についても裁判所に顕著な事実の例とされることがあるが，こうした事実については，通常，一件記録中の資料によって証明（自由な証明）することも可能であろう。

ウ　法律上推定される事実　法律の規定により，一定の事実（前提事実）が証明されたときは要証事実（推定事実）が存在するものと推定される場合（公害犯罪 5，麻薬特14等），検察官は，前提事実を証明しさえすれば，推定事実について証明する必要がない。

エ　事実上の推定　事実上の推定は，裁判官が論理則，経験則等に照らして行う推定（推認）であって，検察官が推定される事実について証明を要しないというものではない。

(3) **法規・経験則等**　**ア　法規**　本条にいう「事実」には当たらず，証明の対象とならない（条例の公布及び施行日時につき，特に必要ある場合のほかは，これを審理し，判断を示す必要はないとした最大判昭29・11・24刑集 8・11・1866参照）。ただし，外国法，慣習法のように，公刊の法令集で知ることができないものについては，その存在を探知するため，事実上，当事者に立証させることがある。

法令の解釈や憲法適合性が争われた場合，立法者がその法令を立法するに当たって根拠とした社会的事実（立法事実）についても立証の対象とされることがあるが，立法事実も，裁判所の専権である法令の解釈に関する事項であり，基本的に，法規や経験則（後記イ）と同様の取扱いが妥当する（安廣・大コメ刑訴 7・406）。

イ　経験則　経験則それ自体は，事実認定のための準則であって事実ではないから，基本的に証明の対象とはならない。通常の経験則であれば，裁判官は，公刊物等の資料を参照するなど適宜の方法で探知した上，これを事実認定等の前提とすることができる（札幌高判昭60・5・7高検速報昭60・389も参照）。高度に専門的な経験則のように，その認識に当たって特別の知識や経験を要するもので，とりわけそれが厳格な証明を必要とする事項に関するものである場合は，これをできるだけ正確に探知したり，当事者への不意打ちを防ぐなどのため，鑑定等を実施するなど証拠調べの手続を踏むことになる。それ以外の場面では，当事者が，公刊物等の資料を主張書面に添付し，あるいは，非供述証拠として請求して，裁判所と共有することもある。

なお，近時の最高裁判例は，覚せい剤の密輸入事犯における知情性等に関する推認過程ないし推認手法について判示しているところ（最決平25・10・21刑集67・7・755等），その内容等に照らしても，この判示が特殊な経験則を提示したものとは解されない。とはいえ重要なのは，公判前整理手続等の場面で，その事件で検察官が用いようとする推認過程ないし推認手法に関しても十分に整理をし，評議（合議）の場面では，裁判体が得心をもつことができるよう，そうした推認過程ないし推認手法の当否も含めて十分な議論をすることである。

ウ　量刑の傾向　　量刑判断は，当該事案が属する犯罪の社会的類型における量刑の傾向を一つの出発点として行うところ（最判平26・7・24刑集68・6・925），量刑の傾向は事実ではないから，証明の対象とはならず，量刑の傾向を把握するためのいわゆる量刑資料も，裁判所が職権で同種先例を探知し収集するものであって，その把握に当たって証拠調べの手続を経る必要はない。なお，裁判員裁判では，検察官及び弁護人に裁判所の量刑検索システムが開示されており，検察官・弁護人は，この量刑検索システムによる量刑分布を参考として，量刑についての意見を述べることができる（293の解説[3]，[4]も参照）。

(4) 事実と証明の程度（心証）との関係　　証明の程度には，①合理的な疑いを差し挟む余地のない程度に真実であるとの心証（確信），②肯定証拠が否定証拠を上回る程度の心証（証拠の優越），③一応確からしい（一応の蓋然性が認められる）という心証（推測）の三段階がある。

ア　厳格な証明の対象となる事実　　厳格な証明の対象となる事実（犯罪事実等）を証明するに当たっては，確信まで要求される（略式手続や交通事件即決裁判手続であっても異ならない。）。

刑事裁判における証明は，自然科学におけるような論理的証明ではなく，いわゆる歴史的証明（公判廷で取り調べた証拠により過去の事実の存在を推認（認定）するもの）であるから，「合理的な疑いを差し挟む余地のない」というのは，反対事実が存在する疑いを全く残さない場合をいうものではなく，抽象的な可能性としては反対事実が存在するとの疑いを容れる余地があっても，健全な社会常識に照らして，その疑いに合理性がないと一般的に判断される場合には確信に達したとしてよい。このことは，直接証拠によって事実認定をすべき場合と，間接事実の総合評価によって事実認定をすべき場合とで異ならない（最決平19・10・16刑集61・7・677。なお，最判平22・4・27刑集64・3・233は，情況証拠によって事実を認定すべき場合には，「情況証拠によって認められる間接事実中に，被告人が犯人でないとしたならば合理的に説明することができない（あるいは，少なくとも説明が極めて困難である）事実関係が含まれていることを要する」旨判示しているところ，要するに，複数の間接事実を総合評価して被告人の犯人性を推認する際には，上記性質の事実関係が間接事実総体として認められるかという視点からも検討すべきであることを注意的に指摘したものであって，前掲最決平19・10・16とも特段異なる趣旨を述べるものではないと解される。）。

なお，犯罪事実の存在を否定する被告人側の反証（アリバイの立証や違法性阻却事由・責任阻却事由の立証等）に関しても厳格な証明の対象になる（前記(1)ア）が，その証明の程度については，一応の確からしさをもって当該事情の存在を示し，検察官の立証に合理的な疑いを差し挟むことのできる状態にすれば足りる。法律上の推定規定がある場合（前記(2)ウ）も，被告人側は，推定を免れるためには，推定事実の存在に合理的な疑いを生じさせればよいと解される（安廣・大コメ刑訴7・411）。これに対し，被告人に実質的挙証責任がある事実（本条の解説[2](3)を参照）については，裁判例では，被告人側は，合理

的な疑いを差し挟む余地のない程度まで証明することが必要とするものが多いが（東京高判昭46・2・20高刑集24・1・97，東京高判昭59・7・18高刑集37・2・360等），証拠の優越の程度で足りるとする見解も有力である（安廣・大コメ刑訴7・422参照）。最高裁は，明確な判断を避けており，確信までは求めないとの解釈の余地も残しているとされる（最決昭51・3・23刑集30・2・229，最決平28・3・24刑集70・3・1の担当調査官解説である細谷・曹時70・4・285参照）。

　　イ　自由な証明の対象となる事実　　自由な証明の対象となる事実は多様であり，その重要性に応じて，証拠の優越で足りる場合と確信まで必要な場合とがある。例えば，訴訟法上の事実の証明については，基本的には証拠の優越で足りるが，終局裁判の基礎となる事実（公訴棄却や免訴の事由）については，確信が必要であると解される。また，自白の任意性を認めるについては，これを疑わせる事実が存在しないことにつき確信が必要である（319Ⅰ）。量刑における一般情状事実についても，その内容に応じて個別に判断する必要があろう（前記(1)イ）。

　　ウ　疎明の対象となる事実　　証明の程度は推測で足りる。

［4］証拠の種類

　「証拠」とは，一般に，訴訟上確認すべき事実の存在又は不存在を根拠付ける資料のことをいい，様々な観点から分類される。

(1) **証拠方法と証拠資料**　　上記のような資料の媒体である人や物自体を証拠方法といい，その証拠方法を取り調べた結果感得される内容を証拠資料という。証人，証拠物，供述調書が証拠方法であり，証言，証拠物の形状，供述調書の内容が証拠資料である。

(2) **直接証拠と間接証拠**　　その証拠の信用性が肯定されれば，要証事実の存在を直接（推認の過程を経ずに）認めることができる証拠を直接証拠（被告人の自白や犯行目撃証人の供述など）という。これに対し，要証事実の存否を間接的に（推論の過程を経て）推認させる事実を間接事実といい，これを証明するために用いられる証拠を間接証拠（情況証拠）という（間接事実や間接証拠については，「徴表」のようにいわれることもある。）。なお，間接事実を推認させる事実を再間接事実と呼ぶことがあるが，再間接事実を証明するために用いられる証拠についても，通常，間接証拠といわれる。

(3) **本証と反証**　　要証事実について実質的挙証責任を負っている者（多くは検察官）がその事実を証明するため提出する証拠を本証といい，相手方（多くは被告人側）がその事実を否定するため提出する証拠を反証という。

(4) **実質証拠と補助証拠**　　要証事実の存否を直接又は間接に証明する証拠（直接証拠，間接証拠）を実質証拠といい，実質証拠の証明力の強弱に影響を及ぼす事実（補助事実）を証明するための証拠を補助証拠という。

　補助証拠のうち，実質証拠の証明力を弱める証拠を弾劾証拠，証明力を強める証拠を増強証拠，一度弱められた証明力を回復する証拠を回復証拠という。

(5) **人的証拠と物的証拠**　　証拠方法の物理的な形が，生存する人間である場合を人的証拠といい（証人，鑑定人等），それ以外の場合を物的証拠という（生存する人間を取り調べ

て作成した供述調書は，物的証拠に当たる。）。両者は，主として，これを取得する強制処分が異なり，前者は，召喚（132等），勾引（152等）により，後者は，押収（99等）による。

(6) **人証・物証・書証（証人・証拠物・証拠書類）**　人証とは，証人，鑑定人のように，公判廷で口頭の供述により証拠を提出する証拠方法をいい，証拠調べの方式は，尋問（304）である。被告人も，その供述は証拠になるから広い意味での人証に当たり，証拠調べ（広義）の方式は，質問（311）である。物証とは，犯行に使われた凶器などのように，その物の存在や状態が証拠に用いられる物体をいい，証拠調べの方式は，展示（306）又は検証（128）である。書証とは，その記載内容が証拠となる書面をいい，証拠調べの方式によって，証拠書類（記載内容だけが証拠となる書面。証拠調べの方式は，朗読又は要旨の告知〔305，規203の2〕）と証拠物たる書面（記載内容のほか存在や状態も証拠となる書面。証拠調べの方式は，展示及び朗読又は要旨の告知〔307〕）とに分けられる。書面であっても，その記載内容を立証に用いるのではなく，専ら存在や状態が証拠に用いられるものは，物証である。

(7) **供述証拠と非供述証拠**　証拠資料が人の供述である場合を供述証拠といい，それ以外の場合を非供述証拠という。供述証拠には，通常，伝聞法則の適用があるが（320），供述の存在自体を立証事項とする場合（供述証拠の非供述的用法などともいわれる）は，立証（推認）しようとする事実との関連性が明らかであれば証拠とすることができる。

[5] 証拠能力・証明力

　厳格な証明の資料として用いることができる証拠は，証拠能力があり，かつ，適式な証拠調べ手続を経たものでなければならない（本条の解説[2](2)）。また，厳格な証明・自由な証明を問わず，証拠は，一般に，証明力を有するものでなければならない。

(1) **証拠能力の意義等**　証拠能力とは，厳格な証明の資料として用いることのできる証拠の法的許容性をいい，これが認められて初めて，当該証拠を取り調べて，事実認定に供することが許される（なお，自由な証明の場面でも証拠能力が要求される場合があることにつき，本条の解説[3](1)イ）。証拠能力のない証拠の取調請求が却下されず採用決定があった場合には，当事者は異議を申し立てることができる（309Ⅰ）。いったん採用して取り調べられた証拠が後に証拠能力のないものであることが判明した場合は，裁判所は，職権で排除することができる（規207）し，当事者の異議申立てに理由があるときは，裁判所はこれを排除しなければならない（規205の6Ⅱ）。

　証拠能力が認められるためには，①証拠と要証事実との間に関連性（証拠が要証事実の存否の判断に役立つ蓋然性をいい，自然的関連性と法律的関連性に区別される。295Ⅰや規189Ⅰは，関連性のない証拠を排斥する趣旨とも解され，また，最決昭59・12・21刑集38・12・3071は，現場写真の証拠能力を認めるについて「事件との関連性」という表現を用いている。）があること，②証拠自体が証拠禁止に当たらないことが必要である。

(2) **証拠と要証事実との関連性**　ア　自然的関連性　自然的関連性とは，要証事実に対して必要最小限度の証明力を有することをいう。全くの風評や憶測の類いは，自然的

関連性を欠くことになる。

イ　法律的関連性　　ある証拠に自然的関連性があることに加え，その証明力の評価を誤らせる類型的な危険がないことをいう。

㋐　類型的に証明力が弱いか，証明力の判断を誤らせるおそれの強い証拠　　伝聞証拠（320）や任意性のない自白（319）は，この典型例として，法律上証拠能力が（伝聞証拠については原則として）否定されている。証言能力のない者の証言（最判昭23・12・24刑集 2・14・1883参照）や，単なる意見・推測を内容とする証言（最大判昭24・6・13刑集 3・7・1039，最判昭26・3・30刑集 5・4・731）も，この場合に当たる（証人は，本来，自己の体験した事実を供述することにより証拠資料を提供する立場にあるから，実験した事実により推測した事項については述べることはできるが，鑑定人や専門家証人を除き，単なる意見や推測を述べることはできない。）。

㋑　前科証拠等　　被告人の前科については，それを犯罪事実（被告人と犯人の同一性）の証明に用いようとする場合，得てして，被告人が他の罪を犯したという事実から被告人に同種犯罪を繰り返す性格傾向（悪性格）があるという事実を推認し，次にその悪性格から被告人が起訴された犯罪事実を行ったと推認するという，合理的根拠の乏しい2段階の推認過程を辿る結果，誤った事実認定に至るおそれが否定できない。したがって，前科証拠を被告人と犯人との同一性の証明に用いる場合は，被告人の悪性格を問題とすることのないよう（これが問題となる場合は，法律的関連性が失われる。），①前科に係る犯罪事実が顕著な特徴を有し，②それが起訴に係る犯罪事実と相当程度類似することから，③それ自体で犯人性を合理的に推認させるようなものであることが必要である（最判平24・9・7刑集66・9・907）。

被告人の前科以外の類似する他の犯罪事実を犯人の同一性の証明に用いようとする場合も同様である（最決平25・2・20刑集67・2・1）。もっとも，この場合は，例えば，争われている犯罪事実が，被告人が行ったことが明らかな類似事実と時間的，場所的にごく近接・連続して行われており，一連の事件の性質や発生した状況等に鑑み被告人以外の第三者が介在した可能性がうかがい難いなどといい得る事情があれば，類似事実の存在を犯人の同一性推認に当たっての一つの根拠とすることも，悪性格を介在させるものではなく許されることになろう。この場合，類似事実における「特徴」は，前科に係る犯罪事実に求められる「特徴」に比べ，その顕著性の程度は低いもので足りると考えられる（前掲最決平25・2・20の金築裁判官補足意見も参照）。

なお，故意等の犯罪の主観的事情を証明しようとする場合には，当該犯罪と類似する犯罪の前科を補充的に立証に用いることが，必ずしも悪性格を介在させるものではないとして許される場合がある（例えば，同種前科の存在により，被告人に同種の事態に関する違法性の意識が既に備わっているとみる場合など。最決昭41・11・22刑集20・9・1035参照）。また，いわゆる余罪を実質上処罰する趣旨で量刑の資料とすることは許されないが，余罪を単に被告人の性格，経歴及び犯罪の動機，目的，方法等の情状を推知するための資料として

考慮することは許される(最大判昭41・7・13刑集20・6・609, 最大判昭42・7・5刑集21・6・748)。

　ウ　関連性の立証　　関連性の立証は自由な証明で足り（本条の解説[3](1)イ），証拠調べ請求の際に検察官が明らかにした立証趣旨（規189I）や当事者の証拠意見（規190II。公判期日外で述べられたものでも構わない）で，関連性を肯定できることも多い。例えば，検察官が，証拠物であるナイフ1丁を「被告人が犯行に用いたナイフの存在」という立証趣旨で取調請求した場合，弁護人が「被告人は犯人ではないから関連性がない」として異議を述べた場合であっても，検察官に立証趣旨を「犯行に用いられたナイフの存在」などと変更させた上で，被告人側に特段の新たな異議がなければ関連性を肯定して証拠採用することができる。

(3)　**証拠禁止**　　証拠禁止とは，その証明力の有無を問わず，特定の証拠を用いることが手続の適正その他刑事訴訟法の目的とする他の重大な利益を害することから，証拠能力が否定される場合をいう。

　①押収拒絶権（103~105）や証人拒絶権・証言拒絶権（144~149）を侵害して得られた証拠が典型であり，②宣誓を経ない証人による証言（ただし，155I）や，その他無効な証拠調べ手続により取り調べられた証拠も証拠禁止に触れる（最判昭26・1・25刑集5・1・89は，簡易裁判所判事が判事として地方裁判所に係属する事件を審理した場合，その公判手続は無効で公判調書は証拠採用できないとし，最判昭26・5・25刑集5・6・1198は，前審関与の裁判官を構成員として開かれた公判手続は違法であり，その公判調書中の供述記載を事実認定に供することは違法であるとした。）。③任意性のない自白について証拠能力が否定されること（319I）も証拠禁止の一場面であり，④その他違法な手続により収集された証拠（違法収集証拠）について証拠能力が否定される場合がある（本条の解説[6]）のも，証拠禁止の一例である。また，⑤刑事訴訟法が採用していない制度を利用して獲得した証拠について，最大判平7・2・22刑集49・2・1は，国際司法共助の過程で共犯者等に刑事免責を与えて獲得された供述につき，我が国の刑事訴訟法は刑事免責の制度を採用しておらず，証拠として許容されないとし（他方，国際共助により得られた証拠の証拠能力を肯定したものとして，最決平12・10・31刑集54・8・735，最決平15・11・26刑集57・10・1057，最判平23・10・20刑集65・7・999。なお，平成28年改正により，我が国の刑事訴訟法でも刑事免責制度が導入され〔157の2，157の3〕，平成30年6月1日から施行されている。），⑥外国に強制送還された者の検察官調書の証拠能力について，最判平7・6・20刑集49・6・741は，当該外国人の検察官調書を証拠調べ請求することが手続的正義の観点から公正さを欠くと認められるときは，これを事実認定の証拠とすることが許容されないこともあるとしている。

(4)　**証拠の必要性**　　証拠能力を有する証拠であっても，訴訟経済の観点や公判の混乱回避等のため，証拠調べの必要性を肯定できない場合は，裁判所は，その合理的な裁量により，その証拠調べ請求を却下することができる（最判平21・10・16刑集63・8・937参照）。

　証拠の必要性の判断は，証拠の有用性という積極的な事情と，証拠調べに伴う弊害（不相当性）という消極的な事情を総合考慮して行う（岡田等・科学的証拠38参照）。例えば，①

既にある事実の存在が証明されたと認める場合には，重ねて同一事実を証明する証拠の取調べをすることは，全くの無駄である上，審理の遅延を招くだけであるから，必要性を欠くことになる。②間接事実からの推認が問題となる事案で，推認力の乏しい間接事実についても広く審理をすることは，審理の長期化に繋がるだけでなく，本来あるべき推認過程についての判断者の心証を混乱させるおそれがあるから，そうした間接事実を立証するための証拠については，取調べの必要性が認められない場合がある。③遺体写真や解剖写真については，そうした写真を取り調べることによって判断者の感情を過度に刺激し，理性的な判断を困難にするおそれがある一方，要証事実の認定に当たって図面やイラスト等他の適当な証拠がある場合は，必ずしも取調べの必要性は認められないとされよう。

(5) **証明力**　証拠が事実認定に役立ち得る実質的な価値をいう。証明力の判断は，厳格な証明の場面における自白の補強法則（319Ⅱ）の場合を除き，基本的に，裁判官の自由な心証に委ねられている（318）。

［6］違法収集証拠

(1) **違法収集証拠一般**　証拠物の収集手続（特に捜査手続）に違法があった場合に証拠能力が否定されるか（違法収集証拠の排除）については，明文の規定がなく，実体的真実発見の要請と，適正手続・違法捜査抑制の要請との間で，かつて消極説と積極説が対立していた。

　判例も，当初は違法収集証拠の排除に消極的であった（最判昭24・12・13裁集刑15・349は，押収手続が違法であっても押収物の性質・形状には変異を来さないから，これを罪証に供するか否かは裁判所の専権に属するとした。）が，最判昭53・9・7刑集32・6・1672は，証拠物の押収等の手続に，「令状主義の精神を没却するような重大な違法があり，これを証拠として許容することが，将来における違法な捜査の抑制の見地からして相当でないと認められる場合においては，その証拠能力は否定されるものと解すべきである」と判示して，違法収集証拠排除法則の採用を明言するに至った。現在では，「違法の重大性」と「排除相当性（違法捜査抑制の見地から相当でないこと）」の両面に関する諸事情を総合して証拠排除の有無を決めるべきとする見解（相対的排除説）が通説となっている。

(2) **違法収集証拠排除の判断**　**ア　判断の枠組み**　「違法の重大性」と「排除相当性」の関係については，違法の重大性があれば，通常，排除相当性も肯定される関係にあると解される（植村・注釈刑訴6・153）。違法の重大性の判断に当たっては，①証拠収集手続における違法行為の客観面（違法行為によって侵害された利益の性質・程度，違法行為の法規からの逸脱の度合い等），②違法行為の主観的側面（違法行為の組織性，計画性，反復性，意図性，有意性，悪意の有無等），③違法行為と証拠物押収との関連性等（問題となった手続における強制の有無等）が考慮され，違法の重大性が肯定された場合になお排除相当性が否定されるかの例外的な判断の場面では，補充的に，④証拠の重要性や⑤事案の重大性等が考慮される（石井・実務証拠法・151，辻川・松尾＝岩瀬・実例刑訴Ⅲ136）。

イ　先行手続に違法がある場合　　証拠の直接的な収集手続（後行手続）には固有の違法はないか，これが軽微である一方，これに先行する捜査手続（先行手続）に違法がある場合には，「違法の重大性」の判断に際して，先行手続の違法性の程度や両手続の関連性の程度等も総合的に考慮することになる。この関連性の有無・程度等の判断に際して，後行手続が先行手続と「同一目的」に向けられたものであることや，後行手続が先行手続によりもたらされた状態を「直接利用」するものであることに言及されることがある（後掲【⑪】等）が，必ずしもこれにとらわれる必要はない。両手続の関連性が密接か否かという観点から実質的に考察し（後掲【⑤】も参照），先行手続の違法の程度が極めて重大であれば，後行手続との関連性がやや小さくても，「違法の重大性」が肯定される余地があり，先行手続の違法がそれなりに重大であり，後行手続との関連性が密接であれば，やはり「違法の重大性」は肯定され得るといった仕方で，当該証拠の収集過程についての違法の重大性を判断していけばよいと考えられる（安廣・大コメ刑訴7・506）。

なお，排除が相当な違法収集証拠（毒樹）に基づいて得られた証拠（派生的証拠。例えば，違法捜査によって収集された証拠物についての鑑定書）をどこまで排除するか（毒樹の果実論）の判断についても，基本的に，以上で述べたところが妥当すると考えられる。

(3) 判　例　　最高裁判例で違法収集証拠の排除を認めたものは，後記イにおける【⑤】の一件だけである（もっとも，後掲【⑥】の判例では，いわゆる無令状でのGPS捜査には重大な違法があるとの判断が示されているといえる。）が，下級審の裁判例では，違法収集証拠の排除を認めたものも少なくなく，そこでは，後記イにおける【⑤】以外の判例の事案と比較して違法の程度がより大きいと評価できることを前提に，更に証拠排除に踏み切るか否かが検討されているといえる。なお，後掲の各最高裁判例は，違法行為の客観面・主観的側面・違法行為と証拠物押収との関連性等のいずれについても言及するものが多いが，以下では，特徴的と思われる判示部分に沿って整理した。

ア　違法行為の客観面　　㋐　法規からの逸脱の度合いが大きくない場合　　こうした場合，重大な違法はないという判断に傾くことは当然である。

【①】前掲最判昭53・9・7は，職務質問中の警察官が相手方（被告人）の承諾なくその上衣の内ポケットに手を差し入れて所持品（覚せい剤）を取り出したうえ検査（所持品検査の許容限度を逸脱したもの）し，その後，覚せい剤所持の現行犯逮捕に伴い当該覚せい剤を差し押さえた行為につき，「（被告人に覚せい剤の使用・所持の容疑がかなり濃厚に認められたなど）職務質問の要件が存在し，かつ，所持品検査の必要性と緊急性が認められる状況のもとで，必ずしも諾否の態度が明白ではなかった被告人に対し，所持品検査として許容される限度をわずかに超えて行われたに過ぎないのであっ」たとし，また，警察官に令状主義に関する諸規定を潜脱しようとの意図もなく，他に所持品検査に際し強制等のされた事跡も認められないなどとして，覚せい剤の押収手続の違法は必ずしも重大とはいえないとした（岡・判例解説（刑）昭63・403は，本件は，相手方の承諾があった場合と「紙一重」の差の事案であって，今一度の説得を重ねておれば承諾が得られたとみ得る状況の下に行わ

848　　　　　　　　　317条

れていることなどの事情が考慮されたものと思われる，としている。これに対し，例えば，捜査官が，捜索差押許可状が発付されているように装うなどし，その旨欺罔された被疑者から覚せい剤を提出させたような場合は，法規からの逸脱の度合いは大きいといえる。東京地判昭62・11・25判タ661・269参照）。

　なお，【②】最決平15・5・26刑集57・5・620は，警察官が，ホテル客室に赴き宿泊客である被告人に対し職務質問を行ったところ，覚せい剤事案の嫌疑が飛躍的に高まり，直ちに保全策を講じなければその場に存在し得る覚せい剤が散逸するおそれが高く，被告人が明確に拒否の意思を示すことのない中で客室内のテーブル上にあった財布について所持品検査を行い，ファスナーの開いていた小銭入れの部分から覚せい剤を発見して，覚せい剤所持の現行犯逮捕に伴い当該覚せい剤を差し押さえるなどした行為につき，「所持品検査は，適法に行い得るものであったと解するのが相当である」とした上，所持品検査に際し警察官が暴れる全裸の被告人を約30分間にわたり制圧していたという行為（職務質問に付随するものとしては，許容限度を超えているもの）があっても，これは職務質問とは別の根拠で正当化され得ることなども踏まえ，当該覚せい剤の証拠能力は肯定できるとした（この判例は，以上の証拠収集過程が完全に適法であったか否かについては判断を明らかにしていない。）。

　（イ）　**違法な証拠収集手続に先立ち現行犯逮捕や緊急逮捕及びこれらに伴う捜索差押えが可能であった場合**　　このような場合，結局，証拠収集手続が法規から逸脱した程度は大きくないと評価され得る。

　【③】最決昭63・9・16刑集42・7・1051は，警察官が，覚せい剤使用の疑われた被告人をその意思に反してパトカーに乗せ警察署に連行した上，同署内で所持品検査を行い，発見された覚せい剤様のものと被告人がパトカーに乗る際に落とした紙包み中の覚せい剤様のものを検査した結果，覚せい剤反応が出たため，覚せい剤所持により現行犯逮捕するとともに覚せい剤を差し押さえるなどした事案で，上記の所持品検査は違法であるが，「（警察官は，当初の連行の際に）被告人が落とした紙包みの中味（判文ママ）が覚せい剤であると判断し……，実質的には，この時点で被告人を右覚せい剤所持の現行犯人として逮捕するか，少なくとも緊急逮捕することが許されたといえるのであるから，警察官において，法の執行方法の選択ないし捜査の手順を誤ったものにすぎず，法規からの逸脱の程度が実質的に大きいとはいえない」などとして，覚せい剤等の証拠能力を肯定した。

　（ウ）　**違法捜査が被告人の人権侵害を伴わない場合**　　違法収集証拠の排除法則は，被告人の人権保障の観点からの令状主義違反に関するものであり，被告人の人権侵害と関係のない違法捜査は，基本的に違法収集証拠排除の場面における重大な違法の対象とはならない。

　【④】最決昭63・3・17刑集42・3・403は，パトカーが赤色警光灯をつけずに最高速度を超過して速度違反車両を追尾した場合においても，警察官に速度違反の罪の成立す

ることがあるのは格別,「追尾によって得られた証拠(注：速度計の指針を撮影した写真)の証拠能力の否定に結びつくような性質の違法はない」とした。

イ　違法行為の主観的側面　【⑤】最判平15・2・14刑集57・2・121は,窃盗被疑事件で逮捕された被告人から逮捕当日に(その身柄拘束状態を利用して)任意採取された尿に関する鑑定書について,被告人の逮捕手続には,逮捕状の呈示がなく,逮捕状の緊急執行もされていないという違法があるだけでなく,「警察官は,その手続的な違法を糊塗するため,……逮捕状へ虚偽事項を記入し,内容虚偽の捜査報告書を作成し,更には,公判廷において事実と反する証言をしているのであって,本件の経緯全体を通して表れたこのような警察官の態度を総合的に考慮すれば,本件逮捕手続の違法の程度は,令状主義の精神を潜脱し,没却するような重大なものであ」り,「このような違法な逮捕に密接に関連する証拠を許容することは,将来における違法捜査抑制の見地からも相当でない」として,上記尿に関する鑑定書の証拠能力は否定されるとした。この事案では,逮捕状の発付自体は得ているものの,事後の警察官の態度等にも照らすと,警察官が,逮捕手続の当時,逮捕手続に関する刑事訴訟法の規定をないがしろにする意図を有していたと推認することも可能と考えられる。

なお,無令状でのいわゆるGPS捜査(車両に使用者の承認なく秘かにGPS端末を取り付けて位置情報を検索し把握する捜査)の適法性については争いがあったが,【⑥】最大判平29・3・15刑集71・3・13は,GPS捜査は令状がなければ行うことができない強制処分であり,捜査の特質からも手続的要件等に関しては立法措置が講じられることが望ましく,無令状でのGPS捜査に重大な違法があったとはいえないとした控訴審の判断は是認できないとした。この判旨からすると,無令状でのGPS捜査については,類型的に法規から逸脱する程度が大きく(後掲【⑩】の事案と比べても,何らかの令状発付を得られる実体的要件が備わっていたとは直ちにいい難いと思われる。),また,少なくともこの判例以降は,捜査機関における令状主義に関する諸規定を潜脱することに向けた意図も認められやすいということになろう。

ウ　違法行為と証拠物押収との関連性　以下の㋐から㋓までのような場合は,違法行為と証拠物押収との関連性が薄く,証拠の収集過程に重大な違法はないとの判断に向かう事情に当たると考えられる(もとより個別の判断であり,必ずしも常に重大な違法はないとの結論を導くものではない。【⑦】の判例についての三好・判例解説(刑)平8・146等参照)。

㋐　違法行為と証拠物収集との間に因果関係がない場合　【⑦】最決平8・10・29刑集50・9・683は,警察官が,覚せい剤取締法違反を被疑事実とする捜索差押許可状に基づく捜索の現場で覚せい剤を発見し,被告人にこれを示すなどした際に暴行を加えたという事案で,「暴行の時点は証拠物(注：上記覚せい剤)発見の後であり,被告人の発言に触発されて行われたものであって,証拠物の発見を目的とし捜索に利用されるために行われたものとは認められないから」,この覚せい剤の証拠能力は否定されないとした。

(イ) 違法な先行手続と後行手続が全く異なる理由・根拠等に基づく場合　　【⑧】最判昭58・7・12刑集37・6・791は，違法な別件逮捕中の自白を資料として発付された逮捕状による逮捕中の被疑者に対する勾留質問調書の証拠能力に関し，「勾留質問は，捜査官とは別個独立の機関である裁判官によって行われ」る上，その手続は「勾留の理由及び必要の有無の審査に慎重を期する目的で，被疑者に対し被疑事件を告げこれに対する自由な弁解の機会を与え，もって被疑者の権利保護に資するものであるから」，被疑者に対する勾留質問を違法とすべき理由はなく，他に特段の事情のない限り，上記勾留質問調書の証拠能力は否定されないとし，また，上記勾留中の被疑者に対する消防職員の消防法32条1項による質問調書についても，その質問調査は「捜査官とは別個独立の機関である消防署長等によって行われ，しかも消防に関する資料収集という犯罪捜査とは異なる目的で行われるものであるから」，消防職員が捜査機関による捜査の違法を知ってこれに協力するなど特段の事情のない限り，上記質問調書の証拠能力は否定されないとした。

(ウ) 直接の証拠収集手続（後行手続）について令状が発付されていた場合　　令状発付の際に裁判官の司法審査を経ることにより，一般的には，違法な先行行為と証拠物押収との関連性が薄められる（ただし，令状請求時の主たる疎明資料が先行する違法捜査により得られた場合〔大阪高判平4・2・5高刑集45・1・28，東京高判平25・7・23判時2201・141〕などは，先行手続と後行手続との関連性が密接であり，重大な違法があると判断されることもあり得るから，後行手続における令状発付に先行手続がどのように影響したかなどを具体的にみる必要がある。また，証拠の収集が令状に基づいて行われても，捜査機関が令状を不正に取得したといい得るような場合〔大阪高判昭63・4・22高刑集41・1・123，福岡高判平7・8・30判時1551・44，東京地判平24・2・27判タ1381・251等〕や，令状発付手続の過程に他の重大な権利侵害等がある場合〔大阪地判平元・12・7判タ744・215〕には，重大な違法があるという判断に傾くものといえよう。）。

【⑨】最決平6・9・16刑集48・6・420は，覚せい剤使用の嫌疑のある被疑者に対し，自動車のエンジンキーを取り上げるなどして運転を阻止した上，任意同行を求めて約6時間半以上にわたり職務質問の現場に留め置いた後，強制採尿令状により強制採尿したという事案で，警察官による職務質問及び被疑者の現場への留め置きは，任意捜査として許容される範囲を逸脱し，違法であるが，被疑者が覚せい剤中毒をうかがわせる異常な言動を繰り返していたことなどから運転を阻止する必要性が高く，そのために警察官が行使した有形力も必要最小限度の範囲にとどまり，被疑者が自ら運転することに固執して任意同行をかたくなに拒否し続けたために説得に長時間を要したものであること等に照らすと，「その違法の程度は，いまだ令状主義の精神を没却するような重大なものとはいえない」し，強制採尿令状は被疑者を現場に留め置く措置が違法とされるほど長期化する前に収集された疎明資料に基づき発付されたものであって，その発付手続に違法があるとはいえないこと等に照らし，「本件強制採尿手続自体に違法はないというべきである」ことからすれば，強制採尿に係る尿についての鑑定書の証拠能力は肯定され

るとした。

【⑩】最決平21・9・28刑集63・7・868は，捜査機関が，荷送人の依頼に基づき宅配便業者の運送過程下にある荷物について，捜査目的を達成するため，荷送人や荷受人の承諾を得ずに，これに外部からエックス線を照射して内容物の射影・観察をし，その射影の写真等を一資料として発付された捜索差押許可状に基づいて実施された捜索で覚せい剤等が発見されたという事案で，上記射影・観察の行為は，検証としての性質を有する強制処分に当たり，検証許可状によることなくこれを行うことは違法であり，上記覚せい剤等は違法なエックス線検査と関連性を有する証拠ということができるが，「本件エックス線検査が行われた当時，……宅配便を利用した覚せい剤譲受け事犯の嫌疑が高まっており，……エックス線検査を行う実質的必要性があったこと，警察官らは，荷物そのものを現実に占有し管理している宅配便業者の承諾を得た上で本件エックス線検査を実施し，その際，検査の対象を限定する配慮もしていたのであって，令状主義に関する諸規定を潜脱する意図があったとはいえないこと，本件覚せい剤等は，司法審査を経て発付された各捜索差押許可状に基づく捜索において発見されたものであり，その発付に当たっては，本件エックス線検査の結果以外の証拠も資料として提供されたものとうかがわれることなどの諸事情にかんがみれば」，本件覚せい剤等の証拠収集過程に重大な違法があるとまではいえず，その証拠としての重要性等も総合すると，本件覚せい剤等の証拠能力を肯定できるとした（本判例の事案については，エックス線検査が行われた当時，同検査に関して検証許可状の発付を得る実体的要件は満たしており，同検査が法規から逸脱した程度は大きくないということもできると思われるとされている。増田・判例解説(刑)平21・407）。

【⑤】前掲最判平15・2・14は，捜索差押許可状の発付に当たり疎明資料とされた被疑者の尿に関する鑑定書が違法収集証拠として証拠能力を否定される場合であっても，同許可状に基づく捜索により発見された覚せい剤の差押えは，「司法審査を経て発付された捜索差押許可状によってされたものであること，逮捕前に適法に発付されていた被告人に対する窃盗事件についての捜索差押許可状の執行と併せて行われたものであることなど」の諸事情に鑑みると，この覚せい剤と上記鑑定書との「関連性は密接なものではないというべきである」として，この覚せい剤及びこれに関する鑑定書については，「その収集手続に重大な違法があるとまではいえず，その他，これらの証拠の重要性等」の事情を総合すると証拠能力は否定されないとした。以上の判示のうち，別件窃盗事件の捜索差押許可状の執行と併せて行われたという点は，本件の違法捜査がなかったとしても，捜査機関は適法な捜査の過程で当該証拠を入手し得たから，違法行為と証拠物収集の関連性は密接なものではないという判断を導くものといえよう。

　㋑　後行手続における証拠収集自体は被疑者の自由な意思での応諾に基づくものである場合　　なお，真に自由な意思での応諾があったといえるかについては，先行手続（例えば，覚せい剤取締法違反の事件における尿の提出に先立つ，警察署への連行や留め置き行為など）の違法の程度やその影響等を具体的に考察する必要があろう（証拠能力を否定した裁判例

として，大阪高判平 4・2・5 高刑集45・1・28，福岡高判平 6・10・5 判タ883・296，東京地判平23・3・30判タ1356・237等）。

【⑪】最判昭61・4・25刑集40・3・215は，覚せい剤使用事犯の捜査に当たり，警察官が被告人宅寝室内に承諾なしに立ち入り，明確な承諾のないまま被告人を警察署に任意同行した上，退去の申出にも応じず同署に留め置くなど，任意捜査の域を逸脱した一連の手続が行われたのに引き続き採尿手続が行われた場合，これらの手続は被告人に対する覚せい剤事犯の捜査という同一目的に向けられたものである上，採尿手続は上記一連の手続によりもたらされた状態を直接利用してなされていることに鑑みると，採尿手続は違法性を帯びるものの，「警察官において……（被告人に対し，）警察署に留まることを強要するような言動はしていないこと，さらに，採尿手続自体は，何らの強制も加えられることなく，被告人の自由な意思での応諾に基づき行われていることなどの事情が認められる」ことから，その違法の程度はいまだ重大であるとはいえないとした。

【⑫】最決平 7・5・30刑集49・5・703は，警察官が職務質問に付随して行う所持品検査として被告人の運転していた自動車内を承諾なく調べて覚せい剤を発見し，被告人を覚せい剤所持の現行犯人として逮捕し，翌朝被告人が任意提出した尿を領置したという事案で，上記の所持品検査及び現行犯逮捕手続は違法であり，その後の採尿手続も，上記の一連の違法な手続によりもたらされた状態を直接利用したもので違法性を帯びるが，「警察官は，停止の求めを無視して自動車で逃走するなどの不審な挙動を示した被告人について，覚せい剤の所持又は使用の嫌疑があり，その所持品を検査する必要性，緊急性が認められる状況の下で，覚せい剤の存在する可能性の高い……自動車内を調べたものであり，また，被告人は，これに対し明示的に異議を唱えるなどの言動を示していないのであって，これらの事情に徴すると，右違法の程度は大きいとはいえない」ことに加え，被告人は「警察署への同行には任意に応じており，また，採尿手続自体も，何らの強制も加えられることなく，被告人の自由な意思による応諾に基づいて行われている」ことなどからすると，上記採尿手続の違法はいまだ重大とはいえないとした。

エ　証拠調べ請求に対する同意　　収集手続に重大な違法のある証拠物やその派生的証拠につき，当事者が証拠とすることに同意し又は異議がないとの意見を述べたときは，そうした証拠意見も一つの考慮要素として，違法収集証拠として排除すべきかどうかの判断をすることになるが（最大判昭36・6・7刑集15・6・915も参照），違法が相当重大である場合は，当事者の証拠意見にかかわらず，違法収集証拠として排除するのが相当な場合もあろう（福岡高判平 7・8・30判タ907・281参照）。

オ　私人による違法収集証拠　　私人による違法収集証拠については，将来における違法捜査抑制の見地等は基本的に問題とならないから，捜査機関が証拠の収集に関与していない限り，排除の対象にはならないと考えられる（安廣・大コメ刑訴 7・510。なお，私人による秘密録音がそもそも違法でないとした判例として，最決昭56・11・20刑集35・8・797，最決平12・7・12刑集54・6・513）。

317条　　　　　　　　　　　　　　　853

[7] 証拠の類型等

(1) **科学的証拠**　　科学的証拠とは，科学の諸分野における知識・技術・成果を活用して得られた証拠をいう（その類型につき，岡田等・科学的証拠11以下参照）。科学的証拠の許容性は，主として自然的関連性との関係で議論されるが，実務では，基本的に，（当該科学的証拠が，その学問分野における一般的承認を得ていると否とを問わず，）科学的法則を応用した技術に理論的妥当性があり，当該事案における用い方が相当なものであれば，関連性を肯定するとともに，その証明力を詳細に検討してきたものといえる（MCT118DNA型鑑定についての最決平12・7・17刑集54・6・550，家令・原田退官211を参照。なお，岡田等・科学的証拠36以下は，科学的証拠の関連性については，その基礎となる科学的原理や検査・判定方法の信頼性に重大な欠陥や大きな疑問があるとはいえないことで足りるが，その上で，当該科学的証拠に関する証拠調べが採用されるのは，その証拠調べをする実質的な必要性〔本条の解説[5](4)を参照〕が肯定された場合であるとする。）。また，科学的証拠の証拠能力に関して，再鑑定が可能であることを要件とすべきとの見解もあるが，鑑定資料が微量である場合などを想定するとこの見解は現実的ではなく，基本的には，鑑定資料の全量消費によって再検査できないことが鑑定結果の証明力を減殺するか否かという観点から検討することになろう（岡田等・科学的証拠52以下）。

　科学的証拠は，一般的に，証拠の出発点となる資料そのものの客観性が高く，さらに，その資料から一定の情報を取得する過程も，一定の科学的原理・手法に基づくもので，証拠取得者の意思が入り込みにくいという意味でも客観性が高いといえる。したがって，的確な方法で得られた科学的証拠は，その内容の確実性も高く，基本的に証拠価値も高いものといえる。もっとも，科学的証拠は，通常，有力ではあっても情況証拠の一つにすぎない場合が多く，その科学的証拠から直接にいえるのはどういった事実であり，その事実から推認できるのはどの範囲までかを分析的に捉えることが重要である。

　ア　DNA型鑑定　　現在，警察（科学捜査研究所）で行っているSTR型検査法では，STR15座位及びアメロゲニン座位の全てのDNA型が一致した場合，そのような偶然の一致が出現する確率は，日本人に最もよくみられるDNA型の組合せの場合でも，非血縁関係にあることを前提とすると，約4兆7000億人に1人であるとされている。そうすると，DNA型鑑定があくまでも型判定で例外を完全に否定するものではないとはいえ，犯行現場の遺留物から検出されたDNA型がある人のDNA型と上記の一致をみた場合，その資料は当該人に由来するものと十分推認することができると考えられる（横浜地判平24・7・20判タ1386・379。なお，最判平30・5・10裁判所ウェブサイトも参照）。

　もっとも，そうした推認をするに当たっては，鑑定に供された資料の採取や保管が適正であること（資料の汚染や混同ないし混合等が生じていないこと）が前提であるし，また，上記推認を経た場合であっても，犯行現場の上記遺留物が直ちに犯行時ないしそれに近接した時期に遺留されたことまでを意味するものではない（この点は，他の供述証拠等によって別途立証される必要がある。）ことなどは，証明力の評価に当たって十分留意する必

要がある（最判平22・4・27刑集64・3・233も参照）。DNA型鑑定の結果を犯人性を否定する方向に用いた裁判例として，東京高決平21・6・23判タ1303・90，東京高判平24・11・7判タ1400・372。

イ　指紋鑑定　警察における指紋鑑定では，遺留指紋と対象者の指紋につき，12個の特徴点が一致した場合に初めて同一性ありと判定されており，この場合，指紋鑑定における，遺留指紋が対象者のものであることについての証明力は極めて高い（最決昭62・3・24裁集刑245・1211も参照）。なお，犯行現場に遺留指紋があったからといって，それが直ちに犯行時ないしそれに近接した時期に遺留されたことまでを意味するものではないことなどは，DNA型鑑定の場合と同様である。

ウ　その他　足跡鑑定については最決昭52・8・9刑集31・5・821が，筆跡鑑定については最決昭41・2・21裁集刑158・321が，犬の臭気選別については最決昭62・3・3刑集41・2・60が，ポリグラフ検査結果については最決昭43・2・8刑集22・2・55が，これらを有罪認定の用に供しあるいは証拠能力を肯定した各原判断をそれぞれ是認している。

これらのうち犬の臭気選別やポリグラフ検査結果については，その証明力は一般的には限定的と考えられ，その余の証拠関係次第で，証拠として取り調べる特段の必要性が認められない場合も少なくないと思われる。

(2)　**各種記録媒体**　**ア　写真**　犯罪現場等を撮影した写真（現場写真）は非供述証拠であって，相手方当事者の同意がなくとも，事件との関連性が認められる場合には証拠能力が肯定される（最決昭59・12・21刑集38・12・3071参照）。これに対し，いわゆる再現実況見分調書に添付された犯行（被害）再現状況を撮影した写真は，再現者の供述を記録した証拠といい得るものであって，証拠能力を肯定するためには，321条3項所定の要件のほか，再現者が被告人の場合は322条1項所定の要件を，再現者が被害者等の場合は321条1項2号又は3号所定の要件を満たす必要がある（なお，撮影，現像等の過程は機械的操作によってなされるから，再現者の署名押印は不要である。最決平17・9・27刑集59・7・753参照）。

イ　録音・録画媒体　犯罪現場の音声・状況等を録音・録画した媒体（テープ，DVD等）は，非供述証拠である（もっとも，その音声に係る発言を，その内容の真実性の証明に用いる場合は，供述証拠である。）。被疑者や参考人の供述を録音・録画した媒体（テープ，DVD等。犯行再現状況を録音・録画したものを含む）は，通常，供述証拠であり，これを実質証拠として用いる場合は，証拠能力は322条1項又は321条1項によることになる（なお，その録取方法に鑑み，供述者の署名押印は不要である。）。

否認事件では，検察官から，被告人の捜査段階の供述状況を録音・録画したDVD（取調状況DVD）が実質証拠（録音に係る供述内容どおりの事実があったことを立証するための証拠）として取調請求されることがある。ただ，ほとんどの事件では，被告人の供述を除く証拠から要証事実（故意や動機等の主観的事情を含む。）を推認することができるか否かが判

断の分かれ目となり，被告人の供述が必要な場合でも，補充的に被告人質問で供述を得るか，被告人の捜査段階供述のうち必要な部分を被告人質問で顕出することで足りることが多い。捜査段階供述の任意性等が争われ，その理由として不適切な取調手法等が具体的に主張された場合は，(開示された) 取調状況DVDを視聴することによって当事者がその有無を容易に確認できるから，そうした主張の多くは公判前整理手続等の過程で争点化されないことになる。他方で，弁護人の同席のない捜査段階での供述は，捜査官に迎合的なものになりがちであること等が指摘されており，取調べの対象者が実際に経験していないことについて一見具体的で迫真性に富む内容の供述をすることも経験されるところ，捜査段階で録画した映像等を介して間接的・受動的にこれらの事情等の有無を見極めることはそもそも困難であって，その判断は映像からの印象による主観的・直感的なものに流れやすい。また，取調状況DVDを捜査段階供述の信用性等の補助証拠として用いようとする場合も，基本的には以上と同様に考えられる上，この場合，取調官による発問の仕方や手順等 (これらについては，発問に対する被告人の返答内容等も含め，被告人質問を丁寧に行うことを通じて実質的に公判廷に顕出することが可能である。) が適切なものであったかなどが主たる補助事実と考えられるが，それを超えて，映像に現れた被告人の供述態度等の印象の強さから，取調状況DVD中の被告人の供述がそのまま事実認定の基礎とされてしまうおそれもある。取調状況DVDについては，以上の諸点等を踏まえ，証拠調べの必要性 (本条の解説[5](4)) を吟味する必要がある (東京高判平28・8・10判タ1429・132も参照)。

(3) **弁論の全趣旨**　　刑事訴訟法では，民事訴訟法247条のような規定はないものの，実務では，例えば，証人の公判廷における証言態度等を証言の信用性判断に当たって補充的に考慮する場合など，事実認定に際して弁論の全趣旨を用いること自体は肯定されている (裁判上顕著な事実に当たり得る。)。他方，被告人の黙秘という態度自体を事実認定に当たっての一個の情況証拠として用いることは，被告人に黙秘権・供述拒否権が与えられている趣旨を実質的に没却することになるので，許されない (札幌高判平14・3・19判時1803・147参照)。なお，公判前整理手続における被告人側の主張状況等が，弁論の全趣旨として不利益に用いられるものではないことについては，316条の17の解説 [2](3) を参照。

〔辛島明〕

第318条 [1] 〔**自由心証主義**〕　証拠 [2] の証明力 [3] は，裁判官の自由な判断 [4][5] に委ねる。

[1] 本条の趣旨　　[2] 証　拠　　[3] 証明力　　[4] 自由な判断　　[5] 当事者の主張立証と心証形成の仕方等

318条

[1] 本条の趣旨

本条は，実体的真実発見のため，証拠の証明力の評価について，裁判官の理性と良心を信頼し，その自由な判断に委ねる（判断を法律上の要件や効果で拘束しない）という自由心証主義を明らかにしたものである。自由心証主義の対立概念として法定証拠主義（一定の証拠がなければ一定の事実を認定してはならない，あるいは，一定の証拠があれば一定の事実を認定すべきというもの）があるが，証拠の証明力の評価は，極めて個別的なものであって法律で事前に規制するのにはなじまないから，法定証拠主義は旧刑事訴訟法以前から採用されていない。

自由心証主義のほぼ唯一の例外は，自白だけでは被告人を有罪にしてはならないという補強法則（319Ⅱ，憲38Ⅲ）である。民事判決の事実認定は刑事裁判所を拘束しない（大判昭6・10・1刑集10・535）し，準司法機関の裁決についても同様である（最決昭31・6・28刑集10・6・939）。

なお，裁判員裁判でも，裁判員の関与する判断（裁判員6Ⅰ参照）に関しては，証拠の証明力は，裁判官及び裁判員の自由な判断に委ねるとして，自由心証主義が採用されている（裁判員62）。

[2] 証　拠

本条の「証拠」は，各要証事実との関係で，公判手続で取り調べられた証拠をいい，厳格な証明に用いられる証拠だけでなく，自由な証明に用いられる証拠も含まれる。

この点，証拠能力については，証明力と異なり，刑訴法319条以下で要件が種々規定されているが，証拠能力の要件を満たすかどうかの判断の場面では，その判断に供される証拠の評価については自由心証の対象となる（自白の任意性の判断につき，最大判昭26・8・1刑集5・9・1684参照）。また，公判手続における厳格な証明について自由心証主義が採られる以上，公判手続以外の場面では当然に自由心証が妥当する。

[3] 証明力

本条の「証明力」とは，証拠が事実認定に役立ち得る実質的な価値をいい，①個々の証拠の信用性（証拠の内容それ自体の真実性）と，②その証拠からどの程度の事実が認定（推認）できるか（狭義の証明力）という二つの内容が含まれる。いずれの点についても，裁判官の自由な判断に委ねられることになる。

[4] 自由な判断

⑴ **内在的な制約**　本条の「自由」とは，法律による形式的な拘束を受けないということであり，裁判官が恣意的に心証を採ることを許すものではない。

自由心証主義は適正な事実認定を行うためのものであり，裁判官の判断も，論理則や経験則，あるいはこれらに準じる事実認定の指針に照らし，合理的なものでなければならない（最判昭23・11・16刑集2・12・1549，前掲最大判昭26・8・1等参照。最判平24・2・13刑集66・4・482は，382の事実誤認につき，第1審判決の事実認定が論理則・経験則「等」に照らして不合理であることをいうとしている。）。

318条　　857

　論理則とは，論理学上の公理として先験的に自明な思考の法則や論証の筋道についての法則をいう。また，経験則とは，個別的経験から帰納的に得られた事物の性状・なりゆき等についての知識や法則をいい，日常の常識から専門的・科学的法則まで含まれる。心証の形成については，多分に総合的・直感的な面もあるとはいえ，個々の証拠に対する分析的な検討・評価も併せて行い，その事案に適切な論理則・経験則等を踏まえながら，できる限り具体的で明確な判断過程を辿る必要がある。

　ア　証拠の信用性の判断（前記[３]①）について　　一般に，特定の供述に信用性を認めてこれを心証形成に用いようとする場合，その供述に整合しない事情等があるときには，当該事情等があることを踏まえてもその供述が信用できることについて説得的な説明がされなければならない。

　この点，被害者供述の信用性に関する近時の最高裁判例として，最判平21・4・14刑集63・4・331や最判平23・7・25裁集刑304・139（満員電車内における強制わいせつの事件，あるいは通行中の女性に対して強姦したという事件で，いずれも，被害者とされた女性の供述の信用性を全面的に肯定した第１審判決及び控訴審判決の認定が不合理であるとしたもの），被告人の自白の信用性に関する近時の最高裁判例として，最決平24・2・22判タ1374・137（殺人，現住建造物等放火の事件で，自白の信用性を高める事情も総合的に評価した上で結論として自白の信用性を否定した控訴審判決の判断が，論理則・経験則等に照らして不合理とはいえないとしたもの）等がある。

　供述の信用性判断に当たっては，経験的にその証拠が有しているとされる特有の危険性等も念頭に置く必要がある。例えば，共犯者の供述については，往々にして，自己の刑責を軽くするため，あるいは真の共犯者をかばうなどのため，被告人を共犯者に仕立て上げようとしたり，被告人の役割を過大に供述しようとするなどの危険があり，また，犯人等の識別供述については，一般に，観察（知覚）や記憶，識別等に問題が入り込みやすいとされており，こうした点も踏まえながら信用性を検討することになる。

　共犯者供述の信用性に関する近時の最高裁判例として，最判平21・9・25判時2061・153（暴力団の若頭代行であった被告人が殺人未遂等により起訴された事件で，被告人と犯行とを結びつける唯一の証拠である共犯者（被告人の若衆であった者）の供述の信用性には疑問があるとしたもの），最決平26・3・10刑集68・3・87（覚せい剤密輸入の事案で，被告人の関与について述べる共犯者（被告人の下位の立場にあるとされた者）の供述の信用性を否定した第１審判決の判断が経験則に照らして不合理であるとした控訴審判決に，382条の解釈適用の誤りはないとしたもの）がある。また，犯人識別供述の信用性に関する近時の最高裁判例として，最決平26・7・8裁集刑314・99（女子高校生に強いてわいせつな行為をして殺害したとして起訴された事件で，目撃証言の信用性を否定するなどして有罪の第１審判決を破棄した控訴審判決に，382条の解釈適用の誤りはないとしたもの）がある。

　専門家の供述（鑑定）についても自由心証主義が妥当し，精神鑑定において，責任能力判断の前提となる生物学的・心理学的要素についても究極的には裁判所の評価に委ね

られる（最決昭58・9・13裁集刑232・95）。もっとも，専門家たる精神医学者の鑑定意見が，臨床精神医学の本分とされる精神障害の有無及び程度並びにこれが心理学的要素に与えた影響（具体的な機序）について述べており，証拠となっている場合には，合理的な根拠もなくこの鑑定意見を採用し得ないとすることは経験則に反する（最判平20・4・25刑集62・5・1559）が，鑑定意見を採用した場合でも，心神喪失・心神耗弱等の法的な結論については，当該鑑定意見にその他の事情も総合して，裁判所が判定することになる（最決昭59・7・3刑集38・8・2783，最決平21・12・8刑集63・11・2829。これは精神鑑定についての狭義の証明力の問題でもある。）。

イ　狭義の証明力の判断（前記［3］②）**について**　　一般に，特定の証拠により認められる事実（間接事実）から要証事実を推認するに当たっては，反対事実が存在する可能性を踏まえつつ，説得的な推認過程を辿らなければならない。そして，間接事実の推認力が相当程度強いものである一方，反対事実が存在するとの疑いが抽象的な可能性にとどまり，健全な社会常識に照らしその疑いに合理性がない場合には，有罪認定をし得ることになる（最判平19・10・16刑集61・7・677。なお，前掲最判平26・3・10も参照）ところ，間接事実から被告人が犯人であると推認する場合を例にすると，証拠によって認められる間接事実中に，被告人が犯人でないとしたならば合理的に説明することができない（あるいは，少なくとも説明が極めて困難である）事実関係が含まれているかなどといった視点も用いながら（最判平22・4・27刑集64・3・233参照），その推認過程を具体的に示すことが考えられる。

　近時の最高裁判例には，覚せい剤の密輸入事犯における主観的事情に関する推認手法について判示したものが複数みられる。最決平25・4・16刑集67・4・549は，被告人が，輸入の対象が覚せい剤である可能性を認識しつつ，犯罪組織の関係者から日本に入国して輸入貨物を受け取ることを依頼され，これを引き受けた場合，特段の事情のない限り，関係者との間で覚せい剤輸入の黙示の共謀があったと推認できる旨の判断を示した。また，最決平25・10・21刑集67・7・755は，密輸組織が関与し，被告人が覚せい剤の隠匿されたスーツケースを携行運搬して輸入したという事案で，特段の事情のない限り，運搬者である被告人は，密輸組織の関係者等から回収方法について必要な指示等を受けた上，覚せい剤が入った荷物の運搬の委託を受けていたものと推認することができ，これとは異なる前提の下に被告人の知情性を否定した第1審判決の判断は，この種事案に適用されるべき経験則等の内容を誤認したか，経験則等の適用を誤ったものである旨の判断を示した。なお，これらの推認手法を具体的な事件で用いるに当たっては，推認を働かせるために前提となる事実関係の存在や，推認を妨げる特段の事情の有無等について，事案ごとによく吟味することが必要である。

　その他，実務上よく用いられる経験則（ないし論理則）として，盗難被害の発生と近接した日時・場所で被害物件を所持していたという事実から，その所持者を窃盗犯人であると推認すること（東京高判昭30・10・19東時6・10・344等），尿から覚せい剤成分が検出され

たという事実から，特段の事情のない限り，覚せい剤使用の認識を推認すること（東京高判平14・6・12高検速報平14・69等），覚せい剤の使用時期を，覚せい剤成分が検出された尿の排尿時から概ね2週間以内であると推認すること（札幌高判昭60・5・7高検速報昭60・389等）などがある。

(2) **手続面からの規制・担保**　適正な事実認定のため，心証形成の過程は訴訟手続によっても規制ないし担保される。

　ア　立証趣旨の拘束力等　裁判所が事実認定をする際，証拠について当事者の設定した立証趣旨（規189Ⅰ）には拘束されないというのが多数説である（東京高判昭27・11・15高刑集5・12・2201等）。もっとも，現行法は，実体的真実発見のため当事者追行主義を採用し，当事者に証拠の証明力を争う機会を与える（308，規204）などしており，当事者に対する不意打ち防止等の観点から，立証趣旨を外れて証拠を用いることが許されない場合がある。

　また，一部の公訴事実の立証に限定して同意された証拠を他の公訴事実の認定に用いることや，訴訟条件あるいは情状の立証に限定して同意された証拠を犯罪事実の認定に用いること（福岡高判昭27・6・4特報19・96等参照）は，同意の範囲を超えるものとして許されないし，328条の規定により採用された証拠や，専ら証拠能力（自白の任意性等）の判断に関するものとして取り調べられた証拠を実質証拠として用いることも許されない。

　イ　判決理由の明示　有罪判決では，その判断過程の正当性を担保するため，有罪認定の根拠となった証拠の標目を示すことが求められている（335Ⅰ。なお，挙示された証拠から有罪認定を導くことができない場合は，理由不備・理由齟齬となる。378④）。

　判決理由中で心証形成の具体的な理由（事実認定の補足説明）を示すことは必要的とはされていない（法律上犯罪の成立を妨げる理由等についての判断は別である。335Ⅱ）が，下級審の事実認定に論理則・経験則等に照らして不合理な点がないかを上級審で適切に審査（382・411③等）できるようにするため，公訴事実が争われた事件などでは，判決で，心証形成の過程が具体的かつ必要な範囲に限定された簡潔なものとし示されることが通常である（なお，論理則・経験則等違反については，幅のある概念であり，あえて318の法令違反と位置付ける必要はなく，事実認定の合理性に関する問題として，事実誤認(411③)に含まれると解することで足りる。）。

[5] **当事者の主張立証と心証形成の仕方等**

　当事者追行主義の下では，裁判所は，基本的には，検察官の論告が弁護人の弁論による弾劾を踏まえても説得的であるかという観点から当事者の主張立証を検討・評価し，公訴事実が合理的な疑いを容れることなく立証されているかについて心証を形成することになる。したがって，当事者の主張立証は，裁判所が上記のような仕方で心証を形成するのに相応しい判断枠組み等を提供するものになっていなければならない。すなわち，検察官において，冒頭陳述で主張立証構造を明示し，場合により，どのような推認過程を辿って要証事実の認定を求めるかについても明らかにし，被告人側においても，冒頭

陳述で検察官の主張立証のどの点を争うのか（間接事実の存在自体を争うのか，推認過程を争うのかなど）を端的に示し，そのようにして明らかにされた真の争点（当該事案における判断の分岐点）に集中して，最良証拠による立証を行うこと，論告・弁論は，以上を踏まえ，裁判所に適切に心証を採ってもらうことを意識し，そのまま合議（評議）の土台になるものであることが重要である。そして，このようなかみ合った主張立証を行うためにも，公判前整理手続等における適切な争点・証拠の整理が必要不可欠である。

〔河本雅也〕

第319条 [1][2]〔**自白の証拠能力・証明力**〕　強制，拷問又は脅迫による自白[3]，不当に長く抑留又は拘禁された後の自白[4]その他任意にされたものでない疑のある自白[5]は，これを証拠とすることができない[6]。

2　被告人は，公判廷における自白であると否とを問わず[7]，その自白[8]が自己に不利益な唯一の証拠である場合には，有罪とされない[9]。

3　前2項の自白には，起訴された犯罪について有罪であることを自認する場合を含む[10]。

[範]　**第168条（任意性の確保）**　取調べを行うに当たつては，強制，拷問，脅迫その他供述の任意性について疑念をいだかれるような方法を用いてはならない。

2　取調べを行うに当たつては，自己が期待し，又は希望する供述を相手方に示唆する等の方法により，みだりに供述を誘導し，供述の代償として利益を供与すべきことを約束し，その他供述の真実性を失わせるおそれのある方法を用いてはならない。

3　取調べは，やむを得ない理由がある場合のほか，深夜に又は長時間にわたり行うことを避けなければならない。

第168条の2（精神又は身体に障害のある者の取調べにおける留意事項）　精神又は身体に障害のある者の取調べを行うに当たつては，その者の特性を十分に理解し，取調べを行う時間や場所等について配慮するとともに，供述の任意性に疑念が生じることのないように，その障害の程度等を踏まえ，適切な方法を用いなければならない。

[1]本条の趣旨　　[2]1項の理論的根拠　　[3]強制，拷問又は脅迫による自白　　[4]不当に長く抑留又は拘禁された後の自白　　[5]その他任意にされたものでない疑のある自白　　[6]任意性の立証　　[7]公判廷の自白と補強証拠　　[8]共犯者の自白と補強証拠　　[9]補強証拠の意義等　　[10]3項の意義

[1] 本条の趣旨

本条は，憲法38条を受けたものである。本条1項は自白の任意性に関する規定である

憲法38条2項を，本条2項は自白の補強証拠に関する規定である憲法38条3項をそれぞれ受け，多少詳しく規定されるとともに，それぞれに関するものとして，3項が付加されている。これらの憲法の規定と刑訴法の規定との関係について，判例は，本条1項は憲法と基本的に同趣旨であるとする（最大判昭45・11・25刑集24・12・1670）一方，2項については，憲法の規定する内容を一歩進めたものであると解している（最大判昭23・7・29刑集2・9・1012）。また，本条3項については，憲法の規定する範囲をさらに一歩進めたものと解されている（通説）。

[2] 1項の理論的根拠

　任意性のない自白は証拠能力が認められない。任意性のない自白に対し，法326条の同意があった場合については，同意の本質論とも関係し，証拠能力を認める考え方とこれを否定する考え方に分かれているが，自白に任意性がないという瑕疵は重大であって，同意によってもその瑕疵は治癒されず，証拠能力は否定されると解するのが相当である。

　任意性のない自白が排除される根拠については，考え方が分かれている。大きく分類すると，そのような自白は虚偽であるおそれがあるためであるとする虚偽排除説，黙秘権等の基本的人権を侵害しているからであるとする人権擁護説，その両方の観点から排除されるべきであるとする折衷説（任意性説），捜査官が自白を取得する手続に違法性があるためであるとする違法排除説がある。

　最高裁判例は，特に理論的根拠を示すことなく，具体的な事実関係に基づき，ある程度の類型化を示しつつ，当該事案における個別的な判断をしているが，虚偽排除説から説明しやすいもの（違法な逮捕勾留中の自白であっても，直ちにその証拠能力は否定されないとするものなど）もあれば，人権擁護説ないし違法排除説から説明しやすいもの（糧食の差入れを禁止した上での自白や切り違え尋問による自白の証拠能力を否定したものなど）もあり，その理論的根拠を統一的に理解することは困難である。裁判実務としては，虚偽自白を誘発するような状況があったか，被疑者の人権（黙秘権）を損なうような状況があったかといったような多角的な観点で検討するのが通常である。

　具体的な裁判例の傾向としていえば，人権侵害ないし違法性の程度が大きい場合には，虚偽のおそれがあるかどうかを問うことなく，その自白が排除されるのに対し，人権侵害ないし違法性の程度が大きいとまでは言い難い場合には，違法性を基礎付ける事情が自白の虚偽性を招くようなものかどうかという観点をも考慮して判断していることが多いように思われる。

　範168条1項は，「取調べを行うに当たつては，強制，拷問，脅迫その他供述の任意性について疑念をいだかれるような方法を用いてはならない。」と定めており，捜査官に対し，任意性に留意した取調べをすることを求めている。

[3] 強制，拷問又は脅迫による自白

(1) **自白の意義**　　自白とは，自己の犯罪事実の全部又はその重要な本質部分を認める供述である。法322条は「被告人に不利益な事実の承認」という概念を定めているが，自

白は当然それに含まれる。自白に当たるかどうかは，供述がなされた時期（捜査段階か，公判段階か），相手方（捜査官か，私人か），形式（口頭によるか，書面によるか），手続上の地位・立場（その事件で述べたか，別の事件で述べたか。あるいは，供述時の立場が被疑者であるか，被告人であるか，参考人であるか，証人であるかなど）を問わない。日記など，相手方がいない場合であっても，自白となり得る。

範177条１項は，取調べを行ったときは，特に必要がない限り，調書を作成しなければならないとしており，警察官に対する自白については，警察官において調書化することが求められているが，何らかの事情で調書化されていない場合であっても自白であることには変わりがない。したがって，自白を聞いた捜査官の公判廷における供述には324条１項の適用がある。

(2) **強制，拷問，脅迫の意義**　強制，拷問，脅迫は，いずれも肉体的・精神的苦痛を与えて供述を強制する行為であり，任意性を失わせる事情の例示として規定されている。強制には，身体的強制と心理的強制の双方が含まれる。拷問は，直接的に肉体的苦痛を与えることであり，身体的強制の一種である。脅迫は，自由な意思に影響を及ぼすような害悪を告知することであり，心理的強制の一種である。これらは相互に関係しており，その概念を厳格に区別する意味はない。判例において強制に当たるとされたものとしては，暴行を加えたもの（最判昭32・7・19刑集11・7・1882），段差のある敷居の上で長時間にわたる正座をさせたもの（最判昭27・3・7刑集6・3・387）などがある。

(3) **強制等と自白との因果関係**　強制等と自白との間に因果関係が必要かどうかについては，強制等による自白の証拠能力が否定される根拠に関する考え方によって，結論及びその理由が異なっている。虚偽排除説では，強制等が虚偽の自白を導くものであって，現実にその影響があったことが必要であるとされ，人権擁護説でも，黙秘権等の人権侵害と自白との間に因果関係が必要であるとされるのに対し，違法排除説では強制等と自白との因果関係は必要でないとされている。

判例は，強制等と自白との間に因果関係が必要であるとしている。もっとも，その趣旨としてしばしば引用されている判例（例えば，前掲最判昭32・7・19）は，強制等が行われたとしても，その後の別の機会にされた自白が当然に任意性を欠くことになるわけではないとしているにすぎない。強制等が行われた後，いったん釈放され，それとは別の機会にされた自白等においては，強制等と自白との因果関係が問題となるが，自白がされたのと同じ機会に強制，拷問，脅迫が加えられていれば，その自白は，それ自体で証拠能力がないと考えられる。

また，任意性の疑いがあれば証拠能力がないとされていることからすると，因果関係についても，積極的に因果関係があると認められる必要はなく，因果関係があるのではないかという疑いが残る限り，任意性が否定されることになる。

［４］不当に長く抑留又は拘禁された後の自白

(1) **抑留又は拘禁の意義**　抑留とは短期間の身柄拘束をいい，拘禁とは長期間の身柄

拘束をいう。ただし，その区別にはあまり意味はない。

(2) 「不当に長く」の意義　法定の身柄拘束期間を超えていれば，一般的に，不当に長いと評価されるが，そのような例は稀である。形式的には許容された身柄拘束であっても，実質的にみて，不当に長いかどうかが問題となる。とりわけ，古い時期の裁判例では，起訴後の勾留中にされた自白が問題となることが多かったが，近時，起訴後の取調べは，被告人としての地位に鑑み，原則として避けるべきであるとする運用が定着しているため，不当に長い身柄拘束後の自白が問題となることはかなり少なくなっている。

　不当に長いかどうかは，事案の性質，内容等に基いて判断される身柄拘束の必要性といった客観的事情と，被告人の心理面に影響するその年齢，健康状態等といった主観的事情を総合考慮して判断される。

　判例も，起訴前及び起訴後の勾留期間として109日後の自白の証拠能力を認めない（最大判昭23・7・19刑集2・8・944）一方で，250日余り勾留された後の自白（最判昭23・4・17刑集2・4・364）や控訴審において勾留後約9か月に初めてした自白（最判昭35・11・29裁集刑135・861）の証拠能力を認めるなど，勾留期間の長さだけでは判断していない。自白の証拠能力を認めなかった事例では，勾留の必要性の乏しさのほか，年齢や健康状態等が考慮されている。

(3) 不当に長い抑留・拘禁と自白との因果関係　文言上は，不当に長い拘束と自白との間に因果関係を必要としないようにも見えるが，判例は一貫して因果関係を必要としている（前掲最大判昭23・7・19，最大判昭24・11・2刑集3・11・1732等）。もっとも，因果関係がないとして自白の任意性が肯定されている事案は，当初から一貫して自白している場合や，釈放後相当日数を経過してから自白した場合などである。自白した段階まで不当に長い抑留・拘禁があったと認められれば，特段の事情がない限り，因果関係があるのではないかという疑いが残るのが通常であり，任意性が否定されることになる。

[5] その他任意にされたものでない疑のある自白

(1) 趣旨等　強制，拷問，脅迫による自白や不当に長く拘束された後の自白は，任意性に疑いがある自白の例示である。強制・拷問・脅迫による自白や不当に長く拘束された後の自白に当たらない場合であっても，任意にされたものでない疑いがあれば，証拠能力が認められない。「任意にされた」とは，自白の任意性を意味する。

　取調官が被疑者に対して一定の働き掛けをしたからといって，直ちに任意性が否定されるわけではない。客観的証拠との矛盾や供述の変遷を質したり，記憶を喚起する質問をしたり，供述をすることに伴う一般的なメリット，デメリットを説明したりすることは，具体的状況次第であるが，一般的には許されることが多い。具体的な働き掛けの態様として，虚偽の供述を誘発するような圧力を加えているか，取調べ方法として社会的に許容し難い手段を伴っているかなど，虚偽排除説，人権擁護説，違法排除説のそれぞれの観点を踏まえて，任意性があるかどうかを判断することになる。

　以下，具体例をみる。

(2) **肉体的影響に関するもの**　　両手錠を掛けたまま取調べをして得られた自白は，特段の事情がない限り，任意性に疑いを生じさせる（最判昭38・9・13刑集17・8・1703）。片手錠の場合は，両手錠に比して心理的圧迫の程度が低く，任意性が肯定されやすいが（最決昭52・8・9刑集31・5・821参照），他の事情と相まって任意性が否定されることもある（東京高判昭58・6・22判時1085・30）。腰縄の使用は，片手錠よりも心理的圧迫の程度が低いと考えられ，基本的には，任意性が肯定される。

　　糧食の差入れの妨害も，自白との因果関係が推測される場合には，任意性に疑いを生じさせる（最判昭32・5・31刑集11・5・1579）。もっとも，通常の糧食は提供されるのであって，食事を取ること自体を認めないものではないから，自白との因果関係は慎重に判断されるべきである。

　　長時間の深夜にわたる取調べが連続的に行われたような場合は，任意捜査として行われていれば，まずは任意捜査の限界を超えていないかどうかが問題となる（限界を超えている場合には，違法拘束中の自白の問題にもなる。）。また，任意捜査及び強制捜査のいずれにおいても，供述者に肉体的・精神的苦痛を与え，虚偽の自白を招くような状況があったのではないかという観点から，その結果として得られた自白の任意性が争われることが多い。そのため，範168条3項は，「取調べは，やむを得ない理由がある場合のほか，深夜に又は長時間にわたり行うことを避けなければならない。」と定めている。もっとも，事件の発生時刻や被疑者の発見時期，逮捕の時間等によっては，深夜の取調べをせざるを得ないこともある。判例では，①事案の内容や嫌疑の程度，捜査の進捗状況等に基づく取調べの必要性のほか，②休憩時間，食事時間，睡眠時間等への配慮等に基づく取調べ方法の相当性，③被疑者の意向，態度等を総合考慮して，自白の任意性が判断されている（最決昭59・2・29刑集38・3・479，最決平元・7・4刑集43・7・581）。宿泊を伴う取調べについても，任意捜査としての限界を超えているのではないかが問題となることが多い。対象者の承諾があり，任意捜査と言い得る場合であっても，その方法・態様等において社会通念上相当とはいえないときには，その取調べが違法となることもある（前掲最決昭59・2・29参照）。

　　供述者の健康や精神状態が悪い状況での自白については，それだけで直ちに任意性に疑いを生じさせるものではないが，任意性の有無を判断する一事情となることは明らかであり，具体的には，健康や精神状態の悪さの程度やそれに関する捜査官側の認識（その状態を知っていたか，あるいはその状態を利用しようとしたかなど）のほか，取調べの必要性，取調べ方法の相当性，被疑者の意向等を総合考慮して，自白に任意性があったかどうかを判断するのが通例である。下級審の裁判例では，健康や精神状態がかなり悪いのに，その点に対する配慮がないまま，取調べがされた場合には，他の事情とも相まって，自白の任意性を否定する傾向があるといえる。

(3) **心理的影響に関するもの**　　いわゆる利益誘導ないし約束による自白は，原則として任意性が認められない。利益誘導の例としては，起訴猶予の約束（最判昭41・7・1刑集

20・6・537），別件の必要的共犯の相手方を立件しない旨の約束（浦和地判平4・3・19判タ801・264），余罪を送検しないとの約束（福岡高判平5・3・18判時1489・159）等がある。

なお，任意性に疑いが生じるためには，その約束をした主体が約束の内容を実現できるか，被告人において実現できると信じていたというような事情があることにより，被告人が自白したこととその約束との間に因果関係があることが必要である。また，被疑者からの質問に捜査官が答える形で利益誘導が行われる場合もあるが，一般的にあり得るメリットを答えただけであれば，任意性は否定されない。例えば，保釈の可能性を聞かれた際に，否認していると可能性がないだろうと答えたり，刑期を気にする被疑者に対し，真実を供述すれば刑も軽くなるだろうと答えたりしても，それだけでは任意性は否定されない。

偽計による自白も，原則として任意性が認められない。その典型は，共犯者が自白しているという虚偽の情報を伝えて自白をさせる「切り違え尋問」であり，任意性が否定される（前掲最大判昭45・11・25）。それ以外であっても，虚偽の情報を伝えて自白を得た場合には，その虚偽の情報提供と自白との間に因果関係がある限り，任意性が認められない。下級審の裁判例では，捜査官において，犯行現場の遺留品から採取された分泌物の血液型が被告人のものと一致したとの虚偽の事実を述べた場合（東京地判昭62・12・16判時1275・35），再度の執行猶予の可能性がないのに，それが確実であるかのように示唆した場合（浦和地判平元・10・3判時1337・150），被告人の妻や弁護士のした行為が証拠隠滅等の犯罪を構成する余地がないのに，それらの者を逮捕するなどと装った場合（浦和地決平3・5・9判タ764・271）などにおいて，任意性が否定されている。

理詰めの尋問や追及的尋問による自白については，それだけでは任意性に疑いを生じさせるものではないが，供述者の年齢，精神状態や取調べの時間等によっては任意性に疑いを生じさせることもある（最大判昭23・11・17刑集2・12・1565参照）。もっとも，任意性が認められる場合であっても，信用性に影響を与えることが多いので，できる限りこのような尋問は避けるべきである。範168条2項は，「取調べを行うに当たつては，自己が期待し，又は希望する供述を相手方に示唆する等の方法により，みだりに供述を誘導し，供述の代償として利益を供与すべきことを約束し，その他供述の真実性を失わせるおそれのある方法を用いてはならない。」と規定しているが，単に任意性の観点だけではなく，信用性の観点も含めて，捜査官の尋問のやり方の留意点を明記したものと考えられる。

威嚇的尋問や侮辱的尋問については，証人尋問の方法として禁止されており，取調べでもそのような尋問をすべきではない。もっとも，威嚇的な尋問や侮辱的尋問があったというだけでは，その心理的影響は限定されていると考えられ，直ちに自白の任意性が否定されることにはならないが，威嚇・侮辱の態様やその時間的長さ等からして，被疑者を精神的・肉体的に厳しい状況に追い込むようなものとなれば，自白の任意性が否定されることもある（東京高判平3・4・23高刑集44・1・66）。

なお，心身に障害がある者の取調べに関しては，犯捜規168条の2において，その者の特性を十分に理解し，取調べを行う時間や場所等について配慮するとともに，供述の任意性に疑念が生じることのないように，その障害の程度等を踏まえ，適切な方法を用いなければならないとされている。これは，心理的強制があったかどうかについては，取調べを受ける側の事情をも踏まえて判断されることを念頭に置いたものである。一般的に言えば，供述者が心身に障害があるというだけでは任意性は否定されないのが通常であるが，捜査官が対象者の心身障害の状態を利用して自白をさせたような場合には任意性が否定されることもあり得る。また，任意性が肯定される場合であっても，被害者の心身の状態は供述の信用性に影響し得るので，捜査官にはその点への配慮が求められている。

(4) **権利侵害を伴うもの**　　黙秘権を告知しないで得た自白については，直ちにその供述が任意性を失うことにはならないとされている（最判昭25・11・21刑集4・11・2359）。告知をしなかったというだけでは黙秘権を侵害したとはいえないからである。もっとも，供述者が供述義務があると誤信しているのに乗じて黙秘権を告知しなかったり，積極的に供述義務があると誤信させて供述を得たりした場合には，黙秘権を侵害して得た供述として任意性が認められないと解される。

　同様に，弁護人選任権を告知しないで得た自白については，それだけでは直ちに任意性が否定されない。それに対し，弁護人選任の申し出をしたのにそれを拒絶したり，弁護人との接見交通を不当に拒否したりした上で得た自白については，原則として，被疑者の重要な権利を侵害したものとして，任意性に疑いを生じさせると考えられる（最決平元・1・23判時1301・155参照）。

(5) **違法な抑留・拘禁を伴うもの**　　違法な身柄拘束の典型例は，①任意同行や留め置きが実質的には逮捕に当たるとされるもの（逮捕状に基づかない逮捕），②現行犯人逮捕や緊急逮捕の要件がないもの，③別件逮捕・勾留に当たるものなどがある。実務上，①の任意同行や留め置きの違法性・不当性が争われる事案は多い。

　違法な身柄拘束中の自白に関しては，それだけで原則として証拠能力がないという考え方もある。しかし，違法性の程度にも様々なものがあり得るから，個々の事案の具体的事情に基づいて判断すべきである。その際には，違法収集証拠排除法則の判断基準を参考にして，違法の重大性や証拠として許容することの相当性を検討すべきである。

　なお，裁判例においては，逮捕が違法であっても引き続いて勾留の裁判がされた場合には，新たな勾留の裁判があったことを理由として，その後の自白の証拠能力が認められやすい傾向にある（東京高判昭49・2・15刑裁月報6・2・126，大阪高判昭50・11・19判タ335・353）。しかし，違法の重大性や捜査官側の事情（勾留請求の際に，逮捕の違法性に関する資料を添付しているかどうかなど）によっては，証拠能力が認められない場合もあると考えられる。

　違法な身柄拘束中の自白の証拠能力が否定される根拠に関しては，裁判例では，自白

の任意性を根拠とするもの（違法排除説に整合的である。），違法収集証拠排除法則による
もの，いずれであるかの説明を加えていないものなどに分かれている。身柄拘束の違法
性が重大である場合には，違法収集証拠排除法則に従って判断するのが適当であること
が多いが，身柄拘束の過程がその後の取調べ状況とも相まって，供述者の心理的強制に
つながっているのであれば，自白の任意性として考慮するのが相当である。

　別件逮捕・勾留に関しては，別件逮捕等の概念を含めて，様々な見解がある。別件逮
捕等とは，令状を得られるだけの資料のない「本件」について取り調べる目的で，「別
件」で逮捕等をすることをいうと解するのが一般的である。そのような別件逮捕・勾留
にも，①そもそも「別件」について逮捕・勾留の理由ないし必要性がないケースと，②
「別件」について逮捕・勾留の理由ないし必要性があるケースとがあり得る。前者につ
いては，別件逮捕・勾留自体が違法であるから，その逮捕・勾留中に得られた自白の証
拠能力は原則として否定されるべきである。他方，後者については，逮捕・勾留自体は
適法であるから，本件に関する取調べが逮捕・勾留中の余罪の取調べとして許容される
かどうかを検討すべきである。判例は，本件と別件が社会的事実として一連の密接な関
連がある場合に，別件の逮捕勾留中に本件の取調べをしたことを違法ではないとしてい
るが（最決昭52・8・9刑集31・5・821），これは後者の事案における判断である。

(6) **その他**　　麻酔分析や催眠術によって得られた供述については，そもそも供述とは
いえない。仮に供述と考えるとしても，麻酔分析等によって得られたということのみで
任意性がないというべきである。

　ポリグラフ検査の反応も供述ではない。なお，ポリグラフ検査の結果を告げられた後
にした自白については，それだけでは任意性を欠くとはいえないが（最決昭39・6・1刑集
18・5・177），告知の内容，態様等によっては，自白の任意性に疑いを生じさせる。

[6] 任意性の立証

(1) **立証責任**　　被告人の自白に任意性があることは，検察官が立証しなければならな
い。証拠調べをした結果，任意性に疑いがあるかどうかがいずれとも決し難いときには，
被告人に不利益に判断してはならず，任意性に疑いがあるものとして扱われる（最判昭
32・5・31刑集11・5・1579）。

(2) **厳格な証明か，自由な証明か**　　自白の任意性は，自白に証拠能力が認められるため
の要件である。訴訟法上の事実であるから，自由な証明で足りる。自白の任意性の立証
の中心となるのは，取調べをした捜査官の尋問と被告人の質問であり，これらは，一般
的に，公判期日において証人尋問や被告人質問として実施されているため，実務上は厳
格な証明によっているといわれることがある。しかし，例えば，弁護人が自白の任意性
を争うとのみ意見を述べ，任意性を争う具体的な事情を何ら主張しないような場合には，
自白調書の冒頭部分の記載（権利告知）や末尾の被告人の署名押印等を確認した上で，そ
の調書を取り調べるといった扱いも許されるべきである。また，自白をするに至った経
緯等が自白調書自体に記載されている場合には，その記載内容に基づいて自白の任意性

を判断することも許される。さらに、被疑者の当時の状況を知るための留置人動静簿、看守勤務日誌等や捜査官の取調ベメモ、被疑者ノート等の付随的資料等については、相手方が不同意であっても、柔軟に取り調べるのが相当である。これらのことが許容されるのは、自白の任意性の立証は自由な証明で足りるからである。

　裁判員裁判で自白の任意性が争われた場合は、自白の任意性に関する限り、訴訟手続に関する判断であるから、構成裁判官だけで決めることになる（裁判員6Ⅱ）。理論的には、公判前整理手続における事実の取調べとして行うことも可能である。しかし、自白の任意性に関する証拠調べは、その自白の信用性の有無を判断するための資料ともなることから、罪体に関する心証を形成するための手続として、裁判員を含む合議体で公判において審理されるのが一般的である。公判審理の内容を踏まえて供述調書等の任意性の有無を判断する際には、その合議において裁判員の傍聴を許し、裁判員の意見を聞くことができる（裁判員68Ⅲ）。

(3) **立証の方法**　　手続的流れとしてみると、被告人・弁護人が任意性を争う場合、立証責任は検察官にあるものの、被告人・弁護人において、任意性に疑いを生じさせる具体的事情を明らかにすることが求められる。任意性に疑いを生じさせる事情が不明のまま、検察官において、任意性に疑いを生じさせる事情がなかったことを立証することは、いわゆる悪魔の証明となり、それ自体、困難である上、取調官の証人尋問を行っても、全く焦点の絞られない証拠調べになってしまうからである。

　任意性の主張・立証に関して以前から比較的多かった運用としては、弁護人が任意性に疑いを生じさせる事情を概括的に主張し、被告人質問においてその具体的状況を供述した後、その点に関する取調官の証人尋問を行うという進め方であった。弁護人の主張が概括的なものにとどまることが多かったため、被告人質問を先行させざるを得ないという実情にあった。しかし、任意性に関する具体的な争点が明確になった上で尋問するのであれば、被告人質問を先行させる必要はない。公判前整理手続や期日間整理手続が創設されてからは、これらの手続により具体的な事実関係上の争点等を整理した上、まず、捜査官の証人尋問をすることも多くなっている。また、公判前整理手続において争点及び証拠を整理するに当たっては、任意性に疑いを生じさせる具体的事情の有無という消極的観点だけではなく、否認や黙秘していた被告人が自白に転じたとすればその事情があるはずであるから、被告人が自白をするに至ったのにはどのような具体的事情があったのかという積極的観点をも含めて整理すべきである。

　立証の中心は、前記のとおり、捜査官の証人尋問と被告人質問であるが、それだけでは水掛け論になることが多い。そのため、いずれの供述が信用できるかに関わる客観的資料（補助証拠）が重要となることが多い。従来から、①取調べの日時に関する留置人出入簿、②被告人の留置中の状態に関する留置人動静簿や看守勤務日誌、③被告人の健康状態に関する留置人診療簿や診断書、④接見や差入れの状態等に関する留置人接見簿や留置人金品出納簿等を証拠として調べたり、検察官においてこれらの資料に基づいて

取調べ状況一覧表を作成し，その取調べをしたりしていたのはそのためである。

さらに，公判前整理手続等を導入した改正刑訴法（平成17年11月１日施行）に伴って設けられた規198条の４は「検察官は，被告人又は被告人以外の者の供述に関し，その取調べの状況を立証しようとするときは，できる限り，取調べの状況を記録した書面その他の取調べ状況に関する資料を用いるなどして，迅速かつ的確な立証に努めなければならない」としている。そして，その施行に先立ち，捜査機関において，取調べ状況の記録に関する準則（検察官等については法務大臣訓令，警察官については範182の２参照）が定められ，捜査官は，被疑者等を取り調べた際には，その都度，取調べ状況報告書を作成しなければならないこととされた。これらの準則に基づく取調べ状況報告書は，類型証拠開示請求の対象とされている（316の15Ⅰ⑧）。取調べ状況報告書には，取調べの開始時間，終了時間，休憩時間，取調べの場所，取調べ担当者等が記載されるため，実務上，取調べに関する形式的・外形的事実について争われることは，かなり少なくなっている。

加えて，検察庁では，平成18年以降，裁判員裁判対象事件等において，自白の任意性を的確に立証する方法として録音・録画を試行し，その後，その検証結果を踏まえながら，その範囲を拡大してきた。警察庁でも，任意性立証のための録音・録画を実施し，その検証結果を報告するなどしてきた。

その結果等を踏まえ，法制審議会の「新時代の刑事司法制度特別部会」の審議を経て，取調べ及び供述調書への過度の依存からの脱却のため，証拠収集手段の適正化，多様化や充実した公判審理の実現を目指し，他の諸制度とともに，取調べの録音・録画制度の導入が図られることになった。すなわち，平成28年５月24日成立の刑事訴訟法等の一部を改正する法律（平成28年法律第54号）による改正後の刑訴法301条の２は，身柄拘束中の被疑者を裁判員裁判対象事件や検察官独自捜査事件で取り調べる場合には，原則として，その取調べの全過程を録音・録画しなければならないものとし，被告人の供述調書の任意性が争われた場合には，その取調べの全過程を録音・録画した記録媒体の取調べを請求しなければならないことを規定している。

これらの録音・録画は，取調べ方法の適正化に役立つのみならず，仮に被告人の供述調書の任意性を争う意向が示されても，弁護人において，録音・録画を確認することにより，裁判員裁判対象事件であれば，公判前整理手続の中で録音録画の内容を踏まえた上で争点が整理されることになるし，公判前整理手続に付されていない事件においても，期日外で実質的な問題点が解消されることが多くなることが期待される。

［7］公判廷の自白と補強証拠

本条２項は，補強証拠の要否に関し，公判における自白とそれ以外の自白（典型的には捜査段階の自白）を区別せず，公判廷における自白であっても補強証拠を必要としている。本項と憲法38条３項との関係をどのように考えるかについては考え方が分かれているが，判例の立場は前記［1］で述べたとおりであり，立論論としては，公判廷における自白には補強証拠を必要としないという選択も可能である。

870 319条

[8] 共犯者の自白と補強証拠

　共犯者の自白に補強証拠が必要かどうかについては，憲法38条3項の「本人の自白」に共犯者の自白が含まれるかどうかという形で学説上議論がされてきた。判例は，当初は揺らぎがあったものの，いわゆる練馬事件における大法廷判決以降，一貫して，共犯者の自白には補強証拠を必要としないという立場を採っている（最大判昭33・5・28刑集12・8・1718，最判昭51・2・19刑集30・1・25等）。この立場に立つ限り，共犯者の自白が被告人の自白の補強証拠になり得ることも当然の帰結として導き出される。

　判例の見解では，共犯者が共同被告人として同時審判を受けているかどうかを問うことなく，共犯者の自白だけで被告人を有罪とすることができる。しかし，共犯者の供述には，自白そのものに含まれる危険性のほか，引き込みの危険性，すり替えの危険性等，共犯者供述であることに伴う虚偽供述のおそれがあるため，その信用性判断は慎重にされなければならない。

[9] 補強証拠の意義等

(1) **補強証拠が必要な理由**　　自白に補強証拠を必要とするというのは，318条が定める自由心証主義の制限ないし例外を設けたことを意味する。自白に補強証拠が必要な理由に関しては複数の考え方があるが，中心的な理由は，自白は強要されやすい一方で，過度に信用されやすいといった特質があるため，自白の偏重を避け，誤判を防ぐことにあると解される。もっとも，自白の偏重を避け，誤判を防止することは，任意性のない自白の排除や自白の証明力を十分に吟味すべきことの理由であって，補強証拠を必要とする理由は，架空の事実によって被告人を処罰することを防止することにあるという見解も有力である。

　補強証拠を必要とする趣旨を貫徹するため，訴訟手続の流れとしても，自白調書は，犯罪事実に関する他の証拠が取り調べられた後でなければ，その取調べを請求することができないとされている（301）。補強証拠を必要とする理由を手続面に反映させたものであり，裁判所は，まず，補強証拠を取り調べた上で，自白を取り調べる必要がある。もっとも，すべての補強証拠が取り調べられた後でなくても，自白を補強し得る証拠の取調べ後であれば足りる（最決昭26・6・1刑集5・7・1232）。実際の心証形成作用としては，自白以外の証拠によりどのような事実がどの程度証明されているかを把握し，その後に自白を取り調べてその信用性を検討するという手順が採られることになる。この規定の趣旨からして，判例は，自白が他の証拠と一緒に請求されても，他の証拠を取り調べた後に自白調書の取調べがされていれば，301条に違反しないとしている（最決昭26・5・31刑集5・6・1211）。

(2) **補強証拠を必要とする範囲**　　補強証拠が必要とされるのは，犯罪事実についてである。犯罪事実以外については，補強証拠は必要とされない。例えば，追徴の前提となる被告人が賄賂を費消した事実（最判昭26・3・6刑集5・4・486），刑の加重事由である累犯前科（最決昭29・12・24刑集8・13・2343），被告人の年齢（最判昭25・6・6刑集4・6・950），量刑

上考慮した事実（最大判昭42・7・5刑集21・6・748）等については，補強証拠は必要とされない。

自白の補強証拠が犯罪事実のうちどの範囲について必要であるかについては，考え方が分かれているが，通説は，罪体の重要部分については補強証拠が必要であるとしている（形式説・罪体説）。罪体の重要部分の意義については，多数説によれば，犯罪行為による法益侵害のことをいうとされている。

他方，判例は，一般論として，自白にかかる事実の真実性を保障し得るものであれば足りるとしている（最判昭25・10・10刑集4・10・1959。実質説）。もっとも，無免許運転の罪について，運転行為のみならず，免許を受けていなかったという点についても補強証拠が必要であると判示するもの（最判昭42・12・21刑集21・10・1476）もある。この判例は，犯罪行為を根拠付けているのは運転行為ではなく，無免許の点にあるため，その点についての補強証拠を要するとしたものと理解されており，罪体説（形式説）的な考え方を採り入れているようにも思われる。その趣旨からすれば，無保険車両運転の罪に関しては，運転行為のみならず，保険に入っていなかったという点についても補強証拠が必要であると解される。下級審の裁判例では，道路交通法の報告義務違反の罪については，交通事故があったことだけではなく，報告をしなかったという事実についても，補強証拠が必要であるとするものもある（大阪高判平2・10・24高刑集43・3・180）。判例の立場を実質説であると安易に捉えることはできないと思われる。

そこでまず，判例及び多数説において結論に違いがないものを整理すると，多数説及び判例のいずれにおいても，被告人の主観的事情には補強証拠を必要としない。例えば，故意（最大判昭23・12・27刑集2・14・1944），知情（最判昭24・4・7刑集3・4・489），目的（最判昭23・10・21刑集2・11・1366），共謀（最判昭22・12・16刑集1・88）等については，補強証拠を要しないとされている。

また，被告人と犯罪との結び付きについても，通説，判例では，補強証拠を必要としない（最判昭24・7・19刑集3・8・1348，最大判昭30・6・22刑集9・8・1189）。誤判防止という観点からは補強証拠があることが望ましいものの，被告人と犯罪との結び付きに関する補強証拠を収集することには困難が伴う事案も多いためである。

特別法違反の罪における法定の除外事由については，通説においても，補強証拠を必要としないと解されている。

他方，通説とは明らかに異なり，補強証拠に関して実質説を採用していると考えられる判例もある。例えば，贓物罪（盗品譲受け等）について盗難被害届だけで足りるとするもの（最決昭26・1・26刑集5・1・101），強盗傷人罪について傷害の部分の証拠だけで足りるとするもの（最判昭24・4・30刑集3・5・691）などがあるが，罪体のうちの一部で足りるとするのは緩やか過ぎて，補強証拠を必要とする趣旨が損なわれているのではないかという批判がある。

次に，罪数との関係でみると，併合罪については，数個の独立した犯罪であるから，

各罪について個別的に補強証拠が必要である（最判昭40・9・21裁集刑156・615）。観念的競合及び牽連犯の科刑上一罪についても，実体法的には本来的数罪であるから，それぞれについて補強証拠が必要であるとするのが通説である。また，常習累犯窃盗罪のような常習一罪については，常習一罪を構成する犯罪行為ごとに補強証拠が必要であるとするのが判例である（最判昭25・5・2刑集4・5・747）が，ゲーム機賭博のように個々の行為の独立性が乏しいものについては，個別行為ごとの補強証拠は必要でないと解される。また，包括一罪については，そもそも実体法上一罪なのか数罪であるのかが争われているため，補強証拠の要否に関しても，それと連動して，考え方が分かれている。包括一罪には様々なものがあり，その性質に応じて考えるべきである。例えば，複数の行為があるものの結果は一つであるなど，本来的には一罪と評価できるものや，街頭募金詐欺のように，個々の行為の独立性が乏しいものについては，全体について補強証拠があれば足りると考えられる。他方，複数の行為とそれに対応した結果がそれぞれ存在するなど，本来的には数罪と評価できるものについては，一つ一つの行為について補強証拠が必要であると考えられる。

(3) **補強証拠の適格性**　　補強証拠には，それ自体として，証拠能力が必要とされる（通説）。証拠能力がある限り，人証，書証，物証のいずれであってもいいし，直接証拠だけではなく，間接証拠であってもいい。

　補強証拠と認められるためには，その証拠が関連性（要証事実に対する必要最小限度の証明力）を有していなければならない。供述の信用性に関わる証拠のうち，それ自体で間接事実的要素を持つ補助証拠は補強証拠となり得るが，要証事実との関連性がない純粋な補助証拠は補強証拠とならない。

　また，自白によって別の自白を補強することはできない。補強証拠を要する制度趣旨からして，自白とは独立した証拠でなければならない。実質的には自白というべき証拠をいくら集めても，補強証拠を必要とする趣旨を全うすることができないからである（最大判昭25・7・12刑集4・7・1298）。例えば，被告人の自白を内容とする第三者の供述は補強証拠とはならない（最判昭30・6・17刑集9・7・1153）。被告人の自白を基に作成した捜査報告書や実況見分調書も補強証拠とはならない（東京高判平22・11・22判タ1364・253）。形式的には自白と別個の証拠であっても，捜査官から，犯人が自白しているということを聞き，そのいうとおりに記載した盗難届は，補強証拠としての適格性がないとされる。もっとも，被害事実については捜査官から聞いたとおりであったとしても，被害品の保管場所，保管者，保管状況等を詳細に述べる被害者の供述については，被害の具体的可能性を述べるものとして，補強証拠となる（最決昭32・5・23刑集11・5・1531）。

　被疑者，被告人が自ら記載したものであっても，犯罪行為そのものを構成する脅迫状等については補強証拠となる。経済犯罪において，備忘のためにその取引に関する事項を記載した帳簿類も，同様に，補強証拠となる（最決昭32・11・2刑集11・12・3047）。犯行計画メモ，日記等も同様である。

また，犯行後に逃走を図ったこと，罪証隠滅行為をしたことなど，被告人の行為に関する証拠も，供述ではないから，補強証拠となり得る。

自白と齟齬する部分を含む証拠であっても，整合する部分が自白にかかる事実の真実性を担保するものであれば，補強証拠となり得る（被害届につき，最判昭24・7・19刑集3・8・1341。被害者の供述につき，最大判昭24・7・22刑集3・8・1360）。

(4) **補強証拠の証明力**　補強証拠だけで事実を証明できることまでは求められていないが，補強証拠にどの程度の証明力が必要であるかに関しては考え方が分かれている。例えば，補強証拠だけで一応の心証を抱かせる程度の証明力が必要であるという見解のように，補強証拠自体に一定の証明力が必要であるという考え方（絶対説）もある。しかし，判例は，補強証拠は自白にかかる事実の真実性を保障するものであれば足りるとしていることから，証明力の程度に関しても，自白と補強証拠とが相まって事実を証明できれば足りるとしている（前掲最判昭24・4・7。相対説）。

[10] 3項の意義

本条3項の「有罪であることを自認する」とは，起訴状に記載された犯罪が成立することを争わず，罪責を承認する陳述をいう。英米法では，被告人が有罪の答弁をすれば証拠調べをすることなく有罪を認定できるという「アレインメント」の制度があるが，本項はアレインメントの制度を採らないことを明らかにしたものである。

本項が憲法38条3項とどのような関係にあるかについては見解が分かれるが，判例は，[1]記載のとおり，憲法38条3項の「自白」には公判廷での自白を含まないとしているので，立法論的にはアレインメントの制度を採用する余地があることになる。

〔吉村典晃〕

第320条 [1]〔伝聞証拠と証拠能力の制限〕　第321条乃至第328条に規定する場合を除いては，公判期日における供述に代えて書面を証拠とし，又は公判期日外における他の者の供述を内容とする供述を証拠とすることはできない [2][3][5]。

2　第291条の2の決定があつた事件の証拠については，前項の規定は，これを適用しない。但し，検察官，被告人又は弁護人が証拠とすることに異議を述べたものについては，この限りでない [4]。

[範]　**第174条（伝聞供述の排除）**　事実を明らかにするため被疑者以外の関係者を取り調べる必要があるときは，なるべく，その事実を直接に経験した者から供述を求めるようにしなければならない。

2　重要な事項に係るもので伝聞にわたる供述があつたときは，その事実を直接に経験した者について，更に取調べを行うように努めなければならない。

[1] 本条の趣旨　　[2] 伝聞証拠か否かの判断のメルクマール　　[3] 伝聞証拠か否かについてのその他の参考事例　　[4] 簡易公判手続における不適用　　[5] 実務上の処理

[1] 本条の趣旨

本条は，伝聞証拠の証拠能力を原則として否定する規定である。

「公判期日における供述に代わる書面」とは，供述者がその体験や見聞等を自ら記載した「供述書」と，裁判所や捜査機関等の第三者が供述者から聴取した供述内容を記載した「供述録取書」に大別される。

「公判期日外における他の者の供述を内容とする供述」とは，例えば，公判廷における証人甲の「Aが『Bが万引きするのを見た。』と言っていた。」との証言（伝聞証言）といったものである。

こうした供述証拠というものは，人の①知覚，②記憶，③表現・叙述という過程を辿るものであるが，それぞれの過程において誤りが入るおそれがある。しかし，公判廷外でなされた供述（原供述）が，書面によって法廷に顕出される場合や，それを聞いた第三者の供述によって法廷に顕出される場合には，原供述をした者に対する反対尋問によるテストがなされていないし，裁判所が原供述をした者の態度等を直接注視しつつその供述を吟味することもなされていない。したがって，一般的にその正確性に保証はなく，原供述をそのまま証拠に用いることは事実認定を誤るおそれがあることから，このような原供述を証拠から除こうというのが，本条の趣旨である。

[2] 伝聞証拠か否かの判断のメルクマール

本条にいう伝聞証拠に当たるかどうかは，要証事実との関係によって定まる。

上記の本条の趣旨からすれば，原供述をした者に対する反対尋問によるテスト等によって供述の正確性の吟味をする必要がある場合，つまり，原供述をその供述内容の真実性の証明に用いる場合に伝聞証拠となる。

一方で，その供述内容の真実性ではなく，その供述の存在自体を要証事実とする場合には，本条のいう伝聞証拠とはならない。書面の場合は，その作成の真正のチェックを，その供述を聞いたとする者に対しては，その者に対して供述の存在の有無・内容のチェックを行えば足り，原供述をした者に対するチェックは不要だからである。

例えば，公判廷における証人甲の「Aが『Bが万引きするのを見た。』と言っていた。」との証言や，Aを供述者とする「Bが万引きするのを見た。」との記載がある検察官甲による供述録取書は，要証事実が「Bの万引き窃盗」ということであれば，Aに対する供述の正確性の吟味が必要となるのであるから，これらの証言や記載は伝聞証拠となる。

一方，上記の例で，要証事実が「AのBに対する名誉毀損」ということであれば，本条のいう伝聞証拠とはならない。同様に，脅迫文言が記載された脅迫文書，文書偽造における偽造文書なども伝聞証拠ではない。

以上述べた伝聞証拠の該当性に関して重要な判例を二つ紹介する。①強姦致死被告事件において，被告人はかねて被害者某女と情を通じたいとの野心をもっていたという事実を認定する証拠として，某女がその生前，被告人が自分に変な言動をするのでいやらしい旨第三者に告白したことがある旨の第三者の公判廷における供述は伝聞証拠である（最判昭30・12・9刑集9・13・2699）。②伝聞供述となるかどうかは，要証事実と当該供述者の知覚との関係により決せられるものと解すべきであって，甲が一定内容の発言をしたこと自体を要証事実とする場合には，その発言を直接知覚した乙の供述は，伝聞供述にあたらないが，甲の発言内容に符合する事実を要証事実とする場合には，その発言を直接知覚したのみで，要証事実自体を直接知覚していない乙の供述は伝聞供述に当たる（最判昭38・10・17刑集17・10・1795）。

伝聞証拠に当たる場合には，321条以下の要件を満たさない限り証拠とはならない。伝聞証拠に当たらない場合は，一般的に，関連性・必要性が認められれば，事実認定に用いられることになる。

[3] 伝聞証拠か否かについてのその他の参考事例

(1) 犯行の状況等を撮影したいわゆる現場写真は，非供述証拠に属し，当該写真自体又は他の証拠により事件との関連性を認めうる限り証拠能力を具備する（最決昭59・12・21刑集38・12・3071）。

(2) ある者がある言葉を述べたこと自体が，その内容の真実性とは関係なく，ある事実の間接事実・情況証拠となる場合も，その言葉は伝聞証拠ではない。例えば，Aが「自分は宇宙人である。」と話していたとの甲の証言を，Aの精神異常を推認する証拠として用いる場合には，伝聞証拠とはならない。

(3) 自己又は年齢の極めて近接した兄弟姉妹の生年月日については，その幼少の頃にあっては父母その他の者から教えられることによってのみ，はじめて知識を得るものであるが，成長するに従い，近親者相互の密接な生活関係，殊に日常の家庭生活等において集積される自己の体験によりその知識の真実性に関し独自の確信を有するに至るものであることから，この知識はその直接体験による認識というものと考えられるから，伝聞証拠ではない（最決昭26・9・6刑集5・10・1895）。

(4) 事前共謀に当たってその内容を明らかにし具体化するために作成された襲撃計画メモは，一定の意図を具体化した精神状態に関する供述なので，伝聞法則の適用例外として証拠能力が認められるとした判例がある（大阪高判昭57・3・16判時1046・146）。

[4] 簡易公判手続における不適用

簡易公判手続によって審判をする旨の決定があった場合には，本条1項に規定する伝聞証拠（被告人の自白を録取した書面を含む。）も原則として証拠能力を有する（320Ⅱ本）。なお，319条の適用を排除するものではないから，任意性を欠く自白は証拠能力を欠くこととなる。

即決裁判手続によって審判をする旨の決定があった場合も，本条2項と同様，伝聞法

則の適用はない（350の13）。

検察官，弁護人が証拠とすることに異議を述べた場合には，1項の本則に戻り，伝聞法則の適用がある（320Ⅱ但）。異議の対象は個々の証拠である。

[5] 実務上の処理

弁護人や検察官においては，伝聞証拠のうち，書面については，あらかじめ開示を受けているので，その内容の吟味や同意・不同意を含む対応方策については，相応に時間をかけて検討することができる。一方で，伝聞証言については，証人予定者の捜査段階での供述録取書等や証言予定内容記載書面の閲覧，当該証人についての立証趣旨等から，一定程度証言内容を予想することはできるが，ときには不意に公判期日外における他の者の供述を内容とする証言がなされることがある。

これがいわゆる伝聞証言に当たる場合であっても，異議の申立てがされることなく当該証人に対する尋問が終了した場合には，直ちに異議の申立てができないなどの特段の事情がない限り，黙示の同意があったものとしてその証拠能力が認められる（最決昭59・2・29刑集38・3・479）。

したがって，弁護人や検察官といった当事者においては，このような証言がなされた場合には，漫然と見過ごすことなく，尋問者に対して，その証言と要証事実との関係についての釈明を求めるなどした上で，必要に応じて，当該証言について，異議を述べたり，不同意とする旨の意見を表明すべきである。場合によっては，同趣旨の証言を続行させないよう，裁判長に証言の制限（295Ⅰ）を求めることもしてよい。他方，当事者が即座に対応しないような場合でも，裁判所として，公判前整理手続等で明らかにされた当事者の主張や証拠意見を踏まえると，その証言の扱いには注意が必要であると感じれば，尋問者や反対当事者に対して，釈明を求めるなどして，その扱いを検討することが必要な場合もあろう。

〔髙橋康明〕

第321条 [1][2][6] 〔被告人以外の者の供述書・供述録取書の証拠能力〕　被告人以外の者が作成した供述書又はその者の供述を録取した書面で供述者の署名若しくは押印のあるものは，次に掲げる場合に限り，これを証拠とすることができる。

一　裁判官の面前（第157条の6第1項及び第2項に規定する方法による場合を含む。）における供述を録取した書面については，その供述者が死亡，精神若しくは身体の故障，所在不明若しくは国外にいるため公判準備若しくは公判期日において供述することができないとき，又は供述者が公判準備若しくは公判期日において前の供述と異なつた供述をしたとき。

二　検察官の面前における供述を録取した書面については，その供述者が死亡，精神若しくは身体の故障，所在不明若しくは国外にいるため公判準備若しくは公判期日において供述することができないとき，又は公判準備若しくは公判期日にお

いて前の供述と相反するか若しくは実質的に異なつた供述をしたとき。ただし，公判準備又は公判期日における供述よりも前の供述を信用すべき特別の情況の存するときに限る。

　三　前2号に掲げる書面以外の書面については，供述者が死亡，精神若しくは身体の故障，所在不明又は国外にいるため公判準備又は公判期日において供述することができず，かつ，その供述が犯罪事実の存否の証明に欠くことができないものであるとき。ただし，その供述が特に信用すべき情況の下にされたものであるときに限る。

2[3]　被告人以外の者の公判準備若しくは公判期日における供述を録取した書面又は裁判所若しくは裁判官の検証の結果を記載した書面は，前項の規定にかかわらず，これを証拠とすることができる。

3[4]　検察官，検察事務官又は司法警察職員の検証の結果を記載した書面は，その供述者が公判期日において証人として尋問を受け，その真正に作成されたものであることを供述したときは，第1項の規定にかかわらず，これを証拠とすることができる。

4[5]　鑑定の経過及び結果を記載した書面で鑑定人の作成したものについても，前項と同様である。

　　[範]　第175条（供述者の死亡等に備える処置）　被疑者以外の者を取り調べる場合においては，その者が死亡，精神又は身体の故障その他の理由により公判準備又は公判期日において供述することができないおそれがあり，かつ，その供述が犯罪事実の存否の証明に欠くことができないものであるときは，捜査に支障のない限り被疑者，弁護人その他適当な者を取調べに立ち会わせ，又は検察官による取調べが行われるように連絡する等の配意をしなければならない。

　　　　[1] 本条の趣旨　　[2] 本条1項について　　[3] 本条2項について　　[4] 本条3項について　　[5] 本条4項について　　[6] 実務上の処理

[1] 本条の趣旨
　本条は，320条1項の例外として，公判期日における供述に代えて書面を証拠としうる場合の要件を定めたものである。

[2] 本条1項について
(1) 柱書について　　ア　被告人以外の者　「被告人以外の者」とは，当該書面の証拠請求を受け，または，証拠請求をした被告人本人以外の者をいい，被害者・目撃者・共犯者等はもとより，併合審理されている共同被告人も含まれる（最決昭27・12・11刑集6・11・1297。同決定は，共同被告人の検察官に対する供述調書は，被告人に対する関係においては，本

条1項2号の書面として証拠能力を有するとしている。）。

　イ　供述書・供述録取書　　「供述書」とは，供述者自らがその供述内容を記載した書面（例えば，私人が作成する上申書，被害届，任意提出書，告訴状，告発状，メモ，日記，手紙，捜査機関が作成する捜査報告書，実況見分調書，領置調書，現行犯人逮捕手続書，鑑定人が作成する鑑定書等）をいい，「供述録取書」とは，第三者が供述者から聴き取った供述内容を記載した書面（裁判所書記官が作成する証人尋問調書，検察官・警察官等が作成する供述調書等）をいう。

　当該文書が供述書か供述録取書のいずれに該当するかは，供述録取書の場合は，法文上，「供述者の署名若しくは押印」が必要とされていることから（詳細は，後述のウ参照），その区別が重要となる。この点については，書面の形式や書面上の作成名義人によって決するのではなく，当該書面の実質的な内容からその区別を考える必要がある。供述書の形式をとっていても，実質的な内容が，ある者の供述を聴き取り，これをまとめたものであれば，その者の供述との関係では，供述録取書といえる。一方，いわゆる代筆の形で，ある者の供述を一言一句聴き取りながらそのとおりに記載した場合は，その者の供述書と解することができよう。

　ウ　署名・押印　　供述録取書が本条1項により証拠能力を取得するためには，供述者の「署名」または「押印」があることが必要とされる。署名か押印のいずれか一方があれば足りる。他方，供述書については署名・押印は要件とされていない。

　供述録取書にこのような要件が必要とされているのは，供述録取書は，①供述者が法廷で直接供述しておらず反対尋問に晒されていないという意味で伝聞証拠であるとともに，②供述者でない第三者が供述者から聴き取った内容が書面の形で法廷で取り調べられるという意味でも伝聞証拠であり，いわば二重の伝聞証拠となっているところ，供述者の署名・押印は，②の点について，供述者が当該供述録取書の内容の正確性を承認したことを意味し，その正確性を担保させるためである。したがって，その前提として，署名・押印をする前に供述者に当該供述調書の内容を了知させることが必要である。例えば，検察官や警察官による取調べにおいては，供述録取書を供述者に閲覧させたり，又は読み聞かせて，誤りがないかどうかを問い，供述者が誤りがないことを申立てたときに，署名・押印を求めるものとされている（198ⅢないしⅤ，223Ⅱ）。実務では，確実を期すため，閲覧と読み聞かせの双方を行うことも少なくない。

　以上のような署名・押印の意義に鑑みて，供述者の署名・押印を欠く場合には，証拠能力を取得しないこととされているのであるが，供述者の署名・押印によって担保されるのと同程度に録取内容の正確性が担保されているような場合には，証拠能力を認めてよい。例えば，他事件の公判調書中の証人・被告人等の供述部分（規45Ⅰ），公判準備における証人等の尋問調書（規52の2・52の5）などがこれに当たる。また，被害の状況を立証するために請求された捜査官作成の再現実況見分調書や写真撮影報告書については，326条の同意が得られない場合には，本条3項所定の要件を満たすほか，本条1項

２号または３号所定の要件を満たす必要があるが，これらの書面に添付された被害の状況を再現した写真については，撮影，現象等の記録の過程が機械的捜査によってなされることから，再現者の署名・押印という要件は不要である（最決平17・9・27刑集59・7・753）。

　署名・押印を欠く供述録取書に対して同意があった場合については，同意の本質を証拠能力の付与と見る立場からすると，このような供述録取書に証拠能力を付与する当事者の意思表示があったのであるから，証拠能力が認められることになると考えられる。一方，同意の本質を反対尋問権の放棄と見る立場からしても，供述録取書の二重の伝聞性のうち，②の供述者でない第三者が供述者から聴き取った内容が書面の形で法廷で取り調べられるという点についても，その正確性に関する反対尋問権を放棄することは可能と考えられるのであるから，やはり証拠能力が認められることになると考えられる。もっとも，同意のあった書面が証拠能力を取得するためには，その書面が作成され又はその供述のされたときの状況を考慮し相当と認められることが要件とされているので（326Ⅰ参照），例えば，自己の供述と食い違う内容が供述録取書に記載されていることを理由に供述者が署名・押印を拒否したことが窺われるような場合には，相当性を欠き，証拠能力を取得しないことになる。実務でも，署名・押印を欠く供述録取書を当事者が同意してこれを採用して取り調べることがあるが，これは署名・押印を求めるのを単に忘れたためとか，身体の障害や負傷，供述者が幼児等の理由で文字が欠けないといった事情があり，相当性の要件にも問題がないような場合である。

⑵　1号について　　ア　裁判官の面前における供述を録取した書面（裁判官面前調書）
裁判官面前調書としては，起訴前又は第1回公判期日前の証人尋問調書(226ないし228)，証拠保全手続における証人尋問調書（179）などがある。157条の6第1項（同一裁判所構内でのビデオリンク）及び第2項（同一裁判所構内以外の場所でのビデオリンク）に規定する方法による証人尋問調書も含まれる。当該事件で作成されたものに限られず，他の事件で作成されたものを含む（最決昭29・11・11刑集8・11・1834）。

　他の刑事事件の公判（公判準備）調書中の証人・鑑定人の供述部分，被告人以外の者に対する事件の公判調書中同人の被告人としての供述部分（最決昭57・12・17刑集36・12・1022），民事事件・少年事件の証人・鑑定人尋問調書等も含まれる。

　なお，ビデオリンク方式による証人尋問調書は，当該事件の第1回公判期日前の証人尋問や証拠保全手続における証人尋問がなされた場合又は他の事件においてなされた場合で，供述者を証人として尋問することができるときは，321条の2により証拠とすることができるが，供述者が死亡その他の理由で供述することができないときは同条を適用することができないので，本条1項1号の裁判官面前調書として扱われることになる。

　イ　供述不能　　裁判官面前調書は，「その供述者が死亡，精神若しくは身体の故障，所在不明若しくは国外にいるため公判準備若しくは公判期日において供述することができないとき」には証拠能力が認められる。これらの事由については，制限列挙ではなく，

例示的な事由と解されており，これらに準じるような事由で供述が不能な場合を含む(最大判昭27・4・9刑集6・4・584は，刑訴法321条1項2号の規定に供述者が供述することができないときとしてその事由を掲記しているのは，その供述者を裁判所において証人として尋問することを妨げるべき障碍事由を示したもので，これと同様またはそれ以上の事由の存する場合において同条所定の書面に証拠能力を認めることを妨げるものではないと判示している。)。なお，供述不能は，各号に共通する要件であるので，本項2号・3号に関する判例を含めて本号の解説において説明することとする。

（ア）　精神又は身体の故障　　供述不能の要件は，証人尋問が不可能又は困難なため例外的に伝聞証拠を用いる必要性を基礎付けるものであるから，精神又は身体の故障が一時的なものである場合には，「精神又は身体の故障」の要件を満たさない。裁判員裁判等において連日的に公判審理が行われている場合に，例えば，証人がインフルエンザ等で急遽出廷できなくなったようなときは審理計画の変更を余儀なくされることになるが，だからといって，本条の要件が緩和されるようなことない。

強姦（当時）の被害者である証人が激しく泣いて供述しないので，公開を停止し，泣き止むのを待って再三尋問するなど諸種の手段を尽くしても結局供述を得られないときは，本条1項2号の「精神若しくは身体の故障」のため公判期日において供述することができない場合に該当するとした判例がある(札幌高函館支判昭26・7・30高刑集4・7・936)。この事案のような場合を精神又は身体の故障と見るか，これ以外の供述不能の一形態と見るかは見解が分かれるが，いずれにしても，このような証人の場合には，付添い，遮蔽，ビデオリンク（157の4〜157の6）等の措置や，被告人の退廷（304の2），傍聴人の退廷（規202），所在尋問（158）など，証人が供述できるような状況を設定した上で，供述不能か否かの判断を慎重にすべきことになろう。

（イ）　所在不明・国外滞在　　「所在不明・国外滞在」についても，一時的な所在不明・国外滞在はこれに当たらない。その所在の発見につき，相当と認められる手段方法を尽くしてもなおその所在が判明しない場合（福岡高判昭26・2・23高刑集4・2・130）や，可能な手段を尽くしても帰国させて公判期日・公判準備期日に出頭させることができない場合（東京高判昭48・4・26高刑集26・2・214）をいう。

所在不明・国外退去の理由自体は基本的には問題にはならないが，最判平7・6・20刑集49・6・741は，退去強制によって出国した者の検察官に対する供述調書について，検察官において供述者がいずれ国外に退去させられ公判準備又は公判期日に供述することができなくなることを認識しながら殊更そのような事態を利用しようとした場合や，裁判官又は裁判所がその供述者について証人尋問の決定をしているにもかかわらず強制送還が行われた場合など，その供述調書を刑訴法321条1項2号前段書面として証拠請求することが手続的正義の観点から公正さを欠くと認められるときは，これを事実認定の証拠とすることが許容されないこともあると判示している。

（ウ）　証言拒絶等　　列挙された事由以外でこれらに準じるような事由で供述が不能

になる場合としては，証人が宣誓を拒絶した場合（仙台高判昭32・6・19高刑集10・6・508）や宣誓書への署名を拒否した場合（名古屋高判平26・3・4高検速報平26・137），証人が証言を拒絶した場合（前掲最判昭27・4・9，最決昭44・12・4刑集23・12・1546），共同被告人がいる事件で，相被告人が黙秘権を行使して供述しない場合などがある。

　証言拒絶等についても，一時的なものでは足りず，その状態が相当程度継続して存続しなければならない。東京高判平22・5・27高刑集63・1・8は，殺人・死体遺棄事件の共犯者とされる証人が自らの刑事裁判が係属中であるなどの理由で証言を拒絶したが，他方で，被害者の遺族の立場を考えると証言したい気持ちがあると述べるなど，合理的な期間内に証言拒絶の理由が解消し，証言する見込みが高かったと認められる上，裁判所において公判前整理手続の時点で証言拒絶を想定し得たのに，検察官に対して証言拒絶が見込まれる理由につき求釈明するなどし，証言を拒絶する可能性が低い時期を見極めて，これに柔軟に対応できる審理予定を定めていなかったなどの経過の下において，重大事案であり，被告人が犯行を全面的に否認し，同証人が極めて重要な証人であることなどを考え併せると，その検察官調書を刑訴法321条1項2号前段のいわゆる供述不能に当たるとして採用した訴訟手続には法令違反があるとして，原判決を破棄し，原裁判所に差し戻した。また，広島高岡山支判平27・3・18高検速報平27・1は，単に証人が証言を拒絶したというのでは足りず，証人の供述態度や証言拒絶の理由等に照らして証言拒絶の決意が固く，期日を改めたり，尋問場所や方法に配慮したりするなど，証人の証言を得るための手を尽くしても，翻意して証言する見通しが低いと認められるときに，供述不能の要件を満たすとした上で，建造物侵入・窃盗事件の共犯者である証人の証言拒絶の理由が明確になっているとはいい難く，また，捜査段階における同人の供述態度からすると，被告人等との間の遮へい措置やビデオリンク方式による尋問等の方法によれば，証言する可能性があったところ，検察官は，尋問実施までに遮へい措置等の申出をせず，原審としても，証人尋問の重要性を意識して，公判廷で証人から証言を得られるように手を尽くすべきところ，過料その他の制裁を受けることがある旨を告げて証言を命じることをせず，証言拒絶の理由につき検察官に立証を促すこともしていないなどの状況によれば，証言拒絶の決意が翻意されることが期待できないほど固いとまではいい切れないし，尋問方法や時期等を配慮することにより，証言が得られる可能性があることも否定できないとして，供述不能の要件を満たすものとは認められないとし，検察官調書を刑訴法321条1項2号前段の要件を満たすとして証拠採用した原審の訴訟手続には法令違反があるとして，原判決を破棄し，原裁判所に差し戻した。一方，東京高判平23・9・28高検速報平23・137は，強盗致死等事件の実行犯グループのリーダーである証人の証言拒否は，被告人のことを暴力団員と思って，被告人の面前で証言すれば，自身や家族に危害を加えられる恐れがあると危惧していることがその理由であると推認でき，証言拒否の態度は極めて強固で，日を置くことやビデオリンク方式等の尋問方法を考慮することにより，翻意する見込みはなかったものと認められるとして，供述

不能の要件を満たすとしている。

　ウ　前の供述と異なった供述をしたとき　　本条1項2号後段（検察官面前調書）が「前の供述と相反するか若しくは実質的に異なつた供述をしたとき」とされているのと異なる。単なる表現上の些細な相違は当たらないものの，前の供述の方が詳細であるとか明確であるという場合には，同項2号後段には該当しないが，同項1号後段には該当する。

⑶　2号について　　ア　検察官の面前における供述を録取した書面（検察官面前調書）

　検察官面前調書とは，検察官が取調べを行い，その面前でした供述を録取した書面をいう。検察事務官のみが供述者を取り調べその供述を録取した後，検察官立会いの上その内容を供述者に読み聞かせ，その相違なき旨確かめ，供述者，検察事務官及び検察官ともに署名した書面は，本条1項2号の書面に当たらない（福岡高判昭28・11・9高刑集6・10・1393）。検察庁法36条により検察官の事務取扱を命ぜられた検察事務官は，検察官としての権能を有するものであるから，検察官事務取扱検察事務官の作成した供述調書は，本条1項2号の書面に当たる（最判昭31・6・19刑集10・6・853）。

　録取の方法に制限はなく，検察官以外の者，例えば検察事務官等に録取させても問題はない（福岡高判昭27・10・2高刑集5・11・1894）。当該事件に関する取調べにおいて作成されたものに限らず，別の事件の関係で作成されたものでもよい。第1回公判期日後に作成されたものでもよい（東京高判昭36・11・14高刑集14・8・577，東京高判平8・5・29高刑集49・2・272）。

　イ　供述不能　　供述不能の事由は，本条1項1号（裁判官面前調書）と同じである。なお，公判廷で証言した者が，その後検察官に対して証言と異なる供述をし，その旨の供述調書が作成された後，改めて証人として喚問されていたところ，証言前に死亡した場合は，その供述調書は，本条1項2号前段の供述不能の要件を満たす（東京高判平5・10・21高刑集46・3・271）。

　供述不能の場合は，本条1項2号後段の相反供述と異なり，「特信供述」は要件とされていない。ただし，仮に，捜査官による強制や脅迫等違法な取調べにより供述調書が作成された疑いがあるような場合には，証拠能力を欠くと解してよい。

　ウ　前の供述と相反するか若しくは実質的に異なった供述をしたとき　　（ア）「前の供述」とは，公判準備又は公判期日における供述よりも前になされた供述をいい，既に公判期日において証人として供述した後に作成された供述調書は，直ちには本条1項2号の書面としての証拠能力を有しない（東京高判昭31・12・15高刑集9・11・1242）。しかし，証人が，供述調書の作成された後，公判準備若しくは公判期日において改めて尋問を受け，供述調書の内容と相反するか実質的に異なった供述をした以上，同人がこの供述調書の作成される以前に同一事項について証言をしたことがあるからといって，この供述調書が本条1項2号にいう「前の供述」の要件を欠くことになるものではない（最決昭58・6・30刑集37・5・592）。同決定においても警鐘を鳴らしているように，すでに公判期日において証人として尋問された者に対し，捜査機関が，その作成する供述調書をのちの公判

期日に提出することを予定して，同一事項につき取調べを行うことは，現行刑訴法の趣旨である公判中心主義の見地から好ましいことではなく，できるだけ避けるべきであり，新たに作成された供述調書の作成の経過にかんがみ，本条1項2号所定のいわゆる特信情況について慎重な吟味が求められる。

（イ）「前の供述と相反するか若しくは実質的に異なった供述」とは，本条1項1号の「前の供述と異なった供述をしたとき」と異なり，単に供述が異なるだけではなく，その供述自体で又は他の証拠と相まって異なる事実認定を導く可能性がある程の食い違いがあるような供述をいうものと解される。判例について見てみると，「相反」の事例としては，相被告人が検察官の前で自白し，その旨の供述調書が作成されたが，公判において否認に転じた場合（大阪高判昭25・10・21特報15・85）がある。「実質的に異なる」とされた事例としては，強姦事件の被害者が，検察官に対しては，被告人から暴行を加えられて姦淫された状況を順序を立てて詳細に供述するなど，被害状況その他の事情を明瞭に供述していたのに，証人尋問においては，断片的で脈絡が判然せず，被害状況が必ずしも明確ではない場合（東京高判昭31・4・17裁判特報3・8・412），正当防衛の成否が争点となっている殺人未遂の事件において，被害者の被害時の言動について，検察官面前調書では，もっぱら防御的なものであった旨の供述になっているのに対し，公判の証言では，闘争の態度を示し，積極的な行動に出た旨の供述になっている場合（福岡高判昭31・2・15・裁判特報3・5・161）などがある。なお，詐欺等事件の相被告人の供述調書につき，公判廷における供述と大綱においては一致しているが，供述調書の方が詳細であって，全く実質的に異ならないものとはいえないとして，本条1項2号の要件を認めた判例（最決昭32・9・30刑集11・9・2403）があるが，公判廷での供述が前の供述よりも詳細さにおいて劣っていたり，断片的で若干明確性に欠けていたりしても，証言の経過や証人の態度，他の証拠等と相まって，その証言によって十分心証形成が可能な場合には，公判中心主義の観点からも，改めて供述調書を採用する必要はないと思われる。

（ウ）供述の一部が相反するか又は実質的に異なっている場合に，本条1項2号書面として採用できるのは，供述調書全体なのか（無制限説。東京高判平17・6・15高検速報平17・140），相反するか又は実質的に異なっている部分（以下「相反部分」という。）に限られるのか（制限説。大阪高判平10・12・9判タ1063・272）について考え方が分かれているが，その供述調書の必要性等の観点も加味すると，相反部分及びこれと密接不可分な部分に限って採用するのが相当であろう。

エ　特信情況（相対的特信情況）　（ア）本条1項2号後段により，検察官面前調書が証拠能力を取得する要件としては，「公判準備又は公判期日における供述よりも前の供述を信用すべき特別の情況の存する」ことが必要である。公判準備又は公判期日における供述と比較して，検察官面前調書について信用すべき特別の情況が存在すれば足りる。その意味で，「相対的特信情況」と言われる（これに対して，本条1項3号の書面で要求される特信情況は，比較の対象がなく，絶対的な意味での特信情況が必要とされる。）。したが

って，検察官の面前における供述について公判準備又は公判期日における供述よりも信用することができる情況が存在する場合だけではなく，公判準備又は公判期日における供述について信用することができない情況があるため，相対的に，検察官の面前における供述に信用すべき情況があると判断されることもある。

（イ）特信情況の判断基準については，実務では，供述のなされた際の「外部的附随事情」が基準とされている。なお，当該検察官面前調書の供述内容自体も，外部的附随事情を推認する際の一資料として考慮することができる。

特信情況が否定されたものとして，検察官の利益誘導の疑いがあるとされたもの（札幌地判平15・2・27判タ1143・122），その供述が検察官の脅迫と利益約束に基づくものである疑いがあるとされたもの（大阪高判昭41・11・28判タ204・175）などがある。

一方，特信情況が認められる場合としては，実務上，公判準備又は公判期日における供述について信用することができない情況があるときが多く，①日時の経過による著しい記憶の減退，②心身の故障による記憶の減退・変化，③供述者と被告人の特別な人的関係から，公判期日等において被告人の面前で被告人に対して不利な供述ができない状況にある場合（例えば，供述者と被告人が親分子分の関係（最決昭27・6・26刑集6・6・824），供述者が被告人の弟分（札幌高判昭27・2・27高刑集5・2・278），供述者が被告人の子供（大阪高判昭25・12・23特報15・106）等），④被告人や利害関係人との間で虚偽供述の口裏合わせがなされた疑いがある場合（大阪高判昭24・11・28判タ8・57），⑤被告人や利害関係人から供述者に対して威迫や買収があった場合等がある。

(4) 3号について　ア　前2号に掲げる書面以外の書面　本条1項1号・2号に掲げる書面以外の書面に当たるものとしては，①司法警察職員に対する供述調書のほか，②被害届や上申書等の書面，③捜査機関の作成した捜査報告書，現行犯人逮捕手続書，④日記や手紙等種々のものがある。

一通の書面のうちの一部が本条1項3号の書面に当たる場合もある。例えば，本条3項の適用を受ける検証調書中の立会人の指示説明を超えるような供述部分（前掲最決平17・9・27），酒気帯び・酒酔い鑑識カード中の被疑者との問答の記載のある欄並びに「飲酒日時」および「飲酒動機」の両欄の記載（最判昭47・6・2刑集26・5・317）などがある（ただし，いずれも，本条1項3号の要件を具備していないとして証拠能力は否定されている。）。

イ　供述不能　供述不能の事由は，本条1項1号（裁判官面前調書）と同じである。

ウ　不可欠性　本条1項3号には，同項1号・2号と異なり，「その供述が犯罪事実の存否の証明に欠くことができないものであるとき」という「不可欠性」の要件がある。

この不可欠性とは，その書面に記載された供述を証拠とするか否かによって，事実認定に著しい差異を生じさせる可能性があるものと解するのが通説である。ここでいう事実認定とは，単なる有罪・無罪の認定にとどまらず，犯行の動機，態様及び結果等の認定に関わるものも含まれる。

エ　特信情況(絶対特信情況)　　本条1項2号後段と異なり，相対的なものではなく，いわば絶対的な事情でなければならない。特信情況の判断基準が，供述のなされた際の「外部的附随事情」であること（ただし，当該書面の供述内容自体も，外部的附随事情を推認する際の一資料として考慮することができる。）は，本条1項2号後段と同様である。

　特信情況が認められた例としては，自動車による業務上過失致死事件において，事故発生時，当該自動車に後続して自転車で現場を乗りかかった者がその自動車の所有者の名前を告げた供述，及び，事故により瀕死の状態にある被害者が同じ名前を連呼した供述（いずれも伝聞証言。福岡高判昭28・8・21高刑集6・8・1070），すり（未遂）の現場で警察官に提出を命じられて被害者が書いた被害の模様に関する上申書（札幌高函館支判昭24・7・25特報1・85），犯行を目撃したのみで何ら利害関係がなく，進んで交番に赴き警察官に供述した者の司法警察職員に対する供述調書につき，その供述の内容自体も加味して特信情況を認めた例（大阪高判昭26・2・24特報23・34）などがある。

[3] 本条2項について

(1) 被告人以外の者　　本条1項の解説［2］(1)ア参照。

(2) 公判準備若しくは公判期日における供述を録取した書面　　「公判準備における供述を録取した書面」とは，当該被告事件の公判準備における証人・通訳人・鑑定人等の尋問調書をいう。裁判所が行ったほか，受命・受託裁判官（163）が行った場合を含む。

　「公判期日における供述を録取した書面」とは，当該被告事件について公判手続の更新が行われた場合等の当該被告事件の公判調書中の証人・通訳人・鑑定人等の供述部分をいう。ビデオリンク方式による証人尋問調書（321の2）も，当該被告事件において作成されたものである場合は，本条2項の書面に当たる。裁判所が公判期日において直接聴いた証人等の供述は，供述自体が証拠になるのであって，供述を記載した書面が証拠になるのではない。他の事件の公判準備調書や公判調書は，当該被告事件の当事者に立会や反対尋問の機会が保障されていないので，本条2項には含まれず，本条1項1号の書面として証拠能力が判断される。

(3) 裁判官の検証の結果を記載した書面　　「裁判官の検証の結果を記載した書面」とは，裁判所，受命裁判官・受託裁判官（142・125），裁判員裁判における構成裁判官（裁判員57）が行った検証の結果を記載した検証調書，証拠保全手続（179）において裁判官が行った検証の結果を記載した書面をいう。

　他の事件の検証調書については，検証が場所や物の状態に対する客観的な認識を旨とする作業であり，検証の結果の記載は業務としての正確さをもって行われるという検証調書の性質等から，本条2項に含まれるとするのが通説である。

(4) 証拠能力の取得　　本条2項の書面に該当すれば，他に何らの要件を要せず証拠能力を取得する。その理由は，公判準備調書や公判調書については，当該被告事件の当事者に立会や反対尋問の機会が保障されていること，検証調書については，これに加えて検証調書の性質等による。

886 321条

したがって，当該公判準備・公判期日，検証の手続自体に違法がある場合には証拠能力を取得しないことがある。例えば，証人尋問等において当事者に立会権や反対尋問権が保障されていなかった場合，宣誓能力のある証人が宣誓をせずに供述した場合，除斥理由のある裁判官が証人尋問に関与した場合（最判昭26・5・25刑集5・6・1198）などがこれに当たる。

[4] 本条3項について

(1) **検察官，検察事務官又は司法警察職員の検証の結果を記載した書面**　「検察官，検察事務官又は司法警察職員の検証の結果を記載した書面」とは，裁判官の発する令状に基づく検証（218），逮捕の現場で行う令状に基づかない検証（220）の結果を記載した書面をいう。また，捜査機関が任意捜査として行う検証の結果を記載したいわゆる実況見分調書も含まれる（最判昭35・9・8刑集14・11・1437，最判昭36・5・26刑集15・5・893）。実況見分は，検証とは異なり，強制処分ではなく任意処分であるが，実質は検証と同様であり，客観的かつ技術的な要素が主で，調書の作成者の主観的意図で内容が歪められるおそれが少ないからである。同様の趣旨で，酒気帯び・酒酔い鑑識カードのうち「化学判定」欄及び被疑者の言語，動作，酒臭，外貌，態度等の外部的状態に関する記載のある欄（前掲最判昭47・6・2），警察犬による臭気選別の結果を報告した書面（最決昭62・3・3刑集41・2・60。同決定は，警察犬による本件臭気選別の結果は，右選別につき専門的な知識と経験を有する指導手が，臭気選別能力が優れ選別時においても右能力のよく保持されている警察犬を使用して実施したものであり，かつ，臭気の採取，保管の過程や選別の方法に不適切な点がないから，これを有罪認定の用に供することができるとしている。）なども本条3項の書面に当たる。

(2) **立会人の指示説明**　捜査機関は，検証調書（実況見分調書）作成の際に，必要があると認めるときは，被疑者，被害者その他の者を立ち会わせ，これらの立会人をして実況見分の目的物その他必要な状態を任意に指示，説明させることができ，その指示，説明を当該調書に記載することができる。このように立会人の指示，説明を求めるのは，実況見分の一つの手段であるに過ぎず，被疑者及び被疑者以外の者を取り調べ，その供述を求めるのとは性質を異にし，立会人の指示，説明を実況見分調書に記載するのは結局実況見分の結果を記載するにほかならず，被疑者及び被疑者以外の者の供述としてこれを録取するのとは異なる。したがって，立会人の指示説明として被疑者又は被疑者以外の者の供述を聴きこれを記載した実況見分調書には上記供述をした立会人の署名押印を必要としない（最判昭36・5・26刑集15・5・893）。この指示説明部分も含めて本条3項によって証拠能力を取得する。

　他方，指示説明を超えるような犯罪事実について述べるいわゆる「現場供述」の部分については，本条3項のみによって証拠能力を取得するものではない。この点につき，前掲最決平17・9・27は，捜査官が被害者や被疑者に被害・犯行状況を再現させた結果を記録した実況見分調書等で，実質上の要証事実が再現されたとおりの犯罪事実の存在であると解される書証が刑訴法326条の同意を得ずに証拠能力を具備するためには，同

法321条3項所定の要件が満たされるほか，再現者の供述録取部分については，再現者が被告人以外の者である場合には同法321条1項2号ないし3号所定の要件が，再現者が被告人である場合には同法322条1項所定の要件が，写真部分については，署名押印の要件を除き供述録取部分と同様の要件が満たされる必要があるとしている。また，最決平27・2・2判時2257・109も，警察官が被害者及び目撃者に被害状況あるいは目撃状況を動作等を交えて再現させた結果を記録した捜査報告書は，実質においては，被害者や目撃者が再現したとおりの犯罪事実の存在が要証事実になるものであって，原判決が，刑訴法321条1項3号所定の要件を満たさないのに同法321条3項のみにより採用して取り調べた第一審の措置を是認した点は，違法であるとしている。

(3) **証拠能力の取得**　本条3項の書面は，その供述者が公判期日において証人として尋問を受け，その真正に作成されたものであることを供述したとき，証拠能力を取得する。「真正に作成されたものであることの供述」とは，作成名義が真正であることのみならず，検証（実況見分等）が正確な観察によること及びその結果を調書に正確に記載したことの供述を意味する。

　このような要件を設けた趣旨は，その点についての反対尋問の機会を付与することにある。したがって，書面の体裁等から作成名義人がその書面を作成したと認めることを疑わせる事情がなく，しかも，相手方当事者が作成の真正を争わず，その点に関する作成者への反対尋問権を行使しない旨の意思を明示したような場合には，作成の真正が立証されたものとして扱うことが許される（東京高判平18・6・13高刑集59・2・1）。この判例の事案では，検察官請求の検証調書等について，弁護人が，不同意の意見を述べ，関連性及び必要性を争うものの，作成の真正については争わず，その点に関する反対尋問権も放棄するという趣旨の意見を述べたところ，原審が，当該証拠についての関連性及び必要性を認めた上，作成者の証人尋問を行うことなく，証拠として採用し，事実認定の用に供したものであるが，この点につき，訴訟手続の法令違反はない旨判示している。

［5］本条4項について

(1) **鑑定の経過及び結果を記載した書面で鑑定人の作成したもの**　「鑑定の経過及び結果を記載した書面で鑑定人の作成したもの」とは，直接的には，裁判所の命じた鑑定人の作成した鑑定書をいう。ただし，本条3項と同様，その書面の性質から準用される書面がある。例えば，捜査機関の嘱託（223Ⅰ）に基づき作成された鑑定書（最判昭28・10・15刑集7・10・1934），医師が作成した診断書（最判昭32・7・25刑集11・7・2025），消防吏員が作成した火災原因判定書（広島高判平8・5・23高検速報平8・159），捜査機関が作成した現場指紋対照結果通知書（札幌高判平10・5・12判時1652・145），ポリグラフ検査結果回答書（東京高決昭41・6・30高刑集19・4・447。同決定は，ポリグラフ検査が信頼度の高いものと認められること，検査者が適格者であること，被検者が検査を受けることに同意したこと，検査書は検査者が自ら実施した検査の経過及び結果を忠実に記載して作成したものであること等の諸点を証拠によって確かめ，上の諸要件を備えていると認められたときは，刑訴法321条4項により右検査書に証拠能力を

付与しても違法ではないとしている。)，声紋鑑定書（東京高判昭55・2・1判時960・8。同判決は，検査の実施者が必要な技術と経験を有する適格者であり，使用した器具の性能・作動も正確でその検定結果は信頼性があるものと認められるときは，作成者の作成経緯の証言を経て証拠として採用したことは相当と認められるとしている。）等がある。

　なお，非現住建造物等放火罪に係る火災の原因に関して私人が作成した「燃焼実験報告書」抄本につき，最決平20・8・27刑集62・7・2702は，「原判決は，本件報告書抄本が，火災原因の調査を多数行ってきた会社において，福岡県消防学校の依頼を受けて燃焼実験を行い，これに基づく考察の結果を報告したものであり，実際に実験を担当した上記作成者は，消防士として15年間の勤務経験があり，通算約20年にわたって火災原因の調査，判定に携わってきた者であることから，本件報告書抄本は，捜査機関の実況見分に準ずるだけの客観性，業務性が認められ，同（注：刑訴法321条3）項を準用して証拠能力を認めるのが相当である旨判示した。しかしながら，同項所定の書面の作成主体は『検察官，検察事務官又は司法警察職員』とされているのであり，かかる規定の文言及びその趣旨に照らすならば，本件報告書抄本のような私人作成の書面に同項を準用することはできないと解するのが相当である。原判断には，この点において法令の解釈適用に誤りがあるといわざるを得ないが，上記証人尋問の結果によれば，上記作成者は，火災原因の調査，判定に関して特別の学識経験を有するものであり，本件報告書抄本は，同人が，かかる学識経験に基づいて燃焼実験を行い，その考察結果を報告したものであって，かつ，その作成の真正についても立証されていると認められるから，結局，本件報告書抄本は，同法321条4項の書面に準ずるものとして同項により証拠能力を有するというべきであり，前記法令違反は，判決に影響を及ぼすものではない。」と判示している。

⑵ **証拠能力の取得**　　証拠能力取得の要件については本条3項と同様（[4]⑶）である。

[6] **実務上の処理**

　裁判員制度の導入を契機に，実務では，公判で見て聴いて心証の採れる，公判中心主義の裁判が実践されるようになってきている。例えば，証人が公判で検察官の取調べ時の供述と相反する供述をし始めた場合であっても，検察官は，安易に本条1項2号書面を請求するための形式的な要件立証に入るのではなく，記憶喚起のための誘導尋問や的確な弾劾尋問を駆使して，捜査段階で検察官に対してどのような供述をしたのか，それはなぜか，その後どうして公判では異なる供述をするようになったのか等について粘り強く尋問し，公判での供述と捜査段階での検察官に対する供述のいずれが真実であるのかを明らかにするよう努めることが多い。その結果，証人が検察官面前調書の内容に沿った供述をし始めることは少なくない。もとより，検察官にそのような訴訟活動をしてもらうよう裁判所が適切な訴訟指揮をすることも重要であるが，実務的な感覚でいうと，このような運用の実践により，従前に比べて，本条1項2号書面の請求・採用は，相当減ってきているように思われる。

〔髙橋康明〕

第321条の2 [1] 〔ビデオリンク方式による証人尋問調書の証拠能力〕　被告事件の公判準備若しくは公判期日における手続以外の刑事手続又は他の事件の刑事手続 [2] において第157条の6第1項又は第2項に規定する方法によりされた証人の尋問及び供述並びにその状況を記録した記録媒体がその一部とされた調書は，前条第1項の規定にかかわらず，証拠とすることができる。この場合において，裁判所は，その調書を取り調べた後，訴訟関係人に対し，その供述者を証人として尋問する機会を与えなければならない [4]。

2　前項の規定により調書を取り調べる場合においては，第305条第5項ただし書の規定は，適用しない [3]。

3　第1項の規定により取り調べられた調書に記録された証人の供述は，第295条第1項前段並びに前条第1項第1号及び第2号の適用については，被告事件の公判期日においてされたものとみなす [3][5]。

[1] 本条の趣旨

ビデオリンク方式により証人尋問を行う場合（詳細は157の6参照）に，裁判所が，証人の同意を得て尋問の状況を記録した記録媒体は訴訟記録に添付されて調書の一部となる（157の6ⅢⅣ）ところ，本条は，一定の条件の下，同調書に証拠能力を付与する規定である。同調書は，いわゆる伝聞証拠に当たり，本来は，321条1項1号の要件を満たして初めて証拠能力を取得するところである。しかし，被害者保護のために記録媒体に記録することとした趣旨に照らすと，同調書は他の証拠に比して証拠能力を認める必要性が認められる上，その記録媒体の内容は，裁判官の面前で，宣誓の上で述べられた証言であって，かつ，前の公判等で裁判官が見たものと全く同一のものであり，その合理性も認められることから，訴訟関係人への尋問の機会付与を条件に，証拠能力を認めることとしたものである。

[2] 要　件

「被告事件の公判準備若しくは公判期日における手続以外の刑事手続」とは，当該事件についての第1回公判期日前の証人尋問（226，227）及び証拠保全としての証人尋問（179）を意味し，「他の事件の刑事手続」とは，例えば共犯者など他の者の被告事件の公判準備又は公判期日における証人尋問等を意味する。

[3] 取調べの方法等

本条1項の規定により記録媒体がその一部とされた調書を取り調べる場合，当該記録媒体全体を再生する（証人尋問の直接性を満たす趣旨から，305Ⅴ但は適用されず，記録された供述内容の告知による取調べは許されない。）。なお，本条3項の規定により，取り調べられた記録媒体中の証言は，295条1項前段（重複尋問の規制），321条1項1号・2号（伝聞例外）の適用に当たっては，再生された証言が当該被告事件の公判期日にされたものとみなされる。

[4] 取調べ後の手続

裁判所は，その調書を取り調べた後，訴訟関係人に対し，その供述者を証人として尋問する機会を与えなければならない。通常は，その調書の採用と証人尋問の採用が同時に決定され，調書の取調べ後に証人尋問が行われる。

[5] 実務上の処理

記録媒体は当事者による謄写が禁止（40Ⅱ，270Ⅱ）されているため，取調べに当たり，受訴裁判所は，他の裁判所から記録媒体がその一部とされた調書を取り寄せる必要があり，また，その取調べ後は，原本返却の必要から，その写しを作成して記録に編綴する。なお，その取調べに際しては，後に証言が予定されている供述者への影響を防ぐため，在廷させないのが相当である。　　　　　　　　　　　　　　　　　　　　〔森喜史〕

第322条 [1] 〔被告人の供述書・供述録取書の証拠能力〕　被告人 [2] が作成した供述書 [3] 又は被告人の供述を録取した書面 [4] で被告人の署名若しくは押印のあるもの [5][6][7][8] は，その供述が被告人に不利益な事実の承認を内容とするものであるとき [9]，又は特に信用すべき情況の下にされたものであるとき [10] に限り，これを証拠とすることができる [11]。但し，被告人に不利益な事実の承認を内容とする書面は，その承認が自白でない場合においても，第319条の規定に準じ，任意にされたものでない疑があると認めるとき [12] は，これを証拠とすることができない。

2　被告人の公判準備又は公判期日における供述を録取した書面 [13] は，その供述が任意にされたものであると認めるときに限り，これを証拠とすることができる。

> [1] 本条の趣旨　　[2] 被告人　　[3] 供述書　　[4] 供述録取書　　[5] 黙秘権の告知　　[6] 署名・押印，読み聞け等　　[7] 外国人の供述録取書　　[8] 供述の録音・録画　　[9] 不利益な事実の承認　　[10] 特に信用すべき情況の下でされた供述　　[11] 近時の実務の運用状況　　[12] 任意性等　　[13] 公判準備又は公判期日における供述録取書面

[1] 本条の趣旨

被告人が作成した供述書又は被告人の供述録取書面は，320条1項の伝聞証拠に該当し，原則として証拠能力がないが，本条は，その例外として，公判期日における供述に代えて，証拠とすることができる要件を定めている。

被告人の自白その他の不利益な事実の承認を内容とするものは，任意にされたものでない疑いがあると認められる場合を除き，証拠能力が認められ，その他の供述を内容とするものは，特に信用すべき情況の下にされたものであるときに限り，証拠能力が認められるとするものである。

322条

[2] 被告人

　本条にいう「被告人」とは，現に当該事件の被告人である者をいう。当該供述書又は供述録取書が作成された時点において，供述者が被告人ないし被疑者である必要はなく，供述者が参考人であった場合でも含まれる。

　本条にいう「被告人」には，共同被告人は含まない。したがって，甲，乙が共同被告人とされる事件において，乙が作成した供述録取書が，甲との関係で証拠能力を認められるためには，本条ではなく，321条1項の要件を充足する必要がある（共同被告人の検察官面前調書について，最決昭27・12・11刑集6・11・1297，最判昭30・9・29裁集刑108・675）。

[3] 供述書

　「供述書」とは，供述者自らその供述内容を記載した書面である。

　被告人が取調べの過程で作成した上申書に限らず，被告人作成の日記帳，始末書等，手紙，備忘録，メモ等もこれに該当する。いわゆる被疑者ノートも供述書に該当する。

　司法巡査の交通違反現認報告書の表面に違反事実が記され，その裏面に不動文字で「表記のとおり違反を認む」と記され，その末尾に日付，被告人の住所，署名・押印が存在する場合，他人作成名義の文書の一部を引用し，又は不動文字を利用したものであっても，全体の形式から被告人の意思に基づき被告人自らが作成したものと認められるときは，裏面部分は被告人作成の供述書に該当する（最決昭32・9・26刑集11・9・2371）。

　なお，被告人が犯罪の嫌疑を受ける前にこれと関係なく，取引上の備忘のために作成した書面は，前記のとおり，本条にいう供述書に該当する場合がある一方で，323条2号の書面として証拠能力を有し，自白の補強証拠として認められる場合がある（最決昭32・11・2刑集11・12・3047）。

　供述書といえるためには，被告人が自ら作成したと認められることは必要であるが，被告人の署名・押印は必要ではない（東京高判昭40・1・28高刑集18・1・24）。

[4] 供述録取書

　「供述録取書」とは，第三者が供述者本人から聴き取った供述内容を記録した書面である。供述録取書を作成した録取者が何者であるかによって，証拠能力の区別はない。裁判官，検察官，司法警察職員に限らず，検察官事務取扱検察事務官（最判昭28・2・26刑集7・2・339），消防職員（大阪高判昭55・3・25高刑集33・1・80），弁護士，収税官吏（東京高判昭27・6・26高刑集5・6・1005），私人が録取したものであっても，供述録取書に該当する。

　ただし，被告人の家庭裁判所調査官に対する供述調書は，非行少年の保護を目的とする家庭裁判所における少年保護手続の特殊性に鑑み，刑事裁判手続において犯罪事実の認定の資料としては証拠能力を認められない（東京高判昭47・11・21高刑集25・5・479）。

　捜査官が被疑者に犯行状況について再現させた結果を写真等を添付して記録した，いわゆる犯行再現報告書の証拠能力については，321条3項所定の要件に加えて，被告人の供述の録取部分及び写真について，322条1項の要件を満たす必要がある（最決平17・9・27刑集59・7・753）。

[5] 黙秘権の告知

(1) 捜査官が被疑者を取り調べる際には，黙秘権を告知する必要があり，その不告知は手続違反になる（198Ⅱ，犯捜規169Ⅰ）。しかし，供述録取書の録取の主体は裁判官や捜査官に限られないから，供述録取に先立ち被疑者・被告人に黙秘権が告知されていることは，本条該当性が認められること自体の要件にはならない（杉田・大コメ刑訴7・658）。

被疑者の取調べに当たって黙秘権をあらかじめ告知しなかったとしても，その取調べに基づく被疑者の供述が直ちに任意性を失うことにはならない（最判昭25・11・21刑集4・11・2359，最判昭28・4・14刑集7・4・841）。しかし，黙秘権の告知を欠くことは，その事実を含めた一切の事情を総合し，虚偽自白を誘発するおそれのある具体的な状況があったかどうかという観点から検討する場合に，任意性に疑いを生じる根拠の一事情となる場合がある（浦和地判平元・3・22判タ698・83，石井・実務証拠法274）。

また，198条2項に定める被疑者に対する黙秘権の告知は，憲法上保障される黙秘権の内容には含まれず（最大判昭23・7・14刑集2・8・846，最大判昭24・2・9刑集3・2・146，最決昭24・9・7刑集3・10・1563），黙秘権の事前告知を欠くことは，直ちに憲法38条1項に保障される黙秘権の侵害とはならない。裁判所が黙秘権を告知せずに陳述を求めた場合に，仮に供述者が自ら供述義務があるものと誤信していたとしても，必ずしも供述を強要したとはいえない（前掲最大判24・2・9）。しかし，更に進んで，黙秘権の告知を欠くというだけではなく，取調官が被告人に供述義務があると誤信させて供述を得たような場合には，憲法38条1項で保障される黙秘権の侵害と評価され，証拠能力を否定されることがあり得る（出田・刑事証拠（上）277，中山・大コメ刑訴7・550）。

(2) 被告人に対し，参考人として黙秘権を告知せずに取り調べて作成した供述録取書の証拠能力が問題とされている。他人の被疑事件について，参考人として黙秘権を告知せずに取り調べて作成された供述録取書が，その後，被告人自身の被告事件において証拠とされた場合，黙秘権を告知しなかったこと一事をもって証拠能力を否定することはできない（東京高判昭26・3・14特報21・43。なお，東京高判昭26・6・20特報21・119）。しかし，捜査機関が，被告人に対し，当該事件について，既に被告人の立件を視野に入れて捜査対象としていたにもかかわらず，参考人として，黙秘権を告知せずに取り調べた場合には，黙秘権を実質的に侵害して作成した違法があり，322条1項により証拠能力を認めることはできない（東京高判平22・11・1判タ1367・257）。

(3) 弁解録取（203Ⅰ）については，黙秘権の告知は手続上要請されておらず，また，弁解録取書は，本条の要件を具備するか同意がありさえすれば証拠能力が認められると解されているが（最判昭27・3・27刑集6・3・520），その証拠能力が争われた場合には，黙秘権の告知がされていないことは，任意性の有無を評価する際の事情の一つになり得るから，捜査実務上は，弁解録取の手続においても供述拒否権を告知するのが妥当であり，かつ，告知するのが通例であるといわれている（渡辺・大コメ刑訴3・295，東條・注釈刑訴3・108）。なお，供述録取書に黙秘権を告知した旨の記載がなかったとしても，直ちに黙秘

権の告知がされなかったとはいえず，その他の証拠調べの結果により，黙秘権の告知がされたと認めることができるが（最判昭29・8・20刑集8・8・1299），録音・録画がされているのでなければ，その立証は困難な場合があると考えられる。

[6] 署名・押印，読み聞け等

(1)　捜査官は，被疑者を取り調べて供述録取書を作成するときは，被疑者に閲覧させ，又は読み聞かせて，誤りがないかどうかを問い，被疑者が増減変更の申立てをしたときは，その供述を調書に記載しなければならず（198Ⅳ），被疑者が誤りのないことを申し立てたときは，これに署名・押印又は署名・指印することを求めることができる（198Ⅴ，規61Ⅰ）。

　捜査官が被疑者を取り調べてその供述録取書を作成する際に読み聞けをしなくても，その供述録取書の証拠能力は認められるとする判例があるが（最判昭28・1・27刑集7・1・64），本項に規定する署名・押印は，供述内容と記載内容との一致を担保する趣旨であり，原供述者が供述録取の正確であることを確認して，署名・押印したものであることを要するから，読み聞けを欠く場合には，これと実質的に同等の供述録取の正確性を担保する措置が必要と解される。

　検察官が，供述録取書の作成に際しての読み聞けはしなかったものの，被告人の面前で，録取する供述内容を検察事務官に伝えるいわゆる口授をし，誤りがあるときは被告人から申し出を受けて訂正する方法で行い，被告人が供述録取書の内容を熟知していたと認められる場合，証拠能力が認められる（東京高判昭29・7・22裁判特報1・2・70）。

　被告人に対し，読み聞けの代わりに，供述録取書を閲読させることによって，供述録取の正確性を確認させることは可能であるが，被告人の国語力が低く，供述録取書は長文で漢字が多い等の事情がある場合，この供述録取書への署名・押印が供述録取の正確性を担保しているとはいえず，証拠能力が否定される場合がある（浦和地決平4・1・16判タ792・258）。

(2)　供述録取書には，被告人の署名・押印が必要であるが，例外的に，署名・押印を求めることができない正当な事由がある場合で，正確性を保障する他の事情があるときは，署名・押印がある場合と同一視して，証拠能力を肯定できる（石井・実務証拠法230。福岡高判昭29・5・7高刑集7・5・680は，第三者である供述者が，瀕死の重傷にあり，警察官が供述を録取した後，署名押印をすることができず，供述録取に立ち会っていた供述者の父親が署名押印した調書について，321Ⅰ③を肯定したもの）。これに対し，被告人が署名・押印することを拒絶した場合，当該供述録取書は証拠能力を有しない（石井・実務証拠法230）。

　なお，被告人の供述調書について，被告人の署名・押印がなく，被告人が署名・押印することができない事由も発見することができないときは，証拠とすることに326条の同意があっても証拠能力を取得しないとする旨の裁判例があるが（大阪高判昭30・10・7裁判特報2・20・1034），被告人側が被告人の署名・押印を欠くことを認識して同意したときは，供述録取者が被告人の供述内容を聴取して記載した捜査報告書として，証拠能力を

認める余地があると解される。

(3) **公訴提起後の取調べ**　　起訴後においては，被告人の当事者たる地位に鑑み，捜査官が当該公訴事実について被告人を取り調べることは，なるべく避けなければならない。もっとも，起訴後の取調べが，直ちに違法であって作成された供述録取書の証拠能力が否定される，とまでは解されていない（最決昭36・11・21刑集15・10・1764）。

[7] 外国人の供述録取書

(1) **通訳の必要性**　　日本語に通じない外国人の取調べに際しては，通訳が不可欠である。日本語を通じない外国人に通訳を付さなかったり，通じない外国語による通訳を介した供述録取書の証拠能力は，否定される。

　通訳を介すべき被告人の日本語に関する能力の程度については，①日常会話に相当の支障がある場合，②日常会話程度の日本語を片言ながらできる場合，③日常会話には不便はないが，高度の理解は困難である，等の段階が考えられるところ，供述する事柄を考慮して判断すべきであり，日本語が，若干不自由であっても，相当程度の取調べが可能であるという場合，通訳がなかったとしても，証拠能力を肯定した上で，信用性を慎重に吟味すべき問題ととらえられる（萩原・刑事証拠99）。

　通訳人の選択については，当該外国人の母国語によることが望ましいものの，母国語以外の言語で当該外国人に通用する外国語によることも許容される（東京高判平4・4・8判時1434・140，東京高判平4・7・20判時1434・143）。なお，外国人は，その刑事上の罪の決定について，「その理解する言語で速やかにかつ詳細にその罪の性質及び理由を告げられること」，「無料で通訳の援助を受けること」の保障を受ける権利を謳う市民的及び政治的権利に関する国際規約（B規約）14条3項(a)，(f)は，当然には公訴提起前の被疑者の取調べに適用されない。

　捜査通訳の公正さ，具体的には，通訳人が警察官を含む警察職員であることが許容されるかどうかが問題とされている。警察職員による捜査通訳に公正さを疑う理由はないとする有力な見解がある一方で（萩原・刑事証拠110），捜査官自らが通訳を担当することについて，通訳の公正の観点から慎重に評価する姿勢を示す裁判例もある（大阪地判昭58・1・28判時1089・159，大阪高判平元・11・10判タ729・249，大阪高判平3・7・30研修537・35）。警察職員が捜査通訳であることは，直ちに通訳の公正さを疑いを生じさせるものではないが，具体的に争いがある場合には，裁判所は慎重に検討・評価することになる。

(2) **通訳の正確性**　　通訳の正確性が，外国人の供述録取書，特に，後記(3)のⅣ型における日本語の調書の証拠能力にどのように影響するかが問題とされている。

　この点について，通訳の正確性は，①供述の信用性の問題であるとする説，②通訳の不正確さが著しいときは証拠能力の問題となり，そこまでの程度に至らないときは信用性の問題であるとする説（萩原・刑事証拠104），③通訳の正確性は証拠能力を認めるための要件であるとする説（東京高判昭51・11・24高刑集29・4・639，杉田・新実例刑訴292等）がある。

　通訳の正確性が争われた場合，通訳の正確性は，自由な証明によって判断される。一

般的には，被告人の公判供述，供述調書の内容及び形式，通訳人の署名・押印の確認等
が最初に調査され，その結果，捜査通訳に関して何らかの疑問が生じたときに通訳人の
証人尋問等が検討される（萩原・刑事証拠106，杉田・刑事証拠294）。身柄拘束中の被告人に
ついて，取調べの録音・録画がされていれば，検察官及び弁護人において録音・録画に
よって通訳の正確性ないし誤訳の有無を検証することが可能である。

(3) **供述録取書の方式**　外国人を取り調べて供述録取書を作成する方式は，外国語の
調書だけを作成するⅠ型，外国語の調書と併せて和文調書を作成し，双方に署名・押印
をさせるⅡ型，和文調書を作成し，訳文により読み聞けをし，和文調書に署名・押印を
させ，その訳文を添付するⅢ型，和文調書のみを作成するⅣ型の4類型に分類されてい
る（渡邊=堀籠・刑事裁判手続における渉外関係上の諸問題53，松本・判例百選50 184）。

　犯罪捜査規範235条においては，外国人であつて日本語に通じないものに対し取調べ
や弁解録取を行うときは，原則として日本語の供述調書又は弁解録取書を作成し，特に
必要がある場合には，外国語の供述書を提出させることとされている。実務上も，日本
語で作成されたものを通訳人が通訳の上で読み聞かせをし，被告人が誤りのない旨を申
し立てて署名・押印したⅣ型の供述録取書が，証拠請求されているのが一般的である。

　Ⅳ型の供述調書は，外国語の翻訳文を欠いているが，事後の吟味，検討によってその
作成時の通訳の正確性等に疑問のないことが確認できれば，証拠能力が認められる（東
京高判昭51・11・24高刑集29・4・639）。

　通訳人の署名・押印は法律上要請されているものではなく，その有無は証拠能力に影
響がないと解されているが，正確性を確保する意味で署名・押印を求めておくべきであ
る（山本・判評412・54，犯捜規182Ⅰ）。

　Ⅰ型の供述録取書や外国語で作成された供述書については，日本語の訳文が必要であ
り，その取調べを請求する当事者において，訳文を添付すべきである。訳文の添付がな
い場合には，裁判長は，訳文の添付を命じることができ，命令を受けた当事者は訳文を
添付する義務を負う（萩原前掲）。

　なお，Ⅰ型の供述録取書の変形として，外国人である被告人が検察官に対して外国語
で供述したことを，通訳人が日本語に通訳し，これを検察官が録取した書面には被告人
の署名がないものの，これを外国語に翻訳した調書に被告人の署名があり，外国語及び
日本語の調書の双方に通訳人が通訳及び翻訳の間違いないことを担保して署名している
ときは，この両調書を一括して，被告人の検察官に対する供述調書として証拠能力が認
められる（最決昭32・10・29刑集11・10・2708）。

[8] **供述の録音・録画**

(1) **供述の録音・録画の証拠能力**　被告人の供述の録音・録画（正確には，録音・録画が
された録音テープ，DVDといった記録媒体）は，それ自体が供述書や供述録取書でないこと
は明らかであり，また，通常，被告人の署名・押印を欠いている。このような被告人の
供述の録音・録画は，伝聞法則が適用される供述証拠であることを前提として，その機

械的正確性によって，特段の事情がない限り，被告人の供述内容と記録内容とが一致していることを肯定できることから，被告人の署名・押印がないものであっても，322条1項に準じて証拠能力を認めることができると解されている（石井・実務証拠法・196。被告人の供述を録取した録音テープについて，仙台高判昭27・2・13高刑集5・2・226。被告人の供述を放送したテレビの報道番組の録画について，大阪高判平17・6・28判タ1192・186)。

　しかし，被告人の捜査段階の取調べにおける供述の録音・録画は，これまで，供述調書の任意性が争われた場合に，その補助証拠として取り調べられているのが通常であり，実質証拠として取り調べられた例は少なく，その場合の証拠能力が肯定されるという解釈が判例，実務上，確立しているわけではない。

(2) **録音・録画の編集**　　被告人の供述の録音・録画について，何らかの編集が加えられており，被告人側がその編集が不相当であると主張する場合に，その証拠能力をどう考えるかが問題となり得る。

　この点に関連して，被告人の供述を収録したテレビ番組を捜査機関が録画したビデオテープについて，編集の相当性が証拠能力を認める上で必要かどうかについて，第1審が元々の供述と趣旨を異にすることなく録画されているという事情が必要であるとしたのに対し（和歌山地判平14・12・11判タ1122・464)，控訴審は，編集の相当性は原則的に供述内容の信用性や証明力の評価の問題であるとしており（前掲大阪高判平17・6・28。もっとも，証拠価値は極めて低いとして取調べの必要性には消極的な評価を下している。)，判断が分かれている。

(3) **実務の運用の動向**　　近年，裁判員裁判対象事件の被疑者，知的障害等を有する被疑者及び検察官のいわゆる独自捜査事件であって，被疑者が身柄拘束されているものについて，捜査機関が取調べを録音・録画することが試行されている。さらに，平成28年に成立した「刑事訴訟法等の一部を改正する法律」（平成28年法律第54号）においては，検察官は，裁判員裁判対象事件及び検察官のいわゆる独自捜査事件において，本条1項により証拠とすることができる書面であって，逮捕又は勾留中の取調べに係るものや弁解録取書に係るものの取調べを請求した場合，その任意性が争われたときは，当該書面が作成された取調べ等に係る録音・録画を請求しなければならず，その請求がなければ証拠の取調べ請求は却下されることとされている（301の2Ⅰ，Ⅱ)。また，これらの事件については，検察官及び司法警察員は，原則として被疑者の供述及びその状況の録音録画をしなければならないこととされている（301の2Ⅳ)。したがって，今後は，これまで以上に，被告人の捜査段階の取調べにおける供述の録音・録画が広く作成されることになる。

　これらは，取調べにおいて作成された供述録取書を実質証拠として請求することを前提として，その任意性が争われた場合に，取調べの録音・録画を任意性の立証手段とし，あるいは，証拠採用の要件としたものであるから，取調べの録音・録画の実施が拡大しても，直ちに，実質証拠としての利用が想定されているとは思われない。

もっとも，例外的であるにせよ，被告人が捜査段階において供述録取書の作成に応じなかった場合等，取調べの録音・録画を，実質証拠として請求することが検討される例は出てくると予想される。この場合，捜査機関による取調べが，公判における公訴事実の立証方法となるべく合目的的に実施されているとは限らないから，例えば，事件と関わりのない話題を含んでいるなどして，その内容や時間が，公判における要証事実の立証に適切なものとなっていないことが問題となり得る。また，録音・録画は，供述内容と記録内容の一致について正確性を有するとしても，供述内容が供述者の真意に合致しているかどうかは別の問題があり，例えば，供述者が，会話の中で軽率な言い間違いをしていたり，記憶を喚起しながら供述を変遷させる過程の一場面であったりすると，断片的な供述は，供述者の最終的な意思・認識に合致していないことがあり得る。録音・録画には，読み聞けの上で署名・押印という慎重な手続を踏む供述録取書と比較して，かえって信用性評価が難しい場合もあり得るなどの問題がある。

東京高判平28・8・10判タ1429・132においては，取調べの録音録画を「実質証拠として一般的に用いた場合には，」「公判審理手続が，捜査機関の管理下において行われた長時間の取調べを，」取調べの録音録画の再生により視聴し，「その適否を審査する手続と化すという懸念があり，」適正な公判審理手続ということに疑問がある，「取調べや供述調査に過度に依存した捜査・公判から脱却すべきであるとの要請にもそぐわない」，取調べの録音録画を「実質証拠として用いることの許容性や仮にこれを許容するとした場合の条件等については，適正な公判審理手続の在り方を見据えるから，慎重に検討する必要がある」と判示している。

[9] 不利益な事実の承認

(1) 「不利益な事実の承認」は，自白よりも広い範囲の供述を含み，自白（犯罪事実の全部又は一部について自己の刑事責任を認める供述）のほか，少なくとも犯罪事実の一部又はその認定の基礎になる間接事実の存在を認める供述を含むことに争いはない（香城・注釈刑訴5・336，松尾・条解876，杉田・大コメ刑訴7・664）。任意性が肯定される限り証拠能力が肯定される点では，自白と不利益な事実の承認とで違いはない。

不利益事実の承認を伝聞法則の例外とした理由は，人は嘘を吐いてまで自分に不利益な事実を暴露することはないという経験則があるので，不利益供述の信用性は高いといえる一方，被告人は，公判廷において供述をする義務を負わず，公判廷で不利益供述をさせることができない場合があるので，公判廷外の供述を証拠とすることには，必要性と相当性がある。また，被告人が公判廷で不利益供述と矛盾する供述をするときには，当然供述が変わったことの理由を説明することができるはずであるから，信用性が高い公判廷外の供述を証拠とした上，判決の段階でこれと公判廷での供述のいずれが信用性が高いかを判断することとしても，不当ではなく，かえって，判決前にその判断をするのは適当でないからである（香城・注釈刑訴5・335，杉田・大コメ7・663）。また，被告人が自分自身に対する反対尋問をすることは無意味であるから，当然に証拠能力が認められる

べきことも指摘されている（川出「伝聞例外(2)」警学68・9・150）。

(2) **「不利益な事実」の範囲，判断基準**　「不利益な事実」の範囲については，自白だけでなく，一般的に被告人に，他の証拠と総合されて有罪判決を受けるおそれのある事実（犯罪構成事実であると間接事実であるとを問わない）を認める供述が含まれ，公訴事実の一部を認める供述，間接事実についての不利益供述，公訴事実の認定に関する証拠の証明力についての不利益供述，違法性阻却事由等に関する事実が含まれることについて，争いがない。もっとも，犯罪事実の外にある一般情状としての不利益な事実は，除かれるとする説（松尾・条解877）と，このような事実も含むとする説（杉田・大コメ刑訴7・665）とに分かれている。

また，不利益かどうかの判断基準については，被告人の供述時の主観によるのではなく，客観的に判断すべきである。

例えば，被告人の捜査機関に対する否認の供述調書が，本件が犯罪によるものであることは否定しているものの，本件船舶沈没事故があつたという外形的事実を承認している場合，不利益な事実の承認に当たる（最決昭32・9・30刑集11・9・2403）。また，被告人が犯行を共謀したことがある旨を自認する内容の供述書は，不利益な事実を承認したものといえる（東京高判昭31・7・12裁判特報3・15・733）。

[10] 特に信用すべき情況の下でされた供述

不利益な事実の承認を内容とする場合以外の一切の供述については，特に信用すべき情況の下にされたものであるときに限り，証拠能力が認められる。被告人に有利な供述だけではなく，犯罪事実の認定に影響しない身上関係や前科前歴等に関する供述も含めて，証拠能力を認めるには特信情況の下でなされたことを要する（松尾・条解877）。

本条にいう特信情況は，321条1項3号にいう絶対的特信情況と同意義であると解されている（松尾・条解877，鈴木・注解刑訴中769）。

[11] 近時の実務の運用状況

(1) **否認事件における被告人の不利益事実を承認した供述調書の取り扱い**　被告人側が事実関係を争う事件においては，被告人の自白ないし不利益供述の承認を録取した供述調書等が捜査段階で作成されている場合，この取扱いが問題となる。

我が国の捜査機関においては，被疑者が取調べや供述録取書の作成に応じる限り，複数回にわたって取調べを行い，供述録取書を作成することが通例であり，したがって，公判を担当する検察官の手元には，事実関係に関する被告人の供述録取書が複数あることが通例である。検察官は，その全てを証拠請求するのではなく，具体的事案の下で必要性を吟味し，厳選した供述録取書に限って請求することが，本来予定されている。複数の供述録取書等の中には，事実関係に関する被告人の供述内容が変遷している場合があり得るが，この場合，検察官は，真実として立証しようとする内容が録取された供述録取書等に絞って証拠請求すべきである（角田ほか「裁判員裁判制度の下における大型否認事件の審理の在り方」7，68）。

裁判員制度導入の以前においては，変遷する供述録取書等を幅広に証拠請求し，これを取り調べるという運用がされていた時期があるが，これは，被告人の供述の任意性，信用性が争われる場合に，取調べ状況の立証手段が存在しないため，捜査段階における被告人の供述経過を手がかりとして被告人に対する取調べ状況を推知しようとする趣旨でされていたものである。

このような立証手法は裁判員裁判において利用が困難であることに加え，取調べの録音・録画が実施され，被疑者国選弁護人制度が広く適用されるなど制度的な改善が実現していることから，このような運用の合理性は，著しく低下しており，捜査段階において，被疑者の供述録取書が多数作成されたとしても，大半は，公判における取調べの対象外となっている。これらのことは，捜査段階において，被疑者に対し，多数回，長時間の取調べを行い，詳細で幅広な内容の供述録取書を多数作成する運用が，過剰なものとなっていないかどうか，再考を迫るものというべきである。

被告人側は，請求された被告人の供述録取書を検討して，供述録取書に記載された内容が被告人が公判で供述する内容と重要な点で矛盾する場合には，これを争うことになる。取調べ等の瑕疵の有無，その程度に応じて，「不同意，任意性を争う。」といった証拠能力を争う意見を述べるか，「不同意，任意性は争わない」旨の意見を述べるか（「同意するが信用性を争う。」とする場合もある。），方針決定の上で証拠意見を述べる。任意性等の証拠能力が争われる場合，裁判所は，この点について，当事者双方に主張立証させ，証拠能力の判断をして採否決定することになる。証拠能力に争いがない場合，矛盾する供述内容が重要なものであれば，当該供述録取書を取り調べることになるであろうが，取調べの順序について被告人質問との先後，供述録取書中の取り調べる範囲をどうするかといった点を，個別事案ごとに検討する必要がある。

検察官において，不利益な事実の承認であって，被告人が公判で供述しようとするのと同趣旨の内容を含む供述録取書を証拠請求する，という場合もある。この場合，被告人側は，326条の同意をすることが考えられるが，この場合であっても，裁判所は，被告人質問を先行して実施し，同内容の被告人の供述がなされることによって，供述録取書を取り調べる必要がなくなる，という運用をとることが多い。被告人側においても，これを見越して，必要性がない旨の意見を述べることがある。

(2) **自白事件における被告人の供述調書の取り扱い**　　自白事件においても，検察官は，被告人が事実関係を認める旨の複数の供述録取書等の中から適切なものを厳選して証拠請求することが予定されている。これに対し，被告人側は，326条の同意をすることが多い。

その上で，裁判員裁判を中心として，裁判所は，公判において，被告人質問によって被告人の供述を直接取り調べることによって心証形成し，改めて，捜査段階の供述録取書等を取り調べることはしない，という運用が広がっている。この点については，326条の解説を参照されたい。

[12] 任意性等

被告人に不利益な事実の承認を内容とする供述録取書等は，任意にされたものでない疑いがあると認めるときは，証拠能力が認められない。任意性の意義等は319条1項と同じであり，同条の解説に譲る。

被告人に不利益な事実の承認を内容とする供述録取書等に証拠能力を認めるには，本条の文理上，特信情況の下でされたことは，不要である（最決昭32・3・26裁集刑118・391）。

[13] 公判準備又は公判期日における供述を録取した書面

(1) **趣　旨**　　被告人の公判準備又は公判期日における供述を録取した書面は，その供述が任意にされたものであると認めるときに限り，これを証拠とすることができるとした規定である。

(2) **公判準備又は公判期日における供述録取書面**　　公判準備における供述録取書面の例としては，公判準備としての検証に立ち会った被告人の供述が検証調書に記載されている場合（福岡高判昭26・10・18高刑集4・12・1611。なお，被告人の署名・押印がなくても証拠能力を有する。），公判前整理手続期日における被告人の陳述や供述が公判前整理手続調書中に記載されている場合等が挙げられる。

公判期日における供述を録取した書面の例としては，当該事件において，公判手続の更新（315），破棄差戻し又は破棄移送（398ないし400・412・413），簡易裁判所から地方裁判所への移送（332）がなされる前の公判における被告人の陳述や供述を記載した公判調書が挙げられる。判決裁判所の面前でなされた被告人の公判における供述は，公判調書ではなく，被告人の供述自体が証拠となるので，これには当たらない。

「公判準備又は公判期日における供述」が，当該事件の公判期日又は公判準備におけるものに限られるかどうかについては，他事件の公判準備や公判期日における供述は含まれず，当該事件の公判期日又は公判準備における供述に限られるものと解される（松尾・条解878，杉田・大コメ刑訴7・670）。他の事件の公判期日等における供述を録取した書面は，1項の要件に服する。

〔井下田英樹〕

第323条[1]〔**高度の信用性ある書面**〕　前3条に掲げる書面以外の書面は，次に掲げるものに限り，これを証拠とすることができる[2]。

　一　戸籍謄本，公正証書謄本その他公務員（外国の公務員を含む。）がその職務上証明することができる事実についてその公務員の作成した書面[3]

　二　商業帳簿，航海日誌その他業務の通常の過程において作成された書面[4]

　三　前2号に掲げるものの外特に信用すべき情況の下に作成された書面[5]

[1] 本条の趣旨　　[2] 本条各号の書面に当たるか否かについての判断資料
[3] 本条1号の書面　　[4] 本条2号の書面　　[5] 本条3号の書面

323条

[1] 本条の趣旨

　本条は，書面の性質上，高度の信用性の情況的保障があるものについて，無条件に証拠能力を認めた規定である。

[2] 本条各号の書面に当たるか否かについての判断資料

　本条各号の書面に当たるか否かは，その書面の表題，形式，内容など書面自体から明白な場合が多い。したがって，通常は，信用性の情況的保障等を個別に立証することなく，各号の書面該当性を判断することが可能であるが，必要な場合は，その判断に当たって，作成状況や書面の成立過程に関する作成者の供述等を資料とすることも許される。

　最決昭61・3・3刑集40・2・175は，本条2号にいう「業務の通常の過程において作成された書面」に当たるか否かを判断するについては，当該書面自体の形状，内容だけでなく，その作成者の証言等も資料とすることができるとした。また，最判昭29・12・2刑集8・12・1923も，本条3号にいう「特に信用すべき情況の下に作成された書面」に当たるか否かを判断するに当たり，作成者の証言等を判断資料としている。

[3] 本条1号の書面

　公務員が職務上客観的に記録したところに基づき証明する書面をいう。実質的に公務員作成の書面であれば足り，作成名義人が明示されている必要はないし，作成した公務員の署名押印も本号適用の要件ではない。

(1) 戸籍謄本　　本号により，単に戸籍にどのような記載があるかを立証するためだけでなく，記載されている内容である事実を立証するための証拠としても証拠能力を有する。戸籍謄本には，戸籍抄本も含まれる。戸籍謄本等に代えて磁気ディスクに記録されている事項の全部又は一部を証明した書面（戸籍全部事項証明書等）の証拠能力も，戸籍謄抄本と同じである。

(2) 「その他公務員（外国の公務員を含む。）がその職務上証明することができる事実についてその公務員の作成した書面」　　「公務員」とは，国家公務員及び地方公務員のほか，法令により公務に従事する職員とみなされる者（日本銀行の役員及び職員・日本銀行法30等）を含む。ただし，罰則の適用についてのみ公務員とみなされる者（国家公務員共済組合13，弁護士35Ⅲ等）は含まれない。公務員には外国の公務員も含まれるが，ここにいう外国には国際連合その他の国際機関も含まれる。外国の公務員に当たるか否かは，当該国（機関）の法令により決せられる。

　この書面に当たるのは，例えば，不動産登記簿謄本（登記事項証明書），商業登記簿謄本（登記事項証明書），印鑑登録証明書，住民票写しなどである。

　捜査官が作成した報告書類については，321条3項等の規定が全く無意味となるため，本号に当たらない（最決昭24・4・25裁集刑9・447は，司法警察員の作成した捜査報告書について，本号該当性を否定した。）。ただし，前科調書など，捜査官が体験した事実を記載したものではなく，当該事件の捜査を離れて，通常の職務上記録し保管している情報に基づいて機械的に作成されたものであり，記載に裁量の余地がない書面については，本号該当性

が認められる場合がある。大阪高判昭24・10・21特報1・279は，指紋対照方照会に対する国家地方警察本部刑事鑑識課回答書（被告人の前科を立証するためのもの）につき，本号該当性を肯定している。

判決書（謄本）も本号に当たると解される。判決書を，そのような判決があったこと自体を証明するのに用いることを超えて，判決書の被告人がそこで認定されている犯行を実際に行ったことを証明するために用いることの可否については見解が分かれているが，被告人がそうした犯行を実際に行ったのかが争われた場合は，前科に関して判決書以外の証拠も取り調べざるを得ないから，実務上は，上記の見解の対立が特段問題になる場面が生じることは想定し難い。

［4］本条2号の書面

本号に規定されている書面については，一般に，業務遂行の基礎として，機械的かつ連続的に作成されるものであって，虚偽が介入するおそれが少ないことから信用性の情況的保障があると認められるとともに，その記載内容の立証に当たり，作成者を尋問するよりも書面を提出させた方が正確性が高いと考えられる。

(1) **商業帳簿**　会計帳簿，金銭出納簿，売上帳，仕入帳，貸借対照表などの総称である。商業帳簿が電磁的記録として作成された場合，その電磁的記録が蔵置されている記憶媒体自体や，その記憶媒体から機械的に印字された書面についても，本号が適用されると解する（なお，最判平14・1・22刑集56・1・1は，フロッピーディスクに記録された総勘定元帳ファイルの電磁的記録が破産法の「商業帳簿」に当たるとしている。）。

商業帳簿について，経理上の操作がなされ，一部虚偽の記載が含まれることもあるが，通常の場合は，証拠能力自体は認めた上，一部虚偽の記載があることは信用性・証明力の判断に際して考慮される。

(2) **航海日誌**　船員法18条1項3号に基づいて，船長が船内に備え置くことを義務付けられている書面である。これに準ずるものとして，航空日誌（航空法58）がある。

(3) **その他業務の通常の過程において作成された書面**　ある程度永続性をもつ業務の遂行過程で継続性をもって作成される書面をいう。この書面に当たるためには，一般に，①業務に関する書面であること，②その業務遂行の基礎として継続的，連続的に記載されるものであること（継続性，連続性），③その記載は，記載の対象となっている行為の時又はこれに近接してなされなければならないこと（行為との同時性）などを要すると解される（仙波厚・昭61最判解説〔刑〕44）。

例えば，医師の作成する診療録（カルテ），タクシー運転手の作成する運転日報などがこの書面に当たるが，診断書や領収証，契約書については継続性をもって作成されるものではないため，本条3号に当たり得るかはともかく，本号には当たらない。

本号該当性が肯定されたものとして，(ア) 米穀小売販売業者である被告人が本件犯罪の嫌疑を受ける前にこれと関係なく，自らその販売未収金関係を備忘のため，闇米と配給米とを問わず，その都度記入したものと認められる未収金控帳（最決昭32・11・2刑集

11・12・3047)，（イ）漁船団の取決めに基づき船団所属の各漁船の乗組員から定時に発せられる操業位置等についての無線通信を，船団所属の一漁船の通信業務担当者がその都度機械的に記録した書面（前掲最決昭61・3・3，各漁船の操業位置等を認定する証拠として。），（ウ）留置人名簿，留置人出入簿及び留置人出入要請書のうち，留置人の出入時刻に関する部分（浦和地判平元・10・3判タ717・244），（エ）警察官が職務遂行に当たり行った前歴や交通違反歴の照会について記録した前歴照会履歴一覧表（東京高判平24・1・30判タ1404・360）などがある。

[5] 本条3号の書面

(1) **特に信用すべき情況の下に作成された書面**　本条1号・2号の書面に準ずるような高度の信用性を保障する外部的状況を備えた書面をいう。そうした外部的状況が存在するか否かの場面で，作成者の供述等も判断資料となし得ることにつき，本条の解説 [2] も参照。

英米法で発達したいわゆるメモの理論（証人又は被告人が，公判廷で，当時の記憶は喪失したが，記憶の新鮮な時に自ら経験事実をそのまま正確にメモした書面である旨供述し，それが信用できれば，その書面は証拠能力を取得するというもの）が想定するような書面の証拠能力は，通常，本号ではなく，321条1項3号又は322条1項の要件該当性が問題とされる。また，実務上，そうしたメモ等の書面については，その作成状況等にもより，そのような記載のある書面が存在することを立証事項とする非供述証拠として取り調べられる場合もある。この場合，内容の真実性とは別に，当該書面の存在自体に独立した証拠価値があることが前提であり，書面の記載から，作成時における表意者（作成者）の心の状態（計画，意図，動機等）を推認することなどが考えられる（犯行計画を記載したメモについて，東京高判昭58・1・27判タ496・163，東京高判平20・3・27東時59・1＝12・22等参照）。

(2) **本号該当書面**　典型的なものは，信用のある金融機関の職員が作成した預金者との取引状況に関する回答書や，信用のある定期刊行物に掲載された取引所における株式等の相場，法令に根拠を有する統計の統計表などである。また，店舗で打ち出されたレシートも，機械的・継続的に作成発行されるものであり，本号該当性を認めることができると解される。本人の署名・実印の押捺がある借用書や契約書については，その性質や作成経過等にもより，本号該当性が認められる可能性はあるが，実務上，そのような取扱いがされる例は多くない（東京地決昭56・1・22判時992・3参照）。学説上は本号該当性が認められるとされる学術論文についても，通常，そこに記載されているものとは異なる見解があり得るところであり，実務上は，必ずしも本号該当性が認められるわけではない（当該学術論文が公表され，相応に一般性を有するものであることを前提に，そうした学術論文（専門家の見解）が存在することを立証事項とする非供述証拠として採用し，経験則に関する資料等の一つとすることはあり得る。）。

本号該当性が肯定されたものとして，（ア）ある検察庁が他の検察庁に対してなした前科調回答の電信訳文（最決昭25・9・30刑集4・9・1856），（イ）金融機関からの捜査官へ

の捜査関係事項照会回答書（最決昭47・4・11裁集刑184・27），（ウ）ある犯行が被告人の単独犯として起訴され，被告人に対し有罪の確定判決があった後，新たに共犯とされた者について起訴がされた場合における，上記被告人が服役中に妻との間でやり取りした一連の手紙（前掲最判昭29・12・2，特に信用すべき情況のもとに作成されたものと認められる限り，本号によって，上記共犯者に対する被告事件の証拠とすることができる。）などがあり，また，（エ）手帳やメモ，日誌等について本号該当性を肯定した裁判例として，仙台高判昭27・4・5高刑集5・4・549，東京地決昭53・6・29判時893・3，東京高判昭54・8・23判時958・131，東京高判平20・3・27東時59・1＝12・22等がある（この（エ）の裁判例に現れた書面は，いずれも相応の継続性をもってその都度作成されたもので，かつ，犯罪の嫌疑を受ける前にこれと関係なく記入されたり，客観的な状況を機械的に記入するなど，作成過程に恣意・主観が入り込んだと疑う事情や，不正確な記載がされたと疑う事情がないとされたものである。一般に，こうした事情のある書面については本号該当性が認められるといえよう。）。

本号該当性が否定されたものとして，（ア）被告人以外の者が単にその心覚えのため取引を書き留めた手帳（最判昭31・3・27刑集10・3・387。ただし，問題となった手帳の作成状況や成立過程について十分な立証がなされなかった場合である。），（イ）国税庁監察官が検察官の要請に基づき，汚職事件の捜査に協力する目的で，納税義務者らの納税の対象となるべき所得額を調査し，その経過及び結果を検察官宛に報告した書面（東京高判昭34・11・16下刑集1・11・2343）などがある。

刑事裁判を意識して新たに作成された書面は，通常，信用性の情況的保障を欠くものとして，本号該当性が否定される。

被告人が取調べ状況等を記載したいわゆる被疑者ノートは，被疑者として具体的な嫌疑を受けた後に作成したものであり，本号の特信情況が認められる場合は，相当限られると思われる。　　　　　　　　　　　　　　　　　　　　　　　　　　　　　　　〔辛島明〕

第324条 [1][2][3][4] 〔**伝聞証言の証拠能力**〕　被告人以外の者の公判準備又は公判期日における供述で被告人の供述をその内容とするものについては，第322条の規定を準用する [5]。

2　被告人以外の者の公判準備又は公判期日における供述で被告人以外の者の供述をその内容とするものについては，第321条第1項第3号の規定を準用する [6]。

　　　［1］本条の趣旨等　　［2］被告人以外の者の供述を内容とする被告人の供述
　　　［3］供述代用書面（いわゆる再伝聞）に対する準用　　［4］伝聞証言がなされた場合
　　　の取扱い　　［5］被告人の供述を内容とする被告人以外の者の供述（本条Ⅰ）
　　　［6］被告人以外の者の供述を内容とする被告人以外の者の供述（本条Ⅱ）

324条

［1］本条の趣旨等

(1) **本条の趣旨**　　本条は，いわゆる伝聞証言を証拠とできる二つの伝聞例外の場合として，①被告人以外の者の公判準備又は公判期日における供述で，被告人の供述をその内容とするもの（322が準用され，その要件の下に証拠能力が付与される。本条Ⅰ），②被告人以外の者の公判準備又は公判期日における供述で，被告人以外の者の供述をその内容とするもの（321Ⅰ③が準用され，その要件の下に証拠能力が付与される。本条Ⅱ）について規定する。

(2) **本条が適用される場面**　　本条が適用されるのは，原供述者の供述を供述内容の真実性の立証のために用いる場合であるから，原供述者の供述があっても特段の意味をなさない場合は，本条適用の問題は生じない（最決昭26・9・6刑集5・10・1895は，自己又は年齢の極めて近接した兄弟姉妹の生年月日については，幼少の頃には父母らから教えられることによって知識を得るものであるが，成長するに従い，日常の家庭生活等で集積される自己の体験により，その知識の真実性に関し独自の確信を有するに至るものであるから，こうした知識は人の直接体験による知識であって，その知識に基づく証言は伝聞証言ではないとした。）。

　　伝聞証言となるかどうかは，要証事実と当該供述者（証言者）の知覚との関係により決まる。Aが一定内容の発言をしたこと自体を要証事実とする場合には，その発言を直接知覚したBの証言は，伝聞証言に当たらないが，Aの発言内容に符合する事実（発言内容の真実性）を要証事実とする場合には，その発言を直接知覚したのみで要証事実自体を直接知覚していないBの証言は，伝聞証言に当たる。

　　最判昭30・12・9刑集9・13・2699は，強姦致死被告事件について，被告人がかねて被害女性と情を通じたいとの野心をもっていたという事実を認定する証拠として，被害女性がその生前，被告人が自分に変な言動をするのでいやらしい旨第三者に告白したことがある旨の第三者の公判廷における証言を用いる場合，この証言は伝聞証拠であり，証拠能力を認めるためには，324条2項，321条1項3号に則り，その必要性及び信用性の情況的保障について調査することを要するとした。また，最判昭38・10・17刑集17・10・1795は，被告人が「被害者はもう殺してもいいやつだな」と言った旨の第三者の供述について，被告人がそのような内容の発言をしたこと自体を要証事実としているものと解されるから，伝聞供述とはいえないとした（こうした発言をしたという事実は，被告人の被害者に対する内心の敵意等を推認させる間接事実に当たると考えられる。）。

［2］被告人以外の者の供述を内容とする被告人の供述

　　被告人の公判準備又は公判期日における供述で，被告人以外の者の供述をその内容とするものについては，明文の規定はないが，まず，①被告人が自身に不利な内容の伝聞供述に及んだ場合は，被告人が反対尋問権を放棄したものとみて，本条1項を類推適用し，任意性を要件として証拠能力を具備すると解される（通常，任意性は問題にならないと考えられる。）。また，②被告人が自身に有利な内容の伝聞供述に及んだ場合は，検察官の反対尋問権を考慮して，本条2項を類推適用し，321条1項3号の要件を満たす場合に証拠能力を具備すると解される。

[3] 供述代用書面（いわゆる再伝聞）に対する準用

　本条は，原供述者の供述内容が，それを聞いた者の公判準備における供述（321Ⅱの証人尋問調書等）又は公判期日における供述（証言，相被告人の供述等）に現れている場合の規定であるが，原供述者の供述内容が，それを聞いた者の供述代用書面（321以下の規定によって証拠能力が認められる供述書，供述調書等）の中に現れている場合（いわゆる再伝聞の場合）についても，本条の準用により証拠能力が認められることがある。

　最判昭32・1・22刑集11・1・103は，火炎瓶の投げつけによる放火未遂の事案で，共犯者の検察官調書中に，「被告人から，『被告人ほか3人で火炎瓶を投げつけてきた』という話を聞いた」旨の記載があったところ，321条1項各号所定の事由があるときに供述調書に証拠能力を認めたのは，公判準備又は公判期日における供述に代えて証拠とすることを許したものであるから，321条1項2号によって証拠能力が認められる検察官調書中の伝聞にわたる供述は，公判準備又は公判期日における供述と同等の証拠能力を有すると解するのが相当であり，検察官調書中の伝聞供述部分（再伝聞部分）には本条が類推適用され，原供述者が被告人であれば322条が，被告人以外の者であれば321条1項3号が準用される，という原審の理由及び結論を是認している。

[4] 伝聞証言がなされた場合の取扱い

　証人尋問の途中で伝聞証言に及んだときは，相手方当事者は異議を申し立てることができる（309Ⅰ，規199の13Ⅱ④）。裁判所は，異議に理由があると認められれば伝聞証言を制限する（規205の6Ⅰ）。

　これに対し，証人が伝聞証言をした場合に，これに相手方が同意をしたときは，その伝聞証言には証拠能力が認められる。最決昭59・2・29刑集38・3・479は，伝聞証言であっても，異議の申立てがないまま証人に対する尋問が終了した場合には，直ちに異議の申立てができないなどの特段の事情のない限り，黙示の同意があったものとして，証拠能力が認められる旨判示している。

[5] 被告人の供述を内容とする被告人以外の者の供述（本条Ⅰ）

　322条の準用により，原供述である被告人の供述が，①被告人に不利益な事実の承認である場合は，任意性を要件として（322Ⅰ），②被告人に不利益でない供述の場合は，特信情況を要件として（322Ⅰ），③公判準備又は公判期日における供述の場合は，任意性を要件として（322Ⅱ），証拠能力が獲得される。

　「被告人以外の者」には，共同被告人や共犯者のほか，捜査官も含むと解される。東京高判平3・6・18判タ777・240は，捜査官が，捜査段階で被告人を取り調べて聴取した供述内容（自白）について，供述調書を作成することなく，公判廷で証人としてその内容を供述した場合に，本条1項によりその証拠能力を認めている。

[6] 被告人以外の者の供述を内容とする被告人以外の者の供述（本条Ⅱ）

(1) 321条1項3号の準用　①原供述者である被告人以外の者の供述不能，②その供述が犯罪事実の存否の証明に不可欠であること，③その供述についての特信情況が要件と

324条，325条

なる（なお，最判昭33・10・24刑集12・14・3368は，一審公判における証人Aの証言中に，Bの供述を内容とする伝聞部分があっても，証言に際して被告人側からの異議の申立てがあった形跡がないばかりでなく，Bは既に当時の記憶を全く喪失しており，二審の際は所在不明となっていることがうかがわれるときは，一審公判調書中の上記伝聞部分は，本条Ⅱ及び321Ⅰ③によって証拠能力があるとした。）。

これらの要件は，原供述を聞いて公判期日等で証言する者が，一般人であると，警察官や検察官であると変わりがない。

以上の要件のうち特信情況については，本来の321条1項3号の場合に比べて，様々な態様の外部的状況が想定される。裁判例に現れた特信情況の例として，①事件発生直後の自然発生的供述（準強姦未遂事件当日に被害者から被害状況に関する話を聞いたという4名の証言につき，大阪地判平23・9・28判タ1398・377。自動車事故発生当時，被害者の同伴者である証人が事故現場で，加害自動車に後続し自転車で通りかかった者から同自動車の所有者の名前を告げられたと証言した場合で，その告げられた自動車の所有者の名前を述べた証言部分につき，福岡高判昭28・8・21高刑集6・8・1070），②幼児が性犯罪の被害直後に母親にした被害状況の供述を内容とする母親の証言（東京地判昭48・11・14刑裁月報5・11・1458）等がある。アメリカ法で伝聞例外とされている原供述者の臨終の供述，原供述者にとって不利益な事実の承認に当たる供述なども，特信性が認められる場合があろう。

(2) **原供述者の特定** 原供述者がいかなる人物であるかについて，その特定の程度が低ければ，それだけ原供述の特信性に疑問が生じることになる。

最判昭38・10・17刑集17・10・1795は，本条2項，321条1項3号所定の要件を具備した伝聞供述の原供述者がA又はBの二者択一的であっても，原供述者の範囲が特定の両者に限定されている以上，所在不明等の事由さえなければ証人尋問（反対尋問）を行うことができるから，原供述者が二者択一的であるというだけの理由で，その伝聞供述が証拠能力を有しないものとはいえないとした。なお，原供述者が全く不特定であれば，単なる風聞，噂の類いになり，そもそも要証事実との自然的関連性を欠くことになろう。

〔辛島明〕

第325条 [1]〔**供述の任意性の調査**〕 裁判所は，第321条から前条までの規定により証拠とすることができる書面又は供述であつても，あらかじめ，その書面に記載された供述又は公判準備若しくは公判期日における供述の内容となつた他の者の供述が任意にされたものかどうかを調査した後でなければ [2][3]，これを証拠とすることができない [4]。

[1] 本条の趣旨等

本条の趣旨につき，最決昭54・10・16刑集33・6・633は，裁判所が，321条ないし324

条の規定により証拠能力の認められる書面又は供述についても，更にその書面に記載された供述や，公判準備・公判期日における供述の内容となった他の者の供述の任意性を適当と認める方法で調査することにより，任意性の程度が低いため証明力が乏しいか，任意性がないため証拠能力あるいは証明力を欠く書面や供述を証拠として取り調べて不当な心証を形成することをできる限り防止しようとするものであるとする。また，この最決昭54・10・16は，本条でいう任意性の調査について，供述を証拠として取り調べる前に行う必要はなく，供述を判決の基礎として用いる前までに行えば足りるともしている。

この判例の立場からは，本条は，322条以外の書面又は供述については，証拠能力の要件の調査の場面で任意性の調査が必ずしも十分に行われないおそれがあるため，その証明力を認めるに当たって任意性の調査を義務付けることを主眼とするものと解される。

［2］任意性（「供述が任意にされたものかどうか」）の意義

最決昭54・10・16を踏まえ，本条につき，供述の証明力の担保に主眼を置いた規定と理解すれば，本条にいう任意性に関しては，虚偽排除的な観点から供述の強制がなかったかどうかなどが中心的に問題とされることになろう（鈴木・注解刑訴(中)783以下）。

［3］任意性の調査

裁判所が適当と認める方法で行えば足り，その際には供述調書の署名押印などの方式だけでなく，その内容も調査資料とすることができる（最決昭32・9・18刑集11・9・2324）。

調査の時期は，裁判所が証拠能力を認めた後に行うことでもよい（本条の解説［1］）。もっとも，被告人の自白等については，本条をまたなくても任意性の調査が行われる（322・324Ⅰ）し，特信性が問題とされる書面又は供述（321Ⅰ②③・324Ⅱ）についても，特信性の調査の際に，本条の調査もなされることが通常であり，また，それで足りると考えられる（最決昭32・9・18刑集11・9・2324は，被告人以外の者の検察官に対する供述調書について，弁護人から特信性がないから証拠調べに反対である旨の異議申立てがあり，この異議は理由なしとして却下された旨公判調書に記載されている場合は，この異議についての裁判に際し，その任意性の有無についても調査されたものと解するのが相当であるとしている。）。

調査の結果，証明力にとどまらず，証拠能力が否定されることもあり得る。実務では，いったんは任意性や特信性を認めて公判期日外の供述を取り調べた後でも，その任意性の有無，程度が問題となる場合にはこれを調査し，判決に至るまでに証拠能力を欠くことが判明した場合は，証拠排除決定（規207・205の6Ⅱ）を行うことがある。

［4］調査が不要な場合等

当事者が326条により証拠として同意した場合，裁判所が，その供述調書が作成されたときの情況を考慮して相当と認めたときは，その相当性の判断の中で任意性が考慮されており，したがって，本条による任意性の調査を要せず（最判昭30・11・29刑集9・12・2524），この点は自白調書についても同様である（最決昭26・6・7刑集5・7・1243，最判昭29

・12・23 刑集 8・13・2295）。

　なお，323 条 1 号の戸籍謄本や登記簿謄本など，書面の性質上任意性が問題とならないものについては，本条の調査も実際上問題とならない。　　　　　　　　　〔辛島明〕

第326条 [1][2]〔当事者の同意と書面又は供述の証拠能力〕　検察官及び被告人 [3] が証拠とすることに同意した [4] 書面又は供述は，その書面が作成され又は供述のされたときの情況を考慮し相当と認めるとき [5] に限り，第321条乃至前条の規定にかかわらず，これを証拠とすることができる [6][7][8][9]。

2 [10]　被告人が出頭しないでも証拠調を行うことができる場合において，被告人が出頭しないときは，前項の同意があつたものとみなす。但し，代理人又は弁護人が出頭したときは，この限りでない。

　　　　　　　[1]本条の趣旨　　[2]同意の本質　　[3]同意権者　　[4]同意の手続　　[5]相当性　　[6]同意の効力　　[7]同意の効力に対する制限　　[8]同意・不同意の撤回，取消　　[9]最近の実務の運用　　[10]同意の擬制

[1] 本条の趣旨

　伝聞証拠の証拠能力は制限されており，公判期日における供述に代えて書面を証拠とすることや，公判期日外における他の者の供述を内容とする供述を証拠とすることは，厳格な証明による立証を要する場合には，原則として許されない（320 I）。本条 1 項は，その例外の一つとして，検察官及び被告人が証拠とすることに同意した書面又は供述は，相当と認めるときに限り，証拠能力を肯定するものと規定している。

　一般的な公判実務においては，検察官は，まず，上記のような供述代用書面を証拠として取調べ請求し，被告人側は，これらに対する証拠意見（規190 II）を求められて，本条 1 項の同意をするかどうかの意見を述べる。伝聞法則の例外の中でも，第 1 次的に利用される規定であり，また，争いのない事実の立証について広く活用されている規定である。もっとも，後述するように，裁判員制度の導入に伴い，直接主義を重視する観点から，同意された書面の扱いや同意権の行使について見直す動きが強まっており，その運用状況に変化が起こっていることに注意を要する。

[2] 同意の本質

　同意がされることによって，伝聞証拠が証拠能力を獲得する根拠やその範囲については，かねてから見解の対立がある。

　この点について，反対尋問権放棄説によれば，伝聞証拠が許容されない理由は，反対尋問権の保障のためであり，反対尋問権は放棄できる権利であるから，証拠とすることに同意することにより，反対尋問権を放棄し，伝聞証拠が証拠能力を取得する，とする。

これに対し、証拠能力付与説によれば、当事者主義に基づき、一定の範囲で証拠に対する当事者の処分権を肯定したものであり、証拠とすることの同意により、当事者の証拠に対する処分権を根拠として、証拠能力を取得する、とする。

これらの本質論は、①同意した上で原供述者を証人尋問請求したり反対尋問することが許されるかどうか、②被告人自身の供述調書に同意して証拠能力を取得させることが許されるかどうか、③違法収集証拠といった瑕疵のある書証に対する同意によってこれらの瑕疵を治癒するかどうかといった点に違いが生じるといわれている。反対尋問権放棄説によれば、①は反対尋問権を放棄する以上は許されず、②は被告人が自らに対する反対尋問をするということは考えられないから許されず、③は反対尋問権の放棄はそれ以外の瑕疵を治癒しないという帰結を導く。逆に、証拠能力付与説によれば、①、②は許され、③は瑕疵を治癒して証拠能力を取得するという帰結になりそうである。

もっとも、①同意した後の原供述者の証人尋問請求は、実際上は、例えば、同意した上で反対尋問を希望するといった弁護戦略が採られる場合があり、一般的には否定されていない。②被告人の供述調書に対する同意は、最近の実務上は、これを肯定し、弁護人から同意の意見を得た上で本条1項を根拠に同意書証として採用する運用が支配的である。③違法収集証拠等の瑕疵ある証拠に対する同意が瑕疵を治癒するかどうかについては、詳細は〔6〕(2)で後述するが、結論だけ述べると、実務上、弁護人が証拠に同意するときは、違法収集証拠等の瑕疵をも争わない趣旨である場合が多い一方、これとは異なり、原供述者に対する反対尋問は不要であるものの、それ以外の瑕疵の存在を主張し、この瑕疵の審理判断を踏まえない限りは証拠能力を与えることに異議がある、という趣旨である場合もあり、一律に瑕疵を治癒するとすることには問題がある。

したがって、最近は、反対尋問権放棄説、証拠能力付与説のいずれの立場においても、前記①ないし③の各点について、図式的に適用して結論を導くのではなく、それぞれについて適切な運用が可能となるよう理論的に整合された見解が有力となっている（松本・新実例刑訴Ⅲ・5、栃木・植村退官1・333、大澤「刑訴法326条の同意について」曹時56・11）。

〔3〕同意権者

(1) 同意権者は、検察官及び被告人である。職権で取り調べる場合は、双方の同意が必要であるが、当事者が請求する証拠については、相手方当事者が同意すれば証拠能力が付与される。

弁護人は、代理人の立場で、被告人のために同意権を行使することができる。実務上は、弁護人が同意・不同意の意思表示をすることが通例であり、この場合に、被告人において、改めて意思表示をする必要はない。在廷している被告人が異議を述べなかった場合、被告人の同意があったものと解されている（最決昭26・2・22刑集5・3・421）。

もっとも、同意権者は被告人であるから、弁護人は被告人の明示的な意思表示に反して同意・不同意の意見を述べることは許されず、この場合には被告人の意思表示が優先する。弁護人が同意・不同意の意見を述べるに当たっては、通常、被告人と事前に打ち

合せていることが前提とされている。

　被告人において全面的に公訴事実を否認し，弁護人のみがこれを認め，その主張を完全に異にしている場合において，弁護人に対してのみ検察官申請の書証の証拠調べ請求について意見を求め，弁護人の証拠調べ請求に異議がないという旨の答弁だけで書証を取り調べた上，有罪認定の資料とすることは違法であり，被告人に対し証拠調べ請求に対する意見及び同意の有無を確かめなければならない（最判昭27・12・19刑集6・11・1329，最判昭27・11・21刑集6・10・1223）。

　もっとも，被告人が公訴事実を否認している場合でも，検察官が請求する書証を不同意にすべきかどうかは，証拠構造や当該具体的事案における証拠評価によるのであって，一概にいえないし，被告人の弁解と反する供述調書等であっても，被告人の応訴態度と弁護方針によって，同意されることはあり得る。したがって，弁護人の同意が被告人の意思に反するといえるかどうかは，被告人が事実を争っているとの一事から判断されることではなく（最判昭26・7・17裁集刑50・1），被告人の応訴態度や訴訟の経緯に照らし，個々の事案ごとに具体的に判断すべき事柄であるが，いずれにせよ，弁護人が被告人の納得を得ておくことが，何より重要である。裁判所は，通常，弁護人の代理権に基づく同意権の行使を尊重することになるが，同意の意見が被告人の意思に反している具体的な疑いがある場合には，被告人に対しても，明示的に意思を確認しておくのが適当である。

(2) **公判前整理手続における場合**　　公判前整理手続においては，被告人又は弁護人は，検察官請求証拠について，本条の同意をするかどうかの意見を明らかにしなければならない（316の16Ⅰ）。公判前整理手続期日に被告人の出頭は必要的ではなく（316の9Ⅰ），被告人が出頭しない公判前整理手続期日における弁護人の証拠意見や期日外に書面で提出される弁護人の証拠意見は，裁判所から被告人に意思確認をするまでもなく，同意の効力を認められている。

　これらの場合，弁護人は，開示証拠を検討するなどの準備をした上で証拠意見を述べるが，この場合であっても，事前に，被告人と打ち合せておくべきことは変わらない。弁護人と被告人との信頼関係や弁護権に配慮する必要があり，裁判所が，一般的に，被告人に対する意思確認を行うべきとは考えられないが，同意の意見が被告人の意思に沿うものであるかどうかに疑義がある場合には，被告人に対し公判前整理手続期日に出頭を求め（316の9Ⅱ），意思を確認する（316の10）といった措置を検討するべきである。

［4］同意の手続

(1) **書証に対する同意・不同意**　　書証に対する同意・不同意は，証拠請求がされた場合に，裁判所に対して同意する旨の訴訟上の意思表示をする。相手方の証拠調べ請求に対し，裁判所が意見を聴く機会に（規190Ⅱ），本条の同意・不同意の意見を述べる。対象となる証拠を特定して，「同意」，「不同意」と述べるべきである。特定の書証の記載が可分である場合，当該書証の一部を同意とし，残部を不同意とすることもでき，この場合は，同意部分・不同意部分の特定に疑義が生じることがないよう配慮すべきである。

公判廷又は公判前整理手続期日においては，口頭で陳述し，公判廷外又は公判前整理手続期日外（公判前整理手続き中の打合せ期日の場合を含む。）においては，書面の提出によって意思表示をする。なお，口頭で意見を述べる場合であっても，同意・不同意の対象となる書証の点数が多い場合，一部同意の範囲を特定する必要がある場合等は，書面で補足することが適当である。

(2) **伝聞供述に対する同意・不同意**　　伝聞供述は，証人又は被告人の供述中の伝聞供述であり，証人尋問又は被告人質問の中でなされる。証人尋問や被告人質問中，個別に同意・不同意の意見を相手方に確認する必要はなく，相手方が異議を述べないことによって，黙示の同意があったものとして証拠能力が肯定される。相手方が不同意とする場合，尋問者の発問から伝聞供述を求めていることが分かる場合には，発問に対して異議を申し立てて（309 I），発問に対する供述を止めることができる。発問からは分からなかったものの，被告人ないし証人の供述に伝聞供述が現れた場合には，その供述の直後に，伝聞供述に同意しない趣旨で異議を申し立てる。裁判所は，申立てに理由があると認めるときは，当該伝聞供述を排除する旨の決定をし（規205の6 II），公判調書中に，当該伝聞供述部分を特定して，異議申立てとその理由及び排除決定を記載する（規44 I ⑰，㊻）。伝聞証言に異議の申立てがないまま当該証人に対する尋問が終了した場合には，直ちに異議の申立てができないなどの特段の事情がない限り，黙示の同意があったものとして証拠能力を有する（最決昭59・2・29刑集38・3・479）。さらに，伝聞供述を求めていることが明らかな発問がなされて，異議を申し立てる機会があったのにこれを黙認していた場合，異議を述べられなかったことについて正当な理由がない限り，黙示の同意と扱う旨の見解が有力である（香城・注釈刑訴5・365，大野・大コメ刑訴7・734）。また，伝聞供述がされた際に異議の申立てはなく，反対尋問において伝聞供述を前提としあるいはこれを容認して尋問したときは，当該伝聞供述を証拠とすることに同意したと認められ，後に異議を申し立てることはできないとする見解が有力である（大野・大コメ刑訴7・735）が，異論もある（野間・刑事公判366）。

[5] **相当性**

同意された書面又は供述であっても，その書面が作成され又は供述のされたときの状況を考慮し，「相当」と認めるときに限り，証拠能力を取得するが（本条I但），この趣旨は，当該書面又は供述が任意性を欠き又は証明力が著しく低い等の事由があれば証拠能力を取得しないとの趣旨である（最決昭29・7・14刑集8・7・1078）。

供述者の署名・押印を欠く供述調書であっても，供述録取者が供述者から聴取した内容を記載した捜査報告書とみることにより，同意書証としての相当性を肯定することが可能と解される。また，署名・押印を欠く被害届は，同意により，証拠能力を有する（最決昭28・10・1裁集刑87・7）と解されている。

[6] **同意の効力**

(1) 同意された書証及び供述は，321条ないし324条に規定する要件を満たしていない場

合であっても，犯罪事実等の立証に要する厳格な証明のための証拠能力を取得し，325条の任意性を調査する手続上の義務は免除される（最決昭26・6・7刑集5・7・1243）。書証の場合，その他の要件が満たされれば，採用決定の上，取り調べることが可能となるが，裁判所において，相当性や必要性を認めなければ，採用決定はされない。伝聞供述の場合，証人尋問や被告人質問の中で異議なく当該伝聞供述がなされることによって，その取調べがなされる。

　何らの留保なく同意された書証の中に伝聞供述が含まれている場合，この伝聞供述についても同意があったものとして証拠能力が認められる。もっとも，尋問調書の証拠調べの施行に際して，被告人及び弁護人が異議を述べなかったとしても，被告人が事実を全面的に否認している場合には，直ちに同調書中伝聞証拠の供述記載の証拠能力まで認めることに同意したものとは推断できないとした判例もある（最判昭30・1・14裁集刑102・341）。書証の謄本や抄本についても，同意されれば，これを証拠とすることができる（最決昭28・12・17刑集7・12・2558，最決昭35・2・3刑集14・1・45，東京高判昭30・10・17東時6・12・417）。

　同意により証拠能力を得たとしても，証拠価値，信用性については，裁判所は，証拠能力とは別に評価することになり，相手方もこれを争うことができる。実務上，同意の意見を述べるに当たって，「同意するが，信用性を争う」旨述べられることがあり，裁判所に対し，証拠として取り調べることに同意するが，その信用性を特に慎重に評価するよう注意喚起する趣旨と理解される。

(2) **違法収集証拠等の瑕疵のある証拠に対する同意**　　ア　違法収集証拠として本来証拠能力に問題のある書証について同意の意見が述べられた場合，その瑕疵を治癒して証拠能力を肯定されるかどうかが問題とされている。

　この点については，同意があっても違法収集証拠の排除の判断に影響を及ぼさないとする放棄不能説，同意があれば本来排除されるべき違法収集証拠の証拠能力が肯定できるとする放棄可能説，同意の有無は違法収集証拠の証拠能力を判断するための一要素として考慮されるとする中間説とが考えられる（樋口・刑事証拠(下)423）。前記の同意の本質に関する反対尋問権放棄説からは，同意によって違法収集証拠の瑕疵は治癒されないとの帰結を導きやすい。証拠能力付与説からは，証拠能力が肯定されるとの帰結を導きやすいと考えられるが，被告人側が同意した際に，当該証拠の収集等に違法とされる事実があることを知っていたことは必要とされている（植村・注釈刑訴5・242，長岡・刑訴の争点[新版]225）。

　最高裁判例としては，弁護人が証拠とすることに同意し，異議なく適法な証拠調べを経たときは，捜査手続の違法があったかどうかにかかわらず証拠能力を有するとしたものがあるが（最大判昭36・6・7刑集15・6・915），違法収集証拠の証拠能力が否定される場合があることを判示した最高裁判例（最判昭53・9・7刑集32・6・1672）の以前のものである。

イ　いずれにせよ，検察官請求に係る書証について，弁護人が留保を付けずに同意すれば，326条の同意と併せてその他の証拠能力についても異議がない旨の意見であると解

されるから，瑕疵を治癒するかどうかは別論としても，通常は，証拠収集手続の適法性
について特別な審理をすることなく，採用，取調べがされることになる（髙木＝大渕・違
法収集証拠の証拠能力を巡る諸問題231）。

　これに対し，検察官請求に係る書証について，弁護人において，供述者に対する反対
尋問は必要ないが，違法収集証拠の排除法則の適用を主張し，証拠収集手続の適法性に
関する審理，判断を求めるという場合には，このような弁護方針に沿った審理を可能と
する証拠意見を述べられるようにするべきである（髙木＝大渕前掲240）。この場合の意見
の述べ方は，前記の放棄不能説からは，「同意。ただし，違法収集証拠であり，証拠能
力を争う。」ということになるが，放棄可能説を前提として，「不同意，違法収集証拠。
ただし，作成の真正は争わない。」という意見によって，供述者に対する尋問を行わな
くても証拠能力を肯定する運用も行われている。

［7］ 同意の効力に対する制限

(1)　書証又は伝聞供述は，同意により証拠能力を認められるが，一定の場合に，立証事
項や立証趣旨等の関係で，証拠として用いられる範囲が制限される場合がある。

(2)　**立証趣旨**　　立証趣旨を留保することなく同意された書証について，立証趣旨の拘
束力が認められるか，あるいは，請求された書証に対し，立証趣旨を限定して同意した
場合に，当該立証趣旨に限定して証拠能力を肯定することができるかどうかが，問題と
されており，以下のような類型においては，その証拠能力が立証趣旨に限定されると解
されている。

　①親告罪において告訴事実を立証趣旨とする告訴状等について，訴訟条件に趣旨を限
定して弁護人が同意した場合，訴訟条件としての告訴事実に限定され，犯罪事実の証拠
に用いることはできない。②検証調書・実況見分調書において，立証趣旨が「現場の状
況」と限定して請求され，これに同意されている場合，指示説明部分に指示説明を超え
て供述にわたる内容があったとしても，これを犯行状況の立証に用いることはできない。
③精神鑑定書には，鑑定人の判断の前提として，犯罪事実に関する被告人や第三者の供
述が記載されていることが多いが，これらはあくまで当時の被告人の精神状況を判断す
るための資料として使用するという前提の下に請求，同意されているから，これを犯罪
事実の認定の証拠とすることはできない。④示談書といった情状証拠として請求された
証拠に同意がされた場合，あるいは，情状事実に趣旨を限定して弁護人が同意した場合，
罪体事実の認定に用いることはできない（大野・大コメ刑訴7·737）。⑤328条の証拠として
請求され，採用された証拠を犯罪事実を直接認定するための証拠として用いることはで
きない（最決昭28·2·17刑集7·2·237）。

(3)　**公訴事実の別と立証趣旨の拡張**　　証拠は，公訴事実の別を特定して請求され，これ
に対する同意も，特定された公訴事実の範囲で証拠能力が認められる。公訴事実の別が
特定された同意書証を他の公訴事実の認定に用いるには，立証趣旨の拡張又は証拠の再
請求が必要である。公訴事実の別を「全」として請求され，留保なく同意された書証に

ついて，その後に追起訴，併合審理された公訴事実の証拠とする必要がある場合，業務上横領事件の業務性に関する証拠や覚せい剤取締法違反事件の法定の除外事由の有無に関する証拠のように，共通する事実に関する証拠については，相手方の異議がない限り，黙示の同意があったと解して，新たな公訴事実の証拠にできると解されているが（大野・大コメ刑訴7・737，松尾・条解902，香城・注釈刑訴5・361），実務上は，明確を期するため，立証趣旨の拡張等の手続を行っていることも多い。

(4) 被告人の別　　共同被告人の事件においては，証拠請求は関係被告人を特定してなされる必要があり，同意がされても，特定された被告人との関係でのみ証拠とされる。また，共同被告人全員の関係で請求された証拠について，ある被告人がした同意，不同意の意見は，他の共同被告人との関係では効力はなく，ある被告人との関係で同意されて取り調べられた証拠は，他の共同被告人との関係では証拠にならない。

[8] 同意・不同意の撤回，取消

同意の撤回は，手続の安全を害さない限りは許されるが，具体的には，公判前整理手続に付されない事件の場合，遅くとも，当該証拠の証拠調べの実施後は許されないと解されている（大阪高判昭63・9・29判時1314・152）。公判前整理手続に付された場合，同意意見を述べた後，公判期日における証拠調べまでの間に相応の期間が空くことになるが，集中審理を実現するための審理計画に影響を及ぼすことを考慮し，遅くとも，公判前整理手続の終了後は原則として許されないと解される。この点について，これを許す場合には，実質的に当該書証の供述者の証人尋問を求める趣旨とみて，不同意としなかったことにやむを得ない事由があることを要するとの指摘がある（辻「刑事訴訟法の一部を改正する法律（平成16年法律第62号）について」曹時57・8・2398）。

同意の意思表示に錯誤等の瑕疵がある場合に同意の無効，取消しが認められるかについて，手続の安定を考慮すると，証拠調べの終了後はこれを認めず（東京高判昭47・3・22東時23・3・46），当該証拠の信用性の評価で考慮したり，必要に応じ当該供述者の証人尋問を実施したりすることで対応すべきである。

不同意の撤回には，手続の安全を害することはないから，格別の制限はない。実務上も，いったん述べられた不同意の意見が，その後の検討を経て同意に変更されることは，珍しくない。

[9] 最近の実務の運用

被告人側において，検察官が立証しようとする事実関係に全く争いがない場合，検察官請求に係る書証等は，関連性や必要性に疑義があるものは別として，通常，全部同意する旨の意見が述べられる。このような場合，裁判員制度導入以前は，同意された書証は，裁判所において，全て採用，取調べがされる運用がされていた。

しかし，裁判員制度導入後，このような同意書証の取り扱いについての運用は変わってきている。検察官が請求する書証が全部同意される場合であっても，裁判所において，被告人の供述や重要な証人の供述については，当該供述者の供述を直接取り調べること

が適切であるとの判断から，被告人質問ないし証人尋問を先行して実施し，その上で，供述調書の必要性はなくなったとして取り調べられない場合があり，このような審理は，検察官立証の手法として有効であると評価されている。また，弁護人においても，取調官が構成した供述調書ではなく，被告人質問ないし証人尋問により必要な部分に絞って取り調べるべきとの観点から，事実関係に争いがなくても，被告人や重要な証人の供述調書を不同意とすることがある。

このような運用は，特に直接主義が重視される裁判員裁判においては，既に広く定着しており，裁判員非対象事件においては，事案を選びつつ，部分的に実施されている。これに対しては，証人の出頭や検察官の負担を指摘し，裁判員非対象事件におけるこのような運用の広がりに疑念を示す見解もある（清野「『被告人質問先行』に関する一考察」判時2252・3，森下「『被告人質問先行』に関する一考察を受けて　清野論文に対する批判的検討」判時2263・3）。また，このような運用がされる事件の範囲等がどこまで広がるのかは，中長期的には拡大傾向と思われるにせよ，見通せない状況であり，今後なお注視を要する。

被告人や重要な証人の供述を被告人質問や証人尋問によって取り調べることは，直接主義の観点からは望ましいが，個別事案の事情によっては支障があり得るので，裁判所や当事者は，この方針を採用するかどうかを判断するに当たり，事案毎に適性を見極める必要がある。検察官等の捜査機関は，特に重要証人に対しては，早い段階から証人尋問の可能性を理解させ，証人・被害者保護の制度を適切に説明しておくなど，公判出頭の確保が重要である。

[10] 同意の擬制

被告人が出頭しないでも証拠調べを行うことができる場合において，被告人が出頭しないときは，同意があったものとみなす。ただし，代理人又は弁護人が出頭したときは，この限りでない（本条Ⅱ）。被告人不出頭のままで証拠調べを行える場合，被告人が出頭しないときは，検察官請求の証拠について被告人の意思を確認する方法がなくなり，訴訟の進行が阻害されることになるので，それを防止するための規定である。代理人又は弁護人が出頭していれば，被告人の同意権を代理行使できることから，ただし書が設けられている。

法律上の擬制であるから，被告人の真意の如何にかかわらず同意があったものとみなされ（最決昭53・6・28刑集32・4・724），反証を提出して覆すことは許されない。なお，同意が擬制されても，「相当性」の要件を満たさないときは，証拠能力を取得しない。

「被告人が出頭しないでも証拠調を行うことができる場合」には，283条の場合，284条の場合，285条1項後段及び2項後段の公判期日であって裁判所が不出頭を許可した場合が，それぞれ含まれることに異論はない。

勾留されている被告人が出頭を拒否した場合（286の2），被告人が許可を受けずに退廷し，又は法廷の秩序維持のため裁判長から退廷を命じられた場合（341）が含まれるか否かについて争いがある。①いずれも含まれるとする肯定説，②286条の2の場合及

び341条のうち許可を受けずに退廷した場合は含まれるが，退廷を命じられた場合は含まれないとする中間説，③いずれも含まれないとする否定説とがある。判例上は，341条の被告人が秩序維持のため退廷させられた場合について，被告人自らの責めにおいて反対尋問権を喪失し，被告人不在のまま当然判決の前提となるべき証拠調べを含む審理を追行することができるとして公判手続の円滑な進行を図ろうとしている法意を勘案すると，326条2項が適用されるとされており（前掲最決昭53・6・28），肯定説が採用されている。

〔井下田英樹〕

第327条 [1] 〔**合意による書面の証拠能力**〕　裁判所は，検察官及び被告人又は弁護人が合意の上，文書の内容又は公判期日に出頭すれば供述することが予想されるその供述の内容 [2] を書面に記載して提出したとき [3] は，その文書又は供述すべき者を取り調べないでも，その書面を証拠とすることができる。この場合においても，その書面の証明力を争うことを妨げない [4]。

[1] 本条の趣旨

　いわゆる合意書面について定める規定である。合意書面は，これまで，当事者間において争いのない事実を立証する場合には，328条の同意書面によることが多く，活用されることは少なかったといわれている。しかし，訴訟関係人は，争いのない事実については，誘導尋問，326条1項の書面又は供述に加えて，本条の書面の活用を検討するなどして，当該事実及び証拠の内容及び性質に応じた適切な証拠調べが行われるよう努めなければならない（規198の2）とされており，特に，裁判員裁判を中心とした公判前整理手続に付された事件において，活用が期待されている。規198条の2は，争いのない事実を立証しようとする側が合意書面を作成しようとする場合，相手方は，これに応じるか否かを検討する限度では協力義務を負うことを前提とすると解されている（伊藤＝髙橋「刑事訴訟規則の一部を改正する規則の解説」曹時57・9・47）。

[2] 合意書面の内容

　合意書面の内容は，「文書の内容」又は「予想される供述の内容」であることを要する。いずれも，当事者が証拠を作出することまで認めている趣旨ではないから，合意書面の内容について客観的な裏付けがあり，原資料が特定されていることが必要である。もっとも，そのような裏付けがあれば，文書の内容や供述内容を要約することが許されるし，1通の合意書面に複数の文書や数名の予想される供述内容を記載することもできる（大野・大コメ刑訴7・750）。

[3] 合意の手続

　合意をするのは，検察官と被告人との間である。実際上は，検察官と弁護人との間で合意して書面を作成する場合が通常であると思われるが，この場合であっても，弁護人

は，被告人の意思に反して合意することはできない。書面の方式について特別の定めはないが，通常は，検察官及び被告人又は弁護人の署名押印がされた書面が作成される。当事者双方が合意したことを明らかにする必要があり，書面自体に合意したことを記載してこれを明らかにしても良いし，証拠調べ請求の際に「合意書面として」請求する旨明示するなどしてこれを明らかにしても良い。

「提出」とは，当事者双方から証拠調べ請求をすることと解されている。

［4］合意の効果

合意書面の効果について，合意書面の性格は，供述書ではなく，文書ないし供述の内容に関する当事者の主張を記載した書面であるから，「証拠とすることができる」とは，証拠能力ある証拠と擬制する趣旨であると解する見解（大野・大コメ刑訴7・751，松尾・条解910）と，合意書面は，文書等の内容を記載したものであるから，単なる主張ではなく，報告文書であり，「証拠とすることができる」とは，これに証拠能力を与える趣旨であると解する見解（香城・注釈刑訴5・370）とが対立している。いずれの立場であっても，訴訟手続上は，証拠能力のある証拠として取り扱われることになり，採用，取り調べられた場合でも，証明力を争うことは妨げられない。　　　　　　　　　　　　　　〔井下田英樹〕

第328条 [1]**〔証明力を争うための証拠〕**　第321条乃至第324条の規定により証拠とすることができない書面又は供述であつても[2]，公判準備又は公判期日における被告人，証人その他の者の供述の証明力を争うためには[3]，これを証拠とすることができる[4][5]。

　　　　［1］本条の趣旨　　　［2］本条の適用を受ける証拠　　　［3］証明力を争う対象
　　　　［4］公判前整理手続との関係　　　［5］実務上の処理

［1］本条の趣旨

本条は，公判準備又は公判期日における被告人や証人等の供述の証明力を争うための証拠については，いわゆる伝聞法則（320条の解説を参照）の適用がなく，証拠として用いることができることを明らかにした規定である。

［2］本条の適用を受ける証拠

(1)　**自己矛盾供述**　本条により許容される証拠は，信用性を争う供述をした者のそれと矛盾する内容の供述が，同人の供述書，供述を録取した書面（刑訴法が定める要件を満たすものに限る。），同人の供述を聞いたとする者の公判期日の供述又はこれらと同視し得る証拠の中に現れている部分に限られる（最判平18・11・7刑集60・9・561）。

本条が適用される範囲については，従前は，同一人の矛盾する供述（自己矛盾供述）に限られるという考え方と，そのように限定はされないという考え方との間で争いがあっ

たが，現在，判例及び実務の運用は，「自己矛盾供述」に限られるということで確立している。

　例えば，証人Aが公判廷において「私が目撃した犯人は被告人甲に間違いない。」と証言した場合に，Aの警察官に対する供述録取書に「私が目撃した犯人は甲とは断言できない。」との記載があった場合の同供述録取書（弁護人の証拠請求が考えられる。），これとは逆に，証人Aが公判廷において「私が目撃した犯人は被告人甲とは違う気もする。」と証言した場合に，Aの警察官に対する供述録取書に「私が目撃した犯人は甲に間違いない。」との記載があった場合の同供述録取書（検察官の証拠請求が考えられる。）などが本条の証拠となり得る。

　自己矛盾供述に限られるので，上記の例において，供述録取書が第三者であるBの供述に基づくものであるときは本条の適用はないし，本条のいう「証明力を争うため」の意味とは，証明力を「減殺するため」という意味であって，証明力を「増強するため」の証拠は本条には含まれない。

(2) **証拠となり得る書面について**　　供述録取書の場合は，原供述を聞いた第三者が書面を作成する過程も伝聞であるから，そこに記載された供述内容の正確性を担保する意味で，原則として，原供述者の署名押印が必要である。なお，署名押印を欠いても，その部分について326条の同意がある場合や，供述内容の正確性を担保する外部的状況がある場合（他事件の公判調書中の証人・被告人等の供述部分等）は，本条の証拠として許容される（前掲最判平18・11・7のいう「これらと同視し得る証拠」とは，こうしたものを指すものと解される。）。

　任意性を欠く供述は，もちろん，本条の証拠としても許容されない。

　証言等の後に作成された書面についても，本条の証拠として許容される場合がある（最判昭43・10・25刑集22・11・961）。法廷では証人が真実を供述できない事情が判明して，証言後に検察官が供述録取書を作成したような場合はこれに当たるであろう。しかし，証人尋問で検察官が証言の弾劾に成功しなかった場合に，その後，特段の事情もないのにその証人を取り調べて，証言と異なる供述録取書を作成して，本条の証拠として請求することは，公判中心主義に反し，証人尋問の本質を否定するものとして許されないというべきである。

(3) **証拠としての扱いについて**　　本条によって採用された証拠は，供述の証明力を争うという限りで用いられるものなので，これを直接犯罪事実の認定に用いてはならない（最決昭28・2・17刑集7・2・237）。したがって，有罪判決の証拠の標目（335 I）に挙示するものではない。

[3] 証明力を争う対象

　証明力を争う対象としては，条文の文言上は，「公判準備又は公判期日における」被告人，証人その他の者の供述とされているが，実質証拠として取り調べられた供述書，供述録取書，上申書等の書証も含まれる。

[4] 公判前整理手続との関係

公判前整理手続に付された事件において，公判における被告人や証人等の供述の証明力を争うために，これらの供述がなされた後に，これを弾劾するために本条に基づいて供述録取書等を請求する場合は，316条の32第1項の「やむを得ない事由」に当たる。

実際に公判で被告人や証人等の供述がなされて初めて，その自己矛盾が明らかになるからである。

なお，改めてこうした書証を請求するのではなく，公判の場でその供述を弾劾する方策を講じるのが望ましいことについては，[5] を参照されたい。

[5] 実務上の処理

昨今，裁判員裁判の導入を契機に，公判廷で見て聴いて心証の採れる公判中心主義の裁判の実現が図られている。

こうした観点から，被告人や証人等の公判供述が，過去の供述と矛盾している場合においても，安易にその供述が録取されている調書等の取調べを請求するのではなく，尋問によって弾劾を試み，供述の変遷の有無と内容，変遷の理由を明らかにして，裁判所が公判廷での被告人や証人等の供述の信用性について心証が採れるようにするような運用が広がりつつある。

被告人や証人等が，尋問によって，過去の矛盾する供述の内容等を自認すれば，その点についての弾劾は目的を達する。思い出せないという場合や頑なに自認しないような場合には，被告人や証人等に対して，尋問の際に，自己矛盾供述が記載された供述録取書等を示したり朗読したりして，その存在を認めさせれば，弾劾の目的は達することになる（なお，運用としては，些細な食い違いを捉えて尋問しても弾劾の効果は乏しく，本質的で重要な部分の変遷について取り上げることが肝要である。）。

そうすると，改めて当該供述録取書等を請求する必要はなくなる。書面の提示等の根拠については，規199条の10（書面の成立，同一性その他これに準ずる事項についての尋問における提示）とする考え方と規199条の11（記憶喚起のための提示）とする考え方がある。後者とした場合，同条においては，提示し得る書面として供述録取書が除かれているが，その趣旨は，例えば，捜査機関が作成した供述録取書を証人等に示されると，捜査過程において録取された供述内容を既定のものとして受容することなどにより，証人が正確な供述を試みることをあきらめ，安易に書面の内容を承認するような供述をするなど，その提示が証人等に対して不当な影響を及ぼす危険があることを考慮したものである（刑訴規則逐条説明107）と解されるので，自己矛盾供述の存在について証人等に記憶を喚起させるために提示等する場合には，上記のような危険はないため，同条の規制は及ばないと考えてよい。

このような運用がさらに定着していくことになると，本条によって供述録取書等が採用される場面は相当限られてくるものと思われる。

〔髙橋康明〕

第 5 節　公判の裁判

第329条 [1] 〔管轄違いの判決〕　被告事件が裁判所の管轄 [2] に属しないときは，判決で管轄違の言渡をしなければならない [3]。但し，第266条第 2 号の規定により地方裁判所の審判に付された事件については，管轄違の言渡をすることはできない [4]。

[1] 本条の趣旨

　本条は，被告人の管轄に関する権利保護等を考慮し，公訴を提起された事件がその裁判所の管轄に属しない場合，又は審理中に事件がその裁判所の管轄に属しなくなった場合に，原則として管轄違いの判決により手続を打ち切ることとしたものである。なお，330条及び331条に，管轄違いの判決を言い渡すことについての制限が規定されている。

[2] 管轄等

　「管轄」には，土地管轄及び事物管轄が含まれる。被告事件が当初から又は審理中に，その係属する裁判所の管轄に属しないことが明らかになった場合に，管轄違いの判決を言い渡すことになる（判決で言い渡す以上，起訴状の記載から事物管轄のないことが明らかな場合であっても，公判期日を開いて，起訴状朗読，管轄の有無に対する当事者の意見聴取等の手続を経る必要がある。43 I）。

⑴ **土地管轄**　土地管轄については 2 条の解説を参照。土地管轄の有無は，起訴時を基準に判断する。本庁・支部間又は支部相互間の事務分配は，司法行政事務に属し，訴訟法上の管轄の問題ではないから，この事務分配に違反して公訴が提起されたとしても，管轄違いには当たらない。

⑵ **事物管轄**　事物管轄の有無は，訴因（起訴状記載の公訴事実，罪名及び罰条により特定される）を基準に判断する。訴因が択一的に記載されている場合は，最も重い罪の訴因による。事物管轄は，訴訟条件として，起訴時から判決宣告時までなければならない。

　ア　犯罪後に刑の変更がある場合　犯罪後に刑の変更が生じた場合は，刑法 6 条又は改正法附則中の罰則の適用に関する経過規定によりその犯罪事実に適用すべき罰条の法定刑に基づいて，その事物管轄が定まる（最大判昭39・2・26刑集18・2・48）。犯罪時には法定刑が罰金刑のみの罪について，犯罪後，法定刑に選択刑として懲役刑が加えられたとしても，その事件は，引き続き簡易裁判所の専属管轄に属するのが通常であろう。

　イ　両罰規定が適用される場合　3 条の解説を参照。

　ウ　訴因変更があった場合　審理中に訴因変更があった場合は，新訴因を基準にして事物管轄の有無を判断することになるから，地方裁判所に係属中の事件につき訴因変更の結果，地方裁判所の事物管轄に属しなくなったとき（例えば，傷害致死の当初訴因から，過失致死の訴因に変更がされた場合）は，管轄違いの言渡しをすることになる。

922 329条

もっとも，簡易裁判所に起訴された事件について，訴因変更をすると，地方裁判所の専属管轄に属することになる場合（例えば，窃盗の当初訴因から，強盗の訴因に変更請求がされた場合）は，訴訟経済の観点から，管轄違いの判決ではなく，訴因変更の許否に関する判断を留保したまま332条により管轄地方裁判所に移送することができると解する（最判昭28・3・20刑集7・3・597参照）。この場合に，当初の訴因のままでは地方裁判所が管轄権を有しないとき（例えば，過失致死の当初訴因から，傷害致死の訴因に変更請求がされたとき）は，移送先での訴訟条件を整えておく必要から，簡易裁判所は，訴因変更許可決定と併せて332条による管轄地方裁判所への移送決定を行うのが相当であろう（松尾・条解918）。

エ　訴因と認定事実（心証）にずれが生じた場合　　例えば，重過失致死の当初訴因で公訴提起を受けた地方裁判所が，審理の結果，過失致死にすぎないとの判断（心証）に至った場合，訴因変更を経ることなく管轄違いの言渡しができるかという問題がある。

審判の対象が第一次的には訴因と解されることから争いはあるが，①上記のような例（いわゆる縮小認定ともいい得る場合）であれば，過失致死の予備的訴因が黙示的に追加されていたと考えることも可能であるから，訴因変更を経ることなく過失致死について管轄違いを言い渡すことができ，②当初訴因が傷害致死で心証が過失致死の場合のように，縮小認定ともいい得ないようなときは，検察官の訴因変更請求があればこれを許可して過失致死について管轄違いを言い渡し，訴因変更請求がなければ傷害致死について無罪を言い渡すことになると解する（中谷・大コメ刑訴8・38以下）。

(3) **瑕疵の治癒**　　起訴時に管轄がなかったとしても，その後にこれを補完するような事情が生じた場合（土地管轄の場合は被告人の住居の変更，事物管轄の場合は訴因変更等）は，再起訴による手続の繰り返しを避けることが被告人の利益となる場合もあるから，被告人の利益が著しく害される場合（19Ⅲ参照）を除き，訴訟経済を重視して，瑕疵の治癒を認めることができると解する（松尾・条解919。19により移送を受けた事件についての最判昭58・10・13刑集37・8・1139も参照）。

[3] 管轄違いの判決

(1) **判決の方式**　　管轄違いの判決は，通例，主文で「本件は管轄違い」と言い渡し，理由中では，初めに公訴事実（その要旨で足りる）を掲げた上で，管轄違いとなる理由を簡潔に説明する。

(2) **判決の効果**　　管轄違いの判決が確定すると，その訴因が判決裁判所の管轄に属しないことについて内容的確定力が生じる。仮に同一事件が同一訴因により同一裁判所に再起訴された場合，公訴棄却（338④）の判決が言い渡される。

他方，管轄違いの判決には一事不再理効は生じないから，管轄違いの判決が確定しても，同一事件を管轄裁判所に対し再起訴することができる。なお，管轄違いの言渡しがあっても，従前の訴訟手続の効力は失われず（13），勾留状も失効しない（345。管轄裁判所への再起訴が考えられるため，その間の身柄の確保について配慮したものである。）。

(3) **上　訴**　　管轄違いの判決は，管轄がないことを理由として訴訟手続を打ち切る形

式裁判であり，検察官からの上訴は許されるが，被告人には上訴の利益がなく，被告人・弁護人からの上訴は許されない。

［4］266条2号の付審判決定により地方裁判所に起訴があったとみなされる事件

誤って管轄権のない地方裁判所の審判に付したときであっても，管轄違いの言渡しをすることはできない（本条但）。ただし，事件を管轄権のある地方裁判所へ移送（19）することは可能である。　　　　　　　　　　　　　　　　　　　　　　　　　　〔辛島明〕

第330条 [1] **〔管轄違いの言渡しの制限(1)〕**　高等裁判所は，その特別権限に属する事件として公訴の提起があつた場合において，その事件が下級の裁判所の管轄に属するものと認めるとき [2] は，前条の規定にかかわらず，決定 [3] で管轄裁判所にこれを移送しなければならない。

［1］本条の趣旨

高等裁判所が例外的に第一審の事物管轄をもつ事件（特別権限事件。刑77～79，裁16④）であるとして高等裁判所に公訴提起があった事件については，その事件が下級の裁判所の管轄に属するものと認めるときは，管轄違いの言渡しをすることなく，管轄裁判所へ移送すべきことを定めている。下級の裁判所が第一審を担当する方が，審級性では当事者の利益になることや訴訟経済を考慮したものである。

［2］下級の裁判所の管轄に属するものと認めるとき

①起訴状記載の訴因自体が特別権限事件に当たらない場合と，②起訴状記載の訴因は特別権限事件に当たるが，審理の結果，下級裁判所の管轄事件であると認められる場合である。①の場合は，直ちに管轄裁判所に移送すればよく，②の場合は，訴因変更許可決定と併せて管轄裁判所への移送決定をするのが相当である（329の解説［2］も参照。中谷・大コメ刑訴8・49）。

［3］移送決定

決定は，起訴から判決までの間，いつでもすることができる。この決定に対しては，特別抗告を除き不服申立てができない（420Ⅰ・428・433）。

移送決定があっても，従前の訴訟手続の効力は失われず（13等），移送を受けた下級の裁判所は，公判手続を更新（315）して審理を進めることができる。　　　　　〔辛島明〕

第331条 [1] **〔管轄違いの言渡しの制限(2)〕**　裁判所は，被告人の申立 [2] がなければ，土地管轄について，管轄違の言渡をすることができない。

2　管轄違の申立は，被告事件につき証拠調を開始した後は，これをすることができない [3]。

[1] 本条の趣旨

　土地管轄は，主に被告人の利益保護のためのものであるから，被告人に異議がなければ，殊更問題にする実益はない。そこで，本条は，被告人から管轄違いの申立てがない限り，管轄違いの言渡しができない（裁判所は，土地管轄のないことに自ら気がついても，本条の申立てがあるまでは通常の審理を進めなければならない。）ことなどを定める。

　本条は，332条により誤って土地管轄のない地方裁判所に移送された場合（最決昭33・10・31刑集12・14・3429）や，19条により誤って土地管轄のない他の裁判所に移送された場合にも適用される（松尾・条解921）。

[2] 管轄違いの申立て（本条Ⅰ）

　書面又は口頭で（規296Ⅰ本・Ⅱ），公判期日又は期日外にすることができる。弁護人も，被告人を代理して本条の申立てをすることができる。

[3] 申立ての時期（本条Ⅱ）

　管轄違いの言渡しをするかどうかをいつまでも未定にしておくのは相当でなく，また，被告人が証拠調べ手続に入ることに応じたことで，自己の土地管轄についての利益を放棄し，当該裁判所の審理を受ける意思を表明したとも解されることなどの趣旨により，管轄違いの申立ては，被告事件について証拠調べが開始された後（検察官の冒頭陳述が開始された後）はすることができないとされている。

　被告人が管轄違いの申立権を失った場合，土地管轄に関する瑕疵は治癒され，新たに係属裁判所に管轄権が創設されたものとみなされる。

〔辛島明〕

第332条 [1]〔**地方裁判所への移送の決定**〕　簡易裁判所は，地方裁判所において審判するのを相当と認めるとき[2]は，決定[3]で管轄地方裁判所[4]にこれを移送しなければならない。

[1] 本条の趣旨

　簡易裁判所は科刑権に制限があり（裁33Ⅱ），また，比較的簡単な事件を簡易迅速に処理することが予定されている。そこで，本条は，簡易裁判所が地方裁判所と競合して管轄権を有する事件（裁24②・33Ⅰ②）につき，地方裁判所で審判するのを相当と認めた場合における移送（実務上，裁量移送と呼ばれている。）について規定する。

[2] 相当と認めるとき

　①科刑権の制限を超える刑を科するのが相当であると認められる場合（選択刑として罰金が定められている罪で，禁錮刑や懲役刑を科することが相当と認められる場合〔東京高判昭62・10・20高刑集40・3・743も参照〕や，窃盗など懲役刑を科し得る罪で，3年を超える懲役が相当と認められる場合など），②事件が内容的に複雑困難な場合又は審理に著しい困難を伴う場合（例えば，事実認定に争いがあり，多数の証人の取調べを要する場合，特別の専門的知識や鑑定を要す

る場合，法令解釈上の困難な判断を強いられる場合，手続進行に著しい困難を生じた場合など），③審理の結果，簡易裁判所の事物管轄に属さない事件であるとの疑いが生じた場合（329の解説[2]を参照），④関連事件が地方裁判所に係属している場合（通常は，5Ⅰによる地方裁判所の審判併合決定を待つべきである。）などである。

この相当性の有無は，簡易裁判所の裁量判断による。当事者には移送の申立権はなく，移送の判断に当たって当事者の意見を聴く必要もない（もっとも，当事者の利害にも関係するから，移送の当否について意見を聴くのが相当な場合が多いであろう。）。

[3] 移送決定

「本件をA地方裁判所に移送する」というように，主文で移送を受ける裁判所を明示する。

移送決定は，判決宣告前であればいつでもできるが，移送が相当と思われる事件については，できるだけ速やかに移送すべきであろう（なお，東京高判平7・6・28判時1573・142を参照）。

[4] 管轄地方裁判所における手続等

(1) **管轄地方裁判所**　当該事件について，土地管轄・事物管轄をもつ地方裁判所である。土地管轄は，起訴時が基準となるが，本条の関係では，起訴後に被告人の住居に変更があった場合，新たな住居を管轄する地方裁判所への移送も許されると解する。

移送決定に対しては，特別抗告を除き不服申立てができない（420Ⅰ・433）ので，即時に効力が生じ，移送を受けた地方裁判所に訴訟係属が生じる。地方裁判所は，相当性がないと判断しても，元の簡易裁判所に逆送することはできない（19により，更に他の地方裁判所に移送することは可能である。なお，地方裁判所は，簡易裁判所の判断に拘束されることなく，自由に科する刑を定めることができる。）。

もっとも，その地方裁判所が管轄権をもたないと判断する場合は，地方裁判所は，管轄違いの言渡しをする（最決昭39・12・25刑集18・10・978の坂本・判例解説（刑）昭39・175参照。ただし，土地管轄がない場合は，被告人の申立てがなければ管轄違いの言渡しをすることができないことにつき，331の解説[1]を参照）。

(2) **管轄地方裁判所における手続**　地方裁判所には，直ちに簡易裁判所から記録が送付される。移送前に行われた訴訟手続は，移送後も有効であるので，例えば，簡易裁判所が移送前にした国選弁護人選任などの行為は，移送後も有効である。簡易裁判所で既に審理が始められていた場合は，地方裁判所は，公判手続の更新（315）をして審理を続行する（大阪高判昭43・2・26下刑集10・2・116も参照）。

なお，1人の裁判官が簡易裁判所の裁判官として移送決定をした後，兼務する地方裁判所支部裁判官として審判しても直ちに公平な裁判所の裁判でないとはいえない（最判昭28・2・19刑集7・2・293）。　　　　　　　　　　　　　　　　　〔辛島明〕

第333条 [1]〔刑の言渡しの判決〕　被告事件について犯罪の証明があつたときは，第
334条の場合を除いては，判決 [2] で刑の言渡 [3] をしなければならない。
2　刑の執行猶予 [4] は，刑の言渡しと同時に，判決でその言渡しをしなければなら
ない。猶予の期間中保護観察 [5] に付する場合も，同様とする。

> [規]　**第220条の2（保護観察の趣旨等の説示・法第333条）**　保護観察に付する旨の判決の宣
> 告をする場合には，裁判長は，被告人に対し，保護観察の趣旨その他必要と認める事
> 項を説示しなければならない。
> **第222条の2（刑法第25条の2第1項の規定による保護観察の判決の通知等）**　裁判所は，
> 刑法（明治40年法律第45号）第25条の2第1項の規定により保護観察に付する旨の判
> 決の宣告をしたときは，速やかに，判決書の謄本若しくは抄本又は保護観察を受ける
> べき者の氏名，年齢，住居，罪名，判決の主文，犯罪事実の要旨及び宣告の年月日を
> 記載した書面をその者の保護観察を担当すべき保護観察所の長に送付しなければなら
> ない。この場合において，裁判所は，その者が保護観察の期間中遵守すべき特別の事
> 項に関する意見を記載した書面を添付しなければならない。
> **2**　前項前段の書面には，同項後段に規定する意見以外の裁判所の意見その他保護観察
> の資料となるべき事項を記載した書面を添付することができる。

[1] 本条の趣旨等　　[2] 有罪判決の主文　　[3] 刑の言渡し　　[4] 刑の全部又
は一部の執行猶予　　[5] 保護観察

[1] 本条の趣旨等

　本条1項は，起訴状に記載された訴因について犯罪の証明があったときは，刑の免除
の言渡し（334）を除き，判決で刑の言渡しをしなければならないことを規定し，本条
2項は，刑の執行猶予及び保護観察の言渡しも刑の言渡しと同時に判決で行うことを規
定する。

　なお，本条1項の例外として，裁判員裁判で区分審理決定（裁判員71Ⅰ）がされた場
合，区分事件に含まれる被告事件につき犯罪の証明があったときに言い渡される部分判
決には，有罪言渡しの主文及び理由のみが摘示され（裁判員78），刑の言渡し又は刑の免
除の言渡しは，併合事件全体についての裁判（裁判員86Ⅰ）でなされる。また，判決に
よらずに刑の言渡しがされる例外的場合として，略式命令の告知（461・464）及び交通事
件即決裁判手続法3条による即決裁判の宣告（後者については，昭和54年以降例がない。）が
ある。

　本条1項の「被告事件について犯罪の証明があつたとき」といえるためには，合理的
な疑いを差し挟む余地のない程度の立証（317条の解説[3]⑷）が必要であり，これに至
らなかったときは無罪の言渡し（336）をすることになる。

[2] 有罪判決の主文

　有罪判決の主文では，主刑（刑9），刑の執行の減軽又は免除（刑5但），未決勾留日数の本刑算入（刑21），労役場留置（刑18），刑の全部又は一部の執行猶予（刑25・27の2，薬物一部猶予3），保護観察（刑25の2・27の3，薬物一部猶予4），補導処分（売春17・20），没収（刑19等），追徴（刑19の2等），被害者還付（347），仮納付（348），訴訟費用の負担（181Ⅰ本），公民権の不停止又は停止期間の短縮（公選252）の各裁判が言い渡される。訴訟費用の負担，被害者還付及び仮納付については，各条の解説を参照。

(1) 主　刑　　ア　宣告刑の表示　「被告人を懲役3年に処する」，「被告人を罰金10万円に処する」などと具体的な刑を定めて言い渡す。

**　イ　犯罪事実が数個の場合**　刑法45条前段の併合罪の場合，主文で刑と犯罪事実との関係を明らかにする必要はない。懲役刑と罰金刑を併科する場合も，「被告人を懲役1年6月及び罰金50万円に処する」などと言い渡す。

　ただし，数個の犯罪事実の中間に禁錮以上の刑に処する確定裁判が存在する場合（刑45後）は，その裁判確定前に犯した罪と裁判確定後に犯した罪についてそれぞれ別個の刑を言い渡さなければならない（刑50）。この場合，「被告人を判示第1の罪について懲役8月に，判示第2及び第3の各罪について懲役2年に処する」というように，認定した犯罪事実と刑との関係を明らかにする。また，刑法53条2項の拘留・科料の併科の場合も，刑法48条2項の適用が排除されるため，「被告人を判示第1の罪について科料5000円に，判示第2の罪について科料3000円に処する」というように，認定した犯罪事実と刑との関係を明らかにして言い渡す必要がある。

**　ウ　被告人が複数の場合**　数人の共同被告人に対し同時に刑を言い渡す場合には，各被告人に対しどのような刑を言い渡すかを主文で明らかにする必要がある。この場合，「被告人Xを懲役2年に，被告人Yを罰金10万円に処する」とか，「被告人両名をそれぞれ懲役2年6月に処する」などと言い渡すのが通例である。

**　エ　被告人が少年の場合**　判決言渡時に少年である被告人に対して有期の懲役又は禁錮をもって処断すべきときは，処断刑の範囲内で，長期を定めるとともに，長期の2分の1（長期が10年を下回るときは，長期から5年を減じた期間）を下回らない範囲で短期を定め，例えば，「被告人を懲役4年以上6年以下に処する」というように不定期刑を言い渡す。その際には，長期は15年，短期は10年を超えることはできない（少52Ⅰ。なお，少52Ⅱ）。

　なお，刑の執行猶予（刑の一部の執行猶予を含む）の言渡しをする場合は，通常の定期刑を言い渡す（少52Ⅲ）。

(2) 刑の執行の減軽又は免除　外国で確定判決を受けた者が同一の行為について更に処罰される場合において，既に外国で言い渡された刑の全部又は一部の執行を受け終わっているときは，裁判所が，刑の言渡しと同時に，刑の執行の減軽又は免除（刑5但）を主文で言い渡す。この場合，「被告人を懲役2年に処する。その刑の執行を懲役1年

に減軽する」とか「被告人を懲役3年に処し，その刑の執行を免除する」などと言い渡すのが通例である。

(3) **未決勾留日数の本刑算入**　ア　**判決主文による言渡し**　裁判確定前に勾留状により拘禁 (60) されていた日数 (未決勾留日数，刑21) を裁判所の裁量により本刑に算入する場合は，「未決勾留日数中30日をその刑に算入する」とか (本件が懲役・禁錮の場合)，「未決勾留日数中60日を，その1日を金5000円に換算して，その刑に算入する」(本刑が罰金・科料の場合) というように言い渡す。

本刑が数個ある場合 (懲役刑と罰金刑を併科する場合等) には，「未決勾留日数中30日をその懲役刑に算入する」など，未決勾留日数をどの刑に算入するかを明示する。

未決勾留日数を全部算入するときも，「未決勾留日数123日をその刑に算入する」というように，算入する日数を具体的に明示すべきである。本刑の全部に未決勾留日数を算入する場合は，「未決勾留日数中，その刑期に満つるまでの分をその刑に算入する」とか，「未決勾留日数のうち，その1日を金5000円に換算してその罰金額に満つるまでの分を，その刑に算入する」などと言い渡す。

主刑が無期刑の場合であっても，実務では，未決勾留日数が算入されている (後に恩赦により有期刑に減軽される可能性があること等を根拠にする。無期刑への算入に当たっては，少なくとも100日単位などのまとまった日数を算入するのが通例である。)。

イ　**算入の基準等**　裁判所の裁量により算入できる未決勾留日数は，勾留の初日 (勾留状執行の日) から判決言渡しの日の前日 (判決言渡しの日及び以降の上訴提起期間に当たる日は，495Iにより法定通算の対象となる。ただし，345の場合は判決言渡日の勾留も本条における算入の対象に含まれる。) まで，保釈等により釈放された場合は釈放当日までの現実に拘禁された日数である。起訴前の勾留期間も含まれ，少年鑑別所への収容 (少53) や鑑定留置 (167VI) も未決勾留とみなされる。刑の執行や労役場留置と未決勾留とが重なる場合には，この未決勾留日数を本刑に算入することは許されない (最大判昭32・12・25刑集11・14・3377，最判昭42・5・26裁集刑163・435)。

先行事件 (他の裁判所に係属している場合が典型である。) の裁判確定によりその本刑に法定通算されるべき未決勾留日数と重なる未決勾留日数を後行事件の本刑に算入した後，先行事件の裁判が確定し，法定通算されるべき未決勾留日数がその本刑に通算されて刑の執行に替えられたときは，上記の重なる未決勾留日数の算入は結局違法となる (最判昭48・11・9刑集27・10・1447)。

算入に当たっては，未決勾留日数のうち当該事件の捜査及び審理に通常必要な期間を超えた部分に限って算入するというのが実務の大勢である。具体的には，起訴後の未決勾留日数から，①第1回公判期日までの審理準備に必要な期間 (30日程度) と，②その後の公判期日ごとに審理等準備に必要な期間 (10日程度) とを控除する，すなわち，(起訴後の未決勾留日数) − (30＋〔公判回数 − 1〕×10) という算式を用い，残余の日数を本刑に算入するなどというものであるが，もとより個別事件の事情に応じて決せられるべ

きものである（なお，公判前整理手続を経た裁判における未決勾留日数の算入の在り方については，芦澤・植村退官 2・19も参照）。

未決勾留日数の算入が過少な場合は，量刑不当（381）に当たり得る（最決平14・6・5裁集刑281・517も参照）。

　　ウ　未決勾留日数算入の類型　　いわゆる主文二つの場合に未決勾留日数を算入できるのは，勾留されていた犯罪事実についての本刑に対してであり，その場合，「未決勾留日数のうち60日を判示第1の罪の刑に算入する」などと，どの刑に算入するかを明示する。

　これに対し，併合審理した数個の公訴事実の中に無罪となったものがある場合には，無罪とした公訴事実について発せられた勾留状の執行により生じた未決勾留日数を他の有罪とした公訴事実の本刑に算入することができる（最判昭30・12・26刑集 9・14・2996）。起訴事件の捜査に利用された不起訴事件に係る勾留日数を起訴事件の本刑に算入することはできない（最決昭50・7・4裁集刑197・1）が，不起訴になった罪と起訴された罪とが一罪の関係に立つときは，算入できる（被告人が窃盗目的の住居侵入で現行犯逮捕され，その事実による勾留中に常習累犯窃盗の事実で起訴されたが，上記住居侵入の事件は不起訴となった事案についての最判昭55・12・23刑集34・7・767参照）。なお，公訴棄却された事件について発せられた勾留状による未決勾留日数を公訴棄却後再起訴された事件の本刑に算入した裁判例がある（東京地判昭54・9・3判時960・125）。

　また，勾留事実に係る罪には懲役刑しかないが，他の有罪とした罪も刑法45条前段の併合罪として懲役刑及び罰金刑を言い渡した場合，勾留されていない事実に由来する罰金刑に対し，併合罪として処断された他の事実に係る未決勾留日数を算入することもできるし（最決平18・8・30刑集60・6・457），刑法46条2項により刑を科さないとされた公訴事実に係る未決勾留日数を非勾留事実に係る罪に対する無期懲役刑及び罰金刑にそれぞれ算入することもできる（最決平18・8・31刑集60・6・489）。

⑷　**労役場留置**　　罰金又は科料を言い渡すとき，被告人が判決言渡時に少年（少54）又は法人の場合を除き，必ずその言渡しと同時に，主文で，罰金又は科料を完納できないときは労役場に留置する旨言い渡さなければならない（刑18Ⅳ，最判昭23・10・5刑集 2・11・1260）。罰金等刑について執行猶予を言い渡すときでも労役場留置の言渡しは必要である（ただし，罰金等の全額に未決勾留日数を算入するときは，労役場留置の言渡しは不要である。）。

　実務では，一定の割合により罰金等額を労役場留置1日に換算して言い渡しており，1日に満たない端数が生ずるときには，端数処理をして言い渡すのが一般である（端数の生ずる換算額を定めても違法，不当ではないことにつき，最決平20・6・23判タ1272・70）。例えば，「その罰金を完納することができないときは，金5000円を1日に換算した期間（端数は1日に換算する）被告人を労役場に留置する」のように言い渡している。

　なお，平成18年刑法改正により，留置1日の割合に満たない金額の納付を認めることができるようにされるとともに，一部の納付後の残額中，留置1日の割合に満たない端

数は，1日に換算されることになった（刑18Ⅵ）。

労役場留置の期間には，罰金の場合には2年，科料の場合には30日などの制限がある（刑18Ⅰ～Ⅲ）。

(5) **刑の全部又は一部の執行猶予**　　本条の解説［4］を参照。

(6) **保護観察**　　本条の解説［5］を参照。

(7) **補導処分**　　売春防止法17条1項により補導処分に付する場合には，刑の言渡しと同時に判決で言い渡さなければならない（売春20）。補導処分の期間は6月と法定されており（売春18），補導処分の期間を言い渡す必要はない。近時，補導処分に付される例は極めて少ない。

(8) **没収及び追徴**　　没収については，「押収してある短刀1本（平成○年押第12号の1）を没収する」，「A地方検察庁で保管中の覚せい剤1袋（平成○年○地領第34号の1）を没収する」，「A地方検察庁で保管中の現金500万円（平成○年○地領第100号の1，当該現金は犯罪被害財産）を没収する」（組織犯罪13Ⅲによる犯罪被害財産の没収の場合）というように対象物を特定して言い渡し，追徴については，「被告人から金10万円を追徴する」（没収すべき物の価額を追徴する場合），「被告人から金500万円（当該金500万円は犯罪被害財産の価額）を追徴する」（組織犯罪16Ⅱにより犯罪被害財産の価額を追徴する場合）というように言い渡すのが通例である（なお，組織犯罪18の2Ⅰ参照）。

被告人が複数の場合は，「被告人Aから，押収してある日本刀1振り（平成○年押第12号の1）を，被告人両名から，押収してある短刀1本（同号の2）を没収する」などと，どの被告人からどの物を没収するか明示する。

刑法19条・19条の2等による没収，追徴は任意的であるが，必要的な場合もある（刑197の5，麻薬特11Ⅰ本文・13Ⅰ，覚せい剤41の8Ⅰ，関税118Ⅰ・Ⅱ等）。必要的没収を定める規定の多くは，第三者の所有物の没収を可能としているが，第三者の所有物を没収するには，刑事事件における第三者所有物の没収手続に関する応急措置法所定の手続を経ておく必要がある。

(9) **公民権の不停止又は停止期間の短縮**　　裁判所が，公職選挙法252条の選挙権及び被選挙権の停止に関する規定を適用せず，又はその停止期間（5年間）を短縮する旨の裁判をするときは，刑の言渡しと同時に判決主文で言い渡さなければならない（公選252Ⅳ）。この場合には，「被告人に対し，選挙権及び被選挙権を停止しない」とか，「被告人に対し，公職選挙法252条1項の選挙権及び被選挙権を有しない期間を3年に短縮する」などと言い渡すのが通例である。

［3］刑の言渡し

(1) **判決の内部的成立・外部的成立**　　判決は，公判廷での宣告（342）により外部的に成立する。外部的に成立すると，法的安定性・安全性の要請から，原則として変更することが不可能になり，当の裁判所によっても，その裁判自体を取り消したり，内容を変更することが許されなくなる（最判昭51・11・4刑集30・10・1887参照。例外として，上告審が当事

者からの申立てに基づいて自ら行う訂正の判決，415～417）。なお，判決の宣告は，それに先立って裁判所の内部で成立していた判決を告知するものであり，裁判体が合議体である場合には，判決は，構成裁判官の評議（合議）・評決によって内部的に成立する（裁75～77）。裁判体が単独体である場合には，内部的成立の過程を特段問題とする実益はない。

(2) **判決の言直し**　判決の宣告に際し，判決書又はその原稿の朗読を誤った場合，宣告のための公判期日が終了するまでは，これを訂正することも，いったん宣告した判決の内容を変更して改めてこれを宣告することも許される（最判昭47・6・15刑集26・5・341，前掲最判昭51・11・4）。

(3) **更正決定**　判決の宣告後，判決書に，判決書自体又は記録に照らして明白な形式的誤り（例えば，被告人の人定事項や，事件名，事件番号，検察官の表示等，判決内容の実質に関係しない部分についての誤り）を発見したときは，民事訴訟法257条1項のような明文の規定はないものの，いつでも当の裁判所が申立てにより又は職権をもって決定により更正することができる（井上・注釈刑訴6・581）。更正決定をすることが許されない場合についての裁判例として，札幌高判昭28・11・26高刑集6・12・1737（主文の懲役4年の記載を懲役4月に更正することは許されない），仙台高判昭29・7・29高刑集7・9・1404（主文における刑の種類の遺脱を更正することは許されない），大阪高判昭58・12・22刑裁月報15・11＝12・1210（法人税逋脱事件について誤りが一見明白でない総所得金額と逋脱税額の誤りを更正することは許されない）等がある。

(4) **有罪判決宣告の際の被告人に対する告知事項等**　有罪判決を宣告した場合には，裁判長は，被告人に対し，上訴期間及び上訴申立書を差し出すべき裁判所を告知しなければならない（規220）ほか，適当な訓戒をすることができる（規221）。保護観察に付する旨の判決の宣告をする場合については，本条の解説［5］を参照。

(5) **判決の通知**　被告人が公判期日に出頭することを要しない事件（284）について，被告人，代理人及び弁護人の全てが出頭しないまま判決宣告をしたときは，被告人の手続保障のため，裁判所は，直ちに判決を宣告した旨及び判決主文を被告人に通知しなければならない（規222）。この場合も，判決は宣告により被告人に対して効力を生じ，上訴期間は判決宣告の時から進行する（最決昭29・9・21刑集8・9・1514）。

　控訴審については，規222条の準用はない（最決昭33・5・26刑集12・8・1621）が，判決宣告期日に出頭しない被告人に対しては，弁護人が同期日に出頭した場合を除き，上記同様に手続保障の観点から，判決の通知をする運用が望ましいであろう。

［4］刑の全部又は一部の執行猶予

(1) **刑の全部の執行猶予の言渡し**　刑の執行猶予期間は1年以上5年以下であり（刑25Ⅰ），「この裁判が確定した日から4年間その刑の執行を猶予する」などと年単位で猶予の期間を定めて言い渡すのが通例である。

　1年を超える自由刑に処する場合には，再度の全部執行猶予を言い渡すことはできない（刑25Ⅱ）。

即決裁判手続（350の16以下）において懲役又は禁錮の言渡しをする場合には，刑の全部執行猶予の言渡しが必要的である（350の29）。

(2) **刑の一部の執行猶予**　　1個の懲役刑・禁錮刑又は罰金刑の一部に執行猶予を言い渡すことは，基本的に許されない。

もっとも，平成25年成立の刑法一部改正法及び薬物使用等の罪を犯した者に対する刑の一部の執行猶予に関する法律により，3年以下の懲役又は禁錮の言渡しをする際に，一定の要件の下で，その刑の一部の執行を猶予する制度が導入され（刑27の2 I，薬物一部猶予3），平成28年6月1日に施行された。この刑の一部の執行猶予に際しては，「被告人を懲役1年6月に処する。未決勾留日数中20日をその刑に算入する。その刑の一部である懲役4月の執行を2年間猶予する」などと言い渡す。

懲役刑又は禁錮刑（体刑）と罰金刑を併科する場合，その一方のみ執行猶予とすることは可能であるが，体刑を実刑とし罰金刑のみ執行猶予とすべき場合は想定し難い（中谷・大コメ刑訴8・95以下）。体刑のみ執行猶予とする場合には，「この裁判が確定した日から3年間その懲役刑の執行を猶予する」というように執行を猶予する刑を主文で明示する必要がある。

1個の主文で数個の懲役刑又は禁錮刑を言い渡す場合（いわゆる主文二つの場合），その一部についてのみ刑の執行を猶予することができるかどうかについては見解が分かれているが，刑法が執行猶予と実刑との併存に消極的立場をとっていること（刑26の3参照）に照らすと，消極説が妥当である（中谷・大コメ刑訴8・96）。なお，確定裁判が実刑であった場合は，その余罪について執行猶予を言い渡すことは許されない（最判平7・12・15刑集49・10・1127）。

[5] 保護観察

(1) **保護観察の言渡し**　　保護観察には必要的保護観察（刑25の2 I後段，薬物一部猶予4 I）と裁量的保護観察（刑25の2 I前段，27の3 I）とがある。必要的保護観察の場合であっても，判決による言渡しが必要である。保護観察に付する場合には，「……3年間その刑の執行を猶予し，その猶予の期間中被告人を保護観察に付する」（刑の全部執行猶予の場合）とか，「……その懲役4月の執行を2年間猶予し，その猶予の期間中被告人を保護観察に付する」（刑の一部執行猶予の場合）というように言い渡す。

(2) **付随する手続等**　　保護観察に付する旨の判決の宣告をする場合には，裁判長は，被告人に対し，保護観察の趣旨その他必要と認める事項を説示しなければならない（規220の2）。具体的には，保護観察の趣旨・目的，執行猶予期間中に保護観察を受けなければならないこと，一般遵守事項や特別遵守事項（更生50・51を参照），遵守事項を遵守しないときは執行猶予の言渡しを取り消されることがあること（刑26の2②）などである。

また，裁判所は，刑の全部執行猶予の場合（刑25。刑の一部執行猶予の場合は含まれない。）で保護観察に付する旨の判決の宣告をしたときには，速やかに，判決書の謄本等をその者の保護観察を担当すべき保護観察所の長に送付しなければならないが，この場合に，

裁判所は，特別遵守事項に関する意見を記載した書面を添付しなければならない（規222の2）。これは，判決の確定を待たずして，保護観察所側に十分な受入れ準備をしてもらうためである。

保護観察に付する旨の判決をした裁判所は，保護観察の期間中，保護観察所の長に対し，保護観察を受けている者の成績について報告を求めることができる（規222の3）。成績報告は，一般的には，保護観察の開始後6か月を経過したとき及び刑の執行猶予の取消し，期間満了，死亡等により保護観察が終了したときに行われている。　　〔辛島明〕

第334条 [1]〔**刑の免除の判決**〕　被告事件について刑を免除するときは，判決でその旨の言渡をしなければならない [2]。

[1] 本条の趣旨

本条は，刑の免除も判決でその旨言い渡さなければならないことを定める。刑の免除とは，有罪ではあるが刑を科さないという裁判であり，刑を言い渡した上でその執行を免除する「刑の執行の免除」（刑5・31，恩赦8。333条の解説[2]⑵参照）とは異なる。

[2] 刑の免除の判決

刑の免除には必要的な場合（刑80・93但・244Ⅰ・257Ⅰ等）と任意的な場合（刑36Ⅱ・37Ⅰ但・43但・105・113但等）とがある。「被告人に対し刑を免除する」と言い渡すのが通例である。有罪判決であるから，335条で要求されている理由を示さなければならない。また，判決が確定すれば，認定された犯罪事実と公訴事実の同一性が認められる範囲の事実について，一事不再理の効力が生じる。　　〔辛島明〕

第335条 [1]〔**有罪判決に示すべき理由**〕　有罪の言渡 [2]をするには，罪となるべき事実 [3]，証拠の標目 [4]及び法令の適用 [5]を示さなければならない [6][7]。
2　法律上犯罪の成立を妨げる理由又は刑の加重減免の理由となる事実が主張されたときは，これに対する判断 [8]を示さなければならない。

〔規〕　**第218条（判決書への引用）**　地方裁判所又は簡易裁判所においては，判決書には，起訴状に記載された公訴事実又は訴因若しくは罰条を追加若しくは変更する書面に記載された事実を引用することができる [9]。

第218条の2　地方裁判所又は簡易裁判所においては，簡易公判手続又は即決裁判手続によつて審理をした事件の判決書には，公判調書に記載された証拠の標目を特定して引用することができる [10]。

第219条 [11]**（調書判決）**　地方裁判所又は簡易裁判所においては，上訴の申立てがない

場合には，裁判所書記官に判決主文並びに罪となるべき事実の要旨及び適用した罰条を判決の宣告をした公判期日の調書の末尾に記載させ，これをもつて判決書に代えることができる。ただし，判決宣告の日から14日以内でかつ判決の確定前に判決書の謄本の請求があつたときは，この限りでない。

2　前項の記載については，判決をした裁判官が，裁判所書記官とともに署名押印しなければならない。

3　前項の場合には，第46条第3項及び第4項並びに第55条後段の規定を準用する。

[1] 有罪判決

　裁判には理由を付さなければならない (44 I)。本条は，第一審の有罪判決について，付すべき理由の最小限度の内容・範囲を明示したものである。

　なお，本条は，有罪判決に付すべき理由として，罪となるべき事実，証拠の標目，法令の適用及び本条2項に規定する主張に対する判断を示すことを求めているが，これはその裁判の重要性に鑑み特に示すことを求めているのであって，それ以外の理由を示さなくてもよいという趣旨ではない。44条1項が要求する裁判の理由は，主文が導き出された理由のことであるから，その主文が導かれた根拠が明らかになる必要があり，主文に刑の言渡しに付随する処分があれば，その理由も判決理由として示す必要がある（[5] (1)参照）。他方，本条2項に当たらない事実上・法律上の主張に対する判断や量刑の理由等を示すか否か，示すとすればどの程度詳細に示すかについては，裁判所の裁量に委ねられている（[4](3)，[7](1)参照）。

　判決の宣告は，必ずしも判決書の原本に基づくことを要しないので，判決書は，判決宣告後に作成しても差し支えない。実務上も，判決宣告は草稿に基づいて行われ，判決書の原本はその後に作成されるのが通常である。すなわち，判決書は，判決そのものではなく，判決の内容を証明する文書たる性質を有するものである。

　第一審の判決書は，裁判の結果としての到達点を示すものであり，①判決の結論の正当性をそれ自体として示すものである。また，②訴訟行為を行った当事者に裁判所の判断を示すとともに，③控訴審における審判の対象を提供するという機能も有し，同時に，④被害者やその遺族を含む事件関係者，さらには，広く国民一般に対して，その判断の内容を説明し，裁判に対する信頼あるいは批判の根拠を提示するという機能も持っている。加えて，裁判員裁判においては，⑤裁判員に対し，その活動の結果・意義を確認してもらうという機能も加えてよいと考えられる（大澤ほか「裁判員裁判における第一審の判決書及び控訴審の在り方」司研報告61・2・7）。裁判員裁判においては，事実の認定，法令の適用及び刑の量定は，裁判官と裁判員の評議によって決せられるが（裁判員6 I），判決書は，裁判官のみが作成に関与するとされている（裁判員48・63参照）。本条は，有罪判決の場合に付すべき理由として，罪となるべき事実，証拠の標目，法令の適用及び本条2項に規定する主張に対する判断を示すことを求めているが，上記のような判決書の機能，

すなわち，判決の結論の正当性の提示，各方面への説明責任，さらに，裁判員との関係における活動の結果・意義の確認といった機能を考えれば，評議の結果を踏まえた争点についての具体的な判断を，簡潔な形ではあれ示しておくことが相当である（大澤ほか・前掲司研報告41）。そして，裁判員裁判においては，公判前整理手続で争点と証拠が整理され，設定された争点を中心として証拠関係を絞って審理が行われた上で，争点を中心として評議が行われ，評議成立後はできる限り速やかに判決を言い渡すことになるから，判決書においても，犯罪事実の認定や量刑判断について，争点にポイントを絞って，結論を導いた実質的な理由のみを平易かつ簡潔に示すことになると考えられる（[4](3)，[7](1)参照）。

［2］ 有罪の言渡し

「有罪の言渡」とは，刑の言渡し（333 I。刑の執行猶予及び刑の執行の免除を含む。）と刑の免除の言渡し（334）である。なお，略式命令（461）及び交通事件即決裁判手続法による即決裁判については，それぞれ特則が設けられている（前者について464，後者について交通事件即決裁判手続法12 I）。

［3］ 罪となるべき事実

(1) **摘示すべき事実の範囲**　　罪となるべき事実とは，犯罪を構成すべき積極的要件に該当する事実をいい，犯罪の構成要件に該当し，違法かつ有責な事実及び処罰条件に該当する事実である。ただし，一般に違法性及び有責性は構成要件該当性から推認されるから，違法性阻却事由及び責任阻却事由の不存在を示す事実を，罪となるべき事実として判示する必要はない（なお，本条2項により特に判断を示す必要がある場合はあるが，その場合も，実務上は，判決書中「弁護人の主張に対する判断」などといった項を別に設けて判断を示している。）。

罪となるべき事実に当たる事実を具体的に挙げると，①刑罰各本条に規定されている特別構成要件及び処罰条件に該当する事実，②故意及び過失に関する事実，③未遂に当たる事実，④共犯に当たる事実がある。他方，実務上，⑤少年であること，⑥心神耗弱，中止未遂等の刑の必要的減免事由に当たる事実，⑦過剰防衛，過剰避難，自首等の刑の裁量的減免事由に当たる事実等も，判決書中の「罪となるべき事実」の項に記載されている（以下，本条により示すことが求められる罪となるべき事実と区別する意味で，判決書中の「罪となるべき事実」の項について述べる際は，括弧を付けて「罪となるべき事実」と記す。）が，これは本条の要請によるものではなく，44条1項の要請によるものである。なお，実務上，⑥の必要的減免事由に当たる事実は必ず「罪となるべき事実」に記載され，⑦の裁量的減免事由に当たる事実については，これらの事由により現に刑を減免する場合に限り「罪となるべき事実」に記載されているが，過剰防衛・過剰避難のように犯罪事実自体に関する事実は，犯情を明らかにする意味で，「罪となるべき事実」に記載する方が望ましいと考えられる。

裁判員裁判の実施に伴い，裁判所が認定すべき「罪となるべき事実」は，審理・評議

の端的な結論であり，社会的実体を伴う犯罪事実，主文の量刑が頷けるような事実（主文を導いた理由となるような実質を持った内容）であるべきであるという共通認識が形成されつつある。判決書の「罪となるべき事実」は，主文と相まってその事件の個性・特徴を表し，判決書のいわば「顔」を形作るものであり，どのような犯罪が行われたのかを最も直接的に社会に知らせる機能を持つ。そして，量刑の本質に即した量刑判断という観点からは，上記の社会的実体とは，違法性・有責性の観点から量刑を左右する事情（通常は，重要な犯情事実と概ね一致することになろう。）をいうことになるから，「罪となるべき事実」は，同時に犯情事実として刑の大枠を画する意味を有する（井田ほか「裁判員裁判における量刑評議の在り方について」司研報告63・3・90）。もっとも，社会的実体の意味するところは，違法性・有責性の観点から，その事件が他の事件と違う特徴的な点を明らかにするということであり，「罪となるべき事実」に社会的実体を記載するか，記載するとしてその内容をどの程度記載するかは事案ごとに考える必要があって，殺人や放火など動機の内容によって類型や事案の個性が特徴付けられる犯罪については記載するのが望ましいが，他方，犯罪類型に個性の乏しい，例えば覚せい剤の密輸入といった事件では，「罪となるべき事実」の記載が訴因の記載と同程度になることもある（井田ほか・前掲司研報告91）。

このように考えると，犯罪の動機，犯行に至る経緯（例えば，犯行の原因となった被告人と被害者の間のいきさつ）等は，殺人，放火のように，それが当該事件の社会的実体を明らかにする場合は，「罪となるべき事実」に記載するのが望ましく，傷害，暴行等の場合もこれに準ずるべきである。他方，特に財産犯や薬物事犯は，動機や犯行に至る経緯等が類型や事案の個性を特徴付けるものであることは少なく，「罪となるべき事実」に記載する必要がない場合が多いといえる。

前科は，常習累犯窃盗罪（盗犯3）の場合のように構成要件の一部となっているときは，罪となるべき事実の一部であるから，摘示しなければならない。また，累犯加重がされる場合や，刑法45条後段の場合は，前科を判決書に摘示する必要があるが，これは本条の要請によるものではなく，44条1項の要請によるものである。実務上，この場合は，それぞれ「累犯前科」，「確定裁判」との項を設けて当該前科を摘示するのが通例である（[6]参照）。

(2) **事実摘示の程度・方法**　罪となるべき事実の摘示の程度については，できる限り具体的に，かつ，他の事実と区別できる程度に特定して，摘示しなければならないと解されている。判例は，罪となるべき事実とは，刑罰法令各本条における犯罪の構成要件に該当する具体的事実をいうものであるから，当該事実を判決書に判示するには，その各本条の構成要件に該当すべき具体的事実を，当該構成要件に該当するか否かを判定するに足る程度に具体的に明白にし，その各本条を適用する事実上の根拠を確認し得るようにするをもって足りるとし，賭博罪について，花札を使用して金銭を賭け，俗に「コイコイ」または「後先」と称する賭博をしたと判示してある以上，賭けた金銭の種類，

数額若しくは博戯の手段方法等をそれ以上精密に判示しなくても，理由不備の違法があるとはいえないとした（最判昭24・2・10刑集3・2・155）。犯罪の日時・場所，手段・方法・行為態様等について，どこまで概括的な摘示が許されるかについては，犯罪の種類・性質，具体的な事案の内容等によって異なり，訴因の特定の場合（256の解説[7]参照）と同様に解してよいと考えられる。

罪となるべき事実の択一的判示については，判例は，実行行為者の判示が「甲又は被告人あるいはその両名において」という択一的なものであっても，その事件が被告人と甲の2名の共謀による犯行である場合は，殺人罪の構成要件に該当すべき具体的事実を，それが構成要件に該当するかどうかを判定するに足りる程度に具体的に明らかにしているものというべきであって，罪となるべき事実の判示として不十分とはいえないとした（最決平13・4・11刑集55・3・127）。また，判例は，検察官が被告人の単独犯の訴因で起訴した窃盗事件で，被告人が全ての実行行為を行ったことが明らかであり，かつ，第一審で取り調べられた証拠中には共謀共同正犯者の存在を認定できる証拠が存在した事案について，検察官が共謀共同正犯者の存在に言及することなく，被告人が当該犯罪を行ったとの訴因で起訴した場合において，被告人1人の行為により犯罪構成要件の全てが満たされたと認められるときは，他に共謀共同正犯者が存在するとしてもその犯罪の成否は左右されないから，裁判所は訴因どおりに犯罪事実を認定することが許されるとした（最決平21・7・21刑集63・6・762）。

実務上，「罪となるべき事実」の末尾に，「もって人を欺いて財物を交付させたものである。」，「もって自己の職務に関し賄賂を収受したものである。」，「もって覚せい剤を使用したものである。」などといった摘示をすることが多いが，これは，認定した事実に対する裁判所の法律的評価を示すものにすぎず，厳密には事実の摘示ではない。

数罪の場合の罪となるべき事実の摘示については，実務上，併合罪（刑45前）の場合は，各個の犯罪事実ごとに第1，第2という番号を付けて改行し，科刑上一罪の場合は，番号を付けたり改行したりせずに各事実を続けて摘示するのが通常である。包括一罪については，各個の行為ごとに日時，場所，金額等を摘示しなくても，犯行の始期と終期，回数，被害金額の合計額等を摘示すれば足りる（広島高判昭28・2・25高刑集6・2・206）。

(3) 故 意　　通常，被告人の行為を摘示することにより，その行為が故意に基づくものであることを黙示的に示していることになるから，故意の存在を特に明示する必要はない。しかし，行為の摘示のみではそれが故意に基づくものであるか判然としない場合には，故意の存在を明示する必要がある。

また，例えば殺人など，計画的犯行であるか偶発的犯行であるかが量刑に少なからず影響するような事案においては，犯意の発生時期も明示するのが相当と考えられるし，未必の殺意の場合と殺害の意欲のある場合とでは量刑上有意な差があると考えられるから，その区別も分かるように摘示すべきである。

(4) 過 失　　過失の摘示においては，注意義務の存在及びその内容と，その注意義務

に違反する具体的事実を示す必要がある。また，注意義務の内容は，具体的状況によって異なるものであるから，まずは注意義務を発生させる前提となる具体的状況を明示した上で，当該注意義務を示すべきである。

(5) **未 遂**　未遂罪については，実行の着手に該当する事実を具体的に摘示しなければならない。例えば，「○○を窃取しようとしたが，家人に発見されたことから，その目的を遂げなかった。」との摘示だけでは，窃盗の実行に着手したのかどうかが判然とせず，不十分である。「○○を窃取しようとしてたんすの引き出しを開けて物色したが，家人に発見されたことから，その目的を遂げなかった」などと具体的に摘示する必要がある。

未遂の原因である事実を具体的に摘示することにより，障害未遂か中止未遂かを区別できるようにしなければならない。

また，実行行為が終了したかどうかを明らかにすることにより，着手未遂か実行未遂かを区別できるようにするのが望ましく，実行未遂の場合，その実行行為によって何らかの被害が生じたときは，その事実は量刑に影響を与える事実となり得るから，その被害の事実（例えば，殺人未遂罪における傷害結果）をも摘示することが相当な場合が多い。

(6) **共 犯**　**ア 共同正犯**　実務上，被告人が共犯者Aと共同正犯の関係にあることは，謀議があった場合も単に意思連絡があったにすぎない場合も区別せず，「Aと共謀の上」と摘示するのが通例である。ただし，謀議がなく暗黙のうちに意思連絡があったにすぎない場合については，例えば，「AがVに対しその顔面を拳で殴打し，これを見た被告人もAに加勢してVに対し暴行を加えようと考え，ここにおいて被告人及びAは暗黙のうちに意思を相通じて」などと具体的に摘示することが望ましい。

謀議があった場合について，謀議の日時・場所及び内容は，必ずしも判示する必要はない（最大判昭33・5・28刑集12・8・1718）。ただし，事案によっては（例えば，共謀共同正犯の場合等），これらの事項をできる限り特定して摘示した方がよい場合がある。

実行共同正犯の場合において，分担した具体的な犯罪行為の判示は必要ではない（最大判昭23・11・10刑集2・12・1512）。しかし，役割や分担した行為の内容は，量刑に影響を与える事実となり得るから，重大な事件等においてはこれを明らかにすることが相当な場合が多い。

イ 教唆犯及び従犯　教唆行為及び幇助行為だけでなく，正犯の構成要件該当事実をも摘示しなければならない。

[4] 証拠の標目

(1) **趣 旨**　本条が有罪判決に証拠挙示を求めるのは，証拠裁判主義 (317) に基づくものであり，判示した事実が証拠によらないで認定されたものではないことを示すものである。

(2) **証拠挙示の対象となる事実**　本条によって証拠を示す必要があるのは，罪となるべき事実についてのみである。しかし，本条の罪となるべき事実に当たらない事実であっ

ても，判決書中の「罪となるべき事実」の項で摘示した事実（[3](1)参照）については，これを認定した証拠も挙示すべきであり，実務上もそれが通例である。

公知の事実，一般的に明らかな経験則は，証明の対象とならないから，これについて証拠を挙示する必要はない。ただし，経験則が専門的な知識・経験によって初めて知り得るものであるときは，その点の証拠調べを行い，その証拠（例えば，専門家の証言，鑑定書等）を挙示すべきである。

犯罪の成立阻却事由及び刑の減免事由の不存在についても，証拠を挙示する必要はない。

(3) **証拠挙示の方法**　　証拠の標目のみを示せば足り，その内容を示す必要はない。

科刑上一罪を含め一罪となる場合は，証拠を一括して挙示すれば足り，その中の個々の認定事実（例えば，実行行為，結果，共謀，科刑上一罪の場合の各罪）ごとに区別して証拠を挙示する必要はない。併合罪関係に立つ犯罪事実が数個ある場合は，各犯罪事実とこれを認定した証拠との関連を明らかにすべきであり，実務上も，各犯罪事実ごとに区別して証拠を挙示するなどしている。被告人が複数いる事件では，どの被告人の関係の証拠かを明らかにする必要がある。

証拠の標目は，証拠等関係カード上の証拠の請求番号を挙示するだけでは足りないが，その事件で取り調べた他の証拠と区別できる程度に特定して表示すれば足りる。同種類の証拠が複数ある場合は，その全部を証拠として挙示するとき以外は，どの証拠かを特定して挙示する必要がある。実務上は，証拠等関係カード上の証拠の請求番号で特定する例が多いが，そのほか，作成日付，公判期日の回数（当該証拠が公判調書の場合），作成者名，枚数，本文書き出しの文言等によって特定する方法がある。

証拠を取捨選択した理由（最決昭34・11・24刑集13・12・3089）や，証拠から判示の事実を認定するに至った心証形成の過程等について説明することは求められていない。しかし，本条2項により特に判断を示す必要がある場合でなくても，当事者が事実上・法律上の主張をして真摯に争っている場合等には，裁判所の心証形成の過程等を説明するのが望ましい。実務上も，このような場合は，証拠の標目とは別に「事実認定の補足説明」，「争点に対する判断」などといった項目を設けて，これを説明するのが通例である。従前，裁判官のみの裁判における判決においては，証拠が多く，検察官の論告や弁護人の弁論が詳細なものとなっているのに応じて，判決書中の事実認定の補足説明も微細な点にまで言及する傾向があったが，裁判員裁判においては，絞られた証拠に基づき，争点にポイントを絞って，結論を導いた実質的な理由のみを平易かつ簡潔に示すものとなる傾向にある（[1]参照）。

(4) **挙示すべき証拠の範囲**　　挙示すべき証拠は，証拠能力を有し，適法な証拠調べを経たものであることを要するが，罪となるべき事実を認めるのに必要かつ十分な程度のもので足り，直接・間接に心証形成に役立った全ての証拠を挙示する必要はない。

自白事件であっても補強証拠が必要であり（319Ⅱ），これを挙示する必要がある。例

えば，無免許運転の事案においては，被告人が無免許である事実に関する補強証拠（通常は，免許照会の回答書）のほかに，運転行為に関する補強証拠（例えば，被告人の運転行為を現認した旨の警察官作成の報告書）も挙示する必要がある。

　他方，事実認定のために使用した証拠の証拠能力の判断資料として取り調べた証拠（例えば，自白の任意性を認める資料となった取調べ警察官の証言）は，これを挙示すると，これによって直接罪となるべき事実自体を認定したと誤解されるおそれがあるので，挙示すべきではない。同様の理由で，証拠の証明力を裏付け，又は強めた証拠も挙示しないのが望ましい。

［5］法令の適用

⑴ **趣　旨**　　主文の刑が導き出される法令上の根拠を明らかにすることを要請する趣旨である。罪となるべき事実がどのような犯罪を構成し，それに基づき，刑の加重減免を経て，どのように処断刑が形成されたかを，法条を示して説明しなければならない。

　なお，主刑だけではなく，付随処分に関する法令上の根拠も示さなければならない。これは，本条に基づく要請ではなく，44条1項に基づく要請であるが（［1］参照），実務上は，判決書中の「法令の適用」の項の中で主刑を導く法令上の根拠に続いて記載されている。

⑵ **法令の適用の表示**　　**ア　法令の適用の表示方法**　　法令の適用を表示する方法としては，実務上，文章式と羅列式がある。ただし，羅列式といっても，本条は，結論的に適用した法令を列挙すれば足りるとしているのではなく，あくまで「法令の適用」を示すことを要求しているのであり，罰条と罪となるべき事実の関連や，処断刑算出の経路など，法令の適用の過程をも示す必要があるから，単に条文を列挙するだけでは足りず，適宜，「罰条」，「累犯加重」，「酌量減軽」等の小見出しを利用するなどして，必要な説明を付加する必要がある。

　イ　法令の適用の順序　　一般に，法令の適用は，罰条(構成要件及び法定刑を示す規定)の適用，科刑上一罪の処理，刑種の選択，累犯加重，法律上の減軽，併合罪の加重，酌量減軽，宣告刑の決定という順序による（刑72参照）。判決書にもこの順で示され，続いて，付随処分に関する法令の適用を主文に掲げる順序に従って示すのが通例である。

　ウ　罰条（構成要件及び法定刑を示す規定）　　罰条は，構成要件及び法定刑を規定したものを表示すれば足りるが，個別の刑罰本条のほか，いわゆる修正された構成要件(未遂，共犯)を示す規定も表示する必要がある。

　罰条が，項，号，前段・後段で分かれていて構成要件又は法定刑を異にする場合は，1項・2項の別，1号・2号の別，前段・後段の別を明示すべきである。

　適用すべき罰条の中に引用されている規定は，その規定がなければ法定刑が判明しない場合には表示しなければならない。他方，罰条が構成要件の内容として他の規定を引用しているにすぎない場合（刑181Ⅰ，240等）は，引用された規定まで示す必要はない。数個の犯罪事実を認定した場合，どの事実に対しどの罰条が適用されたかを明らかにし

て表示する必要がある。

　エ　科刑上一罪の処理　　刑法54条1項前段・後段の区別のほか，刑法10条を示すの
が実務の通例である。

　オ　刑種の選択　　数種の刑が選択的に規定されている場合には，選択した刑種を明
示する必要がある。

　カ　累犯加重　　再犯の場合は刑法56条1項，57条，三犯以上の場合は更に刑法59条
を示す。処断すべき罪が数個あり，かつ，累犯前科も数個あるときは，どの罪とどの前
科がどのような累犯関係に立つのかを明示する必要がある。

　なお，累犯加重に限らず，加重の結果，刑の長期が20年を超える場合は，刑法14条2
項の表示も必要である。

　キ　法律上の減軽　　必要的減軽であるか裁量的減軽であるかを問わず，刑の減軽を
するときは，減軽の根拠規定（例えば，刑39II・43・63等）を示す必要がある。実務上は，刑
法68条各号も示すのが通例である。

　なお，実務上，裁量的減軽事由によって刑の減軽をするのは，法定刑の下限を下回る
刑で処断する必要がある場合に限ってこれを行うのが通例である。

　ク　併合罪の処理　　まずは刑法45条前段の併合罪か後段の併合罪かを示し，前者の
場合は，刑法10条によりいずれの罪が重いかを示した上，刑法46条以下の規定のうち適
用する規定を表示し，後者の場合は，刑法50条を表示するのが通例である。

　なお，確定裁判前に犯した罪が数個あり，同時に審判すべきときは，刑法45条後段の
ほか，前段も表示しなければならない（最決昭34・2・9刑集13・1・82）。

　ケ　酌量減軽　　酌量減軽をするときは，刑法66条，71条のほか，68条各号も表示す
るのが通例である。

　なお，酌量減軽は，併合罪加重までの加重・減軽等を経て得られた刑の範囲内で適正
な宣告刑を決定することができず，その最下限より軽くする必要がある場合に限り行わ
れる。

［6］累犯前科及び確定裁判

　累犯前科は，法律上刑の加重の原因たる事実であって，判決の主文を導く理由として，
判決において必ずこれを認定判示することを要する（最大判昭24・5・18刑集3・6・734。[3]
(1)参照）。実務上，累犯前科の存在を認定した証拠についても挙示するのが通例である。

　確定裁判についても，刑法45条後段の適用がある場合には認定判示すべきであり（[3]
(1)参照），その存在を認定した証拠についても挙示するのが通例である。

　実務上，累犯前科及び確定裁判については，判決書中，証拠の標目と法令の適用の間
に独立の項を設けて摘示されているのが通例である（[3](1)参照）。

［7］その他の判決理由

(1) **量刑の理由**　　量刑の理由は，本条で示すことが要求されているものではない。実
務上も，量刑の理由を示さない判決も少なくないが，当事者の最大の関心事が量刑であ

ることも多く，最近は量刑の理由を判決宣告で告げ，判決書中でも項目を設けて記載する例が相当増えている。

なお，従前の裁判官のみによる裁判においては，当事者双方が可能な限り多くの量刑事情を網羅的・総花的に主張・立証し，裁判官が，こうした事情を前提に，同種先例との詳細な比較・対照等により，刑を定めるという手法が見られ，勢い，判決書中の量刑の理由も，当事者双方の主張する量刑事情を，有利な事情，不利な事情に分けて羅列するものとなる傾向があった。このような量刑の理由の記載では，主文の刑を導いた実質的理由が判然としないものになりがちである。しかし，裁判員裁判の実施を機に，量刑の本質及び判決で示される量刑の理由の在り方について議論が行われ，次のような認識が共有されつつある。すなわち，量刑の本質は，被告人の犯罪行為に相応しい刑事責任の分量を明らかにすることにあり，それは，行われた犯罪の客観的重さと当該行為の意思決定への非難の程度に応じた刑の分量を明らかにすることであって，それ以外の被告人の個人的な属性や反省の程度，前科等の一般情状は，犯情によって決まる量刑の大枠を前提に刑を調整する二次的な考慮要素である。量刑判断は，このような量刑の本質に根差した形で，当該事案において真に重視すべき事情及びその位置付け等を的確に捉えたものになっていなければならない。そして，判決書についても，「罪となるべき事実」の項に社会的実体を伴った犯罪事実を記載すれば，それだけで量刑の大枠を示すことができるから（[3](1)参照），量刑の理由では，それを前提として主文の刑を導いた実質的な理由を示せば足り，刑を決めたポイントを押さえた簡潔かつ平易な記載が求められる。なお，量刑の本質である「犯罪行為に相応しい」刑というのには，①本事案の具体的事情から見て相当であるという意味のほかに，②他の事案と比較しても公正・公平であるという意味が含まれる。そうすると，裁判員裁判の評議で使用されている裁判員量刑検索システムに基づく量刑資料は，量刑の本質を踏まえ，主として犯情に関する基本的な因子を検索項目として作成され，その事件の属する社会的類型における大まかな量刑傾向を表すものであるところ，このような量刑傾向は一定程度は量刑（責任の枠）の目安として尊重されるべきである。実際の評議でも，このような量刑傾向の幅の中での当該事件の相対的な位置付け等が議論されることになる（井田ほか・前掲司研報告5，7，26，89，安東「裁判員裁判のこれから──裁判官の視点」ひろば67・4・31～32，大野「裁判官から見た裁判員裁判制度」法の支配177・60～61）。実際の判決書でも，量刑の理由でこの点に言及したものが少なくない。

(2) **一部無罪・一部免訴・一部公訴棄却の理由**　　科刑上一罪の一部が無罪・免訴・公訴棄却に当たる場合，主文で無罪等の言渡しをしてはならず，理由中でその判断を示すべきものとされる（観念的競合の一部が無罪の場合について，最判昭32・9・24裁集刑120・507）。この場合も，無罪等の判断部分については，本条の適用はなく，44条1項の一般原則による。

[8] 本条2項の主張に対する判断

(1) **趣　旨**　　本条2項は，法律上犯罪の成立を妨げる理由又は刑の加重減免の理由と

なる事実が当事者から主張された場合は，これに対する判断を示さなければならないとする。当事者の主張を考慮して判決したことを明らかにし，裁判の客観性を担保する趣旨である。

なお，本条2項の主張に当たらない事実上・法律上の主張であっても，当事者が真摯にこれを主張して争っている場合などには，裁判所の判断を示すのが望ましく，実務上もそうするのが通例である（[4](3)参照）。

(2) **法律上犯罪の成立を妨げる理由となる事実の主張**　　法律上犯罪の成立を妨げる理由となる事実とは，犯罪の構成要件に該当する事実以外の事実であって，それがあるために法律上犯罪の不成立を来す事実をいい，構成要件該当性，違法性及び責任の各阻却事由を指す。

一般にこれに当たるとして認められているものは，各種特別法犯における法定の除外事由の存在，賭博罪における娯楽性（刑185但），名誉毀損罪における真実性（刑230の2），正当行為（刑35），正当争議行為（労組1Ⅱ本），正当防衛（刑36Ⅰ），特別防衛（盗犯1），緊急避難（刑37Ⅰ本），自救行為（最決昭46・7・30刑集25・5・756），心神喪失者（刑39Ⅰ），刑事未成年者（刑41），期待可能性の不存在（名古屋高判昭26・2・9高刑集4・2・114）等がある。

他方，法律上犯罪の成立を妨げる理由となる事実の主張に該当しないものとして，犯罪構成要件に該当する事実の全部又は一部の単純な否認，すなわち，故意の否認，過失の否認，住居侵入罪における被害者の承諾（最判昭25・11・24刑集4・11・2393）の主張等のほか，不能犯（最判昭24・1・20刑集3・1・47），信頼の原則の適用（東京高判昭46・10・27刑裁月報3・10・1334），訴訟条件欠如（東京高判昭34・4・4高刑集12・4・431）の主張等がある。

(3) **法律上刑の加重減免の理由となる事実の主張**　　法律上刑の加重減免の理由となる事実とは，法律上必要的加重減免事由として規定されたものに限られる（最判昭26・4・10刑集5・5・890）。

これに該当するものとしては，累犯(刑56)，中止未遂(刑43但)，心神耗弱者(刑39Ⅱ)，内乱予備罪等の自首（刑80・93但），身の代金目的略取等予備罪の自首（刑228の3但），親族間の犯罪に関する特例（刑244Ⅰ・251・255・257Ⅰ）等がある。

他方，従犯の主張は，共同正犯の訴因に対する否認にすぎないから，法律上刑の加重減免の理由となる事実の主張に当たらないとされる（最判昭26・3・15刑集5・4・527）。刑の裁量的減免事由（刑36Ⅱ・37Ⅰ但・38Ⅲ但・42・43本・105・113但・170・173・201但等）もこれに当たらない。

(4) **判断が必要となる場合**　　本条2項の主張に対する判断は，当事者から本条2項所定の事由の存在が主張されたときに限って示せば足りる。公判手続のどの段階で主張された場合でも判断が必要となる。もっとも，主張を認めたときは，その主張に係る事実が判示されることになるから，それに重ねて判断を示すことまでは求められない（ただし，(5)参照）。

(5) **判断の方法**　　本条 2 項の主張に対する判断は，証拠の標目又は法令の適用の項の後に，「弁護人の主張に対する判断」，「争点に対する判断」などといった項を立てて，まず主張の要約を示した上で，裁判所の判断を示しているのが通例である。なお，裁判所の判断を示すに際し，推論の過程の判示を欠いても違法でないとされる（大判昭 4・4・30刑集 8・222）が，結論だけでなく推論の過程も示すのが望ましく，実務上もそうするのが通例である。

［9］ 公訴事実の引用

　判決で認定された罪となるべき事実と起訴状又は訴因等変更請求書に記載された公訴事実が一致する場合に，判決書に起訴状等の公訴事実を引用することができるとされる（規218）。判決書作成の便宜を考慮したものである。起訴状等の公訴事実の一部を訂正し，その他の部分を引用することも差し支えない。

　起訴状等の公訴事実の記載は裁判所の最終的な判断と完全に一致するとは限らないから，漫然と判決書にこれを引用することは避けなければならない。とりわけ，判決書中の「罪となるべき事実」の項に社会的実体を伴う犯罪事実を示すのが望ましい事案においては，「罪となるべき事実」の記載は起訴状等の公訴事実に記載された訴因以外の内容も含むものとなることが多いと考えられる（［3］(1)参照）。

　実務上，起訴状等の公訴事実を引用する場合は，「当裁判所の認定した罪となるべき事実は，起訴状に記載された公訴事実と同一であるから，これを引用する。」などと記載するのが通例である。

［10］ 簡易公判手続及び即決裁判手続の場合の特例

　簡易公判手続（291の 2 以下）及び即決裁判手続（350の 2 以下）により審理した事件の判決書には，いずれも公判調書に記載された証拠の標目を特定して引用することができるとされる（規218の 2 ）。

　実務上，「記録中の証拠等関係カード（検察官請求分）に記載されている甲の 1 ないし 6 及び乙の 1 , 2 」などと記載して引用するのが通例である。

［11］ 調書判決

　規219条は，地方裁判所又は簡易裁判所において，裁判官が判決書を作成せず，裁判所書記官に判決の内容を公判調書に記載させ，これをもって判決書に代えるという，いわゆる調書判決の制度を定めたものである。

　調書判決によることができるのは，上訴の申立てがなく（規219Ⅰ本），かつ，判決宣告日から14日以内で判決確定前に判決書の謄本の交付の請求（46）がない（規219Ⅰ但）場合である。

　調書判決の記載事項は，判決主文，罪となるべき事実の要旨及び適用した罰条であり（規219Ⅰ本），証拠の標目の記載は不要である。

　規定の文言上，調書判決は有罪判決の場合に利用されることを想定していると解され，実務上も，自白事件の有罪判決について，調書判決の利用が広く行われている。その場

合，罪となるべき事実の要旨については，起訴状等の公訴事実の引用（規218。[9]参照）がされる例が多い。

　なお，調書判決は，作成者である裁判所書記官のほか，判決をした裁判官も署名押印しなければならない（規219Ⅱ。ただし，署名押印に代えて記名押印することができる〔規60の2Ⅰ〕。）。これは，判決という内容の重要性に鑑み，通常の公判調書と扱いを異にしたものである。　　　　　　　　　　　　　　　　　　　　　　　　　　　　　　　〔戸苅左近〕

第336条 [1]**〔無罪の判決〕**　被告事件が罪とならないとき，又は被告事件について犯罪の証明がないときは，判決で無罪の言渡[2][3]をしなければならない。

[1] 本条の趣旨　　[2] 無罪を言い渡すべき場合　　[3] 無罪判決の理由

[1] 本条の趣旨

　本条は，無罪判決を言い渡すべき場合について定める。無罪判決の主文は，通常は，「被告人は無罪」とする。無罪判決は実体裁判であるから，これが確定したときは，公訴事実を同一とする事実について再び起訴することは許されず，仮に誤って起訴されたときは，実体審理に入ることなく，免訴の判決が言い渡される（337①）。

[2] 無罪を言い渡すべき場合　訴因を基準として，「被告事件が罪とならないとき」又は「被告事件について犯罪の証明がないとき」である。一定の事実が証明されても，訴因に対応する事実との間にずれがあるときは，両事実間に公訴事実の同一性が肯定できる場合でも，原則として有罪の認定をすることはできず，無罪を言い渡さなければならない（後記(2)の「犯罪の証明がないとき」に当たる。もっとも，訴因と認定事実とのずれが一定限度内にあるときは，訴因変更を要しないで犯罪事実を認定することができる。なお，公訴事実が同一である範囲内で，認定事実に対応する訴因に変更された場合(312)に，有罪の判決が宣告されることは当然である。）。

(1) **被告事件が罪とならないとき**　　①訴因に対応して証明された事実自体が犯罪を構成しない場合（当該事実が法令解釈上犯罪構成要件に該当しないと認められる場合や，当該事実に適用される罰則が違憲無効である場合など。そのことが起訴状の記載自体から明白であれば，339Ⅰ②により決定で公訴が棄却されるが，法令解釈に争いがあるなどの場合は，実体審理を行った上，上記の判断をすることになる。）と，②335条2項にいう「法律上犯罪の成立を妨げる理由」があるとされる場合（構成要件該当性阻却事由・違法性阻却事由・責任阻却事由が存在する場合。処罰条件が充足していない場合についても，これと同様に考えられる。なお，犯罪成立阻却事由の存否が不明な場合や，処罰条件の充足の有無が不明な場合については，一般に，後記(2)の「犯罪の証明がないとき」に当たると解されている。）である（松尾・条解942）。

(2) **被告事件について犯罪の証明がないとき**　　前記(1)以外で無罪を言い渡すべき場合

は，全て「犯罪の証明がないとき」に当たる。訴因に掲げられた事実が合理的な疑いを差し挟まない程度まで証明されるに至らなかった場合や，自白の補強証拠を欠く場合（319Ⅱ）が，この例である。

(3) **公訴事実の一部無罪等**　　ア　**併合罪の場合**　　併合罪の関係に立つ数個の公訴事実のうちの一つが無罪で，その余が有罪となったときは，有罪の部分について有罪判決を，無罪の部分について無罪判決を言い渡す。この場合，「被告人を懲役1年6月に処する。本件公訴事実のうち詐欺の点については，被告人は無罪」とか，「被告人を罰金5万円に処する。その罰金を完納することができないときは，金5000円を1日に換算した期間被告人を労役場に留置する。本件公訴事実中，被告人がAに対して顔面を殴打する暴行を加えたとの点（本件公訴事実第2）については，被告人は無罪」などと，主文において無罪となった公訴事実（訴因）を明示して，無罪を言い渡すことになる。

　　イ　**科刑上一罪等の場合**　　科刑上一罪（観念的競合，牽連犯），常習一罪，包括一罪の関係に立つ数個の訴因のうち一部の訴因について犯罪の証明がない場合は，訴因が数個であっても公訴事実は同一であるから，主文で無罪を言い渡すべきではないが，理由(44)中でその判断を示すことを要する（最判昭32・9・24裁集刑120・507等参照）。

　　以上の一罪か併合罪かの罪数評価が検察官と裁判所とで食い違った場合に，どちらの判断を基準にすべきか（例えば，一罪として起訴された公訴事実の一部は認められる（有罪である）が，一部については証明されておらず，かつ，裁判所が，有罪として認定される部分と証明されていない部分とが併合罪の関係に立つと判断した場合に，主文で一部無罪を言い渡すべきか。）という問題がある。争いはあるが，この段階での裁判所の罪数評価は，仮に公訴事実が全部認められたとしたらどうかという仮定の判断にとどまらざるを得ないことなどに照らし，検察官の罪数評価が基準になる（上記の例では，主文で無罪を言い渡すのではなく，理由中でその判断を示すにとどまる。）と解する（福﨑・注釈刑訴6・674，中谷・大コメ刑訴8・182。大判昭9・3・24刑集13・4・313，東京高判昭26・9・28特報24・86等）。

　　なお，科刑上一罪の一部が無罪で，他が免訴又は公訴棄却の場合は，主文で無罪を言い渡し，免訴部分又は公訴棄却の部分については理由中で判断を示すべきと解する（最判平元・7・18刑集43・7・752参照）。

　　ウ　**択一的訴因・予備的訴因が掲げられている場合**　　同一の公訴事実について，択一的訴因又は予備的訴因が掲げられる場合がある。択一的訴因の場合は全ての訴因について，主位的及び予備的訴因の場合は双方の訴因について，いずれも罪とならないか，犯罪の証明がない（あるいは，一方が罪とならず，他方は犯罪の証明がない）と認められて初めて，無罪の言渡しをすべきである（訴因の一部でも有罪であれば，全体として1個の有罪判決となり，排斥した訴因について主文で無罪を言い渡すことはできない。）。

［3］無罪判決の理由

　　無罪判決にも理由を付することを要する(44)が，「罪とならない」又は「犯罪の証明がない」とだけ判示すれば，理由不備には当たらないとするのが通説・判例（東京高

判昭27・10・23高刑集 5・12・2165）である。通例は，初めに公訴事実（その要旨で足りる。訴因変更があった場合には，変更後の訴因に基づいて示す。）を掲げた上で，どのような理由で無罪となるのかわかりやすく説明することになるが，犯罪の証明がないことを理由に無罪の言渡しをする場合に，個々の証拠につき，その採用し得ない理由を逐一説明する必要はない（最判昭35・12・16刑集14・14・1947）。

　いわゆる証拠不十分のとき（形式的には一応の有罪証拠が揃っているが，反対証拠をも総合考慮した結果，有罪の確信に達しないとき）には，当事者の納得や，控訴審で第一審判決の判断過程を適切に審査することを可能にするなどの趣旨から，有罪証拠の証明力を認めない理由を簡潔にでも付することが望ましく（名古屋高判昭24・12・27特報 6・83），実務では比較的詳細に理由を付する取扱いがなされている。

　科刑上一罪の場合については，本条の解説[2]⑶イを参照。

　択一的訴因の一方の訴因について有罪認定をした場合，又は主位的訴因を排斥したが予備的訴因について有罪認定をした場合，その判決は有罪判決であるから，無罪判決として理由を示す部分は存在しない。また，他方の訴因や主位的訴因を排斥した理由を示すことは，335条や44条が常に要求しているとは解されない（最判昭25・10・3刑集 4・10・1861，最決昭29・3・23刑集 8・3・305）。ただし，主位的訴因を排斥して予備的訴因について有罪認定をした場合は，先に判断の対象となった主位的訴因を排斥した理由について示しておくのが相当であろう。　　　　　　　　　　　　　　　　　　　　　　　　　　〔辛島明〕

第337条 [1]〔免訴の判決〕　左の場合には，判決で免訴の言渡をしなければならない [2]。

　一　確定判決を経たとき [3]。
　二　犯罪後の法令により刑が廃止されたとき [4]。
　三　大赦があつたとき [5]。
　四　時効が完成したとき [6]。

　　　[1]本条の趣旨等　　　[2]免訴判決の言渡し　　　[3]確定判決（本条①）
　　　[4]犯罪後の法令による刑の廃止（本条②）　　　[5]大赦があったとき（本条③）
　　　[6]時効が完成したとき（本条④）

[1] 本条の趣旨等

⑴ **本条の趣旨**　　本条は，有罪・無罪の実体裁判，公訴棄却・管轄違いの形式裁判のほかに，終局裁判の第3の類型として，免訴判決について規定したものである。

⑵ **免訴判決の性質**　　免訴判決の性質については，形式裁判説（訴因に内在する訴訟追行の利益がないときに，犯罪事実の存否を判断せずに言い渡す形式裁判であるとする説）のほか，従

前は，実体裁判説（犯罪事実の存在を一応前提とし，いったん発生した刑罰権が後に消滅したことを理由に訴訟を終局させる実体裁判であるとする説）や，実体関係的形式裁判説（本条が規定する実体的訴訟条件の存否については被告事件の実体に関係させて判断がされるものであり，これが不存在のときに手続を打ち切る形式裁判であるとする説）等も有力に主張されたが，現在の通説は形式裁判説である。

形式裁判説の立場からも，（異なる見解もあるが，）免訴判決が確定した場合には一事不再理効が生じ，その効力は公訴事実の同一性のある範囲に及ぶと解されている（その理由について，免訴事由とされているものは，その訴因についておよそ訴訟追行が許されない典型的な場合であり，このような事由でひとたび手続が打ち切られた以上，同一事件について再度の訴追を許すべきではなく，政策的に一事不再理効を認めるべきであるなどと説明される。）。

判例も，基本的には形式裁判説によっているとされ，①免訴判決と犯罪事実の判断の要否，②免訴事由の存在と無罪判決の可否の各点につき，判例は，免訴事由が存する場合，有罪・無罪の実体判断をすべきではなく免訴判決が宣告されるべきであり，被告人の側も，無罪判決を求めることや免訴判決に対し無罪を主張して上訴することはできないとする（公訴係属中の事件につき大赦があった場合についての最大判昭23・5・26刑集2・6・529，旧刑訴法適用事件につき再審が開始された場合で，その対象となった判決の確定後に刑の廃止又は大赦があったときについての最判平20・3・14刑集62・3・185参照）。

③免訴事由の存否の基準は訴因か実体判断か（起訴状記載の訴因については免訴事由がなく，実体審理を進める中で，裁判所が訴因と異なる事実について心証を形成し，当該事実に免訴事由が認められる場合に，訴因変更を経ずして免訴判決ができるか。）の点については，判例は，起訴に係る名誉毀損罪で有罪に処した第一審判決を破棄した控訴審判決が，公訴時効の完成を見過ごして，侮辱罪により有罪を言い渡した事案について，訴因変更の手続を経ることなく免訴を言い渡すべきであるとしている（最判昭31・4・12刑集10・4・540。最判平2・12・7裁集刑256・467も同旨）。この判例については，名誉毀損の当初訴因には侮辱の事実も包含されているとみることができる（すなわち，上記は縮小認定の場合ともいい得る。）から，免訴事由の存否の基準は（実体審理に立ち入らない以上は，）訴因であるとする形式裁判説とも矛盾しないと解される（もっとも，松尾・条解946は，判例の基本線は，訴訟条件の具備については究極的には実体判断を前提として判断すべきものという考えに立つようにみえるとしている。）。

なお，起訴状記載の訴因が窃盗で，裁判所の心証が時効の成立した横領である場合のように，後者が前者の縮小認定ともいい得ない場合についての最高裁判例は見当たらない。審判の対象が第一次的には訴因と解されることからすれば，検察官の訴因変更請求があればこれを許可して横領について免訴を言い渡し，訴因変更請求がなければ窃盗について無罪を言い渡すことになると解すべきであろう（福崎・注釈刑訴6・691参照）。

④免訴判決と一事不再理効の点については，大判昭19・5・10刑集23・92が，傍論ながら免訴にも一事不再理効を認めている（もっとも，この判例は，当時の通説である実体裁

判説あるいは実体関係形式裁判説をその理論的背景としていたものと解されている。松尾・条解946）。

(3) **免訴判決の事由**　本条1号から4号までに列挙されているが，これらは例示列挙であるとする説が有力である（田口・大コメ刑訴8・243）。

　判例は，迅速な裁判の保障条項（憲37I）に反する事態が生じた場合も免訴事由と認めている。最大判昭47・12・20刑集26・10・631は，起訴後15年余り審理が行われずにいたいわゆる高田事件について，遅延の期間・原因・理由，遅延がやむを得ないものかどうか，憲法の上記条項の趣旨がどの程度害されたのかなどの事情を総合考慮し，上記条項に反する異常な事態が生じた場合には，その審理を打ち切るという非常救済手続がとられるべきであるとして，免訴判決とした第一審の結論を是認している（なお，上記最大判以降は，同様の理由により免訴判決がされた例はない。最判昭48・7・20刑集27・7・1322，最判昭50・8・6刑集29・7・393，最決昭53・9・4刑集32・6・1652，最判昭55・2・7刑集34・2・15，最判昭58・5・27刑集37・4・474）。

［2］免訴判決の言渡し

　主文は「被告人を免訴する」とし，理由中では，初めに公訴事実（その要旨で足りる）を掲げた上で，その事実について認められる本条各号の事由を，それが認められる根拠も示して簡潔に説明する（44）のが通例である。

　判決であるので口頭弁論に基づくことを要する（43I。なお，314I但）。多くの場合，公判手続の進行中に免訴事由について主張立証が行われるが，起訴直後から免訴事由の存在が明らかになっているときは，実体審理を開始することなく，直ちに免訴事由の存否のみに関する口頭弁論を行うことで足りよう。

［3］確定判決（本条①）

(1) **確定判決を経たとき**　「確定判決」には，有罪・無罪の実体判決のほか，略式命令（470）や交通事件即決裁判（交通裁判14II）なども含まれる（略式命令につき，最判昭27・11・28裁集刑69・1089）。免訴の確定判決についても，一事不再理効を認め（本条の解説［1］参照），「確定判決」に当たるとするのが多数説であり，実務上もそのように処理されている（松尾・条解947）。

　少年法19条1項の審判不開始決定については，非行事実の不存在を理由にするものであっても一事不再理効は認められない（最大判昭40・4・28刑集19・3・240）。もっとも，検察官関与決定（少22の2I）がされた事件では，非行事実又は要保護性の不存在を理由とする不処分決定（少23II）が確定した場合，一事不再理効が認められる（少46II）。

　管轄違い・公訴棄却の確定判決（これらには一事不再理効がない）や，各種税法による通告処分の履行（最判昭31・3・20刑集10・3・374参照），法廷等の秩序維持に関する法律2条に基づく監置（最判昭34・4・9刑集13・4・442参照）などは，本条1号の「確定判決」に当たらない。また，本条1号の「確定判決」は，我が国の裁判権が行使されたものでなければならず，外国で確定判決を受けたときは当たらない（最判昭29・12・23刑集8・13・2288，

最判昭30・10・18刑集 9・11・2263参照)。

⑵ **確定判決の効力の及ぶ範囲**　　確定判決による一事不再理効は，確定判決における訴因と公訴事実の同一性の範囲にある全ての事実（科刑上一罪，常習一罪，包括一罪など一罪の関係にある事実も含む。）に及ぶ（最判昭33・5・6刑集12・7・1297，最判昭35・7・15刑集14・9・1152参照）。

　例えば，常習特殊窃盗罪や常習累犯窃盗罪（盗犯2・3）の事実について確定判決があるときは，後に，実体的にこれらの常習窃盗を構成すると認められる窃盗の事実（確定判決の前に行われたもの）を起訴することは，（それが常習窃盗としての起訴であった場合はもとより，刑235の単純窃盗としての起訴であっても。）再訴禁止に当たり，後訴は免訴となる（最判平15・6・2裁集刑284・353は，いわゆる迷惑防止条例違反の痴漢行為の事案において，前訴が常習痴漢，後訴が単純痴漢〔前訴の確定前に行われたもの〕としてそれぞれ有罪が確定した後に，検事総長から非常上告が申し立てられ，後訴を免訴とした。）。

　また，単純窃盗の事実（実体上，常習窃盗を構成するとみられるもの）について確定判決を経た後，確定判決前の余罪である他の事実を常習窃盗罪により起訴することも，再訴禁止に当たる（最判昭43・3・29刑集22・3・153）。もっとも，確定判決前の余罪である他の事実が単純窃盗罪により起訴された場合は，①訴因制度を採用した現行刑事訴訟法の下では，少なくとも第一次的には訴因が審判の対象であると解されていること，②訴因につき犯罪の証明なしとする無罪の確定判決も，（実体形成をするものではないが）一事不再理効を有すること，③常習窃盗罪は，常習性の発露以外の面では，同罪を構成する各窃盗相互間に本来的な結び付きはないこと，④一罪を構成する行為の一部起訴も適法になし得ることなどからして，両訴因間の公訴事実の同一性を検討する判断は，基本的には，前訴及び後訴の各訴因のみを基準としてこれらを比較対照することにより行うのが相当であり，両訴因が実体的には常習窃盗罪を構成することが否定し難い場合であっても，前訴の確定判決の一事不再理効は，後訴には及ばない（最判平15・10・7刑集57・9・1002）。

　こうした判例の立場は，前訴又は後訴の訴因の一方が常習窃盗（他方が単純窃盗）である場合は，両訴因の単純窃盗罪と常習窃盗罪が実体的には常習窃盗罪の一罪であることが強くうかがわれ，こうした契機が存在する場合には，例外的に，単純窃盗罪が常習性の発露として行われたか否かという実体に踏み込んで心証形成をし，両訴因間の公訴事実の同一性の判断（前訴の確定判決の一事不再理効が後訴に及ぶかの判断）をすべきというものと整理できる。

　後訴の訴因が当初常習窃盗であった場合でも，これを単純窃盗に訴因変更することは可能と解される（前田・松尾＝岩瀬・実例刑訴3・255）が，この訴因変更の時期如何によっては，裁判所は，上記の実体に踏み込んだ心証形成，両訴因間の公訴事実の同一性の判断をすべきであり（多和田・判例解説(刑)平15・489は，証拠調べ開始前までは，訴因変更を許容すべきであるという考え方もあり得よう，とする。），この場合，検察官は，前訴の訴因と後訴の訴因が実体的に常習一罪の関係にないことを進んで主張・立証すべきである。

337条 951

なお，継続犯，常習犯などが確定判決の前後にまたがって行われているときは，確定判決後の行為についてはその効力は及ばない（前掲最判昭43・3・29）。その基準時点としては，第一審弁論終結時説，第一審判決言渡し時説，判決確定時説などがあり，多数説や裁判例（大阪高判昭27・9・16高刑集5・10・1695等）は第一審判決言渡し時説をとっている（最決昭62・2・23刑集41・1・1についての高橋・判例解説(刑)昭62・15以下参照）。

また，一事不再理効の効力は同一被告人にしか及ばないから，例えば，Aにつき有罪判決が確定した後，Aは真犯人であるBの身代わりであったことが判明した場合，Bを訴追することは妨げられない。いわゆる三者即日処理方式による略式手続において，真犯人であるAがBの氏名を冒用するなどしたため，Bを被告人として略式命令が発付された場合，その効力は冒用者であるAには生じないから，Aについて更に訴追することも妨げられない（最決昭50・5・30刑集29・5・360，髙嶋・松尾＝岩瀬・実例刑訴3・257以下も参照）。

［4］犯罪後の法令による刑の廃止（本条②）

(1) **刑の廃止**　明文をもって罰則を廃止する場合のほか，法令の有効期間の経過，前法後法の抵触等により実質上罰則の効力がなくなった場合も含む（最大判昭28・7・22刑集7・7・1562）。

犯罪行為がなされた時点では刑罰法令が有効でも，裁判時までにそれが廃止された場合には，その行為を処罰することができず，本条2号により免訴となる。しかし，この場合にも，その廃止法や新法の中に，罰則の適用については従前の例による旨の経過規定が置かれていれば，なお処罰可能であり，免訴とはならない。

刑の廃止の時期は，特別の定めがない限り，その廃止を規定する法令の施行時である。

(2) **犯罪後**　実行に着手すれば直ちに「犯罪後」となるのか，特に結果犯の場合，結果が発生しなければ「犯罪後」とはいえないのかが問題となる。未遂に処罰規定がある場合，実行に着手した後，結果発生前に発覚すれば未遂罪で処罰されることを考えると，結果発生後でなければ「犯罪後」とはならないことは相当でないから，実行に着手して以降は「犯罪後」となると解すべきである（松尾・条解948）。

なお，ここでいう「犯罪後」に至る前に刑の廃止があったときは，その行為は罪とならない（すなわち，無罪になる）ことになる。

(3) **免訴の範囲**　刑の廃止は，ある特定の犯罪を処罰しない趣旨であって，公訴事実の同一性が認められる範囲の全部の罪にその効力が及ぶものではない。したがって，争いはあるものの，合理的期間内に刑の廃止の効力の及ばない訴因への変更請求があれば，裁判所は許可すべきである（福崎・注釈刑訴6・688。後記［5］，［6］の場合も同様である。）。

［5］大赦があったとき（本条③）

(1) **大赦**　大赦とは，恩赦の一種であり（恩赦1），政令（大赦令）で罪を定めて行う。

大赦により，この政令に特別の定めのない限り，有罪の言渡しを受けた者については，その言渡しが効力を失い，有罪の言渡しを受けない者については，公訴権が消滅する（恩赦3）。大赦が免訴事由となるのは，後者の場合である。

(2) **免訴の範囲**　大赦は「罪の種類」を定めて行われるから（恩赦2），免訴の範囲は
その「罪」に限られ，公訴事実の同一性の範囲内にある他の罪には及ばない。したがっ
て，例えば，暴行罪が大赦されても，結果的加重犯としての傷害罪は赦免されない。ま
た，包括一罪については，一罪として評価される数個の行為のうち一部の行為が大赦令
により赦免の対象とされる罪に当たる場合でも，他の行為が赦免されない別の罪名に触
れるときは，刑罰権行使の不可分一体性の観点から，前者の行為も赦免されない（最判
平4・6・15刑集46・4・289）。なお，最大判昭28・6・24刑集7・6・1371は，連続犯につ
いては，その一部に大赦令の適用を受けない罪があっても，その余の赦免の対象となる
罪は赦免されるべきであるとしたが，この判例は，本来数罪であるものを連続犯として
一罪にしたことにより，大赦との関係ではかえって被告人の不利な結果となることを避
ける必要があったなどという事情を背景とするものである。

[6] **時効が完成したとき（本条④）**

「時効」とは，公訴時効のことである。

訴因変更があった場合，時効完成の有無は，訴因変更時ではなく起訴時を基準として
判断される（最決昭29・7・14刑集8・7・1100，最判昭39・11・24刑集18・9・610）。時効完成の有
無を判断するに当たり，訴因を基準とするか実体形成（心証）に基づくことができるか
については，本条の解説 [1](2) を参照。　　　　　　　　　　　　　　　　　　〔辛島明〕

第338条 [1][2] 〔**公訴棄却の判決**〕　左の場合には，判決で公訴を棄却しなければな
らない [3][4][5]。

一　被告人に対して裁判権を有しないとき [6]。

二　第340条の規定に違反して公訴が提起されたとき [7]。

三　公訴の提起があつた事件について，更に同一裁判所に公訴が提起されたと
き [8]。

四　公訴提起の手続がその規定に違反したため無効であるとき [9]。

　　　　　[1] 本条の趣旨　　　[2] 訴訟条件　　　[3] 公訴棄却の判決の方式　　　[4] 判決成立
　　　　の効果　　　[5] 被告人の上訴　　　[6] 裁判権を有しないとき（1号）　　　[7] 340条
　　　　違反の再起訴（2号）　　　[8] 二重起訴（3号）　　　[9] 公訴提起手続の無効（4号）

[1] 本条の趣旨

本条は，339条とともに，訴訟条件が欠缺している場合，公訴を棄却して訴訟を打ち
切るべきことを定めたものである。本条は，訴訟条件の欠缺が比較的重大で，かつ，必
ずしも一見して明白でない場合について，公訴棄却の判決によるべきことを定める。

公訴棄却の判決は，形式裁判であって，一事不再理効を有しないから，訴訟条件を補

正して再起訴することができる。判例も，憲法39条は，起訴状に公訴事実の記載が欠如していることを理由として公訴棄却の判決がなされた場合において，同一事実につき再度公訴を提起することを禁ずる趣旨を包含するものではない旨判示している（最大判昭28・12・9刑集7・12・2415）。

［2］訴訟条件

(1) **訴訟条件の意義**　訴訟条件とは，訴訟手続を有効に成立させ，これを存続させるための条件である。訴訟条件は，公訴の提起のはじめから実体審理を経て，実体判決に至るまで，訴訟手続のすべての段階において備わっていなければならない（ただし，土地管轄については公訴提起の時点で存在していればよく，後に被告人の転居等で土地管轄が消滅しても訴訟手続の適法性・有効性に影響はないとされている。331参照）。訴訟条件が欠ける場合には訴訟手続は打ち切られることになる。

(2) **訴訟条件の調査**　ア　**職権調査**　訴訟条件の存否は職権調査事項とするのが通説であり，当事者には公訴棄却の申立権は認められておらず，したがって当事者から公訴棄却の申立てがあっても，その申立てを棄却する裁判の必要はないと解されている。判例も，刑訴法は，公訴棄却の裁判の申立権を認めていないのであるから，公訴棄却を求める申立ては，職権発動を促す意味を持つに過ぎず，したがって，これに対して申立て棄却の裁判をする義務はない旨判示している（最決昭45・7・2刑集24・7・412）。ただし，理論的な問題とは別に，手続打切りは被告人にとって重大な関心事であることが多いであろうから，被告人にとって納得のいく裁判の実現という観点からすると，できる限り判断を示すことが妥当であろう（松尾・条解951，田口・大コメ刑訴6・257等も同旨。）。実務の運用をみても，判断を示しているのが通常である。

　イ　**調査の時期・順序**　(ｱ)　**訴訟条件の調査と実体審理の順序**　現行法は，訴訟条件の調査を先行させ，その具備が認められたのちに実体審理に入るという二元制度をとっていないと解するのが通説である（松尾・条解952，柴田・注釈刑訴5・468等）。

　判例も，「裁判所は，公判手続において，事実審理に入るに先立ち，起訴手続が違憲無効であるか否かについて，たとい被告人側からその判断の開示の請求があった場合においても，まずその判断を示すことを要するものということはできない。また裁判所が上記判断を示すことなく事実審理に入ることをもって，所論のごとく『有罪の予断を抱く』とか又は憲法に違反するものということもできない」旨判示し（最大決昭24・10・31刑集3・10・1683），また，事実審理開始前に，若しくはその途中で公訴棄却の申立てがあっても，その都度判断を示す必要はなく，最終の判決で判断を示せば足りるとしている（最大決昭23・9・27刑集2・10・1229等）。実務上は，具体的事案に応じ，個々の訴訟条件の性質，当事者の争点，立証の準備具合等を考慮して，訴訟経済の観点から，裁判所が裁量により，適宜の時期に訴訟条件存否の調査を行っている。本条の場合は口頭弁論に基づくことを要することもあって，公判手続を進める中で実体審理とともに行われる場合も多い。

　(ｲ)　**公訴棄却事由と無罪事由・免訴事由の競合**　上記のとおり，訴訟条件の調査と

実体審理とが並行して行われることも許容されるとなると，場合によっては，公訴棄却事由と無罪事由とが競合して認められることもあり得る。この場合，通説は，前者を優先して，公訴を棄却すべきとし，無罪判決の言い渡しには消極であるとされている（柴田・注釈刑訴5・469）。

しかし，訴訟条件が欠缺していることが判明しているにもかかわらず実体審理を進めて無罪とすることはできないことはいうまでもないが，適法に実体審理を進めた結果として無罪が明らかとなり，同時に訴訟条件の欠缺も判明したという場合にも，常に公訴棄却を優先すべきとするのは，形式的に過ぎるように思われる。特に，後者の場合で，かつ，被告人側が積極的に無罪判決を求めるような場合には，被告人の利益の観点からも，むしろ無罪判決をするのが相当な場合もあろう（松尾・刑訴(下)165，鈴木・刑訴128，田口・大コメ刑訴6・260等も同旨）。たとえば，①340条の規定（公訴取消しによる公訴棄却と再起訴の要件）に違反して公訴が提起されたが，無罪が判明した場合，②証拠調べの過程で被告人の無罪が明らかになったが，同時に，被告人が起訴時に未成年者であったことが判明した場合等には，それ以上の再起訴の可能性を排斥し，被告人を不安定な立場から救済する意味でも，無罪判決を言い渡すことが適切であろう（なお，刑事補償法25条は，免訴又は公訴棄却の裁判を受けた者は，もし免訴又は公訴棄却の裁判をすべき事由がなかったならば無罪の裁判を受けるべきものと認められる充分な事由があるときには，刑事補償を求めることができる旨定めているが，判例は，費用補償（刑訴法16章）の適用範囲につき，188条の2Ⅰは，費用補償をすべき場合を無罪判決が確定したときに限り，公訴棄却の判決が確定したときを含まない趣旨であるとしている（最決昭58・9・27刑集37・7・1092）。）。

また，公訴棄却事由と免訴事由が競合する場合については，公訴棄却の裁判をすべきであるとする見解もあるが（ポケット刑訴(下)975），公訴棄却事由と無罪事由とが競合する場合に無罪判決の言渡しが可能な場合があることに準じ，被告人にとってより有利な免訴判決の言渡しが可能な場合もあると考えるのが相当であろう（田口・大コメ刑訴6・261も同旨。）。

ウ　訴訟条件存否の判断基準　　(ア)　問題の所在と2つの考え方（心証基準説と訴因基準説）　　訴訟条件の存否の判断が犯罪の種類や軽重によって影響を受ける場合，何を基準にして判断すべきか。とりわけ，起訴状記載の訴因を基準とすれば訴訟条件を具備しているが，審理の結果明らかとなった事実（心証）を基準とすると訴訟条件を欠くという場合，直ちに形式裁判で手続を打ち切ってよいのか（心証基準説），それとも訴因を変更したうえで形式裁判をすべきなのか（訴因基準説）が問題となる。

訴訟条件の存否の判断に当たり，犯罪事実の存否を判断し，これを前提とすることは本来必要ではないし，むしろ訴訟条件は実体判決をするための要件であることを考えると，それは許されないというべきであろう。したがって，訴訟条件存否の判断は，訴因を基準として行うべきである（通説。松尾・条解951等）。この考え方によれば，訴因を基準とすれば訴訟条件を具備しているが，心証を基準とすると訴訟条件を欠く場合，検察

官が訴因の変更を請求すれば，変更された訴因を基準にして形式裁判をし，訴因の変更がなければ現訴因について無罪を言い渡すべきことになる（平野・刑訴152ほか）。

　(イ)　事例の検討（訴因基準説を前提として）　　a　起訴状記載の訴因によれば，訴訟条件を欠く場合　　訴因自体から訴訟条件の欠缺が明らかな場合には，訴因を基準として公訴棄却することになる（広島高岡山支判昭25・10・10特報14・122は，訴因罰条の記載のない起訴状による公訴提起は無効であり，後日追完することにより有効とはなりえないとした。）。ただし，訴因を基準とすれば訴訟条件が欠けるが，認定事実を前提とすれば訴訟条件を具備している場合には，訴訟経済の見地から訴因変更を許すこともできると解される。起訴状記載の訴因が親族相盗（刑244Ⅰ後段〔平成7年法律91号によりⅡ〕）に当たるにもかかわらず告訴を欠く場合にも，この訴因が非親告罪である窃盗の訴因に変更されたときは，その起訴手続を無効なものとして公訴棄却の裁判をなすべきではない旨判示した最決昭29・9・8刑集8・9・1471も同様の見解に立つものと思われる。

　また，訴因自体からは訴訟条件の欠缺が明らかでない場合，例えば，訴因が不明確な場合には，検察官に釈明を求め，訴訟条件を補正する機会を与えるべきであり，検察官の釈明によってもなお訴因が不明確な場合には，訴因不特定として公訴棄却すべきである（最判昭33・1・23刑集12・1・34）。

　b　起訴状記載の訴因によれば訴訟条件を具備しているが，審理の結果訴訟条件を欠くに至った場合　　例えば，強姦致傷の罪名で起訴されたが，審理の結果，親告罪である強姦（平成29年の刑法改正により，非親告罪となった。）の事実が判明した場合など，非親告罪で起訴されたが，親告罪であることが明らかになった場合がこれに当たる。

　上記の場合，訴因基準説を厳格に貫けば，強姦に訴因変更されれば公訴棄却とし，訴因変更されなければ無罪判決をすべきことになろうが，訴訟条件存否の場面においても，いわゆる縮小認定ができないとする理由は見出しがたく（松尾・条解951等），訴因変更がなくても強姦を認定して公訴棄却することができると解するのが相当である。もっとも，検察官が縮小訴因への訴因変更を求めず，あくまでも現訴因についての判断を求めている場合にも，縮小認定をして形式裁判を言い渡すのは検察官の意思に反することになるほか，被告人を無用に不安定な地位に置くことにもなると思われる。そこで，検察官に釈明を求めるなどして，その訴追意思を確認した上，検察官が縮小訴因を黙示的なりとも予備的に主張していると認められる限り，訴因変更がなくても，縮小訴因を基準として訴訟条件を判断して公訴棄却とし，検察官が縮小訴因の訴追意思を有しない場合には現訴因について無罪判決を言い渡すのが相当であろう（松浦・実務ノート2・41以下，田口・大コメ刑訴6・265）。

　(ウ)　判例の立場　　判例には，制限時速40キロメートル超過の非反則行為が，制限速度20キロメートル超過の反則行為であると判明したときに，訴因変更手続を経ないで判明事実を認定し，交通反則通告手続を経ていないとして本条4号で公訴棄却したものがある（最判昭48・3・15刑集27・2・128）。

判例の大勢は心証基準説をとっているとの理解もあるが（柴田・注釈刑訴5・472），上記事例を含めその多くはいわゆる縮小認定が可能な事案であるから，訴因基準説に立った上で縮小認定したものとも解し得る（上記(イ)b参照。）。

(3) **訴訟条件の追完**　公訴提起時に欠けていた訴訟条件がその後に追完された場合，公訴提起の瑕疵は治癒されるか。公訴提起の時点で，親告罪につき告訴が欠けている場合に，のちに告訴の追完をすることができるかという場面で問題とされることが多いが，これ以外にも，起訴後に裁判権が復活した場合（外交官の退任等），公訴取消しによる公訴棄却の後の再起訴後における重要証拠の発見，二重起訴後の公訴の取消し，起訴状の方式違背の是正等の場合にも問題となり得る（柴田・注釈刑訴5・473）。

学説には，肯定説，否定説のほか，限定的肯定説（冒頭手続までに追完された場合や被告人が同意した場合等，例外的な場合に限り追完を許容すべきとの見解（平野・刑訴146，田口・大コメ刑訴6・272等））もあるが，判例は，一般に，訴訟条件の欠缺・瑕疵がある場合について，追完あるいは瑕疵の治癒を認めることは，手続の安定性・確実性を害し，被告人を不安定な立場に置くことになるなどの問題点があり，訴訟経済という合目的的要請を考慮に入れたとしても，安易に認めるべきではないとの消極的な立場をとっているといわれている（大判大5・7・1刑録22・1191等）。

もっとも，告訴の追完以外の場面では，訴訟条件の追完を認めたのではないかと思われる判例がいくつかある。すなわち，①被告人に対する略式命令謄本送達前になされた正式裁判請求について，これを公訴棄却する前に上記送達が完了したときは瑕疵が治癒される（最大決昭40・9・29刑集19・6・749），②起訴状謄本不送達による公訴棄却の決定がされた後，その確定前に同一事実についてさらに公訴の提起があった場合，その後この決定が確定したときは，二重起訴に当たらない（最決昭36・10・31刑集15・9・1653），③訴因が不明確でも検察官の釈明により明確化すれば，公訴棄却を免れるとしたもの（前掲最判昭33・1・23）などがある。

なお，このほか訴因変更による訴訟条件の追完の可否も問題となるが，当初の訴因では訴訟条件が欠けている場合であっても訴因変更は許されることは，前記のとおりである（前掲最決昭29・9・8参照。学説でもこれを肯定する見解が有力であるが，他の訴訟条件の追完に関するのと同様に，無限定に追完を認めるべきではないとする限定肯定説も有力である（松尾・刑訴(下)167，田口・大コメ刑訴6・274等）。）。

［3］公訴棄却の判決の方式

公訴棄却の判決は，主文で「本件公訴を棄却する」と言い渡した上，理由では，はじめに公訴事実（その要旨で足りる。）を掲げた上で，その事実について認められる本条各号の事由を簡潔に説示するのが通例である。

併合罪関係にある罪の一部に公訴棄却事由がある場合には，その部分について主文で公訴棄却する旨を明らかにするが，科刑上一罪又は包括一罪の関係にある罪の一部について公訴棄却事由がある場合には理由中で公訴棄却の判断を示すことになろう（柴田・注

釈 5・480等）。

[4] 判決成立の効果

⑴ 判決の成立とその付随的効果　公訴棄却の判決も言渡しによって外部的に成立し，いわゆる自縛力が生じることは通常の判決と同様であるが，そのほかに，以下のような付随的効果が生じる。

　ア　勾留状の失効　公訴棄却判決の告知と同時に勾留状はその効力を失う。ただし，本条 4 号による公訴棄却判決の場合は除かれる（345）。

　イ　公訴時効の進行の再開　公訴棄却の判決が確定すると公訴の時効が再び進行を始める（254 I）。

⑵ 一事不再理効の存否　公訴棄却の裁判は確定しても既判力（一事不再理の効力・二重の危険禁止の原則）を生じないというのが通説である。したがって，訴訟条件を補正して再起訴することを妨げない。判例も，「憲法39条は，起訴状に公訴事実の記載が欠如していることを理由として公訴棄却の判決のなされた場合において，同一事件につき再度公訴を提起することを禁ずる趣旨を包含するものではない」とする（前掲最大判昭28・12・9）。

⑶ 内容的確定力（拘束力）の存否　公訴棄却の判決には一事不再理効は発生しないので，同一事件についての再起訴は可能である。しかし，公訴棄却の判決もその確定によって内容的確定力としての拘束力は生じるので，前訴裁判の判断が誤っているとして再起訴することはできないとするのが通説である。判例も，形式裁判の内容的確定力の存在を認めている（最決昭56・ 7・14刑集35・ 5・497）。

　内容的確定力の及ぶ客観的範囲は，裁判の理由中の判断事項で，主文と直接関係し，又は主文に必要な理由部分であり，かつ，判断が明示されている事項である（田口・大コメ刑訴 6・279）。例えば，親告罪につき告訴が無効であるとして公訴棄却された場合，親告罪の訴因で有効な告訴がないことが確認され，その判断事項が拘束力を持つことになる。なお，形式裁判の理由中に実体判断が含まれている場合，その形式裁判が確定したとしても，当該実体判断は，あくまでも各号事由の判断の基準，手がかりとしてなされたにとどまり，確定力を生じないと考えるのが相当である（柴田・注釈刑訴 5・479，田口・大コメ刑訴 6・279等）。

[5] 被告人の上訴

　公訴棄却の判決に対しては，被告人は上訴の利益を有しないと解するのが通説である（柴田・注釈刑訴 5・477，田口・大コメ刑訴 6・281等）。判例も，被告人死亡を理由とする公訴棄却決定に関するものであるが，弁護人が，死体と被告人との同一性につき事実誤認があるとして上訴した事案について，「公訴棄却の決定に対しては，被告人・弁護人からその違法・不当を主張して上訴することはできない」（最決昭53・10・31刑集32・ 7・1793）としている。仙台高判昭26・12・26高刑集 4・12・1693は，その実質的理由について，「公訴棄却はその結果として被告人は既に受けた公訴の関係を離脱し，いまだ被告人とならな

い以前の状態に復したことになるのであるから，その判決は，結局被告人に利益である」
としている。

［6］裁判権を有しないとき（1号）

裁判権とは，立法権および行政権と並ぶ統治作用としての司法権を意味する。裁判権
は領土主権に基づくので，原則として日本国内にある日本国民，外国人のすべてに及ぶ。
ただし，治外法権をもつ外国元首・外交官（外交関係に関するウィーン条約〔昭39条約14号〕
31・37），外国軍艦内および同乗務員の公務中，上陸中の犯罪に対しては裁判権がないほ
か，天皇についても，明文規定はないものの，国の象徴としての地位（憲1）に加え，摂
政でさえ在任中は訴追されない（皇典21）ことから，裁判権がないと解されている（中武
・注解刑訴(中)880等）。なお，国務大臣は，その在任中，内閣総理大臣の同意がなければ
訴追されないとされているが（憲75），同意がなければ訴訟条件を欠くに過ぎず，裁判
権の有無の問題ではない。同意なくして訴追された場合には，摂政についての訴追の場
合と同様，本条4号によって公訴棄却となる。

我が国に駐留する米軍の構成員・軍属及びそれらの家族の犯した犯罪については，我
が国にも裁判権があるが，いわゆる地位協定（日本国とアメリカ合衆国との間の相互協力及
び安全保障条約6条に基づく施設及び区域並びに日本国における合衆国軍隊の地位に関する協定
〔昭35条約7号〕17）により，米軍当局に第一次裁判権があるとされている。この場合，米
国が第一次裁判権を行使しないことを決定するかまたは第一次裁判権を放棄しない限
り，我が国の裁判所は実体的裁判をすることができない。これに違反した起訴に対して
は，本条4号により公訴が棄却されることとなる。

［7］340条違反の再起訴（2号）

公訴取消しによる公訴棄却の決定（339 I ③）が確定した場合，公訴取消し後に犯罪事
実につき新たに重要な証拠が発見されない限り，同一事件についてさらに公訴を提起す
ることができない（340）。別個の訴因で公訴事実の同一性が認められる場合も同様であ
る。この公訴提起の適法性は，新証拠の有無に関わるので，事実審理開始前にはその判
断ができない。したがって，本条2号が問題となるのは，審理中に340条に違反してい
ることが判明した場合ということになる。

［8］二重起訴（3号）

⑴ **意 義** 公訴の提起があった事件について，さらに同一裁判所に公訴が提起され
たときには，本条3号により公訴棄却の判決が言い渡される。いわゆる二重起訴禁止の
規定である。二重の危険の思想に基づくとされるが，より正確にいえば，前訴の裁判が
確定すれば二重の危険が働くが（337①），前訴がまだ係属中であればこの効力はない。し
かし，再起訴は二重の危険となる潜在的可能性を伴うので，矛盾裁判回避の目的も兼ね
て，いわば生成中の二重の危険を考慮したものといえよう。

本号にいう「事件」とは，公訴事実を意味する。別訴因でも，既に起訴された事件と
公訴事実の同一性が認められる限り，二重起訴となる（松尾・条解953，柴田・注釈刑訴5・483

等）。

(2) 「公訴の提起があつた事件」の客観的・時間的範囲　　ア　事件の客観的範囲は，公訴事実の同一性によって画されることになるから，例えば，常習累犯窃盗事件における個々の窃取行為について追起訴することや（札幌高判昭28・11・19高刑集 6・12・1730），無免許歯科医のような職業犯について，個々の無免許医療行為を 2 つに区分して起訴することは（高松高判昭27・4・16高刑集 5・8・1183），それぞれ公訴事実の同一性が認められる場合であるから二重起訴となる。科刑上一罪についても公訴事実の同一性が認められるから，これを構成する事件を別々に起訴すれば二重起訴となる（名古屋高判昭26・4・9特報27・76）。

　イ　事件の時間的範囲は，事実審理の可能な（すなわち，訴因の追加・変更手続が可能な）最終時点である第一審判決言渡し時とされている。したがって，それ以後に行われた犯罪が起訴されても二重起訴とはならない。裁判例には，常習累犯窃盗罪が控訴審に係属中に，これと包括一罪の関係にある住居侵入罪が犯され，住居侵入罪の起訴がされた場合について，上記見解に立って，常習一罪の公訴の効力は第一審判決言渡し時をもって遮断され，その後に犯した犯行についてはその効力は及ばないとしたものがある（大阪地判昭61・7・3判時1214・141）ほか，常習賭博罪で有罪の第一審判決を受け，控訴中に犯した常習賭博罪について公訴を提起しても，前訴事件判決が破棄されない限り，二重起訴とならないとするものがある（東京高決昭46・11・29東時22・11・318）。

(3) 実務上の処理　　ア　想定されるケースと実務上の処理　　起訴済みの訴因事実と全く同一の訴因事実について追起訴がされるということは，事務処理上の手違いでもない限り考え難く，実務上，現実に問題になり得るのは，別個の訴因として追起訴された事実と旧訴因事実とに公訴事実の同一性が認められる場合である。より具体的には，①常習一罪や職業犯のように社会的・自然的行為としては複数の行為を一罪として評価すべきことが構成要件上予定されている場合に加え，②同一の立場において，同一の犯意に基づき，同一の被害者に対して反復継続的に行われた横領事案のように，その実質に着目し，罪数評価として包括一罪と判断される場合とが考えられる。

　上記①，②のいずれの場合においても，旧訴因事実と追起訴における訴因事実につき公訴事実の同一性が認められる以上は，当該追起訴は，形式的には二重起訴に該当するから，本号により公訴棄却すべきことになるようにも思える。しかし，実務においては，追起訴の形式をとってはいても，訴訟行為の解釈として，当初の起訴から漏れた部分を審判の対象とするために行われたものであり，訴因の変更，追加補充の趣旨であると解し得る場合には，二重起訴には当たらないとして，併合罪として起訴された複数の訴因事実を併せて一罪として認定し，追起訴について公訴棄却を言い渡さない運用がされている。判例にも，常習かつ営利の目的による麻薬の譲渡等（旧麻薬取締法67条 2 項）として一罪を構成する行為につき，追起訴が提出された事案において，「追起訴状の提出は，(中略) 常習営利の一罪を構成する行為で起訴状に漏れたものを追加補充する趣旨でなされたものであって，一つの犯罪に対し重ねて公訴を提起したものではないこと（は），

検察官の第一審公判廷における釈明によって明らかであり，右釈明に対しては被告人側からもなんら異議がなかった」から，二重起訴の違法はない旨判断したものがある（最大判昭31・12・26刑集10・12・1746）ほか，併合罪として追起訴された事実と前に起訴された事実を併せて単純一罪と認定，処断するときは，追起訴について公訴棄却を言い渡す必要はないとしたものがある（最決昭35・11・15刑集14・13・1677）。学説も，多くはこのような運用を支持している（平野・刑訴135，脇田・実務講座7・1524等）。

　構成要件上，あるいは，罪数評価上一罪を構成し，それ故に公訴事実としては同一であるとされる事実であっても，社会的・自然的には別個の事実については，それら事実に関する捜査や公訴の提起が時を異にして，順次，行われるのがむしろ普通であるし，複数の事実について起訴された時点で初めて，構成要件上，あるいは，罪数評価上一罪とすべきことが明らかになる場合もあるから，判決時点から遡れば公訴事実の同一性の範囲内と認められる事実に係る追起訴であったとしても，これを直ちに二重起訴として違法であるとするのは相当ではない。また，特に，上記②の場合，検察官と裁判所との間で罪数評価を異にする場合する場合もあり得るのであって（例えば，複数の横領行為の起訴について，検察官は併合罪であるとするのに対し，裁判所として包括一罪であると判断する場合），このような場合にまで，裁判所の罪数評価を基準として，社会的・自然的には別個の事実にかかる追起訴につき，二重起訴として公訴棄却を言い渡すことはもとより相当ではない。

　もっとも，公訴事実が同一の事実については，本来は，追起訴ではなく，訴因変更の手続によって審判の対象に追加すべきであることはいうまでもない。仮に，上記のような捜査・起訴の経緯等から，追起訴の形式がとられたこと自体はやむを得ず，これを形式的に二重起訴とみることは相当でないにしても，審理の過程においては，それら追起訴が出揃った時点で，あるいは，遅くともその後の追起訴事実に係る証拠調べの過程で，検察官において，改めて，当初の起訴事実と追起訴事実との罪数関係を検討することは可能であって，その結果，一罪に当たると判断した場合には，訴因変更手続によりこれを明示した上で，その後の手続を進めるのが相当である。裁判所においても，必要に応じ，検察官に対し，各起訴事実の罪数評価や訴追意図について釈明を求め，その結果に応じ，訴因変更手続を促すなどすべきであって，審理の過程では何ら問題提起をしないまま，判決において，訴訟行為の解釈の問題として判断すれば足りるとするのは相当ではないであろう（前掲最大判昭31・12・26も，第一審裁判所が，検察官による釈明を踏まえ，かつ，被告人側から何ら異議がなかったとの前提において，追起訴が二重起訴に当たらない旨判断したものである。）。

　実務においても，例えば，検察官が，覚せい剤譲渡し（覚せい剤41の2）を複数件起訴した後に，さらに別個の覚せい剤譲渡しの事実について審判を求める際に，これら複数の覚せい剤譲渡しの事実がいわゆる麻薬特例法（国際的な協力の下に規制薬物に係る不正行為を助長する行為等の防止を図るための麻薬及び向精神薬取締法等の特例等に関する法律）5条の

罪に該当するとして訴因変更を求め，当初の併合罪としていた起訴を一挙に適正なものに補充訂正するなどの運用が行われている。

イ　二重起訴に該当する場合の処理　　二重起訴に該当する場合には，後の公訴を棄却するのが基本であろうが，例えば，単純窃盗の起訴があった後，これと一罪をなす常習累犯窃盗の起訴があった場合は，起訴の前後にかかわらず，単純窃盗の公訴を棄却すべきとした裁判例もあり（高松高判昭29・6・30高刑集7・6・952），前訴と後訴の訴因を比較していずれの公訴を棄却すべきかを判断すべき場合もあろう。なお，後訴が先に確定してしまったときは，係属中の前訴を免訴することになろう（柴田・注釈刑訴5・485）。

なお，二重起訴であっても，前訴の取消し（257），失効（271Ⅱ）があれば，二重起訴の瑕疵も治癒される。

［9］公訴提起手続の無効（4号）

本号は，本条1号ないし3号以外の公訴提起手続の瑕疵が重大で，補正・追完のできない場合についての包括的規定である。本号の適用範囲につき，訴訟条件が法定されている場合や解釈上これに準じるとされる場合に限られるとして限定的に解釈するか，公訴提起手続に法令違反はないが，より実質的に考察すれば公訴の維持あるいは実体審理の続行が適当とはいえない場合にも，本号により手続を打ち切ることができるとして非限定的に解釈し，非典型的訴訟条件を認めるかについては見解の対立がある。下級審の裁判例には，非典型的訴訟条件により公訴棄却をしたものもみられ，学説の動向としても，非限定的解釈が有力となっているが，最高裁の判例としては公訴権濫用に関するもの（最決昭55・12・17刑集34・7・672）及び被告人に訴訟能力がないために公判手続が停止された後，訴訟能力の回復の見込みがないと判断される場合において公訴を棄却することができるとするもの（最判平28・12・19刑集70・8・865）があるものの，その他の下級審裁判例はすべて最高裁で破棄されている。

(1)　**法定訴訟条件の欠如**　　法定訴訟条件の欠如には，大別して，公訴提起手続そのものの瑕疵に関するもの（下記ア，イ）と，刑事手続外の非刑罰的処理等の前置を欠く場合（下記ウ，エ）に分類される。

ア　起訴状の方式違背　　公訴提起は要式行為であり，その方式に違背があるときは無効になる場合がある。

起訴状には訴因を明示して公訴事実を記載しなければならない（256Ⅲ）が，どの程度で訴因が特定しているといえるか，判定が難しい場合もあり，犯罪の種類・性質・態様等により，ある程度幅のある記載も許される場合がある。訴因の記載が不明確な場合でも，裁判所は検察官に釈明を求め，検察官がこれを明確にしないときにはじめて訴因不特定として公訴棄却すべきである（前掲最判昭33・1・23）。この点，被害者とされる者の氏名は，通常，訴因を特定する重要な要素となるが，極めて例外的ながら，ストーカー事案等において，再被害の具体的なおそれがあるなどとの理由で，その実名を記載せずに起訴する運用が許される場合もあり得る。もっとも，そのような起訴がされた場合に

は，検察官から，被害者名を匿名とすべき具体的な事情について疎明がされない限り，訴因の明示が不十分であるとして，本号により公訴棄却すべきことになろう。

起訴状には，罪名を記載すべきこととされ（256Ⅱ③），罪名は，適用すべき罰条を示して記載すべきこととされているが（同Ⅳ本文），罰条の記載の不備・遺脱は，被告人の防御に実質的な不利益を生じるおそれがない限り，公訴提起の効力に影響を及ぼさない（同項但）。判例は，訴因の記載によってその法律構成が明確になれば，被告人の防御に実質的な不利益はなく，公訴提起を無効とする必要はないとしている（最決昭34・10・26刑集13・11・3046）。

なお，いったん適法な公訴提起がなされた後に，火災等によって起訴状が滅失しても，他の資料によって適法な公訴提起があったことが認められれば，公訴の効力には影響しないとされている（最判昭23・4・22刑集2・4・413等）。

イ　告訴・告発の欠如　親告罪において告訴（230）がない場合は，本号によって公訴が棄却される。

告発（239）は，一般には捜査の端緒になるにすぎないが，一定の犯罪では訴訟条件になることもある（明文上の規定があるものとして，①独禁法89ないし91の罪に関する公正取引委員会の告発（独禁96Ⅰ），②関税犯則事件に関する税関長又は税関職員の告発（関税140Ⅰ），③選挙人等の偽証罪に関する選挙管理委員会の告発（公選253）がある。また，解釈上，告発が訴訟条件とされているものとして，①一部の国税犯則事件における収税官吏の告発（最判昭28・9・24刑集7・9・1825），②国税犯則取締法を準用するたばこ事業法，アルコール専売法等の違反事件，③議院証言法8条に規定する偽証罪に係る議院もしくは委員会または両議院の合同審査会の告発（最大判昭24・6・1刑集3・7・901）がある。もっとも，議員の行為であっても，国会議場内における犯罪行為については，議院の告訴又は告発は訴訟条件ではないとされ（東京高判昭44・12・17高刑集22・6・924），地方議会の議事進行に関連する議員の刑事犯罪についても，議会または議長の告訴告発を訴訟条件と解すべきでないとされている（最大判昭42・5・24刑集21・4・505）。）。

親告罪と非親告罪とが科刑上一罪の関係にある場合，親告罪について告訴を欠いたとしても，非親告罪の部分のみを適法に起訴することはできる（最判昭40・9・10刑集19・6・656参照）。

なお，親告罪をなす犯罪行為の一部を非親告罪として起訴することが許されるかについては，強姦の目的に出た暴行が，強姦に着手し被害者の反抗を抑圧する程度に至った場合は，これを強姦罪から切り離して他の罪名で起訴することは，強姦罪を親告罪とした立法趣旨に反するとした判例（最判昭27・7・11刑集6・7・896）があるほか，その後の下級審の裁判例も否定説に立つものが多かったが，一部起訴が可能であるとする見解も有力であった（柴田・注釈刑事5・488，川出・鈴木古稀（下）327）。しかし，平成29年7月13日に刑法の一部を改正する法律（同年法律第72号）が施行され，これにより従前親告罪とされていた強制わいせつ，強姦（改正後は強制性交等），準強制わいせつ及び準強姦（改正後は準強制性交等）の各罪が，非親告罪となったことから，上記論点は，少なくともこれら

の罪との関係では解消されるところとなった。

ウ　少年法違反の公訴提起　　少年に対する公訴提起には，家庭裁判所による検察官送致決定が訴訟条件であり（少20・42Ⅰ・45⑤本文），これをしないで公訴を提起した場合，その手続は無効であり，本号により公訴棄却の判決がなされる。少年を成人と誤認して，家庭裁判所を経由しないで公訴が提起された場合も同様である（東京高判昭26・7・20高刑集4・9・1098）。また，少年法所定の手続を経ることなく公訴提起された外国人の被告人について未成年である可能性を否定できない場合，公訴提起手続は少年法の規定に反して無効であるから，本号により公訴を棄却すべきである旨判示した下級審裁判例もある（宇都宮地判平3・7・11家裁月報44・1・162）。

家庭裁判所の少年院送致決定に対して，少年が抗告を申し立て，抗告審の決定により事件が家庭裁判所に差し戻された後における検察官への送致決定の有効性については，判例は，「家庭裁判所としては，刑事処分を相当であるとして少年法20条により検察官送致決定をすることは許されず，本件検察官送致決定は違法，無効というべきであ（り）（中略），右検察官送致決定を前提として少年法45条5号に従って行われた本件公訴提起の手続は違法，無効といわざるを得ない」として，本号により公訴を棄却すべきとしている（最判平9・9・18刑集51・8・57）。

エ　交通反則者に対する告知・通告手続の瑕疵・欠如　　交通反則通告制度は，増加の一途をたどる道路交通法違反の処理手続を合理化するため，この種の事件のうち，車両等の運転者がした運転に関する違反行為で，危険性の高くないもの，または悪質でないものについて，刑罰によらず，反則行為の種別ごとに額が定められたいわゆる反則金を科す制度であり，その処理手続は，道交法9章に規定されている。

反則者に対しては，通告手続を経なければならないから（道交130），非反則行為として通告手続を経ないで起訴された事実が，公判審理の結果，反則行為に該当するものと判明した場合には，本号により公訴を棄却すべきである（前掲最判昭48・3・15）。もっとも，免許停止処分歴に基づき反則者に当たらないとして公訴が提起された場合，後に同処分の理由となった交通事故に関する刑事事件において無罪となっても，公訴提起の適法性には影響しないとした判例がある（最決昭63・10・28刑集42・8・1239）。

また，反則者が反則金を納付した時は公訴を提起することができず（道交128Ⅱ），これに反する公訴は棄却されるべきである（通説）。公訴を提起することができなくなる範囲は，「通告の理由となった行為に係る事件」である。通告された事実と狭義の事実の同一性がある事実がこれに含まれるのはもちろんであるが，科刑上一罪の関係にある事実を含むかについては争いがある。

非反則者に対する誤った通告に基づき，反則金が納付された場合，公訴を提起できるか否かについては議論があるが，判例は，無免許者を免許者と誤って通告がなされた場合には，同通告は無効であり，反則金が納付されたとしても道交法128条2項の効力は生じないとしている（最決昭54・6・29刑集33・4・389）。

(2) **非典型的訴訟条件　ア　公訴権濫用**　　リーディングケースであるいわゆる「チッソ川本事件」において，控訴審は，検察官による公訴提起は，偏頗・不公平であり，法的正義に著しく反し，検察官の合理的裁量を著しく逸脱したもので，公訴権の濫用があり，刑訴法248条に違反し無効であるとして，本号により公訴を棄却した（東京高判昭52・6・14高刑集30・3・341）。しかし，これに対し，最高裁は，「検察官の裁量権の逸脱が公訴の提起を無効ならしめる場合のありうることを否定することはできない」として，理論的には，公訴権濫用により公訴棄却すべき場合があり得ることを承認しつつも，その適用範囲については，「公訴の提起自体が職務犯罪を構成するような極限的な場合に限られる」とし，その上で，当該事案はそのような極限的な場合に当たるとはいえず，公訴を棄却すべきとした控訴審の判断は失当である旨判断した（最決昭55・12・17刑集34・7・672）。

　イ　その他　　公訴権濫用以外にも，捜査手続の違法，公判手続の違法等を理由に公訴棄却すべきかが問題となったケースもある。

　捜査手続の違法については，①少年事件の捜査中に成人に達したため，少年審判の利益が失われた場合につき，捜査手続の違法が重大であり，かつ，捜査の違法な手続を前提として初めて公訴提起の手続が可能であったという意味で両者が密接不可分の関係を有する場合には，捜査手続における違法は公訴提起そのものにも違法性を帯有させ，これを無効ならしめるとした裁判例（仙台高判昭44・2・18判時561・87）があるが，最高裁は，仮に捜査手続に違法があるとしても，それが必ずしも公訴提起の効力を当然に失わせるものでないことは，検察官の極めて広範な裁量にかかる公訴提起の性質にかんがみ明らかである（最判昭44・12・5刑集23・12・1583）とし，あるいは，捜査に長期間を要しているうちに成人となったため，家庭裁判所の審判の機会を失わせても，捜査官に故意又は極めて重大な職務違反がない以上，捜査手続を違法とすることができず，公訴は有効である（最判昭45・5・29刑集24・5・223）としている。また，②違法なおとり捜査と公訴提起の効力に関して，判例は，これによって犯意を誘発された者の構成要件該当性，有責性若しくは違法性を阻却するものではなく，また，公訴提起の手続に違反し若しくは公訴権を消滅せしめるものではない（最決昭28・3・5刑集7・3・482）としている。③その他，捜査手続に違法があっても，違法収集証拠の証拠排除が問題となることはあっても，公訴手続が無効となることはないというのが判例の傾向である（福岡高判昭31・2・28裁判特報3・8・354，大阪高判昭63・4・22高刑集41・1・123）。

　公判手続の違法については，被告人に訴訟能力がないために公判手続が停止された後，訴訟能力の回復の見込みがなく公判手続の再開の可能性がないと判断される場合，裁判所は，刑訴法338条4号に準じて，判決で控訴を棄却することができるとした判例がある（最判平28・12・19刑集70・8・865）。

　このほか，①迅速裁判違反を理由に，本号により公訴棄却の判決をした裁判例（東京地八王子支判昭37・5・16下刑集4・5＝6・444）や②聴覚・言語障害を有し，意思疎通が著し

く困難な被告人に対する公訴を棄却した裁判例（岡山地判昭62・11・12判時1255・39）があるが，いずれも高裁，最高裁で破棄されている（①につき，東京高判昭38・6・24判時338・43，最判昭38・12・27判時359・62，②につき，広島高岡山支判平3・9・13判時1402・127，最決平7・2・28刑集49・2・481）。　　　　　　　　　　　　　　　　　　　　　　　　　　〔大西直樹〕

第339条 [1] **〔公訴棄却の決定〕**　左の場合には，決定で公訴を棄却しなければならない [2]。
一　第271条第2項の規定により公訴の提起がその効力を失つたとき [3]。
二　起訴状に記載された事実が真実であつても，何らの罪となるべき事実を包含していないとき [4]。
三　公訴が取り消されたとき [5]。
四　被告人が死亡し，又は被告人たる法人が存続しなくなつたとき [6]。
五　第10条又は第11条の規定により審判してはならないとき [7]。
2　前項の決定に対しては，即時抗告をすることができる [8]。

[規]　第219条の2（公訴棄却の決定の送達の特例・法第339条）　法第339条第1項第1号の規定による公訴棄却の決定は，被告人に送達することを要しない。
2　前項の決定をした場合において被告人に弁護人があるときは，弁護人にその旨を通知しなければならない。

[1] 本条の趣旨

本条は，338条とともに，訴訟条件が欠缺している場合，公訴を棄却して訴訟を打ち切るべきことを定めたものである。本条に定める事由は，その存在が容易に発見でき，また，その存否を認定するための確実な証拠資料が口頭弁論を経ないでも容易に入手できるようなものである。公訴棄却の裁判を決定の形式によって行うことができ，即ち口頭弁論に基づくことを要しない点を除けば，本条の法意と338条のそれとはほぼ同じであると考えられる。

[2] 公訴棄却の決定の方式

公訴棄却の決定も，その主文は，338条の場合と同様，「本件公訴を棄却する」とするのが通例であり，理由の示し方も同条の場合と同様である。

[3] 起訴状謄本不送達による公訴の失効（1号）

起訴状謄本が公訴提起時から2か月以内に被告人に送達されないときは，公訴提起がさかのぼって失効する（271Ⅱ）。略式命令の請求のあった事件において，略式命令を発せず，正式裁判の規定により審判する場合も同様である（463Ⅳ）（略式命令がその請求のあった日から4か月以内に被告人に告知されない場合も公訴提起は失効するが，この場合は463条

の2Iにより公訴棄却となる。)。

　なお，付審判の決定は，公訴提起とみなされ (267)，決定書謄本を請求人のほか，検察官及び被疑者にも送達しなければならない (規174II)。この送達についても，271条の準用を認め，本号による公訴棄却ができるものと考えるべきである。法定期間内に起訴状謄本の適式な送達がない以上，原則として公訴棄却となるが，被告人が同期間内に起訴状の内容を了知し不利益を受けないと認められる事情がある場合において，送達の瑕疵の治癒が認められた事例がある (最決昭47・7・28刑集26・6・397)。

［4］起訴状に罪となるべき事実を包含していないとき（2号）

　起訴状記載の事実自体から判断してその事実が罪とならないことが明らかな場合である。特別法違反等かなり異例の場合以外には考え難いが，第2種原動機付自転車にバックミラーを装置することは法律上義務付けられていないにもかかわらず，バックミラーを装置していない第2種原動機付自転車を運転したことが道交法62条に違反するとして起訴された事例について，被告人を罰金に処した略式命令を破棄して公訴を棄却した判例がある (最判昭37・6・26裁集刑143・219)。

　法解釈上問題のあるような場合には本号には当たらず (東京高判昭40・5・28高刑集18・4・273等参照。)，仮に罪とならないと認められても，336条により無罪の判決をすべきである。

［5］公訴取消し（3号）

　257条の公訴取消しをいう。

［6］被告人の死亡等（4号）

⑴ **自然人の死亡**　本号は，公訴提起後に被告人が死亡した場合に関する規定であり，実務上も本号前段による公訴棄却決定の例が少なからずみられる。公訴提起前に被告人が死亡していたときは，起訴状謄本の送達不能を理由に公訴棄却の決定をすることになる (339I①)。

　上告棄却決定前に被告人が死亡していたことを理由として弁護人から異議申立てが出され，これが認められた事例がある (最決昭42・5・17刑集21・4・491)。

　なお，上訴審係属後に被告人が死亡した場合には，原判決を取り消さずに公訴を棄却する (田口・大コメ刑訴6・344)。

⑵ **「法人が存続しなくなつたとき」**　法人が合併によって解散した場合には，その法人は解散と同時に消滅するので，公訴棄却決定をしなければならない (最決昭40・5・25刑集19・4・353)。しかし，合併以外の事由で解散する法人は，清算法人 (一般法人207等) として事件が終了するまで存続する (最決昭29・11・18刑集8・11・1850)。

［7］数個の裁判所への訴訟係属（5号）

　同一事件が数個の国法上の裁判所に重複起訴された場合に関する規定である。事物管轄を異にするときは，下級の裁判所 (10) が，事物管轄を同じくするときには，のちに公訴を受けた裁判所 (11) が公訴棄却の決定をする。

[8] 不服申立て

公訴棄却決定に対しては，検察官は，本条 2 項により即時抗告ができる。しかし，被告人・弁護人からその違法・不当を主張して上訴することはできない（最決昭53・10・31刑集32・7・1793）。判例は，その理由を明らかにしていないが，被告人には無罪判決等の実体的判決請求権はないから，形式裁判を受けた被告人が実体裁判を求めて上訴することは許されないとの見解に立っているものと思われる。　　　　　　　　　　〔大西直樹〕

第340条 [1] 〔公訴取消しによる公訴棄却後の再起訴の要件〕　公訴の取消による公訴棄却の決定が確定したときは，公訴の取消後犯罪事実につきあらたに重要な証拠を発見した場合に限り [2]，同一事件について更に公訴を提起することができる [3]。

[1] 本条の趣旨

本条は，公訴取消しによる公訴棄却決定確定後,同一事件について再起訴するための要件を定めたものである。一般に，公訴棄却の裁判確定後，公訴棄却の原因となった瑕疵を補正した上で再起訴することは許されるところであるが，公訴取消しは，第一審の判決があるまで検察官の任意の判断によって行われるため（257），一度被告人とされた者の権利保護の観点から,同一事件についての再起訴を一定の場合に制限したものである。

[2] 再起訴の要件

「あらたに」に「発見した」証拠とは，公訴取消前に発見収集していた以外の証拠を意味する。「重要な」証拠とは，公訴取消前に発見収集していた証拠では証拠不十分であるが，それらの証拠に新たに加わることで有罪の確信を持つことができる証拠を意味する。

[3] 効　果

再起訴の要件を満たす場合には，通常の事件と同様に裁判されることになるが，審理において，要件を満たさないことが判明した場合には，判決により公訴棄却される（338②）。　　　　　　　　　　　　　　　　　　　　　　　　　　　　　〔森喜史〕

第341条 [1] 〔被告人の陳述を聴かない判決〕　被告人が陳述をせず，許可を受けないで退廷し，又は秩序維持のため裁判長から退廷を命ぜられたとき [2] は，その陳述を聴かないで判決をすることができる [3][4]。

[1] 本条の趣旨

本条は，被告人の陳述を聞かずに判決することを許容する場合を定めたものである。

一般に，被告人は，訴訟主体であり，告知聴聞の機会を与えることが必要とされるが，その権利行使を認めないことに合理性がある一定の場合に，手続遂行の必要から，被告人の陳述を聴くことなく判決することを許容したものである（判決が口頭弁論に基づくことを求める43Ⅰの特則に当たる。）。なお，勾留中の被告人が出頭を拒否し，刑事施設職員による引致を著しく困難にした場合には，286条の2によることになり，本条の適用はない。

[2] 要 件

「陳述をせず」とは，①出頭した被告人が陳述の機会を与えられたのに黙秘権を行使するなどして陳述しない場合や，②被告人に出頭義務がなく（283・284），又は裁判所による不出頭許可を得て（285），被告人が出頭しない場合（被告人が出頭した後，裁判長の許可を得て退廷をした場合を含む。なお，被告人が不在廷では開廷できない事件（286）で退廷許可を与えた場合，その時点で閉廷せざるを得ない。）をいう。

「許可を受けないで退廷」とは，被告人が裁判長の許可を受けずに退廷した場合をいう（被告人が出頭義務のない事件で出頭し，無許可で退廷した場合を含む。）。

「秩序維持のため裁判長から退廷を命ぜられたとき」とは，裁判長から法廷の秩序を乱したとして退廷命令（288Ⅱ，裁71Ⅱ）を受けた場合をいう。拘束命令（法廷秩序3Ⅱ）を受けた場合が本条に該当するかについては議論があるが，実務上，拘束命令を発する場合には併せて退廷命令も発するのが通例であり，議論の実益はあまりない。

[3] 効 果

本条に当たる場合，判決の宣告に至るまでの一切の審理を進めることができる（最決昭53・6・28刑集32・4・724等）。被告人が退廷命令を受けた場合，どこまで審理を進めるかが実務上問題となるが，元々の審理計画を念頭に，その審理内容や弁護人の有無等の事情に基づいて，裁判所が裁量的に決することになる。なお，被告人が退廷命令を受け，本条により審理を進める場合，擬制同意（326Ⅱ）が適用される（前掲最決昭53・6・28）。

[4] 弁護人への類推適用

大学紛争が多発し刑事法廷が荒れる現象が増加した時期に，弁護人が退廷するなどして審理が膠着するという極限的場合を念頭に，弁護人にも本条を類推適用するとの議論が高まりを見せたが，最決平7・3・27刑集49・3・525は，本条の類推適用によることなく，必要的弁護を定めた289条1項の適用例外を認めることによる解決の方向性を示している。

なお，その後の法改正で，弁護人に対する出頭在廷命令，違反に対する制裁・処置請求に関する278条の2，職権による国選弁護人の選任に関する289条2項・3項が設けられており，現時点では，上記のような事態に対し，まずこれらの規定による対処をするべきである。

〔森喜史〕

342条　　　　　　　　　969

第342条 [1]〔判決の宣告〕　判決は，公判廷において，宣告により [2] これを告知する [3]。

　[規]　第35条　法第43条参照。

　　　第220条（上訴期間等の告知）　有罪の判決の宣告をする場合には，被告人に対し，上訴期間及び上訴申立書を差し出すべき裁判所を告知しなければならない。

　　　第221条（判決宣告後の訓戒）　裁判長は，判決の宣告をした後，被告人に対し，その将来について適当な訓戒をすることができる。

[1] 本条の趣旨

　本条は，判決の告知について，公判廷における宣告の方法によることを定めたものである。

[2] 宣告手続

(1) 宣告の意義　　判決の宣告とは，すでに内部的に成立している判決を告知して，これを外部的にも成立させる手続（最決昭47・4・5裁集刑184・3）をいう。裁判体は，公判審理における当事者の主張立証に基づいて心証を形成し，その吟味を重ねた上で判決をすることになるが，そのプロセスの中で，判決の内容が裁判体内部で確定した状態となることを判決の内部的成立という。実務上，判決が内部的に成立するのは，合議体の場合は原稿作成未了であっても合議が成立したときとされ，また，単独体の場合は判決書の作成が裁判官の署名押印をもって完了したときと解されている（なお，単独体で判決原稿に基づいて判決宣告をする場合，宣告により内部的にも外部的にも判決は成立することとなる。）。結審後，既に判決が内部的に成立し，宣告を残すのみの状態になった以降は，裁判官の交替があっても，公判手続の更新をする必要はなく（315但），別の裁判官が宣告のみを行うことが可能である。

(2) 宣告の具体的手続　　判決の宣告は，裁判長が行う（規35 I）が，必ず，公判期日に公開の法廷で宣告しなければならない（憲82 I）。判決については，判決書を作成しなければならないものの（規53。なお，調書判決につき規219），民事判決（民訴252）と異なり，必ずしも予め判決書を作成し，これに基づいて宣告をする必要はなく，審理終結と同時にいわゆる即決で判決を宣告することもできる。判決の宣告では，必ず主文を朗読した上（したがって，主文は何らかの紙に書かれている必要がある。最決昭45・4・20裁集刑176・211），理由を朗読するか，理由の要旨を告げなければならない（規35 II）。主文はもとより，理由を完全に省略することは違法である。告知すべき理由の程度について，告知された要旨と判決書の記載とを対比してその間の同一性が肯定されれば足りる（東京高判昭56・5・12判タ467・168）。宣告は，判決書の記載の順序に従って，主文の朗読，理由の告知の順に行われるのが通例であるが，主文に先立って理由を告げることも差し支えなく，実務では死刑求刑事件などの場合に時々行われている。

970　　　　　　　　　342条

有罪判決を宣告する場合，被告人に対し，上訴期間と上訴申立書を差し出す裁判所を告知しなければならず（規220），併せて，保護観察に付する旨の判決の宣告をする場合には，裁判長は，被告人に保護観察の趣旨その他必要と認める事項を説示しなければならない（規220の2）。また，裁判長は，判決宣告後，被告人に対し，その将来について適当な訓戒をすることができる（規221）。実務では，裁判官が，被告人の更生を期して，その犯した犯罪の内容や置かれた状況等を踏まえ，適切な内容をその理解に適う表現で伝えている。

(3) **当事者の出頭**　　被告人は，判決宣告期日に出頭するのが原則であるが，283条，284条，286条の2，314条1項但書，341条，390条本文，409条，451条3項の場合，出頭を要しない。被告人が出頭しないまま判決を宣告する場合，判決書謄本の送達などを要しない（ただし，284の事件について，被告人不出頭のまま判決の宣告をしたときは，判決主文等の結果通知が必要である。規222）。弁護人については，必要的弁護事件であっても，判決宣告のためのみに開かれる期日の立会は必要的ではない（最判昭30・1・11刑集9・1・8）。他方，公判廷は，検察官が出席して開くため（282Ⅱ），検察官は判決宣告期日も出席が必要である（なお，検察官の出席がないまま判決を宣告した後，退廷した被告人を呼び戻して検察官出席の上再度行った判決の宣告が法的な効果を有しないとされた事例として，最決平19・6・19刑集61・4・369）。

(4) **宣告のやりなおし**　　判決は，宣告のための公判期日が終了するまでの間は，裁判長が判決書又はその原稿を誤って朗読した場合にこれを訂正することも，いったん宣告した判決の内容を変更して改めて宣告することも許される（最判昭51・11・4刑集30・10・1887。なお，前掲最決平19・6・19は，「判決の主文を朗読し，理由の要旨を告げ，上訴期間等を告知した上，被告人の退廷を許し，被告人は法廷外に出たものであるから，この時点で，判決宣告のための公判期日は終了したものというべきである。」としている。）。判決を言い直した場合には，判決は，言い直したところに従って効力を生じる。

(5) **宣告内容と判決書の齟齬**　　例えば，懲役6月の刑を宣告したが，判決書には誤って懲役8月と記載されているなど，公判廷で宣告された内容と判決書の内容が食い違う場合，判決は宣告された内容どおりのものとして効力を生じる（前掲最判昭51・11・4）。もっとも，その場合でも，内部的に成立した判決と異なる内容の判決を宣告することを適法とするものではない。判決確定前であれば，判決書の内容と宣告された内容の双方を含む意味での判決の全体に，判決に影響を及ぼすことが明らかな訴訟手続の法令違反があるということになり得る（前同）。

[3] 効　果

判決は，宣告により外部的に成立し，その日から上訴期間が進行する（358）。そのほか，判決宣告の効力については，343ないし345条参照。　　　　　　　　〔森喜史〕

343条　　　　　　　　　　　　　　　　　　　971

第343条 [1]〔禁錮以上の刑の宣告と保釈等の失効〕　禁錮以上の刑に処する判決の宣告があつたとき [2] は，保釈又は勾留の執行停止は，その効力を失う [3][4]。この場合には，あらたに保釈又は勾留の執行停止の決定がないときに限り，第98条の規定を準用する [5][6]。

[規]　第91条　法第96条参照。
　　　第92条の2　法第98条参照。
　　　第280条（家庭裁判所調査官の観護に付する決定の効力・少年法第45条）　少年法第17条第1項第1号の措置は，事件を終局させる裁判の確定によりその効力を失う。

[1] 本条の趣旨

本条は，禁錮以上の刑に処する判決の宣告があった場合，保釈等が失効する旨規定したものである。

被告人は，有罪判決を受けるまでは無罪が推定されるところ，有罪判決の宣告後はその推定が覆り，判決前よりも逃亡のおそれが強まる上，刑の執行を確保するための身柄拘束の必要が生じることから，保釈等はその効力を失うとしたものである。

[2] 要　件

「禁錮以上の刑に処する判決」とは，禁錮以上の刑に処するいわゆる実刑判決を意味する（執行猶予を付した判決の宣告があった場合の勾留状の効力については，345参照）。

なお，禁錮以上の刑に処する第一審判決に対して控訴申立てがされ，再保釈中に控訴棄却判決があった場合には，本条が準用される（最決昭31・4・19裁集刑113・381）。

[3] 効　果

保釈等は効力を失う。

懲役の実刑判決宣告後にそれ以前になされた保釈取消・保釈保証金没取決定に対する不服申立てがなされた場合，保釈取消決定に対する不服申立ては，本条により保釈が失効することから実益を欠いて不適法となる。もっとも，保釈取消決定と保釈保証金没取決定は別個の決定であることから，保釈保証金没取決定に対する不服申立ては，適法と解される（東京高判昭53・5・1東時29・5・73）。また，保釈を取り消された被告人が，保釈取消決定の送達を受ける前に実刑判決の言渡しを受け，その後に保釈取消決定と同時になされた保釈保証金没取決定が送達されても，没取決定の執行はできる（東京高決昭50・7・3東時26・7・114）。

[4] 再保釈等

本条により保釈等が失効しても，再び保釈又は勾留の執行停止をすることは可能である。上訴の提起期間内で上訴申立がない場合や上訴中で訴訟記録が上訴裁判所に到達していない場合には，原裁判所がこれらの決定をする（97ⅠⅡ，規92Ⅱ。なお，保釈保証金の流用について，規91Ⅱ参照）。

［5］失効後の手続

保釈等の失効により，直ちに被告人を刑事施設に収容することが必要となる。その収容手続については，保釈等の取消決定があった場合の収容手続を定めた98条が準用され，検察官の指揮により，刑事施設職員が勾留状謄本（宣告刑，宣告年月日及び宣告裁判所を記載し，裁判長が相違ない旨認印したもの。規92の2）を示して刑事施設に収容する。

なお，判決宣告後収容前に新たに保釈決定又は勾留執行停止決定があった場合，被告人を刑事施設に収容することはできない。再保釈の請求があり，その許否の決定が当日中直ちに行われることが明らかなときは，収容手続に着手はするもの，その決定まで刑事施設に収容することは差し控えられるのが実務上の一般的な取扱いである。

［6］保釈保証金の還付

保釈が失効し，被告人が刑事施設に収容された場合，保釈保証金を還付しなければならない（規91Ⅰ②）。　　　　　　　　　　　　　　　　　　　　　　　　　〔森喜史〕

第344条 [1]〔禁錮以上の刑の宣告と必要的保釈等の不適用〕　禁錮以上の刑に処する判決の宣告があつた [2]後は，第60条第2項但書及び第89条の規定は，これを適用しない [3][4]。

［1］本条の趣旨

本条は，禁錮以上の刑に処する判決の宣告があった場合，勾留更新の回数制限規定（60Ⅱ但）と権利保釈規定（89）が適用されないことを規定したものである。被告人は，有罪判決を受けるまでは無罪が推定されるところ，有罪判決の宣告後はその推定が覆り，判決前よりも逃亡のおそれが強まって，刑の執行を確保するための身柄拘束の必要が生じることから，いずれも不適用としたものである。

［2］要件

「禁錮以上の刑に処する判決」とは，禁錮以上の刑に処するいわゆる実刑判決を意味する（執行猶予を付した判決の宣告があった場合の勾留状の効力については，次条参照）。

禁錮以上の刑に処する実刑判決後に初めて勾留された場合も，身柄拘束の必要性が生じていることから，本条が適用されると解される。逆に，禁錮以上の刑に処する実刑判決が上訴審で破棄された後は，本条の適用はないと解される。

［3］効果（勾留更新関係）

勾留更新の回数を制限する60条2項但書が不適用となる。もっとも，その場合でも，回数制限を受けないだけであって，60条1項1号ないし3号の勾留理由を要するのは当然である。そのため，禁錮以上の刑に処する実刑判決後，勾留更新決定をする際には，実務上，その理由として，「被告人に対する勾留は，刑訴法60条1項……号に定める事由があって，なおこれを継続する必要があり，かつ，被告人に対しては既に禁錮以上の

刑に処する判決の宣告があったので，同法60条2項，344条により，……からその期間
を更新する。」などの例によることが多い。

[4] 効果（保釈関係）

権利保釈についての89条が不適用となる。もっとも，その場合でも，90条により裁量
で保釈することは許される（それが再保釈の場合，実刑判決により逃亡のおそれが従前よりも強
まることから，実務上，保釈保証金が増額されることが多い。なお，保証金の流用については94条
[6]を参照）。そのため，禁錮以上の刑に処する実刑判決後，保釈請求を却下する際には，
実務上，その理由として，「禁錮以上の刑に処する判決の宣告があり，かつ，裁量によ
り保釈するのは相当でない。」などの例によることが多い。なお，本条が適用になる場
合，問題となるのはあくまで裁量保釈であるから，被告人に逃亡のおそれがあるという
理由だけで保釈を許さないことができる（東京高決昭31・8・24高刑集9・8・891）。〔森喜史〕

第345条 [1]**〔無罪等の宣告と勾留状の失効〕** 無罪，免訴，刑の免除，刑の全部の
　　執行猶予，公訴棄却（第338条第4号による場合を除く。），罰金又は科料の裁判の
　　告知があつたとき [2] は，勾留状は，その効力を失う [3][4]。

[規] 第280条（家庭裁判所調査官の観護に付する決定の効力・少年法第45条） 少年法第17条
　　　第1項第1号の措置は，事件を終局させる裁判の確定によりその効力を失う。

[1] 本条の趣旨

本条は，被告人に無罪等の裁判の告知があった場合には，刑の執行を確保するために
被告人の身柄拘束をする必要性が減少することから，勾留状が失効するとしたものであ
る。

[2] 要 件

本条に列挙された裁判の告知があることが必要であり，管轄違いの判決（329），338
条4号に基づく公訴棄却の判決の場合には，本条の適用はない（これらの場合，判決の確
定により勾留状が失効する。）。

[3] 効 果

裁判の確定を待たずに，その告知により，直ちに勾留状は失効する（保釈中又は勾留の
執行停止中の場合，その前提となる勾留状が失効するため，保釈等も当然に失効する。）。そのた
め，検察官の釈放指揮などの手続を要さずに直ちに釈放されるが，事務処理の明確化の
ため，実務上，検察官は，宣告の際，公判廷において，被告人を収容している刑事施設
の長宛の釈放通知書を作成・交付して，通知する取扱いとなっている。なお，釈放の際，
被告人の所持金品を交付（刑事収容52）するため，拘置所までの任意の同行を求めるこ
とは実務上許されるが，当然のことながら手錠等の使用は許されない。

[4] 再勾留の可否

第1審裁判所が無罪を言い渡し，本条による勾留状の失効後，新たに勾留状を発して勾留することの可否については争いがあるが，最決平23・10・5刑集65・7・977は，「第1審裁判所が犯罪の証明がないことを理由として無罪の言渡しをした場合であっても，控訴審裁判所は，第1審裁判所の判決の内容，取り分け無罪とした理由及び関係証拠を検討した結果，なお罪を犯したことを疑うに足りる相当な理由があり，かつ，刑訴法345条の趣旨及び控訴審が事後審査審であることを考慮しても，勾留の理由及び必要性が認められるときは，その審理の段階を問わず，被告人を勾留することができるというべきである」としている。なお，無罪判決を言い渡した第1審裁判所が，控訴申立て後，記録が控訴審に送付される前の段階で，被告人を再度勾留することの可否について，東京高決平19・9・5判タ1258・346は，許されないこととはいえないが，それが許されるのは，「一審の無罪判決に，決定的な誤りを発見したときとか，それに匹敵するほどの特段の事情がある場合でなければならない」としている。　　　　　　　〔森喜史〕

第346条 [1]〔没収の言渡しがない押収物の処理〕 押収した物について，没収の言渡がないとき [2] は，押収を解く言渡があつたものとする [3]。

[1] 本条の趣旨

本条は，裁判所が押収した物について，没収の言渡しがない場合，押収を解く言渡しがあったとみなすことを規定したものである。

[2] 要　件

「押収した物」とは，裁判所が差し押さえた物（99Ⅰ），領置した物（101），提出命令により提出させた物（99Ⅲ）をいう。検察官が押収した物であっても，裁判所が押収していない物は，含まれない。本条は，終局裁判時に押収している物で，没収の言渡しも被害者還付の言渡し（347）もない場合に適用され，留置の必要性がないとして終結前に還付された物（123Ⅰ）及び贓物（124Ⅰ）には本条の適用はない。

[3] 効　果

本条の効果として，裁判確定により，将来に向かって押収が解除され，その押収物（押収物の代価保管（122）をしているときは，その代価）を還付しなければならなくなる。その還付は，押収を解く裁判の執行として行われるが，その執行は，裁判所の指揮により裁判所職員が行う（472Ⅰ但）。事務の詳細は，押収物等取扱規程（昭35最高裁規程第2号）参照。

なお，検察官が押収して裁判所に提出した物について，裁判所が領置した場合，実務上，検察官と被押収者との押収関係は消滅し，裁判所と被押収者との間に新たに押収関係が生じると解されている。そのため，そのような経過で裁判所が領置した物については，検察官ではなく，もともとの被押収者に還付される。　　　　　　　〔森喜史〕

347条　　　　　　　　　　　　　　　　　　　　　　975

第347条 [1]〔被害者還付の言渡し〕　押収した贓物で被害者に還付すべき理由が明らかなもの[2]は，これを被害者に還付する言渡をしなければならない[3]。

2　贓物の対価として得た物[4]について，被害者から交付の請求があつたときは，前項の例による。

3　仮に還付した物について，別段の言渡がないときは，還付の言渡があつたものとする[5]。

4　前3項の規定は，民事訴訟の手続に従い，利害関係人がその権利を主張することを妨げない[6]。

[1] 本条の趣旨

　本条は，裁判所が押収した贓物のうち，被害者に還付すべき理由が明らかな物について，裁判所が被害者への還付の言渡しをすべき旨定めた規定である。裁判所が押収した物について，没収の言渡しがない場合，被押収者に還付するのが原則であるが(346参照)，贓物については，被告人が被押収者となっていることが多々あり，そのまま被押収者に還付したのでは被害者保護の観点から支障があるため，346条の例外規定として被害者への還付が定められたものである。なお，その趣旨から，被害者が差出人であって，346条により当然に被害者に還付される物については，本条による被害者還付の言渡しをするべきではない。

[2] 要　件

　本条は，終局裁判時に裁判所が押収し，仮還付されていない贓物について適用され(Ⅲ参照)，留置の必要性がないとして終結前に被害者に還付された贓物 (124Ⅰ) には本条の適用はない。

　「贓物」とは，平成7年法律第91号による改正前の刑法の贓物罪にいう贓物と同義であり，財産犯により不法に領得された財物で被害者が法律上追求することのできるものをいう (大判大12・4・14刑集2・336)。また，「被害者」とは，贓物について財産上の権利を有する者をいう。被害者が死亡した場合には，その相続人に還付する (大判昭8・12・7刑集12・2237)。被害者不明の贓物についても，被害者不明のまま被害者還付を行う (最判昭30・1・14刑集9・1・52)。

　「被害者に還付すべき理由が明らか」とは，被害者が贓物の引渡しを請求する私法上の権利を有することが明白なことをいう。私法上の権利の確定は刑事裁判の目的ではなく，この判断は，審理の中で明らかになった事情に基づいて行えば足り，また，その判断の理由を判決において説示する必要はない (最判昭23・12・11刑集2・13・1728)。私法上の権利を有するか疑義がある場合には，「還付すべき理由が明らか」とはいえず，被害者還付を言い渡すべきではない。例えば，詐欺又は脅迫による意思表示は取り消すことができる (民96Ⅰ) ものの当然に無効となるものではないから，取消しの意思表示がない場合，「被害者に還付すべき理由が明らか」とはいえない。なお，押収した現金が贓物

である現金と他の現金が混合して贓物を特定できない場合でも，金額を明示して被害者還付の言渡しをすることは可能である（東京高判昭45・2・10高刑集23・1・107）。

[3] 効 果

終局裁判時に裁判所が押収し，仮還付されていない贓物で，被押収者が被害者でないものについては，必ず還付の言渡しをしなければならない。

[4] 贓物の対価

「贓物の対価として得た物」とは，刑法19条1項4号に当たる物をいうところ，これについて被害者から交付の請求があったときには，被害者還付の言渡しをしなければならない。

贓物が処分された場合，被害者は損害賠償請求権を有するのは別論，その対価そのものの引渡請求権を有するものではないが，被害者保護の観点から損害賠償に代わるものとして対価の還付を定めたものである。被害者が他から被害弁償を受けた事実があり，対価の還付によって不当利得が生じるとしても，それは専ら民事訴訟で裁定すべき問題で，刑事訴訟手続としては，被害者から交付請求があった場合，還付の言渡しをすべきである（最判昭24・4・30刑集3・5・679）。なお，押収物の換価代金（122・222Ⅰ）は，押収物と同視すべきものであってその対価ではなく（最判昭25・10・26刑集4・10・2170），本条1項により被害者に還付する。

[5] 仮還付された物

終結前に仮還付（123Ⅱ）された物について，没収又は被害者還付の言渡しがない場合には，還付の言渡しがあったものとみなされ，終局裁判の確定とともに還付されたものとして取り扱われる。なお，本項の文言から，その適用は贓物に限定されないというのが通説である。

[6] 民事訴訟との関係

本条の還付は，私法上の権利関係を確定させる目的のものではないため，利害関係人は，民事訴訟手続において，その権利主張をすることは当然可能であり，本条4項はそのことを確認的に明示したものである。　　　　　　　　　　　　　　　　〔森喜史〕

第348条 [1] 〔罰金等の仮納付の言渡し〕　裁判所は，罰金，科料又は追徴を言い渡す場合において，判決の確定を待つてはその執行をすることができず，又はその執行をするのに著しい困難を生ずる虞があると認めるとき [2] は，検察官の請求により又は職権で，被告人に対し，仮に罰金，科料又は追徴に相当する金額を納付すべきことを命ずることができる [3][4]。

2　仮納付の裁判は，刑の言渡と同時に，判決でその言渡をしなければならない [2]。

3　仮納付の裁判は，直ちにこれを執行することができる [3]。

[1] 本条の趣旨

本条は，罰金等を言い渡す場合に，判決確定を待ったのでは執行不能又は執行に著しい困難が生じるおそれがあると認めるときに，仮にその金額の納付を命じることができる旨定めた規定である。本来，罰金刑等については，判決確定によってその執行力が生じる（471）ところ，その確定までの間に，被告人の財産状況の悪化等から執行不能となるのを防ぐため，仮納付の制度を設けたものである。

[2] 要件

「その執行をすることができず，又はその執行をするのに著しい困難を生ずる虞がある」とは，例えば，被告人の財産隠匿又は逃亡のおそれがある場合や，被告人の財産状況の急激な悪化が予想される場合などが当たる。なお，仮納付の裁判は，刑の言渡しと同時に，判決で言い渡さなければならない。

[3] 効果

仮納付の裁判があると，直ちに執行力が生じ（具体的な執行については，490・493・494参照），この裁判の執行は，上訴があっても停止されない。なお，罰金又は科料を言い渡す際に言い渡される労役場留置（刑18）については，裁判確定後でなければ執行することはできない。

[4] 実務上の処理

懲役刑につき執行猶予を付した判決の宣告を受けた外国籍の被告人が上訴権を放棄した場合，確定を待たずに退去強制令書が執行されることがある。同被告人が懲役刑のほか罰金刑や追徴の言渡しを受けた場合には，退去強制令書の執行前に罰金刑等の執行を終える必要があるため，実務上，判決において仮納付の裁判をすることが多い。

なお，略式命令の「付随処分」としての仮納付の裁判については，461条解説［4］参照。　　　　　　　　　　　　　　　　　　　　　　　　　　　　　〔森喜史〕

第349条 [1]〔**刑の執行猶予取消の手続(1)**〕　刑の執行猶予の言渡を取り消すべき場合には，検察官は，刑の言渡を受けた者の現在地 [2] 又は最後の住所地 [2] を管轄する地方裁判所，家庭裁判所又は簡易裁判所 [2] に対しその請求 [3] をしなければならない。

2　刑法第26条の2第2号又は第27条の5第2号の規定により刑の執行猶予の言渡しを取り消すべき場合には，前項の請求は，保護観察所の長の申出 [4] に基づいてこれをしなければならない。

[規]　第222条の3（保護観察の成績の報告）　保護観察に付する旨の判決をした裁判所は，保護観察の期間中，保護観察所の長に対し，保護観察を受けている者の成績について報告を求めることができる。

第222条の4 [5]（執行猶予取消請求の方式・法第349条）　刑の執行猶予の言渡しの取消しの請求は，取消しの事由を具体的に記載した書面でしなければならない。

第222条の5 [5]（資料の差出し・法第349条）　刑の執行猶予の言渡しの取消しの請求をするには，取消しの事由があることを認めるべき資料を差し出さなければならない。その請求が刑法第26条の2第2号又は第27条の5第2号の規定による猶予の言渡しの取消しを求めるものであるときは，保護観察所の長の申出があつたことを認めるべき資料をも差し出さなければならない。

第222条の6 [5]（請求書の謄本の差出し，送達・法第349条等）　刑法第26条の2第2号又は第27条の5第2号の規定による猶予の言渡しの取消しを請求するときは，検察官は，請求と同時に請求書の謄本を裁判所に差し出さなければならない。

2　裁判所は，前項の謄本を受け取つたときは，遅滞なく，これを猶予の言渡を受けた者に送達しなければならない。

第222条の8 （出頭命令・法第349条等）　裁判所は，猶予の言渡の取消の請求を受けた場合において必要があると認めるときは，猶予の言渡を受けた者に出頭を命ずることができる。

［1］本条の趣旨

本条は，刑の執行猶予の言渡しを取り消す場合（刑26ないし26の3，同27の4ないし27の6）について，その請求手続や管轄裁判所を規定したものである。

［2］管轄裁判所

管轄裁判所は，本条1項参照。「現在地」とは，取消しの請求当時，任意又は適法な強制処分により被請求人が現在する場所をいう。「最後の住所地」とは，最後の住所又は居所をいい，被請求人が所在不明になった場合にこれを基準とする。

本条の管轄裁判所は，事件の種類，刑の軽重，被請求人の年齢と関係がなく，数個競合するので，検察官は任意の一つの裁判所に取消しを請求できる。全部執行猶予に係る実務上は，猶予の言渡しをした裁判所又は事物管轄がこれに対応する裁判所に請求するのが通常であり，拘置所又は刑務所に収容中の者については，拘置所又は刑務所の所在地を管轄する裁判所に請求する例が多く，一部執行猶予の場合も同様の運用が想定される。

［3］検察官の請求

刑の執行猶予の言渡しの取消しは，検察官の請求に基づく必要がある（東京高判昭30・7・20裁判特報2・15・789（刑26①の場合），高松高決昭30・4・7高刑集8・2・249（刑26の3の場合））。裁判所は検察官主張の取消理由に拘束されない（東京高決昭28・12・15特報39・226）が，刑法26条の2第2号による取消しについては，保護観察所長の申出を必要とするなどの特別の手続が設けられているので，同号による取消しであることを明示した請求によることが必要であり（東京地決昭40・10・20下刑集7・10・1934），同法27条の5第2号による取消しの場合も同様と解される。

[4] 保護観察所長の申出

検察官は，保護観察中の遵守事項違反（刑26の2②・27の5②）を理由として取消請求をする場合，保護観察所長の申出（更生79）に基づく必要がある（本条Ⅱ）が，この申出があっても，取消請求するか否かは検察官の裁量による（ポケット刑訴(下)1001）。

[5] 取消請求の方式等

取消請求の方式等は，規則222条の4ないし222条の6参照。規則222条の5前段の資料は，取消対象となる執行猶予の判決書謄本，取消原因となる判決書謄本，前科調書その他上記各判決確定を証明する書類，執行猶予者の所在の証明書類などであり，保護観察中の遵守事項違反を理由とする取消請求の場合，その違反事実を証明する資料も加わる。規222条の6の請求書謄本の送達は，被請求人に十分な弁解の機会を与えるために行われるが，被請求人が当初から行方不明である場合は格別，受領拒絶の場合には，付郵便送達ができると解される（三好・大コメ刑訴8・386）。　　　　　　　〔石川貴司〕

第349条の2 [1]〔**刑の執行猶予取消の手続(2)**〕　前条の請求があつたときは，裁判所は，猶予の言渡を受けた者又はその代理人の意見 [2] を聴いて決定 [3][4] をしなければならない。

2　前項の場合において，その請求が刑法第26条の2第2号又は第27条の5第2号の規定による猶予の言渡しの取消しを求めるものであつて，猶予の言渡しを受けた者の請求があるときは，口頭弁論 [5] を経なければならない。

3　第1項の決定をするについて口頭弁論を経る場合には，猶予の言渡を受けた者は，弁護人を選任することができる。

4　第1項の決定をするについて口頭弁論を経る場合には，検察官は，裁判所の許可を得て，保護観察官に意見 [6] を述べさせることができる。

5　第1項の決定に対しては，即時抗告をすることができる [7]。

[規]　**第222条の7** [5]（**口頭弁論請求権の通知等・法第349条の2**）　裁判所は，刑法第26条の2第2号又は第27条の5第2号の規定による猶予の言渡しの取消しの請求を受けたときは，遅滞なく，猶予の言渡しを受けた者に対し，口頭弁論を請求することができる旨及びこれを請求する場合には弁護人を選任することができる旨を知らせ，かつ，口頭弁論を請求するかどうかを確かめなければならない。

2　前項の規定により口頭弁論を請求するかどうかを確かめるについては，猶予の言渡を受けた者に対し，一定の期間を定めて回答を求めることができる。

第222条の8 [3]（**出頭命令・法第349条等**）　裁判所は，猶予の言渡の取消の請求を受けた場合において必要があると認めるときは，猶予の言渡を受けた者に出頭を命ずることができる。

第222条の9 [5]（口頭弁論・法第349条の2）　法第349条の2第2項の規定による口頭弁論については，次の例による。

一　裁判長は，口頭弁論期日を定めなければならない。

二　口頭弁論期日には，猶予の言渡を受けた者に出頭を命じなければならない。

三　口頭弁論期日は，検察官及び弁護人に通知しなければならない。

四　裁判所は，検察官，猶予の言渡を受けた者若しくは弁護人の請求により，又は職権で，口頭弁論期日を変更することができる。

五　口頭弁論は，公開の法廷で行う。法廷は，裁判官及び裁判所書記官が列席し，かつ，検察官が出席して開く。

六　猶予の言渡を受けた者が期日に出頭しないときは，開廷することができない。但し，正当な理由がなく出頭しないときは，この限りでない。

七　猶予の言渡を受けた者の請求があるとき，又は公の秩序若しくは善良の風俗を害する虞があるときは，口頭弁論を公開しないことができる。

八　口頭弁論については，調書を作らなければならない。

[1] 本条の趣旨

本条は，刑の執行猶予の言渡しを取り消す場合について，その請求後の手続を規定したものである。

[2] 意見の聴取

意見聴取の相手方となる代理人について，芦澤・注釈刑訴［第3版］6・780は，法定代理人に限らず，被請求人が任意に代理権を付与した者を含むとする。他方，多和田・判例解説（刑）平17・28は，弁護士以外の者による委任代理は含まれないと解する説にも相当の根拠と合理性があるとする。実務上は，口頭弁論を経なければならない場合以外でも弁護人選任届が出されることがあり，その時は手続上弁護人として扱っている例が多い（松尾・条解973）。

意見は口頭でも書面でもよく，機会を与えれば足りる（東京高決昭26・12・26東時1・14・231）。被請求人も代理人も所在不明の場合，意見を聴かないで取消決定をすることができると解すべきである（神垣・注釈刑訴5・528）が，後述のとおり付郵便送達によって告知できない場合，取消しの結果には至らない。

[3] 事実の取調べ

裁判所は，事実の取調べをすることができ（43，規33），被請求人に出頭を命じることができる（規222の8）が，本条2項の場合以外は口頭弁論を経る必要はない。

[4] 決　定

裁判所は，検察官の請求に理由があるときは執行猶予の取消決定をし，理由がないとき，不適法であるとき，裁判所に管轄がないときは，請求却下決定をする。

決定の告知は，口頭弁論期日における宣告又は決定謄本の送達による（規34本）。最決

昭52・3・4刑集31・2・69は，旧民訴172条（現行民訴107と同旨）は刑事手続における
書類の送達について準用されるとし，被請求人宅が全戸不在の場合に，執行猶予取消決
定に対する即時抗告棄却決定の付郵便送達を適法とした。しかし，現行民訴法107条に
よる送達は，同法106条による補充送達，差置送達が法律的に可能であることを前提と
しているため，被請求人が当初から所在不明の場合には，付郵便送達によることはでき
ず（松尾・条解974），公示送達もできない（54）。

[5] 口頭弁論

本条 2 項の口頭弁論の請求は，代理人も行うことができ，いつでも撤回できる（ポケ
ット刑訴(下)1004）。本条 3 項の弁護人につき，国選弁護の規定の適用はない（中武・注解
刑訴(中)927）。

実務上，規則222条の 7 の告知・照会（これらの手続を経ないと保護観察遵守事項違反を理
由とする取消決定は取消しを免れない（名古屋高決昭43・11・1 判時562・86）。）と取消請求に対す
る求意見を併せた書面を，取消請求書謄本とともに被請求人に送達しており，期間内に
回答がないときは請求も意見もないものと取り扱う（松尾・条解975）。

口頭弁論の形式で規222条の 9 に規定のない事項は公判手続に準じるのが通常であり，
第三者の供述は証人尋問によって聴くことが多い（松尾・条解975）。なお，弁護人不出頭
のまま口頭弁論を開いてもやむを得ないと認められる場合もあり得る（大阪高決昭63・10・
20判時1301・158参照）。

保護観察遵守事項違反を理由とする取消請求の場合の同違反者の留置については，更
生80条に規定がある。

[6] 保護観察官の意見陳述

保護観察官の意見は，被請求人が保護観察に付されていた場合に限り，取消しの当否
について述べられるものであるが，保護観察遵守事項違反を理由とする取消請求の場合
には，違反事実の有無や程度を述べることも許され，その場合には証人尋問に準じて被
請求人側に反対尋問の機会を与えるのが妥当である（神垣・注釈刑訴 5・529）。

[7] 取消しの効果発生時期

取消決定謄本が被請求人に送達された後，その弁護人に送達された場合の即時抗告の
申立期間は，被請求人に送達されたときから進行する（東京高決昭56・2・9 高検速報昭56・
79）。執行猶予取消しの効果を発生させるには，執行猶予期間の経過前に，取消決定が
即時抗告のないまま確定するか，取消決定に対する即時抗告棄却決定が被請求人に告知
（確定までは不要〔最大決昭40・9・8 刑集19・6・636等〕）されなければならない。　〔石川貴司〕

第350条 [1] 〔併合罪中大赦を受けない罪の刑を定める手続〕　刑法第52条の規定に
より刑を定むべき場合には，検察官は，その犯罪事実について最終の判決をした裁
判所 [2] にその請求をしなければならない。この場合には，前条第 1 項及び第 5 項

の規定を準用する。[3]

　　[規]　第222条の10（準用規定・法第350条）　法第350条の請求については，第222条の4，第
　　　　222条の5前段及び第222条の8の規定を準用する。[3]

［1］本条の趣旨
　本条は，刑法52条に規定された刑の分離決定の手続を定めたものである。
［2］管轄裁判所
　「最終の判決をした裁判所」とは，第一審判決が上訴棄却により確定した場合は第一
審裁判所であり，上訴審で破棄自判した確定した場合は破棄自判した裁判所である。
［3］分離決定の手続等
　検察官の請求に基づくことを要し，裁判所は事実の取調べをすることができる（43，
規33）。その他の手続については，本条又は規則222条の10が準用する規定を参照。
　裁判所は，大赦を受けない罪について具体的な刑を定める決定をするが，確定した刑
を分離するのであるから，処断刑を導く過程は確定裁判のとおりとしなければならず（松
尾・条解976），原判決確定後の刑の廃止又は法令の変更を考慮することは許されない（最
決昭28・4・7刑集7・4・771）が，原判決当時の事情を基礎にして，大赦を受けない罪につ
き原判決の確定した犯罪事実に基づき原判決の刑の範囲内において刑を定めると同時
に，新たに刑の執行猶予を言い渡すことはできる（大決昭21・7・3刑集25・23）。〔石川貴司〕

第4章　証拠収集等への協力及び訴追に関する合意

第1節　合意及び協議の手続 [1]

[1] 合意制度導入の趣旨

合意制度は，刑事訴訟法等の一部を改正する法律（平成28年法律第54号，平成30年6月1日施行）により新設された。

合意制度導入の趣旨は，組織的な犯罪等においては，首謀者の関与状況等を含めた事案の全容を解明するためには，末端の実行者など組織内部の者から供述を得ることが必要不可欠である場合が少なくないが，改正前の刑事訴訟法の下では，取調べ以外に供述を得るための有効な手段がないため，取調べに依存せざるを得ない面があった。しかも，近時，特に組織的な犯罪等において，取調べによって事案の解明に資する供述を得ることが困難となってきているが，そのような場合でもなお取調べによって供述を得ようとする状況が生じていたと考えられる。

こうしたことに鑑みると，取調べ及び供述調書への過度の依存から脱却するためには，事案の解明に資する供述等を得ることを可能にする手法を導入する必要性があると考えられた。そこで，手続の適正を担保しつつ組織的な犯罪等の事案の解明に資する供述等を得ることを可能にする新たな証拠収集方法として，合意制度が導入された。

合意制度の理論的根拠は，検察官が有する広範な訴追裁量権に求められる。すなわち，被疑者・被告人による他人の刑事事件についての協力行為は，248条の「犯罪後の情況」に当たり得るものであり，検察官は，被疑者・被告人による他人の刑事事件についての協力行為を被疑者・被告人に有利に考慮し，訴追裁量権の行使に反映させることができることを根拠としている。

合意制度においては，合意をした被疑者・被告人が虚偽の供述をして第三者を巻き込む事態（いわゆる巻込み）が生じないようにするため，①他人の公判における合意内容書面の証拠調べ請求義務（350の8・350の9），②弁護人の一貫した関与（350の3・350の4），③虚偽供述等の罪の新設（350の15）といった制度的手当てが講じられている。　〔伊丹俊彦〕

第350条の2〔合意の手続と対象犯罪〕　検察官は，特定犯罪 [1] に係る事件の被疑者又は被告人 [2] が特定犯罪に係る他人 [3] の刑事事件（以下単に「他人の刑事事件」という。）について一又は二以上の第1号に掲げる行為をすることにより得ら

れる証拠の重要性，関係する犯罪の軽重及び情状，当該関係する犯罪の関連性の程度その他の事情を考慮[4]して，必要と認めるときは，被疑者又は被告人との間で，被疑者又は被告人が当該他人の刑事事件について一又は二以上の同号に掲げる行為をし，かつ，検察官が被疑者又は被告人の当該事件について一又は二以上の第2号に掲げる行為をすることを内容とする合意[5]をすることができる。

一　次に掲げる行為

イ　第198条第1項又は第223条第1項の規定による検察官，検察事務官又は司法警察職員の取調べに際して真実の供述をすること。

ロ　証人として尋問を受ける場合において真実の供述をすること。

ハ　検察官，検察事務官又は司法警察職員による証拠の収集に関し，証拠の提出その他の必要な協力をすること（イ及びロに掲げるものを除く。）。

二　次に掲げる行為

イ　公訴を提起しないこと。

ロ　公訴を取り消すこと。

ハ　特定の訴因及び罰条により公訴を提起し，又はこれを維持すること。

ニ　特定の訴因若しくは罰条の追加若しくは撤回又は特定の訴因若しくは罰条への変更を請求すること。

ホ　第293条第1項の規定による意見の陳述において，被告人に特定の刑を科すべき旨の意見を陳述すること。

ヘ　即決裁判手続の申立てをすること。

ト　略式命令の請求をすること。

2　前項に規定する「特定犯罪」とは，次に掲げる罪（死刑又は無期の懲役若しくは禁錮に当たるものを除く。）をいう。

一　刑法第96条から第96条の6まで若しくは第155条の罪，同条の例により処断すべき罪，同法第157条の罪，同法第158条の罪（同法第155条の罪，同条の例により処断すべき罪又は同法第157条第1項若しくは第2項の罪に係るものに限る。）又は同法第159条から第163条の5まで，第197条から第197条の4まで，第198条，第246条から第250条まで若しくは第252条から第254条までの罪

二　組織的な犯罪の処罰及び犯罪収益の規制等に関する法律（平成11年法律第136号。以下「組織的犯罪処罰法」という。）第3条第1項第1号から第4号まで，第13号若しくは第14号に掲げる罪に係る同条の罪，同項第13号若しくは第14号に掲げる罪に係る同条の罪の未遂罪又は組織的犯罪処罰法第10条若しくは第11条の罪

三　前2号に掲げるもののほか，租税に関する法律，私的独占の禁止及び公正取引の確保に関する法律（昭和22年法律第54号）又は金融商品取引法（昭和23年法律第25号）の罪その他の財政経済関係犯罪として政令で定めるもの

四　次に掲げる法律の罪

350条の2　　　　　　　　　　　　　　985

　　イ　爆発物取締罰則（明治17年太政官布告第32号）
　　ロ　大麻取締法（昭和23年法律第124号）
　　ハ　覚せい剤取締法（昭和26年法律第252号）
　　ニ　麻薬及び向精神薬取締法（昭和28年法律第14号）
　　ホ　武器等製造法（昭和28年法律第145号）
　　ヘ　あへん法（昭和29年法律第71号）
　　ト　銃砲刀剣類所持等取締法（昭和33年法律第6号）
　　チ　国際的な協力の下に規制薬物に係る不正行為を助長する行為等の防止を図る
　　　ための麻薬及び向精神薬取締法等の特例等に関する法律（平成3年法律第94
　　　号）
　五　刑法第103条，第104条若しくは第105条の2の罪又は組織的犯罪処罰法第7条
　　第1項第1号から第3号までに掲げる者に係る同条の罪（いずれも前各号に掲げ
　　る罪を本犯の罪とするものに限る。）
3　第1項の合意には，被疑者若しくは被告人がする同項第1号に掲げる行為又は検
　察官がする同項第2号に掲げる行為に付随する事項[6]その他の合意の目的を達す
　るため必要な事項[7]をその内容として含めることができる。

　　　　　[1] 特定犯罪　　　[2] 合意の主体　　　[3] 他人の刑事事件　　　[4] 検察官の考慮事
　　　情　　　[5] 合意の内容　　　[6] 付随する事項　　　[7] その他の合意の目的を達する
　　　ため必要な事項

[1] 特定犯罪
　「特定犯罪」とは，合意制度の対象となる犯罪であって本条2項に掲げる犯罪をいう。
特定犯罪の罪名・罰条等は，次の一覧表のとおりである。

〈特定犯罪一覧表〉

対象となる犯罪（特定犯罪）		
分類		罪名及び罰条
1	刑法に定める罪 （350の2Ⅱ①）	競売妨害等	刑法96条～96条の6 　封印等破棄（96），強制執行妨害目的財産損壊等（96の2），強制執行行為妨害等（96の3），強制執行関係売却妨害（96の4），加重封印等破棄等（96の5），公契約関係競売等妨害（96の6）
		文書偽造等	刑法155条，155条の例により処断すべき罪，157条，158条（155条，155条の例により処断すべき罪，157Ⅰ・Ⅱに限る），159条～161条の2 　公文書偽造等（155），虚偽公文書作成等（156，155），公正証書原本不実記載等（157），偽造公文書行使等（158，155，157），私文書偽造等（159），虚偽診断書等作成（160），偽造私文書等行使（161，159，160），電磁的記録不正作出及び供用（161の2）
		有価証券偽造等	刑法162条，163条 　有価証券偽造等（162），偽造有価証券行使等（163）
		支払用カード電磁的記録不正作出等	刑法163条の2～5 　支払用カード電磁的記録不正作出等（163の2）及びその未遂（163の5），不正電磁的記録カード所持（163の3），支払用カード電磁的記録不正作出準備（163の4）及びその未遂（163の5，163の4）
		贈収賄	刑法197条～197条の4，198条 　収賄・受託収賄及び事前収賄（197），第三者供賄（197の2），加重収賄及び事後収賄（197の3），あっせん収賄（197の4），贈賄（198）
		詐欺・恐喝・背任	刑法246条～250条 　詐欺（246），電子計算機使用詐欺（246の2），背任（247），準詐欺（248），恐喝（249），これらの罪の未遂（250）
		横領等	刑法252～254条 　横領（252），業務上横領（253），遺失物等横領（254）

350条の2　987

2	組織的な犯罪の処罰及び犯罪収益の規制等に関する法律（組織的犯罪処罰法）に定める罪（350の2Ⅱ②）	組織的競売妨害等	組織的犯罪処罰法3条Ⅰ①～④ 　組織的な封印等破棄（3条Ⅰ①），組織的強制執行妨害目的財産損壊等（3条Ⅰ②），組織的強制執行行為妨害等（3条Ⅰ③），組織的強制執行関係売却妨害（3条Ⅰ④）
		組織的詐欺・恐喝・マネーロンダリング	組織的犯罪処罰法3条Ⅰ⑬～⑭，Ⅱ，4条，10条，11条 　組織的な詐欺（3条Ⅰ⑬），組織的な恐喝（3条Ⅰ⑭），これらの罪の未遂（4条）又は犯罪収益等隠匿（10条）若しくは犯罪収益等収受（11条）
3	その他の特別法に定めるもの（350の2Ⅱ③）	租税に関する法律	租税に関する法律に違反する罪 　所得税法違反，法人税法違反，相続税法，消費税法，関税法，税理士法等
		私的独占の禁止及び公正取引の確保に関する法律（独占禁止法）	独占禁止法違反の罪
		金融商品取引法	金融商品取引法違反の罪
		その他の財政経済犯罪	政令で定めるもの
4	薬物・銃器に関する犯罪（350の2Ⅱ④）	薬物関係犯罪	大麻取締法，覚せい剤取締法，麻薬及び向精神薬取締法，あへん法，国際的な協力の下に規制薬物に係る不正行為を助長する行為等の防止を図るための麻薬及び向精神薬取締法等の特例等に関する法律
		銃器関係犯罪	爆発物取締罰則 武器等製造法 銃砲刀剣類所持等取締法
5	上記各犯罪に係る証拠隠滅等（350の2Ⅱ⑤）	刑法関係	刑法103条，104条，105条の2 　犯人蔵匿等（103），証拠隠滅等（104），証人等威迫（105の2）
		組織的犯罪処罰法関係	組織的犯罪処罰法7条Ⅰ①～③，7条の2 　組織的な犯罪に係る犯人蔵匿等（7条Ⅰ①） 　組織的な犯罪に係る証拠隠滅等（7条Ⅰ②） 　組織的な犯罪に係る証人等威迫（7条Ⅰ③） 　証人等買収（7条の2）

　合意制度は，我が国の刑事司法制度に協議・合意の要素を有する新たな証拠収集方法を初めて導入するものであることから，その対象犯罪は，この制度の対象とする必要性が高く，その利用にも適しており，かつ，被害者を始めとする国民の理解も得られやすいと考えられるものに政策的に限定するとの観点から，一定の財政経済犯罪（表1～3）

と薬物銃器犯罪（表4，5）に限定されている（本条Ⅱ各号）。さらに，死刑又は無期の懲役・禁錮に当たる罪を除外することとされている（同項柱書）。したがって，薬物銃器関係犯罪のうち，例えば，爆発物の使用等（爆発物取締罰則Ⅰ，Ⅱ），覚せい剤の営利目的輸入等（覚せい剤取締法41条Ⅱ，Ⅲ），ジアセチルモルヒネ等の営利目的輸入等（麻薬及び向精神薬取締法64Ⅱ，Ⅲ），銃砲の営利目的製造等（武器等製造法31Ⅱ，Ⅲ）などの罪は，合意制度の対象とはならない。

合意制度を利用するためには，合意の時点において，被疑者・被告人の事件と他人の刑事事件の双方が特定犯罪に該当するものでなければならないが，双方の事件の罪名が異なっていてもよく，また，事実関係に重なり合いがなくても差し支えない。

［2］ 合意の主体

合意の主体は，検察官及び被疑者・被告人である。弁護人は，合意の内容を履行する立場にないため，合意の主体とはされていない。法人が被疑者・被告人である場合には，当該法人が合意の主体となることが可能である。その場合の合意に係る手続は，法人の代表者が行う（27Ⅰ）。

［3］ 他人の刑事事件

「他人」とは，合意の主体である被疑者・被告人以外の者をいう。合意の主体である被疑者・被告人の共犯者や贈・収賄者のように対向犯の関係に立つ者が典型であるが，必ずしもそれらに限られない。また，法人も「他人」となり得る。

「協力行為」は，他人の刑事事件の解明に資するものでなければならないが，同時に合意の主体である被疑者・被告人自身の事件の解明に資するものであっても差し支えない。

［4］ 検察官の考慮事情

検察官は，合意の相手方となろうとする被疑者・被告人が行う協力行為により得られる証拠の重要性，関係する犯罪の軽重及び情状，当該関係する犯罪の関連性の程度その他の事情を考慮して，必要と認めるときに合意をすることができる（350の2Ⅰ柱書）。

「関係する犯罪」とは，合意の対象となる被疑者・被告人の事件及び他人の刑事事件に係る各犯罪を指す。

「証拠の重要性」や「関係する犯罪の軽重及び情状」は，合意をするか否かの判断に当たっては，合意によりどの程度重要な証拠が得られるか，被疑者・被告人の事件についての処分を軽減等してもなお，他人の刑事事件の捜査・公判への協力を得ることが必要かといった観点からの判断が必要となることから，考慮事情とされている。

「関連性の程度」とは，合意の相手方である被疑者・被告人の刑事事件と証拠収集等への協力の対象となる他人の刑事事件とが関連する場合において，その関連性の度合いをいう。単なる同房者に過ぎない場合のように，一般に被疑者・被告人と他人との間に何らの関係もない場合には，捜査機関に提供できる有効な情報を持っていないことが多く，仮に持っていても断片的で簡潔にとどまるのが通常と考えられるので，制度的に否

定されるとまでは言えないものの，考慮事情からして，このような場合にまで合意をするということは一般的には想定されていないものと考えられる。

「その他の事情」とは，例えば，余罪の有無やその捜査状況等がこれに該当する。

結局，検察官としては，諸般の事情を考慮した上で，被疑者・被告人の事件についての処分等を軽減してもなお，他人の刑事事件の捜査・公判への協力を得ることが必要か否かを判断することとなる。

［5］合意の内容

(1) **被疑者・被告人による協力行為**　　被疑者・被告人による協力行為として合意の内容とすることができるのは，他人の刑事事件について，①198条1項又は223条1項による検察官，検察事務官又は司法警察職員の取調べに際して真実の供述をすること，②証人として尋問を受ける場合において真実の供述をすること，③検察官，検察事務官又は司法警察職員による証拠の収集に関し，証拠の提出その他の必要な協力をすること（上記①及び②を除く。）であり，これらを1つのみ，あるいは同時に2つ以上定めることができる（本条I柱書・①）。

「真実の供述」とは，自己の記憶に従った供述を意味する。供述内容が客観的に真実であることを要するものではない。供述内容としては，例えば，犯行に至る経緯・動機及び犯行状況，共犯者の存在などだけでなく，証拠物の隠匿場所や共犯者の所在などが考えられる。「その他必要な協力」としては，例えば，犯罪再現状況等の実況見分や検証に立ち会うこと，犯行現場等関係場所への引き当たりにおいてそれらの場所まで案内することなどが考えられる。

(2) **検察官による処分の軽減等**　　検察官による処分の軽減等として合意の内容とすることができるのは，被疑者・被告人の事件について，①公訴を提起しないこと，②公訴を取り消すこと，③特定の訴因・罰条により公訴を提起し，又は維持すること，④特定の訴因・罰条の追加若しくは撤回又は特定の訴因・罰条への変更を請求すること，⑤論告（293I）において，被告人に特定の刑を科すべき旨の意見を陳述すること，⑥即決裁判手続の申立てをすること，⑦略式命令の請求をすることであり，これらを1つのみ，あるいは同時に2つ以上定めることができる（本条I柱書・②）。

「特定の訴因若しくは罰条の追加若しくは撤回」を合意の内容とする場合としては，例えば，詐欺で起訴済みの被告人がこれと牽連犯（刑54I）の関係に立つものも含めて複数の公文書偽造・同行使の罪を犯している場合に，これらの複数の罪を一括して合意の対象とし，当該詐欺と牽連犯に立つものに限って訴因の罰条の追加を行い，その余は不起訴とするといったことが考えられる。

［6］付随する事項

「付随する事項」とは，例えば，被疑者・被告人が取調べに際して真実の供述をする旨の合意をする場合において，「取調べのための出頭を求められた場合には，指定された日時及び場所に出頭する」旨を定めることや，被疑者・被告人が証人尋問を受けた場

合に真実の供述をする旨の合意をする場合において、「検察官が遮蔽措置の申立てをする」旨を定めるといったことなどが考えられる。

[7] その他の合意の目的を達するため必要な事項

「その他の合意の目的を達するため必要な事項」とは、例えば、検察官が特定の求刑をする旨の合意をするに当たって、「検察官が、当該被告事件において、被疑者・被告人の協力行為の具体的内容を情状として立証する」といったことなどが考えられる。

しかし、「被疑者・被告人を釈放すること」など、身柄拘束に関する事項は、その性質上、「付随する事項その他の合意の目的を達するため必要な事項」には含まれないと解される。 〔伊丹俊彦〕

第350条の3 〔弁護人の同意と合意の成立〕 前条第1項の合意をするには、弁護人の同意[1]がなければならない。
2 前条第1項の合意は、検察官、被疑者又は被告人及び弁護人が連署した書面[2]により、その内容を明らかにしてするものとする。

[1] 弁護人の同意

弁護人は合意の主体ではないが、合意が被疑者・被告人の利害と深く関係する事柄であることから、合意が適正公平に行われることを確保し、被疑者・被告人の利益を保護するため、弁護人の同意がなければ合意をすることはできないこととされている（本条I）。そのため、被疑者・被告人に弁護人がいない場合には、合意をすることはできない。

[2] 合意内容書面

合意の内容を手続的に明確にしておくとの観点から、合意は要式行為とされ、合意の内容を明らかにする書面を作成し、検察官、被疑者・被告人及び弁護人の三者が連署することによって、合意が成立することとされている（本条II）。この書面を「合意内容書面」という（350の7I）。合意が成立すると、検察官及び被疑者・被告人は、それぞれ合意の内容を履行する義務を負うこととなる。 〔伊丹俊彦〕

第350条の4 〔協議の手続〕 第350条の2第1項の合意をするため必要な協議は、検察官と被疑者又は被告人及び弁護人との間で行うものとする[1]。ただし、被疑者又は被告人及び弁護人に異議がないときは、協議の一部を弁護人のみとの間で行うことができる[2]。

350条の4，350条の5　　　　991

[1] 協議の主体

　合意の前提として必要となる協議は，検察官，被疑者・被告人及び弁護人の三者で行う（本条本文）。弁護人は，合意の主体ではないが，協議は，合意に向けた交渉としての側面を有するので，被疑者・被告人の利益を保護する観点から，弁護人もその主体として関与することとされている。検察官は，被疑者・被告人及び弁護人の双方に異議がないときは，協議の一部を弁護人のみと行うことができるが（本条但），その双方に異議がない場合でも，被疑者・被告人のみとの間で協議の一部を行うことはできない。弁護人が，常に協議に関与することにより，巻込みの防止に資することとなる。

[2] 協議の開始及び進行

　協議は，検察官と被疑者・被告人及び弁護人との間で，開始についての意思が合致した際に開始されることとなる。協議の開始は，検察官あるいは被疑者・被告人及び弁護人のいずれの側から申し入れても差し支えない。　　　　　　　　　　〔伊丹俊彦〕

第350条の5〔供述の聴取と証拠能力の制限〕　前条の協議において，検察官は，被疑者又は被告人に対し，他人の刑事事件について供述を求めることができる[1]。この場合においては，第198条第2項の規定を準用する[1]。

　2　被疑者又は被告人が前条の協議においてした供述は，第350条の2第1項の合意が成立しなかつたときは，これを証拠とすることができない[2]。

　3　前項の規定は，被疑者又は被告人が当該協議においてした行為が刑法第103条，第104条若しくは第172条の罪又は組織的犯罪処罰法第7条第1項第1号若しくは第2号に掲げる者に係る同条の罪に当たる場合において，これらの罪に係る事件において用いるときは，これを適用しない[3]。

[1] 被疑者・被告人からの供述の聴取

　検察官は，合意をするか否かの判断に当たり，合意をした場合に被疑者・被告人からどのような内容の証拠が提供され得るか，被疑者・被告人が合意を真摯に履行する意思を有しているかなどの点を見極める必要があることから，協議において，被疑者・被告人に対し，他人の刑事事件についての供述を求め，これを聴取することができるとされている（本条Ⅰ前）。この供述の聴取は，協議の手続の一部をなすことから，弁護人の同席が必ず必要となるほか，合意不成立の場合には供述の証拠能力に制限があるなど，取調べとは異なるものと位置づけられている。もっとも，その聴取の過程において，被疑者・被告人の事件に供述が及ぶこともあり得ることから，検察官は，被疑者・被告人に対し，あらかじめ黙秘権を告知しなければならないこととされている（本条Ⅰ後，198Ⅱ）。

[2] 合意不成立の場合の供述の証拠能力の制限

　協議の結果として合意が成立に至らないこともあり得る。その場合に，被疑者・被告

人が協議においてした供述を検察官が自由に証拠とすることができるとすると，被疑者・被告人としては，協議に当たり，合意が成立しないかもしれないことを念頭に置いて，検察官の求めに応じて供述することを躊躇し，ひいては合意制度の利用自体を躊躇することとなると考えられる。そこで，結果的に合意の成立に至らなかったときは，被疑者・被告人が協議においてした供述は，被疑者・被告人の事件においても，他人の刑事事件においても，証拠とすることができないとされている（本条Ⅱ）。ただし，証拠能力の制限の対象となるのは，被疑者・被告人の協議における供述それ自体であり，その供述に基づき得られた証拠（派生証拠）は，対象とされていない。したがって，合意が成立するに至らなかった場合でも，派生証拠を被疑者・被告人の事件や他人の刑事事件で利用することは可能である。このような場合にまで証拠の利用を制限した場合には，捜査機関の活動を著しく制限することとなるものと考えられたためである。

[3] 罪証隠滅行為

　証拠能力の制限の例外として，被疑者・被告人が協議においてした行為が，犯人蔵匿等の罪（刑103），証拠隠滅等の罪（刑104），及び組織的犯罪処罰法7条に定めるこれらの罪の加重類型（組織的な犯人蔵匿等・証拠隠滅等）等に当たる場合には，それらの罪に係る事件において，被疑者・被告人が協議においてした供述を証拠として用いることができるとされている（本条Ⅲ）。

〔伊丹俊彦〕

第350条の6　〔**司法警察員との関係**〕　検察官は，司法警察員が送致し若しくは送付した事件又は司法警察員が現に捜査していると認める事件について，その被疑者との間で第350条の4の協議を行おうとするときは，あらかじめ，司法警察員と協議しなければならない[1]。

2　検察官は，第350条の4の協議に係る他人の刑事事件について司法警察員が現に捜査していることその他の事情を考慮して，当該他人の刑事事件の捜査のため必要と認めるときは，前条第1項の規定により供述を求めることその他の当該協議における必要な行為を司法警察員にさせることができる[2]。この場合において，司法警察員は，検察官の個別の授権の範囲内で，検察官が第350条の2第1項の合意の内容とすることを提案する同項第2号に掲げる行為の内容の提示をすることができる[3]。

[範]　第182条の4（検察官との協議等における本部長の指揮）　司法警察員は，次に掲げる事項を行うに当たつては，順を経て警察本部長に報告し，その指揮を受けなければならない。

一　刑訴法第350条の6第1項の規定による検察官との協議

二　刑訴法第350条の6第2項に規定する同法第350条の4の協議における必要な行為

350条の6   993

第182条の5 （供述の求め） 刑訴法第350条の6第1項の規定による供述の求めは，取調べと明確に区別して行わなければならない。

[1] 司法警察員との事前協議

　捜査における検察官と司法警察員との連携・協調を十分なものとする観点から，検察官は，司法警察員が送致し若しくは送付した事件又は司法警察員が現に捜査していると認める事件について，その被疑者との間で協議を行おうとするときは，司法警察員と事前協議をしなければならないこととされている（本条Ⅰ）。

　「現に捜査していると認める事件」であるか否かの判断は，検察官が，被疑者との間で協議を開始しようと考えた時点において把握している情報に基づいて判断されることとなる。

　事前協議が義務付けられるのは，被疑者との間で協議を行おうとする場合であり，司法警察員が送致した事件等であっても，その起訴後に被告人との間で協議を行おうとするときは，事前協議は不要である。

　事前協議においては，被疑者との間で協議を開始した場合の司法警察員の捜査に及ぼす影響の有無やその程度，合意に至る見込みや信用性のある供述等が得られる見込みの有無やその程度などについて意見交換することが考えられる。

[2] 司法警察員の関与

　検察官は，協議に係る他人の刑事事件の捜査のため必要と認めるときは，被疑者・被告人に供述を求めることその他の当該協議における必要な行為を司法警察員にさせることができるとされている（本条Ⅱ）。この協議において，検察官は同席しなくてもよいが，同席しても差し支えない。

　「協議における必要な行為」としては，例えば，条文上例示されている被疑者・被告人に供述を求めることのほか，司法警察員が，弁護人から被疑者・被告人が行い得る協力行為の内容の提示を受けることや，検察官による処分の軽減等の内容を提示することなどがある。

[3] 内容の提示

　検察官による処分の軽減等の内容の提示は，公訴権の行使に関連するものであり，その内容の決定を司法警察員に委ねる仕組みとすることは，公訴権を検察官が独占することとしている247条の趣旨に反することになると考えられる。そのため，司法警察員は，検察官の個別の授権の範囲内に限って，検察官による処分の軽減等の内容の提示を行うことができることとされている（同項後）。したがって，処分の軽減等の内容ごとに，検察官から司法警察員に明示的に権限が付与されることを要する。　　　　〔伊丹俊彦〕

第2節　公判手続の特例

第350条の7 [1] 〔合意した被告人の事件における合意内容書面等の証拠調べの請求〕　検察官は，被疑者との間でした第350条の2第1項の合意がある場合において [2]，当該合意に係る被疑者の事件 [3] について公訴を提起したとき [4] は，第291条の手続が終わつた後（事件が公判前整理手続に付された場合にあつては，その時後）遅滞なく [5]，証拠として第350条の3第2項の書面（以下「合意内容書面」という。）の取調べを請求しなければならない [6]。被告事件について，公訴の提起後に被告人との間で第350条の2第1項の合意をしたときも，同様とする [7]。

2　前項の規定により合意内容書面の取調べを請求する場合において，当該合意の当事者が第350条の10第2項の規定により当該合意から離脱する旨の告知をしているときは，検察官は，あわせて，同項の書面の取調べを請求しなければならない [8]。

3　第1項の規定により合意内容書面の取調べを請求した後に，当該合意の当事者が第350条の10第2項の規定により当該合意から離脱する旨の告知をしたときは，検察官は，遅滞なく，同項の書面の取調べを請求しなければならない [9]。

[1] 本条の趣旨　　[2] 第350条の2第1項の合意がある　　[3] 当該合意に係る被疑者の事件　　[4] 公訴を提起したとき　　[5] 請求時期　　[6] 法的効果　　[7] 被告事件について公訴提起後に合意をしたときの取扱い　　[8] 合意離脱書面の取調べ請求義務（2項）　　[9] 合意離脱書面の取調べ請求義務（3項）

[1] 本条の趣旨

　本条は，合意の存在及びその内容が，合意をした被告人の公判において，訴訟の進行と被告人の情状の双方に関連し得るものであることから，当該事件の審判を行う裁判所において合意の存在及び内容を十分に把握できるようにするため，合意がある被告人の事件における検察官の合意内容書面の取調べ請求義務を定めるものである。

[2] 第350条の2第1項の合意がある

　合意が存続していること，すなわち，合意が成立し，かつ，その当事者がいずれも離脱していないことをいう。したがって，公訴提起前に合意からの離脱 (350の10) がなされている場合，つまり，検察官と被疑者の間で合意がなされたものの，いずれか一方が合意から離脱し，その後に公訴提起がなされた場合は，「合意がある場合」には当たらない。

[3] 当該合意に係る被疑者の事件

　350条の2第1項において「特定犯罪に係る事件の被疑者」という場合の具体的な特

定犯罪に係る事件をいい，同項において「検察官が被疑者……の当該事件について……第2号に掲げる行為をすることを内容とする合意」という場合の当該事件，すなわち，検察官が同項2号に掲げる行為をすることが合意の内容とされている事件をいう。

[4] 公訴を提起したとき

即決裁判の申立てを行った場合を含む。略式命令請求を行った場合については，462の2の解説参照。なお，略式命令請求をした事件について，通常の規定に従い審判をすることとされた場合（463Ⅰ・Ⅱ，468Ⅱ）には，本条によることとなる。

[5] 請求時期

検察官は，冒頭手続（291）の終了後，遅滞なく，すなわち，冒頭手続の終了時を起算点として合理的な理由のない遅れが生じていないと判断される範囲内で，合意内容書面の取調べを請求しなければならない。なお，特則として，当該事件が公判前整理手続に付された場合にあっては，検察官は，事件が公判前整理手続に付された時後，遅滞なく，すなわち，その時点を起算点として合理的な理由のない遅れが生じていないと判断される範囲内で，合意内容書面の取調べを請求しなければならないこととされている。

[6] 法的効果

本項は，検察官によって取調べ請求された合意内容書面の取調べ義務を裁判所に課すものではない。したがって，裁判所はこれを証拠としなければならないわけではない。

[7] 被告事件について公訴提起後に合意をしたときの取扱い

被告事件について公訴の提起後に被告人との間で合意をしたときも，検察官は，合意内容書面の取調べ請求義務を負う。合意の成立が，当該被告事件の証拠調べに入った後である場合には，合意の成立時を起算点として合理的な理由のない遅れが生じていないと判断される範囲内で，合意内容書面の取調べを請求しなければならないことになると解される。

[8] 合意離脱書面の取調べ請求義務（2項）

検察官は，本条1項の規定により合意内容書面の取調べを請求する場合において，既に合意からの離脱がなされているときは，合意離脱書面（350の10Ⅱ）の取調べ請求義務を負う。

公訴提起前に合意からの離脱がなされている場合には，1項に基づく合意内容書面の取調べの請求がなされることはなく，「前項の規定により合意内容書面の取調べを請求する場合」に当たらないから，合意離脱書面の取調べ請求義務もない。合意離脱書面の取調べ請求義務を課す趣旨は，合意内容書面の取調べ請求義務を課す趣旨と同様であり，合意の失効をもたらす離脱の事実及びその理由は，訴訟の進行と被告人の情状の双方に関連し得るものであることから，当該事件の審判を行う裁判所において合意の存在及び内容を十分に把握できるようにするためである。

「合意から離脱する旨の告知をしているとき」とは，具体的には，合意の成立後に公訴提起がなされたが，その後，本条1項の規定により合意内容書面の取調べを請求する

前に合意からの離脱がなされた場合及び公訴提起後に合意がなされたが，その後，本条1項の規定により合意内容書面の取調べを請求する前に合意からの離脱がなされた場合をいう。

[9] 合意離脱書面の取調べ請求義務（3項）

　検察官は，本条1項の規定により合意内容書面の取調べを請求した後に，合意からの離脱がなされた場合には，遅滞なく，すなわち，合意からの離脱の時点を起算点として合理的な理由のない遅れが生じていないと判断される範囲内で，合意離脱書面の取調べを請求する義務を負う。その趣旨は，2項の場合と同様である。　　　　　　　〔上冨敏伸〕

> 第350条の8 [1] 〔解明対象となる他人の事件における合意内容書面等の証拠調べの請求(1)〕　被告人以外の者の供述録取書等 [2] であって，その者が第350条の2第1項の合意に基づいて作成したもの又は同項の合意に基づいてされた供述を録取し若しくは記録したものについて [3]，検察官，被告人若しくは弁護人が取調べを請求し，又は裁判所が職権でこれを取り調べることとしたときは，検察官は，遅滞なく [4]，合意内容書面の取調べを請求しなければならない [5]。この場合においては，前条第2項及び第3項の規定を準用する [6][7]。

　　　　[1] 本条の趣旨　　　[2] 供述録取書等　　　[3] 合意に基づいて作成したもの・合意に
　　基づいてされた供述を録取・記録したもの　　　[4] 請求時期　　　[5] 法的効果
　　　[6] 準　用　　　[7] 略式命令請求をした場合の合意内容書面等の差出し義務

[1] 本条の趣旨

　合意の存在及びその内容は，合意に基づいて得られる供述録取書等の信用性に関連し得るものであることから，いわゆる巻込み（その趣旨については，本章第1節表題の解説[1]参照。）を防止するためには，当該供述録取書等に録取等されている供述が証拠として用いられる他人の公判において，当該他人及びその弁護人が合意の存在及びその内容を把握した上で十分な防御活動ができるようにするとともに，審判を行う裁判所が合意の存在及びその内容を把握した上で当該供述の信用性を十分に吟味できるようにする必要がある。

　本条は，そのための当該他人の公判における検察官の合意内容書面の取調べ請求義務を定めるものである。

[2] 供述録取書等

　供述録取書等とは，供述書，供述を録取した書面で供述者の署名若しくは押印のあるもの又は映像若しくは音声を記録することができる記録媒体であって供述を記録したものをいう（290の3Ⅰ）。

［3］ 合意に基づいて作成したもの・合意に基づいてされた供述を録取・記録したもの

当該供述録取書等は，合意に基づいて作成したものであるか，合意に基づいてされた供述を録取又は記録したものであることが必要である。したがって，当該供述録取書等が，合意がなされる前に作成，録取又は記録されたものであるときはもちろん，当該供述録取書等の作成，録取又は記録の前に合意からの離脱がなされていたときも，これには当たらないことになる。

［4］ 請求時期

合意に基づく供述録取書等について，検察官又は被告人・弁護人が取調べ請求をした時点又は裁判所が職権で取り調べることとした時点を起算点として，遅滞なく，すなわち，合理的な理由のない遅れが生じていないと判断される範囲内で，取調べ請求しなければならない。

［5］ 法的効果

本条は，検察官によって取調べ請求された合意内容書面の取調べ義務を裁判所に課すものではない。したがって，裁判所はこれを証拠としなければならないわけではない。

［6］ 準　用

本条前段による合意内容書面の取調べ請求をする前に合意からの離脱がなされた場合には350条の7第2項が，その取調べ請求をした後に合意からの離脱がなされた場合には同条3項が，それぞれ準用される。

［7］ 略式命令請求をした場合の合意内容書面等の差出し義務

検察官が，被告人に係る事件について略式命令請求をした場合で，規則289条1項の規定により検察官が裁判所に差し出す書類中に，当該被告人以外の者の供述録取書等であって，その者が350条の2第1項の合意に基づいて作成したもの等があるときの合意内容書面等の裁判所への差出し義務については，規則289条2項以下に規定がある（462条の2解説［5］〜［7］参照。）　　　　　　　　　　　　　　　　　　〔上冨敏伸〕

第350条の9 [1] 〔解明対象となる他人の事件における合意内容書面等の証拠調べの請求(2)〕　検察官，被告人若しくは弁護人が証人尋問を請求し，又は裁判所が職権で証人尋問を行うこととした場合において，その証人となるべき者との間で当該証人尋問についてした第350条の2第1項の合意があるときは [2]，検察官は，遅滞なく [3]，合意内容書面の取調べを請求しなければならない [4]。この場合においては，第350条の7第3項の規定を準用する [5]。

［1］ 本条の趣旨

本条の趣旨は前条同様であり，合意の存在及びその内容は，合意に基づいて得られる証言の信用性に関連し得るものであることから，いわゆる巻込み（その趣旨については，

本章第1節表題の解説[1]参照。）を防止するため，その供述が証拠として用いられる他人の公判における検察官の合意内容書面の取調べ請求義務を定めるものである。

[2] 350条の2第1項の合意がある

検察官，被告人・弁護人が証人尋問を請求した時点又は裁判所が職権で証人尋問を行うこととした時点において，証人となるべき者との間で合意が存続していることを要する（350の7解説[2]参照。）。したがって，証人尋問を請求した時点や職権で証人尋問を行うこととした時点に先行して合意がなされていた場合であっても，その時点で既に合意からの離脱がなされている場合は，「合意があるとき」には当たらず，合意内容書面の取調べ請求義務はない。

[3] 請求時期

検察官，被告人・弁護人が証人尋問を請求した時点又は裁判所が職権で証人尋問を行うこととした時点を起算点として，遅滞なく，すなわち，合理的な理由のない遅れが生じていないと判断される範囲内で，取調べ請求しなければならない。

[4] 法的効果

本項は，検察官によって取調べ請求された合意内容書面の取調べ義務を裁判所に課すものではない。したがって，裁判所はこれを証拠としなければならないわけではない。

[5] 準用

本条前段による合意内容書面の取調請求をした後に合意からの離脱がなされた場合には350条の7第3項が準用される。なお，検察官，被告人・弁護人が証人尋問を請求し又は裁判所が職権で証人尋問を行うこととしたときより前に合意からの離脱がなされている場合には，本条前段に基づく合意内容書面の取調べ請求がなされることはないから，同条2項は準用されていない。

〔上冨敏伸〕

第3節 合意の終了

第350条の10〔合意からの離脱〕 次の各号に掲げる事由があるときは，当該各号に定める者は，第350条の2第1項の合意から離脱することができる[1][2]。

一 第350条の2第1項の合意の当事者が当該合意に違反したとき その相手方[3]

二 次に掲げる事由 被告人[4]

イ 検察官が第350条の2第1項第2号ニに係る同項の合意に基づいて訴因又は罰条の追加，撤回又は変更を請求した場合において，裁判所がこれを許さなかつたとき[5]。

ロ 検察官が第350条の2第1項第2号ホに係る同項の合意に基づいて第293条第1項の規定による意見の陳述において被告人に特定の刑を科すべき旨の意見を陳述した事件について，裁判所がその刑より重い刑の言渡しをしたとき[6]。

ハ 検察官が第350条の2第1項第2号ヘに係る同項の合意に基づいて即決裁判手続の申立てをした事件について，裁判所がこれを却下する決定（第350条の22第3号又は第4号に掲げる場合に該当することを理由とするものに限る。）をし，又は第350条の25第1項第3号若しくは第4号に該当すること（同号については，被告人が起訴状に記載された訴因について有罪である旨の陳述と相反するか又は実質的に異なつた供述をしたことにより同号に該当する場合を除く。）となつたことを理由として第350条の22の決定を取り消したとき[7]。

ニ 検察官が第350条の2第1項第2号トに係る同項の合意に基づいて略式命令の請求をした事件について，裁判所が第463条第1項若しくは第2項の規定により通常の規定に従い審判をすることとし，又は検察官が第465条第1項の規定により正式裁判の請求をしたとき[8]。

三 次に掲げる事由 検察官[9]

イ 被疑者又は被告人が第350条の4の協議においてした他人の刑事事件についての供述の内容が真実でないことが明らかになつたとき[10]。

ロ 第1号に掲げるもののほか，被疑者若しくは被告人が第350条の2第1項の合意に基づいてした供述の内容が真実でないこと又は被疑者若しくは被告人が同項の合意に基づいて提出した証拠が偽造若しくは変造されたものであることが明らかになつたとき[11]。

2 前項の規定による離脱は，その理由を記載した書面により，当該離脱に係る合意の相手方に対し，当該合意から離脱する旨の告知をして行うものとする[12]。

[1] 第1項の趣旨 [2] 離脱の効果 [3] 1 号 [4] 2 号

［5］2号イ　　［6］2号ロ　　［7］2号ハ　　［8］2号ニ　　［9］3　号

［10］3号イ　　［11］3号ロ　　［12］離脱の方式

［1］第1項の趣旨

本項は，一定の事由がある場合に合意の当事者の一方が合意から離脱することができること及び合意からの離脱が可能となる一定の事由を定めている。離脱をすることができる事由が存在しないのに離脱を告知しても離脱の効果は生じない。他方，離脱をすることができる事由が存在しても，離脱する義務を負うものではない。なお，合意の当事者がその意思の合致により既に成立している合意の内容を変更することや，同様にその意思の合致により既に成立している合意を終了させることについては，本項の規定するところではない。明文はないが，これらが許されないと解する必要はないであろう。

［2］離脱の効果

離脱がなされると，離脱した当事者及びその相手方は，以後，合意を履行することを要しない。したがって，離脱後に合意内容と異なる行為をしても合意違反とはならない。離脱は，将来に向かって効力を生じるものであり，既になされた訴訟行為の効力等に影響を及ぼすものではないから，例えば，合意に基づいて供述調書の作成や証人尋問がなされた後に，合意からの離脱がなされたとしても，既に作成された供述調書やなされた証言の証拠能力には影響しない。

［3］1　号

合意の当事者が当該合意に違反したときは，その相手方は，合意から離脱することができる。検察官が合意に違反したときは被疑者・被告人が，被疑者・被告人が合意に違反したときは検察官が，それぞれ合意から離脱することができるのであり，検察官及び被疑者・被告人に共通する離脱事由である。

合意の内容として検察官がすべき行為は，被疑者・被告人の事件についての処分の軽減等であるから（350の2Ⅰ②），合意において協力行為の対象とされた他人の事件について，合意後に，合意内容書面に記載されたのと異なる罪名で捜査・訴追がなされたとしても，検察官の合意違反とはならず，被疑者・被告人は離脱することができない。このことは，合意後の捜査によって他人の事件が特定犯罪ではない罪名で捜査・訴追されることとなった場合であっても同様であり，検察官の合意違反とはならない。また，本制度の運用上，そのような事態が生じ得ることは当然想定されるところ，特段の規定が設けられていない以上，一旦有効に成立した合意が効力を失うと解することは相当ではないから，合意に基づく義務は存続し，また，同様に特段の規定がない以上，合意に基づく証拠の使用が制限されることもないと解される。

［4］2　号

本号に掲げられている離脱事由は，被告人のみについて該当する離脱事由である。検察官が合意に違反していない場合であっても，本号に掲げられている事由がある場合に

は被告人は合意から離脱することができる。いずれの事由に当たる場合も，実質的には，被告人が合意によって実現しようとしたところが実現していないことから離脱が可能とされたものである。

［5］　2号イ

　検察官が合意に基づいて訴因・罰条の追加，撤回又は変更を請求したものの，裁判所がこれを許さなかった場合である。裁判所がこれらの請求を許さなかった理由は問わない。

［6］　2号ロ

　検察官が合意に基づいて293条1項の規定による意見の陳述において被告人に特定の刑を科すべき旨の意見，すなわち求刑を行ったものの，裁判所がその求刑に係る刑より重い刑を言い渡した場合である。裁判所の言い渡した刑が検察官の求刑に係る刑よりも重いか否かは，控訴審における不利益変更の禁止について規定する402条と同様の考え方によるべきであろう。

［7］　2号ハ

　検察官が合意に基づいて即決裁判手続の申立てをしたものの，裁判所が，一定の理由によりその申立てを却下する決定をした場合と即決裁判手続により審判を行う旨の決定を一定の理由により取り消した場合である。

［8］　2号ニ

　検察官が合意に基づいて略式命令の請求をしたものの，裁判所が通常の規定に従い審判をすることとした場合と当該事件について検察官が正式裁判の請求をした場合である。裁判所が通常の規定に従い審判をすることとした理由や検察官が正式裁判の請求をした理由は問わない。

［9］　3　号

　本号に掲げられている離脱事由は，検察官のみについて該当する離脱事由である。被疑者・被告人が合意に違反していない場合であっても，本号に掲げられている事由がある場合には検察官は合意から離脱することができる。いずれの事由に当たる場合も，実質的には，検察官が合意によって実現しようとしたところが実現していないことから離脱が可能とされたものである。

［10］　3号イ

　被疑者・被告人が350条の4の協議においてした他人の刑事事件についての供述の内容が真実でないことが明らかになった場合である。すなわち，合意成立前の段階においてなされた被疑者・被告人の供述が真実でなかった場合である。

　ここで，「真実でない」とは，客観的な事実に反することをいう。被疑者・被告人の当該供述をした時点における同人の記憶に従った供述であっても，客観的な事実に反していれば該当する。350条の2第1項1号イ及びロにおける「真実の供述をする」とは意義が異なる。

[11] 3号ロ

被疑者・被告人が合意に基づいてした供述の内容が真実でなかった場合と被疑者・被告人が合意に基づいて提出した証拠が偽造若しくは変造されたものであった場合である。いずれの場合についても，本項1号に該当する場合が除かれているから，被疑者・被告人に合意の違反がなかった場合である。「真実でない」の意義については，本号イの場合と同様である（前記[10]参照。）。したがって，証人尋問等において真実を供述するという内容の合意があった場合，被疑者・被告人が当該供述をした時点における同人の記憶に従った供述をしたが，客観的な事実に反していたのであれば，本項1号には該当せず，本号ロに該当することになる。

偽造・変造の意義は，基本的に刑法104条におけるものと同様であるが，被疑者・被告人が自ら偽造・変造したものであることは要しないし，また，刑法104条や刑訴法350条の15第1項とは異なり，証拠が偽造・変造されたものであることについて，被疑者・被告人がその提出の時点で認識していたことも要しない。

[12] 離脱の方式

合意からの離脱は，離脱の理由を記載した書面により，当該離脱に係る合意の相手方に対し，当該合意から離脱する旨の告知をして行わなければならない。当該書面に記載すべき離脱の理由は，当該離脱が前項各号のいずれによるものか，2号による場合にはイからニまでのいずれによるものか，3号による場合にはイ又はロのいずれによるものかを特定することを要し，かつ，それで足りる。

〔上冨敏伸〕

> **第350条の11〔合意の失効〕** 検察官が第350条の2第1項第2号イに係る同項の合意に基づいて公訴を提起しない処分をした事件について，検察審査会法第39条の5第1項第1号若しくは第2号の議決又は同法第41条の6第1項の起訴議決があつたときは，当該合意は，その効力を失う[1][2]。

[1] 検察審査会議決による合意の失効

検察官が，被疑者との間でした不起訴合意に基づいて当該事件を不起訴処分にしたものの，検察審査会により，当該事件について起訴相当議決（検審39の5Ⅰ①），不起訴不当議決（同項②）又は起訴議決（検審41の6Ⅰ）がなされた場合，当該不起訴合意は，将来に向かって失効する。

したがって，検察官は，以後，合意の履行義務を負わなくなり，検察審査会の議決を踏まえて改めて当該事件について公訴を提起するかどうかを判断できることになり，検察官の職務を行う指定弁護士（検審41の9Ⅲ）の職務に協力するに際しても特段の制約を負わないことになる。また，被疑者・被告人も，合意の履行義務を負わなくなることは当然である。

350条の11，350条の12　　　　　　　　　　　1003

[2] 検察審査会に対する合意内容書面等の提出義務

　検察官は，被疑者との間で合意がある事件について検察審査会が審査を行う場合には，合意内容書面（350の3Ⅱ）を同審査会に提出しなければならず，かつ，その後，同審査会の議決前に合意からの離脱がなされた場合には，合意離脱書面（350の10Ⅱ）を同審査会に提出しなければならない（検審35の2）。「合意があるとき」の意義については，350条の7第1項解説[2]参照。合意の内容は問わないので，不起訴合意以外の内容の合意であっても，合意内容書面等の提出義務を負う。　　　　　　　　　　〔上冨敏伸〕

第350条の12〔合意の失効の場合の証拠としての使用の禁止〕　前条の場合には[1]，当該議決に係る事件について公訴が提起されたときにおいても，被告人が第350条の4の協議においてした供述[2]及び当該合意に基づいてした被告人の行為により得られた証拠[3]並びにこれらに基づいて得られた証拠[4]は，当該被告人の刑事事件において[5]，これらを証拠とすることができない。

2　前項の規定は，次に掲げる場合には，これを適用しない。

一　前条に規定する議決の前に被告人がした行為が，当該合意に違反するものであつたことが明らかになり，又は第350条の10第1項第3号イ若しくはロに掲げる事由に該当することとなつたとき[6]。

二　被告人が当該合意に基づくものとしてした行為又は当該協議においてした行為が第350条の15第1項の罪，刑法第103条，第104条，第169条若しくは第172条の罪又は組織的犯罪処罰法第7条第1項第1号若しくは第2号に掲げる者に係る同条の罪に当たる場合において，これらの罪に係る事件において用いるとき[7]。

三　証拠とすることについて被告人に異議がないとき[8]。

　[1]前条の場合　　[2]被告人が協議においてした供述　　[3]当該合意に基づいてした被告人の行為により得られた証拠　　[4]これらに基づいて得られた証拠　　[5]当該被告人の刑事事件　　[6]2項1号　　[7]2項2号　　[8]2項3号

[1] 前条の場合

　本条は，検察審査会の議決により合意が失効した場合についての規定である。

[2] 被告人が協議においてした供述

　協議（350の4）においてした供述（350の5）に限る。350条の5解説[1]参照。

[3] 当該合意に基づいてした被告人の行為により得られた証拠

　合意の内容とされている被告人の行為が直接の原因となって収集された証拠をいう。証拠の種類は問わない。例えば，被告人が特定の証拠を提出することが合意の内容とされ，被告人が当該合意に基づいて当該特定の証拠を提出した場合，提出された当該特定

の証拠がこれに当たる。

[4] これらに基づいて得られた証拠

被告人が協議においてした供述に基づいて得られた証拠と合意に基づいてした被告人の行為により得られた証拠に基づいて得られた証拠をいう（いわゆる派生証拠）。証拠の種類は問わない。「基づいて得られた証拠」といえるためには，直接的な原因関係がある必要はなく，例えば，被告人が協議においてした供述に基づいて得られた証拠に基づいて他の証拠が得られ，さらに，その後，当該他の証拠に基づいてまた別の証拠が得られた場合の当該別の証拠も，ここでいう「基づいて得られた証拠」に当たる。

[5] 当該被告人の刑事事件

当該被告人に係る事件のうち，不起訴合意の対象とされている事件をいう。不起訴合意をした被告人に係る事件であっても，不起訴合意の対象とされていない事件においては，証拠としての使用は禁じられない。また，当該被告人以外の第三者に係る刑事事件においても，証拠としての使用は禁じられない。350条の14とは，証拠としての使用の禁止の範囲が異なる（同条解説[6]参照。）。

[6] 2項1号

合意の失効を生じさせた検察審査会の議決の前に被告人がした行為が，当該合意に違反するものであったことが明らかになった場合，被疑者・被告人が協議においてした他人の刑事事件についての供述の内容が真実でないことが明らかになった場合，及び被疑者若しくは被告人が350条の2第1項の合意に基づいてした供述の内容が真実でないことが明らかとなり又は被疑者・被告人が合意に基づいて提出した証拠が偽造・変造されたものであることが明らかになった場合には，本条1項の規定は適用がなく，したがって，証拠としての使用は禁じられない（「真実でない」及び偽造・変造の意義については，350の10解説[10][11]参照）。いずれも，検察審査会の議決前に検察官に合意からの離脱事由が生じていた場合である。

[7] 2項2号

被告人が当該合意に基づくものとしてした行為や当該協議においてした行為が，本号掲記の各罪に当たる場合には，それらの罪に係る事件において証拠として使用することは禁じられない。なお，前項による証拠としての使用の禁止は，当該不起訴合意に係る事件についてのみ及ぶものであって，当該不起訴合意に係る事件ではない本号掲記の各罪に係る事件には及ばないと解されるが，本号に規定される被告人の行為は不起訴合意に係る事件の捜査・公判と一体の形で行われるものであることから，当該不起訴合意に係る事件についての証拠としての使用の禁止の及ぶ範囲についての疑義をなくすために確認的に本号が定められたものと解される。

[8] 2項3号

被告人において，当該供述等を自らの不起訴合意に係る事件の証拠とすることについて異議がないときは，証拠としての使用は禁止されない。

〔上冨敏伸〕

第4節　合意の履行の確保

第350条の13〔合意違反の場合の公訴棄却等〕　検察官が第350条の2第1項第2号イからニまで，ヘ又はトに係る同項の合意（同号ハに係るものについては，特定の訴因及び罰条により公訴を提起する旨のものに限る。）に違反して，公訴を提起し，公訴を取り消さず，異なる訴因及び罰条により公訴を提起し，訴因若しくは罰条の追加，撤回若しくは変更を請求することなく若しくは異なる訴因若しくは罰条の追加若しくは撤回若しくは異なる訴因若しくは罰条への変更を請求して公訴を維持し，又は即決裁判手続の申立て若しくは略式命令の請求を同時にすることなく公訴を提起したときは，判決で当該公訴を棄却しなければならない[1][2]。

2　検察官が第350条の2第1項第2号ハに係る同項の合意（特定の訴因及び罰条により公訴を維持する旨のものに限る。）に違反して訴因又は罰条の追加又は変更を請求したときは，裁判所は，第312条第1項の規定にかかわらず，これを許してはならない[3]。

[1] 公訴棄却判決

　本項は，合意の実効性担保のため，検察官に一定の合意違反による公訴権の行使があった場合，その効力を否定することにより，検察官の合意の履行を確保する規定である。

　公訴権行使の効力が否定され，公訴棄却の判決が宣告されるのは，検察官が，不起訴合意に違反して公訴を提起したとき，350条の2第1項2号ロに係る合意に違反して公訴を取り消さなかったとき，同号ハに係る合意（特定の訴因・罰条により公訴を提起する旨のものに限る。）に違反して異なる訴因・罰条により公訴を提起したとき，同号ニに係る合意に違反して訴因・罰条の追加・撤回・変更を請求せず，異なる訴因・罰条の追加・撤回を請求し又は異なる訴因・罰条への変更を請求して公訴を維持したとき，同号ヘに係る合意に違反して即決裁判手続の申立てを同時にすることなく公訴を提起したとき及び同号トに係る合意に違反して略式命令の請求を同時にすることなく公訴を提起したときの6類型である。350条の2第1項2号に掲げられている検察官の行為のうち，求刑（同号ホ）については，仮に検察官に合意に違反する行為があったとしても公訴棄却の判決をすることとはされていない。

[2] 公訴棄却判決後の再起訴

　公訴棄却の裁判は，形式裁判であって，実体的確定力を持たないから再起訴は可能であるが，裁判所が本項により公訴棄却の判決をした場合には，同判決の内容的確定力（最決昭56・7・14刑集35・5・497，松尾・条解952）により，合意に反する態様での再起訴をしても従前と異なった判決を得ることはできないので，合意に適合した態様での再起訴のみが許されることになる。

[3] 訴因変更等の不許可

本項は，前項と同様，合意の実効性担保のため，検察官が一定の合意違反による訴因変更請求等をしたとしても，それを許さないことにより，検察官の合意の履行を確保する規定である。具体的には，検察官が350条の２第１項２号ハに係る合意（特定の訴因及び罰条により公訴を維持する旨のものに限る。）に違反して訴因・罰条の追加・変更を請求したときは，裁判所は，312条１項の規定にかかわらず，これを許してはならない。同項は，裁判所は，検察官から訴因変更等の請求があるときは，公訴事実の同一性を害しない限度において，これを許さなければならないものとしているから，本項は，その特則となる。

〔上冨敏伸〕

第350条の14[1]〔合意違反の場合の証拠としての使用の禁止〕　検察官が第350条の２第１項の合意に違反したときは[2]，被告人が第350条の４の協議においてした供述[3]及び当該合意に基づいてした被告人の行為により得られた証拠[4][5]は，これらを証拠とすることができない[6]。

2　前項の規定は，当該被告人の刑事事件の証拠とすることについて当該被告人に異議がない場合及び当該被告人以外の者の刑事事件の証拠とすることについてその者に異議がない場合には，これを適用しない[7]。

[1] 本条の趣旨

本条は，検察官による合意の履行を担保し，ひいては合意の実効性を担保するため，検察官が合意に違反した場合における証拠としての使用の禁止を定める規定である。

[2] 検察官による合意違反

検察官が合意の内容に違反した場合をいい，合意やその違反の内容の限定はない。

[3] 被告人が協議においてした供述

350条の12解説[2]参照。

[4] 合意に基づいてした被告人の行為により得られた証拠

350条の12解説[3]参照。

[5] 派生証拠の取扱い

350条の12第１項とは異なり，被告人が協議においてした供述に基づいて得られた証拠や合意に基づいてした被告人の行為により得られた証拠に基づいて得られた証拠（いわゆる派生証拠。その意義については，350の12解説[4]参照）は，本項による証拠としての使用の禁止の対象ではない。

[6] 証拠としての使用の禁止

350条の２第１項とは異なり（同条解説[5]参照），証拠としての使用が禁止される事件は，当該被告人の刑事事件には限定されていない。したがって，当該合意の相手方であ

る被告人の事件であって合意の対象とされていない刑事事件や被告人以外の第三者の刑事事件においても，証拠として使用することはできない。

証拠としての使用の禁止の効果は，検察官が合意に違反する行為をした時点から将来に向かって生じるものであり，既になされた訴訟行為の効力等に影響を及ぼすものではない。

[7] 2 項

証拠として使用することについて，当該証拠を使用しようとする刑事事件の被告人に異議がない場合には，前項の規定は適用されない。このことは，当該証拠を使用しようとする刑事事件の被告人が合意の当事者である場合でも，当事者以外の第三者である場合でも変わりはない。　　　　　　　　　　　　　　　　　　　　　　　　　　　〔上冨敏伸〕

第350条の15〔虚偽供述等の処罰〕 　第350条の2第1項の合意に違反して[1]，検察官，検察事務官又は司法警察職員に対し，虚偽の供述[2]をし又は偽造若しくは変造の証拠を提出[3]した者は，5年以下の懲役に処する。

2 　前項の罪を犯した者が，当該合意に係る他人の刑事事件の裁判が確定する前であつて，かつ，当該合意に係る自己の刑事事件の裁判が確定する前に自白したときは，その刑を減軽し，又は免除することができる[4]。

[1] 合意違反

本罪の成立には，構成要件該当行為（後記[2][3]参照。）が，検察官と行為者との間の合意の内容に違反していることを要する。例えば，「他人の刑事事件について，検察官，検察事務官又は司法警察職員の取調べに際して真実の供述をすること」（350の2Ⅰ①イ）を内容とする合意がある場合に，当該他人の刑事事件について，検察官の取調べに際して虚偽の供述をした場合がその典型である。合意に違反しているといえるためには，当該行為に先行して合意が成立し，かつ，行為時において存続していることを要する。したがって，当該他人の刑事事件について，合意に先行してなされた協議において検察官に対して虚偽の供述をした場合や，合意からの離脱後に検察官に対して虚偽の供述をした場合には，本罪は成立しない。

[2] 虚偽の供述

ここで，「虚偽」とは，刑法169条におけるのと同様，自己の記憶に反することをいう。

[3] 偽造・変造の証拠の提出

ここで，「偽造」とは，刑法104条と同様，新たな証拠を創造することをいう（大判昭10・9・28刑集14・997）。

また，ここで，「変造」とは，やはり刑法104条と同様，既存の証拠に加工してその効果を変更することをいう。

[4] 2 項

1項の罪に当たる行為により不当な刑事処分が行われることをできるだけ回避するため，同罪を犯した者が，合意に係る他人の刑事事件の裁判が確定する前であって，かつ，合意に係る自己の刑事事件の裁判が確定する前に自白したときは，その刑を任意的に減軽又は免除することができる。

〔上冨敏伸〕

350条の16   1009

第5章　即決裁判手続

第1節　即決裁判手続の申立て

第350条の16 [1]〔**申立ての要件と手続**〕　検察官は，公訴を提起しようとする事件について，事案が明白であり，かつ，軽微であること，証拠調べが速やかに終わると見込まれることその他の事情を考慮し，相当と認めるとき[2]は，公訴の提起と同時に[3]，書面により即決裁判手続の申立てをすることができる。ただし，死刑又は無期若しくは短期1年以上の懲役若しくは禁錮に当たる事件[4]については，この限りでない。

2　前項の申立ては，即決裁判手続によることについての被疑者の同意[5]がなければ，これをすることができない。

3　検察官は，被疑者に対し，前項の同意をするかどうかの確認を求めるときは，これを書面でしなければならない。この場合において，検察官は，被疑者に対し，即決裁判手続を理解させるために必要な事項（被疑者に弁護人がないときは，次条の規定により弁護人を選任することができる旨を含む。）を説明し，通常の規定に従い審判を受けることができる旨を告げなければならない[6]。

4　被疑者に弁護人がある場合[7]には，第1項の申立ては，被疑者が第2項の同意をするほか，弁護人が即決裁判手続によることについて同意をし又はその意見を留保しているときに限り，これをすることができる。

5　被疑者が第2項の同意をし，及び弁護人が前項の同意をし又はその意見を留保するときは，書面でその旨を明らかにしなければならない[8]。

6　第1項の書面には，前項の書面を添付しなければならない。

> [規]　第222条の11（書面の添付・法第350条の16）　即決裁判手続の申立書には，法第350条の16第3項に定める手続をしたことを明らかにする書面を添付しなければならない。

[1] 即決裁判手続

即決裁判手続は，明白軽微な事案について，被疑者の同意等を要件として，検察官が起訴と同時に申立てをし，早期に開かれる公判期日において，簡略かつ効率化した証拠調べを行い，罰金判決又は執行猶予付きの懲役若しくは禁錮の判決を，原則として審理同日に言い渡す手続である。争いのない明白軽微な事件について，手続の合理化・効率

化を図り，より簡易な手続による迅速な裁判を可能とする制度として，平成16年の刑訴法改正により創設されたものであるが，限られた人的資源を争いのある事件や裁判員裁判対象事件等に重点的に投入できるような人的余力の創出，被告人の身柄拘束期間の短縮といった効果も期待される。

　簡易公判手続が，被告人が冒頭手続で有罪の陳述をした場合に，伝聞法則の不適用や証拠調べ手続の簡略化等によって，主として証拠調べの部分で公判手続の簡易化を図るのに対し，即決裁判手続は，これらに加え，起訴と同時の申立て（350の16Ⅰ），できる限り速やかな証拠開示（350の19），できる限り早期（起訴日から14日以内）の公判期日指定（350の21，規222の18），できる限り即日の判決言渡し（350の28），科刑制限（350の29）及び上訴制限（403の2Ⅰ）の各規定が設けられているといった点で，簡易公判手続と異なり，起訴から判決までの手続全体の簡易化・迅速化が図られている。もっとも，即決裁判手続においても事実認定のための審理が省略されるわけではなく，被告人から有罪の答弁がなされれば事実認定の審理を省略して量刑の段階に進む米国のアレインメントの制度とは異なる。

　なお，現時点において，即決裁判手続の運用は活発ではない。平成28年司法統計年報によれば，平成28年に地方裁判所で即決裁判手続に付された事件の人員は，終局総人員の約0.7％（53247人中368人），同じく簡易裁判所では約0.3％（5856人中17人）にとどまっている。制度の利用が低調な理由については様々な指摘があるが，捜査の合理化，公判準備の負担の軽減が必ずしも期待されたほどではないという実情が関係しているとすれば，平成28年の刑訴法改正により起訴後に捜査に戻る途を設けたこと（350の26）で，現在の運用の状況が変化するかが注目される（350条の26の解説[1]参照）。

[2] 申立ての要件

　「事案が明白であり，かつ，軽微であること」とは，当該事件の犯罪事実が認められることが明白であり，かつ，犯情が軽微であることをいう。科刑制限がある（350の29）ことから，懲役又は禁錮の執行猶予相当事案あるいは罰金相当事案が対象となる。

　「証拠調べが速やかに終わると見込まれること」とは，証拠の量が少なくその内容も単純で，証拠調べが時間的に速やかに終わり，即日判決の言渡しが可能であると見込まれることをいう。

　「その他の事情」に当たり得るものとしては，被害回復の有無・被害者の処罰感情，被疑者の前科の有無・内容，被疑者の反省の程度等が考えられる。

　検察官は，これらの事情を総合考慮して，即決裁判手続による審判になじむ事案であり，かつ，即決裁判手続を選択することによって現実に手続の合理化・効率化が図られると判断できる場合に，「相当と認め」て即決裁判手続の申立てを選択することになる。この相当性判断の考慮要素としては，争いのない明白軽微な事件について手続の合理化・効率化を図るという即決裁判手続の趣旨・特質（[1]参照）に鑑み，具体的には，自白事件であることのほか，追起訴予定の有無，単独犯か複雑な共犯事件か，第三者没収

350条の16　　　　　　　　　　　　　　1011

手続の必要性の有無等が挙げられる。実務上，即決裁判手続の申立てがなされるのは，単独犯の単純な薬物所持・使用事案，不法在留・残留事案等が多い。

［3］申立ての時期

即決裁判手続の申立ては，起訴と同時にしなければならない。即決裁判手続が，簡易公判手続と異なり，起訴から判決までの手続全体の簡略化・迅速化を図る制度であるからである。

［4］法定刑による制限

死刑又は無期若しくは短期1年以上の懲役若しくは禁錮に当たる事件については，即決裁判手続の申立てをすることができない。これらの事件は，有罪となれば重い量刑が想定され，慎重に審理するのが相当であるからである。

［5］被疑者の同意

即決裁判手続では，審判手続が簡略化され，事実誤認を理由とする上訴が制限されることなどから，被疑者の同意が必要とされている。

［6］検察官による被疑者の同意の確認

検察官は，同意をするかどうかを被疑者に確認するに当たり，即決裁判手続を理解させるために必要な事項を説明し，通常の規定に従い審判を受けることができる旨を告げることを要する。被疑者の同意が実質的なものとなるよう担保する趣旨である。即決裁判手続を理解させるために必要な事項としては，具体的には，①公判が簡易な方式で行われ，原則として即日判決を受けられること，②判決で懲役又は禁錮が言い渡されるときは執行猶予が付されること，③事実誤認を理由に上訴をすることができないことなどが考えられる。

なお，手続を明確にするため，検察官が被疑者に対し同意をするかどうかの確認を求めるときは，書面でしなければならないとされている。

［7］弁護人が選任されている場合

弁護人が選任されている場合は，被疑者の同意があるほか，弁護人も同意をし，又は意見を留保している場合でなければならない。その趣旨は，被疑者の同意が要求されている趣旨と同じである（［5］参照）。起訴の段階では，弁護人に対する証拠開示がなされていないところ，弁護人としては，証拠の開示を受けてその内容を検討してから同意をするかどうか決めたいと考える場合もあり得ることから，弁護人については意見を留保している場合でもよいこととされた。

［8］被疑者等の同意等の書面化

手続を明確にするため，被疑者の同意及び弁護人の同意又は意見留保は，書面でなされることを要する。実務上，検察官が被疑者に対し本条3項の説明と告知をして同意をするかどうかを確認した旨の検察官作成の告知手続書と，被疑者の同意書を作成するのが通例である。　　　　　　　　　　　　　　　　　　　　　　　〔戸苅左近〕

1012   350条の17

第350条の17 [1] 〔同意確認のための公的弁護人の選任〕　前条第3項の確認を求め
られた被疑者 [2] が即決裁判手続によることについて同意をするかどうかを明らか
にしようとする場合において，被疑者が貧困その他の事由により弁護人を選任する
ことができないとき [3] は，裁判官は，その請求により，被疑者のため弁護人を付
さなければならない。ただし，被疑者以外の者が選任した弁護人がある場合は，こ
の限りでない。

2　第37条の3の規定は，前項の請求をする場合についてこれを準用する [4]。

　　[規]　**第28条**　法第36条参照。

　　　　第28の3条　法第37条の2参照。

　　　　第222条の12（同意確認のための国選弁護人選任の請求・法第350条の17）　法第350条の
　　　　　17第1項の請求は，法第350条の16第3項の確認を求めた検察官が所属する検察庁の
　　　　　所在地を管轄する地方裁判所若しくは簡易裁判所の裁判官又はその地方裁判所の所在
　　　　　地（その支部の所在地を含む。）に在る簡易裁判所の裁判官にこれをしなければなら
　　　　　ない。

　　　　第222条の13（同意確認のための私選弁護人選任の申出・法第350条の17）　その資力（法
　　　　　第36条の2に規定する資力をいう。第280条の3第1項において同じ。）が基準額（法
　　　　　第36条の3第1項に規定する基準額をいう。第280条の3第1項において同じ。）以上
　　　　　である被疑者が法第350条の17第1項の請求をする場合においては，同条第2項にお
　　　　　いて準用する法第37条の3第2項の規定により法第31条の2第1項の申出をすべき弁
　　　　　護士会は法第350条の16第3項の確認を求めた検察官が所属する検察庁の所在地を管
　　　　　轄する地方裁判所の管轄区域内に在る弁護士会とし，当該弁護士会が法第350条の17
　　　　　第2項において準用する法第37条の3第3項の規定により通知をすべき地方裁判所は
　　　　　当該検察庁の所在地を管轄する地方裁判所とする。

[1] 本条の趣旨

　即決裁判手続では，審判手続が簡略化され，事実誤認を理由とする上訴が制限され
ることなどから，被疑者の同意が必要とされている（350の16Ⅱ）。本条は，貧困等の事由
により弁護人を選任できない被疑者についても，検察官から即決裁判手続に同意をする
かどうかの確認を求められた際に弁護人の援助を得られるようにするために，被疑者の
請求により国選弁護人を選任することを定めたものである。

[2] 被疑者

　被疑者が身柄を拘束されている場合に限らない。

[3] 貧困その他の事由により弁護人を選任することができないとき

　被告人の請求による国選弁護人選任の要件（36）と同じ要件である（36条の解説[3]参
照）。

［4］ 国選弁護人選任の要件の審査

国選弁護人選任の要件の審査の手続について，資力申告書の提出，私選弁護人の選任申出前置等を定める37条の3の規定が準用される。 〔戸苅左近〕

第2節　公判準備及び公判手続の特例

第350条の18 [1]〔**職権による公的弁護人の選任**〕　即決裁判手続の申立てがあつた場合において，被告人に弁護人がないときは，裁判長は，できる限り速やかに [2]，職権で弁護人を付さなければならない。

[1] 本条の趣旨

　本条は，即決裁判手続によって審判をするかどうかの決定を行う公判期日及び即決裁判手続による公判期日については，弁護人が必要的となる（350の23）ことから，即決裁判手続の申立てがあった場合において被告人に弁護人がないときは，職権で国選弁護人を付することとしたものである。必要的弁護事件に関する289条2項，公判前整理手続に付された事件に関する316条の4第2項と同じ趣旨の規定である。

[2] できる限り速やかに

　即決裁判手続においては，できる限り早い時期の公判期日を定めなければならないとされている（350の21）ことから，国選弁護人の選任も，それに間に合うように「できる限り速やかに」行うこととした。　　　　　　　　　　　　　　　　　　〔戸苅左近〕

第350条の19 [1]〔**検察官請求証拠の開示**〕　検察官は，即決裁判手続の申立てをした事件について，被告人又は弁護人に対し，第299条第1項の規定により証拠書類を閲覧する機会その他の同項に規定する機会を与えるべき場合には，できる限り速やかに，その機会を与えなければならない。

[1] 本条の趣旨

　本条は，即決裁判手続の申立てのあった事件における検察官の証拠開示（299Ⅰ）について，できる限り速やかに行うことを定めたものである。その趣旨は，350条の18と同様である（350条の18の解説[2]参照）。

　実務上も，捜査担当検察官において，起訴時までに請求証拠を必要最小限度に絞り込んで（ただし，自白の補強証拠は即決裁判手続においても欠くことはできない。）選別した上で，起訴及び即決裁判手続の申立て後，直ちに開示される運用が行われている。　〔戸苅左近〕

第350条の20 [1]〔**弁護人に対する同意の確認**〕　裁判所は，即決裁判手続の申立てがあつた事件について，弁護人が即決裁判手続によることについてその意見を留保しているとき，又は即決裁判手続の申立てがあつた後に弁護人が選任されたときは，

弁護人に対し，できる限り速やかに，即決裁判手続によることについて同意をする
かどうかの確認を求めなければならない。

2　弁護人は，前項の同意をするときは，書面でその旨を明らかにしなければならな
い[2]。

［1］本条の趣旨

即決裁判手続によって審判が行われるためには，被告人及び弁護人の同意が必要であ
るが，被告人については被疑者段階で同意をしていなければ即決裁判手続の申立て自体
ができない（350の16Ⅱ）のに対し，弁護人は，意見を留保している場合（350の16Ⅳ）も
あれば，そもそも被疑者段階では選任されていない場合もある。本条は，そのような場
合に，裁判所が，弁護人に対し，できる限り速やかに同意の確認を求めなければならな
いこととしたものである。

［2］書面による同意

手続を明確にするため，弁護人の同意は書面でその旨を明らかにすることとしたもの
である。　　　　　　　　　　　　　　　　　　　　　　　　　　　　　〔戸苅左近〕

第350条の21[1]〔公判期日の指定〕　裁判長は，即決裁判手続の申立てがあつたとき
は，検察官及び被告人又は弁護人の意見を聴いた上[2]で，その申立て後（前条第
1項に規定する場合[3]においては，同項の同意があつた後），できる限り早い時
期の公判期日を定めなければならない。

> ［規］　第222条の18（公判期日の指定・法第350条の21）　法第350条の21の公判期日は，できる
> 限り，公訴が提起された日から14日以内[4]の日を定めなければならない。

［1］本条の趣旨

本条は，手続の迅速化・合理化を図るため，即決裁判手続の申立てがあったときは，
できる限り早い公判期日を定めなければならないことを規定したものである。

［2］意見の聴取

即決裁判手続においては，原則として即日判決を言い渡すとされていることから，で
きる限り早い時期とはいっても，即日判決の言い渡しが可能となるよう検察官や被告人
側の準備が整った上で公判期日を開く必要があり，その意見を聴取することとした。

［3］前条1項に規定する場合

即決裁判手続の申立て後に弁護人が選任された場合及び申立ての段階では弁護人が意
見を留保した場合には，弁護人が同意をした後，できるだけ早期に公判期日を定めなけ
ればならないとされる。ただし，これは，本条の趣旨（［1］参照）に照らせば，弁護人

の同意があつたときはできる限り早い時期の公判期日を定めなければならない旨を規定したものにすぎず，弁護人の同意がない限り期日指定ができないということを規定したものではないと解される（松尾・条解985）。

[４] 起訴日から14日以内

規222条の18は，本条を受けて，できる限り起訴日から14日以内の日を公判期日として定めなければならないものとしている。これは訓示規定であり，起訴日から14日以内の日を公判期日として定めなかつたとしても，その期日指定の効力には影響はなく，ましてや起訴等の効力に影響しない。　　　　　　　　　　　　　　　　　　〔戸苅左近〕

第350条の22[1]〔即決裁判手続による審判の決定〕　裁判所は，即決裁判手続の申立てがあつた事件[2]について，第291条第４項の手続に際し，被告人が起訴状に記載された訴因について有罪である旨の陳述をしたとき[3]は，次に掲げる場合[4]を除き，即決裁判手続によつて審判をする旨の決定をしなければならない。

一　第350条の16第２項又は第４項の同意が撤回されたとき。

二　第350条の20第１項に規定する場合において，同項の同意がされなかつたとき，又はその同意が撤回されたとき。

三　前２号に掲げるもののほか，当該事件が即決裁判手続によることができないものであると認めるとき。

四　当該事件が即決裁判手続によることが相当でないものであると認めるとき。

[規]　第222条の14（即決裁判手続の申立ての却下）　裁判所は，即決裁判手続の申立てがあつた事件について，法第350条の22各号のいずれかに該当する場合には，決定でその申立てを却下しなければならない[5]。法第291条第４項の手続に際し，被告人が起訴状に記載された訴因について有罪である旨の陳述をしなかつた場合も，同様とする。

　　2　前項の決定は，これを送達することを要しない。

第222条の15[6]（即決裁判手続の申立てを却下する決定等をした場合の措置・法第350条の22等）　即決裁判手続の申立てを却下する裁判書には，その理由が法第350条の22第１号若しくは第２号に該当すること又は法第291条第４項の手続に際し，被告人が起訴状に記載された訴因について有罪である旨の陳述をしなかつたことであるときは，その旨を記載しなければならない。

　　2　法第350条の22の決定を取り消す裁判書には，その理由が法第350条の25第１項第１号，第２号又は第４号に該当すること（同号については，被告人が起訴状に記載された訴因について有罪である旨の陳述と相反するか又は実質的に異なつた供述をしたことにより同号に該当する場合に限る。）となつたことであるときは，その旨を記載しなければならない。

[1] 本条の趣旨

　本条は，裁判所の即決裁判手続によって審判をする旨の決定とその要件を定めたものである。

[2] 即決裁判手続の申立てがあった事件

　裁判所が即決裁判手続によって審判をする旨の決定ができるのは，検察官が即決裁判手続の申立てをした事件に限られ，申立てがないのに職権により上記決定をして即決裁判手続によって審判することは認められていない。

[3] 有罪である旨の陳述をしたとき

　争いのない明白軽微な事件について手続の合理化・効率化を図るという即決裁判手続の趣旨（350の16の解説[1]参照）に照らせば，被告人が有罪であることを争っている事件は，即決裁判手続にはなじまない。そこで，被告人が起訴状に記載された訴因について有罪である旨の陳述をしたことを，即決裁判手続によって審判をする旨の決定のための要件としたものである。

　「有罪である旨の陳述」とは，簡易公判手続について定めた291条の2のそれと同義であり，起訴状に記載された公訴事実の訴因を全て認め，かつ，法律上犯罪の成立を妨げる理由となる事実（構成要件該当性，違法性及び責任の各阻却事由）の主張（335の解説[8](2)参照）をしないことをいう。したがって，例えば過剰防衛（刑36Ⅱ），心神耗弱者（刑39Ⅱ）などの主張がされても，「有罪である旨の陳述」に当たる（ただし，このような場合は，「当該事件が即決裁判手続によることが相当でないものであると認めるとき」(本条④)に当たることが多いと考えられる。）。単に情状を争うものであるときは，「有罪である旨の陳述」に当たる。

　なお，有罪である旨の陳述は，被告人によってなされなくてはならない。

[4] 即決裁判手続によることができない事由

(1) **本条1号・2号**　即決裁判手続によって審判をするためには，被疑者・被告人及び弁護人が，これについて同意をし，かつ，これを撤回することなく維持していることを要件としたものである。被疑者及び弁護人の同意が要求されている趣旨については，350条の16の解説[5]，[7]参照。

(2) **本条3号**　「当該事件が即決裁判手続によることができないものであると認めるとき」とは，本条1号・2号の場合のほか，即決裁判手続によって審判をするための法律上の要件を欠いて不適法である場合をいう。例えば，申立てがなされた事件が法定刑による制限（350の16Ⅰ但）に反する場合や，そもそも被疑者の同意を得ることなく申立てがなされた場合などがこれに当たる。

(3) **本条4号**　「当該事件が即決裁判手続によることが相当でないものであると認めるとき」とは，即決裁判手続によって審判をするための法律上の要件は具備されているものの，即決裁判手続によることが相当でない場合をいう。具体的には，起訴状の公訴事実の記載自体から事案が明白かつ軽微とはいえないことが明らかな場合や，被告人又は

弁護人が過剰防衛，心神耗弱者等の主張をするなど「有罪である旨の陳述をしたとき」には当たるが実質的には否認事件である場合（[3]参照）などが考えられる。

[5] 申立ての却下

　規則222条の14第1項は，本条各号のいずれかに該当する場合及び被告人が起訴状記載の訴因について有罪である旨の陳述をしなかった場合には，決定で，即決裁判手続の申立てを却下しなければならないことを確認的に規定したものである。

　申立てを却下すべき時期については，特に限定しておらず，本条各号のいずれかに該当することが明らかになった場合は，第1回公判期日を待つまでもなく申立てを却下することができる。

[6] 申立却下決定等への理由の記載

　既決裁判手続の申立却下決定及び取消決定は，いずれも上訴を許さない決定であるから理由を附する必要はない（44Ⅱ本文）。しかし，平成28年の刑訴法改正により，これらの決定に至った理由が被告人の応訴態度の変更である場合には，検察官の再起訴の制限が緩和されることとなった（350の26）ことから，これらの決定をした場合にその理由が上記のようなものであるときには，その旨を裁判書に記載することとした。なお，これらの決定が公判期日においてなされる場合は，公判調書の必要的記載事項とすることとされた（規44Ⅰ48㊾）。　　　　　　　　　　　　　　　　　　　　　　　　　　　　　　〔戸苅左近〕

第350条の23 [1] 〔必要的弁護〕　前条の手続を行う公判期日 [2] 及び即決裁判手続による公判期日については，弁護人がないときは，これを開くことができない。

　[規]　第222条の16（弁護人選任に関する通知・法第350条の23）　裁判所は，死刑又は無期若しくは長期3年を超える懲役若しくは禁錮に当たる事件以外の事件について，即決裁判手続の申立てがあつたときは，第177条の規定にかかわらず，遅滞なく，被告人に対し，弁護人を選任することができる旨及び貧困その他の事由により弁護人を選任することができないときは弁護人の選任を請求することができる旨のほか，弁護人がなければ法第350条の22の手続を行う公判期日及び即決裁判手続による公判期日を開くことができない旨をも知らせなければならない。ただし，被告人に弁護人があるときは，この限りでない。

　　　第222条の17（弁護人のない事件の処置・法第350条の23）　裁判所は，即決裁判手続の申立てがあつた場合において，被告人に弁護人がないときは，第178条の規定にかかわらず，遅滞なく，被告人に対し，弁護人を選任するかどうかを確かめなければならない。

　　2　裁判所は，前項の処置をするについては，被告人に対し，一定の期間を定めて回答を求めなければならない。

3　前項の期間内に回答がなく又は弁護人の選任がないときは，裁判長は，直ちに被告人のため弁護人を選任しなければならない。

[1]　本条の趣旨

　即決裁判手続では，審判手続が簡略化され，事実誤認を理由とする上訴が制限されるなど被告人の権利が制約される側面があることから，本条は，即決裁判手続によって審判をするかどうかの決定を行う公判期日及び即決裁判手続による公判期日については弁護人を必要的とすることとしたものである。

　なお，長期3年を超える懲役若しくは禁錮に当たる事件の審判をする場合は，即決裁判手続の申立てがあったかどうかにかかわらず，弁護人がなければ開廷できない（289 I）から，本条は，それ以外の事件について意味のある規定である。

[2]　前条の手続を行う公判期日

　「前条の手続を行う公判期日」とは，即決裁判手続によって審判をするかどうかの決定を行う公判期日のことである。本条は，これと即決裁判手続による公判期日を区別して規定しているが，実際は，第1回公判期日の冒頭に即決裁判手続によって審判をする旨の決定がされ（これより前が「前条の手続を行う公判期日」である。），引き続いて即決裁判手続による審理が行われ，原則として即日判決が言い渡されることから，両者は同一の期日に行われることになる。　　　　　　　　　　　　　　　　　　　　　　〔戸苅左近〕

第350条の24 [1]〔**公判審理の方式**〕　第350条の22の決定のための審理及び即決裁判手続による審判については，第284条，第285条 [2]，第296条，第297条，第300条から第302条まで及び第304条から第307条まで [3]の規定は，これを適用しない。

2　即決裁判手続による証拠調べは，公判期日において，適当と認める方法 [4]でこれを行うことができる。

　[規]　**第222条の19** [5]（**即決裁判手続による場合の特例**）　即決裁判手続によつて審判をする旨の決定があつた事件については，第198条，第199条及び第203条の2の規定は，適用しない。

　　　第222条の20　即決裁判手続によつて審理し，即日判決の言渡しをした事件の公判調書については，判決の言渡しをした公判期日から21日以内にこれを整理すれば足りる。

　　　2　前項の場合には，その公判調書の記載の正確性についての異議の申立期間との関係においては，その公判調書を整理すべき最終日にこれを整理したものとみなす。

　　　第222条の21　即決裁判手続によつて審理し，即日判決の言渡しをした事件について，裁判長の許可があるときは，裁判所書記官は，第44条第1項第19号及び第22号に掲げる記載事項の全部又は一部を省略することができる。ただし，控訴の申立てがあつた場

合は，この限りでない。

2　検察官及び弁護人は，裁判長が前項の許可をする際に，意見を述べることができる。

［1］本条の趣旨

本条は，即決裁判手続によって審判をするかどうかの決定を行う審理及び即決裁判手続による審判における公判手続の特例を定めたものである。

［2］被告人の出頭義務

即決裁判手続によって審判をするためには，冒頭手続において被告人が有罪である旨の陳述（350の22）をする必要があること，即決裁判手続による審判では証拠調べが簡略化され，事実誤認を理由とする上訴が制限されるなど被告人の権利が制約される側面があり，被告人のいないところで審判をするのは相当ではないことなどから，被告人の出頭義務の免除に関する規定（284・285）の適用は排除されている。

［3］証拠調べの方式に関する規定の適用排除

証拠調べ手続の簡易化・迅速化のため，検察官の冒頭陳述（296），証拠調べの範囲・順序・方法の予定とその変更（297），検察官調書の証拠調べの請求の義務（300），自白の証拠調べの請求の制限（301），捜査記録の一部についての証拠調べの請求（302），人証の証拠調べの方式（304），証人尋問の際の被告人の退廷（304の2），証拠書類等の証拠調べの方式（305），証拠物の証拠調べの方式（306），証拠物たる書面の証拠調べの方式（307）の規定は，即決裁判手続では適用されない。簡易公判手続に関する307条の2と同趣旨の規定である。

［4］適当と認める方法

即決裁判手続による証拠調べは，公判期日において，「適当と認める方法」で行えばよい。これも簡易公判手続に関する307条の2と同趣旨の規定であり，「適当と認める方法」とは，証拠書類の場合は要旨の告知さえ必要なく（［5］参照），更に簡易な方法で証拠書類の内容を明らかにすることで足りる。ただし，単に証拠書類を受理するにとどめるようなことは許されないことは，簡易公判手続の場合と同様である（307条の2の解説［3］参照）。

実務上は，検察官請求証拠については，検察官に，証拠との対応関係も示したごく簡潔な冒頭陳述をさせることによって，個々の証拠の取調べを兼ねる運用が一般に行われている。

［5］刑訴規則で適用が排除される規定

規222条の19は，本条と同じ観点から，弁護人等の冒頭陳述（規198），証拠調べの順序（規199），要旨の告知（規203の2）の規定は，即決裁判手続では適用しないと定める。簡易公判手続に関する規203条の3と同趣旨の規定である。　　　　　　　　〔戸苅左近〕

350条の25

第350条の25[1]〔即決裁判手続による審判の決定の取消し〕 裁判所は，第350条の22の決定があつた事件について，次の各号のいずれかに該当することとなつた場合[2]には，当該決定を取り消さなければならない。

一 判決の言渡し前に，被告人又は弁護人が即決裁判手続によることについての同意を撤回したとき。

二 判決の言渡し前に，被告人が起訴状に記載された訴因について有罪である旨の陳述を撤回したとき。

三 前2号に掲げるもののほか，当該事件が即決裁判手続によることができないものであると認めるとき。

四 当該事件が即決裁判手続によることが相当でないものであると認めるとき。

2 前項の規定により第350条の22の決定が取り消されたときは，公判手続を更新しなければならない[3]。ただし，検察官及び被告人又は弁護人に異議がないときは，この限りでない。

[1] 本条の趣旨

本条は，即決裁判手続によって審判をする旨の決定の取消しについて定めたものである。

[2] 取消事由

(1) **本条1項1号・2号** 即決裁判手続によって審判をする旨の決定があった後も，同意の撤回（1号）又は有罪である旨の陳述の撤回（2号）があれば，即決裁判手続によって審判をする旨の決定を取り消し，通常の手続によって審判をしなければならないこととしたものである。

(2) **本条1項3号・4号** 即決裁判手続によって審判をする旨の決定があった後も，即決裁判手続によって審判をするための法律上の要件を欠くことが判明したり（3号），即決裁判手続によって審判をすることが相当でないものと認めるに至ったり（4号）したときは，即決裁判手続によって審判をする旨の決定を取り消し，通常の手続によって審判をしなければならないこととしたものである。前者の例として，即決裁判手続によって審判をする旨の決定がなされた後に，訴因変更により即決裁判手続対象事件（350の16I但）でなくなった場合等が，後者の例として，証拠調べの結果，懲役又は禁錮の実刑相当との心証を抱いた場合（350の29の解説[1]参照）等が考えられる。

[3] 取消後の手続

即決裁判手続によって審判をする旨の決定が取り消されたときは，当事者に異議がない場合を除き，公判手続を更新しなければならないとされている。簡易公判手続の決定が取り消された場合に関する315条の16と同趣旨の規定である。 〔戸苅左近〕

第350条の26 [1]〔公訴取消後の再起訴制限の緩和〕 即決裁判手続の申立てを却下する決定（第350条の22第3号又は第4号に掲げる場合に該当することを理由とするものを除く。）があつた事件 [2] について，当該決定後，証拠調べが行われることなく公訴が取り消された場合 [3] において，公訴の取消しによる公訴棄却の決定が確定したときは，第340条の規定にかかわらず，同一事件について更に公訴を提起することができる。前条第1項第1号，第2号又は第4号のいずれかに該当すること（同号については，被告人が起訴状に記載された訴因について有罪である旨の陳述と相反するか又は実質的に異なつた供述をしたことにより同号に該当する場合に限る。）となつたことを理由として第350条の22の決定が取り消された事件 [4] について，当該取消しの決定後，証拠調べが行われることなく公訴が取り消された場合 [5] において，公訴の取消しによる公訴棄却の決定が確定したときも，同様とする。

[1] 本条の趣旨

被告人・弁護人による即決裁判手続によることの同意の撤回や，被告人が有罪である旨の陳述をしないなどの理由で，即決裁判手続によって審判する旨の決定が行われなかったり（350の22），即決裁判手続によって審判する旨の決定がされた後，被告人・弁護人による同意の撤回や，被告人による有罪である旨の陳述の撤回，あるいは，撤回しないまでもそれと実質的に異なった供述をして即決裁判手続で処理することが相当でなくなったなどの理由で，即決裁判手続によって審判する旨の決定が取り消されたとき（350の25）は，通常の審理に付されることになる。

そのため，これまでは，自白があっても即決裁判手続が不調になった場合に備え，通常の公判手続であっても公判を維持することができるだけの準備があるかを判断し，それが足りなければ十分に自白を裏取りするなど，通常の場合と同様の準備をする必要があると指摘されていた（宇藤崇「即決裁判手続と事実認定における「証拠の量」」研修810・4）。これが，即決裁判手続の利用の低調の原因の一つとなっているとも指摘されている（350の16の解説[1]参照）。

そこで，簡易な自白事件について，言わば起訴後に捜査に戻ることができる途を設けることにより，実務上一般的に行われている，被告人が起訴後に否認に転じた場合に備えた念のための捜査を遂げずに起訴することに向けた動機付けを検察官に与え，これにより，起訴前の捜査や公判手続の合理化・迅速化を図り，ひいては，重大・複雑な事件に人員等の資源をより重点的に投入することを可能にするとの観点から（吉田雅之「「刑事訴訟法等の一部を改正する法律」の概要について」法律のひろば69・29），平成28年の刑訴法改正により新設されたのが本条である。

[2] 即決裁判手続の申立てを却下する決定があった事件

具体的に対象となるのは，①冒頭手続において，被告人が起訴状に記載された訴因に

ついて有罪である旨の陳述をしなかったこと（350の22柱書），②350条の16第2項又は第4項の同意（即決裁判手続の申立ての際の被告人又は弁護人の同意）が撤回されたこと（350の22①），③即決裁判手続の申立てがあった事件につき，弁護人が即決裁判手続によることについての意見を留保している場合又は即決裁判手続の申立て後に弁護人が選任された場合（350の20Ⅰ）において，弁護人の同意がなされず，又は同意が撤回されたこと（350の22②）のいずれかの理由により，即決裁判手続の申立てを却下する決定（規222の14Ⅰ）があった事件である。

[3] 本条前段の公訴取消しの時的限界

本条前段による再起訴ができるのは，即決裁判手続の申立てを却下する決定がなされた後，「証拠調べ」が行われることなく公訴が取り消された場合に限られる。検察官が有罪立証を行い，訴訟の帰すうを見極めてから公訴を取り消すか否かを判断することができるとなると，被告人の地位の安定を不当に害することになる可能性があるから，公訴取消しの時的限界が設けられた。

ここにいう「証拠調べ」には，検察官による冒頭陳述（296）も含まれるから（292本文参照），検察官の冒頭陳述が行われるまでに公訴が取り消される必要があることになる。

[4] 即決裁判手続によって審判する旨の決定が取り消された事件

具体的に対象となるのは，①判決言渡し前に，被告人又は弁護人が即決裁判手続によることについての同意を撤回したこと（350の25Ⅰ①），②判決言渡し前に，被告人が起訴状に記載された訴因について有罪である旨の陳述を撤回したこと（350の25Ⅰ②），③被告人が起訴状に記載された訴因について有罪である旨の陳述と相反するか実質的に異なった供述をしたことにより，当該事件が，即決裁判手続によることが相当でないものであると認められること（350の25Ⅰ④）のいずれかの理由により，即決裁判手続によって審判をする旨の決定が取り消された事件である。

なお，即決裁判手続によることが相当でないと認められる理由が上記③以外の場合，例えば，裁判所が，証拠調べの結果，懲役又は禁錮の実刑相当との心証を抱いた場合や，慎重な検討が必要と考えた場合等は対象とならない。

[5] 本条後段の公訴取消しの時的限界

本条後段による再起訴ができるのは，即決裁判手続によって審判をする旨の決定の取消決定がなされた後，「証拠調べ」が行われることなく公訴が取り消された場合に限られる。公訴取消しの時的限界が設けられた趣旨は本条前段の場合と同様である（[3]参照）。

ここにいう「証拠調べ」の意義も，本条前段のそれと同様であり（[3]参照），公判手続の更新が行われる場合（350の25Ⅱ本文）は，公判手続の更新（規213の2）としての証拠調べもこれに含まれる。

〔戸苅左近〕

第3節　証拠の特例

第350条の27 [1] 〔伝聞証拠排斥の適用除外〕　第350条の22の決定があつた事件の証拠については，第320条第1項の規定は，これを適用しない。ただし，検察官，被告人又は弁護人が証拠とすることに異議を述べたもの [2] については，この限りでない。

[1] 本条の趣旨

　本条は，即決裁判手続においては，証拠調べ手続の簡易化・迅速化のため，当事者が異議を述べた証拠を除き，伝聞法則に関する320条1項を不適用として伝聞証拠の証拠能力の制限を撤廃するものである。証拠調べ方式の簡略化（350の24）とともに，即決裁判手続の簡易な証拠調べ手続の特徴をなしており，簡易公判手続に関する320条2項と同趣旨の規定である。

　実務上，通常の手続であれば，裁判所は，証拠書類の証拠請求があった場合は，請求者の相手方に対し，同意（326 I）をするか否かの意見を聴取するのが通例であるが，即決裁判手続においては，本条但書所定の異議がないか否かの意見を聴取するのが通例である。

[2] 当事者が異議を述べた証拠

　当事者が異議を述べた証拠については，伝聞法則が適用される。　　　　　〔戸苅左近〕

第4節 公判の裁判の特例

第350条の28[1]〔即日判決の要請〕 裁判所は、第350条の22の決定があつた事件については、できる限り、即日[2]判決の言渡しをしなければならない。

[1] 本条の趣旨

本条は、即決裁判手続においては、できる限り即日判決を言い渡さなければならないという裁判所の努力義務を定めたものである。

あくまで努力義務であって、裁判所が証拠調べの結果、慎重な検討を要すると考えるような場合にまで、即日判決の言渡しを義務付けるものではない。ただし、そのような場合は、「即決裁判手続によることが相当でないものであると認めるとき」（350の25Ⅰ④）に当たり、即決裁判手続によって審判をする旨の決定自体を取り消すべきことが少なくないと考えられる。

[2] 即 日

即日とは、即決裁判手続によって審判をする旨の決定をした日のうちにという意味である。

〔戸苅左近〕

第350条の29[1]〔懲役又は禁錮の言渡し〕 即決裁判手続において懲役又は禁錮の言渡しをする場合には、その刑の全部の執行猶予の言渡しをしなければならない。

[1] 本条の趣旨

本条は、即決裁判手続において懲役又は禁錮の言渡しをする場合には、その刑の全部の執行を猶予しなければならないことを規定したものである。なお、罰金刑については実刑を言い渡すことができる。

裁判官としては、証拠調べの結果、懲役又は禁錮の実刑に処する（刑の一部の執行を猶予する場合を含む。）のが相当であるとの心証を抱くに至った場合には、「即決裁判手続によることが相当でないものであると認めるとき」（350の25Ⅰ④）に当たるとして、即決裁判手続によって審判をする旨の決定自体を取り消し（350の25の解説[2]参照）、通常の手続によって審判をすることになる。

〔戸苅左近〕

第3編　上　訴

第1章　通　則

第351条 [1][2] 〔**上訴権者**(1)〕　検察官 [3] 又は被告人 [4] は，上訴をすることができる。

2　第266条第2号の規定により裁判所の審判に付された事件と他の事件とが併合して審判され，1個の裁判があつた場合には，第268条第2項の規定により検察官の職務を行う弁護士及び当該他の事件の検察官は，その裁判に対し各々独立して上訴をすることができる [5][6]。

> [規]　第230条（上訴等の通知）　上訴，上訴の放棄若しくは取下又は上訴権回復の請求があつたときは，裁判所書記官は，速やかにこれを相手方に通知しなければならない。

[1] 本条の趣旨

本条は，検察官及び被告人の上訴権について規定する。

[2] 上　訴

(1) **意　義**　刑訴法上の上訴は，未確定の裁判に対して上級裁判所の審判による救済を求める不服申立てを意味する。上訴に該当するのは，控訴（372），上告（405），一般抗告（通常抗告及び即時抗告，419），特別抗告（433 I ）及び簡裁の裁判官の裁判に対する準抗告（429 I ）である。

他方，高裁の決定に対する異議申立て（385 II ・386 II ・428 II ），上告棄却決定に対する異議申立て（414・385 II ・386 II ），地裁及び家裁の裁判官の裁判に対する準抗告（429 I ）並びに略式命令に対する正式裁判の請求（465）は，上級裁判所の救済を求めるものではないため，捜査機関の処分に対する準抗告（430 I ・II ）は，裁判に対するものではないため，いずれも上訴に該当しない。判決訂正の申立て（415 I ）も，上告裁判所自身に誤りの補正を求めるものであり，上訴に該当しない。上訴通則（第3編第1章）の規定は，これら上訴に該当しないものには適用されないが，明文の規定（385 II ・386 II ・428 III ・414・432・467）又は個々の規定の解釈により，準用され得る。

(2) **効　力**　上訴の申立てにより，原則として，原裁判の確定及び執行が停止される。

ただし，即時抗告以外の抗告には，執行停止の効力はない（424・425）。なお，仮納付の裁判は，直ちに執行でき（348Ⅲ），上訴によって執行が停止されることはない。

また，上訴により，訴訟の係属が原裁判所から上訴裁判所に移行する（移審）。移審の時期については，原裁判の告知時とする説，上訴の申立て時とする説もあるが，訴訟記録が上訴裁判所に送付された時とするのが通説である（松尾・条解996）。なお，上訴の申立てと勾留について97条を参照。

［3］検察官による上訴

検察官は，刑事について，公訴を行い，裁判所に法の正当な適用を請求する立場にあることから（検察4），被告人に不利益な上訴だけでなく，利益な上訴をすることもできる。もっとも，検察官が上訴をした事件は，申立理由が被告人に利益なものである場合でも，「被告人のため」上訴をした事件には当たらず，不利益変更禁止の原則（402・414）は適用されない（最判昭53・7・7刑集32・5・1011）。なお，無罪判決又は有罪判決に対し，検察官が有罪判決又はより重い刑の判決を求めて上訴をすることは，被告人を二重の危険にさらすものではなく，憲法39条に違反しない（最大判昭25・9・27刑集4・9・1805）。

付審判事件における指定弁護士も，検察官の職務を行う者として（268Ⅱ本），本条1項により上訴をすることができる。検察審査会の起訴議決に係る事件における指定弁護士も，同様である（検審41の9Ⅲ）。

［4］被告人による上訴

(1) **上訴の利益**　被告人による上訴は，原裁判に対する不服申立てであり，原裁判を自己の利益に変更するよう求めることが本質であるから，被告人は，原裁判が不利益なものである場合，すなわち上訴の利益がある場合でなければ，上訴権を有しない（最決昭28・2・26刑集7・2・331）。明文規定はないが，不利益変更禁止の規定（402）や原決定を取り消す実益がない場合の抗告不許の規定（421但）に，その趣旨が現れている。原裁判が不利益なものであるか否かは，主文を基準として客観的に判断され，原裁判の理由や被告人の主観的事情は考慮されない（大決大13・11・27刑集3・804）。

被告人は，無罪の判決に対しては，その理由の如何を問わず，上訴をすることはできない（最決昭37・9・18裁集刑144・651）。形式裁判（免訴，公訴棄却及び管轄違い）に対しても，その違法・不当を主張して上訴をすることはできない（免訴につき最大判昭23・5・26刑集2・6・529，最判平20・3・14刑集62・3・185，公訴棄却につき最決昭53・10・31刑集32・7・1793，管轄違いにつき大判明37・6・27刑録10・1416）。刑の免除の判決に対しては，無罪を主張して上訴をすることができる（大判大3・10・14刑録20・1853）。

(2) **不利益主張**　有罪判決に対する上訴において，被告人が自己に不利益な主張をしても，適法な上訴理由にならない。例えば，不利益な主文を主張する場合（罰金刑ではなく執行猶予付きの懲役刑を求める（大判昭4・9・5刑集8・432），1個の刑（併合罪）ではなく2個の刑（2罪）を科すべきと主張（大判昭8・12・11刑集12・2298），追徴額の過少を主張（大判明43・7・5刑録16・1374），覚せい剤の没収看過を主張（最大判昭30・12・21刑集9・14・2946）等），よ

り重い罪の成立を主張する場合（強要罪ではなく恐喝罪の成立を主張（最判昭25・12・19刑集4・12・2562），窃盗の併合罪ではなく常習特殊窃盗罪の成立を主張（最決昭28・1・29刑集7・1・124）等），犯罪の目的物等についてより多い数量等を主張する場合（賄賂物品の価額はより高額と主張（最判昭26・10・12刑集5・11・2183）等），不利益な罪数判断を主張する場合（科刑上一罪ではなく併合罪と主張（牽連犯につき最決昭29・10・19刑集8・10・1596，観念的競合につき最決昭44・2・5裁集刑170・191）等）である。

(3) **上訴の利益を欠く場合等の措置**　　無罪の判決及び形式裁判に対する上訴の申立ては，上訴の利益を欠き，法令上の方式に違反することが明らかであるから，決定（385・414）で棄却すべきである（松尾・条解997）。有罪判決に対する上訴において，被告人が不利益主張をした場合に，他に適法な上訴理由の主張がないときは，決定（386Ⅰ③・414）で棄却される。他に適法な上訴理由が主張され，それに理由がないときは，併せて判決（396・414）で棄却される。

[5] 付審判事件に関する上訴

付審判事件とそれ以外の事件が併合して審判され，別個の裁判（例えば，一方を無罪，他方を有罪とする判決）があった場合には，付審判事件については指定弁護士のみが，それ以外の事件については検察官のみが上訴をすることができる。本条2項は，1個の裁判（例えば，いずれも有罪として1個の主刑を言い渡す判決）があった場合に指定弁護士と検察官が各々独立して上訴をすることができることについて，注意的に規定したものである。

[6] 準　用

本条の規定は準抗告（429・430）にも準用されると解される。　　　　　〔玉本将之〕

第352条 [1] 〔上訴権者(2)〕　検察官又は被告人以外の者で決定を受けたもの [2] は，抗告をすることができる [3]。

[1] 本条の趣旨

本条は，検察官又は被告人以外の者で決定を受けたものの抗告権について規定する。検察官又は被告人以外の者も，抗告をすることができる決定を受ける場合があるので，それらの者の抗告権を定めるものである。

[2] 本条による抗告権者

被告人以外の者で，保釈保証金若しくはこれに代わる有価証券を納付し，又は保証書を差し出した者は，保釈金没取決定（96Ⅲ）に対し，本条により抗告をすることができる（最大決昭43・6・12刑集22・6・462）。付審判請求手続において，その所持する証拠物の提出命令（99Ⅲ）を受けた者は，本条により抗告をすることができる（最決昭44・9・18刑集23・9・1146）。被告人の配偶者，直系の親族又は兄弟姉妹は，自ら申し立てた保釈の請求

(88 I) を却下した裁判に対し，本条により抗告をすることができる（最決平17・3・25刑集59・2・49）。そのほか，本条による抗告権者の例として，出頭，宣誓又は証言を拒否して過料又は費用賠償（150 I・160 I）を命ぜられた証人，訴訟費用を負担させられた告訴人等（183・184），付審判の請求をして棄却決定（266①）を受け又は費用の賠償（269）を命ぜられた者，再審の請求をして請求棄却決定（446・447 I）を受けた者，訴訟費用執行免除の申立て（500 I）をして却下決定を受けた者などがある。

これに対し，事件を検察官に送致した後に，当該事件について司法警察職員がした押収に関する処分を取り消し又は変更する裁判（430 II・432・426 II）があった場合，司法警察職員は特別抗告をすることができないとされている（最決昭44・3・18刑集23・3・153）。

[3] 準 用

準抗告の請求権者は「不服がある者」とされているが（429 I・430 I・II），本条の規定は準抗告にも準用されると解されるから，結局，検察官又は被疑者・被告人以外の者で準抗告をすることができるのは，「決定を受けたもの」に準じる者に限られる。判例は，保釈請求却下の裁判について，「抗告と準抗告とで申立権者の範囲につき差異があると解すべき理由はない」としている（前掲最決平17・3・25刑集59・2・49）。

被疑者・被告人以外の者による差押処分に対する準抗告について，差し押さえられた建物の所有者による請求を適法とした裁判例（千葉地決昭53・5・8判時889・20），差押えの現場に居合わせたため立会人となったに過ぎない者による請求であり，押収物の所有者，保管者など，差押により不利益を受ける立場にあるものとは認められず，不適法とした裁判例（東京地決平3・5・15判タ774・275）がある。　　　　　　　　　　　　　〔玉本将之〕

第353条 [1]〔上訴権者(3)〕　被告人の法定代理人又は保佐人 [2] は，被告人のため上訴をすることができる [3][4]。

[1] 本条の趣旨

本条は，被告人の法定代理人又は保佐人の上訴権について規定する。これらの者は，自ら法律行為を行う能力が十分でない被告人について，その法律行為の代理又は保佐を行う立場にあることから，被告人のため上訴をすることができるものとされている（三浦・注釈刑訴［第3版］7・21）。

[2] 本条による上訴権者

法定代理人及び保佐人の意義は，民法の定めるところによる。すなわち，法定代理人は，未成年者の親権者（民818），未成年者に対して親権を行う者がない場合等に付される未成年後見人（民839・840），精神上の障害により事理を弁識する能力を欠く常況にある者について付される成年後見人（民7・8・843）であり，保佐人は，精神上の障害により事理を弁識する能力が著しく不十分である者について付される保佐人（民11・12）であ

る。

被告人の父又は母であっても，法定代理人又は保佐人に該当しなければ，本条による上訴の申立ては，法令上の方式に違反し，不適法である（父につき最決昭33・11・24刑集12・15・3531，母につき最決昭30・4・11刑集9・4・836）。未成年者が婚姻をしたときは，成年に達したものとみなされ（民753），親権者は，法定代理人たる地位を失うことにより，本条による上訴権を有しないこととなる（最大決昭63・2・17刑集42・2・299）。42条の補佐人は，被告人の明示した意思に反しない限り被告人がすることのできる訴訟行為をすることができるが（42Ⅲ），上訴権は有しない（最決平16・10・25裁集刑286・407）。商法上の支配人（商20）は，商人に代わってその営業に関する一切の裁判上又は裁判外の行為をする権限を有するが（商21Ⅰ），この権限は刑訴法上の訴訟行為に及ぶものではなく，法定代理人でもないから，上訴権を有しない（467条により本条が準用される正式裁判請求につき最決昭43・1・17刑集22・1・1）。

被告人が法人である場合は，本条の問題ではなく，その代表者が，被告人を代表して（27），351条1項により上訴をすることとなる。

[3] 本条による上訴権の性質

本条による上訴権は，法定代理人又は保佐人の固有の権利ではなく，「被告人のため」，すなわち被告人の利益のため，被告人の上訴権を独立して代理行使する権限である。被告人の上訴権が放棄，取下げ等により消滅した場合には，本条による上訴権も消滅する。本条による上訴は，被告人の明示した意思に反してすることはできない（356）。

[4] 準　用

本条の規定は，上告棄却決定に対する異議申立て（414・385Ⅱ・386Ⅱ）に準用される（前掲最決平16・10・25裁集刑286・407）。準抗告（429・430）にも準用されると解される。〔玉本将之〕

第354条 [1]〔**上訴権者(4)**〕　勾留に対しては，勾留の理由の開示があつたときは，その開示の請求をした者も，被告人のため上訴をすることができる。その上訴を棄却する決定に対しても，同様である [2][3]。

[1] 本条の趣旨

本条は，勾留理由開示の請求者の勾留又はそれに対する上訴を棄却する決定に対する上訴権について規定する。勾留理由開示の請求には勾留の不当性の主張も含まれるとして，その請求者に上訴権を付与したものとされる（藤永・注釈刑訴6・23，原田・大コメ刑訴9・31）。

[2] 本条による上訴権

勾留理由開示の請求は，被告人のほか，被告人の弁護人，法定代理人，保佐人，配偶者，直系の親族，兄弟姉妹その他利害関係人がすることができる（82Ⅰ・Ⅱ）。本条によ

る上訴権は，適法な勾留理由開示の請求をした者に認められるものであり，勾留理由開示の請求が却下（86後・規81の2）された者には認められない。

本条前段は，勾留に関する裁判，すなわち，被告人の勾留の裁判（60Ⅰ），勾留の期間を更新する裁判（60Ⅱ）等に対して，上訴をすることができるという意味である。後段は，勾留に関する裁判に対する上訴を棄却する決定がされた場合において，その決定に対し，特別抗告（433）をすることができるという意味である。

本条による上訴権も，勾留理由開示請求者の固有の権利ではなく，「被告人のため」，すなわち被告人の利益のため，被告人の上訴権を独立して代理行使する権限であり，被告人の明示した意思に反して行使することはできない（356）。

[3] 準　用

本条の規定は準抗告（429・430）にも準用されると解される。　　　　　　〔玉本将之〕

第355条 [1]〔上訴権者(5)〕　原審における代理人 [2] 又は弁護人 [3][4] は，被告人のため上訴をすることができる [5][6]。

[1] 本条の趣旨

本条は，原審における代理人又は弁護人の上訴権について規定する。

[2] 原審における代理人

「原審における代理人」とは，28条の法定代理人，29条の特別代理人，283条の法人の代理人及び284条但書の軽微事件における代理人を指す。これらの代理人は，法の規定に基づき原審において被告人に代わって訴訟行為をした者であることから，被告人のため上訴をすることができるものとされている（三浦・注釈刑訴［第3版］7・24）。

判例は，刑の執行猶予言渡しの取消請求手続において，被請求人から裁判所による求意見（349の2Ⅰ）に対する回答を含む一切の権限の委任を受けた者は，「原審における代理人」に該当せず，刑の執行猶予言渡しの取消決定に対して，被請求人のため即時抗告を申し立てる権限はないとしている（最決平17・3・18刑集59・2・38）。

[3] 原審における弁護人

「原審における弁護人」とは，原判決の言渡し前に適法に選任された弁護人を指す。原審の公判廷に出頭して弁論をしたか否かは問わない（大判大12・6・13刑集2・528）。

原審弁護人は，原判決に対して上訴をすべきか否かを判断するのに適する者であることから，被告人のため上訴をすることができるとされたものである（最大判昭24・1・12刑集3・1・20）。

原審弁護人が，自ら上訴の申立てをし，更に上訴趣意書を提出した場合には，その上訴趣意書は審判の対象となる（最大判昭29・7・7刑集8・7・1052，最判昭29・12・24刑集8・13・2336，最決昭36・7・18刑集15・7・1103）。もっとも，改めて上訴審の弁護人として選任され

ない限り，上訴審における訴訟行為をすることはできない (32Ⅱ)。そのため，原審弁護人は，自らした上訴についても，その取下げをすることはできない (最決昭25・7・13刑集4・8・1356)。

上訴の申立てについては，規25条2項本文による制約を受けず，主任弁護人及び副主任弁護人以外の原審弁護人であっても，裁判長等の許可及び主任弁護人等の同意を得ることなく，これをすることができるものと解される (名古屋高判昭62・3・9高検速報昭62・137)。

[4] 原判決後に選任された弁護人

原判決後に選任された弁護人は，「原審における弁護人」に該当せず，本条による上訴権は有しないが，351条1項による被告人の上訴申立てを代理して行うことができる (前掲最大判昭24・1・12，最大決昭63・2・17刑集42・2・299)。これは，当該弁護人が，被告人のために上訴をする権限を有する者によって選任されたか否かを問わない。およそ弁護人は，被告人のなし得る訴訟行為について，その性質上許されないものを除いては，個別的な特別の授権がなくても，被告人の意思に反しない限り，これを代理して行うことができると解されるからである (前掲最大決昭63・2・17)。この場合の弁護人による上訴は，被告人の明示した意思だけでなく，黙示の意思にも反し得ない(安廣・判例解説(刑)昭63・114)。

原審弁護人でない弁護士名義の控訴申立書のみが控訴提起期間最終日に原裁判所に提出された場合，その控訴申立ては，無権限者のしたものとして不適法であり，その翌日に同弁護士の弁護人選任届が追加提出されたとしても，これによって控訴申立てが適法有効となるものではない (最決昭45・9・24刑集24・10・1399)。

なお，上訴について，弁護士以外の者による委任代理は，明文の規定がない以上，許されない (前掲最決平17・3・18)。

[5] 本条による上訴権の性質

本条による上訴権も，原審における代理人又は弁護人の固有の権利ではなく (最判昭24・6・16刑集3・7・1082)，「被告人のため」，すなわち被告人の利益のため，被告人の上訴権を独立して代理行使する権限である。本条による上訴は，被告人の明示した意思に反してすることはできない (356)。

被告人が上訴権を放棄した場合には，原審弁護人は，法定の上訴提起期間内であっても，上訴をすることはできない (最大決昭23・11・15刑集2・12・1528)。また，被告人及び原審弁護人の双方が上訴の申立てをした後，被告人が上訴の取下げをした場合には，原審弁護人による上訴の申立ては効力を失う (前掲最判昭24・6・16)。なお，第一審判決後の控訴提起期間中に被告人が死亡した場合において，その後になされた原審弁護人による控訴の申立てを適法と認め，公訴棄却の決定をした裁判例 (福岡高決昭43・7・17高刑集21・4・280) がある。

[6] 準 用

本条の規定は，上告棄却決定に対する異議申立て (414・385Ⅱ・386Ⅱ) について準用さ

れる（最決平16・10・25裁集刑286・407）。準抗告（429・430）にも準用されると解される。

〔玉本将之〕

第356条 [1]〔上訴と被告人の意思〕　前3条の上訴は，被告人の明示した意思に反して [2] これをすることができない。

[1] 本条の趣旨

本条は，前3条の上訴，すなわち，被告人の法定代理人又は保佐人による上訴(353)，勾留理由開示の請求者による勾留等に対する上訴（354），原審における代理人又は弁護人による上訴（355）は，被告人の明示した意思に反してすることができないことを規定する。

[2] 被告人の明示した意思に反して

「被告人の明示した意思」とは，被告人の上訴をしない旨の明示の意思をいう。この意思は，前3条の上訴権者又は裁判所に対して明示されたものであることを要すると解されている（三浦・注釈刑訴［第3版］7・28，松尾・条解1000等）。

前3条による上訴は，被告人の明示した意思に反していなければ，黙示の意思に反していても，これをすることができる。もっとも，被告人はその上訴を取り下げることができる（359）。

本条に違反してなされた上訴は無効であり，棄却されることとなる（385 I・395・414・426 I・432・434）。なお，被告人の明示の意思に反してなされた原審弁護人による控訴は本来無効であるが，それが棄却される前に，被告人がその意思を撤回し，控訴を追認した場合には，瑕疵が治癒されるとして，結局原審弁護人による控訴を適法と判断した裁判例がある（広島高判昭43・7・12判時540・85）。

〔玉本将之〕

第357条 [1]〔一部上訴〕　上訴は，裁判の一部に対してこれをすることができる [2]。部分を限らないで上訴をしたときは，裁判の全部に対してしたものとみなす [3]。

[1] 本条の趣旨

本条は，裁判の一部に対する上訴及び部分を限らない上訴について規定する。

[2] 一部上訴

(1) **意義及び効果**　裁判の一部に対する上訴とは，裁判の主文の一部に対する上訴を意味する。共同被告人の一部による上訴は，本条の問題ではない。

裁判の一部に対する上訴か，それとも全部に対する上訴かは，上訴申立書自体の記載によって判断すべきであり，その際に上訴趣意書の記載を考慮すべきではない（東京高

判昭56・6・23刑裁月報13・6 = 7・436)。

一部上訴がされた場合，上訴審には上訴がされた部分のみが係属し，その余の部分は別個に確定する。

(2) **一部上訴ができる場合**　　一部上訴ができるのは，原裁判が可分である場合に限られる。例えば，併合罪につき全部が無罪とされた場合，一部が有罪とされ一部が無罪とされた場合（大判大15・10・26刑集 5・463，最判昭28・9・25刑集 7・9・1832），刑法45条後段により複数の主刑が科された場合（最判昭28・10・15裁集刑87・377）である。もっとも，一部有罪及び一部無罪の場合において，検察官は，無罪部分のみに不服があるときでも，有罪部分を先に確定させることにより，無罪部分が破棄されて有罪となった際に被告人が併合の利益を受けられなくなることがないよう，裁判の全部に対する上訴をするのが相当である（三浦・注釈刑訴[第 3 版] 7・31）。

併合罪につき一部有罪（甲事実）及び一部無罪（乙事実）とした原判決に対し，被告人が有罪部分のみに対して上訴をしたところ，上訴審が両罪を一罪であると判断した場合における取扱いについては，見解が分かれているが，甲事実の確定により両事実は訴訟法的に 2 個の事件に分割され，乙事実のみが上訴審に係属するとの説が通説とされている（原田・大コメ刑訴 9・40）。

(3) **一部上訴ができない場合**　　包括一罪又は科刑上一罪の場合や併合罪につき 1 個の刑が言い渡された場合には，原裁判は不可分であるから，一部上訴はできない（観念的競合につき大判昭 9・7・23刑集13・997，名古屋高判昭32・12・25高刑集10・12・809）。これらの場合には，裁判の一部に対する上訴をしても，上訴の効力は全部について生じる。主刑と一体をなす付加刑又は付随処分がある場合に，これらを切り離して一部上訴をすることはできない（公民権不停止の宣告につき大判昭 5・10・9 刑集 9・725）。訴訟費用の裁判に対しては，本案の裁判について上訴があったときに限り，不服を申し立てることができる（185但）。また，主刑は可分でも，訴訟費用を一括して被告人に負担させた場合は，原判決は全体として不可分であり，これに対する一部上訴は許されない（前掲東京高判昭56・6・23）。

[3] **部分を限らない上訴**

部分を限らないで上訴をしたときは，裁判の全部に対してしたものとみなされる。もっとも，併合罪につき一部有罪及び一部無罪とした原裁判に対し，被告人のみが部分を限らない上訴をした場合について，判例は，被告人には無罪判決に対する上訴の利益がないことから，有罪部分のみに対する一部上訴として取り扱っている（大判昭 7・11・21刑集11・1657，名古屋高判昭25・12・2 特報14・101）。　　　　　　　　　　　　〔玉本将之〕

第358条 [1]〔上訴提起期間の起算日〕　上訴の提起期間 [2] は，裁判が告知された日から進行する [3]。

358条, 359条

［1］ 本条の趣旨

本条は，上訴の提起期間の起算日について規定する。

［2］ 上訴提起期間

上訴提起期間は，抗告及び上告は14日（373・414），通常抗告は実益のある間（421），即時抗告は3日（422），特別抗告は5日（433Ⅱ）である。準抗告については，一般的には実益のある間であるが，429条1項4号及び5号の裁判に対するものは3日である（429Ⅳ）。期間の計算については，55条及び56条を参照。

［3］ 起算日

上訴提起期間は，裁判が告知された日から進行する。初日は算入せず（55Ⅰ本），翌日から起算することとなるが，上訴は告知された日からすることができる。

裁判の告知は，判決については公判廷における宣告により（342），決定及び命令については，公判廷においては宣告により，その他の場合には原則として裁判書謄本の送達により（規34），それぞれ行われる。

被告人が出頭しなければ判決宣告ができない事件について，被告人不出頭のまま判決宣告をした違法がある場合でも，上訴提起期間は判決宣告の日から進行する（最決昭38・10・31刑集17・11・2391）。

裁判書謄本が被告人本人及び弁護人の双方に対して日を異にして送達された場合における上訴提起期間は，弁護人の固有の権利に関するものでない限り，被告人本人に送達された日から進行するとするのが通説である（原田・大コメ刑訴9・43）。判例は，保釈請求却下決定に対する準抗告棄却決定に対する特別抗告（最決昭43・6・19刑集22・6・483），裁判官忌避申立却下決定に対する即時抗告棄却決定に対する特別抗告（最決昭45・4・30裁集刑176・277），刑事補償請求棄却決定に対する即時抗告棄却決定に対する特別抗告（最決昭55・5・19刑集34・3・202），刑の執行猶予言渡取消決定に対する即時抗告棄却決定に対する特別抗告（最決昭58・10・19裁集刑232・415），接見禁止等決定に対する準抗告棄却決定に対する特別抗告（最決平6・1・20裁集刑263・55）等について，上訴提起期間は，決定謄本が，弁護人ではなく，被告人本人に送達された日から進行するとしている。他方，弁護人に対する証拠開示を命じる旨求めた弁護人からの証拠開示命令請求の棄却決定に対する即時抗告については，即時抗告提起期間は決定謄本が弁護人に送達された日から進行するとしているが（最決平23・8・31刑集65・5・935），これは，請求の主体が弁護人であり，証拠開示を受ける相手として予定されているのも弁護人であるという請求の形式に加え，証拠開示制度の趣旨及び内容にも照らすと，証拠開示命令請求棄却決定を受けたのは弁護人といえるからである。

〔玉本将之〕

第359条〔上訴の放棄・取下げ(1)〕 検察官，被告人又は第352条に規定する者[1]は，上訴の放棄[2]又は取下[3]をすることができる[4][5]。

359条 1037

[規] 第223条（上訴放棄の申立裁判所・法第359条等） 上訴放棄の申立は，原裁判所にしな
ければならない。

第223の２（上訴取下の申立裁判所・法第359条等） 上訴取下の申立は，上訴裁判所に
これをしなければならない。

２ 訴訟記録を上訴裁判所に送付する前に上訴の取下をする場合には，その申立書を原
裁判所に差し出すことができる。

第224条（上訴取下の申立の方式・法第359条等） 上訴取下の申立は，書面でこれをし
なければならない。但し，公判廷においては，口頭でこれをすることができる。この
場合には，その申立を調書に記載しなければならない。

第230条（上訴等の通知） 上訴，上訴の放棄若しくは取下又は上訴権回復の請求があつ
たときは，裁判所書記官は，速やかにこれを相手方に通知しなければならない。

[1] 上訴の放棄・取下をなし得る者

固有の権利として上訴の放棄・取下をなし得る者は，検察官，被告人，352条に定め
る者すなわち検察官又は被告人以外の者で決定を受けた者である。なお，360条におい
て，被告人の書面による同意を得て，上訴の放棄・取下をなし得る者の範囲について規
定されている。上訴の放棄・取下をなし得る者の範囲は，上訴をなし得る者の範囲より
狭い。

[2] 上訴の放棄

上訴の放棄は，上訴の提起以前に上訴権の行使をしないことの意思表示をなすことを
いい，上訴提起以前になされる点において上訴の取下と区別される（小林・注釈刑訴7・
36）。上訴の放棄は，裁判が告知され，上訴権が発生した後，上訴の申立又は上訴の提
起期間経過までの間にこれを行うことができるが，裁判の告知前に上訴の放棄をするこ
とはできない（小林・注釈刑訴7・36，原田・大コメ刑訴9・45）。上訴の放棄は，原裁判所に対
して，書面で行わなければならない（360の3，規223）。なお，上訴の申立後に，上訴の
放棄がなされた場合，上訴の取下としての効果が認められる（東京高決昭57・3・8高刑集
35・1・40）。

[3] 上訴の取下

上訴の取下は，裁判の告知後一旦した上訴を撤回することをいい，上訴審の裁判があ
るまではいつでもこれをすることができる（小林・注釈刑訴7・36，原田・大コメ刑訴9・45）。
上訴の取下は，原則として上訴裁判所に対して行わなければならないが，訴訟記録を上
訴裁判所に送付する前は，原裁判所に対して上訴の取下を行うこともできる（規223の
2）。上訴の取下は，原則として書面で行わなければならないが，公判廷においては口
頭で行うこともできる（規224但）。上訴の申立前に行われた上訴の取下は無効であり（広
島高判昭43・7・12判タ225・169），上訴の取下に条件が付された場合は，条件は無効となり，
無条件の上訴取下があったものとして扱われる（東京高決昭32・6・13高刑集10・4・410）。

［4］ 上訴の放棄・取下の効果

上訴の放棄・取下により上訴権が消滅する (361)。

被告人が上訴の放棄を行った場合は，被告人のために上訴を行うことができる者 (353
～355) の上訴権も消滅し（最大決昭23・11・15刑集 2・12・1528)，被告人が上訴の取下を行っ
た場合は，被告人のための上訴権者が行った上訴も効果を失う（最判昭24・6・16刑集 3・7
・1082)。

上訴の放棄・取下が行われたとしても相手方の上訴権が消滅するわけではないから，
上訴の放棄・取下により直ちに原裁判が確定するわけではない。

［5］ 上訴の放棄・取下の無効

上訴の放棄・取下については，これを撤回することは許されない（上告につき最決昭44
・5・31刑集23・6・931)が，被告人の責めに帰することができない事由に基づく錯誤に基
づく場合や訴訟能力を欠く場合は，無効となる（小林・注釈刑訴 7・38，原田・大コメ刑訴 9・
47。外国人であった被告人がその内容を理解せずに控訴取下用紙に署名押印した場合〔大阪高決昭
38・7・15下刑集 5・7＝8・686)，死刑判決を受けた被告人が精神障害の影響により控訴を取り下げ
た場合〔最決平 7・6・28刑集49・6・785〕などの事案で上訴の取下が無効とされている。）。　〔柳清隆〕

第360条〔上訴の放棄・取下げ(2)〕　第353条又は第354条に規定する者[1]は，書面
による被告人の同意を得て，上訴の放棄又は取下をすることができる[2]。

> ［規］　第224条の 2（同意書の差出・法第360条)　法第353条又は第354条に規定する者は，上
> 訴の放棄又は取下をするときは，同時に，被告人のこれに同意する旨の書面を差し出
> さなければならない。

［1］ 本条により上訴の放棄・取下をなし得る者

353条に規定する者，すなわち被告人の法定代理人又は保佐人，354条に規定する者，
すなわち勾留理由開示請求を行った者も上訴の放棄・取下をなし得る。

被告人の法定代理人，保佐人の要件については，上訴の放棄・取下を行う際にこれを
具備している必要があり，上訴の時点で被告人の法定代理人又は保佐人であっても上訴
の放棄・取下の際に被告人の法定代理人又は保佐人でなければ上訴の放棄・取下を行う
ことはできない（小林・注釈刑訴 7・41，原田・大コメ刑訴 9・50)。

上訴審の弁護人は，被告人の書面による同意を得て上訴の放棄・取下をなし得ると解
されている（小林・注釈刑訴 7・51，原田・大コメ刑訴 9・42)が，原審の弁護人は上訴の放棄
・取下をすることができない（取下につき最決昭25・7・13刑集 4・8・1356)。

本条による上訴の取下は，自ら行った上訴のみならず他の上訴権者が行った上訴につ
いてもこれを行うことができる（小林・注釈刑訴 7・41，原田・大コメ刑訴 9・50)

360条，360条の2，360条の3，361条

[2] 本条による上訴の放棄・取下の要件・効果

本条による上訴の放棄・取下は，書面による被告人の同意を要する。

本条による上訴の放棄・取下の効果は，前条の規定による上訴の放棄・取下と同じであるが，本条による上訴の放棄・取下により上訴の放棄・取下について同意した被告人の上訴権も消滅する（361）。　　　　　　　　　　　　　　　　　　　　　〔櫢清隆〕

第360条の2〔上訴放棄の制限〕　死刑又は無期の懲役若しくは禁錮に処する判決に対する上訴は，前2条の規定にかかわらず，これを放棄することができない[1]。

[1] 本条の射程範囲等

本条は，死刑又は無期の懲役若しくは禁錮という重い判決に関しては上訴の放棄を禁止したものである。

本条が禁止するのは，上訴の放棄のみであり，上訴の取下については禁止されていないから，死刑又は無期の懲役若しくは禁錮に処する旨の判決に対して行った上訴を取り下げることはできる（最決昭39・9・25裁集152・927）。

また，死刑又は無期の懲役若しくは禁錮に処する旨の判決に対する控訴を棄却する裁判についても適用されると解されている（小林・注釈刑訴7・43，原田・大コメ刑訴9・52）。　　　　　　　　　　　　　　　　　　　　　　　　　　　　　　　　　　　　　　〔櫢清隆〕

第360条の3〔上訴放棄の手続〕　上訴放棄の申立は，書面でこれをしなければならない[1]。

[1] 本条の趣旨等

上訴の放棄は，上訴権の消滅を伴う重要な訴訟行為であるので，慎重を期するために書面で行うことを求めたものである。上訴の放棄は，原裁判所に対して行わなければならない（規223）から，上訴放棄書の提出先は原裁判所である。

なお，上訴の取下については，公判廷で行う場合は口頭で行うこともできる（規224但）。　　　　　　　　　　　　　　　　　　　　　　　　　　　　　　　　　　　　〔櫢清隆〕

第361条〔上訴の放棄・取下げと再上訴〕　上訴の放棄又は取下をした者[1]は，その事件について更に上訴[2]をすることができない。上訴の放棄又は取下に同意をした被告人も，同様である。

[1] 再上訴が禁止される者の範囲

本条前段の規定によれば，再上訴ができなくなるのは飽くまでも上訴の放棄又は取下をした者についてであるが，検察官，被告人又は検察官若しくは被告人以外の者で決定を受けた者以外の者が上訴の放棄又は取下を行うには被告人の書面による同意を要する(360)から，本条後段の規定により360条に規定する者が上訴の放棄又は取下を行った場合，被告人の上訴権も消滅する。したがって，被告人の上訴権については，何人かによって有効に放棄又は取下が行われれば，被告人の上訴権も消滅することとなる。

さらに，被告人が上訴の放棄を行えば被告人のために上訴を行うことができる者(353〜355)の上訴権も消滅し(最大決昭23・11・15刑集2・12・1528)，被告人が上訴の取下を行えば被告人のための上訴権者が行った上訴も効力を失う(最判昭24・6・16刑集3・7・1082)。

[2] 禁止される再上訴の範囲

上訴の放棄又は取下が行われた場合に，本条により再上訴が禁止されるのは，飽くまでも同一審級内における上訴である(小林・注釈刑訴7・44，原田・大コメ刑訴9・54)。したがって，第一審判決に対して検察官及び被告人が控訴したものの被告人が控訴を取り下げた場合，控訴審が原判決を破棄した場合はもとより控訴審が検察官の控訴を棄却した場合であっても被告人は上告をすることができる(最決昭42・5・24刑集21・4・576)。もっとも，第一審判決に対して検察官及び被告人が控訴したものの検察官が控訴を取り下げた場合において，控訴審が被告人の控訴を棄却したときに検察官が上告を行うことができるか否かについては，別異に考えることになると思われる(海老原・判例解説(刑)昭42・112)。〔櫥清隆〕

第362条〔上訴権回復(1)〕 第351条乃至第355条の規定により上訴をすることができる者は，自己又は代人[1]の責に帰することができない事由[2]によつて上訴の提起期間内に上訴をすることができなかつたときは，原裁判所に上訴権回復の請求[3]をすることができる[4]。

> [規] 第225条（上訴権回復請求の方式・法第363条） 上訴権回復の請求は，書面でこれをしなければならない。
>
> 第226条（上訴権回復請求の理由の疎明・法第363条） 上訴権回復の理由となる事実は，これを疎明しなければならない。
>
> 第230条 法第359条参照。

[1] 「代人」の意義

「代人」は，代理人に限られず本人の補助機関として本人の上訴に必要な諸般の事実行為を代行する者も含まれ(大決昭8・4・26刑集12・503)，弁護士(最決昭27・8・30刑集6・8・1063)，弁護士の事務員(前記大決昭8・4・26)，弁護士の妻(最決昭39・7・17刑集18・6・399)，

被告人の妻（東京高決平 4・10・30判タ811・242）などはこれに該当する。他方，看守（高知地決昭40・5・24下刑集 7・5・1155）や郵便局員（東京高決昭30・4・19裁判特報 2・9・341）はこれに該当しない。

［2］「責に帰すことができない事由」の意義

「責に帰すことができない事由」とは，「上訴不能の事由が上訴権者又はその代人の故意又は過失に基かないこと」をいう（最決昭31・7・4刑集10・7・1015）。

「責に帰すべき事由」に該当するか否かに関する裁判例は，種々存在するが，石井・控訴審47以下の分析を基に裁判例を概観すると以下のようになる。すなわち，被告人の病気や別件で身柄を拘束されていたという事由については消極に判断されている（被告人が控訴棄却の決定を受けたとき病床にあり医師より絶対安静を命じられていた場合について前記最決昭31・7・4，被告人が行政検束を受けていた場合について大決昭 8・3・16刑集12・271）。

また，被告人において第三者が被告人のために上訴してくれると誤信していた場合，多くの場合は消極に判断されているが（弁護人が上訴してくれるであろうと軽信した場合につき大決昭 9・8・27刑集13・1083，元刑務官である被告人が看守に口頭で上告手続を依頼し，爾後の手続は拘置所において行ってくれると誤信した場合につき名古屋高決昭31・3・16裁判特報 3・6・263），積極に判断されている事案（被告人が看守に対して弁護人が控訴手続をしてくれているか確認するよう依頼したところ，看守が弁護人において控訴手続済である旨回答したため被告人が控訴手続を行わなかった場合につき前記高知地決昭40・5・24）もある。被告人が判決の内容などについて誤解していた場合は，通常，被告人に過失があるといえるので消極に判断される（公判廷において判決宣告期日に出廷していた被告人が弁護人に罰金額を確認したところ弁護人が宣告された罰金額より低額の罰金額を回答し被告人がその旨誤信した場合につき仙台高秋田支決昭30・9・22裁判特報 2・20・1007）。

被告人が判決言渡のあったことを知らなかった場合については，裁判例が分かれている。すなわち，勾留中の被告人が判決宣告期日の指定を受け召喚状の送達も受けていたのに病気にかこつけて出頭を拒否していた場合（秋田地決昭35・12・24下刑集 2・11＝12・1610）や保釈中の被告人が制限住居から転居していたため制限住居宛の書留郵便により判決宣告期日の召喚状を送達した場合（東京高決昭38・1・23下刑集 5・1＝2・19）などの事案では消極に判断されているが，本来被告人が出廷しなければ判決の宣告ができないのに第一審裁判所がその点を看過し被告人が出廷していない状態で判決宣告を行いその後判決通知をした場合（最決昭38・10・31刑集17・11・2391）や控訴審の第一回公判期日には控訴人は出廷せず弁護人のみが出頭し公判廷において判決宣告期日の告知を行ったものの裁判所が被告人に対して判決宣告期日の召喚状の送達を失念した場合（最大決昭44・10・1刑集23・10・1161）などの事案では積極に判断されている。

被告人が弁護人その他の代人に上訴の手続を依頼していたものの弁護人等の過失により上訴申立期間が徒過した場合は消極に判断されている（弁護人の場合につき新潟地決昭39・6・1下刑集 6・5＝6・791，弁護人の事務員の場合につき前記大決昭 8・4・26）。

郵便物の遅配により上訴申立書が上訴期限内に到達しなかった場合に関しては，遅配の原因が郵便局のストライキ（東京高決昭54・1・23判タ383・156），郵便局の事故（前記東京高決昭30・4・19），台風による連絡船の欠航（福岡高決昭34・10・28下刑集1・10・2134），郵便局において速達郵便を遅滞なく配達すべき責務を怠った場合（前記最決昭39・7・17）など不測の事態である場合には積極に判断されているが，年末など郵便物の遅配が予想できる場合には消極に判断されている（大決昭5・2・15刑集9・70）。

また，上訴の受理に関して裁判所に不手際があった場合については上訴権の回復が認められている例がある（上訴期間内に上訴がなされたにも関わらず裁判所職員が誤って上訴期間経過後の上訴申立として処理し上訴が棄却された場合につき東京高決昭38・11・5下刑集5・11=12・1112など）。

［3］上訴権回復請求の手続

上訴権の回復請求は，書面で原裁判所に対して行わなければならない（本条，規225）。また，上訴権回復の理由となる事実については疎明を要する（規226）。なお，上訴権回復請求があった場合，裁判所書記官は相手方に対して通知しなければならない（規230）。

［4］本条が準用される手続

本条は上訴権の回復請求について規定したものであるが，本条は上訴に準じる申立には準用される（最決昭54・7・2刑集33・5・397）。例えば，高等裁判所の決定に対する異議申立（428Ⅱ，最決昭26・10・6刑集5・11・2177），上告棄却決定に対する異議申立（最決昭57・4・7刑集36・4・556），少年法32条の4の抗告受理申立（仙台高決平16・9・9家裁月報57・6・169），少年法の保護処分決定に対する抗告（東京家八王子支決平9・7・23家裁月報50・1・179）については本条の準用が認められている。

他方，訴訟費用免除の申立（500，前記最決昭54・7・2）や付審判請求（262，東京地決昭49・9・2刑裁月報6・9・994），上告受理の申立（規257，東京高決平19・7・23東時58・1=12・48）については準用は認められない。　　　　　　　　　　　　　　　　　　　　　　〔椛清隆〕

第363条〔上訴権回復(2)〕　上訴権回復の請求は，事由が止んだ日[1]から上訴の提起期間に相当する期間内[2]にこれをしなければならない。
2　上訴権回復の請求をする者は，その請求と同時に上訴の申立をしなければならない[3]。

> ［規］　第225条　法第362条参照。
> 　　　　第226条　法第362条参照。

［1］「事由が止んだ日」の意義

「事由が止んだ日」とは，上訴不能の事由が止んだ日をいい（原田・大コメ刑訴9・64），

例えば，被告人が裁判のあったことを知らなかった場合，被告人が裁判があったことを知った日がこれに該当し，その翌日から「上訴の提起期間に相当する期間」（本条）が起算される（55Ⅰ）。

[2]「上訴の提起期間に相当する期間」の意義

「上訴の提起期間に相当する期間」とは，法定の上訴期間に相当する期間をいうと解するのが通説である（原田・大コメ刑訴9・64，石井・控訴審53。ただし，福岡高決昭34・10・28下刑集1・10・2134は，上訴の提起期間中に上訴不能事由が発生した場合に関して「上訴の提起期間に相当する期間」とは，「上訴の提起期間中の被告人の責に帰することができない事由によつて上訴の申立をすることができなかつた期間に相当する期間」をいうとしている。）。例えば，控訴に関しては，「上訴の提起期間に相当する期間」は，14日間である（373）。

[3] 上訴権回復請求の手続

上訴権回復請求は，上訴の手続と併せて書面で，原裁判所に宛てて行わなければならない（本条，規225）。上訴権回復請求と上訴の手続は，これを別々の書面で行う必要はなく，上訴権回復請求と上訴の手続が共になされたと判断することができる手続が行われればよい（最決昭38・10・31刑集17・11・2391は，控訴提起期間経過後に提出された「控訴申立書」と題する書面について，上訴権回復請求に関する362条ないし365条をも理由とする旨が記載されていた事案について，控訴申立と共に上訴権回復請求の意思をも含むものと判断している。）。

〔欅清隆〕

第364条〔上訴権回復(3)〕 上訴権回復の請求についてした決定[1]に対しては，即時抗告をすることができる[2]。

[1]「上訴権回復の請求についてした決定」の意義

「上訴権回復の請求についてした決定」とは，上訴権回復を許容する決定とこれを認めない決定がある。上訴権の回復を認めない決定について，その請求に理由がないときはこれを棄却することになる。請求の手続が法令に違反し不適法な場合については，これを棄却すべきとする説（石井・控訴審54，松尾・条解1010）と却下すべきとする説（原田・大コメ刑訴9・52，中武・注解刑訴下56）があるが，385条1項や426条1項に照らせばこれを棄却すべきであろう。

上訴権回復請求を棄却する場合，同時になされた上訴（363Ⅱ）は，通常，上訴権申立期間を徒過した後に行われた不適法なものとなるから上訴についても決定で棄却される（375・414・426・434）。

なお，上訴権回復請求がなされたものの同時に行われた上訴が上訴提起期間内に行われていた場合，上訴権申立請求は必要がないものであるから決定で棄却される（大阪高決昭31・9・18裁判特報3・17・859）。

［2］「即時抗告をすることができる」について

本条の規定は，419条の「特に即時抗告をすることができる旨の規定」に該当する。

〔櫛清隆〕

第365条〔上訴権回復(4)〕 上訴権回復の請求があつたときは，原裁判所は，前条の決定をするまで裁判の執行を停止する決定をすることができる[1]。この場合には，被告人に対し勾留状を発することができる[2]。

［1］裁判の執行停止決定について

上訴権回復の請求があったとしても原裁判は確定しており，未確定の状態に戻るわけではないので，原裁判は執行されることになる。しかし，上訴権回復の請求に理由があり，これが認められると原裁判は未確定の状態に戻ることとなるので，上訴権回復の請求があった時点で裁判の執行を停止することが望ましい場合もあるため裁判所の裁量により原裁判の執行を停止することができるとしたのが本条である。

もっとも，本条により原裁判の執行を停止するか否かは裁判所の裁量であるので，原裁判の執行を停止しないでいたために，上訴権回復の請求が認められた時点では，既に刑期を満了していたという場合もあり得るが，このような場合も公訴権の行使が妨げられるわけではないから，免訴の言渡しをするものではない（大判大14・10・13刑集4・639）。また，上訴権回復の請求が認められる前に執行された刑期については，495条を準用して法定通算されることになると解されている（石井・控訴審56，小林・注釈刑訴7・54，原田・大コメ刑訴9・67）。

［2］原裁判の執行が停止された場合の勾留について

原裁判の執行が停止された場合，裁判の執行として被告人の身柄を拘束しておくことができない一方，原裁判は確定しているので未決勾留として被告人の身柄を拘束しておくこともできないこととなる。しかし，原裁判の執行は停止しつつも，被告人に罪証隠滅のおそれがある場合や逃亡のおそれがある場合など，被告人の身柄を拘束しておく必要がある場合もあるので，原裁判の執行を停止した場合において，裁判所は裁量で勾留状を発することができるとしたのが本条ただし書である。

この場合，改めて勾留質問（61）をする必要はないと解されている（石井・控訴審55，小林・注釈刑訴7・54，原田・大コメ刑訴9・67，最決昭41・10・19刑集20・8・864参照）。

〔櫛清隆〕

第366条〔刑事施設にいる被告人に関する特則(1)〕 刑事施設にいる被告人[1]が上訴の提起期間内に上訴の申立書を刑事施設の長又はその代理者に差し出したとき[2]は，上訴の提起期間内に上訴をしたものとみなす[3][4][5]。

2 被告人が自ら申立書を作ることができないときは，刑事施設の長又はその代理者は，これを代書し，又は所属の職員にこれをさせなければならない。

[規] **第227条**（刑事施設に収容中の被告人の上訴・法第366条）　刑事施設に収容されている被告人が上訴をするには，刑事施設の長又はその代理者を経由して上訴の申立書を差し出さなければならない。

2　刑事施設の長又はその代理者は，原裁判所に上訴の申立書を送付し，かつ，これを受け取つた年月日を通知しなければならない。

第228条　刑事施設に収容されている被告人が上訴の提起期間内に上訴の申立書を刑事施設の長又はその代理者に差し出したときは，上訴の提起期間内に上訴をしたものとみなす。

第297条（刑事収容施設に収容中又は留置中の被告人又は被疑者の申述）　刑事施設の長，留置業務管理者若しくは海上保安留置業務管理者又はその代理者は，刑事収容施設に収容され，又は留置されている被告人又は被疑者が裁判所又は裁判官に対して申立てその他の申述をしようとするときは，努めてその便宜を図り，ことに，被告人又は被疑者が自ら申述書を作ることができないときは，これを代書し，又は所属の職員にこれを代書させなければならない。

[1]「刑事施設にいる被告人」の意義

　本条は，刑事施設に身柄を拘束されている被告人について適用され，身柄拘束の原因が上訴の対象となっている事件である必要はない（石井・控訴審22，海老原・判例解説(刑)昭42・348，小林・注釈刑訴7・55，原田・大コメ刑訴9・69）。また，刑事被告人等を刑事施設に収容することに代えて，警察の留置施設に収容することができる（刑事収容15）から，警察の留置施設に収容されている被告人にも本条が適用される（石井・控訴審22）。もっとも，本条が適用されるのは，「刑事施設」にいる被告人についてであるから，少年院等の刑事施設以外の施設に身柄を拘束されている被告人には適用されない（石井・控訴審23）。

[2]「刑事施設の長又はその代理者に差し出したとき」の意義

　「刑事施設の長又はその代理者に差し出したとき」とは，刑事施設にいる被告人が被収容者からの書面の受領を担当する刑事施設職員に対し，上訴の申立書を交付し，同職員がこれを受領したときをいう（最決平26・11・28刑集68・9・1069）。したがって，刑事施設内において被告人から上訴申立書の提出があった場合においては，所長又は代理者が受領通知欄に押印するなどの決裁システムを採用していたとしても，同欄に押印された時点ではなく，現実に受領を担当する職員が上訴の申立書を受領した時点が「刑事施設の長又はその代理者に差し出したとき」に該当するので，受領を担当する職員は上訴申立書を受領した場合，その場で受領時刻を確認しこれを資料化しておくことが必要となるとともに，裁判所に書面が届くまでのタイムラグを可及的に短縮することに努める必要

がある（前記最決平26・11・28小貫判事の補足意見）。

[3]「上訴をしたものとみなす」の意義

上訴の申立については，上訴の申立期間内に宛先である裁判所に上訴申立書が到達していることを要するのが原則である（大決昭10・12・14刑集14・1422）が，刑事施設にいる被告人については，上訴申立期間内に刑事施設の長又はその代理者に上訴申立書が差し出されたならば，上訴申立期間内に宛先である裁判所に上訴申立書が到達していなくても上訴の申立があったものとして扱われる。

[4] 刑事施設にいる者の上訴申立の方法

規227条によれば，刑事施設にいる者が上訴をするには必ず刑事施設の長又はその代理者を経由して上訴申立をしなければならないようにも読めるが，刑事施設にいる者が刑事施設の長又はその代理者を経由せず，直接，裁判所に上訴申立を行うこともできる（大判大15・5・26刑集5・217）。もっとも，この場合，上訴申立期間内に上訴申立書が宛先である裁判所に到達していることを要する（原田・大コメ刑訴9・69）。

[5] 本条が準用される手続

明文上本条の準用が認められているのは，上訴の放棄・取下・上訴権回復の請求（367），訴訟費用執行免除，裁判の解釈及び検察官の処分に対する異議の申立並びにこれらの取下（503），正式裁判の請求，その取下又は正式裁判請求権回復の請求（規294）である。これらに加えて，判例上，判決訂正の申立（最決昭41・4・27刑集20・4・332），再審請求事件の特別抗告（最決昭50・3・20裁集刑195・639），再審請求棄却決定に対する異議申立（最決昭54・5・1刑集33・4・271），保釈保証金没取請求事件の特別抗告（最決昭56・9・22刑集35・6・675），刑の執行猶予言渡取消請求事件の特別抗告（最決平16・10・8刑集58・7・641），訴訟費用執行免除の申立却下・棄却決定に対する即時抗告（東京高決平19・2・27東時58・1＝12・11）について，本条の準用又は類推適用が認められている。

これに対して，上告趣意書の提出（大決大13・12・25刑集3・907），控訴趣意書の提出（最決昭29・9・11刑集8・9・1490），付審請求書の提出（東京高決昭34・11・10下刑集1・11・2356），付審判請求事件の特別抗告申立（最決昭43・10・31刑集22・10・955），刑事補償請求事件の特別抗告申立（最決昭49・7・18刑集28・5・257）には本条は，準用又は類推適用されない。

〔柳清隆〕

第367条〔刑事施設にいる被告人に関する特則⑵〕 前条の規定は，刑事施設にいる被告人が上訴の放棄若しくは取下げ又は上訴権回復の請求をする場合にこれを準用する[1]。

[規] **第229条（刑事施設に収容中の被告人の上訴放棄等・法第367条等）** 刑事施設に収容されている被告人が上訴の放棄若しくは取下げ又は上訴権回復の請求をする場合には，

前2条の規定を準用する。

[1] 本条の意義等

　刑事施設にいる被告人に係る上訴の放棄若しくは取下又は上訴権回復の請求について
も，366条を準用し，刑事施設の長又はその代理者に申立書が差し出されたときに，上
訴の放棄等の効果が生じるとしたものである。

　刑事施設にいる被告人が，被収容者からの書面の受領を担当する刑事施設職員に対し，
申立書を交付し，職員がこれを受領したときは，「刑事施設の長又はその代理者に差し
出したとき」に該当する（最決平26・11・28刑集68・9・1069）。

　したがって，被告人が勾留取消請求却下の裁判に対し，準抗告を申し立てた後に準抗
告の取下書を刑事施設の長の代理者に差し出したものの，裁判所が準抗告が取り下げら
れたことを知らずに取下後に準抗告を棄却する裁判を行った場合において，被告人が準
抗告棄却の裁判に対して特別抗告を行ったとしても，勾留取消請求却下の裁判は確定し
ているから，特別抗告はその実益がなく不適法なものとなる（前記最決平26・11・28）。

〔橳清隆〕

第368～371条〔削除〕　この4条については，昭和51年法律第23号により改正され
て，188の4以下に規定されたことから，削除された。

第2章 控 訴

第372条〔控訴のできる判決〕 控訴は，地方裁判所又は簡易裁判所がした第一審の判決に対して [1] これをすることができる [2]。

[1] 控訴の対象となる裁判等

控訴の対象となる裁判は，本条所定の判決に限られる。高等裁判所がした第一審判決（裁16④）に対する不服申立ては，控訴ではなく上告である。

いわゆる跳躍上告（406，規254）は，地方裁判所又は簡易裁判所がした第一審判決に対する不服申立てであるが，控訴ではなく上告である（最高裁判所が管轄する。）。

裁判員法78条の部分判決は，地方裁判所がした第一審判決であるが，控訴することはできない（裁判員80）。

[2] 控訴の管轄

控訴を管轄する裁判所は，当該第一審判決をした裁判所の所在地を管轄する高等裁判所である（裁16①）。　　　　　　　　　　　　　　　　　　　　　　　　　〔辛島明〕

第373条〔控訴提起期間〕 控訴の提起期間は，14日とする [1][2][3]。

[1] 控訴の提起期間等

控訴の提起期間は，判決の宣告があった日から進行する（358）が，期間の計算には初日は算入されないので（55 I），判決宣告当日を含め15日以内に控訴を提起することができる。

控訴提起期間の末日が土曜日，日曜日及び祝日等に当たるときは，この日は期間に算入されないので（55 III 本文），次の開庁日が控訴提起期間の末日となる。

[2] 提起期間の延長不能

控訴提起期間は延長できないが（56 II，規66 II），上訴権回復の請求（362）は可能である。

[3] 控訴申立書の期間内の到達

控訴をするには，控訴申立書を第一審裁判所に差し出す必要があり（374），控訴申立書は，控訴提起期間内に第一審裁判所に到達しなければならない。控訴申立書を期間内に郵便に付しても（消印が期間内であっても），現実に期間内に第一審裁判所に到達しなければ，控訴申立ての効力を生じない（旧法について，大決昭10・12・14刑集14・1422）。第一審

裁判所に到達した日は，通常，第一審裁判所の受付日付印により証明される。

刑事施設（留置施設，鑑別所を含む。）に収容されている被告人については，控訴提起期間内に控訴申立書を刑事施設の長又はその代理者に差し出したときは，提起期間内に控訴の申立てをしたものとみなされる（366 I，刑事収容286，規227・228・282）が，直接第一審裁判所に控訴申立書を差し出したときは，控訴提起期間内に第一審裁判所に到達した場合に限り控訴申立ての効力が生じる。

控訴申立書が控訴裁判所に差し出されたときは，控訴裁判所は速やかに第一審裁判所に回送すべきであるが，それが控訴提起期間内に第一審裁判所に到達しなければ，控訴申立てとしての効力を生じない（名古屋高決昭30・3・22高刑集8・4・445，旧法について，大判昭8・5・22刑集12・687。なお，特別抗告の申立てにつき，最決昭35・2・9刑集14・1・117。他方，回送が遅れた事情を考慮し，控訴提起期間内の申立てと扱って救済した裁判例として，名古屋高決昭59・3・12判時1141・161。）。　　　　　　　　　　　　　　　　　　　　　　〔辛島明〕

第374条〔控訴提起の方式〕　控訴をするには，申立書[1][2]を第一審裁判所に差し出さなければならない[3][4]。

> 〔規〕　第235条（訴訟記録等の送付）　控訴の申立が明らかに控訴権の消滅後にされたものである場合を除いては，第一審裁判所は，公判調書の記載の正確性についての異議申立期間の経過後，速やかに訴訟記録及び証拠物を控訴裁判所に送付しなければならない。

[1] 控訴申立書

控訴申立ては，書面によらなければならない。電報（上告につき，最決昭25・12・5刑集4・12・2489，最決昭35・2・27刑集14・2・206）やファクシミリによる控訴申立ては，不適法である（上田・判例解説(刑)平17・232も参照）。

[2] 記載事項等

表題の如何にかかわらず，原判決を特定した上，その全部又は一部に対して不服を申し立てる旨を明らかにし，かつ，規則の定める書類の要件（規60・60の2・61）を具備した書面であればよい。控訴理由（不服の理由）を記載する必要はないが，控訴理由を記載しても差し支えなく，これが記載されたときは，控訴審における審判の対象となる。

被告人がする控訴申立書には，被告人が署名・押印（又は指印）しなければならない（外国人被告人については，外国人の署名捺印及無資力証明に関する法律1条により，署名のみで足りる。）。被告人が，氏名を記載できないことに合理的な理由がないのに，署名のない申立書によってした控訴申立ては無効である（上告につき，最決昭40・7・20刑集19・5・591）。

控訴申立書を電子複写機によって複写しただけの，コピーされた書面による控訴の申立ては，申立人の署名押印を欠くから無効である（コピーした書面に署名押印の「複写」も

あるということ等では足りない。最決平17・7・4刑集59・6・510は、電子複写機によって複写されたコピーであって、作成名義人たる外国人である被告人の署名がない控訴申立書による控訴申立ては、同書面中に被告人の署名が複写されていたとしても無効であるとした。電子複写機によって複写されたコピーによる上告趣意書も有効となり得るとした最決昭58・10・28刑集37・8・1332との結論の相違は、上訴の申立てには、手続的確実性や法的安定性がとりわけ強く求められることによる。)。

　検察官又は弁護人が控訴申立書を作成する場合は記名押印でもよい（規60の2）。

　申立書の宛名は控訴裁判所とすべきであるが、宛名は法律上の要件ではないから、第一審裁判所宛てとしても有効である（旧法につき、大判大15・5・26刑集5・217）。

[3] 差出先

　控訴裁判所ではなく第一審裁判所である。控訴裁判所に差し出された場合には、同裁判所は速やかに控訴申立書を第一審裁判所に回送すべきである（前条の解説[3]も参照。)。

[4] 控訴申立ての通知

　控訴の申立てがあったときは、第一審裁判所の書記官は、速やかにこの事実を相手方に通知しなければならない（規230）。

　通知の方法については、特段の規定がなく、被告人に対する通知は、実務上、適宜の方法による場合と、送達による場合がある（これに対し、検察官に対する通知は、規64に基づき、事件関係送付簿による通知の方法によって行われる。)。もっとも、第一審で被告人が無罪の言渡しを受けたのに対し、検察官が控訴した場合には、この通知の重要性に鑑み、被告人に対する通知は送達によらなければならず、この場合に被告人が送達のための届出をしないまま所在不明になったときは、無罪の言渡しを受けた被告人には送達のための届出義務（規62）はひとまずなく、規63条の付郵便送達は許されないと解する（木口・注釈刑訴［第3版］7・91以下、最決平19・4・9刑集61・3・321についての井上・判例解説（刑）平19・124。この場合、検察官による所在の把握等により対処することになろう。)。　　　　　　　　〔辛島明〕

第375条[1]〔第一審裁判所による控訴棄却の決定〕　控訴の申立が明らかに控訴権の消滅後にされたものであるときは[2][3]、第一審裁判所は、決定でこれを棄却しなければならない。この決定に対しては、即時抗告をすることができる[4]。

[1] 本条の趣旨

　本条は、控訴裁判所に無用な負担をかけないようにするため、控訴の申立てが控訴権の消滅後にされたことが明らかな場合には第一審裁判所が控訴を棄却すべきことなどを規定する。

[2] 控訴権の消滅

　控訴権は、控訴提起期間（373）の経過、控訴の取下げ（359）・放棄（360）により消滅

する。

[3]「明らかに」

「明らかに」とは，一見して疑う余地がなく，控訴裁判所の判断に任せる必要がないほど明確である場合をいう。実務上は，明らかに控訴提起期間が経過した後，控訴申立書が第一審裁判所に差し出された場合に，本条の決定がなされることが多い。

第一審裁判所は，控訴の申立てが法令上の方式に違反することを理由に控訴棄却の決定をすることはできない（最決昭33・11・24刑集12・15・3531は，被告人の法定代理人でも保佐人でもなく，上訴権者に当たらない被告人の父からの控訴申立てにつき，第一審裁判所としては，それを理由に控訴を棄却することはできないとした。）。

第一審裁判所として，控訴権の消滅後であるかどうかについて少しでも疑いがある場合は，本条の控訴棄却の決定をすべきではなく，「明らかに」とは認められないときは，第一審裁判所は，公判調書の記載の正確性についての異議申立期間（51Ⅱ）の経過後，速やかに訴訟記録等を控訴裁判所に送付しなければならない（規235）。控訴裁判所は，控訴の申立てが控訴権の消滅後にされたものであることが明らかと認めるときは，決定でこれを棄却し（385Ⅰ），書面審査だけでは明らかとまではいえないときは，口頭弁論を経た上，判決でこれを棄却する（395）。

本条の適用に関して判示した裁判例として，被告人が，勾留されている拘置所の所長代理者に対し，控訴取下書を提出したが，その2時間後に上訴権回復請求書及び再度の控訴申立書を提出して，これらの書面が同時に第一審裁判所に到着した場合について，当初の控訴申立てがなお有効で，被告人の控訴権はまだ消滅していないと考える余地があるとして，本条による控訴棄却の決定をしなかった東京地決昭45・6・19判時599・143がある。

[4] 不服申立て

本条の控訴棄却決定に対しては，即時抗告（422・425）ができる（本条後）。　　〔辛島明〕

第376条〔控訴趣意書〕 控訴申立人[1]は，裁判所の規則で定める期間内に[2]控訴趣意書[3]を控訴裁判所に差し出さなければならない[4]。

2　控訴趣意書には，この法律又は裁判所の規則の定めるところにより，必要な疎明資料又は検察官若しくは弁護人の保証書を添附しなければならない[5]。

[規]　**第236条（控訴趣意書の差出期間・法第376条）** 控訴裁判所は，訴訟記録の送付を受けたときは，速やかに控訴趣意書を差し出すべき最終日を指定してこれを控訴申立人に通知しなければならない。控訴申立人に弁護人があるときは，その通知は，弁護人にもこれをしなければならない。

2　前項の通知は，通知書を送達してこれをしなければならない。

3 第1項の最終日は，控訴申立人に対する前項の送達があつた日の翌日から起算して21日目以後の日でなければならない。

4 第2項の通知書の送達があつた場合において第1項の最終日の指定が前項の規定に違反しているときは，第1項の規定にかかわらず，控訴申立人に対する送達があつた日の翌日から起算して21日目の日を最終日とみなす。

第237条（訴訟記録到達の通知） 控訴裁判所は，前条の通知をする場合には，同時に訴訟記録の送付があつた旨を検察官又は被告人で控訴申立人でない者に通知しなければならない。被告人に弁護人があるときは，その通知は，弁護人にこれをしなければならない。

第238条（期間経過後の控訴趣意書） 控訴裁判所は，控訴趣意書を差し出すべき期間経過後に控訴趣意書を受け取つた場合においても，その遅延がやむを得ない事情に基くものと認めるときは，これを期間内に差し出されたものとして審判をすることができる。

第240条（控訴趣意書の記載） 控訴趣意書には，控訴の理由を簡潔に明示しなければならない。

第241条（控訴趣意書の謄本） 控訴趣意書には，相手方の数に応ずる謄本を添附しなければならない。

第242条（控訴趣意書の謄本の送達） 控訴裁判所は，控訴趣意書を受け取つたときは，速やかにその謄本を相手方に送達しなければならない。

第243条 [6]（答弁書） 控訴の相手方は，控訴趣意書の謄本の送達を受けた日から7日以内に答弁書を控訴裁判所に差し出すことができる。

2 検察官が相手方であるときは，重要と認める控訴の理由について答弁書を差し出さなければならない。

3 裁判所は，必要と認めるときは，控訴の相手方に対し一定の期間を定めて，答弁書を差し出すべきことを命ずることができる。

4 答弁書には，相手方の数に応ずる謄本を添附しなければならない。

5 控訴裁判所は，答弁書を受け取つたときは，速やかにその謄本を控訴申立人に送達しなければならない。

［1］控訴趣意書の差出権者－控訴申立人（本条Ⅰ）　　　［2］控訴趣意書の差出期間等
［3］控訴趣意書の方式　　［4］控訴趣意書の撤回　　［5］疎明資料・保証書の添附
（本条Ⅱ）　　［6］答弁書（規243）

［1］控訴趣意書の差出権者－控訴申立人（本条Ⅰ）

「控訴申立人」とは，現実に控訴を申し立てた者をいうのではなく，控訴の申立てをした側の控訴審における当事者である検察官又は被告人を指す。

(1) **被告人**　　被告人に控訴趣意書の差出権限があることは当然である。被告人が法人である場合には，その代表者が控訴趣意書を差し出さなければならない（27）。代表者でない者が作成提出した上告趣意書につき，その後その者が代表者になったこと等の事情から，これを有効とした判例がある（最決昭39・10・16判タ169・151）。

(2) **控訴審で選任された弁護人**　　包括代理権の一内容として（したがって，控訴審の弁護人は，被告人の明示の意思に反した控訴趣意書を差し出すことはできない。東京高判昭60・6・20高刑集38・2・99を参照。），主任弁護人であるか否かを問わず控訴趣意書の差出権限がある（規236Ⅰ・239）。

　弁護人選任届の提出前に控訴趣意書が差し出されても，その後裁判の時までに弁護人選任届が追完されれば，その控訴趣意書は判断の対象としなければならない（旧法事件における上告趣意書につき，最大判昭29・7・7刑集8・7・1052）。

(3) **原審の弁護人**　　自ら控訴の申立てをした場合に限り，控訴趣意書を差し出すことができ（最判昭29・12・24刑集8・13・2336。控訴審で弁護人選任届が提出されなくても，控訴審における審判の対象とされる。），自ら控訴を申し立てなかった原審弁護人が提出した控訴趣意書は，審判の対象とはならない（上告趣意書につき，最決昭36・7・18刑集15・7・1103）。

(4) **検察官**　　控訴趣意書の名義人は，控訴裁判所に対応する検察庁所属の検察官であることが本則である（検察5）が，実務上は，この検察官名義の控訴趣意書提出書に，原裁判所に対応する検察庁所属の検察官名義の控訴趣意書を添付して提出することが一般であり，もとより適法である（最大判昭30・6・22刑集9・8・1189）。また，後者の控訴趣意書のみを提出することも適法と解される（東京高判昭30・7・25裁判特報2・16・830）。

［2］控訴趣意書の差出期間等

(1) **差出最終日の通知**　　控訴裁判所は，訴訟記録の送付を受けたときは，速やかに控訴趣意書を差し出すべき最終日を指定して，これを通知書の送達により控訴申立人及び（弁護人があるときは）弁護人に通知する（規236ⅠⅡ）。原審の弁護人に対して通知をする必要はない（最決昭34・2・25刑集13・2・190）。

　在宅の被告人が控訴を申し立てたときは，その住居が（居住実体はあるものの）全戸不在のため送達できない場合には，その住居に宛てて通知書を付郵便送達（54による民訴107Ⅰ①の準用）することができるし，被告人が所在不明となったときであっても，被告人に手続上の不利益をある程度甘受させることもやむを得ないような帰責事由の有無等を考慮し，規63条1項の趣旨により，（住居として届け出がされていた場所等に宛てて）付郵便送達をすることができる場合があると解される（上告趣意書差出最終日通知書についての最決平12・6・27刑集54・5・445も参照。）。

(2) **差出期間**　　最終日は，通知書の送達の21日目以降でなければならず（規236Ⅲ），実務上は，差出期間を1か月とするのが平均的な取扱いである。必要的弁護事件であっても，弁護人選任に先立って最終日の指定をすることはできる（最決昭30・6・3刑集9・7・1136）が，指定した最終日に接着した時期に国選弁護人を選任する場合には，最終日を

変更して控訴趣意書差出しの機会を与えるか，相当期間内の趣意書の提出を促し，規238条により審判の対象とする必要がある（最大判昭32・6・19刑集11・6・1673）。

この最終日指定の後に弁護人選任届が提出された弁護人に対しては最終日の通知をする必要はない（最判昭27・5・6刑集6・5・733，最決昭45・2・13刑集24・2・45）。

控訴裁判所は，いったん定めた最終日を変更することができる。実務上，当事者から，差出最終日の変更（差出期間の延長）の申出がされることがあるが，申立権があるわけではなく，あくまで控訴裁判所に職権発動を促すものにすぎない。

差し出された控訴趣意書膳本は，送達されなければならない（規242）。無罪等の第一審判決に対して検察官が控訴を申し立てた場合，被告人が所在不明であれば，検察官の控訴趣意書膳本については，付郵便送達ではなく，検察官による所在の把握等により対処すべきであるが（最判昭38・2・22裁集刑146・403も参照。），控訴申立通知書の送達が有効になされたときには，それ以降に被告人が所在不明になっても，前記(1)のような被告人側の帰責事由の有無等を考慮し，最終住居に宛てて付郵便送達を行うことも許されることがある（最決平19・4・9刑集61・3・321も参照。）。

(3) **差出期間を徒過した場合の取扱い**　最終日までに提出された控訴趣意書は，控訴裁判所の調査対象になる（392Ⅰ）。控訴趣意補充書についても，最終日までに提出されれば，控訴趣意書と同様に扱われる。

最終日を過ぎて提出された控訴趣意書は，原則として調査の対象とならない。被告人の控訴趣意書については，収容中の被告人に対する特則の規定（366Ⅰ）は準用されず，期間内に刑事施設の長に差し出されても，控訴裁判所に到達していなければ，期間内に差し出されたことにはならない（最決昭29・9・11刑集8・9・1490）。もっとも，差出しの遅延がやむを得ない事情に基づくものと認める場合は，期間内に差し出された適法なものとして取り扱うことができる（規238）。やむを得ない事情は，被告人，弁護人の責に帰し得ないような物理的・客観的な障害が生じた場合に限られる。

差出期間経過後に提出された控訴趣意補充書については，本来の控訴趣意書の内容を敷衍し，補充する限度でなければならず，これを超えて新たな主張をすることは許されない（最判昭28・12・22刑集7・13・2599）。実務上，新たな主張が記載された控訴趣意補充書について陳述を許さなかった場合に，控訴裁判所の職権調査（392Ⅱ）を促す旨の申出があったものとして扱うことがある。

控訴趣意書が期間内に差し出されず，規238条の適用もない場合は，決定で控訴が棄却される（386Ⅰ①。事例として，最決平18・9・15判タ1232・134，最決平21・6・17裁集刑296・861等）。なお，必要的弁護事件で被告人が控訴した場合，被告人に弁護人がないままであるときは，所定の期間内に控訴趣意書を差し出さないことを理由に決定で控訴を棄却することは許されない（最決昭47・9・26刑集26・7・431）。

[3] **控訴趣意書の方式**

(1) **書面性等**　控訴趣意書は書面によらなければならず，電報やファクシミリによる

控訴趣意書は不適法である（旧法事件における上告趣意書についての大決大14・2・28刑集4・139
も参照）。作成者の署名押印等を要する（規60・60の2）が，電子複写機によるコピーによ
って作成された控訴趣意書は，作成名義人の署名押印も複写されていること及びその他
の事情により，作成名義人の意思に基づくものと認められるときは有効とされることが
ある（最決昭58・10・28刑集37・8・1332は，被告人の上告趣意書につき，コピーによる上告趣意書は，
規60に違背するが，作成名義人の署名押印も複写されており，これを封入した郵便の封筒には作成
名義人によるものと認められる氏名の記載があるなどの事情の下で，これを有効なものとして判断
の対象とするのが相当であるとした。）。

外国語による控訴趣意書は裁判所法74条に違反し不適法である（最決昭35・3・23刑集14
・4・439）が，日本語の翻訳文を添付して提出している場合は，有効である。

(2) **控訴理由**　　控訴趣意書には，控訴の理由を簡潔に明示しなければならない（規240）。
控訴理由は具体的に記載しなければならず，単に，「事実誤認がある」とか「法令違反
がある」とかの記載があるだけの控訴趣意書は不適法である（もっとも，差出期間内に相
当な内容の控訴趣意補充書が提出された場合は，瑕疵は補正される。最決昭52・11・11刑集31・6・1019
を参照）。なお，控訴申立書に控訴理由を記載するのも有効である。

控訴趣意書自体に控訴理由を具体的に記載せず，第一審に提出した書面の記載を引用，
援用する旨記載するのみの控訴趣意書は不適法である（最決昭35・4・19刑集14・6・685）が，
当該書面を控訴趣意書に添付し一体とすれば適法である（東京高判昭33・12・19高刑集11・10・
631）。相被告人又はその弁護人が既に提出した控訴趣意書の援用は許されるが，当該相
被告人の控訴取下げ又は死亡等により公訴棄却の裁判がなされた場合には援用の効力が
失われる（東京高判昭30・2・4裁判特報2・4・59）。

控訴趣意書が以上のような方式に違反する場合は，決定で控訴が棄却される（386 I
②）。

[4] 控訴趣意書の撤回

控訴趣意書の撤回については明文の規定はないが，被告人が自ら差し出した控訴趣意
書を自ら撤回することに，特段の問題はない。被告人は，弁護人が差し出した控訴趣意
書も撤回できる（最決昭45・9・4刑集24・10・1311）。

弁護人が被告人作成の控訴趣意書を撤回することも可能であるが，被告人の明示又は
黙示の意思に反して撤回することはできないと考えられる（最決昭30・4・15刑集9・4・851
も参照）。なお，実務上，撤回された被告人作成の控訴趣意書を，被告人の上申書など
として証拠化することがある。

弁護人が自己の控訴趣意書を撤回することは可能であるが，そのことによって控訴趣
意書が差出期間内に提出されなかったことになる場合は，被告人の同意を要する（高松
高判昭30・1・31裁判特報2・1＝3・30）。

控訴趣意書の撤回は，書面でするか，公判廷でその旨の意思を表示することにより行
われる。検察官又は弁護人が公判廷で控訴趣意書を陳述しない旨を明確に表示したとき

も，撤回がなされたのと同様に扱うことができる（最判昭27・1・10刑集6・1・69等。なお，この撤回等がなされない限り，適法に差し出された控訴趣意書については，それが弁論の対象となったか否かにかかわらず，控訴裁判所は調査・判断をしなければならない。）。

[5] 疎明資料・保証書の添付（本条Ⅱ）

疎明資料の添付を要するのは382条の2第1項・2項・383条所定の場合であり，保証書の添付を要するのは377条の場合である。

[6] 答弁書（規243）

答弁書の提出は任意的であるが，被告人控訴の場合，検察官は重要と認める控訴理由について答弁書を提出しなければならない（規243Ⅱ）。

実務上，提出期限（控訴趣意書謄本の送達を受けた日から7日以内。規243Ⅰ）に拘束力は認められておらず，期限後の提出でも受理されている。

〔辛島明〕

第377条 [1] 〔控訴申立ての理由──絶対的控訴理由(1)〕　左の事由があることを理由として控訴の申立をした場合には，控訴趣意書に，その事由があることの充分な証明をすることができる旨の検察官又は弁護人の保証書 [2] を添附しなければならない。

一　法律に従つて判決裁判所を構成しなかつたこと [3]。
二　法令により判決に関与することができない裁判官が判決に関与したこと [4]。
三　審判の公開に関する規定に違反したこと [5]。

[1] 絶対的控訴理由(1)

本条及び378条所定の控訴理由は，裁判の公正ないしその外観保持の上で特に重大な法令違反であり，これらが認められた場合は，相対的控訴理由（379ないし382）の場合と異なり，常に，原判決に影響を及ぼすことが明らかとみなされる（最大判昭30・6・22刑集9・8・1189）。公判手続の更新前の手続に本条の事由があっても控訴理由とはならないとするのが通説とされるが，瑕疵の重大性に鑑みると，交替後の裁判体で手続をやり直すなどした場合に，本条（1号又は3号）に該当しなくなると解するのが相当であろう（原田・大コメ刑訴9・122，169以下，小林＝前田・注釈刑訴［第3版］4・592）。

[2] 保証書

本条所定の事由があることの十分な証明ができることを保証する旨の書面である。保証書自体は本条所定の事由の証拠とはならない。保証書には，理由の記載や疎明資料の添付を要しない。

判決裁判所の構成等については，公判調書に記載されたものが排他的な証明力を有する（52）ので，公判調書に記載された事実を否定して本条所定の事由を証明しようとする場合は，いわゆる調書異議の申立て（51）をしておく必要がある。

377条

[3] 法律に従って判決裁判所を構成しなかったこと（本条①）

(1) **判決裁判所の構成**　判決裁判所とは，判決の基礎となった審理又は判決言渡しの際の裁判所をいう。その構成員は裁判官（裁判員裁判では裁判官及び裁判員）であり，補充裁判員，裁判所書記官は構成員ではない。

　本条1号に該当する場合としては，法定合議事件（裁26Ⅱ）を単独体で，裁判員裁判対象事件（裁判員2①）を裁判官のみの合議体で審理するなど，裁判所の構成員に不足があるとき，未特例判事補の職権制限（裁27）に違反したとき，任命欠格事由（裁46）のある裁判官や職務代行（裁28）を命じられていない他庁の裁判官が判決裁判所を構成したとき（最判平19・7・10刑集61・5・436）などである。

(2) **裁判員，補充裁判員の構成に違法がある場合**　裁判員に選任の資格がなかったり，欠格事由があるなど（裁判員13・14・17・18），裁判員の構成に違法がある場合も，本条1号に該当する。裁判員は事件ごとに選任されるから，事件に関連した不適格事由があるとき（裁判員17）も，本条2号ではなく本条1号に当たる（なお，裁判員18が本条①該当性の根拠となるのは，裁判員18により，裁判所が，当該裁判員等候補者について不公平な裁判をするおそれがあると認め，不選任の決定をした場合に限られる。）。

　これに対し，判決が裁判員法6条1項の裁判員の関与する判断を含まないものであるとき（公訴棄却や免訴の判決，専ら法令解釈の問題を理由とする無罪判決）や，構成の違法が就職禁止事由（裁判員15）に該当する裁判員がいた場合にとどまるとき（裁判員64Ⅰ）は，本条には当たらない（これらの場合は，379の訴訟手続の法令違反の問題として，判決に影響を及ぼすことが明らかなときに限って，控訴理由となる。）。

　補充裁判員は判決裁判所の構成員ではないので，補充裁判員の構成のみに違法があった場合は本条1号には該当しない。

[4] 判決に関与できない裁判官（本条②）

　判決に関与するとは，判決の内部的成立（評議及び評決・裁75～77）に関与することをいい，審理のみ，既に内部的に成立した判決の宣告のみに関与したときは本条2号に当たらない（審理にのみ関与したときは，訴訟手続の法令違反の問題となり，判決の宣告にのみ関与したときは，必ずしも違法の問題を生じない。後者につき，最決昭28・11・27刑集7・11・2294参照）。

　判決に関与できない裁判官とは，除斥原因のある裁判官（20，規12），忌避又は回避の申立てに理由があるとする決定があった場合の当該裁判官（23，規13）である。裁判員に同様の事情がある場合は，裁判員法17条・18条により当該事件についてそもそも裁判員となることができないため，本条2号ではなく本条1号の問題となる。

[5] 審判の公開に関する規定違反（本条③）

　憲法37条1項・82条に違反して公開しなかった場合や，裁判所法70条に定める公開停止の手続に違反した場合をいう。公開すべきでない審判を公開した場合は本条3号に当たらない。

〔辛島明〕

378条

第378条 [1] 〔控訴申立ての理由——絶対的控訴理由(2)〕 左の事由があることを理由として控訴の申立をした場合には，控訴趣意書に，訴訟記録及び原裁判所において取り調べた証拠に現われている事実であつてその事由があることを信ずるに足りるものを援用しなければならない [2]。

一 不法に管轄又は管轄違を認めたこと [3]。

二 不法に，公訴を受理し，又はこれを棄却したこと [4]。

三 審判の請求を受けた事件について判決をせず，又は審判の請求を受けない事件について判決をしたこと [5]。

四 判決に理由を附せず，又は理由にくいちがいがあること [6]。

[1] 絶対的控訴理由(2)　　[2] 事実の援用　　[3] 不法に管轄又は管轄違いを認めたこと（本条①）　　[4] 不法に公訴を受理し又はこれを棄却したこと（本条②）　　[5] 判断遺脱及び不告不理違反（本条③）　　[6] 理由不備及び理由齟齬（本条④）

[1] 絶対的控訴理由(2)

本条は，377条以外の基本的な訴訟手続の法令違反に関する絶対的控訴理由について規定する。

[2] 事実の援用

(1) 訴訟記録等に現れている事実　　本条で援用をしなければならないとされている事実は，訴訟記録又は原裁判所で取り調べた証拠のいずれかに現れているか，そこから推測できるものであればよく，原審で明示的に主張立証の対象となった事実に限られない。

訴訟記録とは，裁判所が訴訟に関する書類を訴訟進行の順序に従って編てつしたものの全体をいい（規235），起訴状，弁護人選任関係書類，送達関係書類も含まれる。

原審で証拠調べ請求を却下された証拠についても，その証拠の立証趣旨が証拠調べ請求書や公判調書に記載されている場合は，その内容である事実を援用することができる。これに対し，訴訟記録中に全く現れていない事実を新たに主張する場合は，382条の2の要件を満たさなければならない。

(2) 信ずるに足りるもの　　「信ずるに足りる」とは，客観的にも控訴理由を基礎付ける可能性のある程度のものを指す。「信ずるに足りる」か否かについて控訴申立人と控訴裁判所の判断が異なっていても，控訴申立ての理由が形式上本条各号に該当する限り，控訴に理由がない（396）とされることは別として，控訴理由不該当（386 I ③）となることはない。

(3) 援　用　　「援用」とは，控訴理由の根拠となるべき事実を，訴訟記録上又は証拠上に現れている箇所を特定して具体的に指摘することをいう。控訴裁判所に適切な判断を可能にするためにも，単に本条各号に相当する事実を指摘するだけでは足りず，記録の丁数や文書の表題等によってその事実の所在箇所を特定して記載することが望ましい。

378条

事実の援用を欠く控訴趣意書が提出された場合は，決定で控訴が棄却される（386Ⅰ②）が，実務上は，釈明を求めたり，補正の機会を与えたりすることが多い。

[3] 不法に管轄又は管轄違いを認めたこと（本条①）

不法に管轄を認めたとは，329条本文により管轄違いの言渡しをすべきであるのにしなかったことをいい，不法に管轄違いを認めたとは，管轄があるのに又は管轄違いの言渡しをすることができないのに（329但・331）これをしたことをいう。

簡易裁判所の科刑権制限（裁33Ⅱ）違反は，本条1号ではなく訴訟手続の法令違反（379）に当たる（最判昭30・12・20刑集9・14・2906についての田原・判例解説（刑）昭30・427。）。

不法に管轄又は管轄違いを認めたか否かは，起訴状の訴因を基準とするのが通常であるが，裁判所が訴因と異なる実体形成をしたときは，その実体形成をした事実が基準となる（東京高判昭54・2・27判時955・131は，重過失失火・重過失致死傷の起訴に対し，地方裁判所が失火・過失致死傷を認定しながら，管轄違いの判決をすることなく刑を言い渡したのは，本条①前の不法に管轄を認めた場合に当たるとした。）。

[4] 不法に公訴を受理し又はこれを棄却したこと（本条②）

不法に公訴を受理したとは，338条又は399条1項各号の事由があるのに公訴棄却の裁判をしなかったことをいい，不法に公訴を棄却したとは，338条の事由がないのに公訴棄却の判決をしたことをいう。原審が339条1項各号の事由がないのに公訴棄却決定をした場合は即時抗告によるべきであり（339Ⅱ），控訴の問題は生じない。

裁判所が事実認定や法令の適用を誤った結果，不法に公訴を受理したとするとき（強姦致傷の公訴事実につき，致傷の事実がないのにあると誤認した結果，告訴がなされていないのに有罪判決をしたようなときなど），あるいは，不法に公訴を棄却したとするとき（強姦致傷の公訴事実につき，致傷の事実が認められないとした結果，告訴がないとして公訴棄却したものの，致傷の事実を認定できるようなときなど）に，以上の原因となった事実誤認ないし法令適用の誤りと本条2号のいずれで原判決を破棄すべきかについては見解が分かれている。控訴理由としては重複する関係にあり，いずれの破棄理由によっても，例えば，破棄した場合に自判することができるかといった事後の処理にも必ずしも差異はないと考えられるから（本条②を理由として破棄した場合であっても，実体審理を経ていれば400但により自判することは可能と解される。家令・判例解説（刑）平19・22，石井・控訴審392以下。），前者の理由（事実誤認ないし法令適用の誤り）に加えて，本条2号も破棄理由として掲げることができると解する（原田・大コメ刑訴9・133以下。裁判例として，反則通告手続を経ていない制限速度超過の公訴事実につき第一審が反則行為に当たると認めて公訴を棄却したのに対し，控訴審で非反則行為に当たると認めた場合について，東京高判昭49・3・28判時752・109，また，同様の問題状況がある本条①の場合につき，東京高判平15・5・19判時1883・153。なお，次の判例は，判文に照らし，必ずしも上記の理解と矛盾するものではないと解される。業務上過失傷害で起訴された事件につき，控訴審が業務性を否定し，告訴を欠くとして公訴棄却としたのに対し，業務性を肯定すべきであるとした上，原判決は刑211の解釈を誤り，ひいて判決に影響を及ぼすべき重大な事実の誤認をおか

したとして，破棄し差し戻した最判昭33・4・18刑集12・6・1090，非反則行為として通告手続を経ないで起訴された事実につき，控訴裁判所が，第一審裁判所と異なり反則行為を認定した場合には，第一審判決を破棄して，338④により公訴を棄却すべきであるとした最判昭48・3・15刑集27・2・128）。

[5] 判断遺脱及び不告不理違反（本条③）

(1) **判断遺脱（本条③前）**　　判断遺脱に当たるのは，併合罪関係にある複数の訴因の一部について判断を示していない場合である（裁判例として，東京高判昭43・4・17高刑集21・2・199，併合罪関係にある甲，乙二つの無免許運転が含まれていた公訴事実につき，検察官が訴因を変更して乙のみに減縮したところ，乙についてのみ判断した場合）。一部無罪の場合など，理由中で判断をしていても，主文で判断を示していなければ，判断遺脱となる。これに対し，単純一罪の一部や，包括一罪，常習一罪，あるいは複数の訴因が科刑上一罪，主位的・予備的，択一関係にあるなど，公訴事実の同一の範囲内にある一部について有罪とし，その余を犯罪事実として摘示していないときは，これについては認めない旨判断したものと解されるので，理由中にその旨の記載がなくても，別途事実誤認等に当たるかは別として，判断遺脱には当たらないと解する（松尾・条解1025。単純一罪につき最判昭23・12・2刑集2・13・1682，予備的訴因につき最決昭29・3・23刑集8・3・305，択一的訴因につき最判昭25・10・3刑集4・10・1861）。

　　また，1個の訴因又は科刑上一罪の関係，主位的・予備的の関係，択一関係にある（公訴事実の同一性のある）複数の訴因を審理し主文で無罪とした場合は，理由中で，1個の訴因の一部，複数の訴因のあるものについて明示的な説明を欠いていても，その全部について認められないとの判断を示しているので，判断遺脱には当たらないと解される（松尾・条解1025）。

　　なお，数罪としての起訴を裁判所が一罪と認めて全部有罪とすることは本条3号前段に当たらないし（最判昭25・7・7刑集4・7・1226，最判昭25・7・13刑集4・8・1364），逆に一罪としての起訴を数罪と認めて全部有罪とすることも本条3号後段に違反しない（最判昭63・1・29刑集42・1・38も参照）。

　　判断遺脱をした原判決に対して控訴の申立てがあったときは，併合審理された訴因全部につき控訴裁判所に移審の効力が生ずるから，原裁判所が判断遺脱した訴因について改めて審判することはできない（最判昭43・4・26刑集22・4・342）。

(2) **不告不理違反（本条③後）**　　**ア　公訴事実外の事実を認定した場合**　　不告不理違反に当たることが明らかなのは，当初訴因と公訴事実の同一性のない別の事実について判決した場合であり（最判平16・2・16刑集58・2・133，示凶器脅迫の訴因とは併合罪の関係にある当該凶器であるナイフの携帯について有罪認定した場合），公訴事実の同一性がないことを看過して追加的訴因変更がされていたとしても同様である（最判昭33・2・21刑集12・2・288，窃盗幇助の訴因に対し，併合罪の関係にある贓物故買を予備的訴因として追加し，予備的訴因について有罪判決をした場合。最判昭41・4・12裁集刑159・157，詐欺の訴因に対し，併合罪の関係にある

業務上横領を予備的訴因として追加し，予備的訴因について有罪判決をした場合）。

　なお，当初訴因によりどのような事実が起訴されたかは，罪名・罰条を含む起訴状の記載等から検察官の訴追意思を合理的に解釈して判断することになる（前掲最判昭63・1・29は，殺人被告事件（起訴状の罪名，罰条としては殺人のみが表示されている。）につき，逮捕監禁の事実が殺人の実行行為の一部を組成するものとして公訴事実中に記載されており，検察官はその処罰を求めているというべきであるなどとして，殺人と併合罪の関係にある逮捕監禁罪の成立を認めても不告不理違反にならないとした。）。また，判決において何を犯罪事実として認定したか（あるいは，単に経過又は情状として認定したにとどまるか）は，基本的に，判文を合理的に解釈して判断される（包括一罪の一部を構成する訴因外の事実の認定が問題となった事案についての最決昭41・11・10裁集刑161・325，最判平26・4・22刑集68・4・730も参照）。

　　イ　訴因変更手続を経ないで訴因外の事実を認定した場合　　公訴事実の同一性はあるが訴因変更を要する事実について，訴因変更を経ずに認定した場合のうち，訴因の追加的変更を経ることなく訴因と科刑上一罪を構成する別の犯罪事実を認定した場合，すなわち，訴因と認定事実とが事実上両立する関係にあり，訴因の個数の枠を逸脱した事実を認定したといい得る場合は，不告不理違反に当たると解される（最決昭25・6・8刑集4・6・972，窃盗被告事件につき，起訴のない住居侵入を判決で認定した場合。最判昭29・8・20刑集8・8・1249，強制わいせつの訴因に対し，訴因変更手続を経ることなく，観念的競合の関係に立つと解される公然わいせつを認定した場合）。

　それ以外の場合，すなわち，訴因と認定事実とが事実上両立しない関係にある場合（訴因の個数の枠内にある場合）は，訴因の個数の枠を逸脱した場合ほど瑕疵が重大でなく，不告不理違反には当たらず，訴因変更手続を経なかったことが訴訟手続の法令違反（379）となるにとどまると解する（小林・注釈刑訴［第3版］7・134。最決昭32・7・19刑集11・7・2006は，競馬施行者でない被告人が，地方競馬の競走に関し勝馬投票券に類似するものを発売して競馬を行ったという競馬法30①違反の起訴に係る事実に対し，判決で，被告人は地方競馬の競争に関し勝馬投票類似の行為をさせて利を図ったという同法30③違反の事実を認定したからといって，378③に当たる違法があるとはいえないとした。なお，最判昭36・6・13刑集15・6・961は，収賄の共同正犯の訴因に対し，訴因変更の手続を経ないで贈賄の共同正犯の事実を認定するのは，「訴訟手続が違法であることを免れない」としたが，この判例の立場は必ずしも明確ではない。）。

［6］理由不備及び理由齟齬（本条④）

(1)　**意　義**　　「判決に理由を附せず」（理由不備）とは，44条1項・335条1項によって要求される理由の全部又は重要な部分を欠くことをいい，「理由にくいちがいがある」（理由齟齬）とは，主文と理由との間又は理由相互の間に，理由不備と同視できる程度の重大な矛盾があることをいう。もとより明らかな誤記と認められる場合は理由不備等に当たらない。

(2)　**有罪判決の場合**　　**ア　主　文**　　主刑につき，主文と理由（法令の適用）との間に理由齟齬があるとされた例として，主文で懲役3年6月，理由中で懲役3年とした場合

（最大判昭24・3・23刑集3・3・342），主文で禁錮刑，理由中で懲役刑選択とした場合（最判昭47・6・27裁集刑184・775），法令の適用として刑法21条を掲記しながら，主文に未決勾留日数算入の記載がない場合（東京高判昭32・4・27高刑集10・3・288）などがある。なお，訴訟費用の負担を免除した場合は，判決理由中にその旨の説示を欠いても理由不備とはならない（札幌高判昭30・11・22高刑集8・8・1123）。

イ　罪となるべき事実　　罪となるべき事実の判示の程度については，構成要件に該当すべき具体的事実を，その構成要件に該当するかどうかを判定するに足りる程度に具体的に明白にするものである必要があり，かつ，それで足りる（最判昭24・2・10刑集3・2・155）が，理由不備や理由齟齬と判断された例は多数に上る。

理由不備とされたものとしては，①強盗罪について，財物奪取の犯意を生じた後に反抗を抑圧するに足りる暴行・脅迫があったことの判示が不十分である場合（東京高判昭48・3・26高刑集26・1・85），②窃盗罪について，他人名義のキャッシュカードを用いて金融機関のATMから現金を引き出して窃取した旨判示するにとどまり，その引出しが正当な引出権限によらず金融機関の意思に反するものであることの摘示を欠いた場合（東京高判平21・12・25東時60・1＝12・250），③窃盗未遂罪の事実を判示するに当たって，「窃取しようとした」とだけ記載し，実行の着手があったことを示す具体的事実の記載を欠いた場合（東京高判平20・5・20高検速報平20・96），④詐欺罪について，欺罔行為者と財物の交付を受ける者との関係について判示しなかった場合（大阪高判平12・8・24判時1736・130），被欺罔者と財物の交付をした者との関係等について判示しなかった場合（福岡高判昭60・9・24刑裁月報17・9・798），⑤2項詐欺罪について，逃走して支払をしなかったと判示するだけで相手方の処分行為等の記載を欠いた場合（東京高判昭51・9・22東時27・9・127），⑥着服横領（否認事件）の実行行為を認定・判示するに当たり，単に「着服して横領した」という多義的な内容を含む評価的な文言のみ摘示した場合（名古屋高判平14・12・6高検速報平14・141），⑦交差点を左折する際の事故につき，いかなる被告人の行為を過失行為として認定判示したのか特定明示されていない場合（名古屋高判昭62・7・30判タ672・262），⑧行為者を相手方として児童に淫行をさせる場合の児童福祉法34条1項6号に違反する罪につき，児童に対し事実上の影響力を及ぼして淫行するよう働き掛け，その結果児童をして淫行するに至らせたことを判示していない場合（東京高判平22・8・3判タ1342・249）などがある。

理由齟齬とされたものとしては，①被害者の顔面を手拳で殴打したという暴行だけから，その左肘関節部に打撲傷を生じさせたとの傷害を認定した場合（東京高判昭32・11・11東時8・11・385），②失火罪における出火原因を残り火の飛び火にあると認定しながら，特段の事情がないのに残り火の点検消火義務以外の義務違反を過失行為として認定した場合（大阪高判昭54・10・23判タ420・145），③酒酔い運転により前方注視が困難となった上ハンドル，ブレーキ等の操作も的確になし得ない状態になった場合の運転者の過失として，「運転中止義務違反」とともに「前方注視義務違反，安全操縦義務違反」を認めた場合

（東京高判昭57・8・30刑裁月報14・7＝8・639），④罪となるべき事実の摘示において別紙一覧表を引用しながら，これに対応した一覧表を添付しなかった場合（東京高判平14・2・5東時53・1＝12・9）などがある。

他方，最決昭58・5・6刑集37・4・375（殺人未遂の事案）は，理由不備に係る判例違反の主張に対し，「未必の殺意をもって，被害者の身体を，有形力を行使して，被告人方屋上の高さ約0.8メートルの転落防護壁の手摺り越しに約7.3メートル下方のコンクリート舗装の路上に落下させて路面に激突させた」旨判示し，被害者を屋上から落下させた手段・方法をこれ以上具体的に摘示していない場合でも，殺人未遂罪の罪となるべき事実中の犯罪行為の判示として不十分とはいえない，とした。証拠上，犯行の手段・方法をどうしても具体的に特定できない場合でも，被告人が当該犯罪を行ったことが合理的な疑いをいれる余地なく認定できるのであれば，概括的な判示でも許されよう。

ウ　証拠の標目　　証拠の標目を挙示していない場合や，証拠の標目に挙示された証拠に判示事実と符合するものがない場合（形式的証拠を欠く場合）が理由不備に当たるだけでなく，挙示された証拠の証明力について評価をすると認定事実が認められない場合（実質的証拠を欠く場合）についても，理由不備に当たるとするのが，通説・判例（判決に挙示された証拠からは被告人の単独暴行によって被害者に当該傷害を与えたとは認められない場合につき，最判昭23・7・13刑集2・8・832，判決に挙示された証拠によっては強姦の犯意の認定ができない場合につき，最判昭33・6・24刑集12・10・2286）である。

この通説・判例の立場によると，挙示された証拠と認定事実との間の不一致が理由不備又は理由齟齬に当たり，挙示された証拠の証明力の評価が，挙示されていない他の証拠も総合した結果否定されるような場合は，事実誤認に当たるということになろう。

挙示された証拠の相互間に矛盾があっても，証拠中の認定事実に沿わない部分は認定に当たって用いなかったものと解されるから，理由齟齬には当たらない。犯罪の成否に重要でない部分や些細な部分についての証拠と認定事実のくいちがいは，理由齟齬には当たらない（窃盗の被害額についての多少の相違につき，最判昭24・2・15刑集3・2・169，判示の偽造文書に表示された架空人物の氏名が証拠の内容と異なっているものの，それが偽造文書の重大な要素を成すものではなく，その余の記載において判示の偽造文書が証拠と一致しているなどの場合につき，最判昭23・10・16刑集2・11・1351）。

証拠の標目の挙示の仕方が335条1項の要件を充足しておらず，理由不備に当たるとされたものとして，東京高判平7・4・3判タ916・257（原判決は，証拠の標目として，「被告人の当公判廷における供述及び検察官提出の各証拠によって認めることができる。」とだけ記載した。）がある。

証拠の標目に自白のみを挙げ補強証拠の摘示を欠く場合は，本条4号ではなく379条に当たると解する（通説。裁判例として，東京高判平2・5・10判タ741・245（常習累犯窃盗罪の要件である前科及び常習性について）等）。

エ　その他　　有罪判決における335条2項の主張に対する判断の遺脱は理由不備に

当たらず，379条に当たる（最判昭28・5・12刑集7・5・1011）。ただし，外形的には正当防衛に該当する事実を認定判示しているにもかかわらず，何ら特段の事情を示すことなく正当防衛に該当しないと判断しているときは，理由齟齬である（最判昭26・3・9刑集5・4・500）。

(3) **無罪判決の場合**　「罪とならない」又は「犯罪の証明がない」とだけ判示すれば，理由不備には当たらないとするのが通説・判例（東京高判昭27・10・23高刑集5・12・2165）である。無罪判決で，個々の証拠につき，その採用し得ない理由を逐一説明する必要はない（最判昭35・12・16刑集14・14・1947）。

　もっとも，無罪の理由を具体的に示した場合で，その説示内容に矛盾等があるときは，理由不備や理由齟齬に当たり得る（最判昭33・12・25刑集12・16・3555）。　　　　　　〔辛島明〕

第379条 [1] 〔**控訴申立ての理由——訴訟手続の法令違反**〕　前2条の場合を除いて，訴訟手続 [2] に法令の違反 [3][4] があつてその違反が判決に影響を及ぼすことが明らかであること [5] を理由として控訴の申立をした場合には，控訴趣意書に，訴訟記録及び原裁判所において取り調べた証拠に現われている事実であつて明らかに判決に影響を及ぼすべき法令の違反があることを信ずるに足りるものを援用しなければならない [6][7]。

　　　　[1] 意　義　　　[2] 訴訟手続　　　[3] 法令の違反　　　[4] 審理不尽　　　[5] 判決に影響を及ぼすことが明らか　　　[6] 事実の援用　　　[7] 具体例

[1] 意　義
　前2条とともに，訴訟手続の法令違反を控訴申立ての理由とする場合の規定である。前2条に当たる場合は，訴訟手続の法令違反があつても本条に当たらない。本条は，判決に影響を及ぼすことが明らかな場合に限り控訴理由となる点で，前2条と異なる（相対的控訴理由といわれる）。

[2] 訴訟手続
　「訴訟手続」とは，原判決の基礎となった審理手続及び判決手続をいう。

　捜査手続，身柄に関する処分，略式手続又は更新前の公判手続における違法は，原判決の基礎となった審理手続に影響を与える場合に，本条の問題となる。

[3] 法令の違反
　「法令」とは，実質的意義の刑事訴訟法をいう。刑事訴訟法，刑事訴訟規則はもとより，憲法，裁判所法，裁判員の参加する刑事裁判に関する法律，検察庁法，少年法等の刑事手続に関する部分も含まれる。

　「法令の違反」とは，実質的意義の刑事訴訟法の解釈又は適用を誤ったことをいう。解

釈・適用の前提となる事実の認定を誤った結果，解釈・適用を誤った場合も含む。訓示規定違反や，異議を述べず瑕疵が治癒された場合などは，法令違反に当たらない。実体法違反は380条の問題となる。

[4] 審理不尽

実務では，審理不尽(判決をするのに機が熟するまで審理を尽くしていないのに判決したこと)が破棄理由とされることがある。審理不尽は，①独立の破棄理由ではなく直接の破棄理由（理由不備，事実誤認等）の原因にとどまる場合や，②独立の破棄理由とされる場合がある。②の場合は，審理不尽が，単独の破棄理由とされる場合と，他の破棄理由と重畳的又は選択的に掲げられる場合に分かれる。②の場合も，審理不尽は個々の訴訟手続の法令違反に還元でき（298条2項違反，312条違反，規208条違反等），超法規的控訴理由（破棄理由）ではなく，本条違反と位置付けるのが実務の大勢である。

①による場合，例えば，審理不尽に基づく理由不備又は事実誤認がある場合には，理由不備（378④）又は事実誤認（382）が破棄理由となる（最判昭33・2・13刑集12・2・218）。②による場合，例えば，審理不尽により事実誤認を来した場合には，事実誤認の原因となった裁判所の訴訟手続上の義務違反が，単独又は事実誤認と重畳的・選択的に破棄理由となる（最判昭41・12・9刑集20・10・1107，最判平19・4・23裁集刑291・639，最判平21・9・25裁集刑297・301，最判平22・4・27刑集64・3・233）。

[5] 判決に影響を及ぼすことが明らか

「判決」とは，原判決をいい，主文のみならず理由も含む。

「影響を及ぼすことが明らか」な場合として，①判決に影響を及ぼすべき（及ぼすこととなるような）重要な手続規定の違反に当たる場合や（最判昭35・6・10刑集14・7・970，最決平19・6・19刑集61・4・369），②その法令違反がなかったならば，現になされている原判決とは異なる判決がなされたであろうという蓋然性がある場合（最大判昭30・6・22刑集9・8・1189）がある（山口裕之・判例解説(刑)平19・152）。①は，違法の程度評価において判決への影響の有無を問題にする一方，法令違反がなければ異なる判決がなされたか否かを問題にしない点で②と異なる。②の場合，単に可能性があるだけでは足りない。訴訟手続の違法が他の訴訟行為の効力に影響を及ぼす場合には，判決への影響の有無は，先行行為の違法と切り離して検討するのではなく，先行行為と後行行為を一体として検討する。

[6] 事実の援用

事実の援用は，訴訟記録又は原裁判所において取り調べた証拠に現れている事実に基づいて行わなければならない。証拠に現れていなくても，訴訟記録に現れていれば足り，例えば，公判調書の手続部分や身柄関係の書類等に現れている事実を援用することもできる。原審で全く主張されていなくても，主張を支える事実が訴訟記録又は原裁判所において取り調べた証拠に現れていれば，援用の上で主張できる。

事実の援用を欠く控訴趣意書は，不適法である。論旨の全部が不適法な場合，口頭弁

論を行わず，決定で控訴棄却する（386Ⅰ②）。実務では，控訴趣意書に事実の援用を欠く場合も決定で控訴棄却せず，口頭弁論で釈明を求めるなど補正の機会を与え，なお補正されない場合は，判決において論旨は不適法とし，場合によっては職権調査の結果を示す例がある（司法統計年報によれば，平成20年から平成28年までの386条1項2号による控訴棄却決定の人員は1人である。事実の援用を欠き不適法とされた事例として，東京高判平6・11・28判タ897・240，同平9・9・8東時48・1＝12・63，同平10・3・31東時49・1＝12・14，同平10・11・11東時49・1＝12・75，同平12・3・9東時51・1＝12・34，同平12・11・7東時51・1＝12・109，同平16・7・16東時55・1＝12・65，同平17・7・12東時56・1＝12・51）。

［7］具体例

(1) **起訴等に関するもの**　　訴因の特定を欠くのに補正を求めずに公訴事実をそのまま認定した場合（東京高判平12・6・27東時51・1＝12・82），公訴事実が不明確であるのに釈明等をせずに当初の公訴事実をそのまま認定した場合（大阪高判平14・1・17判タ1119・276），本条に当たり，判決に影響を及ぼすとされた事例がある。犯行日時・場所等が概括的な覚せい剤使用罪の公訴事実について，犯行日時・場所を具体的に特定できるのにそのまま認定した場合，本条に当たり，判決に影響を及ぼすとされた事例がある（大阪高判平2・9・25判タ750・250，東京高判平6・8・2高刑集47・2・282）。もっとも，覚せい剤使用罪における使用日時・場所等の特定は使用者自らの供述に頼らざるを得ない場合も多い反面，直ちに鵜呑みにすることは危険である上，起訴対象は最終使用と考えれば防御上の支障がないことから，被告人の捜査供述に依拠せず，釈明等を求めないまま認定しても，違法とはいえないとされた事例もある（東京高判平24・9・4東時63・1＝12・187）。

　訴因の明示を欠き，釈明を求めるべきであるのに，釈明を尽くさず公訴棄却した場合，本条に当たるとされた事例がある（最判昭33・1・23刑集12・1・34参照）。特定不十分な訴因を補正するために検察官が訴因変更請求をしたものの，訴因がなお適正を欠く場合には，裁判所は，適正な訴因となるように措置した上で訴因変更を許可すべきであるのに，訴因変更請求を許さず無罪判決をした場合，本条に当たり，判決に影響を及ぼすとされた事例がある（最判平21・7・16刑集63・6・641）。

　起訴状に余事記載がある場合，本条に当たるとされた事例がある（福岡高判昭24・8・24特報1・120，東京高判昭29・3・29東時5・3・91。いずれも判決不影響とされた。）。裁判所が第1回公判期日前に被告人の前科照会をして回答書を徴した場合，本条に当たるとされた事例がある（東京高判昭28・3・16東時3・4・139。判決不影響とされた。）。

　訴訟条件である告発の存在を確認しないまま審理・判決した場合，本条に当たるが，上訴審において原審時に告発が存在していたと認定できるときは，判決不影響とされた事例がある（最決平23・10・26刑集65・7・1107）。

(2) **裁判所の構成等に関するもの**　　前審関与裁判官（20⑦）が弁論再開及び証拠決定に関与したが，その後公判手続が更新され，判決の基礎となった審理判決には関与していない場合，本条に当たるが，判決不影響とされた事例がある（最判昭28・1・17刑集7・1・

5）。不公平な裁判をするおそれがあることが客観的に明白な裁判官が回避せず審判に関与した場合，本条に当たり，判決に影響を及ぼすとされた事例がある（福岡高判昭55・12・1判時1000・137）。

(3) **検察官の立会いに関するもの**　検察官の出席がないまま判決宣告手続を行った場合，本条に当たり，判決に影響を及ぼすとされた事例がある（最決平19・6・19刑集61・4・369）。

(4) **被告人の出頭に関するもの**　被告人の出頭を要する事件において被告人不出頭のまま判決を言い渡した場合，本条に当たり，判決に影響を及ぼすとされた事例がある（東京高判昭28・6・2特報38・117）。

被告人に対し公判期日外の証人尋問に立ち会う機会を与えず，その尋問調書を取り調べて有罪認定の証拠とした場合，本条に当たり，判決に影響を及ぼすとされた事例がある（大阪高判昭44・12・23刑裁月報1・12・1138，東京高判平6・2・10東時45・1＝12・4）。

被告人の出頭を要しない事件（284）においても，被告人に対し公判期日の召喚状を送達する必要があり，これを欠き不出頭のまま実質審理をした場合，本条に当たり，判決に影響を及ぼすとされた事例がある（東京高判昭51・10・18東時27・10・139）。

法人の代表者が交替したが新代表者不出頭のまま開廷した場合，本条に当たり，判決に影響を及ぼすとされた事例（大阪高判昭41・6・21判時465・85，大阪高判昭43・3・30判タ225・219）と，判決不影響とされた事例（名古屋高判昭28・6・30高刑集6・8・980，大阪高判平9・4・25判時1620・157）がある。旧代表者及び新代表者の対応状況等を具体的に検討した上で，旧代表者は実質的にみて新代表者の代理人として行動したと認められるなどとして，違法ではないとされた事例もある（名古屋高判平17・11・21高検速報平17・297，仙台高判平22・6・29高検速報平22・268）。

(5) **弁護人の出頭に関するもの**　必要的弁護事件において弁護人が終始立ち会わなかった場合，本条に当たり，判決に影響を及ぼすとされた事例がある（名古屋高判昭25・3・1特報7・110，東京高判昭26・9・29高刑集4・12・1583。ただし，東京高判昭32・3・2裁判特報4・5・85は，無罪判決である場合，判決不影響とする。）。もっとも，裁判所が弁護人出頭確保のための方策を尽くしたのに，被告人において弁護人在廷の公判審理ができない事態を生じさせるなどの場合においては，弁護人の立会いのないまま公判審理を行っても，本条に当たらないとされた事例がある（最決平7・3・27刑集49・3・525）。

任意的弁護事件において，弁護人が選任されているのに弁護人不出頭のまま審理した場合，本条に当たり，判決に影響を及ぼすとされた事例がある（大阪高判昭36・9・16高刑集14・7・501，東京高判昭51・1・27東時27・1・9）。

複数の弁護人のうち一部について期日を通知せず，不出頭のまま審理・判決した場合，本条に当たるとされた事例がある（判決に影響を及ぼすとされた事例として，名古屋高判昭25・8・21特報13・70。判決不影響とされた事例として，大阪高判昭33・1・16裁判特報5・1・14。当該弁護人が異議なく出頭するなどしており瑕疵が治癒したとされた事例として，名古屋高判昭27・7・21

高刑集 5・9・1477。控訴審で通知を一部欠いた場合において判決不影響とされた事例として，最判昭32・4・16刑集11・4・1372)。

(6) **出頭以外の弁護人に関するもの**　　任意的弁護事件において国選弁護人選任請求があったのに許否を決せず弁護人不出頭のまま審判した場合，本条に当たり，判決に影響を及ぼすとされた事例がある (東京高判昭35・6・29高刑集13・5・416)。

弁護士会からの退会命令を受けて弁護士の資格を喪失した者が，必要的弁護事件の公判審理に弁護人として立ち会った場合，本条に当たるとされた事例がある (東京高判平3・12・10高刑集44・3・217。同期日に行われた審理内容にかんがみ，判決に影響を及ぼすとされた。)。

利害が相反する被告人に同一の国選弁護人を付して審判した場合，本条に当たり，判決に影響を及ぼすとされた事例がある (名古屋高判昭24・12・19高刑集 2・3・310，福岡高判昭25・11・21高刑集 3・4・579，名古屋高判昭55・7・31判時998・130，名古屋高判平 9・9・29高刑集50・3・139)。

国選弁護人が被告人に不利益な内容の最終弁論をした場合，裁判所が弁護人に更に弁論を尽くさせるなどしなくても，直ちに違法とはいえない (最決平17・11・29刑集59・9・1847)。もっとも，国選弁護人の訴訟活動が誠実義務に違反し，被告人の防禦権及び実質的な意味での弁護人選任権を侵害しているのに，そのまま有罪判決した場合，本条に当たり，判決に影響を及ぼすとされた事例がある (東京高判平23・4・12東時62・1＝12・33)。

(7) **冒頭手続に関するもの**　　被告人に被告事件に対する陳述の機会を与えなかった場合，本条に当たり，判決に影響を及ぼすとされた事例もあるが (東京高判昭25・7・20特報12・34，広島高判山支判昭32・2・26裁判特報 4 追録695)，被告人，弁護人が異議を述べず，その後の手続で事実を争っていない場合には判決不影響とされた事例もある (名古屋高金沢支判昭33・5・27裁判特報 5・6・240，大阪高判平 3・6・13判時1404・128)。

(8) **簡易公判手続に関するもの**　　簡易公判手続によることができないのに同手続により審理判決した場合，本条に当たり，判決に影響を及ぼすとされた事例がある (福岡高判昭30・3・29裁判特報 2・7・238，東京高判昭36・8・3高刑集14・6・387，東京高判平 1・2・7判タ699・250)。審理途中に被告人が有罪の陳述を翻すなどし，簡易公判手続による旨の決定を取り消すべき場合に当たるのに，そのまま審理判決した場合も，本条に当たり，判決に影響を及ぼすとされた事例がある (仙台高判昭33・4・30高刑集11・4・202，大阪高判昭51・12・23判時843・122，東京高判昭54・4・5東時30・4・58，大阪高判昭60・12・11判タ605・106，名古屋高判平 5・8・2高刑集46・2・229)。

(9) **公判前整理手続に関するもの**　　公判前整理手続終了の際に確認された争点に明示的に掲げられていない行為を，争点として提示する措置をとらずに殺害行為に至る経緯として認定しても，主張上の対立点が公判前整理手続で議論され，公判手続で実質的な攻撃防御を経ていたなどの事実関係の下においては，違法ではないとされた事例がある (最判平26・4・22刑集68・4・730)。

公判調書に公判前整理手続の結果顕出の記載がなく，他の資料によっても結果顕出が行われたことが立証できなければ，本条に当たるとされた事例がある（東京高判平22・3・9東時61・1＝12・54。訴訟関係人から異議の申立てがなされておらず，争点整理の結果確認を反映した冒頭陳述がされていることなどの事情に照らし，判決不影響とされた。）。

検察官が公判前整理手続で主張していなかった事実を論告で犯行動機の一つとして新たに付加し，判決でこれを認定しても，審理経過に照らし，被告人側の防禦権を著しく侵害するものとはいえないとされた事例がある（東京高判平21・12・17東時60・1＝12・241）。

(10) 訴訟指揮に関するもの　　公判中の着席位置を弁護人の隣にするとの被告人の申入れや，公判廷において弁護人の補助者を在廷させるとの申入れを拒否した原審の措置について，いずれも違法ではないとされた事例がある（東京高判平19・1・18東時58・1＝12・1）。

捜査中の余罪の追起訴を待たずに結審して判決宣告したことについて，違法ではないとされた事例がある（東京高判昭62・10・29高検速報62・118）。

(11) 証拠調に関するもの　　弁護人の証拠取調請求を却下して，本来取り調べるべき証拠を取り調べないまま有罪判決をした原審の措置について，本条に当たり，判決に影響を及ぼすとされた事例がある（福岡高判昭60・7・16判タ566・316，東京高判平22・1・26東時61・1＝12・25）。

検察官の証拠調請求を却下して，本来取り調べるべき証拠を取り調べないまま無罪判決をした原審の措置について，証拠の採否に関する裁判所の合理的裁量の範囲を著しく逸脱したもので，本条に当たり，判決に影響を及ぼすとされた事例がある（東京高判昭52・1・31高刑集30・1・1，大阪高判平3・10・11判時1409・127）。他方，被告人の検察官調書の取調べ請求を却下した第1審の訴訟手続について，同調書が犯行場所の確定に必要であるとして，その任意性に関する主張立証を十分させなかった点に審理不尽があるとした控訴審判決が，第一次的に第1審裁判所の合理的裁量にゆだねられた証拠の採否について，当事者からの主張もないのに審理不尽の違法を認めた点において法令違反があり，判決に影響を及ぼすとされた事例がある（最判平21・10・16刑集63・8・937）。

裁判所が，当事者に対し証拠の提出を促す義務がある場合や，職権証拠調べ義務を負う場合に，これらを怠ったときは，本条に当たり，判決に影響を及ぼすとされた事例がある（最判昭33・2・13刑集12・2・218，東京高判昭45・7・14東時21・7・245）。

裁判長が証人に対する弁護人の尋問を制限した場合，本条に当たるとされた事例がある（東京高判昭36・3・29下刑集3・3＝4・211。犯罪事実の認定や供述の信用性を左右せず，判決不影響とされた。）。公判前整理手続で明示されたアリバイ主張に関しその内容を更に具体化する被告人質問を制限することが，公判前整理手続における経過等に照らし許されず，本条に当たるとされた事例がある（最決平27・5・25刑集69・4・636。判決不影響とされた。）。

本起訴事実は審理が行われたものの，追起訴事実は何ら審理が行われていない段階で，追起訴事実も対象としてなされた証人尋問請求，採用決定，尋問実施等は，追起訴事実に関する限り，本条に当たり，判決に影響を及ぼすとされた事例がある（東京高判平24・

1070　　379条

9・4東時63・1＝12・184）。

　被告人の自白調書を犯罪事実に関する他の証拠に先立って取り調べた場合，本条に当たり，判決に影響を及ぼすとされた事例があるが（名古屋高判昭25・6・14特報11・61），被告人が冒頭手続で自白しているときは判決不影響とされた事例もある（高松高判昭25・2・2特報9・205，東京高判昭26・10・3特報24・104）。

　論告，最終陳述の手続を経ず，証拠調べの途中において弁論を終結して判決した場合，本条に当たり，判決に影響を及ぼすとされた事例がある（東京高判昭33・2・18裁判特報5・2・45）。

　証拠能力のない証拠又は適法な証拠調べを経ない証拠を，他の証拠と総合して犯罪事実の認定に用いた場合，本条に当たるが，前者の証拠を除外しても犯罪事実が認められるときは，判決不影響とされた事例がある（最判昭25・1・19刑集4・1・30，最判昭26・10・18裁集刑54・1077，最判昭27・3・6刑集6・3・363，最決昭28・2・17刑集7・2・237，最判昭28・6・19刑集7・6・1342，最決昭28・10・19裁集刑87・531，最判昭31・3・27刑集10・3・403。なお，東京高判昭51・7・6東時27・7・81）。前科や他の犯罪事実について，被告人と犯人の同一性の間接事実として用いることができない場合において，事実認定に用いたときも，同様の事例がある（最判平25・2・20刑集67・2・1）。証拠能力のない証拠を取り調べた違法がある場合，これを判決に証拠として掲げていないことだけから直ちに判決不影響とはいえないとされた事例がある（最判昭30・8・26刑集9・9・2049。当該事案では判決不影響とされた。）。

　被告人が否認あるいは黙秘した事案において，弁護人が検察官請求書証に同意した場合，直ちに被告人の意思に反しているとはいえず，被告人の意思を確認することなく同書証を取り調べても，直ちに本条に当たるものではない（福岡高判平10・2・5判時1642・157，大阪高判平13・4・6判時1747・171）。もっとも，弁護人が被告人の否認等の陳述の趣旨を無意味にする内容等の検察官請求書証に同意したのに，被告人の意思に反するか否かを確認しないまま同書証を取り調べ，有罪認定の資料とした場合，本条に当たり，判決に影響を及ぼすとされた事例がある（仙台高判平5・4・26判タ828・284，大阪高判平8・11・27判時1603・151，広島高判平15・9・2判時1851・155，大阪高判平29・3・14判時2361・118）。他方，弁護人が同意した際に被告人が異議を述べなかった場合，当該時点において同意が被告人の意思に明らかに反するなどの事情が認められない限り，被告人の意思に反しないと推認できるが，被告人の弁解内容に照らすと事実認定上の疑問点がうかがわれ，主要な証人の取調べを行わなかった点において審理不尽の違法があり，本条に当たり，判決に影響を及ぼすとされた事例がある（東京高判平17・2・16高検速報平17・65。なお，東京高判平14・6・6東時53・1＝12・70，東京高判平18・4・13東時57・1＝12・16も参照。）。

　証拠調請求に対しては採否の決定をしなければならないが，弁論終結の際，当事者が別の意思表示をしなければ黙示の請求放棄があったと解され，違法ではない（最決昭28・4・30刑集7・4・904，最判昭29・4・13刑集8・4・445）。

⑿　論告・弁論などに関するもの　　検察官が論告を放棄し，又は，弁護人・被告人が最

終弁論を放棄しても，裁判所がその機会を与えている限り，違法とはいえない（東京高判昭30・4・2高刑集8・4・449）。

改正後の誤った法定刑を前提にされた論告・求刑を訂正させず，裁判員に正確な法定刑の教示をせず評議が行われたものと推認される場合，本条に当たるとされた事例がある（高松高判平22・11・18高刑集63・3・10。正しく教示しても同じ量刑となった蓋然性が高く，判決不影響とされた。）。

⒀ **訴因変更に関するもの**　　訴因変更手続を要するのにこれを経ずに訴因とは異なる事実を認定した場合，本条に当たり，判決に影響を及ぼすとされた事例がある（東京高判昭30・12・6高刑集8・9・1162，札幌高判昭32・12・12裁判特報4・23・627，東京高判昭39・2・11判時371・61，大阪高判昭44・3・10刑裁月報1・3・193，大阪高判昭56・7・27高刑集34・3・355，東京高判昭57・9・20東時33・9・57，東京高判平15・5・14東時54・1＝12・24，東京高判平22・11・30東時61・1＝12・308）。なお，公訴事実の同一性がない事実を認定した場合や，公訴事実と科刑上一罪の関係にある別個の罪を追加認定した場合は，本条ではなく378条3号に当たる。

訴因変更を促し又は命令すべきであるのに，これをせずに無罪判決をした場合，本条に当たり，判決に影響を及ぼすとされた事例がある（最決昭43・11・26刑集22・12・1352）。

⒁ **更新手続に関するもの**　　公判手続の更新をせず審理判決した場合，本条に当たる（最判昭30・12・26刑集9・14・3025。判決不影響とされた。）。更新手続を遺脱しても，その後さらに裁判官が交替した際，適法に更新手続が行われた場合，瑕疵は治癒されるとされた事例がある（東京高判昭51・9・8東時27・9・116）。

⒂ **判決宣告手続に関するもの**　　判決宣告終了後，訴訟関係人を呼び戻し内容を一部変更して行った判決及び判決書は無効とされた事例がある（東京高判平15・3・20東時54・1＝12・14。判決に影響を及ぼすとされた。）。判決宣告手続の途中で判決宣告を中断し，弁論再開の上で改めて判決宣告した場合，中断前の判決及び弁論再開後の判決はいずれも違法であり，判決に影響を及ぼすとされた事例がある（福岡高判平16・2・13高刑集57・1・4）。主文言渡後に宣告手続を中断し，他の日時を指定して改めて判決宣告した場合についても同様の事例がある（福岡高判平16・2・25判タ1155・129）。

脳内出血により言語的伝達手段の障害を負い判決宣告を受けても即座に理解することが困難な被告人に対し，専門家の協力を得るなどして判決宣告すべきであったのに，これをせずに判決宣告した場合，本条に当たり，判決に影響を及ぼすとされた事例がある（名古屋高判平9・2・10高検速報平9・105）。

⒃ **判決書に関するもの**　　判決書を作成しなかった場合，本条に当たり，判決に影響を及ぼすとされた事例がある（高松高判昭31・9・22高刑集9・7・814）。判決宣告後，判決書完成前に裁判官が死亡した場合，宣告立会書記官が判決草稿とこれに基づいてタイプした判決書を記録に編綴し，宣告が草稿に基づいてなされた旨記載した書面を添付しているときでも，判決は無効とする例があるが（名古屋高判昭31・2・20高刑集9・4・352，東京高判昭37・5・10高刑集15・5・331，大阪高判昭46・11・29判時673・94），反対説が強い。

合議体の判決書について，審理に関与した裁判官1名の署名押印がなく，署名押印がない理由付記もない場合，本条にあたり，判決に影響を及ぼすとされた事例がある（最判昭27・12・26裁集刑71・885）。退官後に判決書を作成した場合も，同様とする事例がある（東京高判昭45・11・2刑裁月報2・11・1143）。判決書の作成日付が口頭弁論の終結日前であり，判決が口頭弁論に基づかずなされたと認められる場合，本条に当たり，判決に影響を及ぼすとされた事例がある（最判昭41・2・24刑集20・2・49。もっとも，明白な誤記と認められる場合は別である。東京高判平10・6・24判タ991・286を参照。）。

合議体の判決書について，裁判官1名の押印のみが欠如し，署名はしている場合，本条に当たるが，判決不影響とされた事例がある（最決昭36・11・30刑集15・10・1799）。裁判所名の表示がない場合，本条に当たるが，判決裁判所を構成した裁判官全員の署名押印があり，判決裁判所が特定できていれば，判決不影響とされた事例がある（最決昭49・4・19刑集28・3・64）。被告人の氏名等の誤記（福岡高判昭25・3・30特報7・159），立会検察官の氏名の欠如，誤記（最判昭23・7・8刑集2・8・822）等は，判決書を無効とするものではない。

判決書を判決書謄本交付後に変更して記録に編綴した場合，本条に当たり，判決に影響を及ぼすとされた事例がある（大阪高判昭59・12・5高刑集37・3・450）。

⒄ **判決内容に関するもの**　起訴されていない余罪を実質的に処罰する趣旨で量刑資料とした場合，本条に当たり，判決に影響を及ぼすとされた事例がある（東京高判平3・10・29高刑集44・3・212，大阪高判平3・11・14判タ795・274，名古屋高判平10・1・28高刑集51・1・70，東京高判平14・6・28東時53・1＝12・73，東京高判平14・10・23高検速報平14・92，広島高判平14・12・10高検速報平14・158，東京高判平19・9・26高検速報平19・321，東京高判平19・10・31高検速報平19・350，東京高判平20・8・18東時59・1＝12・72，東京高判平25・5・7東時64・1＝12・107，東京高判平27・2・6東時66・1＝12・4，大阪高判平27・7・30判例秘書登載）。起訴状の罰条と異なる罰条を適用して被告人の防御に重大な不利益を生じさせた場合も同様とする事例がある（東京高判昭25・10・24特報15・13）。

争点として顕在化させる措置をとらずに検察官の釈明とは異なる事実を認定した場合，不意打ちに当たるとして，本条に当たり，判決に影響を及ぼすとされた事例がある（検察官が錯誤論の適用を前提とする殺意を主張しているにもかかわらず，原審が事実の認識・認容の有無を争点化せずに事実の認識・認容を前提とする殺意を認定したことは違法であるとした事例として，東京高判平6・6・6高刑集47・2・252。共謀内容を示す重要な事実に関するものとして，東京高判平18・4・27東時57・1＝12・21）。

自白を唯一の証拠として犯罪事実を認定した場合，本条に当たる（最判昭30・7・1裁集刑107・19，最判昭33・10・10裁集刑128・265，最判昭40・9・21裁集刑156・615，最判昭42・12・21刑集21・10・1476）。補強証拠が判決書に掲げられていなければ判決に影響を及ぼすとされた例と，原審が補強証拠を取り調べている場合には判決不影響とされた例（東京高判平22・1・19東時61・1＝12・5）に分かれる。他方，自白のみで認定できる主観的要件について，補強証拠がないことを理由に無罪とした場合，本条に当たり，判決に影響を及ぼすとされた事

例がある（東京高判昭34・1・28東時10・1・69）。

理由不備や理由齟齬に至らなくても，罪となるべき事実の摘示が不明確な場合，程度によっては本条に当たり，判決に影響を及ぼすとされた事例（東京高判昭63・12・21判時1313・165，東京高判平16・3・9東時55・1＝12・14）と判決不影響とされた事例（東京高判平4・5・28東時43・1＝12・25）がある。

335条2項の主張に対する判断の遺脱は，378条4号ではなく本条に当たり，当該主張が認められないことが明らかな場合は，判決不影響とされた事例がある（最判昭28・5・12刑集7・5・1011，福岡高判昭28・5・25高刑集6・5・718，札幌高判昭30・3・24裁判特報2・7・215，東京高判昭31・6・12裁判特報3・12・613，東京高判昭38・5・30東時14・5・91，仙台高判昭43・9・16判時548・104，東京高判昭59・5・30高検速報昭59・200）。被告人・弁護人の主張が335条2項の主張であるか否か不明瞭であり，弁護人に釈明を求めるべきであったにもかかわらず，釈明を求めず同主張に対する判断を示さない場合，本条に当たるとされた事例がある（当該主張が認められる可能性があり，判決に影響を及ぼすとされた事例として，東京高判昭57・5・26高検速報昭57・233。当該主張が認められないことが明らかであり，判決不影響とされた事例として，東京高判昭46・10・26高刑集24・4・653）。

自首減軽する場合において自首の事実を判決書中に摘示しないときは，本条に当たる（処断刑の範囲に影響を及ぼさず，判決不影響とされた事例として，東京高判平19・4・9高検速報平19・186。自首の事実の内容が全く不明であり，判決に影響を及ぼすとされた事例として，東京高判平21・6・16東時60・1＝12・84）。

罪となるべき事実（関税法違反：商標権を侵害する点で輸入禁制品）の認定は正しいが，法令の適用及び量刑理由の説示（内容物自体が輸入禁制品）がこれと整合しない場合，原審は関税法違反の内容を正解せずに審判したとして，本条に当たり，判決に影響を及ぼすとされた事例がある（東京高判平21・12・18東時60・1＝12・243）。

破棄判決の拘束力を有しない部分についても拘束力を認めた場合，本条に当たるが，事実認定が支持できる場合は，判決不影響とされた事例がある（東京高判昭61・10・29高刑集39・4・431）。

簡易裁判所が科刑権の範囲を超えて量刑した場合は，本条に当たり，判決に影響を及ぼすとされた事例がある（最判昭30・12・20刑集9・14・2906，東京高判昭31・6・23裁判特報3・13・649，東京高判昭31・7・20高刑集9・8・860，広島高判昭32・3・19裁判特報4・6・144）。簡易裁判所が地方裁判所に移送して懲役刑を科すのが相当であるのに科刑権の範囲内で罰金刑に処した場合も，同様とする事例がある（東京高判昭34・10・31下刑集1・10・2130，東京高判昭62・10・20高刑集40・3・743）。

第三者所有物の没収手続を経ずに没収した場合，本条に当たるとされた事例（東京高判平9・4・24東時48・1＝12・40）と，380条に当たるとされた事例（大阪高判平9・10・15判時1640・170）がある。いずれの事例でも，判決に影響を及ぼすとされているが，控訴審では第三者所有物の没収手続は行えず，自判する際には没収を言い渡せない。

379条，380条

⒅ 公判調書に関するもの

公判調書における必要的記載事項の遺脱や公判調書の整理に関する手続の法令違反等がある場合，他の資料によっても公判手続が適法に行われたことが証明されないときは，本条に当たる。同公判手続に関する違法の内容によって，判決に影響を及ぼすとされた事例（東京高判平11・11・15高検速報平11・111）と判決不影響とされた事例（最判昭47・3・14刑集26・2・195）がある。他方，起訴状朗読など，必要的記載事項ではないものの通常行われる手続は，公判調書に記載がなくても，手続が行われなかったことに対する異議の申立てがあった形跡等がない限り，現実に行われたものと推認される（最決昭30・8・26裁集刑108・235）。

〔吉田智宏〕

第380条 [1]〔控訴申立ての理由──法令の適用の誤り〕 法令 [2] の適用に誤 [3] があつてその誤が判決に影響を及ぼすことが明らか [4] であることを理由として控訴の申立をした場合には，控訴趣意書に，その誤及びその誤が明らかに判決に影響を及ぼすべきことを示さなければならない。

[1] 本条の趣旨　　[2] 法　令　　[3] 適用の誤り　　[4] 判決に影響を及ぼすことが明らか

---

[1] 本条の趣旨

本条は，実体法の適用の誤りが相対的控訴理由になることを定めたものである。

[2] 法　令

「法令」とは実体法を指す。訴訟法の違反は，訴訟手続の法令違反（379）に該当する。刑法6条等の刑法適用法についても，「法令」に含まれる。

[3] 適用の誤り

⑴ **意　義**　　法令適用の誤りが，法令の適用を全く欠くかこれと同視できるとき，例えば，詐欺罪に当たる事実を認定しながら業務上横領罪の規定を適用したようなとき（東京高判昭30・7・19裁判特報2・16＝17・810）等は，理由不備ないし理由齟齬（378④）に該当するが，その程度に至らない場合は，本条に該当する。ただし，総則規定については，摘示を欠いても正当に適用したと認められる場合には，本条に該当しない（刑45後・50の摘示遺脱につき，最判昭26・9・18裁集刑53・61，同48Ⅰの摘示遺脱につき，最判昭24・11・29裁集刑14・841，最決昭42・3・14裁集刑162・851，同60の摘示遺脱につき，最判昭24・1・20刑集3・1・40，同65Ⅰの適用遺脱につき，最判昭26・3・15刑集5・4・535，同68の摘示遺脱につき，最判昭36・2・24裁集刑137・329。なお，同14の摘示遺脱につき，本条に該当することを前提としていると解される事例として，後掲最判昭48・2・16）。

⑵ **明白な誤記**　　判決書における法令適用の記載の誤りが明白な誤記と認められれば，

380条 1075

本条には該当しない。明白な誤記といえるためには，判決書自体又は記録に照らし，少なくとも，当該記載が単なる表現上の誤りであることが明らかであるとともに，判決裁判所の意図した記載が一義的に明確であることを要する（罪となるべき事実の誤記につき，最決昭53・6・16刑集32・4・645）。明白な誤記と認めた事例としては，最決昭28・7・2裁集刑84・17（刑208を摘示すべきところ204と記載），最決昭51・2・17裁集刑199・209（弁護士77を摘示すべきところ72と記載），東京高判昭29・2・25特報40・28（覚せい剤取締14を摘示すべきところ15と記載），大阪高判昭60・11・8高刑集38・3・199（刑47本を摘示すべきところ45本と記載）等がある。

(3) **判断基準時**　法令適用の誤りの有無を判断する基準時は，控訴審が事後審であることから，第一審判決時である（最決昭34・7・3刑集13・7・1110）。ただし，同一被告人に対し，二つの事件が審級を異にして係属したなどの事情により，二つの判決が別個に宣告された場合において，一方の判決がした未決勾留日数の算入が，他方の判決の確定によって事後的に過算入として違法となる場合がある（最判昭48・11・9刑集27・10・1447，最判昭55・1・11刑集34・1・1）。なお，控訴審が第一審判決を破棄して自判する場合は，控訴審判決時が法令適用の基準時となることに注意を要する（最判昭26・8・17刑集5・9・1799）。

[4] 判決に影響を及ぼすことが明らか

(1) **意　義**　「判決」とは，主文のみならず理由も含まれ，「影響を及ぼすことが明らか」とは，その法令違反がなかったならば現になされている判決とは異なる判決がなされたであろうという蓋然性があることをいう（最大判昭30・6・22刑集9・8・1189）点は，379条と同様である。もっとも，379条は訴訟法の適用の誤りに関するものであるため，判決の内容への影響のほか，判決の有効性への影響も問題となるのに対し，本条は実体法の適用の誤りに関するものであるから，判決の有効性に影響を及ぼすことは考えにくく，判決の内容への影響が問題となる。具体的には，法令適用の誤りが，犯罪に対する構成要件的評価に直接又は間接に影響を及ぼすことが明らかである場合及び判決の主文に影響を及ぼすことが明らかである場合が，これに該当することになる。以下，具体例を概観する。

(2) **構成要件及び法定刑を示す規定の適用の誤り**　ア　**罰条及び法定刑が同一の罪の間の誤り**　この場合のうち，構成要件的評価に大きな差異がないときは，判決に影響を及ぼすことが明らかであるとはいえない。裁判例としては，有価証券虚偽記入であるのに有価証券偽造とした場合（最決昭32・1・17刑集11・1・23），有価証券変造であるのに有価証券偽造とした場合（最決昭45・10・22裁集刑178・49，東京高判昭27・2・12特報29・36），公文書偽造であるのに公文書変造とした場合（最決昭61・6・27刑集40・4・340。なお，広島高判昭28・11・7特報31・36は反対），1項詐欺であるのに2項詐欺とした場合（東京高判昭27・10・24特報37・60），包括的に刑法246条を適用すべきであるのに同条1項又は2項を適用した場合（東京高判昭30・10・6裁判特報2・20・1032，東京高判昭31・11・28裁判特報3・23・1138），強姦致傷であ

るのに強制わいせつ致傷とした場合（東京高判昭30・3・26裁判特報2・7・219，広島高松江支判昭33・3・10裁判特報5・3・92），強姦未遂致傷であるのに強姦既遂致傷とした場合（東京高判昭28・11・24特報39・199），贓物寄蔵（盗品等保管）であるのに贓物故買（盗品等有償譲受）とした場合（大阪高判昭25・2・16特報9・26），建造物損壊であるのに船舶損壊とした場合（広島高判昭28・9・9高刑集6・12・1642），多数の威力を示しての脅迫及び器物損壊とすべきであるのに多数の威力を示しての脅迫のみとした場合（名古屋高判昭31・7・17裁判特報3・15・740），常習特殊窃盗と常習としてなされた単純窃盗とを全体として常習特殊窃盗一罪とすべきであるのに全部につき常習特殊窃盗とした場合（仙台高判昭36・3・16下刑集3・3＝4・204）等がある。

　他方，構成要件的評価の差異が大きい場合には，判決に影響を及ぼすことが明らかである。裁判例としては，業務上過失致死傷であるのに重過失致死傷とした場合（仙台高判昭30・11・16裁判特報2・23・1204），犯人隠避であるのに犯人蔵匿とした場合（東京高判平17・9・28東時56・1＝12・59）等がある。なお，偽造印紙使用であるのに偽造印紙交付とした場合に判決に影響を及ぼすことが明らかではないとした事例（東京高判昭28・9・14高刑集6・10・1352）と，これに類似する事案で，偽造有価証券交付であるのに偽造有価証券使用とした場合に判決に影響を及ぼすことが明らかであるとした事例（東京高判昭54・3・29判タ389・146）がある。

　イ　罰条は同一だが法定刑が異なる罪の間の誤り　　この場合については，判決に影響を及ぼすことが明らかである。裁判例としては，刑法155条3項を適用すべきであるのに同条1項を適用した場合（福岡高判昭31・3・6裁判特報3・6・253），刑法157条2項を適用すべきであるのに同条1項を適用した場合（福岡高判昭40・6・24下刑集7・6・1202）等がある。なお，刑法159条3項を適用すべきであるのに同条1項を適用した場合において，他にも同項に該当する罪が存在し，処断刑にも変わりがないとして，この誤りが判決に影響を及ぼすとは認められないとした事例がある（最決昭45・9・4刑集24・10・1319）。

　ウ　罰条が異なる罪の間の誤り　　この場合についても，判決に影響を及ぼすことが明らかである。裁判例としては，傷害致死罪であるのに強盗致死罪を適用した場合（東京高判昭24・12・10高刑集2・3・292），殺人罪であるのに嘱託殺人罪を適用した場合（仙台高判昭27・9・15高刑集5・11・1820），収賄罪であるのに贈賄罪を適用した場合（広島高判昭30・5・28裁判特報2・10・498），有価証券偽造罪であるのに公文書偽造罪を適用した場合（東京高判昭34・11・28高刑集12・10・974），恐喝罪ないし強盗罪であるのに強要罪を適用した場合（東京高判昭35・11・8高刑集13・8・628，東京高判平21・11・16東時60・1＝12・185）やその逆の場合（高松高判昭46・11・30高刑集24・4・769），窃盗罪及び殺人罪ないし傷害罪であるのに強盗殺人罪ないし強盗致傷罪を適用した場合（東京高判平17・8・16高刑集58・3・38，大阪高判平16・2・19高刑集57・1・9），非営利目的麻薬輸入罪であるのに，刑法65条2項の解釈適用を誤った結果，営利目的麻薬輸入罪を適用した場合（最判昭42・3・7刑集21・2・417。大麻輸入幇助に関する東京高判平10・3・25判タ984・287も同旨），通常の買収罪（公選221Ⅰ①）であるのに公職

の候補者による買収罪（同221Ⅲ・Ⅰ①）を適用した場合（東京高判昭46・8・18高刑集24・3・506），あいくちの所持罪（銃刀31の6Ⅰ①）であるのにけん銃等の所持罪（同31の3Ⅰ）を適用した場合（東京高判平9・3・11東時48・1＝12・12）等がある。

エ　未遂，共犯形式に関する法令適用の誤り　　未遂は，既遂の構成要件の修正形式であり，法定刑は同一でも構成要件的評価は異なるから，既遂と未遂との間の法令適用の誤りは，一般的に判決に影響を及ぼすことが明らかである（札幌高判昭26・7・12特報18・44，福岡高判昭31・4・16裁判特報3・9・423，東京高判平9・10・16東時48・1＝12・70）。ただし，判決への影響を否定した裁判例もある（名古屋高判昭27・12・10特報30・19，東京高判昭33・12・20高刑集11・10・682，名古屋高金支判昭57・6・3高検速報昭57・522）。なお，予備と未遂との間の法令適用の誤りは，判決に影響を及ぼすことが明らかである（東京高判平19・8・8東時58・1＝12・49）。

共犯形式相互間の法令適用の誤りについても，未遂と同様に考えられるが，特に，共同正犯ないし教唆犯と幇助犯との間の法令適用の誤りは，処断刑の範囲に差異が生じることから，判決に影響を及ぼすことが明らかである（幇助犯であるのに教唆犯とした事案につき，仙台高判昭32・1・30高刑集10・1・50，共同正犯であるのに幇助犯とした事案につき，大阪高判昭59・3・14判タ535・304）。なお，罪名は同一であるが，共同正犯の成立範囲に関する法令の解釈適用を誤り，被告人において責任を負わない行為や結果を含めて犯罪の成立を認めた事案につき，判決への影響を肯定した事例（強盗致傷に関し，東京高判平24・11・28東時63・1＝12・254）と，これを否定した事例（監禁に関し，東京高判平16・6・22東時55・1＝12・50，恐喝未遂に関し，東京高判平21・3・10東時60・1＝12・35）がある。

(3) 構成要件及び法定刑を示す規定の適用の遺脱　　**ア　構成要件規定の適用遺脱**　　理由不備（378④）にわたらない程度の構成要件規定の適用遺脱は法令適用の誤りに当たるが，この誤りが判決に影響を及ぼすことは明らかである。裁判例としては，観念的競合の関係にある公選法の饗応罪と事前運動罪の事実を認定しながら重い前者の罪の規定の適用を遺脱した場合（福岡高宮崎支判昭30・2・18裁判特報2・5・111），刑法240条の前段と後段のいずれを適用したのか明示しなかった場合（福岡高判昭24・7・11特報1・47），刑法208条の2第2項に規定されていた危険運転致死傷罪につき，同条1項前段の適用を遺脱し，致死の場合か致傷の場合かを明示しなかった場合（大阪高判平15・3・4判タ1143・306，大阪高判平15・8・21判タ1143・300。ただし，東京高判平22・12・10東時61・1＝12・338は，判決への影響を否定）等がある。なお，住居侵入罪及び窃盗未遂罪の事実を認定しながら前者の罰条（刑130）の適用を遺脱した場合につき，判断遺脱（378③）ないし理由齟齬（378④）に当たるとした裁判例もある（名古屋高金沢支判昭33・5・8裁判特報5・6・211）。

イ　白地規定を補充する規定の適用遺脱　　この場合についても，判決に影響を及ぼすことが明らかである。裁判例としては，指定繊維製品の不法買受けに関する臨時物資需給調整法違反の事案において繊維製品の指定に関する商工省告示の適用を遺脱した場合（最判昭26・7・20刑集5・8・1556），酒気帯び運転の事案において身体に保有するアルコ

ールの程度を定める道路交通法施行令の適用を遺脱した場合（東京高判昭59・8・8刑裁月報16・7＝8・532）等がある。なお，後者に類似する事案において，理由不備（378④）に当たるとした裁判例もある（東京高判昭41・12・15下刑集8・12・1517）。

　ウ　両罰規定の適用遺脱　この場合についても，判決に影響を及ぼすことが明らかである（最決昭55・11・7刑集34・6・381，最決平7・7・19刑集49・7・813，東京高判昭61・12・18東時37・11＝12・94，東京高判昭62・2・23判タ648・268，東京高判平元・5・10東時40・5＝8・19等）。なお，理由不備（378④）に当たるとした裁判例もある（東京高判昭59・8・22東時35・8＝9・65等）。

　エ　その他　自己の物が他人の財物とみなされる刑法242条の適用遺脱については，判決に影響を及ぼすことが明らかであるとはいえないとした裁判例がある（東京高判昭50・6・26東時26・6・105）。

　また，適用の遺脱ではないが，罰金刑の多額が当該違反行為の目的物の価格に応じて定められている外国為替及び外国貿易法の無承認輸入の事案において，目的物の価格を特定明示しなかった法令適用の誤りは，判決に影響を及ぼすことが明らかであるとした裁判例がある（東京高判平17・7・5東時56・1＝12・43）。

(4) 刑の変更に関する法令適用の誤り　軽い旧法（新法）を適用すべきところ重い新法（旧法）を適用した場合については，一般的には，当該誤りがなければ現になされた判決とは異なる判決がなされた蓋然性があると考えられることから，判決に影響を及ぼすことが明らかである（最判昭26・7・20刑集5・8・1604，仙台高判昭27・9・29特報22・179，大阪高判昭43・3・12高刑集21・2・126，東京高判昭46・1・28刑裁月報3・1・14，大阪高判昭53・7・7判タ369・430，前掲東京高判平元・5・10，東京高判平22・1・21東時61・1＝12・6）。重い旧法（新法）を適用すべきところ軽い新法（旧法）を適用した場合も，同様に考えられる（東京高判昭29・3・11特報40・39，東京高判昭39・5・26下刑集6・5＝6・579）。

　ただし，現になされた量刑等を個別具体的に検討し，判決への影響を否定した裁判例も少なくない（名古屋高判昭30・5・19裁判特報2・11・529，仙台高秋田支判昭30・7・12裁判特報2・13・701，大阪高判昭31・6・29裁判特報3・13・660，高松高判平22・11・18高刑集63・3・10等）。

(5) 罪数評価の誤り　この場合については，処断刑の範囲に差異が生じないときは，判決に影響を及ぼすことが明らかであるとはいえない。裁判例としては，広義の一罪の間で評価を誤った場合（東京高判昭29・6・7特報40・141，東京高判昭30・6・9裁判特報2・13・644，東京高判昭31・6・13裁判特報3・12・618，仙台高秋田支判昭32・5・21裁判特報4・11＝12・267，東京高判昭32・7・20裁判特報4・14＝15・369，東京高判昭57・11・4判タ489・129，東京高判平7・1・25高刑集48・1・6，東京高判平10・6・9判タ987・294，東京高判平19・3・14高検速報平19・145，東京高判平19・5・21東時58・1＝12・29），広義の一罪（又は併合罪）であるのに併合罪（又は広義の一罪）と評価したが，他に併合罪となる罪があり，併合罪加重の結果，処断刑の範囲に差異が生じない場合（最判昭26・12・25刑集5・13・2613，最決昭42・8・28刑集21・7・863，名古屋高金沢支判昭39・12・15下刑集6・11＝12・1216，東京高判昭50・2・20高刑集28・1・101，福岡高那覇支判昭59・10・25高検速報昭59・527，東京高判平20・4・24東時59・1＝12・31）等がある。ただし，法定刑が

死刑又は無期懲役である強盗殺人罪について，同一機会に犯した窃盗も含めて強盗殺人罪一罪とすべきであるのに，窃盗罪の成立を認め，これらを併合罪とした上で，刑法46条により他の罪の刑を科さないこととした事案に関し，処断刑の範囲に差異は生じないが，判決への影響を肯定した裁判例がある（札幌高判昭32・7・11裁判特報4・14=15・345）。

　これに対し，広義の一罪と併合罪との間の評価の誤りのように，罪数評価の誤りによって処断刑の範囲に差異が生じる場合については，判決への影響を肯定した事例（名古屋高判昭31・5・31裁判特報3・14・685，広島高松江支判昭32・5・27裁判特報4・10・263，名古屋高金沢支判昭33・12・18裁判特報5・12・520，名古屋高判昭34・4・22高刑集12・6・565，名古屋高判昭34・6・15高刑集12・6・650，大阪高判昭40・12・21下刑集7・12・2125，福岡高判昭41・9・13下刑集8・9・1188，東京高判昭41・10・11高刑集19・6・713，大阪高判昭43・11・30高刑集21・5・630，東京高判昭46・7・5高刑集24・3・441，広島高判昭48・4・17判タ297・375，名古屋高判昭54・11・14家裁月報32・6・90，東京高判昭63・2・2東時39・1＝4・1，東京高判昭63・3・30家裁月報40・11・120，前掲東京高判平元・5・10，東京高判平2・6・20家裁月報42・12・62，東京高判平2・12・12判時1376・128，大阪高判平3・3・27家裁月報44・3・92，東京高判平5・8・20判時1504・138，東京高判平7・3・14高刑集48・1・15，大阪高判平7・6・6判時1554・160，東京高判平13・6・28東時52・1＝12・34，東京高判平13・10・4東時52・1＝12・66，東京高判平16・6・1東時55・1＝12・45，大阪高判平16・12・9高刑集57・4・8，東京高判平19・8・9東時58・1＝12・58，東京高判平20・7・3高検速報平20・109，東京高判平23・9・21東時62・1＝12・86，東京高判平25・6・12判タ1417・194）と，これを否定した事例（最大判昭30・3・16刑集9・3・461，東京高判昭35・9・27下刑集2・9＝10・1201，東京高判昭38・1・16下刑集5・1＝2・1，前掲名古屋高金沢支判昭39・12・15，東京高判昭55・1・24東時31・1・3，福岡高那覇支判昭59・10・25判時1176・160，大阪高判昭62・11・24判タ663・228，大阪高判昭63・5・18判時1309・152，東京高判平9・3・18東時48・1＝12・22，東京高判平11・7・26東時50・1＝12・59，東京高判平25・1・25東時64・1＝12・40，福岡高判平27・3・26〈未〉）とに分かれている。この場合については，罪数評価の誤りが構成要件的評価の誤りを伴うか否か，罪数評価の誤りによる処断刑の差，実際の量刑が正当な処断刑の範囲の中でどの辺りに位置付けられるかといった事情を個別具体的に検討し，罪数評価の誤りがなければ現になされた量刑と異なる量刑がなされた蓋然性があるかどうかという観点から，判決への影響の有無を判断することになると考えられる。

(6) 刑の加重減軽に関する法令適用の誤り　　ア　加重減軽（刑法72）の順序の誤り
この場合については，処断刑の範囲に差異が生じるときは，判決に影響を及ぼすことが明らかである（東京高判昭50・4・10高刑集28・3・213）が，差異が生じないときは，判決に影響を及ぼすことが明らかであるとはいえない（札幌高判昭28・4・23特報32・22，東京高判昭31・5・29東時7・6・223）と考えられる。ただし，処断刑の範囲に差異が生じない場合において，判決への影響を肯定した裁判例もある（名古屋高判昭26・10・10特報27・156）。

　　イ　刑法14条の適用遺脱　　この場合については，従前は判決に影響を及ぼすことが明らかであるとした裁判例が多かった（名古屋高判昭25・12・11高刑集3・4・770，東京高判昭

33・6・20東時9・6・159等）が，最判昭48・2・16刑集27・1・46は，第一審判決の宣告刑が正当な処断刑の範囲内にあり，かつ，犯罪事実の内容その他情状に徴し重きに過ぎるものと認められないときは，判決に影響を及ぼすことが明らかであるとはいえないとした。

ウ　累犯加重規定の適用の誤り　この場合については，処断刑の範囲に差異が生じないときは，判決に影響を及ぼすことが明らかであるとはいえない。裁判例としては，再犯であるのに三犯として刑法59条を適用した場合（最判昭29・4・2刑集8・4・399，東京高判昭25・3・25特報16・45，東京高判昭27・9・16特報37・7，前掲札幌高判昭28・4・23，札幌高判昭30・3・23裁判特報2・7・211，名古屋高金沢支判昭31・9・25裁判特報3・21・991，福岡高判平元・11・13高検速報平元・250。ただし，判決への影響を肯定した裁判例として，広島高判昭26・11・29高刑集4・13・1989がある。），累犯関係にない前科により累犯加重をしたが，累犯関係にある前科が他にあり，結局累犯加重をすべきであった場合（高松高判昭27・11・25高刑集5・12・2233），併合罪となる他の罪には適法に累犯加重をしており，併合罪加重の結果，処断刑が同一となった場合（名古屋高判昭29・7・15裁判特報1・2・45）等がある。

　他方，累犯加重をすべきであるのにこれをしなかった場合（大阪高判昭32・12・24裁判特報4・24・671，名古屋高金沢支判昭39・4・9下刑集6・3＝4・169，広島高判昭41・8・16高刑集19・5・543，東京高判昭54・12・13高刑集32・3・291，東京高判昭56・5・21東時32・5・22）や，累犯加重をすべきでないのにこれをした場合（東京高判昭28・1・27特報38・18，名古屋高判昭29・7・1裁判特報1・1・5，大阪高判昭42・9・26下刑集9・9・1155，福岡高判平14・9・4高検速報平14・169）のように，処断刑の範囲に差異が生じるときは，一般的に判決に影響を及ぼすことが明らかである（前掲最判平7・7・19参照）。ただし，累犯前科と誤認した内容や現になされた量刑等を個別具体的に検討して，判決への影響を否定した裁判例もある（大阪高判昭55・11・27刑裁月報12・11・1184）。なお，前者の場合に関し，被告人のみの控訴に係り，不利益変更禁止の原則（402）が適用されることを理由に，判決への影響を否定した裁判例もある（東京高判昭34・12・10下刑集1・12・2552，大阪高判昭53・5・9刑裁月報10・4＝5・734）が，その理由付けについては疑問が残る。

エ　併合罪規定の適用の誤り　刑法45条後段・50条の適用遺脱については，処断刑の範囲に差異が生じないことから，一般的に判決に影響を及ぼすことが明らかであるとはいえない（名古屋高判昭31・2・28裁判特報3・6・242，東京高判昭63・8・2東時39・5＝8・32）が，確定裁判の存在が念頭にあれば実際の量刑と異なる量刑がなされた蓋然性が認められる場合には，判決に影響を及ぼすことが明らかであるといえる（東京高判平4・2・18東時43・1＝12・3，東京高判平11・10・13東時50・1＝12・114参照）。

　刑法47条本文の適用に当たり，併合罪加重の対象となる罰条を誤った場合については，一般的に，処断刑の範囲に差異が生じるときは判決に影響を及ぼすことが明らかである（東京高判昭59・3・13東時35・1＝3・6，東京高判平5・6・1東時44・1＝12・34）が，処断刑の範囲に差異が生じないときは判決に影響を及ぼすことが明らかであるとはいえない（東京

高判昭35・6・28下刑集2・5＝6・704）。

刑法47条ただし書の適用遺脱については，処断刑の上限に差異が生じることから，一般的に判決に影響を及ぼすことが明らかである（名古屋高金沢支判昭57・6・17判時1062・160，東京高判昭62・10・14判タ658・231，東京高判平元・6・2高検速報平元・79）。

刑法48条2項の適用遺脱についても，これと同様に考えることができる（東京高判昭26・9・26特報24・79，東京高判昭28・6・3東時3・5・224，東京高判昭29・7・19裁判特報1・2・49，東京高判昭30・10・18高刑集8・7・954，東京高判平8・8・1東時47・1＝12・101）。

オ　必要的減軽規定の適用の誤り　必要的減軽規定（刑39Ⅱ等）の適用遺脱については，理由不備（378④）に当たるとする裁判例もある（福岡高判昭32・10・11裁判特報4・21・552，東京高判昭38・10・3東時14・10・169）が，本条に該当するとした裁判例も少なくない。この場合については，処断刑の下限に差異が生じることから，一般的に判決に影響を及ぼすことが明らかである（東京高判昭28・1・10特報38・1，東京高判昭50・5・27高検速報2112，名古屋高判昭53・1・11高検速報579の2等）。ただし，併合罪の一部の罪に係る従犯減軽規定（刑63）の適用遺脱につき，全体の犯行の中において占める比重が軽いなどとして，判決への影響を否定した裁判例もある（東京高判昭58・5・26東時34・4＝6・17）。

カ　自首減軽規定の適用の誤り　自首が成立するのにこれを認めなかった場合については，自首を理由に任意的減軽をすることが相当でないときは，判決に影響を及ぼすことが明らかであるとはいえない（最決平13・2・9刑集55・1・76，東京高判平17・12・6高検速報平17・244，東京高判平18・9・21東時57・1＝12・49，東京高判平19・7・20東時58・1＝12・46等）。ただし，任意的減軽をすることが相当なときは，判決に影響を及ぼすことが明らかな場合がある（法定刑の下限が懲役7年であった当時の強盗致傷罪に関し，自首の成立を否定した原判決を事実誤認により破棄した上で，自首減軽及び酌量減軽をして執行猶予付き懲役刑を言い渡した事例として，名古屋高金沢支判昭41・10・6下刑集8・10・1285）。

他方，自首が成立しないのにこれを認めた場合については，任意的減軽をしていないときは，判決に影響を及ぼすことが明らかであるとはいえない（東京高判平22・7・5東時61・1＝12・162）が，任意的減軽をしたときは，判決に影響を及ぼすことが明らかである（自首の成立を認めた原判決を事実誤認により破棄した事例として，東京高判平17・3・31判時1894・155）。

なお，必要的減免事由である自首（銃刀法31の5）についての誤りは，処断刑の範囲に差異が生じないなどの事情がない限り（東京高判平19・4・9高検速報平19・186），判決に影響を及ぼすことが明らかである（東京高判平7・4・27高刑集48・1・126，名古屋高判平13・12・10高検速報平13・191。自首の成立を認めた原判決を事実誤認により破棄した事例として，福岡高判平8・3・19判時1579・143）。

キ　酌量減軽規定の適用の誤り　酌量減軽をしたのに法定刑の範囲内で刑を言い渡した場合については，法定刑及び酌量減軽の結果引き出された処断刑の範囲内で刑を言い渡したときは，判決に影響を及ぼすことが明らかであるとはいえない（強盗殺人罪につ

いて，死刑を選択した上で，酌量減軽をして無期懲役刑に処した事案に関し，最判昭40・11・2刑集19・8・797）。ただし，判決への影響を肯定した裁判例もある（札幌高判昭28・11・26特報32・51，名古屋高判昭30・4・26裁判特報2・9・372等）。

法律上の減軽事由があるのに直ちに酌量減軽をした場合については，法律上の減軽をした上で更に酌量減軽をすべき事案であると認められない限り，判決に影響を及ぼすことが明らかであるとはいえない（東京高判昭52・2・10東時28・2・13，東京高判昭62・5・25判タ646・216，前掲東京高判平4・2・18）。

なお，処断刑の下限を下回る刑を言い渡した場合について，酌量減軽規定の適用を遺脱した法令適用の誤りによるものと認めた上で，この誤りが判決に影響を及ぼすことは明らかであるとした裁判例がある（東京高判昭63・5・16東時39・5＝8・17）。

(7) **付加刑等に関する法令適用の誤り**　　没収・追徴規定の適用の誤り（特別法により没収すべきところ刑19を適用した場合等）については，等しく没収・追徴している以上，判決に影響を及ぼすことが明らかであるとはいえない（最判昭36・6・22刑集15・6・1004，東京高判昭27・5・13特報34・15，東京高判昭30・2・1高刑集8・1・44，名古屋高判昭30・4・30裁判特報2・9・391，東京高判昭50・10・27東時26・10・180，広島高判昭62・2・26高検速報昭62・147）。ただし，判決への影響を肯定した裁判例もある（東京高判昭37・1・12東時13・1・5）。

未決勾留日数の本刑算入の根拠規定の適用遺脱については，刑法21条が唯一の根拠規定であり，同条を適用したもののその摘示を遺脱したに過ぎないことが明らかであるから，判決に影響を及ぼすことが明らかであるとはいえない（名古屋高判昭57・7・6判時1070・155，東京高判平9・7・7東時48・1＝12・49。なお，労役場留置の根拠規定の適用遺脱につき，最決平6・6・10裁集刑263・535参照）。

(8) **主文自体の誤り**　　**ア　主刑の誤り**　　裁判例に現れた事案としては，法定刑にない刑を言い渡した場合（東京高判昭30・8・26東時6・9・295等），執行猶予を言い渡すことができないのにこれを言い渡した場合（最判平7・12・15刑集49・10・1127等。なお，第一審判決時は前刑の執行猶予期間中であったが，控訴審段階でその猶予期間が経過した場合には，保護観察に付さない執行猶予付き懲役刑を言い渡した第一審判決の法令適用の誤りは治癒され，判決に影響を及ぼすことが明らかであるとはいえないとした事例として，東京高判昭39・3・25下刑集6・3＝4・167，東京高判昭44・6・4東時578・139），2個の主刑を言い渡すべきところ1個の主刑を言い渡した場合（東京高判昭29・4・5高刑集7・3・361等），1個の主刑を言い渡すべきところ2個の主刑を言い渡した場合（東京高判昭35・2・16高刑集13・1・73等），少年に対し不定期刑を言い渡すべきところ定期刑を言い渡した場合（大阪高判平17・9・7家裁月報58・3・149等），刑の免除を言い渡すべきところ刑を言い渡した場合（名古屋高金沢支判昭37・9・6高刑集15・7・527等），刑を言い渡すべきところ刑の免除を言い渡した場合（東京高判昭26・10・3高刑集4・12・1590等）等がある。これらはいずれも，判決に影響を及ぼすことが明らかである。

なお，免訴とすべきであるのに実体判決をした場合やその逆の場合については，378条2号に該当するとした裁判例（高松高判昭28・4・25特報36・10等）や，訴訟手続の法令違

380条，381条　　　　1083

反（379）に該当するとした裁判例（大阪高判昭36・9・15高刑集14・7・489等）もあるが，本条に該当するとした裁判例が多い（東京高判昭43・4・30高刑集21・2・222，東京高判昭50・12・22高刑集28・4・540，大阪高判昭61・9・5高刑集39・4・347，大阪高判平3・4・16高刑集44・1・56等）。この場合についても，判決に影響を及ぼすことは明らかである。

　イ　付加刑等の誤り　　裁判例に現れた事案としては，算入可能な未決勾留がないのに本刑に未決算入した場合（東京高判昭32・4・25高刑集10・3・282等），算入可能な日数を超えて本刑に未決算入した場合（東京高判昭29・2・25特報40・29等），勾留事実と併合審理されているが確定裁判前の余罪（刑45後）である非勾留事実に係る罪の刑に未決勾留日数を算入した場合（東京高判平21・2・5東時60・1＝12・26等），労役場留置の言渡しを遺脱した場合（東京高判昭32・3・28裁判特報4・9・216等），少年に対して労役場留置を言い渡した場合（大阪高判昭39・3・13下刑集6・3＝4・162等），没収・追徴をすべきであるのにこれをしなかった場合（福岡高判昭29・2・6高刑集7・2・95等。なお，この類型において，被告人のみの控訴に係る場合には，不利益変更禁止の原則〔402〕との関係で，控訴審において没収・追徴をすることの当否が問題となるが，原判決を破棄しつつ没収・追徴はしなかった事例〔東京高判平6・2・24高検速報平6・46等〕と，主刑を減じた上で没収・追徴をした事例〔東京高判平22・11・16東時61・1＝12・280等。なお，最決昭37・6・18刑集16・7・1265参照〕がある。），没収・追徴をすべきでないのにこれをした場合（名古屋高金沢支判昭38・2・7高刑集16・3・241等。なお，公務員により適法に作成されたものであるため没収することができない旅券について原判決が言い渡した没収の主文は，空文に等しく，原判決を破棄してこれを是正するまでの必要性は認められないとした事例として，東京高判平20・9・19東時59・1＝12・81等。同判決は，訴訟費用がないのに訴訟費用負担の裁判をした事案に関する最判昭30・7・19裁集刑107・571を引用している。），没収をすべきであるのに追徴をした場合（東京高判昭28・5・20特報38・108等），追徴額を誤った場合（名古屋高判昭29・2・25高刑集7・5・650等），組織的犯罪処罰法に基づく犯罪被害財産の没収・追徴（同法13Ⅲ・16Ⅱ）を言い渡すに当たり，その旨の明示（同18の2Ⅰ）を遺脱した場合（福岡高判平22・8・5判タ1335・281），被害者に還付すべきでないのに還付した場合（大阪高判昭33・12・23高刑集11・10・696等），被害者に還付すべきなのに還付しなかった場合（仙台高判昭34・2・19高刑集12・2・59等）等がある。これらはいずれも，判決に影響を及ぼすことが明らかである。

(9)　無罪理由の誤り　　無罪の理由として，罪とならないとすべきであるのに犯罪の証明がないとした場合や，その逆の場合については，いずれも判決に影響を及ぼすことが明らかであるとはいえないと解される（広島高判昭31・5・31裁判特報3・12・602）。

〔石井伸興〕

第381条 [1]〔控訴申立ての理由——刑の量定不当〕　刑の量定 [2][3] が不当であることを理由として控訴の申立をした場合には [4]，控訴趣意書に，訴訟記録及び原裁判所において取り調べた証拠に現われている事実であって刑の量定が不当であることを

信ずるに足りるものを援用[5]しなければならない。

　　　　　　［1］本条の趣旨　　　［2］量刑不当の判断基準　　　［3］刑の量定不当の範囲
　　　　　　［4］他の控訴理由との関係　　　［5］事実の援用

［1］本条の趣旨

　本条は，刑の量定の不当（量刑不当）が控訴理由となることを定めた規定である。量刑不当とは，原判決の刑の量定が，当該事件の諸事情に照らして，重過ぎたり．あるいは軽過ぎたりして，合理的な裁量の範囲を逸脱していることをいう。

［2］量刑不当の判断基準

(1) **一般的な考え**　　控訴審における量刑不当の審査については，控訴審がその事案についての量刑審査を自ら行い，それと原判決の量刑が異なれば，量刑不当に当たると考えるのではなく，原判決の量刑判断が一定の幅の中にあれば，量刑不当とはせずに，その幅から逸脱しているときに初めて量刑不当に当たると考えるのが一般的である。

(2) **原審が裁判員裁判の場合**　　裁判員法では，控訴審の審査に関しては，何らの特則も設けられていない。したがって，控訴審では，他の事件と同様，裁判官のみで構成された裁判体が，事後審として原判決の当否を審査し，破棄すべきか否かを審査することになる。ただし，国民の視点，感覚，健全な社会常識などを反映させようという裁判員制度の趣旨からすれば，事後審であるという控訴審本来の趣旨を運用上より徹底させることが望ましく，原判決がよほど不合理であることが明らかな場合（例えば，極めて重要な量刑事情を見落としていることが明らかな場合，量刑事実のうち重要な事実に対する評価を大きく誤っている場合，犯情を全く重視せず，一般情状を過度に強調し，悪性格を理由に重い刑を科しているような場合など）を除き，第一審の判断を尊重するという方向性を持つべきである。

　この点に関し，東京高判平24・6・5高検速報平24・130は，住居侵入，強姦致傷事件について，検察官の懲役10年の求刑に対して，懲役12年に処した原判決の量刑判断に関して，「裁判員裁判においては，裁判員制度が導入された趣旨，すなわち，一般市民の量刑感覚を個々の裁判に反映させるという趣旨を踏まえ，従来の量刑傾向を参考にしながらも，これに無用にとらわれることなく，裁判員と裁判官の多様な意見交換，評議によって刑を量定すべきであるし，裁判員の参加によって量刑傾向ないし量刑相場が従来よりも幅の広いものとなり得ることもいわば当然であって，控訴審としても，そのような制度の趣旨を踏まえた上で第一審の量刑判断に対して事後審としての判断を行うべきこととなる。したがって，従来の量刑傾向よりも重いと考えられる量刑判断がなされたからといって，直ちに当該量刑が不当といえるわけではない。」と判示して，量刑不当を理由とする被告人の控訴を棄却した。

　一方で，裁判員裁判といえども，他の裁判の結果との公平性が保持された適正なものでなければならないことはいうまでもなく，評議に当たっては，これまでのおおまかな

量刑の傾向を裁判体の共通認識とした上で，これを出発点として当該事案にふさわしい評議を深めていくことが求められる。最判平26・7・24刑集68・6・925は，こうした観点に立って，両親による幼児に対する傷害致死の事案につき各懲役10年の求刑を超えて各懲役15年に処した第一審判決及びこれを是認した原判決について，「これまでの量刑の傾向から踏み出し，公益の代表者である検察官の懲役10年の求刑を大幅に超える懲役15年という量刑をすることにつき，具体的，説得的な根拠を示しているとはいい難い第一審判決及びその量刑を是認した原判決は，量刑不当により破棄を免れない。」と判示して破棄した上，各被告人を懲役10年と懲役8年に処した。同判決の補足意見で，白木勇裁判官は，「量刑の先例やその集積である量刑の傾向は，それ自体としては拘束力を持つものではないし，社会情勢や国民意識の変化などに伴って徐々に変わり得るものである。しかし，処罰の公平性は裁判員裁判を含む刑事裁判全般における基本的な要請であり，同種事犯の量刑の傾向を考慮に入れて量刑を判断することの重要性は，裁判員裁判においても何ら異なるものではない。そうでなければ，量刑評議は合理的な指針もないまま直感による意見の交換となってしまうであろう。こうして，量刑判断の客観的な合理性を確保するため，裁判官としては，評議において，当該事案の法定刑をベースにした上，参考となるおおまかな量刑の傾向を紹介し，裁判体全員の共通の認識とした上で評議を進めるべきであり，併せて，裁判員に対し，同種事案においてどのような要素を考慮して量刑判断が行われてきたか，あるいは，そうした量刑の傾向がなぜ，どのような意味で出発点となるべきなのかといった事情を適切に説明する必要がある。このようにして，量刑の傾向の意義や内容を十分理解してもらって初めて裁判員と裁判官との実質的な意見交換を実現することが可能になると考えられる。そうした過程を経て，裁判体が量刑の傾向と異なった判断をし，そうした裁判例が蓄積されて量刑の傾向が変わっていくのであれば，それこそ国民の感覚を反映した量刑判断であり，裁判員裁判の健全な運用というべきであろう。」と述べている。こうした裁判員裁判の量刑評議における量刑傾向（量刑基準）の意義や用いられ方についての問題意識は，控訴審における量刑審査の在り方にも影響を与えることとなる。

［3］ 刑の量定不当の範囲

　本条にいう刑の量定とは，刑罰その他の刑事上の処分一般を意味する。したがって，主刑，付加刑，刑の執行猶予，裁量的保護観察，裁量的刑の免除，未決勾留日数の算入，罰金及び科料の換刑処分のほか，公職選挙法252条における公民権の不停止・停止期間の短縮などがこれに含まれる。

(1) **主刑**　主刑には，死刑，懲役（無期・有期），禁錮（無期・有期），罰金，拘留，科料があり（刑9・12Ⅰ・13Ⅰ），その選択（死刑か懲役刑か，懲役刑か罰金刑か等）や，刑の長短・多寡が問題となる。

(2) **付加刑**　付加刑には，没収・追徴がある（刑19・19の2）。無免許運転罪の犯罪組成物件として自動車の没収を言い渡した原判決について，相当であるとされた事例（東京

高判昭51・4・27東時27・4・54，福岡高判昭55・11・19刑裁月報12・11・1143）と，重きに過ぎ相当で
ないとして破棄された事例（福岡高判昭50・10・2刑裁月報7・9＝10・847）がある。

(3) **刑の執行猶予**　　刑の執行猶予には，刑の全部の執行猶予（刑25）と刑の一部の執行
猶予（同27の2）がある。刑の全部の執行猶予については，犯罪行為の内容やその他の
情状からして，これを付したこと，または，付さなかったことについて，量刑不当と主
張されることが多い。一方，刑の一部の執行猶予は，平成28年6月1日に改正法が施行
されてその適用が可能になったものであるところ，実務においては，特別予防のための
実刑のバリエーションであり，実刑が相当と判断された場合にその採否が問題となるも
のと考えられている。その判断の枠組みについては，①被告人に再犯のおそれがあるか，
②仮釈放では実現しがたい比較的長期の処遇期間を確保することにより可能となる有用
な社会内処遇方法が想定できるか，③その想定された社会内処遇方法が，被告人の更生
意欲・環境等に鑑みてどの程度実効的に実施できるかという視点が重要であるとされて
いる。

(4) **裁量的保護観察**　　裁量的保護観察（刑25の2Ⅰ前・27の3Ⅰ）は，これを付したこと，
または，付さなかったことのみが争われることは実務上稀であるが，学生が学会のシン
ポジウムを妨害した威力業務妨害，傷害等の事件で，保護観察を付すべき必要性に乏し
く，むしろそれを付することにより，被告人らにその生活行動を制約する過重な義務を
負担させることとなって，不当な感を免れないとして，保護観察を付した原判決を破棄
したものがある（東京高判昭53・7・6判時909・106）。

(5) **裁量的刑の免除**　　裁量的刑の免除は，過剰防衛（刑36Ⅱ），過剰避難（同37Ⅰ但）等
の場合になし得る。殺人の事案において，過剰防衛の成立を認めて刑を免除した原判決
ついて，過剰防衛の成立は是認した上で，被告人のために酌むことができる諸事情を十
分考慮してみても，本件が被告人に対し刑を免除するのが相当な事案であるとはいえず，
原判決の量刑は軽きに過ぎ失当であるとして破棄した判例がある（大阪高判平9・8・29判
時1627・155）。

(6) **未決勾留日数の算入**　　未決勾留日数の算入・不算入は，裁判所の裁量に属するも
のではあるが，事案の規模及び性質，審理経過，被告人の責に帰すべき事由の有無等を
勘案して，通常審理に要すると考えられる日数を除くその余の日数は本刑に算入すべき
であり，この基準に照らし算入・不算入が著しく妥当性を欠く場合には量刑不当として
破棄を免れないと解される（東京高判平7・6・26判時1551・138）。未決勾留日数を全く算入
しなかった原判決について，量刑不当として破棄した判例（多数あるが，例えば，広島高
松江支判平18・4・24高検速報平18・273は，刑21の裁量による未決勾留日数の本刑算入の趣旨からす
ると，起訴後の未決勾留算入可能日数である192日から，原審の審理に必要な日数であった100日を
差し引いた92日中，90日を本刑に算入するのが相当であり，本件において，被告人が多数の余罪を
認め，広域にわたる捜査をする必要があったことを斟酌したとしても，未決勾留日数を全く算入し
なかった原判決の判断は，裁量の範囲を逸脱したものといわざるを得ないと判示している。）もあ

れば，量刑不当とはいえないとした判例（前掲東京高判平7・6・26は，原判決が未決勾留日数を全く算入しなかったことは当を欠くものといい得る余地がないではないが，いまだ著しく妥当性を欠く場合に該当するとまでは認め難いと判示している。）もある。未決勾留日数の算入が多すぎることも理由の一つとして原判決を破棄した判例（高松高判昭58・10・17高検速報昭58・374），逆に少なすぎるとして原判決を破棄した判例（多数あるが，例えば，大阪高判平13・1・30判時1745・150は，未決勾留日数が1224日あるのに，原判決が500日しか算入しなかったのは量刑不当に当たるとして，原判決を破棄して，1000日を算入）がある。

(7) **罰金及び科料の換刑処分**　　罰金及び科料の換刑処分については，換算率の多少やそれに伴う期間の短長は，量刑不当となり得る（東京高判昭26・11・2高刑集4・13・1861，福岡高宮崎支判平17・3・24高検速報平17・325）。

(8) **公職選挙法252条における公民権の不停止・停止期間の短縮**　　公職選挙法252条にいう選挙権，被選権の停止，不停止は刑法9条，同10条にいわゆる刑ではないが刑事訴訟法381条の「刑の量定」には含まれる（最決昭36・4・4刑集15・4・709等）。

［4］他の控訴理由との関係

　構成要件に該当する具体的な事実や，刑の加重・減軽事由について，その存否に関して十分な審理を尽くしているかどうかは審理不尽の問題，その認定に問題があるかどうかは事実誤認の問題であり，これらに問題はないが，認定した事実・事由の量刑上の反映の有無・程度が妥当か否かが量刑不当の問題となる。

　量刑事情に関しては，犯罪の態様及び結果など犯罪事実の内容をなす事実の誤認は事実誤認の問題であり，それ以外の犯罪事実の内容をなさない事情の誤認は量刑不当の問題となる。

　証拠として使用できない資料を証拠として用いて量刑判断を行った場合は，訴訟手続の法令違反となる。また，被告人の黙秘権行使を量刑上不利益に考慮した場合や，起訴されていない余罪を実質上処罰する趣旨で量刑上考慮した場合も，訴訟手続の法令違反となる（東京高判平3・10・29高刑集44・3・212は，量刑理由中で，起訴されていない犯罪事実を公訴事実と一体のものとしてその犯行回数，被害金額を詳細に認定し，犯行態様，騙取品の処分先，被害弁償状況についても両者を一体として論じる等している原判決には，起訴されていない犯罪事実を実質上処罰する趣旨で量刑をした疑いがあり，右は訴訟手続の法令違反に当たるとしている。）。

　未決勾留日数について，実際にはない未決勾留日数を算入したり，実際にある未決勾留日数を超えた日数を算入した場合は，法令適用の誤りになる。

　罰金及び科料の換刑処分について，換刑処分を忘れたり，その制限を超えた場合は，法令適用の誤りになる。

［5］事実の援用

　378条の解説を参照。なお，訴訟記録等に現れていない同種事案に関する裁判例を援用しても不適法ではない（最判昭29・10・22刑集8・10・1653）。　　　　　　〔髙橋康明〕

第382条[1]**〔控訴申立ての理由──事実の誤認〕** 事実[2]の誤認[3]があつてその誤認が判決に影響を及ぼすことが明らか[4]であることを理由として控訴の申立をした場合には，控訴趣意書に，訴訟記録及び原裁判所において取り調べた証拠に現われている事実であつて明らかに判決に影響を及ぼすべき誤認があることを信ずるに足りるものを援用[5]しなければならない。

[1]本条の趣旨　[2]事　実　[3]誤　認　[4]判決に影響を及ぼすことが明らか　[5]事実の援用

[1] 本条の趣旨

本条は，事実誤認が相対的控訴理由になることを定めたものである。

[2] 事　実

「事実」とは，厳格な証明の対象となる事実，すなわち，構成要件該当事実，違法性阻却事由や責任阻却事由に関する事実（東京高判昭27・12・2高刑集5・12・2267，広島高松江支判昭24・12・7特報5・89等），法律上の刑の加重減免事由に関する事実（札幌高判昭27・9・11高刑集5・10・1666等），処罰条件や処罰阻却事由に関する事実，付加刑の前提となる事実（高松高判昭24・12・7特報6・2等）等をいう。これに対し，訴訟法上の事実は本条の「事実」に当たらない。また，量刑に関する事実のうち，犯行の計画性の程度といった犯情に関する事実は本条の「事実」に当たる（東京高判昭31・1・17高刑集9・1・1，東京高判昭42・2・28東時18・2・58等）が，被害弁償の額といった一般情状に関する事実はこれに当たらない（東京高判昭26・9・6特報24・29等）。

[3] 誤　認

(1) **事実誤認の本質と審査方法**　事実誤認の本質やその審査方法については様々な見解が示されているが，大きくは，①控訴審がまず問題となっている事実についての自らの心証を形成し，それと第一審判決が認定した事実とを比較して，そこに差異があることが事実誤認であるとする心証優越説（心証比較説）と，②第一審判決の事実認定の判断過程や結論に論理則・経験則違反ないし不合理性があることが事実誤認であるとする論理則・経験則違反説（不合理説）との対立があると理解されている。

これまでの実務は，控訴審が事後審であることを意識しつつも，心証優越説に近い考え方で第一審判決の事実認定を変更する場合が多かったといわれる（後掲最判平24・2・13の白木裁判官補足意見参照）。他方，裁判員制度の導入を契機として，控訴審の審理の在り方について様々な文献が発表された（司法研修所編「裁判員裁判における第一審の判決書及び控訴審の在り方」，東京高等裁判所刑事部部総括裁判官研究会「控訴審における裁判員裁判の審査の在り方」判タ1296・5，東京高等裁判所刑事部陪席裁判官研究会〔つばさ会〕「裁判員制度の下における控訴審の在り方について」判タ1288・5，遠藤＝冨田「裁判員制度のもとにおける控訴審の在り方(6)〔大阪高等裁判所陪席会〕事実認定の審査」判タ1276・43，杉森「裁判員制度導入後の控訴審」・鈴

木古稀(下)741，石井・控訴審420等）が，これらの文献では，論理則・経験則違反説に近い考え方も有力に主張されていた。これらの主張は，裁判員制度の導入に際し，控訴審が現行法どおりとされた経緯について，「控訴審は，全く新たに証拠を調べて独自に心証を形成するというのではなく，あくまで第一審裁判所の判決を前提として，その内容に誤りがないかどうかを記録に照らして事後的に点検するという事後審査を行うだけであると位置付ければ，そのような裁判官のみで構成される控訴審裁判所による審査や破棄を正当化できるのではないか」という暗黙の前提の下，「そうであるとすれば，制度としては，まさに控訴審を事後審とする現行法の枠組みを裁判員制度との関係でも基本的に維持することでよ（い）」とされたと説明されている（井上「『考えられる裁判員制度の概要について』の説明」ジュリ1257・139）ことも考慮したものと考えられる。

　そのような中，覚せい剤営利目的輸入事件で故意を否定して無罪を言い渡した第一審判決を事実誤認により破棄し，有罪の自判をした控訴審判決に対する上告事件において，最判平24・2・13刑集66・4・482は，「刑訴法は控訴審の性格を原則として事後審としており，控訴審は，第一審と同じ立場で事件そのものを審理するのではなく，当事者の訴訟活動を基礎として形成された第一審判決を対象とし，これに事後的な審査を加えるべきものである。第一審において，直接主義・口頭主義の原則が採られ，争点に関する証人を直接調べ，その際の証言態度等も踏まえて供述の信用性が判断され，それらを総合して事実認定が行われることが予定されていることに鑑みると，控訴審における事実誤認の審査は，第一審判決が行った証拠の信用性評価や証拠の総合判断が論理則，経験則等に照らして不合理といえるかという観点から行うべきものであって，刑訴法382条の事実誤認とは，第一審判決の事実認定が論理則，経験則等に照らして不合理であることをいうものと解するのが相当である。したがって，控訴審が第一審判決に事実誤認があるというためには，第一審判決の事実認定が論理則，経験則等に照らして不合理であることを具体的に示すことが必要であるというべきである。このことは，裁判員制度の導入を契機として，第一審において直接主義・口頭主義が徹底された状況においては，より強く妥当する。」と判示し，控訴審判決は，第一審判決について，論理則，経験則等に照らして不合理な点があることを十分に示したものとは評価することができず，382条の解釈適用を誤った違法があるとして，これを破棄した。本判決は，基本的に論理則・経験則違反説を採用したものとみることができ，実務が心証優越説に近い考え方で運用されてきたとすれば，そのような実務は改めるべきであることを明らかにしたものといえる。

　本判決以降に，第一審判決を事実誤認により破棄した控訴審判決の当否について判断を示した最高裁判例として，最判平25・4・16刑集67・4・549，最決平25・10・21刑集67・7・755，最決平26・3・10刑集68・3・87（以上の3件は，いずれも覚せい剤営利目的輸入事件で，被告人の故意ないし共謀を否定して無罪を言い渡した第一審判決を破棄し，有罪の自判をした控訴審判決が是認された事例），最判平26・3・20刑集68・3・499（保護責任者

遺棄致死事件で，被告人両名において，被害者の生命身体に危険があり，その生存に必要な保護として，医師の診察等の医療措置を受けさせる必要があるとの認識を有していたと認めて有罪を言い渡した第一審判決を破棄し，事件を第一審に差し戻した控訴審判決について，382条の解釈適用を誤った違法があるとして，これが破棄された事例），最決平26・7・8裁集刑314・99（強制わいせつ致死・殺人事件で，被告人の犯人性を肯定して有罪を言い渡した第一審判決を破棄し，無罪の自判をした控訴審判決が是認された事例），最決平29・12・25裁判所ウェブサイト（殺人未遂幇助事件で，被告人の幇助の意思を認めて有罪を言い渡した第一審判決を破棄し，無罪の自判をした控訴審判決が，結論において是認された事例），最決平30・3・19刑集72・1・1（保護責任者遺棄致死事件で，被告人の故意を否定して無罪を言い渡した第一審判決を破棄し，事件を第一審に差し戻した控訴審判決について，382条の解釈適用を誤った違法があるとして，これが破棄された事例）がある。なお，最決平26・7・8の事案を除き，いずれも前掲最判平24・2・13同様，第一審が裁判員裁判により行われた事案である。

(2) **明白な誤記**　判決書における事実認定の記載の誤りが明白な誤記と認められれば，本条には該当しない。明白な誤記といえるためには，判決書自体又は記録に照らし，少なくとも，当該記載が単なる表現上の誤りであることが明らかであるとともに，判決裁判所の意図した記載が一義的に明確であることを要する（最決昭53・6・16刑集32・4・645）。明白な誤記と認めた裁判例としては，福岡高判昭44・6・30判時574・96（引用した符号の誤り），東京高判昭45・12・26東時21・12・446（犯行日の誤り），東京高判平4・8・26判タ805・216（被害金額の誤り）等がある。事実誤認と認めた上で，判決への影響を否定した裁判例としては，後掲東京高判昭63・9・12（犯行日時の誤り）等が，判決への影響を肯定した裁判例としては，東京高判昭56・8・20東時32・8・44（不適切な事実の引用）等がある。

［4］判決に影響を及ぼすことが明らか

(1) **意　義**　「判決」とは，主文のみならず理由も含まれ，「影響を及ぼすことが明らか」とは，その法令違反（本条では事実誤認）がなかったならば現になされている判決とは異なる判決がなされたであろうという蓋然性があることをいう（最大判昭30・6・22刑集9・8・1189）点は，379条と同様である。もっとも，379条は訴訟法の適用の誤りに関するものであるため，判決の内容への影響のほか，判決の有効性への影響も問題となるのに対し，本条は事実誤認に関するものであり，理由不備や理由齟齬（378④）に当たらない事実誤認が判決の有効性に影響を及ぼすことは考えにくいため，380条と同様に，判決の内容への影響が問題となる。具体的には，事実誤認が，犯罪に対する構成要件的評価に直接又は間接に影響を及ぼすことが明らかである場合及び判決の主文に影響を及ぼすことが明らかである場合が，これに該当することになる。以下，380条の解説と重なる部分もあるが，具体例を概観する。

(2) **構成要件的評価への影響が問題となる場合**　　ア　**罰条及び法定刑が同一の罪の間の誤認**　この場合のうち，構成要件的評価に大きな差異がないときは，判決に影響を及ぼ

すことが明らかであるとはいえない。裁判例としては，有価証券偽造を有価証券虚偽記入と誤認した場合（福岡高判昭47・12・25高刑集25・6・975），有印公文書偽造に関し公務員の記名を押印と誤認した場合（東京高判昭53・12・12東刑29・12・209），死体遺棄を死体領得と誤認した場合（福岡高宮崎支判平14・12・19判タ1185・338），公選法221条1項1号の供与の申込みを供与と誤認した場合（大阪高判昭36・11・7下刑集3・11=12・984），同号の供応の申込みを供応と誤認した場合（広島高判昭31・4・9裁判特報3・8・386），同号の供与（事前供与）を同項3号の供与（事後供与）と誤認した場合（名古屋高判昭29・11・30裁判特報1・12・578），同項5号の交付を同項3号の供与の申込みあるいは供与と誤認した場合（東京高判昭31・6・20東時7・7・248，東京高判昭42・2・24判タ208・143）等がある。

　他方，構成要件的評価の差異が大きい場合には，判決に影響を及ぼすことが明らかである。裁判例としては，準強姦未遂を強姦未遂と誤認した場合（大阪高判昭33・12・9高刑集11・10・611），強姦致死を強姦致傷と誤認した場合（東京高判昭34・10・27東時10・10・402），準強盗致傷を強盗致傷と誤認した場合（東京高判昭41・7・15東時17・7・123），業務上過失傷害を業務上過失致死と誤認した場合（東京高判昭42・2・2東時18・2・25）やその逆の場合（大阪高判昭52・11・22判時885・174），強盗致死を強盗殺人と誤認した場合（東京高判昭52・6・30東時28・6・72），傷害の故意による傷害を殺人行為の際の打撃の錯誤による傷害又は被害者の同意による傷害と誤認した場合（東京高判平6・11・16判タ887・275），自殺幇助を承諾殺人と誤認した場合（東京高判平25・11・6判タ1419・230）等がある。

　イ　罰条は同一で法定刑が異なる罪の間の誤認　この場合については，判決に影響を及ぼすことが明らかである。裁判例としては，偽造に係る無印公文書を有印公文書と誤認した場合（福岡高判昭31・3・6裁判特報3・6・253），強盗致傷を強盗殺人未遂と誤認した場合（名古屋高判平16・3・15裁判所ウェブサイト）等がある。

　ウ　罰条が異なる罪の間の誤認　この場合についても，判決に影響を及ぼすことが明らかである。裁判例としては，殺人を傷害致死と誤認した場合（広島高判昭27・8・9特報20・97）やその逆の場合（福岡高判昭31・3・31裁判特報3・8・378，東京高判昭46・4・27東時22・4・165，東京高判昭62・9・22判タ661・252，東京高判昭62・12・1判タ667・233，東京高判平14・2・18東時53・1=12・17），恐喝を強盗と誤認した場合（名古屋高金沢支判昭28・5・14特報33・122），事後強盗致傷を窃盗及び傷害と誤認した場合（広島高判昭28・5・27特報31・15），単純賭博を常習賭博と誤認した場合（札幌高判昭28・6・23特報32・32），背任を横領と誤認した場合（東京高判昭29・1・22特報40・6），公務執行妨害を暴行と誤認した場合（東京高判昭29・3・12特報40・40），傷害を殺人未遂と誤認した場合（東京高判昭29・4・28特報40・79，東京高判昭43・5・27東時19・5・119）やその逆の場合（広島高判平20・10・30高検速報平20・257），占有離脱物横領を窃盗と誤認した場合（広島高判昭29・10・27裁判特報1・8・375，東京高判昭36・8・8高刑集14・5・316，東京高判平3・4・1判時1400・128，東京高判平24・4・11東時63・1=12・60），窃盗を昏酔強盗致死と誤認した場合（名古屋高判昭29・10・28高刑集7・11・1655。なお，理由不備〔378④〕にも当たるとしている。），暴行を強盗と誤認した場合（東京高判昭40・6・11東時16・6・71），常

習傷害を単純傷害と誤認した場合（東京高判昭40・6・25高刑集18・3・244），強盗殺人未遂を暴行及び傷害と誤認した場合（東京高判昭41・5・31東時17・5・85），過失傷害を重過失傷害と誤認した場合（大阪高判昭42・1・18判タ208・206），強盗を強盗致死と誤認した場合（東京高判昭45・3・26高刑集23・1・239），常習累犯窃盗を単純窃盗と誤認した場合（広島高判平10・3・19判時1645・157），嘱託殺人を普通殺人と誤認した場合（大阪高判平10・7・16判タ1006・282），私印偽造・同不正使用を私文書偽造・同行使と誤認した場合（福岡高判平15・2・13高検速報平15・137），危険運転致死傷を業務上過失致死傷と誤認した場合（福岡高判平21・5・15判タ1323・65），暴行を傷害致死と誤認した場合（大阪高判平27・3・11判時2291・137）等がある。

エ 未遂，共犯形式に関する誤認　未遂は，既遂の構成要件の修正形式であり，法定刑は同一でも構成要件的評価は異なるから，既遂と未遂との間の誤認は，一般的に判決に影響を及ぼすことが明らかである（名古屋高金沢支判昭28・2・28高刑集6・5・621，福岡高判昭29・1・12高刑集7・1・1，大阪高判昭29・2・25特報28・90，大阪高判昭29・5・4高刑集7・4・591，名古屋高判昭30・5・4裁判特報2・11・501，東京高判昭37・5・30高刑集15・7・517，大阪高判昭43・3・4下刑集10・3・225）。ただし，判決への影響を否定した裁判例もある（名古屋高金沢支判昭57・6・3高検速報昭57・522）。予備と未遂との間の誤認は，判決に影響を及ぼすことが明らかである（東京高判平19・8・8東時58・1＝12・49）。

共犯形式相互間の誤認についても，未遂と同様に考えられるが，特に，共同正犯ないし教唆犯と幇助犯との間の誤認は，処断刑の範囲に差異が生じることから，判決に影響を及ぼすことが明らかである（最判昭57・4・22裁集刑227・75，名古屋高判昭27・12・10特報30・21，東京高判昭29・3・26高刑集7・7・965，名古屋高判昭29・9・29裁判特報1・9・395，仙台高判昭32・1・30高刑集10・1・50，名古屋高判昭34・2・9高刑集12・1・5，東京高判昭40・8・9高刑集18・5・594，東京高判平22・12・8東時61・1＝12・314，東京高判平23・11・25東時62・1＝12・117，東京高判平25・2・20東時64・1＝12・62等）。他方，共同正犯と教唆犯との間，あるいは，実行共同正犯と共謀共同正犯との間の誤認につき，判決に影響を及ぼすことが明らかであるとはいえないとした裁判例もある（東京高判昭34・2・26高刑集12・3・219，東京高判昭57・3・16判時1063・218）。

共同正犯と単独犯との間の誤認については，判決への影響を肯定した事例（名古屋高判昭25・9・5特報12・73，東京高判昭31・7・2判タ61・72，前掲東京高判昭40・8・9，東京高判平8・8・7東時47・1＝12・108）と，これを否定した事例（福岡高判昭25・11・18特報15・159，東京高判昭28・7・17特報39・31，前掲東京高判昭31・6・20，札幌高判平5・10・26判タ865・291，東京高判平12・5・23東時51・1＝12・55）がある。ただし，単独犯の訴因で公訴提起された場合において，被告人1人の行為により犯罪構成要件のすべてが満たされたと認められるときは，他に共謀共同正犯者が存在するとしても，単独犯の訴因を認定することが許され（最決平21・7・21刑集63・6・762），これが事実誤認に当たるものではないことに留意を要する。

⑶ 主文への影響が問題となる場合　ア 主文自体の変更を必要とする誤認　この場合については，判決に影響を及ぼすことが明らかである。有罪を言い渡すべきところ無

罪を言い渡した場合やその逆の場合が典型例であるが，他に裁判例に現れた事案として
は，刑の免除事由がないのにあると誤認して刑の免除を言い渡した場合（東京高判昭30・
3・31高刑集8・2・217）やその逆の場合（大阪高判昭38・12・24高刑集16・9・841），没収・追徴
の要件がないのにあると誤認して没収・追徴を言い渡した場合（前掲高松高判昭24・12・7，
名古屋高金沢支判昭28・5・16特報33・124，東京高判昭30・7・23裁判特報2・16＝17・827）等がある。

　他方，結論が有罪又は無罪であることに変わりはなく，その理由中の間接事実につき
事実誤認があるに過ぎない場合は，判決に影響を及ぼすことが明らかであるとはいえな
い（福岡高判平7・3・23判タ896・246，東京高判平10・4・28判時1647・53）。

　また，主文で一部無罪を言い渡すべきところこれをしなかった場合は，判決に影響を
及ぼすことが明らかである（最判昭38・8・23刑集17・6・628参照）が，一罪の関係にある一
部を無罪とすべき場合には，理由中でその判断を示せば足り，主文で無罪を言い渡さな
いから，その誤認は直ちに判決に影響を及ぼすことが明らかであるとはいえない（判決
への影響を否定した事例として，福岡高判昭28・8・21高刑集6・7・941，東京高判昭40・2・23下刑集
7・2・110があり，判決への影響を肯定した事例として，仙台高判昭29・12・9裁判特報1・10・468，福
岡高判昭44・12・18判タ246・285，東京高判平9・1・29高刑集50・1・1がある。）。

　イ　減免事由の誤認　　必要的減免事由の誤認については，判決に影響を及ぼすこと
が明らかである。裁判例としては，心神耗弱に関する誤認につき，前掲広島高松江支判
昭24・12・7，東京高判昭32・10・8東時8・10・357，東京高判昭42・4・5東時18
・4・112，広島高判昭46・2・25判タ260・269，東京高判平5・8・9判時1494・158，
東京高判平15・12・9東時54・1＝12・87，東京高判平17・3・4高検速報平17・89，
東京高判平19・5・29東時58・1＝12・32，東京高判平24・3・5高検速報平24・81が
あり，中止未遂に関する誤認につき，東京高判昭30・3・22裁判特報2・6・172，東
京高判昭51・7・14判時834・106がある。ただし，中止未遂事由の誤認にかかる罪が，
無期懲役刑が選択された罪と併合罪関係にあり，刑法46条2項が適用されることを理由
に，判決に影響を及ぼすことが明らかであるとはいえないとした裁判例がある（大阪高
判昭33・6・10裁判特報5・7・270）。

　任意的減免事由の誤認については，個別具体的な事情に応じて判断される。裁判例と
しては，過剰防衛に関する誤認につき，判決への影響を肯定した事例として，大阪高判
昭40・5・29下刑集7・5・805，東京高判平6・5・31東時45・1＝12・36，大阪高
判平11・3・31判時1681・159，東京高判平12・11・16東時51・1＝12・110があり，判
決への影響を否定した事例として，東京高判平7・5・30高検速報平7・65（殺人未遂
等の事案において，処断刑の最下限の刑を量定した事案）がある。

　ウ　犯罪の日時・場所の誤認　　この場合については，一般的に量刑等への影響が生
じることは考えにくいことから，判決に影響を及ぼすことが明らかであるとはいえない
（日時の誤認に関し，東京高判昭25・5・20特報11・3，東京高判昭26・9・1特報24・18，東京高判昭28
・11・19特報39・195，札幌高函館支判昭30・4・5裁判特報2・8・271，東京高判昭32・8・1裁判特報4

·14=15·377，東京高判昭63·9·12判タ683·226等。場所の誤認に関し，福岡高判昭25·9·14高刑集3·3·413，東京高判昭26·8·10特報21·166，東京高判昭30·9·28東時6·9·325，東京高判昭30·11·21裁判特報2·23·1214，高松高判平8·10·8判タ929·270等）。ただし，判決に影響を及ぼすことが明らかであるとした裁判例もある（東京高判昭25·8·25特報10·37，東京高判平9·9·17判時1623·155）。

なお，日時の誤認が公訴時効の成否に関わるような場合には，判決に影響を及ぼすことが明らかである（東京高判昭29·9·7裁判特報1·5·195）。また，誤認の程度が著しいときは，公訴事実の同一性に欠ける場合があることに留意を要する（東京高判昭26·4·16特報21·75，東京高判昭26·6·28高刑集4·9·1079参照）。

エ　未必的故意と確定的故意との間の誤認　　この場合については，いずれを認定するかによって異なった量刑に至る蓋然性があるかどうかという観点から，判決への影響の有無を判断することになると考えられる。判決への影響を肯定した事例としては，東京高判昭41·3·28東時17·3·38，東京高判昭42·4·11東時18·4·120，東京高判昭52·11·16東時28·11·138，福岡高判昭60·8·6高検速報昭60·356，大阪高判平8·7·24判時1584·150，東京高判平11·10·13高検速報平11·102，大阪高判平13·6·21判タ1085·292があり，判決への影響を否定した事例としては，札幌高判昭38·12·17高刑集16·9·809，東京高判昭53·2·23刑裁月報10·1=2·75，東京高判昭57·4·12高検速報昭57·188，東京高判昭60·4·3高検速報昭60·106，大阪高判平元·7·18判時1334·236，東京高判平11·11·1東時50·1=12·126，東京高判平16·4·22東時55·1=12·32，大阪高判平17·6·28判タ1192·186がある。

オ　犯罪の被害者等の誤認　　この場合については，判決に影響を及ぼすことが明らかであるとはいえない（被害者の誤認につき，広島高判昭25·6·8特報12·95，福岡高判昭26·12·20特報19·49，名古屋高判昭27·12·17特報30·23，東京高判昭28·2·28特報38·51，名古屋高判昭29·11·22裁判特報1·11·490，東京高判昭30·11·30裁判特報2·23·1222，東京高判昭34·2·10東時10·2·104，東京高判昭35·9·5東時11·9·231等，売却横領の売却先の誤認につき，東京高判昭32·8·20裁判特報4·16·411，公選法の受供与罪における相手方の誤認につき，高松高判昭28·8·17高刑集6·7·935等）。

カ　犯罪の結果に関する誤認　　この場合については，誤認の程度がわずかであり，異なった量刑に至る蓋然性がない場合には，判決に影響を及ぼすことが明らかであるとはいえない。裁判例としては，①財産犯における被害額等に関し，盗品の数量84点を85点と誤認した場合（名古屋高判昭24·12·1特報3·37），窃盗の被害額150円を200円と誤認した場合（東京高判昭26·8·31特報24·17），詐欺の被害額1,000円を1,100円と誤認した場合（札幌高判昭27·11·27特報18·110），詐欺の被害額31万9,600円のうち1,300円を過大認定した場合（札幌高判昭25·5·26特報9·171），横領額11万3,000余円のうち2,500円を過大認定した場合（札幌高判昭24·12·27特報6·153），横領額70数万円につき2万7,400円を過小認定した場合（広島高岡山支判昭28·7·14高刑集6·9·1193），贓物寄蔵物件925点を1,075点と誤認

した場合（名古屋高判昭25・6・9特報11・51），贓物を代金6万1,990円で買い受け内金1万2,000円を支払った事実を代金1万2,000円で買い受けたと誤認した場合（名古屋高判昭28・4・9特報33・23），常習累犯窃盗の被害品91点（時価合計71万5,450円相当）のうち7点（時価合計23万1,500円相当）及び被害現金約9万5,000円のうち約4,000円を過大認定した場合（東京高判平22・11・18東刑61・1＝12・300），②傷害の程度に関し，全治約10日間を2週間と誤認した場合（広島高判昭24・9・9高刑集2・3・353），傷害の程度として2日間の病臥を要するとの事実が認められない場合（大阪高判昭29・5・31高刑集7・5・752），数箇所の傷害のうち1箇所の傷害の事実が認められない場合（札幌高函館支判昭26・1・19特報18・117），被害者2名の傷害につき，全治6日間及び8日間を10日間及び3週間とそれぞれ誤認した場合（東京高判昭62・4・13高検速報昭62・52），③脱税額に関し，脱税額2,587万2,600円を2,587万9,200円と誤認した場合（東京高判昭58・1・26高刑集36・1・14），脱税額を3年分で0.89パーセント過大認定した場合（広島高判昭59・10・23刑裁月報16・9＝10・671），所得額を約2.5パーセント，脱税額を約3.9パーセント過大認定した場合（東京高判平元・10・11高検速報平元・108），所得額を約4.4パーセント，脱税額を約5.4パーセント過大認定した場合（東京高判平6・6・29判時1522・150），④車両の速度に関し，業務上過失往来妨害における列車の時速約58.5キロメートルを時速約53キロメートルと誤認した場合（東京高判昭53・1・30刑裁月報10・1＝2・12），速度違反における自動車の時速40キロメートルを超えて時速50キロメートルまでを終始時速50キロメートルと誤認した場合（東京高判昭35・2・24東時11・2・47），⑤その他，強姦における暴行，脅迫の程度につき，被害者の抗拒を著しく困難にする程度を被害者の抗拒を不能にする程度と誤認した場合（東京高判昭34・10・30下刑集1・10・2127），支払用カード電磁的記録情報保管における保管情報の件数34件を134件と誤認した場合（東京高判平16・6・17東時55・1＝12・48）等がある。

　これに対し，誤認の程度が著しく，異なった量刑に至る蓋然性がある場合には，判決に影響を及ぼすことが明らかである。裁判例としては，①財産犯における被害額等に関し，詐欺の被害額41万4,120円を91万4,950円と誤認した場合（大阪高判昭26・6・22高刑集4・5・555），横領額55万4,994円余を92万3,438円と誤認した場合（名古屋高判昭28・6・24高刑集6・11・1423），詐欺の被害品（煙草）の数量6個を40個と誤認した場合（東京高判昭30・7・11裁判特報2・13・694），窃盗の被害品である財布には現金約10万6,000円が在中していたのにこれを認定しなかった場合（仙台高判平23・6・30高検速報平23・255），②傷害の程度に関し，被害者2名の傷害につき，安静加療1日程度及び2日程度を通院加療約3週間及び約2週間とそれぞれ誤認した場合（東京高判昭47・1・20東時23・1・7），③脱税額に関し，脱税額約3億円のうち1,239万円余りを過大認定した場合（東京高判昭58・11・9刑裁月報15・11＝12・1154），④車両の速度に関し，業務上過失傷害における自動車の時速45キロメートル以下を時速30キロメートル以上過大認定した場合（東京高判昭43・11・18東時19・11・220），道交法の速度違反（法定の最高速度時速60キロメートル）における自動車の時速約80キロメートルを時速約100キロメートルと誤認した場合（東京高判昭47・3・22東時23・3・43。

なお，反則行為に当たるのに反則金納付通告等の手続を経ずに公訴提起されたものであったため，上告審〔最判昭48・3・15刑集27・2・128〕において公訴棄却が言い渡されている。），道交法の速度違反（指定最高速度時速40キロメートル）における自動車の時速約58.9キロメートルを時速約73キロメートルと誤認した場合（東京高判昭54・12・20東時30・12・196，公訴棄却），⑤その他，公選法の供与額等に関し，交付罪の金額7,500円を3万円と誤認した場合（東京高判昭28・6・13高刑集6・7・839），受供与罪の金額2万6,800円を3万1,200円と誤認した場合（福岡高判昭31・4・25裁判特報3・9・439）等がある。

キ　犯罪の手段，態様等に関する誤認　　この場合についても，犯罪の結果に関する誤認と同様に考えることができる。

判決への影響を否定した裁判例としては，住居侵入強盗における侵入態様を誤認した場合（名古屋高判昭24・6・17特報1・217），詐欺における欺罔手段を一部誤認した場合（前掲札幌高判昭25・5・26，札幌高判昭26・1・26高刑集4・1・31，広島高判平2・1・26高検速報平2・221），着服横領を費消横領と誤認した場合（東京高判昭25・10・2特報13・7，広島高岡山支判昭27・10・7特報20・154），傷害の一部の原因となる暴行につき，被告人以外の暴行を被告人の暴行と誤認したが，被告人が被害者に与えた傷害の加療日数に差異を来さない場合（仙台高秋田支判昭26・1・7特報22・212），暴力行為等処罰に関する法律違反の罪である団体及び多数の威力を示した脅迫，暴行のうち暴行の事実が認められない場合（広島高判昭27・4・11特報20・64），窃盗未遂（すり）の行為態様を一部誤認した場合（東京高判昭28・11・18特報39・189），横領金の使用目的を一部誤認した場合（東京高判昭29・3・25特報40・48），傷害致死における一部の暴行の事実が認められないが，当該暴行に起因する傷害が認定されていない場合（高松高判昭29・7・19裁判特報1・3・102），準強姦における被害者の抗拒不能の態様を誤認した場合（仙台高判昭32・4・18高刑集10・6・491），傷害の原因となった暴行の態様を一部誤認した場合（東京高判昭32・11・21裁判特報4・23・609），公文書毀棄の対象文書を取得した態様を誤認した場合（高松高判昭39・6・3下刑集6・5＝6・595），覚せい剤使用の態様につき，注射又は服用とすべきところ注射と認定した場合（東京高判昭56・12・7東時32・12・83）等がある。

他方，判決への影響を肯定した裁判例としては，偶発的犯行を計画的犯行と誤認した場合（前掲東京高判昭31・1・17，前掲東京高判昭42・2・28），傷害致死の死因となった傷害につき，被告人が被害者を平手で殴打し舗石上に転倒させたことにより生じたのに，被告人が被害者を手拳で殴打したことにより生じたと誤認した場合（東京高判昭36・10・31下刑集3・9＝10・854），権利行使の手段としての恐喝を債権取立て名下の恐喝と誤認した場合（東京高判昭48・6・19東時24・6・101），覚せい剤使用の態様につき，粉末の経口摂取とすべきところ水溶液の注射施用とした場合（東京高判昭53・9・12刑裁月報10・9＝10・1181。犯行の日時，場所，手段，方法等，その態様の全体につき著しい差異があるとした。），詐欺における欺罔行為や錯誤の内容の根幹部分を誤認した場合（東京高判平12・3・30東時51・1＝12・36，東京高判平14・12・10東時53・1＝12・114）等がある。

382条，382条の2　　　　　1097

　ク　過失の態様に関する誤認　　この場合については，過失犯が開かれた構成要件で
あり，注意義務の内容の差異が構成要件的評価に影響すると考えられることから，一般
的に判決に影響を及ぼすことが明らかである。裁判例としては，死角を作らないよう自
動車を運転すべき注意義務違反が過失の内容であるのに，前方注視義務違反を過失と認
定した場合（大阪高判昭40・12・3高刑集18・7・839），速度遵守義務違反と前方注視義務違反
の双方が過失の内容であるのに，前者のみを過失と認定した場合（東京高判昭44・8・4東
時20・8・145），対向車に衝突した後先行車に接触したのに，先行車に追突した後対向車
に衝突したと誤認した場合（前掲東京高判昭45・12・26），赤色信号看過が過失の内容である
のに，黄色信号遵守義務違反を過失と認定した場合（東京高判平19・4・19高検速報平19・
201），減速徐行義務違反が過失の内容であるのに，信号遵守義務違反を過失と認定した
場合（東京高判平19・9・12高検速報平19・309），制限速度超過と信号看過の双方が過失の内
容であるのに，後者のみを過失と認定した場合（東京高判平23・3・8東時62・1=12・10）等
がある。

　他方，注意義務とは直接関係しない事態の推移に関する誤認は，判決への影響を及ぼ
すことが明らかであるとはいえない。裁判例としては，被害者転倒の経過に誤認がある
が，被告人の過失に起因することに変わりはない場合（福岡高宮崎支判昭29・9・15裁判特報
1・6・237，大阪高判平10・9・1判タ1004・289），被害者車両が被告人車両に衝突した後から
下水溝に転落する直前までの事態の推移を誤認したに過ぎない場合（東京高判昭43・2・28
東時19・2・30）等がある。

　ケ　罪数に影響する誤認　　この場合については，380条の解説〔4〕参照。

[5] 事実の援用

　事実の援用の問題点については，378条の解説〔2〕参照。

　本条の関係で，事実の援用を欠き不適法とした裁判例として，東京高判平10・3・31
東時49・1=12・14，東京高判平10・8・26東時49・1=12・52，東京高判平10・11・
11東時49・1=12・75，東京高判平11・1・29東時50・1=12・16，東京高判平12・11
・7東時51・1=12・109，東京高判平24・6・28東時63・1=12・135等がある。

〔石井伸興〕

第382条の2 [1]〔控訴申立ての理由──弁論終結後の事情〕　やむを得ない事由に
　　よって第一審の弁論終結前に取調を請求することができなかつた証拠によつて証明
　　することのできる事実 [2]であつて前2条に規定する控訴申立の理由があることを
　　信ずるに足りるものは，訴訟記録及び原裁判所において取り調べた証拠に現われて
　　いる事実以外の事実であつても，控訴趣意書にこれを援用することができる。
　2　第一審の弁論終結後判決前に生じた事実 [3]であつて前2条に規定する控訴申立
　　の理由があることを信ずるに足りるものについても，前項と同様である。

3 前2項の場合には，控訴趣意書に，その事実を疎明する資料 [4] を添附しなければならない。第1項の場合には，やむを得ない事由によつてその証拠の取調を請求することができなかつた旨を疎明する資料をも添附しなければならない。

[1] 本条の趣旨

本条は，控訴審において事実の援用を無制限に許すと第一審軽視の傾向を助長するおそれがあることから，量刑不当及び事実誤認を基礎付ける事実として訴訟記録及び第一審において取り調べた証拠に現れている事実以外の事実を控訴趣意書に援用することが許されるのは，当該事実を証明する証拠が控訴申立人の責に帰すことのできない事由により第一審において取り調べられなかつたものである場合に限られることを定めたものである。

なお，訴訟手続の法令違反（379）や法令適用の誤り（380）を基礎付ける事実にも本条の適用を認めた裁判例がある（前者につき，東京高判昭46・5・18判時643・97等のほか，適用されるとしても「やむを得ない事由」がないとした事例として，東京高判平17・5・11高検速報平17・137があるが，東京高判平6・11・28判タ897・240は反対。後者につき，最判昭48・2・16刑集27・1・58，東京高判昭43・4・30下刑集10・4・380等）。

[2] 第一審の弁論終結前に生じた事実

本条1項の「事実」は，第一審の弁論終結前に生じた事実である。

「やむを得ない事由」の意義については，様々な見解があるが，実務上は，証人が所在不明であつた場合など，第一審において証拠調べ請求をすることが物理的に不能であつた場合に限らず，当該証拠の存在を知らず，そのことについて過失のなかつた場合や，第一審で証拠調べ請求をする必要がないと考えたことに無理からぬ理由があるといえる場合等も含まれると解されている（前掲最判昭48・2・16，東京高判平25・9・10高検速報平25・113等）。他方，第一審で証拠調べ請求をしなかつたことが当事者の見込み違いに過ぎないような場合は，これに含まれない（最決昭62・10・30刑集41・7・309，東京高判平20・9・17判タ1286・345等）。実務においては，第一審で証拠調べ請求をしなかつたことに関する控訴申立人の帰責性の有無・程度を個別具体的に検討して判断されているといえる。

なお，公判前整理手続や期日間整理手続に付された事件については，整理手続終結後の証拠調べ請求が許されるのは「やむを得ない事由」がある場合に限られている（316の32Ⅰ）ところ，同項の「やむを得ない事由」が認められないような場合には，本条1項の「やむを得ない事由」も認められないのが通常であると考えられる（東京高判平20・3・26判タ1272・329参照）。

[3] 第一審の弁論終結後判決前に生じた事実

本条2項の「事実」は，第一審の弁論終結後に生じた事実であり，弁論終結前に当該事実を証明する証拠の取調べ請求をすることは物理的に不可能であるから，本条1項のような条件は付されていない。典型的な例としては，第一審の弁論終結後判決前に示談

が成立した場合等が挙げられる。

事実の発生が第一審判決後である場合には，本条2項により当該事実を援用することは許されないが，量刑に関する事実については，控訴審が職権で取り調べ，考慮に入れることができる（393Ⅱ・397Ⅱ）。

[4] 疎明資料

一応の蓋然性が認められる程度のもので足りる。控訴趣意書の記載自体から疎明が認められる場合もある。　　　　　　　　　　　　　　　　　　　　〔石井伸興〕

第383条 [1] 〔**控訴申立ての理由——再審事由その他**〕　左の事由 [2][3] があることを理由として控訴の申立をした場合には，控訴趣意書に，その事由があることを疎明する資料 [4] を添附しなければならない。

一　再審の請求をすることができる場合にあたる事由があること。

二　判決があつた後に刑の廃止若しくは変更又は大赦があつたこと。

[1] **本条の趣旨**

本条は，再審事由並びに判決後の刑の廃止・変更及び大赦が控訴理由になることを定めたものである。

[2] **再審事由**

本条1号の「事由」は，435条各号に該当する再審事由である。当該事由があるときに，判決の確定を待って再審請求させるまでもないことから，控訴理由とされたものである。再審事由は，再審請求の場合には被告人の利益にしか主張できないが，控訴理由としては，確定判決の法的安定性に配慮する必要がないことから，被告人の不利益にも主張できると解されている。

身代わり犯人である旨の新しい主張は，382条の2第1項によっては「やむを得ない事由」がないため許されないが，本条1号により許されることになる（本条1号と同一事由を規定する411条4号に関する裁判例として，最判昭45・6・19刑集24・6・299等がある。）。

第一審判決後に生じた事実についても，本条1号による主張が許される。

[3] **判決後の刑の廃止若しくは変更又は大赦**

本条2号の「刑の廃止」及び「大赦」は，337条2号・3号のそれと同一である。これらの控訴理由が認められるときは，原判決を破棄し，免訴を言い渡すことになる。

「刑の変更」は，刑法6条にいう「刑の変更」と同一であるが，同条との関係上，被告人に有利に変更された場合に限られることになる。刑の執行猶予の条件の変更（最大判昭23・11・10刑集2・12・1660ノ1），刑の一部の執行猶予に関する各規定の新設（最決平28・7・27刑集70・6・571），罰金刑に処する裁判を刑法45条後段の確定裁判から除外する法改正（福岡高判昭43・8・24高刑集21・4・333）などはこれに当たらない。ある犯罪の加重処罰

規定が犯行後の法改正により削除されたものの，存置された基本犯の処罰規定の適用は免れないという場合は，「刑の廃止」ではなく「刑の変更」に当たる（尊属加重処罰規定の削除に関するものとして，最判平8・11・28刑集50・10・827）。この控訴理由が認められるときは，原判決を破棄し，軽い新法を適用して判決することになる。ただし，刑の変更の内容，趣旨にかんがみ，処断罪の犯情等に照らして，第一審判決の量刑を再検討する余地のないことが明らかである場合には，破棄する必要はない（窃盗罪の選択刑として罰金刑が追加された法改正に関するものとして，最決平18・10・10刑集60・8・523）。

[4] 疎明資料

本条2号については，法令に関することであるから，疎明資料がなくとも職権調査を行うべきであるとする見解がある。ただし，補正が容易であることからすると，疎明資料がないという理由のみで直ちに控訴棄却決定（386Ⅰ②）がされる事態は想定しにくい。

〔石井伸興〕

第384条 [1][2] **〔控訴申立て理由の制限〕** 控訴の申立は，第377条乃至第382条及び前条に規定する事由があることを理由とするときに限り，これをすることができる。

[1] 本条の趣旨

本条は，控訴理由が377条から382条及び383条所定の事由に限られることを定めたものである。

いわゆる審理不尽の主張は，訴訟手続の法令違反（379）の主張と解されるから，本条には違反しない。

自らに利益のない主張をすることは，本条に列挙されている控訴理由であっても当然に許されない。また，逮捕・勾留の違法は，本条の控訴理由に該当しないから，それのみを主張することは許されない。

実務上，原判決後の情状のみを主張する場合がしばしば見られるが，これも本条違反であることに留意を要する。

[2] 本条違反の効果

本条に違反し，法定の控訴理由以外の事由のみを主張して控訴したときは，決定（386Ⅰ③）又は判決（396）で控訴が棄却されることになる。

〔石井伸興〕

第385条 [1] **〔控訴棄却の決定(1)〕** 控訴の申立が法令上の方式に違反し[2]，又は控訴権の消滅後にされた[3]ものであることが明らかなとき[4]は，控訴裁判所は，決定でこれを棄却しなければならない[5][6]。

2 前項の決定に対しては，第428条第2項の異議の申立[7]をすることができる。こ

の場合には，即時抗告に関する規定をも準用する。

[1] 本条の趣旨

本条は，控訴の申立てに違法があり，控訴が成立していない場合に，決定で控訴を棄却すべきことを定めたものである。

[2] 控訴申立ての方式違反

「法令上の方式に違反」するとは，控訴の申立てが，法律（374等）又は規則（規60・60の2・61等）に定める方式に違反することをいう。これに該当するとして上訴を棄却した近時の決定例として，最決平4・6・5裁集刑260・213（被告人会社の会社代表者でない者が上告を申し立てた事案），東京高決平15・4・4東時54・1＝12・22（被告人が郵送により提出した控訴申立書に，被告人の署名と思われるものは存在するが，その名下に押印がなく，被告人を特定すべき本籍，住居，生年月日等の記載も全く欠いた事案）がある。

上訴の利益がない場合も方式違反に当たる（免訴判決に対する被告人からの控訴に関し，東京高決平元・7・6高刑集42・2・121，管轄違い判決に対する被告人からの控訴に関し，東京高決平24・5・30東時63・1＝12・87）。

[3] 控訴権消滅後の控訴申立て

「控訴権の消滅後にされた」とは，控訴の申立てが，控訴提起期間（373）の経過後，あるいは控訴の放棄又は取下げ（359ないし361）後にされたことをいう。

控訴申立てが控訴権消滅後にされたことが明らかなときは，第一審裁判所が決定でこれを棄却しなければならない（375）から，控訴権消滅を理由に本条1項により控訴が棄却されるのは，第一審裁判所が，控訴権消滅を看過した場合や，控訴権消滅が一応明らかなようではあるが，疑義が残るとして，念のため控訴審の判断を仰ぐこととしたような場合（東京地決昭45・6・19判時599・143参照）に限られる。

[4] 明らかなとき

「明らかなとき」とは，公判を開いて審理するまでもなく，書面審査によって本条1項所定の事由の存在が明白であることをいう。

一旦公判を開いたときは，本条1項所定の事由が認められる場合でも，本条によらずに395条によって判決で控訴を棄却することになる。

[5] 複数の控訴申立て

検察官の控訴申立てと被告人の控訴申立てとは，別個独立の関係にあるから，その適法性は各別に判断すれば足りる。

被告人側の複数の控訴権者がそれぞれ控訴申立てをした場合，結局1個の控訴申立てを構成するから，1回でも適法な申立てがされれば，被告人の控訴申立ては適法に成立することになり，他の不適法な控訴申立てについて本条1項により控訴棄却決定をすることはできない。ただし，被告人と弁護人が控訴を申し立てたが，被告人がこれを取り下げた後改めて控訴を申し立てたような場合は，被告人の再度の控訴申立ては控訴権消

滅後にされたものであり（361），弁護人の控訴権も被告人の控訴取下げにより消滅する（最判昭24・6・16刑集3・7・1082）から，全体として被告人側の控訴を決定で棄却することになる。

［6］身 柄

本条1項の決定により禁錮以上の刑に処する第一審判決に対する控訴が棄却された場合は，保釈及び勾留執行停止の効力が失われる（404・343，東京高決昭31・2・16高刑集9・1・97参照）。

［7］異議の申立て

本条1項の決定に対しては，上告（405）も抗告（428Ⅰ）もできないが，事件を終局させるという重要性にかんがみ，本条2項により異議の申立て（428Ⅱ）ができることとされた。

即時抗告に関する規定（422・425）が準用されるのは，判決確定時期を明確にするためであるとされる。

この異議申立てについては，上訴に準じるものとして，上訴権回復の規定（362ないし365）や被収容者に対する規定（366・367）も準用される（前者につき，最決昭26・10・6刑集5・11・2177）。　　　　　　　　　　　　　　　　　　　　　　　　　　〔石井伸興〕

第386条[1]**〔控訴棄却の決定(2)〕**　左の場合[2][3][4]には，控訴裁判所は，決定で控訴を棄却しなければならない。[5][6]

　　一　第376条第1項に定める期間内に控訴趣意書を差し出さないとき。
　　二　控訴趣意書がこの法律若しくは裁判所の規則で定める方式に違反しているとき，又は控訴趣意書にこの法律若しくは裁判所の規則の定めるところに従い必要な疎明資料若しくは保証書を添附しないとき。
　　三　控訴趣意書に記載された控訴の申立の理由が，明らかに第377条乃至第382条及び第383条に規定する事由に該当しないとき。
　2　前条第2項の規定は，前項の決定についてこれを準用する。[7]

　　　　　　［1］本条の趣旨　　［2］控訴趣意書の不差出し　　［3］控訴趣意書の不適式
　　　　　　［4］控訴理由不該当　　［5］複数の控訴申立て　　［6］身 柄　　［7］異議の申立て

［1］本条の趣旨

本条は，控訴趣意書に関して違法がある場合に，決定で控訴を棄却すべきことを定めたものである。

［2］控訴趣意書の不差出し

本条1項1号には，控訴審が指定した控訴趣意書を差し出すべき最終日（376Ⅰ，規236。

386条　　1103

なお，規236Ⅳ）までに控訴趣意書の差出しがなかった場合が該当する。控訴申立書自体に控訴理由が記載されている場合は，これに該当しない。

差出期間経過後に控訴趣意書が提出されたときでも，その遅延がやむを得ない事情に基づくと認められる場合は，期間内に差し出されたものとして扱うことができる（規238）が，「やむを得ない事由」とは，被告人及び弁護人の責に帰すことのできないような物理的・客観的な障害が生じた場合に限られる。弁護人が，差出最終日の午後11時53分頃に控訴趣意書を持参して裁判所構内に到り，宿直員を起こそうとしたが起きなかったため，差出期間内に提出できなかったという事案において，「やむを得ない事由」があるとした裁判例がある（札幌高決昭28・7・8特報32・37）が，「やむを得ない事由」がないとした裁判例が多い（差出最終日の指定後に選任された弁護人が，控訴審の手続に不慣れのため差出最終日の指定通知を受け得るものと速断して被告人や裁判所に差出最終日の問い合わせをせず，被告人も弁護人にこの点の連絡をしないまま，差出期間を経過した事案につき，東京高決昭53・5・11東時29・5・77。いわゆるオウム真理教教祖事件につき，最決平18・9・15裁集刑290・367）。

また，必要的弁護事件につき被告人が控訴した場合において，弁護人がないままであるときは，本条1項1号により控訴棄却決定をすることはできない（最決昭47・9・26刑集26・7・431）。他方，差出期間内に弁護人が存在した時期があったが，その後弁護人又は被告人の責に帰すべき事情により弁護人が不存在となったような場合には，本条1項1号による控訴棄却決定が相当とされる（被告人による控訴後に選任された弁護人が，3度にわたり差出期間の延長を申請し，2度の申請は許可されたが，3度目の申請が不許可とされたため，控訴趣意書を提出しないまま辞任した結果，弁護人がない状態で差出期間が経過した事案につき，最決平21・6・17裁集刑296・861。上告趣意書の不差出しに関し，被告人が，差出最終日に唯一の弁護人を解任し，新たに弁護人を選任したが，延期された差出最終日に同弁護人を解任した結果，弁護人がない状態で差出期間が経過した事案につき，最決平14・3・27裁集刑281・331）。

本条1項1号により控訴棄却決定をする前提として，被告人及び弁護人に対する控訴趣意書差出最終日の送達による通知（規236Ⅰ・Ⅱ）が有効になされていることが必要である。通知の有効性に関する裁判例として，最決昭43・9・17裁集刑168・717（郵便送達報告書の記載上は，被告人に対して公判期日召喚状等のほか控訴趣意書差出最終日通知書が送達されたことになっているが，その記載内容に疑いの余地があり，事実の取調べをせずに控訴棄却決定に対する異議申立てを棄却した原決定には審理不尽の違法があるとして，これを取り消したもの），東京高決昭48・6・28判時717・98（被告人の同居者が受領した送達を有効としつつ，被告人に渡されなかったことなどを考慮し，実質的には本条1項1号に該当しないとして，控訴棄却決定を取り消したもの），大阪高決昭57・10・18判時1082・143（被告人方の留守を預かっていた親族が受領した送達を有効としたもの）等がある。

上訴可分な事件の全部について控訴の申立てがされたが，控訴趣意書において，その一部の事件に関する控訴理由が全く記載されていない場合，控訴理由の記載がない事件について本条1項1号を適用した裁判例（東京高判昭40・6・3高刑集18・4・328，広島高松江

1104　　　　　　　　　　386条

支判昭41・5・31判時485・71。いずれも，控訴理由が記載された他の事件について破棄した判決中で控訴棄却を言い渡した。）と，控訴趣意として何ら主張がないことは理由がないことに帰するとして396条を適用した裁判例（東京高判昭60・12・13判時1183・3，大阪高判平6・4・20高刑集47・1・1）がある。なお，上告審においては，後者の取扱いがされている（最判昭43・12・4刑集22・13・1425等）。

［3］　控訴趣意書の不適式

　本条1項2号には，控訴趣意書において事実の援用を欠く場合，疎明資料や保証書の添付を要するのにこれを添付しない場合など，控訴趣意書が376条ないし383条所定の方式に違反している場合が該当する。控訴趣意書が不適式であっても，控訴申立書に控訴趣意が適式に記載されている場合は，これに該当しない。

　控訴趣意書に事実誤認や量刑不当という結論のみを記載し，追って詳細は書面で述べる旨記載したにとどまるものは，事実の援用を欠き，不適式である（最決昭52・11・11刑集31・6・1019。同様の控訴趣意書につき，福岡高那覇支決昭49・6・17刑裁月報6・6・647，東京高決昭54・11・20東時30・11・170。他方，事実の援用を欠くとして控訴棄却した原決定を取り消したものとして，大阪高決昭48・2・7判タ294・392がある。）。控訴趣意書に具体的な控訴理由の記載がない場合についても，本条1項2号に該当する（東京高決昭31・12・4高刑集9・11・1197。上告趣意書に関し，最決昭49・3・14裁集刑191・381等。なお，仙台高判昭31・10・23裁判特報3・23・1109は，本条1項3号に該当するとする。）。他の書面の記載を援用するのみで，控訴趣意書自体に趣意内容を示さない場合も不適式である（控訴趣意書の記載を援用した上告趣意書につき，最決昭25・10・12刑集4・10・2084）が，他の被告人に対する控訴趣意書記載の理由を一部引用した上で，当該控訴趣意書の謄本を添付資料として契印付加した控訴趣意書につき，適式と認めた裁判例がある（東京高判昭33・12・19高刑集11・10・631）。

　なお，実務上は，本条1項2号により直ちに控訴棄却決定をするのではなく，釈明によって補正させる例が多い。本条1項3号についても同様である。

［4］　控訴理由不該当

　本条1項3号には，控訴趣意書の記載内容自体が，明らかに控訴理由に当たらない場合が該当する。384条所定の事由が全く含まれない主張のほか，被告人による自己に不利益な主張についても，これに当たる。

［5］　複数の控訴申立て

　複数の控訴申立てがあった場合との関係については，385条の解説［5］参照。

［6］　身　柄

　本条1項の決定と保釈及び勾留執行停止の失効との関係については，385条の解説［6］参照。

［7］　異議の申立て

　本条1項の決定に対しては，本条2項が準用する385条2項の規定により，異議の申立てができる。この異議申立てについては，385条の解説［7］参照。

なお，本条は414条により上告審に準用されるため，最高裁による上告棄却決定に対しても異議を申し立てることができる（最大決昭30・2・23刑集9・2・372）。この異議申立ては，決定の内容に誤りのあることを発見した場合に限られ（最決昭36・7・5刑集15・7・1051），異議申立期間内に具体的理由を主張しなければならない（最決昭42・9・25刑集21・7・1010）。　　　　　　　　　　　　　　　　　　　　　　　　　　　　　　〔石井伸興〕

第387条 [1][2] **〔弁護人の資格〕**　控訴審では，弁護士以外の者を弁護人に選任することはできない。

[1] 意　義

控訴審における弁護人の資格は，弁護士に限定される。特別弁護人の選任（31Ⅱ）は認められない。

[2] 本条の趣旨

控訴審は，原判決の事後審査を原則とし，当事者は，控訴理由を提示するとともに根拠となる事実の援用及び疎明資料の添付などが求められる上，援用可能な事実の範囲が制限されるなど，手続が通常第1審事件に比べて技術的に構成されている。

そこで，控訴審における弁護人には，専門的な法的知識（実体法上及び訴訟法上の知識）が求められることから，その資格は法律専門家である弁護士に限定された。　〔吉田智宏〕

第388条 [1][2] **〔弁論能力〕**　控訴審では，被告人のためにする弁論 [3] は，弁護人でなければ，これをすることができない [4][5]。

[1] 意　義

控訴審において被告人のためにする弁論ができる者は，弁護人に限定される。

[2] 本条の趣旨・帰結

弁論能力が弁護人に限定された理由は前条と同様である。被告人本人のほか，代理人，補佐人も弁論できない。被告人提出の控訴趣意書も，弁論できる者は弁護人に限られる。検察官控訴のときに防御的立場でなす弁論も同様である。

[3] 弁論の意義

弁論とは，389条及び393条4項にいう弁論をいい，控訴理由の存否に関する意見陳述である。

[4] 弁護人の選任がない事件

任意的弁護事件において弁護人の選任がない場合も，実務の大勢は，被告人に弁論を認めない。弁論が必要と考えられる場合は，37条5号により職権で弁護人を付すことが

1106   **388条, 389条**

考えられる。

[5] 被告人について

　事実の取調べとして被告人質問が行われることがあり，被告人の弁解を聞く機会となることがある。

　なお，被告人は，弁論以外の訴訟行為として，例えば，事実の取調べの請求(393 I 本)，弁護人がないときの公判調書の閲覧 (49) などができる。　　　　　　　　　　　　〔吉田智宏〕

第389条 [1]**〔弁論〕**　公判期日には，検察官及び弁護人が，控訴趣意書に基いて弁論 [2] をしなければならない [3][4][5][6]。

　[規]　第245条 [7]**（受命裁判官の報告書）**　裁判長は，合議体の構成員に控訴申立書，控訴趣意書及び答弁書を検閲して報告書を作らせることができる。

　　　2　公判期日には，受命裁判官は，弁論前に，報告書を朗読しなければならない。

[1] 本条の趣旨

　控訴審における調査の中心は，控訴趣意書に包含された事項であり (392 I)，本条は，①控訴審においても口頭弁論主義 (43 I) が要請されること，②弁論は，控訴趣意書を逸脱できないことを規定する。もっとも，控訴趣意書に包含された事項は，陳述されなくとも，撤回又は陳述しない旨の明確な意思表示のない限り，調査対象になる (最判昭27・1・10刑集6・1・69)。

[2] 弁論の意義

　本条の弁論は，控訴趣意書に記載された控訴理由についての意見陳述である。控訴申立側及び控訴の相手方双方を含む。

[3] 控訴申立側の弁論の主体

　検察官控訴のときは検察官が，被告人側控訴のときは弁護人が，弁論する。

　弁護人は，自ら提出した控訴趣意書のほか，被告人又は他の弁護人が提出した控訴趣意書についても弁論できる。実務では，弁護人の選任がある事件において被告人が控訴趣意書を提出した場合，弁護人が被告人の弁解を聴取するなどした上で自ら控訴趣意書を提出する一方，被告人提出の控訴趣意書は撤回し，証拠として扱う例がある。

　数人の弁護人がある場合には，主任弁護人及び副主任弁護人以外の弁護人は，裁判長の許可及び主任弁護人又は副主任弁護人の同意がなければ，弁論できない (規25 II)。

　出頭した弁護人が控訴趣意書を陳述しない場合でも，検察官に答弁させて訴訟を進行できる (東京高決昭47・1・29高刑集25・1・20)。

[4] 控訴申立側の弁論の範囲・実情

　控訴申立側の弁論の意義は，既に控訴裁判所に差し出され閲読されている控訴趣意書

について，改めて口頭で記載を強調し明確にすることにある。全文を朗読する必要はない。控訴趣意書に記載されていない新たな控訴理由を付加することは許されない。控訴趣意書に記載されている主張を敷衍することは許される。

実務では，多くの場合，単に「控訴趣意書記載のとおり陳述します。」などと弁論するのみで済まされる。複雑な事案等においては控訴趣意書の要点が告げられることもある。

控訴趣意書の記載によっては，法定の控訴理由のどれに該当すると主張するのか，複数の控訴理由に該当すると主張するのか，独立の控訴理由として主張するのか，あるいは，他の控訴理由を基礎づける一事情として主張するにとどまるのかなどの点が明確でないことがある。控訴裁判所としては，控訴趣意書の記載内容等を合理的に解釈して調査対象を確定することもあるが，弁論の際，当事者に対し釈明を求め，控訴理由の種類及び個数等を明確にした上で陳述することもある。被告人作成の控訴趣意書に関して釈明を求める必要がある場合，被告人ではなく，弁護人に対してこれを求める。

差出期間経過後に提出された控訴趣意書は，控訴裁判所が，遅延がやむを得ない事情に基づくものと認めるときは，陳述できる（規238）。そうでなければ，陳述は許されない。

［5］控訴趣意書の補充

実務では，控訴趣意書の提出後，これを補充する内容の書面（控訴趣意書補充書という。）が提出されることがある。

控訴趣意書の差出期間経過前に提出された控訴趣意書補充書は，新たな控訴理由を含むものでも，控訴趣意書として扱われ，陳述できる。

他方，差出期間経過後に提出された控訴趣意書補充書は，陳述が許されるか否かはその内容による。新たな控訴理由を主張するのではなく，控訴趣意書に記載されている主張を敷衍する程度のものであれば，陳述できる。他方，控訴趣意書に記載されていない新たな控訴理由を主張するものは，規238条により期間内に差し出されたものとされる場合を除き，陳述は許されない（最判昭28・12・22刑集7・13・2599）。後者の場合，実務では，控訴趣意書補充書は陳述せず，職権調査を促す趣旨のものとして取り扱われることがある。

不適法な控訴趣意書が差し出された場合，差出期間経過後に提出された控訴趣意書補充書によって，その瑕疵を補正することはできない（最決昭52・11・11刑集31・6・1019）。

［6］相手方の弁論

検察官控訴のときは弁護人が，被告人側控訴のときは検察官が，防御的立場から弁論する。弁論は，控訴趣意書の記載事項の反駁に必要な事項に限られる。口頭又は答弁書（規243）に基づいて弁論する。

実務では，答弁書が提出されていない場合，「本件控訴は理由がないので，棄却されるべきと思料します。」などと弁論するのみで済まされることが通例である（まれに，控

1108 　　　　　　　　　389条，390条

訴を認容する旨の弁論が述べられることもある。)。簡潔に口頭で反論がなされることもある。

　答弁書を提出したときも，全文を朗読する必要はない。必ずしも答弁書記載の内容に制限されず，口頭付加も許される。実務では，多くの場合，「答弁書記載のとおり陳述します。」などと弁論するのみで済まされる。複雑な事案等においては答弁書の要点が告げられることもある。

［7］受命裁判官の報告書

　沿革上は，刑事訴訟規則説明書（刑資14号）によれば，規245条1項は上告審に関する旧法429条，規245条2項は同じく上告審に関する旧法432条1項と同趣旨の規定とされる。弁論の実効を上げるために設けられたものと考えられるが，実務上，ほとんど活用されていない。もっとも，実務では，弁論の実効を上げるなどの観点から，第1回公判期日前の事前準備及び調査が柔軟に行われている。

　控訴審は，事後審査を原則とするため，起訴状一本主義に相当する制限はない。控訴裁判所は，第1回公判期日前に，控訴趣意書（添付の疎明資料を含む。）及び答弁書の閲読はもちろん，原判決を含む第1審の訴訟記録及び証拠物を精査できる。必要に応じて，当事者に対して釈明を求めることなどもできる。

　実務では，第1回公判期日に先立ち，主任裁判官が，記録を精査し，控訴趣意書に記載されている控訴理由（職権調査事項を含む）や，釈明又は補正を求めるべき点の有無等を検討した上で，検討結果をまとめたメモを他の構成裁判官に配布し，他の構成裁判官においても必要な検討を行うなどした上で合議を行い，審理の方針等を定めることが多い。

〔吉田智宏〕

第390条 [1][2]〔被告人の出頭〕　控訴審においては，被告人は，公判期日に出頭することを要しない [3][4][5][6]。ただし，裁判所は，50万円（刑法，暴力行為等処罰に関する法律及び経済関係罰則の整備に関する法律の罪以外の罪については，当分の間，5万円）以下の罰金又は科料に当たる事件以外の事件について，被告人の出頭がその権利の保護のため重要であると認めるときは，被告人の出頭を命ずることができる [7]。

　[規]　第244条（被告人の移送）[8]　被告人が刑事施設に収容されている場合において公判期日を指定すべきときは，控訴裁判所は，その旨を対応する検察庁の検察官に通知しなければならない。

　　　2　検察官は，前項の通知を受けたときは，速やかに被告人を控訴裁判所の所在地の刑事施設に移さなければならない。

　　　3　被告人が控訴裁判所の所在地の刑事施設に移されたときは，検察官は，速やかに被告人の移された刑事施設を控訴裁判所に通知しなければならない。

390条

［1］意　義

　控訴審においては，第1審と異なり，被告人は公判期日への出頭義務を原則として負わない（283以下対照）。被告人の公判期日への出頭は開廷要件ではない（286以下対照）。

［2］本条の趣旨

　控訴審の公判期日における審理は，事後審査を原則とする控訴審の性格から弁論が中心になるが，被告人は弁論できず，出頭を求める必要性に乏しいことが多いためである（最判昭32・3・28刑集11・3・1306）。

［3］召喚の意義

　被告人の公判期日への召喚を必要とする第1審の規定は，控訴審に準用される（404・273Ⅱ。409対照）。被告人は，控訴審の公判期日に出頭する権利を有する。

　召喚は，本来，出頭義務を負わせるものであるが，本条本文により，被告人は控訴審の公判期日への出頭義務を原則として負わない。召喚の実質は，本条ただし書の場合は別として，公判期日に出頭する機会を与える意味にとどまる。召喚の手続（召喚状の送達）によらず，被告人に対して適宜の方法で公判期日を通知しても，違法とはいえない（最判昭27・12・25刑集6・12・1401）。実務では，出頭の権利はあるが出頭の義務はない旨を付記した召喚状（正当な理由がなく出頭しない場合は勾引状を発することがある旨の記載はしない。）を送達する方法による例が多い。

　他方，273条2項は，第1回公判期日のみならず，すべての公判期日（判決宣告期日を含む。）について召喚を必要としており，控訴審においても，被告人の防禦権又は上訴権に支障を来さないとの観点から，すべての公判期日（判決宣告期日を含む。）について召喚又は通知を行う必要がある。通知もせずに被告人の不出頭のまま開廷すると273条2項違反となる（最大決昭44・10・1刑集23・10・1161）。続行期日を指定する場合，期日に出頭した被告人については，次回期日を口頭で告知すれば足りる。期日で次回期日を告知できなかった被告人については，前同様の召喚状を送達する例が多い。

　判決の宣告のみをすべき公判期日の召喚状について，判決宣告期日である旨記載しなければならないとする規216条は控訴審には準用されないが，その旨付記することが望ましい（最決昭33・5・26刑集12・8・1621）。実務では，召喚状に次回期日が判決宣告期日である旨を付記する例が多い。

　本条ただし書の場合は別として，召喚を受けて出頭しなかったことは，勾引や保釈取消等の事由とならない。

　なお，検察官，弁護人及び補佐人に対して，公判期日を通知する必要がある（404・273Ⅲ）。

［4］所在不明の被告人に対する召喚

　控訴審においては，被告人が所在不明となる事例が少なからず存する。

　実務では，検察官に依頼するなどして被告人の所在調査を行うのが通例であるが，度重なる所在調査によっても所在が判明しない場合の対応が問題となる。被告人側控訴の

事案では，自ら控訴した被告人は，規62条１項の住居，送達受取人等の届出義務を負い，これを怠ったときは，規63条１項により付郵便送達をすることができる。検察官控訴の事案でも，被告人が，控訴申立通知書の送達を受けて検察官が控訴を申し立てたことを承知したときは，同届出義務を負い，付郵便送達をすることができる（最決平19・4・9刑集61・3・321）。

付郵便送達のあて先は，被告人の従前の態度，言動等に照らし最終送達場所を送達場所とする旨の意思表明があったと同視できるか否かなどを考慮し，現実には送達されない不利益を被告人が受けるのはやむを得ないといえるか否かを検討した上で，選択する（井上弘通・判例解説（刑）平19・124）。

［5］外国所在の被告人に対する召喚

外国所在の被告人に召喚状を送達する場合，54条による民訴法108条の準用により，外国の裁判所又は在外領事等に嘱託して行う。実務では，原判決後出国した被告人が，弁護人や被告人の知人等を送達受取人（規62Ⅰ）に選任し，被告人に対する召喚状等は送達受取人に送達する例がある（東京高判平20・12・9判タ1297・311参照）。控訴裁判所は，弁護人や被告人の知人等を通じて被告人と連絡を取ることが可能な場合，送達受取人の届出義務を負う被告人に対し，同届出を促す例もある。

［6］出頭時の手続

事後審査を原則とするという控訴審の性格等から，404条及び規250条による準用を受けない規定も多い。

控訴審においては，起訴状の朗読はなされない。起訴状朗読に付随するいわゆる人定質問をする必要はない（最決昭28・12・17刑集7・12・2558。適宜の方法によって人違いがないか調べれば足りる。）。実務では，被告人が出頭した場合，人定質問を行う例が多い。

被告事件について陳述する機会を与える必要もない（最決昭26・3・30刑集5・5・801）。

黙秘権の告知について，実務では，被告人質問を行う場合も含めて行わない例が多い。

控訴審で事実の取調べをした場合も，被告人に対して最終陳述の機会（293Ⅱ）を与える必要はない（最決昭25・10・12刑集4・10・2087，最大判昭27・2・6刑集6・2・134）。

［7］出頭命令

第１審でも被告人の出頭義務が免除されている軽微事件（284）については，出頭命令を出すことはできない。

出頭命令を出すか否かの判断は，控訴裁判所の裁量に属する（最判昭37・12・14裁集刑145・541）。実務では，被告人質問や証人尋問等の事実の取調べがなされる場合，訴因変更がなされる場合などにおいて，出頭命令が出されることもある。

出頭命令の方法について，期日に出頭した被告人に対しては，口頭で命じれば足りる（65Ⅱ）。期日で命じることができなかった被告人に対しては，勾引されることがある旨を記載した召喚状を送達する例が多い。

出頭命令に従わず被告人が出頭しなくても，開廷し審理することができる。不出頭は

勾引や保釈取消等の事由になり得る。

[8] 被告人の移送

被告人の移送は，被告人の公判期日への出頭準備のほか，被告人と弁護人の打合せ等の準備に資する。

規244条1項の通知について，実務では，第1回公判期日の指定と同時に，検察官に公判期日指定通知書等の書面によって通知することが多い。

同条2項の移送について，裁判長の同意（規80Ⅰ）は不要である。被告人が既に控訴裁判所の所在地の刑事施設に収容されている場合，移送する必要はない。なお，被告人又は弁護人が，公判期日の指定に先立ち，被告人の移送の依頼をすることもある。この場合，実務では，依頼を受けた裁判所（第1審裁判所でもよい。）が，検察官に移送を依頼し，検察官が被告人を移送する。この場合も，裁判長の同意は要しないとされる。

同条3項の通知について，実務では，移送通知書によりなされている。　　〔吉田智宏〕

第391条 [1]〔**弁護人の不出頭等**〕　弁護人が出頭しないとき，又は弁護人の選任がないときは，この法律により弁護人を要する場合又は決定で弁護人を附した場合を除いては [2]，検察官の陳述を聴いて判決をすることができる [3][4]。

[1] 意　義

一定の場合を除いて，弁護人の出頭又は選任がなく，被告人のためにする弁論が行われなくても，審理及び判決できる。389条及び393条4項の例外規定である。

[2] 本条の適用が除外される事件等

実務上，本条が適用される事例は多くない。

①必要的弁護事件（289Ⅰ・451Ⅲ）——明文上，本条の対象から除かれる。

②任意的弁護事件のうち国選弁護人が選任された事件——同様に除かれる。

③任意的弁護事件のうち私選弁護人が選任された事件——弁護人の不出頭に正当な理由がある場合にまで，直ちに本条を適用することは相当でない。実務では，出頭意思を有する弁護人が不出頭の場合，公判期日を変更して次回期日に弁護人の出頭を待って開廷する例が多い。

[3] 本条が適用される事件における手続

他方，④任意的弁護事件のうち弁護人の選任がない事件は，本条が適用される。

被告人側控訴の場合，被告人側提出の控訴趣意書に包含された事項は陳述されなくとも控訴審の調査対象になり（389の解説[1]参照），検察官の答弁を聴いて，審理を進行する。検察官控訴の場合，検察官が控訴趣意書に基づく弁論を行い，被告人側の答弁を聴くことなく，審理を進行する。

もっとも，被告人のためにする弁論が必要と考えられる場合，37条5号により職権で

弁護人を付される結果，本条の対象から除れる。弁論が必要とまでは考えられない場合
も，事実の取調べとして被告人質問が行われ，被告人の弁解を聞く機会とすることが考
えられる。

[4] 判決宣告手続

判決宣告手続は，事件を審理する場合（289 I）に該当しない。必要的弁護事件である
か否か等を問わず，判決宣告のためのみに開く公判廷に弁護人の立会いがなくとも判決
宣告できる（最判昭30・1・11刑集 9・1・8）。

被告人及び弁護人双方が不出頭のまま判決宣告した場合でも，規222条は準用されず，
判決宣告をしたこと及び判決主文を被告人に通知する必要はない（最決昭33・5・26刑集12
・8・1621）。実務の扱いは，この通知をする例としない例に分かれている。　〔吉田智宏〕

第392条 [1] 〔**控訴審の調査事項**〕　控訴裁判所は，控訴趣意書に包含された事項 [2]
は，これを調査 [3] しなければならない。
2　控訴裁判所は，控訴趣意書に包含されない事項であつても，第377条乃至第382条
及び第383条に規定する事由に関しては，職権で調査をすることができる [4][5][6]。

[1] 本条の趣旨　　[2] 控訴趣意書に包含された事項　　[3] 調　査　　[4] 職権調査の
可否　　[5] 職権調査の限界　　[6] 職権調査義務

[1] 本条の趣旨

本条は，控訴審が行う調査の範囲について定めたものである。

控訴審の審査は，自ら認定を行ってその結果を原判決の認定と対比させるのではなく，
原判決の認定の当否を審査する事後審査であることから，当事者の主張した事項に関す
る調査を義務的調査とし（本条 I），これを補うものとして職権調査を認めた（本条 II）
ものである。

[2] 控訴趣意書に包含された事項

適式に提出された控訴趣意書の内容は，控訴審の弁論で陳述されなかったものも含め，
全て義務的調査の対象となる。ただし，撤回されたものや，弁論において陳述しない旨
明示されたものは，対象とならない（最判昭25・7・6刑集 4・7・1205，最判昭27・1・10刑集 6
・1・69，最判昭29・12・24刑集 8・13・2336）。

[3] 調　査

「調査」とは，控訴理由の有無を審査し，判断することをいう。具体的には，第一審
の訴訟記録及び証拠，控訴趣意書，疎明資料等の閲読検討等を行う。調査の場所は公判
廷に限られず，法廷外で自由に行うことができる（最判昭27・6・6裁集刑65・113）。

調査の順序は，大枠として，絶対的控訴理由（377・378），訴訟手続の法令違反（379），

事実の誤認（382），法令適用の誤り（380），量刑不当（381）の順序で行うのが論理的である。

義務的調査の対象となる控訴理由については，必ず判決において判断を示さなければならないが，論理的に先順位の控訴理由を認めて原判決を破棄する場合には，後順位の控訴理由について判断を示す必要はない（最決昭30・8・2裁集刑108・11，最決昭33・11・17刑集12・15・3513）。

［4］職権調査の可否

控訴の申立てが法令上の方式に違反し，又は控訴権の消滅後にされたものであるとして，決定又は判決で控訴を棄却すべき場合（385・395）は，控訴が成立していない場合であるから，訴訟条件の有無に関する調査を含め，職権調査を行うことはできない。

控訴趣意書の不差出し（386Ⅰ①），控訴趣意書の不適式（同②），控訴理由不該当（同③）の各場合における職権調査の可否については，見解が分かれている。本条2項が「控訴趣意書に包含されない事項であっても」と規定していることから，適法な控訴趣意書が提出されていないときは，職権調査の前提を欠くとも考えられる。ただし，訴訟条件の有無については，前記の各場合でも職権調査が可能とされている（上告趣意書不差出しの場合に，原判決後に大赦があったとして，原判決を破棄し，免訴を言い渡したものとして，最大判昭32・2・27刑集11・2・935）。また，控訴趣意書の不適式，控訴理由不該当の各場合において，職権調査を行う例も実務上見られる。

［5］職権調査の限界

科刑上一罪や包括一罪のうち，一部を有罪とし，その余を理由中で無罪とした原判決に対し，被告人のみが控訴した場合に，控訴裁判所が，無罪部分についても職権調査を行うことができるかという問題がある。一罪に対する上訴は不可分であるから，上訴によって有罪部分と無罪部分のいずれもが移審しており，控訴審はその全てについて職権調査が可能であるようにも思われる。しかし，理由中で無罪とされた部分は，検察官が控訴しなかったことにより，当事者間においては攻防の対象から外されたものとみることができ，事後審たる控訴審が当該部分について職権調査を加えて有罪の自判をすることは，職権の発動として許された限度を超えたものであって，違法である（いわゆる新島ミサイル事件に関する最大決昭46・3・24刑集25・2・293）。一部無罪とした原判決の判断が法令の解釈を誤ったものである場合も，同様である（上告審の職権調査につき，いわゆる大信実業事件に関する最判昭47・3・9刑集26・2・102）。これは，「攻防対象論」と呼ばれ，審判の対象である訴因の設定・変更について専権を有する検察官がもはや無罪部分の訴追意思を失っているという当事者主義の観点や，控訴審の事後審としての性格等から画された控訴審の職権調査の限界であるといえる。

この理は，単純一罪の事案でも適用される場面がある。共同正犯の本位的訴因と幇助犯の予備的訴因が構成され，第一審判決が予備的訴因に沿う幇助の事実を認定したのに対し，被告人のみが控訴した場合に，控訴審が職権調査を加えて本位的訴因の共同正犯

の事実を認定して有罪の自判をすることは許されない（最決平25・3・5刑集67・3・267）。他方，業務上過失致死罪の事案で，注意義務の内容を異にする本位的訴因と予備的訴因が構成され，第一審判決が本位的訴因を認めず予備的訴因を認めたのに対し，被告人のみが控訴した場合には，差戻し後第一審が本位的訴因について審理判決できる（いわゆる船橋交差点事件に関する最決平元・5・1刑集43・5・323）以上，控訴審が職権調査を加えて本位的訴因に沿う事実を認定することも可能と解される。両事案で結論が異なるのは，前者のような共同正犯の訴因と幇助犯の訴因については，いずれの訴因を選択するかについて検察官の裁量権が働くため，共同正犯の本位的訴因を認めなかった第一審判決に対し検察官が控訴しなかった時点で，本位的訴因の訴追を断念したとみられるのに対し，後者のような一つの事故における過失の態様に関する訴因については，証拠関係に従って構成するほかなく，いずれの訴因を選択するかについて検察官の裁量権が働く場面ではないため，本位的訴因の過失を認めず予備的訴因の過失を認めた第一審判決に対し検察官が控訴しなかったからといって，本位的訴因の訴追を断念したとはみられないからであると考えられる。さらに，第一審判決が単純一罪の訴因を縮小認定し，被告人のみが控訴した場合において，控訴審が，縮小認定された部分につき職権調査を加え，公訴事実の範囲内で拡大認定することについては，これが許されるとした事例（福岡高判平12・9・5高検速報平12・195，東京高判平15・10・16高刑集56・4・1，高松高判平25・4・11判タ1411・253）と，許されないとした事例（大阪高判昭58・12・22刑裁月報15・11＝12・1210）がある。

[6] 職権調査義務

　控訴審の職権調査義務については，これをかなり広く認める見解から全面的に否定する見解まであるが，本条2項の文言や趣旨に照らせば，原判決の瑕疵が重大であり，それが記録上明白なときには，例外的に職権調査義務を認めるのが相当と考えられる（最決昭42・3・23裁集刑162・1079，最決昭47・1・18裁集刑183・1，最決平6・5・24裁集刑263・463等参照）。

〔石井伸興〕

　第393条 [1] 〔事実の取調べ〕　控訴裁判所は，前条の調査をするについて必要があるときは，検察官，被告人若しくは弁護人の請求により又は職権で事実の取調をすることができる [2]。但し，第382条の2の疎明があつたものについては，刑の量定の不当又は判決に影響を及ぼすべき事実の誤認を証明するために欠くことのできない場合に限り，これを取り調べなければならない [3]。
　2　控訴裁判所は，必要があると認めるときは，職権で，第一審判決後の刑の量定に影響を及ぼすべき情状につき取調をすることができる [4]。
　3　前2項の取調は，合議体の構成員にこれをさせ，又は地方裁判所，家庭裁判所若しくは簡易裁判所の裁判官にこれを嘱託することができる。この場合には，受命裁判官及び受託裁判官は，裁判所又は裁判長と同一の権限を有する [5]。

393条　　　　1115

4　第1項又は第2項の規定による取調をしたときは，検察官及び弁護人は，その結果に基いて弁論をすることができる[6]。

　　［規］　第302条　法第280条参照。

　　　［1］本条の趣旨　　　［2］本条1項本文の事実の取調べ　　　［3］本条1項ただし書の事実の取調べ　　　［4］本条2項の事実の取調べ　　　［5］受命裁判官等による事実の取調べ　　　［6］事実の取調べの結果に基づく弁論

［1］本条の趣旨

　本条は，控訴裁判所が行う事実の取調べについて定めたものである。

　控訴理由の存否の調査は，392条の調査，すなわち，第一審の訴訟記録及び証拠，控訴趣意書，疎明資料等の閲読検討等によって足りる場合が多いが，それのみでは控訴理由の存否を判断するのに十分ではない場合もあるため，控訴裁判所が控訴理由の存否の調査をするについて必要があるときは，事実の取調べができることとされたものである。

　事実の取調べは，事後審査に必要な限度で行うものであり，新たな事実の認定や量刑を目的として行うものではない（最判昭25・12・24刑集4・12・2621参照）。

　事実の取調べの方法には，証拠調べ以外の簡易な方法も含まれるが，実体法上の事由と結びついた控訴理由の審査に当たっては，事実の取調べも証拠調べと同じ方法によるのが相当であり，第一審で厳格な証明が必要とされる事項については，事実の取調べも厳格な証明の方法によって行われるのが実務の通例である。なお，被告人質問について，第一審では，298条等にいう「証拠調」には含まれないとして，証拠調べの請求も採否の決定もなされないのが通例であるが，控訴審では，事実の取調べの一種として（最判昭28・12・11裁集刑89・209参照），請求及び採否の決定がなされる例が多い。

［2］本条1項本文の事実の取調べ

　本条1項の事実の取調べの対象となる事実は，本条2項との対比から，第一審判決前に生じた事実でなければならないと解されている。なお，事実の発生が第一審判決前であれば，当該事実を証明する証拠の作成は第一審判決後であっても良い（最決昭59・11・13裁集刑238・237参照）。

　第一審判決前に生じた事実に関し，どの範囲の証拠を取り調べることができるかについて，学説は多岐に分かれている。大別すると，①刑訴法の例外規定（383・393Ⅰ但・393Ⅱ）のほかは，第一審で取り調べた証拠（第一審で取調べ請求が却下された証拠を含む。）に限られるとする説，②前記①に加え，第一審が職権で取り調べるべきであったと認められる証拠も含まれるとする説，③第一審の記録や証拠にその存在が現れている証拠（例えば，第一審で取り調べた証人の供述中に出てくる他の人物の供述）も含まれるとする説，④当事者の請求による場合は前記①ないし③の制限に服するが，職権による場合は無制限

に新証拠の取調べができるとする説，⑤請求によると職権によるとを問わず，無制限に新証拠の取調べができるとする説，⑥被告人に有利な証拠は前記⑤により，不利な証拠は前記①によるとする説等がある。そのような中，最決昭59・9・20刑集38・9・2810は，第一審判決前に存在した事実に関する限り，第一審で取調べないし取調べ請求されていない新たな証拠（具体的には，第一審判決の量刑不当を理由に控訴した検察官が控訴審で初めて取調べ請求した被告人の前科調書等）につき，382条の2の「やむを得ない事由」の疎明がないなど本条1項ただし書の要件を欠く場合であっても，控訴裁判所が第一審判決の当否を判断するため必要と認めたときは，本条1項本文に基づき，裁量によってその取調べをすることができる旨判示し，少なくとも控訴裁判所の職権による場合には，無制限に新証拠を取り調べることができるという前記④又は⑤の立場に立つことを明らかにした。当事者の請求による場合について，前記④のように制約を設ける考え方に対しては，当事者の請求を職権発動を促す訴訟行為とみればその意味は乏しい，あるいは，相手方当事者による反証のための新証拠の取調べ請求の根拠も本条1項本文に求めざるを得ないことと整合しないといった批判があり（安廣・判例解説(刑)昭59・374以下等），前記⑤のように，請求による場合でも無制限に新証拠の取調べができると解すべきである。ただし，控訴審が，第一審でも証拠調べ請求をすることが容易であった新証拠や，取調べの必要性がさほど高くない新証拠を安易に採用して取り調べることは，第一審軽視の傾向を助長することになるから，新証拠の採否に当たっては，第一審で証拠調べ請求をしなかったことについての当事者の帰責性や，新証拠を取り調べる必要性等を慎重に吟味する必要がある。

［3］本条1項ただし書の事実の取調べ

本条1項本文による事実の取調べの範囲について，請求によると職権によるとを問わず，無制限に新証拠の取調べができると解した場合には，本条1項ただし書は，取調べを義務的にした点に意義があることになる。

「証明するために欠くことのできない」とは，その証拠を取り調べなければ証明することができない，すなわち，その証拠を取り調べることによって証明する具体的な可能性があるという意味である。

［4］本条2項の事実の取調べ

第一審判決後に生じた情状事実を考慮し，第一審判決の量刑を改めることも可能とすべきであるという実務上の強い要請を受けて，本条2項が設けられた。

本条2項の事実の取調べは，職権によってのみ行われるが，実際には当事者による職権発動の促しを受けて行われる。なお，その場合でも，公判調書には，当事者の請求に対して裁判所が採否を決定したように記載されるのが実務の通例である。

「刑の量定に影響を及ぼすべき情状」には，被害弁償や示談の成立といった被告人に有利な事情に限らず，示談の不履行といった被告人に不利な事情も含まれる。

原判決後に生じた犯罪事実自体の変動をもたらす事実（例えば，傷害の被害者が第一審

393条，394条　　　　　　　　　　1117

判決後に死亡した事実）がこれに含まれるかについては説が分かれているが，含まれると解される（仙台高判昭39・2・7高刑集17・1・146，東京高判昭42・4・20高検速報1595，大阪高判昭57・12・7判時1085・156，東京高判平19・8・2高検速報平19・276）。

　この場合，控訴審において訴因変更（前記の例でいえば，傷害から傷害致死への訴因変更）を許可して自判できるかについても説が分かれているが，近時では積極説が有力である（原田・大コメ刑訴9・396，小林・注釈刑訴［第3版］7・346，石井・控訴審292，川口・新実例刑訴Ⅲ246等。第一審に差し戻すべきであるとするものとして，前掲仙台高判昭39・2・7，前掲東京高判昭42・4・20，松尾・条解1058等）。

　原判決当時の情状からすれば原判決の量刑は不当であるが，原判決後の情状を考慮すると相当であると判断される場合の処理について，原判決を破棄した上で同じ刑を量定して自判した裁判例（東京高判昭47・9・20高刑集25・4・413，東京高判平19・3・7東時58・1＝12・20，東京高判平19・5・10高検速報平19・218）と，控訴を棄却した裁判例（東京高判平8・7・25高刑集49・2・417）がある。

［5］ 受命裁判官等による事実の取調べ

　本条3項は，受命裁判官又は受託裁判官による事実の取調べについて定めたものである。

　「裁判所又は裁判長と同一の権限を有する」とは，強制処分に関する総則の規定の準用があるという趣旨である。

［6］ 事実の取調べの結果に基づく弁論

　本条4項の「弁論」の範囲は，事実の取調べの結果に基づくものに限られ，控訴趣意書に基づく弁論（389）や第一審における論告・弁論（293）とは異なる。

　被告人は本条4項の弁論をすることができず（388），最終陳述の機会（規211）も与えられない（最決昭25・10・12刑集4・10・2087等）。

　実務上は，特に複雑な事件でない限り，本条4項の弁論が行われることは稀である。

〔石井伸興〕

第394条 [1] 〔証拠能力〕　第1審において証拠とすることができた証拠は [2]，控訴審においても，これを証拠とすることができる [3][4]。

［1］ 意　義

　第1審において証拠能力が認められた証拠は，控訴審においても証拠能力が認められる。控訴審は，原判決の当否を検討する際，原判決の基礎となった証拠を当然に用いることができる。例えば，第1審段階では供述者が所在不明のため証拠能力が認められた供述録取書（321Ⅰ③）は，控訴審段階で供述者の所在が判明しても，証拠能力は失われない。

［2］ 対象となる証拠の範囲

本条の対象となる証拠は，第1審が判決の基礎とすることができた証拠である。第1審で取り調べられている必要があるが，第1審判決の証拠の標目に挙げられている必要はない。

第1審が取調請求を却下した証拠は，却下決定が違法でも本条の証拠に含まれない。第1審が裁判官交替前に取り調べたものの，裁判官交替後は公判手続の更新をせず取り調べなかった証拠も，含まれない（仙台高判昭29・10・5裁判特報1・7・307）。

［3］ 控訴審の判断

控訴審が，第1審の証拠採用決定について証拠能力を有しない証拠を採用した違法があると判断することや，適法な証拠調べを経ない証拠を事実認定に用いたと判断することは，妨げられない。この場合，当該証拠は本条の証拠には含まれない。

［4］ 新たな取調べの要否

控訴審は，破棄自判する場合も，本条の対象となる証拠について再び証拠調べをし直す必要はなく，そのまま証拠能力を認めて判決の基礎にできる（最判昭34・2・13刑集13・2・101）。

〔吉田智宏〕

第395条 [1]〔控訴棄却の判決(1)〕 控訴の申立が法令上の方式に違反し，又は控訴権の消滅後にされたものであるときは [2]，判決で控訴を棄却しなければならない [3][4][5][6][7][8]。

［1］ 意 義

口頭弁論（43 I）を経た結果，控訴申立てが不適法と認められるときには，控訴裁判所は，控訴棄却判決をする。

［2］ 控訴申立てが不適法となる場合

控訴申立てが，①法令上の方式に違反するとき，又は，②控訴権消滅後になされたときは，不適法である。①が明白な場合は控訴裁判所が，②が明白な場合は第1審裁判所又は控訴裁判所が，決定で控訴棄却する（385・375）。

本条の例としては，書面審査のみでは本条所定の事由の存在が認められないものの，口頭弁論を経た結果，その存在が認められた場合が考えられる。具体的には，控訴申立てが控訴権消滅後になされたか否かの基礎事実に不明確な点があり，口頭弁論を経た結果，控訴権消滅後と認められるケースなどが考えられる。

なお，③控訴趣意書不提出などの場合も，控訴は不適法となり，控訴裁判所は，控訴棄却決定をする（386）。

［3］ 口頭弁論

本条所定の事由の存否のみについて口頭弁論が行われる。裁判所の調査が契機となっ

た場合には，当事者に指摘し，本条所定の事由の存否に関する弁論を促す訴訟指揮をする。本条による判決は，控訴理由に対して判断するものではない。控訴趣意書に基づく弁論（389）をする必要はない（大判昭7・12・1刑集11・1756）。控訴理由の職権調査（392Ⅱ）はできない。本条所定事由が存在すると認められない場合，特段裁判せず，そのまま通常の手続を進めれば足りる。

［4］第1審判決の確定時期

本条による控訴棄却判決が確定した場合の第1審判決の確定時期について，①控訴棄却判決確定時とする説，②第1審判決の本来確定時とする説（香城＝永井・注釈刑訴［第3版］6・357），③法令上の方式違反の場合は①，控訴権消滅後の場合は②とする説（石井・控訴審369，原田・大コメ9・323，405），④控訴権消滅後の場合は②であるが，法令上の方式違反の場合には①②のいずれに該当するか個別に検討を要するとする説（傳法谷弘「執行事務（六）」研修370・96）がある。

［5］未決勾留日数の算入，訴訟費用の負担

未決勾留日数の算入及び訴訟費用の負担に関する規定は，本条にも適用があるが，第1審判決の確定時期を本来確定時と解すると，第1審判決後の未決勾留日数は法定通算され，裁定算入すべき未決勾留日数はない。

［6］保釈又は勾留の執行停止の失効

禁錮以上の実刑判決に対する控訴が本条により棄却された場合，保釈，勾留の執行停止は効力を失う（404・343）。

［7］一部の控訴申立てが不適法な場合

複数の控訴申立ての一部のみが不適法な場合には，適法な控訴申立てに先行して控訴棄却するのではなく，適法な控訴申立てに対する判決の理由中でその旨説示する。未決勾留日数の算入や訴訟費用の負担について合一的に処理するためである。

［8］実　情

平成28年度の司法統計年報によれば，控訴審の終局総人員5,910人中，本条による控訴棄却は3人である。　　　　　　　　　　　　　　　　　　　　　　〔吉田智宏〕

第396条 [1]〔控訴棄却の判決(2)〕　第377条乃至第382条及び第383条に規定する事由がないときは，判決で控訴を棄却しなければならない [2][3][4][5][6][7][8]。

［1］意　義

控訴趣意に対する調査（392Ⅰ）及び職権調査（392Ⅱ）のいずれによっても，控訴理由に当たる事由がないときは，控訴棄却判決をする（ただし，397Ⅱ）。

［2］主文の単位

上訴不可分の事件である場合，同一判決で判断するのが実務である。検察官及び被告

人側双方から控訴申立てがあり，一方の控訴だけを理由があるとして原判決を破棄する場合，主文に他方を棄却する旨の表示をすべきではない（最決昭42・11・28刑集21・9・1299）。双方の控訴趣意はいずれも理由がないが，職権調査の結果破棄する場合も，同様である。

　上訴可分の事件について全部控訴があった場合，一部について理由があり，その余について理由がないときは，原判決中前者の部分を破棄し，後者の部分に関する控訴を棄却する（東京高判昭41・12・28高刑集19・6・827）。

［3］実務の主文例

⑴「**本件控訴を棄却する。**」　　被告人1名の上訴不可分の事件で，検察官又は被告人側の一方のみが控訴し，棄却する場合。

　被告人1名の上訴可分の事件で，一方のみが全部控訴し，いずれも棄却する場合（⑵とも考えられるが，実務慣行。）。

⑵「**本件各控訴を棄却する。**」　　検察官及び被告人側双方が控訴し，いずれも棄却する場合（⑴とも考えられるが，実務慣行。）。

　複数の被告人が控訴し，いずれも棄却する場合。

　検察官が複数の被告人に対して控訴し，いずれも棄却する場合。

　被告人1名が控訴し又は被告人1名に対して控訴し，原判決が数個あり，控訴審で並行実施又は併合審理し，いずれも棄却する場合。

⑶「**検察官の被告人○○に対する控訴を棄却する。**」　　検察官が複数の被告人に対して控訴し，一部の被告人に対する控訴のみを棄却する場合（なお，複数の被告人に対する控訴でも検察官の控訴は1個と考え，「検察官の控訴中被告人○○に関する部分を棄却する。」とする例もある。）。

⑷「**被告人○○の本件控訴を棄却する。**」　　複数の被告人が控訴し，一部の被告人の控訴のみを棄却する場合。

⑸「**その余の本件控訴を棄却する。**」「**その余の部分に対する本件控訴を棄却する。**」「**原判決中その余の部分に関する本件控訴を棄却する。**」など　　上訴可分の事件で，控訴の一部について破棄し，その余を棄却する場合。

［4］未決勾留日数の算入

　控訴提起期間中の未決勾留日数は，控訴申立後のものを除き，法定通算され（495Ⅰ），裁定算入できない。

　被告人側のみが控訴した場合，控訴申立ての日から控訴棄却判決の前日までの未決勾留日数が裁定算入の対象となる（最判昭32・3・28刑集11・3・1306）。検察官控訴の場合，控訴申立後の未決勾留日数は法定通算され（495Ⅱ①），裁定算入できない（最決昭26・3・29刑集5・4・722）。被告人側も控訴した場合も同様である（最判昭51・11・18刑集30・10・1902）。もっとも，被告人側が先に控訴申立てをした場合，同日から検察官控訴申立ての前日までの未決勾留日数は，裁定算入の対象となる（最判昭48・11・27裁集刑190・715）。

　第1審判決の場合と同様，他刑の執行や他の勾留と競合するなどして算入できない場

396条

合に留意する必要がある。

裁定算入する場合は，「当審における未決勾留日数中〇日を原判決の刑に算入する」などとする。原判決が複数の刑を言い渡している場合，算入対象となる刑を明示する。

実務では，控訴審における未決勾留日数から控訴審の審理に通常必要とされる期間（60日程度）を控除した日数を裁定算入する運用が多い。第1審判決後の情状についての事実の取調べ（393Ⅱ）をしたが控訴棄却する場合，通常より裁定算入を多くして配慮する例もある。

［5］ 控訴審における訴訟費用の負担

被告人側控訴又は双方控訴の場合，原判決が刑の言渡しをしたときは181条1項，言渡しをしないときは181条2項による。検察官のみが控訴した場合，被告人に訴訟費用を負担させることは原則としてできない（181Ⅲ）。

負担の範囲は控訴審における訴訟費用のみである。控訴棄却判決をする場合に被告人に訴訟費用を負担させるときは，「当審における訴訟費用は被告人の負担とする」などとする。

［6］ 理　由

(1) **一般論**　判決に理由を付しなければならないとの規定（44Ⅰ）は，控訴審にも適用される。本条により控訴棄却する場合，控訴趣意書に包含されている適法な控訴理由について，すべて判断を示さなければならない。

控訴棄却の判決をする場合，原判決が有罪であっても，335条の準用はない（最決昭26・5・10刑集5・6・1021）。控訴趣意において335条2項の事由が主張された場合も，同項の準用はないが，44条1項により理由を示す。

(2) **控訴趣意の調査結果の説示**　控訴審の判決書には，控訴の趣意及び重要な答弁について，その要旨を記載しなければならない（規246）。

実務の大勢は，理由欄の冒頭において，控訴趣意書(控訴趣意書補充書，弁論要旨も含む。)及び答弁書を一括して引用する（同条後）。

また，実務では，控訴趣意に関し釈明があった場合や，控訴裁判所が控訴趣意書の記載等を合理的に解釈して控訴趣意を特定した場合には，理由中においてその旨を明記する例がある。

(3) **職権調査結果の説示**　控訴棄却する場合，職権調査の結果を説示する必要はない。

実務では，当事者から職権調査を促された場合，判断を示す例がある。職権調査の結果，原判決に瑕疵（379・380又は382）が発見されたものの，判決不影響として控訴棄却する場合，瑕疵の程度によっては理由を説示する例もある。

(4) **原判決に瑕疵があるものの控訴棄却する場合**　原判決の法令適用に誤りがあるものの判決不影響として控訴棄却する場合，控訴審は自ら法令を適用するものではないから，312条準用の余地はなく，罰条変更の手続をとる必要はない（最決昭29・6・19刑集8・6・903）。

[7] 上訴期間等の告知

有罪の原判決に対する控訴を棄却するときには，公判期日に出頭した被告人に対し，405条の上告申立てに関し，上告期間及び上告申立書を差し出すべき裁判所を告知しなければならない（規250により規220準用）。406条による受理申立てに関して告知する必要はない（最決昭24・10・20刑集3・10・1665）。

[8] 保釈又は勾留の執行停止等の効力

禁錮以上の実刑判決に対して控訴棄却判決の宣告があったときは，原判決後の保釈又は勾留の執行停止の効力は失効する（404により343準用。最決昭31・4・19裁集刑113・381）。

無罪，刑の執行猶予又は罰金等の原判決後に発付された勾留状は，控訴棄却判決の告知により失効する（404により345準用）。　　　　　　　　　　　　　　〔吉田智宏〕

第397条 [1][2][3] **〔破棄の判決〕**　第377条乃至第382条及び第383条に規定する事由があるときは [4]，判決で原判決を破棄しなければならない [5]。

2　第393条第2項の規定による取調の結果，原判決を破棄しなければ明らかに正義に反すると認めるときは，判決で原判決を破棄することができる [6]。

> [1] 1項の意義　　[2] 破棄判決の効果　　[3] 破棄の範囲　　[4] 複数の控訴理由の判断順序　　[5] 実務の主文例　　[6] 2項の意義

[1] 1項の意義

法定の控訴理由に当たる事由が一つでもあるときは，判決で原判決を破棄しなければならない（1項破棄という。）。控訴趣意で主張された場合と職権調査により発見された場合のいずれでもよい。

原判決時点においては量刑が軽すぎて不当であるが，原判決後の事情も考慮すると不当とはいえない場合，実務では，結局量刑不当はなく，控訴棄却する例が多い（東京高判平8・7・25高刑集49・2・417参照）。

[2] 破棄判決の効果

破棄判決が確定すると，原判決は判決としての効力を失い，破棄判決の内容に応じて原審の手続が無効になる。破棄する際の措置について，398条から400条が規定する。

[3] 破棄の範囲

(1) **原　則**　破棄の範囲は，原則として上訴の可分・不可分と一致する。例外的に，上訴不可分の場合でも一部破棄できる場合，上訴可分の場合でも全部破棄すべき場合がある。

(2) **訴因が単純一罪1個の場合**　上訴不可分である。主刑以外の部分（刑の執行猶予，保護観察，罰金刑の換刑処分又は没収等）のみが不当な場合や，異種の刑が法定刑として併科されている罪について併科刑の一部のみが不当な場合も，全部破棄する。

397条

なお，上告審では，原判決中の未決勾留日数算入部分（最判昭33・4・10刑集12・5・866，最判昭46・4・15刑集25・3・439，最判昭51・11・18刑集30・10・1902，最判昭54・4・19刑集33・3・261，最判昭55・1・11刑集34・1・1，最判昭56・7・16刑集35・5・557等多数。近時の例として，最判平23・7・21裁集刑304・133，最判平25・11・19裁集刑312・49，最判平25・11・19裁集刑312・59。なお，第1審判決中の未決勾留日数算入部分のみを破棄した例として，最判昭52・7・1刑集31・4・681。），訴訟費用負担部分（最判昭46・4・27刑集25・3・534），没収追徴部分（最判昭62・12・11刑集41・8・352）に誤りがある場合，その部分のみを破棄し，その余を棄却する。被害者還付の裁判部分も，同様とされる（安廣文夫・判例解説(刑)昭62・302）。一部上訴を認めたものではなく，上訴不可分の場合でも一部破棄を認める例である。

　控訴審でも同様に扱うことの是非について，議論がある。実務の大勢は一部破棄をせず全部破棄する。訴訟費用負担部分等について一部破棄する例もあるが，上告の効力は，一部破棄・一部棄却の双方に及ぶ。なお，一部破棄・一部棄却の場合，原判決の日以降の未決勾留日数は全部法定通算される。

(3) **訴因が科刑上一罪又は包括一罪1個の場合**　　上訴不可分である。一部の事実のみに破棄理由がある場合でも，全部破棄する。理由中で一部無罪とした原判決について，被告人側のみが控訴した場合も同様である。もっとも，いわゆる攻防対象論により，無罪部分は職権調査できない。

(4) **複数の訴因事実が併合罪関係にある場合**　　①原判決が，いずれも無罪とした場合——上訴可分である。一部の事実のみに破棄理由があれば，その部分のみを破棄する。

　②原判決が，いずれも有罪とし，単一の刑を言い渡した場合——上訴不可分である。一部の事実のみに破棄理由があっても，全部破棄する。

　③原判決が，A事実につき懲役刑を，B事実につき罰金刑を選択し，刑法48条1項により併科した場合——上訴可分である。一部の事実のみに破棄理由があれば，一方の刑を言い渡した部分のみを破棄する（最判昭35・5・6刑集14・7・861，最判昭43・10・15刑集22・10・940）。

　④原判決が，A事実は有罪，B事実は無罪とした場合——上訴可分である。もっとも，有罪部分・無罪部分ともに控訴審に係属し，有罪部分には破棄理由がなく無罪部分のみに破棄理由がある場合でも，A事実とB事実が併合罪の関係に立つときには，全部破棄する（最判昭33・11・4刑集12・15・3439，最判昭38・11・12刑集17・11・2367）。併合罪処理の利益に配慮したものであり，控訴申立人の別等は問わないとされる（石丸俊彦・判例解説(刑)昭38・170）。

　他方，検察官のみが無罪部分についてのみ控訴した場合，有罪部分は確定して控訴審に係属せず，有罪部分について審判できない（最判昭28・9・25刑集7・9・1832）。B事実について破棄理由があれば，B事実のみについて量刑する。実務では，検察官が控訴する場合，被告人の併合罪処理の利益に配慮し，無罪部分に限定せず全部控訴するのが通例である。

1124　　　　　397条

(5) **複数の訴因事実が併合罪関係にない場合（数罪が確定裁判の前後にまたがる場合）**
上訴可分である。一部の事実のみに破棄理由があれば，その部分のみを破棄する（東京高判昭41・12・28高刑集19・6・827）。

(6) **主刑の関係では可分であるが，付随処分が一体となって不可分の場合**　　上訴不可分である。例えば，(4)③において，両事実との関係で没収追徴を言い渡している場合や，事実の区別なく未決勾留日数を算入している場合等が考えられ，一部の事実のみに破棄理由があっても，全部破棄する（付随処分の部分のみに破棄理由がある場合につき，前述(2)参照）。

［4］複数の控訴理由の判断順序

　　実務では，概ね，①広義の訴訟手続の法令違反，②事実誤認，③法令適用の誤り，④量刑不当の順序で控訴理由の有無を判断し（職権調査を含む。），控訴理由が認められる場合，後順位の控訴理由の有無は判断しない例が多い。もっとも，⑦当事者が，上記順序によらずに本位的・予備的な主張をし，同順序に合理性がある場合，これに従って判断する例，④主張の力点が置かれている控訴理由を優先して判断する例，⑨後順位の控訴理由についても必要に応じて判断を示す例などもみられる。

［5］実務の主文例

(1)「**原判決を破棄する。**」　　被告人1名で，上訴不可分な原判決を全部破棄する場合。
　　被告人1名で，上訴可分な原判決に全部控訴があり，全部を破棄する場合。
　　被告人複数で，被告人全員につき原判決を全部破棄する場合（(4)による例もある。）。

(2)「**原判決中有罪部分を破棄する。**」「**原判決中原判示第○から第○までに関する部分を破棄する。**」など　　被告人1名で，上訴可分な原判決に全部控訴があり，一部を破棄する場合。
　　被告人1名で，上訴可分な原判決に一部控訴があり，当該部分を破棄する場合（理論的には控訴されていない部分には破棄の効力は及ばないが，破棄部分を明確にする実務慣行。）。

(3)「**被告人に対する各原判決を破棄する。**」　　被告人1名で，数個ある原判決を全部破棄する場合。

(4)「**被告人らに対する各原判決を破棄する。**」　　被告人複数で，被告人全員につき原判決を全部破棄する場合。

(5)「**原判決中被告人に関する部分を破棄する。**」　　判決が確定した原審共同被告人がいる場合や，控訴審では原審共同被告人の弁論が分離された場合（理論的には原審共同被告人には破棄の効力は及ばないが，破棄部分を明確にする実務慣行。）。

［6］2項の意義

　　393条2項により，職権で，第1審判決後の刑の量定に影響を及ぼすべき情状につき取調べをした結果，原判決を破棄しなければ明らかに正義に反すると認めるときは，判決で原判決を破棄することができる（2項破棄という。）。

　　原判決後の情状を加味して初めて量刑不当といえる場合は2項破棄により，その情状

397条，398条　　　　　　　1125

を加味しなくても量刑不当といえる場合は1項破棄による。実務では，いずれに当たるか判断が微妙であるとして，1項破棄と2項破棄のいずれであるかを明示しない例もみられたが，近時は少ない。　　　　　　　　　　　　　　　　　　　　　〔吉田智宏〕

第398条 [1] 〔破棄差戻し〕　不法に，管轄違を言い渡し [2]，又は公訴を棄却したこと [3] を理由として原判決を破棄するときは，判決で事件を原裁判所 [4] に差し戻さなければならない [5]。

[1] 意　義

　不法に管轄違（378①後）又は公訴棄却（同条②後）したことを理由に原判決を破棄する場合，原裁判所が実体審理をすべきであるのにこれを行わなかったのであるから，実体審理を行わせるために，必ず原裁判所に差し戻すべき旨定める。

[2] 不法に管轄違を言い渡したこと

　被告事件が原裁判所の管轄に属し，又は，管轄違の言渡しをできないのに，管轄違の判決の言渡しをすることをいう（329～331）。

[3] 不法に公訴を棄却したこと

　公訴棄却の事由（338）がないのに公訴棄却の判決の言渡しをすることをいう。

　なお，不法な公訴棄却の決定（339Ⅰ）に対しては，本条は適用されない（即時抗告できる。同条Ⅱ）。

[4] 原裁判所

　司法行政上の官署としての裁判所である。本庁と支部は，官署としては別個独立ではない。差戻先に本庁・支部の区別を表記すべきでない。区別の表記の有無にかかわらず，本庁・支部のいずれで処理するかは事務分配上の問題である。

[5] 実体判断の誤りに起因する場合

　実務上，不法に管轄違又は公訴棄却判決がなされる事例として，原審の実体判断（事実認定又は法令適用）の誤りに起因する場合がある。

　例えば，①公訴事実によれば事物管轄が認められるものの，原判決が実体判断を誤って縮小認定した結果，事物管轄がなくなり管轄違の判決をした場合（公訴事実は常習賭博罪であるが，単純賭博罪に縮小認定された場合など），②公訴事実によれば訴訟条件に問題はないが，原判決が実体判断を誤って縮小認定した結果，訴訟条件を欠くに至り公訴棄却の判決をした場合（道交法にいう非反則行為として起訴されたが，反則行為にとどまる事実に縮小認定され，反則金納付通告の手続を経ない公訴提起が違法とされた場合など）等である。

　原審が公訴事実について実体審理を尽くしたものの実体判断を誤り，事物管轄又は訴訟条件を満たす公訴事実どおりの事実が認定できるとして原判決を破棄する場合，本条を適用せず，400条ただし書により自判できる（最決平19・3・19刑集61・2・25）。〔吉田智宏〕

第399条 [1] **〔破棄移送〕** 不法に管轄を認めたことを理由として原判決を破棄するときは，判決で事件を管轄第1審裁判所 [2] に移送しなければならない。但し [3]，控訴裁判所は，その事件について第1審の管轄権を有するときは [4]，第1審として審判をしなければならない。

[1] 本文の意義

管轄違の判決をすべきであるのに実体判決をしたこと（378①前）を理由に原判決を破棄する場合，管轄を有する第1審裁判所に移送し，改めて審判をさせなければならない。

不法に管轄違の判決をしなかった原因が実体判断（事実認定又は法令適用）の誤りに起因する場合も，管轄を有しない裁判所が審判したことに変わりなく，400条ではなく本条が適用される（398の解説[5]対照）。

[2] 管轄第1審裁判所

当該事件について第1審としての管轄権を有する裁判所をいう（裁判所の意義につき398の解説[4]参照）。複数存する場合，そのいずれかを指定して移送する。

[3] ただし書の意義

原判決を破棄する場合でも，当該控訴裁判所が第1審の管轄権を有するときは，移送せず，第1審裁判所として審判をしなければならない。

この場合，控訴裁判所は，原判決を破棄した上で，破棄判決確定後に第1審裁判所として審理・判決する。第1審裁判所としての審理・判決の手続は，破棄差戻し・移送後の第1審裁判所の手続に準じると解されている。

[4] 第1審の管轄権を有するとき

刑法77条から79条までの罪にかかる訴訟（裁16④）である。これらと関連する他の事件も同様である（3Ⅱ）。

第1審の管轄権が当該控訴裁判所ではなく他の高等裁判所にある場合，その高等裁判所に移送すべきである。 〔吉田智宏〕

第400条 [1] **〔破棄差戻し，移送，自判〕** 前2条に規定する理由以外の理由によつて原判決を破棄するときは，判決で，事件を原裁判所に差し戻し，又は原裁判所と同等の他の裁判所に移送しなければならない [3]。但し，控訴裁判所は，訴訟記録並びに原裁判所及び控訴裁判所において取り調べた証拠によつて，直ちに判決をすることができるものと認めるときは，被告事件について更に判決をすることができる [2]。

[規] 第217条 [4] **（破棄後の手続）** 事件が上訴裁判所から差し戻され，又は移送された場合

には，次の例による。

一　第1回の公判期日までの勾留に関する処分は，裁判所がこれを行う。

二　第188条ただし書の規定は，これを適用しない。

三　証拠保全の請求又は法第226条若しくは第227条の証人尋問の請求は，これをすることができない。

[1] 意　義　　[2] 破棄自判　　[3] 破棄差戻し，移送　　[4] 破棄後の手続

[1] 意　義

398条又は399条以外の理由により原判決を破棄した場合の措置を規定する。

[2] 破棄自判

(1) **自判の要件**　「直ちに判決をすることができる」とは，控訴審が，記録調査及び事実の取調べの結果，破棄理由ありと認め，しかもそれ以上審理をなすまでもなく，判決（自判）をなすに熟していると認めた場合をいう（最大判昭30・6・22刑集9・8・1189）。

事実の取調べは，控訴理由の調査に必要な限度に限られ，覆審の場合のように新たな事実の認定や量刑を目的とする事実の取調べはすべきでない（最判昭25・12・24刑4・12・2621）。他方，控訴理由の調査のための事実の取調べは，自判のための資料収集の効果も有することが多い。事実の取調べを行った結果，自判が可能な状態に達し，訴訟経済等の観点から，自判が好ましい場合もある（近藤和義・刑事控訴審の研究〔第9回〕判タ359・69）。破棄の蓋然性が高まった場合には，自判のために事実の取調べを行うことも許される（松尾・刑訴下239。石井・控訴審396，409。公訴事実に争いがない事件において，職権調査の結果，自白の補強証拠がないことが明らかになった場合，控訴審で補強証拠を取り調べる例が挙げられている。）。

「及び控訴裁判所において取り調べた証拠によつて」とする部分は，常に事実の取調べをしなければ自判できない旨を規定するものではなく，控訴審において新たに取り調べた証拠も判決の資料とすることができるという趣旨である（最判昭26・1・19刑集5・1・42）。もっとも，一定の場合には，控訴審が，何ら事実の取調べをすることなく，訴訟記録及び第1審において取り調べた証拠だけで自判することは許されないことに留意する必要がある（後述(2)イ参照）。破棄差戻しは，事実の取調べをせず，訴訟記録及び第1審において取り調べた証拠のみによっても許される。

控訴審は，自判可能でない場合は別として，事案ごとに審級の利益や訴訟経済（迅速な裁判）等の要素を総合考慮の上で，差戻し又は自判を選択する。裁判員裁判対象事件の場合には，裁判員の意見を改めて判断に反映させる必要性や，差戻し審の手続の煩雑さ（公判手続の更新，破棄判決の拘束力の説明方法等）による裁判員の負担の程度なども考慮要素となる。

(2) **自判の具体例と事実の取調べの要否**　ア　原審が訴訟条件の欠如を看過した場合

原審が，①公訴棄却の判決（338），又は，②免訴の判決（337）をすべきであるのに，これを看過して実体判決した場合，原判決を破棄した上で，①につき公訴棄却（最判昭48・3・15刑集27・2・128），②につき免訴（最判昭31・4・12刑集10・4・540）の自判をする。原判決が無罪である場合も同様に破棄自判する（最大判昭23・5・26刑集2・6・529，最大判昭31・1・25刑集10・1・105。最判昭53・7・7刑集32・5・1011は，攻防対象論の適用を否定するとともに，一部の事実に公訴時効完成を認めた上で破棄差戻しをした。）。いずれの場合も，自判に際して事実の取調べを要しない。原判決後に刑の廃止又は大赦があった場合も，原判決を破棄した上で（383②），免訴の自判をする。

イ　原判決の認定しない犯罪事実を新たに認定する場合　(ア)　控訴審が，何ら事実の取調べをすることなく，訴訟記録及び第1審において取り調べた証拠だけで，公訴事実を認定・自判することは，許されない。新たに犯罪事実を認定するに当たっては，被告人に防禦権を行使する機会を与える必要があり，直接審理主義，口頭弁論主義が適用されることが理由とされる（最大判昭31・7・18刑集10・7・1147）。

事例を大別すると，次のとおりである。

①原判決：犯罪の証明がないとして無罪→控訴審：事実誤認を理由に破棄自判（最大判昭31・9・26刑集10・9・1391，最判昭32・2・12刑集11・2・939，最判昭32・4・26刑集11・4・1491，最判昭32・12・27刑集11・14・3444，最判昭33・3・18刑集12・4・603）

②原判決：犯罪の証明がないとして無罪→控訴審：事実誤認又は法令の解釈適用の誤りがあるとして破棄自判（最判昭32・10・3刑集11・10・2436，最判昭34・6・16刑集13・6・969）

③原判決：法律判断の対象となる事実を確定せずに無罪→控訴審：法令の解釈適用の誤りがあるとして破棄自判（最大判昭31・7・18刑集10・7・1147，最判昭33・2・11刑集12・2・187。後者につき，吉川由己夫・判例解説〔刑〕昭33・45，鬼塚賢太郎・判例解説〔刑〕昭41・252は疑問とする。）

(イ)　控訴審が，何ら事実の取調べをすることなく，訴訟記録及び第1審において取り調べた証拠だけで，原審の認定しない犯罪事実を拡大認定・自判することも，(ア)と同様，許されない（最判昭32・6・21刑集11・6・1721は，公訴事実：強姦致傷→第1審：傷害→控訴審：強姦致傷。最判昭41・12・22刑集20・10・1233は，公訴事実：殺人→第1審：傷害致死→控訴審：殺人）

(ウ)　原判決が犯罪成立阻却事由の存在を認定した場合，控訴審が，何ら事実の取調べをすることなく，訴訟記録及び第1審において取り調べた証拠だけで，その不存在を認定・自判することも，(ア)(イ)と同様，許されない（最判昭31・12・14刑集10・12・1655は，第1審：公訴事実の存在は確定，心神喪失を理由に無罪→控訴審：心神耗弱として有罪）

ウ　原判決の認定した犯罪事実を否定する場合　有罪の原判決について，事実誤認を理由に破棄し，無罪又は縮小認定の上で有罪の自判をする場合は，事実の取調べを要しない。イとは異なり，被告人に有利に事実を変更する場面であり，被告人の防禦権に配慮する必要がないためである。

エ　原判決の認定事実を変更しない場合　(ア)　**法律判断の変更**　有罪の原判決を法令の解釈適用の誤り（380）を理由として破棄する場合，事実の取調べをせず，原審の

400条

認定事実を前提に無罪の自判又は正当な法令適用の上で有罪の自判をすることができる。

　法律判断の点で無罪とした原判決を，法令の解釈適用の誤りを理由として破棄するときでも，原審において法律判断の対象となる事実が確定されている場合には，事実の取調べをせずに，正当な法令適用の上で有罪の自判をすることができる（最大判昭44・10・15刑集23・10・1239，最判昭35・11・18刑集14・13・1713。最大判昭32・3・13刑集11・3・997も同趣旨）。法律判断の対象となる事実が確定されており，事実について当事者に争わせ，事実の取調べをする意義が認められないためである。

　法律判断の対象となる事実とは，特定の構成要件に当たるべき社会的事実であり，これに法律を適用すると，そのまま犯罪事実になる事実をいう（坂本武志・判例解説(刑)昭44・497）。事実が確定されている場合とは，罪となるべき事実として認定された場合に限られない。無罪判決の場合でも，判決理由中において，証拠により認められた事実として明示されている場合のほか，その存在が当事者間において争いのないものであることが記録上明らかである場合（例えば，被告人が公判廷において事実を承認しているような場合）も含む（同上）。

　他方，原判決が，検察官主張の事実が認められると仮定しても，解釈上，罪とならないとした場合は，事実が確定されているとはいえない（最大判昭31・7・18刑集10・7・1147）。

　(イ)　**量刑の変更**　　量刑不当（381）を理由として原判決を破棄するときは，原判決より重い刑を言い渡す場合でも，事実の取調べを要しない（最大判昭31・7・18刑集10・7・1173，最判昭31・11・30裁集刑115・561，最大決昭32・2・15刑集11・2・756，最決昭32・4・17刑集11・4・1385，最決昭32・4・19裁集刑118・937，最決昭32・6・13裁集刑119・475，最決昭35・3・17刑集14・7・847，最判昭39・5・29裁集刑151・249，最決昭46・11・9刑集25・8・925）。無期懲役刑を死刑に変更する場合も同様である（最大判昭30・6・22刑集9・8・1189）。

　控訴審が原判決より重い刑を言い渡す場合でも，犯罪事実は存在しており，控訴審は，罪責に対する刑を評価するだけであり，量刑に関する事実は厳格な証明を要しないことが理由とされる（岩田誠・判例解説(刑)昭31・249）。実務では，控訴審が原判決より重い刑を自判する場合，何らかの事実の取調べが行われていることが少なくない。

　(3)　**対象となる事実の範囲・程度**　　第1審と同程度に直接審理主義，口頭弁論主義を貫く必要はない。もっとも，新たに事実を認定する場合には，同要請を満たす必要がある（田中永司・判例解説(刑)昭36・6）。

　併合罪の場合，無罪とされた事実ごとに，事実の取調べの有無を判断する（最判昭32・12・27刑集11・14・3444，最判昭34・2・13刑集13・2・101）。

　1個の犯罪事実の全ての構成要素について常に事実の取調べが行われている必要はない。控訴審が新たに認定する部分，すなわち，主要な争点（事件の核心）について行われている必要がある。

　最判昭34・5・22刑集13・5・773は，第1審が，収賄の公訴事実について，犯罪の

証明（金員の授受）がないとして無罪としたのに対し，控訴審が，これを破棄し，被告人の職務権限について事実の取調べをしただけで，事件の核心をなす金員の授受自体について，何ら事実の取調べをすることなく，訴訟記録及び第1審で取り調べた証拠のみによって自判することはできないとする（控訴審における審理経過につき，寺尾正二・判例解説（刑）昭34・195参照。上記のほかに事実の調べが不十分とされたものとして，最判昭43・12・19裁集刑169・721，最判昭45・12・22刑集24・13・1872）。

必要となる事実の取調べの具体的な範囲程度は必ずしも明確ではないが（龍岡資晃・判例解説（刑）昭57・104），被告人質問のみで足りるとした事例がある（最判昭33・5・1刑集12・7・1243，最判昭57・3・16刑集36・3・260。上記のほかに破棄自判が許されるとしたものとして，最判昭32・3・15刑集11・3・1085，最決昭34・3・19刑集13・3・361，最判昭43・11・21裁集刑169・483）。

事実の取調べが必要となる理由は，前記手続的要請であり，これが満たされれば，事実の取調べの結果が第1審で取り調べられた証拠と比べ新規である必要はない（最判昭36・1・13刑集15・1・113）。必要な事実の取調べが行われ，被告人に対し防禦権を行使する機会が与えられていれば，破棄自判して有罪とする際，第1審で取り調べられた証拠のみを標目に挙示しても違法ではない（最判昭33・2・20刑集12・2・269）。

(4) **自判に必要な事実の取調べの方法**　　控訴理由の調査は，事実の取調べ（393）で足りるが，新たに犯罪事実の認定に用いる場合は，証拠能力のある適式に取り調べられた証拠による必要がある。

証拠調手続は，第1審と概ね同様であるが，例えば，証人尋問は，被告人に立ち会わせて尋問する機会を与える必要があるものの（最大判昭27・2・6刑集6・2・134），被告人不出頭でも実施できる。

(5) **自判の手続**　　第1審で取り調べられた証拠は，再び証拠調べをし直す必要はなく，そのまま証拠能力を認めて判決の基礎にできる（394の解説[4]参照）。第1審における最終弁論の規定（293）も準用されない（最判昭25・4・20刑集4・4・648。なお，事実の取調べをした場合，検察官及び弁護人は弁論できる（393Ⅳ））。

第1審及び控訴裁判所で取り調べた証拠を用いることができ，判断の基準時が自判時であることから（後述(6)ア参照），自判は，続審の性質を有するが，破棄後に自判のための審理手続はなく，公判手続の更新もしない。自判の制度は，続審による判決手続といわれる（最大判昭30・6・22刑集9・8・1189）。

(6) **自判の判決　ア　総　論**　　自判部分は，第1審判決とほぼ同様である。

判断の基準時は，第1審判決時ではなく自判時である（最判昭26・8・17刑集5・9・1799）。刑の執行猶予，保護観察，没収・追徴等の要件判断が問題となる場合，少年法の適用が問題となる場合，原判決後に罰条の変更がある場合等には留意する。

イ　主　文　　原判決の日以降の未決勾留日数は全部法定通算される（495ⅠⅡ）。原審における未決勾留日数が裁定算入の対象になり，裁定算入する場合は，「原審における未決勾留日数中○日をその刑に算入する」などとする。実務では，原判決の算入日数

と大きく異ならないように配慮する例が多い。

自判により刑の言渡しをする場合，第1審及び控訴審双方における訴訟費用につき負担の有無を判断する。被告人に訴訟費用を負担させる場合には，第1審と控訴審の訴訟費用を区別し，「原審における訴訟費用は被告人の負担とする」，「当審における訴訟費用は被告人の負担とする」，「原審及び当審における訴訟費用は被告人の負担とする」などとする（同一被告人について破棄自判と控訴棄却が競合する場合の未決勾留日数の算入及び訴訟費用の負担に関して，小林充「刑事控訴審の手続及び判決書の実際」60以下参照）。

被告人が勾留されている場合，自判内容に応じて，343条から345条の規定が準用される（404）。

ウ　理　由　破棄に至った理由を示した後，被告事件に対する判決の理由を記載する。

有罪の自判をする場合，335条1項が準用され，罪となるべき事実，証拠の標目，法令の適用を示す（ただし，事実誤認に影響しない理由による破棄の場合について，後述エ参照）。

控訴審判決に第1審判決の記載を引用することの可否について，明文はないが，実務では，引用することが多い。第1審判決の理由中の説示を引用する例もある。第1審判決の記載に誤りがある場合，訂正の上で引用する。

335条2項は，議論があるものの，準用される（396の解説[6](1)対照）。

控訴趣意における335条2項の事由に関する主張（被告人側が335Ⅱの事由について主張する場合や，検察官が同主張を認めた原判決を不当と主張する場合）を認めて破棄自判する場合，控訴趣意に対する判断において335条2項の事由の有無に関する説示をすれば足り，これと別個に335条2項の主張に対する判断をする必要はない。

犯罪の証明なしとした原判決について検察官控訴を認めて破棄自判する事例において，控訴審で被告人側が答弁等において335条2項の事由の主張をした場合，同主張に対する判断を示さなければならない（最判昭31・12・25裁集刑116・347）。同事例において，被告人側が，原審では335条2項の主張をしたが控訴審では答弁等において改めて主張しなかった場合も，同主張は維持されており判断を示さなければならないとする見解が有力である。

他方，原判決が335条2項の主張を排斥し，被告人側が控訴趣意において別の控訴理由を主張する一方，335条2項の事由について主張しなかった場合，主張は撤回されたとみるのが実務の大勢である。335条2項の主張を排斥した原判決に対して検察官のみが量刑不当を理由に控訴し，これを認めて破棄自判する場合，335条2項の主張について判断を示す必要はない（最決昭36・11・9刑集15・10・1696）。

エ　事実誤認に影響しない理由により破棄自判する場合における犯罪事実の取扱い

事実認定に影響しない理由（法令適用の誤り，量刑不当，併合罪関係にある他の事実の誤認等）により破棄自判する際，控訴審が改めて事実認定し直すことの要否及び可否等について，控訴審の構造（事実認定の主体は，第1審と控訴審のいずれであるかなど）等とも関連して説が対立する。説の対立は，再審の管轄裁判所（実務上は，控訴裁判所），411条3号による

職権破棄の可否，量刑不当を理由に破棄した場合における訴因変更の可否等に影響するとの見解もあるが，結論と連動しないとする見解もある。

判例は，改めて事実認定をし直す必要はないとし（最決昭26・3・9裁集刑41・435，最決昭28・8・7刑集7・8・1679，最判昭28・11・10刑集7・11・2051，最判昭29・2・9裁集刑92・243，最判昭29・4・13刑集8・4・462〔寺尾正二・判例解説(刑)昭29・86は，可否の立場は不明とする。〕，最決昭29・5・11裁集刑95・297，最決昭30・12・1刑集9・13・2577），認定し直すことの可否について，控訴審が，併合罪関係にある一部の事実については原判決の事実認定及び法令の適用に誤りはないものの，別事実については事実誤認があり破棄自判する場合において，誤認も違法もないとして維持した事実を改めて事実認定し直すことは違法とする（最決昭34・2・26刑集13・2・232）。

実務では，事実認定に影響しない理由により破棄自判する場合は，罪となるべき事実及び証拠の標目を掲げず，その上で，①原判決に事実誤認がないと判断した場合は，「原判決が認定した事実に原判示挙示の法令を適用し……」などと表記し，事実認定をし直さず，②原判決に事実誤認があるものの判決不影響と判断した場合は，「原判決が認定した事実（ただし，前記のとおり事実誤認がある部分は，…と訂正する。）に原判決挙示の法令を適用し……」などと表記する例が多い。

オ　控訴審における訴因変更　　訴因変更に関する規定（312）は，控訴審にも準用される（最決昭29・9・30刑集8・9・1565，最判昭30・12・26刑集9・14・3011）。

もっとも，事後審査においては，原審時の訴因が基準であり，控訴審での訴因変更は考慮しない。控訴審で追加変更された訴因についての審理判断は，原判決が破棄されることを前提として行うべきものであり，原審時の訴因からみて原判決に誤りがないのに，控訴審が，変更後の訴因事実が認められることを理由に原判決を破棄することは許されない（最判昭42・5・25刑集21・4・705）。他方，訴因変更後に控訴棄却することもできる（最決平6・9・16刑集48・6・420）。破棄されない場合，変更後の訴因は結果的に認定判断の対象とならないだけで，訴因変更手続自体が違法になるものではない。

上告審は，控訴審が訴因変更を許可した上で原判決を破棄しても，第1審判決に誤りを見いだすことができない場合は，変更後の訴因を審理，判断することはできない（最判平30・3・19刑集72・1・1）。

以上から，控訴審における訴因変更は，仮に原判決が破棄された場合という一種の条件付きのものと評される（海老原震一・判例解説(刑)昭42・139，中谷雄一郎・判例解説(刑)平6・197）。実務では，控訴審における訴因変更請求は，破棄後に原審時の訴因が認定されないことを停止条件とする予備的訴因を追加する形式でなされることが多いが，原審時の訴因との交換的変更を請求・許可する例もある。

控訴審が，新たな事実の追加認定を伴う訴因事実について自判するためには，必要な事実の取調べがなされ（前述(2)参照），自判しても被告人の防御上実質的利益を害しないと認められることを要する（最決昭29・9・30刑集8・9・1565，最判昭30・12・26刑集9・14・3011）。

破棄差し戻し・移送の場合，訴因変更の効力は差戻し（移送）後の第1審に及ぶとされる（寺尾・判例解説(刑)昭29・284）。

訴因変更の手続につき，規209条が準用される（規250）。実務では，第1審と同様，被告人及び弁護人に対し，変更後の訴因について陳述する機会を与えるのが通例である。控訴審においては，被告人は公判期日への出頭義務を原則として負わないが，出頭命令を出す例もある（390の解説[7]参照）。

[3] 破棄差戻し，移送

⑴ 「原裁判所」の意義　398条の解説[4]参照。

⑵ 「原裁判所と同等の他の裁判所」の意義　事物管轄及び土地管轄を有する他の裁判所をいう。2個以上あれば，いずれかに移送する。

⑶ 少年法55条による移送　控訴審が，少年法55条により事件を家庭裁判所に移送する場合，実務では，原判決を破棄せず決定で移送する扱いもみられたが，判決で原判決を破棄して移送する扱いが多い。

⑷ 差戻し（移送を含む）の判決　主文は，破棄部分に加え，「本件を○○地方裁判所（簡易裁判所）に差し戻す（移送する）。」とするのみである。

本刑の言渡しはしておらず，未決勾留日数の算入はしない。新第1審が本刑を言い渡す場合に未決勾留日数の算入の判断を行う。もっとも，旧第1審の判決日から，新第1審判決の前日までの未決勾留日数は，法定通算されることに留意する（495ⅠⅡ①Ⅳ）。旧第1審における未決勾留日数が裁定算入の対象になる。

訴訟費用の負担・不負担も判断しない。新第1審判決の際に，旧第1審係属時から新第1審終了時までの訴訟費用について，負担・不負担を決する（東京高判昭27・7・1高刑集5・7・1108）。

理由について，335条は準用されない。実務では，原審で審理を尽くす必要がある事情を記載する例がある。

原判決により勾留状が失効した場合（345），破棄差戻しの判決宣告により勾留状の効力が復活するものではない。勾留中の被告人について，破棄差戻しの判決宣告があっても，新たに保釈等がされなければ釈放しない。原審で禁錮以上の刑に処する判決が宣告され保釈等が失効し被告人を収容した場合（343），破棄差戻しの判決宣告があっても保釈等の失効の効果は変動しない。破棄差戻しの判決宣告後は，344条の適用はなくなり，60条2項ただし書や89条の適用が復活する。

破棄差戻し判決に対して，上告できる（最大判昭25・11・22刑集4・11・2372）。

⑸ 破棄判決の拘束力　破棄判決は，当該事件について下級審を拘束する（裁4）。

拘束力は，法律上の問題に関する判断のみならず，事実上の問題に関する判断にも生じる。拘束力は，破棄の直接の理由，すなわち原判決に対する消極的否定的判断（原判決を違法不当ならしめる事項についての判断）にのみ生じ，否定的判断を裏付ける事由に関する判断には生じない（最判昭43・10・25刑集22・11・961，最決平20・7・11刑集62・7・1927）。拘

束力は，事件が限りなく上級審と下級審を往復することによる遅延を遮断するためのものにとどまり，上級審に積極的な指導権限を与えるものではないことが理由とされる（岩田誠・判例解説(刑)昭29・321，高田義文・判例解説(刑)昭32・657，木梨節夫=船田三雄・判例解説(刑)昭43・325，家令和典・判例解説(刑)平20・565）。

　例えば，破棄判決において，第1審判決に事実誤認及び訴訟手続の法令違反があり，有罪を宣告すべきであるのに無罪を宣告しているのであるから，判決に影響を及ぼすことが明らかであるとの説示があっても，有罪を宣告すべきであるとの説示は，判決に影響を及ぼすことが明らかである旨を判示する趣旨にとどまり，必ず有罪の宣告をしなければならないとの拘束力はない（最決昭32・12・5刑集11・13・3167）。

　他方，複数の控訴理由が主張され，理由がないと明示された控訴理由についての判断は，議論があるものの，拘束力があるとする見解が有力である。

　上級審も，前に同一審級以上の裁判において示された判断に拘束される。最高裁も，前の最高裁の判断を変更することは許されない（最大判昭25・10・25刑集4・10・2134，最決昭39・11・24刑集18・9・639。大法廷が小法廷の判断に拘束されるか否かについては議論がある。）。他方，破棄差戻しの判決が上告なく確定した場合，その法律判断は差戻後の上告審を拘束しない（最大判昭32・10・9刑集11・10・2520，最判昭34・12・11刑集13・13・3195）。最高裁は法令解釈の統一を使命としていることなどが理由とされる（寺尾正二・判例解説(刑)昭32・527）が，反対説もある。

　拘束力は，判断基準となった状態の存続を前提とする。法律上の判断については，法令の変更や前提となる事実関係の変動等によって，拘束力から解放される。事実上の判断についても，消極的否定的判断を左右するような証拠が取り調べられると，拘束力から解放される。

(6) **差戻し（移送を含む）後の手続**　　新第1審の公判手続は，破棄判決の内容に従う必要があるが（裁4），具体的な進行方法について，規217条以外に規定がない。

　新第1審では，旧第1審判決又はその基礎となった取調べに関与した裁判官は除斥される（20⑦）。旧第1審における弁護人選任の効力は，新第1審に及ばない（32Ⅱ。最決昭27・12・26刑集6・12・1470）。

　旧第1審の訴訟手続は，破棄判決の理由中で違法とされた特定の訴訟手続及びこれを前提とする訴訟手続は効力を失うが，それ以外は効力を失わない（最判昭29・11・4刑集8・11・1665。岩田誠・判例解説(刑)昭29・323）。実務の大勢は，旧第1審における326条の同意の効力は新第1審においても失われず，旧第1審の審理を引き継ぐ場合には新第1審において公判手続の更新（315，規213の2）の規定を準用して行えば足りるとする。

　新第1審は，破棄判決に拘束される部分を除き，自由に審理を進めることができ，旧第1審で行われた訴訟手続を先行させなければその後の手続を行えないものではない（最決昭30・11・30刑集9・12・2562）。証拠調べの順序方法等について，必ずしも公判手続の更新に準じる手続を先行して完了させる必要はなく，例えば，旧第1審後に判明した証

人を先行して取り調べることも可能とされる（寺尾正二・判例解説（刑）昭30・363）。他方，新第1審は，旧第1審の手続に違法があると判断する場合，破棄判決で指摘されていなくても同手続をやり直す。

　実務では，破棄判決の理由によって区別し，①原判決を破棄するのみでその基礎となった手続は違法でない場合（例えば，法令適用の誤り，事実誤認又は量刑不当の事例），公判手続の更新（315，規213の2）に準じる手続を行う，②原判決の基礎となった手続の一部を違法とする場合（例えば，証拠の採否決定が違法とされた事例），同様に公判手続の更新に準じる手続を行い，違法とされた部分のみをやり直す，③原判決の基礎となった手続の全部を違法とする場合（例えば，終始弁護人不在で必要的弁護事件を審理したことが違法とされた事例），完全に審理をやり直すという考え方を基本とする。

　控訴審で証拠調べがなされた場合の証拠について，更新に準じる手続により審判の基礎とすることができるとする見解が有力である。

(7) **裁判員裁判の差戻（移送）審**　　裁判員裁判における更新の手続は，裁判員が，争点及び取り調べた証拠を理解することができ，負担が過重にならないようなものとしなければならない（裁判員61Ⅱ）。

　実務では，審理の順序方法について，通常第1審と同様とし，起訴状朗読，冒頭陳述等も行い，規213条の2より丁寧な手続を行う例が多いようである。旧第1審で行われた証人尋問等については，再尋問を実施する例のほか，証人の負担等を考慮し，裁判員法65条の記録媒体を新たな証拠として取り調べる例がある。

［4］破棄後の手続

　規217条は，事件が上訴裁判所において破棄され，第1審に差戻し又は移送された場合の手続の一部を定めた規定である。

　新第1審は，公判期日に先立ち，訴訟記録及び証拠物に基づいて，旧第1審の訴訟手続，事実認定，破棄判決の理由及び拘束力の範囲等を検討する必要がある。また，通常の更新手続と同様，裁判所が上記検討をすることは不当な予断を抱くことにはならない。

　そこで，本条1号は，勾留に関する処分は，第1回公判期日前でも，受訴裁判所が行うものとした（破棄判決後，記録を第1審に送付する間の勾留に関する処分については，規92の趣旨を推し及ぼすと，上訴裁判所が行うべきであり，第1審裁判所は，記録を受け取ったときには，直ちにその旨を上訴裁判所に通知すべきとされる。）。また，本条2号は，第1回公判期日前でも，証拠調べの請求をなし得ることにした。さらに，本条3号は，証拠保全の請求(179)や，第1回公判期日前の証人尋問の請求（226・227）については，受訴裁判所自身が証人尋問等を行うことができるため，裁判官に対するこれらの請求はできないものとした。

　第1回公判期日前の事前の打合せ（規178の10）においても，事案の内容に踏み込んだ打合せができると解される。

　なお，旧第1審の手続がすべて違法，無効とされ，新第1審が審理を完全にやり直さなければならないという特殊な場合には，本条が適用されないと解する余地がある（以

上，刑訴規則逐条説明・公判159)。 〔吉田智宏〕

第401条 [1]〔共同被告人のための破棄〕 被告人の利益のため原判決を破棄する場合において [2]，破棄の理由が控訴をした [3] 共同被告人 [4] に共通であるときは [5]，その共同被告人のためにも原判決を破棄しなければならない [6]。

[1] 意 義
共同被告人間の公平の見地から，被告人の利益のため原判決を破棄する場合，破棄理由が共同被告人に共通であるときは，共同被告人が当該破棄理由を控訴趣意で主張しなくとも，破棄することを義務付ける。

[2] 原判決を破棄する場合
「被告人の利益のため」とは，被告人に上訴の利益がある場合をいう。「原判決を破棄する場合」は，被告人側・検察官提出の控訴趣意に対する調査又は職権調査のいずれによるかを問わない。

[3] 控訴をした
共同被告人に関する事件が適法に控訴審に係属していることを要する。共同被告人が控訴した場合のほか，検察官が控訴した場合を含む。控訴申立てが不適法な場合 (385・395)，本条は適用されない。

なお，共同被告人が所定期間内に控訴趣意書を差し出さない場合において本条が適用されるか否かについて，見解が分かれる。①肯定説は，本条の意義について，共同被告人間の公平の見地から職権調査 (392Ⅱ) が及ぶ範囲を拡張した386条の特則とし (香城=永井・注釈刑訴[第3版]6・434。朝岡智幸・刑事控訴審の研究[第6回]判タ352・77)，②否定説は，職権調査が可能な範囲と本条の適用範囲は同一であり，本条は，公平の見地から職権調査を裁量的ではなく義務的にした規定とする (原田・大コメ9・500。松尾・条解1071)。もっとも，②によっても，大赦されたことは控訴趣意書不提出の場合でも職権調査できる(最大判昭32・2・27刑集11・2・935)。

[4] 共同被告人
第1審において共同被告人であった者をいう。終始共同被告人であったことは要しない (最判昭23・10・30刑集2・11・1435)。控訴審において被告人と共同被告人が併合審理されているか否かは問わない。もっとも，控訴裁判所の構成が被告人と共同被告人で同一であることが本条適用の前提とされる。

[5] 破棄の理由が共通
例えば，被告人について必要的弁護事件において弁護人を付さずに審理したことを理由に原判決を破棄した場合，上記違法な手続による被告人の供述を有罪の証拠として判決を受けた共同被告人について破棄の理由は共通である (最判昭23・10・30刑集2・11・

1435)。被告人について審判の請求を受けない事件について判決した違法があることを理由に原判決を破棄する場合，共犯と認定された共同被告人について破棄の理由は共通である（最判昭26・1・23刑集5・1・73）。

他方，被告人について証拠調べをしない証拠を採証した違法があることを理由に破棄したものの，共同被告人については当該証拠を採用していない場合，破棄の理由が共通しているとはいえない（最判昭26・8・17刑集5・9・1764）。

[6] 実 情

実務において，本条による破棄例は乏しい。控訴裁判所の構成の同一性が前提となること，共同被告人側・検察官提出の控訴趣意に対する調査（392Ⅰ）又は職権調査（392Ⅱ）により破棄する場合，必ずしも本条を適用する必要がないこと，職権調査（392Ⅱ）が許されないケースは限定的であることなどが理由として考えられる。　　　〔吉田智宏〕

第402条 [1]〔**不利益変更の禁止**〕 被告人が控訴をし，又は被告人のため控訴をした事件 [2] については，原判決の刑より重い刑 [3] を言い渡すことはできない [4]。

　　　[1] 本条の趣旨　　[2] 被告人のために控訴をした事件　　[3] より重い刑
　　　[4] その他

[1] 本条の趣旨

本条は，被告人側が控訴した場合に，原判決を不利益に変更することを禁止する旨定めた規定である。その趣旨は，被告人側のした上訴の結果，かえって被告人に不利益な結果を来すようなことがあっては，被告人側の上訴権の行使を躊躇させるおそれがあるため，不利益変更を禁止して被告人の控訴権行使を十全なものとすることにある（旧刑訴に関する最大判昭27・12・24刑集6・11・1363）。なお，検察官と被告人の双方が控訴をし，検察官の控訴を理由ありとして原判決を破棄する場合には，当然不利益変更が許される。

[2] 被告人のために控訴をした事件

「被告人のために控訴をした事件」とは，被告人の法定代理人・保佐人（353），原審における代理人・弁護人（355）が控訴した事件をいう。検察官が控訴をした事件は，たとえその申立理由が被告人に利益なものである場合であっても，被告人のために控訴をした事件に当たらない（最判昭53・7・7刑集32・5・1011）。

[3] より重い刑

(1) ここでいう「刑」とは，主刑である死刑，懲役，禁錮，罰金，拘留，科料及び付加刑である没収（刑9）のほか，執行猶予，保護観察，未決勾留日数の算入，労役場留置，追徴，公民権停止をいう。被害者還付が「刑」に含まれるかについては議論があるが，訴訟費用の負担は「刑」に当たらない（旧刑訴に関する最判昭26・12・20刑集5・13・2556）。

(2) 「より重い」か否かは，第一，二審において言い渡された主文の刑を，刑名等の形式のみによらず，具体的に全体として総合的に観察し，第二審の判決の刑が第一審の判決の刑よりも実質上被告人に不利益であるか否かによって判断する（最決昭39・5・7刑集18・4・136等。なお，比較的新しい判例として，最判平18・2・27刑集60・2・240）。なお，本条は重い「刑」への変更を禁止したもので，より重い事実への認定変更は，刑の不利益変更に当たらない（いずれも旧刑訴に関する最判昭23・11・18刑集2・12・1626，最判昭24・8・9刑集3・9・1428）。

(3) **具体例**　最高裁判例の例を中心に概観する。

　　○　**執行猶予付きの刑から実刑への変更**

　　不利益変更を肯定した判例がある（最大判昭26・8・1刑集5・9・1715［懲役6月・3年間執行猶予を禁錮3月とした事例］，旧刑訴に関する最大判昭27・12・24刑集6・11・1363［懲役2月・3年間執行猶予を懲役2月とした事例］）。

　　○　**自由刑から罰金刑への変更**

　　不利益変更を否定した判例がある（大判昭7・9・29刑集11・17・1404［懲役1月を罰金40円・労役場留置40日とした事例］）。

　　○　**禁錮刑からより短期の懲役刑への変更**

　　不利益変更を否定した判例がある（最決昭39・5・7刑集18・4・136［禁錮2年6月を懲役2年とした事例］，最決昭43・11・14刑集22・12・1343［禁錮10月を懲役8月とした事例］）。

　　○　**実刑から執行猶予付きのより長期の刑への変更**

　　不利益変更を否定した判例がある（最決昭55・12・4刑集34・7・499［懲役1年を懲役1年6月・3年間保護観察付き執行猶予とした事例］）。

　　○　**執行猶予付きの刑から執行猶予付きのより短期の刑（ただし，猶予期間長期化）への変更**

　　不利益変更を否定した判例がある（最判昭28・12・25刑集7・13・2749［懲役10月・3年間執行猶予・追徴3万6500円を懲役6月・5年間執行猶予・追徴3万6500円とした事例］）

　　○　**不定期刑（少52）から定期刑への変更**

　　判例は，第一審の不定期刑を控訴審で定期刑に変更する場合，両者の刑の軽重は，不定期刑の中間位を標準とし，これを定期刑の刑期と比較対照してその長い方を重いとしている（最判昭32・9・20刑集11・9・2353）。不利益変更を肯定した判例（旧刑訴に関する最大判昭29・1・20刑集8・1・41［懲役2年6月以上4年以下を懲役4年とした事例］）と否定した判例（最判昭25・3・15刑集4・3・335［懲役1年以上2年6月以下を懲役1年6月とした事例］，前掲最判昭32・9・20［懲役5年以上懲役8年以下を懲役5年とした事例］）がある。

　　○　**自由刑で刑期同一・未決勾留日数算入の否定・減少への変更**

　　不利益変更を肯定した判例がある（いずれも旧刑訴に関する，最判昭27・1・22裁集刑59・317［未決勾留日数90日算入を算入なしとした事例］，最判昭28・5・21刑集7・5・1053［未決勾留日数120日算入を算入なしとした事例］）。なお，判例は，違法な未決勾留日数の算入の是正であっ

ても，不利益変更に当たり許されないとしている（最大判昭32・12・25刑集11・14・3377，最判昭33・1・28裁集刑123・115）。

○　自由刑で刑期短縮・未決勾留日数算入の否定（ないし減少）への変更

不利益変更を否定した判例がある（いずれも旧刑訴に関する，最判昭23・6・8刑集2・7・651［懲役1年6月・未決勾留日数30日算入を懲役1年・未決勾留日数算入なしとした事例］，最判昭23・11・20刑集2・12・1631［懲役8月・未決勾留日数30日算入を懲役2月・未決勾留日数20日算入とした事例］）。

○　罰金刑で金額同額・労役場留置の日数増加への変更

不利益変更を肯定した判例がある（旧刑訴に関する最判昭25・4・25裁集刑17・363［懲役4月・罰金2万円・労役場留置100日を懲役4月・罰金2万円・労役場留置200日とした事例］）。

○　罰金刑で金額減額・労役場留置の日数増加への変更

不利益変更を肯定した判例（最判昭33・9・30刑集12・13・3190［罰金1万2000円と1万5000円・労役場留置54日を罰金1万円と1万円・労役場留置80日とした事例］）と否定した判例（最決昭28・3・26刑集7・3・636［罰金8万円と5000円・労役場留置170日を罰金5万円と5000円・労役場留置183日とした事例］）がある。

○　没収の追加の変更

不利益変更を肯定した判例がある（旧刑訴に関する最判昭23・10・14刑集2・11・1340［匕首の没収を追加した事例］）。

○　追徴の増額の変更

主刑が軽くなっている場合に，不利益変更を否定した判例がある（最決昭37・6・18刑集16・7・1265［懲役1年・3年間執行猶予・追徴57万7866円66銭を懲役10月・3年間執行猶予・追徴60万7866円とした事例］）。

○　追徴から同額の没収への変更

不利益変更を否定した判例がある（最判昭30・4・5刑集9・4・652［追徴1万円を没収千円札9枚・追徴1000円とした事例］）。

○　公民権停止の付加・期間長期化への変更

主刑が軽くなっている場合に，不利益変更に当たらないとした判例がある（旧刑訴に関する最判昭25・8・9刑集4・8・1550［被告人甲について，懲役6月・公民権停止不適用を懲役6月・3年間執行猶予・公民権停止不適用削除，被告人乙について，懲役5月・公民権停止不適用を懲役5月・3年間執行猶予・公民権停止不適用削除とした事例］）。

○　その他

不利益変更を否定した判例として，①旧刑訴に関する最判昭24・7・5刑集3・8・1169（懲役10月を懲役6月・4年間執行猶予・罰金1万円とした事例），②旧刑訴に関する最判昭26・1・26裁集刑39・767（懲役4月・1年間執行猶予・罰金5万円を罰金15万円とした事例），③旧刑訴に関する最判昭26・11・27刑集5・13・2457（懲役3年・罰金30万円・労役場留置脱漏を懲役3年・5年間執行猶予・罰金40万円・労役場留置400日とした事例），④最判昭29・9・21

裁集刑98・701（懲役4月・罰金1万円を懲役3月・2年間執行猶予・罰金1万5000円とした事例），⑤最決昭31・10・9刑集10・10・1436（禁錮3月・3年間執行猶予・罰金5000円・労役場留置25日を罰金3万円・労役場留置60日とした事例），⑥最判昭35・4・12刑集14・5・548（控訴審裁判所が，第一審において有罪とした手段結果の関係にある三つの犯罪事実のうち，一つの点を無罪とした場合に，第一審の刑より軽い刑を言い渡さなくても本条に反しないとした事例），⑦最決昭40・2・26刑集19・1・59（懲役7月を懲役7月・3年間執行猶予・罰金5000円とした事例），⑧最判昭48・3・20刑集27・2・138（懲役6月・2年間執行猶予・罰金200万円・労役場留置200日を罰金400万円・労役場留置200日とした事例），⑨前掲最決平18・2・27（懲役1年6月・罰金7000円・労役場留置1日を懲役1年2月・罰金1万円・労役場留置2日とした事例）がある。

[4] その他

被告人のみが控訴をした事件で，原判決を破棄した上，差戻し又は移送をした場合，差戻し又は移送後の第一審判決にも本条が適用されるから，差戻し前の第一審判決より重い刑を言い渡すことはできない（前掲最判昭27・12・24参照）。

他方，差戻し前の第一審判決に対し，被告人のほか検察官から量刑不当を理由とする控訴の申立てがあった場合に，控訴審が各申立に対する判断をしないで職権により第一審判決を破棄，差し戻したときは，差戻後の第一審判決が被告人を差戻前の第一審より重い刑に処しても，不利益変更禁止の原則に違反しない（最判昭37・6・15刑集16・7・1250）。

〔森喜史〕

第403条 [1]〔**公訴棄却の決定**〕 原裁判所が不法に公訴棄却の決定をしなかつたとき[2]は，決定で公訴を棄却しなければならない。

2 第385条第2項の規定は，前項の決定についてこれを準用する[3][4]。

[1] 本条の趣旨

本条は，原裁判所が不法に公訴棄却決定（339 I）をしなかった場合，控訴裁判所が公訴棄却決定すべき旨を定めた規定である。339条1項1号ないし4号の事由があるのに公訴棄却決定をしなかった場合，378条2号（不法に公訴を受理したこと）の絶対的控訴理由に当たり，控訴裁判所は，397条1項により原判決破棄の判決をすべきところであるが，もともと339条1項1号ないし4号が決定事由とされていることから，決定による公訴棄却を定めたものである。

本条の決定により，原判決は当然に失効するため，さらに原判決を破棄することは要しない。

[2] 要 件

「不法に公訴棄却の決定をしなかった」とは，339条1項1号ないし4号のいずれかの事由がありながら，公訴棄却決定をしなかったことをいう。

[3] 不服申立て

385条2項が準用され，抗告に代わる異議の申立て（428Ⅱ）をすることができる

[4] 実務上の処理（被告人死亡の場合）

被告人が死亡した場合，控訴裁判所は，検察官等による控訴申立てがあることを前提に，被告人の死亡時に応じて以下のとおり取り扱う。

(1) 原裁判所が被告人の死亡に気づかず判決した場合　本条1項により公訴棄却決定

(2) 原判決後控訴提起期間中に被告人が死亡した場合　404条・339条1項4号により公訴棄却決定（東京高決平10・8・12東時49・1＝12・50）。

(3) 控訴申立て後に被告人が死亡した場合　404条・339条1項4号により公訴棄却決定

〔森喜史〕

> **第403条の2**[1]〔**即決裁判手続による判決に対する控訴の制限等**〕　即決裁判手続においてされた判決に対する控訴の申立ては，第384条の規定にかかわらず，当該判決の言渡しにおいて示された罪となるべき事実について第382条に規定する事由があることを理由としては，これをすることができない。
>
> 　2[2]　原裁判所が即決裁判手続によつて判決をした事件については，第397条第1項の規定にかかわらず，控訴裁判所は，当該判決の言渡しにおいて示された罪となるべき事実について第382条に規定する事由があることを理由としては，原判決を破棄することができない。

[1] 本条1項の趣旨

本条1項は，即決裁判手続（350の2以下）で行われた判決に対し，事実誤認を控訴理由とした控訴はできない旨定めた規定である。即決裁判手続は，争いのない明白かつ軽微な事件について，簡略な手続で証拠調べを行い，原則即日判決を言い渡すことで，簡易迅速に公判の審理・判決を行い，手続の合理化・効率化を図るものである。そのような即決裁判手続の実効性を保つため，本条1項は，被告人に対する手続保障（350の2・350の3・350の4・350の6・350の8・350の9・350の11）と科刑の制限（350の15）を前提に，同手続による判決において示された罪となるべき事実（335Ⅰ）の誤認を理由とする控訴申立てを制限するものである（なお，罪となるべき事実以外の事実に関する事実誤認の主張は制限されない。）。この控訴の制限には相応の合理的な理由があり，憲法32条に反しない（最判平21・7・14刑集63・6・623）。控訴趣意書に記載された控訴理由が，罪となるべき事実に対する事実誤認の主張に尽き，他の適法な控訴理由を含んでいないときは，決定で控訴棄却される（386Ⅰ③）。

[2] 本条2項の趣旨

本条2項は，控訴裁判所が，即決裁判手続で行われた判決について，罪となるべき事

1142   403条の2，404条

実に誤認があることを理由に破棄できない旨を定めた規定である。本来，控訴裁判所は，
控訴趣意書に包含されていない事項であっても，職権で控訴理由となる事由の有無を調
査することができ（392Ⅱ），その調査の結果，その事由ありと認めた場合には原判決を
破棄する（397Ⅰ）ことになる。しかし，即決裁判手続の趣旨に鑑み，本条１項で事実誤
認を理由とした控訴を制限したにもかかわらず，控訴裁判所が罪となるべき事実に関す
る事実誤認の有無を職権で調査し，破棄するならば，控訴理由を制限した趣旨が無に帰
するため，397条１項の特則として原判決の破棄理由を制限したものである。なお，罪
となるべき事実の事実誤認以外の理由による職権破棄は制限されない。　　　〔森喜史〕

> **第404条** [1] 〔**準用規定**〕　第２編中公判に関する規定は，この法律に特別の定のある
> 場合を除いては，控訴の審判についてこれを準用する [2]。

> 　[規]　第246条（判決書の記載）　判決書には，控訴の趣意及び重要な答弁について，その要旨
> 　　　を記載しなければならない。この場合において，適当と認めるときは，控訴趣意書又
> 　　　は答弁書に記載された事実を引用することができる [1]。
> 　　　第250条（準用規定）　控訴の審判については，特別の定のある場合を除いては，第２編
> 　　　中公判に関する規定を準用する [3]。

[1] 本条の趣旨等

　控訴審の審判には，「特別の定のある場合」を除き，第一審の公判に関する規定が準
用される。「特別の定のある場合」には，明文の規定のある場合だけでなく，事後審と
しての控訴審の構造上，第一審の公判に関する規定の適用が排除される場合も含まれる。
後記 [2]，[3] では，刑事訴訟法及び刑事訴訟規則の各規定の準用等を掲げたが，
適用を排除されないけれども準用上一定の限定を受ける場合があり，本来的には，控訴
審における個々の手続や場面ごとに，どのように準用されるかを具体的に検討する必要
がある（例えば，控訴審が396により控訴棄却の判決をする場合は404の「特別の定のある場合」に
該当し，335の準用はないとした最決昭26・5・10刑集5・6・1021参照）。

　なお，控訴審の判決書には控訴趣意等を引用することができるところ（規246），控訴
趣意を引用した場合にその控訴趣意書を判決に添付する必要はない（最判昭32・3・14刑集
11・3・1080）。

[2] 刑事訴訟法の規定の準用等

(1) **準用される規定**　　273条・274条・276条〜279条・281条〜281条の5・282条・283
条・287条〜290条の3・292条の2・294条・295条・297条〜299条の7・301条の2〜307
条・308条〜315条・316条の33〜316条の36・316条の39・317条〜328条・333条〜339条
・341条〜348条・350条の8・350条の9。

(2) **準用されない規定**　271条・272条・275条・280条・281条の6・284条～286条の2・291条～292条・293条・296条・300条・301条・307条の2・315条の2・316条・316条の2～316条の32・316条の37・316条の38・329条～332条・340条・349条～350条の7・350条の10～350条の29。

[3] 刑事訴訟規則の規定の準用等

(1) **準用される規定**　178条～178条の16・179条の3～186条・187条の2～187条の4・188条本文・188条の2～193条・196条の2～196条の8，198条の2～198条の4・199条の2～203条の2・204条～210条の7・212条～215条・217条・217条の34～217条の40・218条・219条の2～221条・222条の2・222条の3。

(2) **準用されない規定**　176条・177条・179条・187条・188条ただし書・196条・197条～198条・199条・203条の3・211条～211条の3・216条・217条の2～217条の33・218条の2・219条・222条・222条の4～222条の21。　　　　　　　　　　　　　　　　〔辛島明〕

第3章 上 告

第405条 [1] 〔**上告を許す判決・上告申立ての理由**〕 高等裁判所がした第1審又は第2審の判決 [2] に対しては，左の事由があることを理由として上告の申立をすることができる。

1 憲法の違反があること又は憲法の解釈に誤があること [3]。
2 最高裁判所の判例と相反する判断をしたこと [4]。
3 最高裁判所の判例がない場合に，大審院若しくは上告裁判所たる高等裁判所の判例又はこの法律施行後の控訴裁判所たる高等裁判所の判例と相反する判断をしたこと [5]。

> [規] 第251条（訴訟記録の送付） 上告の申立が明らかに上告権の消滅後にされたものである場合を除いては，原裁判所は，公判調書の記載の正確性についての異議申立期間の経過後，速やかに訴訟記録を上告裁判所に送付しなければならない。
>
> 第256条（違憲判断事件の優先審判） 最高裁判所は，原判決において法律，命令，規則又は処分が憲法に違反するものとした判断が不当であることを上告の理由とする事件については，原裁判において同種の判断をしていない他のすべての事件に優先して，これを審判しなければならない。

[1] 本条の趣旨

本条は，最高裁判所に対する上告のうち，高等裁判所がした第1審又は第2審判決に対する上訴に関し，その上告理由を本条が規定するもののみに制限する規定である。

上告審は，控訴審と同様に事後審として具体的事件の救済を図る機能を有するが，それに加えて全国的に法令の解釈等の統一を図る機能も有している。また，日本の最高裁は憲法裁判所としての職責も併せ持っている。本条は，このような上告審としての最高裁判所の性格，機能等との関係で，濫上訴の防止ないし最高裁の負担軽減の観点から，上告理由を真に必要なものに限定したものである。

[2] 高等裁判所が第1審，第2審として判決する場合

前者は，裁判所法16条4号が規定する場合である。後者は，控訴審として，控訴棄却（396），破棄自判（400但）の判決を言い渡した場合のほか，破棄差戻し（400・398），破棄移送（400・399）の判決を言渡した場合も含む。

[3] 憲法違反（本条1号）

⑴ **憲法違反と憲法の解釈の誤り** 「憲法の違反」と「憲法の解釈に誤がある」との差

異については諸説あるが，原判決が示した憲法解釈の誤りをいう場合が後者で，それ以外の適法な憲法違反の主張が前者を指すと区別する見解が一般的である（松尾・条解1080）。もっとも，両者を区別する実益は乏しく，上告審の判決等においても，かつては所論がそのいずれに当たるかを区別して判示していたが，最近は所論に関してこの点を明確に区別する取扱いは必ずしもされていない。

(2) **不適法な憲法違反の主張**　上告趣意等において憲法違反の主張がされていれば，常に憲法判断が示されるわけではない。実務上は，その論点の重要性や取り上げ方，事案の内容などを踏まえ，最高裁として判断を示す必要性があると認めるものに限り，憲法判断を示す取扱いがされている。そのため，適法な憲法違反の主張があるとして判断が示されるものはごく僅かで，以下のような理由付けにより不適法な申立てとして処理されるものがほとんどである。

①違憲に名を借りたものとして不適法処理をするもの：上告趣意の中で憲法違反という言葉を用いて主張がされていても，その主張内容の実質が原判決の量刑不当，事実誤認，憲法以外の訴訟法ないし実体法違反（実務上「単なる法令違反」という用語が用いられている。）の主張をしているにすぎないと解される場合には，405条の上告理由に当たらないとして決定で棄却される（414・386 I）。

②違憲の主張が前提を欠く（欠前提）として不適法処理をするもの：原判決に関して一定の事実，評価等を前提に憲法違反の主張をしているが，その主張が前提としている事実が認められない場合や，それに類する場合には，違憲の主張は前提を欠くとして①と同様に不適法処理がされる。例えば，原判決は被告人が暴力団組長であるため量刑上不利益な扱いをしたとして憲法14条違反を主張するのに対して，そのような前提事実が認められないとして不適法処理をしたもの（最決昭58・11・14裁集刑232・883など）や，任意性を欠く被告人の自白調書を取り調べた第1審の判断を是認した原判決の憲法38条違反を主張するのに対して，任意性を疑わせる点はないとして不適法処理をしたもの（最判昭38・11・8刑集17・11・2357など），原判決が適用した刑罰法令の構成要件が不明確であるとして憲法31条違反を主張するのに対し，その構成要件は明確であるとして不適法処理をしたもの（最判昭45・4・24刑集24・4・153など），禁止規定や法定刑，手続関係の規定について違憲をいう主張に関し，所論が指摘する点は専ら立法政策の問題であって憲法の適否の問題ではないとして不適法処理をしたもの（最決昭46・9・16裁集刑181・519，最決昭54・9・12裁集刑215・287，最決平20・9・29刑集295・135，最決平24・9・4裁集刑308・191など多数）などがある。

③原審で主張，判断を経ていないことを理由として不適法処理をするもの：上告審は，原判決の当否を審査する審級であるから，原審段階で主張されておらず，判断も受けていない事項についての違憲主張は，原判決に対する論難にはなり得ない。この場合は，「原審で何ら主張，判断を経ていない事項に関する違憲の主張であって，刑訴法405条の上告理由に当たらない」などとして不適法処理がされることがある（最決昭25・5・19刑集4

・5・838，最大判昭39・11・18刑集18・9・597など）。原判決の憲法適合の判断は，必ずしも常に積極的に表明せられることを要せず，判決において憲法違反が表明されていないときは全て憲法適合の判断を含蓄していると解し得るとする判例（最大判昭23・7・8刑集2・8・801）もあることから，いかなる場合に原判決が憲法判断をしているとみるべきかが問題となるが，原審段階で法令違憲の主張があった法令を原判決自体が自判する際に積極的に適用している場合には，黙示の判断があると見得る場合が多いであろう。

④そのほかにも，原判決のどの点がどのような理由で憲法のどの条項に違反するかが明らかでない場合（最判昭25・7・25刑集4・8・1523など）や，原判決の結論に何ら影響を及ぼすことのない傍論部分を非難する違憲主張があった場合（最決昭39・12・3刑集18・10・698など）も，上告理由として不適法と取り扱われている。

(3) **適法な憲法違反の主張がされた場合**　憲法違反の主張が適法にされていると取り扱われた場合には憲法違反の有無が判断されることになるが，その場合でも，これまでの大法廷判例やその趣旨を引用して合憲の判断を行うことができるときは，小法廷限りで処理され，弁論を開かないまま上告棄却の判決が言い渡されることが多い（裁10，最事規9Ⅴ，法408参照）。小法廷限りで処理されない場合は事件が大法廷に回付され，合憲，違憲の判断がされることになる。違憲判断をするには8人以上の意見が一致しなければならない（最事規12）。

違憲判断の先例としては，法令自体を違憲としたものとして，尊属殺人に関する刑法旧200条の規定が憲法14条に違反するとした最大判昭48・4・4刑集27・3・265など，処分等の違憲を認めたものとして，告知聴聞の機会を与えないまま没収・追徴をした処分等が憲法31条，29条に違反するとした最大判昭37・11・28刑集16・11・1577（関税法），最大判昭40・4・28刑集19・3・203（収賄事件に係る刑法による追徴），起訴されていない犯罪事実で被告人の捜査官に対する自白以外に証拠がないものを余罪として認定し，これを実質上処罰する趣旨のもとに重い刑を科した判決が憲法31条，38条3項に違反するとした最大判昭42・7・5刑集21・6・748，偽計によって獲得された自白の証拠能力を否定せず証拠として採用したことが憲法38条2項に違反するとした最大判昭45・11・25刑集24・12・1670など，原判決の憲法解釈の誤りを認めたものとして最大判昭52・5・4刑集31・3・182（全逓名古屋中郵事件に係る憲28の解釈）などがある。

［4］最高裁判所の判例違反（本条2号）

(1) **判例違反**　本条2号又は3号の「判例と相反する判断」とは，法令の解釈適用につき原判決がした法律的判断が判例上の法律的判断と相反する場合をいう（最判昭37・12・25刑集16・12・1731）。

最高裁判所の判例とは，一般に，最高裁判所のした判決，決定の中で，何らかの法律判断を示したものや，実務上参考になる取扱いをしたものを全て指すが，本条のいう上告理由としての判例とは，それらのうち現時点においても有効なものをいう。最高裁の判例でも後に変更されたものは本条にいう判例には含まない。また，本条3号との関係

で大審院の判例は含まない。

　なお，最高裁の判例は，同裁判所判例委員会の決定に基づき，そのうち重要な法律判断を示したものや先例として重要な価値のあるものは「最高裁判所刑事判例集」（刑集）に，それ以外で参考になる判断等が示されたものは「最高裁判所裁判集刑事」（裁集刑）に，それぞれ掲載されるが，本条の「判例」は必ずしもこれら判例集に掲載されたものに限られない。もっとも，判例集が上記のような過程を経て編纂されていることから，実務上はこれら判例集の掲載判例を引用して主張をするものがほとんどである。

　判例違反があるというためには，原判決が判例と相反する判断をしたことが必要であるから，原判決が何ら法律判断を示していないときは，判例違反の主張としては不適法である。原判決の明示的判断のみならず，黙示的判断に関しても判例違反の主張をなし得ると解し得ることは，憲法違反と同様である（原判決の未決勾留日数の過算入につき判例違反を理由として一部破棄をした最判昭32・12・25刑集11・14・3377など）。

　なお，判例違反の決定の基準時は，原判決言渡しの時点と解され，原判決後になされた最高裁判決を引用しているときも，判例違反の主張としては不適法と扱われる（最判昭29・11・5刑集8・11・1728）。この場合は職権で法令違反として判断されることとなる。

(2) **不適法な判例違反の主張**　　憲法違反の主張と同様，上告趣意の中で判例違反の主張がされていれば常に適法な上告申立てとして取り扱われ，その点の判断が示されるわけではなく，実務上は，判例違反の主張があっても，以下のような理由付けで不適法な申立てとして処理される場合がほとんどである。

　①判例違反の主張が具体的でないとして不適法処理がされる場合：判例違反の主張をするには，その判例を具体的に示さなくてはならないと規定する規則253条との関係で，判例の具体的摘示がない場合（最決昭25・5・12刑集4・5・797）や，原判断のどの部分が引用判例のどの点に抵触するかを示していないとき（最決昭26・3・30刑集5・4・742）には，不適法処理がされる。

　②事案を異にする判例を引用しており，前提を欠くとして不適法処理される場合：判例のうち，当該具体的事件に関する事実関係等を前提に示されたものについては，それと全く異なる事案に関して当該判例を引用して判例違反の主張をしたところで，判例違反の主張としては前提を欠くこととなる。この場合「事案を異にする判例を引用するものであって，本件に適切でない」などとして，不適法処理がされることになる。民事事件に関する判例を引用する判例違反の主張も同様の理由で不適法処理される場合が多い。

　③主張が前提を欠くとして，不適法処理がされるもの：憲法違反の主張の場合と同様に，上告趣意は一定の事実の存在を前提として判例違反を主張しているが，その事実が存在しないときや，原判示に沿わない事実関係を前提としている場合には，欠前提として不適法処理がされる。

　④判例違反に名を借りた主張であるとして不適法処理されるもの：判例違反という言

葉が使われていても，その実質が原判決の量刑や事実認定を非難するものであって，名ばかりの判例違反の主張と解し得る場合も，「判例違反をいうが，実質は量刑不当（事実誤認）の主張であって，刑訴法405条の上告理由に当たらない。」などとして不適法処理がされる。

(3) **適法な判例違反の主張がされた場合**　判例違反の主張自体は適法にされていると取り扱われても，原判決が示した法律判断が引用判例と相反するとはいえない場合には，上告理由がないことは明らかであるから，弁論を開かずに上告棄却の判決がされる (408)。また，原判決の示した判断が判例に違反しているとしても，それが明らかに判決に影響を及ぼさないときには上告棄却の判決がされる (410 I 但)。また，判例違反の事由があり，判決に影響を及ぼすことが明らかであっても，その判例を変更して原判決を維持するのを相当とするときには，原判決を破棄することなく上告棄却の判決がされる (410 II)。後二者についても408条に基づき弁論を開かないで処理されることがある。

　これに対し，判例変更がされるときは，変更すべき判例が高裁判例や大審院判例であれば小法廷限りで処理されるが，変更すべき判例が最高裁判例（大法廷判例であるか，小法廷判例であるかを問わない。）である場合には，小法廷では処理できず (裁10③，最事規 9 VI)，大法廷に回付して判断がされる。最高裁判例が変更された最近の例としては，抵当権設定後の抵当権者への所有権移転行為につき，不可罰的事後行為の理論により不可罰としていた従来の判例を変更した最大判平15・4・23刑集57・4・467，強制わいせつ罪に関し，故意以外の行為者の性的意図を一律に成立要件としていた従来の判例を変更した最大判平29・11・29刑集71・9・467がある。

[5] その余の判例違反 (本条3号)

　最高裁判所の判例がない場合には，大審院の判例や高等裁判所の判例との抵触判断を判例違反の主張として主張することができるとしたものである。大審院判例と同旨の最高裁判例があるときや，高裁判例がその上告審である最高裁において否定された場合には，この大審院判例や高裁判決は本条3号の「判例」に当たらない (最判昭26・10・16刑集 5・11・2249，最決平22・3・16裁集刑300・95) から，そのような高裁判決を引用しても不適法となる。他方，原判決が他の高裁判例と相反する判断をしていたが，この高裁判例が原判決に対する上告中に最高裁判例により変更されたときは，この高裁判例は当該上告事件については本条3号の判例に当たるものの，410条2項の趣旨に従い原判決を維持する方向で上告棄却の判決がされることになる (最大判昭30・12・21刑集 9・14・2912)。高裁判例や大審院判例を変更する場合には，小法廷で審理裁判できる (裁10③，最事規 9 VI)。

〔矢野直邦〕

第406条 [1] 〔**上告を許す判決・上告申立ての理由の特則**〕　最高裁判所は，前条の規定により上告をすることができる場合以外の場合であつても，法令の解釈に関す

406条   1149

る重要な事項を含むものと認められる事件については，その判決確定前に限り，裁
判所の規則の定めるところ [2] により，自ら上告審としてその事件を受理すること
ができる。

[規]　**第247条** [3] **（最高裁判所への移送・法第406条）**　控訴裁判所は，憲法の違反があること
又は憲法の解釈に誤があることのみを理由として控訴の申立をした事件について，相
当と認めるときは，訴訟関係人の意見を聴いて，決定でこれを最高裁判所に移送する
ことができる。

第248条（移送の許可の申請・法第406条）　前条の決定は，最高裁判所の許可を受けて
これをしなければならない。

2　前項の許可は，書面でこれを求めなければならない。

3　前項の書面には，原判決の謄本及び控訴趣意書の謄本を添附しなければならない。

第249条（移送の決定の効力・法第406条）　第247条の決定があつたときは，控訴の申立
があつた時に控訴趣意書に記載された理由による上告の申立があつたものとみなす。

第254条 [4] **（跳躍上告・法第406条）**　地方裁判所又は簡易裁判所がした第1審判決に対
しては，その判決において法律，命令，規則若しくは処分が憲法に違反するものとし
た判断又は地方公共団体の条例若しくは規則が法律に違反するものとした判断が不当
であることを理由として，最高裁判所に上告をすることができる。

2　検察官は，地方裁判所又は簡易裁判所がした第1審判決に対し，その判決において
地方公共団体の条例又は規則が憲法又は法律に適合するものとした判断が不当である
ことを理由として，最高裁判所に上告をすることができる。

第255条（跳躍上告と控訴・法第406条）　前条の上告は，控訴の申立があつたときは，そ
の効力を失う。但し，控訴の取下又は控訴棄却の裁判があつたときは，この限りでな
い。

第257条 [5] **（上告審としての事件受理の申立・法第406条）**　高等裁判所がした第1審又
は第2審の判決に対しては，その事件が法令（裁判所の規則を含む。）の解釈に関す
る重要な事項を含むものと認めるときは，上訴権者は，その判決に対する上告の提起
期間内に限り，最高裁判所に上告審として事件を受理すべきことを申し立てることが
できる。但し，法第405条に規定する事由をその理由とすることはできない。

第258条（申立の方式・法第406条）　前条の申立をするには，申立書を原裁判所に差し
出さなければならない。

第258条の2（原判決の謄本の交付・法第406条）　第257条の申立があつたときは，原裁
判所に対して法第46条の規定による判決の謄本の交付の請求があつたものとみなす。
但し，申立人が申立の前に判決の謄本の交付を受けているときは，この限りでない。

2　前項本文の場合には，原裁判所は，遅滞なく判決の謄本を申立人に交付しなければ
ならない。

3　第1項但書又は前項の場合には，裁判所書記官は，判決の謄本を交付した日を記録上明らかにしておかなければならない。

第258条の3（事件受理の申立理由書・法第406条）　申立人は，前条第2項の規定による謄本の交付を受けたときはその日から，前条第1項但書の場合には第257条の申立をした日から14日以内に理由書を原裁判所に差し出さなければならない。この場合には，理由書に相手方の数に応ずる謄本及び原判決の謄本を添附しなければならない。

2　前項の理由書には，第1審判決の内容を摘記する等の方法により，申立の理由をできる限り具体的に記載しなければならない。

第259条（原裁判所の棄却決定・法第406条）　第257条の申立が明らかに申立権の消滅後にされたものであるとき，又は前条第1項の理由書が同項の期間内に差し出されないときは，原裁判所は，決定で申立を棄却しなければならない。

第260条（申立書の送付等・法第406条）　原裁判所は，第258条の3第1項の理由書及び添附書類を受け取つたときは，前条の場合を除いて，速やかにこれを第258条の申立書とともに最高裁判所に送付しなければならない。

2　最高裁判所は，前項の送付を受けたときは，速やかにその年月日を検察官に通知しなければならない。

第261条（事件受理の決定・法第406条）　最高裁判所は，自ら上告審として事件を受理するのを相当と認めるときは，前条の送付を受けた日から14日以内にその旨の決定をしなければならない。この場合において申立の理由中に重要でないと認めるものがあるときは，これを排除することができる。

2　最高裁判所は，前項の決定をしたときは，同項の期間内にこれを検察官に通知しなければならない。

第262条（事件受理の決定の通知・法第406条）　最高裁判所は，前条第1項の決定をしたときは，速やかにその旨を原裁判所に通知しなければならない。

第263条（事件受理の決定の効力等・法第406条）　第261条第1項の決定があつたときは，第258条の3第1項の理由書は，その理由（第261条第1項後段の規定により排除された理由を除く。）を上告の理由とする上告趣意書とみなす。

2　前項の理由書の謄本を相手方に送達する場合において，第261条第1項後段の規定により排除された理由があるときは，同時にその決定の謄本をも送達しなければならない。

第264条（申立の効力・法第406条）　第257条の申立は，原判決の確定を妨げる効力を有する。但し，申立を棄却する決定があつたとき，又は第261条第1項の決定がされないで同項の期間が経過したときは，この限りでない。

［1］本条の趣旨

405条の上告では，未だ判例がない新しい法令の解釈について速やかに最高裁判所の

406条　　　　　　　　　　　　　　　　　　　　　　　1151

見解を求めることはできない。そのような新規の問題につき，法的安定性の見地から早期に最高裁判所の判例を求める余地を認めるべく，最高裁判所の裁量で上告理由の拡張を認めた規定が本条であり，合衆国連邦最高裁に対する裁量上告制度（Certiorari）に倣ったものとされる。

[2] 裁判所規則の定め

　規則で定められたものとしては，①最高裁判所への事件の移送の許可（規247・248・249），②跳躍上告（規254），③上告審としての事件受理の申立て（規257～264）の3つがあるが，実務上，上告受理と呼ばれているものは③である。

[3] 事件の移送の許可

　控訴審裁判所が，405条1号の上告理由と同じく「憲法の違反があること又は憲法の解釈に誤があること」のみを理由とした控訴の申立てがあった事件につき，相当と認めるときに，決定で最高裁判所に移送できるとするものである。手続的には，訴訟関係人の意見を聞き，最高裁判所の許可を書面で受けた上で，決定を行うとされており，移送決定があれば，控訴申立ての時点で上告申立てがあったとみなされる。控訴審の判断を省略するほどに憲法問題について早急に最高裁の判断を示す必要がある事件を想定した制度であるが，そのような事件が乏しいためか，実務上ほとんど利用されていない。この事件移送によって審理された例としては，第1審判決が東京都公安条例を違憲として無罪を言い渡した事案（検察官控訴。最大判昭35・7・20刑集14・9・1243），第1審判決があんま師等法の広告禁止規定を合憲として罰金刑に処した事案（被告人控訴。最大判昭36・2・15刑集15・2・347）が確認できる程度である。

[4] 跳躍上告

　法令・処分に関する憲法判断をした第1審判決に対し，被告人（違憲判断の場合のみ）又は検察官が控訴を経ないで最高裁判所に上告できるとしたものである。これについても，[3] と同様に実務上適法な跳躍上告がされる例は乏しく，尊属傷害致死を違憲無効として一般傷害致死を適用した第1審判決に対して検察官が跳躍上告した事案（最大判昭25・10・11刑集4・10・2037，破棄差戻し），いわゆる砂川事件に関し，刑事特別法を違憲無効として無罪を言い渡した第1審判決に対し検察官が跳躍上告した事案（最大判昭34・12・16刑集13・13・3225，破棄差戻し），区議会議員の区長選任に関する贈収賄事件に関し，地方自治法の関係規定を違憲無効として無罪を言い渡した第1審判決に対し検察官が跳躍上告した事案（最大判昭38・3・27刑集17・2・121，破棄差戻し）が確認できる程度である。なお，跳躍上告の後に控訴の申立てをしたときは，跳躍上告はその効力を失うとされており（規255），第1審判決に対して上訴期間内に控訴が申し立てられた後，同期間経過後に申し立てられた跳躍上告を不適法とした判例（最決平6・10・19裁集刑264・195）もある。

[5] 上告審としての事件受理の申立て

　高等裁判所がした第1審又は第2審判決で，405条の上告理由はないが，法令の解釈に関する重要な事項を含むものと認めるときに，最高裁判所に上告審としての事件受理

を求め得るとしたものである。申立権者は上訴権者と一致する (規257)。[3], [4] と比べると件数は多いが, 併せて上告申立てもされている場合が多く, そのような場合には上告受理によらなくても重要な問題であれば上告申立てに対して職権で判断を示し得るから, 上告受理が認められることは多くない。最近の実例として, 最判平15・3・11刑集57・3・293 (弁護人申立て。信用毀損罪の信用の意義に関する原判断の大審院判例との抵触を主張するもの。棄却), 最判平15・7・10刑集57・7・903 (検察官申立て。刑47の併合罪加重に関し, 併合罪を構成する個別の罪の法定刑を超える趣旨と解することはできないとした原判決につき, 解釈適用の誤りを主張するもの。破棄自判), 最判平19・7・10刑集61・5・436(検察官申立て。原判決が最高裁判所から高等裁判所判事の職務を代行させる旨の人事措置が発令されていない判事補を含めた裁判体によって言い渡されていることを理由とするもの。破棄差戻し), 最判平20・3・4刑集62・3・123 (検察官申立て。覚せい剤輸入・関税法の禁制品輸入罪の実行の着手を認めず, 予備にとどまるとした原判決の法解釈適用の誤りを理由とするもの。棄却), 最判平21・10・16刑集63・8・937 (弁護人申立て。被告人の検察官調書の取調べ請求を却下した第1審の判断に誤りはないのに, この点について審理不尽があるとして破棄差戻しとした控訴審判決に刑訴法の解釈適用の誤りがあるなどと主張したもの。破棄差戻し) などがある。申立てに理由があると認めたときも, 405条の上告理由となるものではないから, その後の審理の結果原判決を破棄する際には, 410条ではなく, 411条1号により原判決を破棄することになる (最大判昭32・10・9刑集11・10・2520など参照)。

　上告受理の申立てがあれば原判決の確定の効力は一時的に妨げられる (規264)。受理申立てがあったときは, 最高裁判所は, 当該事件を自ら上告審として受理するかどうかを14日以内に決定しなければならないと規定されている (規261)。実務の取扱いとしては, 受理決定をする場合には上記期間内に決定がされるが, 受理をしない場合には, 上記期間内に判断は示されず, 同期間経過後になって関係者にその旨の通知がされる取扱いがされている。受理決定があれば, その時点で移審の効果が生じ, 申立理由は上告趣意とみなされることになる (規263Ⅰ)。

〔矢野直邦〕

第407条〔上告趣意書〕 上告趣意書には, 裁判所の規則の定めるところ [1] により, 上告の申立の理由を明示しなければならない。

[規]　第252条 [2]（上告趣意書の差出期間・法第414条等）　上告趣意書を差し出すべき最終日は, その指定の通知書が上告申立人に送達された日の翌日から起算して28日目以後の日でなければならない。

　　2　前項の規定による最終日の通知書の送達があつた場合においてその指定が同項の規定に違反しているときは, その送達があつた日の翌日から起算して28日目の日を最終日とみなす。

407条　　　　　　　　　　　　　　1153

第253条（判例の摘示）　判例と相反する判断をしたことを理由として上告の申立をした
　　場合には，上告趣意書にその判例を具体的に示さなければならない。

［1］裁判所規則の定め

　判例違反の上告理由を主張する場合に，当該判例を具体的に示さなければならないと
する規253条の規定があるのみである。これに違反する判例違反の主張は，不適法とし
て上告棄却決定がされる（最決昭25・5・12刑集4・5・797，最決昭26・3・30刑集5・4・742など）。
判例の摘示方法として，裁判所名，事件番号，裁判年月日，掲載文書名，掲載箇所等を
指示してその判例を具体的に示すべきとしたもの（最決昭45・2・4裁集刑175・73）もある。
なお，規266条により，控訴趣意書に関して理由を簡潔に明示することを要求する規240
条や，相手方の数に応じた謄本の添付を要求する規241条の規定も上告趣意書に関して
準用される。

　外国語で記載された上告趣意書は，不適法と取り扱われる（裁74参照。最決昭35・3・23
刑集14・4・439，最決昭57・2・1裁集刑225・645等）。コピー機で複写された上告趣意書が提出
された事案につき，公務員以外の者の書類に署名押印を必要とする規60条の規定に違背
するが，作成名義人の署名押印も複写されており，趣意書を封入した郵便封筒にも作成
名義人によると認められる氏名の記載があり，作成名義人の意思に基づいて作成，提出
されたと認められるとして，例外的に有効として取り扱ったものがある（最決昭58・10・28
刑集37・8・1332）。作成者に関しては，原審弁護人につき，自ら上告申立てをした場合に
は上告趣意書を提出できるとした判例（最大判昭29・7・7刑集8・7・1052。なお，原審弁護人
自ら上告申立てをしていない場合にその上告趣意を不適法とした最決昭36・7・18刑集15・7・1103，
最決昭40・9・22裁集刑156・673参照）がある。また，上告審に届出を出していた補佐人の上
告趣意書の提出を有効と解して補佐人の上告趣意を判断対象としたものもある（最決平
24・3・26裁集刑307・759）。

［2］上告趣意書の差出期間

　規252条は，上告趣意書の提出期限は通知書の送達日の翌日から起算して4週間目以
降の日を指定しなければならないとしており，実務上も1か月程度先の期日が指定され
ることが多い。上告申立人の要請や事案の内容等に照らして長めの提出期限の指定がさ
れる場合もある。指定された期限は原則として変更されることはないが，具体的理由を
付した延期申請がされた場合に，延期が許可された例もある。

　上告趣意書提出期間内に上告趣意書の提出がない場合は，上告棄却決定がされる（不
成立。414・386Ⅰ①）。提出期限後・棄却決定前に提出された上告趣意書があっても，不適
法な上告趣意書として原則として判断の対象とはされない。なお，趣意書の提出につい
ては，収容中の被告人に関する特則（366）の準用がないとする判例（最決昭29・9・11刑集
8・9・1490）がある。　　　　　　　　　　　　　　　　　　　　　　　　〔矢野直邦〕

1154　　408条，409条

第408条 [1]〔弁論を経ない上告棄却の判決〕　上告裁判所は，上告趣意書その他の書類によつて，上告の申立の理由がないことが明らかであると認めるとき [2] は，弁論を経ないで，判決で上告を棄却することができる。

[1] 本条の趣旨

　上告理由がないことが明らかなときには，迅速な審理や上告審の負担軽減の見地から，弁論を開かずに判決で上告棄却ができるとしたものである。43条1項の特則に当たる。

[2] 上告の申立の理由がないことが明らかであると認めるとき

　405条所定の上告理由は適法に主張しており，上告棄却決定（386 I・414）の対象にはならないが，その主張に理由がないことが明らかな場合を意味する。本条は，弁論を開かずに上告棄却の判決ができるとしているにすぎず，この場合に弁論を開くかどうかは上告審の裁量に委ねられる。実務上，本条に基づき弁論を開かずに判決で上告棄却の処理をされる場合の多くは，①憲法違反の主張について，同一事項につき合憲判断をした大法廷判例があったり，同種の事項につき合憲判断をした大法廷判例の趣旨に徴すると論旨に理由がないことが明らかである場合（最近のものとして，裁判員制度の憲法適合性が争われた最判平24・3・2裁集刑307・695，最判平24・10・16裁集刑308・255など。なお，この場合は裁10①，最事規9 Vにより大法廷に回付する必要はなく小法廷で処理される。），②判例違反の主張について，原判断が引用の判例と相反するものでないとの判断がされる場合，③判例違反はあるが，判決に影響を及ぼさないことが明らかであるとして上告を棄却する場合（410 I）である。このほか，④原判決を維持する判例変更をして上告を棄却する場合（同条 II）にも，小法廷限りで判断し得る事案（高裁判例・大審院判例の変更の場合。裁10③，最事規9 VI）を中心に，本条に基づいて弁論を開かないまま上告棄却の判決が言い渡されることがある。なお，死刑の判断を是認した原判決に対する上告事件については，本条による処理がされることはなく，必ず口頭弁論を開くのが現在の実務の取扱いである。

　本条に関連するものとして，原判決が高裁判事の職務代行の人事措置が発令されていない判事補を含めた裁判体によって言い渡されていたため，法律に従った判決裁判所を構成しなかった違法がある事案につき，そのような破棄事由の性質や被告事件の内容，審理経過等本件事情の下では，必ずしも口頭弁論を経ることを要しないとして，弁論を開かないまま破棄，差戻しをする余地を認めた最判平19・7・10刑集61・5・436があるが，極めて明白な破棄事由がある場合の例外的な取扱いであろう。　　　　　〔矢野直邦〕

第409条 [1]〔被告人召喚の不要〕　上告審においては，公判期日に被告人を召喚することを要しない。

　〔規〕　第265条（被告人の移送・法第409条）　上告審においては，公判期日を指定すべき場合

においても，被告人の移送は，これを必要としない。

[1] 本条の趣旨

事後審であり原則として法律審であるという上告審の性質上，公判期日において事実認定等のための証拠調べを行うことは基本的に予定されておらず，公判期日に被告人を出頭させる必要性が認められないから，その召喚を不要としたものである。

召喚を不要とする以上，勾留中の被告人について，その身柄を上告裁判所所在地の刑事施設（東京拘置所）に移送（規80）する必要もない（規265）。

実務上も，上告審において弁論期日を指定するに当たり，被告人を召喚することはしていない。上告審においては，被告人は出頭の権利も義務もないと解されており（原田・大コメ刑訴 9・576，香城＝永井・注釈刑訴［第 3 版］7・510），実務上は在宅事件についても被告人の弁論期日への出席は認めていない。傍聴席での傍聴が認められるにすぎない。

〔矢野直邦〕

第410条〔破棄の判決(1)〕　上告裁判所は，第405条各号に規定する事由があるとき[1]は，判決で原判決を破棄しなければならない[2]。但し，判決に影響を及ぼさないことが明らかな場合[3]は，この限りでない。
2　第405条第 2 号又は第 3 号に規定する事由のみがある場合において，上告裁判所がその判例を変更して原判決を維持するのを相当とするとき[4]は，前項の規定は，これを適用しない。

[1] 上告理由があるとき

405条の上告理由を主張する所論に理由があるときは，判決で原判決を破棄するのが原則である。当事者の主張に基づく場合のほか，職権調査に基づく場合も含む（414・392Ⅱ）。

この場合，違憲判断や最高裁判例の変更をするときには，事件が大法廷に回付されることは405条の解説参照（裁10，最事規 9 参照）。

[2] 一部破棄

破棄の場合は全部破棄が原則であるが，判例は，①未決勾留日数に関する判断の誤り（過算入）の場合（判例違反を理由とする最判昭51・11・18刑集30・10・1902，最判昭55・7・18裁集刑218・263など，法令違反を理由に職権で破棄した最判昭41・4・26裁集刑159・633，最判昭44・4・3裁集刑171・527，最判昭55・1・11刑集34・1・1など多数），②訴訟費用負担の裁判の誤りの場合（最判昭46・4・27刑集25・3・534），③没収・追徴の裁判に違法がある場合（最判昭62・12・11刑集41・8・352，最判平15・10・28裁集刑284・477）には，その部分のみを破棄して自判することを認めている。

410条，411条

[3] 判決に影響を及ぼさないことが明らかな場合（本条I但）

原判決の憲法違反や判例違反が，原判決に影響を持たないことが明らかであるという意味であり，この場合には破棄を要しない。違憲判断をするときは，本条但書による処理を予定する場合でも，大法廷への回付が必要となる（裁10①，最事規9Ⅱ。最大判昭42・7・5刑集21・6・748参照。実務上弁論が開かれる。）。これに対し，判例違反を認めつつ本条但書による場合には，小法廷限りで上告棄却の判決がされる（最判昭29・7・16刑集8・7・1210など。408に基づき弁論が開かれない場合もある。）。

[4] 判例変更をして原判決を是認する場合（本条Ⅱ）

判例違反の事由があり，判決に影響を及ぼすことが明らかであっても，その判例を変更して原判決を維持するのを相当とするときは，原判決を破棄することなく，判決で上告を棄却できる（本条Ⅱ）。この場合，変更すべき判例が高裁判例や大審院判例であれば小法廷限りで処理できるが，変更すべき判例が最高裁判例（大法廷，小法廷を問わず）である場合には，小法廷では処理できず（裁10③，最事規9Ⅵ），大法廷に回付して判断がされる。なお，本条項により上告棄却の判決をするに当たり，408条の規定により弁論を開かないで処理する例も少なからずある（最近のものとして，最判平15・3・11刑集57・3・293，最判平15・4・11刑集57・4・403，最判平15・10・7刑集57・9・1002，最判平17・4・14刑集59・3・283，最判平18・11・7刑集60・9・561，最判平20・4・22刑集62・5・1528など）が，最高裁判例の変更を伴う場合（大法廷回付事件）や反対意見が付される場合には，弁論を開く取扱いが多い。〔矢野直邦〕

第411条 [1]〔破棄の判決(2)〕　上告裁判所は，第405条各号に規定する事由がない場合 [2] であつても，左の事由があつて原判決を破棄しなければ著しく正義に反すると認めるとき [3] は，判決で原判決を破棄することができる。

一　判決に影響を及ぼすべき法令の違反があること [4]。

二　刑の量定が甚しく不当であること [5]。

三　判決に影響を及ぼすべき重大な事実の誤認があること [6]。

四　再審の請求をすることができる場合にあたる事由があること [7]。

五　判決があつた後に刑の廃止若しくは変更又は大赦があつたこと [8]。

[1] 本条の趣旨

上告理由を憲法違反，判例違反に限定しつつも（405），事案の適正な処理と当事者の具体的救済を図る趣旨から，原判決に法令違反（①），量刑不当（②），事実誤認（③）等の事由があって破棄しなければ著しく正義に反すると認めた場合に限定して，職権で原判決を破棄できるとしたものである。

[2] 405条の上告理由との関係

実務上，405条所定の上告理由と併せて本条各号の該当事由を主張する上告事件が大

多数であるが，405条の上告理由を主張することなく本条各号の該当事由のみを主張する事件も少なくない。

これらの主張は，本条との関係では職権発動を求める趣旨と解され，職権で取り上げられない限り上告申立ては不適法として棄却決定がされることとなる（414・386Ⅰ③）。405条の上告理由と併せて本条各号の事由が主張された場合の判断順序は，論理的にはまず405条の上告理由につき判断した上で職権発動の有無を検討する順序となるが，実務上は，前者を省略して直ちに本条に係る職権判断をしている例もある（最大判昭48・4・25刑集187・361）。

本条による破棄は，当事者の主張に基づく場合のほか，主張がない場合にも職権調査に基づき本条該当事由を認めて行われる場合がある。上告趣意書の提出がされていない事案に関しても，上告中に大赦があったことを理由として本条5号事由該当を認めて原判決を破棄して免訴を言い渡した例（最大判昭32・2・27刑集11・2・935）もあるが，趣意書未提出の場合にまで職権調査をするのは極めて例外的な取扱いといえる。

なお，上告審においても，控訴審と同様に，可分な一部訴因につきその成立を否定した原判決に対して検察官が上訴せず被告人のみが上訴した場合に，当該訴因については当事者間において攻防の対象から外されたとみるべきで，上訴審の職権調査の対象とはならないとするいわゆる攻防対象論の適用がある（最判昭47・3・9刑集26・2・102）。

［3］著しく正義に反すると認めるとき

本条各号の該当事由が認められるだけではなく，原判決を破棄しなければ著しく正義に反する（実務上，著反正義ということがある。）と認められない限り，破棄事由にはならない。判決に影響するだけでなく，原判決を維持することが著しく正義に反する場合であることを意味するが，どのような場合がこれに当たるかは，原判決及び本条各号の該当事由の内容に照らして事案ごとに個別に判断していくほかない。1号・3号事由については，有罪・無罪の判断に影響したり，処断刑の幅に影響を与える法適用等の誤りがあったりするなど判決影響の程度が大きい場合には，著反正義として破棄されることが多いが，処断刑の幅に影響する誤りがあっても，実際に宣告されている刑が適当なものであるときには，著しく正義に反するとまではいえない（実務上，不著反正義ということもある。）として職権破棄しない場合もある。また，併合罪の一部について無罪を言い渡すべきであったのにこれをしていなかった場合（第1審が併合罪の訴因の全てについて有罪としたことに関し，その一部は無罪であるとしながら判決不影響として控訴棄却とした原判決について，判決影響の法令違反はあるが，不著反正義として上告を棄却した最判昭38・8・23刑集17・6・628）や，有罪とすべきところを公訴棄却としていた場合（執行猶予付き罰金刑を言い渡した第1審判決を破棄し公訴棄却をした原判断を違法としつつ，事案の特殊性や長期間の審理を経ていることなどを理由として不著反正義とした最決昭55・12・17刑集34・7・672〔チッソ補償交渉事件〕）に不著反正義として上告を棄却した判例もある。2号事由については，死刑か無期かが争われた事案に関し，死刑の選択も考慮しなければならないとしつつ，無期懲役とした

原判決について「破棄しなければ著しく正義に反するものとは認められない」としたものも複数あるが（最判平11・12・16裁集刑277・407，最決平20・11・4裁集刑295・239など），2号の量刑不当を肯定する判断であったかどうかは微妙である。罰金刑に未決勾留日数を算入しなかったことは量刑判断を誤ったものではあるが，原判決を破棄しなければ著しく正義に反するとは認められないとした最決平14・6・5裁集刑281・517は，2号事由を認めつつ，不著反正義とした判例と解される。

［4］ 1号事由（法令違反）

本号の法令違反は405条1号の憲法違反を除く法令違反をいう。実務上，憲法違反の主張と区別するという趣旨で，「単なる法令違反の主張」という表現が用いられている。原審ないし原判決に係る重要な訴訟手続違反や法令の解釈適用の誤りなどが，本号の法令違反の主要なものである。法令違反があるのみならず，それが判決に影響を及ぼす場合に初めて本号に当たる。「判決に影響を及ぼすべき」というのは，裁判結果に影響を有しているという趣旨であり，有罪・無罪の結論が異なる場合や処断刑の幅が異なり量刑に影響する場合はもちろん，適用法条が異なる場合も判決に影響するとされる場合が多い。

本号の該当事由を認めて職権で破棄する際の要件は，結局，〈1〉法令違反があり，〈2〉それが判決に影響し，〈3〉原判決を破棄しないと著しく正義に反すること（著反正義）の3つとなる。これらの要件を全て認めて原判決を破棄したものとしては，①処断刑を超える科刑をしていた場合（最判昭28・2・26裁集刑74・403など），②処断刑が重くなる方向での法令適用の誤りや刑の変更の看過をしていた場合（最判昭30・11・10刑集9・12・2387，最判昭42・3・7刑集21・2・417，最判昭46・4・8裁集刑180・67など），③処断刑が重くなる方向での罪数判断の誤りをしていた場合（最判昭28・12・18刑集7・12・2565，最判昭29・7・2刑集8・7・991など），④累犯前科でないものをそれと認めて処断していた場合（最判昭28・7・17刑集7・7・1537など），⑤執行猶予ができない事件や保護観察を付し得ない事件につきこれを認めていた場合（最判昭49・12・20裁集刑194・479，最判昭32・11・1刑集11・12・3037など），⑥未決勾留日数の過算入をしていた場合（最判昭33・11・7刑集12・15・3504など），⑦没収や追徴の要件を欠くのに没収等をしていた場合（最判昭29・3・26刑集8・3・337，最判昭36・12・14刑集15・11・1845など），⑧必要的没収・追徴の判断を遺脱していた場合（最判昭30・2・18刑集9・2・332など），⑨相被告人のみに関する訴訟費用を被告人に負担させていたもの（最判昭46・4・27刑集25・3・534），⑩簡易裁判所が科刑制限に違反して懲役刑を科したのを原判決が看過していたもの（最判昭30・12・20刑集9・14・2906），⑪原判決の主文と理由に刑種・刑量の齟齬があった場合（最判昭28・7・17刑集7・7・1533など），⑫原審が双方から控訴がなく第1審段階で確定していた部分についても審理・判決していた場合（最判昭28・9・25刑集7・9・1832など），⑬原判決が不利益変更禁止に関する402条に違反すると認めたもの（最判昭31・4・19刑集10・4・588），⑭原審の公判審理に関与しなかった裁判官が判決書の作成に関与した違法を認めたもの（最判昭25・3・30刑集4・3・454など），⑮原判決の判決書の

411条

作成年月日として弁論終結よりも前の日付が記載されていたもの（最判昭41・2・24刑集20・2・49），⑯最高裁判所から高等裁判所判事の職務を代行させる旨の人事措置が発令されていない判事補が構成に加わった原審の判決宣告手続に違法を認めたもの（最判平19・7・10刑集61・5・436），⑰強制わいせつの訴因に対して訴因変更手続を経ることなく公然わいせつの事実を認定したことの違法を認めたもの（最判昭29・8・20刑集8・8・1249），⑱控訴審が何ら事実調べをすることなく第1審の無罪判決等を破棄して有罪等の自判をしたことが400条但書に違反するとした場合（最大判昭31・7・18刑集10・7・1147，最判昭34・6・16刑集13・6・969など），⑲1，2審判決が任意性に疑いのある自白に依拠して有罪判決をしたと認めたもの（最判昭33・6・13刑集12・9・2009），⑳原判決の法解釈の誤りを理由とするもの（最近のものとして，刑47の併合罪加重に関する原判決の解釈に誤りを認めた最判平15・7・10刑集57・7・903，観賞品等として作成された家系図が，行書1の2Iにいう「事実証明に関する書類」に当たらないのに，これを当たるとして有罪とした1，2審判決の解釈適用の誤りを認めた最判平22・12・20刑集64・8・1291。関税法の無許可輸出罪の実行の着手を認めた第1審判決を破棄して同罪の予備罪にとどまるとした原判決の法解釈適用の誤りを認めた最判平26・11・7刑集68・9・963。詐欺罪の実行の着手に関する原判決の法解釈適用の誤りを認めた最判平30・3・22裁時1696・6など），㉑第1審の訴訟手続に誤りがないのに，これを理由に第1審判決を破棄した原判断に誤りがあるとしたもの（最近のものとして，被告人の検察官調書の取調べ請求を却下した第1審の判断に誤りがないとした最判平21・10・16刑集63・8・937，前科証拠を被告人と犯人の同一性の証明に用いることが許されず，その関係証拠を却下した第1審の判断に誤りがないとした最判平24・9・7刑集66・9・907，公判前整理手続を終了するに当たり確認された争点に明示的に掲げられなかった点につき，公判手続で争点として提示する措置をとることなく認定した第1審判決に違法はないとした最判平26・4・22刑集68・4・730など），などがある。

　なお，382条の事実誤認の意義等について判示した最判平24・2・13刑集66・4・482は，控訴審が裁判員裁判による第1審の無罪判決を事実誤認を理由として破棄したことの当否が争われた事案につき，同条にいう「事実誤認」とは，「第1審判決の事実認定が論理則，経験則等に照らして不合理であることをいう」と判示するとともに，「控訴審が第1審判決に事実誤認があるというためには，第1審判決の事実認定が論理則，経験則等に照らして不合理であることを具体的に示すことが必要である」などと控訴審が第1審判決に事実誤認があるとする場合の判示方法を明確にした上，当該事案につき，第1審判決に事実誤認があるとした原判決には同条の解釈適用を誤った違法があるとして本条1号違反を認め，原判決を破棄し，1審の無罪判決を確定させる自判をしている。この判例が示されて以降，原判決が第1審判決を事実誤認を理由に破棄したことの当否に関する上告審の審査は，原判決が第1審判決の論理則，経験則等違反を具体的に示しているかどうかの観点から行われ，それがされていないことを理由に原判決を破棄する場合には，同判例と同様に1号事由で破棄する取扱いがされている（最判平26・3・20刑集68・3・499，最判平30・3・19刑集72・1・1）。

1 号事由に関しては，上記した破棄事例がある一方，最高裁が職権調査をして原判決の違法を認めつつ，〈2〉（判決影響）ないし〈3〉（著反正義）の要件を欠くとして上告を棄却した判例も少なくない。これまで〈2〉（判決影響）の要件を欠くとしたものとして，法定刑を同じくする罰条間の適用の誤りや一部の法令の適用遺脱，処断刑に影響のない罪数判断の誤りなどのほか，違法な証拠を掲げ，あるいは証拠によらない事実認定のあるもの（最決昭41・12・27刑集20・10・1242，最決昭43・6・5裁集刑167・419など），理由中で無罪の判断をしながら主文でその言渡しを遺脱したもの（最決昭46・1・29裁集刑179・25），累犯前科の罪名を誤ったもの（最決昭42・4・25裁集刑163・127），未決勾留日数の過算入があるが被告人上告のみであったもの（最決昭52・11・16裁集刑207・803），原審が被告人に対して期日の召喚，通知を行わず，被告人不出頭のまま判決を言い渡したもの（最決昭46・9・9裁集刑181・445，最決昭50・4・7裁集刑196・119），1，2審が訴訟条件である関税法所定の告発について調査を怠っていたが，上告審が適宜の方法で告発の事実を認定できた場合（最決平23・10・26刑集65・7・1107）などがある。また，〈3〉（著反正義）の要件を欠くとしたものとして，原判決が第1審判決が有罪とした複数の犯罪の一部に無罪を認めながら破棄しなかったことの違法を認めたもの（最判昭38・8・23刑集17・6・628，最判昭52・12・22刑集31・7・1176，最決平16・11・30刑集58・8・1005），言い渡すべき刑の個数を誤った場合（最決昭39・7・9刑集18・6・375，最決昭43・11・26刑集22・12・1387），地裁のした1審判決を破棄しながら，これを専属管轄のある簡裁に移送することなく自判した場合（最決昭43・12・17刑集22・13・1476），両罰規定適用の誤り（最決昭55・11・7刑集34・6・381，最決昭60・12・17裁集刑241・521），自首を認めなかった違法のあるもの（最決昭48・3・29裁集刑186・503，最決昭60・2・8刑集39・1・1），必要的減軽規定の適用を認めなかった違法のあるもの（最決昭54・6・26刑集33・4・364），検察官の出席がないまま第1審の判決宣告手続が行われた場合（最決平19・6・19刑集61・4・369），本位的訴因とされた賭博開張図利の共同正犯は認定できないが，予備的訴因とされた賭博開張図利の幇助犯は認定できるとした第1審判決に対し，検察官が控訴の申立てをしなかった場合に，控訴審が職権により本位的訴因について調査を加えて有罪の自判をすることは，職権の発動として許される限度を超えるものであり，違法であるとして，賭博開張図利の幇助犯を認める自判をした場合（最決平25・3・5刑集67・3・267）などがある。〈2〉と〈3〉の認定は密接な関連があり，そのいずれが認められなかったのかを明確にすることは容易でなく，また実益も多くないことから，「いまだ刑訴法411条を適用すべきものとは認められない。」と摘示して上告を棄却する取扱いも少なくない（最近の例では，最決平6・6・10裁集刑263・535，最決平12・2・8裁集刑278・43，最決平21・9・15刑集63・7・783，最決平24・11・6刑集66・11・1281，最決平28・3・23裁集刑319・301など）。

［5］ 2号事由（量刑不当）

職権破棄事由の中では実務上最も多い主張である。量刑にはもともと事実審の裁量があるから，「著しく不当」というべき場合は自ずと限られる上，破棄事由としては「破

411条　　　　　　　1161

棄しなければ著しく正義に反する」ともいえなければならないから，これまで最高裁が本号に該当するとして原判決を破棄した例は非常に少ない。確認できるものは26件のみであり（井上・注釈刑訴[第3版]7・539参照），平成以降のものは6件にすぎない。26件中，原判決の実刑の判断を執行猶予付きに改めたものが16件と大半を占め（最近のものとして，最判平2・5・11裁集刑255・91，最判平18・10・12裁集刑290・517），死刑と無期懲役の選択に関するものも5件ある（被告人側の上告を認容して原審の死刑の判断を破棄し，無期懲役の自判をしたものとして最判昭28・6・4刑集7・6・1251，最判平8・9・20刑集50・8・571〔いわゆる日建土木保険金殺人事件〕。検察官の上告を認容して原審の無期懲役の判断を破棄し，差戻しとしたものとして最判昭58・7・8刑集37・6・609〔いわゆる永山事件〕，最判平11・12・10刑集53・9・1160，最判平18・6・20裁集刑289・383〔いわゆる山口母子殺害事件第1次上告審〕。）。実刑の刑期を変更したものは2件のみ（最判昭51・11・18裁集刑202・399と最判平26・7・24刑集68・6・925）であるが，このうち平成26年判例は，裁判員裁判による1審判決及びそれをそのまま是認した控訴審判決を量刑不当を理由に破棄したものであり，事案は，夫婦である被告人が共謀の上，自宅で幼い娘に対して暴行を加えて死亡させたという傷害致死の事件で，第1審判決は，児童虐待事犯に対しては，今まで以上に厳しい罰を科すことが社会情勢等に適合すると考えられると述べるなどして検察官の各懲役10年の求刑を大幅に上回る各懲役15年の判決を言い渡し，控訴審判決もこれを是認したという審理経過のものである。最高裁は，「裁判においては，行為責任の原則を基礎としつつ，当該犯罪行為にふさわしいと考えられる刑が言い渡される」ものであり，犯罪類型ごとに形成される一定の量刑傾向（先例の集積）は，「量刑を決定するに当たって，その目安とされるという意義をもって」おり，「これまでの量刑傾向を視野に入れて判断がされることは，当該量刑判断のプロセスが適切なものであったことを担保する重要な要素になる」とした上で，「裁判員制度は，刑事裁判に国民の視点を入れるために導入された」もので，「量刑に関しても，裁判員裁判導入前の先例の集積結果に相応の変容を与えることがあり得ることは当然に想定されて」おり，「裁判員裁判において，それが導入される前の量刑傾向を厳密に調査・分析することは求められていないし，ましてや，これに従うことまで求められているわけではない」としつつ，「裁判員裁判といえども，他の裁判の結果との公平性が保持された適正なものでなければならないことはいうまでもなく，評議に当たっては，これまでのおおまかな量刑の傾向を裁判体の共通認識とした上で，これを出発点として当該事案にふさわしい評議を深めていくことが求められている」と判示し，第1審判決のように，「〔従来の量刑〕傾向を変容させる意図を持って量刑を行うことも，裁判員裁判の役割として直ちに否定されるものではない」が，その場合は，傾向から踏み出す量刑をすることについて「裁判体の判断が具体的，説得的に判示される」ことが求められるなどと，量刑傾向と異なる判断をする場合には，その理由を具体的，説得的に示さなければならないと判示した上で，本件事案については，第1審判決には「指摘された社会情勢等の事情を本件の量刑に強く反映させ，これまでの量刑の傾向から踏み出し，公益

の代表者である検察官の懲役10年という求刑を大幅に超える懲役15年という量刑をすることについて，具体的，説得的な根拠が示されているとはいい難」く，甚だしく不当な量刑判断に至ったものというほかなく，これを合理的な理由なく是認した原判決も甚だしく不当であって，破棄しなければ著しく正義に反するとして，1，2審判決をいずれも破棄し，夫を懲役10年に，実行行為を分担していない妻を懲役8年に処している。この判決は，量刑に関する裁判員の視点，感覚とこれまでの量刑の傾向をいかに調和させていくかという裁判員裁判の量刑評議の在り方に焦点が集まっていた時期において，求刑との対比で見れば1.5倍（5年増し）という公益の代表者たる検察官の意見をも大きく超えており，しかも，従来の量刑傾向から踏み出すことの正当性につき具体的，説得的な根拠が付されていない判決が言い渡されていた事案であったことから，最高裁としても特に量刑に介入して破棄したとみるべきで，従前の量刑不当の適用基準が裁判員制度の導入を契機に変化があったとみる必要はないであろう。

　なお，実務上，量刑事情に関する事実誤認という上告趣意も見られるが，これについては，その主張内容の実質に応じ，事実誤認，又は量刑不当，あるいはその双方の上告趣意として処理される。

　控訴審における393条2項，397条2項の規定は，上告審には準用されないという判例があり（最判昭52・12・22刑集31・7・1147）上告審で被害の弁償が行われ，あるいは示談が成立したような事情があっても，このような事情は，考慮されないのが通常である。

[6] 3号事由 （事実誤認）

　382条の事実誤認の意義については，前記最判平24・2・13が「第1審判決の事実認定が論理則，経験則等に照らして不合理であることをいう」と判示しているが，控訴審以上の事後審であり，かつ，破棄要件としても「重大な事実の誤認」で，「原判決を破棄しなければ著しく正義に反する」ことが要求される本条項についても同様の趣旨がより強く当てはまり，判例上もこの点が古くから判示されてきている。すなわち，最高裁八海事件第三次上告審判決（最判昭43・10・25刑集22・11・961）は，書面審査による上告審が事実認定の当否の判断に深く介入することは，かえって危険であり，国民の信頼をつなぐ所以にもならないとした上で，「介入の方法，限度についても，記録その他の証拠資料を検討して原判決の認定に不合理なところがないか否かの事後審査をするにとどまるのが原則」であり，「原判決の認定の当否を判断するために，あらたに事実の認定をするものでない」旨判示し，証拠の取捨選択は事実審裁判所の自由心証に任されるべきで，被告人や証人に直接接するわけではない上告審が介入するのは明らかな採証法則違反や審理不尽が含まれている場合に限られるとの考え方を明示している。また，満員電車内における強制わいせつ事件につき，被害者とされた者の供述の信用性を全面的に肯定した1，2審判決の認定が是認できないとして破棄自判（無罪）とした最判平21・4・14刑集63・4・331も，その理由中で，「事実誤認の主張に関する審査は，当審が法律審であることを原則としていることにかんがみ，原判決の認定が論理則，経験則等に照

らして不合理といえるかどうかの観点から行うべきである」と判示して，上告審における事実誤認の主張に関する審査は原判決の認定が論理則，経験則等に照らして不合理かどうかの観点から行うべきであることを明確にしている。

この平成21年判例の後に示された事実誤認の有無に関する最高裁の職権判示事例も，その多くが「原判決の認定が論理則，経験則等に照らして不合理かどうか」という観点から原判決の事実認定の当否について具体的かつ詳細に検討し，事実誤認の有無を判断しており（強姦被告事件について被告人を有罪とした1，2審判決を破棄して無罪とした最判平23・7・25裁集刑304・139や，最判平24・2・22裁集刑307・509，最決平26・7・8裁集刑314・99等），上告審の実務ではこのような審査方法が確立された手法になっている。なお，ここでいう，「論理則，経験則等に照らして不合理」な判断とは，論理則や経験則に反するか又はこれに準ずる程度の不合理な判断をいうものと解される（最判平21・4・14刑集63・4・331の堀籠裁判官の反対意見参照）。

また，最高裁は，事実誤認があるとまで認定できなくても，判決に影響を及ぼすべき重大な事実誤認があると疑うに足る顕著な事由があって，原判決を破棄しなければ著しく正義に反すると認めるときも，原判決を破棄することができるとして，事実誤認の疑いがある場合にも本条3号により破棄することを肯定しており（最判昭28・11・27刑集7・11・2303），この場合には常に原審等に差戻しとなる。

最高裁が事実誤認又はその疑いを認めて破棄した最近の事例としては，原審等に差し戻したものとして，最判平元・4・21裁集刑251・657，最判平元・6・22刑集43・6・427，最判平6・12・22裁集刑264・487，最判平7・7・17裁集刑266・811，最判平13・7・19刑集55・5・371，最判平14・3・15裁集刑281・213，最判平19・4・23裁集刑291・639，最判平20・11・10裁集刑295・341，最判平21・10・8裁集刑297・425，最判平21・10・19裁集刑297・489，最判平22・4・27刑集64・3・233，最判平22・6・3裁集刑300・319，最判平28・3・18裁集刑319・269がある。また，自判までした事案として，最判平元・4・21裁集刑251・697，最判平元・10・26裁集刑253・167，最判平4・7・10裁集刑260・311，最判平11・10・21裁集刑276・579，最判平15・1・24裁集刑283・241，最判平15・11・21刑集57・10・1043，最判平21・4・14刑集63・4・331，最判平23・7・25裁集刑304・139，最判平26・3・28刑集68・3・582，最判平29・3・10裁集刑321・1がある。

[7] 4号事由（再審事由）

383条1号と同趣旨の規定であり，その内容については同号の解説を参照されたい。これを認めて原判決を破棄したものの多くは，いわゆる身代わり犯人についての再審事由を主張された事案において，真犯人に対する有罪の裁判及び身代わり犯人に対する犯人隠避事件の有罪の裁判などが確定した後に，411条4号を適用し原判決などを破棄した例（最判昭45・6・19刑集24・6・299，最判昭47・12・12裁集刑185・623，最判昭48・7・20裁集刑189・619，最判昭48・9・18裁集刑190・97，最判昭53・12・15裁集刑213・1025）である。

[8] 5号事由（刑の廃止等）

383条2号と同趣旨の規定であり，同号の解説を参照されたい。破棄事例として，最判昭32・12・10刑集11・13・3197，最判昭33・3・11裁集刑123・591，最大判昭37・12・12刑集16・12・1672がある。

〔矢野直邦〕

第412条〔破棄移送〕 不法に管轄を認めたこと[1]を理由として原判決を破棄するときは，判決で事件を管轄控訴裁判所又は管轄第1審裁判所に移送しなければならない。

[1] 不法に管轄を認めたこと

本条は，控訴審に関する399条と同趣旨の規定である。「不法に管轄を認めた」とは，管轄権がないのにこれを看過して実体判決をしたことを意味する。

上告審としての直接の審査対象は原判決であるから，まず，高等裁判所が控訴審又は第1審としての管轄を認めて判決したことの適否が審査対象となる。高等裁判所が控訴審である場合には，第1審が管轄を認めて判決したことの適否に関する控訴審の判断も併せて審査対象となる。第1審が管轄を認めたことに関する控訴審の判断が明示的にされた場合のほか，管轄を認めた第1審判決の誤りを控訴審が看過した場合についても同様に解してよいであろう。

処理としては，高等裁判所が第1審として判決した際の管轄に誤りがある場合は，原判決を破棄した上，事物管轄の問題であれば管轄を有する第1審裁判所に，土地管轄の問題であれば他の高等裁判所に，それぞれ移送することになる。高等裁判所が控訴審として判決した場合については，原判決が控訴審としての管轄の判断のみを誤った場合には，原判決を破棄して事件を管轄控訴裁判所に移送することになるが，管轄を認めて判決した第1審の判断にも誤りがある場合には，1，2審判決を破棄して事件を管轄第1審裁判所に移送することになる。

以上に対し，原判決が誤って管轄違いの判決（329）を言い渡した場合や，第1審裁判所が正しく管轄違いの判決（329）を言い渡したにもかかわらず，原判決が398条を適用してこれを誤って破棄した場合，あるいは，誤って管轄違いの判決（329）を言い渡した第1審判決につき，原判決がその誤りを看過してそのまま是認した場合などは，「不法に管轄を認めた」場合には当たらないから，本条ではなく413条により原判決を破棄することになる。なお，簡易裁判所が科刑制限に違反して科刑し，原判決もこれを看過した場合につき，本条により破棄，移送するのではなく，411条1号，413条により1，2審判決を破棄して簡易裁判所に差し戻すべきとした判例（最判昭30・12・20刑集9・14・2906）がある。

〔矢野直邦〕

413条　　　　　　　　　　　　　　　　　　　　　　　1165

第413条 [1] 〔破棄差戻し・移送・自判〕　前条に規定する理由以外の理由によつて
　原判決を破棄するときは，判決で，事件を原裁判所若しくは第1審裁判所に差し戻
　し，又はこれらと同等の他の裁判所に移送しなければならない [2]。但し，上告裁
　判所は，訴訟記録並びに原裁判所及び第1審裁判所において取り調べた証拠によつ
　て，直ちに判決をすることができるものと認めるとき [3] は，被告事件について更
　に判決をすることができる [4]。

[1] 本条の趣旨
　原判決を破棄する場合の一般規定であり，控訴審に関する400条の規定と同趣旨の規
定である。

[2] 破棄差戻しと差戻し先裁判所
　破棄差戻しの場合に破棄すべき判決と差戻し先となる裁判所は，破棄の原因となった
瑕疵が原判決のみにあるか，第1審判決の瑕疵も引き継いでいるのかによる。
　瑕疵が原判決のみにあるときは，原判決のみを破棄して事件を原審に差し戻すことに
なる。原判決が第1審判決を破棄自判していた場合には，多くがこのような処理になる
（最近のものとして，最判平10・3・12刑集52・2・17，最判平13・7・19刑集55・5・371，最判平24・9・
7刑集66・9・907，最判平26・3・20刑集68・3・499，最判平28・3・18裁集刑319・269）。
　これに対し，原判決が第1審判決を是認して控訴棄却の判決を言い渡した場合や，破
棄自判の判決であっても量刑不当のみを理由としていた場合のように，破棄原因となる
瑕疵が原判決のみにあるとはいえない（第1審判決の瑕疵をそのまま引き継いでいる）場合
には，理論上は，1，2審判決をともに破棄し，事件を第1審に差し戻すのが原則とな
る。もっとも，実務上は，このような場合であっても，第1審からやり直すことによる
審理の長期化や当事者の負担の重さを考慮し，原判決自体に固有の法令違反や事実誤認
があると指摘して，原判決のみを破棄し，事件を原審に差し戻している場合も少なくな
い（最近のものとして，最判平元・4・21裁集刑251・657，最判平元・6・22刑集43・6・427，最判平元
・12・18刑集43・13・1223等）。

[3] 直ちに判決をすることができるものと認めるとき
　自判に関する規定は，控訴審のそれ(400但)と同趣旨である。400条但書と異なり，「上
告裁判所において取り調べた証拠」という文言はないが，これは法律審という上告審の
性格上，新たな証拠調べが基本的に想定されていないからにすぎず，上告審においても，
原判決の当否を判断する資料として，事実の取調べ（414・393）をすることは可能と解さ
れ（松尾・条解1095など），そのような例もごくまれではあるが存在する（414の解説参照）。
もとより，事実取調べの義務が生じることはない。

[4] 破棄自判と破棄すべき判決
　上告審が破棄のほか自判までする場合に，破棄すべき判決と上告審が言い渡す主文は，
実務上次のとおりである。まず，原判決が第1審判決を維持して控訴を棄却していた場

合には，原判決を破棄しただけでは未だ第1審判決が残っていると解されるから，原判決だけでなく第1審判決も併せて破棄し，上告審が正しい主文を言い渡すこととなる（最判平6・12・6刑集48・8・509，最判平9・6・16刑集51・5・435，最判平11・10・21裁集刑276・579，最判平21・4・14刑集63・4・331，最判平26・7・24刑集68・6・925，最判平29・3・10裁集刑321・1など）。

　他方，原判決が第1審判決を破棄・自判している場合には，上告審として第1審判決が是認できるかどうかで破棄する対象が決まることになる。すなわち，上告審として第1審判決が是認できる場合には，かつては原判決のみを破棄し，上告審で第1審判決と同一内容の主文を言い渡す方法によることもあったが，最近は，主文において「原判決を破棄する。本件控訴を棄却する。」と言い渡す取扱いになっている（最判平24・2・13刑集66・4・482など）。この場合，再審の請求（435），訴訟費用執行免除の申立て（500，規295の2IⅡ），裁判の解釈の申立て（501），裁判の執行に関する異議申立て（502）等がなされたとき，「裁判を言い渡した裁判所」は第1審裁判所となる。これに対し，上告審として原判決のみならず第1審判決も是認できない場合には，主文で原判決及び第1審判決のいずれも破棄した上，上告審が正しい主文を言い渡すことになる（最判平元・7・18刑集43・7・752，最判平元・11・13刑集43・10・823など）。　　　　　　　　　　　　〔矢野直邦〕

第413条の2 [1]〔**上告審における破棄事由の制限**〕　第1審裁判所が即決裁判手続によつて判決をした事件については，第411条の規定にかかわらず，上告裁判所は，当該判決の言渡しにおいて示された罪となるべき事実について同条第3号に規定する事由があることを理由としては，原判決を破棄することができない。

[1] 本条の趣旨

　控訴審に関する403条の2の規定と同旨である。争いのない明白かつ軽微な事件について，早期に公判期日を開き，簡略な手続で証拠調べを行い，原則として即日判決を言い渡すことにより簡易迅速に手続を進め，手続の合理化・効率化を図ろうとした即決裁判手続制度（350の2以下）の趣旨を損なわないようにするためにも，第1審が即決裁判手続によって判決をした事件については，事実誤認を理由とする上訴を制限し，上告審は職権破棄事由である「判決に影響を及ぼすべき重大な事実誤認」（411③）を理由としても原判決を破棄することができないとしたものである。

　即決裁判制度の憲法適合性については，控訴理由の制限規定である403条の2第1項が憲法32条に違反しないとした最判平21・7・14刑集63・6・623参照。　　〔矢野直邦〕

第414条〔**準用規定**〕　前章の規定は，この法律に特別の定のある場合 [1] を除いては，上告の審判についてこれを準用する。

414条　　　　　　　　　　　　　　　　　　　　　　　　　1167

[規]　第266条（準用規定）　上告の審判については，特別の定のある場合を除いては，前章の
　　　規定を準用する[2][3][4][5]。

[1]　特別の定のある場合

　上告審の構造は，同じく事後審である控訴審のそれと大きく異なるものではないので，
規266条とともに，控訴審の規定の準用を認めた条文である。

[2]　上告審の職権調査権限，上告審における事実取調べ

　上告審においても，原判決の当否を判断する資料として事実取調べが必要となる場合
が想定できるから，本条により控訴審の職権調査に関する392条2項の準用があるとす
るのが通説である（松尾・条解1096）。実務上も，ごくまれではあるが，上告趣意書に添付
されるなどした書証等につき，弁論を開いた上で公判廷に顕出し，当事者に争う機会を
与え，記録に編綴するという方法で事実取調べを行う例もある（最大判昭34・8・10刑集13・
9・1419，最判昭41・12・9刑集20・10・1107など。原田・大コメ刑訴9・641に詳しい。最近のものとし
て最判平24・12・11裁集刑309・77）。もっとも，これらは飽くまで原判決の事実認定の当否を
判断する資料に供することが認められているにすぎず（前掲最大判昭34・8・10），自判の
際には事件の核心をなす証拠の取調べが必要とされるとする400条但書に関する判例と
の関係もあって，最高裁が原判決を事実誤認を理由に破棄した上，上告審において有罪
の自判をすることはない（原審等に差戻しとなる。）。

　職権調査の対象は，405条所定の上告理由のほか，411条の職権破棄事由にも及ぶが，
上告審の性質に照らし，職権調査は権限として行うものであって，職権調査義務が生じ
るものではない（最判昭30・9・29刑集9・10・2102）。

[3]　上告棄却決定

　不適法棄却決定に関する386条1項各号も本条により準用され，①上告申立ての理由
が明らかに405条所定の上告理由に該当しないとき（386Ⅰ③），②上告趣意書差出最終日
までに上告趣意書が提出されないとき（386Ⅰ①。実務上，「不成立」ともいう。），③上告申
立てや上告趣意書が法令上の方式に違反し，又は上告権の消滅後にされたものであるこ
とが明らかなとき（385Ⅰ・386Ⅰ②）などは，決定で上告が棄却される。

[4]　上告棄却決定に対する不服申立て

　上告棄却決定に対しては訂正の申立てはできないが，決定の内容に誤りがあることを
発見した場合に限り，414条，386条2項による異議の申立てをすることが判例上認めら
れており（最決昭30・2・23刑集9・2・372，最決昭36・7・5刑集15・7・1051），実務上もこの申
立ては少なくない。異議申立てについては，上訴権回復に関する規定の準用があり（最
決昭57・4・7刑集36・4・556），異議申立期間は棄却決定謄本の送達の翌日から数えて3日
である（414・386Ⅱ・385Ⅱ・422）。このため，上告棄却決定があった場合の判決確定時期も，
判決訂正の申立てに係る418条の規定に倣い，同決定謄本の被告人に対する送達があっ
た時点で確定するのではなく，異議申立期間（3日）を経過したときか，その期間内に

異議申立てがあれば，これに対する裁判が被告人に送達されたときと取り扱われている。

上告棄却決定謄本が被告人本人と弁護人とに送達されたときの異議申立期間は，被告人本人に送達された日を基準にして計算される（最決昭32・5・29刑集11・5・1576）。

判決訂正の申立てについては，期間延長に関する415条3項があるが，上告棄却決定に対する異議申立てには，同項の準用はないとされている（最決平9・5・27刑集51・5・433）。なお，56条2項は，宣告した裁判に対する上訴期間には，同条1項の法定期間の延長は適用しないとしているが，最決昭26・9・6刑集5・10・1907が送達告知された決定については同条2項の適用がないとしているので，上告棄却決定に対する異議申立期間については，同条1項による延長が可能である。

異議申立てには理由を付さなければならないから，もし申立書自体に不服がある旨の記載しかされておらず，具体的な理由の記載に欠け，期間内に理由書の提出もないときは，異議申立ては不適法として棄却される（最決昭42・9・25刑集21・7・1010など）。

異議申立ての理由は，これを制限する規定もないが，判決の訂正に準ずると解される。これまでに，異議申立てを認容して決定を訂正した事例として，上告趣意書差出最終日の通知が適法にされていなかったのに，趣意書不提出として上告棄却決定をしていたため，同決定を取り消し，趣意書差出最終日を変更する旨の決定をしたもの（最決昭33・2・4裁集刑123・163など），上告棄却決定前に被告人が死亡していたことが判明したため，同決定を取り消して公訴棄却の決定をしたもの（最決昭42・5・17刑集21・4・491など），刑の執行と競合する未決勾留日数を算入していたため，主文中の算入部分を削除するなどしたもの（最決昭42・12・25裁集刑165・561など）がある。

［5］ 公判手続の停止

被告人の心神喪失による公判手続の停止に係る314条1項の規定は，上告審の手続にも準用される（最決平5・5・31刑集47・6・1）。　　　　　　　　　　　　　　　〔矢野直邦〕

第415条〔訂正の判決(1)〕　上告裁判所は，その判決の内容に誤のあることを発見したとき[1]は，検察官，被告人又は弁護人の申立[2]により，判決でこれを訂正することができる。

2　前項の申立は，判決の宣告があつた日から10日以内にこれをしなければならない[3]。

3　上告裁判所は，適当と認めるときは，第1項に規定する者の申立により，前項の期間を延長することができる。

［規］　**第267条（判決訂正申立等の方式・法第415条）**　判決を訂正する申立は，書面でこれをしなければならない。

2　前項の書面には，申立の理由を簡潔に明示しなければならない。

415条，416条

3 判決訂正の申立期間延長の申立については，前2項の規定を準用する。

第268条（判決訂正申立の通知・法第415条） 前条第1項の申立があつたときは，速やかにその旨を相手方に通知しなければならない。

第269条（却下決定の送達・法第415条） 判決訂正の申立期間延長の申立を却下する決定は，これを送達することを要しない。

[1] 判決の内容に誤のあることを発見したとき

最高裁が言い渡した判決に関しても，その内容に誤りがあるときに，検察官，被告人又は弁護人の申立てにより，判決で訂正できるとしたものである。判決の内容に誤があるとは，実質的な誤りがあるときをいい，被告人の本籍，住居等といった判決書の表示部分の誤りはこれに当たらず（最決昭26・9・13刑集5・10・1925など），更正決定による。

訂正判決がされた事例として，没収した換価代金に誤算があったため，その金額を訂正したもの（最判昭27・10・10裁集刑68・285），既に提出されていた被告人の死亡届を看過し上告棄却の判決を言い渡したため，公訴棄却の判決に訂正したもの（最判昭28・3・10裁集刑75・711），差戻判決であるのに訴訟費用を負担させていたため，主文中の訴訟費用負担に関する部分を削除したもの（最判昭30・7・15裁集刑107・439）がある。

上告棄却決定に対しては，414条，386条2項により異議申立てが許されることは，前条の解説参照。

[2] 申立ての方式等

訂正は，検察官，被告人又は弁護人の申立てによることが必要とされており，規267条1項により書面による申立てが必要とされている。

[3] 申立期間

申立期間は判決宣告日から10日以内（415Ⅱ。55Ⅰにより宣告日は含まない。）であり，この期間は，検察官，被告人又は弁護人の申立てにより，延長することができる（415Ⅲ）。この期間延長の申立ても10日の期間内にしなければならない（最大決昭26・6・9刑集5・7・1267）。判決訂正の申立てについても，刑訴法366条の刑事施設にいる被告人の特則が準用される（最決昭41・4・27刑集20・4・332）。訂正申立書の理由書を追完する場合には，訂正申立期間内に提出しないと不適法とされる（最決昭27・11・25刑集6・10・1262）。

判決訂正の申立てが期間経過後にされた不適法なものであるときや，その理由のないときは，決定で棄却される（417Ⅰ）。判決訂正の判決に対しては，重ねて訂正の申立てはできない（同条Ⅱ）。判決訂正申立ての放棄や取下げについて，これを認めない理由はないであろう。 〔矢野直邦〕

第416条 [1]**〔訂正の判決(2)〕** 訂正の判決は，弁論を経ないでもこれをすることができる。

416条，417条，418条

[規] 第270条（判決訂正申立についての裁判・法第416条等）　判決訂正の申立についての裁判は，原判決をした裁判所を構成した裁判官全員で構成される裁判所がこれをしなければならない。但し，その裁判官が死亡した場合その他やむを得ない事情がある場合は，この限りでない。

2　前項但書の場合にも，原判決をするについて反対意見を表示した裁判官が多数となるように構成された裁判所においては，同項の裁判をすることができない。

[1] 本条の趣旨

43条1項の特則である。判決訂正という性質上，弁論を開くまでの必要性に乏しいと解されたものである。

訂正をするときは，弁論を開かずに判決で訂正する（416）。この場合，裁判官の構成に関し，死亡その他やむを得ない場合を除き，原判決をした裁判官全員で訂正の判決を行う必要がある（規270）。

上告棄却判決に対する訂正申立て棄却決定に対し，さらに異議の申立てをすることは許されない（最決昭33・11・10刑集12・15・3511）。　　　　　　　　〔矢野直邦〕

第417条 [1] 〔訂正の判決(3)〕　上告裁判所は，訂正の判決をしないときは，速やかに決定で申立を棄却しなければならない。

2　訂正の判決に対しては，第415条第1項の申立をすることはできない。

[1] 本条の趣旨

判決訂正の申立てがあったときは，判決の確定は遮断されることになる（418）から，訂正の判決をしないときには速やかに申立てを棄却することを要求した規定が本条1項である。また，訂正が重ねて必要になるという事態は考え難い上，再度の訂正申立てを認めると判決の確定が妨げられることから，訂正の判決に対しては重ねて訂正の申立てを許さないとしたのが本条2項である。　　　　　　　　　　　　　　　　　　〔矢野直邦〕

第418条 〔上告判決の確定〕　上告裁判所の判決は，宣告があつた日から第415条の期間 [1] を経過したとき，又はその期間内に同条第1項の申立があつた場合には訂正の判決若しくは申立を棄却する決定があつたときに，確定する。

[1] 415条の期間

415条の期間とは，基本的に同条2項の期間（10日間）を指し，同条3項の延長が認められた場合には延長後の期間を指す。

418条

なお，判決訂正申立て中及び申立て後それに対する判断が示されるまでの間の未決勾留日数の算入については，495条が類推適用され，検察官が上告していたときや被告人が上告して原判決が破棄されたときには，その全部が法定通算されるが，被告人が上告して上告棄却となった場合には，法定通算の対象とならない（原田・大コメ刑訴9・656，井上・注釈刑訴［第3版］7・593など）。　　　　　　　　　　　　　　　　〔矢野直邦〕

1172　　　　　　　　　　　　　　　419条

第4章　抗　告

第419条 [1] 〔抗告の対象となる裁判〕　抗告は，特に即時抗告をすることができる旨の規定がある場合 [2] の外，裁判所のした決定 [3] に対してこれをすることができる。但し，この法律に特別の定のある場合 [4] は，この限りでない。

[1]　本条の趣旨

　本条は，抗告についての一般原則を定めるものである。

　抗告には，決定を対象とし，高裁に対する不服申立て（裁16②）である一般抗告（通常抗告，即時抗告）と，決定又は命令を対象とし，最高裁に対する不服申立て（裁7②）である特別抗告（433）がある。なお，決定とは，裁判所のする裁判で判決以外のものであり，裁判官のする裁判である命令に対しては，その裁判官所属の裁判所等に対する準抗告（429）も認められている。

　抗告は，控訴・上告と並ぶ上訴の一種であるが，控訴・上告の対象となる判決が裁判所の最終的な判断を示す最も重要な裁判であるのに対して，抗告の対象となる決定の多くは，判決に至るまでの手続の進行に関連して生じる問題についての付随的，中間的な裁判である。

　そこで，このような裁判については，①その違法不当が終局裁判に影響を及ぼす限り，その終局裁判に対する上訴手続の中で救済ができ，それで足りること，②その重要性からしてその全てに対して上訴を認める必要性に乏しいこと，③その全てについて一々独立の上訴を認めていたのでは，訴訟の迅速円滑な進行が不当に阻害されるおそれがあることから，不服申立てが認められる対象が限定されており（本条但・420等），決定により判断される（426）など，その手続は控訴・上告と比べて簡易迅速に行われることが予定されている（戸田・実務講座2656，高田・注解刑訴下266，270，松尾・条解1102）。

[2]　特に即時抗告をすることができる旨の規定がある場合

　刑訴法が即時抗告を認めているのは，判決前の決定で独立して不服申立てを許すのが適当なもの，判決にまで至らない手続における決定，判決後の派生的な事項に関する決定，第三者に対する決定などで，特に速やかに解決処理する必要がある場合である（松尾・条解1101）。具体的には，移送決定（19Ⅲ），忌避申立て却下決定（25・26Ⅰ），出頭拒否等に対する過料等の決定（133Ⅱ・137Ⅱ・150Ⅱ・160Ⅱ・168Ⅵ・171・178・278の2Ⅳ），第三者の訴訟費用負担決定（186），本案の裁判がないとき等の訴訟費用負担決定（187・187の2），費用補償決定（188の3Ⅲ・188の5Ⅲ），付審判請求の費用賠償決定（269），証拠開示方法等の指定（316の25Ⅲ），証拠開示命令（316の26Ⅲ），公訴棄却決定（339Ⅱ・375・463の2Ⅲ），執行

猶予取消請求に関する決定（349の2Ⅴ），併合罪中大赦を受けない罪の刑に関する決定（350），上訴権回復請求・正式裁判期間回復請求に関する決定（364・467），再審請求に関する決定（450），正式裁判請求の棄却決定（468Ⅰ），訴訟費用執行免除の申立てに関する決定（504）に対する即時抗告が規定されている。その他，刑事補償法19条1項，裁判員法3条6項，71条3項，113条にも即時抗告を認める規定があり，刑訴法が準用されている。

［3］裁判所のした決定

　裁判官のする裁判であっても，一人の裁判官をもって構成する裁判所としての裁判であれば本条の決定に当たる（最大決昭31・6・13刑集10・6・847）。裁判長がした処分（288・295等）については決定に当たらないが，その処分に対する異議申立て（309）に対してなされた裁判所の裁判は本条の決定に当たる。

　また，裁判所のする裁判であっても，刑訴法上の決定ではないものについては本条の対象とならない（古田＝河村・大コメ刑訴9・666）。例えば，本庁と支部間の事件回付措置（最決昭44・3・25刑集23・3・212），裁定合議決定の取消決定（最決昭60・2・8刑集39・1・15），国選弁護人の報酬支給決定（最決昭63・11・29刑集42・9・1389），少年法18条2項による強制的措置許可決定（最決昭40・6・21刑集19・4・448，最決平16・11・11裁集刑286・569），少年法20条による検察官送致決定（最決平17・8・23刑集59・6・720），犯罪被害者保護法3条1項に基づく訴訟記録の謄写措置（最決平16・10・8裁集刑286・355），逃亡犯罪人引渡法10条1項3号の決定（最決平2・4・24刑集44・3・301）などに対しては，抗告が認められない。

　また，裁判所が職権でのみ裁判を行う場合において，裁判所が裁判を行わないという不作為は本条の決定に当たらず，検察官や被告人等に請求権がなく，職権発動を促すものと解される申立てに対して，職権を発動しないとの裁判所の判断についても同様である。具体例については次条の解説［5］参照。

［4］この法律に特別の定めのある場合

　特別の定めとして，裁判所の管轄又は訴訟手続に関し判決前にした決定（420Ⅰ），抗告又は準抗告裁判所の決定（427・432），高裁の決定（428Ⅰ）に対しては抗告をすることができないとの規定があるほか，最高裁に対する抗告の範囲は限定されており（433），最高裁の決定については原則として抗告できないと解されている（最決昭23・1・28刑集2・1・14）。

　特に，裁判所の管轄又は訴訟手続に関し判決前にした決定について通常抗告が認められないため（420Ⅰ），実際上，通常抗告が認められるのは，420条2項に規定するもののほか，付審請求を棄却する決定（最大決昭28・12・22刑集7・13・2595），被疑者の弁護人の人数超過許可決定（最決平24・4・20刑集66・6・645），再審開始決定をした裁判所による刑の執行停止決定（最決平24・9・18刑集66・9・963）など限られたものとなっている。

〔福家康史〕

1174　　　　　　　　　　　420条

第420条 [1] 〔判決前の決定に対する抗告〕　裁判所の管轄 [2] 又は訴訟手続 [3] に関し判決前にした決定に対しては，この法律に特に即時抗告をすることができる旨の規定がある場合 [4] を除いては，抗告をすることはできない。

2　前項の規定は，勾留，保釈，押収又は押収物の還付に関する決定及び鑑定のためにする留置に関する決定 [5] については，これを適用しない。

3　勾留に対しては，前項の規定にかかわらず，犯罪の嫌疑がないことを理由として抗告をすることはできない [6]。

[1] 本条の趣旨

　本条は，前条の解説 [1] 記載のとおり，管轄又は訴訟手続に関し判決前にした決定に対しては，終局裁判に対する上訴手続の中で救済が可能であること，訴訟の迅速円滑な進行に影響を及ぼすおそれがあることなどから，原則として不服申立てができないことを定めるものである。ただし，強制処分によって不当に利益を侵害された場合は，終局裁判に対する上訴を待つのでは保護に欠けること，第三者の権利が侵害される場合もあることから，速やかに救済の機会を与える必要があり，手続の途中であっても不服申立てが認められている。

[2] 裁判所の管轄に関し判決前にした決定

　審判の分離・併合に関する決定（4・5・7・8），同一事件が数個の裁判所に係属する場合に裁判所を定める決定（10Ⅱ・11Ⅱ），管轄指定又は管轄移転請求に対する決定（15ないし18），事件の移送決定（19Ⅰ・332）がある。ただし，事件の移送決定には即時抗告を認める旨の規定（19Ⅲ）が設けられている。

[3] 訴訟手続に関し判決前にした決定

　判決を目標とする訴訟手続に関しその前提としてなす個々の決定をいう（最大決昭28・12・22刑集7・13・2595）。

　本決定には，多様なものが含まれるが，判例においてこれに当たるとされたものとしては，証拠採用決定（最決昭29・10・8刑集8・10・1588），証拠調べ請求却下決定（最決昭37・3・8判時293・28），証拠調べに関する異議申立て棄却決定（最決昭33・4・18刑集12・6・1109），裁判長の処分に対する異議申立て却下決定（大決大15・2・3刑集5・1・15），予備的訴因追加の許可決定（最決昭36・2・7刑集15・2・304），公開停止の決定及び弁論分離の決定（大決昭7・5・12刑集11・9・619），弁論再開決定（最決昭44・10・9裁集刑173・289），公判期日変更決定（最決平元・2・8裁集刑251・215），被告人不出頭許可決定（最決昭33・10・9裁集刑128・211）などがある。

　他方，被疑者の弁護人の人数超過許可決定（最決平24・4・20刑集66・6・645）や再審開始決定をした裁判所による刑の執行停止決定（最決平24・9・18刑集66・9・963）については，いずれも，判決を目標とする訴訟手続に関しその前提としてなす個々の決定とはいい難く，終局裁判に対する上訴手続の中で救済が可能とは必ずしもいえないことなどから，

通常抗告をすることができると解される。また，いわゆる付審判の決定（266②）は，判決を目標とする訴訟手続の端緒となる決定であり，訴訟手続に関し判決前にした決定又はそれに準ずるものとして通常抗告が認められないが（最決昭52・8・25刑集31・4・803参照），付審判請求を棄却する決定については，以後終局裁判に向けた別個の手続が予定されていないのであるから，本項の適用を受けず通常抗告の対象となると解される（最大決昭28・12・22刑集7・13・2595）。

[4] 特に即時抗告をすることができる旨の規定がある場合

前条の解説［2］参照。

[5] 勾留，保釈，押収又は押収物の還付に関する決定等

(1) 勾留に関する決定　　勾留（60Ⅰ），勾留期間更新（60Ⅱ），勾留取消・勾留取消請求却下（87・91），勾留執行停止・同取消（95・96Ⅱ），裁判所構内における弁護人等との接見指定等（39Ⅱ，規30），弁護人等以外との接見等禁止・接見等禁止請求却下（81），接見等禁止解除などがある。

他方，公訴提起後に検察官が被告人の勾留を申し立てた場合の勾留しない措置，勾留期間更新をしない措置，勾留場所を変更する旨の移監命令の申立てに対し変更しない措置（最決平7・4・12刑集49・4・609），勾留執行停止の申立てに対し執行を停止しない措置（大阪高決昭49・11・20刑裁月報6・11・1158），接見等禁止解除の申立てを認めない措置など，検察官又は被告人等に請求権のない裁判所の措置について，裁判所の職権不発動は裁判ではないから，これらに対して抗告することができない。

(2) 保釈に関する決定　　保釈許可・保釈請求却下（89ないし91），保釈取消・保釈取消請求却下（96Ⅰ），保釈保証金没収・没取請求却下（96ⅡⅢ）がある。保釈保証金の金額・納付方法，保釈中の制限住居といった保釈条件の不当は，許可決定の瑕疵ということができるため抗告で争い得るが，保釈中の制限住居変更の申立てを認めない措置（東京高決昭53・10・17東時29・10・176）や，保釈保証金納付方法の変更の申立てを認めない措置（東京高決昭63・11・9東時39・9=12・36）は，請求権に基づくものではなく，職権を発動しなかったという判断にとどまるため，本項の決定には当たらないと解される。

(3) 押収等に関する決定　　押収に関する決定には，物の差押え（99Ⅰ），提出命令（99Ⅲ），領置（101）などがあり，押収物の還付に関する決定には，押収物の還付・仮還付及び還付・仮還付請求の棄却（123・124）がある。還付・仮還付の当否のほか，還付の相手先の適否についても抗告の対象となる。なお，押収，領置又は提出命令の発付が申し立てられた場合に，これらの措置をとらなかったとしても，職権発動を促す申立てにとどまるので，抗告の対象とならない。また，押収の前段階としての捜索の決定には抗告を申し立てることができず，検証の決定も押収に関する決定には含まれない。

(4) 鑑定留置に関する決定　　鑑定留置（167Ⅰ），鑑定留置の取消し等（167Ⅴ・87・91），鑑定留置期間の延長・短縮（167Ⅳ，規130の4），鑑定留置の執行停止・同取消し（167Ⅴ・95・96Ⅰ）がある。

［6］犯罪の嫌疑がないことを理由として抗告をすることはできない

本項の趣旨は，犯罪の嫌疑の有無は実体の問題であり，本案の審理において争うべき性質のものであるから，付随的な裁判に対する不服申立ての中で判断するのは，本案の手続との関係で適当でないということにある。具体的には，勾留又は勾留更新の決定，勾留取消請求を却下する決定に対する抗告などにおいて本項の制限が影響することになる。

なお，429条2項が本項を準用していることから，特に公訴提起前の勾留について，犯罪の嫌疑のないことを理由とした準抗告ができるかが問題となる。この点，実務では，犯罪の嫌疑の有無も審査されているところ，その理由付けとしては，公訴提起前の勾留に関しては本項が準用されないとする見解と，429条2項の文言からすれば，公訴提起前の勾留に関しても本項が準用されるといわざるを得ないが，嫌疑の有無につき職権で判断して原裁判を取り消すことは可能であり，これにより具体的妥当性を図ることができるとする見解がある（横田=高橋・諸問題111）。詳細については429条2項の解説参照。

〔福家康史〕

第421条 [1] 〔**通常抗告の期間**〕　抗告は，即時抗告を除いては，何時でもこれをすることができる。但し，原決定を取り消しても実益がないようになつたとき [2] は，この限りでない。

［1］本条の趣旨

本条は，通常抗告の提起期間について定めるものである。次条において即時抗告の提起期間が3日と定められているのに対し，通常抗告において提起期間の制限が設けられなかったのは，通常抗告の対象となるような決定については，一律かつ形式的，迅速に法律関係を確定しなければならないほどのものではなく，抗告の利益がなくなったときに限り制限を加えれば足りると考えられたためと解される（古田=河村・大コメ刑訴9・692）。

なお，原決定を取り消す実益がないときに抗告の申立てが許されないことは明らかであるから，本条ただし書は注意規定にすぎず，通常抗告のみならず，即時抗告，特別抗告においても，取り消す実益がない場合には抗告が許されない。

［2］原決定を取り消しても実益がないようになつたとき

抗告申立ての当初から申立ての利益が欠けていた場合はもとより，申立て後，抗告裁判所の裁判があるまでの間に申立ての利益が欠けるに至った場合にも，抗告は不適法となる。

原決定を取り消す実益の有無については，決定の性質等に応じて個別に判断することとなるが，類型的にみると，①勾留に対して釈放後に不服申立てをする場合など，裁判の効力が既に消滅している場合のほか，②忌避申立て簡易却下決定に対して判決宣告後に不服申立てをする場合など，抗告の目的を実現することができない場合，③時機に遅

れて手続の安定を害する場合，④裁判等の理由を不服とする場合，⑤自己の法的な利益を侵害されているとはいえず，申立人に裁判等を争う適格がない場合，⑥準抗告の場合であるが，起訴前の勾留に対する起訴後の不服申立てなど，手続段階を異にする場合などがある（横田＝高橋・諸問題73）。

特別抗告に関するものが中心であるが，判例において実益がないとされた事案としては，勾留状の効力を争う特別抗告中に被疑者が釈放された場合（最決昭30・7・14刑集9・9・1872），勾留期間更新決定に関する特別抗告中に当該更新決定による勾留期間が満了した場合（最決平6・7・8刑集48・5・47），接見指定に関する特別抗告を被疑者が釈放された後に申し立てた場合（最決昭44・4・10裁集刑171・595），接見指定に関する特別抗告中に公訴の提起があった場合（最決昭43・9・13裁集刑168・683），保釈請求却下決定に関する特別抗告中，別途保釈されたり（最決昭29・1・19刑集8・1・37），勾留執行停止により釈放されたり（最決平3・8・14裁集刑258・67）した場合，押収物還付請求却下決定に関する特別抗告中に押収物が還付された場合（最大決昭29・11・24裁集刑100・573），忌避申立て簡易却下決定に対する不服申立てが判決宣告後になされた場合（最決昭36・10・31裁集刑139・817）などがある。

なお，保釈によって釈放された後に保釈保証金の金額につき不服申立てができるかについて，裁判例は分かれているが，保釈許可決定があっても，その保証金額に不服を申し立てるのであれば，抗告裁判所の決定まで身柄拘束を甘受しなければならないというのは酷であり合理性を欠くと考えられるので，不服申立てを不適法とすることはできないと解される（横田＝高橋・諸問題97，東京地決平6・3・29判時1520・154）。また，保釈保証金の没取決定に対して抗告を申し立てることができる時期についても裁判例が分かれているが，抗告の申立てが著しく時期に遅れたような場合には，手続の安定性の面からも不適法になることがあり得ると解されるところ（横田＝高橋・諸問題96，281），第一審裁判所のした没取決定に対しては，第一審判決の確定又は控訴があった場合には控訴審判決の告知までに，抗告を申し立てるべきと解される（東京高決昭53・6・1刑裁月報10・6＝8・1092）。　　　　　　　　　　　　　　　　　　　　　　　　　　　　〔福家康史〕

第422条 [1]〔即時抗告の期間〕　即時抗告の提起期間 [2] は，3日とする。

[1] 本条の趣旨

本条は，即時抗告の対象となる決定については，迅速に法律関係を確定する必要があることから，即時抗告について3日という短い提起期間を定めるものである。

[2] 提起期間

提起期間は，決定が告知された日から進行するが（358），期間の計算においては，初日が算入されないことから（55Ⅰ），決定が告知された日の翌日が起算日となる。

1178　　　　　　　　　　422条，423条

　裁判の告知は，公判廷において宣告により行う場合等を除き，裁判書の謄本を送達して行うが（規34），決定謄本が被告人と弁護人の双方に対し別の日に送達され，告知の日が異なる場合には，その前後を問わず，固有の上訴権者である被告人に送達された日を基準に提起期間を起算するものと解される（最決昭27・11・18刑集 6 ・10・1213，最決昭43・ 6 ・19刑集22・ 6 ・483）。ただし，証拠開示命令請求棄却決定に対する即時抗告において，請求の主体及び開示を受ける相手が弁護人である場合には，そのような請求の形式，公判前整理手続における証拠開示制度の趣旨・内容に照らすと，棄却決定を受けたのは弁護人であると解され，同決定に対する即時抗告の提起期間は，弁護人に決定謄本が送達された日から進行するものと解される（最決平23・ 8 ・31刑集65・ 5 ・935）。　　　　〔福家康史〕

第423条 [1]〔抗告の手続〕　抗告をするには，申立書 [2] を原裁判所に差し出さなければならない [3]。

　2　原裁判所は，抗告を理由があるものと認めるとき [4] は，決定を更正しなければならない [5]。抗告の全部又は一部を理由がないと認めるときは，申立書を受け取つた日から 3 日以内に意見書 [6] を添えて，これを抗告裁判所に送付しなければならない [7]。

　〔規〕　第271条（訴訟記録等の送付）　原裁判所は，必要と認めるときは，訴訟記録及び証拠物を抗告裁判所に送付しなければならない。
　　　　　2　抗告裁判所は，訴訟記録及び証拠物の送付を求めることができる。

[1] 本条の趣旨

　本条は，抗告申立ての方式について規定するとともに，抗告申立てに対する原裁判所のとるべき措置を定めるものである。いわゆる再度の考案を定めているのは，抗告に理由があるときは，原裁判所に自発的に原裁判を更正させることで，抗告裁判所の裁判を不必要ならしめてその負担を軽減するとともに，抗告手続を簡易迅速に終了させて，容易に救済を図るためである（横田=高橋・諸問題285）。なお，抗告の手続に関しては，上訴権回復（362）等，上訴の通則規定が適用される。

[2] 申立書

　申立書の方式に関し，手続の明確性，内容の正確性を期するため，書面で申し立てる必要があり，口頭や電報で行うのは不適法である（電報により判決訂正の申立てをした場合における最決昭27・12・26刑集 6 ・12・1473参照）。

　抗告理由の記載の要否につき，一般抗告には，特別抗告の申立書に抗告の趣旨の記載を要求している規274条のような規定がないこと，抗告の理由は原裁判を求める申立ての内容等から容易に判明することなどから，記載は不要との見解がある一方で，抗告審

は事後審であって抗告の理由についてのみ抗告裁判所の調査や判断が義務づけられていること，抗告審の審判対象は原裁判の瑕疵つまり抗告の理由であると解されること，理由の記載を要求しても申立人にとって困難なことではないこと，規274条は上告趣意書の記載との対比で設けられたにとどまると解されることなどから，記載を要するとの見解もある。この点，抗告事件の簡易迅速な処理の必要性等も考慮すれば，申立書には抗告の理由を記載する必要があると解され (横田=高橋・諸問題109)，最決昭54・11・6刑集33・7・685も，忌避申立て却下決定に対する即時抗告に代わる異議の申立ての事案において必要説を採っている。ただし，申立書に抗告の理由が記載されていない場合であっても，抗告提起期間内又は抗告裁判所の裁判までに理由書の提出があれば申立ての瑕疵が治癒されるものと解される (佐藤・判例解説(刑)昭54・315)。

［3］原裁判所に差し出さなければならない

申立書の名宛人は抗告裁判所であるが，その提出先は，準抗告の場合と異なり，原裁判所である。

抗告提起期間に制限がある場合，提起期間内の即時抗告というためには，申立書を発送しただけでは足りず，それが現実に原裁判所に到達することが必要であり (ただし，366が類推適用される場合がある。)，申立書が直接抗告裁判所に提出されたときは，それが原裁判所に回送され，抗告提起期間内に原裁判所に到達しない限り，抗告の申立ては不適法となる (即時抗告について大決昭15・11・30新聞4651・11，特別抗告について最決昭35・2・9刑集14・1・117)。

［4］抗告を理由があるものと認めるとき

426条の解説［4］参照。

［5］決定を更正しなければならない

再度の考案の趣旨からすると，抗告が理由のあるときには，原裁判を更正する義務があると解される。原決定の更正があれば，抗告は目的を達して終了し，更正決定に不服がある場合には，その決定の内容に従い，改めて一般原則により抗告ができる。

更正の要否については，抗告審における判断枠組み (426の解説［4］参照) と同様に考えられ，申立書に記載されている理由が認められるとしても，他の理由によれば原決定の結論が正当と認められる場合には，更正すべきではなく，他方，申立書に記載されている理由が正当と認められない場合であっても，他に理由があれば決定を更正することができる。ただし，不適法を理由として申立てを形式的に棄却した原決定に明白な誤りがあった場合には，主文の変更を伴うと否とを問わず，原裁判所は再度の考案を行い，原決定を取り消して，定めて実体に立ち入って判断を加えた更正決定をすべきと解される (最決昭57・12・14刑集36・12・1015)。なお，抗告が不適法な場合には，実質的には理由があるとしても更正できない。

［6］意見書

意見書は，参考資料の性質を有する裁判所間の文書であって，申立人その他に告知さ

れるものではない。また，その方式についても特に定められておらず，抗告申立ての理由等を踏まえて適当と認められる事項を記載すれば足りる（意見書の具体的な記載事項等については426の解説[7]参照）。

[7] 抗告裁判所に送付しなければならない

抗告申立てが不適法である場合であっても，抗告には控訴に関する375条に相応する規定がなく，原裁判所が同条を類推適用してその申立てを自ら棄却することはできないと解されるから，原裁判所は申立書を抗告裁判所に送付しなければならない（最決平18・4・24刑集60・4・409）。なお，抗告申立書を抗告裁判所に送付する3日の期限については，訓示規定と解され，その期限を経過しても抗告申立ての効力に影響はない。　〔福家康史〕

第424条 [1][3]〔通常抗告と執行停止〕　抗告は，即時抗告を除いては，裁判の執行を停止する効力を有しない。但し，原裁判所は，決定で，抗告の裁判があるまで執行を停止することができる [2]。
2　抗告裁判所は，決定で裁判の執行を停止することができる。

[1] 本条の趣旨

本条は，通常抗告の対象となる決定は，告知により直ちに執行力を生じ，通常抗告の申立ては，次条の即時抗告の場合とは異なり，その執行を停止する効力を有しないことを規定するとともに，原裁判所又は抗告裁判所は，その裁量により執行停止の決定をすることができることを定めるものである。

これは，裁判は，確定した後に執行力を生じるのが原則であるが（471），決定においては，確定という概念が必ずしも明確ではないこと，多様で付随的，中間的な問題を取り扱うことから，手続の迅速な実施のためには，直ちに効力を生じさせることとし，効力の発生を一時停止しなければ不服申立てが無意味になるような場合に，必要に応じて効力の発生を停止することが合理的であることによるものと考えられる（古田=河村・大コメ刑訴9・711）。

[2] 執行を停止することができる

執行停止は，職権で行うものであり，執行停止の申立ては，職権発動を促す意味を持つにすぎないから，執行を停止しなくても，これに対する不服申立てはできない。また，執行停止の決定は，抗告に対する裁判があるまでの暫定的な判断であり，抗告の裁判が示されれば失効するものであるため，これに対する抗告は認められない（福岡高決昭45・11・25高刑集23・4・841）。

原裁判所及び抗告裁判所は，いずれも執行停止の決定をすることができるが，原裁判所ができるのは，抗告申立書が抗告裁判所に到達するまでであり，抗告裁判所ができるのは，抗告申立書が到達した後である（規92参照）。

[3] 実務上の処理

　実務上ほとんどの場合，執行停止は，抗告申立てと同時にされる執行停止の申立てに応じて行われている。抗告申立て後に執行停止の申立てを行うことも可能であるが，原決定の執行が終了した場合には，執行停止はできない。

　また，保釈や勾留取消の決定がなされた場合であっても，執行停止の制度が設けられている以上，検察官が抗告と執行停止の申立てをするかどうかを検討するのに必要な合理的時間は被告人の身柄の拘束を継続することが認められると解するのが相当であり，実務上もそのように運用されている。検察官が抗告と執行停止の申立てをした場合に，裁判所が執行停止の決定をするかどうかを検討するのに必要な合理的時間についても同様である（松尾・条解1109）。　　　　　　　　　　　　　　　　　　　　　　　　〔福家康史〕

第425条 [1][2] **〔即時抗告の執行停止の効力〕**　即時抗告の提起期間内及びその申立があつたときは，裁判の執行は，停止される。

[1] 本条の趣旨

　本条は，前条の通常抗告の場合と異なり，即時抗告の対象となる決定は，即時抗告の提起期間内はその執行が停止されること，即時抗告があった場合には，抗告に関する裁判又は抗告の取下げがあるまでその執行が停止されることを定めるものである。これは，即時抗告については，提起期間が3日に限定されており，過料に処する決定など，制裁を加えるものも少なくないため，直ちに執行力を生じさせる必要が必ずしもなく，また，それが不適当な場合も少なくないことから，判決の執行（471）と同様の取扱いとしたものと解される（古田＝河村・大コメ刑訴9・714）。

[2] 忌避申立て簡易却下決定との関係

　訴訟を遅延させる目的のみでされたことが明らかな忌避申立てを却下する決定（24Ⅰ）に対しては，即時抗告をすることができる（25）。しかし，簡易却下制度の趣旨が，忌避申立てが訴訟遅延目的であることが明らかな場合に，忌避された裁判官自ら申立てを却下することを可能にすることで，忌避申立てを濫用して訴訟の進行を妨害することを防止し，訴訟の迅速円滑な進行を図るというものであることからすると，この即時抗告には本条の適用がなく，簡易却下決定に対して即時抗告の申立てがなされても，訴訟手続は停止しないと解される（最判昭31・3・30刑集10・3・422）。　　　　　　〔福家康史〕

第426条 [1][6][7] **〔抗告に対する決定〕**　抗告の手続がその規定に違反したとき [2]，又は抗告が理由のないとき [3] は，決定で抗告を棄却しなければならない。

２　抗告が理由のあるとき [4] は，決定で原決定を取り消し，必要がある場合には，

更に裁判をしなければならない[5]。

[規] 第272条（抗告裁判所の決定の通知）　抗告裁判所の決定は，これを原裁判所に通知しなければならない。

[1] 本条の趣旨

(1) **抗告審の構造**　本条は，抗告裁判所が行うべき裁判について定めるものである。ただし，刑訴法は，抗告裁判所の審査手続について詳細な規定を置いておらず，審査の対象や資料，基準時など審査の在り方を検討するに当たっては，抗告審の性格・構造についてどのように考えるかが問題となる。

　この点については，事後審説，続審説等が主張されているが，抗告も上訴の一種であり，控訴審が刑訴法上事後審とされていること，抗告審では簡易迅速に手続上の問題を処理することが必要とされていることなどから，基本的には事後審的な性質を有すると解されている（横田＝高橋・諸問題・154, 古田＝河村・大コメ刑訴9・659）。判例においても，保釈を許可した原々決定を取り消して保釈請求を却下した原決定を取り消した事案において，抗告裁判所は，原決定の当否を事後的に審査するものであり，抗告裁判所としては，原裁判所の判断が不合理でないかどうかを審査すべきとされている（最決平26・11・18刑集68・9・1020）。

　ただし，当事者間の攻撃・防御を尽くした終局判決を対象とする控訴審と，一方当事者からの資料を基礎とし，相手方の反論の機会も十分にはないまま簡易迅速になされた原裁判を対象とする抗告審とを全く同一に考えることは相当ではない。また，控訴審においても，やむを得ない事由で原裁判の際に取調べ請求できなかった証拠や原裁判後の事情を考慮する場合があることなどからすると，抗告審は，基本的には原裁判の当否を判断する事後審的なものとしながらも，原裁判当時存在した事実に関する新資料や，原裁判後に生じた新事情についても，合理的な範囲で考慮することができると解すべきである（横田＝高橋・諸問題156, 古田＝河村・大コメ刑訴9・662）。実務でも同様であり，例えば，原裁判時からわずかの期間のうちに生じた原裁判の結論に影響を及ぼすような事実であって，しかも迅速に取り調べることが可能であり，当該抗告手続の中でその事実を取り調べて一挙に解決するのを適当と認める場合には，職権で取調べをし，その事実を考慮することができるとされている（横田＝高橋・諸問題・158）。

(2) **審査の対象**　抗告審が基本的に事後審的な性格を有することを踏まえると，抗告裁判所は，抗告申立書に申立ての理由として記載された事項について原決定の当否を審査することが義務づけられることとなる。ただし，申立書に記載されていない事項についても職権で審査することができる。また，申立書を提出した後に，理由を追加する補充書が提出された場合，抗告裁判所において検討できるだけの時間的余裕をもって提出されたときは，その事項についても審査が義務づけられると解される（最決昭47・4・28裁集刑184・169参照）。

抗告は，法律審であり申立事由が限られる特別抗告（433）を除き，申立事由の制限はなく，抗告裁判所は，法律の解釈，適用のみならず，事実認定に関しても審査でき，原裁判所の判断が違法かどうかにとどまらず，それが不当かどうかについても審査できるとされている（最決昭29・7・7刑集8・7・1065）。

(3) **審査の手続**　抗告裁判所の審査手続は，決定手続であるから，口頭弁論に基づく必要はなく（43Ⅱ），訴訟関係人の陳述を聞くことも必要的ではない（規33Ⅰ）。また，抗告裁判所は，訴訟記録及び証拠物を調査できるだけでなく（規271Ⅱ），必要に応じて事実の取調べができ（43Ⅲ，規33Ⅲ），その際には，証拠能力，証拠調べ方式の制約を受けず，適当と認める証拠を相当な方法で取り調べれば足りる。実務上は，検察官及び弁護人に対し，新資料の提出を求めたり，電話等で事情聴取をしたりすることがある。

[2] 抗告の手続がその規定に違反したとき

抗告の適法要件を欠く場合を指し，抗告の対象とすることができない決定に対する抗告（419・420Ⅰ・427・428Ⅰ），勾留に対し犯罪の嫌疑がないことを理由とする抗告（420Ⅲ），抗告の期間を徒過した抗告（422），申立書の方式違背のある抗告（理由の記載を欠く場合につき最決昭54・11・6刑集33・7・685），原決定を取り消す実益がない場合（421），代表権がない者による抗告（札幌高決昭27・10・6高刑集5・11・1904），決定に当たらない裁判所の措置（職権不発動）に対する抗告（419）などがある。

[3] 抗告が理由のないとき

原決定の主文を抗告人の利益に変更すべき事由がない場合をいう。

[4] 抗告が理由のあるとき

原決定に違法又は不当の点があるため，原決定の主文の全部又は一部を取り消して抗告人の利益に変更すべき場合をいう。原決定の理由に誤りがあっても，主文に影響しないか，理由付けを変更する必要があるにとどまり，主文に変更がない場合は含まれないのが原則である。抗告申立書に記載されていない理由に基づき職権で原決定を取り消す場合もこれに含まれるが，上訴に準ずる性質をもつ抗告審においても不利益変更禁止の原則が適用され，抗告人に不利益な変更をすることは許されない。

[5] 必要がある場合には，更に裁判をしなければならない

必要があるとは，原決定が違法又は不当であった場合に，これを取り消しても，まだ判断の対象が残っているため問題が解決せず，申立てに対して何らかの裁判を必要とする場合をいい，例えば，保釈請求に基づく保釈又は保釈請求却下の裁判を取り消して，更に保釈請求却下又は保釈の裁判をする場合がある。他方，原決定を取り消すだけで十分な場合としては，職権による勾留や保釈に関する裁判を取り消す場合，正当な理由なく出頭せず，あるいは宣誓，証言を拒んだ証人に対する過料，費用賠償の決定を違法として単に取り消す場合などがある。

更に裁判をする場合について，抗告裁判所が自判する場合のみを指すのか，差戻しを含むのかについては，控訴・上告の場合（400・413）と異なり条文上明確でないが，抗告

裁判所の手続が簡易迅速に行われるべきことからは自判を原則としつつも，審級の利益があることも考慮して，原裁判所における審理が必要な場合などは差戻しの裁判をすることも許されると解される（古田=河村・大コメ刑訴9・721，松尾・条解1112）。最高裁において差戻しがなされた事案をみると，手続要件に関する原裁判の判断の誤りを認めた場合（最決昭57・12・14刑集36・12・1015），略式命令に対する正式裁判請求を棄却した原々決定を取り消しても，更に本案につき判決手続を行う必要がある場合（最大決昭24・9・19刑集3・10・1598），適正な裁判のためには詳細な事実取調べが必要な場合（最決昭51・10・12刑集30・9・1673）などがある。

［6］ 裁判の内容的確定力

抗告裁判所の裁判について不服申立ての方法がなくなったときは，事情の変更がない限り改めて同一事項について裁判をすることができない（古田=河村・大コメ刑訴9・722）。例えば，保釈を取り消した決定に対する抗告が認容された後に，抗告裁判所における判断の基礎となった資料が虚偽のものであることが判明した場合でも，先の取消決定と同一の理由により保釈を取り消すことができないとした事案がある（大阪高決昭47・11・30高刑集25・6・914。ただし，この事案については，被告人側の積極的な欺罔行為によって抗告裁判所が誤った判断をしたのであるから，435①の趣旨からも事情変更があったものとして，内容の確定力が及ばないと解すべきではないかとして反対する見解がある〔横田=高橋・諸問題252〕。）。その他，勾留の裁判に対する不服申立てが棄却され，これに対する特別抗告も棄却されて確定した場合には，その不服申立てと同一の論拠に基づいて勾留を違法として取り消すことはできないとした事案（最決平12・9・27刑集54・7・710）についても，内容的確定力から説明することが可能とされている（福崎・判例解説(刑)平12・211）。

［7］ 実務上の処理

実務における抗告裁判所の審査の在り方についてみると，前記のとおりの抗告審の構造等からすれば，原裁判所に一定の裁量が認められている場合に，原裁判が不当であるとは，原裁判所の判断と抗告裁判所の心証とが異なる場合ではなく，原裁判所の判断が委ねられた裁量の範囲を逸脱して不合理である場合を意味し，抗告裁判所が原裁判所の判断を覆す場合には，原裁判所の判断が不合理であることを具体的に示す必要があると解される（最決平26・11・18刑集68・9・1020）。

この点，抗告の対象となる原裁判には一般に詳細な理由が付されないことから，抗告の審査手続において，抗告裁判所が原裁判所の判断の具体的な理由を把握する方法としては，原裁判所の意見書（423Ⅱ）が重要となる。実務上，意見書には，複雑な事案でない限り，「本件抗告は理由がないものと思料する」，「本件抗告は不適法であると思料する」などと結論のみを示すことが多いが，前記の判断構造を踏まえると，少なくとも判断権者によって判断が分かれ得るような事案については，原裁判所は，意見書にその判断をした理由を具体的に記載すべきと考えられる。例えば，保釈の許否が問題となっているような場合には，裁判所と両当事者間で了解されている審理や追起訴の予定など，

原裁判所が判断に際して考慮したものの記録には表れていない事情について記載するのが適当な場合もあるとされている（松尾・条解1108）。なお，意見書に具体的な記載がない場合や，意見書の送付がない準抗告においては，抗告裁判所（準抗告裁判所）は，一件記録からうかがわれる原裁判所の判断の理由を検討し，その判断と異なる結論に至るときには，記録からうかがわれた原裁判所の判断が不合理であることを相応の根拠をもって示せば足りると考えられる（伊藤＝細谷・判例解説(刑)平26・324）。　　　　　　〔福家康史〕

第427条 [1] **〔再抗告の禁止〕**　抗告裁判所の決定に対しては，抗告をすることはできない。

[1] 本条の趣旨

　本条は，抗告の対象は一般に手続的，付随的な事項であることから，重ねて不服申立ての機会を与える必要性に乏しく，また，抗告裁判所は高裁であり，再抗告を認めるとすると，最高裁が判断することとなることから，最高裁の負担を軽減するため，抗告裁判所の決定に対しては抗告をすることができないことを定めるものである（古田＝河村・大コメ刑訴9・726）。抗告裁判所の決定に対しては，抗告に代わる異議の申立て（428Ⅱ）もできず，特別抗告（433）を申し立てることができるのみとなる。　　　　　　〔福家康史〕

第428条 [1] **〔高等裁判所の決定に対する抗告に代わる異議申立て〕**　高等裁判所の決定 [2] に対しては，抗告をすることはできない。
　2　即時抗告をすることができる旨の規定がある決定並びに第419条及び第420条の規定により抗告をすることができる決定で高等裁判所がしたものに対しては，その高等裁判所に異議の申立をすることができる [3]。
　3　前項の異議の申立に関しては，抗告に関する規定を準用する。即時抗告をすることができる旨の規定がある決定に対する異議の申立に関しては，即時抗告に関する規定をも準用する。

[1] 本条の趣旨

　本条は，高裁がした決定に対する抗告を禁止するとともに，その代替措置として，一定の場合に不服申立てを認めることを定めるものである。前条同様，最高裁の負担を軽減するための規定であるが，地裁以下の裁判所の決定であれば通常抗告又は即時抗告が認められる場合には，慎重に判断する観点から，その高裁に不服申立てができることとしたものである。上級審に対する不服申立てではないため，形式的には上訴に当たらないが，実質的には上訴と同様の機能を有する。

[2] 高等裁判所の決定

　高裁が抗告裁判所としてした決定については，前条で不服申立てが禁止されており（最決昭27・9・10刑集6・8・1068），本項の高裁の決定とは，高裁が，抗告裁判所としてではなく，いわば第一審としてした決定をいうと解される（最決昭27・2・7刑集6・2・197）。

[3] その高等裁判所に異議の申立をすることができる

　刑訴法は，高裁に固有な決定で，その性質上，速やかに法律関係を確定する必要があるものについては，本条による異議の申立てができることを個別的に規定している（高裁の上訴費用補償に関する決定〔188の5Ⅲ〕，控訴棄却の決定〔385Ⅱ・386Ⅱ〕，原裁判所が不法に公訴棄却をしなかったときの公訴棄却の決定〔403Ⅱ〕）。その他，刑事補償法19条1項ただし書，法廷等の秩序維持に関する法律5条4項にも同様の規定がある。

　また，控訴取下げにより訴訟が終了した旨宣言した高裁の決定（最決昭61・6・27刑集40・4・389），上告審としての事件受理申立てに関する規則259条による棄却決定（東京高決平10・10・26東時49・1＝12・67）に対しても異議申立てが認められている。

　なお，異議申立ての審理は，その決定をした裁判所と訴訟法上異なる裁判所によってなされなければならず，同一の裁判官が関与することもできない（20⑦）。　　〔福家康史〕

第429条 [1] **〔準抗告(1)〕**　裁判官 [2] が左の裁判をした場合において，不服がある者 [3] は，簡易裁判所の裁判官がした裁判に対しては管轄地方裁判所に，その他の裁判官がした裁判に対してはその裁判官所属の裁判所 [4] にその裁判の取消又は変更を請求することができる。

一　忌避の申立を却下する裁判 [5]

二　勾留 [6]，保釈 [7]，押収又は押収物の還付 [8] に関する裁判

三　鑑定のため留置を命ずる裁判 [9]

四　証人，鑑定人，通訳人又は翻訳人に対して過料又は費用の賠償を命ずる裁判 [10]

五　身体の検査を受ける者に対して過料又は費用の賠償を命ずる裁判 [11]

2　第420条第3項の規定は，前項の請求についてこれを準用する [12]。

3　第1項の請求を受けた地方裁判所又は家庭裁判所は，合議体で決定をしなければならない [13]。

4　第1項第4号又は第5号の裁判の取消又は変更の請求は，その裁判のあつた日から3日以内にこれをしなければならない [14]。

5　前項の請求期間内及びその請求があつたときは，裁判の執行は，停止される [15]。

　　[規]　第273条（準用規定）　法第429条及び第430条の請求があつた場合には，前二条の規定を準用する。

429条　　　　　　　　　　　　　　1187

　　[1]　本条の趣旨　　　[2]　本条による準抗告の対象——裁判官による裁判　　　[3]　申立権者
　　[4]　管轄裁判所　　　[5]　忌避の申立を却下する裁判　　　[6]　勾留に関する裁判　　　[7]　保
　釈に関する裁判　　　[8]　押収又は押収物の還付に関する裁判　　　[9]　鑑定留置の裁判
　　[10]　証人等に過料又は費用の賠償を命ずる裁判　　　[11]　身体検査を受ける者に過料又は費用
　の賠償を命ずる裁判　　　[12]　準抗告の理由　　　[13]　準抗告裁判所の構成　　　[14]　本条によ
　る準抗告申立ての期限と申立ての利益　　　[15]　原裁判の執行停止

[1]　本条の趣旨
　本条は，裁判官がした裁判（命令）に対する不服申立てを認めるとともに，対象となる原裁判の種類や不服の理由，申立権者，管轄裁判所，申立期間及び原裁判の執行停止等について規定したものである。この不服申立てと次条の不服申立てとを合わせて準抗告と呼んでいる。

[2]　本条による準抗告の対象——裁判官による裁判
　本条の対象となる裁判は，いずれも裁判官がしたものに限られる。一人制裁判所が受訴裁判所として行った裁判（決定）に対する不服申立ては，抗告による。ただし，そのうち忌避申立てに対する簡易却下の裁判（24Ⅱ）は，裁判官による本条1項1号の裁判であり，その不服申立ては準抗告である（最決昭29・5・4刑集8・5・631，最決昭31・6・5刑集10・6・805）。「裁判」に対する不服申立てであるから，いわゆる職権不発動に対しては準抗告を申し立てることはできない。

[3]　申立権者
　本条による準抗告の申立権者は，対象となる裁判に「不服がある者」であるが，基本的には上訴権者の規定（351〜355）に準じて考えればよい。検察官は，公益の代表者として，いかなる場合にも申立権者たり得る。弁護人は被疑者・被告人の代理として申立てをすることができ，準抗告についてのみの弁護人となることもできる。88条により被告人の保釈請求をした親族は，保釈請求却下決定に対し「不服がある者」に当たる（最決平17・3・25刑集59・2・49）。保釈保証金没取決定に対し，保釈保証金や有価証券の納付人，保証書差出人も準抗告申立権を有する（最大決昭43・6・12刑集22・6・462）。押収の裁判に対する準抗告申立権者は，原則として押収物件の所有者，所持者又は保管者である。押収物の還付に関する裁判に対しては，自己が正当な還付等を受ける者であると主張する者も申立権を有する。
　なお，被疑者が1通の勾留状により被疑者国選弁護人制度対象事件及びこれと併合罪の関係に立つ非対象事件の被疑事実で勾留された場合，被疑者国選弁護人選任の効力は対象事件にしか及ばないが，勾留の裁判としては1個であり，弁護人は被疑事実全体について勾留に関する裁判に対する準抗告を申し立てることができると解される。

[4]　管轄裁判所
　本条の準抗告裁判所は，地家裁の裁判官がした裁判については当該裁判官の属する地

家裁，簡裁の裁判官がした裁判についてはその簡裁が管轄内にある地裁である。本庁と支部は事務分配の問題にすぎず，支部の裁判官がした裁判について本庁も管轄裁判所（すなわち申立先）となり得る。もっとも，準抗告についても通常は本庁・支部間の事務分配が定められている。

［5］忌避の申立を却下する裁判

受命裁判官（26Ⅱ但を含む。）や受託裁判官，第1回公判期日前の勾留に関する処分を行う裁判官がした忌避申立却下の裁判が該当する。一人制裁判所がした簡易却下の裁判も含まれることは前記のとおりである。

［6］勾留に関する裁判

(1) **対象となる裁判**　　裁判官が行う「勾留……に関する裁判」には，以下の裁判が含まれる。

ア　被疑者の勾留及び勾留請求却下（207Ⅰ・60Ⅰ），勾留延長及び同延長請求却下（208Ⅱ）。勾留請求に際し，予備的に勾留に代わる観護措置が請求され，裁判官が前者を却下し後者の観護措置を認めた場合にも，検察官は勾留の裁判を求めて準抗告をすることができる。

イ　第1回公判期日前の被告人の勾留及び勾留期間更新（280Ⅰ・60）。逮捕中求令状において被告人を勾留しない場合の釈放命令（280Ⅱ）についても，準抗告の対象となる。

ウ　これらの被疑者・被告人に係る，

(ｱ)　接見等禁止及び同禁止請求却下（81）。

(ｲ)　裁判所構内での弁護人らとの接見指定等及びその解除（規30）。

(ｳ)　勾留理由開示請求の却下（86，規81の2。最決昭46・6・14刑集25・4・565）。他方，勾留理由開示期日における裁判官の個々の行為は裁判には含まれない（最決平5・7・19刑集47・7・3）。勾留理由開示期日調書の謄写申請に関する処分に対する不服申立ては，準抗告ではなく309条2項の異議の申立てによる（最決平17・10・24刑集59・8・1442）。

(ｴ)　勾留取消し及び同取消請求却下（87・91）。

(ｵ)　勾留執行停止及びその取消し（95・96）。勾留執行停止の申出に対する職権不発動は含まない。

(ｶ)　移送に対する同意・不同意（規80Ⅰ。最決昭46・11・12裁集刑182・27）。他方，移送命令の職権発動を促す申出に対する裁判官の職権不発動は含まれない（最決平7・4・12刑集49・4・609）。

エ　勾留に代わる観護措置及び同観護措置請求却下（少43）。

オ　みなし勾留（少45④。東京家決昭46・7・2家裁月報23・11=12・171，東京家決平25・1・8家裁月報65・6・131）。観護措置を取り消さなかった措置を取り消し，観護措置を取り消す旨の裁判を求めることとなる。収容場所の同意に対する準抗告も許される（東京家決平24・6・7家裁月報64・11・77）。これらの場合，家庭裁判所が管轄裁判所となる。

(2) **申立ての趣旨**　　原裁判の取消し・変更である限り，申立ての趣旨に特に制限はな

い。勾留請求却下の裁判に対しては，原裁判を取り消した上，勾留状の発付を求めることとなる（432の解説[4]参照）。勾留の裁判に関し，勾留場所の変更のみを求めることも可能である（福岡地決昭43・12・28判時564・88，大阪地決昭44・10・1判時591・102，東京地決昭47・12・1刑裁月報4・12・2030等）。

[7] 保釈に関する裁判

(1) **対象となる裁判**　本条の「保釈……に関する裁判」には，第1回公判期日前に裁判官（280 I）が行う保釈許可及び保釈請求却下（89〜91），任意的条件の変更（93Ⅲ），保証金の第三者納付許可（94Ⅱ），保証書による代用許可（94Ⅲ），保釈取消し及び同取消請求却下（96 I），保証金没取決定（96Ⅱ）等が含まれる。当該裁判が職権発動にすぎないものについては，その不発動に対して準抗告はできない。

(2) **申立ての趣旨**　保釈保証金額の変更や，定められた任意的条件の取消・変更のみを求めることもできる。

[8] 押収又は押収物の還付に関する裁判

(1) **対象となる裁判**　本条の対象となる「押収……に関する裁判」としては，まず受命裁判官，受託裁判官（125）が行う差押（99 I Ⅱ），記録命令付差押（99の2），提出命令（99Ⅲ）及び領置（101）がある，次に，証拠保全としての押収の請求（179）を受けた裁判官がした証拠保全請求却下決定も含まれる（最決昭55・11・18刑集34・6・421）。さらに，裁判官が捜査機関の請求に基づき行った差押許可状や記録命令付差押許可状の発付及び同請求却下の裁判（218Ⅳ）についても，準抗告の対象となると解される（適法な準抗告であることを前提とした判例として，最大決昭33・7・29刑集12・12・2776）が，国税犯則取締法により収税官吏の請求に基づいて裁判官がした差押等の許可は準抗告の対象たり得ないとする判例もある（最大決昭44・12・3刑集23・12・1525）ことから，これを認めないという見解も有力である。なお，申立ての期限・利益につき[14]参照。

「押収物の還付に関する裁判」としては，受命裁判官，受託裁判官（125）が行う押収物の還付・仮還付（123 I Ⅱ），記録媒体の交付及び電磁的記録の複写の許可（123Ⅲ）及び押収贓物の被害者還付（124）並びにこれらの請求を却下する裁判が考えられる。

(2) **申立ての趣旨**　通信回線接続記録の複写を伴う差押許可状の発付の裁判（218Ⅳ Ⅱ・219Ⅱ）に対しては，当該複写の許可・取消や，複写すべきものの範囲の変更を求める準抗告も許されると解する。

[9] 鑑定留置の裁判

文理上は「鑑定のための留置を命ずる裁判」（167 I）であるが，本来の鑑定留置の裁判に限られず，これに関連・付随する裁判，すなわち鑑定留置請求却下，鑑定留置取消，看守を命ずる裁判（167Ⅲ），留置期間の短縮や延長（167Ⅳ），執行停止（167Ⅴ・95），留置場所その他条件に関する裁判，鑑定留置理由開示請求却下の裁判（167Ⅴ・86）等も含まれる。その上で，裁判官が証拠保全としてこれらの請求を受けた場合（179）と，捜査機関からこれらの請求を受けた場合（224）とが本号に該当する。また，受命裁判官は

鑑定留置の裁判はできないが(169但)，付随する裁判をすることは考えられ(169の解説[3]参照)，その場合も本号に該当する。裁判員法50条の鑑定についても，鑑定留置に関する裁判は受訴裁判所以外の裁判官が行うこととなるから，これに対する不服申立ては準抗告となる。

[10] 証人等に過料又は費用の賠償を命ずる裁判

受命裁判官・受託裁判官が尋問を行う場合 (163)，証拠保全請求 (179) 又は検察官の請求 (226〜228) により裁判官が尋問を行う場合が考えられる (150 I・160 I・171・178)。

[11] 身体検査を受ける者に過料又は費用の賠償を命ずる裁判

受命裁判官・受託裁判官が行う場合 (142・125)，鑑定人の請求を受けて裁判官が行う場合 (172) 又は証拠保全として行う場合 (179) が考えられる (133・137)。

[12] 準抗告の理由

勾留の裁判に関しては，嫌疑のないことを理由としてその取消しを求めることはできず，裁判所の職権判断を促すことができるにすぎない（ただし，被疑者の勾留については本条Ⅱは適用されないとする見解もある。）。それ以外の準抗告については，申立ての趣旨を導くものである限り理由に制限はない。被疑者の勾留に対し，逮捕の違法を理由として勾留請求却下の裁判を求めることもできるが，起訴後はその申立ての利益が失われることにつき，[14] 参照。また，逮捕中求令による勾留については，逮捕の違法を理由とする準抗告はできない (最決昭48・7・24裁集刑189・733)。

[13] 準抗告裁判所の構成

本条の準抗告の裁判は，合議体でしなければならない。原決定は前審の裁判と同視され，原決定に関与した裁判官は除斥の対象となる (20⑦)。

[14] 本条による準抗告申立ての期限と申立ての利益

(1) **本条1項4号，5号の場合**　これらの裁判については，裁判所が行う場合の不服申立てが即時抗告であることとの権衡等から，準抗告の期間が3日とされている。

(2) **その他の場合**　その他の場合には，原則として申立ての期限はない。もっとも，原裁判の取消し・変更をする実益がなくなれば，準抗告の利益が失われ，申立ては不適法となる。例えば，勾留された被疑者・被告人の釈放後，少年被疑者の家庭裁判所送致後，公訴提起があるまでとの期限の付された接見禁止決定につき公訴提起後，保釈許可決定につき保釈取消し後というように，原裁判の効力が既に消滅した後は，準抗告の利益がなくなるのは明らかである。その他にも，次のような点が挙げられる。

　ア　忌避申立簡易却下の裁判に対する準抗告は，当該裁判官が判決宣告をするまでの間において申立ての利益が認められる (最決昭36・10・31裁集刑139・817，最決昭59・3・29刑集38・5・2095，最決平9・10・2裁集刑272・1)。裁判所書記官についても同様である (最決昭62・3・10判タ638・142)。

　イ　勾留，勾留期間延長又は勾留更新の裁判があっても，その後勾留執行停止がされた場合には，同停止の間は上記裁判に対する準抗告の利益はない。

429条，430条

ウ　被疑者勾留については，起訴後は準抗告の利益がなくなる（最決昭59・11・20刑集38・11・2984，最決昭63・9・13裁集刑250・75）。勾留の裁判の原始的瑕疵を理由とする勾留取消の余地が残るだけである（87の解説[2]参照）。勾留期間延長の裁判についても同様である（最決昭61・7・9〈未〉）。

エ　第1回公判期日を境に勾留に関する処分権限が裁判官から受訴裁判所に移ることから，同期日前の勾留・保釈等に関する裁判に対して同期日後に準抗告ができるかという問題があるが，時間の経過に伴う事情の変化により準抗告申立ての利益が失われる余地はあるものの，第1回公判期日の終了のみをもって準抗告申立てが許されなくなるものではないと解される（勾留取消請求却下の裁判につき，前掲最決平7・4・12）。

オ　勾留期間更新決定に関する準抗告の利益は，当該決定による勾留期間の満了により失われる（抗告の事案であるが，最決平6・7・8刑集48・5・47）。

カ　保釈保証金納付後に，保証金額に対する準抗告ができるか。消極の裁判例もあるが（神戸地決昭43・3・22下刑集10・3・328），この点も，時間の経過により準抗告の利益を失う余地はあるものの，納付をもって準抗告権を放棄したとか，原決定の保証額が適正であったと一律にみなすのは困難であり，準抗告が許されなくなるものではないと解される（積極の裁判例として東京地決平6・3・29判時1520・154）。

キ　捜査機関の請求に基づく差押許可状・記録命令付差押許可状に基づく差押処分が終了するまでは，差押許可の裁判に対し本条，差押処分に対し430条によって併せて準抗告を申し立てることができるが，差押処分の終了後は430条の準抗告によるべきであり，本条の準抗告の利益は失われる（佐賀地決昭41・11・19下刑集8・11・1489，東京地決昭43・11・26判時538・21，東京地決昭44・7・10刑裁月報1・7・786等。ただし反対の裁判例もある。）。

ク　その他，原裁判によって創出された法的状態の安定性を害するほどに時機に遅れた申立てについて，準抗告の利益がないとされる場合もあり得る（東京地決昭48・3・2刑裁月報5・3・360，東京地決昭51・12・2刑裁月報8・11=12・532等）。

[15] 原裁判の執行停止

この点も即時抗告と同様の取扱いをすることとしたものである。その他の原裁判に関する執行停止については，432条の解説[3]参照。　　　　　　　　　　〔渡邉史朗〕

第430条[1]　**〔準抗告(2)〕**　検察官又は検察事務官のした第39条第3項の処分[2]又は押収[3]若しくは押収物の還付[4]に関する処分に不服がある者[5]は，その検察官又は検察事務官が所属する検察庁の対応する裁判所[6]にその処分の取消又は変更を請求することができる。

2　司法警察職員のした前項の処分に不服がある者[5]は，司法警察職員の職務執行地を管轄する地方裁判所又は簡易裁判所[6]にその処分の取消又は変更を請求することができる。

1192　　430条

3　前2項の請求については，行政事件訴訟に関する法令の規定は，これを適用しない。

　　　[規]　第273条　法第429条参照。

[1] 本条の趣旨

　本条は，捜査機関の処分に対する不服申立てを認めるとともに，対象となる処分の種類，申立権者，管轄裁判所等について規定したものであり，前条の不服申立てと共に準抗告と呼ばれている。捜査機関の処分は裁判ではなく，その本質は行政処分であるが，迅速適正な不服申立て処理の観点から，刑事手続の中での不服申立てを認めることとしたものである。そのため，本条により不服申立てが認められる処分については，行政事件訴訟法及び関連法令（民事訴訟法，最高裁判所規則）の規定の適用が排除される（本条Ⅲ）。

　なお，39条3項の処分に関しては，同項の解釈運用等に関する最高裁判例が積み重ねられ（最判昭53・7・10民集32・5・820，最判平3・5・10民集45・5・919，最判平3・5・31判時1390・33，最大判平11・3・24民集53・3・514），運用の変更も定着したことから（39の解説[8]参照），現在ではこれに対する準抗告の事例は極めて少ない。

[2] 39条3項の処分

⑴ **対象となる処分**　接見等に対して所定の捜査機関がした指定処分である。検察官が誤解して公訴提起後に指定処分をした場合も含む（最決昭41・7・26刑集20・6・728）。刑事収容施設法に基づく面会等の制限（同220等）は，本条の処分に当たらない（旧監獄法につき，東京地決平13・12・3判時1776・168）。なお，かつてはいわゆる一般的指定の問題があったが，これは捜査機関の内部的な事務連絡文書であってそれ自体は処分に当たらないとされ（前掲最判平3・5・31），運用も改められており，現在では問題とならない（39の解説[8]参照）。したがってまた，今日では接見指定を伴わない単なる接見等拒否処分はまず生じ得ない。

⑵ **申立ての趣旨**　接見等指定処分に対する準抗告においては，処分の取消しに加え，原処分の同一性を逸脱しない程度の変更を求めることはできるが，例えば勾留の全期間にわたる指定等，原処分とは別個の新たな指定とみられるような指定を求めることはできない。

⑶ **申立ての理由**　接見等指定処分に対する準抗告の理由に特段の制限はない。前掲最判平3・5・10は，「弁護人等の必要とする接見等を認めたのでは捜査機関の現在の取調べ等の進行に支障が生じたり又は間近い時に確実に予定している取調べ等の開始が妨げられるおそれがあることが判明した場合には，捜査機関は，直ちに接見等を認めることなく，弁護人等と協議の上，右取調べ等の終了予定後における接見等の日時等を指定することができるのであるが，その場合でも，弁護人等ができるだけ速やかに接見等を開始することができ，かつ，その目的に応じた合理的な範囲内の時間を確保すること

ができるように配慮すべきである。そのため，弁護人等から接見等の申出を受けた捜査機関は，直ちに，当該被疑者について申出時において現に実施している取調べ等の状況又はそれに間近い時における取調べ等の予定の有無を確認して具体的指定要件の存否を判断し，右合理的な接見等の時間との関連で，弁護人等の申出の日時等を認めることができないときは，改めて接見等の日時等を指定してこれを弁護人等に告知する義務があるというべきである。」とした。したがって，①接見等の具体的指定要件（任意捜査の場合にはそれを中断することの支障も含む）がない，あるいは②捜査機関が事前に弁護人と全く協議をせずに指定をした，という実体的・手続的要件の欠缺に加え，③当該指定の内容・方法が取調べ等の終了予定後できるだけ速やかに接見等を行えるための配慮を欠いている，④当該指定の内容・方法が接見の目的に応じた合理的な範囲の接見時間を確保するための配慮を欠いているなどといった，指定権者の裁量逸脱を理由に準抗告ができると解される。

［3］押収に関する処分

(1) **対象となる処分**　本条の「押収……に関する処分」には，捜査機関が令状によって行う差押（通信回線接続記録の複写〔218Ⅱ〕を含む）及び記録命令付差押（218Ⅰ），逮捕等に伴う無令状の差押（220Ⅰ②Ⅳ），領置（221）のほか，これらに関連する処分（222Ⅰが準用する111・112・116〜118等）が含まれる。裁判所自らが行う差押の執行としての検察事務官又は司法警察職員の処分（108Ⅰ）も含まれると解される。国税犯則事件における収税官吏の差押処分は，本条所定の捜査機関による差押ではないから，これに対する準抗告はできない（最大決昭44・12・3刑集23・12・1525）。また，「押収に関する」処分でなければならず，押収に当たっての写真撮影は，通常は検証の性質を有する処分であるから，これに対する準抗告はできない（最決平2・6・27刑集44・4・385）。

(2) **申立ての趣旨**　捜査機関がした押収処分に対する準抗告において，押収処分の取消・変更を求めることはできるが，これに加え，押収物の還付を求める申立てはできない。押収処分が取り消されれば，捜査機関は押収物を保管する権限を当然に失うからである。

(3) **申立ての理由**　申立ての理由に特に制限はない。押収処分に関しては，押収物が99条の「証拠物又は没収すべきもの」に当たらないこと，差押状の対象物件に当たらないこと，被疑事実との関連性がないこと，無令状差押について要件を欠いていること，押収の必要性がないこと（最決昭44・3・18刑集23・3・153），令状の不提示等の手続的違法があること等を理由とすることができるし，これに関連する処分については，処分の要件を欠いていること等を理由とすることができる。

(4) **準抗告の利益**　押収については，当該押収処分が続く限り準抗告の利益があり，仮還付された段階でも，押収の効果は継続しているので，なお準抗告の利益があるが，還付処分がされた後は，準抗告の利益は失われる。実務上，多数の物を差し押さえた差押処分に対する準抗告申立てがあった後，決定前に捜査機関が不必要な押収物を還付することはよくある。押収に関連する処分については，本条の準抗告は，本来行政処分とし

て行政訴訟の対象となるべき捜査機関の処分に関するものであり，行政事件訴訟法3条2項の「処分の取消しの訴え」の意義にも鑑みると，差押状・記録命令付差押状の執行中の出入禁止（222I・112）や，差押等中止の場合における場所の閉鎖（222I・118）等については，その状態が継続している限り，その取消しを求める準抗告が可能であるが，押収物の廃棄（222I・121II）や売却（222I・122），必要な処分（222I・111）等が終了してしまった後，その原状回復等を準抗告で求めることは許されないと解される。

[4] 押収物の還付に関する処分

(1) **対象となる処分**　本条の「押収物の還付に関する処分」には，押収物の還付・仮還付（222I・123III），記録媒体の交付及び電磁的記録の複写（222I・123III）及び押収贓物の被害者還付（222I・124）並びにこれらの請求を却下する処分が含まれる。捜査機関が還付等の請求に対し，合理的な期間を超えて明示の応答をせず請求に応じないときには，却下処分があったものとして準抗告の申立てができる（大阪地決昭45・9・11判時613・104，大阪地決昭50・9・25判時804・113等）。なお，押収処分が違法であるとして準抗告審で取り消された後の捜査機関からの物件の返還行為は「還付に関する処分」には当たらず，これについて例えば当該物件が第三者に返還されたとして準抗告を申し立てることはできない（最決平4・10・13刑集46・7・611）。また，検察官による押収物の歳入編入処分は，これにより国の一般財産と混和し特定を失うと還付が不能となる（最決昭54・12・12刑集33・7・839）ことからすると，「還付に関する処分」には当たらないと解される。

(2) **申立ての趣旨**　還付請求却下の処分を受けた者が準抗告を申し立てる場合には，原処分を取り消した上，捜査機関をして押収物を申立人に還付させることを求めることができる（最決平15・6・30刑集57・6・893。432の解説[4]参照）。

(3) **準抗告の利益**　還付処分の取消しを求める準抗告は，押収物が他の者に還付された後，更に第三者に譲渡されたり，混和により特定性を失ったり，滅失した場合等，その還付が不可能になった場合には，準抗告の利益が失われる（最決昭44・8・27裁集刑172・365）。

[5] 申立権者

　本条による準抗告の申立権者は，429条と同様に，所定の処分に「不服がある者」であり，基本的には上訴権者の規定に準じて考えるのが相当である。もっとも，429条においては検察官は常に申立権者たり得るのと異なり，本条の準抗告に関しては，その対象が検察官の処分であるか，検察官の指揮下にある者の処分であれば，検察官は申立権を有しない。

　接見等指定処分に対する準抗告の申立権者は，通常は弁護人である。押収又は押収物の還付に関する処分に対する準抗告申立権者については，429条の解説[3]を参照のこと。差押の立会人となっただけで差押により不利益を受ける立場にあるとは認められない者は，準抗告を申し立てる利益がない（東京地決平3・5・15判タ774・275）。被疑者・被告人であっても，全くの第三者の所有，所持，保管に係る物の差押に対しては申立権者と

ならないこともある（東京地決昭55・1・11刑裁月報12・1＝2・55）。他の者に対してされた還付処分に対して，自己が正当な受還付権者であると主張する者は準抗告権を有する（最決平2・4・20刑集44・3・283）。

［6］管轄裁判所

本条の準抗告裁判所は，検察官又は検察事務官が所属する検察庁に対応する裁判所，司法警察職員の職務執行地を管轄する地方裁判所又は簡易裁判所である。本庁と支部は事務分配の問題にすぎず，支部の検察官等がした処分について本庁裁判所も管轄裁判所（すなわち申立先）となり得る。もっとも，準抗告についても通常は本庁・支部間の事務分配がある。「職務執行地」とは，不服のある当該処分が行われた地をいう（最決昭54・4・3刑集33・3・175）。

公判不提出の押収物については，押収の基礎となった被告事件がどの裁判所に係属している場合であっても，特段の事情のない限り，現にその物の押収を継続している検察庁の検察官が還付等の処分をすべきであり，同検察官によって処分がされたときは，同検察官の所属する検察庁に対応する裁判所に準抗告を申し立てなければならない（最決昭58・4・28刑集37・3・369）。

なお，準抗告裁判所に簡易裁判所が含まれていることからも明らかなように，本条の準抗告裁判所は一人制裁判所が原則となるが，裁量により合議体で審判することは可能である。　　　　　　　　　　　　　　　　　　　　　　　　　　　　　　　　〔渡邉史朗〕

第431条〔準抗告の手続(1)〕 前2条の請求をするには，請求書[1]を管轄裁判所[2]に差し出さなければならない。

［1］準抗告申立書

本条は，準抗告の申立ては書面によるべきこと及びその申立先を定めた規定である。申立書には，準抗告の対象となる原裁判等を特定し，その取消又は変更を求める「申立ての趣旨」と，これを根拠づける「申立ての理由」とを記載する必要がある。準抗告審も基本的には事後審であるから（432の解説[1]参照），準抗告の理由には，原裁判等の判断内容のどこが不当であるのかを具体的に記載するのが相当である。そのためには，申立人（特に弁護人）は，準抗告申立てに際し，原裁判の主文（結論）だけでなく理由も理解しておくことが望ましい（例えば，勾留や勾留延長の裁判につき，勾留状の謄本の交付を受ける〔規74・154〕など。）。

なお，申立書には申立人の署名押印が必要である（最決昭40・2・3裁集刑158・263，最決昭48・6・5裁集刑189・267等。なお，規60の2Ⅱ）。原裁判後の事情のみを理由とする申立ては一般には不適法となろう。原裁判時点の判断の不当と原裁判後の事情とを併せて主張する場合には，両者を明確に区別して記載するのが相当である。

[2] 申立書の提出先

原裁判等をした裁判官や捜査機関ではなく，準抗告裁判所に提出する。この点は抗告とは異なる。原裁判官等の再度の考案の制度はなく，原裁判官等が意見書を添えることも要求されていない。

〔渡邉史朗〕

第432条 [1][2] 〔準抗告の手続(2)〕　第424条 [3]，第426条 [4] 及び第427条 [5] の規定は，第429条及び第430条の請求があつた場合にこれを準用する。

[1] 本条の趣旨

本条は，準抗告に関する原裁判等の執行停止（424），裁判の形式（426）及び再抗告の禁止（427）につき，通常抗告の規定を準用するものである。

準抗告審がいかなる審査をする手続であるかについては諸説ある。429条については，通常の上訴の議論に対応して，事後審説，覆審説，続審説，さらに原裁判や原処分をこの３つに個々的に分類する説等がある。実務上の多数説としては，準抗告をその余の上訴と性質を異にする手続と解すべき規定もないこと等から，原則は事後審であると解している。なお，ここでいう事後審とは，例えば60条１項２号の事由があるか否かといった要件該当性の判断部分につき，一件記録等に照らし，準抗告裁判所が抱く心証とは異なるところがあっても，原裁判の判断が不合理とはいえない場合にはこれを維持すべきであるというものと解される（最決平26・11・17判時2245・124参照）。他方，430条については，裁判官の判断がなく，本来行政訴訟の対象となり得ることから，いわば新しい訴訟であるとみるべきものと思われる。

[2] 準抗告審の手続

準抗告審が事実審であること，決定手続であって口頭弁論に基づくことを要しないこと（43Ⅱ）等，準抗告審の手続や審査の範囲は基本的に抗告審と同じであるから，426条の解説[1]を参照されたい。

準抗告裁判所は，記録を保管している裁判官又は捜査機関から送付を受けてこれを調査する（規273・271）。また，裁判所は，必要があれば事実の取調べをすることができる（43Ⅲ）。事実の取調べの範囲につき，原裁判時に存在したが提出されなかった資料を取り調べることができるか，また，原裁判後に生じた事情につき調査できるかといった問題があるが，①本来的に事後審である控訴審においても，新資料や新事情の取調べを全く排除してはいないこと，②準抗告の対象の中には，本案と異なり，原裁判等の手続の構造上第一審における証拠集中が予定されておらず，準抗告に至ってから新証拠や新事情が提出されることが致し方ないものもあり，これは弁護人が選任された時期等にも関係すること，③本案の審理が過去に起きた犯罪事実の認定をその中心とするのに対し，準抗告の対象には勾留や保釈等，原裁判等によって創出された法的状態が継続するもの

が少なくなく，かつ流動することから，上訴時点における要件審査に馴染み易いという面があり，新たな事情は常に勾留・保釈の取消しや押収物の還付，あるいは再度の請求等によってしか対応し得ないとするのも迂遠であること等から，新資料・新事情の取調べについても，原裁判の性質等を考慮の上，簡易な解決を図るという準抗告の趣旨に資するものであり，かつ，原裁判後に資料の申出をすることが不当でない場合には，柔軟に取り扱う方向で運用されているのが一般的な実務の運用であろうと思われる。この点で，特に弁護人が準抗告申立ての段階に至って追加資料を提出することは広く許容されている。なお，準抗告裁判所が弁護人や検察官等と直接ないし電話で面談をして事情を聴くこともあるが，これも一種の事実取調べである。事実取調べの結果を考慮して判断した場合には，決定の理由中にその旨を明らかにしておくのが相当であろうし，その結果を考慮して原裁判を取り消そうとする場合には，反対当事者にも反論の機会を与えるのが相当である。なお，準抗告の手続において，申立人の相手方（とりわけ検察官）が意見書を提出することも散見される。そのような取扱いも許されようが，意見書の提出を待って準抗告の裁判をするかどうかは，その必要性と裁判の迅速性等を考慮した準抗告裁判所の合理的な裁量判断に委ねられる。

［3］ 原裁判の執行停止

(1) **執行停止をすべき場合**　429条1項4号，5号の準抗告については，同条5項が執行停止の効力を認めているが，それ以外の準抗告の申立ては執行停止の効力を持たないため，原裁判が執行された後に準抗告の裁判で取消又は変更されると，その原状回復が著しく困難になる場合に，原裁判の執行を停止する必要がある。実務上多いのは，勾留請求却下決定，勾留取消決定，保釈許可決定に対する検察官の準抗告に伴い，原決定の破棄に備えて被告人の逃亡や罪証隠滅を防止する趣旨で行われる執行停止である。勾留請求却下決定に対し検察官が準抗告を申し立てた場合にも，実務では，準抗告の裁判まで必要がある場合に，執行停止の裁判をして被疑者の身体拘束を継続させている。

(2) **執行停止の判断主体**　執行停止の権限を準抗告裁判所が有することは明らかである。また，原裁判官は，準抗告の請求先ではない (431) ものの，432条が424条1項を排除していないことや，迅速に執行停止を行う必要性等から，429条の各裁判をした原裁判官も執行停止の裁判をすることができると実務では解している。

［4］ 準抗告審の裁判等

　準抗告裁判所の裁判の形式は，基本的には抗告のそれと同じであるので，426条の解説［2］から［5］を参照されたい。準抗告審が原裁判の取消しに加えて更に裁判をする場合に特に生ずる問題点についてのみ指摘すると，

　(1)　裁判所は勾留理由の主張に拘束されるものではないから，例えば検察官が60条1項2号に該当すると主張して勾留請求をし，原裁判官がこれを却下したのに対し，準抗告裁判所が同項3号に該当するとして原裁判を取り消し，勾留状を発付することは，理論的には可能である。

(2) 勾留請求却下の裁判を取り消して被疑者を勾留する場合，準抗告決定書では原裁判を取り消すにとどめ，別途勾留状を発付するのが実務の取扱いである。簡易裁判所裁判官に勾留請求がされた場合であっても，準抗告審である地方裁判所が勾留状を発付している。この勾留状は，64条1項に従い裁判長名で発付すれば足りる。原裁判官が勾留質問を行っている限り，準抗告裁判所が勾留状発付に当たって改めて勾留質問をすることは不要であるが，必要があれば事実取調べとして被疑者の供述を得ることは可能である。以上は鑑定留置に関しても同様である。

(3) 他方，勾留延長請求却下の裁判を取り消して勾留期間を延長する場合には，準抗告決定書の中で，原裁判を取り消した上，被疑者を特定の日まで勾留する旨の裁判をすることが多いと思われる。勾留延長決定に対し延長の期間を短縮する場合は，原裁判を取り消した上，新たな勾留延長期間を定める例と，原裁判中の延長期間の部分のみを変更するとする例とがある。

(4) 捜査機関による押収処分を受けた者から，還付請求を却下した処分の取消しと自己への還付を求めて430条の準抗告が申し立てられた場合において，準抗告裁判所が押収物について留置の必要がないと認めたときは，申立人以外の者に還付することが相当である場合や，捜査機関に更に事実を調査させるなどして新たな処分をさせることが相当である場合を除き，原処分を取り消すとともに，捜査機関に対して押収物を申立人に返還するよう命ずる裁判をすべきである（最決平15・6・30刑集57・6・893）。

なお，準抗告決定は，原裁判官や原処分をした捜査機関に通知しなければならない（規273・272）。

[5] 再抗告の禁止

準抗告の裁判に対しては再抗告が禁止される結果，同裁判は不服を申し立てることができない決定に該当することとなり，特別抗告のみが許される（433）。

実務の運用面から見た場合，いわゆる本案の控訴審については，近時，原則として事後審であることが最高裁判決によって明確にされ，控訴審裁判所は，第一審判決の事実認定が経験則等に照らして不合理であることを具体的に示したといえるような判決理由の在り方を改めて模索しているように思われる。

前記のとおり，429条の準抗告審も原則は事後審であり，原裁判を取り消す場合には，原裁判がした要件判断が不合理であることを示す必要があることからすれば，準抗告決定においても，その理由の記載の在り方について，今後いっそうの議論・検討が深められていくことが期待される。

〔渡邉史朗〕

第433条 [1]〔特別抗告〕 この法律により不服を申し立てることができない決定又は命令 [2] に対しては，第405条に規定する事由があることを理由とする場合に限り [3]，最高裁判所に特に抗告をすることができる。

433条 1199

2 前項の抗告の提起期間 [4] は，5日とする。

> [規] **第274条（特別抗告申立書の記載・法第433条）** 法第433条の抗告の申立書には，抗告の趣旨を簡潔に記載しなければならない。
>
> **第275条（特別抗告についての調査の範囲・法第433条）** 最高裁判所は，法第433条の抗告については，申立書に記載された抗告の趣意についてのみ調査をするものとする。但し，法第405条に規定する事由については，職権で調査をすることができる。

［1］本条の趣旨

本条は，いわゆる特別抗告に関する規定であり，刑訴法上他の方法による不服申立てが認められない決定又は命令に対し，憲法違反又は判例違反を理由とする場合に限り，特に最高裁への不服申立てを認めるものである。申立ての理由が憲法違反等に限定されているのは，最高裁の負担軽減を図る一方で，憲法81条の規定を受けて憲法問題に関して最高裁の判断を受ける道を確保するとともに，判例違反があるときに，終審裁判所として法令解釈の統一を図る必要があるためである。

［2］この法律により不服を申し立てることができない決定又は命令

具体的には，①抗告裁判所・抗告に代わる異議申立て裁判所・準抗告裁判所の決定，②高裁・地裁・簡裁の決定で，一般抗告又は抗告に代わる異議申立ての対象とならないもの，③準抗告の対象とならない命令がある。

(1) **訴訟手続に関して判決前にした決定又は命令** 証拠調べに関する決定など訴訟手続に関して判決前にした決定又は命令は，前記②又は③に含まれるところ，判例は，これらについては，終局裁判に対する上訴手続の中で救済を求めることができるとして，原則として特別抗告を許さないとしている（最決昭29・10・8刑集8・10・1588，最決昭33・4・18刑集12・6・1109）。ただし，傍聴人に対する退廷命令（最決昭35・7・11裁集刑134・425），公判期日変更に対する検察官の異議申立て棄却決定（最決昭36・5・9刑集15・5・771），期日指定・弁論分離決定に対する検察官の異議申立て棄却決定（最大決昭37・2・14刑集16・2・85），公判期日の続行（最決昭42・7・25裁集刑163・1185），記録の閲覧請求（最決昭39・2・5裁集刑150・411），証拠開示命令（最決昭44・4・25刑集23・4・248），付審判請求事件における一件記録の閲覧謄写許可（最決昭49・3・13刑集28・2・1）に関するものなど，特別抗告を認める判例も少なくない。

特別抗告が認められた事案については，重大な違法があり，本案の終局裁判に対する上訴によっては効果的な救済を期待し難く，最高裁の即時の介入が必要と認められる場合に当たるものと解される（田尾・判例解説(刑)昭44・193）。

(2) **最高裁のした決定** 最高裁のした判決に対する不服申立てとしては訂正申立て（415 I）が認められているが，最高裁のした決定に関しては，そのような明文の規定等もなく，最高裁が終審裁判所であるという性格からして，原則として不服申立ては認められ

ない（最決昭23・1・28刑集2・1・14）。高裁がした場合には不服申立てが認められる訴訟終了宣言の決定についても同様である（最決平27・2・24刑集69・1・214）。現在では，最高裁がした決定に対する不適法な不服申立てについては，原則として立件しない取扱いとされている（野原・判例解説(刑)平27・59）。

ただし，判例は，上告棄却決定に対して，訂正申立ては認められないものの，414条及び386条2項により異議の申立てができるとし（最大決昭30・2・23刑集9・2・372），その範囲については，判決訂正申立ての場合と同様，決定の内容に誤りのあることを発見した場合に限るとしている（最決昭36・7・5刑集15・7・1051）。さらに，最決昭52・4・4刑集31・3・163は，終審裁判所である最高裁がした決定であっても，合理的理由と法律的必要性の認められる限り，判決訂正と同趣旨において，不服申立てを許容すべきとした上で，最高裁がした保釈保証金の没取決定について，保釈保証金の納付者らに対する適正手続の保障という観点から，428条の準用により異議の申立てが認められるとしている。

(3) **その他**　　刑訴法上の決定又は命令でないものに対しては特別抗告をすることができない（419の解説[3]参照）。

[3] 405条に規定する事由があることを理由とする場合に限り

特別抗告については，上告と同様に405条各号に定める事由がある場合に限り認められており，憲法違反，憲法解釈の誤り，最高裁の判例や最高裁の判例がない場合の大審院，高裁の判例違反を理由とする場合に限られることとなる。しかし，最高裁は，特別抗告に411条の準用を認めているため（最決昭26・4・13刑集5・5・902，最決昭36・5・9刑集15・5・771，最大決昭37・2・14刑集16・2・85），法令違反又は事実誤認についても著しく正義に反すると認めるときは職権で原裁判を破棄することができることとなり，特別抗告が認容された事案の多くが411条の準用によるものとなっている。

特別抗告においては，申立書に記載された抗告の趣意についてのみ調査するものとされているが(規275)，405条に規定する事由については，職権で調査することができる(規275但)。

さらに，前記のとおり，特別抗告に411条の準用が認められていることからすると，実質的には，411条所定の事由に関しても職権で調査できることとなる。

なお，特別抗告は，憲法上の問題に関する最高裁の地位を考慮したものであり，憲法違反の判断の不当を理由とする事件については，原裁判において同種の判断をしていない他の全ての事件に優先して審判することを要する（規276・256）。

[4] 抗告の提起期間

特別抗告の提起期間は，重要な問題について手続の安定性を考慮して，5日とされたものと解される。提起期間の計算方法等については，即時抗告（422）の場合と同様である。

〔福家康史〕

434条 1201

第434条 [1] **〔準用規定〕** 第423条 [2]，第424条 [3] 及び第426条の規定は，この法律に特別の定のある場合を除いては，前条第1項の抗告についてこれを準用する [4]。

[規] **第276条（準用規定）** 法第433条の抗告の申立があつた場合には，第256条，第271条及び第272条の規定を準用する。

[1] 本条の趣旨

本条は，特別抗告について，一般抗告に関する規定中，抗告の手続に関する423条，執行停止に関する424条，抗告に対する決定に関する426条を準用することを定めるものである。

[2] 423条の準用

特別抗告をするには，不服申立てをすることができない決定又は命令をした裁判所（裁判官）に申立書を提出することが必要である。申立書には，抗告の趣旨を簡潔に記載しなければならず（規274），申立書以外に記載することは許されない（最決昭41・1・28刑集20・1・1）。

[3] 424条の準用

特別抗告には，即時抗告に相当するものはなく，425条が準用されていないことから，執行停止の効力はなく，即時抗告に対する抗告裁判所の決定に対して特別抗告が申し立てられた場合でも，原裁判所（原裁判官）又は最高裁が執行の停止をしない限り，原裁判の効力の発生が妨げられることはない（最大決昭40・9・8刑集19・6・636，最決昭54・3・29刑集33・2・165）。なお，特別抗告がなされた決定が原裁判の取消又は変更の請求を棄却するものであるときは，棄却決定ではなく，原裁判が執行停止の対象となる（最決昭56・10・2刑集35・7・683）。

[4] その他

(1) 特別抗告において，明示的には421条ただし書が準用されていないが，特別抗告の利益については抗告一般と同様に考えられ，当初から申立ての利益を欠く場合のほか，申立て後，最高裁の裁判があるまでの間に申立ての利益が欠けるに至った場合にも，特別抗告は不適法となる。具体例については421条の解説 [2] 参照。

(2) 刑事施設にいる被告人の上訴申立ての特則（366）については，刑の執行猶予言渡取消請求事件の特別抗告（最決平16・10・8刑集58・7・641），再審請求事件の特別抗告（最決昭50・3・20裁集刑195・639），保釈保証金没取請求事件の特別抗告（最決昭56・9・22刑集35・6・675）など，刑事処分手続における不服申立ての性質を有する場合に類推適用が認められており，他方，付審判請求事件の特別抗告（最決昭43・10・31刑集22・10・955），刑事補償請求事件の特別抗告（最決昭49・7・18刑集28・5・257）など，その他の場合においては類推適用が否定されている。

1202　　　　　　　　　　**434条**

(3)　特別抗告についての上訴権回復請求を受理した裁判所がその請求を棄却する場合には，375条，414条を類推適用して，その請求と同時になされた特別抗告の申立てを自ら棄却することができると解される（最決昭48・6・21刑集27・6・1197）。

〔福家康史〕

第4編 再 審

第435条 [1] 〔再審を許す判決・再審の理由(1)〕 再審の請求は，左の場合において，有罪の言渡をした確定判決 [2] に対して，その言渡を受けた者の利益のため [3] に，これをすることができる。

一 原判決の証拠となつた証拠書類又は証拠物が確定判決により偽造又は変造であつたことが証明されたとき [4]。

二 原判決の証拠となつた証言，鑑定，通訳又は翻訳が確定判決により虚偽であつたことが証明されたとき [5]。

三 有罪の言渡を受けた者を誣告した罪が確定判決により証明されたとき。但し，誣告により有罪の言渡を受けたときに限る [6]。

四 原判決の証拠となつた裁判が確定裁判により変更されたとき [7]。

五 特許権，実用新案権，意匠権又は商標権を害した罪により有罪の言渡をした事件について，その権利の無効の審決が確定したとき，又は無効の判決があつたとき [8]。

六 有罪の言渡を受けた者に対して無罪若しくは免訴を言い渡し，刑の言渡を受けた者に対して刑の免除を言い渡し，又は原判決において認めた罪より軽い罪を認めるべき明らかな証拠をあらたに発見したとき [9]。

七 原判決に関与した裁判官，原判決の証拠となつた証拠書類の作成に関与した裁判官又は原判決の証拠となつた書面を作成し若しくは供述をした検察官，検察事務官若しくは司法警察職員が被告事件について職務に関する罪を犯したことが確定判決により証明されたとき。但し，原判決をする前に裁判官，検察官，検察事務官又は司法警察職員に対して公訴の提起があつた場合には，原判決をした裁判所がその事実を知らなかつたときに限る [10]。

[規] 第283条（請求の手続） 再審の請求をするには，その趣意書に原判決の謄本，証拠書類及び証拠物を添えてこれを管轄裁判所に差し出さなければならない [11]。

第284条（準用規定） 再審の請求又はその取下については，第224条，第227条，第228条及び第230条の規定を準用する。

1204　　　　　　　　　　　　　　435条

[1] 本条の趣旨等　　[2] 再審請求の対象　　[3] 不利益再審の禁止　　[4] 1号
の再審事由　　[5] 2号の再審事由　　[6] 3号の再審事由　　[7] 4号の再審事
由　　[8] 5号の再審事由　　[9] 6号の再審事由　　[10] 7号の再審事由
[11] 再審請求の方式

[1] 本条の趣旨等

　本条は，確定判決に対する再審請求の要件を定めた規定である。判決が確定して不動
となった後になおこれを是正する制度として再審及び非常上告があり，両者を併せて非
常救済手続というが，そのうち再審は，主として重大な事実誤認があることを理由とし
てとられる非常救済手続である。

　再審に関しては，本条6号が特に多用されており，かつては門戸の広狭をめぐってそ
の意義，要件，構成等について様々な見解が示された。しかし，後述するいわゆる白鳥
事件及び財田川事件の各最高裁決定や，これらを踏まえたその後の最高裁決定等により，
実務の解釈運用はおおむね確立した状況にある。なお，昨今でも足利事件，布川事件，
東電OL事件等で再審開始決定がされ，再審無罪判決が確定するに至っており，刑事実
務家においては，まずもって客観性，公平性，正確性を保った誤りのない犯罪捜査と正
しい事実認定を常に肝に銘じ，疑わしきは罰しない姿勢を意識する必要がある。

[2] 再審請求の対象

　再審請求の対象は，「有罪の言渡をした確定判決」である。第一審の確定判決（刑の免
除の判決も含む）のほか，上訴審が自判した場合の当該上訴審判決，確定判決と同一の効
力を有する略式命令や交通事件即決裁判手続法による即決裁判も含まれる。

[3] 不利益再審の禁止

　刑訴法は，憲法39条の要請（二重の危険の禁止）に基づき，有罪判決を受けた者の利益
のためにのみ再審請求をすることができるとした。ここでいう「利益」とは，無罪若し
くは免訴を言い渡し，刑の言渡しを受けた者に対して刑の免除を言い渡し，又は原判決
において認めた罪より軽い罪を認めることであり（本条⑥参照），没収や訴訟費用の裁判
を是正するために再審請求をすることはできないと解される。

[4] 1号の再審事由

　「原判決の証拠となった」とは，原判決が証拠の標目に掲げたことをいう。「確定判決
により偽造又は変造であったことが証明された」とは，当該証拠の偽造・変造が証拠偽
造罪等に問われて判決で認定された場合のことである。437条が刑事判決を予定してい
ることから，本条の「確定判決」は，刑事判決に限られる。

[5] 2号の再審事由

　「原判決の証拠となった」及び「確定判決」の意義は，本条1号と同様である。証言，
鑑定，通訳，翻訳は，公判期日におけるものには限られないものの，いずれも裁判所で
宣誓の上行ったものをいう。したがって，相被告人の公判供述や223条による嘱託鑑定

は本号の対象でない（前者につき最決昭42・5・26刑集21・4・723）。これらは本条6号に該当し得る。

[6] 3号の再審事由

本号に該当するには，告訴が誣告罪（現行刑法では虚偽告訴等罪〔刑172〕。以下同じ。）で確定判決を受けたことのほか，その誣告により有罪の言渡しを受けたこと，すなわち誣告と原判決との因果関係が必要である。その程度については，単に誣告によって捜査が開始され有罪となればよいとの見解と，誣告の供述が証拠となった場合を指すとの見解とがある（もっとも，告訴状や告訴調書が実質証拠となることは実務上ほとんどない。）。本号の「確定判決」も刑事判決に限られる。

[7] 4号の再審事由

原判決の証拠となった「裁判」は，刑事・民事を問わず，また判決・決定・命令の別を問わない。これを変更する「確定裁判」についても同様である。

[8] 5号の再審事由

「権利の無効の審決」とは，特許庁の審判手続による審決をいう。この確定により特許権等の原始的不存在が擬制されるため，再審事由とされている。「無効の判決」とは，特許庁の審決に対する不服申立について，知財高等裁判所が権利の無効を判断して請求を棄却し又は審決を取り消した場合をいう。

[9] 6号の再審事由

(1) **新証拠によって証明すべき事実**　本号による請求は，新証拠によって，①無罪（犯罪阻却事由を認定すべき場合も含む。），②免訴（337各号に係る事実を認定すべき場合のことである。）又は③刑の免除（刑の必要的免除に当たる事実を認定すべき場合をいう。）を言い渡し，あるいは④原判決において認めた罪より軽い罪を認めるべき場合（原判決より法定刑の軽い罪を認定すべき場合をいう。）でなければならない（少年を成人と誤認したことを理由とする再審請求を否定したものとして，最決昭43・7・4刑集22・7・581）。

したがって，原判決が認定した罪と法定刑を同じくする別罪を認めるべき場合（最決昭29・10・19刑集8・10・1610）や，原判決が詳しく認定した犯行態様の一部が否定されるものの，罪となるべき事実の存在は揺るがない場合（最決平10・10・27刑集52・7・363）は，本号に当たらない。刑の減軽事由を認定すべき場合（心神耗弱等）も含まれないし（最決昭28・10・15刑集7・10・1921，最決昭33・5・27刑集12・8・1683），原判決で認定された刑の加重事由を否定すべき場合も含まれないと解される。

なお，併合罪の一部について本号の事由があることを理由に再審請求をすることは当然可能である（448の解説[3]参照）。また，科刑上一罪の一部についてのみ本号の事由があることを理由として再審請求することも，それが最も重い罪であると否とにかかわらず可能である（前掲最決平10・10・27）。

(2) **証拠の明白性**　次に，新証拠は，(1)の事由を認め得る「明らかな」ものでなければならない。本条の他の号が確定判決という判断余地のない資料を要求するのに対し，

本号の「明らかな」証拠かどうかは，裁判所の心証形成にかかっている。この明白性の意味につき，いわゆる白鳥事件最高裁決定（最決昭50・5・20刑集29・5・177）は，「無罪を言い渡すべき明らかな証拠」とは，「確定判決における事実認定につき合理的な疑いをいだかせ，その認定を覆すに足りる蓋然性のある証拠」であるとし，新証拠が「明らかな証拠」といえるかどうかは，「もし当の証拠が確定判決を下した裁判所の審理中に提出されていたとするならば，はたしてその確定判決においてなされたような事実認定に到達したであろうかどうかという観点から，当の証拠と他の全証拠と総合的に評価して判断すべきである」とした。さらに，この総合評価に際しては，「疑わしいときは被告人の利益に」の原則が適用され，原判決における事実認定の正当性についての疑いが合理的な理由に基づくものであることをもって足り，原判決の認定事実が存在しないことが確実であるとの心証を裁判所が得る必要はない（いわゆる財田川事件最高裁決定。最決昭51・10・12刑集30・9・1673）。

　したがって，①新証拠の証明力（旧証拠に対する減殺力）を検討するとともに，②他方で原判決の全証拠関係を分析して，③新証拠が，その立証命題と関連する原判決の事実認定にどのような影響を及ぼし，これを踏まえた総合的評価の結果として原判決の事実認定に合理的な疑いを生じさせる蓋然性があるかどうかを検討することとなる。②③の点に関し，白鳥事件最高裁決定やその後の一連の決定に照らすと，裁判所は，旧証拠を洗いざらい評価し直して心証を形成するのではなく，原判決の立場に身を置いて，新証拠がその立証命題と関連する旧事実認定にどのような影響を及ぼすかを検討すべきである。もとより，検討すべきは原審裁判所が触れた全証拠であり，原判決の証拠の標目に挙示されていなくともその審理中に提出された証拠は評価検討の対象となる（前掲最決平10・10・27）。また，新証拠の影響に関しては，それが直接関連する部分だけでなく，そこから更に波及する他の事実関係への影響も考慮する必要がある。新証拠により旧証拠の一部の証明力が大幅に減殺されても，全証拠を総合的に評価した結果として原判決の認定に合理的な疑いが生じないこともある（最決平9・1・28刑集51・1・1）。証拠評価に当たっては，再審請求後の審理で新たに得られた証拠も評価の対象にすることができる（前掲最決平10・10・27）。原審では弁護人が不同意の意見を述べたため取調請求が撤回された証拠でも，再審請求に当たり弁護人が別の論点の裏付け資料として提出・援用した場合には，これを考慮することが許される（最決平17・3・16裁集刑287・221）。なお，本号の新証拠は，補助証拠を排除するものではないと解される。また，新証拠が複数ある場合には，それらを総合して原判決への影響力を判断すればよいであろうし，再審請求が数次にわたる場合には，過去に提出された証拠も併せて評価検討すべきである。

(3) **証拠の新規性**　　　加えて，本号の証拠は，これを「あらたに発見したとき」に限り再審請求をすることができる。発見が新たにされればよく，証拠が作成された時期が原判決の確定の後であるか否かは問わない。鑑定については，①有罪を支える旧鑑定を弾劾するような新鑑定と，②有罪を否定する方向に働くが証明力が低いとされた旧鑑定の

証明力を増強するような新鑑定とが考えられる。①の場合には，結論を異にする新鑑定であれば新規性がある。②の場合は，旧鑑定とは別の鑑定人がした鑑定であっても，同じ基礎資料・方法を用いて同じ結果が出たというのでは新証拠たり得ず，基礎資料又は方法が異なるなど証拠資料としての意義・内容が旧鑑定とは異なるといえる場合に新規性が認められる（札幌高決昭44・6・18判時558・14。新鑑定に証拠の明白性が認められるかは別の問題である。）。

ところで，「あらたに」とは誰にとってのものかという問題が，身代わり犯が自ら再審請求をすることの可否との関係で論じられている。本号の文理解釈や，原判決時に知っていながら顕出しなかった事情を判決確定後に持ち出すことの不当性等を理由に，新証拠は請求人において新たに発見したものでなければならないとする見解が従来は多数説であった（前掲最決昭29・10・19）。この説の多くも，前記身代わり犯人当人は再審請求をすることができないが，公益的見地から検察官は請求できるとする。もっとも，身代わり犯が身代わりをしたことの責任は犯人隠避罪等で問えばよく，真実発見の見地から，文理にはやや反するものの，裁判所にとって新たに発見された証拠であればよいとの見解も近時は有力である（上告審の破棄理由に関してであるが，最判昭45・6・19刑集24・6・299は，後者の説に親和的であると思われる。）。

[10] 7号の再審事由

裁判官等の職務犯罪は事実誤認を強く推認させるとともに，裁判の公正さそのものを失わせるため，再審事由とされている。他方，原判決をした裁判所が，判決前に裁判官等が職務犯罪で公訴提起されたことを知っていれば，これを考慮して原判決をしたはずであって再審を許す必要はないため，ただし書が設けられている。本号の「確定判決」も刑事判決に限られる。

なお，裁判員が関与した判決の場合の読み替え規定がある（裁判員64）。

[11] 再審請求の方式

(1) **再審請求書**　再審請求は書面で行う。請求書の形式に定めはないが，形式的事項として，請求年月日，提出先である裁判所，請求者を特定する事項，再審の対象となる原判決の表示等は必須である。その上で，法定の再審請求の条項及び具体的事由を記載することを要する。裁判所は請求人が主張する再審事由について判断すれば足りると解されるが，その趣旨は常識的な範囲で寛容に忖度すべきである。

(2) **書類等の添付**　規283条は，再審請求に際して所定の書類等の提出を義務付けており，これに違反すると不適法として棄却される（446）。もっとも，請求自体から一見明白に理由がない場合はさておき，原判決謄本の提出がないだけで直ちに請求を棄却するのは相当でなく，一定の猶予期間を定めて請求人に提出を促すなどするのが相当であろう。また，本条6号に基づく請求につき，新証拠の性質上本人が入手して提出することが難しいため，裁判所に証拠の取寄せや証人尋問，あるいは証拠開示を申し出る形でされた請求も，その提出がないことを理由に一律に不適法とすべきではない（東京高決昭

30·9·1 高刑集 8·6·875）。 〔渡邉史朗〕

第436条 [1] **〔再審を許す判決・再審の理由(2)〕** 再審の請求は，左の場合において，控訴又は上告を棄却した確定判決 [2] に対して，その言渡を受けた者の利益のため [3] に，これをすることができる。

一 前条第 1 号又は第 2 号に規定する事由があるとき。

二 原判決又はその証拠となつた証拠書類の作成に関与した裁判官について前条第 7 号に規定する事由があるとき [4]。

2 第一審の確定判決に対して再審の請求をした事件について再審の判決があつた後は，控訴棄却の判決に対しては，再審の請求をすることはできない。

3 第一審又は第二審の確定判決に対して再審の請求をした事件について再審の判決があつた後は，上告棄却の判決に対しては，再審の請求をすることはできない。

　[規] **第285条（請求の競合）** 第一審の確定判決と控訴を棄却した確定判決とに対して再審の請求があつたときは，控訴裁判所は，決定で第一審裁判所の訴訟手続が終了するに至るまで，訴訟手続を停止しなければならない。

　　2 第一審又は第二審の確定判決と上告を棄却した確定判決とに対して再審の請求があつたときは，上告裁判所は，決定で第一審裁判所又は控訴裁判所の訴訟手続が終了するに至るまで，訴訟手続を停止しなければならない [5]。

[1] 本条の趣旨

　本条は，上訴棄却の判決に対する再審理由を定めるとともに，下級審で再審判決がされた後の上訴棄却判決に対する再審請求を制限した規定である。上訴棄却判決は執行すべき内容を持たないが，上訴棄却判決に重大な事実誤認等の蓋然性が認められる場合には，再審を認めて下級審判決が確定した状態を失わせる必要性があるため，435条に加え補充的に規定されたものである。

　また，下級審確定判決に係る再審判決が確定した場合，下級審確定判決は当然に失効し，その上訴棄却判決に対する再審請求の必要がなくなるため，本条 2 項及び 3 条は再審請求を許さないこととしている。

[2] 本条の対象となる裁判

　本条が対象とする裁判は，文理上は控訴又は上告を棄却した確定判決であるが，上告棄却決定も実質的にこれらと差がないことから，本条の対象となる裁判に含まれる（最大決昭31·5·21刑集10·5·717）。

[3] 不利益再審の禁止

　435条のそれと同じである。

436条，437条

[4] 本条の再審理由

435条1号，2号及び7号の各解説を参照されたい。本条1項1号は，上訴審が事実取調べを行ってその結果を判決に引用した場合や，事実誤認なしとする理由中で特に下級審の証拠を引用した場合である。判決の理由の記載から読み取ることとなろう。

[5] 同一事件の異なる審級の判決に対して同時に再審請求がされた場合の訴訟手続の停止

規285条は，下級審確定判決について再審請求があれば，将来的に再審請求の目的は達成され得るため，上訴棄却判決に対する再審請求の無駄や判断の矛盾を避けるための規定である。もっとも，第一審裁判所及び控訴裁判所に再審請求が同時にされた場合において，控訴棄却確定判決に対する再審請求が不適法であることが明らかなときには，上記弊害が生じるおそれはないから，控訴裁判所は，訴訟手続の停止をしないことも許される（最決平24・2・14刑集66・4・582）。これは上告審についても同様である（最決平24・4・2裁集刑307・823，最決平24・4・2裁集刑307・825）。再審請求が競合した場合の最終処理については，449条が規定している。　　　　　　　　　　　　　　　〔渡邉史朗〕

第437条 [1] 〔確定判決に代わる証明〕　前2条の規定に従い，確定判決により犯罪が証明されたことを再審の請求の理由とすべき場合において，その確定判決を得ることができないとき [2] は，その事実 [3] を証明 [4] して再審の請求をすることができる。但し，証拠がないという理由によつて確定判決を得ることができないときは，この限りでない [5]。

[1] 本条の趣旨

本条は，435条や436条において確定判決による犯罪事実の証明が必要とされているが，その確定判決が獲得できない場合につき，公平・正義の観点から代替方法を認めた規定である。

[2] 「確定判決を得ることができないとき」

法律上又は事実上の障害により確定判決が獲得できない場合をいう。例としては，その確定判決の被告人となり得べき者の死亡や逃亡，起訴猶予処分，犯罪阻却事由の存在を理由とする不起訴処分，当該事件の公訴時効の完成等といった場合が考えられる。

[3] 本条による請求に際し確定判決に代えて証明すべき事実

本条を基に再審請求をするために証明すべき事実は，確定判決を得ることができなかった事実だけでなく，再審事由たる犯罪事実（435 I ①を例にとれば，証拠が偽変造された事実）についても含む（名古屋高決昭36・4・11高刑集14・9・589）。

[4] 本条による事実の証明の程度

前記事実の証明の程度については，本来確定判決によって証明されるべき事実を証明

しようとするのであるから，再審事由とされる犯罪事実について有罪の認定ができる程度，すなわち合理的な疑いを入れない程度の証明が必要である（札幌高決昭43・6・15判タ224・208）。

なお，本条にも規283条の適用があると解されるが，請求者が予め事実証明のための証拠を得ることが難しく，当該証拠が検察官の手元にあるような場合等には，記録の取寄せを申請する形で再審請求をすることが許される場合もあろう（435の解説[11]参照）。

[5] 本条ただし書の意義

本条ただし書は，例えば嫌疑なしを理由に不起訴処分にされた場合等に，なおも当該犯罪事実を証明できると主張して再審請求をすることは不適法となることを規定したものである。　　　　　　　　　　　　　　　　　　　　　　　　　〔渡邉史朗〕

第438条 [1]**〔管轄〕**　再審の請求は，原判決をした裁判所 [2] がこれを管轄する。

[1] 本条の趣旨

本条は，再審請求についての管轄裁判所を定めた規定である。

[2]「原判決をした裁判所」の意義

「原判決をした裁判所」とは，再審請求の対象となる確定判決を言い渡した国法上の裁判所をいう。控訴審が破棄自判をし，これが確定した場合には，控訴裁判所が「原判決をした裁判所」となる。その上で，各裁判所の定める事務分配規程（下事規6参照）により，具体的な訴訟法上の裁判所が再審請求事件を審理することとなる。

なお，再審請求は，原判決確定後に新たに発見された資料に基づき再審事由の有無を判断するものであり，原判決に内在する誤りを是正する上訴とは異なるので，原判決に関与した裁判官は，再審請求事件との関係において20条7号にいう「前審の裁判に関与した裁判官」には当たらず，除斥されない（最決昭34・2・19刑集13・2・179，最決昭42・5・26刑集21・4・723）。　　　　　　　　　　　　　　　　　　　　　　　〔渡邉史朗〕

第439条 [1]**〔再審請求権者〕**　再審の請求は，左の者がこれをすることができる。

一　検察官 [2]

二　有罪の言渡を受けた者 [3]

三　有罪の言渡を受けた者の法定代理人及び保佐人 [4]

四　有罪の言渡を受けた者が死亡し，又は心神喪失の状態に在る場合には，その配偶者，直系の親族及び兄弟姉妹 [5]

2　第435条第7号又は第436条第1項第2号に規定する事由による再審の請求は，有罪の言渡を受けた者がその罪を犯させた場合には，検察官でなければこれをするこ

とができない [6]。

[1] 本条の趣旨
本条は，再審請求権者の範囲を定めた規定である。

[2] 検察官
検察官は公益の代表者として有罪の言渡しを受けた者の正当な利益を擁護すべき地位にあることから，上訴と同様，再審請求権が付与されている。有罪の言渡しを受けた者の意思に反しても請求できるし，その者が死亡した後も，検察官が再審請求をすることは妨げられない。本号の検察官は，再審請求を管轄する裁判所（438）に対応する検察庁の検察官である（検察5）。

[3] 有罪の言渡しを受けた者
有罪の言渡しを受けた者の再審請求権は固有権である。再審請求のために予め選任した弁護人（440）は，その代理権に基づいて再審請求ができる。

有罪の言渡しを受けた者が再審請求後に死亡した場合，一般に刑事手続における当事者の地位には承継の観念を認めることはできず，特別の規定もないことから，再審請求の手続は何らの措置もとらずに当然終了し，裁判所は，必要があれば，決定で再審請求事件の手続が終了した旨を宣言する（最決平3・1・25裁集刑257・153，最決平16・6・24裁集刑285・501）。これにより再審請求手続が終了しても，他の再審請求権者が改めて再審請求をすることは何ら妨げられない。なお，後掲最判平20・3・14参照。

[4] 法定代理人及び保佐人
法定代理人が複数いる場合には，その各自が請求権を有する。その請求権は代理権であり，有罪の言渡しを受けた者に意思能力がある限り，その明示の意思に反して行うことはできない。前記[3]及び後記[5]の各最高裁決定からすれば，本号の場合も請求人が死亡すれば当然に再審請求手続は終了すると解される。なお，同一の確定判決に対し複数の者から再審請求があった場合，1個の審判手続に併合して審判することができると解される。

[5] 配偶者，直系の親族及び兄弟姉妹
これらの者が再審請求をすることができるのは，有罪の言渡しを受けた者が死亡し又は心神喪失の状態（すなわち訴訟能力を欠いた状態）にある場合に限られる。本号においても有罪の言渡しを受けた者が生存し意思能力を有する限り，その明示の意思に反して請求することはできないと解される。また，請求人が死亡したときは，再審請求手続は当然に終了する（最決平25・3・27裁集刑310・371，最決平26・1・27裁集刑313・3。前記[3]参照）。もっとも，再審公判の上告審にまで至って死亡した場合は，請求人が既に上告審の弁護人を選任しており，かつ，同弁護人が引き続き弁護活動を継続する意思を有する限り，再審公判手続は終了しない（旧法に関するものであるが，最判平20・3・14刑集62・3・185）。

1212   439条，440条

［6］一定の事件における請求の制限

　裁判官，検察官等を職務犯罪に陥らせた者が自らその再審請求をすることを認めると，正義に反し公平の精神にもとるとの見地から，検察官のみが再審を請求できる。

〔渡邉史朗〕

第440条 [1] **〔弁護人選任〕** 検察官以外の者は，再審の請求をする場合 [2] には，弁護人を選任することができる [3]。

2 前項の規定による弁護人の選任は，再審の判決があるまでその効力を有する [4]。

［1］本条の趣旨

　本条は，検察官以外の者が再審請求をする場合の弁護人選任権及び選任の効力について規定したものである。再審請求手続に刑訴法の総則中の弁護に関する諸規定は当然には適用されないため，再審請求者の利益保護の観点から特に本条が設けられている。

［2］弁護人を請求できる時期

　本条は「再審の請求をする場合」と規定しており，弁護人の請求は再審請求前に行うこともできる。

［3］本法の総則規定の準用

　本条の趣旨等から，本法の総則中，弁護人の資格に関する31条1項，31条の2，主任弁護人に関する33条，34条，訴訟書類や証拠物の閲覧・謄写に関する40条等は準用されると解される。なお，弁護人が再審請求のための記録確認を目的として確定記録の閲覧を保管検察官に請求した場合，同弁護人は，刑事確定訴訟記録法4条2項ただし書にいう「閲覧につき正当な理由があると認められる者」に該当し，保管検察官は保管記録を閲覧させなければならない（最決平21・9・29刑集63・7・919）。他方，国選弁護人に関する規定は準用されない。接見交通権に関する39条が準用されるか否かについては争いがあるが，最高裁（最判平25・12・10民集67・9・1761）は，刑事収容施設法上の面会（同121）の問題として，死刑確定者とその弁護人との秘密面会を許さなかった拘置所長の措置を違法として提起された国家賠償請求において，秘密面会を許さない措置は，秘密面会により刑事施設の規律及び秩序を害する結果を生ずるおそれがあり，又は死刑確定者の面会についての意向を踏まえその心情の安定を把握する必要が高いと認められるなど特段の事情がない限り違法である旨判示した。

［4］弁護人選任の効力

　再審開始後の手続は，基本的には審級に応じた通常公判手続であり（451の解説［2］参照），総則中の弁護の規定も適用があるので，上訴審では32条2項に従い審級ごとに弁護人を選任することとなる。したがって，本条2項の「再審の判決」とは，当該審級における再審の判決を意味する。

〔渡邉史朗〕

第441条 [1] 〔再審請求の時期〕 再審の請求は，刑の執行が終り，又はその執行を受けることがないようになつたとき [2] でも，これをすることができる。

[1] 本条の趣旨

本条は，刑の執行との関係では，再審の請求時期に制限がないことを定めた規定である。再審には名誉・信頼等を回復する利益や刑事補償その他の付随的利益があるため，このような規定があえて置かれている。

[2] 「刑の執行を受けることがないようになったとき」の意義

「刑の執行を受けることがないようになったとき」とは，刑の時効完成（刑31），外国判決執行（刑5但），恩赦（恩8）による刑の執行免除のほか，刑の全部又は一部の執行猶予期間の経過，本人の死亡や刑の廃止（東京高決昭40・12・1高刑集18・7・836）も含む。大赦があった場合には，その後無罪や免訴を求めて再審請求をすることはできないとの見解もあるが，名誉回復や刑事補償の実益がなお存することから，積極に解してよい（旧法に関してであるが，東京高決平17・3・10高刑集58・1・6）。 〔渡邉史朗〕

第442条 [1] 〔執行停止の効力〕 再審の請求は，刑の執行を停止する効力を有しない [2]。但し，管轄裁判所に対応する検察庁の検察官は，再審の請求についての裁判があるまで刑の執行を停止することができる [3]。

[1] 本条の趣旨

本条は，再審請求があった場合の確定裁判の執行の取扱いについて定めた規定である。

[2] 本条の原則

再審請求があっても，それだけでは確定判決は原則として何らの影響も受けない。したがって，検察官が執行停止を不相当と判断して刑の執行措置の処分をすることもできる（大阪高決昭44・6・9高刑集22・2・265）。

[3] 本条の例外（裁量的執行停止）

本条ただし書は，検察官がその裁量により執行を停止できるとしている。これは，確定判決が明らかに誤りであることが判明したなどの場合には，速やかに刑の執行を見合わせることが相当な場合もあり得ることを想定したものである。

執行停止の対象となる刑に制限はなく，没収・追徴等のすべての刑を含む。本条の趣旨からすれば，訴訟費用の負担も含むと解すべきである。

死刑については，判決確定から6か月以内に法務大臣が執行命令を発しなければならないが，再審請求があった場合，その手続が終了するまでの期間は，上記期間には算入されない（475Ⅱ）。その他にも，実際の運用として，死刑の確定判決について再審の請求があった場合には，慎重な配慮がされている。

執行停止をしない検察官の措置が裁量権の範囲を著しく逸脱し不当である場合に，刑の執行に関する異議申立て（502）をすることができるとした裁判例がある（前掲大阪高決昭44・6・9）。

〔渡邉史朗〕

第443条 [1] 〔**再審請求の取下げ**〕　再審の請求は，これを取り下げることができる [2]。

2　再審の請求を取り下げた者は，同一の理由によつては，更に再審の請求をすることができない [3]。

[1] 本条の趣旨

本条は，再審請求の取下げ及び同一理由による再度の再審請求の禁止について規定したものである。

[2] 取下げの時期・方法

取下げの時期について明文の規定はないが，再審開始決定があっても終局裁判の宣告までは再審請求の取下げを認める実益があり，他方，再審開始後当該審級における公判の裁判があった後は上訴の手続によるべきであることから，当該審級の終局裁判の宣告まで取下げができると解される。取下げは，原則として書面によるが，再審公判において口頭で行うことも可能である（規284・224）。なお，439条1項3号及び4号の請求者については，意思能力のある本人の明示の意思に反しては取り下げることができないと解される。

[3] 再請求の禁止

再審請求を取り下げた場合，「同一の理由」による再度の請求はできない。「同一の理由」とは，447条2項のそれと同じで，同一の事実関係，証拠関係に基づく請求をいう。ある理由による再審請求の取下げ後，別の理由を付加して再度請求した場合は，前請求と同一の理由による主張部分は不適法として扱われる。

再請求が許されない主体は「再審の請求を取り下げた者」であるが，有罪の言渡しを受けた者が自らした再審請求を取り下げた場合，439号1項3号及び4号に規定する者は本人の代理権者と解されるから，これらの者も同一の理由により再審請求することはできない。他方，上記代理権者が請求を取り下げても，本人又は他の代理権者の請求権には影響しないと解される。

〔渡邉史朗〕

第444条 [1] 〔**刑事施設にいる被告人に関する特則**〕　第366条の規定は，再審の請求及びその取下についてこれを準用する [2]。

444条，445条

[1] 本条の趣旨

本条は，再審の請求及びその取下げについての被収容者の特例を規定したものである。なお，再審が確定判決に対し刑事上の処分を受けた本人の救済をその直接の目的とする非常救済手続であることから，本条は，再審請求棄却決定に対する即時抗告，これに代わる異議申立て及び特別抗告の申立てについても準用される（最決昭50・3・20裁集刑195・639，最決昭54・5・1刑集33・4・271）。

[2] 366条の準用

本条により，刑事施設に収容されている者が請求書を刑事施設の長又はその代理者に差し出したときは，同請求がされたものとみなされる（366Ⅰ）。また，被収容者が自ら請求書を作ることができないときは，刑事施設の長又はその代理者は，これを代書し，又は所属の職員にこれをさせなければならない（366Ⅱ）。

なお，本条に伴い，規284条は規227条及び228条を準用している。刑事施設に収容されている者が再審請求をするには，刑事施設の長又はその代理者を経由して請求書を差し出さなければならず，刑事施設の長又はその代理者は，管轄裁判所に請求書を送付し，かつ，これを受け取った年月日を通知しなければならない（規227）。刑事施設に収容されている者が請求書を刑事施設の長又はその代理者に差し出したときは請求が擬制される（規228。再審請求に時間的限界はない〔441〕が，不服申立てに関しては請求時期を確定する意味がある。）。

〔渡邉史朗〕

第445条 [1] 〔**事実の取調べ**〕 再審の請求を受けた裁判所は，必要があるときは，合議体の構成員に再審の請求の理由について [2]，事実の取調 [3] をさせ，又は地方裁判所，家庭裁判所若しくは簡易裁判所の裁判官にこれを嘱託することができる。この場合には，受命裁判官及び受託裁判官は，裁判所又は裁判長と同一の権限を有する [4]。

[1] 本条の趣旨

再審請求は決定手続であり，裁判所は事実の取調べをすることができ，受命裁判官，受託裁判官に行わせることもできる（43ⅢⅣ）。本条前段はこれを確認的に規定したものである。

ここで再審における事実取調べ全般について説明する。裁判所は，再審事由の有無を判断するため，当然に再審請求書及び提出された証拠等（規283）並びに確定記録の調査検討を行う。事実の取調べは，これらの資料では再審事由の存否が判然としない場合に補充的に行うものである。ところで，再審請求手続は「裁判の対審及び判決」（憲82）に含まれず（最大決昭42・7・5刑集21・6・764），その公開は必要でない上，口頭弁論も要せず（43Ⅱ），当事者主義も妥当しない。事実取調べの可否，方法等は専ら裁判所の合理的な

1216 **445条，446条**

裁量判断に委ねられる。一般論としては，予想される事実取調べの結果が，旧証拠の証明力をどの程度減殺し，原判決の事実認定に合理的な疑いを入れる可能性をどの程度持つかを考えて判断することになろう。

［2］事実の取調べの対象

裁判所の再審理由の判断対象は，請求者の主張する事実に拘束される（最決昭50・5・20刑集29・5・177）から，請求者が全く主張しない点に関する職権調査はできないが，主張（例えば供述調書の偽造）を判断するため，これに付随する事情（例えば当該調書作成前の取調べ状況）につき事実の取調べをすることはできる。また，法律的見解には拘束されないから，主張された事情に根拠条文とは異なる再審事由が含まれていると解される場合には，請求者に請求の理由を再確認するなどした上で，後者の再審事由に関して事実の取調べをすることも可能である。

なお，文理上は請求の理由について行うべきものであるが，一般的な職権調べとして請求の適法性に関する事実取調べも当然に可能である。

［3］事実の取調べの方法等

(1) **方　法**　一般の事実取調べと同様であり，任意処分のほか強制処分もでき，原審で未請求の証拠を検察庁から取り寄せることもできる（43の解説［7］参照）。

証人尋問等法定の処分をしたときは，尋問調書等を作成する。それ以外の事実の取調べについても，終局決定に対し即時抗告ができること（450），事実取調べの結果に対して意見陳述（規286）の機会を与えるのが相当であることからして，記録上明らかにしておくべきである。

(2) **再審における証拠開示**　事実の取調べではないが，再審請求手続においても，特に検察官以外の請求者，弁護人が，検察官に手持ち証拠の開示を求めることがある。裁判所による証拠の取寄せ手続によって証拠閲覧・収集の目的が達せられる場合もあろうが，証拠開示手続によることも差し支えない。この点は明文規定もなく，検察官の判断や裁判所の合理的な運営にかかっている。再審請求段階では現実的な証拠隠滅のおそれ等の弊害が通常は想定し難いことを前提に，公判前整理手続における証拠開示の規定及びその実践の蓄積等も踏まえて，原審であれば当該証拠が開示されたかどうかを勘案し柔軟に対応すべきであろう。最近の実務もそのような方向に運用されているものと思われる。

［4］受命裁判官，受託裁判官の権限

受命裁判官又は受託裁判官は，本条によって規33条3項の制約を受けなくなり，証人尋問及び鑑定以外の強制処分を行うことができると解される。　　　　　〔渡邉史朗〕

第446条 [1] 〔**請求棄却の決定**(1)〕　再審の請求が法令上の方式に違反し [2]，又は請求権の消滅後にされたものであるとき [3] は，決定でこれを棄却しなければならな

い[4]。

> [規] 第286条（意見の聴取） 再審の請求について決定をする場合には，請求をした者及びその相手方の意見を聴かなければならない。有罪の言渡を受けた者の法定代理人又は保佐人が請求をした場合には，有罪の言渡を受けた者の意見をも聴かなければならない[5]。

[1] 本条の趣旨

本条は，再審請求が不適法である場合の棄却決定について規定したものである。

また，規286条は，再審請求について決定をする場合に，規33条1項の例外としての意見聴取を定めている。規286条は446条から449条に共通する規定であるが，便宜上ここで説明を加える。

[2] 法令上の方式違反

再審の請求が法令上の方式に違反する場合としては，管轄を有しない裁判所に対する請求（438），請求権のない者による請求（439），法定の書類等を添付しない請求（規283），436条1項所定の事由がないのに上告棄却決定に対してした請求（最決昭28・7・24刑集7・7・1648）等がある。もっとも，例えば管轄を有しない裁判所に対して再審請求がされた場合には，請求を受けた裁判所が管轄裁判所に事件を移送することは可能であるし（最大決昭24・2・25刑集3・2・246），原判決謄本や証拠の不添付についても，その添付を促すなどすべきである（435の解説[11]参照）。

[3] 請求権の消滅

再審請求権が消滅した場合としては，下級審で再審の判決があった場合の上級審に対する再審請求権の消滅（436ⅡⅢ），再審請求取下げ（443Ⅱ）や再審請求棄却決定（447Ⅱ）後の同一理由による再請求等がある。

[4] 本条による決定の効果等

本条に該当する場合，再審請求は棄却される。もっとも，本条の請求棄却決定は形式的裁判であるから，法令上の方式違反を理由とする場合には，当該違反を修正して同一の理由により再度再審請求をすることはできる。本条の決定に対しては即時抗告をすることができる（450）。

[5] 意見の聴取

(1) 意見聴取の方法　意見聴取の方法については何らの規定もなく，裁判所は適宜の方法（書面又は口頭）により所定の者から意見を聴取すれば足りる。実務上は回答期限を付した求意見書を発して意見を求めることが多い。口頭で意見陳述をしたい旨の申出があったとしても，裁判所は書面の提出を求めることができる（札幌高決昭49・12・20刑裁月報6・12・1231）。

「意見を聴」くとは，意見陳述の機会を与えるという趣旨であり，裁判所が意見を求

め，かつ相当期間を置いたにもかかわらず申述がなかった場合には，意見を聴いたことになる（最決昭32・10・23刑集11・10・2696）。

(2) **意見聴取の対象**　本人の死亡後に検察官が再審請求をしたときは，「相手方」は存しない。

請求者に弁護人がいる場合であっても，請求者本人に意見を求めれば足りるが，これに対して弁護人が本人に代わって意見を述べることは可能である。

(3) **意見聴取の時期**　時期についても別段の定めはなく，裁判所が関係人の意見を十分参考にできる適宜の時期に行えばよい。実務上は，再審請求を受理した段階で所定の者に対して裁判所が同時に意見を求め，事実の取調べ（43Ⅲ・445）を行った場合には，その終了後決定前に，事実取調べを踏まえた最終意見申述の機会を与える運用が広く行われている。

〔渡邉史朗〕

第447条 [1] **〔請求棄却の決定(2)〕**　再審の請求が理由のないときは，決定でこれを棄却しなければならない。

2　前項の決定があつたときは，何人も [2]，同一の理由 [3] によつては，更に再審の請求をすることはできない [4]。

[規]　第286条　法第446条参照。

[1] 本条の趣旨

本条は，再審の請求が適法であるがその理由がないときの棄却決定（Ⅰ）及び決定の内容的確定力（Ⅱ）について規定したものである。本条2項については，単に請求の回数を制限しただけでなく，1項による決定の内容的確定力を認めた規定であると解するのが通説であり，再請求が許されないのみならず，再審事由なしとした具体的判断事項に反する判断を後の再審請求裁判所がすることもできない（名古屋高決昭37・1・30高刑集15・1・11）。

なお，本条の決定に対しては即時抗告をすることができる（450）。

[2] 再請求の全面的禁止

本条1項による棄却決定に対しては，2項の文理上，原請求者以外の請求権者であっても，同一の理由に基づく再審請求をすることはできない（請求取下げ後の再請求〔443Ⅱ〕の場合とは異なる。）。

[3] 「同一の理由」の意義

「同一の理由」とは，同一の証拠関係又は事実関係の意味である。したがって，該当条文の異なる再請求であっても，証拠関係又は事実関係が前請求と同一であると認められる場合には，本条2項に抵触する。他方，前請求で主張した事実ないし提出した証拠

であっても，その部分につき裁判所が判断を示さなかったのであれば，再度請求の理由とすることは可能である。

[4] 同一の理由による再請求の効果

　同一の理由による再請求は，不適法として棄却される (446)。また，同一の理由に別の理由を付加して再請求した場合にも，当該同一の理由の部分は不適法な主張として扱われる (最決平17・3・16裁集刑287・221)。　　　　　　　　　　　　　　〔渡邉史朗〕

第448条 [1] **〔再審開始の決定〕**　再審の請求が理由のあるときは，再審開始の決定 [2] をしなければならない [3]。

2　再審開始の決定をしたときは，決定で刑の執行を停止することができる [4]。

　　[規]　第286条　法第446条参照。

[1] 本条の趣旨

　本条1項は再審開始決定について，2項は同決定に伴う刑の執行停止について規定したものである。

[2] 再審開始決定の効果

　再審開始決定がされ，これが確定すると，管轄裁判所は本案の再審審理を行う (451)。

　再審開始決定自体は原判決変更の蓋然性を判断したものにすぎないから，破棄差戻判決のような法律上の拘束力はない。また，再審開始決定後も刑の執行が継続し得ること (本条II) 等からして，再審開始決定があっても原判決の効力は失われない。

　再審開始決定確定後も有罪の言渡しを受けた者の拘束 (懲役刑の執行等) が継続する場合，受刑者としての地位と再審公判被告人としての地位とが併存することになる。この場合の面会及び信書の発受について，刑事収容施設法に調整規定がある (同145)。

[3] 再審開始決定の範囲

　原判決の認定事実の一部に再審事由がある場合の再審開始決定の範囲という問題がある。

(1) **科刑上一罪の場合**　原判決の科刑上一罪の一部について再審事由があるときは，全体について再審開始決定をすることになる。この場合，再審公判裁判所は，再審事由のない原判決の事実認定部分には，量刑を行う限度でのみ検討評価を加えることができると解される (後記(2)参照)。

(2) **併合罪の場合**　原判決が併合罪関係にある数個の犯罪 (例えばA罪とB罪) に個別に刑を科した場合 (A罪について懲役刑，B罪について罰金刑) には，両者は可分であるから，一方の罪についてのみ再審事由があるときは，同罪のみ再審開始決定をすればよい (ただし，付加刑や訴訟費用が不可分な場合には別途考慮が必要である。)。これに対し，1個の刑

を言い渡した原判決のうちA罪にのみ再審事由がある場合の再審開始決定の範囲については，実務上の定説がないが，近時の有力な見解は，科刑上一罪と同様，全部の罪につき再審開始決定をすべきであるが，再審公判裁判所は，原判決で有罪と認定された事実についてはその有罪認定に立ち入ることができず，量刑を行う限度でその情状を取り調べることができると解している（仙台高決昭52・2・15高刑集30・1・28）。この点は，通常上訴審におけるいわゆる対象攻防論や，併合罪の部分破棄に関する議論も参考になると思われる。

［4］刑の任意的執行停止

　前記のとおり再審開始決定により原判決は失効しないが，将来失効する蓋然性がある上，中には失効が確実な事案もあり，刑の執行を継続することが正義に反する場合があることから，本条2項が置かれている。この決定は随時することができる。

　死刑については，刑の執行に当たるのは絞首の点であり（刑11Ⅰ），執行確保のための拘置（刑11Ⅱ）は刑の執行ではないと解されている。したがって，本条2項により刑の執行を停止しても拘置は継続する。しかも，原判決は再審判決が確定して初めて失効するため（451の解説［3］参照），原理的には，再審無罪判決が言い渡されてもその確定まで拘置が続くことになる。その不都合性から，実務では，再審無罪判決の言渡直後に検察官が442条ただし書により拘置の執行を解き（いわゆる免田事件，財田川事件），あるいは裁判所が再審無罪判決の言渡しと同時に拘置の執行を停止する旨の決定をした（いわゆる松山事件，島田事件）例がある。さらに，近時は本項の適用ないし準用により絞首に加えて拘置の執行停止もできるとする見解も有力であり，いわゆる袴田事件第2次再審請求事件においては，裁判所が再審開始決定と同時に死刑及び拘置の双方の執行を停止する決定をし（静岡地決平26・3・27判時2235・113），抗告審も拘置の執行停止を肯定した（東京高決平26・3・28判時2235・137）。

　なお，本条2項の決定に対して，検察官は，即時抗告をすることはできないが（450），通常抗告（419）をすることができる（最決平24・9・18刑集66・9・963）。また，抗告に伴い，刑執行停止決定の執行停止を原裁判所又は抗告裁判所が行うこともできると解される。

〔渡邉史朗〕

第449条 [1] 〔請求の競合と請求棄却の決定〕　控訴を棄却した確定判決とその判決によつて確定した第一審の判決とに対して再審の請求があつた場合において，第一審裁判所が再審の判決をしたときは，控訴裁判所は，決定で再審の請求を棄却しなければならない。

2　第一審又は第二審の判決に対する上告を棄却した判決とその判決によつて確定した第一審又は第二審の判決とに対して再審の請求があつた場合において，第一審裁判所又は控訴裁判所が再審の判決をしたときは，上告裁判所は，決定で再審の請求

を棄却しなければならない[2]。

[1] 本条の趣旨

　本条は，下級審の確定判決に対する再審開始決定が確定するよりも前に，同一事件の上級審の確定判決に対する再審請求が競合した場合の調整方法について規定したものである。436条2項，3項は，下級審の確定判決に対し再審の判決があった後，同一事件の上級審判決に関する再審請求を禁止したものであり，本条とは適用場面が異なる。

[2] 下級審が再審の判決をした場合の上級審に対する請求の棄却

　下級審の確定判決について再審の判決があれば，再審請求の目的は達成することから，上級審に対する請求を棄却することとしている。この請求棄却決定は，上級審が再審開始決定をした後であると否とを問わない。

　本条1項の控訴裁判所による請求棄却決定に対しては，即時抗告に代わる異議の申立てをすることができる（450・428Ⅱ）。　　　　　　　　　　　　　　　　〔渡邉史朗〕

第450条 [1] 〔**即時抗告**〕　第446条，第447条第1項，第448条第1項又は前条第1項の決定に対しては，即時抗告をすることができる。

[1] 本条の趣旨

　本条は，再審請求に係る終局決定に対する不服申立方法が即時抗告である旨を定めた規定である。文理上は高等裁判所が終局決定をした場合にも即時抗告ができるかのようであるが，428条1項，2項により，この場合には即時抗告に代わる異議申立てをすることができる（ただし，旧法事件に関しては，異議申立てをすることはできない。最大決昭37・10・30刑集16・10・1467）。なお，即時抗告審の決定に対する不服申立てとしては，再抗告が禁止され（427），特別抗告のみが許される。

　抗告審は事後審であり，これに代わる異議審も同様であると解される。このようなことから，異議審において，再審事由を追加する趣旨で新たな鑑定書を提出することは許されないとした最高裁決定がある（最決平17・3・16裁集刑287・221）。　　　　〔渡邉史朗〕

第451条 [1] 〔**再審の審判**〕　裁判所は，再審開始の決定が確定した事件については，第449条の場合を除いては，その審級に従い[2]，更に審判[3]をしなければならない。

　2　左の場合には，第314条第1項本文及び第339条第1項第4号の規定は，前項の審判にこれを適用しない[4]。

　一　死亡者又は回復の見込がない心神喪失者のために再審の請求がされたとき。

二　有罪の言渡を受けた者が，再審の判決がある前に，死亡し，又は心神喪失の状態に陥りその回復の見込がないとき。

3　前項の場合には，被告人の出頭がなくても，審判をすることができる。但し，弁護人が出頭しなければ開廷することはできない。

4　第2項の場合において，再審の請求をした者が弁護人を選任しないときは，裁判長は，職権で弁護人を附しなければならない。

[1] 本条の趣旨

本条は，再審開始決定確定後の再審公判手続の原則とその例外を規定したものである。

[2] 「審級に従い」の意義

原判決が第一審判決の場合には第一審の公判手続に従い，上訴審の裁判の場合にはそれぞれ上訴審の訴訟手続に従って審判するという意味である。旧法下の事件では，再審の審判も同法に基づいて行われる。裁判員裁判対象事件第一審であれば再審公判も裁判員の加わった合議体で行う。原判決手続や再審請求手続に関与した裁判官が関与しても除斥原因（20⑦）には当たらない。

[3] 再審公判手続の内容等

⑴　手続の内容　　再審公判手続については，①原判決手続の続審のように捉え，再審公判裁判所は破棄差戻しの場合の公判手続の更新（315，規213の2）に準じた手続をとればよいとする見解と，②原判決手続とは全く別個の覆審的手続であり，第一審であればその起訴状朗読からやり直さなければならず，証拠調べも新たにし直すべきであるとの見解とが，実務上も並立した状態にある。①説は，新証拠の発見等による原判決の是正という再審制度の趣旨からすれば，原判決手続の訴訟状態を引き継ぎ，これに再審公判での新証拠調べを継ぎ足すのが合理的であるとの発想であり，手続的にも簡便であるが，原判決の際に公判前整理手続に付された事件では，期日間整理手続に付さない限り，新証拠について316条の32の問題が理論的には生じ得る。他方，②説は，再審開始決定があっても原判決は失効しないことから，続審手続ではないと解している。これによれば証拠制限の制約はなく，また裁判員裁判による再審公判の場合には審理が分かりやすいとも思われるが，公判前整理手続をもやり直さなければならないのかどうかは不明である。なお，②説も，通常第一審と全く同じ手続であるとは考えておらず，起訴状一本主義は働かないと解しているし（再審公判裁判所が事前に証拠を精査できるという趣旨か。），当事者が証拠関係の組直しや証拠意見の変更を無制限に行えるものでもないであろう。いずれに従って手続を行うにしても，当該再審公判の目的に照らし合理的範囲で旧証拠の取調べをすべきである。その上で，再審請求手続で提出された証拠や事実取調べの結果を必要に応じて請求又は職権で取り調べることとなる。

なお，略式命令に対する再審では，無罪や免訴の言渡しは略式命令ではできないし，有罪の場合にも相当性（463）の観点からして，略式命令ではなく通常審判手続による

べきである。

(2) **再審の裁判**　再審の終局裁判も当該審級の一般原則に従って行われる。一審無罪判決を破棄自判して有罪にした原控訴審判決を再審で無罪とするには，控訴棄却の判決をする。一審有罪判決につき，有罪を維持しつつ破棄変更した原控訴審判決を再審で無罪にする場合は，原第一審判決を破棄し無罪の言渡しをする。再審の結果原判決と同一の結論に至ることもあるが，その場合にも新たに判決をしなければならない。この場合，不利益変更禁止（452）に反しない限り，原判決と異なる刑を言い渡すことが可能である。原判決確定後に免訴事由が生じた場合，実体的に無罪の可能性があっても，再審公判裁判所は免訴を言い渡すべきである（旧法に関してであるが，最判平20・3・14刑集62・3・185）。

再審の裁判に対しては，一般原則によって上訴が許される。再審の裁判が確定すると，原判決が当然失効する。再審判決で刑の言渡しがあったときは，原判決による刑の執行は当然に再審判決の刑の執行とみなされる。執行の済んだ罰金（減額の場合には超過額）や没収物等は還付するのが相当である。

なお，無罪判決は，刑事補償（刑補1Ⅱ。刑の執行に関しても補償の対象となる。）及び費用補償（188の2）の対象となる。ただし，再審請求手続に要した費用は補償の対象とならない（最決昭53・7・18刑集32・5・1055）。

［4］公判手続停止及び公訴棄却決定の適用除外

被告人の利益の観点から，心神喪失であっても公判手続は停止せず，死亡しても控訴棄却とはしないこととしたものである。本条4項により選任される弁護人については，総則中の職権による被告人の国選弁護人に関する規定の適用がある。　　　　〔渡邉史朗〕

第452条 [1]〔**不利益変更の禁止**〕　再審においては，原判決の刑より重い刑 [2] を言い渡すことはできない。

［1］本条の趣旨

本条は，再審の判決における不利益変更の禁止を規定したものである。控訴・上告の場合の不利益変更禁止（402・414）が被告人に上訴権の行使を躊躇させないための政策的配慮に基づく規定であるのに対し，本条の不利益変更禁止は，憲法39条に基づくものと解されている。

［2］不利益変更の意義

「原判決の刑より重い刑」の意義は，控訴や上告におけるそれと同じである。402条の解説［3］を参照されたい。

なお，本条は，前記のとおり憲法39条の要請に基づくものであるから，検察官が再審請求をした場合にも適用があり，この点は控訴・上告と異なる。　　　　〔渡邉史朗〕

453条

第453条 [1] **〔無罪判決の公示〕** 再審において無罪の言渡をしたとき [2] は，官報及び新聞紙に掲載して [3]，その判決を公示しなければならない [4]。

[1] 本条の趣旨

　本条は，再審において無罪の言渡しをした場合における裁判所の公示義務について定めた規定である。再審において無罪の言渡しを受けた場合，それまで誤って有罪判決を受けていた者の名誉を回復する必要があるとの趣旨から定められたものである。

[2] 「無罪の言渡をしたとき」の意義

　「無罪」には，全部無罪のほか，併合罪中の一部が無罪となった場合も含む。さらに，一罪の一部が無罪となった場合についても，435条6号の再審事由に当たるとされていること（最決平10・10・27刑集52・7・363）や，不当な有罪判決を受けた者の名誉を回復するという本条の趣旨を推及すると，主文で無罪の言渡しをするわけではないが，本条の適用があると解される。

　「言渡をしたとき」とは，当該判決が確定したときをいう。

[3] 公示義務を負う者

　本条の公示を行う義務を負うのは，無罪の判決を言い渡した（国法上の）裁判所である。

[4] 公示の内容・方法

　公示するのは原則として判決の全文である。もっとも，無罪の言渡しを受けた者の意思にかかわらず公示しなければならないことから，名誉回復に欠けないと認められる限度であれば，判決理由の要旨の公示をすることもできると解される。

　新聞は1種類に掲載すれば足りる。有罪の言渡しを受けた者に選択権はないが，本人の意向に配慮することは何ら差し支えない。

〔渡邉史朗〕

454条　　　　　　　　　　　　　　　　　　　　　　　　1225

第5編　非常上告

第454条 [1]〔非常上告〕　検事総長 [2] は，判決が確定した後 [3] その事件の審判が法令に違反したことを発見したときは [4]，最高裁判所に [5] 非常上告をすることができる [6]。

[1] 本条の趣旨，非常上告制度の意義，目的

本条は，非常上告の申立権者，対象，管轄裁判所等を定めるものである。

非常上告は，判決（確定すれば確定判決と同一の効力を有する略式命令等を含む。）が確定した後，その審判に法令違反があることが判明した場合に，法令の解釈適用を統一することを目的として，法令違反を是正するために行われる非常救済手段である。

判決確定後の非常救済手続としては，再審があるが，再審が，確定裁判における事実認定の誤りを是正することにより，有罪の言渡しを受けた者を救済し，その利益の保護を図ることを目的とするのに対し，非常上告は，法令違反を是正して法令の解釈適用の統一を図ることを目的とする点で異なる。

もっとも，非常上告でも，原判決が法令に違反し，かつ，原判決が被告人のため不利益であるときには，原判決を破棄自判し，その効力は被告人に及ぶので（458①但・459），事実上，有罪の言渡しを受けた者の救済に資することとなるが，あくまで付随的ないし反射的効果として認められるにとどまる。

[2] 申立権者

非常上告は，検事総長のみに申立権が認められている。非常上告は，法令の解釈適用の統一を目的とするものであることから，裁判所に法の正当な適用を請求する職責を有し，公益の代表者である検察官のうち，全ての検察庁の職員を指揮，監督する立場にある検事総長のみに権限を認めるのが相当だからである（検察4・7Ⅰ）。

被告人には，非常上告の申立権はない。

[3] 非常上告の対象

非常上告の対象となるのは，確定判決であり，有罪の確定判決のみを対象とする再審と異なり（435），無罪，免訴，公訴棄却，管轄違の判決も含まれる。

略式命令も，正式裁判の請求期間の経過等により，確定判決と同一の効力を有するから（470），非常上告の対象となり（大判昭2・4・2刑集6・125），実務上，略式命令に対す

る非常上告の申立てが多数を占める。

　上告棄却決定は判決ではないが，判例は，上告棄却判決と同様，原審判決を確定させる効力を有する終局裁判であるとして，非常上告を認めている（最判昭25・4・13刑集4・4・567）。

　一方，控訴取下申立書を監獄の長に提出したときは，直ちに控訴取下の効力が生ずるから，その後の控訴審判決は，当然無効であり，確定判決とは認められず，非常上告は許されない（最大判昭27・11・19刑集6・10・1217）。

［4］非常上告の理由及び申立時期

(1) **非常上告の理由**　　非常上告の理由は，その事件の審判が法令に違反したことであり，審判とは，審理及び判決を意味する。「事件の審判が法令に違反したこと」とは，事件の審判に手続法上の違法があるか，確定判決において認定した事実を前提として実体法の適用に違法があることをいう（最大判昭25・11・8刑集4・11・2221）。

　全ての法令違反が含まれるが，違反が一件記録等から客観的に明白な場合に限られる。確定判決が，その後に出された最高裁判例に反するとしても，当該判決の審判に法令違反がない以上，非常上告は許されない（最大判昭28・12・16刑集7・12・2550）。また，法令の解釈につき争いがある場合及び下級審裁判例が対立している場合に，法令解釈の統一を求めて非常上告をすることは許されない。

　前提事実の誤認があるものの，法令の解釈適用には誤りがない場合，法令の解釈適用を統一する目的に役立たないから，非常上告の理由には該当しない（上記最大判昭25・11・8，最大判昭27・4・23刑集6・4・685）。

　例えば，申立期間内に適法な控訴趣意書が提出されていたのを提出されていないものと誤認して控訴を棄却した場合（最判昭25・11・30刑集4・12・2468），累犯加重の条件を具備しない前科を，被告人の供述等からその条件を具備するものと誤認して累犯加重の規定を適用した場合（上記最大判昭25・11・8），公訴提起時及び第一審判決時，被告人の年齢が20歳以上であると認定されていたが，判決後，実際は少年であったことが判明した場合（上記最大判昭27・4・23），判決確定後，被告人が判決宣告前に死亡していた事実が判明した場合（最判昭28・7・13刑集7・7・1541）は，いずれも事実誤認を前提とするものであるから，非常上告は許されない。

　なお，記録上少年であることが明らかであれば，それにもかかわらず家庭裁判所を経由することなく，公訴が提起された場合には，前提事実の誤認ではなく，法令適用の誤りであるから，非常上告が認められる（最判昭42・6・20刑集21・6・741）。

(2) **非常上告の時期**　　非常上告の申立てについては，時期の制限はなく，刑の時効が完成した後，刑の執行が終了した後，刑が消滅した後のいずれの場合も可能である。

　なお，被告人が確定後に死亡した場合（最判平22・7・22刑集64・5・824），被告人が，確定後に本邦を出国し，非常上告申立時において再入国していない場合（最判平22・7・22刑集64・5・819）も，非常上告をすることができる。これらの場合，非常上告の審理の際，

既に被告人が死亡している又は本邦内に存在しないが，非常上告は，法令の解釈適用の統一を図ることを目的とするものである上，手続的にも，検察官に対立する当事者としての被告人は存在せず，一般的には被告人やその弁護人が関与することも考え難いから，被告人が死亡していることや被告人が本邦を出国し再入国していないことが手続を進める上での支障にもならない。

［5］管轄裁判所

非常上告の管轄は，最高裁判所のみが有する。

最高裁判所が，上告審として憲法問題及び判例問題を判断するほか（405），法令の解釈に関する重要な事項を含む事件を審理でき（406），判決に影響を及ぼすべき法令違反の存する原判決を職権で破棄することができる（411①）など，法令の解釈適用の統一を図ることを基本的な任務の一つとするからである。

［6］非常上告申立ての要否

非常上告の申立ては，検事総長のみに認められており，また，全ての法令違反が，非常上告の理由となり得るが，形式的に法令違反が認められる場合であっても，申立てをすることは義務的ではなく，申立てをするか否かは検事総長の裁量に委ねられている。実務上，検事総長は，法令の解釈適用の統一という非常上告制度の目的を踏まえ，重要な法令違反に限って申立てを行っているものと考えられる。　　　　　　　　〔杉山徳明〕

第455条 [1] 〔非常上告申立書の差出〕　非常上告をするには，その理由を記載した申立書を最高裁判所に差し出さなければならない。

［1］本条の趣旨

本条は，非常上告の申立方式を定めるものである。

非常上告の申立ては，検事総長の名義で，最高裁判所宛てに，非常上告の理由を記載した申立書を提出して行う必要がある。

申立ての取下げについては条文がないが，非常上告の判決があるまで申立ての取下げが許されると解される。　　　　　　　　〔杉山徳明〕

第456条 [1] 〔検察官の陳述〕　公判期日には，検察官は，申立書に基いて陳述をしなければならない。

［1］本条の趣旨

本条は，非常上告の公判における手続を定めるものである。

非常上告の申立てがなされた場合には，公判期日を開く必要があり，公判期日には，

裁判官，裁判所書記官及び検察官が出席する必要がある（282）。

　原裁判の被告人や弁護人についての規定はないが，非常上告は，法令の解釈適用の統一を目的とする制度であり，その性質上，通常の上告と異なり，検察官に対立する当事者としての被告人は存在しないから，その代理人たる弁護人の関与ということも一般的には考えられない。もっとも，権利としては認められないが，裁判所の裁量により，法律問題の代理人としての弁護人の選任を認め，弁護人に公判廷への出頭及び意見陳述を許すことは差し支えないとされている。実際，被告人が選任した弁護人が，意見書を提出した上で弁論を行うことを希望したことを受けて，公判期日において，検察官による非常上告申立書に基づく陳述がされた後，弁護人が意見書に基づいて意見を述べる弁論が行われた事例もある（判タ1364・84参照）。　　　　　　　　　　　　　〔杉山德明〕

第457条[1]〔非常上告棄却の判決〕　非常上告が理由のないときは，判決でこれを棄却しなければならない。

[1]　本条の趣旨

　本条は，非常上告の申立てに理由がないときの裁判手続を規定するものであり，裁判所は，判決で棄却しなければならない。

　「非常上告が理由のないとき」とは，非常上告理由である審判の法令違反が認められない場合をいい，前述のとおり，前提事実の誤認があるものの，法令の解釈適用に誤りがない場合，非常上告は認められず，判決で棄却される（最大判昭25・11・8刑集4・11・2221）。

　非常上告に関しては，申立てが法令上の方式に違反するなど不適法であった場合の規定を置いていないが，これは，申立権者が検事総長に限られていることから，立法者がそのような場合を想定しなかったことによるものである。仮に，申立てが不適法であった場合も，判決で棄却することになるとするのが通説である。

　もっとも，被告人にはそもそも非常上告の申立権がないから，被告人からの申立ては，決定で棄却される（最決昭50・11・7裁集刑198・437）。　　　　　　　　　〔杉山德明〕

第458条[1]〔破棄の判決〕　非常上告が理由のあるときは，左の区別に従い，判決をしなければならない。
　一　原判決が法令に違反したときは，その違反した部分を破棄する。但し，原判決が被告人のため不利益であるときは，これを破棄して，被告事件について更に判決をする[2]。
　二　訴訟手続が法令に違反したときは，その違反した手続を破棄する[3]。

458条

[1] 本条の趣旨　　[2] 1号の意義，具体例等　　[3] 2号の具体例等

[1] 本条の趣旨

本条は，非常上告の申立てに理由がある場合の裁判手続を規定するものであり，裁判所は，1号，2号の区分に従って，判決をすることとなる。

[2] 1号の意義，具体例等

(1) 「原判決が法令に違反したとき」の意義　　1号の「原判決が法令に違反したとき」については，学説・判例上，控訴理由たる「法令の適用の誤り」(380) が含まれること，また，2号の「訴訟手続が法令に違反したとき」につき，判決前の訴訟手続の法令違反が含まれることについては，異論は見られない。

訴訟条件が具備しない場合に，1号，2号のいずれかに該当するかについては，後記のとおり。

非常上告は，法令の解釈適用の統一を図るための制度であるから，これを是正するためには，その違反部分のみを破棄すれば足り，これは一般的に理論的破棄と呼ばれる。しかしながら，原判決が被告人のために不利益であるときには，法令違反による不利益を被告人に科したままにするのは適当ではないことから，本条1項但書は，原判決を破棄して，自判する必要があることを定めており，この場合に限り，判決の効果が被告人に及ぶ (459)。

「原判決が被告人のため不利益であるとき」とは，原判決の認定した事実に正しい法令を適用して新たに言い渡すべき判決が，原判決より利益なことが法律上明白である場合をいう (最判昭48・12・24刑集27・11・1469)。

後記のとおり，判例は，原判決の宣告刑と正当に法令を適用した場合の新たな量刑とを具体的に比較し，前者が重い場合に，被告人のため不利益であると判断している。

自判する場合の基準時につき，学説上，原判決の時を標準とする説と，自判の時を標準とする説との争いがあるが，判例は，原判決時を標準とするとの考え方を示しており，原判決の時は少年であったが，自判の時には成人になっている事案につき，原判決時の法令を適用して，不定期刑を科した (最判昭42・2・10刑集21・1・271)。

(2) 1号に該当する具体例　　実体法の適用に誤りがある場合としては，犯罪の成否に関する法令違反と刑に関する法令違反がある。

犯罪の成否に関する法令違反の例としては，廃止された罰則を適用した場合 (最判昭27・4・4刑集6・4・578)，法律上罪とならない事実に罰則を適用して有罪とした場合があり (最大判昭40・7・14刑集19・5・585，最判平26・4・15裁集刑313・369)，また，法律上犯罪行為に該当しないことを理由に最高裁で無罪となった共犯者の事件と，法の適用に関し別個に評価され得るような事情がないとして，先に確定した被告人の略式命令に対する非常上告が認められた例がある (最判平23・12・9刑集65・9・1371)。これらの場合，原判決は，被告人に不利益であるから，原則として，破棄自判して無罪を言い渡すこととなる。

刑に関する法令違反の例としては，実務上，法定刑を超える刑を言い渡したものが多く（最大判昭24・2・1刑集3・2・65，最判平17・12・2裁集刑288・729，最判平21・7・14裁集刑297・137等），被告人に不利益であるから，自判により法定刑の範囲内の刑を言い渡すこととなる。幇助犯につき，法律上の減軽をした処断刑を超える刑を言い渡した事例でも，自判して処断刑の範囲内の刑を言い渡している（最判昭56・7・17刑集35・5・563）。

　本来，不定期刑を言い渡すべき少年に対し，定期刑を言い渡すことは，法令違反であり，本来言い渡すべき刑を具体的に量定した上で，原判決の刑より利益なことが明白であるとして自判している（最判平7・6・19裁集刑265・815，上記最判昭48・12・24）。これに対し，少年に対し，定期刑を科すべきであったのに不定期刑を科した事案は，本来なされるべき判決が原判決より利益なことが法律上明白であるとはいえないとして，理論的破棄に止めている（最判昭26・12・21刑集5・13・2607）。

　執行猶予中の前科であるのに累犯加重をして懲役1年とした事例につき，自判して懲役6月に処した事案（最判昭28・3・20裁集刑76・663）がある一方，受刑中の前科を累犯前科として加重した事例につき，懲役6月との原判決が被告人のため不利益であるとはいえないとして，判決中の累犯前科の適用部分のみの破棄に止めたものがある（最判昭48・3・8刑集27・2・87）。このように，判例は，原判決の宣告刑と正当に法令を適用した場合の新たな量刑とを比較し，前者が重ければ，被告人のため不利益であるとして，破棄自判する立場を採用している。

　そのほか，執行猶予期間中の者に対し，1年を超える懲役刑を宣告しながら再度の執行猶予に付した事案は，刑法25条2項を適用した部分のみを破棄しているのに対し（最判昭29・7・8刑集8・7・1070），保護観察に付することができない者に保護観察を付したものは，自判して改めて保護観察の付されない執行猶予刑を言い渡している（最判昭29・11・25刑集8・11・1905）。

(3) **訴訟条件が具備せず，免訴，公訴棄却，管轄違いを言い渡すべき場合**　　訴訟条件が具備しないため，本来，免訴，公訴棄却，管轄違いを言い渡すべきであったのにそれをせず，有罪判決が確定した場合に，1号に該当するのか，2号に該当するのかについては，学説上，争いがある。1号に該当するのであれば，原判決が被告人に不利益であれば，更に判決する必要が生じ，新たな判決は，被告人に対しても効力を生ずるのに対し(459)，2号に該当するのであれば違反した手続のみが破棄される結果，被告人に対する効力は生じないこととなる。

　判例の立場は以下のとおりである。

　ア　**免訴判決を言い渡すべき場合**　　免訴判決をなすべきところ，誤って有罪判決をした場合，判例は，1号に該当し，かつ，被告人に不利益であるとして，破棄自判して免訴判決を宣告している。

　例えば，連続犯（昭和22年に廃止済み）の一部の確定判決の後，連続犯の一部をなす他の事実につき有罪判決が確定した場合（最判昭24・2・8刑集3・2・124），略式命令確定後，

458条

同一事実につき更に略式命令が発付され確定した場合（最判昭27・11・28裁集刑69・1089ほか多数），窃盗罪の確定後，当該事実と同一性が認められるぞう物寄蔵罪の判決が確定した場合（最判昭28・12・18刑集7・12・2578），公訴提起時において公訴時効が完成している事実につき，略式命令が確定した場合（最判昭51・4・30裁集刑200・363），常習一罪の一部につき常習罪として略式命令が確定した後，一罪を構成する別の事実につき有罪の略式命令が確定した場合（最判平15・6・2裁集刑284・353）は，いずれも，後に確定した判決等を破棄した上，免訴を言い渡している。

　イ　公訴棄却判決を言い渡すべき場合　　判例は，公訴棄却判決をなすべきところ，誤って有罪判決をした場合についても，1号に該当し，破棄自判して公訴棄却判決を宣告している。

　例えば，略式命令の確定前に，同一公訴事実につき更に略式命令の請求がなされ，前の略式命令確定後に後の略式命令が確定した場合（最判昭25・5・2刑集4・5・752），罰金のみに当たる罪を犯した少年の事件につき（仮に家庭裁判所が事件の送致を受けても，刑事処分相当として検察官に対する逆送ができない。少20参照。），家庭裁判所を経由せずに略式命令が確定した場合（最判昭42・6・20刑集21・6・741），起訴状に記載された事実が真実であっても，何ら罪となるべき事実を包含していない場合（最判昭37・6・14刑集16・7・1245），本来，公訴提起に当たり必要な収税官吏の告発がないのに略式命令が確定した場合（最判昭32・12・24刑集11・14・3371），交通反則金が納付されていることを看過して略式命令が確定した場合（最判昭46・12・23裁集刑182・531等），道路交通法上の反則行為に当たるのに反則手続を経ずに略式命令が確定した場合（最判昭57・9・28裁集刑228・639）には，いずれも破棄自判して公訴を棄却している。

　また，起訴状に検察官の署名及び押印がいずれも欠けていることを看過して略式命令が確定した場合（最判平18・7・18裁集刑289・503），検察官事務取扱の職務命令の発令を受けていなかった検察事務官の起訴による略式命令が確定した場合（最判平24・9・18刑集66・9・958）についても，公訴提起の手続が無効であるとして，公訴棄却判決を言い渡している。

　ウ　管轄違い，科刑権の制限に反した場合　　これに対し，事物管轄がないにもかかわらず，判決がなされた場合，判例は，本条2号に該当するとして，訴訟手続を破棄するに止めており，例えば，少年法により家庭裁判所が専属管轄を有する労働基準法違反事件につき簡易裁判所において略式命令が確定した場合には，当該略式命令をした訴訟手続のみを破棄している（最判昭32・2・5刑集11・2・498）。

　なお，1号と2号が競合するものとして，罰金刑の定めがなく，かつ，簡易裁判所の事物管轄に属しない罪について，罰金刑を科した略式命令が確定した場合には，2号により，原裁判所が，管轄違の言渡しをすることなく略式命令をした手続を破棄するとともに，1号本文により，略式命令中罰金刑をもって処断すべきものとした部分をも破棄すべきであるとしつつ，罰金に処した略式命令は，「被告人のため不利益な」裁判に当

1232 **458条, 459条, 460条**

たらないとしたものがある (最判昭58・7・12刑集37・6・875)。

　また, 管轄違いに類するものとして, 裁判所が科刑権の制限に反した場合も, 判例は, 本条2号に該当するとして, 訴訟手続のみを破棄している。

　例えば, 簡易裁判所では懲役刑を科することができない森林法違反の罪につき, 簡易裁判所が, 懲役刑を選択した上, 併合罪関係にある窃盗罪とともに, 懲役刑を言い渡した場合には, 管轄地方裁判所に移送することなく, 森林法違反につき, 懲役刑を選択処断した手続のみを破棄し (最大判昭40・4・28刑集19・3・344), 簡易裁判所が, 法定刑の範囲内ではあるが, 略式命令で科し得る罰金額の上限を超えて, 略式命令を発付した場合も, 略式命令により当該罰金を科した手続のみを破棄している (最判昭53・2・23刑集32・1・77)。

〔3〕 2号の具体例等

　上記のとおり, 管轄違いや科刑権の制限に違反した場合に2号に該当すると認められる場合があるほか, 判決は, 宣告により, 宣告された内容どおりのものとして効力を生じ, 宣告された内容が判決書の内容と異なる判決が確定したときは, 裁判所の宣告した刑の内容で効力を生じるが, 法令違反は宣告された内容と異なる判決書の記載部分のみにあるとして当該部分を破棄したもの (最判平17・11・1裁判刑288・283), 法定合議事件であるにもかかわらず, 単独事件として審理判決した事案につき, 一人の裁判官で審理判決した訴訟手続を破棄したもの (最判昭46・3・23裁集刑179・363) がある。　　　　〔杉山徳明〕

第459条 [1] **〔非常上告判決の効力〕**　非常上告の判決は, 前条第1号但書の規定によりされたものを除いては, その効力を被告人に及ぼさない。

〔1〕 本条の趣旨

　本条は, 非常上告の判決の効力を規定するものである。

　非常上告は, 法令解釈の統一を目的とする制度であるから, 非常上告の判決は, 本来, 法令違反の瑕疵を是正すれば足り, 被告人にその効力を及ぼす必要はないが, 原判決が被告人のために不利益であるときは, これを被告人に科したままにするのは適当ではないことから, 458条1号但書が, 原判決を破棄して, 自判する必要があることを定め, 本条は, 非常上告の判決の効果が被告人に及ぶことを規定している。　　　　〔杉山徳明〕

第460条 [1] **〔非常上告事件の調査事項〕**　裁判所は, 申立書に包含された事項に限り, 調査をしなければならない。

　2　裁判所は, 裁判所の管轄, 公訴の受理及び訴訟手続に関しては, 事実の取調をすることができる。この場合には, 第393条第3項の規定を準用する [2]。

460条

[1] 本条の趣旨

本条は，非常上告の申立を受けた裁判所の調査すべき事項，事実の取調べの対象等を規定するものである。

裁判所は，申立書に包含された事項に限り，調査の義務を負うのであって，それ以外の事項については，調査すべき義務はもちろん調査する権限も存しない。

[2] 事実の取調べ

判例は，前記のとおり，前提事実の誤認は非常上告の理由に当たらないとの立場を前提として，本条にいう取調べについて，手続そのものを構成する形式的事実，例えば，弁論が公開されたか否か，公開されなかったとすれば裁判官全員一致で公序良俗を害するおそれありとして公開すべからざるものと決したか否か，公判請求書が適式かどうか，真正に権限ある者によって作成されたか否か等の形式的事実を指すのであって，被告人が何歳であったかというような手続の前提となる事実を指すものではないとする（最判昭28・7・18刑集7・7・1541，最判昭26・1・23刑集5・1・86）。

事実の取調べには受命裁判官，受託裁判官が当たることが可能である。　　〔杉山徳明〕

第6編　略式手続

第461条 [1] **〔略式命令〕**　簡易裁判所は，検察官 [2] の請求により，その管轄に属する事件について，公判前，略式命令で，100万円以下の罰金又は科料 [3] を科することができる。この場合には，刑の執行猶予をし，没収を科し，その他付随の処分 [4] をすることができる。

> [規]　第290条（略式命令の時期等）　略式命令は，遅くともその請求のあつた日から14日以内にこれを発しなければならない。
>
> 　2　裁判所は，略式命令の謄本の送達ができなかつたときは，直ちにその旨を検察官に通知しなければならない。

[1] 略式手続の意義

(1)　略式手続は，簡易裁判所が，その管轄に属する事件につき，検察官の請求により，刑訴法に定める公判手続（以下，本編において「正式裁判」という場合はこの意味である。）を経ないで，100万円以下の罰金又は科料の刑を科する略式命令を発する公判前の簡易な裁判手続である。

　正式裁判に比べて，手続の合理化や当事者の負担（被告人が公判に出頭する労力や費用等）軽減等の点でメリットがある。

(2)　科刑手続は，人の重要な法益を剝奪する国家による重大な不利益処分に関する手続であるから，原則として，刑訴法に定める手続により，当事者が公開の法廷で攻撃・防御を行い，裁判所が証拠の取調べを経て判決を下すという形式でなされるべきこととされているが，略式手続は，このような手続によらないで刑の言渡しを行う例外的な手続であるため，かつてはその合憲性が問題とされたこともあったが，既に解決をみているといってよく，少なくとも現在の実務において略式命令の合憲性が問題となることはない。

(3)　略式手続においても，自白の補強法則（憲38Ⅲ）は当然に適用されると解されており，被告人の自白が唯一の証拠であるときは，略式命令を発することはできない（安冨・大コメ刑訴10・241）。

(4)　略式手続においては，検察官は略式命令の請求と同時に略式命令に必要な証拠書類

1236 461条

及び証拠物を裁判所に提出しなければならないとされ（規289），裁判所は，口頭弁論を経ずに，非公開で検察官から提出された証拠を審査して略式命令を発する。

［2］請求の主体

略式命令の請求は，当該簡易裁判所に対応する区検察庁の検察官が行う（検察2Ⅰ・5）。

区検察庁の検察官の事務取扱いを命ぜられた検察事務官も略式命令の請求を行うことができる（検察附則36）。

［3］略式命令の客体

(1) 略式命令を発することができる事件は，宣告刑が100万円以下の罰金又は科料を科す場合であるから，法定刑が100万円以下の罰金又は科料である場合に限らない。選択刑として罰金又は科料が規定されている場合も含む。

略式命令により併合罪として1個の刑を科す場合にはその合算額が100万円以下でなければならないが，主文が2個以上になるときは，それぞれの額が100万円以下であればよい（東條・注釈刑訴7・243，安冨・大コメ刑訴10・245）。

(2) 略式命令の請求に当たっては，実務上，検察官は科刑意見（没収その他の付随処分を含む。）を裁判所に申し出る運用がなされており，略式命令請求書とは別に科刑意見を記載した書面を提出するのが通例である。また，検察官が科刑意見書に仮納付の裁判（348Ⅰ）を請求する旨を記載することも，実務において一般に行われる。

［4］付随の処分

(1) 略式命令の発付に際して行い得る付随処分としては，没収や追徴（刑19・19の2），刑の執行を猶予する場合に保護観察に付すること（刑25の2），公民権の不停止又は停止期間の短縮（公選252）等がある。

また，罰金などの仮納付の裁判（348）については，少数の異説もあるようであるが，これをなし得るとするのが通説である（東條・注釈刑訴7・243，安冨・大コメ刑訴10・248）。

仮納付の裁判は，実務において，罰金納付のために再度出頭するのは被告人にとって不利益であることや，適正迅速で確実な科刑を行い得る利点があることなどから，道路交通法違反被告事件において三者即日処理方式によるいわゆる交通切符の処理を行う場合を中心として，罰金の仮納付の裁判がなされる運用が定着している。

(2) 実務上，略式命令の送達を確実に行うことを目的として，被疑者を検察庁に在庁させて裁判所に略式命令を請求し，その日のうちに略式命令が発付されると，これを受けて被告人を裁判所に連れて行き，裁判所は直ちに略式命令の謄本を被告人に交付して送達事務を完了するという方法が採られることがある（いわゆる「在庁略式」又は「待命略式」）。

勾留中の被疑者について身柄を拘束したままこの在庁略式（又は待命略式）の手続を行うことも多く（起訴状における身柄の表示は「勾留中在庁」とされる。），その場合，略式命令の謄本が被告人に送達されたときに釈放手続をとることとなるのが通例である。なお，この際，勾留罪名よりも軽い罪名で略式請求するような場合には注意を要する。すなわ

ち，被疑者は略式請求の段階で被告人となるところ，略式請求に係る罪の法定刑が科料しかないような場合には，被告人が定まった住居を有しない場合を除いて勾留の要件を欠くに至るので（60Ⅲ），そのような場合は略式請求とともに被疑者の釈放手続をとることとなる。

〔大久保仁視〕

第461条の2[1]〔**略式手続についての説明と被疑者の異議**〕　検察官[2]は，略式命令の請求に際し，被疑者に対し[3]，あらかじめ，略式手続を理解させるために必要な事項[4]を説明し，通常の規定に従い審判を受けることができる旨を告げた上，略式手続によることについて異議がないかどうかを確めなければならない。
  2　被疑者は，略式手続によることについて異議がないときは，書面でその旨を明らかにしなければならない[5]。

　[規]　第288条（書面の添附・法第461条の2等）　略式命令の請求書には，法第461条の2第1項に定める手続をしたことを明らかにする書面を添附しなければならない[5]。

[1] 本条の趣旨
　略式手続が正式裁判を経ない例外的な手続であることから，刑訴法は，検察官に対し，略式命令を請求するに際しては，あらかじめ被疑者に対して略式命令を理解するに必要な事項を説明するなどした上，略式手続によることについて被疑者に異議がない場合にだけ略式命令を請求することができるとして，被疑者の刑事手続における基本的な権利を保障しようとしたものである。

[2] 告知等の主体
(1)　本条による説明及び告知は，必ず検察官がしなければならないとされるが，この説明等を行った検察官と略式命令を請求する検察官とが同一人である必要はない。
(2)　検察官の事務を取り扱う権限を与えられている検察官事務取扱検察事務官（検察附則36）は，本条の説明及び告知を行うことができる。

[3] 告知の相手方
　被疑者に対して告知することが必要であり，弁護人や代理人に告知しても本条の告知を行ったこととはならない。

[4] 説明事項
(1)　略式手続と正式裁判との相違点等を分かりやすく説明することにより，被疑者自身で正式裁判と略式手続のいずれによるのかを選択できるようにすることが重要であり，具体的な説明事項の例としては以下の諸点を挙げることができる。
　ア　正式裁判の手続の概要
　イ　略式命令が裁判官による書面審査であり，公開の法廷での審理は行われないなど

簡易の手続であること

　ウ　略式手続によることに異議があれば，略式手続を経ずに，正式裁判によって審理を受けられること

　エ　略式命令に対しては，正式な裁判を請求する途が開かれており，請求があれば，略式命令に拘束されることなく，正式裁判によって審理が行われることなど

[5] 略式請書

　被疑者が略式手続によることについて異議がない旨を明らかにする書面及び略式命令請求書に添付する461条の2第1項に定められた手続をしたことを明らかにする書面については，実務上，「略式請書」と呼ばれる書式が定められている。

　略式請書は，1枚の書式であり，略式手続についての説明告知等を行った上で被疑者に異議がないことを確認した旨の検察官作成に係る告知手続書と，略式手続によることについて異議がない旨の被疑者作成に係る申述書（被疑者の署名指〔押〕印がなされる）とによって構成されている。

〔大久保仁視〕

第462条〔略式命令の請求〕　略式命令の請求は，公訴の提起と同時[1]に，書面で[2]これをしなければならない。

2　前項の書面には，前条第2項の書面を添附しなければならない[3]。

[規]　**第289条**[4]**（書類等の差出）**　検察官は，略式命令の請求と同時に[5]，略式命令をするために必要があると思料する書類及び証拠物[6]を裁判所に差し出さなければならない。

　　2　検察官は，前項の規定により被告人以外の者の供述録取書等（法第290条の3第1項に規定する供述録取書等をいう。）であつて，その者が法第350条の2第1項の合意に基づいて作成したもの又は同項の合意に基づいてされた供述を録取し若しくは記録したものを裁判所に差し出すときは，その差出しと同時に，合意内容書面（法第350条の7第1項に規定する合意内容書面をいう。以下同じ。）を裁判所に差し出さなければならない。

　　3　前項の規定により合意内容書面を裁判所に差し出す場合において，当該合意の当事者が法第350条の10第2項の規定により当該合意から離脱する旨の告知をしているときは，検察官は，あわせて，同項の書面を裁判所に差し出さなければならない。

　　4　第2項の規定により合意内容書面を裁判所に差し出した後，裁判所が略式命令をする前に，当該合意の当事者が法第350条の10第2項の規定により当該合意から離脱する旨の告知をしたときは，検察官は，遅滞なく，同項の書面をその裁判所に差し出さなければならない。

462条 1239

[1] 請求の時期

略式命令の請求は，公訴の提起と同時になされなければならないので，実務上は，起訴状の冒頭に「下記被告事件につき公訴を提起し，略式命令を請求する。」と記載することで，同一の書面により公訴の提起と略式命令の請求を行っている。

この書面は，実務上，「略式命令請求書」と呼ばれている。

公判請求の場合，検察官は，公訴の提起と同時に被告人の数に応ずる起訴状の謄本を裁判所に提出しなければならないこととされている（規165 I）が，略式命令の請求の場合は，裁判所が起訴状謄本を被告人に送達する必要がないので，検察官は，裁判所に送達用の謄本を提出する必要がない（同条Ⅳ）。

[2] 請求の方式

略式命令の請求は，公訴の提起とは異なる訴訟行為ではあるが，手続の確実性の要請から，書面ですることとされているものである。実務上，公訴の提起と同一の書面で行われていることについては前記のとおり。

[3] 略式請書の添付

略式手続を進める上での略式請書の重要性に鑑み，公訴の提起と同時に裁判所に提出される略式命令請求書に添付すべきこととされたものである。

[4] 本条の趣旨

略式手続が，正式裁判を経ないで少額の財産刑を科す簡易な手続であることによる，起訴状一本主義の原則（256Ⅵ）の例外である。

[5] 時　期

証拠書類や証拠物の提出は，略式命令の請求と同時に一括して行うべきであるが，やむを得ない理由（送致事件について司法警察員から証拠書類の追送致が遅れた場合等）がある場合は，証拠書類等を略式命令の請求の後に提出することが一切許されないわけではない。

[6] 書類及び証拠物の範囲

(1)　「略式命令をするために必要があると思料する書類及び証拠物」としては，公訴事実及び情状の立証のために必要なものがこれに当たることに争いはない。

(2)　訴訟条件の存在等手続的な事実の立証のために必要なものもこれに含まれると解されている（東條・注釈刑訴 7 ・248）。

(3)　弁護人選任届，逮捕状，勾留状等は，ここにいう書類に含まれない（安冨・大コメ刑訴10・261）。

(4)　検察官が科刑意見を記載した書面（461解説[3]参照）がこれに含まれるかについては争いがあるが，含まれないと解すべきである（東條・注釈刑訴 7 ・248，安冨・大コメ刑訴10・260）。

〔大久保仁視〕

第462条の2 [1]〔合意した被告人の事件における合意内容書面等の差出し〕　検察官は，略式命令の請求をする場合において，その事件について被告人との間でした第350条の2第1項の合意があるときは [2]，当該請求と同時に [3]，合意内容書面を裁判所に差し出さなければならない。

2　前項の規定により合意内容書面を裁判所に差し出した後，裁判所が略式命令をする前に，当該合意の当事者が第350条の10第2項の規定により当該合意から離脱する旨の告知をしたときは，検察官は，遅滞なく，同項の書面をその裁判所に差し出さなければならない [4]。

[規]　第289条　（略）

2　検察官は，前項の規定により被告人以外の者の供述録取書等（法第290条の3第1項に規定する供述録取書等をいう。）であつて，その者が法第350条の2第1項の合意に基づいて作成したもの又は同項の合意に基づいてされた供述を録取し若しくは記録したものを裁判所に差し出すときは，その差出しと同時に，合意内容書面（法350条の7第1項に規定する合意内容書面をいう。以下同じ。）を裁判所に差し出さなければならない [5]。

3　前項の規定により合意内容書面を裁判所に差し出す場合において，当該合意の当事者が法350条の10第2項の規定により当該合意から離脱する旨の告知をしているときは，検察官は，あわせて，同項の書面を裁判所に差し出さなければならない [6]。

4　第2項の規定により合意内容書面を裁判所に差し出した後，裁判所が略式命令をする前に，当該合意の当事者が法第350条の10第2項の規定により当該合意から離脱する旨の告知をしたときは，検察官は，遅滞なく，同項の書面をその裁判所に差し出さなければならない [7]。

[1] 本条の趣旨

　本条は，合意の存在及びその内容が，合意をした被告人の事件についての略式命令手続において，その進行と被告人の情状の双方に関連し得るものであることから，裁判所が，合意がある被告人の事件について略式命令をするか否かなどを判断するに当たって，合意の存在及び内容を十分に把握できるようにするため，合意がある被告人の事件における検察官の合意内容書面の差出し義務を定めるものであり，350条の7と同趣旨の規定である。

[2]「その事件について被告人との間でした第350条の2第1項の合意がある」

　「合意がある」の意義については，350条の7解説 [2] 参照。合意の内容の如何を問わない。合意は，「その事件」，すなわち，略式命令請求をした被告事件についてなされていることを要する。350条の7第1項における「当該合意に係る被疑者の事件」と同趣旨である（350の7解説 [3] 参照）。

462条の2，463条　　　　　　　　　1241

［3］「当該請求と同時に」

略式命令請求と同時にという意味である。略式命令請求は，公訴提起と同時に書面で
することとされ（462 I），また，検察官は，略式命令請求と同時に，略式命令請求をす
るために必要があると書類及び証拠物を裁判所に差し出すこととされているから（規289
I），結局，合意内容書面は，公訴提起と同時に，証拠とともに裁判所に提出されるこ
ととなる。その結果，350条の7第2項に相当する事態は生じることが想定されない。

［4］合意離脱書面の差出し義務

検察官は，1項の規定により合意内容書面を差し出した後，裁判所が略式命令をする
前に合意からの離脱がなされた場合には，遅滞なく，合意離脱書面を裁判所に差し出す
義務を負う。その趣旨は，350条の7第3項と同様である（350の7解説［8］［9］参照。）。
また，「遅滞なく」の意義は，350条の7第3項におけるそれと基本的に同様である（350
の7解説［9］参照）。

［5］解明対象となる他人の事件における合意内容書面の差出し義務（規289 II）

規289条2項は，略式命令請求をするに際し，検察官が規則289条1項に基づいて裁判
所に差し出す書類等の中に，350条の2第1項の合意に基づく被告人以外の者の供述録
取書等が含まれている場合においては，検察官は，その差出しと同時に合意内容書面を
差し出す義務を負うことを定める。350条の8本文に相当する規定であり，その趣旨も
これと同様である（350の8解説［1］〜［3］参照）。

［6］解明対象となる他人の事件における合意離脱書面の差出し義務（規289 III）

規289条3項は，規289条2項の規定により合意内容書面を差し出す場合において，既
に当該合意から離脱がなされているときは，検察官は，合意書面とあわせて合意離脱書
面を差し出す義務を負うことを定める。350条の8後段によって準用される350条の7第
2項に相当する規定である。

［7］解明対象となる他人の事件における合意離脱書面の差出し義務（規289 IV）

規289条4項は，規289条2項の規定により合意内容書面を差し出した場合において，
その後略式命令をする前に合意からの離脱がなされたときは，検察官は，遅滞なく，合
意離脱書面を差し出す義務を負うことを定める。350条の8後段によって準用される350
条の7第3項に相当する規定である。「遅滞なく」の意義は，350条の7第3項における
それと基本的に同様である（350の7解説［9］参照）。　　　　　　　　　〔上冨敏伸〕

第463条〔通常の審判〕　第462条の請求があつた場合において，その事件が略式命令
　をすることができないもの[1]であり，又はこれをすることが相当でないもの[2]
　であると思料するときは，通常の規定に従い，審判をしなければならない。
2　検察官が，第461条の2に定める手続をせず，又は第462条第2項に違反して略式
　命令を請求したときも，前項と同様である[3]。

1242　　463条

3　裁判所は，前2項の規定により通常の規定に従い審判をするときは[4]，直ちに検察官にその旨を通知しなければならない[5]。

4　第1項及び第2項の場合には，第271条の規定の適用があるものとする[7]。但し，同条第2項に定める期間は，前項の通知があつた日から2箇月とする[8]。

　[規]　**第292条（起訴状の謄本の差出等・法第463条）**　検察官は，法第463条第3項の通知を受けたときは，速やかに被告人の数に応ずる起訴状の謄本を裁判所に差し出さなければならない[6]。

　　2　前項の場合には，第176条の規定の適用があるものとする。

　　第293条（書類等の返還）　裁判所は，法第463条第3項又は第465条第2項の通知をしたときは，直ちに第289条第1項の書類及び証拠物並びに合意内容書面及び第350条の10第2項の書面を検察官に返還しなければならない[9]。

［1］略式命令をすることができない場合

(1)　略式命令をすることができない場合とは，略式命令をすることが適法ではない場合である。

(2)　略式命令をすることが適法でない場合としては，罰金又は科料の定めのない事件について略式命令の請求があった場合や公訴提起についての形式的訴訟条件及び実質的訴訟条件を満たしていない場合のほか，事件が罪とならないときや検察官が提出した証拠資料では合理的疑いを容れない程度の犯罪の証明がない場合などがある（東條・注釈刑訴7・250，安冨・大コメ刑訴10・264）。

(3)　すなわち，略式手続においては，無罪，免訴，公訴棄却，管轄違い等を言い渡すことはできず，その場合には正式裁判に移行して行われることとなる。

［2］略式命令をすることが相当でない場合

(1)　略式命令をすることが相当ではない場合とは，略式命令請求は適法であるが，略式手続という公判前の簡易な裁判手続によるべきではなく，正式裁判という慎重な裁判手続によって審理すべきであると判断される場合である。

(2)　例えば，事案が複雑で審理に相当の日数や慎重な事実の取調べを必要とする場合，訴因・罰条の追加・撤回又は変更を要するような場合，100万円以下の罰金又は科料以外の刑を科すべき場合，検察官の科刑意見と著しく異なる量刑をすべき場合などがある。

(3)　被告人が事実を否認している場合であっても，その他の証拠から優に有罪の事実認定も刑の量定も行い得る場合があり得るのであるから，必ずしも一律に略式手続によることが不相当ということにはならないが，実務においては，被告人が事実を否認している場合には略式命令の請求を行わないのが一般的な運用である。

［3］説明・告知等に関する手続違反

(1)　461条の2の規定は，略式手続が正式裁判を経ない例外的な手続であり，特に被疑

者の権利との関係で，あらかじめ被疑者に対して略式命令を理解するに必要な事項を説明するなどした上，略式手続によることについて被疑者に異議がない場合にだけ略式命令を請求することができるとして，被疑者の権利を保障しようとした規定であることから，検察官がこの手続をせずに略式命令の請求をしたときは，正式裁判によらなければならないこととされた。

(2) 略式命令請求書に略式請書が添付されていなかった場合でも，請求よりも前に作成された略式請書を直ちに追加提出することにより瑕疵が治癒されると解されている（東條・注釈刑訴7・251，安冨・大コメ刑訴10・269）。

[4] 通常の規定に従い審判をする旨の判断

特に，正式裁判によって審判する旨の裁判所の決定が行われることはなく，また，公訴提起の効力が失われるわけではないので，そのまま公判手続が開始されることとなるとするのが通説である（東條・注釈刑訴7・251，安冨・大コメ刑訴10・267）。

[5] 通 知

(1) 通知の方法について特段の規定はないが，通知を行ったことについて記録上明らかにしておく必要がある（規298Ⅲ）。

(2) 検察官は，この通知を受けても，この裁判所の判断に不服を申し立てる手段がない。

[6] 起訴状謄本の提出

略式手続に際しては起訴状謄本の提出が求められていないことから，正式裁判で審理を行う旨の通知を受けた検察官は，速やかに被告人の数に応ずる起訴状の謄本を裁判所に提出しなければならない。

[7] 被告人への送達

裁判所は，検察官から提出された起訴状の謄本を遅滞なく被告人に送達しなければならない。

[8] 起訴状謄本の不送達

起訴の時からではなく，検察官への通知がなされた時から2か月以内に起訴状の謄本が被告人に送達されなかったときは，公訴の提起はさかのぼってその効力を失う。

[9] 書類及び証拠物の返還

略式命令の請求と同時に検察官から提出されていた書類及び証拠物は，直ちに検察官に返還され，正式な公判手続に従い，改めて証拠の請求から行われることとなる。

〔大久保仁視〕

第463条の2〔公訴提起の失効〕 前条の場合を除いて，略式命令の請求があつた日から4箇月以内に略式命令が被告人に告知されないときは，公訴の提起は，さかのぼつてその効力を失う[1]。

2 前項の場合には，裁判所は，決定で，公訴を棄却しなければならない[2]。略式

1244 463条の2

命令が既に検察官に告知されているときは，略式命令を取り消した上，その決定をしなければならない[3][5]。

3 前項の決定に対しては，即時抗告をすることができる。

[規] 第291条（準用規定）法第463条の2第2項の決定については，第219条の2の規定を準用する[4]。

[1] 略式命令の告知

(1) 前条1項又は2項により正式裁判で審理されることとなった場合を除き，略式命令請求の日から4か月以内に略式命令が被告人に告知されないときは，公訴の提起がさかのぼって効力を失うとされた。なお，告知期間の起算は，略式命令請求の翌日からである（55 I）。

(2) 被告人の所在不明等により略式命令が被告人に告知されないことが起こり得るが，略式請求に際しては起訴状謄本の送達が行われないから，略式命令の告知がなされない場合には，被告人に対する公訴提起の告知もなされていないこととなる。

そこで，このような不安定な手続状態を解消するために，正式な公判手続における起訴状謄本不送達の場合と同様にして，公訴提起の効力自体をさかのぼって失わせることとした。

[2] 公訴の棄却

正式の公判手続における起訴状不送達の場合と同じく，決定で公訴を棄却しなければならないとすることにより，手続の明確化を図っている。

[3] 略式命令の取消し

本条が問題となる頃には，多くの場合，検察官には略式命令が送達されているところ，そのような場合は略式命令を取り消した上で公訴棄却の決定をしなければならない。

[4] 公訴棄却決定の送達

公訴棄却の決定については，これを被告人に送達する必要はないが，被告人に弁護人がある場合には，弁護人にその旨を通知しなければならない。

[5] 被告人が死亡した場合

(1) 被告人の死亡が，略式命令請求後，命令前に判明した場合は，正式裁判に移行した上で，339条1項4号により公訴棄却すべきである（東條・注釈刑訴7・254）。

(2) 被告人の死亡が，略式命令後，命令送達前に判明した場合の手続については争いがあり，検察官が正式裁判請求期間内に知ったときには，正式裁判請求により正式裁判に移行した上で339条1項4号により公訴棄却の決定をすべきであるが，正式裁判請求期間経過後に知った場合には，本条2項の準用により，略式命令を取り消した上で公訴棄却すべきであるとの説や（東條・注釈刑訴7・254），いずれにせよ正式裁判に移行することなく，本条2項に準じ，決定により直ちに公訴を棄却することができるものと解すべき

とする説（安冨・大コメ刑訴10・275）がある。

(3) 被告人に略式命令が送達された後に被告人が死亡したときは，有罪判決の言渡し後の被告人死亡の場合と同様，死亡の時点で事件が終結する。　　　　　　　〔大久保仁視〕

第464条 [1]〔**略式命令の方式**〕　略式命令には，罪となるべき事実 [2]，適用した法令 [3]，科すべき刑 [4]及び附随の処分 [5]並びに略式命令の告知があつた日から14日以内に正式裁判の請求をすることができる旨 [6]を示さなければならない。

[1] 本条の趣旨

略式命令は，有罪の確定判決と同様の効力を有することとなり得る重要な裁判であることから，有罪判決に準じて略式命令に記載すべき事項を法定したものである。

[2] 罪となるべき事実

(1) 罪となるべき事実の意義は，有罪判決に示すべき事項を定めた335条1項にいう「罪となるべき事実」と同じである。

(2) 有罪判決の場合は，法律上犯罪の成立を妨げる理由又は刑の加重減免の理由となる事実が主張されたときは，これに対する判断を示さなければならないとされるが（335Ⅱ），略式手続においては，訴訟行為としての被告人側の主張が存在しないし，検察官提出の証拠上そのような事実が認められる場合には，必要に応じて，略式命令不相当の事件として正式裁判に移行して審理を行うべきであるから，略式命令ではこのような事実に関する判断を示す必要はない（東條・注釈刑訴7・255）。

[3] 適用した法令

(1) ここにいう「適用した法令」と有罪判決に関する「法令の適用」（335Ⅰ）とは全く同じではない。有罪判決においては法令適用の論理的な道筋が示されることが求められているのに対し，略式命令においては，単に適用した法令を列挙することで足りるとされている。

(2) なお，有罪判決においては「証拠の標目」を示すことが必要とされているが（335Ⅰ），略式命令においてはこれを示すことが求められていない。

(3) 略式命令に対しては上訴が認められておらず，正式裁判請求が認められているにとどまるところ，正式な公判手続においては，略式命令に何ら拘束されることなく事実認定が行われるから，事実認定の根拠・経緯を示す証拠の標目や法令適用の論理的な道筋が示されることまでは不要とされたものと解される（東條・注釈刑訴7・255）。

[4] 科すべき刑

(1) 主刑の範囲は，100万円以下の罰金又は科料に限られる。

(2) 労役場留置の換刑処分（刑18Ⅳ）は罰金の特別な執行方法であるから「科すべき刑」に当たるほか，未決勾留日数の算入，刑の執行猶予及び没収もこれに当たる。

［5］付随の処分

「附随の処分」については，461条後段における付随の処分と同じ（461解説［4］参照）。

［6］正式裁判の請求に関する告知

(1)　略式命令の告知があった日から14日以内に正式裁判の請求ができる旨は，裁判事項ではないが，正式裁判請求権の喪失について被告人に注意喚起するものである。

(2)　これを欠く略式命令の効力については争いがある（東條・注釈刑訴7・256，安冨・大コメ刑訴10・281）が，実務上，そのような略式命令が出されることは想定されがたい。

〔大久保仁視〕

第465条[1]〔**正式裁判の請求**〕　略式命令を受けた者[2]又は検察官[3]は，その告知を受けた日から14日以内[4]に正式裁判の請求をすることができる[7]。

2　正式裁判の請求は，略式命令をした裁判所に，書面で[5]これをしなければならない。正式裁判の請求があつたときは，裁判所は，速やかにその旨を検察官又は略式命令を受けた者に通知[6]しなければならない。

> ［規］　第293条　法第463条参照。
>
> 　　　　第294条（準用規定）　正式裁判の請求，その取下又は正式裁判請求権回復の請求については，第224条から第228条まで及び第230条の規定を準用する。

［1］本条の趣旨

(1)　略式命令を受けた者又は検察官に対して，正式裁判による審理・裁判を求める権利があることを明らかにした規定である。

(2)　その性質については，略式命令に対して不服がある場合にその救済を求める訴訟行為であると解する立場と，略式命令に対する不服の申立ではなく，略式命令の告知後も正式裁判を受ける権利を保障する規定であると解する立場がある（東條・注釈刑訴7・257，安冨・大コメ刑訴10・283）。

後者の見解によるときには，当然のこととして，正式裁判の請求に特段理由を付す必要はないこととなる。

(3)　正式裁判の請求は，裁判によって略式命令の変更を求める司法的救済手段としての性質を有し，上訴と類似することから，上訴に関する規定が準用される（467）。もっとも，上訴は上級裁判所の審判を求める制度であるのに対し，正式裁判の請求は同一審級の裁判所による審判を求める制度である点において異なる（安冨・大コメ刑訴10・284）。

［2］略式命令を受けた者

(1)　「略式命令を受けた者」とは，略式命令の名宛人として略式命令の送達を受けた者である。

465条 1247

(2) 被告人の身柄が在宅のまま行われる略式手続においては，略式命令に被告人として表示され，略式命令の送達を受けた者が「略式命令を受けた者」に当たることについては争いがない。

(3) このことは，身柄は在宅であるが，被疑者を検察庁に出頭させて行われるいわゆる在庁略式（在宅在庁）の場合も同じであり，例えば，仮に，捜査機関に対して実在の他人Bになりすまし，Bの氏名を不正使用した被疑者Aについて在庁略式の手続がなされ，Aが裁判所で被告人としてB名義の略式命令の謄本の交付を受け，その日の内に罰金を仮納付したとしても，「略式命令を受けた者」は略式命令に表示されたBであり，Bの氏名を不正使用したAには略式命令の効力は及ばない（最決昭50・5・30刑集29・5・360）。

(4) 他方，同じく在庁略式手続における氏名の不正使用の場合であっても，被疑者の身柄を拘束したまま行われるいわゆる「逮捕中在庁」や「勾留中在庁」の在庁略式手続（実務上，略式請求書と一体である起訴状に，被告人の身柄表示として「逮捕中在庁」又は「勾留中在庁」と記載される。）においては，捜査機関は「現に身柄を拘束しているその者」である被疑者Aについて略式命令請求を行う趣旨であり，裁判所としても現に身柄を拘束されている被告人Aに向けて略式命令を発したと解されるから，この場合の「略式命令を受けた者」はAであって，氏名を不正使用された実在のBには略式命令の効力は及ばない（大阪高決昭52・3・17刑裁月報9・3＝4・212）。

(5) 略式命令を受けた者の代理人（467・355），法定代理人又は保佐人（467・353）は，略式命令を受けた者の明示の意思に反しない限り，その正式裁判請求権を独立して代理行使することができる（467・356）。

略式手続における弁護人も，その選任の時期が略式命令請求の前後，略式命令の発付の前後を問わず，同様に，略式命令を受けた者の明示の意思に反しない限り，正式裁判請求ができる（東條・注釈刑訴7・258）。

他方，略式命令告知後に選任された弁護人は，正式裁判の請求をすることができないと解される（安冨・大コメ刑訴10・290）

これらの者は略式命令を受けた者の請求権を代理行使するのであるから，略式命令を受けた者が請求権を失った後は，請求することができない。

［3］検察官による請求

(1) 検察官が正式裁判請求権を行使する場合として想定されるのは，検察官の科刑意見に比して略式命令の量刑が顕著に軽い場合や刑に執行猶予が付された場合が主たるものであると解される（東條・注釈刑訴7・258，安冨・大コメ刑訴10・289）。

(2) それ以外にも，略式命令が検察官に告知された後，正式裁判請求期間内に，他人の氏名の不正使用の事実が判明した場合や，別に真犯人がいることが判明した場合などが考えられる。

［4］請求をなし得る期間

(1) 正式裁判の請求をなし得る期間は，略式命令の告知を受けた日（すなわち略式命令の

謄本の送達を受けた日）の翌日から起算 (55) して14日以内である。

(2) 法定期間の延長に関する刑訴法総則の規定 (56) は，この期間についても適用される。

[5] 請求の方式

(1) 正式裁判の請求は，略式命令を発した裁判所に書面で行わなければならない。

(2) この書面に請求の理由を記載することは求められていない。

(3) 正式裁判の請求を行う者は，この書面に，年月日を記載して，署名押印しなければならない (規58・60・61)。

[6] 書類及び証拠物の返還

　この通知を行った裁判所が，直ちに，略式命令請求と同時に検察官から提出されていた書類及び証拠物を検察官に返還しなければならないことは，463条1項又は2項の規定によって正式裁判を行うこととされた場合と同様である (規293)。

[7] 正式裁判請求権の放棄

(1) 略式命令の告知前に正式裁判請求権を放棄することができないことについては争いがない (東條・注釈刑訴7・259, 安冨・大コメ刑訴10・285)。

(2) 略式命令の告知以降における正式裁判請求権の放棄が許されるかについては争いがあるが，467条の準用規定が正式裁判の請求又は取下についてのみ準用するとして放棄に言及していないことから，現行法は略式命令の告知以降の放棄を認めていないと解する見解が有力である (東條・注釈刑訴7・259, 安冨・大コメ刑訴10・285)。　　　　〔大久保仁視〕

第466条 [1] 〔正式裁判の請求の取下げ〕　正式裁判の請求は，第一審の判決があるまで [2] これを取り下げることができる [3]。

[1] 本条の趣旨

(1) 正式裁判の請求は，直ちに略式命令を失効させるものではないから，第一審の判決があるまでは，請求を取り下げて略式命令を確定させることができることとした (安冨・大コメ刑訴10・294)。

(2) 正式裁判の請求を取り下げることができるのは，請求者である検察官又は略式命令を受けた者である。

(3) 略式命令を受けた者は，法定代理人の同意なくして正式裁判の請求の取下を行うことができる (東條・注釈刑訴7・260, 安冨・大コメ刑訴10・294)。

(4) 略式命令を受けた者の法定代理人及び保佐人も請求の取下げを行うことができるが，これには略式命令を受けた者の書面による同意が必要である (467・360)。

[2] 第一審の判決

(1) ここにいう「第一審の判決」とは，正式裁判の請求によって移行した正式な公判手

続による最初の判決の言渡しのことである（安冨・大コメ刑訴10・295）。

(2) 上級審から破棄差戻し又は破棄移送後の第一審判決は含まれない。

(3) 「第一審の判決」の言渡しがあった後は，その確定前であっても，正式裁判の請求を取り下げることはできない。裁判員法による部分判決が宣告された場合も同様である（裁判員83Ⅱ）。

[3] 取下げの方式

(1) 正式裁判請求の取下げは，書面でしなければならないが，公判廷で取り下げる場合には口頭で行うことができ，その場合には申立を調書に記載しなければならない（規294・224本）。

(2) 裁判所書記官は，正式裁判請求の取下げがあったときは，速やかにこれを相手方に通知しなければならない（規294・230）。公判廷において取下げが行われた場合は，この通知は不要である。

(3) 一度，正式裁判請求を取り下げた者は，たとえ法定期間内であっても，その事件について更に正式裁判の請求をすることはできない（467・361）。　　　　　〔大久保仁視〕

第467条 [1]〔上訴規定の準用〕　第353条，第355条乃至第357条，第359条，第360条及び第361条乃至第365条の規定 [2]は，正式裁判の請求又はその取下についてこれを準用する。

[1] 本条の趣旨

(1) 正式裁判の請求又はその取下げについて上訴に関する規定を準用するとしたものである。

(2) 正式裁判の請求に関する準用規定については，465条において，その取下げに関する準用規定については，466条において，それぞれ言及したとおりである。

[2] 正式裁判請求権の回復

(1) 準用規定のうち，正式裁判請求権回復の請求に関するものは，362条から365条までである。

(2) 回復の請求は，正式裁判を請求できる者と同一の者が，正式裁判請求の期間内にその請求ができなかった場合のうち，それが自己又は代人の責めに帰することができない事由によるときは，略式命令を発した裁判所に対し，回復の請求をすることができるとするものである。

(3) 「代人」の意義については，362条の解説［1］参照。

(4) 「責めに帰することができない事由」の意義については，362条の解説［2］参照。

(5) 略式命令を受けた者の法定代理人・保佐人，代理人，弁護人も独立して正式裁判請求権の回復請求権を代理行使することができるが，略式命令を受けた者の明示の意思に

1250 467条，468条

反してこれをすることはできない (356)。

(6) 正式裁判請求権の回復請求は，略式命令をした裁判所に書面で行わなければならない (規294・225)。

(7) 請求をするに際しては，回復の理由となる事実を疎明しなければならない (規294・226)。

(8) 正式裁判請求権の回復を請求する者は，その請求と同時に正式裁判の請求をしなければならない (363Ⅱ)。

(9) 正式裁判請求権回復の請求は，請求を妨げる原因となった事由がやんだ日から正式裁判請求の期間，すなわち14日以内に行わなければならない (363Ⅰ)。

(10) 正式裁判請求権回復の請求があったときは，裁判所書記官は速やかにこれを相手方に通知しなければならず (規294・230)，通知をしたときはこれを記録上明らかにしなければならない (規298Ⅲ)。

(11) 正式裁判請求権回復の請求に対しては，裁判所は，これを棄却するか回復を認めるかの決定をしなければならず，この決定に対しては即時抗告ができる (364)。

(12) 正式裁判請求権回復の請求があったときは，裁判所は，これに関する決定をするまでの間，略式命令の執行を停止することができる (365)。

(13) 正式裁判請求件の回復請求を認める決定がなされたときは，その回復請求と同時になされた正式裁判の請求が有効となり，正式裁判により審理が行われることとなる。

〔大久保仁視〕

第468条〔正式裁判請求の棄却，通常の裁判〕 正式裁判の請求が法令上の方式に違反し [1]，又は請求権の消滅後にされたもの [2] であるときは，決定でこれを棄却しなければならない [3]。この決定に対しては，即時抗告をすることができる。

2 正式裁判の請求を適法とするときは，通常の規定に従い，審判をしなければならない [4]。

3 前項の場合においては，略式命令に拘束されない [5]。

[1] 法令上の方式違反

(1) 正式裁判の請求が法令上の方式に違反した場合とは，例えば，略式命令をした裁判所以外の裁判所に対する正式裁判の請求や，書面によらずに口頭のみでなされた正式裁判の請求，請求権を有しない者による正式裁判の請求，略式命令を受けた者の明示の意思に反する正式裁判の請求などである (安冨・大コメ刑訴10・302)。

(2) このような方式違背により正式裁判の請求が棄却された場合には，請求権行使の期間内である限り，方式違反を補正して再度の請求を行うことができる (東條・注釈刑訴7・263)。

［2］請求権消滅後の請求

(1) 正式裁判の請求期間経過後の請求や正式裁判請求取下げ後の再請求が考えられる。

(2) 正式裁判請求期間経過後の請求であることを見過ごして正式な公判手続に移行してなされた裁判は違法であり，破棄の上，決定で正式裁判請求を棄却することになる（名古屋高判昭28・6・30高刑集6・8・988）。

［3］棄却決定

(1) 正式裁判請求に方式違反があった場合や請求権消滅後の請求があった場合，裁判所は，決定で請求を棄却しなければならない。

(2) この棄却決定に対しては即時抗告ができる。

［4］通常の規定に従った審判

(1) 正式裁判の請求が正しい方式により請求期間内になされたときは，裁判所は，正式裁判によって審判を行わなければならない。

(2) この場合，被告人は既に略式命令の送達を受けており，通常は，略式命令と起訴状の内容は一致しているから，起訴状謄本を被告人に送達する必要はない（最決昭29・12・2刑集8・12・2061）。

なお，略式命令請求書と略式命令の各記載に軽微とはいえない差異があり，被告人には略式命令の謄本だけが送達されたまま，この略式命令に対する正式裁判の請求により公判が開始された場合には，その公判における審理の対象（訴因）は，起訴状と略式命令の各記載内容が一致した部分に限られることとなる（最決昭42・11・24刑集21・9・1258）。

［5］略式命令の拘束力の有無

(1) 移行した正式な公判手続においては，略式命令に拘束されることなく，事実認定，法令の適用，刑の量定等全てについて，略式命令と異なる判断をすることができる（前記最決昭42・11・24）。

(2) したがって，不利益変更禁止の原則も妥当しない（東條・注釈刑訴7・264，安冨・大コメ刑訴10・305）。

〔大久保仁視〕

第469条〔略式命令の失効〕 正式裁判の請求により判決をしたとき[1]は，略式命令は，その効力を失う。

［1］判決をしたとき

(1) 「判決をしたとき」とは，確定判決があったときとの意味である（東條・注釈刑訴7・264，安冨・大コメ刑訴10・306）。

第一審判決がなされても，上訴により正式裁判請求の適法性が争われる余地があり，正式裁判の請求が違法であるとして請求が棄却されることがあり得るから，判決が確定するまで略式命令の効力を失わせるべきではない。

1252   469条，470条

(2) 「判決」には，公訴棄却の決定も含まれる（東條・注釈刑訴7・264）。

(3) 正式裁判の請求があった事件について，裁判員法の区分審理決定があった場合には，略式命令は，当該被告事件について終局の判決があったときに，その効力を失う（裁判員83Ⅲ）。

第470条 [1]〔略式命令の効力〕　略式命令は，正式裁判の請求期間の経過又はその請求の取下により，確定判決と同一の効力を生ずる。正式裁判の請求を棄却する裁判が確定したときも，同様である。

[1] 本条の趣旨

(1) 略式命令は，正式裁判の請求期間が検察官についても略式命令を受けた者についても経過し，正式裁判の請求が取り下げられ，又は正式裁判の請求を棄却する裁判が確定したときに，確定判決と同一の効力を生ずる。

(2) これにより，略式命令は確定判決の持つ執行力，既判力及び一事不再理効を有するとともに，再審や非常上告の対象となる。　　　　　　　　　　　〔大久保仁視〕

第7編　裁判の執行[1]

[1]「裁判の執行」の意義

　本編は，裁判の執行について規定しているところ，裁判の執行とは，「裁判所または裁判官の意思表示である裁判の内容を国家権力により強制的に実現すること」をいう（鈴木・注解刑訴下433）。

　これに対し，裁判の実現が強制によることを意味しない証拠調べの決定（規190Ⅰ）のような場合には，裁判の「施行」又は「実施」の用語が用いられる（鈴木・注解刑訴下433）。また，令状のうち，捜査段階の逮捕状（199），捜索・差押え・検証・身体検査の各令状（218）などは，一般に許可状と解されており，裁判所の許可に基づき，捜査機関が刑訴法により与えられた自己の権限を行使するものであって，裁判の執行ではない。また，裁判であっても，無罪判決など，その内容を実現させることを要しないため，執行という観念のないものもある。

　本編の規定は，刑の執行を中核としつつ，追徴・訴訟費用等の刑に付随する処分，過料・没取・費用賠償等の刑とは別の制裁処分，勾引・勾留その他の刑訴法上の強制処分及びその令状などにわたる裁判の執行に関する一般原則を定めている（鈴木・注解刑訴下433）。そのほか，裁判の執行に関する定めとして，検察庁法32条，検察庁事務章程（昭和60年法務省訓令第1号）29条に基づいて定められた法務大臣訓令である執行事務規程，徴収事務規程などが重要である。

〔田野尻猛〕

第471条[1]**〔裁判の確定と執行〕**　裁判は，この法律に特別の定のある場合を除いては[2]，確定した後これを執行する[3]。

[1] 本条の趣旨

　本条は，裁判の執行について，原則として，裁判の確定後に行うことを定めている。裁判の執行力は，原則として裁判の確定によって生じることを定めるとともに，執行力が生じたときは，速やかに執行しなければならないという趣旨を含むものと解されている（朝倉・注釈刑訴7・271）。

　裁判の確定とは，上訴又はこれに準ずる不服申立てによって，裁判を争うことができ

なくなった状態をいう。裁判の確定事由として，①上訴の提起期間の経過（上訴の提起期間内に適法な上訴の申立てがなされなかった場合であり，実務上，「自然確定」と呼ばれる。），②上訴の放棄・取下げ，③上訴事件の確定がある。

[2] 裁判の執行時期の例外

法律に特別の定めのある場合，裁判の確定前に執行可能なものがある一方，確定後も直ちに執行できないものがある。

裁判確定前に執行できる場合として，①罰金・科料又は追徴についての仮納付の裁判（348Ⅲ。また，略式命令における「付随の処分」〔461〕に仮納付の裁判が含まれる。），②決定・命令（即時抗告等の特別の定めのある場合を除く。424・428Ⅲ・432から434まで。なお，保釈を許す決定・命令は，保証金の納付が必要である。94Ⅰ・280）がある。

他方，裁判の確定後も直ちに執行できない場合として，①訴訟費用の負担を命ずる裁判（483・500Ⅱ），②労役場留置（刑18Ⅴにより，罰金の裁判確定後30日以内，科料の裁判確定後10日以内は，本人の承諾を要する。）などがある。また，死刑の執行には，法務大臣の命令を要する（475Ⅰ）。

[3] 自由刑の執行延期

病気などを理由として，自由刑の言渡しを受けた者から執行延期の申立てがあったとき，検察官は，申立書を提出させた上，その事由について調査し，やむを得ない事情があると認めるときは，刑執行延期決定書を作成して刑の執行を延期することが認められている（執行事務規程20）。刑訴法に定められた執行停止（480・482）は，比較的長期間のケースが想定されるのに対し，執行延期は，極めて短期間のケースが想定されている。自由刑の執行を延期した場合，その事由について引き続き調査をし（執行事務規程20Ⅰ後），延期の事由がなくなったときは，速やかに刑の執行を指揮する。執行延期は，法令に基づく執行停止ではないから，刑の時効の進行は停止されない（刑33）。〔田野尻猛〕

第472条 [1]〔執行指揮〕　裁判の執行は，その裁判をした裁判所に対応する検察庁の検察官がこれを指揮する[2]。但し，第70条第1項但書の場合，第108条第1項但書の場合その他その性質上裁判所又は裁判官が指揮すべき場合は，この限りでない[3]。

2　上訴の裁判又は上訴の取下により下級の裁判所の裁判を執行する場合には，上訴裁判所に対応する検察庁の検察官がこれを指揮する。但し，訴訟記録が下級の裁判所又はその裁判所に対応する検察庁に在るときは，その裁判所に対応する検察庁の検察官が，これを指揮する。

[1] 裁判の執行指揮機関と執行実施機関

裁判の執行について，執行指揮機関と執行実施機関が区別される。執行指揮機関は，

裁判を認証した上，その執行を執行実施機関に指示し，これを監督する。執行実施機関は，執行指揮機関の指示と監督の下，裁判の内容を実現する。

［2］検察官による執行指揮

本条により，裁判の執行指揮は，原則として検察官が行うこととされている。検察官は，刑事に関し，公訴を行うほか，裁判の執行を監督することを職務としており（検察4），裁判の執行を指揮し，これを監督することは，その本来的な職務に属する。

本条により，死刑（ただし，検察官による執行指揮に先立ち，法務大臣による命令を要する。475 I），自由刑（懲役，禁錮，拘留），罰金・科料などの刑の執行のほか，刑以外の裁判，例えば，勾留状，接見等禁止決定，鑑定留置状などについても，検察官が執行を指揮する。

本条1項は，裁判をした裁判所に対応する検察庁の検察官が裁判の執行を指揮するという原則を定めている。もっとも，裁判に対する上訴が行われた場合，訴訟記録が上訴裁判所に送られるのが通常であり，本条2項本文は，上訴の裁判や上訴の取下げにより原裁判が確定した場合，訴訟記録がある上訴裁判所に対応する検察庁の検察官が指揮する旨定めているが，訴訟記録が下級の裁判所又はその裁判所に対応する検察庁にある場合もあることから，同項ただし書において，その場合，下級の裁判所に対応する検察庁の検察官が指揮する旨定めている。

裁判の執行指揮機関として，検察官（実務上，「執行指揮検察官」と呼ばれる。）は，執行しようとする裁判を認証した上で，執行実施機関に執行を指揮することとなる。その際，検察官及びこれを補佐する執行担当の検察事務官において，裁判内容や形式等を点検するが，検察官及び検察事務官は，裁判に瑕疵を発見したとしても，上訴等の法律に定められた是正手段によらず，裁判の内容を変更して執行指揮することはできない（福岡高決昭28・11・7高刑集6・10・1378）。瑕疵を発見した場合，上訴等の申立てが可能であれば，その申立てを行い，また，発付された勾留状に瑕疵があるようなときは，執行指揮を保留して裁判官に是正を求めるなどの対応を行うが，そうした対応ができない場合には，裁判内容のまま執行指揮を行う（前掲福岡高決の事案では，確定判決の未決勾留期間の算入方法は違法であるが，検察官は，確定判決に示されたとおり未決勾留を本刑に算入して執行指揮をするほかないとされた。）。なお，東京高決昭30・6・10高刑集8・5・654は，判決書を作成せずに審理に引き続いて宣告された判決の刑期（懲役6月）と，その後作成された判決書の刑期（懲役8月）とが異なる事案で，検察官が判決書に基づき懲役8月の刑の執行を指揮したのに対し，執行に関する異議の申立て（502）がなされたところ，判決内容は判決書によってのみ証明されるのが原則であるが，判決は宣告と同時に効力を生じ，判決書の記載の誤りによって判決内容が左右されるものではないとして，懲役6月を超える部分の刑の執行指揮を不当と判断した。執行指揮に当たり，裁判内容の認証の重要性を示す事例といえよう。

もっとも，その執行が事実上又は法律上不能である場合や当然無効である場合，それ

を執行指揮すべきではない。当該審級で存在しない未決勾留日数を本刑に算入したような場合，判決の当該部分は，「全く実質なき無用の空文」であって，当然無効と解されるから（最判昭25・9・5刑集4・9・1617），その部分は未決勾留日数の算入がないものとして取り扱うほかなく（前掲福岡高決昭28・11・7），また，現に存する未決勾留日数を超える日数を算入した場合も，超過日数は執行不能として取り扱われている。また，少年法54条に反し，少年に労役場留置が言い渡された場合，法律上不能と解される。さらに，一審の有罪判決に対し，控訴が申し立てられ，控訴審で一審判決を変更する判決が言い渡されたが，それに先立ち，被告人が刑事施設の長（又はその代理者）に控訴取下申立書を差し出していたという場合，367条，366条1項により，直ちに控訴取下げの効力を生じ，控訴は終了したことになるから，一審判決を変更する控訴審判決は当然無効となるので（最大判昭27・11・19刑集6・10・1217），先に確定した一審判決につき執行指揮すべきこととなる。

検察官の指揮により裁判の執行に当たる執行実施機関は，検察事務官や司法警察職員，刑事施設の長等である。

［3］裁判所又は裁判官による執行指揮

本条1項ただし書は，裁判所又は裁判官が執行指揮を行う場合として，①70条1項ただし書の場合（勾引状又は勾留状につき急速を要する場合，裁判長，受命裁判官又は地方裁判所，家庭裁判所若しくは簡易裁判所の裁判官が，検察事務官又は司法警察職員に執行を直接指揮する。），②108条1項ただし書の場合（差押状，記録命令付差押状又は捜索状につき被告人の保護のため必要があると認めるとき，裁判長が，裁判所書記官又は司法警察職員に執行を命ずる。），③その性質上裁判所又は裁判官が指揮すべき場合を規定する。③その性質上裁判所又は裁判官が指揮すべき場合として，裁判所が押収した押収物の還付又は仮還付（123・124・347），保管及び売却（121・122），裁判所が受納した保釈保証金（現金又は有価証券）の没取又は還付（96Ⅱ，規91）等の裁判は，裁判所又は裁判官の指揮により，裁判所職員が執行する。ただし，保証書をもって保釈保証金に代えることを許可した場合（94Ⅲ），没取の裁判は，490条により，検察官の命令によって検察事務官が執行する。　〔田野尻猛〕

第473条〔執行指揮の方式〕　裁判の執行の指揮は，書面[1]でこれをし，これに裁判書又は裁判を記載した調書の謄本又は抄本を添えなければならない。但し，刑の執行を指揮する場合を除いては，裁判書の原本，謄本若しくは抄本又は裁判を記載した調書の謄本若しくは抄本に認印[2]して，これをすることができる。

［1］執行指揮書

本条は裁判の執行指揮の方式について定める規定で，その重要性に鑑み，誤りなきを期すため，本条本文は，執行指揮の原則的な方式として，書面によるべき旨を定めてい

473条，474条　　　　　　　1257

る。

　死刑や自由刑の執行指揮に関する書面の様式及び記載事項については，法務大臣訓令で定められており，死刑につき「死刑執行指揮書」（執行事務規程10），自由刑につき「執行指揮書」（同19Ⅰ）が作成される。例えば，自由刑の執行指揮書には，①刑名刑期，②確定の日，③刑の起算日，④未決勾留日数の通算期間，⑤刑の執行を受ける者の氏名・生年月日，⑥前科，⑦処遇上の参考事項等が記載される。執行指揮書を作成する場合には，判決謄本又は判決抄本等により，記載を正確にし，必要があるときは，関係記録も調査する（同19Ⅱ）。また，罰金又は科料を完納できない場合の換刑処分である労役場留置（刑18）は，「労役場留置執行指揮書」による（徴収事務規程29）。

　執行指揮書には，裁判書又は裁判を記載した調書の謄本又は抄本を添付する。検察官の執行指揮を要する裁判をしたときは，速やかに裁判所から裁判書又は裁判を記載した調書の謄本又は抄本を検察官に送付することとされている（規36）。なお，天災事変等によって原本が滅失して謄本等の作成が不可能となった場合，犯行，刑の種類及び範囲を具体的に明確ならしめるに足る証明資料を添付する（最大決昭26・7・18刑集5・8・1476）。

　添付された判決抄本に「罪となるべき事実」が記載されていないときは，受刑者の処遇上の参考のため，速やかに判決謄本その他罪となるべき事実が記載されている書面を追送する（執行事務規程19Ⅲ。なお規36Ⅱ）。また，上訴審において上訴が棄却されて確定した裁判を執行する場合，執行される下級審の裁判書等の謄本又は抄本のほか，上訴審の裁判書の謄本又は抄本をも添付するのが実務の運用である。

　なお，財産刑については，「徴収金指揮印票」により検察官の指揮印を受けることとされている（徴収事務規程10）。

［2］指揮印

　本条ただし書は，刑の執行を指揮する場合を除いて，裁判書の原本，謄本若しくは抄本又は裁判を記載した調書の謄本若しくは抄本に認印して，裁判の執行指揮をすることができる旨規定する。実務上，「指揮印」と呼ばれる措置である。勾留状（事件事務規程24・94），鑑定留置状（同30），勾引状（同95）等の執行指揮がこの方式によって行われる。

　なお，検察官の指揮により勾引状や勾留状，差押状等を執行する場合には，裁判所又は裁判官から，その原本を検察官に送付することとされている（規72・95）。　　〔田野尻猛〕

第474条 [1]〔刑の執行の順序〕　二以上の主刑の執行は，罰金及び科料を除いては，その重いものを先にする[2]。但し，検察官は，重い刑の執行を停止して，他の刑の執行をさせることができる[3]。

［1］主刑の執行順序

　本条は，複数の主刑がある場合の執行の順序に関する規定である。

主刑とは，死刑，懲役，禁錮，罰金，拘留及び科料である（刑9）。このうち，罰金及び科料は，他の刑との同時執行が可能であるので，本条の対象から除かれているが，罰金又は科料を完納することができない場合の換刑処分である労役場留置（刑18）の執行については，本条が準用される（505）。

[2] 重刑先執行の原則

本条本文は，複数の主刑の執行順序として，その重いものを先に執行する旨規定している。

もっとも，併合罪について，死刑を含む2個以上の裁判があった場合，没収を除き，死刑以外の刑を執行せず，無期懲役・禁錮を含む2個以上の裁判があった場合，罰金，科料及び没収を除き，無期懲役・禁錮以外の刑を執行しないと規定されている（刑51Ⅰ但。執行事務規程32Ⅰ・16②但）。また，併合罪でないため，この規定が適用されないが，自由刑の執行中の者につき死刑判決が確定した場合も，自由刑の執行を停止することとされている（同32Ⅰ）。

他方，こうした場合を除けば，既に自由刑を執行中の者について，それより重い自由刑を執行することとなったとしても，直ちに重い刑の執行に切り替えなければならないわけではない（高田・刑訴588。執行事務規程16②本参照）。

そうすると，本条本文は，併合罪でない場合及び併合罪の刑の一つとして無期刑のない場合において，複数の自由刑（懲役・禁錮・拘留）又は労役場留置を同時に執行指揮しようとするときに，その執行順序を規律する規定ということになる。

自由刑の軽重について，刑法10条は，懲役，禁錮，拘留の順序によるのを原則とし，無期禁錮は有期懲役より重く，有期禁錮の長期が有期懲役の長期の2倍を超えるとき禁錮を重い刑とする旨定めているが，同条は，法定刑ないし処断刑に関する規定であるのに対し，ここは，宣告刑の軽重が問題となっている場面であって，当然に適用されるものではなく，その趣旨が参酌されるにとどまる（ポケット刑法第三版〔増補〕73）。ここで問題とすべきは，観念的な刑種や行刑の内容ではなく，自由剥奪の期間であって，例えば，懲役1年と禁錮1年6月とを比べたとき，単純に刑期の長い方を重いとすべきものと解される（朝倉・注釈刑訴7・286）。

検察官は，2以上の自由刑を同時に執行指揮する場合，執行指揮書において，執行順序を明示することとされている（執行事務規程16①参照）。

[3] 執行順序の変更

本条ただし書は，検察官による刑の執行順序の変更について規定する。

東京高判昭51・7・16高刑集29・3・399は，刑の執行順序の変更につき，「検察官において，受刑者に対する妥当な行刑的処遇（例えば仮出獄の資格を早期に取得させるため），判決の適正な執行の確保（例えば懲役刑の執行が長期にわたる場合，軽い労役場留置の時効の完成を防止するため）などの見地に立つて，適正な裁量のもとに，右刑の執行順序の変更の当否，変更の時期について決すべきものである」旨判示した。同判決は，このような

検察官の裁量を前提とし，「適正な裁量の範囲を逸脱して，被告人の懲役刑の執行終了の時期を遅延させることを目的とする等，ことさら被告人の不利益をはかつた特段の事情はなんら窺えない」として，検察官による執行順序の変更は違法でないとした。

刑の執行順序の変更は，同判決が指摘するとおり，第1に，仮釈放の資格 (刑28) を早期に取得させるという行刑的処遇のために行われる。そのような目的のため，刑事施設の長から，検察官に対し，刑の執行順序変更を申請することができる (執行事務規程39Ⅰ)。第2に，罰金・科料 (その換刑処分である労役場留置) の時効の完成を防止する目的で，労役場留置の執行を先に行うために行われる。本条により後に執行するとされた自由刑の時効は停止されるが (刑33)，罰金・科料は，本条から除かれているので，刑の時効が進行するからである。この場合，労役場留置執行指揮書に「刑訴法第474条の規定により目下執行中の自由刑の執行を停止して労役場留置を執行すべき旨」を明らかにして指揮する (執行事務規程40Ⅰ)。　　　　　　　　　　　　　　　　　〔田野尻猛〕

第475条 [1] 〔死刑の執行(1)〕　死刑の執行は，法務大臣の命令による [2]。
2　前項の命令は，判決確定の日から6箇月以内にこれをしなければならない。但し，上訴権回復若しくは再審の請求，非常上告又は恩赦の出願若しくは申出がされその手続が終了するまでの期間及び共同被告人であつた者に対する判決が確定するまでの期間は，これをその期間に算入しない [3]。

[1] 本条の趣旨

本条は，死刑について，法務大臣による死刑執行命令を要することを定める規定である。

死刑以外の刑の執行は，裁判の確定後，検察官の指揮のみによって行われるが(472)，人の生命を奪うという死刑の重大性に鑑み，死刑については，検察官による執行指揮に先立ち，法務行政の最高責任者である法務大臣の命令を要することとされたものである。

[2] 死刑執行命令に関する手続

本条を踏まえ，死刑判決が確定したとき，472条の規定により刑の執行指揮をすべき検察官 (執行指揮検察官) の属する検察庁の長は，法務大臣に対し，死刑執行上申書に確定記録 (裁判所不提出記録を含む。) 及び裁判書の謄本2部を添えて提出し，死刑執行に関する上申をすることとされている (執行事務規程9)。

法務大臣は，改めて非常救済手続 (再審・非常上告) の必要性の有無について検討するとともに，死刑確定者に対する恩赦 (特赦・減刑) をすべきかどうかを調査し，それらの検討を経た上で，死刑の執行を命令する。

法務大臣から死刑執行の命令があったときは，検察官は，死刑執行指揮書により，刑事施設の長に対し，死刑の執行を指揮する (執行事務規程10Ⅰ)。死刑確定者が移送され

ているときは，検察官は，直ちに，裁判執行指揮嘱託書により移送先の刑事施設の所在地を管轄する地方検察庁の検察官に対し，死刑の執行指揮を嘱託する（同12 I）。

[3] 死刑執行命令の期限

本条2項本文は，法務大臣の死刑執行命令について，判決確定の日から6か月以内にしなければならない旨定めている。いつまでも命令をせず，また恩赦を与えることもなく，長い期間にわたって死刑確定者を放置することは，かえって不当に死への恐怖に対する苦悩を与えることになるし，また，司法手続により確定した判決の執行を遷延させることは，確定判決を尊重するという趣旨にも反することになるからである。もっとも，不当に長く死の恐怖を継続させないとの立法趣旨について，疑問とする学説がある（団藤・綱要582。なお，青柳・通論下654）。

なお，この規定は，訓示規定と解されており，期限の経過により死刑執行命令ができなくなるわけではない。

本条2項ただし書は，上訴権回復請求（362），再審請求（435以下），非常上告（454）又は恩赦の出願若しくは申出（恩赦12，恩赦則9）がなされ，その手続が終了するまでの期間及び共同被告人であった者に対する判決が確定するまでの期間は，6か月以内という期間に算入しないことを定めている。死刑は，一度執行すれば回復することのできない刑であるから，これらの制度による確定判決の変更等の可能性（共同被告人の判決も，その内容によっては，再審・非常上告などを通じて，確定判決に間接的に影響を及ぼすこともあり得る。なお，未逮捕の共犯者は，「共同被告人」に当たらない（大阪高判昭28・5・19特報28・30）。）が考慮されたものである。

死刑確定者が刑法11条2項に基づき刑事施設に継続して拘置されている場合，死刑の時効は進行しない（最決昭60・7・19判時1158・28。なお，松尾・刑訴下312）。　〔田野尻猛〕

第476条〔死刑の執行(2)〕 法務大臣が死刑の執行を命じたときは，5日以内にその執行をしなければならない[1][2][3]。

[1] 死刑執行の期限

本条は，法務大臣が死刑執行を命令した場合における死刑執行の期限を定める規定である。

法務大臣から死刑執行の命令があったとき，検察官が，刑事施設の長に対し，死刑執行指揮書により死刑の執行を指揮し（執行事務規程10 I），刑事施設の長において，その職員を指揮して死刑を執行する。「5日」は，執行を指揮すべき検察官が法務大臣の死刑執行命令書を受領した日（死刑執行命令書記載の日付ではない。）の翌日から起算する。

[2] 再審請求等があった場合の措置

死刑の執行指揮検察官は，法務大臣から死刑執行命令を受けた後，死刑確定者につい

て再審請求，上訴権回復請求又は恩赦の出願若しくは上申があったときは，法務大臣に
その旨を速やかに報告してその指揮を受けることとされている（執行事務規程13 I）。死
刑確定者の移送により死刑執行指揮の嘱託を受けた検察官は（同12参照），死刑確定者に
ついてこれらの事由があるときは，速やかに，嘱託した検察官にその旨を通知するとと
もに，法務大臣に報告し，通知を受けた検察官は，法務大臣の指揮を受けたときは，直
ちにこれを嘱託を受けた検察官に通知する（同13 II III）。

　死刑確定者から再審請求等がなされても，法律上，死刑執行の停止事由とはならない
が，死刑執行について慎重を期するため，法務大臣に報告することとされたものである。

［3］死刑執行を行わない日

　日曜日，土曜日，国民の祝日に関する法律（昭和23年法律第178号）に規定する休日，1
月2日，1月3日，12月29日から12月31日までの日には，死刑を執行しない（刑事収容
178 II）。これらの日には，死刑の執行を避ける趣旨である。　　　　　　　〔田野尻猛〕

第477条 [1][2]〔死刑の執行(3)〕　死刑は，検察官，検察事務官及び刑事施設の長又
はその代理者の立会いの上，これを執行しなければならない。
2　検察官又は刑事施設の長の許可を受けた者でなければ，刑場に入ることはできな
い。

［1］死刑の執行方法

　判例は，憲法31条（法定手続の保障）を根拠として，死刑の執行方法に関する基本的事
項は，法律事項（法律をもって定めるべき事項）であるとした上で，刑法11条，監獄法71
条1項及び72条（今日では，刑事収容178 I・179），刑訴法475条ないし478条等の法律の規定
のほか，死刑の執行方法に関する事項を定めた明治6年太政官布告第65号（絞罪器械図
式）も，同布告の制定後，廃止され，又は失効したと認むべき法的根拠は何ら存在せず，
新憲法下においても，法律と同一の効力を有するものとして有効に存続しているので，
これらの諸規定に基づきなされた死刑の宣告は，憲法31条にいう法律の定める手続によ
ってなされたものであることは明らかであるとする（最大判昭36・7・19刑集15・7・1106）。

　死刑は，刑事施設内の刑場において，絞首により執行する（刑11 I，刑事収容178 I）。

　その具体的な方法は，「凡絞刑ヲ行フニハ……両手ヲ背ニ縛シ……面ヲ掩ヒ……絞架
ニ登セ踏板上ニ立シメ……絞縄ヲ首領ニ施シ……踏板忽チ開落シテ囚身……空ニ懸ル」
とされている（明治6年太政官布告第65号）。ただし，「絞架ニ登セ」とある点は，被執行
者に平地を歩いて地下に設けた堀割に垂下させる地下堀割式（地下絞架式ともいう。）に
改められている（朝倉・注釈刑訴7・292。前記最大判昭36・7・19は，現在の死刑の執行方法が太政
官布告の規定どおりに行われていない点があるとしても，それは同布告で規定した死刑の執行方法
の基本的事項に反しているものとは認められず，その一事をもって憲法31条に違反するものとはい

えないとする。)。

また，絞首された者の死亡を確認してから5分を経過した後に絞縄を解くものとされている（刑事収容179）。

このようにして行われる死刑は，憲法36条にいう「残虐な刑罰」に当たらないとするのが判例である（最大判昭30・4・6刑集9・4・663）。

［2］死刑執行の立会者等

本条1項は，死刑の執行に当たり，検察官，検察事務官及び刑事施設の長又はその代理者が立ち会うことを定めている。検察官及び検察事務官は，死刑の執行を指揮した検察官の所属する検察庁の検察官及び検察事務官である。刑事施設の長又はその代理者は，検察官の死刑執行指揮を受け，刑事施設の職員を指揮して，死刑の執行に当たる立場にある。本条2項は，検察官又は刑事施設の長の許可を受けた者以外の刑場への立入りを禁じ，死刑執行の非公開・密行性を定める。これは，現代諸国における法制の一般であり，本条によるほか，執行の実施及び警護に当たる刑事施設の職員並びに死亡確認を行う刑事施設の医師以外の者は，刑場に入ることができない。　　　　　　　　　　　　〔田野尻猛〕

第478条〔死刑の執行(4)〕　死刑の執行に立ち会つた検察事務官は，執行始末書を作り，検察官及び刑事施設の長又はその代理者とともに，これに署名押印しなければならない[1][2]。

［1］執行始末書

本条は，死刑執行始末書の作成について規定する。

477条1項により死刑の執行に立ち会うこととされた検察事務官が，死刑執行始末書を作成した上，同様に死刑の執行に立ち会った検察官及び刑事施設の長又はその代理者とともに，署名押印する。死刑の実施を認証する趣旨である。

［2］法務大臣に対する報告

死刑の執行指揮検察官は，死刑の執行をしたとき，法務大臣に対し，その旨を速やかに報告する（執行事務規程14Ⅰ⑤）。この報告をするときは，死刑執行始末書の謄本を添付することとされている（同14Ⅱ）。　　　　　　　　　　　　　　　〔田野尻猛〕

第479条[1]〔死刑執行の停止〕　死刑の言渡を受けた者が心神喪失の状態に在るときは，法務大臣の命令によつて執行を停止する。

2　死刑の言渡を受けた女子が懐胎しているときは，法務大臣の命令によつて執行を停止する。

3　前2項の規定により死刑の執行を停止した場合には，心神喪失の状態が回復した

479条 1263

後又は出産の後に法務大臣の命令がなければ，執行することはできない[2]。

4 第475条第2項の規定は，前項の命令についてこれを準用する。この場合において，判決確定の日とあるのは，心神喪失の状態が回復した日又は出産の日と読み替えるものとする。

[1] 心神喪失等による死刑の必要的執行停止

本条は，死刑の言渡しを受けた者が「心神喪失」の状態にあるとき，又は妊娠しているとき，法務大臣の命令により死刑の執行を停止する旨を定めるもので，ヒューマニズムの精神に基づく規定である（ポケット刑訴下1222）。これらの事由に該当するときは，必要的に執行を停止しなければならない。

本条の「心神喪失」の意義について，刑法39条（刑事責任能力）と同様に，「精神の障害により事物の理非善悪を弁別する能力又はその弁別に従って行動する能力のない状態をいう」とする裁判例があるが（東京地決昭62・4・23判時1229・108），本条は，刑法39条や，314条（公判手続の停止）と適用される場面を異にしており，「死刑の執行の際における自己の違法行為を非難する裁判に基づいて自己の生命の絶たれることの認識の能力の程度を指す」（青柳・通論下656）と解するのが相当であろう。「心神喪失」と認められるかどうかについて，「精神病者で社会に適応した生活を営めず，このためには入院治療を要するような癲癇性のもの，躁鬱病，精神分裂，拘禁性精神病の如きは常に病勢が悪化しているわけでなく一進一退するものであるから，これらがすべて本条の意味における心神喪失には当たらない」との見解があるほか（青柳・通論下656），前記東京地決昭62・4・23も，「恒常的に心神喪失の状態に陥ったもの」と認められることを要する立場を採る。

死刑の執行について，法務大臣の命令によることに対応し（475Ⅰ），本条による執行停止も，法務大臣の命令による。このため，死刑の執行指揮検察官は，死刑確定者について，本条1項及び2項に規定する死刑の執行停止事由があると認めるときは，直ちに法務大臣に報告して，執行停止をするかどうかについて，指揮を受けることとされている（執行事務規程29Ⅰ）。法務大臣から死刑の執行停止命令があったときは，死刑の執行指揮検察官が，刑の執行停止書を作成し，死刑確定者が収容されている刑事施設の長に死刑の執行を停止した旨を通知する（既に死刑の執行指揮がなされているときは，その執行を停止する旨を直ちに指揮する。同29Ⅳ）。

停止中も，死刑確定者は，釈放されることなく，刑事施設に拘置される（前記東京地決昭62・4・23，刑11Ⅱ）。刑事施設における診療等については，刑事収容施設及び被収容者等の処遇に関する法律62条に定められている。刑の時効は進行しない（刑33）。

[2] 執行停止事由の消滅

死刑は，執行停止事由が消滅した後，すなわち，心神喪失の状態が回復した後，又は出産の後，改めて執行可能となるが，その場合も，本条3項により，法務大臣の命令を要する。検察官は，死刑執行停止の事由がなくなったと認めるときは，その事由がなく

なったと認められる日を明らかにして，法務大臣に報告してその指揮を受けることとされている（執行事務規程29Ⅱ）。

死刑執行停止の事由がなくなったと認められる日は，本条4項により準用される475条2項の死刑執行命令の期限の起算点となる。すなわち，死刑執行命令は，心神喪失の状態が回復した又は出産の日から6か月以内にしなければならない。上訴権回復請求等の場合の期間不算入の定めも，同様に準用される。 〔田野尻猛〕

第480条 [1] **〔自由刑の執行停止(1)〕** 懲役，禁錮又は拘留の言渡を受けた者が心神喪失の状態に在るときは，刑の言渡をした裁判所に対応する検察庁の検察官又は刑の言渡を受けた者の現在地を管轄する地方検察庁の検察官の指揮によつて，その状態が回復するまで執行を停止する [2]。

[1] 心神喪失による自由刑の必要的執行停止

本条は，自由刑（懲役，禁錮又は拘留）の言渡しを受けた者が「心神喪失」の状態にあるとき，検察官の指揮により自由刑の執行を停止する旨を定める規定である。「心神喪失」と認められるときは，必要的に執行を停止しなければならない。

本条は，前条と同様の趣旨に基づくものであり，「心神喪失」は，「裁判によって自由刑に服していることを認識し得る能力の欠如」をいうと解される（青柳・通論下657）。「心神喪失」の意義ないし認定に関し，自由刑について，「社会への適応性の増進のため教育刑的意義をも考える以上，死刑の場合よりもこれに当たる場合が広く認められることになろう。」との見解（青柳・通論下657）や，「自由刑の執行の本旨ともいうべき行刑の趣旨に添って目的論的に解釈すれば，死刑の執行停止の場合よりも幾分広く認められてよいということにもなるであろう。」との見解（朝倉・注釈刑訴7・297）があるが，いずれの刑も厳格かつ慎重な執行が求められることからすると，実務上の運用に差は生じにくいように思われる（これらの見解の趣旨とするところは，自由刑の任意的執行停止(482)の運用により達せられよう。）。

執行停止は，刑の言渡しをした裁判所に対応する検察庁の検察官又は刑の言渡しを受けた者の現在地を管轄する地方検察庁の検察官の指揮による。472条2項本文に規定する検察官も執行停止の権限を有すると解されている。

[2] 執行停止の手続

刑の執行停止は，刑の執行前でも，執行中でも，可能である。刑を執行中の場合，刑事施設の長は，受刑者について，刑の執行を停止すべき事由があると思料するときは，検察官に対し，その旨を通報する（刑事収容則91）。

刑事施設の長又は刑の言渡しを受けた者の関係人から心神喪失の事由による自由刑の執行停止の上申があったときは，検察官は，その事由を審査し，審査の結果，その事由

があると認めるときは，刑の執行停止書を作成する（執行事務規程30ⅠⅡ）。

刑の執行を停止される者が刑事施設に収容中のときは，検察官は，釈放指揮書（刑の執行停止書の謄本を添付）によりその者が収容されている刑事施設の長に対し釈放の指揮をする（同30Ⅲ）。

以上の手続は，検察官が職権で心神喪失の事由による執行停止をする場合に準用される（同30Ⅳ）。

なお，本条に基づく自由刑の必要的執行停止には，次条による事後処分が定められている。

〔田野尻猛〕

第481条 [1]〔**自由刑の執行停止(2)**〕　前条の規定により刑の執行を停止した場合には，検察官は，刑の言渡を受けた者を監護義務者又は地方公共団体の長に引き渡し，病院その他の適当な場所に入れさせなければならない。

2　刑の執行を停止された者は，前項の処分があるまでこれを刑事施設に留置し，その期間を刑期に算入する。

[1] 480条による執行停止の事後処分

本条は，前条の規定により心神喪失を理由として自由刑の執行停止が行われた場合に必要的に行われる事後処分を定める規定である。

心神喪失の状態にある者を釈放してそのまま社会に放置することに伴う危険をなくし，公共の福祉に資するとともに，心神喪失の状態の回復による刑の執行の確保を図るため（朝倉・注釈刑訴7・299），前条の規定により自由刑の執行を停止した場合，検察官は，刑の言渡しを受けた者を監護義務者又は地方公共団体の長に引き渡し，病院その他の適当な場所に入れさせなければならない。

本条2項により，刑の執行を停止された者は，このような処分があるまで，刑事施設に留置されるが，この留置は，刑の執行そのものではないので，その期間を刑期に算入することが明示的に規定されている。

自由刑の執行停止中の者に関する措置について，次条の解説［5］も参照されたい。

〔田野尻猛〕

第482条 [1]〔**自由刑の執行停止(3)**〕　懲役，禁錮又は拘留の言渡を受けた者について左の事由があるときは，刑の言渡をした裁判所に対応する検察庁の検察官又は刑の言渡を受けた者の現在地を管轄する地方検察庁の検察官の指揮によつて執行を停止することができる。

一　刑の執行によつて，著しく健康を害するとき，又は生命を保つことのできない

虞があるとき。

二　年齢70年以上であるとき。

三　受胎後150日以上であるとき。

四　出産後60日を経過しないとき。

五　刑の執行によつて回復することのできない不利益を生ずる虞があるとき [2]。

六　祖父母又は父母が年齢70年以上又は重病若しくは不具で，他にこれを保護する親族がないとき。

七　子又は孫が幼年で，他にこれを保護する親族がないとき。

八　その他重大な事由があるとき [3][4][5]。

[1]　本条の趣旨

　本条は，自由刑（懲役，禁錮又は拘留）について，重大な事由がある場合における執行停止を定める規定である。480条と異なり，検察官の裁量による任意的な執行停止である。

　自由刑は，刑の言渡しを受けた者の自由を剝奪することを本質とするが，その者の置かれた状況等のいかんによっては，自由の剝奪以外の不利益を本人又はその家族等に与えかねない。もっとも，そうした不利益は，自由刑の執行に大なり小なり付随するものであろうから，検察官の健全な裁量によって，著しい不利益が生じるような場合に，自由刑の執行を見合わせることができるものとし，いわゆる「自由刑の純化」を図る趣旨，つまり，自由刑の執行を純粋に受刑者個人の社会的自由の剝奪に限ろうとするものである（朝倉・注釈刑訴7・301。朝倉・実務講座12・2867）。

[2]　刑の執行によって回復することのできない不利益

　本条1号から5号までは，自由刑の言渡しを受けた者について，健康（①），高齢（②），妊娠（③），出産（④）などの事情のほか，刑の執行によって回復することのできない不利益を生ずるおそれがある場合（⑤）を執行停止事由として定めている。5号は，刑の即時の執行が受刑者に対し刑罰の目的以外に重大なる不利益を生ぜしむるおそれのあることをいい，当然ながら，刑の執行を受けること自体の不利益又は損害は含まれない（大決昭16・1・31刑集20・63）。

　本条6号及び7号は，自由刑の言渡しを受けた者の家族の保護を図る趣旨であるが，同旨の規定である旧刑訴法546条について，自由刑の言渡しを受けた者の改心を促すよう運用することも期待されていた（玉岡＝飯島・大コメ刑訴10・357。朝倉・注釈刑訴7・302）。

[3]　その他重大な事由

　本条8号は，前7号に準ずるような重大な事由がある場合をいうものと解されるが，自由刑の言渡しを受けた者やその家族の不利益に限らず，受刑者が入所後両眼を失明し，又は不具廃疾となり，作業不能かつ他人の介補を必要とし，到底行刑の目的を達することができない場合，罰金刑の時効の完成を阻止するため，労役場留置の執行に移る場合

482条　　　　　　　　　1267

（執行事務規程35），監置の裁判を執行する場合，自由刑の執行中に死刑の判決が確定した場合（同32Ⅰ）など，裁判の適正な執行の確保の趣旨などでも適用される（朝倉・注釈刑訴7・301）。

[4] 執行停止の手続

本条による執行停止の手続については，基本的に，480条による執行停止の場合と同様である。刑の執行前でも，執行中でも，執行停止できる。

刑事施設の長（刑事収容則91参照），刑の言渡しを受けた者又はその関係人から本条各号に規定する事由による自由刑の執行停止の上申があったとき，検察官は，その事由を審査し，その事由がある場合であって，刑の執行を停止するのが相当であると認めるときは，刑の執行停止書を作成した上，刑の執行を停止される者が刑事施設に収容中のときには，釈放指揮書（刑の執行停止書の謄本を添付）によりその者が収容されている刑事施設の長に対し釈放の指揮をする（執行事務規程31ⅠⅡⅢ）。検察官が職権により自由刑の執行停止をする場合も同様である（同31Ⅳ）。

検察官が480条又は本条の規定により刑の執行を停止したときは，執行担当の検察事務官は，刑執行停止通知書（甲）により刑の執行を停止された者の帰住地を管轄する警察署の長にその旨を通知する（同33Ⅰ）。

刑の執行指揮前に刑の執行が停止されたときは，刑執行停止者にその旨が通知される（同33Ⅱ）。

[5] 自由刑の執行停止中の者に関する措置

執行指揮検察官は，480条又は本条の規定による自由刑の執行停止中，刑執行停止取消しに必要な調査その他の事後の処分を行う（執行事務規程33Ⅴ）。刑の執行を停止された者の帰住地を管轄する警察署の長にその旨を通知するのも（同33Ⅰ），この調査等に資するためである。執行指揮検察官以外の検察官も，刑の執行停止の事由がなくなったとき又はその者が死亡したときは，速やかに執行指揮検察官にその旨を通知することとされている（同34Ⅱ）。

保護観察所の長は，480条又は本条の規定により自由刑の執行を停止されている者について，検察官の請求があったときは，更生保護法の規定の例により，適当と認める指導監督，補導援護並びに応急の救護及びその援護の措置をとることができる（更生88）。検察官は，保護請求書により，この請求を行う（執行事務規程33Ⅷ）。

刑の執行停止の事由がなくなったときは，検察官は，直ちに刑の執行停止取消書を作成し，残刑執行指揮書（刑の執行停止取消書の謄本を添付）又は執行指揮書により刑事施設の長に対し，執行を指揮する（同34Ⅰ）。

なお，刑の執行停止期間中は，刑の時効は停止される（刑33）。刑の一部の執行後，執行を停止する場合も，実務上，残刑の時効期間は，言渡し刑を基準とするものと解されている（玉岡＝飯島・大コメ刑訴10・351）。受刑中病気のため刑の執行停止を受けた者が，医師の治療を受けることなく逃刑し，検察官がその所在不明を確認した場合において，逃

常の経過をとれば刑の執行に耐え得る程度に病気が治癒し得たと考えられる期間を経過したときは，検察官が刑執行停止取消しの措置に出なくても，その取消決定があったものとみなし，当該期間経過の時から刑の時効が進行するとした裁判例がある（大阪高決昭45・1・19高刑集23・1・1）。

〔田野尻猛〕

第483条〔訴訟費用の執行停止〕 第500条に規定する申立の期間内及びその申立があつたときは，訴訟費用の負担を命ずる裁判の執行は，その申立についての裁判が確定するまで停止される[1]。

[1] 本条の趣旨

　訴訟費用の負担を命ぜられた者（181以下）は，貧困のためこれを完納することができないときは，訴訟費用の全部又は一部について，その裁判の執行の免除の申立てをすることができる（500 I）。このような申立てを許す以上，その申立期間内及びその申立てについての裁判が確定するまでの間，訴訟費用の負担を命ずる裁判の執行を停止する必要があることは当然であり（ポケット刑訴下1225），本条は，裁判の確定により，その執行が可能となるという原則の例外の一つを定める規定である（471の解説[2]参照）。

　訴訟費用の負担を命ずる裁判の執行免除の申立期間は，裁判が確定した後20日以内である（500 II）。執行免除の申立ては，書面でしなければならず（規295 I），執行免除の申立書が差し出されたときは，裁判所は，直ちにその旨を検察官に通知しなければならない（規295の5）。執行免除の申立てがなされた場合，その申立てについての決定に対し，即時抗告をすることができるので（504），同決定は，即時抗告の提起期間（422）の経過又は抗告棄却決定（426 I）などにより確定する。

　これを踏まえ，訴訟費用の負担を命ずる裁判については，執行免除の申立期間が経過したとき，又はその申立てがあったときは，その申立てについての裁判が確定したとき，徴収担当の検察事務官において，裁判書の原本又は謄本及び関係資料等に基づき，徴収金指揮印票を作成した上，検察官の指揮印を受けることにより（徴収事務規程11 I），裁判の執行に向けた手続が開始されることとなる。

〔田野尻猛〕

第484条[1]〔執行のための呼出し〕 死刑，懲役，禁錮又は拘留の言渡しを受けた者が拘禁されていないときは，検察官は，執行のためこれを呼び出さなければならない[2]。呼出しに応じないときは，収容状を発しなければならない[3]。

[1] 本条の趣旨

　身柄不拘束のまま死刑又は自由刑の言渡しを受けてそれが確定した者に対し，確定し

484条，485条　　　　1269

た死刑又は自由刑を執行するためには身柄拘束をする必要があるが，本条は，その身柄拘束のための原則的方法について規定する。すなわち，本条は，身柄不拘束の者に対して死刑又は自由刑を執行するために身柄拘束をするに際しては，検察官は，まずは呼出しを行うこととし，呼出しに応じない場合に収容状を発付することを規定し，呼出しを収容状発付の前提条件として規定している。

このような呼出しを収容状発付の前提条件とする原則的方法によらない例外的方法として，収容状による身柄拘束（485）及び検事長に対する収容の請求（486）が規定されている。

[2] 執行のための呼出し

呼出しの方法については規定されていない。したがって，口頭による方法，書面による方法等があり得るが，刑の言渡しを受けた者の人権を不当に侵害しないよう配慮する必要があり，実務上は，書面による場合には，封をした呼出状によることとしている（執行事務規程18 I）。呼出しを受けた者が出頭した際には，本人であることを確認した上，刑事施設の長に引き渡し，刑の執行を指揮する（同18 II）。

[3] 呼出しに応じないときの収容状の発付

呼出しに応じない場合には，検察官は，直ちに収容状を発付しなければならない。「呼出しに応じないとき」とは，呼出しのための同行の求めに応じない場合や呼出状に記載の日時に出頭しない場合等をいう。本条の収容状は，裁判官の発する令状よりも強力な裁判所の確定判決に基づくものであるため，憲法33条の令状主義の適用はなく，裁判所又は裁判官により発付される必要はない。

〔関口新太郎〕

第485条 [1] 〔収容状の発付〕　死刑，懲役，禁錮又は拘留の言渡しを受けた者が逃亡したとき，又は逃亡するおそれがあるときは [2]，検察官は，直ちに収容状を発し，又は司法警察員にこれを発せしめることができる [3]。

> [範]　**第261条（収容状の発付と執行）**　検察官の指揮により警察官が収容状（刑訴法の規定による場合に限る。以下同じ。）を発した場合において，これを執行したときは，その原本を指揮をした検察官に送付しなければならない。

[1] 本条の趣旨

本条は，484条の例外規定として，呼出しを前提とせずに収容状を発付する場合について規定する。

[2] 収容状の発付要件

本条により収容状を発付するのは，身柄不拘束のまま死刑又は自由刑の言渡しを受けてそれが確定した者が逃亡し，又は逃亡するおそれがあるときである。「逃亡」とは，身

柄不拘束の者がその所在を不明にすることをいう。拘束中の者の「逃走」とは概念上区別されるが，逃走後は逃亡状態となるため，本条による収容状の発付が可能である。

　仮釈放を取り消された者の収容についても，本条が適用される（更生75Ⅲ）。この場合において，仮釈放取消決定の告知により本人が逃亡するおそれがあるときは，その告知による効力発生前の時点で検察官があらかじめ収容状を発付し，その告知の場にこれを携行させ，告知直後に収容状を執行する取扱いが認められている（大阪高決昭36・12・11下刑集3・11=12・1050）。

［3］収容状の発付者

　本条の収容状は，484条と同様，裁判官の発する令状よりも強力な裁判所の確定判決に基づくものであるため，憲法33条の令状主義の適用はなく，その発付者は，検察官又はその指揮があるときは司法警察員とされている。　　　　　　　　　　〔関口新太郎〕

> **第486条** [1]〔**検事長に対する収容の請求**〕　死刑，懲役，禁錮又は拘留の言渡しを受けた者の現在地が分からないときは，検察官は，検事長にその者の刑事施設への収容を請求することができる。
> **2**　請求を受けた検事長は，その管内の検察官に収容状を発せしめなければならない [2]。

［1］本条の趣旨

　本条も，485条と同様，484条の例外規定である。本条は，身柄不拘束のまま死刑又は自由刑の言渡しを受けてそれが確定した者が所在不明の場合，広域にわたる所在調査を行ってその身柄拘束を遂げるため，比較的広い管轄区域を持つ検事長に対する収容の請求を規定する。

　定まった住居を有しない者でも現在地が判明している者については，「現在地が分からないとき」に含まれない。

［2］収容の請求及び収容状発付命令

　実務上，検察官は，検事長に収容を請求するときには収容請求書によることとされており（執行事務規程21Ⅱ），検事長が管内の検察官に収容状の発付を命ずるときには収容状発付命令書によるものとされている（同21Ⅲ）。　　　　　　　　　　〔関口新太郎〕

> **第487条** [1]〔**収容状**〕　収容状には，刑の言渡しを受けた者の氏名，住居，年齢，刑名，刑期その他収容に必要な事項を記載し [2]，検察官又は司法警察員が，これに記名押印しなければならない [3]。

487条，488条，489条　　　　　1271

[1] 本条の趣旨

本条は，収容状の方式について規定する。収容状には，収容に必要な事項の記載及び発付者の記名押印が必要であることが規定されている。

[2] 収容に必要な事項の記載

本条は，収容状には，刑の言渡しを受けた者の氏名，住居，年齢，刑名，刑期その他収容に必要な事項を記載すると規定している。これは，収容に際し，人違いを防止し，収容の便宜を図るためである。「その他収容に必要な事項」としては，実務上，生年月日，職業，本籍，罪名，言渡し裁判所，言渡し年月日，裁判確定の日，時効期間満了の日，引致すべき官署としての検察庁及びその他参考事項とされている（執行事務規程21様式12）。その他参考事項としては，本人が立ち回ると思われる場所や身体の特徴等本人の発見に参考になると考えられる事項である。

[3] 発付者の記名押印

収容状の発付者の記名押印は，収容状の発付を認証する書面行為である。記名は，自署であることを要しない。　　　　　　　　　　　　　　　　　　　〔関口新太郎〕

第488条 [1]〔**収容状の効力**〕　収容状は，勾引状と同一の効力を有する[2][3]。

[1] 本条の趣旨

本条は，収容状の効力について，勾引状と同一の効力を有するものと規定する。「勾引状と同一の効力」とは，刑の確定者を逮捕してこれを引致官署としての検察庁に引致する効力である。

[2] 刑期の起算点等

収容状が発付されたときの刑期の起算点は，収容状執行により事実上身柄拘束が行われることから，収容状を執行した日，すなわち収容状による逮捕の日とされている。刑執行中の逃走による残刑執行のための収容状が発付されたときも，収容状の執行の日が残刑執行の起算点となる。

また，収容状の執行は，刑の時効を中断する効力を有する（刑34Ⅰ）。

[3] 刑の執行の指揮との関係

収容状の効力は，刑の確定者を収容するまでであり，刑の執行のためには刑の執行指揮書を発して指揮することを要する（473，執行事務規程21Ⅳ）。　　　〔関口新太郎〕

第489条 [1]〔**収容状の執行**〕　収容状の執行については，勾引状の執行に関する規定を準用する[2]。

1272   **489条**

[範]　**第262条（収容状執行不能の場合）**　検察官から収容状の執行の指揮を受けた場合におい
て，これを執行することができずに3月を経過し，かつ，当分の間，なお執行する見
込みのないときは，速やかに，指揮をした検察官に，その理由及び参考となるべき事
項を報告し，収容状を返還しなければならない。検察官の指揮により警察官が発した
収容状を執行することができずに3月を経過し，かつ，当分の間，なお執行する見込
みのないときも，また，同様とする。

第263条（収容状執行不適の場合）　収容状に指定されている者について，心神喪失の状
態にあり，又は刑訴法第482条各号のいずれかに該当する事由があり，かつ，逃亡の
おそれがないと認められるときは，速やかに，その旨を指揮をした検察官に報告して
指揮を受けなければならない。

[1] 本条の趣旨

　本条は，488条において，収容状の効力について勾引状と同一の効力を有するものと
規定していることに応じ，収容状の執行について勾引状の執行に関する規定を準用する
ことを規定する。

[2] 勾引状の執行に関する規定の準用

　準用されるのは，70条1項（執行実施機関としての検察事務官又は司法警察職員），71条（管
轄区域外における執行又は執行の嘱託），73条（通常執行及び緊急執行），74条（護送中の仮留置），
126条（執行の際の人の住居等への立入による捜索）等の規定である。72条は，被告人の現在
地が判らない場合の規定であるが，収容の場合には同趣旨の規定として486条があるた
め，準用されない。

　勾引状の執行に関する規定の「準用」は，単純な適用ではなく，収容の性質上必要な
修正が加えられる。例えば，勾引状の執行については検察官の指揮印が必要であるのに
対し，収容状は検察官又はその指揮により司法警察員が発付するため，改めて検察官の
指揮印を要しない。

⑴ **70条1項**　　執行実施機関に関する規定であり，収容状については検察事務官又は
司法警察職員が執行に当たる。

⑵ **71　条**　　執行実施機関としての検察事務官又は司法警察職員に管轄区域外での執
行等を認めた規定であり，検察事務官又は司法警察職員は，必要があるときは，管轄区
域外で収容状を執行し，又はその他の検察事務官又は司法警察職員にその執行を求める
ことができる。「管轄区域」とは，検察事務官については所属検察庁の管轄区域をいい，
司法警察職員についてはその所属する公務所の管轄区域を指す。

⑶ **73　条**　　執行手続についての規定であり，収容状の執行についても，通常執行の
ほか緊急執行が認められる。すなわち，収容状の執行に当たっては収容すべき者に対し
て収容状を示さなければならないが（73Ⅰ），収容状を所持しないためにこれを示すこ
とができない場合において，急速を要するときは，収容すべき者に対して理由及び収容

状が発付されている旨を告げて，その執行をすることができる（73Ⅲ）。

(4) **74 条**　護送中の仮留置を認めた規定であり，遠隔地で収容状を執行した場合に，距離が遠いために時間を要するなどで収容すべき者を一時留め置く必要がある場合において，仮に最寄りの刑事施設に留置することができる。

(5) **126 条**　収容状を執行するに際して必要がある場合に，人の住居等に立ち入って収容すべき者を捜索することを認めた規定である。ただし，収容状執行の性質上，収容すべき者について強制的に身体検査をすることはできず，218条1項の身体検査令状を得ることもできない。

〔関口新太郎〕

第490条 [1] 〔財産刑等の執行〕　罰金，科料，没収，追徴，過料，没取，訴訟費用，費用賠償又は仮納付の裁判は，検察官の命令によつてこれを執行する。この命令は，執行力のある債務名義と同一の効力を有する [2]。

2　前項の裁判の執行は，民事執行法（昭和54年法律第4号）その他強制執行の手続に関する法令の規定に従つてする。ただし，執行前に裁判の送達をすることを要しない [3]。

[1] 本条の趣旨等　　[2] 徴収金及び没収の裁判の執行　　[3] 強制執行

[1] 本条の趣旨等

(1) **本条の趣旨**　罰金，科料，追徴，過料，没取，訴訟費用，費用賠償又は仮納付（実務上これらを「徴収金」と総称する。徴収事務規程1）の裁判及び没収の裁判も，検察官の指揮により執行される（472・473）。その際，納付義務者の任意の納付又は没収の言渡しを受けた者の任意の提出によって執行を終了することが望ましいが，それらが期待できないときは，強制執行により執行を実現しなければならない。本条は，徴収金及び没収の裁判の強制執行を行う場合に，検察官の命令が執行力のある債務名義と同一の効力を有すること，強制執行については民事執行法その他強制執行の手続に関する法令に従って行うことを規定する。

(2) **財産刑等の執行の特質**　財産刑等の裁判の執行も，裁判の内容を国家の権力的行為によって実現する点においては自由刑の裁判の執行と同様であるが，その内容が財産的価値の剥奪であることから，身体的自由の剥奪を内容とする自由刑の執行とは著しく相違する。すなわち，①財産的価値の剥奪は代替性を有するため，財産刑等の裁判の執行においては，自由刑の裁判の執行と同様，原則として一身専属の原則が適用されるものの，納付義務者以外の第三者による納付を求める余地があり（実務上「代納」と称する。徴収事務規程19Ⅰ等），相続財産に対する執行（491），合併後の法人に対する執行（492）が許されること，②身体的自由は何人も有するが財産的価値は何人も常に有しているとは

限らないため，財産刑等の執行は，その能否が問題となり，納付義務者の資力に応じた執行方法を考慮せざるを得ず，実務上，一部納付（徴収事務規程16），納付延期（同17）等を認めていること，③自由刑の裁判の執行はその開始に当たり強制力を行使し得るため，性質上執行を免れることは事実上困難であるのに対し，財産刑等の裁判の執行は資力を有しながら執行に応じようとしない者がその執行を免れる可能性が高いこと，④自由刑の裁判の執行は継続性があるため矯正教育が行われるのに対し，財産刑等の裁判の執行は原則として1回の納付により終了するため継続的な矯正教育を行うことができないことといった相違がある。

(3) **財産刑等の執行指揮**　財産刑等の裁判の執行については，472条との関係で議論がある。すなわち，財産刑等の裁判の執行についても，死刑や自由刑と同様，全て検察官の執行指揮を要し，本条は，単に強制執行の場合に検察官の命令が執行力のある債務名義と同一の効力を有するということを規定したに過ぎないとする「指揮説」と，財産刑等の裁判の執行については，検察官の執行指揮を要せず検察官の命令によって執行するとし，本条は，472条の例外規定であるとする「命令説」がある。実務上は概ね指揮説に沿っており，検察官は財産刑等の裁判の執行についても執行指揮機関であり，執行機関は検察事務官等であるとしている。

［2］徴収金及び没収の裁判の執行

(1) **徴収金の裁判の執行**　ア　徴収金の裁判の執行は，概ね次の手続で行われる。すなわち，まず，徴収金に係る裁判が確定したときは，徴収担当事務官が裁判書の原本等により裁判内容を把握し，徴収金指揮印票を作成し，検察官の指揮印を受ける（徴収事務規程6ないし11）。検察官は，徴収金に係る裁判の執行の指揮をしたときは，速やかに納付期限を定め，徴収担当事務官をして納付義務者に対して納付告知書に納付書を添付して送付させ，徴収金を直接日本銀行に納付すべき旨を告知させる（同14Ⅰ）。徴収金を当該検察官が所属する検察庁に納付させることが相当であると認めるときは，検察官は，速やかに納付期限を定め，徴収担当事務官をして納付義務者に対して納付告知書により納付すべき旨を告知させる（同14Ⅱ）。

イ　徴収金について納付義務者から一部納付の申し出があった場合に，その事由があると認められるときには，その一部の金額を収納することが認められる（徴収事務規程16）。徴収金について納付義務者から納付延期の申し出があった場合に，その事由があると認められるときには，納付延期をすることが認められる（同17）。

ウ　検察官は，事実上収納の見込みのない徴収金について，徴収事務の効率化を図るため，関係機関に対する照会等徴収のための一部の事務手続を省略し，徴収停止の処分を行うことができる（徴収事務規程38）。検察官は，徴収金について法律上又は事実上執行不能の事由が生じた場合，徴収不能決定の処分を行うことができる（同40）。

エ　納付義務者が財産を有しているものの，任意の納付を期待できない場合には，本条に基づき，検察官の命令によって強制執行を行う。

490条，491条　　　　　　　　　　　　　　　　　　1275

(2) 没収の裁判の執行　　ア　没収の裁判の執行とは，押収されていない物について没収の裁判が確定したときに，没収の裁判の言渡しを受けた者等からこれを取り上げて国家の占有に移転することをいう。これに引き続いてその物を破壊等する手続は，没収物の処分（496）である。押収中の物について没収の裁判が確定したときは，既に没収物の占有が国家に移転していることから執行行為を必要とせず，直ちに没収物の処分を行うこととなる。

イ　押収されていない物について没収の裁判があったときは，検察官は，没収の裁判を受けた者に対して，没収物の提出を命ずる（証拠品事務規程37Ⅰ）。没収の裁判を受けた者が提出命令に応じないときは，検察官は，法務局の長又は地方法務局の長に対して，没収物の強制執行手続を依頼する（同37Ⅲ）。

検察官は，没収の執行又は没収物の処分が不能になったときは，没収執行不能決定又は没収物処分不能決定の処分をする（同42Ⅰ）。

ウ　没収によって，国は没収物に対する権利を原始的に取得する。没収物の国庫帰属時期については，裁判確定時説と裁判執行時説があるが，判例は，押収されている没収物について，没収の判決の確定と同時に国庫帰属の効力が生ずるものとしている（最判昭37・4・20民集16・4・860）。

[3] 強制執行

納付義務者が資力を有しながら徴収金を任意に納付しない場合には，検察官の命令により，民事執行法その他強制執行の手続に関する法令の規定に従い，取立てを行う。没収物を占有する没収の裁判の言渡しを受けた者等が検察官の没収物の提出の命令に応じない場合も同様である。

検察官は，強制執行を行うときは，徴収金については徴収命令書（徴収事務規程26Ⅰ），没収物については没収執行命令書（証拠品事務規程37Ⅲ）を作成する。この検察官の命令は，執行力のある債務名義と同一の効力を有するとされている。　　　　〔関口新太郎〕

第491条 [1]〔相続財産に対する執行〕　没収又は租税その他の公課若しくは専売に関する法令の規定により言い渡した罰金若しくは追徴は [2]，刑の言渡を受けた者が判決の確定した後死亡した場合には，相続財産についてこれを執行することができる。

[1] 本条の趣旨

裁判の効力は，原則として当該被告人に対して一身専属的に及び，刑罰の執行は，刑の言渡を受けた者に対してのみ行うことができるのが原則であって，刑の言渡を受けた者が死亡したときは，本来執行はなし得ない。本条は，この原則に対する例外を規定するものであり，特定の財産刑等について刑の言渡を受けた者が判決確定後に死亡

した場合，その相続財産について執行を行い得ることを規定する。なお，刑の言渡しを受けた者が判決確定前に死亡した場合には，本条に該当しないため，その相続財産について執行を行うことはできない。

[2] 相続財産に対して執行し得る財産刑等

(1) **没 収**　本条は，押収していない物についての没収の裁判が確定した場合，没収の言渡しを受けた者の死亡による相続によりその占有を取得した者に対し，強制的に没収物の提出を命じて国の占有に移転することを規定する。没収は保安処分的色彩を有し，物自体について行われることを理由として規定されたものである。なお，押収されている物についての没収の裁判が確定した場合，没収の執行は要せず，処分が残されているのみである。

(2) **租税その他の公課若しくは専売に関する法令の規定により言い渡した罰金若しくは追徴**　租税その他の公課若しくは専売に関する法令の規定により言い渡した罰金は，国家財政の確保等を目的とするものであり，これらの法令に定める追徴は，違反物件の没収に代わるもので不法な利益を犯人の手に残存させないようにすることを目的とするものであることから，犯人が死亡していても相続財産について執行することとしている。このような趣旨から，「租税に関する法令の規定により言い渡した罰金」は，狭義の租税犯，すなわち，租税の納付，賦課，徴収に直接的に関連する犯罪について言い渡された罰金をいうとされている。また，「公課」とは，国又は地方公共団体が公の目的のために強制的に賦課するものの総称であり，通常は金銭給付義務の形で課せられるものであって（各種の負担金，社会保険料，賦課金，納付金等），「公課に関する法令の規定により言い渡した罰金」は，例えば，健康保険法208条，209条違反等がある。「専売に関する法令の規定により言い渡した罰金」は，現在は見当たらない。

(3) **本条記載以外の財産刑等**　本条は，刑罰の執行は刑の言渡しを受けた者に対してのみ行うことができるという原則に対する例外を規定するものであるから，本条に明記されていない財産刑等については，相続財産について執行することは認められない。

〔関口新太郎〕

第492条 [1] 〔合併後の法人に対する執行〕　法人に対して罰金，科料，没収又は追徴を言い渡した場合に，その法人が判決の確定した後合併によつて消滅したときは，合併の後存続する法人又は合併によつて設立された法人に対して執行することができる [2]。

[1] 本条の趣旨

本条は，491条と同様，刑罰の執行は刑の言渡しを受けた者に対してのみ行うことができるという原則に対する例外規定であり，特定の財産刑等について刑の言渡しを受け

た法人が判決確定後に合併によって消滅した場合，合併後の法人に対して執行を行い得ることを規定する。合併後存続する法人又は合併によって設立された法人は，執行を受けるべき財産その他の一切の財産を包括的に承継することを理由として規定されたものである。

[2] 執行の対象となる法人

本条により執行の対象となるのは，財産刑等の判決が確定した後に判決を受けた法人が合併によって消滅したときに，存続する法人又は合併によって設立された法人である。判決言渡し後確定前に判決を受けた法人が合併により消滅したときは，本条に該当しないため，合併後の法人に対して執行することはできない。　　　　　　　　　　〔関口新太郎〕

第493条 [1][2] 〔仮納付の執行の調整〕　第一審と第二審とにおいて [3]，仮納付の裁判があつた場合に，第一審の仮納付の裁判について既に執行があつたときは，その執行は，これを第二審の仮納付の裁判で納付を命ぜられた金額の限度において，第二審の仮納付の裁判についての執行とみなす。

2　前項の場合において，第一審の仮納付の裁判の執行によつて得た金額が第二審の仮納付の裁判で納付を命ぜられた金額を超えるときは，その超過額は，これを還付しなければならない。

[1] 本条の趣旨

本条は，仮納付の裁判がその確定を待たずに直ちに執行されることを踏まえ（348・404），第一審で仮納付が命ぜられた罰金，科料又は追徴の裁判について仮納付金が納付されている場合に，第二審で仮納付を命ぜられた罰金等の金額が相違するときの裁判の執行の調整について規定する。

[2] 調整方法

第一審で命ぜられた仮納付の裁判の執行は，第二審の仮納付の裁判で納付を命ぜられた金額の限度において，第二審の仮納付の裁判について執行が行われたものとみなされ，その金額が納付されている金額と異なるときには，これを調整する。すなわち，既に納付されている金額が，①第二審で命ぜられた金額を超過するときは，超過額について還付の手続をし，②第二審で命ぜられた金額に満たないときは，不足額についてあらためて執行の手続を行う。

[3] 調整の対象となる裁判

本条は，第一審裁判所の仮納付の裁判の執行と第二審裁判所の仮納付の裁判の執行との間の調整についての規定であるが，上告審において仮納付の裁判を行うこともあり得ることから，その場合には本条の準用により上告審裁判所の判決との間でも調整を行うこととなる。略式命令においても，その付随の処分として仮納付を命ずることができる

から，略式命令で仮納付が命ぜられた罰金等の裁判について仮納付金が納付されている場合，正式裁判又は正式裁判に対する上訴審で仮納付の裁判があったときにも，本条の準用によりこれらの裁判の間でも調整を行うこととなる。　　　　　　　　　　〔関口新太郎〕

第494条 [1][2] 〔仮納付の執行と本刑の執行〕　仮納付の裁判の執行があつた後に，罰金，科料又は追徴の裁判が確定したときは，その金額の限度において刑の執行があつたものとみなす。

2　前項の場合において，仮納付の裁判の執行によつて得た金額が罰金，科料又は追徴の金額を超えるときは，その超過額は，これを還付しなければならない。

[1] 本条の趣旨

　本条も，仮納付の裁判がその確定を待たずに直ちに執行されることを踏まえ（348・404），第一審で仮納付が命ぜられた罰金，科料又は追徴の裁判について仮納付金が納付されている場合に，その裁判が確定した際の執行との調整について規定する。

[2] 調整方法

　仮納付を命ぜられた罰金等の裁判が上級審で確定したときは，仮納付金の金額の限度で執行があったものとみなされ，この場合に，仮納付金の金額と上級審で確定した罰金等の金額が異なるときは，これを調整する。すなわち，既に納付されている金額が，①確定した金額を超過するときは，超過額について納付者に還付の手続をし，②確定した金額に満たないときは，不足額についてあらためて執行の手続を行う。略式命令において罰金等の仮納付を命ぜられ，それが納付されている場合に，その後正式裁判が確定したときも同様である。

　仮納付を命ぜられた罰金等の裁判について，上級審で破棄され，無罪，免訴，刑の免除又は公訴棄却の裁判があり，あるいは自由刑の言渡しがあり，確定した場合において，仮納付金が納付されているときは，納付者に還付する手続を行う。破棄判決の確定前に納付済みの仮納付金を還付する必要がないことは当然である。　　　　　　　　　〔関口新太郎〕

第495条 [1] 〔勾留日数の法定通算〕　上訴の提起期間中の未決勾留の日数 [2] は，上訴申立後の未決勾留の日数を除き，全部これを本刑に通算する [3][4]。

2　上訴申立後の未決勾留の日数 [2] は，左の場合には，全部これを本刑に通算する [3][4]。

　一　検察官が上訴を申し立てたとき。

　二　検察官以外の者が上訴を申し立てた場合においてその上訴審において原判決が破棄されたとき。

3　前2項の規定による通算については，未決勾留の1日を刑期の1日又は金額の4000円に折算する[5]。

4　上訴裁判所が原判決を破棄した後の未決勾留[2]は，上訴中の未決勾留日数に準じて，これを通算する[3][4]。

　　〔1〕本条の趣旨　　〔2〕未決勾留の日数　　〔3〕法定通算の対象となる未決勾留日数
　　〔4〕未決勾留日数の通算　　〔5〕法定通算の折算基準

〔1〕本条の趣旨

　本条は，未決勾留日数の法定通算について規定する。未決勾留は，刑事訴訟手続としての捜査ないし公判遂行上の必要のために被疑者又は被告人を身柄拘束する強制処分であり，刑の執行とはその本質を異にするが，被告人を身柄拘束してその自由を剥奪するという点で自由刑の執行と類似しており，また，身柄拘束の要否及び期間については，捜査ないし公判遂行上の必要性いかんによって決定されることとなる。そこで，本条は，被告人が有罪とされた場合に，第一審判決の日以後の被告人の責に帰することができない未決勾留日数については本刑に通算することとし，通算した日数について本刑の執行を受け終わったこととすることによって，刑事司法における公平の維持を図ろうとするものである。したがって，本条は，刑の内容の変更に関するものではなく，刑の執行方法に関するものである。

　本条による未決勾留日数の通算は，判決において宣告すべきものではなく（最決昭26・3・29刑集5・4・722，最判昭46・4・15刑集25・3・439ほか），検察官が刑の執行指揮をするに当たって法律上当然に行うべきものとされていることから，「法定通算」と呼ばれている。これに対し，裁判所が公判状況等を考慮して本刑への算入の要否及び日数を決定し，判決において宣告される未決勾留日数の算入は，「裁定算入」又は「任意的算入」と呼ばれている。

〔2〕未決勾留の日数

(1) **未決勾留**　　未決勾留とは，勾留状による拘禁をいう（最判昭43・7・11刑集22・7・646）。逮捕や勾引はこれに含まれない。他方，鑑定のための留置は勾留とみなされて未決勾留日数の通算の対象となり（167Ⅵ），観護措置としての少年鑑別所への収容も同様に勾留とみなされて未決勾留日数の通算の対象となる（少53）。

(2) **未決勾留日数の算定**　　通算の対象となる未決勾留日数は，実際に勾留された日数であり，保釈，勾留執行停止又は逃走等により実際には勾留されなかった日数は，通算の対象とならない。

　未決勾留日数の算定については，公訴時効の期間の計算に関する特則（55）が準用される。したがって，勾留の初日は，身柄拘束の1日の途中であっても1日として計算し，末日が休日に当たるときも期間に通算する。

1280 **495条**

［3］法定通算の対象となる未決勾留日数

　法定通算の対象となる未決勾留日数は，裁判言渡しの日及びその後の勾留日数であり，上訴の提起期間中のもの（本条 I），上訴申立後のもの（本条 II）及び原判決破棄後のもの（本条IV）に区別される。

⑴　**上訴の提起期間中の未決勾留日数**　　上訴の提起期間中の未決勾留日数については，上訴申立後の未決勾留日数を除き，全部本刑に通算する（本条 I）。上訴の提起期間は，上訴をするかしないかについての考慮期間であって，被告人に不利益を負わせるべきものではないからである。

　上訴の提起期間中の未決勾留日数とは，判決言渡しの日から上訴申立の日の前日までをいい，上訴申立がない場合には裁判確定の日の前日までである。したがって，上訴の提起期間中被告人が継続して勾留されていた場合，①上訴申立がなく上訴の提起期間が経過したときは，判決言渡しの日から判決確定の日の前日までの日数，②上訴の提起期間内に上訴申立があったときは，判決言渡しの日から上訴申立の日の前日までの日数，③被告人のみが上訴申立をし，上訴の提起期間内にその上訴を取り下げたときは，判決言渡しの日から上訴申立の日の前日までの日数と上訴取下げの日から上訴の提起期間満了の日までの日数を合算した日数，④被告人及び検察官の双方が上訴放棄をしたときは，判決言渡しの日からいずれか遅い方の上訴放棄の日の前日までの日数が法定通算される。

　385条又は386条の控訴棄却決定に対する異議申立期間中の未決勾留日数も，上訴の場合と同様に取り扱われる。

⑵　**上訴申立後の未決勾留日数**　　上訴申立後の未決勾留日数は，①検察官が上訴申立をしたとき，又は，②検察官以外の者が上訴申立をした場合で上訴審において原判決が破棄されたとき，全部本刑に通算する（本条 II）。検察官の上訴申立後の未決勾留日数は，被告人の責に帰すべき事由によって生じたものではなく，また，検察官以外の者が上訴申立をした場合で上訴審において原判決が破棄されたときは，上訴が正当であったのであり，上訴申立後の未決勾留日数は，被告人の責に帰すべき事由によって生じたものではないからである。

　上訴申立後の未決勾留日数とは，上訴申立の日から上訴審の裁判の日の前日までの日数をいい，上訴の取下げにより裁判が確定した場合には，上訴申立の日から取下げの日の前日までの日数をいう。

　検察官が上訴申立をした場合は，上訴申立後の未決勾留日数は上訴審の裁判内容に関係なく全部通算される。被告人と検察官の双方が上訴し，双方の上訴申立が競合する場合は，被告人の上訴結果に関係なく，検察官が上訴申立をした日以後の未決勾留日数を通算する。

　検察官以外の者が上訴申立をした場合で上訴審において原判決が破棄されたときは，上訴申立後の未決勾留日数は全部通算される。検察官以外の者とは，被告人のほか，被

495条，496条 1281

告人の法定代理人又は保佐人及び原審における代理人又は弁護人である（最判昭30・4・11
刑集9・4・836）。上訴審において原判決が破棄されたときとは，破棄理由及び破棄判決
の内容のいかんを問わず，上訴審において原判決が破棄されたときの全てをいう。例え
ば，上訴の理由が認められて原判決破棄とされた場合はもちろんのこと，上訴の理由は
認められなかったものの職権調査によって原判決が破棄された場合，あるいは本案裁判
部分に限らず訴訟費用の負担に関する部分や未決勾留日数の通算に関する部分について
の破棄の場合も，原判決が破棄されたときに当たる。

(3) **原判決破棄後の未決勾留日数**　　上訴裁判所が原判決を破棄した後の未決勾留日数
は，上訴中の未決勾留日数に準じて通算する（本条Ⅳ）。上訴裁判所が原判決を破棄した
後の未決勾留とは，上訴裁判所が原判決を破棄して差戻又は移送の判決をした日から差
戻又は移送を受けた裁判所における判決言渡しの日の前日までの未決勾留をいう。これ
は上訴中の未決勾留日数ではないものの，上訴が正当であったのであるから，上訴中の
未決勾留日数と同様に取り扱うこととしたものである。

[4] 未決勾留日数の通算

　　未決勾留日数が法定通算されるべき本刑は宣告刑であり，無期，有期又は不定期の懲
役又は禁錮，罰金，拘留及び科料である。死刑及び没収は，性質上未決勾留日数の通算
はできない。

[5] 法定通算の折算基準

　　未決勾留は刑そのものではないため，本刑に通算するに当たっては，未決勾留の1日
を，自由刑については刑期の，財産刑については金額の，それぞれどの程度として通算
するかを決定しておく必要があり，本条3項はそれを規定したものである。したがって，
判決においてこれを言い渡すのではなく，検察官が，本条3項に規定された割合に従っ
て通算する未決勾留日数を明示して，本刑の執行指揮をする。　　　　　　〔関口新太郎〕

第496条 [1] 〔没収物の処分〕　没収物は，検察官 [2] がこれを処分 [3] しなければな
らない。

[1] 本条の趣旨等

　　没収の裁判が確定した場合，検察官が，検察庁において押収保管中の物を除き，没収
物を被告人又は没収の裁判の効力の及ぶ第三者から取り上げて国の占有に移すこととな
るところ（472・490〜492），本条は，そのようにして検察官に引き継がれた没収物の現実
の処分，すなわち破壊，廃棄，売却等の責務もまた検察官に帰することを明らかにして
いる。

[2] 処分をすべき検察官

　　没収物を保管している検察庁の検察官である。没収物が，押収されておらず，かつ，

1282　　　　　　　　　496条，497条

没収の裁判をした裁判所に対応する検察庁以外の検察庁の管轄区域内にある場合，検察官は当該検察庁の検察官に没収の執行の嘱託をすることになるが，その際執行後の没収物の処分をも併せて嘱託することができる（証拠品事務規程40ⅠⅣ）。

［3］没収物の処分方法

　没収物の処分方法について，本条は特段規定していないが，証拠品事務規程（平2法務省刑総訓287。以下本条解説部分において単に「規程」という。）が定められ，これに従った処分がなされている。具体的には次の通りである。

　有価物については，会計法等関係法令の規定に従って，売却の処分をする。ただし，その物が危険物その他破壊し，又は廃棄すべき物であるときは，廃棄の処分をする（規程29ⅠⅥ・30Ⅰ後）。無価物については，廃棄する（規程30Ⅰ前）。没収物が通貨（外国通貨を除く。以下本条解説部分において同じ。）又は換価代金であるときは，歳入編入の処分をする（規程31Ⅰ・32Ⅰ）。没収物が，勲章及び記章，収入印紙及び郵便切手類，刑事参考品，規制薬物等，国有財産法2条に掲げる物，銃砲刀剣類その他規程別表第2に掲げる物であるときは，同表の定めるところにより，関係当局に引き継ぎ，又は廃棄する（規程33Ⅰ）。なお，没収物が，組織的な犯罪の処罰及び犯罪収益の規制等に関する法律13条3項の規定による没収に係る裁判の執行により国庫に帰属した犯罪被害財産である場合には，犯罪被害財産等による被害回復給付金の支給に関する法律に規定する犯罪被害財産支給手続の給付資金とするため，通貨又は換価代金であっても歳入編入の処分をすることなく，当該手続を行う検察官に引き継ぐこととされている（規程33の2Ⅰ）。また，検察官は，没収物（規程別表第2に掲げるものを除く。）につき，特に必要があると認めるときは，相当の処分をすることができる（規程34）。　　　　　　　　　〔藤本治彦〕

　第497条 [1]〔**没収物の交付**〕　没収を執行した後3箇月以内に，権利を有する者 [2]が没収物の交付を請求したときは [3]，検察官は，破壊し，又は廃棄すべき物を除いては [4]，これを交付しなければならない [5]。

　2　没収物を処分した後前項の請求があつた場合には，検察官は，公売によって得た代価を交付しなければならない。

［1］本条の趣旨等

　没収の執行により没収物が国庫に帰属した後，これが本来没収の裁判の効力が及ぶことのない者に属していたことが判明した場合には，原則として，権利者にこれを交付すべきである。本条は，権利者の請求に基づき，検察官において当該没収物又はその売却代金を交付すべき旨を規定する。

［2］権利を有する者

　当該没収物の本来の所有権者をいう。ただし，既に刑事事件における第三者所有物の

没収手続に関する応急措置法による被告事件の手続への参加の機会を与えられた所有権者は，本条の交付請求ができないと解されている。また，没収物の上に共有持分，担保物権又は用益物権を有する者は含まれない（近藤=関=森田・大コメ刑訴10・420～421）。

［3］ 交付請求の期間

没収の裁判を執行したときから3か月以内である。押収されていない証拠物にあっては，没収の執行により当該没収物を国の占有に移した日から，押収されている証拠物にあっては，没収の執行を要しないから，裁判が確定した日から，計算する。この期間計算には55条の適用がある。

［4］ 破壊し，又は廃棄すべき物でないこと

「破壊し，又は廃棄すべき物」とは，危険物，法禁物など一般に流通する場合には，犯罪に利用されたり，他の犯罪を誘発・助長するおそれがあるため，交付が相当でないと思料される物をいう（増井・注釈刑訴7・367）。単なる無価物は，これに当たらない。

［5］ 実務上の処理

本条の交付手続は，没収の裁判に基づいていったん国庫に帰属した没収物を検察官の判断により権利者に還付するという例外的措置であり，特に慎重に運用すべきものとされている（近藤=関=森田・大コメ刑訴10・419）。　　　　　　　　　　　　〔藤本治彦〕

第498条 [1]〔**偽造変造の表示**〕　偽造し，又は変造された物 [2] を返還する場合には，偽造又は変造の部分をその物に表示 [3] しなければならない。

　2　偽造し，又は変造された物が押収されていないときは，これを提出させて，前項に規定する手続をしなければならない。但し，その物が公務所に属するときは，偽造又は変造の部分を公務所に通知して相当な処分をさせなければならない [4]。

［1］ 本条の趣旨等

裁判上偽造又は変造であると認定された物を権利者に返還し，又はそのまま所持を許す場合，そのままの状態だと悪用されて第三者に不測の損害を及ぼすおそれがある。本条は，そのような場合に，当該物の偽造又は変造の部分に表示を施すことを規定している。

［2］ 偽造し，又は変造された物

没収の言渡しがあった物に限らず，確定裁判の理由中で偽造又は変造を認定された物を含む（近藤=関=森田・大コメ刑訴10・424）。また，偽造又は変造の部分についてのみ没収の言渡しがあった物に限らず，何人の所有をも許さないものとしてその全部の没収の言渡しが確定した偽造手形のような物も含まれる（最決昭31・11・1刑集10・11・1525参照）。したがって，偽造手形について，民事訴訟等に利用する必要があるため還付の請求があったような場合は，検察官は，没収の処分として，偽造手形にその旨の表示をして還付す

498条，498条の2

べきであり，これを直ちに無価物として廃棄することは許されない。

[3] 表示の方法

偽造又は変造の部分を朱線をもって表示し，裁判年月日，事件名，裁判所名及び没収の旨を付記した上，これに処分を行った検察官の所属庁名及び官氏名を記入し，押印する方法によることとされている（証拠品事務規程41 I）。

[4] 押収されていない物

偽造し，又は変造された物が押収されていないときは，検察官は，これを提出させて，上記［3］の手続をする（本条 II 本）。没収の言渡しがあった場合は，没収の裁判を受けた者に対し提出を命じた上でこれを行う（証拠品事務規程41 II・37 I），没収の言渡しはないが，裁判の理由中において偽造又は変造と認定された物については，任意提出を受けた上で，これを行うこととなる。

没収等された物が，例えば不動産登記における申請情報記載書面等のように，公務所に属する物である場合には，偽造又は変造の部分を公務所に通知して相当な処分をさせることとなる（本条 II 但）。この通知は，検察官が当該公務所の長に対し偽造・変造部分没収通知書を送付して行う（証拠品事務規程41 II 但）。　　　　　　　　　　〔藤本治彦〕

第498条の2 [1] 〔**不正に作られた電磁的記録の消去等**〕　不正に作られた電磁的記録又は没収された電磁的記録に係る記録媒体 [2] を返還し，又は交付する場合には，当該電磁的記録を消去し，又は当該電磁的記録が不正に利用されないようにする処分をしなければならない [3]。

2　不正に作られた電磁的記録に係る記録媒体が公務所に属する場合において，当該電磁的記録に係る記録媒体が押収されていないときは，不正に作られた部分を公務所に通知して相当な処分をさせなければならない [4]。

[1] 本条の趣旨

文書偽造等における偽造又は変造の部分の取扱いについては，498条が偽造又は変造の部分の表示処分を規定しているところであるが，本条は，電磁的記録に係る記録媒体について，これと同趣旨を規定するものである。

すなわち，本条は，不正に作られた電磁的記録又は没収に係る電磁的記録が，これが記録された記録媒体の一部を構成している場合において，その記録媒体を被差押人に返還するとき，又はその記録媒体が110条の2各号の規定（222 I の規定により捜査段階における差押えに準用される場合を含む。以下本条解説部分における刑訴法の規定引用部分において同じ。）により当初に記録されていた記録媒体から他の記録媒体に移転（他の記録媒体に複写した上で，当初の電磁的記録を消去することをいう。）された上で差し押さえられたものであった場合であって，123条3項の規定により，被差押人に対し，当該他の記録媒体を交

付するときにおける，当該不正作出又は没収に係る電磁的記録部分の処分方法につき規定するものである。

［2］不正に作られた電磁的記録又は没収された電磁的記録に係る記録媒体

「不正に作られた電磁的記録」とは，権限がないのに，又は権限を濫用して記録媒体上に作成された電磁的記録であって，没収の言渡しの対象とされたもの以外のものをいう。「没収された電磁的記録」とは，没収の言渡しの対象とされた電磁的記録のことをいう。

［3］消去し，又は不正に利用されないようにする処分をすること

「消去」とは，電子計算機の操作により消すこと等により，通常の方法では電磁的記録の内容を認識し得ない状態にすることをいう。

「当該電磁的記録が不正に利用されないようにする処分」としては，例えば，電磁的記録に複雑な暗号をかけて利用できないようにすることが考えられる。

［4］不正に作られた電磁的記録又は没収された電磁的記録に係る記録媒体が公務所に属する場合

不正に作られた電磁的記録に係る記録媒体が，例えば不動産登記の申請情報等に係るもののように，公務所に属するものであって，押収されていない場合には，不正に作られた部分を公務所に通知して相当な処分をさせることとなる（本条Ⅱ）。この通知は，検察官が当該公務所の長に対し電磁的記録処分通知書を送付して行う（証拠品事務規程41の2Ⅲ）。　　　　　　　　　　　　　　　　　　　　　　　　　　　　　〔藤本治彦〕

第499条[1]〔**還付不能と公告**〕　押収物の還付を受けるべき者の所在が判らないため，又はその他の事由によって，その物を還付することができない場合には，検察官は，その旨を政令で定める方法[4]によって公告しなければならない[2]。

2　第222条第1項において準用する第123条第1項若しくは第124条第1項の規定又は第220条第2項の規定により押収物を還付しようとするときも，前項と同様とする。この場合において，同項中「検察官」とあるのは，「検察官又は司法警察員」とする[3]。

3　前2項の規定による公告をした日から6箇月以内に還付の請求がないときは[5]，その物は，国庫に帰属する。

4　前項の期間内でも，価値のない物は，これを廃棄し，保管に不便な物は，これを公売してその代価を保管することができる。

［範］　**第112条の2（還付の公告）**　領置物の還付に関して刑訴法第499条第2項の規定による公告をするときは，警察本部長又は警察署長の指揮を受けて行わなければならない。

　　2　前項の公告は，司法警察員たる警察官が行わなければならない。

499条

[1] 本条の趣旨

本条は，押収物の還付に当たり，還付を受けるべき者の所在不明その他の事由により還付することができない場合に，公告を行うことにより，当該押収物の帰属を早期に確定させる手続につき定めるものである。

[2] 本条1項の還付公告

平成22年の本条の改正により第2項が新設され，捜査機関が事件の終結（公訴を提起した事件については終局判決が確定するまで，それ以外の事件については不起訴処分がされるまでをいう（増井・注釈刑訴2・244）。）を待たずに行う還付及び緊急逮捕に伴う差押えが行われた場合に逮捕状が得られなかったときにおける差押物の還付（220Ⅱ）については，本条2項が適用されることが明定された。このため，本条1項は，これらの場合以外の場合における押収物の還付について適用されることが明確になった。かかる押収物につき，還付を受けるべき者の所在不明又はその他の事由によって還付することができない場合，検察官は，同項による公告をすることとなる。なお，裁判所が押収した押収物については，裁判所において還付等の処分をすることとされているが，還付を受けるべき者の所在が不明等の事由により還付できない場合には，裁判所から検察官に通知し，還付公告の依頼をする取扱いになっている（近藤＝関＝森田・大コメ刑訴10・434）。

[3] 本条2項の還付公告

本条2項は，検察官，検察事務官又は司法警察員が事件の終結を待たずに行う還付又は緊急逮捕に伴う差押えが行われた場合に逮捕状が得られなかったときにおける差押物の還付（220Ⅱ）について，還付を受けるべき者の所在不明又はその他の事由によって還付することができない場合の公告手続を定める。

この手続は，検察官又は司法警察員が行う。

[4] 公告方法等

公告方法の定めは政令に委任されており，押収物還付等公告令（昭和28年政令342号。以下本条解説部分において単に「公告令」という。）が置かれている。公告令では，検察官が行う場合は検察庁の掲示場に，司法警察員が行う場合はその所属する官公署の掲示場に，それぞれ14日間掲示する方法によって行うこととされ，必要がある場合又は掲示場に掲示する方法によって公告を行うことができない場合には，官報に掲載する方法によって行うものとされている（公告令2）。その他公告すべき事項及び公告の回数等についての定めが公告令3条以下に置かれている。

[5] 押収物の還付請求期間等

還付請求をなし得る期間は，公告をした日から6か月以内である。この期間の計算についても，55条の規定の適用がある。したがって，掲示公告の方法によったものについては，掲示公告の期間（検察庁又は司法警察員の所属官署の掲示場に掲示すべき期間）の末日の翌日を第1日として，官報公告の方法によったものについては，官報に掲載した日の翌日を第1日として計算することとなる（近藤＝関＝森田・大コメ刑訴10・438）。還付の請求

がないままこの期間が経過したときは，押収物は国庫に帰属する（本条Ⅲ）。この期間中であっても，無価値の物は廃棄することができ，保管に不便な物は売却してその代価を保管することができる（本条Ⅳ）。　　　　　　　　　　　　　　　　　　　〔藤本治彦〕

第499条の2 [1] 〔電磁的記録に係る記録媒体の還付不能〕　前条第1項の規定は第123条第3項の規定による交付又は複写について，前条第2項の規定は第220条第2項及び第222条第1項において準用する第123条第3項の規定による交付又は複写について，それぞれ準用する [2]。

2　前項において準用する前条第1項又は第2項の規定による公告をした日から6箇月以内に前項の交付又は複写の請求がないときは，その交付をし，又は複写をさせることを要しない [3]。

[1] 本条の趣旨

　電磁的記録に係る記録媒体の差押えの執行方法として電磁的記録の移転をした場合については，その移転先の記録媒体が，捜査機関等が用意したものであって，かつ，留置の必要のないものであるときは，還付に相当する原状回復の方法として，被処分者に対し，当該記録媒体を交付し，又は当該記録媒体の複写を許さなければならない。本条は，この場合において，交付し，又は複写を許すべき相手方が所在不明等のときに，公告を行うことにより原状回復を巡る権利関係を早期に確定させるための手続につき定めるものである。

[2] 交付等の公告

　499条の規定が準用される。すなわち，捜査機関が事件の終結（その意義については同条の解説[2]参照）を待たずに行う交付若しくは複写を許す手続又は緊急逮捕に伴う差押えが行われた場合に逮捕状が得られなかったときにおける交付若しくは複写を許す手続については同条2項が準用され，検察官又は司法警察員が公告を行う。

　それ以外の場合における交付又は複写を許す手続については，同条1項の準用により，検察官が公告を行うこととなる。

　これらの場合における公告の方法は，押収物還付等公告令2条並びに3条3項及び4項に規定されており，499条の規定による公告の場合に準じた内容となっている。

[3] 交付等請求期間及びその経過後の措置

　交付等の請求をなし得る期間は，公告をした日から6か月以内とされており，その計算方法は，499条の場合と同様である。この期間内に請求がないときは，その交付をし，又は複写をさせることを要しない（本条Ⅱ）。　　　　　　　　　　　　　　　〔藤本治彦〕

1288 500条

第500条 [1] 〔訴訟費用執行免除の申立て〕 訴訟費用の負担を命ぜられた者は，貧
困のためこれを完納することができないときは [2]，裁判所の規則の定めるところ
により [3]，訴訟費用の全部又は一部について，その裁判の執行の免除の申立をす
ることができる [5]。

2 前項の申立は，訴訟費用の負担を命ずる裁判が確定した後20日以内 [4] にこれを
しなければならない。

[規] 第295条（訴訟費用免除の申立等・法第500条等） 訴訟費用の負担を命ずる裁判の執行
免除の申立又は裁判の解釈を求める申立若しくは裁判の執行についての異議の申立
は，書面でこれをしなければならない。申立の取下についても，同様である。

2 前項の申立又はその取下については，第227条及び第228条の規定を準用する。

第295条の2（免除の申立裁判所・法第500条） 訴訟費用の負担を命ずる裁判の執行免
除の申立は，その裁判を言い渡した裁判所にしなければならない。但し，事件が上訴
審において終結した場合には，全部の訴訟費用について，その上訴裁判所にしなけれ
ばならない。

2 前項の申立を受けた裁判所は，その申立について決定をしなければならない。但し，
前項但書の規定による申立を受けた裁判所は，自ら決定をするのが適当でないと認め
るときは，訴訟費用の負担を命ずる裁判を言い渡した下級の裁判所に決定をさせるこ
とができる。この場合には，その旨を記載し，かつ，裁判長が認印した送付書ととも
に申立書及び関係書類を送付するものとする。

3 前項但書の規定による送付をしたときは，裁判所は，直ちにその旨を検察官に通知
しなければならない。

第295条の3（申立書が申立裁判所以外の裁判所に差し出された場合・法第500条） 前
条第1項の規定により申立をすべき裁判所以外の裁判所（事件の係属した裁判所に限
る。）に申立書が差し出されたときは，裁判所は，すみやかに申立書を申立をすべき
裁判所に送付しなければならない。この場合において申立書が申立期間内に差し出さ
れたときは，申立期間内に申立があつたものとみなす。

第295条の4（申立書の記載要件・法第500条） 訴訟費用の負担を命ずる裁判の執行免
除の申立書には，その裁判を言い渡した裁判所を表示し，かつ，訴訟費用を完納する
ことができない事由を具体的に記載しなければならない。

第295条の5（検察官に対する通知・法第500条） 訴訟費用の負担を命ずる裁判の執行
免除の申立書が差し出されたときは，裁判所は，直ちにその旨を検察官に通知しなけ
ればならない。

[1] 本条の趣旨等

本条は，訴訟費用として刑事訴訟遂行の過程で要した費用の負担を命ぜられた被告人

等が，貧困の状態にあるためこれを完納することができない場合に，その全部又は一部
の執行の免除を裁判所に求めることができることとして，裁判確定後の執行段階での救
済制度を定めたものである。

[2] 貧困のため訴訟費用を完納することができないこと

訴訟費用の負担を命ぜられた者の生活状態，資産の有無，就業状況・稼働能力，家族
状況，社会的信用力等を考慮し，その資力と訴訟費用の額とを比較衡量して判断する。
訴訟費用は刑罰ではないから，本人の親，配偶者等扶養義務者あるいはその他の家族等
訴訟費用を本人に代わって納付することを期待し得る者の資産，収入等を考慮すること
も許される（近藤＝関＝森田・大コメ刑訴10・444）。

訴訟費用が多額に上るため全額完納の能力はなくても，一部の納付なら可能である場
合には，一部免除の申立てをすることができる。

[3] 申立ての方式等

この点の定めは，裁判所規則に委任されている。

免除の申立ては書面ですることを要する（規295 I 前）。書面には，訴訟費用の負担を
命ずる裁判を言い渡した裁判所を表示し，かつ，訴訟費用を完納することができない事
由を具体的に記載しなければならない（規295の4）。

申立ては，訴訟費用の負担を命ずる裁判を言い渡した裁判所にしなければならないが，
事件が上訴審で終結した場合には，全部の訴訟費用につき，その上訴裁判所にしなけれ
ばならない（規295の2 I）。

申立書が，申立て期間内に，所定の裁判所以外の裁判所に差し出された場合は，申立
期間内に申立てがあったものとみなされる（規295の3）。刑事施設に収容されている被
告人は，刑事施設の長又はその代理者を経由して申立書を差し出さなければならない（規
295 II・227 I）。

[4] 申立期間

訴訟費用の負担を命ずる裁判が確定した後20日以内に申立てをすることを要する（本
条 II）。この期間の計算については，55条1項本文及び3項本文の適用がある。確定が
上訴権の放棄又は上訴の取下げによる場合，これらは通常1日の中途に行われるから，
その日を算入しないこととなるが，確定が上訴期間の満了による場合は，満了日の翌日
を算入して計算することになる。刑事施設にいる被告人については，503条2項で，申
立期間の計算等の特則が定められている。

[5] 申立ての効果

申立てを受けた裁判所は，その申立てにつき決定をもって裁判をする（規295の2 II）。
訴訟費用の全部についての執行免除の申立てであっても，一部について執行免除の決定
をすることができる。決定に対しては，即時抗告をすることができる（504）。

免除の申立てを容認する決定は，実務上，訴訟費用負担の裁判の執行の免除ではなく，
訴訟費用の納付義務の免除であり，訴訟費用を連帯して負担する他の共犯者等がいる場

合，これらの者は免除決定があった者の負担部分の範囲において訴訟費用の負担義務を免れるものと解されている（近藤＝関＝森田・大コメ刑訴10・449〜450）。　　〔藤本治彦〕

第500条の2 [1]〔**訴訟費用の予納**〕　被告人又は被疑者は，検察官に訴訟費用の概算額[3]の予納をすることができる[2]。

[1]　本条の趣旨等
　本条は，被疑者国選弁護制度の導入と合わせて，平成16年の刑事訴訟法改正（平成16年法律第62号）により新設された規定であり，被告人又は被疑者に負担させるべき訴訟費用の回収の実効化を図るため，その負担を命ずる裁判が確定して執行可能となる以前の段階で，被告人又は被疑者が検察官に対し訴訟費用の概算額の予納をすることができることとしたものである。

[2]　予納する時期
　予納は，訴訟費用の裁判の執行が可能となるまで（483），可能である（関＝森田・大コメ刑訴10・452）。

[3]　予納する金額
　予納する金額は，「訴訟費用の概算額」である。総合法律支援法（平成16年法律第74号）の規定により，国選弁護人は日本司法支援センター（以下本条解説部分において「法テラス」という。）との間で国選弁護人等の事務を取り扱うことについて契約をしている弁護士の中から選任される取扱いとなっているところ，被告人又は被疑者は，国選弁護人に係る訴訟費用の見込額について，法テラスから告知を受けることができる（同39Ⅴ）。

〔藤本治彦〕

第500条の3 [1]〔**訴訟費用の裁判の執行**〕　検察官は，訴訟費用の裁判を執行する場合において，前条の規定による予納がされた金額があるときは，その予納がされた金額から当該訴訟費用の額に相当する金額を控除し，当該金額を当該訴訟費用の納付に充てる[2]。
　2　前項の規定により予納がされた金額から訴訟費用の額に相当する金額を控除して残余があるときは，その残余の額は，その予納をした者の請求により返還する[3]。

[1]　本条の趣旨
　本条は，訴訟費用の概算額として予納がされた金額がある場合において，訴訟費用の裁判が確定し，検察官がこれを執行する際の，予納金額の訴訟費用への充当及び残余額の精算の手続につき規定するものである。

［2］ 予納金額の訴訟費用への充当

　検察官は，訴訟費用の裁判を執行する場合において，500条の2の規定により被告人又は被疑者から訴訟費用の概算額として予納された金額がある場合には，当該訴訟費用の額に相当する金額を，当該予納された金額から控除して，これを訴訟費用の納付に充てる（本条Ⅰ）。

［3］ 残余額の返還

　本条1項の規定により予納がされた金額から訴訟費用の額に相当する金額を控除してまだ残余がある場合には，検察官は，その残余の額を，その予納をした者の請求により返還する（本条Ⅱ）。　　　　　　　　　　　　　　　　　　　　　　　　　〔藤本治彦〕

第500条の4 [1] 〔予納金の返還〕　次の各号のいずれかに該当する場合 [2] には，第500条の2の規定による予納がされた金額は，その予納をした者の請求により返還する [3]。

　一　第38条の2の規定により弁護人の選任が効力を失つたとき。

　二　訴訟手続が終了する場合において，被告人に訴訟費用の負担を命ずる裁判がなされなかつたとき。

　三　訴訟費用の負担を命ぜられた者が，訴訟費用の全部について，その裁判の執行の免除を受けたとき。

［1］ 本条の趣旨

　本条は，訴訟費用の概算額として予納がされた金額がある場合において，その後に当該金額の保管を継続する必要を失わせる一定の事情が生じた場合における予納金額の返還手続につき規定するものである。

［2］ 予納された金額の保管を継続する必要がない場合

　本条は，次の3つを規定している。

(1)　38条の2の規定により弁護人の選任が効力を失ったとき（本条①）。

　　国選弁護人が選任された被疑者が釈放されたときは，選任は原則として効力を失う（38の2）。

　　公訴が提起されなかった場合に被疑者が訴訟費用を負担するのは例外的な場合に限られるから（181Ⅳ），被疑者が釈放されたときは，予納された金額の保管を継続する必要はないと考えられるためである。

(2)　訴訟手続が終了する場合において，被告人に訴訟費用の負担を命ずる裁判がなされなかったとき（本条②。181Ⅰ参照）。

(3)　訴訟費用の負担を命ぜられた者が，訴訟費用の全部について，その裁判の執行の免除を受けたとき（本条③。500参照）。

［3］予納金額の返還

上記［2］のいずれかの事由が生じた場合には，検察官は，予納された金額を，その予納をした者の請求により返還する。　　　　　　　　　　　　　〔藤本治彦〕

第501条 [1]〔解釈の申立て〕　刑の言渡を受けた者 [2] は，裁判の解釈について疑があるときは [3]，言渡をした裁判所 [4] に裁判の解釈を求める申立をすることができる [5][6]。

［1］本条の趣旨等

本条は，刑の言渡しを受けた者が，裁判の趣旨が不明瞭であるため，不当な執行を受けることを避ける目的で，言渡しをした裁判所に対しその解釈を求める申立手続を規定する。本条の手続は，事実認定の不当を救済するため，あるいはその審判の法令違反を理由として認められる再審又は非常上告の非常救済手続とは異なり，裁判の執行に対する救済手続に過ぎないから，本条の申立てによって裁判の既判力そのものを動かすことはできない。

［2］申立権者

確定裁判により刑の言渡しを受けた者である。その者の法定代理人，保佐人等には申立権はなく（502との関係での反対解釈による。），検察官にも申立権がない。

［3］裁判の解釈について疑があるとき

確定裁判の主文の趣旨が明瞭でなく，その解釈につき疑義があることをいう，とするのが判例である（最決昭25・12・22刑集4・13・2880）。裁判の執行指揮は確定した裁判主文のみに従って行われるから，理由の解釈についてまで申立てを認める実益がないからである。また，本条にいう「裁判」は，訴訟費用の裁判を含まない（最決平6・2・23判タ847・137）。

［4］申立裁判所

申立ては，刑の言渡しをした裁判所に対してしなければならない。刑の言渡しをした第1審判決が上訴の棄却により確定した場合には，第1審裁判所に申し立てるべきである（控訴棄却の判決につき，東京高決昭55・9・26判時999・129）。また，上告を棄却した最高裁判所に対し本条の申立てをすることはできない（前掲最決昭25・12・22）。

［5］申立ての時期等

本条の申立てを行うことができるのは，裁判確定後に限る（最決昭44・2・1裁集刑170・175）。未確定の裁判は，執行されることがなく，申立てを認める実益がないからである。また，裁判の執行後における申立ても，実益がなく，許されない（仙台高決昭30・10・6裁判特報2・19・995）。

申立てに対する決定が確定したときは，同一事情の下で同一理由により再度の申立てをすることは許されない（増井・注釈刑訴7・386）。

501条，502条　　　　　　　　　　　　　　1293

［6］申立ての方式等

本条の申立ては，書面ですることを要する（規295Ⅰ前）。

刑事施設にいる被告人に係る特則については503条の解説［3］を，本条の申立てに対する裁判所の決定に対する即時抗告については504条の解説を，それぞれ参照されたい。　　　　　　　　　　　　　　　　　　　　　　　　　　〔藤本治彦〕

第502条[1]**〔異議の申立て〕**　裁判の執行を受ける者又はその法定代理人若しくは保佐人[2]は，執行に関し検察官のした処分[3]を不当とするときは[4]，言渡をした裁判所[5]に異議の申立をすることができる[6][7][8][9]。

［1］本条の趣旨

本条は，裁判の執行を受ける者又はその法定代理人若しくは保佐人が，裁判の執行に関する検察官の不当な処分を免れるため，言渡しをした裁判所に対し，その不当を主張して救済を求める手続につき規定する。これは，裁判の執行に対する法律上の救済制度であって，確定裁判の内容そのものにかかわるものではないから，本条の異議申立てにおいて，裁判の内容そのものの不当を主張し，あるいは現行刑罰制度ないし行刑制度を非難するようなことは許されない（最決昭36・8・28刑集15・7・1301）。

［2］申立権者

裁判の執行を受ける者並びにその法定代理人及び保佐人である。申立てに関し委任を受けた弁護士による申立ても認められると解されている（増井・注釈刑訴7・388，猪俣＝関＝森田・大コメ刑訴10・462）。

［3］執行に関し検察官のした処分

検察官が刑事訴訟法の規定に基づいてする裁判の執行に関する処分をいう。472条の執行指揮，480条から482条までの自由刑の執行停止の指揮，490条の財産刑等の執行についての命令，496条から499条までの没収物の処分等のほか，442条ただし書の再審請求に関する刑の裁量的執行停止，484条から489条までの執行のための呼出しや収容状の発付・執行，徴収金に関する納付告知（訴訟費用負担の裁判に係るものにつき，最決平27・2・23刑集69・1・209）も含まれる。

［4］処分の不当

不適法な処分又はその措置が著しく不適当で不適法と同視し得る処分をいう（大阪高決昭44・6・9高刑集22・2・265）。

［5］申立裁判所

申立ては，執行すべき裁判の言渡しをした裁判所に対してすることを要する。被告人に対し刑の言渡しをした第1審判決について，控訴，上告がそれぞれ棄却された場合の申立ては，第1審裁判所に対してすべきである（最決昭26・9・13刑集5・10・1926）。執行猶

予を取り消された刑の執行に関し，当該取消決定の未確定を理由に異議の申立てをする場合については，取消決定をした裁判所に対しすべきとする裁判例と（東京高決昭40・3・26下刑集7・3・312），執行猶予付の刑を言い渡した裁判所のみならず，取消決定をした裁判所をも「言渡をした裁判所」と解し得るとする裁判例がある（大阪高決昭62・12・17判タ662・256）。

［6］申立ての時期

検察官が裁判の執行に関する処分をするより前に申立てをすることはできない（前掲最決昭36・8・28）。他方，検察官による処分がある以上，当該裁判の確定の前後を問わないものと解されている（増井・注釈刑訴7・390）。裁判の執行終了後は，本条の申立ては，実益がないことになるから，許されない。

［7］申立ての方式

本条の申立ては，書面ですることを要する（規295 I 前）。

刑事施設にいる被告人に係る特則については503条の解説［3］を参照されたい。

［8］決 定

本条の申立てを受けた裁判所は，決定をもって裁判する（503 I 参照）。決定に対しては，即時抗告をすることができる（504）。

本条の規定による異議の申立てに基づき，検察官のした執行指揮を不当とする決定があったときは，検察官はこれに従い訂正の指揮をすることとされている（執行事務規程16⑥）。

検察官の処分を不当とした例として，言渡し刑（「懲役6月」）とその判決書の記載（「懲役8月」）とが異なる場合に，判決書記載の刑により執行した処分（東京高決昭30・6・10高刑集8・5・654），偽造された保証書の名義人に対する保釈保証金没取決定の執行としてした納付告知処分（札幌地決昭37・10・23下刑集4・9＝10・974），無効な控訴取下げを有効であるものとしてなされた検察官の刑執行指揮の嘱託及びこれに基づく刑執行のための呼出し（岐阜地決昭35・7・30下刑集2・7・1184），没取決定告知済みの保釈保証金を誤って還付した場合の没取決定の執行（札幌地決昭41・8・1下刑集8・8・1170）がある。検察官の処分が不当でないとして例としては，併合罪の数個の裁判として執行指揮した後，その併合罪中の一罪が併合罪の関係にないとした執行変更の指揮（広島地福山支決昭35・4・5下刑集2・3＝4・651），他の共同被告人の国選弁護人に支給した訴訟費用の連帯負担を命じた違法判決の執行指揮（広島地決昭35・5・2下刑集2・5＝6・949），刑法18条の制限を超える労役場留置期間を言い渡した違法判決の執行指揮（東京高決昭36・3・20下刑集3・3＝4・230），本人が逃亡するおそれがあるときに，仮出獄〔仮釈放〕取消決定告知前に発付した収監状〔収容状〕による収監〔収容〕（大阪高決昭36・12・11下刑集3・11＝12・1050），懲役刑の裁判確定当時，他事件につき勾留され，当該事件に関しては拘禁されていなかった者について，刑期の起算日を裁判確定の日までさかのぼらせる刑の執行指揮をした検察官が，後に同起算日を現実の刑の執行開始に照応するように訂正した措置（最決昭54・3・26

刑集33・2・121）がある。

［9］行政訴訟等の当否

本条の異議の申立てによらず，別に行政訴訟によって死刑の執行方法の違法を争うことはできない（最判昭36・12・5民集15・11・2662）。また，検察官が訴訟費用の裁判の執行のために発した徴収命令に対する不服申立ては，本条の異議申立て及び504条の即時抗告の手続によるべきであり，請求異議の訴え（民執35）によってその効果を争うことは許されない（最判平4・7・17民集46・5・538）。　　　　　　　　　　　　　　　〔藤本治彦〕

第503条 [1]〔申立ての取下げ〕　第500条及び前2条の申立ては，決定があるまでにこれを取り下げることができる[2]。

　2　第366条の規定は，第500条及び前2条の申立て及びその取下げについてこれを準用する[3]。

［1］本条の趣旨等

本条は，訴訟費用執行免除の申立て（500），裁判の解釈を求める申立て（501）及び執行に関する異議の申立て（502）が，これに対する裁判所の決定があるまでの間は取り下げることができること及び刑事施設にいる者によるこれらの申立てに関する特則につき規定するものである。

［2］申立ての取下げ

申立ての取下げは，申立てに対する決定があるまでにしなければならない。具体的には，決定の告知があるまでにしなければならず，決定の告知があれば，確定前であっても，取下げは許されない（増井・注釈刑訴7・392）。申立ての取下げは，書面ですることを要する（規295Ⅰ前）。

［3］刑事施設にいる者による申立て及び取下げについての特則

本条2項は，刑事施設（刑事収容3）にいる者が行う訴訟費用執行免除の申立て（500），裁判の解釈を求める申立て（501）若しくは執行に関する異議の申立て（502）又はこれらの取下げにつき366条が準用されることを規定する。刑事施設にいる者がこれらの申立てに係る申立書を法定の期間内に刑事施設の長又はその代理者に差し出したときは，期間内に申立てがなされたものとみなされる。また，刑事施設の長又はその代理者は，当該被収容者が自ら申立書を作ることができないときは，これを代書し，又は所属の職員にこれをさせなければならない。　　　　　　　　　　　　　　　　　　　〔藤本治彦〕

第504条 [1]〔即時抗告〕　第500条，第501条及び第502条の申立てについてした決定に対しては，即時抗告をすることができる[2]。

504条，505条

［1］本条の趣旨等

　本条は，訴訟費用執行免除の申立て（500），裁判の解釈を求める申立て（501）及び執行に関する異議の申立て（502）についてした裁判所の決定に対しては，即時抗告をすることができることを規定する。

［2］即時抗告

　第1審裁判所の決定に対しては，棄却・容認のいずれを問わず，即時抗告をすることができる。高等裁判所が言渡し裁判所としてした決定に対しては，高等裁判所に異議の申立てをすることができる（428ⅡⅢ参照）。即時抗告は，決定を受けた者のほか（352），被告人又は検察官もすることができる（351Ⅰ）。

　即時抗告の提起期間は3日とされており（422），この提起期間内及びその申立てがあったときは，裁判の執行は停止される（425）。なお，訴訟費用執行免除の申立てに関しては，483条の規定により，棄却決定に対して即時抗告したときは，当該即時抗告取下げの時又は抗告棄却の決定の告知の時まで，訴訟費用の負担を命ずる裁判の執行は停止される。

〔藤本治彦〕

第505条 [1]〔労役場留置の執行〕　罰金又は科料を完納することができない場合における労役場留置の執行については，刑の執行に関する規定 [2] を準用する [3]。

［1］本条の趣旨等

　労役場留置は，罰金又は科料の特殊な執行方法であるが，所定の刑事施設に附置された労役場に留置されて労役に服する点で（刑事収容287・288），自由刑の執行に類似する。本条はこのような観点から，労役場留置の執行について，刑の執行に関する規定を準用することを定めたものである。

［2］準用される条文等

　刑の執行指揮に関する472条，刑の執行指揮の方式に関する473条，刑の執行順序の変更に関する474条ただし書，自由刑の執行停止に関する480条から482条まで，執行のための呼出しに関する484条，収容状の発付・方式・効力・執行に関する485条から489条までの規定である。

［3］実務上の処理

　罰金又は科料に係る徴収金について納付義務者が完納しない場合において，納付義務者を労役場に留置するときは，検察官は，刑事施設の長に対し，労役場留置執行指揮書によりその執行を指揮する（472，徴収事務規程29Ⅰ）。自由刑を執行中の者に対して労役場留置の執行を行う場合には，検察官は，納付義務者が収容されている刑事施設の長に対し，労役場留置執行指揮書に474条の規定により目下執行中の自由刑の執行を停止して労役場留置を執行すべき旨を明らかにして指揮する（474但，執行事務規程40Ⅰ）。労役

場留置の執行を受ける者が拘禁されていないときは，検察官は，執行のためにこれを呼び出し，その呼出に応じないとき，又は逃亡し，若しくは逃亡するおそれがあるときは，収容状を発付して，検察事務官又は司法警察職員に対し，その執行を指揮する (484・485，徴収事務規程31・32)。収容状は勾引状と同一の効力を有する (488・489)。労役場留置の執行を受けている者が，心神喪失の状態に在るとき，又は執行によって著しく健康を害するときその他482条各号所定の事由があると認めるときは，検察官は，労役場留置執行停止書を作成し，その謄本を添付した釈放指揮書により，その者が収容されている刑事施設の長に対し，釈放の指揮をする (480・482，徴収事務規程36)。　　　　　　〔藤本治彦〕

第506条 [1] **〔執行費用の負担〕**　第490条第1項の裁判の執行の費用 [2] は，執行を受ける者の負担とし，民事執行法その他強制執行の手続に関する法令の規定に従い，執行と同時にこれを取り立てなければならない [3]。

[1] 本条の趣旨等

罰金，科料，没収，追徴，過料，没取，訴訟費用，費用賠償又は仮納付（以下本条解説部分において「徴収金」と総称する。）の裁判の執行は，民事執行法その他強制執行の手続に関する法令の規定に従ってすることとされているところ (490)，本条は，そこから派生する執行費用についても，これらの法令の規定に従って，執行と同時に取り立てることとしたものである。

[2] 執行の費用

強制執行の準備及び実施のために直接支出した費用である。

[3] 実務上の処理

徴収金について強制執行をするときは，検察官は，徴収命令書を作成し，強制執行手続依頼書（徴収命令書を添付する。）により法務局の長又は地方法務局の長に対し，その手続を依頼することとされ（徴収事務規程26Ⅰ），法務局の長又は地方法務局の長は，強制執行の手続が終了すると，検察庁の収入官吏に対し，強制執行の手続により得た金銭から強制執行の費用に充当すべきものを除いた残額を，配当金として交付する取扱いとなっていることから（同28Ⅰ参照），検察官や検察事務官が執行の費用の支出や収納に直接関与することはない。　　　　　　〔藤本治彦〕

第507条 [1] **〔公務所等への照会〕**　検察官又は裁判所若しくは裁判官は，裁判の執行に関して必要があると認めるときは，公務所又は公私の団体に照会して必要な事項の報告を求めることができる [2][3]。

［1］本条の趣旨等

　本条は平成13年の刑事訴訟法改正（平成13年法律第139号）により新設された。それまでは，財産刑，自由刑その他の裁判の執行について，その執行を受ける者の所在や資産等の調査を行う必要が生じた場合に，これらの調査に関する権限の規定を欠いていたため，調査に際し，その相手方から照会の根拠規定がないことを理由として協力を拒まれるなど，裁判の執行に困難を来している例が少なくない状況にあったことから，本条の規定が設けられたものである。

［2］裁判の執行に関する照会

　検察官又は裁判所若しくは裁判官は，裁判の執行に関して必要があると認めるときは，公務所又は公私の団体に照会して必要な事項の報告を求めることができる。

　本条の立案段階においては，197条2項の規定と同等の報告徴求権限規定を裁判執行段階についても設けることが構想されていたと窺われるところであり（詳細については，第153回国会の衆議院法務委員会及び参議院法務委員会における古田佑紀政府参考人（法務省刑事局長）答弁，特に第153回国会衆議院法務委員会会議録第9号（平成13年11月7日）19を参照されたい。），本条の規定の法的効果や解釈については，同項の場合と同様に考えて差し支えなかろう。

　すなわち，「公務所」には，国家機関（裁判所を含む。）のほか地方公共団体の機関も含まれ，「公私の団体」には，法人格の有無を問わず，広く公私の団体が含まれるが，社会的機能において実質的に個人と同視されるような私的団体は除外される。報告を求められた公務所又は公私の団体は，報告すべき義務を負うが，この義務の履行を強制する方法はない（馬場＝河村・大コメ刑訴4・163）。その他同項については，その解説部分を参照されたい。

［3］実務上の処理

　検察官が本条の規定によってする照会は，裁判執行関係事項照会書（執行事務規程22，証拠品事務規程40の2，徴収事務規程18）による。　　　　　　　　　〔藤本治彦〕

事項索引

あ 行

相被告人が黙秘権を行使して供述しない場合
……………………………………………… 881
争いのない事実 ………………………… 664
新たな証拠調べ請求の制限 …………… 814
威嚇的又は侮辱的な尋問 ………… 702, 707
異議申立て ……… 114, 715, 1102, 1104, 1293
──と公判調書 ………………………… 721
──の時期 ……………………………… 722
──への対応 …………………………… 720
意見陳述 …………………………… 640, 641
意見の聴取 ……………………………… 980
意思能力 ………………………………… 43
意思無能力者と訴訟行為 ……………… 43
移　審 ……………………………… 1028, 1152
移　送 … 9, 10, 12, 22, 142, 228, 281, 413, 561,
　923, 924, 1111, 1126, 1133, 1151, 1155, 1164,
　1165
一罪一勾留の原則 ……………………… 131
一時的保存命令方式 …………………… 468
一事不再理 ……………… 729, 933, 948, 957
一部上訴 ………………………………… 1034
一部同意 …………………………… 911, 912
一部無罪 …………………………… 942, 946
一般抗告 ………………………………… 1172
一般司法警察職員 ……………………… 323
一般的指揮 ……………………………… 339
一般的指示 …………………………… 338, 522
違法収集証拠 …………………………… 846
違法捜査抑制 …………………………… 846, 849
違法な逮捕と勾留 ……………………… 401
違法な別件逮捕中の自白 ……………… 850
違法な身柄拘束中の自白 ……………… 866
遺留物 …………………………… 194, 458
疑わしきは被告人の利益に ……… 836, 1206
疫学的証明 ……………………………… 837
閲　覧 …………………………… 117, 666
閲覧権 …………………………………… 111

か 行

閲覧・謄写権 ………………… 82, 305, 575
閲覧・謄写の禁止 ……………………… 809
閲覧の制限 ……………………………… 118
援　用 ……… 1058, 1065, 1087, 1097, 1098, 1104
押収拒絶権 ………………… 195, 196, 197, 461
押収贓物の被害者還付 ……………… 225, 462
押収に関する決定 ……………………… 1175
押収に関する裁判 ……………………… 1189
押収に関する処分 ……………………… 1193
押収物等取扱規程 ……………………… 974
押収物の換価処分 ……………………… 220
押収物の還付に関する決定 …………… 1175
押収物の還付に関する裁判 …………… 1189
押収物の還付に関する処分 …………… 1194
押収物の保管・廃棄 ………………… 218, 462
押収目録 …………………………… 217, 462
乙号証 …………………………………… 687
おとり捜査 ……………………………… 350
恩　赦 …………………………… 951, 1259

か 行

外国語 …………………………… 302, 710
外国語による証拠資料 ………………… 302
外国人の供述録取書 …………………… 894
外国人の取調べ ………………… 365, 894
外国代表者等による告訴 ……………… 515
外国の代表者等の告訴 ………… 498, 515
開示証拠に係る複製等 ………… 603, 604
開示証拠に係る複製等の適正な管理 …… 603
開示証拠に係る複製等の目的外使用 …… 605
開示請求に係る証拠を識別するに足りる
　事項 ……………………………… 789, 798
開示の時期・方法 ……………………… 789
開示の必要性 …………………………… 789
開示命令の対象となる証拠・行為 ……… 806
解釈の申立て …………………………… 1292
海上保安官 ……………………………… 331
開示をすることの必要性 ……………… 798
介入尋問 ………………………………… 707

回 避 …………………………………… 33	間接証拠 ……………………………………… 842
回 付 ……………… 23,1146,1148,1156	鑑 定 …………………………………… 283
回復証拠 ……………………………… 842	鑑定許可状 ………………………………… 292
会話の秘密録音 ……………………… 350	鑑定結果の採否 …………………………… 286
加害行為等がされるおそれのある尋問の	鑑定決定 ……………………………………… 285
制限 ……………………………… 649	鑑定受託者 ………………………… 284,477
学識経験のある者 …………………… 284	鑑定受託者と必要な処分 …………… 476
確 定 ………………… 1170,1253	鑑定書 ……………………………… 283,473
確定裁判 ………………… 941,1205	鑑定証人 …………………………………… 298
確定判決 ………………… 949,1204	鑑定嘱託 …………………………………… 472
各要証事実 …………………………… 856	鑑定嘱託書 ………………………………… 473
科 刑 ……… 924,1059,1073,1158,1164,1232	鑑定処分許可状 …………… 189,477,486
科刑意見書 …………………………… 1236	鑑定処分としての身体検査 …………… 293
科刑上一罪 …………… 534,539,946	鑑定手続実施決定 ………………………… 286
科刑上一罪と公訴時効期間 ………… 534,539	鑑定と必要な処分 ………………………… 291
合併後の法人に対する執行 ………… 1276	鑑定人 …………………………………… 283
仮還付 ………………… 223,462,976	鑑定人尋問 ………………………………… 285
仮納付の裁判 ………………… 976,1236	鑑定人適格 ………………………………… 295
仮納付の執行と本刑の執行 ………… 1278	鑑定人と証人 ……………………………… 284
仮納付の執行の調整 ………………… 1277	鑑定人の宣誓 ……………………………… 287
過 料 ………… 237,241,254,277	鑑定人の選定 ……………………………… 285
仮留置 ……… 151,409,418,1272,1273	鑑定人は，旅費，日当及び宿泊料 … 297,306
簡易却下 ……………………………… 36	鑑定の経過および結果の報告 ……… 285,887
簡易公判手続 ………………………… 632	鑑定の嘱託と鑑定留置 ………………… 473
——における証拠調べ手続 ………… 713	鑑定の立会権 ……………………………… 294
——における証拠調べ手続の特則 … 713	鑑定の要否 ………………………………… 284
——における不適用 ………………… 875	鑑定留置 …………………………………… 288
——の決定 …………………………… 632	鑑定留置質問 ……………………………… 290
——の決定の取消し ………… 634,757	鑑定留置状 ………………………… 288,475
換価代金預入証明書 ………………… 221	鑑定留置と勾留の執行停止 …………… 291
管 轄 ………………… 7,571,1210	鑑定留置の期間 …………………… 289,475
管轄移転 ………………………… 20,21	鑑定料・鑑定必要費用等 ……………… 297
管轄区域外における執行・執行の嘱託 … 148	還 付 ………………… 222,456,462
管轄区域外の職務執行 ……………… 16	還付不能と公告 …………………………… 1285
管轄指定 ………………………… 18,19	関連事件 …………………………………… 13
管轄違いと訴訟手続の効力 ………… 17	関連事件の併合管轄 ………………… 8,11
管轄違いと要急処分 ………………… 17	関連性 ……………………………… 663,843
管轄違いの判決 ……………………… 921	記憶喚起 …………………………………… 705
管轄違いの申立て …………………… 924	期 間 …………………………………… 124
関係のない事項 ……………………… 644	期間の計算 ………………………………… 124
関係のない事項にわたる尋問 ……… 648	期限の定め ………………………………… 780
観護措置 ……………………………… 142	期限の設定 ………………… 790,794,799
鑑 識 ………………………………… 473	期日請書 …………………………… 143,586
看守命令 ………………………… 290,476	期日外の証人尋問 ………………………… 601
間接事実 ………………… 641,842,858	期日間整理手続 …………………………… 810

事項索引　1301

期日の延期 …………………………… 591, 611	強制処分法定主義 ……………………… 354
偽証の警告 …………………………… 258	強制捜査 ………………………………… 348
偽造変造の表示 ……………………… 1283	共同被告人 ……………………… 247, 915
起訴後の取調べ ……………………… 364	——の証人適格 …………………… 247
起訴状 …………………………………… 543	——のための破棄 ……………… 1136
起訴状一本主義 ……………………… 557	共犯者の自白 ………………………… 870
起訴状謄本の送達 …………………… 576	共犯の訴訟費用 ……………………… 309
起訴状謄本不送達による公訴の失効 … 965	共犯の費用 …………………………… 308
起訴状に対する求釈明 ……………… 628	業務上秘密と押収 …………………… 197
起訴状に余事記載 …………………… 1066	業務上秘密と証言拒絶権 …………… 252
起訴状の方式違背 …………………… 961	虚偽鑑定の罪 ………………………… 288
起訴状の朗読 ………………………… 628	漁業監督官 …………………………… 331
起訴独占主義 ………………………… 524	居　所 …………………………… 8, 132
起訴便宜主義 ………………………… 528	挙証責任 ……………………………… 836
起訴変更主義 ………………………… 528	切り違え尋問 ………………………… 865
起訴法定主義 ………………………… 528	記録媒体への記録 …………………… 273
起訴猶予 ……………………………… 528	記録命令付差押え ……………… 191, 449
忌　避 …………… 28, 29, 32, 33, 34, 35, 36, 39, 40	記録命令付差押許可状 ……………… 453
忌避申立て …………………………… 36	記録命令付差押状 …………………… 198
忌避申立権 …………………………… 28	緊急執行 ……………………………… 150
忌避申立権の喪失 …………………… 34	緊急逮捕 ………………… 418, 421, 423
忌避申立てに対する決定 …………… 34	緊急逮捕の合憲性 …………………… 419
求　刑 ………………………………… 642	禁錮以上の刑の宣告と必要的保釈等の不
求釈明 ………………………………… 629	適用 ……………………………… 972
求令状 …………… 72, 130, 394, 398, 600	禁錮以上の刑の宣告と保釈等の失効 … 970
狭義の公訴事実の同一性 …………… 731	近親者の刑事責任と証言拒絶権 …… 251, 252
狭義の証明力 …………………… 856, 858	具体的指揮権 …………………… 340, 519
協議の手続 …………………………… 990	訓　戒 ………………………………… 970
供　述 ………………………………… 726	経験則 …………………………… 840, 857
供述拒否権 …………………………… 726	警察官 ………………………………… 326
——の行使と供述不能 ………… 881	警察等が取り扱う死体の死因又は身元の調
——の告知 ……………………… 367	査等に関する法律 ……………… 486
——の放棄 ……………………… 251	警察比例の原則 ……………………… 435
供述書 …………………… 874, 878, 891	刑事確定訴訟記録法 ………………… 118
供述証拠 ………………………… 843, 874	形式裁判 ……………………………… 88
供述書・供述録取書の証拠能力 … 876, 890	形式的挙証責任 ……………………… 836
供述代用書面 …………………… 906, 909	刑事事件における第三者所有物の没収手続
供述調書 ……………………………… 368	に関する応急措置法 ………… 930, 1282
供述の録音・録画 …………………… 895	刑事施設 ……………………………… 1289
供述不能 ………………… 879, 882, 884	刑事施設にいる被告人に関する特則
供述録取書 ……………… 874, 878, 891	……………………………… 1044, 1214
供述録取書等 …………………… 782, 996	刑事施設に収容中の被告人の上訴 …… 1045
強制，拷問又は脅迫による自白 …… 861	刑事施設の長 ………………………… 331
強制採血 ………………………… 189, 448	刑事補償法 …………………………… 321
強制採尿 ………………………… 189, 448	刑事免責 ………………………… 531, 845

刑事免責制度 ……………………………… 263
刑事免責の請求権者 …………………… 263, 266
形成力 ……………………………………… 743
刑の言渡し …………………………… 926, 930
刑の一部の執行猶予 ………………… 932, 1086
刑の加重減免 ……………………………… 943
刑の軽重 ……………………………… 536, 1258
刑の執行の減軽又は免除 ………………… 927
刑の執行の順序 ………………………… 1257
刑の執行猶予 …………………………… 1086
刑の執行猶予取消 …………………… 977, 979
刑の執行猶予の取消決定 ………………… 980
刑の執行猶予の取消しと口頭弁論 ……… 981
刑の全部の執行猶予の言渡し ……… 931, 1025
刑の廃止 ………………………… 951, 1099, 1163
刑の分離決定 ……………………………… 982
刑の変更 ………………………………… 1099
刑の免除 ……………………………………… 933
刑の量定不当 …………………………… 1083
軽微事件と現行犯逮捕 …………………… 439
軽微事件の逮捕 …………………………… 378
警務官 ……………………………………… 332
決 定 ……………………………………… 89
検 閲 ……………………………………… 158
厳格な証明 …………………… 835, 837, 841
現行犯逮捕 …………………… 431, 433, 436
現行犯人 …………………………………… 423
現行犯人逮捕手続書 ………………… 396, 438
現在地 ……………………………… 8, 144, 978
検察官 ……………………………… 333, 334
検察官及び検察事務官の捜査 …………… 333
検察官事務取扱検察事務官 ……………… 334
検察官請求証拠に対する意見 …………… 790
検察官請求証拠の開示 …………………… 781
検察官同一体の原則 ……………………… 525
検察官等の管轄区域外における職務執行
　………………………………………… 343
検察官による執行指揮 ………………… 1255
検察官による証拠の取調べ請求 ………… 779
検察官による上訴 ……… 308, 1028, 1280
検察官による証人等の氏名及び住居の開示
　に係る措置 …………………………… 669
検察官の応答義務 ………………………… 789
検察官の管轄 ……………………………… 561
検察官の司法警察職員に対する指示・指揮

………………………………………… 337
検察官の手続 …………………………… 392, 396
検察官の冒頭陳述 ………………………… 650
検察官，被告人又は弁護人の申立て …… 1169
検察官面前調書 …………………………… 882
検察事務官 ………………………………… 335
検察事務官の捜査権限 …………………… 335
検察審査会による起訴議決に基づく公訴の
　提起 …………………………………… 527
検 視 ………………………………… 483, 484
検視規則 …………………………………… 484
検事総長 …………… 19, 333, 342, 525, 1225
検視調書 …………………………………… 485
検 証 ………………………… 231, 445, 454
検証調書 …………………………………… 232
検証としての身体検査 …………………… 233
検証と必要な処分 ………………………… 232
検証の結果を記載した書面 ………… 885, 886
検証の立会権 ……………………………… 244
原審における弁護人 ………………… 1032, 1053
原判決が法令に違反したとき …………… 1229
原判決後の情状 ……………………… 1117, 1124
原判決の破棄 ………………………… 1122, 1155
憲法違反と憲法の解釈の誤り …………… 1144
憲法裁判所 ……………………………… 1144
権利の濫用の禁止 ………………………… 5
権利保釈 ………………………………… 170, 972
故意の犯罪行為により人を死傷させた罪

………………………………………… 820
合意違反の場合の公訴棄却等 ………… 1005
合意違反の場合の証拠の使用禁止 …… 1006
合意からの離脱 …………………………… 999
行為期間 …………………………………… 126
合意書面 …………………………………… 917
合意制度 …………………………………… 983
合意制度における司法警察員との関係 … 992
合意制度の対象となる犯罪 ……………… 985
合意内容書面 ……………………………… 990
　──等の差出し ………………………… 1240
　──等の証拠調べ請求 …………… 994, 996
　──等の提出義務 …………………… 1002
合意の失効 ……………………………… 1002
合意の主体 ………………………………… 988
合意の内容 ………………………………… 989
合意不成立の場合の供述の証拠能力の制限

事項索引　1303

………………………………………… 991	公訴時効の停止の効力が及ぶ「共犯」…… 540
合意離脱書面 …………………………… 995	公訴事実 ……………………………………… 547
勾 引 ………… 127, 128, 237, 239, 240, 255	公訴事実対象説 ……………………………… 548
勾引された被告人と公訴事実・弁護人選任	公訴事実の単一性 …………………………… 731
権の告知 ………………………………… 152	公訴事実の同一性 …… 71, 541, 573, 731, 733,
勾引された被告人の留置 ……………… 151	739, 742, 948, 950, 958, 959, 1060
勾引状 ………………… 139, 140, 147, 149	公訴事実の要旨の告知 …………………… 152
勾引の効力 ……………………………… 128	控訴趣意書 …………… 1051, 1052, 1054, 1055,
勾引の嘱託 ……………………………… 144	1056, 1065, 1102, 1104, 1106, 1107, 1112
公開禁止の決定 ………………………… 607	控訴趣意書提出書 ………………………… 1053
航海日誌 ………………………………… 902	控訴趣意書の差出期間 ……… 1051, 1053, 1107
公開の法廷 ……………………………… 969	控訴審 ……………………………………… 1112
——における勾留理由の開示 ……… 162	控訴審で選任された弁護人 ……………… 1053
——における証人等特定事項の秘匿 … 625	控訴審における新たな主張 ……………… 1054
——における被害者特定事項の秘匿 … 622	控訴審における事実の取調べ
構外ビデオリンク方式 ………………… 272	………… 1114, 1115, 1116, 1117, 1127, 1130
皇宮護衛官 ……………………………… 330	控訴審における訴因変更 ………………… 1132
航空日誌 ………………………………… 902	控訴審における第一審証拠の証拠能力
甲号証 …………………………………… 687	………………………………………… 1117
抗 告 …………………………………… 1172	控訴審における弁護人 …………… 1053, 1105
抗告権 …………………………………… 1029	控訴審における弁論能力 ………………… 1105
抗告審における事実の取調べ ………… 1183	控訴審の職権調査 ……… 953, 1107, 1113, 1114
抗告と執行停止 ………………… 1180, 1201	控訴審の審査 ……………………… 1084, 1112
抗告に対する決定 ……………………… 1181	控訴提起期間 ……………… 1048, 1050, 1101
抗告の手続 ……………………………… 1178	公訴提起後の取調べ ……………………… 894
交互尋問 ………………………………… 703	公訴提起の効果 …………………………… 546
更 新 …………………………………… 753	控訴提起の失効 …………………………… 1243
更正決定 ………………………………… 931	公訴取消後の再起訴 ……………… 967, 1022
控 訴 …………………………………… 1048	控訴の制限 ………………………………… 1141
公訴棄却の決定 ………………… 965, 1140	公訴の提起 ……… 525, 526, 539, 543, 572, 1238
控訴棄却の決定 ………………… 1100, 1102	公訴の提起がないときの訴訟費用 ……… 313
公訴棄却の判決 ………………………… 952	公訴の提起と時効の停止 ………………… 539
控訴棄却の判決 ………………… 1118, 1119	公訴の取消し …………………………… 559
拘束命令 ………………………………… 968	控訴申立側の弁論の主体 ………………… 1106
控訴権の消滅 …………………………… 1050	控訴申立側の弁論の範囲・実情 ……… 1106
公訴権濫用 ……………………… 529, 964	控訴申立書 ………………………… 1049, 1051
公訴時効 ………………… 527, 533, 952, 957	控訴理由
公訴時効期間 …… 124, 522, 533, 535, 536, 537	…… 1055, 1100, 1104, 1107, 1112, 1124, 1141
公訴時効の完成	公知の事実 ………………………… 839, 939
……… 497, 512, 534, 535, 559, 731, 1209	交通切符 …………………………………… 1236
公訴時効の起算点 ……………… 537, 538	交通事件即決裁判 …… 544, 835, 926, 949, 1204
公訴時効の起算点に係る共犯の場合の特則	交通反則者 ………………………………… 963
………………………………………… 539	高等裁判所 ………………… 9, 11, 1048, 1144
公訴時効の中断 ………………………… 540	高等裁判所の決定に対する抗告に代わる異議
公訴時効の停止 ………………… 540, 541, 572	申立て ……………………………… 318, 1185

高等裁判所の特別権限 ……………… 8, 10
口頭主義
　……… 301, 587, 716, 754, 755, 756, 757, 1089
口頭弁論 ……………… 88, 1051, 1106, 1118
公判期日 …………………………… 583, 584
「公判期日」における訴訟手続 ……… 115
公判期日の指定 …………… 581, 583, 1015
公判期日の続行 ……………………… 591
公判期日の通知 ……………………… 588
公判期日の変更 …………… 589, 590, 591
公判期日不変更の原則 ……………… 591
公判期日への出席 …………………… 824
公判準備 ……… 576, 596, 602, 699, 752, 760, 811
公判準備期日 …………………… 602, 619
公判準備の結果と証拠調べ ………… 699
公判審理の方式 …………………… 1019
公判調書 ………… 97, 106, 107, 110, 607
公判調書の閲覧 ……… 111, 680, 681, 1106
公判調書の記載に対する異議 ……… 113
公判調書の証明力 ………… 111, 115
公判調書の整理 ……………………… 109
公判調書の不記載と訴訟手続の証明 …… 115
公判調書の未整理 …………………… 112
公判廷 …………………………… 607, 609
公判廷における差押え ……………… 198
公判廷における自白 ………………… 869
公判廷における捜索 ………………… 198
公判廷の自白と補強証拠 …………… 869
公判手続 ……………………………… 576
公判手続の更新 ……… 106, 611, 753, 754, 756,
　758, 900, 1023, 1134
公判手続の停止 ………… 745, 751, 752, 1168
公判の裁判 ………………… 921, 1025
公判前整理手続 ……………………… 776
公判前整理手続期日
　……………… 765, 768, 769, 774, 801, 804
公判前整理手続期日への被告人の出頭 …… 771
公判前整理手続調書 ……… 774, 775, 900
公判前整理手続と弁護人 …………… 763
公判前整理手続における裁判所の義務 …… 762
公判前整理手続の結果の顕出 ……… 814
公判前整理手続の請求権 …………… 3
公判前整理手続の内容 ……………… 764
公判前整理手続又は期日間整理手続の請求権
　………………………………………… 761

交付送達 ……………………………… 122
公文書管理法の適用除外 …………… 119
公平な裁判所 ………… 21, 25, 29, 557
鉱務監督官 …………………………… 331
公務所 ………………… 196, 211, 355, 598
公務上の秘密 ……… 195, 196, 248, 295, 461
　——と押収拒絶権 ………………… 195
　——と証言拒絶権 ………………… 249
　——と証人適格 …………… 248, 249
公務所等に対する照会 …………… 598, 1297
合理的な疑い
　……………… 641, 837, 841, 859, 926, 946, 1206
勾留期間 ……………… 124, 125, 413, 414, 569
勾留期間延長 ……………………… 1190
勾留期間の更新 ……………………… 137
勾留期間の再延長 …………………… 417
勾留される被告人に対する告知 …… 153
勾留事実と逮捕事実 ………………… 400
勾留質問 ………………… 138, 407
勾留質問調書 ………………………… 407
勾留状 ……… 139, 140, 141, 400, 408, 559, 599
勾留状の緊急執行 …………………… 409
勾留状の執行 ……… 147, 148, 149, 290, 403, 409
勾留状の失効 ………………… 957, 973
勾留状の失効後の再勾留 …………… 973
勾留状の執行者 ……………………… 148
勾留請求
　…… 392, 393, 394, 396, 397, 399, 400, 407, 409
勾留請求却下 ………… 1188, 1190, 1197
勾留請求却下と身柄 ………………… 410
勾留請求却下の裁判に対する準抗告 …… 1188
勾留担当裁判官 ……………………… 600
勾留に代わる観護措置 ………… 64, 160, 1188
勾留日数の法定通算 ……………… 1278
勾留の競合 ………………… 130, 131
勾留の執行停止 … 73, 168, 176, 180, 181, 182,
　186, 290, 291, 403, 971, 973, 1119, 1122
勾留の執行停止の取消 ……………… 291
勾留の通知 ……………………… 155
勾留の取消
　……… 166, 167, 168, 174, 175, 176, 186, 290
勾留の必要性
　……………… 129, 135, 136, 163, 396, 406, 408
勾留の理由 ……… 129, 135, 136, 137, 138, 164,
　166, 167, 170, 176, 402, 407, 408, 411, 414,

事項索引　1305

695, 867

勾留場所 ………………………………… 155, 408

勾留理由開示 …… 159, 160, 161, 162, 163, 165,
　186, 290, 403, 411, 1188

国語に通じない者 ……………………………… 299

国税庁監察官 …………………………… 333, 338, 342

国選弁護人 ……… 57, 61, 64, 66, 68, 70, 71, 314,
　581, 619, 620, 622, 751, 1012, 1014, 1212,
　1223

国選弁護人と私選弁護人の併存 …………… 58

国選弁護人の解任 ……………………………… 74, 75

国選弁護人の数 ……………………………… 59, 64, 69

国選弁護人の選任 …… 57, 58, 61, 64, 65, 67, 70,
　75, 581, 593, 765, 770, 1014

国選弁護人の選任等の通知 ………………… 69

国選弁護人の選任の効力 …… 58, 64, 71, 72, 750

国選弁護人の報酬 …………………………… 70, 306

国選弁護人の旅費・日当・宿泊料 …… 70, 306

告　訴 ……………………………………………… 490

告訴期間 …………… 124, 496, 497, 498, 499

告訴期間の起算点 ……………………… 497, 499

告訴期間の独立 ……………………………… 498

告訴権者
　……… 487, 489, 490, 494, 495, 497, 499, 501

告訴権者の指定 ……………………………… 495

告訴・告発の欠如 …………………………… 962

告訴・告発の取消し ……………………… 514, 515

告訴・告発の方式 ……………………… 509, 510

告訴状 ……………………………… 510, 511, 878

告訴調書 ……………………………… 327, 511, 512

告訴取消調書 ……………………………… 510, 515

告訴人 …… 312, 488, 491, 510, 563, 564, 573, 574

告訴人等に対する起訴・不起訴等の通知
　………………………………………………………… 562

告訴人等に対する不起訴理由の告知 …… 563

告訴人等の費用負担 ………………………… 309

告訴の客観的不可分 ………………………… 504

告訴の欠如 ……………………………… 515, 526

告訴の主観的不可分 ………………………… 503

告訴の取消し ………… 499, 500, 501, 509, 526

告訴不可分の原則 …………………………… 500

告知等の主体 …………………………………… 1237

告知の相手方 …………………………………… 1237

告　発 ……………………………………… 505, 506

告発が訴訟条件とされる罪 ………………… 506

告発義務 ……………………………………… 506, 507

告発状 ……………………………… 510, 511, 878

告発調書 …………………………………… 511, 512

告発取消調書 ………………………………… 510

告発人 ……………… 312, 507, 510, 563, 564

国法上の裁判所
　………………… 7, 13, 318, 319, 746, 966, 1210

戸籍謄本 ………………………………………… 901

国家訴追主義 …………………………………… 524

個別尋問 ………………………………………… 246

固有権 …………………………………………… 84

さ　行

再起訴 ……………………………………………… 967

採　血 …………………………………… 189, 448

再抗告の禁止 ……………………………… 1185, 1198

最高裁判所
　……… 1144, 1146, 1150, 1151, 1198, 1227

最高裁判所の決定 ……………………………… 89

最高裁判所への事件の移送 ……………… 1151

財産刑等の執行 ……………………………… 1273

最終陳述 ………………………………………… 641

再主尋問 ………………………………………… 704

罪証隠滅のおそれ …… 81, 132, 138, 157, 166,
　172, 174, 177, 183, 377, 391, 403, 404, 405

再　審 …………………………………… 1203, 1204

再審開始決定 ………………… 77, 1219, 1222

再審開始決定と死刑確定者の身柄 ……… 1220

再審事由 …… 1099, 1163, 1204, 1205, 1207

再審請求 …… 1204, 1207, 1208, 1210, 1212, 1215

再審請求棄却決定 …………………………… 1218

再審請求権者 ………………………… 1210, 1211

再審請求と事実の取調べ ………………… 1215

再審請求と刑の執行停止 ………………… 1213

再審請求の管轄 ………………………………… 19

再審請求の時期 ……………………………… 1213

再審請求の取下げ ……………………… 313, 1214

再審の審判 ……………………………… 1221, 1222

再審の判決 …………… 1212, 1221, 1223

再審無罪判決と死刑確定者の身柄 ……… 1220

再尋問の請求 ………………………………… 276

再　生 …………………………………………… 710

罪　体 …………………………………… 868, 871

再逮捕 …………………………………………… 381

在庁略式 ………………………………………… 1236

裁定期間 ……………………………………… 126
裁定算入 …………………………………… 1279
在廷証人 ………………………… 256, 282, 583
在廷命令 …………………………… 37, 74, 616
再伝聞 …………………………………… 904, 906
再度の考案 ………………… 717, 1178, 1179
裁　判 ………………………………………… 86, 87
裁判員裁判 ……… 109, 113, 184, 286, 607, 655,
　656, 664, 703, 705, 707, 710, 727, 748, 757,
　793, 802, 803, 815, 856, 868, 920, 934, 935,
　942, 1084, 1135, 1159, 1161
裁判員裁判対象事件
　……………………… 59, 158, 813, 1127, 1222
裁判員裁判における弁論の分離・併合 …… 748
裁判員制度 …… 3, 109, 284, 285, 596, 716, 777,
　888, 898, 915, 1084, 1088, 1162
裁判員による尋問 ……………………… 707, 718
裁判員の関与する判断 …………… 707, 727, 856
裁判官 ……………… 25, 29, 33, 65, 89, 607, 608
裁判官の忌避 ……………………………… 40, 646
裁判官の交替 ……………………………… 755, 969
裁判官の面前における供述を録取した書面
　…………………………………………………… 879
裁判官面前調書 …………………… 879, 882, 884
裁判権 ………………………………… 38, 644, 958
裁判公開の原則 …………………… 118, 628, 769
裁判書 ………… 89, 90, 93, 96, 121, 139, 1257
裁判所外における証人尋問 …………………… 273
裁判所がする領置 …………………………… 193
裁判所がする捜索 …………………………… 194
裁判所，刑事施設の長等による通知 ……… 154
裁判所書記官 ……… 40, 97, 106, 107, 108, 109,
　110, 111, 121, 122, 123, 144, 148, 151, 153,
　155, 164, 202, 203, 210, 216, 217, 232, 282,
　318, 345, 402, 407, 412, 416, 469, 567, 588,
　608, 774, 944, 945, 1057, 1190, 1249, 1250
裁判所書記官の除斥 ………………………… 40
裁判書等の謄本・抄本の交付請求権 ……… 94
裁判所に顕著な事実 …………………… 839, 840
裁判所の行う検証 …………………………… 231
裁判所の裁量により算入できる未決勾留
　日数 …………………………………………… 928
裁判所の証人尋問権 …………………………… 246
裁判所の職権による証拠調べ ……………… 817
裁判長 ………………………………………… 644

裁判長の介入尋問 …………………………… 707
裁判長の緊急処分権限 ……………………… 147
裁判長の処分に対する異議申立て
　…………………………………… 628, 717, 1174
裁判長の訴訟指揮権 ……………… 37, 645, 647
裁判長の法廷警察権 ………………………… 615
裁判長の命令 ………………………………… 90, 584
裁判に要した費用 …………………………… 317
裁判の確定 …………………………… 1253, 1254
裁判の公正 …………… 118, 299, 507, 1056, 1207
裁判の告知 …………… 86, 90, 973, 1036, 1178
裁判の執行 …… 4, 93, 524, 977, 1253, 1254,
　1255, 1256, 1268, 1273, 1274, 1275, 1277,
　1292, 1293, 1297, 1298
裁判の執行指揮
　…………… 1254, 1255, 1256, 1257, 1292
裁判の理由 ………… 90, 163, 170, 934, 957
再保釈 ………………… 180, 971, 972, 973
罪　名 ……… 150, 151, 155, 199, 383, 386, 395,
　417, 452, 467, 491, 628, 921, 985, 1000
裁量移送 ……………………………………… 924
最良の証拠（ベスト・エヴィデンス）
　………………………………… 703, 779, 860
裁量保釈 ………… 3, 92, 136, 168, 173, 174, 973
差置送達 ………………………………… 123, 981
差押え ……… 188, 189, 193, 198, 207, 304, 440,
　445, 448, 449, 455, 456, 460, 461, 462, 463
差押状・捜索状の方式 ……………………… 198
差押状の執行 ………… 193, 201, 202, 203, 204
差押え等の令状 ……………………………… 451
差押え等を行う際の責任者の立会い
　…………………………………… 210, 462, 463
差押えと当事者の立会い …………………… 209
差押えの必要性 ……………………………… 188
差押（令）状 ……… 198, 199, 200, 201, 452, 454
差押（令）状の方式 ………………………… 198
差押（令）状の夜間執行 …………………… 214
差戻し ………… 1125, 1126, 1133, 1165, 1183
参考人 ………………………………… 472, 685
三者即日処理方式 …………………… 951, 1236
指揮印 ……………………… 1257, 1268, 1274
死　刑 ……………………………… 1085, 1259
死刑執行 …………………… 1259, 1260, 1261
死刑執行の停止 ……………………………… 1262
酒気帯び・酒酔い鑑識カード ……… 884, 886

事項索引　1307

刺激の強い証拠 ……………………………… 780
事件記録 ……………………………… 118, 119
事件送致 ……………………………… 391, 517
事件単位の原則 …………………… 130, 170, 377
事件単位の原則と保釈 ……………………… 170
事件の個数 ………………………………… 9, 746
時刻の制限 …………………… 213, 234, 463
時刻の制限の例外 …………………………… 214
事後審 …… 808, 1075, 1084, 1088, 1112, 1113,
　1144, 1162, 1179, 1182, 1195, 1196, 1198,
　1221
自己の刑事責任と証言拒絶権 ……………… 249
自己負罪拒否特権 …………………………… 263
自己矛盾供述 ………………………………… 918
指示説明 …………………… 232, 886, 914
事実記載説 …………………………………… 735
事実誤認 ………… 1087, 1088, 1098, 1124, 1131,
　1162, 1200, 1204
事実上の推定 ………………………………… 840
事実の援用 …… 1058, 1065, 1087, 1097, 1098
事実の取調べ …………………… 90, 168, 176
死者の名誉を毀損した罪等に関する告訴権
　……………………………………………… 494
自　首 …………………… 516, 520, 1081
自首調書 ……………………………… 516, 517
私人による現行犯逮捕 ……………………… 436
私選弁護人 …… 46, 48, 50, 60, 581, 619, 622
私選弁護人の選任申出前置 …………………… 66
死体解剖 ……………………………………… 233
死体検案書 …………………………………… 485
死体取扱規則 ………………………………… 486
実況見分 ……………………………… 349, 445
実況見分調書 …………………… 710, 786, 854
実況見分調書中の立会人の指示説明 …… 886
実況見分調書の証拠能力 ………………… 349, 886
執行指揮 …………………… 93, 1254, 1255, 1256
執行始末書 …………………………………… 1262
執行費用の負担 ……………………………… 1297
執行免除 ……………………………………… 1288
実質証拠 ……………………………… 842, 854
実質的挙証責任 ……………………………… 836
実体裁判 …………………… 88, 559, 945
実体的確定力 ………………………………… 1005
実体的真実主義 ……………………………… 4
指定弁護士 ……………………………… 573, 1028

自　白 ……… 686, 687, 856, 861, 869, 890, 897,
　898, 906, 908, 1008, 1063
　――と補強証拠 …………………………… 870
　――の証拠能力 …………………… 174, 860
　――の証明力 …………………… 860, 870
　――の任意性 …………………………… 861
　――の補強証拠 ………………………… 861
自　判 …… 1126, 1127, 1130, 1165, 1183, 1229
事物管轄
　…… 8, 9, 10, 11, 12, 16, 23, 335, 921, 923
事物管轄の有無 ……………………………… 921
司法解剖 ……………………………………… 486
司法警察員 ……………………………… 326, 327
司法警察員に対する懲戒・罷免 ………… 341
司法警察職員 …………… 326, 327, 328, 330
司法警察職員等指定応急措置法 ………… 332
司法警察職員の捜査権 ……………………… 326
司法検視 ……………………………… 484, 486
司法巡査 ……………………………… 326, 327
司法制度改革審議会 ………………………… 2
指名手配 …………………… 385, 399, 421
釈放通知書 …………………………………… 973
釈放命令 …………………… 394, 410, 600, 1188
写　真 ………………………………………… 854
写真撮影 …… 79, 206, 351, 352, 449, 450, 617,
　878, 1193
写真撮影（公判廷における） ……………… 617
遮　蔽 …………………… 834, 880, 881
主位的訴因 …………………………………… 947
終局裁判 ………………………………… 87, 88
終局前の裁判 …………………………… 87, 89
住居の制限 …………………………………… 178
住居不定 …… 129, 131, 132, 173, 378, 381, 396,
　403, 440
自由刑 ……… 1254, 1255, 1258, 1268, 1269, 1270
　――の任意的執行停止 …………………… 1266
　――の執行停止 …………………… 1264, 1265
　――の必要的執行停止 …………………… 1264
住　所 ……………………………………… 8
自由心証主義 …………………… 855, 856, 870
自由な証明 ……… 115, 116, 542, 835, 838, 842,
　845, 867, 894
重複起訴 ……………………………………… 966
収容状 …………………… 1269, 1270, 1271, 1272
重要性（類型証拠開示における）………… 788

縮小認定 …… 737, 738, 741, 742, 922, 948, 955,
　956, 1114, 1125
主　刑
　……… 536, 927, 1061, 1082, 1085, 1257, 1258
主尋問 ……………………………… 648, 704, 705
受訴裁判所 …… 44, 56, 130, 147, 246, 280, 281,
　574, 576, 601, 644, 650, 660, 762
受託勾引 ……………………………………… 145
受託裁判官 …… 28, 94, 144, 145, 227, 228, 280,
　281, 294, 568, 1216, 1233
主張関連証拠 ……………………… 795, 796, 806
主張関連証拠の開示 ……………………… 795
主張の明示 ………………… 763, 791, 796, 817
出　頭 ………………………………………… 611
出頭義務 …… 253, 254, 609, 610, 611, 1020, 1109
出頭義務とその免除 ……………………… 610
出頭拒否 …………… 237, 238, 239, 366, 612, 613
出頭拒否の通知 …………………………… 613
出頭在廷命令 ……………………………… 597
出頭・滞留義務 ………………… 363, 364, 367
出頭命令 ……………… 143, 146, 595, 596, 1110
主任弁護人 ………………………… 52, 53, 1212
主任弁護人の権限 ………………………… 54, 55
受命裁判官 …… 94, 165, 227, 228, 280, 281, 293,
　294, 772, 1108, 1117, 1216, 1233
主要事実 …………………………………… 837
準起訴手続 ………………………… 457, 560, 564
準現行犯 …… 402, 424, 426, 427, 428, 429, 430,
　431, 432
準抗告 …… 1186, 1187, 1189, 1190, 1192, 1193,
　1194, 1195, 1196, 1197
準抗告審 ……………… 1195, 1196, 1197, 1198
準抗告と執行停止 ………… 1191, 1196, 1197
準抗告の申立ての方式 ………………… 1195
遵守事項違反 ……………………………… 979
召喚状 ……… 127, 139, 140, 143, 238, 240, 256,
　585, 588
召喚の手続 ………………………………… 143
情況証拠 …………………………………… 842
商業帳簿 …………………………………… 902
証言拒絶 ………………………… 277, 278, 880
証言拒絶権 ………………………… 250, 263
証言拒絶権の告知 …………………… 249, 253
証言能力 …………………………………… 247
条件付与（証人等の氏名・住居の開示に係る）

　………………… 669, 672, 674, 676, 677, 680, 682
証言命令 ………………………………… 278, 279
証拠意見 ………………………………… 663, 909
証拠開示に関する裁定 ………………… 804
証拠開示の時期・方法 ………………… 804
証拠開示の方法 ………………………… 782, 795
証拠開示命令 …………………………… 806
証拠挙示の対象となる事実 …………… 938
証拠挙示の方法 ………………………… 939
証拠禁止 ………………………………… 843, 845
上　告 …………………………………… 1144
上告棄却決定に対する異議申立て ……… 89
上告棄却の判決 …………… 1146, 1148, 1156
上告裁判所 ……………………… 1144, 1155
上告趣意書 ……………………………… 1152
上告受理 ………………… 1149, 1151, 1152
上告審 …………………………………… 1144
上告審と口頭弁論 ……………………… 1154
上告審における事実の取調べ ………… 1165
上告審における事実の取調べ ………… 1167
上告審における破棄事由の制限 ……… 1166
上告審の職権調査権限 ………………… 1167
上告申立ての理由 ……………………… 1144
証拠決定 ………………………………… 659, 662
証拠裁判主義 …………………………… 835
証拠収集等への協力及び訴追に関する合意
　…………………………………………… 983
証拠書類等に対する証拠調べの方式 …… 708
証拠書類の証拠調べの方式 …………… 710
証拠調べ ………………………………… 635, 636
証拠調べ請求義務違反の効果 ………… 694
証拠調べ請求義務の要件（録音録画記録媒体
　の）…………………………………… 691
証拠調べ請求義務の例外 ……………… 693
証拠調べ請求の制限（公判前整理手続等終了
　後の）…………………………… 686, 814
証拠調に関する異議 …………………… 715
証拠調の請求 …………………………… 658, 794
証拠調を終わった証拠の提出 ………… 724
証拠等関係カード ……………… 661, 718, 939
証拠の一覧表 …………………………… 781
証拠の一覧表の交付手続 ……………… 782
証拠能力 ……………… 843, 909, 910, 1117
証拠の厳選 ……………………………… 659, 662
証拠の証明力 …………………………… 714, 855

事項索引　1309

証拠の新規性 ………………………………… 1206
証拠の信用性 ……………………………… 856, 857
証拠の提示命令 ……………………………… 809
証拠の提出 …………………………………… 724
証拠の必要性 ………………………………… 845
証拠の標目 ……………………………… 933, 938
証拠の明白性 ………………………………… 1205
証拠の優越 ……………………………… 841, 842
証拠排除 ………………………………… 723, 908
証拠標目一覧表の提示命令 ………… 808, 809
証拠不開示の理由の告知 ………………… 785
証拠物 …………………………………… 188, 843
証拠物たる書面 …………………………… 712, 843
証拠物と同意 ………………………………… 852
証拠物の証拠調べの方式 ………………… 711
証拠保全 ……………………………………… 303
情状鑑定 ……………………………………… 284
情状事実 ………………… 133, 642, 803, 838
情状証拠 ……………………………… 687, 914
上　訴 ………………………………………… 1036
上訴回復請求と執行停止 ………………… 1044
上訴権 …………………………………… 1027, 1029
上訴権回復 …………………………………… 1040
上訴権回復請求と執行停止 ……………… 1044
上訴権回復の請求 ………………… 1040, 1042
上訴権者 ……………………………………… 1027
上訴権の消滅 ………………………… 1038, 1039
上訴提起期間 ………………………… 1035, 1036
上訴等の取下げと費用負担 ……………… 310
上訴と勾留 …………………………………… 185
上訴と被告人の意思 ……………………… 1034
上訴の取下げ ………… 1033, 1037, 1280, 1289
上訴の放棄 …………………… 1036, 1037, 1254
上訴の利益 …………………………… 1028, 1029
上訴費用の補償 ……………………………… 318
上訴放棄の制限 …………………………… 1039
上訴を許さない決定 ………………………… 92
上訴を許さない決定又は命令 …………… 92
証　人 ………… 246, 254, 257, 700, 703, 843
証人尋問 ………………………………… 246, 260
証人尋問開始後の免責請求 ……………… 266
証人尋問開始前の免責請求 ……………… 262
証人尋問権 …………………………………… 261
証人尋問調書 …………… 274, 276, 483, 879
証人適格 ………………………… 246, 248, 252

証人等特定事項 …………………… 625, 650, 728
証人等に対する加害等防止のための配慮
　……………………………………………… 667
証人等の安全配慮 ………………………… 801
証人等の氏名及び住居の開示に係る措置
　…………………………… 669, 671, 677, 682
証人の勾引 …………………………………… 255
証人の遮へい ……………………………… 269
証人の召喚 ………………… 247, 248, 255, 256
証人の留置 …………………………………… 256
証人の旅費・日当・宿泊料 …………… 281, 306
証人への付添い …………………………… 267
少年鑑別所 …………………………… 141, 142, 928
少年事件の審理 …………………………… 635
情報公開法等の適用除外 ………………… 118
抄本化 ………………………………………… 780
証　明 ………………………………………… 835
証明の程度 …………………………………… 841
証明予定事実 ………………………… 775, 776
証明予定事実記載書面の提出・送付
　…………………………………………… 776, 780
証明予定事実の追加・変更 ……………… 799
証明力 ……………… 713, 843, 846, 856, 918
証明力を争うための証拠 ………………… 918
証明を要しない事実 ……………………… 839
嘱　託 ………………………………… 470, 473
嘱託尋問 ……………………………………… 479
所在尋問 ……………………………………… 274
女子の身体検査 …………………………… 235, 462
女子の身体の捜索 ………………………… 212
所持品検査 …………………………………… 353
書　証 ………………………………………… 843
書証に対する同意・不同意 ……………… 911
除　斥 …………………………………… 24, 25
処置請求 ………………………… 597, 598, 650
職権調査 ……………………………………… 1112
職権証拠調 ………………………………… 658
職権による国選弁護人の選任 ………… 581, 620
職権による証人 ……………………………… 701
職権による選任 ……………………………… 67
職権による被疑者国選弁護人の選任 …… 67
職権保釈 ……………………………………… 173
処罰条件 ……………………………………… 935
処分（適用）違憲の主張 ………………… 1146
処分を受ける者 …………………………… 208

署名・押印 ……………………… 369, 878, 919	精神鑑定 …………………… 284, 286, 857, 914
署名・押印を欠く供述調書 …………… 912	責任阻却事由 ………… 792, 836, 935, 945
署名・押印を欠く供述録取書 ………… 879	接　見 ……………………………………… 410
書面での陳述 …………………………… 301	接見交通 ………………………………… 75, 156
書面等の提示 …………………………… 705	接見交通の制限 ………………………… 157
書面による尋問 ………………… 246, 300	接見等禁止 ………………………… 157, 410
書類・証拠物の閲覧・謄写権 ……… 305	接見等指定処分に対する準抗告 …… 1192
資力申告書 ………………………………… 59	接見等に関する指定 …………… 80, 81, 1192
審　級 ……………………………………… 51	接見内容の聴取 ……………………………… 78
審級の利益 ………………………… 9, 1127	絶対的控訴理由 ………… 1056, 1058, 1140
親告罪 ………………………………… 487, 495	絶対的特信情況 ………………………… 898
真実義務 …………………………………… 46	説明事項（略式手続における）…… 1237
心情等の意見陳述 ……………………… 822	船員労務官 ……………………………… 331
心神喪失 …………………………… 751, 1265	前科調書 ………………………………… 901
親族相盗 ………………………… 489, 497, 535	全件送致 ………………………………… 519, 523
迅速な裁判 ……………………… 5, 585, 949	先行する逮捕手続の違法 …………… 401
親族の告訴権 …………………………… 493	宣　告 ……………………………………… 969
身体検査 ………………… 233, 296, 464, 478	宣告内容と判決書の齟齬 …………… 970
身体検査の拒否と過料等 ……… 240, 241, 242	宣告のやりなおし ……………………… 970
身体検査の条件 ………………………… 451	宣　誓 ……………………………………… 257
身体検査のための召喚 ………………… 236	宣誓書 ……………………………… 257, 259
身体検査の直接強制 …………………… 242	宣誓証言の拒絶 ………………… 277, 278
身体検査令状 …………… 440, 449, 451, 454	宣誓無能力 ……………………………… 259
身体の捜索 ……………………………… 195	船　長 ……………………………… 333, 902
人定質問 …………………………… 626, 627	前提事実 ………………………………… 840
人的証拠 ………………………………… 842	選　任 ……………………………………… 67
人的証拠に対する証拠調べの方式 ……… 700	選任権の告知 …………………………… 580
審判の対象 ……………… 548, 728, 729, 734	選任された弁護人 ……………………… 52
審判の分離 …………………………… 9, 10, 12	選任の効力 ……………………………… 51
審判の併合 ………………………… 10, 12	選任の効力の終期 ……………………… 71
新聞記者の取材源の秘匿と証言拒絶権	選任の効力の範囲 ……………………… 47
……………………………………… 252, 278	選任の手続 ……………………………… 65
尋　問 …………………………… 648, 703	選任の申出 ……………… 50, 60, 154, 390
尋問権 …………………………… 260, 262	訴　因 …………… 543, 547, 945, 955, 1060
尋問事項書 ……………… 281, 700, 766	択一的―― …………………… 946, 1060
尋問の順序 ……………………… 700, 703	予備的―― …………… 556, 946, 1132
審理不尽 ………………………………… 1065	訴因逸脱 ………………………………… 630
推測事項の供述 ………………………… 259	訴因対象説 ……………………………… 548
推定事実 ………………………………… 840	訴因の追加・撤回・変更 ………… 628, 734
図面等の利用 …………………………… 706	訴因の特定 ……………………………… 548
請　求 ……………………………… 499, 501	訴因の補正，訂正 ……………………… 734
請求の取消し ……………………… 499, 501	訴因・罰条の変更等による公判手続の停止
制限住居の指定 ………………………… 178	……………………………………………… 745
正式裁判の請求 ………………………… 1246	訴因・罰条の変更等の手続 …………… 744
正式裁判の請求に関する告知 ……… 1246	訴因・罰条の変更等の命令 …………… 743

事項索引　1311

訴因・罰条の予備的・択一的記載 ……… 556
訴因変更 …… 165, 535, 728, 730, 735, 955, 1060, 1061, 1071
訴因変更等命令の義務性 …………………… 744
増強証拠 ………………………………………… 842
捜　査 ………………………………… 328, 347
捜査関係事項照会 …………………………… 355
捜査機関 ……………… 326, 327, 330, 333, 345
捜査機関による差押え …………………… 445, 447
捜査機関による捜索 …………………………… 440
捜査機関の行う領置 …………………………… 458
捜査機関の処分に対する準抗告 ………… 1192
捜査記録の一部についての証拠調べ …… 698
捜　索 ………………………………………… 194
捜索・差押えの際の協力要請 …………… 207
捜索状の執行 ………………………………… 201
捜索証明書 …………………………………… 216
捜索すべき場所 ………………………… 200, 453
捜索の可否 …………………………………… 192
捜索の必要性 ………………………………… 194
捜索（令）状の夜間執行 ……………… 213, 214
捜査権 ………………………………………… 326
捜査妨害に関する注意 ……………………… 345
相続財産に対する執行 …………………… 1275
相対的の控訴理由 …………… 1064, 1074, 1088
相対的親告罪 ……………… 490, 497, 500, 503
相対的排除説 ………………………………… 846
送　達 ………………………………………… 119
送達受取人 …………………………………… 122
争点及び証拠の整理 ………………………… 775
争点と証拠整理結果の確認 ………………… 801
贓　物 ………………………………… 225, 975, 976
贓物の被害者への還付 ……………………… 225
即時抗告 ………………………… 806, 808, 1172
即時抗告の期間 …………………………… 1177
即時抗告と執行停止の効力 ……………… 1181
即日判決 …………………………………… 1025
訴訟関係人 …………………………………… 94
訴訟関係人の意見聴取 ……………………… 662
訴訟関係人の義務 …………………………… 762
訴訟記録 ……………………… 117, 677, 725
訴訟行為 ……………………………………… 42
訴訟指揮 ……………………………………… 644
訴訟指揮権 …………………………………… 719
訴訟指揮権に基づく証拠開示 ……………… 666

訴訟指揮と忌避 ……………………………… 29
訴訟終了宣言 ……………………………… 1199
訴訟条件 …… 524, 526, 528, 954, 964, 965, 1066
訴訟条件と訴因 ……………………………… 954
訴訟条件の追完 ……………………………… 956
訴訟書類非公開 ……………………………… 95
訴訟手続の法令違反 ……………… 1057, 1064
訴訟能力 …………………………… 42, 43, 752
訴訟費用 ……………………………… 306, 311
訴訟費用執行免除 ………………………… 1288
訴訟費用の裁判の執行 …………………… 1290
訴訟費用の執行停止 ……………………… 1268
訴訟費用の負担 …………………………… 927
訴訟費用の予納 …………………………… 1290
訴訟法上の裁判所 …… 7, 11, 12, 13, 318, 319, 576, 615, 1210
訴訟法上の事実 ……………………………… 838
速記録 ………………………… 102, 107, 108, 114
即決裁判手続 ………………… 835, 1009, 1141
即決裁判手続と伝聞証拠の証拠能力 …… 875
即決裁判手続による審判の決定 ………… 1016
即決裁判手続による審判の決定の取消し
　……………………………………………… 1021
即決裁判手続の申立て …………………… 1009
その他任意にされたものでない疑のある自白
　……………………………………………… 863
疎　明 …………………… 442, 836, 839, 842
存続期間 …………………………………… 126

た　行

第1回公判期日
　……… 363, 472, 557, 559, 576, 584, 588, 599
第1回公判期日前の証人尋問の請求
　……………………………………… 478, 480
第1審判決後の情状 ……………………… 1121
第一審裁判所による控訴棄却 …………… 1050
退去強制 ………………………… 586, 880, 977
代行検視 ……………………………… 484, 485
第三者負担の裁判 …………………………… 312
対　質 ………………………………………… 246
対質尋問 ……………………………………… 359
大　赦 …………………… 947, 951, 952, 1099, 1156
代替的呼称等の開示措置 …… 671, 672, 673, 680
退　廷 ………………………… 74, 614, 615, 620
退廷命令 ………………… 615, 616, 620, 720

代　人 ……………………………… 1040	提示命令 …………………………… 660, 663
逮　捕 ……………………… 369, 375, 376	提出命令 …………………………… 188, 190
逮捕状 ……………………………… 378	訂正の判決 ……………………… 1168, 1169
逮捕状による逮捕 …………………… 384	適正手続 …………………………………… 4
逮捕状の緊急執行 …………………… 385	適正な証明 ………………………… 836
逮捕状の事後呈示 …………………… 386	電気通信回線で接続している記録媒体
逮捕状の請求権者 ………… 370, 378, 421	…………………………… 188, 190, 440
逮捕状の呈示 ………………………… 385	電気通信回線で接続している記録媒体からの
逮捕状の方式 ………………………… 382	複写 ………………………………… 450
逮捕前置主義 ………………………… 400	電気通信の傍受 ……………………… 465
逮捕中求令状 ………… 130, 398, 600, 1188	展　示 ……………………………… 712
逮捕の現場 ……………………… 455, 456	電磁的記録に係る記録媒体
逮捕の必要性 ………………………… 376	…………………… 205, 207, 244, 461
逮捕の蒸し返し ……………………… 381	電磁的記録に係る記録媒体の還付不能
待命略式 ……………………………… 1236	…………………………………… 1287
代理人 ………………… 26, 43, 44, 609	電磁的記録の証拠能力 ……………… 902
代理人による告訴 ……………… 508, 509	伝聞供述に対する同意 ……………… 912
他管送致 ……………………………… 561	伝聞証言 …………………………… 904
弾劾証拠 ………………………… 714, 842	伝聞証拠 ………………………… 874, 875
中間的な裁判 …………………… 308, 311	伝聞証拠と証拠能力の制限 ………… 873
中止処分 ……………………………… 525	伝聞証拠排斥の適用除外 …………… 1024
調書判決 ………………………… 933, 944	同　意 ……………………………… 909
重複尋問 ………………………… 648, 707	同意書証 ………………………… 664, 915
重複等による尋問の制限 …………… 647	同一事件と数個の訴訟係属 …………… 14
跳躍上告 ……………… 1048, 1149, 1151	同意の擬制 …………………………… 916
直接主義 ………………………… 716, 779	同意の効力 ……………………… 912, 914
直接証拠 ………………………… 837, 842	同意・不同意の撤回，取消 ………… 915
直近上級裁判所 ………………… 12, 13, 36	同決定に伴う刑の執行停止 ………… 1219
職権調査 ……………………………… 1113	統合捜査報告書 ………………… 710, 780
陳　述 ………………………………… 89	同行命令 ………………… 146, 254, 279
陳述の制限 …………………………… 644	当事者 ……………………………… 231
陳述を聴かない判決 ………………… 967	当事者主義 …………………………… 647
追　徴 ………………… 927, 930, 1085	当事者追行主義 ……… 2, 4, 641, 716, 859
通常抗告 ………………………… 1172, 1173	当事者の証人尋問権 ………………… 262
通常抗告と執行停止 ………………… 1180	当事者の同意と書面又は供述の証拠能力
通常抗告の期間 ……………………… 1176	…………………………………… 909
通常逮捕 ………………………… 372, 375	当事者の補充尋問 …………………… 703
通信傍受法 ……………………… 465, 466	当然無効の判決 ……………………… 1226
通信履歴の電磁的記録の保全要請 … 355	当番弁護士 ……………………… 64, 390
通　訳 ………………… 299, 300, 302	逃亡のおそれ …………………… 129, 134
通訳人 ………………………… 299, 302	逃亡犯罪人引渡法 …………………… 1173
付添い ………………………………… 268	謄　本 …………………………… 725, 726
罪とならないとき …………………… 945	毒樹の果実 …………………………… 847
罪となるべき事実 …… 543, 548, 933, 935, 936	特信情況 ………………………… 883, 898
出会送達 ……………………………… 122	特信情況（絶対特信情況）…………… 885

事項索引　1313

特定電子計算機 ························ 466, 468, 469
特定犯罪 ································· 985
特別権限 ································· 923
特別抗告 ······················· 1172, 1198, 1201
特別抗告の提起期間 ····················· 1200
特別抗告申立書 ························· 1199
特別司法警察職員 ······················· 329
特別送達 ································· 121
特別代理人 ······························ 44
特別弁護人 ······························ 49
独立行為権 ······························ 83
独立代理権 ······························ 84
特例判事補 ······························ 93
土地管轄 ························ 7, 921, 923, 924
取　消 ··································· 182
取調べ ·································· 346, 348
取調状況記録書面 ····················· 784, 787
取調べ状況報告書 ······················· 869
取り調べた証拠書類又は証拠物 ············· 724
取調べ等の録音・録画と記録媒体の証拠調
　べの請求 ···························· 688, 690
取調べの録音・録画 ····················· 366
取調べの録音・録画義務 ················ 690, 694
取調べの録音・録画制度 ················ 869, 896
取調べの録音・録画の対象事件 ············· 690
取調べの録音録画制度の導入（301の2）··· 3

な　行

内部的成立 ························ 930, 969, 1057
内容的確定力 ···················· 1005, 1184, 1218
内容的確定力（拘束力）··················· 957
二重起訴 ······························ 952, 958
日本司法支援センター（法テラス）
　····················· 58, 65, 70, 315, 1290
任意性に疑いのある自白 ·················· 1159
任意性の調査 ···························· 908
任意性のない自白 ·················· 844, 861, 870
任意性の立証 ···························· 867
任意捜査 ································· 348
任意捜査としての許否 ···················· 349
任意捜査としての有形力の行使 ············· 349
任意捜査の原則 ·························· 349
任意的弁護事件 ·························· 61
任意同行 ························ 365, 391, 402
人　証 ··································· 843

は　行

排除決定 ································· 723
排他的証明力 ························· 113, 115
破棄移送 ····························· 1126, 1164
破棄差戻し ··············· 1125, 1126, 1133, 1165
破棄差戻し・移送・自判 ·················· 1165
破棄自判 ·························· 1127, 1165
破棄の判決 ············· 1122, 1155, 1156, 1228
破棄判決の拘束力 ······················ 1133
派生使用免責 ···························· 263
罰　金 ······························· 929, 932
罰金等の仮納付 ·························· 976
発掘すべき墳墓 ·························· 291
発言禁止命令 ···························· 616
罰　条 ···························· 543, 555, 556
罰条の追加 ······························ 728
罰条の追加・撤回・変更 ·················· 734
判　決 ··································· 87
判決裁判所 ····························· 1056
判決裁判所の構成 ······················ 1057
判決書 ··· 88, 93, 931, 934, 944, 970, 1071, 1232
判決書の原本 ···························· 934
判決に影響 ········ 1064, 1065, 1074, 1075, 1088,
　1090, 1114, 1155, 1156, 1166, 1227
判決に関与することができない裁判官
　····································· 1056
判決の言直し ···························· 931
判決の宣告 ························· 968, 969
判決の内部的成立 ······················ 969
判決前にした決定 ······················ 1174
判決前の決定に対する抗告 ················ 1173
犯行（被害）再現状況報告書 ··········· 854, 886
犯罪事実 ························ 547, 729, 837
犯罪成立阻却事由 ······················ 945
犯罪地 ··································· 7
犯罪の証明がないとき ···················· 945
犯罪被害者等と被告人との民事上の争いにつ
　いての合意 ··························· 109
犯罪被害者等の訴訟記録の閲覧・謄写 ···· 118
犯罪被害者等保護法 ··················· 2, 118
判事補 ··································· 93
反　証 ··································· 714
犯　情 ··································· 838
反対尋問 ···················· 704, 705, 815, 874

反対尋問権 ……………………… 909, 917
判断遺脱 ……………………………… 1060
判　例 ………………………………… 1146
判例違反 …………… 1146, 1148, 1199
判例違反の主張 …………………… 1147
判例変更 …………… 1148, 1154, 1156
被害者 ………………………………… 487
被害者還付 …………………………… 975
被害者参加制度 ……………… 2, 819, 820
被害者参加人等による検察官に対する意見
　の申述等 ………………………… 825
被害者参加人等による証人尋問 …… 826
被害者参加人等による被告人質問
　…………………………… 820, 827, 828
被害者参加人等による弁論としての意見陳
　述 ………………………………… 830
被害者参加人等の公判期日等への出席 … 823
被害者等による心情等の意見陳述 ……… 637
被害者特定事項 …… 86, 94, 622, 624, 626, 628,
　650, 668, 682, 728, 813
被害者特定事項の秘匿 …………… 624
被害者特定事項の秘匿の要請 …… 668
被害者の告訴権 …………………… 487
被害者の参加の可否等 …………… 822
被害者の参加の許否 ……………… 822
被害届 ………………………… 323, 490
被害に関する心情 ………………… 638
被疑者 ………………………… 47, 363
被疑者国選弁護制度
　………… 3, 64, 66, 71, 390, 394, 407
被疑者国選弁護人の選任 ………… 67
被疑者国選弁護人の複数選任 …… 68
被疑者段階の選任 ………………… 47
被疑者段階の弁護人の選任 ……… 47
被疑者に対する出頭要求 ……… 363, 364
被疑者の勾留 …… 166, 291, 338, 354, 386, 392,
　399, 400, 406, 410, 414, 415, 1188, 1190
被疑者の捜索 …………… 194, 456, 464
被疑者の取調べ ………… 357, 363, 364, 691
被疑者の弁護人選任 ……………… 418
被疑者・被告人からの供述の聴取 … 991
非供述証拠 ……………… 843, 875, 903
被告事件についての陳述 ……… 626, 630
被告人 ………………………………… 46
被告人の死亡 ……………………… 1244

被告人の不出頭と書面又は供述への同意
　……………………………………… 916
被告人側請求証拠の開示 ………… 794
被告人側請求証拠の取調べ請求 …… 791
被告人側の冒頭陳述 ………… 655, 656, 812
被告人勾引嘱託書 ………………… 144
被告人質問 ……………… 718, 727, 916
被告人死亡の場合 ………………… 1141
被告人召喚の不要 ………………… 1154
被告人と出頭者の人違い ………… 532
被告人に対する召喚 ……………… 127
被告人の証人適格 ………………… 247
被告人の公判調書閲覧権 ………… 111
被告人の勾引 ………………… 127, 128
被告人の勾留 …… 124, 129, 130, 136, 137, 142,
　160, 167, 599, 631, 1032, 1188
被告人の国選弁護人 ……………… 57, 61
被告人の在廷義務 ……………… 614, 615
被告人の死亡 ……………………… 966
被告人の出席 ……………………… 770
被告人の出頭
　………… 610, 611, 770, 771, 1067, 1108, 1222
被告人の出頭義務 ………………… 1020
被告人の出頭義務免除 …………… 610
被告人の出頭の権利義務 ………… 611
被告人の召喚 ………………… 127, 585
被告人の証人適格 ………………… 247
被告人の身体 ……………………… 195
被告人の捜索 ………………… 194, 229
被告人の退席 ……………………… 603
被告人の退廷 …………… 707, 708, 916, 968
被告人の退廷等 …………………… 614
被告人の陳述を聴かない判決 …… 967
被告人の特定 ………………… 532, 546
被告人の無断退廷 ………………… 615
被告人の黙秘権 …………………… 726
被告人負担の裁判（訴訟費用）……… 311
微罪処分 ……………………… 514, 523
非常救済手続 …………… 1204, 1215, 1225
非常上告 …………………………… 1225
筆問・筆答 ………………………… 301
必要的分離 ………………………… 747
必要的弁護 …………… 617, 621, 763, 812, 1018
必要的弁護事件
　…… 59, 60, 66, 67, 618, 812, 1014, 1103, 1111

事項索引　1315

必要的弁護に係る選任 ························· 620
必要的弁護に係る選任主体 ··················· 621
必要的保釈 ····························· 169, 973
必要的保釈等 ······························· 972
必要な処分 ······················ 206, 234, 291
ビデオリンク方式 ····················· 3, 83, 575
ビデオリンク方式による証人尋問 ···· 270, 272
ビデオリンク方式による証人尋問調書
  ································· 879, 885
ビデオリンク方式による証人尋問調書の証拠
  能力 ·································· 889
ビデオリンク方式による証人尋問の証言状況
  等の記録媒体の謄写の制限 ··········· 305
費用の補償 ································ 316
費用負担 ·································· 306
費用補償の範囲 ···························· 320
不開示の理由の告知 ························ 789
不起訴処分 ································ 561
不起訴処分の告知 ·························· 562
不起訴処分告知書 ·························· 562
不起訴処分の理由の通知 ···················· 562
複写の対象となる電磁的記録及び記録媒体
  ···································· 189
副主任弁護人 ··························· 53, 54
複数の弁護人の選任 ························· 68
不公平な裁判をするおそれ ······ 28, 29, 33, 35
不告不理違反 ····························· 1060
不告不理の原則 ······················ 527, 531
付審判 ······························ 527, 1029
付審判請求 ······················ 563, 564, 568
付審判請求棄却の決定 ····················· 570
付審判請求の取下げ ························ 567
負担額の算定 ····························· 315
物　証 ······························· 842, 843
不同意の撤回 ····························· 915
不当に長い抑留・拘禁 ····················· 863
不当に長く抑留又は拘禁された後の自白
  ···································· 862
部分判決 ································· 926
部分判決制度 ····························· 748
付郵便送達 ····················· 121, 123, 1110
不利益事実の承認 ········· 692, 694, 897, 898
不利益変更 ······························ 1223
不利益変更禁止 ······················ 1137, 1223
不利益変更禁止の規定 ····················· 1028

不利益変更禁止の原則
  ······················ 1028, 1083, 1183, 1251
墳墓の発掘 ··························· 233, 477
分離・併合 ································ 746
分離・併合の手続と効果 ···················· 749
弊害の内容 ································ 788
弊害の内容・程度 ···················· 783, 788
併合罪 ···················· 937, 946, 1080, 1219
併合罪関係 ································ 562
併合罪中大赦を受けない罪の刑を定める手続
  ···································· 981
併合罪の一部無罪 ···················· 316, 1224
併合罪の処理 ····························· 941
併合事件における弁護人選任の効力
  ································· 11, 750
別件基準説と関連する記述 ··················· 867
別件逮捕・勾留 ··············· 377, 866, 867
別件逮捕中の自白 ·························· 850
弁解録取 ····························· 390, 892
弁解録取書 ····························· 389, 892
弁護士 ···································· 48
弁護士会等に対する処置請求 ················· 683
弁護人 ······························· 82, 320
弁護人が出頭しないとき ···················· 617
弁護人が書類・証拠物の閲覧謄写権を有し
  ···································· 111
弁護人選任 ··················· 45, 47, 51, 66, 1212
弁護人選任権等の告知
  ··················· 152, 153, 389, 397, 579
弁護人選任書（弁護人選任届） ··············· 558
弁護人選任に関する通知 ···················· 580
弁護人選任の効力 ···················· 51, 1212
弁護人選任の申出
  ········· 50, 66, 154, 418, 581, 618, 1012
弁護人選任の申出の通知 ···················· 154
弁護人選任の申出を受けた弁護士会の義務
  ····································· 50
弁護人選任申出の前置 ······················ 60
弁護人となろうとする者
  ···················· 48, 77, 155, 156, 410
弁護人に対する出頭命令 ···················· 595
弁護人の援助を受ける権利 ········ 64, 618, 866
弁護人の解任 ······························ 73
弁護人の数の制限 ······················ 55, 56
弁護人の権限 ······························ 83

弁護人の主張に対する判断 ············ 935	補強証拠 ············ 687, 869, 870, 872, 873
弁護人の書類・証拠物の閲覧・謄写権 ····· 82	補強法則 ································ 846, 856
弁護人の選任 ······· 46, 51, 620, 770, 1011, 1012	保護観察 ·········· 926, 932, 970, 979, 1086, 1137
弁護人の退廷 ······························ 162, 261	保護観察言渡連絡表 ···················· 933
弁護人の地位 ································· 46	保護観察官 ······························ 981
弁護人の不出頭 ······················· 596, 620	保護観察中の遵守事項違反 ·········· 979, 981
弁護人の不出頭のおそれ ················· 621	保護観察の判決 ······················· 926
弁護人の弁論 ·························· 643	補佐人 ································· 85
弁護人の報酬 ···················· 70, 317, 1173	保　釈 ···························· 174, 175
弁護人への類推適用（陳述を聴かない判決）	保釈，勾留取消しと検察官の意見 ···· 176
························ 968	保釈請求の失効・取下げ ················ 168
変死者又は変死の疑いのある死体 ···· 483, 484	保釈等の失効 ······················· 970, 971
弁　論 ···· 640, 643, 746, 1070, 1105, 1106, 1117	保釈等の取消し ························ 181
弁論の意義等 ························ 643	保釈と訴因 ···························· 170
弁論能力 ······························ 1105	保釈に関する裁判 ······················ 1189
弁論の再開 ···························· 749	保釈の条件の趣旨 ······················ 178
弁論の全趣旨 ························ 855	保釈の請求 ···························· 168
弁論の分離・併合 ···················· 746, 748	保釈の取消等 ·························· 186
弁論の分離・併合・再開 ················· 745	保釈の取消等と収容の手続 ·········· 186
法改正による刑の変更と公訴時効期間 ···· 534	保釈の任意的条件 ······················ 178
包括的代理権 ························ 84	保釈保証金 ···························· 177
保証金の代納付 ······················ 179	保釈保証金額の決定 ···················· 177
法　人 ···················· 42, 608, 966, 1277	保釈保証金の還付 ···················· 182, 185
法人と訴訟行為 ······················· 42	保釈保証金の没取 ············ 181, 184, 971
法人の告訴権 ························ 488	保釈保証金の流用 ·········· 180, 971, 973
傍聴人の退廷 ························ 708	補充裁判官 ···························· 755
法定期間 ······························ 126	補充尋問 ······························ 701
法定期間の延長 ······················ 125, 126	補充送達 ······························ 122
法廷警察権 ·············· 29, 614, 615, 645, 720	補充の論告 ···························· 641
法廷警察権の主体 ···················· 615	保証金額，保釈の条件 ················· 177
法定証拠主義 ························ 856	保証書 ·························· 179, 1056
法定訴訟条件の欠如 ···················· 961	補償の手続 ·························· 317, 319
法定代理人の告訴権 ··············· 492, 494	補助事実 ·························· 838, 842
法定通算 ···· 928, 1044, 1120, 1123, 1130, 1133,	補助証拠 ······························ 842
1171, 1279, 1280, 1281	没　収 ······························ 930
法廷等の秩序維持に関する法律	没収すべき物 ······················· 189, 930
························ 615, 616, 720	没収物の交付 ························ 1282
報道機関に対する提出命令 ················ 190	没収物の処分 ························ 1281
冒頭手続 ······························ 626	ポリグラフ検査 ····················· 867, 887
冒頭手続をする場合 ···················· 611	ポリグラフ検査結果 ···················· 854
法律構成説 ···························· 735	ポリグラフ検査結果回答書 ·············· 887
法律上推定される事実 ················· 840	本案の裁判がないときの訴訟費用 ···· 313
法律上の推定 ························ 841	翻　訳 ·························· 301, 473
法令の適用 ·························· 934, 940	翻訳人 ······························ 302
法令の適用の誤り ···················· 1074	

事項索引　1317

ま 行

前の供述 …………………………… 882, 883
麻酔分析 …………………………………… 867
麻薬取締官及び麻薬取締員 ……………… 331
身柄引受書 ………………………………… 173
身代わり犯人 …… 308, 732, 1099, 1163, 1207
未決勾留日数 ……………………………… 928
未決勾留日数に関する判断の誤り（過算入）
　による一部破棄判決 ………… 1155, 1158
未決勾留日数の法定通算 ……………… 1279
未決勾留日数を裁判所の裁量により本刑に算
　入 ………………………………………… 928
未決算入部分のみの破棄判決 ………… 1123
密行性 ……………………………………… 357
身元引受書 ………………………… 132, 168
無罪の判決 ………………………………… 945
無罪判決と費用の補償 …………………… 316
無罪判決の公示 ………………………… 1224
無罪判決の理由 …………………………… 946
無断退廷 …………………………………… 968
名誉侵害 …………………………………… 345
命　令 …………………………… 89, 1187
メモの理論 ………………………………… 903
メモ（を見ながらの証言） …………… 706
免責決定 ……………………… 265, 267
免訴の判決 ………………………………… 947
免訴の判決と一事不再理の効力 ………… 948
申立て …………………………… 1009, 1010
申立書 …………………………………… 1201
黙　秘 …………………………… 756, 861
黙秘権 ……………………………………… 42
黙秘権の告知
　… 139, 569, 630, 771, 866, 890, 892, 991, 1110
黙秘と罪証隠滅のおそれ ……………… 134, 404

や 行

夜間執行 …………………………………… 214
夜間の検証 ………………………………… 235
薬物犯罪 …………………………………… 350
やむを得ない（公判期日の変更請求） …… 592
やむを得ない事由
　……… 415, 417, 769, 815, 1097, 1098, 1103
有効期間 …………………………… 379, 380
有罪の陳述 ………………………………… 632

有罪の答弁 ………………………… 873, 1010
有罪判決 …………………………………… 934
有罪判決に示すべき理由 ………………… 933
有罪判決の主文 …………………………… 927
誘導尋問 …………………………………… 704
郵便物等の押収 …………………… 191, 461
郵便物等の捜索 …………………………… 192
要旨の告知 ………………………………… 710
要証事実 …… 714, 778, 802, 836, 858, 874, 905
余罪の取調べ ……………………… 416, 867
余事記載 …………………………… 557, 558
予断排除 …………………… 557, 653, 762
予定主張 …………………… 791, 797, 799
予定主張の明示 …………………………… 791
予納金の返還 …………………………… 1291
呼出状 …………………………………… 1269

ら 行

利益誘導ないし約束による自白 ………… 864
立証趣旨 …………………………… 692, 914
立証趣旨の拘束力 ………… 662, 859, 914
立証趣旨の明示 …………………………… 661
立証責任 …………………………………… 867
略式請書 ………………………………… 1238
略式手続 ………………………………… 1235
略式手続を理解させるために必要な事項の説
　明 ……………………………………… 1237
略式手続によることについて異議がない旨
　…………………………………… 1237, 1238
略式命令 ………………………………… 1252
略式命令請求書 ………………………… 1239
略式命令の告知 ………………………… 1244
略式命令の失効 ………………………… 1251
略式命令の請求 ………………………… 1238
理　由 ……………………………………… 91
理由齟齬 ………………………………… 1061
留　置
　… 151, 222, 224, 225, 376, 383, 391, 418, 1265
留置施設 ………………… 142, 152, 408, 1049
留置の期間 ………………………… 289, 475
留置の場所 ………………………… 290, 418, 476
留置の必要性 …………………………… 394
留置場所を変更 ………………………… 418
理由不備 ………………………………… 1061
量刑の理由 ……………………………… 941

量刑不当	1084, 1087, 1098, 1129, 1160	令 状	139, 198, 440
領事館	156	令状主義	444, 445
領 置	193, 457	令状によらない差押え	454, 455, 463
領置（裁判所）	724	令状によらない差押え・捜索・検証	454
領置調書	443, 457, 458	令状の提示（呈示）	203, 204
量定が甚しく不当	1156	連 署	47, 48
両罰規定	309, 534, 540, 733	労役場留置	929, 1245, 1296
両罰規定と公訴時効期間	534	労働基準監督官	331
両罰規定と訴訟費用の負担	309	朗 読	708, 710
両罰規定と必要的弁護事件	618	録音テープ	712, 895
両罰規定と併合管轄（事物管轄）	9	録音録画義務	896
旅費等	69	録音・録画義務の例外	696, 697
旅費，日当，宿泊料，報酬		録音・録画媒体	854
	297, 306, 320, 595	論 告	641, 1070
類型該当性	785	論理則	857, 858

英 字

GPS	352, 849

類型証拠	783, 785
類型証拠の開示	783
累犯加重	936, 941, 1080
累犯前科	941

判例索引

最高裁判所（大審院を含む）

〈明　治〉

大判明37・4・7刑録10・766 ················ 488, 493
大判明37・6・27刑録10・1416 ················ 1028
大判明39・3・22刑録12・6・333 ················ 288
大判明43・7・5刑録16・1374 ················ 1028
大判明43・9・30刑録16・1569 ················ 489
大判明43・11・15刑録16・1929 ················ 539
大判明43・11・17刑録16・2016 ················ 551
大判明44・6・23刑録17・1252 ················ 539
大判明44・7・14刑録17・1440 ················ 539

〈大　正〉

大判大3・9・28刑録20・27・1650 ················ 288
大判大3・10・14刑録20・1853 ················ 1028
大判大4・10・29刑録21・1751 ················ 7
大判大5・7・1刑録22・1191 ················ 956
大判大6・8・27刑録23・18・993 ················ 292
大判大7・11・11刑録24・1326 ················ 489
大判大11・11・17刑集1・666 ················ 288
大決大12・3・13刑集2・186 ················ 511
大判大12・4・14刑集2・336 ················ 225, 975
大判大12・5・26刑集2・452 ················ 49
大判大12・6・4刑集2・473 ················ 307
大決大13・11・27刑集3・804 ················ 1028
大判大13・11・28刑集3・834 ················ 292
大決大13・12・25刑集3・907 ················ 1046
大決大14・2・28刑集4・139 ················ 1055
大判大14・3・3刑集4・115 ················ 251
大決大14・6・10刑集4・396 ················ 585
大判大14・10・13刑集4・639 ················ 1044
大判大15・2・3刑集5・1・15 ················ 1174
大判大15・3・27刑集5・125 ················ 27
大判大15・5・26刑集5・217 ·········· 1046, 1050
大決大15・6・30刑集5・343 ················ 28
大判大15・10・26刑集5・463 ················ 1035
大判大15・12・24刑集5・593 ················ 295

〈昭　和〉

大判昭2・1・28新聞2664・10 ················ 288
大決昭2・2・10刑集6・1・31 ················ 281
大判昭2・4・2刑集6・125 ················ 1225
大判昭3・10・5刑集7・10・649 ················ 500
大判昭3・12・27刑集7・12・790 ················ 106
大判昭4・4・30刑集8・222 ················ 944
大判昭4・9・5刑集8・432 ················ 1028
大決昭5・2・15刑集9・70 ················ 1042
大判昭5・10・9刑集9・725 ················ 1035
大決昭5・10・11刑集9・729 ················ 584
大判昭6・1・27刑集10・1・8 ················ 497
大判昭6・4・9刑集10・121 ················ 49
大判昭6・10・1刑集10・535 ················ 856
大判昭6・10・19刑集10・462 ················ 491
大決昭7・1・27刑集11・10 ················ 511
大判昭7・3・3刑集11・215 ················ 28
大決昭7・5・12刑集11・9・619 ················ 1174
大判昭7・9・29刑集11・17・1404 ················ 1138
大判昭7・11・21刑集11・1657 ················ 1035
大判昭7・11・28刑集11・1736 ················ 539
大判昭7・12・1刑集11・1756 ················ 1119
大判昭7・12・14刑集11・1853 ················ 48
大決昭8・3・16刑集12・271 ················ 1041
大決昭8・4・26刑集12・503 ·········· 1040, 1041
大判昭8・5・22刑集12・687 ················ 1049
大判昭8・8・10刑集12・1429 ················ 619
大判昭8・12・7刑集12・2237 ················ 226, 975
大判昭8・12・11刑集12・2298 ················ 1028
大判昭9・3・20刑集13・297 ················ 49
大判昭9・3・24刑集13・4・313 ················ 946
大判昭9・6・12刑集13・743 ················ 307
大判昭9・7・23刑集13・997 ················ 1035
大決昭9・8・27刑集13・1083 ················ 1041
大判昭10・7・25刑集14・838 ················ 295

大判昭10・7・26新聞3888・7 ……………… 286
大判昭10・9・28刑集14・997 …………… 27, 1007
大判昭10・11・11刑集14・1165 …………… 754
大決昭10・12・14刑集14・1422 ……… 1046, 1048
大判昭11・1・24刑集15・1・1 ………………… 106
大判昭11・3・24刑集15・4・307 …………… 489
大判昭11・7・2刑集15・12・857 …………… 488
大判昭11・11・16刑集15・1446 …………… 292
大判昭11・12・9刑集15・1593 ………………… 7
大判昭12・5・6刑集16・652 ………………… 754
大判昭12・6・4刑集16・868 ………………… 28
大判昭12・6・5刑集16・12・906 …………… 491
大判昭12・12・23刑集16・24・1698 ……… 493, 501
大判昭13・6・16刑集17・455 ………………… 539
大判昭15・6・10新聞4575・6 ………………… 42
大判昭15・11・9刑集19・780 ………………… 584
大決昭15・11・30新聞4651・11 …………… 1179
大決昭16・1・31刑集20・63 ………………… 1266
大決昭19・5・10刑集23・92 ………………… 948
大決昭21・7・3刑集25・23 ………………… 982
大判昭22・3・12刑集26・21 ………………… 549
最判昭22・11・24刑集1・1・21 ……………… 490
最判昭22・12・16刑集1・88 ………………… 871
最決昭23・1・28刑集2・1・14 ……… 89, 1173, 1199
最判昭23・2・18刑集2・2・104 ……………… 517
最判昭23・4・17刑集2・4・364 ……………… 863
最判昭23・4・22刑集2・4・413 …………… 115, 962
最判昭23・4・22刑集2・4・418 ……………… 619
最大判昭23・5・26刑集2・6・529
……………………………… 948, 1028, 1128
最判昭23・6・8刑集2・7・651 ……………… 1139
最大判昭23・6・14刑集2・7・680 …………… 608
最判昭23・6・26刑集2・7・743 …………… 110, 117
最判昭23・7・6刑集2・8・785 ……………… 284
最大判昭23・7・8刑集2・8・801 …………… 1146
最判昭23・7・8刑集2・8・822 ……………… 1072
最判昭23・7・13刑集2・8・832 …………… 1063
最大判昭23・7・14刑集2・8・846 …………… 892
最大判昭23・7・19刑集2・8・944 …………… 863
最大判昭23・7・29刑集2・9・1012 ………… 861
最大判昭23・7・29刑集2・9・1076 ………… 409
最判昭23・8・5刑集2・9・1139 …………… 620
最大決昭23・9・27刑集2・10・1229 ……… 953
最判昭23・10・5刑集2・11・1260 ………… 929
最判昭23・10・14刑集2・11・1340 ……… 1139

最判昭23・10・16刑集2・11・1351 ………… 1063
最判昭23・10・21刑集2・11・1366 ………… 871
最判昭23・10・30刑集2・11・1435 …… 619, 1136
最判昭23・11・4刑集2・12・1459 ………… 116
最判昭23・11・9刑集2・12・1508 ………… 619
最大判昭23・11・10刑集2・12・1512 …… 546, 938
最大判昭23・11・10刑集2・12・1660ノ1 …… 1099
最大決昭23・11・15刑集2・12・1528
………………………… 1033, 1038, 1040
最判昭23・11・16刑集2・12・1549 ………… 856
最判昭23・11・17刑集2・12・1565 ………… 865
最判昭23・11・17刑集2・12・1588 ………… 284
最判昭23・11・18刑集2・12・1626 ……… 1138
最判昭23・11・20刑集2・12・1631 ……… 1139
最大判昭23・12・1刑集2・13・1679 ……… 427
最判昭23・12・2刑集2・13・1682 ……… 1060
最判昭23・12・4刑集2・13・1690 ………… 593
最判昭23・12・11刑集2・13・1728 ……… 975
最判昭23・12・24刑集2・14・1883 ……… 844
最判昭23・12・24刑集2・14・1908 ……… 107
最大判昭23・12・27刑集2・14・1934 …… 307
最大判昭23・12・27刑集2・14・1944 …… 871
最大判昭24・1・12刑集3・1・20 …… 26, 1032, 1033
最判昭24・1・20刑集3・1・40 …………… 1074
最判昭24・1・20刑集3・1・47 ……………… 943
最判昭24・2・1刑集3・2・65 …………… 1230
最判昭24・2・8刑集3・2・95 ……………… 116
最判昭24・2・8刑集3・2・124 …………… 1230
最大判昭24・2・9刑集3・2・146 …………… 892
最判昭24・2・9刑集3・2・151 ……………… 137
最大判昭24・2・10刑集3・2・155 …… 937, 1062
最判昭24・2・15刑集3・2・169 …………… 1063
最判昭24・2・17刑集3・2・184 …………… 181
最判昭24・2・22刑集3・2・221 …………… 838
最大決昭24・2・25刑集3・2・246 ………… 1217
最判昭24・3・5刑集3・3・253 …………… 116
最大判昭24・3・23刑集3・3・342 ………… 1062
最決昭24・4・6刑集3・4・469 …………… 26, 566
最判昭24・4・7刑集3・4・489 ………… 871, 873
最決昭24・4・25裁集刑9・447 …………… 901
最判昭24・4・26刑集3・5・653 …………… 137
最判昭24・4・30刑集3・5・679 …………… 976
最判昭24・4・30刑集3・5・691 …………… 871
最大判昭24・5・18刑集3・6・734 ………… 941
最大判昭24・6・1刑集3・7・901 ………… 506, 962

最判昭24・6・7刑集3・7・953 ……………… 586
最大判昭24・6・13刑集3・7・1039 …………… 844
最判昭24・6・16刑集3・7・1082
………………… 1033, 1038, 1040, 1102
最判昭24・6・18刑集3・7・1099 …………… 584
最判昭24・7・5刑集3・8・1169 …………… 1139
最判昭24・7・9刑集3・8・1193 …………… 258
最大判昭24・7・13刑集3・8・1299 …………… 525
最大判昭24・7・13刑集3・8・1304 …………… 621
最判昭24・7・19刑集3・8・1341 …………… 873
最判昭24・7・19刑集3・8・1348 …………… 871
最大判昭24・7・22刑集3・8・1360 …………… 873
最判昭24・7・23刑集3・8・1377 …………… 839
最判昭24・8・9刑集3・9・1428 …………… 1138
最判昭24・8・9刑集3・9・1449 …………… 117
最決昭24・9・7刑集3・10・1563 ………… 367, 892
最大決昭24・9・19刑集3・10・1598 ……… 26, 1184
最決昭24・10・20刑集3・10・1665 …………… 1122
最大決昭24・10・31刑集3・10・1683 …………… 953
最大判昭24・11・2刑集3・11・1732 ……… 175, 863
最判昭24・11・15刑集3・11・1791 …………… 586
最判昭24・11・29裁集刑14・841 …………… 1074
最判昭24・12・13裁集刑15・349 …………… 846
最判昭24・12・20刑集3・12・2036 …………… 608
最判昭24・12・22刑集3・12・2070 …………… 550
最判昭24・12・24刑集3・12・2120 …………… 110
最判昭25・1・19刑集4・1・30 …………… 1070
最判昭25・2・17刑集4・2・205 …………… 619
最判昭25・3・14刑集4・3・330 …………… 593
最判昭25・3・15刑集4・3・335 …………… 1138
最大判昭25・3・15刑集4・3・371 …………… 261
最判昭25・3・28刑集4・3・432 …………… 755
最判昭25・3・30刑集4・3・454 ………… 88, 1158
最大決昭25・4・7刑集4・4・512 ………… 31, 108
最大判昭25・4・12刑集4・4・535 ……… 27, 600
最判昭25・4・13刑集4・4・567 …………… 1226
最判昭25・4・14刑集4・4・578 …………… 281
最判昭25・4・20刑集4・4・648 …………… 1130
最判昭25・4・25裁集刑17・363 …………… 1139
最判昭25・5・2刑集4・5・747 …………… 872
最判昭25・5・2刑集4・5・752 …………… 1231
最判昭25・5・12刑集4・5・793 …………… 27
最決昭25・5・12刑集4・5・797 ……… 1147, 1153
最決昭25・5・19刑集4・5・838 …………… 1145
最判昭25・5・30刑集4・5・882 …………… 586

最判昭25・6・6刑集4・6・950 …………… 870
最大判昭25・6・7刑集4・6・966 …………… 307
最決昭25・6・8刑集4・6・972 ……… 738, 1061
最判昭25・6・13刑集4・6・995 …………… 472
最決昭25・6・17刑集4・6・1013 …………… 733
最判昭25・6・20刑集4・6・1025 …………… 422
最判昭25・6・23刑集4・6・1068 …………… 110
最決昭25・6・29刑集4・6・1133 …………… 142
最判昭25・7・6刑集4・7・1205 …………… 1112
最判昭25・7・7刑集4・7・122 …………… 1060
最大判昭25・7・12刑集4・7・1298 …………… 872
最判昭25・7・13刑集4・8・1343 …………… 115
最決昭25・7・13刑集4・8・1356 ……… 1033, 1038
最判昭25・7・13刑集4・8・1364 …………… 1060
最判昭25・7・20刑集4・8・1500 …………… 589
最判昭25・7・25刑集4・8・1523 …………… 1146
最判昭25・8・9刑集4・8・1550 …………… 1139
最判昭25・9・5刑集4・9・1617 …………… 1256
最大判昭25・9・27刑集4・9・1805 …………… 1028
最判昭25・9・30刑集4・9・1856 …………… 903
最判昭25・10・3刑集4・10・1861 ……… 947, 1060
最判昭25・10・10刑集4・10・1959 …………… 871
最大判昭25・10・11刑集4・10・2037 …………… 1151
最決昭25・10・12刑集4・10・2084 …………… 1104
最決昭25・10・12刑集4・10・2087 …… 1110, 1117
最大判昭25・10・25刑集4・10・2134 ………… 1134
最大判昭25・10・26刑集4・10・2170 …………… 976
最大判昭25・11・8刑集4・11・2221 …… 1226, 1228
最判昭25・11・17刑集4・11・2328 …………… 88
最判昭25・11・21刑集4・11・2359
………………………… 367, 866, 892
最大判昭25・11・22刑集4・11・2372 …………… 1133
最判昭25・11・24刑集4・11・2393 …………… 943
最判昭25・11・30刑集4・11・2434 …………… 27
最判昭25・11・30刑集4・12・2468 …………… 1226
最決昭25・12・5刑集4・12・2489 …………… 1049
最判昭25・12・19刑集4・12・2562 …………… 1029
最大判昭25・12・20刑集4・13・2870 …………… 632
最決昭25・12・22刑集4・13・2880 …………… 1292
最判昭25・12・24刑集4・12・2621 …… 1115, 1127
最判昭25・12・26刑集4・12・2632 …………… 586
最判昭26・1・19刑集5・1・42 …………… 1127
最決昭26・1・19刑集5・1・58 ………… 194, 222
最判昭26・1・23刑集5・1・73 …………… 1137
最判昭26・1・23刑集5・1・86 …………… 1233

最判昭26・1・25刑集5・1・89 ……………… 115, 845
最決昭26・1・26刑集5・1・101 ……………… 871
最判昭26・1・26裁刑39・767 ……………… 1139
最決昭26・2・22刑集5・3・429 ……………… 742
最判昭26・3・6刑集5・4・486 ……………… 870
最判昭26・3・9刑集5・4・500 ……………… 1064
最決昭26・3・9裁集刑41・435 ……………… 1132
最判昭26・3・15刑集5・4・527 ……………… 943
最判昭26・3・15刑集5・4・535 ……… 258, 1074
最決昭26・3・29刑集5・4・722 ……… 1120, 1279
最判昭26・3・29民集5・5・177 ……………… 755
最判昭26・3・30刑集5・4・731 ……………… 844
最決昭26・3・30刑集5・4・742 ……… 1147, 1153
最判昭26・3・30刑集5・5・801 ……………… 1110
最判昭26・4・10刑集5・5・842 ……………… 558
最判昭26・4・10刑集5・5・890 ……………… 943
最判昭26・4・13刑集5・5・902 ……………… 1200
最決昭26・4・27刑集5・5・957 ……………… 125
最決昭26・5・10刑集5・6・1021 ……… 1121, 1142
最判昭26・5・11刑集5・6・1107 ……………… 38
最判昭26・5・25刑集5・6・1198 ……… 28, 845
最判昭26・5・31刑集5・6・1211 ……………… 870
最決昭26・6・1刑集5・7・1232 ……… 687, 870
最判昭26・6・7刑集5・7・1243 ……… 908, 913
最大決昭26・6・9刑集5・7・1267 ……………… 1169
最判昭26・6・15刑集5・7・1277 ……………… 737
最判昭26・7・6民集5・8・474 ……………… 733
最判昭26・7・12刑集5・8・1427 ……………… 490
最判昭26・7・17裁集刑50・1 ……………… 911
最大決昭26・7・18刑集5・8・1476 ……………… 1257
最判昭26・7・20刑集5・8・1556 ……………… 1077
最判昭26・7・20刑集5・8・1604 ……………… 1078
最判昭26・7・26刑集5・8・1652 ……………… 631
最大判昭26・8・1刑集5・9・1684 ……………… 856
最大判昭26・8・1刑集5・9・1715 ……………… 1138
最判昭26・8・17刑集5・9・1764 ……………… 1137
最判昭26・8・17刑集5・9・1799 ……… 1075, 1130
最決昭26・9・6刑集5・10・1878 ……………… 368
最判昭26・9・6刑集5・10・1895 ……… 875, 905
最判昭26・9・6刑集5・10・1907 ……………… 1168
最決昭26・9・13刑集5・10・1925 ……………… 1169
最判昭26・9・13刑集5・10・1926 ……………… 1293
最判昭26・9・14刑集5・10・1928 ……… 592, 593
最判昭26・9・18裁集刑53・61 ……………… 1074
最判昭26・9・28刑集5・10・2131 ……………… 511

最判昭26・10・5刑集5・11・2156 …… 116, 743, 745
最決昭26・10・6刑集5・11・2177 ……… 1042, 1102
最決昭26・10・12刑集5・11・2183 ……………… 1029
最判昭26・10・16刑集5・11・2249 ……………… 1148
最判昭26・10・18刑集5・11・2268 ……………… 301
最判昭26・10・18裁集刑54・1077 ……………… 1070
最判昭26・11・20刑集5・12・2408 ……………… 621
最判昭26・11・27刑集5・13・2457 ……………… 1139
最判昭26・12・18刑集5・13・2527 ……………… 558
最判昭26・12・20刑集5・13・2556 ……………… 1137
最判昭26・12・21刑集5・13・2607 ……………… 1230
最判昭26・12・25刑集5・13・2613 ……………… 1078
最判昭27・1・10刑集6・1・69 … 1056, 1106, 1112
最判昭27・1・22裁集刑59・317 ……………… 1138
最判昭27・1・29判夕18・53 ……………… 25
最大判昭27・2・6刑集6・2・134 ……… 1110, 1130
最決昭27・2・7刑集6・2・197 ……………… 1186
最判昭27・2・14刑集6・2・237 ……………… 110
最判昭27・3・4刑集6・3・339 ……………… 10
最大判昭27・3・5刑集6・3・351 ……… 557, 558
最判昭27・3・6刑集6・3・363 ……………… 1070
最判昭27・3・7刑集6・3・387 ……………… 862
最大判昭27・3・19刑集6・3・502 ……… 198, 452
最判昭27・3・25刑集6・3・507 ……………… 115
最判昭27・3・27刑集6・3・520 …… 390, 391, 892
最判昭27・3・28刑集6・3・559 ……………… 619
最判昭27・4・4刑集6・4・578 ……………… 1229
最大判昭27・4・9刑集6・4・584 ……………… 880
最大判昭27・4・23刑集6・4・685 ……………… 1226
最判昭27・5・6刑集6・5・733 ……………… 1054
最決昭27・5・31刑集6・5・788 ……………… 577
最決昭27・6・5裁集刑65・73 ……………… 333
最判昭27・6・6裁集刑65・113 ……………… 1112
最決昭27・6・26刑集6・6・824 ……………… 884
最判昭27・7・11刑集6・7・896 ……………… 962
最決昭27・7・18刑集6・7・913 ……… 122, 577
最大判昭27・8・6刑集6・8・974
…………………………… 251, 252, 278, 479
最決昭27・8・30刑集6・8・1063 ……………… 1040
最決昭27・9・8裁集刑68・1 ……………… 25
最決昭27・9・10刑集6・8・1068 ……………… 1186
最判昭27・10・10裁集刑68・285 ……………… 1169
最決昭27・10・16刑集6・9・1114 ……………… 740
最決昭27・10・30刑集6・9・1122 ……………… 733
最決昭27・11・13裁集刑69・269 ……………… 586

判例索引　1323

最判昭27・11・14刑集6・10・1199 ········ 47, 749
最決昭27・11・18刑集6・10・1213 ············ 1178
最大判昭27・11・19刑集6・10・1217
················· 1226, 1256
最判昭27・11・21刑集6・10・1223 ············ 911
最決昭27・11・25刑集6・10・1262 ············ 1169
最判昭27・11・28裁集刑69・1089 ··· 949, 1231
最決昭27・12・11刑集6・11・1297 ············ 891
最判昭27・12・19刑集6・11・1329 ············ 911
最大判昭27・12・24民集6・11・1214 ····· 527, 566
最大判昭27・12・24刑集6・11・1363
················· 1137, 1138, 1140
最判昭27・12・25刑集6・12・1401 ···· 585, 1109
最決昭27・12・26刑集6・12・1470 ······· 51, 1134
最判昭27・12・26刑集6・12・1473 ············ 1178
最決昭27・12・26裁集刑71・885 ············ 1072
最判昭28・1・16裁集刑72・97 ················· 618
最判昭28・1・17刑集7・1・5 ················· 1066
最判昭28・1・27刑集7・1・64 ···· 368, 733, 893
最決昭28・1・29刑集7・1・124 ············· 1029
最決昭28・2・17刑集7・2・237 ··· 914, 919, 1070
最判昭28・2・19刑集7・2・293 ········· 27, 925
最判昭28・2・19刑集7・2・305 ············· 283
最決昭28・2・26刑集7・2・331 ············· 1028
最判昭28・2・26刑集7・2・339 ········· 334, 891
最判昭28・2・26裁集刑74・403 ············· 1158
最決昭28・3・5刑集7・3・443 ··············· 742
最決昭28・3・5刑集7・3・457 ··············· 733
最判昭28・3・5刑集7・3・482 ········· 530, 964
最判昭28・3・10裁集刑75・711 ············· 1169
最判昭28・3・18刑集7・3・568 ············· 483
最判昭28・3・20刑集7・3・597 ············· 922
最判昭28・3・20裁集刑76・663 ············· 1230
最判昭28・3・26刑集7・3・636 ············· 1139
最大判昭28・4・1刑集7・4・713 ············· 58
最判昭28・4・2刑集7・4・745 ············· 630
最判昭28・4・7刑集7・4・771 ············· 982
最判昭28・4・14刑集7・4・841 ············· 892
最判昭28・4・25刑集7・4・876 ············· 482
最判昭28・4・30刑集7・4・904 ········· 662, 1070
最判昭28・5・7刑集7・5・946 ··············· 27
最判昭28・5・12刑集7・5・1011 ······· 1064, 1073
最判昭28・5・14刑集7・5・1026 ············· 538
最判昭28・5・21刑集7・5・1053 ············· 1138
最決昭28・5・29刑集7・5・1158 ············· 733

最決昭28・5・29刑集7・5・1195 ············· 492
最判昭28・6・4刑集7・6・1251 ············· 1161
最判昭28・6・19刑集7・6・1342 ············· 1070
最大判昭28・6・24刑集7・6・1371 ············· 952
最判昭28・7・2裁集刑84・17 ············· 1075
最判昭28・7・8刑集7・7・1462 ············· 231
最判昭28・7・13刑集7・7・1541 ············· 1226
最判昭28・7・14刑集7・7・1529 ············· 334
最判昭28・7・17刑集7・7・1533 ············· 1158
最判昭28・7・17刑集7・7・1537 ············· 1158
最判昭28・7・18刑集7・7・1541 ············· 1233
最判昭28・7・18刑集7・7・1547 ············· 96
最大判昭28・7・22刑集7・7・1562 ············· 951
最決昭28・7・24刑集7・7・1648 ············· 1217
最判昭28・7・31刑集7・7・1654 ············· 538
最決昭28・8・7刑集7・8・1679 ············· 1132
最判昭28・9・1刑集7・9・1796 ············· 250
最判昭28・9・24刑集7・9・1825 ············· 962
最判昭28・9・25刑集7・9・1832
················· 1035, 1123, 1158
最決昭28・9・29刑集7・9・1848 ········· 611, 755
最判昭28・9・30刑集7・9・1868 ············· 737
最決昭28・10・1裁集刑87・7 ················· 912
最判昭28・10・6刑集7・10・1888 ········· 28, 30
最判昭28・10・9刑集7・10・1904 ············· 838
最決昭28・10・15刑集7・10・1921 ············· 1205
最判昭28・10・15刑集7・10・1934 ········ 288, 887
最判昭28・10・15刑集7・10・1938 ········ 160, 412
最判昭28・10・15裁集刑87・377 ············· 1035
最決昭28・10・19刑集7・10・1945 ············· 251
最判昭28・10・19裁集刑87・531 ············· 1070
最判昭28・11・10刑集7・11・2051 ············· 1132
最判昭28・11・20刑集7・11・2275 ············· 737
最判昭28・11・27刑集7・11・2294 ········ 25, 1057
最判昭28・11・27刑集7・11・2303 ············· 1163
最判昭28・11・27刑集7・11・2344 ············· 733
最大判昭28・12・9刑集7・12・2415 ········ 953, 957
最判昭28・12・11裁集刑89・209 ············· 1115
最判昭28・12・15刑集7・12・2444
················· 107, 115, 333
最大判昭28・12・16刑集7・12・2550 ············· 1226
最決昭28・12・17刑集7・12・2558 ········ 913, 1110
最判昭28・12・18刑集7・12・2565 ············· 1158
最判昭28・12・18刑集7・12・2578 ············· 1231
最決昭28・12・19裁集刑90・19 ············· 334

最大決昭28・12・22刑集7・13・2595
　　　　　　　　　　　571, 1173, 1174, 1175
最判昭28・12・22刑集7・13・2599 …… 1054, 1107
最判昭28・12・25刑集7・13・2749 ………… 1138
最決昭29・1・19刑集8・1・37 ……………… 1177
最大判昭29・1・20刑集8・1・41 …………… 1138
最判昭29・1・21刑集8・1・71 ……………… 738
最判昭29・1・28刑集8・1・95 ……………… 738
最判昭29・2・9裁集刑92・243 …………… 1132
最判昭29・2・25刑集8・2・189 …………… 261
最決昭29・2・26刑集8・2・198 ……………… 26
最判昭29・3・2刑集8・3・217 ……………… 742
最決昭29・3・20刑集8・3・280 …………… 122
最決昭29・3・23刑集8・3・293 …………… 687
最決昭29・3・23刑集8・3・305 … 733, 947, 1060
最判昭29・3・26刑集8・3・337 …………… 1158
最判昭29・4・2刑集8・4・399 ……………… 1080
最判昭29・4・13刑集8・4・445 …………… 1070
最判昭29・4・13刑集8・4・462 …………… 1132
最判昭29・4・15刑集8・4・471 …………… 293
最判昭29・4・27刑集8・4・572 ……………… 15
最大判昭29・4・28刑集8・4・584 ………… 116
最決昭29・5・4刑集8・5・631 ………… 39, 1187
最決昭29・5・11裁集刑95・297 …………… 1132
最決昭29・5・14刑集8・5・676 …………… 732
最決昭29・5・20刑集8・5・711 …………… 738
最決昭29・6・19刑集8・6・903 …………… 1121
最決昭29・6・19裁集刑96・335 …………… 711
最決昭29・6・23刑集8・6・943 ……………… 28
最決昭29・6・24刑集8・6・977 …………… 641
最決昭29・6・29刑集8・6・985 ……………… 15
最判昭29・7・2刑集8・7・991 …………… 1158
最大判昭29・7・7刑集8・7・1052
　　　　　　　　　　　　1032, 1053, 1153
最決昭29・7・7刑集8・7・1065 …………… 1183
最決昭29・7・8刑集8・7・1070 …………… 1230
最判昭29・7・14刑集8・7・1078 …………… 912
最決昭29・7・14刑集8・7・1100 …… 535, 731, 952
最決昭29・7・15刑集8・7・1137 …………… 353
最決昭29・7・16刑集8・7・1210 …………… 1156
最決昭29・8・5刑集8・8・1237 …………… 160
最判昭29・8・20刑集8・8・1249
　　　　　　　　　　　738, 1061, 1159
最判昭29・8・20刑集8・8・1299 …………… 893
最判昭29・8・24刑集8・8・1392 …………… 737

最判昭29・8・24刑集8・8・1426 …………… 733
最判昭29・9・7刑集8・9・1447 …………… 733
最決昭29・9・7刑集8・9・1459 …………… 160
最決昭29・9・8刑集8・9・1471
　　　　　　　　　535, 731, 955, 956
最決昭29・9・11刑集8・9・1490
　　　　　　　　　　1046, 1054, 1153
最決昭29・9・21刑集8・9・1514 …………… 931
最判昭29・9・21裁集刑98・701 …………… 1139
最判昭29・9・24刑集8・9・1519 ………… 280, 721
最判昭29・9・24刑集8・9・1534 …………… 721
最判昭29・9・30刑集8・9・1565 ……… 730, 1132
最決昭29・10・8刑集8・10・1588 …… 1174, 1199
最決昭29・10・19刑集8・10・1596 ………… 1029
最決昭29・10・19刑集8・10・1610 …… 1205, 1207
最判昭29・10・22刑集8・10・1653 ………… 1087
最判昭29・10・26民集8・10・1979 ………… 32
最判昭29・11・4刑集8・11・1665 ………… 1134
最判昭29・11・5刑集8・11・1728 ………… 1147
最判昭29・11・11刑集8・11・1834 ………… 879
最判昭29・11・18刑集8・11・1850 ………… 966
最大判昭29・11・24刑集8・11・1866 ……… 840
最大決昭29・11・24裁集刑100・573 ……… 1177
最判昭29・11・25刑集8・11・1905 ………… 1230
最決昭29・12・2刑集8・12・1923 ……… 901, 904
最決昭29・12・2刑集8・12・2061 …… 578, 1251
最決昭29・12・14刑集8・13・2142 ………… 141
最決昭29・12・17刑集8・13・2147 ………… 737
最決昭29・12・23刑集8・13・2288 ………… 949
最判昭29・12・23刑集8・13・2295 ………… 908
最決昭29・12・24刑集8・13・2336
　　　　　　　　　1032, 1053, 1112
最決昭29・12・24刑集8・13・2343 ………… 870
最決昭30・1・11刑集9・1・8 ……… 619, 970, 1112
最判昭30・1・14刑集9・1・52
　　　　　　　　226, 307, 312, 975
最判昭30・1・14裁集刑102・341 …………… 913
最決昭30・2・8刑集9・2・207 …………… 505
最判昭30・2・15刑集9・2・282 …………… 299
最判昭30・2・18刑集9・2・332 …………… 1158
最大決昭30・2・23刑集9・2・372 ……… 1105, 1200
最決昭30・2・23刑集9・2・372 …………… 1167
最大判昭30・3・16刑集9・3・461 …………… 1079
最決昭30・3・17刑集9・3・500 …………… 619
最判昭30・3・25刑集9・3・519 ……………… 28

判例索引　1325

最判昭30・4・5刑集9・4・652 ················ 1139
最大判昭30・4・6刑集9・4・663 ·············· 1262
最決昭30・4・11刑集9・4・836 ········ 1031, 1281
最決昭30・4・15刑集9・4・851 ················ 1055
最決昭30・5・12刑集9・6・1019 ················ 110
最決昭30・6・3刑集9・7・1136 ················ 1053
最決昭30・6・7裁集刑106・75 ··················· 89
最判昭30・6・17刑集9・7・1153 ················ 872
最大判昭30・6・22刑集9・8・1189 ···· 871, 1053,
　　1056, 1065, 1075, 1090, 1127, 1129, 1130
最決昭30・7・1刑集9・9・1769 ················ 733
最決昭30・7・1裁集刑107・19 ················ 1072
最判昭30・7・5刑集9・9・1777 ················ 738
最決昭30・7・5刑集9・9・1805 ················ 740
最決昭30・7・14刑集9・9・1872 ··············· 1177
最判昭30・7・15裁集刑107・439 ··············· 1169
最判昭30・7・19刑集9・9・1885 ·········· 733, 739
最決昭30・7・19裁集刑107・571 ··············· 1083
最決昭30・7・29裁集刑107・1207 ··············· 311
最決昭30・8・2裁集刑108・11 ················ 1113
最判昭30・8・26刑集9・9・2049 ··············· 1070
最決昭30・8・26裁集刑108・235 ··············· 1074
最判昭30・9・13刑集9・10・2059 ··············· 839
最判昭30・9・29刑集9・10・2102 ··············· 1167
最判昭30・9・29裁集刑108・675 ················ 891
最判昭30・10・4刑集9・11・2136 ··············· 742
最判昭30・10・14刑集9・11・2213 ················ 28
最判昭30・10・18刑集9・11・2263 ··············· 950
最判昭30・11・10刑集9・12・2387 ··············· 1158
最決昭30・11・18刑集9・12・2483 ········ 194, 223
最決昭30・11・22刑集9・12・2484 ········ 200, 453
最判昭30・11・29刑集9・12・2524 ··············· 908
最判昭30・11・30刑集9・12・2529 ··············· 740
最決昭30・11・30刑集9・12・2562 ··············· 1134
最決昭30・12・1刑集9・13・2577 ··············· 1132
最判昭30・12・9刑集9・13・2682 ··············· 107
最判昭30・12・9刑集9・13・2699 ········ 875, 905
最大判昭30・12・14刑集9・13・2760 ··········· 419
最判昭30・12・16刑集9・14・2791 ········ 427, 429
最判昭30・12・20刑集9・14・2906
　　················· 1059, 1073, 1158, 1164
最大判昭30・12・21刑集9・14・2912 ········ 1148
最大判昭30・12・21刑集9・14・2946 ········ 1028
最大決昭30・12・23刑集9・14・2991 ············ 40
最大決昭30・12・23刑集9・14・2995 ············ 40

最判昭30・12・26刑集9・14・2996 ··············· 929
最判昭30・12・26刑集9・14・3011
　　················· 730, 733, 1132
最判昭30・12・26刑集9・14・3025 ······· 754, 1071
最決昭31・1・24刑集10・1・82 ················ 116
最大判昭31・1・25刑集10・1・105 ············ 1128
最決昭31・3・9刑集10・3・303 ················ 385
最判昭31・3・13刑集10・3・345 ··············· 558
最判昭31・3・20刑集10・3・374 ··············· 949
最判昭31・3・27刑集10・3・387 ··············· 904
最判昭31・3・27刑集10・3・403 ··············· 1070
最判昭31・3・30刑集10・3・422 ······· 33, 39, 1181
最判昭31・4・12刑集10・4・540 ···· 535, 948, 1128
最判昭31・4・19刑集10・4・588 ··············· 1158
最判昭31・4・19裁集刑113・381 ······· 971, 1122
最判昭31・5・17刑集10・5・685 ··············· 839
最大決昭31・5・21刑集10・5・717 ············ 1208
最判昭31・6・5刑集10・6・805 ················ 1187
最大決昭31・6・13刑集10・6・847 ············ 1173
最判昭31・6・19刑集10・6・853 ··············· 882
最判昭31・6・28刑集10・6・939 ··············· 856
最決昭31・7・3刑集10・7・999 ················ 488
最決昭31・7・3刑集10・7・1013 ················ 13
最判昭31・7・4刑集10・7・1015 ··············· 1041
最判昭31・7・17刑集10・7・1127 ··············· 616
最大判昭31・7・18刑集10・7・1147
　　················· 1128, 1129, 1159
最大判昭31・7・18刑集10・7・1173 ············ 1129
最判昭31・8・3刑集10・8・1202 ··············· 539
最判昭31・8・22刑集10・8・1237 ··············· 261
最判昭31・9・18刑集10・9・1347 ················ 30
最判昭31・9・25刑集10・9・1382 ················ 31
最大判昭31・9・26刑集10・9・1391 ············ 1128
最決昭31・10・9刑集10・10・1436 ··············· 1140
最判昭31・10・23裁集刑115・131 ··············· 284
最決昭31・10・25刑集10・10・1447 ··············· 539
最決昭31・11・1刑集10・11・1525 ··············· 1283
最決昭31・11・9刑集10・11・1531 ··············· 733
最判昭31・11・30裁集刑115・561 ··············· 1129
最判昭31・12・13刑集10・12・1633 ······· 307, 312
最判昭31・12・14刑集10・12・1655 ··············· 1128
最判昭31・12・25裁集刑116・347 ··············· 1131
最大判昭31・12・26刑集10・12・1746 ···· 734, 960
最判昭32・1・17刑集11・1・1 ················ 740
最決昭32・1・17刑集11・1・23 ················ 1075

最判昭32・1・22刑集11・1・103 ················ 906

最判昭32・1・24刑集11・1・252 ············ 740

最判昭32・2・5刑集11・2・498 ················ 1231

最判昭32・2・12刑集11・2・939 ············ 1128

最大決昭32・2・15刑集11・2・756 ············ 1129

最大判昭32・2・20刑集11・2・802 ············· 627

最大判昭32・2・27刑集11・2・935

················· 1113, 1136, 1157

最大判昭32・3・13刑集11・3・997 ············ 1129

最判昭32・3・14刑集11・3・1080 ············ 1142

最判昭32・3・15刑集11・3・1085 ············ 1130

最決昭32・3・26裁集刑118・391 ············ 900

最判昭32・3・28刑集11・3・1306 ············ 1109

最判昭32・4・16刑集11・4・1372 ···· 25, 587, 1068

最決昭32・4・17刑集11・4・1385 ············ 1129

最決昭32・4・19裁集刑118・937 ············ 1129

最決昭32・4・26刑集11・4・1491 ············ 1128

最決昭32・4・30刑集11・4・1502 ················· 8

最判昭32・5・23刑集11・5・1531 ············ 872

最判昭32・5・28刑集11・5・1548 ············ 420

最判昭32・5・29刑集11・5・1576 ············ 1168

最判昭32・5・31刑集11・5・1579 ········ 864, 867

最大決昭32・6・12刑集11・6・1649 ······· 123, 578

最決昭32・6・13裁集刑119・475 ············ 1129

最大判昭32・6・19刑集11・6・1673 ············ 1054

最判昭32・6・21刑集11・6・1721 ············ 1128

最決昭32・7・4刑集11・7・1807 ············· 13

最判昭32・7・19刑集11・7・1882 ············ 862

最判昭32・7・19刑集11・7・2006 ············ 1061

最判昭32・7・25刑集11・7・2025 ············ 887

最判昭32・8・23刑集11・8・2103 ············ 111

最判昭32・9・10刑集11・9・2213 ············ 110

最判昭32・9・18刑集11・9・2324 ············ 908

最判昭32・9・20刑集11・9・2353 ············ 1138

最判昭32・9・24裁集刑120・507 ········ 942, 946

最判昭32・9・26刑集11・9・2371 ············ 891

最判昭32・9・26刑集11・9・2376 ············ 488

最判昭32・9・30刑集11・9・2403 ········ 883, 898

最判昭32・10・3刑集11・10・2436 ············ 1128

最大判昭32・10・9刑集11・10・2520

················· 1134, 1152

最決昭32・10・23刑集11・10・2694 ············ 185

最決昭32・10・23刑集11・10・2696 ············ 1218

最決昭32・10・29刑集11・10・2708 ············ 895

最判昭32・11・1刑集11・12・3037 ············ 1158

最決昭32・11・2刑集11・12・3047

················· 872, 891, 902

最決昭32・11・2刑集11・12・3056 ········ 278, 719

最決昭32・12・5刑集11・13・3167 ············ 1134

最判昭32・12・10刑集11・13・3197 ············ 1164

最判昭32・12・24刑集11・14・3371 ············ 1231

最大判昭32・12・25刑集11・14・3377

················· 928, 1139, 1147

最判昭32・12・27刑集11・14・3444 ···· 1128, 1129

最判昭33・1・23刑集12・1・34

················· 555, 629, 955, 956, 961, 1066

最判昭33・1・28裁集刑123・115 ············ 1139

最決昭33・2・4裁集刑123・163 ············ 1168

最判昭33・2・11刑集12・2・187 ············ 1128

最判昭33・2・13刑集12・2・218 ······ 4, 1065, 1069

最判昭33・2・20刑集12・2・269 ············ 1130

最判昭33・2・21刑集12・2・288 ········ 731, 1060

最大決昭33・2・26刑集12・2・316 ············ 838

最大判昭33・3・5刑集12・3・384 ············ 221

最判昭33・3・11裁集刑123・591 ············ 1164

最判昭33・3・17刑集12・4・581 ············ 733

最判昭33・3・18刑集12・4・603 ············ 1128

最判昭33・4・10刑集12・5・866 ············ 1123

最判昭33・4・18刑集12・6・1090 ············ 1060

最決昭33・4・18刑集12・6・1109 ······· 1174, 1199

最判昭33・5・1刑集12・7・1243 ············ 1130

最決昭33・5・6刑集12・7・1297 ············ 950

最決昭33・5・6刑集12・7・1327 ············ 593

最判昭33・5・20刑集12・7・1416 ············ 733

最決昭33・5・26刑集12・8・1621

················· 931, 1109, 1112

最決昭33・5・27刑集12・8・1665 ··········· 540, 572

最決昭33・5・27刑集12・8・1683 ············ 1205

最大判昭33・5・28刑集12・8・1718

················· 551, 741, 870

最決昭33・6・4刑集12・9・1971 ············ 426

最判昭33・6・13刑集12・9・2009 ············ 1159

最判昭33・6・24刑集12・10・2269 ············ 738

最判昭33・6・24刑集12・10・2286 ············ 1063

最決昭33・7・10刑集12・11・2500 ············ 489

最判昭33・7・18刑集12・12・2656 ············ 738

最大決昭33・7・29刑集12・12・2776

················· 199, 200, 452, 1189

最決昭33・9・12刑集12・13・3007 ············ 589

最決昭33・9・16裁集刑127・219 ············ 301

判例索引　1327

最判昭33・9・30刑集12・13・3190 ············· 1139
最決昭33・10・9裁集刑128・211 ················ 1174
最判昭33・10・10裁集刑128・265 ··············· 1072
最判昭33・10・24刑集12・14・3368 ············· 907
最判昭33・11・4刑集12・15・3439 ·············· 1123
最判昭33・11・7刑集12・15・3504 ·············· 1158
最決昭33・11・10刑集12・15・3511 ············· 1170
最決昭33・11・17刑集12・15・3513 ············· 1113
最決昭33・11・24刑集12・15・3531 ···· 1031, 1051
最決昭33・12・15刑集12・16・3545 ···· 32, 35, 36
最判昭33・12・25刑集12・16・3555 ············· 1064
最決昭34・2・6刑集13・1・49 ············· 43, 492
最判昭34・2・13刑集13・2・101 ········ 1118, 1129
最判昭34・2・19刑集13・2・179 ··········· 27, 1210
最決昭34・2・25刑集13・2・190 ··············· 1053
最判昭34・2・26刑集13・2・232 ··············· 1132
最判昭34・3・12刑集13・3・302 ················ 506
最決昭34・3・19刑集13・3・361 ··············· 1130
最判昭34・4・9刑集13・4・442 ················· 949
最判昭34・5・8刑集13・5・657 ················· 505
最決昭34・5・11刑集13・5・699 ················ 733
最判昭34・5・22刑集13・5・773 ··············· 1129
最決昭34・6・9裁集刑130・153 ················ 618
最判昭34・6・16刑集13・6・969 ······· 1128, 1159
最判昭34・7・1刑集13・7・1001 ················ 31
最判昭34・7・3刑集13・7・1110 ··············· 1075
最判昭34・7・24刑集13・8・1150 ··············· 738
最大判昭34・8・10刑集13・9・1419 ············ 1167
最決昭34・10・26刑集13・11・3046 ······· 555, 962
最決昭34・11・24刑集13・12・3089 ············· 939
最決昭34・12・11刑集13・13・3195 ···· 732, 1134
最大判昭34・12・16刑集13・13・3225 ·········· 1151
最判昭35・2・3刑集14・1・45 ················· 913
最決昭35・2・9刑集14・1・117 ········· 1049, 1179
最決昭35・2・11刑集14・2・126 ·········· 739, 740
最決昭35・2・27刑集14・2・206 ··············· 1049
最判昭35・3・17刑集14・7・847 ··············· 1129
最決昭35・3・23刑集14・4・439 ········· 1055, 1153
最決昭35・3・24刑集14・4・462 ················ 712
最判昭35・4・12刑集14・5・548 ··············· 1140
最決昭35・4・19刑集14・6・685 ··············· 1055
最判昭35・5・6刑集14・7・861 ··············· 1123
最決昭35・5・28刑集14・7・925 ················ 304
最判昭35・6・9刑集14・7・957 ················· 292
最判昭35・6・10刑集14・7・970 ··············· 1065

最判昭35・6・10刑集14・7・973 ············· 261, 708
最決昭35・7・11裁集刑134・425 ················ 1199
最判昭35・7・15刑集14・9・1152 ········· 732, 950
最大判昭35・7・20刑集14・9・1243 ············ 1151
最決昭35・7・26刑集14・10・1307 ·············· 631
最決昭35・8・12刑集14・10・1360 ·············· 740
最判昭35・9・8刑集14・11・1437 ········· 349, 886
最決昭35・10・4裁集刑135・517 ················ 137
最決昭35・11・15刑集14・13・1677 ············· 960
最判昭35・11・18刑集14・13・1713 ············ 1129
最決昭35・11・29裁集刑135・861 ················ 863
最決昭35・12・16刑集14・14・1947 ····· 947, 1064
最大判昭35・12・21刑集14・14・2162 ·········· 534
最決昭35・12・22刑集14・14・2204 ····· 488, 504
最決昭35・12・23刑集14・14・2213 ············· 376
最決昭35・12・27刑集14・14・2229 ············· 490
最判昭36・1・13刑集15・1・113 ··············· 1130
最決昭36・2・7刑集15・2・304 ················ 1174
最大判昭36・2・15刑集15・2・347 ············· 1151
最判昭36・2・23刑集15・2・396 ······· 25, 472, 481
最判昭36・2・24裁集刑137・243 ················ 483
最判昭36・2・24裁集刑137・329 ··············· 1074
最決昭36・3・14刑集15・3・516 ················ 116
最決昭36・4・4刑集15・4・709 ··············· 1087
最決昭36・5・9刑集15・5・771 ········· 1199, 1200
最判昭36・5・26刑集15・5・893 ················ 886
最大判昭36・6・7刑集15・6・915 ···· 455, 852, 913
最判昭36・6・13刑集15・6・961 ········· 738, 1061
最判昭36・6・22刑集15・6・1004 ·············· 1082
最決昭36・7・5刑集15・7・1051
··················· 89, 1105, 1167, 1200
最決昭36・7・18刑集15・7・1103
······················ 1032, 1053, 1153
最大判昭36・7・19刑集15・7・1106 ············ 1261
最決昭36・8・1裁集刑139・7 ·················· 618
最決昭36・8・1判時280・50 ·················· 619
最大判昭36・8・28刑集15・7・1301 ········ 1293, 1294
最大決昭36・10・3裁集刑139・513 ·············· 89
最決昭36・10・31刑集15・9・1653 ········ 579, 956
最決昭36・10・31裁集刑139・817
····················· 39, 1177, 1190
最判昭36・11・9刑集15・10・1696 ············· 1131
最判昭36・11・21刑集15・10・1764 ······· 363, 894
最判昭36・11・28刑集15・10・1774 ············· 838
最決昭36・11・30刑集15・10・1799 ············ 1072

最判昭36・12・5民集15・11・2662 ………… 1295
最判昭36・12・14刑集15・11・1845 ………… 1158
最決昭36・12・26刑集15・12・2058 …… 506,565
最大決昭37・2・14刑集16・2・85
………………………… 585,1199,1200
最判昭37・2・22刑集16・2・203 ………… 632
最決昭37・3・8判時293・28 …………… 1174
最決昭37・3・15刑集16・3・274 ………… 733
最判昭37・4・20民集16・4・860 ………… 1275
最判昭37・6・14刑集16・7・1245 ………… 1231
最判昭37・6・15刑集16・7・1250 ………… 1140
最決昭37・6・18刑集16・7・1265 …… 1083,1139
最決昭37・6・26裁集刑143・205 ………… 501
最判昭37・6・26裁集刑143・219 ………… 966
最判昭37・7・3民集16・7・1408 ………… 415
最判昭37・9・4裁集刑144・113 …… 307,312
最判昭37・9・18刑集16・9・1386 ………… 542
最決昭37・9・18裁集刑144・651 ………… 1028
最大決昭37・10・30刑集16・10・1467 …… 1221
最大判昭37・11・28刑集16・11・1577 …… 1146
最大判昭37・11・28刑集16・11・1633
………………………… 20,548,553
最大判昭37・12・12刑集16・12・1672 … 1164
最判昭37・12・14裁集刑145・541 ………… 1110
最判昭37・12・25刑集16・12・1731 ……… 1146
最判昭38・1・17裁集民64・1 …………… 219
最判昭38・2・22裁集刑146・403 ………… 1054
最大判昭38・3・27刑集17・2・121 ……… 1151
最判昭38・8・23刑集17・6・628
…………………… 1093,1157,1160
最判昭38・9・13刑集17・8・1703 ………… 864
最判昭38・10・17刑集17・10・1795
………………… 835,875,905,907
最決昭38・10・31刑集17・11・2391
………………… 1036,1041,1043
最判昭38・11・8刑集17・11・2357 ……… 1145
最判昭38・11・12刑集17・11・2367 ……… 1123
最決昭38・12・24裁集刑149・381 ………… 585
最決昭38・12・27判時359・62 …………… 965
最決昭39・2・5裁集刑150・411 ………… 1199
最大判昭39・2・26刑集18・2・48 ………… 921
最決昭39・4・9刑集18・4・127 …… 383,418
最決昭39・5・7刑集18・4・136 ………… 1138
最判昭39・5・29裁集刑151・249 ………… 1129
最決昭39・6・1刑集18・5・177 ………… 867

最判昭39・6・5刑集18・5・189 …… 254,277,278
最決昭39・7・9刑集18・6・375 ………… 1160
最決昭39・7・17刑集18・6・399 …… 1040,1042
最決昭39・9・25裁集152・927 ………… 1039
最決昭39・9・29裁集刑152・987 …………… 39
最決昭39・10・16判タ169・151 …………… 1053
最決昭39・10・27裁集刑152・1131 ……… 428
最判昭39・11・10刑集18・9・547 ………… 498
最大判昭39・11・18刑集18・9・597 ……… 1146
最判昭39・11・24刑集18・9・610 ………… 952
最判昭39・11・24刑集18・9・639 ……… 1134
最決昭39・12・3刑集18・10・698 ……… 1146
最決昭40・2・3裁集刑158・263 ………… 1195
最決昭40・2・26刑集19・1・59 ………… 1140
最決昭40・4・21刑集19・3・166 ………… 738
最大判昭40・4・28刑集19・3・203 ……… 1146
最大判昭40・4・28刑集19・3・240 ……… 949
最大判昭40・4・28刑集19・3・270 …… 738,743
最大判昭40・4・28刑集19・3・344 ……… 1232
最決昭40・5・25刑集19・4・353 ………… 966
最判昭40・6・21刑集19・4・448 ………… 1173
最決昭40・7・10裁集刑156・129 ………… 618
最大判昭40・7・14刑集19・5・585 ……… 1229
最判昭40・7・20刑集19・5・591 …… 48,1049
最大決昭40・9・8刑集19・6・636 …… 981,1201
最判昭40・9・10刑集19・6・656 ………… 962
最決昭40・9・21裁集刑156・615 …… 872,1072
最決昭40・9・22裁集刑156・673 ……… 1153
最大決昭40・9・29刑集19・6・749 ……… 956
最判昭40・11・2刑集19・8・797 ………… 1082
最決昭40・12・24刑集19・9・827 ………… 742
最決昭41・1・28刑集20・1・1 ………… 1201
最決昭41・2・21裁集刑158・321 ………… 854
最判昭41・2・24刑集20・2・49 …… 88,1072,1159
最判昭41・4・12裁集刑159・157,判時451・55
………………………… 733,1060
最決昭41・4・14判時449・64 …………… 432
最判昭41・4・21刑集20・4・275等 ……… 534
最決昭41・4・26裁集刑159・633 ………… 1155
最決昭41・4・27刑集20・4・332 …… 1046,1169
最決昭41・6・10刑集20・5・365 ………… 839
最判昭41・7・1刑集20・6・537 ………… 864
最大判昭41・7・13刑集20・6・609 ……… 845
最判昭41・7・20刑集20・6・677 …………… 28
最判昭41・7・21刑集20・6・696 ………… 530

判例索引　1329

最判昭41・7・26刑集20・6・711 ……………… 738
最決昭41・7・26刑集20・6・728 ………… 81, 1192
最決昭41・10・19刑集20・8・864
　　　　　　　　　　　…………… 139, 186, 1044
最決昭41・11・10裁集刑161・325 ………… 1061
最決昭41・11・22刑集20・9・1035 ………… 844
最判昭41・12・9刑集20・10・1107 …… 1065, 1167
最判昭41・12・22刑集20・10・1233 ……… 1128
最決昭41・12・27刑集20・10・1242
　　　　　　　　　　　………… 587, 641, 1160
最判昭42・2・10刑集21・1・271 …………… 1229
最決昭42・2・28刑集21・1・356 ……………… 19
最判昭42・3・7刑集21・2・417 ……… 1076, 1158
最決昭42・3・14裁集刑162・851 ………… 1074
最決昭42・3・23裁集刑162・1079 ………… 1114
最決昭42・4・25裁集刑163・127 ………… 1160
最決昭42・5・17刑集21・4・491 ……… 966, 1168
最決昭42・5・19刑集21・4・494 …………… 534
最大判昭42・5・24刑集21・4・505 …… 506, 962
最決昭42・5・24刑集21・4・576 ………… 1040
最判昭42・5・25刑集21・4・705 ……… 730, 1132
最決昭42・5・26刑集21・4・723 ……… 1205, 1210
最判昭42・5・26裁集刑163・435 …………… 928
最判昭42・6・20刑集21・6・741 ……… 1226, 1231
最大判昭42・7・5刑集21・6・748
　　　　　　　… 845, 871, 1146, 1156
最大決昭42・7・5刑集21・6・764 ………… 1215
最決昭42・7・25裁集刑163・1185 ………… 1199
最決昭42・8・28刑集21・7・863 ………… 1078
最決昭42・8・31刑集21・7・890 …………… 167
最決昭42・9・13刑集21・7・904，判時498・75
　　　　　　　　　　　………… 427, 430
最決昭42・9・25刑集21・7・1010 ……… 1105, 1168
最決昭42・11・24刑集21・9・1258 ………… 1251
最決昭42・11・28刑集21・9・1299 ………… 1120
最決昭42・12・20裁集刑165・487 ……… 380, 401
最判昭42・12・21刑集21・10・1476 …… 871, 1072
最決昭42・12・25裁集刑165・561 ………… 1168
最決昭43・1・17刑集22・1・1 …………… 1031
最決昭43・2・8刑集22・2・55 …………… 854
最決昭43・2・29裁集刑166・305 …………… 224
最判昭43・3・29刑集22・3・153 ……… 950, 951
最判昭43・4・26刑集22・4・342 ………… 1060
最決昭43・6・5裁集刑167・419 ………… 1160
最大決昭43・6・12刑集22・6・462

　　　　　　　　　………… 184, 1029, 1187
最決昭43・6・19刑集22・6・483 ……… 1036, 1178
最決昭43・7・4刑集22・7・581 …………… 1205
最決昭43・9・13裁集刑168・683 ………… 1177
最決昭43・9・17裁集刑168・717 ………… 1103
最判昭43・10・15刑集22・10・940 ………… 1123
最判昭43・10・25刑集22・11・961
　　　　　　　　　… 919, 1133, 1162
最決昭43・10・31刑集22・10・955
　　　　　　　　　… 571, 1046, 1201
最決昭43・11・14刑集22・12・1343 ………… 1138
最決昭43・11・21裁集刑169・483 ………… 1130
最決昭43・11・26刑集22・12・1352
　　　　　　… 4, 738, 744, 1071
最決昭43・11・26刑集22・12・1387 ………… 1160
最判昭43・12・4刑集22・13・1425 ………… 1104
最決昭43・12・17刑集22・13・1476 …… 9, 1160
最判昭43・12・19裁集刑169・721 ………… 1130
最決昭44・2・1裁集刑170・175 …………… 1292
最決昭44・2・5裁集刑170・191 ………… 1029
最決昭44・2・24裁集刑170・347 …………… 111
最決昭44・3・18刑集23・3・153
　　　　　　　… 447, 1030, 1193
最決昭44・3・25刑集23・3・212 ……… 23, 1173
最判昭44・4・3裁集刑171・527 …………… 1155
最決昭44・4・10裁集刑171・595 ………… 1177
最決昭44・4・25刑集23・4・248
　　　　　… 645, 666, 718, 1199
最決昭44・4・25刑集23・4・275 …………… 666
最決昭44・5・31刑集23・6・931 ………… 1038
最決昭44・6・11刑集23・7・941 …………… 48
最大判昭44・6・25刑集23・7・975 ………… 838
最決昭44・7・14刑集23・8・1057 ………… 173
最決昭44・7・25刑集23・8・1077 ……… 139, 408
最決昭44・8・27裁集刑172・365 ………… 1194
最決昭44・9・11刑集23・9・1100 ……… 31, 569
最決昭44・9・18刑集23・9・1146 ……… 570, 1029
最大決昭44・10・1刑集23・10・1161
　　　　　　… 585, 1041, 1109
最決昭44・10・9裁集刑173・289 ………… 1174
最大判昭44・10・15刑集23・10・1239 ………… 1129
最大決昭44・11・26刑集23・11・1490 … 188, 190
最大決昭44・12・3刑集23・12・1525
　　　　　　　　　… 1189, 1193
最決昭44・12・4刑集23・12・1546 ………… 881

最判昭44・12・5刑集23・12・1583

　　　　　　　　　　　　　　　　522,530,964

最大判昭44・12・24刑集23・12・1625 ……… 351

最決昭45・2・4裁集刑175・73 …………… 1153

最決昭45・2・13刑集24・2・45 …………… 1054

最決昭45・4・20裁集刑176・211 ………… 969

最判昭45・4・24刑集24・4・153 ………… 1145

最決昭45・4・30裁集刑176・277 ………… 1036

最判昭45・5・29刑集24・5・223 ……… 522,964

最判昭45・6・19刑集24・6・299

　　　　　　　　　　　　　 1099,1163,1207

最決昭45・7・2刑集24・7・412 ………… 631,953

最決昭45・9・4刑集24・10・1311 ………… 1055

最決昭45・9・4刑集24・10・1319 ………… 1076

最決昭45・9・24刑集24・10・1399 ………… 1033

最決昭45・10・22裁集刑178・49 ………… 1075

最大判昭45・11・25刑集24・12・1670

　　　　　　　　　　　　 861,865,1146

最判昭45・12・22刑集24・13・1862 ………… 490

最判昭45・12・22刑集24・13・1872 ………… 1130

最決昭46・1・29裁集刑179・25 ………… 1160

最判昭46・3・23刑集25・2・177 ……… 278,279

最判昭46・3・23裁集刑179・363 ………… 1232

最大決昭46・3・24刑集25・2・293 ………… 1113

最判昭46・4・8裁集刑180・67 ………… 1158

最判昭46・4・15刑集25・3・439 ……… 1123,1279

最判昭46・4・27刑集25・3・534

　　　　　 309,312,1123,1155,1158

最決昭46・6・14刑集25・4・565 ………… 1188

最決昭46・6・22刑集25・4・588 ………… 740

最決昭46・7・30刑集25・5・756 ………… 943

最決昭46・9・9裁集刑181・445 ………… 1160

最決昭46・9・16裁集刑181・519 ………… 1145

最決昭46・11・9刑集25・8・925 ………… 1129

最決昭46・11・12裁集刑182・27 ……… 142,1188

最決昭46・12・23裁集刑182・531 ………… 1231

最決昭47・1・18裁集刑183・1 ………… 1114

最判昭47・3・9刑集26・2・102 ……… 1113,1157

最判昭47・3・14刑集26・2・195 ………… 1074

最決昭47・4・5裁集刑184・3 ………… 969

最決昭47・4・11裁集刑184・27 ………… 904

最決昭47・4・28刑集26・3・249 ……… 160,411

最決昭47・4・28裁集刑184・169 ………… 1182

最判昭47・5・30民集26・4・826 ………… 539

最判昭47・6・2刑集26・5・317 ………… 884

最判昭47・6・15刑集26・5・341 ………… 88,931

最判昭47・6・27裁集刑184・775 ………… 1062

最大決昭47・7・1刑集26・6・355 ………… 26

最決昭47・7・1刑集26・6・355 ………… 31

最決昭47・7・25刑集26・6・366 ………… 733

最決昭47・7・28刑集26・6・397 ………… 966

最決昭47・9・26刑集26・7・431 ……… 1054,1103

最決昭47・11・16刑集26・9・515 …… 29,565,569

最決昭47・12・12裁集刑185・623 ………… 1163

最大判昭47・12・20刑集26・10・631 ……… 5,949

最判昭48・2・16刑集27・1・46 …… 116,1074,1080

最判昭48・2・16刑集27・1・58 ………… 1098

最判昭48・3・8刑集27・2・87 ………… 1230

最判昭48・3・15刑集27・2・128

　　　　　　 955,963,1060,1096,1128

最判昭48・3・20刑集27・2・138 ………… 1140

最決昭48・3・29裁集刑186・503 ………… 1160

最大判昭48・4・4刑集27・3・265 ………… 1146

最大判昭48・4・25刑集187・361 ………… 1157

最決昭48・6・5裁集刑189・267 ………… 1195

最決昭48・6・21刑集27・6・1197 ………… 1202

最判昭48・7・20刑集27・7・1322 ………… 949

最判昭48・7・20裁集刑189・619 ………… 1163

最決昭48・7・24裁集刑189・733 ………… 1190

最決昭48・9・18裁集刑190・97 ………… 1163

最決昭48・9・20刑集27・8・1395 ………… 31

最決昭48・10・8刑集27・9・1415 …… 30,37,38

最決昭48・11・9刑集27・10・1447 ……… 928,1075

最決昭48・11・27裁集刑190・715 ………… 1120

最決昭48・12・14裁集刑190・877 ………… 37

最決昭48・12・24刑集27・11・1469 …… 1229,1230

最決昭49・3・13刑集28・2・1 …… 565,569,1199

最決昭49・3・14裁集刑191・381 ………… 1104

最判昭49・4・1刑集28・3・17 ………… 573

最判昭49・4・19刑集28・3・64 ………… 1072

最決昭49・7・18刑集28・5・257 ……… 1046,1201

最決昭49・7・18裁集刑193・145 ………… 31

最判昭49・12・20裁集刑194・479 ………… 1158

最決昭50・3・20裁集刑195・639

　　　　　　 1046,1201,1215

最判昭50・4・3刑集29・4・132 ……… 433,434

最決昭50・4・7裁集刑196・119 ………… 1160

最決昭50・5・20刑集29・5・177

　　　　　　 836,1206,1216

最決昭50・5・30刑集29・5・360 …… 533,951,1247

最決昭50・6・12判時779・124 …………… 422
最決昭50・7・4裁集刑197・1 ……………… 929
最判昭50・8・6刑集29・7・393 …………… 949
最決昭50・9・11裁集刑197・317 ………… 631
最決昭50・11・7裁集刑198・437 ………… 1228
最決昭51・2・17裁集刑199・209 ………… 1075
最判昭51・2・19刑集30・1・25 …………… 870
最決昭51・3・16刑集30・2・187 ……… 349, 354
最決昭51・3・23刑集30・2・229 ………… 842
最判昭51・4・30裁集刑200・363 ………… 1231
最決昭51・10・12刑集30・9・1673 …… 1184, 1206
最判昭51・11・4刑集30・10・1887
………………… 88, 930, 931, 970
最判昭51・11・18刑集30・10・1902
………………… 1120, 1123, 1155
最判昭51・11・18裁集刑202・399 ……… 1161
最決昭51・11・18判時837・104 ………… 453
最決昭52・3・4刑集31・2・69 …………… 980
最決昭52・4・4刑集31・3・163 …………… 1200
最大判昭52・5・4刑集31・3・182 ……… 1146
最決昭52・7・1刑集31・4・681 …………… 1123
最決昭52・8・9刑集31・5・821 …… 854, 864, 867
最決昭52・8・25刑集31・4・803 ……… 572, 1175
最決昭52・11・11刑集31・6・1019
………………… 1055, 1104, 1107
最決昭52・11・16裁集刑207・803 ……… 1160
最決昭52・12・22刑集31・7・1147 ……… 1162
最決昭52・12・22刑集31・7・1176 ……… 1160
最決昭53・2・16刑集32・1・47 …………… 734
最決昭53・2・23刑集32・1・77 …………… 1232
最決昭53・2・28刑集32・1・83 …………… 752
最決昭53・3・6刑集32・2・218 ………… 732, 733
最決昭53・6・16刑集32・4・645 ……… 1075, 1090
最決昭53・6・20刑集32・4・670 ………… 354
最決昭53・6・28刑集32・4・724 ……… 916, 968
最決昭53・7・7刑集32・5・1011
………………… 1028, 1128, 1137
最決昭53・7・10民集32・5・820 …… 76, 1192
最決昭53・7・18刑集32・5・1055 …… 317, 1223
最決昭53・9・4刑集32・6・1652 ………… 949
最判昭53・9・7刑集32・6・1672
………………… 354, 846, 847, 913
最決昭53・9・22刑集32・6・1774 ……… 354
最判昭53・10・20民集32・7・1367 ……… 526
最決昭53・10・31刑集32・7・1793

………………… 957, 967, 1028
最決昭53・10・31裁集32・7・1847 ……… 416
最判昭53・12・15裁集刑213・1025 ……… 1163
最決昭54・3・26刑集33・2・121 ………… 1294
最決昭54・3・29刑集33・2・165 ………… 1201
最決昭54・4・3刑集33・3・175 …………… 1195
最決昭54・4・19刑集33・3・261 ………… 1123
最決昭54・5・1刑集33・4・271 …… 1046, 1215
最決昭54・6・26刑集33・4・364 ………… 1160
最決昭54・6・29刑集33・4・389 ………… 963
最決昭54・7・2刑集33・5・397 …………… 1042
最判昭54・7・24刑集33・5・416 …………… 6, 58
最決昭54・9・12裁集刑215・287 ……… 1145
最決昭54・10・16刑集33・6・633 …… 838, 907
最決昭54・11・6刑集33・7・685 …… 1179, 1183
最決昭54・11・8刑集33・7・695 ………… 837
最決昭54・12・12刑集33・7・839 ……… 1194
最決昭54・12・14刑集33・7・917 ……… 321
最判昭55・2・11刑集34・1・1 …… 1075, 1123, 1155
最判昭55・2・7刑集34・2・15 …………… 949
最決昭55・3・4刑集34・3・89 …………… 737
最決昭55・4・28刑集34・3・178 ………… 81
最決昭55・5・12刑集34・3・185 ……… 540, 578
最決昭55・5・19刑集34・3・202 ………… 1036
最決昭55・7・17刑集34・4・229 ………… 13
最判昭55・7・18裁集刑218・263 ……… 1155
最決昭55・10・23刑集34・5・300 …… 189, 448
最決昭55・11・7刑集34・6・381 …… 1078, 1160
最決昭55・11・18刑集34・6・421
………………… 304, 447, 1189
最決昭55・12・4刑集34・7・499 ………… 1138
最決昭55・12・17刑集34・7・672
………… 531, 961, 964, 1157
最決昭55・12・23刑集34・7・767 ………… 929
最決昭56・4・25刑集35・3・116 …… 20, 551, 553
最決昭56・6・26刑集35・4・426 ………… 530
最決昭56・7・14刑集35・5・497 …… 540, 957, 1005
最決昭56・7・16刑集35・5・557 ………… 1123
最決昭56・7・17刑集35・5・563 ………… 1230
最決昭56・9・22刑集35・6・675 …… 1046, 1201
最決昭56・10・2刑集35・7・683 ………… 1201
最決昭56・11・20刑集35・8・797 …… 350, 852
最決昭57・2・1裁集刑225・645 ………… 1153
最決昭57・3・2裁集刑225・689 ………… 363
最判昭57・3・16刑集36・3・260 ………… 1130

最決昭57・4・7刑集36・4・556 ……… 1042, 1167
最判昭57・4・22裁集刑227・75 …………… 1092
最決昭57・5・25判時1046・15 …………… 837
最決昭57・8・27刑集36・6・726 …………… 381
最判昭57・9・28裁集刑228・639 …………… 1231
最決昭57・12・14刑集36・12・1015 …… 1179, 1184
最決昭57・12・17刑集36・12・1022 ……… 879
最決昭58・4・28刑集37・3・369 …………… 1195
最決昭58・5・6刑集37・4・375 …………… 1063
最判昭58・5・27刑集37・4・474 …………… 949
最決昭58・6・30刑集37・5・592 …………… 882
最決昭58・7・8刑集37・6・609 …………… 1161
最決昭58・7・12刑集37・6・791 …………… 850
最決昭58・7・12刑集37・6・875 …………… 1232
最決昭58・9・6刑集37・7・930 …………… 742
最決昭58・9・13裁集刑232・95, 判時1100・156
………………………………… 284, 286, 858
最決昭58・9・27刑集37・7・1092 ……… 316, 954
最決昭58・10・13刑集37・8・1139 ……… 23, 922
最決昭58・10・19裁集刑232・415 …………… 1036
最決昭58・10・28刑集37・8・1332
……………………………… 1050, 1055, 1153
最決昭58・11・7刑集37・9・1353 …… 316, 318, 321
最判昭58・11・14裁集刑232・883 …………… 1145
最決昭58・11・29裁集刑232・995 …………… 654
最判昭58・12・13刑集37・10・1581
……………………………… 630, 653, 737
最決昭58・12・19刑集37・10・1753 ……… 838
最判昭59・2・24刑集38・4・1287 …………… 511
最決昭59・2・29刑集38・3・479
……………………… 365, 864, 876, 906, 912
最決昭59・3・29刑集38・5・2095 ……… 40, 1190
最判昭59・7・3刑集38・8・2783 …………… 858
最決昭59・9・20刑集38・9・2810 …………… 1116
最決昭59・11・13裁集刑238・237 …………… 1115
最決昭59・11・20刑集38・11・2984 …… 410, 1191
最判昭59・11・30刑集38・11・3008 ………… 318
最判昭59・11・30判タ553・152 …………… 12
最決昭59・12・10刑集38・12・3021 ………… 171
最決昭59・12・21刑集38・12・3071 ……… 854, 875
最決昭60・2・8刑集39・1・1 …………… 1160
最決昭60・2・8刑集39・1・15 …………… 1173
最決昭60・7・19判時1158・28 ……………… 1260
最決昭60・11・29刑集39・7・532 ………… 532
最決昭60・12・17裁集刑241・521 …………… 1160

最判昭61・2・14刑集40・1・48 ……………… 352
最決昭61・3・3刑集40・2・175 ………… 901, 903
最判昭61・4・25刑集40・3・215 …………… 852
最決昭61・6・27刑集40・4・340 …………… 1075
最決昭61・6・27刑集40・4・389 …………… 1186
最決昭61・7・9〈未〉…………………… 1191
最決昭61・10・28刑集40・6・509 …………… 554
最決昭62・2・23刑集41・1・1 ……………… 951
最決昭62・3・3刑集41・2・60 ………… 854, 886
最決昭62・3・10判時1233・154, 判タ638・142
……………………………… 41, 1190
最決昭62・3・24裁集刑245・1211 ………… 854
最決昭62・10・30刑集41・7・309 …………… 1098
最判昭62・12・3刑集41・8・323 …………… 645
最決昭62・12・11刑集41・8・352 ……… 1123, 1155
最決昭63・1・29刑集42・1・38 ……… 1060, 1061
最大決昭63・2・17刑集42・2・299
……………………… 26, 52, 1031, 1033
最決昭63・2・29刑集42・2・314 ……… 538, 539
最決昭63・3・17刑集42・3・403 …………… 848
最決昭63・7・8刑集42・6・841 …………… 58
最決昭63・9・13裁集刑250・75 …………… 1191
最決昭63・9・16刑集42・7・1051 …………… 848
最判昭63・9・27判時1290・152 …………… 307
最決昭63・10・24刑集42・8・1079 ………… 740
最決昭63・10・25刑集42・8・1100 ………… 733
最決昭63・10・28刑集42・8・1239 ………… 963
最決昭63・11・29刑集42・9・1389 ………… 1173
〈平　成〉
最決平元・1・23判時1301・155 ………… 866
最決平元・1・30刑集43・1・19 …………… 447
最決平元・2・8裁集刑251・215 …………… 1174
最判平元・4・21裁集刑251・657 ……… 1163, 1165
最判平元・4・21裁集刑251・697 …………… 1163
最決平元・5・1刑集43・5・323 …………… 1114
最決平元・6・22刑集43・6・427 ……… 1163, 1165
最判平元・7・4刑集43・7・581 …………… 365, 864
最判平元・7・18刑集43・7・752 …………… 1166
最決平元・10・26裁集刑253・167 …………… 1163
最判平元・11・13刑集43・10・823 …………… 1166
最決平元・12・18刑集43・13・1223 ………… 1165
最決平2・2・20判時1380・94 …………… 487
最決平2・4・20刑集44・3・283 …… 222, 223, 1195
最決平2・4・24刑集44・3・301 …………… 1173
最判平2・5・11裁集刑255・91 …………… 1161

判例索引　1333

最決平2・6・27刑集44・4・385 …… 207, 449, 1193
最判平2・12・7裁集刑256・467 ……………… 948
最決平3・1・25裁集刑257・153 ……………… 1211
最決平3・5・10民集45・5・919 ……………… 1192
最決平3・5・31裁集民163・47 ………………… 82
最決平3・5・31判時1390・33 ………………… 1192
最判平3・7・16刑集45・6・201 ……………… 448
最判平3・8・14裁集刑258・67 ……………… 1177
最決平4・6・5裁集刑260・213 ……………… 1101
最決平4・6・15刑集46・4・289 ……………… 952
最決平4・7・10裁集刑260・311 ……………… 1163
最決平4・7・17民集46・5・538 ……………… 1295
最判平4・9・18刑集46・6・355 ……………… 505
最決平4・10・13刑集46・7・611 ……………… 1194
最決平4・12・14刑集46・9・675 ………… 51, 111
最決平5・5・31刑集47・6・1 ………… 752, 1168
最決平5・7・19刑集47・7・3 ………… 162, 1188
最決平5・7・20裁集刑262・339 ……………… 49
最決平5・10・19刑集47・8・67 …………… 49, 77
最決平6・1・20裁集刑263・55 ……………… 1036
最決平6・2・23判夕847・137 ……………… 1292
最決平6・5・24裁集刑263・463 ……………… 1114
最決平6・6・10裁集刑263・535 …… 1082, 1160
最決平6・7・8刑集48・5・47 ……… 1177, 1191
最決平6・7・19刑集48・5・190 …………… 489
最決平6・9・8刑集48・6・263 ……… 200, 453
最決平6・9・16刑集48・6・420
　　　　…………… 206, 448, 449, 850, 1132
最決平6・10・19裁集刑264・195 …………… 1151
最判平6・12・6刑集48・8・509 …………… 1166
最決平6・12・22裁集刑264・487 …………… 1163
最大判平7・2・22刑集49・2・1 ……… 531, 845
最決平7・2・28刑集49・2・481 ……… 751, 965
最決平7・3・27刑集49・3・525
　　　　………… 74, 621, 968, 1067
最決平7・4・4刑集49・4・563 ……………… 490
最決平7・4・12刑集49・4・609
　　　　……… 142, 413, 1175, 1188, 1191
最決平7・5・30刑集49・5・703 …………… 852
最判平7・6・19裁集刑265・815 …………… 1230
最判平7・6・20刑集49・6・741 ……… 845, 880
最決平7・6・28刑集49・6・785 …………… 1038
最決平7・7・17裁集刑266・811 …………… 1163
最判平7・7・19刑集49・7・813 ……… 1078, 1080
最決平7・12・15刑集49・10・1127 …… 932, 1082

最決平8・1・29刑集50・1・1 ………… 427, 456
最判平8・3・8民集50・3・408 ……… 391, 438
最決平8・9・20刑集50・8・571 …………… 1161
最決平8・10・29刑集50・9・683 …………… 849
最判平8・11・28刑集50・10・827 …………… 1100
最決平9・1・28刑集51・1・1 …………… 1206
最判平9・5・27刑集51・5・433 …………… 1168
最判平9・6・16刑集51・5・435 …………… 1166
最判平9・9・18刑集51・8・57 ……………… 963
最決平9・10・2裁集刑272・1 …………… 1190
最決平10・3・12刑集52・2・17 ……… 752, 1165
最決平10・5・1刑集52・4・275 …………… 449
最決平10・10・27刑集52・7・363
　　　　………… 1205, 1206, 1224
最大判平11・3・24民集53・3・514
　　　　………… 76, 80, 367, 1192
最決平11・10・21裁集刑276・579 …… 1163, 1166
最判平11・12・10刑集53・9・1160 ………… 1161
最決平11・12・16刑集53・9・1327 …… 355, 465
最決平11・12・16裁集刑277・407 ………… 1158
最決平12・2・8裁集刑278・43 …………… 1160
最判平12・2・24裁集民196・841 …………… 81
最判平12・3・17裁集民197・433 …………… 80
最判平12・6・13民集54・5・1635 …………… 81
最決平12・6・27刑集54・5・445 ……… 123, 1053
最決平12・6・27刑集54・5・461 …………… 131
最決平12・7・12刑集54・6・513 ……… 350, 852
最決平12・7・17刑集54・6・550 …………… 853
最決平12・9・27刑集54・7・710 ……… 167, 1184
最決平12・10・31刑集54・8・735 …………… 845
最決平13・2・7裁集刑280・115 …………… 81
最決平13・2・9刑集55・1・76 ……………… 1081
最決平13・4・11刑集55・3・127
　　　　………… 549, 630, 736, 937
最判平13・7・19刑集55・5・371 …… 1163, 1165
最判平14・1・22刑集56・1・1 ……………… 902
最決平14・3・15裁集刑281・213 …………… 1163
最決平14・3・27裁集刑281・331 …………… 1103
最決平14・6・4裁集刑281・517 …………… 1158
最判平14・7・18刑集56・6・307 …………… 549
最決平14・10・4刑集56・8・507 ……… 204, 206
最決平14・12・17裁集刑282・1041 ………… 445
最判平15・1・24裁集刑283・241 …………… 1163
最判平15・2・14刑集57・2・121 ……… 849, 851
最判平15・2・20判時1820・149 …………… 740

最判平15・3・11刑集57・3・293 ‥‥‥ 1152, 1156
最判平15・4・11刑集57・4・403 ‥‥‥‥‥ 1156
最大判平15・4・23刑集57・4・467 ‥‥‥‥ 1148
最決平15・5・26刑集57・5・620 ‥‥‥‥‥ 848
最判平15・6・2裁集刑284・353 ‥‥‥ 950, 1231
最決平15・6・30刑集57・6・893
‥‥‥‥‥‥‥‥‥‥‥‥ 223, 1194, 1198
最判平15・7・10刑集57・7・903 ‥‥‥ 1152, 1159
最判平15・10・7刑集57・9・1002 ‥‥‥ 950, 1156
最判平15・10・28裁集刑284・477 ‥‥‥‥ 1155
最判平15・11・21刑集57・10・1043 ‥‥‥‥ 1163
最決平15・11・26刑集57・10・1057 ‥‥‥‥ 845
最判平16・2・16刑集58・2・133 ‥‥‥‥‥ 1060
最決平16・6・24裁集刑285・501 ‥‥‥‥‥ 1211
最判平16・7・12刑集58・5・333 ‥‥‥‥‥ 350
最判平16・9・7裁集民215・91 ‥‥‥‥‥‥ 80
最決平16・10・1裁集刑286・349 ‥‥‥‥‥ 566
最決平16・10・8刑集58・7・641 ‥‥‥ 1046, 1201
最決平16・10・8裁集刑286・355 ‥‥‥‥‥ 1173
最決平16・10・25裁集刑286・407 ‥‥ 1031, 1034
最決平16・11・11裁集刑286・569 ‥‥‥‥‥ 1173
最決平16・11・30刑集58・8・1005 ‥‥‥‥‥ 1160
最決平17・3・16裁集刑287・221
‥‥‥‥‥‥‥ 839, 1206, 1219, 1221
最決平17・3・18刑集59・2・38 ‥‥‥ 1032, 1033
最判平17・3・25刑集59・2・49 ‥‥‥ 1030, 1187
最判平17・4・14刑集59・3・259 ‥‥ 261, 269, 272
最判平17・4・14刑集59・3・283 ‥‥‥‥‥ 1156
最判平17・4・19民集59・3・563 ‥‥‥‥‥ 78
最決平17・8・23刑集59・6・720 ‥‥‥‥‥ 1173
最決平17・8・30刑集59・6・726 ‥‥‥‥‥ 27
最決平17・9・27刑集59・7・753
‥‥‥‥‥‥‥ 854, 879, 884, 886, 891
最判平17・10・12刑集59・8・1425 ‥‥‥‥ 554
最判平17・10・24刑集59・8・1442 ‥‥‥‥ 1188
最判平17・11・1裁集刑288・283 ‥‥‥‥‥ 1232
最判平17・11・25刑集59・9・1831 ‥‥‥‥ 304
最判平17・11・29刑集59・9・1847 ‥‥ 643, 1068
最判平17・12・2裁集刑288・729 ‥‥‥‥‥ 1230
最判平17・7・4刑集59・6・510 ‥‥‥‥‥ 1050
最判平18・2・27刑集60・2・240 ‥‥‥ 1138, 1140
最判平18・4・24刑集60・4・409 ‥‥‥‥‥ 1180
最判平18・6・20裁集刑289・383 ‥‥‥‥‥ 1161
最判平18・7・18裁集刑289・503 ‥‥‥‥‥ 1231
最決平18・8・30刑集60・6・457 ‥‥‥‥‥ 929

最決平18・8・31刑集60・6・489 ‥‥‥‥‥ 929
最決平18・9・15裁集刑290・367, 判タ1232・134
‥‥‥‥‥‥‥‥‥‥‥ 1054, 1103
最決平18・10・10刑集60・8・523 ‥‥‥‥ 1100
最判平18・10・12裁集刑290・517 ‥‥‥‥ 1161
最判平18・10・26刑集60・8・537 ‥‥‥‥‥ 13
最判平18・11・7刑集60・9・561 ‥‥ 918, 919, 1156
最決平18・11・20刑集60・9・696 ‥‥‥‥‥ 540
最決平18・12・8刑集60・10・837 ‥‥‥‥‥ 369
最決平18・12・13刑集60・10・857 ‥‥‥‥ 538
最決平19・2・8刑集61・1・1 ‥‥‥‥‥ 201, 454
最決平19・3・19刑集61・2・25 ‥‥‥‥‥ 1125
最判平19・4・9刑集61・3・321 ‥‥ 123, 1054, 1110
最判平19・4・23裁集刑291・639 ‥‥ 1065, 1163
最判平19・4・9刑集61・3・321 ‥‥‥‥‥ 1050
最決平19・6・19刑集61・4・369
‥‥‥‥ 88, 608, 970, 1065, 1067, 1160
最判平19・7・10刑集61・5・436
‥‥‥‥‥ 1057, 1152, 1154, 1159
最決平19・10・16刑集61・7・677 ‥‥‥ 841, 858
最決平19・12・13刑集61・9・843 ‥‥‥‥‥ 131
最決平19・12・25刑集61・9・895 ‥‥‥ 797, 806
最判平20・3・4刑集62・3・123 ‥‥‥‥‥ 1152
最判平20・3・5判タ1266・149 ‥‥‥‥‥ 624
最判平20・3・14刑集62・3・185
‥‥‥‥‥ 948, 1028, 1211, 1223
最決平20・4・15刑集62・5・1398 ‥‥ 194, 352, 458
最決平20・4・22刑集62・5・1528 ‥‥‥‥ 1156
最決平20・4・25刑集62・5・1559 ‥‥‥ 286, 858
最決平20・6・23判タ1272・70 ‥‥‥‥‥ 929
最決平20・6・25刑集62・6・1886 ‥‥‥ 797, 807
最判平20・7・11刑集62・7・1927 ‥‥‥‥ 1133
最決平20・8・27刑集62・7・2702 ‥‥‥‥ 888
最決平20・9・29刑集295・135 ‥‥‥‥‥ 1145
最決平20・9・30刑集62・8・2753 ‥‥‥ 797, 807
最決平20・11・4裁集刑295・239 ‥‥‥‥ 1158
最決平20・11・10裁集刑295・341 ‥‥‥‥ 1163
最決平21・4・14刑集63・4・331
‥‥‥‥‥ 857, 1162, 1163, 1166
最決平21・6・17裁集刑296・861 ‥‥‥ 1054, 1103
最判平21・7・14刑集63・6・623 ‥‥‥ 1141, 1166
最判平21・7・14裁集刑297・137 ‥‥‥‥ 1230
最判平21・7・16刑集63・6・641 ‥‥‥‥‥ 1066
最決平21・7・21刑集63・6・762 ‥‥‥ 937, 1092
最決平21・9・15刑集63・7・783 ‥‥‥‥‥ 1160

判例索引　1335

最判平21・9・25裁集刑297・301，判時2061・153
　　　　　　　　　　　　　　　　857，1065
最決平21・9・28刑集63・7・868 ………… 355，851
最判平21・9・29刑集63・7・919 ……………… 1212
最判平21・10・8裁集刑297・425 ……………… 1163
最判平21・10・16刑集63・8・937
　　　　　　……… 777，845，1069，1152，1159
最判平21・10・19裁集刑297・489 …………… 1163
最決平21・10・20刑集63・8・1052 …………… 542
最決平21・12・8刑集63・11・2829 …………… 858
最決平21・12・9刑集63・11・2907 …………… 185
最決平22・3・16裁集刑300・95 ……………… 1148
最判平22・3・17刑集64・2・111 ……………… 555
最判平22・4・27刑集64・3・233
　　　……… 642，777，841，854，858，1065，1163
最判平22・6・3裁集刑300・319 ……………… 1163
最判平22・7・22刑集64・5・819 ……………… 1226
最判平22・7・22刑集64・5・824 ……………… 1226
最判平22・12・20刑集64・8・1291 …………… 1159
最決平22・12・20刑集64・8・1356 …………… 185
最大決平23・5・31刑集65・4・373 …………… 30
最判平23・7・21裁集刑304・133 ……………… 1123
最判平23・7・25裁集刑304・139 ……… 857，1163
最決平23・8・31刑集65・5・935
　　　　　　………… 84，808，1036，1178
最決平23・9・14刑集65・6・949 ……………… 706
最決平23・10・5刑集65・7・977 ……………… 974
最決平23・10・20刑集65・7・999 …………… 845
最決平23・10・26刑集65・7・1107
　　　　　　………… 838，1066，1160
最判平23・12・9刑集65・9・1371 …………… 1229
最判平24・2・13刑集66・4・482
　　……… 856，1088，1089，1090，1159，1162，1166
最決平24・2・14刑集66・4・582 ……………… 1209
最決平24・2・22裁集刑307・509，判タ1374・107
　　　　　　　　　　　　　　　857，1163
最決平24・2・29刑集66・4・589 ……………… 739
最判平24・3・2裁集刑307・695 ……………… 1154
最判平24・3・26裁集刑307・759 ……………… 1153
最判平24・4・2裁集刑307・823，825 ……… 1209
最決平24・4・20刑集66・6・645 …… 57，1173，1174
最決平24・5・10刑集66・7・663 ……………… 56
最決平24・9・4裁集刑308・191 ……………… 1145
最判平24・9・7刑集66・9・907 …… 844，1159，1165
最判平24・9・18刑集66・9・958 ……………… 1231

最決平24・9・18刑集66・9・963
　　　　　　………… 1173，1174，1220
最判平24・10・16裁集刑308・255 …………… 1154
最決平24・11・6刑集66・11・1281 …………… 1160
最判平24・12・11裁集刑309・77 ……………… 1167
最決平25・2・20刑集67・2・1 ………… 844，1070
最決平25・2・26刑集67・2・143 ……………… 706
最決平25・3・5刑集67・3・267 ……… 1114，1160
最決平25・3・18刑集67・3・325 ……………… 791
最決平25・3・27裁集刑310・371 ……………… 1211
最決平25・4・16刑集67・4・549 ……… 858，1089
最決平25・6・18刑集67・5・653 ……………… 530
最決平25・10・21刑集67・7・755
　　　　　　……… 642，840，858，1089
最判平25・11・19裁集刑312・49 ……………… 1123
最決平25・12・10民集67・9・1761 …… 77，1212
最決平26・1・21裁集刑313・1 ………………… 160
最決平26・1・27裁集刑313・3 ………………… 1211
最決平26・3・10刑集68・3・87
　　　　　……… 804，837，857，858，1089
最判平26・3・17裁集刑68・3・368 …………… 555
最決平26・3・20刑集68・3・499
　　　　　　………… 1089，1159，1165
最決平26・3・28刑集68・3・582 ……………… 1163
最決平26・4・15裁集刑313・369 ……………… 1229
最決平26・4・22刑集68・4・730
　　　　　　………… 1061，1068，1159
最決平26・7・8裁集刑314・99 …… 857，1090，1163
最決平26・7・24刑集68・6・925
　　……… 642，780，803，841，1085，1161，1166
最決平26・11・7刑集68・9・963 ……………… 1159
最決平26・11・17裁集刑315・183・判事2245・129
　　　　　　　　　　………… 133，406，1196
最決平26・11・18刑集68・9・1020
　　　　　　………… 92，174，1182，1184
最決平26・11・28刑集68・9・1069 …… 1045，1047
最決平27・2・2判時2257・109 ………………… 887
最決平27・2・3刑集69・1・1 …………………… 642
最決平27・2・3刑集69・1・99 ………………… 642
最決平27・2・23刑集69・1・209 ……………… 1293
最決平27・2・24刑集69・1・214 ……………… 1200
最決平27・5・25刑集69・4・636
　　　　　　………… 791，804，816，1069
最決平27・10・22裁集刑318・11 ……………… 406
最決平27・10・27刑集69・7・787 ……………… 118

最判平28・3・18裁集刑319・269 ……… 1163, 1165
最決平28・3・23裁集刑319・301 …………… 1160
最決平28・3・24刑集70・3・1 ………………… 836
最決平28・7・27刑集70・6・571 …………… 1099
最判平28・12・19刑集70・8・865 …… 752, 961, 964
最判平29・3・10裁集刑321・1 ………… 1163, 1166
最大判平29・3・15刑集71・3・13 ……… 352, 849
最大判平29・11・29刑集71・9・467 ………… 1148

最決平29・12・25裁判所ウェブサイト,
　　裁時1691・15 ……………………… 803, 1090
最判平30・3・19刑集72・1・1
　　………………………… 744, 1090, 1132, 1159
最判平30・3・22裁時1696・6 ………………… 1159
最判平30・5・10裁判所ウェブサイト ……… 853
最決平30・7・3裁時1703・1 …………… 671, 675

高等裁判所

〈昭　和〉

名古屋高判昭24・6・17特報1・217 ………… 1096
福岡高判昭24・7・11特報1・47 ……………… 1077
名古屋高判昭24・7・14特報1・58 …………… 653
札幌高函館支判昭24・7・25特報1・85 …… 885
福岡高判昭24・8・24特報1・120 …………… 1066
広島高判昭24・9・9高刑集2・3・353 ……… 1095
大阪高判昭24・10・21特報1・279 ………… 902
東京高判昭24・10・28特報15・1 …………… 688
東京高判昭24・11・12高刑集2・3・264 …… 738
大阪高判昭24・11・25特報3・101 ………… 707
大阪高判昭24・11・28判タ8・57 …………… 884
名古屋高判昭24・12・1特報3・37 ………… 1094
広島高松江支判昭24・12・7特報5・89
　　…………………………………… 1088, 1093
高松高判昭24・12・7特報6・2 ………… 1088, 1093
東京高判昭24・12・10高刑集2・3・292 …… 1076
名古屋高判昭24・12・19高刑集2・3・310 … 1068
東京高判昭24・12・20特報5・107 ………… 630
札幌高判昭24・12・27特報6・153 ………… 1094
名古屋高判昭24・12・27特報6・83 ……… 947
東京高判昭25・1・14高刑集3・1・5 ……… 261
高松高判昭25・2・2特報9・205 …………… 1070
名古屋高判昭25・2・3特報13・56 ………… 687
名古屋高判昭25・2・15特報7・116 ……… 511
大阪高判昭25・2・16特報9・26 …………… 1076
福岡高判昭25・2・25特報6・53 …………… 511
名古屋高判昭25・3・1特報7・110 ………… 1067
札幌高判昭25・3・14特報6・183 …………… 62
東京高判昭25・3・25特報16・45 ………… 1080
名古屋高判昭25・3・27特報7・106 ……… 738
福岡高判昭25・3・30特報7・159 ………… 1072

高松高判昭25・4・22特報9・203 …………… 420
東京高判昭25・5・8特報16・77 …………… 687
東京高判昭25・5・10特報9・5 …………… 552
東京高判昭25・5・20特報11・3 …………… 1093
東京高判昭25・5・23特報9・11 …………… 62
札幌高判昭25・5・26特報9・171 …… 1094, 1096
東京高判昭25・6・3特報11・8 …………… 247
札幌高判昭25・6・7特報10・145 …………… 420
広島高判昭25・6・8特報12・95 …………… 1094
名古屋高判昭25・6・9特報11・51 ………… 1095
名古屋高判昭25・6・14特報11・61 ……… 1070
東京高判昭25・6・26特報14・1 …………… 585
広島高判昭25・7・19特報13・123 …………… 55
東京高判昭25・7・20特報12・34 …… 631, 1068
名古屋高判昭25・8・21特報13・70 ……… 1067
東京高判昭25・8・25特報10・37 ………… 1094
東京高判昭25・8・29特報16・129 ………… 259
名古屋高判昭25・9・5特報12・73 ………… 1092
福岡高判昭25・9・14高刑集3・3・413 …… 1094
東京高判昭25・9・28特報12・56 ………… 552
東京高判昭25・10・2特報13・7 …………… 1096
広島高岡山支判昭25・10・10特報14・122 … 955
福岡高判昭25・10・17高刑集3・3・491 …… 715
大阪高判昭25・10・21特報15・85 ………… 883
東京高判昭25・10・24特報15・13 ………… 1072
福岡高判昭25・11・18特報15・159 ……… 1092
福岡高判昭25・11・21高刑集3・4・579 …… 1068
東京高決昭25・12・1特報14・11 …………… 184
東京高判昭25・12・1特報15・43 ………… 300
名古屋高判昭25・12・2特報14・101 ……… 1035
名古屋高判昭25・12・11高刑集3・4・770 … 1079
広島高松江支判昭25・12・18高刑集3・4・646

判例索引　1337

·· 499
高松高判昭25・12・20特報15・209 ············· 307
大阪高判昭25・12・23特報15・106 ············· 884
仙台高秋田支判昭26・1・7特報22・212 ······ 1096
札幌高函館支判昭26・1・19特報18・117 ······ 1095
札幌高判昭26・1・26高刑集4・1・31 ········· 1096
名古屋高判昭26・2・9高刑集4・2・114 ········ 943
福岡高判昭26・2・23高刑集4・2・130 ········ 880
大阪高判昭26・2・24特報23・34 ·············· 885
名古屋高判昭26・3・3高刑集4・2・148 ········ 455
東京高判昭26・3・12特報21・40 ·············· 110
東京高判昭26・3・14特報21・43 ·············· 892
東京高判昭26・4・6特報21・60 ··············· 472
名古屋高判昭26・4・9特報27・76 ············· 959
東京高判昭26・4・16特報21・75 ············· 1094
東京高判昭26・4・21特報21・80 ·············· 447
広島高判昭26・5・19特報20・20 ·············· 619
東京高判昭26・5・26高刑集4・6・601 ···· 431, 435
東京高判昭26・6・18特報21・114 ············· 367
大阪高判昭26・6・18特報23・75 ·············· 619
東京高判昭26・6・20特報21・119 ······· 472, 892
大阪高判昭26・6・22高刑集4・5・555 ········ 1095
東京高判昭26・6・28高刑集4・9・1079 ······· 1094
高松高判昭26・6・28特報17・25 ·············· 636
札幌高判昭26・7・5高刑集4・7・764 ············ 51
高松高判昭26・7・12特報17・30 ·············· 218
札幌高判昭26・7・12特報18・44 ············· 1077
東京高判昭26・7・20高刑集4・9・1098 ········· 963
札幌高函館支判昭26・7・30高刑集4・7・936
··· 880
東京高判昭26・8・10特報21・166 ············ 1094
東京高判昭26・8・14高刑集4・10・1213 ········· 55
大阪高判昭26・8・27高刑集4・8・998 ········· 498
東京高判昭26・8・30高刑集4・13・1769 ········· 55
東京高判昭26・8・31特報24・17 ············· 1094
東京高判昭26・9・1特報24・18 ·············· 1093
東京高決昭26・9・6東時1・3・28 ·············· 23
東京高判昭26・9・6特報24・29 ·············· 1088
東京高判昭26・9・18東時1・5・56 ············· 258
東京高判昭26・9・26特報24・79 ············· 1081
東京高判昭26・9・28特報24・86 ············· 946
東京高判昭26・9・29高刑集4・12・1583 ······ 1067
東京高判昭26・10・3高刑集4・12・1590 ····· 1082
東京高判昭26・10・3特報24・104 ······· 688, 1070
名古屋高判昭26・10・10特報27・156 ········· 1079

福岡高判昭26・10・18高刑集4・12・1611 ······ 900
東京高判昭26・10・25特報25・5 ·············· 688
東京高判昭26・11・1東時1・8・113 ············· 115
東京高判昭26・11・2高刑集4・13・1861 ······ 1087
東京高判昭26・11・28特報25・60 ············· 725
広島高判昭26・11・29高刑集4・13・1989 ···· 1080
東京高判昭26・12・19特報25・104 ············ 521
福岡高判昭26・12・20特報19・49 ············ 1094
仙台高判昭26・12・26高刑集4・12・1693 ······ 957
東京高決昭26・12・26東時1・14・231 ········· 980
東京高判昭26・12・28特報25・141 ············ 739
福岡高判昭27・1・19高刑集5・1・12 ··········· 151
大阪高決昭27・1・22高刑集5・3・301 ········· 299
東京高判昭27・1・31高刑集5・2・160 ········· 507
札幌高判昭27・2・6特報18・73 ··············· 49
東京高判昭27・2・7高刑集5・3・328 ········· 307
東京高判昭27・2・9特報29・29 ·············· 117
東京高判昭27・2・12特報29・36 ············· 1075
仙台高判昭27・2・13高刑集5・2・226 ········· 896
東京高判昭27・2・19特報29・46 ·············· 426
高松高判昭27・2・22高刑集5・3・350 ········· 110
東京高判昭27・2・26高刑集5・3・357 ········· 686
札幌高判昭27・2・27高刑集5・2・278 ········· 884
札幌高判昭27・3・12高刑集5・3・413 ···· 379, 383
仙台高判昭27・4・5高刑集5・4・549 ········· 904
広島高判昭27・4・11特報20・64 ············· 1096
高松高判昭27・4・16高刑集5・8・1183 ········ 959
東京高判昭27・5・13特報34・15 ············· 1082
東京高判昭27・5・27高刑集5・5・870 ········· 554
福岡高判昭27・6・4特報19・96 ·············· 859
広島高判昭27・6・20特報20・77 ·············· 232
東京高判昭27・6・26高刑集5・6・1005 ········ 891
東京高判昭27・6・26特報34・81 ·············· 247
広島高松江支判昭27・6・30特報20・185 ······ 427
東京高判昭27・7・1高刑集5・7・1108 ······· 1133
仙台高判昭27・7・11特報22・149 ············· 714
名古屋高判昭27・7・21高刑集5・9・1477
··· 54, 1067
広島高判昭27・8・9特報20・97 ············· 1091
東京高判昭27・8・25特報34・153 ············· 652
高松高判昭27・8・30高刑集5・10・1604
··································· 493, 501, 509
札幌高判昭27・9・11高刑集5・10・1666 ······ 1088
仙台高判昭27・9・15高刑集5・11・1820 ······ 1076
大阪高判昭27・9・16高刑集5・10・1695 ······ 951

東京高判昭27・9・16特報37・7 ……………… 1080
仙台高判昭27・9・29特報22・179 …………… 1078
福岡高判昭27・10・2高刑集5・11・1894 …… 882
札幌高決昭27・10・6高刑集5・11・1904 …… 1183
広島高岡山支判昭27・10・7特報20・154 …… 1096
東京高判昭27・10・14特報37・40 …………… 712
東京高判昭27・10・23高刑集5・12・2165
　　……………………………………… 946,1064
東京高判昭27・10・24特報37・60 …………… 1075
東京高判昭27・11・15高刑集5・12・2201 …… 859
高松高判昭27・11・25高刑集5・12・2233 …… 1080
札幌高判昭27・11・27特報18・110 ………… 1094
東京高判昭27・12・2高刑集5・12・2267 …… 1088
名古屋高判昭27・12・10特報30・19 ………… 1077
名古屋高判昭27・12・10特報30・21 ………… 1092
名古屋高判昭27・12・17特報30・23 ………… 1094
福岡高判昭27・12・18特報19・132 ………… 221
東京高判昭27・12・24特報37・142 ………… 552
東京高判昭27・12・26高刑集5・13・2645 …… 424
東京高判昭28・1・10特報38・1 ……………… 1081
仙台高判昭28・1・12特報35・1 ……………… 498
東京高判昭28・1・27特報38・18 …………… 1080
東京高判昭28・1・31東時3・2・49 ………… 717
東京高判昭28・2・21高刑集6・4・367 … 490,491
東京高判昭28・2・23高刑集6・1・148 ……… 742
東京高判昭28・2・23東時3・2・78 ………… 42
広島高判昭28・2・25高刑集6・2・206 ……… 937
名古屋高金沢支判昭28・2・28高刑集6・5・621
　　……………………………………………… 1092
東京高判昭28・2・28特報38・51 …………… 1094
東京高判昭28・3・16東時3・4・139 ………… 1066
仙台高判昭28・3・25下民集4・3・427 ……… 491
東京高判昭28・3・30特報38・74 …………… 116
福岡高判昭28・4・1高刑集6・4・447 ……… 688
名古屋高判昭28・4・9特報33・23 …………… 1095
札幌高判昭28・4・23特報32・22 ……… 1079,1080
高松高判昭28・4・25特報36・10 …………… 1082
名古屋高金沢支判昭28・5・14特報33・122
　　……………………………………………… 1091
名古屋高金沢支判昭28・5・16特報33・124
　　……………………………………………… 1093
大阪高判昭28・5・19特報28・30 …………… 1260
東京高判昭28・5・20特報38・108 ………… 1083
福岡高判昭28・5・25高刑集6・5・718 …… 1073
広島高判昭28・5・27特報31・15 …………… 1091

東京高判昭28・6・2特報38・117 …………… 1067
東京高判昭28・6・3東時3・5・224 ………… 1081
福岡高判昭28・6・5特報26・23 …………… 426
東京高判昭28・6・13高刑集6・7・839 …… 1096
札幌高判昭28・6・23特報32・32 …………… 1091
名古屋高判昭28・6・24高刑集6・11・1423
　　……………………………………………… 1095
名古屋高判昭28・6・30高刑集6・8・988 … 1251
名古屋高判昭28・6・30高刑集6・8・980
　　………………………………………… 42,1067
名古屋高判昭28・7・7高刑集6・9・1172 … 636
札幌高決昭28・7・8特報32・37 …………… 1103
広島高岡山支判昭28・7・14高刑集6・9・1193
　　……………………………………………… 1094
東京高判昭28・7・17特報39・31 …………… 1092
名古屋高金沢支判昭28・7・18高刑集6・10・1297
　　……………………………………………… 56
東京高判昭28・8・7特報39・77 …………… 110
高松高判昭28・8・17高刑集6・7・935 …… 1094
福岡高判昭28・8・21高刑集6・7・941 …… 1093
福岡高判昭28・8・21高刑集6・8・1070
　　………………………………………… 885,907
広島高判昭28・9・9高刑集6・12・1642 …… 1076
東京高判昭28・9・14高刑集6・10・1352 …… 1076
名古屋高判昭28・10・7高刑集6・11・1503 … 501
東京高判昭28・10・22特報39・149 ………… 724
東京高判昭28・10・30裁判特報39・162 …… 414
福岡高決昭28・11・7高刑集6・10・1378
　　…………………………………… 1255,1256
広島高判昭28・11・7特報31・36 …………… 1075
福岡高判昭28・11・9高刑集6・10・1393 …… 882
大阪高決昭28・11・16高刑集6・12・1705
　　………………………………………… 32,34
東京高判昭28・11・18特報39・189 ………… 1096
札幌高判昭28・11・19高刑集6・12・1730 …… 959
東京高判昭28・11・19特報39・195 ………… 1093
東京高判昭28・11・24特報39・199 ………… 1076
東京高判昭28・11・25特報39・202 ………… 458
札幌高判昭28・11・26高刑集6・12・1737 …… 931
札幌高判昭28・11・26特報32・51 ………… 1082
東京高決昭28・12・4特報39・211 ………… 720
東京高判昭28・12・14特報39・221 ………… 151
東京高決昭28・12・15特報39・226 ………… 978
福岡高判昭29・1・12高刑集7・1・1 ……… 1092
東京高判昭29・1・22特報40・6 …………… 1091

福岡高判昭29・2・6高刑集7・2・95 ………… 1083
高松高判昭29・2・12高刑集7・4・517 ……… 545
福岡高判昭29・2・19高刑集7・1・82 ……… 116
名古屋高判昭29・2・25高刑集7・5・650 …… 1083
大阪高判昭29・2・25特報28・90 …………… 1092
東京高判昭29・2・25特報40・28 …………… 1075
東京高判昭29・2・25特報40・29 …………… 1083
東京高判昭29・3・11特報40・39 …………… 1078
東京高判昭29・3・12特報40・40 …………… 1091
東京高判昭29・3・16下民集5・3・344 ……… 435
仙台高決昭29・3・22高刑集7・3・317 ……… 184
東京高判昭29・3・25特報40・48 …………… 1096
東京高判昭29・3・26高刑集7・7・965 ……… 1092
東京高判昭29・3・29東時5・3・91 ………… 1066
東京高判昭29・3・31高刑集7・3・355 ……… 55
東京高決昭29・4・1特報40・60 ……………… 183
東京高判昭29・4・5高刑集7・3・361 ……… 1082
広島高判昭29・4・21高刑集7・3・448 ……… 111
東京高判昭29・4・28特報40・79 …………… 1091
大阪高判昭29・5・4高刑集7・4・591 ……… 1092
東京高判昭29・5・6特報40・86 ……………… 368
福岡高判昭29・5・7高刑集7・5・680 ……… 893
福岡高判昭29・5・10高刑集7・4・619 …… 117
福岡高判昭29・5・29高刑集7・6・866 … 427, 431
大阪高判昭29・5・31高刑集7・5・752 …… 1095
東京高判昭29・6・7特報40・141 …………… 1078
高松高判昭29・6・30高刑集7・6・952 ……… 961
福岡高判昭29・6・30高民集7・6・513 ……… 220
名古屋高判昭29・7・1裁判特報1・1・5 …… 1080
名古屋高判昭29・7・5裁判特報1・1・6 …… 517
東京高判昭29・7・7東時5・7・279 ………… 652
名古屋高判昭29・7・15裁判特報1・2・45 … 1080
東京高判昭29・7・19裁判特報1・2・49 …… 1081
高松高判昭29・7・19裁判特報1・3・102 …… 1096
東京高判昭29・7・22裁判特報1・2・70 …… 893
仙台高判昭29・7・29高刑集7・9・1404 …… 931
東京高判昭29・9・7裁判特報1・5・195 …… 1094
福岡高宮崎支判昭29・9・15裁判特報1・6・237
……………………………………………… 1097
名古屋高判昭29・9・29裁判特報1・9・395
……………………………………………… 1092
札幌高決昭29・9・30特報32・45 …………… 38
仙台高判昭29・10・5裁判特報1・7・307 …… 1118
広島高判昭29・10・27裁判特報1・8・375 … 1091
名古屋高判昭29・10・28高刑集7・11・1655

……………………………………………… 1091
東京高判昭29・10・7東時5・10・402 ……… 550
名古屋高判昭29・11・22裁判特報1・11・490
……………………………………………… 1094
名古屋高判昭29・11・30裁判特報1・12・578
……………………………………………… 1091
仙台高判昭29・12・9裁判特報1・10・468 … 1093
高松高判昭29・12・17裁判特報1・13・736 … 632
大阪高判昭29・12・21裁判特報1・13・746 … 509
福岡高判平29・7・20〈未〉……………………… 79
高松高判昭30・1・31裁判特報2・1＝3・30
……………………………………………… 1055
東京高判昭30・2・1高刑集8・1・44 ……… 1082
東京高判昭30・2・4裁判特報2・4・59 …… 1055
福岡高宮崎支判昭30・2・18裁判特報2・5・111
……………………………………………… 1077
広島高決昭30・2・19裁判特報2・5・112 … 23
名古屋高決昭30・3・22高刑集8・4・445 …… 1049
東京高判昭30・3・22裁判特報2・6・172 … 1093
札幌高判昭30・3・23裁判特報2・7・211 … 1080
札幌高判昭30・3・24裁判特報2・7・215 … 1073
東京高判昭30・3・26裁判特報2・7・219
……………………………………… 512, 1076
福岡高判昭30・3・29裁判特報2・7・238 … 1068
東京高判昭30・3・31高刑集8・2・217 …… 1093
東京高判昭30・4・2高刑集8・4・449 ……… 1071
東京高判昭30・4・4裁判特報2・7・248 …… 307
札幌高函館支判昭30・4・5裁判特報2・8・271
……………………………………………… 1093
高松高決昭30・4・7高刑集8・2・249 ……… 978
東京高決昭30・4・19裁判特報2・9・341
……………………………………… 1041, 1042
東京高判昭30・4・23高刑集8・4・522 …… 504
名古屋高判昭30・4・26裁判特報2・9・372
……………………………………………… 1082
名古屋高判昭30・4・30裁判特報2・9・391
……………………………………………… 1082
名古屋高判昭30・5・4裁判特報2・11・501
……………………………………………… 1092
東京高判昭30・5・19裁判特報2・10・487 …… 311
名古屋高判昭30・5・19裁判特報2・11・529
……………………………………………… 1078
広島高判昭30・5・28裁判特報2・10・498 … 1076
東京高判昭30・6・9裁判特報2・13・644 … 1078
東京高決昭30・6・10高刑集8・5・654

··· 1255, 1294
名古屋高判昭30・6・21裁判特報2・13・657
　　　·································· 504
東京高判昭30・6・30裁判特報2・13・679 ····· 383
東京高判昭30・7・11裁判特報2・13・694 ···· 1095
福岡高決昭30・7・12高刑集8・6・769 ········· 184
仙台高秋田支判昭30・7・12裁判特報2・13・701
　　　································· 1078
仙台高判昭30・7・14裁判特報2・13・713 ····· 498
東京高判昭30・7・19裁判特報2・16＝17・810
　　　································· 1074
東京高判昭30・7・20裁判特報2・15・789 ····· 978
東京高判昭30・7・23裁判特報2・16＝17・827
　　　································· 1093
東京高判昭30・7・25裁判特報2・16・830 ···· 1053
東京高判昭30・8・26東時6・9・295 ·········· 1082
東京高決昭30・9・1高刑集8・6・875 ········· 1207
名古屋高金沢支判昭30・9・17裁判特報
　2・20・1005 ······························ 552
仙台高秋田支決昭30・9・22裁判特報2・20・1007
　　　································· 1041
東京高判昭30・9・28東時6・9・325 ·········· 1094
仙台高決昭30・10・6裁判特報2・19・995 ···· 1292
東京高判昭30・10・6裁判特報2・20・1032
　　　································· 1075
大阪高判昭30・10・7裁判特報2・20・1034 ···· 893
東京高判昭30・10・17東時6・12・417 ········· 913
東京高判昭30・10・18高刑集8・7・954 ······· 1081
東京高判昭30・10・19東時6・10・344 ········· 858
仙台高判昭30・11・16裁判特報2・23・1204
　　　································· 1076
東京高判昭30・11・21裁判特報2・23・1214
　　　································· 1094
札幌高判昭30・11・22高刑集8・8・1123 ······ 1062
東京高判昭30・11・30裁判特報2・23・1222
　　　································· 1094
東京高判昭30・12・6高刑集8・9・1162 ······· 1071
東京高判昭30・12・6裁判特報2・24・1260 ···· 111
東京高判昭31・1・17高刑集9・1・1 ···· 1088, 1096
高松高判昭31・1・19裁判特報3・3・53 ········ 500
福岡高判昭31・2・15・裁判特報3・5・161 ····· 883
東京高決昭31・2・16高刑集9・1・97 ········· 1102
名古屋高判昭31・2・20高刑集9・4・352 ····· 1071
名古屋高判昭31・2・28裁判特報3・6・242
　　　································· 1080

福岡高判昭31・2・28裁判特報3・8・354 ······· 964
福岡高判昭31・3・6裁判特報3・6・25 ········· 1076
福岡高判昭31・3・6裁判特報3・6・253 ······ 1091
名古屋高決昭31・3・16裁判特報3・6・263
　　　································· 1041
東京高決昭31・3・22高刑集9・2・182 ········· 183
福岡高判昭31・3・31裁判特報3・8・378 ······ 1091
広島高判昭31・4・9裁判特報3・8・386 ······· 1091
東京高判昭31・4・12高刑集9・3・267 ··· 110, 117
福岡高判昭31・4・14裁判特報3・8・409 ······ 489
福岡高判昭31・4・16裁判特報3・9・423 ······ 1077
東京高判昭31・4・17高刑集9・3・412 ······ 883
福岡高判昭31・4・25裁判特報3・9・439 ····· 1096
名古屋高金沢支判昭31・4・27下民集7・4・1071
　　　································· 420
東京高判昭31・5・29東時7・6・223 ········· 1079
広島高判昭31・5・31裁判特報3・12・602 ···· 1083
名古屋高判昭31・5・31裁判特報3・14・685
　　　································· 1079
大阪高判昭31・6・4裁判特報3・12・609 ······ 498
東京高判昭31・6・12裁判特報3・12・613 ···· 1073
東京高判昭31・6・13裁判特報3・12・618 ···· 1078
東京高判昭31・6・19東時7・6・241 ········· 492
東京高判昭31・6・20東時7・7・248 ···· 1091, 1092
東京高判昭31・6・23裁判特報3・13・649 ···· 1073
大阪高判昭31・6・29裁判特報3・13・660 ···· 1078
東京高判昭31・7・2判夕61・72 ············· 1092
東京高判昭31・7・12裁判特報3・15・733 ····· 898
名古屋高判昭31・7・17裁判特報3・15・740
　　　································· 1076
東京高判昭31・7・20高刑集9・8・860 ······ 1073
東京高決昭31・8・24高刑集9・8・891 ······ 973
大阪高決昭31・9・18裁判特報3・17・859 ···· 1043
高松高判昭31・9・22高刑集9・7・814 ······ 1071
名古屋高金沢支判昭31・9・25裁判特報
　3・21・991 ···························· 1080
仙台高判昭31・10・23裁判特報3・23・1109
　　　································· 1104
札幌高決昭31・11・15高刑集9・10・1140 ······ 38
東京高判昭31・11・28裁判特報3・23・1138
　　　································· 1075
東京高決昭31・12・4高刑集9・11・1197 ······ 1104
東京高判昭31・12・15高刑集9・11・1242 ····· 882
仙台高判昭32・1・30高刑集10・1・50
　　　·························· 1077, 1092

判例索引　1341

広島高岡山支判昭32・2・26裁判特報4追録695
……………………………………………… 1068
東京高判昭32・3・2高刑集10・2・123 ……… 619
東京高判昭32・3・2裁判特報4・5・85 ……… 1067
広島高判昭32・3・19裁判特報4・6・144 …… 1073
東京高判昭32・3・28裁判特報4・9・216 …… 1083
仙台高判昭32・4・18高刑集10・6・491 …… 1096
東京高判昭32・4・25高刑集10・3・282 …… 1083
東京高判昭32・4・27高刑集10・3・288 …… 1062
仙台高秋田支判昭32・5・21裁判特報
　4・11＝12・267 ……………………… 1078
広島高松江支判昭32・5・27裁判特報4・10・263
……………………………………………… 1079
東京高決判32・6・13高刑集10・4・410 …… 1037
仙台高判昭32・6・19高刑集10・6・508 ……… 881
東京高判昭32・6・20裁判特報4・14＝15・323
……………………………………………… 747
札幌高判昭32・7・11裁判特報4・14＝15・345
……………………………………………… 1079
東京高判昭32・7・20裁判特報4・14＝15・369
……………………………………………… 1078
東京高判昭32・8・1裁判特報4・14＝15・377
……………………………………………… 1093
東京高判昭32・8・8高刑集10・5・484 ………… 11
東京高判昭32・8・20裁判特報4・16・411 … 1094
福岡高宮崎支判昭32・9・10裁判特報4・18・471
……………………………………………… 428
東京高判昭32・10・8東時8・10・357 ……… 1093
福岡高判昭32・10・11裁判特報4・21・552
……………………………………………… 1081
高松高決昭32・10・30裁判特報4・22・580 …… 565
札幌高判昭32・10・31高刑集10・8・696 …… 750
東京高判昭32・11・11東時8・11・385 …… 1062
東京高判昭32・11・21裁判特報4・23・609
……………………………………………… 1096
札幌高判昭32・12・12裁判特報4・23・627
……………………………………………… 1071
大阪高判昭32・12・18特報4・23・637 ……… 483
大阪高判昭32・12・24裁判特報4・24・671
……………………………………………… 1080
名古屋高判昭32・12・25高刑集10・12・809
……………………………………………… 1035
大阪高判昭33・1・16裁判特報5・1・14
……………………………………… 55, 1067
東京高判昭33・2・18裁判特報5・2・45 ……… 1070

広島高松江支判昭33・3・10裁判特報5・3・92
……………………………………………… 1076
東京高判昭33・3・11裁判特報5・4・112 …… 635
仙台高判昭33・4・30高刑集11・4・202 …… 1068
名古屋高金沢支判昭33・5・8裁判特報5・6・211
……………………………………………… 1077
名古屋高金沢支判昭33・5・27裁判特報5・6・240
……………………………………………… 1068
東京高判昭33・5・31高刑集11・5・257 …… 504
大阪高判昭33・6・10裁判特報5・7・270 …… 1093
東京高決昭33・6・11東時9・6・154 ……… 184
東京高判昭33・6・20東時9・6・159 …… 1079
福岡高判昭33・9・25高刑集11・7・429 ……… 758
東京高判昭33・11・12高刑集11・9・550 …… 500
大阪高判昭33・12・9高刑集11・10・611 …… 1091
名古屋高金沢支判昭33・12・18裁判特報
　5・12・520 …………………………… 1079
東京高判昭33・12・19高刑集11・10・631
………………………………… 1055, 1104
大阪高判昭33・12・23高刑集11・10・696
…………………………………… 227, 1083
東京高判昭34・1・28東時10・1・69 ………… 1073
東京高決昭34・2・7東時10・2・97 …………… 183
名古屋高判昭34・2・9高刑集12・1・5 ……… 1092
東京高判昭34・2・10東時10・2・104 …… 1094
仙台高判昭34・2・19高刑集12・2・59 …… 1083
東京高判昭34・2・26高刑集12・3・219 …… 1092
大阪高判昭34・3・4下刑集1・3・507 ………… 490
東京高判昭34・4・4高刑集12・4・431 ………… 943
東京高判昭34・4・21高刑集12・5・473 …… 386
名古屋高判昭34・4・22高刑集12・6・565 … 1079
名古屋高決昭34・4・30高刑集12・4・456 …… 175
東京高判昭34・4・30高刑集12・5・486
…………………………………… 151, 386
大阪高判昭34・5・4高刑集12・3・252 ……… 433
名古屋高判昭34・6・15高刑集12・6・650 … 1079
福岡高決昭34・9・3下刑集1・9・1933,
　判時202・43 ………………………… 25, 162
福岡高宮崎支決昭34・9・8高刑集12・7・714
……………………………………………… 184
東京高判昭34・10・27東時10・10・402 …… 1091
福岡高決昭34・10・28下刑集1・10・2134
………………………………… 1042, 1043
東京高判昭34・10・30下刑集1・10・2127 …… 1095
東京高判昭34・10・31下刑集1・10・2130 …… 1073

東京高決昭34・11・10下刑集1・11・2356 ‥‥ 1046
東京高判昭34・11・16下刑集1・11・2343 ‥‥‥ 904
東京高判昭34・11・28高刑集12・10・974 ‥‥ 1076
東京高判昭34・12・10下刑集1・12・2552 ‥‥ 1080
東京高判昭35・2・11高刑集13・1・47 ‥‥‥‥‥ 511
東京高判昭35・2・16高刑集13・1・73 ‥‥‥‥ 1082
東京高判昭35・2・24東時11・2・47 ‥‥‥‥‥ 1095
東京高判昭35・4・21刑集13・4・271 ‥‥‥‥‥ 654
東京高判昭35・6・28下刑集2・5＝6・704 ‥‥ 1080
東京高決昭35・6・29下刑集2・5＝6・705 ‥‥‥ 47
東京高判昭35・6・29高刑集13・5・416
　　　　　‥‥‥‥‥‥‥‥‥‥‥‥ 58, 1068
東京高判昭35・9・5東時11・9・231 ‥‥‥‥‥ 1094
大阪高判昭35・9・6判時245・19 ‥‥‥‥‥‥‥ 38
東京高判昭35・9・27下刑集2・9＝10・1201
　　　　　‥‥‥‥‥‥‥‥‥‥‥‥‥‥‥ 1079
東京高判昭35・11・8高刑集13・8・628 ‥‥‥ 1076
東京高決昭35・12・7下刑集2・11＝12・1419
　　　　　‥‥‥‥‥‥‥‥‥‥‥‥‥‥‥‥ 23
東京高判昭35・12・26下刑集2・11＝12・1396
　　　　　‥‥‥‥‥‥‥‥‥‥‥‥‥‥‥ 300
東京高判昭36・2・1高刑集14・2・51 ‥‥‥‥‥ 726
仙台高判昭36・3・16下刑集3・3＝4・204 ‥‥ 1076
東京高決昭36・3・20下刑集3・3＝4・230 ‥‥ 1294
東京高判昭36・3・29下刑集3・3＝4・211 ‥‥ 1069
名古屋高決昭36・4・11高刑集14・9・589 ‥‥ 1209
東京高判昭36・8・3高刑集14・6・387 ‥‥‥‥ 1068
東京高判昭36・8・8高刑集14・5・316 ‥‥‥‥ 1091
大阪高判昭36・9・15高刑集14・7・489 ‥‥‥ 1083
大阪高判昭36・9・16高刑集14・7・501 ‥‥‥ 1067
東京高判昭36・10・31下刑集3・9＝10・854
　　　　　‥‥‥‥‥‥‥‥‥‥‥‥‥‥‥ 1096
大阪高判昭36・11・7下刑集3・11＝12・984
　　　　　‥‥‥‥‥‥‥‥‥‥‥‥‥‥‥ 1091
東京高判昭36・11・14高刑集14・8・577
　　　　　‥‥‥‥‥‥‥‥‥‥‥‥ 472, 882
大阪高判昭36・11・27高刑集14・8・584 ‥‥‥ 363
大阪高判昭36・12・11下刑集3・11＝12・1010
　　　　　‥‥‥‥‥‥‥‥‥‥‥‥ 151, 386
大阪高決昭36・12・11下刑集3・11＝12・1050
　　　　　‥‥‥‥‥‥‥‥‥‥‥ 1270, 1294
東京高判昭37・1・12東時13・1・5 ‥‥‥‥‥ 1082
名古屋高決昭37・1・30高刑集15・1・11 ‥‥‥ 1218
東京高判昭37・2・20下刑集4・1＝2・31 ‥‥‥ 435
東京高判昭37・5・10高刑集15・5・331 ‥‥‥ 1071

東京高判昭37・5・30高刑集15・7・517 ‥‥‥ 1092
名古屋高金沢支判昭37・9・6高刑集15・7・527
　　　　　‥‥‥‥‥‥‥‥‥‥‥‥‥‥‥ 1082
札幌高函館支判昭37・9・11高刑集15・6・503
　　　　　‥‥‥‥‥‥‥‥‥‥‥‥ 426, 456
大阪高判昭37・11・14高刑集15・8・639 ‥‥‥ 184
東京高決昭37・12・28下刑集4・11＝12・1030
　　　　　‥‥‥‥‥‥‥‥‥‥‥‥‥‥‥‥ 62
東京高判昭38・1・16下刑集5・1＝2・1 ‥‥‥ 1079
東京高決昭38・1・23下刑集5・1＝2・19 ‥‥‥ 1041
名古屋高金沢支判昭38・2・7高刑集16・3・241
　　　　　‥‥‥‥‥‥‥‥‥‥‥‥‥‥‥ 1083
東京高判昭38・2・19高刑集16・1・78 ‥‥‥‥ 498
東京高判昭38・5・30東時14・5・91 ‥‥‥‥‥ 1073
東京高判昭38・6・24判時338・43 ‥‥‥‥‥‥ 965
大阪高判昭38・7・15下刑集5・7＝8・686 ‥‥ 1038
東京高判昭38・10・3東時14・10・169 ‥‥‥‥ 1081
東京高決昭38・11・5下刑集5・11＝12・1112
　　　　　‥‥‥‥‥‥‥‥‥‥‥‥‥‥‥ 1042
札幌高判昭38・12・17高刑集16・9・809 ‥‥ 1094
大阪高判昭38・12・24高刑集16・9・841 ‥‥ 1093
東京高決昭39・2・4高刑集17・1・138 ‥‥‥‥ 577
仙台高判昭39・2・7高刑集17・1・146 ‥‥‥ 1117
東京高判昭39・2・11判時371・61 ‥‥‥‥‥ 1071
大阪高判昭39・3・13下刑集6・3＝4・162 ‥‥ 1083
仙台高判昭39・3・19高刑集17・2・206 ‥‥‥ 490
東京高判昭39・3・25下刑集6・3＝4・167 ‥‥ 1082
名古屋高金沢支判昭39・4・9下刑集6・3＝4・169
　　　　　‥‥‥‥‥‥‥‥‥‥‥‥‥‥‥ 1080
東京高判昭39・4・27高刑集17・3・295 ‥‥‥ 498
東京高判昭39・5・26下刑集6・5＝6・579 ‥‥ 1078
高松高判昭39・6・3下刑集6・5＝6・595 ‥‥ 1096
東京高判昭39・6・19高刑集17・4・400 ‥‥‥ 330
名古屋高金沢支判昭39・12・15下刑集
　　6・11＝12・1216 ‥‥‥‥‥‥‥ 1078, 1079
東京高判昭40・1・28高刑集18・1・24 ‥‥‥‥ 891
東京高判昭40・2・19高刑集18・2・75,
　　判タ175・156 ‥‥‥‥‥‥‥‥‥‥‥‥ 509
東京高判昭40・2・23下刑集7・2・110 ‥‥‥ 1093
東京高決昭40・3・26下刑集7・3・312 ‥‥‥ 1294
東京高判昭40・5・28高刑集18・4・273 ‥‥‥ 966
大阪高判昭40・5・29下刑集7・5・805 ‥‥‥ 1093
東京高判昭40・6・3高刑集18・4・328 ‥‥‥ 1103
東京高判昭40・6・11東時16・6・71 ‥‥‥‥‥ 1091
東京高判昭40・6・17高刑集18・3・218 ‥‥‥ 116

福岡高判昭40・6・24下刑集7・6・1202 …… 1076
東京高判昭40・6・25高刑集18・3・244 …… 1092
大阪高判昭40・8・9高刑集18・5・594 …… 1092
大阪高判昭40・8・26下刑集7・8・1563 …… 250
大阪高判昭40・9・28下刑集7・9・1794 …… 503
東京高決昭40・11・2判時440・20 …… 755
大阪高判昭40・11・8下刑集7・11・1947 …… 425
東京高決昭40・12・1高刑集18・7・836 …… 1213
大阪高判昭40・12・3高刑集18・7・839 …… 1097
大阪高判昭40・12・21下刑集7・12・2125 …… 1079
東京高判昭41・1・27下刑集8・1・11 …… 433
東京高判昭41・1・27判時439・16 …… 426
東京高判昭41・3・28東時17・3・38 …… 1094
福岡高決昭41・4・28下刑集8・4・610 …… 171
広島高決昭41・5・10高刑集19・3・367 …… 23
東京高判昭41・5・31東時17・5・85 …… 1092
広島高松江支判昭41・5・31判時485・71 …… 1103
大阪高判昭41・6・21判時465・85 …… 42,1067
東京高判昭41・6・28東時17・6・106 …… 432
東京高決昭41・6・30高刑集19・4・447 …… 887
東京高判昭41・7・15東時17・7・123 …… 1091
東京高決昭41・8・15判時459・76 …… 38
広島高判昭41・8・16高刑集19・5・543 …… 1080
福岡高判昭41・9・13下刑集8・9・1188 …… 1079
名古屋高金沢支判昭41・10・6下刑集8・10・1285
…… 1081
大阪高判昭41・11・28判タ204・175 …… 884
東京高判昭41・12・15下刑集8・12・1517 …… 1078
東京高判昭41・12・28高刑集19・6・827
…… 1120,1124
大阪高判昭42・1・18判タ208・206 …… 1092
東京高判昭42・2・2東時18・2・25 …… 1091
東京高判昭42・2・24判タ208・143 …… 1091
東京高判昭42・2・28東時18・2・58 …… 1088,1096
福岡高決昭42・3・24高刑集20・2・114 …… 131
東京高判昭42・4・5東時18・4・112 …… 1093
東京高判昭42・4・11東時18・4・120 …… 1094
東京高判昭42・4・20高検速報1595 …… 1117
東京高判昭42・5・31判タ213・196 …… 49
東京高判昭42・6・20高刑集20・3・386 …… 756
仙台高判昭42・8・22下刑集9・8・1054 …… 425
大阪高判昭42・9・26下刑集9・9・1155 …… 1080
東京高判昭42・12・5下刑集9・12・1478 …… 758
東京高判昭43・2・15高刑集21・1・73 …… 49
大阪高判昭43・2・26下刑集10・2・116

…… 755,925
東京高判昭43・2・28東時19・2・30 …… 1097
大阪高判昭43・3・4下刑集10・3・225 …… 1092
高松高決昭43・3・8判時514・86 …… 38
大阪高判昭43・3・12高刑集21・2・126 …… 1078
大阪高判昭43・3・30判タ225・219 …… 42,1067
東京高判昭43・4・17高刑集21・2・199 …… 1060
東京高判昭43・4・30下刑集10・4・380 …… 1098
東京高判昭43・4・30高刑集21・2・222 …… 1083
東京高判昭43・5・27東時19・5・119 …… 1091
札幌高判昭43・6・15判タ224・208 …… 1210
広島高判昭43・7・12判タ225・169 …… 1037
広島高判昭43・7・12判時540・85 …… 1034
福岡高決昭43・7・17高刑集21・4・280 …… 1033
福岡高判昭43・8・24高刑集21・4・333 …… 1099
仙台高判昭43・9・16判時548・104 …… 1073
名古屋高決昭43・11・1判時562・86 …… 981
東京高判昭43・11・18東時19・11・220 …… 1095
大阪高判昭43・11・30高刑集21・5・630 …… 1079
東京高判昭44・2・13高刑集22・1・12 …… 183
仙台高判昭44・2・18判時561・87 …… 964
大阪高判昭44・3・10刑裁月報1・3・193 …… 1071
仙台高判昭44・4・1刑裁月報1・4・353 …… 429
東京高判昭44・6・4判時578・139 …… 1082
大阪高決昭44・6・9高刑集22・2・265
…… 1213,1214,1293
札幌高決昭44・6・18判時558・14 …… 1207
東京高判昭44・6・20高刑集22・3・352 …… 456
福岡高判昭44・6・30判時574・96 …… 1090
東京高判昭44・8・4東時20・8・145 …… 1097
東京高判昭44・12・17高刑集22・6・924
…… 506,962
福岡高判昭44・12・18判タ246・285 …… 1093
大阪高判昭44・12・23刑裁月報1・12・1138
…… 1067
大阪高決昭45・1・19高刑集23・1・1 …… 1268
大阪高判昭45・1・30判タ249・267 …… 653
東京高判昭45・2・10高刑集23・1・107 …… 976
東京高判昭45・3・26高刑集23・1・239 …… 1092
東京高判昭45・7・14東時21・7・245 …… 1069
福岡高宮崎支決昭45・8・10高刑集23・3・516
…… 7,23
東京高判昭45・9・14高刑集23・4・603 …… 635
東京高決昭45・10・27刑裁月報2・10・1090 …… 32
東京高判昭45・11・2刑裁月報2・11・1143

.... 1072
福岡高決昭45・11・25高刑集・23・4・841 ···· 1180
東京高判昭45・12・3判タ259・205 ············· 504
東京高決昭45・12・10判時615・94 ············· 38
東京高判昭45・12・26東時21・12・446
.... 1090, 1097
東京高判昭46・1・28刑裁月報3・1・14 ······ 1078
東京高判昭46・2・20高刑集24・1・97 ········· 842
広島高判昭46・2・25判タ260・269 ··········· 1093
東京高決昭46・2・25判タ263・344 ·············· 38
東京高判昭46・3・8高刑集24・1・183 ········ 456
東京高判昭46・4・27東時22・4・165 ········· 1091
東京高判昭46・5・18判時643・97 ············· 1098
東京高判昭46・7・5高刑集24・3・441 ······· 1079
東京高決昭46・8・5刑裁月報3・8・1086 ······ 160
東京高判昭46・8・18高刑集24・3・506 ······· 1077
東京高決昭46・9・6高刑集24・3・530 ········ 413
東京高判昭46・10・26高刑集24・4・653 ····· 1073
東京高判昭46・10・27刑裁月報3・10・1334
.... 943
東京高判昭46・10・27東時22・10・285 ········ 428
東京高決昭46・11・29東時22・11・318 ········ 959
大阪高判昭46・11・29判時673・94 ············ 1071
高松高判昭46・11・30高刑集24・4・769 ····· 1076
広島高決昭47・1・7判時673・95 ············· 171
東京高判昭47・1・20東時23・1・7 ············· 1095
東京高決昭47・1・29高刑集25・1・20 ········ 1106
東京高判昭47・3・22東時23・3・43 ············ 1095
東京高判昭47・3・22東時23・3・46 ············· 915
広島高決昭47・7・3判時676・99 ············· 131
東京高決昭47・8・21東時23・8・160,
　判タ288・385 ································· 38, 755
東京高判昭47・9・20高刑集25・4・413 ······ 1117
東京高判昭47・10・13刑裁月報4・10・1651
.... 452
東京高判昭47・11・21高刑集25・5・479 ······ 891
大阪高決昭47・11・30高刑集25・6・914 ····· 1184
福岡高判昭47・12・25高刑集25・6・975 ····· 1091
東京高決昭48・1・31判時690・98 ················ 38
大阪高決昭48・2・7判タ294・392 ············ 1104
東京高判昭48・3・26高刑集26・1・85 ······· 1062
広島高判昭48・4・17判タ297・375 ············ 1079
東京高判昭48・4・26高刑集26・2・214 ······· 880
東京高判昭48・6・19東時24・6・101 ·········· 1096
東京高決昭48・6・28判時717・98 ············· 1103

大阪高決昭48・10・1判時717・99 ··············· 38
東京高判昭48・11・5高刑集26・5・531 ·········· 40
東京高判昭48・11・7高刑集26・5・534 ········ 479
東京高判昭48・12・5刑裁月報5・12・1639 ···· 579
東京高判昭49・2・15刑裁月報6・2・126 ······ 866
東京高判昭49・3・28判時752・109 ············ 1059
東京高判昭49・4・10判時740・108 ············· 175
福岡高那覇支判昭49・4・22刑裁月報6・4・344
.... 33
東京高判昭49・6・11訟務月報20・10・23 ······ 519
福岡高那覇支決昭49・6・17刑裁月報6・6・647
.... 1104
大阪高決昭49・6・19判時749・114 ············· 186
東京高判昭49・10・2東時25・10・83 ·········· 368
大阪高決昭49・11・20刑裁月報6・11・1158
.... 1175
札幌高決昭49・12・20刑裁月報6・12・1231
.... 1217
東京高判昭50・2・20高刑集28・1・101 ······· 1078
東京高判昭50・4・10高刑集28・3・213 ······· 1079
東京高判昭50・5・27高検速報2112 ············ 1081
東京高決昭50・6・25高検速報2110 ············ 181
東京高判昭50・6・26東時26・6・105 ·········· 1078
名古屋高判昭50・7・1判時806・108 ·········· 545
東京高決昭50・7・3東時26・7・114 ············ 971
東京高判昭50・8・28東時26・8・137 ·········· 175
東京高判昭50・8・30東時26・8・141 ············ 30
大阪高判昭50・9・11判時803・24 ·············· 363
福岡高判昭50・10・2刑裁月報7・9＝10・847
.... 1086
東京高判昭50・10・27東時26・10・180 ······· 1082
大阪高判昭50・11・19判時813・102判タ335・353
.... 402, 422, 866
大阪高判昭50・11・28判時814・157 ······ 301, 628
大阪高判昭50・12・2判タ335・232 ······ 131, 376
東京高判昭50・12・22高刑集28・4・540 ······ 1083
東京高判昭51・1・27東時27・1・9, 判時816・107
.... 641, 1067
福岡高那覇支判昭51・4・5判タ345・321 ······ 730
東京高判昭51・4・27東時27・4・54 ·········· 1085
東京高判昭51・7・6東時27・7・81 ············ 1070
東京高判昭51・7・14判時834・106 ············ 1093
東京高判昭51・7・16高刑集29・3・399 ······· 1258
東京高判昭51・9・8東時27・9・116 ·········· 1071
東京高判昭51・9・22東時27・9・127 ·········· 1062

判例索引　1345

東京高判昭51・10・18東時27・10・139 …… 1067
広島高判昭51・11・15判時841・112 ………… 295
東京高判昭51・11・24高刑集29・4・639
　　　　　　　　　　　　　　……… 894, 895
大阪高判昭51・12・23判時843・122 ……… 1068
東京高判昭52・1・31高刑集30・1・1 ……… 1069
東京高判昭52・2・10東時28・2・13 ………… 1082
仙台高決昭52・2・15高刑集30・1・28 ……… 1220
大阪高決昭52・3・17刑裁月報9・3＝4・212
　　　　　　　　　　　　　　……… 1247
東京高判昭52・6・14高刑集30・3・341 ……… 964
東京高判昭52・6・30東時28・6・72 ………… 1091
東京高判昭52・11・16東時28・11・138 ……… 1094
大阪高判昭52・11・22判時885・174 ……… 1091
広島高決昭52・12・28判時885・177 …………… 30
名古屋高判昭53・1・11高検速報579の2 …… 1081
東京高判昭53・1・30刑裁月報10・1＝2・12
　　　　　　　　　　　　　　……… 1095
東京高判昭53・2・23刑裁月報10・1＝2・75
　　　　　　　　　　　　　　……… 1094
東京高判昭53・5・1東時29・5・73 ………… 971
大阪高判昭53・5・9刑裁月報10・4＝5・734
　　　　　　　　　　　　　　……… 1080
東京高決昭53・5・11東時29・5・77 ………… 1103
東京高決昭53・6・1刑裁月報10・6＝8・1092
　　　　　　　　　　　　　　……… 1177
東京高判昭53・7・6判時909・106 ……… 1086
大阪高判昭53・7・7判タ369・430 ………… 1078
東京高決昭53・8・15刑裁月報10・6＝8・1094
　　　　　　　　　　　　　　………… 23
東京高決昭53・8・15刑裁月報10・6＝8・1096
　　　　　　　　　　　　　　………… 23
東京高判昭53・9・12刑裁月報10・9＝10・1181
　　　　　　　　　　　　　　……… 1096
東京高決昭53・10・17東時29・10・176 ……… 1175
東京高判昭53・12・12東時29・12・209 ……… 1091
東京高決昭53・12・22東時29・12・212 ………… 30
東京高決昭54・1・23判タ383・156 ………… 1042
東京高判昭54・2・27判時955・131 ……… 1059
東京高判昭54・3・29判タ389・146 ……… 1076
東京高判昭54・4・5刑裁月報11・4・275,
　　東時30・4・58 ……………… 635, 1068
東京高判昭54・5・30刑裁月報11・5・410 …… 641
東京高判昭54・8・14刑裁月報11・7＝8・787
　　　　　　　　　　　　　　……… 402

東京高判昭54・8・23判時958・131 ………… 904
東京高判昭54・10・23判タ407・157 ……… 632
大阪高判昭54・10・23判タ420・145 ……… 1062
名古屋高判昭54・11・14家裁月報32・6・90
　　　　　　　　　　　　　　……… 1079
東京高決昭54・11・20東時30・11・170 ……… 1104
東京高判昭54・12・13高刑集32・3・291 …… 1080
東京高判昭54・12・20東時30・12・196 ……… 1096
東京高判昭55・1・24東時31・1・3 ………… 1079
東京高判昭55・2・1判時960・8 ……………… 888
仙台高決昭55・3・24刑資245・278 ……… 320
大阪高判昭55・3・25高刑集33・1・80 ……… 891
名古屋高判昭55・7・31判時998・130 ……… 1068
東京高決昭55・9・26判時999・129 ………… 1292
東京高判昭55・10・7刑裁月報12・10・1101
　　　　　　　　　　　　　　……… 436
広島高判昭55・10・28高刑集33・4・298
　　　　　　　　　　　　　　……… 110, 117
福岡高判昭55・11・19刑裁月報12・11・1143
　　　　　　　　　　　　　　……… 1086
大阪高判昭55・11・27刑裁月報12・11・1184
　　　　　　　　　　　　　　……… 1080
福岡高判昭55・12・1判時1000・137 ……… 1067
東京高決昭56・2・9高検速報昭56・79 ……… 981
東京高判昭56・5・12判タ467・168 ………… 969
東京高判昭56・5・21東時32・5・22 ……… 1080
広島高判昭56・6・9判時1011・140 ……… 226
東京高判昭56・6・23刑裁月報13・6＝7・436
　　　　　　　　　　　　　　……… 1034, 1035
東京高判昭56・7・15判時1023・138 ……… 741
大阪高判昭56・7・27高刑集34・3・355
　　　　　　　　　　　　　　……… 742, 1071
東京高判昭56・8・20東時32・8・44 ……… 1090
東京高判昭56・12・7東時32・12・83 ……… 1096
東京高決昭57・3・8高刑集35・1・40 ……… 1037
大阪高判昭57・3・16判時1046・146 ……… 875
東京高判昭57・3・16判時1063・218 ……… 1092
東京高判昭57・4・12高検速報昭57・188 …… 1094
東京高判昭57・4・15判時1067・152 ……… 434
東京高判昭57・5・26高検速報昭57・233 …… 1073
名古屋高金沢支判昭57・6・3高検速報昭57・522
　　　　　　　　　　　　　　……… 1092
名古屋高金沢支判昭57・6・17判時1062・160
　　　　　　　　　　　　　　……… 1081
名古屋高判昭57・7・6判時1070・155 ……… 1082

名古屋高決昭57・7・7（判時1067・157）········ 23
東京高判昭57・8・30刑裁月報14・7＝8・639
　　　　　　　　　　　　　··············· 1063
東京高決昭57・9・16高刑集35・2・182 ········ 318
東京高判昭57・9・20東時33・9・57 ··········· 1071
大阪高決昭57・10・18判時1082・143 ········ 1103
東京高判昭57・11・4判タ489・129 ··········· 1078
大阪高判昭57・12・7判時1085・156 ··········· 1117
東京高判昭57・12・9高検速報昭57・486 ······ 367
東京高判昭58・1・26高刑集36・1・14 ········· 1095
東京高判昭58・1・27判タ496・163 ·············· 903
広島高判昭58・2・1判時1093・151 ·············· 421
東京高判昭58・5・26東時34・4＝6・17 ······· 1081
東京高判昭58・6・22判時1085・30 ·············· 864
高松高判昭58・10・17高検速報昭58・374
　　　　　　　　　　　　　··············· 1087
東京高判昭58・11・9刑裁月報15・11＝12・1154
　　　　　　　　　　　　　··············· 1095
大阪高判昭58・12・22刑裁月報15・11＝12・1210
　　　　　　　　　　　　　·········· 931, 1114
名古屋高決昭59・3・12判時1141・161 ······· 1049
東京高判昭59・3・13東時35・1＝3・6 ········· 1080
大阪高判昭59・3・14判タ535・304 ··········· 1077
大阪高判昭59・5・30高検速報昭59・200 ···· 1073
名古屋高決昭59・7・9高刑集37・2・348 ······ 316
東京高判昭59・7・18高刑集37・2・360 ········ 842
東京高判昭59・8・7高検速報昭59・255 ······· 741
東京高判昭59・8・8刑裁月報16・7＝8・532
　　　　　　　　　　　　　··············· 1078
東京高判昭59・8・22東時35・8＝9・65 ······ 1078
広島高判昭59・10・23刑裁月報16・9＝10・671
　　　　　　　　　　　　　··············· 1095
福岡高那覇支判昭59・10・25高検速報昭59・527
　　　　　　　　　　　　　··············· 1078
福岡高那覇支判昭59・10・25判時1176・160
　　　　　　　　　　　　　··············· 1079
福岡高判昭59・10・29高検速報昭59・529 ···· 364
東京高決昭59・10・30刑裁月報16・9＝10・697
　　　　　　　　　　　　　··············· 173
大阪高判昭59・12・5高刑集37・3・450 ······· 1072
大阪高決昭59・12・14判タ553・246 ··········· 512
東京高判昭60・3・19刑裁月報17・3＝4・57
　　　　　　　　　　　　　··············· 385
東京高判昭60・4・3高検速報昭60・106 ······ 1094
札幌高判昭60・5・7高検速報昭60・389

　　　　　　　　　　　　　·········· 840, 859
東京高判昭60・6・20高刑集38・2・99 ········ 1053
福岡高判昭60・7・16判タ566・316 ··········· 1069
大阪高判昭60・7・18判タ569・90 ·············· 332
福岡高判昭60・8・6高検速報昭60・356 ······· 1094
福岡高判昭60・9・24刑裁月報17・9・798 ····· 1062
大阪高判昭60・11・8高刑集38・3・199 ········ 1075
大阪高判昭60・12・11判タ605・106 ··········· 1068
東京高判昭60・12・13判時1183・3 ··········· 1104
大阪高判昭60・12・18判時1201・93 ··········· 434
東京高決昭61・6・12判時1228・135 ··········· 184
大阪高判昭61・9・5高刑集39・4・347 ········· 1083
東京高判昭61・10・29高刑集39・4・431 ····· 1073
東京高判昭61・12・18東時37・11＝12・94
　　　　　　　　　　　　　··············· 1078
東京高決昭62・1・5高刑集40・1・1 ··········· 184
東京高判昭62・2・23判タ648・268 ··········· 1078
広島高判昭62・2・26高検速報昭62・147 ····· 1082
名古屋高判昭62・3・9高検速報昭62・137
　　　　　　　　　　　　　··············· 1033
東京高判昭62・4・13高検速報昭62・52 ······ 1095
東京高判昭62・4・16判時1244・140 ··········· 430
東京高判昭62・5・25判タ646・216 ··········· 1082
東京高判昭62・7・29高刑集40・2・77 ········· 479
名古屋高判昭62・7・30判タ672・262 ········· 1062
大阪高判昭62・9・18判タ660・251 ··········· 426
東京高判昭62・9・22判タ661・252 ··········· 1091
東京高判昭62・10・14判タ658・231 ··········· 1081
東京高判昭62・10・20高刑集40・3・743
　　　　　　　　　　　　　·········· 924, 1073
東京高判昭62・10・29高検速報昭62・118
　　　　　　　　　　　　　··············· 1069
大阪高判昭62・11・24判タ663・228 ··········· 1079
東京高判昭62・12・1判タ667・233 ··········· 1091
札幌高決昭62・12・8高刑集40・3・748 ······· 184
大阪高決昭62・12・17判タ662・256 ··········· 1294
東京高判昭63・2・2東時39・1＝4・1 ··········· 1079
東京高判昭63・3・30家裁月報40・11・120
　　　　　　　　　　　　　··············· 1079
東京高判昭63・4・1判時1278・152 ··········· 352
福岡高判昭63・4・12判時1288・89 ··········· 434
大阪高判昭63・4・22高刑集41・1・123
　　　　　　　　　　　　　·········· 850, 964
東京高判昭63・5・16東時39・5＝8・17 ······ 1082
大阪高判昭63・5・18判時1309・152 ··········· 1079

東京高判昭63・8・2東時39・5＝8・32 ……… 1080
東京高判昭63・9・12判タ683・226 …… 1090, 1094
大阪高判昭63・9・29判時1314・152 …… 652, 915
大阪高決昭63・10・20判時1301・158 ……… 981
東京高決昭63・11・9東時39・9＝12・36 ……… 1175
東京高判昭63・12・21判時1313・165 ……… 1073
〈平　成〉
名古屋高判平元・1・18判タ696・229 …… 430, 434
東京高判平元・2・7判タ699・250 …………… 1068
東京高判平元・4・13東時40・1＝4・16 ……… 110
東京高判平元・5・10東時40・5＝8・19
…………………………………… 1078, 1079
東京高判平元・6・1判タ709・272 ……… 730
東京高判平元・6・2高検速報平元・79 ……… 1081
東京高決平・7・4東時40・5＝8・20 …… 27, 30
東京高決平元・7・6高刑集42・2・121 ……… 1101
東京高判平元・7・6東時40・5＝8・21 ……… 424
大阪高判平・7・18判時1334・236 ……… 1094
東京高判平元・10・11高検速報平元・108
…………………………………………… 1095
大阪高判平元・11・10判タ729・24 ……… 894
福岡高判平元・11・13高検速報平元・250
…………………………………………… 1080
広島高判平2・1・26高検速報平2・221 …… 1096
東京高判平2・5・10判タ741・245 ………… 1063
東京高判平2・6・20家裁月報42・12・62 …… 1079
大阪高決平2・7・30高刑集43・2・96 ……… 171
大阪高判平2・9・25判タ750・250 ………… 1066
大阪高判平2・10・24高刑集43・3・180 …… 871
広島高判平2・10・25判タ752・74 …… 434, 438
東京高判平2・11・29高刑集43・3・202 …… 577
東京高判平2・12・12判時1376・128 ……… 1079
広島高判平2・12・18判時1394・161 ……… 497
大阪高判平3・3・27家裁月報44・3・92 …… 1079
東京高判平3・4・1判時1400・128 ………… 1091
大阪高判平3・4・16高刑集44・1・56 ……… 1083
東京高判平3・4・23高刑集44・1・66 ……… 865
東京高判平3・5・9判時1394・70 …………… 432
大阪高判平3・6・13判時1404・128 ………… 1068
東京高判平3・6・18判タ777・240 ………… 906
大阪高判平3・7・30研修537・35 ………… 894
広島高岡山支判平3・9・13判時1402・127 … 965
東京高判平3・9・18高刑集44・3・187 …… 577
大阪高判平3・10・11判時1409・127 ……… 1069
東京高判平3・10・29高刑集44・3・212

………………………………… 1072, 1087
大阪高判平3・11・14判タ795・274 ………… 1072
大阪高判平3・11・19判時1436・143 ………… 300
東京高判平3・12・10高刑集44・3・217
…………………………………… 49, 1068
大阪高判平4・2・5高刑集45・1・28 …… 850, 852
東京高判平4・2・18東時43・1＝12・3
…………………………………… 1080, 1082
東京高判平4・4・8判時1434・140 ……… 365, 894
東京高判平4・5・28東時43・1＝12・25 …… 1073
東京高判平4・7・20判時1434・143 …… 365, 894
東京高判平4・8・26判タ805・216 ………… 1090
東京高判平4・9・25高刑集45・3・58 …… 110, 116
東京高決平4・10・30判タ811・242 ………… 1040
福岡高判平5・3・8判タ834・275 …………… 456
福岡高判平5・3・18判時1489・159 ………… 865
福岡高判平5・4・15判時1461・159 …………… 62
仙台高判平5・4・26判タ828・284 ………… 1070
東京高判平5・6・1東時44・1＝12・34 ……… 1080
名古屋高判平5・8・2高刑集46・2・229 …… 1068
東京高判平5・8・9判時1494・158 ………… 1093
東京高判平5・8・20判時1504・13 ………… 1079
東京高判平5・10・21高刑集46・3・271 …… 882
札幌高判平5・10・26判タ865・291 ………… 1092
福岡高判平5・11・16判時1480・82 …………… 77
東京高判平6・2・10東時45・1＝12・4,
　判タ854・299 ………………………… 261, 1067
東京高判平6・2・24高検速報平6・46 ……… 1083
東京地決平6・3・29判時1520・154 ………… 1177
大阪高判平6・4・20高刑集47・1・1 ……… 1104
東京高判平6・5・31東時45・1＝12・36 …… 1093
東京高判平6・6・6高刑集47・2・252 …… 653, 1072
東京高判平6・6・29判時1522・150 ………… 1095
東京高判平6・8・2高刑集47・2・282 ……… 1066
福岡高判平6・10・5判タ883・296 ………… 852
東京高判平6・11・16判タ887・275 ………… 1091
東京高判平6・11・28判タ897・240 …… 1066, 1098
東京高判平7・1・25高刑集48・1・6 ……… 1078
福岡高宮崎支判平7・1・19高検速報平7・143
…………………………………… 110, 116
東京高判平7・3・14高刑集48・1・15 ……… 1079
福岡高判平7・3・23判タ896・246 ………… 1093
東京高判平7・4・3判タ916・257 ………… 1063
東京高判平7・4・27高刑集48・1・126 …… 1081
東京高判平7・5・30高検速報平7・65 ……… 1093

大阪高判平7・6・6判時1554・160 ……………… 1079
東京高判平7・6・26判時1551・138 …… 1086, 1087
東京高判平7・6・28判時1573・142 …………… 925
福岡高判平7・8・30判時1551・44, 判タ907・281
　………………………………………………… 850, 852
大阪高判平7・12・7高刑集48・3・199 ………… 577
福岡高判平8・3・19判時1579・143 …………… 1081
広島高判平8・5・23高検速報平8・159 ……… 887
東京高判平8・5・29高刑集49・2・272 …… 363, 882
大阪高判平8・7・24判時1584・150 …………… 1094
東京高判平8・7・25高刑集49・2・417
　……………………………………………… 1117, 1122
東京高判平8・8・1東時47・1＝12・101 …… 1081
東京高判平8・8・7東時47・1＝12・108 ……… 1092
大阪高判平8・9・26判タ942・129 ……………… 428
大阪高判平8・9・26判時1597・81 ……………… 428
高松高判平8・10・8判タ929・270 …………… 1094
大阪高判平8・11・27判時1603・151 ………… 1070
東京高判平9・1・29高刑集50・1・1 ………… 1093
名古屋高判平9・2・10高検速報平9・105 …… 1071
東京高判平9・3・11東時48・1＝12・12 …… 1077
東京高判平9・3・18東時48・1＝12・22 …… 1079
東京高判平9・4・24東時48・1＝12・40 …… 1073
大阪高判平9・4・25判時1620・157 …………… 1067
東京高判平9・6・26東時48・1＝12・47 …… 369
東京高判平9・7・7東時48・1＝12・49 ……… 1082
東京高判平9・7・16高刑集50・2・121 ……… 498
大阪高判平9・8・29判時1627・155 …………… 1086
東京高判平9・9・8東時48・1＝12・63 ……… 1066
東京高判平9・9・17判時1623・155 …………… 1094
名古屋高判平9・9・29高刑集50・3・139 …… 1068
大阪高判平9・10・15判時1640・170 ………… 1073
東京高判平9・10・16東時48・1＝12・70 …… 1077
名古屋高判平10・1・28高刑集51・1・70 …… 1072
福岡高判平10・2・5判時1642・157 …………… 1070
東京高判平10・3・11判時1660・155 ………… 435
広島高判平10・3・19判時1645・157 …………… 1092
東京高判平10・3・25判タ984・287 …………… 1076
東京高判平10・3・31東時49・1＝12・14
　…………………………………………… 1066, 1097
東京高判平10・4・28判時1647・53 …………… 1093
札幌高判平10・5・12判時1652・145 ………… 887
東京高判平10・6・9判タ987・294 …………… 1078
東京高判平10・6・24判タ991・286 …………… 1072
東京高判平10・7・1高刑集51・2・129 ……… 742

大阪高判平10・7・16判タ1006・282 ……… 1092
東京高決平10・8・12東時49・1＝12・50 …… 1141
東京高判平10・8・26東時49・1＝12・52 …… 1097
大阪高判平10・9・1判タ1004・289 …………… 1097
東京高決平10・10・26東時49・1＝12・67 …… 1186
東京高判平10・11・11東時49・1＝12・75
　…………………………………………… 1066, 1097
大阪高判平10・12・9判タ1063・272 ………… 883
東京高判平11・1・29東時50・1＝12・16 …… 1097
大阪高判平11・3・31判時1681・159 ………… 1093
東京高判平11・7・26東時50・1＝12・59 …… 1079
東京高判平11・10・13高検速報平11・102
　………………………………………………… 1094
東京高判平11・10・13東時50・1＝12・114
　………………………………………………… 1080
広島高判平11・10・14判時1703・169 ………… 497
東京高判平11・11・1東時50・1＝12・126 …… 1094
東京高判平11・11・15高検速報平11・111
　………………………………………………… 1074
東京高判平12・3・9東時51・1＝12・34 …… 1066
東京高判平12・3・30東時51・1＝12・36 …… 1096
東京高判平12・5・23東時51・1＝12・55 …… 1092
東京高判平12・6・27東時51・1＝12・82 …… 1066
大阪高判平12・8・24判時1736・130 ………… 1062
福岡高判平12・9・5高検速報平12・195 …… 1114
東京高判平12・11・7東時51・1＝12・109
　…………………………………………… 1066, 1097
東京高判平12・11・16東時51・1＝12・110
　………………………………………………… 1093
大阪高判平13・1・30判時1745・150 ………… 1087
東京高決平13・2・13判時1763・216 …………… 321
大阪高判平13・4・6判時1747・171 …………… 1070
大阪高判平13・6・21判タ1085・292 …………… 1094
東京高判平13・6・28東時52・1＝12・34 …… 1079
東京高判平13・10・4東時52・1＝12・66 …… 1079
名古屋高判平13・12・10高検速報平13・191
　………………………………………………… 1081
大阪高判平14・1・17判タ1119・276 ………… 1066
東京高判平14・2・5東時53・1＝12・9 …… 1063
東京高判平14・2・18東時53・1＝12・17 …… 1091
札幌高判平14・3・19判時1803・147 ………… 855
東京高決平14・3・27（高検速報平14・52）…… 23
東京高判平14・6・6東時53・1＝12・70 …… 1070
東京高判平14・6・12高検速報平14・69 …… 859
東京高判平14・6・28東時53・1＝12・73 …… 1072

判例索引　1349

福岡高判平14・9・4高検速報平14・169 …… 1080
東京高判平14・10・23高検速報平14・92 …· 1072
名古屋高判平14・12・6高検速報平14・141
　　　　　………………………………… 1062
広島高判平14・12・10高検速報平14・158
　　　　　………………………………… 1072
東京高判平14・12・10東時53・1＝12・114
　　　　　………………………………… 1096
福岡高宮崎支判平14・12・19判タ1185・338
　　　　　………………………………… 1091
福岡高判平15・2・13高検速報平15・137 …· 1092
大阪高判平15・3・4判タ1143・306 ………… 1077
東京高判平15・3・20東時54・1＝12・14 …… 1071
東京高決平15・3・31東時54・1＝12・20 ……… 30
東京高決平15・4・4東時54・1＝12・22 …… 1101
東京高判平15・5・14東時54・1＝12・24 …… 1071
東京高判平15・5・19判時1883・153 ……… 1059
大阪高判平15・8・21判タ1143・300 ……… 1077
広島高判平15・9・2判時1851・155 ……… 1070
東京高判平15・10・16高刑集56・4・1 ……… 1114
東京高判平15・12・9東時54・1＝12・87 …… 1093
福岡高判平16・2・13高刑集57・1・4 ……… 1071
大阪高判平16・2・19高刑集57・1・9 ……… 1076
福岡高判平16・2・25判タ1155・129 ……… 1071
東京高判平16・3・9東時55・1＝12・14 …… 1073
名古屋高判平16・3・15裁判所ウェブサイト
　　　　　………………………………… 1091
東京高判平16・4・22東時55・1＝12・32 …… 1094
東京高判平16・6・1東時55・1＝12・45 …… 1079
東京高判平16・6・17東時55・1＝12・48 …… 1095
東京高判平16・6・22東時55・1＝12・50 …… 1077
東京高判平16・7・16東時55・1＝12・65 …… 1066
東京高決平16・9・8家裁月報57・4・90 ………… 12
仙台高決平16・9・9家裁月報57・6・169 …… 1042
東京高判平16・9・29東時55・1＝12・86
　　　　　……………………………… 204, 454
福岡高判平16・10・8高検速報平16・202 …… 739
大阪高判平16・12・9高刑集57・4・8 ……… 1079
東京高判平17・2・16高検速報平17・65 …… 1070
東京高判平17・3・4高検速報平17・89 …… 1093
東京高決平17・3・10高刑集58・1・6 ……… 1213
福岡高宮崎支判平17・3・24高検速報平17・325
　　　　　………………………………… 1087
東京高判平17・3・31判時1894・155 ……… 1081
東京高判平17・5・11高検速報平17・137 …· 1098

東京高判平17・6・15高検速報平17・140 …… 883
大阪高判平17・6・28判タ1192・186 …· 896, 1094
東京高判平17・7・5東時56・1＝12・43 ……… 1078
東京高判平17・7・12東時56・1＝12・51 …… 1066
東京高判平17・8・16高刑集58・3・38 ……… 1076
大阪高判平17・9・7家裁月報58・3・149 …… 1082
東京高判平17・9・28東時56・1＝12・59 …… 1076
東京高判平17・11・16東時56・1＝12・85 …… 427
名古屋高判平17・11・21高検速報平17・297
　　　　　………………………………… 1067
東京高判平17・12・6高検速報平17・244 …… 1081
東京高判平18・4・13東時57・1＝12・16 …… 1070
広島高松江支判平18・4・24高検速報平18・273
　　　　　………………………………… 1086
東京高判平18・4・27東時57・1＝12・21 …… 1072
東京高判平18・6・13高刑集59・2・1 ……… 887
名古屋高判平18・6・26高刑集59・2・4 ……… 741
東京高判平18・9・12高検速報平18・155 …… 436
東京高判平18・9・21東時57・1＝12・49 …… 1081
大阪高決平18・9・22判時1947・169 ……… 789
大阪高決平18・10・6判時1945・166 ……… 787
東京高決平18・10・16判タ1229・204 ………… 787
東京高判平19・1・18東時58・1＝12・1 ……… 1069
東京高決平19・2・27東時58・1＝12・11 …… 1046
東京高判平19・3・7東時58・1＝12・20 …… 1117
東京高判平19・3・14高検速報平19・145 …· 1078
東京高判平19・4・9高検速報平19・186
　　　　　……………………………… 1073, 1081
東京高判平19・4・19高検速報平19・201 …· 1097
東京高判平19・5・10高検速報平19・218 …· 1117
東京高判平19・5・21東時58・1＝12・29 …… 1078
東京高判平19・5・29東時58・1＝12・32 …… 1093
名古屋高判平19・7・12訟務月報54・7・1531
　　　　　…………………………………… 78
東京高判平19・7・20東時58・1＝12・46 …… 1081
東京高決平19・7・23東時58・1＝12・48 …… 1042
東京高判平19・8・2高検速報平19・276 …… 1117
東京高判平19・8・8東時58・1＝12・49 …… 1092
東京高判平19・8・9東時58・1＝12・58 …… 1079
東京高決平19・8・10東時58・1＝12・66,
　裁判所ウェブサイト ……………… 798, 808
東京高判平19・8・10
東京高決平19・9・5判タ1258・346 ………… 974
東京高判平19・9・12高検速報平19・309 …· 1097
東京高判平19・9・26高検速報平19・321 …· 1072

東京高判平19・10・31高検速報平19・350
.... 1072
東京高判平20・3・26判タ1272・329 1098
東京高判平20・3・27東時59・1=12・22
.... 903, 904
東京高判平20・4・24東時59・1=12・31 1078
東京高判平20・5・15判時2050・103 434
東京高判平20・5・20高検速報平20・96 1062
名古屋高金沢支判平20・6・5判タ1275・342
.... 815
東京高決平20・6・18東時59・1=12・47 797
東京高判平20・7・3高検速報平20・109 1079
東京高決平20・7・11東時59・1=12・65
.... 786, 788
東京高判平20・8・18東時59・1=12・72 1072
東京高決平20・8・19刑集62・8・2792 798
東京高判平20・9・17判タ1286・345 1098
東京高判平20・9・19東時59・1=12・81 1083
広島高判平20・10・30高検速報平20・257
.... 1091
東京高判平20・10・30東時59・1=12・119 742
東京高決平20・11・17裁判所ウェブサイト
.... 808
東京高判平20・11・18高刑集61・4・6,
判タ1301・307 .... 730, 817
大阪高決平20・12・3判タ1292・150 ..... 788, 808
東京高判平20・12・9判タ1297・311 1110
東京高決平21・1・20東時60・1=12・1 789
東京高判平21・2・5東時60・1=12・26 1083
東京高判平21・3・10東時60・1=12・35 1077
東京高判平21・3・19東時60・1=12・41 818
福岡高判平21・5・15判タ1323・65 1092
東京高判平21・6・16東時60・1=12・84 1073
東京高決平21・6・23判タ1303・90 854
大阪高判平21・10・8季刊刑事弁護61・182
.... 368
東京高判平21・10・20東時60・1=12・165 816
東京高判平21・11・16東時60・1=12・185
.... 1076
東京高判平21・12・17東時60・1=12・241
.... 1069
東京高判平21・12・18東時60・1=12・243
.... 1073
東京高判平21・12・25東時60・1=12・250
.... 1062

東京高決平22・1・5判タ1334・262 798
東京高判平22・1・19東時61・1=12・5 1072
東京高判平22・1・21東時61・1=12・6 1078
東京高判平22・1・26東時61・1=12・25 1069
東京高判平22・3・9東時61・1=12・54 1069
東京高判平22・5・27高刑集63・1・8 881
東京高判平22・6・14東時61・1=12・122 72
仙台高判平22・6・29高検速報平22・268
.... 43, 1067
東京高判平22・7・5東時61・1=12・162 1081
広島高判平22・7・28高検速報平22・161 816
東京高判平22・8・3判タ1342・249 1062
福岡高判平22・8・5判タ1335・281 1083
東京高判平22・11・1東時61・1=12・274 368
東京高判平22・11・1判タ1367・251 892
東京高判平22・11・16東時61・1=12・280
.... 1083
高松高判平22・11・18高刑集63・3・10
.... 1071, 1078
東京高判平22・11・18東時61・1=12・300
.... 1095
東京高判平22・11・22判タ1364・253 872
東京高判平22・11・30東時61・1=12・308,
高検速報平22・103 .... 739, 1071
東京高判平22・12・8東時61・1=12・314 1092
東京高判平22・12・10東時61・1=12・338
.... 1077
東京高判平23・3・8東時62・1=12・10 1097
東京高判平23・4・12東時62・1=12・33,
判タ1399・375 .... 643, 1068
東京高判平23・4・12 ....
仙台高判平23・6・30高検速報平23・255 .. 1095
福岡高判平23・7・1判時2127・9 78
仙台高判平23・7・19判タ1389・376 804
東京高判平23・8・30東時62・1=12・72
.... 287
東京高判平23・9・21東時62・1=12・86 1079
東京高判平23・9・28高検速報平23・137 881
東京高決平23・11・22判タ1383・382 808
東京高判平23・11・25東時62・1=12・117
.... 1092
東京高判平24・1・30判タ1404・360 ...... 816, 903
東京高判平24・3・5高検速報平24・81 1093
東京高判平24・4・11東時63・1=12・60 1091
東京高決平24・5・30東時63・1=12・87 1101

判例索引　1351

東京高判平24・6・5高検速報平24・130 ······ 1084
東京高判平24・6・28東時63・1＝12・135 ···· 1097
名古屋高金沢支判平24・7・3高検速報平24・201
　　　　　　　　　　　　　　　　　 ······ 488
東京高判平24・9・4東時63・1＝12・184 ···· 1069
東京高判平24・9・4東時63・1＝12・187 ···· 1066
東京高判平24・11・7判タ1400・372 ·········· 854
東京高判平24・11・28東時63・1＝12・254
　　　　　　　　　　　　　　　　　 ······· 1077
東京高判平25・1・25東時64・1＝12・40 ···· 1079
東京高判平25・2・20東時64・1＝12・62 ···· 1092
高松高判平25・4・11判タ1411・253 ········· 1114
東京高判平25・5・7東時64・1＝12・107 ···· 1072
広島高判平25・6・6高検速報平25・218 ······ 488
東京高判平25・6・12判タ1417・194 ········· 1079
東京高判平25・7・23判時2201・141 ········· 850
東京高判平25・9・10高検速報平25・113 ···· 1098
東京高判平25・11・6判タ1419・230 ········· 1091
東京高決平25・12・12高検速報平25・144 ····· 52
名古屋高判平26・3・4高検速報平26・137 ···· 881
東京高決平26・3・28判時2235・137 ·········· 1220

東京高判平26・12・12高刑集67・2・1 ·········· 605
東京高判平27・2・6東時66・1＝12・4 ········· 1072
仙台高判平27・2・26高検速報平27・316 ······ 549
大阪高判平27・3・11判時2291・137 ·········· 1092
広島高岡山支判平27・3・18高検速報平27・1
　　　　　　　　　　　　　　　　　 ········· 881
福岡高判平27・3・26〈未〉 ···················· 1079
東京高決平27・5・19東時66・1＝12・51 ······ 180
東京高判平27・7・9判時2280・16 ··············· 79
大阪高判平27・7・30判例秘書 ················· 1072
大阪高判平28・5・26判タ1438・130 ·········· 741
名古屋高判平28・6・29判時2307・129 ········ 352
広島高判平28・7・21高検速報平28・241 ······ 352
東京高判平28・8・10判タ1429・132
　　　　　　　　　　　　　 ······· 779, 855, 897
大阪高判平29・3・14判時2361・118 ·········· 1070
福岡高判平29・7・20裁判所ウェブサイト ···· 79
福岡高判平29・10・13〈未〉 ···················· 79
東京高決平30・6・22東京高裁判決時報（刑事）
　　速報平成30年11番 ······················· 671

地方裁判所等

〈昭　和〉

名古屋地判昭32・5・27判時119・27 ·············· 14
東京地判昭33・9・29判時164・34 ················· 489
東京地判昭34・4・28判時187・8 ·················· 491
東京地決昭34・5・22下刑集1・5・1339 ········· 205
秋田地決昭34・8・12下刑集1・8・1865 ········· 217
東京地決昭34・8・27下刑集1・8・1888 ········· 161
大阪地決昭34・12・26下刑集1・12・2725 ······ 184
広島地福山支決昭35・4・5下刑集2・3＝4・651
　　　　　　　　　　　　　　　　　 ········· 1294
広島地決昭35・5・2下刑集2・5＝6・949 ······ 1294
岐阜地決昭35・7・30下刑集2・7・1184 ········ 1294
大阪地決昭35・12・5判タ248・35 ··············· 402
秋田地決昭35・12・24下刑集2・11＝12・1610
　　　　　　　　　　　　　　　　　 ········· 1041
名古屋地決昭36・9・26下刑集3・9＝10・967
　　　　　　　　　　　　　　　　　 ·········· 173
田川簡決昭36・9・27下刑集3・9＝10・970 ···· 161
釧路地網走支決昭37・2・15下民集13・2・216

　　　　　　　　　　　　　　　　　 ············ 41
東京地八王子支判昭37・5・16下刑集
　　4・5＝6・444 ······························· 964
大阪地決昭37・9・24判時322・41 ·············· 182
東京地決昭37・10・16下刑集4・9＝10・968
　　　　　　　　　　　　　　　　　 ·········· 401
札幌地決昭37・10・23下刑集4・9＝10・974
　　　　　　　　　　　　　　　　　 ········· 1294
大阪地決昭38・4・2下刑集5・3＝4・444 ······ 405
大阪地決昭39・2・25下刑集6・1＝2・150 ······ 420
新潟地決昭39・6・1下刑集6・5＝6・791 ······ 1041
東京地決昭39・10・15下刑集6・9＝10・1185
　　　　　　　　　　　　 ······· 167, 384, 401
長野地松本支判昭39・11・2下刑集
　　6・11＝12・1259 ·························· 489
東京地決昭39・12・25判時405・21 ·············· 38
東京地決昭40・2・2判タ173・220 ·············· 369
高知地決昭40・5・24下刑集7・5・1155
　　　　　　　　　　　　　　 ······· 1040, 1041

大阪地決昭40・8・16下刑集7・8・1762 ……… 414
名古屋地決昭40・9・28下刑集7・9・1847 …… 181
東京地決昭40・10・20下刑集7・10・1934 …… 978
札幌地室蘭支決昭40・12・4下刑集7・12・2294
……………………………………………………… 404
札幌地決昭41・8・1下刑集8・8・1170 ……… 1294
佐賀地決昭41・11・19下刑集8・11・1489 …… 1191
東京地決昭41・11・19判時469・65 ………… 182
東京地判昭42・1・28訟務月報13・3・301 …… 384
東京地決昭42・2・21判時475・62 ………… 181
東京地判昭42・7・14下刑集9・7・872 … 427, 430
釧路地決昭42・9・8下刑集9・9・1234 ……… 428
東京地決昭42・11・9判タ213・204 ………… 402
札幌地判昭42・11・11判タ215・220 ………… 509
東京地決昭42・11・22判タ215・214 ………… 425
東京地決昭42・11・30判タ215・215 ………… 565
徳島地決昭43・1・20下刑集10・1・106 ……… 411
東京地決昭43・3・5下刑集10・3・320 ……… 428
神戸地決昭43・3・22下刑集10・3・328 …… 1191
大阪地決昭43・6・28判時527・91 …………… 36
東京地決昭43・9・7下刑集10・9・961 ……… 428
東京地決昭43・11・26判時538・21 ………… 1191
福岡地決昭43・12・28判時564・88 ………… 1189
浦和地判昭44・3・24刑裁月報1・3・290 …… 504
福岡地小倉支決昭44・6・18刑裁月報1・6・720
……………………………………………………… 429
東京地決昭44・7・10刑裁月報1・7・786 …… 1191
大阪地決昭44・8・1刑裁月報1・8・850 …… 32
大阪地決昭44・10・1判時591・102 ………… 1189
京都地決昭44・11・5判時629・103 ………… 435
東京地決昭45・3・9刑裁月報2・3・341 ……… 212
広島地決昭45・5・4刑裁月報2・5・617 ……… 183
山口地岩国支決昭45・5・7刑裁月報2・5・622
……………………………………………………… 161
東京地決昭45・6・19判時599・143 …… 1051, 1101
横浜地決昭45・7・7刑裁月報2・7・755 ……… 223
福岡地決昭45・8・25刑裁月報2・8・881 …… 566
大阪地決昭45・9・11判時613・104 ………… 1194
京都地決昭45・10・2判時634・103, 判タ255・225
……………………………………………… 402, 421
東京地決昭45・10・8判時608・176 ………… 78
大阪地判昭45・10・30刑裁月報2・10・1127
……………………………………………………… 387
福岡地決昭46・3・29判タ263・279 ………… 41
東京家決昭46・7・2家裁月報23・11＝12・171

………………………………………………… 1188
神戸地決昭46・9・25刑裁月報3・9・1288
……………………………………………… 402, 420
高松家丸亀支決昭46・12・21家裁月報24・8・90
……………………………………………………… 514
京都地決昭47・4・11刑裁月報4・4・910 … 402
福岡地決昭47・6・6判時675・113 ………… 169
東京地決昭47・7・8刑裁月報4・7・1417 …… 416
大阪地決昭47・8・1判時693・111 ………… 401
岡山地決昭47・8・10刑裁月報4・8・1511 … 131
富山地決昭47・10・30判時690・104 ……… 38
東京地決昭47・12・1刑裁月報4・12・2030
……………………………………………………… 1189
京都地決昭47・12・27刑裁月報4・12・2040
……………………………………………………… 446
東京地決昭48・1・22判時690・95 ……… 38
東京地決昭48・2・15刑裁月報5・2・182 …… 402
東京簡命昭48・2・28判時698・113 ………… 415
東京地決昭48・3・2刑裁月報5・3・360 …… 1191
東京地命昭48・3・2刑裁月報5・3・362
……………………………………… 379, 383, 401
大津地決昭48・4・4刑裁月報5・4・845 ……… 425
浦和地決昭48・4・21刑裁月報5・4・874 …… 422
東京地命昭48・5・11判時719・104 ………… 379
東京地判昭48・11・14刑裁月報5・11・1458
……………………………………………………… 907
岡山地決昭49・2・13刑裁月報6・2・178 …… 161
東京地決昭49・9・2刑裁月報6・9・994 …… 1042
福井地判昭49・9・30判時763・115 ………… 434
大阪地決昭50・9・25判時804・113 ………… 1194
東京地決昭51・12・2刑裁月報8・11＝12・532
……………………………………………………… 1191
金沢地決昭52・4・13判時874・111 ………… 435
京都地決昭52・5・24判時868・112 ………… 421
京都地決昭53・1・25判時898・129 ………… 316
千葉地決昭53・5・8判時889・20 ………… 1030
東京地決昭53・6・29判時893・3 ………… 904
京都地決昭53・1・25判時898・129 ………… 321
横浜地判昭54・7・10刑裁月報11・7＝8・801
……………………………………………… 428, 431
富山地決昭54・7・26判時946・137 ………… 391
東京地判昭54・9・3判時960・125 ………… 929
東京地決昭55・1・11刑裁月報12・1＝2・55
……………………………………………………… 1195
東京家決昭55・7・7家裁月報33・1・114 …… 521

判例索引　1353

東京地決昭55・9・5判時1020・140 ……………… 571
東京地決昭56・1・22判時992・3 ……………… 903
松江地判昭57・2・2判タ466・189 ……………… 351
千葉地判昭57・5・27判時1062・161 ……………… 490
大阪地判昭58・1・28判時1089・159 ……………… 894
東京地決昭58・5・27刑裁月報15・4＝6・343
　……………………………………………………………… 77
大阪地決昭58・6・28判タ512・199 ……………… 387
福岡地小倉支判昭59・3・19判時1114・81 …… 438
東京地判昭59・6・22刑裁月報16・5＝6・504
　……………………………………………………………… 450
前橋地決昭59・12・15刑裁月報16・11＝12・756
　……………………………………………………………… 416
前橋地判昭60・3・14判時1161・171 ……………… 434
東京地判昭60・11・25判時1178・62 ……………… 487
福岡地久留米支判昭61・5・28判時1209・99
　……………………………………………………………… 439
大阪地判昭61・7・3判時1214・141 ……………… 959
福岡地久留米支決昭62・2・5判時1223・144
　……………………………………………………………… 401
東京地決昭62・4・23判時1229・108 ……… 1263
岡山地判昭62・11・12判時1255・39 ……………… 965
東京地判昭62・11・25判タ661・269 ……………… 848
東京地判昭62・12・16判時1275・35 ……………… 865
東京地八王子支判昭63・8・31判時1298・130
　……………………………………………………… 434, 439
名古屋地決昭63・11・7判タ684・253 ……… 560

〈平　成〉
東京地決平元・3・1判時1321・160 ……………… 207
浦和地判平元・3・22判タ698・83 ……………… 892
東京地判平元・5・29判タ704・200 ……………… 368
浦和地判平元・10・3判時1337・150,
　判タ717・244 ………………………………… 865, 903
浦和地決平元・11・13判タ712・286 ……………… 401
大阪地判平元・12・7判タ744・215 ……………… 850
浦和地判平2・1・24判時1346・124 ……………… 439
東京地判平2・7・26判時1358・151 ……………… 351
東京地判平2・12・25判時1379・102 ……………… 491
大阪地判平3・3・7判タ771・278 ……………… 420
千葉地判平3・3・29判時1384・141 ……………… 351
東京地決平3・5・15判タ774・275 …… 1030, 1194
京都地判平3・6・4判時1409・102 ……………… 434
宇都宮地判平3・7・11家裁月報44・1・162 … 963
浦和地決平4・1・16判タ792・258 ……………… 893
横浜地判平4・3・3判タ796・120 ……… 434, 435

浦和地判平4・3・19判タ801・264 ……………… 865
東京地決平6・3・29判時1520・154 ………… 1191
東京家八王子支平9・7・23家裁月報50・1・179
　…………………………………………………………… 1042
東京地判平9・11・21判時1647・128 ……………… 439
東京地八王子支決平10・12・24判タ994・290
　……………………………………………………………… 752
東京地決平12・4・28判タ1047・293 ……………… 401
東京地決平13・12・3判時1776・168 ………… 1192
東京地判平14・11・11判タ1134・119 ………… 438
和歌山地判平14・12・11判タ1122・464 ……… 896
札幌地判平15・2・27判タ1143・122 …………… 884
東京地判平15・6・20判時1843・159 …………… 488
東京地判平17・9・15判タ1199・292 …………… 517
東京地判平18・3・29判時1935・84 …………… 213
広島地決平18・4・26判時1940・168 …………… 798
さいたま地判平18・6・9判タ1240・212 …… 522
東京地決平19・5・21D1-Law.com判例体系
　……………………………………………………………… 415
東京地決平19・5・22裁判所ウェブサイト
　……………………………………………………………… 786
東京地決平19・7・20裁判所ウェブサイト
　……………………………………………………………… 789
横浜地決平19・8・16裁判所ウェブサイト
　……………………………………………………………… 808
さいたま地決平20・3・17裁判所ウェブサイト
　……………………………………………………………… 787
鹿児島地判平20・3・24判時2008・3 ……… 78
さいたま地決平20・6・13裁判所ウェブサイト
　……………………………………………………………… 807
名古屋地決平20・6・26裁判所ウェブサイト
　……………………………………………………………… 401
岡山地決平20・7・15裁判所ウェブサイト
　……………………………………………………………… 788
横浜地決平20・9・12裁判所ウェブサイト
　……………………………………………………………… 805
東京地決平22・2・25判タ1320・282 …………… 401
京都地判平22・3・24判時2078・77 …………… 78
大阪地判平22・9・15判時2096・106 …………… 82
佐賀地判平22・12・17訟務月報57・11・2425
　……………………………………………………………… 78
東京地判平23・3・30判タ1356・237 …………… 852
大阪地判平23・9・28判タ1398・377 …………… 907
東京地判平24・2・27判タ1381・251 …………… 850
東京家決平24・6・7家裁月報64・11・77 …… 1188

横浜地判平24・7・20判タ1386・379 ············· 853
東京家決平25・1・8家裁月報65・6・131 ······ 1188
東京地決平26・1・29判タ1401・381 ············· 786
静岡地決平26・3・27判時2235・113 ··········· 1220

東京地判平26・11・7判時2258・46 ················· 79
福岡地小倉支判平27・2・26判時2276・15 ······ 79
佐賀地判平28・5・13〈未〉····························· 79

★本書の無断複製(コピー)は,著作権法上での例外を除き,禁じられています。また,代行業者等に依頼してスキャンやデジタルデータ化を行うことは,たとえ個人や家庭内の利用を目的とする場合であっても,著作権法違反となります。

逐条実務刑事訴訟法

定価は外函に
表示しています。

| 平成30年11月20日 | 第1刷発行 |
| 令和5年4月20日 | 第4刷発行 |

編 者　伊　丹　俊　彦
　　　　合　田　悦　三
発行者　橘　　　茂　雄
発行所　立　花　書　房
東京都千代田区神田小川町3-28-2
電話 03-3291-1561(代表)
FAX 03-3233-2871
https://tachibanashobo.co.jp

© 2018 伊丹俊彦,合田悦三　　印刷:加藤文明社／製本:東京美術紙工
乱丁・落丁の際は本社でお取り替えいたします。

捜索・差押えの疑問に答える、現場のための手引書

捜索・差押え ハンドブック

立花書房 好評書

[監修] 弁護士 元大阪高等検察庁検事長 **伊丹俊彦** [著]

津地方検察庁検事正 **松本　裕**
札幌高等検察庁検事 **倉持俊宏**
厚生労働省大臣官房 参事官（法務担当）・検事 **山口貴亮**

捜索・差押え現場の疑問を、現役検事がQ&A形式で解説！

捜査官、警察官を対象として、「どのような場面でどの令状を請求するのか」、「令状請求の手続や令状執行時に注意すべきことは何か」といった、様々な場面で生じる現場の疑問に答える。

わかりやすさ、読みやすさを追求した捜索・差押えの手引書！

①見出しを活用して段落を分け、②結論を端的に示し、③実務上の留意点を指摘し、④参考判例は末尾にまとめる、などの工夫を凝らした。

平成28年改正「通信傍受法」のほか、近年の重要論点を網羅！

通信傍受、サイバー犯罪・個人情報関連の捜索・差押えの方法等について詳述。

内容見本

捜索・差押え ハンドブック

伊丹 俊彦 監修
松本　裕
倉持 俊宏 著
山口 貴亮

立花書房

A5判・並製・304頁（送料：300円）
定価（本体1900円＋税）

（2）　考え方と実務上の留意点

　上記(1)の裁判例は、上記のような の強制がない手段・方法によって行 査として許されるものと理⋯

　もっとも、意識不明者からの呼気 るのではなく、その実施に当たって 使を伴わない限りで、必要性と緊急 行為を阻害していないか、当該採取 に比して被告人に不利に働く結果を などをも総合考慮して、実施の可否⋯

図1　携帯電話からの位置探索

　殺人事件現場から、所有者不明の携 話の契約者名を知りたいが、どのよう 使用の携帯電話が所在不明となってお れた。その携帯電話の現在場所を知ろ どのようにすればよいか。

[関係条文]　ガイドライン、刑訴法197条2⋯

1　携帯電話から得られる情報の捜査

　近時、スマートフォンを含む携帯電話 からも分かるとおり、携帯電話は、単 ることなく、多種多様なコミュニケーシ
　そして、携帯電話契約からは、単に通 の加入者や通話相手を知ることにより犯⋯

参考判例 1
　交通事故により負傷した意識不明 ル風船のノズルを取り除いたもの） 呼気を採取した事例につき、「本件呼 出される呼気を短時間採出したもの えていないことはもちろん、被告人 苦痛を与えてもおらず、しかも尿を 名誉を侵すこともなく、また血液を 害するおそれも全くなく、さらに、 て医師の治療行為を阻害もせず、概 かった。また、本件呼気採取の方法 混入しやすいため採取した呼気中の られ、より低く判定される可能性が 険性がなく、当時の状況から考える⋯

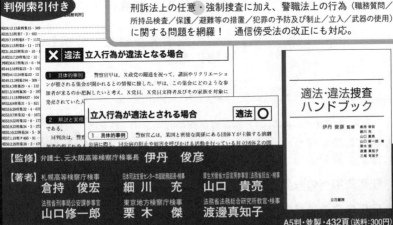

捜査から証拠までの重要判例と適正手続を理解するのに最適！

判例講座
刑事訴訟法
捜査・証拠篇

立花書房 好評書

東京大学大学院
法学政治学研究科教授　川出敏裕 著

現場の問題に
的確に応える
擬律判断が満載！

刑事訴訟法を理解するためには、現在の刑事手続をかたちづくっている判例の内容を理解することが不可欠である。本書は、そのような意図から、刑事訴訟法に関する重要な判例を取り上げて、その内容を紹介するとともに、詳細に解説したものである。

判例講座
刑事訴訟法
〔捜査・証拠篇〕

Toshihiro Kawaide
川出 敏裕 著

立花書房

警察官、法科大学院生、法学部生等の
**刑事訴訟法を学ぶ方々にとって
必読の一冊！**

**警察学論集の好評連載に
追加・修正して単行本化！**

**気鋭の法学者が研究・分析し、
詳細に解説！**

A5判・並製・512頁（送料：300円）
定価（本体3400円＋税）

現場での
**職務質問に伴う
停止行為の限界**

任意取調べの限界

反復自白の証拠能力

等について

重要判例の
**判断枠組み
判断要素**

を分析！

分析結果は
**警察実務の
現場での判断に
直結する！**

刑事訴訟法判例解説の決定版、ここに完成！

立花書房 好評書

判例講座
刑事訴訟法
公訴提起・公判・裁判篇

東京大学大学院
法学政治学研究科教授　**川出敏裕** 著

現在の**刑事・公判手続**をかたちづくっている
判例の内容を**分析・解説！**

刑事訴訟法を理解するには、判例の理解が不可欠。本書は、そのような意図から重要判例を取り上げ、できる限り詳しく紹介するとともに、実務家向けにその内容を分析・解説した。

**基本的な条文や制度についても説明を
付しているからわかりやすい！**

**学説は、判例を理解する上で必要な範囲で
言及するにとどめているから、裁判実務の
立場・傾向がわかりやすい！**

判例索引

〔大審院・最高裁判

大判大12・12・5刑集2・922
最大判昭23・6・9刑集2・7・658
最大判昭23・10・6刑集2・11・1275

判例索引・事項索引も掲載

事項索引

〔あ 行〕　　　　　　結果的加重犯
　　　　　　　　　　　結合犯
一事不再理効 …… 6, 52, 103, 220　検察官請求証
一訴因一罪の原則 …… 104, 141　検察官手持ち
　　　　　　　　　　　検察審査会

こうした事案に対し、第1審（熊本地判昭54・3・22刑裁月報11・3・168）
は、時効の連鎖説を観念的競合にも適用し、各罪が観念的競合の関係にあ

判例講座
刑事訴訟法
〔公訴提起・公判・裁判篇〕
川出 敏裕 著

判例講座
刑事訴訟法
〔捜査・証拠篇〕
川出 敏裕 著

実務家、法科大学院生、法学部生等の
学習書として、手放せない2冊！
刑事訴訟法分野の第一人者である著者による必読の2冊。

大好評の前作
〔**捜査・証拠篇**〕に続き、
〔**公訴提起・公判・裁判篇**〕
　　　　　　　　が登場！

前作と2冊セットで
刑事訴訟法の
全分野を網羅！

A5判・並製・256頁（送料：300円）
定価（本体2200円＋税）

A5判・並製・512頁
定価（本体3400円＋税）

立花書房

裁判例コンメンタール刑事訴訟法
（全4巻）

監　　修：井上正仁
編集代表：河村博、酒巻匡、原田國男、廣瀬健二
編集委員：大島隆明、三浦守

各巻　A5判・上製　判例索引付き

第1巻 第1編　総　則
（第1条〜第188条の7）

720頁
定価(本体7,600円＋税)

第2巻 第2編　第一審
（第189条〜第270条）

720頁
定価(本体7,600円＋税)

第3巻 第2編　第一審（続）
（第271条〜第350条の14）

（続刊）
令和5年夏刊行予定

第4巻 第3編　上　訴
第4編　再　審
第5編　非常上告
第6編　略式手続
第7編　裁判の執行
（第351条〜第507条）

720頁
定価(本体7,600円＋税)

（送料300円）

立花書房

注釈 刑事訴訟法〔第3版〕
（全8巻）

編者：河上和雄　小林充　植村立郎　河村博

各巻　　A5判・上製函入　　判例索引付

第1巻	序論，第1編 第1条〜第56条	706頁 定価 （本体8,096円＋税）
第2巻	第1編（続） 第57条〜第188条の7	778頁 定価 （本体8,600円＋税）
第3巻	第2編 第189条〜第270条	（続刊）
第4巻	第2編（続） 第271条〜第316条	634頁 定価 （本体7,800円＋税）
第5巻	第2編（続） 第316条の2〜第316条の39	（続刊）
第6巻	第2編（続） 第317条〜第350条の14	890頁 定価 （本体9,200円＋税）
第7巻	第3編 第351条〜第418条	642頁 定価 （本体7,800円＋税）
第8巻	第3編（続）〜第7編 第419条〜第507条，附則	（続刊）

（送料300円）